D1674756

Praxis der Psychotherapie

Ein integratives Lehrbuch: Psychoanalyse, Verhaltenstherapie, Systemische Therapie

Herausgegeben von Wolfgang Senf und Michael Broda

Bearbeitet von

Gabriele Amann
Ute J. Bayen
Klaus Bilitza
Dieter Birnbacher
Elmar Brähler
Meinrad Braun
Michael Broda
Peter Buchheim
Reiner W. Dahlbender
Andreas Dahm
Bernd Dahme
Gerhard Dammann
Friedrich-W. Deneke
Andrea Dinger-Broda
Ulrich T. Egle
Yesim Erim-Frodermann
Lydia Fehm
Peter Fiedler
Jobst Finke
Gottfried Fischer
Steffen Fliegel
Alexa Franke
Harald J. Freyberger
Markus Gastpar
Michael Geyer
Uwe Gieler
Barbara Glier
Klaus Grawe
Norbert F. Gurris
Günther Haag
Edgar Heim
Stephan Herpertz
Gereon Heuft
Jörg Heuser
Winfried Huber
Bernd Johann
Frederick H. Kanfer
Norbert Klinkenberg
Simone Kneer-Weidenhammer
Thomas Köhler
Leonore Kottje-Birnbacher
Hartmut Kraft
Rainer Krause
Birgit Kröner-Herwig
Joachim Küchenhoff
Hermann Lang
Mathias Langkafel
Wolfgang Lennerts
Norbert Leygraf
Hans Lieb
Friedrich Linderkamp
Friedrich Lösel
Josefine Lorenzen
Jürgen Margraf
Wolfgang Mertens
Christoph Mundt
Fritz Muthny
Martin Neher
Ralf Nickel
Sabine Nowara
Uwe Prudlo
Luise Reddemann
Hans Reinecker
Dirk Revenstorf
Hertha Richter-Appelt
Heike Richter-Görge
Winfried Rief
Christoph Ringer
Christa Rohde-Dachser
Manfred Rust
Peter Scheib
Bernt Schmitz
Ulrich Schnyder
Gerhard Schüßler
Petra Schuhler
Jörg Schumacher
Reinhold Schwarz
Jochen Schweitzer
Peter Seer
Almuth Sellschopp-Rüpell
Wolfgang Senf
Irving Speight
Carsten Spitzer
Ulrich Stangier
Rolf-Dieter Stieglitz
Bernhard Strauß
Ulrich Streeck
Annette Streeck-Fischer
Silvia Stump
Ludwig Teusch
Bernhard Trenkle
Ina Weigeldt
Matthias Weisbrod
Rudolf Wipplinger
Peter Wirsching
Werner W. Wittmann
Manfred Zielke
Friederike T. Zimmer

2. neu bearbeitete und erweiterte Auflage

86 Abbildungen
133 Tabellen

Georg Thieme Verlag Stuttgart · New York 2000

Cartoons von Heiner-Kristian Alfaenger, Eschborn

Die Deutsche Bibliothek –CIP-Einheitsaufnahme

Praxis der Psychotherapie : ein integratives Lehrbuch: Psychoanalyse, Verhaltenstherapie, systemische Therapie / hrsg. von Wolfgang Senf und Michael Broda. – 2., neu bearb. und erw. Aufl. – Stuttgart ; New York : Thieme, 2000

Wichtiger Hinweis: Wie jede Wissenschaft ist die Medizin ständigen Entwicklungen unterworfen. Forschung und klinische Erfahrung erweitern unsere Erkenntnisse, insbesondere was Behandlung und medikamentöse Therapie anbelangt. Soweit in diesem Werk eine Dosierung oder eine Applikation erwähnt wird, darf der Leser zwar darauf vertrauen, daß Autoren, Herausgeber und Verlag große Sorgfalt darauf verwandt haben, daß diese Angabe **dem Wissensstand bei Fertigstellung des Werkes** entspricht.

Für Angaben über Dosierungsanweisungen und Applikationsformen kann vom Verlag jedoch keine Gewähr übernommen werden. **Jeder Benutzer ist angehalten,** durch sorgfältige Prüfung der Beipackzettel der verwendeten Präparate und gegebenenfalls nach Konsultation eines Spezialisten festzustellen, ob die dort gegebene Empfehlung für Dosierungen oder die Beachtung von Kontraindikationen gegenüber der Angabe in diesem Buch abweicht. Eine solche Prüfung ist besonders wichtig bei selten verwendeten Präparaten oder solchen, die neu auf den Markt gebracht worden sind. **Jede Dosierung oder Applikation erfolgt auf eigene Gefahr des Benutzers.** Autoren und Verlag appellieren an jeden Benutzer, ihm etwa auffallende Ungenauigkeiten dem Verlag mitzuteilen.

Printed in Germany

Satz: Druckhaus Götz GmbH, Ludwigsburg,
gesetzt auf CCS Textline (Linotronic 630)

Druck und Verarbeitung:
Universitätsdruckerei H. Stürtz, 97080 Würzburg

ISBN 3-13-166092-1

1 2 3 4 5 6

Vorwort zur 2. Auflage

Als wir Ende der 80er Jahre dieses Buch planten, waren wir uns als Herausgeber zwar sicher, daß dieser Ansatz zukunftsträchtig sein müsse. Überrascht hat uns dennoch, daß die erste, für ein Lehrbuch relativ hohe Auflage des Buches so rasch – nach etwas über zwei Jahren – vergriffen war. Bestätigt in unserer Absicht hat uns die lebhafte und durchgängig konstruktive Resonanz an Besprechungen, die uns viele Anregungen für eine weitere Verbesserung des Lehrbuchs gegeben hat. Das erste Ziel, nämlich die Kommunikation unter den verschiedenen Therapieschulen zu fördern und zu verbessern, scheinen wir, nach allen Rückmeldungen, erreicht zu haben. Unser Konzept, dem Buch eine Entwicklungsdynamik in Richtung Integration zu geben, ist damit aufgegangen. Von den kritischen Anmerkungen möchten wir vor allem auf den Punkt eingehen, daß dieses Lehrbuch kein „integratives", sondern ein vergleichendes sei. Auch für uns, als „Nicht-Vasallen" einer dogmatischen Orientierung, war es zunächst neu, festzustellen, daß die Grundlage einer Neuorientierung nicht zuerst in der Integration, sondern in der Methodentransparenz besteht. Auch wir lernten, daß es nur über eine Methodentransparenz zu einer Methodenkombination und dann zu einer wissenschaftlich soliden Methodenintegration kommen kann. Gleichzeitig ist unsere Auffassung gestärkt worden, daß trotz aller Bestrebungen im Hinblick auf Integration die bestehenden therapeutischen Schulen auch in Fragen von Fehlschlägen bis an ihre Grenzen gehen müssen, um Perspektiven für die Integrierbarkeit anderer Elemente aus anderen Therapierichtungen herzustellen. Damit läßt sich der Grundgedanke dieses Buches beschreiben: Nicht einem ungezügelten Eklektizismus das Wort zu reden, sondern über die Transparenz dessen, was die einzelnen Schulen bei der Krankenbehandlung wirklich machen, die Voraussetzungen zu einer Integration der Therapieschulen münden wird.

Diese Überlegungen sind in die Neuauflage des Lehrbuches eingeflossen. Dem aufmerksamen Leser wird es nicht entgehen, daß wir dem systemischen Ansatz als einer unverzichtbaren Perspektive in der Psychotherapie einen größeren Stellenwert eingeräumt haben. Dies zeigt sich zwar vordergründig noch nicht bei der Behandlung der einzelnen Krankheitsbilder. Diese Entwicklung wird jedoch von uns für die weitere Konzeption dieses Lehrbuchs zentral sein. Andere Neuerungen fanden jedoch einen deutlicheren Niederschlag: So wurde das Kapitel der Grundlagen neu geschaffen, in dem das große Spektrum an unterschiedlichen Einflußfaktoren auf die Psychotherapie als Theorie und Praxis erweitert wurde. Hier mischen sich eher traditionelle mit zukunftsorientierten Vorstellungen. Konsequenterweise haben wir auch dem Kapitel der integrativen Ansätze ein größeres Gewicht gegeben. Deutlich hebt sich auch die Neustrukturierung des Teils der Krankheitsbilder von der ersten Auflage ab. Berücksichtigt man alle diese Veränderungen, so handelt es sich bei der Neuauflage um ein neues, weiterentwickeltes Lehrbuch.

Wir hoffen, daß auch dieses Buch dazu beiträgt, den Grundgedanken des Sich-aufeinander-Zubewegens befördert und sich Vertreter der einzelnen therapeutischen Ausrichtungen stärker als bislang in einen Dialog begeben. Eine erste Auswirkung dieser Intention ist mit der Herausgabe einer neuen Zeitschrift „Psychotherapie im Dialog" in Gang gesetzt.

An dieser Stelle möchten wir als Herausgeber vor allem den AutorInnen des Buchs danken, die sich diesem Dialog zwischen den Therapieschulen geöffnet haben. Darüber hinaus soll nicht vergessen werden, daß ein solches Projekt nicht ohne den konstruktiven Dialog mit dem Verlag, hier besonders mit Frau M. Ueckert und Herrn Dr. Th. Scherb, möglich wäre. Frau S. Hoffstadt und Frau E. Heuel waren eine große Hilfe bei der Überarbeitung des Buches. All ihnen wollen wir unseren herzlichen Dank sagen.

Wir hoffen, daß dieses Buch seinen Beitrag dazu leistet, die Grabenkämpfe zwischen den therapeutischen Schulen abzubauen und gleichzeitig hilft, die Qualität der psychotherapeutischen Versorgung weiter zu verbessern.

Essen/Bad Bergzabern, im Sommer 1999

Wolfgang Senf
Michael Broda

Vorwort zur 1. Auflage

Als sich die beiden Herausgeber vor Jahren in einer Arbeitsgruppe des „Deutschen Kollegiums für Psychosomatische Medizin“ zusammensetzten und Konzepte stationärer psychoanalytischer und verhaltenstherapeutischer Psychotherapie gegenüberstellten, war der erste Schritt auf einem Weg unternommen, der jetzt in der Fertigstellung dieses Lehrbuchs mündete. Die spannende Diskussion beleuchtete damals Aspekte der jeweiligen anderen Therapieschule, die bislang wohl versteckt hinter einer Mauer von gut gepflegten Vorurteilen blieben, und vermehrte die Erkenntnis, daß manches bei der „Gegenseite“ gar nicht so anders war, nur anders benannt wurde.

Der Zufall, daß diese Begegnung am Tag vor der Öffnung der Grenze zur DDR stattfand, verstärkte sicherlich den Willen, auch Mauern zwischen Therapieschulen durchlässiger zu machen. Zunächst dominierte der Wunsch, sich genauer darüber zu informieren, was die jeweilig andere Schule bei bestimmten Problemen macht und wie sie dies theoretisch fundiert.

Psychoanalytiker stochern immer nur in der Kindheit herum und spekulieren – Verhaltenstherapeuten kurieren Symptome oberflächlich und lassen die Biographie eines Menschen außer acht. Auch wenn niemand die Vorurteile in dieser platten Form ausspricht, so sind sie unserer Überzeugung nach Bestandteil von Überzeugungssystemen vieler Therapeuten. Somit stellten wir uns die Aufgabe, zunächst transparent zu machen, was die jeweils andere Richtung nach heutigem Erkenntnisstand für Positionen vertritt. Daß ein Psychoanalytiker nur in Ausnahmefällen zu einem guten Lehrbuch über moderne Verhaltenstherapie greifen wird – und dann vieles nicht versteht –, ist ein Dilemma, das ein Verhaltenstherapeut gut nachvollziehen kann. Meist erstrekken sich seine Kenntnisse über Psychoanalyse auf ein wenig Freud (meist vor dem Studium) oder einige theoretische Ätiologiemodelle. Und verständlich sind die publizierten Fallstudien in der Regel schon aus begrifflichen Gründen nicht.

Eine weitere Mauer existiert zwischen den Berufsgruppen der Ärzte und der Psychologen. Seit die klinische Psychologie mit dem Aufkommen vor allem der Verhaltenstherapie effektive Verfahren zur psychotherapeutischen Krankenbehandlung entwickelt hat, kämpfen sie und ihre Vertreter um einen gleichberechtigten Platz im Gesundheitswesen. Manche Mediziner sehen dadurch ihre Monopolstellung in der Versorgung gefährdet, manche Psychologen erklären Mediziner in dem Feld der Behandlung psychischer Erkrankungen für überflüssig. Auch hier ist es u. E. unerläßlich, Kooperationsformen unter der gegenseitigen Achtung der jeweiligen Kompetenzen zu fördern und die Chance, die sich aus der Zusammenarbeit dieser Berufsgruppen ergibt, zu nutzen. Die Tatsache, daß als Erstherausgeber des Lehrbuchs ein psychoanalytischer Arzt fungiert, hat mit dieser Problematik nichts zu tun. Er hatte die Idee zu diesem Buch und suchte sich dafür einen psychologischen Verhaltenstherapeuten als Partner.

Die Grenze zwischen den beiden großen Therapieschulen durchlässiger zu machen heißt jedoch nicht, eine Psychowelle nach dem Motto „Hauptsache, es wird etwas in Gang gesetzt“ zu unterstützen. Mit diesem Buch wollen wir auch deutlich machen, daß es Standards in der Psychotherapie gibt, die erfüllt werden müssen, daß die Qualität überprüfbar sein muß und therapeutisches Vorgehen nachvollziehbar zu sein hat. Diesen Forderungen entsprechen längst nicht alle Angebote auf dem „Psychomarkt“, es ist auch Intention dieses Lehrbuchs, Qualität und Mythos voneinander abzugrenzen und unterscheidbar zu machen.

In Zeiten vermehrter Diskussion um die Finanzierbarkeit des Gesundheitswesens droht die „sprechende Medizin“, wie die Psychotherapie von Ärzten gerne genannt wird, wegen ihrer geringen Lobby, am ehesten Kürzungen unterworfen zu werden. Wenn dann noch, wie am Beispiel des Psychotherapeutengesetzes demonstrierbar, sich die Therapieschulen und Berufsgruppen untereinander die härtesten Gefechte liefern, wird es noch leichter, Psychotherapie aus der Krankenbehandlung zu drängen. Deswegen sind wir der Ansicht, daß die „Bedrohung“ der Psychotherapie nicht von dem jeweils anderen Therapieverfahren kommt, sondern psychotherapeutische Verfahren insgesamt, so sie qualitativen Überprüfungen standhalten, im Gesundheitswesen als Heilmethode ihren Stand nach außen verteidigen müssen. Nicht zuletzt macht die Diskussion um die Einführung eines Selbstbeteiligungsbeitrags bei ambulanter und stationärer Psychotherapie deutlich, welchen Stellenwert manche Gesundheitspolitiker dieser Therapieform einräumen.

Im Gegensatz zu diesen Entwicklungen kann mit Befriedigung festgestellt werden, daß sich die Psychotherapie in den letzten Jahrzehnten zu einer respektierten klinischen und wissenschaftlichen Disziplin entwickelt hat, die sich für die Behandlung psychischer Erkrankungen als geeignet und wirksam erwiesen hat. Die heutige Psychotherapie gründet auf Krankheits- und Behandlungstheorien, die sich über Jahrzehnte aus der klinischen Praxis entwickelt und für die klinische Praxis bewährt haben. Dies hat eine bemerkenswerte Vielfalt von therapeutischen Möglichkeiten hervorgebracht, mit denen Krankheiten und Leidenszustände behandelt werden können, die zu früheren Zeiten als kaum behandelbar galten. Dennoch war und ist bis heute kaum eine andere Behandlungsmethodik im Gesundheitswesen einem vergleichbar hohen Legitimationsdruck ausgesetzt. Die Bedeutung von Psychotherapie in der Krankenversorgung wird gelegentlich immer noch angezweifelt, eigenartigerweise auch unter Gesichtspunkten der Wirtschaftlichkeit, obwohl feststeht, daß bei vielen Erkrankungen durch eine rechtzeitig eingeleitete Psychotherapie kostenträchtige Patienten„karrieren“ und Chronifizierungen hätten vermieden werden können. Sicherlich auch als Reaktion auf diese Vorwürfe unterzieht sich die Psychotherapie selbst einer, mit anderen Methoden im Gesundheitswesen vergleichsweise sehr strengen, wissenschaftlichen Kontrolle und Evaluation der eigenen Praxis. Zudem ist kein anderes Therapieverfahren einer so konsequenten Qualitätssicherung unterworfen wie die Psychotherapie, wenn bedacht wird, daß keine Behandlung ohne vorherige Genehmigung durch Gutachterverfahren durchgeführt werden darf oder Qualitätssicherungsprogramme von Leistungsträgern entwickelt worden sind, die zu weitestgehender Transparenz und Überprüfbarkeit der erbrachten Therapien zwingen.

Wer auf dem Stand der neuesten Erkenntnisse Psychotherapie ausüben will, muß Wissen über und Erfahrungen mit allen in der Patientenversorgung anerkannten und angewendeten Grundverfahren und Behandlungstechniken haben sowie mit Versorgungsstrukturen vertraut sein. Dies ist unerläßlich, um zu einer fachlich korrekten Differentialindikation in der Lage zu sein und Empfehlungen für eine sachgerechte Psychotherapie geben zu können. Voraussetzung dafür ist, daß die Vertreter der verschiedenen Schulen ihre eigenen Positionen kritisch reflektieren und Vorurteile abbauen. Hier sind insbesondere diejenigen angesprochen, die als Lehrende die Inhalte der einzelnen Schulen vermitteln.

Zudem sollte jede Psychotherapeutin und jeder Psychotherapeut zumindest in einem gewissen Umfang in der Lage sein, Diagnostik und Behandlungstechniken der verschiedenen Grundverfahren selbst anzuwenden. Dies wird nicht nur in den neuen ärztlichen und psychologischen Weiterbildungsverordnungen gefordert, sondern sollte zum Selbstverständnis psychotherapeutischer Berufsidentität gehören.

Dieses Lehrbuch stellt die psychoanalytischen und verhaltenstherapeutischen Grundverfahren und Behandlungstechniken einander gegenüber und bietet somit erstmals die Möglichkeit, sich systematisch, fundiert, objektiv und gleichzeitig praxisbezogen vom Überblick bis ins Detail über die gegenwärtige psychotherapeutische Praxis zu informieren. Dabei werden auch die Verfahren vorgestellt, die zur Zeit nicht zu den anerkannten Verfahren zu rechnen sind.

Geschrieben ist das Lehrbuch für alle, die an Psychotherapie interessiert sind:

- Für den Anfänger, der sich eingehend über die Psychotherapie und die Ausbildung orientieren und einen ersten Einstieg finden möchte.
- Für den Lernenden, der alles, was er in der Aus- und Weiterbildung braucht, in diesem Buch finden kann.
- Für den Lehrenden, der alle Ausbildungsinhalte von anerkannten Experten kurz und übersichtlich dargestellt vorfindet.
- Für den Professionellen, der es wagen möchte, einen Blick über den Zaun seiner eigenen psychotherapeutischen Praxis zu werfen oder zu überprüfen, ob eigene Behandlungsstrategien noch dem heutigen Wissensstand entsprechen.
- Für die interessierte Öffentlichkeit (Gesundheitsbehörden, Kostenträger, Politiker), die sich in diesem Buch einen differenzierten und objektiven Überblick verschaffen kann.

Mit diesem Buch wollen wir dazu beitragen, daß die Überzeugung wächst, nur durch das Kennenlernen anderer Sicht- und Vorgehensweisen sich auch aufeinander zu bewegen zu können. Damit setzen wir auf Kooperation zwischen den Schulen statt auf Konfrontation. Für die weitere Entwicklung ist es aus unserer Sicht unerläßlich, sich auf gemeinsame Definitionen des Gegenstands zu verständigen und erprobtes und evaluiertes Wissen auch anderer Schulen zu integrieren. Dies soll nicht mißverstanden werden in Richtung eines unreflektierten Eklektizismus oder Integratismus – es werden nach wie vor auch große Unterschiede zwischen den Verfahren bestehen bleiben. Verschiedene Berufsgruppen müssen auch weiterhin eindeutig unterscheidbar bleiben und die Möglichkeit beibehalten, ihre Ausbildungs- und Anwendungsschwerpunkte nach ihrer persönlichen Entscheidung festzulegen. Die Grundlage für die Entscheidung soll jedoch mit diesem Lehrbuch rationaler gefällt werden können.

Psychotherapie lebt vom gegenseitigen Ideenaustausch. Wir hoffen, daß das Buch die Vertreter verschiedener Schulen vermehrt zu gegenseitigem Austausch anregt und ermutigt.

Wir haben der Grundidee dieses Buchvorhabens entsprechend viele Kollegen und Freunde, Psychoanalytiker und Verhaltenstherapeuten, Ärzte und Psychologen gebeten, zu unserem Projekt einen Beitrag beizusteuern. Somit konnten wir die verschiedenen Schulen und die verschiedenen Berufsgruppen gleichberechtigt zu Wort kommen lassen und ein Überwiegen einer theoretischen Auffassung oder einer berufspolitischen Position weitestgehend vermeiden.

Das Vorwort ist auch der Ort des Dankes.

Großer Dank gebührt an erster Stelle den Autorinnen und Autoren, die wir als Experten für ihr jeweiliges Thema für dieses Projekt gewinnen und auch begeistern konnten. Sie haben alle in ihrer knapp bemessenen Zeit hervorragende und komprimierte Arbeiten beigesteuert. Wir denken, daß sie damit Vorreiter einer zukunftsorientierten Entwicklung der Psychotherapie sind. Wir möchten an dieser Stelle auch nicht verschweigen, daß wir bei manchen Kollegen mit unserem Konzept auf große Skepsis und Ablehnung gestoßen sind.

Herzlichen Dank sagen wir Herrn Dr. med. Thomas Scherb vom Georg Thieme Verlag. Er hat das Projekt mit innerer Verbundenheit, Geduld und Anregungen gefördert und begleitet und uns zum jeweils rechten Zeitpunkt kritisch ermutigt.

Essen/Berus, im Sommer 1996

Wolfgang Senf
Michael Broda

P.S. Wir wissen, daß wir in einem Gebiet arbeiten, in dem die meisten Patienten Patientinnen und die meisten Therapeuten Therapeutinnen sind. Auch in diesem Buch konnten wir das Problem der doppelten beidgeschlechtlichen Formulierung nicht lösen. Der Verlag wollte nur die männliche Form, wir haben es dann letztendlich den Autoren und Autorinnen überlassen, ohne eine einheitliche Vorgabe aufzustellen, wie sie ihre Formulierungen wählen.

Anschriften

a.o. Univ. Prof. Dr. med. Gabriele Amann
Institut für Psychologie
Universität Salzburg
Hellbrunner Str. 34
A-5020 Salzburg

Dr. Ute J. Bayen
University of North Carolina
Davie Hall, CB Nr. 3270
USA - 27599 Chapel Hill, NC

Dr. phil. Klaus Bilitza
Psychoanalyse, Psychotherapie
Grabenstr. 93
47057 Duisburg

Prof. Dr. phil. Dieter Birnbacher
Philosophische Fakultät
Heinrich-Heine-Universität
40225 Düsseldorf

Prof. Dr. Elmar Brähler
Abt. für Medizinische Psychologie
und Medizinische Soziologie
Universität Leipzig
Liebigstr. 21
04103 Leipzig

Dr. Meinrad Braun
Kurbrunnenstr. 21
67098 Bad Dürkheim

Dr. phil. Dipl. Psych. Michael Broda
Parkklinik
Kurtalstr. 83 – 85
76887 Bad Bergzabern

Prof. Dr. med. Peter Buchheim
Poliklinik für Psychosomatische
Medizin und Psychotherapie der
TUM am Klinikum Rechts der Isar
Langerstr. 3
81675 München

Dr. med. Reiner W. Dahlbender
Universitätsklinikum Ulm
Abt. Psychotherapie und Psychosomatische Medizin
Konsiliar- und Liaisonpsychosomatik
Am Hochsträß 8
89081 Ulm

Dr. med. Andreas Dahm
Kassenärztl. Bundesvereinigung
Herbert-Lewin-Str. 3
50931 Köln

Prof. Dr. phil. Bernd Dahme
Psychologisches Institut III
Universität Hamburg
Von-Melle-Park 5
20146 Hamburg

Dr. med. Dipl.-Psych. Gerhard Dammann
Institut und Poliklinik für Psychosomatische
Medizin, Psychotherapie und Medizinische Psychologie
TU München Klinikum Rechts der Isar
Langerstr. 3
81675 München

Prof. Dr. med. Friedrich-W. Deneke
Univ.-Krankenhaus Eppendorf
Abt. Psychosomatik u. Psychotherapie, Erikahaus
Martinistr. 52
20246 Hamburg

Dr. phil. Dipl.-Psych. Andrea Dinger-Broda
Praxisgemeinschaft Psychotherapie
Poststr. 1
76887 Bad Bergzabern

Prof. Dr. med. Ulrich T. Egle
Klinik u. Poliklinik für Psychosomat. Medizin
und Psychotherapie der Universität Mainz
Untere Zahlbacher Str. 8
55131 Mainz

Dr. med. Yesim Erim-Frodermann
Univ.-Klinik f. Psychotherapie und Psychosomatik
Virchowstr. 174
45147 Essen

Dipl.-Psych. Lydia Fehm
Klinische Psychologie und Psychotherapie
der TU Dresden
01062 Dresden

Prof. Dr. phil. Peter Fiedler
Psychologisches Institut
Universität Heidelberg
Hauptstr. 47 – 51
69117 Heidelberg

Dr. med. Jobst Finke
Klinik für Psychiatrie und Psychotherapie
Barkhovenallee 171
45239 Essen-Heidhausen

Prof. Dr. phil. Gottfried Fischer
Universität zu Köln
Institut für Klin. Psychologie u. Psychotherapie
Zülpicher Str. 45
50923 Köln

Dr. phil. Dipl. Psych. Steffen Fliegel
Gesellschaft für Klinische Psychologie und Beratung
Wolbecker Str. 138
48155 Münster

Prof. Dr. phil. Alexa Franke
Klinische Psychologie, FB 13
Universität Dortmund
Emil-Figge-Str. 50
44227 Dortmund

Prof. Dr. med. Harald J. Freyberger
Klinik und Poliklinik für Psychiatrie
und Psychotherapie der
Ernst-Moritz-Arndt-Universität Greifswald
im Klinikum Stralsund
Rostocker Chaussee 70
18435 Stralsund

Prof. Dr. med. Markus Gastpar
Rheinische Kliniken Essen
Klinik für Psychiatrie und Psychotherapie
Virchowstr. 174
45147 Essen

Prof. Dr. med. Michael Geyer
Klinik und Poliklinik für Psychiatrie und
Psychosomatische Medizin
der Universität Leipzig
Karl-Tauchnitz-Str. 25
04107 Leipzig

Prof. Dr. med. Uwe Gieler
Klinik für Psychosomatik und Psychotherapie
der Universität Gießen
Ludwigstr. 76
35392 Gießen

Dr. Dipl.-Psych. Barbara Glier
Leitende Psychologin
Fachklinik Hochsauerland
Zu den drei Buchen 2
57392 Schmallenberg-Bad Fredeburg

Prof. Dr. phil. Klaus Grawe
Institut für Psychologie der Universität Bonn
Psychotherapeut. Praxisstelle
Mittelstr. 42
CH-3012 Bern

Dipl.-Psych. Norbert F. Gurris
DRK-Kliniken Westend
Behandlungszentrum Folteropfer
Haus 14
Spandauer Damm 130
14050 Berlin

Prof. Dr. med. Gunther Haag
Elztal Klinik
Vorsorge und Rehabilitation
Pfauenstr. 6
79215 Elzach

Prof. Dr. med. Edgar Heim
Blümlimattweg 1 A
CH-3600 Thun

Dr. med. Stephan Herpertz
Univ.-Klinik f. Psychotherapie und Psychosomatik
Virchowstr. 174
45147 Essen

Univ.-Prof. Dr. med. Gereon Heuft
Klinik und Poliklinik für Psychosomatik
und Psychotherapie
Universitätskliniken Münster
Domagkstr. 11
48129 Münster

Dr. Jörg Heuser
Klinik Roseneck
Am Roseneck 6
683209 Prien

Prof. Dr. phil. Winfrid Huber
Ferme de l'Abbaye
28 rue de la Soile
B-5380 Hemptinne

Dr. med. Bernd Johann
Klinik für Psychotherapie und Psychosomatik
Rheinische Kliniken Essen
Universitätsklinikum
Virchowstr. 174
45147 Essen

Prof. Dr. Frederick H. Kanfer
Department of Psychology
University of Illinois
603 E. Daniel Street
USA-61820 Champaign, IL

Dr. Dr. med. Norbert Klinkenberg
Parkklinik
Rehabilitationszentrum für Psychosomatik
Kurtalstr. 83 – 85
76887 Bad Bergzabern

Simone Kneer-Weidenhammer
Kortenland 53 b
22395 Hamburg

Prof. Dr. med. Dr. phil. Thomas Köhler
Psychologisches Institut III
Universität Hamburg
Von-Melle-Park 5
20146 Hamburg

Dr. phil. Leonore Kottje-Birnbacher
Düsseldorfer Str. 55
40545 Düsseldorf

Dr. med. Hartmut Kraft
An der Ronne 196
50859 Köln

Prof. Dr. phil. Rainer Krause
Psychologisches Institut
Universität Saarbrücken
Postfach 151150
66041 Saarbrücken

Prof. Dr. phil. Birgit Kröner-Herwig
Georg-Elias-Müller-Institut für Psychologie
Abt. Klinische Psychologie und Psychotherapie
G.-A.-Universität
Goßlerstr. 14
37073 Göttingen

Prof. Dr. med. Joachim Küchenhoff
Psychiatrische Universitätsklinik
Abteilung Psychotherapie und Psychohygiene
Socinstr. 55 a
CH-4051 Basel

Prof. Dr. phil. Dr. med. Hermann Lang
Institut für Psychotherapie u. Medizinische Psychologie
Universität Würzburg
Klinikstr. 3
97070 Würzburg

Dr. med. Mathias Langkafel
Univ.-Klinik für Psychotherapie und Psychosomatik
Virchowstr. 174
45147 Essen

Dr. W. Lennerts
Psychosomatische Fachklinik Windach
Schützenstr. 16
86949 Windach/Ammersee

Prof. Dr. med. Norbert Leygraf
Institut für Forensische Psychiatrie
Rheinische Kliniken Essen
Virchowstr. 174
45147 Essen

Dr. phil. Hans Lieb
Luitpoldstr. 3–9
67480 Edenkoben

Dr. phil. Friedrich Linderkamp
FB Sondererziehung u. Rehabilitation
Universität Dortmund
Emil-Figge-Str. 50
44227 Dortmund

Prof. Dr. med. Friedrich Lösel
Institut für Psychologie I
Universität Erlangen-Nürnberg
Bismarckstr. 1
91054 Erlangen

Dr. med. Dipl.-Psych. Josefine Lorenzen
Fliedner-Krankenhaus
Thunesweg 58
40885 Ratingen

Prof. Dr. phil. Jürgen Margraf
Psychiatrische Univ.-Klinik
Wilhelm-Klein-Str. 27
CH-4025 Basel

Prof. Dr. phil. Wolfgang Mertens
Psychologisches Institut
Abt. Klinische Psychologie und Psychotherapie
Universität München
Leopoldstr. 13
80802 München

Prof. Dr. med. Christoph Mundt
Psychiatrische Klinik
Klinikum der Universität
Voßstr. 4
69115 Heidelberg

Prof. Dr. phil. Dr. med. Fritz Muthny
Institut für med. Psychologie
Universität Münster
Von-Esmarch-Str. 56
48149 Münster

Dr. phil. Martin Neher
Sickingenstr. 15 a
79117 Freiburg

Dr. med. Ralf Nickel
Joh.-Gutenberg-Universität
Klinik für Psychosomatische
Medizin und Psychotherapie
Untere Zahlbacher Str. 8
55131 Mainz

Dr. phil. Dipl.-Psych. Sabine Nowara
Institut für Forensische Psychiatrie
Rheinische Kliniken Essen
Virchowstr. 174
45147 Essen

Dipl.-Psych. Uwe Prudlo
Milton H. Erickson Institut
Bahnhofstr. 4
78628 Rottweil

Dr. med. Luise Reddemann
Klinik für Psychotherapeutische Medizin
Graf-von-Galen-Str. 56/58
33619 Bielefeld

Prof. Dr. phil. Hans Reinecker
Otto-Friedrich-Universität
Lehrstuhl Klin. Psychologie
Markusplatz 3
96045 Bamberg

Prof. Dr. phil. Dirk Revenstorf
Psychologisches Institut
Abt. Klinische Psychologie
Gartenstr. 29
72074 Tübingen

Prof. Dr. phil. Hertha Richter-Appelt
Abteilung Sexualforschung
Klinik für Psychiatrie und Psychotherapie
Universität Hamburg
Martinistr. 52
20246 Hamburg

Dr. med. Heike Richter-Görge
Klinik für Psychosomatik und Psychotherapie
Universitätsklinikum
Virchowstr. 174
45147 Essen

Univ. Doz. Dr. Winfried Rief
Klinik Roseneck
Med.-Psych. Klinik
Am Roseneck 6
83209 Prien

Dr. med. Christoph Ringer
CH-3206 Gammen

Prof. Dr. Christa Rohde-Dachser
Colmarstr. 2
30559 Hannover

Dr. med. Manfred Rust
Stiftung Tannenhof
Remscheider Str. 76
42899 Remscheid

Dipl.-Psych. Peter Scheib
Univ.-Klinik für Psychiatrie und Psychosomatik
Abt. Psychosom. u. Psychother. Medizin
Hauptstr. 8
79104 Freiburg

Dr. rer. soc. Dipl.-Psych. Bernt Schmitz
Psychosomatische Fachklinik
Kurbrunnenstr. 12
67098 Bad Dürkheim

PD Dr. med. Ulrich Schnyder
Psychiatrische Poliklinik
Universitätsspital
Culmannstr. 8
CH-8091 Zürich

Prof. Dr. med. Gerhard Schüßler
Universitätsklinik für Med.
Psychologie und Psychotherapie
Sonnenburgstr. 9
A-6020 Innsbruck

Dr. phil. Petra Schuhler
Fachklinik Münchwies
Turmstr. 50–58
66540 Neunkirchen

Dr. rer. nat. Dipl.-Psych. Jörg Schumacher
Universität Leipzig
Institut für Angewandte Psychologie
Seeburgstr. 14–20
04103 Leipzig

Prof. Dr. med. Reinhold Schwarz
Institut für Arbeits- und Sozialmedizin
Riemannstr. 32
04107 Leipzig

PD Dr. rer. soc. Jochen Schweitzer
Universität Heidelberg
Med. Psychologie
Bergheimer Str. 20
69115 Heidelberg

Dr. phil. Peter Seer
Theresienklinik
Rehabilitation u. Prävent. Sozialmedizin
Herbert-Hellmann-Allee 11
79188 Bad Krozingen

Prof. Dr. phil. Almuth Sellschopp-Rüpell
Institut u. Poliklinik für Psychosomatische Medizin
Klinikum Rechts der Isar
Langerstr. 3
81675 München

Prof. Dr. med. Wolfgang Senf
Univ.-Klinik f. Psychotherapie und Psychosomatik
Virchowstr. 174
45147 Essen

Dr. rer. nat. Irving Speight
Edith-Stein-Fachklinik für Neurologie u. Orthopädie
Am Wonneberg
76887 Bad Bergzabern

Dr. med. Carsten Spitzer
Klinik und Poliklinik für Psychiatrie u. Psychotherapie
der Ernst-Moritz-Arndt-Universität Greifswald
im Klinikum Stralsund
Rostocker Chaussee 70
18435 Stralsund

PD Dr. Ulrich Stangier
Psychologisches Institut
Universität Frankfurt
Georg-Voigt-Str. 8
60054 Frankfurt

Priv. Doz. Dr. Rolf-Dieter Stieglitz
Psychiatrische Univ.-Klinik
Abt. Psychiatrie u. Psychotherapie
Hauptstr. 5
79104 Freiburg

Prof. Dr. phil. Bernhard Strauß
Inst. für Medizin. Psychologie
Friedrich-Schiller-Universität
Stoystr. 3
07743 Jena

Prof. Dr. med. habil. Ulrich Streeck, M. A.
Krankenhaus für Psychotherapie,
Psychiatrie u. psychosomat. Medizin
Tiefenbrunn
37124 Rosdorf bei Göttingen

Dr. med. Annette Streeck-Fischer
Abt. Klin. Psychotherapie
von Kindern und Jugendlichen
Krankenhaus für Psychotherapie,
Psychiatrie u. psychosomat. Medizin Tiefenbrunn
37124 Rosdorf bei Göttingen

Dr. phil. Silvia Stump
Praxis Verhaltenstherapie
Sickingenstr. 15 A
79117 Freiburg

Priv. Doz. Dr. med. Dipl.-Psych. Ludwig Teusch
Ev. Krankenhaus Castrop-Rauxel
Psychiatrie und Psychotherapie
Grutholz Allee 21
44577 Castrop-Rauxel

Dipl.-Psych. Bernhard Trenkle
Milton H. Erickson Institut
Bahnhofstr. 4
78628 Rottweil

Dr. med. Ina Weigeldt
Kurfürstenallee 110
28211 Bremen

Dr. med. Matthias Weisbrod
Psychiatrische Klinik
Universität Heidelberg
Voßstr. 4
69115 Heidelberg

Dr. Rudolf Wipplinger
Institut für Psychologie
Universität Salzburg
Hellbrunnerstr. 34
A-5020 Salzburg

Prof. Dr. med. Peter Wirsching
Univ.-Klinik für Psychiatrie u. Psychosomatik
Abt. Psychosomat. u. Psychotherapeut. Medizin
Hauptstr. 8
79104 Freiburg

Prof. Dr. phil. Werner W. Wittmann
Universität Mannheim
Lehrstuhl Psychologie II
Schloß Ehrenhof Ost
68131 Mannheim

PD Dr. phil. Manfred Zielke
Wissenschaftsrat der AHG AG
Lange Koppel 10
24248 Mönkeberg

Dr. phil. Friederike T. Zimmer
Tübinger Akademie für Verhaltenstherapie
David-von-Stein-Weg 26
72072 Tübingen-Bühl

Inhaltsverzeichnis

I Was ist Psychotherapie?

II Theoretische Grundlagen

IV Psychoanalytische Psychotherapie

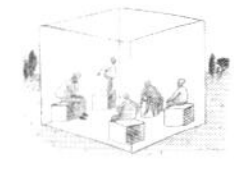

V Verhaltenstherapie

VI Systemische Therapie

VII Andere Psychotherapeutische Methoden

17. Familientherapie – eine heterogene Praxis ... 240

P. Scheib und P. Wirsching

18. Gesprächspsychotherapie ... 252

J. Finke und L. Teusch

19. Katathym-imaginative Psychotherapie ... 258

M. Rust

20. Hypnosetherapie und Hypnose ... 263

U. Prudlo, B. Trenkle und D. Revenstorf

21. Körpertherapeutische Ansätze ... 269

22. Übende und entspannende Verfahren ... 277

P. Seer

IX Praktische Hinweise

X Krankheitsbilder: Wie werden sie behandelt?

XI Besondere Problemstellungen

XII Rahmenbedingungen der Berufspraxis

XIII Wie hilft Psychotherapie?

XIV Literatur

I Was ist Psychotherapie?

1. Was ist Psychotherapie? Versuch einer Definition

W. Senf und M. Broda

In diesem Lehrbuch, das für die psychotherapeutische Praxis geschrieben ist, werden alle die Psychotherapie betreffenden Gesichtspunkte behandelt. Somit wird sich die Frage, was Psychotherapie ist, über die Inhalte des Buchs beantworten.

Wenn wir Sie als Leser zuvor bitten würden, uns **Ihre Definition** von Psychotherapie zu geben, dann hätten wir vermutlich jenen Effekt, mit dem wir uns beim Abfassen dieses Abschnitts auseinandersetzen mußten: Jeder vertritt seine eigene Definition und legt dabei Wert auf bestimmte Aspekte, die seine schulengeprägten Grundüberzeugungen und persönlichen Erfahrungen verdeutlichen. In der Entwicklung hin zu einer integrierten Psychotherapie, wie wir sie in der Einleitung skizziert haben, wollen wir jedoch den Versuch machen, **eine Definition** von Psychotherapie zu erarbeiten und die wichtigsten Bestimmungsstücke zu benennen.

> In einer frühen Arbeit mit dem Titel „Psychische Behandlung (Seelenbehandlung)“ schrieb S. Freud (1905, S. 289): „Psyche ist ein griechisches Wort und lautet in deutscher Übersetzung Seele. Psychische Behandlung heißt demnach Seelenbehandlung. Man könnte also meinen, daß darunter verstanden wird: Behandlung der krankhaften Erscheinungen des Seelenlebens. Dies ist aber nicht die Bedeutung dieses Wortes. Psychische Behandlung will vielmehr besagen: Behandlung von der Seele aus, Behandlung – seelischer oder körperlicher Störungen – mit Mitteln, welche zunächst und unmittelbar auf das Seelische des Menschen einwirken. Ein solches Mittel ist vor allem das Wort, und Worte sind auch das wesentliche Handwerkszeug der Seelenbehandlung. Der Laie wird es wohl schwer begreiflich finden, daß krankhafte Störungen des Leibes und der Seele durch ‚bloße' Worte des Arztes beseitigt werden sollen. Er wird glauben, man mute ihm zu, an Zauberei zu glauben. Er hat damit nicht so unrecht; die Worte unserer täglichen Reden sind nichts anderes als abgeblaßter Zauber. Es wird aber notwendig sein, einen weiteren Umweg einzuschlagen, um verständlich zu machen, wie die Wissenschaft es anstellt, dem Worte wenigstens einen Teil seiner früheren Zauberkraft wiederzugeben“.

Psychotherapie, was ist das eigentlich?

Ist es Freuds **Talking cure** durch die Zauberkraft der Worte, oder handelt es sich, wie es rund ein halbes Jahrhundert später eher sarkastisch von Raimy (1950) ausgedrückt wurde, um eine **undefinierbare Technik** bei unspezifischen Fällen mit unvorhersagbaren Ergebnissen? Oder ist Psychotherapie mit Zeig (1991), der Ende 1994 in der „Evolution of Psychotherapy Conference“ nahezu alle führenden Psychotherapeuten versammelt hatte, das **Benutzen von Kommunikation**, um den Patienten zu befähigen, „das für ihn Erreichbare umzusetzen, was dieser sich selbst bereits zwar ebenfalls schon vorgenommen hatte, aber eben noch nicht verwirklichen konnte, da er nicht daran glaubt, daß es ihm auch tatsächlich möglich sei“ und daß dabei „Psychotherapeuten das Unwahrscheinliche wahrscheinlich bzw. machbar“ machen? Ist Psychotherapie ein **kommunikativer** und **sozialer Problemlöseprozeß**, in dessen Rahmen die Therapeut-Klient-Interaktion als Hilfsmittel zur Erfahrungserweiterung dient und der Klient von einem unerwünschten Ausgangszustand zu einem erwünschten Zielzustand gebracht werden soll (Kanfer, Reinecker u. Schmelzer 1990)? Ist Psychotherapie **professionelle psychologische Hilfe** für Klienten bei der Bewältigung ihrer psychischen Störungen oder der psychischen Aspekte körperlicher Erkrankungen durch ein **wissenschaftlich begründetes** und **zielgerichtetes Handeln** des Psychotherapeuten in einer spezifischen Art interpersoneller Beziehung (Bastine 1982)? Oder steht die Psychotherapie als ein **unmöglicher Beruf** der **Kunst** viel näher als der Wissenschaft? Oder ist als Psychotherapie schlicht alles das zu bezeichnen, was ein professioneller Psychotherapeut macht?

Es ist offensichtlich nicht einfach, eine klare und eindeutige Antwort auf die Frage zu finden, was Psychotherapie ist. Die Bücher helfen auf der Suche nach einer einleuchtenden Definition wenig weiter, dort finden wir entweder eigenwillige oder gar keine Definitionen vor. Oder es werden unter dem Begriff Psychotherapie lediglich eine Reihe von psychotherapeutischen Behandlungsverfahren oder Behandlungstechniken subsummiert, deren Gemeinsamkeit darin besteht, daß sie vorgeben, pathologische Erscheinungen mit psychologischen Methoden anzugehen, wobei die Auswahl je nach professionellem Standort oder schulischer Orientierung erfolgt. Auch die nichtprofessionelle Öffentlichkeit (Patienten, Gesundheitspolitiker, Krankenkassen usw.) blickt meist nicht durch. Klar ist oft nur, daß Psychotherapie eine bunte, unübersichtliche und letztlich undurchschaubare Vielfalt sein müsse (Abb. 1.**1**), und daß sich unterschiedlichste Anbieter Konkurrenz machen, oft sogar lautstark in den Medien. Ein Blick auf die letzten Seiten eines jeden Heftes von populärwissenschaftlichen *Psychologischen Zeitschriften* oder auf den Kleinanzeigenteil jeder Tageszeitung macht deutlich, daß sich auf dem Psychomarkt so viele Heilsbringer tummeln, daß man zu der Überzeugung verleitet wird, an jeder dieser Therapieformen sei schon irgend etwas Gutes dran. In regelrechten Modewellen nehmen neue, meist aus den USA importierte Techniken oder Theorien an Attraktivität zu, manche auch sehr schnell wieder ab, und suggerieren schnelle Lösungen für Problemstellungen, mit denen die herkömmlichen Therapieverfahren zu kämpfen haben. Zudem

Abb. 1.**1** Vielfalt der Psychotherapie?

fällt den meisten dieser Verfahren der Nachweis der Wirksamkeit schwer.

Immerhin: Es soll nach einer Liste von Herink (1980) mehr als 250 Psychotherapiemethoden geben. Eine umfassende Übersicht über alle auf dem Markt befindlichen gängigen wie auch über alle kuriosen oder obskuren Verfahren findet sich in dem Handbuch von Corsini (1994). Das begründet die Notwendigkeit klarer Definitionen.

> Um seriöse Psychotherapie nicht durch Auswüchse auf dem Psychomarkt in Mißkredit zu bringen, ist eine deutliche Abgrenzung zu Verfahren notwendig, deren Wirksamkeit nicht nachgewiesen ist. Ebenso sind Standards der Qualitätssicherung zu formulieren.

Mögliche Definition

Unter den vielen Versuchen, Psychotherapie zu definieren, gibt es eine Definition, die immer noch sehr gut geeignet ist, Systematik und Ordnung in diese Vielfalt zu bringen. Es ist die von Strotzka (1975) in dem heute noch aktuellen und lesenswerten Buch „Psychotherapie: Grundlagen, Verfahren, Indikationen", übrigens das erste „integrative" Buch zur Psychotherapie.

> Danach ist Psychotherapie:
> - ein bewußter und geplanter interaktioneller Prozeß
> - zur Beeinflussung von Verhaltensstörungen und Leidenszuständen,
> - die in einem Konsensus (möglichst zwischen Patient, Therapeut und Bezugsgruppe) für behandlungsbedürftig gehalten werden,
> - mit psychologischen Mitteln (durch Kommunikation)
> - meist verbal, aber auch averbal
> - in Richtung auf ein definiertes, nach Möglichkeit gemeinsam erarbeitetes Ziel (Symptomminimalisierung und/oder Strukturänderung der Persönlichkeit)
> - mittels lehrbarer Technik
> - auf der Basis einer Theorie des normalen und pathologischen Verhaltens.
> - In der Regel ist dazu eine tragfähige emotionale Bindung notwendig.

Obwohl schon 1975 programmatisch formuliert und darauf bezogen, wie Psychotherapie sein sollte, ist dieser Definition aus heutiger Sicht nur wenig hinzuzufügen. Sie ist umfassend, treffend und von den meisten Psychotherapeuten akzeptiert. Dennoch ist sie gleichzeitig relativ allgemein gehalten, und wir möchten sie für die *Fachpsychotherapie* durch folgende Leitsätze, Überlegungen und Anmerkungen ergänzen und präzisieren.

> Psychotherapie ist Krankenbehandlung bei seelisch bedingten Krankheiten, Beschwerden, Störungen im Rahmen und nach den Regeln des öffentlichen Gesundheitswesens.

In einer allgemeinen Formulierung beschreibt der Begriff *Psychotherapie* einen *medizinischen Versorgungsbereich* im Rahmen und nach den Regeln des öffentlichen Gesundheitswesens sowie psychotherapeutische *Verfahren zur Krankenbehandlung,* wobei letzteres als *Fachpsychotherapie* zu bezeichnen ist.

Fachpsychotherapie als Verfahren zur Krankenbehandlung ist eindeutig definiert: Es handelt sich um professionelles psychotherapeutisches Handeln im Rahmen und nach den Regeln des öffentlichen Gesundheitswesens, das wissenschaftlich fundiert ist mit Bezug auf wissenschaftlich begründete und empirisch gesicherte Krankheits-, Heilungs- und Behandlungstheorien. Fachpsychotherapie ist ein *komplexes therapeutisches Prinzip* mit handlungsorientierten Strategien zur Beeinflussung von Erleben und Verhalten, das geeignet ist, psychisch bedingte oder mitbedingte Krankheiten oder Verarbeitungsstörungen bei körperlicher Erkrankung oder psychosozialer Belastung zu beseitigen oder zu mildern (*kurative Psychotherapie*) und Krankheitsentstehung vorzubeugen (*präventive Psychotherapie*). Die Psychotherapie bei akuten Traumata (z.B. nach Unfall, Verlust, schwerer Erkrankung etc.), bei schwerer körperlicher Krankheit (z.B. Krebs) oder bei schwerwiegenden medizinischen Maßnahmen (z.B. Transplantation) ist präventiv, da bei rechtzeitiger Anwendung von Psychotherapie die Entwicklung einer psychischen Störung oder Erkrankung verhindert werden kann.

Bei einer psychotherapeutischen Behandlung werden in einem *Gesamtbehandlungsplan* indikationsspezifisch psychotherapeutische *Verfahren* eingesetzt, innerhalb derer spezielle Behandlungs-*Methoden* oder Behandlungs-*Techniken* und Behandlungs-*Settings* zur Anwendung kommen. Psychotherapeutische *Grundverfahren* sind in ihrer theoretischen Grundorientierung gekennzeichnet durch eine *umfassende und eigenständige, wissenschaftlich begründete* und (soweit das nach heutigem wissenschaftlichem Stand möglich ist) *empirisch gesicherte Krankheits-, Heilungs- und Behandlungstheorie*. Psychotherapeutische *Methoden* oder *Techniken* sind wissenschaftlich begründete und empirisch gesicherte psychotherapeutische Methoden ohne umfassende und eigenständige Krankheits-, Heilungs- und Behandlungstheorien, die deshalb prinzipiell innerhalb eines Grundverfahrens eingesetzt werden. Psychotherapeutische *Settings* sind behandlungsstrategische Elemente und Arrangements, die zur gezielten therapeutischen Beeinflussung genutzt werden.

Exkurs: Fachpsychotherapie und Professionelle Psychologische Beratung.

Die *Fachpsychotherapie* als etablierte Methode zur Behandlung von Krankheit unterscheidet sich essentiell von der *Professionellen Psychologischen Beratung* und anderer Art von *Lebenshilfe*, innerhalb derer einzelne psychotherapeutische Techniken und Methoden ihren jeweils eigenen Stellenwert haben können, allerdings ohne begründeten Anspruch auf Therapie. Damit soll keineswegs die wissenschaftliche Psychotherapie lediglich abgegrenzt und vor unwissenschaftlichen Einflüssen geschützt werden. Im Gegenteil geht es auch darum, *der professionellen psychologischen Beratung, die sich u.a. auch psychotherapeutischer Techniken bedienen kann, ihren eigenen, aus unserer Sicht besonders wichtigen Platz in unserer Gesellschaft zu belassen*. Eine zu weite Fassung dessen, was Psychotherapie ist, führt zwangsläufig zu einer Psychopathologisierung schicksalhafter menschlicher Lebensprobleme und Konfliktlagen, die nicht als Krankheit aufzufassen sind.

Die *Durchführung* von Fachpsychotherapie ist in den Psychotherapierichtlinien geregelt und findet innerhalb von verbindlichen Rahmenbedingungen für die psychotherapeutische Berufspraxis statt, an die sich jeder Psychotherapeut zu halten hat. Die gesundheitspolitischen, ökonomischen, rechtlichen und ethischen Grundlagen sowie die Finanzierung der psychotherapeutischen Leistung und deren Modalitäten sind im öffentlichen Gesundheitswesen klar definiert und geregelt. Juristisch gesehen tritt jeder Psychotherapeut mit seinen Patienten in ein Dienstverhältnis, durch das nicht nur die therapeutische Beziehung definiert und von einer privaten Beziehung klar unterschieden ist, sondern mit dem auch gefordert ist, daß dem Patienten die beste verfügbare Hilfe geboten wird, die dem gegenwärtigen Stand der Wissenschaft entspricht. Auf alle diese Fragen wird in Kap. 58 in diesem Buch ausführlich eingegangen.

> Fachpsychotherapie nimmt Bezug auf theoretisch begründete und empirisch gesicherte Theorien zur Entstehung, Heilung und Behandlung von psychisch bedingten Krankheiten und Störungen und erfolgt mittels wissenschaftlich begründeter psychotherapeutischer Verfahren.

Es sollte eine Selbstverständlichkeit sein, daß jede Form von Psychotherapie auf einer wissenschaftlichen Theorie der Persönlichkeit und ihrer Störungen sowie auf einer wissenschaftlichen Theorie der Veränderung psychischer Störungen beruht und daß sich jede Form von Psychotherapie erprobter und empirisch gesicherter Veränderungstechnologien bedient. Diese Bedingungen werden von vielen der sich auf dem Markt befindlichen psychotherapeutischen Verfahren nicht oder nur mangelhaft erfüllt. Das heißt nicht, daß psychologische Interventionstechniken aus solchen Verfahren im Rahmen von Behandlungsplänen nicht auch von therapeutischem Nutzen sein können. Prinzipiell ist jedoch für jedes psychotherapeutische Verfahren und für jede psychotherapeutische Technik die empirische Überprüfung und Absicherung in kontrollierten Studien zu fordern.

Erfreulicherweise hat die Psychotherapieforschung in den letzten beiden Jahrzehnten große Fortschritte auch für die psychotherapeutische Praxis erbracht, was in dem „Handbook of Psychotherapy and Behavioral Change" von Garfield u. Bergin (1994) u. a. Publikationsorganen zum Ausdruck kommt (z.B. Zeitschriften: Psychotherapy Research; Journal of Psychotherapy Integration; Psychosomatische Medizin und Psychoanalyse; Psychotherapie, Psychosomatik, Medizinische Psychologie; Psychotherapeut; Verhaltenstherapie). Es liegen heute überzeugende theorie- und schulenübergreifende Konzepte sowie ausgearbeitete Therapiemanuale vor. Zukunftsweisend für die moderne Entwicklung der Psychotherapie sind die Ansätze zu einer Integrativen Psychotherapie.

> Fachpsychotherapie wird durchgeführt unter Zuhilfenahme qualifizierter Diagnostik und Differentialindikation unter Einbezug und Nutzung aller verfügbaren Verfahren und Methoden und mit a priori formulierten und a posteriori evaluierten Therapiezielen.

Was hilft, das kann auch schaden. Diese alte Weisheit gilt auch für die Psychotherapie. S. Freud hatte die Psychotherapie mit dem chirurgischen Eingriff gleichgesetzt, um mit dieser Analogie zum Nachdenken darüber anzuregen, daß ein psychotherapeutischer „Eingriff" zu innerpsychischen Veränderungen mit möglicherweise weitreichenden Folgen führt und die innerpsychische Struktur zum Nutzen, aber auch zum Schaden verändern kann. Schon deshalb sollte Psychotherapie nur bei Krankheit angewendet werden, bei krankheitswertigen Störungen und Leiden, die im klinischen Sinne behandlungsbedürftig sind. Allgemeine Lebensprobleme, Berufsprobleme, Erziehungsprobleme oder Beziehungsstörungen fallen nicht unter den seelischen Krankheitsbegriff und deshalb auch nicht in den Indikationsbereich der Psychotherapie.

Es muß eine Selbstverständlichkeit sein, daß jeder psychotherapeutischen Intervention eine ausreichend und sorgfältig durchgeführte und dokumentierte Diagnostik vorausgeht sowie eine Differentialindikation für die Verfahren erfolgt, die den meisten Erfolg versprechen. Ebenso muß es für jeden Psychotherapeuten selbstverständlich sein, seine Behandlungsergebnisse zu kontrollieren und die Erreichung von a priori formulierten Therapiezielen nach der Therapie zu überprüfen. Dies erscheint uns wichtig, um die Beliebigkeit von Post-hoc-Erklärungen für stattgefundene Prozesse zu vermeiden. Keine medizinische Behandlungsmaßnahme darf ohne Erfolgskontrolle angewendet werden, und auch die psychotherapeutischen Verfahren stehen zu Recht auf dem öffentlichen Prüfstand.

> Psychotherapie wird durchgeführt von professionellen Psychotherapeuten mit ausreichender, geprüfter Berufsqualifikation unter Erfüllung qualitätssichernder Maßnahmen unter dem Gebot der Wirtschaftlichkeit sowie unter Wahrung ethischer Grundsätze und Normen.

Psychotherapie wird in der Regel von ärztlichen Psychotherapeuten und von psychologischen Psychotherapeuten durchgeführt. Die Ausübung von Psychotherapie ist eine sehr verantwortungsvolle Tätigkeit, die eine langjährige anspruchsvolle und anerkannte Berufsqualifikation voraussetzt. Unerläßlich ist die praxisnahe klinische Ausbildung „am Patienten", d. h. daß die zukünftigen Therapeuten in der Ausbildung ausreichende praktische Erfahrungen unter Anleitung mit den Krankheitsbildern und Störungen machen, die sie später selbständig behandeln sollen. Ausbildung in Psychotherapie ist über die Vermittlung von Theorie hinaus „learning by doing" unter Supervision und ausreichender Selbsterfahrung. Ausbildungsangebote und Ausbilder sind einer strengen Qualitätssicherung zu unterwerfen, Wochenendausbildung bei „Psycho u. Co" (wie eine Anzeigenrubrik lautete) ist unzureichend und obsolet. Die Durchführung von Psychotherapie ist an hohe ethische Forderungen gebunden, und es bedürfte eigentlich keiner Erwähnung, daß die therapeutische Beziehung klar und eindeutig persönliche, freundschaftliche, intime oder sexuelle Beziehungen ausschließt.

Definition

Soweit unsere Ergänzungen zu der Definiton von Strotzka. Auf diesem Hintergrund schlagen wir für die Psychotherapie, die wir hier als Fachpsychotherapie bezeichnen, folgende Definition vor:

> Fachpsychotherapie ist
> - professionelles psychotherapeutisches Handeln im Rahmen und nach den Regeln des öffentlichen Gesundheitswesens,
> - das wissenschaftlich fundiert ist mit Bezug auf wissenschaftlich begründete und empirisch gesicherte Krankheits-, Heilungs- und Behandlungstheorien,
> - das mit theoretisch abgeleiteten und empirisch abgesicherten Verfahren, Methoden und Settings zielgerichtete Veränderungen im Erleben und Verhalten von Patienten bewirkt,
> - das zum Zwecke der Behandlung von psychisch bedingten oder mitbedingten Krankheiten, krankheitswertigen Störungen und Beschwerden oder zu deren Vorbeugung eingesetzt wird,
> - das eine qualifizierte Diagnostik und Differentialindikation unter Einbezug und Nutzung aller verfügbarer Verfahren und Methoden voraussetzt,
> - das durchgeführt wird mit a priori formulierten und a posteriori evaluierten Therapiezielen
> - von professionellen Psychotherapeuten mit geprüfter Berufsqualifikation
> - unter Wahrung ethischer Grundsätze und Normen
> - in Erfüllung von Maßnahmen zur Qualitätssicherung auch unter dem Gebot der Wirtschaftlichkeit.

Diese Angaben sind heute für die Fachpsychotherapie verbindlich. Daran läßt sich auch die Qualität einer angebotenen psychotherapeutischen Leistung prüfen.

2. Geschichte und Entwicklungslinien der Psychotherapie

M. Geyer

Einleitung

Im Rahmen dieser kurzen einleitenden psychotherapiegeschichtlichen Betrachtung kann weder der Entstehung der heute dominierenden Schulen noch der mit ihnen verbundenen Begriffe nachgegangen werden. Allerdings scheint dies auch überflüssig in einer Zeit, in der beinahe jede wissenschaftliche Äußerung eines Psychotherapeuten diesem Anliegen dient und die öffentliche Versicherung der Schulzugehörigkeit für wesentlicher gehalten wird als die Originalität der eigenen Ideen.

Gerade in dieser Zeit bedarf es eines Blicks auf die Psychotherapie, der ihre Einheit als heilkundliche Disziplin erkennen läßt. Dazu eignet sich besonders die historische Perspektive, die das überdauernde, bestimmende Element des Gebiets aufdeckt und darüber hinaus die Gewißheit bestärkt, daß die scheinbar unumstößlichen Gegebenheiten einer Zeit noch nie ewig gewährt haben und die Selbstverständlichkeiten von heute zu den Merkwürdigkeiten von morgen gehören.

Ausgangspunkt Gegenwart

Ich stelle mir vor, ich hätte in 100 Jahren die Position der Psychotherapie in Medizin und Gesellschaft in Deutschland am Ausgang des 20. Jahrhunderts zu bewerten.

Ich würde vermutlich unsere Zeit als eine Etappe der Reintegration der Psychotherapie in die Medizin nach einem 150jährigen biologistischen Intervall bezeichnen. Dies könnte durch folgende Fakten belegt werden:

- Die ärztliche und psychologische Psychotherapie nimmt erstmalig seit der Existenz eines sozialstaatlichen Gesundheitswesens eine ihrer Bedeutung halbwegs angemessene Position ein. Epidemiologische Erhebungen und Bedarfsanalysen signalisieren nicht nur einen vorhandenen und nicht gedeckten Psychotherapiebedarf, sondern dieser wird auch von der offiziellen Medizin akzeptiert. Erstmalig besteht auch ein Konsens in der modernen Heilkunde, die sog. sprechende Medizin für den Arzt ökonomisch attraktiver zu machen.
- Der Facharzt für Psychotherapeutische Medizin ist ebenso etabliert wie der vierte Heilberuf eines Psychologischen Psychotherapeuten.
- Mehr und mehr setzen sich psychotherapeutische Bildungsinhalte als selbstverständliche Bestandteile der Facharztweiterbildung in den klinischen Fächern durch. Die Psychiatrie hält es für wichtig, den Begriff „Psychotherapie" sogar in der Facharztbezeichnung mit ihrem Fach zu verbinden.
- Es existiert ein weltweit einmaliges Netz stationärer Einrichtungen mit insgesamt ca. 10000 Betten in Krankenhäusern der Regelversorgung und Rehabilitationskliniken (Schepank u. Tress 1988).
- An den Universitäten haben sich psychosomatisch-psychotherapeutische Lehrstühle fest etabliert. Im Unterrichtsvolumen den anderen klinischen Disziplinen ebenbürtig, beginnt die Psychotherapie ihre besondere Stellung als gleichermaßen integrative wie spezialistische Disziplin in der akademischen Medizin auszuprägen (Hoffmann u. Mitarb. 1991).

Diese erfreuliche Entwicklung läßt sich auf dem Hintergrund des soziokulturellen Wandels in den Industriegesellschaften verstehen, der spätestens in der 2. Hälfte des 20. Jahrhunderts unübersehbar wird (Elias 1978). Es handelt sich um die zunehmende Kultivierung von Individualität bzw. Subjektivität. Erstmals in der Menschheitsgeschichte wird ein „massenhaftes" Bedürfnis einzelner Menschen erzeugt, ihre Individualität zu erfahren, „sich selbst zu verwirklichen", „Entfremdung zu verringern". Als Subjekte der Gesellschaft wollen die Menschen ihre Individualität bestätigt sehen, wie sie auch die sie betreffenden Vorgänge kontrollieren möchten.

Folgerichtig werden Probleme, die sich auf die Selbstthematisierung des Menschen in seiner leiblichen Befindlichkeit wie in seinem sozialen Umfeld beziehen, zunehmend zu einem Hauptgegenstand ärztlich-therapeutischer Tätigkeit (v. Ferber u. Heigl-Evers 1989). Alles in allem ist dies eine einmalige Chance für die Psychotherapie, sich eine hervorragende Position im Kanon der medizinischen Disziplinen zu verschaffen. Hinderlich ist allerdings der verheerende Zustand der Psychotherapie als wissenschaftliche Disziplin, ein merkwürdiger Kontrast zum hohen Grad ihrer Institutionalisierung in der Medizin. Den Betrachter aus der Zukunft ergreift insbesondere tiefes Mitgefühl mit dem Weiterbildungskandidaten am Ausgang des 20. Jahrhunderts angesichts jenes Szenarios, das „psychotherapeutische Weiterbildungslandschaft" heißt und ein Abbild jener exotischen Vielfalt, um nicht zu sagen Zerrissenheit, ist, die das Gebiet charakterisiert:

- Hunderte von Schulen teils sektenartigen Charakters, zu deren Kultur die Ignoranz all jener Erkenntnisse gehört, die nicht der Bestätigung der eigenen Methodik dienen.
- Die hartnäckige Weigerung, das Gebäude einer allgemeinen Theorie der Psychotherapie zu errichten oder auch nur anzuerkennen, daß sich vielfältige Methoden innerhalb einer übergeordneten, einheitlichen Therapietheorie erklären lassen müssen.
- Nicht zuletzt das Beharren der „modernen" Methoden auf ihrer Geschichtslosigkeit, ihrer Schaffung in jüngster Zeit aus dem Nichts durch geniale und anbetungswürdige Gründer, mit dem merkwürdigen Effekt, daß aus einer der ältesten heilkundlichen Disziplinen eine der jüngsten wird; eine befremdliche Scham vor der Anerkennung hi-

storischer Kontinuität, die sonstige medizinische Disziplinen doch stolz macht.

Wie soll sich ein junger Arzt oder Psychologe in einer Landschaft zurechtfinden, durchzogen von Stacheldrahtzäunen, die totalitäre Regime zum Schutz ihrer Untertanen gegen die Verlockungen der anderen errichtet haben. Eine Landschaft, gleichermaßen unwegsam wie betoniert, voller versteckter Schönheiten, aber gespickt mit falschen Wegweisern in sumpfiges Gelände.

Im nachhinein verwundert es schon, wie sich junge Menschen in jene starren Systeme pressen ließen, die mächtige Schulen aufgebaut haben. Kann es denn sein, daß sich die Masse der Psychotherapeuten und ihrer Patienten am Ende des 20. Jahrhunderts tatsächlich noch mit jenen schlichten Glaubenssätzen abspeisen läßt, mit denen jeweils die „Schulen" ihre Exklusivität dokumentieren?

Moderne Mythen über Psychotherapie

In die Gegenwart zurückgekehrt, können wir den aktuellen Wert einer medizinhistorischen Betrachtung ausmachen. Er bestände darin, Mythen zu hinterfragen, die die Entwicklung der Disziplin hemmen, wie z. B.:

- „Psychotherapie ist ein junges medizinisches Fachgebiet, die Geschichte der Psychotherapie ist die Geschichte der Psychoanalyse oder Verhaltenstherapie oder der Hypnose usw."
- „Psychotherapie hat sich aus einer Mutterdisziplin, z. B. der Psychiatrie oder Inneren Medizin, durch Abspaltung entwickelt" oder „Psychotherapie ist eine Tochterdisziplin der Psychologie".
- „Psychotherapie ist gar keine Disziplin, sondern die jeweilige Methode".
- „Keine Methode läßt sich hinsichtlich ihrer Wirkungen mit anderen vergleichen. Eine allgemeine Therapietheorie der Psychotherapie ist weder möglich noch notwendig".

Integration und Spezialisierung im Wandel der Zeiten

Die Psychotherapie ist zweifellos neben Pharmakologie und Chirurgie eine der ältesten therapeutischen Querschnittsdisziplinen der Medizin (Lange 1963). Mehr als die anderen therapeutischen Querschnittsdisziplinen hatte sie jedoch Mühe, ihre methodischen Besonderheiten im Rahmen eines abgrenzbaren Fachs zu entwickeln. Schuld daran war offensichtlich die ihrem Wesen innewohnende Möglichkeit, Wirkungen innerhalb jeder ärztlichen Kommunikation zu entfalten. Während der explizit technisch-handwerkliche Charakter beispielsweise der Chirurgie eine Spezialisierung der Ärzte im Hinblick auf die Handhabung des Skalpells unabwendbar macht, können sich psychotherapeutische Wirkungen aller möglichen Medien interpersoneller Beziehungen bedienen, d. h. nicht nur der Sprache bzw. klar abgrenzbarer verbaler Beeinflussungsprozeduren, sondern eben auch medizinisch-handwerklicher Verrichtungen bis hin zu pharmakologischen oder chirurgischen Scheinhandlungen, deren psychotherapeutischer Charakter auch den Ärzten nicht immer klar gewesen sein dürfte („Nutze die neuen Medikamente, solange sie noch Kraft zum Heilen haben!", schrieb allerdings schon Trousseau, ein Arzt des 19. Jahrhunderts, s. auch Paar 1979).

Medizingeschichtlich lassen sich mehrere Etappen unterscheiden:

Zunächst eine lange Zeit der Integration innerhalb der „Anwendung" magisch-suggestiver Heilungsrituale durch Medizinmänner und -frauen bzw. Schamanen seit mindestens 40 000 Jahren. Die angewandten Praktiken setzten besondere persönliche Eigenschaften, intensive Selbsterfahrung und Ausbildung voraus. „Psychotherapeutische Verfahren", d. h. magische Rituale, waren eng verbunden mit gezielter pharmakologischer Beeinflussung, zunehmend auch mit chirurgischen Spezialkenntnissen (Narr 1978).

Bei den Priesterärzten des alten Ägypten ist diese Integration nicht nur methodisch realisiert, sondern auch theoretisch konzipiert. Im Papyrus Ebers heißt es: „Wirksam ist das Heilmittel zusammen mit dem Zauber, wirksam ist der Zauber zusammen mit dem Heilmittel" (Westendorf 1978).

Bereits die Babylonier vollzogen den Spezialisierungsschritt einerseits zum Seelenarzt – „asipu" – dem Beschwörer, andererseits zum Arzt, der für die lokalen handwerklich angehbaren körperlichen Störungen verantwortlich ist, dem „asu" (Goltz 1974).

In den assyrisch-babylonischen und jüdisch-alttestamentarischen Hochkulturen dürfte die Gleichsetzung von Krankheit und Sünde (das assyrische Wort für Krankheit „shertu" bedeutet auch Sünde, s. auch Schipperges 1978) dafür gesorgt haben, daß ein richtiger Arzt nur ein Priester sein konnte. Ärztlich handwerkliche Technik war zu kaum einer Zeit ohne „seelenkundliche" Vorstellung denkbar. Aber die Schwierigkeit, beides in der Person des Arztes zu vereinigen, drückt sich über die Zeit in ganz unterschiedlichen Arztbildern und Mythen aus. Der heilkundlich ausgebildete Asklepios bedurfte zusätzlich zu seiner eigenen göttlichen Abkunft der ständigen Begleitung seiner Tochter Hygieia, der Göttin der Gesundheit. Der sich im Gefolge des Heilers Jesus Christus verstehende priesterliche Arzt der Christen machte „die erbarmende Liebe zu der Gefährtin seiner Kunst" (Lain Entralgo 1969).

Eine Trennung dieser beiden Aspekte des Arztseins, wie bereits sehr früh in Babylonien (s. oben) zu finden, erfolgte in enger Verbindung mit dem fortschreitenden medizinischen Wissen. Beispielhaft vollzieht sich dieser Prozeß in der griechischen Antike.

In dem Maße, wie der Mensch zunehmend als Erscheinung der Natur begriffen wurde, war er auch naturwissenschaftlicher Betrachtung zugänglich. Aus der Auffassung des Kranken als Sünder wurde eine Sicht, die den Sünder als Kranken sah (Lain Entralgo o. J.). So wurden sowohl der über tausendjährige therapeutische Kult, der in den Tempeln des Heilgottes Asklepios in Form des heilenden Tempelschlafs zelebriert wurde, als auch die psychokathartischen Orgien des Dionysos-Kultes allmählich abgelöst von der physiologischen Medizin der Hippokrates-Schule, die eine allgemeine Naturlehre (Physiologia), die Heilmittelkunde (Pharmakologia) und die Behandlungslehre (Techne therapeutike) umfaßte.

Da sich die allgemeine Krankheitslehre um die Fehlmischung der vier Körpersäfte Blut, Schleim, gelbe und schwarze Galle drehte, gewann die Physis in der Medizin die Oberhand. Interessanterweise verschwand der explizit psychotherapeutische Zugang in der hippokratischen Medizin auf demselben Wege, wie er in der Neuzeit wieder auftauchte. Die nicht-physiologischen Zugänge wurden zunächst exklusiv und dann randständig. In der griechischen Antike behandelten zunächst besondere Ärzte eine kleine Schicht sehr Wohlhabender auch psychotherapeutisch. Die Methodik dieser Therapien wurde zunehmend außerhalb der engeren medizinischen Wissenschaft im sozialwissenschaftlich-psychologischen Bereich der Philosophie entwickelt. Es war selbstverständlich, daß nur der wohlhabende und freie Mensch als besonderer, einzigartiger Fall auch psychologische Zuwendung erhielt (bei Platon „pädagogische Medizin"), während der Sklave mit einer Art Veterinärmedizin (bei Platon „tyrannische Medizin") und der arme Freie mit Radikalkuren nach dem Motto „Vogel friß oder stirb" wieder arbeitsfähig gemacht wurden (Platon 1957). Die „schönen Reden des guten Arztes", die Platon (1957) in den Gesetzen beschreibt, erforderten eine philosophische Ausbildung und Haltung, wie auch die Kunst der Überredung (Persuasion) von den Sophisten – also Philosophen – in die Krankenbehandlung eingeführt wurde.

Die von Sokrates als „Hebammenkunst für Männer" geübte „dialektische" Methode des ärztlichen Gesprächs hat sich als Technik bis in die Gegenwart erhalten. Die Grundprinzipien dieser „Geburtshilfe", die nichts im Patienten erzeugt, sondern lediglich den Strebungen des Patienten ans Tageslicht hilft, haben praktisch allen aktuellen Gesprächstherapiemethoden Pate gestanden.

In der griechischen Medizin entstand durch die Integration volksheilkundlicher, philosophisch-psychotherapeutischer und physiologischer Erkenntnisse ein ärztliches Expertentum auf einem hohen Niveau, das erst wieder in der Neuzeit erreicht wurde.

Noch einmal vollzieht sich dieser Prozeß der Trennung von Seelen- und Körpermedizin im europäischen Mittelalter. Bis etwa ins 12. Jahrhundert richtet sich Heilung an christlicher Gesinnung, an Barmherzigkeit und Liebe aus. Arzt und Seelsorger waren in der Person des Priesters solange vereint, wie der medizinische Fortschritt es gestattete. Das Verbot der Ausübung des ärztlichen Berufs durch die Geistlichkeit im 12. Jahrhundert folgte der Erkenntnis, daß medizinisch schlecht ausgebildete Priester den Tod von Kranken herbeiführen und sich mit einer Todsünde beladen könnten (Finzen 1969). Von da ab praktizierten „Laien" die ärztliche Kunst, bis heute unterstützt von Schwestern, den Nachfahren der barmherzigen Nonnen.

Bis zur Ausrufung des Sieges der rein naturwissenschaftlichen Medizin des 19. Jahrhunderts war es zwar noch ein weiter Weg, aber in den ärztlichen Ideologien dominierten seitdem die aufklärerischen Ideen vom Menschen, welcher Natur, Krankheit und Tod beherrscht. Die nicht physikochemischen Einflüsse auf den Organismus gerieten soweit aus dem Blick, daß ein Medizinhistoriker wie Shapiro mit Recht sagen konnte, die Geschichte der Medizin sei über weite Strecken als die Geschichte des Plazebo aufzufassen (Shapiro 1963). Dies trifft in besonderer Weise auf die Medizin derjenigen Epochen zu, in denen psychotherapeutisches Handeln in chirurgischen und pharmakologischen Scheinhandlungen versteckt blieb.

Zusammenfassung

Bei aller Verschiedenheit der Menschenbilder, des Stellenwertes des Menschen in der Natur und der Verfügbarkeit empirischen Wissens in den einzelnen Epochen der Menschheitsgeschichte, lassen sich die Umrisse eines psychotherapeutischen Zugangs im Spannungsfeld von Integration und Spezialisierung in der Medizin zu allen Zeiten ausmachen. Die Dialektik von Integration und Spezialisierung ist von jeher wesensbestimmend für die Heilkunde. Jeder Spezialisierungsschritt der Medizin verlangt auch wieder die Rückkehr zur Einheitlichkeit ihres Gegenstandes, dem kranken Menschen. Hier bietet sich der psychosoziale, kommunikative Zugang implizit/unreflektiert oder explizit mit einer ausgearbeiteten Methodik als Möglichkeit personaler Vermittlung von Heilung an und wurde in der Menschheitsgeschichte jeweils zeit- und kulturgemäß entweder in magisch-animistischen, religiösen, philosophischen und psychologischen Ritualen oder Prozeduren oder aber medizinischen Scheinhandlungen ärztlich angewendet. Psychotherapie ist keine Erfindung der Neuzeit. Nicht einmal ihre aktuell dominierenden methodischen Prinzipien sind neueren Datums. Sie mußten zwar immer wieder entdeckt und in jeweils aktuelle Krankheitstheorien eingeordnet, aber nicht neu geschaffen werden.

Beschwerliche Rückkehr der Psychotherapie in die moderne Organmedizin

Als sich in der zweiten Hälfte des 19. Jahrhunderts in einem gewaltigen Spezialisierungsschub die heutige disziplinäre Gestalt der Medizin bildete, blieb die Psychotherapie außen vor. Als Spezialdisziplin hatte sie nichts zu bieten, was die Medizin zu ihrem Selbstverständnis benötigte: Einen faßlichen Gegenstand in Form einer klar umrissenen Organpathologie und eine dem wissenschaftlichen Experiment zugängliche therapeutische Strategie.

Trotzdem vollzog sich die Disziplingenese dieses Fachs nicht gänzlich außerhalb der Medizin. In der sog. medizinischen Praxis gab es spätestens seit den 50er Jahren des 19. Jahrhunderts immer wieder Versuche, psychotherapeutische Methoden in schulmedizinisches Vorgehen zu integrieren. Zuerst gelang dies mit der Hypnose, die am ehesten den Ansprüchen an ein wissenschaftlich-experimentelles Vorgehen genügte. Anhand der Hypnose konnte seinerzeit etwas ins Bewußtsein der Ärzte zurückgeholt werden, was in Vergessenheit geraten war, nämlich daß körperliche Symptome über interpersonell vermittelte psychische Prozesse ausgelöst und aufgehoben werden können. Damit war eine psychotherapeutische Methode in der modernen naturwissenschaftlichen Medizin aufgetaucht, die eine gewisse Verträglichkeit von Psychotherapie und Schulmedizin signalisierte.

Die psychotherapeutischen Methoden wurden in jener Zeit in erster Linie in der somatischen Medizin eingesetzt, also nicht in der Psychiatrie, sondern in Chirurgie, Allgemeiner und Innerer Medizin. 1843 führte der Engländer James Braid (1795 – 1860), ein Chirurg, den Begriff der „Hypnose" in die Medizin ein. Mit dieser Behandlungsmethode, dem Hypnotismus, wurde der Grundstein für die ärztliche Psychotherapie als eigenständiger Fachrichtung gelegt. Es waren Internisten, Chirurgen und später auch Neurologen, die die Hypnose ausgesprochen pragmatisch zur Behandlung von Schmerzzuständen, von funktionellen Störungen und Sexualstörungen einsetzten (Schrenck-Notzing 1892). Es waren schließlich der praktische Arzt Liebeault (1823–1904) und der Professor für Innere Medizin Bernheim (1840–1919), die Gründer der Schule von Nancy, die durch die Transformation des Hypnotismus zur Suggestionslehre und Suggestionstherapie ein Konzept kreierten, das den Durchbruch der Psychotherapie zum eigenen Fach bahnte. Damit war gegen Ende des 19. Jahrhunderts die Psychotherapie eine Sache der Allgemeinen und Inneren Medizin. Psychiater wie der Züricher Eugen Bleuler, die derartige Methoden in die Therapie psychischer Krankheiten einbezogen, waren keineswegs die Regel.

Trotz aller Bemühungen um akademische Akzeptanz blieben jedoch die in der hausärztlichen Medizin tätigen Hypnotiseure ebenso Außenseiter einer von Erfolg zu Erfolg eilenden Organmedizin, wie die Vertreter der Psychoanalyse Sigmund Freuds, der ebenfalls über die Hypnose zur psychoanalytischen Methode kam. Die in den 20er Jahren sich weltweit ausbreitende Psychoanalyse konnte zwar eine beträchtliche Resonanz im öffentlichen gesellschaftskritischen Diskurs erregen. Als Wissenschaft etablierte sie sich allmählich in den akademischen Zirkeln der Sozial- und Geisteswissenschaften. Sie blieb jedoch über viele Jahre aus den medizinischen Fakultäten verbannt. Die ebenfalls in diese Zeit fallenden Anfänge der Verhaltenstherapie hielten sich in einzelnen Institutionen der jungen akademischen Psychologie. Obwohl dem naturwissenschaftlichen Denken in der Medizin dieser Zeit viel näher als die Psychoanalyse, fand die Verhaltenstherapie kaum Interesse. Der theoretisch und behandlungspraktisch begründete Anspruch Freuds, mit der Psychoanalyse eine kausale Methode zur Therapie der Neurose gefunden zu haben, ließ die Psychotherapie zur Domäne der vorwiegend psychiatrisch orientierten Neurosetherapeuten werden. Von da ab wurde die Bedeutung der Psychotherapie in der somatischen Medizin mit Bezeichnungen wie „Kleine Psychotherapie" oder „Symptomzentrierte Psychotherapie" auch im Sprachgebrauch relativiert. Trotzdem entwickelte sich in der ersten Hälfte des 20. Jahrhunderts eine eigenständige, durchaus integrative ärztliche Psychotherapie in der Inneren Medizin. Drei Namen stehen für diese Entwicklung: Ludolf von Krehl, der den biologistischen Tendenzen seiner Fachkollegen bereits 1932 den Satz entgegenhielt: ". . . es gibt keine Krankheit per se, wir kennen nur kranke Menschen"; Gustav von Bergmann (1878–1955), dessen Einfluß auf das Denken der heutigen Internistengeneration unübersehbar ist, der uns die strukturellen Veränderungen im Körper als Folge und nicht als Ursache physiologischer Vorgänge begreifen ließ; und schließlich Victor von Weizsäcker (1886–1975), der im Gebäude seiner anthropologischen Medizin dem Subjekt wieder einen Platz im ärztlichen Denken einräumte. Victor von Weizsäcker wird als Begründer der modernen Psychosomatischen Medizin angesehen. Der Internist Thure von Uexküll (geb. 1908) gilt wohl als bedeutendster lebender Psychosomatiker in der deutschen Tradition einer integrativen ärztlichen Psychotherapie.

Während neurotische Störungsformen bis zum Anfang des 20. Jahrhunderts vorwiegend als Modekrankheiten der wohlhabenden Schichten betrachtet und von der Schulmedizin bereitwillig an Außenseiter und Modeärzte abgetreten worden waren, änderte sich diese Haltung eindrucksvoll, als Psychotherapeuten erfolgreich das Rätsel der Kriegsneurosen des 1. Weltkrieges lösten und die epidemisch vorkommenden „Kriegsschüttler" unter den Soldaten wieder kriegsverwendungsfähig machten.

Die sich daraus ergebende Chance für die Psychotherapie, endlich als für die Nation und damit als zur Heilkunde gehörende gesellschaftstragende Institution anerkannt zu werden, reflektierte Sigmund Freud ebenso offen wie die Väter der „deutschen ärztlichen Psychotherapie", wie z. B. Kronfeld, J.H. Schultz, G.R. Heyer u. a.

Dabei hatten die oft genug von ihren etablierten somatischen Fachkollegen gedemütigten Psychotherapeuten (beispielsweise wurde G.R. Heyers aus heutiger Sicht bemerkenswerter empirischer psychosomatisch-psychotherapeutischer Ansatz „Das körper-seelische Zusammenwirken in den Lebensvorgängen" [Heyer 1925] noch 1923 als Habilitationsschrift glatt abgelehnt) immer das Bewußtsein ihrer besonderen Rolle in der Medizin. Im vorläufigen Programm des 1. Allgemeinen Ärztlichen Kongresses für Psychotherapie 1926 findet sich folgende programmatische Formulierung: „Die Psychotherapie der Gegenwart... hat ihre Existenzberechtigung bewiesen. Trotzdem muß sie noch um ihre Anerkennung ringen. Innerhalb der eigenen Reihen sind Gegensätze auszugleichen, und der gemeinsame Boden der verschiedenen psychotherapeutischen Methoden ist festzustellen. Weiterhin hat die Psychotherapie ihre Beziehung zur Klinik und zu den einzelnen Sonderdisziplinen zu klären... Endlich ist die Psychotherapie als durchgreifender Gesichtspunkt berufen, die Sonderdisziplinen der Medizin wieder zu vereinigen in der Beziehung auf den leidenden Menschen" (Winkler 1977).

In diesem beeindruckenden Statement werden die drei Ebenen bereits angedeutet, auf denen jeweils besondere **Beiträge der Psychotherapie für die Medizin** erforderlich werden:

- Als besonderes Fach der Medizin hat sie ihre eigene Theorie auszuarbeiten und damit den „gemeinsamen Boden der verschiedenen psychotherapeutischen Methoden" festzustellen. Dies ist zweifellos die Aufgabe unseres heutigen „Facharztes für Psychotherapeutische Medizin" und des hochspezialisierten psychologischen Psychotherapeuten, die die Psychotherapie zu einer Spezialdisziplin der Medizin mit einer verbindlichen Theorie weiter zu entwickeln haben.
- Sie hat als allen klinischen Fächern bzw. „Sonderdisziplinen" verbundene therapeutische Querschnittsdisziplin die jeweils spezifische Funktion der Psychotherapie für ein spezielles Fach auszuloten und die entsprechende psychotherapeutische Methodik zur Verfügung zu stellen. Sie bereitet das „Technologiewissen", über das sie als eigene Spezialdisziplin verfügt, für andere Spezialdisziplinen auf. Hier wird also die Ebene der späteren „Bereichs- bzw. Zusatzbezeichnung Psychotherapie" konzipiert.
- Sie hat dafür zu sorgen, daß die integrierende Kraft der psychosozialen Dimension in der gesamten Medizin zum Tragen kommt, indem sie – unabhängig von Spezialverfahren der Psychotherapie – die Rolle der Arzt-Patient-Beziehung im ärztlichen Handeln und die psychosoziale Dimension in ihrer Bedeutung für alle Bereiche der Medizin konzeptualisiert. Diese Ebene gestaltet heute die Psychotherapie im Rahmen der psychosozialen Grundversorgung, anteilsmäßig auch in den ärztlichen Ausbildungsfächern „Medizinische Psychologie" und „Psychosomatische Medizin und Psychotherapie".

Brüche und Kontinuitäten in der Zeit des Nationalsozialismus

Man kann es aus heutiger Sicht nur mit Dankbarkeit feststellen, daß ein Mann wie Ernst Kretschmer, der 1. Vorsitzende der 1926/27 gegründeten Allgemeinen Ärztlichen Gesellschaft für Psychotherapie, die Machtergreifung Hiltlers mit der Niederlegung seines Amtes quittierte. Er erhielt sich damit die persönliche Integrität und die Legitimität zur Neugründung dieser Gesellschaft 1947, nachdem der nationalsozialistische Spuk vorbei war (Kretschmer 1963). Es kann allerdings nicht verschwiegen werden, daß sich die Mehrzahl der in Deutschland verbliebenen Psychotherapeuten in der Art ihres ideologischen Engagements, ihrer Anbiederung an die Mächtigen und ihrer Befürwortung der antisemitischen Aktionen der Nazis nicht sonderlich von der deutschen Ärzteschaft allgemein abhob. Nach Kretschmers Schritt wurde seinerzeit eine eindeutig nationalsozialistisch ausgerichtete „Deutsche allgemeine ärztliche Gesellschaft für Psychotherapie" gegründet, der sich jene Ärzte verpflichtet fühlen sollten, die"... willig sind, im Sinne der nationalsozialistischen Weltanschauung eine seelenärztliche Heilkunst auszubilden und auszuüben. Die Gesellschaft setzt von allen ihren schriftstellerisch und rednerisch tätigen Mitgliedern voraus, daß sie Adolf Hitlers grundlegendes Buch ‚Mein Kampf' mit allem wissenschaftlichen Ernst durchgearbeitet haben und als Grundlage anerkennen. Sie will mitarbeiten an dem Werke des Volkskanzlers, das deutsche Volk zu einer heroischen, opferwilligen Gesinnnung zu erziehen" (Göring 1933). Die in den 20er Jahren in Deutschland erstarkte und in mehreren Instituten in Berlin, Leipzig, Hamburg und im südwestdeutschen Raum konzentrierte psychoanalytische Bewegung löste sich durch Emigration ihrer überwiegend jüdischen Mitglieder weitgehend auf (Lockot 1985). Die übriggebliebenen nichtjüdischen Psychoanalytiker organisierten sich schließlich 1936 im „Deutschen Institut für psychologische Forschung und Psychotherapie" in Berlin (mit Zweigstellen in München, Stuttgart, Wien), einer unter Leitung von M.H. Göring, eines Verwandten Hermann Görings, stehenden Einrichtung, die „die deutsche Seelenheilkunde" (Göring 1934) hervorbringen sollte. Der Idee einer Synopsis, einer synoptischen Psychotherapie oder der Amalgamierung der wesentlichen Elemente aller tiefenpsychologischen Schulen haftet auch heute noch der Geruch der „deutschen Seelenkunde" an, obwohl sich einzelne Institutsmitglieder durchaus eine gewisse ideologische Unabhängigkeit erhalten konnten (Baumeyer 1971, Kemper 1973, Riemann 1973, Bräutigam 1984, Thomä 1986). Die besonders von Schultz-Hencke (1949) entwickelte neopsychoanalytische Richtung fand nicht zuletzt durch die Tatsache ihrer Entwicklung innerhalb dieser Institution keine Anerkennung in der internationalen psychoanalytischen Bewegung.

Psychotherapie in Deutschland nach 1945

Wie einleitend beschrieben, hat die Psychotherapie im Deutschland der Nachkriegszeit eine weltweit vordere Position im Hinblick auf den Grad ihrer Institutionalisierung als Spezial- wie als Querschnittsdisziplin der Medizin erreicht. Diese Entwicklung hatte bereits in der Zeit der Weimarer Republik begonnen. Die Gründung der Allgemeinen Ärztlichen Gesellschaft für Psychotherapie 1926/27 oder die Einrichtung einer ersten Spezialklinik für psychoanalytische Psychosomatik durch Simmel in Berlin (1927) bezeichnen erste Höhepunkte (Dührssen 1994). Nach dem Krieg konnte an diese Entwicklung angeknüpft werden.

Folgende markante Punkte kennzeichnen diesen Prozeß:

- Die Entstehung der ersten psychotherapeutischen Poliklinik, die von einer öffentlich-rechtlichen Institution, der späteren Allgemeinen Ortskrankenkasse Berlin, getragen wurde, in Westberlin 1946. Im „Institut für psychogene Erkrankungen der Versicherungsanstalt" (Leitung W. Kemper und H. Schultz-Hencke) wurden erstmals psychotherapeutische Leistungen durch gesetzliche Krankenkassen honoriert (Dührssen 1994).
- Die Wiedergründung der Allgemeinen Ärztlichen Gesellschaft für Psychotherapie 1947 und die Gründung einer Dachgesellschaft aller tiefenpsychologischen Richtungen, der Deutschen Gesellschaft für Psychotherapie, Psychosomatik und Tiefenpsychologie (heute DGPT) 1949, die berufs- und fachpolitische Interessen der Psychotherapeuten zunehmend gemeinsam verfolgten (Winkler 1977).
- Die Einrichtung psychotherapeutisch-psychosomatischer Kliniken und Abteilungen in Lübeck (Curtius 1946), Berlin (Wiegmann 1948), Tiefenbrunn bei Göttingen (Kühnel und Schwidder 1949), Hamburg (Jores 1950). Die Etablierung der ersten psychotherapeutisch-psychosomatischen Bettenabteilungen an den Universitäten Heidelberg 1950 (v. Weizsäcker, Mitscherlich), Leipzig 1953 (Müller-Hegemann, Wendt), Freiburg 1957 (Clauser, Enke).
- Die Einführung der Zusatzbezeichnung „Psychotherapie" nach dem Beschluß des Ärztetages 1956 in Münster, die zur Regelung der ärztlichen psychotherapeutischen Weiterbildung führte.
- Der Erlaß der Richtlinien über die Anwendung tiefenpsychologisch fundierter und analytischer Psychotherapie in der kassenärztlichen Versorgung durch den Bundesausschuß der Ärzte und Krankenkassen 1967, wodurch Psychotherapie erstmals zu einer Pflichtleistung der gesetzlichen Krankenversicherung erklärt wurde.
- Die Verhaltenstherapie wurde 1980 zunächst in die Leistungen der Ersatzkassen einbezogen. Seit 1987 ist die Verhaltenstherapie auch Bestandteil der Psychotherapie-Richtlinien.
- Ebenfalls 1987 wurde die psychosomatische Grundversorgung als ergänzende Maßnahme zur Psychotherapie in die kassenärztliche Versorgung eingeführt (Faber, Haarstrick 1991).
- Der Erlaß der ärztlichen Approbationsordnung von 1970 durch die Bundesregierung, wodurch ein Pflichtpraktikum für die Psychosomatische Medizin und Psychotherapie in den 2. ärztlichen Studienabschnitt eingeführt wurde und an der Mehrzahl der Medizinischen Fakultäten Deutschlands Lehrstühle und klinische Abteilungen dieses Namens entstanden (Hoffmann 1991).
- Die Einführung des Facharztes für Psychotherapie 1978 in Ostdeutschland und 1992 als Facharzt für Psychotherapeutische Medizin im vereinten Deutschland (Janssen 1993).
- Die Etablierung des „Fachpsychologen der Medizin" nach 1978 in Ostdeutschland mit weitgehender Gleichstellung zum ärztlichen Psychotherapeuten und schließlich des neuen Heilberufes eines „Psychologischen Psychotherapeuten" im vereinigten Deutschland 1998.

Trotz der unterschiedlichen gesellschaftlichen Verhältnisse verliefen die Integrationsbemühungen der Psychotherapie in die Medizin in Ost und West ähnlich. Der äußere Druck eines repressiven Systems führte jedoch im Osten zu größerer Geschlossenheit der Berufsgruppen. Sowohl Ärzte als auch Psychologen hatten in **einer** Dachgesellschaft ihre Heimat. Die Kommunikation der Methoden untereinander blieb immer erhalten. Innerhalb des staatlichen Gesundheitswesens, in dem sowohl Psychologen als auch Ärzte tätig waren, hatten ohnehin kommerzielle Aspekte eine untergeordnete Bedeutung und spielten im Verhältnis der Berufsgruppen wie der Methoden untereinander keine Rolle. Nachdem der Versuch der Pawlowisierung und Sowjetisierung spätestens Ende der 50er Jahre gescheitert war, richtete sich die Psychotherapie der damaligen DDR zunehmend direkter und offener an den westlichen Methoden aus. Nach der Erfahrung mit den direktiven Methoden der Pawlow-Ära hatte es die Verhaltenstherapie, die sich Anfang der 70er Jahre unter dem Einfluß der Eysenck-Schule etablierte, schwerer bei den Ost-Psychotherapeuten als tiefenpsychologisch-humanistische Verfahren. Insbesondere die Fachpsychologen der Medizin (s. oben), von denen ein großer Teil psychotherapeutisch ausgebildet war, neigten mehrheitlich zur klientenzentrierten Gesprächstherapie oder zu tiefenpsychologischen Verfahren.

Spätestens seit Anfang der 70er Jahre wurde in den Sektionen der 1960 gegründeten Gesellschaft für Ärztliche Psychotherapie in psychodynamischer (analytisch orientierter) Einzel- und Gruppentherapie, Verhaltenstherapie, Gesprächstherapie, Hypnose und Autogenem Training sowie in einigen Zusatzverfahren ausgebildet. Die Ausbildung orientierte sich zunehmend an westlichen Richtlinien, so daß nach der Wiedervereinigung die Angleichung sowohl der ärztlichen als auch der psychologischen Psychotherapeuten an die westlichen Weiterbildungsstandards relativ rasch gelang (Geyer 1991, Geyer u. Mitarb. 1994).

Wie überall in der DDR-Gesellschaft gab es in der Berufsgruppe der ärztlichen und psychologischen Psychotherapeuten Verrat, Denunziation und inakzeptable und peinliche Formen der Kollaboration mit dem Regime (Maaz 1990 u. 1991), deren Ausmaß zunehmend sichtbar wird (Misselwitz 1995). Andererseits haben Psychotherapeuten durchaus als Förderer eines systemkritischen Bewußtseins gewirkt (Geyer 1992). Für eine abschließende Bewertung ihrer Rolle in den 40 Jahren der zweiten Diktatur dieses Jahrhunderts ist es noch zu früh.

Probleme auf der Suche nach einer professionellen Identität des Psychotherapeuten

Die in Deutschland überaus erfolgreiche Entwicklung der Psychotherapie korreliert auf eine merkwürdige Art mit Selbstunsicherheit, Abschottung nach außen und wissenschaftlicher und ökonomischer Selbstgenügsamkeit innerhalb der Zunft. Die Tatsache, daß gegenwärtig die Berufsgruppe der Psychotherapeuten am unteren Ende der Einkommenshierarchie in der Medizin rangiert, läßt irrationale Momente im Selbstverständnis der Psychotherapeuten vermuten. Derartige Probleme sind eher bei den die Psychotherapieentwicklung im Nachkriegsdeutschland hauptsächlich tragenden Psychoanalytikern auszumachen, sie sind jedoch auch den Verhaltenstherapeuten nicht völlig fremd. Viele diesbezügliche Probleme der psychologischen Psychotherapeuten sind in ihrer langjährigen berufsrechtlichen Benachteiligung in der Medizin begründet. Trotz Niederlassung und Integration in medizinischen Versorgungs- und Forschungsstrukturen und hoher medizinisch-praktischer Behandlungskompetenz haben Jahrzehnte einer unzureichenden professionellen Absicherung, eines ungeklärten Status und einer de jure und mitunter auch de facto bestehenden Abhängigkeit vom Arzt Wirkungen gezeigt. Beiden Berufsständen hat jedoch bereits die lange Phase ihrer Außenseiterposition in einer Medizin, die lange Zeit die Subjektwissenschaften nicht in ihren Reihen duldete, geschadet.

Aber Thomä (1986) spricht darüber hinaus von Identitätsproblemen deutscher Psychotherapeuten, die mit der Rolle ihrer geistigen Eltern im 3. Reich (nicht zuletzt die Duldung der Vertreibung ihrer jüdischen Kolleginnen und Kollegen) und mit der Ausgrenzung eines Teils der deutschen Psychoanalytiker aus der internationalen psychoanalytischen Gemeinschaft nach dem Krieg zusammenhängen (Thomä 1963, 1964, Dahmer 1983, Cocks 1984, Lifton 1985, Richter 1985).

Ziele und Aufgaben der Psychotherapie

Offensichtlich stellen sich Hindernisse gerade bei der Verfolgung jener Ziele und Aufgaben in den Weg, die für die weitere Entwicklung der Disziplin besonders wichtig sind:

Aufgabe 1: Die Überwindung der Ambivalenz gegenüber der Medizin und die Entwicklung des Selbstverständnisses einer einheitlichen medizinischen Disziplin, die von unterschiedlichen Berufsgruppen und Methoden und insbesondere einem komplementären Verhältnis von Ärzten und Psychologen getragen wird.

Die durch Schuld und Scham sensibilisierten deutschen Psychotherapeuten entwickelten nach 1945 ein besonderes Verantwortungsgefühl im Umgang mit dem in der Medizin ruhenden sozial- und kulturkritischen Potential. Es gibt vermutlich keine andere medizinische Disziplin, die an ihrer Zugehörigkeit zur Heilkunde ähnlich leidet wie die Psychotherapie. Kein anderes Fach thematisiert in gleicher Weise das Spannungsfeld, in dem sich der Therapeut aufhält, wenn er durch Krankenbehandlung Konflikte nivelliert, veränderungsbedürftige gesellschaftliche Zustände stabilisiert und die Anpassung des Individuums an diese Zustände eher befördert als dessen Auflehnung gegen sie. Besonders Psychoanalytiker schrecken immer noch auf, wenn man ihre Methode, die doch auf dem „Mutterboden“ Medizin (Freud 1933) gewachsen ist, als medizinisches Verfahren bezeichnet, und sie beunruhigen sich tief, wenn man sie des Medikozentrismus (Parin u. Parin-Matthéy 1983) bezichtigt, also der Organisation gesellschaftlicher Übel als individuelle Leidenszustände, die dann psychotherapeutisch unkenntlich gemacht werden. Schließlich tut sich die psychoanalytische Psychotherapie auch heute noch schwer mit den Problemen von Macht und Beeinflussung. Auch hier sieht sich der Psychotherapeut rasch in die Nähe zur Manipulation und Indoktrination, also zum Mißbrauch von Macht gerückt. Nicht zuletzt von daher erklärt sich die Zögerlichkeit der Psychotherapeuten, angebotene Machtpositionen in Medizin

und Gesellschaft zu besetzen und Besitzstände offensiv zu verteidigen und zu mehren.
Aufgabe 2: Die Erarbeitung einer methodenübergreifenden Theorie psychotherapeutischer Beeinflussung.
Ein häufig unterschätztes Hindernis auf der Suche nach einer professionellen Identität des Psychotherapeuten stellt die Angst dar, die Bemühungen um eine Integration verschiedener Methoden innerhalb einer übergeordneten Theorie könnten als Streben nach der völkischen „deutschen Seelenheilkunde" bzw. der sog. „Einheitspsychotherapie" (s. oben!) interpretiert werden. Es besteht der dringende Verdacht, daß die Verweigerung dieser Aufgabe egoistischen Schulinteressen dient und deren ideologische Diskriminierung diesen Tatbestand verschleiern soll.

Über 50 Jahre nach dem Zusammenbruch des 3. Reichs scheint einerseits die Trauer noch lange nicht zu Ende. Es zeichnet die Berufsgruppe der Psychotherapeuten zweifellos aus, wenn sie sich in intensiver Weise mit ihrer Vergangenheit beschäftigt und damit eine Arbeit leistet, die nicht überall in der Medizin selbstverständlich ist. Insbesondere die jüngere Generation der Psychotherapeuten wird sich jedoch irgendwann die Frage zu stellen haben, inwieweit "... das Beschuldigen leiblicher und geistiger Eltern und Großeltern wie auch der Nachweis ihrer persönlichen und politischen Fehltritte als Widerstand gegen die Bewältigung gegenwärtiger Aufgaben eingesetzt werden" (Thomä 1986). Und gegenwärtige Aufgaben von großer Tragweite harren der Bewältigung.

3. Wissenschaftliche Grundlagen der Psychotherapie

Psychoanalytische Sicht

R. Krause

Einleitung

Obgleich sich dieses Lehrbuch als integrativ versteht, haben die Herausgeber die Notwendigkeit gesehen, die wissenschaftlichen Grundlagen der Psychotherapie aus verschiedenen Sichtweisen bearbeiten zu lassen. Die beiden Sichtweisen sind die der Psychoanalyse und der Verhaltenstherapie. Diese Vorgabe bedeutet bereits eine Interpretation des jetzigen Standes der wissenschaftlichen Psychotherapie. Im Moment benötigt man (noch?) verschiedene Sichtweisen. Die Gründe dafür werden von verschiedenen Autoren unterschiedlich eingeschätzt. Manche sehen die verschiedenen Sichtweisen als Folge der mangelnden Entwicklung unseres Gebietes in Forschung und Praxis (Grawe 1998), andere vertreten die Ansicht, die Verschiedenheit sei gegenstandsimmanent und letztendlich für Patienten und Forschung von Vorteil (Krause 1997). Sicher ist, daß die Einteilung in „Psychoanalyse" und „Verhaltenstherapie" insofern problematisch ist, als die behandlungstechnische und theoretische Binnenstrukturierung beider Sichtweisen sehr groß ist. Eine systematische Befragung von 65 psychoanalytischen Praktikern der Großräume London und Los Angeles ergab fünf faktorenanalytisch ermittelte Gruppierungen, die beispielsweise durch Dimensionen wie klassisch freudianisch bis selbstpsychologisch im Sinne Kohuts gekennzeichnet werden können. Letztere hatten beispielsweise in Theoriebildung und Behandlungstechnik Überschneidungen mit der Gesprächstherapie aufzuweisen (Hamilton 1996). Ähnliche Beobachtungen kann man im Umfeld der „Verhaltenstherapien" machen. Wenn es denn spezifische behandlungstechnische und theoretische Unterschiede gibt, kann man sie nur vor dem Hintergrund der Gemeinsamkeiten aller wissenschaftlichen Psychotherapieformen diskutieren.

Gemeinsamkeiten aller wissenschaftlichen Psychotherapieformen

Alle wissenschaftlichen Psychotherapieformen beschäftigen sich im weitesten Sinne mit **Änderung**, die man als **Lern-** bzw. **Verinnerlichungsprozesse** beschreiben kann. Diese Änderung findet in einem spezifischen **Beziehungsrahmen** statt, der sich in systematischer Weise von anderen Beziehungsformen – wie beispielsweise schulischem Unterricht – unterscheidet. Beide Gesichtspunkte sollen im folgenden als Diskussionsrahmen für die psychoanalytische Sichtweise in Abhebung von einer verhaltenstherapeutischen dienen.

Die therapeutische Beziehung als wissenschaftlicher Gegenstand

Der Varianzanteil für erfolgreiche Veränderungen, der durch diese spezifische Beziehungsform bestimmt wird, muß als sehr hoch eingeschätzt werden (Krause 1997, Orlinsky, Grawe u. Parks 1995, Rudolf 1991). Man hat lange Zeit die Meinung vertreten, eine gute therapeutische Beziehung sei ein unspezifischer Heilungsfaktor, der in etwa den gleichen Stellenwert wie der einer Liebesbeziehung habe (Freud 1917). Das ist so nicht haltbar. Die einzelnen Patientengruppen benötigen für die ihnen gemäßen Änderungsprozesse **spezifische** Beziehungsangebote, in deren Rahmen sich die Behandlungstechnik im engeren Sinne abspielen muß. Es gibt optimale Wechselwirkungen zwischen der „Persönlichkeit" des Patienten, seinem gerade vorliegenden Störungsbild, einem spezifischen Beziehungsangebot und der in ihm realisierten Behandlungstechnik. Dazu liegt im psychoanalytischen Umfeld eine Fülle klinischen Wissens vor, das man vorwiegend unter den Stichworten krankheits- und strukturspezifische Übertragungs- und Gegenübertragungsprozesse finden kann (Rudolf 1996, Sandler et al. 1992). Wegen der Vieldeutigkeit der Begriffe und der Schwierigkeit, die Herkunft der Übertragungsgefühle zu belegen, haben diese klinischen Wissenstatbestände allerdings noch nicht den Status einer ausformulierten Wissenschaft. Durch neue Forschungsansätze werden aber große Fortschritte gemacht (Luborsky et al. 1998, Krause 1998, Jones 1998). Die Verhaltenstherapien beginnen den spezifischen Beziehungsfaktor erst zu entdecken (Grawe 1998).

Die therapeutische Beziehung und das Theorie-Praxisproblem in der Psychoanalyse

Wegen des hohen Stellenwertes der therapeutischen Beziehung als Teil der Behandlungstechnik und der Theoriebildung haben alle Therapieformen ein spezielles Theorie-Praxis-Problem, das Kanfer (in diesem Buch) für die Verhaltenstherapie beschrieben hat. Zumindest einem naturwissenschaftlichen Wissenschaftsverständnis folgend, müßte es ja so sein, daß sich eine Theorie letztendlich durch interpersonal wiederholbare, systematische Beobachtungen ergibt. Alle Beobachtungen im Umfeld von Psychotherapie laufen aber bereits im Umfeld der therapeutischen Beziehung, die das Wahrnehmen, Denken und Fühlen aller Beteiligten massiv beeinflußt (Grünbaum 1988). Die aus einer solchen Situation entwickelte Theorie ist – ebenso wie die Wirksamkeit der Behandlungstechnik selbst – von der Art dieser Beziehung abhängig. Das heißt beispielsweise, daß eine Entwicklungspsychologie, die durch Berichte von Patienten in der therapeutischen Situation entsteht, den Stellenwert einer gemeinsam geschaffenen Schöpfungsmythe hat. Die ist zwar von großer Relevanz, ob aber das Geschehen tatsächlich so war, ist nicht am gleichen Datensatz festzustellen. Dies gilt nicht nur für die Gesetzmäßigkeiten des Konstrukts „Entwicklung", sondern für alle aus der Therapiesituation entwickelten allgemeinen Konstrukte.

Die Begrifflichkeiten der Theorien stammen zusätzlich häufig nicht aus der Psychotherapiesituation, sondern von Nachbarwissenschaften wie der Biologie, Medizin, Soziologie, Allgemeine Psychologie etc.

Dementsprechend kann die Einschätzung ihrer Bedeutung nur unter Bezugnahme auf den aktuellen Stand dieser Muttertheorien geschehen. Da dies alles Gegenstandsgebiete sind, in denen es kein festes finites Wissen gibt, muß sich dieser Theorieteil der Psychoanalyse fortlaufend ändern. Allerdings machen die außerklinischen wissenschaftlichen Theorien über Gegenstandsgebiete, die für Psychotherapie und Psychoanalyse wichtig sind, zu wenige Aussagen. Wegen dieser Sachlage haben alle wissenschaftlich ernstzunehmenden Therapierichtungen im Moment verschiedene hierarchisch angeordnete Theoriegruppen entwickelt.

Da gibt es einmal ein allgemeines Welt- und Menschenbild. In der Psychoanalyse werden diese Aussagen als „Metatheorie" oder „Metapsychologie" zusammengefaßt. Die Metapsychologie befaßt sich mit der Erarbeitung einer Gesamtheit mehr oder weniger von der klinischen Erfahrung entfernter begrifflicher Modelle, wie der Fiktion eines in Instanzen geteilten psychischen Apparates, der Triebtheorie etc. (Laplanche u. Pontalis 1980). Die Anlehnung an den Begriff Metaphysik wurde von Freud ganz bewußt gewählt, weil es sich um Konstrukte handelt (Freud 1915 a, b).

Unterhalb dieser Metatheorie oder Metapsychologie gibt es eine „Differentielle Krankheitslehre", die krankheitsspezifische Modellbilder, Beziehungs- und Behandlungstechniken erstellt. Dafür mag die Arbeit von Fenichel (1996) stehen. Schließlich gibt es eine „Theorie der Technik", in der die Handlungsplanung für den therapeutischen Umgang mit den verschiedenen Patienten beschrieben wird. In jüngster Zeit wurden für die Behandlungstechnik und für einzelne Störungsbilder sogenannte Manuale entwickelt, die die Behandlungsplanung und Ausführung genau ausformulieren. Als Beispiele mögen die Arbeiten von Morgenthaler (1978), Dührssen (1995), Greenson (1995) sowie Luborsky (1995) gelten. Ein störungsspezifisches Manual für psychoanalytische Angstbehandlungen findet man bei Milrod, Busch et al. (1997). Aus der Beziehung von Metatheorie, differentieller Krankheitslehre und Theorie der Technik ergibt sich das für die Psychoanalyse typische Verhältnis von Empirie und Theorie.

Die Metatheorie ist klinisch am wenigsten bestätigt, denn sie beruht auf einem System von Konstrukten, die aus Nachbarwissenschaften geborgt wurden, um die klinischen Befunde zu integrieren. Konzepte wie „libidinöse Besetzung" beispielsweise stammen aus der Thermodynamik. Sie sind aber durch die Nachbarwissenschaften relativ gut zu untersuchen und auch zu widerlegen. Der Streit um die Wissenschaftlichkeit von Psychotherapieverfahren, speziell der Psychoanalyse, bezog sich lange auf diese „Metatheorie", und hier wird ja zu recht moniert, daß die orthodoxe Psychoanalyse es versäumt hat, ihr allgemeines Menschenbild den Erkenntnissen von Nachbarwissenschaften anzupassen, soweit es eben nötig war und möglich ist (Haynal 1995).

Die differentielle Krankheitslehre im engeren Sinne ist durch die klinische Empirie sehr viel besser bestätigt, sie kann aber auch von den Nachbarwissenschaften auf den ersten Blick weniger profitieren und/oder falsifiziert werden. Es ist schwer, ihre Richtigkeit nach außen zu dokumentieren, weil der Kliniker als Forscher in einer Beziehung im allgemeinen sehr viel mehr weiß als er nachweisen kann (Argelander 1979, Moser 1991).

Die Theorie der Technik ist außerhalb der psychoanalytischen Gemeinschaft im allgemeinen schlicht unbekannt, obwohl sie die Grundlage jeder Datengewinnung darstellt. Ähnliche Probleme sind in allen wissenschaftlichen Psychotherapieverfahren vorhanden. Die übergeordneten Dachtheorien und die technisch-klinischen Theorien und Praxeologien stehen nicht immer in einem engen wechselseitigen Befruchtungsverhältnis. Die Psychoanalyse als Psychotherapie war in bezug auf die psychoanalytische Theorie lange Zeit relativ autonom. (McIntyre 1968, Lorenzer 1973).

In der Verhaltenstherapie hat sich die Anbindung an den Behaviorismus nach einer sehr fruchtbaren, wohl auch identitätsstiftenden Zeit ab einem gewissen Moment als Hemmschuh erwiesen. In der Psychoanalyse hat sich die „monadische Triebtheorie" als Hindernis für das Verständnis der therapeutischen Beziehung erwiesen. Vorstellungen wie diejenige von der Besetzung eines Objektes sind vor allem deshalb nötig geworden, weil man sich den Menschen nicht von vornherein als soziales Wesen gedacht hat und eine Triebtheorie in Anlehnung an die damals gut untersuchte Reflexphysiologie erstellte. Die Sozialpsychologie zwischenmenschlicher Beziehungen wurde ein aus den Trieben des Einzelwesens abzuleitendes Phänomen.

Nun könnte man zur Schlußfolgerung kommen, die übergeordneten Modellvorstellungen und Theorien seien nicht nur unnötig, sondern sogar ein Hemmnis, und man solle sich mit der Rolle eines Sozialingenieurs abfinden, der nachweislich wirksame Techniken appliziere, ohne deren Begründung genau zu kennen und ohne diese Techniken aus einem bereits vorliegenden hierarchisch übergeordneten Wissenskorpus ableiten zu können. Für andere Wissenschaften ist dies nichts Ungewöhnliches. So wissen die Erfinder der Keramiklegierung für die neue Supraleitung bis heute nicht, warum ihr Material die Eigenschaften hat, die es hat. Die weitere Forschung geht schwerpunktmäßig keineswegs in die Richtung der Klärung dieser Frage, sondern in die Untersuchung der technischen Anwendbarkeit des neuen Materials.

Im Umfeld der Psychotherapiesichtweisen wurde dies früher von der Gesprächspsychotherapie und manchen Fraktionen der Verhaltenstherapie gefordert (London 1972). Diese Phase ist heute überwunden (Rice u. Greenberg 1984, Biermann-Ratjen et al. 1995). Praxeologien, die meinen, sie könnten ohne Rekurs auf wissenschaftliche Metatheorien auskommen, ontologisieren entweder die gesellschaftlichen Normen oder das subjektive Glücksempfinden des Einzelnen. Beide Formen kamen in einer naiven Verhaltenstechnologie, die gewissermaßen behandelte, was ihr unter die Finger kam, und manchen „humanistischen" Therapien, die Selbstverwirklichung mit einer ähnlichen Radikalität zum Schaden anderer betrieben haben, vor.

Wegen der noch ungenügenden Zusammenhänge der drei Therapiegruppen ist die Frage nach der „Effizienz" gegenwärtig noch nicht deckungsgleich mit der Frage nach der „Wahrheit" einer Theorie der Psychotherapie und den dahinterstehenden metatheoretischen Modellen.

Als **Praxeologien** schließen sich die verschiedenen Therapiesichtweisen nicht gänzlich aus. Sie schneiden allerdings aus dem komplexen Geschehen, das wir menschliches Handeln, Denken und Fühlen nennen, je verschiedene Segmente heraus, was möglicherweise unverzichtbar ist.

Da jede Psychotherapie letztendlich Veränderung impliziert, sind alle wissenschaftlichen Änderungsmodelle für die Beschreibung des Handlungsgeschehens potentiell relevant. Man kann demzufolge die verschiedenen Sichtweisen nach den in ihnen präferierten Lernformen beschreiben.

Änderungsmodelle in den Psychotherapien

Einer alten und gut bestätigten Auffassung zu Folge (Gagné 1969) kann man die folgenden Lernformen unterscheiden:
1. Signallernen oder Konditionieren 1. Art
2. Reiz-Reaktionslernen oder instrumentelles Konditionieren
3. Modellernen
4. Multiples Diskriminationslernen
5. Sprachliche Assoziationen
6. Begriffslernen
7. Regellernen
8. Problemlösen

Man kann davon ausgehen, daß diese Lernformen hierarchisch angeordnet sind, die höheren also die niedrigeren voraussetzen, so daß zum Beispiel ohne Signallernen, Reiz- Reaktionslernen kein Modellernen und ohne Modellernen kein Regellernen denkbar ist. Die verschiedenen Psychotherapieformen haben Prioritäten für die Beschreibung ihrer Lernvorgänge entwickelt. In dieser Klassifikation fehlen die für die Psychoanalyse kennzeichnenden Verinnerlichungsformen, die im Umfeld identifikatorischer Prozesse konzeptualisiert wurden.

Der psychoanalytische Sonderfall

Die Psychoanalyse hat ihr bevorzugtes Anwendungsfeld einerseits sehr weit oben und andererseits sehr weit unten. Oben wird einem kognitiv/affektiven Prozeß, der **Einsicht** genannt wird, eine prominente Rolle bei der Veränderung zugesprochen (Moser 1962, Krause 1985). Viele Änderungsvorstellungen ähneln dementsprechend auch denjenigen der Gestaltpsychologie und der Psychologie der Problemlösungsprozesse mit Aha-Erlebnissen, kognitiven Restrukturierungen, Inkubationszeiten etc. Kann man solche Modellvorstellungen auch noch in anderen einsichtsorientierten Modellen finden, sind die mit **Identifikation** verbundenen Veränderungen andernorts nicht ausreichend axiomatisiert.

Identifikationen und Introjektionen sind Lernprozesse, die man sehr weit unten und oben ansiedeln muß. Sie stellen einerseits archaische Formen des Modellernens dar und sind damit Grundlage für überdauernde Persönlichkeitsstrukturen. Auf der anderen Seite findet man identifikatorische Prozesse auf der Mikroebene beispielsweise in wechselseitigen Affektansteckungen (Stern 1995). Beide Lernprozesse wurden vorwiegend im psychoanalytischen Umfeld entwickelt und axiomatisiert. Am ehesten findet man im Umfeld des sozialen Modellernens sensu Bandura (1977) ein Pendant.

Die Verinnerlichungsvorgänge in der psychoanalytischen Behandlung

Das Gemeinsame aller Identifikationsprozesse könnte man wie folgt zusammenfassen: Identifikationen sind Entwicklungsvorgänge, in denen Selbstschemata nach der Vorlage eines gegenwärtigen und/oder aufgegebenen vergangenen Objektes verändert werden. Solche Vorgänge können partiell, ganzheitlich, ichfördernd oder behindernd sein. Als Lernprozesse betrachtet haben sie spezifische Merkmale, die sie von anderen unterscheiden und für psychotherapeutische Prozesse konstitutiv machen. Der Lernende übernimmt nämlich nicht nur periphere Verhaltensweisen des Objektes, sondern die Haltung des Objektes ihm selbst gegenüber, so daß er sich einerseits nach dem inneren Bilde formt, das sich der andere von ihm macht, aber gleichzeitig und mit einer merkwürdigen Totalität danach strebt, so zu werden wie das formende Objekt selbst. Um die verschiedenen Formen der Veränderungen eines Selbstschemas nach Maßgabe eines Objektschemas zu beschreiben, wurden die Begriffe der Introjektion sowie der primären und sekundären Identifikation verwendet (Müller-Pozzi 1987).

Der Begriff „Introjektion" wird vorzugsweise dann angewendet, wenn die Assimilationsfähigkeit des verinnerlichenden Subjektes nicht ausreicht, um die bereits bestehenden Selbstanteile mit den Attributen des Introjektes so zu verbinden, daß das historisch gewachsene bisherige Selbst als identitätsdefinierend erhalten bleibt. Deshalb erinnert der Vorgang an Phänomene der Besessenheit und kann häufig im Umfeld von psychotischen Entwicklungen auftauchen. Sie geschehen um den Preis eines partiellen Identitätsverlustes. Introjekte sind also Teile der Selbstrepräsentanz, die einen unabhängigen Status als Objekt behalten und in diesem Sinne nicht vollständig integriert werden können. Als Vorlage für den Introjektionsvorgang dienen nicht die wirklichen „Attribute des Objektes", sondern die vom Verinnerlichenden phantastisch an das Objekt delegierten Perzeptionen, so daß man es mit einem Zyklus von Projektionen, Reintrojektionen bzw. Reidentifikationen und erneuten Projektionen zu tun hat. Dieser Vorgang wird im psychoanalytischen Theorie- und Behandlungsrahmen systematisch beschrieben und behandlungstechnisch angewandt (Sandler 1989). Im regressiven Setting der Übertragung werden phantastische und/oder reale Attribute vergangener bedeutsamer Personen reaktiviert und in der realen Beziehung der psychoanalytischen Therapie reinszeniert. Durch die systematisch gesteuerte andersartige Beantwortung der inszenierten Projektionen durch den Therapeuten findet beim Patienten eine Reihe von Umstrukturierungen, Neu- bzw. Reidentifikationen statt. Therapeutische Veränderungen nach Maßgabe von Reintrojektionen sind im allgemeinen schädlich, wie man am Beispiel mancher Traumatherapien aufzeigen kann (Ofshe u. Watters 1996).

In Abgrenzung von der Introjektion ist die Identifizierung ein höherer Vorgang der Verinnerlichung, der die Assimilationsfähigkeit des Patienten nur soweit fordert, als die bestehenden Selbstanteile weiterhin die Steuerungsfunktion behalten, so daß behandlungstechnisch auch im Sinne einer Indikation darauf geachtet werden muß, daß die regressiven Rahmenbedingungen nicht zu Veränderungen nach Maßgabe introjektiver Vorgänge ablaufen. Im Rahmen der Identifikation kann man Freud (1921) folgend eine „primäre" und eine „sekundäre" Identifizierung unterscheiden. Die primäre Identifikation kann man als elementaren psychotherapeutischen Lernprozeß betrachten. Aus dem selbstrelevanten Verhalten des Anderen werden Modelle über diesen Anderen und das Selbst extrahiert. Die zugrundeliegenden Lernprozesse können affektive Konditionierungen oder das ‚social referencing' sein (Klinnert, Emde et. al 1986). In ihm werden die Affekte der anderen Person für ein Signallernen 1. Ordnung, die eigene Person und die Objektwelt betreffend benutzt. Zeigt der Therapeut in der therapeutischen Beziehung die gleichen affektiven und sonstigen Interaktionsmuster wie die phantasierten oder realen historischen Personen, bestätigt er die Identifizierungen. Der Patient schreibt sich erneut die pathogenen Attribute zu. Die Patienten übersehen im allgemeinen, daß sie selbst in der sozialen Situation eben diese Interaktionen erzwingen. Diesen mittlerweile auch empirisch gut bestätigten Vorgang kann man als Wiederholungszwang beschreiben (Krause 1986). In anderen Theoriekontexten spricht man von Maladaptiven Schemata (Grawe 1998). Solche Matrizen von internalisierten Subjekt-Objekt-Interaktionen werden in der therapeutischen Beziehung, die sozialpsychologisch einen Rollencharakter hat, reaktiviert und verändert. Ist der Prozeß allerdings einmal in Gang gekommen, hat der Patient auf Grund der großen Abhängigkeit ähnlich wie früher das Kind keine Wahl, das Objekt als Identifikationsvorlage zu verweigern. Es besteht also eine große Mißbrauchsgefahr in jeder therapeutischen Beziehung.

Sekundäre Identifizierungen setzen eine explizite Trennung von Selbst und Objekt voraus und ermöglichen ein Erkennen der Rollenaspekte der therapeutischen Beziehung. Die Freiheitsgrade solcher sekundären Identifizierungen sind deshalb höher als die von Introjektionen und primären Identifizierungen. Im Verlaufe der Behandlung sollten diejenigen Verinnerlichungsprozesse aktiviert werden, die die höchsten Änderungserträge erwarten lassen.

Die in den verschiedenen Sichtweisen axiomatisierten Lernprozesse können teilweise ineinander überführt werden. Die Verhaltenstherapie hat mit Signallernen und Reiz-Reaktionslernen begonnen, sich mittlerweile die Leiter der Lernprozesse hochgearbeitet und ist jetzt mit der rational-emotiven Therapie beim Regellernen und Problemlösen angekommen. Der mangelnde Rekurs auf identifikatorische Vorgänge wird vielleicht über eine Weiterentwicklung des Modellernens dereinst aufgehoben werden können. Natürlich finden in Verhaltenstherapien massive identifikatorische Prozesse statt und in Psychoanalysen alle möglichen Formen von Signallernen und Konditionierungen. Autoren wie Alexander u. French (1974) haben beispielsweise das entscheidende kurative Moment der psychoanalytischen Therapie als korrektive emotionale Erfahrung bezeichnet. Sie beruht darauf, daß der Patient „seine Gefühle gegenüber dem Therapeuten ausdrücken kann ohne bestraft zu werden und daß er sich seiner selbst versichern kann ohne zensiert zu werden. Diese aktuelle Erfahrung ist notwendig, ehe der Patient die emotionale Wahrnehmung gewinnen kann, daß er nicht mehr ein Kind ist, das einer übermächtigen Figur gegenübersteht" (S. 4).

Offensichtlich handelt es sich dabei um eine Form des Diskriminationslernens, nach dem Person X (der Therapeut), obgleich hochgradig relevant, nicht identisch ist mit Person Y, deren Verhalten als paradigmatisch für alle Situationen dieses Typs angesehen wird. Traditionellerweise wurde zwischen der einsichts- und beziehungsorientierten Behandlungstechnik ein Gegensatz gesehen und zwar dergestalt, daß die beziehungsorientierten Anteile als suggestiv diskreditiert wurden (Ferenczi 1932). Eine frühe Variante der Verbindung von beziehungs- und einsichtsorientierten Zugängen stammte von Strachey (1934), in dem der Analytiker durch seine nicht zensierende tolerante freundliche Haltung vorübergehend in die Rolle eines toleranteren Hilfs-Über-Ichs gerät, das der Patient dann re-internalisiert, andere haben den Schwerpunkt stärker auf Hilfestellung zur Entwicklung der Fähigkeit zur Selbstbeobachtung, vor allem im Bereich von Konflikt und Abwehr gerichtet (Gray 1994). Moderne Varianten der Verbindung findet man in der Objektbeziehungstheorie (Modell 1976, Krause 1997), der Control-Master-Theorie (Weiss u. Sampson 1986) sowie in der Theorie der repetetiven Interaktionsstrukturen (Jones 1998). Feststeht, daß in allen psychoanalytischen Behandlungsformen, ob bewußt oder unbewußt, eine Fülle von Konditionierungen stattfindet, die dem Modell des social referencing entsprechen (Krause 1998). Unseren Überlegungen folgend, wird man dies vernünftigerweise unter primärer Identifikation abhandeln.

Die Wahrheits- und Effektivitätsfrage

Die Wahl eines „richtigen" bzw. „validen" Persönlichkeits- und Behandlungsmodells stellt sich als ein Optimierungsproblem dar, zu dessen Lösung man die Frage beantworten können muß, welchen Gewinn und welchen Verlust man bei der Wahl eines prinzipiell möglichen Änderungsmodells hat. Man kann die Veränderungsprozesse sowohl von unten nach oben (bottom up) wie auch umgekehrt von oben nach unten (top down) kognizieren. Prinzipiell kann man natürlich nur solche Veränderungsprozesse anwenden, die dem kognitiv-affektiven Zustand des Patienten angemessen sind. Aus therapeutischen und methodologischen Überlegungen betrachten die Psychoanalytiker es als vorteilhaft, von oben nach unten vorzugehen und mit dem höchstmöglichen Lernprozeß, also der Problemlösung, zu beginnen, um dann, wenn nötig auf das nächst niedrigere Niveau zu rekurrieren. Der umgekehrte Weg ist zumindest im psychoanalytischen Umfeld aus verschiedenen Gründen sehr viel schwieriger und führt oft zu Therapieabbrüchen wegen „Unterforderung". Auf der anderen Seite führt das Insistieren auf elaborierten Lernprozessen unter Mißachtung hierarchisch Untergeordneter zu Scheinbehandlungen. Psychoanalytische Varianten davon sind die intellektualisierenden Scheinanalysen, in denen Begriffe und Regeln gelernt werden, die aber im semantischen Bereich verbleiben und unter konflikthaften Bedingungen keinerlei Bedeutung behalten (Moser 1962).

Auf jeden Fall muß die Indikation und Wahl der Behandlungsmethode nach den für den Patienten möglichen Lernprozessen erfolgen. Die Psychoanalytiker meinen in den unterschiedlichen Strukturniveaus psychischer Störungen Bündelungen solch möglicher Lernprozesse gefunden zu haben (Rudolf 1996).

Die bevorzugten Forschungs- und Beobachtungsmethoden der verschiedenen Sichtweisen und die spezifisch psychoanalytische Form

Die Beforschung der Metatheorien stützt sich notwendigerweise vorwiegend auf die Methodik der **objektivierenden Beobachtung** und Hypothesentestung. Deren Ziel ist die

Überprüfung bzw. Entdeckung von Gesetzmäßigkeiten mit Methoden, die unabhängig vom Auswerter und Forscher anwendbar sind. Der „forschende" Therapeut kann sich nicht ausschließlich auf sie stützen. Sein wesentliches Erkenntnis- und Forschungsmittel ist die **teilnehmende Beobachtung**. Sie dient der Wahrnehmung von Intentionalität. Ihr Gütemerkmal ist, ob und inwieweit die häufig unbewußte Intentionalität auch richtig erfaßt wurde. Diese Richtigkeit der Erfassung bewußter und unbewußter Intentionalität ist Teil des empathischen Prozesses.

Die Wahrnehmung von Intentionen ist wahrscheinlich die phylogenetisch vorgegebene Form der Weltsicht. Bereits im Säuglingsalter können die Affekte anderer intentional interpretiert und mit Reaktionen beantwortet werden. Daraus und aufgrund vieler anderer Quellen muß man vermuten, daß eine phylogenetische Kenntnis der mit den Affekten verbundenen Intentionen vorhanden ist. Wie immer man dieses Phänomen nennt, z.B. physiognomische Wahrnehmung, wie dies Werner (1953) und Kroh (1958) getan haben, oder ob man es im Rahmen einer Biologie der Erkenntnis erklärt wie Klix (1993) und Riedl (1981) – sicher ist, daß die Wahrnehmung von Koinzidenzen ohne die Zuschreibung von Intentionen eine Kulturleistung ist und unter belastenden Randbedingungen wieder der Handlungswahrnehmung Platz macht. Die Attribuierung von Intentionalität und Kausalität ist Teil unseres Wahrnehmungsapparates (Michotte 1966).

Die Formen der Wahrnehmung ändern sich in Abhängigkeit von der psychischen Verfassung des Wahrnehmenden. Was die Interpretation von Koinzidenzen als kausal betrifft, gibt es in den Sozialwissenschaften kein finites Kriterium für die Annahme von Kausalität, sondern man versucht im Sinne eines Optimierungsverfahrens verschiedene Fehler zu vermeiden. Bei der Auswertung von sozialwissenschaftlichen Daten kann die Nullhypothese richtig sein, aber man entscheidet sich fälschlicherweise für die Alternativhypothese; es handelt sich dabei um eine Fehlentscheidung vom Typ 1. Oder aber die Alternativhypothese ist richtig, man entscheidet sich jedoch für die Nullhypothese, was Fehler 2. Art genannt wird. Die Festlegung auf 1 oder 5% Irrtumswahrscheinlichkeit ist eine Konvention, die versucht, das Risiko gering zu halten, daß dort Ordnung postuliert wird, wo keine ist. Im Alltag scheinen wir uns mit 20% Irrtumswahrscheinlichkeit zufrieden zu geben. Unter hohen Affektbeträgen werden zufällige Koinzidenzen im allgemeinen gänzlich verworfen. Dies gilt für positive Affekte ebenso wie für negative. „Sie haben mir zugelächelt, ich habe es deutlich gesehen" vertritt der Verliebte mit Nachdruck (Kinder des Olymp). Eine paranoide Theorie ist eine Fehlentscheidung erster Art, die die hohen Angstbeträge auflöst. Plötzlich ist dem Kranken alles klar. Der umgekehrte Fehler, daß keine Ordnung wahrgenommen wird oder werden kann, wo objektiv eine vorliegt, gilt im allgemeinen als Intelligenzmangel, kann aber auch Folge von Konfliktreaktivierungen darstellen (Hofstätter 1971). Die meisten Patienten verhalten sich in bezug auf ihr ureigenstes Problem oder Schema „pseudodebil". Im Rahmen der Psychotherapiesituation ist für den Psychotherapeuten im ersten Durchlauf alles prinzipiell bedeutungsvoll. Ein großer Teil seines Vorgehens besteht darin, die prinzipiell möglichen vielfältigen Bedeutungen zu **falsifizieren**. Die für die wissenschaftliche Theoriebildung zwingende Vorstellung, man müsse eine sparsame Theorie über den „Patienten als Forschungsgegenstand" entwickeln, gilt für diese Phase nicht. So bildet eine sparsame Theorie über die Bedeutung eines fetischistischen Objektes die überdeterminierte kognitiv-affektive Struktur nicht ab, in die das Objekt eingebettet ist (Malan 1979).

Einen dritten methodischen Zugang kann man als **Bedeutungsaufhellung** oder Hermeneutik bezeichnen. Psychotherapieübergreifend ist Hermeneutik die Theorie der Auslegung von Symbolen inklusive Sprachsymbolen durch das Reflektieren und Einspeisen der Bedingungen des Symbolisierungsprozesses und seines Verstehens. Gegenstand der Hermeneutik können prinzipiell alle geschichtlichen Lebensäußerungen z.B. Musik, Text, Malerei und symbolische Handlungen sein (Seyffert 1991). Die psychoanalytische Hermeneutik ist teilweise historisch, indem sie die Bedeutung der Zeichen in den lebensgeschichtlichen Kontext einbettet (Schelling 1978, Lorenzer 1973).

Es geht dabei darum, die idiosynkratischen, kognitiv assoziativen Netzwerke von Patienten zu entschlüsseln, und für den Patienten selbst vorstellbar und diskurszugängig zu machen.

Für viele psychische Erkrankungen sind solche assoziativen Idiosynkratien konstitutiv, d.h. daß die kognitiv assoziativen Netze nur sehr beschränkt interindividuell vergleichbar sind und für jede einzelne Person neu erschlossen werden müssen. Deshalb sind lexikalische Angaben über die Bedeutung von Symbolen weder therapeutisch noch theoretisch sinnvoll. Die darauf beruhenden Psychotherapieformen haben bis anhin auch keinen Wirkungsnachweis geliefert (Grawe, Donati und Bernauer 1995). Während die physiognomische Bedeutung der Affekte interindividuell und wahrscheinlich sogar interkulturell stabil ist und damit auch das Intentionsverstehen und die Empathie, ist es bei den sprachlichen Bedeutungen und den damit verbundenen hermeneutischen Methoden gerade nicht so.

Die psychoanalytische Bedeutungsaufhellung beschäftigt sich vor allem mit der konnotativen Bedeutung von Worten, aber auch von Handlungen und Symbolen sowie deren pragmatischer Relevanz. Alle kognitiven Einheiten, die in hohem Maße bedeutungsgeladen sind, haben eine hohe pragmatische Relevanz. Alle Symbole, sofern sie als solche anerkannt werden, haben außerordentliche verhaltensbestimmende Macht.

Im Zusammenhang mit der hermeneutischen Vorgehensweise sind bestimmte Aussagen sinnlos. Man kann z.B. nicht sagen, ein Zeichen sei falsch, auch kann man seine Existenz nicht empirisch beweisen, denn es handelt sich letztendlich um ein gemeinsames definitorisches Bemühen (Holzkamp 1964). Man kann aber die Wirksamkeit eines Zeichens beweisen, z.B. durch seine verhaltenssteuernden Folgen. Man denke an die Wirkung eines Stoppschildes auf den ausgebildeten Verkehrsteilnehmer oder das Vorzeigen eines heiligen Objektes für den Gläubigen. Der Vorwurf der Umständlichkeit, der manchmal der hermeneutischen Methode gemacht wird, ist ebenfalls in der Sache unangemessen, denn Symbolverständnis ist kein denotativ definitorisches Bemühen sondern Verfolgen eines konnotativen Netzes. Diese Art von definitorischem Bemühen ist mit der Dynamik kreativer Prozesse weit enger liiert als das denotativ logische Bemühen im Sinne des Extrahierens und Abstrahierens. Man kann allerdings sinnvolle Aussagen machen vom Typus: Das Zeichen und seine Umschreibung ist mir unbekannt bzw. für mich (nicht) verstehbar, das Zeichen ist bei mir nicht vorfindbar, oder die Umschreibung des Zeichens ist verfälscht. Solche Art hermeneutischer Verstehensprozesse setzt die Reflexion ihrer eigenen Bedingungen und Prämissen voraus. Dazu gehören die Merkmale der Situation, die Absichten und die Ziele der Beteiligten, ihre Vorerwartungen und Sinnperspektiven und schließlich die Struktur des Symbolsystems, in welcher sich das Symbol und das Verstehen artikulieren muß. Die eigene Verstehensintention geht also als potentielle Fehlerquelle mit in den Prozeß hinein. Daraus ist ersichtlich, daß ein Verständnis der Verstehens- und Mitteilungsintentionen bewußt oder unbewußt, Priorität vor der inhaltlichen Entschlüsselung von Bedeutung hat. Dies gilt für den Umgang mit Träumen ganz besonders, in denen ohne die Kenntnis der Mitteilungsintentionen die Kenntnis der Bedeutung nicht möglich ist (Morgenthaler 1978). Das Problem der Hermeneutik, aber auch des Intentionsverstehens in der aufdeckenden Psychotherapie ist, daß der Autor seine eigene Geschichte und damit auch seine eigenen Symbole nicht versteht, die eben deshalb große verhaltensbestimmende Kraft haben. Interventionen und Deutungen von Symbolen und unbewußten Intentionen benötigen die gleichen Gütekriterien wie kreative Produkte. Sie können ihren Wert nur aus der Dialogstruktur zwischen Produzent und Rezipient heraus definieren und nicht überindividuell Gültigkeit haben. Man kann eine sogenannte gute Deutung nicht normieren und auf einen anderen Patienten übertragen. Sie definiert sich eben deshalb als gut, weil sie zu diesem einen Patienten als je individuelle Person in just diesem Moment paßt. Die Gütekriterien für die Entschlüsselungen, sei es nun von unbewußten Intentionen oder von Symbolen, müssen sich technisch betrachtet am Adressaten, der gleichzeitig Autor und Patient ist, orientieren. Im einzelnen heißt dies, daß die Antwort neu sein muß, für den Autor wohlgemerkt, nicht für den Rezipienten/Therapeuten. Sie muß angemessen sein, in der Art, daß sie der Verarbeitungskapazität angemessen ist und vom Patienten/Autor in den aktuellen Verstehenshorizont eingebettet werden kann. Unangemessenheit kann sich auf kognitive und emotionale Verarbeitungsfähigkeit beziehen. Schließlich sollte die Interpretation etwas bewegen, sie sollte eine Veränderungskapazität haben, also nicht nur neu sein, sondern auch bestehende Widerstände und Abwehrformationen überschreiten. Und schließlich eröffnen gute Interventionen Optionen in neue Verstehensräume, sie sind also in dem Sinne vieldeutig und verdichtet wie Kunstwerke.

Die Heuristiken zur Schaffung einer guten Intervention sind allerdings überindividuell anwendbar. Gute Interventionen sind, so wie gute kreative Produkte, definitionsgemäß selten und setzen sehr genaue Wenn-dann-Beobachtungen voraus.

Die besondere Lage des Psychoanalytikers als „Forscher" ist, daß er zwischen diesen drei Wahrnehmungs- und Erkenntnisformen hin und her pendeln muß, und daß er keine a priori Gütekriterien dafür hat, welche im Moment angemessen sind. Jede Erkenntnisform kann zur Abwehr der anderen verwendet werden. Das Beobachten von Wenn-dann-Beziehungen im overt behavior behindert die Empathie. Der intentionale empathische Modus ist dagegen für das Experimentieren und Beobachten hinderlich und führt zu einer Verringerung der Reliabilität. Man kann aber auch beobachten, um nicht mitfühlen zu müssen, oder man kann beobachten, weil man nicht mitfühlen kann. Ohne nun der Komplexität der Empathie an dieser Stelle gerecht werden zu können, kann Mitleiden, Affektansteckung zur Abwehr von Erkenntnissen auf der Wenn-dann- und der Sinnverstehensebene verwendet werden. Die intentionale Ebene verunmöglicht oder erschwert den Aufbau einer Wissensebene von Wenn-dann-Beziehungen. Wenn wir einmal davon absehen, daß die unterlegte Intention oder das „Mitleid" falsch sein kann, also eine projektive Verlagerung der eigenen Intentionen in den Systembereich des Patienten hinein vorliegt, ist diese Wahrnehmungs- und Denkeinstellung schädlich für das objektivierende Beobachten. Schließlich gibt es Patienten, bei denen diese Vorgehensweise überhaupt versagt wie bei manchen Perversionen oder Psychosen, bei denen die naive empathische Unverstehbarkeit Definitionsmerkmal ist. Natürlich kann es dann doch Verstehensprozesse geben; diese erfordern dann aber die oben erwähnten komplizierten kognitiven Voreinstellungen und Veränderungen. Schließlich sind beide Herangehensweisen für das hermeneutische Verstehen schädlich. Häufig führt die intentionale Haltung dazu, daß der Therapeut dem Symbolverstehensprozeß die eigene Intentionalität unterlegt, was immer ein Stück weit Gewalt bedeutet. Die Evidenzerlebnisse in bezug auf das eigene Verstehen sagen nichts über dessen Richtigkeit aus. Auf der anderen Seite kann die hermeneutische Einstellung zur Abwehr von Intentionsverstehen und von Wenn-dann-Beziehungen dienen.

Die freischwebende Aufmerksamkeit und die Abstinenz des Psychoanalytikers mit der dazu gehörenden Ich-Spaltung in einen beobachtenden und einen erlebenden und handelnden Anteil ist also eine Forschungs-, Wahrnehmungs- und Behandlungseinstellung, die davon ausgeht, daß der Therapeut nicht a priori wissen kann, welche Vorgehensweise im Moment richtig ist. Im Zuwarten, Schweigen, nach Innen- und Außenbeobachten muß auch die implizite Frage, welche Wahrnehmungseinstellung günstig ist, geklärt werden. Die Abstinenz ist also keineswegs nur Technik, sondern vor allem eine innere Notwendigkeit für den therapeutischen Modus.

Schlußbetrachtung

Eine Psychotherapietheorie, die diese drei Erkenntnis- und Wahrnehmungsformen nicht berücksichtigt und integriert, kann nicht allgemein sein. Die Verhaltenstherapien haben sich – aus der empirisch experimentellen Forschung kommend – vorwiegend mit dem offen beobachtbaren Verhalten und der zu ihm passenden Methodologie beschäftigt. Damit konnten und können sie sehr viele essentielle Veränderungsmomente in Psychotherapien abdecken, viele aber nicht. Die Psychoanalyse hat sich eher mit den Phantasien und dem Denken beschäftigt und Modelle kognitiver Restrukturierungen als psychotherapeutisches Rationale entwickelt. Beide Sichtweisen haben für eine gewisse Periode die Beziehungsdimension vernachlässigt. Durch die rasanten Fortschritte in den Kognitionswissenschaften (Bucci 1997) und den dyadischen Beobachtungsmethoden (Krause 1997, 1998) kann man eine Annäherung der Theoriebildung aller wissenschaftlichen Therapieformen in nächster Zeit erwarten (Grawe 1998). Eine Annäherung der Praxeologien würde ich eher ausschließen.

Lerntheoretische Sicht

F. H. Kanfer (übersetzt von M. Broda)

Die psychotherapeutische Praxis stellt eine Formalisierung der helfenden Beziehung dar, die – in unterschiedlichen Formen – die ganze Menschheitsgeschichte hindurch existierte (Zilboorg 1941). Ihre Professionalisierung im letzten Jahrhundert beschreibt den Versuch, Psychotherapie genauer zu definieren und sie auf den Erkenntnissen über effektive Hilfe im Kontext einer klar definierten Beziehung zwischen einem professionell Arbeitenden und einem Klienten aufzubauen. Begegnungen zwischen diesen zwei Personen **dienen dem einzigen und alleinigen Ziel einer Problemdefinition und -lösung oder der Beschreibung und Beseitigung von Beschwerden, die vom Klienten vorgetragen werden.** In den meisten Fällen wird dies durch eine **Veränderung von ineffektiven Verhaltensweisen** des Klienten, seiner **Gedanken** oder **Emotionen** erreicht. Manchmal können auch **Medikamente** zur Veränderung biologischer Funktionen eingesetzt werden und/oder **Veränderungen im sozialen Umfeld,** beispielsweise durch Familientherapie oder **Veränderungen am Arbeitsplatz,** Bestandteil der Lösung sein. In Übereinstimmung mit der Bedeutung einer wissenschaftlichen Forschungsgrundlage zur Evaluation des Nutzens verschiedener Techniken, wurde in letzter Zeit in einem nicht unerheblichem Ausmaß diskutiert, welches nun die **wissenschaftlichen Grundlagen der Psychotherapie** sind und welche Hinweise auf die Wirksamkeit verschiedener Methoden gefunden werden können.

Aufgrund der Ausbildung, die drei Wissensgebiete umfaßt, kann ein professioneller Therapeut besser als ein Laie eine therapeutische Rolle übernehmen. Die Gebiete repräsentieren verschiedene Ebenen eines jeden Wissenschaftssystems (Kanfer 1990, Reinecker 1987). Während der Ausbildung wächst normalerweise auch das Bewußtsein des möglichen Einflusses der eigenen Biographie des Klinikers auf sein klinisches Urteil und der daraus entstehenden Beschränkungen und Gefahren, wenn klinische Urteile auf dem Hintergrund persönlicher Erfahrung und unkritischer, sog. intuitiver Reaktionen erfolgen.

Drei Theoriekomponenten therapeutischer Arbeit
Der Praktiker, der seine Arbeit empirisch fundieren und auf einen anerkannten theoretischen Rahmen beziehen will, muß drei wichtige kognitive Komponenten in seine Arbeit integrieren:

1. **Einen theoretischen Rahmen** mit einer speziellen Sichtweise bezüglich der Natur des Menschen und kausalen Erklärungen bezüglich menschlichen Verhaltens. Der Kliniker kann zwischen vielen verschiedenen Therapieschulen wählen. Bei dieser Auswahl räumt er allerdings einigen Faktoren eine Priorität über andere ein, beispielsweise in Theorien über die Ausformung und Aufrechterhaltung von Verhalten, Emotionen und Einstellungen. Jeder konzeptuelle Zugang umfaßt Annahmen und Regeln, welche Daten als empirische Entsprechungen für theoretische Konstrukte betrachtet werden sollen, welche Vorgehensweisen zur Datenerhebung gewählt werden sollen und welcher Bezug zu den relevanten theoretischen Konstrukten besteht. So bereitet ein psychoanalytischer Rahmen beispielsweise einen Kliniker darauf vor, seine Aufmerksamkeit auf frühe Kindheitserlebnisse, unbewußte Konflikte oder ihre Manifestation zu richten. Die Wahl eines verhaltenstheoretischen Rahmens orientiert den Therapeuten auf das Messen kontrollierender Variablen, des Verstärkersystems des Klienten für abweichendes Verhalten und andere funktionale Beziehungen. Die Übereinstimmung des konzeptuellen Rahmens mit dem eigenen Überzeugungssystem des Klinikers in bezug auf die menschliche Natur und die persönlichen und beruflichen Erfahrungen des Klinikers beeinflussen höchstwahrscheinlich die Auswahl und das Beibehalten eines spezifischen theoretischen Rahmens.
2. **Eine Technologie.** Dieses Wissen beinhaltet Informationen über mögliche Wege zum Erreichen eines angestrebten Ziels, die sowohl von theoretischen Aspekten als auch durch das Anforderungsprofil der Situation definiert werden. Das **Kriterium für das technologische Wissen,** im Unterschied zum theoretischen, besteht in der **Effektivität der Techniken und Vorgehensweisen zur Erreichung des gesetzten Ziels.** So besteht das Hauptkriterium in diesem Bereich eher in der Utilität als in der Validität. Von vielen Autoren wurde der Standpunkt vertreten, daß Psychotherapie am besten als eine Technologie angesehen werden könne (Lazarus u. a. 1976). Aus soziokulturellen und pragmatischen Gründen betonen viele Therapeuten das erfolgreiche Ergebnis der Therapie mehr als die Analyse und Modifikation von Prozessen und Faktoren, die ein Problem verursacht und aufrechterhalten haben. Diese Sicht von Psychotherapietechnologie läuft Gefahr, Forschung und Ausbildung im Sinne einer bloßen Untersuchung von Methoden und deren Effektivität zu konzipieren, statt auf das Verständnis eines konzeptuellen Rahmens hin zu orientieren. Auf dieser technologischen Ebene kann ein Kliniker Techniken, die aus unterschiedlichen theoretischen Kontexten stammen, durch Adaptation an den eigenen Theorierahmen integrieren und sich auf die Anwendbarkeit der spezifischen Technik in einem Fall konzentrieren. Der Kliniker kann ebenso standardisierte Vorgehensweisen übernehmen, die für Klienten mit ähnlichen Merkmalen entwickelt wurden. Auf jeden Fall, wenn auch nicht explizit, führt bei jeder Beobachtung und Problemformulierung die theoretische Orientierung zur selektiven Aufmerksamkeit des Therapeuten. Weiterhin kann auch die Betonung der technologischen Ebene zu einer vordergründigen Fokussierung auf Symptombeseitigung führen. Demnach läuft der diagnostische Prozeß Gefahr, sich häufig nur auf hauptsächlich manifeste und klar beobachtbare Symptome zu stützen, anstatt eine volle funktionale Analyse der Verhaltensmuster des Klienten einzubeziehen (Kanfer u. Saslow 1965, Kanfer 1985).
3. **Therapierichtlinien.** Der Therapeut braucht Richtlinien zur Spezifikation auf der Handlungsebene, um Hypothesen und Programmschritte, die sich aus theoretischem Rahmen und Technologie ergeben, anwenden zu können. Behandlungsmanuale, Fallbeschreibungen oder Supervision von unerfahrenen Therapeuten stellen einige der Möglichkeiten dar, mit denen ein Therapeut lernt, was er zu tun hat, wenn er mit den Problemen der „realen Welt“ konfrontiert ist.

Die Kombination aus Berufserfahrung und theoretischen Überlegungen resultierte häufig in der Entwicklung von sehr effektiven Interventionen, die aber, wie die spätere Forschung zeigte, sich nicht auf die Theorie beziehen konnten, aus der sie ursprünglich entwickelt wurden. So wurde z. B. die hocheffektive Technik der systematischen Desensibilisierung ursprünglich von Wolpe (1958) auf der Grundlage der Lerntheorie und der Forschung im Tierlabor entwickelt. In der Theorie wird die graduelle Konfrontation mit einem phobischen Stimulus in einer Hierarchie von Ereignissen, die vorher zwischen Therapeut und Patient vereinbart wurden, als entscheidend für die graduelle Löschung der Beziehung zwischen dem angstauslösenden Stimulus und der Angstreaktion gesehen. Spätere Forschung zeigte jedoch, daß die Konfrontation mit einem Stimulus in voller Intensität (flooding) im Rahmen einer Implosionstherapie oder in einer Konfrontation in vivo genauso effektiv sein kann (Emmelkamp 1982, Stampfl u. Levis 1967).

Ebenso wurde vorgeschlagen, daß eine erfolgreiche Reduktion von symptomatischem Verhalten und das Befinden des Klienten eine Funktion der therapeutischen Beziehung, von Patientenerwartungen und des Glaubens in die Behandlung sowie anderer unspezifischer Faktoren ist. Der Erfolg ist nicht spezifischen Methoden, die aus einer bestimmten Theorie abgeleitet sind, zuzuschreiben (Frank 1971, Shapiro 1971). Forschungsergebnisse belegen: Bei der Symptomreduktion gibt es Unterschiede in Qualität, Quantität und den Veränderungsmustern, die eindeutig das Ergebnis von Therapieinterventionen darstellen (Grawe, Donati u. Bernauer 1994). Von daher könnte man vermuten, daß verschiedene Therapieschulen ihre Effektivität dem Grad verdanken, in dem sie verschiedene unspezifische Faktoren kombinieren und in einen Theorierahmen samt dazugehöriger Therapietechnik integrieren.

Vor allem auf Ausbildungsfragen bezogen gab es eine heftige Diskussion, ob Theorieentwicklung und Grundlagenforschung zu den Aufgaben der akademischen Psychologen gehören sollten, während Anwendungsfragen im klinischen Setting vor allem von Praktikern behandelt werden sollten. Hayes (1987) gibt verschiedene Antworten auf die unrealistische Erwartung, der Therapeut solle in Wissenschaftstheorie, wissenschaftlicher Methodologie und Forschung sowie in der klinischen Anwendung Experte sein. Das sog. wechselseitige Kooperationsmodell sieht vor, daß Praktiker und Wissenschaftler zusammenarbeiten und jeder zu dem Wissen und den Ideen des anderen Bereichs Beiträge leistet. In früheren Arbeiten (Kanfer 1990) wurde vorgeschlagen, eine organisierte Gruppe von Spezialisten solle die Verbindung von Wissenschaft und Praxis auf beiden Seiten unterstützen. Deren Aufgabe ist es:

- die Nützlichkeit der zugrundeliegende Theorien und Forschung für die Praxis herauszufinden,
- Regeln zu entwickeln, welche wissenschaftliche Theorie in welchem Fall angewendet werden kann, und
- Forschungsfragen zu formulieren, die sich aus den praxisbezogenen Beobachtungen und Vermutungen ergeben.

Reichenbachs (1938) Einteilung der Arbeit eines Wissenschaftlers in zwei Bereiche kann bei der Differenzierung der Ausbildungselemente helfen, die einen Kliniker darauf vorbereiten, die effektivsten Handlungen auszuwählen, ohne dabei zwischen verschiedenen theoretischen Kontexten hin- und herzuspringen. Das Wissen über für das Klientenproblem relevante Variablen, welche Hinweise für Diagnostik und welche Faktoren in der Entstehung und Aufrechterhaltung des Problemverhaltens beitrugen, kann den Klinikern helfen, relevante Hypothesen über Ätiologie und Behandlung aufzustellen. In diesem **Entdeckungskontext** ermöglichen erst die klinische Erfahrung, die Fähigkeit als Beobachter und das substantielle Wissen über biologische Funktionen sowie kognitive und behaviorale Prozesse eine fruchtbare Hypothesenbildung bezüglich erstrebenswerter Therapieziele für einen bestimmten Patienten sowie bezüglich der spezifischen Prozesse, die jemand lernen muß oder die abgeändert werden müssen. Substantielles Wissen und klinische Fertigkeiten sind die grundlegenden Voraussetzungen für diesen Teil der Aufgabe. Wenn einmal die Hypothesen aufgestellt sind, bewegen wir uns jedoch weiter auf den von Reichenbach sog. **Verifizierungskontext** zu. Als notwendiger zweiter Schritt muß der Kliniker bestimmten prozeduralen Regeln folgen, die die Hypothesen mit dem individuellen Klienten testen, deren Validität sowie die Nützlichkeit der Strategien, die auf diesen Hypothesen aufbauen, überprüfen.

Es gibt erhebliche Unterschiede zwischen den Verifizierungsstrategien des Laborwissenschaftlers und des Klinikers. Der klinische Urteilsbildungsprozeß, die Wahrnehmung des Klienten sowie die darauf aufbauenden Urteile und Entscheidungen illustrieren hervorragend die Anwendung wissenschaftlichen Wissens und der Theorien auf das Verständnis und die Verbesserung klinischer Interaktion.

Sowohl die persönliche Erfahrung des Klinikers als auch die allgemeinen Merkmale vom Menschen im Informationsverarbeitungsprozeß beeinflussen häufig Urteile (Turk u. Salovey 1988, Kleinmuntz 1968, Kahneman, Slovic u. Tversky 1982). Das bessere Verständnis von solchen Prozessen resultierte in einer Reihe von Heuristiken, die dem Kliniker helfen können, solche Verfälschungen zu vermeiden oder zu minimieren (Kanfer u. Schefft 1988, Salovey u. Turk 1991).

Eine kurze Beschreibung der Hauptunterschiede in den Motiven und Handlungen zwischen dem Wissenschaftler und dem Praktiker soll deutlich machen, daß konzeptuelle wissenschaftliche Systeme und Systeme der psychotherapeutischen Praxis nicht identisch sein können. Beide, Wissenschaftler und Praktiker, sollten sich eine skeptische Grundeinstellung bewahren und sich bewußt sein, daß Worte Ereignisse nur sehr unzulänglich abbilden können. Sie sollten weiter auf der Suche nach spezifischer, empirischer Information sein und sich gleichzeitig darüber im klaren sein, wie unmöglich es ist, alle Faktoren, die auf ein Ereignis einen Einfluß haben, zu kennen. Folgerichtig wird eine vorläufige und wahrscheinliche Perspektive eigener „Einsichten" und Hypothesen benötigt. Über solche Gemeinsamkeiten hinaus sollten wir jedoch die **Wissenschaft** hauptsächlich **als eine Ressource zur Entwicklung von Strategien, Techniken und Methodologien zur Zielerreichung und Überprüfung von Ergebnisqualität** betrachten. Klinische Aktivitäten sind nicht mit Laborforschung vergleichbar, sie zielen nicht auf die Entwicklung von grundlegenden Prinzipien ab. Wir haben anderswo (Kanfer 1990) wichtige Unterschiede zwischen experimentellem und angewandtem Setting unterschieden. Sie seien im folgenden kurz aufgezählt.

Datenquelle

Im Gegensatz zum Wissenschaftler kann der Praktiker in der Arbeit mit dem Klienten weder vorher auswählen, welche Ereignisse er untersuchen will, noch welche Datenquelle ihm das relevanteste Material gibt. Im Labor kann der Wissenschaftler seine Aufmerksamkeit auf die wichtigsten Variablen fokussieren, indem er alle außer den relevanten Variablen kontrolliert. Der Praktiker muß im Augenblick entscheiden, welche Information relevant ist, welcher Beziehung oder welchem Prozeß Aufmerksamkeit gewidmet werden soll. Er muß der Versuchung widerstehen, Informationen Aufmerksamkeit zu schenken, die interessant oder gar unterhaltsam sein können, jedoch für die therapeutische Arbeit irrelevant. Im weiteren Unterschied zum Wissenschaftler reagiert der Praktiker nicht nur auf externale Informationsquellen, sondern auch auf die selbst generierten Informationen. Therapeuten reflektieren und verarbeiten ihre eigenen Reaktionen auf Klienten genauso wie das wahrgenommene Verhalten ihrer Klienten.

Zweck und Fragestellung

Der Wissenschaftler kann sich eine Fragestellung, die ihn interessiert, frei wählen, kann eine Hypothese entwickeln und Vorgehensweisen zur Unterstützung oder Verwerfung der Hypothese anwenden. Der Zweck des Handelns besteht normalerweise in der Verbesserung des Verständnisses für Beziehungen zwischen verschiedenen Faktoren, um sich ein besseres Bild von der Funktion unserer Welt, von der kausalen oder korrelativen Verbindung von Ereignissen machen zu können und zu erfahren, durch welche Mechanismen sich verschiedene Faktoren gegenseitig beeinflussen. In klinischen Situationen liegt das Interesse beim Individuum. Das Ziel des Interesses wird nicht vom Therapeuten ausgewählt, sondern ergibt sich aus dem Kontext der Beschwerden eines Klienten. So müssen Hypothesen häufig nur aufgrund von Beobachtungen aufgestellt werden und ihre Überprüfung kann oft unter Reliabilitäts- und Validitätsgesichtspunkten nicht befriedigend geklärt oder beantwortet werden. Daneben steht die Konstanz der Umgebungsparameter im Labor im krassen Gegensatz zu den dynamischen Interaktionsprozessen im Verlauf der Therapie zwischen Therapeut und Klient sowie zwischen Klient und anderen Menschen seiner sozialen Umgebung. Für den therapeutischen Prozeß müssen ein Zweck und eine Fragestellung für die Interaktion definiert werden. In Zusammenhang mit der verbesserten Interaktion können sich dann auch therapeutische Ziele verändern.

Ergebniskriterien

Laborexperimente sind so gestaltet, daß eine klar formulierte spezifische Fragestellung bestätigt oder verworfen wird, z. B. ob Variable A einen Effekt auf Variable B hat. Das Unternehmen ist erfolgreich, wenn das vorhergesagte Ergebnis eintritt und so die Theorie untermauert. Im klinischen Zusammenhang wird Erfolg im Erreichen von Zielen gesehen, die im Zusammenhang mit der Therapie definiert wurden und die normalerweise mit dem theoretischen Rahmen des Therapeuten kongruent sind. Statistische Signifikanzen können eine Beziehung im Labor ausdrücken, die Ergebnisse können aber für die Praxis trivial sein, wenn sie nicht in der erwünschten Veränderung im Wohlbefinden des Klienten resultieren. Die Nützlichkeit der Therapie wird nicht nur von den Handlungen des Praktikers und dem Verhalten des Klienten beeinflußt, sondern manchmal auch von den sozialen Umgebungseinflüssen des Klienten und deren Reaktion auf die Veränderung. Also muß eine hoch effektive Technik gepaart mit einer zutreffenden Problemdefinition letztendlich nicht erfolgreich sein, wenn der Partner des Patienten oder der Arbeitgeber heftig und negativ auf die Veränderung reagiert. So können Ergebniskriterien nicht auf alle Interventionen pauschal bezogen werden, sondern müssen einzeln für verschiedene Komponenten in bezug auf das erwartete Ziel gesetzt werden.

Sprache

Wissenschaftliche Kommunikation besteht auf einer klaren, vom jeweiligen Wissenschaftler unabhängigen Definition von Ereignissen. Kliniker beschreiben Ereignisse auf einer Datenebene, die sich der Alltagssprache bedient. Wenn Klienten Ereignisse in ihrer eigenen Sprache beschreiben, interpretieren Kliniker diese Beschreibungen häufig im Sinne ihrer eigenen Sicht psychologischer Prozesse oder Ereignisse. Wenn z. B. ein Klient einen emotionalen Zustand als Ärger beschreibt, muß der Therapeut nach konkreten und genauen Umschreibungen fragen, da er sonst Gefahr läuft, die Erfahrung des Klienten zu mißinterpretieren (z. B. als eine schwache Reaktion oder eine intensive physische gewalttätige Entladung, abhängig von der persönlichen Erfahrung des Klinikers mit Ärger oder den Vermutungen darüber, was der Klient gemeint haben könnte). Die Verwendung von Alltagssprache in der Therapie verleitet Therapeuten häufig zu schweren Interpretationsfehlern. Unzutreffende Interventionen basieren häufig auf solchen Mißinterpretationen.

Soziale Verantwortung

Traditionell liegt das ethische Hauptanliegen des Wissenschaftlers in der genauen Beschreibung der experimentellen Bedingungen. Ethische Prinzipien für Wissenschaftler beschäftigen sich auch mit dem Anliegen, im Experiment niemandem Schaden zuzufügen und keine unerwünschten Effekte der Forschung auf Mensch oder Umwelt zuzulassen. Die primäre Verpflichtung des Praktikers ist es, dem Klienten zu assistieren. Dennoch besteht häufig die Situation, daß die wichtigsten Motive des Klienten sich nicht im Einklang mit sozialen und institutionellen Zielen und Interessen befinden. So kann z. B. die Motivation eines Alkoholikers, in Richtung kontrollierten Trinkens zu arbeiten, mit dem institutionellen Ziel vollkommener Abstinenz kollidieren. Auch kann das Wertesystem des Klinikers mit moralischen, religiösen oder sexuellen Werten des Klienten in Konflikt geraten. Im Unterschied zum Wissenschaftler ist die soziale Verantwortung des Therapeuten unmittelbar und direkt, da eine therapeutische Intervention auch immer die Familie des Patienten oder andere Menschen beeinflussen kann. Dazu verlangt Therapie auch eine Rechtfertigung der Methode, wie Perrez (1989) deutlich gemacht hat, im Hinblick auf erwartetes Outcome, mögliche Nebeneffekte und Kosten. Wenn die Therapie von öffentlichen Stellen oder aus Sozialversicherungssystemen bezahlt wird, erweitert sich die Verantwortung des Therapeuten auch auf die Entscheidung, ob der Zeitaufwand mit diesem Klienten die Behandlung anderer, denen eventuell schneller geholfen werden könnte, verhindert. So ist, im Unterschied zum Wissenschaftler, der Therapeut viel häufiger mit einer Entscheidung über eine Behandlung konfrontiert, die zwar den Interessen des Klienten entspricht, aber auch mit den Interessen und Wertesystemen von anderen Personen und Gruppen in Konflikt geraten kann.

Statisches versus dynamisches Naturmodell

Die dynamischen Aspekte menschlicher Existenz beinhalten eine ständige Veränderung der Beziehung zwischen verschiedenen Komponenten des Personen-Umwelt-Systems. Geschichtliche Ereignisse, biologische Prädispositionen, kulturelle Veränderungen oder allein schon der Zeitfaktor beeinflussen sowohl den Klienten als auch den Therapieprozeß. Während wissenschaftliche Modelle menschlichen Funktionierens relativ statisch ausgerichtet sind, orientiert sich der Psychotherapieprozeß an einer zeitlichen Dimension. Er ist rekursiv sowie iterativ und kann sich nicht ohne weiteres auf ein linearstatisches Modell beziehen. Auch wenn der Therapeut versucht, selbst objektiv und neutral zu bleiben, ist er ein aktiver Teilnehmer im therapeutischen Prozeß, und die Veränderung der Beziehung über die Zeit ist ein signifikanter Faktor, der das Therapieergebnis bestimmt. Auch in anderen Gebieten, wie beispielsweise in der Medizin, muß der professionell Handelnde berücksichtigen, daß individuelle Parameter vorhergesagte Effekte verändern können. Insgesamt können jedoch bei biologischen Störungen Ergebnisse spezifischer Behandlungsmethoden leichter vorhergesagt werden als bei Verhaltensstörungen. So haben z. B. bakterielle Infektionserkrankungen generell einen vorhersehbaren Verlauf. Dennoch haben viele Erkrankungen verschiedene und vielfache Auswirkungen. So hängen z. B. chronische Erkrankungen wie Diabetes oder Arthritis sehr stark mit individuellem Lebensstil und Verhaltensmustern zusammen. Darüber hinaus ist die Compliance des Patienten häufig von der Arzt-Patient-Beziehung abhängig und beeinflußt auf diese Weise den Krankheitsverlauf.

Es sollte anhand der gegebenen Beispiele deutlich werden, daß der Kliniker nicht als Wissenschaftler handeln kann. Es ist jedoch dennoch möglich, den Versuch einer Annäherung an wissenschaftliche Methodik in klinischer Diagnostik und Behandlung zu unternehmen. Dazu müssen verschiedene Aspekte wie kritisches wissenschaftliches Denken, Bewußtheit über die Fallstricke der Alltagslogik, der Sprache und der Struktur der Beziehung in Betracht gezogen werden, um einen für den Klienten maximalen Therapieeffekt zu erzielen. In den Anfangszeiten der Entwicklung psychotherapeutischer Schulen um die Jahrhundertwende war es für Therapeuten durchaus üblich, dem Klienten ein verständliches konzeptuelles Modell nahezubringen, das Erklärungen über den Ursprung der Symptomatik, über die Beziehung zwischen eigener Entwicklungsgeschichte und Pathologie und die Annahme eines relativ universellen Behandlungsansatzes für alle „geistigen Erkrankungen" beinhaltete. Die Symptome wurden in erster Linie als herausragende Manifestationen von relativ verbreiteten Fehlfunktionen in der psychischen Entwicklung gesehen. Obwohl die Zeit der umfassenden Persönlichkeits- und Pathologietheorien vorbei ist, gibt es immer noch Annahmen über gemeinsame Ätiologien bestimmter diagnostischer Kategorien und Symptome. So werden beispielsweise Annahmen über gemeinsame ätiologische Mechanismen bei Alkoholikern, Anorexiepatientinnen und anderen Patientengruppen getroffen. Häufig stellen Therapeuten zuerst eine bestimmte Ätiologietheorie und Pathologie auf der Grundlage der ursprünglichen Beschwerden auf und suchen dann beim Individuum therapiekonformes Datenmaterial. Während syndromorientierte Standardprozeduren und Behandlungsanweisungen oftmals ökonomisch und für einige Klienten ausreichend sein können, kann die Anwendung einer einzigen Behandlungsmethode für andere Klienten mit dem gleichen Symptom sowohl ineffektiv als auch möglicherweise schädlich sein.

Deswegen schlagen wir den genau umgekehrten Ansatz vor: Von der funktionalen Analyse des Patientenproblems zu einem Behandlungsziel. Dabei muß der erste Schritt mit der kritischen Messung der problemrelevanten psychologischen interpersonalen und biologischen Prozesse beginnen, übersetzt von der Umgangssprache in die technische Sprache des betreffenden Wissenschaftsgebiets. Also ist es nicht die Anwendung von „Wissenschaft" auf das Problem des Klienten, sondern die Nutzbarmachung von Wissen in genau spezifizierten und ausgewählten Untergebieten der Psychologie und Biologie, welches bei der Entwicklung von Behandlungsprogrammen nützlich sein kann. Es gibt drei große Gebiete, in denen der Kliniker nach relevanten wissenschaftlichen Prinzipien und Methoden auf die Suche gehen sollte:

1. Psychologische und biologische Prozesse von denen bekannt ist, daß sie zur individuellen Patientenpathologie führen oder Ausdruck davon sind.
2. Soziokulturelle Faktoren und Variationen in sozialen Normen und Faktoren, die sich auf die diadische Beziehung zwischen Patient und Therapeut beziehen.
3. Forschung auf der methodischen Ebene,
   Spezifikation von Vorgehensweisen,
   unterschiedliches Verhalten, Einstellungen und Gefühle zu verändern
   sowie Kenntnisse spezifischer therapeutischer Zielsetzungen. Dieser Bereich wird in den Lehrbüchern der Psychotherapie, der Klinischen Psychologie und der Psychiatrie am ausführlichsten abgehandelt.

Da potentiell Wissen aus einem jeden Wissenschaftsgebiet auf professionelle psychotherapeutische Interventionen angewendet werden kann, sofern diese für das Problem des Patienten relevant sind, ist es unmöglich, hier alle Beiträge der psychologischen Wissenschaft für die Therapie aufzuzählen. Verschiedene Handbücher haben versucht, die einzelnen Beiträge der Untergebiete wie kognitive Psychologie, Sozialpsychologie, Lernpsychologie, Einstellungs- und Emotionspsychologie und der soziokulturellen Unterschiede zu beschreiben. Sie stellen einen reichhaltigen Fundus für ein besseres Verständnis der Faktoren dar, die pathologisches Verhalten verursachen, aufrechterhalten sowie für die Entwicklung von Interventionen, die klinische Probleme zu lösen in der Lage sind (z. B. Martin 1991, Synder u. Forsyth 1991, Grennberg u. Safran 1987, Turk u. Salovey 1988, Sue u. Sue 1990, zusätzlich zahlreiche Zeitschriftenartikel). Die produktive Integration von Forschung, Theorie und Praxis kann anhand der Entwicklung von Interventionen zur Behandlung Depressiver verdeutlicht werden (z. B. Beck 1976, Rehm 1981, Lewinsohn 1974). Die Gebiete der Gesundheitspsychologie und der Verhaltensmedizin verkörpern ein weiteres Ergebnis einer Interaktion zwischen biologischen und psychologischen Wissenschaften und den Erfordernissen aus der Berufspraxis. Verschiedene Paradigmata der Lerntheorie, z. B. die des operanten Konditionierens, des Modellernens und der Selbstregulation, haben in hohem Maße sowohl zu Theorien der Entstehung als auch zur Entwicklung von Behandlungsmethoden beigetragen. Das letzte Forschungsgebiet, das in wissenschaftlich fundierte Modelle der Psychotherapie Eingang fand, beinhaltet die Bereiche Motivation und Emotion. So führt beispielsweise die Betrachtung des Einflusses von Stimmungszuständen auf Gedächtnis, auf Beurteilungsvermögen und auf kooperatives Verhalten die Kliniker dazu, ihre klinischen Strategien neu zu überdenken.

Der traditionelle Zugang zu Katharsis wurde in weiten Teilen durch die Ergebnisse neuerer Emotionsforschung modifiziert. Z. B. wissen wir jetzt, daß unterschiedliche Zielsetzungen die genauen Vorgehensweisen bestimmen, wie emotionale Erlebnisse wiedererfahrbar gemacht werden. Als eine Funktion des vom Therapeuten intendierten Zwecks der emotionalen Wiederbeschäftigung unterscheiden sich Struktur, Erklärungen, die dem Klienten gegeben werden, und vor allem der Fokus während der Katharsis sowie der Umgang mit den subjektiven Bewertungsprozessen des Klienten und seinen emotionalen Reaktionen erheblich (Safran u. Greenberg 1991, Traue u. Pennebaker 1993, Plutchik u. Kellerman 1990).

Die Behandlung von Grübeln und ihrer pathologisch extremen Form der Zwangsgedanken wurde kürzlich im Lichte der experimentellen Arbeiten über mentale Kontrolle einer Neubewertung unterzogen. Die destruktive Rolle von Versuchen, unerwünschte Gedanken zu unterdrücken, wurde von Wegner (1989) beschrieben und leistete einen wichtigen Beitrag zum besseren Verständnis sowohl des Phänomens als auch zur Entwicklung von Techniken, die die Fähigkeiten zur Regulation und Steuerung von Gedanken und Vorstellungen bei Patienten verbessern sollen. Grundlagenforschung zu Aufmerksamkeit und Gedächtnis diente dabei als Stimulans dieser neuen Perspektiven (Wegner u. Pennebaker 1993).

Die Bedeutung des Selbstbildes eines Klienten, seine Erwartungen bezüglich positiver und negativer Ereignisse und die Fähigkeit, selbstgesetzte Standards zu erreichen, wurden in den Depressionstheorien lange Zeit betont. Techniken, die die Modifikation von Gefühlszuständen in Richtung eines wachsenden Optimismus und wahrgenommener Kontrollierbarkeit bei Klienten bewirken, wurden aus der Grundlagenforschung im Bereich der gelernten Hilflosigkeit und Attributionstheorien entwickelt, unterstützt von einem besseren Verständnis kognitiver Prozesse und ihrer Beziehung zu Emotionen (Alloy, Peterson, Abramson u. Seligman 1984, Seligman 1975 u. 1990).

Diese Beispiele beleuchten zwei wichtige Trends, die endlich Psychotherapeuten erlauben sollten, ihre Messungen und Behandlungen anhand solider Ergebnisse und nicht aufgrund von Intuition, klinischer Erfahrung, Spekulation oder nicht-empirischen Theorien zu verankern. Erstens stellen Psychologie, Biologie und Soziologie mehr Wissen darüber zur Verfügung, mit welchen Faktoren sozial ineffektives und/oder subjektiv streßvoll erlebtes Verhalten zusammenhängt. Dieses Wissen fordert neue Behandlungsmethoden, die auf neue Erfahrungen fokussieren. Eine zweite Konsequenz dieses neuen Wissens über das Wesen psychologischer Prozesse ist die Zugänglichkeit von Informationen zur Prävention von Störungen und der Anwendung therapeutischer Methoden, die darauf abzielen, die Fähigkeiten des Klienten zur Bewältigung täglicher Schwierigkeiten zu stärken und ein Wiederauftreten seelischer Störungen zu verhindern. Auch wenn professionelle Psychotherapie keine Wissenschaft sein kann und sollte, sollte sie sich doch dem Ziel nähern, eine Profession zu werden, in der fundierte Prinzipien, Strategien und Anwendungsregeln die gemeinsame Handlungsbasis für alle Therapeuten bilden und neue wissenschaftliche Ergebnisse im Sinne einer ständigen Verbesserung der Therapieeffektivität Eingang finden.

4. Psychotherapeutische Versorgungsstrukturen

R. W. Dahlbender

> „Wer als einziges Werkzeug einen Hammer besitzt, der neigt dazu, alles wie einen Nagel zu behandeln."

Dieses Abraham Maslow zugeschriebene Zitat soll daran erinnern, daß eine umfassende Kenntnis des Versorgungssystems notwendig ist, um Versorgungsangebote realisieren zu können, die dem jeweiligen Patienten bestmöglich gerecht werden. Es verträgt sich nicht mit psychotherapeutischer Professionalität und auch nicht mit gesundheitsökonomischen Grundsätzen, Patienten durch das Versorgungssystem irren zu lassen, bis sie eine hoffentlich geeignete Hilfeleistung finden. Unzureichende Kenntnis und Nonchalance im Umgang mit Versorgungsaspekten begünstigen eine inadäquate Versorgungspragmatik. Ein Psychotherapeut, der einem Patienten kein passendes Angebot machen kann, sollte sich aufgerufen fühlen, diesen bei seiner Suche nach einer erfolgversprechenden Hilfe kompetent und umfassend über die engeren Fachgrenzen hinaus zu beraten und vor allem aktiv bei seiner Suche zu unterstützen. Eine Adressenliste auszuhändigen, einen Patientenwegweiser oder ein Behandlungseinrichtungsverzeichnis zu empfehlen oder nur eine Telefonnummer zu nennen, bei der sich meist nur ein Anrufbeantworter meldet, dürften die Chancen der Realisierung einer angezeigten Psychotherapie kaum erhöhen. Daher ist die Orientierung im psychosozialen Versorgungssystem mit seinen jeweils regionalen Besonderheiten ebenso grundlegend wie die Kenntnis von Krankheitslehre, Behandlungstechnik oder psychotherapeutischer Wirksamkeit.

Psychotherapie als Dienstleistungssystem

Psychotherapie kann historisch als Kind der Aufklärung, ihre Institutionalisierung als eine soziokulturelle Entwicklung der bürgerlichen Gesellschaft verstanden werden. Psychotherapeutisch-psychosomatische Angebote stellen ein Dienstleistungssystem dar, das dauerhaft umfangreiche Maßnahmen zur Sicherung und Wiederherstellung der psychischen Gesundheit der Bevölkerung bereitstellt, organisiert, finanziert und deren Qualität garantiert. Es legitimiert sich idealerweise durch seine Aufgabe, nach (professionellen) Regeln Hilfe zum individuellen bzw. kollektiven Nutzen zu leisten (vgl. Kap. 58, 59). Psychotherapeutische Angebote im engeren Sinne dienen der psychischen Beeinflussung und Veränderung bei Störungen und Leidenszuständen, an deren Entstehung und Verlauf psychosoziale Faktoren maßgeblich beteiligt sind. Insbesondere dienen sie der dauerhaften Sicherstellung der fachspezifischen Differentialdiagnostik und -therapie von psychoneurotischen und psychosomatischen Erkrankungen sowie der subjektiven Verarbeitung der psychosozialen Folgen primär chronischer, unheilbarer oder schwerwiegender somatischer Erkrankungen und Behandlungsmaßnahmen. Hinzu kommen psychotherapeutisch-psychohygienisch basierte Anwendungen im Konsiliar- und Liaisonfeld und in weiteren randständigen Feldern.

Die psychotherapeutisch-psychosomatische Versorgung unterliegt als soziale Veranstaltung dem gesellschaftlichen Prozeß und ergibt sich als Resultante verschiedenster Bezugsrahmen, Begründungszusammenhänge sowie Bedürfnis- und Interessenslagen. Wie die Versorgungslandschaft strukturiert, wie sie praktisch organisiert und inhaltlich konkretisiert wird, hängt eng mit den jeweils akzeptierten wissenschaftlichen Konzeptionen über Genese und Prävention, Diagnostik und Therapie von psychosozialen Störungen und der juristisch-administrativen Einbindung in das Gesundheitssystem zusammen (vgl. Kapitel 58, 59). Beschaffenheit und Effektivität des Versorgungssystems ist Gegenstand der Versorgungsforschung (Rudolf 1992).

Das psychotherapeutische Versorgungssystem der Bundesrepublik Deutschland

Im internationalen Vergleich gilt das bundesdeutsche psychotherapeutische Versorgungssystem, das gegenwärtig eingreifenden strukturellen Veränderungen unterliegt, trotz aller Unzulänglichkeiten allgemein als vorbildlich. Für das Gros der Bevölkerung ist Psychotherapie eine unentgeltliche Leistung der Sozialversicherungsträger. Als ambulante Regelversorgung im engeren Sinne wird sie seit 1967 als sog. kassen- und vertragsärztliche Richtlinien-Psychotherapie angeboten, deren Leistungsspektrum sukzessive ergänzt wurde. Als stationäre Psychotherapie ist sie eine historisch gewachsene deutsche Besonderheit geblieben. Darüber hinaus stehen psychotherapeutische Konsiliar- und Liaisonangebote zur Verfügung. Von dieser fachpsychotherapeutischen Versorgung führen fließende Übergänge zu den zahlreichen Formen psychotherapeutisch konzipierter Beratungstätigkeit und dem außerordentlich bunten Feld der psychosozialen Selbsthilfe- bzw. Laienorganisationen. Die psychotherapeutisch-psychosomatische Versorgung dürfte grundsätzlich sichergestellt sein. Dennoch ist von regionalen Unterversorgungen auszugehen (Angermeyer u. Rohde 1987, Meyer 1991).

Implikationen der Übernahme der Patientenrolle

Es dauert für gewöhnlich eine Weile, bis sich ein Leidender nach einem mehr oder weniger langen, manchmal jahrelangen Klärungs- und Entscheidungsprozeß wegen seiner Schwierigkeiten und Probleme als hilfs- und behandlungsbedürftig begreift. Bis dahin sind eine Reihe von Selektionsmechanismen wirksam, die dazu führen, daß nur ca. 3% der Behandlungsbedürftigen professionelle Hilfe in Anspruch nehmen; nach aufwendiger Motivierungsarbeit sind es 33% (Franz 1997, Schepank 1987). Wie der Betroffene seine Hilfsbedürftigkeit konzipiert und wovon er sich innerhalb gesellschaftlich-struktureller Rahmenbedingungen (Versicherung, regionale Versorgungsangebote usw.) bei seiner Suche nach Unterstützung letztlich leiten läßt, an dieser Entscheidung sind neben ihm selbst vor allem sein familiäres und näheres soziales Umfeld beteiligt. Amalgamiert werden vor allem Grundannahmen, Befürchtungen und Beeinflussungsmöglichkeiten hinsichtlich der Störung sowie konkrete Vorerfahrungen bzw. antizipierte Erwartungen und Belastungsmomente bezüglich der prinzipiell bzw. tatsächlich verfügbaren Hilfsangebote. In dem Moment, in dem jemand eine wie auch immer geartete Einrichtung institutionalisierter Hilfe schließlich aufsucht, dort in der Erwartung kompetenter Behandlung seine Probleme präsentiert, seine Mitarbeit in einer Arbeitsbeziehung signalisiert, stimmt er der Übernahme der Patientenrolle prinzipiell zu. Falls von professioneller Seite Bedarf und Zuständigkeit gegeben sind, wird der Patient dann für eine bestimmte Zeitspanne in ein professionelles Versorgungssystem eingebunden. Er darf seinerseits darauf vertrauen, daß dessen Angehörige als professionelle Helfer legitimiert und durch spezielle Ausbildungen qualifiziert sind, angemessene Maßnahmen nach überprüfbaren Standards anzuwenden.

Psychotherapiebedarf und Diagnosespektrum

Psychotherapie-indikative Störungen umfassen folgende Diagnosegruppen: Psychoneurosen, Charakterneurosen bzw. Persönlichkeitsstörungen einschließlich Borderline-Störungen, Perversionen, bestimmte Formen von Abhängigkeitserkrankungen, Delinquenz, funktionelle (psychovegetative) Störungen verschiedener Organsysteme, Eßstörungen und psychosomatische Störungen im engeren Sinne. Epidemiologische Erhebungen, die eine Grundlage von Psychotherapiebedarfsschätzungen sind, ermitteln, je nach untersuchtem Kollektiv, Punktprävalenzen **behandlungsbedürftiger, psychogener Störungen** von ca. 10 bis 50% (vgl. Meyer u. Mitarb. 1991, Fichter 1990, Schepank 1990). Unter den 25- bis 40jährigen einer Großstadtbevölkerung sind dies z.B. ca. 25% (Schepank 1987), in allgemein- und fachärztlichen Praxen ca. 20 bis 33%, in chirurgischen und internistischen Kliniken ca. 30 bis 45% (Arolt 1993).

In einer Zufalls-Stichprobe aus der Allgemeinbevölkerung fand sich folgende **Diagnoseverteilung** (Schepank 1987): 7,1% Psychoneurosen, 7,6% Charakterneurosen, Persönlichkeitsstörungen und Abhängigkeitserkrankungen und 11,8 % psychosomatische Erkrankungen. In einer Patientenstichprobe psychotherapeutischer und psychiatrischer Einrichtungen einer Großstadt ergab sich hingegen folgende Verteilung (Rudolf 1991): 34% Psychoneurosen, 20% Neurosen in Verbindung mit psychovegetativen Störungen, 25% Persönlichkeitsstörungen, 13% Psychosomatosen, 8% somatopsychische Störungen.

Struktur der psychotherapeutischen Versorgung

Die Versorgungslandschaft differenziert sich in verschiedene, unterschiedlich leistungsfähige Versorgungsstufen.

1. **Professionelle psychotherapeutische Kompetenz** wird in zwei juristisch-organisatorisch abgegrenzten Kontexten mit in praxi fließenden Übergängen realisiert:
   - innerhalb des **heilkundlichen Kontextes** als psychosomatische Grundversorgung und eigentliche (ärztliche bzw. psychologische) Fachpsychotherapie (vgl. Tab. 4.**1**),
   - innerhalb des **nicht-heilkundlichen Kontextes** überwiegend als Beratung unter Anwendung psychotherapeutischer Konzepte.
2. **Non-professionelle Kompetenz** wird realisiert im Kontext von Laienorganisationen und psychosozialen Selbsthilfegruppen, die im weiteren Sinne psychosomatisch-psychotherapeutische Versorgungsfunktionen mit Wechselbezügen zur professionellen Versorgung wahrnehmen.

Die jeweiligen Angebote bzw. Leistungen stehen von Fall zu Fall in einem eher komplementären bzw. konkurrierenden Verhältnis und stellen den Therapeuten vor eine differentielle Indikationsentscheidung bzw. Behandlungsplanung. Bei Partnerproblemen kann z.B. sowohl im Rahmen einer Beratungsstelle als auch bei einem niedergelassenen Psychotherapeuten erfolgversprechend interveniert werden. In manchen Fällen mag es sinnvoll erscheinen, Maßnahmen beider Kontexte zu kombinieren oder sukzessive anzuwenden, z.B. Krisenintervention und Schwangerschaftskonfliktberatung bei Suizidalität nach ungewollter Schwangerschaft oder z.B. Drogenberatung, stationäre Entgiftung bzw. Entwöhnung und anschließendem Eintritt in eine Selbsthilfegruppe bei Drogenabhängigkeit. Bei Spielsüchtigen mag es von vornherein aussichtsreicher erscheinen, einen Patienten in eine Selbsthilfegruppe und Sozialberatung anstatt in eine Psychotherapie zu vermitteln, die später durchaus angezeigt sein kann.

Qualifikations- und Versorgungsstufen

Heilkundlicher Kontext

Der heilkundliche Kontext gliedert sich wie in Tab. 4.**1** genannt. Die Weiterbildungen sind für Ärzte durch die Weiterbildungsordnungen der Ärztekammern und für Psychologen durch das Psychotherapeutengesetz geregelt (vgl. Kapitel 57).

Tabelle 4.1 Qualifikations- und Versorgungsstufen des heilkundlichen Kontextes

Studiumsvermittelte psychosoziale Basiskompetenz	Fortbildungsvermittelte psychotherapeutisch-psychosomatische Basiskompetenz	Weiterbildungsvermittelte (spezialisierte) psychotherapeutisch-psychosomatische Fachkompetenz
Arzt	Arzt für Allgemeinmedizin mit „Psychosomatischer Grundversorgung"	Gebietsarzt mit Zusatztitel „Psychotherapie" Arzt für Psychiatrie und Psychotherapie Arzt für Psychotherapeutische Medizin (mit psychodynamischer bzw. verhaltenstherapeutischer Orientierung) Arzt für Psychotherapeutische Medizin mit Zusatztitel „Psychoanalyse"
Diplom-Psychologe	Klinischer Psychologe gemäß BDP-Richtlinien	Psychologischer Psychotherapeut mit verhaltenstherapeutischer bzw. psychodynamischer Orientierung und ggf. mit Weiterbildung zum Psychoanalytiker gemäß DGPT-Richtlinien

Nicht-heilkundlicher Kontext

Hier sind zahlreiche Berufsgruppen (Ärzte, Psychologen, Diplom-, Sozial-, Musik-, Sportpädagogen, Erzieher, Lehrer, Theologen, Juristen usw.) vertreten, über deren psychotherapeutische Qualifikation wenig bekannt ist. Es obliegt den einzelnen Trägern bzw. Verbänden, spezifische Qualifikationsstandards zu definieren und durch geeignete Fort- bzw. Weiterbildungsmaßnahmen sicherzustellen. Von den von der Bundeskonferenz für Erziehungsberatung erfaßten 4773 Mitarbeitern von 830 Erziehungsberatungsstellen in den alten Bundesländern hatten 1992 ca. 35% eine abgeschlossene psychotherapeutische Weiterbildung unterschiedlichster Orientierung.

Non-professioneller Kontext

Für diesen sehr heterogenen Bereich existieren keine verbindlichen Angaben zu spezifischen Qualifikationen.

Praxisfelder

Psychotherapeutische Versorgung wird grundsätzlich in drei Praxisfeldern erbracht, wobei sich die einzelnen Angebote hinsichtlich des inhaltlichen Anforderungsprofils, der praktischen Ausgestaltung und der organisatorischen Abläufe erheblich unterscheiden.

1. **Ambulante Psychotherapie:**
   - Allgemeinärztliche Praxis,
   - Gebietsarztpraxis mit ‚Psychotherapie' und/oder ‚Psychoanalyse',
   - Gebietsarztpraxis Psychiatrie und Psychotherapie eventuell mit ‚Psychoanalyse',
   - Gebietsarztpraxis Psychotherapeutische Medizin mit psychodynamischer (eventuell mit ‚Psychoanalyse') bzw. verhaltenstherapeutischer Orientierung,
   - Fachpsychologische Praxis,
   - Psychotherapeutische Ambulanz (Poliklinik, Institutsambulanz),
   - Psychotherapeutisches Weiterbildungsinstitut.
2. **(Teil-)stationäre Psychotherapie:**
   - eigenständige psychosomatisch-psychotherapeutische Fachabteilung,
   - Abteilung im psychiatrischen Krankenhaus,
   - integrierte psychosomatische Krankenabteilung in der somatischen Medizin,
   - psychosomatisch-psychotherapeutische Rehabilitationsklinik.
3. **Konsiliar- und Liaisonpsychotherapie/-psychosomatik:**
   - somatisches Akutkrankenhaus,
   - somatische Rehabilitationsklinik.

Ambulante Behandlungsangebote

Diese sind traditionell die Domäne der diagnostisch-psychotherapeutischen Versorgung und decken das Gros der Indikationen im engeren Sinne ab (Hoffmann u. Mitarb. 1991). Nach gewichteten Schätzungen bedürfen 5,3 bis 8,4% der Bevölkerung der Bundesrepublik einer ambulanten Psychotherapie und sind auch dazu motiviert eine zu beginnen, wenn ein Behandlungsplatz bereitgehalten würde. Die im Rahmen der gesetzlichen Krankenversicherung behandelte Prävalenz liegt jedoch deutlich unter 1% (Meyer u. Mitarb. 1991). Tatsächlich erhalten nur 10% der während eines Jahres neu Erkrankten eine solche Therapie. 90% erhalten keine oder eine anderweitige Behandlung außerhalb der kassen- und vertragsärztlichen Versorgung (Polikliniken, privatärztlicher Bereich, freie Heilfürsorge, Beratungsstellen, Heilpraktiker, Frauenhäuser, Selbsthilfegruppen usw.). Über diesen Versorgungssektor ist nur wenig bekannt. Ungefähr ein Drittel der Patienten in psychotherapeutischen Praxen sind Privatpatienten oder Selbstzahler, die in der Gesamtbevölkerung jedoch nur ca. 10% ausmachen (Schmid 1988).

Wie sich die Versorgungssituation nach dem Inkrafttreten des sog. „**Psychotherapeutengesetzes**" (Gesetz über die Berufe des Psychologischen Psychotherapeuten und des Kinder- und Jugendlichenpsychotherapeuten – PsychThG) nach dem 1.1.1999 verändern wird, bleibt abzuwarten. Es wird geschätzt, daß ca. 3500–5000 psychologischen Psychotherapeuten bzw. Kinder- und Jugendlichenpsychotherapeuten, die bisher nach dem Erstattungsverfahren tätig waren, nach einer entsprechenden Nachqualifikation an anerkannten

Weiterbildungsinstituten in die gesetzliche kassen- und vertragsärztliche Versorgung eingebunden werden (Schmutterer 1997). Es sind noch eine Reihe von Detailfragen zu den Ausführungsbestimmungen zu klären.

Psychotherapie wird ambulant überwiegend im Rahmen der kassen- und vertragsärztlichen Versorgung nach den **Psychotherapie-Richtlinien** (Faber u. Mitarb. 1991) realisiert (vgl. Kapitel 61). Außer bei Kurzpsychotherapien bis 25 Stunden (dort jedoch voraussichtlich auch ab dem Jahr 2000) sehen diese grundsätzlich das Prinzip der kollegial-administrativen Qualitätssicherung durch ein sog. Gutachterantragsverfahren zur Feststellung der Leistungspflicht vor (vgl. Kapitel 61).

Ambulante Therapieverfahren und Settings

Die Psychotherapie-Richtlinien sehen die in Tab. 4.**2** genannten Therapieverfahren und Settings vor. Die Kombination von Einzel- und Gruppentherapie ist nur in der Verhaltenstherapie vorgesehen.

Psychotherapeutische Polikliniken und Ambulanzen

Sie werden von Universitätskliniken und zum Teil auch von größeren Allgemeinkrankenhäusern betrieben. Sie sind der spezialistischen fachpsychotherapeutischen Versorgungsebene zuzurechnen und nehmen folgende **Aufgaben** wahr:

- Ergänzung der kassen- und vertragsärztlichen Versorgung: (Differential-)Diagnostik, Therapievermittlung, Durchführung von Behandlungen,
- Beteiligung an der Ausbildung von Medizin- und Psychologiestudenten sowie der fachspezifischen Fort- und Weiterbildung von Ärzten, Psychologen und therapeutischen Assistenzberufen,
- Wahrnehmung von fachspezifischen Forschungsaufgaben.

Je nach Größe werden mehrere Hundert Patienten pro Jahr versorgt. Ärzte und Psychologen in fachspezifischen Weiterbildungsgängen arbeiten unter Anleitung und zumeist engmaschiger Supervision von medizinischen und psychologischen Fachpsychotherapeuten. Die kollegiale Kooperation von ärztlichen und psychologischen Psychotherapeuten ist hier vielfach schon Realität. Darüber hinaus sind häufig auch nicht-ärztliche oder -psychologische Therapeuten (Sozialpädagogen usw.) tätig, die spezielle, zum Teil auch experimentelle Behandlungsmethoden (Familien-, Sozio-, Gestaltungs-, Musik-, Bewegungstherapie, Yoga, Shiatsu usw.) vertreten und evaluieren. Ihre Leistungsfähigkeit dokumentieren die meisten Einrichtungen in Tätigkeitsberichten.

Psychotherapeutische Weiterbildungsinstitute

Es gibt in der BRD über 200 Organisationen und Verbände, die Psychotherapeuten ausbilden und in diesem Rahmen einen kleinen, schwer überschaubaren Versorgungsbeitrag leisten. Die Qualität der Institute und ihrer Curricula dürfte sehr heterogen sein. Bis zur Einführung der neuen Weiterbil-

Tabelle 4.**2** Ambulante Therapieverfahren und Settings

Psychosomatische Grundversorgung
Sie wird in Abgrenzung zur Psychotherapie als Krankenbehandlung im Sinne einer psychosozialen Basistherapie bei psychischen, funktionellen und psychosomatischen Erkrankungen und Behinderungen durch primär somatisch orientierte Ärzte aller Fachrichtungen verstanden. Verbale, introspektionsfördernde Interventionen und übende sowie suggestive Techniken kommen unter Berücksichtigung der krankheitsspezifischen Patient-Arzt-Interaktion zur Anwendung. Behandlungsziele sind Symptombesserung, Einsicht in die pathogenen somatisch-psychischen Zusammenhänge und persönlichen Konflikte, Motivation zur Umorientierung und ggf. Fachpsychotherapie (Tress 1997, Mark u. Bischoff 1994).
Psychoanalytisch begründete Verfahren
Diese machen die unbewußte Psychodynamik zum Behandlungsgegenstand (vgl. Kapitel 13, 14): • Tiefenpsychologisch fundierte Psychotherapie beschränkt sich unter Beachtung von Übertragung, Gegenübertragung und Widerstand und gleichzeitiger Begrenzung regressiver Prozesse auf die Behandlung der aktuellen unbewußten Konfliktdynamik. Sonderformen sind: Kurztherapie, Fokaltherapie, Dynamische Psychotherapie, Niederfrequente Therapie in einer längerfristigen, Halt gewährenden therapeutischen Beziehung. • Analytische Psychotherapie behandelt über die neurotische Symptomatik und den neurotischen Konfliktstoff hinaus die zugrundeliegende Persönlichkeitsstruktur des Patienten. Technisch stehen Übertragungs-, Gegenübertragungs- und Widerstandsanalyse sowie die Förderung regressiver Prozesse im Zentrum.
Verhaltenstherapie
Hier sind Verfahren zusammengefaßt, die auf Lern- und Sozialpsychologie basieren. Verhalten wird umfassend begriffen als beobachtbares Verhalten und als emotionale, kognitive, motivationale und physiologische Vorgänge. Die Analyse der ursächlichen und aufrechterhaltenden Bedingungen des Krankheitsgeschehens (Verhaltensanalyse) ist Voraussetzung für eine übergeordnete Behandlungsstrategie. Diese bedient sich meist mehrerer spezifischer Interventionstechniken zur Erreichung definierter Behandlungsziele: systematische Desensibilisierung, operante Konditionierung, Verhaltensübung, Modellernen, kognitive Umstrukturierung, Selbstkontrolltechniken (vgl. Kapitel 15).
Autogenes Training, Relaxation nach Jacobson, Hypnose
Dies sind psychophysiologisch basierte Entspannungs- sowie suggestive Techniken, die primär als Basispsychotherapeutikum eingesetzt werden (vgl. Kapitel 24).
Weitere, nur bedingt anerkannte bzw. (gegenwärtig) nicht anerkannte Therapieverfahren
Katathymes Bilderleben bzw. Rational-emotive-Therapie wird nur innerhalb eines übergeordneten tiefenpsychologischen bzw. verhaltenstherapeutischen Behandlungsplanes anerkannt. Gesprächs-, Paar- oder Familientherapie, Psychodrama, Gestalttherapie, Sexualtherapie usw. sind ebensowenig anerkannt, wie die hochfrequente Psychoanalyse mit mehr als 3 Wochenstunden (vgl. Kapitel 19, 21, 22).

dungsordnung für Ärzte mit den „psychotherapeutischen" Fachgebieten und bis zu dem Psychotherapeutengesetz konnten nur ärztliche bzw. psychologische Psychotherapeuten, die ihre Ausbildung an einem von der Kassenärztlichen Bundesvereinigung anerkannten Institut abgeschlossen haben, Leistungen nach den Psychotherapie-Richtlinien erbringen (vgl. Kapitel 57).

Stationäre (und teilstationäre) Behandlungsangebote

Stationäre und teilstationäre psychotherapeutisch-psychosomatische Einrichtungen werden heute als hochspezialisierte Ergänzungen zur ambulanten Behandlung konzipiert, die in der Versorgungskette besonderen Indikationen vorbehalten und speziell organisiert sind (Neun 1994). Ihre zweigleisige Entwicklung als eigenständige Einrichtungen außerhalb der Psychiatrie sowie innerhalb der Inneren Medizin ist eng mit der Ablehnung der Psychoanalyse in der deutschen Psychiatrie und deren interessierten Rezeption in der Inneren Medizin verbunden (Meyer 1992, v. Uexküll u. Mitarb. 1992). Teilstationäre Einrichtungen (Heigel-Evers u. Mitarb. 1986) haben bislang noch weitgehend Modellprojektcharakter.

Versorgungsbereiche

Die Sozialgesetzgebung differenziert zwei unterschiedliche Versorgungsbereiche (s. SGB V):

Krankenhäuser (der Akutversorgung) sind ärztlich geleitete Einrichtungen zur Krankenhausbehandlung, die materiell und personell darauf eingerichtet sind, Krankheiten nach wissenschaftlich anerkannten Methoden zu erkennen, zu heilen, ihre Verschlimmerung zu verhüten oder Krankheitsbeschwerden zu lindern. Krankenhausbehandlungen erfolgen nach Verordnung von Krankenhauspflege durch Kassenärzte. Ihre Kosten werden von Krankenkassen übernommen, wenn sie an Hochschulkliniken, im Krankenhausbedarfsplan des jeweiligen Bundeslandes aufgenommenen Krankenhäusern oder Krankenhäusern mit vertraglich vereinbartem Versorgungsauftrag erfolgen.

Vorsorge- und Rehabilitationseinrichtungen sind stationäre Behandlungseinrichtungen, die fachlich-medizinisch unter ständiger ärztlicher Verantwortung und unter Mitwirkung von besonders geschultem Personal darauf eingerichtet sind, den Gesundheitszustand der Patienten nach einem ärztlichen Behandlungsplan zu verbessern und den Patienten bei der Entwicklung eigener Abwehr- und Heilungskräfte zu helfen. Ziel ist, eine Krankheit zu heilen, ihre Verschlimmerung zu verhüten, eine Schwächung der Gesundheit zu beseitigen, einer Gefährdung entgegenzuwirken, Krankheitsbeschwerden zu lindern oder im Anschluß an Krankenhausbehandlungen den dabei erzielten Behandlungserfolg zu sichern oder zu festigen, um einer drohenden Behinderung vorzubeugen, eine Behinderung zu beseitigen, zu bessern oder eine Verschlimmerung zu verhüten oder Pflegebedürftigkeit zu vermeiden oder zu mindern. Es gibt zwei Kostenträger. Nach gutachterlicher Einzelfallprüfung werden Vorsorge- und Rehabilitationsleistungen in einer Vertragseinrichtung von der gesetzlichen Krankenversicherung getragen, wenn ambulante Krankenbehandlung inkl. ambulanter Rehabilitationsmaßnahmen nicht ausreichen. Wer Mindestbeitragszeiten nachweisen kann bzw. nicht berentet ist, kann Rehabilitationsmaßnahmen aus der gesetzlichen Rentenversicherung (BfA, LVAen usw.) beanspruchen.

Träger

Neben öffentlich-rechtlichen und gemeinnützigen Trägern gibt es vor allem im Rehabereich einen hohen Anteil privatwirtschaftlich betriebener Kliniken, die aus betriebswirtschaftlichen Gründen in der Regel mit 150 bis 200 Betten auch größer sind als die 20 bis 100 Betten großen Abteilungen und Kliniken im Akutbereich. Im Zuge der Etablierung der Psychotherapeutischen Medizin wurde in Sachsen erstmals ein fachspezifischer Bedarfsplan für den Akutbereich entwickelt, der als Planungsrichtgröße $^1/_2$ Bett pro 10000 Einwohner und einer durchschnittlichen Verweildauer von 40 bis 50 Tagen festlegt. Die Mindestgröße der bevorzugt an Krankenhäusern der Schwerpunkt- und Maximalversorgung einzurichtenden selbständigen Abteilungen bzw. Kliniken wurde auf 18 Betten festgeschrieben.

Bedarf

Der Bedarf nach stationärer Behandlung wird nach epidemiologischen Untersuchungen an einer Stadtbevölkerung auf 4% geschätzt (Schepank 1994). Die Bettenkapazität wies seit den 60er und besonders in den 70er Jahren bis in die 90er Jahre Steigerungsraten auf, und zwar überproportional im Rehabilitationsbereich. Bis ca. 1995 gab es schätzungsweise annähernd 14000 psychotherapeutisch-psychosomatische Betten – ca. 23% an Allgemeinkrankenhäusern der Akutversorgung, ca. 4% an Universitäten und ca. 73% an Vorsorge- und Rehabilitationskliniken (vgl. Koch u. Potreck-Rose 1994, Neun 1994, Potreck-Rose 1995). Im Rahmen der Bemühungen um die sog. Gesundheitsstrukturreform ist seither ein zum Teil drastisches und noch nicht abgeschlossenes Zurückfahren der Bettenkontingente, insbesondere im sog. Rehabereich zu registrieren. Die Fallzahl des stellenmäßig meist besser ausgestatteten Akutbereiches lag 1993 bei über 17000, die des Rehabereichs bei über 78500. Die durchschnittliche Verweildauer beider Bereiche betrug 45 bis 50 Tage, der durchschnittliche Nutzungsgrad lag deutlich über 90% (Bundesamt 1993). Schätzungsweise wurden Anfang der 90er Jahre ca. 450 Millionen DM für die psychotherapeutische Akutversorgung und ca. 700 Millionen DM für die psychotherapeutische Rehabilitation ausgegeben (Koch u. Potreck-Rose 1994). Damit wurden knapp 5% der Kosten der gesetzlichen Krankenversicherung und knapp 10% der Kosten der gesetzlichen Rentenversicherung für stationäre Psychotherapie aufgewendet. Vermutlich dürfte es auch weiterhin zutreffend sein, daß ein nicht unerheblicher Teil von Patienten mit psychotherapie-indikativen Diagnosen überhaupt nicht bzw. in Einrichtungen ohne fachpsychotherapeutische Angebote behandelt wird.

Behandlungskonzepte

Hinsichtlich der psychotherapeutischen Behandlungspraxis unterscheiden sich Akut- und Rehabilitationsbereich mehr oder weniger. Manche Kliniken führen zugleich Behandlungen nach den Grundsätzen beider Versorgungsbereiche durch. Ca. 91% der Universitätskliniken, 76% der Akutkrankenhäuser und 64% der Rehaeinrichtungen verfolgten 1994 ein psychodynamisches Behandlungskonzept (ca. 66% der

Betten) und 4% der Universitätskliniken, 6% der Akutkrankenhäuser und 19% der Rehaeinrichtungen ein verhaltenstherapeutisches Behandlungskonzept (Potreck-Rose 1995). In manchen Kliniken sind beide Konzepte vertreten. Andere Orientierungen spielen eine untergeordnete Rolle. Viele Klinikchefs besitzen fachspezifische Weiterbildungsermächtigungen.

Das Konzept der sog. Hotelpsychoanalyse, in der die Station lediglich der Unterbringung diente, gehört der Vergangenheit an. Verlassen ist auch das Konzept der therapeutischen Gemeinschaft, dessen Gruppengedanke sich aber bis heute in der gruppentherapeutischen Orientierung stationärer Psychotherapie erhalten hat. Im psychodynamischen Rahmen relevant sind nur noch zwei Modelle. Das ältere bipolare Modell basiert auf der Trennung von analytisch-interpretativ gehandhabtem Therapieraum und Realraum, in dem realitätsnah gehandelt wird. Im neueren integrativen Modell wird der gesamte Behandlungsrahmen in die Therapie einbezogen, was Übertragungsabspaltungen verhindern und Patienten die Möglichkeit geben soll, ihre Störung im gesamten stationären Raum zu reinszenieren. Dem therapeutischen Team kommt die Aufgabe zu, die verschiedenen Übertragungsangebote zu einem Gesamtbild zu integrieren (vgl. Janssen 1987, Becker u. Senf 1988, Schepank u. Tress 1988, Hellweg u. Schoof 1990, König 1995). Stationäre Verhaltenstherapiekonzepte finden sich in Zielke u. Sturm (1994).

Prinzipiell handelt es sich um das gleiche Diagnosespektrum wie im ambulanten Bereich. Stationäre Indikationen ergeben sich vor allem aus der Art und Schwere der Erkrankung (schwere Phobien, schwere Zwänge, Ich-strukturelle Störungen usw.), der emotionalen Zugänglichkeit bzw. therapeutischen Erreichbarkeit der Patienten („Alexithymie", Motivation) und den komplizierenden Krankheits- bzw. Umgebungsfaktoren (chronische Krankheit bzw. Chronifizierung, Ko- bzw. Multimorbidität, soziale Belastungen usw.), sowie den Rahmenbedingungen (Suizidalität, Krisenintervention, drohende körperliche Dekompensation, unzureichende ambulante Behandlungsmöglichkeiten, Behandlungsversuch usw.). Entsprechend vielfältig sind die therapeutischen Zielsetzungen. Die Beseitigung bzw. Linderung akuter psychischer Probleme ist Aufgabe der Akutversorgung. Die Rehabilitation akzentuiert die Bewältigung chronischer Krankheiten.

Stationäre Psychotherapie ist insgesamt durch eine multimodale Behandlungsstrategie gekennzeichnet, in die Ärzte, Psychologen, Spezialtherapeuten, Pflegepersonal u.a. in unterschiedlichem Maße einbezogen sind. Durch die Kombination spezieller Therapieverfahren soll ein möglichst intensives, veränderungsförderliches Milieu geschaffen werden, um z.B. rigide Abwehrkonfigurationen zu lockern und eine therapeutische Regression zu ermöglichen. Die Intensivierung kann aber auch zu einer Labilisierung oder zur Verstärkung von Widerständen führen. Behandlungstechnisch stehen verbale Interventionen im Zentrum. Zu ihrer Vorbereitung oder Ergänzung kann eine ganze Palette von speziellen extraverbalen Therapieformen angewendet werden: Bewegungs- und Entspannungsverfahren, Physiotherapie, Gestaltungs-, Musik-, Kunst- oder Tanztherapie usw. Ärztliche und psychologische Fachpsychotherapeuten leiten die beteiligten Therapeuten an und koordinieren bzw. supervidieren die Behandlungen.

In kleineren stationären Einheiten können meist nur ein einziges, höchstens zwei Behandlungssettings realisiert werden. In größeren Einrichtungen ist eine differentielle Settingsindikation für Behandlungen mit unterschiedlicher Zielsetzung, Intensität und Dauer möglich. Es gibt auch stationär-ambulante Mischmodelle. Stationäre Psychotherapie ist oft nur eine Episode in einer umfassenderen ambulanten Behandlung. Im Anschluß an den stationären Aufenthalt kann eine ambulante Therapie sinnvoll und wünschenswert sein. Häufig ist aber gerade dieser Übergang schwierig, weil etwa die Weiterbehandlungsempfehlung routinemäßig ohne eine gezielte Behandlungsplanung erfolgt, weil Patienten damit allein gelassen werden oder weil oft praktische Probleme mit einer Behandlung in einer wohnortfernen (Rehabilitations-)Klinik verbunden sind. In etwa 50% der geplanten Fälle kommt eine psychotherapeutische Anschlußbehandlung tatsächlich auch zustande (s. Pfeiffer u. Mitarb. 1988, Schneider u. Bursy 1994).

Konsiliar- und Liaisonangebote

Anders als etwa in den USA befinden sich diese fachspezifischen Versorgungsangebote an der Gelenkstelle von Organmedizin und Psychotherapie noch überwiegend im Aufbau. Die neue psychotherapeutische Musterweiterbildungsordnung stärkt die Konsil- und Liaisontätigkeit. Vorzugsweise an Universitätskliniken etabliert, werden sie nach und nach auch in Allgemeinkrankenhäusern bzw. Rehabilitationseinrichtungen realisiert. Kleinere Krankenhäuser machen noch Gebrauch von im Grunde nicht länger akzeptablen „Feierabend-Konsilen" durch Niedergelassene. Für im Durchschnitt ca. 1 bis 7% der Krankenhauspatienten werden derartige Angebote in Anspruch genommen, unter günstigen Bedingungen auch häufiger (vgl. Kisker u. Mitarb. 1986, Stuhr u. Haag 1989, Köhle u. Joraschky 1990, Herzog u. Hartmann 1990, v. Uexküll u. Mitarb. 1992, Arolt 1993).

In situationsangemessenen Modifikationen kommt prinzipiell die gesamte Palette psychotherapeutisch-psychosozialer Interventionsformen zur Anwendung. Patientenbezogene Interventionen ergeben sich primär aus dem diagnostisch-therapeutischen Kontext der psychosozialen Verarbeitung von unheilbaren, chronischen oder schwerwiegenden somatischen Erkrankungen. Behandlerbezogene Interventionen zielen sowohl auf die Minimierung der psychosozial belastenden Folgen der medizinisch-pflegerischen Behandlungsmaßnahmen als auch auf die Vermittlung von psychosomatisch-psychotherapeutischer Basiskompetenz im Umgang mit Kranken ab. In diesem Sinne repräsentieren sie eine Art psychosomatische Grundversorgung im stationären Rahmen. Folgende Organisationsformen haben sich entwikkelt:

Konsiliarmodell

Dieses vorherrschende Modell ist analog der traditionellen Kooperation in der Medizin konzipiert. Der vorgestellte Patient steht im Zentrum. Nach Anforderung eines somatischen Kollegen untersucht der psychotherapeutische Konsiliarius den vorgestellten Patienten auf der somatischen Station oder in der eigenen Abteilung. In der Regel nimmt er schriftlich Stellung, im günstigeren Fall bespricht er seine Untersuchungsergebnisse mit dem anfordernden Arzt und dem Pflegepersonal. Differentialdiagnostische Abklärung und Indikationsstellung sowie Akutbehandlung bzw. Weitervermittlung zur Fachpsychotherapie zählen zu seinen hauptsächlichen Aufgaben. Die regelmäßige psychotherapeutische Mitbetreuung des Patienten auf der somatischen Station oder ggf. seine sofortige Übernahme in die eigene Abteilung sind eher seltener. Diese Kooperationsform gehört zum Basisrepertoire jeder Kooperationstätigkeit und ist jederzeit ohne besondere Voraussetzungen durchführbar. Unter Experten gilt sie aber vor allem wegen der geringen unmittelbaren Präsenz des Konsiliarius als weniger effektiv. Sie ist durch geringe Inanspruchnahme, Akzeptanz- und Kommunikationsprobleme, wenig überschaubare Zuweisungsmechanismen und auf die Untersuchung unzureichend vorbereitete Patienten usw. gekennzeichnet.

Liaisonmodell

Dieses überwiegend im universitären Bereich angesiedelte Modell repräsentiert eine intensivere Kooperationsform. Neben dem Patienten rückt auch das ärztlich-pflegerische Personal stärker ins Blickfeld des Liaisonpsychotherapeuten. Der in seiner Fachabteilung beheimatete Liaisonpsychotherapeut nimmt als fester Mitarbeiter der somatischen Station an Visiten, Stationsbesprechungen, Fallkonferenzen usw. teil. Ähnlich dem Konsiliarius erbringt er spezifische Aufgaben in der Patientenversorgung. Ferner berät er das medizinisch-pflegerische Personal im Umgang mit schwierigen Patienten. Er klärt und bearbeitet die interpersonellen Auswirkungen und Belastungen durch die Betreuung Schwerkranker. Damit trägt der Liaisonpsychotherapeut zur Erhöhung der psychosozialen Basiskompetenz der Teammitglieder bei. Dieser stärker teamorientierte, höher in Anspruch genommene, aber auch personalintensivere Ansatz gilt als effektiver. Eine hohe Motivation aller Beteiligten vorausgesetzt, können psychosoziale Probleme systematisch in die gesamte Behandlung einbezogen werden.

Arbeitsgruppenmodell

Dieses fast nur an Universitätskliniken etablierte Modell ist eine Sonderform der Liaisonpsychotherapie, die die Verankerung psychotherapeutischer und somatischer Kompetenz intendiert. Behandlung und Behandlerteam stehen im Zentrum. Fachlich vorzugsweise in einer psychotherapeutischen Abteilung eingebundene und auch somatischerseits besonders qualifizierte Liaisonpsychotherapeuten arbeiten in der somatischen Abteilung innerhalb der Arbeitsgruppe. Diese erfüllt als Ganzes meist spezifische Versorgungsaufgaben in Onkologie, Transplantationsmedizin usw. Die Arbeitsgruppe gilt als die effektivste Kooperationsform zur Verbindung der somatischen wie psychosozialen Aspekte eines Problemfeldes. Es steigert die psychosoziale Qualifikation des gesamten Behandlerteams.

Modell der selbständigen Abteilung im klinischen Fachgebiet

Diese Kooperationsform ist nur vereinzelt an Universitätskliniken etabliert und hat den Charakter von Modellprojekten. Ziel ist die Integration der jeweils fachspezifischen somatischen und psychosozialen Aspekte in Krankenversorgung, Forschung und Lehre. Dies setzt bis zu einem gewissen Grad die Doppelqualifikation der Mitarbeiter voraus.

Nicht-heilkundlicher Versorgungskontext

Dieser Sektor ist wesentlich unschärfer bestimmbar als der medizinische. Er ist juristisch-administrativ weit weniger systematisch geordnet, wird aber in zahlreichen Gesetzen berührt und thematisiert. Zum Beispiel stellen das Beraterzeugnisverweigerungsrecht in Zivil- bzw. Strafgerichtsverfahren und die Datenschutzverpflichtung die Beziehung zum Klienten unter besonderen Schutz. Systematische Dokumentation, Qualitätssicherung und Mitarbeiterqualifikation liegen im Belieben der vielfältigen, meist nur lose kooperierenden Träger. Regional-situative Momente (Lobby, öffentlicher Bedarf, Geld usw.) halten ihn zudem viel stärker im Fluß. Daher lassen sich keine verläßlichen Aussagen über Versorgungsbedarf und Inanspruchnahme machen. Trends sind Tätigkeitsberichten, stets aktualisierten Beratungsführern usw. zu entnehmen.

Eine breite Palette von zum Teil spezifischen psychosozialen Beratungs-, Hilfs- und Unterstützungsmaßnahmen für alle Alters- und die unterschiedlichsten Zielgruppen wird realisiert. Die Angebote reichen von Aids bis Zöliakie. Das Gros der Versorgung wird von den verschiedensten Beratungseinrichtungen geleistet. Frauenhäuser, Telefonseelsorge, Heilpraktiker, „Alternativtherapeuten", Entspannungs- und Meditationskurse an der Volkshochschule – für die die Krankenkassen zum Teil Kosten erstatten – usw. runden die lange und bunte Liste ab.

Institutionalisierte Beratung wird von föderalen, kommunalen, kirchlichen und anderen Trägern der freien Wohlfahrtspflege sowie freien Donatoren als Einrichtung insgesamt gefördert. Sie versteht sich als ein finanziell wie personell ökonomisches Problemlösekonzept im Vor- und Umfeld sozialer, medizinischer und therapeutischer Einrichtungen. Aufgrund ihrer flexibleren administrativen Handhabung und kostenfreien Inanspruchnahme kann sie insbesondere Menschen erreichen, die von anderen Einrichtungen nicht angemessen versorgt werden (Arbeitsgemeinschaft 1994).

Institutionalisierte Beratung geht von fließenden Grenzen zwischen Reifungskrisen und Fehlentwicklungen in der Entwicklung von Individuen, Paaren, Familien- und Lebensgemeinschaften aus. Die Krise als Chance zur Neuorientierung ist der primäre Beratungsansatz. Ziel ist, Ratsuchenden dabei behilflich zu sein, die inneren und äußeren Bedingungszusammenhänge ihrer Problematik zu verstehen, neue emotionale und kognitive Zusammenhänge sowie Verhaltensmöglichkeiten zu finden und zu erproben. Dies schließt die Diagnostik der körperlichen, seelischen und sozialen Mitverursachung von Störungen, die Klärung der Veränderungsmotivation und die Veranlassung oder Durchführung geeigneter psychotherapeutischer Maßnahmen mit ein. Technisch steht die vertrauensvolle Beziehungsgestaltung zwischen Berater und Klient im Mittelpunkt. Je nach Erfordernis kann zwischen Einzel-, Paar-, Familien- und Gruppen-Setting gewählt werden. Alle Aktivitäten sind im konkreten Einzelfall inhaltlich und zeitlich limitiert und finden praktisch ausschließlich im ambulanten Setting statt. Spezialfälle sind ausschließlich telefonische Kontakte im Rahmen der Telefonseelsorge und die vorübergehende Aufnahme hilfesuchender Frauen in einem Frauenhaus.

Zum Aufgabenbereich von Beratungsstellen gehören ausdrücklich auch fallübergreifende Projektarbeit, Präventionsmaßnahmen und Bildungsarbeit von Zielgruppenangehörigen sowie Multiplikatoren, Öffentlichkeitsarbeit und Kooperation mit anderen sozialen Einrichtungen. Es ist eine gesetzlich festgeschriebene Besonderheit, daß die fachliche Arbeit grundsätzlich innerhalb eines multidisziplinären Teams geschieht, das unterschiedliche fachliche Ausbildungskompetenz, Supervisionsmöglichkeiten und Weiterbildungsangebote gewährleistet. Viele Beratungssituationen setzen jedoch spezielle Aus- und Weiterbildungen voraus, für manche Situationen sind sie sogar vorgeschrieben, etwa in der Schwangerschaftskonfliktberatung. Vielfach mangelt es jedoch noch an übergreifenden Curricula.

Der Deutsche Arbeitskreis Jugend-, Ehe- und Familienberatung hat eine curricular geregelte Zusatzausbildung zum Ehe-, Familien- und Lebensberater vereinbart (140 Stunden theoretische Grundausbildung, 140 Stunden gruppendynamische Sitzungen, ein Praktikum mit 150 Stunden Beratung, 70 Stunden Supervision, eine mündliche sowie schriftliche Prüfung). Der Abschluß berechtigt ausschließlich zur Mitarbeit in einem Beratungsteam.

Non-professioneller Versorgungskontext

Eine Vielzahl von Laien- und Selbsthilfeorganisationen ist seit den 70er Jahren entstanden. Diese sind mittlerweile zu einem festen Glied der somato-psychosozialen Versorgungskette geworden und zu einer quantitativ wie qualitativ relevanten versorgungspolitischen Größe avanciert (vgl. Badura u. v. Ferber 1981 u. 1983, Moeller 1993). Dieser Versorgungssektor ist administrativ kaum durchstrukturiert. Verläßliches Zahlenmaterial ist schwer zu erhalten. Gegenwärtig existieren nach Expertenschätzungen ca. 60000 bis 100000 Selbsthilfegruppen verschiedenster Couleur – die hohe Schätzungenauigkeit liegt an der Begriffsunschärfe und der relativen Kurzlebigkeit der einzelnen Gruppierungen. Es gibt bundesweit ca. 270 meist mit einer Halb- bzw. Ganztagsstelle besetzte regionale Selbsthilfe-Kontaktstellen, deren Funktionen in der Regel darin bestehen, Interessenten zu informieren, Kontakte zu vermitteln, Anregungen und Unterstützungen zur Initiierung von Gruppen zu geben, bestehende Gruppen zu koordinieren, Öffentlichkeitsarbeit zu betreiben, Broschüren, Zeitungen usw. herauszugeben und mit Multiplikatoren (z.B. Ärzten, Psychologen, Geistlichen, Lehrern, Politikern) zu kooperieren. Die Bezuschussung von Selbsthilfegruppen mit gesundheitsfördernder und rehabilitativer Zielsetzung durch Krankenkassen (nach §20 Abs. 3a SGB V) wird gegenwärtig heftig diskutiert.

In der Medizin realisieren Laien- und Selbsthilfeorganisationen historisch gewachsene psychosoziale Basisfunktionen (Matzat 1992) für eine umfassende Palette von Erkrankungen, insbesondere für chronisch oder unheilbar Kranke, für Behinderte sowie für deren Angehörige. Auf lokaler Ebene haben sich oft gut funktionierende Kooperationen zwischen Gesundheitsfachleuten und Selbsthilfegruppen entwickelt (Matzat 1993).

Auch aus der psychotherapeutischen Versorgung im engeren Sinne sind **Selbsthilfegruppen** heute nicht mehr wegzudenken. Insbesondere in der Behandlung von Suchtkranken leisten sie erhebliche spezifische Versorgungsbeiträge. Die wohl bekannteste und zugleich älteste Gruppierung in diesem Bereich sind die Anonymen Alkoholiker (AA) und deren Angehörigen-Gruppen (AL-ANON) und etwa SYNANON für Drogenabhängige. Nach dem Vorbild der AA wurden weitere Gruppen, etwa für Eßgestörte, Neurotiker (Emotions Anonymous [EA], sexuell Mißbrauchte, Sexsüchtige, Spielsüchtige usw.) organisiert. Der empirische Vergleich psychotherapeutischer Selbsthilfe- und professioneller Therapiegruppen zeigt hinsichtlich Sozialstruktur und therapeutischer Prozesse große Ähnlichkeiten. Dies wurde als Indiz erfolgreicher Gesundheitsprozesse in Selbsthilfegruppen gewertet (Moeller 1977). Auf Möglichkeiten, Grenzen sowie Gefahren psychotherapeutisch arbeitender Selbsthilfegruppen ist hingewiesen worden (Moeller 1983). Die noch relativ neuen und unsystematischen Erfahrungen mit Selbsthilfegruppen während und nach stationärer Psychotherapie sind interessant, ohne Anlaß für Idealisierungen zu bieten. Sie zeigen aber auch die Schwierigkeiten bei Therapeuten wie bei Patienten, dem klassischen Selbst- und Rollenverständnis zu entwachsen und neue Formen der Zusammenarbeit zu entwickeln (Spangenberg u. Matzat 1989, Matzat u. Spangenberg 1989). Selbsthilfekontaktstellen, zumal in enger Anbindung an eine psychotherapeutische Ambulanz, erfüllen eine oft übersehene psychodiagnostische Screeningfunktion mit bedarfsweiser „Überweisung" zur fachpsychotherapeutischen Versorgung. Sie stellen eine relativ „niederschwellige" Anlaufstelle für den Erstkontakt psychotherapeutisch bedürftiger, häufig aber wenig informierter bzw. hochambivalenter Bürger dar und fungieren als eine Art „Drehscheibe" zwischen Selbsthilfe- und professionellem Versorgungssystem.

Laien- und Selbsthilfeangebote erfüllen zunehmend wichtige Versorgungsfunktionen. Auch wenn die Struktur der Gruppierungen, ihre Angebote und vermutlich auch deren Qualität ziemlich heterogen sein dürften, sollten sie von Psychotherapeuten systematischer als bislang in Erwägung gezogen werden. Sie verdienen es nicht, als ultima ratio gehandelt zu werden. Die besondere Struktur des Laien- und Selbsthilfesektors erfordert es oftmals aber, sich auf der Suche nach geeigneten Angeboten des Vermittlungsservices der bundesweiten bzw. regionalen Kontaktstellen zu bedienen. Da die Anregung und Förderung von Selbsthilfegruppen sowie die Kooperation mit ihnen zukünftig für Ärzte und auch Psychotherapeuten in Praxis und Klinik an Bedeutung gewinnen wird, muß sich die Fortbildung stärker darauf einstellen. Hierzu wurde von der Deutschen Arbeitsgemeinschaft Selbsthilfegruppen ein ca. 30tägiges berufsbegleitendes Curriculum erarbeitet.

II

II Theoretische Grundlagen

5. Biologische Grundlagen

T. Köhler, B. Dahme

Einleitung

„Aber uns beschäftigt die Therapie hier nur insoweit sie mit psychologischen Mitteln arbeitet, derzeit haben wir keine anderen. Die Zukunft mag uns lehren, mit besonderen chemischen Stoffen die Energiemengen und deren Verteilungen im seelischen Apparat direkt zu beeinflussen. Vielleicht ergeben sich noch ungeahnte andere Möglichkeiten der Therapie; vorläufig steht uns nichts besseres zu Gebote als die psychoanalytische Technik, und darum sollte man sie trotz ihrer Beschränkungen nicht verachten." (Freud 1940, S. 108)

Diese berühmten, oftmals zitierten Worte Freuds aus dem **Abriß der Psychoanalyse** kennzeichnen treffend die Lage der Psychotherapie, damals ebenso wie heute: Unbestritten setzt jegliche psychologische Intervention letztlich an körperlichen Prozessen an, und ihre Wirkweise wird nur dann vollkommen verstanden, wenn die durch sie induzierten Veränderungen auch in biologischen Termini beschrieben werden können. Andererseits ist man augenblicklich weit von der Kenntnis der körperlichen Grundlagen psychologisch behandelter Störungen entfernt, besitzt bestenfalls eine vage Vorstellung, wie pharmakologische Interventionen eingreifen und hat erst recht keine Modelle, auf welchem Wege mit psychologischen Mitteln arbeitende Verfahren ihre Wirkung ausüben. Psychotherapie ist daher in ihren Effekten noch ausschließlich auf psychologischer Ebene zu beurteilen. Dieses Kapitel muß notgedrungen unbefriedigend bleiben. Was allein geschehen kann, ist das wenige Bekannte zu biologischen Grundlagen von psychischen Erkrankungen und ihrer organischen Therapie zu skizzieren und so wenigstens ein Fundament zu vermitteln, auf das irgendwann psychologisch-biologische Modelle von Interventionen aufgesetzt werden können.

Hierbei jedoch war die Auswahl unter der Fülle des Materials sehr schwer, zumal in dem knappen hier gesetzten Rahmen. Da durch eine große Anzahl aussagekräftiger Studien gestützt, sollen zunächst biochemische Theorien psychischer Störungen (Schizophrenie, Depression, Angstsymptomatik und posttraumatischer Belastungsstörung) skizziert werden. Kenntnisse dieser Grundlagen sowie relevantes Basiswissen über die so gut wie immer gleichzeitig stattfindende pharmakologische Behandlung und die dabei angenommenen Wirkmechanismen sollten für jeden von Interesse sein, der Patienten mit diesen Krankheitsbildern behandelt. Aus demselben Grunde schienen die psychobiologischen Grundlagen von Sucht und Schmerz genauerer Darstellung wert. Hingegen haben wir uns dagegen entschieden, eingehender die organischen Grundlagen verhaltensmedizinischer Interventionen zu behandeln. Ausführungen etwa über die Wirkmechanismen von Biofeedback und Entspannung oder spezielle Fragestellungen der Interoceptionsforschung scheinen nur sinnvoll im Rahmen einer detaillierteren Besprechung einzelner Störungsbilder und ihrer Behandlung. Knappe Anmerkungen, verbunden mit wenigen Literaturangaben, mögen hier genügen.

Biochemische Grundlagen psychischer Störungen

Zunächst müssen unter mehr oder weniger groben, in diesem Kontext sicher legitimen Vereinfachungen einige Bemerkungen zur Erregungsübertragung an Neuronen vorausgeschickt werden (für eine detailliertere Darstellung s. etwa Pinel 1997, S. 83 ff). Im typischen Fall breitet sich innerhalb des Neurons die Erregung vom Zellkörper weg durch die Nervenfaser elektrisch aus. Diese teilt sich am Ende in mehrere Stränge, die mit sogenannten Endknöpfen in der Nähe anderer Nervenzellen zu liegen kommen. An diesen Stellen des Zusammentreffens zweier Neurone, den Synapsen, vollzieht sich die Erregungsübertragung chemisch: Von den Endknöpfen der präsynaptischen Zelle werden Überträgerstoffe (Transmitter) freigesetzt, die in den synaptischen Spalt diffundieren und sich an Empfängerstellen der gegenüberliegenden postsynaptischen Membran, den Rezeptoren, anlagern. Es gibt eine Vielzahl verschiedener Neurotransmitter, von denen hier nur Acetylcholin, Serotonin, Dopamin, Noradrenalin und gamma-Aminobuttersäure (GABA) genannt seien. An jeder Synapse wird aber wohl nur eine Transmitterart ausgeschüttet, auf die allein die dort lokalisierten Rezeptoren ansprechen; offenbar gibt es zu jedem Transmitter verschiedene Rezeptorentypen (für Dopamin beispielsweise mindestens vier, für Acetylcholin wenigstens zwei), die sich pharmakologisch und molekularbiologisch oft erheblich unterscheiden. Die Besetzung eines Rezeptors mit dem passenden Transmitter führt zur Veränderung von Eigenschaften der postsynaptischen Membran, entweder durch direkte Öffnung von Ionenkanälen (wie beim GABA-A-Rezeptor) oder durch komplizierte Signaltransduktionsprozesse im postsynaptischen Neuron („Second-messenger„-Prinzip, beispielsweise bei Besetzung der Bindungsstellen für Noradrenalin). Je nach Art des Rezeptors kann Besetzung mit dem Transmitter entweder zu Depolarisation der postsynaptischen Zellmembran führen (was Erregungsbildung und -ausbreitung begünstigt) oder Hyperpolarisation erzeugen; diese schwächt von anderen Synapsen ausgehende Erregungen ab. Sind die Veränderungen an der postsynaptischen Membran durch häufige oder an vielen Stellen gleichzeitig auftretende Depolarisationen groß genug, kommt es zur Ausbildung eines Aktionspotentials; dieses breitet sich elektrisch zu den Endknöpfen aus und führt dort wiederum zur Freisetzung von Transmitterstoffen, die Membranen anderer Neuronen oder von Muskeln oder Organen erreichen.

Noch einige Worte zur Regelung der Transmitterausschüttung und ihrer Inaktivierung, was für das Verständnis der Wirkungsweise gewisser Psychopharmaka unerläßlich ist: Die ausgeschütteten Transmitter können sich nicht nur an die postsynaptischen Rezeptoren anlagern, sondern auch an präsynaptische Autorezeptoren, deren Besetzung Information über die Transmitterkonzentration im Spalt liefert und die Produktion in der präsynaptischen Zelle reguliert. Die freigesetzten Transmittermoleküle besetzen Rezeptoren, üben die geschilderte Wirkung aus und liegen danach wieder frei im Spalt, von wo sie sich erneut einem Rezeptor anlagern oder inaktiviert werden. Bei den Monoaminen Dopamin, Noradrenalin und Serotonin geschieht letzteres durch Wiederaufnahme in die Endknöpfchen (Reuptake); hier werden sie entweder über das Enzym Monoaminoxydase (MAO) abgebaut oder erneut als Folge ankommender Impulse freigesetzt.

Als biochemisches Äquivalent oder biochemische Grundlage – der Ausdruck „Ursache" wäre hier wenig angebracht – schizophrener Symptomatik nimmt man augenblicklich eine Überaktivität dopaminerger mesolimbischer und mesokortikaler Bahnen an (Dopaminhypothese der Schizophrenie; s. dazu etwa Carlson 1994, S. 545 ff, Pinel 1997, S. 478 ff, Köhler 1998, S. 77 ff, Köhler 1999, S. 85 ff). Hierzu einige Erläuterungen: Bei den erwähnten Bahnen handelt es sich um Nervenfasern, die vom Mittelhirn ins Limbische System und zu den frontalen Bereichen des Neokortex ziehen und bei denen die Übertragung mittels des Transmitters Dopamin erfolgt. Diese dopaminerge Überaktivität führt man auf Vermehrung von Rezeptoren an der postsynaptischen Membran zurück, und zwar nur eines Untertyps, den D2-Rezeptoren; solche des Typus D1 scheinen sich bei Schizophrenen ähnlich wie bei Gesunden zu verhalten. Auch handelt es sich wohl weniger um absolute dopaminerge Überaktivität als vielmehr um ein Übergewicht im Verhältnis zur Aktivität anderer Transmittersysteme, insbesondere des von Acetylcholin.

Hinweise für die Gültigkeit dieser Dopaminhypothese ergeben sich aus verschiedenen Beobachtungen, von denen nur die wichtigsten genannt seien: Zum einen wurde festgestellt, daß Amphetamine, also Psychostimulantien, deren Wirkung mutmaßlich auf einer vermehrten Dopaminfreisetzung und Wiederaufnahme-Hemmung an Synapsen beruht (s. Köhler 1999, S. 59 ff), psychotische Symptome wie Verfolgungswahn oder Halluzinationen hervorrufen können. Ähnliche Effekte werden zuweilen bei Parkinsonpatienten beobachtet, die zur Therapie L-Dopa erhalten, eine Vorstufe von Dopamin. Der wichtigste Hinweis liegt in der Wirkung der therapeutisch bei Schizophrenie eingesetzten Neuroleptika. Diese besetzen Dopaminrezeptoren, ohne die von Dopamin induzierten Membranveränderungen hervorzurufen (Blokkade); die Wirksamkeit der diversen Neuroleptika ist offenbar eine Funktion ihrer Fähigkeit, sich in unterschiedlichem Maße an D2-Rezeptoren zu binden (vgl. Pinel 1997, S. 479 f, Köhler 1999, S. 91 f). Da diese Blockade in der Regel nicht – wie an sich wünschenswert – ausschließlich überaktive Synapsen in mesolimbischen und mesokortikalen Bahnen trifft, sondern auch andere, für die Motorik verantwortliche dopaminerge Systeme (insbesondere die nigrostriatalen Bahnen), erklärt sich das bei Neuroleptikagabe häufig auftretende Parkinsonsyndrom (Muskelsteifigkeit, Ruhetremor und Bewegungsarmut). Da dieses auch bei der Parkinsonschen Krankheit beobachtet wird, deren Grundlage ein Untergang dopaminerger Neurone in der Substantia nigra des Mittelhirns ist, liegt es nahe, die neuroleptisch induzierten Bewegungsstörungen ähnlich zu erklären. Historisch gesehen war der Sachverhalt sogar so, daß die als Nebenwirkung beobachtete Parkinsonsymptomatik die Hypothese begründet hat, der Effekt der Neuroleptika beruhe auf einer Aktivitätsverminderung an dopaminergen Synapsen. Der direkte Nachweis der Rezeptorblockade wurde erst auf der Basis dieser Annahme geführt. Die zuweilen nach langer Neuroleptikabehandlung beobachteten Spätdyskinesien in Form von Bewegungsüberschuß, etwa unkontrollierbarem Grimassieren, sind wohl als Gegenregulationsprozesse zur Kompensierung der Dopaminblockade anzusehen.

Noch gibt es verschiedene offene Fragen bei dieser Dopaminhypothese. Der wichtigste Punkt sei kurz erwähnt: Die Neuroleptikatherapie wirkt vornehmlich auf die produktive Symptomatik der Schizophrenie, beispielsweise Wahn und Halluzinationen; Minussymptomatik wie Denkstörungen, sozialer Rückzug oder Affektverflachung wird wenig oder gar nicht beeinflußt, so daß man für diese eine andere biologische Grundlage annehmen muß. Die Hypothese, daß Minussymptomen eine morphologische Schädigung vor allem frontaler Hirnabschnitte zugrundeliegt (Hypofrontalität), die über Beeinflussung anderer Neurone zugleich eine relative Dopaminüberaktivität nach sich zieht (s. Weinberger 1987, Carlson 1994, S. 555, Köhler 1999, S. 88), könnte die Beobachtung selektiver pharmakologischer Beeinflussung erklären und die Dopaminhypothese sinnvoll ergänzen; augenblicklich sind jedoch die empirischen Belege dafür nicht allzu zahlreich. Trotz dieser Schwierigkeiten bleibt die Dopamin-Hypothese im Augenblick das beste biochemische Modell der Schizophrenie; sie dürfte in nächster Zeit zwar einige Modifikationen, aber kaum völlige Verwerfung erfahren. Wie bereits angedeutet, ist damit wenig über die Ätiologie der Schizophrenie gesagt; die angenommene veränderte Dopaminaktivität bedarf ihrerseits wiederum der Erklärung, die prinzipiell auch psychologische Ansätze liefern könnten (für eine Verknüpfung lerntheoretischer Modelle mit der Dopaminhypothese siehe Carlson 1994, S. 548). In jedem Fall wäre aber umgekehrt keine noch so befriedigende psychogenetische Theorie schizophrener Symptomatik vollständig, wenn sie nicht auf die angenommenen biochemischen Prozesse Licht werfen könnte.

Störungen der Transmitterfunktionen nimmt man auch bei der („endogenen") Depression an: Die Monoamin-Hypothese der Depression geht von einer verminderten Aktivität an noradrenergen und/oder serotonergen Synapsen nicht näher definierter Hirnstrukturen aus (s. Köhler 1999, S. 111 ff). Auch ist noch nicht zu entscheiden, ob die reduzierte synaptische Aktivität durch verminderte Transmitterfreisetzung oder Veränderung an Rezeptoren, etwa im Sinne einer zahlenmäßigen Reduktion oder geringeren Ansprechbarkeit, bedingt ist.

Mehrere Befunde legen diese Auffassung nahe, etwa daß Reserpin, welches eine Noradrenalinverarmung in präsynaptischen Zellen bewirkt, häufig zu depressiven Symptomen führt. Weiter hat man bei depressiven, insbesondere suizidalen Patienten in der Zerebrospinalflüssigkeit eine verminderte Konzentration von 5-Hydroxyindolessigsäure (5-HIAA), einem Abbauprodukt des Serotonin gefunden, was auf einen verminderten Hirnstoffwechsel dieser Substanz schließen läßt (s. hierzu und zum weiteren insbesondere Carlson 1994, S. 560 ff; Köhler 1999, S. 106 f). Vor allem sind es aber wiederum die Wirkmechanismen der eingesetzten Medikamente gewesen, die entsprechende biochemische Veränderungen bei den Patienten nahelegten. Die Entdekkung der stimmungsaufhellenden und antriebssteigernden Effekte der MAO-Hemmer, die über eine weitgehende Blokkierung des Enzyms Monoaminoxydase (s. oben) den Abbau der Monoamine reduzieren und somit deren synaptische Konzentration erhöhen, hatte das Augenmerk auf Noradrenalin, Serotonin und Dopamin gerichtet. Weitere Erkenntnisse ergaben sich aus der Einsicht in die Wirkmechanismen der trizyklischen Antidepressiva (etwa Imipramin, Amitriptylin), welche die präsynaptische Wiederaufnahme (Reuptake) von Monoaminen hemmen und so deren Abbau verhindern. Da aus verschiedenen Gründen die Bedeutung von Dopamin ausgeschlossen wurde, konzentriert sich die Theoriebildung auf Noradrenalin und Serotonin. Bis jetzt ist es aber noch nicht überzeugend gelungen, ein größeres Defizit in einem oder dem anderen der beiden Transmitter mit bestimmten Krankheitscharakteristika in Verbindung zu bringen. Ergänzend sei in diesem Zusammenhang angefügt, daß die zur Reuptake-Hemmung eingesetzten Stoffe ihre Wirkung oft gleichzeitig durch Blockade der Autorezeptoren erzielen, so daß eine zunehmende Transmitterkonzentration im Spalt nicht zu Gegenregulationen im präsynaptischen Neuron führt.

Eine wesentliche Schwierigkeit beim Verständnis der Wirkung von Antidepressiva ergibt sich daraus, daß sowohl die Gabe von MAO-Hemmern wie von Reuptake-Hemmern die Transmitterkonzentration in der Synapse sehr rasch erhöht, während erfahrungsgemäß bis zum klinischen Wirkungseintritt zumeist einige Wochen vergehen. Man hat daher die Hypothese aufgestellt, der eigentliche therapeutische Effekt sei in einer Reduktion der Rezeptorempfindlichkeit, speziell für Noradrenalin, als Folge der nun erhöhten Monoaminkonzentration zu suchen (vgl. dazu Carlson 1994, S. 561 f; Benkert u. Hippius 1996, S. 23 ff). Wie sich diese Annahme mit der These einer reduzierten Transmitteraktivität vertragen könnte, ist augenblicklich schwer vorzustellen.

Die Monoamin-Hypothese der Depression scheint in wesentlichen Punkten unvollständig oder gar erheblich korrekturbedürftig; immerhin spricht einiges für die Annahme, daß das biologische Äquivalent affektiver Störungen im Bereich des Transmitterhaushalts zu suchen ist. Das bei der Diskussion der Dopaminhypothese der Schizophrenie Gesagte gilt auch hier: Nachweis zugrundeliegender biochemischer Prozesse schließt die Gültigkeit psychologischer Genesevorstellungen nicht aus; Untersuchungen, die beispielsweise im Rahmen des Paradigmas der gelernten Hilflosigkeit durchgeführt wurden und bei „hilflosen" Tieren Reduktion im Noradrenalinspiegel beobachteten (Davison & Neale 1996, S. 263), zeigen auf, wie Verknüpfungen psychologischer Modellvorstellungen mit biochemischen Grundannahmen zu geschehen hätten. Angesichts noch sehr vager und sicher revisionsbedürftiger Kenntnisse von den somatischen Grundlagen depressiver Symptome dürfte aber das Ziel der biochemischen Begründung von Psychotherapie in weiter Ferne liegen.

Wenig ist bis jetzt zu den organischen Grundlagen der Manie bekannt; die einschlägige Literatur (Carlson 1994, Pinel 1997) weist eigenartigerweise nicht einmal auf diese bemerkenswerte Lücke hin. Einige nehmen – auf nicht allzu breit anerkannter empirischer Basis – dabei Noradrenalinüberaktivität an (Davison & Neale 1996, S. 271); andere Autoren wie Silverstone (1991, S. 278 ff) drücken sich zurückhaltender aus und diskutieren auch eine Überaktivität von Dopamin und Serotonin. Unklar ist auch der Wirkmechanismus der zur Therapie manischer Phasen sowie zur Prophylaxe bipolarer Störungen eingesetzten Lithiumsalze. Die Annahmen, daß diese Ionen die Signaltransduktion in der postsynaptischen Nervenzelle hemmen oder stabilisierend auf Rezeptoren wirken (Benkert u. Hippius 1996, S. 124 ff; Carlson 1994, S. 560), stellen nur einige von mehreren Erklärungsversuchen dar.

Auch bei neurotischen Symptombildern wurde nach biochemischen Äquivalenten gesucht, am intensivsten bei Angststörungen, speziell bei Panikattacken sowie Zwangssymptomen. Stützung für diese wesentlich biologische Betrachtungsweise liefern die nachweisbare hereditäre Komponente der Störungen und das Ansprechen auf Psychopharmaka. Wieweit eine solch einseitige Sicht berechtigt ist, kann hier nicht diskutiert werden; bekanntermaßen existieren gerade dazu ausformulierte psychologische Erklärungsansätze.

Panikattacken treten nach Carlson (1994, S. 570) gehäuft familiär auf und könnten in ihrem Erbgang durch ein einziges Gen bestimmt sein. Des weiteren ist zu beobachten, daß sich Angstanfälle durch Laktatinfusionen sowie durch Einatmen von Luft mit hohem CO_2-Gehalt hervorrufen lassen; die Ansprechbarkeit auf solche Provokationsmaßnahmen ist wiederum in familiärer Häufung zu finden. Die organische Grundlage normaler wie auch pathologischer Angstzustände bildet nach augenblicklichen Erkenntnissen erhöhte neuronale Aktivität in Temporallappen, Teilen des Limbischen Systems sowie im Locus coeruleus. Allerdings wäre es verfrüht, auf Defekte in diesen Hirnstrukturen bei Panikpatienten zu schließen (dazu Köhler 1999, S. 138 ff).

Weniger auf lokalisatorische Versuche, die kaum unmittelbaren therapeutischen Nutzen nach sich ziehen würden, hat sich die psychobiologische Forschung bei Angstkrankheiten konzentriert, sondern wieder auf einen Transmitter, die Gamma-Aminobuttersäure (englisch: gamma-amino-butyric acid, GABA). GABA gilt als wichtigster hemmender Transmitter im zentralen Nervensystem, setzt also die Empfänglichkeit postsynaptischer Neuronen für erregende Impulse herab. Diese GABAerge Hemmung kann durch eine Reihe von Stoffen verstärkt werden, etwa Benzodiazepine, beispielsweise Diazepam. Offensichtlich gibt es nahe zu den GABA-Rezeptoren wiederum Rezeptoren für diese die Wirkung erhöhenden Stoffe. Man hat sie als Benzodiazepinrezeptoren bezeichnet, obwohl anzunehmen ist, daß diese auch durch im Organismus selbst produzierte Stoffe erregt werden können. Da Benzodiazepine sich als wirksam bei der Behandlung von Ängsten erwiesen haben, nimmt man als deren Grundlage eine Störung an den Benzodiazepinrezeptoren mit resultierender Verminderung der GABAergen Hemmung an. Bei Carlson (1994, S. 572) dargestellte Tierversuche bieten gewisse Belege für diese Hypothese: Wenn man Katzen während der Tragzeit Diazepam verabreicht hatte – was zu einer Gegenregulation führen sollte – waren deren Junge unruhiger und furchtsamer; zudem ließ sich bei diesen Tieren eine Verminderung der Benzodiazepinrezeptoren nachweisen. Ob diese Theorie der herabgesetzten Zahl oder Reaktivität von Benzodiazepinrezeptoren mit Einschränkung GABAerger Hemmungsmechanismen die Ausbildung von Angstreaktionen befriedigend erklären kann, läßt sich augenblicklich nicht mit Bestimmtheit sagen. Immerhin ließen sich wohl Modelle ableiten, auf welchen Wegen sich die psychotherapeutische Beeinflussung von Angstsyndromen vollziehen könnte.

Ebenfalls bei Angststörungen Beachtung gefunden hat Noradrenalin. Eine wichtige Funktion bei der Ausbildung von Angst hat offenbar der im Hirnstamm gelegene Locus coeruleus, der noradrenerge Neuronen insbesondere in Teile des Limbischen Systems entsendet. Durch elektrische oder medikamentöse Stimulation des Locus coeruleus lassen sich Panikattacken induzieren, einige angstlösende Medikamente reduzieren offenbar die Aktivität dieser Region (s. dazu Davison u. Neale 1996, S. 163 f und die dort zitierte Literatur). Daß man wiederholt bei Angstpatienten, insbesondere solchen mit Panikstörung, verstärkte sympathische Reaktionen gefunden hat, würde für eine biologische Disposition in Form eines überaktiven noradrenergen Systems sprechen. Hier greifen auch Betarezeptorenblocker an; sie wirken offenbar vornehmlich durch Abschwächung peripherer Angstreaktionen, etwa der begleitenden Tachykardie, und unterbrechen so den Circulus vitiosus einer Wahrnehmung von Angstsymptomatik und resultierender Angstempfindung (Benkert u. Hippius 1996, S. 336). Wieweit die Effekte mancher psychologischer Interventionen (etwa Biofeedback oder progressiver Muskelentspannung) bei Angstsymptomatik in einem ähnlichen Wirkmodell zu formulieren sind, wäre zu diskutieren. Verstärktes Interesse bei der Betrachtung von pathologischer Angst hat in letzter Zeit auch Serotonin gefunden. Nachdem Serotoninagonisten wie beispielsweise Buspiron insbesondere bei generalisierter Angststörung gute Erfolge zeigen, nimmt man in augenblicklich noch sehr vager Form an, daß dabei eine Dysfunktion im serotonergen System vorliegt (Coplan, Wolk u. Klein 1995).

Im Zusammenhang mit biologischen Grundlagen von Angst sei kurz das Angstmodell von Gray (1987) erwähnt, welches diese Emotion weniger auf der Ebene von Synapsen und Transmittersystemen betrachtet als vielmehr auf der von makroskopisch-anatomisch abgrenzbaren Hirnstrukturen. Im Zentrum von Grays Theorie steht die Annahme eines „behavioral inhibition system" (wörtlich übersetzt: Verhaltensverhinderungssystems), welches in der Lage sein soll, auftretende Stimuli mit früher erlebten zu vergleichen und aus Erfahrungen mögliche Ausgänge der Situation zu antizipieren. Läßt ein Stimulus einen unerwünschten Ausgang erwarten, blockiert dieses System gängige Verhaltensweisen, führt zu gesteigerter Handlungsbereitschaft und erhöhter Aufmerksamkeit. Die Lokalisation dieses hypothetischen Systems nimmt Gray in Strukturen an, welche dem Limbischen System zugerechnet werden, insbesondere Septum und Hippokampusregion; eine wichtige Rolle spielen sicher auch – wie man in Ergänzung zu Gray vermerkt hat (etwa Strange 1992) – andere Hirnstrukturen wie Gyrus parahippocampalis, Teile des temporalen Kortex und Mandelkern (Amygdala). Auch das periaquäduktale Grau (Neuronenzellkörper in der Nähe des Verbindungsgangs vom 3. zum 4. Ventrikel im Mittelhirn) besitzt offenbar Bedeutung für Angstentstehung. Belege für diese Annahmen zieht man aus der elektrischen Stimulation von Hirnpartien, mit denen sich Angstreaktionen auslösen ließen, weiter durch Nachweise von gesteigerter Durchblutung oder Stoffwechselaktivierung im Rahmen von Angstzuständen. Angstkrankheiten wären nach Gray auf ein überreaktives behavioral inhibition system zurückzuführen. Als unmittelbarer Auslöser für den Angstzustand könnten irgendwelche gerade auftretenden physiologische Reaktionen dienen.

Die Entwicklung zwangsneurotischer Symptome hat man in letzter Zeit gehäuft auf genetische Determinanten oder exogene Hirnschäden, etwa als Folge von entzündlichen Erkrankungen oder Traumata, zurückgeführt (vgl. Carlson 1994, S. 575 ff). Strukturen, die bei Auftreten solcher Symptomatik aktiviert werden, sind wohl weniger die erwähnten Teile des Limbischen Systems als vielmehr Partien des frontalen Kortex und der Basalganglien (Strange 1992, S. 310). Auch das schlechtere Ansprechen von Zwangssymptomen auf Anxiolytika vom Typ der Benzodiazepine legt die Annahme nahe, daß der Angst im Kontext von Zwangsneurosen andere Mechanismen zugrunde liegen. Behandlung der letzteren geschieht mit verschiedenen psychotherapeutischen Methoden, häufig kombiniert mit Anwendung von Medikamenten (s. dazu etwa Foa u. Rowan 1990), oft allein mit Psychopharmaka, zumeist Antidepressiva (vgl. Benkert u. Hippius 1996, S. 40 f). Insbesondere selektive Serotonin-Wiederaufnahmehemmer wie Clomipramin scheinen dabei wirksam zu sein. Aufgrund dieser Befunde ist die Annahme vorgebracht worden, Serotonin verhindere die extreme Ausbildung arttypischen, evolutionsmäßig an sich überholten Verhaltens, welches die Basis von Zwangshandlungen darstellen solle (Carlson 1994, S. 575 f). Eine andere Erklärung gibt Gray (1987) im Rahmen seiner oben skizzierten Angsttheorie: Zwangssymptomatik sei auf starke Aktivierung des behavioral inhibition system zurückzuführen und entspreche übermäßiger Sicherung gegen entsprechende Gefahren (s. dazu Strange 1992, S. 307).

Die posttraumatische Belastungsstörung (englisch: posttraumatic stress disorder, PTSD), die als Folge schwerer psychischer Traumen auftreten kann, ist unter anderem gekennzeichnet durch sympathische Überaktivität, ständiges Wiederkehren des Traumas (etwa in Form bildhafter Erinnerungen oder Alpträumen), Rückzug von üblichen Tätigkeiten und depressive Symptomatik (Everly 1993). Dieses Störungsbild hat in den letzten Jahren spezielles Interesse erfahren; dabei hat man sich auf die organischen Aspekte konzentriert, angeleitet durch die Befunde der vegetativen Überaktivität sowie die Tatsache, daß viele der Erkrankten diese offenbar mittels Drogenkonsum zu dämpfen versuchten (Friedman 1991). Einigkeit besteht darüber, daß sympathische Übererregung mit erhöhter Aktivität insbesondere im noradrenergen System ein wichtiges Charakteristikum des Störungsbildes darstellt (Charney et al. 1993, Southwick et al. 1997). Auch verstärkte Ausschüttung endogener Opiate bei reduzierter Empfindlichkeit von Opiatrezeptoren ist vermutet worden, deren biologische Bedeutung aber noch nicht geklärt scheint. Der häufig zu beobachtende Opiatmißbrauch wird, in eher vage formulierten pathogenetischen Modellen, als Versuch angesehen, die Störungen im Opiat- und Noradrenalinhaushalt zu kompensieren (Charney et al. 1993). Therapeutische Bemühungen zielen einerseits auf Reduktion der Sympathikusaktivität, etwa durch Entspannungsmethoden, sowie auf Beseitigung der zwanghaft wiederkehrenden Erinnerungen an das Trauma (Everly 1993); unklar ist augenblicklich, ob trizyklische Antidepressiva und MAO-Hemmer einen spezifischen Effekt bei PTSD besitzen oder lediglich auf die depressive Begleitsymptomatik wirken (Köhler 1999, S. 155 f).

Psychobiologische Grundlagen von Sucht und Schmerz

Von körperlicher Abhängigkeit spricht man bekanntlich dann, wenn Toleranzentwicklung und körperliche Entzugssymptome bei Absetzen der Substanz auftreten (Davison u. Neale 1996, S. 324 f). Toleranz bezeichnet die Tatsache, daß nach längerer Zufuhr des Stoffes höhere Dosen erforderlich sind, um die gleiche Wirkung zu erzielen. Organische Grundlage der Toleranz ist zumeist ein geringeres Ansprechen der Zielorgane (funktionelle Toleranz), etwa durch Verringerung der Zahl eventueller Rezeptoren. Interessanterweise tritt Toleranz oft nur für wenige Effekte der zuweilen vielseitig wirkenden Substanz auf und ist anscheinend sehr situationsspezifisch. So soll die tödliche Wirkung von hohen Drogendosen oft bei Applikation in neuer Umgebung auftreten; möglicherweise sind auf die Stimuli des Applikationskontextes hin Gegenregulationsmechanismen entwickelt worden, die unter anderen Bedingungen nicht wirksam werden (vgl. Pinel 1997, S. 343 ff). Entzugserscheinungen sind vermutlich Folge jener Veränderungen, die zu Toleranz geführt haben; sie resultieren aus den erwähnten Gegenregulationsmechanismen, deren Effekte bei Fehlen der Substanz nicht zu kompensieren sind.

Diese Sachverhalte lassen sich besonders gut an den Opiaten aufzeigen; die Opiatsucht dient daher auch als wichtigstes Suchtmodell. Die Opiate, etwa das aus Rohopium extrahierte Morphin, das durch Veresterung von Morphin leicht herstellbare Diacetylmorphin (Heroin) oder synthetische Opiate wie L-Polamidon (L-Methadon), haben bei großer Unterschiedlichkeit im Wirkungsgrad qualitativ im wesentlichen ähnliche Effekte: neben Auswirkungen auf das Atemzentrum und den Verdauungsapparat vor allem eine analgetische und euphorisierende Wirkung. Unter anderem aufgrund des Effektes von Stoffen wie Naloxon, die die Wirkung von Opiaten aufheben, ist man zur Annahme spezifischer Opiatrezeptoren gekommen, an denen sich die Stoffe anlagern müssen, um Wirkung zu entfalten. Dies legt die Existenz endogener Opiate nahe (Endorphine), die man mittlerweile direkt nachweisen kann. Besetzung von Opiatrezeptoren im periaquäduktalen Grau soll vornehmlich für die Analgesie, von Rezeptoren im Limbischen System für die euphorisierende Wirkung verantwortlich sein (Carlson 1994, S. 585). Die Opiattoleranz wäre gut durch Reduktion der Zahl der Opiatrezeptoren und/oder Herabsetzung ihrer Empfindlichkeit zu erklären, wobei ein direkter Nachweis allerdings noch aussteht (Snyder 1994, S. 59 f). Entzugserscheinungen wie Schwitzen, Zittern, Magen-Darm-Symptomatik sind wohl durch die nun nicht durch Opiatwirkung kompensierten Gegenregulationsmechanismen bedingt.

Weniger klar sind bis jetzt trotz intensiver Forschungen die biochemischen Grundlagen des Alkoholwirkung (s. dazu Schmidt 1997, S. 80 ff, Köhler 1999, S. 32 ff). Alkohol scheint die GABAerge Hemmung zu verstärken, was die anxiolytische Wirkung erklären würde. Freisetzung von Dopamin vor allem in Strukturen des Limbischen Systems ist wohl für den positiv verstärkenden „angenehmen" Effekt verantwortlich (s. auch unten zu biologischen Grundlagen der Verstärkung).

Körperliche Abhängigkeit mit Versuchen, durch erneuten Konsum den Entzugserscheinungen entgegenzuwirken, spielt sicherlich eine wichtige Rolle bei der Aufrechterhaltung der Drogensucht, kann aber ihre Entstehung und insbesondere den Rückfall nach erfolgreichem Entzug nicht erklären. Ergänzende Theorien konzentrieren sich daher auf die angenehmen Effekte von Drogen und versuchen deren psychobiologische Grundlagen zu erforschen. Das Phänomen der intrakraniellen Selbstreizung von Tieren, die mittels implantierter Elektroden einzelne Hirnareale durch Hebeldruck elektrisch stimulieren konnten, hat hier zu Aufschlüssen geführt. Das sogenannte mesotelenzephale Dopaminsystem, dessen Fasern vom Mittelhirn, speziell Abschnitten des Tegmentums, ins Endhirn, insbesondere zum Nucleus accumbens ziehen, spielt dabei offensichtlich die Rolle eines „Belohnungszentrums". Die Selbstreizungsrate ist besonders hoch, wenn die Elektroden in Teile dieses Systems implantiert werden. Möglicherweise setzt auch die Wirkung einiger Drogen dort an, etwa der Amphetamine und des Kokain, die als Dopaminagonisten fungieren: Zerstörung gewisser Strukturen des mesotelenzephalen Dopaminsystems führt dazu, daß Versuchstiere sich bei intravenöser Selbstapplikation weniger von diesen Substanzen verabreichen. Auch der „angenehme" Effekt von Opiaten könnte durch dieses System vermittelt werden. Hohe Dosen von Dopaminantagonisten heben diese Wirkung auf. Zudem applizieren sich Ratten intrakraniell Opiate besonders häufig, wenn diese Injektionen Teile des mesotelenzephalen Systems erreichen (vgl. Pinel 1997, S. 363).

Die Bedeutung dopaminerger Systeme, und dabei speziell des erwähnten mesotelenzephalen, beschränkt sich jedoch keineswegs auf die Vermittlung der Wirkung von Drogen und intrakranieller Selbstreizung. Allgemein scheint es für die verstärkenden Effekte von Reizen oder – um es weniger lerntheoretisch zu formulieren – für das Zustandekommen lustvoller Empfindungen eine wesentliche Rolle zu spielen. So fand man heraus, daß bei Ratten, die ein Neuroleptikum, also einen Dopaminrezeptorenblocker, erhalten hatten, übliche Verstärker wie Präsentation von Nahrung oder Flüssigkeit die Auftretenswahrscheinlichkeit von Verhalten nicht wie sonst erhöhten. In ähnliche Richtung deuten Experimente zur konditionierten Bevorzugung von Örtlichkeiten (conditioned place preference): Tiere suchen im allgemeinen bevorzugt die Örtlichkeiten auf, in denen ihnen bei früherer Gelegenheit Verstärker etwa in Form von Nahrung präsentiert wurden. Dies war nicht der Fall, wenn man ihnen vor der Gabe des Futters Dopaminantagonisten verabreicht hatte. Dabei hatten die Tiere durchaus das Angebotene gefressen; die verstärkende oder lustvolle Wirkung war lediglich ausgeblieben (s. Carlson 1994, S. 468 f und die dort zitierte Literatur).

Hier seien einige kurze Bemerkungen zu den biologischen Grundlagen der Schmerzentstehung und Schmerztherapie gemacht (s. auch Jessell u. Kelly 1991, Larbig 1993, Hiemke 1993, Basler 1994). Als Grundlage der Schmerzempfindung nimmt man Reizung von Rezeptoren in freien Nervenendigungen an, die sich insbesondere in der Haut und einigen inneren Organen befinden. Adäquater Reiz ist Kontakt mit Stoffen, deren Vorliegen eine Schädigung (Noxe) im Körper anzeigt. Insofern ist der Ausdruck Nozizeptoren der Bezeichnung Schmerzrezeptoren vorzuziehen, dies umso mehr, als die Schmerzempfindung keineswegs dem Aktivierungszustand der Nozizeptoren entsprechen muß, sondern von einer Reihe anderer Faktoren abhängen kann (s. u.). Eine wesentliche Rolle bei den grundlegenden chemischen Prozessen dürften dabei die Prostaglandine spielen. Sie erhöhen die Empfindlichkeit der Nervenendigungen für Stoffe, welche als Folge von Gewebsschädigung vermehrt auftreten. Der analgetische Effekt der Acetylsalicylsäure (Aspirin, ASS), des bekanntesten Schmerzmittels, beruht auf einer Hemmung der Prostaglandinsynthese, setzt also peripher an.

Die von den Nozizeptoren ausgehenden Fasern lassen sich in zwei Typen einteilen, wobei die markhaltigen, schnell leitenden offenbar für die Weiterleitung des rasch auftretenden „hellen", die langsamen für die des verzögert aufkommenden „dumpfen" Schmerzes verantwortlich sind. Lediglich auf die letzteren sei hier eingegangen, denn nur diese vermitteln den von affektiven Reaktionen begleiteten Schmerz, der unter anderem durch Opiate blockierbar ist (Snyder 1994,

S. 55). Die Fasern werden an den Neuronen des Hinterhorns im Rückenmark zum ersten Mal umgeschaltet. Es gibt gute Gründe für die Annahme, daß an der Stelle dieser synaptischen Verbindungen die Weiterleitung von höheren Strukturen aus modifiziert wird (gate-control-Theorie von Melzack; s. dazu ausführlicher Larbig 1993). Verantwortlich dafür scheinen Fasern, die von Strukturen des Hirnstamms, etwa vom Nucleus raphe, zu den Hinterhornneuronen absteigen und deren Membraneigenschaften verändern. An dieser Stelle setzt möglicherweise die Wirkung der endogenen Opiate an, die im Gehirn als Folge von Schmerzreizen freigesetzt werden und wohl insbesondere im bereits erwähnten periaquäduktalen Grau gebunden werden. Von dort ausgehende Fasern leiten die opiatinduzierte Erregung in den genannten Nucleus raphe und weiter zu den Hinterhornneuronen. Die Produktion der endogenen bzw. Zufuhr der exogenen Opiate würde im Sinne der gate-control-Theorie die Weiterbildung der Erregung auf spinaler Ebene hemmen (Carlson 1994, S. 208 ff; s. dazu auch Hiemke 1993). Biologische Funktion dieser Opiatanalgesie ist wohl Linderung von Schmerzen in Situationen, wo Flucht als Reaktion nicht sinnvoll wäre, etwa beim Kampf oder Paarungsverhalten. Auch der bekannte Placebo-Effekt könnte über die Wirkung endogener Opiate erklärt werden, die bei Aktivierung gewisser kortikaler Zentren freigesetzt werden, welche Verbindungen mit dem periaquäduktalen Grau aufweisen. Als Stützung dieser Annahme wird betrachtet, daß die Placebowirkung nach Gabe von Opiatantagonisten ausbleibt (nach Carlson 1994, S. 210 f).

Die vom Hinterhorn ausgehenden aszendierenden Nervenfasern kreuzen zur Gegenseite und laufen im Vorderseitenstrang zum Thalamus, der eine wichtige Zwischenstation auf dem Weg in die somatosensorischen Zentren der Großhirnrinde darstellt. Während die kognitive Verarbeitung des Schmerzreizes mit Prozessen in dieser Hirnregion zusammenhängen dürfte, ist die affektive Komponente vermutlich das Äquivalent von Vorgängen in gewissen Strukturen des Limbischen Systems. Die früher keineswegs seltenen stereotaktischen Operationen an Patienten mit sonst nicht zu lindernden Schmerzen legen dies nahe. Eine Zerstörung von Teilen des Thalamus, welche mit dem Limbischen System verbunden sind, bewirkt, daß der Schmerz zwar noch wahrgenommen werden kann, aber nicht mehr als beeinträchtigend empfunden wird (s. Carlson 1994, S. 206).

Reizung der Nozizeptoren führt nicht nur zu mehr oder weniger starker Schmerzempfindung, sondern auch zu vegetativen Begleitreaktionen wie Blutdruckveränderungen oder Schweißausbrüchen, löst zudem bereits auf Rückenmarksebene motorische Reaktionen aus, beispielsweise Fluchtreflexe oder Anspannung einzelner Muskelpartien. Diese Erhöhung des Muskeltonus könnte wiederum über Ischämie der Muskulatur und Freisetzung von „Kininen" zur Reizung von weiteren Nozizeptoren und damit zur Entwicklung eines Circulus vitiosus führen. Gerade auf dieser Ebene des „myogenen" Schmerzes versuchen psychophysiologische Verfahren der Schmerzbehandlung, etwa progressive Muskelentspannung, anzusetzen (s. Basler 1994, S. 122 ff).

Aus dem oben Gesagten ergibt sich unmittelbar, daß Reizung von Nozizeptoren durch die ursprüngliche Gewebsschädigung einerseits und begleitende Schmerzempfindung andererseits bestenfalls in sehr lockerer Beziehung stehen. Modifikation der Reizleitung und Reizverarbeitung durch höhere Zentren sowie sekundäre periphere Reaktionen mit eventuellen weiteren Schädigungen machen einfache Zuordnungen unmöglich.

Psychophysiologische Grundlagen verhaltensmedizinischer Interventionen

Wie in der Einleitung angedeutet, wird dieser Abschnitt unverhältnismäßig kurz ausfallen, da für die genauere Darstellung das Eingehen auf spezielle Krankheitsbilder nötig wäre (s. dazu die entsprechenden Kapitel in Köhler 1995); Andeutungen und Literaturhinweise müssen genügen.

Verhaltensmedizinische Interventionen geschehen teils auf der kognitiven, teils auf der Verhaltensebene, daneben aber auch vielfach auf der Ebene vegetativer Reaktionen. Hier sind insbesondere Biofeedbackverfahren zu nennen, die auf operantem Wege Modifikation psychophysiologischer Größen versuchen. Daß vegetative Variablen durch Verstärkungsprozeduren verändert werden können, haben Tierversuche nahegelegt, wozu allerdings auch wenig beachtete negative Ergebnisse vorliegen (Dworkin u. Miller 1986). Ob die durch Biofeedback induzierten physiologischen Veränderungen beim Menschen tatsächlich daraus resultieren, daß die Rückmeldung der erfolgreichen Modifikation als positive Verstärkung wirkt und so die entsprechenden Reaktionen festigt, wie lange als Wirkmodell angenommen, bleibt zu diskutieren. Ebenso plausibel scheint die These, in der Biofeedbacksituation werde primär Entspannung gefördert, die sich in verschiedenen vegetativen Parametern auswirkt. Dafür spricht, daß im allgemeinen Entspannungsverfahren in ihrer diesbezüglichen Wirkung Biofeedbacktherapien mindestens ebenbürtig sein dürften. Wichtiger als ihre direkte Modifikation erscheint im verhaltensmedizinischen Zusammenhang die Verbesserung der Erfassung eigener körperlicher Gegebenheiten, speziell von Krankheitssymptomen, um sie wirkungsvoller und rechtzeitig behandeln zu können. Nicht ohne Grund ist die Frage nach der Interozeption, der Wahrnehmung körperinnerer Zustände und Vorgänge, zunehmend in das Forschungsinteresse gerückt (s. dazu Kollenbaum 1994).

Da für die psychosomatische Theoriebildung von großer Bedeutung, sei kurz auf das Konzept der individualspezifischen Reaktion eingegangen. Es bezieht sich auf die Vielzahl möglicher psychophysiologischer Reaktionen und ihre Variationen über Probanden und Stimuli. Danach reagieren Personen – relativ unabhängig von der Art der jeweiligen Aktivierung – mit einem bestimmten Muster, einer charakteristischen Hierarchie in den Ausprägungen der einzelnen Variablen. So könnte jemand weitgehend situationsinvariant in den Blutdruckvariablen die stärksten stimuluskontingenten Veränderungen zeigen, weniger in Parametern der elektrodermalen Aktivität und der Muskelaktivität.

Belegt ist, daß individualspezifische Reaktionen tatsächlich in nennenswertem Ausmaß auftreten, nämlich etwa bei einem Drittel der Versuchspersonen. Interessant und für die psychosomatische Forschung anregend ist die daraus abgeleitete Hypothese, Personen mit solchen typischen invarianten Reaktionsmustern entwickelten mit erhöhter Wahrscheinlichkeit eine Störung im System maximaler Aktivierung. So sollen, um die mit Abstand am häufigsten untersuchte Hypothese zu nennen, Hypertoniker schon früh mit ausgeprägten Blutdruckveränderungen auf diverse Stimuli reagiert haben, so daß sich durch Sollwertverschiebungen im kardiovaskulären Regelsystem schließlich die fixierte Blutdruckerhöhung ausgebildet habe. Die empirische Evidenz für diese Annahme ist jedoch schwächer als in einer Reihe von optimistischen Reviews suggeriert (für eine kritische Diskussion s. Köhler 1995, S. 82 ff). Insbesondere wurden in der großen Mehrzahl der Studien bereits hypertone Personen mit normotonen Probanden verglichen. Nur prospektive Längsschnittsuntersuchungen könnten aber ausschließen, daß die situationsbedingten Blutdrucksteigerungen der dauerhaften Blutdruckerhöhung in Ruhe vorausgehen und nicht erst ihre Folge sind. Daß sie wirklich eine pathogenetische Bedeutung besitzen und nicht lediglich Frühsymptom eines Krankheitsprozesses darstellen, wäre allein aus Interventionsstudien mit früher Modifikation der stimulusbedingten Blutdruckerhöhungen abzuleiten. Bei all diesen Schwierigkeiten handelt es sich bei dem Konzept der individualspezifischen Reaktion um eine verfolgenswerte Theorie psychophysiologischer Unterschiede und des Zustandekommens körperlicher Veränderungen unter Mitwirkung psychischer Faktoren.

6. Allgemeinpsychologische und sozialpsychologische Grundlagen von Psychotherapie

A. Dinger-Broda und I. Speight

Jede wissenschaftlich anerkannte Psychotherapierichtung stützt sich auf theoretisches Grundwissen über menschliches Verhalten. Insbesondere Modelle zur Entstehung psychischer Störungen, Möglichkeiten der Veränderung sowie der Einfluß von Kognitionen und Emotionen stehen im Mittelpunkt von Therapietheorien (Kanfer u. Mitarb. 1996). Allgemeinpsychologische Grundlagen sind zwar die Basis all dieser theoretischen Modelle, geraten aber in der Psychotherapieausbildung und noch stärker in der alltäglichen Psychotherapiepraxis in den Hintergrund des Interesses. Gründe hierfür sind einerseits die tatsächliche oder vermeintliche Praxisferne der universitären Ausbildung in Grundlagenfächern, die den Bezug zu klinischen Fragestellungen nur ansatzweise herstellen kann, andererseits die Anforderungen des klinischen Alltags, der oft dringliche Problemstellungen beinhaltet und nach kurzfristigen Problemlösungen verlangt. Ein Rückbezug auf Grundlagenwissen liegt dabei nicht immer auf der Hand.

In diesem Kapitel soll der Versuch gemacht werden, die Lücke zwischen psychologischem Grundlagenwissen und psychotherapeutischem Alltag zu schließen, indem allgemeinpsychologische und sozialpsychologische Erkenntnisse in ihrer Bedeutung für psychotherapeutische Prozesse aufgearbeitet werden. Es wird auf folgende Themen Bezug genommen:

- Wahrnehmung
- Aufmerksamkeit
- Gedächtnis
- Lernen
- Denken und Problemlösen
- Motivation
- Emotion
- Soziale Prozesse

Es geht dabei nicht um eine vollständige und umfassende Darstellung der einzelnen Themen, vielmehr werden bewußt die Aspekte herausgegriffen, die im therapeutischen Alltag eine Rolle spielen, sei es, daß sie bei der Gestaltung der therapeutischen Beziehung zu berücksichtigen sind, sei es, daß sie zur Erklärung von Störungsbildern beitragen können. Innerhalb der einzelnen Themen werden Literaturhinweise zur Vertiefung gegeben. Generell sei auf die grundlegenden Werke von Zimbardo (1995), Mietzel (1996), Anderson (1996) und Spada (1990) verwiesen.

Wahrnehmung

Eine wesentliche Voraussetzung für erfolgreiche und befriedigende soziale Interaktionen ist außer dem Sprachverständnis und der Sprachproduktion die adäquate Selbst- und Fremdwahrnehmung von nonverbalen Stimuli. Diese äußern sich vor allem im emotionalen Ausdruck des Gesichts, aber auch in dem der Gestik und der Prosodie. Aufgrund ihrer Bedeutung für interpersonale Prozesse im Alltag und insbesondere für den Verlauf von therapeutischen Maßnahmen sollen daher exemplarisch die Grundlagen der visuellen Wahrnehmung kurz dargestellt werden.

Visuelle Wahrnehmungsprozesse

Kosslyn (1987 u. 1991) und Kosslyn u. Shin (1994) nehmen hinsichtlich der visuellen Wahrnehmung unterschiedliche Ebenen der Informationsverarbeitung an, wobei frühe sensorische Prozesse für die primäre Verarbeitung eingehender visueller Signale angenommen werden. Nach Marr (1980 u. 1982) werden diese Signale dann aufgrund von multiplen Filterprozessen als Intensitätsveränderungen im visuellen Feld erfaßt und zu Ecksegmenten, Balken etc. kombiniert, welche dann erst die grobe Wahrnehmung von Umrissen oder Linien in einer **Primärskizze** („primal sketch") ermöglichen. Die primäre visuelle Informationsverarbeitung bezieht sich somit nur auf die Auswertung der physikalischen Oberflächeneigenschaften von Objekten wie z.B. Farbe, Textur, Kontrast oder räumliche Tiefe.

Auf einer höheren Prozeßebene erfolgt dann die Weiterverarbeitung dieser elementaren Wahrnehmungsparameter und ihre gestaltungsmäßige Ordnung zu Objekten bzw. ihren Teilen. Sie ist die Voraussetzung für die Identifikation (z.B. Erkennen von Gesichtern oder Mimik), Imagebildung oder visuell-räumliche Handlungen (Perrett 1994). Voraussetzung hierfür ist, daß die metrischen und relationalen Angaben über Form und Lokalisation in einem **Kurzzeitspeicher**, dem „visual buffer" (Kosslyn 1980) zusammengeführt und für einen Abgleich mit dem Langzeitgedächtnis als Voraussetzung zur Objekterkennung bereit gehalten werden. In diesem Kurzzeitspeicher finden zudem in Abhängigkeit von bisherigen Lernprozessen und Erwartungen aktive Ergänzungs- und Weiterverarbeitungsprozesse der visuellen Stimuli statt.

Subjektivität der Wahrnehmung

Wie schnell ein Objekt oder ein Verhalten in welcher Weise wahrgenommen wird und wie sicher dieser Erkennungsprozeß abläuft, ist somit nicht immer absolut gleich, sondern **subjektiv determiniert** und wesentlich durch die bisherigen, individuellen Lernerfahrungen mitbedingt. Je öfter daher spezifische Reizmuster sensorisch bereits wiederholt verarbeitet und mit einer im Gedächtnis gespeicherten, inhaltlichen oder emotionalen Bedeutung verknüpft wurden, um so eher werden sie auch bei erneuter Darbietung in der bisherigen Weise zugeordnet und „erkannt". Das Erkennen von Personen oder Gegenständen sowie von Mimik und Gestik ist somit nicht als passive Abbildung der realen Umwelt aufzufassen. Vielmehr stellt das Erkennen stets den Endpunkt eines **aktiven Verarbeitungsprozesses** dar. Dieser wird nicht nur durch den individuellen **Erfahrungshintergrund** moduliert, sondern entscheidend auch durch die jeweilige Erwartungshaltung in einer Situation mitbedingt. So werden die bisherigen Erfahrungen hinsichtlich Verhalten, Emotionen oder Einstellungen aus der Interaktion mit einer bestimmten Person die **Erwartungshaltung** prägen, auf deren Hintergrund etwa die Mimik bei einer erneuten Begegnung interpretiert werden wird.

Wahrnehmungsstörungen

Außer dieser, immer in allen sensorischen Modalitäten bestehenden Subjektivität des **Wahrnehmungsprozesses** durch Lernerfahrungen und Kontexterwartungen, können **Hirnschädigungen** zu direkten Störungen dieser Wahrnehmungssysteme und somit zu Schwierigkeiten etwa beim Gesichtererkennen (Prosopagnosie) führen (Goldenberg 1997). Andererseits gibt es zunehmend Hinweise darauf, daß nach bestimmten subkortikalen und kortikalen Hirnverletzungen die Emotion eines Gesichtsausdruckes nicht adäquat wahrgenommen werden kann, obwohl die Person zuvor am Gesicht erkannt wurde. Hierbei scheinen im subkortikalen Bereich besonders thalamo-limbische Strukturen (Hypothalamus, Amygdala) für die automatische Erfassung und Generierung von Emotionen im visuellen und auditiven Bereich zuständig zu sein (Scott 1997). Es wird angenommen, daß prototypische Exemplare (Schemata) emotionaler Erfahrungen dort enkodiert und gespeichert werden, um dann durch den späteren Abgleich mit spezifischen visuellen Stimuli, z.B. eines Gesichtsausdruckes, spontan die Wahrnehmung etwa von Freude oder Angst auszulösen. Zusätzlich zu dieser Ebene konditionierter Reaktionen sind die Wahrnehmung und der Ausdruck von Emotionen Teil eines komplexen Musters sozialer Interaktionen, die durch Bewußtsein und Intention gesteuert werden (Gainotti 1993).

Selbstwahrnehmung

Für den therapeutischen Prozeß kann die reduzierte Selbstwahrnehmung eines Patienten hinsichtlich des objektiven Störungsausmaßes sehr hinderlich sein. Solch eine verminderte Krankheitseinsicht kann zu erheblichen Problemen in der längerfristigen Therapiemotivation und zur Setzung unrealistischer Therapieziele führen. Zudem kann es hierüber zu einer mangelnden Akzeptanz von Therapiemethoden kommen, da diese als unangemessen erlebt werden. Bei ausgeprägteren Verhaltensstörungen und gleichzeitig verminderter Krankheitseinsicht hat sich daher die vorherige Durchführung von Gruppentrainings zur Verbesserung der Selbstwahrnehmung bewährt (McGlynn 1990). In diesen Sitzungen werden die Gruppenmitglieder aufgefordert, sich hinsichtlich der kritischen Verhaltensweisen gegenseitig zu beobachten und anhand von Problemlisten einzuschätzen. Es werden die Selbst- und Fremdwahrnehmung aufgrund von Videoaufnahmen und Rollenspielen beurteilt sowie persönliche Tagesprotokolle mit den Angaben von Ehepartnern oder Angehörigen verglichen. Wesentliche Ziele sind dabei die **Verbesserung der Selbstbeobachtung (‚self-monitoring') und der Selbstevaluation (‚self-evaluation').**

Fremdwahrnehmung

Bei hirngeschädigten Patienten, bei denen z.B. Probleme in der Interaktion bestehen, sollte vor Beginn einer therapeutischen Maßnahme zunächst abgeklärt werden, ob die vermeintlichen Verhaltensstörungen, statt etwa durch verringerte Impulskontrolle oder mangelnde Beachtung von sozialen Regeln, nicht mittelbar durch eine gestörte Fremdwahrnehmung der Kommunikationssignale bedingt sind.

Obwohl Befunde zur Wahrnehmung des emotionalen Gehaltes von Gesichtsausdrücken bei Schizophrenen bisher kein eindeutiges Ergebnis liefern (Salem u. Mitarb. 1996), wird bei Depressionen jedoch ein ungünstiger Einfluß der Tendenz zu negativen emotionalen Interpretationen von Gesichtsausdrücken auf den Verlauf der sozialen Interaktion gesehen. Letztlich scheint bei Patienten mit diesem Störungsbild insbesondere die Ausprägung der Ängstlichkeit in engem Zusammenhang mit der negativen Bewertung der visuellen Stimuli und der nachfolgend häufig zu beobachtenden Ablehnung durch die anderen Interaktionspartner zu stehen (Bouhuys u. Mitarb. 1997). Beim therapeutischen Vorgehen sollte in der Verhaltensanalyse daher auf Wahrnehmungstendenzen in der Interaktion geachtet werden, die zu einer **Verfälschung von emotionalen Signalen** führen können. Da hierdurch positive Verstärkung etwa durch den Therapeuten oder beim Aufbau von alternativem Zielverhalten in der Gruppe nicht ausreichend effektiv wirkt, kann diese Wahrnehmungsverzerrung das Kontingenzlernen erheblich erschweren. Es sollte deswegen auch bei Depressionen, Angststörungen oder generellen Problemen in der sozialen Interaktion, bei denen Beeinträchtigungen der emotionalen Interpretation festgestellt werden, zunächst ein entsprechendes emotionales Wahrnehmungstraining durchgeführt werden.

Therapeutenverhalten

Wie diese Beispiele zur Subjektivität der Selbst- und Fremdwahrnehmung von Patienten zeigen, wird das Ergebnis jedes Wahrnehmungsprozesses unabhängig von der sensorischen Modalität, außer durch organisch bedingte Schädigungen, vor allem durch die vorangegangenen Lernerfahrungen und die kontextbedingte Erwartungshaltung bestimmt. Dies gilt natürlich auch für den Therapeuten, dessen subjektive Wahrnehmungsqualität den Verlauf des Behandlungsprozesses immer mit beeinflußt. So ist bei der Problempräsentation des Patienten die Wahrnehmung seines Denkens, Fühlens und Handelns durch den Therapeuten entscheidend für die daraus resultierende **Fokussierung** auf die eigentliche Problematik. Diese adäquate Fokussierung sowie die ähnliche (subjektive) Wahrnehmung relevanter Behandlungsziele und -konzepte zwischen Patient und Therapeut sind wiederum eng mit einem positiven Behandlungsergebnis verbunden. Einen vergleichbaren Einfluß hat die Selbstwahrnehmung des Therapeuten auf die Gestaltung der therapeutischen Beziehung, in der er nur dann Glaubwürdigkeit oder ein gegenseitiges aufeinander Einstimmen in der Kommunikation erreichen kann, wenn er sich seiner Wirkung auf den Patienten bewußt ist.

Aufmerksamkeit

Aufmerksamkeitstheorien

Alle Theorien zur Aufmerksamkeit gehen davon aus, daß zumindest vier weitgehend voneinander unabhängige Aufmerksamkeitsfunktionen unterschieden werden müssen und Aufmerksamkeit somit kein einheitliches Konstrukt ist. Die Funktionen werden als **'Alertness'** (Aufmerksamkeitsaktivierung), **'Sustained Attention'** (längerfristige Aufmerksamkeit, Daueraufmerksamkeit), **'Selective Attention'** (selektive bzw. fokussierte Aufmerksamkeit) und **'Divided Attention'** (geteilte oder verteilte Aufmerksamkeit) bezeichnet (Sturm 1997). Die Aufmerksamkeitsaktivierung wird in eine phasische und tonische Aktivierung unterteilt. Die tonische Aufmerksamkeitsaktivierung wird durch den physiologischen Zustand des Organismus auch in Abhängigkeit von der Tageszeit bestimmt und stellt über einen längeren Zeitraum eine relativ stabile Höhe des Aufmerksamkeitsniveaus dar. Durch die phasische Aufmerksamkeitsaktivierung wird dagegen die Steigerung der Aufmerksamkeit für eine nachfolgende Reaktionssituation unmittelbar nach einem Warnreiz ausgedrückt. Bei Aufgaben zur Daueraufmerksamkeit muß die Aufmerksamkeit über längere Zeiträume ununterbrochen einer oder mehreren Informationsquellen zugewandt werden, um kleine Veränderungen der zu verarbeitenden Information zu entdecken und entsprechend zu reagieren. Vigilanzleistungen sind der längerfristigen Aufmerksamkeit ähnlich, jedoch müssen die kritischen Stimuli viel seltener und unregelmäßiger verarbeitet werden. Die selektive Aufmerksamkeit erfordert die Fähigkeit, die Aufmerksamkeit auf ein bestimmtes Merkmal zu fokussieren und Reaktionen auf irrelevante Reize zu unterdrücken, wohingegen bei der geteilten Aufmerksamkeit zwei oder mehr Reizquellen beachtet werden müssen.

Weitere wesentliche Aspekte der Aufmerksamkeit sind der Grad der **Automatisiertheit und Kontrolliertheit** der geforderten Verarbeitungsprozesse. Da jeder sensorische Kanal nur eine begrenzte Kapazität der Informationsübertragung (Kanalkapazität) hat, muß es in Abhängigkeit von der Aufgabenschwierigkeit und der strukturellen Ähnlichkeit der Anforderungen bei Kapazitätsüberschreitungen zu einer bewußt repräsentierten und intentionalen (kontrollierten) Selektivität der Informationsverarbeitung kommen (O'Donnell u. Cohen 1993, Neumann 1992). Eine notwendige Voraussetzung für diese im Alltag ständig erforderlichen Selektivitäts- und Zuweisungsprozesse ist zudem die Annahme eines zentralen Kapazitätszuweisungsmechanismus im Sinne eines **'supervisory attentional system'** (Shallice 1988). Es überwacht und moduliert den Verlauf von weitgehend automatisiert ablaufenden Verhaltensprogrammen im Alltag und greift nur dann ein, wenn in neuen Kontexten, bei Gefahr oder konkurrierenden Schemata die bisher automatisiert abgelaufenen Verhaltensroutinen plötzlich durch neue ersetzt werden müssen.

Selbstbezogene Aufmerksamkeit

Die oben dargestellten Konzepte der Aufmerksamkeitsforschung sind im klinischen Bereich bisher vor allem unter dem Aspekt der selbstbezogenen Aufmerksamkeit ('self-focused attention') untersucht worden. So gibt es Hinweise dafür, daß es einen Zusammenhang zwischen dem Ausmaß an selbstbezogener Aufmerksamkeit und Störungsbildern wie **Depression, Angsterkrankungen und Alkoholabusus** gibt. Pyszczynski u. Greenberg (1985, 1987 u. 1991) konnten zeigen, daß bei Depressiven ein extrem hohes Ausmaß an selbstbezogener Aufmerksamkeit nach negativen Erfahrungen, nicht aber nach positiven Erfahrungen zu beobachten ist, was somit gegen die Annahme einer generell erhöhten, selbstbezogenen Aufmerksamkeit spricht. Zudem scheint bei Depressiven im Vergleich zu Gesunden die Aufmerksamkeit auch nach Beendigung der negativen Erfahrung wesentlich länger auf sich selbst fokussiert zu bleiben. Wird nach belastenden Situationen bereits ein negativer Affekt erlebt, bewirkt eine Erhöhung der selbstbezogenen Aufmerksamkeit zudem eine weitere Zunahme dieses Affekts (Gibbons u. Mitarb. 1985).

Bei Angststörungen kann ebenfalls eine deutliche Zunahme der selbstbezogenen Aufmerksamkeit in entsprechenden Situationen festgestellt werden. Sie kann sich z.B. bei testängstlichen Personen in einem ständigen Denken und Reflektieren über die momentan erbrachte Leistung äußern, anstatt die kognitive Kapazität auf die Bewältigung der Aufgabe zu lenken. Angst vor sozialen Situationen geht ebenfalls mit einer deutlich erhöhten Frequenz an Kognitionen und Selbstbeobachtungen einher, die ausschließlich das eigene Verhalten betreffen und dadurch die Verhaltensmöglichkeiten in der Interaktion reduzieren. Gerade bei den Angststörungen wird daher angenommen, daß eine übermäßige Ausprägung an selbstbezogener Aufmerksamkeit zu einer verstärkten Beachtung von bedrohlichen Hinweisreizen führt, die das Individuum seine Umgebung als zu gefährlich erleben läßt (Ingram 1990).

Auch zwischen Alkoholabusus und selbstbezogener Aufmerksamkeit wird ein Zusammenhang angenommen. So konnten Hull u. Mitarbeiter (1981 u. 1986) zeigen, daß Alkohol die Prozesse blockiert, die die Voraussetzung für eine Intensivierung der selbstbezogenen Aufmerksamkeit bilden. Hierdurch wird eine kritische Selbstevaluation und die Bildung negativer Affekte verhindert, was wiederum durch negative Verstärkung den Alkoholabusus aufrechterhält.

Aufmerksamkeitsverschiebungen

Die Befundlage weist daher insgesamt daraufhin, daß übermäßige selbstbezogene Aufmerksamkeit die Vulnerabilität für bestimmte Störungen erhöhen und den weiteren Verlauf ungünstig beeinflussen kann. Es wird davon ausgegangen, daß dies über eine Interaktion mit Situations- und Personenvariablen geschieht, die zu einer drastischen Erhöhung von erlebten negativen Affekten führen, was wiederum die Selbstbezogenheit der Aufmerksamkeitsausrichtung verstärkt. Daher ist die Reduzierung der selbstbezogenen Aufmerksamkeit auf ein adäquates Maß sicherlich als ein wesentliches Ziel in der psychotherapeutischen Behandlung zugrundeliegender Störungsmechanismen anzusehen. In diesem Zusammenhang weist Ingram (1990 u. 1991) jedoch auf die Notwendigkeit hin, das Konzept der selbstbezogenen Aufmerksamkeit konkreter zu differenzieren und zu operationalisieren. Dem Modell entsprechend sind internale, selbstbezogene und externale Aufmerksamkeit als ein Kontinuum mit fließenden Übergängen repräsentiert, wobei sich je nach Anforderung im Sinne einer geteilten Aufmerksamkeit immer eine Kombination aus beiden Anteilen ergibt, die bei bestimmten Krankheitsbildern jedoch einseitig verzerrt ist. Daher werden der Grad der Relation von internaler zu externaler Aufmerksamkeit sowie die Dauer der Aufmerksamkeitsverschiebung als relevant zur Beschreibung und Behandlung dieses Störungsmechanismus angesehen. Die Flexibilität dieser Aufmerksamkeitsverschiebungen hängt wiederum davon ab, ob gerade viel Prozeßkapazität durch mehr automatisiert ablaufende Verhaltensschemata zur Verfügung steht oder sie durch stark kontrollierte Handlungen reduziert wird.

Außer bei Depressionen, Angststörungen und Alkoholabusus sind tendenzielle Aufmerksamkeitsverschiebungen (‚attentional bias') auch bei **Zwangsstörungen, der posttraumatischen Belastungsstörung sowie bei chronischen Schmerzzuständen** festgestellt worden. Bei all diesen Störungen ist aufgrund der erhöhten selbstbezogenen Aufmerksamkeit eine hyperattentive Zuwendung und primäre Verarbeitung der jeweils spezifischen Cues zu beobachten. So wurde von Eccleston u. Mitarb. (1997) festgestellt, daß bei Patienten mit chronischen Schmerzzuständen die Reduzierung der Aufmerksamkeitskapazität für externe Anforderungen im Zusammenhang mit der Zunahme der erlebten Schmerzintensität steht. Wesentlich ist aber, daß dies nur für die Patienten zutrifft, die außer einer hohen Schmerzintensität auch ein hohes Maß an sonstigen körperlichen Beschwerden (‚somatic awareness') wahrnehmen, was wiederum auf einen zu hohen Anteil an selbstbezogener Aufmerksamkeit schließen läßt. Schmerzwahrnehmung ist somit ähnlich wie auch emotionale Wahrnehmung nicht nur von der bisherigen Lernerfahrung und den Erwartungen abhängig, sondern zu einem großen Teil dadurch bedingt, wie schmerzrelevante Cues durch einen kontrollierten Informationsverarbeitungsprozeß im Rahmen der selbstbezogenen Aufmerksamkeit dem Bewußtsein zugeführt werden.

Therapiestudien

Therapiestudien weisen daraufhin, daß die inadäquate Aufmerksamkeitsverschiebung mit ihren daraus resultierenden kognitiven Prozessen bei Zwangsstörungen und bei Tierphobien im Rahmen einer Verhaltenstherapie verändert und dadurch eine deutliche Besserung erreicht werden konnte (Foa u. Mitarb. 1986, Watts u. Mitarb. 1986, Williams u. Mitarb. 1988, Lavy u. Mitarb. 1993). Auch bei Depressionen wird durch kognitive Techniken versucht, ein adäquateres Verhältnis von internalem zu externalem Aufmerksamkeitsfokus wiederherzustellen. Das **‚Attentional Control Training'** (Teasdale u. Mitarb. 1995) ist hierbei eines der Therapieverfahren, die versuchen, bei der Rückfallprophylaxe direkt an der Veränderung von Aufmerksamkeitsprozessen anzusetzen, indem traditionelle Elemente der kognitiven Verhaltenstherapie mit denen der Gedankenkontrolle verknüpft werden. Insbesondere durch ein ‚mindfulness training' soll die momentane Wahrnehmung von Gedanken und Gefühlen verbessert werden, ohne eine gleichzeitige Bewertung und ein Abdriften in elaborierte, selbstbezogene Aufmerksamkeitsprozesse zu fördern.

Gedächtnis

Gedächtnistheorien

Es existiert eine Vielzahl von Gedächtnismodellen, von denen bisher jedoch keines allein alle Befunde zur Gedächtnisforschung umfassend erklären kann (Hartje u. Mitarb. 1997). Einigkeit besteht daher lediglich über die Hauptkomponenten der gedächtnisrelevanten Informationsverarbeitung. Sie werden als **sensorische Register, Kurzzeitgedächtnis, Arbeitsgedächtnis, zentraler Prozessor und Langzeitgedächtnis** bezeichnet. Die sensorischen Register sollen dabei die Informationen der Umwelt, wenn sie von den Sinnesorganen rezipiert und transformiert worden sind, über die Dauer der Reizeinwirkung hinaus ultrakurz in modalitätsspezifischen Speichern halten. Bei visuellen Informationen spricht man dann von einem ikonischen, bei akustischen Informationen von einem auditorischen oder Echo-Gedächtnis.

Die klassische Theorie des Kurzzeitgedächtnisses sagt aus, daß mit Aufmerksamkeit versehene Informationen zunächst in ein zwischengeschaltetes Gedächtnissystem mit begrenzter Kapazität überführt werden, wo sie kurzzeitig memoriert werden, um dann in ein relativ andauerndes Langzeitgedächtnis zu gelangen. Hiernach wird das Kurzzeitgedächtnis somit als eine notwendige Durchgangsstation zum Langzeitgedächtnis angesehen, in der die Erinnerungsleistung der Informationen abhängig von der Verweildauer im Kurzzeitgedächtnis ist. Es hat sich unter anderem aber gezeigt, daß nicht die Dauer, sondern vielmehr die Verarbeitungstiefe für den Aufbau einer Spur im Langzeitgedächtnis förderlich ist, was zu einer zunehmenden Infragestellung der Kurzzeitgedächtnistheorie geführt hat (Anderson 1996). Baddeley (1986) betrachtet das Kurzzeitgedächtnis daher auch mehr im Sinne einer Gedächtnisspanne als Teil des **Arbeitsgedächtnisses**, das aus einer artikulatorischen Schleife (‚articulatory loop') für verbales Material und einem visuellräumlichen Notizblock (‚visuospatial sketchpad') für nonverbales Material besteht. Diese beiden Hilfssysteme ermöglichen es, so viel Informationen in der Gedächtnisspanne zu halten, wie wir in einer bestimmten Zeitdauer memorieren können. Eine zentrale Executive (‚central executive') kontrolliert den Einsatz dieser Hilfssysteme und die Einspeisung sowie den Abruf von Informationen. Entscheidend ist, daß diese Systeme die Aufgabe haben, Informationen verfügbar zu halten, dies aber nicht die Voraussetzung für eine Speicherung im Langzeitgedächtnis ist.

Das **Langzeitgedächtnis** wird wiederum in zwei Bereiche gegliedert, die sich hinsichtlich Enkodierung, Konsolidierung und Abruf kognitiver Repräsentationen wesentlich unterscheiden. Das deklarative oder explizite System bezieht sich dabei auf bewußte Such- und Abrufprozesse, das nondeklarative oder implizite System auf Lerninhalte, bei denen keine bewußte Erinnerung an die Lernsituation selbst oder das darin erworbene Wissen vorliegt (Schacter 1987, Squire 1987). Nach dem Modell multipler Gedächtnissysteme von Squire (1992) besteht das deklarative Gedächtnis aus zwei weiteren Gedächtnisstrukturen. Das semantische Gedächtnis bezieht sich dabei auf Sprach-, Regel- oder Faktenwissen, das episodische Gedächtnis auf autobiographisch und persönlich relevante Ereignisse oder Eindrücke. Das nondeklarative Gedächtnis umfaßt dieser Einteilung zufolge das nonassoziative Lernen, einfache Konditionierungsprozesse, das unbewußte Erlernen motorischer, perzeptiver oder kognitiver Fertigkeiten sowie Priming. Hinsichtlich der Art der Informationsverarbeitung und -speicherung hat sich weiterhin gezeigt, daß unabhängig von der verbalen Wissensrepräsentation auch visuelle Repräsentationen und deren räumliche Komponenten von Gedächtnisinhalten als mentale Bilder abgerufen werden können, die wiederum viele Gemeinsamkeiten mit den Ergebnissen der visuellen Wahrnehmung haben.

Posttraumatische Belastungsstörung

Diese Modellannahmen zur Funktionalität der verschiedenen Gedächtnisstrukturen werden zunehmend zur Erklärung unterschiedlicher Störungsbilder herangezogen. So ist das immer wiederkehrende Auftauchen von **visuellen Repräsentationen** (,imagery') ein wesentliches Symptom der posttraumatischen Belastungsstörung, von dem man vermutet, daß es durch spezifische subkortikale Strukturen vermittelt wird (Shin u. Mitarb. 1997). Kognitive Theorien nehmen an, daß der Abruf dieser Gedächtnisrepräsentationen ein Vorgang zur Bewältigung des Traumas darstellt (Horowitz 1986). Hierbei werden die mentalen Bilder als Auslöser und damit auch als möglicher therapeutischer Ansatz zur Bewältigung der plötzlich auftretenden Angstzustände gewertet. Unklar ist jedoch noch, ob eine ausgeprägte Fähigkeit, mentale Bilder in der Vorstellung zu generieren, zu einer posttraumatischen Belastungsstörung prädisponiert, andererseits womöglich aber die Wahrscheinlichkeit für einen günstigen Therapieverlauf erhöht. Allerdings scheint bei Patienten mit einer posttraumatischen Belastungsstörung die Fähigkeit zur Generierung mentaler Bilder mit zunehmender Ängstlichkeit abzunehmen (Bryant u. Harvey 1996). Dies hätte therapeutische Implikationen, da bei der Behandlung dieses Störungsbildes häufig Imagery-Techniken eingesetzt werden (Grigsby 1987).

Zwangsstörungen

Auch bei Personen mit Neigung zu stark kontrollierendem Verhalten und bei Zwangsstörungen gibt es Hinweise auf Zusammenhänge zwischen dem klinischen Ausprägungsgrad und dem Vorliegen von Beeinträchtigungen im Gedächtnisbereich. Diese beziehen sich hier insbesondere auf die Schwierigkeit, episodische Inhalte vorangegangener Handlungen (,memory for actions') korrekt zu erinnern (Sher u. Mitarb. 1983, 1984 u. 1989). Zudem werden Gedächtnisbeeinträchtigungen für visuell-räumliche Inhalte und ein Zusammenhang mit Funktionen, die die Handlungssteuerung im Sinne einer zentralen Exekutive betreffen, berichtet (Tallis 1997). Es wird ferner vermutet, daß es zumindest für bestimmte Untergruppen einen Zusammenhang zwischen neuropsychologischen Störungen und dem Therapieerfolg bei Zwangsstörungen gibt. Ähnlich wie bei der posttraumatischen Belastungsstörung gibt es auch bei Zwangsstörungen Hinweise auf einen Zusammenhang zwischen dem Störungsausmaß und der Fähigkeit, visuelle Repräsentationen aus dem Gedächtnis abzurufen. So zeigte sich, daß die Zwangsstörung um so ausgeprägter ist, je seltener und weniger detailliert Repräsentationen gebildet werden können (Sher u. Mitarb. 1989). Es wurde daher angenommen, daß Patienten mit Zwangsstörungen womöglich häufiger unsicher sind, ob sie bestimmte Handlungen tatsächlich richtig bzw. zu Ende durchgeführt haben oder sich dies nur in ihrer Vorstellung ,einbilden'. Brown u. Mitarb. (1994) konnten jedoch kein ,reality-monitoring deficit', bei dem nur ungenügend zwischen Gedächtnisinhalten von realen und imaginierten Episoden diskriminiert werden kann, finden. Sie nehmen vielmehr an, daß Zwangsstörungen in Beziehung zu einer übermäßigen **Reaktivierung von bereits gespeicherten Repräsentationen** und einer daraus folgenden Interferenz mit dem gerade ablaufenden Verhaltensschema stehen.

Depressive Störungen

Depressionen wurden schon häufig aus der Perspektive des Problemlösungsansatzes untersucht. Nach diesen Modellannahmen, wird die Entstehung von Depressionen durch eine Interaktion aus streßvollen Ereignissen und geringen sozialen Problemlösungskompetenzen gefördert. Eine mögliche Ursache für die Defizite im Bereich der sozialen Problemlösungskompetenzen könnte hiernach eine Gedächtnisstörung beim **Abruf von Lösungsstrategien** sein, die in früheren Situationen bereits erfolgreich angewandt wurden. So konnte gezeigt werden (Goddard u. Mitarb. 1996), daß Depressive zur Lösung von entsprechenden sozialen Problemsituationen mehr inadäquate, allgemeine Gedächtnisinhalte produzieren. Insbesondere bevorzugen sie dabei deutlich mehr kategorielle als spezifische Inhalte. Dies behindert die Auseinandersetzung mit der konkreten Situation und die Suche nach einem kreativen Lösungsansatz, weil durch kategorielle Gedächtnisinhalte eine Rückwärtswendung und Fokussierung auf eigene Versagenssituationen gefördert wird. Diese, durch das Bestehen einer solchen Abrufstörung bedingte Beeinflussung kognitiver Prozesse und Verhaltensweisen wird zudem auch die Tendenz zur Erhöhung einer selbstbezogenen Aufmerksamkeit weiter verstärken.

Verhaltenstherapeutisch wäre es daher sinnvoll, bei depressiven Störungen diagnostisch unter anderem nicht nur die Verteilung des Aufmerksamkeitsfokus abzuklären, sondern auch zu untersuchen, ob in sozialen Problemsituationen ein Übermaß an kategoriellen Gedächtnisinhalten abgerufen wird. Die Verteilung dieser Parameter könnte dann eine Hilfe für die Gewichtung des therapeutischen Vorgehens sein.

Lernen

Beim Lernen handelt es sich um einen Vorgang, der zu relativ stabilen Veränderungen im Verhalten oder in den Verhaltensmöglichkeiten führt und auf Erfahrung beruht. Lernen als menschliche Fähigkeit stellt damit die Grundlage nicht nur der Verhaltenstherapie dar, die sich in ihren Anfängen explizit auf die Lerntheorien bezog, sondern auch jeder anderen Therapierichtung, denn letztendlich bedeutet Psychotherapie die Veränderung von mentalen und behavioralen Komponenten.

Lernen findet immer in der Interaktion mit der Umwelt statt. Erforderlich ist sowohl die Aufnahme und Verarbeitung von Informationen als auch die Äußerung von Reaktionen, die die Umwelt beeinflussen. Lernvorgänge sind nicht direkt beobachtbar, sondern können nur aus dem gezeigten Verhalten, beispielsweise einer erzielten Leistung erschlossen werden. In der Definition ist *latentes Lernen* mit beinhaltet, d.h.

daß zwar ein Verhaltenspotential erworben wird, die Verhaltensänderung aber erst zu einem späteren Zeitpunkt (in einer entsprechenden Situation oder bei veränderter Motivation) gezeigt wird.

Ziel des *Behaviorismus*, eines Zweiges der Psychologie, der sich mit der experimentellen Erforschung von Verhalten beschäftigt, ist es, zukünftiges Verhalten auf der Basis vergangenen Verhaltens vorherzusagen. Er beschäftigt sich mit objektivem Verhalten und mit Umweltbedingungen als Ursachen von Verhalten; innere Vorgänge werden vernachlässigt.

Grundlegende Lernprozesse sind das klassische und das operante Konditionieren; bei beiden werden Verknüpfungen zwischen Reizen und Reaktionen hergestellt, sie können daher auch als Assoziationslernen bezeichnet werden.

Das **klassische Konditionieren** beruht auf Reflexen, d.h. Reiz-Reaktions-Verbindungen, die der biologischen Anpassung dienen und angeboren (nicht gelernt) sind. Es existiert ein *unkonditionierter Reiz* (z.B. Nahrungsaufnahme), der zu einer *unkonditionierten Reaktion* (z.B. Speichelfluß) führt. Wird unmittelbar vor dem unkonditionierten Stimulus ein neutraler Reiz dargeboten (z.B. Klingelton), so wird nach einigen Durchgängen der ursprünglich neutrale Reiz ebenfalls die gleiche Reaktion auslösen, er wird damit zum *konditionierten Stimulus*. Es ist durch Konditionierung eine nunmehr gelernte Reiz-Reaktions-Verbindung entstanden, das ursprüngliche Reflexverhalten wird zur *konditionierten Reaktion* (der Klingelton wird nun auch den Speichelfluß auslösen).

Der Aufbau einer konditionierten Reaktion ist von der zeitlichen Darbietung von neutralem und unkonditioniertem Stimulus abhängig. Lernerfolge sind dann am schnellsten zu erzielen, wenn der neutrale Reiz in einem kurzen Zeitabstand vor dem unkonditionierten Stimulus präsentiert wird und wenn er von hoher Intensität ist.

Wenn der konditionierte Reiz einige Male ohne unkonditionierten Stimulus dargeboten wird, schwächt sich die konditionierte Reaktion ab, bis sie schließlich gelöscht wird. Allerdings kann eine scheinbar gelöschte konditionierte Reaktion spontan wieder auftreten. Die *Löschung* einer konditionierten Reiz-Reaktions-Verbindung ist somit schwerer zu erreichen als der Aufbau.

Beim klassischen Konditionieren tritt *Reizgeneralisation* auf, d.h. daß neutrale Reize, die dem konditionierten Stimulus ähneln, ebenfalls die konditionierte Reaktion auslösen können.

Demgegenüber kann der Organismus trainiert werden, zwischen ähnlichen Reizen zu unterscheiden (*Reizdiskrimination*), indem der unkonditionierte Stimulus nur noch bei bestimmten Reizen folgt, bei anderen nicht.

Konditionierungen höherer Ordnung können bewirken, daß weitere neutrale Reize, wenn sie mit dem konditionierten Stimulus kombiniert werden, ebenfalls zu konditionierten Stimuli werden, ohne je mit dem unkonditionierten Reiz in Verbindung gestanden zu haben.

Diese Zusammenhänge wurden erstmals in tierphysiologischen Experimenten erforscht (am bekanntesten sind die Experimente von Pawlow [1927] mit Hunden), weitere Untersuchungen erhellten die Bedeutung dieser Lernform für den Menschen.

Es zeigt sich, daß auch komplexes menschliches Verhalten durch Vorgänge der Konditionierung erklärbar sein kann und daß sowohl physiologische, emotionale und kognitive Reaktionen wie auch Verhaltensreaktionen konditionierbar sind.

Ein Beispiel hierfür ist die Entstehung von *Furchtreaktionen*. Neutrale Reize werden mit furchtauslösenden Stimuli kombiniert und lösen so allmählich ebenfalls emotionale Reaktionen und Meideverhalten aus. Ein Beispiel hierfür liefert das frühe und unter ethischen Gesichtspunkten heftig umstrittene Experiment von Watson und Rayner (1920), die dem 11monatigen Albert durch gleichzeitige Darbietung einer Ratte (neutraler Reiz) mit lauten Geräuschen (unkonditionierter Reiz, der eine unkonditionierte Schreckreaktion hervorruft) eine heftige emotionale Furchtreaktion auf dieses Tier und durch die Reizgeneralisierung auf andere pelzige Objekte vermittelten. Der Junge hatte schließlich auch ein deutliches Meideverhalten erlernt.

Die Behandlung von Furchtreaktionen gelingt durch Vorgänge der *Gegenkonditionierung*: Die ängstigenden Reize werden mit angenehmen Stimuli, die mit Angst unvereinbar sind, kombiniert (z.B. Entspannung), so daß die konditionierte Angstreaktion gelöscht werden kann.

Beim **operanten Konditionieren** werden Zusammenhänge zwischen Reaktionen und den nachfolgenden Konsequenzen erlernt. Die erzielten Wirkungen des Verhaltens bestimmen die Wahrscheinlichkeit des erneuten Auftretens. Tritt eine angenehme Verhaltenskonsequenz ein, so wird dieses Verhalten häufiger gezeigt, es ist „verstärkt" worden. Sind die Folgen unangenehm, wird die Auftrittswahrscheinlichkeit erniedrigt. Im einzelnen werden folgende Verhaltenskonsequenzen diskutiert:

- Bei *positiver Verstärkung* folgt ein angenehmer Reiz, der die Auftretenswahrscheinlichkeit für das vorangehende Verhalten erhöht (z.B. Futter, Lob).
- Bei *negativer Verstärkung* wird eine unangenehme Situation beendet, das vorangehende Verhalten wird ebenfalls häufiger gezeigt (z.B. Abstellen eines unangenehmen Geräusches).
- *Löschung* bedeutet, daß keine Reaktion der Umgebung erfolgt, die Verhaltenswahrscheinlichkeit wird damit geringer (z.B. Fehlen von Aufmerksamkeit).
- *Bestrafung*, d.h. eine unangenehme Konsequenz tritt ein, senkt ebenfalls die Auftretenswahrscheinlichkeit für das vorangehende Verhalten (z.B. Kritik).

Man unterscheidet *primäre Verstärker* wie beispielsweise Nahrung oder Wasser und *konditionierte Verstärker*, die durch Paarung mit einem primären Verstärker eine verstärkende Wirkung erworben haben. Hierzu gehören z.B. Geld, Lob und Aufmerksamkeit. Es können aber auch bevorzugte Aktivitäten als Verstärker für weniger geschätzte Tätigkeiten eingesetzt werden (Premack-Prinzip).

Durch *Verhaltensformung* (shaping) und *Kettenbildung* (chaining) werden komplexere Verhaltensweisen konditionierbar. Beim Shaping wird in kleinen Schritten ein Verhalten aufgebaut, jede Annäherung an den erwünschten Zielzustand wird verstärkt. Beim Chaining folgt jeder Reaktion einer Verhaltenskette ein konditionierter Verstärker, erst bei der letzten Reaktion erfolgt ein primärer Verstärker.

Die *Verhaltenskontingenz* beschreibt den Zusammenhang zwischen dem gezeigten Verhalten und der eintretenden Konsequenz. Unmittelbare Konsequenzen zeigen die größten Effekte beim operanten Konditionieren, jedoch kann auch eine zeitliche Verzögerung der Verhaltensfolgen Lernvorgänge bewirken, wenn durch Kognitionen die Folge auf das vorher gezeigte Verhalten bezogen wird. Besonders löschungsresistent wird ein Verhalten, wenn es durch *intermittierende Verstärkung* erworben wurde, d.h. wenn die Verstärkung des Verhaltens nicht bei jedem Mal, sondern nur gelegentlich erfolgte.

Diskriminative Reize weisen darauf hin, wann eine Verhaltensweise notwendig ist und wann nicht. Diskriminationsreize wie z.B. Hinweisschilder oder Aufforderungen dienen als Prädiktoren von möglicher Verstärkung oder Bestrafung und ermöglichen es auf diese Weise, daß ein erwünschtes Verhalten gezeigt oder ein unerwünschtes Verhalten unterlassen werden kann.

Auch die Lernvorgänge des operanten Konditionierens wurden ursprünglich in Tierexperimenten untersucht (Skinner 1953). Im folgenden werden beispielhaft zwei Bereiche menschlichen Verhaltens genannt, in denen operante Lernvorgänge stattfinden.

Durch *Biofeedback*, d.h. die Rückmeldung biologischer Vorgänge, wird es Menschen ermöglicht, bewußte Kontrolle über Prozesse des autonomen Nervensystems zu erlangen. Körperprozesse wie muskuläre Spannung, Hauttemperatur oder Pulsschlag werden den Betroffenen über akustische oder visuelle Signale rückgemeldet. Diese werden zu Hinweisreizen, entspannende und beruhigende Techniken anzuwenden. Die anschließende Veränderung der Körpersignale in der erwünschten Richtung wird durch die Zunahme an Kontrollierbarkeit als Verstärkung erlebt.

Welche negativen Auswirkungen dagegen Kontrollverlust oder fehlende Kontrollierbarkeit haben können, zeigt das *Konzept der gelernten Hilflosigkeit* zur Erklärung depressiver Störungen (Seligman 1973). Durch operante Konditionierung lernen Menschen, ihre Umwelt unter ihre Kontrolle zu bringen, indem sie bestimmte Verhaltensweisen zeigen können, die zu bestimmten Konsequenzen führen. Bleiben nun diese Verhaltenskontingenzen aus oder können Menschen eingetretene Konsequenzen nicht mit ihrem Verhalten in Verbindung bringen, so entsteht ein Gefühl der Nichtkontrollierbarkeit und Hilflosigkeit. Diese erworbene Einstellung verhindert die angemessene Bewältigung von Belastungen, da der eigene Einfluß als gering erachtet wird.

Kognitive Sichtweisen erweitern die einfachen Vorgänge des klassischen und operanten Konditionierens. Insbesondere den *Erwartungen* wird bei Lernvorgängen eine große Bedeutung zuerkannt.

Tolman (1932) konnte in seinen Tierexperimenten nachweisen, daß auch ohne Verstärkung Lernen stattfindet. Ratten lernten den Aufbau eines Labyrinths, ohne daß sie am Ausgang mit Futter verstärkt wurden. Er nahm an, daß durch latentes Lernen *kognitive Landkarten* entstanden, die sofort aktiviert werden konnten, sobald eine Verstärkung in Form von Futter zur Verfügung stand. Somit ist nicht der Erwerb von Verhaltensweisen verstärkungsabhängig, sondern erwartete Verstärkungen sind der Anlaß, gelerntes Verhalten zu zeigen. Verhalten ist also zweckdienlich und zielgerichtet und nicht mechanisch von Außenreizen kontrolliert.

Bereits Köhler (1917) setzte sich kritisch mit dem blinden Versuch-und-Irrtum-Verhalten auseinander und postulierte statt dessen *Einsicht* als wichtige Variable, um zu Problemlösungen zu gelangen.

Bandura (1977) konnte zeigen, daß Personen nicht nur durch eigenes Ausprobieren von Verhalten, sondern auch durch Beobachtungslernen neue Vehaltensweisen erlernen können. Der Einfluß des *Modelllernens* ist unter anderem dann am größten, wenn

- das Modell selbst verstärkt wird,
- das Modell als positiv erlebt wird,
- sich Modell und Beobachter ähneln.

Menschliches Lernen erweist sich als komplexer Prozeß, bei dem sowohl einfache Konditionierungsprozesse wie auch kognitive Komponenten enthalten sind. Mit diesen komplexen Zusammenhängen beschäftigt sich auch die Forschung zum Denken und Problemlösen.

II

Denken und Problemlösen

Seit den 70er Jahren werden in vielen Bereichen der Psychologie der Einfluß und die Bedeutung kognitiver Prozesse untersucht. In der Verhaltenstherapie spricht man von der „Kognitiven Wende". Zentrale Fragestellungen der Denkpsychologie sind, wie Menschen zu Entscheidungsfindungen und Schlußfolgerungen kommen, wie Fertigkeiten erworben werden und wie Probleme gelöst werden.

Es geht zunächst um die **kognitive Repräsentation** von Umweltreizen. Denken heißt, individuelle Erfahrungen in Begriffen zu kategorisieren und in Hierarchien zu organisieren. Da es sich hierbei nicht um beobachtbare Abläufe handelt, existieren bestimmte Vorstellungen, wie die Aufnahme, Verarbeitung und Speicherung von Informationen abläuft. Tolman (1932) nahm „kognitive Landkarten" als kognitive Repräsentation der räumlichen Umwelt. Norman u. Rumelhart (1975) postulieren Schemata als zentrale Strukturen des Denkens. *Schemata* enthalten Attribute, die für bestimmte Begriffe typisch sind, daraus folgend Einstellungen und Erwartungen. Die Schemata sind durch *Netzwerke* verbunden. Neue Informationen werden in bestehende Schemata integriert, bei Diskrepanzen kann es zur Veränderung von Schemata, aber auch zur Abweisung neuer Informationen kommen. Der Ablauf verschiedener Ereignisse ist in sogenannten Scripts repräsentiert. *Scripts* beinhalten Erwartungen über den Ablauf von Ereignissen. Treffen beispielsweise in Interaktionen unterschiedliche Scripts aufeinander, so kann es zu Störungen in der Interaktion kommen.

Das Konzept der Schemata und Netzwerke wurde in Psychotherapietheorien rezipiert. Grawe u. Mitarb. (1996) und Caspar u. Grawe (1996) wenden diese kognitiven Modelle zur Erklärung der Entstehung psychischer Störungen und therapeutischer Veränderungen an. Eine besondere Bedeutung kommt dabei den Selbstschemata, d.h. Vorstellungen über die eigene Person zu. Ein Ziel psychotherapeutischer Veränderungen ist die Veränderung von Schemata über die Umwelt und das Selbst.

Ebenso wie in der Wahrnehmung kann es beim Denken zu Fehlern kommen. Um die Komplexität der Informationen, die ständig auf uns einströmen, bewältigen zu können, wird auf einfache Entscheidungs- und Urteilsheuristiken zurückgegriffen. So werden beispielsweise rasch *Kausalitäten* angenommen, wenn Korrelationen gegeben sind. *Kognitive Verzerrungen* können aus mangelhafter Differenzierung entstehen, d.h. eine bewährte kognitive Strategie wird eingesetzt, die der gegebenen Situation nicht angemessen ist. Der *Intuition* als Ansammlung persönlicher Erfahrungen wird eine größere Bedeutung beigemessen als objektiven Befunden. Der Aufrechterhaltung bestehender Überzeugungen dienen Verzerrungen wie *selektive Informationsaufnahme* und *sich selbst erfüllende Prophezeiung* (Snyder 1984).

Kognitive Therapien legen ihr Hauptaugenmerk darauf, solche logischen Denkfehler und irrationalen Kognitionen zu identifizieren und zu verändern, da diese häufig psychischen Störungen zugrunde liegen (Meichenbaum 1977, Ellis 1977). Durch *kognitive Umstrukturierung* werden insbesondere verzerrte Annahmen über das eigene Selbst modifiziert und konstruktive Gedanken und Einstellungen aufgebaut.

Die Denkpsychologie beschäftigt sich auch mit dem **Erwerb von Fertigkeiten**. Das Erlernen kognitiver wie motorischer Fertigkeiten vollzieht sich in drei Stufen (Fitts u. Posner 1967): In der *kognitiven Phase* bildet sich eine kognitive Struktur, man erwirbt Wissen und Kenntnisse über den zu lernenden Gegenstand. In der *assoziativen Phase* wird dieses Wissen angewandt, es wird ausprobiert, Fehler werden eliminiert und es bilden sich Assoziationen zwischen den einzelnen Lernelementen. In der *autonomen Phase* wird die Fertigkeit zunehmend automatisiert und verlangt immer weniger gezielte Aufmerksamkeit.

Übung ist der wichtigste Wirkfaktor beim Erlernen einer neuen Fertigkeit, wobei der Übungseffekt nach einer Potenzfunktion erfolgt, d. h. der Zuwachs an Verbesserung wird bei gleichbleibendem Übungsaufwand mit der Zeit immer geringer (Anderson 1980). Eine große Bedeutung kommt dabei einer geeigneten Rückmeldung zu: Sie informiert über Fehler oder Fortschritte, sie liefert Verstärkung und motiviert dadurch zum weiteren Üben.

Von Autoren wie Luria (1980), Pribram (1987) oder Shallice (1988), die sich im klinischen Bereich mit den kognitiven Funktionen des präfrontalen Kortex bzw. den Störungsbildern nach präfrontalen Läsionen auseinandergesetzt haben, wird das **Problemlösen** als eines der wesentlichen Elemente des Gesamtprozesses der Handlungsplanung und -steuerung angesehen. Entsprechend wird bei einem Vergleich der Modellannahmen zur Handlungsplanung und -steuerung deutlich, daß diese trotz unterschiedlicher Terminologie doch alle sehr ähnliche Komponenten beschreiben (Karnath 1991).

Dies sind
- die Informationsanalyse und -speicherung;
- der Planungsprozeß als Aufmerksamkeit erfordernde Strukturierung von Handlungsabfolgen oder als Antizipationsprozeß, wenn keine Schemata zur Problemlösung vorliegen;
- der automatische Abruf von verfügbaren Programmen in Routinesituationen;
- das Ausführen von Handlungen;
- die Kontrolle von Handlungen durch einen Rückkoppelungsprozeß.

Hinsichtlich der Lokalisation besteht Übereinstimmung darin, daß nur die Funktionen der Stufen 2 und 5 eigenständig sind und dem präfrontalen Kortex zugeordnet werden können. Dies entspricht den Annahmen von Stuss und Benson (1986), die ein Funktionsmodell auf mehreren Ebenen beschreiben. Zunächst befinden sich auf der unteren Ebene des sogenannten „posterior/basalen" Systems neuronale Aktivitäten wie sensorische oder motorische Funktionen, aber auch Sprache, Gedächtnis, Aufmerksamkeit oder visuellräumliche Informationsverarbeitung. Diese basalen Funktionen können nach frontalen Läsionen nicht direkt, sondern nur indirekt durch fehlerhafte Kontrolle in ihrem Zusammenspiel beeinträchtigt werden. Der „posterior/basalen" Ebene ist das System des Antriebs und der Sequenzierung übergeordnet. Auf der höchsten Ebene sind die exekutiven Kontrollfunktionen wie Antizipation, Zielselektion, Planung und Monitoring angesiedelt, die nur in Non-Routinesituationen handlungsleitend auf die untergeordneten Systeme wirken.

Problemlösen hat auch für den psychotherapeutischen Prozeß eine große Bedeutung auf mehreren Ebenen. Der gesamte Therapieprozeß kann als Problemlösevorgang aufgefaßt werden. Bei Versuchen, eine schulenübergreifende Therapietheorie zu konzipieren, wurde auf das Paradigma des Problemlösens zurückgegriffen (Caspar 1996). Im Rahmen der Verhaltenstherapie wird Patienten die Fähigkeit, adäquat Alltags- und Lebensprobleme zu bewältigen, vermittelt (D'Zurilla u. Goldfried 1971, Fliegel u. Mitarb. 1994). Dem Problemlösen im denkpsychologischen wie im psychotherapeutischen Zuammenhang liegt die gleiche *Definition eines Problems* zugrunde (Dörner 1976): Es existieren ein unerwünschter Ausgangszustand, ein angestrebter Zielzustand sowie Barrieren, die es verhindern, daß der Ist- in den Sollzustand überführt werden kann. Beim Vorgang des Problemlösens geht es nun darum, Operationen durchzuführen, die vom Ausgangszustand in den erwünschten Zielzustand führen; diese drei Komponenten beschreiben den Problemraum (Newell u. Simon 1972).

Nach Kanfer u. Busemeyer (1982) unterscheiden sich *psychotherapeutische Problemstellungen* erheblich von denkpsychologischen Problemen:
- Die Probleme sind schlecht definiert, d. h. Ausgangs- und Zielzustand sowie die Problemlöseoperationen sind vage und unklar;
- es handelt sich zumeist um subjektive Probleme und Ziele;
- zudem können sich sowohl Ausgangssituationen wie Therapieziele ständig ändern und neue Entscheidungen nötig machen;
- emotionale und motivationale Zustände haben einen großen Einfluß;
- neben kognitiven sind Verhaltensfertigkeiten notwendig, um zu einer Problemlösung zu kommen;
- es gibt zumeist mehrere Lösungswege, zwischen denen ausgewählt werden muß.

Es ist daher ein flexibleres und komplexeres Problemlösevorgehen einzuschlagen, auch wenn das generelle Vorgehen dem allgemeinen Problemlöseprozeß durchaus entspricht: nach Problemdefinition und Analyse der Zusammenhänge erfolgt die Formulierung von Zielsetzungen; anschließend werden verschiedene Lösungswege und Handlungsalternativen generiert und diskutiert, bis es zur Entscheidung für eine Handlungsalternative kommt; nach der Durchführung der einzelnen Schritte zur Problemlösung wird bewertet, inwieweit der erwünschte Zielzustand eingetreten ist (Grawe 1980, Bartling u. Mitarb. 1992). Das therapeutische Problemlösevorgehen ist am ehesten als Flußdiagramm abbildbar, wobei es zu jedem Zeitpunkt zu Neuentscheidungen kommen kann und im Verlauf von Problembewältigungen wiederum neue Problemsituationen und Therapieziele auftauchen können.

Problemlöseoperatoren bzw. -strategien können durch Entdecken, durch direkte Instruktion oder durch Analogiebildung erworben werden (Anderson 1996). Bei der *Analogiebildung* wird auf frühere Erfahrungen und Problemlösungen zurückgegriffen; sie ist allerdings nur dann wirksam, wenn tatsächlich Elemente der früheren Problemlösung auf die aktuelle Problemsituation zu übertragen sind. Eine zu starke Fixierung auf die Analogiebildung kann neue Problemlösungen verhindern. In der Denkpsychologie wurden vor allem zwei Phänomene beobachtet, die kreative Problemlösungen behindern: Die funktionale Fixierung, d. h. die Tendenz, Objekte ausschließlich in ihrer bisherigen Problemlösefunktion wahrzunehmen und keine neuen Funktionen zu erkennen, und der Einstellungseffekt, d.h. das Verharren in routinierten bislang erfolgreichen Problemlösestrategien. Gerade bei schwierigen Problemen, die durch Einsicht zu lösen sind, wird der Effekt beobachtet, daß Menschen schneller zu Problemlösungen gelangen, wenn sie nach erfolglosen Lösungsversuchen eine Pause einlegen (Inkubationseffekt). Es wird damit verhindert, daß fehlgeschlagene Lösungswege beibehalten werden. Kommunikationswissenschaftler wie Watzlawick u. Mitarb. (1979) haben menschliche Alltagsprobleme daraufhin untersucht, welche Lösungswege befriedigende Problemlösungen verhindern. Eine solche Lösung erster Ordnung ist beispielweise die Strategie des Immer-Mehr-Desselben, bei der gleiche oder ähnliche Lösungswege immer wieder beschritten werden, ohne zu einem befriedigenden Zustand zu kommen, wodurch es zu einer Problemverschärfung kommt.

Eine Problemlösung erfordert zunächst ein ausreichendes Verständnis für die Problemsituation, d.h. eine umfassende Problemdefinition. Viele menschlichen Problemsituationen verschärfen sich durch die fehlende Differenzierung von Problemen und Tatsachen, d.h. es werden Anstrengungen unternommen, Zustände zu verändern, die nicht änderbar sind (z.B. die Tatsache des Alterns; Kanfer u. Mitarb. 1996). Ebenso ist eine ausreichend genaue Zieldefinition erforderlich. Hierbei kann es zu Verwechslungen zwischen Zielen und Utopien kommen, d.h. es werden unrealistische Ziele angestrebt (z.B. die Utopie der völligen zwischenmenschlichen Harmonie; Kanfer u. Mitarb. 1996, Watzlawick u. Mitarb. 1979).

Bei der Auswahl von Operatoren, d.h. Problemlösestrategien, gehen Menschen in der Regel nach zwei Prinzipien vor: Der Unterschiedsreduktion und der Mittel-Ziel-Analyse (Anderson 1996). Bei der *Unterschiedsreduktion* werden die Lösungswege eingeschlagen, die die Diskrepanz zwischen Ist- und Zielzustand verringern, wobei es dann zu Schwierigkeiten kommt, wenn der eigentlich richtige Lösungsweg eine vorübergehende Diskrepanzvergrößerung, also sozusagen einen Umweg erfordert. Bei der *Mittel-Ziel-Analyse* werden größere Ziele in Teilziele zerlegt. Auch mit dieser Strategie findet eine allmähliche Zielannäherung statt, wobei Lösungswege, die momentan blockiert sind, nicht sofort verworfen werden, sondern ein Versuch gemacht wird, sie durch geeignete Maßnahmen nutzbar zu machen.

Problemlösetrainings versuchen Menschen zu befähigen, Alltagsprobleme so zu bewältigen, daß die Entwicklung psychischer Störungen verhindert wird bzw. daß psychische Störungen ihre Funktion verlieren. Im klinischen Bereich hat es sich dabei als günstig erwiesen, wenn Menschen auf möglichst viele unterschiedliche Problemlösestrategien zurückgreifen und diese in Problemsituationen flexibel anwenden können (Fliegel u. Mitarb. 1994).

Motivation

Die Frage, was Menschen dazu bewegt, ein bestimmtes Verhalten beizubehalten oder zu verändern, ist in der Psychotherapie zentral. Dazugehörige Begriffe und Konzepte sind Ziel, Bedürfnis, Wunsch, Plan. Generell wird unterschieden zwischen *Trieben* als primär biologischer und *Motiven* als primär psychologisch und sozial bedingter Handlungsmotivation, wobei letztere für psychotherapeutische Belange von größerer Bedeutung ist. Es handelt sich bei Motivation um eine intervenierende Variable, die nicht direkt beobachtbar ist und die Gefahr von zirkulären Schlüssen beinhaltet, d.h. aus beobachtbarem Verhalten werden Motive unterstellt.

Verschiedene **Theorien** versuchen, das Konzept der Motivation zu erklären. Frühe *Triebtheorien* gehen davon aus, daß bei Tieren wie bei Menschen ererbte Dispositionen vorliegen, die bei Vorhandensein entsprechender Reize in der Umwelt bestimmte Reaktionsmuster auslösen (McDougall 1908). Freud integrierte den Triebbegriff in die psychoanalytische Theorie. Durch Konflikte zwischen körperlichen Bedürfnissen und gesellschaftlichen Anforderungen kommt es zu innerer Spannung. Motivation entsteht aus dem Bedürfnis nach Spannungsreduktion. Die Triebtheorien wurden durch kulturvergleichende Untersuchungen, aber insbesondere durch empirische Befunde der Behavioristen kritisiert. In moderneren Motivationstheorien wird davon ausgegangen, daß Verhalten über eine Interaktion von internen (angeborenen und erlernten) und externen Faktoren gesteuert wird.

Die *lerntheoretische Antriebstheorie* (Hull 1943) betont, daß menschliches Verhalten weniger durch angeborene Instinkte als durch erlernte Triebe motiviert wird. Psychologische Motive wie z.B. das Bedürfnis nach Nähe sind sekundäre Triebe, die durch Koppelung mit einem starken primären Trieb entstanden sind. Neue Verhaltensweisen werden erlernt, indem sie durch Reduktion eines unangenehmen Zustandes (z.B. Furchtreduktion) verstärkt werden. Diese prinzipiell adaptiven Verhaltensweisen können jedoch dysfunktional werden (z.B. Vermeidungsverhalten bei Phobien). Wichtige Erweiterungen der Triebtheorie sind, daß äußere Anreize auch unabhängig von inneren Zuständen motivierend sein können (z.B. durch Antizipation von Belohnungen) und daß nicht Spannungsreduktion, sondern das Anstreben eines optimalen Erregungsniveaus menschliches Verhalten steuert.

Aus der humanistischen Psychologie stammt die *Theorie der Mangel- und Wachstumsmotivation* (Maslow 1970). Verhalten kann motiviert sein durch nicht befriedigte Bedürfnisse (Mangelmotivation). Zur Erreichung persönlich wichtiger Ziele kann aber auch die Bedürfnisbefriedigung aufgeschoben werden und damit eine Erhöhung von Spannung in Kauf genommen werden (Wachstumsmotivation). Jeder Mensch hat eine Bedürfnishierarchie, am unteren Ende stehen biologische Bedürfnisse, an der Spitze stehen die Bedürfnisse nach Selbstverwirklichung und Transzendenz. Entsprechend dem humanistischen Menschenbild wird in dem angeborenen Bedürfnis nach persönlichem Wachstum die zentrale motivationale Kraft gesehen.

Kognitive Theorien sehen Erwartungen und Attributionen als verantwortlich für das menschliche Handeln (Rotter 1954, Heider 1958). Die Motivation wird als abhängig davon gesehen, ob die Erreichung eines Zieles dem eigenen Verhalten (interner locus of control) oder äußeren, situationalen Faktoren zugeschrieben wird (externer locus of control). Kontrollüberzeugungen spielen insbesondere in der Depressionsforschung eine große Rolle (siehe unten).

Einige Triebe und Motive wurden intensiv erforscht, wobei beispielweise bei *Hunger und Sättigung* und bei *Sexualität* ein kompliziertes Zusammenspiel von biologischen, psychischen und sozialen Faktoren sowie von angeborenen und erlernten Determinanten angenommen wird (Zimbardo 1995).

Auch bei verhaltenssteuernden Motiven wie *Aggression* und *Altruismus* gerieten affektive, kognitive und gesellschaftliche Faktoren zunehmend ins Zentrum der Aufmerksamkeit. Beobachtete Geschlechtsunterschiede in diesen Motiven werden weniger auf biologische Gegebenheiten als auf unterschiedliche Anforderungen an die Geschlechtsrolle und damit zusammenhängende Lernprozesse zurückgeführt (Rushton u. Mitarb. 1986).

Wegen ihrer besonderen Bedeutung bei Lernprozessen soll im folgenden ausführlicher auf die **Leistungsmotivation** eingegangen werden. Die Forschung zu dieser Thematik setzt sich mit der Frage auseinander, wodurch Menschen eine hohe Leistungsmotivation entwickeln und welche Auswirkungen diese auf das eigene Verhalten (z. B. Streben nach Erfolg, Lernbereitschaft) hat. Während Murray (1938) ein generelles menschliches „Bedürfnis, etwas zu leisten" postuliert, untersuchte McClelland (1961) gesellschaftliche Einflüsse.

In den neueren Motivationstheorien wird den *Ursachenzuschreibungen* (Attributionen) von Handlungsergebnissen eine große Bedeutung beigemessen (Weiner 1994). Sie beziehen sich auf *Kontrollüberzeugungen* (in der eigenen Person liegend oder von äußeren Faktoren abhängig) und die Stabilität von ursächlichen Faktoren (stabil oder variabel). Bei einer internalen stabilen Attribution wird das Ergebnis beim Lösen einer Aufgabe der eigenen Fähigkeit, bei einer internalen variablen Attribution der eigenen Anstrengung zugeschrieben. Eine externale stabile Attribution bedingt eine Zuschreibung des Erfolgs oder Mißerfolgs auf den Schwierigkeitsgrad der Aufgabe, eine externale variable Attribution auf Faktoren wie Glück. Die unterschiedliche Zuschreibung von Erfolg oder Mißerfolg wirkt sich auf das Selbstwertgefühl, auf Emotionen, zukünftige Zielsetzungen und Anstrengungen aus. Leistungsmotivierte Menschen sind von der Hoffnung auf Erfolg geprägt. Bei schwach leistungsmotivierten Menschen dominiert die Furcht vor Mißerfolg (Atkinson 1964), dies führt zu einer weitgehenden Vermeidung von Leistungssituationen. Eine internale Kontrollüberzeugung, die auf realistische Zielsetzungen ausgerichtet ist, erhöht das Gefühl der Selbstwirksamkeit und Kontrollierbarkeit einer Situation, was mit positiven Emotionen und einem stabilen Selbstwertgefühl verknüpft ist.

Im Laufe des Lebens können sich stabile *Attributionsstile* entwickeln, die klinisch bedeutsam werden können. Beispielsweise konnte festgestellt werden, daß depressive Menschen erlebte Mißerfolge und persönliche Schwierigkeiten auf in der Person liegende, zeitlich stabile und viele Situationen betreffende Faktoren attribuieren (z. B. die eigene Unfähigkeit), während Erfolge eher außerhalb der eigenen Person liegenden, zeitlich variablen und situationsspezifischen Gründen (z. B. Glück oder geringer Schwierigkeitsgrad) zugeschrieben werden (Peterson u. Seligman 1984). Depressive Menschen haben häufig eine realistischere Selbsteinschätzung als Nicht-Depressive, diese erschwert ihnen aber den Umgang mit sich und ihrer sozialen Umwelt. Demzufolge besteht bei diesen Menschen eine geringe Selbstwirksamkeit, die zu Hoffnungslosigkeit und Hilflosigkeit führt. Eine Psychotherapie sollte das Ausmaß an Selbstwirksamkeit erhöhen, indem stabile interne Grundüberzeugungen verändert und günstigere Attributionsmuster eingeübt werden.

Unterschieden wird intrinsische von extrinsischer Motivation. Während bei *extrinsischer Motivation* eine Tätigkeit der Konsequenzen wegen durchgeführt wird, wird bei *intrinsischer Motivation* die Tätigkeit um ihrer selbst willen ausgeübt. In der Lernpsychologie wurde zunächst der extrinsischen Motivation stärker Beachtung geschenkt (operantes Konditionieren, Skinner 1953), für menschliches Handeln hat sich aber die intrinsische Motivation als bedeutsamer erwiesen (z. B. Selbstmanagement-Ansatz, Kanfer u. Mitarb. 1996). In der Psychotherapie ist es wichtig, die intrinsische Motivation zu stärken. Ein Patient sollte sich verändern, um eigene Ziele zu erreichen, und nicht, um vom Therapeuten gelobt zu werden. Therapeutische Verstärkungen sollten eher als Rückmeldung über Fortschritte in der Therapie, weniger als direkte Belohnungen aufgefaßt werden.

Entsprechend sollte der Zukunftsorientierung Beachtung geschenkt werden. In vielen Fällen ist es wichtiger, Aktivitäten wegen der Bedeutung für die Zukunft zu unternehmen und nicht aus Gründen der momentanen Bedürfnisbefriedigung (DeCharms u. Muir 1978). Kurzfristige sind von langfristigen Konsequenzen oft different, was beispielsweise bei der Veränderung von Eßverhalten eine große Rolle spielt.

Kanfer u. Mitarb. (1996) gehen auf die Bedeutung von **Therapiemotivation** im Selbstmanagement-Ansatz ein. Therapiemotivation wird nicht als statische Größe oder überdauerndes Persönlichkeitsmerkmal gesehen, sondern als dynamischer, interpersonaler Prozeß zwischen Therapeut, Klient und Umgebung. Motivation zur Veränderung ist nicht in erster Linie Voraussetzung für eine Therapie, sondern der Aufbau von intrinsischer oder selbstregulatorischer Motivation kann selbst ein bedeutsames Therapieziel sein. Da der Grad der wahrgenommenen Kontrolle über Situationen mit dem Erleben von Autonomie in Zusammenhang steht, sollten Patienten bei therapeutischen Entscheidungen, bei der Entwicklung von Therapiezielen und der Auswahl von Therapiemethoden mitbeteiligt werden. Um Patienten zu motivieren, sollten erreichbare Ziele formuliert und Erfolgserlebnisse schon zu Beginn ermöglicht werden.

Während eine Negativ-Motivierung darauf ausgerichtet ist, einen momentan unbefriedigenden Zustand zu beenden bzw. einen zukünftig unbefriedigenden Zustand zu vermeiden (Leidensdruck), wird bei Positiv-Motivierung nach individuell hoch eingeschätzten Zielen gestrebt. Motivation durch Leidensdruck erschöpft sich daher nach Beendigung des negativen Zustandes (z. B. Symptomfreiheit), eine positive Motivierung ist langfristig wirksamer.

Emotion

Emotionen beinhalten physiologische Erregung, Gefühle, Kognitionen und Verhalten. Sie entstehen als Reaktionen auf als bedeutsam wahrgenommene Situationen. Verschiedene **Emotionstheorien** untersuchen dieses Zusammenspiel der unterschiedlichen Dimensionen und die Funktion von Emotionen.

Frühe *Konflikttheorien* betrachten Emotionen als physiologische Störung, die auftritt, wenn der Organismus mit seiner Umwelt nicht zurechtkommt. Alle neueren Emotionstheorien betonen dagegen die *adaptive und motivationale Funktion* von Emotionen, bei deren Entstehung sowohl Kontextinformationen wie eigene Bedürfnisse beteiligt sind. Bereits Darwin (1872) ging davon aus, daß Emotionen das Überleben sichern, weil aus Emotionen bestimmte Verhaltensweisen wie z. B. Kampf oder Flucht folgen. Er sah den Ausdruck von Emotionen als evolutionären Rest einstmals adaptiver Verhaltensweisen und damit als angeboren an.

Nach Plutchik (1980) gibt es 8 *grundlegende Emotionen*, die angeboren sind: Freude und Traurigkeit, Furcht und Wut, Überraschung und Vorahnung, Akzeptanz und Ekel. Die emotionale Entwicklung geht einher mit Reifungsprozessen und anatomischen Veränderungen im Gehirn. Komplexere Emotionen entstehen anhand sozialer Erfahrungen und sind gelernt. Nach Izard (1994) können folgende 10 Gefühlszustände als fundamentale Emotionen gelten: Interesse/Erregung, Vergnügen/Freude, Überraschung/Schreck, Kummer/Schmerz, Zorn/Wut, Ekel/Abscheu, Geringschätzung/Verachtung, Furcht/Entsetzen, Scham/Schüchternheit/Erniedrigung, Schuldgefühl/Reue.

Physiologisch sind an der Entstehung von Emotionen hormonelle wie neuronale Prozesse beteiligt, die Steuerung erfolgt im Hypothalamus und limbischen System unter Beteiligung des Neocortex. Nach der *James-Lange-Theorie* der Emotionen ist die Wahrnehmung körperlicher Veränderungen und physiologischer Erregung der Auslösereiz für das Entstehen von Emotionen. Dem widerspricht, daß gleiche Erregungsmuster mit unterschiedlichen Emotionen verbunden sind. Die *Cannon-Bard-Theorie* geht davon aus, daß nach der Reizwahrnehmung zunächst eine Verarbeitung im Gehirn geschieht, bevor gleichzeitig das autonome Nervensystem und das Gefühlserleben aktiviert werden. In jüngerer Zeit wurde die zentrale Aussage der James-Lange-Theorie, daß körperliche Veränderungen den Emotionen vorausgehen, wieder aufgegriffen. Untersuchungen belegten, daß eine gezielte Veränderung des Gesichtsausdrucks das eigene Gefühlserleben beeinflussen kann (Izard 1977).

Unbestritten ist die Auffassung, daß kognitiven Prozessen eine große Bedeutung bei der Entstehung von Emotionen zukommt. Lazarus (1984) ging in seiner *Theorie der kognitiven Bewertung* davon aus, daß der emotionale Zustand davon abhängt, wie eine Situation wahrgenommen wird und welche Bedeutung sie hat.

Die zeitliche Reihenfolge von Emotionen und Kognitionen wird kontrovers diskutiert. Die *Zwei-Faktoren-Theorie der Emotion* (Schachter u. Singer 1962) besagt, daß Emotionen als Folge unbestimmter physiologischer Erregung und der anschließenden kognitiven Bewertung dieses generellen Erregungszustandes auftreten. Es kann dabei zu Fehlattribution kommen, wenn Erregungszustände auftreten, die nicht erklärbar sind. Es wird dann nach Hinweisreizen in der Umgebung gesucht, die die physiologische Erregung erklären und bewerten können. Diese Fehlattributionen kann man auch bei der Entstehung von Angsterkrankungen feststellen, wenn jeder physiologische Erregungszustand als Angst interpretiert wird und andere Emotionen wie Wut oder freudige Erregung nicht mehr in Betracht gezogen werden.

Zajonc (1984) konnte in seinen Untersuchungen belegen, daß Gefühle auftreten können, ohne daß eine kognitive Bewertung vorausgeht. Es handelte sich um unmittelbare, nicht erlernte affektive Reaktionen, die dem Bewußtsein nicht zugänglich waren.

Eine neuere Emotionstheorie, die *Theorie der entgegengesetzten Prozesse* (Solomon 1980) versucht zu erklären, warum bestimmte Tätigkeiten fortgesetzt und allmählich als angenehm erlebt werden, obwohl sie anfänglich extrem unangenehme Gefühlszustände hervorrufen (z.B. Furcht beim Fallschirmspringen). Die Theorie besagt, daß das autonome Nervensystem um Ausgleich bemüht ist und dadurch einer anfänglich negativen Gefühlsreaktion eine positive folgen wird und umgekehrt.

Beim gegenwärtigen Stand der Forschung ist keine Theorie dazu in der Lage, das gesamte menschliche Erleben von Gefühlen zu erklären. Es ist davon auszugehen, daß ständig eine wechselseitige Beeinflussung aller an der Emotionsentstehung beteiligten Prozesse (Wahrnehmung der Situation, körperliche Reaktionen, Kognitionen, Emotionen und Verhaltensweisen) stattfindet.

Hinzu kommt die *soziale Dimension* von Emotionen. Emotionen können mitgeteilt und von anderen wahrgenommen werden. Dies geschieht in erster Linie über den Gesichtsausdruck. Dieser nonverbale Kommunikationskanal liefert insbesondere Informationen über die Beziehung zwischen Interaktionspartnern (Watzlawick u. Mitarb. 1985) und beeinflußt damit Verhalten und Einstellungen. Kulturvergleichende Untersuchungen belegen 7 universelle Emotionen, die in allen Kulturkreisen über die Mimik eindeutig zugeordnet werden können (Ekman u. Friesen 1986): Fröhlichkeit, Traurigkeit, Wut, Furcht, Überraschung, Ekel und Verachtung. Jeder Emotion kann ein Muster von Muskelaktivität im Gesicht zugeordnet werden. Daß es trotz der eindeutigen Zuordnung von Gesichtsausdruck zu Emotion zu Mißverständnissen kommen kann, ist dadurch bedingt, daß die Mimik willentlich beeinflußbar ist und dadurch die Mitteilung von Emotionen kontrollierbar wird. Darstellungsregeln, die sich in unterschiedlichen Kulturkreisen, gesellschaftlichen Gruppierungen und nach dem jeweiligen Zeitgeist unterscheiden, bestimmen, wann und wie Menschen ihre Gefühle zum Ausdruck bringen (z.B. „cool bleiben", „Männer weinen nicht"). Zu Störungen in der Kommunikation kann es auch dann kommen, wenn verbale Aussagen nicht mit dem nonverbalen Eindruck übereinstimmen (Watzlawick u. Mitarb. 1985).

Im psychotherapeutischen Kontext wandelt sich in den letzten Jahren die Bedeutung von Emotionen. Während lange Zeit in allen Therapierichtungen das Hauptaugenmerk auf das Beseitigen unangenehmer Gefühlszustände gerichtet war, setzt sich die Erkenntnis durch, daß Gefühlszustände adaptive Funktion besitzen und daß es durchaus auch sinnvolles Therapieziel sein kann, negative Emotionen wie auch körperliche Symptome als Hinweisreiz für Veränderungen im Lebensalltag zu akzeptieren. Die **„emotionale Wende"** in der Verhaltenstherapie korrigiert die Überbewertung kognitiver Prozesse und betont, daß Emotionen eine hohe Priorität in der Verhaltens- und Selbstregulation besitzen können, allerdings damit auch zu dysfunktionalen Verhaltensweisen führen können. Therapieziel ist es, kongruentes Erleben von kognitiven Prozessen, emotionalen Ereignissen und Verhaltensmustern zu fördern. Emotionen können dabei wichtige Hinweise auf persönlich bedeutsame Motive liefern.

Aus einem weiteren Grund sollte Gefühlszuständen in der Therapiesituation eine große Rolle zugewiesen werden. Forschungsergebnisse über *zustandsabhängige Lerneffekte* legen nahe, daß eine positive Stimmungslage die Aufnahme und Verarbeitung neuer Informationen verbessert. Demzufolge sollte auch in der Psychotherapie ein besserer Lernerfolg möglich sein, wenn positive Affekte aktiviert werden, indem die Gesprächsführung nicht nur auf negative Ereignisse und Probleme fokussiert, sondern auch angenehme Erlebnisse und Ressourcen thematisiert werden (Kanfer u. Mitarb. 1996).

Soziale Prozesse

Die Sozialpsychologie untersucht Einflüsse des sozialen Kontextes auf das Verhalten von Individuen. Als bedeutsam für psychotherapeutische Belange sollen insbesondere Vorgänge der sozialen Wahrnehmung und Einstellungsänderung sowie Gruppenprozesse analysiert werden.

Menschen sind darum bemüht, sich das eigene Verhalten sowie ihr soziales Umfeld erklären zu können. Die **soziale Wahrnehmung** ermöglicht es, Eigenschaften der eigenen

Person und anderer Menschen zu erkennen. Dabei kommt dem ersten Eindruck eine entscheidende Bedeutung zu (*Primacy-Effekt*). Für die Entstehung des ersten Eindrucks in der Personenwahrnehmung wird das äußere Erscheinungsbild herangezogen. Aus dem Aussehen, dessen Beobachtung leicht möglich ist, wird auf Persönlichkeitsmerkmale geschlossen, wobei auf Stereotype zurückgegriffen wird, d.h. Beobachtetes wird durch Merkmale, die zu dem Stereotyp passen, ergänzt. So werden gut aussehenden Personen eher positive Eigenschaften zugeschrieben. Ebenso beeinflussen implizite Persönlichkeitstheorien die soziale Wahrnehmung. Aus einzelnen Persönlichkeitsmerkmalen werden weitere ergänzt. Die Bedeutung des Primacy-Effekts kann dadurch erklärt werden, daß erste Eindrücke einen Rahmen schaffen, in den weitere Informationen eingeordnet werden und damit die weitere Aufmerksamkeitszuwendung gesteuert wird. Situationen, die differierende Informationen liefern könnten und zu einer Korrektur des ersten Eindrucks führen müßten, werden dagegen gemieden.

Daß dieses Phänomen auch das klinische Urteil beeinflußt, zeigt die Rosenhan-Studie (1973). Mitarbeiter von Rosenhan stellten sich in der Aufnahme verschiedener psychiatrischer Kliniken vor und gaben an, unter Halluzinationen (Stimmen hören) zu leiden. Nach der Klinikaufnahme berichteten sie nie wieder über Symptome und verhielten sich „normal", dennoch wurde die anfänglich gestellte Diagnose einer psychiatrischen Erkrankung nicht mehr revidiert. Diese Studie wurde im Zusammenhang mit der Validität klinischer Diagnosen und dem Problem der Stigmatisierung von Menschen durch Diagnosen heftig diskutiert.

Aus Handlungen werden Rückschlüsse auf die Persönlichkeit gezogen. Ein wichtiges Moment kommt dabei der Ursachenzuschreibung von Verhaltensweisen zu. Aufgrund spontaner Urteilsbildungen kommt es zu *Kausalattributionen*, die das eigene Verhalten einer Person gegenüber beeinflussen. Ereignisse oder Verhaltensweisen werden internal (die Fähigkeit oder Anstrengung einer Person) oder external (z.B. Schwierigkeit der Aufgabe oder Glück) attribuiert, die emotionalen Reaktionen hängen von der Art der Zuschreibung ab.

Wie jede Wahrnehmung unterliegt auch die soziale Wahrnehmung *Verzerrungen*: Generell werden in westlichen Kulturen eher internale als externale Zuschreibungen vorgenommen, dies insbesondere bei der Einschätzung des Verhaltens anderer Menschen. Bei der Beurteilung der eigenen Person kommen Verzerrungen zum Tragen, die die Aufrechterhaltung eines positiven Selbstbildes ermöglichen (internale Attribution von Erfolgen, externale Attribution von Mißerfolgen) und die Kontrollierbarkeit einer Situation hervorheben.

Einstellungen sind relativ stabile Attribute einer Person, die Einfluß darauf nehmen, wie diese sich der Umwelt gegenüber verhalten wird. Sie beinhalten Kognitionen, Emotionen und Verhaltensdispositionen (Fishbein u. Ajzen 1975). Zu Diskrepanzen zwischen Einstellung und Verhalten kann es kommen, wenn die Einstellung zu allgemein ist, um Verhalten in einer konkreten Situation vorherzusagen, oder wenn der Aufforderungscharakter einer Situation hoch ist und einen stärkeren Einfluß als die eigene Einstellung gewinnt.

Umgekehrt kann ein Verhalten, das der eigenen Überzeugung widerspricht, zu einer *Einstellungsänderung* führen, da Menschen bemüht sind, solche Diskrepanzen zu verringern (Theorie der kognitiven Dissonanz, Festinger 1978). Dies kann man sich im psychotherapeutischen Prozeß zunutze machen, indem man Menschen z.B. in Rollenspielen ein verändertes Verhalten einüben läßt (z.B. selbstsicheres Verhalten) und damit die Einstellung gegenüber der eigenen Person verändert (z.B. statt „ich bin selbstunsicher" „ich bin ein Mensch, der sich in manchen Situation selbstsicher verhalten kann").

Einstellungsänderungen können auch stattfinden, wenn man durch eine glaubwürdige Kommunikationsquelle überzeugt wird. Eine wirksame Überzeugungsstrategie besteht darin, zunächst zu kleinen Verpflichtungen zu bewegen und dann größere Anforderungen zu stellen („Fuß in der Tür-Phänomen"). Da in diesen Situationen das Bedürfnis nach Konsistenz geweckt wird, sind Menschen dann eher bereit, sich gegen ihre Überzeugung zu verhalten bzw. ihre Einstellung zu verändern.

Ein weiteres Forschungsgebiet der Sozialpsychologie stellen **Gruppenprozesse** dar. Gruppen, in denen zwei oder mehr Menschen interagieren, verfügen über eine bestimmte Struktur, die Kommunikationswege, Führungspositionen, Umgangsregeln und Zielsetzungen festlegt. Diese *Gruppenstruktur* kann explizit sein, vielfach ist sie aber nur implizit vorhanden und muß aus der Beobachtung der einzelnen Mitglieder erschlossen werden. Jede Gruppe erwartet von ihren einzelnen Mitgliedern ein bestimmtes *Rollenverhalten*.

Sobald andere Menschen anwesend sind, verändert sich das Verhalten eines Einzelnen. Durch das Phänomen der sozialen Erleichterung kann sich die individuelle Leistung verbessern, jedoch kann auch das Gegenteil eintreten, entweder wenn das Erregungsniveau durch die Anwesenheit der anderen so gesteigert wird, daß sie sich leistungsmindernd auswirkt, oder wenn insbesondere bei zunehmender Gruppengröße die Verantwortlichkeit und Selbstaufmerksamkeit des Einzelnen sinkt.

Der Gruppeneinfluß verstärkt sich durch *Gruppennormen*, die Erwartungen an angemessene Verhaltensweisen und Einstellungen der einzelnen Gruppenmitglieder beinhalten; auch diese können informell oder explizit sein. Sie erfüllen die Funktion der sozialen Kontrolle und Regulierung der sozialen Interaktion und ermöglichen eine Identifikation mit der Gruppe. Abweichungen können in einem gewissen Maß toleriert werden, bis Gruppensanktionen wie Ablehnung und Ausgrenzung erfolgen. Bei der Bildung einer neuen Gruppe verteilen sich die Erwartungen der einzelnen zunächst über die gesamte Gruppe, bis sie schließlich konvergieren und sich bestimmte Gruppennormen herauskristallisieren. Diese haben dann um so mehr Einfluß auf das Verhalten und die Einstellung des einzelnen, je attraktiver die Zugehörigkeit zu der Gruppe erscheint, z.B. in bezug auf den eigenen Selbstwert.

Gruppennormen erzeugen Druck zur *Konformität*. Wahrnehmungsexperimente konnten zeigen, daß selbst bei leichten Aufgaben ein falsches Urteil abgegeben wurde, wenn die Mehrheit der anwesenden Versuchsteilnehmer diese falsche Einschätzung vornahm (Asch 1955). Neuere Forschungsergebnisse zeigen aber auch, daß abweichende Minderheiten allmählich Einfluß auf die Gruppenmehrheit erhalten können, insbesondere wenn sie ihre Meinung konsequent und ohne Selbstzweifel vertreten (Moscovici 1976). Die Gruppe wird allerdings zunächst versuchen, die Außenseiter zu isolieren und ihnen ihre Sympathie zu entziehen. Gruppen versuchen ein Wir-Gefühl aufrechtzuerhalten und sich von anderen Gruppen abzugrenzen.

Wer mit Gruppen arbeitet, sollte den Einfluß dieses Settings auf den therapeutischen Prozeß beachten oder gegebenenfalls nutzen. Folgende *instrumentellen Gruppenbedingungen* sollten in jeder Form therapeutischer Gruppe verwirklicht sein, bevor die inhaltliche Gruppenarbeit beginnen kann (Grawe 1980):

- *Kohäsion*: Die Gruppe sollte für die Teilnehmer genügend attraktiv sein, um die Motivation, in dieser Gruppe zu verbleiben, zu erhöhen.
- *Vertrauen und Offenheit*: Ein Teilnehmer sollte verläßliches Verhalten der anderen Teilnehmer erwarten können und die Bereitschaft haben, über sich selbst zu berichten.
- *Kooperative Arbeitshaltung*: Die Gruppenteilnehmer sollten die Bereitschaft zeigen, kontinuierlich an der Lösung der jeweils aktuellen Probleme zu arbeiten.

Auf den Stellenwert sozialer Prozesse im psychotherapeutischen Kontext wurde vereinzelt schon hingewiesen. Zusammenfassend ist anzumerken, daß die therapeutische Situation eine soziale Situation darstellt, die sowohl Patienten wie Therapeuten beeinflußt. Bestandteil der Psychotherapie sollte auch sein, daß Patienten ihre Wirkung auf andere Menschen erkennen können, da dies oft untrennbar mit der Problematik und Symptomatik verwoben ist. Unabhängig von der eingesetzten Methodik (z. B. Videorückmeldungen) stellt es einen wichtigen Teil des psychotherapeutischen Prozesses dar, daß sich Patienten das eigene Verhalten und das Verhalten anderer Menschen erklären können, um in der Folge eigene Verhaltensänderungen vornehmen zu können und damit die Kontrollierbarkeit sozialer Situationen zu erhöhen.

7. Entwicklungstheorie

M. Langkafel, J. Lorenzen, H. Richter-Görge und W. Senf

Entwicklungstheorie und psychotherapeutische Praxis

Psychotherapie ist ohne Berücksichtigung der individuellen lebensgeschichtlichen Entwicklung des Patienten nicht denkbar. Deshalb gehört entwicklungspsychologisches Wissen zur Grundlage der psychotherapeutischen Praxis. Allerdings herrscht gegenwärtig ein sehr weiter Begriff der Entwicklungspsychologie vor. Es gibt keine formalisierte und umfassende Theorie, auf die sich Psychotherapeuten zuverlässig stützen könnten, sondern es existieren verschiedene, theoretisch gut begründete, aber meist weniger gut empirisch gesicherte Ansätze.

Allgemein werden mit Trautner (1995, S.27) unter Entwicklung „sämtliche ontogenetischen Veränderungen verstanden, die a) eher relativ überdauernd (langfristig) als vorübergehender Natur (kurzfristig) sind, b) eine irgendwie geartete zeitliche Ordnung und einen inneren Zusammenhang aufweisen sowie c) mit dem Lebensalter (Zeitkontinuum) in einer mehr oder weniger engen Beziehung stehen." Daraus ergeben sich als allgemeine *Aufgaben der Entwicklungspsychologie:*

- Beschreibung von Entwicklung, d.h. ausgewählte Faktoren möglichst objektiv, zuverlässig und valide erfassen;
- Erklärung von Entwicklung, d.h. die Angabe von hinreichenden und/oder notwendigen Bedingungen und Mechanismen, die zur Veränderung führen;
- Vorhersage von Entwicklung, d.h. zuverlässige Prädiktoren insbesondere für Krankheit durch Fehlentwicklung;
- Beeinflussung von Entwicklung, d.h. ein Entwicklungsergebnis wird gezielt herbeigeführt durch Interventionen zur Prävention oder Korrektur.

Die einzelnen Psychotherapierichtungen beziehen sich in unterschiedlichem Maße auf entwicklungspsychologische Erkenntnisse. Die *psychoanalytischen* Therapierichtungen sind ohne Annahmen über die frühkindliche Entwicklung und insbesondere die Fehlentwicklungen nicht denkbar, weil darin die Genese des aktuellen seelischen Zustandes beschrieben wird. In den *kognitiven* und *behavioralen* Therapieansätzen liegt die Aufmerksamkeit hauptsächlich auf einer Problemanalyse der aktuellen Situation, die als Resultat der Lerngeschichte gesehen werden kann. Die Lernprinzipien und Lerninhalte gelten als weitgehend altersunabhängig. Zumindest bei intellektuell durchschnittlich erscheinenden Erwachsenen werden entwicklungspsychologische Fragen in der Praxis weniger berücksichtigt, da die Behandlungsplanung und -durchführung davon weitgehend unabhängig ist. Da Entwicklungstheorien vor allem für die psychoanalytische Praxis von Bedeutung sind, liegt der Schwerpunkt dieses Kapitels auf den psychoanalytischen Entwicklungstheorien.

Psychoanalytische Entwicklungstheorien

Die psychoanalytischen Entwicklungstheorien begründen sich aus dem *genetischen Ansatz der Psychoanalyse,* der besagt, daß alle aktuellen seelischen Zustände eine psychogenetische, d.h. biographisch-historische Dimension haben. Die Persönlichkeit eines Menschen ist aus den Besonderheiten seiner individuellen lebensgeschichtlichen Entwicklung zu verstehen, sie ist geprägt von dem jeweils individuellen Sozialisationsprozeß, also jenem Entwicklungs- und Erziehungsprozeß, den jeder Mensch in der Kindheit und Jugendzeit von Geburt an in seinem sozialen und kulturellen Kontext durchläuft. In diesem Sozialisationsprozeß werden biologische Funktionskreise (Triebgeschehen) mit den soziokulturellen Forderungen konfrontiert und im Prozeß der Anpassung geformt. Krankheit wird auf das frühkindliche Bedingungsgefüge zurückgeführt und ist Folge der aus einem Entwicklungsdefizit resultierenden Psychopathologie, Heilung erfolgt durch die Förderung individueller Entwicklung durch Psychotherapie. Nach psychoanalytischer Auffassung bilden sich psychische Störungen vor allem durch traumatische Beziehungserfahrungen in den verschiedenen Lebensphasen, die sich in Entwicklungsstörungen und Lernhemmungen manifestieren – was in der psychoanalytischen Neurosenlehre mit den Konzepten der Fixierung und Regression gefaßt ist. Jede psychische Erkrankung ist demnach auch Ausdruck einer Entwicklungshemmung oder Reifungsverzögerung mit mehr oder weniger ausgeprägten Resten verbliebener Infantilität. Obwohl es keine von allen Psychoanalytikern akzeptierte einheitliche psychoanalytische Entwicklungslehre gibt, lassen sich alle wesentlichen Fragen einer Entwicklungstheorie in einem psychoanalytischen Bezugsrahmen behandeln, der durch die Vielzahl der Theoriebildungen und Perspektiven umrissen wird. Dabei läßt sich folgenden Entwicklung nachzeichnen:

1. Die *klassische psychoanalytische Entwicklungstheorie* geht in ihren grundlegenden Annahmen und Begriffe auf S. Freud zurück. Bedeutsam für die Ausarbeitung der orthodoxen psychoanalytischen Entwicklungstheorie ist auch K. Abraham, wogegen E.H. Erikson den genetischen Ansatz der Psychoanalyse über die Position Freuds hinaus um die soziale Dimension erweitert hat. Zudem hat Erikson den Entwicklungsverlauf auf die gesamte Lebenszeit ausgedehnt und um weitere Phasen ergänzt (s. Tab. 7.**1**).
2. In der Folgezeit zentrierte sich das Interesse der psychoanalytischen Entwicklungstheorie auf die *Entwicklung der Objektbeziehungen und des Selbst* (Tab. 7.**2**). Dazu wichtige Ansätze sind die Untersuchungen über das frühkindliche Phantasieleben mit der Herausarbeitung der paranoid-schizoiden und der depressiven Position sowie der Früh-

Tabelle 7.**1** Entwicklungsphasen (nach Freud u. E. H. Erikson)

	Psychosexuelle Phasen		Funktionen		Entwicklungsaufgaben		Objektbeziehung		Persönlichkeit	
	Freud	**Erikson**	**Freud**	**Erikson**	**Freud**	**Erikson**	**Freud**	**Erikson**	**Freud**	**Erikson**
I	Orale Phase (Mundzone) a) frühe Phase 0–0,6	Oral-respiratorisch, Sensorisch-kinästhetisch; Mundzone	Saugen, Lutschen, Einverleiben	Einverleibung später Beißen	Nahrungssituation (Fütterung); Entwöhnung; Abstillen; Fertigwerden mit Frustration (Abstillen)	Empfangen und Geben „I am what I am given" (Vertrauen)	Mutterbrust als erstes Liebesobjekt	Mutter (bzw. Pflegeperson)	Es vorhanden: primärer Narzißmus; vertrauensvolle Passivität; Mißtrauen bei Frustration, Leiden	Urvertrauen vs. Urmißtrauen; Entwöhnungssituation; Verlassensein und Trennung, Antrieb und Hoffnung
	b) Späte Phase 0,6–1,0		Beißen (aggressives Einverleiben)		Konflikt: gute/befriedigende oder böse/frustrierende Nahrungsquelle; Entwicklung einer emotionalen Abhängigkeit		Ambivalenz der Mutter gegenüber			
II	Anale Phase (Anus) a) Frühe Phase 1,0–1,6	Analurethral, Muskulär; Analzone	Ausstoßen; Kot als Geschenk	Retention und Elimination (Vorform: Beugen und Strecken)	Sauberkeitserziehung; Ausscheidungsorgane lassen sich verwenden für Gehorsam oder Protest; Entwicklung von Unabhängigkeit; Einstellung zu Wertgegenständen;	Behalten und Hergeben „I am what I will" (Anfänge der Selbständigkeit)	Kot als etwas Wertvolles		Ansätze eines Ichs; Ansätze von Geboten und Verboten	Autonomie vs. Selbstzweifel; Kampf zwischen Fremd- und Selbstkontrolle, Mitte finden zwischen Omnipotenz und Unterwerfung, Selbstbeherrschung und Willenskraft
	b) Späte Phase 1,6–3,0		Zurückhalten (oft mit sadistischem Unterton)		Sauberkeit, Ordentlichkeit, Sparsamkeit; Unterdrückung von Spontaneität vs. Trotz, Auflehnung; Scham		Ambivalenz	Vater und Mutter (Eltern)	Vorläufer eines Überichs; Beginnende Realitätsprüfung	

(Fortsetzung nächste Seite)

II

Tabelle 7.1 (Fortsetzung)

	Psychosexuelle Phasen Freud	Erikson	Funktionen Freud	Erikson	Entwicklungsaufgaben Freud	Erikson	Objektbeziehung Freud	Erikson	Persönlichkeit Freud	Erikson
III	Phallische Phase (Genitale) 3,0 – 6,0	Infantilgenital, Lokomotorisch, Genitalzone	Berühren, Beschauen, Vorzeigen: Sexuelle Spielereien	Intrusion, Inklusion, Eindringen und Einschließen	Ödipale Situation, erste Zusammenfassung der Partialtriebe; Übernahme der Geschlechtsrolle; Kastrationsangst; Penisneid, sexuelle Neugier; Sexualtheorien	Etwas machen, nachmachen (Spielen) „I am what I will be" (Experimentieren, Anfänge von Wetteifer)	Ödipuskomplex; erste Heteroerotik; Identifikation mit Rivalen	Primärgruppe, Familie	Überichsentwicklung, volle Ausbildung des Ichs; Auflösung des Ödipuskomplexes	Initiative vs. Schuldgefühl; Rollenübernahme bringt Gefahr von Rivalität mit gleichgeschlechtlichem Elternteil; Schuld u. Angst vor Strafe (ödipale Situation), Richtung und Zweckhaftigkeit
IV	Latenzphase (keine neue erogene Zone) 6,0 – 11,0	Latenzphase (keine eigene Zone)	Insgesamt eine Abnahme des sexuellen Interesses; intellektuelle Wißbegier	„Geistiges" Eindringen, Begreifen	Keine eigenständige Entwicklungsaufgabe durch Triebberuhigung, gegebene Möglichkeit, sich mit sachlichen Interessen zu befassen	Dinge machen, zusammenfügen (Konstruieren) „I am what I learn"	Ausbau sozialer Beziehungen bes. zu Gleichaltrigen; Sublimierung des Verhältnisses zu den Eltern (Zärtlichkeit)	Nachbarschaft, Schule	Konsolidierung von Ich und Überich; Beruhigung in Auseinandersetzungen zwischen Es, Ich, Überich u. Außenwelt	Werksinn vs. Minderwertigkeitsgefühl; Methode und Können
V	Genitale Phase (Genitale) a) Vorpubertät 11,0 – 14,0 b) Pubertät 14,0 – 20,0	Adoleszenz und ihre auffälligen körperlichen Veränderungen (Genitalzone)	Wiederbelebung frühkindlicher Arten des Lustgewinnes (auch oral, anal)	 Gestaltung der äußeren Erscheinung	Wiederbelebung der ödipalen Situation	Selbst sein oder nicht selbst sein „To share being oneself"	Wiederbesetzung der Liebesobjekte der frühen Kindheit mit Triebenergie; Nichtelterliche Liebesobjekte; Entfremdung gegenüber Zärtlichkeit seitens Familienangehörigen	Peergroup und andere Bezugsgruppen, Führerfiguren	Gestörte Balance zwischen den verschiedenen Instanzen	Identitätsfindung vs. Rollendiffusion; Festigung der sozialen Rolle, Hingebung und Treue

Tabelle 7.1 (Fortsetzung)

	Psychosexuelle Phasen		Funktionen		Entwicklungsaufgaben		Objektbeziehung		Persönlichkeit	
	Freud	**Erikson**	**Freud**	**Erikson**	**Freud**	**Erikson**	**Freud**	**Erikson**	**Freud**	**Erikson**
VI		Genitalität Genitalzone 20 – Ende 20	Reife Art des Lustgewinns (ein heterosexuelles Liebesobjekt; genitale Vereinigung)			Sich in einem anderen verlieren und finden		Sexualpartner, Freunde, Kameraden, mit denen man im Wettstreit steht oder zusammenarbeitet	Reorganisation der einzelnen Persönlichkeitsinstanzen (Integration)	Intimität (Solidarität) vs. Isolation (Rückzug); Finden der Rolle des Ehemanns/der Ehefrau; Bindung und Liebe
VII		Generativität Erwachsenenalter Ende 20 – 50				Etwas schaffen, sorgen für; sich einen Bekanntenkreis schaffen, häusliches Leben usw.		Arbeitsplatz und gemeinsamer Haushalt; Arbeitsteilung		Zeugungsfähigkeit vs. Selbst-Abkapselung; Produktivität und Fürsorge
VIII		Integrität Greisenalter 50 – älter				Sein durch Gewesen-sein, dem Nicht-Sein ins Auge sehen		Die ganze Menschheit, Gefühl der Einheit mit „meiner Art“		Ichintegrität vs. Verzweiflung; Eigener Zerfall und Tod, Entsagung und Weisheit

Tabelle 7.2 Entwicklungsmerkmale der psychoanalytischen Entwicklungstheorie (aus Blanck u. Blanck 1988)

Pychosexuelle Reifung	Triebzähmende Prozesse	Objektbeziehungen		Anpassungsfunktion	Angstniveau	Abwehrfunktion	Identitätsbildung	Verinnerlichungsprozesse	
Genital	Ambivalenz aufgelöst		Post-ödipal	Ineinanderpassen	Furcht vor Über-Ich	Sekundäre Autonomie. Abwehr verändert Funktion und wird adaptiv	Konstante Besetzung der differenzierten Selbst- und Objekt-Repräsentanzen	Über-Ich wird strukturiert	
	Neutralisierte Libido dient dem Narzißmus	und auch der Fähigkeit, konstante Beziehungen zum Objekt aufrechtzuerhalten	Objekt-Konstanz	Synthetische und integrative Funktionen	*Sekundärprozeß*	Verdrängung	Zunehmende Internalisierung durch Ich- und Über-Ich-Identifizierungen führt zur Identität	Auflösung des Ödipuskomplexes durch Identifizierung mit gleichgeschlechtlichem Elternteil	Ich-Ideal
				Abstraktes Denken		Regression			
Phallisch		Besetzung der Objekt-Repräsentanzen mit Werten			Angst vor Kastration	Intellektualisierung	Trennung und Individuation komplett, Objektkonstanz erreicht	Identifizierung mit phallischer Leistungsfähigkeit	
	Neutralisierte Aggression dient der Identitätsbildung	Beginnende Ausstattung der Objekt-Repräsentanzen mit Werten		Sprache		Isolierung	Geschlechtsidentität	*Trennung und Individuation*	
Anal				Objektverständnis	Angst vor Verlust der Liebe des Objekts	Reaktionsbildung	Annäherungs-Subphase	Reinlichkeitserziehung leitet Identifizierung mit Stärke und Reinlichkeit ein	
	Neutralisierung des Aggressionstriebs dient der Aufrichtung eines Abwehrmechanismus	Diakritische Perzeption bringt Gewahrwerden der bedürfnisbefriedigenden Funktion des Objekts	Semantische Kommunikation, ein neues Niveau der Objektbeziehungen		Signalangst erreicht	Ungeschehenmachen	Übungs-Subphase		Allmähliche Enttäuschung mit omnipotenten Objekten
			8-Monats-Angst	Lokomotion	Furcht vor Verlust des Objekts	Identifizierung Verschiebung Umkehrung Wendung gegen sich selbst			
	Libido und Aggression verschmelzen		Fusion von „guten“ und „schlechten“ Objekt-Repräsentanzen	Realitätsprüfung			Differenzierungs-Subphase		

	Triebe differenzieren sich in Libido und Aggression	Gewahrwerden der Bedürfnisbefriedigung	Reaktion des Lächelns, Anfang der psychischen Beziehungen	Intentionalität Motilität Perzeption	*Primärprozeß*	Projektion Introjektion	Zusammengeflossene Selbst- und Objekt-Repräsentanzen	*Symbiose*	Selektive Identifizierung beginnt Imitation	*Idealisierte Objekte*	*Grandioses Selbst*
Oral	Neutralisierung beginnt	Koenästhetische Rezeptivität	Undifferenziertes Stadium, biologische Bedürfnisbefriedigung, objektloses Stadium	Aufschub Gedächtnisspuren	Angst vor Vernichtung	Verleugnung	Autistisches Stadium			Primärer Narzißmus	
		Undifferenzierte					**Matrix**				
Geburt	Undifferenzierte Triebe und Apparate der primären Autonomie einschl. Motilität, Gedächtnis, Intentionalität.					Intelligenz, Perzeption, Denken und anderes					
Es				**Ich**						**Über-Ich**	

stadien des Ödipuskomplexes durch M. Klein, die Beiträge von D.W. Winnicott zur kindlichen Entwicklung und insbesondere zum Konzept des Übergangsobjektes, die strukturalistische Schule von R. Spitz sowie die Theorie des frühkindlichen Ablösungs- und Individuationsprozesses nach M.S. Mahler. Weitere Ansätze finden sich in den Konzepten der eigenständigen Entwicklungslinie des Narzißmus, wie von H. Kohut ausgearbeitet. In einem sehr knappen *Überblick* lassen sich diese Konzepte dahingehend zusammenfassen: Die frühkindliche Entwicklung wird als entscheidend angesehen, weil hier die grundlegenden Prozesse der Differenzierung des Selbst und der Aufbau der Ich-Integrität stattfinden. Der Säugling gelangt von einem Zustand völliger Abhängigkeit und geringer Differenzierung zwischen Selbst und Objektwelt zu einer zunehmenden Differenzierung und damit zu Unabhängigkeit und Autonomie. Die Objektwelt, insbesondere die Mutter, erfüllt dabei weniger die Funktion der Triebbefriedigung, sondern hat durch dosierte Frustration (Fornari 1970) die Selbstentwicklung zu ermöglichen.

3. In neuerer Zeit zentriert sich das Interesse auf die *Bindungstheorie*, die auf Versuche von J. Bowlby, D. Stern und D.J. Lichtenberg zurückzuführen ist, psychoanalytische Entwicklungstheorie und empirische Daten aus der direkten Säuglingsbeobachtung zusammenzuführen. Obwohl bereits Freud zur Direktbeobachtung von Säuglingen und Kleinkindern aufgefordert hatte, dauerte es bis in die vierziger Jahre, bis es zu solchen Untersuchungen kam. Gleichwohl hat die Kinderbeobachtung in der Psychoanalyse eine lange Tradition, auch wenn die psychoanalytischen entwicklungspsychologischen Vorstellungen vorwiegend auf rekonstruktivem Wege über die Psychoanalysen Erwachsener gewonnen wurden. Auch M. Mahler wird trotz ihrer systematischen empirischen Beobachtungen zu den Mutter-Kind-Interaktionen vorgeworfen, in der Auslegung ihrer Beobachtungen dann wieder zu sehr von der traditionellen Sichtweise der Psychoanalyse bestimmt gewesen zu sein. Es wurden jedoch seit den 60er Jahren zahlreiche empirische Daten über die kognitive und emotionale Entwicklung des Kleinkindes und die frühe und wechselseitige Beziehung zwischen Mutter bzw. Eltern und Säugling erhoben. Die Ergebnisse lassen sich wie folgt knapp zusammenfassen: Der Säugling ist von Anfang an mit präadaptivem Verhalten ausgestattet, er verfügt über differenzierte Wahrnehmungsfunktionen mit Ausbildung bleibender Gedächtnisspuren. Es ist ihm unter anderem möglich, Wahrnehmungen in allen Sinnesmodalitäten aufzunehmen und auch "amodal" (d.h. Übertragung von einer Sinnesmodalität zur anderen) zu verarbeiten. Mutter und Kind sind in hohem Maße auf wechselseitige Aktivität, Gemeinsamkeit und Passung eingestellt, sie bilden von Beginn an ein interaktionelles System. Die Bindung, die Mutter und Kind entwickeln, beruht auf diesen Abläufen. Daraus resultiert, daß die älteren Konzepte grundsätzlich überdacht und überarbeitet werden müssen. Der Bindungstheorie kommt zudem eine integrierende Funktion für zentrale Konstrukte zu, die in unterschiedlichen therapeutischen Richtungen eine Rolle spielen. Sie könnte als entwicklungspsychologische Basis zur Erklärung von interpersonellen Persönlichkeitsmodellen und zur Erläuterung der Bedeutung von Bindungscharakteristika von Partnerwahl und Partnerbeziehung genauso herangezogen werden wie als Möglichkeit zur Verbindung biologischer und psychologischer Ansätze in

der Psychiatrie, zur Weiterentwicklung von Diagnoseschlüsseln (ICD 10, OPD-Beziehungachse) oder zum Verständnis von therapeutischen Wirkfaktoren.

Den verschiedenen psychoanalytischen Entwicklungstheorien, die vielfältig ineinandergreifen und aufeinander bezogen sind, kann man mit einer knappen Darstellungen kaum gerecht werden ohne dabei Gefahr zu laufen, durch Verkürzung Mißverständnisse zu schaffen. Deshalb werden wir in kurzgefaßten Überblicken mit Verweis auf die Literatur in die Grundpositionen von einigen für die psychotherapeutische Praxis wesentliche Konzepte der psychoanalytischen Entwicklungspsychologie lediglich einführen. Auch wenn manchen der Konzepte aus heutiger empirischer Sicht mehr eine historische Bedeutung zukommt, sind sie dennoch für das Verständnis der psychoanalytischen Praxis relevant oder von zumindest heuristischem Wert, auch wenn eine Abgrenzung zu den psychoanalytischen Entwicklungsmythologien (Krause 1998) zukünftig notwendig ist.

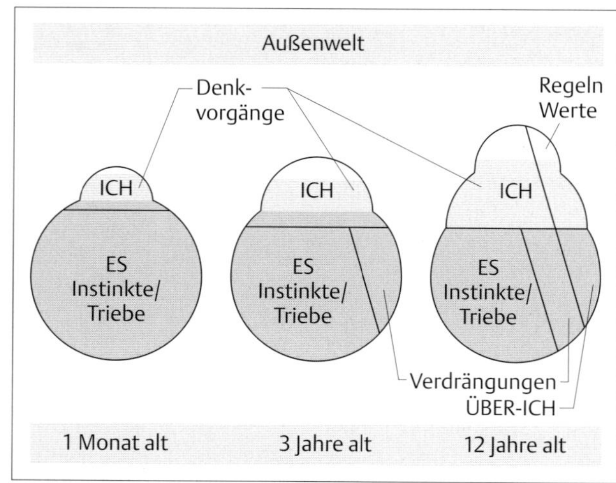

Abb. 7.**1** Die Entstehung des psychischen Apparates (aus Thomas u. Feldmann 1986, S. 81)

Klassische psychoanalytische Entwicklungstheorie

S. Freud: Libido, psychosexuelle Entwicklungsstadien und Ich-Entwicklung

Nach der Auffassung von S. Freud ist die Psyche des neugeborenen Menschen zunächst *Unbewußtes*, der Säugling gilt als eine von den Umwelteinflüssen zunächst weitgehend abgeschlossene Monade. Unfähig zu differenzierten Wahrnehmungen und Kontakten, ist er ausschließlich bestimmt von endogenen Triebimpulsen, der Libido, einer angeborenen und von Geburt an verfügbaren Menge an psychischer Energie sexueller Natur, die auf eine sofortige Wiederherstellung der *organismischen Homöostase* und auf *Spannungsabfuhr* drängt. Spezifische Befriedigungs- und Versagungserlebnisse in der Interaktion mit den Elternpersonen, insbesondere mit der Mutter, sind Motor für die *Ich-Entwicklung*, d. h. Entwicklung des Bewußtseins und des psychischen Apparates zu Lasten des Es mit ungesteuerter Triebabfuhr durch Ausbildung der Ich-Funktionen, der innerpsychischen Abwehrorganisation und des Über-Ichs (Abb. 7.**1**). Ein biologisch gesteuerter Reifungsplan, die psychosexuelle Triebentwicklung, determiniert eine feste Abfolge von Phasen der lustvollen Aneignung des eigenen und fremden Körpers in Anlehnung an die Befriedigung basaler oraler, analer und phallisch-genitaler Bedürfnisse. Diese stufenweise ablaufenden *psychosexuellen Entwicklungsstadien* bedingen Wechsel der Triebziele und erzwingen dadurch bedeutsame psychosoziale Anpassungsleistungen. Freud betonte – ausgehend von seinem Standpunkt der klinischen Rekonstruktion – schon früh die Notwendigkeit einer systematischen Beobachtung kindlichen Verhaltens als Basis für die psychoanalytische Entwicklungspsychologie (Freud S 1961, Abraham K 1971; Fenichel O 1974).

E. H. Erikson: Epigenetisches Prinzip und Ich-Identität

Die Kritik von E.H. Erikson an der Entwicklungstheorie von S. Freud betrifft zum einen die Zentrierung Freuds auf die vorrangige Bedeutung der innerpsychischen Prozesse der neurotischen Persönlichkeit, zum anderen die Vernachlässigung des kulturell bedingten Sozialisationsprozesses. Erikson stellt die Entwicklung der gesunden Persönlichkeit mit der Ausbildung von Ich-Identität durch Bewältigung spezifischer Reifungskrisen heraus und konzeptualisiert *psychosoziale Stadien* parallel zu Freuds psychosexuellen Stadien. Dazu verallgemeinert Erikson das *epigenetische Prinzip*, wonach das gesamte Entwicklungsschema von einer für alle Menschen gleichermaßen gültigen genetischen Struktur bestimmt ist, dahingehend, „daß alles, was wächst, einen Grundplan hat, dem die einzelnen Teile folgen, wobei jeder Teil eine Zeit des Übergewichtes durchmacht, bis alle Teile zu einem funktionierenden Ganzen herangewachsen sind" (Erikson 1979, S. 57). Unter der Vorstellung, daß sich die menschliche Persönlichkeit ebenfalls in solchen Schritten entwickelt, „die durch die Bereitschaft des menschlichen Organismus vorherbestimmt sind, einen sich ausweitenden Horizont bewußt wahrzunehmen und handelnd zu erleben,... der mit dem nebelhaften Bild einer Mutter anfängt und mit der Menschheit endet" (Erikson 1979, S. 58), wendet Erikson das epigenetische Prinzip auch auf das soziale und psychische Wachstum an.

Die *Grundaussage* von E.H. Erikson ist: Die Persönlichkeitsentwicklung folgt einer bestimmten Abfolge von inneren Gesetzen, wodurch festgelegt ist, welche Interaktionsarten das Kind in der Auseinandersetzung mit den Menschen und Institutionen seiner Kultur erwerben wird. Jeder heranwachsende Mensch durchläuft eine Reihe psychosozialer Stadien, unabhängig von der Kultur, in der er lebt. Sie sind genetisch bestimmt, das soziale Umfeld nimmt aber insofern bedeutsamen Einfluß, als es die in den Stadien auftretenden Krisen beeinflußt, die jeder Mensch in Kindheit, Jugend und Erwachsenenalter zu meistern hat und in denen die Chancen für eine gute Entwicklung bzw. die Risiken für eine Fehlentwicklung liegen. Menschliche Entwicklung ist ein Prozeß von fehlender Ich-Identität hin zu ihrer Manifestation. Dazu hat Erikson auf dem Boden seiner langjährigen Feldforschungen und Beobachtungen zur Entwicklung von Kindern in verschiedenen Kulturen acht Phasen für den menschlichen Lebenszyklus herausgearbeitet, die den menschlichen Lebenszyklus als ein Kontinuum von vorgegebenen Reifungs- und

Entwicklungsschritten beschreiben. Für eine gesunde Entwicklung der Persönlichkeit, für gesundes Ich-Wachstum, müssen die phasenspezifischen Konflikte und Interaktionen mit der Umwelt gemeistert werden. Dieser Prozeß zunehmend stärkerer Integration und Differenzierung der Persönlichkeit verläuft – und das ist entscheidend – in einem Wechselspiel von Phasen der Konsolidierung des Ichs und Phasen relativer Desorganisation des Ichs mit Ich-Regression, an die sich wieder Phasen der Reorganisation des Ichs durch neue kognitive und emotionale Erfahrungen anschließen. Die Phasen von relativer Desorganisation hat Erikson als *Identitätskrisen* bezeichnet. Wenn die Voraussetzungen und die Lebensbedingungen ausreichend günstig sind, dann können diese Identitätskrisen bewältigt werden, was zu Ich-Identität und Entwicklung von Selbstgefühl und Selbstwert als zentralen Persönlichkeitsdimensionen führt. Wo dieser Entwicklungsprozeß mißlingt, kommt es in der einen oder anderen Weise zur Fehlentwicklung, zur Fehlanpassung, zum psychischen Defekt (Erikson E H 1979; 1966, 1970, 1978).

Entwicklung der Objektbeziehungen und des Selbst

M. Klein: Unbewußte Phantasie, schizoide und depressive Position

M. Klein hat mit ihren zum Teil heftig umstrittenen Thesen über das psychische Geschehen im ersten Lebensjahr, die sie aus der Psychoanalyse sehr kleiner Kinder durch die Methode der Spieltechnik abgeleitet hat, dennoch die gesamte psychoanalytische Theoriebildung nachhaltig beeinflußt. Ausgehend von den Vorstellungen von S. Freud über die halluzinatorische Wunscherfüllung, arbeitet M. Klein die Bedeutung der *unbewußten Phantasie* für die psychische Entwicklung des Säuglings heraus. Ihre *Grundaussage* ist: Da die Triebe von Geburt an wirksam sind, ist eine – wenn auch primitive – Phantasietätigkeit schon bei dem neugeborenen Säugling anzunehmen. Dazu bedarf es eines *frühen Ichs* als Funktionsträger dieser unbewußten Phantasien, das von Anbeginn an erste *frühe Objektbeziehungen* ermöglicht, allerdings ohne Differenzierung zwischen Lust- und Realitätsprinzip. Diese frühen unbewußten Phantasien sind zum einen Ausdruck der Triebregungen, zum anderen dienen sie vor allem als Abwehrmaßnahmen gegen die äußere Realität (Schutz vor Versagung) wie auch gegen die innere Realität (Schutz vor Wut durch z. B. ungestillten Hunger). M. Klein ging entgegen S. Freud nicht von einem primären objektlosen Zustand aus. Die frühen Objektbeziehungen sind aus ihrer Sicht jedoch durch *Partialobjektbeziehungen* geprägt, worunter unbewußte Phantasien über eigene oder fremde Körperteile (z. B. Brust der Mutter) zu verstehen sind. Vor dem Hintergrund der Dialektik des von S. Freud konzeptualisierten Lebens- und Todestriebes werden die Partialobjektbeziehungen wiederum in *gute* oder *böse Teilobjekte* gespalten. Das ist für das psychische Überleben existentiell notwendig, um das „gute" Objekt (z. B. die „gute" Brust, mit der Verschmelzung gesucht wird) zu schützen, da es durch die Projektion aufkommender Wut (durch die Abfolge Hunger-Unlust-Projektion der aggressiven Regungen in die Mutter) in der primitiven Phantasie vollständig zerstört werden könnte, was zwangsläufig die eigene Vernichtung zur Folge hätte. Auf diesem Hintergrund hat M. Klein die paranoid-schizoide Position und die depressive Position als Entwicklungsstadien in der Oralphase konzeptualisiert.

Die *paranoid-schizoide Position* ist durch die Hauptangst geprägt, daß das verfolgende „böse" Objekt in das Ich eindringen und das „gute" Idealobjekt wie auch das Selbst überwältigen und vernichten könnte. Diese Verfolgungsphantasien resultieren aus der nach außen projizierten Aggression auf Grund von realen Erfahrungen der Versagung und des Schmerzes, und sie stellen sich symbolisch als „böse" Brust dar. Gegen die Angst vor Vernichtung und zur Abwehr von Fragmentierung und Desintegration entwickelt das Ich die Abwehrmechanismen der Spaltung und der projektiven Identifizierung. In der *depressiven Position*, die um den 4. Lebensmonat einsetzt, kommt es zunehmend weniger zu Partialobjektbeziehungen: Die Spaltung in „gute" und „böse" Teilobjekte wird gemildert und die Objekte werden zunehmend als ganze Objekte erfaßt, da sowohl libidinöse wie auch aggressive Triebregung gleichzeitig auf ein Objekt gerichtet werden können, ohne die Gefahr der völligen Vernichtung des Objektes heraufzubeschwören. Die Hauptängste sind jetzt Trennungs- und Verlustangst, gegen die spezifische Abwehrformen errichtet werden.

M. Klein hat durch die Konzeptualisierung eines *frühen Ich*, das zur Bewältigung der inneren (Triebe) wie der äußeren (Versagung) Realität Spaltungs-, Projektions- und Introjektionsprozesse entwickelt und einsetzt, theoretische Vorstellungen entwickelt, wie sich die *Selbst-* und *Objektwahrnehmung* differenzieren und wie sich ein tragfähiges gesundes Selbstbild in Abgrenzung zur Objektwelt entwickelt bzw. wie dieser Entwicklungsvorgang verfehlt werden kann (Klein M, 1962; Segal H 1974).

D. W. Winnicott: Primäre Mütterlichkeit und Übergangsobjekte

Die psychoanalytische Entwicklungstheorie verdankt Winnicott, die theoretischen Konzepte der *primären Mütterlichkeit* und der *Übergangsobjekte* in ihrer Bedeutung für die Entwicklung des *wahren* oder *falschen Selbst* herausgearbeitet zu haben. Wegen der Abhängigkeit des Säuglings von der Umwelt und insbesondere von der Mutter ist es nach Winnicott unmöglich, die innerpsychische Situation des Säuglings ohne seine Beziehung und Interaktion zur Mutter zu erfassen. Daraus entwickelte Winnicott das Konzept der primären Mütterlichkeit, bei dem es sich um einen psychischen Entwicklungsprozeß der Mutter in Reaktion auf das Kind von der Schwangerschaft bis Wochen nach der Geburt handelt. Darauf aufbauend postuliert er das Konzept der *hinreichend guten Mutter*.

Diese ist dadurch gekennzeichnet, daß sie ihrem Kind nicht nur wohlwollende und liebende Gefühle entgegenbringt, sondern daß sie darüber hinaus natürlicherweise aufkommende Gefühle von Aggression und Haß ertragen kann, ohne danach zu handeln und das Kind zu schädigen. Der Haß wird dabei vor allem als eine Reaktion der Mutter auf „räuberische" Phantasien des Kindes interpretiert, die in dem Kind durch die stattgefundenen Befriedigungen oral-kannibalistischer Triebe ausgelöst werden.

Fördernd für die psychische Entwicklung des Säuglings ist die Erfahrung der Abhängigkeit von der mütterlichen Fürsorge, denn nur diese Erfahrung ermöglicht dem Kind, sich aus der Abhängigkeit von der Mutter herauszulösen. Dieser Prozeß wird durch die Aggressivität des Kindes in Gang gesetzt, wobei der wachsenden Motilität des Kindes die Qualität von Aggression zugesprochen wird. Durch die aggressiven Elemente wächst die Fähigkeit des Kindes, Realität zu erkennen und zu akzeptieren und sich dadurch als individuelle Existenz zu entwickeln und zu erleben. Dieser Prozeß ist entscheidend zur Entwicklung eines wahren Selbst gegenüber der Ausbildung eines falschen Selbst.

Die aggressive Komponente führt in der Konfrontation mit der Umwelt zum Erkennen der „Nicht-Ich-Welt" und damit zur Konstituierung des Ichs. Die Wurzel für das Wirklichkeitsgefühl des Individuums ist nach Winnicott die Aggression, nicht das libidinöse Erlebnis. Der aggressive Impuls wird allerdings nur dann Ich-bildend, wenn er auf Widerstand trifft (dosierte Frustration). Aus diesem Grund betont Winnicott, daß der Säugling für seine psychische Entwicklung nicht nur ein befriedigendes, sondern auch ein versagendes Objekt braucht, das den aggressiven Regungen und Tendenzen Widerstand entgegensetzt. Allerdings dürfen die Widerstände nicht zu groß werden, da sie sonst die Abwehrleistung des sich konstituierenden Ichs des Säuglings überfordern, was schlimmstenfalls zum Rückzug in den primären Narzißmus führt.

Das *wahre Selbst* umfaßt das subjektive Wirklichkeitsgefühl, die authentische Kreativität, das Erleben einer personalen psychischen Realität und eines personalen Körperschemas. Nur das wahre Selbst führt dazu, sich real zu fühlen. Das *falsche Selbst* hingegen entsteht aus einer existentiell notwendigen Anpassungsleistung an eine nicht hinreichend gute Umgebung und führt zu Gefühlen der Unwichtigkeit und Nichtigkeit. Es wird als Abwehr eingesetzt, um bei Fehlentwicklung das wahre Selbst zu verbergen und damit zu schützen. Ob das Kind in die falsche Existenz gezwungen wird, hängt im wesentlichen mit dem oben ausgeführten Konzept der primären Mütterlichkeit zusammen.

Aus der Sicht der Objektbeziehungstheorie vollzieht sich die Entwicklung von Subjektivität und omnipotenter Kontrolle hin zur Objektwelt mit echten Objektbeziehungen, wobei dem Konzept der *Objektbeziehung* versus *Objektverwendung* eine zentrale Bedeutung zukommt. Mit Beginn der Ich-Entwicklung kommt die Mutter durch ihre optimale Anpassung an das Kind unter die magische Kontrolle des Kindes. Die Wahrnehmung des mütterlichen Objektes ist anfänglich vollständig von dem Erleben der Omnipotenz und Kontrolle über die Mutter bestimmt; so wird die nährende Brust von dem Säugling noch nicht als ein von sich selbst abgetrenntes Phänomen erlebt. Es ist so, als sauge der Säugling sozusagen an sich selbst. Das bezeichnet Winnicott als Objektbeziehung. Den Begriff Objektverwendung gebraucht Winnicott dafür, daß dem äußeren Objekt eine unabhängige Existenz zugesprochen wird und z. B. die Brust als „Nicht-Ich-Quelle" wahrgenommen wird, von der Abhängigkeit besteht. Nach Winnicott geht es um einen komplizierten Entwicklungsprozeß, in welchem der Säugling die Mutter als ein von sich unabhängiges äußeres Objekt zu erkennen lernt und nicht als ein aus sich heraus projiziertes Objekt. Dieser Prozeß verläuft jedoch über die phantasierte Zerstörung des Objektes, das seiner omnipotenten Kontrolle untersteht. Erst nach dieser Zerstörung – und hier spielt die aggressive Destruktion die entscheidende Rolle für die Ich-Entwicklung – kann das Objekt außerhalb der omnipotenten Kontrolle des Subjektes angesiedelt werden. Erst wenn das Objekt diese Zerstörung durch das Subjekt überlebt, kann das Subjekt das Objekt verwenden, und das Subjekt kann ein Leben in der Objektwelt beginnen. Die dafür zentral wichtige Erfahrung ist, daß die Mutter die Fähigkeit besitzt, die Zerstörung zu überleben, ohne sich zu rächen. Erst die Eigenschaft des Objektes, ständig von neuem zerstört zu werden, macht seine Realität für das Kind überhaupt erlebbar und führt so zu einer Gefühlsbeziehung zu dem Objekt und zur *Objektkonstanz*.

Für den kindlichen Entwicklungsprozeß ist die Bildung von *Illusionen* von zentraler Bedeutung. Die Möglichkeit zur Illusionsbildung (vergleichbar der unbewußten Phantasie von M. Klein) gibt dem frühkindlichen Ich die Fähigkeit, sich eine äußere Realität entsprechend den eigenen Triebbedürfnissen vorzustellen und zu schaffen, über die es gleichzeitig die magische Kontrolle ausübt. Dadurch „trinkt das Kind von einer Brust, die zu seinem Selbst gehört". In dem Prozeß zur Entwicklung der Objektverwendung und der Wahrnehmung der äußeren Objektwelt spielt der intermediäre Raum eine entscheidende Rolle als ein neutraler Erfahrungsbereich, der die Möglichkeit gibt, ständig zwischen innerer und äußerer Realität vermitteln zu können. Zur Gestaltung dieses Raumes benutzt das frühkindliche Ich zunächst die Illusion über die äußere Realität, dann etwa ab dem 4. Monat das *Übergangsobjekt*. Übergangsobjekte sind für das Kind der erste nicht zum Selbst gehörende Besitz, der aber gleichzeitig von dem Kind selbst erschaffen und nicht aufgefunden wurde. Übergangsphänomene oder Übergangsobjekte können akustische Wahrnehmungen, der eigene Daumen bis hin zum bekannten Plüschtier sein. Wesentlich für die durch das Übergangsobjekt erfolgte Angstbindung und Abwehr depressiver Ängste ist, daß das Übergangsobjekt als äußeres Objekt weiterhin der Kontrolle des Kindes unterliegt (Winnicott, D W 1976, 1974, 1979).

R. Spitz: Konzept des Organisators der Psyche

R. Spitz kommt das Verdienst zu, die aus den Psychoanalysen von Erwachsenen und Kindern entwickelte Theorien über die psychische Entwicklung des Menschen durch direkte empirische Beobachtungen zur Mutter-Kind-Dyade zu überprüfen, wobei er sich insbesondere auf die Mutter-Kind-Beziehung im ersten Lebensjahr konzentriert hat. Der zentrale Gesichtspunkt für die kindliche Entwicklung ist nach Spitz die altersspezifische Fähigkeit zur Objektbeziehung, wobei die frühen Entwicklungsvorgänge von dem *affektiven Klima*, d. h. von der affektiven Beziehung in der Mutter-Kind-Dyade, abhängig sind. Das Kind selbst ist nach Auffassung von Spitz aufgrund seiner Unreife noch während der ersten 3 Monate nicht in der Lage, zwischen sich selbst und der mütterlichen Person zu unterscheiden. Erst allmählich entwickelt sich die Fähigkeit zur Objektbeziehung, in der das äußere Objekt als selbständiges Individuum erkannt wird. Wesentlich für Spitz ist, daß weniger die bewußten Handlungen der Mutter, sondern mehr ihre *unbewußte Haltung* Einfluß auf die Entwicklung des Kindes nimmt. Dabei bildet die narzißtische Besetzung des Kindes durch die Mutter die wesentliche Grundlage für ein gutes affektives Klima. Der Säugling nimmt seinerseits mit seinem koenästhetischen Wahrnehmungssystem die unbewußten Haltungen der Mutter wahr, so daß komplexe Interaktionsmuster von wechselseitiger Beeinflussung stattfinden.

Nach Spitz ist die Entwicklung im ersten Lebensjahr durch *psychische Organisatoren* gesteuert, wodurch es zu einem Phasenverlauf in drei Stufen mit ständig anwachsender höherer Integration kommt. Das Konzept der Organisatoren hat Spitz der Embryologie entlehnt, um damit zu betonen, welche Bedeutung biologische Reifungsprozesse für die Entwicklung der Psyche haben.

- Die *objektlose Stufe* bis zum dritten Lebensmonat ist durch die sich nur langsam reduzierende hohe Reizschwelle des Neugeborenen geprägt, die es nach Spitz vor Einflüssen aus der Umwelt weitgehend abschirmt. Spitz argumentiert für diese Phase mit dem neurologischen Reifungs- und Entwicklungsstand. Das Verhalten des Säuglings unterliege in dieser Zeit ausschließlich dem Schema des bedingten Reflexes. Damit will sich Spitz ausdrücklich von den Vorstellungen von Melanie Klein abgrenzen, die schon sehr frühe – wenn auch rudimentäre – Objektbeziehungen postuliert. Bei Spitz hat der Säugling ausschließlich Wahrnehmungen enterozeptiver und propriozeptiver Art, welche sich als koenästhetische Organisation insbesondere mit dem Ernährungstrakt und dem Kreislaufsystem verbinden. Das *Dreimonatslächeln* signalisiert nach Spitz den Erwerb des *ersten Organisators*. Wesentliche Leistungen sind die zunehmende Wahrnehmung von Reizen, die von außen kommen, die wachsende Fähigkeit zu Triebaufschub, die Entwicklung von Gedächtnisspuren und die Entwicklung des topischen Systems Unbewußt-Vorbewußt-Bewußt, die Entwicklung eines rudimentären Ichs, das als Körper-Ich bezeichnet wird, die Selektionsfunktion des Ichs anstelle hoher Reizschranke, der Wechsel von Passivität zu Aktivität als erste intentionale Äußerung und schließlich das Lächeln als Prototyp sozialer Beziehung. Das Dreimonatslächeln zeigt den Übergang vom primären Narzißmus in der objektlosen Stufe zur Stufe des Objekt-Vorläufers an.
- In der *Stufe der Objektvorläufer* ermöglicht die weitere neurologische Reifung und damit verbundene Entwicklung der kognitiven und sensorischen Funktionen die Fernwahrnehmung und Erinnerung, wodurch sich Objektkonstanz und Objektbeziehungen entwickeln können. Das Kind ist in der Lage, die Identität verschwindender und wiederkehrender Gegenstände zu erkennen und dann in der sogenannten *8-Monats-Angst*, welche für Spitz das Auftreten des *zweiten Organisators* signalisiert, die Mutter als ganze Person wahrzunehmen und von anderen Personen zu unterscheiden. Dieser Entwicklungsschritt entspricht der Überwindung der Partialobjekte, wie sie von M. Klein beschrieben worden ist. Diese Phase bringt eine Reihe von entscheidenden Veränderungen mit sich: Die zunehmende Myelinisierung des Zentralnervensystems ermöglicht das diakritische Funktionieren der Sensorik, die Koordination von Bewegung und damit gerichtete Handlungsabläufe.
- Der *Erwerb des Nein* als erster abstrakter Begriff ist nach Spitz Ausdruck des *dritten Organisators*: Die Verbote der Mutter lassen in dem Kind intensive aggressive Reaktionen entstehen, die in Konflikt stehen mit den auf die Mutter gerichteten libidinösen Strebungen. Diese Konflikte versucht das Kind mit dem Abwehrmechanismus der Identifizierung zu lösen. Das Nein wird von dem Kind durch Identifizierung mit dem Aggressor übernommen, um damit den eigenen aufkommenden Aggressionen der Umwelt gegenüber ein Ventil zu schaffen. Damit ist die *Trotzphase* erreicht.

Auch R. Spitz postuliert für das psychische Wachstum des Kleinkindes einen wechselseitigen Prozeß zwischen den Triebschicksalen und den Erfahrungen in den Objektbeziehungen. Libidinöse wie aggressive Triebe sind gleichermaßen an der Differenzierung und Integration des Ichs und an der Bildung von Objektbeziehungen beteiligt. Im objektlosen Stadium und insbesondere in der Übergangszeit zum Stadium der echten Objektbeziehung entfalten sich nach Spitz die Triebe in *anaklitischer Anlehnung* an die oralen Bedürfnisse des Säuglings. Da die Mutter die oralen Bedürfnisse des Säuglings befriedigt, wird sie Ziel sowohl der aggressiven wie auch der libidinösen Triebe. Da die Mutter noch nicht als einheitliche und unveränderliche Person wahrgenommen werden kann, schließt sich hier Spitz der Auffassung auch von M. Klein an, daß es zur Bildung von guten und bösen (Partial-)-Objekten kommt. Nach Spitz findet zwischen dem 6. und 8. Monat die Synthese der libidinösen und aggressiven Triebe und damit die Synthese der Partialobjekte statt. Im Gegensatz zu M. Klein und auch D. Winnicott stehen für R. Spitz jedoch die positiven Aspekte der Mutter sehr viel mehr im Vordergrund als die bösen, auch überwiegt nach ihm der libidinöse Trieb gegenüber dem aggressiven. Mit weiterer Entwicklung wird im zweiten Organisator zunehmend das Wort zum Kommunikationsträger (Spitz R A 1976, 1973, 1976).

M.S. Mahler: Psychische Geburt aus Symbiose und Individuation

Für Mahler und ihre Arbeitsgruppe führt der Weg der menschlichen Entwicklung von der symbiotischen Mutter-Kind-Beziehung zur Loslösung und Individuation. Ihre Theorie der *psychischen Geburt durch frühkindliche Ablösungs- und Individuationsprozesse*, die sie aus der therapeutischen Arbeit mit kindlichen Psychosen sowie aus empirischen Beobachtungen gewonnen hat, hat großen Einfluß nicht nur auf die psychoanalytische Entwicklungspsychologie, sondern auch auf die psychoanalytische klinische Praxis. Die *Grundposition* von Mahler ist: Die psychische Geburt ist ein Entwicklungsprozeß vom 4. bis zum 36. Lebensmonat, er führt zu dem Bewußtsein der Getrenntheit von der äußeren Objektwelt und zur Objektkonstanz als Voraussetzungen für die gesunde Entwicklung des Selbst, der Objektbeziehungen und der dazu notwendigen Wahrnehmung der äußeren Realität. Im einzelnen werden drei Hauptphasen unterschieden: Die autistische Phase, die symbiotische Phase und die Loslösungs- und Individuationsphase, wobei sich diese wiederum in vier aufeinanderfolgende Subphasen gliedert.

Nach Mahler befindet sich das Kind nach der Geburt im Zustand des *normalen Autismus*. Einer Monade gleich, erreichen es äußere Reize nicht, bzw. es reagiert auf diese nicht. Es ist in erster Linie ein physiologischer Organismus und unterscheidet lediglich zwischen lustvollen „guten" und unlustvollen „bösen" Empfindungen, da es sich in einem Zustand primitiver halluzinatorischer Desorientiertheit zu befinden scheint, in dem Bedürfnisbefriedigung ausschließlich dem eigenen allmächtigen autistischen Umkreis angehört. Im zweiten und dritten Monat zerbricht diese autistische Schale. In der folgenden *symbiotischen Phase* nimmt der Säugling die Mutter zwar verschwommen aber zunehmend als bedürfnisbefriedigendes Objekt wahr. Allerdings wird das Ich noch nicht von dem Nicht-Ich unterschieden. Daher ist das wesentliche Merkmal der symbiotischen Phase die *halluzinatorisch-illusorische somatopsychische omnipotente Fusion mit der Mutter* mit der illusorischen Vorstellung einer gemeinsamen Grenze.

Im Alter von etwa vier bis fünf Monaten beginnt die *erste Subphase* des Loslösungs- und Individuationsprozesses, die *Differenzierung*. Erste tastende Schritte führen die Kinder im physischen Sinne heraus aus der passiven Schoßkindrolle und damit heraus aus dem Zustand der Zweieinheit mit der Mutter. Es findet eine erste Differenzierung statt zwischen dem eigenen und dem mütterlichen Körper. Kinder mit einer befriedigenden symbiotischen Erfahrung entwickeln wachsendes Vergnügen an ihren Sinneswahrnehmungen, entwickeln Neugier und eher Verwunderung als Angst gegenüber Fremden. Die Mutter und Fremde werden abgetastet und verglichen, es wird durch *checking back* nachgeprüft, wer die Mutter ist.

Die *zweite Subphase*, die *Übungsphase*, beginnt um den neunten Lebensmonat herum und dauert bis zum 18. Monat. Das Kind erforscht aktiv die Umwelt durch Üben der Fortbewegung bis zum freien Laufen. Das Kind kann jetzt zwar zeitweise ohne die unmittelbare Anwesenheit der Mutter auskommen, es muß aber zu ihr eine optimale Distanz gewahrt werden. Die Mutter ist die *home base*, zu der das Kind zum emotionalen Auftanken periodisch zurückkehrt. Nach Mahler hat das Kind den Höhepunkt des Glaubens an die eigene magische Omnipotenz erklommen, was allerdings in einem beträchtlichem Ausmaß von dem Gefühl hergeleitet werde, daß es die magischen Kräfte seiner Mutter teilt.

Die *dritte Subphase der Wiederannäherung* zwischen dem 18. und 24. Lebensmonat ist dadurch gekennzeichnet, daß sich das Kind seiner Getrenntheit stärker bewußt wird und dadurch größere *Trennungsangst* empfindet und entsprechend ein gesteigertes Bedürfnis nach Nähe zur Mutter entwickelt: Das Kind muß wissen, wo die Mutter sich aufhält. Zwei charakteristische Verhaltensweisen zeigt das Kind: die unaufhörliche Beschattung der Mutter und das gleichzeitige Weglaufen von ihr als Ausdruck des Wunsches nach Wiedervereinigung mit der Mutter und gleichzeitig auch der Angst, erneut von der Mutter symbiotisch verschlungen zu werden. Die zunehmenden kognitiven Fähigkeiten helfen dem Kind, diese Situation zu meistern, und es entwickeln sich zunehmend ein kohärentes Selbst und die Geschlechtsidentität. Die Art und Weise der Bewältigung dieser Phase ist nach Mahler von entscheidender Bedeutung für die weitere Entwicklung, was sehr von der Beziehung zur Mutter abhängt. Die *optimale Mutter* muß in dieser Entwicklungsphase einerseits zwar ständig emotional verfügbar sein, gleichzeitig muß sie das Kind aber auch bei der Einübung von Selbständigkeit unterstützen und fördern, ohne wiederum zu rasch auf Unabhängigkeit zu drängen. Manche Mütter sind von der stärker werdenden Unabhängigkeit des Kindes irritiert, und ihr Fehlverhalten im Sinne von Festhalten hat nach Mahler oft gesteigerte Trennungsangst und Anklammern bei dem Kind zur Folge, was ihm erschwert, sich mit Interesse seiner Umwelt zuzuwenden und eigene autonome Funktionen wahrzunehmen.

Mit Beginn des dritten Lebensjahres kommt es in der *vierten Subphase* zur *Individuation*. Emotionale Objektkonstanz, Vereinigung der guten und bösen Objekt- und Selbstrepräsentanzen, die Konsolidierung der Geschlechtsidentität sowie wachsende Toleranz gegenüber ängstigenden Ereignissen und Versagungen sind wichtige Schritte zur Konsolidierung der Individualität. Die Individuation bleibt allerdings nach Mahler ein lebenslang andauernder Prozeß (Mahler M S, Pine A, Bergmann 1978).

H. Kohut: Eigenständige Entwicklungslinie des Narzißmus

Aufgrund von therapeutischen Erfahrungen mit strukturell gestörten Patienten konzeptualisierte H. Kohut eine eigenständige Entwicklungslinie des Narzißmus. Neben die triebmotivierte objektlibidinöse Entwicklung der psychischen Struktur wird von ihm die eigenständig motivierte Entwicklung des Selbst und seiner Selbstobjekte gestellt. *Narzißmus* ist somit in dieser Konzeption nicht mehr nur ein regressives Phänomen, Widerstand oder ein Abwehrvorgang, durch den Objekten Libido entzogen und diese auf das Ich gerichtet wird. Vielmehr gilt es, Selbstobjektbeziehungen von Objektbeziehungen zu unterscheiden und „die Erfahrung des ‚Ich' mit dem ‚Du' in zwei getrennten Bezugsrahmen zu betrachten: 1. hinsichtlich der Rolle, die das ‚Du' bei der Stützung der Kohärenz, Stärke und Harmonie des Selbst spielt, d. h. der Erfahrung des ‚Du' als ***Selbstobjekt***, und 2. hinsichtlich des ‚Du' als a) Ziel unseres Begehrens und unserer Liebe und b) als Ziel unserer Wut und Aggression, wenn es den Weg zu dem Objekt versperrt, das wir begehren und lieben, d. h. des ‚Du' als *Objekt*" (Kohut 1984).

Den Begriff des *Selbst* dehnte Kohut im Sinne der Selbstpsychologie weiter aus: wurde vorher (Ich-psychologisch) das Selbst als Struktur, die die ganze Person in der Instanz „Ich" repräsentiert, beschrieben, konzeptualisierte Kohut das Selbst als „Kern unserer Persönlichkeit" *neben* dem Konzept der drei Instanzen „Es/Ich/Über-Ich". Für den gewünschten Zustand des narzißtischen Gleichgewichtes mit ausreichendem Selbstwert- und Sicherheitsgefühl braucht das Selbst die Selbstobjekte, die als zum Selbst gehörig und nicht eigenständig erlebt werden. Zunächst werden zwei, später drei grundlegende Selbstobjektbedürfnisse unterschieden:

1. Das Bedürfnis nach *Spiegelung* und nach angemessenen Erfahrungen freudiger Reaktionen, worauf ausreichendes Selbstwertgefühl basiert;
2. das Bedürfnis nach *Idealisierung* mit Erfahrungen beruhigender und beschützender Reaktionen von Selbstobjekten, was Grundlage zur Fähigkeit der Selbstberuhigung und der Impulssteuerung wird; hinzu kam
3. das Bedürfnis nach *Gleichheit und Zugehörigkeit*, dessen Befriedigung zu Gemeinschaftsgefühl und Gruppenzugehörigkeit führt.

Solche *Selbstobjektbedürfnisse* sind zur Aufrechterhaltung der Kohärenz des Selbst *zeitlebens* erforderlich, unterliegen aber Entwicklungsprozessen von archaischen Selbstobjektbedürfnissen (z. B. die konkrete und verschmelzend erlebte Gegenwart eines beschützenden anderen) hin zu reifen Formen von Selbst-Selbstobjekt-Gefügen (z. B. die entspannende Wirkung des Hörens bestimmter Musik). Entsprechend der Qualität der Interaktionen zwischen dem Selbst und seinen Selbstobjekten in der Kindheit resultieren unterschiedliche Strukturen des Selbst bei Erwachsenen: es existieren unterschiedliche Grade von Kohärenz (von kohärent bis fragmentiert), unterschiedliche Grade von Vitalität (von kraftvoll bis schwach) und unterschiedliche Grade funktioneller Harmonie (von geordnet bis chaotisch).

„Wenn das Selbst sich in der Wechselbeziehung von ererbten und Umweltfaktoren einmal kristallisiert hat, strebt es nach der Verwirklichung seines eigenen spezifischen Handlungsprogramms – eines Programms, das bestimmt wird durch das spezifische innere Muster seiner Strebungen, Ziele, Fertigkeiten und Begabungen und durch die Spannungen, die zwischen diesen Bestandteilen entstehen. Die Muster von Strebungen, Fertigkeiten und Zielen, die Spannungen zwischen ihnen, das Handlungsprogramm, das sie schaffen, und die Aktivitäten, die nach der Verwirklichung dieses Programms streben, sie alle werden als kontinuierlich in Raum und Zeit erlebt – sie sind das Selbst, ein unabhängiges Zentrum von Antrieben, ein unabhängiger Empfänger von Eindrücken" (Kohut H 1976, 1987; Kohut H, Wolf ES 1978).

Bindungstheorie

J. Bowlby: Bindung und Verlust

Die Bindungstheorie wurde von dem Psychiater und Psychoanalytiker John Bowlby in den 60er Jahren als umfassendes Erklärungsmodell für die Ursprünge psychopathologischer Störungen von Kindern und Erwachsenen entwickelt und begründet. In den Mittelpunkt seiner Theorie stellte er die spezifische Bindung als eigentlichen Charakter der Beziehung zwischen dem Säugling und seiner Bezugsperson. Im Gegensatz zum klassischen psychoanalytischen Entwicklungsmodell ist Bowlby der Auffassung, daß der Säugling Stimulation sucht, um die Bindung an wichtige Objekte aktiv zu fördern. Er lehnt die Bedeutung, die die traditionelle Psychoanalyse dem Fortbestehen primitiver Triebphantasien als Erklärung pathologischer Haltungen und Beziehungen im späteren Leben zuspricht, ab und versteht sie statt dessen als Resultat fixierter unbewußter Repräsentanzen des Selbst und der Bindungspersonen, die auf der Grundlage realwidriger Kindheitserfahrungen entwickelt wurden. Dabei blieb er in seiner Terminologie dem psychoanalytischen Denken verpflichtet, suchte insbesondere die Nähe zur Objektbeziehungstheorie, wurde jedoch aufgrund seiner geringen Beachtung der Triebtheorie, der Betonung der Verhaltensbeobachtung und der Hervorhebung biologischer Faktoren heftig aus traditionell-orthodoxer Sicht kritisiert.

Dabei begründete Bowlby seine Theorie zunächst aus Direktbeobachtungen der Reaktionen, die Kleinkinder auf eine zeitweilige Trennung von der Mutter zeigten (Beobachtungen von Heimkindern durch seinen Kollegen J. Robertson), wodurch er zur Überzeugung gelangte, daß Unterbrechungen der Bindungsbeziehung zu psychopathologischen Störungen führen können. Mary Ainsworth und Mary Main operationalisierten die Annahmen Bowlbys und stellten Beobachtungsverfahren bereit (Fremde-Situations-Test, Feinfühligkeitsskala und Adult Attachment Interview), mit denen das Bindungsverhalten von 11 – 20 Monate alten Kindern prospektiv und retrospektiv untersucht werden kann, so daß die Thesen Bowlbys einer empirischen Erforschung zugänglich wurden. Bowlby postuliert darauf basierend ein *Bindungssystem*, das in Gefahren aktiviert wird und Bindungsverhalten auslöst, was seine eigene innere Motivation hat.

Bindungsverhalten beschreibt dabei Reaktionen des Säuglings, die diese Bindung zum Ausdruck bringen wie Weinen, Rufen, Anklammern, Nachfolgen und Protest beim Verlassenwerden. Die *Bindungsperson* gewährleistet das Überleben, vermittelt Behagen und Fürsorglichkeit, insbesondere wenn das Kind ängstlich, müde oder krank ist. Bowlby betrachtet die Äußerung von *Bindungsbedürfnissen* weder als „Regression auf Abhängigkeit" noch als „kindlichen Anteil der Persönlichkeit". Die Bindungsbeziehung weist dabei Parallelen zur Beziehung zum idealisierten Selbstobjekt auf, dessen erste Funktion die der Beruhigung ist (Kohut 1971).

Die *Bindungsqualität* des Kindes an seine Bindungsfigur entwickelt sich im ersten Lebensjahr und läßt sich im Fremde-Situationstest direkt beobachten. Im Vordergrund dieser Laborsituation steht die zweimalige Trennung und Wiedervereinigung zwischen Mutter und Kind. Durch die Trennungssituation soll das Bindungsverhalten experimentell aktiviert werden.

Es lassen sich drei unterschiedliche Bindungsqualitäten unterscheiden:

- *Sicher gebundenes Verhaltensmuster (B)*: Die Kinder sind gewöhnlich während der Trennung von der Mutter nicht beunruhigt, sie wenden sich ihr bei deren Rückkehr unmittelbar zu, halten sich in ihrer Nähe auf und beginnen von dieser sicheren Basis ausgehend wieder mit ihrem Spiel oder widmen sich ihrer Umgebung.
- *Unsicher-vermeidend gebundenes Verhaltensmuster (A)*: Die Kinder zeigen während der Trennung wenig offene Zeichen der Beunruhigung, vermeiden aber Nähe und Kontakt zur zurückgekehrten Mutter. Sie verhalten sich gegenüber einer fremden Person nicht anders als der Mutter gegenüber.
- *Unsicher-ambivalent gebundenes Verhaltensmuster (C)*: Diese Kinder sind während der Trennung sehr verängstigt und lassen sich nur langsam durch die zurückgekehrte Mutter beruhigen, wobei sie zwischen der Suche nach Nähe und einer aggressiven Ablehnung des Kontaktes wechseln, dabei ihr Spiel oder andere Aktivitäten nicht weiter verfolgen.

Dabei scheinen die Reaktionsweisen der Mütter Spiegel ihrer eigenen, ursprünglichen Verhaltensweisen zu sein, die durch die Interaktion mit ihrem Kind bestärkt, modifiziert oder vermehrt werden. Daß Bindungsmuster generationsübergreifend bestehen, konnte erstmals in einem zur Erfassung von Bindungsstilen bei Erwachsenen von Mary Main entwickelten Adult Attachment Interview (AAI) nachgewiesen werden. Welche Bindungsart der Säugling ausbilden wird, hängt von der Feinfühligkeit der Mutter ab (Ainsworth et al. 1978).

Hinsichtlich der Bedeutung der Bindungstheorie für *therapeutische Aspekte* äußerte sich Bowlby selbst relativ wenig. „Ein Therapeut, der die Bindungstheorie anwendet, müsse die Voraussetzungen dafür schaffen, daß der Patient seinen Selbst-und Objektrepräsentanzen (bzw. den Repräsentanzen seiner Bindungsfiguren) nachspüren und diese mit Hilfe der in der therapeutischen Beziehung gewonnenen Erkenntnisse und Erfahrungen neu strukturieren kann." Er beschreibt dabei vier konkrete Aufgaben des Psychotherapeuten:

1. Schaffung einer sicheren Basis zwischen Patient und Therapeut.
2. Die Motivation, die Bedeutung von Erwartungen und die Art der Beziehungsgestaltung für das eigene Verhalten und im Umgang mit anderen zu überprüfen. Dabei dient die Patient-Therapeuten-Beziehung als Ort der Übertragung, in der der schutzsuchende Patient sein spezifisches Bindungsverhalten aktiviert (Köhler 1992).
3. Zurückführung gegenwärtiger Wahrnehmung auf frühere Erfahrungen.
4. Erarbeitung neuer Bilder und Modelle von sich selbst und anderen, die für Gegenwart und Zukunft adäquat erscheinen (Bowlby J 1969).

D. Stern: Interaktion und präverbale Entwicklung

Neue Ansätze zur Revision der psychoanalytischen Entwicklungstheorie entwickelte Stern, indem er minutiös zahlreiche Mutter-Kind-Paare videografisch beobachtete und dabei genau das Verhaltensrepertoire von Betreuungsperson und Kind untersuchte. Forschungsanliegen war die Integration der Befunde der Entwicklungspsychologie, genauer der Interaktionsforschung, mit der psychoanalytischen Theorie der präverbalen Entwicklung. Sein Entwicklungsmodell gründet darauf, das subjektive Erleben des Kindes in Verbindung mit der jeweiligen Bezugsperson zu beschreiben. Dabei versucht er, zahlreiche objektive Daten aus der Säuglingsforschung in eine Theorie über die Entstehung des subjektiven Selbst einzubinden und stellt den traditionellen Theorien sein unabhängiges Konzept gegenüber.

Die Untersuchungen wurden im Labor, in der U-Bahn, zu Hause und am Spielplatz durchgeführt. Stern beobachtete Kinder im Alter von 0–4 Jahren, vor allem Säuglinge bis zum 6. Monat, um die Struktur, die Ziele und die Entwicklungsfunktionen dieser Interaktionen zu verstehen. Dabei zeigt das Kleinkind nachweislich bestimmte Verhaltensweisen und Vokalisationen im Sinne eines „imaginären Zwiegesprächs".

In seinem Hauptwerk zur Entwicklungstheorie richtet Stern sein Augenmerk auf die Entwicklung des Selbst in den ersten drei Lebensjahren. Er geht davon aus, daß von Geburt an ein *präverbales Gefühl für das Selbst* (sense of self) bereits vor Erwerb der Symbolisierungsfähigkeit vorhanden ist. Es handelt sich dabei um eine subjektive Erfahrung, die anfangs noch nicht von reflexivem Bewußtsein begleitet, dennoch das entstehende Bewußtsein prägend beeinflußt. Dabei ist für ihn der zentrale Blickwinkel die subjektive Erfahrung des Kindes mit sich selbst und den anderen Bezugspersonen, also der interpersonelle Bezug. In dieser Entwicklung unterscheidet Stern vier Bereiche des Selbsterlebens.

Es sind dies

- *das Empfinden des auftauchenden Selbst* (ab Geburt): Die ersten beiden Monate werden von den angeborenen Fähigkeiten des Neugeborenen bestimmt. Damit entsteht ein Empfinden von der Welt, die als Wahrnehmungseinheit global erlebt wird. Für das auftauchende Selbsterleben sind drei Fähigkeiten des Säuglings besonders bedeutsam, die *amodale Wahrnehmung* (von Geburt an können Säuglinge Informationen aus einer sensorischen Modalität in eine andere übersetzen), die *physiognomische Wahrnehmung* (jedes Objekt besitzt eine objektive Wahrnehmungsgestalt und eine gefühlsmäßige Eigenschaft) und der *Vitalitätseffekt* (allen Handlungen lassen sich Erlebniseigenschaften zuordnen);
- *das Kern-Selbst* (ab dem 2. Lebensmonat): Das Kernselbst wird von Stern zunächst als eigenständige Erfahrung (Self *versus* other) und dann aus der Sicht eines Kernselbst in Beziehung verstanden. Dabei bildet sich das Kern-Selbst als eigenständige Erfahrung zwischen dem 2. und 3. Lebensmonat aus. Es beinhaltet ein Gefühl für eine kohärente und getrennte Körperlichkeit von der Mutter, die Kontrolle über eigene Handlungen, ein Gefühl für eigene Affekte, für Kontinuität und für andere verschiedene und unabhängige Interaktionspartner. Das Gedächtnis bildet sich aus. „Der Säugling bringt von früh an Fähigkeiten mit, aus einer Vielzahl von Erfahrungen mit der Umwelt bestimmte Invarianten herauszukristallisieren, die dann eine erste Strukturierung des Erlebten ermöglichen. Gelebte Episoden zwischen Mutter und Kind werden unmittelbar zu spezifischen Gedächtnisepisoden, und durch Wiederholungen werden sie zu generalisierten Episoden" (Stern 1985). Stern widerspricht hier Mahler, die für diese Zeit eine Entwicklung von der Symbiose zur Differenz postuliert. Er geht davon aus, daß sich zuerst ein Kern-Selbst-Empfinden entwickelt und daß erst danach verschmelzungsähnliche Erlebnisse möglich sind. In der Folge kommt es zur Bildung von *generalisierten Interaktionsrepräsentanzen* (RIG = representation of interactions that have been generalized), was weiter die Konzeptualisierung des Selbst unterstützt;
- *das subjektive Selbst* (ab 7. Lebensmonat): Zwischen dem 7. und 8. Monat entdeckt der Säugling, daß er Erfahrungen teilen kann wie z.B. einen gemeinsamen Aufmerksamkeitsfokus, gemeinsame Intentionen oder gemeinsame Affektzustände;
- *das verbale Selbst* (ab 10. Lebensmonat): Zwischen dem 15. und 18. Lebensmonat beginnen Kinder, Objekte mit Hilfe von Zeichen und Symbolen zu repräsentieren. Mit dem Spracherwerb eröffnen sich gleichzeitig neue Bereiche interpersonaler Beziehung.

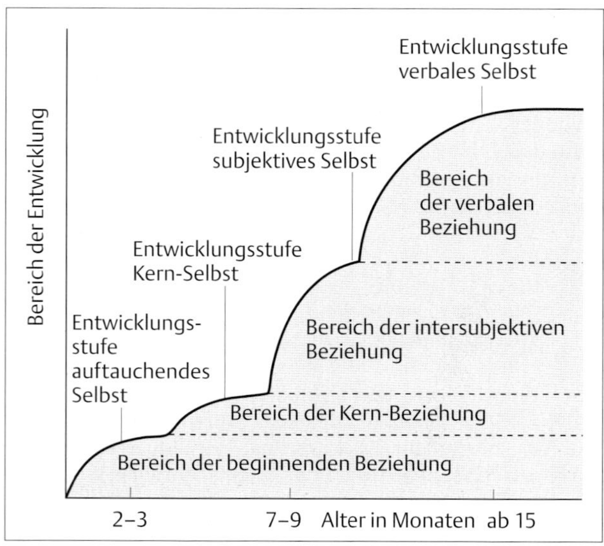

Abb. 7.**2** Schematische Darstellung der Selbst-Entwicklung nach Stern (aus Schüssler u. Bertl-Schüssler 1992 a)

Mit dem dritten Lebensjahr wird ein fünfter Bereich, das *narrative Selbst*, erreicht. Entscheidend ist für Stern – und dabei weicht er von der traditionellen Auffassung ab – das *Prinzip fortlaufender Entwicklung*, mit dem er betont, daß die verschiedenen Stufen und die entsprechenden Bereiche der Beziehungsstruktur das ganze Leben hindurch wirksam bleiben und weiterentwickelt werden (Abb. 7.**2**) (Stern D 1977, 1979, 1985, 1990, 1991, 1985).

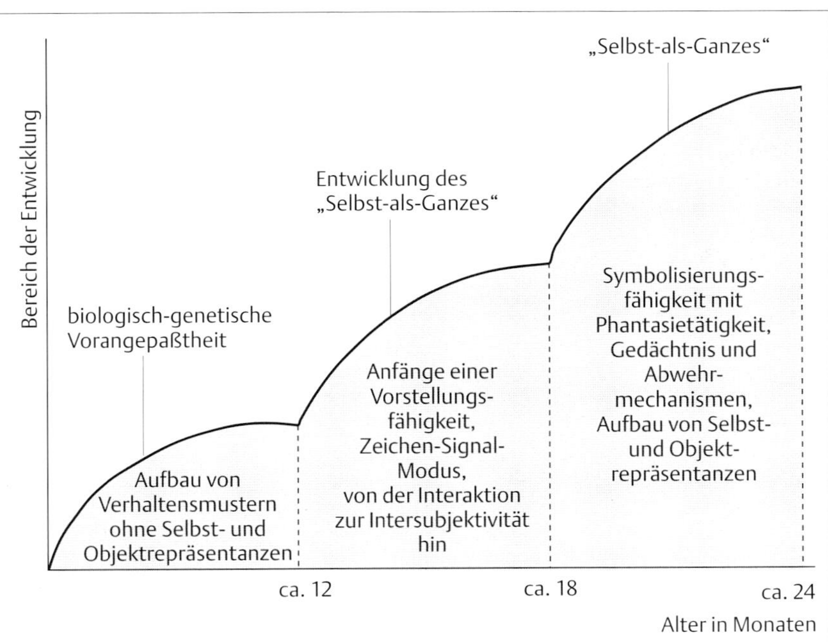

Abb. 7.**3** Schematische Darstellung der Entwicklung nach Lichtenberg (aus Schüssler u. Bertl-Schüssler 1992b)

J.D. Lichtenberg: Versuch der Integration von moderner Säuglingsforschung und psychoanalytischen Entwicklungsmodellen

Im Vergleich zu Stern versucht Lichtenberg eher, seinen Ansatz in ein psychoanalytisches Entwicklungsmodell zu integrieren. Er untersucht dabei frühkindliche Phänomene besonders hinsichtlich der Ausbildung von Selbst- und Objektbeziehungen und deren intrapsychischen Repräsentanzen. Wie auch Stern stellt er einige Thesen Mahlers, wie das Symbiosekonzept und die Annahme von frühen archaischen Abwehrmechanismen, in Frage. Gemäß Lichtenberg bringt das Neugeborene eine Vorangepaßtheit auf der biologisch-neurophysiologischen und auf der Verhaltensebene ohne symbolische Repräsentanz mit, was ihm erlaubt, von Anfang an in Beziehung zur Umwelt zu treten. Dabei postuliert er angeborene „perzeptuell-affektive Handlungsantworten auf unterschiedliche Stimuli", die den Säugling an komplexen Verhaltensweisen teilhaben lassen. Im Gegensatz zur traditionellen Psychoanalyse schreibt er dem Säugling zu, sehr differenziert sowohl Art und zeitlichen Ablauf als auch Intensität der Affekte wahrzunehmen und mit seiner Umwelt auszutauschen. In Beschreibung der Affekte nimmt er Bezug auf Tomkins (1980) und geht von 9 *primären Affekten* aus: Interesse, Freude, Überraschung, Ärger, Scham, Verachtung, Ekel, Schmerz und Furcht. Die Affekte werden als Signale genutzt und fördern die Weiterentwicklung des interaktionellen Systems zwischen Säugling und Bezugsperson.

Lichtenberg nimmt an, daß sich erst nach dem ersten Lebensjahr *Selbst- bzw. Objektrepräsentanzen* ausbilden, da sie eng an die Fähigkeit zur Symbolisierung gebunden sind. Als wesentliches Ereignis gegen Ende des ersten Lebensjahres beschreibt Lichtenberg die Ausbildung von Verhaltensmustern, die zu einer sichtbaren Veränderung innerhalb der Interaktionsmatrix führen mit Erfahrungen jetzt kausaler Zusammenhänge und geplanter Handlungen. So beginnt sich im zweiten Lebensjahr ein ganzheitliches Selbst zu etablieren, das mit einem wachsenden Verständnis für Handlungsfolgen und deren Vorhersage bestückt ist. Dabei erfolgt in Form des *Zeichen-Signal-Modus* zunehmend ein Austausch zwischen Kleinkind und Umwelt. Das Lernen durch die sogenannte *Zeichenerinnerung* treibt die Entwicklung der Vorstellungsfähigkeit voran, bis sich etwa in der Mitte des zweiten Lebensjahres das *Selbst als Ganzes* konstituiert, worunter ein handelndes, leitendes und subjektiv erlebendes Selbst zu verstehen ist (Abb. 7.**3**) (Lichtenberg, J D 1991).

Lerntheorien der Entwicklung

Amerikanische entwicklungstheoretische Ansätze beziehen sich auf den Empirismus von Locke und Hume. Die Lerntheorien sind an allgemeingültigen, für alle Altersstufen geltenden Gesetzmäßigkeiten des Lernens interessiert. Gegenstand der Entwicklungsbetrachtung ist das von außen beobachtbare und meßbare Verhalten (**R**esponse oder Reaktion) eines Organismus in seiner Relation zu Ereignissen (**S**timulus) in der Umwelt und im Verhältnis zu Verhaltenskonsequenzen (**K**ontingenzen, Verstärker), wobei **O**rganismusvariablen (körperliche Zustände, Kognitionen usw.) in unterschiedlichem Maße berücksichtigt werden. Die Untersuchungen beziehen sich dabei zum größten Teil auf das *operante Lernen*. Unter Entwicklung wird ein kontinuierlicher Prozeß der fortschreitenden Akkumulation spezifischer Verhaltensweisen verstanden, der durch den Zeitpunkt und die Art der Stimulation in der Umwelt und nicht vom „Entwicklungsstand" determiniert wird. Aktuelles Verhalten ist abhängig von aktuellen Reizen und der früheren Lerngeschichte und wird durch reifungsabhängige individuelle Rezeptor- und Effektorkapazitäten begrenzt. Endogene Faktoren wirken indirekt, indem neue Möglichkeiten bereitgestellt werden, die je nach Lerngeschichte und Umweltreizen ausgeschöpft werden oder nicht. Anfangs wirken primäre Verstärker (Nahrung, taktile Stimulation), die biologisch verankert sind. Anlage- und Reifungsfaktoren beeinflussen den Verstärkungswert von Reizen.

Innerhalb der Lerntheorien gibt es unterschiedliche Ansätze, die den Erwerb neuer Bedürfnisse und Veränderungen der Verstärkerwirkung im Verlauf der Entwicklung erklären, einige der entwicklungspsychologischen Positionen innerhalb der Lerntheorien werden im folgenden exemplarisch skizziert: **Sears**, ein Neo-Hullianer (wie Dollard und Miller) verwendet hypothetische Konstrukte wie Bedürfnis, Motiv oder Erwartung in seiner Verstärkung-durch-Triebreduktion-Position. **Bijou u. Baer** sehen Verhalten (wie Skinner; Gewirtz) ausschließlich als Resultat der Verstärkungsgeschichte. **Bandura** berücksichtigt in seiner Theorie des sozialen Lernens im wesentlichen die Beobachtung von Verhaltensmodellen und stellvertretendem Lernen (Tab. 7.**3**).

R.R. Sears: Sekundäre Motive als Folge der Interaktion mit der Umwelt

Unter dem Einfluß der Psychoanalyse und Lerntheorie nach Hull untersuchte Sears vor allem dyadische Interaktionen zwischen Mutter und Kind und die dabei im Kind ablaufenden Lernvorgänge, vor allem bei Kindern im Vorschulalter. Er ging davon aus, daß die Umwelt für das Kind das ist, was es im Zusammenhang mit den eigenen bedürfnisgeleiteten Verhaltensweisen erfährt. Durch die *primären Bedürfnisse* (Hunger, Durst, Bedürfnis nach Schlaf, Sauerstoff, Wärme, taktiler Stimulation u. Schmerzvermeidung) bzw. die entsprechenden *Spannungszustände* werden Verhaltensweisen aktiviert (saugen, schreien, sich hin- u. herbewegen), die zu einer Vielzahl von internen und externen Reizen werden, die in raumzeitlicher Kontiguität auftreten. Reize, die wiederholt mit Bedürfnisbefriedigung verknüpft sind, erlangen *sekundären Verstärkungswert*, d. h. ihr Auftreten kann bereits zu einer Triebreduktion führen und sie werden selbst zum Ziel von *sekundären Bedürfnissen*. So wird die Mutter mit Befriedigung des Hungers assoziiert, ihr Erscheinen wirkt beruhigend und wird allmählich selbst zum Ziel des erworbenen Bedürfnisses (emotionale Abhängigkeit).

Verhalten wird zunehmend zielgerichtet, um eigene Bedürfnisse und Erwartungen der Umwelt zufriedenzustellen, dabei kommt dem Wechsel von Verstärkung und Frustration (Nichtverstärkung) eine besondere Bedeutung als Entwicklungsanreiz zu. Über Konflikte zwischen eigenen Bedürfnissen und der Befriedigung von Umweltanforderungen kommt es über Lern- und Identifikationsprozesse zum Aufbau eines Gewissens. Die Identifikation entsteht aus kindlichem Rollenspiel und der Abhängigkeit des Kindes. Aber das Kind kann auch durch sein eigenes Verhalten aktiv bestimmte Verhaltensweisen beim sozialen Partner hervorrufen. Im Verlaufe der Entwicklung nimmt die Sicherheit zu, mit der eigenes Verhalten gesteuert bzw. interagiert wird, es gibt eine Verlagerung von biologischer Verankerung zur sozialen Umwelt und von äußerer Kontrolle zur Selbstkontrolle (Sears R R; Rau L, Alpert R 1965).

S.W. Bijou und D.M. Baer: Der Erwerb individueller S-R-Bedingungen

In einem streng empirischen Ansatz, gestützt auf die theoretischen Annahmen von Skinner, haben die Autoren eine Analyse der Gesetzmäßigkeiten und Bedingungen entwicklungspsychologisch relevanter Verhaltensänderungen vorgenommen, die in einem systematischen Zusammenhang mit dem Alter stehen, und sich experimenteller Verhaltensmodifikations-Techniken bedient. Sie interessiert die Art, in der ein sich biologisch verändernder Organismus mit den sich verändernden Umweltbedingungen interagiert, wobei nur beobachtbare und zählbare Ereignisse für sie relevant sind. Gemäß der lerntheoretischen Grundannahmen untersuchten sie:

1. *Reaktionen (Verhalten)*, die nach ihrer Theorie von der spezies-spezifischen Ausstattung, dem gegebenen Reifungsstand und den bislang abgelaufenen Interaktionen mit der Umwelt abhängen. Sie werden nur eingeteilt bezüglich der Funktion in Respondenten und Operanten. Das Individuum ist dabei nicht nur eine Quelle von Verhalten, sondern auch von Stimulation, d. h. interne Reize und eigenes Verhalten wirken als Stimulus für das Verhalten anderer.
2. *Stimuli (Reize)*, die unter physikalischen und funktionalen Merkmalen beschrieben werden können. Ein Umweltereignis ist nur dann ein Reiz, wenn eine Relation zu einem Verhalten gegeben ist. Es gibt Auslösereize, Verstärkungsreize, diskriminative Reize sowie Setting events, d. h. vorausgegangene Reizsättigung oder Reizdeprivation oder verbale Instruktion führen dazu, daß sich S-R-Beziehungen verändern.
3. *Umweltbedingungen*, die spezifische Reizbedingungen und setting events schaffen, die mit dem Verhalten interagieren. So stellt die funktionale Verhaltensanalyse primäre *Verstärker* im Säuglingsalter fest, ebenso die Zeiten, zu denen einzelne Operanten erstmals auftreten, und die Bedingungen, unter denen neutrale Reize eine Auslöse-, Diskriminations- oder Verstärkerfunktion bekommen.
4. *Soziokulturelle Faktoren*, denen im Laufe der Entwicklung eine zunehmende Bedeutung zukommt, während am Anfang biologische Variablen wichtig sind. Die Effektivität der Auseinandersetzung mit der Umwelt nimmt ständig zu und das Verhalten wird stärker auf die soziale Umwelt ausgerichtet.

Bijou und Baer gehen davon aus, daß die Ähnlichkeit der Entwicklung von Individuen biologisch fundiert ist und von der relativen Homogenität der Umwelt bestimmt wird. Entwicklungssequenzen entstehen, weil sich manche Verhaltensweisen leichter lernen lassen als andere, manche wiederum sich leichter lernen lassen, wenn man andere schon beherrscht und auch dadurch, daß die Umwelt feste Vorstellungen über die Reihenfolge hat (Bijou S W, Baer D M 1978).

A. Bandura: Sozial-kognitive Lerntheorie

Bandura hat eine Synthese von SR-Theorien und Informationsverarbeitungs-Theorien formuliert. Er versteht Lernen als einen aktiven, kognitiv vermittelten Prozeß, der sich mit fortschreitendem Alter qualitativ verändert. Komplexes Verhalten wird nicht in langwierigem Shaping gelernt, sondern auf der Ebene symbolischer Repräsentation, so daß auch neuartige, in dieser Form bisher nicht vorgegebene Kombinationen von Verhaltenselementen möglich sind. Schwerpunkt des theoretischen Interesses sind die kognitiven Prozesse, die dem Lernen zugrunde liegen.

Lernen findet auch ohne Verhaltensäußerung statt, allein durch Beobachtung und stellvertretende Verstärkung. Verstärker haben auch einen *Informationswert*, ob ein Verhalten

Tabelle 7.3 Synoptische Darstellung von kognitiven und lerntheoretischen Befunden zur kindlichen Entwicklung in ihrer zeitlichen Dimension

Piaget	Kohlberg	Sears	Bijou/Baer
Stufe der sensomotorischen Intelligenz (0 – 2 J)			
I Einfache Reflexhandlungen (0- 4 Wochen): Übung angeborener Reflexe (z. B. Saugen, Greifreflex)		Verhaltensanfänge im Säuglingsalter auf angeborenen Bedürfnissen beruhend, erstes Verstärkungslernen (0 – 12 – 18 Monate)	
II Primäre Kreisreaktion (1 – 4 Monate): einfache Gewohnheiten, vorhandene Assimilationsschemata werden auf immer neue Gegenstände angewandt, zufällig zu diffenzierend-angepaßten Verhaltensmodifikationen, stabilisiert durch Wiederholung, Integration von Schemata z. B. Sehen und Greifen			Säuglingsalter (foundational stage): eng an biologische Funktion geknüpft, überwiegend respondentes Verhalten, erworbene Auslöse- u. Verstärkerreize sind an biologische Funktionen kontingent geknüpft;
III Sekundäre Kreisreaktionen (4 – 8 Monate): aktive Wiederholung von Handlungsfolgen, Vorformen intentionalen Verhaltens (Mittel-Zweck-Relationen)			beginnende Symbolfunktion durch sprachliche Verständigung (6 – 12 Monate)
IV Koordinierung sekundärer Kreisreaktionen und ihre Anwendung auf neue Situationen (8 – 12 Monate): Intentionales Verhalten, d. h. Zielsetzung kann vor der Realisierung der Handlung erfolgen (*praktische Intelligenz*), systematische Anwendung mehrerer Assimiliationsschemata Objektpermanenz			frühe Kindheit (basic stage): allmähliche Loslösung von biologischen Einschränkungen, größere Zielgerichtetheit. Soziale Interaktionen führen zur Persönlichkeitsbildung, d. h. individuellen S-R-Bedingungen (0,5 – 6 Jahre)
V Tertiäre Kreisreaktion (12 – 18 Monate): Aktives Experimentieren mit eigenem Verhalten, Akkommmodation wird aktiv um ihrer selbst willen angestrebt,			
VI Erfinden von neuen Handlungsmustern durch verinnerlichtes Handeln (18 – 24 Monate): fähig, die Ergebnisses seines Handelns in der Vorstellung zu antizipieren, vorstellungsmäßig zu repräsentieren (erinnern); beginnende Differenzierung zwischen „Ich" und Objekte, Raum und Zeitbegriff u. Kausalität in rudimentärer Form		sekundäre Motivsysteme in der Familie (1/2 – 5 Jahre)	
Stufe der vorbegrifflichen (präoperationalen) Intelligenz (2 – 7 Jahre)	**Präkonventionelles Niveau**		
I Symbolisches Denken (2 – 4 Jahre): vorbegrifflich, weil die Wörter (Symbole) noch nicht den Begriffen i. S. einer logischen, klassifikatorischen Funktion entsprechen, ungefestigte Strukturen, Animismus, Egozentrismus, Irreversibilität ; perzeptives Denken	*I Heteronome Moralität:* Vermeidung von Bestrafung und Gehorsam, egozentrischer Gesichtspunkt, keine Trennung zwischen eigener und der Perspektive der Autorität		
II Anschauliches Denken (4 – 7 Jahre): wachsende Verbegrifflichung, aber an Anschauung gebunden, i. S. einer inneren Handlung; intuitives Denken.	*II Individualismus, Zielbewußtsein und Austausch:* konkret individualistische Perspektive, Einsicht, daß Interessen miteinander im Konflikt liegen, Gerechtigkeit relativ ist		

(Fortsetzung nächste Seite)

Tabelle 7.3 (Fortsetzung)

Piaget	Kohlberg	Sears	Bijou/Baer
Stufe der konkreten Operationen (7 – 11 Jahre): • Beurteilung nicht mehr allein aufgrund des Aussehens, sondern Erschließen der Wirklichkeit, d. h. Fällen eines logischen, begrifflichen Urteils • dezentrierte Aufmerksamkeit, d. h. mehrere Aspekte können gleichzeitig beachtet werden • nicht nur Beurteilung nach dem Zustand, sondern Berücksichtigung von Transformationen • Fähigkeit, beobachtete Abläufe gedanklich umzukehren, d. h. reversibles Denken • Erwerb von Invarianzbegriffen: Menge, Volumen, Gewicht, Raum, Zeit usw. • Logische und arithmetische Operationen (Klassifikation, Seriation, Zahlsystem) sowie infralogische Operationen (räumlich u. zeitlich) sind möglich • Kind ist noch nicht in der Lage, seine Strukturen auf abstrakte, hypothetisch deduzierte Beziehungen anzuwenden	**Konventionelles Niveau (10 – 12 Jahre)** *III Wechselseitige Erwartungen, Beziehungen und interpersonelle Konformität:* gut erscheinen wollen, Zuneigung zu anderen, Glaube an die goldene Regel, Wunsch, die Autoritäten u. Regeln zu erhalten	sekundäre Motivsysteme außerhalb der Familie (ab 6. Lebensjahr)	societal stage (6 bis zum Tod): ansteigende Bedeutung außerfamiliärer Kontakte.
Stufe der formalen Operationen (ab 12 Jahren): Operieren mit Operationen bzw. ihren Ergebnissen • Abstraktheit schließt hypothetische Möglichkeiten mit ein • hypothetisch-deduktive Art des Schließens, d. h. es werden Vorhersagen formuliert, über das, was unter bestimmten Voraussetzungen auftreten müßte • Interpropositionalität, d. h. logische Verknüpfungen von einzelnen Aussagen werden hergestellt (Aussagenlogik) • Anwendung von Kombinationen und Permutationen • Variablenkontrolle vor allem bei der Kausalanalyse Integration von Inversion (Rückgängigmachen einer Operation) und Reziprozität (Kompensation einer Operation)	*IV Soziales System und Gewissen (12 – 21 Jahre):* Recht und Ordnung stehen im Dienste der Gesellschaft, individuelle Beziehungen als Relationen zwischen Systemteilen		
	Postkonventionelles Niveau *V Stadium des sozialen Kontraktes, der gesellschaftlichen Nützlichkeit und der individuellen Rechte (21 – 35 Jahre):* der Gesellschaft vorgeordnete Pespektive, rationales Individuum integriert moralische und legale Gesichtspunkte *VI Stadium der universalen ethischen Prinzipien (ab 35. Jahr):* Perspektive eines moralischen Standpunktes, selbstgewählten Prinzipien zu folgen		

sozial angemessen/erwünscht oder unangemessen/unerwünscht ist. Den in der sozialen Umwelt wahrgenommenen und später internalisierten Wertmaßstäben zu genügen, hat eine intrinsische Motivation (Anreizsituation). Um durch Beobachtung zu lernen, muß die Aufmerksamkeit auf das Modell bzw. auf relevante Aspekte des Verhaltens gerichtet werden, was abhängig ist von Merkmalen des Modells, seines Verhaltens und Merkmalen des Beobachters. Beobachtete Handlungsabläufe müssen in Symbole transformiert, in die kognitive Organisation integriert und im Gedächtnis gespeichert werden (*Modellernen*). Die Ausführung hängt von motorischen Übungsprozessen und Anreizbedingungen (Motivation) ab. Der Anreiz wird durch die Verhaltenskonsequenzen bestimmt, die auch Rückwirkungen auf Aufmerksamkeit, Behalten und Übung haben. Beobachtungslernen führt zu spezifischen Situations-Verhaltens-Verknüpfungen und Verhaltenskontingenzen, die als allgemeine Regeln über situationsangemessenes Verhalten und zu erwartende Verhaltenskonsequenzen organisiert und symbolisiert werden (*abstract modeling*), d.h. es kommt zu einer symbolischen Repräsentation sozialer Erfahrung als Regellernen. Mit zunehmendem Alter nimmt verdecktes Lernen (*covert learning*) gegenüber offenem Lernen zu.

Personenvariablen (aktuelle Interessen, Wertmaßstäbe, Erwartungen und Fähigkeiten der Person), Umwelt und Verhalten stehen derart in Beziehung, daß jeder Faktor die zwei anderen beeinflußt und von ihnen beeinflußt wird, d.h. Bandura geht davon aus, daß das Verhalten der Person aktiv dazu beiträgt, welche Erfahrungen mit der Umwelt gemacht werden, was wiederum auf Person und Verhalten zurückwirkt.

Verhalten ist selbstreguliert, allerdings müssen Selbstbewertungen von der Umwelt unterstützt werden. Selbstwahrnehmung und Kompetenz müssen nicht übereinstimmen, die tatsächlichen Leistungen werden jedoch stark vom Selbstkonzept beeinflußt. Das Konzept der Selbstwirksamkeitsüberzeugung (*self-efficacy*) bildet sich aus eigenem Verhalten, dem Vergleich eigenen Verhaltens mit dem Verhalten anderer, aus sozialen Reaktionen und aus den Attributionen, die man von anderen erhält (Bandura A 1986).

Kognitive Entwicklungstheorien

Die im folgenden kurz skizzierten Ansätze kann man auch als Theorien zur Entwicklung von Kognitionen bezeichnen. Vor allem **Piaget** war weniger daran interessiert, die Wissensinhalte von Kindern in einem bestimmten Alter zu beschreiben, sondern sein Interesse bestand darin, die allgemeinen Gesetzmäßigkeiten des Erkenntnisvermögens aus der Entwicklung heraus darzustellen. Über den strukturellen Aspekt hinaus hat **Kohlberg** sich mit seinem Stufenmodell des moralischen Urteils auch mit entwicklungspsychologischen Inhalten befaßt.

J. Piaget: Stufenmodell der kognitiven Strukturen

Entwicklung wird von Piaget als *aktiver Prozeß eines mit Erkenntnisfunktionen ausgestatteten Subjekts* verstanden, das durch die aktive Auseinandersetzung mit der Umwelt fortschreitend Erkenntnis aufbaut. Situationsabhängige Informationen beeinflussen Verhalten, wenn sie assimilierbar sind, d.h. in die individuell gegebenen kognitiven *Strukturen* passen. Zwischen Umweltreiz und Verhalten tritt die fortschreitend aufgebaute kognitive Repräsentation der Umwelt. Die kognitive Repräsentation ist kein Abbild, sondern bestimmt die Erfassung und steuert auch das Verhalten. Sie ist altersabhängig, führt zu einer zunehmend besseren Anpassung und ist beeinflußt von der intrinsischen Motivation, sich mit der Umwelt auseinanderzusetzen als Bedürfnis nach Exploration und Aufgabenbewältigung.

Als treibende Kraft für die Entwicklung postuliert Piaget die ***Äquilibration***, d.h. die selbstregulatorische Tendenz zur Anpassung des Organismus an die Umwelt und zur Ausbildung immer höherer und zunehmend ausbalancierter dynamischer Gleichgewichtszustände zwischen der kognitiven Struktur und der wahrgenommenen Umwelt. Das Auftreten eines internen Ungleichgewichtes im Kind ist gleichzeitig Störung und konstruktiver dynamischer Faktor für die Entstehung neuer Aufbauschritte, um ein größeres Handlungsfeld, größere Mobilität, Permanenz und Stabilität der kognitiven Struktur zu erreichen.

Dies geschieht durch zwei Prozesse, die Piaget Assimilation und Akkomodation nennt. *Assimilation* bezeichnet die Fähigkeit, die Umwelt so anzupassen, daß sie mit der eigenen kognitiven Struktur übereinstimmt. *Akkommodation* bezeichnet die Veränderung der eigenen Struktur, um sich den Erfordernissen der Umwelt anzupassen. Akkommodation ist dann notwendig, wenn Assimilationsversuche mißlingen, wenn verschiedene Assimilationsschemata miteinander in Konflikt geraten oder wenn ein Ergebnis der Assimilation durch die Empirie widerlegt wird.

Dieser Entwicklungsprozeß beinhaltet Reifung und Lernen. *Reifung* begrenzt oder erweitert die Möglichkeit für den Aufbau kognitiver Strukturen, ist eine notwendige, aber keine hinreichende Grundlage. Entscheidend ist auch nicht die soziale Unterweisung, sondern das spontane strukturierende *Lernen* in der ständigen Auseinandersetzung mit der natürlichen Umwelt, welches situationsunspezifisch, nicht umkehrbar und in Stufen aufgrund einer sachimmanenten Entfaltungslogik in fester Phasenfolge abläuft und nicht durch direkte Einwirkungen des verknüpfenden Lernens beschleunigt werden kann.

Allgemeine Merkmale des Piaget-Stufenkonzepts sind:

- Es existieren qualitativ unterschiedliche Stufen, die ein integriertes Ganzes aus Einzelstrukturen bilden;
- jede frühere Stufe bereitet den Weg für die folgende spätere Stufe, die früheren werden dabei reorganisiert;
- es ist eine *invariante Sequenz*, die *universell* gilt; Altersgrenzen sind nicht verbindlich festgelegt, können interindividuell und interkulturell verschieden sein; nicht jeder muß die höchste Entwicklungstufe in allen Bereichen erreichen;
- auf jeder Stufe gibt es eine Vorbereitungsphase und eine Endphase;
- innerhalb einer Stufe und über die Stufen kommt es zu zunehmend stabileren Gleichgewichtszuständen (Piaget J, Inhelder B 1977; Ginsburg H, Opper S 1982).

L. Kohlberg: Stufen der moralischen Entwicklung

Von Piagets Annahmen ausgehend nimmt Kohlberg an, daß die moralische Entwicklung mit einer parallelen Veränderung von Denkstrukturen, Motiven und Affekten einhergeht und es in einer festen Stufenfolge zu einer Höherentwicklung der Persönlichkeit kommt. Er postuliert 6 Stufen der moralischen Entwicklung:

- *Heteronome Moralität* (2–4 Jahre): Vermeidung von Bestrafung und Gehorsam, egozentrischer Gesichtspunkt, keine Trennung zwischen eigener und der Perspektive der Autorität;
- *Individualismus, Zielbewußtsein, Austausch* (4–7 Jahre): Konkret individualistische Perspektive, Einsicht, daß Interessen miteinander im Konflikt liegen und daß Gerechtigkeit relativ ist;
- *Wechselseitige Erwartungen, Beziehungen, interpersonelle Konformität* (7–12 Jahre): Gut erscheinen wollen, Zuneigung zu anderen, Glaube an die goldene Regel, Wunsch, die Autorität und Regeln zu erhalten;
- *Soziales System und Gewissen* (12–21 Jahre): Recht und Ordnung stehen im Dienste der Gesellschaft, individuelle Beziehungen als Relationen zwischen Systemanteilen;
- *Sozialer Kontrakt, gesellschaftliche Nützlichkeit, individuelle Rechte* (21–35 Jahre): der Gesellschaft vorgeordnete Perspektive, rationales Individuum integriert moralische und legale Gesichtspunkte;
- *Universale ethische Prinzipien* (ab 35. Jahr): Perspektive eines moralischen Standpunktes, selbstgewählten Prinzipien zu folgen.

Auch wenn die moralische Entwicklung als Teil der Sozialisation verstanden wird, geht Kohlberg davon aus, daß sie nicht von den dominierenden Gerechtigkeitsvorstellungen einer Gesellschaft abhängt, sondern daß moralische Urteile *universell, einheitlich und unveränderlich* sind und auf objektiven, unpersönlichen und ideellen Grundlagen beruhen. Als beeinflussende Faktoren für die moralische Entwicklung nimmt er die jeweils erreichte kognitive Stufe (nach Piaget) an, die Motivation, die Erfahrungen aus der Übernahme sozialer Rollen und die Gerechtigkeitsstruktur, die in der Umwelt üblich ist. Es wird das Prinzip der *Äquilibration* angenommen, d. h. bei geistiger Reife und ausreichender Gelegenheit, in Gruppen mit angemessener Gerechtigkeitsstruktur Rollen zu übernehmen, kann die Konfrontation mit moralischen Problemen zur Höherentwicklung des moralischen Urteils stimulieren. Den *Endpunkt der moralischen Entwicklung* beschreibt er in der allgemeinen Form als Gerechtigkeit, Gegenseitigkeit und Gleichheit, in der individuellen Form als Liebe mit gegenseitiger und wechselseitiger Intimität. Moralische Urteile liegen dann als internalisierte Werte vor, wenn sie in Versuchungssituationen und in Situationen, die eine Aufdeckung, Bestrafung oder Belohnung von Verhaltensweisen nahezu ausschließen, verwandt werden. In Anlehnung an die Konzeption von Erikson geht Kohlberg davon aus, daß die Struktur des moralischen Urteils zur Herstellung und Aufrechterhaltung von Ich-Identität über variierende Transformationen der einzelnen Rollenbeziehungen hinweg konstant bleibt (Kohlberg L 1974).

Neue Ansätze zur Entwicklungstheorie: Neuronale Netzwerke

Lernen und Entwicklung sind klassische Themen der psychologischen Praxis und Forschung. Wie oben beschrieben, gründet die Theoriebildung auf Rekonstruktion biographischer Gegebenheiten (z. B. psychoanalytische Entwicklungstheorien) und/oder auf direkte Beobachtungen (z. B. Säuglingsforschung). Die Entwicklungen der *kognitiven Neurowissenschaften* bieten in den letzten Jahren aus ihrer Schnittmenge von Neurobiologie, Psychologie, Philosophie und Neuroinformatik neue, grundsätzlich andere Forschungsansätze.

Dabei spielen *neuronale Netzwerke* (sog. konnektionistische Modelle) eine wichtige Rolle. Diese artifiziellen mathematischen Konstruktionen informationsverarbeitender Systeme sind aus einfachen Einheiten zusammengesetzt, deren Funktion eine Ähnlichkeit mit der von biologischen Neuronen besitzt. Diese Netzwerke führen zu weiterführenden Einsichten in die Funktionsprinzipien des menschlichen Gehirns, bieten sie doch die Möglichkeit der Untersuchung kategorial verschiedener Vorgänge in einem einheitlichen Modell: Es lassen sich von den Auswirkungen bestimmter Erfahrungen (psychologische Ebene) bis hin zu Effekten absterbender Neurone, gekappter Verbindungen oder neuromodulatorischer Einflüsse (neurobiologische Ebene) Determinanten menschlichen Lebens und Verhaltens durch Simulation biologischer Vorgänge in künstlichen (Computer-) Systemen untersuchen (Spitzer 1997). Der Forschungsansatz der neuronalen Netzwerke bietet daher einen gemeinsamen konzeptuellen Hintergrund für Physiologie und Psychologie, von biologischen Abläufen und subjektiven Erleben.

Eine wichtige Errungenschaft der kognitiven Wissenschaften ist ein veränderter Blick auf das Gehirn: Galt dieses aus „alter neurologischer" Perspektive als statisch und festgelegt, wird heute die Entwicklung und Funktion des Gehirns als *dynamisch, interaktionell und prozeßhaft* angesehen. So muß die alte Unterscheidung zwischen Reifung (des Gehirns) und Entwicklung (des „Geistes") mit der Annahme, letztere resultiere unidirektional aus ersterer, modifiziert werden: Die biologisch-genetisch determinierte Ausreifung der „makroskopischen Strukturen" bietet lediglich den Rahmen der „Entwicklung" der „mikroskopischen Verknüpfungen" auf Synapsenebene. Eine reine oder auch nur überwiegende genetische Determinierung dieser interneuronalen Verschaltungen ist schon aufgrund mathematischer Überlegungen ausgeschlossen: Auch wenn lediglich kodiert wäre, ob eine Synapsenverbindung zwischen zwei Neuronen besteht oder nicht (also keine Festlegung der Synapsenstärke erfolgte), würde der Informationsgehalt der menschlichen DNA dazu bei weitem nicht ausreichen (dieser beträgt etwa 750 Megabyte, benötigt würden 1,25 Millionen Megabyte „Speicherkapazität") (Malsburg 1995).

Auch die biologische Notwendigkeit, sich in Abhängigkeit von der Umgebung auf immer neue Umwelteinflüsse einstellen zu müssen, spricht gegen ein starres genetischen Programm der Synapsenverknüpfungen und ihrer Stärken. Vorteilhaft hingegen ist die Möglichkeit, die Art und die Stärke der Verknüpfungen gemäß des Einflusses von Umweltfaktoren flexibel zu gestalten, also zu lernen.

Lernen, Training und Erfahrung sind also notwendige Voraussetzungen zur Knüpfung interneuronaler Verbindungen im Gehirn. Diese Begriffe sind schon aus der „herkömmlichen" Entwicklungspsychologie bekannt. Die neuronalen Netzwerke liefern nun mathematische Modelle für Lern- und Entwicklungsprozesse, wie sie analog im Gehirn ablaufen (können). Genannt seien hier Modelle des Erlernen der Objektpermanenz (Mareschal et al. 1995), der Bildung des englischen Past Tense (Plunkett u. Marchman 1993), der Entwicklung des Wortschatzes und der Konzeptformation (Plunkett et al. 1992) und des Syntaxerwerbs (Elman 1993). Auch Entwicklungs*phasen* mit scheinbaren Sprüngen der geistigen Fähigkeiten lassen sich in Netzwerkmodellen nachvollziehen: Die von Inhelder und Piaget (1958) publizierte Balkenwaagenaufgabe zeigte altersabhängig verschiedene Antwortstrategien der befragten Kinder. Ein von McClelland (1989) entwickeltes Netzwerk erbrachte nach Training mit entsprechenden Aufgaben identische Resultate. Besonders zu betonen ist, daß die Netzwerkbedingungen und der Input konstant gehalten wurden und allein durch unterschiedlich langes Training phasenhafte Sprünge der Netzwerkfähigkeiten zu beobachten waren.

Solchen Netzwerkmodellen müssen die Umweltinformationen in geeigneter („assimilierter") Form präsentiert werden. Regelhafte Zusammenhänge können dann nach häufigen Wiederholungen selbsttätig extrahiert und somit gelernt werden. Dies geschieht durch Veränderungen der Stärke der Verbindungen zwischen den einzelnen Funktionseinheiten, der sog. Synapsengewichte. Der Input verändert also im Netzwerkmodell zeitgleich Struktur und Funktion („Akkomodation" des Netzwerkes) oder anders formuliert: die *Interaktions-Geschichte* des Netzwerkes ist für die aktuelle Funktion von zentraler Bedeutung.

Beim Aufbau von Netzwerken werden durchaus auch bekannte neuropsychologische und biologische Gegebenheiten integriert: So findet die Hebb'sche Lernregel (Hebb 1949) und ihre neurophysiologische Weiterentwicklung (Langzeitpotenzierung; z.B. Eichenbaum und Otto1993) Anwendung: Immer dann, wenn zwei miteinander verbundene Neurone gleichzeitig aktiv sind, wird die Verbindung zwischen ihnen stärker. Überträgt man die Organisationsstruktur des Isokortex (Säulenarchitektur, ausgeprägte Vernetzung, Prinzip der lateralen Hemmung) auf Netzwerkmodelle, kommt es zum Typus selbstorganisierender Eigenschaftskarten, wie sie in Kohonen-Netzwerken realisiert sind. In einem solchen Netzwerk werden durch Selbstorganisation die Synapsengewichte so eingestellt, daß bestimmte Merkmale der Inputinformation in gesetzmäßiger Weise auf einen bestimmten Ort der Outputschicht abgebildet werden (topographische Merkmalskarte). Dabei wird ähnlicher Input auf der Outputschicht nahe beieinander repräsentiert, häufiger Input wird auf größere Flächen abgebildet und stärker gewichtet als seltener Input. Die trainierten Kohonen-Netzwerke zeigen so ein ähnliches Ergebnis wie es von Organisationsprinzipien der Großhirnrinde bekannt ist. Auch im Kortex existieren Karten, in denen Eingangssignale nach Ähnlichkeit und Häufigkeit geordnet repräsentiert sind, erinnert sei an die Homunculi von Penfield und Rasmussen (Repräsentationen im somatosensorischen und motorischen Kortex).

Gemäß des Netzwerkmodells entstehen solche Eigenschaftskarten der Großhirnrinde durch die von neuronalen Afferenzen gelieferten Eingangssignale. Die funktionelle Organisation der Großhirnrinde ist also *plastisch, d.h. veränderbar in Abhängigkeit von den individuellen Lebenserfahrungen*. Diese Plastizität des Kortex bleibt auch beim Erwachsenen erhalten (Merzenich u. Sameshima 1993).

Neben dieser zeitlebens erhalten bleibenden Plastizität des Gehirns ist die Bedeutung der sich über Jahre erstreckenden Hirnreifung als notwendige Rahmenbedingung durch Netzwerkmodelle betont worden. Im Gegensatz zur Konzeption des Neugeborenen als Mängelwesen und „physiologische Frühgeburt" ist die beim Menschen zu beobachtende stark verzögerte Reifung nach entsprechenden Netzwerkmodellen *notwendige Voraussetzung* zum Erwerb komplexer Fähigkeiten. Analog der Gehirnreifung mit zunehmender Myelinisierung von Nervenbahnen und damit wachsender Kapazität von neuronalen Funktionseinheiten, die erst mit der Pubertät abgeschlossen ist, kann man in eine Netzwerkarchitektur zunehmend komplexe Zwischenschichten integrieren (Elman 1993). Erlernen von komplexen Strukturen, z.B. Sprache, ist in herkömmlichen Netzwerkmodellen mit konstanter Architektur nur dann möglich, wenn der Input von zunächst einfachen zu immer komplizierteren Informationen verändert wird. Dies ist in der menschlichen Entwicklung nicht der Fall. Säugling und Kind sind recht konstanten Umweltbedingungen ausgesetzt, so wird von Geburt an Sprache in komplexer Form angeboten. Das noch nicht vollständig entwickelte Gehirn führt jedoch dazu, daß aus diesem komplexen Input nur einfache Strukturen (z. B. Einzelsilben, -worte) herausgefiltert werden und – informationstheoretisch gesprochen – die komplexere Information als „Rauschen" verlorengeht. Mit zunehmender Reifung und Myelinisierung werden auch mehr und mehr komplexe Strukturen (Syntax etc.) wahrgenommen, nun können sie entsprechend verarbeitet und gelernt werden. „Nur dann, wenn ein *sich entwickelndes* Gehirn mit komplexen Inputmustern konfrontiert wird, kann es die zur internen Repräsentation dieser Inputmuster notwendigen Abstraktionsleistungen überhaupt vollbringen" (Spitzer 1996, S. 205).

Unterschiede in der individuellen Entwicklung sind sowohl auf unterschiedliche biologische Ausstattung als auch auf differente Umweltbedingungen zurückzuführen. Netzwerksimulationen machen deutlich, daß bei gleicher Netzwerkarchitektur und „Hardware" (resp. genetische Ausstattung) schon geringe Inputveränderungen (resp. Umwelteinflüsse) große Unterschiede auf der Outputebene (resp. Verhalten, Emotionen, Kognitionen) begründen. Unter Berücksichtigung der oben beschriebenen Abhängigkeit des Erlernens bestimmter komplexer Strukturen vom Grad der Ausreifung des Gehirns ist ebenso von Bedeutung, daß bestimmte Inputinformationen (Umweltfaktoren) adäquat synchronisiert (phasengerecht) dem sich in Reifung befindlichen Gehirn angeboten werden. Somit ist die Bedeutung der „kritischen Perioden" zum Erlernen bestimmter Sachverhalte auch durch Netzwerksimulation unterstrichen (Plunkett et al. 1997).

Netzwerkmodelle haben eine hohe konzeptuelle Bedeutung in der neueren Diskussion entwicklungstheoretischer Vorstellungen. Diese konnektionistischen Vorstellungen machen deutlich, daß Entwicklung aus einer *dynamischen Interaktion* zwischen biologischen Strukturen und Umwelt resultiert, so daß frühere reale Erfahrungen neuronal-strukturell verankerte Spuren hinterlassen. Die von moderner Psychoanalyse und Säuglingsforschung beschriebene Ausbildung von Selbst- und Objektrepräsentanzen im Rahmen der kindlichen Interaktionsgeschichte läßt sich auch intuitiv mit der kognitiv-neurowissenschaftlichen Vorstellung der Kartenbildung in selbstorganisierenden Netzwerken veranschaulichen. Aufgrund des assoziativen und kontextabhängigen Modus werden Interaktionserfahrungen und Erinnerungen nach Ähnlichkeitsbeziehungen und subjektiver Wertigkeit in Verbindung gebracht, als „Muster" übereinanderliegend gespeichert und kategorisiert. Durch solche konnektionistischen Modelle wird die Vorstellung davon erleichtert, „wie aus anfangs undifferenzierten, globalen „psychosomatischen" Funktionszuständen im Laufe der Entwicklung differenzierte, wenn auch weiterhin kontextabhängige, psychische Leistungen werden können – aber auch, wie diese durch schädigende Einflüsse rasch wieder auf globaleres Niveau „regredieren" können" (Henningsen 1998).

8. Persönlichkeitstheorien[1]

P. Fiedler

Psychologischen Persönlichkeitstheorien dienten in der klinischen Forschung – historisch betrachtet – zunächst wesentlich dazu, entwicklungspsychologische und persönlichkeitsbedingte Risiken oder die Ursachen psychischer Störungen aufzuhellen. Entsprechend werden nachfolgend zunächst Aspekte *der Pathogenese in der Persönlichkeitsentwicklung* angesprochen. Fragen zur Pathogenese lassen sich jedoch nicht von Fragen *der Salutogenese* trennen. Vollständig beurteilbar sind pathopsychologische Bedingungen immer nur durch eine Berücksichtigung gesunderhaltender Faktoren und positiv wirkender Voraussetzungen in der Personentwicklung. Diesem Fragenkomplex ist der zweite Teil dieser Ausarbeitung gewidmet.

Die Darstellung von Persönlichkeitstheorien wird sich auf Ansätze beschränken, wie sie heute vor allem in der Psychologie untersucht und fortgeschrieben werden (dort namentlich in der differentiellen Persönlichkeitsforschung, in der Entwicklungspsychologie sowie in der Klinischen Psychologie und Gesundheitsforschung). Es handelt sich dabei um jene Ansätze, die in der klinischen Forschung maßgeblich zur Begründung empirischer Studien über Entstehung und Verlauf psychischer Störungen zugrunde gelegt werden. Diese Beschränkung geschieht mit gewisser Berechtigung zusätzlich deshalb, weil die psychoanalytische, tiefenpsychologische wie auch die interpersonell-psychodynamische Sicht der Personentwicklung in der psychologischen Forschung eher nebengeordnete Bedeutung hatte. Zum anderen finden sich die psychoanalytischen Persönlichkeitstheorien in einigen anderen Kapiteln dieses Werkes ausführlicher dargestellt, weshalb hier aus Platzgründen auf eine erneute Darstellung verzichtet wurde (Fiedler 1997).

Persönlichkeit und Pathogenese

Seit Beginn dieses Jahrhunderts dominierten über viele Jahrzehnte hinweg einige Globalkonzeptionen die Theoriebildung über Persönlichkeit und Persönlichkeitsentwicklung (Fiedler 1997). Insbesondere psychoanalytisch, tiefenpsychologisch und später psychodynamisch-interpersonell begründete Erklärungsmodelle besitzen auch heute noch eine enorme Popularität, die sich wesentlich mit ihrer Freizügigkeit und mit der für sie typischen Widerstandskraft gegenüber Kritik erklärt. Schon früh wurde erkannt und von psychologischen Persönlichkeitsforschern kritisiert, daß die „anwenderfreundlichen Erklärungsspielräume" globaler Persönlichkeitstheorien wissenschaftlichen Erkenntnisfortschritten entgegenstehen (Perrez 1979). Diese Kritik richtete sich jedoch auch gegen eine Reihe von Globalkonzeptionen, die in der Psychologie selbst vertreten wurden.

Dem Einwand der „Wissenschaftsfeindlichkeit" wird von psychoanalytischer Seite mit gewissem Recht entgegengehalten, daß die diesem Vorwurf zugrundliegende positivistische Wissenschaftsauffassung die Vielfalt möglicher funktionaler Zusammenhänge von Forschungsprozeß, Methodik und Ergebnis einseitig reduziere. Andererseits wird die Kritik insofern positiv gewendet, als diese im Kern nurmehr eine Reichhaltigkeit differenzierter und hochgradig plausibler Sichtweisen verdeutliche.

In der Folge ihrer Kritik der Globalkonzepte hat sich die empirisch orientierte psychologische Persönlichkeitserforschung seit den 50er Jahren für eine „Theorieexplikation in kleinen Schritten" entschieden. Auch dieses Vorgehen hat deutliche Nachteile, denn an die Stelle einer Globalkonzeption werden teils miteinander konkurrierende theoretische „Miniatursysteme" gesetzt, die nicht selten einen inflationären Boom von Einzeluntersuchungen nach sich ziehen. Ob sich nun aus dem Gesamtmosaik konvergierender oder theoretisch wie empirisch widersprüchlicher Forschungsergebnisse dereinst eine übergreifend akzeptable Persönlichkeitstheorie zusammensetzen läßt, ist ebenfalls eine weitgehend offene Frage.

Immerhin gibt es erste Versuche, den bisherigen Forschungsbemühungen eine konzeptuell-theoretische Struktur zu geben. Drei jener Ansätze, die zur Aufhellung *pathogenetischer* Faktoren in der Persönlichkeitsentwicklung herangezogen werden können, sollen im folgenden kurz umrissen werden.

Dimensionalität der Persönlichkeit: Typen und Grundmuster einer spezifischen Vulnerabilität

Im Rahmen der empirisch-experimentellen Persönlichkeitsforschung war und ist man bemüht, Persönlichkeitsfaktoren mit Hilfe faktorenanalytischer Untersuchungsansätze zu rekonstruieren, um dann ihre Zusammenhänge mit psychischen Störungen zu untersuchen. Im Kontext dieser Versuche hat insbesondere Eysenck (1952, 1970) mit der Entwicklung seines *dimensionalen Persönlichkeitsmodells* weite Beachtung gefunden.

Drei-Faktoren-Modell

Eysenck versuchte, zentrale Persönlichkeitsmuster faktorenanalytisch durch die Rekonstruktion dreier (damit *eher breit*

[1] Bei diesem Beitrag handelt es sich um die gekürzte und neuberarbeitete Fassung einer bereits andorernorts publizierten Arbeit (Fiedler, 1999; mit freundlicher Genehmigung der Psychologie Verlags Union, Weinheim).

angelegter) Hauptfaktoren oder Dimensionen zu begründen, die er als *Grundtypen der Persönlichkeit* betrachtet. In diesem Sinne sind seine Typenbegriffe *Extraversion* (Gegenpol: Introversion), *Neurotizismus* (Gegenpol: Stabilität) und *Psychotizismus* (Gegenpol: Impulskontrolle) ein Resultat der statistischen, vor allem faktorenanalytischen Behandlung von (Inter-)Korrelationen zwischen Merkmalen auf dem Eigenschaftsniveau (Eysenck u. Eysenck 1985).

- Ein von der (emotionalen) Stabilität abweichender *Neurotizismus* wird theoretisch mit einer weitgehend vererbten Labilität des autonomen Nervensystems (vor allem des Limbischen Systems) in Verbindung gebracht (emotionale Labilität). Personen mit erhöhtem Neurotizismus zeigen bereits bei geringer Stimulation ausgeprägtere, emotional getönte autonome Reaktionen.
- *Extraversion* und *Introversion* werden von Eysenck theoretisch mit Funktionseigentümlichkeiten der Retikulärformation erklärt (Verschiebung im Erregungs-Hemmungs-Gleichgewicht). Letzteres soll eine leichtere Konditionierbarkeit (Wandelbarkeit) der Introvertierten gegenüber den Extravertierten bewirken, die ihrerseits schnellere und stärkere Hemmungsprozesse ausbilden.
- Mit dem *Psychotizismus* versus *Impuls- oder Antriebskontrolle* postuliert Eysenck (1980) noch eine weitere (über Vererbung bestimmte) Persönlichkeitsdimension, die insbesondere bei zur *Psychose* (*Schizophrenie*) neigenden Menschen, aber auch *bei Personen mit Psychopathie* (gemeint vor allem als gewohnheitsmäßige Kriminalität; dissoziale Persönlichkeit) stark ausgeprägt sein soll.

Auch wenn Eysenck mit diesen Postulaten die Bedeutsamkeit der *Diathese* (Vererbung und Konstitution) für die Persönlichkeit eines Menschen sehr in den Mittelpunkt stellt, wollte er damit keinesfalls die Relevanz psychosozialer Faktoren in Abrede stellen (Eysenck u. Eysenck 1985). Im Gegenteil: Die Beachtung psychosozialer und interpersoneller Bedingungen sei zwingend erforderlich, wolle man sich die Schwankungen und Fluktuationen im konkreten Handeln erklären (situative, kontextuelle Variabilität).

Was nun die vielfältigen und ehrgeizigen Versuche angeht, die Persönlichkeitsdimensionen Eysencks mit psychischen Störungen zu verbinden, so war diesen nur teilweise Erfolg beschieden. Einer der wichtigen Beiträge dazu stammt aus zahlreichen Untersuchungen, in denen ein Zusammenhang von Psychotizismus und gewohnheitsmäßiger Kriminalität hergestellt werden konnte, die teilweise bereits im Kindes- und Jugendalter beobachtbar ist (Eysenck 1980). Mit diesen Forschungen begründet sich u.a. die Kriterienentwicklung der sog. „dissozialen Persönlichkeitsstörung" in den heutigen Psychiatrischen Diagnosesystemen (siehe unten). Ansonsten finden sich zwischen psychiatrisch als „neurotisch" klassifizierten Personen und normalen Kontrollprobanden eher selten signifikante Unterschiede (etwa bezüglich eines mittels Fragebögen erhobenen „Neurotizismus"). Das Gleiche gilt für psychotisch-schizophren Erkrankte und Normalpersonen mit Blick auf die Befunde zum Psychotizismus (Eysenck u. Eysenck 1985).

Fünf-Faktoren-Modell

Eysencks Versuche, die Persönlichkeitsstruktur auf möglichst wenige (nur drei) robuste Persönlichkeitsfaktoren (Dimensionen) zu beschränken, sind in der differentiellen und klinischen Psychologie umstritten. Es gibt eine Vielzahl alternativer Zugänge, die gänzlich unterschiedliche faktorielle Beschreibungssysteme individueller Unterschiede postulieren (Guilford 1975, Cattell 1965). Die Vielfalt der faktorenanalytischen Ordnungsversuche hat jedoch über die Jahre hinweg zu einer gewissen Stagnation geführt, weil sich die Forscher nicht darauf einigen konnten, wieviele „möglichst robuste" Faktoren der Persönlichkeit es gibt.

Daran hat sich auch mit dem aktuellen Bemühen, ein sog. *Fünf-Faktoren-Modell der Persönlichkeit* (McCrae u. Costa 1990, Ostendorf 1990) als „goldenen Mittelweg" zu propagieren, nicht viel geändert. Innerhalb dieses Ansatzes werden folgende fünf Dimensionen zur Rekonstruktion der menschlichen Persönlichkeit als wesentlich angesehen:

a) Extraversion (versus Introversion);
b) interpersonelle Verträglichkeit (versus interpersonelle Rücksichtslosigkeit);
c) Gewissenhaftigkeit (versus Gleichgültigkeit);
d) Neurotizismus (versus Selbstvertrauen);
e) Offenheit für Erfahrung (versus Abhängigkeit in der Meinungsbildung).

Das Verbindende der aktuellen Forschungsbemühungen zur fünf-faktoriellen Persönlichkeitsbeschreibung besteht darin, daß sich die Suche und Rekonstruktion von Persönlichkeitsdimensionen auf einen lexikalischen Ansatz stützt (Borkenau 1990, Goldberg 1993). Das Bemühen ist dabei vorrangig auf eine *Vereinheitlichung des Sprachgebrauchs* ausgerichtet, also darauf, *wie* Persönlichkeitseigenarten *beschrieben* werden. Daran knüpfen sich zugleich einige Nachteile, die es kritisch zu beachten gilt:

1. Beim Fünf-Faktoren-Modell handelt es sich um ein nur *deskriptives* Modell. Substantielle Versuche der Entwicklung oder Bezugnahme zu einer integrierenden Theorie sind bis heute nicht erkennbar (Fiedler 1997).
2. Die Interpretationen der fünf Faktoren, die in den verschiedenen Studien rekonstruiert wurden, sind noch nicht einheitlich, was darauf verweist, daß die mögliche Binnenstruktur der „Großen Fünf" nach wie vor divergiert (Widiger u. Costa 1994).
3. Da sich schließlich zeigt, daß die fünf Faktoren nicht voneinander unabhängig sind (Borkenau u. Ostendorf 1991), wurde gelegentlich die Vermutung geäußert, daß es möglicherweise übergeordnete Faktoren gäbe, womit sich eine neue Verbindung zu Eysencks Dreifaktoren-Modell auftun könnte (Baumann 1993).

In diesem Zusammenhang fällt auf, daß in den vergangenen Jahren die von Eysenck postulierte Theorie der Persönlichkeit eine wichtige Renaissance in der Klinischen Psychologie wie auch in der Psychiatrie und Psychosomatik erfährt, dabei insbesondere sein *Vulnerabilitätskonzept*, mit dem eine Verbindung zwischen individueller Prädisposition und den pathogenetischen Faktoren der individuellen Lerngeschichte herstellbar wird (siehe unten).

Ordnungsmuster in der Pathogenese: Die Prototypendiagnostik von Persönlichkeitsstörungen

Diese Renaissance hängt eng mit wichtigen Veränderungen in den aktuellen Psychiatrischen Diagnose- bzw. Klassifikationssystemen zusammen. Historisch ist es interessant festzuhalten, daß viele Psychotherapeuten, die unabhängig von einer spezifischen Therapieschulenzugehörigkeit grundlegende Vorbehalte gegenüber der psychiatrischen Klassifikation formuliert hatten (Schulte u. Wittchen 1988), zunehmend ihre Bedenken aufgegeben haben. Dies geschah unter anderem aus folgenden Gründen: In den Diagnosesystemen wurden zwischenzeitlich neue Ordnungsstrukturen ausgearbeitet, z.B. als erste Ansätze einer sog. *Prototypen-Beurteilung von Persönlichkeitsstörungen*. Damit ergaben sich neue Perspektiven für eine klinische Persönlichkeitspsychologie, die auch der differentiellen Persönlichkeitsforschung insgesamt neue Impulse geben könnte (Strack u. Lorr 1997). Die wichtigsten Veränderungen in den aktuellen Versionen DSM-IV (American Psychiatric Association 1995) und ICD-10 (Weltgesundheitsorganisation 1993) sollen kurz angedeutet werden.

1. **Prototypenperspektive:** In beiden Systemen finden sich heute sog. *typologische* Systematisierungen. Diese folgen Modellüberlegungen, die in der Kognitiven Psychologie als sog. „Prototypenmodell der Kategorisierung" entwickelt wurden (Mervis u. Rosch 1981). Die Prototypenperspektive stellt folgende Anforderungen an eine Klassifikation psychischer Störungen: a) Akzeptanz von *Mehrfachdiagnosen* bei ein und derselben Person; b) die Diagnosekriterien sollten zur Reliabilitätserhöhung *polythetisch* angelegt sein (d. h. auf eine Person braucht jeweils nur ein Teil der Kriterien für eine Diagnosevergabe zutreffen); c) die Kriterien sollten *qualitativ* gewichtet sein (und damit eine *Dimensionierung* der Schwere der Störung ermöglichen); schließlich sollten d) *prototypische Merkmale* benannt sein, die für das jeweilige Störungsbild als besondere Markierungspunkte gelten (Fiedler 1997).
2. **Störungsperspektive:** Sowohl das DSM wie die ICD verzichten inzwischen auf Gesamteindrücke und intuitive Erfahrungen des Diagnostikers. Sie fordern vielmehr eine Beurteilung der persönlichen Probleme und Schwierigkeiten von Patienten anhand konkreter Indikatoren und Verhaltensmuster, für die in der Forschung empirische Evidenzen vorliegen müssen. Weiter verwenden sie den Störungsbegriff, und zwar ohne weitergehende Implikation in Richtung „Erkrankung", wie dies früher der Fall war. Stigmatisierende Begriffe wie z.B. „Psychopathie", „Hysterie", „Neurose" oder „Soziopathie" wurden gestrichen. Und an die Stelle einer möglichen (persönlichkeitsbedingten) Verhaltensdevianz tritt ausdrücklich die Einschränkung der sozialen Kompetenz sowie das mögliche Leiden der Betroffenen.
3. **Entwicklungsperspektive:** Insbesondere die Möglichkeit zur Mehrfachdiagnose, zur Verzweigung in der Verhaltensbeurteilung und die Dimensionierung von Personmerkmalen eröffnet die Suche nach ätiologischen Entwicklungsmodellen und damit nach den Bedingungen in Kindheit und Jugend, die für das Eintreten psychischer Störungen im Erwachsenenalter Voraussetzungen sein könnten. So können heute psychische Störungen und Verhaltensauffälligkeiten, deren Beginn und Merkmale typischerweise im Kleinkindalter, in der Kindheit und Adoleszenz beobachtbar sind, bei Permanenz auch noch im Erwachsenenalter diagnostiziert werden, wie umgekehrt: Störungsdiagnosen, die typischerweise im Erwachsenenalter auftreten können, (mit gewissen Ausnahmen) auch bereits auf Kinder und Jugendliche Anwendung finden.
4. **Interaktionsperspektive.** Besondere Beachtung gefunden hat auch die Interaktionsperspektive, zu deren Beurteilung im multiaxialen DSM-IV zwei eigene Achsen reserviert wurden. Neben einer Persönlichkeitsbeurteilung (als Persönlichkeitsstörungen; DSM-Achse 2) spielt weiter die Einschätzung psychosozialer und kontextueller Belastungsfaktoren eine wesentliche Rolle (DSM-Achse 4). Diagnostiker sind gehalten, psychosoziale und kontextuelle Bedingungen aufzulisten, die mit der Störungsentwicklung und/oder aktuellen psychischen Störung in einem engen Zusammenhang stehen: Kritische Lebensereignisse, allgemeine Lebensschwierigkeiten, familiäre und zwischenmenschliche Streß- und Konfliktsituationen, fehlende persönliche Ressourcen und andere ökonomische oder traumatisierende Belastungen.

Insbesondere die Entwicklungs- und Interaktionsperspektive weisen auf besondere neuartige Perspektiven für die Beurteilung der Pathogenese in der Persönlichkeitsentwicklung (z.B. wenn die Diagnosesysteme in Längsschnittstudien Verwendung fänden). Eine besondere Rolle spielt in diesem Zusammenhang das Konzept der *Persönlichkeitsstörungen* (vgl. Kapitel 34 über Persönlichkeitsstörungen). Persönlichkeitsstörungen gelten heute *per definitionem* als *persönlichkeitsbedingte komplexe Störungen des zwischenmenschlichen Beziehungsverhaltens*. Sie eignen sich deshalb in besonderer Weise zur Erforschung pathogener wie salutogener, persönlicher wie kontextueller Entwicklungen und Prozesse im menschlichen Lebenslauf.

Üblicherweise lassen sich typische persönlichkeitsbedingte Verhaltensmuster bereits in der Kindheit und Jugend beobachten. Zwar sollte die Diagnose einer Persönlichkeitsstörung selbst erst nach einer längeren Zeit der Personentwicklung ab dem frühen Erwachsenenalter gestellt werden. Dennoch ist es in Ausnahmefällen möglich, Persönlichkeitsstörungen bereits in der Kindheit oder Jugend zu diagnostizieren, und zwar dann, wenn die geforderte Mindestzahl der Kriterien der jeweiligen Persönlichkeitsstörung bereits voll erfüllt ist. Unzweifelhaft hängen einige Persönlichkeitsstörungen jedoch eng mit vielen spezifischen Störungen des Leistungs-, Interaktions- und Sozialverhaltens in der Kindheit und Jugend zusammen, für die in beiden Diagnose-Systemen ebenfalls sehr ausdifferenzierte Klassifikationshilfen zur Verfügung stehen (als „Störungen mit Beginn typischerweise im Kleinkindalter, in der Kindheit und Adoleszenz").

Die zunehmenden Akzeptanz der deskriptiven Prototypenklassifikation von Persönlichkeitsstörungen hat geradezu in spiegelbildlicher Weise die Möglichkeiten der theoretischen Erklärung abweichenden Verhaltens wie auch der pathogenetischen Faktoren in der Persönlichkeitsentwicklung ernorm erweitert. Nicht von ungefähr beginnen neuerlich selbst Forscher der *Differentiellen Psychologie* angesichts der Stagnation faktorenanalytischer Modellbildung weltweit damit, mit Hilfe des Prototypenansatzes (der ja zugleich eine dimensionale Betrachtung mit einschließt) die Persönlichkeitspsychologie insgesamt auf eine neue Grundlage zu stellen (Strack u. Lorr 1997, Kuhl u. Kazén 1997). Zwei dieser Ansätze, die im Bereich der Klinischen Psychologie entwickelt wurden, sollen nachfolgend vorgestellt werden.

Eine bio-soziale Lerntheorie der gestörten Persönlichkeit: Beginn und Entwicklung in Kindheit und Jugend

Einer der wichtigsten integrativen Zugänge zur Pathogenese in der Persönlichkeitsentwicklung ist die *biosoziale Lerntheorie der Persönlichkeitsstörungen* von Millon (1981, 1990, Millon u. Everly 1985, mit zugehörigen, testtheoretisch geprüften Persönlichkeitsinventaren, Millon 1983, 1987). In ihrer Diktion bewegt sich Millons biosoziale Lerntheorie streng im Rahmen der lerntheoretischen Grundlegung einer klinischen Entwicklungspsychologie. Ziel ist die Aufklärung von Bedingungen für die Entwicklung von Persönlichkeitsstörungen. Dabei spielen die Einflüsse aus drei Faktorenbündeln eine wesentliche Rolle (Millon, 1990, 1996, Millon u. Everly 1985):

1. **Grundlegende biologische Faktoren:** Sie bestimmen sich aus zwei Faktorenbereichen: aus den *hereditären* Voraussetzungen und aus Einflüssen der *pränatalen* Entwicklung. Obwohl die spezifischen und differentiellen Wirkungen beider Bereiche auf die Persönlichkeitsentwicklung noch relativ unklar sind, sprechen insbesondere einige High-Risk-Studien für ihre prädispositionelle Bedeutsamkeit für die spätere Entwicklung einiger Persönlichkeitsstörungen (z.B. einer schizotypischen oder dissozialen Persönlichkeit; Kety et al. 1971, 1975, Rosenthal 1975, Robins 1966).
2. **Neuropsychologische Gestaltungssfaktoren:** Dieser Aspekt betont *zwischenmenschliche Erfahrungen und Lernbedingungen* auf die weitere neuropsychologische Entwicklung des Kindes. Millon unterscheidet vier neuropsychologische Entwicklungsstufen. Sie werden zwar grob bestimmten Zeitsabschnitten der Entwicklung zugeordnet, spielen jedoch in der gesamten Lebensspanne eine wichtige Rolle:
   a) *sensory-attachment stage* (von Geburt an insbesondere im ersten Lebensjahr wie auch darüber hinaus). In ihr wird die neurologische Entwicklung des Kleinkindes entscheidend von einer ungestörten Eltern-Kind-Beziehung abhängig gesehen (Fox, Kimmerly u. Schafer 1991). Entwicklungsaufgaben des Kleinkindes bestehen darin, eine altersentsprechende Kompetenz zur Balancierung primärer Erfahrungen zwischen den zwei Polaritäten *Schmerz*-Erfahrungen bzw. *Freude*-Erfahrungen zu entwickeln und auszuformen (*life-enhancement [pain] versus life-preservation [pleasure] polarity*). Risikofaktoren für eine gestörte Persönlichkeitsentwicklung liegen in einer *unterstimulierenden wie auch überstimulierenden Bindungs-Erfahrung*. Frühe Bindungserfahrungen können zu erheblichen Unsicherheiten hinsichtlich einer späteren Bindungsbereitschaft bzw. Bindungsverweigerung führen (übermäßige Dependenz oder Anklammerungstendenzen bzw. schizoide Zurückgezogenheit, Angst vor Intimität und Nähe, bis hin zur Verweigerung zwischenmenschlicher Erfahrungen; Bretherton u. Waters 1985).
   b) *sensory-motor-autonomy stage* (weitere kindliche Entwicklung mit wesentlichen Anteilen zwischen dem 12. Lebensmonat und dem 6. Lebensjahr wie darüber hinaus). In ihr liegen zunächst unter anderem Lernübergänge von der grobmotorischen zur feinmotorischen Handlungsregulation. Millon postuliert evolutionäre Entwicklungsaufgaben des heranwachsenden Kindes im Umgang mit einer bedeutsamer werdenden Polarität zwischen *Aktivität* und *Passivität*, die zur intrapsychischen Akkommodation von Erfahrungen wie zur ökologischen Anpassung wichtig werden (*ecologically accommodating [passive] versus ecologically modifying [active] polarity*). Ein balanciertes Lernen zwischen diesen Polaritäten wird als grundlegend für eine spätere selbstsichere wie sozial-bezogene Bewältigung alltäglicher Anforderungen und Belastungen angesehen. Erzieherische *Unterforderungen* und *zu geringe Anregungen* begünstigen *Selbstunsicherheiten, Passivität, Widerständigkeiten* oder *Unterwürfigkeit*. In der Folge wiederholter *Überforderungen* oder *eines übermäßigen Gewährenlassens* andererseits können sich Verhaltensmuster wie *übersteigerte Selbstdarstellung, soziale Unangepaßtheit, narzißtische Neigungen* oder auch *negativistisch-pessimistische Grundhaltungen* ausformen.
   c) *pubertal-gender identity stage* (unter anderem wegen grundlegender hormoneller Veränderungen mit Höhepunkt während der Pubertät zwischen dem 11. und 15. Lebensjahr). In dieser Zeit kommt es zu bedeutsamen weiteren Reifungsschritten, deren zentrale Bedeutung in der Ausformung einer geschlechtlichen Identität zu sehen ist. Wesentlicher Entwicklungsschritt ist eine fortschreitende Differenzierung von subjektiven Sichten/Ansichten *über sich selbst* wie von subjektiven Sichten/Ansichten *über andere Personen*. Dieser Prozeß wird durch Ansichten und Stereotypien der sozial-gesellschaftlichen Umwelt bedeutsam beeinflußt (Bartholomew u. Horowitz 1991). Ohne geeignete Erziehungsvorbilder kann diese Entwicklungphase zahlreiche *Unterforderungsaspekte* oder *Überforderungsaspekte* beinhalten (wie z.B. fehlende geeignete Identifikationsmöglichkeiten oder Rollenvorbilder einerseits *oder* z.B. Gruppen- und Bandenbildung, Subkulturstereotype, provokative Demonstration gesellschaftlicher Besonderheit andererseits). Orientierungslosigkeit angesichts heterogener Wertvorstellungen, fehlende Geschlechtsorientierung und schmerzliche erste sexuelle Erfahrungen können die emotionalen Reifungsprozesse dieser Phase erheblich beeinträchtigen. Eine grundlegende *Diffusion der eigenen Geschlechtlichkeit* oder auch die *radikale Übernahme stereotyper maskuliner bzw. femininer Rollen* kann die Folge sein.
   d) *intracortical-integrative stage* (beginnend etwa im Alter von 4 Jahren bis zur späten Adoleszenz und darüber hinaus). In ihr liegt der enorme Zuwachs an höher gelegenen kortikalen Hirnfunktionen (vor allem Verbesserung des abstrakten Denkens mit sich ausweitenden Möglichkeiten der Planung und Bewertung eigener und fremder Handlungen sowie der Lösung individueller und interindividueller Problemstellungen und Krisen). Evolutionäres Ziel dieser Entwicklungsphase liegt in der kompetenten Balancierung und Nutzung von *Vernunft* und *Gefühl* (*intellective reasoning [thinking] versus affective resonance [feeling] polarity*). *Unterforderungen* und *zu geringe Anregungen* können die Entwicklung eigener Lebensziele verhindern und *Mangel an Selbstdisziplin* sowie eine *Neigung zu impulsiven Handlungen* begünstigen. *Überforderungen* oder *übermäßiges Gewährenlassen* können eine gesunde

Entwicklung von Spontaneität, Flexibilität und Kreativität einschränken und ein eher *rigides, selbstbeschränkendes und zwanghaftes Persönlichkeitsmuster* bewirken.

3. **Pathogenese in der Persönlichkeitsentwicklung:** Millon (1996) weist ausdrücklich darauf hin, daß es kurzsichtig wäre, eine ungünstige Entwicklung der Persönlichkeit ausschließlich in Bedingungen der Unterforderung oder Überforderung zu vermuten. Immer handelt es sich um ein komplexes Wechselspiel zwischen Eigeniniative und Begrenzung, zwischen biologischen, psychologischen *und* sozialen Prozessen. Wenn man also von „Pathogenese" der Persönlichkeitsentwicklung spricht, sollte man sich mit Millon (1996, S. 131) um eine klare Operationalisierung des Begriffs „Pathogenese" bemühen und auf den damit verbundenen Zwang zur Reduktion hinweisen.

Das Vulnerabilitäts-Streß-Modell der gestörten Persönlichkeit: Variabilität und Permanenz in der Jugend und im Erwachsenenalter

In der ätiologietheoretischen Grundlegung von Persönlichkeitsstörungen wird in jüngster Zeit das Vulnerabilitäts-Streß-Modell als eine weitere Möglichkeit betrachtet, zwischenmenschliche Schwierigkeiten und Norm-Abweichungen persönlichkeitsgestörter Personen zu erklären – und zwar aus naheliegenden Gründen: Immerhin werden einige Persönlichkeitsstörungen (wie die paranoide, schizotypische, narzißtische, dependente oder auch die Borderline-Persönlichkeitsstörungen) als mögliche Risikoträger schizophrener, affektiv-depressiver oder anderer psychischer Störungen diskutiert und untersucht (Süllwold 1983, Mundt u. Fiedler 1996).

Fiedler (1997) hat den Vorschlag unterbreitet, eine besondere Möglichkeit des Vulnerabilitäts-Streß-Modells zu beachten, mit der sich die *aktuellen Fluktuationen* oder aber auch die *zeitliche Permanenz* von Persönlichkeitsstörungen verständlich machen ließe. In diesem Sinne stellt es besondere Möglichkeiten bereit, die biosoziale Lerntheorie Millons zu ergänzen. Millons Ansatz beschränkt sich vorrangig auf eine Erklärung der möglichen *Verursachungs-* und *Entstehungs*bedingungen im Kindes- und Jugendalter. Das nachfolgend dargestellte Vulnerabilitäts-Streß-Modell bezieht sich stärker *auf den weiteren Verlauf* und auf die Bedingungen, die für die *aktuelle Auslösung und Aufrechterhaltung* von Persönlichkeitsstörungen verantwortlich zeichnen.

Innerhalb dieses Konzeptes werden die Persönlichkeitsstörungen von einer sogenannten *Vulnerabilität* abhängig gesehen, mit der eine besondere dispositionelle Empfindlichkeit, Labilität oder Verletzlichkeit der Person gegenüber sozialen Anforderungen und Streß gemeint ist. *„Vulnerabilität"* läßt sich nicht direkt „messen" oder beobachten. Sie ist immer als *hypothetisches Konstrukt* gedacht und kann durch Wahrscheinlichkeitsaussagen über beobachtbare oder rekonstruierbare Person-und Lebensdaten bestimmt und dann näherungsweise quantifiziert werden.

a) So ist die Vulnerabilität einerseits abhängig von einer *diathetischen Prädisposition.* Unter Diathese wird das ungünstige Zusammenwirken von Erbeinflüssen und/oder von prä-, peri-, postnatalen Traumata verstanden, die dann als diathetische Vulnerabilität die weitere Persönlichkeitsentwicklung präformieren. Bei den meisten Persönlichkeitsstörungen ist die Risikowirkung solcher diathetischer Einflüsse inzwischen nachgewiesen (Millon 1981, Siever u. Davis 1991).
b) Andererseits wird die Vulnerabilität bestimmt durch eine psychosoziale Überformung der Diathese. Als Bedingungen einer solchen *psychosozialen Prädisposition* werden – wie dies insbesondere Millons Ansatz postuliert – ungünstige familiäre, erzieherische und soziale Einflüsse auf die frühkindliche Persönlichkeitsentwicklung beschrieben und untersucht. Markante Ereignisse, die regelmäßig im Zusammenhang mit Persönlichkeitsstörungen gefunden wurden, sind Kindesmißhandlungen, frühe Inzesterfahrungen oder miterlebte kriminelle Gewaltätigkeit eines Elternteils (Robins 1966, Marziali 1992, Links 1992).

Das Vulnerabilitäts-Modell legt es nun nahe, die Persönlichkeitsstörungen vorrangig als *Störungen des zwischenmenschlichen Beziehungsverhaltens* aufzufassen und sie mit sozialen Konflikten, Krisen und deren Extremisierung (Streß) in einen Zusammenhang zu stellen. Die persönlichen (Problem-)Verhaltensweisen von Jugendlichen und Erwachsenen werden unter dieser Perspektive als individuelle Eigenarten oder sogar *als Kompetenzen* verstehbar, auf psychosoziale Anforderungen, einschneidende Lebensereignisse oder zwischenmenschliche Krisen *sich selbst schützend* zu reagieren. Sie lassen sich damit auch als Teil eines Bemühens begreifen, gegenüber diesen Belastungen und Krisen zu bestehen und/oder die eigene Vulnerabilität zu schützen. Auf der anderen Seite hängt das mögliche Ausmaß der Störungen natürlich auch davon ab, ob und wie die Betroffenen bei ihren Angehörigen oder Mitmenschen Verständnis, Akzeptanz und *sozialen Rückhalt* finden (siehe unten: Salutogenese).

Im Vulnerabilitäts-Streß-Modell erklärt sich die krisenhafte Zuspitzung der Persönlichkeitsstörungen aus einer Eskalation *interpersoneller* (gelegentlich psychosozial-gesellschaftlich bedingter) Konflikte und Krisen. Diese haben ihre Ursache häufig oder ausschließlich darin, daß viele der von den Betroffenen *als Selbstschutz* gewählten zwischenmenschlichen Verhaltensweisen (wie Rückzug aus sozialen Beziehungen, fehlendes Einfühlungsvermögen, spontane Rollenfluktuation oder aggressive Abwehr sozialer Anforderungen) für die Bezugspersonen gar nicht als Vulnerabilitätsschutz verstehbar sind, vielmehr als Verletzung interpersoneller Umgangsformen interpretiert werden, und deshalb geradezu vermehrt jene Ablehnung, Kritik und Feindseligkeit herausfordern, vor denen sich die Betroffenen gerade zu schützen versuchten.

Persönlichkeit und Salutogenese

Seit den Ausarbeitungen von Antonowsky (1979, 1987) über die von ihm so bezeichnete „Salutogenese" in der Persönlichkeitsentwicklung nehmen in der Entwicklungs-, Klinischen und Gesundheitspsychologie die Bemühungen zu, die bis dahin häufig einseitig thematisierten Aspekte der Entstehung und Aufrechthaltung abweichenden Verhaltens, psychischer Störungen oder körperlicher Krankheiten durch eine Berücksichtigung *gesunderhaltender Faktoren und Voraussetzungen der Personentwicklung* zu ergänzen. Dabei geht es vorrangig um die Frage, warum sich Personen trotz zahlreicher allgegenwärtiger Stressoren dennoch körperlich und psychisch gesund entwickeln – und (seelische) Gesundheit bewahren.

Es ist wesentlich dem Einfluß von Antonowsky zu verdanken, daß in den vergangenen zwei Jahrzehnten in der differentiellen Psychologie weitere neue Wege zur Persönlichkeitsbestimmung gesucht und beschritten werden. Bemerkenswert daran ist, daß sich diese neuen Ansätze in gewissen Grenzen von den Restriktionen einer primär faktorenanalytischen Begründung von Persönlichkeitsdimensionen freimachen (ohne sie natürlich aufzugeben). Sie wählen hingegen *zunächst* den Weg der *Vorordnung theoretischer Überlegungen.* Zugleich ist beobachtbar, daß die Benennung der fokussierten Persönlichkeitseigenarten im Unterschied zu früher *nicht mehr* in Richtung Persönlichkeits*abweichung*, sondern zunehmend häufiger in Richtung *„Normalität"* bzw. *„psychischer Gesundheit"* erfolgt (als Beschreibung und Begründung „günstiger", „wünschenswerter" oder „normaler" Persönlichkeitsvarianten). Dennoch liegen integrative Ansätze, die das inzwischen zur Salutogenese vorliegenden Wissen in einer Theorie der Persönlichkeitsentwicklung konzeptuell zusammenfügen, bisher nur sehr vereinzelt vor. Einer dieser Versuche stammt von Becker (1995).

Verhaltenskontrolle und Gesundheit als Dimensionen der Persönlichkeit

Im Mittelpunkt der theoretischen Ausarbeitungen von Becker (1995, wie zugleich der Entwicklung zugehöriger Persönlichkeits-Inventare; z. B. Becker 1989) steht das Postulat zweier grundlegender Persönlichkeitsfaktoren: „Verhaltenskontrolle" und „seelische Gesundheit". Seelische Gesundheit ist die Fähigkeit zur Bewältigung externer und interner (psychischer) Anforderungen. Für eine *hohe seelische Gesundheit* stehen Attribute wie Flexibilität, körperlich-seelisches Wohlbefinden, Sinnerfülltheit, ein hohes Selbstwertgefühl, Autonomie und Liebesfähigkeit. *Geringe seelische Gesundheit* zeichnet sich entsprechend durch geringe Bewältigungskompetenz aus, durch körperlich-seelisches Mißbefinden, emotionale Labilität (Neurotizismus), Abhängigkeit, Pessimismus und Mißtrauen.

Eine der Grundannahmen Beckers besagt nun, daß die *Verhaltenskontrolle* für die Entwicklung seelischer Gesundheit von zentraler Bedeutung ist. Verhaltenskontrolle nimmt von der Geburt bis ins hohe Lebensalter hin zu, weshalb es notwendig ist, den Aspekt der Salutogenese entwicklungspsychologisch zu betrachten. Hohe Verhaltenskontrolle wird als Polarität einer Dimension aufgefaßt, für die Becker mit hoher „Spontaneität" ihren Gegenpol (geringe Verhaltenskontrolle) konzeptualisiert. Ob sich Menschen mehr zur Verhaltenskontrolle hin entwickeln oder ob sie eher zur Spontaneität neigen, bestimmt sich wesentlich daraus, wie es im Lebenslauf gelingt, eine persönliche Balance zwischen „angeborenen Grundbedürfnissen" und „erworbenen Bewältigungsstilen" herzustellen. Dabei spielen einerseits persönliche Werte und Ziele als „Sollwerte" eine Rolle, andererseits sind Erfahrungen mit einer „Simulation" und „Steuerung" von Bedürfnissen und Wert-/Zielvorstellungen wichtig.

Typologisierung: Kontrollierte Menschen verfolgen eher Fernziele und beachten stärker als Spontane soziale Werte, Normen, Konventionen und Pflichten, während Spontane stärker am Hier-und-Jetzt bzw. an kurzfristigen Annäherungszielen interessiert sind. Kontrollierte haben ein stärkeres Bedürfnis nach Orientierung und Sicherheit, Spontane schenken ihren physiologischen Bedürfnissen und ihrem Explorationsbedürfnis mehr Beachtung. *Simulation:* Bei Verhaltenskontrollierten dominieren assimilative Prozesse bzw. der Wunsch zu bewahren, was sich unter anderem in einer Neigung zum Konservatismus äußert, während Spontane für akkomodative Prozesse besonders aufgeschlossen sind, d. h. eine Vorliebe für Neues und Veränderung haben. *Handlungssteuerung:* Spontane neigen zu rascheren Zielwechseln, während Kontrollierte über eine erhöhte Schwelle für Absichtswechsel verfügen (Becker 1995, S. 34 ff).

Sämtliche „Prototypen" stellen besondere Möglichkeiten und Fähigkeiten zur Bewältigung externer wie interner Anforderungen bereit. In diesem Sinne werden auch Persönlichkeitsabweichungen bis hin zu Persönlichkeitsstörungen ähnlich wie im Vulnerabilitäts-Streß-Modell *als Kompetenzen* verstehbar. Lebenslanges Lernen und Erziehungsprozesse bestimmen letztlich, ob sich eine Person in Richtung hoher versus geringer seelischer Gesundheit bzw. in Richtung hoher versus niedriger Verhaltenskontrolle entwickelt.

Becker (1995) geht noch von einem vorrangigen Einfluß der erziehenden Eltern auf die spätere Kindentwicklung aus. Nebengeordnet bleiben (bislang jedenfalls) Konzepte und Versuche, die individuelle Entwicklung über die Familienperspektive hinaus zu „kontextualisieren" und zu "ökologisieren" (Schmidt-Denter 1984). Die Untersuchung von sozialen Einflüssen auf individuelle Entwicklungsvorgänge muß sich jedoch – will sie vollständig bleiben – mit immer komplexer werdenden sozialen Einheiten und Lebensumwelten befassen: Freundschaftsbeziehungen, Schule und Beruf, bis hin zu gesamtgesellschaftlichen Entwicklungen, denen Kinder, Jugendliche und Erwachsene tagtäglich in einer zunehmend multimedialen Welt ausgesetzt sind. Darauf soll abschließend eingegangen werden.

Soziale Unterstützung und soziale Netzwerke als „Begleitschutz" im Prozeß der Salutogenese

Es gibt bis heute nur wenige Arbeiten, in denen soziale Kontexte, die über die Familie hinausreichen, in der Form allgemeiner „sozialer Unterstützung" oder als „soziale Netzwerke" in ihrer Bedeutung für die Persönlichkeitsentwicklung systematisch untersucht wurden. Röhrle (1987) faßt den bis dahin vorliegenden Forschungsstand folgendermaßen zusammen:

Am Anfang der Entwicklung sind in Abhängigkeit von der kognitiven Entwicklung noch wenige, aber doch schon extrafamiliäre und zugleich bedeutsame soziale Kontaktmuster nachweisbar. Zunehmend jedoch wird das soziale Netzwerk zu einem komplizierten Umfeld mit unterschiedlichen Intimitätszonen aufgebaut. Dabei spielen neben dem Einfluß der Eltern die Schichtzugehörigkeit und die Größe der Ursprungsfamilie eine erhebliche Rolle. Im Erwachsenenalter erscheinen soziale Netzwerke quantitativ am ausgereiftesten. Jedoch bedeutet die Verkleinerung sozialer Netzwerke im Alter nicht unbedingt einen qualitativen Abbau (Schulz u. Rau 1985).

Im Sinne dieser (zu erwartenden) Ergebnisse könnte man den Einfluß „sozialer Einbindung" schlicht als eine ab und zu notwendige „soziale Unterstützung" bei im Laufe eines Lebens immer wieder notwendigen „Bewältigungen von Krisen" für die „Reifung der Persönlichkeit" auffassen. Diese „kognitiv-psychologisch" orientierte Sichtweise konzipiert soziale Unterstützung zumeist als *Ergebnisvariable* (in der Form kognitiver Bewertungen oder gar als *Persönlichkeitseigenschaften*). So betrachtet wird sie als „persönliche Erfahrung" aufgefaßt oder als „generelles Gefühl", geliebt und geschätzt zu werden und in ein soziales Netzwerk eingebunden zu sein. *Social Support* entspricht damit eher einer Persönlichkeitsdisposition als einer Reflexion tatsächlicher sozialer Interaktionen (Sarason, Sarason, Hacker u. Basham 1986).

Pathogenese

Entsprechend häufig findet in Studien die Kausalitätsperspektive einer Pathogenese empirische Evidenz: Fehlende soziale Unterstützung zeichnet mitverantwortlich für die Entwicklung psychischer Störungen und Persönlichkeitsabweichungen (häufig untersucht im Bereich der Depression; Schwarzer u. Leppin 1989, Fiedler 1991). Die exklusive Untersuchung einer Social-Support-Wirkung auf die pathogenetische Entwicklungsprozesse ist jedoch unzureichend, und sie schließt zumeist eine interaktionelle Betrachtung aus.

Gesundheitsrelevante Persönlichkeitsmerkmale

Ähnliches gilt für Studien, die die Bedeutung gesundheitsrelevanter Persönlichkeitsmerkmale in den Mittelpunkt rükken. Auch in diesen wird kaum danach gefragt, ob und wie sich Persönlichkeit und Identität durch soziale Einbindung und Anregung entfalten kann. Gefragt wird bisher vielmehr, wie sich bestimmte Persönlichkeitsmerkmale auf das Gesundheitsverhalten auswirken oder ob gesundheitsrelevante Persönlichkeitsmerkmale protektive Wirkungen entfalten. Dies gilt z. B. für folgende Persönlichkeitskonstrukte:

a) *Locus of Control:* Menschen mit einer externalisierten Kontrollüberzeugung entwickeln offensichtlich leichter psychische Störungen als Menschen, die von eigenen Kontrollmöglichkeiten überzeugt sind (Schwarzer u. Leppin 1989);
b) *Hardiness* bzw. *Typ-A-Personality:* Definiert als starkes Engagement im Beruf oder für jeweilige Anforderungen sollen diese Persönlichkeitsvariablen a) ein habituelles Gefühl allgemeiner Selbstsicherheit gegenüber sozialen Anfoderungen voraussagen (Prädiktor „Hardiness"). Oder sie sollen b) eine streß-suchende Persönlichkeit mit erhöhtem Risiko für körperliche oder seelische Erkrankungen markieren (Typ-A-Forschung). Die Befunde beider Forschungsperspektiven sind jedoch sehr uneinheitlich, weshalb das Interesse daran deutlich gesunken ist (Schwarzer u. Leppin 1989);
c) *Selbstwirksamkeit:* Eingeführt von Bandura (1977), hat die subjektive Annahme eigener Selbstwirksamkeit eine gewisse Schutzfunktion, sich in zwischenmenschlichen Interaktionen hilflos zu fühlen, und entsprechend zeigen sich protektive Wirkungen gegenüber der Entwicklung psychischer Störungen (insbesondere im Bereich der Depression; Maddux 1995).

Attachment

Ebenfalls recht einseitig nehmen sich bis heute die Fragestellungen in der durch Bowlby (1969) angeregten Forschung zur Wirkung früher Bindungserfahrungen aus. Untersucht wird zumeist, ob und wie frühkindliche Bindungserfahrungen mit den Eltern spätere Beziehungsqualitäten in sozialen Netzen bestimmen. Diese Hypothese wurde in zahlreichen Studien untermauert (Parkes u. Stevenson-Hinde 1982). Ähnliches zeigt sich in retrospektiv angelegten Befragungsstudien, nach der die Menge und Qualität sozialer Unterstützung in Abhängigkeit davon eingeschätzt wird, wie die Qualität elterlicher Zuwendung bewertet wird (Sarason, Sarason u. Shearing 1986).

So plausibel diese Prognosen späterer persönlichkeitsbedingter Interaktionsformen als Ausdruck früher Bindungserfahrungen mit den Eltern sind, so problematisch ist die hypothesenkonforme Ausdeutung der Ergebnisse. Denn allzu rasch wird übersehen, daß die Fragerichtung die Antworten mitdeterminiert (nicht zu vergessen, daß die erwähnten Befragungsstudien einem subjektiven Kausalitätsbedürfnis der Befragten entsprechen könnten). Entsprechend werden selbst einige der Prädiktions-Hypothese widersprechende Ergebnisse kaum angemessen rezipiert – so fest gefügt scheint die (psychoanalytisch geprägte) Ansicht, daß die frühe Mutter-Kind-Beziehung den entscheidenden Prädiktor für die spätere Persönlichkeitsentwicklung darstellt (Lewis 1984). So konnten z. B. Lewis und Mitarbeiter erwartete mögliche Spätfolgen früher ungünstiger „Attachment"-Bedingungen *nicht* belegen. Sie schlagen entsprechend vor, den soziobiologischen Determinismus der Attachment-Theorie durch die Annahme zu ersetzen, daß sich Menschen von Anfang an in sozialen Netzwerken entwickeln. Dies würde vor allen Dingen den Vorteil haben, verschiedenartige soziale Einflüsse fassen zu können (Röhrle 1987). Leider ist es noch nicht so weit.

Deutlich wird in den erwähnten Untersuchungsserien lediglich, daß Personen mit förderlichen Bindungserfahrungen und gesundheitsrelevanten Persönlichkeitsmerkmalen besser fähig erscheinen, spätere Anforderungen und streßreiche Ereignisse zu bewältigen. Und weiter scheint gesichert, daß es später häufig die gleichen Personen sind, die möglicherweise wegen ihrer besseren persönlichen Voraussetzungen mehr sozialen Rückhalt erhalten (Schwarzer u. Leppin 1989). Natürlich ist es hoch plausibel, daß Menschen mit ausgeprägter sozialer Kompetenz eher in der Lage sind, sich befriedigende soziale Netzwerke zu schaffen (Folkman, Lazarus et al. 1986).

Nach wie vor ist es eine weitgehend offene Forschungsfrage, inwieweit die soziale Einbettung ihrerseits zur Stärkung eines individuellen Selbstwertgefühls, zur Anreicherung persönlichkeitsbedingter Voraussetzungen und damit zur Identitätsentwicklung beitragen kann. Soziale Netzwerke sind das für eine gesunde Entwicklung notwendige soziale Umfeld. Sie können auf diese Weise – pointiert ausgedrückt – zum *„Begleitschutz"* individueller Lebensgeschichten und in der Persönlichkeitsentwicklung werden (*„convoy"* findet sich als treffende Begriffssetzung durch Kahn u. Antonucci [1980]). Dieser „Begleitschutz" umgibt den sich entwickelnden Menschen mit sozialen Beziehungen und Bindungen, so wie er damit beginnt, das Elternhaus zu verlassen – mit unverkennbaren Einflußnahmen und Wirkungen dieser Personen selbst auf ihre sozialen Netzwerke. Bei sozialem Rückhalt handelt es sich nicht lediglich um eine „milde Gabe", sondern soziale Netzwerke stellen zugleich Kontexte dar, die sich jeder Mensch aktiv „erarbeitet".

Abschließende Bewertung

Angesichts der erst beginnenden Netzwerkforschungen wäre es möglicherwiese überzogen, heute schon befriedigende Antworten auf diese offenen Fragen zu erwarten. Interessant und durchaus beachtenswert ist der Wandel, der sich zur Zeit in der fachübergreifend konzeptualisierten Persönlichkeitspsychologie vollzieht. Zunehmend häufiger werden die beschriebenen Probleme gesehen, und gleichermaßen häufig wird eine systemtheoretische Betrachtung von Persönlichkeit und Persönlichkeitsentwicklung nicht mehr nur gefordert, sondern auch realisiert.

Die konsequentere konzeptuelle Beachtung der Gleichzeitigkeits-Trias von „Person", „Entwicklung" *und* „Kontext" (Thomae 1968, 1970) könnte möglicherweise über kurz oder lang die bisherige *trait*-orientierte Persönlichkeitspsychologie in der Tat auf eine völlig neue Grundlage stellen. Dies ist heute bereits sichtbar: *Einerseits* dort, wo die deskriptiv-faktorenanalytischen Forschung um eine Prototypenperspektive ergänzt oder ersetzt wird (Strack u. Lorr 1997); und *andererseits* dort, wo theoriegeleitet *völlig neue Konstrukte* zur Beschreibung von Persönlichkeitsmerkmalen eingeführt und untersucht werden (wie z. B. „seelisch-körperliches Wohlbefinden" [Person; Salutogenese], „Selbstaktualisierung" [Entwicklung; Perspektive] oder „selbst- und fremdbezogene Wertschätzung" [Interaktion; Kontext]; vgl. Becker 1995).

Insbesondere die letzgenannte „Positiv"-Bestimmung von Persönlichkeitsmerkmalen hat in jüngster Zeit ein völlig neues Licht auf die Frage geworfen, ob sich Persönlichkeit im Lebenslauf ändern kann. Diese Frage wurde bis heute leichthin verneint – untersucht zumeist mit herkömmlichen „Negativ"-Dimensionen (wie „Neurotizismus", „Introversion", „Rigidität" usw. mit entsprechender Negativ-Konnotation auf Itemebene). Verwenden Forscher andererseits „gesundheitspsychologisch" konzeptualisierte Persönlichkeitsinventare (wie jenes von Becker 1995) mit entsprechender Positiv-Konnotation auf Dimensions- und Item-Ebene, so erweisen sich diese in Langzeitstudien bzw. in Interventionsstudien überraschenderweise als *ausgesprochen änderungssensitiv* (Heatherton u. Weinberger 1993, aber auch in Validierungsstudien von Becker 1989).

Wie dieses hochinteressante Phänomen der „befragungsabhängigen Persönlichkeitsänderung" nun jedoch erklärt werden kann, ist noch weitgehend unklar. Diese Beobachtung sollte jedoch unbedingt zum Um- und Weiterdenken zwingen. Es könnte nämlich sein, daß Menschen – werden sie zum Ausmaß von *positiven* Eigenarten und Seiten ihrer Person befragt – genauer reflektieren und damit möglicherweise stimmigere Antworten geben, während sie lediglich stabile Ansichten bis hin zu Stereotypien über sich selbst wiedergeben, wenn sie auf *negative* Aspekte ihrer Person angesprochen werden.

III Diagnostik

9. Krankheitsbilder, Klassifikation, Dokumentation

H. J. Freyberger und R.-D. Stieglitz

Einleitung

Fragen der Dokumentation und Klassifikation haben in den letzten 15 – 20 Jahren in der psychologischen Medizin vor allem durch die Einführung operationaler Diagnosensysteme an Bedeutung gewonnen. Das Konzept dieser an deskriptiven psychopathologischen Zeit- und Verlaufsmerkmalen orientierten Diagnostik entwickelte sich vor dem Hintergrund einer in den 60er und 70er Jahren zunehmend zutagetretenden „Krise der psychiatrischen Diagnostik" (Saß 1987, 1994), die sowohl durch eine inhaltlich-konzeptionelle als auch empirische Kritik entstand. Folgende inhaltliche Positionen standen sich dabei gegenüber:

1. **Die sog. „antipsychiatrische" Kritik**, die etwa von Szasz (1962, 1976) oder Laing (1960, 1961) vertreten und später von Teilen der Sozialpsychiatrie aufgegriffen wurde, stellte Diagnosen prinzipiell in Frage. Sie verstand diese im Sinne von Etikettierungen für abweichendes Verhalten, was vor allem als Mechanismus der sozialen Kontrolle in einem gesellschaftlichen Kontext zu verstehen sei.
2. **Die psychoanalytische Kritik** stellte die (psychiatrische) Diagnostik als unangemessen heraus, da sie entscheidende strukturelle Merkmale nicht hinreichend erfasse, sich an symptomatologischem „Oberflächenmaterial" orientiere und für den therapeutischen Prozeß eine geringe Relevanz aufweise (Menninger 1963, Schneider u. Freyberger 1990, 1994).
3. **Die psychiatrische Kritik** orientierte sich – entlang der Diskussion um biologische Konzepte und Therapieverfahren – zunehmend an der Notwendigkeit einer differentiellen diagnosenbezogenen Indikationsstellung vor allem für psychopharmakologische Behandlungsansätze (Emrich u. Hippius 1984, Kendell 1978).

Durch eine Reihe vor allem im angloamerikanischen Raum durchgeführter multizentrischer Diagnostikstudien (u.a. Cooper u. Mitarb.1972, Wing u. Mitarb.1967) entwickelte sich in diesen Jahren auch eine zunehmende empirische Auseinandersetzung, die ein in weiten Bereichen erschreckend niedriges Ausmaß an diagnostischer Übereinstimmung zwischen verschiedenen, unabhängig voneinander diagnostizierenden Kliniken zeigte. Dabei wurde die Untersucherübereinstimmung (Interrater-Reliabilität) zunächst als wesentliches, vor allem aber gut und leicht überprüfbares Gütekriterium angesehen.

Spitzer u. Fleiß (1974) führten in einer Analyse die vor allem im Bereich der neurotischen und Persönlichkeitsstörungen gefundenen unzureichenden Übereinstimmungswerte auf verschiedene Varianzquellen zurück, die sowohl den diagnostischen Prozeß als auch Merkmale des Diagnostikers (vgl. Stieglitz u. Freyberger 1996) betrafen:

1. **Die Subjektvarianz**, d.h. ein Patient wird zu zwei Zeitpunkten untersucht, in denen er sich in verschiedenen Krankheitszuständen befindet.
2. **Die Situationsvarianz**, d.h. ein Patient wird zu zwei Zeitpunkten untersucht, in denen er sich in verschiedenen Phasen oder Stadien einer Störung befindet.
3. **Die Informationsvarianz**, d.h. verschiedenen Untersuchern stehen unterschiedliche Informationen zum Patienten und seiner Erkrankung zur Verfügung.
4. **Die Beobachtungsvarianz**, d.h. verschiedene Untersucher kommen zu unterschiedlichen Urteilen und Bewertungen über Vorhandensein und Relevanz der vorliegenden Symptome.
5. **Die Kriterienvarianz**, d.h. verschiedene Untersucher verwenden unterschiedliche diagnostische Kriterien für die Diagnose derselben Störung.

Während die ersten beiden Varianzquellen mit der Verlaufsvariabilität psychischer Störungen in Zusammenhang stehen und sich daher nur unzureichend kontrollieren lassen, war die Reduktion der anderen Varianzquellen Gegenstand weiterer Forschungsaktivitäten. Der Auffassung von Spitzer u. Fleiß (1974), die die Kriterienvarianz und im geringeren Ausmaß die Beobachtungsvarianz als wesentliche Ursachen der unzureichenden Diagnosenreliabilität ansahen, wurde durch die Einführung operationaler Diagnosensysteme bzw. strukturierter und darauf basierender standardisierter Erhebungsverfahren Rechnung getragen. Bis zur Veröffentlichung der verschiedenen Versionen der ICD-10 stellte dabei das DSM-System einschließlich seiner direkten Vorgänger (sog. St.-Louis-Kriterien und Research Diagnostic Criteria; vgl. Tab. 9.**1**) das am weitesten verbreitete und zumindest in der Wissenschaft am breitesten akzeptierte System dar (vgl. Wittchen 1994).Während sich das DSM-IV dieser US-amerikanischen Tradition nahtlos anschließt und als das am konsequentesten kriterienbezogene System aufzufassen ist, verfolgte die Weltgesundheitsorganisation (WHO) bei der Entwicklung der ICD-10 eine andere Politik. Ihr ging es darum, differentielle diagnostische Konzepte und Manuale für verschiedene Versorgungsbereiche und Sprachräume zu entwickeln. So wurde die in die Gesamt-ICD-10 integrierte Kurzfassung vor allem für den administrativen Bereich entwikkelt, während die klinisch-diagnostischen Leitlinien als ausführlichste Fassung des Kapitels V für den klinischen Bereich vorgesehen sind. Die sog. Forschungskriterien sind durch ihre vergleichsweise strikten Operationalisierungen der Störungen unter dem Primat der Stichprobenhomogenisierung das am ehesten mit dem DSM-IV vergleichbare Manual und dienen der Diagnostik in wissenschaftlichen Untersuchungen. Für den Bereich der primären Gesundheitsversorgung wurde ein gegenwärtig noch in einer Forschungsversion vorliegendes Manual entwickelt (WHO 1993b; Müßigbrodt u.

Tabelle 9.**1** Übersicht zur Entwicklung diagnostischer Systeme (Auswahl)

Systeme	Autoren
St.-Louis-Kriterien	Feighner u. Mitarb. (1972)
Research Diagnostic Criteria	Spitzer u. Mitarb. (1975)
DSM-III	American Psychiatric Association (1980)
DSM-III-R	American Psychiatric Association (1984)
ICD-10	
– Kurzfassung	World Health Organization (1992 a)
– klinisch-diagnostische Leitlinien	World Health Organization (1992 b) Dilling u. Mitarb. (1993)
– Forschungskriterien	World Health Organization (1993 a) Dilling u. Mitarb. (1994)
– Primary Health Care Classification	World Health Organization (1993 b)
– multiaxiales System	World Health Organization (1994)
DSM-IV	American Psychiatric Association (1994)

Mitarb.1993), das neben den 24 wichtigsten Störungsgruppen explizit formulierte therapeutische Handlungsanweisungen enthält.

Parallel zu diesen Diagnosensystemen wurden dazugehörige **Erhebungsinstrumente** entwickelt, die sich nach Interview- und Checklistenansätzen differenzieren lassen (vgl. Tab. 9.**2**). Vor allem durch die Interviewverfahren, in denen für jedes Symptom oder Kriterium Fragen angegeben werden, hat sich die Informations- und Beobachtungsvarianz erheblich senken lassen. Dabei stehen unterschiedlich weit standardisierte Interviews sowohl für den Gesamtbereich psychischer Störungen (z. B. CIDI und SCAN) als auch für ausgewählte Störungsgruppen (z. B. SIDAM und IPDE) zur Verfügung. Ebenso wie die Checklistenansätze, die die diagnostischen Merkmale im Sinne einfacher Symptomlisten enthalten, erfordern diese Verfahren allerdings aufwendige Trainingsprogramme für Diagnostiker, die sie verwenden wollen. Während sich die Symptomchecklisten auch post hoc nach Erstgesprächen, diagnostischen Interviews oder Behandlungsepisoden ausfüllen und auswerten lassen, wird durch die Interviewverfahren das diagnostische Gespräch auf syndromaler Ebene stark strukturiert (vgl. auch Stieglitz u. Schüßler 1995, Wittchen u. Mitarb.1994).

Tabelle 9.**2** Übersicht zur Entwicklung diagnostischer Instrumente (Auswahl) mit Autoren

Strukturierte oder standardisierte Interviews
– Structured Clinical Interview for DSM-III (SCID) (Spitzer u. Mitarb. 1988)
– Composite International Diagnostic Interview (CIDI) (WHO 1991; Wittchen u. Semler 1991)
– Schedules for Clinical Assessment in Neuropsychiatry (SCAN) (WHO 1994; Mauer u. van Gülick-Bailer 1994)
– Diagnostisches Interview bei psychischen Störungen (DIPS) (Margraf u. Mitarb. 1991)
– International Personality Disorder Examination (IPDE) (WHO 1991)
– Standardized Assessment of Personality (SAP) (Pilgrim u. Maurer 1990)
– Strukturiertes Interview für die Diagnose von Demenzen (SIDAM) (Zaudig u. Mitarb. 1995)
Symptomchecklisten
– Internationale Diagnosechecklisten für ICD-10 und DSM-III-R (IDCL) (Hiller u. Mitarb. 1995)
– ICD-10-Merkmalsliste (ICDML) (Dittmann u. Mitarb. 1992)
– Aachener Merkmalsliste für Persönlichkeitsstörungen (AMPS) (Saß u. Mitarb. 1992)

Für die Klassifikation psychischer Störungen hat diese Entwicklung eine Reihe konzeptueller Konsequenzen, die zur Entwicklung entsprechender Dokumentationssysteme beigetragen haben.

Operationale Klassifikationsansätze in der ICD-10 und im DSM-IV

Prinzipien

Die in der ICD-10 und im DSM-IV realisierte operationale Diagnostik folgt in ihrer Konzeption im wesentlichen 5 Prinzipien:

1. Entsprechend eines deskriptiven Anspruches wurde ein **„atheoretischer Ansatz"** versucht zu implementieren, der mit einer weitgehenden Aufgabe der traditionellen Differenzierung zwischen Neurosen und Psychosen, einer Eliminierung des Neurosen- und des Endogenitätskonzepts verbunden ist.
2. Den Störungsdefinitionen wurde ein **kriterienorientierter Ansatz** zugrundegelegt, der sich an vergleichsweise einfach zu beobachtenden und explorierbaren psychopathologischen Zeit- und Verlaufsmerkmalen orientiert. Komplexere Merkmale oder Aspekte des Erlebens, die einen höheren Grad theoretischer oder interpretativer Abstraktion erfordern, werden vernachlässigt. Bestimmte Kombinationen der daraus resultierenden diagnostischen Kriterien konstituieren unter Befolgung von Verknüpfungsregeln einzelne Diagnosen. Schweregradunterteilungen werden dabei ebenso zum Bestandteil dieses Ansatzes wie diagnostische Restkategorien, die in einem gestuften hierarchischen System Patienten diagnostisch abbilden sollen, denen keine spezifische Störung zugeordnet werden kann.
3. In diesen Systemen sollen zumindest dem Anspruch nach nur solche diagnostischen Kategorien Berücksichtigung finden, die **Mindestanforderungen an die Reliabilität (und Validität)** erfüllen. Hierzu wurden sowohl für das DSM-III (Spitzer u. Mitarb. 1979, APA 1980) als auch für die ICD-10 (Sartorius u. Mitarb. 1993, Sartorius 1994, Freyberger u. Mitarb. 1990, 1992) umfangreiche Interraterreliabilitätsstudien durchgeführt.
4. Eingeführt wurde das sog. **Komorbiditätsprinzip**, das die Präsenz mehrerer voneinander unabhängiger deskriptiv gefaßter Störungen postuliert. Für jeden Patienten müssen danach soviele Diagnosen gestellt werden, wie für die vollständige Abbildung der gesamten Symptomatik notwendig ist. Streng deskriptiven Gesichtspunkten folgend wurde die Subsumierung multipler Symptome unter eine

einzelne komplexe Diagnose aufgegeben. Hauptdiagnose ist dabei in aller Regel die Diagnose mit der größten aktuellen klinischen Bedeutung.

5. Nicht zuletzt aufgrund der Notwendigkeit auch nichtsyndromale Aspekte einzuschließen, wurde das Prinzip der **multiaxialen Diagnostik** etabliert. Auf getrennten diagnostischen Achsen werden danach zumeist für die Ätiologie, Pathogenese, Therapie, Verlauf und Prognose relevante Aspekte separat abgebildet.

Konsequenzen für die Klassifikation

Eine wesentliche Konsequenz für die Klassifikation psychischer Störungen war die Differenzierung bzw. Aufsplitterung traditioneller diagnostischer Kategorien entsprechend der Leitsymptomatik. Als Beispiele für die teilweise unterschiedlichen Konzepte der ICD-10 und des DSM-IV sollen die Veränderungen einiger **Neurosenkategorien** der ICD-9 diskutiert werden (Freyberger u. Mitarb.1993 a u. b).Wie hierzu aus Tab. 9.**3** hervorgeht, wird die ICD-9 Diagnose **Angstneurose** im wesentlichen in der ICD-10 Hauptkategorie **andere Angststörungen** aufgelöst. Differenziert wird hier im wesentlichen zwischen der Panikstörung (episodisch auftretender, paroxysmaler Angst) und der generalisierten Angststörung, die anhaltende Angstsyndrome erfaßt. Unter punktueller Aufgabe des Komorbiditätsgedankens finden sich ausschließlich in der ICD-10 zwei sog. gemischte Kategorien, mit denen Störungen abgebildet werden sollen, bei denen Angst und entsprechende Begleitsymptome parallel auftreten und in gleicher symptomatologischer Gewichtung vorhanden sind, ohne daß die Kriterien der übrigen Angststörungen erfüllt werden. Hiermit sollen subklinische Beschwerdebilder erfaßt werden, von denen angenommen wird, daß sie in der primären Gesundheitsversorgung eine bedeutsame Rolle spielen.

Wie die Unterteilung der **Phobien** zeigt, wird in der ICD-10 der gegenüber dem traditionellen Konzept begrifflich weiter gefaßten Agoraphobie und den anderen Angststörungen eine diagnostische Präferenz vor der Panikstörung eingeräumt, die lediglich als Schweregradparameter herangezogen wird und nur bei Abwesenheit phobischer Symptome diagnostiziert werden darf. Das DSM-IV betrachtet demgegenüber die Panikstörung als primär und ordnet ihr die anderen Angststörungen nach.

Ein noch grundlegenderer Unterschied ergibt sich bei der Differenzierung der **hysterischen Neurose**. Während die ICD-10 diese Kategorie im wesentlichen in der Gruppe der dissoziativen Störungen abbildet, werden im DSM-IV die pseudoneurologischen Störungen dieser Kategorie in der Gruppe der somatoformen Störungen erfaßt. In beiden Systemen werden unter dieser Kategorie zusätzlich die Somatisierungsstörung, die hypochondrische Störung und die funktionellen Störungen subsumiert, so daß unter konzeptionellen Gesichtspunkten in beiden Systemen der dissoziative und der polysymptomatische Typ der hysterischen Neurose unterschiedlich gewichtet wird.

Mit der Neufassung der **neurotischen Depression** verfolgen beide Systeme ebenfalls unterschiedliche Konzepte. Während das DSM-IV an der major depression festhält und wie die ICD-10 eine Dysthymia implementiert, differenziert die ICD-10 zwischen (einzelnen) depressiven Episoden, rezidivierenden und anhaltenden depressiven Störungen, wobei bei der depressiven Episode und der rezidivierenden Störung zusätzlich eine Schweregradunterteilung basierend auf der Anzahl vorliegender Symptome erfolgt.

Tabelle 9.**3** Veränderungen in der Klassifikation ausgewählter Diagnosenkategorien von der ICD-9 zur ICD-10

ICD-9	ICD-10	
Angstneurose (300.0)	F41	andere Angststörungen
	F41.0	Panikstörung (episodisch paroxysmale Angst)
	F41.1	generalisierte Angststörung
	F41.2	Angst- und depressive Störung, gemischt
	F41.3	andere gemischte Angststörungen
hysterische Neurose (300.1)	F44	dissoziative Störungen
	F44.0	dissoziative Amnesie
	F44.1	dissoziative Fugue
	F44.2	dissoziativer Stupor
	F44.3	Trance und Besessenheitszustände
	F44.4	dissoziative Bewegungsstörungen
	F44.5	dissoziative Krampfanfälle
	F44.6	dissoziative Sensibilitäts- und Empfindungsstörungen
	F44.7	dissoziative (Konversionsstörungen), gemischt
Phobie (300.2)	F40	phobische Störung
	F40.0	Agoraphobie
	F40.00	ohne Panikstörung
	F40.01	mit Panikstörung
	F40.1	soziale Phobien
	F40.2	spezifische (isolierte) Phobien
Zwangsneurose (300.3)	F42	Zwangsstörung
	F42.0	vorwiegend Zwangsgedanken oder Grübelzwang
	F42.1	vorwiegend Zwangshandlungen
	F42.2	Zwangsgedanken und -handlungen, gemischt
neurotische Depression (300.4)	F32	depressive Episode
	F32.0	gegenwärtig leicht
	F32.1	gegenwärtig mittelgradig
	F32.2	gegenwärtig schwer
	F33	rezidivierende depressive Störung
	F34	anhaltende depressive Störung
	F34.1	Dysthymia
Neurasthenie (300.5)	F48.0	Neurasthenie
neurotisches Depersonalisationssyndrom (300.6)	F48.1	Depersonalisations-/Derealisationssyndrom
hypochondrische Neurose (300.7)	F45	Somatoforme Störungen
	F45.0	Somatisierungsstörung
	F45.1	undifferenzierte Somatisierungsstörung
	F45.2	hypochondrische Störung
	F45.3	somatoforme autonome Funktionsstörung
	F45.4	somatoforme Schmerzstörung

Weitere, für die psychologische Medizin und Psychotherapie relevante klassifikatorische Neuerungen beziehen sich vor allem auf die Aufwertung der in den operationalisierten Systemen enthaltenen Persönlichkeitsstörungen. Durch weniger restriktive diagnostische Eingangskriterien werden dabei im wesentlichen stabile Verhaltensauffälligkeiten erfaßt, denen mittlerweile in der Verlaufsforschung ein beachtlicher Stellenwert eingeräumt wird (Dittmann 1994). Zumindest in der psychiatrischen Forschung kommt insbesondere im Kontext des Komorbiditätsprinzips den Persönlichkeitsstörungen eine Bedeutung zu, da Patienten mit komorbiden Persönlichkeitsstörungen oft schwerer behandelbar sind.

Diese Aufsplittung der traditionellen diagnostischen Kategorien in eine Vielzahl syndromal definierter Diagnosen führt, wie Anwendungsstudien gezeigt haben (vgl. etwa Freyberger u. Mitarb.1995, Schneider u. Mitarb.1993, Spitzer u. Mitarb.1994), in Verbindung mit dem Komorbiditätsprinzip dazu, daß sich die zu stellende Anzahl klinischer Diagnosen deutlich erhöhen wird. Unter deskriptiven Gesichtspunkten wird dabei angestrebt, Störungsanteile der Patienten differentiell zu erfassen, um stärker als bisher mit diagnostischen Einschätzungen therapie- und prognosenrelevante Aspekte abzubilden (Angst 1994).

Komplementäre und ergänzende multiaxiale Ansätze

Multiaxiale Ansätze der ICD-10 und des DSM-IV

Angesichts dieser Reduktion der diagnostischen Betrachtungsebene auf die syndromale Ebene hat sich die Weltgesundheitsorganisation (WHO) in Anlehnung an die analogen Konzepte des DSM-III und DSM-III-R entschlossen, ein eigenes multiaxiales System für die **ICD-10** zu entwickeln, das gegenwärtig in einer Forschungsversion vorliegt (WHO 1994 a, Siebel u. Mitarb.1994).Auf den Achsen Ia und Ib dieses Systems werden die psychischen (Kapitel V) und die somatischen Erkrankungen (entsprechend der anderen ICD-10-Kapitel, DIMDI, 1994) abgebildet (vgl. Tab. 9.**4**).Um in Analogie zur Global Assessment Functioning (GAF) Scale des DSM-Systems psychosoziale Funktionseinschränkungen zu erfassen, wurde für die Achse II der ICD-10 die WHO Disability Diagnostic Scale (WHO 1993) entwickelt, mit der sich verschiedene Dimensionen der Funktionsfähigkeit einschätzen lassen. In Anlehnung an Konzepte der Life-event-Forschung sollen auf Achse III umgebungs- und situationsabhängige Einflüsse/Probleme der Lebensführung und Lebensbewältigung abgebildet werden, die im Zusammenhang mit der Entstehung und Aufrechterhaltung der Symptomatik stehen. Diese sind aus dem Kapitel XXI (Z) „Faktoren, die den Gesundheitszustand beeinflussen und zur Inanspruchnahme von Gesundheitsdiensten führen" der ICD-10 zusammengestellt worden.

Im **DSM-IV** wurden analoge Achsen realisiert. Der Achse II der ICD-10 entspricht, wie oben ausgeführt, die bereits im DSM-III und DSM-III-R vorhandene, aber jetzt modifizierte Global Assessment of Functioning Scale (GAF). Der Achse III der ICD-10 entspricht im DSM-IV ein analoges Kodierungsschema zu psychosozialen und umgebungsbezogenen Problemen. Im Anhang des DSM-IV wurden zusätzlich Achsen publiziert, für die gegenwärtig noch keine ausreichenden empirischen Befunde vorliegen (Defense Functioning Scale; Global Assessment of Relational Functioning Scale, Social and Occupational Functioning Assessment Scale).

Tabelle 9.**4** Multiaxiale Systeme in der ICD-10 und im DSM-IV

ICD-10	
Achse Ia	Diagnosen der psychischen Störungen nach ICD-10 (Kapitel V)
Achse Ib	somatische Diagnosen nach ICD-10 (andere Kapitel)
Achse II	Ausmaß der psychosozialen Funktionseinschränkungen gemäß der WHO Disability Diagnostic Scale (WHO-DDS; WHO 1993 c) – Globaleinschätzung – Selbstfürsorge und Alltagsbewältigung – berufliche Funktionsfähigkeit – familiäre Funktionsfähigkeit – andere soziale Rollen und Aktivitäten
Achse III	Faktoren der sozialen Umgebung und der individuellen Lebensbewältigung gemäß dem Kapitel XXI (Z) „Faktoren, die den Gesundheitszustand beeinflussen und zur Inanspruchnahme des Gesundheitswesens führen" der ICD-10: – negative Kindheitserlebnisse und Probleme mit der Erziehung – Probleme in Verbindung mit Ausbildung und Bildung – Probleme in der primären Bezugsgruppe, einschließlich familiärer Umstände – Probleme in Verbindung mit der sozialen Umgebung – Probleme mit den Wohnbedingungen und finanziellen Verhältnissen – Probleme in Verbindung mit Berufstätigkeit und Arbeitslosigkeit – Probleme in Zusammenhang mit Umweltbelastungen – Probleme bei bestimmten psychosozialen oder juristischen Situationen – Probleme mit Krankheiten oder Behinderungen in der Familienanamnese – Probleme bei der Lebensführung – Probleme bei der Lebensbewältigung
DSM-IV	
Achse I	Psychische Störungen, andere Zustandsbilder von klinischer Relevanz
Achse II	Persönlichkeitsstörungen, Intelligenzminderung
Achse III	körperliche Störungen
Achse IV	psychosoziale und umgebungsbezogene Probleme (mit der primären Bezugsgruppe, in der sozialen Umgebung, Erziehung, Beruf, Wohnsituation, Finanzen, Zugang zu Gesundheitsdiensten, juristische Probleme, andere)
Achse V	Global Assessment of Functioning (GAF) Scale
Optional	– Skala zur Erfassung des Abwehrniveaus – Global Assessment of Relational Functioning (GARF) Scale – Social and Occupational Functioning Assessment Scale (SOFAS)

Der wahrscheinlich wichtigste Unterschied zwischen beiden Systemen besteht darin, daß das DSM-IV – wie bereits das DSM-III und das DSM-III-R – den Persönlichkeitsstörungen eine eigene Achse zubilligt, während diese Störungsart in der ICD-10 auf einer gemeinsamen Achse mit den anderen psychischen Störungen abgebildet werden.

Ergänzende multiaxiale Ansätze und das Konzept der Arbeitsgruppe Operationalisierte Psychodynamische Diagnostik (OPD)

Neben den multiaxialen Ansätzen der ICD-10 und des DSM-IV sind in den vergangenen Jahren eine Reihe weiterer Konzepte veröffentlicht worden. So schlugen Schüßler u. Mitarb.(1990) ein sieben Achsen umfassendes System vor (vgl. Tab. 9.5), das stärker an **psychodynamischen Konstrukten** orientiert ist. Stieglitz u. Schüßler (1995) bzw. Mezzich u. Schmolke (1995) nennen eine Reihe weiterer Verfahren mit stark psychodynamischer Orientierung, auf die in dem Beitrag von Schüßler in diesem Band näher eingegangen wird. Für die Abbildung kulturspezifischer Besonderheiten wurde von Mezzich u. Good (im Druck) ein fünf Achsen umfassendes System entwickelt, das eine internationale Vergleichbarkeit multiaxialer Einschätzungen sichern soll (vgl. Tab. 9.5). Von einer Reihe von Autoren wurden Ansätze zur Beurteilung der Lebensqualität (Quality of Life) vorgelegt (Bech 1990, Cooper 1990, Kastrup 1990), die ebenfalls in multiaxialen Ansätzen Berücksichtigung fanden.

Im deutschsprachigen Raum hat sich eine Arbeitsgruppe zur **Operationalen Psychodynamischen Diagnostik (OPD)** (Sprecher: S.O. Hoffmann, Mainz) etabliert, die gegenwärtig an einem fünf Achsen umfassenden multiaxialen System arbeitet (vgl. Tab. 9.6). Während die im engeren Sinne **psychodynamischen** Achsen Beziehungen (Achse II, Cierpka u. Mitarb. im Druck), Konflikt (Achse III, Schüßler u. Mitarb. im Druck) und Struktur (Achse IV, Rudolf u. Mitarb. im Druck) in dem Beitrag von Schüßler in diesem Band vorgestellt und diskutiert werden, wird hier gesondert zu den Achsen I (Schneider u. Mitarb. im Druck) und V (Freyberger u. Mitarb. im Druck) Stellung genommen.

Mit der **Achse I** werden verschiedene **Dimensionen des Krankheitserlebens und der Behandlungsvoraussetzungen** auf einer 4 stufigen schweregradorientierten Skala (von 0 = nicht vorhanden bis 3 = hoch) erfaßt, die für die differentielle Indikationsstellung zur Psychotherapie von Bedeutung sind. Die einzelnen Dimensionen wurden, ebenso wie bei den anderen Achsen des OPD-Systems, in einem Manual definiert und die Schweregradeinteilung mit Beispielen verankert. Differenziert wird hier zwischen Variablen, die sich dem Schweregrad der vorliegenden Erkrankungen, dem Leidensdruck und dem Beschwerdeerleben sowie den psychosozialen Ressourcen zuordnen lassen.

Mit der **Achse V** wird die **operationale Diagnostik nach ICD-10** in dem System verankert. Dabei werden, um die Kompatibilität mit dem DSM-IV zu gewährleisten, auf Achse Va die psychischen Störungen und auf Achse Vb die Persönlichkeitsstörungen abgebildet. Für die psychosomatischen Störungen im engeren Sinne wurde ein ergänzender Diagno-

Tabelle 9.6 Das multiaxiale System der Arbeitsgruppe „Operationale psychodynamische Diagnostik" (OPD)

Achse I	**Krankheitserleben und Behandlungsvoraussetzungen** Schweregrad des somatischen bzw. psychischen Befundes, Leidensdruck bzw. Beschwerdeerleben – Beeinträchtigung des Selbsterlebens – Beeinträchtigung des Körpers – sekundärer Krankheitsgewinn – Angemessenheit der subjektiven Beeinträchtigung – Behandlungserwartungen und Inanspruchnahmebereitschaft – Einsichtsfähigkeit für psychodynamische bzw. somatopsychische Zusammenhänge – Einschätzung der geeigneten Behandlungsform (Psychotherapie, körperliche Behandlung) – Psychotherapiemotivation – Motivation zur körperlichen Behandlung – Compliance Ressourcen – psychosoziale Integration – persönliche Ressourcen (Belastbarkeit) – soziale Ressourcen – soziale Unterstützung
Achse II	**Beziehungen**
Achse III	**Konflikt**
Achse IV	**Struktur**
Achse V Va Vb Vc	**Syndromale Diagnostik nach ICD-10** – psychische Störungen (Kapitel V der ICD-10) – Persönlichkeitsstörungen (Kategorien F60 und F61 der ICD-10) – somatische Erkrankungen (andere Kapitel der ICD-10)

Tabelle 9.5 Ergänzende multiaxiale Ansätze

Autoren	Achsen	
Schüßler u. Mitarb. (1990)	Achse I	psychische Störungen
	Achse II	Persönlichkeitsstörungen und -züge
	Achse III	somatische Erkrankungen
	Achse IV	Schweregrad psychosozialer Stressoren
	Achse V	berufliche Funktionsfähigkeit
	Achse VI	soziale Kontakte
	Achse VII	Stufe der Objektbeziehungen nach Kernberg
Mezzich u. Good (im Druck)	Achse I	kulturelle Identität des Patienten
	Achse II	kulturspezifische Erklärungsmuster der Störung
	Achse III	für die psychosoziale Umgebung und die Funktionsfähigkeit relevante kulturelle Faktoren
	Achse IV	interkulturelle Besonderheiten der Arzt-Patienten-Beziehung
	Achse V	Gesamteinschätzung

Tabelle 9.7 Subkategorisierung der ICD-10 Kategorie F54 psychische und Verhaltenseinflüsse bei andernorts klassifizierten Erkrankungen (psychosomatische Störungen) auf der OPD-Achse V

Verwendung

Diese Kategorie (F54) soll verwendet werden, um psychologische und Verhaltenseinflüsse zu erfassen, die eine wesentliche Rolle in der Ätiologie (oder im Verlauf) körperlicher Erkrankungen spielen, die in anderen Kapiteln der ICD-10 klassifiziert werden. Diese psychischen Störungen sind meist unspezifisch und langanhaltend (wie Sorgen, emotionale Konflikte, ängstliche Erwartung usw.), und rechtfertigen nicht die Zuordnung zu einer anderen Störung im Kapitel V. Eine zusätzliche Kodierung ist zur Bezeichnung der körperlichen Störung zu verwenden. (In den seltenen Fällen, in denen eine psychiatrische Störung vermutlich die Ursache für eine körperliche Störung darstellt, ist für die psychiatrische Störung eine zweite zusätzliche Kodierung anzugeben.)

Beispiele für die Verwendung dieser Kategorie

- Adipositas (F54.xx und E66)
- Asthma bronchiale (F54.xx und J45)
- Dermatitis und Ekzem (F54.xx und L23 – L25)
- Urticaria (F54.xx und L50)
- Ulcus ventriculi (F54.xx und K25)
- Ulcus duodeni (F54.xx und K26)
- Ulcus pepticum (54.xx und K27)
- Gastritis und Duodenitis (F54.xx und K29)
- Colitis mucosa (F54.xx und K58)
- Colitis ulerosa (F54.xx und K51)
- Colon irritabile (F54.xx und K58)
- essentielle Hypertonie (F54.xx und H10)
- Hypotonie (F54.xx und I95)
- Synkope und Kollaps (F54.xx und R55)
- Torticollis spasticus (F54.xx und G24.3)
- multiple Sklerose (F54.xx und G35)
- Migräne (F54.xx und G43.x)
- sonstige Kopfschmerzen (F54.xx und G44.x)
- Rückenschmerzen (F54.xx und M54.x)
- Tinnitus (F54.xx und H93.1)
- prämenstruelles Syndrom (F54.xx und N94.3)
- primäre und sekundäre Dysmenorrhie (F54.xx und N94.4 bzw. N94.5)
- Störungen im Zusammenhang mit der Menopause (F54.xx und N95.1)

Kennzeichnung

Mit der 4. Stelle wird die Art der psychischen Symptomwahl gekennzeichnet

F54.0x	vorwiegend ängstliche Symptomatik
F54.1x	vorwiegend depressive Symptomatik
F54.2x	vorwiegend hypochondrische Befürchtungen/körperbezogene Symptomatik
F54.3x	multiple psychische Symptome
F54.4x	präpsychotische oder psychoseähnliche Symptomatik
F54.5x	keine psychische Symptomatik erkennbar
F54.8x	andere
F54.9x	nicht näher bezeichnete

Tabelle 9.7 (Fortsetzung)

Mit der 5. Stelle wird die Art der psychosomatischen Wechselwirkung gekennzeichnet

F54.x0	psychosoziale Faktoren wirken kausal
F54.x1	psychosoziale Faktoren wirken verlaufsstabilisierend
F54.x2	psychosoziale Faktoren sind Folge der Erkrankung
F54.x3	psychosoziale Faktoren wirken kausal und verlaufsstabilisierend
F54.x4	psychosoziale Faktoren wirken kausal und sind als Folge der Erkrankung aufzufassen
F54.x5	psychosoziale Faktoren wirken verlaufsstabilisierend und sind als Folge der Erkrankung aufzufassen
F54.x6	alle Wirkmodi stehen in Verbindung

senschlüssel für die ICD-10, Kategorie F54 (psychische Faktoren und Verhaltenseinflüsse bei andernorts klassifizierten Erkrankungen) entwickelt, in dem sowohl symptomatologische Aspekte als auch verlaufsrelevante Angaben erfaßt werden (vgl. Tab. 9.7; Freyberger u. Mitarb., im Druck). Damit wurde dem Umstand Rechnung getragen, daß die Mehrzahl psychosomatischer Störungen in den anderen Kapiteln der ICD-10 klassifiziert wird und innerhalb des Kapitels V nur mit dieser nicht weiter ausgearbeiteten Kategorie erfaßt wird (Freyberger u. Mitarb. 1990 u.1992). Über den OPD-Ansatz hinaus werden sich in den nächsten Jahren weitere Arbeitsgruppen mit der Bedeutung vor allem in der psychosomatischen Forschung relevanter Syndrome wie etwa des Alexithymiekonzepts oder des Typ-B-Verhalten (Fava u. Mitarb.1995) auf deskriptiver Ebene auseinandersetzen.

Dokumentation

Die Notwendigkeit zur Dokumentation wird sich in den kommenden Jahren insbesondere im Kontext der Diskussion zur Qualitätssicherung vor allem im Hinblick auf die Prozeß- und Ergebnisqualität ergeben. Dies gilt auch für die ausbildungs- und zeitintensive Psychotherapie.

Für die Dokumentation diagnosenrelevanter Befunde liegen auf der Ebene operationaler Klassifikationssysteme neben den verschiedenen genannten Instrumenten vor allem für die Interviewverfahren Computerprogramme vor, mit denen sich u. a. eine computerisierte syndromale Diagnosestellung vornehmen läßt. Mit dem Manual der Arbeitsgruppe operationalisierte psychodynamische Diagnostik wird darüber hinaus ein integrierter Dokumentationsansatz der verschiedenen Achsen mit den entsprechenden Dokumentationsbögen für die klinische Praxis und für Forschungsvorhaben vorgelegt. Für die Erhebung weiterer Daten im Rahmen der Basisdokumentation wurden in den vergangenen Jahren eine Reihe von Vorschlägen sowohl für den ambulanten (Hohage u. Mitarb.1987, Grünzig u. Schors 1987) als auch für den stationären Bereich (u. a. Sachsenröder u. Mitarb. 1993) vorgelegt. Zu den in diesem Zusammenhang für die Prozeß- und Erfolgsmessung relevanten Selbst- und Fremdbeurteilungsskalen nehmen Schumacher u. Brähler in diesem Band Stellung (vgl. auch Hautzinger 1994).

Nachdem in der verhaltenstherapeutisch orientierten Psychotherapie bereits ein umfassendes Dokumentationssystem entwickelt und evaluiert wurde (Zielke 1993), legte eine Arbeitsgruppe des Deutschen Kollegiums für Psychoso-

Tabelle 9.**8** Variablen im Basisdokumentationsentwurf des DKPM (nach Broda u. Mitarb. 1993)

	1.	Kostenträger
Soziodemographische Variablen	2.1.	Geschlecht des Patienten
	2.2	Alter
	2.3.	Nationalität
	2.4.1.	Familienstand
	2.4.2.	Lebenssituation
	2.4.3.	Größe des Haushalts
	2.5.	Höchster Schulabschluß
	2.6.	Höchster Berufsabschluß
	2.7.1.	Jetzige/letzte Berufstätigkeit
	2.7.2.	Erwerbstätigkeit
	2.8.	Haupteinkommensquelle
	3.1.	Arbeitsunfähigkeit bei Aufnahme
	3.2.	Arbeitsunfähigkeit der letzten 12 Monate
	3.3.	Vorzeitige Berentung
Anamnese	4.1.	Krankheitsanamnese (Dauer der Beschwerden in bezug auf die Hauptdiagnose)
	4.2.	Vorbehandlung (Krankenhausaufenthalte in den letzten 12 Monaten)
	4.3.	Psychotherapeutische Vorbehandlung
	4.4.	Anamnesedaten (Sucht, Suizidversuch)
Diagnosen	5.1.	Psychische/Psychiatrische Diagnosen (ICD-9)
	5.2.	Somatische Diagnosen (ICD-9)
Behandlungsparameter	6.	Motivation zur vorgesehenen Behandlung
	7.1.	Behandlungsdauer
	7.2.	Art der Beendigung der Therapie
	8.1.	Einzelgespräche mit Therapeuten
	8.2.	Visitengespräche
	8.3.	Schwestern und Pfleger (Gesprächskontakte)
	8.4.	Spezifisches therapeutisches Programm
	8.5.	Balneo-Physikalische Maßnahmen
	8.6.	Medikation Aufnahme/Entlassung
Behandlungsergebnis	9.1.	Somatisches Behandlungsergebnis
	9.2.	Psychisches Behandlungsergebnis
	9.3.	Arbeitsunfähigkeit bei Entlassung
	10.	Bemerkungen

matische Medizin (DKPM) einen integrierten, mit einem ausführlichen Glossar versehenen Ansatz vor (Broda u. Mitarb. 1993), der in diesem Zusammenhang kurz vorgestellt werden soll (Tab. 9.**8**). Neben einer Reihe von soziodemographischen Variablen werden ausgewählte Anamnesendaten, Diagnosen (nach ICD-9), einige Behandlungsparameter und Behandlungsergebnisse dokumentiert. Bei den Behandlungsparametern wird die Motivation des Patienten auf einer einfachen, 4stufigen Fremdbeurteilungsskala erfaßt und die erhaltenen Therapiebausteine differenziert erhoben. Das Behandlungsergebnis wird u.a. mit 5stufigen Fremdbeurteilungsskalen dokumentiert.

Diskussion und Ausblick

Die Entwicklung der operationalisierten Klassifikationssysteme hat zu einer Eliminierung des psychoanalytischen Neurosen- und des psychiatrischen Endogenitätskonzepts in den diagnostischen Manualen des DSM-III, DSM-III-R, DSM-IV und der ICD-10 geführt, das durch eine deskriptive Betrachtungsweise psychischer Störungen ersetzt wurde. Die Vorteile dieses deskriptiven Ansatzes liegen zweifellos in den damit verbesserten methodischen Grundlagen der Diagnostik, d.h. in der verbesserten Zuverlässigkeit (Reliabilität), Kommunizierbarkeit in den verschiedenen Bereichen der psychologischen Medizin und in angemesseneren Möglichkeiten, Stichproben verschiedener Untersuchungsansätze miteinander zu vergleichen. Die Nachteile sind in der Aufgabe traditionell gewachsener und klinisch wie wissenschaftlich wertvoller Konzepte zu sehen, die wahrscheinlich nur über den Weg multiaxialer Klassifikationsansätze in das diagnostische Denken reintegriert werden können.

Operationale Klassifikationsansätze sind in der wissenschaftlichen Welt heute weithin akzeptiert, für die Veröffentlichung von Arbeiten in zahlreichen Zeitschriften bzw. bei der Vergabe von Drittmittelprojekten werden sie als Voraussetzung angesehen. Dennoch haben sie sich im klinischen Bereich bisher nicht durchsetzen können. Vielerorts werden die in der operationalen Diagnostik implizit enthaltenen, für die Indikation und Durchführung von Psychotherapien relevanten Symptome und Syndrome nicht angemessen verwendet. Wittchen (1991) hat für die Verhaltenstherapie in diesem Zusammenhang darauf hingewiesen, daß die neuen diagnostischen Begriffe in erster Linie einer groben Deskription von Auffälligkeiten der Patienten dienen, während bei der Planung und Durchführung der Therapien andere Konzepte herangezogen werden. Für die psychoanalytisch orientierte Psychotherapie scheint dies in gleicher Weise zuzutreffen. Darüber hinaus ist die stark an biologisch-psychiatrische Paradigmen gebundene deskriptive Diagnostik mit bestimmten Risiken für den diagnostischen und therapeutischen Prozeß verknüpft, die vor allem für die psychodynamischen Psychotherapien von Bedeutung sind. Die in ihnen vor diesem Hintergrund erfolgende Überschätzung der Symptomatik zu Ungunsten weiterer wichtiger diagnostischer Variablen, wie der Abwehr, der Persönlichkeitsorganisation und weiterer struktureller Besonderheiten, wurde immer wieder kritisiert. Sie war bereits in den 70er Jahren Gegenstand heftiger Kontroversen (Schneider u. Freyberger 1990, Schneider u. Mitarb. im Druck). Darüber hinaus wird auch im Bereich der Psychiatrie (Saß 1987 u. 1994) vor den möglichen Konsequenzen für die Ausbildung gewarnt, die mit der Überschätzung des operationalen Ansatzes für eine „wertfreie" Nosologie verbunden sein können.

Bedeutung operationaler Verfahren

Nichtsdestoweniger hat der Entwicklungsprozeß operationaler Klassifikationssysteme gezeigt, daß die methodischen Grundlagen der psychologischen Medizin über einige Jahrzehnte systematisch vernachlässigt wurden, so daß sich jetzt ein erheblicher Nachholbedarf an der Entwicklung und Anwendung operationaler Verfahren ergibt. Für die Klassifikation und Dokumentation in der Psychotherapie ist dies vor dem Hintergrund der jetzt geführten Diskussion um Prozeß- und Ergebnisqualität mit einigen

Konsequenzen verbunden. Unseres Erachtens bedarf es in der psychologischen Medizin und Psychotherapie einer **Mehrebenendiagnostik**, die mit folgenden Voraussetzungen verbunden sein muß:

1. Erfassung der syndromalen Krankheitsaspekte eines Patienten mit Hilfe der operationalen Klassifikationsansätze als einer wesentlichen diagnostischen Achse.
2. Dokumentation eines Minimalkataloges von soziodemographischen, therapie- und prognoserelevanten Merkmalen, etwa auf der Grundlage des vom DKPM ausgearbeiteten Basisdokumentationsvorschlages.
3. Erfassung von operationalisierten therapie- und prognoserelevanten Variablen, wie sie in der Konzeption der Achsen I–IV des multiaxialen Systems der Arbeitsgruppe operationalisierte psychodynamische Diagnostik (OPD) ausgearbeitet sind.
4. Zumindest punktuelle Evaluation von Therapieprozessen und -verläufen durch Selbst- und Fremdbeurteilungsskalen (vgl. Stieglitz 1994), wobei die Dimensionen Symptomatologie, psychosoziale Funktionseinschränkungen bzw. Integration, Psychotherapiemotivation und interpersonelle Fähigkeiten und Funktionen einzuschließen sind.

10. Psychoanalytische Diagnostik

G. Schüßler

Entwicklung der psychoanalytischen Diagnostik

„Verrücktes Huhn. Drei Monate“, mit dieser lapidaren Feststellung soll S. Freud einen Patienten an einen Schüler zur Psychoanalyse überwiesen haben (Roazan 1971). Freud, der sehr gute diagnostische Fähigkeiten besaß, betrachtete eine Diagnose zwar als notwendig, war sich jedoch der Grenzen der diagnostischen Möglichkeiten bewußt. Seine Erstgespräche sollen kurz und intensiv gewesen sein, ohne lange Präliminarien und Indikationsformalitäten. „Um den ersten Schwung zu nutzen“ kam er immer unmittelbar zur Sache und wollte vor allem wissen, ob

- bei dem Analysanden etwas zu erreichen ist,
- ein Leidensdruck vorliegt,
- eine Psychose vorliegt,
- es sich um einen fragwürdigen Charakter handelt,
- der Patient anständig und erzogen ist,
- der Patient vernünftig und zuverlässig ist,
- der Patient sympathisch ist.

Wenn diese Indikationen positiv ausfielen, dann wurde eine Probebehandlung für 14 Tage vereinbart, dennoch hatten beide das Recht, auf die weitere Behandlung zu verzichten, denn

> „Unsere Diagnosen erfolgen sehr häufig erst nachträglich, sie sind von der Art wie die Hexenprobe des Schottenkönigs, (der) behauptet, im Besitz einer unfehlbaren Methode zu sein, um eine Hexe zu erkennen. Er ließ sie in einem Kessel kochendes Wasser abbrühen und kostete dann die Suppe. Danach konnte er sagen: das war eine Hexe, oder: ..., das war keine. Ähnlich ist es bei uns, nur daß wir die Geschädigten sind. Wir können den Patienten, der zur Behandlung, oder ebenso den Kandidaten, der zur Ausbildung kommt, nicht beurteilen, ehe wir ihn durch einige Wochen oder Monate analytisch studiert haben. Wir kaufen die Katze tatsächlich im Sack (Freud, Bd. 8, S. 167).“

Von Freud selbst gibt es keine eigentliche Theorie des diagnostischen Erstgespräches und auch in der Folgezeit sind nur wenig Beiträge zur Diagnostik erschienen. Die psychiatrische Diagnostik stellte immer die Erfassung und Beschreibung von Symptomen in den Mittelpunkt, womit die Benennung eines Krankheitsbildes angestrebt wurde. Freud begründete eine neue Anschauung: die Diagnostik der Beziehung von Arzt und Patient. Vielfach wurde (und wird) von Analytikern die Auffassung vertreten, es handle sich dabei um ein einzigartiges Geschehen, das keiner diagnostischen Beschreibung zugänglich ist. Diese Extremposition psychoanalytischen Denkens wurde z.B. von Menniger (1948) vertreten, der den Wert jeglicher Diagnostik für den therapeutischen Entscheidungsprozeß bestritt. Sicherlich ist die reine Auflistung von Symptomen, wie sie in einer rein symptomorientierten Diagnostik nach ICD-10 und DSM-IV leider allzuoft betrieben wird, für eine psychotherapeutische Entscheidungsfindung nicht hilfreich. Mit der differenzierten Erfassung von Übertragung/Gegenübertragung, Konflikt- und Strukturmerkmalen verfügt die psychoanalytische Diagnostik heute jedoch über ein breites Instrumentarium, das eine umfassende und individuelle Diagnostik ermöglicht; eine Diagnostik, die sich klinisch in den letzten Jahrzehnten bewährt hat und die auch zunehmend empirische Unterstützung findet.

Psychoanalytische diagnostische Verfahren

Erst in den 50er Jahren haben sich in den USA in der Psychiatrie unter dem Einfluß der Psychoanalyse methodisch ausgearbeitete, psychodynamisch orientierte Erstinterviewkonzepte entwickelt: das **„Psychiatrische Interview“** von Sullivan (1953) und das **„Dynamische Interview“** von Gill, Newman u. Redlich (1954). Grundlegend und fruchtbar für die weitere Entwicklung war das **„Diagnostische Interview“** von M. und E. Balint (1962), die im Rahmen ihrer Forschungen über „Psychotherapeutische Techniken in der Medizin“ ein interaktionelles Interviewschema ausarbeiteten. Von Argelander (1967 u. 1970) wurden unter der Bezeichnung **„Psychoanalytisches Erstinterview“** konkrete Anleitungen zur Durchführung von psychoanalytischen Erstuntersuchungen vorgelegt, Dührssen (1972 u. 1981) veröffentlichte ähnliches unter der Bezeichnung **„Biographische Anamnese unter tiefenpsychologischem Aspekt“**. Von Kernberg (1977, 1981 u. 1984) wurde das **„Strukturelle Interview“** entwikelt, um die Borderline-Diagnostik zwischen Neurosen- und Psychosendiagnostik zu etablieren. Mit der **„Methode des zentralen Beziehungskonfliktthemas“** von Luborsky (1984) sind schließlich auch formalisierte Methoden des psychoanalytischen Interviews aufgekommen. Ein umfassender Versuch psychodynamischer Diagnostik ist die **„Operationalisierte Psychodynamische Diagnostik“** (Arbeitskreis OPD 1996) (Tab. 10.**1**).

Tabelle 10.1 Interviewkonzepte

Psychiatrisches Interview (Sullivan 1953)	
Definition	Weitgehend strukturierte Interview-Technik, orientiert an der Vielgestaltigkeit psychiatrischer Erkrankungen.
Zielsetzung	Interpersonaler Prozeßcharakter des Gespräches. Rolle des Psychiaters als teilnehmender Beobachter, Beachtung der Erwartungen des Patienten an dem Gespräch, Wahrnehmung reziproker Emotionen bei Arzt und Patient.
Technik	Nach einer Warming-up-Phase („formal inception") Konzentration darauf, wie Patient seine Lebensumstände subjektiv erlebt („Reconnaissance"), indem nach einer detaillierten Exploration die Beschwerden und Ängste in einen Zusammenhang mit der Lebensgeschichte und inneren Welt des Patienten gebracht werden. In einem „Final statement" informiert der Untersucher den Patienten über seine Überlegungen und Zielvorstellungen.
Dynamisches Interview (Gill 1954)	
Definition	Von der eigentlichen Behandlung abgetrennte sozialpsychologische Situation.
Zielsetzung	Untersucher als involvierter Teilnehmer, Beziehung zwischen Therapeut und Patient als zentrales Thema, Einbezug therapeutischer Elemente, Unterstützung für den Patienten auf dem Weg in die Therapie.
Technik	Herstellung der Beziehung, Patient leitet das Interview.
Diagnostisches Interview (M. u. E. Balint 1962)	
Definition	Kritische Abgrenzung zur psychiatrischen Exploration, Beziehungsaspekt zwischen Untersucher und Patienten steht ganz im Vordergrund.
Zielsetzung	Beziehungsdiagnose durch Untersuchung der Wechselwirkung zwischen Arzt und Patient.
Technik	Erläuterung der Ziele des Erstgespräches, Schaffung und Erhaltung einer hilfreichen Beziehung.
Psychosomatische Anamnese (Morgan u. Engel 1977, Adler u. Hemmeler 1989)	
Definition	Erweiterung der psychodynamischen Anamnese auf psychosomatische Erkrankungen, Berücksichtigung des bio-psycho-sozialen Modells und der daraus erwachsenden psychosomatischen Mehrebenendiagnostik.
Zielsetzung	Möglichst individuelle Erfassung der bio-psycho-sozialen Erkrankungsursachen und Folgen unter Berücksichtigung psychodynamischer Aspekte.
Technik	Im Mittelpunkt steht das subjektive körperliche und seelische Leiden des Patienten. Mit dem Aufbau einer hilfreichen Beziehung leitet das Gespräch zur persönlichen Biographie, Entwicklung und sozialen Situation über.

Tabelle 10.1 (Fortsetzung)

Psychoanalytisches Interview (Argelander 1967, 1970)	
Definition	Erstgespräch als „psychoanalytische Situation" mit diagnostischem und therapeutischem Anspruch.
Zielsetzung	Inszenierung der innerpsychischen Konflikte in einer „ungewöhnlichen Gesprächssituation".
Technik	Nutzung objektiver, subjektiver, aber insbesondere szenischer Informationen.
Biographische Anamnese (Dührssen 1972, 1981)	
Definition	Psychodynamisches Interview mit überwiegend diagnostischer Funktion.
Zielsetzung	Erfassung der psychosozialen und entwicklungspsychologisch bedeutsamen Faktoren aus dem früheren und gegenwärtigen Leben des Patienten.
Technik	Der Therapeut wird überwiegend als Beobachter gesehen, nutzt jedoch nicht nur objektive, sondern auch subjektive Informationen.
Strukturelles Interview (Kernberg 1981)	
Definition	Strukturell meint ein auf die Persönlichkeitsstruktur des zu Untersuchenden ausgerichtetes Interview, das eine Integration von psychoanalytischer und psychiatrischer Diagnostik anstrebt.
Zielsetzung	Erfassung der drei Haupttypen der Persönlichkeitsorganisation (neurotischer Typ, Borderline-Typ und psychotischer Typ).
Technik	Unstrukturiertes Interview entlang eines Interviewleitfadens mit einem entsprechenden Wechsel von Exploration und Freiraum, Focussierung auf Symptome, Konflikte und Schwierigkeiten, Darstellung im Hier und Jetzt in der Interaktion zum Interviewer.
Zentraler Beziehungskonflikt (ZBKT; Luborsky 1984)	
Definition	Formalisierte psychodynamische Diagnostik als von der therapeutischen Situation unabhängige Methode.
Zielsetzung	Erfassung der Interaktionsmuster eines Subjektes bestehend aus seinem Wunsch, der Reaktion des Objektes und der darauf folgenden Reaktion des Subjektes.
Technik	Standardisiertes Interview, in dem subjektiv bedeutsame Beziehungsepisoden über tatsächlich erlebte Interaktionen berichtet werden und entlang dem Einzelfall oder anhand von Kategorien ausgewertet werden.
Diagnostisches Interview im Rahmen der Operationalisierten Psychodynamischen Diagnostik (OPD) (Arbeitskreis OPD 1996)	
Definition	Unstrukturiertes, psychodynamisches Interview. Man versucht, anhand eines Interviewleitfadens, die klinisch relevanten, diagnostischen Achsen der OPD zu erfassen.

(Fortsetzung nächste Seite)

III

Tabelle 10.1 (Fortsetzung)

Diagnostisches Interview im Rahmen der Operationalisierten Psychodynamischen Diagnostik (OPD) (Arbeitskreis OPD 1996)	
Zielsetzung	Erfassung des Krankheitserlebens, der Beziehungsebene, der zeitlich überdauernden Konflikte und der psychischen Struktur, Berücksichtigung der ICD-10-Diagnose.
Technik	Nutzung objektiver, wie auch subjektiver Informationen, unter Berücksichtigung von Übertragung und Gegenübertragung sowie Inszenierung, die notwendigen „harten Daten" müssen erfaßt werden.

Wichtige gebräuchliche diagnostische Verfahren
Von den im Überblick aufgeführten Verfahren sind heute weithin in Gebrauch:
- Psychoanalytisches Erstinterview
- Biographische Anamnese unter tiefenpsychologischen Gesichtspunkten
- Psychosomatische Anamnese

Psychoanalytisches Erstinterview

Argelander hat auf der theoretischen Basis der Interviews von Balint eine spezielle psychoanalytische Interviewtechnik ausgearbeitet und diese in seinem lesenswerten Buch „Das Erstinterview in der Psychotherapie" (1970) ausführlich beschrieben. Er betrachtet das Erstgespräch mit dem Patienten in dem Zeitrahmen von 60 Minuten schon als eine „psychoanalytische Situation" mit sowohl diagnostischen als auch therapeutischen Aspekten. Neben dem Anspruch auf diagnostische Klärung geht es um die gemeinsame Erarbeitung eines konkreten Behandlungsvorschlages sowie um die Motivierung und Vorbereitung für die Behandlung. Dabei wird besonders die innere subjektive Realität des Patienten berücksichtigt. Die Zielsetzungen des Erstinterviews sind:
- Aufspüren des Sinnzusammenhanges der Symptome mit den dahinter verborgenen Konflikten,
- Antworten zu finden auf die Frage, in welche Persönlichkeitsstruktur das Krankheitsgeschehen eingebettet ist.
- Erkennen, über welche therapeutischen Fähigkeiten der Patient verfügt.
- Herausfinden, welche strukturspezifischen Merkmale vermutlich zu Widerständen bei der Behandlung führen werden.

Argelander sieht das psychoanalytische Erstinterview als „ungewöhnliche Gesprächssituation", welche durch das Einbeziehen der unmittelbaren Szenen und interaktionellen Situationen und der in ihnen dargestellten unbewußten Mitteilung des Patienten zustande kommt.

„Das Wesen seelischer Krankheit liegt in unbewußten innerpsychischen Prozessen, die über eine aktuelle Szene mit dem Gesprächspartner erschlossen werden können" (Argelander 1970).

Die Antworten auf die diagnostischen Fragen kommen aus drei verschiedenen Quellen, die gleichermaßen großes Gewicht haben.

1. **Objektive Informationen:** Angaben über Symptome, Verhaltensweisen, Persönlichkeitseigentümlichkeiten sowie medizinische, biographische und soziale Fakten. Der Diagnostiker bildet daraus klinische Hypothesen auf dem Boden seiner theoretischen Vorannahmen, seiner klinischen Erfahrung und seiner logischen Schlußfolgerungen. Das Kriterium für den relativen Wahrheitsgehalt der Informationen ist die logische Evidenz und die Übereinstimmung mit den theorie- oder erfahrunggeleiteten Vorannahmen.
2. **Subjektive Informationen:** Die subjektiven Bedeutungen, die der Patient seinen Beschwerden, seiner Lebenssituation sowie seinen Erwartungen an die Behandlung gibt. Um diese subjektiven Informationen gewinnen zu können, ist die gemeinsame Arbeit mit dem Patienten unerläßlich. Das setzt eine Atmosphäre des Vertrauens, der Sicherheit und des wohlwollenden Interesses voraus. Das Kriterium für die Verläßlichkeit dieser Informationen ist die situative Evidenz der Darstellung.
3. **Szenische Informationen:** Hier geht es um die szenische Gestaltung der Gesprächssituation, d. h. der Beobachtung der Interaktion zwischen Patient und Therapeut mit allen verbalen, gestisch-mimischen, affektiven und körperlich-vegetativen Elementen und Abläufen. Das Instrument zur Wahrnehmung und Beurteilung der szenischen Informationen ist das subjektive Erleben des Interviewers. Er nimmt diese Information mittels der „gleichschwebenden Aufmerksamkeit" in dem unbewußten Beziehungsfeld auf. Das Kriterium für die Verläßlichkeit dieser Information ist die **subjektive Evidenz** des Diagnostikers.

Argelander erläutert die szenische Information an dem folgenden Beispiel: „Ein Patient berichtet 50 Minuten lang von seinen Lebensdaten. Der Interviewer fühlt sich frustriert, hat das Gefühl, nichts zu verstehen und empfindet plötzlich ein großes Bedürfnis zu rauchen. Er bietet dem Patienten ebenfalls eine Zigarette an und beide rauchen. Der Patient schweigt eine Zeit lang und beginnt spontan eine Erinnerung zu berichten, die mit dem Rauchen in einem Zusammenhang steht. Der Sinn seiner Aussage lautet: Das Bedürfnis, in einer Situation rauchen zu wollen, entspricht einer inneren Unsicherheit, außerdem stellt es eine Entweihung dar. In diesem Moment ist ein gefühlsmäßiger Kontakt hergestellt. Der Patient kann dem Untersucher verständlich machen, daß er Daten vermitteln muß, weil er Angst vor Befriedigung von Bedürfnissen hat, die eine persönliche Unsicherheit verraten; dadurch frustriert er den Analytiker so sehr, daß dieser sich eigene Befriedigung (Rauchen) verschaffen muß. Der Patient empfindet seine Überlegenheit und bringt sie auch zum Ausdruck ..." (Argelander 1967, S. 430).

Empfehlungen zur Diagnostik

Zur Herstellung dieser „ungewöhnlichen Gesprächssituation" orientiert sich Argelander u. a. an den Empfehlungen von Balint zur Diagnostik. Er unterscheidet:
1. **Die Technik des Vorfelds:** „Wir respektieren die Kompliziertheit des Vorfeldes, überlassen dem Patienten die Aktivität, drängen ihn zu nichts und gehen auf seine Ansprüche, Wünsche und Forderungen so weit ein, wie es unsere Realität zuläßt". Das betrifft z. B. die Festlegung des Inter-

viewtermins, die Auswahl des Interviewers und andere Aspekte.
2. **Vorbereitung des Interviews:** Die situativen Bedingungen des Interviews werden planmäßig vorbereitet, was Fragen des zeitlichen Umfanges, der Gestaltung des Settings (Ungestörtheit, Ambiente) betrifft, um ausreichende Intimität und damit Offenheit des Patienten herzustellen.
3. **Haltung des Interviewers:** „Diese Haltung, die sich in Verhaltensweisen des ruhigen Abwartens, der Zuwendung, der gleichschwebenden Aufmerksamkeit und des Interesses dokumentiert, hat einen entscheidenden Einfluß ... die Kehrseite dieses ermutigenden Verhaltens ist die Frustration, die sich an der abwartenden Haltung, dem nachdenklichen Schweigen, der kontrollierten Spontanität und schließlich an der Enttäuschung über die fehlenden direkten Ratschläge entzündet."

Das psychoanalytische Erstinterview nach Argelander stellt einen Idealtypus eines analytischen Interviews dar, wie es in dieser Form eigentlich nur noch in psychoanalytischen Praxen durchführbar ist. Argelander hat keine Systematik der schriftlichen Ausarbeitung und Hypothesenbildung dargelegt, so daß offenbleibt, wie die so gewonnenen Eindrücke und Daten zu einer psychodynamischen Hypothese führen können, Hypothesen, wie sie einer Behandlung notwendigerweise zugrunde liegen. Nicht unterschätzt werden darf die Gefahr einer zu „subjektiven" Wahrnehmung und Indikation, die aus der Betonung des Szenischen erwächst. Dieses Interview setzt sehr viel Erfahrung und Können voraus, damit es nicht zu „blühenden Phantasien und wildem Spekulieren" kommt (Argelander 1970). Eine wesentliche Kritik an dem Ansatz von Argelander ist, ob eine derartige Interviewführung überhaupt zu einer differentiellen Indikationsstellung führen kann. Ist eine Antwort auf die Frage möglich, ob eine Kurzzeittherapie, Langzeitanalyse oder Gruppentherapie durchgeführt werden sollte? Sobald Fragen der differentiellen Indikationsstellung beantwortet werden müssen – wie es in der Klinik selbstverständlich ist – oder auch Forschungsanliegen verfolgt werden, müssen mehr diagnostische Informationen gesammelt und dokumentiert werden (Jansen 1994).

Biographische Anamnese unter tiefenpsychologischen Gesichtspunkten

Die ausführlichste und umfassendste Ausarbeitung dieses tiefenpsychologischen Interviews geht auf Dührssen (1981) zurück. Im Mittelpunkt dieses Ansatzes steht die **Verknüpfung** des **Hier und Jetzt** mit dem **Dort und Damals**. Mit der Erhebung einer Fülle von biographischen Daten besteht natürlich die Gefahr, daß die Sammlung von Information zum Wesentlichen des Interviews wird. Informationen bleiben jedoch wertlos, „wenn der kommunikative Aspekt zwischen dem Arzt und dem Patienten außer acht gelassen wird" (Dührssen 1981). Über das real Berichtete hinaus ist das „Hören mit dem dritten Ohr", also auch die Wahrnehmung der gesamten Gesprächs- und Interaktionssituation von wesentlicher Bedeutung.

Das Interview strebt ein möglichst umfassendes Bild der Entwicklung eines Menschen bis hin zu den gegenwärtigen Konflikten an. Am Anfang des Gesprächs stehen die Gegenwartsbeschwerden und Konflikte. Da es jedoch keine Verhaltens- und Erlebensweise gibt, der man per se entnehmen könnte, daß sie der Ausdruck einer neurotischen Störung oder Verarbeitung ist, muß geklärt werden, ob es sich um Verhaltens-, Erlebens- und Reaktionsweisen handelt, die „unverschieblich sind und die als erstarrtes Verhalten stereotyp fixiert sind, daß sie sich auch in Situationen melden, in denen sie nutzlos oder gar nachteilig oder unangemessen sind" (Dührssen 1981).

Die Beurteilung von neurotischen Verhaltensweisen erschließt sich durch:
- verzerrtes und verformtes Erleben der umgebenden Welt,
- neurotische Reaktionsmuster, die sich zum Schaden des Patienten in Situationen melden, in denen sie nicht hilfreich sind und
- fehlende Bewältigungsstrategien.

III

Die wichtigsten Lebensbereiche, in denen sich krankheitsauslösende Konflikte ergeben, sind:
1. Partnerwahl und Bindungsverhalten,
2. die Herkunftsfamilie,
3. der Berufsbereich,
4. die Besitzverhältnisse,
5. der umgebende soziokulturelle Raum mit den Gruppenzugehörigkeiten.

Große Bedeutung hat die sog. **Auslösesituation (Versuchungs- und Versagungssituation)**. In der traditionellen Triebpsychologie wird davon ausgegangen, daß ein bisher relativ stabil abgewehrter Triebanspruch stark mobilisiert wird (Versuchung), aufgrund der konflikthaften Gegebenheiten aber abgewehrt werden muß (Versagung) und die bisherige Abwehr hierzu nicht ausreicht. Selbstverständlich können alle schweren Schicksalsschläge und Katastrophen im Leben eines Menschen zu psychischen Krisen und Störungen führen, sie also auslösen. Als neurosenpsychologische Auslösesituation ist jedoch „die persönlich empfindsame Kerbe" gemeint, in der ein oft geringeres Ereignis ausreicht, eine erhebliche Symptomatik auszulösen, z. B. die Gehaltserhöhung eines heimlich beneideten Mitarbeiters auf dem Hintergrund der persönlichen Vorgeschichte der „stetig Zukurzgekommene zu sein". Hierbei wird die Belastung, unter der es zum Auftreten der Störung gekommen ist, meist selbst von den Betroffenen nicht wahrgenommen (verdrängt). Die **direkte Frage** nach einer auslösenden Situation bringt somit meist keine weiterführende Auskunft („keine Probleme"), beharrliches „Nachbohren" nach den Bedingungen zum Zeitpunkt der Symptomentstehung erweist sich oft als wenig hilfreich, da es dann zu Ausweichantworten kommt. Hilfreich ist die **Frage nach den allgemeinen Gegebenheiten** zum Zeitpunkt der Symptomentstehung, wobei auf die wichtigsten Daten und die Entwicklung der Symptomatik Bezug genommen werden sollte. Beschrieben werden müssen die situativen Gegebenheiten („ich war gerade mit meiner Frau im Auto zu meiner Schwiergermutter"), als auch die Rahmenbedingungen („meine Frau war nach 12 Jahren Ehe erstmals schwanger geworden"). Oft liegt zwischen der auslösenden Situation und der Dekompensation ein zeitlicher Zwischenraum, ein Intervall, das bis zu einem Jahr reichen kann: Zunächst werden die Konflikte noch halbwegs abgewehrt und bewältigt, bis die Dauerbelastung zur endgültigen Dekompensation führt. Über die unmittelbare Beantwortung der Frage nach den Gegebenheiten hinaus werden **im Laufe des Interviews** oft Gegebenheiten geschildert, welche zeitparallel mit der Symptomentstehung/-veränderung auftraten. So gibt z. B. ein Patient auf gezieltes Nachfragen keine Angaben zur Auslösesituation, wenn man mit ihm jedoch seinen Lebensweg biographisch-chronologisch verfolgt und die Sterbedaten der Eltern erfährt, so wird der zeitliche Zusammenhang zwischen dem Tod der Eltern und dem Beginn der Symptomatik offensichtlich. Besonders häufig symptomauslösend sind sogenannte **Schwellensituationen**, wie Kindergarten, Schuleintritt, Pubertät, Berufseintritt, Ehe, Geburt eigener Kinder, Lebensmitte, Klimakterium, Pensionierung, Tod naher Angehöriger usw.

Die Frage, ob lebensverändernde Ereignisse unabhängig von zugrundeliegenden neurotischen Persönlichkeitsmustern als eigenständige Belastung wirken und zu seelischen Störungen führen können, muß hierbei aber immer berücksichtigt werden! Die Diagnose einer neurotischen Erkrankung ist nur dann zulässig, wenn es im Rahmen der biographischen Anamnese zu einem schlüssigen Zusammenhang zwischen „dem vorgefundenen neurotischen Charakterbild, der zugehörigen auslösenden Lebenssituation und den vorliegenden Krankheitszeichen" (Dührssen 1981) gekommen ist. Weder aus der szenischen Interaktion oder dem Beschwerdebild, noch aus der Biographie allein kann eine verläßliche Diagnose gestellt werden! Das große Verdienst der biographischen Anamnese ist diese sogenannte **„positive Neurosendiagnose"** : die Diagnose verlangt ein umfassendes Verständnis für das Zusammenspiel zwischen den inneren Erlebnisabläufen und den äußeren Schicksalskonstellationen eines Patienten.

Dokumentation

Die biographische Anamnese ist Grundlage für die Erstellung eines Psychotherapieantrags für tiefenpsychologisch fundierte und analytische Therapie bei Erwachsenen. Dieser Antrag sollte folgenden Punkte umfassen:

1. **Spontanangaben des Patienten:** Schilderung der Beschwerden des Patienten und der Symptomatik, möglichst auch in wörtlichen Zitaten. Wichtig ist, sämtliche Beschwerden des Patienten einschließlich der Art und Weise, wie er sie erlebt, zu erfassen. Leitende Fragen sind:
   - Wann haben sie begonnen?
   - Wie haben sie sich weiter entwickelt (verstärkt, vermindert)?
   - Wie war der zeitliche Verlauf?
   - Welche Beschwerden neben denen, die berichtet wurden, lassen sich bei gezielter Nachfrage erheben?
   - Welche Informationen über körperliche und psychologische Befunde liegen vor?
   - Welche Untersuchungen haben stattgefunden? Wann? Wo?
   - Welche Vorbehandlungen haben stattgefunden? Wann? Bei wem?
   - Warum kommt der Patient eben zu diesem Zeitpunkt? Wer veranlaßt ihn?
2. **Kurze Darstellung der lebensgeschichtlichen Entwicklung** mit Familienanamnese, der körperlichen, psychischen und sozialen Entwicklung unter besonderer Berücksichtigung der familiären und beruflichen Situation, des Bildungsganges und der Krisen in phasentypischen Schwellensituationen. Um auslösende Situationen und Lebenskrisen ausfindig machen zu können, ist es hilfreich, die im Interview erhobenen individuellen Daten und die Daten der wichtigsten Bezugspersonen in einer tabellarischen Übersicht zu bringen. Diese Übersicht ersetzt aber nicht eine Schilderung des Lebenslaufes des Patienten anhand der objektiven und subjektiven Eindrücke und Erinnerungen. Generell enthält die Darstellung der Lebensgeschichte nicht nur objektive Daten, vielmehr liegt der Schwerpunkt auf den subjektiven Erlebnissen und Bewertungen des Patienten. Die psychosoziale Situation, in der sich die Familie vor und nach der Geburt des Patienten befand, die vermuteten Einstellungen in bezug auf die Geburt des Patienten und die Veränderungen, die dadurch bewirkt wurden, werden dargestellt. Die frühkindliche Entwicklung (Stillzeit, Sprechen und Laufen lernen, Sauberkeit usw.) wird nur in bezug auf Auffälligkeiten und Abweichungen geschildert.
   - Die wichtigsten Beziehungspersonen (bei ausführlichen Anamnesen beginnend mit den Großeltern) und die Beziehung zwischen ihnen und dem Patienten werden erfragt. Dabei werden auch die sozialen Daten (Alter, Beruf usw.) angegeben.
   - Besondere Bedeutung hat die Schilderung der Elternehe und die Beziehung zu den Geschwistern unter Berücksichtigung der Entwicklung bis in die Jetzt-Zeit.
   - In der ausführlichen biographischen Anamnese können die einzelnen Lebensabschnitte für den Untersucher lebendig werden („Schildern Sie mir doch, wie es Ihnen im Kindergarten gegangen ist. . ., wie waren damals die Kontakte? Womit haben Sie sich besonders gern beschäftigt?" usw.).
   - Insgesamt sollte deutlich werden, wie der Patient in seinem Leben Kontakte gestaltet hat (Objektbeziehung), wie er sich selbst gefühlt hat (Selbstaspekt) und wie seine schulische/berufliche Entwicklung sowie seine Sexualentwicklung sich vollzogen hat.
   - Die biographische Anamnese endet mit der aktuellen Lebenssituation. Ziel ist es, ein möglichst umfassendes und lebendiges Bild vom gegenwärtigen Leben des Patienten, von seinen Beziehungen, seinen Tätigkeiten und seiner sozialen Situation nachzuzeichnen. Hierbei wird deutlich, ob der Patient sich in einer konflikthaften oder krisenhaften Situation befindet, und über welche Ressourcen er individuell und in seinen Beziehungen verfügt.
3. **Krankheitsanamnese:** Die wesentlichen Erkrankungen und ihre ärztliche Behandlung werden erfaßt. Die medizinische Anamnese enthält weiterhin Angaben zu den wesentlichen Erkrankungen in der Familie, insbesondere zu psychischen Krankheiten.
4. **Psychischer Befund** zum Zeitpunkt der Untersuchung: Zur differentialen diagnostischen Abgrenzung müssen zusätzlich oft Fragen nach Stimmungslage, Angst, Zwangsvorstellungen, Impuls, Wahrnehmungs- und Gedächtnisstörungen gestellt werden:
   a) emotionaler Kontakt, Intelligenzleistung und Differenziertheit der Persönlichkeit, Einsichtsfähigkeit, Krankheitseinsicht, Motivation des Patienten zur Psychotherapie;
   b) bevorzugte Abwehrmechanismen, Persönlichkeitsstruktur;
   c) psychopathologischer Befund.

Aussehen des Patienten, Besonderheit im Auftreten und Verhalten, Kleidung, Mimik und Gestik werden geschildert. Über den ersten Eindruck hinaus soll die Dynamik der gesamten Untersuchung abgebildet werden, insbesondere Übertragung und Gegenübertragungsreaktionen,

die dem Untersucher aufgefallen sind. „Welche Gefühle und welchen Eindruck" erweckt er beim Untersucher? Wie beginnt er das Gespräch, welches sind die ersten Sätze? Wie gestaltet sich der Kontakt in der Folge? Gibt es im Verlauf des Gespräches eine Entwicklung bezüglich Verhalten, Ausdruck, Kontaktgestaltung usw? Auch das Selbsterleben des Patienten kann hier abgebildet werden: Wie sieht sich der Patient selbst? Wie reagiert er überhaupt auf diese Frage? Wie erlebt er seine Störung? Ist er fähig, in die psychogene Verursachung (Mitverursachung) seiner Symptome Einsicht zu gewinnen oder wehrt und leugnet er diese ab?
Zum klassischen psychoanalytischen Interview gehört auch die Frage nach Träumen: Der letzte Traum vor dem diagnostischen Gespräch, ein sich stetig wiederholender Traum und ein Kindheitstraum. Traditionell sind auch die sog. „Testfragen": „Welches ist die erste Erinnerung? Welches ist das Lieblingsmärchen? Welches ist Ihr Lieblingstier?"
5. **Psychodynamik der neurotischen Erkrankung:** Darstellung der neurotischen Entwicklung und des intrapsychischen neurotischen Konfliktes mit der daraus folgenden Symptombildung: In diesem Punkt wird eine kurze Interpretation des Krankheitsbildes bzw. der Persönlichkeit des Patienten gegeben. Diese Zusammenfassung soll verdeutlichen, wo der aktuelle Hauptkonflikt des Patienten liegt.

Eine übersichtliche Beurteilung kann mit einer knappen Zusammenfassung beginnen: „Der 35jährige Patient kommt mit einem seit acht Jahren bestehenden Waschzwang". Der Hauptkonflikt wird in drei Dimensionen dargestellt: Die **äußere Belastungssituation**: „der Waschzwang trat kurz nach der Entbindung der Ehefrau vom dritten Kind, dem ersten Sohn auf". Die **intrapsychische Dimension**: es wird dargestellt, welcher intrapsychische Konflikt wiederbelebt wird und nicht bewältigt werden kann. „Die Geburt des Sohnes führte zu einer abrupt erlebten Abwendung der Frau, wodurch die ödipale Konfliktsituation des Patienten wiederbelebt wurde. Plötzlich mußte er mit einem männlichen Rivalen fertigwerden und die Unterlegenheit ertragen, die der neugeborene Sohn ihm in der Beziehung zu seiner Frau zufügte." Die **lebensgeschichtliche Dimension**: hier werden diejenigen Daten aus der Biographie herausgezogen, die die Wiederbelebung eines sich im Leben immer wiederfindenden Konfliktes verständlich machen. „Nachdem der Patient bis zum fünften Lebensjahr, während der Vater in Kriegsgefangenschaft war, sich als Alleinbesitzer der Mutter fühlte, war er plötzlich der Zurückweisung durch die Rückkehr des Vaters nicht gewachsen. Bedingt durch die Strenge der mütterlichen Erziehung (sie wollte Vater und Mutter in Einem sein) kam es zur regressiven Abwehr mit der Entwicklung einer ausgeprägten zwangsneurotischen Persönlichkeitsstörung." In der Regel ist es nicht möglich, eine Störung auf einen einzigen Konfliktbereich einzugrenzen. Wichtig ist jedoch, zu bewerten, welcher Konfliktbereich entscheidend ist, damit nicht der Eindruck einer „Globalpathologie" entsteht.

---

6. **Neurosenpsychologische Diagnose:** Darstellung der Diagnose auf der symptomatischen und strukturellen Ebene unter Berücksichtigung differentialdiagnostischer Erwägungen. Die deskriptive (klinische) Diagnose ist symptomorientiert (z. B. Zwangsneurose, Anorexia nervosa u.a.). Die psychodynamische (Strukturdiagnose) unterscheidet, ob es sich überwiegend um eine neurotische Störung mit Wiederbelebung eines sich immer wiederholenden Konfliktmusters handelt oder um eine Ich-strukturelle Störung (strukturelle Störung).
7. **Behandlungsplan und Zielsetzung der Therapie (Indikation).**
8. **Prognose der Therapie**: Zunächst ist die Frage zu klären, inwieweit ein tiefenpsychologisches (psychodynamisches oder psychoanalytisches) Verfahren in Frage kommt und ob Einzel- oder Gruppentherapie anzuwenden ist. Auch der Zeitplan (Beginn, Frequenz und Dauer) der Behandlung ist darzulegen. Dazu ist eine möglichst genaue Begründung anzugeben (Motivation, Introspektion, innere und äußere Flexibilität). Es muß abgewogen werden, was wahrscheinlich erreichbar oder nicht erreichbar sein wird (Teilziele, erwartetes Ergebnis). Prognosen sind also immer auf eine spezielle Art der Behandlung bezogen, und Differentialindikationen werden erörtert.

Psychosomatische Anamnese

G. L. Engel hat als Internist und Psychoanalytiker in den 50er Jahren in Rochester (USA) einen der ersten psychosomatischen Liaisondienste gegründet. In der engen Zusammenarbeit mit den somatischen Disziplinen wurde es notwendig, das klassische psychoanalytische Interview den besonderen Notwendigkeiten und Gegebenheiten körperlich Kranker anzupassen. Das von Morgan u. Engel (1977) beschriebene Modell eines integrierten und offenen Interviews verfolgt die Klärung sowohl der körperlichen als auch der psychosozialen Situation des Patienten und versucht, diese psychosoziale Situation auf dem Hintergrund der bisherigen Lebensentwicklung zu verstehen. Grundlage ist das Bemühen, eine angemessene Beziehung zum Patienten aufzubauen, eine tragfähige Arzt-Patient-Beziehung zu schaffen. Der schematisierte Ablauf der psychosomatischen Anamnese ist in der Tab. 10.**2** zusammengefaßt.

Eine tragfähige Beziehung zum Patienten mit körperlichen Störungen und Erkrankungen läßt sich nur herstellen, wenn die Patienten in ihren körperlichen Leiden angenommen werden und sich verstanden fühlen. Die „Landkarte der Symptomatik" besitzt also eine besondere Bedeutung. Adler u. Hemmeler (1984) betonen, daß aus der Art des Patienten, seine Beschwerden zu schildern, klare Hinweise auf Persönlichkeitsmerkmale abgeleitet werden können. So läßt das Erzählen von unendlichen Einzelheiten auf eine zwanghafte Persönlichkeit schließen. Der Bericht ohne Punkt und Komma und das Überfluten des Untersuchers läßt vermuten, daß hinter dem Strom der Erzählungen Wesentliches verborgen wird. Die Wahrnehmung solcher Gesprächsabläufe hilft dem Untersucher zu wichtigen diagnostischen Erkenntnissen, andererseits hilft es ihm, das Gespräch zu gestalten.

Der Bedeutung der körperlichen Beschwerden wird mit der genauen Erfassung der Beschwerden Rechnung getragen:

Wo: Lokalisation und Ausstrahlung?
Wie: Art (Stechen, Ziehen, Brennen)?
Wie stark: Intensität?
Wann: zeitlicher Ablauf, Folge der Beschwerden?

Tabelle 10.2 Psychosomatische Anamnese nach Engel

I	Vorstellen, Begrüßen	→	erster Eindruck
II	Schaffen einer günstigen Situation		
III	Landkarte der Beschwerden	→	Wahrnehmen der individuellen Wirklichkeit, Erfassen aller Symptome
IV	jetziges Leiden (zeitlicher Ablauf, Qualität, Intensität, Lokalisation und Ausstrahlung, Begleitzeichen, intensivierende/lindernde Faktoren, Umstände)	→	erste Hypothese, Festigen des Arbeitsbündnisses
V	persönliche Anamnese (Biographie)		
VI	Familienanamnese		
VII	psychische Entwicklung		
VIII	soziale Situation		
IX	Systemanamneseergänzungen	→	integrierte biopsychosoziale Diagnose
x	Fragen/Therapiepläne	→	Erwartungen des Patienten, erste therapeutische Schritte

Bei welchen Umständen werden die Beschwerden deutlich (bei körperlicher Anstrengung, abends vor dem Einschlafen usw.)?

Wodurch werden die Beschwerden gelindert oder verstärkt?

Die Gesprächsführung ist an dem klassischen analytischen Interview orientiert, d. h. der Untersucher stellt offene Fragen und läßt dem Patienten den notwendigen individuellen Freiraum, sich mit seinen eigenen Worten darzustellen. Erst dadurch werden auch die subjektiven Krankheitsvorstellungen, Befürchtungen und Wünsche des Patienten deutlich. Am Ende steht die Zusammenfassung des Gespräches und die Besprechung des weiteren therapeutischen Vorgehens. Eindeutige Information (soweit möglich) über die nächsten Abklärungs- und Behandlungsschritte stärken wiederum die Arzt-Patient-Beziehung und beruhigen den Patienten.

Entwurf einer umfassenden psychoanalytischen Mehrebenendiagnostik: Operationalisierte Psychodynamische Diagnostik (OPD)

Die Psychoanalyse als Wissenschaft und psychotherapeutisches Verfahren steht großen Herausforderungen gegenüber. Zum einen gilt es die empirischen Befunde anderer Wissenschaftszweige wie der Kognitiven Psychologie, der Ethologie oder der Säuglingsforschung zur Überprüfung der bisherigen analytischen Theorien und Vorgehensweisen heranzuziehen, zum anderen die klinisch diagnostische und therapeutische Tätigkeit zu systematisieren und empirisch zu überprüfen (Schneider u. Schüßler 1993). Die Operationalisierte Psychodynamische Diagnostik ist der bisher umfassendste Versuch, das psychoanalytische Wissens- und Theoriegebäude den heutigen Notwendigkeiten und Kenntnissen anzupassen und Bewährtes zusammenzufügen. Für das Modell der Operationalisierten Psychodynamischen Diagnostik (OPD) werden fünf Achsen festgelegt (Arbeitskreis OPD 1996):

Achse I: Krankheitserleben und Behandlungserwartungen.

Achse II: Beziehung.

Achse III: Konflikt.

Achse IV: Struktur.

Achse V: Syndromachse (für den Bereich der Psychosomatik/Psychotherapie eine adaptatierte Fassung der ICD-10).

Diese Achsen wurden von verschiedenen Arbeitsgruppen ausgearbeitet, denen insgesamt etwa 40 Mitglieder angehören (Schneider u. Mitarb. 1995). Die OPD ist ein Gegenentwurf zur rein symptomorientierten Diagnostik nach ICD-10 und DSM-IV. Es ist der Versuch, über eine rein symptomorientierte und operationalisierte Beschreibung von Störungen hinaus, psychoanalytisches Wissen klarer zu fassen und in breiter Anwendung zu erhalten.

OPD-Achse-I: Krankheitserleben und Behandlungsvoraussetzungen

Das Krankheitserleben umfaßt das Gesamt der emotionalen und kognitiven Prozesse, das auf die Erkrankung und ihre Bewältigung ausgerichtet ist. Dabei müssen berücksichtigt werden: die Art und Schwere der vorliegenden Erkrankung, das gesellschaftliche Umfeld, die Arzt-Patient-Beziehung, das psychosoziale Umfeld, Persönlichkeitsmerkmale des Erkrankten und seine Behandlungsmotivation. Krankheitserleben und Behandlungsvoraussetzungen werden im Rahmen der OPD in insgesamt 18 Dimensionen abgebildet, die je nach Ausprägung als niedrig, mittel und hoch eingeschätzt werden.

Beispiel: „Einsichtsfähigkeit für somato-psychische Zusammenhänge: Hier geht es darum, ob und in welchem Ausmaß ein Patient erkennen kann, daß seelische Symptome Folge einer körperlichen Krankheit sind. Ein Patient mit einer hohen Einsichtsfähigkeit erkennt solche Zusammenhänge und benennt sie eventuell auch selber. Ein Patient mit einer niedrigen Einsichtsfähigkeit wird solche Zusammenhänge nicht sehen und eventuell auch verleugnen."

Einsichtsfähigkeit für somato-psychische Zusammenhänge:
- nicht vorhanden (0)
- niedrig (1)
- mittel (2)
- hoch (3)
- nicht beurteilbar (9).

Folgende Dimensionen des Krankheitserlebens und der Behandlungsvoraussetzung werden in der OPD erfaßt:
- Ausmaß der körperlichen Behinderung.
- Beurteilung des Schweregrades der somatischen und/oder psychischen Erkrankung.
- Leidensdruck.
- Angemessenheit der subjektiven Beeinträchtigung zum Ausmaß der Erkrankung.
- Beeinträchtigung des Selbsterlebens.
- Sekundärer Krankheitsgewinn.
- Einsichtsfähigkeit für psycho-dynamische Zusammenhänge.
- Einsichtsfähigkeit für somato-psychische Zusammenhänge.
- Einschätzung der geeigneten Behandlungsform (Psychotherapie).
- Einschätzung der geeigneten Behandlungsform (körperliche Behandlung).
- Motivation zur Psychotherapie.
- Motivation zur körperlichen Behandlung und Compliance.
- Symptomdarbietung.
- Psychosoziale Integration.
- Persönliche Ressourcen.
- Soziale Unterstützung.

Art und Schwere der vorliegenden Erkrankung beeinflussen das Krankheitserleben, z. B. durch die körperlichen und psychischen Symptome und Behinderungen, die erforderlichen therapeutischen Notwendigkeiten, die sozialen Folgen usw. Schwere einer Erkrankung und persönlicher Leidensdruck stehen jedoch in keiner linearen Beziehung, wesentlich ist die persönliche (vor allem auch unbewußte) Verarbeitung und Bewertung der Erkrankung. Von besonderer Bedeutung sind die gesellschaftlichen und die institutionellen Bedingungen des Gesundheitssystems, mit den damit verbundenen gesundheits- und krankheitsbezogenen Einstellungen und Haltungen. Diese Bedingungen wirken über die Arzt-Patient-Beziehung direkt auf den Patienten ein, so z. B. führt das überwiegend am organischen Krankheitsmodell orientierte medizinische Versorgungssystem die Patienten eher zu einem „körperlichen Modell der Erkrankung". Der Patient übernimmt bei der Behandlung eher die Rolle des passiv Empfangenden. Aber auch das gesamte psychosoziale Umfeld (Familie, Freunde, Bekannte usw.) kann einen großen Einfluß auf die Leidensgeschichte des Patienten und sein Inanspruchnahme-Verhalten ausüben. Die Behandlungsmotivation erwächst aus den dargestellten persönlichen Überzeugungen. Behandlungserwartungen können grundsätzlich alle Formen paramedizinischer, medizinischer und psychotherapeutischer Behandlung umfassen.

OPD-Achse II: Beziehung

Interpersonelles Verhalten gilt in allen psychotherapeutischen Schulen als der wesentliche Faktor bei der Entstehung und Aufrechterhaltung seelischer Störungen. Zahlreiche Forscher und Kliniker bemühen sich seit Anfang der 70er Jahre Beziehungsmuster systematisch zu beschreiben und abzubilden (Übersicht bei Schauenburg u. Cierpka 1994). Zu erwähnen sind: die Strukturale Analyse Sozialen Verhaltens (SASB; Benjamin 1974), das zentrale Beziehungskonfliktthema (ZBKT; Luborsky 1984) oder die Plandiagnose (Weiss u. Pampson 1986).

Gemeinsam ist den meisten Modellen eine Anordnung des interpersonellen Verhaltens in zwei bipolare Dimensionen: Kontrolle (dominant-kontrollierend versus subversiv-unterwürfig) und Affilation (liebevoll-zugewandt versus feindselig-distanziert). Das Gesamt der interpersonellen Beziehungen kann als Mischverhältnis dieser beiden Grunddimensionen bestimmt werden. Die unendliche Vielzahl zwischenmenschlicher Interaktionen muß hierbei auf wesentliche Grundkategorien (die reliabel und valide erschließbar sind) reduziert werden.

Psychodynamische Schulen sehen das Beziehungsverhalten als Ergebnis von mehr oder weniger unbewußten Beziehungswünschen. Damit verbunden sind intrapsychisch wirksam werdende Ängste und Befürchtungen hinsichtlich der Reaktion des Objekts (des Gegenübers) auf diese Wünsche. Von der individuellen Beziehungsgestaltung kann somit auf die intrapsychischen Konflikte geschlossen werden. Diese diagnostische Ebene ist vor allem ausgerichtet auf das habituelle Beziehungsverhalten eines Patienten, also auf die interpersonalen Einstellungen, die bei einem Patienten nach außen hin als dominant und mehr oder weniger durchgängig wirksam erscheinen. Im diagnostischen Gespräch erhält man Informationen über das Beziehungsverhalten des Patienten sowohl aus seinen Erzählungen über die Beziehungsgeschehnisse mit anderen, als auch aus dem eigenen Erleben des Untersuchers während des Gesprächs (Übertragung). Anhand der bei sich beobachteten Reaktionen und Gefühle kann der Therapeut Rückschlüsse ziehen, wie andere sich möglicherweise in der Beziehung zum Patienten fühlen und verhalten. So wird das Gegenübertragungserleben Instrument für die interpersonelle Diagnostik.

Die Diagnostik des habituellen Beziehungsverhaltens umfaßt immer zwei Dimensionen:
- Wie erlebt der Patient sich selbst?
- Wie erleben andere sich gegenüber dem Patienten?

Voraussetzung für die Einschätzung der zentralen Beziehungsgestaltung ist ein eingehendes diagnostisches Gespräch, in dem als Informationsquellen die vom Patienten geschilderten Beziehungserfahrungen und das Beziehungsverhalten des Patienten im Gespräch eingehen. Das Beziehungsverhalten im Erstgespräch ist der direkten Beobachtung zugänglich, es können aber auch eigene Reaktionen des Diagnostikers (Gegenübertragung) hierzu genutzt werden.

Von den etwa 30 zur Auswahl stehenden Grundkategorien seien einige genannt:

Der Patient erlebt immer wieder, daß er
1. andere besonders bewundert und idealisiert,
2. (...)
3. (...)
4. andere belehrt und bevormundet,
5. (...)
6. (...)
7. (...)
8. andere beschuldigt und anklagt,
9. (...)
10. (...)
11. (...)

12. andere zurückweist,
13. (...)
14. (...)
15. (...)
16. trotzt und sich widersetzt,
17. (...)
18. (...)
19. (...)
20. sich besonders anvertraut und anlehnt,
21. (...)
22. (...)
23. (...)
24. resigniert und aufgibt,
25. (...)
26. (...)
27. (...)
28. die Flucht ergreift.

Die Reaktion des Interaktionspartners wird entsprechend eingestuft.

Andere erleben an sich selbst gegenüber dem Patienten immer wieder, daß sie

1. ihn besonders bewundern und idealisieren,
2. (...)
3. (...)
4. ihn belehren und bevormunden,
5. (...)
6. (...)
7. (...)
8. ihn beschuldigen und anklagen
9. (...)
10. (...)
11. (...)
12. ihn zurückweisen,
13. (...)
14. (...)
15. (...)
16. ihm trotzen und sich widersetzen,
17. (...)
18. (...)
19. (...)
20. sich ihm anvertrauen und sich anlehnen,
21. (...)
22. (...)
23. (...)
24. resigniert aufgeben,
25. (...)
26. (...)
27. (...)
28. vor ihm die Flucht ergreifen.

OPD-Achse III: Konflikt

Konflikt (lateinisch: „Zusammenstoß") meint in seiner allgemeinen Bedeutung das Zusammentreffen unterschiedlicher Positionen innerhalb einer Person (Widerstreit von Motiven, Wünschen, Werten und Vorstellungen) oder zwischen mehreren Personen. Konflikte sind ein universelles Phänomen. Die Psychoanalyse ist in ihrem Kern eine Konfliktpsychologie. Seit Freud wird im psychodynamischen Denken diesen inneren Konflikten eines Menschen ein zentraler Stellenwert zugewiesen. Psychodynamische Konflikte sind innere, unbewußte Konflikte und müssen abgegrenzt werden von äußeren Belastungen oder konflikthaften Belastungen. Die Bedeutung innerseelischer, unbewußter Konflikte bei der Entstehung seelischer und psycho-somatischer Störungen wird heute kaum noch in Frage gestellt. Aber auch äußere und innere bewußte Konflikte können, sofern sie anhaltend und intensiv genug sind, zu Störungen führen und in diesem Sinne konflikthaft wirken. Unbewußte innerpsychische Konflikte sind innerseelische Zusammenstöße entgegengerichteter Motivationsbündel, z. B. der Wunsch nach Versorgung und der Wunsch, autark zu sein. „Wenn ich mich ganz auf einen Menschen einlasse, werde ich über kurz oder lang enttäuscht, die dann entstehende Trennungsangst oder den Trennungsschmerz kann ich nicht aushalten; aus diesem Grund habe ich Abwehrmöglichkeiten entwickelt, die Beziehung zu einem anderen Menschen niemals so intensiv werden zu lassen, daß ich von dieser Beziehung abhängig werden könnte" (Mertens 1992).

Diese unbewußten **zeitlich überdauernden „neurotischen" Konflikte** beschreiben die Fixierung in einem rigiden und unauflösbaren Entweder / Oder, ohne daß es zu einer Lösung oder Entscheidung kommen kann. Äußere und innere konflikthafte Belastunen hingegen sind bewußt und grundsätzlich dem Menschen einer Verarbeitung und Lösung zugänglich. Als derartige Konflikte sind z. B. zu nennen, die durch äußere Gründe als unaufhebbar geltende Gegensätzlichkeit des Wunsches einer Frau nach Ehe und Familie gegenüber dem Wunsch nach beruflicher Karriere. Die zeitlich überdauernden psychodynamischen Konflikte sind hingegen gekennzeichnet durch festgelegte Erlebensmuster eines Menschen. Dieser Mensch reagiert in entsprechenden Situationen immer wieder mit ähnlichen Verhaltensmustern. Das Vorhandensein unbewußter, zeitüberdauernder Konflikte ist an bestimmte Ich-strukturelle Voraussetzungen geknüpft, ohne die ein solcher Konflikt- und Verarbeitungsprozeß nicht möglich ist. Bestehen deutliche Ich-strukturelle Störungen, kommt es nicht zur Ausprägung derartiger zeitüberdauernder bewußter Konflikte. Es reichen in der Regel bereits geringere Belastungen aus, um zu Störungsbildern zu führen. Konflikt und Struktur stellen also eine Ergänzungsreihe dar. Konflikte wachsen vor dem Hintergrund einer konflikthaften Beziehungserfahrung, also immer wiederkehrender Beziehungsmodi, die bis zur Traumatisierung gehen können. Die Folgen extremer Traumata in der Entwicklung werden sich aber wahrscheinlich als strukturelle Defizite nachweisen lassen. Konflikt und Struktur stellen in diesem Verständnis Pole einer klinischen Ergänzungsreihe dar.

Das Erkennen psychodynamischer Konflikte benötigt sowohl induktives als auch deduktives Vorgehen. Induktiv meint ausgehend von beobachtbaren Phänomenen, ausgehend von sich wiederholenden Erlebnis- und Verhaltenseigenschaften, die durch den Lauf der Erkrankung des Patienten und seine persönliche Geschichte zurückverfolgt werden können. Deduktiv meint den Rückgriff auf das bisher in der Psychoanalyse empirisch und theoretisch erarbeitete Wissen um unbewußte Konflikte. Die in der OPD erarbeiteten Konfliktdefinitionen beziehen sich nicht auf traditionelle psychoanalytische entwicklungspsychologische Annahmen.

Eine Grundannahme der traditionellen analytischen Theorie war, daß in sensiblen Entwicklungsphasen gewisse Verhaltens- und Charakterbildungen geprägt werden (Tab. 10.**3**).

Die klassischen Konfliktthemen, wie das Ringen um Nähe und Distanz, Geborgenheit und Versorgung oder Kontrolle versus Unterwerfung, wie auch die ödipale Konfliktthematik wurden gewissen Entwicklungsphasen zugeordnet. Die Aus-

Tabelle 10.3 Theoretisches Schema der psychoanalytischen Entwicklungsphasen, Konflikte, Störungsbilder und Charakterstrukturen

Entwicklungsphase	Konfliktbereich	Störungsbild	Charakterstruktur
Intentionale Phase (erster Monat)	Nähe	Strukturelle Störung	schizoid
Orale Phase (0 – 1½ Jahre)	Geborgenheit und Versorgung	Depression	depressiv
Anale Phase (1½ – 2½ Jahre)	Ordnung, Macht, Kontrolle	Zwangsneurose	zwanghaft
Ödipale Phase (3½ – 6 Jahre)	sexuelle Hingabe, Rivalität	Konversionsneurose	hysterisch

wirkungen (Fixierungen) der Entwicklungsphase sollten sich in einer entsprechenden Charakterstruktur oder einer Störung manifestieren. Die bisherige Forschung hat nun jedoch keinerlei Belege dafür finden können, daß es eine „Phase" gibt, in der gewisse Verhaltens- und Charakterbildungen geprägt werden. Das „Fixations-Regressionsmodell" muß damit abgelöst werden von einem Modell der kontinuierlichen Entwicklung (Schüßler u. Bertl-Schüßler 1992). Bereits Anna Freud entwarf ein solches Modell mit der Annahme einer kontinuierlichen lebenslangen Entwicklung unter Einfluß zeitlich besonders begrenzter Reifungsabschnitte. „Die Entstehung von Psychopathologie kann so durch eine Akkumulierung von pathologischen Interaktionsmustern verstanden werden, in der man die gesamte Kette der interagierenden Einflüsse berücksichtigt" (Kächele 1979).

Traditionelle psychoanalytische Termini werden aufgrund dieser Loslösung von entwicklungspsychologischen Annahmen und der schulenspezifischen Vieldeutigkeit so weit wie möglich vermieden (z. B. analer oder oraler Konflikt). Grundbaustein des in der OPD vertretenen Konfliktmodells ist die konflikthafte Interaktionserfahrung eines Menschen, diese Erfahrungen können von der Phänomenologie (Oberfläche) erschlossen werden hin zu ihrer unbewußten Bedeutung.

Folgen der zeitlich überdauernden Konflikte werden klinisch herausgearbeitet:

1.1 Abhängigkeit versus Autonomie.
1.2 Unterwerfung versus Kontrolle.
1.3 Versorgung versus Autarkie.
1.4 Selbstwertkonflikte (narzißtische Konflikte, Selbstwert versus Objektwert).
1.5 Über-Ich- und Schuldkonflikte (egoistische versus prosoziale Tendenzen).
1.6 Ödipale – sexuelle Konflikte.
1.7 Identitätskonflikte (Identität versus Dissonanz).
2.0 Fehlende Konflikt- und Gefühlswahrnehmung.

Diese Konflikte erschließen sich aus der klinischen Beschreibung wahrnehmbarer Verhaltens- und Erlebensweisen. Häufig stehen Konflikte in Verbindung mit leitenden Affekten (z. B. Wut bei narzißtischer Kränkung) und oft ergibt sich eine Unmittelbarkeit des Konflikts in der Erfassung von Übertragung und Gegenübertragung. Die Konflikte manifestieren sich in den wesentlichen Lebensbereichen eines Menschen. Hierzu zählen Partnerwahl, Bindungsverhalten und Familienleben, der Bereich der Herkunftsfamilie, der gesamte Arbeits- und Berufsbereich, das Besitzverhalten, der umgebende soziokulturelle Raum sowie das Krankheitserleben. Die Konflikthypothese kann sich bilden im anamnestischen Gespräch anhand des biographischen Materials, der Szene und der Übertragung – Gegenübertragung. Hilfreich ist die Orientierung an sich wiederholenden Mustern von Konflikten und die Frage nach dem Selbstbild („Was sind Sie denn für ein Mensch, Sie kennen sich schon lange?"). Klinisch bedeutsam sind jene Konflikte, die vorrangig für die therapeutische Bearbeitung sind.

In Ergänzung zu diesen zeitlich überdauernden Konflikten entstehen auf dem Hintergrund von einschneidenden lebensverändernden Belastungen die **„konflikthaften äußeren Lebensbelastungen"**. Diese Belastungen sind begleitet von inneren Verarbeitungsprozessen, die häufig einen Widerstreit von Gefühlen, Vorstellungen und Erleben auslösen – ohne daß aber ein zeitlich überdauernder unbewußter Konflikt vorliegt.

OPD-Achse IV: Struktur

Als psychische Struktur gilt das für den einzelnen Typische in seinem Erleben und Verhalten. Die Einschätzung der Struktur orientiert sich nicht notwendigerweise an Störungen, sondern an der einem Menschen zugrundeliegenden Bereitschaft, in einer ihm eigenen Art und Weise zu fühlen, zu denken und zu handeln. Struktur begründet den zeitüberdauernden persönlichen Stil, sie ist aber nicht starr und unveränderlich, sondern zeigt lebenslange Entwicklungsprozesse. Dennoch besteht eine hohe Konstanz, so daß weite Überschneidungen zu den Begriffen wie Identität, Charakter und Persönlichkeit bestehen. In der Psychoanalyse ist kein einheitlicher Strukturbegriff zu finden. Freud verwandte das topographische Strukturmodell (das Zusammenspiel von Ich, Es und Über-Ich). In der Neurosenstruktur werden einige neurotische Persönlichkeitsdimensionen typologisch beschrieben: die schizoide, depressive, zwanghafte oder hysterische Neurosenstruktur. Grundlage dieser Einteilung ist ein triebtheoretisches Modell, das die charakterlichen Folgeerscheinungen bestimmter Trieb-Triebabwehr-Vorgänge beschreibt. Es besteht hierbei eine weite Überschneidung zu den bereits oben dargestellten entsprechenden schizoiden, depressiven, analen, hysterischen oder zwanghaften Konflikten.

Das Konzept des dynamischen Konflikts und des strukturellen Entwicklungsschadens sind sich ergänzende Vorstellungen. Beide Konzepte sind verschiedene Seiten einer Medaille, eines komplexen Entwicklungsgeschehens. Klinisch zeichnen sich Patienten mit strukturellen Entwicklungsdefiziten vor allen Dingen durch Defizite im Bereich der Ich-Funktionen, insbesondere der Angsttoleranz, Impulskontrolle usw. aus. Ein wichtiger Baustein bei der Erfassung der

Funktionsweise einer Person war die Beschreibung der sogenannten Ich-Funktionen (Tab. 10.**4**).

Diese **Ich-Funktionen** sind Grundlage zur Selbststeuerung und Konfliktverarbeitung bei allen Menschen. Abwehrprozesse sind unbewußte Bewältigungsmaßnahmen und schaffen die Voraussetzung für die Auseinandersetzung mit inneren und äußeren Konflikten. Abwehrmaßnahmen sind somit nicht generell ungünstig, vielmehr ist der flexible Einsatz von **Abwehrmechanismen** günstig. Im Gegensatz zu dem Modell des Entwicklungskonflikts (Symptom als Folge eines wiederbelebten Konflikts) ergibt sich der Entwicklungsschaden als Folge von Entwicklungsbehinderungen, die es einem Menschen nicht ermöglicht haben, eine hinlängliche Reife zu erfahren und stabile Objektbeziehungen aufzubauen. Unter **Objektbeziehungen** verstehen wir, wie ein Mensch zu seiner Welt, sich selbst und anderen Menschen in Beziehung tritt (Objekt = Bezugspartner). Damit wird die Gesamtheit der phantasierten und sich im Verhalten darstellenden Beziehung eines Menschen angesprochen. Grundlage ist das von Anfang an bestehende Bedürfnis eines Menschen nach zwischenmenschlich tragenden Beziehungen. Störungen dieser Entwicklung zeigen sich in Defekten der Ich-Funktion und des Selbst-Systems. Das **Selbst-System** läßt sich in seiner Organisation teilen in den Selbst-Wert (Gefühl des eigenen Wertes-Narzißmus) und das Selbst-Identitätssystem. Spannungsfreie Zustände sind mit Wohlbefinden und Sicherheitsgefühl verbunden. Selbstvertrauen, Selbstsicherheit und ein konstantes Bild der eigenen Geschichte zu besitzen sind Grundvoraussetzungen für seelische Gesundheit.

Die in der OPD verwirklichte Erfassung der Struktur verfolgt einen integrativen, psychodynamischen Ansatz, verzichtet jedoch ebenso wie im Bereich der Konflikte auf die Verwendung überlieferter psychoanalytischer (meist mehrdeutiger) Begriffe, um statt dessen das Verhalten und Erleben von Patienten und Therapeuten in der diagnostischen Situation möglichst beobachtungsnah zu erfassen. Die psychische Struktur wird hierbei als die Struktur des Selbst in Beziehung zu anderen betrachtet.

Anhand von sechs wesentlichen beobachtbaren Funktionen kann die zugrundeliegende Struktur gekennzeichnet werden:

1. Die Fähigkeit zur Selbstwahrnehmung.
2. Die Fähigkeit zur Selbststeuerung.
3. Die Fähigkeit zur Abwehr.
4. Die Fähigkeit zur Objektwahrnehmung.
5. Die Fähigkeit zur Kommunikation.
6. Die Fähigkeit zur Bindung.

Das Ausmaß und die Qualität der zugrundeliegenden Fähigkeiten oder Störungen läßt unterschiedliche Integrationsniveaus der Struktur unterscheiden: gut integriert, mäßig integriert, gering integriert und desintegriert. Damit ist es möglich, ein Kontinuum zu beschreiben, das sich zwischen den extremen Polen der reifen, gesunden Struktur bis hin zur psychotischen Struktur bewegt (Tab. 10.**5**).

Tabelle 10.**4** Ausgewählte Ich-Funktionen

Realitätsprüfung (Wahrnehmung)	Fähigkeit, innere und äußere Reize adäquat zu beurteilen
Sinn für Realität (Welt und Selbst)	adäquates inneres Erleben der äußeren/inneren Welt mit Aufrechterhaltung von Ich-Grenzen
Kontrolle von Impulsen	Fähigkeit, Gefühle und Antriebe zu steuern
Fähigkeit zu Objektbeziehungen	Fähigkeit, Kontakte aufzubauen, Beziehungen aufrechtzuerhalten und wechselseitig zu gestalten
Defensive Funktion	adäquater Einsatz von Abwehrmechanismen

Tabelle 10.**5** Unterschiedliche Integrationsniveaus der Struktur

Gut integrierte Struktur	einem autonomen Selbst sind die wesentlichen regulierenden Funktionen verfügbar, das Innenleben ist strukturiert (Konflikte sind möglich)
Mäßig integrierte Struktur	die Identität ist unsicher und die Verfügbarkeit über regulierende Funktionen herabgesetzt (Impulsdurchbrüche, rigide Abwehr, gestörte Kommunikation, wenig stabile innere Objektbilder)
Gering integrierte Struktur	Identitätsdiffusion mit erheblich eingeschränkten/fehlenden regulierenden Funktionen
Desintegrierte (psychotische) Struktur	Auflösung der Selbst-Objektgrenzen

Diagnostisches Interview im Rahmen der Operationalisierten Psychodynamischen Diagnostik

Unerläßlich für die Einschätzung der fünf verschiedenen Achsen ist ein ausführliches diagnostisches Interview. Voraussetzung für die Durchführung solcher Interviews sind die Akzeptanz des psychodynamischen Zugangs, Erfahrungen in der psychodynamischen Erstinterviewtechnik und hinreichende Selbst- und Behandlungserfahrungen. Die Diagnostik beruht auf dem beobachtbaren **szenischen Material und den verbalen Mitteilungen**. Es werden also Elemente des psychoanalytischen Erstinterviews und der tiefenpsychologischen biographischen Anamnese zusammengefügt. Der Interviewleitfaden ist wie ein semistrukturelles Interview angelegt, am Anfang sollte das Gespräch weitgehend offen geführt werden und im weiteren Verlauf kann eine zunehmende Strukturierung notwendig werden.

1. Phase (Eröffnung):

Ziel des Gesprächs und Zeitrahmen.

Beschwerdeschilderung.

Offene Fragen geben der Darstellung des Patienten Raum: „Wir haben noch nicht von der Sexualität gesprochen?“

Es können erste Anhaltspunkte über das Krankheitserleben und die Behandlungsvoraussetzungen gewonnen werden, auch der Schweregrad der psychosomatischen Krankheit, der Leidensdruck des Patienten werden hier erfaßt.

2. Phase (Beziehungsepisoden):

Es wird die Beziehung zum Interviewer in ihrer szenischen Darstellung erfaßt (Beziehungsepisode Arzt-Patient). Der Interviewer greift des weiteren erste Beziehungsschilderungen als Hinweise auf und fragt nach typischen Beziehungssituationen (Episoden):

„Ich habe Ihre Beziehung zu Ihrer Mutter noch nicht recht verstanden, vielleicht könnten Sie mir ein Beispiel aus letzter Zeit geben".

3. Phase (Selbsterleben und relevante Lebensbereiche):

Wie sieht der Patient sich selbst und sein Verhalten in Gegenwart und Vergangenheit. „Wie sehen Sie sich selbst heute? Wie waren Sie früher?"

Hierbei wird nicht nur das aktuelle Selbstverständnis geklärt, sondern auch die Konflikte im Umgang mit anderen sowie die persönliche Identität des Einzelnen.

4. Phase (Objekterleben und Lebensgestaltung):

Hierbei geht es um die Frage, wie der Patient andere Menschen im Hier und Jetzt und Dort und Damals sieht und einschätzt.

„Wie sehen Sie denn andere und wie werden Sie von anderen gesehen?"

5. Phase (Psychotherapiemotivation, Behandlungsvoraussetzungen und Einsichtsfähigkeit):

In dieser Phase gilt es, das Hauptproblem des Patienten herauszuarbeiten und erste gemeinsame Überlegungen mit dem Patienten durchzuführen. Der Patient muß einen Hinweis über das weitere Vorgehen erhalten.

Diese Mehrebenen der Diagnostik der OPD sei an einem **klinischen Beispiel** verdeutlicht. Frau A. kommt zur psychotherapeutischen Beratung, da sie seit vielen Jahren täglich unter Durchfällen und Bauchschmerzen leidet. Die Beschwerden begannen mit der Verschärfung ehelicher Schwierigkeiten: Der Ehemann betrog sie mit anderen Frauen und beschimpfte sie immer wieder: „Du bist Scheiße, ich mache Dich kaputt". Sie wollte seine Frauengeschichten nicht wahrhaben, litt aber ungemein unter den Beschimpfungen. Als sich die Situation immer mehr zuspitzte, der Ehemann sogar Gegenstände nach ihr warf, konnte sie die Situation nicht mehr verleugnen und entzog ihrem Ehemann eine hohe Bürgschaft für seine Firma. Von da an überschüttete er sie mit Haß, schließlich trennte er sich von ihr. Es begann eine Zeit schrecklichen Leidens für sie. Erst spät fand sie den Mut, einen Antrag auf Trennung und Scheidung zu stellen. Der Ehemann ist ein sehr erfolgreicher, selbständiger Ingenieur, sie hat für ihn immer alle finanziellen Angelegenheiten geregelt. Der einzige Sohn ist vor mehreren Jahren ausgezogen und versteht die Handlungsweise seines Vaters überhaupt nicht. Die Patientin hat ihren Mann während seines Studiums kennengelernt. Der gleichaltrige Ehemann habe um sie geworben und von Anfang an habe eine „Versorgungsbeziehung" bestanden: Sie kümmerte sich um ihn, brachte ihn auch finanziell durchs Studium und war für alles da. Sie habe sich immer angepaßt verhalten, alles für die Familie geopfert und sich bei Streitereien eher zurückgezogen, während der Mann immer aggressiver und impulsiver geworden sei. Er beteiligte sich nie an der Kindererziehung, habe den Sohn eher als Konkurrenten für die ihm zustehende Fürsorge empfunden. Er sei derjenige, der Zuwendung und Fürsorge brauche, sie war die Spenderin dafür. Im Gespräch bietet die Patientin den Zusammenhang zwischen den Beschwerden und ihrer Lebenssituation an, versucht aber gleichzeitig immer wieder zu hinterfragen, ob nicht doch dieses Medikament oder jene Diät Hilfe bringen könne oder sie nicht doch noch eine weitere medizinische Untersuchung durchführen müsse. Sie wirkt unsicher, schuldbeladen, bis hin zu Selbstvorwürfen (Ist es nicht meine Schuld, daß die Ehe schiefgelaufen ist?) und löst im Interviewer Gefühle aus wie „man muß fürsorglich mit ihr umgehen, ihr die Schuld nehmen". Ihre aktuelle soziale Lebenssituation hat die Patientin fest in der Hand, es bestehen in diesem Bereich keine Probleme. Aus der Anamnese ergibt sich als **repetitives Muster** das ständige Bestreben, für andere zu sorgen, um eine enge Beziehung aufrechtzuerhalten. Andererseits existiert die Befürchtung, dem Anspruch nicht zu genügen, Schuld auf sich geladen zu haben, versagt zu haben. **Strukturell** weist die Patientin eine gut integrierte Struktur auf, die klinische Diagnose nach ICD-10 läßt sich eindeutig als somatoforme autonome Funktionsstörung des Gastrointestinaltrakts F (45.32) stellen. Der **Beziehungsmodus** kann wie folgt eingeordnet werden: Die Patientin erlebt immer wieder, daß sie anderen besonders hilft, sie versorgt und beschützt, sich zurücknimmt oder selbst entwertet, andere (in diesem Fall der Ehemann) erleben, daß die Patientin Ansprüche und Forderungen stellt. Wenn wir die Wurzeln dieser Beziehungsmuster und Konflikte in der Biographie verfolgen, so verdeutlicht sich das Bild: Die Patientin wurde in einem kleinen Dorf geboren und wuchs dort auf. Der Vater kehrte als gebrochener und kranker Mann aus dem Krieg zurück. Die Mutter war eine starke Frau voller Lebensfreude. Sie wollte sich ihr ganzes Leben etwas gönnen und mußte immer nur arbeiten, um die Familie zu versorgen. In ihrer Kindheit war die Patientin sehr viel bei der Großmutter. Sie vermutet, daß die Mutter, die einen kleinen Laden führte, kaum Zeit für sie hatte und sie eigentlich auch nicht habe betreuen wollen. Die Großmutter war eine sehr depressive Frau, weinte viel. Als Kind habe sie jedoch nie gewußt, was eigentlich „los sei". Der Großvater mütterlicherseits war Polizeikommissar, ein angesehener und respektierter Mann im Dorf. Nach Kriegsende wurde er von den Amerikanern verhaftet, die Familie mußte die Dienstwohnung verlassen. Die Großmutter litt unter dieser Kränkung unsäglich. Die Patientin mußte dann über ein Jahr bei der Großmutter im Zimmer schlafen, um auf sie „aufzupassen". Die Großmutter weinte fast jede Nacht und versuchte mehrfach, sich zu suizidieren. Die Patientin wurde immer wieder von allen angehalten, noch mehr auf die Großmutter aufzupassen. Eines Tages erhängte sich die Großmutter im Dachboden, alle im Dorf hätten die Mutter bemitleidet. Keiner habe erkannt, wie die Patientin gelitten habe, gelitten unter der Schuld, versagt zu haben. Diese Schuld belebte sich nun über viele Jahre im Rahmen der Ehe immer wieder: Die Patientin fragte sich, ob sie es nicht sei, die die Ehe durch ihr „Zu-wenig-Geben" zum Scheitern gebracht habe, was sie hätte anders tun können, um die Ehe zu retten. Als lebensbestimmende **Konflikte** zeigen sich: Über-Ich-Schuldgefühle sowie eine altruistische Grundhaltung, in der sich Frau A. erlebt als Spenderin von Fürsorge und Verantwortung für die Familie. Die Lebensdevise lautet: Ich tue alles für andere, damit mir niemand einen Vorwurf machen kann. Die durch ihren Mann herbeigeführte Trennung konnte sie nicht ertragen, „da ich gebraucht werden will". Die Schuldproblematik wurzelt in der tragischen Familiengeschichte, in der sie als Heranwachsende überfordert wurde und den Suizid der Großmutter als ihr eigenes Versagen erlebte. Jeder Verstoß, jedes Zuwiderhandeln gegen die prosozialen Tendenzen löst Schuldgefühle aus. So erlebte sie auch das Scheitern der Beziehung immer wieder in ihren Grübeleien als eigenes Versagen und sieht die massiven Verletzungen, die der Ehemann ihr zugefügt hat, kaum. Im Rahmen einer Kurzzeittherapie wurden als Therapiefokus diese beiden Konfliktbereiche und das interpersonale Beziehungsmuster aufgegriffen. Es gelang eine Umorientierung einzuleiten und die konflikthaften Muster auf dem Hintergrund einer stabilen psychotherapeutischen Beziehung zu bearbeiten.

11. Verhaltenstherapeutische Diagnostik

S. Fliegel

Kennzeichen verhaltenstherapeutischer Diagnostik

Diagnostik und Therapie sind beim verhaltenstherapeutischen Vorgehen eng miteinander verbunden. Der Ablauf einer Verhaltenstherapie ist ein Prozeß, in dem die während der Diagnostik aufgestellten Hypothesen durch die therapeutische Intervention bestätigt, korrigiert oder eventuell sogar verworfen werden.

Im Mittelpunkt einer Verhaltenstherapie steht die Problemanalyse, durch die die Bedingungszusammenhänge des psychischen Problems zunächst in Form von Hypothesen beschrieben werden. Aus der Problemanalyse werden die therapeutischen Ziele und die Therapieplanung abgeleitet.

Die verhaltenstherapeutisch orientierte Diagnostik wird vor allem danach beurteilt, ob sie **brauchbare Informationen** liefert, die für die Erstellung einer Problemanalyse und schließlich für die Auswahl und Durchführung geeigneter verhaltenstherapeutischer Verfahren notwendig sind.

Für das Verständnis verhaltenstherapeutischer Diagnostik soll noch einmal eine **Positionsbestimmung** vorgenommen werden (vgl. auch Teil V):

Nach der verhaltenstherapeutischen Konzeption wird menschliches Verhalten bestimmt durch die vorangegangene persönliche (insbesondere soziale) Lerngeschichte und durch die aktuellen situativen Bedingungen und durch die Konsequenzen des betreffenden Verhaltens. Das Zusammenwirken von beobachtbarem Verhalten, Kognitionen und Motiven sowie sozialer Bezüge für die menschlichen Reaktionen ist herauszuarbeiten und im Rahmen der verhaltenstherapeutischen Problemanalyse zunächst aufgrund der Frage zu beurteilen, welche aktuell aufrechterhaltenden Bedingungen dem psychischen Problem zugrunde liegen.

Dabei wird betont, wie eine Person in verschiedenen Situationen handelt, was sie denkt usw. und nicht, welche Eigenschaften sie hat.

Die menschliche Persönlichkeit ist aus verhaltenstherapeutischer Sichtweise gleichbedeutend mit potentieller „Reaktionsfähigkeit", das heißt mit der Wahrscheinlichkeit, mit der eine Person Verhaltens- und Reaktionstendenzen zeigt. Dies hängt im hohen Maße von der Beschaffenheit der Situation ab. Die verhaltenstherapeutische Diagnostik strebt in ihrer Vorgehensweise daher auch eine direkte Beobachtung und Erfassung der Reaktionsweisen an.

Verhaltensdiagnostische Ansätze werden in der Regel eher dem **Stichprobenansatz** zugeordnet (im Gegensatz zum **Zeichenansatz**). Dabei wird angenommen, daß die erfaßte Verhaltensweise eine **Stichprobe** des Verhaltens der Person darstellt. Es wird versucht, für das jeweilige Problem des Patienten charakteristische Verhaltensweisen zu erfassen (z. B. ängstliche Verhaltensweisen in verschiedenen Situationen, Zwangshandlungen, Fluchtreaktionen aus belastenden sexuellen Situationen). Auch dem Verhaltenstherapeuten ist es natürlich nicht möglich, alle ängstlichen, zwanghaften, sexuellen Reaktionen einer Person zu erfassen. Deshalb wird versucht, die diagnostische Situation so zu gestalten, daß Patienten hier beispielhaft eine Stichprobe ihres Verhaltens zeigen.

Im verhaltenstherapeutischen Ansatz werden also die Reaktionen und Verhaltensweisen von Patienten als **Teil des Verhaltens- und Reaktionsrepertoire** angesehen und nicht als Hinweise auf eine **zugrundeliegende Störung**. Die Aufgabe von Therapeuten ist also die möglichst genaue Erfassung von Stichproben des problematischen Verhaltens.

Während tiefenpsychologisch orientierte diagnostische Verfahren hypothetische Persönlichkeitskonstrukte untersuchen, die ihrerseits wieder zur Vorhersage des tatsächlichen Verhaltens dienen, folgt aus dem verhaltensdiagnostischen Ansatz die **möglichst direkte** Betrachtung der maßgeblichen Verhaltensweisen selbst. Dadurch wird die Zuverlässigkeit der Vorhersagequalität menschlichen Verhaltens erhöht, es muß weniger interpretiert werden.

> Es ist allerdings anzumerken, daß die Unterschiede zwischen traditioneller und verhaltenstheoretischer Diagnostik nicht mehr so klar und deutlich akzentuiert sind wie noch vor 10 Jahren. Veränderungen in der verhaltenstherapeutischen Praxis haben Veränderungen in der verhaltenstherapeutischen Diagnostik bewirkt. Einige der ursprünglichen Unterschiede sind verwischt, da die verhaltenstheoretisch orientierte Diagnostik insgesamt heterogener geworden ist und Verfahren aus der „herkömmlichen" Diagnostik miteinbezieht.

Diagnostisch-therapeutischer Prozeß in der Verhaltenstherapie

Das diagnostische Vorgehen in der Verhaltenstherapie verfolgt vorrangig die Analyse von Gründen/Ursachen, die an der Entstehung und Aufrechterhaltung von psychischen Problemen aktuell beteiligt sind. Dabei ist die Diagnostik am praktisch-therapeutischen Handeln orientiert. Die Suche nach relevanten Aspekten in der Umwelt, im Verhalten, in den Gedanken und im Erleben beim Patienten hat im weiteren Therapieverlauf direkten Einfluß auf die Auswahl entsprechender Methoden und Verfahren, die für die Veränderung der problematischen aufrechterhaltenden Bedingungen ausgewählt werden.

Das diagnostisch-therapeutische Vorgehen kann im Sinne eines Problemlöseansatzes wie folgt verstanden werden:

a) **Problembeschreibung**: Wie heißt das Problem?
b) **Problemanalyse**: Welches sind die aufrechterhaltenden Gründe für die heutige Existenz des Problems?
c) **Analyse des zu erreichenden Therapieziels**: Was soll durch die Therapie bewirkt/erreicht werden?
d) **Planung** der für die Erreichung des Therapieziels sinnvoll einzusetzenden **therapeutischen Verfahren**: Welche verhaltenstherapeutischen Verfahren sind in welcher Reihenfolge therapeutisch einzusetzen, um die Therapieziele zu erreichen?
e) **Durchführung der therapeutischen Interventionen**.
f) **Erprobung und Bewertung der vollzogenen Schritte**.

Verhaltenstherapeutische Diagnostik findet dabei vor allem in den Phasen a, b, c und f statt.

In der Phase der **Problembeschreibung** werden die Problembereiche festgelegt, die relevant sind für eine therapeutische Veränderung. Die Angaben des Patienten, der Patientin oder ihrer Bezugspersonen bilden die Grundlage für die Beschreibung der Probleme, die den Leidensdruck für den Patienten selbst oder seine/ihre Umwelt verursachen. Es wird ermittelt, welche Probleme eine Veränderung hinsichtlich ihrer Auftretungshäufigkeit, ihrer Intensität, ihrer Dauer und der Bedingungen verlangen, unter denen sie auftreten.

In der **Problemanalyse** werden aufgrund der vorliegenden Informationen Hypothesen darüber formuliert, welche funktionalen, kognitiven, motivationalen, systemischen usw. Bedingungen für die Aufrechterhaltung und die frühere Entstehung der Probleme von Bedeutung sind.

Für eine sinnvolle Anwendung therapeutischer Intervention ist eine klare **Zielbeschreibung** (Analyse der Therapieziele) unabdingbar. Dabei ist insbesondere auf eine Übereinstimmung in den Zielen zwischen Therapeut bzw. Therapeutin und Patientin bzw. Patient zu achten. Nach einer gemeinsamen Überprüfung auf Realisierbarkeit übernimmt der Therapeut in der Regel die Ziele des Patienten.

Bei der **Planung der Veränderung** soll durch die verhaltenstherapeutische Diagnostik geklärt werden, welches die praktikabelsten Mittel sind, um die erwünschten Veränderungen/Ziele bei genau diesem Patienten zu verwirklichen. Entsprechend der Definition des Problems (Problemanalyse) und der Feststellung der Ziele (Zielanalyse) ist zu ermitteln, wo therapeutische Interventionen ansetzen können und welche Ansatzpunkte die größte Erfolgswahrscheinlichkeit im Hinblick auf das Veränderungsziel haben.

Dabei können z. B. in Frage kommen:

- Veränderungen von Umgebungsbedingungen,
- die Veränderung von einer oder mehreren Ebenen des Problemverhaltens (kognitive, physiologische, motorische, emotionale Ebene),
- Veränderungen von Situationen oder Verstärkungen,
- Veränderungen der Selbststeuerung des Patienten,
- Veränderungen der Handlungsziele, der Pläne, der Erwartungen, der Bewertungen.

Während der Verhaltenstherapie ist eine ständige Kontrolle der Relation zwischen Anfangszustand, derzeitigem Zustand und Zielzustand wichtig (Veränderungsmessung und Bewertung der Veränderung). Die Ergebnisse dieser therapiebegleitenden Diagnostik (vgl. S. 113) sind Grundlage für die Entscheidung, ob die Therapie beendet, planungsgemäß weitergeführt werden kann oder ob im Prozeß Änderungen notwendig sind.

Wenn sich im verhaltenstherapeutischen Prozeß nicht die gewünschten Effekte einstellen, müssen unter Verwendung diagnostischer Methoden folgende Teilbereiche auf Stimmigkeit überprüft und gegebenenfalls verändert werden:

- Auswahl und Einsatz der Interventionsmethoden,
- Analyse der Therapieziele,
- Problemstellung und Problemanalyse.

Daraus wird deutlich, daß der gesamte diagnostisch-therapeutische Prozeß in der Verhaltenstherapie als fortlaufender Überprüfungs- und Rückmeldeprozeß angesehen werden kann, in dem die Problemauswahl, die gebildeten Hypothesen über die Problembedingungen, die ermittelten Veränderungsziele und die daraus abgeleiteten Interventionsmethoden einer ständigen Überprüfung und gegebenenfalls Veränderung unterliegen.

Die Veränderungsmöglichkeiten im beschriebenen Feedbackprozeß stellen auch einen wichtigen Aspekt der therapeutischen Beziehung dar. Patientinnen und Patienten werden zu jedem Zeitpunkt der Therapie hinsichtlich ihrer aktuellen Fähigkeiten und ihres aktuellen Gefühlszustandes ernstgenommen. Sie werden „dort abgeholt, wo sie gerade stehen". Sollten bestimmte Problemanteile, aufrechterhaltende Bedingungen oder Zielwünsche zum jeweiligen Besprechungszeitpunkt dem Patienten (noch) nicht bekannt sein, da der Patient sie noch nicht preisgibt oder spürt, können Therapeutinnen und Therapeuten darauf vertrauen, diese mit genügend Fachkompetenz und Sensibilität im Verlauf der Therapiedurchführung zu erfahren bzw. aufzuspüren. „Störungen" im Therapieverlauf sollten nach verhaltenstherapeutischem Denken nicht als „Mißerfolge", Planungsfehler oder Beziehungsprobleme angesehen werden, sondern als Chance zur Ergänzung bzw. Veränderung im Sinne des diagnostisch-therapeutischen Prozesses. In Form einer Rückschleife kann dann eine andere Phase im Prozeßmodell (wieder) aufgerufen werden. Solche Feedbackschleifen, die mehrfach im Verlauf der Therapie auftreten können, führen schließlich zu einer umfassenden Sichtweise und Veränderung des vom Patienten oder seiner Umwelt eingebrachten Problems bzw. der formulierten Problembedingungen.

> Zur genaueren Erarbeitung der verhaltenstherapeutischen Diagnostik werden im folgenden Formen der Problemanalyse, als Kernstück der Verhaltenstherapie, die Verfahren zur Informationsgewinnung und die Diagnostik zur Therapiekontrolle ausführlicher dargestellt. Es folgt noch ein Exkurs zu Aspekten der therapeutischen Beziehung in der diagnostischen Phase.

Problemanalyse – Kernstück der Verhaltenstherapie

Entstehung und Aufrechterhaltung eines Problems bzw. das Fehlen oder die Verhinderung des gewünschten Verhaltens hängen von bestimmten Bedingungen ab, die in der diagnostischen Phase zu analysieren sind.

Die Problemanalyse ist das Ergebnis der Anwendung der verschiedenen diagnostischen Methoden (s. unten). In der

Problemanalyse werden zunächst die psychischen Probleme beschrieben und gegebenenfalls in einzelne Teilprobleme unterschieden (1). Anschließend werden Annahmen darüber formuliert, welche aktuellen Gründe für die Existenz bzw. Aufrechterhaltung der heutigen Probleme vorliegen (2).

1. Welche **Problembereiche sind relevant** für eine therapeutische Veränderung, unter welchen Problemen leiden der Patient bzw. die Patientin oder seine bzw. ihre Umwelt? Welche Probleme verlangen eine Veränderung hinsichtlich ihrer Häufigkeit, ihrer Intensität, ihrer Dauer und der Umstände, unter denen sie auftreten?
2. Welche Gründe sind heute für die **Aufrechterhaltung** der psychischen Probleme von Bedeutung, welche Gründe für eine frühere Entstehung der Probleme?

Da aus der Problemanalyse, dem zentralen Bestandteil der Verhaltenstherapie, die Ziele der Therapie, der therapeutische Plan und die Veränderungsverfahren abgeleitet werden, sollten sich Therapeut und Patient bei diesem Teil genügend Zeit nehmen. Je mehr der Patient in der Lage ist, sein Problem im verhaltenstherapeutischen Denken zu beschreiben und die Gründe für die Existenz der Probleme mit therapeutischer Hilfe eigenständig erkennen und formulieren zu können, um so mehr Einsicht und Motivation können für den weiteren therapeutischen Verlauf auf Patientenseite erwartet werden.

In der therapeutischen Zusammenarbeit ist bei der Erstellung der Problemanalyse folgendes Vorgehen üblich:

- Das **Gesamtproblem** (z. B. Arbeitsstörungen) wird **in einzelne Teilprobleme** aufgeteilt (zu geringe Konzentration, zu seltenes Arbeitsverhalten, Angst vor Versagen, Einschlafschwierigkeiten).
- Im weiteren Vorgehen wird überprüft, ob die Lebensbedingungen des Patienten eine **Veränderung** zulassen und ob die gewünschten Ziele des Patienten aufgrund äußerer Gegebenheiten erreichbar, schwer erreichbar oder nicht erreichbar sind.

Beispiel: Das aggressive Verhalten des Kindes kann aufgrund des Fehlens von familiärer Geborgenheit existieren. Ohne familiäre Geborgenheit lassen sich die aggressiven Verhaltensweisen dieses Kindes vermutlich nicht verändern. Das depressive Verhalten einer Frau kann eine weitgehend angemessene Reaktion auf eine schwierige wirtschaftliche und verzweifelte soziale Lage sein.

- Es werden mögliche **körperliche und geistige Beeinträchtigungen** untersucht, die – auch wenn sie nicht in einem direkten Zusammenhang mit dem psychischen Problem bestehen – das Erreichen der therapeutischen Ziele beeinträchtigen oder verhindern würden (z. B. organisch bedingte Schlafstörungen, Hirnschädigungen, übermäßiger Tablettenkonsum, operative Folgen).
- Das zu **verändernde psychische Problem** wird nun konkreter beschrieben: Probleme können in Form bestimmter unangemessener Verhaltensweisen auftreten (z. B. übermäßiges Alkohol trinken, Angstreaktionen, Stottern, Weinen in depressiven Stimmungen). Oder Probleme treten auf, weil ein wichtiges angemessenes und notwendiges Verhalten nicht gezeigt wird bzw. nicht gezeigt werden kann/blockiert wird (z. B. Kontakt aufnehmen, mit dem Partner über Probleme sprechen, Texte auswendig lernen, eine Erektion bekommen, selbstsicher auftreten).
- Es werden die Entwicklung der psychischen Probleme (**Genese**) beschrieben und die bisherigen Bemühungen untersucht, das Problem selbst zu bewältigen (Selbstmanagement/Selbstkontrolle).
- Nun erfolgt die Untersuchung der die heutigen Probleme aufrechterhaltenden Bedingungen, und dazu können – je nach Art des Problems und der Kompetenz des Therapeuten und der Therapeutin – unterschiedliche **Zugangsweisen zur Problemanalyse** vorgenommen werden: Die funktionale Analyse, die kognitive Analyse, die Motivationsanalyse, die Interaktionsanalyse usw. Diese Analyseformen werden im Folgenden kurz beschrieben. (Zur weiterführenden Information wird verwiesen auf Caspar [1987] und vor allem Schulte [1996].)

III

Funktionale Analyse

Sie bildet die Grundlage der klassischen Verhaltenstherapie. Sie orientiert sich an den Lerntheorien und sucht Zusammenhänge zwischen solchen Variablen, die konkret erfaßbar und veränderbar sind und in der Regel im zeitlichen Zusammenhang zum Problemverhalten stehen.

Grundlage für die Erstellung einer funktionalen Bedingungsanalyse bilden

- die Beschreibung des symptomatischen Verhaltens (R),
- die Ermittlung vorausgehender und nachfolgender Reizbedingungen (S und C),
- die Erfassung relevanter Organismusvariablen (O) und die Selbstkontrollmöglichkeiten für das Problemverhalten durch den Patienten (Sk).

Ist ein Problem als **respondente Reaktion** anzusehen, muß ein Lernvorgang im Sinne des klassischen Konditionierens stattgefunden haben.

Im Falle eines **operanten Verhaltens** läßt sich ein Lernvorgang im Sinne des operanten Konditionierens annehmen, d. h. die Auftretenswahrscheinlichkeit eines bestimmten Problemverhaltens hat sich durch die Reaktionen der Umwelt oder selbstverstärkende Bedingungen, die diesem Verhalten folgen (Konsequenzen), erhöht oder verringert.

Nach dem Erstellen eines hypothetischen Bedingungsmodells über die aufrechterhaltenden Bedingungen für R werden durch Beschreibung der Symptomgenese und dem Zusammenhang zwischen den verschiedenen Symptombereichen weitere Informationen zum Verständnis der aktuellen Problematik ermittelt.

Ziel der funktionalen Analyse ist es, herauszufinden, welchen Bedingungen „funktionale Qualität“ für das Problemverhalten (R) zukommt, entweder bei einem respondenten Verhalten als auslösende Reize (S) oder bei operantem Verhalten als positive oder negative Verstärkung (C). Es wird sozusagen eine für diesen Patienten zutreffende S-O-R-K-C-Hypothese aufgestellt, und entsprechend werden Maßnahmen zur Veränderung von S oder C geplant, hinwirkend auf das Ziel der Veränderung der Häufigkeit von R.

Schulte (1996), Bartling, Echelmeyer, Engberding und Krause (1992) sowie Grawe u. Caspar (1984) stellten in den letzten Jahren erweiterte Problemanalyse-Modelle vor, die der Weiterentwicklung und konzeptionellen Erweiterung der Verhaltenstherapie in den letzten 15 Jahren

Rechnung trugen. Dabei liegen vor allem Schwerpunkte bei der Analyse der Rahmenbedingungen, bei der Analyse der Kognitionen, bei der Analyse der Motivationen und der Handlungsziele sowie bei der Analyse der Beziehungen.

Diese Analysen liefern gegebenenfalls Informationen über (aufrechterhaltende) Bedingungen des Problems (Bedingungsdiagnosen), für deren Veränderung und Beeinflussung therapeutische Methoden oder Strategien existieren. Das Problem, das sich auf solche Bedingungen zurückführen läßt, ist damit ein prinzipiell lösbares Problem (Schulte 1996).

Analyse der Rahmenbedingungen

Ziel ist es, alle körperlichen und äußeren Umstände zu erfassen, die die Häufigkeit, Intensität oder Dauer der Probleme beeinflussen. Dabei geht es nicht um Bedingungen, die das aktuelle Auftreten des Problemverhaltens zeitlich und funktional „steuern", sondern eher um überdauernde Rahmenbedingungen, die die Erfolgschancen der Therapie beeinflussen könnten. Dazu gehören z.B. körperliche Krankheiten, streßfördernde und belastende Umgebungsbedingungen.

Analyse der Kognitionen

Die Kognitionsanalyse trägt der Entwicklung der Verhaltenstherapie in Richtung „Kognitive Verhaltenstherapie" Rechnung. Analysiert werden bei diesem Vorgehen Gedanken und Vorstellungen (im eher strukturellen Sinne), die das Problem fördern und aufrechterhalten.

Dies können z.B. sein:

- Dysfunktionale Kognitionen.
- Irrationale Kognitionen.
- Fehlen von Bewältigungskognitionen.
- Informationsmängel.

Die Problemgedanken können also falsch, übertrieben oder einseitig sein, unerwünschte Gefühle fördern, gewünschtes Verhalten erschweren, Problembewältigungsgedanken können fehlen, oder es können über Sachverhalte, Zusammenhänge und Verursachungen falsches Wissen und Wissenslücken existieren.

Beispiele: „Ich werde das nicht schaffen, gleich kommt die Angst wieder", „das alles passiert nur, weil ich nichts tauge", „ich bin schon zum Fehlermachen geboren worden", „eine solche Pulsbeschleunigung führt zum Herzinfarkt." Eine nicht vorhandene Bewältigungskognition kann sein: „Selbst wenn ich Angst habe, lasse ich mich nicht entmutigen. Mir kann gar nichts passieren. Ich mache weiter" (vgl. Stavemann 1995).

Motivationsanalyse

Bei der Motivationsanalyse werden die Handlungsziele und Bewertungssysteme der Patientinnen und Patienten diagnostisch erfaßt. Dabei wird auch untersucht, inwieweit die Symptomatik notwendig ist, um Konfliktlösungen zu erreichen, das aktuelle Selbstbild zu stützen oder vor anderen schwerwiegenderen Belastungen bzw. Auseinandersetzungen mit anderen Problemen zu schützen. In der Umgangssprache könnte man sagen, daß der Patient die Symptome „braucht", einen Krankheitsgewinn hat. Der „Gewinn" mag in einzelnen Fällen zutreffen (z.B. für vorzeitige Berentung oder Entschädigungszahlungen). In der Regel erleben wir jedoch den Schutz vor Zielkonflikten, vor konflikthaften Auseinandersetzungen und vor Überforderungen bzw. den Schutz vor erneuten Traumatisierungen als häufigstes, die Problematik aufrechterhaltendes Motiv. Daher sollte ein leichtfertiger Umgang mit dem Konzept des Krankheits„gewinnes" vermieden werden.

Als mögliche Motive können genannt werden:

- Unrealistische Selbstwahrnehmung, Über- oder Unterschätzung der eigenen Verhaltenskompetenzen oder Verhaltensfolgen.
- Unrealistische Ansprüche an das eigene Verhalten, unrealistische, übermächtige, übergeneralisierte Ziele, irrationale Überzeugungen.
- Zielkonflikte.
- Konfliktvermeidung.

Beispiele: Die Angst vor dem Autofahren kann einen Menschen vor „Ausbruchsversuchen" aus seiner Ehe bewahren. Die Panikstörung kann neben der Aufrechterhaltung durch Vermeidung und problematische Kognitionen den Schutz vor Überforderung durch Mehrfach-Belastungen im Alltag und Beruf beinhalten. Die Depressionen, die zu einer Krankschreibung geführt haben, schützen möglicherweise vor Anfeindungen durch Kollegen. Die sexuelle Störung bewahrt vor der Auseinandersetzung und dem erneuten Durchleben des (heute verdrängten) sexuellen Mißbrauchs.

Beziehungsanalyse

In der Beziehungsanalyse können als mögliche Bedingungen für psychische Probleme herausgearbeitet werden:

- Dysfunktionale soziale Überzeugungen: Gruppennormen oder Gruppenregeln, die als irrational bezeichnet werden können,
- Instabile Gruppenbezeichnungen: Interessenkonflikte und Machtkonflikte in wichtigen sozialen Gemeinschaften,
- Fehlende oder gestörte Kommunikation: destruktive, krankmachende Kommunikation bewirkt bei einem der beiden Partner depressive oder aggressive Reaktionen, führt zu einer sexuellen Funktionsstörung usw.

Weiterführende Konzeptionen

Die **Problemanalyse im therapeutischen Prozeß** (Bartling u. Mitarb. 1992) sieht den Menschen als aktiv mit seiner sozialen und gegenständlichen Umwelt interagierendes Subjekt. Er ist fähig, Informationen zu verarbeiten, seine Handlungen zu reflektieren, zu erklären und entsprechend zu beeinflussen. Der in dieser Analyseform verwendete Begriff des „Verhaltens" umfaßt neben kognitiven und emotionalen

Aspekten auch Regeln und Pläne des Menschen sowie die Regeln der sozialen Systeme, in denen der Patient lebt.

Die am Problemlösungsprozeß orientierte Problemanalyse gliedert sich in folgende Abschnitte:

- Problemstellung,
- Analyse der Problemlage mit der Ebene des Verhaltens in Situationen, der Ebene der Regeln und Pläne, der Ebene der Systemregeln und den Schlußfolgerungen für Zielanalyse und Veränderungsplanung,
- Zielanalyse,
- Suchen, Bewerten und Auswerten von Lösungsalternativen,
- Erprobung und Bewertung der Veränderungsschritte.

Die von Grawe u. Caspar (1984) entwickelte **Plananalyse** hat als Anliegen, „Fähigkeitsaspekte einerseits, Ziel-, Bedürfnis- oder Motivationsaspekte andererseits in einem einheitlichen Modell in Zusammenhang zu bringen. Dem zugrunde liegt die Kernannahme, daß regelmäßig auftretende Verhaltensaspekte mit einiger Wahrscheinlichkeit als Mittel zu verstehen sind, die instrumentiell zur Erreichung wichtiger zwischenmenschlicher Ziele eingesetzt werden" (Grawe u. Caspar 1984).

Neben den im Kapitel 4 beschriebenen Informationsquellen für die Erstellung der Problemanalyse können bei dem Erschließen von Plänen in der diagnostischen Phase die Reaktionen anderer auf das Verhalten des Patienten, verbale Berichte der Patienten oder Berichte von anderen über deren Verhalten außerhalb der Therapiesituation nützlich sein. Wichtig sind auch Gefühle und Handlungstendenzen, die der Patient beim Therapeuten auslöst.

Mit Hilfe der gewonnenen Informationen wird zunächst eine Hypothese aufgestellt, welche Mittel für welches Ziel die problematischen Verhaltensweisen sein können. Auf dem Hintergrund der erstellten Planstruktur

- kann ein besseres Verständnis für das akute Problem entwickelt werden,
- kann für die therapeutische Intervention die Frage diskutiert werden, ob die Probleme eher entstehen, weil die individuellen Pläne unrealisierbar sind oder weil die eingesetzten Mittel zur Erreichung der realistischen „Planziele" untauglich sind.
- Für die Anfangsphase einer Therapie kann die Kenntnis der interaktionellen Pläne des Patienten der Förderung einer konstruktiven und vertrauensvollen therapeutischen Beziehung hilfreich sein (vgl. zur Übersicht und umfassenderen Information: Caspar [1987], Schulte [1996]).

Verfahren zur Informationsgewinnung (diagnostische Methoden)

Zu den diagnostischen Methoden gehören: die Exploration (das diagnostische Gespräch), die Beobachtung, das Rollenspiel, der Verhaltenstest, Diagramme und Tagebuchführung, Fragebögen und psychophysiologische Erhebungsverfahren.

Die Aufgabe der Methoden der Informationsgewinnung besteht darin, Informationen zu ermitteln, die als repräsentative Stichprobe des gesamten Problemverhaltens und seiner aufrechterhaltenden Bedingungen gelten können.

Gewählt wird in der Regel ein „multimethodales Vorgehen" (Seidenstücker u. Baumann 1984), um eine Validität in bezug auf das tatsächliche Problemverhalten und seiner aufrechterhaltenden Bedingungen zu erzielen.

Exploration

Die Exploration ist das wichtigste diagnostische Verfahren in der Verhaltenstherapie, insbesondere in der Arbeit mit erwachsenen Patientinnen und Patienten: Der Patient beschreibt seine Probleme und Störungen, der Therapeut versucht diese Beschreibungen so zu strukturieren, daß aus den Informationen eine Problemanalyse erstellt werden kann.

III

> Die Exploration eines bestimmten psychischen Problems erfolgt also strukturiert unter der Perspektive einer zu erstellenden Problemanalyse und der Auswahl bestimmter Behandlungsverfahren.

Dem Therapeuten liegen durch die Inhalte der Problemanalyse Themen und Fragenbereiche vor, die die Grundlage des Explorationsgesprächs darstellen. Je nach Art der Problematik und sich andeutender aufrechterhaltender Bedingungen wird das Explorationsgespräch in Richtung einer oder mehrerer Analysemöglichkeiten hin strukturiert.

> Es geht also in der Exploration nicht darum, möglichst viele Informationen über möglichst viele Lebensbereiche der Patientinnen und Patienten zu sammeln. Es geht darum, gezielt und frühzeitig die aufrechterhaltenden Bedingungen und die Bedeutungen der Problematik in Erfahrung zu bringen.

Die Informationen aus der Exploration beziehen sich größtenteils auf die Gegenwart, das heißt auf die aktuelle Lebenssituation bzw. die aufrechterhaltenden Bedingungen des Problems. Informationen aus der Genese, also aus der Entwicklungsgeschichte, dienen überwiegend der Bestätigung der aktuellen Antworten der Problemanalyse. Sie können aber auch bedeutsam sein, um den Patienten und Patientinnen ein neues Bild über ihre Problematik, deren Entwicklung und deren aufrechterhaltende Bedingungen zu vermitteln.

In der ambulanten Psychotherapie dauert die Exploration, deren Inhalte zur Erstellung der Problemanalyse und der ersten Zielanalyse führen sollen, je nach Art der Problematik, 1 bis 3 Therapiesitzungen.

Neben der eben angesprochenen **diagnostischen** Funktion hat die Exploration auch eine **therapeutische** und eine **motivierende** Funktion.

Die motivierende Funktion der Exploration liegt vor allem

- in der Transparenz, also in der Offenheit, des Vorgehens,
- in der ständigen Bereitschaft des Therapeuten, das Vorgehen mit dem Patienten zu besprechen und ihn Fragen stellen zu lassen, sowie
- in der Vermittlung der theoretischen und methodischen Aspekte der Verhaltenstherapie.

Durch diese Vorgehensweise erhöht sich die Sicherheit der Patienten im Umgang mit den Therapeuten, der therapeutischen Situation und den Maßnahmen. Hier wird auch die therapeutische Funktion der Exploration wirksam: Die Exploration läßt den Patienten unter Umständen seine Probleme in einem anderen – als im bisher vertrauten – Zusammenhang sehen und kann so zu einer möglichst frühzeitigen Übernahme von Verantwortung und Selbstkontrolle für seine Problemveränderung beitragen. Diese neue Sichtweise der Probleme kann für den Patienten ein bedeutsames motivierendes und bereits Veränderungen initiierendes Erlebnis darstellen, wenn er sich z. B. nicht mehr persönlich schuldig oder allein verantwortlich für seine Probleme fühlt.

Zusammenfassend lassen sich folgende Merkmale der verhaltenstherapeutischen Exploration bestimmen:

- Sie erfolgt zielorientiert und strukturiert unter der Perspektive einer zu erstellenden Problemanalyse und der Auswahl bestimmter Behandlungsverfahren.
- Sie erfolgt hypothesengeleitet bezüglich möglicher Bedingungszusammenhänge der Problematik.
- Sie wird halbstandardisiert geführt: Die Überprüfung der Hypothesen über mögliche Bedingungszusammenhänge der psychischen Störung stellt die Grundlage des Gesprächs dar.
- Informationen werden konkret und detailliert erhoben.
- Die Einzelinformationen werden zu einem stimmigen Gesamtbild zusammengefaßt, welches als hypothetisches Modell die aktuelle Aufrechterhaltung der Probleme beschreibt.
- Die Informationen werden gegenwartsbezogen erhoben. Informationen aus der Lebens- und Problemgeschichte des Patienten dienen überwiegend der Bestätigung des aktuellen problemanalytischen Modells.
- Auch die nonverbalen Mitteilungen des Patienten bzw. der Patientin geben während des Explorationsgesprächs wesentliche diagnostische Hinweise.
- Zu Beginn des Explorationsgesprächs werden in der Regel eher offene Fragen gestellt („Können Sie ihre depressiven Gefühle etwas genauer beschreiben?"). Geschlossene Fragen werden gestellt, wenn es um die Klärung von Detailfragen geht, wenn die Patienten mit offenen Fragen Schwierigkeiten haben oder sehr weitschweifend berichten. („Wieviele Personen sind im Raum, wenn sie das Angstgefühl überkommt, kein Wort mehr aussprechen zu können?")
- Die Exploration wird mit Hilfe vorhandener Vorinformationen sorgfältig geplant. Ein Leitfaden kann bei den ersten durchzuführenden Explorationen vor allem zum Hinweis auf die abzuklärenden Bereiche hilfreich sein.

In der Verhaltenstherapie wird am aktuellen Problemerleben und am aktuellen Problemhandeln gearbeitet. Unter günstigen Bedingungen werden die zu diagnostizierenden Probleme einer unmittelbaren Beobachtung und Exploration zugänglich gemacht. Das Gespräch wechselt dabei zwischen der Exploration der aus der Erinnerung beschriebenen Problemanteile und dem Explorieren, Beobachten und Bewerten der auch während des Gesprächs auftretenden aktuellen Probleme bzw. Problemdarstellungen. Diese äußern sich in Gefühlen, Gedanken, Körperreaktionen und motorischem Verhalten, die Therapeuten beobachten bzw. erfragen können.

Es ist auch sinnvoll, wenn der Therapeut eine Phantasiereise initiiert, um den Patienten eine aktuelle Problemsituation erleben zu lassen. Während des Phantasieerlebens des Patienten erfragt der Therapeut Reaktionen, Gefühle und Gedanken des Patienten bzw. gegebenenfalls Reaktionen anderer Menschen.

Verhaltensbeobachtung

„Die Forderung nach einer möglichst direkten und unmittelbaren Erfassung des Verhaltens ist eine Grundforderung der Verhaltenstherapie. Das Ziel ... ist die Veränderung konkreter Verhaltensweisen ... Die Methode, die dieser Forderung am besten entspricht, ist die direkte Verhaltensbeobachtung. Schon die freie, unsystematische Beobachtung liefert in der Praxis oft äußerst wichtige Informationen, die durch andere diagnostische Instrumente kaum gewonnen werden können" (Schulte u. Kemmler 1974).

Die direkte und systematische Verhaltensbeobachtung ist der direkte Weg, im Prozeß der Verhaltenstherapie relevante Informationen zu erhalten.

(Zur Erinnerung: In der Exploration erhält der Therapeut die relevanten Informationen vermittelt durch den Patienten in retrospektiven Berichten oder vermittelt durch die retrospektiven Berichte anderer Personen.)

Als wichtige Möglichkeit der Informationsgewinnung bietet sich die direkte Beobachtung von Patienten und ihren Bezugspersonen in den relevanten Problemsituationen an. Diese Beobachtung kann in gestellten Situationen (z. B. in Rollenspielen) oder in der natürlichen Umgebung in Alltagssituationen erfolgen.

Während die freie Verhaltensbeobachtung zunächst Hinweise auf einzelne Ereignisse (z. B. bestimmte äußere Situationsmerkmale, bestimmte Interaktionen, bestimmte Verhaltensweisen) liefert, erhält der Therapeut durch die systematische Verhaltensbeobachtung konkrete Informationen zu einer Fragestellung oder einem hypothetischen Zusammenhang (z. B. aufrechterhaltenden Konsequenzen, zu problemlösenden Situationen, zur Häufigkeit eines Problems).

Den Übergang von der freien zur systematischen Verhaltensbeobachtung bildet die Gliederung oder Strukturierung des Reiz-Reaktions-Ablaufes in einzelne Einheiten, die von der beobachtenden Person (z. B. Therapeutin) möglichst konkret erfaßt und registriert werden. Je konkreter der Beobachtungsgegenstand (Situation, Reaktion, nachfolgende Reaktion eines Familienmitglieds usw.) festgelegt werden, um so sicherer und fehlerfreier kann die Beobachtung erfolgen.

Beispiel: Die Festlegung des Beobachtungsgegenstandes „Angst" würde von verschiedenen beobachtenden Personen unterschiedlich interpretiert werden, und es würden eventuell dementsprechend unterschiedliche Verhaltensweisen des Patienten beobachtet werden. Konkretere, zu beobachtende Verhaltensweisen wären daher: Schnelles (Weg-)Laufen, stehenbleiben, Schweißausbruch, erröten. Diese Beobachtungseinheiten wären eindeutiger und konkreter. Daher ist es notwendig, zu allgemeine oder von Hypothesen und theoretischen Voreinnahmen beeinflußte Aspekte nicht als Beobachtungseinheiten auszuwählen (z. B. aggressives Verhalten, Sprachstörung, Schimpfen).

Es gibt verschiedene **Verfahren** der systematischen Verhaltensbeobachtung: Bei der **Zeit-Stichprobe** (Time-Sampling) werden im Verlauf eines längeren Beobachtungsabschnitts Zeiteinheiten festgelegt, in denen die systematische Beobachtung eines bestimmten Ereignisses erfolgt (z.B. Mutter schreit Kind an).

Bei der **Ereignis-Stichprobe** (Event-Sampling) wird die Beobachtung durch ein inhaltlich festgelegtes Ereignis registriert (z.B. Patient reißt ein Haar aus). Der Beobachter wird immer tätig, wenn das bezeichnete Ereignis auftritt und notiert sich dann z.B. die vorausgehende Reizsituation oder das nachfolgende Verhalten anderer Personen.

Neben den beschriebenen Beobachtungstechniken ist Verhaltensbeobachtung noch zu unterscheiden hinsichtlich der Tatsache, ob der Beobachter teilnimmt (sich innerhalb der zu beobachtenden Situation befindet), oder ob er eine nicht-teilnehmende Beobachtung durchführt (z.B. hinter dem Einwegspiegel). Weiterhin ist festzulegen, auf welche Arten die Beobachtungsinhalte festgelegt bzw. kodiert werden (vgl. hierzu: Reinecker 1987 oder Schulte u. Kemmler 1974).

Bei Kindern, insbesondere in der Interaktion mit ihren Eltern, oder bei Menschen mit psychiatrischen Krankheiten (z.B. in der stationären Behandlung) ist das Explorationsgespräch manchmal wenig effektiv oder sogar undurchführbar. Gerade bei diesen Zielgruppen hat sich die Verhaltenstherapie bei der Behebung von Verhaltensdefiziten bzw. beim Aufbau von Verhalten im sozialen und handwerklichen Alltag besonders bewährt. Und gerade bei den Problemen dieser Zielgruppen können durch die direkte Verhaltensbeobachtung gute Informationen über zu verändernde bzw. zu stärkende oder aufzubauende Verhaltensweisen erhoben werden.

Bei der **Selbstbeobachtung**, d.h. der Patient bzw. die Patientin sind Handelnde/Erlebende und Beobachtende in einer Person, registriert der Patient Situationsmerkmale, Verhaltensanteile, kognitive Reaktionen, Emotionen, physiologische Reaktionen oder das nachfolgende Verhalten anderer Personen und macht sich darüber möglichst unmittelbar nach der Beobachtung Aufzeichnungen. Dies wird in der Regel als „Hausaufgabe" dem Patienten aus der Therapiesitzung mitgegeben.

Die Selbstbeobachtung hat gegenüber den Selbstberichten den Vorteil, daß der Patient und die Patientin während der Exploration bei letzteren in der Regel über Verhaltensweisen und Situationen berichten, die meist längere Zeit zurückliegen. Bei der Selbstbeobachtung werden sie hingegen angehalten, ihre Beobachtungen möglichst sofort festzuhalten. Durch die unmittelbare Registrierung in Diagrammen oder Tagebuchaufzeichnungen (s. unten) wird eine Verzerrung durch die nachfolgende subjektive Interpretation des Geschehens verringert.

Selbstbeobachtung hat den Vorteil, daß sie gleich dann durchgeführt werden kann, wenn das Problemverhalten auftritt. Insbesondere auch in Situationen, die einer Fremdbeobachtung nicht zugänglich sind, z.B. sexuelle Interaktionen, bietet sich die Selbstbeobachtung deshalb als effektives diagnostisches Verfahren an.

Die Selbstbeobachtung gewinnt auch durch die starke Berücksichtigung kognitiver Aspekte in der Verhaltenstherapie an Bedeutung. Gedanken, Selbstverbalisationen usw. – oft bedeutsame Aspekte für die Aufrechterhaltung psychischer Probleme – sind nur vom Patienten selbst beobachtbar und erfaßbar.

Der **Selbstbeobachtung** und **Selbstaufzeichnung** als wichtigen Informationsquellen in der Verhaltenstherapie kommen gerade in der therapeutischen Arbeit mit Erwachsenen eine größere Bedeutung zu als der Fremdbeobachtung. Sind der Patient und die Patientin zur Selbstbeobachtung in der Lage, kommt diese in fast jeder Verhaltenstherapie zur Anwendung.

Verhaltenstests

In den sog. Verhaltenstests wird das problematische Verhalten dadurch unmittelbar beobachtet, daß der Patient (mit oder ohne Therapeut) in der Realität oder in der Vorstellung eine kritische bzw. problematische Situation aufsucht, in der normalerweise sein Problemverhalten auftritt. Dies kann die reale (Alltags-)Situation des Patienten sein oder – wie es bei sozialen Problemen günstig ist – eine gestellte (Rollenspiel-)Situation. Der Therapeut kann in oder nach dem Erleben solcher Situationen den Patienten direkt befragen, wie sich das problematische Verhalten in der vorgegebenen Situation äußert, und er kann den Patienten gezielt nach gedanklichen, gefühlsmäßigen, körperlichen und motorischen Aspekten befragen. Darüber hinaus hat er die Möglichkeit, den Patienten in der aufgesuchten Situation direkt zu beobachten.

Die Durchführung von Verhaltenstests kombiniert somit Exploration und Verhaltensbeobachtung miteinander.

Die diagnostische Arbeit mit Vorstellungen und Phantasien ist dann hilfreich, wenn es in der Praxis schwierig ist, eine isolierte Situation zu bestimmen und aufzusuchen.

Ein wichtiger Platz in den verhaltenstherapeutischen Beobachtungsverfahren und Verhaltenstests kommt den sog. **Vermeidungstests** zu. Beobachtet werden dabei spezifische Ängste bzw. Annäherung des Patienten an bestimmte Angstreize und -situationen.

Beispiel: Solche Situationen können sein: Der Aufenthalt mit vielen Menschen in einem Raum, das Ansprechen von fremden Menschen, die Entfernung von einem Brückengeländer, die Fahrt mit einem Auto auf belebten Straßen, das Besteigen eines Turms, die Entfernung von der sicheren Wohnung. Der Patient kann auch angehalten werden, spezifische Zwangsvorstellungen (z.B. Wasch- oder Kontrollrituale) durchzuführen. Mutter und Kind können eine Schulaufgabensituation durchführen. Verhaltenstests als Rollenspielsituation können sein: Die Patientin spielt sozialbelastende Situationen in einer Prüfung, am Arbeitsplatz, beim Einkaufen, bei der Kontaktaufnahme. Dies läuft dann in der geschützten Atmosphäre mit der Therapeutin ab. So können Situationen und Verhaltensweisen aktualisiert, beobachtbar und beschreibbar werden.

Der diagnostische Charakter solcher Verhaltenstests liegt darin, daß der Patient höchstens mittelproblematische Situationen aufsucht und sich darin nicht anders verhält als sonst auch. Weil Patienten aber solche Problemsituationen oft stark vermieden haben, besitzen diese Verhaltenstests oft bereits auch therapeutisch-verändernden Charakter.

Viele Situationen lassen sich wegen ihrer Komplexität kaum künstlich herstellen. Oft sind Einschränkungen der Relevanz dadurch gegeben, daß das Verhalten von Patienten in der „künstlichen" Situation nicht unbedingt repräsentativ für das Problemverhalten unter natürlichen Bedingungen sein muß. Auch die Anwesenheit des Therapeuten unterstützt diese Künstlichkeit.

Dennoch sind die sog. Verhaltenstests in der verhaltenstherapeutischen Diagnostik von großer Bedeutung, wenngleich sie aufgrund des zeitlichen und organisatorischen Aufwandes viel zu selten gemeinsam von Therapeut und Patient durchgeführt werden. Viel häufiger werden diese Verhaltenstests als „Hausaufgabe aufgegeben", verbunden mit Selbstbeobachtung und Selbstbeschreibung.

Rollenspiel

In der Praxis ist es häufig sehr schwierig, eine isolierte Situation für den diagnostischen Prozeß zu bestimmen und so zu realisieren, daß eine entsprechende problematische Reaktion erfaßbar wäre. Neben der Arbeit mit Phantasien, also der Erstellung einer Problem-Stichprobe in der Vorstellung, hat sich die Durchführung von Rollenspielen sehr bewährt.

Das Rollenspiel, es gehört auch zu den verhaltenstherapeutischen Standardmethoden, ist dann von Vorteil, wenn es Situationen und Verhaltensweisen aktualisieren, beobachtbar und beschreibbar machen kann.

Ebenso wie Vorstellungsübungen können Rollenspiele kurzfristig während der Explorationssitzung durchgeführt werden.

Im Rollenspiel kann der Patient seine eigene Person spielen oder die Rolle einer anderen Person in seiner sozialen Umgebung annehmen. Der Therapeut oder eine andere Person werden vom Patienten in ihre Rolle eingewiesen und spielen entsprechend den jeweiligen Part.

Fragebögen

Lediglich am verhaltenstherapeutischen Konzept orientierte Fragebögen können zusätzliche Informationen zur Erstellung der Problemanalyse liefern (explorative Funktion). Fragebögen werden häufig auch zur Kontrolle der therapeutischen Effekte eingesetzt (therapiekontrollierende Funktion, s. unten).

> Die theoretische Konzeption von Fragebögen, die Persönlichkeitsmerkmale erfassen, läßt eine Übersetzung in die theoretische Sprache der Verhaltenstherapie kaum zu. Nicht das Verstehen zugrundeliegender Persönlichkeitsmerkmale, sondern die direkte Erfassung/Messung des Verhaltens in unterschiedlichen Situationen oder die Situationen selbst sind das Ziel diagnostischer Untersuchungen in der Verhaltenstherapie.

Die explorative Funktion von Fragebögen besteht darin, Informationen zu sammeln, sie zu ordnen und in einen Zusammenhang zu bringen. Insofern ist auch die Entwicklung entsprechender Verfahren in der Verhaltenstherapie durchaus sinnvoll. Die Fragen und Vorgaben in verhaltenstherapeutischen Fragebögen zielen also auf die Erfassung von Informationen ab, die für die Problemanalyse und Therapieplanung wichtig sind. So müssen z. B. nicht alle möglichen Angst- und Vermeidungssituationen im explorativen Gespräch abgefragt werden. Hier kann ein Fragebogen, der eine ganze Reihe von Situationen enthält, Angstauftreten und Angststärke erfassen.

Zahlreiche Fragebögen sind zur Erfassung zusätzlicher Informationen bei spezifischen Störungsbereichen entwickelt worden, insbesondere für Ängste (soziale Ängste, Panikstörungen), für Depressionen, für sexuelle Störungen, für Partnerschaftsprobleme und für Zwangshandlungen und Zwangsgedanken.

Diagramme und Tagebuchaufzeichnungen

Diese diagnostischen Verfahren werden in der Regel als Beobachtungsmöglichkeiten zwischen den Therapiesitzungen genutzt. So lernen Patientinnen und Patienten (Problem-)Verhalten, problematische Situationen, Häufigkeiten des Auftretens der Probleme und Begleitumstände zu beobachten. Die Zeit zwischen den Therapiesitzungen, das heißt der Alltag des Patienten, in dem in der Regel die Probleme auftreten, wird so besser nutzbar gemacht. Durch diese Aufgaben werden Patientinnen und Patienten auch gleichzeitig zu selbstkontrollierendem Verhalten angeleitet.

Ein Diagramm wird meist in der Form eines Koordinatensystems geführt (z. B. eine Achse: Inhalte, eine Achse: Häufigkeiten), es gibt aber auch andere Strukturen. Kernpunkt ist die Aufzeichnung der Häufigkeitsverteilung eines Symptoms über einen bestimmten Zeitraum.

Diagramme sollten recht unkompliziert aufgebaut sein und der Patient muß genau wissen, welche Verhaltensweisen oder Situationsbedingungen er beobachten und wie aufzeichnen soll.

Auch während der Therapie kann ein fortlaufendes Diagramm Veränderungen und Ereignisse anzeigen, über die der Therapeut sonst ohne Nachfragen nichts erfahren würde (z. B. die Unwirksamkeit von Verstärkern). Aufgrund solcher Informationen können Hypothesen neu formuliert und unter Umständen Therapieziele und Therapieschritte neu bestimmt werden.

Durch die bei der Diagrammführung erkennbaren Fortschritte kann sich die Motivation des Patienten erhöhen. Striche oder sonstige Eintragungen im Diagramm können die Qualität sekundärer Verstärker erlangen, die den Vorzug der Unmittelbarkeit haben. Daher ist es wichtig, daß in einem Diagramm die positiven Aspekte der Verhaltensänderung hervorgehoben werden.

Beispiele: Eine Patientin mit multiplen Ängsten kann ein Diagramm über Angstsituationen und die Stärke der dabei auftretenden Ängste führen. Eine Patientin mit Eßstörungen kann in ihrem Diagramm Zeitpunkt des Essens, Zeitdauer des Essens und Menge des Essens festhalten. Die Durchführung krankengymnastischer Übungen kann mit Zeitpunkt und Zeitdauer festgehalten werden, im Therapieverlauf kann die Durchführung der vereinbarten Zeit mit einem Smily versehen werden, z. B. 5 Smilys können gegen einen Kinobesuch eingetauscht werden.

Psychophysiologische Verfahren

Psychophysiologische Verfahren bilden eine Ebene des komplexen menschlichen Verhaltensrepertoires ab. Insbesondere, wenn es sich um symptomatische Verhaltensweisen mit hoher emotionaler Intensität handelt, z. B. phobische Ängste, Zwänge, lassen sich physiologische Messungen zur Erfassung der Symptomatik verwenden.

Physiologische Ableitungen haben den Vorteil, daß sie zuverlässige und unmittelbar registrierbare Informationen liefern, die über den gesamten Therapieverlauf hinweg kontinuierlich erhoben und ausgewertet werden können.

Physiologische Messungen erfordern einen zum Teil erheblichen organisatorischen und instrumentellen Aufwand, gewinnen jedoch in der Verhaltenstherapie durch neue Anwendungsbereiche bei chronischen, psychosomatischen und organischen Störungen zunehmend an Bedeutung. Vielleicht kann die Zurückhaltung bei der Erhebung physiologischer Reaktionsanteile auch mit der psychotherapeutischen Distanz zur biologisch-somatischen Ebene des Menschen erklärt werden. Physiologische Messungen gelten von allen verhaltensdiagnostischen Verfahren auch als am wenigsten psychologisch und als sehr aufwendig. Leider klammert ihre Aussparung einen wichtigen Erscheinungsmodus menschlicher Reaktionen aus. Zu berücksichtigen ist aber auch, daß eine Stärkung der Beobachtung und Registrierung physiologischer Aspekte für den Patienten und für die Öffentlichkeit die Verhaltenstherapie wieder stärker dem medizinischen Bereich zuordnet.

> Direkt erfaßt bzw. abgeleitet werden können elektrische Signale als Spannungsänderungen in den Herzmuskelzellen (EKG), als Spannungsänderungen der Muskulatur (EMG), als Aktivität von Nervenzellen (EEG) und als Hautwiderstand (SRR) bzw. Hautleitfähigkeit (SCR). Biologische Wandlung ist erforderlich, wenn mechanische Veränderungen registriert werden sollen. Die mechanische Energie wird in elektrische Signale umgewandelt, z. B. bei der Erfassung der Atemfrequenz, des Blutdrucks, von Magenbewegungen, von Augenbewegungen, bei der Hauttemperatur oder der Pulsfrequenz.

Herz- oder Pulsfrequenz sowie Hautwiderstand/Hautleitfähigkeit sind die am häufigsten eingesetzten physiologischen Ableitungsverfahren. Sie sind auch direkt interpretierbar.

Von diagnostischer Bedeutung ist insbesondere die Veränderung von physiologischen Werten beim Auftreten in Problemsituationen. Die Verwendung physiologischer Messungen sollte auf jeden Fall davon abhängig gemacht werden, inwieweit sie für den Patienten (oder eventuell für Forschungsfragen) und im Therapieverlauf nützlich sind.

Beispiele: Zur Erfassung der Veränderung von Migräne kann es sinnvoll sein, die Temperatur der Hand bzw. der Stirn zu messen. Beim Spannungskopfschmerz kann die Messung der muskulären Spannung/Entspannung, gemessen durch das Elektromyogramm (EMG), ein wichtiges Kriterium darstellen. Die Veränderung des Blutdrucks oder der Herzfrequenz wie auch hormoneller Veränderungen können als mögliche Folge von Streß registriert werden.

Grundlegend ist aber zu berücksichtigen, daß es sich bei fast allen physiologischen Variablen um unspezifische Reaktionen handelt und daß ihre Veränderung nicht einer spezifischen Situation oder einem spezifischen Kriterium zuzuordnen ist. Daher macht die Veränderungsmessung physiologischer Reaktionen große Schwierigkeiten bei der Interpretation für die mögliche Erstellung einer Problemanalyse.

III

Verhaltenstherapeutische Diagnostik zur Therapiekontrolle

Im verhaltenstherapeutischen Prozeß ist die fortlaufende Kontrolle der Auswirkungen von bestimmten diagnostischen und therapeutischen Interventionen auf das Verhalten des Patienten und seiner Umwelt ein wichtiges Merkmal. Die Kontrolle der durch die Therapie bewirkten Veränderungen läßt sich aus zwei Perspektiven betrachten: Aus der Sicht empirischer Forscherinnen und Forscher und aus der Sicht therapeutischer Praktikerinnen und Praktiker.

Aus Forschungssicht

Für die Forschung ist von Interesse, ob und in welchem Ausmaß sich die Verhaltensänderungen des Patienten auf eine bestimmte Intervention zurückführen lassen. Dieser Nachweis läßt sich jedoch – streng genommen – nicht führen (Reinecker 1987), denn ein noch so präzise geplantes und durchgeführtes Experiment gestattet aus methodischen Gründen lediglich den Ausschluß von bestimmten alternativen Möglichkeiten, die als Begründung für eine therapeutische Veränderung in Frage kommen.

So steckt die Therapieforschung in dem Dilemma, therapeutisches Geschehen möglichst genau und umfassend abbilden zu wollen. Die Therapie ist aber eine komplexe Situation mit einer Vielzahl von potentiell wirksamen Einflußgrößen (Variablen), so daß nur unter besonders kontrollierten Bedingungen (Variablenbeschränkung) ein Rückschluß möglich ist. Da aber niemals alle Gesichtspunkte erfaßt werden können (z. B. Merkmale der Patienten, der Therapeuten, der psychischen Störungen, des Therapievorgehens, des Settings und der Veränderungen), läßt sich über die Effektivität einer vollständigen Behandlung und deren Wirkmerkmale kein endgültiges Urteil abgeben.

Um die Generalisierbarkeit und Dauerhaftigkeit eines therapeutischen Effekts hinsichtlich Reaktionen, Situationen usw. auch langfristig abschätzen zu können, ist eine mehrmalige Diagnostik auch nach Abschluß der Behandlung sinnvoll. Dies trift besonders auf sog. Standardvorgehensweisen zur Verhaltens- und Problemveränderung zu.

Aus Praxissicht

Die aufwendigen Verfahren der Erhebung und statistischen Absicherung werden in der täglichen psychotherapeutischen Praxis kaum angewandt. Die Zielsetzung in der Praxis ist vor allem die gezielte Anwendung von Interventionen mit nachgewiesenem therapeutischem Nutzen bei Patienten und Patientinnen.

Im diagnostisch-therapeutischen Prozeß bedeutet Erfolgs- bzw. Therapiekontrolle daher in erster Linie ein fortdauerndes Abschätzen/Messen der individuellen Verhaltens- und Problemveränderungen des Patienten als eine Reaktion auf therapeutische Intervention.

Im Sinne der Verlaufskontrolle dient die statistische Untersuchung dem Therapeuten als Entscheidungshilfe bei Schritten weiterer Therapieplanung und -durchführung und gibt dem Patienten die Möglichkeit, die Annäherung des eigenen Verhaltens an die angestrebten persönlichen Therapieziele mitzuverfolgen (Rückmeldung).

Auf der Basis dieser therapiebegleitenden Diagnostik (**Prozeßkontrolle**) entscheidet der Therapeut z. B.

- wie der aktuelle Stand der Problematik aussieht,
- ob eine bestimmte Intervention sinnvoll ist,
- in welchen Bereichen/Situationen Veränderungen auftreten,
- wie ausgeprägt diese Veränderungen sind.

Bei der sog. **Erfolgskontrolle**, die in der Regel aus einer Vorher-Messung, Nachher-Messung und gegebenenfalls einer wiederholten Post-Messung (Follow-up z. B. nach 1 Jahr) besteht, können Therapeuten und Patienten den Erfolg über den gesamten Therapieverlauf und einen entsprechenden Zeitraum danach überprüfen.

Methoden der Therapiekontrolle

Die Erfassung von Veränderungen erfordert in der Regel mindestens zwei Erhebungen von Daten zu Beginn und nach Beendigung der Therapie (Erfolgsmessung). Zwischenmessungen können dazu dienen, sich zu vergegenwärtigen, wie der bisherige Therapieprozeß verlaufen ist und wo der Standpunkt im Hinblick auf das zu erreichende Ziel im Augenblick ist (Prozeß- bzw. Verlaufsmessung).

Bei der Therapiekontrolle müssen Entscheidungen getroffen werden über den Zeitpunkt der Informationserhebung, die Form der Erhebung und die Informationsquellen.

Die Informationsquellen und deren Nutzen sind bereits bei den diagnostischen Verfahren beschrieben und besprochen worden, sie sollen hier unter dem Gesichtspunkt der Therapiekontrolle in der Reihenfolge ihrer fachlichen Bedeutung noch einmal kurz benannt werden:

Fragebögen können für einzelne Aspekte der möglichen multidimensionalen Veränderungen (z. B. subjektives Erleben, kognitive Strukturen, Verhaltensbedingungen) eingesetzt werden.

Diagramme: Mit ihrer Hilfe ist eine genaue quantitative Kontrolle von wichtigen Veränderungen beim Problemverhalten, beim gewünschten Alternativverhalten oder auch bei der Häufigkeit von Problemsituationen möglich.

Verhaltensbeobachtung, Verhaltensproben, Verhaltenstests: Bei der Verhaltensbeobachtung wird das Problemverhalten direkt beobachtet, wobei in der Regel eine systematische Beobachtung eines eingegrenzten Problembereichs vor, während und/oder nach der Therapie erfolgen. Für Therapeutinnen und Therapeuten sind Verhaltenstests oft wichtige Entscheidungshilfen für die weitere Therapieplanung, für Patientinnen und Patienten direkte Rückmeldungen über Lernfortschritte und noch bestehende Schwierigkeiten.

Exploration ist in der Praxis die häufigste Form der Therapiekontrolle. Die Befragung des Patienten gibt Auskunft über die selbst registrierten Veränderungen des Problemverhaltens und über den subjektiven Eindruck vom Therapiefortschritt. Der Therapeut kann seine subjektiven Einschätzungen über die therapeutischen Veränderungen mit denen des Patienten vergleichen.

Eine gut fundierte, fortlaufende Therapiekontrolle verlangt von Patienten ein hohes Ausmaß an Mitarbeit und von Therapeuten einen entsprechenden Aufwand für die Dokumentation und Auswertung der so gewonnenen Informationen. Nur durch eine transparente Form der Dokumentation kann jedoch die Rechtfertigung für therapeutisches Handeln geleistet werden.

Die Kontrolle der Effektivität der Therapie spielt bei der Verhaltenstherapie in der Regel eine größere und wichtigere Rolle als bei anderen Therapieverfahren. Dies liegt zum einen begründet in der Strukturiertheit der Verhaltenstherapie, zum anderen in dem Anspruch, methodisch kontrolliert und wissenschaftlich zu arbeiten.

Derzeit plant auch die gesetzliche Krankenversicherung, Psychotherapie in ihrem Verlauf und ihrem Ergebnis zu überprüfen, um für ihre Mitglieder die Güte psychotherapeutischer Leistungen zu sichern (Prozeß- und Erfolgsqualität).

Therapeutische Beziehung im diagnostischen Prozeß

Ziel der Therapie vom Beginn bis zu ihrem Abschluß ist die zunehmende Autonomie, Verantwortungsübernahme und Selbsthilfe der Patienten und Patientinnen.

Der Beginn der Therapie, währenddessen die Rollen strukturiert und die therapeutische Beziehung aufgebaut werden, ist wohl die entscheidendste Phase für den weiteren Therapieverlauf. Dabei ist der Aufbau einer vertrauensvollen und angstfreien Beziehung wesentlich. Gleichzeitig müssen Absprachen für die Aufnahme einer Arbeitsbeziehung getroffen werden.

Die Fähigkeit für den Beziehungsaufbau ist als gleichbedeutend mit der Kompetenz anzusehen, diagnostische Methoden zur Erstellung einer Problemanalyse anwenden zu können.

Zu einer „guten" therapeutischen Beziehung in der ersten Therapiephase gehört Transparenz. Je frühzeitiger der therapeutische Prozeß für den Patienten durchschaubar wird, je eher ein gemeinsames Konzept der Problemlage und gemeinsam akzeptierte Ziele vorliegen, um so eher werden Patientinnen und Patienten bereit sein, sich auf konkrete therapeutische Strategien einzulassen und aktiv mitzuarbeiten.

Die für die Beziehung wichtige Rolle des Therapeuten und der Therapeutin kann in der Anfangsphase als aktiv, mitmachend, angstreduzierend, Transparenz fördernd, Mißverständnisse abbauend und positive Fähigkeiten und Fertigkeiten fördernd beschrieben werden.

Nach Kanfer u. Grimm (1990) stellen sich in den ersten drei Therapiephasen folgende Ziele dar, die in enger Verpflechtung mit der Ausgestaltung der therapeutischen Beziehung stehen:

Phase 1: Strukturierung der Rollen und Beziehungsaufbau Ziele: Erleichterung der Übernahme der Patientenrol-

le; Aufbau einer Arbeitsbeziehung; Erleichterung der Motivation, mit dem Therapeuten zu arbeiten.
Phase 2: Entwicklung einer Selbstverpflichtung zur Änderung Ziele: Den Patienten motivieren, über die positiven Konsequenzen der Änderung nachzudenken; den Patienten aktivieren, den Status Quo zu ändern; Abbau der Demoralisierung.
Phase 3: Problemanalyse Ziele: Neukonzeptualisierung der Problemsicht des Patienten; Identifizierung mit den Bedingungen, die das Problem aufrechterhalten; den Patienten zu spezifischen Änderungszielen motivieren.

12. Testdiagnostik in der Psychotherapie

J. Schumacher und E. Brähler

Zum Testbegriff

Der Begriff „Test" ist inzwischen zu einem häufig und gern benutzten Wort unserer Alltagssprache geworden. Ein neues Produkt wird auf seinen Gebrauchswert hin getestet, ein Automobil einem Crash-Test unterzogen, im Sport gilt ein regionaler Wettkampf als Test für die Europa- oder Weltmeisterschaft usw. In der Psychologie wird der Testbegriff vor allem in drei Bedeutungen verwendet (Guthke 1990):

1. Für jede Untersuchung mit Stichprobencharakter,
2. Für mathematisch-statistische Prüfverfahren (Test- bzw. Prüfstatistik) und
3. Für ein standardisiertes psychodiagnostisches Prüfverfahren.

Im folgenden wollen wir uns mit dem Test in seiner Bedeutung als einem standardisierten psychodiagnostischen Prüfverfahren näher beschäftigen. Gemäß der Schwerpunktsetzung des vorliegenden Buches sollen dabei Anwendungsfragen der Testdiagnostik im Rahmen der Psychotherapie im Mittelpunkt unserer Betrachtung stehen. Aufgrund seines begrenzten Umfanges und seiner Einordnung in ein praxisorientiertes Handbuch wird unser Beitrag wesentliche Themenbereiche und Teilaspekte der Psychodiagnostik im allgemeinen und der Testdiagnostik im besonderen nur in sehr gestraffter Form darstellen, manchmal unter Verweis auf die weiterführende Literatur auch nur erwähnen können. Für einen vollständigeren Überblick sei deshalb auf die vorliegenden Übersichtsartikel sowie die entsprechenden Lehr- und Handbücher verwiesen (Michel u. Conrad 1982, Rauchfleisch 1989 a, Guthke u. Mitarb. 1990, Stieglitz u. Baumann 1994 a, Jäger u. Petermann 1995, Kubinger 1996, Rost 1996, Thomas u. Mitarb. 1996, Amelang u. Zielinski 1997, Fisseni 1997, Stieglitz u. Mitarb. 1997, Wottawa u. Hossiep 1997, Reinecker-Hecht u. Baumann 1998, Stieglitz 1999).

Was ist nun unter einem **psychodiagnostischen Test** zu verstehen? Nach Guthke (1990, S. 108) handelt es sich hierbei um „... ein wissenschaftlich entwickeltes und überprüftes Routineverfahren, bei dem in standardisierten Situationen Verhalten – provoziert durch definierte Anforderungen – registriert bzw. Verhaltensmerkmale von Personen oder Personengruppen erfaßt werden, die als Indikatoren für bestimmte Eigenschaften, Zustände oder Beziehungen dienen sollen. Tests ermöglichen Klassifikationen, die an einer Gruppe vergleichbarer Personen gewonnen wurden bzw. die durch Annäherung an ein Kriterium oder einen Idealwert bestimmt werden." Ausgehend von dieser Definition lassen sich psychologische Testverfahren somit durch die folgenden Merkmale näher charakterisieren (Michel u. Conrad 1982, Guthke 1990, Lienert u. Raatz 1994, Scheurer 1995):

1. Ein Test ist ein **wissenschaftliches Verfahren**, da er nach bestimmten Regeln konstruiert und überprüft wird, die sich aus der jeweils zugrundegelegten Testtheorie ergeben. Die Mehrzahl der derzeit existierenden Testverfahren ist auf der Basis der **„Klassischen Testtheorie (KTT)"** (Gulliksen 1950, Lord u. Novick 1968, Wottawa 1980, Kristof 1983, Krauth 1995, Rost 1996) entwickelt worden. Mit ihr ist der folgende Algorithmus der **Testkonstruktion** verknüpft (Lienert u. Raatz 1994, Scheurer 1995):
   - Bestimmung des Gegenstandsbereiches und der zu erfassenden Dimensionen
   - Formulierung und Zusammenstellung von Aufgaben (Items)
   - Gewinnung einer Analysestichprobe
   - Skalenkonstruktion mittels Faktorenanalyse und/oder Itemanalyse (Skalenfestlegung und -zusammensetzung aufgrund der Faktoren und Ladungen und/oder Überprüfung der Skalen mittels Schwierigkeit, Trennschärfe, Konsistenz etc.)
   - Berechnung der Gütekriterien (siehe unten)
   - Durchführung von Validierungsstudien
   - Testnormierung
2. Ein weiteres, mathematisch-statistisch elaborierteres Testmodell, das sich auch als Alternative zur vielfach kritisierten KTT versteht (Fischer 1974), jedoch zur Zeit noch von geringerer praktischer Bedeutung ist, stellt die **„Probabilistische Testtheorie (PTT)"** (insbesondere das sog. Rasch-Modell) dar (Kubinger 1988, 1995, Rost 1988). Bei der **„Kriteriumsorientierten Messung (KOM)"** (Klauer 1987) handelt es sich im engeren Sinne um keine neue Testtheorie neben der KTT und der PTT, sie erweist sich jedoch im Hinblick auf den Einsatz der Testdiagnostik in der Psychotherapie als relevanter Ansatz, wenn z. B. mittels eines therapiezielorientierten Tests geprüft werden soll, ob ein Klient ein vorher festgelegtes Therapieziel erreicht hat.
3. Die **Wissenschaftlichkeit** eines Tests wird durch den Nachweis der **Hauptgütekriterien** (Objektivität, Reliabilität, Validität) und **Nebengütekriterien** (Nützlichkeit, Vergleichbarkeit, Ökonomie, Normierung) erbracht (Lienert u. Raatz 1994). Eine umfassende und elaborierte Liste von Kriterien zur Testbeurteilung, welche 1986 vom „Testkuratorium der Förderation deutscher Psychologenverbände" vorgelegt wurde, ist Tab. 12.**1** zu entnehmen. Dieser Katalog enthält neben häufiger diskutierten Kriterien (z. B. Reliabilität) auch solche, die Voraussetzung für eine breite Anwendung des Testverfahrens auch außerhalb der Forschung sind (z. B. Zumutbarkeit, Verständlichkeit, Bandbreite, Akzeptanz). Es wäre wünschenswert, wenn diese für die Praxisanwendung relevanten Kriterien stärker als bisher bei der Entwicklung von Testverfahren Berücksichtigung finden würden (Baumann u. Stieglitz 1994).
4. Testverfahren müssen für die routinemäßige Anwendung geeignet sein. Ein Test ist deshalb hinsichtlich seiner Durchführung, Auswertung und Interpretation **standar-**

Tabelle 12.**1** Kriterien für die Testbeurteilung (Testkuratorium der Förderation deutscher Psychologenverbände 1986)

1. Testgrundlage
a) Diagnostische Zielsetzung
b) Theoretische Grundlage
c) Nachvollziehbarkeit der Testkonstruktion (detaillierte Angabe der einzelnen Konstruktionsschritte)

2. Testdurchführung
a) Durchführungsobjektivität
b) Transparenz (für Anwender)
c) Zumutbarkeit für den Diagnostizierten (ökonomischer und psychischer Aufwand in Relation zum Nutzen)
d) Ausmaß der Verfälschbarkeit
e) Störanfälligkeit, d.h. Empfindlichkeit von Traitverfahren gegenüber aktuellen Zuständen der Person und situativen Momenten

3. Testverwertung
a) Auswertungsobjektivität
b) Zuverlässigkeit (Reliabilität)
c) Gültigkeit (Validität)
d) Normierung
e Bandbreite, d.h. Ausmaß an möglichen Fragestellungen
f) Informationsausschöpfung, d.h. aus dem Test abgeleitete Indikatoren im Vergleich zur Ausgangsinformation
g) Änderungssensitivität

4. Testevaluation
a) Ökonomie
b) Fairness, d.h. Ausmaß der systematischen Diskriminierung einzelner Personengruppen aufgrund spezifischer soziodemographischer Merkmale im Hinblick auf Kriteriumswerte
c) Akzeptanz durch Benutzer (Testleiter, Probanden, Patienten) und Sozietät
d) Vergleichbarkeit, d.h. Relation zu vergleichbaren Verfahren (Novität)
e) Bewährung, d.h. Bilanz aus der Anwendung

5. Äußere Testgestaltung
(unter anderem Verständlichkeit, probanden- und patientenfreundliche Gestaltung)

disiert, d.h. es sind Regeln zur Durchführung, Auswertung sowie zur Interpretation der Ergebnisse vorgegeben. Die unlängst publizierten **Standards für pädagogisches und psychologisches Testen** (Häcker u. Mitarb. 1998) tragen hier wesentlich zur Qualitätssicherung der psychologischen Diagnostik bei und sollten deshalb sowohl bei der Testentwicklung als auch bei der Testanwendung unbedingt Berücksichtigung finden (Tewes 1998).

5. Mit einem Test werden - provoziert durch definierte Anforderungen und Fragen (Items) - Erlebens- und Verhaltensmerkmale von Personen erfaßt (Erhebung einer Erlebens- und Verhaltensstichprobe), welche als **Indikatoren** für bestimmte Eigenschaften, Zustände oder Beziehungen dienen sollen. Eine alleinige Orientierung der „klassischen" Testdiagnostik auf **Persönlichkeitseigenschaften** im Sinne zeitstabiler und situationsinvarianter Merkmale („traits") erweist sich unter dieser Perspektive als unangemessene Einschränkung (Mischel 1968), da auch aktuelle, situationsabhängige Zustände („states"), Verhaltenstendenzen ohne Bezug auf Eigenschaften, sowie Beziehungen zwischen Personen z.B. in der Partnerschaft (Brähler u. Brähler 1993), der therapeutischen Dyade oder in Gruppen durch Tests erfaßbar sind. Eine moderne Teststrategie, die sich als Alternative zur „klassischen" Testdiagnostik versteht und gerade das Phänomen der **intraindividuellen Variabilität** von Personmerkmalen in den Mittelpunkt der Betrachtung rückt, stellt das **dynamische Testen** dar (Guthke u. Wiedl 1996).
6. Bei einem Test wird eine **Messung** (Quantifizierung) der erhobenen Merkmale angestrebt (Orth 1983, Steyer u. Eid 1993). Die alleinige Orientierung auf messende Verfahren, auch wenn diese als sog. psychometrische Tests die wichtigste Kategorie von Testverfahren darstellen, wird von einigen Autoren wie z.B. Guthke (1990) kritisch betrachtet. So können auch Verfahren, die nicht messen, aber in Instruktion und Darbietung standardisiert sind, als „Test" bezeichnet werden (wie die sog. projektiven Verfahren).
7. Beim Einsatz von Testverfahren wird zumeist eine **Klassifizierung** und **Normierung** der Testergebnisse auf der Grundlage einer Eichstichprobe von Menschen (Referenzpopulation) angestrebt. Daneben ist aber auch eine Klassifizierung und Normierung von Tests an Lernzielen, Trainingszielen oder Therapiezielen möglich (populations-/normorientierte versus kriteriumsorientierte Messung) (Conrad 1995).

III

Klassifikation von Testverfahren

Bevor Klassifikationsmöglichkeiten für Testverfahren näher vorgestellt werden, sei zunächst auf eine, von Cattell (1965) eingeführte, Unterscheidung verschiedener **Datentypen** verwiesen. Danach lassen sich innerhalb der psychologischen Diagnostik **L(Life)-Daten, Q(Questionnaire)-Daten** und **T(Test)-Daten** voneinander abgrenzen. Unter L-Daten werden biographische Merkmale und Fremdbeurteilungen gefaßt, während Q-Daten Selbstauskünften in Befragungen entstammen, die zumeist mittels Persönlichkeitsfragebögen erhoben wurden. Persönlichkeitsfragebögen werden deshalb auch als **subjektive Persönlichkeitstests** bezeichnet (Mittenecker 1982). T-Daten schließlich gewinnt man mit Hilfe **objektiver Persönlichkeitstests**. Diese unterscheiden sich von den „subjektiven" darin, daß sie in der Regel nicht auf Selbstauskünfte der Probanden basieren, sondern unmittelbare, situationsbezogene Messungen eines Persönlichkeitsmerkmals anstreben (Schmidt 1975, Häcker 1982, Häcker u. Schmidt 1984). Auch wenn es unter sprachlichen Gesichtspunkten verwirrend erscheinen mag, wird sich unser Beitrag zur Testdiagnostik im folgenden weniger mit den T(Test)-Daten im Sinne Cattell's beschäftigen, als vielmehr mit den Q- und L-Daten, da sich insbesondere Selbst- und Fremdbeurteilungsinstrumente in Form von Fragebögen und Ratingskalen für die therapiebezogene Testdiagnostik als bedeutsam erweisen (vgl. S. 122 u. 126).

Pawlik (1976) hat unterschiedliche **Dimensionen** und **Zielsetzungen** der Psychodiagnostik beschrieben (Tab. 12.**2**), die unter klassifikatorischen Gesichtspunkten von Relevanz sind. Baumann u. Stieglitz (1994) unterscheiden bezugnehmend auf die von Pawlik eingeführte Systematik zwei unterschiedliche psychodiagnostische Ansätze zur Erfassung der Persönlichkeit:

Ansatz 1:

- *Statusdiagnostik* (Ziel: Ist-Zustand)
- *Normorientierung* (Ziel: interindividuelle Unterschiede)

Tabelle 12.**2** Dimensionen und Zielsetzungen der Psychodiagnostik (nach Pawlik 1976, S. 23)

Dimension		Diagnostische Zielsetzung
Statusdiagnostik versus Prozeßdiagnostik	→ →	Erfassung des Ist-Zustandes versus Veränderungsmessung
normorientierte Diagnostik versus kriterienorientierte Diagnostik	→ →	interindividuelle Unterschiede versus individuelle Position relativ zu Verhaltenskriterium
Testen versus Inventarisieren	→ →	Bestimmen von Eigenschaftswerten aufgrund von Erlebens- und Verhaltensstichproben versus Bestimmen eines Verhaltensbereiches
Diagnostik als Messung versus Diagnostik als Information für und über Behandlung	→ →	Schätzen von Eigenschaftswerten, aus denen Behandlungsaussagen abgeleitet werden können versus Entscheidungs- und Behandlungsoptimierung durch Informationsgewinnung

- *Testen* (Ziel: Eigenschaftswerte)
- *Messung* (Ziel: Schätzung von Konstruktwerten)

Ansatz 2:

- *Prozeßdiagnostik* (Ziel: Veränderungsmessung)
- *Kriterienorientierung* (Ziel: individuelle Position relativ zu Kriterium)
- *Inventarisieren* (Ziel: Verhaltensrepertoire)
- *Behandlungsinformation* (Ziel: Entscheidungs- und Behandlungsoptimierung)

Der erste Ansatz wird häufig auch als **Eigenschaftsdiagnostik** zum Teil auch als „klassische" Diagnostik bezeichnet. Die Testdiagnostik in ihrem traditionellen, eigenschaftsorientierten Verständnis und in ihrer engen Verknüpfung mit der sog. Klassischen Testtheorie (KTT) ist diesem Ansatz zuzuordnen. Im klinischen Bereich hat die Eigenschaftsdiagnostik vor allem in den Forschungsfeldern der Beschreibung, Klassifikation, Erklärung, Prognose und Evaluation große Verbreitung gefunden. Dem steht der nach wie vor eher geringe Stellenwert dieses Ansatzes bei der Intervention im Einzelfall gegenüber (Perrez 1985, Baumann u. Stieglitz 1994). Hier wird zumeist auf Ansatz 2 zurückgegriffen, der auch als **Verhaltensdiagnostik** beschrieben wird. Da die verhaltenstheoretische Diagnostik im Rahmen dieses Lehrbuches in einem eigenständigen Kapitel ausführlich dargestellt wird (Kap.11), soll hier nicht näher darauf eingegangen werden.

Es muß an dieser Stelle jedoch darauf hingewiesen werden, daß sich die immer noch häufig zu findende Gegenüberstellung von Eigenschafts- und Verhaltensdiagnostik aufgrund neuerer Entwicklungen innerhalb der Persönlichkeitsforschung und der Psychodiagnostik als nicht mehr haltbar erweist (Westmeyer 1994, Reinecker-Hecht u. Baumann 1998). So betont die neuere Persönlichkeitspsychologie, daß sich die Dichotomisierung von Eigenschaftsansatz versus Situationismus (lerntheoretischer Ansatz) im **Interaktionismus** aufhebt (Magnusson u. Endler 1977, Lantermann 1980). Darüber hinaus existieren innerhalb der Psychodiagnostik inzwischen eine Reihe von Testverfahren, die auch situationsabhängige Ausprägungen von Erlebens- und Verhaltensmerkmalen erfassen. Als Beispiel sei hier das State-Trait-Angstinventar (STAI) von Laux u. Mitarb. (1981) genannt, das neben der Angstneigung („Ängstlichkeit") als zeitlich überdauernder und transsituativ stabiler Persönlichkeitseigenschaft auch die situationsabhängige Zustandsangst erfaßt.

Nachdem eine Einordnung der Testdiagnostik in die unterschiedlichen Dimensionen und Zielsetzungen der Psychodiagnostik vorgenommen wurde, wollen wir uns nun der Klassifikation von Testverfahren im engeren Sinne zuwenden. Dabei orientieren wir uns vor allem an **inhaltlichen** Aspekten. Einen zusammenfassenden Überblick gibt Tab. 12.**3**. Obwohl Testverfahren zur **Leistungsdiagnostik** auch im Rahmen der Psychotherapie einen nicht zu unterschätzenden Stellenwert besitzen (z. B. bei Patienten mit somatoformen oder depressiven Störungen oder aber bei Alkohol- und Drogenmißbrauch) kann auf diese Verfahrensgruppe hier nicht näher eingegangen werden (Groffmann u. Michel 1983, Rist 1994, Schuri u. Mitarb. 1994, Beckmann u. Mitarb. 1999). Auch **projektive Testverfahren** können hier nicht ausführlicher diskutiert werden, obwohl diese in rela-

Tabelle 12.**3** Klassifikation von Testverfahren unter inhaltlichen Aspekten (nach Groffmann u. Michel 1982, Scheurer 1995, Brickenkamp 1997)

1. Leistungstests	– Intelligenztests – Allgemeine Leistungstests – Entwicklungstests – Schulleistungs- und Schulfähigkeitstests – Spezielle Funktions- und Eignungstests
2. Persönlichkeitstests	**a) Psychometrische Tests** – Persönlichkeits-Struktur-Tests – Klinische Tests – Einstellungs- und Interessentests **b) Projektive Tests** – Formdeuteverfahren – Thematische Apperzeptionsverfahren – Wortassoziations- und verbale Ergänzungsverfahren – Zeichnerische und spielerische Gestaltungsverfahren

Tabelle 12.**4** Projektive Testverfahren für Erwachsene (Auswahl)

Verfahren	Abkürzung	Literatur
Thematischer Apperzeptionstest	TAT	Rauchfleisch (1989 b)
Rorschach-Test	RT	Bohm (1996)
Zulliger-Tafeln-Test	Tafeln-Z-Test	Zulliger (1977)
Holtzman Inkblot Technik	HIT	Hartmann u. v. Rosenstiel (1977)
Wartegg-Zeichen Test	WZT	Avé-Lallemant (1994)
Picture Frustration Test	PFT	Rauchfleisch (1993)

III

tiv enger (theoretischer) Beziehung insbesondere zu psychoanalytischen und psychodynamischen Therapieansätzen stehen (Groffmann u. Michel 1982, Stäcker 1984, Hobi 1992, Leichsenring u. Hiller 1994, Wittkowski 1996). Tab. 12.**4** gibt jedoch einen kurzen Überblick über wichtige projektive Tests für den Erwachsenbereich.

Im Mittelpunkt unserer weiteren Betrachtung sollen vor allem die **psychometrischen Persönlichkeitstests** stehen. Diesen kommt von seiten der Testdiagnostik im Kontext der therapiebezogenen Diagnostik zweifellos die größte Bedeutung zu. Folgt man der in Tab. 12.**3** eingeführten Systematik, besitzen dabei die **Persönlichkeits-Struktur-Tests** und insbesondere die **klinischen Tests** für die Psychotherapie den größten Stellenwert. Auf den Seiten 122 ff wird ein Überblick über wichtige **Selbst- und Fremdbeurteilungsverfahren** gegeben. Dabei müssen wir uns auf die Darstellung von Verfahren für den **Erwachsenenbereich** beschränken (zum Kindes- und Jugendalter vgl. Remschmidt u. Niebergall 1994, Remschmidt 1996).

Wir haben uns darum bemüht, vor allem solche Testverfahren in die Übersicht aufzunehmen, die den anerkannten methodischen Standards für die Testkonstruktion und Testevaluation genügen (Häcker u. Mitarb. 1998) und sich darüber hinaus in der klinischen Praxis einer hohen Akzeptanz und auch Beliebtheit erfreuen (Steck 1997). Auf eine weitergehende Bewertung der einzelnen psychodiagnostischen Verfahren (im Sinne von Empfehlungen) haben wir bewußt verzichtet. Jeder Testanwender sollte sich deshalb vor dem praktischen Einsatz eines Verfahrens anhand der Handanweisung und gegebenfalls unter Hinzuziehung psychodiagnostischer Expertise über Möglichkeiten, Besonderheiten aber auch Grenzen des jeweiligen Erhebungsinstruments eingehend informieren. Wichtige Orientierungs- und Entscheidungshilfen können hier die Arbeiten von Fydrich u. Mitarb. (1996) und Margraf u. Bandelow (1997) oder aber die regelmäßig in psychologischen Fachzeitschriften, vor allem in der „Diagnostica“ und der „Zeitschrift für Differentielle und Diagnostische Psychologie“, publizierten Testrezensionen liefern. Zunächst möchten wir jedoch in der gebotenen Kürze auf wesentliche Anwendungsfelder der Testdiagnostik in der Psychotherapie näher eingehen.

Anwendungsfelder der Testdiagnostik in der Psychotherapie

Allgemeine Vorbemerkungen

Die therapiebezogene Diagnostik hat als ein wesentlicher Aspekt des diagnostischen Prozesses in den letzten Jahren zunehmend an Bedeutung gewonnen (Jäger 1986). Davon zeugt auch die wachsende Zahl von Büchern und Einzelbeiträgen, die sich mit diesem Themenbereich auseinandersetzen (Schulte 1974, Bommert u. Hockel 1981, Zielke 1982 a, Ettrich u. Guthke 1988, Hautzinger 1994, Janssen u. Schneider 1994, Wittchen 1995, Schneider u. Margraf 1996, Kubinger 1997). Fydrich u. Mitarb. (1996) haben Empfehlungen zur Standardisierung von Diagnostik und Evaluation in der Psychotherapie gegeben und betont, daß es erst durch einen systematischen Einsatz erprobter und zuverlässiger psychodiagnostischer Verfahren möglich wird, klinisch-psychologische Praxis und Psychotherapie zu evaluieren und ihre Qualität zu überprüfen und zu sichern (Frank u. Fiegenbaum 1994, Grawe u. Braun 1994, Heuft u. Mitarb. 1998, Laireiter 1998, Laireiter u. Vogel 1998). Über den Aspekt der **Evaluation** und **Qualitätssicherung** hinaus sind als wesentliche Gründe für die verstärkte Beschäftigung mit diagnostischen Fragen im Rahmen der Psychotherapie vor allem die Neu- und Weiterentwicklung psychologischer Behandlungsverfahren und deren fortschreitende Differenzierung sowie die verbesserte Klassifikation psychischer Störungen zu nennen (Schulte u. Wittchen 1988, Möller 1994, Schulte 1994, Wittchen 1995, Margraf 1996 b, sowie Kap. 9). Im Rahmen der Psychotherapie ist Psychodiagnostik unverzichtbar 1. bei der Bestimmung der Ausgangslage des Patienten (Deskription, Klassifikation, Problemdefinition) und des angestrebten Zielzustandes (Veränderungen, Zieldimensionen), 2. bei der Entscheidung über angemessene Behandlungsverfahren (Indikationsstellung, Kontraindikationen) sowie 3. bei der Überprüfung des Verlaufes und der Effektivität der eingesetzten Interventionsmethoden (Behandlungskontrolle, Wirkbereiche, Veränderungsprozesse) (Hautzinger 1994).

> Unter **therapiebezogener Testdiagnostik** sollen somit diejenigen Testverfahren und damit zusammenhängende Entscheidungsprozesse verstanden werden, die vor und im Verlauf einer Therapie
> - *zur selektiven und adaptiven Indikation sowie*
> - *zur Messung von Veränderungen und zur Evaluation des Therapieerfolges*
>
> eingesetzt werden (vgl. Baumann 1981, Stieglitz 1994 a, Wittchen 1995).

Im folgenden wollen wir auf die beiden, in der Definition genannten Bereiche der therapiebezogenen Testdiagnostik etwas näher eingehen.

Indikationsdiagnostik

Die Indikationsfrage hat in den Gründerjahren der Psychotherapie keine allzu große Rolle gespielt. So erklärte Freud (1975/1904, S. 116) die Psychoanalyse für indiziert bei „... chronischen Formen von Hysterie mit Resterscheinungen, für das große Gebiet der Zwangszustände und Abulien und dgl.". Inzwischen hat sich die Psychotherapie im rasanten Tempo weiterentwickelt und es sind neben der Psychoanalyse und auch aus ihr heraus zahlreiche neue psychologische Behandlungsverfahren entstanden, was nicht zuletzt auch durch das vorliegende Buch dokumentiert wird.

In diesem Kontext läßt sich die **allgemeine Indikationsfrage** folgendermaßen formulieren (Seidenstücker 1995, S. 481): „Bei welchem Klienten mit welchen Problemen ist welche Behandlungsmaßnahme bzw. welche Sequenz von Behandlungselementen durch welchen Therapeuten zu welchen Zielsetzungen angemessen und wirksam?" In dieser Frage sind die wesentlichen Randbedingungen der Psychotherapieindikation enthalten.

Nach Wittchen (1995) kann man zwei Arten der therapiebezogenen Diagnostik unterscheiden, welche wiederum mit zwei unterschiedlichen Indikationsfragen verknüpft sind:

- Eine selektive, prognostisch orientierte Indikation (Diagnostik).
- Eine adaptive, verlaufs- und erfolgsbezogene Indikation (Diagnostik).

Bei der **selektiven Indikation** geht es um die Entscheidung zwischen mehreren therapeutischen Behandlungsmöglichkeiten mit dem Ziel einer möglichst optimalen Zuordnung von Klient, Therapeut und Behandlungsmethode (Seidenstücker 1984, 1995). Da zur Behandlung psychischer und psychosomatischer Störungen immer mehr und zum Teil sehr unterschiedliche Methoden, Programme und Techniken zur Verfügung stehen, ist damit auch die Frage verknüpft, mit welchem Therapieverfahren eine vorliegende Störung am wirkungsvollsten zu behandeln ist (**prognostische Indikation**) (Grawe u. Mitarb. 1994).

Selektive Indikationsentscheidungen sollten vor Beginn einer Therapie getroffen werden und auf diagnostischen Informationen über den Klienten sowie auf Erfahrungswissen über die Spezifika und Leistungsfähigkeiten von Psychotherapiemethoden basieren. Die Indikationsstellung stellt somit neben der Auswahl geeigneter Behandlungsmethoden, der Ablaufplanung (Behandlungsrahmen, Kombination und Reihenfolge der Methoden) und der Konkretisierung auf den Einzelfall ein wesentliches Element der **Therapieplanung** dar, wobei selektive Indikationsentscheidungen vor allem die Vorausplanung der Therapie betreffen (Schulte 1996 a, b). In der Praxis erfolgt jedoch zumeist eine **pragmatische** selektive Indikation, bei der unter Berücksichtigung des verfügbaren und realisierbaren Behandlungsangebots, der Ziele und Änderungspräferenzen des Klienten und der zur Verfügung stehenden Zeit ein realisierbarer Behandlungsplan formuliert wird (Seidenstücker 1995). Im Zusammenhang mit der selektiven Indikationsfrage sind auch **Selbstselektionen bzw. -indikationen** von Klienten zu berücksichtigen, die zumeist auf subjektiven Theorien („Laientheorien") über Ursachen, Behandelbarkeit und Prognose der eigenen Probleme sowie auf Wissen und Einstellungen zu professioneller Psychotherapie basieren (Filipp u. Aymanns 1997, Flick 1998).

Während selektive Indikationsentscheidungen vor allem bei der Vorausplanung der Therapie von Bedeutung sind, geht es bei der **adaptiven Indikation** (auch prozessuale oder verlaufsorientierte Indikation) um **Verlaufsanpassungen** von Indikationsentscheidungen (Schulte 1996 a, b). Adaptive Indikationsentscheidungen betreffen somit Art und Umfang der Modifikationen von Faktoren des psychotherapeutischen Prozesses. Basierend auf der Diagnostik der Veränderungen des Klientenverhaltens soll der Therapieverlauf durch diese Modifikationen auf bestimmte Zielgrößen hin optimiert werden. Letztlich geht es um die Anpassung des therapeutischen Vorgehens an den Einzelfall. Zentrale Bedeutung kommt hierbei der **Therapieprozeßdiagnostik** sowie der therapiebegleitenden **Veränderungsmessung** zu (Grawe 1989, Seidenstücker 1995, Wittchen 1995).

Eng mit der Indikationsfrage verbunden ist das Konzept der **Praxiskontrolle**, welches davon ausgeht, daß therapeutisches Handeln im Einzelfall unter den Gesichtspunkten der Indikationsstellung, des Therapieverlaufs und der Erfahrungsauswertung systematisch zu dokumentieren ist (Petermann 1995). In neuerer Zeit wird hier jedoch zunehmend der Begriff der **Qualitätssicherung** verwendet, worunter eine kontinuierliche Erfassung und selbstkritische Überprüfung der Ergebnis- und Prozeßqualität der eigenen psychotherapeutischen Arbeit verstanden wird. Die berufsgruppen-interne Qualitätssicherung ist dabei von einer externen Qualitätskontrolle, etwa durch die Kostenträger, abzugrenzen (Heuft u. Mitarb. 1998, Laireiter u. Vogel 1998). Im Rahmen der Qualitätssicherung von Psychotherapie kommt standardisierten **Dokumentationssystemen** eine bedeutsame Rolle zu. Eine Basisdokumentation für die Fachpsychotherapie haben unlängst Heuft u. Senf (1998) vorgelegt. Weitere Vorschläge für Dokumentationssysteme im Bereich der Psychotherapie und Psychosomatik stammen beispielsweise von Broda u. Mitarb. (1993), Zielke (1993), Laireiter u. Mitarb. (1998) oder Hahlweg u. Mitarb. (1999) (siehe Kap. 9).

Zusammenfassend kann festgestellt werden, daß Indikationsentscheidungen im Rahmen der Psychotherapie ohne psychodiagnostische Maßnahmen nicht zu treffen sind, wobei die Testdiagnostik hier eine gewichtige Rolle spielt. Dabei hält Seidenstücker (1995) solche psychodiagnostischen Verfahren für wünschenswert, mit denen:

1. selektive Indikationsentscheidungen zwischen Therapieschulen getroffen werden können
2. selektive Indikationsentscheidungen innerhalb von Therapieschulen begründet werden können und
3. adaptive Indikationsentscheidungen bei der Gestaltung oder Entwicklung von Interventionsmethoden gefunden werden können.

Unter einem stärker pragmatischen Blickwinkel schlägt Margraf (1996 b) vor, bei spezifischen Störungen und Problemkonstellationen möglichst die dafür empirisch abgesicherten Verfahren anzuwenden und diese nach Problemanalyse und Therapieverlauf an den Einzelfall anzupassen.

Veränderungsmessung

Die Erfassung von Veränderungen spielt in der klinischen Psychologie, Psychosomatik, Psychotherapie und Psychiatrie traditionell eine zentrale Rolle (Baumann u. Mitarb. 1990, Lambert u. Hill 1994, Stieglitz u. Baumann 1994 b). Die Überprüfung von Veränderungen erfolgt dabei über entsprechende Messungen, sogenannte **Veränderungsmessungen**. Diese beziehen sich auf Feststellungen von quantitativen und qualitativen Veränderungen, die sich über eine gewisse Zeitspanne hinweg ergeben haben (Jäger u. Scheurer 1995). Ein wichtiger methodischer Zugang zu Veränderungsmessungen ergibt sich über die **Einzelfalldiagnostik** (Huber 1973, 1995, Petermann 1996 a, b, Kern 1997). Auf die spezifischen methodischen Probleme des einzelfalldiagnostischen Ansatzes und der in diesem Bereich relevanten statistischen Auswertungsmethoden (wie die Zeitreihenanalyse) kann hier nicht näher eingegangen werden (Appelt u. Strauß 1985, Schmitz 1989, Strauß 1992, Krauth 1996, Revenstorf u. Keeser 1996). Es soll an dieser Stelle jedoch darauf hingewiesen werden, daß eine klassische Methode der einzelfallanalytischen Verlaufsforschung, nämlich die **Tagebuchmethode**, in den letzten Jahren in Forschung und Praxis eine Renaissance erlebt (Wilz u. Brähler 1997).

Wie im vorangegangenen Kapitel bereits erwähnt wurde, ist die Veränderungsmessung im Kontext der Psychotherapie eng mit der adaptiven Indikationsentscheidung verknüpft. Bei der Erfassung von Veränderungen im Verlauf der Therapie und bei der Evaluation des Therapieerfolgs kommen psychologische Testverfahren sehr häufig zur Anwendung. Die meisten Selbst- und Fremdbeurteilungsverfahren (vgl. S. 122, 126) haben den Anspruch Veränderungen zu erfassen. Aus der Tatsache, daß die Mehrzahl dieser Verfahren auf der Basis der Klassischen Testtheorie konstruiert wurden, ergeben sich jedoch für die Veränderungsdiagnostik eine Reihe **meßtheoretischer Probleme**, die wir hier aber nicht näher diskutieren können (Petermann 1978, Zielke 1982 b, Spada 1983, Stieglitz 1986, Jäger u. Scheurer 1995).

Wir wollen stattdessen auf alternative Ansätze der Veränderungsmessung hinweisen, die aufgrund der Schwierigkeiten bei der Erfassung von Veränderungen im Rahmen der Klassischen Testtheorie, insbesondere bei Selbstbeurteilungsverfahren häufiger gewählt werden. Zu den wichtigsten Ansätzen, mit denen es möglich ist, Veränderungen im Verlauf bzw. nach Abschluß therapeutischer Interventionen zu erfassen, zählen nach Seidenstücker u. Baumann (1978) und Stieglitz u. Baumann (1994 b):

- Die indirekte Veränderungsdiagnostik.
- Die direkte Veränderungsdiagnostik.
- Die Beurteilung der Therapiezielerreichung.
- Beurteilung des (psychopathologischen) Status nach Therapieende.

Indirekte Veränderungsinformationen werden zumeist durch die Differenzbildung zwischen zwei Statusmessungen gewonnen. Die Entwicklung von **Paralleltests** hat hierbei eine Reihe von Vorteilen, wie z.B. die Ausschaltung von Gedächtnis- und Erinnerungseffekten bei Meßwiederholungen. Jedoch liegen derzeit nur für sehr wenige klinische Selbstbeurteilungsverfahren Paralleltests vor. Zu diesen Ausnahmen gehören die Beschwerdenliste und die Befindlichkeitsskala von v. Zerssen (1976 a, b). Im Konzept der **Änderungssensitivität** wird der Versuch unternommen, bei einem Testverfahren diejenigen Items auszuwählen, die sich z.B. aufgrund von therapeutischen Interventionen in ihren teststatistischen Kennwerten ändern und von denen deshalb angenommen wird, daß sie dadurch sensitiv zur Abbildung von Veränderungen sind. Wegen der hier zum Teil neu auftretenden inhaltlichen und methodischen Probleme hat dieser Ansatz jedoch keine große Verbreitung gefunden (Stieglitz 1986).

Die **direkte Veränderungsdiagnostik** stellt nach Meinung von Stieglitz (1994 a) den interessantesten neueren Ansatz dar. Hierbei wird eine stattgefundene Veränderung von einer Person direkt eingestuft, wobei die Aussagen zur Beschreibung der subjektiv erlebten Veränderungen in der Komparativform gehalten sind (z.B. besser, schlechter). Obwohl die Angemessenheit dieses Ansatzes zur Abbildung von Veränderungen in einer Reihe methodisch orientierter Studien nachgewiesen werden konnte (Stieglitz u. Baumann 1994 b), existieren doch auch empirische Arbeiten, deren Ergebnisse eher zu einer zu kritischen Einschätzung der direkten Veränderungsdiagnostik Anlaß geben (Tab. 12.**5**) (Kastner u. Basler 1997, Kohlmann u. Raspe 1998).

Bei der **Beurteilung der Therapiezielerreichung** kommen Verfahren zum Einsatz, bei denen versucht wird, die Veränderung von einem Ausgangszustand (Therapiebeginn) in einen Zielzustand (Therapieende) abzubilden, wobei hier zumeist eine individuumszentrierte, einzelfallanalytische Vorgehensweise gewählt wird (Stieglitz u. Baumann 1994 b). Als bekannteste Methoden zur Evaluation psychotherapeutischer Maßnahmen und zur zielorientierten Erfolgsmessung sind die **Zielerreichungsskalierung** (Goal Attainment Scaling/GAS) (Kordy u. Scheibler 1984, Kiresuk u. Mitarb. 1994) sowie die auf Shapiro (1961) zurückgehende Konstruktion sog. **Persönlicher Fragebögen (PF)** zu nennen (Scholz 1996).

Bei der **Beurteilung des (psychopathologischen) Status nach Therapieende** schließlich wird überprüft, inwieweit interventionsabhängige Veränderungen innerhalb oder außerhalb eines bestimmten Normbereiches liegen. Diese Vorgehensweise ist vor allem dann von praktischer Relevanz, wenn für ein Testverfahren Normwerte für gesunde Probanden vorliegen, zu denen der nach Beendigung einer Therapie erhobene individuelle Wert eines Patienten bzw. Klienten in Beziehung gesetzt werden kann.

Überblick zu Testverfahren mit Therapiebezug

Multimodalität der therapiebezogenen Diagnostik

Das Prinzip der Multimodalität stellt eine zentrale Grundannahme der klinisch-psychologischen und somit auch der therapiebezogenen Diagnostik dar (Seidenstücker u. Baumann 1978, 1987). Multimodale (bzw. multimethodale) Diagnostik bedeutet, daß anstelle eines eng umschriebenen Zuganges ein komplexeres, d.h. multivariates Vorgehen gewählt wird. Dabei wird innerhalb einzelner Kategorien variiert, wobei die folgenden Kategorien zu unterscheiden sind (Baumann u. Stieglitz 1994):

- **Datenebenen**: biologische, soziale, psychologische und ökologische Ebene

Tabelle 12.5 Selbstbeurteilungsverfahren zur therapiebezogenen Verlaufs- und Veränderungsdiagnostik sowie zur Erfassung der Therapiemotivation (Auswahl)

Verfahren	Abkürzung	Literatur
Therapieverlaufsdiagnostik		
Bielefelder Klienten-Erfahrungsbogen	BIKEB	Höger u. Eckert (1997)
Gruppenerfahrungsbogen	GEB	Eckert (1996)
Gruppenklimafragebogen	GCQ-S	Tschuschke u. Mitarb. (1990)
Stations-Erfahrungsbogen	SEB	Sammet u. Schauenburg (1998)
Stundenbeurteilung	SB	Schindler u. Mitarb. (1990)
Direkte Veränderungsdiagnostik		
Fragebogen zu erlebten gesundheitlichen Veränderungen	FGV	Krampen u. v. Delius (1981)
Veränderungsfragebogen des Erlebens und Verhaltens	VEV	Zielke u. Kopf-Mehnert (1978)
Veränderungsprozeßbogen	VPB	Grawe (1982)
Veränderungsfragebogen für Lebensbereiche	VLB	Grawe u. Mitarb. (1990)
Indirekte Veränderungsdiagnostik		
Kieler Änderungssensitive Symptomliste	KASSL	Zielke (1979)
Diagnostik der Therapiezielerreichung		
Goal Attainment Scaling	GAS	Kiresuk u. Mitarb. (1994)
Diagnostik der Therapiemotivation und therapiebezogener Erwartungen		
Fragebogen zur Messung der Psychotherapiemotivation	FMP	Schneider u. Mitarb. (1989)
Fragebogen zur Psychotherapiemotivation	FPTM	Schulz u. Mitarb. (1995)
Bielefelder Fragebogen zu Klientenerwartungen	BFKE	Höger (1999)

- **Datenquellen**: Informationsgeber wie der Befragte selbst oder andere Personen (Bezugspersonen, geschulte Beurteiler, Therapeut oder andere)
- **Funktionsbereiche/Konstrukte**: Klassen psychischer Funktionen (z. B. soziale Wahrnehmung) und Reaktionsklassen (z. B. selbstsicheres Verhalten) sowie die zur Erklärung verwendeten Konstrukte

Im Rahmen der therapiebezogenen Testdiagnostik sind bezüglich der Datenebenen vor allem die psychische und teilweise auch die soziale Ebene von Interesse. Hinsichtlich der Datenquellen werden sowohl Informationen der Patienten selbst als auch der Therapeuten genutzt. Dementsprechend häufig kommen hier Selbst- und Fremdbeurteilungsverfahren zum Einsatz. Die **Selbstbeurteilung**, insbesondere mittels **Fragebögen**, stellt die gebräuchlichste diagnostische Untersuchungsmethode in der Psychotherapieforschung überhaupt dar (Lambert 1983). Im folgenden Abschnitt soll deshalb zunächst auf diese Verfahrensgruppe näher eingegangen werden. Daran anschließend werden wir uns dann den Fremdbeurteilungsverfahren zuwenden. Die Trennung zwischen Selbst- und Fremdbeurteilungsverfahren ist letztlich keine absolute, da fast alle Fremdbeurteilungsverfahren auch Items umfassen, die teilweise oder sogar ausschließlich auf Selbstaussagen basieren (Stieglitz 1988, 1994 a, Stieglitz u. Ahrens 1994). Übersichten und zum Teil auch in der klinischen Praxis unmittelbar nutzbare Sammlungen der im deutschsprachigen Raum verfügbaren Meßinstrumente finden sich bei Hank u. Mitarb. (1990), Westhoff (1993), CIPS (1996), Brickenkamp (1997) sowie Biefang u. Mitarb. (1999).

Es sei an dieser Stelle darauf hingewiesen, daß neben der Testdiagnostik mittels Selbst- und Fremdbeurteilungsverfahren die **Felddiagnostik** in der klinischen Psychologie und Psychotherapie zunehmend an Bedeutung gewinnt. Bei der dabei angestrebten alltags- und ereignisnahen Datenerfassung kommen häufig auch **computergestützte Selbstbeobachtungsverfahren** („Self-Monitoring") zum Einsatz. Leider ist es an dieser Stelle nicht möglich, auf diesen interessanten neuen Ansatz der Psychodiagnostik näher einzugehen (Perrez 1994, Fahrenberg u. Myrtek 1996, Perrez u. Mitarb. 1998).

Selbstbeurteilungsverfahren

Besonders in den letzten zwei Jahrzehnten ist eine inzwischen kaum noch zu überblickende Fülle von Selbstbeurteilungsverfahren zu sehr unterschiedlichen Bereichen neu oder weiterentwickelt worden. Gründe für diese Entwicklung sind einerseits in einem ständig wachsenden Interesse der psychologischen und psychiatrischen Forschung an zuverlässigen und validen Meßinstrumenten zur Operationalisierung der interessierenden Sachverhalte, zum anderen aber auch in der zentralen Bedeutung dieser Aspekte für die klinische Praxis, insbesondere für die Evaluation therapeutischer Interventionen zu suchen (Beutler u. Crago 1983, Stieglitz 1994 b).

Selbstbeurteilungsverfahren basieren, wie ihrem Namen bereits zu entnehmen ist, auf der Fähigkeit zur **Selbstreflexion** (Selbstbeobachtung, Introspektion); sie liefern Selbstbeschreibungen und Selbstberichte von Patienten, Klienten oder Probanden. Damit sind sie den **subjektiven Persönlichkeitstests** zuzuordnen (Mittenecker 1982). Eine Abgrenzung zu Gruppen anderer Testverfahren (Objektive Persönlichkeitstests, Projektive Tests) aber auch zu weiteren, für die klinische Psychologie, Psychiatrie, Psychosomatik und Psychotherapie relevanten psychodiagnostischen Verfahrensgruppen wie z. B. Interviewmethoden, Verhaltensbeobachtungen oder Tagebuchverfahren (Walbott 1994, Wittchen u. Mitarb. 1994, Wilz u. Brähler 1997 sowie Kap. 10) erscheint sinnvoll, soll an dieser Stelle aber nicht weiter diskutiert werden.

Der Einsatz von Selbstbeurteilungsverfahren erweist sich vor allem dann als relevant, wenn es um die Erfassung von Merkmalen geht, die am leichtesten mittels Selbsteinschätzung erhoben werden können oder aber überhaupt nur der Selbstbeobachtung zugänglich sind (z.B. Beschwerden, Befindlichkeit). Auf der anderen Seite besitzen die entsprechenden Verfahren ihren Stellenwert aber auch in solchen Merkmalsbereichen, die prinzipiell ebenso durch Fremdbeobachtung erfaßbar sind. Wie z.B. in der Angst-und Depressionsdiagnostik steht hier oft gerade der Vergleich von Selbst- und Fremdbeurteilungen im Mittelpunkt des Forschungsinteresses (Polaino u. Senra 1991).

Beim praktischen Einsatz von Selbstbeurteilungsverfahren sollten eine Reihe von möglichen **Fehlerquellen** in Betracht gezogen und bei der Interpretation der Testergebnisse entsprechend berücksichtigt werden (Möller 1990, Krampen u. Mitarb. 1992, Schwarz u. Scheuring 1992, Stieglitz 1994a, b, Lösel 1995, Franke 1996):

- Fehlerquellen bedingt durch Testkonstruktion (z.B. unklare Formulierungen)
- Effekte der Itempositionierung und der Antwortvorgaben (z.B. Standardreihenfolge versus inhaltshomogene Blockbildung von Items)
- Unwissentliche Fehler bedingt durch Erinnerungs-, Selbstbeobachtungs- und Selbstdarstellungsfehler (z.B. Gedächtnisbeeinträchtigung, Selbsttäuschung)
- Absichtliche Verfälschungen (z.B. Simulation, Bagatellisierung)
- Antworttendenzen (response sets) (z.B. soziale Erwünschtheit)

Selbstbeurteilungsverfahren lassen sich hinsichtlich verschiedener inhaltlicher und methodischer Aspekte beschreiben und klassifizieren (Stieglitz 1994b). Unter **methodischen** Gesichtspunkten kann man die einzelnen Verfahren z.B. bezüglich der verwendeten Skalierungsmethode (z.B. verbal, numerisch, graphisch) oder der zugrundeliegenden Testtheorie (klassisches oder probabilistisches Testmodell) differenzieren. Unter stärken **inhaltlichen** Gesichtspunkten lassen sich Selbstbeurteilungsverfahren z.B. nach der zeitlichen und transsituativen Stabilität der erfaßten Merkmale (Erhebung von Trait- und/oder State-Variablen), nach ihrer Dimensionalität (homogen/eindimensional versus heterogen/mehrdimensional) oder aber hinsichtlich der diagnostischen Zielgruppen (z.B. Gesunde-Kranke) klassifizieren.

Tab. 12.**6** gibt einen Überblick über wichtige, im deutschsprachigen Raum entwickelte oder in deutschsprachigen Versionen vorliegende **mehrdimensionale Persönlichkeitstests** (Persönlichkeitsfragebögen). Hier handelt es sich um Verfahren, die sowohl im normalpsychologischen als auch im klinisch-therapeutischen Bereich eingesetzt werden können und die den Anspruch haben, die Persönlichkeit möglichst umfassend zu beschreiben. Angezielt ist dabei vor allem die Erhebung zeitstabiler Persönlichkeitsmerkmale (wie z.B. Extraversion-Introversion und Neurotizismus im EPI). In einigen Verfahren werden daneben aber auch biographische Informationen (BIV) und Umweltbeziehungen (GT) erfaßt. Bei der Mehrzahl der aufgeführten Verfahren wurden die jeweiligen Testskalen (Dimensionen) mittels **Faktorenanalyse** konstruiert (z.B. FPI, 16 PF), dem „Klassiker" unter den Persönlichkeitsfragebögen (MMPI) liegt hingegen eine kriteriumsorientierte Skalenkonstruktion zugrunde.

Wendet man sich den **klinischen Selbstbeurteilungsverfahren** zu, so findet man hier als das gebräuchlichste Klassifikationskriterium eine Einteilung nach den erfaßten Merkmalsbereichen. Eine solche Unterteilung liegt auch der nachfolgenden Übersichtsdarstellung deutschsprachiger Verfahren zugrunde. In Anlehnung an Stieglitz (1994b) haben wir die Verfahren noch einmal in **störungsgruppenübergreifende** (Tab. 12.**7**) und **störungsgruppenbezogene** (Tab. 12.**8**) unterteilt.

Zu den störungsgruppenübergreifenden Verfahren gehören solche, die sich auf Merkmalsbereiche beziehen, welche prinzipiell im Zusammenhang mit sehr unterschiedlichen psychischen Störungen von Bedeutung sein können. Zu solchen Bereichen gehören beipielsweise körperliche Beschwerden, das subjektive Erleben des eigenen Körpers, die Qualität der sozialen Beziehungen innerhalb von Partnerschaft, Familie und anderen Bezugsgruppen, wahrgenommene Probleme im Umgang mit anderen Menschen oder die Konfrontation mit belastenden Lebensereignissen (Hahlweg

Tabelle 12.**6** Mehrdimensionale Persönlichkeitstests (Auswahl)

Verfahren	Abkürzung	Literatur
Biographisches Inventar zur Diagnose von Verhaltensstörungen	BIV	Jäger u. Mitarb. (1976)
Eysenck-Persönlichkeits-Inventar	EPI	Eggert (1983)
Freiburger Persönlichkeitsinventar	FPI	Fahrenberg u. Mitarb. (1978)
Revidierte u. teilweise geänderte Fassung	FPI-R/FPI-A1	Fahrenberg u. Mitarb. (1994)
Gießen-Test	GT	Beckmann u. Mitarb. (1991)
Hamburger Persönlichkeits-Inventar	HPI	Andresen (1999)
Minnesota Multiphasic Personality Inventory	MMPI-Saarbrücken	Spreen (1963) Gehring u. Blaser (1993)
MMPI – Überarbeitete u. neu normierte Version	MMPI-2	Engel (1998)
Münchner Persönlichkeitstest	MPT	v. Zerssen u. Mitarb. (1988)
NEO-Fünf-Faktoren Inventar nach Costa und McCrae	NEO-FFI	Borkenau u. Ostendorf (1993)
NEO-Persönlichkeitsinventar nach Costa und McCrae – Revidierte Form	NEO-PI-R	Ostendorf u. Angleitner (1999)
16-Persönlichkeits-Faktoren-Test/Revision	16 PF-R	Schneewind u. Graf (1998)
Trierer Persönlichkeitsfragebogen	TPF	Becker (1989)

Tabelle 12.7 Störungsgruppenübergreifende klinische Selbstbeurteilungsverfahren (Auswahl)

Bereich	Verfahren	Abkürzung	Literatur
Befindlichkeit	Befindlichkeits-Skala	Bf-S	v. Zerssen (1976 a)
	Befindlichkeitsfragebogen	BF	Becker (1988)
	Eigenschaftswörterliste	EWL	Janke u. Debus (1978)
	Marburger Fragebogen zum Habituellen Wohlbefinden		Herda u. Mitarb. (1998)
	Mehrdimensionaler Befindlichkeitsfragebogen	MDBF	Steyer u. Mitarb. (1997)
Beschwerden	Gießener Beschwerdebogen	GBB	Brähler u. Scheer (1995)
	Beschwerden-Liste	B-L	v. Zerssen (1976 b)
	Beschwerden-Erfassungsbogen	BEB	Kasielke u. Hänsgen (1982)
	Freiburger Beschwerdenliste	FBL	Fahrenberg (1995)
Körperkonzept und Körpererleben	Fragebogen zur Beurteilung des eigenen Körpers	FBeK	Strauß u. Richter-Appelt (1996)
	Frankfurter Körperkonzeptskalen	FKKS	Deusinger (1998)
Selbstkonzept	Frankfurter Selbstkonzeptskalen	FSKN	Deusinger (1986)
Selbstwirksamkeit	Fragebogen zur Generalisierten Kompetenzerwartung	FGKE	Schwarzer (1994)
Kontrollüberzeugungen	Fragebogen zu Kompetenz und Kontrollüberzeugungen	FKK	Krampen (1991)
	Fragebogen zur Erhebung von Kontrollüberzeugungen zu Krankheit und Gesundheit	KKG	Lohaus u. Schmitt (1989)
„Irrationale" Überzeugungen	Fragebogen Irrationaler Einstellungen	FIE	Klages (1989) Ellis (1997)
Soziale Kompetenz	Unsicherheitsfragebogen	UFB	Ullrich de Muynck u. Ullrich (1977)
Familie und Partnerschaft	Familiendiagnostisches Testsystem	FDTS	Schneewind (1988)
	Familienbögen	FB	Cierpka u. Frevert (1995)
	Fragebogen zum erinnerten elterlichen Erziehungsverhalten	FEE	Brähler u. Mitarb. (1999 a)
	Fragebogen zur Partnerschaftsdiagnostik	FPD	Hahlweg (1996)
Interpersonale Probleme	Inventar zur Erfassung Interpersonaler Probleme	IIP-D	Horowitz u.Mitarb. (1994) Brähler u. Mitarb. (1999 c)
Soziale Unterstützung	Fragebogen zur Sozialen Unterstützung	F-SOZU	Sommer u. Fydrich (1989)
Lebenszufriedenheit	Fragebogen zur Lebenszufriedenheit	FLZ	Brähler u. Mitarb. (1999 b)
Kritische Lebensereignisse	Inventar zur Erfassung lebensverändernder Ereignisse	ILE	Siegrist u. Geyer (1993)
	Leipziger Ereignis- und Belastungsinventar	LEBI	Richter u. Guthke (1997)
	Münchner Ereignisliste	MEL	Meier-Diewald u. Mitarb. (1983)
Subjektive Krankheitstheorie	Patiententheorienfragebogen	PATEF	Zenz u. Mitarb. (1996)

u. Mitarb. 1982, Horowitz u. Mitarb. 1993, Laireiter 1993, Perris u. Mitarb. 1994, Filipp 1997, Schumacher u. Brähler 1999). Zu den störungsgruppenbezogenen Verfahren müssen vor allem solche Erhebungsinstrumente gezählt werden, die „klassische" und auch für die psychotherapeutische Praxis zentrale Merkmalsbereiche wie **Angst**, **Depression, Zwang, Schizophrenie** sowie **somatoforme** und **psychosomatische Störungen** betreffen (Margraf u. Schneider 1990, Reinecker 1994, v. Uexküll 1996, Hautzinger 1997, Roder u. Mitarb. 1997, Rudolf u. Henningsen 1998). In die Übersichtsdarstellung wurde mit dem Phänomen **„Ärger"** jedoch auch ein vergleichsweise „neuer" Bereich aufgenommen (Hodapp u. Schwenkmezger 1993). Auch **Posttraumatische Belastungsstörungen** sind erst in den letzten Jahren vermehrt in den Blickpunkt theoretischer Studien und therapeutischer Bemühungen gerückt (Maercker 1997). Die Beschäftigung mit den **Persönlichkeitsstörungen** hat innerhalb der Psychoanalyse eine lange Tradition (Kernberg 1991), für die kognitiv-verhaltenstherapeutischen Behandlungsansätze stellen diese Störungsbilder jedoch ein noch vergleichsweise neues Praxisfeld dar (Beck u. Mitarb. 1995, Schmitz u. Mitarb. 1996). Auch von seiten der Testdiagnostik wurde dem Bereich der Persönlichkeitsstörungen lange Zeit wenig Beachtung geschenkt. Seit der Einführung des DSM-III-R ist jedoch eine Vielzahl von Untersuchungsinstrumenten zur Erfassung von Persönlichkeitsstörungen neu entwickelt worden (Dittmann u. Stieglitz 1994, Zimmermann 1994). Dabei dominieren vor allem strukturierte Interviews. Ausgewählte Beispie-

Tabelle 12.**8** Störungsgruppenbezogene klinische Selbstbeurteilungsverfahren (Auswahl)

Bereiche	Verfahren	Abkürzung	Literatur
Gesamtpsychopathologie	Testbatterie zur Qualitätssicherung von Psychotherapie		Hahlweg u. Mitarb. (1999)
	Symptom-Checkliste v. Derogatis	SCL-90-R	Franke (1995)
	Brief Symptom Inventory	BSI	Franke (1997, 1999)
Angst	State-Trait-Angstinventar	STAI	Laux u. Mitarb. (1981)
	Hospital Anxiety and Depression Scale	HADS-D	Herrmann u. Mitarb. (1995)
	Fragebogen zu körperbezogenen Ängsten, Kognitionen und Vermeidung	AKV	Chambless u. Mitarb. (1984) Ehlers u. Mitarb. (1993)
	Beck-Angst-Inventar	BAI	Margraf u. Ehlers (1998)
Depression	Allgemeine Depressionsskala	ADS	Hautzinger u. Bailer (1993)
	Beck-Depressions-Inventar	BDI	Hautzinger u. Mitarb. (1995)
	Depressivitäts-Skala	D-S	v. Zerssen (1976 c)
Ärger	State-Trait-Ärgerausdrucks-Inventar	STAXI	Schwenkmezger u. a. (1992)
Zwang	Hamburger Zwangsinventar (Lang- und Kurzform)	HZI	Zaworka u. Mitarb. (1983) Klepsch u. Mitarb. (1993)
Schizophrenie	Paranoid-Depressivitäts-Skala	PD-S	v. Zerssen (1976 d)
	Frankfurter Befindlichkeits-Skala	FBS	Süllwold u. Herrlich (1987)
	Frankfurter Beschwerde-Fragebogen	FBF	Süllwold (1991)
Posttraumatische Belastungsstörung	Impact of Event-Scale (Revidierte Version)	IES IES-R	Ferring u. Filipp (1994) Maercker u. Schützwohl (1998)
	PTSD Symptom Scale	PSS	Stieglitz u. Mitarb. (1998 a)
Persönlichkeitsstörungen	Borderline-Persönlichkeits-Inventar	BPI	Leichsenring (1997)
	Narzißmusinventar	NI	Deneke u. Hilgenstock (1989)
	Persönlichkeits-Stil- und Störungs-Inventar	PSSI	Kuhl u. Kazén (1997)
Alkoholmißbrauch und -abhängigkeit	Lübecker Alkoholmißbrauchs- und -abhängigkeits-Screening-Test	LAST	Rumpf u. Mitarb. (1997)
	Lübecker Alkoholabhängigkeitsskala	LAS	John u. Mitarb. (1992)
	Münchner Alkoholismustest	MALT	Feuerlein u. Mitarb. (1979)
	Trierer Alkoholismusinventar	TAI	Funke u. Mitarb. (1987)
Sexualstörungen	Fragebogen zur sexuellen Zufriedenheit	FSZ	Hoyndorf u. Mitarb. (1995)
	Tübinger Skalen zur Sexualtherapie	TSST	Zimmer (1985)
Eßstörungen	Anorexia-Nervosa Inventar zur Selbstbeurteilung	ANIS	Fichter u. Keeser (1980)
	Eating Disorder Inventory	EDI	Thiel u. Paul (1988)
	Fragebogen zum Eßverhalten	FEV	Pudel u. Westenhöfer (1989)
Psychosomatische und Somatoforme Störungen	Fragebogen zur Abschätzung des Psychosomatischen Krankheitsgeschehens	FAPK	Koch (1996)
	Hysterie-Hypochondrie-Inventar	HHI	Süllwold (1995)
	Screening für Somatoforme Störungen	SOMS	Rief u. Mitarb. (1997)
	Whiteley-Index	WI	Rief u. Mitarb. (1994)
Schmerz	Kieler Schmerz-Inventar	KSI	Hasenbring (1994)
	Multidimensionaler Schmerzfragebogen	MPI-D	Flor u. Mitarb. (1990)
	Schmerzempfindungs-Skala	SES	Geissner (1996)
Neurosen (Gesamt)	Psychischer und Sozial-Kommunikativer Befund	PSKB-Se	Rudolf (1991)
	Berliner Verfahren zur Neurosendiagnostik	BVND	Hänsgen (1991)

le für deutschsprachige Selbstbeurteilungsverfahren wurden in die Übersichtsdarstellung aufgenommen. Der Bereich der **Eßstörungen** (Anorexie und Bulimie) stellt ein zunehmend an Bedeutung gewinnendes Feld der Psychotherapie dar (Meermann u. Vandereycken 1987, Herzog u. Mitarb. 1996, Jacobi 1998). Für diese Störungsgruppe existiert inzwischen auch im deutschsprachigen Raum eine Reihe von Selbstbeurteilungsverfahren. Beispiele dafür sind in Tab. 12.**8** aufgeführt. Nicht zuletzt stellen auch **Sexualstörungen**, **Alkoholmißbrauch und -abhängigkeit** sowie **Schmerzen** unterschiedlicher Genese in der psychotherapeutischen Praxis häufiger anzutreffende Phänomene dar (Hoyndorf u. Mitarb.

Tabelle 12.**9** Psychodiagnostische Verfahren in der Lebensqualitäts- und Bewältigungsforschung (Auswahl)

Verfahren	Abkürzung	Literatur
Lebensqualität/Quality-of-Life		
EORTC-Quality-of-Life-Fragebogen (S)	EORTC-QLQ-C30	Aaronson u.a. (1991, 1994)
Euro-Quality of Life-Fragebogen (S)	EuroQoL	v.d. Schulenburg u. Mitarb. (1998)
Fragebogen Alltagsleben (S)	FAL	Bullinger u. Mitarb. (1993)
Nottingham Health Profile (S)	NHP	Kohlmann u. Mitarb. (1997)
Profil der Lebensqualität chronisch Kranker (S)	PLC	Siegrist u. Mitarb. (1996)
SF-36 Fragebogen zum Gesundheitszustand (S)	SF-36	Bullinger u. Kirchberger (1998)
Skalen zur Erfassung der Lebensqualität (S)	SEL	Averbeck u. Mitarb. (1997)
WHO-Quality-of-Life-Fragebogen (S)	WHOQOL	Szabo (1996)
Bewältigung/Coping		
Streßverarbeitungsfragebogen (S)	SVF	Janke u. Mitarb. (1997)
Angstbewältigungs-Inventar (S)	ABI	Krohne u. Mitarb. (1992)
Fragebogen zum Umgang mit belastenden Situationen im Verlauf (S)	UBV	Reicherts u. Perrez (1993)
Fragebogen zu Konfliktbewältigungsstrategien (S)	FKBS	Hentschel u. Mitarb. (1998)
Freiburger Fragebogen zur Krankheitsverarbeitung (S/F)	FKV	Muthny (1989)
Trierer Skalen zur Krankheitsbewältigung (S)	TSK	Klauer u. Filipp (1993)
Berner Bewältigungsformen (F)	BEFO	Heim u. Mitarb. (1991)

Anmerkung: S = Selbstbeurteilungsinstrument
F = Fremdbeurteilungsinstrument

1995, Petry 1996, Basler u. Mitarb. 1996), weshalb erprobte und bewährte Testverfahren aus diesen Merkmalsbereichen ebenfalls in die Übersichtsdarstellung aufgenommen wurden.

Zum Abschluß dieses kurzen Überblicks über klinisch und therapeutisch relevante Selbstbeurteilungsinstrumente sei noch erwähnt, daß dieser Verfahrensgruppe auch außerhalb der hier im Mittelpunkt stehenden Anwendungsbereiche eine große Bedeutung zukommt. Stellvertretend für andere Forschungs- und Praxisfelder sollen hier die **Lebensqualitätsforschung** (Kaplan 1985, Renwick u. Mitarb. 1996, Spilker 1996, Bullinger 1997, Lauer 1997) sowie die **Bewältigungsforschung** genannt werden (Rüger u. Mitarb. 1990, Heim u. Perrez 1994, Schumacher u. Reschke 1994, Schwarzer u. Schwarzer 1996, Wendt & Petermann 1996). In Tab. 12.**9** werden einige der in diesen Bereichen gebräuchlichen Verfahren aufgeführt.

Fremdbeurteilungsverfahren

Die Fremdbeurteilungsverfahren oder **Ratingskalen** zur Zustands- und Verlaufsbeschreibung stellen neben den Selbstbeurteilungsverfahren die zahlenmäßig größte Verfahrensgruppe innerhalb der klinischen und therapiebezogenen Testdiagnostik dar. Zu den klinischen Fremdbeurteilungsverfahren im weiteren Sinne können jedoch auch **Symptom-Checklisten** und strukturierte und standardisierte **Interviews** gezählt werden (Wittchen u. Unland 1991, Wittchen u. Mitarb. 1994). Prinzipiell haben Fremdbeurteilungsverfahren ähnliche Anwendungsbereiche wie die Skalen zur Selbstbeurteilung. Allerdings existieren auch klinisch relevante Bereiche, die generell oder zum größten Teil nur der Fremdbeobachtung und -einschätzung zugänglich sind. Zu solchen Bereichen, die vor allem im Zusammenhang mit psychotischen Störungen von Interesse sind, gehören beispielsweise Denkstörungen und Wahnphänomene oder die schizophrene Negativsymptomatik (Stieglitz u. Ahrens 1994).

Ebenso wie bei den Selbstbeurteilungsinstrumenten sind auch bei der Anwendung von Fremdbeurteilungsverfahren mögliche **Fehlerquellen** in Rechnung zu stellen. Von besonderer Bedeutung sind hierbei zum einen Antworttendenzen (response sets) des Beurteilers (wie z.B. die Tendenz zu extremen Antworten) als auch systematische Beurteilungsfehler (Fehler durch falsche Schlußfolgerungen, wie der bekannte Halo-Effekt) (Stieglitz 1994a).

Fremdbeurteilungsverfahren lassen sich hinsichtlich unterschiedlicher Kriterien klassifizieren. So können die Verfahren z.B. nach den jeweils genutzten **Datenquellen** (Arzt/Psychologe, Pflegepersonal, Angehörige u.a.) differenziert werden. Insbesondere in Therapiestudien wird häufig die Forderung erhoben, unterschiedliche Datenquellen zur Evaluation heranzuziehen. Dies entspricht dem Prinzip der Multimodalität, wie es auf S. 121 umrissen wurde. Wie bei den Selbstbeurteilungsverfahren ist auch bei den Fremdbeurteilungsverfahren die gebräuchlichste Unterteilung die nach den untersuchten Merkmalsbereichen (Stieglitz u. Ahrens 1994). Auf einer solchen Unterscheidung basiert auch die Übersichtsdarstellung von klinischen Fremdbeurteilungsverfahren in Tab. 12.**10**.

Unter den entsprechenden Verfahren findet man häufiger als bei den Selbstbeurteilungsinstrumenten mehrdimensionale Skalen, die ein breites Spektrum psychopathologisch relevanter Symptome und Syndrome („**Gesamtpsychopathologie**") abbilden. Auch die verfügbaren Checklisten und strukturierten Interviews sind zumeist auf einen breiten Bereich von psychischen Störungen zugeschnitten, wobei bei den neueren Verfahren zumeist eine Klassifikation der Störungen nach ICD-10 oder DSM-IV angezielt wird.

Angst und **Depression** gehören zu den Merkmalsbereichen mit der größten Anzahl von verfügbaren Fremdbeurteilungsverfahren. Hierzu zählen auch Instrumente mit solch

Tabelle 12.**10** Störungsgruppenbezogene klinische Fremdbeurteilungsverfahren (Ratingsskalen, Checklisten und strukturierte Interviews) (Auswahl)

Bereich	Verfahren	Abkürzung	Literatur
Gesamtpsychopathologie	AMDP-System	AMDP	AMDP (1997) Fähndrich u. Stieglitz (1998)
	Beeinträchtigungs-Schwere-Score	BSS	Schepank (1995)
	Brief Psychiatric Rating Scale	BPRS	Overall u. Gorham (1976)
	Diagnostisches Interview bei psychischen Störungen	DIPS	Margraf u. Mitarb. (1994)
	Internationale Diagnosen Checklisten für ICD-10 und DSM-IV	IDCL	Hiller u. Mitarb. (1995)
	Strukturiertes Klinisches Interview für DSM-IV Achse I	SKID-I	Wittchen u. Mitarb. (1997)
Angst	Hamilton Angst-Skala	HAMA	Hamilton (1976 a)
	Anxiety Status Inventory	ASI	Zung (1976 a)
	Panik- und Agoraphobieskala (auch als Selbstbeurteilungsversion)	PAS	Bandelow (1997)
Depression	Hamilton Depressions-Skala	HAMD	Hamilton (1976 b)
	Depression Status Inventory	DSI	Zung (1976 b)
	Montgomery-Asberg Depressions Rating Scale	MADRS	Montgomery u. Asberg (1979) Neumann u. Schulte (1989)
	Inventar Depressiver Symptome	IDS	Hautzinger u. Bailer (1994)
	Bech-Rafaelsen-Melancholie-Skala	BRMS	Stieglitz u. Mitarb. (1998 b)
Zwang	Yale-Brown Obsessive Compulsive Scale	Y-BOCS	Büttner-Westphal u. Hand (1991)
	AMDP-Modul zur Erfassung von Zwangssymptomen		Grabe u. Mitarb. (1998)
Schizophrenie	Positive and Negative Syndrome Scale	PANSS	Kay u. Mitarb. (1987, 1988)
	Intentionalitäts-Skala	InSka	Mundt u. Mitarb. (1985)
Persönlichkeitsstörungen	Aachener Integrierte Merkmalsliste zur Erfassung von Persönlichkeitsstörungen	AMPS	Saß u. Mitarb. (1995)
	Diagnostisches Interview für das Borderline-Syndrom	DIB	Gunderson (1990) Schödlbauer u. Mitarb. (1997)
	Internationale Diagnosen Checkliste für Persönlichkeitsstörungen nach ICD-10 und DSM-IV	IDCL-P	Bronisch u. Mitarb. (1995)
	Strukturiertes Klinisches Interview für DSM-IV Achse II	SKID-II	Wittchen u. Mitarb. (1997)
Neurosen (Gesamt)	Psychischer und Sozial-Kommunikativer Befund	PSKB	Rudolf (1981)
Geriatrie	Sandoz Clinical Assessment Geriatric Scale	SCAG	Shader u. Mitarb. (1974)
	Nurses Observation Scale for Geriatric Patients	NOSGER	Brunner u. Spiegel (1990)

Anmerkung: In die Übersicht wurden sowohl Erhebungsinstrumente aufgenommen, die einer dimensionalen Diagnostik psychischer Störungen verpflichtet sind, als auch solche, die einer heute zunehmend an Bedeutung gewinnnenden kategorialen bzw. klassifikatorischen Diagnostik (nach DSM-IV und/oder ICD-10) dienen.

hohem Verbreitungs- und Bekanntheitsgrad wie die Hamilton Depressionsskala (HAMD). Für andere Phänomenbereiche, wie z. B. **Zwangsstörungen**, existieren bisher nur vergleichsweise wenige Fremdbeurteilungsverfahren. Wir haben deshalb die Yale-Brown Obsessive Compulsive Scale (Y-BOCS) als eine der wenigen bisher im deutschsprachigen Raum verfügbaren Ratingsskalen in unsere Übersicht aufgenommen. Bei **schizophrenen Störungen** spielen Fremdbeurteilungsverfahren eine bedeutsame Rolle. Insbesondere zur Erfassung der Negativsymptomatik werden häufig Ratingskalen eingesetzt. Im Bereich der **Persönlichkeitsstörungen** kommen hingegen vor allem Diagnosen-Checklisten und strukturierte Interviews zu Anwendung, wobei diese zumeist einer klassifikatorischen Diagnostik nach ICD-10 und/oder DSM-IV dienen (Dittmann u. Stieglitz 1994). Ein Anwendungsbereich der Testdiagnostik, der auch unter psychotherapeutischen Gesichtspunkten zunehmend an Bedeutung gewinnt (Hirsch 1990, Radebold 1992, Gunzelmann u. Schumacher 1997), stellt die **Geriatrie** dar. Die in der Tab. 12.**10** aufgeführte Sandoz Clinical Assessment Geriatric Scale (SCAG) gehört zu den häufiger eingesetzten Verfahren in diesem Bereich, bei der Nurses Observation Scale for Geriatric Patients (NOSGER) handelt es sich dagegen um ein noch vergleichsweise neues Verfahren.

Abschließend wollen wir kurz auf die Beziehung von Selbst- und Fremdbeurteilungsverfahren etwas näher eingehen. Wie weiter oben bereits angedeutet wurde, hat man sich insbesondere in der Angst- und Depressionsforschung verstärkt mit dem Zusammenhang von Selbst- und Fremdbeurteilungen auseinandergesetzt. Als wichtige empirische Ergebnisse zum Vergleich von Selbst- und Fremdbeurteilungen lassen sich unter anderem nennen (Paykel u. Norton 1986, Stieglitz u. Ahrens 1994, S. 89):

- Die Korrelationen zwischen Selbst- und Fremdbeurteilungen sind zumeist nicht hoch und weisen darauf hin, daß unterschiedliche Phänomene abgebildet werden.
- Korrelationen sind dann höher, wenn sie sich auf Sachverhalte beziehen, die durch verbale Berichte vermittelt werden.
- Korrelationen sind zu Therapiebeginn, im akuten Stadium der Erkrankung geringer, werden dann jedoch größer.
- Selbstbeurteilungsverfahren ergeben ein globaleres Bild des Zustandes als Fremdbeurteilungsverfahren.

Zusammenfassung

Der vorliegende Beitrag verfolgte zwei Zielstellungen. Zum einen sollte er eine kurze Einführung in die Grundlagen der Testdiagnostik geben, soweit diese für die psychotherapeutische Praxis von Relevanz sind. Die beiden einführenden Kapitel zum Testbegriff und zur Klassifikation von Testverfahren sind diesem ersten Anliegen verpflichtet. Wie bereits eingangs betont wurde, ist es jedoch nicht möglich auf den hier zur Verfügung stehenden Buchseiten eine auch nur annähernd vollständige Übersicht über alle grundlegenden Aspekte der psychologischen Testdiagnostik zu geben. Wir verweisen deshalb an den entsprechenden Stellen auf die weiterführende Literatur. Im dritten Abschnitt haben wir versucht, zwei der wichtigsten Anwendungsfelder der Testdiagnostik in der Psychotherapie, nämlich die Indikationsdiagnostik und die Veränderungsmessung kurz zu umreißen. Auch diese Darstellung mußte notwendigerweise skizzenhaft bleiben, weshalb auch hier noch einmal ausdrücklich auf die vertiefende Literatur verwiesen sei. Eine zweite wichtige Zielstellung des vorliegenden Beitrages bestand darin, dem psychotherapeutisch Tätigen einen systematischen Überblick über wichtige psychotherapierelevante Testverfahren zu geben und ihm dadurch die Orientierung in der Fülle der verfügbaren Erhebungsinstrumente und auch die Auswahlentscheidung für geeignete Verfahren zu erleichtern (Fydrich u. Mitarb. 1996, Margraf u. Bandelow 1997). Die Darstellung der Selbst- und Fremdbeurteilungsverfahren im vierten Kapitel sowie die verschiedenen Übersichtstabellen sind diesem Anliegen verpflichtet. Wir hoffen, daß unser Beitrag letztlich dazu beitragen kann, die Relevanz psychologischer Testverfahren für die psychotherapeutische Praxis zu verdeutlichen und deren Akzeptanz in diesem wichtigen Anwendungsfeld weiter zu verbessern.

IV Psychoanalytische Psychotherapie

13. Grundlagen psychoanalytischer Psychotherapie

W. Mertens

Leidender Patient: Grundkonzeption des psychoanalytischen Konflikt- und Krankheitsverständnisses

Patienten, die heutzutage einen Psychoanalytiker aufsuchen, leiden nicht nur an umschriebenen Symptomen und Problemen, sondern in einer umfassenderen Weise an sich selbst und an ihrem Leben. Ihre Leidenszustände sind das Ergebnis unbewußter Konflikte und der Folgen von traumatisierenden Kindheitserfahrungen. Oftmals haben sich die Erlebniskonstellationen sogar zu einer mehr oder weniger umfassenden Persönlichkeitsstörung entwickelt, die nahezu alle Bereiche des Erlebens, Denkens, des körperlichen Empfindens, sozialer Kompetenzen, der Selbst- und Fremdwahrnehmung durchzieht. In einer psychoanalytischen Therapie ändern sich die Anteile der Persönlichkeitsstörung, die für die Aufrechterhaltung der Nöte und Schwierigkeiten des Patienten verantwortlich waren. Aber auch nach einer gelungenen Psychoanalyse müssen Patienten mit Einschränkungen ihrer Lebensentwürfe, ihrer Hoffnungen und Beziehungsmöglichkeiten zurechtkommen – kein Analytiker, keine Therapie können bestimmte traumatisierende und belastende Kindheitserfahrungen und deren Auswirkungen rückgängig machen. Auch wenn die Psychoanalyse somit keine Heilsversprechungen einlösen kann, ändert sich doch in der Regel der Umgang mit belastenden Lebenserfahrungen und den daraus resultierenden neurotischen Konsequenzen erheblich.

Die psychoanalytische Behandlungstechnik geht davon aus, daß die Symptome und Konflikte, die eine Person zum Psychoanalytiker führen, nicht durch gegenwärtige widrige Umstände und Bedingungen des Lebens verursacht sind. Man nimmt an, Symptome und Konflikte gehen auf lebensgeschichtlich frühere Erlebnisse zurück. In der Literatur über Psychoanalyse werden sie als unbewußte Konflikte, unbewußte Phantasien, pathogene Überzeugungen, Traumatisierungen, Entwicklungsdefizite, Hemmungen und Einschränkungen, wichtiger Kompetenzen, Störungen des Selbstwerterlebens beschrieben.

Tab. 13.**1** gibt einen Überblick über die wichtigsten Konzepte, die von Psychoanalytikern beschrieben und ausgearbeitet worden sind.

Literaturempfehlungen

Haesler, L.: Psychoanalyse. Therapeutische Methode und Wissenschaft vom Menschen. Kohlhammer, Stuttgart 1994

Heigl-Evers, A., F. Heigl, J. Ott: Lehrbuch der Psychotherapie. Gustav Fischer, Stuttgart 1993

Hoffmann, S. O.: Charakter und Neurose. Ansätze zu einer psychoanalytischen Charakterologie. Suhrkamp, Frankfurt/M. 1979

Kernberg, O. F.: Schwere Persönlichkeitsstörungen. Theorie, Diagnose, Behandlungsstrategien. Klett-Cotta, Stuttgart 1988

Mentzos, S.: Neurotische Konfliktverarbeitung. Einführung in die psychoanalytische Neurosenlehre unter Berücksichtigung neuer Perspektiven, 12. Aufl. 1994

Müller-Pozzi, H.: Psychoanalytisches Denken. Eine Einführung, 2. Aufl. Huber, Stuttgart 1995

Rudolf, G.: Psychotherapeutische Medizin. Ein einführendes Lehrbuch auf psychodynamischer Grundlage. Enke, Stuttgart 1993

Shapiro, D.: Neurotische Stile. Vandenhoeck & Ruprecht, Göttingen 1991

Psychoanalytische Schulrichtungen in ihrer modellhaften Vereinfachung

Ein Beitrag zu den Grundlagen der psychoanalytischen Psychotherapie kommt nicht an der Schwierigkeit vorbei, daß es die Psychoanalyse oder die psychoanalytische Therapie schon seit geraumer Zeit nicht mehr gibt. Es existiert vielmehr eine ganze Anzahl von unterschiedlichen Auffassungen und Traditionen, die man auch als Schulrichtungen bezeichnen kann, in bezug auf wesentliche Bestandteile der psychoanalytischen Theorie und Behandlungsmethode.

Die immer präzisere Ausarbeitung und Weiterentwicklung der spezifischen Annahmen einer bestimmten psychoanalytischen Schulrichtung (wie z.B. der Ich-psychologischen, Selbst-psychologischen, Kleinianischen) hat aber auch ein Bedürfnis bei vielen Praktikern entstehen lassen, die Gemeinsamkeiten und Unterschiede zwischen verschiedenen Vorgehensweisen kennenzulernen. Sie möchten die Phänomenologie, Psychodynamik und Ätiologie der Konflikte und Traumatisierungen eines Analysanden nicht nur aus einem einzigen psychoanalytischen Blickwinkel, sondern schulenübergreifend betrachten. Ein integratives, auf den einzelnen Patienten abgestimmtes Vorgehen ist sicherlich bei einigen raktizierenden Therapeuten ohnehin schon seit geraumer Zeit der Fall. Notwendig erscheint hierbei aber auch eine Reflexion über die zugrundeliegenden Annahmen der jeweiligen psychoanalytischen Perspektive, z.B. im Hinblick auf Menschenbild, Konfliktverständnis, Interaktion mit der Umwelt, analytische Haltung, Auffassung von Übertragung, Gegenübertragung und Widerstand, Wirkfaktoren usw.

Mittlerweile gibt es mehrere Arbeiten in der neueren Forschungsliteratur, in denen diese Klärungsarbeit auch anhand konkreter komparativer Fallbesprechungen vorgenommen wird. Miller u. Post (1990) z.B. ließen das Verbatim-Protokoll einer Therapiestunde von einem Selbst-Psychologen, einem Trieb- und Strukturtheoretiker, einem Entwicklungspsychologen, einem interpersonellen Psychoanalytiker, einem Kleinianer, einem britischen Objektbeziehungstheoretiker, einem Psychoanalytiker mit einer neurobiologischen interdisziplinären Schwerpunktsetzung und einem Lacanianer einschätzen; ähnlich gingen Pulver (1987) und Hunter (1994) vor. Fine u. Fine (1990) ermittelten den prototypischen

Tabelle 13.1 Grundbausteine der psychoanalytischen Krankheitskonzeption

Unbewußter Konflikt	Es ist derjenige Konflikt, der aufgrund der Unvereinbarkeit von kindlichen Impulsen, Wünschen, Handlungsintegrationen und elterlichen Anforderungen entsteht und zumeist zu Kompromißleistungen führt, die symptomatischen Charakter annehmen. Der unbewußte Konflikt ist die Grundlage des bewußten Konflikts in der Gegenwart. (Beispiel: Bewußter Konflikt: „Soll ich meine Arbeitsstelle wechseln? Ich bin hin- und hergerissen? Unbewußter Konflikt: Darf ich mich ablösen oder macht das meine Eltern übermäßig traurig?")
Unbewußte Phantasie	Sie entsteht als kindlicher Lösungsversuch eines unbewußten Konflikts (z. B. „Wenn mir mein Geschwister ungerechtfertigter Weise vorgezogen wird und ich auf die Äußerungen meiner Wut verzichten muß, weil ich sonst alle Liebe meiner Eltern verliere, werde ich zumindest in der Phantasie mir ausmalen, wie ich andere Menschen bestrafen kann").
Pathogene Überzeugung	Sie entsteht als die erlebte Reaktion auf die elterlichen Handlungen und Einstellungen in bezug auf die Handlungen des Kindes (z. B. „Wenn ich es wage, auch nur die geringste Kritik an meinem Vater zu äußern, werde ich fürchterlich verprügelt").
Traumatisierung	Es ist das subjektive Erleben von belastenden Ereignissen, die die Bewältigungs- und Abwehrkompetenz eines Menschen überfordert haben. Unterschieden werden können die Auswirkungen von einmaligen Traumatisierungen (Schocktrauma) und von häufigen oder gar permanenten Traumatisierungen (kumulatives Trauma). Permanente Traumatisierungen können auch durch das sog. Entwicklungstrauma ausgelöst sein, bei dem sich die Eltern zu wenig auf die altersangemessenen Bedürfnisse ihres Kindes einstellen können.
Entwicklungshemmung	Unbewußte Konflikte, Traumatisierungen, unbewußte Phantasien und pathogene Überzeugungen führen zu Entwicklungshemmungen in bestimmten Entwicklungslinien und -bereichen (so traut sich z. B. ein in seiner Neugierde frühzeitig eingeschüchtertes Kind nicht mehr, neugierig und unternehmungslustig seine kindliche Welt zu erforschen).
Entwicklungsdefizit	Unbewußte Konflikte, Traumatisierungen, unbewußte Phantasien und pathogene Überzeugungen, die Entwicklungshemmungen nach sich ziehen, können zu Entwicklungsdefiziten führen. Dies ist immer dann der Fall, wenn brachliegende Entwicklungskompetenzen wegen Mangel an Übung defizitär werden. Die Diagnose des Entwicklungsdefizits sollte aber wegen ihrer pejorativen Konnotationen nur selten benützt werden; vor allem weil sich viele sog. Defizite bei genauerer Betrachtung doch lediglich als konfliktbedingte Entwicklungshemmungen herausstellen.
Selbstwertstörung	Die sich aufgrund von unbewußten Konflikten, Traumatisierungen, unbewußten Phantasien, pathogenen Überzeugungen und Entwicklungshemmungen einstellende Reduzierung und Beeinträchtigung eines angemessenen Selbstwertgefühls; im extremen Fall entsteht als Folge von selbstwertregulierenden Gegenmaßnahmen eine narzißtische Persönlichkeitsstörung; im durchschnittlichen Fall entsteht ein beeinträchtigtes Selbstwerterleben, das bei vielen neurotischen Konflikten und Persönlichkeitsstörungen anzutreffen ist.
Persönlichkeitsstörung	Die sich aufgrund der Konflikte und Traumatisierungen einstellenden Hemmungen und Einschränkungen gesunder Erfahrungsmöglichkeiten, die sich daraus ergebenden neurotischen Phantasie- und Kompromißbildungen sowie die gestörte Selbstwertregulation führen beim neurotischen Menschen zur Ausbildung bestimmter persönlichkeitsstruktureller Eigentümlichkeiten und Persönlichkeitszüge (wie z. B. Mißtrauen, Rechthaberei, Eigenwilligkeit, übertriebenes Geltungsbestreben und Rivalisieren) und neurotischer Idealbildungen (wie z. B. übertriebene Friedfertigkeit, asketische Lebensführung) und zu bestimmten neurotischen Arten des Denkens und des Erlebens (z. B. starke Betonung des Sachlichen und Intellektuellen). Das Insgesamt dieser Haltungen und Einstellungen läßt sich als Persönlichkeitsstörung beschreiben.

Kleinianer, Kohutianer, klassischen Psychoanalytiker sowie Kernbergianer und stellten signifikante Unterschiede in verschiedenen Deutungsformen fest.

Die in diesem Beitrag über die psychoanalytische Behandlungstechnik in den einzelnen Abschnitten dargestellten Tabellen enthalten drei Modelle: Das Triebkonflikt-Modell, das entwicklungspsychologische Ich- und Selbst-strukturelle Defizit-Modell (abgekürzt: Entwicklungs-Defizit-Modell) und das Beziehungs-Konflikt-Modell.

Das **Triebkonflikt-Modell** läßt sich als die klassische Psychoanalyse bezeichnen, die bis zum heutigen Tag praktiziert wird, die am stärksten auf die Konzeptionen von Freud zurückgeht, aber selbstverständlich die Weiterentwicklungen der Struktur-und Ich-Psychologie beinhaltet und etwas bewahrt, was angesichts zu wenig reflektierter Modernisierungsbemühungen verlorenzugehen droht: die im Körperlichen wurzelnde Trieb- und Affektstruktur des Menschen, die vielfältigen Formen seiner Selbsttäuschung und das soziali-

Tabelle 13.2 Entwicklung, Trauma und Konflikt

Triebkonflikt-Modell	Entwicklungsdefizit-Modell	Beziehungskonflikt-Modell
Libidinöse und aggressive Triebimpulse suchen ständig nach Triebbefriedigung; aufgrund von unvermeidbaren Frustrationen (z. B. Brustentwöhnung), Traumatisierungen (z. B. Geburt eines Geschwisters) und sozialen Normen (z. B. Sauberkeitserziehung) kommt es zu Unterdrückung und Verdrängung von Triebimpulsen. Prototyp des Konflikts ist derjenige zwischen Es und Über-Ich, zwischen der Triebnatur des Menschen und den Anforderungen der Gesellschaft. Die verdrängten infantilen Triebimpulse streben aber weiterhin nach Befriedigung; im neurotischen Symptom finden Triebimpulse bzw. deren Abkömmlinge eine kompromißhafte Dennoch-Befriedigung.	Die Störung ergibt sich, weil wesentliche Bedürfnisse nach Selbstkohärenz von Eltern und anderen wichtigen Bezugspersonen nicht befriedigt wurden. Aufgrund ihrer eigenen Defizite waren die Eltern nicht fähig, für ihre Kinder ausreichend gute Selbstobjekt-Funktionen zur Verfügung zu stellen. Im späteren Leben sucht der in seiner Selbststruktur geschädigte Mensch nach übermäßiger Anerkennung und/oder nach Personen, die er idealisieren kann. In einer Umgebung, in der ebenfalls wieder Bedürfnisse nach einer Vitalisierung ihres Selbst unbeantwortet bleiben, reagiert die Person mit der Entwicklung eines falschen Selbst, hinter dem ihr wahres Selbst verborgen bleibt. Die Vitalisierung des Selbst erfolgt durch Drogen, Alkohol, exzessiven Sport, übermäßige Arbeit oder durch Erlebnissucht.	Menschliche Entwicklung findet in einer Beziehungsmatrix statt, die zugleich die weitere Entwicklung der Selbstorganisation, der Bindungen an andere Menschen und Transaktionsmuster determiniert. Menschen organisieren aktiv ihre Entwicklung und konstellieren immer wieder verschiedene Beziehungsformen. Dabei bevorzugen sie unbewußt diejenigen Beziehungsmuster, die ihnen aus ihrer Lebensgeschichte vertraut sind. Mit Hilfe entsprechender Kommunikationssignale bringen sie ihr Gegenüber dazu, sich entsprechend der alten Beziehungserfahrungen zu verhalten. Das Bedürfnis, vertraute Konstellationen mit den dazugehörigen Beziehungsgefühlen zu reaktivieren, führt zu Konflikten, und zwar um so stärker, je geschlossener die Beziehungsmatrix des Betreffenden ist.

Tabelle 13.3 Menschenbild

Triebkonflikt-Modell	Entwicklungsdefizit-Modell	Beziehungskonflikt-Modell
Starke Betonung der Eigendynamik triebhaft determinierten Erlebens, das sich vor allem im neurotischen Fall als Wiederholungszwang manifestiert und zur Wiederholung des immer Gleichen führt. Verhaltener Optimismus bezüglich der Fähigkeit des Menschen, kraft der „Stimme seines Intellekts" seine Triebhaftigkeit zu kontrollieren und zu sublimieren. Der Mensch ist für sich selbst verantwortlich; er kann schuldig werden, wenn er sich nicht um Selbstreflexion, Aufklärung und Sublimierung bemüht. Auch bei gelungener Entwicklung bleibt immer das Anerkennenmüssen menschlicher Konflikthaftigkeit und menschlichen Elends. Konflikte sind somit unvermeidbar und Traumatisierungen sind ubiquitär. Ein Leben ohne Konflikte ist eine kindliche Heilsvorstellung.	Starke Betonung der Umwelteinflüsse in bezug auf die gesunde oder gestörte Entwicklung. Die Eltern tragen weitgehend Verantwortung für Trauma und Neurose. Das Selbst und der Selbstwert stehen im Zentrum der Betrachtung; Triebimpulse sind eher sekundär und sind vor allem bei gestörter Entwicklung nur vordergründig stark entwickelt: Sexualisierung und Aggressivierung dienen zur Auffüllung schwerwiegender Mängel des Selbst. Wegen der Reduzierung des Triebmoments tritt die Außensteuerung des Menschen sehr stark in den Vordergrund; er ist immens abhängig von Anerkennung, Lob und Bewunderung. Wenn Eltern einfühlsamer wären und sich anerkennender und aufmerksamer zueinander und zu ihren Kindern verhalten würden, gäbe es mehr Menschen mit einer gesunden Selbstorganisation.	Starke Betonung der sozialpsychologischen und interpersonellen Sichtweise; der Mensch wird erst durch Beziehung zum Menschen; er entwickelt sich in Beziehungen und konstelliert neue Beziehungen nach dem Muster der alten. Man entkommt nicht den alten Beziehungserfahrungen, und dennoch strebt der Mensch ständig nach neuen Erfahrungen. Seine Aktivität wird betont, er ist kein ausschließlich passives Opfer äußerer defizitärer Bedingungen, aber er ist aktiv in der unbewußten Wiederherstellung und Aufrechterhaltung alter Beziehungskonstellationen, die die vertrauten Ängste, Schmerzen und Kummer reaktualisieren. Wenn Menschen mehr Wert legten auf das Wahrnehmen, Verstehen und Aushandeln ihrer zwischenmenschlichen Beziehungen, wären sie weniger Gefangene ihrer früheren Beziehungserfahrungen und könnten sich kreativer auf neue Beziehungserfahrungen einstellen, was ihnen viel Leid ersparen würde.
Gefahren	**Gefahren**	**Gefahren**
– Zu starke Betonung des Festgelegtseins durch die menschliche Triebnatur. – Vernachlässigung der Umwelteinflüsse.	– Verleugnung der eigenen Verantwortung bis hin zum Selbstmitleid. – Das „aufständische Moment" des Menschen verschwindet hinter der Außengesteuertheit.	– Zu starke Betonung des interpersonellen Moments auf Kosten der Eigendynamik des Intrapsychischen.

satorische Verhaftetsein in die jeweilige gesellschaftliche Ideologie.

Das entwicklungspsychologische Ich- und Selbst-strukturelle Defizit-Modell (abgekürzt: **Entwicklungs-Defizit-Modell**) nimmt Ideen der amerikanischen Ich-Psychologie der 60er und 70er Jahre auf, enthält Elemente der Objektbeziehungstheorie z.B. von Winnicott und Konzepte von Kohut und seinen Schülern, die bis in die jüngste Gegenwart an einer Weiterentwicklung der ursprünglichen Kohut-Gedanken arbeiten (z.B. Atwood, Bacal, Stolorow, Lachmann). Im Unterschied zum Triebkonflikt-Modell betont dieses Modell sehr stark den Einfluß pathogener elterlicher Haltungen und Handlungen auf das sich entwickelnde Kind, und es gerät aus diesem Grund bei manchen Autoren in Gefahr, in manchmal zu starker Vereinfachung die Rolle der Umwelt überzugewichten.

Das **Beziehungskonflikt-Modell** läßt sich auf Ideen von Sullivan und Searles zurückverfolgen und wird in der Gegenwart z.B. von den folgenden Psychoanalytikern praktiziert: Gill, Hoffman, Mitchell, mit Einschränkungen auch A.-M. Sandler und J. Sandler, in Deutschland z.B. von Bauriedl, Ermann, Rotmann. Es fokussiert, hierbei auch beeinflußt von systemischen und familiendynamischen Ansätzen, die interpersonelle und reziproke Natur zwischenmenschlicher Beziehungen, wobei es im Unterschied zu einer ausschließlich sozialpsychologischen und systemischen Betrachtungsweise die Verschränkung von Interpersonellem und Intrapsychischem (vor allem in seinem biographischen Gewordensein) betont. Die Interaktion von Umwelt und Trieb oder von sozialisierender Mutter und kindlicher Triebnatur von Beginn des Lebens an verbietet es, die beiden Seiten undialektisch auseinanderfallen zu lassen. Diese Sichtweise hat selbstverständlich – wie auch die beiden anderen Modelle – wichtige Konsequenzen für das Verständnis der psychoanalytischen Situation und Haltung.

Die in den folgenden Kapiteln enthaltenen Tabellen sind nicht dahingehend mißzuverstehen, daß die erste und zweite Spalte mit dem Triebkonflikt-Modell und dem Entwicklungs-Defizit-Modell geschichtlich bereits überholt sind und aus diesem Grund einer zeitgenössischen psychoanalytischen Vorgehensweise nicht mehr entsprechen. So ist etwa die klassische Sichtweise in mancherlei Hinsicht durchaus wichtig (z.B. bei der Betonung des zentralen Stellenwerts unbewußter Phantasien), in anderer Hinsicht kann sie vielleicht nur noch mit Einschränkungen akzeptiert werden (z.B. was die klassische Übertragungsanalyse betrifft). Vielmehr enthalten alle drei Modelle wichtige Optionen, die von vielen Psychoanalytikern der Gegenwart je nach Indikation bei einem bestimmten Patienten auf unterschiedliche Weise gemischt werden. Das sog. *Learning from many masters*, das moderne Psychotherapieforscher neuerdings im Hinblick auf die Verwirklichung einer Allgemeinen Psychotherapie fordern, hat in der psychoanalytischen Theorie und Praxis somit schon seit geraumer Zeit begonnen.

Die nach einzelnen Schulrichtungen im Ansatz differenzierende Darstellung beginnt in diesem Kapitel mit der Skizzierung der jeweiligen Annahmen über die Konzepte der Entwicklung, des Traumas und des Konflikts (Tab. 13.**2**) sowie derjenigen des Menschenbildes (Tab. 13.**3**).

Die folgenden Themen können in diesem Überblick, in dem es um die Grundlagen der psychoanalytischen „Behandlungsphilosophie" geht, nicht ausgeführt werden, aber für den interessierten Leser möchte ich an dieser Stelle zumindest Hinweise auf weitere wichtige Konzepte der psychoanalytischen Therapie geben sowie einige Literaturempfehlungen anfügen.

Literaturempfehlungen

Arbeitsbündnis

Deserno, H.: Die Analyse und das Arbeitsbündnis. Verlag Internationale Psychoanalyse, München 1990

Körner, J.: Kritik der „therapeutischen Ich-Spaltung". Psyche 43 (1989) 385–396

Rudolf, G., T. Grande, U. Porsch: Die therapeutische Arbeitsbeziehung. Untersuchungen zum Zustandekommen, Verlauf und Ergebnis analytischer Psychotherapie. Springer, Berlin 1991

Setting und psychoanalytischer Rahmen

Bleger, J.: Die Psychoanalyse des psychoanalytischen Rahmens. Forum Psychoanal. 9 (1993) 268–280

Peichl, J.: Die Außenwelt der Innenwelt. Zur Gestaltung des äußeren Settings durch den Analytiker. Z. Psychosom. Med. Psychoanal. 37 (1991) 128–135

Trimborn, W.: Analytiker und Rahmen als Garanten des therapeutischen Prozesses. Psychotherapeut 39 (1994) 94–103

Psychoanalytisches Erkennen

Argelander, H.: Über psychoanalytische Kompetenz. Psyche 28 (1974) 1063–1076

Körner, J.: Vom Erklären zum Verstehen in der Psychoanalyse. Untersuchungen zur psychoanalytischen Methode. Vandenhoeck & Ruprecht, Göttingen 1985

Mertens, W.: Einführung in die psychoanalytische Therapie, Bd. 2, 2. Aufl. Kohlhammer, Stuttgart 1993

Deutung und Rekonstruktion

Haesler, L.: Psychoanalyse. Therapeutische Methode und Wissenschaft vom Menschen. Kohlhammer, Stuttgart 1994

Thomä, H., H. Kächele: Lehrbuch der psychoanalytischen Therapie, Bd. 2 Praxis. Springer, Berlin 1988

Person und Geschlecht des Psychoanalytikers

Klöß, L.: Geschlechtsspezifische Sprachmerkmale von Psychoanalytikern. Ulmer Textbank, Ulm 1988

Traumanalyse

Hamburger, A.: Der Traum. In Mertens, W. (Hrsg.): Schlüsselbegriffe der Psychoanalyse. Verlag Internationale Psychoanalyse, Stuttgart 1993 (S. 185–190)

Bareuther, H., K. Brede, M. Ebert-Saleh, K. Grünberg, S. Hau (Hrsg.): Traum. Affekt. und Selbst. edition diskord, Tübingen 1999

Morgenthaler, F.: Der Traum. Fragmente zur Theorie und Technik der Traumdeutung. Qumram, Frankfurt/M. 1986

Beendigung

Stolzenberg, E.: Wann ist eine Psychoanalyse beendet? Vom idealistisch-normativen zum systemischen Ansatz. Vandenhoeck & Ruprecht, Göttingen 1986

Psychoanalytische Psychotherapieforschung

Faller, H., J. Frommer (Hrsg.): Qualitative Psychotherapieforschung. Grundlagen und Methoden. Asanger, Heidelberg 1994

Fischer, G.: Dialektik der Veränderung in Psychoanalyse und Psychotherapie. Modell, Theorie und systemische Fallstudie. Asanger, Heidelberg 1989

Leuzinger-Bohleber, M.: Veränderung kognitiver Prozesse in Psychoanalysen, Bd. 1, Eine hypothesengenerierende Einzelfallstudie. Springer, Berlin 1987

Leuzinger-Bohleber, M.: Veränderung kognitiver Prozesse in Psychoanalysen, Bd. 2 Fünf aggregierte Einzelfallstudien. Springer, Berlin 1989

Leuzinger-Bohleber, M., U. Stuhr (Hrsg.): Psychoanalysen im Rückblick. Methoden, Ergebnisse und Perspektiven der neueren Katamneseforschung. Psychosozial, Gießen 1997

Übertragung

Ein Patient erlebt seinen Analytiker im Erstgespräch als zudringlich und indiskret; ein anderer hat nach wenigen Stunden Analyse den Eindruck, daß seine Analytikerin unwahrscheinlich kompetent ist und daß er jetzt schon bedeutsame Einsichten gewonnen und Veränderungen an sich festgestellt hat; wiederum ein anderer glaubt, daß er von seiner Analytikerin nur geschätzt wird, wenn er kontinuierlich von Fortschritten berichtet.

Bei diesen Phänomenen handelt es sich nach herkömmlicher psychoanalytischer Auffassung um die Wiederholung alter Beziehungserlebnisse und -wünsche, die unbewußt den jetzigen Umgang mit neuen wichtigen Beziehungspersonen färben. Die Wahrnehmung und das Erleben des Patienten sind Ausdruck seiner bisherigen Lebenserfahrungen, die sich zu einer neurotischen Persönlichkeitsstruktur verdichtet haben können. Diese ist die Basis seiner Leidensproblematik. Der Blick des Analytikers ist deshalb auch nicht primär auf etwaige Symptome des Patienten gerichtet, sondern auf die zugrundeliegenden Anteile der Persönlichkeitsstruktur, die das Erleben eines Menschen von sich selbst und von anderen entsprechend der unbewußten Konflikte verzerren. Psychische Gesundheit korreliert aus diesem Grund mit einer einigermaßen adäquaten Wahrnehmung der eigenen Persönlichkeit und derjenigen anderer Menschen. Ein paranoider Mensch, der sein harmloses Gegenüber als bedrohlich wahrnimmt, ist in seiner Erlebnis- und Handlungsfähigkeit genauso eingeschränkt, wie jemand mit depressiven Persönlichkeitsanteilen, der andere Menschen immer als fordernd und neidisch erlebt.

Eine sich über viele Jahre, wenn nicht gar Jahrzehnte erstreckende Selbsttäuschung, die in einer verzerrten Wahrnehmung und in einem unangemessenen Erleben von sich selbst und anderen Menschen zum Ausdruck kommt, verhindert aufgrund der Wiederkehr des immer gleichen neue Beziehungserfahrungen. Erst wenn die bestehenden Übertragungsmuster, unter die alles Neue sofort subsumiert wird, im Verlauf einer analytischen Therapie erkannt und verändert werden, können ein neues Selbstverständnis und ein veränderter Umgang mit anderen Menschen entstehen.

Die Kenntnis von Übertragungsvorgängen und die Arbeit an der Übertragung gehören deshalb mit zu den wichtigsten Bausteinen der psychoanalytischen Therapie.

„Die Übertragung stellt sich in allen menschlichen Beziehungen ebenso wie im Verhältnis des Kranken zum Arzt spontan her, sie ist überall der eigentliche Träger der therapeutischen Beeinflussung, und sie wirkt um so stärker, je weniger man ihr Vorhandensein ahnt. Die Psychoanalyse schafft sie also nicht, sie deckt sie bloß dem Bewußtsein auf, und bemächtigt sich ihrer, um die psychischen Vorgänge nach dem erwünschten Ziel zu lenken" (Freud 1910 a, S. 55).

89 Jahre später kann es keinen Zweifel daran geben, daß gegenwärtige Beziehungserfahrungen in unterschiedlichem Ausmaß durch das „Dort und Damals" vergangener Erfahrungen bestimmt sind. Somit hat sich diese Erkenntnis Freuds nicht nur durchgesetzt, sondern sie ist nachgerade zu einem Erkennungszeichen psychodynamisch bzw. psychoanalytisch orientierter Therapieverfahren geworden. Auch kognitiv-behaviorale Ansätze gehen mittlerweile von einer diachronen Verhaltensanalyse aus und richten ihr Augenmerk ebenso auf das biographische Gewordensein (Caspar 1989). In welcher Weise die gegenwartsbezogenen Wahrnehmungen durch die Lebensgeschichte beeinflußt sind, in welcher Form dieser Sachverhalt vom Therapeuten zu interpretieren und zu deuten ist, darüber gibt es allerdings verschiedene Auffassungen.

Es läßt sich nur kurz andeuten, wie Freud auf das für die heutige Psychoanalyse nach wie vor essentielle Konzept der Übertragung gekommen ist. Sicherlich hat hierbei das Versagen der sich ausschließlich naturwissenschaftlich verstehenden und praktizierenden Medizin eine Rolle gespielt. Sein Wunsch, sich von Suggestibilitätsannahmen der damaligen Hypnosetherapie abzugrenzen, den Vorwurf einer hysteroiden und erotisierten folie à deux zwischen Therapeut und Patienten zu entkräften und für eine naturwissenschaftliche Trennung zwischen Forschungssubjekt und -objekt einzutreten, was unter anderem auch die bekannte Chirurgen- und Spiegelmetapher zur Folge hatte, führte zu seinem Konzept der „falschen Verknüpfung" (Makari 1992). In seiner „Selbstdarstellung" spricht Freud (1925 d, S. 68) an, daß man in ihr „denselben dynamischen Faktor" erkennen kann, „den die Hypnotiker Suggerierbarkeit genannt haben, der der Träger des hypnotischen Rapports ist".

Übertragung als in der Therapie zu beobachtendes Phänomen wird in den Studien über Hysterie (1895 d, S. 308 f) von Freud erstmals erwähnt und in der 1905 publizierten Fallgeschichte der Dora genauer expliziert (1905 e). In der 27. Vorlesung zur Einführung in die Psychoanalyse (1916 – 17 a) behandelt Freud ausführlich die Übertragung, zwei weitere Aufsätze „Zur Dynamik der Übertragung" (1912 b) und „Bemerkungen über die Übertragungsliebe" (1915 a) sind ausschließlich diesem Thema gewidmet.

Übertragung ist keine wirklichkeitsgetreue Wiederholung der Vergangenheit

Es gibt seit den Anfängen der Psychoanalyse zwei Interpretationen des Übertragungsbegriffs:

- Die erste und mittlerweile auch schon im Alltagsverständnis weit verbreitete Auffassung betrachtet die Übertragung als eine unbewußt verursachte Wiederherstellung einer früheren Beziehung, die zumeist aus der Kindheit stammt. Die gegenwärtige Beziehungsrealität wird im Licht der Kindheitserfahrung verzerrt wahrgenommen und fehlinterpretiert.
- Bei der zweiten Auffassung geht die Übertragung nicht nur auf die unbewußte Wiederherstellung einer früheren prototypischen Beziehungsform zurück. Wenn z. B. ein Patient seinen Analytiker als streng erlebt, so kann dies eine Projektion oder Externalisierung der einen Seite eines inneren Konflikts darstellen: Weil der Patient sich als antriebslos und faul erlebt, kritisiert er

sich streng und erbarmungslos und externalisiert diesen Aspekt seiner Selbstkritik auf seinen Analytiker. Dabei muß diese Selbstkritik nun keineswegs die Kritik einer strengen Mutter oder eines strafenden Vaters widerspiegeln, sondern ist Ausdruck einer Psychodynamik von Forderungen, die in der klassischen strukturtheoretischen Begrifflichkeit dem Über-Ich und Ich-Ideal zugeordnet werden. Diese zweite Interpretation richtet ihr Augenmerk somit stärker auf die gegenwärtigen Wünsche, Erwartungen und Charakterzüge (wie z.B. eine starke selbstkritische Haltung) und führt die Übertragung nicht gradlinig und in vereinfachter Form auf Erfahrungen der Kindheit zurück.

Zu Beginn einer Analyse wird häufiger die zweite Interpretationsart im Vordergrund stehen; erst mit zunehmender Dauer kommen biographisch frühere Erfahrungen als Übertragung zum Vorschein und können als solche überhaupt erst identifiziert und rekonstruiert werden (Kris 1992). Aber selbst dann gilt weiterhin, daß die Übertragung keine wirklichkeitsgetreue Wiederholung der Vergangenheit darstellt. Denn selbst traumatische Beziehungserfahrungen sind vom Kind in das Geflecht pathogener Phantasien assimiliert worden, so daß die in der Gegenwart stattfindende Übertragung eines Patienten nur in seltenen Fällen als direkter Ausdruck der tatsächlichen Erwartungen und Verhaltensweisen seiner Eltern oder anderer Bezugspersonen betrachtet werden kann. Sie ist aber Ausdruck der inneren Welt, der psychischen Realität von Beziehungserfahrungen, wie sie vom Kind und Heranwachsenden im Verlauf seiner Entwicklung mit jeweils unterschiedlichen kognitiven Kompetenzen erlebt wurde. Von einem zweijährigen Kind wird z.B. eine traumatisierende Trennungserfahrung anders wahrgenommen und verarbeitet als von einem achtjährigen Kind oder von einem Adoleszenten.

Ein Patient zeigt z.B. ein überaus pünktliches und korrektes Verhalten, er macht Fortschritte in beruflichen und privaten Beziehungen, hat aber bei all seinen Erfolgen das Gefühl, es nie ganz recht machen zu können, weshalb immer Schuldgefühle zurückbleiben. Die Mutter sei immer streng gewesen, habe rigide Reinlichkeitsvorstellungen vertreten. Hier liegt manchmal die genetische Schlußfolgerung sehr schnell nahe, daß der Patient auf den Analytiker jene Beziehungserfahrung überträgt, die er von seiner Mutter her kennt. Wenn er pünktlich und korrekt ist, ohne Schweigepausen seine Assoziationen bringt, vermutet er auch im Analytiker eine strenge Mutter, der er unterwürfig begegnen muß. Wenn der Therapeut sich nun anders verhält, liebevoll, wenig kontrollierend und möglichst viel Freiheit gewährend, dann – so die Hoffnung mancher Therapeuten – würde sich diese Übertragung recht bald auflösen. Was aber, wenn das angepaßte, schuldgefühlshafte Verhalten Ausdruck abgewehrter aggressiver Affekte und sadistischer Phantasien ist? Zum genetischen Gesichtspunkt muß also das dynamische und strukturelle Denken hinzukommen. Die Phantasie, die anderen Menschen sind einem selbst gegenüber böse und rachsüchtig eingestellt, deren Verlangen man nur befriedigen kann, indem man ihren Erwartungen umstandslos nachkommt, kann eine Projektion der eigenen unterdrückten, nicht bewußten Wut sein. Eine Interpretation der Übertragung, die nur den genetischen Gesichtspunkt betrachtet, ist zum einen kurzschlüssig, wenn nicht gar falsch, und berücksichtigt zum anderen nicht die grundlegenden Erkenntnisse, die sich aus einer metapsychologischen Betrachtung ergeben. Jedes Verhalten ist nämlich nicht nur Ausdruck einer lebensgeschichtlichen Konditionierung, sondern auch Ausdruck von Kräften (wie Triebimpulsen und Affekten, aber auch Idealen), die eine komplizierte Psychodynamik aufweisen, die sich nicht einfach weg- oder umkonditionieren läßt. Dieses psychodynamische Denken impliziert eine Suchhaltung nach den dynamisch wirksamen Motiven, die den Betreffenden an jenem Verhalten und Erleben festhalten lassen. So könnte die Annahme, daß die anderen Menschen rigorose Erwartungen haben, auch Ausdruck unbewußter Schuldgefühle sein, die sich wegen eigener aggressiver Phantasien beim Kind und Heranwachsenden eingestellt haben. Das strukturelle Denken in der Psychoanalyse verweist auf den Sachverhalt, daß sich die Schuldgefühle zu einem strengen Über-Ich verdichtet haben, das dafür sorgt, daß viele der ursprünglich gegen Eltern oder Geschwister gerichteten aggressiven Affekte gegen die eigene Person gewendet werden. Das liebevolle Verhalten des Therapeuten, von dem dieser sich eine emotional korrigierende Erfahrung für seinen Patienten verspricht, erschwert es diesem, seine sadistischen Phantasien zu erkennen und in allen Abkömmlingen bewußt werden zu lassen.

Sowenig wie die Übertragung eine wirklichkeitsgetreue Wiederbelebung der Vergangenheit darstellen kann, so unvollständig wäre das Erleben des Patienten verstanden, wenn man es nur auf die Vergangenheit zurückführen und dabei übersehen würde, daß er unbewußt seine Konflikte und die daraus resultierenden Persönlichkeitshaltungen in der Beziehung zu seinem Analytiker inszeniert, wobei er sich in seiner Dramaturgie an dessen unbewußte Persönlichkeit anpaßt. Oberstes Prinzip einer zeitgenössischen Psychoanalyse ist somit die dialektische Verklammerung von intrapsychischem und interpersonellem Konfliktgeschehen. Anders ausgedrückt, muß jede Äußerung eines Patienten nicht nur unter lebensgeschichtlich kausalem Verständnis (genetischer Gesichtspunkt der Metapsychologie), sondern auch unter systemisch zirkulärem Verständnis (adaptiv-interaktioneller Gesichtspunkt) betrachtet werden.

Mit Hilfe eines Beispiels von Kuiper (1969) kann verdeutlicht werden, daß eine alleinige genetische Betrachtungsweise bei Ausklammerung der adaptiv-interaktionellen Thematik der gegenwärtigen Übertragungsbeziehung ein unvollständiges psychoanalytisches Vorgehen darstellen würde:

„Eine Frau, die deutlich an der Krankheit leidet, die Freud moralischen Masochismus genannt hat, macht eine sehr demütigende Erfahrung, und es zeigte sich bald, daß sie selbst ‚für diesen Ausgang gesorgt hatte', um ihre eigenen Worte zu gebrauchen. Und darin irrt sie sich nicht, ihre unheilvollen Erwartungen gehören zu den ‚self-fulfilling prophecies'. ‚Sie haben Sich bestrafen müssen, wie früher Ihre Mutter Sie bestrafte' oder ‚Wir können wieder sehen, daß Sie das viele Leid, das Sie erleben, sich selbst aufgeladen haben', – diese beiden Äußerungen enthalten mögliche Deutungen, die am Beginn der Analyse nicht übel angebracht sind. In einer Analyse dagegen, bei welcher die Übertragungsneurose zustande gekommen ist, sind derartige Deutungen meistens sehr unvollständig. Die Dynamik im Hier und Jetzt muß bewußt gemacht werden. Die Patientin muß sich nicht ‚im allgemeinen strafen', noch wiederholt sie sich selbst gegenüber die strafende Haltung ihrer Mutter schlechthin. Sie straft sich wegen eines ganz bestimmten Impulses ihrem Therapeuten gegenüber. Es stellt sich heraus, daß die Patientin gehofft hatte, daß ihr Analytiker eine Ernennung nicht erhalten würde, worauf er nach ihrer Meinung gerechnet hatte: Für diesen Gedankengang muß sie sich strafen. Sie erinnert sich daran, daß sie in der Schule durch die Neckereien der Kameradinnen beinahe zur Verzweiflung getrieben wurde, die sie unbarmherzig bis zu Tränen plagten, und es zeigte sich, daß sie damals ein Triumphgefühl unterdrücken mußte, als sie hörte, daß ihr Vater, der in derselben Schule Unterricht gab, seine Klasse ein einziges Mal nicht im Zaum habe halten können; sie fügt hinzu: ‚Er war aber sehr beliebt, weil er die Schülerinnen so nett behandelte'. Sie ist also auf ihren Vater eifersüchtig gewesen, unbewußte Gefühle, Rache und Hohn, nähren ihr Strafbedürfnis. Sie ließ sich strafen, indem sie wehrlos die Neckereien der Schulkameradinnen über sich ergehen ließ. Jetzt in der Analyse hatte sie wieder eine höhnende Phantasie und strafte sich dafür, indem sie sich in eine demütigende Situation begab. Auch jetzt war der Wille, den Analytiker zu demütigen, in ihrer Eifersucht verankert. Diese Deutung, die sowohl die Dynamik als auch die Genese berücksichtigt, erlaubt es dem Analysanden, Einsicht in sich selbst zu erlangen, so daß er die Möglichkeit erhält, auf eine zweckmäßigere Art und Weise mit sich selbst umzugehen." (Kuiper 1969, S. 109).

Ohne die Berücksichtigung der Übertragungsneurose im Hier und Jetzt der Beziehung bleibt das Verständnis der Psychodynamik des Patienten unvollständig, mit dem Resultat, daß auch die Analyse einen unbefriedigenden Verlauf und Ausgang nehmen kann: Entgegen dem weitverbreiteten Vorurteil gegenüber der Psychoanalyse, daß es in dieser immer nur um Kindheitserinnerungen gehen würde, handelt ein Großteil der analytischen Stunde von den Geschehnissen, die ein Patient in seinem gegenwärtigen Leben als schwierig erlebt, und vor allem, aber natürlich nicht ausschließlich, von den subtilen Beziehungsgefühlen und -erfahrungen, die sich zwischen ihm und seinem Analytiker einstellen.

Übertragung als Wiederholung der Vergangenheit oder als Interaktionsprodukt?

In den letzten 20 bis 30 Jahren wurde eine immer stärkere Kritik an dem naiven Realismus einer experimentalpsychologieähnlichen oder a-sozialen Konzeption der Analytiker-Analysand-Beziehung geäußert. Im klassischen Verständnis reagiert der Analysand aufgrund der unterstellten Anonymität, Abstinenz und Neutralität ausschließlich mit früheren Beziehungserfahrungen auf die Person des Analytikers. Da kein realer Beziehungsanteil des Analytikers erkennbar werden kann, dieser lediglich die Übertragungen des Patienten deutet, kann jede Wahrnehmung des Analysanden, die dem Selbstbild des Analytikers nicht genehm oder nicht geläufig ist, nur eine Übertragung sein.

Die Frage, ob es sich bei der Übertragung um eine ziemlich erlebnisgetreue Wiederholung der Vergangenheit (womöglich noch aus den ersten Kindheitsjahren), also um eine invariante Struktur handelt oder um ein Interaktionsprodukt von Analysand und Analytiker und somit um eine interaktionell prozessuale Größe, ist in der analytischen Literatur der letzten Jahre Gegenstand von intensiven Auseinandersetzungen geworden. Macht die zuerst genannte Position geltend, daß die neurotischen Beziehungserfahrungen eine starke und nahezu invariante Eigendynamik aufweisen, die sich unabhängig vom jeweiligen Kontext durchsetzt, so verweist die Prozeß-Position darauf, daß es sich bei dem Verhältnis von Analytiker und Patient unweigerlich um eine reziproke Beziehung handelt, und dies selbstverständlich auch dann, wenn der Analytiker glaubt, sich gemäß einem experimentalanalogen Spiegelplatten-Modell zu verhalten oder verhalten zu haben. Die Beziehung empfängt entsprechend dieser zeitgemäßen Auffassung somit Einflüsse nicht nur aus der neurotischen Dynamik des Dort und Damals, sondern auch von dem, was explizit oder auch relativ verborgen vom Analytiker in Form von mehr oder weniger subtilen Signalen und Hinweisreizen ausgeht. Diese Cues sind allerdings nur in seltenen Fällen in suggestiver Absicht vermittelt; viel eher kommen sie aufgrund der ungewollten und nicht bewußten Beziehungsdynamik zwischen den beiden Akteuren in verbaler und nonverbaler Form zustande.

An diesem (scheinbaren) Rubikon scheiden sich nun aber auch die Geister: Die einen glauben, wesentliche Positionen Freuds aufzugeben, wenn sie den Beziehungskontext mitberücksichtigen, und dann keine Analyse lege artis mehr durchführen zu können, sondern bestenfalls ein „wildes" Äußern interpersoneller Eindrücke vorzunehmen, was sie mit sozialpsychologischen Feedback-Methoden gleichsetzen; sie werfen der anderen Position folglich auch vor, daß sie den Vergangenheitsanteil sehr stark unterschätze, die Einflüsse aus der Gegenwartsbeziehung zu stark gewichte und deshalb auch die wirklichen Übertragungsdeterminanten mit den interpersonellen Eindrücken aus dem Hier und Jetzt zuschütte. Die Vertreter einer modernen interaktionellen und konstruktivistischen Sichtweise halten der anderen Position entgegen, daß sie mit dem Verweis auf die Eigendynamik der Übertragung von einem veralteten Konzept einer One-body-Psychologie, also einer individual- statt einer unumgänglichen sozialpsychologischen Sichtweise ausgehe; daß sie erkenntnistheoretisch naiv sei, weil sie letztlich eine Position des schon lange überholten empirischen Realismus vertrete (es gibt Erkenntnis über den zu erkennenden Gegenstand, so wie er wirklich ist ohne jeglichen Einfluß des Erkennenden); daß sie psychoanalytisch betrachtet dünkelhaft sei, weil sie den Analytiker als überlegenen Schiedsrichter ansehe, der an dem analytischen Geschehen nur in der Funktion eines außenstehenden Betrachters beteiligt sei und daß sie therapeutisch nicht besonders wirksam sei, weil die autoritäre Rollenhaltung das Selbstbewußtsein des Patienten nicht sonderlich fördere, ja manchmal sogar schädlich sei, wenn dessen Wahrnehmungen als fehlerhaft und verzerrt mit Hilfe klassischer Übertragungsdeutungen („Da verwechseln Sie mich wohl mit Ihrer kühlen Mutter") zurückgewiesen werden.

Beide Extrempositionen übersehen aber, daß die Analytiker-Analysand-Beziehung mehrere Determinanten aufweist: Solche, die aus der Interaktion im Hier und Jetzt entstehen, und solche, die aus verschiedenen Schichten der Vergangenheit entspringen. Die Tatsache, daß der Analytiker in der Wahrnehmung des Gegenübers und der Differenzierung der verschiedenen Beziehungseinflüsse in der Regel besser geschult ist als sein Analysand, unterscheidet die analytische Beziehung von einer Alltagsbeziehung. Dieser Kompetenzvorsprung schließt aber nicht aus, daß auch vom Analytiker unbemerkt Einflüsse ausgehen, die sich in die Beziehung zu seinem Analysanden auswirken können. Die sog. Übertragung ist also letztlich immer ein Mixtum compositum, wofür sich der Ausdruck **Übertragungsbeziehung** eingebürgert hat, um damit anzudeuten, daß die Wahrnehmung des Analytikers von seiten des Analysanden in situativ wechselnden Anteilen aus dem Dort und Damals vergangener Beziehungserfahrungen und dem Hier und Jetzt der gegenwärtigen Beziehungseinflüsse zusammengesetzt ist. Deshalb ist es eine unzulässige Reduktion, die Wahrnehmung des Patienten ausschließlich auf seine innerseelische Realität zurückzuführen und den möglichen Einfluß von Erwartungen, Überzeugungen, aber auch von neurotischen Konflikten und Haltungen des Analytikers zu vernachlässigen. Aber natürlich gibt es auch Analytiker-Patient-Interaktionen, in denen die Eigendynamik des Patienten zu einem überwiegenden Anteil die Beziehungsgestaltung bestimmt. Diese Möglichkeit darf aber dennoch nicht übersehen lassen, wie sehr trotz des genialen psychoanalytischen Gesprächsarrangements, bei dem der Psychoanalytiker zum teilnehmenden Beobachter der verbalen und nonverbalen Produktionen seines Patienten wird, gegenseitige Einflußnahme stattfindet. Selbst wenn man das Spiegelplatten-Modell als überholt zurückweist und in der klassischen Haltung eine defensive Abstinenz (Körner u. Rosin 1985) erblickt, kann man die Implikationen der modernen Auffassung immer wieder vergessen. Dann können sich z. B. Analytiker und Patient „auf ein der manifesten Interaktion zugrundeliegendes System von Kommunikationsmustern und -regeln... einigen, die die innere Homöostase bzw. das narzißtische Gleichgewicht beider nicht unerträglich gefährdet" (Bettighofer 1994).

Objektale Übertragungen und Selbstobjekt-Übertragungen

Man hat den Unterschied zwischen den neurotischen Patienten auf einem höheren Niveau der Persönlichkeitsorganisation und den eher frühgestörten Patienten mit strukturellen Ich-Defiziten unter anderem daran festzumachen versucht, daß die neurotischen Patienten überwiegend mit konflikthaften Übertragungs-Erfahrungen aus dem libidinösen und aggressiven Spektrum reagieren, während die eher früh in ihrer Lebensgeschichte traumatisierten Individuen narzißtische oder Selbstobjekt-Übertragungen äußern. Des weiteren werden neurotische Übertragungen überwiegend durch ödipale Wünsche aktiviert und sie richten sich auf Personen, die als deutlich abgegrenzt vom eigenen Selbst erlebt werden. Sie beinhalten Wünsche nach Gegenseitigkeit, wie z. B. ein Kind vom Vater zu bekommen, aber auch ihm ein Kind zu schenken. Eine Enttäuschung dieser Wünsche führt zu Ärger, aber auch zu vermehrter Sehnsucht. Ängste, die wegen dieser Wünsche ausgelöst werden, beziehen sich auf die Gefahr der Kastration, des Liebesverlustes oder des Verlustes der geliebten Person. Zwar kann ein neurotischer Patient seinen Analytiker auch idealisieren, aber dieser Idealisierungswunsch ist für die Übertragung eher von nachgeordneter Bedeutung.

Bei den eher frühgestörten Patienten, die in der Regel auch schwere Beeinträchtigungen ihres Selbstwertgefühls aufweisen, wird die Übertragung durch Sehnsüchte nach einem Selbstobjekt ausgelöst. Hierbei steht nicht der Wunsch nach Gegenseitigkeit im Vordergrund, sondern vielmehr mystisch anmutende und verschmelzungsähnliche Sehnsüchte nach einer unendlich idealisierbaren Person, auf die man sich ehrfürchtig beziehen kann oder von der man anerkannt und gesehen werden möchte. Wenn sich erst einmal eine Abhängigkeit vom idealisierten oder Anerkennung und Halt geben sollenden Selbstobjekt eingestellt hat, reagieren diese Patienten mit starker Enttäuschung und Wut, wenn ihre Bedürfnisse vom Analytiker nicht einfühlsam und prompt genug befriedigt werden.

In der Behandlungstechnik Kohuts besteht die Quintessenz des analytischen Vorgehens in dem Raumgeben für das allmähliche Entstehenlassen der narzißtischen Übertragungsformen (von Kohut 1973 zunächst „narzißtische Übertragungen", 1979 „Selbstobjekt-Übertragungen genannt), die er als idealisierende Übertragung und Spiegelübertragung klassifiziert hat. Das Raumgeben ist deshalb wichtig, weil es vor allem in der Anfangsphase zu einer massiven Abwehr der narzißtischen Übertragungswünsche des Patienten kommen kann, der sich vor einer erneuten Enttäuschung seiner narzißtischen Bedürfnisse ängstigt. Von einem nur in den ersten Stunden vorhandenen, milden Übertragungswiderstand (in Form einer Abwehr gegen die Übertragung) bis hin zu den distanzierten, mißtrauischen oder feindseligen Reaktionen von schizoiden Persönlichkeiten gibt es ein vielfältiges Spektrum der Ursachen dafür, daß es schwierig ist, ein narzißtisches Übertragungsgleichgewicht anhand der Wiederbelebung des Größen-Selbst und der idealisierten Elternimagines herzustellen.

Modell (1975) hat einen Typus der Abwehr bei narzißtisch gestörten Individuen als „Illusion der Selbstgenügsamkeit" beschrieben und die Abwehr gegenüber einer gefühlshaften Bindung sorgfältig von der affektisolierenden Art eines zwanghaften Individuums unterschieden, bei dem trotz Abwehr tiefergehender Gefühle ein Bezogensein auf den Analytiker besteht.

Diese von Modell beschriebenen Patienten hatten sich als Kinder gegen eine sehr zudringliche Mutter wehren müssen, was bei ihnen zu einem frühzeitig entwickelten, aber sehr verwundbaren Gefühl von der Abgegrenztheit ihres eigenen Selbst geführt hat (wobei die Fragilität des Selbst ständig durch grandiose Phantasien von Selbst-Genügsamkeit gestützt werden muß). Später entwickeln diese Menschen die Einstellung, daß sie nichts von anderen brauchen, und die faktische Abwesenheit von Gefühlen unterstützt ihre Illusion, daß sie tatsächlich nichts von einem anderen Menschen benötigen. Dabei haben sie eine sehr genaue Wahrnehmung ihrer Beziehung zur Umwelt: Sie beschreiben sich selbst wie eingeschlossen in einer Plastikflasche oder wie in einem Kokon eingesponnen und empfinden sich dabei nicht wirklich in der Welt.

Idealisierende Übertragung und Spiegelübertragung

Bei der idealisierenden Übertragung spielt die Idealisierung des Analytikers eine entscheidende Rolle, denn es kommt hierbei zu einer Wiederbelebung der grandios und omnipotent erlebten Eltern-Imagines bzw. des allmächtigen Selbstobjekts (dieser Begriff verweist auf eine – entwicklungspsychologisch betrachtet – unzureichende Trennung von Selbst- und Objektrepräsentanzen). Die idealisierende Übertragung ist die Neuauflage einer Entwicklungsphase, in der das Kind die in einer positiv erlebten Mutter-Kind-Dyade erfahrene narzißtische Vollkommenheit dadurch zu erhalten versucht, daß es dieses Omnipotenz-Gefühl einem archaischen Selbstobjekt, der Eltern-Imago, zuschreibt und sich in dem Verschmolzen- und Verbundenfühlen mit dieser Eltern-Imago wertvoll, sicher und gut fühlen kann. Zu diesen idealisierten Erlebnissen der Omnipotenz gehören vor allem diejenigen Tätigkeiten, mit denen eine Mutter triebhafte und narzißtische Bedürfnisse befriedigt, körperliche und gefühlsmäßige Wärme, Trost und Beruhigung anbietet. Während es bei einem ungestörten Entwicklungsverlauf zu einer allmählichen Verinnerlichung dieser elterlichen Funktionen kommt (so daß das Kind nicht mehr die Anwesenheit der idealisierten Eltern braucht, um sich als wertvoll und gut erleben zu können), führen vom Kind nicht zu bewältigende oder nicht phasenadäquate Enttäuschungen von seiten der idealisierten Eltern-Imagines nicht zu entsprechenden Internalisierungen, und statt dessen bleibt das Kind im weiteren Entwicklungsverlauf an mehr oder weniger archaische Selbstobjekte fixiert, die weiterhin für es diese wichtigen Funktionen ausüben müssen.

In der idealisierenden Übertragung wird nun von einem Patienten mit einer narzißtischen Persönlichkeitsstörung eine Verschmelzung mit dem idealisierten Analytiker gesucht. Traumatisch erfahrene Aspekte der früheren Beziehung zu dem (mütterlichen) Selbstobjekt werden ansatzweise wiederholt, zu einem größeren Teil kommt es jedoch zu neuen Beziehungserfahrungen mit dem Analytiker, der anders als die frühen Bezugspersonen des Kindes nun seine berufsmäßig geschulte Empathie und seine Affektabstimmung zur Verfügung stellt.

In der Spiegelübertragung (die gleichsam die andere Seite der Selbstobjekt-Erfahrung darstellt) möchte der Patient in seinem grandios gebliebenen Selbst gespiegelt werden und damit eine Bestätigung für seine frühkindliche Größe und Allmacht erhalten, die er aufgrund seiner mißglückten Sozialisation nicht altersentsprechend zu reiferen Formen eines ausgewogenen Selbstwertgefühls und Ehrgeizes umwandeln konnte.

Aufgrund einer entwicklungspsychologischen Betrachtung der Störungen in der Eltern-Kind-Beziehung unterscheidet Kohut (1973) drei Formen der Spiegelübertragung (vgl. S. 129 ff):

1. **Archaische Spiegelübertragung:** Hierbei wird der Analytiker als eine Erweiterung des Größen-Selbst wahrgenommen. Im Unterschied zur idealisierenden Übertragung handelt es sich aber nicht um eine Verschmelzung mit einem idealisierten Selbstobjekt, sondern der Analytiker wird in das eigene Größen-Selbst hineingenommen und seine separate Existenz wird gleichsam ausgelöscht.
2. **Alter-Ego- oder Zwillingsübertragung:** Bei dieser weniger archaischen Form der Wiederbelebung des Größen-Selbst wird der Analytiker als dem Größen-Selbst gleich oder sehr ähnlich erlebt. „Die pathognomonische therapeutische Regression ist dadurch gekennzeichnet, daß der Patient annimmt, der Analytiker sei entweder wie er oder ihm sehr ähnlich oder daß die psychische Konstitution des Analytikers der seinen gleich oder ähnlich sei" (S. 140).
3. **Die Spiegelübertragung im engeren Sinn:** Hierbei wird der Analytiker am deutlichsten als anderer Mensch, als Person in ihrem eigenen Recht erlebt. Er ist jedoch für den Patienten nur insoweit wichtig, als er die durch die Wiederbelebung des Größen-Selbst geweckten Bedürfnisse einfühlsam widerspiegelt.

Übertragungen lassen sich in Anknüpfung an die selbstpsychologschen Konzepte mithin in solche unterteilen, die

- eine kontinuierliche Weiterentwicklung einer Person **verhindern**, weil alte pathogene Überzeugungen und Phantasien neurotische Konfliktlösungen erzwingen (= Übertragung im klassischen Sinn einer zu analysierenden Übertragung, die zum Widerstand geworden ist);
- eine kontinuierliche Weiterentwicklung einer Person **ermöglichen**, indem sie den Analytiker in seiner Funktion als vitalisierendes Selbstobjekt erleben (= Selbstobjekt-Übertragung bei Kohut [1973u. 1979] oder als vitalisierende Selbstobjekt-Erfahrung bei Lichtenberg, Lachmann u. Fosshage [1992]).

Objektale Übertragungen und Selbstobjekt-Übertragungen als Figur-Hintergrund-Phänomen

Die Auffassung, daß sich objektale Übertragungen nur bei höher strukturierten Patienten fänden und Selbstobjekt-Übertragungen immer nur bei narzißtisch gestörten Persönlichkeiten, muß revidiert werden. Dementsprechend stellt auch die Dichotomisierung von die neurotische Übertragung deutenden („Deutung") und Selbstobjekt-Erfahrungen bereitstellenden Vorgehensweisen („Beziehung") eine falsche Konzeptualisierung dar. Angemessener ist vielmehr die Modellvorstellung von Figur und Hintergrund:

„Die narzißtische Bindung und die Selbstobjekt-Übertragungen sind Hintergrundphänomene, die die Hülle für einen analytischen Raum schaffen, in dem der Patient progressiv und regressiv experimentieren kann mit Vordergrund-Phänomenen wie z. B. einer Triebobjekt-Übertragungsneurose. Dieser Raum wird durch die empathische, schützende und haltende Einstellung des Analytikers erweitert und behütet, indem er dem Patienten ausreichend Sicherheit und Lust bietet" (Treurniet 1986, S. 38).

Diese Charakterisierung erlaubt es auch, daß Selbstobjekt-Übertragungen zum Vordergrund werden, z. B. bei solchen Patienten, die diese Übertragung zur Abwehr über längere Zeit benötigen, weil die Auseinandersetzung mit dem Analytiker als einer eigenständigen Person, die Intentionen, Triebimpulse und Affekte aufweist, noch zu scham- und angstbesetzt ist. Sie kann aber auch dann thematische Priorität aufweisen, wenn starke Empathieschwankungen oder -mängel des Analytikers aufgetreten sind, und der Patient sich erst wieder des schützenden Rahmens der Selbstobjekt-Übertragung versichern muß, so als ob sich der Patient sagen würde: „Erst wenn ich wieder nahezu hundertprozentig sicher bin, mich in allem auf dich verlassen zu können, wenn

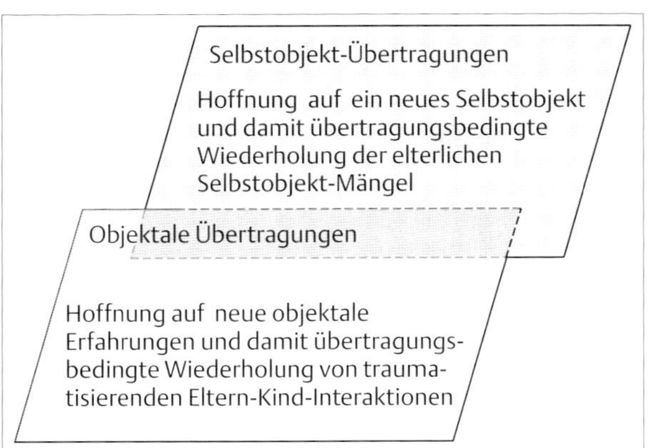

Abb. 13.**1** Selbstobjekt – Übertragungen und objektale Übertragungen als Figur-Hintergrund-Phänomen

ich weiß, daß du zuverlässig bist, mich nicht kränkst, ganz stark auf mich eingestellt bist, kann ich es wagen, meine triebhaften Wünsche, Bedürfnisse und Affekte wieder zum Vorschein kommen zu lassen". Und sicherlich stellen für narzißtisch gestörte Patienten, die in ihrem Selbstwertgefühl sehr stark verunsichert und brüchig sind, die Selbstobjekt-Übertragungen für lange Zeit nahezu ausschließlich die einzige Beziehungsform und damit den Vordergrund dar.

Diese Figur-Hintergrund-Konstellation läßt sich modellhaft folgendermaßen abbilden (Abb. 13.**1**).

Wenn z.B. ein Psychoanalytiker die Erzählungen seines Patienten einfühlsam begleitet, wenn seine Deutungen nicht als übermächtig, besserwisserisch, belehrend, einschüchternd oder drohend wahrgenommen werden, sondern auf das Selbstverständnis des Patienten abgestimmt sind, dann kann es dieser wagen, sich mit dem Vordergrund zu beschäftigen. D.h. der Patient beschäftigt sich mit dem, wie er den Analytiker erlebt, wie er glaubt, von diesem gesehen zu werden, welche anderen Wünsche (außer narzißtisch bestätigenden) er an ihn hat usw.

Wenn jedoch entweder der Analytiker in seiner empathischen und gefühlseingestimmten Funktion versagt oder wenn er zur Übertragungsfläche von als mangelhaft erlebten Selbstobjekten wird (in Fällen, bei denen der Patient eine narzißtische Störung im engeren Sinn aufweist), dann wird der narzißtisch, haltvermittelnde Hintergrund zum vorrangigen Thema, zum Vordergrund der Analyse. Das Achten auf Schamgefühle ist aber nicht nur bei frühgestörten Patienten wichtig, sondern auch bei Patienten mit neurotischen Konflikten. Denn jede neurotische Konfliktsituation beeinträchtigt das Selbstwerterleben und führt zu Beschämungsängsten. Selbstobjekt-Übertragungen sind aus diesem Grund auch nicht nur für Patienten mit narzißtischen Persönlichkeitsstörungen charakteristisch, sondern finden sich in unterschiedlicher Intensität bei allen Menschen.

Entwicklungspsychologische Konzeptualisierung der Übertragung

In einer entwicklungspsychologischen Konzeptualisierung der Übertragung wird davon ausgegangen, daß ein Patient ein Geflecht von Beziehungswünschen, -ängsten und -konflikten mit seinem Analytiker etabliert, die seinem entwicklungspsychologischen Stand entsprechen. Unbewußte Phantasien und pathogene Überzeugungen, die aufgrund von Konflikten und Traumatisierungen entstanden sind, hindern ihn am adäquaten und entwicklungsgerechten Ausdruck seiner Beziehungswünsche, die seinen grundlegenden Motivationen folgen.

Der Patient z.B., der seinen Analytiker bereits im Erstgespräch als zudringlich und indiskret erlebt, hat nur unzureichend gelernt, seine Bedürfnisse selbst regulieren zu können. Deshalb hat er nun in zwischenmenschlichen Interaktionen die Angst, ein anderer Mensch könne ihm etwas aufdrängen, wogegen er sich nicht wehren kann. Weil er in einigen Bereichen stark abhängig von der Fremdregulation seitens anderer Menschen geblieben ist, erlebt er diese auch als übermächtig und zudringlich. Er müßte folglich lernen, verschiedene Bedürfnisse selbst besser regulieren zu können.

Der Patient, der nach wenigen Stunden Analyse den Eindruck hat, daß seine Analytikerin unwahrscheinlich kompetent ist und daß er jetzt schon bedeutsame Einsichten gewonnen und Veränderungen an sich festgestellt hat, ist vermutlich in der angst- und schuldfreien Äußerungsfähigkeit seines Bedürfnisses, sich kritisch gegen die Eltern – vor allem in der Adoleszenz – abgrenzen und sie damit auch entidealisieren zu können, gehemmt und beeinträchtigt. Er müßte also lernen, daß er sich gegenüber für ihn wichtigen Menschen eigenständiger erleben darf, ohne deshalb das Gefühl der Verbundenheit mit diesen zu verlieren.

Und derjenige Patient, der glaubt, daß er von seiner Analytikerin nur geliebt wird, wenn er kontinuierlich von Fortschritten in der Analyse berichtet, wird lernen müssen, daß er Funktionslust, Neugierde, sinnliche Lust und sexuelles Erleben auch für sich selbst erfahren darf, gleichsam aus intrinsischer Motivation und just for fun, und nicht unter dem Aspekt des drohenden Liebes- und Anerkennungsentzugs. Dazu gehört letztlich auch wieder die Entfaltung von Autonomie- und Abgrenzungskompetenzen, ohne dabei von archaischen Schuldgefühlen und Ängsten heimgesucht zu werden.

Kohut (1973) hat mit seinem Konzept der Selbstobjekt-Übertragung als einer der ersten psychoanalytischen Autoren darauf aufmerksam gemacht, daß die Übertragung unter entwicklungspsychologischen Vorzeichen zu betrachten ist. Spiegel- und idealisierende Übertragung stellen Beziehungsformen dar, in denen ein Patient traumatisierend erlebte oder vorzeitig unterbrochene Entwicklungsbedürfnisse wieder aufnimmt. Die Sehnsucht nach einem empathisch spiegelnden oder idealisierbaren Selbstobjekt entspricht allerdings nicht den alleinigen Bedürfnissen, die ein Kind erlebt.

Aus diesem Grund hat Lichtenberg, ausgehend von seinem Entwurf motivational-funktionaler Systeme die folgenden Überlegungen ausgearbeitet.

Lichtenbergs Konzeption von fünf motivational-funktionalen Systemen

In Psychoanalysis und Motivation (1989) unterscheidet Lichtenberg fünf Motivationssysteme. Jedes dieser Systeme hat den Zweck, Grundbedürfnisse zu regulieren oder zu befriedigen. Diese fünf Motivationssysteme bestehen aus:

– Der Notwendigkeit, physiologische Bedürfnisse zu befriedigen

- dem Bedürfnis nach Bindung und Verbundenheit
- dem Bedürfnis nach Exploration und Selbstbehauptung
- dem Bedürfnis, aversiv zu reagieren durch Widerspruch und/oder Rückzug
- dem Bedürfnis nach sinnlichem Vergnügen und sexueller Erregung.

Nach Lichtenberg muß die klassische duale Triebtheorie, die von einem intraorganismischen ersten Beweger ausging, revidiert werden: Auch äußere Gegebenheiten setzen Motivationssysteme in Gang. Wenn z.B. einem leicht dahindösenden Baby eine Rassel dargeboten wird, kann das daraufhin wahrscheinlich erfolgende Greifen, Schauen, Hören und in den Mund-nehmen-Wollen eine starke explorativ-selbstbehauptende Motivation ins Leben rufen. Die dabei auftretenden Affekte erweitern die Motivationserfahrungen und schaffen neue Ziele für die Motivationen. Jedes Motivationssystem ist nach Lichtenberg genaugenommen ein motivational-funktionales System; die Motive rufen instrumentelle Funktionen hervor, die von Affekten gesteuert werden. Die funktionalen Handlungsmöglichkeiten mit affektiver Erweiterung rufen wiederum Motive auf den Plan. Motivationen geschehen „in" Systemen, was heißt, daß sie nicht als Strukturen aufzufassen sind, sondern als kontinuierlich ablaufende Prozesse. Das Systemkonzept legt auch den Gedanken der Aktivität nahe, wie die des Organisierens, Initiierens und Integrierens, und ist somit auch kompatibel mit einer zeitgenössischen Sichtweise des kleinen Kindes, das nicht mehr als passiver Rezipient von Triebanforderungen und Umwelteinflüssen gedacht werden kann, sondern das seine Erfahrungen von sich selbst und seiner Welt aktiv konstruiert.

Die Übertragung wird von Lichtenberg als ein Motivationsmuster verstanden, das in der kindlichen Entwicklung geprägt wurde und im späteren Leben nach Wiederholung drängt. In der analytischen Beziehung lassen sich diese Muster auch anhand ihres situativen Kontextes und ihres Affektzustands mit Hilfe von Empathie und Introspektion erkennen. Motivationsmuster tendieren vor allem dann nach Wiederholung, wenn die in den Mustern nthaltenen Affekte im früheren Leben unzureichend beantwortet wurden. Sie verbinden sich mit den gegenwärtigen Motivationsmustern in der Hier-und-Jetzt-Situation.

Übertragungen dienen nach Lichtenberg dem Wachstumspotential des Selbst, eine korrigierende Reorganisation der Motivationsmuster vorzunehmen.

Die **Regulierung physiologischer Bedürfnisse** bezieht sich auf die Regulation des Essens, der Ausscheidung, des Schlafs, des Atmens, der Körperwärme und anderes mehr, die von der klassischen Psychoanalyse als Bestandteile des Sexualtriebs aufgefaßt wurden, von Lichtenberg aber als separates Motivationssystem konzipiert werden. Übertragungen, die sich auf dieses Motivationssystem beziehen, verlangen vom Analytiker, daß er sich auf die Wiederherstellung der Optimierung derartiger Regulierungsprozesse konzentriert.

Übertragungen, die sich auf das **Bedürfnis nach Bindung und Verbundenheit** beziehen, enthalten vor allem mißglückte Aushandlungsprozesse von Nähe und Anhänglichkeit. Ferner findet sich in diesen Übertragungen die Sehnsucht nach affektiver Übereinstimmung, nach empathischer Resonanz und nach Teilen von Wertanschauungen und Überzeugungen.

So konnte z.B. eine Patientin nach vielen Stunden Analyse zu erkennen geben, daß sie den starken Wunsch hatte, sich auch am Wochenende in der Nähe der Therapiepraxis ihres Analytikers aufhalten zu wollen; nicht (ödipale) Neugier oder sexuelle Lust waren hierbei jedoch die ausschlaggebenden Motivationen, sondern ein starkes Bindungsbedürfnis. Sie konnte sich erinnern, daß sie es sich als Kind sehr stark gewünscht hatte, sich in der Nähe ihres arbeitenden Vaters im großen Garten aufhalten zu dürfen, der sie aber immer wieder ziemlich schroff zurück ins Haus zu Mutter und Großeltern geschickt hatte, weil er die Anhänglichkeit seiner kleinen Tochter offensichtlich nicht ertragen konnte.

Übertragungen, die sich auf das **Bedürfnis nach Exploration und Selbstbehauptung** beziehen, beinhalten zumeist verunglückte Erfahrungen, sich selbst als kompetent erleben zu dürfen oder neugierig etwas erforschen zu können. Die Angst vor dem Erfolg oder die immer erneute Vereitelung von Erfolgserlebnissen kurz vor dem Erreichen eines Ziels sind entsprechend dieser Auffassung keineswegs nur ödipale Residuen, sondern können bereits viel früher im Leben eines Kindes entstanden sein.

Übertragungen, die durch das **Bedürfnis, mit Widerspruch oder Rückzug zu reagieren**, geprägt sind, sind daran erkennbar, daß die betreffenden Patienten Angst davor äußern, nein zu sagen, sich abzugrenzen, einen Wunsch abzuschlagen, einen Dissens auszuhalten, ihre eigene Meinung kräftig zu vertreten und anderes mehr.

Übertragungen, die sich auf das **Bedürfnis nach sinnlichem Genuß** beziehen, haben mit der Schwierigkeit zu tun, sich sinnliches Vergnügen, Genuß und Entspannung zu gestatten.

So glaubte z.B. ein Patient, daß sein Analytiker von ihm verlangen würde, pausenlos aktiv zu sein, wie eine Maschine seine Assoziationen herunterzurattern. Jede kurzfristige Unterbrechung seiner Einfälle erlebte er mit starken Schuldgefühlen. Entspannung war für ihn mit Stillstand verbunden, Genuß mit Verschwendung, wo man nur das mühsam erarbeitete Geld zum Kaufmann trage, und sinnliches Vergnügen bedeutete für diesen Patienten überflüssigen Luxus. Müßte er selbst für den „Luxus" einer Therapie aufkommen, wäre diese für ihn undenkbar, obwohl er über ein beträchtliches Vermögen verfügte. Es liegt nahe, darin den anal retentiven Ausdruck libidinöser und sadistischer Triebimpulse zu sehen, aber nach Lichtenberg manifestieren sich in diesen Übertragungen mißglückte Erfahrungen vitalisierender Resonanz angesichts sinnlich genußreicher Erfahrungen in der Kindheit.

In Übertragungen, die sich auf das **Bedürfnis nach sexueller Erregung** bis hin zum Orgasmus beziehen, kommen die Hemmungen zum Ausdruck, die sich Kinder und Heranwachsende aufgrund konflikthafter Erfahrungen erwerben. Da das Streben nach sinnlichem Genuß aber eine weitaus stärkere Motivation darstellt, als bislang erkannt worden ist, und weil zudem das Streben nach sexueller Erregung eher periodisch und episodisch ist, spielen Übertragungen im Kontext sexueller Erregung nach Lichtenberg eher eine untergeordnete Rolle (natürlich nicht in all jenen Fällen, in denen die sexuelle Erregung in Form einer Sexualisierung zweckentfremdet wird, wo es aber bei differenzierterer Betrachtung in der Regel um die Kaschierung der anderen Motivationssysteme geht).

Ein Patient wurde in seinem Erleben immer wieder von einem starken Drang überfallen, sich vor seiner Analytikerin zu exhibitionieren, seinen erigierten Penis bewundern zu lassen und anschließend mit seiner Analytikerin zu schlafen. Eines Tages, als eine ängstliche Angespanntheit im Kontakt beim Patienten nicht mehr zu übersehen war, sprach die Analytikerin dieses Erleben an, worauf er seine Phantasie äußern konnte. Es wurde aber sehr rasch deutlich, daß es sich hierbei nicht um den unverhohlenen Ausdruck ödipal-inzestuöser Triebimpulse handelte, sondern um den sexualisierten Ausdruck von Bindungs- und Anhänglichkeitswünschen, die in der schizoiden Familienatmosphäre, in der der Patient aufgewachsen war, so gut wie überhaupt nicht geäußert werden konnten. Eine Zurückweisung dieser Übertragungen hätte den Patienten übermäßig beschämt, während er sich in seinen sexualisierten Phantasien als der potente und bewundernswerte Beherrscher seiner Mutter-Analytikerin fühlen konnte.

Unterschiedliche Konzeptionen, wie ein Patient die therapeutische Situation wahrnimmt

Was sucht ein Patient in der analytischen Beziehung? Die Antwort scheint trivial zu sein: Bewußt sucht er natürlich eine Befreiung von seinen Symptomen und Leidenszuständen. Weil Psychoanalytiker aber im Symptom lediglich den Ausdruck eines tieferliegenden psychodynamischen Konfliktgeschehens erblicken, befriedigt diese Antwort nicht. Im klassischen Triebkonflikt-Modell wird angenommen, daß ein Patient weitgehend eine unbewußte Triebbefriedigung anstrebt; der erotisch und sexuell unerfüllte Patient z. B. sucht in seiner Analytikerin nach einer ihn versorgenden Mutter, mit der er zugleich aufregenden Sexualverkehr haben kann.

Im Entwicklungs-Defizit-Modell sucht der Patient nach einer Verbesserung seines Selbsterlebens und im Beziehungskonflikt-Modell möchte ein Patient einerseits die alten vertrauten (neurotischen und traumatisierenden) Beziehungsmuster wiederherstellen, sucht andererseits aber auch nach neuen Erfahrungen, die ihn eine Beziehung mit einem größeren Kompetenzgefühl, mit mehr Befriedigung und weniger Angst und Schamgefühlen erleben lassen (Tab. 13.**4**).

Betrachten wir diese Suchprozesse noch einmal unter dem Aspekt der Übertragung, so ergeben sich folgende Unterscheidungen (Tab. 13.**5**).

Tabelle 13.**4** Unbewußte Wahrnehmung der therapeutischen Situation

Triebkonflikt-Modell	Entwicklungsdefizit-Modell	Beziehungskonflikt-Modell
Der Patient nimmt seinen Analytiker unbewußt als ein Triebobjekt wahr, mit dessen Hilfe er seine verdrängten, aber nichtsdestotrotz andrängenden und virulenten Triebimpulse befriedigen kann.	Der Patient sucht in seinem Analytiker einen Menschen, der ihn mit Selbstobjekt-Funktionen versorgt, damit er seine gestörte Selbstkohärenz verbessern und seine in vielerlei Hinsicht unterbrochene Entwicklung wiederaufnehmen kann.	Der Patient sucht im Therapeuten einen Komplizen, der seine neurotische Beziehungssicht bestätigt; er sucht aber auch nach einem Menschen, mit dem er neue Beziehungserfahrungen machen kann.

Tabelle 13.**5** Konzept der Übertragung

Triebkonflikt-Modell	Entwicklungsdefizit-Modell	Beziehungskonflikt-Modell
Die Übertragung ist überwiegend eine Verzerrung, weil der Analytiker aufgrund seiner anonymen und neutralen Haltung lediglich ein Projektionsschirm ist und so gut wie nichts oder nur sehr wenig zur analytischen Interaktion an eigenen Einflüssen beiträgt. Es gilt, diese Verzerrung, die aufgrund einer komplexen Mischung von Erlebtem, unbewußten Phantasien und Projektionen entstanden ist, bewußt zu machen und durchzuarbeiten, was u. a. dadurch geschieht, daß der Analytiker den Unterschied zwischen subjektiver Wahrnehmung und der Realität im Hier und Jetzt aufzeigt.	Die Übertragung wird vor allem unter dem Aspekt betrachtet, was der Patient von seinem Analytiker benötigt, z. B. als Selbstobjekt im Sinne des Spiegelns oder des Idealisieren-Könnens. Übertragungen sind Ausdruck fehlgeschlagener Entwicklungsbedürfnisse und Motivationssysteme, die in der Gegenwart zu einem guten Ende gebracht werden sollen. Dazu gilt es, die Punkte aufzufinden, in denen empathische Brüche im Verstehen der Entwicklungsbedürfnisse eines Patienten stattgefunden haben. Unweigerlich sich einstellende Empathiemängel des Therapeuten sind der Anknüpfungspunkt für diese Art der Übertragungen.	Die Eindrücke des Patienten von seinem Analytiker sind keine Verzerrung, sondern eine wichtige Informationsquelle darüber, wie letzterer – ihm selbst nicht bewußt – die Beziehung erlebt und gestaltet. Die zahlreichen Hinweisreize, die verbal und nonverbal vom Analytiker ausgehen, bilden den Anknüpfungspunkt für die Wahrnehmungen des Patienten. Weil der Patient vom Analytiker als Teilnehmer und Partner an einem gemeinsamen Beziehungsgeschehen erlebt wird, werden die Eindrücke des Patienten nicht wie im Triebkonflikt-Modell als a priori verzerrt, sondern als überprüfungswürdig betrachtet. Sie können wichtige Aufschlüsse über die intersubjektive Beziehungsrealität beinhalten.

Umgang mit der Übertragung

„Die Übertragung wird vom Analytiker dem Kranken bewußt gemacht, sie wird aufgelöst, indem man ihn davon überzeugt, daß er in seinem Übertragungsverhalten Gefühlsrelationen wiederbelebt, die von seinen frühesten Objektbesetzungen, aus der verdrängten Periode seiner Kindheit herstammen. Durch eine solche Wendung wird die Übertragung aus der stärksten Waffe des Widerstandes zum besten Instrument der analytischen Kur. Immerhin bleibt ihre Handhabung das schwierigste wie das wichtigste Stück der analytischen Technik" (Freud 1925 d, S. 68 f).

Die Äußerungen Freuds über den Umgang mit der Übertragung sind spärlich und lassen sich auch dementsprechend kurz zusammenfassen. Dies ist verwunderlich, denn die Übertragungsanalyse gilt allgemein als das Charakteristikum der Psychoanalyse und ihre richtige Handhabung als ihr schwierigster Teil. Im Jahr 1926 stellt der 70jährige Freud fest:

„... Alles kommt jetzt darauf an, und die volle Geschicklichkeit in der Handhabung der ‚Übertragung' gehört dazu, es zu erreichen. Sie sehen, daß die Anforderungen an die analytische Technik an dieser Stelle die höchste Steigerung erfahren. Hier kann man die schwersten Fehler begehen oder sich der größten Erfolge versichern. Der Versuch, sich den Schwierigkeiten zu entziehen, indem man die Übertragung unterdrückt oder vernachlässigt, wäre unsinnig; was immer man sonst getan hat, es verdiente nicht den Namen einer Analyse. Den Kranken wegzuschicken, sobald sich die Unannehmlichkeiten seiner Übertragungsneurose herstellen, ist nicht sinnreicher und außerdem eine Feigheit; es wäre ungefähr so, als ob man Geister beschworen hätte und dann davongerannt wäre, sobald sie erscheinen... Der einzig mögliche Ausweg aus der Situation der Übertragung ist die Rückführung auf die Vergangenheit des Kranken, wie er sie wirklich erlebt oder durch die wunscherfüllende Tätigkeit seiner Phantasie gestaltet hat. Und dies erfordert beim Analytiker viel Geschick, Geduld, Ruhe und Selbstverleugnung" (1926 b, S. 259).

Freud hat in seiner Theorie der Behandlungstechnik zwei Modelle skizziert:

- Im ersten Modell wird die Übertragung in erster Linie als Widerstand gegen die Wiederbelebung von Erinnerungen betrachtet, und der therapeutische Gewinn ergibt sich weitgehend daraus.
- Im zweiten Modell resultiert die Übertragung hauptsächlich aus der Bemühung eines Patienten, seine Wünsche zu realisieren. Der therapeutische Gewinn ergibt sich hauptsächlich aus dem Wiedererleben dieser Wünsche in der Übertragung, indem der Patient erfährt, daß in ihnen etwas Altes zum Ausdruck kommt, und er zur gleichen Zeit aber auch eine neue Beziehungserfahrung mit seinem Analytiker machen kann, auf den sich diese Wünsche nun richten.

Im ersten Modell ist die Suchhaltung eindeutig auf biographisches Material gerichtet. Noch in einem seiner letzten Aufsätze, nämlich „Konstruktionen in der Analyse" vertritt Freud dieses Ideal, obgleich seine klinischen Erfahrungen ihn auch pessimistisch gestimmt sein lassen: „Oft genug gelingt es nicht, den Patienten zur Erinnerung des Verdrängten zu bringen" (1937 a, S. 53).

Hinsichtlich der anderen Modellvorstellung äußert Freud z. B. in „Erinnern, Wiederholen, und Durcharbeiten", daß sich vergangene Erinnerungen relativ mühelos einstellen, wenn es dem Analytiker gelungen sei, mit den Widerständen angemessen umzugehen. Und in den „Vorlesungen zur Einführung in die Psychoanalyse" merkt Freud (1916 – 17 a) an, daß die Arbeit an den lebensgeschichtlichen Erinnerungen weit zurücktrete, wenn die Übertragung richtig angewachsen sei. Die Übertragung werde nun zum „Schlachtfeld", auf das sich alle Kräfte konzentrieren müssen. Wenn ein Therapeut den Nachdruck allzusehr auf die Rekonstruktion der lebensgeschichtlichen Erinnerungen legt (Therapeut: „Da hat Sie Ihre Mutter auch sehr vernachlässigt!" – „Da war Ihre Mutter sehr unempathisch zu Ihnen".), besteht die Gefahr, daß die Wiederinszenierung unbewußter Wünsche und Phantasien in der gegenwärtigen Beziehung übersehen oder zumindest vernachlässigt wird. Freuds Betonung, daß die Übertragung selbst zum mächtigsten Widerstand gegen das Erinnern werden kann, verdunkelt aber die Tatsache, daß sich die Übertragung immer als Wiederholung in Form unbewußter Inszenierungen zeigt. Die Übertragung wird somit nicht als Selbstzweck hergestellt und analysiert (wie auch manche Kritiker der Psychoanalyse vorwerfen), sondern die Übertragung ist die Neurose. Je mehr die Bearbeitung und Auflösung der Übertragung gelingen, desto mehr verringert sich auch das neurotische Erleben. Und kein geringerer als Freud selbst war der Auffassung, daß die Therapie um so erfolgreicher sei, je näher man diesem Ideal kommt.

Des weiteren hat Freud zwei Modelle einer beginnenden Analyse beschrieben.

- Im ersten Modell scheint zunächst kein Widerstand gegen die analytische Arbeit vorhanden zu sein. Der Patient kann offensichtlich ohne Schwierigkeiten der Grundregel der freien Assoziation folgen, er entwickelt eine Bindung an seinen Analytiker, will keine einzige Therapiestunde versäumen, akzeptiert auch die Deutungen des Analytikers bereitwillig und scheint ausgezeichnete Fortschritte zu machen. Seine Symptome lassen nach oder verschwinden vollständig. Unweigerlich nehmen aber diese „analytischen Flitterwochen" über kurz oder lang ein Ende, und der analytische Prozeß kommt zum Stillstand. Der Patient entwickelt nun einen massiven Widerstand gegen die analytische Behandlung, der sich vor allem durch die Weigerung oder auch als Nichtkönnen empfundene Hemmung zu sprechen, ausdrückt und nun als eine Manifestation von verdrängten erotischen oder aggressiven Strebungen und Gefühlen gedeutet werden kann.
- Im zweiten von Freud beschriebenen Modell existiert dieser Widerstand des Patienten von Beginn der Analyse an.

Freud ging offensichtlich davon aus, daß die Übertragung in einer Analyse noch nicht zum Widerstand geworden ist, solange der Patient etwas erzählt (meistens über analyseexterne Themen oder über lebensgeschichtliche Hypothesen) und deshalb auch kein Anlaß bestehe, die Übertragung zu deuten, solange die Mitteilungen und Ideen des Patienten scheinbar spontan, d. h. ohne jede Behinderung, erfolgen.

Gill u. Muslin (1976) haben aber darauf aufmerksam gemacht, daß auch dann, wenn ein Patient frei assoziiert, ein Übertragungs-Widerstand vorhanden sein kann, der frühzeitig gedeutet werden sollte. Denn Anspielungen auf die Übertragung als Manifestationen eines Widerstands gegen das Bewußtwerden der Übertragung begleiten die Analyse von Anfang an. Schon Ferenczi (1923) vermutete, daß eine starke positive Übertragung am Beginn einer Analyse ein Ausdruck von Widerstand sein kann.

Arbeiten an der Übertragung versus Übertragungsanalyse außerhalb der Hier-und-Jetzt-Beziehung

Ein verheirateter Patient erzählt, daß er bei einem Betriebsausflug ausgelassen mit einer Kollegin getanzt habe; gegen Ende des Abends habe diese Frau Andeutungen gemacht, mit ihm schlafen zu wollen. Erst sind ihm einige Gedanken zu seinem jetzigen Gesundheitszustand gekommen, dann fällt ihm ein, daß er als Kind einen immer wiederkehrenden Alptraum gehabt hat. In diesem sei gegenüber seinem Kinderbett ein Wolf gesessen. Schweißnaß sei er dann in seinem Bett gelegen und habe darauf gewartet, daß es hell werde. Und heute morgen als er seinen Chef begrüßte, hatte er den Eindruck, daß dieser ihn mit einem strengen Blick musterte. Ob der Wolf wohl seinen Vater verkörperte, vor dem er sich wegen seiner ödipalen Regungen geängstigt habe und der Vorgesetzte jetzt als strenger Vater wahrgenommen werde, fragt ihn die Analytikerin. „Ja, das ist eine interessante Idee", antwortet der Patient, aber ohne davon sichtlich berührt zu sein. „Und jetzt haben Sie Angst, daß ich Sie dafür verurteile, daß Sie gegenüber dieser Kollegin derart in Versuchung geraten sind?" würde hingegen eine Übertragungsdeutung darstellen, die den Patienten gefühlsmäßig stärker berührt und die Chance darstellt, die gegenwärtig erlebte Szene mit einem früheren Affektzustand in Verbindung zu bringen. Denn wenn man in der Analyse früher erworbene Schemata verändern will, gelingt dies wohl nur, wenn man über die Aktivierung eines ähnlichen Affekts im Hier und Jetzt einen Zugang zum Dort und Damals findet.

Zentrale Stellung der Übertragungsanalyse

In mehreren Veröffentlichungen hat ab Mitte der 70er Jahre der amerikanische Psychoanalytiker Merton M. Gill dafür plädiert, die Analyse der Übertragung, die ja schon immer – allerdings in sehr unterschiedlichen Versionen – zum Essential der psychoanalytischen Praxis zählt, endlich ernst zu nehmen. Damit aus der Psychoanalyse nicht eine Art tiefenpsychologisch orientierter Gesprächstherapie werde, sei es wichtig, die Übertragungsbeziehung im Hier und Jetzt zum Dreh- und Angelpunkt des übertragungsanalytischen Vorgehens zu machen. Obgleich Freud bereits darauf hingewiesen hat, daß alle Konflikte im „Feuer der Übertragung" gelöst werden sollten, und die meisten Psychoanalytiker auch programmatisch diese Ansicht vertreten, findet nach Auffassung Gills die Übertragungsanalyse viel zu selten, zu wenig systematisch und zum Teil unter falschen Prämissen statt.

Die gefühlshaft bestimmte Übertragungsbeziehung sei der Stoff, aus dem die analytische Therapie gemacht ist; und erst auf der Folie der Analyse dieser Übertragungsbeziehung kann sich eine wirkliche, von Gefühlen getragene Einsicht entwickeln. Die häufig im Übermaß gegebenen genetischen Deutungen oder die Deutungen außeranalytischen Materials vermeiden die Thematisierung der Übertragungsbeziehung zwischen dem Analytiker und seinem Patienten und führen nach Ansicht Gills zu einem **rein intellektuellen Verständnis**, das häufig sogar als Widerstand gegen Veränderung mißbraucht werden kann.

Gills Auffassung erscheint wie eine längst schon überfällige Generalüberholung der ursprünglich von Freud vorgelegten, freilich von ihm selbst nicht sonderlich beachteten Grundzüge der psychoanalytischen Therapie.

Intensivierung der Übertragung und Übertragungsneurose

Ein implizites Festhalten an der Theorie der Abreaktion aus der voranalytischen Zeit könnte einer der Gründe dafür sein, so vermutet Gill (1982), daß Analytiker mit der Deutung der Übertragung zurückhaltend verfahren. Die affektive Spannung, die mit den verschiedenen unausgesprochenen Übertragungsreaktionen einher geht, müßte erst einen derart intensiven Punkt erreicht haben, daß sie dann quasi von allein und spontan ausgedrückt wird. Diese Auffassung korreliert mit einer anderen Anschauung, die davon ausgeht, daß zu häufige und vor allem zu frühe Interventionen via Übertragungsdeutungen den spontanen Verlauf der Übertragungsneurose stören würden (s. unten). Gill erinnert daran, daß eine zurückhaltende Einstellung des Analytikers ohne Schwierigkeit als adäquates Vorgehen der Behandlungstechnik angesehen werden kann.

Bei vielen Psychoanalytikern der Gegenwart herrscht ein Widerwillen gegen eine zu frühe Deutung der Übertragung (d.h. innerhalb der ersten 40–50 Stunden und länger) vor. Das gegenwärtige, weit verbreitete behandlungstechnische Vorgehen, das durch vorsichtiges Abwarten gekennzeichnet ist – meist mit dem Hinweis, daß erst das Arbeitsbündnis gefestigt sein müsse –, wird von vielen Psychoanalytikern überwiegend mit dem Hinweis gerechtfertigt, daß ein zu frühes Ansprechen der Übertragung diese unklar und verzerrt werden lasse. Diese Bedenken sind allerdings nicht immer ganz unberechtigt, wie weiter unten noch auszuführen sein wird.

Mit frühen Übertragungsdeutungen sind nicht die tiefen Übertragungsdeutungen der (klassischen) Kleinianischen Vorgehensweise gemeint, wo unter weitgehender Vernachlässigung konkreter Details aus der aktuellen Beziehung sehr schnell schizoid anmutende, lehrbuchmäßige Standarddeutungen z.B. über oralsadistische Impulse erfolgten, sondern daß die frühen Deutungen des Widerstandes gegen die Übertragung von der Oberfläche der Beziehung im Hier und Jetzt zwischen Therapeuten und Patienten ausgehen.

Ein anderes mögliches Mißverständnis kann darin bestehen, daß keine Klarheit darüber besteht, was eine Übertragungsdeutung eigentlich ist. Häufig wird irrtümlich davon ausgegangen, daß eine Übertragungsdeutung notwendigerweise die Rekonstruktion der Vergangenheit mit der Deutung des gegenwärtigen Erlebens und Verhaltens verbinden müsse. Wenn nun eine Übertragungsdeutung schon in den ersten Stunden einer Analyse vorgenommen werden soll, dann hat der Analytiker gemäß dieser Auffassung in der Regel noch nicht das historische Wissen zur Verfügung, um die genetischen Wurzeln der Übertragung ausreichend klären zu können. Wenn man also nun die Option vertritt, eine vollständige genetische Rekonstruktion anbieten zu wollen, wird man meistens eine heftige Abneigung gegen zu frühe Deutungen der Übertragung verspüren.

Welches sind nach Gill (1982) die Konsequenzen, wenn es versäumt wird, frühzeitig die Übertragung zu deuten? Eine mögliche Folge kann sein, daß sich die Übertragungsneurose niemals zufriedenstellend entwickelt. Obgleich es auch hin und wieder zufriedenstellende Analysen geben mag, in denen sich keine Übertragungsneurose entwickelt, scheinen einige Autoren die Möglichkeit herunterzuspielen, daß eine Übertragungsneurose vor allem deshalb an ihrer angemessenen Entwicklung gehindert werden kann, weil die Übertragung nicht rechtzeitig, intensiv und konsequent genug gedeutet worden ist.

Während üblicherweise dahingehend argumentiert wird, daß zu frühe und zu häufige Übertragungsdeutungen die spontane Entwicklung der Übertragung verzerren, betrachtet Gill es als wahrscheinlicher, daß das Unterlassen des Deutens zu einer verzerrten Übertragung führt. Der keine oder nur ganz spärlich Übertragungsdeutungen gebende Analytiker wird – ob idealisiert oder gehaßt – immer mit irgendwelchen phantasierten Eigenschaften und Einstellungen ausgestattet. Wenn diese Übertragungsreaktionen über längere Zeit hinweg impliziert und unausgesprochen bleiben, führen sie – im günstigsten Fall noch vor Beendigung der Analyse – zu intensiven und kaum noch handhabbaren Übertragungsreaktionen, die dann von manchem Analytiker fälschlich für die erste Äußerung der Übertragung gehalten werden, so wie im Alltag z. B. eine lang zurückgehaltene und nie ausgesprochene Liebe zu erheblichen und manchmal tragischen Mißverständnissen führen kann.

Die Übertragungsanalyse zerstört den Glauben, daß man Symptome, die untergründig mit einer gravierenden Psychodynamik zusammenhängen, verlieren kann, ohne Übertragungsmuster zu verändern. Das Festhalten an der Hoffnung, über eine Veränderung äußerer Umstände zum gewünschten Heil zu kommen, verhindert das Sich-vertraut-machen mit den verinnerlichten Beziehungsmustern. „Wenn sich die äußeren Umstände verändern lassen, z. B. wenn ich einen neuen Partner finde, der liebenswert und attraktiv genug ist, oder wenn ich gar meinen Analytiker zum Freund gewinnen könnte, wozu sollte ich mich dann verändern?“, hat sich schon mancher Patient gefragt. Aber man kann seiner eigenen Lebensgeschichte nicht entfliehen, sondern kann sich selbst und sein Leben nur ändern, wenn man sich in seiner Gewordenheit begreift.

Widerstand und Übertragung

Jeder Widerstand äußert sich als Widerstand gegen die Übertragung. Dabei lassen sich drei Formen unterscheiden:

1. **Widerstand gegen das Involviertwerden in die Übertragung:** Diese Form findet man häufig bei Patienten vor, die auf extreme Weise autark bleiben wollen, für die es eine schwere narzißtische Kränkung darstellt, sich in irgendeiner Weise als abhängig zu erleben, die einen Kokon um sich herum aufgebaut haben, um ihr verletzbares Selbstgefühl zu schützen, die autistische Barrieren der Abwehr um sich herum benötigen. Dabei entsteht der Eindruck, als seien diese Patienten tatsächlich so gut wie unbezogen und der Therapeut für sie eigentlich nicht – und auch noch nicht einmal als narzißtisches Selbstobjekt – vorhanden.
2. **Widerstand gegen das Bewußtwerden der Übertragung:** Diese Form des Widerstands ist diejenige, die von Anfang an auftritt (abgesehen von Patienten, die aufgrund der Schwere ihrer Pathologie mit der unter 1. genannten Form operieren), die von Anfang an systematisch gedeutet werden sollte und mindestens die Hälfte bis zu zwei Drittel der Dauer einer psychoanalytischen Therapie beansprucht.
3. **Widerstand gegen die Auflösung der Übertragung:** Diese Form ist vor allem in der Phase des Durcharbeitens von Wichtigkeit. Ein Patient kann erkannt haben, daß seine Wahrnehmung vom Analytiker und die daraus resultierende Beziehungsgestaltung einseitig sind und etwas mit seiner Vergangenheit zu tun haben, und dennoch fällt es ihm immer wieder schwer, dieser Erkenntnis Taten folgen zu lassen. Die Erkenntnis ist der Verwirklichung gleichsam vorausgeeilt, die vielfältigen gefühlsmäßigen Hemmungen können nur nach und nach im Zuge der permanenten Durcharbeitung überwunden werden. Eine Patientin kann sich z. B. – nachdem der Widerstand gegen die Wahrnehmung der Übertragung hinreichend deutlich geworden ist – immer noch nicht unbefangen gegenüber ihrem Therapeuten äußern. Zwar weiß sie mittlerweile, daß er sie nicht beschämen wird wie früher ihr Vater, aber trotzdem ist immer noch Ängstlichkeit vorhanden. Nur durch das sanfte Drängen des Therapeuten, sich immer wieder dieser Situation auszusetzen, die Differenz zwischen dem Damals und dem Heute zu erfahren und auf diese Weise umzulernen, kommt es allmählich zu einer Veränderung. Es ist also unzureichend, wenn die Patientin sich sagt: „Nun weiß ich endlich, daß er nicht wie mein Vater reagiert, aber das reicht mir jetzt aus; alle Themen, die fortan Bezug auf diese Themen nehmen, werde ich tunlichst vermeiden, um die Gefühle, die immer noch dabei auftreten, ja nicht zu erleben“. Sondern immer wieder muß sie sich diesem Mißtrauen in unterschiedlichen Beziehungskonstellationen aussetzen, das Risiko des Beschämtwerdens auf sich nehmen, bis die neuen gefühlshaften Erfahrungen die alten Gefühlsmuster ablösen oder überformen.

Der Widerstand gegen die Übertragung wird somit zum zentralen Fokus der Widerstandsanalyse (s. ausführlicher auf S. 118 ff) und damit der Analyse überhaupt.

Dieser Nachdruck auf die Widerstandsanalyse hinsichtlich des Bewußtwerdens und der Auflösung der Übertragung sollte allerdings nicht als ein Plädoyer für eine aggressiv insistierende Analyse der Übertragung mißverstanden werden. Wichtig ist es in jedem Fall auch, die Auswirkungen der Übertragungsanalyse auf den Patienten im Auge zu behalten. Denn der Analytiker, der konsequent alle Anspielungen auf sich und auf die analytische Beziehung anzusprechen versucht, kann als sehr überlegene, sich selbst sehr wichtig nehmende, eindringende, verfolgende, homosexuell aufdringliche, depressiv-symbiotische Person vom Patienten wahrgenommen werden. Deshalb ist es für den Analytiker unumgänglich, den Einfluß der Auswirkungen und Rückwirkungen von Übertragungsdeutungen auf die Wahrnehmung der Übertragungsbeziehung immer wieder zu reflektieren. Ohne Zweifel gehören dazu auch viel Erfahrung, Sensibilität und Taktgefühl.

Aufgreifen von Übertragungsanspielungen

Das hauptsächliche Mittel, um die Intensivierung und Ausdehnung von Übertragungsreaktionen und der Übertragungsneurose zu fördern, besteht darin, daß der Analytiker gezielt und konsequent Anspielungen auf die Übertragung im verbalen und nonverbalen Verhalten eines Patienten aufgreift.

Beziehungsanspielungen treten hauptsächlich in zwei Formen auf:

- Die erste, die allgemein bekannte Form ist die der Verschiebung. In Schilderungen z. B. über analysenexternes Material, etwa über einen rechthaberischen Vorgesetzten, kann eine mögliche Anspielung auf die Beziehung zum Analytiker erblickt werden, wobei man aber immer wieder vor einer zu mechanisch erfolgenden Gleichsetzung warnen muß. Die genauere Betrachtung der Beziehungsanspielungen soll zu einer präzisen Klärung der Auslöser – analog den Tagesresten bei der Traumdeutung – im Hier und Jetzt der Beziehung führen und nicht sofort auf den vermuteten ursprünglichen Übertragungsteil zurückgeführt werden, so wie man ja auch bei einer lege artis durchgeführten Traumdeutung zunächst die „Realeinfälle", die sich auf die Tagesreste beziehen, studiert und die sog. Deutungseinfälle eher als Abwehrmaßnahme begreift.
- Die zweite Form, mit der sich eine Anspielung auf die Übertragungsbeziehung tarnen kann, ist die der Identifikation.
  Ein Patient äußert z. B. in mehreren, aufeinanderfolgenden Stunden immer wieder den Eindruck, daß er sich so einfallslos und ohne Kreativität fühle, die er in seinem Beruf aber ganz stark benötige. Unbewußt oder vorbewußt hat sich der Patient hierbei vorübergehend mit dem Verhalten und Erleben seines Therapeuten identifiziert. Eine andere Patientin beklagte sich über den Mangel an Enthusiasmus, den sie seit geraumer Zeit in all ihren Beziehungen erlebe. Die Klärung dieser als Beziehungsanspielung identifizierten Äußerung führte zu der Erkenntnis, daß sie ihren Analytiker in der letzten Zeit als jemanden erlebt hatte, der sich offensichtlich wenig enthusiastisch über ihre Fortschritte außerhalb der Analyse zeigen konnte.
  Diese Form der Anspielungen auf die Übertragungsbeziehung ist sehr viel schwieriger zu entdecken und wird deshalb auch häufiger übersehen.

Zulassen und Annehmenkönnen der Übertragungen

Das wichtigste Prinzip der Übertragungsanalyse besteht aus heutiger Sicht darin, daß sich der Analytiker immer wieder in die Übertragung hineinziehen läßt, um zunächst einmal zum tendenziellen Mitspieler von für den Patienten zunächst unbewußten lebensgeschichtlichen Szenen zu werden, die auf diese Weise als Interaktionsszenen im Hier und Jetzt begriffen und in einem weiteren Schritt auf genetische Erfahrungen bezogen werden können. Sich hineinziehen lassen, heißt z. B. entweder die nonverbalen Mitteilungen zu spüren, z. B. die Atmosphäre von schüchtern abgewehrter Erotisierung oder die verbalen Mitteilungen („Ich finde Sie heute so streng und abweisend") erst einmal anzunehmen, statt sie befremdet zurückzuweisen oder die verdeckten Handlungsaufforderungen („Finden sie nicht auch, daß ich mich schrecklich dumm anstelle?") auf tröstende Weise zu verneinen, sondern sie erst einmal auf sich wirken zu lassen. Dabei gilt es, diese Wahrnehmungen, Einschätzungen und Aufforderungen zu einem bestimmten Rollenverhalten nicht zu sehr auf sich als reale Person zu beziehen, denn die negativen Implikationen würden dann den Therapeuten zu stark mit kränkenden Gefühlen beschäftigt sein lassen, und im Fall einer positiven Idealisierung könnte ihn das Sich-geschmeichelt-Fühlen wichtige andere Aspekte übersehen lassen.

Statt defensiver Abstinenz gegenüber den Übertragungs- und Rollenangeboten Reagieren auf einer Metaebene (subjekthafte Abstinenz)

IV

Vielmehr ist es notwendig, diese Übertragungen gleichsam in der Schwebe zu halten, ihren möglichen aktualgenetischen Anteil genau zu erforschen, aber ohne sich mit dieser Einschätzung komplett zu identifizieren oder gar aufgrund der erfolgten Zuschreibung mit einer Gegeneinschätzung zu reagieren („Sie erleben mich als streng und abweisend; da verwechseln Sie mich wahrscheinlich mit Ihrer Frau!"). Statt z. B. ablehnend, aufklärerisch, pädagogisch oder moralisierend auf die szenischen Angebote des Patienten zu reagieren, versucht der Analytiker, diese zu verstehen. Dieses Nicht-Reagieren wird in der Psychoanalyse als Abstinenz bezeichnet. Der Analytiker reagiert nicht im Sinne der vom Patienten erwarteten, sei es befürchteten, sei es erhofften Reaktionen, wie man es zumeist im Alltagsdialog tut. Dieses ungewohnte Nicht- und Anders-Reagieren wird für den Patienten zum Anlaß, seine Wahrnehmungen und Erwartungen zu überprüfen.

Ein Patient z. B. versucht die Zurückhaltung seines Analytikers in puncto körperliche Zuwendung zu attackieren. „Glauben sie wirklich, daß das die richtige Form ist, mich zu heilen? Seitdem ich die Bücher von Tilman Moser gelesen habe, zweifle ich immer mehr daran, ob das Sprechen hier überhaupt etwas bringt." In einem nicht psychoanalytisch geführten Dialog würde man nun darauf hinweisen, daß jeder nur sich selbst heilen kann, daß Prinzipien wichtig sind, daß es gar nicht um Heilung gehe, daß man sich nicht so anmosern läßt usw.

Wäre nun ein Therapeut nicht in der psychoanalytischen Abstinenz geschult, so würde er sich z. B. rechtfertigen, indem er darauf verweisen würde, daß Sprechen sehr wohl etwas bringt, daß Sprechen normalerweise mit Gefühlen verbunden ist, daß Sprechen nur bei sehr verkopften oder schizoiden Individuen von jeglicher Leiblichkeit isoliert ist usw. Er könnte sich auch gekränkt ins Schweigen zurückziehen oder sich hinreißen lassen, dem Patienten anzudeuten, daß er ja die Therapie beenden könne und anderes mehr. Er wäre damit auf das Übertragungsangebot eingestiegen und hätte sich mit seinem Patienten in alten Mustern der Auseinandersetzung verstrickt. (Auf Kritik folgt eine Rechtfertigung, ein Rückzug oder eine Drohung – das sind die herkömmlichen Formen von Herrschaftsbeziehung.) Statt neue

Beziehungserfahrungen zu machen, würde der Patient mit immer gleichen Mustern konfrontiert werden, wie jeder dies zur Genüge von alltäglichen Auseinandersetzungen her kennt.

Die Abstinenz des Analytikers verhindert aber die ewige Wiederkehr des Gleichen. Statt mit der naheliegenden Verhaltensweise der Rechtfertigung (nicht abstinent) zu reagieren, könnte der Psychoanalytiker seinen Patienten z. B. ermuntern, mit seiner Kritik fortzufahren, was diesen völlig überraschen könnte, weil er so etwas noch nie erfahren hat. Er könnte ihn aber auch auffordern, den körperlichen Zuwendungswunsch weiter auszuphantasieren. Vielleicht würde dann auch deutlich werden, daß das depressiv gereizte Erleben des Patienten darauf zurückgeht, zu wenig in Kontakt mit seinem Analytiker zu sein, wobei sich der körperliche Kontaktwunsch lediglich als ein Vorwand herausstellte. Deshalb könnte jede Intervention, die nicht auf das Rollenangebot des Sich-rechtfertigen-Sollens eingeht, diesen Kontakt vorsichtig in die Wege leiten.

So wäre z. B. folgende Intervention denkbar: „Sie erwarten jetzt eine Rechtfertigung von mir. Wenn ich das täte, würden Sie vermutlich mit einem neuen Argument aufwarten. Dadurch würde Distanz zwischen uns entstehen. Wenn ich mich jetzt nicht rechtfertige, entsteht die Möglichkeit von Nähe zwischen uns. Sie wünschen sich diese, aber Sie haben offensichtlich auch Angst davor.“ Würde man eher darauf abheben, daß der Patient sich ständig aufgrund eines Strafbedürfnisses unter Druck setzen muß, den er auf den Analytiker externalisieren möchte, wäre folgende Intervention vorstellbar: „Sie versuchen, mich dazu zu bewegen, daß ich mich rechtfertigen soll; vielleicht müssen Sie sich häufig mit ihren Handlungen vor sich selbst rechtfertigen. Wenn ich mich nun auch vor Ihnen rechtfertigen müßte, säßen wir in einem Boot, statt miteinander besser verstehen zu können, was Sie dazu bewegt, sich ständig vor sich selbst rechtfertigen zu müssen.“

Abstinenz wird von Außenstehenden häufig als **Nicht-Reagieren auf der Verhaltensebene** mißverstanden. Abstinenz ist aber die für die psychoanalytische Behandlungsphilosophie unerläßliche Haltung des Analytikers, auf das neurotische Rollenanliegen des Patienten, das Gegenüber möge so reagieren, wie seine inneren Schemata (Objektbeziehungen) dies nahelegen, nicht einzugehen. Selbstverständlich reagiert der Analytiker, aber er tut dies wohlüberlegt auf einer Metaebene. Das vom Patienten ausgehende Ansinnen bleibt einerseits unbeantwortet, indem der Rollendialog nicht auf die dem Patienten vertraute Weise komplettiert wird, andererseits geht der Analytiker sehr wohl auf seinen Patienten ein, indem er ihm eine neue Möglichkeit des Dialogs eröffnet. Diese moderne Auffassung von (subjekthafter) Abstinenz läßt auch die klassische Handhabung der Anonymität des Analytikers tendenziell als obsolet erscheinen oder fordert zumindest zum Überdenken dieser Prämisse heraus.

Auch für den Analytiker ist der Umgang mit der Übertragung seines Patienten eine eigentümliche Erfahrung: Er läßt sie zwar zu, er identifiziert sich probeweise damit, er denkt darüber nach, mit welchen Verhaltensaspekten oder gar inneren Phantasien er als Auslöser für diese Schemata gewirkt haben kann, aber er kann sich des Zwangs enthalten, auf herkömmliche Weise rollenkomplettierend reagieren zu müssen (auf einen nörgelnden Patienten z. B. braucht er nicht mit einer Zurechtweisung zu reagieren). Der Patient fühlt sich in seiner Wahrnehmung nicht zurückgewiesen und das unerwartete Ausbleiben einer als selbstverständlich vermuteten Reaktion setzt einen Prozeß des Nachdenkens bei ihm in Gang. Er kann z. B. nun nicht länger andere Menschen dafür verantwortlich machen, daß ihm nur so wenige Vorhaben glücken; vielmehr wird er anfangen darüber nachzudenken, woher sein Rechtfertigungsbedürfnis stammt und welche Schwierigkeiten er sich selbst im Kontakt mit anderen Menschen bereitet, wenn er diese immer wieder anschuldigt, ihm nicht genügend zu helfen oder wenn er diejenigen, die ihm helfen wollen, immer wieder zurückweisen muß, weil Kontakt so viele weitere Sehnsüchte weckt, derer er sich schämt (Tab. 13.**6**).

Tabelle 13.**6** Umgang mit der Übertragung

Triebkonflikt-Modell	Entwicklungsdefizit-Modell	Beziehungskonflikt-Modell
Entsprechend dem Vorherrschen einer individualpsychologischen Sichtweise sind der Fokus der Übertragungsdeutung die Geschehnisse im Patienten. Deshalb werden Übertragungsdeutungen (entgegen der Empfehlung Freuds) sehr schnell auf die Vergangenheit (genetische Daten) bezogen; und sie bleiben auf die Außerübertragungsanalyse zum größten Teil beschränkt.	In den älteren selbstpsychologischen Arbeiten konzentriert sich das Verstehen der Äußerungen des Analysanden weitgehend auf die manifeste Oberfläche. Im Vordergrund steht zudem nicht so sehr, was der Patient unbewußt an vergangenen konflikthaften Erfahrungen inszeniert, sondern was er für seine Entwicklung benötigt (z. B. Selbstobjekterfahrungen). Bei ausreichender Empathie werden frühere konflikthafte Erfahrungen in der Beziehung zum Analytiker nicht aktiviert, sondern nur außerhalb des analytischen Settings, ohne daß dies ein Agieren darstellt.	Die Suche nach den Übertragungsauslösern, die mit den Reaktionen und Interventionen des Analytikers zu tun haben, ist zentraler Fokus der Vorgehensweise; dementsprechend gilt es, Übertragungsanspielungen (und zwar nicht nur die expressis verbis mitgeteilten) ausfindig zu machen und eine Übertragungsanalyse im Hier und Jetzt vorzunehmen. Verknüpfungen mit möglichen genetischen Erfahrungen sind nachgeordnet, aber natürlich nicht unwichtig oder gar überflüssig. Im Zentrum der Aufmerksamkeit steht, wie die bewußte und unbewußte Kommunikation aufgrund persönlichkeitsspezifischer interpersoneller und situativer Faktoren gestaltet wird.

Invalidierung früherer Erfahrungen nur aufgrund der (Innen-) Übertragungsanalyse?

Wenn ein Patient über Beziehungen außerhalb des analytischen Settings berichtet, können darin versteckte Anspielungen auf die Beziehung zum Analytiker zum Ausdruck kommen; aber die Tendenz, in jeder „außeranalytischen" Begebenheit eine Übertragungsanspielung zu erblicken, kann auch zu einer Karikatur von Psychoanalyse führen. Zwar hat jede Mitteilung eines Patienten eine Übertragungsbedeutung; aber diese Bedeutung braucht nicht auf den Inhalt, sondern auf den Mitteilungsvorgang bezogen zu sein. Wenn ein Patient z.B. von einer ihn sehr demütigenden Erfahrung mit einem Vorgesetzten erzählt, ist daraus nicht automatisch der Schluß zu ziehen, daß er unbewußt seinem Analytiker damit inhaltlich andeuten möchte, auch ihn als demütigend zu erleben; sondern er kann darüber erzählen, weil er seinem Analytiker vertrauen kann, worin in diesem Fall die Übertragung zu sehen ist. Gills Betonung der Übertragungsanalyse im Hier und Jetzt ist zwar sehr wichtig, aber es müssen hierbei Inhalt und Prozeß unterschieden werden. Der manifeste Inhalt der Äußerung eines Patienten bezieht sich keineswegs immer bewußt oder unbewußt auf den Therapeuten. Aber natürlich geschieht alles, was der Patient sagt oder auch verschweigt, in der Beziehung zu seinem Therapeuten. Des weiteren gilt es zu bedenken, daß Analytiker nicht immer mit ihrer Persönlichkeit derartige Erfahrungen auslösen können, die ein Patient für die Inszenierung seiner Übertragungen benötigt.

Wenn ein Analytiker von seinem Patienten als empathisch und gefühlsmäßig optimal auf ihn eingestimmt erlebt wird, brauchen dann die alten konflikthaften und traumatisierenden Erfahrungen überhaupt noch in der Beziehung zum Analytiker („Innen-Übertragungsanalyse") aktualisiert und durchgearbeitet zu werden? Reicht es dann aus, wenn diese in Übertragungsformationen außerhalb der Analyse („Außer-Übertragungsanalyse") erfahrbar werden? Es gibt eine Auffassung im Mainstream der Psychoanalyse, die in diesem Fall von einer unvollständigen Analyse oder gar von einem Übertragungsagieren sprechen würde. So inszeniert z.B. eine Patientin am laufenden Band Konflikte mit Ehemann und Arbeitskollegen, aber die analytische Beziehung ist konfliktfrei, und die Patientin fühlt sich von ihrem Therapeuten optimal verstanden. Müssen die unbewußten Konflikte auch an den neuen und anderen Beziehungserfahrungen innerhalb der analytischen Situation invalidiert werden, oder führen mehrere Wege zur Durcharbeitung und schließlich Aufhebung der alten pathogenen Überzeugungen und Konflikte? Die Erfahrung spricht nun eher dafür, daß frühere Gedächtnisinhalte mit negativen Emotionen auch dann überarbeitet werden können, wenn dies außerhalb der Beziehung zum Analytiker geschieht. Es gibt mehrere Gründe, der Innen-Übertragungsanalyse nicht den unbedingten Primat einzuräumen. Sie kann z.B. immer dann unangebracht sein, wenn:

- Der Analytiker (auch bei gründlichster Prüfung der von ihm ausgehenden Übertragungsaufhänger oder -hinweisreize) keinen Anlaß sieht, die Interaktion außerhalb der Analyse auf sich und seinen Patienten zu beziehen,
- das Entstehen einer neuen positiven Beziehungserfahrung durch das Ansprechen einer negativen Beziehungsvorstellung („Könnte es sein, daß Sie mich auch so ausbeuterisch erleben wie ihren Vorgesetzten?") an dieser Stelle des analytischen Prozesses empfindlich gestört werden würde,
- die Selbstobjekt-Übertragungsformen mit ihren vitalisierenden und selbstwertaufbauenden Funktionen eindeutig im Vordergrund stehen und vom Patienten für sein Wachstum unbedingt benötigt werden,
- der Patient durch die Innen-Übertragungsanalyse den Eindruck bekommen würde, daß sein Analytiker alles auf sich bezieht, sich dauernd in den Vordergrund drängelt und die wichtigste Person im Leben seines Patienten sein möchte (was einer Retraumatisierung im narzißtischen Bereich gleichkommen würde). Die Überbewertung der Person des Analytikers würde den Patienten zudem all seiner triebhaften Eigendynamik und seiner Selbstbestimmung berauben, die auch seine Autonomie ausmacht, die je nach Ausmaß der Traumatisierung ohnehin prekär ist.

Aber wird durch die Suspendierung der Übertragungsanalyse nicht die angesprochene Dialektik von intrapsychisch und interpersonell stillgelegt, indem die Probleme des Patienten in einer vereinfachten Sichtweise allein genetisch auf seine Vergangenheit zurückgeführt werden? Kann eine lege artis verstandene Psychoanalyse wirklich ohne Berücksichtigung der unbewußten Inszenierung des Konflikts im Hier und Jetzt durchgeführt werden? Die Antwort hierauf kann nur sein, daß in einer Psychoanalyse der interaktionell-adaptive Gesichtspunkt zwar immer vom Analytiker reflektiert, aber nicht unbedingt angesprochen zu werden braucht. Seine permanente Berücksichtigung gibt dem Analytiker überhaupt erst die Orientierung, welche möglichen lebensgeschichtlichen Themen im Augenblick berührt sind, wobei diese nicht unbedingt völlig deckungsgleich mit den Szenen in der Außen-Übertragungsthematik zu sein brauchen.

Ausschlaggebend für die Entscheidung, ob die Erzählung des Patienten auch auf die Interaktion mit dem Analytiker zu beziehen ist, sollte neben Kriterien einer ausreichenden Angemessenheit und Nachvollziehbarkeit für den Patienten in erster Linie immer sein, ob dies für das **entwicklungsmäßige Anliegen** des Patienten förderlich ist. Die gelungene Lösung eines alten Konflikts in der Übertragung mit dem Analytiker kann eminent entwicklungsförderlich sein, aber ebenso kann dies auch ein optimales Affekt-Attunement erreichen, das vitalisierend wirkt und die Fähigkeit zur Selbstregulierung fördert, ohne daß hierbei die Hier-und-Jetzt-Beziehung in ihren konflikthaften und ambivalenten Aspekten angesprochen zu werden braucht. Aus diesem Grund kann hier auch keine starre Regel empfohlen werden; ausschlaggebend für das jeweilige Vorgehen ist vielmehr die Überlegung, welche Intervention oder Haltung zum gegebenen Zeitpunkt mit diesem bestimmten Patienten am günstigsten für seine Entwicklung sind. Faktisch betrachtet, existiert ohnehin für den Großteil einer analytischen Stunde die als selbstverständlich angenommene Voraussetzung, daß der Analytiker für seinen Patienten einfach da ist, egal ob dieser eine narzißtische Störung aufweist oder nicht, so daß ohnehin nur gelegentlich die Person des Analytikers konturiert in den Vordergrund tritt.

„Diese Basis (der analytischen Beziehung, W.M.) ist im wesentlichen das Vertrauen des Patienten darauf, daß er, wenn nötig, den Analytiker auch als Funktion, als vollkommene Unperson benutzen kann, ohne daß der Analytiker auf seine Bedeutung oder Existenz als Person verweist" (Treurniet 1985, S. 925).

IV

Auch die Forschungsergebnisse der Mount Zion Psychotherapy Research Group um Weiss u. Sampson (1986, 1990) legen die Auffassung nahe, daß Patienten ihre pathogenen Überzeugungen verändern können, ohne daß der Therapeut Übertragungsdeutungen vorgenommen hat. Vielmehr sind eine Atmosphäre von Sicherheit und „Pro-Plan-Interventionen“ notwendig, die zu einer Invalidierung der pathogenen Überzeugungen führen. Allerdings setzt die Ermöglichung einer Atmosphäre von Sicherheit und Schamreduzierung voraus, daß der Analytiker kontinuierlich darüber reflektiert, wie seine Interventionen auf seinen Patienten wirken, auch wenn dies nicht explizit zum Thema gemacht werden muß.

Übertragung läßt sich auch mit objektivierenden Methoden überprüfen

Allen, die gegenüber der psychoanalytischen Vorgehensweise (On-line-Forschung) noch skeptisch eingestellt sind, vielleicht weil sie noch zu wenig Erfahrung haben, vielleicht auch, weil sie Objektivierung als Absicherung benötigen, sei versichert: Die vorgetragenen Konzepte des Rollenanliegens in der Übertragung und der Abstinenzfähigkeit lassen sich auch empirisch (Off-line) überprüfen.

Bei der unbewußten Plananalyse der Forschungsgruppe um Weiss und Sampson (1986) z. B. wird davon ausgegangen, daß Patienten von Beginn der Therapie an – also auch schon im analytischen Erstgespräch – unbewußt lebensgeschichtliche Erwartungsmuster zu aktualisieren versuchen und mehr oder weniger bewußt das Verhalten des Analytikers darauf hin einzuschätzen versuchen, inwieweit er den pathogenen Erwartungen (z. B. wenn ich meine Meinung äußere – unbewußt: Wenn ich meine Kritik am Elternverhalten ausspreche –, erfolgt eine zurückweisende und kränkende Äußerung; oder wenn ich liebevoll bin, z. B. ein Geschenk mitbringe – unbewußt: Wenn ich meinen Analytiker zu verführen versuche –, geht er umgehend darauf ein) entspricht oder nicht entspricht. Erfolgt eine Bestätigung der pathogenen Erwartungen, die natürlich immer idiosynkratisch sind (ein Geschenk z. B. kann einen Verführungsversuch bedeuten, aber auch die schüchterne Annäherung eines eher kontaktgestörten Patienten darstellen; im letzteren Fall wäre die Annahme des Geschenks auf jeden Fall angezeigt), fühlt sich der Patient eher in seinem neurotischen Zirkel verstärkt oder aber ermutigt, seinen Äußerungen und Verhaltensweisen weitere Taten folgen zu lassen.

Literaturempfehlungen

Bettighofer, S.: Übertragung und Gegenübertragung im therapeutischen Prozeß. Kohlhammer, Stuttgart 1998

Blum, H.P.: The position and value of extratransference interpretations. J. Amer. Psychoanal. Ass. 31 (1983) 587 – 617

Ermann, M.: Die sog. Realbeziehung. Forum Psychoanal. 8 (1992) 281 – 294

Fosshage, J.L.: Toward reconceptualising transference: Theoretical and clinical considerations. Int. J. Psycho-Anal. 75 (1994) 265 – 280

Gill, M.M.: Analysis of transference. Vol. I, Theory and technique. Psychological Issues, Monograph 53. International Universities Press, New York 1982

Haesler, L.: Relationship between extratransference interpretations and transference interpretations: a clinical study. Int. J. Psycho-Anal. 72 (1991) 463 – 477

König, K.: Praxis der psychoanalytischen Therapie. Vandenhoeck & Ruprecht, Göttingen 1991

Körner, J.: Drei Menschenmodelle in der Psychoanalyse. Dargestellt am Beispiel des Übertragungsbegriffs. Forum Psychoanal. 2 (1986) 277 – 293

Körner, J.: Übertragung und Gegenübertragung, eine Einheit im Widerspruch. Forum Psychoanal. 6 (1990) 87 – 104

Lichtenberg, J., F. Lachmann, J. Fosshage: Self and motivational systems: Toward a theory of psychoanalytic technique. The Analytic Press, Hillsdale, NJ 1992

Mertens, W.: Einführung in die psychoanalytische Therapie, Bd. 2, 2. Aufl. Kohlhammer, Stuttgart 1992

Gegenübertragung

Was ist Gegenübertragung?

Während ein Patient über sein schwieriges Verhältnis zu seinem Vorgesetzten spricht, tauchen bei einer Psychoanalytikerin folgende Gefühle, Vorstellungen und Gedanken auf: Sie möchte ihn in den Arm nehmen und ihn wiegen, so als ob sie ihn dadurch von seinem ewigen Rivalisieren mit Männern erlösen könnte. Hat sie damit gespürt, was dieser Patient sich unbewußt von seinem Vater gewünscht hätte, sich aber nicht auszusprechen wagte? Ist es ihr eigener Wunsch aus Kindheit und Jugendzeit, sich derart von ihrem Vater beschützt und anerkannt zu fühlen? Nimmt sie eine Rollenzuweisung wahr, die vom Patienten unbewußt ausgeht, eine Mutter möge ihn vor seinen Haßgefühlen auf seinen Vater schützen? Oder schützt sich die Therapeutin in ihrer Übertragungsrolle als Vorgesetzte vor den unterschwelligen aggressiven Impulsen des Patienten, indem sie diese in Form einer Reaktionsbildung mit liebevollen Handlungstendenzen zudecken möchte?

Eine andere Therapeutin nimmt wahr, wie ihr Patient, der eben noch durchaus gefühlshaft seine Erzählung vortragen konnte, seit einigen Viertelminuten in seinen Worten nicht mehr spürbar wird und sie sich kurze Zeit später ausgeschlossen fühlt, so als hätte ihr Patient sie erst angelockt, um sie dann wegzuschicken. Sie hat dies schon öfters mit ihm erlebt. Ist dies ihre Empfindlichkeit, sich schnell abgelehnt zu fühlen, oder nimmt sie durchaus etwas Richtiges wahr, was ihr Patient mit ihr – ihm selbst natürlich nicht bewußt – inszeniert?

Es ist den von Gefühlen begleiteten Vorstellungen und Phantasien des Therapeuten in manchen Fällen nicht auf die Stirn geschrieben, wie sie exakt zuzuordnen sind. Aber sie sind auf jeden Fall eine ungemein wichtige Erkenntnisquelle und das Herzstück eines psychoanalytischen Prozesses. Die Analyse der Gegenübertragung und der Umgang mit ihr gelten deshalb auch als unverzichtbare Bestandteile der psychoanalytischen Kompetenz.

Bei dem introspektiven Analysieren der Gegenübertragung werden folgende Fragen zu beantworten sein: Inwieweit handelt es sich bei den Gefühlen und Phantasien um:

- Konkordante und komplementäre Identifizierungen,
- Rollenbereitschaften und projektive Identifizierungen,
- eigene Übertragungen,
- Resultanten all dieser interaktiv und intrapsychisch ablaufenden Vorgänge?

Von der Stigmatisierung zum Markenzeichen psychoanalytischer Professionalität – Veränderungen des Gegenübertragungskonzepts

In den Anfängen der Psychoanalyse galt die Gegenübertragung des Psychoanalytikers – d.h. starke gefühlsbesetzte Vorstellungen, die auf den ersten Blick in keinem erkennbaren Zusammenhang zu den Erzählungen eines Patienten stehen – als eine Verunreinigung der Objektivität des Erkennens; aus diesem Grund habe sich der Therapeut eine eventuell auftretende Gegenübertragung bewußt zu machen, um sie bereits während ihres Entstehens niederhalten und aus dem Erleben drängen zu können. In dieser Sichtweise ähnelte die Gegenübertragung den Konzepten des Vorurteils, des Versuchsleiter-Einflusses und den Voreingenommenheiten eines Wissenschaftlers.

1910 hatte Freud auf einem psychoanalytischen Kongreß in Nürnberg festgestellt:

„Wir sind auf die 'Gegenübertragung' aufmerksam geworden, die sich beim Arzt durch den Einfluß des Patienten auf das unbewußte Fühlen des Arztes einstellt, und sind nicht weit davon, die Forderung zu erheben, daß der Arzt diese Gegenübertragung in sich erkennen und bewältigen müsse. Wir haben... bemerkt, daß jeder Psychoanalytiker nur so weit kommt, als seine eigenen Komplexe und inneren Widerstände es gestatten, und verlangen daher, daß er seine Tätigkeit mit einer Selbstanalyse beginne und diese, während er seine Erfahrungen an Kranken macht, fortlaufend vertiefe" (1910e, S. 108).

Und zwei Jahre später formuliert Freud als Gegenstück zur psychoanalytischen Grundregel:

„Wie der Analysierte alles mitteilen soll, was er in seiner Selbstbeobachtung erhascht... so soll sich der Arzt in den Stand setzen, alles ihm Mitgeteilte für die Zwecke der Deutung, der Erkennung des verborgenen Unbewußten zu verwerten, ohne die vom Kranken aufgegebene Auswahl durch eine eigene Zensur zu ersetzen, in eine Formel gefaßt: Er soll dem gebenden Unbewußten des Kranken sein eigenes Unbewußtes als empfangendes Organ zuwenden, sich auf den Analysierten einstellen, wie der Receiver des Telephons zum Teller eingestellt ist ... so ist das Unbewußte des Arztes befähigt, aus den ihm mitgeteilten Abkömmlingen des Unbewußten dieses... Unbewußte wiederherzustellen" (1912g, S. 382).

Trotz Freuds Betonung der Fruchtbarkeit der Receiveranalogie blieb diese zunächst im Hintergrund der Diskussion. Im offiziellen Selbstverständnis der damaligen Psychoanalytiker herrschte zunächst die Sichtweise vor, daß die Gegenübertragung ein Hindernis und eine Störvariable darstellt.

In der Literatur werden in der Regel Winnicott (1949), Heimann (1950), Little (1951) und Racker (1953) genannt, die die lange Zeit vorherrschende Auffassung, daß die Gegenübertragung als störende Subjektivität des Analytikers zu betrachten sei, als Abwehr des Analytikers gegen ein tieferes Involviertwerden in die Interaktion mit seinem Patienten beschrieben haben. Racker (1957) vertrat die Auffassung, daß das bis dahin wissenschaftlich so kärglich bearbeitete Thema der Gegenübertragung auf Überreste ungelöster Konflikte bei Analytikern verweist.

Verschiedene Auffassungen von der Gegenübertragung

So lassen sich auch die als „klassisch" und als „ganzheitlich" oder als „totalistisch" bezeichneten Auffassungen der Gegenübertragung als Positionen unterschiedlich zeitlicher Etappen der Reflexionsbemühungen darstellen.

„Klassische" Auffassung

Diese Sichtweise geht davon aus, daß die Gegenübertragung des Analytikers die unbewußte Reaktion auf die Übertragung eines Patienten darstellt. Sie ist stark von Freuds (1912g) Auffassung beeinflußt, der seine psychoanalytischen Kollegen ermahnte, die Gegenübertragung zu überwinden, die häufig, aber nicht immer, ihren Ursprung in eigenen neurotischen Erlebnisweisen haben.

IV

„Totalistische" Auffassung

Die sog. totalistische Auffassung der Gegenübertragung wird vor allem von Heimann (1950 u. 1960), Little (1951), Racker (1953 u. 1957), Kernberg (1965) und anderen vertreten. Heimann bestand darauf, daß das Konzept der Gegenübertragung alle Gefühle umfassen solle, die der Analytiker gegenüber seinem Patienten verspürt. Entgegen der damals weit verbreiteten Ansicht, daß Gefühle und stärkere Affekte gegenüber einem Patienten mit dem Ideal des wohlwollenden, über den Niederungen heftiger Gefühle stehenden Analytikers nicht vereinbar sind, ging sie davon aus, daß diese Modellvorstellung der Wirklichkeit der analytischen Beziehung nicht angemessen ist und auch eine fehlgeleitete Rezeption der Freudschen Spiegel- und Chirurgenmetapher darstellt. Die analytische Beziehung wird falsch konzipiert, wenn man davon ausgeht, daß der Analytiker eine durchanalysierte Deutungsmaschine ist und lediglich der Patient von tiefen Gefühlen bewegt wird. Die gefühlsmäßig gefärbte Reaktion des Analytikers stellt vielmehr eine der wichtigsten Erkenntnismöglichkeiten für den Zugang zu den unbewußten Reaktionen eines Patienten dar. Dabei läßt sich nicht auf den ersten Blick die gefühlsmäßige Reaktion des Analytikers exakt als Gegenstück zu der Übertragung seines Patienten bestimmen. Deshalb ist es sinnvoll und angebracht, jegliche gefühlsmäßige Reaktion, die in der Stunde auftritt, ernst zu nehmen, auch wenn prima vista zunächst noch kein Zusammenhang mit den Übertragungen des Patienten erkennbar ist.

Auch Margaret Little (1951) ging von einer **ganzheitlichen Definition** der Gegenübertragung aus. Die von ihr identifizierten vier Dimensionen lassen sich folgendermaßen unterscheiden:

- Gegenübertragung als eine unbewußte Haltung dem Patienten gegenüber.
- Neurotische Übertragungselemente, die dazu führen können, daß der Analytiker seinen Patienten wie einen Elternteil (oder ein Geschwister) erlebt.
- Nicht-neurotische Reaktionen des Analytikers auf die Übertragung seines Patienten (die sog. „normale Gegenübertragung").
- Das Gesamt der Haltungen des Analytikers gegenüber seinem Patienten.

Kritiker der ganzheitlichen Auffassung der Gegenübertragung, so z.B. Annie Reich (1951 u. 1960), wiesen darauf hin, daß die Subsumtion aller in der Interaktion mit einem Patienten auftretenden Reaktionen (wie z. B. Gefühle, Phantasien, Vorstellungen) unter das Konzept der ganzheitlich verstandenen Gegenübertragung diesem jegliche spezifische Bedeutung nehmen und vor allem deshalb auch zu einem verwirrenden Begriffsgebrauch führen würde. Mit der Evidenz erheischenden Feststellung: „Das spüre ich jetzt in meiner Gegenübertragung" werden die mühseligen Schritte des tiefenhermeneutischen Erkenntnisprozesses scheinbar genial übersprungen; die sog. Emotionalität wird gegenüber den kognitiven Erkenntnisakten überbewertet und auf die Analyse der eigenen Reaktionen oftmals verzichtet. Die Formel: „Das hat der Patient in mir induziert" reicht aus, um den tiefenhermeneutischen Prozeß kurzzuschließen und sich nicht mehr die Mühe des Nachdenkens darüber zu machen, in welchem Ausmaß eigene neurotische Reaktionen und Übertragungen zu diesem Erleben Anlaß gegeben haben.

Zwar kann man Annie Reich in ihrer Abgrenzung gegenüber der totalistischen Sichtweise aus heutiger Sicht nicht mehr recht geben, doch in ihrem Bemühen um eine Objektivierung des empathischen Prozesses hat sie durchaus einen wichtigen Beitrag geliefert.

Vor allem ihre dezidiert vertretene Auffassung, daß das „Erleben der Gegenübertragung" noch nicht den Schlußpunkt des komplexen psychoanalytischen Erkenntnisprozesses darstellt, sondern zum einen eine Fülle an theoretischem Wissen voraussetzt und zum anderen eine stringente Reflexion der gefühlsmäßigen Eindrücke erforderlich macht, stellt eine wichtige Erkenntnis dar.

Gegenübertragung als Übertragung des Analytikers

Diese hauptsächlich von Greenson (1982) vertretene Position erblickt in der Gegenübertragung das Pendant zur Übertragung des Patienten, das aus unverarbeiteten und ungelösten Konflikten des Analytikers resultiert.

Sie kann sich in zwei Formen manifestieren:

- Als generelle Haltung, z. B. als leicht arrogant und blasiert wirkende Einstellung, die eine Unsicherheit in zwischenmenschlichen Kontakten kompensieren helfen soll,
- als spezifische Reaktion, die nur bei bestimmten Menschen, die z. B. etwas ihr Gegenüber Verunsicherndes ausstrahlen, in Erscheinung tritt.

Es ist allerdings sinnvoller, diese Reaktion nicht als Gegenübertragung zu bezeichnen, sondern als das, was sie ist, nämlich eine Übertragung des Analytikers. Diese These, daß der Patient etwas in einen induziert hat, was mit einem selbst aber nur ganz wenig zu tun hat, kann bei Nichtberücksichtigung dieser Eigenübertragung ansonsten zu einer bequemen Ausrede werden.

Dennoch sollte aber auch im Auge behalten werden, worauf Kernberg (1965) hingewiesen hat, daß nämlich Gegenübertragungsreaktionen, die auf ungelöste neurotische Konflikte und Charakterprobleme des Analytikers zurückgehen, doch auf innige Weise mit der analytischen Interaktion mit einem ganz bestimmten Patienten verknüpft sind (was wiederum die ganzheitliche Auffassung rechtfertigt). Das regressive Mitgehen in der Empathie, um die Konflikte des Patienten verstehen zu können, kann nämlich ähnliche Konflikte aus der Vergangenheit des Analytikers aktivieren und ebenso alte Charakterwiderstände, die in der Analyse mit anderen Patienten und auch im sonstigen Leben des Analytikers so gut wie keine Rolle spielen. Bei einem zu engen Verständnis von Gegenübertragung gerät man in Versuchung, die gesamte Reaktion ausschließlich als ein neurotisches Charakterproblem des Analytikers zu betrachten und darüber zu vergessen, auf welche Weise der Patient diese Reaktion in seinem Analytiker auslöst. Kernberg (1965) hat ebenfalls klargemacht, daß bei Borderline-Patienten oder schwer regredierten Patienten die im Analytiker ausgelösten, zumeist sehr intensiven Affekte in aller Regel sehr stark mit den chaotischen Teil-Objektbeziehungen des Patienten und nur wenig mit den spezifischen Problemen des Analytikers zu tun haben; die meisten Analytiker würden bald recht ähnliche Reaktionen angesichts dieses Patienten in sich verspüren.

Mit Möller (1977) lassen sich nun die drei hauptsächlichen Begriffsverwendungen entsprechend den Kriterien normal versus neurotisch, reaktiv versus generell folgendermaßen unterscheiden (Abb. 13.**2**):

1. das Gesamtverhalten (totalistische Auffassung) (= 1, 2, 3, 4);
2. das reaktive Verhalten, das sowohl normal als auch neurotisch sein kann (klassische Auffassung) (= 3, 4);
3. alles neurosebedingte Verhalten, das sowohl generell als auch reaktiv sein kann (Pendant zur Übertragung des Patienten) (= 1, 3).

Bei diesem Differenzierungsversuch wird allerdings davon ausgegangen, daß die topischen Kriterien – bewußt, vorbewußt, unbewußt – in der bisherigen Literatur eine geringere Rolle spielen. Bei genauerer Betrachtung muß aber berücksichtigt werden, daß die Gegenübertragung – zumindest lan-

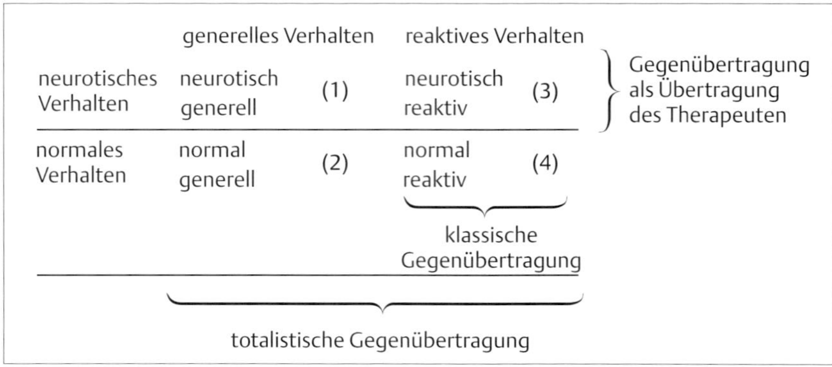

Abb. 13.**2** Verhalten des Analytikers gegenüber dem Patienten (nach Möller 1977, S. 144)

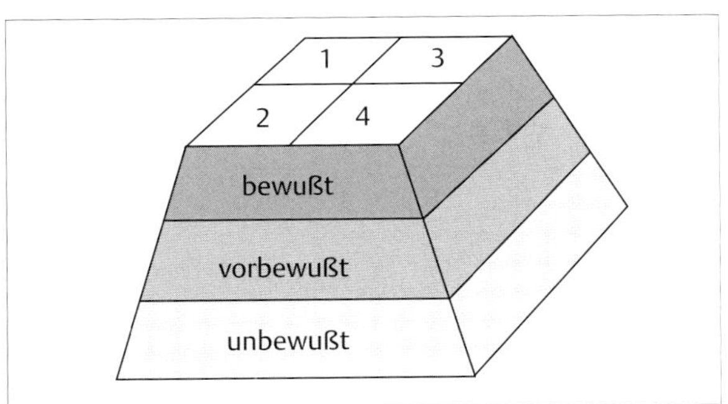

Abb. 13.**3** Bewußte, vorbewußte und unbewußte Dimensionen der Gegenübertragung

ge Zeit – zum größeren Teil **unbewußt** ist und daß der Analytiker sich ihrer nur mit Hilfe bewußter und vorbewußter Abkömmlinge bewußt werden kann.

Dementsprechend muß das obige Schema entsprechend topischen Kriterien erweitert werden (Abb. 13.**3**).

Selbstverständlich sind die topischen Dimensionen nicht fein säuberlich trennbar, aber ihre tendenzielle Unterscheidbarkeit ist unumgänglich für einen therapeutischen Prozeß, der nicht in einer gemeinsamen Verstrickung enden soll. Die transaktionelle Sichtweise der modernen Psychoanalyse legitimiert zwar gänzlich die totalistische Konzeption der Gegenübertragung, vor allem auch in ihrer unbewußten Dimension, legt aber gleichzeitig nahe, daß die Notwendigkeit, eigene neurotische Übertragungen auf den Patienten, den Einfluß von Persönlichkeitshaltungen und andere subjektive Affekte und Verhaltensreaktionen zu reflektieren, um vieles dringlicher wird als in der klassischen Sichtweise. Denn diese betrachtete das Phänomen der Gegenübertragung als mehr oder weniger reaktiv bedingten und isolierbaren „Fehler", der nur gelegentlich die Einfühlung beeinträchtigen kann.

Die in den letzten Jahrzehnten sich immer stärker durchsetzende Erkenntnis, daß eine positivistische, experimentalanaloge Subjekt-Objekt-Spaltung im psychoanalytischen Setting auch nicht ansatzweise vertreten werden kann, hat zu einem intensivierten Bemühen geführt, die Gegenübertragung des Therapeuten besser und genauer zu konzeptualisieren, um in der Praxis damit reflektierter umgehen zu können. Somit rückt die Subjektivität des Analytikers viel stärker in den Fokus der Aufmerksamkeit. Sie gilt somit heutzutage als eine unverzichtbare innere Orientierungsleistung, um vor allem unbewußte Selbstentwürfe, Szenen, Phantasien und Konflikte des Patienten besser oder überhaupt erst einmal zu verstehen.

Die moderne Psychoanalyse begreift die psychoanalytische Situation als das Interagieren zweier Personen, die sich beide in ihrer Subjektivität verstehen müssen. Sobald sie beschlossen haben, eine Analyse durchzuführen, sind sie beide in ein gemeinsames Drama verstrickt. Die Auflösung des Dramas führt dazu, daß der eine der beiden – in der Regel der Patient – sich besser erkennen kann. Denn vor allem in den Anfängen dieses Dramas herrschen massive Selbsttäuschungen vor: Der Analysand täuscht sich in vielem über die Beweggründe seiner Intentionen und Wünsche; aber auch der Analytiker gerät unweigerlich in Situationen, in denen er seinen ansonsten klaren Überblick zu verlieren droht. Die Dialektik der psychoanalytischen Situation besteht darin, daß der Analysand letztlich nur so weit kommen kann, wie der Analytiker die Bewegungen des Dramas versteht. Dazu muß er sich den Irritationen aussetzen, die durch sein Gegenüber und dessen Lebensgeschichte in ihm ausgelöst werden. Mittels seiner geschulten Introspektion sucht der Analytiker, vertraute und befremdliche Vorstellungen und Gefühle wahrzunehmen und als Antwort auf die bewußten und unbewußten Inszenierungen seines Analysanden zu verstehen. Diese epistemologische Grundhaltung der Psychoanalyse unterscheidet sie von jeder psychotherapeutischen Technik, die man glaubt anwenden zu können, ohne sich auf sein Gegenüber wirklich zu beziehen und in der auf die methodische Triangulation von Beobachtung, Einfüllung und Introspektion weitgehend verzichtet wird.

Stärker als in der ersten Hälfte dieses Jahrhunderts kann man sich heutzutage zu dieser Subjektivität im Erkenntnisprozeß bekennen, ohne als Mystiker oder als unwissenschaftlich eingeschätzt zu werden. Grundlegende Entdekkungen in der Physik, Veränderungen in der Wissenschaftsphilosophie, wie z.B. die Abkehr von einer Auffassung, die wissenschaftliche Erkenntnis ausschließlich mit Rationalität gleichsetzt, und andere kulturelle Bewegungen haben zu dieser Aufwertung der Subjektivität im Erkenntnisprozeß geführt. Es ist das Zulassen eines subjektiven Fühlwissens, das zu einem besseren Verständnis von Intersubjektivität führt und nicht eine zwanghafte Objektivität, deren Ideal die affektisolierte Meßbarkeit ist. Das Fühlwissen braucht freilich auch einen äußeren Bezugspunkt. Dieser ist – neben der Wahrnehmung des verbal und nonverbal Mitgeteilten seitens des Patienten – durch die im Prinzip zu jedem Zeitpunkt approximativ durchführbare Explikation des intersubjektiven Erlebens gewährleistet, aber auch dadurch, daß es von Alltagswissen und psychoanalytischen Theoriebestandteilen Gebrauch macht. Denn Einfühlung, Introspektion, Analyse der Übertragung und Gegenübertragung geschehen immer auch sub specie von (Alltags-) Theorien.

Die Leiden eines Patienten sind nicht als isolierte Symptome zu begreifen, die aufgrund falsch gelernter oder mangelhafter Problemlösungen entstanden sind, sondern sie sind Ausdruck einer Persönlichkeit, die sich in einer intersubjektiven Matrix im Verlauf des Heranwachsens und der Sozialisation entwickelt hat. Wenn der Analytiker mit Hilfe der Wahrnehmung seiner eigenen Gegenübertragung in diese intersubjektive Matrix eintaucht, die sich im Hier und Jetzt der analytischen Situation zeigt, und er zum engagierten Mitspieler eines sich nach und nach entfaltenden Dramas wird, ähnelt dieses in seinen verschiedenen Szenen in vielem den traumatisierenden und konflikthaften Lebenssituationen des Patienten, weist aber auch viele Neuerfahrungen auf, die er mit seinem Analytiker macht, der anders als die früheren Bezugspersonen reagiert.

Der gekonnte Umgang mit der Gegenübertragung wird somit auch darüber entscheiden, ob:

- Alte Traumatisierungen und konflikthafte Erfahrungen überhaupt eine Neuinszenierung erfahren können,
- diese lediglich zu Retraumatisierungen und Verfestigungen der Konflikte führen,
- es zu einer interaktiven Bearbeitung der alten Erfahrungen kommen kann,
- neue Erfahrungen nach Durcharbeitung der alten Traumatisierungen und Konflikte stattfinden können.

Wenn man einem sozialwissenschaftlichen Anspruch gerecht werden will, dann gehört zu einer Interpretation der dramatischen Lebensentwürfe auf dem Wege des Verstehens und Begreifens der Gegenübertragung nicht nur eine klinische und entwicklungspsychologische Theorie, die das Ineinander von Traumatisierung, Konflikt, Abwehr, Phantasie, Persönlichkeitsbildung in einer entwicklungsgeschichtlichen Abfolge begreiflich macht, sondern auch eine Kultur- und Gesellschaftstheorie. Denn ohne die Kenntnis der historischen, kulturellen und ökonomischen Umstände, unter denen Patienten aufgewachsen sind und in denen sie sich heute bewegen, besteht die Gefahr, daß ihre Lebensäußerungen psychologisierend mißverstanden werden.

Gegenübertragung ist nicht nur reaktiv – Ein neues Verständnis von analytischer Intersubjektivität

Wenn, wie bereits in dem Abschnitt über Übertragung ausgeführt, die geäußerten Redeinhalte nicht allein aufgrund der intrapsychischen Dynamik des Patienten entstehen, sondern in einem unterschiedlich großen Umfang auch auf die subtilen, manchmal auch deutlichen Hinweisreize jenseits der bewußt intendierten Interventionen des Analytikers Bezug nehmen, dann wird die Betrachtung der Subjektivität des Analytikers allerdings noch aus einem anderen Grund äußerst wichtig: Die Reaktionen des Analytikers, die in jeder Minute der analytischen Interaktion ablaufen (egal, ob er interveniert oder nicht, sich im Sessel bewegt oder nicht), werden zu wichtigen Stimuli für den Patienten, wann und auf welche Weise er sich bestimmten konflikthaften Themen zuwendet und zu bearbeiten versucht. Vom modernen Psychoanalytiker wird somit verlangt, daß er nicht nur ansatzweise seine eigenen inneren Konflikte und damit auch etwaige blinde Flecke kennt und sie lebensgeschichtlich zurückverfolgen kann, sondern daß er auch eine Vorstellung darüber entwickelt, wie er auf Patienten, auf deren Rollenerwartungen und Wünsche reagiert. Denn diese auf vielfältige Weise – aber beileibe nicht nur als Deutung – aufscheinenden Reaktionen werden zu einem gut Teil in die vom Patienten ausgehende Inszenierung verwoben; von daher erklärt sich auch der wichtige Stellenwert der aktualgenetischen Aufklärung der Beziehungseindrücke in der Übertragungsbeziehung.

Damit ist auch deutlich geworden, daß die sog. „totalistische Version der Gegenübertragung" die einzig vertretbare Auffassung ist. Denn der Analytiker reagiert nicht nur ausgestanzt auf die Übertragung des Patienten, sondern er reagiert auf die gesamte Person des Patienten, auf die Art und Weise seiner Erzählungen, auf bestimmte Personen, von denen die Erzählungen handeln und anderes mehr Er reagiert auch nicht nur mit komplementären oder konkordanten Gefühlen, entsprechend den Beziehungsrepräsentanzen seines Patienten, sondern er kann auch mit eigenen neurotischen Übertragungsgefühlen, mit der Projektion von Selbstanteilen, ja sogar mit eigenen projektiven Identifizierungen auf die Person und die Mitteilungen seines Patienten reagieren.

Häufig tauchen die folgenden Fragen auf, die nicht nur diejenigen bewegen, die sich zum ersten Mal mit den erkenntnistheoretischen Fallstricken des psychoanalytischen Handlungsdialogs beschäftigen:

- Wie kann bei derart viel subjektiver Beeinflussung die „Objektivität" des tiefenhermeneutischen Erkenntnisprozesses als gesichert angenommen werden?
- Sind die Interpretationen des Analytikers nicht nahezu immer von der eigenen Subjektivität kontaminiert?
- Welchen Wahrheitsgehalt können dann noch die Deutungen des Analytikers beanspruchen?

Aber so wie jeder gute Experimentalpsychologe sein Handwerk erlernen muß oder jeder Forscher die Angemessenheit seiner Methoden für den zu erforschenden Gegenstandsbereich einzuschätzen lernt, so können auch Übung und kontinuierlicher Erfahrungszuwachs zu einer immer besseren Kompetenz des Analytikers führen. Daß sich hierbei wie bei jeder menschlichen Leistung auch Grenzen des eigenen Könnens ergeben, braucht nicht eigens betont zu werden. Aber dennoch nimmt die psychoanalytische Kompetenz, häufig ja auch mit einer künstlerischen Fähigkeit verglichen, durch Übung, Erfahrung, Selbstdisziplin, Bereitschaft zur Selbstreflexion und anderes mehr im Lauf der Jahre immer mehr zu. Das „Arbeiten mit der Gegenübertragung" ist also kein illusionäres, symbiotisch gefärbtes Verschmelzungserleben, das die Mühen eines reflexiven Verstehens- und Aufklärungsprozesses nicht kennt – wie oftmals von Kritikern der Psychoanalyse unterstellt – , sondern eine differenzierte, explizier- und reflektierbare Vorgehensweise, in der auch eine wirkliche Meisterschaft, freilich nicht im Schnellverfahren oder in Wochenendkursen, erreicht werden kann. Eine Voraussetzung neben Selbstanalyse, Supervision und Erfahrungszuwachs ist auch die konzeptuelle Klärung der wesentlichen, bei der Wahrnehmung und Analyse der Gegenübertragung beteiligten Vorgänge. Bei einem Vergleich mit den Leistungen der sog. objektiven Methoden in der klinischen Psychologie darf zudem nicht übersehen werden, daß in diese Methoden, vor allem bei der Interpretation der Ergebnisse, unbemerkt viele subjektive Momente eingehen, so daß deren Wahrheitswert ebenfalls nicht absolut sein kann (Tab. 13.**7**).

Introspektion, Rollenempfänglichkeit und projektive Identifizierung

Die abstrakt klingende Formel „Arbeit mit der Übertragung und Gegenübertragung" enthält aus heutiger Sicht eine Anzahl von intrapsychischen und interpersonellen Vorgängen sowie methodischen Schritten, von denen die wichtigsten dargestellt werden.

Rollenempfänglichkeit im Rollendialog

Die Übertragung braucht sich nicht nur als intrapsychisches Erleben – gleichsam als eine mehr oder weniger illusionäre Einschätzung des Gegenübers – beim Patienten zu manifestieren, sondern sie kann auch mit einer Handlungskomponente einhergehen. Der Analysand versucht nach Sandler (1976) dann, seinen Analytiker zu einem bestimmten Rollenverhalten zu bewegen, z.B. zu dem einer verurteilenden Mutter vis à vis einem sich verweigernden oder aufsässigen Kind. Das tatsächliche Rollenhandeln, ob nun als Verhaltensweise geäußert oder vorläufig nur als gefühlshafte Vorstellung und Handlungstendenz wahrgenommen, stellt in vielen Fällen eine Kompromißbildung zwischen dem Aufforderungscharakter des Analysanden und der Art und Weise dar, wie ein bestimmter Analytiker auf ein derartiges Rollenansinnen einzugehen bereit ist. Wichtig ist auf jeden Fall aber

Tabelle 13.**7** Das Konzept der Gegenübertragung

Triebkonflikt-Modell	Entwicklungsdefizit-Modell	Beziehungskonflikt-Modell
Trotz der Anerkennung des totalistischen Konzepts der Gegenübertragung (mit der Erkenntnis, daß auch die Eigenübertragung des Analytikers Wahrnehmung und Intervention beeinträchtigen können), besteht doch das starke Ideal, für den Patienten ein „unkontaminiertes Objekt" darzustellen. Aus diesem Grund muß z. B. auch die Anonymität des Analytikers geschützt werden, damit – entsprechend dieser Auffassung – der Patient die Möglichkeit eingeräumt bekommt, nicht an der realitätsorientierten Wahrnehmungsoberfläche zu bleiben, sondern sich in den Raum seiner phantasierten Introjekte hineinbegeben zu können.	Das Ziel, mit möglichst großer Empathie sich in die Welt des Patienten hineinversetzen zu wollen, ist von der Auffassung getragen, daß der Analytiker letztlich doch dem Ideal einer Spiegelplatte oder dem eines neutralen Containers verhaftet bleibt. Der Analytiker reagiert nur dann mit eigenen Anteilen, wenn seine Empathie aufgrund eigener unbewältigter Konflikte versagt. Auch die Vorstellung, unzureichend bewältigte Entwicklungsbedürfnisse mit dem Patienten zu erkennen, Hemmungen durchzuarbeiten und Entwicklungspotentiale zu aktivieren, basiert auf der Überzeugung, daß dies am besten zu bewerkstelligen sei, wenn der Analytiker möglichst anonym, neutral und abstinent bleibt.	Das Erkenntnisideal besteht nicht in dem einer möglichst unkontaminierten Objektivität, sondern entsprechend modernen erkenntnistheoretischen Auffassungen wird von vornherein davon ausgegangen, daß der Analytiker in eine intersubjektive Matrix eintaucht, die sich im Hier und Jetzt der analytischen Situation ergibt und daß er somit zum engagierten Mitspieler eines sich nach und nach entfaltenden Dramas wird. Auch wenn der Analytiker aufgrund seiner operationalen Abstinenzhaltung sich anders als die früheren Bezugspersonen des Patienten verhält, kommt er nicht umhin, in die ihm angetragenen Rollen verwickelt zu werden und mitzuagieren. Im Erkennen und Durcharbeiten der gemeinsamen Inszenierungen liegt aber der Schlüssel für den Aufklärungs- und Heilungsprozeß des Patienten.

IV

die Fähigkeit und Bereitschaft des Analytikers, auf diese von seinen Patienten ausgehenden Cues zu reagieren und dafür empfänglich zu sein.

Sandler (1976) postulierte deshalb neben der Haltung der gleichschwebenden Aufmerksamkeit auch eine Haltung der gleichschwebenden Rollenübernahme-Bereitschaft. Nicht nur in der analytischen Beziehung, sondern in jeder Interaktion reagieren wir auf die Kommunikationssignale, die unser Gegenüber aussendet, unabhängig davon, ob diese uns bewußt werden, und ebenfalls unabhängig davon, ob sie der Empfänger bewußt intendiert oder ob sie ohne sein Bewußtsein ablaufen. Patienten externalisieren mit unterschiedlicher Häufigkeit und Intensität befürchtete und gewünschte Rollenbeziehungen.

„Die unbewußten Wünsche... des Patienten, mit denen wir es bei unserer Arbeit zu tun haben, finden intrapsychisch ihren Ausdruck in (deskriptiv) unbewußten Bildern und Phantasien, in denen das Selbst und das Objekt, die miteinander interagieren, in jeweils besonderen Rollen repräsentiert werden. In gewissem Sinne versucht der Patient, in der Übertragung (im Rahmen und innerhalb der Grenzen der analytischen Situation) diese Rollen in verkappter Form zu aktualisieren" (Sandler 1976, S. 300).

Statt seine kindlichen Wünsche, die nicht nur Triebwünsche sind, zu erkennen und sie offen auszusprechen, bewußt verwerfen oder modifizieren zu können, versucht der Patient sie als Rollenbeziehung in die Tat umzusetzen.

Sandler demonstriert diese Rollenübernahme-Bereitschaft am Beispiel eines Patienten, dem gegenüber Sandler sehr viel mehr sprach, als er es gewöhnlich tat. Darüber nachdenkend, bemerkte er, daß er Ängste empfand, der Patient könne fortbleiben, und daß das Sprechen auch dazu diente, den aggressiven Strebungen des Patienten auszuweichen. Nach dieser Entdeckung wurde er darauf aufmerksam, daß sein Patient mittels einer geringfügigen Veränderung seiner Stimme, jeden Satz in eine Frage ausklingen ließ. Nachdem Sandler ihn auf dieses Verhalten aufmerksam gemacht hatte, was dem Patienten überhaupt nicht bewußt war, erinnerte er sich, wie er als Kind den nach Hause kommenden und als gewalttätig gefürchteten Vater in ein Gespräch verwickeln und ihm viele Fragen stellen mußte, um sich zu vergewissern, daß dieser ihm nicht böse sei. Fragen zu formulieren war später gleichsam zu einem Bestandteil seines Charakters geworden und manifestierte sich in Situationen, die er als bedrohlich definierte und in denen er die Beruhigung von Autoritätspersonen benötigte (1976, S. 301 f).

Als Analytiker reagiert man vermutlich oft, ohne davon zu ahnen, auf ein Ansinnen, einem bestimmten Rollenverhalten zu entsprechen, z. B. angesichts eines berichteten Fehlverhaltens nicht mit einer Verurteilung zu reagieren, sondern eher mit einer aufmunternden Bemerkung. Oftmals wird bei diesem interaktionellen Kommunikationsvorgang dem Analytiker gar nicht bewußt, daß er entsprechend der vom Patienten ausgesendeten Rollencues, z. B. non- und paraverbaler Art, reagiert; macht er sich sein Verhalten bewußt, kann bei ihm die Auffassung entstehen, daß dieses unbeeinflußt vom Patienten ist. Faktisch handelt es sich aber häufig um einen Kompromiß zwischen dem Ansinnen des Patienten und seiner habituellen Art und Weise, auf derartige Botschaften zu reagieren. Dies kann ihm vor allem aufgrund einer Handlungstendenz bewußt werden, die nicht zu seinen durchschnittlich üblichen Handlungsweisen gehört, die ihm ein Stück befremdlich vorkommt, anläßlich derer er sich hinterher sogar schämt oder ärgert (z. B. „Warum habe ich mich entgegen meinen sonstigen Gewohnheiten zu oberflächlichen tröstenden Worten hinreißen lassen, statt auf das Erleben des Patienten genauer einzugehen?"). Selbstverständlich werden aber nicht alle Gegenübertragungsreaktionen des Analytikers durch das Rollenansinnen eines Patienten ausgelöst.

Auch in einem modernen Verständnis des Konzepts der projektiven Identifizierung geht es um interpersonelle Vorgänge, die sich in der realen Interaktion und Kommunikation zwischen Patient und Analytiker ereignen.

Projektive Identifizierung

Das in den letzten Jahren als Kommunikationsform und Modus der interpersonellen Beziehung beschriebene Konzept der projektiven Identifizierung eignet sich vorzüglich für das Verständnis vor allem nonverbaler Austauschprozesse zwischen Analytiker und Patient und für die Konzeptualisierung der komplexen Verarbeitungsprozesse im Analytiker, denen wahrscheinlich noch viel mehr Bedeutung beizumessen ist, als bislang geschehen.

Das Konzept der projektiven Identifizierung, ursprünglich von M. Klein (1946) in die Psychoanalyse eingeführt, blieb lange Zeit „ein rätselhafter und unverständlicher Mechanismus" (Zwiebel 1985, S. 456). Erst Mitte bis Ende der 70er Jahre fand der Vorgang der projektiven Identifizierung auch außerhalb der Kleinianischen Richtung im Mainstream der Psychoanalyse zunehmend Beachtung. Mit der sich durchsetzenden Erkenntnis, daß die psychoanalytische Beziehung keine asymmetrische, sondern eine tendenziell wechselseitige Interaktion darstellt, wurde dieses Konzept immer wichtiger, und aus der modernen Psychoanalyse ist es nicht mehr wegzudenken.

Vor allem für den Vorgang des Erkennens der Gegenübertragung ist das Wissen um die Funktionsweise der projektiven Identifizierung von großer Bedeutung. Darüber hinaus sind die Umgangsmöglichkeiten mit dem vom Patienten im Therapeuten induzierten Erleben (der in der Sprache von Bion [1959] als „Container" zu fungieren hat) auf ganz entscheidende Weise wichtig. Denn die „Metabolisierung" der vom Patienten im Analytiker induzierten, zumeist sehr archaischen Affekte, wie Wut, Verzweiflung, äußerste Verwirrung, aber auch intensive kindliche Liebe, entscheidet über das weitere Gelingen des therapeutischen Prozesses.

Während innerhalb des ersten Entwicklungsstadiums des Konzepts der projektiven Identifizierung sich die Prozesse der Projektion und Identifizierung auf Veränderungsvorgänge **innerhalb** der psychischen Repräsentanzen beziehen (bei der Projektion werden Aspekte der Selbstrepräsentanz einer Objektrepräsentanz zugeschoben, während bei der Identifizierung Teile der Objektrepräsentanz in die Selbstrepräsentanz hineingenommen werden) und der tatsächliche Interaktionspartner davon nicht betroffen ist, wurde im zweiten Stadium z. B. durch die Ausarbeitungen von Racker (1946) und Grinberg (1958 u. 1962) bereits eine begriffliche Brücke zwischen den intrapsychischen Phantasien im Patienten und den Gegenübertragungsreaktionen im Analytiker geschlagen.

In Rackers Terminologie identifiziert sich der Analytiker entweder konkordant mit den Selbstrepräsentanzen des Patienten oder komplementär mit den Objektrepräsentanzen in den Übertragungsphantasien des Patienten.

Hauptsächlich durch die Arbeiten von Bion (1962 u. 1963) und dessen Konzept des „Container-contained" ergab sich dann eine bedeutsame Erweiterung der Auffassung über die projektive Identifikation. Sie wird nun so beschrieben, als ob die Externalisierung von Selbst- oder Objektanteilen via **Interaktion** in den Interaktionspartner erfolgt.

Dieser Vorgang findet sich vor allem bei frühgestörten Patienten, die häufig nur nonverbal ihre frühere Not und Bedürftigkeit vermitteln können, und aufgrund einer nur mangelhaft gelungenen Differenzierung zwischen sich selbst und dem anderen ihr Gegenüber dazu benötigen, auf selbstobjekthafte oder kindlich egozentrische, aber für das Erleben eines Kindes auch existentiell notwendige Weise ihre sie äußerst bedrängenden Affekte im Analytiker deponieren zu können, damit dieser sie aufnimmt, „verdaut", umwandelt und sie in von den archaischen Bestandteilen „entgifteter" Form an den Patienten zurückgibt (was einer Verarbeitung des „contained" entspricht). Aber ansatzweise findet sich dieser Vorgang der projektiven Identifizierung auch bei weniger frühgestörten Patienten, und von daher ist das Mitfühlen und Mittragen der vom Patienten angesonnenen Affekte tendenziell immer in mehr oder weniger großem Umfang ein wichtiger Vorgang (Tab. 13.**8**).

1. Projektive Phase: In dem 3-Phasen-Modell der projektiven Identifizierung von Ogden (1979) ist die erste Phase der Projektion noch ausschließlich intrapsychisch zu verstehen.

Tabelle 13.**8** Die verschiedenen Phasen der projektiven Identifizierung (nach Ogden 1979 und Zwiebel 1988 a u. b)

	Repräsentanzenwelt des Patienten	Handlungsebene	Repräsentanzenwelt des Analytikers
Projektive Phase	Selbstaspekte und Selbst-Selbstobjekt-Repräsentanzen		
Induktionsphase		Manipulation, Druckausübung	
Introjektionsphase			passagere Identifizierung mit den projizierten und induzierten Selbstanteilen und Ich-Zuständen des Patienten Aktivierung gegenwärtiger und früherer Selbstbilder und Interaktionsrepräsentanzen
Phase des Bewahrenkönnens			Bewahrenkönnen
Reinternalisierungsphase	Integration der Selbstanteile und Selbstobjekt-Beziehungen in „entgifteter" Form		

Der Betreffende möchte sich einesteils seines eigenen Selbst (in Form umfassenderer Persönlichkeitsaspekte oder Selbst-Selbstobjekt-Repräsentanzen) entledigen, weil dieses ihn von innen her bedroht (z. B. sein Haß auf eine Mutterimago, die sich vom Kind nicht länger selbstobjekthaft kontrollieren läßt) oder weil er eigene Selbstaspekte vor anderen (als bösartig und vernichtend angenommenen) Selbstaspekten in Sicherheit bringen möchte.

2. Induktionsphase oder interaktionelle Einflußnahme: Die Besonderheit der projektiven Identifikation besteht vor allem in diesem Aspekt. Der Projizierende möchte unbedingt erreichen, daß sich sein Gegenüber genauso verhält, wie es der inneren projektiven Phantasie entspricht. Zu diesem Zweck darf die Phantasie nicht intrapsychisch bleiben, sondern der Projizierende muß einen verhaltensmäßigen und interaktionellen Druck auf den Empfänger ausüben. Diese mehr oder weniger massive Einflußnahme führt zu einer Kompromißlösung: Einerseits hat sich der Patient nun von dem unerträglichen Selbstaspekt befreit, andererseits bleibt dieser in seinem Gegenüber auch erhalten, was wie eine Bestätigung dafür erlebt wird, daß man sich seiner entledigt hat und dieses eigene Erleben nun im anderen kontrollieren kann. Damit können auch magisch-illusionäre Aspekte der Nicht-Getrenntheit vom anderen aufrechterhalten und Sicherheit und Orientierung erreicht werden.

3. Introjektions- oder Identifizierungsphase: In dieser dritten Phase identifiziert sich der Empfänger mit den interaktionell induzierten Projektionen (genauer wäre es, von einer Introjektion zu sprechen, weil es hierbei nicht um eine selektive Identifizierung auf dem Hintergrund einer Selbst-objekt-Differenzierung geht). Er wird unweigerlich durch den ausgeübten interpersonellen Druck mehr oder weniger dazu gezwungen, sich von den via passagerer Identifizierung aktivierten ähnlichen Selbstanteilen nicht so schnell distanzieren zu können, so daß ihm die bei normaler Empathie verfügbare Distanzierungsfähigkeit zumindest vorübergehend verlorenzugehen droht. Anders ausgedrückt: Der Patient erlaubt es nicht, daß sich der Analytiker nur passager identifiziert, sondern zwingt ihn dazu, in dieser Identifikation zu bleiben.

Durch die für längere Zeit – als dies bei der üblichen Empathie der Fall ist – aktivierten affektbesetzten Phantasien im Analytiker werden regressive Prozesse in Gang gesetzt: Der Analytiker erlebt nun z. B. eigene Wutgefühle, ein Selbstobjekt nicht kontrollieren zu können. Diese in ihm aktivierten Gefühle sind natürlich niemals mit den Selbstaspekten des Patienten völlig identisch, sondern stellen eine komplexe Mischung aus Verstehen des Fremdseelischen und eigenen Erlebnissen dar. Dementsprechend verfügt der Analytiker in der Regel auch über andere, reifere Abwehr- und Verarbeitungsstrategien, mit den in ihm induzierten Affektzuständen umzugehen.

Gefahren, die hierbei auftreten können, sind nun z. B. die von Grinberg (1957) beschriebene „projektive Gegenidentifikation„: Der Analytiker identifiziert sich zu stark und zu lange mit den durch Projektion bei ihm induzierten Selbstaspekten (z. B. wütend oder uneinfühlsam), erlebt sich vorübergehend nicht nur so, sondern verhält sich entsprechend längere Zeit so, wobei er nicht realisieren kann, daß diese Selbstaspekte und Erlebnisweisen vom Patienten induziert worden sind. Weil sie mit seinem Idealbild nicht kompatibel sind, muß der Analytiker sie vor sich selbst verleugnen. Die Distanz zu den Übertragungsphantasien geht verloren, und ein Agieren kann die Folge sein, z. B. in Form von schnellen, objektalen Übertragungsdeutungen oder defensiven genetischen Deutungen („Ihre Mutter war doch öfters uneinfühlsam zu Ihnen, nicht wahr!"). Ermann (1988) macht auch noch auf das „defensive Agieren" aufmerksam, bei dem sich der Analytiker gegen den „schlechten" Ich-Zustand oder Selbstanteil wehrt, „indem er z. B. unablässig unter Beweis stellt, daß er viel besser ist, als der Patient zu glauben scheint", was bei manchen Therapeuten auch zu einer therapeutischen Weltanschauung werden kann.

4. Bewahren- und Haltenkönnen: Obgleich sich der Analytiker deutlich unter Druck gesetzt und gezwungen fühlt, etwas zu erleben, was er in diesem Moment gar nicht erleben will (etwa mit dem Gegenübertragungsgefühl: „ich laß mich nicht zwingen", „schon wieder soll ich so sein, wie mich der Patient haben will", „schon wieder wird mir gewaltsam etwas unterstellt"), ist es beim Vorgang der projektiven Identifizierung wichtig, sich von diesem Druck – sofern einem der Vorgang bewußt geworden ist – nicht unmittelbar befreien zu wollen (etwa in Form einer Deutung, was der Patient jetzt mit einem macht). Zwiebel (1988 b, S. 266) weist darauf hin, daß das Bewahrenkönnen abhängig ist von der Angst- und Spannungstoleranz des Analytikers, aber auch von der Massivität der projektiven Identifizierung.

Charakteristisch ist nach diesem Autor für die Phase des Bewahrens zunächst auch das Erleben, nicht wirklich zu verstehen, was vor sich geht, neben Gefühlen der Enttäuschung, Langeweile und Resignation. Nach Ermann (1988, S. 77) ist es für diese Phase entscheidend wichtig, sich der „narzißtischen Objektverwendung" nicht entziehen zu wollen, indem man z. B. eine objektale Übertragungsanalyse betreibt.

Im günstigen Fall kommt es nun zu einer Verarbeitung der induzierten Affektzustände in Form einer „Metabolisierung" oder eines „Containings" (Bion, 1959 u. 1977), d. h. eines In-sich-Haltens, wobei der Analytiker als „container" für das „contained" fungiert. Diese auch als „Entgiftung" oder als „Verdauung" bezeichnete Umwandlung ist im wesentlichen ein intrapsychischer Vorgang im Analytiker, der sich auch ohne Worte (mit Hilfe subtiler non- und paraverbaler Cues) dem Patienten mitteilen kann.

5. In der Re-Internalisierungsphase kommt es schließlich zu einer Integration der vom Analytiker „entgifteten" und umgewandelten Selbst- und Beziehungsaspekte beim Patienten.

Die beschriebenen Konzepte verweisen auf eine kommunikations- und interaktionstheoretische Ausarbeitung komplexer zwischenmenschlicher Phänomene, die vor allem durch die nonverbale Übermittlung affektiver Signale charakterisiert sind (Krause 1984).

IV

Literaturempfehlungen

Zur geschichtlichen Entwicklung des Konzepts der Gegenübertragung

Gorkin, M.: The uses of countertransference. Jason Aronson, Northvale, NJ 1987

Kernberg, O.F.: Notes on countertransference. J. Amer. psychoanal. Ass. 13 (1965) 38 – 56

Mertens, W.: Einführung in die psychoanalytische Therapie, Bd. 3, 2. Aufl. Kohlhammer, Stuttgart 1993

Moeller, M.L.: Zur Theorie der Gegenübertragung. Psyche 31 (1977) 132 – 166

Slakter, E. (ed.): Countertransference. Aronson, Northvale, NJ 1986

Tansey, M., W. Burke: Understanding countertransference: From projective identifications to empathy. Analytic Press, Hillsdale, NJ 1989

Zur Rollenübernahme und projektiven Identifizierung

Bettighofer, S.: Übertragung und Gegenübertragung im therapeutischen Prozeß. Kohlhammer, Stuttgart 1997
Hartkamp, N., A. Esch: Projektive Identifizierung in der psychoanalytischen Schlußbildung. Forum Psychoanal. 9 (1993) 213–223
König, K.: Der interaktionelle Anteil der Übertragung in Einzelanalyse und analytischer Gruppenpsychotherapie. Gruppenpsychother. u. Gruppendynam. 18 (1982) 76–83
Körner, L., U. Rosin: Das Problem der Abstinenz in der Psychoanalyse. Forum Psychoanal. 1 (1985) 25–47
Lachauer, R.: Die Bedeutung des Handlungsdialogs für den therapeutischen Prozeß. Psyche 44 (1990) 1082–1089
Sandler, J.: Gegenübertragung und Bereitschaft zur Rollenübernahme. Psyche 30 (1976) 297–305

Widerstand

Widerstand ist kein Bewußtseinsphänomen

Wenn der Therapeut erkannt hat, worin die Ursache der Störung liegt, teilt er dies seinem Patienten mit (z. B. „Sie haben ein zu hohes Anspruchsniveau; wenn Sie weniger von sich erwarten, werden Sie mit dem Resultat ihrer Arbeit zufriedener sein können. Ihre hohen Leistungserwartungen stammen von Ihrem Vater, der unerbittlich Leistungen von Ihnen erwartet hat"). Daraufhin kann der Patient sein Verhalten und Erleben ändern und seine quälende Arbeitsstörung wird sich verlieren. So ähnlich stellt sich der Laie in der Regel den psychoanalytischen Lernprozeß vor. Der Therapeut benennt seinem Patienten einen ursächlichen Zusammenhang zwischen dem jetzigen Fehlverhalten und einer Erfahrung aus der Vergangenheit, zumeist aus der Kindheit, dies führt zu einer Einsicht beim Patienten, und daraufhin erfolgt nahezu automatisch eine Verhaltensänderung.

Freud erkannte aber schon recht bald, daß die bloße Benennung etwaiger lebensgeschichtlicher Ursachen bei seinen Patienten so gut wie keine Folgen hatte, daß die Mitteilung verdrängter Seeleninhalte nicht ausreichte, um eine Änderung zu bewirken. Psychoanalyse ist eben keine kognitive Aufklärung, aus der dann Verhaltensänderungen resultieren, sondern sie ist eine beide Teilnehmer gefühlsmäßig ergreifende Auseinandersetzung um Beziehungsaktivitäten und -erfahrungen. Der Analytiker begleitet die Schilderungen seines Patienten einfühlsam, aber er zeigt ihm auch auf, worin dieser sich über sich selbst und andere täuscht und sich selbst dabei verborgen bleibt, und dies nicht nur angesichts seiner Beziehungen mit anderen Personen, sondern auch in der Interaktion und Kommunikation mit dem Analytiker. (Z. B. „Es fällt Ihnen schwer, Ihrer Frau einen Wunsch abzuschlagen. Und manchmal fällt mir auch zwischen uns auf, wie bereitwillig Sie auf das eingehen, was ich sage.") Es ist nicht einfach, derartige Erfahrungen zuzulassen, sich die Implikationen des bisherigen Umgangs mit diesen Problemen zu vergegenwärtigen, dem Erkannten und Erlebten Taten folgen zu lassen und sich gar noch mit derjenigen Person darüber auseinanderzusetzen, die einem momentan am wichtigsten ist: mit seinem Analytiker. Gegen all dies schützt sich ein Patient mit dem sog. Widerstand, um sich mit ängstigenden, beschämenden, Schuld erzeugenden und seinen Selbstwert verunsichernden Erfahrungen nicht allzu stark konfrontieren zu müssen. Spätestens seitdem Freud (1909 d) in seinem Aufsatz über den Rattenmann zu verstehen gab, daß bei einer analytischen Behandlung mit einem „beständigen Widerstande" zu rechnen sei, wird in der Psychoanalyse ein schrittweises Bewußtwerden der verschiedenen Widerstandsmanifestationen und ihr graduelles Aufgeben angestrebt. Die permanente Berücksichtigung des Widerstands ist sogar das wesentliche Charakteristikum, das die Psychoanalyse von anderen therapeutischen Verfahren unterscheidet. Dabei wird das Überwinden des Widerstands nicht mit Hilfe pädagogischer Ermahnungen oder durch Druckausüben angestrebt, sondern vielmehr durch ein geduldiges und einfühlsames Verstehen derjenigen lebensgeschichtlich entstandenen Motive, die den Patienten vorsichtig, ängstlich, zaudernd, schamhaft oder trotzig zurückhaltend sein lassen.

Das Festhalten des Patienten an überkommenen Konfliktlösungen wird vom Psychoanalytiker zunächst und manchmal eine ganze Zeit lang akzeptiert, weil er weiß, wie schwer es ist, Einstellungen auf eine tiefgreifende Weise zu verändern. Weil Psychoanalytiker in der Regel nicht unter Zeitdruck arbeiten müssen und deshalb auch die neurotogenen oder traumatisierenden Momente aus der Primärsozialisation (aber auch der schulischen Sozialisation) nicht zu wiederholen brauchen, können sie dem Patienten Zeit lassen, seine Widerstände zu erkennen und durchzuarbeiten. Dieses Durcharbeiten stellt nicht eine rasche und überwiegend intellektuelle Einsichtsgewinnung dar, sondern ist ein mühsamer und mitunter langwieriger Lernprozeß. Wenn ein Patient sich z. B. vorgenommen hat, mit seinem Vorgesetzten eine kritische Aussprache zu führen, und er erkannt hat, wieviel Angst vor väterlicher Bestrafung er hierbei auf seinen Chef überträgt, müssen viele kleine Schritte gegangen werden. Der Analytiker ist hierbei ein einfühlsamer und aufmerksamer Begleiter, der immer wieder nach den ängstigenden Gefühlen und Vorstellungen fragt; aber nicht selten steht auch die Beziehung zu seinem Patienten im Mittelpunkt: „Könnte es nicht sein, daß Sie auch mir manchmal – bei aller Sympathie für mich – etwas Kritisches sagen wollen, was Sie dann aber unterdrücken?" Dabei stellt sich heraus, daß das direkte und offene Sprechen über gefühlshafte Erfahrungen – mögen sie z. B. kritischer oder auch liebevoller Art sein – mit einem Menschen, der einem so nahe steht wie in der Kindheit die eigenen Eltern, häufig um einiges schwererfällt, als wenn man außerhalb des analytischen Settings zu anderen Personen spricht. Wobei auch noch hinzukommt, daß der Analytiker in der Regel – vor allem weil er in vielem einfühlsamer ist als die Eltern – stark idealisiert wird; wie kann man aber einer idealisierten Person gegenüber Kritik und Vorbehalte äußern oder sie mit anhänglichen Liebesgefühlen bedenken? Das Erproben neuer Lernschritte im Hier und Jetzt kann also eine eminente Wirkung haben, und die Generalisierung auf Erfahrungen außerhalb der analytischen Beziehung fällt dann in der Regel nicht mehr schwer, auch wenn hierbei natürlich andersartige situative Bedingungen zu berücksichtigen sind.

Widerstände können sich in vielen Formen verbergen

Während Freud Widerstände zunächst als **bewußte Phänomene** auffaßte, mit denen sich der Patient gegen das Auftauchen von traumatischen Erinnerungen wehrt und diese innerhalb seines topographischen Modells als Ausdruck der Selbsterhaltungstriebe und des Zensors auf einem Kontinuum von bewußt – vorbewußt konzeptualisierte, wurde ihm später immer deutlicher, daß Widerstände zu einem großen Teil unbewußt operieren, was ja auch mit den Ausschlag dafür ergab, das topographische Modell durch das Strukturmodell abzulösen. Dieses unbewußte Operieren macht es auch für den Analytiker nicht leicht, Widerstände auf Anhieb zu erkennen. Zwar lassen sich verschiedene auffällige Manifestationen benennen, die auf einen Widerstand hindeuten können. So beschrieb z. B. Greenson (1973, S. 72f) das Schweigen des Patienten, das Nicht-zum-Reden-Aufgelegtsein, eine Unangemessenheit der Gefühle, die Körperhaltung, das Kleben an einem bestimmten Zeitraum (wie z. B. der Kindheit oder der Gegenwart), das Erzählen trivialer Ereignisse, das Vermeiden bestimmter Themen, Zuspätkommen, Ausbleiben von Träumen, Langeweile, Flucht in die Gesundheit usw. als Widerstandsphänomene. Letztlich kann aber jede Verhaltensweise einen Widerstand darstellen. Auch ein offensichtlich gutes Arbeitsbündnis kann einen geheimen Widerstand beinhalten. So gibt es z. B. Patienten, die introspektiv ihre Selbstanalyse vorantreiben und dabei auch nicht vor Themen zurückschrecken, die Angst und Schuldgefühle auslösen. Bei näherer Kenntnis ihrer Psychodynamik stellt sich aber häufig heraus, daß sie dies derart forciert tun müssen, um nicht von ihrem Analytiker gekränkt zu werden, wenn dieser eine unerwartete und von ihnen selbst nicht antizipierte Deutung von Zusammenhängen gibt. Würde man diese Form des Widerstands als Analytiker nicht erkennen, bliebe dem Patienten verborgen, wie sehr er sich mit seiner Aktivität davor schützen muß, daß sein Analytiker etwas über ihn erkennt, was er noch nicht weiß. Diese Angst kann mit ganz unterschiedlichen psychodynamischen Konstellationen verknüpft sein, wie z. B. mit der Angst vor dem Passivsein angesichts eines Mannes und damit vor homosexuellen und -erotischen Wünschen, aber auch eine Angst vor einer eindringenden Mutter, vor der letztlich die prekären Ich-Grenzen geschützt werden müssen u. a. m.

Keines der oben von Greenson angegebenen Phänomene muß aber per se einen Widerstand darstellen. Das Schweigen z. B. gilt zwar als häufige Manifestationsform von Widerständen, aber bei bestimmten Patienten, die z. B. einer symbiotisch-parasitären Mutter alle ihre Erlebnisse erzählen mußten, ist Schweigen ein erster Schritt in Richtung Individuation und ein Meilenstein in der Auflösung der Mutter-Übertragung oder in der Bewältigung pathogener Befürchtungen in der Analyse. Oder: Auch das Erzählen von Träumen kann einen Widerstand in dem Sinne darstellen, daß ein Patient damit zu verstehen gibt, daß er dem Analytiker „nur einen Traum" erzählt und sonst gar nichts.

Was als Widerstand bezeichnet wird, hängt davon ab, aus welchem Blickwinkel dieser betrachtet wird. Der Analytiker geht davon aus, daß der Patient, der wegen seines neurotischen Leidens zu ihm kommt, letztlich das Bedürfnis hat, sich zu verändern, unbewußte psychische Erfahrungen bewußt werden zu lassen und neurotische Konfliktlösungen aufzugeben.

In dem Maße, wie sich der Patient im Arbeitsbündnis mit den analysierenden Funktionen des Analytikers teilweise identifizieren kann, mag es ihm gelingen, dessen Sichtweise zu teilen: Widerstand ist jegliches Erleben und Verhalten, das sich diesen Zielen widersetzt.

Aus dem Blickwinkel unbewußter neurotischer Prozesse, aber auch synthetischer Ich-Funktionen und des Selbstverständnisses des Patienten bedeutet die Beibehaltung seiner jetzigen Symptome und Charakterhaltungen die Aufrechterhaltung des status quo, das Vermeiden unlustvoller Affekte und Spannungen, das Ausweichen vor weiteren Konflikten und Gefahrensituationen, die Fortsetzung kindlicher Befriedigungsmöglichkeiten und das Umgehen mit Trauer, Scham und Enttäuschung.

„Warum sollte ich", so könnte sich z. B. ein Patient fragen, wenn er diese zumeist unbewußten Themen bewußt verbalisieren könnte, „meine kindliche Großartigkeit, die mir zum zweiten Ich geworden ist, mein moralisches Überlegenheitsgefühl gegenüber meinen Eltern und meinem Therapeuten aufgeben, auch wenn mir dieses häufig von meiner Umwelt als Arroganz oder als Rechthaberei angekreidet wird? Meinem Selbstwertgefühl tut es gut, wenn ich mich gegenüber meinen Mitmenschen überlegen fühlen kann. Warum sollte ich realisieren, daß andere Menschen auch moralisch handeln und mir darin ebenbürtig sind? Warum sollte ich auf die Lust verzichten, die es mir bereitet, wenn ich selbstgerecht auf die Schwächen anderer mit dem Finger zeigen kann? Was macht es schon, wenn wegen meines rigiden Kontrollbedürfnisses manche freundschaftliche Beziehung zerbrochen ist?"

Aus **dieser Patientenperspektive** haben Widerstände eine nützliche Funktion. Obgleich der Patient rational einsehen kann, daß seine Widerstände (soweit sie ihm bewußt zugänglich sind) gegenüber Veränderungen nachteilige Auswirkungen haben, hält er doch weiterhin an seinen kindlichen Konfliktlösungen und kompensierenden Phantasien fest. Widerstände schützen einerseits die unbewußten Persönlichkeitsaspekte vor dem Bewußtwerden, aber sie schützen auch die synthetischen Funktionen des Ichs gegenüber dem möglicherweise als überwältigend erlebten Eindringen unbewußter kindlicher Phantasien. Dementsprechend können Widerstände sowohl vom rationalen Ich des erwachsenen Patienten ausgehen als auch von den kindlichen Phantasien. Das wichtigste Streben eines jeden Patienten geht dahin, die bisherige Kohärenz seiner Persönlichkeit, egal wie neurotisch diese ist, und sein recht und schlecht ausgeprägtes Selbstwertgefühl aufrechtzuerhalten. Zu diesem Zweck möchte er es auch vermeiden, daß seine grundlegenden kindlichen Konflikte in der neuen zwischenmenschlichen Beziehung mit seinem Analytiker auftauchen und an Leben gewinnen.

Diese Patientenperspektive macht einerseits deutlich, daß in der analytischen Begegnung **auf Schritt und Tritt** mit den Widerständen des Patienten gerechnet werden muß, egal wie freundlich, introspektiv, kooperativ, gefühlsmäßig bewegt dieser auch immer erscheinen mag, und daß andererseits Widerstände kein bösartiges Nichtwollen ausdrükken, die „Segnungen der analytischen Kur" bereitwillig anzunehmen, sondern einen ungemein wichtigen Aspekt des psychischen Funktionierens, der Selbstwertregulierung, des eingespielten Selbstverständnisses darstellen, dessen Aufrechterhaltung für den Patienten **lebensnotwendig** ist (Tab. 13.**9**).

Erkennen des Übertragungswiderstands

Aus dem eben Gesagten folgt, daß in der Psychoanalyse vor allem dem Übertragungswiderstand eine wichtige Stellung eingeräumt wird. Schon im Jahr 1912 befaßt sich Freud ausführlich mit dem Übertragungswiderstand, den er als mächtigstes Hindernis für die analytische Kur begreift. Für Freud

Tabelle 13.9 Auffassung über Widerstand

Triebkonflikt-Modell	Entwicklungsdefizit-Modell	Beziehungskonflikt-Modell
Um Angst, Scham, Schuld, Depression und andere stark unlustvolle Affekte zu vermeiden, wehrt sich der Patient gegen die Wiederbelebung früherer Beziehungserfahrungen im Hier und Jetzt der Beziehung zu seinem Analytiker. Deshalb muß mit einem ständigen Widerstand gerechnet werden.	Wenn der Therapeut einfühlsam genug ist und sich an den Entwicklungsbedürfnissen seines Patienten orientiert, ist der Widerstand des Patienten minimal. Lediglich bei mangelnder Empathie des Therapeuten verweigert sich der Patient und teilt seine scham- und schuldbesetzten Vorstellungen und Phantasien nicht mit. Widerstände tauchen aufgrund dieser Auffassung nur in geringfügigem Ausmaß auf und sind dann eher vom Analytiker selbst ausgelöst.	Da es realistisch ist, davon auszugehen, daß kein Analytiker immer nur einfühlsam ist und sich zudem immer in die Rollenangebote seines Patienten verstricken wird, muß von einem ständigen Widerstand des Patienten ausgegangen werden, der nicht allein durch liebevolle Zuwendung zu verhindern ist. Allerdings hängt es entscheidend von der Kompetenz des Analytikers ab, wie stark der Widerstand des Patienten gegen das Erkennen, Zulassen und Durcharbeiten desselben ist.

steht zu diesem Zeitpunkt auch bereits fest, daß nicht das Wiedererlangen vergessener Erinnerungen therapeutisch wirksam ist, sondern einzig und allein die Überwindung der (Übertragungs-)Widerstände.

Bei Freud finden sich aber dennoch zwei sich widersprechende Modelle über den Zusammenhang von Übertragung und Widerstand:
- Die Übertragung gilt als ein Widerstand, sich zu erinnern; Der Patient erinnert sich z.B. nicht daran, daß er als Kind mißtrauisch gegenüber seinem Vater war, sondern er verhält sich mißtrauisch gegenüber seinem Analytiker, ohne zu wissen, welche Einstellung er damit wiederholt bzw. überträgt.
- Die Übertragung gilt als das Austragungsfeld, auf dem die analytische Arbeit vonstatten geht; Widerstand wird in diesem zweiten Modell als hervorgehend aus der Übertragung begriffen. So spürt z.B. eine Patientin, daß sie ein immer stärkeres Bedürfnis empfindet, von ihrer Analytikerin bezüglich ihrer beruflichen Kompetenz gelobt zu werden; ängstlich und voller Schamgefühle unterdrückt sie jedoch diesen Wunsch. Ihr selbst nicht bewußt, befürchtet sie, von ihrer Analytikerin als geltungssüchtig zurückgewiesen zu werden.

Das erste Modell Freuds wird nach heutiger Einschätzung als Bestandteil einer überholten Archäologie-Metapher eingeschätzt. Die Erinnerung wird als isolierte Fähigkeit eines Patienten eingeschätzt, die sich unabhängig von jedem Beziehungsfeld mit den entsprechenden gefühls- und stimmungsmäßigen Qualitäten ergibt. Erinnerung ist aber immer kontextgebunden und vor allem im Fall verdrängter Gedächtnisinhalte nicht willentlich herzustellen.

Das zweite Modell Freuds hat sich in der Psychoanalyse durchgesetzt, auch wenn bis zum heutigen Tag umstritten bleibt, in welchem Ausmaß die Analyse des Übertragungswiderstandes vonstatten gehen soll, was zum Teil auch auf konzeptuelle Unklarheiten zurückzuführen ist.

Mit Gill (1979 u. 1993), der als ein Vertreter des Beziehungskonflikt-Modells gilt und der sich selbst als jemand einschätzt, der Freuds zweites Modell des Übertragungswiderstandes am eindeutigsten beim Wort nimmt, lassen sich drei Varianten des Übertragungswiderstandes unterscheiden:
- Der Widerstand, überhaupt mit Übertragungsgefühlen auf die Person des Analytikers zu reagieren. (Patient: „Ich kann nicht verstehen, warum anderen Patienten ihr Analytiker so viel bedeutet und sie z.B. zur Ferienzeit traurig werden, weil sie ihren Analytiker nicht sehen können – so etwas könnte mir nie passieren!“)
  Diese Form des Widerstands findet man häufig bei Patienten vor, die auf extreme Weise autark bleiben wollen. Sich in irgendeiner Weise als abhängig von jemanden zu erleben, würde für sie eine schwere Kränkung darstellen. Beim Analytiker kann folglich das Gefühl nicht ausbleiben, sich letztlich überflüssig zu fühlen.
- Der Widerstand gegen die Bewußtmachung der Übertragung.
  (Analytiker: „Könnte es sein, daß Sie mich eben als sehr kritisch erlebt haben, ähnlich wie Sie früher Ihre Mutter erlebt haben?“ – Patient: „Nein, denn ich erlebe Sie nicht als kritisch“. – Analytiker: „Ihre Stimme klang aber sehr eingeschnappt, als ob Sie sich von mir kritisiert gefühlt hätten“. – Patient: „Das ist mir nicht zugänglich.“)
  Diese Form des Widerstands macht den größten Teil der Widerstandsbearbeitung und damit auch den Anfangs- und Mittelteil der Analyse aus.
- Der Widerstand gegen die Auflösung der Übertragung.
  (Patient: „Ich weiß, daß Sie nicht so unzuverlässig sind, wie meine Mutter, aber immer wieder ertappe ich mich bei dem Gedanken, daß Sie mich doch vergessen haben könnten und ich Ihnen letztlich gleichgültig bin.“)
  Diese Form des Widerstands ist vor allem in der Phase des Durcharbeitens – in der Mittel- und Endphase – von Wichtigkeit. Ein Patient kann nun schon erkannt haben, daß seine Wahrnehmung vom Analytiker einseitig ist und etwas mit seiner Vergangenheit und seinen Projektionen zu tun hat, und dennoch fällt es ihm immer wieder schwer, dieser Erkenntnis auch eine gefühlsmäßige Überzeugung folgen zu lassen. Die allmähliche Veränderung der alten gefühlsmäßig fundierten Einstellungen benötigt unterschiedlich viel Zeit: Wiederholt muß ein Patient in ganz verschiedenen Erlebniskonstellationen die neuen Beziehungserfahrungen machen können und sie mit seinen bisherigen Schemata abgleichen.

Für Kohut (1971) existiert der Widerstand gegen die Selbstobjekt-Übertragung hauptsächlich aus zweierlei Gründen:
- Ein Patient kann die Angst haben, daß seine Spiegelungs- und Idealisierungswünsche erneut auf traumatische Weise enttäuscht werden und daß diese Retraumatisierung zu

einer archaischen Wut und Desintegration des Selbst führen könnte.

- Er kann befürchten, daß seine Verschmelzungswünsche nach einem intensiv herbeigesehnten Selbstobjekt sein sehr gefährdetes Identitätserleben zerstören würde.

Dieser Widerstand darf nach Kohut aber nicht als von der Analytiker-Patient-Beziehung isolierter intrapsychischer Vorgang betrachtet werden; er ist vielmehr in einem gewissen Ausmaß immer auch durch die Haltung des Analytikers mitbedingt, die vom Patienten als zu wenig eingestimmt erfahren wird; sein sog. Widerstand ist dann eine Selbstschutzmaßnahme, nicht erneut von einem als nicht sehr einfühlsamen Therapeuten traumatisiert zu werden.

Betont die Psychoanalyse zu sehr den Widerstand?

Auch wenn die Psychoanalyse großen Wert auf die Bearbeitung von Widerständen legt, weil ihr zentrales Axiom immer noch dahingehend lautet, daß Menschen sich über sich selbst täuschen, bedeutet dies jedoch keine verurteilende Einstellung gegenüber dem Patienten. Ein häufiger Einwand gegenüber der Psychoanalyse lautet, daß sie dem menschlichen Potential, sich ändern zu wollen, mißtrauisch gegenüberstehe, ja daß schon die Terminologie von Abwehr und Widerstand darauf hinweise, daß dem menschlichen Streben nach Selbstverwirklichung Skepsis entgegengebracht werde.

Tatsächlich geht die Psychoanalyse davon aus, daß Menschen von klein auf lernen, bestimmte Handlungen, Impulse und Affekte zu unterdrücken und schließlich gänzlich aus ihrem Bewußtsein zu tilgen, weil die Verwirklichung dieser Bestrebungen große Angst auslösen würde. Was anfänglich bewußt geschah, geschieht fortan aufgrund unbewußter Informationsverarbeitung; von den sog. Abwehrmechanismen weiß eine Person in aller Regel nichts, und die Verhaltensweisen, die aus ihren Abwehrmechanismen resultieren, werden von ihr zumeist erfolgreich rationalisiert. Auch von dem Widerstand, mit dem man das interpersonelle Abwehrverhalten in der analytischen Situation bezeichnet, ahnt der Patient zunächst und manchmal längere Zeit nichts. Er weiß deshalb nicht, warum er zu den Stunden zu spät kommt, das Thema der letzten Stunde vergessen hat, sich keine Träume behalten kann, pausenlos reden muß oder plötzlich müde wird. Die wirklichen Gründe all dieser Verhaltensweisen dürfen ihm nicht bewußt werden. Sein Widerstand, diese Gründe in der Beziehung zum Analytiker zu erkennen, schützt sein gefährdetes Identitätsgefühl. Nur nach und nach wird es gelingen, daß ein Patient die verschiedenen Formen des (Übertragungs-)Widerstands aufgeben und durcharbeiten kann. Auch für den Analytiker, wenngleich in geringerem Ausmaß, ist das Erkennen von Übertragungs- und Gegenübertragungswiderständen wichtig. Auch für ihn gilt, daß er sich anhand seiner eigenen und der Reaktionen seines Patienten seine Widerstände, sich in eine Beziehung zu diesem überhaupt einzulassen, seine Gegenübertragung zu erkennen und sie aufzulösen, verdeutlichen muß. So manches davon wird ihm vielleicht erst in einer Supervision oder anläßlich des intensiven Nachdenkens über seinen Patienten bewußt werden.

Der Psychoanalytiker bewahrt sich somit eine Skepsis gegenüber dem, was andere Menschen, vor allem aber Patienten, sagen. Denn zu sehr sind diese aufgrund ihrer kindlichen Traumatisierungen von sich selbst entfremdet, zu sehr sitzen sie in vielen Bereichen einer Selbsttäuschung auf und sehen zu wenig den Balken im eigenen Auge. Zu wenig sehen sie auch, wie das „gesellschaftlich hergestellte Unbewußte" (Erdheim 1982) in den gegenwärtigen Verhaltenszwängen mit den kindlichen Verdrängungen eine Allianz eingehen kann. Manchmal sind neurotische Menschen aber auch allzusehr von ihrer angeblichen eigenen Schlechtigkeit überzeugt und verharmlosen dann in einer idealisierenden Überschätzung andere Menschen. Dann tendieren sie dazu, eigennützige Motive im Gegenüber auszublenden und ihn nur mit Wohlwollen zu betrachten. Die Psychoanalyse geht aufgrund der Kenntnis von Abwehrvorgängen davon aus, daß übertriebener Altruismus in der Regel eine Abwehrbildung gegen nicht eingestandene sadistische Motive darstellt, eine übertriebene Moral eine Abwehr gegen heftige sexuelle und aggressive Leidenschaften sein kann, ein übertriebenes Selbständigkeitsstreben die verleugneten überstarken Abhängigkeitswünsche in Schach halten soll, Forschung im Namen der Wissenschaft sich aus einem starken Machtmotiv ableiten läßt, Kreativität gegen die innere Leere und Verzweiflung gesetzt wird und vieles andere mehr.

Psychoanalytische Wahrheitssuche ist nach Freud der unerbittliche Weg, den jeder Mensch gehen muß, um zur Wahrheit zu gelangen. Jede Gesellschaft erzwingt die Unterdrükkung bestimmter Affektäußerungen und Triebimpulse, so daß keinem Menschen die Notwendigkeit erspart bleibt, sich mit der Geschichte seiner Unterdrückungen eines Tages auseinanderzusetzen. Jeder trägt die Potenz zur Aufklärung in sich, sich aus seinen unbewußten Verstrickungen zu befreien, eine größere Integrität zu erreichen und der Wahrheit mutiger ins Auge zu sehen. Daß die Wahrheit je nach dem eigenen gelebten Leben und je nach der Gesellschaft, in der man sich befindet, auch bedrückend sein kann und keineswegs nur Glück verheißt, leuchtet unmittelbar ein.

Freuds aufklärerisches Motto erinnert an Kant, der die Herrschaft der Vernunft über die der Gefühle setzen wollte, weil er letztere als unsoziale Phänomene wahrnahm, die zu überwinden seien. Erst die Überwindung von Leidenschaften führe zur Freiheit und zur wissenschaftlichen Betrachtung der Welt. Wie sehr dieses Ideal eines affektlosen wissenschaftlichen Erkennens jedoch selbst wieder eine (gefährliche) Mythologie, z.B. die der wissenschaftlichen Beherrschbarkeit der Welt, erzeugen kann, ist heutzutage mehr als einleuchtend.

Freuds Anliegen ist aber nicht bruchlos mit der kantianischen Aufklärungstradition gleichzusetzen. Freud wurzelt in zwei Traditionen: der Kantschen Aufklärungsphilosophie und der mit Rousseau beginnenden Romantik (vgl. Strenger 1989). Weil Freud trotz allen Aufklärungsanspruchs um die letztlich nicht aufhebbare Abhängigkeit unserer Rationalität von Affekten und Triebimpulsen wußte, ist er ein kritischer Aufklärer, der die Grenzen menschlichen Intellekts realistisch einschätzen kann.

Eine rein phänomenologische Vorgehensweise im Umgang mit den Patienten, das Beim-Wort-Nehmen ihrer Äußerungen ist deshalb – psychoanalytisch betrachtet – naiv; sie geht zwar von dem zugänglichen Wissen und der Selbstwahrnehmung des Patienten aus und folgt dessen intellektueller Welterklärung, aber sie vermag nicht, die Selbsttäuschungen des Analysanden in Frage zu stellen. Aus diesem Grund ist die Arbeit am Widerstand ein zentrales psychoanalytisches Anliegen.

Wichtig bleibt aber, am Selbstverständnis des Patienten entlang dessen Widerstand einfühlsam Schritt für Schritt mit ihm zusammen zu verstehen, anstatt die Selbsttäuschung ungeduldig beheben zu wollen, indem man die „wirklichen" Motive einer Handlung benennt. Phänomenologisches Vorgehen und psychoanalytische Tiefenhermeneutik müssen deshalb Hand in Hand gehen. Abgesehen davon, daß man als Analytiker bei zu raschen Deutungen des Abgewehrten auch ziemlich danebengreifen kann, fühlt sich ein Patient entweder in der Regel davon überrumpelt und reagiert mit einer Verstärkung seines Widerstands, sich selbst zu erkennen, oder er entwickelt eine ziemliche Angst, was eine maligne Regression zur Folge haben kann. In den Fällen, in denen ein Patient die zu rasch vorgenommenen Deutungen des abgewehrten Trieb- oder Affektinhalts dem Anschein nach akzeptieren kann, handelt es sich nicht selten um eine Unterwerfung oder Identifizierung mit dem (unempathischen) Aggressor. Darüber hinaus verstärken derartige Deutungen passiv masochistische Abhängigkeitsbedürfnisse und führen deshalb auch zu keiner wirklichen Einsicht beim Patienten. Die Kunst, zu der viel Fingerspitzengefühl und Erfahrung gehören, besteht deshalb darin, den Patienten auf Widersprüche in seiner Gedankenführung einfühlsam aufmerksam zu machen, ihn zur kritischen Selbstbeobachtung und -reflexion seiner Handlungsbegründungen mit sanftem Druck anzuhalten und sich dabei die Zumutbarkeit an Scham-, Schuld- und Angstgefühlen in stellvertretender Introspektion ständig bewußt zu machen (vgl. Gray, 1986 u. 1990). Eine Haltung, die aus Angst vor möglicher Unlust und Scham dem Patienten zu wenig an Selbsterkenntnis zumutet – und dazu scheinen zumindest auf den ersten Blick die selbstpsychologischen Psychoanalytiker zu neigen –, kann zu langweiligen Therapien und zu einer Verfestigung von Selbsttäuschung, Selbstmitleid und ungenügender Durcharbeitung narzißtischer Charakterwiderstände führen.

Zum Widerstand des Analytikers

In der heutigen Psychoanalyse spielt der Widerstand des Analytikers – zumeist als Gegenübertragungswiderstand bezeichnet – eine sehr viel größere Rolle als noch zu Beginn dieses Jahrhunderts. Die interpersonelle Natur des Widerstands, die transaktionelle Verschränkung von Widerständen seitens des Analysanden und seitens des Analytikers erfordert eine neue, das Können des Psychoanalytikers eminent herausfordernde Reflexionsfähigkeit und Geschultheit. Nach Bettighofer (1994) tendiert die Interaktion von Analytiker und Analysand dazu, sich „auf ein der manifesten Interaktion zugrundeliegendes System von Kommunikationsmustern und -regeln zu einigen, die die innere Homöostase bzw. das narzißtische Gleichgewicht beider nicht unerträglich gefährdet" (S. 125). Die Feststellung, ein bestimmter Patient habe einen Widerstand, den er nicht aufgeben könne oder wolle, muß zugleich auch immer die Frage aufwerfen, in welchem Ausmaß hinter dieser Objektivierung die Rolle des Analytikers als eines mitagierenden und mitgenerierenden und deshalb auch in die widerständige Interaktion verstrickten Teilnehmers verborgen bleiben soll. Dabei ist freilich nicht jeder Widerstand eines Analysanden durch den Analytiker mitbedingt, eine Ansicht, zu der narzißtisch rechthaberische Patienten häufig neigen; aber als heuristisches Prinzip könnten sich Psychoanalytiker immer wieder die Frage vorlegen, ob sie nicht mit ihren Patienten in eine Interaktion verwoben sind, in der auf beiden Seiten Scham-, Angst- und Schuldgefühle ein beträchtliches Ausmaß erreichen. Man kann hieraus den Schluß ableiten, daß vor allem in der Anfangsphase einer analytischen Behandlung eine intensive Supervision stattfinden sollte, die einen nicht unerheblichen Anteil an Selbstanalyse aufweisen müßte.

Gegenübertragungswiderstand

So wie nämlich sich ein Patient gegen das Bewußtwerden seiner Übertragung und gegen die Auflösung der Übertragung wehren kann, so gibt es auch beim Analytiker einen Widerstand gegen das Bewußtwerden der Gegenübertragung und gegen die Auflösung der Gegenübertragung.

Während im ersten Fall der Analytiker sich gegen das Bewußtwerden bestimmter Gefühle, Affekte und Phantasien wehrt, gelingt es ihm im zweiten Fall nicht, mit den starken ausgelösten Gefühlen angemessen umzugehen. Obwohl er z. B. seinen Zorn wahrnehmen kann und obwohl er weiß, mit welchem spezifischen Problem dieser Affekt zu tun hat (z. B.: mit eigener Geschwisterrivalität), gelingt es ihm dennoch nicht, sich von diesen starken Affekten zu befreien; sie werden deshalb unweigerlich die Interaktion mit dem Patienten beeinflussen.

Gegenübertragung ist unvermeidbar; keine Lehranalyse, keine Selbstanalyse kann verhindern, daß der Analytiker mit mehr oder weniger starken Gefühlen und Phantasien auf die Person des Patienten, seine Mitteilungen und Übertragungen reagiert. Freilich ist die Gegenübertragung nicht per se ein wertvolles Diagnostikum, sondern erst die reflektierte und aktualgenetisch einigermaßen aufgeklärte Gegenübertragung gibt dem Analytiker unter Umständen Hinweise auf bislang nicht bewußt gemachte Phantasiekonstellationen bei seinem Patienten. Immer aber lauert die Gefahr, daß sich der Analytiker mit der Abwehr und dem Widerstand seines Patienten verbündet, gemeinsam mit ihm agiert und aus diesem Agieren eine Übertragungsbefriedigung bezieht (z. B. „Wir beide sind uns einig, daß wir unsere Eltern nicht kritisieren, sondern lieber brav und angepaßt sind, dafür aber von unserem Über-Ich akzeptiert werden"; oder: „Ich spreche Deinen Neid nicht an, dann erspare ich Dir und mir viel Wut und Enttäuschung"; oder: „Wir unterhalten uns angeregt miteinander, damit wir uns unsere homoerotischen Wünsche, vor denen wir Angst haben, nicht bewußt zu machen brauchen" usw.). Auf Schritt und Tritt ist die Neutralität des Analytikers in Gefahr, nicht, wie man vielleicht vereinfachend meinen könnte, aus Gründen erotischer Verführbarkeit allein, sondern anderer Einflüsse wegen nicht minder. Wie verlockend ist es, die Rolle des Trösters zu spielen; wie schmeichelnd für das eigene Selbstwertgefühl, die Funktion eines immer alles verstehenden Elternteils einzunehmen; wie redlich und tugendhaft, sexuelle und aggressive Impulse aus dem Diskurs auszuschließen; wie schonend und „liebevoll" für beide, über die eigene Beziehung nicht zu sprechen usw. Es gibt viele Gründe, sich in die Gegenübertragung verstricken zu lassen und auf das Analysieren zu verzichten. Natürlich ist der Patient lange Zeit dankbar und erfreut, daß seine Widerstände unangetastet bleiben und daß er es vor allem immer wieder versteht, den Analytiker von seiner eigentlichen Aufgabe abzubringen. Wenn Freud über den Analysanden gesagt hat, daß dieser die neurotische Tendenz hat, statt sich zu erinnern und seine Erinnerungen in der freien Assoziation zu erzählen, diese lieber in der Übertragung agiert, so kann dementsprechend vom Analytiker gesagt werden, daß er häufig statt analytischer Empathie und darauf basierender Interventionen lieber gegenübertragungshaft eigene unbewußte Strebungen agiert. Nicht selten unterstützen Patienten diese Tendenz; sie gebrauchen ihre intuitiven und empathischen Fähigkeiten, um die Anzeichen neurotischer Konflikte in ihrem Analytiker aufzuspüren. Sie merken über kurz oder lang, an welchen Stellen ihr Analytiker verfügbar ist, wo er rechthaberisch wird, pädagogisch anleitend und aufmunternd, tröstend, zudeckend, neugierig nachfragend und vieles mehr. Die Analyse kommt zu einem Stillstand, aber die Patienten erhalten eine **Übertragungsbefriedigung,** denn es ist ihnen geglückt, auf ihre neurotischen Bedürfnisse eine passende Reaktion zu erhalten, die ihnen von früher her vertraut ist und ihre Abwehr und ihren Übertragungswiderstand unangetastet läßt (wenngleich natürlich das Ergebnis auf lange Sicht betrachtet unbefriedigend bleibt).

Gegenübertragungsneurose

Vor allem von Racker (1953) wurde dieses Konzept zum ersten Mal ausführlicher beschrieben. Die Gegenübertragungsneurose ist die Übertragungsneurose des Analytikers, denn es muß von folgendem Sachverhalt ausgegangen werden:

„So wie in seiner Beziehung zum Analytiker die Gesamtpersönlichkeit des Analysanden mitschwingt: sein gesunder und sein neurotischer Teil, Gegenwart und Vergangenheit, Wirklichkeit und Phantasiewelt, so schwingt in seiner Beziehung zum Analysanden auch die Gesamtpersönlichkeit des Analytikers mit, wenn auch mit Unterschieden quantitativer und qualitativer Art ... auch der Analytiker ist nicht frei von Neurose ... Ein Teil seiner inneren Konflikte ist ungelöst geblieben und strebt nach einer Lösung durch Beziehungen zu äußeren Objekten. Auch der Beruf und die damit verknüpfte gesellschaftliche und wirtschaftliche Stellung sind übertragene zentrale innere Situationen. Schließlich wird auch in der unmittelbaren Beziehung zum Analysanden übertragen, da die Berufswahl des Psychoanalytikers – ebenso wie jede andere Wahl – aus den Objektbeziehungen der Kindheit hervorgeht" (Racker 1953, S. 125/26).

Racker wies darauf hin, daß zwar jeder Analytiker „weiß", daß er zu neurotischen Übertragungen auf seine Patienten neigt, daß er aber genauso wie der Patient einen Widerstand gegen das Sichbewußtmachen und vor allem gegen das Durcharbeiten und Bewältigen seiner Übertragungen hat. Die neurotischen Übertragungen, die Racker hauptsächlich beschrieb, sind in erster Linie ödipale Konstellationen. Etwas vereinfachend ging er davon aus, daß jeder Patient den Vater, jede Patientin die Mutter für den Analytiker verkörpern kann.

So könne ein männlicher Analytiker vis à vis einer Patientin in seinen unbewußten Wünschen davon ausgehen, daß sich die Patientin in ihn und seinen Penis verlieben soll. Dies kann zur Folge haben, daß die negative Übertragung unterdrückt, die Patientin unbewußt dazu angehalten wird, außerhalb der Übertragung keine neuen Liebesbeziehungen einzugehen oder nicht gesunden zu lassen. Agierendes Verhalten von Patientinnen, wie z.B. häufig wechselnde Liebschaften, um sich an dem zurückweisenden Vater-Analytiker zu rächen, können Vergeltungs- und Haßgefühle im Analytiker wecken, weil er dies unbewußt wie ein erneutes Ausgeschlossenwerden aus der Urszene seiner Eltern erlebt. Dies kann sich z.B. als Rückzug oder als mangelndes Interesse und Engagement für seine Patientin manifestieren, worauf diese ihrerseits mit einem Widerstand gegen das Bewußtwerden und Mitteilen von Übertragungen reagiert. Dieser Analytiker wird dann vor sich oder in der Supervision konstatieren, daß sich seine Patientin seit geraumer Zeit im Widerstand befindet, vielleicht sogar abzubrechen droht, und er weiß nicht warum. Eine andere Konstellation liegt z.B. vor, wenn der Analytiker seiner verheirateten Patientin mehr oder weniger zurät, ihren Mann mit einem Freund zu betrügen, und auf diese Weise die ödipale Aggression gegenüber dem Ehemann-Vater agiert oder aufgrund einer Reaktionsbildung ängstlich entsprechende Phantasien seiner Patientin nicht anspricht oder sogar bei ihr zu unterdrücken versucht.

Gegenüber einem männlichen Patienten kann ein männlicher Analytiker ebenfalls den Wunsch verspüren, von diesem geliebt zu werden, was sich vor allem in dessen Mitarbeit manifestiert. Arbeitet der Patient hingegen nicht gut mit, werden die aktiven und passiven homoerotischen Regungen des Analytikers nicht befriedigt, und er beginnt seinen Vater-Patienten zu hassen, weil dieser sich nicht ihm, sondern seiner Mutter hingibt und sich sexuell mit ihr befriedigt.

Viele andere Inhalte von Gegenübertragungsneurosen des Analytikers können natürlich auftreten und in einer Art neurotischer Kollusion oder „geheimen Verschwörung" (Langs 1987) auch dazu führen, daß wesentliche Konflikte des Patienten nicht Thema werden dürfen. In der Gegenwart ist vor allem die folgende Konstellation häufig anzutreffen: Der Patient wird als narzißtisch frühgestört eingestuft, als jemand, der schwere Defizite in der frühen mütterlichen Zuwendung erlebt hat. Die behandlungstechnische Konsequenz ist die eines permanenten liebevollen Spiegelns, wobei der Analytiker überwiegend konkordant mit dem Selbsterleben seines Patienten identifiziert ist. Aus Angst vor der Rivalitätsaggression und dem ödipalen Neid des Patienten, aber vielleicht auch aufgrund einer Projektion eigener Frühstörungsanteile auf den Patienten wird der Patient zum frühgestörten Säugling und mit liebevoller Verwöhnung mundtot gemacht. Natürlich findet sich der umgekehrte Fall, daß ein Analytiker ödipale Konflikte bevorzugt anspricht, um depressive Affekte, kindliche Gier und Neid, Hoffnungslosigkeit und Verzweiflung aus seinem Erleben fernzuhalten.

Zwischen weiblichen Analytikerinnen und betont emanzipierten Frauen kann sich eine „feministische Allianz" einstellen, die von Reinke (1987) beschrieben worden ist. Diese Patientinnen sind oftmals moderne, emanzipierte Frauen, die aus Angst vor frauenverachtenden Tendenzen männlicher Psychoanalytiker eine Frau aufsuchen, die sie sehr schnell, allerdings in einer starren Weise, idealisieren und an ihrem „Glanz" partizipieren wollen. In der Beziehung zu ihrer Analytikerin haben sie den unbewußten Wunsch, etwas zu wiederholen, was sie häufig aus der Beziehung zu ihrer Mutter her kennen: „Die gemeinsame Verleugnung tiefer Wertlosigkeitsgefühle in einer Art feministischer Allianz, die keine Männer zu brauchen scheint" (Reinke 1987, S. 210). Die Autorin erblickt hierin die Verleugnung des Wunsches nach einem ödipalen Vater und die Abwehr passiver Wünsche. Die Gegenübertragungsneurose der Analytikerin würde in der Duldung dieser Allianz bestehen und schlimmstenfalls wäh-

Tabelle 13.**10** Widerstand des Analytikers

Triebkonflikt-Modell	Entwicklungsdefizit-Modell	Beziehungskonflikt-Modell
Widerstand, die konkordanten und/oder komplementären Gegenübertragungsgefühle und -phantasien, die die Übertragung des Patienten im Analytiker auslöst, wahrzunehmen und zu erleben. Dieser Widerstand kann durch eigene blinde Flecke und unbewußte Konflikte bedingt sein und kann durch Reflexion aufgehoben werden.	Widerstand, sich in die Kümmernisse, Ängste, Selbstwertzweifel eines Patienten, aber auch seiner Größenphantasien und überzogenen Vorstellungen von sich selbst und vom zukünftigen Leben, in die (übertriebenen) Idealisierungen anderer Menschen hineinversetzen zu wollen. Widerstand, sich als Selbstobjekt für den Patienten zur Verfügung zu stellen, bewundern und anerkennen zu sollen und sich übermäßig idealisieren zu lassen. Widerstand, für die angemahnten Entwicklungsbedürfnisse Sorge tragen zu wollen.	Die Auswirkungen, die die eigene Person, der Persönlichkeitsstil, die durch eigene Konflikte geprägten theoretischen Vorlieben und unbewußten Phantasien des Analytikers auf einen bestimmten Patienten haben, werden nicht wahrgenommen und reflektiert. Es wird nicht erkannt, in welchen Rollen man aufgrund des unbewußten Rollendialogs immer schon mitagiert. Dadurch fehlt eine entscheidende Dimension eines gelungenen psychoanalytischen Diskurses, in dem es vor allem um das Verstehen der unbewußt geprägten Kommunikation und Interaktion – des unbewußten Rollenhandelns – gehen sollte.

rend der gesamten Dauer der Behandlung nicht reflektiert und aufgelöst werden können (Tab. 13.**10**).

Literaturempfehlungen

Zum Widerstand und zur Arbeit am Widerstand

Schafer, R.: The Analytic Attitude. Basic Books, New York 1983

Gray, P.: On helping analysands observe intrapsychic activity. In Richards, A. D., M. S. Willick (eds.): Psychoanalysis. The Science of Mental Conflict. Essays in honor of Charles Brenner. Analytic Press, Hillsdale, NJ. 1986 (pp. 245–262)

Sandler, J. mit Anna Freud: Die Analyse der Abwehr. Klett-Cotta, Stuttgart 1989

Zum Gegenübertragungswiderstand des Psychoanalytikers

Ehrenberg, D. B.: Countertransference resistance. Contemp. Psychoanal. 21 (1985) 563–576

Ermann, M.: Behandlungskrisen und die Widerstände des Psychoanalytikers. Bemerkungen zum Gegenübertragungswiderstand. Forum Psychoanal. 3 (1987) 100–111

Knoellreuter, A.: Ist der Widerstand des Patienten der Widerstand des Therapeuten? Über die Gegenübertragung des Patienten und deren Analyse in Therapietranskripten. Ulmer Textbank, Ulm 1989

König, K.: Gegenübertragungsanalyse. Vandenhoeck & Ruprecht, Göttingen 1993

Psychoanalytisches Erstgespräch

Ein Patient, der unter massiven Arbeitsstörungen und sexuellen Schwierigkeiten leidet, erzählt im analytischen Erstgespräch von seinen Problemen und lebensgeschichtlichen Erfahrungen, um dann gegen Ende des ersten Gesprächs wie beiläufig zu erwähnen, daß er eigentlich schon im Wartezimmer des Therapeuten mit der Stunde begonnen habe, indem er sich einen Tagtraum vorstellte, den er häufig hat, und in dem er in eine Höhle hinabsteigt, um sich unten angekommen, an einer Quelle zu laben. „Merkwürdig", denkt sich der Analytiker im stillen, „an mehreren Stellen des Gesprächs hatte ich den Eindruck, von wichtigen Gefühlen des Patienten ausgeschlossen zu werden, obwohl er einen sehr mitteilungsbereiten Eindruck zu erwecken versuchte, und nun teilt er scheinbar wie nebensächlich gegen Ende der Stunde mit, daß er dieses Gespräch schon vor dem eigentlichen Beginn mit sich selbst anfing. Sollte in dieser scheinbar harmlosen Bemerkung, zusammen mit dem deutlichen Gefühl des Ausgeschlossenwerdens, das ich empfand, ein wichtiger Schlüssel für das Verständnis der Leiden dieses Mannes enthalten sein?"

Es gibt Psychoanalytiker, die sich mit derartigen **szenischen Eindrücken** nicht zufriedengeben wollen, und ähnlich einer psychiatrischen Exploration neben der Eruierung des symptomatischen Befunds, des Krankheitserlebens und der Behandlungsvoraussetzungen, der Ich-strukturellen Defizite, des Niveaus der Persönlichkeitsorganisation, des dysfunktionalen Beziehungsverhaltens, die Erhebung einer möglichst vollständigen biographischen Anamnese unter tiefenpsychologischem Aspekt anstreben. Beruf und Stellung der Eltern, Vorhandensein von Großeltern und weiterer Bezugspersonen während der Primärsozialisation, psychische Auffälligkeiten in den Herkunftsfamilien der Eltern, Geburtsumstände und -komplikationen, Position des Kindes in der Geschwisterreihe, Zeitpunkt der Abstillung, Rigidität der Sauberkeitserziehung, Krankenhausaufenthalte und Trennungen von den Eltern, Kindergarten und Schuleintritt, schulische Leistungen, Auffälligkeiten in der schulischen Sozialisation, Ablösung vom Elternhaus, Freundschaften zum gleichen und anderen Geschlecht, soziales Engagement, Hobbies, Berufswahl, Umstände der Eheschließung, Beziehung zu den eigenen Kindern und viele andere Fragen mehr sollen ein einigermaßen nachvollziehbares Bild über die zuvor erwähnten psychodynamischen Konstrukte und Konstellationen ermöglichen (Cierpka u. Mitarb. 1995). Natürlich sind auch die Psychoanalytiker, die sich eher an den szenischen Eindrücken orientieren und ihre ganze Aufmerksamkeit darauf verwenden, herauszufinden, welche Bilder und Anmutungen der Patient in ihnen auslöst, an diagnostischen und biographischen Eindrücken und Aufschlüssen interessiert, die ja auch für die Erstellung eines Kassenantrags notwendig sind. Aber stärker als diejenigen, die eine Tendenz zur Operationalisierung und Objektivierung ihrer Eindrücke anstreben, achten sie vor allem auf ihre szenischen Eindrücke.

Erkenntnisdimensionen des Erstinterviews

Wenngleich das psychoanalytische Erstinterview keine objektivierende lebensgeschichtliche Genese- und Ätiologieforschung darstellt, die verallgemeinerbare Verursachungsdimensionen seelischer Erkrankungen herausfinden möchte, und auch wenn es nicht in erster Linie objektive Informationen über das Symptom und dessen Geschichte ermitteln möchte, so sind natürlich auch die sog. **objektiven Informationen** für den psychoanalytischen Erstinterviewer aufschlußreich. Wichtiger sind aber die sog. **subjektiven Informationen** – Welche subjektive Bedeutung mißt ein Patient z. B. dem Tod seines Vaters bei; erzählt er dies sichtlich ergriffen oder ziemlich unbeteiligt? – und die **szenischen Informationen**, die mit Hilfe der Wahrnehmung des bewußten und unbewußten Beziehungsgeschehens gewonnen werden.

Diese szenischen Informationen orientieren sich an folgenden Leitfragen:

- Wie stellt sich der Patient in seinen Beziehungen dar? Wie wirkt dieses Verständnis auf mich, wenn ich den Patienten mit meinem Eindruck vergleiche? So schildert sich ein Patient z. B. als großzügig und warmherzig in seinen zwischenmenschlichen Beziehungen und beklagt sich anschließend darüber, daß diese Eigenschaften von anderen Menschen überhaupt nicht gewürdigt werden würden; der Analytiker hat hingegen den Eindruck, daß es sich bei diesem Patienten um einen ziemlich selbstbezogenen und eher wenig Warmherzigkeit ausstrahlenden Mann handelt.
- Was löst der Patient in mir an Gefühlen, Bildern und Einfällen aus?
- Welche Erwartungen gehen unterschwellig von diesem Patienten aus?
- Wie reagiere ich auf diese Erwartungen? Ein Patient schildert sich als das Opfer uneinfühlsamer Vorgesetzter, sadistischer Behörden und raffgieriger Verwandter. Während er Beispiel an Beispiel reiht, in dem ihm übel mitgespielt worden ist, spürt der Analytiker immer stärker, wie von diesem Patienten ein großer Erwartungsdruck ausgeht, ganz viel und ganz schnell geholfen zu bekommen. Diese Erwartung löst aber nicht Verwunderung und Amüsement aus, sondern eher einen anwachsenden Ärger, sich diesen ansprüchlichen und gierigen Patienten so bald wie möglich wieder vom Halse zu schaffen.
- Welche Erwartungen habe ich an den Patienten?
- Wie reagiert der Patient auf meine unterschwelligen Erwartungen? Eine attraktive Patientin, die sich über ihre mißlungene Ehe mit einem häufig auf Geschäftsreisen abwesenden Ehemann beklagt, weckt im Therapeuten ein heftiges Verlangen, viel Verständnis und Bezogenheit für diese Frau aufzubringen. Als er darüber nachdenkt, ob ihm dies ausgerechnet bei dieser Frau dermaßen wichtig erscheint, weil er sie für attraktiv hält und von ihr als der bessere Mann anerkannt werden möchte, kann er erkennen, wie diese Frau seine Versuche, sie besonders gut zu verstehen, immer wieder durchkreuzen muß, indem sie sich von dem zuvor Gesagten zu distanzieren beginnt und ihren Schilderungen ein „Ich weiß aber nicht, ob es wirklich so ist" hinterher schickt. Hat sie unbewußt erkannt, daß ihr Therapeut eigene Bedürfnisse befriedigt bekommen möchte und reagiert sie darauf besonders empfindlich? Oder muß sie sich vor der erotischen Nähe, die zwischen beiden entsteht, schützen?

Einem erfahrenen Analytiker fällt es in der Regel nicht schwer, die szenischen Informationen im Erstgespräch, die sich oftmals schon aufgrund der ersten sinnlichen und körpersprachlichen Eindrücke beim Hereinkommen und der ersten Sätze des Patienten ergeben, mit den objektiven und subjektiven Informationen zu verknüpfen und manchmal schon nach wenigen Minuten zu ersten Hypothesen über unbewußte psychodynamische Hintergründe der vorgetragenen Beschwerden zu kommen. Freilich bedürfen diese ersten versuchsweisen Eindrücke der weiteren Bestätigung und müssen auch entsprechend dem Ideal einer offenbleibenden Erkenntnishaltung in der Schwebe gehalten werden, um alternativen Hypothesen jederzeit Platz machen zu können.

Tabelle 13.**11** Psychoanalytisches Erstgespräch und Diagnostik

Triebkonflikt-Modell	Entwicklungsdefizit-Modell	Beziehungskonflikt-Modell
Diagnostik der Psychodynamik der Trieb-Abwehr-Konflikte und daraus resultierender Abkömmlinge unbewußter Phantasien (wie z. B. Größen-, Rache- oder Verführungsphantasien) in einer eher individualpsychologisch orientierten Haltung (one-body-psychology); Diagnostik der Übertragungen des Patienten, nach dem Motto: „Wie verzerrt nimmt mich der Patient wahr und was haben diese Wahrnehmungen mit seinen Selbstanteilen (Projektion) und seinen früheren Beziehungspersonen und Erfahrungen zu tun?"	Diagnostik von ich-strukturellen Defiziten und Störungen anhand von entwicklungspsychologisch orientierten Diagnose- und Ratingverfahren – idealiter anhand eines Manuals der operationalisierten psychodynamischen Diagnostik; Diagnostik von Selbstobjekt-Übertragungen, nach dem Motto: „An welchen Stellen und in welchem Umfang benötigt mich der Patient zum Aufbau und zur Konsolidierung seiner Selbstorganisation?" An welchen Stellen und wie häufig muß der Patient anerkannt und gespiegelt oder ihm die Gelegenheit zur idealisierenden Bewunderung des Therapeuten gegeben werden?	Reflexion und Diagnostik dessen, was der Patient im Analytiker an eigenen Phantasien und Konflikten auslöst, und wie dieser innerlich darauf reagiert, nach dem Motto: „Werde ich auf das Rollenansinnen des Patienten ausreichend gut – aufgrund meiner eigenen Konflikte – reagieren können?" Wie beeinflussen meine Phantasien, Handlungstendenzen und virulent werdenden Triebbedürfnisse die anfänglich über weite Strecken zunächst unbewußt ablaufende Kommunikation und Interaktion mit diesem Patienten, egal welche Verschlüsselung er auf einer ICD-Achse oder im DSM-IV erhält?

Zusammenfassend noch einmal die Essentials des psychoanalytischen Erstgesprächs (Tab. 13.**11**).

- Weitgehender Verzicht auf objektivistische Methoden; sog. life events brauchen nicht „objektiv" erfaßt zu werden, weil sie nicht die pathogenen Ursachen der neurotischen Erkrankung darstellen, aber sie können wichtige Knotenpunkte für die unbewußte Phantasietätigkeit darstellen.
- Neben der Aufnahme objektiver Informationen Konzentration auf die psychische Realität des Patienten und darauf, wie dieser verschiedene Ereignisse seines Lebens subjektiv erfahren hat.
- Möglichst viel Raum geben für die aktive und unbewußte Gestaltung des Erstgesprächs durch Verzicht auf Fragen und anderes Strukturieren, z. B. im Hinblick auf die Auswahl der Themen und die Reihenfolge, in der ein Patient bestimmte Themen vorträgt.
- Konzentration auf die szenischen Eindrücke, die vom Patienten ausgehen und die dem Analytiker Aufschlüsse über die derzeitigen Persönlichkeitszüge und -haltungen des Patienten vermitteln, die für die Aufrechterhaltung der jetzigen Schwierigkeiten verantwortlich sind.
- Bewußtmachung darüber, in welchem Ausmaß der Analytiker als teilnehmender Beobachter immer auch tendenzieller Konstrukteur der „Daten" ist.

Literaturempfehlungen

Benz, A.: Möglichkeiten des psychoanalytischen Erstinterviews. Psyche 42 (1988) 577–601

Eckstaedt, A.: Die Kunst des Anfangs. Psychoanalytische Erstgespräche. Suhrkamp, Frankfurt/M. 1991

Wilke, S.: Die erste Begegnung. Eine konversations- und inhaltsanalytische Untersuchung der Interaktion im psychoanalytischen Erstgespräch. Asanger, Heidelberg 1992

Psychoanalytische Wirkfaktoren

Welche Einflußmöglichkeiten im Hinblick auf eine angestrebte Veränderung hat ein Psychoanalytiker? Welche Entwicklungs- und Lernprozesse laufen im Patienten ab, die bei ihm zu einer Veränderung führen?

Kommen Veränderungen in der Psychoanalyse dadurch zustande, daß der Patient **Einsicht** in seine ihm bislang unbewußten Konflikte erhält, daß ihm z. B. deutlich wird, wie er selbst die ihn umgebenden Personen dazu gebracht hat, ihn auf eine bestimmte Weise zu behandeln oder daß er immer wieder an ähnliche Menschen geraten ist, mit denen er seine Konflikte inszenieren konnte, während er andere eher gemieden hat? Oder ist diese introspektionsgeleitete Selbstreflexion dem **unmittelbaren Erfahren** einer wohlwollenden, nicht verurteilenden, die Gefühle annehmenden, Schmerz, Kummer und Wut aushaltenden Therapeutenperson eher nachgeordnet? Sind es die Erfahrungen mit einer neuen, hilfreichen, einfühlsamen, aber auch Grenzen ziehenden symbolischen Elternfigur, die zu einer **Identifikation** mit diesen Verhaltensweisen, Einstellungen und Gefühlsqualitäten führen? Oder sind diese Fragestellungen von vornherein falsch gestellt, weil Beziehung (einschließlich der Identifikation) und Deutung sich nicht ausschließen, sondern stets zusammen vorkommen, wobei einmal die Deutung den Vordergrund bilden kann und die Beziehungskomponente unauffällig den Hintergrund darstellt und das andere Mal die Erfahrung der Beziehung in den Vordergrund rückt?

Und: Ist der herkömmliche intrapsychische Ansatz, daß eine Veränderung allein im Patienten stattfindet angesichts einer interaktionellen Betrachtungsweise als überholt zu betrachten? Geht es nicht vielmehr darum, daß beide – Analytiker wie Analysand – lernen müssen, Beziehungsbedürfnisse im Hier und Jetzt auszuhandeln über alle Übertragungs- und Gegenübertragungswiderstände hinweg, wobei der Analytiker kraft seiner Erfahrungen vorangehen sollte?

Immer wieder soll die Psychoanalyse von ihren Kritikern darauf festgelegt werden, daß es in ihr lediglich zu einer intellektuellen Einsicht kommt, die ohne Konsequenzen für die tatsächliche Konflikt- und Problembewältigung bleibe. Abgesehen davon, daß Einsicht im psychoanalytischen Sinn eine mit möglichst viel Gefühlen einhergehende Erfahrungsbildung meint, und die Psychoanalyse in der gefühlsisolierenden Intellektualisierung ja auch eine zu überwindende Abwehrformation sieht – deshalb auch der Nachdruck auf die Übertragungsdeutungen im Hier und Jetzt –, ist die Gegenüberstellung von Deutung und Beziehung oder von Einsicht und Problembewältigung aus psychoanalytischer Warte von vornherein verfehlt.

Schon in den 50er und 60er Jahren verschob sich der Schwerpunkt von der deutenden Rolle des Analytikers auf die Beschäftigung mit der Therapeut-Patient-Interaktion. M. Klein (1952) z. B. erblickte in der Mutter-Kind-Beziehung den Kern jeder Übertragung und Gitelson (1962), Spitz (1956) und andere wiesen darauf hin, wie wichtig eine mütterliche, wachstumsfördernde Haltung gegenüber dem Patienten ist.

Aber erst später wurde deutlich, daß es ein weitverbreiteter Irrtum ist, zu glauben, daß „mütterliche" Beziehungsfaktoren und Deuten nur wenig miteinander zu tun haben. Die Art und Weise, wie der Analytiker interveniert und was er jeweils in einem gegebenen Moment deutet, drücken sein Mitgefühl, seine Empathie, seinen analytischen Takt und die Reflexion seiner Gegenübertragung aus. Deutungen vermitteln dem Analysanden nicht nur Einsicht in unbewußte und bewußte Prozesse, sondern sie bringen ihm auch nahe, wie der Analytiker mit Übertragungswünschen und -erwartungen umgehen kann.

Handhabungen des Analytikers als Wirkfaktoren

Es hat sich als sinnvoll herausgestellt, den komplexen Wirkvorgang in verschiedene Komponenten zu zerlegen, aber nicht ohne darauf hinzuweisen, daß gerade im psychoanalytischen Verständnis die Vorgänge im Analytiker und diejenigen im Analysanden eng miteinander verwoben sind. Der psychoanalytische Veränderungsvorgang ist ein interaktioneller Lernprozeß, in dem der Umgang mit der Übertragungs- und Gegenübertragungsbeziehung von entscheidender Wichtigkeit ist. Davon auszugehen, daß nur der Patient etwas zu lernen hat, daß er allein es ist, der sich verändern muß, würde der Behandlungsphilosophie der Psychoanalyse nicht gerecht.

Auf seiten des Analytikers finden sich die folgenden analytischen Vorgänge:

- Erkennen der Gegenübertragung und der Umgang mit ihr,
- Zuhörenkönnen,

- Empathie,
- Holding,
- Containing,
- Übertragungsdeutungen,
- Genetische Deutungen, Rekonstruktionen und Außerübertragungsdeutungen.

Gegenwärtige Kontroversen

Die Selbstpsychologen haben immer wieder betont, daß der selbstpsychologische deutende Umgang mit der Übertragung, das Entstehenlassen einer Übertragungsneurose, die Durcharbeitung und Auflösung der Übertragungen bzw. der Übertragungsneurose sich im Grunde nicht vom herkömmlichen psychoanalytischen Vorgehen unterscheide, abgesehen davon, daß die Übertragungen Selbstobjekt-Übertragungen sind. Dies war sicherlich eine Reaktion auf den Vorwurf, daß die Selbstpsychologie sich zu einer reparativen und stützenden Therapieform entwickelt habe, die in der Psychoanalyse lange Zeit als verpönt galt, weil sie zu keinen wirklichen strukturellen Veränderungen führe. Für Kohut bestand das wichtigste Vorgehen des Analytikers jedoch in der fortwährenden Beachtung der Selbst-Selbstobjekt-Beziehung zwischen dem Patienten und seinem Analytiker und damit weniger in dem deutenden Umgehen mit den Selbstobjekt-Übertragungen. Archaische Selbstobjekt-Bedürfnisse müssen akzeptiert und verstanden werden; dazu gehören auch die Abwehrmaßnahmen, die stolze, schamanfällige und beziehungsängstliche Analysanden gegen das Aufkommen von Selbstobjekt-Bedürfnissen richten.

Im Zuge des analytischen Prozesses verinnerlicht der Analysand in kleinen Schritten – anhand der sog. umwandelnden Verinnerlichung – die Funktionen des Analytikers (z.B. sich einzufühlen, zu verstehen, zu akzeptieren, zu spiegeln, zu beruhigen, zu desillusionieren, abzuwägen, zu integrieren, zu synthetisieren und anderes mehr), und die Verinnerlichung von kohäsionsfördernden Selbstobjekt-Bindungen schafft die korrigierende emotionale Erfahrung, die die Essenz des Heilungsvorgangs aus selbstpsychologischer Sicht ist. Galt in den Anfängen der Selbstpsychologie noch die Auffassung, daß das „Prinzip der optimalen Frustration" Anreiz für die Verinnerlichung schafft (Mertens 1991, Bd. 3), so hat sich in der Gegenwart zunehmend die Auffassung durchgesetzt, daß die **wiederholte Erfahrung der optimalen Resonanz** von seiten des Analytikers zur Verinnerlichung dieses Erlebens zwischenmenschlicher Bezogenheit führt. Unterbrechungen dieser Resonanz sind ohnehin unvermeidlich und müssen nicht gezielt eingeführt werden, denn kein Analytiker kann so optimal resonant sein, als daß es nicht immer wieder zu schmerzlichen und enttäuschenden Brüchen und Mißverständnissen in der Beziehung käme (Bacal 1985). Aber seine immer wieder erneuten Bemühungen mit einfühlsamer Aufmerksamkeit und stellvertretender Introspektion seinen Analysanden zu verstehen und die Verbalisierungen dieser Verstehensschritte werden vom Analysanden als das Zurverfügungstellen von Selbstobjekt-Funktionen erlebt. Das Sich-in-den-Patienten-Einfühlen wird von diesem wie ein Prozeß der Bedeutungsverleihung erfahren, den eine Mutter mit ihrem Kind vornimmt, wenn sie ihm ohne Unterlaß die innere und äußere Welt erklärt und benennt. Die Wissensorganisation, die auf diese Weise beim Kind entsteht (ein semantisches und prozedurales Wissen wird mit episodischen Strukturen verknüpft – denn Wissenserwerb entsteht vor allem zu Beginn des Lebens überwiegend aufgrund der Interaktion mit einer liebevollen Mutter, die ihrem Kind die Welt erklärt – Väter sind natürlich nicht zu vergessen), trägt zu dem Kompetenzgefühl eines Kindes und damit auch des späteren Patienten bei.

Psychoanalytiker haben an dem empathischen Zugang der Selbstpsychologen kritisiert, daß hierbei nur die bewußten Äußerungen eines Patienten paraphrasiert (dieses Anliegen teilt die Selbstpsychologie mit der Gesprächspsychotherapie) und das eigentliche psychoanalytische Anliegen, die Entzifferung des Unbewußten, aufgegeben worden sei. Bei diesem Einwand wird aber übersehen, daß die kontinuierliche Einfühlung in den Patienten mit der Zeit das Wiederauftauchen abgewehrter Entwicklungsbedürfnisse, archaischer Gefühlszustände und kindlicher Bindungs- und Zuneigungsgefühle fördert. In einem intersubjektiven Erleben von Sicherheit und Verstandenwerden können dann auch affektive Zustände, die verdrängt oder verleugnet wurden, wieder bewußt werden. Im Unterschied zur klassischen Triebpsychologie mit ihrer impliziten Gefahr zu schnellen (und schizoiden) Deutungen des Unbewußten, die zu einer weiteren Schwächung des Selbstgefühls führen können, ermöglicht die angemessen gehandhabte Empathie ein allmähliches Auftauchen unbewußter Erfahrungszustände.

Schwierige, frühgestörte Patienten können also erfolgreich mit analytischer Psychotherapie behandelt werden, wenn es dem Analytiker gelingt, sich auf die verschiedenen Niveaus der jeweilig aktualisierten oder benötigten Beziehungserfahrung fachkundig und gespürig einzustellen. Empathisches Zuhören über längere Strecken der Analyse (ohne Deutungen des Unbewußten), Beruhigung und Aufmunterung, schrittweise optimale Desillusionierung („Sie hatten sich vorgestellt, diese Aufgabe auf Anhieb zu schaffen, und nun müssen Sie die bittere Erfahrung machen, daß dazu viele kleine Schritte notwendig sind"), Bündelung und Vereinheitlichung konträrer und auseinanderstrebender Handlungsziele und anderes mehr können derartige Interventionen darstellen, die allesamt von einem analytischen Verständnis des jeweiligen Entwicklungsniveaus und der Übertragung-Gegenübertragungs-Beziehung getragen sind.

Dennoch sind für einen Kritiker der selbstpsychologischen Auffassung die Selbstobjekt-Übertragungen und deren Durcharbeitung für einen Heilungsprozeß noch nicht ganz ausreichend. Die darin enthaltenen stillschweigenden Holding-, Containing- und Resonanz-Funktionen schaffen zwar die hinreichende Voraussetzung dafür, daß ein Patient für verbale Deutungen des Unbewußten überhaupt zugänglich wird, ohne sich angegriffen, überwältigt, unrecht behandelt oder vereinnahmt zu fühlen, aber ohne eine Deutung unbewußter Aspekte des Erlebens und Verhaltens („Könnte es sein, daß Ihr starkes Bedürfnis, beachtet zu werden, ihre Kollegin etwas ungehalten macht?") kann wohl kaum von einem wirklichen Aufklärungs- und Heilungsprozeß im psychoanalytischen Sinn gesprochen werden. Wachstum und Kräftigung des Selbst allein reichen dementsprechend nicht aus. Ausschließlich selbstpsychologisch behandelte Patienten ähneln manchmal – hierin auch Patienten humanistischer Therapierichtungen vergleichbar – einem zu kräftig und selbstbewußt geratenen Adoleszenten, der sich zwar auf Kosten seiner Mitmenschen ohne Schwierigkeiten durchsetzen und auf die Einhaltung der für ihn wichtigen Bedürfnisse imperativ pochen kann, dabei häufig einen narzißtischen Ausnahmestatus für sich reklamierend, sich aber dennoch in vielerlei Hinsicht selbst verborgen bleibt und deshalb auch

Tabelle 13.**12** Wirkfaktor(en)

Triebkonflikt-Modell	Entwicklungsdefizit-Modell	Beziehungskonflikt-Modell
Aktivitäten des Analytikers: – Übertragungsdeutungen, – genetische Deutungen, – Rekonstruktionen.	Aktivitäten des Analytikers: – Einfühlung, – Akzeptanz, – Resonanz, – Prinzip Antwort, – Holding, – Containing.	Aktivitäten des Analytikers: – neue Beziehungserfahrung, – Invalidierung der alten pathogenen Überzeugungen, – Außerkraftsetzung unbewußter Phantasien.
Vor allem das tiefenhermeneutische Erkennen und Erspüren des Unbewußten und die daraus hervorgehenden Übertragungsdeutungen, die die Vergangenheit mit der Gegenwart verbinden, verschaffen dem Patienten ein Gefühl der Sinnhaftigkeit seines Tuns und der lebensgeschichtlichen Kohärenz.	Vor allem die empathische Resonanz vermittelt dem Patienten ein Gefühl des Wohlbehagens und des optimalen Funktionierens, was wie ein Sprungbrett für einen Neubeginn aufgefaßt werden kann. Bislang unterdrückte Entwicklungstendenzen können im Schutze dieses empathischen Verstandenwerdens zum ersten Mal ganz vorsichtig geäußert und ausprobiert werden.	Vor allem die Bereitstellung einer neuen Beziehungserfahrung, die erst auf der Grundlage der Reflexion des Rollenagierens (operationale Abstinenz) möglich wird, schafft einen Ausweg aus dem festgefügten Rollenverständnis in bisherigen Interaktionen; das Rollenhandlungsrepertoire weitet sich enorm aus, und ganz neue Seinserfahrungen werden für den Patienten möglich.
Psychische Vorgänge im Patienten	Psychische Vorgänge im Patienten	Psychische Vorgänge im Patienten
– Einsicht. – Bewußtwerden der verschütteten Kindheitserfahrungen (Archäologie-Modell). – Erkennen und Durcharbeiten unbewußter Phantasien. – Anerkennung der eigenen Grenzen und der Generationengrenzen (Inzesttabu). – Aussöhnung mit Neid, Wut und Rache.	Ingangkommen steckengebliebener Entwicklungsprozesse, wie z. B. – Selbstregulation, – Einfühlungsfähigkeit, – Verantwortung, – Affekttoleranz, – Affektdifferenzierung, – Ambivalenztoleranz, – kognitive Differenzierung.	Implizierte Lernvorgänge („tacit learning"), Umstrukturierung und Neukalibrierungen, aber auch bewußte Lernvorgänge und Einsichtsbildungen z. B. über – bislang erfolgte Rollenkonstellationen, – Induzierung bestimmter Rollenreaktionen beim Gegenüber, – Reaktionen auf die induzierten Reaktionen usw.

von seinen Mitmenschen als selbstbezogen und selbstmitleidig wahrgenommen wird.

Es obliegt dem therapeutischen Können zu entscheiden, wann sich ein Patient im Kontext von Selbstobjekt-Übertragungen mit den dazugehörigen Phantasien und Erfahrungen der idealisierenden Verschmelzung und des Gesehen- und Anerkanntwerdens ausreichend stabilisiert hat, damit er zu anderen, zumeist komplexeren Beziehungserfahrungen in einem triangulären Kontext fortschreiten kann und dann vor allem unweigerlich Angst- und Schamgefühle ertragen können muß, ohne in Panik zu geraten oder wegen der Beschämung in maßlose Wut zu verfallen. Denn das Arbeiten im Bereich der Selbstobjekt-Übertragungen knüpft ja in der Regel an das bewußte Erleben des Patienten an, erst die Deutung unbewußter Aspekte erweitert sein bisheriges Selbstverständnis und Menschsein (Tab. 13.**12**).

Psychoanalytische Zielvorstellungen im Vergleich

Abschließend lassen sich die Zielvorstellungen benennen, die aufgrund der unterschiedlichen psychoanalytischen Schulrichtungen jeweils Priorität erfahren. Patienten kommen in der Regel zum (analytischen) Therapeuten, um ihre Symptome zu verlieren, ihre mannigfaltigen Konflikte besser verstehen und bewältigen zu können. Vor allem in der psychoanalytischen Therapie wollen Patienten mehr über sich selbst, über die Hintergründe ihrer derzeitigen Konflikte und Symptome erfahren, denn einige ihrer Handlungen sind ihnen unverständlich und fremd. Ihre Wahlmöglichkeiten erscheinen äußerst eingeschränkt, sie fühlen sich zu Handlungen gezwungen, die sie beschämen und unglücklich sein lassen. Für ihre Symptome gibt es keinen ersichtlichen Grund; bisherige kausale Erklärungen führen zu keiner Veränderung ihres Leidens. In der Absicht, das unbegreifbare Geschehen in sich selbst endlich zu verstehen, wenden sie sich an einen Psychoanalytiker. Dabei treibt sie die Hoffnung, daß dieser ihr unerklärliches und irrationales Verhalten auf etwas zurückführen kann, was den ursächlichen Grund, gleichsam das Fundament für all die gegenwärtigen Störungen bildet. Patienten streben aber nicht nur Aufklärung, Konfliktbewältigung und Weiterentwicklung an, sondern in unterschiedlichem Umfang wünschen sie sich auch, daß alles so bleibt, wie es ist; dann sehen sie unbewußt in ihrem Analytiker ein Triebobjekt, mit dessen Hilfe sie ihre verdrängten, aber nichtsdestotrotz andrängenden Triebimpulse befriedigen können. Oder sie suchen in ihrem Therapeuten einen Komplizen, der ihre neurotische Weltsicht bestätigt und sich für ihre neurotischen Überzeugungen einspannen läßt. Aufgrund dieser Phantasien brauchen sie nur vordergründig ihren Analytiker als hilfreich und kooperativ zu erleben; mehr oder weniger stark drängen sich ihnen vielmehr Phantasien auf, daß ihr Therapeut sie – in Analogie zu ihren eigenen Vorstellungen – indoktrinieren, streng bestrafen, für immer an sich binden, ausbeuten, sexuell verführen und vieles andere mehr tun wird. Rationalität und triebhaft besetzte Phantasien können lange Zeit miteinander im Widerstreit liegen, und dies begründet sicherlich auch zu einem erheblichen

Tabelle 13.**13** Zielvorstellungen

Triebkonflikt-Modell	Entwicklungsdefizit-Modell	Beziehungskonflikt-Modell
„Nur die Wahrheit kann frei machen" – entsprechend diesem Motto gilt es, die Selbsttäuschungen aufzuheben, sich die Verkettung von gesellschaftlicher Ideologie und individueller Neurose bewußt zu machen, Phantasien von Größe, Machbarkeit, Unsterblichkeit, Rache und Zerstörung aufgeben und abtrauern zu können, um ein entsprechend den gesellschaftlichen und individuellen Möglichkeiten einigermaßen ausgeglichener und verantwortungsbewußter Mensch zu werden.	Defizite in der familiären Sozialisation können im psychoanalytischen Therapieprozeß ausgeglichen werden, verkümmerte und abgebrochene Entwicklungsprozesse wiederaufgenommen werden. Somit können die Ressourcen einer Person optimal verwirklicht werden, und er zu dem werden, der er immer schon ist: ein an seiner Umwelt interessierter, neugieriger, bindungsbereiter, auf Selbstverwirklichung bedachter und sinnliche Erfahrungen erlebender Mensch.	Das Verhaftetsein und neurotische Festgelegtsein in den unbewußt gebliebenen familiären Rollendelegationen und -aufträgen, wobei sich diese Rollen nicht nur aufgrund faktischer, sondern auch phantasierter Zuschreibungen eingestellt haben, sollen im tätigen Rollenhandeln und in Aushandlungsprozessen bewußt gemacht und verändert werden. Diese Veränderung erlaubt neue Freiheitsgrade des Handelns und die Erkenntnis, wie sehr Menschen selbst wiederum dafür verantwortlich sind, ob sie pathogene Rollentraditionen wiederholen oder sich aktiv und verantwortungsbewußt für kreativere Beziehungsformen einsetzen.

Ausmaß das Vorhandensein von Widerständen. Aus dem Gesagten wird deutlich, warum vor allem im Triebkonflikt-Modell die Wahrheitssuche Vorrang hat, vor allen möglichen Symptomerleichterungen, die oftmals sogar als Flucht in die Gesundheit verstanden werden müssen. Und es wird, betrachtet man die Seite, bei der sich ein Patient unter Aufbietung all seiner rationalen und vernünftigen Kräfte bemüht, auch deutlich, warum die Psychoanalyse trotz ihrer Betonung eines im Kern triebhaften und affektiven Menschenbildes diesen aufrichtigen Weg des Patienten nach Wachstum und Weiterentwicklung intensiv unterstützt. Daß sie sich jedoch nicht auf eine „humanistische" Therapieform festlegen läßt, in der es nur um die „Selbstverwirklichung" und „Progression" geht, und auch nicht auf eine ausschließlich kognitiv behaviorale Problembewältigung, weil ihr das dieser Therapieform zugrundeliegende Menschenbild zu einseitig das rational Machbare betont, ist hoffentlich aufgrund dieser Ausführungen über die Grundlagen psychoanalytischer Psychotherapie nachvollziehbar geworden (Tab. 13.**13**).

Literaturempfehlungen

Adler, H.: Die Rolle des Analytikers im Heilungsprozeß. Zur Theorie der Therapie. Psyche 40 (1984) 993 – 1020

Loewald, H.W.: Psychoanalyse. Aufsätze aus den Jahren 1951 – 1979. Klett-Cotta, Stuttgart 1986

Löw-Beer, M., H. Thomä: Zum Verhältnis von Einsicht und Veränderung. Forum Psychoanal. 4 (1988) 85 – 102

Sandler, J., A. U. Dreher: Was wollen die Psychoanalytiker? Das Problem der Ziele in der psychoanalytischen Behandlung. Klett-Cotta, Stuttgart 1999

Tschuschke, V., D. Czogalik (Hrsg.): Psychotherapie – Welche Effekte verändern? Zur Frage der Wirkmechanismen therapeutischer Prozesse. Springer, Berlin 1990

14. Psychoanalytische Therapieverfahren

U. Streeck

„Irgend einmal wird das Gewissen der Gesellschaft erwachen und sie mahnen, daß der Arme ein ebensolches Anrecht auf seelische Hilfeleistung hat wie bereits jetzt auf lebensrettende chirurgische... Dann werden also Anstalten oder Ordinationsinstitute errichtet werden, an denen psychoanalytisch ausgebildete Ärzte angestellt sind, um die Männer, die sich sonst dem Trunk ergeben würden, die Frauen, die unter der Last ihrer Entsagungen zusammenzubrechen drohen, die Kinder, denen nur die Wahl zwischen Verwilderung und Neurose bevorsteht, durch Analyse widerstands- und leistungsfähig zu erhalten. Diese Behandlungen werden unentgeltlich sein. Es mag lange dauern, bis der Staat diese Pflichten als dringende empfindet... Dann wird sich für uns die Aufgabe ergeben, unsere Technik den neuen Bedingungen anzupassen... Wir werden auch sehr wahrscheinlich genötigt sein, in der Massenanwendung unserer Therapie das reine Gold der Analyse reichlich mit dem Kupfer der direkten Suggestion zu legieren, und auch die hypnotische Beeinflussung könnte dort wie bei der Behandlung der Kriegsneurotiker wieder eine Stelle finden. Aber wie immer sich auch diese Psychotherapie fürs Volk gestalten, aus welchen Elementen sie sich zusammensetzen mag, ihre wirksamsten und wichtigsten Bestandteile werden gewiß die bleiben, die von der strengen, der tendenzlosen Psychoanalyse entlehnt worden sind" (Freud 1919, S. 192 ff).

Heute, fast 80 Jahre nachdem Freud diese Zukunftsvision niedergeschrieben hat, gibt es ein breites Spektrum von Verfahren zur Behandlung seelischer und psychosomatischer Krankheiten und Störungen, die aus „der strengen, der tendenzlosen Psychoanalyse", dem psychoanalytischen Standardverfahren, abgeleitet worden sind. Gegenüber der klassischen Behandlung zeichnen sie sich durch mehr oder weniger weitreichende Modifikationen aus. Zum Teil haben sich daraus eigenständige psychotherapeutische Behandlungsverfahren entwickelt. Damit sind die Erkenntnisse der Psychoanalyse auch für Patienten zugänglich geworden, für die aufgrund der Art ihrer Erkrankung und aufgrund seelischer, kognitiver oder sozialer Bedingungen das psychoanalytische Standardverfahren nicht geeignet ist.

Systematik psychoanalytischer Therapieverfahren

Heute ist Psychoanalyse der Begriff für einen Korpus vielfältiger Theorien, die ständig weiterentwickelt werden. Pine (1990) unterscheidet vier psychoanalytische Psychologien, die Triebpsychologie, die Objektbeziehungspsychologien; von denen wiederum mehrere Ausgestaltungen vorliegen, die Ich-Psychologie und die Selbst-Psychologie. Diese vier psychoanalytischen Psychologien nehmen auf verschiedene klinische Erscheinungen Bezug, aus denen sich korrespondierende umfassendere psychoanalytische Theorien entwickelt haben und spiegeln jeweils konzeptuell zu trennende Perspektiven der Dynamik seelischer Prozesse wider. Jede betont eine etwas andere Auffassung und einen etwas anderen Schwerpunkt von der Arbeitsweise der menschlichen Psyche.

Ebenso vielfältig und differenziert sind die Behandlungsverfahren, die – neben der klassischen psychoanalytischen Therapie selbst – auf der psychoanalytischen Krankheitslehre und Behandlungstechnik aufbauen bzw. davon abgeleitet wurden und sich im Laufe ihrer klinischen Anwendung aus der Psychoanalyse entwickelt haben.

Sie können zwei Gruppen zugeordnet werden,

- der Gruppe der analytischen Psychotherapien und
- der Gruppe der tiefenpsychologisch fundierten Psychotherapien.

Die Psychotherapie von Kindern und Jugendlichen ist ein eigenes Behandlungsverfahren, das auf die besonderen Entwicklungsbedingungen der jungen Patienten abgestimmt ist.

Analytische Psychotherapie und tiefenpsychologisch fundierte Psychotherapie sind jeweils Bezeichnungen für eine Mehrzahl von Behandlungsverfahren, die sich nach Dauer, Behandlungsfrequenz, Art des Behandlungssettings, Behandlungszielen und Merkmalen der therapeutischen Technik voneinander unterscheiden. Da die Unterschiede teilweise nur geringfügig sind, weisen die einzelnen Verfahren Überschneidungen auf.

Nicht alle der aufgeführten Psychotherapieverfahren können einer dieser beiden Gruppen zwanglos zugeordnet werden. Einige Verfahren sind nicht direkt aus der klassischen Psychoanalyse hervorgegangen, berücksichtigen aber psychoanalytische Erfahrungen und Erkenntnisse, beispielsweise analytisch orientierte Gestaltungstherapie; sie werden hier deshalb mit genannt. Bei anderen Verfahren, wie z. B. bei Beratungen, werden die Probleme des Klienten und das methodische Vorgehen nicht unbedingt unter psychodynamischen und psychoanalytischen Gesichtspunkten verstanden; von tiefenpsychologisch orientierten Verfahren kann man deshalb nur dann sprechen, wenn diese Verfahren sich an den Erkenntnissen und Prinzipien der Psychoanalyse orientieren (Tab. 14.**1**).

Geschichte der psychoanalytischen Therapie

Zu der Zeit, als Sigmund Freud 1882 in Wien den Nervenarzt Josef Breuer kennenlernte, galt die Hysterie in der Medizin als eine degenerative Erkrankung des Nervensystems. Breuer

Tabelle 14.1 Systematik psychoanalytischer und auf psychoanalytischer Grundlage arbeitender Behandlungsverfahren

- Psychoanalytisches Standardverfahren (klassische Psychoanalyse)
- Analytische Psychotherapie
  - psychoanalytische Langzeitpsychotherapie
  - psychoanalytische Kurzzeittherapie
  - psychoanalytische Fokaltherapie
  - analytische Gruppenpsychotherapie
- Tiefenpsychologisch fundierte Psychotherapie
  - Einzelpsychotherapie
  - tiefenpsychologisch fundierte Kurzzeittherapie
  - tiefenpsychologisch fundierte Gruppentherapie
  - psychoanalytisch-interaktionelle Gruppentherapie
  - Paar- und Familientherapie
- Kinder- und Jugendlichenpsychotherapie
- Stationäre Psychotherapie
- Beratung
- nicht-sprachliche psychoanalytisch orientierte Verfahren
  - Gestaltungstherapie
  - Körpertherapeutische Verfahren
  - Musiktherapie

behandelte seit geraumer Zeit eine Patientin, bei der die Diagnose „Hysterie" lautete. Im Verlauf der Behandlung dieser jungen Frau, zu der Freud hinzugezogen wurde – in den „Studien über Hysterie" (Freud 1895) erhielt die Patientin das Pseudonym Anna O. –, kam es zu der Entdeckung, daß ihre vielfältigen Symptome immer dann zurückgingen, wenn sie über bestimmte Erlebnisse und Ereignisse sprechen konnte und "... wenn es gelungen war, die Erinnerung an den veranlassenden Vorgang zu voller Helligkeit zu erwecken, damit auch den begleitenden Affekt wachzurufen, und wenn dann der Kranke den Vorgang in möglichst ausführlicher Weise schilderte und dem Affekt Worte gab" (Freud 1895, S. 85). Anna O. sprach in Zusammenhang mit ihrer Behandlung bei Breuer von einer „talking cure", und sie drückte damit die Erfahrung aus, daß das Heilsame an der Therapie, der ihr Arzt sie unterzog, in einem Gespräch bestand. Nachdem Freud sich bei Charcot in der Salpetriere in Paris aufgehalten hatte, bediente er sich in seiner Wiener Praxis zuerst der Hypnose, um bei seinen Patienten die Erinnerungen an die veranlassenden Vorgänge wachzurufen, die zu ihren nervösen Störungen geführt hatten. Er mußte aber bald die Erfahrung machen, daß viele Kranke nicht zu hypnotisieren waren; bei anderen kehrten die Krankheitserscheinungen rasch zurück, nachdem sie aus dem hypnotischen Zustand erwacht waren. Deshalb verzichtete Freud auf die Hypnose und ersetzte sie durch ein Verfahren, bei dem er den Patienten Fragen stellte, um die Umstände ihrer Symptome zu erforschen, und bei dem er die Antworten der Kranken unterstützte, indem er ihnen die Hand auf die Stirn legte oder ihren Kopf zwischen seine Hände nahm:

„Ich legte der Kranken die Hand auf die Stirne oder nahm ihren Kopf zwischen meine beiden Hände und sagte: ‚Es wird Ihnen jetzt einfallen unter dem Drucke meiner Hand. Im Augenblicke, da ich mit dem Drucke aufhöre, werden Sie etwas von sich sehen oder wird Ihnen etwas als Einfall durch den Kopf gehen, und das greifen Sie auf" (Freud 1905, S. 168).

In der Hypnose war das Wachbewußtsein ausgeschaltet; der Patient war dem Einfluß des Arztes weitgehend passiv überlassen. Bei dem kathartischen Vorgehen, zu dem Freud dann überging, übte er mit dem Druck auf die Stirn der Patienten ebenfalls noch aktiven, im wörtlichen Sinn nachdrücklichen Einfluß auf den Kranken aus. Sein Bestreben ging jedoch dahin, die suggestive Beeinflussung des Patienten durch den Arzt so gering wie möglich zu halten, weil er die Erinnerungen des Kranken an die verursachenden Ereignisse nicht verfälschen wollte. Deshalb ließ Freud in der Folgezeit alle manipulativen Prozeduren fallen. Schließlich zog er sich während der Behandlung auch aus dem Blickfeld seiner Patienten zurück, indem er sie auf einer Couch liegen ließ, während er selbst außerhalb ihres Blickfeldes saß. Er forderte die Kranken auf, dermaßen auf sich selbst konzentriert, alles zu sagen, was immer ihnen spontan in den Sinn käme, so unsinnig, peinlich oder unwichtig es auch erscheinen möge.

„Mit dieser (der psychoanalytischen Grundregel, der Verfasser) macht man ihn von allem Anfang an bekannt: Noch eines, ehe Sie beginnen. Ihre Erzählung soll sich doch in einem Punkte von einer gewöhnlichen Konversation unterscheiden. Während Sie sonst mit Recht versuchen, in Ihrer Darstellung den Faden des Zusammenhanges festzuhalten und alle störenden Einfälle und Nebengedanken abweisen, um nicht, wie man sagt, aus dem Hundertsten ins Tausendste zu kommen, sollen Sie hier anders vorgehen. Sie werden beobachten, daß Ihnen während Ihrer Erzählung verschiedene Gedanken kommen, welche Sie mit gewissen kritischen Einwendungen zurückweisen möchten. Sie werden versucht sein, sich zu sagen: Dies oder jenes gehört nicht hierher, oder es ist ganz unwichtig, oder es ist unsinnig, man braucht es darum nicht zu sagen. Geben Sie dieser Kritik niemals nach und sagen Sie es trotzdem, ja gerade darum, weil Sie eine Abneigung dagegen verspüren. Den Grund für diese Vorschrift - eigentlich die einzige, die Sie befolgen sollen - werden Sie später erfahren und einsehen lernen. Sagen Sie also alles, was Ihnen durch den Sinn geht. Benehmen Sie sich so, wie zum Beispiel ein Reisender, der am Fensterplatze des Eisenbahnwagens sitzt und dem im Inneren Untergebrachten beschreibt, wie sich vor seinen Blicken die Aussicht verändert. Endlich vergessen Sie nie daran, daß Sie volle Aufrichtigkeit versprochen haben, und gehen Sie nie über etwas hinweg, weil Ihnen dessen Mitteilung aus irgendeinem Grunde unangenehm ist."

Obwohl er damit die aktive Einwirkung des Arztes auf den Patienten so weitgehend wie möglich vermied, mußte Freud doch bald entdecken, daß die Person des Arztes gleichwohl eine höchst bedeutsame Figur für den Kranken blieb: Die Patienten verknüpften Erfahrungen, die in ihrer Lebensgeschichte weit zurückreichten, mit der Person des Arztes und erlebten ihn, als wäre er wie eine Figur, mit der sich konflikthafte Erfahrungen verbanden, die sich in ihrer frühen Lebensgeschichte ereignet hatten. So wurde die Vergangenheit des Kranken in der Beziehung zum Arzt wieder gegenwärtig. Diese Übertragung erschien Freud anfangs als unüberwindliches Hindernis für seine analytische Arbeit, weil sie es dem Patienten erschwerte, seine Erinnerungen und Einfälle frei und ungehindert zu äußern. Bald stellte er jedoch fest, daß die Übertragung den therapeutischen Prozeß nicht behinderte, sondern im Gegenteil eine notwendige Voraussetzung war, damit sich die unbewußten Konflikte des Patienten, die seiner Krankheit letztendlich zugrunde lagen, in der Gegenwart der Arzt-Patient-Beziehung wiederbeleben würden. Auf diese Weise wurde die Neurose des Kranken in ein Geschehen zwischen ihm und dem Analytiker, die sog. Übertragungsneurose, übersetzt und konnte so in der Aktualität der therapeutischen Beziehung bearbeitet und aufgelöst werden.

Nachdem Freud darauf verzichtet hatte, aktiv-suggestiv auf seine Patienten einzuwirken, konnte er diese Übertragungsphänomene und die wichtige emotionale Bedeutung des Arztes als Übertragungsfigur entdecken. Der Arzt sollte – so lautete Freuds Empfehlung für die Haltung des Analytikers jetzt – den Mitteilungen des Kranken ohne Affekte wie ein Chirurg bei der Arbeit zuhören:

„Ich kann den Kollegen nicht dringend genug empfehlen, sich während der psychoanalytischen Behandlung den Chirurgen zum Vorbild zu nehmen, der alle seine Affekte und selbst sein menschliches Mitleid beiseite drängt und seinen geistigen Kräften ein einziges Ziel setzt: Die Operation so kunstgerecht als möglich zu vollziehen" (Freud 1912, S. 380f).

Wenn sich entgegen Freuds Empfehlung in Antwort auf die Übertragung des Patienten dennoch intensivere Gefühle bei dem Arzt einstellten, erschien diese Gegenübertragung als störend und sollte möglichst rasch zugunsten einer affektneutralen Chirurgenhaltung zurückgedrängt werden, weil sie den Arzt vermeintlich daran hinderte, den Patienten ausreichend zu verstehen:

„Wir sind auf die ‚Gegenübertragung' aufmerksam geworden, die sich beim Arzt durch den Einfluß des Patienten auf das unbewußte Fühlen des Arztes einstellt... Wir haben, seitdem eine größere Zahl von Personen die Psychoanalyse üben und ihre Erfahrungen austauschen, bemerkt, daß jeder Psychoanalytiker nur so weit kommt, als seine eigenen Komplexe und inneren Widerstände es gestatten, und verlangen daher, daß er seine Tätigkeit mit einer Selbstanalyse beginne, und diese, während er seine Erfahrungen an Kranken macht, fortlaufend vertiefe" (Freud 1910, S. 108).

So wie für Freud die Übertragung sich von einem Hindernis, das es dem Kranken erschwert, konflikthafte Erinnerungen an vergangene traumatische Erfahrungen preiszugeben, zu einem unverzichtbaren Weg zum Verständnis der unbewußten Konflikte seiner Patienten gewandelt hatte, veränderte sich in der Entwicklung der Psychoanalyse nach Freud das Verständnis der Gegenübertragung: Während zuerst die Auffassung im Vordergrund stand, daß die affektiven Reaktionen des Arztes auf die Übertragung des Patienten das Verstehen des Kranken nur behindert, wurde nach und nach deutlich, daß die Gegenübertragung wichtig ist, um die unbewußte Beziehung, die zwischen Patient und Psychoanalytiker besteht (Abend 1989, Körner 1990), umfassend verstehen zu können. So sind die Übertragung des Patienten auf den Analytiker und die Gegenübertragung des Psychoanalytikers eng miteinander verwoben.

Damit einhergehend hat sich auch das Verständnis der therapeutischen Situation in der Psychoanalyse verändert: In den Anfängen der Psychoanalyse ging die Überzeugung dahin, daß der Analytiker es durch ein dazu geeignetes Verhalten vermeiden könnte, suggestiv auf den Patienten einzuwirken und der Analysand seine unbewußten seelischen Prozesse auf den Analytiker wie auf eine Leinwand projiziert, die selbst das Projizierte nicht verändert. Danach könnte das Unbewußte des Patienten im analytischen Prozeß dann eher in ‚reiner' Form zutage treten, wenn sich der Analytiker regelgerecht verhält und die technischen Empfehlungen der Anonymität, Abstinenz und Neutralität beachtet. Diese Auffassung ist allmählich einem interaktionellen Verständnis des therapeutischen Prozesses im Sinne einer Zwei-Personen-Psychologie (Balint 1970) gewichen.

Die interaktive Auffassung: In der modernen Psychoanalyse besteht weitgehend Übereinstimmung darin, daß das Geschehen in der therapeutischen Situation nicht nur von den seelischen Prozessen des Patienten, sondern unvermeidlich auch von dem Psychoanalytiker geprägt wird (Thomä u. Kächele 1985). Allerdings gehen die Auffassungen darüber, inwiefern der therapeutische Prozeß als interaktives Geschehen zu verstehen ist und was Interaktion dabei genau heißt, recht weit auseinander.

So vertritt Oremland zum Beispiel die Auffassung, daß Psychoanalyse und Interaktion in einem Atemzug zu nennen, ein Oxymoron sei (Hurst 1995), zwei sich wechselseitig ausschließende Begriffe. Danach sind interaktive Phänomene auf beobachtbares Verhalten zurückzuführen und Gegenstand von Wahrnehmungen aus einer Außenperspektive, somit Thema der Sozialpsychologie, nicht aber der Psychoanalyse. Werden sie in der psychoanalytischen Behandlung beobachtet, handelt es sich dieser Auffassung zufolge um Abwehrmanifestationen, und Interaktion ist allenfalls insoweit von Belang, als es um die Erfahrungen des Patienten von der therapeutischen Beziehung geht (Schwaber 1990), also als Inhalt des Psychischen des Analysanden und nicht etwa als Medium einer aktuell konstituierten interpersonellen Wirklichkeit von Analysand und Analytiker.

Meist werden interaktive Phänomene im therapeutischen Prozeß als Wiederholungen von früheren Erfahrungen verstanden, die ins Unbewußte verdrängt werden mußten und die sprachlich-symbolisch nicht zum Ausdruck gebracht werden können, jedoch wichtige, im Medium nicht-sprachlichen Verhaltens dargestellte Hinweise enthalten, die zum Verständnis des Analysanden beitragen. Zu solchen interaktiven Phänomenen kommt es in dieser Auffassung noch, weil das Geschehen im Behandlungszimmer dem Ideal der freien Assoziation des Analysanden und der gleichschwebenden Aufmerksamkeit des Analytikers nur annäherungsweise nahe kommt, indem sowohl der Patient wie der Analytiker unvermeidlich mehr oder weniger weitgehend davon abweichen. Interaktive Phänomene spannen sich - so Boesky (Panel 1989) - zwischen der Unfähigkeit des Patienten auf, ständig frei zu assoziieren, und der Unfähigkeit des Analytikers, immer empathisch und objektiv zu bleiben. Sie stellen sich danach vor allem in Zusammenhang mit Übertragungen als Ausdruck des Bestrebens des Patienten ein, den Analytiker zur Übernahme der Rolle zu veranlassen, die zu dem aktuell auf ihn übertragenen Objekt paßt (Sandler 1976). Sie treten jedoch auch auf seiten des Analytikers auf, in erster Linie in Reaktion auf projektive Identifikationen des Patienten; der Analytiker bringt dann in seinem Verhalten Aspekte der Repräsentanz zur Darstellung, zu deren Aktualisierung der Patient ihn per projektiver Identifikation veranlaßt hat. Projektive Identifikation und Gegenübertragungs-Enactments sind dann aufeinander bezogene Phänomene (Gabbard 1995).

Anders die Auffassung der sog. Intersubjektivisten. Sie verstehen das Geschehen zwischen Analysand und Analytiker durchweg als interpersonelles Geschehen. Die analytische Situation gilt ihnen als Beziehungsfeld (Mitchell 1988) bzw. als intersubjektives Feld (Stolorow, Brandchaft, Atwood 1987), und Interpersonalität ist die Matrix allen therapeutischen Geschehens. Dementsprechend heißt es beispielsweise bei Ogden (1994) - Winnicott paraphrasierend - „there is no such thing as an analysand apart from the relationship". Ghent (1995) geht noch einen Schritt weiter: „We have come to recognize that not only is there no such thing as a baby, there is no such thing as an individual, only matrices of individuals in constant interactive flux" (S. 481). Analysand und Analytiker üben danach wechselseitig Einfluß aufeinander aus, und keiner von beiden kann etwas sagen oder tun, ohne damit zu beeinflussen, was der andere fühlt, sagt und tut.

Allerdings repräsentieren Analysand und Analytiker in der Auffassung der Intersubjektivisten nach wie vor zwei psychische Universen, die sich zwar wechselseitig durchdringen, die aber jedes für sich sein System von Bedeutungen schon mit sich herumträgt. Hier wird letztendlich an der Vorstellung von einem objektiven, empathischen Analytiker festgehalten, der die seelische Wirklichkeit des Patienten entdeckt, wie sie tatsächlich ist.

Alle drei Auffassungen gehen davon aus, daß bei aller subjektiven Beteiligung des Analytikers letztendlich doch die psychische Realität des Patienten im analytischen Prozeß als vorbestehende Wirklichkeit aufgedeckt wird. Insofern wird mit einem Zwei-Personen-Modell der analytischen Situation nur halbherzig ernst gemacht. Aus konstruktivistischer Sicht dagegen, die seit geraumer Zeit auch in die Psychoanalyse Eingang gefunden hat (z. B. Hoffman 1991, 1992), stellt die Auffassung, daß der Analytiker die Wahrheit des Unbewußten des Analysanden aufdeckt, eine Fiktion dar. Danach gibt es nichts als eine gemeinsame therapeutische Situation von Analysand und Analytiker, und im therapeutischen Prozeß geschieht nichts, was nicht das Werk von beiden gemeinsam wäre: „... die persönliche Beteiligung des Analytikers am Prozeß hat kontinuierlich Einfluß auf das, was er oder sie von sich selbst und von dem Patienten versteht, mit dem er oder sie interagieren. Dieses Modell beruht auf der Annahme, daß das Verstehen des Analytikers zu jedem Zeitpunkt eine Funktion der Perspektive ist, die er in diesem Moment einnimmt. Mehr noch: Weil der Analytiker mit allen Seiten seiner Persönlichkeit beteiligt ist, umfaßt das sowohl unbewußte wie bewußte Faktoren" (Hoffman 1991, S. 77). Die analytische Situation ist dann nicht nur „eine Welt wechselseitigen Einflusses", sondern auch eine Welt von Analysand und Analytiker gemeinsam konstruierter Bedeutungen. Die Erfahrungen und die Lebensgeschichte des Patienten werden im analytischen Prozeß nicht nur rekonstruiert, vielmehr bringen Patient und Analytiker im therapeutischen Gespräch Sinn, Bedeutungen und Biographie neu hervor. Interaktion wird hier nicht mehr nur verstanden als Verhalten, auf das umschriebene interaktive Phänomene wie z. B. Handlungsdialoge zurückzuführen sind, sondern Interaktion ist ein, die analytische Situation konstituierendes, Geschehen. Der Austausch von Worten in der analytischen Situation (Freud 1916) wird als Prozeß der interaktiven Konstituierung der gemeinsamen Situation und gemeinsamer Bedeutungen verstanden. Die Worte, die im analytischen Prozeß ausgetauscht werden, sind nicht nur ‚Dokumente von' etwas ganz Bestimmtem, auf das sie hinweisen oder für das sie nur stellvertretend stehen, und Äußerungen sind nicht nur Kundgaben aus einem seelischen Binnenraum, die mit dem Mittel der Sprache zwischen Patient und Analytiker hin und her transportiert würden. Indem jedes kommunikative Verhalten auch ein Handeln ist, ist der Austausch von Worten ein wechselseitiges Handeln und Sich-Behandeln, ein interaktives Geschehen, in dessen Vollzug Analysand und Analytiker die Bedeutungen dessen, worüber sie miteinander sprechen, in ihrer dialogischen Interaktion hervorbringen. Auch der Analytiker bringt, indem er sich äußert, nicht nur die Bedeutung dessen zur Sprache, was der Analysand zuvor mitgeteilt hat; er fördert unbewußte Bedeutungen nicht einfach nur zutage, sondern er stellt sie als deren Co-Produzent mit her. Der Austausch von Worten zwischen Patient und Analytiker ist danach immer auch eine praktische Leistung, mit denen eben dieser Dialog als Therapie konstituiert wird.

Das Geschehen im Behandlungszimmer vollzieht sich dann nicht nur **innerhalb** einer intersubjektiven Matrix wechselseitiger Einflußnahme des Analysanden auf den Analytiker und umgekehrt, und im analytischen Prozeß tritt nicht nur die seelische Wirklichkeit des Patienten zutage, noch bringt der Analytiker mit seinen Deutungen nur die unbewußten Bedeutungen der Mitteilungen des Patienten zur Sprache. Vielmehr werden diese Bedeutungen interaktiv hervorgebracht; es sind dieser Auffassung zufolge dialogisch produzierte Wirklichkeiten.

Um die psychodynamischen Prozesse des Patienten zu verstehen, ist es deshalb notwendig, das Erleben und Verhalten des Patienten immer auch in Anbetracht dessen zu untersuchen und zu verstehen, wie der Psychoanalytiker sich in der therapeutischen Situation tatsächlich verhalten hat.

Die grundlegenden Elemente des psychoanalytischen Standardverfahrens wurden im Verlauf der Jahrzehnte in einzelnen Aspekten zwar weiterentwickelt, sind aber in ihren Grundzügen weitgehend unverändert erhalten geblieben.

Um die verschiedenen psychoanalytischen Behandlungsverfahren und die an der Psychoanalyse orientierten Methoden in ihrer Bedeutung zu verstehen und therapeutisch kompetent handhaben zu können, ist es deshalb unverzichtbar, die Grundzüge des Standardverfahrens zu kennen.

Klassische Psychoanalyse

Als klassische Psychoanalyse wird der Prozeß der Erforschung unbewußten Erlebens bezeichnet, den Freud als Behandlungs- und Forschungsinstrument unter zunehmender Abkehr von suggestiver Einflußnahme auf den Analysanden entwickelt hat. Im therapeutischen Prozeß sollen die unbewußte Persönlichkeit, ihre Konflikte und ihre Konfliktgeschichte sowie deren lebensgeschichtliche Verarbeitungen ohne vorab festgelegte Einschränkungen ziel- und absichtslos untersucht werden, so daß der Analysand ein vertieftes Verständnis seiner selbst und ein größeres Maß an innerer und äußerer Beweglichkeit und Freiheit gewinnen kann. Die Ziele einer klassischen Psychoanalyse erschöpfen sich somit nicht in der Beseitigung von neurotischen Symptomen und in der Auflösung einzelner pathologischer Charakterzüge; vielmehr soll letztendlich eine Umstrukturierung der Persönlichkeit erreicht werden.

Das geschieht dadurch, daß der Analysand frühere, unbewußt gewordene konflikthafte Beziehungserfahrungen in der gegenwärtigen Beziehung zum Analytiker inszeniert bzw. reinszeniert als lebendige, aktuelle Gegenwart. Ein psychoanalytischer Prozeß besteht dementsprechend nicht - wie manchmal fälschlicherweise vermutet wird - darin, daß der Analysand dem Analytiker nur über sich, seine früheren und gegenwärtigen Erfahrungen erzählt. Analysand und Analytiker lassen sich auf eine emotionale und notwendigerweise auch konflikthafte Beziehung miteinander ein, so daß die Spuren der Vergangenheit und des Unbewußten des Analysanden in dieser gegenwärtigen Beziehung aufgespürt, aufgedeckt und aufgelöst werden können. Je deutlicher die gegenwärtige analytische Beziehung von unbewußten konflikthaften Beziehungserfahrungen der Vergangenheit des Analysanden mitgeprägt wird, desto größer ist die Chance, daß der Analysand im Verlauf des analytischen Prozesses versteht, wie traumatische, unbewußt gewordene seelische Konflikte und Konfliktverarbeitungen sein gegenwärtiges Erleben bestimmen. Die innerseelische Realität des Analysanden nimmt in einem analytischen Prozeß somit die Gestalt einer besonderen interpersonellen Beziehung an, die von Übertragungen und Gegenübertragungen gestaltet wird. Innerseelisches Geschehen inszeniert sich als interpersonelles Geschehen, und die ‚gemeine Neurose' des Patienten (Freud 1914) tritt jetzt als Übertragungsneurose in Erscheinung. Gelingt deren Auflösung, stehen die seelischen Kräfte, die bislang in neurotischen Konflikten und Symptomen gebunden waren, dem Analysanden für reifere und variablere, freier wählbare Wege der Entwicklung und der Konfliktbewältigung und zu einem flexibleren Umgang mit seiner inneren und äußeren Realität zur Verfügung. Das führt zu strukturellen und dauerhaften Veränderungen der Persönlichkeit des Analysanden.

Im klassischen Behandlungssetting liegt der Analysand möglichst entspannt auf einer Couch, ohne von äußeren Reizen abgelenkt zu sein. Das soll es ihm erleichtern, seine Aufmerksamkeit und seine Wahrnehmung auf das eigene Erleben zu konzentrieren. Der Patient ist gehalten, sich an der sog. psychoanalytischen Grundregel zu orientieren, die besagt, daß er alles, was ihm in den Sinn kommt, seine Einfälle, Wahrnehmungen, spontanen Gedanken, Gefühle, Vorstellungen, Phantasien, einschließlich seiner körperlichen Wahrnehmungen unzensiert mitteilen möge (sog. freie Assoziationen).

Der Psychoanalytiker seinerseits nimmt eine Haltung gleichschwebender Aufmerksamkeit ein. In dieser Haltung bemüht er sich darum, alles, was der Patient äußert, gleich wichtig zu nehmen und es mit der gleichen Aufmerksamkeit zu bedenken, ohne zu gewichten, zu werten und logisch vorzuordnen. Diese Haltung gleichschwebender Aufmerksamkeit einzunehmen wird dem Analytiker dadurch erleichtert, daß er während der Behandlung außerhalb des Blickfeldes des Patienten sitzt, so daß er von den Einflüssen sichtbaren Verhaltens eines Gegenüber nicht abgelenkt wird, wie sie mit der Kommunikation von Angesicht zu Angesicht unvermeidlich einhergehen:

„Indem ist diese Technik eine sehr einfache. Sie lehnt alle Hilfsmittel, wie wir hören werden, selbst das Niederschreiben ab und besteht einfach darin, sich nichts besonders merken zu wollen und allem, was man zu hören bekommt, die nämliche ‚gleichschwebende Aufmerksamkeit'... entgegenzubringen... Sowie man nämlich seine Aufmerksamkeit absichtlich bis zu einer gewissen Höhe anspannt, beginnt man auch unter dem dargebotenen Materiale auszuwählen; man fixiert das eine Stück besonders scharf, eliminiert dafür ein anderes, und folgt bei dieser Auswahl seinen Erwartungen oder seinen Neigungen. Gerade dies darf man aber nicht; folgt man bei der Auswahl seinen Erwartungen, so ist man in der Gefahr, niemals etwas anderes zu finden, als man bereits weiß; folgt man seinen Neigungen, so wird man sicherlich mögliche Wahrnehmungen fälschen..." (Freud 1912, S. 377). Und: Der Analytiker „... soll dem gebenden Unbewußten des Kranken sein eigenes Unbewußtes als empfangendes Organ zuwenden, sich auf den Analysierten einstellen wie der Receiver des Telephons zum Teller eingestellt ist" (Freud 1912, S. 381).

Übergangsraum, Bedingungen und Regelungen: Damit der Patient in der Behandlung auch ängstigende, vermeintlich unsinnige, beschämende, perverse oder ihm sonstwie unangenehme Einfälle und Regungen mitteilen kann, ohne reale Konsequenzen befürchten zu müssen, bedarf es eines festen, Halt vermittelnden Rahmens für die analytische Situation. Der Rahmen markiert einen therapeutischen Raum, der die therapeutische Situation verläßlich gegenüber den Einflüssen der äußeren Realität abgrenzt, in dem die Mitteilungen des Patienten aber dennoch als real ernstgenommen und nicht als bloße Phantasiegebilde behandelt werden. Winnicott (1987) sprach von einem Übergangsraum und meinte damit einen symbolischen Raum der Erfahrung, in dem das, was geschieht, wie ein Spiel zugleich ernst und unernst ist. Damit der Patient in dieser Weise von dem therapeutischen Raum der Analyse Gebrauch machen kann, bedarf es neben einer ausreichend guten, haltenden therapeutischen Beziehung auch stabiler Bedingungen und Regelungen. Dazu gehören feste Behandlungszeiten; es werden Verabredungen für Urlaubszeiten getroffen; der Analytiker gewährleistet, daß er dem Patienten seine uneingeschränkte Aufmerksamkeit zur Verfügung stellt, z. B. auch dadurch, daß er während der Behandlungsstunde nicht telephoniert; der Analytiker behandelt die Beziehung zum Patienten nicht wie eine reale Beziehung; würde er mit seinem Analysanden wie mit einem ‚realen' Intraktionspartner im Alltag umgehen, beispielsweise indem er ihn mit Mitteilungen aus seiner eigenen persönlichen Lebenswirklichkeit oder mit Ratschlägen behelligt, würde er die durch den Rahmen gesetzte Grenze überschreiten und den analytischen Raum zerstören (Trimborn 1994).

Der Analytiker orientiert sich an der Regel der Abstinenz. Er befriedigt keine eigenen Wünsche und Bedürfnisse jenseits der psychoanalytischen Arbeit an seinem Patienten und verfolgt keine eigenen pädagogischen Ziele: „Die Kur muß in der Abstinenz durchgeführt werden; ich meine damit nicht allein die körperliche Entbehrung, auch nicht die Entbehrung von allem, was man begehrt... Sondern ich will den Grundsatz aufstellen, daß man Bedürfnis und Sehnsucht als zur Arbeit und zur Veränderung treibende Kräfte bei der Kranken bestehen lassen und sich hüten muß, dieselben durch Surrogate zu beschwichtigen" (Freud 1915, S. 313). Er bleibt für den Patienten in Grenzen anonym, ohne sich deshalb abweisend, künstlich oder unnatürlich gezwungen zu verhalten. Er enthält sich jeder Parteinahme und wahrt seine analytische Neutralität, indem er es vermeidet, für eine der verschiedenen Seiten der Konflikte des Analysanden oder für die Anforderungen der äußeren Realität einzutreten. Auf diesem Weg stellt er sich dem Patienten für dessen eigene individuelle seelische Wirklichkeit, Ängste, Bedürfnisse und Wünsche, die dieser aus seinem bewußten Erleben einst abspalten mußte, so uneingeschränkt wie irgend möglich zur Verfügung und läßt sich in diesem Sinne von ihm verwenden und seinerseits be-handeln.

Beziehung: Im Verlauf der Analyse entwickelt sich zwischen Patient und Analytiker eine intensive emotionale Beziehung. Der reale Kontakt außerhalb des analytischen Settings, wo Patient und Analytiker von Angesicht zu Angesicht miteinander in Beziehung treten, bleibt begrenzt. Das geschieht, damit der Analysand sich nicht zu sehr daran orientiert, was der Analytiker möglicherweise erwartet. Säßen Patient und Analytiker sich von Angesicht zu Angesicht gegenüber, würde ihre Beziehung zueinander unvermeidlich über den bewußt nicht bemerkten Austausch von gestischen und mimischen Signalen geregelt (Krause 1992, Streeck 1994). Das hätte zur Folge, daß der Patient mehr als für den therapeutischen Prozeß günstig ist, über die tatsächlichen Einstellungen, Bewertungen und Erwartungen des Analytikers erfahren würde. Wenn der Patient auf der Couch liegt und der Analytiker außerhalb seines Blickfeldes sitzt, er somit den Analytiker nicht sichtbar vor Augen hat, ist es für ihn leichter, seine innere Wirklichkeit, seine Vorstellungen, Wünsche und Phantasien zu entdecken. Allerdings erfährt der Analysand auch unter den Bedingungen des Couch-Sessel-Arrangements einiges darüber, wie der Analytiker als reale Person tatsächlich ist aus der Art, wie er interveniert, worauf er mehr eingeht, worauf weniger, wie er die kleinen Alltagsrituale bei der Begrüßung und der Verabschiedung abwickelt, wie sein Behandlungszimmer eingerichtet ist, wie er spricht usw. Die therapeutische Beziehung wird deshalb immer von der Subjektivität des Analytikers und von seinem wahrnehmbaren Verhalten mitgeprägt. Die analytische Situation und alles Geschehen im therapeutischen Prozeß ist deshlab ein von Patient und Analytiker co-produziertes Geschehen. Der realistische Teil der therapeutischen Beziehung verbindet sich untrennbar mit den Erfahrungen des Patienten mit früheren Beziehungen, auf deren Hintergrund er die gegenwärtige Beziehung zum Analytiker erlebt und die er auf die Beziehung zum Analytiker überträgt. In der Übertragung gestaltet der Patient seine Vergangenheit in der aktuellen therapeutischen Beziehung. Die Übertragung ist das „Kernstück" (Freud) der psychoanalytischen Behandlung; in ihr werden die unbewußt gewordenen oder nie bewußt erlebten konflikthaften Erfahrungen der Vergangenheit in der Gegenwart der Patient-Analytiker-Beziehung wiederbelebt und können dort als aktualisiertes Geschehen untersucht und verstanden werden. Dabei ist die Übertragungsbeziehung keine reine Wiederauflage vergangener Beziehungserfahrungen des Patienten, sondern spiegelt das Bemühen des Patienten wieder, in der Beziehung zum Analytiker neue Wege und Möglichkeiten zu finden, um seine ungelösten Konflikte besser zu bewältigen (Weiss u. Sampson 1986). Um die unbewußten Konflikte des Patienten, die im therapeutischen Prozeß zu interpersonellen Konflikten in der Gegenwart der Analysand-Analytiker-Beziehung ausgestaltet werden, bewußt zu machen, stützt sich der Analytiker außer auf die Analyse der Übertragung des Patienten auch auf seine eigene Gegenübertragung. Da er selbst Teil der therapeutischen Beziehung ist, gilt seine Aufmerksamkeit immer auch seinem eigenen Erleben und Verhalten, damit er verstehen kann, welche Beziehung der Patient im Augenblick aktualisiert, aber auch, um zu erkennen, wie er selbst zu der therapeutischen Beziehung beiträgt. Erst dann kann davon die Rede sein, daß im therapeutischen Prozeß die unbewußte Beziehung bewußt bearbeitet werden kann.

Beziehungserfahrungen die der Patient ins Unbewußte abspalten mußte, sind meist konflikthafte oder traumatische Erfahrungen. Indem diese Erfahrungen dem bewußten Erleben und dem Erinnern entzogen sind, fühlt sich der Betroffene nicht von ihnen bedrängt oder gar überwältigt und bewahrt sich so davor, bewußt erleben zu müssen, was schmerzlich, beschämend oder ängstigend wäre. Dieser Schutz vor unliebsamen Erfahrungen geht jedoch mit der Folge einher, daß sich Symptome oder einschränkende Charaktereigenschaften eingestellt haben. Mit der psychoanalytischen Behandlung wird ein Weg beschritten, der in umgekehrte Richtung weist: Was aus dem Erleben ferngehalten werden mußte, soll der bewußten Verarbeitung wieder zugänglich werden, damit der Patient durch Symptome oder rigide Charakterzüge eingeschränkte Freiheiten wiedergewinnt. Entsprechend schwierig und schmerzlich kann dieser Prozeß *werden.* Deshalb setzt der Patient im therapeutischen Prozeß Widerstände dagegen ein, solche Erfahrungen erinnern und erleben bzw. wiedererleben zu müssen. Die Widerstände können sich dagegen richten (Gill 1993), daß überhaupt eine emotional bedeutsame Beziehung zum Analytiker entsteht; etwa indem der Analysand versucht, die Psychoanalyse als nur intellektuelles Unternehmen zu gestalten, oder daß er den Psychoanalytiker auf eine Funktion reduziert. Andere Widerstände sind dagegen gerichtet, eine bestehende Übertragung wahrzunehmen, z. B. weil der Patient es beschämend findet, bestimmte Wünsche oder Gefühle dem Analytiker gegenüber zu haben. Die Widerstände können sich auch gegen die Auflösung der Übertragung richten, das kann z. B. dann der Fall sein, wenn der Analysand auf bestimmte unbewußte Wünsche oder Ansprüche nicht verzichten will. Widerstände sind konservative Kräfte, von denen der Patient im therapeutischen Prozeß Gebrauch macht, um einen status quo zu erhalten – auch wenn dieser status quo mit Symptomen und mit seelischer Krankheit einhergeht.

Es hat in der Psychoanalyse Versuche gegeben, verschiedene Widerstände voneinander zu differenzieren und zu klassifizieren, z. B. danach, wogegen sie sich richten, nach ihrer Quelle oder nach den Mitteln, mit denen der Analysand Widerstände errichtet. Im Grunde können jedoch alle Mittel, die im therapeutischen Prozeß auftreten, auch als Widerstände gegen das Bewußtwerden unbewußter Konflikte und Erfahrungen eingesetzt werden. Eine besondere Form des Verhaltens ist das sog. Agieren der Patienten; auch Agieren galt ursprünglich nur als Widerstand. Als Agieren werden einmal Verhaltensweisen bezeichnet, mit denen der Patient auf die Übertragung bezogene, unbewußte konflikthafte Erfahrungen und Erinnerungsreste in seinem manifesten Verhalten zum Ausdruck bringt, ohne aber selbst zu wissen, daß sein Verhalten von solchen konflikthaften Erfahrungen geprägt ist. Indem der Patient seine Konflikte handelnd ausdrückt, also agiert, bewahrt er sich davor, sie im analytischen Prozeß erinnern zu müssen. Wie bei anderen psychoanalytischen Konzepten – z. B. der Übertragung und Gegenübertragung –, hat sich auch die Auffassung vom Agieren in der modernen Psychoanalyse allmählich gewandelt: Aus einem Hindernis im therapeutischen Prozeß wurde ein wichtiges Mittel der Erkenntnis. Heute gilt Agieren nicht nur als ein gegen das Erinnern gerichtetes Verhalten des Patienten, sondern als ein kommunikatives und interaktives Geschehen, in dem Erfahrungen des Patienten zum Ausdruck kommen, die er auf anderen Wegen und mit anderen Mitteln nicht mitteilen kann (Klüwer 1995).

Neben den Einfällen und freien Assoziationen des Analysanden sind auch Träume eine wichtige Quelle, um die unbewußten Konflikte des Analysanden bewußt zu machen und zu verstehen. Früher galten Träume als der hervorragende Weg zur psychoanalytischen Erforschung des Unbewußten. Sie nehmen nach wie vor einen wichtigen Platz in der Psychoanalyse ein; jedoch hat sich ihre alles überragende Funktion als „via regia" zum Unbewußten relativiert.

Mit der psychoanalytischen Behandlung erlebt der Patient eine ungewöhnliche Beziehung, in der er sich verstanden und gehalten fühlen kann und in der er auch verpönte und schwer erträgliche seelische Gefühle, Wünsche, Phantasien, Vorstellungen und Gedanken zum Ausdruck bringen und als zu ihm gehörig akzeptieren lernen kann. Was ihm bislang unbewußt war, sich aber – eben weil es unbewußt war – gleichsam hinter seinem Rücken durchgesetzt und sein

Verhalten und Erleben bestimmt hat und damit Anlaß zu Wiederholungen des Gleichen war, wird jetzt ansprechbar, verstehbar und damit Teil des eigenen Erlebens und des bewußten Selbst.

Freud hat seine Patienten noch an sechs Tagen in der Woche gesehen; seine Behandlungen dauerten meist ein halbes bis ein Jahr. Heute werden psychoanalytische Behandlungen üblicherweise mit einer Frequenz von drei bis vier, seltener mit fünf Wochenstunden durchgeführt und erstrecken sich in Anbetracht dessen, daß der therapeutische Prozeß sich auch auf infantile unbewußte Konflikte erstreckt, meist über eine Dauer von mehreren hundert Stunden, entsprechend über einen Zeitraum von etwa zwei bis vier Jahren, gelegentlich auch länger. Es hat in der Geschichte der Psychoanalyse mehrfach Versuche gegeben, diesen umfassenden therapeutischen Prozeß abzukürzen oder zu beschleunigen. Seelische Entwicklungs- und Veränderungsprozesse folgen jedoch ihren eigenen – auch zeitlichen – Regelhaftigkeiten; sie lassen sich durch technische Maßnahmen oder Manipulationen weder beschleunigen noch verkürzen. Strukturelle Veränderungen der Persönlichkeit, die sich über viele Jahre hinweg entwickelt und meist über Jahrzehnte hinweg eingeschliffen haben, bedürfen eines ausreichend langen analytischen Prozesses.

Voraussetzung für eine Psychoanalyse ist unter anderem, daß der Patient
- in der Lage ist, sich selbst und sein eigenes innerseelisches Erleben gemeinsam mit dem Analytiker zum Gegenstand der Aufmerksamkeit zu machen,
- längerfristig darauf verzichten kann, seine neurotischen Bedürfnisse unmittelbar befriedigen und in Handlungen umsetzen zu müssen,
- sich auf den besonderen Kommunikationsprozeß eines psychoanalytischen Dialogs einlassen kann; dieser Dialog unterscheidet sich von üblicher Kommunikation in face-to-face-Interaktion zum Teil erheblich. Er muß darauf verzichten können, sein Gegenüber im Gespräch zu kontrollieren und die Wirkungen seines Verhaltens durch Beobachtung seines Gegenüber herausfinden zu wollen. Unter anderem muß der Patient so viel Unsicherheit aushalten können, daß sein „Gesprächspartner", der Analytiker, seine Äußerungen, Fragen, Erwartungen, Hinweise unter Umständen unbeantwortet läßt, damit er sich primär mit seinen eigenen Vorstellungen, Erwartungen und Wünschen konfrontiert.

Indikationen und Voraussetzungen

Eine psychoanalytische Behandlung ist bei Patienten angezeigt, die an einer neurotischen Erkrankung, insbesondere an einer sog. Symptomneurose leiden und bei denen erwartet werden kann, daß sie über einen regressiven therapeutischen Prozeß dauerhafte strukturelle Veränderungen ihrer Persönlichkeit erreichen können. Auch für die Behandlung von Patienten mit Persönlichkeitsstörungen ist die Psychoanalyse geeignet. Handelt es sich um eine schwere Persönlichkeitsstörung und neigt der Patient zu schwerwiegenderen Formen des Agierens im Sinne dessen, daß er Zuflucht zu motorischen Aktionen macht, muß die Behandlung meist unter stationären Bedingungen erfolgen oder zumindest eingeleitet werden. Das trifft insbesondere auch dann zu, wenn er dazu neigt, sich selbst oder anderen körperlich, sozial oder wirtschaftlich Schaden zuzufügen. Um beurteilen zu können, in welchen Fällen eine klassische Psychoanalyse hilfreich sein kann, wann sie voraussichtlich ineffektiv oder nicht erforderlich ist und unter welchen Umständen sie auch einmal schädlich sein kann, indem die Behandlung in einen unendlichen therapeutischen Prozeß zu münden droht, sind breite klinische Erfahrungen erforderlich.

Mit einer Psychoanalyse sollen nicht nur Symptome beseitigt oder äußere Anpassung erreicht werden, sondern lange bestehende seelische Fixierungen und Strukturen verändert und damit innere und äußere Freiheiten wieder oder erstmals erlangt werden. Deshalb ist der therapeutische Prozeß der Psychoanalyse langwierig und nicht selten mit schmerzhaften Einsichten verbunden. Der Analysand steht vor der Aufgabe, Abschied zu nehmen von Selbsttäuschungen und illusionären Erwartungen. Obwohl die Psychoanalyse Entwicklungsmöglichkeiten eröffnen kann und dauerhafte seelische Gesundheit verspricht, tolerieren es nicht alle Patienten, neurotische Verzerrungen aufzugeben zugunsten einer realistischeren, aber oft auch vergleichsweise ernüchternden Wahrnehmung ihrer äußeren und inneren Lebensbedingungen.

Auch andere Faktoren wie beispielsweise die Intelligenz eines Patienten oder seine Fähigkeit zu symbolischem im Unterschied zu konkretistischem Denken können wichtig sein, um zu klären, ob eine für einen bestimmten Patienten psychoanalytische Behandlung in ihrer Bedeutung aber überschätzt wird. Die Frage der Indikation bzw. Kontraindikation (Heigl 1987) kann nicht allein auf der Grundlage von Patientenfaktoren und auch nicht nur aufgrund der Diagnose der Erkrankung des Patienten beantwortet werden. Prognostische Aussagen lassen sich dann zuverlässiger treffen, wenn neben Patientenvariablen auch Faktoren berücksichtigt werden, die den Therapeuten betreffen (Rudolf u. Mitarb. 1988). Vor allem aber ist das „Zusammenpassen" von Patient und Analytiker für das Gelingen einer psychoanalytischen Behandlung wichtig (Kantrowitz 1995), also das interaktive Zusammensein von beiden Parteien. Auch das beleuchtet noch einmal, wie entscheidend wichtig es ist, den Zwei-Personen-Charakter psychoanalytischer Behandlungen ernst zu nehmen. Freud selbst erhoffte sich eine Lösung dieses Problems von einer kurzen Probebehandlung. Davon kann heute – auch aus ökonomischen Gründen – nur selten Gebrauch gemacht werden.

Von der Psychoanalyse abgeleitete Therapieverfahren

Das psychoanalytische Standardverfahren und die analytische Langzeitpsychotherapie unterscheiden sich nur graduell voneinander. Zwar wird behauptet, daß es hier grundlegende Unterschiede gibt, zum Beispiel in der Gestalt, daß die klassische Psychoanalyse ein nicht zielgerichteter Selbsterfahrungsprozeß sei, analytische Langzeitpsychotherapie dagegen auf die Aufhebung von Störungen zentriere. Es ist aber nicht belegt, daß diese behaupteten Unterschiede auch für den Analysanden bzw. Patienten irgendeine Relevanz haben. Es ist deshalb umstritten, ob es sinnvoll ist, von zwei eigenständigen Behandlungsverfahren zu sprechen. Dagegen unterscheiden sich die analytisch orientierten bzw. tiefenpsychologisch fundierten Therapieverfahren in einer Reihe von Faktoren von der klassischen Psychoanalyse und von den Verfahren der analytischen Psychotherapie.

Verfahren der analytischen Psychotherapie

Analytische Psychotherapie wird als Langzeitbehandlung und in Form von Einzeltherapie durchgeführt, darüber hinaus als Gruppenbehandlung und als Kurz- und Fokaltherapie (Tab. 14.**2**).

In Konzeptualisierungen dieser Verfahren haben auch Erfahrungen aus Nachbarwissenschaften, in erster Linie der Sozialpsychologie und der Soziologie Eingang gefunden. So spielen beispielsweise in einigen gruppenpsychotherapeutischen Konzepten sozialpsychologische Erkenntnisse über die Dynamik von Gruppen und der interaktionistischen Soziologie eine Rolle (Streeck 1995). Das gilt auch für tiefenpsychologisch orientierte Behandlungsverfahren. Die Verfahren der analytischen Psychotherapie haben verschiedene Anwendungsbereiche und unterscheiden sich in ihrer therapeutischen Reichweite.

Analytische Langzeitpsychotherapie

Das Behandlungssetting und der Behandlungsrahmen sind bei der analytischen Langzeitpsychotherapie mit wenigen Ausnahmen die gleichen wie in der klassischen Psychoanalyse. Lediglich die Stundenfrequenz, mit der analytische Psychotherapie durchgeführt wird, liegt mit zwei bis drei Wochenstunden meist niedriger als bei der klassischen Psychoanalyse, und die Gesamtdauer der Behandlung ist meist auf zwei bis drei Jahre begrenzt; die Behandlungen können gelegentlich aber auch länger dauern. Angesichts solcher Limitierungen ist die Regression des Patienten zumal dann, wenn die Stundenfrequenz niedriger gehalten und vorab eine begrenzte Behandlungsdauer festgelegt wird, tendenziell weniger weitgehend. Das trifft jedoch nicht zwangsläufig und nicht in jedem Fall zu; es kann sein, daß sich auch bei geringerer Behandlungsfrequenz und festgelegter Dauer der Therapie weitreichende Regressionen einstellen und daß bei höherer Stundenfrequenz antiregressive Widerstände zunehmen.

Ziele: Mit der analytischen Langzeitpsychotherapie sollen durch strukturelle Veränderungen fixierte pathologische Konfliktlösungen aufgelöst und flexiblere reifere Konfliktlösungen und damit Gesundheit erreicht werden. Demgegenüber stehen bei der klassischen Psychoanalyse therapeutische Ziele nicht im Vordergrund: Da hier die Persönlichkeit und ihre unbewußt gewordene Lebensgeschichte umfassend analysiert werden sollen - zumindest soweit es seine bewußten Überzeugungen betrifft - ist die Haltung des Psychoanalytikers hier ziel- und absichtsloser. Die analytische Psychotherapie konzentriert sich tendenziell stärker als das psychoanalytische Standardverfahren auf Verarbeitungen von unbewußten infantilen Konflikten und auf Konfliktabkömmlinge als auf unbewußte Konflikte selbst. Die Übertragungsmanifestationen sind eher ‚reifer' und entstammen späteren lebensgeschichtlichen Entwicklungsphasen. Aber auch diese Differenz gilt nur der Tendenz nach und bestätigt sich nicht in allen Behandlungen; auch in analytischen Psychotherapien kann es zur Aufdeckung und Bearbeitung tief unbewußter und lebensgeschichtlich früh entstandener infantiler Konflikte kommen (Tab. 14.**3**).

Tabelle 14.**2** Verfahren der analytischen Psychotherapie

Langzeittherapie (Einzelbehandlung)
Kurztherapie
Fokaltherapie
Analytische Gruppentherapie

Psychoanalytische Kurztherapie

Ziele: In der psychoanalytischen Kurztherapie stehen aktuelle und umschriebene unbewußte seelische Konflikte des Patienten im Vordergrund. In der Behandlung werden vorrangig solche Übertragungs- und Widerstandsmanifestationen bearbeitet, die um diese Konflikte zentriert sind und damit in Zusammenhang stehen. Die Ziele der Behandlung sind dementsprechend begrenzt. Sie werden vor dem Beginn der Behandlung mit dem Patienten besprochen. Angesichts solcher begrenzten Behandlungsziele und der entsprechend begrenzten Behandlungsdauer ist die Regression des Patienten im Behandlungsprozeß weniger weitgehend und weniger umfassend als in der Langzeitbehandlung. Dabei gehört es zu den Aufgaben des Therapeuten, der eine Kurztherapie durchführt, weitergehenden regressiven Tendenzen des Patienten nicht zu folgen und ihnen, falls erforderlich, entgegenzuwirken. Die Begrenzung der Regression wird durch das Behandlungssetting unterstützt, indem die Therapie im Gegenübersitzen von Angesicht zu Angesicht stattfinden sollte. Das trägt dazu bei, daß die Kommunikation zwischen Patient und Analytiker der Kommunikation unter Alltagsbedingungen ähnlicher ist (Streeck 1994). Die seelischen Funktionen des Patienten verbleiben eher als unter den Bedingungen des Couch-Sessel-Arrangements auf einem sekundärprozeßhaften Niveau.

Auch die therapeutische Arbeitsweise des Psychoanalytikers unterscheidet sich von seiner Behandlungstechnik in einer psychoanalytischen Langzeitbehandlung. Zwar deutet der Analytiker die Mitteilungen des Patienten ebenfalls auf ihren unbewußten Sinn hin; seine Deutungen konzentrieren sich jedoch auf den Aktualkonflikt, der hier im Mittelpunkt steht. Weitergehende Deutungen anderer, vor allem tief unbewußter infantiler Konflikte werden vermieden oder haben allenfalls in besonderen Ausnahmefällen in der Kurztherapie einen Platz.

Die Dauer der Kurztherapie überschreitet selten 40 bis 50 Behandlungsstunden; manchmal kann eine Kurztherapie auch schon nach wenigen Behandlungsstunden mit befriedigendem Ergebnis beendet werden. Die Behandlung wird üblicherweise mit niedrigerer Stundenfrequenz als die Langzeitbehandlung durchgeführt.

Indikationen

Eine psychoanalytische Kurztherapie ist bei Patienten angezeigt, bei denen ein akutes Krankheitsgeschehen vorliegt, das Folge eines umschriebenen unbewußten Konflikts ist. Es sollte bei den diagnostischen Voruntersuchungen nach Möglichkeit bereits absehbar sein, daß dieser umschriebene pa-

Tabelle 14.3 Psychoanalytisches Standardverfahren, analytische Langzeitpsychotherapie und tiefenpsychologisch fundierte Einzelbehandlung im Vergleich (nach Mertens 1990)

	Psychoanalytisches Standardverfahren	Analytische Psychotherapie	Tiefenpsychologisch fundierte Einzelbehandlung
Frequenz Umfang der Behandlung	3 – 4 (5) pro Woche nicht begrenzt	2 – 3 pro Woche etwa 200 – 300 Stunden	1 – 2 pro Woche etwa 50 – 150/200 Stunden
Setting	Couch-Sessel-Arrangement	Couch-Sessel-Arrangement (nur ausnahmsweise Face-to-face)	Face-to-face
Behandlungsdauer	etwa 2 – 4, gelegentlich 5 Jahre und länger	2 – 3 Jahre	1 – 3 Jahre
Regression	weitgehende Regression wird gefördert	Regression tendenziell eher begrenzt, jedoch nur gradueller Unterschied zum Standardverfahren	eingegrenzt
Konflikte	tendenziell eher tief unbewußte infantile Konflikte	tendenziell eher reifere Abkömmlinge und Verarbeitungen infantiler Konflikte	Verarbeitung von Konflikten, Manifestationen von Entwicklungsstörungen
Übertragung	Bearbeitung von unbewußten, auch infantilen Objekt- und Teilobjektübertragungen (Übertragungsneurose)	Bearbeitung von unbewußten Objekt- und Teilobjektübertragungen (Übertragungsneurose)	Übertragung wird berücksichtigt, steht aber nicht im Zentrum der therapeutischen Arbeit
Ziele	Umstrukturierung der Persönlichkeit	Strukturelle Veränderungen	reifere Verarbeitungen und Manifestationen unbewußter Konflikte in aktuellen Lebensumständen, insbesondere in gegenwärtigen interpersonellen Beziehungen u. a.

thogene Konflikt aller Voraussicht nach mit Hilfe eines deutenden therapeutischen Vorgehens aufgelöst, mindestens aber günstig beeinflußt werden kann, ohne daß es eines umfassenden regressiven analytischen Prozesses bedarf. Allerdings ist es auch bei großer klinischer Erfahrung oft schwierig, dies vorab verläßlich zu beurteilen, so daß die Kurztherapie manchmal doch in eine längerdauernde Behandlung überführt werden muß. Umschriebene unbewußte Konflikte mit behandlungsbedürftigen Folgen können z. B. in Trennungssituationen, die zur Aktualisierung früherer traumatischer Trennungserfahrungen führen, mobilisiert werden und zu depressiven Verarbeitungen führen; auch biologische Veränderungen, bei Frauen beispielsweise die Umstellungen in der Menopause, können umschriebene neurotische, auch narzißtische Konfliktverarbeitungen nach sich ziehen. Für eine analytische Kurztherapie sollte der Patient im Allgemeinen über eine stabilere Persönlichkeitsstruktur mit reiferen Ich-Funktionen verfügen als für eine analytische Langzeitbehandlung erforderlich ist.

Fokaltherapie

Die Fokaltherapie ist eine spezifische Form der analytischen Kurztherapie, indem die Behandlung auf einen umschriebenen Fokus hin ausgerichtet wird. Der Fokus sollte auf den für die Symptomatik maßgebenden unbewußten pathogenen Konflikt Bezug nehmen und sollte gleichzeitig eine Deutung bzw. eine deutende Erklärung dieses Konflikts enthalten (Klüwer 1995). Eine Fokaldeutung umfaßt dann eine klinische Hypothese über den unbewußten Sinn der Symptomatik des Patienten. Bei einer Patientin z. B., die mehrere Ausbildungen abgebrochen hat und von ihrem Vater finanziell unterstützt wird, könnte der Fokus die Deutung enthalten, daß die Patientin verhindern möchte, sich von ihrem insgeheim geliebten Vater trennen zu müssen. Im Idealfall kann diese Fokusdeutung in den letzten Stunden der Behandlung dem Patienten als deutende Intervention seines unbewußten Konflikts mitgeteilt werden, so daß der Patient den Hintergrund seiner Störung jetzt verstehen kann. Um den Fokus festlegen zu können, bedarf es einer psychodynamischen Diagnose des Konfliktgeschehens, das der aktuellen Störung des Patienten zugrundeliegt.

Bei der Fokalbehandlung greift der Analytiker die Mitteilungen des Patienten gezielt im Hinblick auf diesen Fokus auf. Demgegenüber werden psychodynamische Aspekte der Störung, die mit dem Fokalkonflikt nicht unmittelbar zusammenhängen, und entsprechend auch die Mitteilungen des Patienten, die nicht auf das Fokalthema zu beziehen sind, selektiv vernachlässigt. Zu den Aufgaben des Analytikers gehört hier, dafür Sorge zu tragen, daß sich die gemeinsame therapeutische Arbeit mit dem Patienten von dem im Fokus formulierten Konflikt nicht zu weit fortbewegt.

Für eine psychoanalytische Fokaltherapie werden einschlägige klinisch-psychoanalytische Erfahrungen und Kompetenzen verlangt, da der Psychoanalytiker hier Einfälle, Fantasien und Träume des Patienten sicher auf die unbewußte Dynamik des Fokalkonfliktes beziehen können und ggf. ansprechen muß, ohne dem Patienten eine fremde ‚Wahrheit' überzustülpen. Darüber hinaus muß er mit der schwierigen therapeutisch-technischen Aufgabe fertig werden, gleichzeitig sowohl eine Haltung gleichschwebender Aufmerksamkeit einzunehmen als auch aus den in dieser Haltung aufgenommenen Mitteilungen des Patienten selektiv nur diejenigen Äußerungen und Hinweise aufzugreifen, die sich auf den anstehenden Fokalkonflikt beziehen.

Die Bezeichnung ‚Fokaltherapie' wird auch für Kurztherapien verwendet, bei denen die therapeutische Arbeit zwar auf einen oder mehrere Konflikte hin ausgerichtet wird, der Fokus aber keine Deutung des unbewußten Konfliktgeschehens enthält (Lachauer 1992).

In manchen Fällen genügen wenige Behandlungsstunden, um den Fokalkonflikt therapeutisch ausreichend zu bearbeiten. Selten geht eine Fokaltherapie über einen Umfang von 30 bis 40 Behandlungsstunden hinaus. Längere Behandlungen sind meist keine Fokaltherapien im eigentlichen Sinn, sondern Kurztherapien, in deren Verlauf mehrere fokale Konflikte aufgegriffen und bearbeitet werden.

Psychoanalytisch orientierte bzw. tiefenpsychologisch fundierte Therapieverfahren

Zur psychoanalytisch orientierten bzw. tiefenpsychologisch fundierten Psychotherapie – beide Bezeichnungen werden meist identisch gebraucht – gehören mehrere Behandlungsverfahren (Tab. 14.**4**).

Ein psychoanalytisch orientiertes Vorgehen kann bei Patienten mit so unterschiedlichen Krankheitsbildern wie neurotischen, psychosomatischen, somatopsychischen oder auch psychotischen Störungen angezeigt sein. Die Diagnose der Krankheit alleine ist jedoch kein ausreichendes Kriterium für oder gegen die Wahl eines dieser Verfahren. Deshalb ist es wichtiger, von den Prinzipien der analytisch orientierten Psychotherapie flexibel Gebrauch zu machen und das therapeutische Vorgehen einschließlich Dauer, Frequenz und therapeutischer Technik individuell auf den einzelnen Patienten und seine spezifische Störung hin abstimmen zu können, statt einzelne Behandlungsverfahren voneinander abzugrenzen und mehr oder weniger standardisiert methodengerecht einsetzen zu wollen. So kann es bei manchen Patienten angezeigt sein, unbewußte Dimensionen von Verarbeitungen eines aktuellen unbewußten Konflikts, auf den die Störung zurückzuführen ist, aufdeckend und interpretierend zu bearbeiten. Geht die aktuelle Störung auf Einschränkungen der Verfügbarkeit psychischer Funktionen überhaupt zurück, wie das z. B. bei Patienten mit dekompensierten strukturellen Persönlichkeitsstörungen vorkommt, muß die Behandlung stärker stützend mit dem Ziel durchgeführt werden, aktuell nicht verfügbare psychische Funktionen zu stärken und deren Entwicklung zu fördern. Für einige Patienten ist es günstig, wenn die Behandlung mit einer niedrigen Frequenz, aber vergleichsweise langer Gesamtdauer durchgeführt wird, während andere Patienten Kontakte zum Psychotherapeuten in geringeren zeitlichen Abständen benötigen, weil sie sonst leicht in nicht-steuerbare regressive Zustände geraten, beispielsweise solche, die als Ausdruck mangelnder Objektkonstanz eine Beziehung nur so lange aufrechterhalten können, wie der andere physisch anwesend ist. Bei manchen Patienten ist es vorteilhaft, eine aktive therapeutische Technik einzusetzen, während es für andere Patienten hilfreicher ist, wenn der Therapeut sich abwartend verhält und es weitgehend dem Patienten überläßt, den therapeutischen Prozeß zu gestalten. Bei Patienten mit einer schwereren Persönlichkeitsstörung, die Schwierigkeiten haben, sich sozial anzupassen, wird die tiefenpsychologisch orientierte Behandlung sie unter Umständen bei der Bewältigung äußerer Realitätsanforderungen gezielt unterstützen, während andere Patienten mehr Nutzen daraus ziehen, wenn die Therapie auf ihre innerseelische Realität, beispielsweise auf die beeinträchtigte Wahrnehmung von Gefühlen und Impulsen, ausgerichtet ist.

Tabelle 14.**4** Psychoanalytisch orientierte bzw. tiefenpsychologisch fundierte Therapieverfahren

- Tiefenpsychologisch fundierte Einzelbehandlungen von mittlerer Dauer
  - Kurztherapie/Fokaltherapie
- Supportive Psychotherapie
- Tiefenpsychologisch fundierte und psychoanalytisch-interaktionelle Gruppentherapien
- Andere Verfahren (geringfügige Unterschiede untereinander)

Wie bei den Verfahren der analytischen Psychotherapie sind auch die therapeutischen Prinzipien der tiefenpsychologisch fundierten Behandlungsverfahren überwiegend aus der therapeutischen Praxis der Psychoanalyse hervorgegangen. Die unbewußten psychodynamischen Prozesse des Patienten, Widerstände und Phänomene der Übertragung und der Gegenübertragung werden jedoch nicht ausdrücklich zu einem Schwerpunkt der therapeutischen Arbeit gemacht; sie werden beachtet und bei den therapeutischen Vorgehen berücksichtigt – der Psychotherapeut arbeitet mit ihnen – sie sind aber kein ausdrücklicher Schwerpunkt der Behandlung.

In der Regel beschränken sich die therapeutischen Deutungen und Interventionen in der tiefenpsychologisch fundierten Psychotherapie darauf, abgeleitete Konflikte und – im Falle von sog. strukturellen Störungen – Manifestationen dieser Entwicklungsstörungen zu bearbeiten, die in der gegenwärtigen Lebenswelt und in dem alltäglichen sozialen Umfeld des Patienten auftreten, insbesondere in seinen interpersonellen Beziehungen. Sie zielen somit nicht darauf ab, unbewußt gewordene Erfahrungen aus der Lebensgeschichte, insbesondere der infantilen Lebensgeschichte aufzudekken und zu rekonstruieren, die den pathogenen Konflikten des Patienten zugrundeliegen. Ähnlich wie bei der analytischen Kurztherapie verläuft die therapeutische Arbeit in der tiefenpsychologisch fundierten Psychotherapie fokussierend; jedoch markiert der Fokus hier anders als in der Fokaltherapie nur einen gemeinsamen Aufmerksamkeits- und Arbeitsschwerpunkt für Patient und Psychotherapeut. Dementsprechend wichtig ist es, daß die Ziele und Schwerpunkte der gemeinsamen therapeutischen Arbeit vor Behandlungsbeginn ausführlich zwischen Patient und Psychotherapeut besprochen wurden und beide sich dann miteinander verständigt haben.

In tiefenpsychologisch fundiert geführten Behandlungen sitzen sich Patient und Analytiker gegenüber. Weitergehende Regressionen des Patienten, die im analytischen Setting mit dem Liegen auf der Couch und der „Entleerung" des äußeren Wahrnehmungsraums gefördert werden, werden auch bei diesen Verfahren vermieden. Die Behandlungen werden sowohl als Einzel- wie als Gruppenbehandlungen durchgeführt. Einzelbehandlungen werden meist mit einer Dauer zwischen 50 und 100, gelegentlich bis zu 200 Sitzungen bei einer Frequenz von bis zu zwei Wochenstunden durchgeführt; Dauer und Frequenz können jedoch je nach spezifischen Bedingungen des einzelnen Falles variieren, und sollten wie das therapeutische Vorgehen selbst flexibel an die spezifischen individuellen Bedingungen der Störung des Patienten und seine Persönlichkeit angepaßt werden. Tiefenpsychologisch fundierte Psychotherapie kann sich, wenn sie niederfrequent durchgeführt wird, manchmal auch über einen Zeitraum von mehreren Jahren und darüber hinaus erstrecken. Wenn die Krankheit von erheblicheren sog. strukturellen Störungsanteilen geprägt ist, ist eine längere Dauer der Therapie für den Behandlungserfolg oft wichtiger als eine höhere Stundenfrequenz.

Die Grenzen zwischen einzelnen tiefenpsychologisch fundierten Therapieverfahren sind fließend. In den USA wurden psychotherapeutische Verfahren auf dem Boden der Psychoanalyse entwickelt, die in Deutschland keine eigenständigen Behandlungsverfahren sind, z. B. expressive Psychotherapie (Kernberg 1981) oder die analytische Psychotherapie nach Luborsky (1988). Sie sind vielfach jedoch, wie z. B. die analytische Psychotherapie nach Luborsky, der analytischen Psychotherapie bzw. der analytisch orientierten Psychotherapie ähnlich. So ist König (1993) zufolge wiederum der dynamischen Psychotherapie von Dührssen (1988) ähnlich, unterscheidet sich jedoch insofern, als sich die dynamische Psychotherapie auf eine inzwischen nicht mehr verbreitete sozialpsychologische, auf Anpassungsgesichtspunkte ausgerichtete Konzepte stützt. Darüber hinaus arbeitet die dynamische Psychotherapie wenig mit Übertragungen; die analytische Psychotherapie von Luborsky betont dagegen Erfahrungen und Wünsche in interpersonellen Beziehungen und stützt sich damit ausdrücklich auf die Psychoanalyse von Objektbeziehungen und den therapeutischen Umgang mit Übertragungen.

Auch die in der Psychotherapie häufig getroffene Unterscheidung von supportiv-stützend ausgerichteten gegenüber deutend bzw. aufdeckend arbeitenden tiefenpsychologisch fundierten Psychotherapieverfahren bezeichnet nur einen relativen Unterschied und ist deshalb für die Differenzierung verschiedener psychoanalytischer bzw. analytisch orientierter Therapieverfahren nur begrenzt tauglich. Aufdeckende Psychotherapien weisen meist auch stützend-supportive Elemente auf, wie umgekehrt stützende Psychotherapien fast immer auch aufdeckende Elemente enthalten (Wallerstein 1990).

Indikationen

Tiefenpsychologisch fundierte Psychotherapien sind die am häufigsten praktizierten Behandlungsverfahren. Sie sind bei Patienten indiziert, bei denen Umstrukturierungen der Persönlichkeit für eine effektive Behandlung nicht erforderlich oder die nicht möglich sind. Auch bei Patienten, bei denen aufgrund der Art ihrer Erkrankung eine aufdeckende, auf strukturelle Veränderungen der Persönlichkeit ausgerichtete Behandlung zwar grundsätzlich angezeigt wäre, bei denen aber die dafür notwendigen psychischen Voraussetzungen nicht vorliegen, kann mit einer tiefenpsychologisch fundierten Psychotherapie ein zufriedenstellendes Behandlungsergebnis erzielt werden; in diesen Fällen werden mit der Behandlung begrenztere Ziele angestrebt als die in einer strukturellen Persönlichkeit. Auch bei Patienten mit schweren Persönlichkeitsstörungen und hochgradig chronifizierten neurotischen Beeinträchtigungen kann eine tiefenpsychologisch fundierte Psychotherapie mit begrenzten Behandlungszielen indiziert sein. Solche Patienten können über lange Zeit hinweg beschwerdefrei sein und angepaßt an ihre Umgebung leben. Ändern sich jedoch innere oder äußere Bedingungen – z. B. aufgrund von altersbedingten, biologischen Prozessen, infolge von Umstellungen in der Arbeitswelt oder Veränderungen in der Beziehung zum Partner –, wird das relative Anpassungsgleichgewicht gestört und der Patient dekompensiert. Manchmal tritt dann eine Persönlichkeitsstörung oder eine chronifizierte Neurose zutage, die bis dahin kompensiert war. Unter solchen Umständen ist es in vielen Fällen weder möglich noch indiziert, daß der Betreffende eine Behandlung hätte aufnehmen müssen, die basale Persönlichkeitsstörung oder Neurose aufdeckend psychoanalytisch zu behandeln. Dem Patienten kann oftmals mit einem tiefenpsychologisch ausgerichteten therapeutischen Zugang ausreichend geholfen werden. Der Patient findet neue Möglichkeiten, sich an seine veränderten Lebensbedingungen anzupassen und seine neurotischen oder strukturellen Beeinträchtigungen auf einem veränderten Niveau und mit neuen inneren und äußeren Mitteln zu kompensieren.

Obwohl mit tiefenpsychologisch fundierten Behandlungen weniger weitreichende Veränderungen als mit analytischen Psychotherapien und oft nur symptomatische Besserungen oder eine stabilere und flexiblere Anpassung an äußere Lebensumstände zu erreichen sind, sind sie demnach oftmals therapeutische Mittel der Wahl und von hohem therapeutischen Nutzen.

Analytische Psychotherapie von Kindern und Jugendlichen

Schon in den Anfängen der Psychoanalyse haben sich einzelne Psychoanalytiker mit den Entwicklungsbedingungen und Entwicklungskonflikten in der Kindheit beschäftigt, nicht nur indem sie diese aus den Behandlungen ihrer erwachsenen Patienten zu rekonstruieren versucht haben, sondern indem sie Kinder mit seelischen Symptomen und Krankheiten selbst untersucht und unter psychoanalytischen Gesichtspunkten behandelt haben. Freud hatte in seiner Praxis indirekt mit einem jungen Patienten, dem kleinen Hans (Freud 1909), zu tun. Die Behandlung des Jungen, der an einer Pferdephobie litt, erfolgte in der Weise, daß Freud Gespräche mit dem Vater geführt hat. So war die Behandlung des kleinen Hans im Grunde die erste psychoanalytisch orientierte Erziehungsberatung. Im Jahre 1913 veröffentlichte Karl Abraham eine Arbeit mit dem Titel „Zur Psychogenese der Straßenangst im Kindesalter" (Abraham 1971). In das gleiche Jahr reichen auch die Aktivitäten von C. G. Jung zurück, der Pädagoginnen und Kindergärtnerinnen zu Kinderpsychotherapeutinnen ausbildete. Die weitere Entwicklung der analytischen Psychotherapie von Kindern und Jugendlichen ist insbesondere mit den Namen von Anna Freud, der Tochter von Sigmund Freud, und Melanie Klein verbunden. Heute ist die analytische Psychotherapie von Kindern und Jugendlichen ein eigenes Spezialgebiet, dessen Ausübung an spezifische Qualifikationen gebunden ist und eine mehrjährige Ausbildung voraussetzt.

Die analytische Psychotherapie von Kindern und Jugendlichen arbeitet mit therapeutischen Settings und mit Behandlungstechniken, die auf die alters- und entwicklungsspezifischen Bedingungen der jungen Patienten abgestimmt sind. Kinder können ihr seelisches Befinden, ihre Wünsche, Gefühle und Vorstellung noch nicht mit Worten ausdrücken.

Vielmehr äußert sich die seelische Welt des Kindes – in Abhängigkeit von seinem Alter – in seinem Handeln, seinen Spielen und seinen Phantasieproduktionen. Im Spiel kommuniziert das Kind mit seiner Umwelt und setzt sich mit seinen wichtigen Bezugspersonen auseinander. Je jünger die Patienten sind, desto weniger sind sie in der Lage, sich sprachlich mitzuteilen und desto bedeutsamer sind nichtsprachliche Mittel, um ihre innere Erfahrungs-und Erlebniswelt auszudrücken und mit ihrer Umwelt in Beziehung zu treten. Je älter umgekehrt die jungen Patienten sind, desto mehr kann die Therapie als sprachlicher Dialog geführt werden. In jedem Fall müssen in der Behandlung von Kindern und Jugendlichen die alters- und entwicklungsspezifischen Bedingungen, bei Jugendlichen insbesondere die Bedingungen der Adoleszenz mit ihren Ablösungs- und Identitätskonflikten, in Rechnung gestellt werden. Deshalb nehmen in der psychoanalytisch orientierten Behandlung von Kindern und Jugendlichen neben der Bearbeitung von neurotischen Konflikten ihre entwicklungsphasenspezifischen Fixierungen und Defizite einen zentralen Platz ein (Streeck-Fischer 1994).

Die Behandlungsziele und die Art und Weise, wie der Kinder- und Jugendlichenpsychotherapeut mit regressiven Prozessen und mit Übertragungs- und Widerstandsmanifestationen therapeutisch umgeht, werden auf die individuelle Situation des Kindes bzw. Jugendlichen mit seinen jeweils besonderen aktuellen Konflikt- und Entwicklungsbedingungen hier abgestimmt. Üblicherweise sind Kinder und meist auch Jugendliche ‚geschickte' Patienten, die weder sich selbst als krank ansehen noch an ihrem Zustand oder Verhalten leiden und die kaum je von sich aus über sich selbst und über ihre Probleme und Konflikte sprechen. Auch deshalb ist es notwendig, besondere Voraussetzungen bereitzustellen, die sie dazu einladen und es ihnen ermöglichen, ihre innere Welt zu erkennen zu geben.

Anders als bei den analytischen Therapieverfahren für erwachsene Patienten werden in der Kinder- und Jugendlichenpsychotherapie analytische und tiefenpsychologisch fundierte Therapie nicht als gesonderte Verfahren unterschieden.

Analytische und tiefenpsychologisch fundierte Gruppenpsychotherapieverfahren

Bereits Ende der 20er Jahre gab es erste Versuche, Erfahrungen und Prinzipien der Psychoanalyse auf die Behandlung von Patienten in Gruppen anzuwenden. Freud selbst hat sich zwar nicht ausdrücklich mit der Analyse von Gruppen beschäftigt, hat seine Erkenntnisse über unbewußte seelische Prozesse aber wiederholt auf kollektive und gesellschaftliche Phänomene bezogen (Freud 1921). Nach dem 2. Weltkrieg wurden dann mehrere gruppenanalytische bzw. gruppentherapeutische Behandlungskonzepte auf der Grundlage der Psychoanalyse und unter Einbeziehung sozialpsychologischer und soziologischer Erkenntnisse über Gruppen entwickelt.

Im Kontext der Gruppe manifestieren sich individuelle unbewußte Konflikte und Entwicklungsstörungen gleichzeitig innerseelisch und in den interpersonellen Beziehungen. Gruppenpsychotherapeutische Verfahren, die auf psychoanalytischer Grundlage arbeiten, bieten deshalb die Chance, gleichzeitig intrapsychische und interpersonelle Manifestationen psychischer und psychosomatischer Störungen in ihren wechselseitigen Abhängigkeiten zu erkennen, zu untersuchen und therapeutisch zu beeinflussen. Bei der Anwendung der Psychoanalyse in Gruppen werden psychoanalytische Erkenntnisse über individuelle und kollektive unbewußte Prozesse mit Erfahrungen aus Nachbardisziplinen, die sich mit sozialen und interpersonellen Prozessen beschäftigen, verbunden und in die therapeutische Gruppenarbeit aufgenommen.

Gruppenpsychotherapeutische Verfahren werden überwiegend im klinisch-stationären Bereich für die Behandlung von Patienten eingesetzt, oft in Kombination mit Einzeltherapie, obwohl qualifizierte Gruppenpsychotherapie ein vergleichsweise effektives und kostengünstiges Behandlungsverfahren ist. Sie können aber auch für didaktische Zwecke, für Teamsupervisionen und in der Institutions- und Organisationsberatung gute Dienste leisten. Begrenzt eignen sie sich außerdem dazu, zum Verständnis nicht bewußter Prozesse gesellschaftlichen und kulturellen Wandels beizutragen. Hier ist allerdings Zurückhaltung gegenüber der Versuchung geboten, soziale Prozesse, die sich **zwischen** Personen ereignen, so zu behandeln, als seien sie seelischen Prozessen ähnlich. Tatsächlich handelt es sich dabei um ein jeweils ganz verschiedenes Geschehen; weder können gesellschaftliche auf seelische Prozesse zurückgeführt werden noch seelische auf soziale Prozesse.

Es gibt sowohl analytische wie tiefenpsychologisch fundierte Psychotherapie als Gruppentherapie. Auch Kinder und Jugendliche können gruppentherapeutisch behandelt werden; in der ambulanten Praxis von Kindern- und Jugendlichentherapeuten wird Gruppentherapie allerdings kaum durchgeführt.

Für die analytischen und tiefenpsychologisch fundierten Gruppenpsychotherapieverfahren haben sich verschiedene, jeweils differenzierte Konzepte bewährt. Um diese Behandlungsverfahren ausüben zu können, ist Voraussetzung, daß die dafür notwendigen Erfahrungen und Kompetenzen in einer Gruppenpsychotherapie-Weiterbildung erworben wurden. Als spezielle Verfahren der analytischen Gruppentherapie sind die analytische Gruppenpsychotherapie bzw. Gruppenanalyse, die tiefenpsychologisch fundierte bzw. analytisch orientierte Gruppenpsychotherapie und die psychoanalytisch-interaktionelle Gruppenpsychotherapie die Methoden, die in der klinischen Praxis am weitesten verbreitet sind. Andere Verfahren, wie z. B. die Methode der themenzentrierten Interaktion (Cohn 1975) haben sich für sich genommen ebenfalls bewährt, spielen in der Patientenversorgung jedoch nur eine randständige Rolle.

Analytische Gruppenpsychotherapie

In der analytischen Gruppenpsychotherapie werden unbewußte pathogene Konflikte der Patienten in der Gruppe anhand der Übertragungs- und Gegenübertragungsprozesse bearbeitet, Sie konzentrieren sich in der Gruppe nicht nur auf den Gruppenanalytiker, sondern richten sich außer auf den Gruppenanalytiker sowohl auf die Gruppe als Ganzes, auf Untergruppen und auf einzelne Gruppenteilnehmer. So können sich verschiedene Übertragungen nebeneinander auffächern. Regressive Prozesse der Patienten werden in der Gruppe gefördert, damit unbewußte Konflikte und Konfliktverarbeitungen in den interpersonellen (Übertragungs-)Beziehungen in der Gruppe manifestiert und bearbeitet werden können. Die gruppenspezifischen Widerstands- und Abwehrformen, die sich unter anderem in Gruppennormen und in psychosozialen Kompromißbildungen zeigen, werden vom Gruppenanalytiker auf ihren unbewußten Sinn hin gedeutet.

Verschiedene Konzepte der analytischen Gruppentherapie unterscheiden sich vor allem darin, wieweit sie sozialpsychologische Gesichtspunkte der Dynamik von Gruppen berücksichtigen (Haubl u. Lamott 1994, König u. Lindner 1991).

Psychoanalytisch orientierte bzw. tiefenpsychologisch fundierte Gruppenpsychotherapie

Im Unterschied zur psychoanalytischen Gruppentherapie werden in der tiefenpsychologisch fundierten Gruppenpsychotherapie weitreichende Regressionen möglichst vermieden. Die therapeutische Arbeit konzentriert sich auf eine Ebene mittlerer Regressionstiefe, auf der sich psychosoziale Konfliktmuster (sog. abgeleitete Konflikte) und psychosoziale Abwehrformen darstellen (Mentzos 1976). Abgeleitete Konflikte zeigen sich in den Beziehungsmustern zwischen den Gruppenteilnehmern. Diese Beziehungsmuster haben Ähnlichkeit mit den habituellen Beziehungen und Rollen, die die Patienten auch in ihrem sozialen Alltag einnehmen und in die sie sich dort leicht verstricken. Im Alltag erkennen die Patienten meist nicht, wie es dazu kommt und wie sie selbst daran beteiligt sind, immer wieder in ähnliche konflikthafte interpersonelle Konstellationen zu geraten und immer wieder ähnliche Rollen zu übernehmen. Deshalb ist die tiefenpsychologisch fundierte Gruppenpsychotherapie für Patienten geeignet, deren Störungen sich in ihrer alltäglichen Lebenswelt vorrangig in solchen habituellen Beziehungs- und Rollenkonflikten manifestieren; sie können diese Prozesse und ihre eigene Beteiligung daran in der therapeutischen Gruppe untersuchen und verstehen lernen.

In der klinischen Praxis unterscheiden sich analytische und analytisch orientierte Gruppenpsychotherapie nur wenig; vorhandene Unterschiede zwischen beiden methodischen Ausrichtungen sind nicht spezifisch. Deshalb ist umstritten, ob es sinnvoll ist, von zwei unterschiedlichen Behandlungsverfahren zu sprechen, oder ob es sich eher um graduelle Abstufungen innerhalb eines Gruppenpsychotherapieverfahrens handelt.

Deutlichere Unterschiede zur analytischen Gruppenpsychotherapie weist die psychoanalytisch-interaktionelle Gruppenpsychotherapie auf. Sie wurde für Patienten mit sog. strukturellen Störungen entwickelt (Heigl-Evers u. Mitarb. 1993), also für Kranke, bei denen eine konfliktaufdeckende, regressionsfördernde Behandlung, bei der unbewußte Übertragungsbeziehungen gedeutet werden, meist nicht indiziert und durchführbar ist. Bei diesen Patienten müssen vielmehr Ich-stärkende therapeutische Vorgehensweisen im Vordergrund stehen.

Die therapeutische Arbeit konzentriert sich bei der psychoanalytisch-interaktionellen Gruppenpsychotherapie auf die Manifestationen des strukturell beeinträchtigten Ichs der einzelnen Patienten sowie auf die interpersonellen Beziehungen in der Gruppe und gemeinsame normative Regulierungen, in denen sich ihre Psychopathologie darstellt. Zwar bedient sich der Gruppentherapeut psychoanalytischer Erkenntnisse, um die jeweils individuelle Psychopathologie des Patienten in der Gruppe und vorbewußte kollektive Gruppenprozesse zu untersuchen und zu verstehen; er arbeitet aber nicht mit einer deutenden Behandlungstechnik bzw. verwendet ausdrückliche Deutungen von unbewußten Phänomenen nur im Ausnahmefall. Stattdessen setzt der Gruppentherapeut sog. antwortende Interventionen ein, mit denen psychische Funktionen der einzelnen Patienten gestärkt und anpassungs- und entwicklungsfördernde Fertigkeiten unterstützt werden. Mit solchen „antwortenden" Interventionen teilt der Gruppentherapeut selektiv eigene Gefühle mit, die sich in Antwort auf die Prozesse in der Gruppe und auf einzelne Patienten einstellen (Heigl-Evers u. Heigl 1988). Das geschieht jedoch nur insoweit, als die Mitteilung von Gefühlen für die Aktualisierung von psychischen Funktionen der Patienten förderlich ist, regressive Prozesse zu vermeiden hilft und progressive Entwicklungsschritte unterstützt.

Die psychoanalytisch-interaktionelle Gruppentherapie wird für die Behandlung von Patienten mit narzißtischen und Borderline-Persönlichkeitsstörungen, mit präpsychotischen Störungen, psychosomatischen Erkrankungen, Abhängigkeits- und Suchterkrankungen und vielfach auch für Kranke mit dissozialem und delinquentem Verhalten eingesetzt. Auch die Erfahrungen mit psychosekranken Patienten sprechen dafür, daß dieses Gruppenverfahren deren psychiatrische Behandlung effektiv unterstützen kann.

Psychoanalytisch orientierte Paartherapie

Die analytisch orientierte Behandlung von Paaren hat insofern Ähnlichkeit mit der Behandlung von Patienten in Gruppen, als auch in der Paartherapie gleichzeitig innerseelische und interpersonelle Prozesse – die individuellen unbewußten psychischen Konflikte jedes Partners und das interaktionelle Miteinander des Paares Gegenstand der therapeutischen Arbeit sind (König u. Kreische 1991). Anders als in der Gruppenpsychotherapie, wo die psychosozialen Anpassungs- und Abwehrkonstellationen in der Interaktion zwischen den Gruppenpatienten immer neu hervorgebracht werden und der Gruppentherapeut deren Entstehen gleichsam in statu nascendi verfolgen kann, bringen im Unterschied dazu die Partner in der Paartherapie ihre unter Umständen über Jahre und Jahrzehnte hinweg eingeschliffenen psychosozialen Abwehrarrangements gleichsam schon mit. Die Interaktion zwischen Paaren kann hochgradig stereotypisiert und ritualisiert sein und hat dann gewöhnlich wechselseitig stützende, die jeweils individuellen Konflikte stabilisierende sowie relative Anpassung und Sicherheit gewährleistende Funktionen.

In der psychoanalytisch orientierten Paartherapie wird das konflikthafte Beziehungsverhalten einschließlich seiner unbewußten Determinanten aufgedeckt und untersucht, damit die Partner in die Lage versetzt werden, die sich wiederholenden Muster in ihrem Beziehungsalltag selbst frühzeitig zu erkennen und zu verstehen, um befriedigendere Lösungen finden zu können. Im Verlauf der therapeutischen Arbeit mit Paaren zeigt sich in vielen Fällen, daß die konflikthaft beladenen habituellen Interaktionen Anpassungs-und Abwehrfunktionen nicht nur für einen, sondern für beide Partner erfüllt. Das Paar hat sich mit seinem stereotypen Umgang miteinander unbewußt auf ein psychosoziales Abwehrarrangement eingespielt (sog. Kollusionen; Willi 1975). Manchmal projizieren die Partner Eigenschaften wechselseitig aufeinander, die sie jeder bei sich selbst nicht erkennen, weil sie sich damit nicht akzeptieren können; beide beklagen sich übereinander und bekämpfen jeweils am anderen was sie bei sich selbst nicht wahrnehmen können. Um die am anderen bekämpften Seiten nicht bei sich selbst sehen zu müssen, muß sich der Partner möglichst so verhalten, daß er für die Abwehr verpönter Selbstaspekte ‚taugt'. Deshalb nehmen die Partner unbewußt aufeinander dahingehend Einfluß, daß der andere sich tatsächlich so verhält, wie es den auf ihn projizierten Eigenschaften und dem an ihm manifest bekämpften Verhalten entspricht. Bei anderen Paaren entzünden sich die Konflikte an den habituellen Rollen, die sie füreinander einnehmen. Wenn z. B. der eine Partner eine manifest dominante Rolle innehat, der andere eine abhängige Rolle, können wiederholende Konflikte vordergründig so aussehen, daß der abhängige Partner sich beklagt, weil er sich unterdrückt fühlt, während der manifest dominante Partner sich von der Unselbständigkeit des anderen eingeschränkt sieht. Erst wenn die Partner versuchen, ihr habituelles Beziehungsverhalten zu verändern, wird offenkundig, wie sehr jeder die Rolle des anderen, die vordergründig beklagt wird und bei oberflächlicher Betrachtung nur Leiden verursacht, aus Abwehrgründen braucht. So kann es sein, daß der dominante Teil die Abhängigkeit des Partners gebraucht hat, um seine Angst eigener Abhängigkeit oder vor Einsamkeit abzuwehren, während der ‚unterdrückte' Teil den dominanten Partner braucht, um seine Angst vor eigener Stärke und vor Eigenständigkeit abzuwehren.

Paar- und Partnerkonflikte sind in Zusammenhang mit neurotischen und vor allem mit Persönlichkeitsstörungen häufig.

Paartherapie ist in Familientherapie darin verwandt, daß sie nicht nur in einer therapeutischen Beeinflussung seelischer Prozesse der einzelnen Partner besteht; hier wird gleichsam eine institutionelle Lebensform mitbehandelt, eben die Lebensform einer Paarbeziehung, die die Partner in ihrem Alltag miteinander realisieren.

Psychoanalytisch orientierte Paartherapie wird in verschiedenen Settings durchgeführt. Meist wird ein Paar von einem Therapeuten behandelt. Daß ein Therapeutenpaar die Behandlung durchführt, läßt sich meist nur in Institutionen realisieren, manchmal auch in psychotherapeutischen Gemeinschaftspraxen. Paartherapie wird gelegentlich auch als analytische Paargruppentherapie mit bis zu fünf Paaren durchgeführt. Meist ist Paartherapie eine Kurztherapie von nicht mehr als 10 bis 15 Sitzungen. Während Patienten, die in einer therapeutischen Gruppe miteinander arbeiten, sich zwischen den Gruppensitzungen meist nicht sehen, prägen die Konflikte, die in einer Paartherapie zutage treten und dort therapeutisch bearbeitet werden, gewöhnlich auch das alltägliche Leben der Partner miteinander. Deshalb wird für die Paartherapie eine vergleichsweise niedrige Frequenz von einer Sitzung in zwei- bis vierwöchigen Abständen empfohlen, weil die Partner bei dichterer Frequenz in seinem alltäglichen Zusammenleben leicht überfordert werden könnte.

Anwendungsbereiche analytischer Psychotherapie

Stationäre Psychotherapie

Wie andere Krankheiten sind auch neurotische, psychosomatische, somatopsychische und Persönlichkeitsstörungen manchmal so schwer und komplikationsreich, daß die Behandlung stationär erfolgen oder zumindest unter stationären Bedingungen eingeleitet werden muß. Patienten, die in ihrem alltäglichen Umfeld immer wieder in schwerwiegende und unter Umständen lebensgefährliche Krisen geraten, akut oder chronisch suizidal sind, sich schwere Verletzungen selbst zufügen, psychotisch oder psychosomatisch zu dekompensieren drohen, gefährlich abmagern, die Kontrolle über ihre Impulse zu verlieren drohen oder hochgradig chronifizierte Störungen haben, können in vielen Fällen nur unter den Bedingungen und mit den Mitteln eines spezialisierten Krankenhauses psychotherapeutisch behandelt werden. In der psychoanalytisch orientierten stationären Psychotherapie werden mehrere therapeutische Verfahren zu einer **komplexen Behandlungsorganisation** zusammengefaßt, wobei das gesamte Feld der Klinik als therapeutisches Feld genutzt wird (Becker u. Senf 1988).

Mit der Aufnahme in die Klinik vertauscht der Patient für eine begrenzte Zeit sein gewohntes Umfeld mit dem sozialen Raum der Klinik. Hier zeigen sich in den vielfältigen interpersonellen Situationen und Beziehungen seine Konflikte und Entwicklungsstörungen, die seinen innerseelischen Störungen und seinen interpersonellen Schwierigkeiten und Verhaltensbeeinträchtigungen zugrundeliegen, ähnlich wie in seiner vertrauten Lebenswelt. So wird das soziale Geschehen in der Klinik zu einem Feld von Wiederholungen und Inszenierungen seiner unbewußten seelischen und interpersonellen Beeinträchtigungen, die seine Störung bedingen. Für die Behandlung bietet das den großen Vorteil, daß die Manifestationen der Störung und deren unbewußte Hintergründe nicht nur in ihren innerseelischen Dimensionen aus den Mitteilungen des Patienten erschlossen werden müssen, sondern gleichzeitig in ihren interpersonellen, interaktiven Gestaltungen beobachtet und untersucht werden können. Darüber hinaus kann der Patient neue Erlebens- und Verhaltensmöglichkeiten ausprobieren; dafür steht ihm das soziale Feld der Klinik als ‚Raum spielerischer Interaktion' zur Verfügung (Streeck 1998). Das verlangt Rahmenbedingungen, die einen symbolischen Raum von der äußeren Realität abgrenzen und ihn als therapeutischen Raum konstituieren. Dieser symbolische Raum hat dann die Funktion eines Übergangsraums (Winnicott 1984). In ihm gelten – wie beim Spiel – weder die Bedingungen der äußeren Realität, noch hat in ihm nur seelische Wirklichkeit Geltung. Was innerhalb dieses Raumes geschieht, unterliegt somit nicht den Ernstfallbedingungen äußerer, gesellschaftlicher Realität, ist aber auch nicht nur unernst.

Die therapeutischen Verfahren werden je nach spezifischer Störung und individuellen Bedingungen des einzelnen Patienten aufeinander abgestimmt in die Behandlung einbezogen und zu einer komplexen Behandlungsorganisation zusammengefaßt. Um ein bloßes Nebeneinander der Behandlungsverfahren zu verhindern, sollten die in die Therapie einbezogenen Behandlungsverfahren auf einen gemeinsamen therapeutischen Fokus ausgerichtet werden (Streeck 1991).

Dazu müssen die an der Behandlung jedes Patienten beteiligten therapeutischen Mitarbeiter eng miteinander kooperieren und sich über ihre Beobachtungen und Erfahrungen miteinander austauschen (Janssen 1987). Es muß gewährleistet sein, daß die in den verschiedenen Sektoren der Behandlungsorganisation gesammelten Beobachtungen und Erfahrungen zusammengeführt werden, damit die je verschiedenen Facetten, die darin zum Vorschein kommen, zu einem Bild des Patienten und seiner charakteristischen Interaktionen führen können. Nur dann können die verschiedenen Aspekte der Störung des Patienten und die verschiedenen Aspekte seiner Übertragungen, die er in verschiedenen Interaktionsfeldern des therapeutischen und des interpersonellen Alltags in der Klinik aktualisiert, in ihrer Zusammengehörigkeit verstanden werden.

Zu den therapeutischen Verfahren, die in die psychoanalytisch orientierte Krankenhausbehandlung einbezogen werden, gehören neben psychoanalytisch orientierten einzel- und gruppentherapeutischen Behandlungsverfahren oft Paar- und Familientherapie, aber auch Verfahren, die mit nicht-sprachlichen Mitteln arbeiten, wie gestaltungstherapeutische Aktivitäten, körpertherapeutische Verfahren wie funktionelle Entspannung, konzentrative Bewegungstherapie und anderes, autogenes Training, Musiktherapie, verhaltensbeeinflussende und -übende Verfahren wie Verhaltenstraining, aber auch sozialtherapeutische Aktivitäten, für die Sozialarbeiter zuständig sind.

Je nach Versorgungsauftrag und Typ der stationären Einrichtung werden zusätzliche oder auch anders ausgerichtete Behandlungsverfahren eingesetzt. Gelegentlich müssen schwerer gestörte Patienten vorübergehend oder dauerhaft auch medikamentös behandelt werden. Die Wirkungen des Medikaments und der Medikamenteneinnahme werden jedoch nicht ausschließlich im Hinblick auf ihre psychopharmakologischen Wirkungen gesehen, sondern nach Möglichkeit auch im Kontext des unbewußten Erlebens des Patienten und seiner Konflikte untersucht. So fühlen sich Angstpatienten beispielsweise oft schon alleine dadurch sicherer, daß sie ein Medikament bei sich tragen, ohne sich dessen pharmakologischer Wirkung auszusetzen.

Auch das Milieu der stationären Einrichtung ist Teil der Behandlungsorganisation. Milieutherapie heißt, daß die Bedingungen des räumlichen, institutionellen und sozialen Klinikalltages unter therapeutischen Gesichtspunkten reflektiert und gezielt therapeutisch gestaltet werden. Die Möglichkeiten einer nach psychoanalytisch und psychodynamisch gehandhabten Milieutherapie (Heim 1985) werden jedoch selten systematisch genutzt; hier dürften noch viele therapeutische Möglichkeiten für die stationäre Behandlung auch schwer gestörter Patienten unausgeschöpft sein.

Auch solche Bedingungen und Umstände, die in der stationären Psychotherapie nicht primär therapeutische Zwekke erfüllen, sollten auf ihre psychodynamischen und interaktiven Implikationen hin gesehen werden, beispielsweise die Einwirkungen der Administration, bauliche Gegebenheiten, die räumliche Lage der Institution usw.

Welche psychotherapeutischen Schwerpunkte und Möglichkeiten ein psychotherapeutisches Krankenhaus bietet, hängt auch von institutionellen Rahmenbedingungen ab. Kleinere klinische Einrichtungen mit wenigen Betten arbeiten meist mit einer festgelegten Behandlungsorganisation; bei jedem Patienten werden die gleichen therapeutischen Verfahren in die Behandlung einbezogen. In größeren Krankenhäusern ist es demgegenüber eher möglich, die Behandlungsorganisation individuell auf den einzelnen Patienten und seine spezifische Störung abzustimmen.

Stationäre Psychotherapie wird in spezialisierten Abteilungen in Allgemeinkrankenhäusern und Universitätskliniken sowie in psychotherapeutischen Spezialkrankenhäusern durchgeführt. Außerdem werden psychotherapeutische und psychosomatische Behandlungen als Vorsorge- und Rehabilitationsmaßnahmen in vielen Rehabilitationskliniken angeboten. Stationäre Psychotherapie, die in psychiatrischen Kliniken durchgeführt wird, wird meist auf die spezifischen Anforderungen hin ausgerichtet sein, die an die psychotherapeutische Behandlung von psychisch Kranken im Rahmen psychiatrischer Krankenversorgung gestellt werden.

Die stationäre psychotherapeutische Behandlung von Kindern und Jugendlichen erfordert besondere Behandlungsorganisationen, die den alters- und entwicklungsabhängigen Bedingungen der jungen Patienten Rechnung tragen. Mehr als Patienten im Erwachsenenalter brauchen seelisch und psychosomatisch gestörte Kinder und Jugendliche in der stationären Psychotherapie nicht nur ein psychotherapeutisch ausgerichtetes Behandlungsfeld, sondern zugleich einen ‚realen' sozialen Bewegungs-und Erfahrungsraum, in dem sie ihrem Alter und ihrer Entwicklung angemessene soziale Erfahrungen machen.

Beratung

Psychoanalytisch ausgerichtete Beratungen werden außer in dafür eingerichteten Beratungsinstitutionen mit entsprechend ausgebildeten Mitarbeitern auch in therapeutischen Praxen und in klinischen Institutionen durchgeführt.

Wenn Beratung nicht nur als Gespräch verstanden wird, bei dem der Berater Informationen an seinen Klienten weitergibt, sondern bei dem auch unbewußte psychodynamische Aspekte des Problems, dessentwegen der Klient beraten wird, und der Klient-Berater-Beziehung berücksichtigt werden, ist Beratungen auf psychoanalytischer bzw. tiefenpsychologischer Grundlage durchzuführen, eine anspruchsvolle Tätigkeit und verlangt viel Erfahrung. Der Berater muß dann in der Lage sein, innerhalb von kurzer Zeit und auf der Grundlage oft nur spärlicher Informationen unbewußte konfliktabhängige Determinanten des Beratungsthemas zu erkennen. Zugleich muß er aber der Versuchung widerstehen, den ratsuchenden Klienten in einen regressiven Prozeß zu involvieren, solange die Rahmenbedingungen dafür nicht vorliegen, der zwar für eine Behandlung nützlich sein könnte, nicht jedoch für eine Beratung.

Fragen der Theorie und Praxis von analytisch ausgerichteter Beratung als spezifischer Interventionsform werden selten diskutiert. Obwohl Beratung auf psychoanalytischer Grundlage ein ebenso schwieriges wie wichtiges Anwendungsfeld ist, wird sie wenig honoriert – weder materiell noch ideell. Das könnte der Grund dafür sein, weshalb das Thema auch in Fachkreisen wenig Aufmerksamkeit findet.

Nicht-verbale psychoanalytisch orientierte Therapieverfahren

Psychoanalytisch orientierte Behandlungsverfahren, die primär mit nicht-sprachlichen Mitteln arbeiten, werden überwiegend im Rahmen stationärer oder teilstationärer Psychotherapie als Teil der dort praktizierten Behandlungsorganisation angewendet. Die meisten stationären Einrichtungen beziehen gestaltungstherapeutische und sog. körpertherapeutische Verfahren in ihre mehrdimensionalen Behandlungsansätze ein, vielfach auch Musiktherapie. Andere nicht-verbale Therapieverfahren sind weniger verbreitet und spiegeln manchmal spezifische, in der Institution gültige Überzeugungen, gelegentlich auch Ideologien wider.

Psychoanalytisch orientierte Gestaltungstherapie ist ein Verfahren, das mit bildnerischen und gestalterischen Mitteln auf tiefenpsychologischer Grundlage arbeitet (Schrode 1995). Im spontanen intuitiven Gestalten kann der Patient kontrolliert und begrenzt regredieren. In den Gestaltungen kommen abgewehrte, unbewußte Erfahrungen, Phantasien und Gefühle zum Ausdruck, die vom Therapeuten aufgenommen und gemeinsam mit dem Patienten im anschließenden Dialog besprochen werden. Die Möglichkeit, sich mit nichtsprachlichen Mitteln äußern zu können, ist besonders wichtig für Patienten, die entweder aufgrund der besonderen Art ihrer Erkrankung oder aufgrund ihres Entwicklungsalters seelisches Erleben, Gefühle, Wünsche oder Phantasien sprachlich-symbolisch nicht oder nicht ausreichend mitteilen können. Gestaltungstherapie kommt als Teil einer stationären Behandlungsorganisation sowohl als Einzel- wie auch als Gruppentherapie zur Anwendung. In der Gruppe kann der einzelne Patient seine Erlebensweise mit anderen vergleichen und die Reaktionen und Antworten seiner Mitpatienten für korrigierende emotionale Erfahrungen nutzen.

Auch sog. körpertherapeutische Verfahren werden meist im Rahmen stationärer psychotherapeutischer Behandlungen eingesetzt. Die Bezeichnung „Körpertherapie" wird für sehr heterogene Verfahren verwendet, die nur zum Teil fachpsychotherapeutischen Ansprüchen genügen können. Soweit es sich um qualifizierte Verfahren handelt, werden sie in die Behandlungsorganisation in der stationären Psychotherapie zusammen mit anderen Verfahren auf die Störung des einzelnen Patienten abgestimmt einbezogen. Sie sind dann ein wichtiger und unverzichtbarer Bestandteil für die Behandlung seelisch und psychosomatisch Kranker. Die meisten körpertherapeutischen Verfahren sind sich darin ähnlich, daß der Patient seine Aufmerksamkeit und seine Wahrnehmung auf sein Körpererleben richtet, mit dem Ziel, die als körperliche Engramme gespeicherten Erfahrungen in seinen Körperhaltungen und Bewegungen zu erspüren zu lernen (Brähler 1986).

Bei einigen Patienten, z.B. bei schwer psychosomatisch Kranken, denen die eigene seelische Erlebenswelt oft weitgehend verschlossen ist, ist es manchmal nicht möglich, mit sprachlich vermittelten Behandlungsverfahren zu arbeiten, während es über körpertherapeutische Verfahren gelingen kann, einen psychotherapeutischen Zugang zu ihnen zu eröffnen. Zu den in der psychoanalytisch orientierten stationären Behandlung am häufigsten verwendeten Verfahren gehören konzentrative Bewegungstherapie, funktionelle Entspannung, die Feldenkrais-Methode, Eutonie, Atemgymnastik und andere.

In der **Musiktherapie** sind es die Mittel und Formen der Musik, die als Medium nicht-sprachlichen Ausdrucks und nicht-sprachlicher, präsymbolischer Kommunikation therapeutisch genutzt werden (Smeijsters 1993). Je nach Anwendungsform verhält sich der Kranke in der Musiktherapie rezeptiv zum Medium Musik, oder er drückt sich aktiv in eigenen musikalischen Hervorbringungen aus. In der rezeptiven Form der Musiktherapie wird von der psychisch und physisch entspannenden Wirkung Gebrauch gemacht, die mit dem Anhören von Musik einhergehen kann. Dabei kann entweder die rein physiologische Wirkung im Vordergrund stehen, oder es werden Verbindungen zur konfliktaufdeckenden Therapie gezogen, indem die rezeptiven Erfahrungen beim Anhören von Musik in den sich anschließenden verbalen Dialog einbezogen werden. Demgegenüber steht in der produktiven Form der Musiktherapie der kommunikative Ausdruck mit Hilfe musikalischer Mittel im Vordergrund. Hier wird Musik mit ihren tonalen und rhythmischen Gestaltungsmöglichkeiten gleichsam zu einem kommunikativen Medium – in der Einzeltherapie zwischen Patient und Therapeut, in der Gruppentherapie zwischen allen Gruppenteilnehmern, die an der Gestaltung des musikalischen Prozesses teilnehmen.

Psychoanalytische Therapieverfahren in der kassenärztlichen Versorgung

Die Psychoanalyse und die aus der Psychoanalyse abgeleiteten Behandlungsverfahren haben sich teils außerhalb, teils am Rande der Medizin entwickelt. Für die Medizin waren Krankheiten lange Zeit nur als körperliche Veränderungen vorstellbar, die – wenn sie nicht als angeboren galten – durch materielle toxische, infektiöse oder traumatische Einwirkungen entstehen. Wer Patienten mit psychologischen Mitteln behandelte, konnte es entweder nur mit Patienten zu tun haben, die nicht wirklich krank waren, oder er setzte zu ihrer Behandlung untaugliche Mittel ohne therapeutische Wirkung ein. Erst als nachgewiesen wurde, daß Kranke mit neurotischen und psychosomatischen Krankheiten, die sich einer fachkompetenten Behandlung mit analytischer Psychotherapie unterzogen, nach der Behandlung deutlich weniger körperlich krank waren und somit geringere Kosten für Arztbesuche, Medikamente und Krankenhausaufenthalte verursachten (Dührssen u. Jorswieck 1965), wurde Psychotherapie in die kassenärztliche Versorgung einbezogen (Faber u. Haarstrick 1991). Heute gehören zum psychotherapeutischen Leistungsspektrum in der gesetzlichen Krankenversicherung analytische und tiefenpsychologisch fundierte Psychotherapie für erwachsene Patienten, ebenso Kinder- und Jugendlichenpsychotherapie, Verhaltenstherapie und psychotherapeutische Leistungen, die von Ärzten im Rahmen der psychosomatischen Grundversorgung erbracht werden.

Nicht alle psychoanalytischen Behandlungsverfahren sind in den Leistungskatalog der gesetzlichen Krankenversicherungen aufgenommen worden. So wird die klassische hochfrequente, in der Gesamtdauer nicht von vornherein begrenzte Psychoanalyse von den gesetzlichen Krankenkassen nicht übernommen. Auch Verfahren wie Paar- und Familientherapie oder als Beratung ausgewiesene Leistungen können nicht bzw. nur in Ausnahmefällen zu Lasten der gesetzlichen Krankenversicherungen erbracht werden.

Der psychotherapeutische Leistungskatalog der gesetzlichen Krankenversicherung ist in den sog. Psychotherapie-Richtlinien geregelt und umfaßt die in Tab. 14.**5** genannten psychoanalytischen Behandlungsverfahren.

Diese Therapieverfahren können im Rahmen der gesetzlichen Krankenversicherung bei Erwachsenen und bei Kindern und Jugendlichen sowohl in der Form von Einzeltherapie wie als Gruppentherapie durchgeführt werden. Obwohl in den Psychotherapie-Richtlinien nicht als eigene Behandlungsfor-

Tabelle 14.**5** Psychoanalytisch begründete Therapieverfahren in der gesetzlichen Krankenversicherung (entsprechend Psychotherapie-Richtlinien vom 17. 12. 1996)

- Analytische Psychotherapie
- Tiefenpsychologisch fundierte Psychotherapien als deren Sonderformen:
  - Kurztherapie
  - Fokaltherapie
  - dynamische Psychotherapie
  - niederfrequente Therapie in einer längerfristigen, Halt gewährenden therapeutischen Beziehung (katathymes Bilderleben)

men genannt, kann analytische Psychotherapie als Kurz- und Fokalbehandlung durchgeführt werden.

Der Umfang der von den gesetzlichen Krankenkassen übernommenen Leistungen ist bei allen Verfahren begrenzt (Tab. 14.**6**).

In der strikt geregelten Begrenzung von Leistungen für analytische Psychotherapie spiegeln sich noch verbliebene Vorbehalte der Medizin diesem Fach gegenüber wider, gibt es doch vergleichbare Regelungen sonst nirgends in der Medizin.

Die zu Lasten der gesetzlichen Krankenversicherungen erbrachten analytischen und tiefenpsychologisch fundierten psychotherapeutischen Behandlungen müssen mit einer ausführlichen Begründung der Behandlungsnotwendigkeit vor Behandlungsbeginn bei der Krankenkasse beantragt werden; der anonymisierte Antrag wird von einem von der kassenärztlichen Bundesvereinigung bestellten Fachgutachter geprüft, der dazu Stellung nimmt, ob die beantragte Behandlung „notwendig, zweckmäßig und wirtschaftlich" ist.

Zu den tiefenpsychologisch fundierten Therapieverfahren nach den Psychotherapie-Richtlinien gehören als spezielle Verfahren außerdem eine niederfrequente Therapie in einer längerfristigen, Halt gewährenden therapeutischen Beziehung, die dynamische Psychotherapie nach Dührssen und – nur in besonderen und besonders zu begründenden Einzelfällen und nur in Ergänzung zu verbalen Therapieverfahren anwendbar – das katathyme Bilderleben. Die dynamische Psychotherapie zeichnet sich unter anderem durch eine variable, dem jeweiligen Einzelfall angepaßte Frequenz aus und ist auf soziale Stabilisierung und Anpassung des Patienten an seine äußeren Lebensbedingungen ausgerichtet.

Die niederfrequente Therapie wird ebenfalls mit variabler und unter Umständen sehr niedriger Frequenz (bis zu 1 Sitzung pro Monat) durchgeführt; die Dauer der einzelnen Sitzungen kann wie bei der Kurztherapie zwecks Verlängerung der Gesamtbehandlungsdauer halbiert und die Behandlung entsprechend länger durchgeführt werden. Das Verfahren ist vor allem bei Patienten mit chronischen Krankheitsbildern und mit schwereren strukturellen Störungen indiziert und kann auch mit dem Ziel sozialer Wiedereingliederung des Patienten eingesetzt werden.

Das katathyme Bilderleben (Leuner 1985) ist ein sog. imaginatives Verfahren und kann in Ergänzung verbaler Therapieverfahren, nicht jedoch als eigenständiges Verfahren durchgeführt werden.

Tabelle 14.**6** Umfang der von den gesetzlichen Krankenkassen übernommenen Leistungen für psychoanalytisch begründete Therapieverfahren

Kurztherapie:
25 Stunden (bei halbstündiger Dauer entsprechend 50 Stunden)
Analytische Psychotherapie:
160 Stunden, in besonderen Fällen bis 240 Stunden, Höchstgrenze 300 Stunden
Analytische Gruppentherapie:
80 Doppelstunden, in besonderen Einzelfällen 120, Höchstgrenze 150 Doppelstunden
Analytische Psychotherapie von Kindern und Jugendlichen:
50 Stunden (Jugendliche 60 Stunden), in besonderen Fällen bis 90 Stunden (Jugendliche bis 120 Stunden), Höchstgrenze 150 Stunden (Jugendliche 180 Stunden) – als Gruppenbehandlung: 40 Doppelstunden (Jugendliche 40 Doppelstunden), in besonderen Fällen bis 60 Doppelstunden (Jugendliche bis 60 Doppelstunden), Höchstgrenze 90 Doppelstunden (Jugendliche 90 Doppelstunden)
Tiefenpsychologisch fundierte Einzeltherapie:
50 Stunden, in besonderen Fällen bis 80 Stunden, Höchstgrenze 100 Stunden – als Gruppenbehandlung: 40 Doppelstunden, in besonderen Fällen bis 60 Doppelstunden, Höchstgrenze 80 Doppelstunden

V Verhaltenstherapie

15. Verhaltenstherapie

H. Reinecker

Grundlagen und Entwicklung der Verhaltenstherapie

Verhaltenstherapie muß als relativ junge Wissenschaftsdisziplin bezeichnet werden; von einer kontinuierlichen Entwicklung kann man etwa ab Ende der 50er Jahre sprechen. Erste Ansätze gibt es allerdings bereits zu Beginn des Jahrhunderts, sporadische und anekdotische Ansätze lassen sich teilweise noch viel weiter zurückverfolgen (Freedberg 1973, Brozek u. Diamond 1976).

Historischer Abriß und Charakterisierung von Verhaltenstherapie

Die angesprochene kontinuierliche Fundierung erfolgte fast zeitgleich in England, in Südafrika und in den USA. In **England** war es zunächst Eysenck (1959 u. 1960), der lerntheoretische Prinzipien zur Erklärung und Veränderung von psychischen Störungen heranzog. Die Verhaltenstherapie am Maudsley Hospital in London wurde sehr einflußreich (V. Meyer, H. G. Jones, I. M. Marks und viele andere mehr). Daneben muß noch M. B. Shapiro (1961 u. 1963) erwähnt werden, der Verhaltenstherapie weniger in der Anwendung spezifischer Theorien, sondern in der Bedeutung eines psychologischen Zugangs und in einer Anwendung dieses Wissens auf den **Einzelfall** sah (Yates 1975). In **Südafrika** wandte Wolpe (1958) Prinzipien des Konditionierens (speziell bezogen auf I. P. Pawlow bzw. C. Hull) auf die Therapie pathologischer Angststörungen an; die von ihm bzw. seinen Mitarbeitern (A. Lazarus und S. Rachman) entwickelte Methode der Systematischen Desensibilisierung wurde zu einem Modellfall verhaltenstherapeutischer Methoden und des prinzipiellen (schrittweisen) und auf die individuellen Bedingungen bezogenen Vorgehens in der gesamten Verhaltenstherapie.

In den **USA** nahm die Entwicklung der Verhaltenstherapie ihren Ausgangspunkt von den Arbeiten Skinners (1953) zum operanten Lernen; das auf Skinner zurückgehende Prinzip der **funktionalen Analyse** menschlichen Verhaltens wurde für die später so bezeichnete Verhaltensanalyse (Verhaltensdiagnostik) äußerst bedeutsam (Kanfer u. Saslow 1965). Gerade hier aber fällt es besonders schwer, von einer einheitlichen Entwicklung zu sprechen. Kennzeichnend für den klinisch-psychologischen Zugang sind die beiden Bücher von Ullmann u. Krasner, nämlich „Case Studies in Behavior Modification" (1965) bzw. „A Psychological Approach to Abnormal Behavior" (1969). Im Jahre 1966 wurde auch die American Association for Behavior Therapy (AABT) gegründet, und im Jahr 1978 erfolgte eine Charakterisierung der Verhaltenstherapie durch Franks u. Wilson: „Die Verhaltenstherapie beinhaltet primär die Anwendung von Prinzipien, die in der Forschung der Experimental- und Sozialpsychologie entwickelt wurden; sie sollen menschliches Leiden und die Einschränkung menschlicher Handlungsfähigkeit vermindern. Die Verhaltenstherapie legt Wert auf eine systematische Evaluation der Effektivität und der Anwendung solcher Prinzipien. Die Verhaltenstherapie beinhaltet Veränderungen der Umwelt und der sozialen Interaktion und weniger eine direkte Veränderung körperlicher Prozesse durch biologische Vorgänge. Das Ziel ist hauptsächlich die Ausbildung und Förderung von Fähigkeiten. Die Techniken ermöglichen eine verbesserte Selbstkontrolle" (Franks u. Wilson 1978, S. 11). Diese Charakterisierung und die Festlegung einzelner Standpunkte werden bis heute als verbindlich angesehen – auch wenn sich inhaltlich einige unterschiedliche Schwerpunkte ergeben haben (s. Schmelzer 1985). Diese sind in erster Linie in einer Entwicklung von grundlegenden Analysesystemen menschlichen Verhaltens und den damit verbundenen Konzepten von Gesundheit und Krankheit zu sehen.

Modellannahmen: Vom S-R- zum Systemmodell

Theoretische Modellannahmen über menschliches Verhalten und dessen Bedingungen legen unsere Art der Analyse des Verhaltensablaufs fest; als ganz charakteristisch für die verhaltenstherapeutische Analyse gilt, daß für die Betrachtung menschlichen Verhaltens Prinzipien aus unterschiedlichen Wissensbereichen herangezogen werden müssen, daß aber diese Prinzipien für sog. „normales" Verhalten ebenso Gültigkeit besitzen wie für „pathologisches" Verhalten (Kontinuitätsannahme). Die Festlegung, wann ein Verhalten als „gestört", als „pathologisch" oder als „krankhaft" gesehen werden muß, hängt von Merkmalen ab, die nicht allein das **Verhalten** betreffen, sondern von Aspekten der **Beurteilung** der Person selbst bzw. von der Einschätzung anderer Personen und ist damit auch abhängig von **normativen** Gesichtspunkten.

Wenn man die Entwicklung der Verhaltenstheorie und Verhaltenstherapie betrachtet, so werden unterschiedliche Analysemodelle vorgebracht; dabei ist zu berücksichtigen, daß keines der Modelle den Anspruch erhebt, eine vollständige Beschreibung bzw. Grundlage für eine Erklärung menschlichen Verhaltens und menschlicher Verhaltensstörungen zu liefern. Wir haben grundsätzlich von einem „Strom menschlichen Verhaltens" (James 1890) auszugehen. Modelle einer funktionalen Analyse betrachten aus pragmatischen Gründen einen speziellen Ausschnitt. Für Pawlow (1927) etwa war die Verknüpfung von S-R (d. h. von Stimulusbedingungen und darauf folgenden Reaktionen) entscheidend, Skinner (1953) analysierte speziell die Verbindungen von R-S, d.h. von Verhaltensmerkmalen und seinen Konsequenzen; jedes Schema der Analyse versucht, spezielle Merkmale des Verhaltens herauszugreifen und zum Zwecke der Analyse in einzelne Bestandteile zu zerlegen. Dabei sollte nicht übersehen werden, daß man sich menschliches Verhalten als kontinuierlichen und **dynamischen** Ablauf vorzustellen hat. Die Entwicklung von einfachen Modellvorstellungen bis hin zum heutigen Verständnis läßt sich sehr verkürzt folgendermaßen nachzeichnen:

Im ursprünglichen Verständnis des klassischen Konditionierens (Pawlow 1927), zum Teil auch noch bei Wolpe (1958), stand das Modell des S-R-Lernens im Hintergrund (Abb. 15.**1**):

Situative Bedingungen, Auslöser galten als entscheidende Determinanten des Verhaltens; das Bemühen der Forschung richtete sich in erster Linie auf Merkmale von Stimuli und auf deren Zusammenhänge mit dem Verhalten von Organismen (z.B. Diskrimination, Generalisierung usw.; Kimble 1961); klarerweise wurden bald Organismusvariablen im Sinne von art- und individuumspezifischen Bedingungen angenommen, so daß das Modell auf S-O-R erweitert wurde (Abb. 15.**2**).

Ein zentrales Merkmal dieser beiden Modelle besteht im Prinzip der Stimulus-Substitution: Darunter ist die Tatsache zu verstehen, daß nicht nur ursprünglich unkonditionierte Stimuli (UCS) eine spezielle Reaktion auszulösen in der Lage sind, sondern daß eine Verknüpfung (Assoziation) zwischen zeitlich und räumlich gekoppelten Situationen erfolgen kann. Dieses Grundprinzip kann man zum Teil durchaus heute noch zur Erklärung der Entstehung pathologischer Angstreaktionen heranziehen (z.B. wenn in einer belastenden Situation ursprünglich neutrale Reize die Funktion des Auslösers der Angst übernehmen, etwa im Rahmen der Entstehung und Aufrechterhaltung einer Schulphobie). Die Aufgabe der Therapie besteht nach diesem Modell in einer Schwächung und Entkoppelung einer gelernten Assoziation (z.B. durch den Aufbau eines Hemmpotentials bei der Systematischen Desensibilisierung).

Ein gänzlich anderer Zugang zum Verständnis menschlichen Verhaltens erfolgte durch Theoretiker, die dem Bereich des operanten Konditionierens (oder instrumentellen Lernens) zuzuordnen sind. Nach Skinner beispielsweise (1938 u. 1953), der sich auch auf ältere Arbeiten von Thorndike (1898) stützt, läßt sich unser Verhaltensrepertoire als Abfolge von Reaktionen verstehen, die eine Wirkung auf die Umwelt besitzen (Abb. 15.**3**).

Entscheidend für menschliches Verhalten und menschliches Lernen ist die Beziehung, das Kontingenzverhältnis (KV) zwischen dem Verhalten eines Organismus und den Konsequenzbedingungen. Skinner (1953) sieht zwar ebenfalls, daß situative Bedingungen dem Verhalten vorausgehen, diese haben allerdings nur die Funktion diskriminativer Hinweisreize (SD bzw. S), d.h. sie haben die Funktion anzuzeigen, welche Konsequenzen angesichts spezieller Stimulusbedingungen erfolgen werden. Dieses in Abb. 15.**3** vorgestellte Grundprinzip wurde zur Grundlage für praktisch alle Methoden des operanten Lernens (die Kombinationsmöglichkeiten von Konsequenzen des Verhaltens und darauf folgender Veränderung des Verhaltens sind bei den Methoden der Verhaltenstherapie, Abb. 15.**16**, ausgeführt).

Bereits in den 30er Jahren erfolgte eine eingehende Diskussion über die Priorität eines der beiden angesprochenen

Abb. 15.**1** Modell des S-R-Lernens

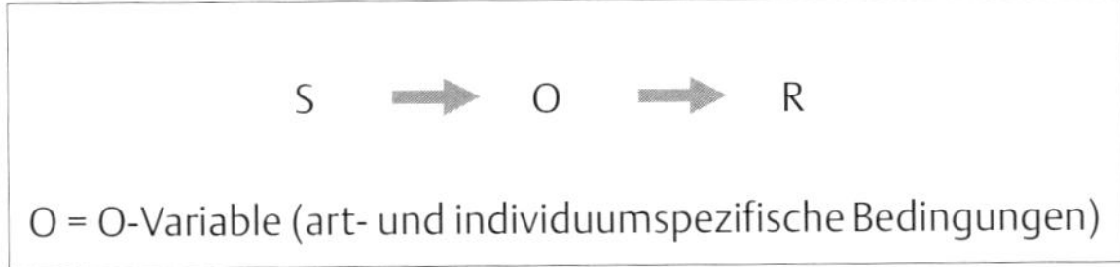

Abb. 15.**2** S-O-R-Modell

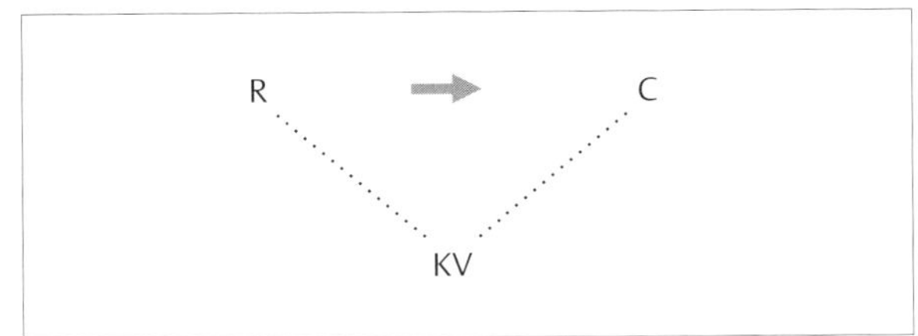

Abb. 15.**3** Grundmodell des operanten Lernens

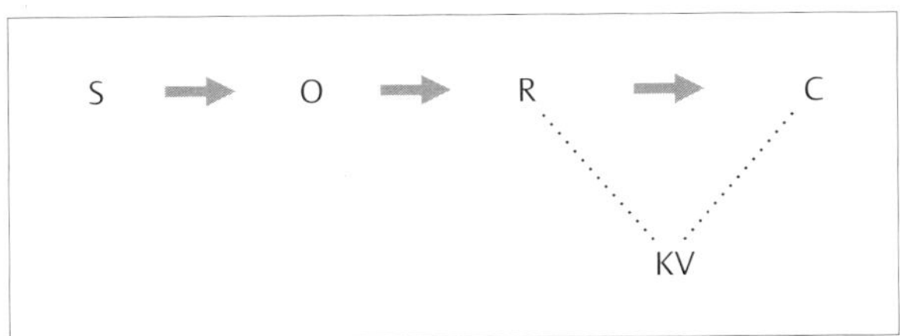

Abb. 15.**4** Klassisch-lineares Modell der Verhaltenstherapie

Lernprinzipien (s. dazu Kimble 1961). Für die Praxis der Verhaltenstherapie wurde bald deutlich, daß es nicht möglich ist, mit nur einem Modell zu arbeiten, so daß eine naheliegende Kombination erfolgte (Kanfer u. Phillips 1970, Hearst 1975) (Abb. 15.**4**).

Menschliches Verhalten wurde diesem Modell zufolge als eingebettet in Stimulusbedingungen (S) gesehen, die ihre Wirkung auf menschliches Verhalten vermittelt durch die O-Variable besitzen; gleichzeitig wird das Verhalten durch dessen Konsequenzen gesteuert, wobei die Konsequenzen einem speziellen Kontingenzverhältnis (KV) oder auch Verstärkungsplan folgen. Dieses klassisch-lineare Modell spielte für die Entwicklung der Verhaltenstherapie eine eminente Rolle; als typisches Beispiel sei nur das sog. Zwei-Faktoren-Modell von Mowrer (1947) erwähnt: Demnach läßt sich die **Entstehung** von Angst (CER als konditionierte emotionale Reaktion) durch klassisches Konditionieren (Koppelung von CS – UCS) verstehen, die **Aufrechterhaltung** von Angstreaktionen aber durch operantes Vermeidungslernen erklären (das Individuum wird in seiner Vermeidungsreaktion [R] durch das Ausbleiben der erwarteten Konsequenz [$\not{C}^-$] kontinuierlich negativ verstärkt).

Das Grundprinzip des Zwei-Faktoren-Modells läßt sich folgendermaßen darstellen (Abb. 15.**5**).

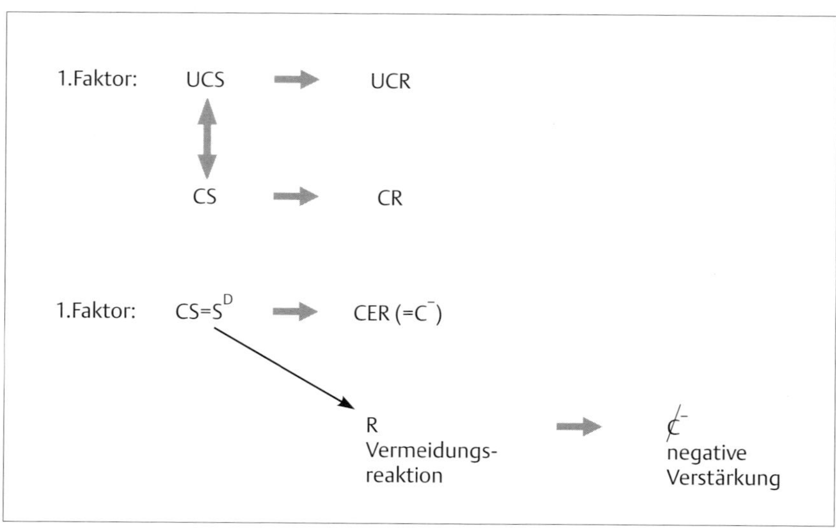

Abb. 15.**5** Zwei-Faktoren-Modell nach Mowrer (1947)

Das Zwei-Faktoren-Modell kann von seiner Grundstruktur her auch heute noch als bedeutsam angesehen werden: Es eignet sich insbesondere zur Erklärung der Entstehung und Aufrechterhaltung von Ängsten, speziell zur Verdeutlichung der Stabilität von Vermeidungsverhalten (etwa bei Phobien oder Zwangsstörungen). Die Grundstruktur bietet sich auch für verschiedene theoretische Ergänzungen an (McAllister u. McAllister 1995).

Wichtige Weiterentwicklungen bzw. Ergänzungen dieses Modells betrafen unter anderem folgenden Punkte:

Zum einen werden unterschiedliche **Ebenen** menschlichen Verhaltens gegeneinander abgegrenzt, d.h. innerhalb der R-Komponente wurde

- die Bedeutung beobachtbaren Verhaltens,
- der physiologischen Reaktionen (= autonome Ebene) sowie
- der Bereich kognitiver Prozesse

unterschieden (Lang 1971). Diese Trennung in verschiedene Analyseebenen hat sich in hohem Maße als sinnvoll und auch therapeutisch brauchbar durchgesetzt.

Eine zweite Weiterentwicklung betraf den Aspekt der **Dynamik**, d.h. der Rückkoppelung einzelner Ebenen (Kanfer 1971; Kanfer u. Karoly 1972): Hierbei spielen insbesondere Gesichtspunkte der Selbstregulation (d.h. der Beobachtung eigenen Verhaltens, das Setzen internaler Standards usw.) eine entscheidende Rolle. Das System der Selbstregulation wurde erweitert um Aspekte der Informationsverarbeitung vor einem biologischen und idiographischen Hintergrund. Es ersetzt damit die Annahme eines statisch und linear funktionierenden Organismus.

Als wichtiger Bereich ist darüber hinaus das Merkmal einer multiplen **Regulation** zu sehen: Die einzelnen Bestandteile sind untereinander vernetzt, so daß sich auch von den Determinanten des Verhaltens her unterschiedliche Einflußmöglichkeiten ergeben; Kanfer (1971 u. 1977) bzw. Kanfer u. Schefft (1987) haben hierfür die Terminologie der α-, β- und γ-Kontrolle vorgeschlagen. α meint externe oder Umweltbedingungen, β meint selbstproduzierte Reize (Kognitionen) und γ biologische und physiologische Determinanten. Vor dem Hintergrund dieser theoretischen, experimentellen und klinischen Überlegungen gehen wir heute von folgendem System der Analyse menschlichen Verhaltens aus (Abb. 15.**6**).

In dem Modell ist sehr rasch der historische und systematische Beitrag von Skinner einerseits und Pawlow andererseits zu erkennen; die Ausdifferenzierung betrifft drei Bereiche nämlich

1 Eine Trennung in α-, β- und γ-Variablen;
2 die Bedeutung des Selbstregulationssystems und
3 die dynamische Betrachtungsweise, wie sie im Ablauf durch Pfeile der Interaktion und der Rückkoppelung verdeutlicht wird.

1. α-, β- und γ-Variablen

Diese Variablen sind nicht unbedingt identisch mit den vorher erläuterten **Ebenen**, es gibt aber eine Reihe von Gemeinsamkeiten und Überschneidungen. Der entscheidende Unterschied zur Ebenenanalyse betrifft den Umstand, daß es sich hier um **Determinanten** menschlichen Verhaltens handelt ("... sources of influence...").

α-Variablen: Externe situative Bedingungen, aber auch beobachtbare Merkmale des Verhaltens, wenn sie Determinanten anderer (gewissermaßen abhängiger) Variablen darstellen.

Beispiel: Umgebungsreize, aber auch eigene und fremde Reaktionen, die in funktionaler Hinsicht Bedingungen des menschlichen Verhaltens darstellen.

β-Variablen: Dies sind verdeckte, gedankliche Prozesse, die ebenfalls als Auslöser, als Merkmal oder als Konsequenzen (also wieder Determinanten) des menschlichen Verhaltensablaufs gesehen werden können.

Beispiel: Zwangsgedanken als Auslöser von rituellem Verhalten; abwertend-depressive Gedanken als Merkmal und Begleiterscheinungen depressiver Verhaltensmuster; positive Erwartungen als Moderatoren zukünftiger Reaktionen usw.

γ-Variablen: Gemeint ist sowohl die überdauernde biologische und physiologische Ausstattung des Menschen (z.B. Alter, Geschlecht, hormonelle Bedingungen...) als auch aktuelle somatische Einflüsse, z.B. Medikation, Alkohol usw. Diese Variablen bilden ebenfalls entscheidende, wenn auch

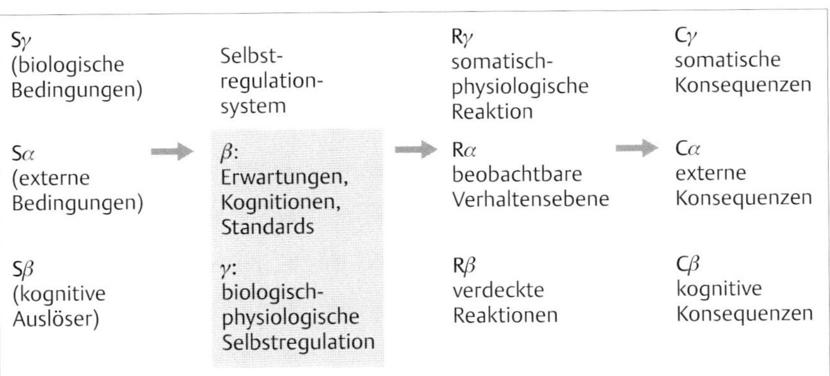

Anmerkung: Sowohl auf der Ebene der Auslöser (Situationen), des Selbstregulationssystems, der Reaktionen und der Konsequenzen als auch zwischen den einzelnen Schritten des Systems ist von Interaktionen und Rückkoppelungen auszugehen. Auf deren Darstellung wurde hier aus Gründen der Übersichtlichkeit verzichtet. (Kanfer, Reinecker u. Schmelzer 1996)

Abb. 15.**6** Prinzip des dynamischen Modells der Analyse menschlichen Verhaltens

nicht die einzigen Determinanten menschlichen Verhaltens im kontinuierlichen Verlauf.

Bei der Analyse psychischer Störungen besteht unsere Aufgabe darin, in einem konkreten Fall nach **Bedingungen** des Problems in allen drei Bereichen der Determinanten zu suchen; dabei sollte sofort klar sein, daß eine einzige Determinante (z.B. biologische Ebene) wohl kaum ausreicht, um die Komplexität menschlicher Verhaltensabläufe zu erfassen und zu erklären.

> Beispiel: Als Determinanten gestörten Schlafes (Schindler, 1994) sind sowohl Bedingungen auf der extern-situativen Ebene (α: Lärm, Schlafumgebung, Arbeitsbelastung...), auf der gedanklichen Ebene (β: Erwartungen, Gedanken, Grübeln...) und auf der somatisch-biologischen Ebene geltend zu machen (γ: z.B. Alter, Eßverhalten, Alkoholkonsum, Medikamentenverbrauch usw.).

2. Selbstregulationssystem

Dies beinhaltet im Prinzip eine Ausdifferenzierung der zum Teil schon von Skinner (1953) geltend gemachten O-Variable; situative Bedingungen lösen das Verhalten (d.h. die Reaktion „R") nicht direkt, sondern gewissermaßen „vermittelt" aus.

> Beispiel: Ein Stück Brot oder auch eine Speisekarte lösen bei einer hungrigen bzw. satten Person (O-Variable; in der obigen Terminologie:γ-Variable) sowohl auf der gedanklichen, auf der Verhaltens- als auch auf der somatischen Ebene durchaus andere Reaktionen aus.

Während also die Berücksichtigung von somatischen Bedingungen (γ-Variablen) selbstverständlich erscheint, werden β-Variablen als Bestandteile des Selbstregulationssystems erst neuerdings – und zwar speziell als Konsequenzen aus Grundlagenarbeiten zur kognitiven Psychologie berücksichtigt (Karoly 1993 u. 1995).

Als β-Variable im Bereich des Selbstregulationssystems sind sowohl Merkmale der Lerngeschichte (gewissermaßen als versteckte Persönlichkeitsvariablen) als auch aktuelle kognitive Bedingungen zu sehen. Aktuelle gedankliche Prozesse, Erwartungen, Befürchtungen usw. steuern unser Verhalten in höchstem Maße. Als Beispiele kann man im Bereich des Alltags auf Glücksspiele verweisen, im Bereich der Pathologie auf das weite Feld der Angststörungen: Patienten vermeiden verschiedene Situationen nicht so sehr deshalb, weil sie in der Situation (z.B. Kaufhaus, Intercity...) eine konkrete Schädigung erfahren haben (α-Ebene), sondern weil sie eine solche **erwarten**.

3. Dynamik

Dynamik ist ein zentrales Merkmal des Systemmodells, da von älteren linearen Modellen (z.B. S-O-R-KV-K) abgerückt wird. Schon **innerhalb** der Variablen (z.B. S α, β, γ) ist von einer dynamischen Interaktion einzelner Determinanten auszugehen; selbst eine einfache Situation (z.B. eine Mahlzeit) beinhaltet physikalische, gedankliche und biologisch-physiologische Elemente. Erst eine (zum Teil äußerst rasch ablaufende) Vernetzung der einzelnen Determinanten führt zu weiteren Reaktionen. Dasselbe dynamische Zusammenspiel hat man sich bei allen anderen Elementen des Systemmodells vorzustellen.

Auch **zwischen** den einzelnen Variablen ist von Prozessen der Interaktion und Rückkoppelung auszugehen, was die Bezeichnung als Systemmodell erst rechtfertigt. Wir bilden beispielsweise antizipierende **Erwartungen** hinsichtlich potentieller Konsequenzen von Situationen und Verhaltensmustern (Bandura 1977); Konsequenzen aktuellen Verhaltens bilden ein korrigierendes Feedback sowohl auf unser Verhalten als auch für unsere Standards und Erwartungen.

Hier erscheint abschließend der Hinweis wichtig, daß die einzelnen Elemente nicht um der Komplexitätserweiterung willen eingeführt wurden; sie dienen vielmehr als Tribut an die Berücksichtigung von Befunden aus dem gesamten Bereich der Psychologie. Zusätzlich ist zu betonen, daß in einem konkreten Fall durch Vereinfachung **Komplexitätsreduktion** angesagt sein kann und soll: Das Systemmodell dient als

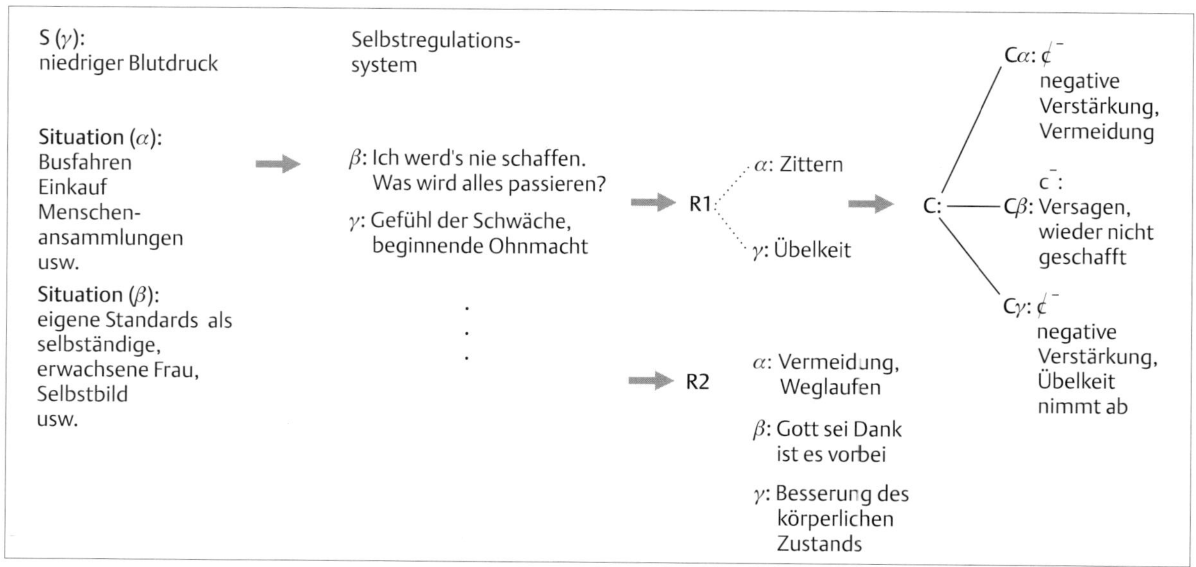

Abb. 15.**7** Beispiel für die Anwendung eines Systemmodells

eine Art Metamodell, als Hintergrund für konkretes und zum Teil von Vernetzungen absehendes, therapeutisches Handeln in konkreten Situationen.

Dieses Modell kann zur Analyse (pathologischen) Verhaltens herangezogen werden, wobei es als Analyseraster verstanden werden sollte (s. auch Abschnitt Verhaltensanalyse). Zur Verdeutlichung sei das Beispiel einer Patientin angeführt, die seit mehreren Jahren unter agoraphobischen Beschwerden litt und die sich mit dem Ersuchen um Therapie an uns wandte (Abb. 15.**7**):

> Das Systemmodell wurde nicht entwickelt, um die Komplexität der Darstellung zu erhöhen – im Gegenteil: Einfache Modelle erscheinen ideal zur Analyse komplexer Sachverhalte. Die Entwicklung des Modells erfolgte vor allem wegen 1. klinischer, experimenteller und theoretischer Notwendigkeiten, um auch der Komplexität menschlichen Verhaltens Rechnung zu tragen, sowie 2. um die Einfachheit zu gewährleisten, damit das Modell noch handhabbar bleibt. Dennoch ist festzuhalten, daß es sich bei diesem Modell auch um ein in der Verhaltensanalyse offenes, flexibles Modell handelt, das bestimmten Entwicklungen und Erweiterungen offensteht (zum Systembegriff s. dazu G. E. Schwartz 1982).

Säulen der Verhaltenstherapie

Verhaltenstherapie macht heute einen großen Bereich der klinischen Psychologie aus; dies betrifft Grundlagen und Therapieforschung ebenso wie den Bereich der psychotherapeutischen Versorgung. Diese Ausweitung bringt es mit sich, daß Verhaltenstherapie bereits in Teildisziplinen zerfällt, so daß es Spezialisten für einzelne Bereiche gibt und daß die gesamte Verhaltenstherapie für einen Einzelnen kaum noch zu überblicken ist. In der Anlehnung an die obige Charakterisierung von Verhaltenstherapie (Franks u. Wilson 1978) werden deshalb einige ganz zentrale Standpunkte angeführt, die – in Anlehnung an Wilson u. Franks (1982) – als „Säulen der Verhaltenstherapie" bezeichnet werden. Es handelt sich dabei um

1. den Aspekt der funktionalen Analyse,
2. um den Bereich der klassischen und modernen Lerntheorien,
3. um den Bereich der kognitiven Verhaltenstherapie sowie
4. um die Anwendungsfelder der Verhaltenstherapie im Bereich somatischer Störungen, wie dies im Konzept der „Verhaltensmedizin" deutlich wird;
5. der Bereich Methodologie wird hier nur kurz erwähnt (s. S. 187).

Funktionale Analyse

Funktionale Analyse läßt sich als der Versuch kennzeichnen, eine Beschwerde einer Person aus psychologischer Sicht als „Problem" zu beschreiben; diese Beschreibung folgt auf mehreren Ebenen. In Kontrast zum medizinischen Modell psychischer Störungen wird nicht versucht, sog. Ursachen dieses Problems zu identifizieren, weil die Ursachen eines psychischen Problems zumeist lange in der Vergangenheit liegen und aus wissenschaftstheoretischen Gründen (Stegmüller 1974) kaum noch einigermaßen adäquat zu eruieren sind.

Das in der Verhaltenstherapie vertretene Konzept der funktionalen Analyse schränkt das Verständnis von „Ursachen" insofern ein, als darunter vorausgehende, begleitende und nachfolgende **Bedingungen** zu verstehen sind, deren Veränderung zu einer Veränderung des Problems führen. Dies läßt sich an folgender Skizze eines speziellen Problems verdeutlichen (Abb. 15.**8**).

Die Abb. 15.**8** sollte das Prinzip der funktionalen Analyse insofern verdeutlichen, als es in besonderem Maße darum geht, zentrale **Bedingungen** zu identifizieren, die im therapeutischen Kontext zu Ansatzpunkten der Veränderung wer-

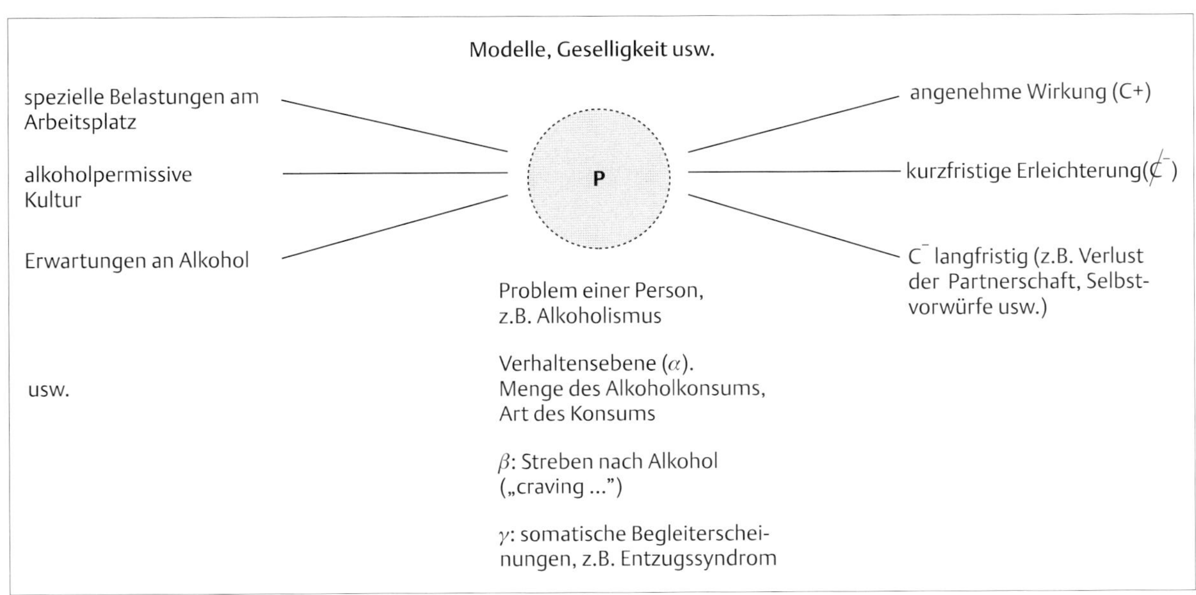

Abb. 15.**8** Verdeutlichung des Prinzips der funktionalen Analyse am Beispiel „Alkoholismus"

den können. Man hat mit der funktionalen Analyse sicherlich nicht **die** Ursache des Alkoholproblems einer Person erfaßt; man hat allerdings eine Reihe von Bedingungen identifiziert (z.B. Belastungen am Arbeitsplatz; familiäre Konfliktsituationen ...), deren Veränderung eine Veränderung des Problems bewirken können.

Wegen der **Komplexität** der funktionalen Einbettung eines Problems und wegen der Tatsache einer zumeist nicht-linearen Wirkung sollte man sich auch therapeutische Veränderungen nicht zu einfach vorstellen. An dem dargestellten Prinzip und am Beispiel sollte allerdings sehr deutlich werden, daß Verhaltenstherapie keinesfalls bedeutet, ein Problem „direkt" zu verändern (wie dies häufig als „Symptombehandlung" bezeichnet wird): Ein Problem läßt sich aus verhaltenstherapeutischer Sicht gar nicht „direkt" behandeln (schon gar nicht „beseitigen") – Verhaltenstherapie beinhaltet im Kern eine Veränderung derjenigen Bedingungen, die ein Problem aufrechterhalten; und das können durchaus andere Bedingungen sein als diejenigen, die für die Genese des Problems verantwortlich waren.

Konsequente funktionale Analyse (Holland 1978) zeigt sehr genau auf, an welchen Punkten Veränderungen möglich sind und an welchen Punkten diese Veränderung an Grenzen stößt; die Grenzen können durchaus jenseits der Einflußmöglichkeiten des Individuums stehen (z.B. spezielle Arbeitsbedingungen im Betrieb; Tatsache der kulturellen Verbreitung von Alkohol usw.). Der Wert der funktionalen Analyse liegt in besonderem Maße darin, daß sie uns auch die **Ebene** einer notwendigen Intervention zumindest prinzipiell vorgibt: Diese Ebene kann durchaus im psychologischen Bereich liegen, dies ist aber keineswegs notwendigerweise so – im Gegenteil: in vielen Fällen stoßen wir mit psychologischen Interventionen dort an Grenzen, wo nicht psychologische, sondern politische, rechtliche, soziale oder ökonomische Veränderungen am Platz wären. Konsequenterweise geht man in der Verhaltenstherapie über den Bereich der psychologischen Ansätze hinaus, als gemeindepsychologische, sozialpsychologische, politische oder präventive Ansätze zu wesentlichen Bereichen eines – nunmehr interdisziplinären – Vorgehens gehören.

Klar sollte innerhalb der funktionalen Betrachtungsweise (oder Applied Behavior Analysis [ABA], Sidman 1960, Baer 1982) auch sein, daß für die Analyse und Veränderung eines spezifischen Problems in der Regel unterschiedliche Bedingungen in Rechnung gestellt – und damit auch verändert werden müssen. Dies entspricht auch der im Systemmodell (Schwartz 1982) vertretenen mehrdimensionalen Sichtweise eines psychischen Problems und dessen Bedingungen (s. auch Verhaltensmedizin, S. 186).

Klassische und moderne Lerntheorien

Menschliches Verhalten ist unter anderem dadurch gekennzeichnet, daß es nicht ausschließlich genetisch bzw. instinktdeterminiert, sondern in hohem Maße flexibel gegenüber Veränderungen in der Umwelt ist. Diese Flexibilität des Verhaltens wird allgemein als die Fähigkeit zum Lernen bezeichnet (Kimble 1961, Hilgard u. Bower 1975). Gerade Therapietheorien müssen dieser Flexibilität im menschlichen Verhalten Rechnung tragen. Verhaltenstherapie hat sich von Beginn an an den verschiedenen Modellen des Lernens orientiert.

Aus heutiger Sicht erscheint klar, daß man für menschliches Lernen unterschiedliche **Ebenen** in Rechnung stellen muß; für die Entstehung psychischer Störungen ebenso wie für die Behandlung spielen Lernprozesse eine Rolle, die man folgenden Bereichen zuordnen kann:

- Assoziationstheoretische Modelle (Pawlow 1927, Guthrie 1935). Diese Modelle dienen zur Erklärung der Stimulussubstitution, beispielsweise bei der Entstehung von Angststörungen, aber auch zur Erklärung von Prozessen des interozeptiven Lernens usw.
- Modelle des Lernens durch Konsequenzen (Skinner 1938, 1953 u. 1969, Timberlake 1995). Verhalten wird in hohem Maße durch diejenigen Konsequenzen gesteuert, die dem Verhalten in der Umwelt unmittelbar folgen; besondere Bedeutung besitzen operante/instrumentelle Lernbedin-

gungen, z. B. bei sog. Krankheitsverhalten (Broda u. Muthny 1990).
- Prozesse des Modellernens (Bandura 1969, Rosenthal 1982). Durch Beobachtung können Prozesse des Lernens – insbesondere bei komplexen Verhaltensmustern – sehr rasch und effizient ablaufen. Ein typisches Beispiel im therapeutischen Kontext ist der Nutzen, der in Therapiegruppen (Selbstsicherheitstrainings) aus den Modellerneffekten gezogen wird (Grawe 1980, Fiedler 1995). In diesem Bereich sind auch die sog. sozialen Lerntheorien (Bandura 1977) zu erwähnen.
- Kognitive Lerntheorien (Tolman 1932, Rescorla 1988). Diese Theorien beschreiben Prozesse des Lernens, die als ganz spezifisch und typisch für menschliches Lernen gelten; Prozesse der Erwartung, der Bildung von Symbolen, des Gedächtnisses und der Bildung von Regeln spielen hier eine entscheidende Rolle. Darunter ist auch das Lernen durch die Bereitstellung und Vermittlung von Informationen zu zählen (Rachman 1990).

Die einzelnen Modelle des Lernens bauen teilweise aufeinander auf und sollten nicht streng voneinander abgegrenzt werden. Die Entwicklung von Lernmodellen hat inzwischen einen Grad an Differenziertheit und Komplexität erreicht, der kaum noch zu überblicken ist (Eysenck u. Martin 1987, Estes 1975, Rescorla 1988, Eysenck 1982, O'Donohue u. Krasner 1995). Aus heutiger Sicht sollte sich deshalb verbieten, von „simplen Lerntheorien" zu sprechen.

Kognitive Verhaltenstherapie

Kognitive Verhaltenstherapie bezeichnet jenen Bereich von therapeutischen Verfahren, in denen Gesichtspunkte der Informationsverarbeitung, des Gedächtnisses usw. eine entscheidende Rolle spielen (Meichenbaum u. Cameron 1982, Dobson 1990, Hawton, Salkovskis, Kirk u. Clark 1989). Kognitive Verhaltenstherapie bezieht sich in ihren Grundlagen auf zwei Bereiche:
- Zum ersten ist der Aspekt kognitiver Lerntheorien zu nennen, wie er im vorigen Punkt angesprochen wurde. Kennzeichnend für therapeutische Ansätze ist der Gesichtspunkt, daß für Aspekte des Lernens immer auch kognitive Merkmale (z.B. der Erwartung) Berücksichtigung finden sollten. Dies erscheint in der heutigen Verhaltenstherapie durchgängig realisiert (Kanfer, Reinecker u. Schmelzer 1996, Hautzinger 1994).
- Als zweiter Bereich sind eine Reihe von therapeutischen Methoden zu nennen, die sich als „kognitive Therapien" bezeichnen (Meichenbaum 1977, Beck 1976, Ellis 1973). Die einzelnen Verfahren sind im Abschnitt über Interventionsmethoden der Verhaltenstherapie (S. 196 ff) näher beschrieben.

Aus heutiger Sicht erscheint eine strikte Trennung in klassische Verhaltenstherapie einerseits und kognitive Therapie andererseits nicht mehr sinnvoll, und deshalb ist die Bezeichnung von kognitiver Verhaltenstherapie – als eine wichtige Säule der Verhaltenstherapie – wohl eine Selbstverständlichkeit. Vor einer Reihe von Jahren wurde diese enge Vernetzung von behavioralen und kognitiven Aspekten bereits festgehalten: Bandura (1977) etwa betonte, daß die **Methoden** der Veränderung idealerweise auf der Verhaltensebene ablaufen, während der **Prozeß** der Veränderung zentrale kognitive Aspekte aufweist (z.B. Veränderung von Bewertungen, von Einstellungen, von Erwartungen usw. Mahoney 1991). Ganz ähnlich hatten dies auch Mahoney u. Kazdin (1979) verdeutlicht, als sie verhaltensorientierten Methoden eine besondere Effizienz zur Aktivierung und Veränderung kognitiver Prozesse zuerkannten (Mahoney u. Arnkoff 1978, Hollon u. Beck 1994).

Im Kontrast zur „klassischen" Verhaltenstherapie kann in der „kognitiven Verhaltenstherapie" insofern eine Weiterentwicklung gesehen werden, als im therapeutischen Prozeß auf den Aspekt der **Transparenz** des Vorgehens (Plausibles Modell), auf Gesichtspunkte des aktiven und dynamischen Problemlösens mit dem Ziel, für den Patienten wünschenswerte Veränderungen anzustreben, besonderer Wert gelegt wird (Hawton u. Mitarb. 1989). Therapie bietet eine Möglichkeit für neues Lernen im Rahmen eines kooperativen Arbeitsbündnisses zwischen Patient und Therapeut: die Nähe zur Therapie als „Selbstmanagement" liegt damit auf der Hand (Kanfer, Reinecker u. Schmelzer 1996).

Beispiel: Die im Rahmen einer Depressionstherapie notwendigen Veränderungen kognitiver Verarbeitungsmuster (selektive Wahrnehmung, Attributionsprozesse...) sind durch rein kognitive Methoden nur schwer zu bewerkstelligen. Als besonders effizient erweisen sich Aspekte der Übung, des Ausprobierens und des neuen Erlebens von realen Konsequenzen neuen Verhaltens zur Veränderung von kognitiven Prozessen. Für die Stabilität der Veränderung ist wiederum die Bildung stabiler kognitiver Lernmuster ausschlaggebend, womit die enge Vernetzung der beiden Aspekte besonders deutlich wird. Auf den hohen Grad empirischer Fundierung und Bewährtheit kognitiv-verhaltenstherapeutischer Methoden zur Behandlung eines breiten Spektrums unterschiedlicher Problemstellungen wird hier nur hingewiesen (Hautzinger 1994, Grawe, Donati u. Bernauer 1994).

Verhaltensmedizin

Verhaltenstherapeutische Prinzipien wurden ursprünglich fast ausschließlich auf die Behandlung psychischer Störungen angewendet; dies hat sich – etwa Mitte der 70er Jahre – deutlich geändert; ausschlaggebend dafür waren unter anderem folgende Gründe:
1. Verhaltensmedizin trägt einem veränderten Verständnis von Gesundheit und Krankheit insofern Rechnung, als Gesundheit und Krankheit keine strikt trennbaren Zustände darstellen; im Rahmen eines bio-psycho-sozialen Modells (Gentry 1984) spielen **psychische** bzw. Verhaltensaspekte bei allen Krankheiten eine wichtige Rolle.
2. Verhaltenstherapeutische Prinzipien erweisen sich nicht nur bei psychischen Störungen im engeren Sinne, sondern auch bei somatischen **Krankheiten** als ausgesprochen effizient zur Veränderung von Parametern, die mit der Krankheit eng verknüpft sind (z.B. Krankheitsverhalten; Compliance; Krankheitsbewältigung).
3. Bei sog. psychosomatischen Störungen und Krankheiten galt ein psychotherapeutischer Zugang seit langer Zeit als zielführend; innerhalb der Perspektive der Verhaltensmedizin geht es weniger um die innerpsychologische Konfliktdynamik bei den klassischen psychosomatischen Störungen (Asthma bronchiale usw.), sondern um ein entsprechendes Verständnis (Erklärung) und um eine poten-

tielle Veränderung derjenigen funktionalen Bedingungen, die als entscheidende **Determinanten** der Störung oder Krankheit angesehen werden müssen (s. oben: funktionale Analyse).

4. Ein ganz spezieller Ansatzpunkt der Verhaltensmedizin ergibt sich bei **chronischen** Krankheiten; diese gewinnen im Rahmen der Veränderung des Krankheitsspektrums (Gentry 1984; Holroyd u. Creer 1986) immer größere Bedeutung. Gerade bei chronischen Krankheiten (z.B. Diabetes mellitus, chronische Schmerzen usw.) besteht das Ziel auch der somatischen Behandlung definitionsgemäß nicht mehr in einer Heilung, sondern in einer Bewältigung, in einem für die zukünftige Lebensqualität akzeptablen Umgang mit der Krankheit (Broda u. Muthny 1990). Hier spielen Prinzipien der Psychologie eine zunehmende Rolle.
5. Rein somatisch orientierte Gesundheitsversorgung entspricht weder der heutigen Sicht von Gesundheit und Krankheit, noch den Bedürfnissen der Betroffenen. Dazu kommt, daß das **Gesundheitssystem** vielfach an die Grenzen der Finanzierbarkeit stößt. Eigenaktivität, Eigenverantwortung und Aspekte der Prävention müssen deshalb stärker in den Vordergrund treten. Dies sind spezielle Aspekte, die gerade in einem verhaltensmedizinischen Zugang besondere Berücksichtigung erfahren.

Verhaltensmedizin bezieht sich in hohem Maße auf den Gesichtspunkt der Interdisziplinarität und eines Systemansatzes; dies kommt auch in der Definition von Verhaltensmedizin (Schwartz u. Weiss 1978) zum Ausdruck:

„Verhaltensmedizin meint einen interdisziplinären Ansatz, in dem man sich um die Entwicklung und Integration des Wissens und von Verfahren bemüht, die von seiten der verhaltens- und biomedizinischen Wissenschaften für Probleme der Gesundheit und Krankheit bedeutsam sind. Dieses Wissen und diese Verfahren werden zur Prävention, zur Diagnose, zur Behandlung und zur Rehabilitation eingesetzt" (Schwartz u. Weiss 1978, S. 50; Übersetzung des Verfassers).

Daß mit dem Bekenntnis zur Interdisziplinarität und zu einem bio-psycho-sozialen Modell Fragen der Umsetzung nicht von selbst gelöst sind, liegt auf der Hand. Man muß es allerdings als einen Fortschritt im Zusammenhang mit Problemen von Gesundheit und Krankheit sehen, daß psychologische und insbesondere Verhaltensaspekte in Forschung und Versorgung Berücksichtigung finden (Blanchard 1994). Einige Beispiele dazu finden sich in den verschiedenen Kapiteln dieses Buches.

Evaluation

Verhaltenstherapie bedeutet ein kontrolliertes Vorgehen; zur Sicherstellung der Qualität therapeutischen Vorgehens lassen sich eine ganze Reihe von Strategien anführen, die in der Forschungsmethodik allgemein und bei der Evaluation verhaltenstherapeutischer Verfahren im speziellen eine lange Tradition haben (Kazdin 1994).

Gerade für die verhaltenstherapeutische Praxis erscheinen Ansätze der Einzelfallanalyse und des einzelfallanalytischen Vorgehens sehr bedeutsam (Kazdin 1982, Hersen u. Barlow 1976, Grawe 1988). Therapeuten haben es in der Regel mit Einzelfällen zu tun, die im Sinne kontrollierter Praxis (Petermann 1982) dokumentiert und als Grundlage einer systematischen Evaluation behandelt werden können.

Evaluation meint die über eine bloße Erfassung von therapeutischen Effekten hinausgehende **Beurteilung** hinsichtlich zentraler Kriterien; gemeint sind damit insbesondere (Kazdin u. Wilson 1978) Kriterien aus der Sicht des Patienten (z.B. Bedeutung und Dauerhaftigkeit einer Veränderung) sowie Gesichtspunkte hinsichtlich der Kosten, des Nutzens und deren Kombination bei der Beurteilung eines therapeutischen Verfahrens. Diese Aspekte werden im Gesundheitssystem – speziell unter dem Stichwort „Qualitätssicherung" – als zentral angesehen, und sie sind deshalb gerade bei der Evaluation verhaltenstherapeutischer Verfahren zugrunde zu legen (vgl. Grawe, Donati u. Bernauer 1994). Zur detaillierten Darstellung wird auf das Kapitel von Strauß und Wittmann (Kapitel 62) verwiesen.

Therapie als Änderungsprozeß – Ein Stufen-Modell für die Verhaltenstherapie

In den einleitenden Bemerkungen wurde Verhaltenstherapie als schrittweiser Problemlöseprozeß bezeichnet, an dem der Patient/Klient von Beginn an aktiv beteiligt werden sollte. Besonders charakteristisch für die Verhaltenstherapie ist auch ein schritt-oder stufenweises Vorgehen, das jeweils an die Entwicklungsmöglichkeiten des Patienten angepaßt wird. Ein sehr allgemeines und damit sehr flexibles Orientierungsmodell bildet das von Kanfer und Grimm (1981) bzw. Kanfer u. Schefft (1987 u. 1988) entwickelte 7-Stufen-Modell des therapeutischen Prozesses. Dieses Modell wurde für den deutschen Sprachraum adaptiert (Kanfer, Reinecker u. Schmelzer 1996) und wird im folgenden dargestellt; besonderes Augenmerk wird dabei auf die ersten Stufen und Schritte im therapeutischen Prozeß gelegt, weil diese für das Gelingen einer therapeutischen Intervention besonders bedeutsam sind.

7-Phasen-Modell therapeutischer Veränderung

Das Modell beinhaltet eine Abfolge einzelner Schritte, denen im Verlaufe der Intervention zentrale Bedeutung zukommt; idealerweise werden die einzelnen Schritte in der beschriebenen Abfolge durchlaufen. Die einzelnen Schritte sind allerdings mit den Therapiestunden nicht unbedingt identisch, auch die Abgrenzung der einzelnen Stufen entspricht eher einem Ideal- bzw. Orientierungsmodell als der konkreten Praxis.

An dem Modell sollte sofort klar sein, daß der Einsatz spezifischer therapeutischer Methoden, mit dem Verhaltenstherapie oft identifiziert wird, lediglich einer Phase (nämlich Phase 5) entspricht. Idealerweise sollten im therapeutischen Prozeß **alle** Phasen durchlaufen und bearbeitet werden. Im Überblick ist das Modell in Abb. 15.**9** dargestellt (Kanfer, Reinecker u. Schmelzer 1996, S. 139).

Schwerpunktmäßig werden in den einzelnen Phasen folgende Themen bearbeitet (für einzelne Phasen werden typische Aspekte herausgegriffen):

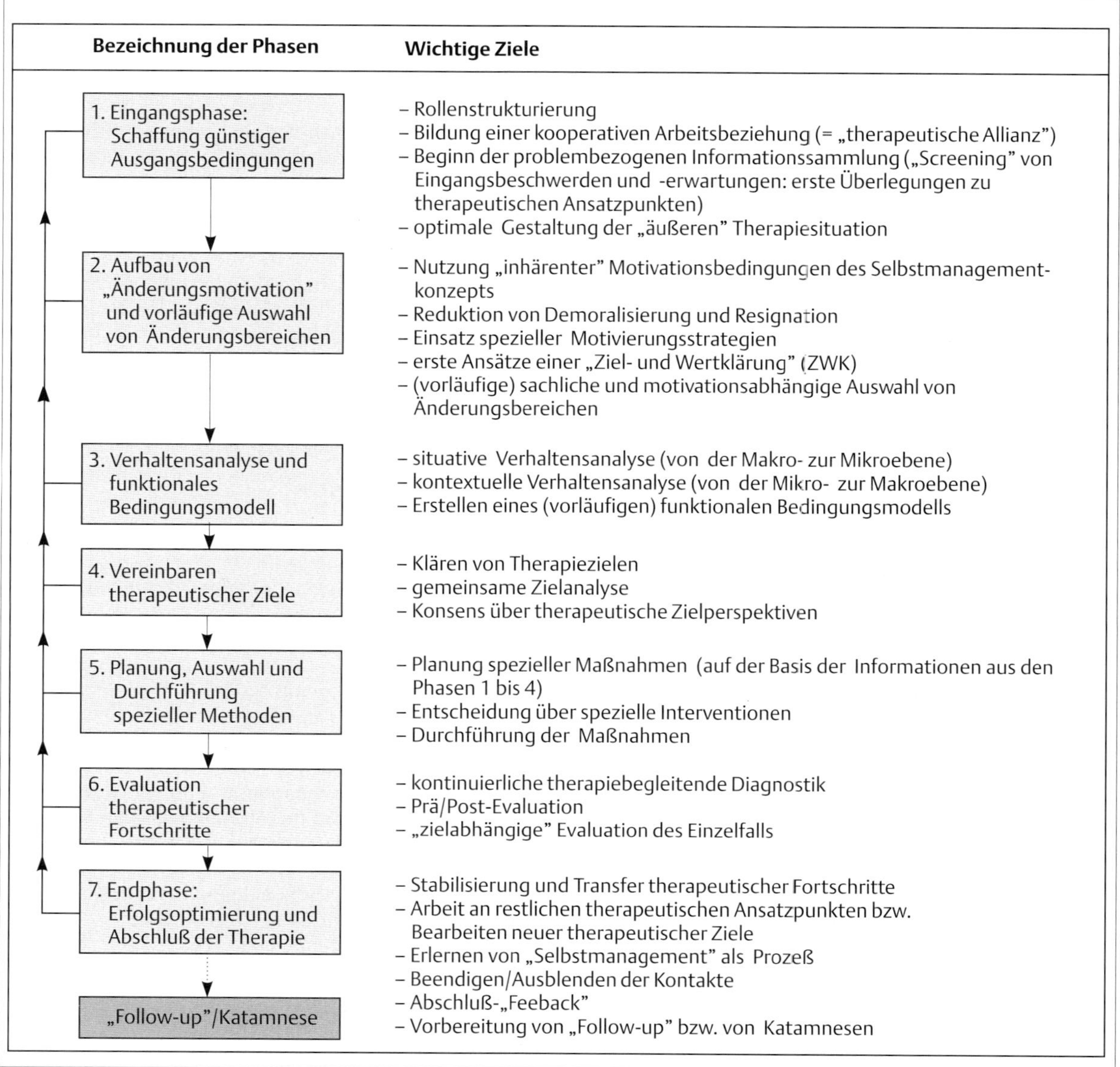

Abb. 15.**9** Das 7-Phasen-Modell im Überblick

Phase 1: Schaffung günstiger Ausgangsbedingungen

Neben der Klärung rein organisatorischer Fragen geht es in der ersten Phase um die Schaffung einer kooperativen Therapeut-Klient-Beziehung; hier werden Erwartungen von seiten des Klienten geklärt, und hier macht der Therapeut ein Angebot professioneller Hilfestellung. Im Erstkontakt etwa versucht der Therapeut eine Klärung folgender Fragen (s. Tabelle 52 in Kanfer, Reinecker u. Schmelzer, 1996, S. 394).

Drei Hauptfragen für den Erstkontakt

1. Weshalb kommt eine Person zum jetzigen Zeitpunkt in Therapie? (Was hat gerade jetzt dazu geführt? Weshalb kommt jemand nicht früher oder später?)
2. Weshalb kommt die Person zu mir? (Von wem empfohlen? Wie ist sie auf mich bzw. unsere Institution gestoßen?)
3. Weswegen kommt sie in Therapie? (Was sind die „Präsentiersymptome"? Welche impliziten und expliziten Gründe gibt es für den Beginn einer Therapie? Wie müßte die Situation beschaffen sein, damit eine Therapie nicht [mehr] notwendig wäre...?)

Schon in der ersten Phase erfolgt eine vorläufige Klärung der im Vordergrund stehenden Beschwerden des Patienten (im Sinne eines „Screening"). Eine vertiefende und detaillierte Analyse der Beschwerden – eine Analyse der Beschwerden als psychische Probleme – ist den weiteren Stufen des therapeutischen Prozesses vorbehalten. Die erste Phase beinhaltet die Schaffung von Vertrauen, das der Klient zum Therapeuten haben sollte; gegen Ende dieser Phase sollte der Patient die künftige Zusammenarbeit mit dem Therapeuten als ein Unternehmen sehen, an dem es sich lohnt weiterzuarbeiten.

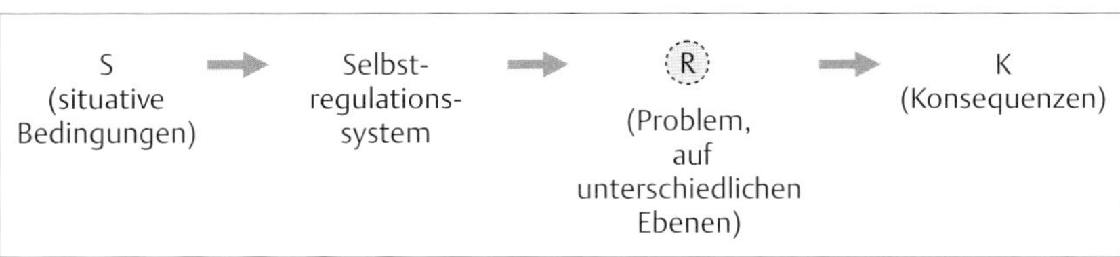

Abb. 15.**10** Darstellung der zentralen Punkte des Systemmodells

Phase 2: Aufbau von Änderungsmotivation

Motivationale Variablen zählen zu den wichtigsten Faktoren therapeutischer Veränderung (Schindler 1991, Meichenbaum u. Turk 1994). Unter Motivation ist die konkrete Bereitschaft des Patienten zur Veränderung zu verstehen; Therapie setzt deren Klärung ebenso wie deren Förderung im therapeutischen Kontakt voraus (z.B. durch Schaffung von Perspektiven; Abbau von Hoffnungslosigkeit...). Zur Klärung der Motivation des Patienten und zur Auswahl von Änderungsbereichen sollte mit dem Patienten eine Klärung folgender motivationaler Fragen in Angriff genommen werden (s. Tabelle 20 in Kanfer, Reinecker u. Schmelzer, 1996, S. 224):

Fünf grundlegende Motivationsfragen für Klienten
1. Wie wird mein Leben sein, falls ich mich ändere?
2. Wie werde ich besser dastehen, falls ich mich ändere?
3. Kann ich es schaffen?
4. Was muß ich für eine Änderung investieren? („Lohnt" es sich?)
5. Kann ich auf die Unterstützung dieses Therapeuten (und dieser Institution) bauen?

Wichtig für den Aufbau von Änderungsmotivation ist, daß diese nicht nur im verbalen Bereich stehen bleibt (im Sinne von Absichtserklärungen); der Patient sollte vielmehr ganz konkret (anhand kleiner Beispiele, erster Schritte neuen Verhaltens) erleben, in welcher Weise er selbst zur Veränderung beitragen kann. Zur Klärung der Motivation gehört es auch festzuhalten, **welche** Bereiche eines Problems einer Veränderung zugänglich sind bzw. bei welchen Bereichen der Patient möglicherweise lernen sollte, sie zu akzeptieren. Dazu gehört auch die Klärung unproblematischer Bereiche sowie vorhandener Stärken und Kompetenzen im Repertoire eines Patienten.

Phase 3: Verhaltensanalyse

Hier erfolgt eine präzise Beschreibung der eingangs geschilderten Beschwerden des Patienten auf unterschiedlichen Ebenen; dazu kommt die funktionelle Analyse, d.h. der Versuch, die Probleme des Patienten in Beziehung zu entsprechenden **Bedingungen** zu setzen. Die Verhaltensanalyse erfolgt üblicherweise auf unterschiedlichen Ebenen, d.h. von einer Mikro- (im Sinne von individuell-psychologischen Merkmalen) bis hin zur Makroanalyse, d.h. einer Analyse von Zusammenhängen im partnerschaftlichem, familiärem und sozialem Bereich.

Kernpunkt der Verhaltensanalyse ist die Erstellung eines hypothetischen Bedingungsmodells (Kanfer u. Saslow 1965, Schulte 1974), d.h. von Annahmen und Vermutungen über aufrechterhaltende Bedingungen eines Problembereichs. Zur Darstellung eignet sich zumeist ein Teilbereich des Systemmodells, wie es unten dargestellt wird (Abb. 15.**10**).

Das Raster des Systemmodells hilft dem Therapeuten, die beim Patienten vorliegenden Probleme in den Kontext möglicher Bedingungen zu stellen (funktionale Analyse). Idealerweise liefert das Bedingungsmodell konkrete Hinweise auf diejenigen Variablen (im Sinne von UVs), die für eine Veränderung des Problems zielführend sind. Die Auswahl der therapeutischen Ansatzpunkte ergibt sich aus der darauffolgenden Phase (Zielanalyse).

Phase 4: Vereinbaren therapeutischer Ziele

Hier erfolgt zwischen Therapeut und Klient eine gemeinsame Festlegung darüber, welche Ziele angestrebt werden sollen; diese Auswahl ergibt sich aus der Verhaltensanalyse (Phase 3) deshalb nur partiell, weil das Festlegen von Zielen immer normative Aspekte mit beinhaltet.

Die vom Patienten eingangs formulierten Ziele sind zumeist wenig konkret und darüber hinaus in der Regel negativ formuliert ("... Ich möchte wieder so sein wie früher..."; "... die Depressionen sollen weg sein..."). Die Vereinbarung von Zielen setzt in vielen Fällen eine Klärung von Zielen voraus; dazu gehört die Abstufung therapeutischer Teilziele ebenso wie die Klärung der Relation von therapeutischen Zielen mit seinen Wert- und Normvorstellungen (im Sinne von Lebenszielen).

Als Möglichkeiten zur Ziel- und Wertklärung bieten sich im therapeutischen Prozeß eine ganze Reihe von Strategien an (Kanfer, Reinecker u. Schmelzer 1996, Teil III); als Beispiele seien hier nur angeführt

- **Rucksack-Metapher:** Der Klient trägt einen Rucksack, der mit seinen Problemen gefüllt ist; mit dem Fortschreiten der Wanderung legt er ein Problem nach dem anderen ab.
- **Lebenskuchen**: Hier sollen Klienten im Sinne einer „Tortengraphik" den Stellenwert ihres Problems im Kontext anderer Lebensbereiche (z.B. Partnerschaft, Freizeit, Arbeit usw.) graphisch darstellen.
- **Der gute Zauberer:** Hier erhält der Klient die Aufgabe, sich vorzustellen, sein Problem könne „weggezaubert" werden; für den Magier ist es allerdings wichtig, eine ganz genaue, konkrete und positiv formulierte Zielformulierung vorzugeben, die dann durch den Patienten zu leisten ist...

Diese und viele ähnliche Möglichkeiten helfen dem Klienten, sich positive Entwicklungen vorzustellen, sich von seinem „Gefängnis" der Probleme zu distanzieren und die Mühe einer therapeutischen Änderung auf sich zu nehmen. Nach der Vereinbarung therapeutischer Ziele sollte allerdings ohne Verzögerung auf erste Schritte der Veränderung übergegangen werden.

V

Phase 5: Durchführung der Behandlung

Diese Phase läßt sich wohl besonders schwer strikt von den anderen Schritten abgrenzen, weil erste Schritte der Veränderung bereits ab dem Erstkontakt stattfinden (z. B. Informationssammlung durch den Patienten im Rahmen von konkreten Aufzeichnungen, Hausaufgaben...). Idealerweise handelt es sich in dieser Stufe um die Planung und den Einsatz eines konkreten therapeutischen Verfahrens. Die Auswahl einer prinzipiellen Änderungsstrategie erfolgt vor dem Hintergrund der Probleme des Patienten in Hinblick auf die Ziele des Patienten. Dabei bedarf eine spezielle Therapiemethode (z. B. Aufbau selbstsicheren Verhaltens im Selbstsicherheitstraining) der konkreten und detaillierten Anpassung an die individuellen Lernbedingungen des Patienten.

Für die Auswahl therapeutischer Strategien gibt es eine Reihe von möglichen Regeln, z. B. (Kanfer, Reinecker u. Schmelzer 1996, S. 317 ff):

- Prinzip der minimalen Intervention (Kanfer 1975); dies beinhaltet die Auswahl von Methoden mit dem geringsten Aufwand sowie die Nutzung von Selbsthilfemöglichkeiten des Patienten.
- Prinzip der kleinen Schritte: Anpassung der Schritte an die individuellen Möglichkeiten sowie an motivationale Voraussetzungen auf seiten des Patienten.
- Berücksichtigung der Akzeptanz einer Intervention durch den Patienten: Hier ist die transparente Vermittlung des Vorgehens (plausibles Modell) besonders angesagt; dazu kommt die Motivierung des Patienten zum Ertragen belastender Schritte eines Änderungsprozesses.

Bei der Auswahl therapeutischer Strategien kann mittlerweile auf einen breiten Fundus an relevanter Literatur verwiesen werden; diese ist vom Zugang her entweder an Störungsbereichen oder an therapeutischen Methoden orientiert (dazu auch Abb. 15.**14**). Eine Übersicht findet sich in der von D. Schmelzer (1983) herausgegebenen Literaturliste sowie in der Tab. 35 in Kanfer, Reinecker u. Schmelzer (1996, S. 300–301).

Phase 6: Evaluation des Fortschritts

Mit der Durchführung eines therapeutischen Verfahrens sollte dessen kontinuierliche Evaluation verbunden sein. Auch prinzipiell erfolgreiche Therapien bedürfen dieser Prüfung im Einzelfall. Die Evaluation wird idealerweise durch eine Kombination von zwei Strategien erreicht:

- durch eine Prä-post-Evaluation, d. h. durch einen Vergleich des Zustandes des Patienten vor mit dem nach der Intervention, sowie
- durch eine therapiebegleitende Erfassung kritischer Variablen; diese ist vor allem für die Feinsteuerung des therapeutischen Vorgehens und für die Beurteilung effizienter Therapiebausteine hoch bedeutsam.

Evaluation meint allerdings nicht nur eine **Darstellung** einer Veränderung, sondern auch eine **Beurteilung** hinsichtlich bestimmter Kriterien der Veränderung (s. dazu Kazdin u. Wilson 1978, Wittmann 1985). Auch für die Evaluation gilt, daß diese Phase als übergreifend – d. h. mehrere Schritte des therapeutischen Prozesses betreffend – angesehen werden muß.

Für die Praxis bieten sich Möglichkeiten der Evaluation in einfachen graphischen Schemata an, auch Aufzeichnungen des Patienten über den Verlauf einer Änderung sind für die Feinsteuerung ebenso wie für die Evaluation geeignet; zum therapieübergreifenden Vergleich wird vielfach auf die unterschiedlichen Möglichkeiten des Goal-Attainment-Scaling (GAS) zurückgegriffen (Kiresuk u. Sherman 1968). Hier wird beurteilt, inwieweit eine Veränderung in Richtung eines Ziels fortgeschritten ist.

Phase 7: Erfolgsoptimierung/Generalisierung

In dieser abschließenden therapeutischen Phase geht es darum, offene Fragen zu einer Klärung zu führen und eventuell vorhandene Restprobleme zu lösen. Daneben sollte die Umsetzung der gelernten Aspekte in die therapeutische Praxis (d. h. in das konkrete Leben des Patienten) sichergestellt werden. Den Problemlöse- bzw. Selbstmanagement-Kompetenzen des Patienten kommt hier besondere Bedeutung zu.

Die Beendigung der Therapie ist für viele Patienten mit einem gewissen Risiko verbunden („Was ist, wenn ich wieder solche Angstzustände bekomme?"); deshalb benötigt die Beendigung eine sorgfältige Planung und Vorbereitung des Patienten auf die Zeit nach der Therapie. Als spezielle Möglichkeit dazu bietet sich der Übergang zu Strategien der Selbstkontrolle und des Selbstmanagements ebenso an wie das schrittweise Ausblenden therapeutischer Kontakte (14tägig, einmal pro Monat...) oder die Vermittlung von flexiblen Problemlösestrategien in der Antizipation neu auftretender Schwierigkeiten.

In Anlehnung an Goldstein u. Kanfer (1979) bzw. Kanfer, Reinecker u. Schmelzer (1996) können bei der Generalisierung folgende Strategien realisiert werden:

1. Einsatz lerntheoretischer Prinzipien zur Generalisierung (z. B. Übergang zur Selbstkontrolle).
2. Üben von neuen Verhaltensweisen in der natürlichen Umgebung (z. B. Übungen in vivo; Hausaufgaben zwischen den Sitzungen...).
3. Einbezug des sozialen Systems vom Patienten (Partner, Familie, Arbeitsplatz...).
4. Erlernen von Regeln bzw. Problemlöse- und Selbstmanagementfähigkeiten (z. B. im Sinne eines flexiblen kognitiven Umgangs mit gelernten Therapiestrategien; Antizipation von Schwierigkeiten...).

Zur Generalisierung und Erfolgsoptimierung gehört **auch** die Planung einer Nachuntersuchung (Follow-up); hier zeigt sich, ob therapeutische Effekte nach der Beendigung der Therapie stabil geblieben sind. Die Wahl eines entsprechenden Follow-up-Zeitraums richtet sich nach den vorliegenden Problemen (Nicholson u. Berman 1983) sowie nach den konkreten Möglichkeiten von Patienten und Therapeuten (in der Regel zwischen 1/2 bis 2 Jahren).

Abschließend muß beim Prozeßmodell darauf hingewiesen werden, daß es sich um ein Idealmodell handelt, das sich allerdings zur Strukturierung des therapeutischen Prozesses als ausgesprochen hilfreich herausstellt.

Exkurs: Zur Rolle der therapeutischen Beziehung in der Verhaltenstherapie

Schon ein Rückgriff auf die klassische verhaltenstherapeutische Literatur (Wolpe u. Lazarus 1966, Wolpe 1969) zeigt, daß der Gestaltung einer guten Beziehung zwischen Therapeut und Klient immer gebührender Stellenwert eingeräumt worden war. In der Therapie-Vergleichsstudie von Psychoanalyse und Verhaltenstherapie (Sloane u. Mitarb. 1975) erwiesen sich die Verhaltenstherapeuten in Variablen der therapeutischen Beziehungsgestaltung (gemessen an GT-Skalen) den psychoanalytischen Therapeuten als durchweg überlegen. Die Qualität einer therapeutischen Beziehung galt in der Verhaltenstherapie immer als wichtige, allerdings zumeist unspezifische Hintergrundvariable; als „unspezifisch“ wurde sie deshalb bezeichnet (Wilson 1980), weil man sich lange Zeit nicht der Mühe unterzog, die für die therapeutische Beziehungsgestaltung relevanten Variablen zu präzisieren und **theoretisch** zu explizieren; als implizite Hintergrundvariablen waren sie allerdings immer bedeutsam (O'Leary u. Wilson 1975; Goldfried u. Davison 1976). Dies hat sich in den vergangenen 15 bis 20 Jahren deutlich geändert: Aspekte der therapeutischen Beziehung werden in der Verhaltenstherapie auch explizit untersucht und analysiert (Wilson u. Evans 1977, deVoge u. Beck 1978, Sweet 1984, Schaap u. Mitarb. 1993). Im deutschen Sprachraum sind insbesondere Seiderer-Hartig (1980), Zimmer (1983) sowie Schindler (1991) zu erwähnen. Schindler (1991) hat in einer sehr aufwendigen und detaillierten Interaktionsanalyse des therapeutischen Prozesses folgende Aspekte verdeutlicht:

- Die Gestaltung der therapeutischen Beziehung geschieht sehr rasch – in der Regel noch bevor eine spezifische therapeutische Methode wirksam werden kann.
- Als zentrale Verhaltenstherapie der therapeutischen Beziehung müssen auf seiten des Therapeuten die konkrete therapeutische Unterstützung und Erklärung, auf seiten des Patienten erste Ansätze der konkreten Veränderung, also insbesondere motivationale Variablen sowie Aspekte der Erwartung angeführt werden.
- Die Aspekte der Beziehung sind wesentliche Aspekte des therapeutischen Erfolgs; das Gelingen einer therapeutischen Intervention hängt in hohem Maße von der Schaffung günstiger Beziehungsvariablen ab.

Verschiedene dieser Befunde sind mehrfach repliziert worden (Kaimer, Reinecker u. Schindler 1989, de Jong u. Mitarb. 1992). In der Depressionsstudie von de Jong u. Mitarb. (1992) zeigten sich erste konkrete Veränderungen bereits in den ersten Stunden des therapeutischen Interaktionsprozesses. Hier waren therapeutische Methoden noch gar nicht zum Einsatz gekommen, so daß Aspekte der Beziehung, der Erwartung einer Veränderung usw. wohl als entscheidend angesehen werden müssen. Auch im oben angeführten Stufenmodell der therapeutischen Veränderungen (Abb. 15.**9**, Kanfer, Reinecker u. Schmelzer 1996) wird der Gestaltung einer optimalen therapeutischen Beziehung in den ersten Schritten größte Bedeutung beigemessen; Verhaltenstherapie bleibt allerdings nicht bei der Beziehungsgestaltung stehen, und außerdem läßt sich eine optimale Beziehungsgestaltung nur schwer vom Einsatz therapeutischer Methoden trennen: Die Erwartungen des Patienten, das Vertrauen in den Therapeuten, die Erklärung und Unterstützung durch den Therapeuten in den ersten Stunden bedürfen der Umsetzung im konkreten Änderungsprozeß. Erwartung und Vertrauen müssen eingelöst werden, Unterstützung des Therapeuten und seine Erklärung bedürfen einer realistischen Umsetzung im konkreten Erleben des Patienten. So gesehen zeigt sich die Qualität einer therapeutischen Beziehung erst in der Umsetzung während der therapeutischen Arbeit, z.B. im Rahmen eines mühsamen und oft belastenden therapeutischen Verlaufs. Daß die Schulung in der therapeutischen Beziehungsgestaltung (z.B. durch spezielle Aspekte der Gesprächsführung, durch einen Rückgriff auf sozialpsychologische Aspekte der Interaktion) ebenso zur Ausbildung angehender Therapeutinnen und Therapeuten gehört, erscheint selbstverständlich; dies wurde bei Kanfer, Reinecker u. Schmelzer (1996, Teil III) auch konkret und im Detail ausgeführt. Auf diese Aspekte kann im Rahmen dieser Ausführungen nur verwiesen werden.

Verhaltensdiagnostik und Verhaltensanalyse

Diagnostik besitzt in der Klinischen Psychologie eine lange Tradition; in historischer Hinsicht ist der hohe Stellenwert der Diagnostik vor allem mit der Entwicklung der Testpsychologie und mit differentialpsychologischen Verfahren innerhalb der Klinischen Psychologie verbunden. Eine Kehrseite dieser Entwicklung ist darin zu sehen, daß Klinische Psychologie – vor allem in psychiatrischen Institutionen, aber auch in der Erziehungsberatung, in der Schulpsychologie usw. – auf diese (durchaus wichtige und bedeutsame) Tätigkeit eingeschränkt wurde. In der Praxis zeigt sich das heute noch darin, daß Psychologen detaillierte, fundierte und umfangreiche diagnostische Gutachten über entsprechende Problemstellungen verfassen, die jedoch in der Regel kaum praktische Konsequenzen nach sich ziehen.

Diese Situation hat sich erst mit dem Aufkommen und mit dem Etablieren verhaltenstherapeutischer Verfahren im Rahmen der Gesundheitsversorgung verändert (die zum Teil bereits in den 40er Jahren entwickelte Gesprächspsychotherapie hat aus verschiedenen Gründen auf explizite diagnostische Verfahren verzichtet). Dabei wurde sehr rasch klar, daß ein Rückgriff auf Verfahren der sog. klassischen Diagnostik unmöglich war: Zu unterschiedlich sind die Grundlagen und Implikationen der klassischen Diagnostik einerseits und der Verhaltensdiagnostik andererseits. Dies wird noch zu erläutern sein.

Diagnostik als Erklärung

Grundsätzlich ist Diagnostik als ein Versuch zur Erklärung eines speziellen Sachverhalts zu sehen (Westmeyer 1975, Schulte 1976): Für ein bestimmtes Ereignis werden psychologische Gesetzmäßigkeiten und Randbedingungen gesucht, die eine **Erklärung** bieten können. Die **Struktur** einer solchen Erklärung läßt sich in Anlehnung an Stegmüller (1974) an einem Beispiel erläutern:

G1 ... Gn (Gesetzmäßigkeiten der Psychologie ...), z.B.

- theoretische Modelle aus der Streß- und Life-event-Forschung,
- entwicklungspsychologische Modelle über spezifische Phasen der Vulnerabilität und der Bewältigung von Krisen,
- klinisch-psychologische Modelle über die Entstehung von posttraumatischen Belastungsstörungen.

A1 ... An (Antezedensbedingungen, die konkrete Ausgangsbedingungen zu einem speziellen Zeitpunkt beschreiben ...), z. B.

- Kumulation von kritischen Life-events bei Person P zu einem gegebenen Zeitpunkt,
- Angaben über die Frage der Belastbarkeit und Bewältigungsmöglichkeiten der Person,
- Hinweise über Auswegslosigkeit einer Situation die zur Entwicklung einer posttraumatischen Belastungsstörung führen kann.

Explanandum: „Person P. leidet seit 4 Jahren unter gravierenden Angststörungen, die sich als posttraumatische Belastungsstörungen beschreiben lassen."

Die angeführte Struktur wissenschaftlicher Erklärungen verdeutlicht gewissermaßen das **Ideal** des diagnostischen Vorgehens; dabei wird sofort klar, daß sich Erklärungen in der Psychologie diesem Ideal nur annähern können: Dies hängt mit den Adäquatheitsbedingungen wissenschaftlicher Erklärungen einerseits und mit dem Problem wissenschaftlicher Theorien und Beschreibungen in der Psychologie andererseits zusammen. Theoretische Modelle sind vorläufig und probabilistisch; Beschreibungen erfolgen immer im Lichte theoretischer Annahmen (Bunge 1967), so daß Erklärungen nur unter speziellen theoretisch gefärbten Beschreibungen erfolgen können. In der Psychologie und in der Verhaltenstherapie beschränkt man sich deshalb darauf, von partiellen bzw. unvollständigen Erklärungen zu sprechen.

Klassische Diagnostik und Verhaltendiagnostik

Das angeführte Modell der Diagnostik als Erklärung gilt für klassische und Verhaltensdiagnostik in gleicher Weise; ein inhaltlicher (allerdings kein struktureller) Unterschied ist darin zu sehen, daß in beiden Ansätzen ein Rückgriff auf die Theorien unterschiedlicher Provenienz getroffen wird. Dies weist auf einen ganz entscheidenden Unterschied zwischen klassischer Diagnostik und Verhaltensdiagnostik hin, der in den 60er Jahren von Kanfer u. Saslow (1965) und in ganz prägnanter Form von Goldfried u. Kent (1972) verdeutlicht wurde.

In der klassischen Diagnostik werden (vereinfacht gesagt) die Aussagen, beobachtete Reaktionen usw. in einer Testsituation als ein **Hinweis** auf ein zu erfassendes Persönlichkeitskonstrukt gesehen; dazu bedarf es der theoretischen Annahme, in welcher Weise spezifische Testantworten mit einem Konstrukt zusammenhängen (in der Regel handelt es sich um eine dahinter stehende Persönlichkeitstheorie).

Beispiel: Die Testantwort „menschliches Becken" auf Tafel V im Rorschach-Test wird als ein Hinweis auf (latente) Homosexualität der Testperson gesehen. Als theoretisches Hintergrundmodell dienen unter anderem psychodynamische Modelle über Homosexualität, über die Wahrnehmung spezifischer Stimuli in einer Testsituation und über die Wahrscheinlichkeit einer Äußerung einer Testperson.

Für die klassische Diagnostik wird konsequenterweise von einem Zeichenansatz (Goodenough 1949) gesprochen: Die in einer diagnostischen Situation erfaßten Aussagen, Verhaltensweisen usw. einer Person können als **Zeichen** einer zugrundeliegenden Persönlichkeitseigenschaft (bzw. deren Störung) angesehen werden. Die mit klassisch-diagnostischen Verfahren verbundenen Fragen der Reliabilität und Validität werden als bekannt vorausgesetzt und hier nicht näher erörtert.

In der Verhaltensdiagnostik werden die Aussagen, Reaktionen usw. einer Person als spezifischer Ausschnitt des interessierenden Bereichs angesehen; dazu bedarf es keiner Vermutungen über Persönlichkeitskonstrukte, sondern lediglich der Annahme, daß die in einem Test bzw. in einer Beobachtungssituation gezeigte Antwort oder Verhaltensweise etwas mit dem intendierten Ausschnitt zu tun hat. Idealerweise sollte das Verhalten in einer Beobachtungssituation eine **Stichprobe** des interessierenden Bereichs sein. Im Kontrast zur klassischen Diagnostik spricht man deshalb vom „Stichprobenansatz".

Beispiel: Aussagen über Niedergeschlagenheit, über Sinnlosigkeit usw. und Verhaltensweisen der Inaktivität, des sozialen Rückzugs usw. werden als Stichprobe des Kriteriumsbereichs „depressive Verstimmungen" gesehen.

Der zentrale Unterschied zwischen klassischer Diagnostik und Verhaltensdiagnostik läßt sich anhand folgender Skizze verdeutlichen (Abb. 15.**11**).

Die zentrale Frage im Stichprobenansatz lautet, ob und inwiefern die in einer Situation erfaßten Merkmale als kennzeichnend, als repräsentativ für den interessierenden Bereich angesehen werden können. Gemäß der Grundlagen der Verhaltenstherapie versucht man ganz konsequenterweise, das Verhalten einer Person in der entsprechenden **Situation**

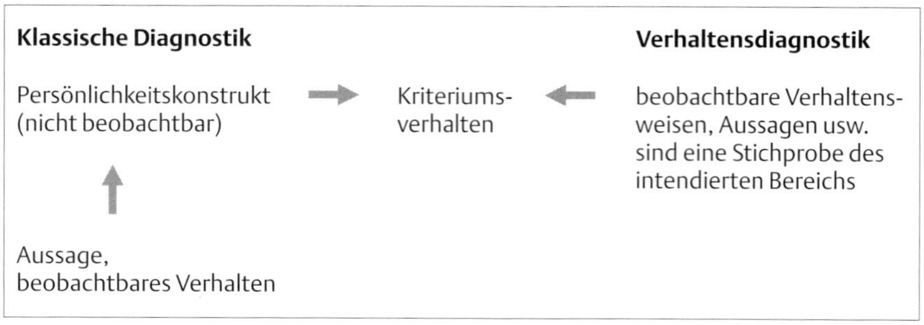

Klassische Diagnostik				**Verhaltensdiagnostik**
Persönlichkeitskonstrukt (nicht beobachtbar)	→	Kriteriumsverhalten	←	beobachtbare Verhaltensweisen, Aussagen usw. sind eine Stichprobe des intendierten Bereichs
↑				
Aussage, beobachtbares Verhalten				

Abb. 15.**11** Skizze zur Unterscheidung der zentralen Annahmen von klassischer Diagnostik und Verhaltensdiagnostik

zu beobachten (Situationismus bzw. Interaktionismus, Mischel 1973, Endler u. Magnusson 1976). Demnach ist in der Praxis eine Erfassung von Beschwerden eines Patienten in der Interviewsituation durchaus informativ. Diese Informationen geben aber möglicherweise nur eine partielle und zum Teil sehr verzerrte Stichprobe des Kriteriumsverhaltens ab. Bei den Erfassungsmethoden wird deshalb die Beobachtung in natürlichen Situationen als die „via regia" in der Verhaltensdiagnostik bezeichnet.

Für die Verhaltensdiagnostik meint **Validität**, ob es gelungen ist, eine repräsentative Stichprobe des Kriteriumsverhaltens zu erfassen. Diese Sichtweise: Validität als **Repräsentativität** ist für die Verhaltensdiagnostik zentral – aber keineswegs ohne Probleme: Die Auswahl einer Stichprobe des Kriteriumsverhaltens besitzt innerhalb der Verhaltensanalyse höchste Bedeutung.

Merkmale der Verhaltensdiagnostik

In der Verhaltensdiagnostik hat man sich zum Teil geradezu polemisch von den Annahmen und Verfahren der klassischen Diagnostik abgegrenzt; dies hatte unter anderem zur Folge, daß die Entwicklung diagnostischer Strategien hinter den therapeutischen Verfahren herhinkte. Verhaltensdiagnostik hat nicht so sehr Erkenntnischarakter, sondern verfolgt verschiedene Ziele, die im folgenden kurz angesprochen werden, nämlich
- Fundiertheit,
- Plausibilität/Transparenz,
- Relevanz für die Therapieplanung.

Fundiertheit

Da man auch für die Verhaltensdiagnostik den Anspruch auf Erklärungen beibehält, erfordert dies die Einlösung eines Qualitätsanspruchs für die einzelnen Bestandteile des Erklärungsmodells:

Auf der Ebene des **Explanandums** verlangt dies eine möglichst exakte Beschreibung auf mehreren Ebenen (zum Mehrebenen- bzw. Systemansatz vgl. S. 193 f). Diese Beschreibung ist um so exakter und objektiver, je näher sie am **Verhalten** (auf mehreren Ebenen) der Person bleibt und je weniger subjektive Beurteilungen und Interpretationen einfließen. Ähnliches gilt für die **Antezedensbedingungen**, die zwar für den Teil der aufrechterhaltenden Bedingungen, nicht mehr jedoch für den Bereich der Entstehungsbedingungen exakt erfaßt werden können. Hinsichtlich der **Gesetzesbedingungen** meint Fundiertheit die Qualität der theoretischen Modelle, die für die Erklärung herangezogen werden. In allen Charakterisierungen von Verhaltenstherapie wird auf den gesamten Bereich der Psychologie und deren Nachbardisziplinen Bezug genommen, so daß man die Güte der theoretischen Annahmen der Psychologie übernehmen kann.

Die Frage der Auswahl spezieller theoretischer Modelle bedeutet zum einen eine gewisse Beliebigkeit und Subjektivität, die jedoch im Sinne eines theoretischen Pluralismus („... mehrere Wege führen nach Rom...") durchaus erwünscht ist.

Plausibilität

Die Forderung nach Plausibilität ist mit dem Prinzip der Fundiertheit eng verknüpft; Plausibilität der Verhaltensdiagnostik meint, daß Modelle der Verhaltensdiagnostik so klar und transparent formuliert sein sollten, daß sie vom Klienten bzw. Patienten nachvollzogen und nutzbar gemacht werden können. Plausibilität wird neben der theoretischen Fundiertheit deshalb als zentrales Merkmal hervorgehoben, weil theoretische Modelle der Psychologie zum Teil einen Komplexitätsgrad aufweisen, der vom Patienten kaum nachvollzogen werden kann. Dies sollte nicht als Plädoyer für Simplifikationen verstanden werden: **Transparenz** des therapeutischen Vorgehens ist nicht nur eine wichtige Forderung (im Sinne der Motivierung des Patienten usw.), die **Plausibilität** der Erklärungen entspricht auch einem zentralen Bedürfnis von Patienten nach einer Erklärung ihrer Beschwerden (Kausalattribution). Darüber hinaus zeigt sich immer wieder, daß die Plausibilität und Klarheit des Vorgehens ein ganz wichtiges (unspezifisches?) Prozeßmerkmal der Therapie darstellen.

Therapeutische Relevanz

Diagnostische Informationen werden nicht zum Selbstzweck und nicht nur zur Erklärung für Patienten (plausibles Modell) von Therapeuten erhoben; sie dienen als zentrale Grundlagen für das therapeutische Vorgehen (Hayes, Nelson u. Jarrett 1987). In vielen Charakterisierungen von Verhaltenstherapie wird dies als eine Art nahtloser Übergang von Diagnostik und Therapie bezeichnet. Gemeint ist damit unter anderem, daß bereits die Informationssammlung unter der Perspektive einer Veränderung erfolgt und daß die Informationssammlung selbst (z.B. Selbstbeobachtung) therapeutische Effekte aufweist. Die funktionale Analyse und ein hypothetisches Bedingungsmodell (s. unten) liefern konkrete Hinweise auf die Vernetzung menschlichen Verhaltens mit situativen, sozialen und familiären (eventuell auch physikalischen) Bedingungen.

Verhaltenstherapie bedeutet nicht, wie manchmal fälschlich behauptet wird, einen direkten Ansatz auf der Ebene des Problems; Therapie beinhaltet vielmehr eine Veränderung derjenigen **Bedingungen**, die in entscheidender Weise zur Aufrechterhaltung des Problems beitragen (so läßt sich etwa das Problem „Bettnässen" keinesfalls direkt, sondern nur über die Veränderungen der Bedingungen dieses Problems behandeln). Dies verlangt deshalb auf der Ebene der Verhaltensdiagnostik die Analyse der Bedingungen, die dann in einem therapeutischen Schritt verändert werden können (welche das sind, ist unter anderem eine Frage der Zielbestimmung). Damit wird aber auch deutlich, daß Verhaltensdiagnostik, Therapieplanung und Durchführung der Therapie in der Praxis ineinander übergehen (Fiedler 1997).

Mehr-Ebenen-Ansatz

Bei der Analyse menschlicher Probleme konzentriert man sich in der Verhaltenstherapie – gemäß ihren Grundlagen – vorrangig auf **Merkmale des Verhaltens**; darunter ist keineswegs nur die motorisch-beobachtbare Ebene gemeint (wie es zum Teil im radikalen Behaviorismus, etwa bei Skinner 1974 gesehen wurde).

Einem vielbeachteten und inzwischen gängigen Vorschlag von Lang (1971) folgend sind bei der Analyse **folgende Ebenen** zu berücksichtigen:

1. Ebene des motorisch-beobachtbaren Verhaltens:
Im klinischen Kontext sind darunter alle **beobachtbaren** Verhaltensmuster zu verstehen, die einen Teil des Problems

ausmachen, z.B. Eßverhalten, Mimik, Gestik, Flucht- und Vermeidungsreaktionen usw. Die Aufgabe des Diagnostikers besteht darin, diese relevanten Aspekte so direkt und unbeeinflußt wie möglich zu beobachten und zu registrieren.

2. Ebene subjektiv-kognitiver Prozesse:

Gemeint ist damit der **Inhalt** der vorwiegend verbal geäußerten Beschwerden (z.B.: „...ich fühle mich kraftlos, niedergeschlagen...“; „... den ganzen Tag über fühle ich Unruhe und Angst...“ usw.). Die Erfassung und Beachtung dieser kognitiven Ebene ist unter anderem eine Konsequenz des Umstands, daß kognitive Verarbeitungsmechanismen (Gedanken, Erwartungen, ...) offenbar wichtige Moderatoren menschlicher Störungen darstellen. In vielen Fällen werden diese kognitiven Merkmale sogar als zentraler Bereich der psychischen Störung angesehen (z.B. Gedanken der Erwartungsangst, zwanghafte Gedanken usw.).

3. Ebene des somatisch-psychophysiologischen Geschehens:

Diese vom Patienten zumeist diffus erlebte Ebene stellt in vielen Fällen menschlicher Probleme einen Grund massiver Beunruhigung des Patienten dar; zu denken ist an somatische Begleiterscheinungen von Streßreaktionen, an die Wahrnehmung körperlicher Veränderungen (Atemfrequenz, Herzschlag...) oder an hormonell-physiologische Schwankungen. Die Erfassung dieser psycho-biologischen Ebene (Schwartz 1982) gehört mittlerweile zum Standard verhaltensdiagnostischer Bemühungen.

So klar und mittlerweile selbstverständlich die Unterteilung menschlichen Verhaltens in die drei genannten Ebenen erscheint, so ist sie doch mit einer Reihe von Schwierigkeiten verbunden (Eifert u. Wilson 1991). Zum ersten ist das praktische Problem zu nennen, daß vor allem angehende Therapeuten damit Schwierigkeiten haben, an welchem Bereich eines Problems sie ansetzen und welche Daten sie erheben sollten (Was soll ich den Patienten fragen? Was sollte ich beobachten?). Diese Fragen sind berechtigt und verständlich; es ist eine wichtige Aufgabe der klinisch-psychologischen Aus- und Weiterbildung, angehenden Therapeutinnen und Therapeuten den **Zugang** zu den psychischen Problemen zu erleichtern. Die Kenntnis von Merkmalen der speziellen Störungsbilder einerseits und die Vermittlung von Analyseschemata andererseits bilden wichtige Elemente der Aus- und Weiterbildung.

Ein zweites Problem der Analyse menschlicher Probleme auf unterschiedlichen Ebenen ist grundsätzlicherer Art: Die einzelnen Ebenen weisen zwar gewisse Zusammenhänge auf, es ist allerdings auch mit einer deutlichen **Asynchronizität** zu rechnen. Damit ist gemeint, daß die einzelnen Ebenen menschlichen Verhaltens und menschlicher Störungen keineswegs homogen (in gleich starken Ausprägungen) auftreten und verlaufen; bei so gut wie allen Störungen treten einzelne Ebenen stärker hervor bzw. zurück (Eifert u. Wilson 1991). Eine Folgerung aus diesem Umstand wäre, daß wir uns nicht auf die Erfassung **einer** Ebene beschränken und auf andere Ebenen schließen dürfen (Reduktionismus). Verhaltensdiagnostik und die Analyse auf unterschiedlichen Ebenen beinhaltet vielmehr eine Anerkennung der Tatsache, daß menschliches Verhalten unterschiedliche Ebenen umfaßt und von unterschiedlichen Bedingungen determiniert ist (multiple Regulation). Wenn man nun die drei Ebenen in ihren Ausprägungen entsprechend erfaßt, macht es auch keinen Sinn mehr zu fragen, welche der Ebenen als grundlegend oder als zentral oder als besonders relevant usw. anzusehen sei.

Als letzter Aspekt ist anzuführen, daß die Ebene des Verhaltens aus **methodologischen** (nicht aus inhaltlichen!) Gründen als zentral anzusehen ist: Eine **Prüfung** und Verankerung sowohl hypothetischer Annahmen als auch von erschlossenen Daten (z.B. über kognitive Prozesse, Erwartungen usw., die ja grundsätzlich nicht direkt beobachtbar sind) kann ausschließlich an Kriterien erfolgen, die objektivierbar und intersubjektiv prüfbar sind. Dies beinhaltet ein Bekenntnis zum methodologischen Behaviorismus (Mahoney 1974, Westmeyer 1981, Hawton u. Mitarb. 1989), der nichts anderes bedeutet als die selbstverständliche Übereinkunft, daß wir Annahmen zu prüfen haben und daß diese Prüfung letztlich nur an Merkmalen des Verhaltens erfolgen kann.

Zielbestimmung, Verhaltensanalyse, Therapieplanung

Seit Kanfer u. Saslow (1965) sind für die Verhaltensdiagnostik die drei Schritte der Zielbestimmung, Verhaltensanalyse und Therapieplanung maßgeblich; in verschiedenen Schemata zur Verhaltensdiagnostik erfuhren die Bestandteile zwar eine unterschiedliche Ausdifferenzierung (Schulte 1974, 1995, Bartling u. Mitarb. 1991, Caspar 1987), im Prinzip gilt die Klärung der entsprechenden Fragen immer noch als entscheidender Schritt in der Verhaltensdiagnostik.

Zielbestimmung: Interessanterweise stand für Kanfer u. Saslow (1965) die Frage der Zielbestimmung am Beginn ihrer Überlegungen; dabei geht es um die Frage, welche Bereiche des problematischen Verhaltens einer Veränderung bedürfen. Dies beinhaltet die Frage nach dem therapeutischen Ansatzpunkt (target), von dem die weiteren Schritte der Verhaltensanalyse, der Therapieplanung und natürlich der darauf aufbauenden Therapiedurchführung abhängen. Das Festlegen therapeutischer Ziele sollte in der Verhaltenstherapie möglichst konkret erfolgen; das Ziel „weniger ängstlich zu werden“ etwa bedarf der Konkretisierung, z.B. belastende Situationen aufzusuchen, Blickkontakt aufzunehmen, sich in der Diskussion zu Wort zu melden usw. Obzwar es selbstverständlich erscheint, muß ausdrücklich betont werden: Die Zielbestimmung muß immer auf einem Konsens zwischen Therapeut und Patient beruhen.

Für die Klärung und Festlegung der Ziele eines Patienten sind die individuellen Zielvorstellungen des Patienten ebenso bedeutsam wie motivationale Variablen, Aspekte des sozialen und kulturellen Umfelds und insbesondere normative Aspekte. Dieser Punkt ist deshalb besonders zu betonen, weil sich die Festlegung von Zielen **nur** auf der Grundlage normativer Aussagen ergibt; es wäre kurzsichtig und käme einem sog. „naturalistischen Fehlschluß“ gleich, wollte man aus der deskriptiven Analyse eines Problems (z.B. Bettnässen bei einem 4jährigen Kind) eine Zielfestlegung ableiten (z.B. die Zahl der Trockennächte soll erhöht und damit das Bettnässen eliminiert werden...). Die Zielbestimmung verlangt nach normativen Festlegungen, die jeweils vor einem normativen Hintergrund geschehen; es ist Aufgabe der Diagnostik, dies explizit und transparent zu gestalten.

Verhaltensanalyse: In dieser naheliegenden Frage wird der Versuch unternommen, das problematische Verhalten möglichst präzise zu beschreiben; der Anspruch der funktionalen Analyse besteht darin, die **Bedingungen** des Verhaltens zu analysieren. Dabei sollten die Bedingungen sowohl für die Genese als auch für die Aufrechterhaltung erfaßt sein;

es leuchtet unmittelbar ein, daß die Bedingungen für die Genese eines Problemverhaltens nur mehr retrospektiv und damit sehr hypothetisch zu erfassen sind. Für das Verständnis des Problems, vor allem für die Analyse der Entwicklung und hinsichtlich des heutigen Stellenwerts einer Pathologie (s. plausibles Modell) erscheint dies aber durchaus bedeutsam. Deutlich präziser und fundierter lassen sich die gegenwärtigen Bedingungen eines Problems erfassen; unter Bedingungen versteht man – im Sinne eines bescheidenen Verständnisses von „Ursachen" – diejenigen Variablen (= UV), deren Veränderung zu einer Veränderung des Problems (= AV) beiträgt. Gewissermaßen das Herzstück einer Verhaltensanalyse ist im „hypothetischen Bedingungsmodell" zu sehen: Hier werden – zumeist in Form von Skizzen oder graphischen Darstellungen – diejenigen Variablen dargestellt, von denen man begründeterweise annimmt, daß sie zur Aufrechterhaltung eines Problems beitragen. Das Modell dient üblicherweise auch als Grundlage für die Therapieplanung und Therapiedurchführung (Beispiel s. unten). Unabdingbar erscheint für die funktionale Analyse eine **individuelle** Erfassung von Variablen; Wolpe (1986) spricht in diesem Zusammenhang von einem „kategorischen Imperativ der Verhaltenstherapie", was bedeutet, daß auch zunächst identisch erscheinende Verhaltensweisen bei unterschiedlichen Personen durch ganz unterschiedliche Bedingungen ausgelöst und aufrechterhalten werden können.

Therapieplanung: Der dritte Schritt der Verhaltensdiagnostik beinhaltet eine auf der Verhaltensanalyse und Zielbestimmung aufbauende Therapieplanung; hier wird nicht nur festgelegt, wie die Abfolge der einzelnen therapeutischen Maßnahmen zu gestalten ist, sondern es werden – unter Beachtung der individuellen Bedingungen und pragmatischen Aspekte – auch Entscheidungen getroffen, die im deutschen Sprachgebrauch unter dem Begriff der „Indikation" (Seidenstücker 1984) verstanden werden (Fiedler 1997, Reinecker u. Fiedler 1998). Die praktische Therapieplanung hat man sich dynamisch und prozeßhaft vorzustellen: Bereits mit dem Erstkontakt trifft der Therapeut (in der Regel gemeinsam mit dem Patienten) Entscheidungen, in welcher Weise der Patient an der therapeutischen Veränderung zu beteiligen ist. Dazu gehören Selbstaufzeichnungen und Berichte über den Verlauf zwischen den Sitzungen ebenso wie erste Schritte in der Planung konkreter Veränderungen (z.B. Übungen in der Auseinandersetzung mit Belastungssituationen u. ä.). Gerade unter dem Blickwinkel des Selbstmanagements (Kanfer, Reinecker u. Schmelzer 1996) kann die Eigenverantwortung und Eigenbeteiligung des Patienten nicht stark genug betont werden.

Speziell angehende Therapeutinnen und Therapeuten stehen oft vor der Schwierigkeit, daß sie unsicher sind, welche Fragen sie einem Patienten stellen sollten; gewissermaßen als Metamodell haben wir eine Art „Trichterungsprozeß" vorgeschlagen (Abb. 23 in Kanfer, Reinecker u. Schmelzer 1996), in dessen Verlauf wir zunächst in einer Art Screening eine eher allgemeine Bestandsaufnahme anstreben. Die Trichterung besteht dann darin, daß beim Fortschreiten der Präzisierung des Problems immer detailliertere Fragen gestellt werden können (Abb. 15.**12**).

Für die Klärung einzelner Schritte gibt es durchaus eine Reihe von Rastern und Schemata, die im Prinzip ebenfalls auf Kanfer u. Saslow (1965) zurückgehen, inzwischen aber gewisse Ausdifferenzierungen erfahren haben (Schulte 1974, Bartling u. Mitarb. 1992, Reinecker 1994). Im Rahmen der Kassenantragstellung etwa wird verlangt, daß zu einer ganzen Abfolge von Punkten Stellung bezogen wird (vgl. dazu KV-Schema, s. Faber u. Haarstrick 1993). Sulz (1992) hat dieses System speziell unter dem Anspruch der Didaktik sehr detailliert ausgearbeitet. In der Folge wird nicht auf diese Schemata eingegangen (s. dazu den Beitrag von S. Fliegel, in diesem Buch), sondern es wird ein Beispiel für den zentralen Bestandteil der funktionalen Analyse, nämlich das hypothetische Bedingungsmodell, dargestellt (Abb. 15.**13**).

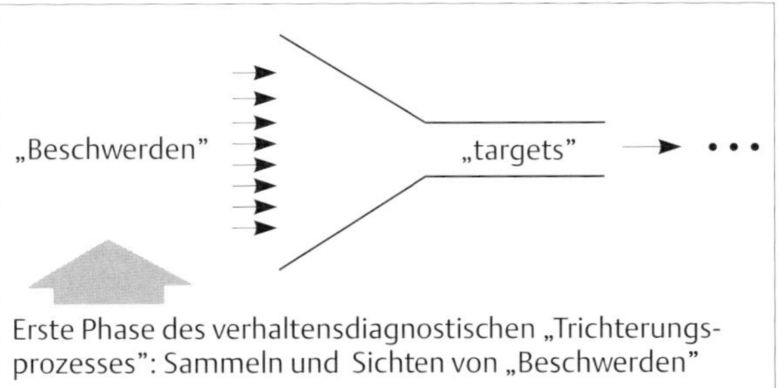

Abb. 15.**12** Darstellung des Trichterungsprozesses bei der Sichtung von Eingangsbeschwerden bzw. Bedingungsanalyse

Ein hypothetisches Bedingungsmodell bildet eine Zusammenfassung der Daten aus der Verhaltensanalyse; es ist immer vorläufig und für Korrekturen offen, bietet aber eine Grundlage für Zielbestimmung, Therapieplanung und Therapiedurchführung. Es ist nicht nur für Zwecke der Aus- und Weiterbildung unerläßlich, das Bedingungsmodell explizit (z.B. graphisch) auszuformulieren; auch für Zwecke der therapeutischen Praxis sollte das Modell im Prinzip festgehalten werden, weil nur so die zentralen Bestandteile erfaßt und ggf. korrigiert werden können.

Resümee

Zur Richtigkeit eines hypothetischen Bedingungsmodells oder was hilft uns dies für die Theorienbildung? Die Erstellung eines hypothetischen Bedingungsmodells wurde oben als Kernstück der Verhaltensanalyse bezeichnet; mit der therapeutischen Erfahrung gewinnt man Übung in der Erstellung solcher Modelle, die dann vielfach durch eine gewisse Klarheit und Eleganz bestechen. In pragmatischer Hinsicht sieht man – in Anlehnung an Kanfer und Phillips (1970) bzw. Schulte (1974) – das Bedingungsmodell als Bindeglied zwischen Verhaltenstheorie und Verhaltenstherapie in dem Sinne, daß die Richtigkeit, d.h. der Erfolg der Therapie ein Beleg für die Richtigkeit der zugrunde liegenden Theorie sei. Dieses Argument trifft in der Form nicht zu, worauf bereits Postman (1947) hingewiesen hat; Westmeyer (1975) hat unter formal-logischer Argumentation deutlich gemacht, daß Therapie keinesfalls als „Bewährungsinstanz" für die Verhaltenstheorie angesehen werden kann. Vereinfacht gesagt ist dies deshalb sofort einzusehen, weil zwischen Theorie, Bedingungsmodell und Therapie keine formal logische Ableitungsbeziehung besteht. Man kann demzufolge auch nicht von einer „Anwendung" der Theorie in der Therapie sprechen. Ohne die gesamte Argumentation hier aufzurollen kann man verschiedene Punkte festhalten, die sowohl für Wissenschaftler als auch für Praktiker große Bedeutung besitzen. **Die Richtigkeit** des hypothetischen Bedingungsmodells

V

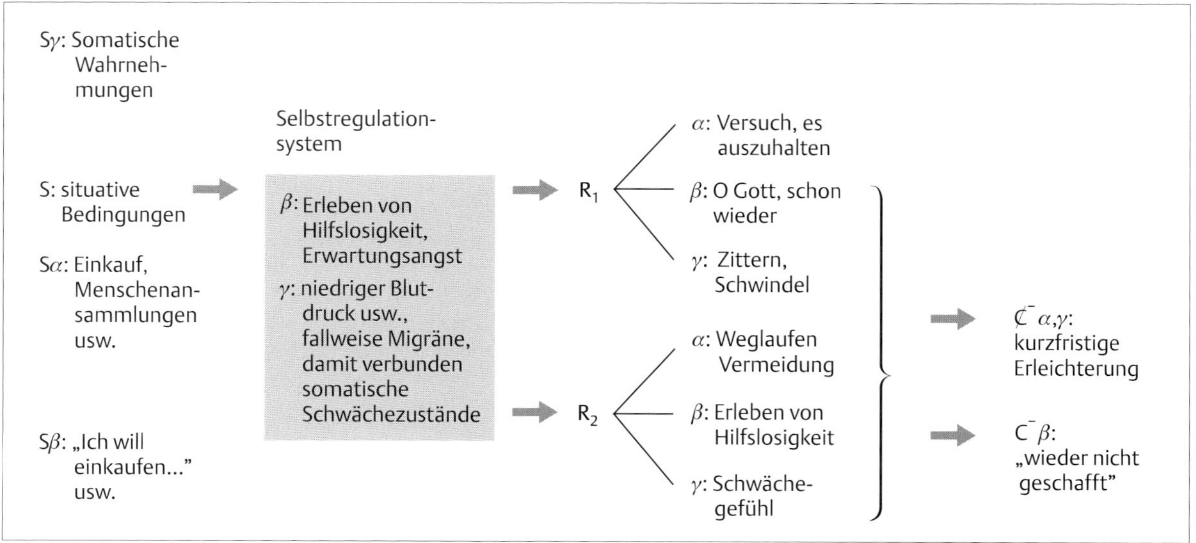

Abb. 15.**13** Beispiel für ein hypothetisches Bedingungsmodell bei Patientin Frau U. Die 35jährige verheiratete Frau leidet seit ca. 4 Jahren unter „Panikstörung mit Agoraphobie"

kann sich niemals beweisen lassen – das ist in der Regel auch gar nicht intendiert. Bedeutsam ist vielmehr, daß und inwiefern das Bedingungsmodell heuristische Relevanz für die Therapieplanung und für die Therapiedurchführung besitzt. So gesehen besitzt das Modell möglicherweise den wissenschaftstheoretischen Status eines „nützlichen Irrtums". **Die Richtigkeit der Verhaltenstheorie** läßt sich ebenfalls durch eine erfolgreiche Therapie nicht belegen, weil keine direkte Ableitungsbeziehung besteht. Theorien besitzen darüber hinaus keinen Wahrheitscharakter, sondern sie sind als vorläufige Annahmen, als Hypothesen zu sehen, die unser Handeln leiten (Popper 1969, Stegmüller 1974). **Der Erfolg (Richtigkeit) der Therapie** ist sicherlich aus der Sichtweise des Patienten und des Therapeuten ein zentrales Kriterium. Das Bedingungsmodell hat für die Therapieplanung und für die Therapiedurchführung lediglich einen heuristisch-pragmatischen Stellenwert, und es ist durchaus sinnvoll, bei einer mißlungenen Therapie Fehler auch im Bedingungsmodell zu suchen (aber auch in anderen Bereichen!). Es ist damit unsere Aufgabe, die Bedingungsmodelle so genau, konkret und fundiert zu erstellen, wie dies nur möglich ist; eine Gewähr für deren Richtigkeit oder eine **Gewähr** für den Erfolg der darauf aufbauenden Therapie dürfen wir davon allerdings nicht erwarten.

Methoden der Verhaltenstherapie

Verhaltenstherapie wird nicht selten als eine Sammlung effizienter Methoden oder Techniken gesehen; diese Sichtweise fällt insbesondere an den Erwartungen von Patienten, aber auch bei Kandidaten in der Weiterbildung auf: So gut wie alle Kandidaten hatten verschiedene andere Therapieverfahren mehr oder weniger fundiert kennengelernt. Bei einer Motivationsklärung für die verhaltenstherapeutische Weiterbildung wurde von fast allen Teilnehmern unter anderem der Wunsch geäußert, „handfeste" Methoden oder „effiziente" Techniken kennen und anwenden zu lernen. Die Berechtigung dieses Hetero- (vielleicht auch Auto-)Stereotyps sei in diesem Rahmen dahin gestellt. Mit ihrer Betonung von Effektivität, von Evaluation und eines transparenten Einsatzes von psychologischen Verfahren zur Veränderung problematischer Verhaltensmuster (s. dazu die Charakterisierung von Verhaltenstherapie im ersten Abschnitt) haben prominente Vertreter der Verhaltenstherapie an diesem Erwartungsmuster mitgestrickt.

Die Darstellung therapeutischer Methoden ist eine von zwei Möglichkeiten, verhaltenstherapeutische Praxis transparent und lehrbar zu gestalten (Goldstein u. Foa 1980, Kanfer u. Phillips 1970, Rimm u. Masters 1979, Kanfer u. Goldstein 1991, Bellack, Hersen u. Kazdin 1990, Dobson 1990, Linden u. Hautzinger 1993, Fliegel u. Mitarb. 1981), (s. dazu auch Abb. 15.**14**).

Die Alternative dazu besteht in einer Beschreibung klinischer Störungsbilder und in der Darstellung aus der Perspektive der entsprechenden Problematik (Turner u. Calhoun 1992, Reinecker 1994, Bellack u. Hersen 1990, Hautzinger 1994, Ammerman u. Hersen 1993, Bellack, Hersen u. Kazdin 1990, Turner, Calhoun u. Adams 1992). Wie leicht zu sehen ist, beinhalten beide Zugänge eine Idealisierung: Klinische Zustandsbilder (z.B. „Panikstörung") sind ebenso abstrakt wie Therapiemethoden (Konfrontationsverfahren). Die Umsetzung therapeutischer Verfahren in die Praxis bedarf der flexiblen Berücksichtigung konkreter Umstände, der individuellen Problemsituation usw.; aus diesem Grunde sollte die Darstellung der Methoden nicht mit der Ebene der therapeutischen Praxis verwechselt werden. Die Beschreibung therapeutischer Methoden liefert allerdings einen konzeptuellen **Handlungsrahmen**; Verhaltenstherapie kann sicher nicht nur aus Büchern (und natürlich auch nicht aus der folgenden Beschreibung von Methoden) erlernt werden; die möglichst konkrete und an der Praxis orientierte Beschreibung sollte aber den Versuch einer Hilfestellung beim Erlernen des therapeutischen Vorgehens in der konkreten Praxis bieten (Reinecker u. Schindler 1995). Sie sollte außerdem für den interessierten Leser einen möglichst konkreten Einblick

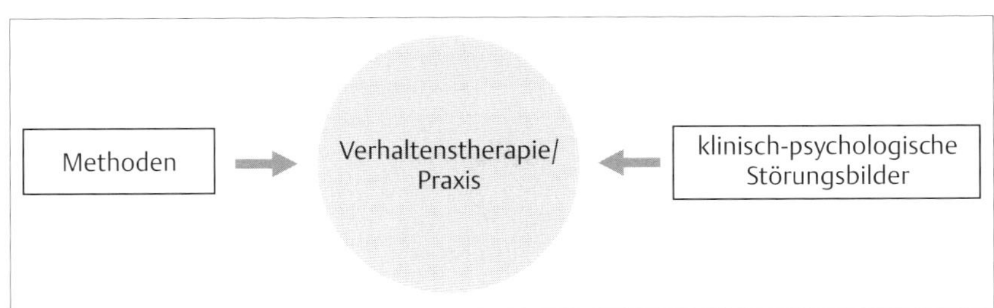

Abb. 15.**14** Darstellung des methodisch orientierten bzw. eines störungsbezogenen Zugangs zur Praxis der Verhaltenstherapie

in das Geschehen verhaltenstherapeutischen Handelns bieten.

Bereits bei der Darstellung des Prozeßmodells der Verhaltenstherapie war betont worden, daß der Einsatz von Methoden lediglich eine Stufe im therapeutischen Ablauf darstellt; als Methoden im weiteren Sinne sind sicherlich alle vorbereitenden Strategien zu sehen: Strategien der Gesprächsführung, der Motivations- und Zielklärung usw. Diese sind auch nicht unabhängig oder losgelöst von den technischen Aspekten zu verstehen: Therapietechniken gewinnen ihre Bedeutung erst im Zusammenhang mit vorbereitenden Maßnahmen auf verhaltensanalytischer und motivationaler Ebene. Speziell motivationale Aspekte, Fragen der Gestaltung einer therapeutischen Beziehung usw. werden häufig als „unspezifische" Strategien bezeichnet; dies bedarf insofern der Präzisierung, als die Unterscheidung auf technologischer Ebene durchaus Sinn gibt. Auf der Ebene der therapeutischen **Praxis** lassen sich spezifische und unspezifische Wirkfaktoren ganz einfach nicht trennen: Die Gestaltung einer therapeutischen Beziehung, der Aufbau von Änderungsmotivation usw. geschieht im Hinblick auf eine Veränderung durch den Einsatz therapeutischer Methoden; gerade bei gravierenden psychischen Störungen besteht das Hauptproblem darin, den Patienten zu motivieren, sich auf eine Veränderung (d.h. auf den Einsatz eines Verfahrens) einzulassen. Beziehungsgestaltung, Vorbereitung der Behandlung und deren konkrete Umsetzung gehen dabei nahtlos ineinander über; ohne die Vermittlung eines plausiblen Modells für sein Problem und ohne eine plausible Erklärung des therapeutischen Wirkprinzips wird sich ein Patient nur schwer auf eine Behandlung einlassen. Es ist deshalb auf praktischer Ebene müßig bis sinnlos, eine Trennung in spezifische und unspezifische Wirkfaktoren vorzunehmen: Auch therapeutische Beziehungsgestaltung (Schindler 1991, Schaap u. Mitarb. 1993) ist kein Selbstzweck, sondern erfolgt unter der Perspektive einer therapeutischen Veränderung.

Aus wissenschaftstheoretischer Sicht bedeutet die Beschreibung theoretischer Methoden eine Darstellung auf der Ebene der **Technologie** (Bunge 1967): Technologien sind Maßnahmen, um bestimmte Ziele möglichst effizient zu erreichen. Deshalb ist auch nicht Wahrheit (wie bei Theorien) das entscheidende Beurteilungskriterium, sondern eben Effektivität und Effizienz. Technologien gründen üblicherweise auf theoretischen Modellen, für die Verhaltenstherapie wurde in der obigen Charakterisierung (Franks u. Wilson 1978) der Fundus psychologischer Theorien und ihrer Nachbardisziplinen genannt. Technologische Modelle bieten einen Hintergrund für praktisches Handeln, beide Ebenen sollten nicht verwechselt werden.

Für die Darstellung der Methoden der Verhaltenstherapie gibt es unterschiedliche Einteilungsvorschläge (Rimm u. Masters 1979, Goldstein u. Foa 1980). Hier erfolgt eine Orientierung an einer Tabelle, die in einem Lehrbuch vorgestellt wurde (Reinecker 1991); diese wird allerdings etwas modifiziert und differenziert (Tab. 15.**1**).

Tabelle 15.**1** Systematische Darstellung der therapeutischen Methoden in der Verhaltenstherapie (nach Reinecker 1991, S. 132)

Therapieprinzip	Therapeutisches Verfahren
Techniken der Stimuluskontrolle/Angstbewältigung	Konfrontationsverfahren: systematische Desensibilisierung, graduierte bzw. massierte Konfrontation, paradoxe Strategien, Angstbewältigung
Techniken der Kontrolle von Verhalten durch Veränderung von Konsequenzen (operante Verfahren)	Techniken der Verstärkung, Löschung, Bestrafungsverfahren (time out; response cost; Aversionsmethoden)
Techniken des Modellernens	Aufbau von Verhalten, Erleichterung von Verhalten, Diskriminationslernen
Strategien der Selbstkontrolle	Selbstbeobachtung, Selbstverstärkung, Kontingenzkontrolle und Contractmanagement, Stimuluskontrolle
kognitive Therapieverfahren	Covert-Conditioning, kognitive Therapie (Beck), Rational-emotive-Therapie (Ellis), Selbstinstruktionstraining, Problemlösetraining, Attributionstraining

Techniken der Stimuluskontrolle/Konfrontations- und Bewältigungsverfahren

Diese Gruppe verhaltenstherapeutischer Verfahren geht (im weitesten Sinne) von dem Prinzip aus, daß zur Veränderung dysfunktionaler Verhaltensmuster eine Konfrontation und Auseinandersetzung mit der als problematisch erachteten Situation unabdingbar ist (deshalb Stimuluskontrolle). Beispiel dafür bilden die große Gruppe der Angststörungen, aber auch Abhängigkeiten, Eßstörungen, Trauerreaktionen usw. Episodische Anwendungen dieses Verfahrens finden sich in der Literatur sehr häufig, Beispiele bilden die Höhenangst und ihre Selbstbehandlung bei Goethe ebenso wie der Hinweis von Freud (1917), daß eine Bewältigung von Angst letztlich nur durch eine reale Konfrontation und Auseinandersetzung mit der problematischen Situation erfolgen kann. Die Systematisierung, theoretische Fundierung und konsequente Anwendung erfolgten erst mit der Etablierung der Verhaltenstherapie.

In dieser Gruppe therapeutischer Methoden sollen – auch aus historischen und didaktischen Gründen – vier Kapitel unterschieden werden, nämlich

- systematische Desensibilisierung (S. 198 f),
- Konfrontation und Reaktionsverhinderung (S. 199 f),
- Varianten und Weiterentwicklungen (S. 200 f) sowie
- Training in Angstbewältigung (S. 202 f).

Systematische Desensibilisierung

Das Verfahren der Systematischen Desensibilisierung (SD) wurde von Wolpe (1958) entwickelt; er bezog sich dabei auf eigene experimentelle Studien (vorwiegend mit Katzen), auf das klinische Vorbild bei M. C. Jones (1924) sowie in theoretischer Hinsicht auf die Theorie von Pawlow (1927) und Hull (1943). In seinen eigenen Studien hatte Wolpe (1952) zeigen können, daß Angst und Vermeidungsreaktionen bei Versuchstieren therapeutisch reduziert werden konnten; er verwendete dazu das Prinzip der Stimuluskontrolle insofern, als die Vermeidungsreaktion der Katzen durch einen der traumatischen Situation wenig ähnlichen Käfig in nur geringem Maße ausgelöst wurden. Im Laufe der Behandlung näherte Wolpe die Stimuluscharakteristika des Käfigs der ursprünglich belastenden Situation schrittweise an. Als zentrales Wirkprinzip bezeichnete er das von Hull (1943) entlehnte Modell der (konditionierten) **Hemmung** von Angst: Durch die Fütterung der Katzen in einer neuen, geringfügig angstauslösenden Situation (Käfig) wird eine Hemmung von Angst aufgebaut, die sich bei entsprechender Wiederholung stabilisieren läßt (konditionierte Hemmung). Beim Menschen bietet sich als angstantagonistische Reaktion insbesondere Entspannung an (Jacobson 1938). Diese läßt sich relativ rasch erlernen und zur Hemmung eines geringen und schrittweise ansteigenden Ausmaßes an Angst einsetzen.

Für Wolpe (1958 u. 1969) bestand die Systematische Desensibilisierung aus drei ganz zentralen Elementen, nämlich

- Erstellung einer **individuellen Hierarchie** angstauslösender Situationen;
- Einübung eines angstantagonistischen Verfahrens, speziell der **Muskelrelaxation**;
- stufenweise **Darbietung** (real oder in vivo) angstauslösender Situationen.

Die Systematische Desensibilisierung wurde zum ersten sehr bekannten Verfahren der Verhaltenstherapie – sie wurde bis spät in die 60er Jahre hinein teilweise sogar mit der Verhaltenstherapie gleichgesetzt. Tatsächlich muß man sagen, daß es innerhalb der Psychotherapie kaum ein einzelnes therapeutisches Verfahren gibt, das so detailliert untersucht und so umfangreich evaluiert wurde. Während das hohe Ausmaß der Effektivität auch heute noch unumstritten ist, wurde bald Kritik an den theoretischen Grundlagen des Verfahrens laut; diese Kritik knüpfte in erster Linie an einzelnen (zum Teil experimentellen) Variationen des Verfahrens an.

Während die Variation hinsichtlich einer realen versus vorstellungsmäßigen Darbietung noch unproblematisch war und von Wolpe (1958 u. 1969) geradezu propagiert wurde, wurde die Systematische Desensibilisierung speziell in den späten 60er Jahren geradezu respektlos zerpflückt (Yates 1975): Zu nennen sind hier insbesondere die Verwendung von **Standardhierarchien**, das Weglassen von **Entspannung**, die Bearbeitung von Items in zufälliger oder absteigender **Reihenfolge** (d. h. Beginn mit dem Top-Item).

Diese technischen Variationen rüttelten nicht nur an den von Wolpe (1958) angeführten Vorgaben; es zeigte sich, daß man so gut wie alle technischen Regeln verletzen konnte, ohne daß damit die Effektivität des Verfahrens beeinträchtigt wurde. All dies führte zu einer sehr radikalen Diskussion der theoretischen Grundlagen der Systematischen Desensibilisierung.

Aus heutiger Sicht können verschiedene Erklärungen (und zwar praktisch nebeneinander) für die Wirkung der Systematischen Desensibilisierung geltend gemacht werden:

- Reziproke **Hemmung**, wie sie von Wolpe (1958) auf der Grundlage der Theorie von Hull (1943) thematisiert wird; durch die Entspannung wird gewissermaßen die Angst gehemmt und kontinuierlich abgebaut.
- **Habituation** wurde schon von Lader u. Wing (1966) bzw. Lader u. Mathews (1968) als Erklärung angeführt; in neuerer Zeit wies Birbaumer (1977) darauf hin, daß es auf physiologischer Ebene zu Prozessen der Gewöhnung (Habituation) im Verlaufe der Systematischen Desensibilisierung kommt.
- Prozesse der **Löschung** von Erregung (Angst) werden vor allem von Theoretikern aus dem Bereich der Konfrontationsverfahren vorgebracht (Rimm u. Masters 1979, Marks 1987). Demnach erlebt das Individuum einen Prozeß der klassischen Löschung, weil die Verknüpfung zwischen CS und UCS abgeschwächt und schließlich unterbrochen wird.
- Prozesse der sozialen **Verstärkung** und der schrittweisen Ausformung von angstfreiem Alternativverfahren werden vor allem von Vertretern aus der sozialen Lerntheorie angeführt (Bandura 1977, Rosenthal 1982). In der Systematischen Desensibilisierung werden neue, aktive Strategien der Bewältigung erlernt, die mit ängstlichem Verhalten inkompatibel sind (vgl. Punkt a, s. auch L. Williams 1990).
- Eine sehr große und inzwischen heterogene Gruppe von Erklärungsmöglichkeiten rankt sich um kognitive Modelle: Hier wird betont, daß Veränderungen gedanklicher Prozesse, eine Veränderung von **Erwartungen** usw. als entscheidender Faktor bei der Therapie anzusehen sind. Wenn man ein Kontinuum von Lernprozessen annimmt (Rescorla 1988), so muß man sicher festhalten, daß kognitive Lernprozesse auch bei der Therapie von Angst wohl eine entscheidende Rolle spielen (Rachman 1990).

Für die Praxis der Verhaltenstherapie bietet sich die Durchführung der Systematischen Desensibilisierung insbesondere in der Realität (in vivo) an: Hier umgeht man die mit Problemen der „verdeckten" Anwendung (Vorstellung) verknüpften Schwierigkeiten ebenso wie Fragen der Generalisierung auf den realen Lebenskontext. Bei der Durchführung von Systematischer Desensibilisierung in vivo werden schwierige Situationen in einzelne zu bearbeitende Stufen eingeteilt und der Patient lernt die schrittweise Annäherung bzw. Bewältigung einzelner hierarchisch gestufter Items.

Die Systematische Desensibilisierung spielt heute in der Versorgung sicher nicht mehr die herausragende Rolle im Spektrum verhaltenstherapeutischer Methoden, wie es noch vor rund 20 Jahren der Fall war; der wesentliche Grund ist weniger darin zu sehen, daß Systematische Desensibilisierung an Effektivität oder theoretischer Fundierung verloren hätte (Yates [1975] spricht angesichts der Entwicklung von „Geburt, Leben und Tod der Systematischen Desensibilisierung"). Ganz entscheidend ist vielmehr, daß es in der Zwischenzeit **Alternativen** gibt, die in therapeutischer Hinsicht ähnlich effektiv (zum Teil noch wirkungsvoller) und in der Praxis besonders gut anzuwenden sind. Außerdem weisen diese Verfahren eine theoretische Fundiertheit auf, wie man dies von der Systematischen Desensibilisierung nicht mehr behaupten kann.

Konfrontation und Reaktionsverhinderung

Konfrontation und Reaktionsverhinderung („Exposure/Response Prevention") kann man durchaus als Weiterentwicklung der Systematischen Desensibilisierung verstehen; Grundlagen, Prinzip und Durchführung wurden aber weitgehend unabhängig entwickelt (vgl. Marks 1975 u. 1978). **Konfrontation** meint die Darbietung bzw. das Aufsuchen einer vom Patienten gefürchteten Situation; über die Modalität, die zeitliche Verteilung usw. ist damit noch nichts gesagt. Wenn ein Patient mit einer Angstsituation konfrontiert wird, so löst sie entsprechend massive Angstreaktionen und insbesondere Mechanismen der Vermeidung (auf Verhaltensebene) aus. Diese Vermeidung und die damit verbundene negative Verstärkung ist – gemäß dem Zwei-Faktoren-Modell von Mowrer (1947) – in entscheidendem Maße für die Stabilisierung von Angstreaktionen verantwortlich. Gerade hier setzt die zweite Komponente des Behandlungsverfahrens an, nämlich die **Reaktionsverhinderung**: Dies bedeutet, daß während der Konfrontation die – sonst üblichen – Vermeidungsreaktionen verhindert werden. Die Verhinderung kann ebenfalls sehr unterschiedlich gestaltet werden, von externen Aufforderungen des Therapeuten bis hin zu Selbstkontrolle und Selbstmanagement. Außerdem kann die Konfrontation so gestaltet werden (z. B. in der graduierten Konfrontation, s. unten), daß nur geringe Ansätze einer Vermeidungstendenz ausgelöst werden. Konfrontation und Reaktionsverhinderung gehören zusammen wie zwei Seiten einer Münze: Durch die Konfrontation kommt die Person (Patient) in Kontakt mit der belastenden Situation, und durch die Reaktionsverhinderung **erlebt** der Patient, daß die von ihm befürchteten Erwartungen nicht eintreten. Verhaltenstheoretisch gesehen handelt es sich um das Prinzip der **Löschung** von Angst; für dieses Prinzip können wieder unterschiedliche theoretische Erklärungen vorgebracht werden (Kimble 1961), von denen das **Erwartungsmodell** wohl den größten Grad an Klarheit und Plausibilität besitzt. Konfrontation, Reaktionsverhinderung und das Prinzip der Löschung von Angst und Unruhe lassen sich anhand folgender Skizze verdeutlichen (Abb. 15.**15**).

Zu Beginn der Konfrontation steigen Angst, Unruhe, Vermeidungstendenz, befürchtende Gedanken usw. in massiver Weise an, üblicherweise bis zu einer Grenze, die der Patient nicht mehr toleriert – und er vermeidet in Erwartung eines äußerst aversiven Erlebnisses. Durch Flucht bzw. Vermeidung nimmt die Angst sofort und deutlich ab. Durch dieses Prinzip der negativen Verstärkung stabilisiert sich zum einen das Vermeidungsverhalten, zum anderen kann es nie zu einer Prüfung der Erwartung des Patienten kommen (s. oben: Zwei-Faktoren-Modell).

Reaktionsverhinderung heißt in dieser Skizze (Abb. 15.**15**), daß der Patient das Vermeidungsverhalten unterläßt – verhindert wird somit lediglich das Vermeidungsverhalten des Patienten; nur so kann er die konkrete **Erfahrung machen**, daß die von ihm als schlimm befürchtete Situation nicht eintritt. Diese konkrete Erfahrung, das **Erleben** des Patienten in einer konkreten Situation ist offenbar ein zentrales Prinzip bei der Bewältigung von Angst; kognitive Aspekte sind zwar keineswegs unbedeutend, sie stehen aber insofern im Hintergrund, als der Patient im Kontext einer rationalen Diskussion um die Ungefährlichkeit der Situation und um die Irrationalität seines Handelns weiß.

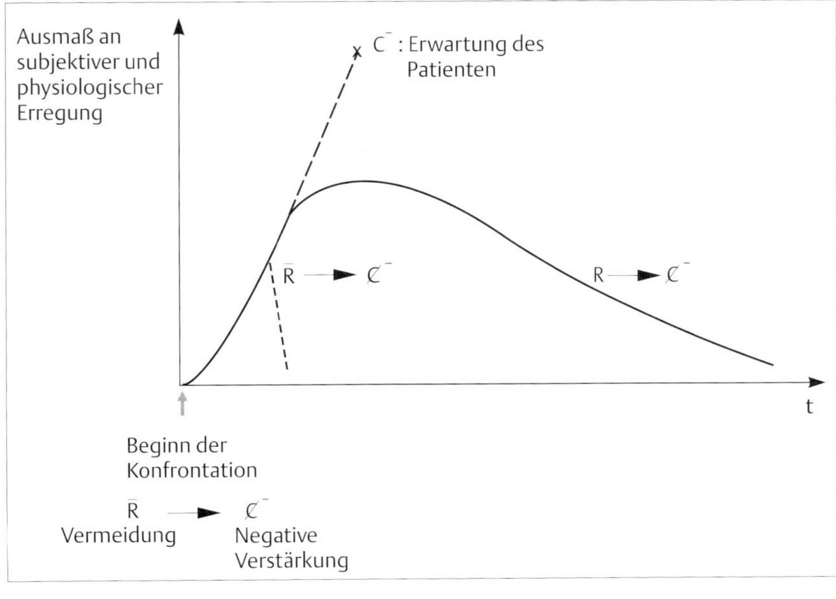

Abb. 15.**15** Verdeutlichung des Prinzips der Konfrontation und Reaktionsverhinderung des Anstiegs und der Abnahme von Angst bei Konfrontation, Vermeidung bzw. bei Löschung von Angst

> Sinngemäß berichten Patienten: „... Ich weiß, es kann mir im Kaufhaus, im Bus, in der Stadt... nichts passieren; ich weiß, es ist verrückt, nicht hinzugehen, zu vermeiden, dies schränkt mein Leben immer stärker ein! Auf der anderen Seite... ich **kann** nicht, ich schaffe es nicht, in der Situation zu **bleiben**...!"

Die wichtigste technische Regel bei der Durchführung von Konfrontation und Reaktionsverhinderung ist darin zu sehen, daß ein Patient so lange Zeit in einer belastenden Situation bleiben sollte, bis es zu einer deutlichen Reduktion von Angst und Unruhe gekommen ist; exakte Zeitvorgaben sind sehr schwierig, als Faustregel sollte gelten, daß ca. 100–120 Minuten für eine Konfrontationsübung eingeplant werden müssen. Das zu frühe Verlassen einer Situation ist deshalb bedenklich, weil hier der Patient nicht die Erfahrung machen kann, daß er eine Situation bis zur Reduktion von Angst bewältigt hat. Aus Sicht des Therapeuten empfiehlt sich in den ersten Sitzungen in der Regel eine Begleitung (z.B. auch durch einen Co-Therapeuten). Die Durchführung von Exposition und Reaktionsverhinderung verlangt neben den technischen Aspekten damit auch eine entsprechende zeitliche Flexibilität auf seiten des Therapeuten.

Sowohl für die Konfrontation als auch für die Reaktionsverhinderung (Hand 1992 u. 1994 spricht in diesem Kontext neuerdings von „Reaktionsmanagement", um den Aspekt des Aufbaus von Verhaltensalternativen zu betonen) gibt es unterschiedliche Möglichkeiten der Realisierung; diese sollen nur stichworthaltig angeführt werden:

- Vorstellung versus Realität,
- massiert versus verteilt,
- Einzel- versus Gruppendurchführung,
- therapeutengeleitet versus selbstkontrolliert usw.

Im klinischen Kontext erscheint es besonders bedeutsam, diejenige Situation genau zu eruieren, die für den Patienten besonders schwierig und angstauslösend ist; Marks (1978) bezeichnet sie als „eliciting situation" (ES) und propagiert in seinem sehr pragmatischen „klinischen Angstmodell" eine Konfrontation mit genau dieser Situation. Die Situation löst die entsprechende Vermeidungsreaktion (ER) aus, die durch Reaktionsverhinderung unterbunden werden muß, damit es zu einer Löschung von Angst und zum Aufbau alternativen, angstinkompatiblen Verhaltens kommt. Reaktionsverhinderung wird in der Regel nur minimal extern (d.h. durch den Therapeuten) kontrolliert; durch die Zielklärung, durch das Prinzip der natürlichen Bedingungen und durch eine genaue Erklärung des therapeutischen Vorgehens sollte der Patient selbst dazu bereit sein, sich mit der für ihn schwierigen Situation auseinanderzusetzen, damit es zu einer Bewältigung von Angst kommt („emotional processing", Foa u. Kozak 1986).

Die Effektivität von Exposition und Reaktionsverhinderung muß generell als hoch befriedigend angesehen werden; unter günstigen Bedingungen profitieren rund 80–85% von massiv beeinträchtigten Patienten deutlich von der Behandlung (Emmelkamp 1994, Marks 1987, Fiegenbaum 1988, Übersicht: Reinecker 1993 u. 1994). Die Stabilität der Effekte ist bei Angststörungen insgesamt gesehen recht hoch, weniger erfreulich allerdings bei Zwangsstörungen, aber auch bei Abhängigkeiten. Ausgesprochen bedeutsam – speziell für Langzeiteffekte – ist ein konsequenter Aufbau von Alternativen: Hier geht es darum, an den beim Patienten vorhandenen Fähigkeiten und Ressourcen anzusetzen und diese zu unterstützen. Ohne einen Aufbau von Alternativen, mit deren Hilfe der Patient eine entsprechende Selbständigkeit und Steuerungsmöglichkeit seiner (sozialen) Umgebung erwirbt, und die für ihn eine entsprechende Quelle der Verstärkung bildet, erscheint ein Rückfall in pathologische Verhaltensmuster wahrscheinlich. Daß hierbei der Selbstkontrolle des Patienten mit dem Ziel effizienten Selbstmanagements größte Bedeutung zukommt, sollte abschließend ebenfalls explizit betont werden.

Variationen und weitere Entwicklungen

Die Grenzen innerhalb der einzelnen Möglichkeiten von Konfrontationsverfahren sind häufig nicht scharf zu ziehen; auch die Systematische Desensibilisierung in vivo erfordert (wie bei Konfrontation und Reaktionsverhinderung) eine direkte Konfrontation mit einer problematischen Situation. Allerdings erfolgt dies abgestuft und unter Einsatz einer angstantagonistischen (hemmenden) Reaktion. Das Prinzip der Konfrontation erfuhr verschiedene Abwandlungen und weitere Entwicklungen, von denen die wichtigsten erörtert werden sollen.

Flooding

Flooding („Reizüberflutung") meint eine besonders rasche Konfrontation des Patienten mit der gefürchteten Situation. Durch die Konfrontation mit der maximal gefürchteten Situation (Top-Item) soll der Patient Angst in maximalem Ausmaß erleben und durchhalten (Bartling, Fiegenbaum u. Krause 1980, Rimm u. Masters 1979, Fiegenbaum 1986, Ullrich u. Ullrich deMuynck 1974). Flooding erfolgt zumeist in der Realität und verlangt vom Patienten ein hohes Ausmaß an Motivation und Belastbarkeit. Wenn sich ein Patient jedoch auf die für ihn schwierigste Situation einläßt und dabei **erlebt**, daß die von ihm gefürchteten Konsequenzen (Umfallen, Sterben...) nicht eintreten, so ist zumeist ein wichtiger Durchbruch in der Angstbehandlung geschafft. Andere, vom Patienten weniger gefürchtete Items werden dann durchaus leichter bewältigt; Vertreter dieses Modells (Fiegenbaum 1986 u. 1988) machen zu Recht geltend, daß in dieser Form der **massierten** Konfrontation günstige Bedingungen für eine Rückfallprophylaxe gegeben sind: Der Patient lernt im Verlaufe des Verfahrens, sich auch in Zukunft kritischen, schwierigen Situationen zu stellen und diese keinesfalls zu vermeiden. Dies schlägt sich auch in günstigen Follow-up-Daten im Vergleich mit graduierter Konfrontation nieder (Fiegenbaum 1988).

Flooding wird in der Regel in der **Realität** durchgeführt; in Ausnahmefällen (z.B. wenn die Situation etwa aus praktischen Gründen nicht aufgesucht werden kann) erscheint eine Konfrontation in der Vorstellung angezeigt. Das zentrale **Erklärungsprinzip** des Floodings besteht im Modell der **Habituation**: Durch die lange Darbietungszeit kommt es zu einer langsamen, aber stetigen Abnahme physiologischer und kognitiver Erregung. Für die Stabilisierung dieses Lernprozesses reicht üblicherweise eine einmalige Konfrontation nicht aus, sondern es bedarf mehrerer Wiederholungen, bis eine problematische Situation als bewältigt angesehen werden kann.

Implosion

Implosion ist ein Konfrontationsverfahren, das in den 60er Jahren entwickelt wurde (Stampfl u. Levis 1967 u. 1973, Levis u. Hare 1977). Für das Verfahren sind in Abgrenzung zur Systematischen Desensibilisierung, zur Konfrontation und Reaktionsverhinderung, aber auch zum Flooding folgende Elemente zentral:

a) eine Konfrontation erfolgt nur in der Vorstellung;
b) die Situation wird z.T. massiv übertrieben und
c) sowohl auf theoretischer als auch auf technischer Ebene sind psychodynamische Modellvorstellungen zentral.

Der Punkt c) schlägt sich in der Praxis insofern nieder, als sich Patienten nicht nur mit den von ihnen angegebenen Szenen zu konfrontieren haben, sondern daß auch Szenen dargeboten werden, von denen man aufgrund theoretischer Überlegungen meint, daß sie für den Patienten entsprechende Relevanz besitzen (z.B. Themen der Aggressivität, der Oralität, Analität, Sexualität usw.).

Anfänglich war das Interesse an dem Verfahren groß, inzwischen ist die Bedeutung deutlich in den Hintergrund gerückt; Gründe sind in erster Linie die zum Teil ungenauen Beschreibungen, die Probleme der Durchführung und in entscheidendem Maße wohl auch die Entwicklung von Alternativen, die die angesprochenen Probleme nicht aufweisen. So gesehen besitzt die Implosionstechnik wohl weitgehend historische Bedeutung.

Löschung

Graduierte Löschung ist ein stark pragmatisch orientiertes Verfahren, das ebenfalls zur Behandlung von klinisch relevanten Angst- und Vermeidungsreaktionen herangezogen wurde (Rimm u. Masters 1979).

Wie im Begriff bereits angesprochen, bezieht man sich in theoretischer Hinsicht auf das Prinzip der **Löschung** von Angst- und Vermeidungsreaktionen (Kimble 1961). Dafür sind Veränderungen auf der Ebene von Verhaltensmustern ebenso bedeutsam wie die Umstrukturierung von Erwartungen und der Aufbau von Alternativen.

Auf technischer Ebene sind für die graduierte Löschung folgende Aspekte zentral (in Abgrenzung zu anderen Konfrontationsverfahren):

- Sie beinhaltet keine Einführung angstantagonistischer Reaktionen zur Hemmung der Angst.
- Es erfolgt eine Abstufung von Angstsituationen, die (üblicherweise) in der Realität so dargeboten werden, daß sie keine Vermeidungsreaktionen auslösen,
- Sie legt expliziten Wert auf die Ausformung von angstfreiem Alternativverhalten: Erste Ansätze auf seiten des Patienten werden unterstützt und mittels operanter Verfahren (s. unten) werden solche Alternativen konkret ausgeformt.

Graduierte Löschung ist wie gesagt sehr **pragmatisch** orientiert; dies beinhaltet allerdings in der Verhaltensanalyse eine ganz exakte Erfassung derjenigen Situationen, die die Angst- und Vermeidungsreaktionen auslösen. Dabei müssen über die Entstehung (z.B. in Richtung von Konditionierungsmodellen) nicht unbedingt spezielle Annahmen getroffen werden (Marks 1978 u. 1987): Eine Konfrontation hat – in abgestufter und vom Patienten bestimmter Weise – gegenüber denjenigen Situationen zu erfolgen, die für ihn angstauslösend sind. Marks (1978) hatte in diesem Kontext von einem „Klinischen Angstmodell" gesprochen und als Prinzip die Kombination der Buchstaben ES $\Rightarrow$ ER geltend gemacht. ES meint die angstauslösende Situation, ER die Angstreaktion, die dann der Löschung bedarf.

Wie bei vielen stark **pragmatisch** orientierten Therapieverfahren ist ein expliziter Effektivitätsnachweis schwierig, weil in das komplexe Vorgehen der graduierten Löschung eine ganze Reihe von Komponenten einfließen; während dies für eine experimentelle Prüfung mit den bekannten Schwierigkeiten verbunden ist, beinhaltet die Graduierte Löschung gerade diejenigen Komponenten, auf die es in der Komplexität einer Therapiesituation ankommt (Rimm u. Masters 1979).

Die Anwendung der unterschiedlichen Verfahren ist mittlerweile nicht mehr auf Angststörungen beschränkt (obwohl bereits dies einen sehr weiten Bereich bildet!). Ausweitungen des Prinzips finden sich auf Bereiche, in denen es um die emotionale Verarbeitung (Foa u. Kozak 1986) schwieriger und belastender Situationen geht. Beispiele dafür finden sich in chronischen Trauerreaktionen (Ramsey 1979) ebenso wie in der Konfrontation mit entsprechenden Auslösesituationen bei Patienten mit Alkoholproblemen, bei Drogenabhängigkeit, bei Spielsucht, bei Eßstörungen usw. Die Gemeinsamkeit dieser Probleme besteht darin, daß sich Patienten mit den belastenden Situationen (z.B. Kühlschrank, Minibar im Hotelzimmer...) konfrontieren; ein entscheidender Schritt in der Therapie ist die Abnahme (Löschung) von Angst, Unruhe und Erregung in dieser üblicherweise belastenden Situation, wobei schrittweise entsprechende Bewältigungsreaktionen vermittelt und ausgeformt werden. Sowohl in theoretischer Hinsicht als auch auf praktischer Ebene macht man sich den Umstand zunutze, daß Probleme idealerweise in denjenigen Situationen behandelt und gelöst werden sollten, in denen sie auftreten (ein Gesichtspunkt des Situationismus bzw. Interaktionismus, vgl. Mischel 1986).

Paradoxe Interventionen

Paradoxe Strategien besitzen ihre Wurzeln keineswegs im lerntheoretischen oder verhaltenstheoretischen Kontext (Frankl 1947) und haben eine zum Teil davon unabhängige lange Tradition. Das Prinzip paradoxer Interventionen besteht darin, den Patienten durch geschickte therapeutische Strategien dazu anzuhalten, Denk- und Verhaltensmuster zu realisieren, die seinen pathologischen Verhaltensmustern diametral entgegengesetzt sind. Paradoxe Interventionen wurden in jüngerer Zeit wieder aufgegriffen und für den verhaltenstherapeutischen Bereich nutzbar gemacht (Ascher 1989). Für die Konfrontationsverfahren bestünde die Paradoxie gerade darin, daß sich der Patient auf diejenigen Situationen einläßt, die er ganz besonders zu umgehen oder zu vermeiden sucht; bekannte Anwendungen der paradoxen Technik stammen aus Bereichen der Sexualstörungen (Koitusverbot) oder aus dem Gebiet der Sprechstörungen (z.B. absichtliches Stottern...). Die hinter dem Prinzip stehende Logik beinhaltet die Annahme, daß durch die Aufgabe der Vermeidung bzw. durch ein völlig anderes Herangehen an die Situation gerade diejenigen Hemmungen, Blockaden und Determinanten ausgeschaltet werden, die zentrale Bedingungen der Störung darstellen (z.B. Erwartungsangst...).

Aus verhaltenstheoretischer Perspektive muß man neben diesem durchaus relevanten Mechanismus auch auf das Prinzip des Angstabbaus durch Konfrontation verweisen; ein entscheidender Aspekt der **paradoxen** Intervention ist deshalb im äußerst bedeutsamen **Vorfeld** therapeutischer Interventionen zu sehen: Das Problem von Konfrontation besteht zumeist nicht darin, daß das Prinzip nicht wirksam wäre, sondern in der Frage, ob und inwieweit der Patient bereit und in der Lage ist, sich auf die für ihn belastende Situation einzulassen. Gerade hier, im Kontext der Motivation und **Motivierung** eines Patienten kommt paradoxen Interventionsstrategien eine spezifische Bedeutung zu. So gesehen besteht der Wirkmechanismus der Paradoxien in der Vermittlung einer zur Pathologie des Patienten völlig anderen Sichtweise, die ihm eine Chance zur Auseinandersetzung und zur Bewältigung bisher als unlösbar angesehener Probleme bietet (Seltzer 1986).

Ein gewisses Problem ist sicherlich in einer unpräzisen und zum Teil trivial-zirkulären Verwendung des Paradoxie-Begriffes zu sehen: Selbstverständlich bedeuten für den Patienten **alle** therapeutischen Maßnahmen in Richtung eines Zieles (in Abhebung zur Problemsituation) ein Abgehen von pathologischen Verhaltens- und Problemlösemustern (wobei diese Problemlösemuster gerade eine effektive Lösung verstellen!). Ob und inwiefern dies „paradox" ist, bedürfte zumindest einer präzisen begrifflichen und theoretischen Klärung.

Angstbewältigung

Angst wird vielfach als eine zentrale und notwendige menschliche Emotion bezeichnet (Marks 1987, Rachman 1990, Reinecker 1993). Gemeint ist damit, daß das Gefühl der Angst für das Überleben der Art und des Individuums, aber auch für unsere alltägliche Handlungsregulation größte Bedeutung besitzt. Ein „Eliminieren" von Angst hätte fatale Folgen und kann als generelles Ziel der Therapie gar nicht in Frage kommen. Ganz ähnlich liegt die Situation bei einer Reihe von Angststörungen, bei denen die angesprochene „Beseitigung" von Angst – zum Teil aus anderen Gründen – gar nicht möglich ist. Zu denken ist an generalisierte Angst, an Panikstörungen, an situationsungebundene Ängste in posttraumatischen Belastungsstörungen usw. Hier ist es (vielfach wegen fehlender diskriminativer Hinweisreize) gar nicht möglich, die Situation zu vermeiden. All dies bedeutet jedoch keineswegs, daß wir als Personen oder Patienten der Angst hilflos ausgeliefert sind. Der aus der Streßforschung bekannte Begriff der **Bewältigung** bedeutet, daß wir lernen können, mit belastenden Situationen und Emotionen umzugehen. Dabei ist die Problematik des inflationär verwendeten Bewältigungsbegriffes zwar bekannt, wird hier aber nicht weiter thematisiert.

Die Überschrift „Angstbewältigung" täuscht eine Einheitlichkeit und Klarheit in therapeutischen Verfahren vor, die in der Realität nicht existiert; es handelt sich vielmehr um eine heterogene Menge an therapeutischen Strategien, von denen eine ganze Reihe auch außerhalb des verhaltenstherapeutischen Settings anzusiedeln ist (z. B. Meditationsverfahren). Gemeinsam erscheint den Bemühungen zur Angstbewältigung eine Sichtweise von menschlichen Emotionen, die der **kognitiven** Komponente eine wichtige Rolle zuschreibt. Diese kognitive (zumeist sprachlich erfaßte) Ebene beinhaltet Gedanken, kurze Statements, Sätze, Bewertungen usw., die generell propositionalen Charakter (Lang 1979, 1985 u. 1986) haben und die untereinander einen hohen Grad an Vernetzung aufweisen (Bower 1981). Diese gedanklichen Prozesse determinieren die Färbung von menschlichen Emotionen in hohem Maße; sie sind zwar nicht einfach austauschbar („... Ich sollte einfach anders denken..."), bei entsprechender Gesprächsführung aber durchaus zugänglich und veränderbar. Trainings zur Angstbewältigung bleiben allerdings nicht auf diese kognitive Ebene beschränkt, sondern sie erfordern einen Rückgriff auf den klassisch-verhaltenstherapeutischen Übungsaspekt.

Trainingselemente zur Angstbewältigung

Diskriminationstraining: Damit ist ein frühzeitiges **Erkennen** von eigenen Angstreaktionen ebenso gemeint wie eine Differenzierung der Reaktionen. Patienten unterdrücken, vermeiden, vernachlässigen erste Anzeichen von eigener Angst und Erregung in Antizipation der Gefahr – und sie reagieren mit Panik, wenn die Gefahr überwältigend wird. Frühzeitiges **Erkennen** hilft dem Patienten, erste Anzeichen der Angst zu diskriminieren und frühzeitig effektive Bewältigungsmaßnahmen zu setzen (z. B. Veränderung der Atmung). Maßnahmen zur Differenzierung gehen in ähnliche Richtung: Patienten beurteilen ihre Angst oft als „Panik", als fürchterlich, als nicht mehr auszuhalten usw.; eine Differenzierung auf einer subjektiven Skala (0 bis 100) hilft dem Patienten, Unterscheidungen zu treffen, zu lernen, daß Angst nicht immer gleich stark ausgeprägt ist usw. Frühes Erkennen und eine Differenzierung helfen dem Patienten dabei, ein erstes subjektives Gefühl der Kontrolle über die Angst (ohne diese direkt zu beseitigen) zu erlangen. **Strategien zur Bewältigung von Angst:** Dies beinhaltet den Aspekt, daß der Patient seine Angst nicht mehr zu vermeiden versucht, sondern erste Ansätze zur Auseinandersetzung in Gang setzt. Dies setzt beim Patienten die prinzipielle Bereitschaft zur Selbstkontrolle (Ertragen kurzfristiger aversiver Situationen) und die Fähigkeit zum Einsatz vorhandener oder neu zu erlernender Bewältigungsstrategien voraus. Besonderer Betonung bedürfen vorhandene Bewältigungsstrategien, die der Patient in anderen Belastungssituationen möglicherweise effizient einsetzt und die nur eine Übertragung auf die Angstsituationen voraussetzen; viele Patienten setzen einzelne Strategien auch ein, die nur einer gewissen Korrektur oder Optimierung bedürfen. In seltenen Fällen sind solche Möglichkeiten überhaupt nicht vorhanden; auch hier besteht die Möglichkeit einer Vermittlung von Strategien der Bewältigung von Angst und Streßsituationen; dabei ist besondere Rücksicht auf Vorerfahrungen und Präferenzen des Patienten zu nehmen (z. B. für oder gegen imaginative Verfahren usw.). Aus kognitiv-verhaltenstherapeutischer Sicht bieten sich Möglichkeiten der Bewältigung einer Streßsituation (Streßimpfungstraining [SIT], Meichenbaum 1977, Suinn u. Richardson 1971) besonders an (s. dazu auch unten „Kognitive Verfahren", S. 211 ff). **Üben im therapeutischen Setting** mit dem Ziel einer schrittweisen Übertragung auf natürliche Situationen: Das Üben von Angstbewältigung ist für den Patienten zunächst zwar unangenehm, für einen effizienten Einsatz in natürlichen Situationen jedoch unverzichtbar. Als Therapeut kann man den Patienten auch begleiten und ihm Anweisungen geben, sich mit einer konkreten Angstsituation und Angstreaktion auseinanderzusetzen. Besondere Bedeutung besitzt das absichtliche Provozieren von Angst (z. B. durch Hyperventilation, s. Margraf u. Schneider 1990). Hier wird der Patient angehalten, eine Angstreaktion absichtlich herbeizuführen, um anhand dieser Situation entsprechende Bewältigungsstrategien zu erproben. Man könnte dies auch als einen Teil einer paradoxen Intervention verstehen, denn in der Regel versucht der Patient jedes nur geringe Auftreten von Angst zu vermeiden. Die bewußte und vom Patienten selbst gesteuerte Angstprovokation besitzt den ganz wichtigen Aspekt, daß der Patient **Kontrolle** erlebt: Angst beinhaltet nicht eine von ihm unabhängige Pathologie, sondern der Patient erhält die Fähigkeit, Angst selbst auszulösen, und er kann lernen, mit dieser Angst selbst umzugehen. Damit sind wichtige Elemente der Bewältigung von Angst (Deffenbacher u. Suinn 1982) bzw. des Selbstmanagement angesprochen (Kanfer, Reinecker u. Schmelzer 1996).

Abschließend muß ganz allgemein betont werden, daß auch Angstbewältigung nicht **die** Lösung für alle mit Angst (und aversiven Emotionen) verbundenen Probleme ist; viele Emotionen besitzen eine wichtige Funktion in unserem Leben (Plutchik u. Kellerman 1990). Angstbewältigung bildet aber eine Möglichkeit zum Umgang mit Situationen und Angstreaktionen, die für den Patienten besonders unangenehm und aversiv sind. Angstbewältigung greift in hohem Maße auf Selbsthilfe- und Selbstkontrollstrategien einer Person zurück und macht die Person damit unabhängig vom therapeutischen Kontext.

Operante Verfahren (= Methoden zur Kontrolle von Verhalten durch Veränderung von Konsequenzen)

Die Verfahren der Stimulus- und der Konsequenzkontrolle werden hier lediglich aus didaktischen und systematischen Gründen getrennt behandelt; in der Praxis sind die Verfahren eng miteinander vernetzt (z.B. Unterstützung des Fortschritts eines Patienten bei einem Konfrontationsverfahren). Sogar im theoretischen und experimentellen Bereich ist eine Trennung der beiden Prozesse nur schwer möglich (Kimble 1961); um so mehr gilt dies für den Bereich der therapeutischen Praxis (Kanfer u. Phillips 1970). Im Kontext der funktionalen Analyse wird zumeist deutlich, ob Verhalten vorwiegend unter der Kontrolle von Stimulus- oder von Konsequenzbedingungen steht; der konkrete therapeutische Ansatzpunkt ergibt sich allerdings erst aus einer präzisen Zielklärung und einer Zielbestimmung von Therapeut und Patient. Verfahren der Konsequenzkontrolle bieten sich dann als therapeutische Strategie besonders an, wenn das Problem eines Patienten hinsichtlich seiner **Häufigkeit** einer Veränderung bedarf. Aus der Sicht der operanten Technologie bieten sich hierbei folgende Möglichkeiten an (Holland u. Skinner 1971, Honig u. Staddon 1977, Karoly u. Harris 1986, Abb. 15.**16**).

Aus dieser Abbildung wird deutlich, daß positive und negative Verstärkung zu einer Zunahme, dagegen Bestrafung und Löschung zu einer Abnahme von Verhalten derselben operanten Klasse führen; genaugenommen läßt sich Verhalten nicht verstärken, es ist bereits aufgetreten und besitzt die Auftretenswahrscheinlichkeit = 1! Verstärken läßt sich durch die Darbietung einer Verhaltenskonsequenz lediglich die Wahrscheinlichkeit von Verhalten derselben operanten Klasse (Skinner 1953 u. 1969, Timberlake 1995). Daß dies ent-

	Darbietung	Entfernung
positiver Stimulus ($S_1 = \overset{+}{C}$)	positive Verstärkung Folge: R ↑	Bestrafung/ Löschung Folge: R ↓
aversiver Stimulus ($S_1 = \overset{-}{C}$)	Bestrafung Folge: R ↓	negative Verstärkung Folge : R ↑

R ↑ bedeutet in diesem Schema, daß nach dem Effektgesetz eine Zunahme der Auftrittswahrscheinlichkeit zu erwarten ist
R ↓ bedeutet, daß eine Abnahme der Auftrittswahrscheinlichkeit die Folge der entsprechenden Operation ist

Abb. 15.**16** Schema der Grundstrategien der Konsequenzkontrolle (nach Reinecker 1994, S. 146)

sprechende Probleme bei der Bestimmung der „Operanten Klasse" bzw. nachfolgende Schwierigkeiten beim Begriff der Diskrimination und Generalisation mit sich bringt, sei hier nur angedeutet.

Operante Verfahren sind Bestandteile unseres Alltagslebens – die wir vielfach gar nicht mehr bemerken (z.B. positive und aversive Kontrolle im Kontext einer Partnerschaft, der Familie usw.). Die Anwendung in der Verhaltenstherapie macht sich die Strategie zunutze und versucht, sie gemäß der Charakterisierung der Verhaltenstherapie gezielt einzusetzen. Die Bestimmung der Verstärkerwirksamkeit kann **nur** empirisch erfolgen, d.h. daß Angaben der Person über positive und negative Stimuli zwar gewisse Hinweise abgeben, daß sich die Effektivität der Verabreichung eines Stimulus als Konsequenz eines Verhaltens lediglich an der beobachteten Veränderung der Verhaltensrate bestimmt.

Der Begriff der **Verstärkung** sollte auch nicht als statisches Konzept gesehen und angewendet werden: Skinner (1969) machte ganz deutlich, daß die Prinzipien des Lernens Abstraktionen und Vereinfachungen eines komplexen Geschehens darstellen. Verhalten und dessen Konsequenzen sind als dynamische Abläufe (im einfachsten Falle als Verkettungen) zu sehen; operantes Verhalten ist dadurch definiert, daß es eine Wirkung auf die Umgebung hat und daß die Umgebung Kontrolle über dieses Verhalten ausübt usw. Vereinfachungen helfen uns, uns trotz der Komplexität des Verhaltensablaufs zurechtzufinden und entsprechende zentrale Konstrukte zu erfassen. So gesehen können die hier besprochenen Verfahren nicht einfach als „Anwendungen" der operanten Theorien gesehen werden (Postman 1947, Westmeyer 1975). Die theoretischen Modelle besitzen lediglich einen heuristischen Hintergrund, der allerdings im Kontext der Rechtfertigung unseres Handelns (Stegmüller 1971) einen ausgesprochen bedeutsamen Zugriffsbereich bietet.

Wenn man nun operante Verfahren im Überblick betrachtet, so lassen sich drei große Gruppen unterscheiden:

1. Verfahren zum Aufbau von Verhalten,
2. Strategien zur Stabilisierung und zur Aufrechterhaltung von Verhalten sowie
3. übergeordnete Strategien des Kontingenzmanagements.

Die drei Bereiche werden im folgenden kurz abgehandelt. Für eine detailliertere und weitere Beschäftigung wird auf die einschlägige Literatur verwiesen (Honig u. Staddon 1977, Skinner 1953, vgl. auch Hinweise zur Literatur aus der Literaturliste von Schmelzer 1993).

Verfahren zum Aufbau und zur Aufrechterhaltung von Verhalten

Als wichtigste Möglichkeit zum Aufbau (d.h. zur Erhöhung der zukünftigen Auftrittswahrscheinlichkeit) von Verhalten muß die **positive Verstärkung** angeführt werden. Entscheidend für die Wirksamkeit ist die Kontingenz zwischen Verhalten einerseits und Konsequenz andererseits; Kontingenz meint die Relation des Verhaltens zu einer zugehörigen Konsequenz dieses Verhaltens. Dies ist deshalb bedeutsam, weil Verhalten üblicherweise unter multipler Kontingenzkontrolle steht – Verhalten ohne Konsequenzen ist schwer denkbar. Aus einer ganzen Reihe möglicher Verhaltenskonsequenzen wird diejenige Konsequenz/Verstärker wirken, die in Relation zu anderen Stimuli eine gewisse Prägnanz besitzt (Herrnstein 1969). Zur Verdeutlichung der Kontingenzrelation ist es wichtig, Konsequenzen des Verhaltens unmittelbar darzubieten, damit diese Relation leichter hergestellt werden kann. Wenn Stimuli in großer zeitlicher Distanz zum Verhalten (verzögerte Verstärkung) dargeboten werden, so wird für das Individuum das Erkennen der Kontingenzrelation erschwert (Abb. 15.**17**).

Auf die sog. **Zusammengehörigkeit** von Verhalten (R) und Verstärker (C+) haben unter anderem Garcia u. Mitarb. (1972) hingewiesen; aus der Verhaltenskette werden nicht diejenigen Konsequenzen eines Verhaltens als Verstärker wirksam, die sich in zeitlicher und räumlicher Nähe zum Verhalten befinden, sondern das Individuum sucht gewissermaßen seine Umgebung nach zugehörigen Stimuli ab. Dieses Prinzip moderner Lerntheorien (Rescorla 1988) läßt sich bereits im infrahumanen Bereich nachweisen. Es verweist auf die biologisch-evolutionäre Vernetzung von Lernprozessen (Seligman 1970, McNally 1987), ebenso wie auf die Sichtweise von Lernen als aktiver und auf mehreren Ebenen ablaufendem Prozeß der humanen Entwicklung.

Für die therapeutische Praxis, in der es um den Aufbau von Verhalten durch positive Verstärkung geht, sind folgende Hinweise bedeutsam:

- Vor der Anwendung positiver Verstärkung bedarf es einer funktionalen Analyse und der Bestimmung relevanter Verstärker (in der Regel durch Beobachtung).
- Als positive Verstärker eignen sich nicht nur primäre und sekundäre Verstärker, sondern auch Verhaltensweisen des Individuums selbst (Premack 1965).
- Positive Verstärker sollten unmittelbar nach dem Auftreten des Zielverhaltens verabreicht werden.

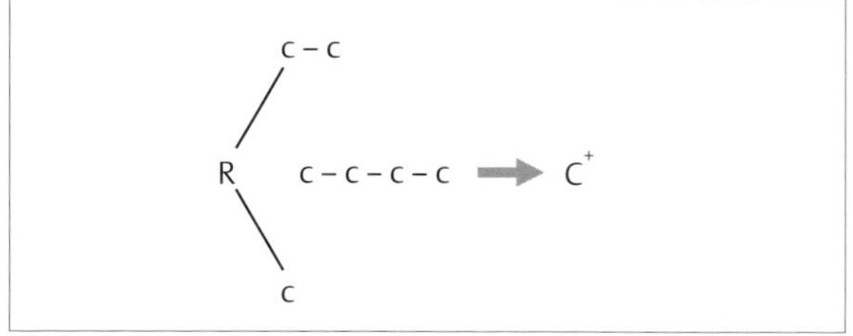

Abb. 15.**17** Zusammengehörigkeit von Verhalten (R) und Verstärker (C^+)

- Dem Individuum sollte die Relation zwischen erwünschtem Verhalten und der Verabreichung der Verstärker transparent sein.
- Zur Vermeidung von Sättigungseffekten sollte die Darbietung von Verstärkern möglichst variabel erfolgen (Abwechslung in den positiven Verstärkern).
- Zum Aufbau von Verhalten sollte die positive Verstärkung zunächst kontinuierlich erfolgen, zur Stabilisierung (s. unten) von Verhalten sollte zur intermittierenden Verstärkung übergegangen werden (Ferster u. Skinner 1957, Holland u. Skinner 1971).
- Bei der Auswahl des Zielverhaltens sollte darauf geachtet werden, daß es selbstverstärkend wird bzw. eine Vernetzung in der natürlichen Umgebung erfährt; darüber hinaus sollte die Person schrittweise dazu befähigt werden, die Verstärkung selbst durchzuführen (zur Selbstkontrolle S. 208 ff).

Die prinzipielle Wirksamkeit der Strategie positiver Verstärkung erscheint unbestritten; für Anwendungen im therapeutischen Kontext kann man auf die Entwicklung prosozialen Verhaltens bei aggressiven Kindern, auf die Entwicklung von Sprachverhalten usw. ebenso verweisen, wie auf die Vermittlung komplexer Fertigkeiten bei psychiatrischen Patienten; im Bereich depressiver Störungen besitzen operante Verfahren beim Aufbau aktiven Verhaltens ebenso große Bedeutung wie bei der Entwicklung neuer Verhaltensweisen bei sozialen Phobien sowie im Rahmen der Förderung „gesunder" Verhaltensmuster der Verhaltensmedizin (z.B. Compliance; Eßverhalten; Bewegungsverhalten usw.).

Viele Strategien der positiven Verstärkung sind so sehr Bestandteil des therapeutischen Repertoires, daß wir sie kaum noch explizit erwähnen; dazu gehören die nonverbale Unterstützung eines Patienten durch Zuwendung, durch Kopfnikken, aber auch die direkte verbale Unterstützung für das Erreichen von therapeutischen Teilzielen. Positive Verstärkung wird zumeist in Kombination mit anderen Verfahren verwendet, z.B. im Rahmen des Diskriminationslernens bei der Ausformung sprachlichen Verhaltens oder in Kombination mit Strategien der Löschung in einer therapeutischen Kindergruppe zum Aufbau prosozialen Verhaltens.

Als spezielle Möglichkeiten positiver Verstärkung sind einige Verfahren anzuführen, die sich insbesondere dann anbieten, wenn es um die erstmalige Ausformung von Verhalten geht (wenn beispielsweise bestimmte Zielverhaltensweisen im Repertoire eines Patienten noch gar nicht vorhanden sind):

Shaping meint eine schrittweise Ausformung von Verhalten, wobei zunächst erste Elemente und Ansatzpunkte des Zielverhaltens positiv verstärkt werden (z.B. erste sprachliche Laute beim Ausformen der menschlichen Sprache). Das Verfahren des Shaping erfordert eine Analyse des Zielverhaltens in diejenigen grundlegenden Reaktionen, die als erste Annäherung gesehen und verstärkt werden können (Rimm u. Masters 1979). Im Rahmen des Fortschritts werden die Annäherungen nur mehr diskriminativ verstärkt, d.h. wenn sie eine immer bessere Ähnlichkeit mit dem Zielverhalten aufweisen.

Chaining beinhaltet den Aufbau einer komplexen Verhaltensweise; dabei wird das letzte Element der Kette als erstes verstärkt und die Verhaltenskette gewissermaßen „von hinten" ausgeformt. Beim **Chaining** macht man sich den Umstand zunutze, daß in einer komplexen Verhaltenskette üblicherweise erst das **letzte** Element, also der Abschluß verstärkt wird. Durch das Prinzip der Koppelung erwerben die einzelnen Elemente der Kette schrittweise ebenfalls (sekundären) Verstärkungscharakter.

Prompting: Darunter ist eine verbale oder verhaltensmäßige Hilfestellung zu verstehen; durch Instruktion, an der Hand führen usw. sollte die Aufmerksamkeit des Kindes überhaupt erst auf das erwünschte Verhalten gelenkt werden. Prompting bildet damit eine sehr elementare Strategie, damit positive Verstärkung greifen kann.

Fading bedeutet das schrittweise Ausblenden von Hilfsstimuli; zum Erlernen komplexen Verhaltens können zunächst verbale, bildliche oder verhaltensmäßige Hilfestellungen gegeben werden (z. B. Führen der Hand beim Schreiben. ..). Mit dem therapeutischen Fortschritt werden diese Hilfsstimuli schrittweise ausgeblendet, selbständige Ansätze werden konsequent positiv verstärkt bis das Zielverhalten schließlich unter die Kontrolle natürlicher Konsequenzen gelangt.

Die angeführten Strategien sind ebenfalls oft in ein komplexes Therapieprogramm vernetzt; Beispiele wären das Erlernen selbstsicheren Verhaltens, der Aufbau von motorischen Fertigkeiten usw. Kennzeichnend für operante Verfahren erscheint insbesondere das schrittweise Vorgehen, die Analyse komplexer Verhaltensmuster in kleine und kleinste Schritte und die konsequente Unterstützung der Person bei der Durchführung dieser Schritte hin zu komplexem Zielverhalten.

Mit der Ausformung bzw. dem Aufbau einer erwünschten Verhaltensweise ist Therapie üblicherweise nicht abgeschlossen; ein wichtiges Ziel besteht vielmehr darin, zur Stabilisierung (Generalisierung) des Verhaltens hinsichtlich zeitlicher und situativer Determinanten beizutragen. Die einschlägigen Verfahren bilden den Gegenstand der folgenden Darstellung.

Operante Strategien zur Stabilisierung von Verhalten

Das Ziel therapeutischer Bemühungen kann üblicherweise dann noch nicht als abgeschlossen gelten, wenn der Patient die vereinbarten therapeutischen Ziele im Rahmen des therapeutischen Kontextes erreicht hat. Therapie ist ganz allgemein gesehen auch mit spezifischen Stimulusbedingungen verknüpft, so daß neu gelernte Verhaltensmuster zumindest zum Teil auch unter die Kontrolle dieser Bedingungen gelangen. Ein Wegfall dieser Bedingungen beinhaltet eine Rückkehr zu denjenigen Belastungen, die für die Entstehung und Aufrechterhaltung der Pathologie zumindest mit ausschlaggebend waren. Dies ist in besonderer Weise bei der Durchführung von Verhaltenstherapie im stationären Setting gegeben. Unter dem Blickwinkel operanter Strategien gibt es verschiedene Möglichkeiten, die eine Stabilisierung des in der Therapie gelernten Verhaltensrepertoires unterstützen können.

Zu nennen ist in erster Linie ein **schrittweiser** Übergang von den therapeutischen auf die Bedingungen des natürlichen Kontextes; darin eingeschlossen ist das Abgehen von kontinuierlicher zu sog. intermittierender Verstärkung, weil dadurch das Verhalten besondere Löschungsresistenz besitzt (Kimble 1961, Kanfer u. Phillips 1970). In der therapeutischen Praxis könnte ein schrittweiser Übergang dadurch realisiert werden, daß Abstände zwischen den Therapiesitzungen verlängert werden (14tägig, 4 Wochen...). Im stationären Bereich könnte man an Wochenenden im häuslichen Rahmen denken, auch an einen schrittweisen und probeweisen Übergang zu Arbeitsbedingungen usw.

Als zweiter Aspekt ist anzuführen, daß bereits innerhalb des therapeutischen Kontextes auf die Stabilisierung geachtet werden kann; die therapeutischen Ziele sollten so gewählt sein, daß sie nicht nur durch Verstärkung von seiten des Therapeuten, sondern letztlich durch sog. „natürliche" Kontingenzen aufrechterhalten werden. Beispiele bilden Verhaltensmuster der Selbständigkeit, der Selbstsicherheit usw., die anfangs unter therapeutischer Hilfe ausgeformt und schließlich unter natürlichen Bedingungen (Bezugsgruppe, Familie) verstärkt und aufrechterhalten werden. Ganz generell sollten sowohl therapeutische Ziele als auch die therapeutische Strategie darauf ausgerichtet sein, den Wiedereinstieg des Patienten in den natürlichen Kontext zu erleichtern.

Dieser Gesichtspunkt bedarf häufig flankierender Maßnahmen, die teilweise auch als eigenständige Strategie angesehen werden können: Verhaltenstherapie beinhaltet eine Analyse und gegebenenfalls Veränderung derjenigen Bedingungen, die als Determinanten der Störung anzusehen sind. Eine konsequente funktionale Analyse (Holland 1978, Baer 1982) legt eine Veränderung der sozialen **Umgebungsbedingungen nahe**; diese Intervention in der natürlichen Umgebung eines Patienten stößt vielfach an Grenzen der Realisierbarkeit. Ob diese Grenzen mit dem Übergang von therapeutischer zu politischer Tätigkeit gegeben sind, wird in der Verhaltenstherapie berechtigterweise diskutiert (Keupp u. Rerrich 1982, Holland 1978). Wenn man ein Kontinuum therapeutischer und politischer Tätigkeit unterstellt, so ist festzuhalten, daß auch sog. reine therapeutische Tätigkeit politische Dimensionen und Implikationen aufweist.

Speziell zur Rückfallsprophylaxe und zum Umgang mit belastenden Bedingungen sollte Therapie nicht nur als Hilfestellung bei einer konkreten Schwierigkeit angelegt sein; idealerweise sollte Therapie eine Art Problemlöseperspektive vermitteln (D'Zurilla u. Goldfried 1971). Die Problemanalyse, Zielbestimmung und Therapieplanung kann in der Verhaltenstherapie so explizit und transparent gestaltet werden, daß das allgemeine Vorgehen eine Art flexibles Muster für künftige Schwierigkeiten, Belastungen und Probleme darstellt. In der einfachsten Form etwa beinhaltet eine solche Perspektive, daß ein Patient ein neu auftauchendes Problem wiederum als psychisches Problem sieht und sich aufgrund seiner Vorerfahrungen an einen Psychotherapeuten wendet. In der optimalen Variante könnte der Patient die in der Therapie gelernten Problemlösestrategien auf die neue Problemsituation übertragen und anwenden.

In vielen Fällen lassen sich die Umgebungsbedingungen nicht oder nur sehr schwer beeinflussen oder verändern (z. B. inflexible familiäre Strukturen bei einer Patientin mit Eßstörung; strukturelle Bedingungen am Arbeitsplatz bei einem Patienten mit einem Alkoholproblem usw.). Hier bieten sich Strategien der **Selbstkontrolle** in höchstem Maße an (S. 208 ff). Selbstkontrolle beinhaltet ganz allgemein, daß der Patient lernt, die Kontingenzen seines Verhaltens selbst zu setzen und dadurch sein Verhalten selbst zu steuern (Mahoney u. Thoresen 1974, Thoresen u. Mahoney 1974, Kanfer u. Karoly 1972). Das heißt nicht, daß man es dem Patienten selbst überläßt, sich gewissermaßen wie Münchhausen am eigenen Schopf aus dem Sumpf zu ziehen. Selbstkontrolle beinhaltet vielmehr eine Reihe vermittelbarer und lernbarer Strategien zur Steuerung des eigenen Verhaltens. Damit ist nicht nur eine Hilfestellung zur Stabilisierung von Verhalten

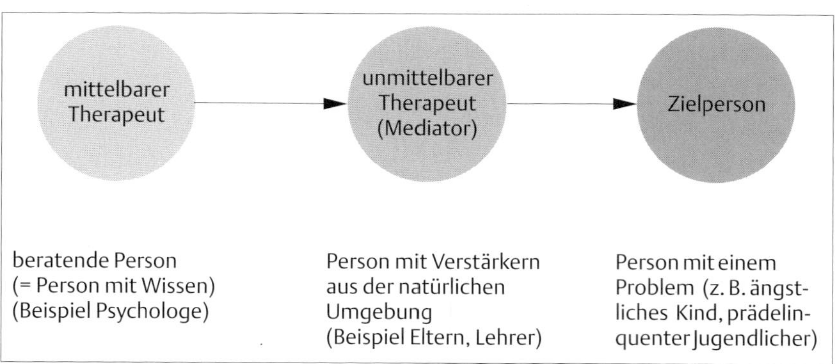

Abb. 15.**18** Prinzip des Mediatorenmodells (nach Tharp u. Wetzel 1975)

über den engeren therapeutischen Kontext hinaus geleistet; Selbstkontrolle bedeutet auch eine Unabhängigkeit des Patienten von therapeutischen Bedingungen in Richtung Selbstbestimmung und Selbstmanagement. Dieser Gesichtspunkt des Selbstmanagement wurde von Karoly u. Kanfer (1982) bzw. von Kanfer, Reinecker u. Schmelzer (1996) im Detail ausgearbeitet.

Strategien des Kontingenzmanagement

Kontingenzmanagement meint die systematische Anwendung operanter Strategien – abhängig von **Zielen** zum Aufbau konkreter Verhaltensmuster. Typische Beispiele sind Token Economies, Kontingenzverträge und die Umsetzung von Kontingenzmanagement in die natürliche Umgebung.

Token Economies meint die systematische Verabreichung von generalisierten konditionierten Verstärkern als Konsequenzen erwünschten Verhaltens; Tokens sind Objekte mit Tauschwert (z. B. Geld...), die weitgehend unabhängig vom aktuellen motivationalen Zustand einer Person eingesetzt werden können. Token Economies wurden ursprünglich in sog. geschlossenen Einrichtungen (z. B. psychiatrische Kliniken) eingesetzt, um Patienten zu Aktivitäten zu motivieren, die ihnen ein menschenwürdiges Dasein in und außerhalb der Klinik erleichterten (z. B. Anziehen, persönliche Hygiene; vgl. Ayllon u. Azrin 1968). Gerade der Einsatz in geschlossenen Einrichtungen (aber auch in Schulen, Heimen für Jugendliche usw.) setzt eine fundiertere Reflexion und entsprechende Begründung der therapeutischen Zielvorstellungen voraus; nur dadurch ist eine mißbräuchliche Umsetzung von Token Economies (z. B. im Sinne von Anpassung an herrschende Normen) zu verhindern.

Kontingenzverträge (contract management) beinhalten vertragliche Vereinbarungen – in der Regel zwischen Therapeut und Klient; vereinbart werden dabei konkrete Zielverhaltensweisen sowie die dafür zu verabreichenden Verstärker. Kontingenzverträge wurden in verschiedenen Bereichen angewendet, z. B. bei Partnerproblemen (Schindler, Hahlweg u. Revenstorf 1980), bei Alkoholismus (Petry 1993) zur Gewichtskontrolle (Stuart 1971) usw. Entscheidendes Element bei Kontingenzverträgen ist die präzise Spezifikation von Zielverhaltensweisen sowie der Kontingenzen, die für das Erreichen bzw. Nicht-Erreichen erfolgen (Kirschenbaum u. Flanery 1983 u. 1984). Verträge können nicht nur zwischen Therapeut und Klient abgeschlossen werden; große Bedeutung besitzen vertragliche Vereinbarungen der Person mit sich selbst, wie dies im Rahmen der Selbstkontrolle geschieht.

Die Anwendung von Kontingenzmanagement in der natürlichen Umgebung macht sich den Umstand zunutze, daß in der Regel nicht Therapeuten, sondern Personen der natürlichen Umgebung eines Patienten über die entscheidenden Verstärker verfügen. Diese Personen der natürlichen Umgebung werden im Rahmen des Kontingenzmanagements darin geschult, relevante Verstärker gezielt für erwünschtes Zielverhalten zu verabreichen. Das von Tharp u. Wetzel (1975) entwickelte Konzept beinhaltet eine Veränderung des dyadischen Therapeut-Klient-Verhältnisses in Richtung eines triadischen Modells (Abb. 15.**18**).

In dem auch als „Mediatorenmodell" bekannt gewordenen Vorgehen kommt den sog. unmittelbaren Therapeuten die zentrale Rolle bei der Veränderung des zentralen Verhaltens einer Zielperson zu: Da sie über die relevanten Verstärker verfügen, bedarf es in der professionellen Intervention vor allem einer Präzisierung der **Ziele** und konkreter Merkmale unerwünschter Verhaltensweisen; als Konsequenzen solcher Verhaltensmuster (z. B. kooperatives Verhalten bei einem aggressiven Kind in einer Kindergartengruppe) werden vom unmittelbaren Therapeuten (z. B. Eltern, Lehrer, Gruppenleiter...) die vereinbarten Konsequenzen verabreicht. Beispiele für die Anwendung finden sich unter anderem in Elterntrainings (Perrez, Minsel u. Wimmer 1985); auch gemeindepsychologische Ansätze können als Weiterentwicklungen von operanten Ansätzen im Bereich natürlicher Settings gesehen werden (Heyden 1986, Zurek 1991).

Zusammenfassung

Die Bedeutung operanter Verfahren für die Verhaltenstherapie ist nicht hoch genug einzuschätzen; dies gilt nicht nur in historischer Hinsicht: Trotz der Entwicklung kognitiver Konzepte und kognitiver Therapieverfahren (s. unten) gehören die operanten Techniken zu den klassischen und bewährten Bereichen innerhalb der Verhaltenstherapie. Die operanten Techniken haben auch außerhalb des engeren klinisch-psychologischen Bereiches eine enorme Bedeutung: Zu nennen sind Strategien im Bereich der Schule, des Management, der Personalführung, Bereiche der Energieversorgung, des Umweltschutzes usw. (z. B. Kazdin 1977, s. dazu S. 219 f, D'Zurilla 1986, Kanfer u. Busemeyer 1982, Nezu u. Nezu 1989). Hier geht es ganz generell gesehen darum, durch eine Planung von Kontingenzen entsprechendes Zielverhalten zu steuern (z. B. Verwendung öffentlicher Verkehrsmittel; Transparenz des Energiekonsums). Andere Einsatzfelder der operanten

Technologie sind im weiten Feld der Verhaltensmedizin zu sehen, speziell im Bereich der Prävention von Risikofaktoren, die in enger Weise mit unserem **Verhalten** zusammenhängen (z.B. Rauchen, Ernährung, Bewegung...). Dabei ist – wie generell bei der Steuerung unseres Verhaltens – von einer multiplen Kontrolle auszugehen. Im Konzert der entsprechenden Bedingungen allerdings die Rolle operanter Faktoren zu vernachlässigen wäre höchst problematisch.

Modellernen

Die Methoden des Modellernens sind in höchstem Maße mit dem Namen von A. Bandura verknüpft (Bandura 1969, 1977 u. 1986). Modellernen beinhaltet die beobachtbare Tatsache, daß Menschen (und offenbar auch infrahumane Lebewesen) in zum Teil sehr rascher und effizienter Weise in der Lage sind, komplexes Verhalten und andere Personen zu beobachten, nachzuahmen und im eigenen Verhaltensrepertoire zu stabilisieren.

Modellernen ist im Kontext der Sozialen Lerntheorie (Bandura 1977 u. 1986) zu sehen und meint, daß Lernprozesse in hohem Maße durch soziale und interpersonale Determinanten beeinflußt sind; die Methoden des Modellernens nehmen damit im Kontinuum von klassischen lerntheoretischen bis hin zu kognitiven Methoden eine Art Zwischenstellung ein (Abb. 15.**19**).

Als Grundlagen des sozialen Lernens wird von Bandura (1977) immer wieder auf die Bedeutung folgender Prozesse verwiesen, die gewissermaßen als Voraussetzung für das Modellernen angesehen werden müssen:

Prozesse der Aufmerksamkeit beinhalten die Wahrnehmung und selektive Filterung von Information durch einen Beobachter; diese Aufmerksamkeit des Beobachters wird offenbar durch Merkmale des Modells ebenso gesteuert wie durch motivationale und emotionale Bedingungen des Beobachters.

Prozesse der Speicherung von Information: Da eine Nachahmung häufig nicht unmittelbar stattfindet, muß beim Beobachter ein Prozeß der Speicherung angenommen werden; man hat sich diese Speicherung als **aktiven** Vorgang im verbalen oder bildlichen Repräsentationssystem vorzustellen (und keineswegs im Sinne eines passiven Bildes). Gespeichert werden vom Individuum offenbar jene Aspekte eines komplexen Vorgangs, die im Kontext **eigener** Bedürfnisse relevant sind.

Reproduktionsprozesse: Eine zwar triviale, aber dennoch höchst wichtige Voraussetzung besteht in der Annahme von verbalen, kognitiven oder motorischen **Reproduktionsprozessen**. Dies beinhaltet geistige und physische Voraussetzungen, ohne die beobachtete Muster nicht reproduzierbar sind. Gerade auf der Ebene von Reproduktionsprozessen scheinen auch zum Teil enge Grenzen des Modellernens zu liegen: Wir können komplexe Verhaltensweisen offenbar mit größter Aufmerksamkeit verfolgen und entsprechend speichern; eine Reproduktion wird zum Teil nur unter hohem Aufwand von Übung gelingen (z.B. beim Erlernen einer Fremdsprache oder bei komplexen sportlichen Aktivitäten).

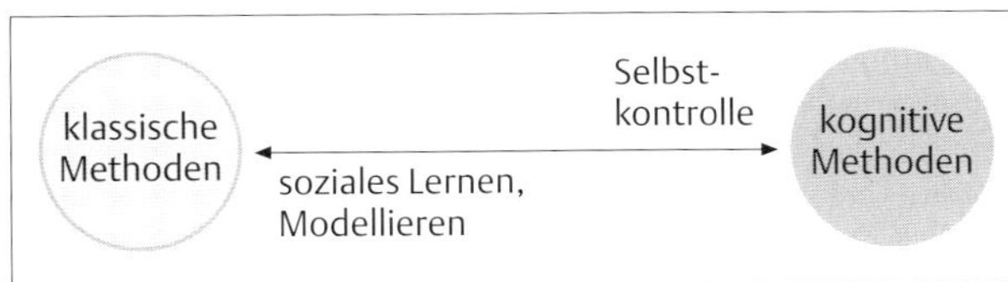

Abb. 15.**19** Verdeutlichung des Stellenwerts von Modellernen im Rahmen klassischer und kognitiver Methoden

Motivationale Prozesse stellen für das Lernen ganz allgemein zentrale Bedingungen dar, in besonderer Weise spielen sie beim Modellernen eine ausschlaggebende Rolle. Sehr deutlich wird dies anhand einer Unterscheidung, die gerade bei kognitiv-sozialen Lerntheorien zu treffen ist. „Learning" (Lernen) meint die Übernahme von Lerninhalten, ohne daß diese unbedingt gezeigt werden müssen (demnach ist anzunehmen, daß das Repertoire strukturell vorhanden ist). „Performance" (Ausführung) meint, daß Verhalten auch gezeigt, geäußert wird; dies setzt situative Auslösebedingungen ebenso voraus wie motorische Determinanten im Sinne vergangener oder erwarteter Konsequenzen (Verstärkung) des Verhaltens.

Strategien des Modellernens haben in der Verhaltenstherapie oft impliziten Charakter; Modellerntechniken werden (über Beispiele anderer Patienten, über verbale Beschreibungen...) oft nutzbar gemacht, ohne daß dies (etwa in einem Therapieplan) explizit angeführt würde (Perry u. Furukawa 1986, Rosenthal 1976 u. 1982, Rosenthal u. Steffek 1991).

Der Einsatz von Möglichkeiten des Modellernens bietet sich speziell dort an, wo es um die Vermittlung komplexer Verhaltensmuster geht; Goldstein (1975) hat verdeutlicht, daß sich Modellernen insbesondere dazu eignet, wenn therapeutische Hilfestellung auf der Ebene konkreten Handelns angesagt ist. Bandura (1969) unterschied drei Aspekte, in denen Modellernen therapeutisch besonders nützlich wird.

Modellernen kann genutzt werden, um Verhaltensweisen zu vermitteln, die im **Repertoire** des Patienten bisher nicht vorhanden waren. Während operante Methoden üblicherweise einen zwar effizienten, aber auch sehr mühsamen Weg der Vermittlung darstellen, können diese Prozesse durch Modellernen abgekürzt werden. Typische Beispiele wären sprachliche Fähigkeiten ebenso wie Fertigkeiten im interpersonalen Kontext (die sich z.B. im Rahmen einer therapeutischen Gruppe vermitteln lassen; s. Grawe 1980, Fiedler 1987 u. 1995).

Durch Modellernen können beim Beobachter (Patienten) Verhaltensweisen in ihrer **Auftrittshäufigkeit** gestärkt oder abgeschwächt werden; hier macht man sich den sog. hemmenden bzw. enthemmenden Effekt einer Modellperson – in seiner Wirkung auf das Verhalten des Beobachters – zunutze. Beispiele für enthemmende Effekte wären im Bereich prosozialen oder selbstsicheren Verhaltens zu sehen; hemmende Effekte auf aggressive Verhaltenstendenzen wären etwa durch die Beobachtung kooperativen Verhaltens von Modellpersonen gegeben.

Durch Modellernen werden Prozesse des **Diskriminationslernens** in besonderem Maße erleichtert: Die Vorgabe einer Modellperson erfolgt unter spezifischen Stimulusbedingungen, die vom Patienten beobachtet und für eigenes Verhalten übernommen werden kann. Beim Erlernen selbstsicherer Verhaltensmuster geht es häufig darum, zu erlernen, welches Verhalten in welchen Situationen als angemessen anzusehen ist. Hier müssen komplexe Stimulusbedingungen diskriminiert und sozial beurteilt werden (z.B. im Bereich des Stellens von Forderungen, bei Ablehnungen usw.).

In all diesen Möglichkeiten ist zu berücksichtigen, daß Modellernen auch unabhängig von der konkreten Darbietung eines Modells erfolgen kann; eine verbal-symbolische Beschreibung kann durchaus auch als Grundlage für das Modellernen ausreichen. Hier sind die Grenzen hin zu kognitiven Verfahren fließend.

Zur theoretischen Erklärung von Prozessen des Modellernens bezieht man sich in erster Linie auf sozial-kognitive Modelle (Vogl 1974, Bauer 1979). Erwähnt werden müssen auch ältere Ansätze, die verdeutlichen, daß Modellernen als ein komplexer Prozeß auf mehreren Ebenen zu verstehen ist. Bei der Erklärung hemmender oder enthemmender Effekte kann man durchaus auf instinkttheoretische Modelle zurückgreifen, die die Einbettung menschlichen Verhaltens in den evolutionären Kontext verdeutlichen. Eine gewisse Rolle spielen sicherlich auch assoziationstheoretische Modelle (z.B. hinsichtlich der Ähnlichkeit von Modellen und nachahmender Person); diese Ansätze verweisen darauf, daß eigenes Verhalten auch in der zeitlichen und räumlichen Nähe (Kontiguität) mit dem Verhalten der Modellperson verknüpft wird, was die Übernahme des Verhaltens erleichtert. Bei den motivationalen Bedingungen wurde bereits auf die Rolle der **Verstärkungsprozesse** hingewiesen; diese werden unter anderem von Miller u. Dollard (1941), in ausführlicher Weise natürlich von Skinner (1953) hervorgehoben. Mit der Unterscheidung von kontingenzgesteuertem und durch Regeln ausgeformtem Verhalten betont Skinner (1969) die Bedeutung von Lernmustern, denen gerade für das Modellernen eine wichtige Rolle zukommt.

Abschließend zum Modellernen ist anzuführen, daß die Rolle des Therapeuten in seiner Funktion als Modellperson nicht unterschätzt werden darf; Patienten übernehmen vom Therapeuten nicht nur konkrete Verhaltensweisen (z.B. beim Expositionstraining im Rahmen der Angstbehandlung), sondern vielfach auch Einstellungen, Werte und Normen des Therapeuten. Daß dies massive Konsequenzen für die Ausbildung von Therapeuten, insbesondere aber für die Therapeut-Patienten-Interaktion besitzt (Schindler 1991) sei hier nur angesprochen. Implikationen für den Aspekt des „Therapeuten als Person" wurden auch an anderer Stelle behandelt (Kanfer, Reinecker u. Schmelzer 1996, Teil III).

Methoden der Selbstkontrolle

Konzepte der Selbstkontrolle werden bereits in der klassischen Verhaltenstheorie abgehandelt (Skinner 1953 u. 1969); Selbstkontrolle meint dort allerdings lediglich die Tatsache, daß eine Person selbst in der Lage ist, Verhalten dadurch zu steuern, daß im Verhaltensrepertoire eine kontrollierende Reaktion ausgeführt wird. So gesehen bleiben Konzepte (und Methoden) der Selbstkontrolle den Prinzipien der externen Steuerung menschlichen Verhaltens verbunden. Erkenntnistheoretische und philosophische Fragen aus dem Kontext der Steuerung menschlichen Verhaltens durch die Person selbst bleiben in diesem Kontext weiterhin ungelöst; dennoch kann auf die einzelnen Begriffsklärungen verwiesen werden, die im Zusammenhang der Methoden der Verhaltenstherapie weiterhelfen.

Prinzipien und Begriffsklärungen: Selbstmanagement, Selbstregulation, Selbstkontrolle

Prinzipien der Selbstkontrolle werden dann klarer, wenn man bei der Regulation menschlichen Verhaltens unterschiedliche **Determinanten** berücksichtigt; diese Analyse folgt insbesondere den Ausführungen von F. H. Kanfer, dessen Forschungsarbeiten in diesem Bereich ohne Übertreibung als wegweisend angesehen werden müssen (Kanfer 1970 u. 1977, Kanfer u. Karoly 1972).

Die von Kanfer unterschiedenen Determinanten der Kontrolle menschlichen Verhaltens sind (S. 182):

α-Variablen: Dies beinhaltet die multiple Beeinflussung unseres Verhaltens durch **externe** Kontingenzen (z.B. Kälte, Hitze, spezielle situationale und soziale Bedingungen...).

β-Variablen: Dies sind selbstproduzierte Reize, die im Sinne der Informationsaufnahme und der Informationsverarbeitung als wichtige Bedingungen menschlichen Verhaltens angesehen werden müssen (z.B. Bewertungsprozesse, Erwartungen, Denken, Problemlösen...).

γ-Variablen: Biologisch-somatische Bedingungen müssen bei der Steuerung menschlichen Verhaltens als ganz wichtige Randbedingungen, als Hintergrundvariablen und in vielen Fällen auch als zentrale Einflußfaktoren angesehen werden (z.B. physiologisch-somatische Bedingungen; hormonelle Bedingungen; Alterungsprozesse usw.).

Menschliches Verhalten ist als Resultat des komplexen Zusammenspiels dieser Variablen aufzufassen; dabei ist zu beachten, daß **keine** der Variablen jemals völlig bedeutungslos wird, daß aber bei der Steuerung des Verhaltens das Gewicht der einzelnen Variablen sehr unterschiedlich sein kann.

Beispiel: Bei extrem starkem Hunger etwa (γ-Variablen) werden moralische Bedenken (β-Variablen) bezüglich Diebstahl kaum eine Rolle spielen; die Person wird sich von situativen Bedingungen (α-Variablen) kaum abhalten lassen, sich auf direktestem Wege Nahrung zu beschaffen.

Wenn wir demzufolge von Fremd- bzw. Selbstkontrolle sprechen, so ist damit lediglich ein **Kontinuum** gemeint, in dem einmal α-Variablen (Fremdkontrolle) und im anderen Falle β-Variablen (Selbstkontrolle) einen stärkeren Einfluß ausüben. Dies sollte auch am Systemmodell der Regulation menschlichen Verhaltens deutlich werden, das auf den S. 183ff dargestellt wurde. Die enorme Bedeutung von Variablen für die Kontrolle und Erklärung menschlichen Verhaltens ergibt sich in besonderem Maße aus den Grundlagen eines interaktionistischen Modells (Mischel 1973 u. 1986): Menschliches Verhalten ist zwar vielfach als Folge von externen Situationen zu betrachten, auf der anderen Seite verändert menschliches Verhalten auch die externe Situation (in drastischer Form z.B. im Bereich der Veränderung unserer Umwelt durch Autofahren, durch unser Verhalten im Bereich der Entsorgung usw.). An Abb. 15.**20** läßt sich dieser interaktionistische Einfluß verdeutlichen:

externe Situation → menschliches Verhalten → Einfluß auf externe Situationen usw.

Abb. 15.**20** Perspektive der Interaktion menschlichen Verhaltens mit externen Bedingungen

Begriffsklärungen

Selbstmanagement bezeichnet die allgemeine Fähigkeit eines Menschen, eigenes Verhalten unter expliziter oder impliziter Nutzung spezieller Strategien zu steuern bzw. zu verändern (Karoly u. Kanfer 1982, Kanfer, Reinecker u. Schmelzer 1996). Selbstmanagement meint eine Art „Metamodell des Therapieprozesses" (Hecht 1984, S. 403), in dem β-Variablen zur Steuerung zumindest zeitweilig im Vordergrund stehen.

Selbstregulation umfaßt eine Beschreibung und theoretische Klärung derjenigen Prozesse, die bei der Steuerung menschlichen Verhaltens ablaufen. Kanfer (1977) unterscheidet dabei die Stufen der Selbstbeobachtung, der Selbstbewertung und der Selbstverstärkung: Diese können zum Teil sehr rasch und automatisiert ablaufen; in vielen Fällen – z. B. beim Erlernen einer komplexen Aktivität wie dem Radfahren – werden die einzelnen Schritte jedoch ganz explizit und langsam durchlaufen (Karoly 1993 u. 1995).

Selbstkontrolle meint einen Spezialfall der Selbstregulation insofern, als der automatisierte Verhaltensablauf angesichts einer Problemsituation oder eines **Konflikts** unterbrochen wird. Von Selbstkontrolle spricht man genau dann, wenn die Person Verhaltensweisen setzt, die im Prinzip nicht zu erwarten wären. In diesem Kontext wird häufig vom „Paradoxon der Selbstkontrolle" (Hartig 1973, Reinecker 1978) gesprochen.

Dabei lassen sich zwei Typen von Konflikten unterscheiden, nämlich (Abb. 15.**21 a** u. **b**)

- „Widerstehen einer Versuchung": Eine Person führt eine Handlung nicht aus, obwohl für diese Handlung eine höhere Auftrittswahrscheinlichkeit bestünde (z. B. keine Kuchenbestellung in einer Konditorei).
- „Heldenhaftes Verhalten": Die Person führt ein Verhalten aus, obwohl dieses Verhalten kurzfristig unter aversiver Kontrolle steht und damit kurzfristig eine niedrige Auftrittswahrscheinlichkeit besitzt (z. B. Aufsuchen eines Zahnarztes, obwohl derzeit keine Schmerzen).

Selbstkontrollverhalten ist rein verhaltenstheoretisch nur sehr schwer zu erklären; im Prinzip müßte die Person in einer Situation dasjenige Verhalten „wählen", das unter kurzfristiger Kontrolle steht. Offenbar sind Menschen in der Lage, zugunsten **langfristiger** Vorteile auch auf kurzfristige Verstärkung zu verzichten bzw. kurzfristig aversive Situationen zu ertragen. Hartig (1973) verdeutlicht hierzu, daß Selbstkontrolle nur erklärbar ist, wenn man vor der Durchführung des Selbstkontrollverhaltens einen kognitiv-motivationalen Prozeß annimmt. Dieser Prozeß – auf der Ebene von β-Variablen – ist offenbar entscheidend daran beteiligt, die Bedeutung externer (α) bzw. somatisch-physiologischer (γ) Variablen in den Hintergrund zu stellen und Verhalten anhand vorgestellter kognitiver Kontingenz zu steuern. Genau diese Steuerung anhand kognitiver Kontingenz (β-Variable) kommt bei den zu besprechenden Methoden der Selbstkontrolle zum Tragen.

Methoden der Selbstkontrolle

Als Methoden der Selbstkontrolle werden hier lediglich Verfahren angeführt, die im Sinne der Begriffsklärung – auf der Basis einer konflikthaften Situation – eine zentrale Rolle spielen. Ausgeklammert (und getrennt erörtert) werden kognitive Interventionstechniken, die natürlich in ebensolchem Maße auf β-Kontrolle zurückgreifen.

Als therapeutisch relevante Methoden der Selbstkontrolle sind

- die Selbstbeobachtung,
- Stimuluskontrolle und
- Kontingenzkontrolle anzuführen.

Selbstbeobachtung

Sie wird in vielen verhaltenstherapeutischen Ansätzen als eine Methode der **Datengewinnung** verwendet; dabei zeigt sich, daß sich als Folge der Selbstbeobachtung und Selbstaufzeichnung eine Veränderung des Zielverhaltens ergibt. Dies rechtfertigt den Einsatz von Selbstbeobachtung als eigenständige Methode der Selbstkontrolle (Thoresen u. Mahoney 1974; Mahoney u. Thoresen 1974, Logue 1995).

Das Prinzip bei diesem Verfahren besteht darin, daß der Patient dazu angeleitet wird, entscheidende Merkmale seines Verhaltens oder situationaler Bedingungen des Verhaltens zu beobachten und zu registrieren; dies erfolgt zumeist anhand von kurzen Notizen, von Strichlisten oder auch anhand einer Eintragung in ein geeignetes Schema. Besonders wichtig daran erscheint, daß die Erfassung möglichst einfach erfolgen sollte, weil andernfalls die Genauigkeit der Erfassung nicht gewährleistet ist. Verfahren der Selbstbeobachtung eignen sich insbesondere zur Beobachtung von Verhalten und von speziellen Situationen im natürlichen Umfeld des Patienten und zur Beobachtung von Prozessen, die anderweitig kaum zu erfassen sind (z. B. gedankliche Abläufe; Selbstverbalisationen …).

Einschränkend zur Methode der Selbstbeobachtung ist anzuführen, daß die therapeutischen Effekte von Selbstbe-

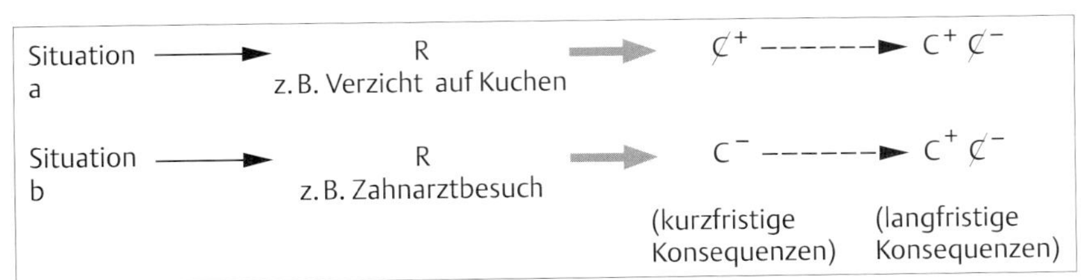

Abb. 15.**21** Typen der Selbstkontrolle in verhaltenstheoretischer Terminologie

obachtung üblicherweise eher kurzfristig sind, so daß sich die Selbstbeobachtung vor allem für den **Beginn** von therapeutischen Änderungsprogrammen eignet. Aus pragmatischen Gründen sollte Problemverhalten **vor**, Zielverhaltensweisen allerdings **nach** dessen Auftreten beobachtet werden, um die therapeutische Veränderung besonders zu nutzen. Genutzt wird hier insbesondere der **reaktive** Effekt von Selbstbeobachtung, d.h. die Tatsache, daß sich Verhalten aufgrund der Beobachtung zumeist in therapeutische Zielrichtung verändert (Hecht 1979, Nelson u. Hayes 1981). Als ein besonderer Vorzug der Selbstbeobachtung ist abschließend anzuführen, daß der Patient durch die Selbstbeobachtung – meist in einem sehr frühen Stadium des therapeutischen Prozesses – aktiv und eigenständig am Vorhaben der Veränderung beteiligt wird (Ziel: Selbstmanagement).

Stimuluskontrolle

Das Prinzip der Stimuluskontrolle meint eine Veränderung derjenigen Bedingungen des Verhaltens, die als dessen entscheidende Determinanten (Auslöser) angesehen werden können; die Person verändert dabei soziale oder physikalische Determinanten der Umgebung so, daß das Zielverhalten wahrscheinlicher wird (bzw. Problemverhalten in seiner Auftrittshäufigkeit sinkt).

Ein optimales Arrangement der Stimulusbedingungen sollte in einer Situation erfolgen, in der das Problemverhalten (z.B. Alkoholkonsum) bzw. in der erwünschtes Verhalten (z.B. konzentriertes Arbeiten am Schreibtisch) noch nicht auftritt. In beiden Fällen wird die Umgebung so gestaltet, daß in der kritischen Situation eine weitgehend automatisierte Verhaltenskette unterbrochen und das erwünschte Zielverhalten wahrscheinlicher wird.

Beispiele für Stimuluskontrolle wären der Verzicht auf den Besuch eines Gasthauses oder das Wegräumen von Aschenbechern, das Unterlassen des Kaufs von Zigaretten usw.; im anderen Falle wäre es das Aufräumen des Schreibtisches, Buchen eines Trainingskurses usw.

Durch das frühzeitige Schaffen von externen Bedingungen werden Situationen so gestaltet, daß diskriminative Hinweisreize das Zielverhalten auslösen (Logue 1995); als ein solcher diskriminativer Hinweisreiz kann klarerweise auch eigenes Verhalten angesehen werden (z.B. Verlassen einer Betriebsfeier, auf der viel Alkohol konsumiert wird...). Einen sehr breiten und wichtigen Bereich von Stimulusbedingungen machen **kognitive** Prozesse aus, die durch Selbstkontrollstrategien an den Beginn einer Verhaltenskette gesetzt werden können; zu denken ist an Selbstinstruktionen, an Selbstverbalisationen bzw. ganz generell an die Steuerung des Verhaltens durch selbstproduzierte verbale Stimuli (Meichenbaum 1974 u. 1977). Darauf wird bei den kognitiven Verfahren noch einzugehen sein. Hingewiesen werden muß allerdings darauf, daß Verfahren der Stimuluskontrolle in der Regel mit anderen Verfahren der Selbst- bzw. Fremdkontrolle gekoppelt sind. Dies unterstreicht, daß β-Kontrolle in der Regel nicht allein zur Steuerung des problematischen Verhaltens herangezogen wird.

Kontingenzkontrolle

Verfahren zur Steuerung menschlichen Verhaltens durch den gezielten Einsatz externer Kontingenzen besitzen in der Verhaltenstherapie – und nicht nur hier, man denke an natürliche Kontrolle durch Umgebungskontingenzen – eine große Bedeutung. Diese Verfahren (S. 203ff) können im Prinzip auch von der Person selbst eingesetzt werden. Der wichtige Unterschied zwischen Selbst- und Fremdverstärkung besteht darin, daß die Person **selbs**t über die Vergabe einer selbst verabreichten Verhaltenskontingenz **entscheidet**.

Die Frage, inwiefern Selbstverstärkung anzuwenden ist, hängt offenbar stark von unseren Gewohnheiten, vom kulturellen Hintergrund und von festgefügten Einstellungen ab (Selbstlob stinkt). Dabei zeigt sich, daß Verfahren der eigenständigen Steuerung von Kontingenz für eigenes Verhalten offenbar ganz ähnlich effektiv sind wie Verfahren der externen Verstärkung (Kanfer 1977). Verfahren der Selbstverstärkung besitzen darüber hinaus den großen Vorteil, daß sie den Patienten in höherem Maße von externer Kontrolle unabhängig macht, und daß die Person ihre Einstellung zu sich selbst in bedeutsamer Weise verändert. Die Steuerung von Verhalten durch den selbstkontrollierten Einsatz externer Kontingenzen kann in günstiger Weise durch die Abgabe von Kontrakten erfolgen; ein solcher Vertrag mit sich selbst legt im Vorhinein fest, welche Konsequenzen unter welchen Bedingungen zu verabreichen sind. Bei den Kontrakten sollte es sich nicht um sog. „Silvesterversprechen" handeln, weil hier die Abgabe des Versprechens unter völlig anderen Kontingenzen steht als das Einhalten des Vertrags. Die für Verträge günstige Form, Formulierungen und Bedingungen wurden mehrfach im Detail abgehandelt (Mahoney u. Thoresen 1974, Kanfer 1977, Reinecker 1978). In diesem Zusammenhang ist auf die motivationale Funktion von Verträgen besonders hinzuweisen (Klinger 1982): Insbesondere selbstgesetzte Ziele und Standards bilden wichtige Quellen internaler Motivation, die im Rahmen von Selbstkontrollstrategien gezielt nutzbar gemacht werden können.

Vorzüge und Probleme von Selbstkontrollverfahren

Selbstkontrollverfahren stellen weder in technologischer noch in ethischer Hinsicht eine Lösung der vielen offenen Fragen und Probleme innerhalb von Strategien der Verhaltenstherapie dar. Sie bilden allerdings eine wichtige Ergänzung des Interventionsspektrums. Als ein sehr wichtiges und ernst zu nehmendes Problem muß erwähnt werden, daß theoretische Fragen zum Thema „Selbst", zur Frage der „Kontrolle" und zur Rolle kognitiver Interventionsstrategien weiterhin als offen bezeichnet werden müssen. Vor dem Hintergrund dieser theoretischen Rätsel nimmt es wenig Wunder, wenn auch empirische Fragen im Bereich der Therapieforschung nach wie vor einer konsequenten Bearbeitung bzw. Lösung harren.

Trotz dieser offensichtlichen Probleme müssen eine Reihe von Vorzügen und Vorteilen der Selbstkontrollverfahren erwähnt werden; diese Vorzüge machen Selbstkontrollstrategien für die Praxis der Therapie besonders attraktiv.

Als erstes ist zu erwähnen, daß Selbstkontrolle (neben dem technischen Aspekt) auch ein generelles Ziel therapeutischer Interventionen darstellt; Ziel der Therapie besteht in Selbstkontrolle, d.h. Eigensteuerung durch den Patienten, in einer Erhöhung von Steuerung durch β-Variablen. Dies wird vielfach als generell motivierend angesehen (selbstgesetzte Ziele sind eine wichtige Quelle der Motivation). So gesehen kann Selbstkontrolle als generelles Ziel therapeutischer Intervention aufgefaßt werden; in der neueren Terminologie wurde dafür der Begriff des Selbstmanagements geprägt (Karoly u. Kanfer 1982; Kanfer, Reinecker u. Schmelzer 1996).

Ein zweiter großer Vorzug ist mit der **relativen** Reduktion therapeutischer Kontrolle gegeben: In Selbstkontrollverfahren wird die Steuerung relativ relevanter Verhaltensmuster weitgehend (sicher nicht vollständig) durch den Patienten selbst übernommen. Von einer **relativen** Reduktion ist deshalb zu sprechen, weil natürlich auch Methoden der Selbstkontrolle innerhalb eines therapeutischen Settings, der damit verbundenen Begrifflichkeiten und Kontrolle vermittelt werden.

Mit Hilfe von Selbstkontrollverfahren sind drittens Übergänge zur Selbsthilfe insofern geschaffen, als therapeutische Einflußnahme minimiert werden kann; gerade angesichts der begrenzten Möglichkeiten therapeutischer Versorgung kommen Strategien der Selbsthilfe durch Selbstkontrolle besondere Bedeutung zu (Fiedler 1981). Unterschiedliche Studien (Meyer u. Mitarb. 1991, Margraf 1995) verdeutlichen, daß nur ein geringer Teil betroffener und hilfsbedürftiger Menschen die Chance effizienter professioneller therapeutischer Hilfe besitzen. Somit werden Methoden der Selbstkontrolle zu Problemlösestrategien, die der Patient weitgehend eigenständig zur Bewältigung spezieller Probleme einsetzen und nutzbar machen kann.

Selbstkontrollmethoden bieten viertens eine spezielle Chance zur Kontrolle von Bedingungen **zwischen** den therapeutischen Sitzungen: Hier können problematische Bedingungen unter die Einflußnahme des Patienten kommen, so daß die Generalisierung, d.h. die Übertragung therapeutischer Einflüsse auf das natürliche Setting günstig gestaltet werden kann. Gerade bei der Beendigung therapeutischer Einflußnahme bietet sich dies als Möglichkeit zum Übergang in das natürliche Setting besonders an.

Als fünfter und letzter Vorzug ist anzuführen, daß Strategien der β-Kontrolle dann eine besondere Bedeutung zukommt, wenn Möglichkeiten zur Veränderung problematischer Bedingungen an eine Grenze stoßen: Beispiele dafür sind mit problematischen und pathologisierenden Bedingungen im Betrieb, in der Familie und im natürlichen Umfeld dann gegeben, wenn diese – aus welchen Gründen auch immer – als nicht veränderbar angesehen werden müssen. Hier bieten Selbstkontrollverfahren, vor allem Möglichkeiten der verbalen, der gedanklichen und emotionalen Kontrolle eine Chance zur Bewältigung von problematischen Bedingungen.

Speziell die letztgenannten Argumente sprechen bei therapeutischen Entscheidungen dafür, Selbstkontrollverfahren eine hohe Bedeutung zuzuerkennen; dabei ist zu berücksichtigen, daß Methoden der Selbstkontrolle in der Regel in ein therapeutisches Gesamtkonzept eingebettet sind und deshalb wohl kaum als alleinige zielführende therapeutische Methode Verwendung finden.

Modelle kognitiver Therapieverfahren

Kognitive Therapieverfahren intendieren eine möglichst direkte Veränderung derjenigen Prozesse, die oben dem Bereich der β-Variablen zugeordnet wurden (Kanfer 1977); konkret handelt es sich dabei darum, Prozesse des Denkens, der Bewertung, der Vorstellung, der Erwartung usw. zu modifizieren, da diese Prozesse einen besonderen Einfluß auf menschliches Erleben und Verhalten haben. Die unterschiedlichen Standpunkte von klassischer Verhaltenstherapie, kognitiver Therapie und von kognitiver Verhaltenstherapie lassen sich in folgender Skizze verdeutlichen (Abb. 15.**22**).

Einleitend sei darauf hingewiesen, daß die angesprochene direkte Veränderung kognitiver Prozesse wohl nur schwerlich ohne die Berücksichtigung von beobachtbaren Prozessen des Verhaltens (Handelns) möglich sein wird. Auf der anderen Seite verläuft auch die Änderung von Verhalten durch Übung in der Regel **bewußt**, d.h. unter Heranziehung von Aspekten des Denkens, der Informationsverarbeitung usw. Besonders deutlich wird dies an der Bedeutung von plausiblen Modellen als Vorstufen von therapeutischen Änderungen.

> Beispiel: Bei der Planung eines Konfrontationsverfahrens bei Panik und Angst wird der Patient über das Vorgehen genau informiert und aufgeklärt. Diese **kognitive** Intervention bildet eine Voraussetzung für die Transparenz des Vorgehens, für Compliance und Selbstmanagement des Patienten. Die plausible Erklärung **allein** reicht zu einer Veränderung in der Regel nicht aus, sondern es bedarf des konkreten **Erlebens** der Übung in Situationen. Aus dieser Übung lernt der Patient, er strukturiert seine Erwartungen um usw.; daraus resultiert wieder eine Bereitschaft zu Veränderung, dazu, sich auf neue Übungen und Veränderungen einzulassen usw.

Für die Stabilität therapeutischer Veränderungen ist es sicherlich bedeutsam, daß sich beim Patienten auch Einstellungen, Erwartungen, Denkmuster usw. verändert haben; eine alleinige und „direkte" Veränderung von Erwartungen ist jedoch nur schwer möglich, die Veränderung von Erwartungen geschieht in optimaler Weise durch das konkrete Erleben des Patienten. Die Ausführungen über die Bedeutung einer

klassische Verhaltenstherapie	Änderung von Verhalten (speziell durch Übung)	→	Veränderung von Denken, Einstellungen, Erwartungen, Informationsverarbeitung usw.
kognitive Therapie	Veränderung von Denken und Bewertungsmustern	→	Veränderung von Verhaltensmustern
kognitive Verhaltenstherapie	Änderung von Verhalten	↔	Änderung von Denkmustern

Abb. 15.**22** Skizze über Schwerpunkte der klassischen Verhaltenstherapie, kognitiven Therapie und kongnitiven Verhaltenstherapie

reziproken Interaktion von Merkmalen der kognitiven Prozesse einerseits und von Prozessen des konkreten Verhaltens andererseits bilden nicht nur die Meinung des Autors ab; sie werden durch Befunde der Therapieforschung (Grawe 1992, Grawe, Donati u. Bernauer 1994) ebenso gestützt wie durch eine Analyse therapeutischer Prozesse (Brewin 1989, Schindler 1991).

Verhaltenstherapeutisches Vorgehen ist deshalb immer als kognitiv-verhaltenstherapeutisches Vorgehen zu sehen, ebenso wie kognitive Therapie **immer** verhaltenstherapeutische Ansätze besitzt (s. unten, zum Ansatz von A. T. Beck). Es erscheint aus systematischen und didaktischen Gründen dennoch gerechtfertigt, „kognitive Therapieverfahren“ getrennt zu besprechen, weil diese Ansätze von ihren Grundlagen her eine spezifisch andere Position vertreten, als die klassische Verhaltenstherapie. Die Umsetzung in die **Praxis** und das konkrete therapeutische **Vorgehen** greift in jedem Falle auf Merkmale der Übung und des konkreten Erlebens zurück. Dies rechtfertigt es, von „kognitiv verhaltenstherapeutischen Verfahren“ zu sprechen (Hawton, Salkovskis, Kirk u. Clark 1989, Dobson 1990, Hautzinger 1994, Salkovskis 1997).

Aus dem weiten Bereich kognitiver Verfahren werden zentrale Ansätze ausgewählt und dargestellt; es handelt sich dabei um 1. verdeckte Verfahren, um 2. Methoden der kognitiven Umstrukturierung sowie um 3. Ansätze des Problemlösens als kognitive Interventionsverfahren.

Verdeckte Verfahren

Die Entwicklung und Ausdifferenzierung der sog. verdeckten Verfahren ist in hohem Maße mit dem Namen J. R. Cautela (1973) verbunden; Grundlagen und Annahmen dazu stammen aber auch aus der Tradition von Skinner und wurden von L. Homme (1965) in der sog. „Kontinuitätsannahme“ festgehalten. Diese besagt, daß auf kognitive Ereignisse (Gedanken, Bilder, Erinnerungen, Erwartungen...) ebenso die Prinzipien der klassischen Lerntheorien anzuwenden sind, wie es für beobachtbare Stimuli und Reaktionen gilt. Kognitive Ereignisse sind zwar nicht beobachtbar, sie werden deshalb als „verdeckt“ bezeichnet, sie bilden aber genauso Elemente einer Verhaltenskette, wie dies für beobachtbare Ereignisse gilt.

> Beispiel: Der Anblick einer Menschenmenge löst bei einer agoraphobischen Patientin entsprechende Kognitionen, physiologische und Reaktionen auf der Ebene des konkreten Verhaltens aus (z. B. Gedanken an Katastrophen, Erhöhung der Herzrate, Vermeidungsverhalten usw.). Ähnliche Reaktionen können bei derselben Person auch durch die bloße **Vorstellung** einer Menschenmenge ausgelöst werden.

Hinweise auf die Bedeutung kognitiver Prozesse als Auslöser von physiologischen Reaktionen und Vermeidungsverhalten finden sich nicht nur in der klinischen Beobachtung, sondern in experimentellen Befunden von Bridger u. Mandel (1965). Auch in der funktionalen Analyse des Verhaltens liegt die Bedeutung kognitiver (verdeckter) Prozesse auf der Hand: Die innere Repräsentation eines externen Stimulus ist zwar nicht beobachtbar, dennoch kann aus den beobachtbaren Reaktionen der Person (und klarerweise aus ihren Aussagen) auf eine spezifische Qualität internaler Prozesse geschlossen werden.

Für so gut wie alle klassischen Verfahren der Verhaltenstherapie wurden von Cautela „verdeckte“ Versionen entwikkelt; der Vorzug dieser Varianten besteht darin, daß die Durchführung zunächst recht geringen Aufwand bedeutet, weil die Intervention gewissermaßen im Kopf des Patienten abläuft. So gesehen können verdeckte Interventionen häufig auch als Vorstufen und als Ergänzung der Verfahren zu direkten Interventionen auf der Verhaltensebene eingesetzt werden. Die einzelnen Verfahren werden hier nur kurz angesprochen und charakterisiert, für eine detailliertere Beschäftigung wird auf die Originalliteratur bei Cautela bzw. auf die Übersicht bei Mahoney (1977) und Roth (1987) verwiesen.

Verdecktes Gegenkonditionieren: Dies bedeutet die Hemmung von Vermeidungsreaktionen durch eine positive, angenehme Vorstellung (Cautela 1971). Das Verfahren ist im Prinzip der Systematischen Desensibilisierung sehr ähnlich (Wolpe 1969), greift aber auf andere theoretische Grundlagen zurück. Ein frühes Beispiel für die Anwendung findet sich bei Lazarus u. Abramovitz (1962): In diesem – auch als „emotive imagery“ bezeichneten Verfahren – wurde die Dunkelangst eines Kindes durch positive Vorstellungen bewältigt (ein 10jähriger Junge, der in die Rolle eines beliebten Komikhelden schlüpfte).

Verdeckte Sensibilisierung: Hier erfolgt eine Koppelung eines problematischen Verhaltens (z. B. Alkoholkonsum, Gewalt gegenüber Kindern...) mit der Vorstellung aversiver Szenen (z. B. Übelkeit, sofortige juristische Konsequenzen...). Für Cautela (1967) bildet das Verfahren durchaus eine Alternative zu den problematischen Aversionstechniken (s. auch Reinecker 1981). Neben dem Aspekt der Koppelung (= klassischer Lernprozeß) muß auch auf den Gesichtspunkt der Unterbrechung der Verhaltenskette und auf die notwendige Entwicklung von Verhaltensalternativen hingewiesen werden (Rimm u. Masters 1979).

Verdeckte Verstärkung: In diesem Verfahren wird vorgestelltes (erwünschtes) Verhalten mit einer für den Patienten sehr angenehmen Vorstellung gekoppelt (Cautela 1971). Neben dem direkten Aspekt der Koppelung ist hier auch ein Prozeß der schrittweisen (zunächst vorgestellten) Annäherung an erwünschtes Zielverhalten bedeutsam (z. B. selbstsicheres Verhalten in einer Gruppe...). Verdeckte Verstärkung beinhaltet auch eine Veränderung der Einstellung des Patienten zu sich selbst und eine Veränderung dessen, was Meichenbaum (1977) als den „inneren Monolog“ bezeichnet hat (s. unten). Die Relevanz des Verfahrens ergibt sich in hohem Maße wohl als eine Vorstufe zur externen Verstärkung und im Sinne einer kognitiven Umstrukturierung (Selbstverstärkung im Sinne von Bandura 1977, Kanfer 1977). So gesehen spielen Maßnahmen des „verdeckten“ Lernens wohl auch bei Verfahren der Klassischen Verhaltenstherapie (also auch bei externer Verstärkung, Gegenkonditionierung, Löschung, Modellernen usw.) eine zumeist implizite Rolle.

Resümee

> Während die Kontinuitätsannahme (Homme 1965, Cautela 1971 u. 1972) heute keineswegs mehr unumstritten ist (Mahoney 1977 u. 1980), steht die **praktische** Relevanz verdeckter Verfahren außer Frage; dies gilt insbesondere für Strategien der kognitiven Bewältigung (Lazarus u. Folkman 1984) bzw. für die zunächst gedankliche oder

verbale Annäherung an gefürchtete Situationen. Auch Hinweise auf die Sportpsychologie, in denen verschiedene komplizierte Übungen vor der Ausführung zunächst kognitiv durchgeübt werden, sind an dieser Stelle angebracht.

Methoden der kognitiven Umstrukturierung

Eine strikte Trennung in behaviorale Methoden einerseits und kognitive Verfahren andererseits ist weder aus theoretischen noch aus praktischen Gründen möglich: Im theoretischen Bereich muß darauf verwiesen werden, daß für Prozesse des Lernens **immer** Veränderungen auf mehreren Ebenen geltend gemacht werden müssen (Rescorla 1988). In der Praxis lassen sich auch klassisch-verhaltenstherapeutische Verfahren nicht ohne kognitive Umstrukturierung, ohne die Vermittlung von Information usw. durchführen (s. dazu die Beobachtungen in der Praxis von J. D. Wolpe [Klein, Dittman, Parloff u. Gill 1969] oder die Argumente betreffend kognitive Faktoren in der SD [Davison u. Wilson 1973, Wilkins 1971, Locke 1971, Yates 1975]). Auf der anderen Seite zeigt sich, daß gerade kognitiv-therapeutische Ansätze auf Aspekte der Übung, der Umsetzung in konkretes Verhalten großen Wert legen (Beck u. Mitarb. 1992, Hautzinger 1994). In diesem Licht sind die zentralen kognitiven Therapiemodelle zu sehen, nämlich die Prinzipien der Kognitiven Therapie von A. T. Beck, die RET von A. Ellis und der Ansatz von D. Meichenbaum.

A. T. Beck: Kognitive Therapie

Das Prinzip der Kognitiven Therapie hat im deutschen Sprachraum große Verbreitung gefunden (Hautzinger 1994). Dies hängt unter anderem mit den vielen gut kontrollierten Effektivitätsstudien zusammen (Niebel 1984, de Jong-Meyer u. Mitarb. 1992, Hautzinger u. Mitarb. 1992). Die Entwicklung geht auf Bemühungen zur Behandlung von Depressionen durch A. T. Beck in den 60er Jahren zurück: Hier zeigte sich, daß es bei Depressionen vor allem darauf ankommt, eine Veränderung der Kognitionen und der diesen Kognitionen zugrundeliegenden Schemata vorzunehmen. Nach Beck (1967) bzw. Beck u. Geenberg (1979) sowie Beck u. Mitarb. (1992) sind für depressive Personen typische Denkmuster (also kognitive Merkmale) kennzeichnend, nämlich 1. eine negative Sicht seiner selbst, 2. eine negative Sicht der Umwelt und 3. eine negative Sicht der Zukunft. Beck (1967) bezeichnet dies als **„Kognitive Triade“**. Gemäß dem Ätiologiemodell depressiver Störungen werden diese kognitiven Dysfunktionen als grundlegend angesehen, die anderen Merkmale der Störung (sozialer Rückzug, Inaktivität, emotionale und motivationale Störungen, somatische Aspekte...) darauf zurückgeführt. Konsequenterweise geht es in der Therapie der Depression nach Beck nicht so sehr um eine Veränderung von Merkmalen des Verhaltens (Lewinson 1975 oder bei Seligman, 1979), sondern um eine Veränderung der Denkfehler und der zugrundeliegenden dysfunktionalen Schemata.

Zur Korrektur dieser Denkfehler (z. B. selektive Wahrnehmung, willkürliches Schlußfolgern, Übergeneralisierung, dichotomes Denken...) wurden von Beck (1976, Beck u. Mitarb. 1992) unter anderem folgende Methoden kognitiver Intervention entwickelt (hier werden nur einige zentrale Techniken dargestellt, für eine detailliertere Darstellung muß auf Beck u. Mitarb. 1992 bzw. Hautzinger 1994 oder auch auf Hautzinger, Stark u. Treiber 1988 verwiesen werden):

1. **Bewältigung graduierter Aufgaben und Planung von Aktivitäten**: Hier sollte der Patient schrittweise Erfolge dadurch erleben, daß er/sie kleine Aufgaben wieder erledigt (z. B. sich anziehen, Einkaufen gehen...). Depressive Patienten sollten – durchaus direktiv – dazu angehalten werden, spezielle Aktivitäten in den Tages- und Wochenablauf einzuplanen. Solche Aktivitäten schaffen eine gewisse Struktur und zumindest die prinzipielle Chance für externe Verstärkung.
2. **Mastery- und Pleasure-Technik**: Patienten sollten zu unterscheiden lernen, welche Aktivitäten sie zumindest umsetzen können (M) bzw. welche ihnen auch eine gewisse Freude machen (P). Dies leistet eine gewisse Differenzierung in der Beurteilung des eigenen Verhaltensrepertoires.
3. **Registrieren automatischer Gedanken**: Automatische Gedanken sind zumeist Selbstverbalisationen, die sehr rasch ablaufen; nach der Theorie der Depression bilden sie eine wesentliche Determinante der Störung (z. B. „Mir wird nie etwas gelingen...“). Die Aufgabe des Patienten besteht darin, diese Gedanken zu sammeln und zu registrieren, um sie einer rationalen Diskussion, Argumentation und damit Veränderung zugänglich zu machen.
4. **Auseinandersetzung mit den Gedanken**: Hier sollte der Patient versuchen, auf seine automatischen Gedanken eine rationale Erwiderung zu finden; diese Technik (häufig als „Zwei-Spalten-Technik“ bezeichnet) schafft zumindest eine erste Distanzierung von den eigenen dysfunktionalen automatischen Gedanken. Die Technik läßt sich dahingehend erweitern, daß die Patienten nicht nur eine rationale Erwiderung festhalten, sondern daß sie auch eine Uminterpretation ihrer eigenen Annahmen über sich selbst, über die Umwelt und die Zukunft versuchen.
5. **Identifikation und Testen von Kognitionen**: Hier sollte der Patient lernen, seine Kognitionen an der Realität zu prüfen; dies ist insofern bedeutsam, als er damit eine Differenzierung zwischen seinen Vorstellungen und Fakten schafft. Da der Patient allerdings Fakten immer im Lichte seiner Kognitionen sieht, bedarf dies eines sehr sachlichen und durch den Therapeuten angeleiteten Vorgehens.
6. **Entkatastrophisieren und Umattribution, Entwicklung von Alternativen**: Hier sollte der Patient – unter anderem im Wege einer rationalen Diskussion – eine realistische Auseinandersetzung mit Gedanken und Umweltereignissen erlernen (z. B. „Was passiert, wenn Ihr Freund Sie verläßt...?“). Patienten vermeiden häufig eine Auseinandersetzung, bezeichnen das Ereignis einfach als „Katastrophe“ und sehen keine Möglichkeit einer anderen Beurteilung (Umattribution). Durch eine Konfrontation mit der Situation wird auch die Chance für die Entwicklung von Alternativen geleistet.
7. **Aufbau von realistischen Erwartungen**: Depressive Patienten verstellen sich selbst positive Entwicklungsmöglichkeiten, indem sie für die Zukunft eine ausschließlich pessimistische Perspektive sehen. Dazu bedarf es in therapeutischer Hinsicht einer Korrektur der **zeitlichen** Dimension (d. h. wenn etwas schief gegangen ist, so muß dies nicht auch in Zukunft so sein); auch der Aspekt der **Generalisierung** und die Gewißheit hinsichtlich negativer Erwartungen bedürfen der Korrektur durch realistische und positive Erwartungen.

Kognitive Therapie nach Beck ist ein stark strukturiertes und direktives Vorgehen (Hautzinger, Stark u. Treiber 1988). Die kurze Charakterisierung einzelner Schritte des therapeutischen Vorgehens sollte klar gemacht haben, daß kognitive und verhaltensorientierte Maßnahmen eng miteinander verzahnt sind, so daß sich die Bezeichnung als „Kognitive Therapie" wohl nur als Markenname rechtfertigt. Während die ursprüngliche Intention des Ansatzes auf depressive Störungen beschränkt war und hier von der Evaluation her als hoch bedeutsam und effizient beurteilt werden muß (Beck u. Mitarb. 1992, Niebel 1984, de Jong-Meyer 1992, Hautzinger u. Mitarb. 1992), erfuhr das Modell inzwischen auch eine Ausdehnung auf andere klinische Störungsbilder. Zu nennen sind insbesondere Angststörungen (Beck u. Emery 1985) sowie Persönlichkeitsstörungen (Freeman, Davis u. Di Tomaso 1992, Beck u. Freeman 1993; Fiedler 1994).

A. Ellis: Rational-Emotive-Therapie (RET)

Der Ausgangspunkt der theoretischen und therapeutischen Überlegungen lag bei Ellis (wie übrigens auch bei A. T. Beck) in der psychoanalytischen Tradition. Als philosophischer Hintergrund sind zusätzlich die Schule der Stoiker sowie eine gewisse pragmatisch-amerikanische Haltung zu nennen. Wenn man den zentralen Aspekt der RET von Ellis (1962 u. 1973) kennzeichnen wollte, so ist dies wohl in folgenden Punkten zu sehen: Nicht die Dinge sind es, die uns beunruhigen, sondern unsere Meinung, unsere Beurteilung der Dinge bereiten uns Probleme. Psychische Störungen wie Angst, Depression, Ärger, Trauer usw. sind demnach soweit nicht gerechtfertigt, als sie sich auf eine verzerrte Wahrnehmung, falsche Interpretation und auf unlogische Annahmen über Ereignisse zurückführen lassen.

Die Intervention von Ellis (1977) beruht auf seiner sogenannten A-B-C-Theorie (Abb. 15.**23**).

Aufgabe der Therapie ist es konsequenterweise, diejenigen Aspekte des **„belief system"** (= B) zu verändern, die Ellis (1977) als „irrational" bezeichnet. Mit „irrational" ist gemeint, daß es sich um Annahmen handelt, die zu psychischen Problemen und Störungen führen (auf mögliche Probleme der Zirkularität sei hier nur hingewiesen). Therapeutische Intervention kann nach Ellis nicht darin bestehen, Ereignisse (= A) zu verändern; eine Veränderung pathologischer (emotionaler) Konsequenzen (C) kann nur zielführend und von Dauer sein, wenn die irrationalen Beliefs identifiziert und durch „rationale" Annahmen ersetzt worden sind:

Ellis (1977) verwendet im Prinzip ein ganzes Spektrum therapeutischer Verfahren (unter anderem auch aus dem Repertoire der klassischen Verhaltenstherapie); eine zentrale Bedeutung haben jedoch die kognitiven Methoden (Wilken 1994, Ellis u. Hoellen 1997):

Zunächst geht es um die Vermittlung des zugrundeliegenden Modells der RET (A-B-C-Theorie psychischer Störungen), weiterhin um die Identifikation von irrationalen Denkmustern und Annahmen und schließlich um das Ersetzen der irrationalen durch Annahmen einer rationalen Lebensphilosophie. Eine ganz zentrale Rolle beim Übergang von irrationalen zu rationalen Annahmen spielt die Methode des **sokratischen Dialogs**: In Anlehnung an die „Hebammenkunst" versucht der Therapeut irrationale Sätze und Annahmen des Klienten zu identifizieren; diese Sätze werden dann Schritt für Schritt erörtert, disputiert, erschüttert und verändert. Der Therapeut übernimmt dabei eine zunächst sehr direktive und aktive Rolle und versucht dem Klienten die Irrationalität seiner Annahmen vor Augen zu halten. Im Verlaufe der **Disputationen** sollte sich der Patient von seinen ursprünglichen irrationalen Beliefs distanzieren und sie durch die angesprochene rationale Lebensphilosophie ersetzen.

Im Verlaufe des therapeutischen Prozesses greift der RET-Therapeut insbesondere auf verhaltensorientierte Maßnahmen zurück, z. B. auf Übungen zwischen den Sitzungen, auf Hausaufgaben, Aufzeichnungen, auf Verhaltensexperimente usw. In diesen Übungen in der natürlichen Situation soll und kann der Patient diejenigen Veränderungen erproben und stabilisieren, die er/sie innerhalb des therapeutischen Settings neu erworben hat.

Ein weiteres wichtiges Standbein der RET bilden emotiv-evokative Methoden: Dazu gehören Übungen zum direkten Gefühlserleben und Gefühlsausdruck, dem der Therapeut in hohem Maße akzeptierend begegnet. Im geschützten Raum des therapeutischen Settings (z. B. auch in der Gruppentherapie) kann der Patient lernen, eigene Emotionen zuzulassen, zu differenzieren und eventuell zu verändern; große Bedeutung innerhalb der RET besitzt allerdings der Versuch, irrationale Aspekte an den Gefühlen zu identifizieren und sie durch rationale Konzepte (s. Lebensphilosophie!) zu ersetzen.

Wegen ihres expliziten Charakters und ihres hohen Grades an Transparenz wurden Verfahren der RET auch häufig empirisch untersucht (Lipsky, Kassinove u. Miller 1980, Zettle u. Hayes 1980, Di Guseppe u. Miller 1979, Kessler u. Hoellen 1992). Der Grad an empirischer Fundiertheit muß dabei als durchaus befriedigend angesehen werden (Grawe, Donati u. Bernauer 1994). Ellis hat darüber hinaus einen allgemeinen Aspekt psychischer Probleme erfaßt, der zumeist als „Sekundärproblematik" bezeichnet wird: Patienten leiden nicht nur unter ihren Störungen (Angst, Depression, Migräne…), sondern sie finden es auch äußerst schlimm, **daß** sie darunter leiden. Diese Sekundärproblematik verstellt nicht selten einen therapeutischen Zugang; gerade eine sachlich-rationale Betrachtungsweise, eine sokratische Auseinandersetzung mit der sekundären Pathologie („Was ist so schlimm daran, daß Sie unter dem Problem… leiden…?") schafft einen ge-

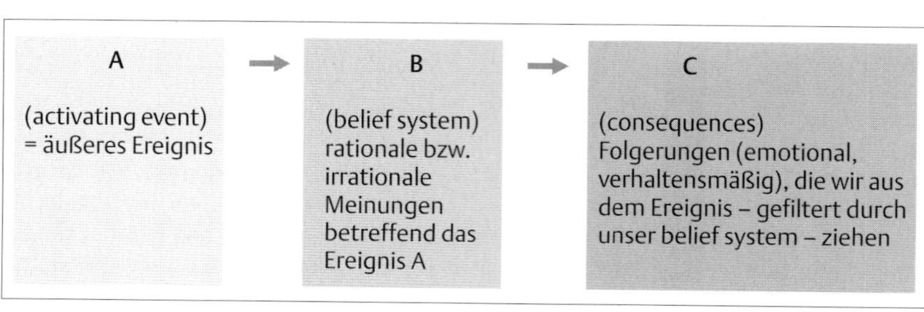

Abb. 15.**23** Prinzip der A-B-C-Theorie von A. Ellis (1977)

wissen Zugang zu einer zielführenden Auseinandersetzung mit dem Primärproblem und führt zu einer möglicherweise effektiven Behandlung.

D. Meichenbaum: Innerer Monolog

Donald Meichenbaum betonte in seinem kognitiv-verhaltenstherapeutischen Modell die Bedeutung des sog. internalisierten Sprechens zu sich selbst (Meichenbaum 1977); er stützte sich dabei auf entwicklungspsychologische Modelle bei Luria (1961) bzw. Vygotsky (1962), wonach die Sprache zunächst externale und schrittweise internale bzw. automatisierte Steuerungsfunktion für menschliches Handeln bekommt. Dies wurde unter anderem als der „innere Monolog" bezeichnet; Meichenbaum hat dafür zwei Ansätze formuliert, die in der kognitiven Therapie große Bedeutung erlangt haben, nämlich das Selbstinstruktionstraining und das Streßimpfungstraining.

Selbstinstruktionstraining

Dieses Verfahren wurde speziell zur Intervention bei impulsiven Kindern entwickelt; nach Meichenbaum u. Goodman (1969 u. 1971) zeichnet sich die Impulsivität bei den Kindern gerade dadurch aus, daß sprachliche Instruktionen (extern sowie intern) nur geringe Kontrolle über das Verhalten besitzen (Handeln ohne zu denken...). Die Vermittlung zielführender Selbstinstruktionen erfolgt in enger Anlehnung an entwicklungspsychologische Überlegungen; sprachliche Instruktionen werden zunächst extern vorgegeben und sollen schrittweise internalisiert bzw. automatisiert werden.

Meichenbaum (1975) beschreibt dieses Vorgehen folgendermaßen:
- Externe Instruktion durch einen Erwachsenen (Modell).
- Das Kind löst eine Aufgabe, während die Instruktion laut vorgesprochen wird.
- Das Kind spricht sich die Instruktion selbst laut vor, während die Aufgabe bewältigt wird.
- Durchführung der Aufgabe, die Instruktion wird leise (flüsternd) vorgesprochen (Ausblenden der Hilfestellung).
- Durchführung der Aufgabe, indem die Instruktion lautlos (internalisiert) selbst vorgegeben wird.

Selbstinstruktionstrainings wurden zunächst bei kindlichen Verhaltensstörungen eingesetzt, z. B. bei aggressivem Verhalten (Schneider u. Robin 1975, Schlottke 1980; zum Teil auch als „Schildkrötentechnik" bezeichnet; bei impulsiven Kindern; z. B. bei Camp u. Bash 1981; zur Kontrolle von Aufmerksamkeit s. Lauth u. Schlottke 1993, Wagner 1976). Bei erwachsenen Patienten spielen Trainings in Selbstinstruktionen zumeist die Rolle von Therapiekomponenten komplexer Programme (z. B. bei Prüfungsangst, bei der Bewältigung komplexer Aufgaben usw., z. B. Kendall u. Hollen 1979, Kendall 1985). Erwähnenswert sind in diesem Zusammenhang auch Veränderungen von Selbstverbalisationen außerhalb des klinischen Bereichs, z. B. beim Training von Spitzensportlern, in denen handlungsrelevante Selbstverbalisationen vermittelt und beim Bewegungsablauf zielführend eingesetzt werden können (Suinn 1989).

Streßimpfungstraining

Das von Meichenbaum (1985) entwickelte Streßimpfungstraining (SIT) bildet eine kognitive Interventionstechnik, die auf die Bewältigung sehr allgemeiner Streß- und Belastungssituationen abzielt. Speziell unter diesem Bewältigungsaspekt hat das Training breite Akzeptanz und Verbreitung erfahren. Das Grundprinzip des SIT besteht in der Annahme, daß Streß und damit verbundene Belastungen in hohem Maße durch kognitive Aspekte vermittelt werden. Diese kognitiven Aspekte werden im SIT analysiert und in zielführender Weise modifiziert. Das Training selbst beinhaltet drei Schritte, nämlich eine Unterrichtsphase, eine Übungsphase und eine Stufe der Anwendung des Trainings.

In der Unterrichtsphase wird mit dem Patienten ein Verständnis für seine Streßreaktion erarbeitet. Dabei wird versucht, das verdeckte Sprechen der Person zu analysieren und die problematische Funktion der Selbstverbalisationen zu erfassen. Als Modell des Streßablaufs kann man günstigerweise auf das kognitiv-psycho-physiologische Modell der Emotionen bei Schachter u. Singer (1962, Reisenzein 1983) zurückgreifen, wonach die kognitive Interpretation einer physiologischen Erregung eine wesentliche Determinante der Emotion ausmacht. Bedeutsam an dieser Phase ist auch, daß der Patient selbst situationale Determinanten und Verhaltensmerkmale der Streßreaktion frühzeitig erkennt, damit entsprechende Bewältigungsreaktionen realisiert werden können.

Die Übungsphase beinhaltet eine Vermittlung kognitiver Strategien im Umgang mit Streß; dabei wird in den einzelnen Ablaufphasen in hohem Maße auf vorhandene Bewältigungsstrategien des Patienten zurückgegriffen. Mit dem Patienten zusammen werden für einzelne Phasen zielführende Selbstverbalisationen erstellt:
- **Vorbereitung** auf den Stressor: z. B. „Was ist als nächstes zu tun?"
- **Konfrontation** mit dem Stressor: „Ich stelle mich der Herausforderung."
- Phase der **Überwältigung**: „Ich kann die Angst zwar nicht abschalten, aber ich kann damit umgehen!"
- **Selbstverstärkung**: "**Ich** habe es geschafft!"

Die einzelnen Selbstverbalisationen werden nicht standardisiert vorgegeben, sondern mit dem Patienten zusammen erarbeitet; zu Beginn ist es meist sehr sinnvoll, die Sätze zu notieren, damit diese erlernt und in konkreten Belastungssituationen auch angewendet werden können (z. B. Zettel in der Handtasche...).

In der Anwendungsphase sollte der Patient – unter der stützenden Anleitung des Therapeuten – die Selbstverbalisationen in konkreten Streßsituationen erproben (z. B. im Rollenspiel in einer persönlichen Konfliktsituation). Speziell auf dieser Anwendungsphase beruht auch die von Meichenbaum (1977) angenommene immunisierende Wirkung der Bewältigungsreaktion: Wenn belastende Situationen antizipiert (und nicht vermieden) werden, wenn für die belastende Situation entsprechende bewältigungsorientierte Kognitionen zur Verfügung stehen, so wird die konkrete und reale Belastung – ähnlich wie bei der Bildung von Antikörpern bei einer Impfung – nicht mehr so gravierend negative Auswirkungen haben.

Das SIT wird insbesondere zur Bewältigung von Streß-, Angst- und Schmerzreaktionen eingesetzt (Meichenbaum u. Jaremko 1983, Meichenbaum 1985). Eine typische Anwendung des SIT als **Komponente** eines komplexen Angstbehandlungsprogramms sei beispielhaft erwähnt:

Bei Übungen zur Konfrontation, zur Bewältigung von Angst- und Panikstörungen (Margraf u. Schneider 1990, Reinecker 1983) bildet die Konfrontation mit internen (bei Panik) bzw. externen (bei Phobien) Auslösern der Angst eine für den Patienten zumeist schwierige Stufe. Als Erleichterung für den Patienten einerseits und als konkrete kognitive Bewältigungsstrategie andererseits kann mit dem Patienten diese Konfrontationssituation wie eine Streßsituation gesehen werden. Die Konfrontation beinhaltet eine Unterrichtsphase („Was wird passieren...“), eine Phase der Übung (mit den oben angeführten Stufen...) und eine Phase der Anwendung (zunächst unter Anleitung des Therapeuten, darauf aufbauend schrittweise im Selbstmanagement des Patienten). Das SIT stellt in diesem Kontext also eine Komponente eines komplexen Behandlungsverfahrens und weniger eine eigenständige Therapiemethode dar.

Training in Problemlösen

Problemlöseansätze besitzen in der Psychologie große Bedeutung; dabei werden Problemlösetrainings längst nicht mehr auf vereinfachende akademische Situationen reduziert (Newell u. Simon 1972). Innerhalb der Verhaltenstherapie und kognitiven Verhaltenstherapie können verschiedene Ebenen dessen unterschieden werden, was man als Problemlösen bezeichnet:

- Der Aspekt des Problemlösens wurde Anfang der 70er Jahre als ganz allgemeines Merkmal unterschiedlicher psychotherapeutischer Verfahren gesehen (Urban u. Ford 1971); dabei wird von unterschiedlichen theoretischen und therapeutischen Modellen abstrahiert, auch die einzelnen therapeutischen Methoden (von der Traumdeutung über Beziehungsgestaltung oder auch Konfrontationstrainings...) werden als Wege von einem problematischen Ausgangszustand zu einem erwünschten Zielzustand gesehen. Abb. 15.**24** verdeutlicht dieses Prinzip des Problemlösens als Meta-Modell den Therapie.
- Problemlösen wird als spezifische kognitive Interventionstechnik gesehen (D'Zurilla u. Goldfried 1971, D'Zurilla u. Nezu 1982, Nezu u. Nezu 1989): Den Ausgangspunkt dieser Überlegungen bildet die Beobachtung, daß Patienten mit psychischen Problemen offenbar generell defizitäre Problemlösefertigkeiten aufweisen. Die Vermittlung einer Problemlöseperspektive – angesichts eines vorhandenen psychischen Problems – hilft den Patienten, ihre Problematik zu strukturieren und unter Hilfestellung des Psychotherapeuten einen zielführenden Lösungsweg zu entwickeln. Dieser Aspekt des Problemlösens im engeren Sinne wird unten näher betrachtet.
- Eine dritte Betrachtungsmöglichkeit ergibt sich, wenn man als Therapeut im Verlaufe des therapeutischen Prozesses auf spezielle Störfälle stößt (Kanfer, Reinecker u. Schmelzer 1996): Falls der vorgesehene therapeutische Ablauf gewissermaßen unterbrochen wird, bietet sich eine Analyse unter der Problemlöseperspektive – hier für den Therapeuten – ebenfalls an.

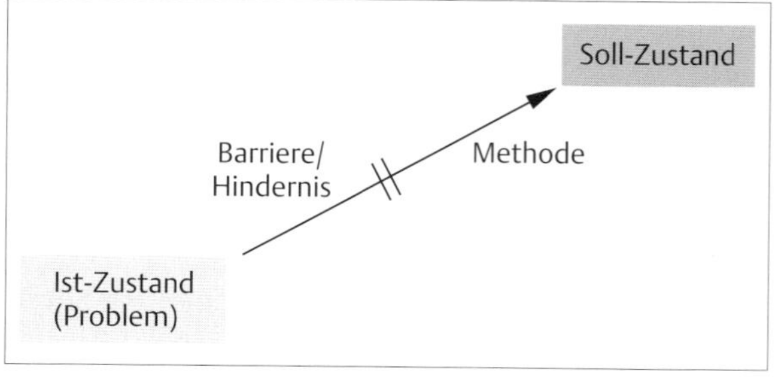

Abb. 15.**24** Problemlösen als allgemeines Prinzip psychotherapeutischer Verfahren

Problemlösen als kognitive Interventionsstrategie

Bei Problemsituationen unterscheidet man ganz allgemein einen (zumeist unerwünschten) Ausgangszustand, einen (erwünschten) Zielzustand, sowie eine endliche Menge an Transformationen, die geeignet sind, um den Ausgangszustand in einen erwünschten Zielzustand zu transferieren. In der Übertragung auf klinische Situationen können Probleme durch eine Störung auf jeder Stufe (sowie eine Kombination derselben) gegeben sein (Abb. 15.**24**).

- In vielen Fällen ist es bereits sehr schwierig, die zentralen Charakteristika eines psychischen Problems (Ausgangszustand) entsprechend präzise anzugeben.
- Patienten verfügen zumeist nur vage über (zumeist negative) Zielvorstellungen („Die Angst soll weg sein...!“); für eine Problemlösung ist dies kaum hinreichend, weil natürlich eine entsprechend genaue Angabe über den Zielzustand notwendig ist.
- Selbst wenn ein Patient seine problematische Ausgangssituation und seinen Zielzustand klar formulieren kann, mag das Problem für ihn darin bestehen, daß er nicht über entsprechende Mittel der Transformation (hier: Therapiemethoden) verfügt, um den Ausgangszustand in den Zielzustand zu überführen.

Die Vermittlung von Problemlösestrategien innerhalb der kognitiven Therapie hält sich nach wie vor recht eng an Modellvorstellungen des Problemlösens aus der allgemeinen und kognitiven Psychologie (z.B. Dörner 1979). Demnach sind für das Problemlösen folgende Schritte maßgeblich:

1. Allgemeine Orientierung: Identifikation einer Situation als Problem, Differenzierung von Problemen einerseits und Tatsachen andererseits.
2. Beschreibung des Problems: Erfassung von verschiedenen Standpunkten aus; erste Differenzierung in zentrale und nachgeordnete Problemaspekte.
3. Alternativen: Erstellung von Lösungswegen, zumeist über „Brainstorming“...
4. Treffen einer Entscheidung: Auswahl von Alternativen aus kurz- und langfristiger Perspektive.
5. Überprüfung: Ausführung einer ausgewählten Alternative, Prüfung, ob das Ziel erreicht ist usw.

Die Grenzen allgemeinpsychologischer Merkmale für die Lösung klinischer Probleme wurde häufig diskutiert (Schmelzer 1983, Kanfer, Reinecker u. Schmelzer 1996). Dabei erscheint die geltendgemachte **Dynamik** von klinischen Problemen nicht als entscheidendes Differenzierungsmerkmal (weil auch komplexe Planungsprobleme durchaus dynamisch gesehen werden müssen, s. Dörner 1989). Besonders kennzeichnend aber ist für klinische Problemsituationen der Grad an persönlicher Betroffenheit und die damit verbundene emotionale Einbettung von Problemsituationen (Kanfer u. Busemeyer 1982). Dies stellt sicher eine gewisse (wenn auch nicht absolute) Grenze für die Betrachtung psychischer Störungen unter einer Problemlöseperspektive dar. Dennoch muß das Verständnis psychischer Störungen als Probleme, vor allem auch die Bedeutung allgemein psychologischer und kognitionspsychologischer Befunde für die klinische und therapeutische Praxis als hoch bedeutsam gesehen und als relevant beurteilt werden (König 1979, Goldfried u. Goldfried 1979, D'Zurilla 1986). Eine detaillierte Betrachtung von Problemlösen als Therapie – speziell unter der Perspektive des Selbstmanagements – findet sich bei Kanfer, Reinecker u. Schmelzer (1996).

Anwendungen ergeben sich speziell dann, wenn inadäquates Problemlösen eine zentrale Rolle spielt, z.B. bei delinquenten und prädelinquenten Jugendlichen (Spivack, Platt u. Shure 1976) oder bei Defiziten in sozialen Fertigkeiten (Shure u. Spivack 1978, Kendall u. Finch 1979). Andere Beispiele der Anwendung von Problemlösestrategien ergeben sich im Bereich der Bewältigung von Ärger und Aggression sowie der Kontrolle von Gewalt (z.B. bei sexuellem Mißbrauch).

Resümee

> Ein Streit um die Priorität von verhaltenstheoretischen versus kognitiven Modellen erscheint aus mehreren Gründen unangebracht: Auf der Ebene der Grundlagen wird heute auf einen sehr breiten Bereich – nämlich dem Fundus der Psychologie und ihrer Nachbardisziplinen – zurückgegriffen. Im Bereich der Praxis ist längst bekannt, daß die Arbeit auf einer einzelnen Ebene der Komplexität anstehender Probleme nicht gerecht werden kann. In dem Begriff „Kognitive Verhaltenstherapie" versucht man diesem Umstand in gebührender Weise Rechnung zu tragen.

Verhaltenstherapie: Anwendung und Perspektiven

Verhaltenstherapie hat inzwischen einen Grad an Differenziertheit erreicht, der von einer Einzelperson praktisch nicht mehr überblickt werden kann; dabei haben diese Entwicklungen nicht nur die auf S. 184ff angeführten Kernbereiche betroffen: Auch in den sog. Randbereichen zeigen sich Entwicklungen und Verästelungen. Als Beispiele seien nur zu nennen Anwendungen auf ganz spezifische Störungsgruppen, z.B. somatoforme Störungen (Rief u. Hiller 1992, Rief 1998), in speziellen Bereichen der Verhaltensmedizin (z.B. Bluthochdruck usw.; vgl. Blanchard 1994) sowie Annäherungen der Verhaltenstherapie an Therapiemethoden, die lange Zeit außerhalb des Spektrums der eigenen Tätigkeit lagen (z.B. Hypnose, paradoxe Strategien. ..). Ein weiterer Bereich der Entwicklung ist in der Anwendung verhaltenstherapeutischer Prinzipien außerhab des engeren klinischen Bereichs zu sehen (z.B. in Organisationen, in der pädagogischen Psychologie oder zur Bewältigung gravierender Probleme des Umweltverhaltens...). Einige Aspekte davon werden noch aufzugreifen sein.

Wenn man die eingangs angeführte Charakterisierung von „Verhaltenstherapie" ansieht, wird deutlich, daß Verhaltenstherapie in Forschung und Versorgung mittlerweile einen Großteil dessen abdeckt, was als „Klinische Psychologie" bezeichnet wird (Abb. 15.**25**).

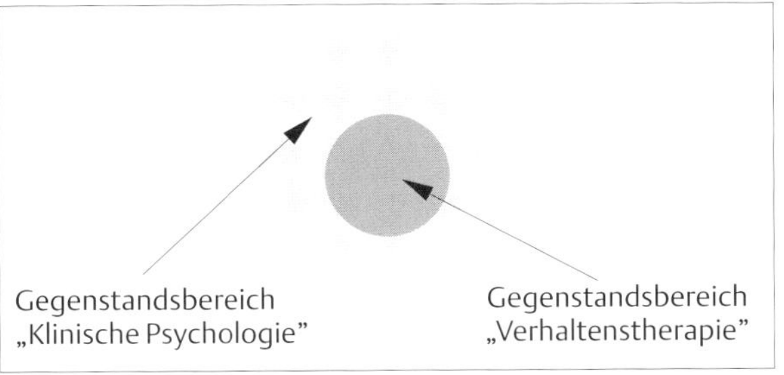

Abb. 15.**25** Überschneidungsbereiche von klinischer Psychologie und Verhaltenstherapie

Der Forschungs- und Tätigkeitsbereich der Klinischen Psychologie ist umfassender: Bereiche der Diagnostik und Klassifikation, der Epidemiologie, teilweise auch der nosologischen Forschung sind genuin der Klinischen Psychologie zuzuordnen.

Die Abbildung sollte in ihrer Logik nicht überstrapaziert werden: Klar muß sein, daß Überlappungsbereiche inzwischen sehr groß sind; die Verschiebung des Gegenstands- und Methodikbereichs der Klinischen Psychologie in Richtung Verhaltenstherapie charakterisiert auch ein ganz spezielles Wissenschaftsverständnis im Sinne eines methodologischen Behaviorismus (Mahoney 1974, Westmeyer 1981).

In diesem abschließenden Kapitel werden – speziell unter dem Gesichtspunkt der Anwendung und der Praxis – einige Perspektiven angesprochen, nämlich
- die Rolle der Verhaltenstherapie in der Versorgung,
- Aspekte von Kosten, Nutzen usw.,
- Anwendung der Verhaltenstherapie außerhalb des klinischen Bereichs und schließlich
- die Frage eines Übergangs der Verhaltenstherapie in eine „allgemeine Psychotherapie" (Grawe u. Mitarb. 1994).

Zur Rolle der Verhaltenstherapie in der Versorgung

Verhaltenstherapie verstand sich von Beginn ihrer Entwicklung an als ein Versuch zur Linderung menschlichen Leidens (s. dazu die Charakterisierung von Verhaltenstherapie bei Franks u. Wilson 1978). Den Krankheitsbegriff suchte man aus zum Teil sachlichen und zum Teil ideologischen Gründen zu vermeiden: Verhaltenstherapie wollte sich eben **nicht** als Krankenbehandlung unter einer medizinischen Modellvorstellung sehen, sondern als Hilfe zur Selbsthilfe (s. dazu auch Ullmann u. Krasner 1969: „A psychological approach to abnormal behavior"). Verhaltenstherapeuten setzten sich von den im medizinischen Modell bekannten Rollenvorstellungen von Arzt einerseits und Patient andererseits strikt ab; Personen, die unter psychischen Störungen litten, sollten sich **aktiv** an der Behebung derjenigen Bedingungen beteiligen, die als Determinanten der Störung anzusehen sind.

In der Zwischenzeit kann man ein realistisches Verständnis des Krankheits- bzw. Störungsbegriffs konstatieren: Verhaltenstherapie sollte zwar nicht unter das medizinische Modell subsumiert werden, aber Verhaltenstherapie hat längst gezeigt, daß sie zur Behandlung und Veränderung von

Störungen mit **Krankheitswert** in der Lage ist. Die Frage, wann eine psychische Störung Krankheitswert besitzt, weist sehr wohl normative, darüber hinaus aber auch rechtliche, finanzielle und politische Dimensionen auf. Man denke an den Umstand, daß Alkoholismus erst seit 1968 als Krankheit anerkannt und die Behandlung von Krankenkassen finanziert wird. Die **Beteiligung** der Verhaltenstherapie an der Krankenversorgung – gleichgültig ob im Delegations- oder Kostenerstattungsverfahren – ist inzwischen eine Realität. Ergänzend muß man sicherlich auch anführen, daß die Betrachtung psychischer Störungen als Krankheiten durchwegs auch positive Aspekte hat: Zu nennen sind Entlastungen des Patienten und der Familie von moralischen Urteilen, weiterhin Distanzierungsmöglichkeiten des Patienten sowie letztlich der bereits angesprochene Aspekt der Versorgung und Finanzierung.

Welche Rolle spielt nun Verhaltenstherapie in der Versorgung?

Verhaltenstherapie ist unter anderem mit dem Anspruch auf gemeindenahe psychosoziale Versorgung angetreten; dieser Anspruch auf Gemeindepsychologie beinhaltet folgende Schwerpunkte (Heyden 1986, Zurek 1991):

- Intervention sollte dort ansetzen, wo Probleme entstehen, d. h. im Alltagsleben einer Person. Dies impliziert die Einrichtung gemeindenaher Zentren, um auch das sog. „Schwellenproblem" zu umgehen. Ideal wäre sicherlich ein weitgehendes Abgehen von der „Komm-Struktur" psychosozialer Einrichtungen.
- Psychosoziale Intervention bevorzugt ambulante vor stationärer Hilfestellung; das Individuum sollte in seinem natürlichen Lebenskontext bleiben und an Ort und Stelle zur Bewältigung anstehender Probleme befähigt werden.
- Das „Prinzip der minimalen Intervention" (Kanfer 1975) besagt unter einer gemeindepsychologischen Orientierung, daß professionelle Hilfe nur soweit in das Leben einer Person eingreifen sollte, wie dies unbedingt notwendig erscheint. Professionelle Hilfe sollte zur Stützung, zur Aktivierung von Selbsthilfekompetenzen beitragen; angesagt ist die Förderung von nonprofessioneller Hilfe, von sozialen Stützsystemen, von Selbsthilfegruppen (Tharp u. Wetzel 1975) sowie die Aktivierung von Mediatoren zur Unterstützung von Patienten/Klienten.
- Gemeindepsychologie bedeutet, daß sich Hilfe an den **Bedürfnissen** der Betroffenen orientiert: Probleme der betroffenen Personen sollten demnach nicht nur durch eine „psychologische Brille" betrachtet werden. Dies impliziert die Forderung nach einer Hilfestellung auf unterschiedlichen Ebenen – letztlich im Rahmen interdisziplinärer Arbeit.
- Gemeindepsychologie beinhaltet eine präventive Orientierung: Dies bedeutet, daß spezifische und allgemeine Beiträge zur Verhinderung psychischer Probleme geleistet werden müssen. Prävention beinhaltet auch ein Abgehen von einer rein individuellen hin zu einer sozialen Betrachtungsweise der Entstehung und Aufrechterhaltung psychischer Störungen. Gerade mit dem Aspekt der Prävention stößt therapeutische Arbeit an Grenzen, weil Bedingungen auch außerhalb des Bereichs psychischer Faktoren liegen können (z. B. familiäre Struktur, rechtliche und finanzielle Situation; Wohnungs- und Arbeitssituation usw.).

Beim heutigen Stand der Versorgung – speziell in Deutschland – und bei der Orientierung am System der ambulanten ärztlichen Versogung lassen sich gemeindepsychologische Prinzipien wohl nur in Ansätzen verwirklichen. Um so wichtiger ist es, zu betonen, daß zusätzlich zur individuellen Hilfe (z. B. zur Abrechnung von Einzelleistungen) die Einrichtung gemeindepsychologischer Zentren eine unabdingbare Forderung aus verhaltenstherapeutischer Sicht darstellt.

Wenn man den Aspekt der Versorgung (auch unter dem Aspekt der Effektivität der psychotherapeutischen Intervention) betrachtet, so müssen auch durchaus beeindruckende Effektivitätsquoten der Verhaltenstherapie möglicherweise differenziert gesehen werden: Nach Marks (1987 u. 1993) bzw. nach Meyer u. Mitarb. (1991) kommt nur ein geringer Teil derjenigen Personen zur Psychotherapie, für die eine Intervention angezeigt wäre. In diesem Kontext auf spontane Verbesserungen zu hoffen, ist bestenfalls zynisch. Grawe (1992) hat verdeutlicht, daß spontane Besserungen ein sehr geringes Ausmaß erreichen (untersucht an Veränderungen von Kontrollgruppen aus Psychotherapiestudien). Es erscheint selbstverständlich, daß unser Bestreben nach einer Optimierung verhaltenstherapeutischer Intervention fortgesetzt werden muß; unter **quantitativem** Aspekt – unter dem Aspekt der Versorgung, die diesen Namen auch verdient – ist es unabdingbar, den **Zugang** zur Psychotherapie zu erleichtern. Dazu gehören Maßnahmen zur Verbesserung des **Wissens** um psychische Störungen und um verhaltenstherapeutische Hilfsmöglichkeiten bei Betroffenen, bei Angehörigen und im ärztlichen Versorgungssystem; als weiteres sind Maßnahmen zur Verbesserung der Versorgungsstruktur in unterversorgten Regionen unabdingbar (Meyer u. Mitarb. 1991). Nicht unterschätzen sollte man letztlich den Umstand, daß sich auch Psychotherapeuten an den Ergebnissen der Psychotherapieforschung orientieren sollten. Es erscheint zutiefst unethisch, Betroffenen diejenigen Behandlungsverfahren vorzuenthalten, die sich als zielführend herausgestellt haben, nur weil man als Therapeut nicht bereit ist, diese Verfahren zu erlernen und anzuwenden (Grawe 1992).

Das größte Problem und die größte Hürde in der psychosozialen Versorgung besteht **nicht** in der begrenzten Wirksamkeit psychotherapeutischer oder verhaltenstherapeutischer Methoden oder in der geringen Anzahl von Psychotherapeuten, gravierender sind vielmehr Informationsdefizite im Wissen über Verhaltenstherapie, Schwierigkeiten im Zugang zur Psychotherapie und in der Anwendung effizienter Strategien durch flexibel geschulte Therapeuten.

Zusammenfassung

Wenn man die Probleme zur Rolle der Verhaltenstherapie in der Versorgung zusammenfaßt, so geht es – gerade als Konsequenz aus der einschlägigen Psychotherapieforschung – in erster Linie darum, Betroffenen den Zugang zu effizienter Hilfe zu ermöglichen. Hier muß der Vorbereitung verständlicher Information besondere Aufmerksamkeit gewidmet werden, weil sich auf diesem Wege die Schwelle zur professionellen Behandlung senken läßt. Das Ziel unserer Bemühungen ist mit der Bereitstellung effizienter Verfahren noch keineswegs erreicht, diese Verfahren müssen Betroffenen auch zugänglich gemacht werden.

Wirksamkeit, Kosten und Nutzen

Gerade im Bereich der Verhaltenstherapie hat die Therapieforschung einen Grad an Elaboriertheit und Differenziertheit erreicht, der ausgesprochen beeindruckend ist (Grawe, Donati u. Bernauer 1994). Dies hängt sicher auch damit zusammen, daß Verhaltenstherapie von jeher mit dem Programm nach einer systematischen Evaluation von Veränderungen aufgetreten war. Diese Forderung ist nicht nur ein Prinzip unserer Wissenschaftlichkeit, sondern auch unserer ethisch-menschlichen Haltung: Es erscheint zutiefst bedenklich, in der Psychotherapie Maßnahmen zu realisieren, deren Wirkung (und Nebenwirkung) auf das Befinden eines Patienten nicht auch geprüft wird.

Zur Untersuchung der Wirksamkeit von Verhaltenstherapie gibt es mittlerweile ein ganzes Spektrum an Zugängen und Verfahren; diese sind an anderer Stelle des Buchs behandelt (s. dazu Kapitel 62). Auch Aspekte des Nutzens und der Kosten (bzw. deren Relation) sind dort im Detail angeführt.

Verhaltenstherapie ist zwar im Prinzip ein Ansatz zur Kurzzeittherapie, deren hohe Effektivität außer Frage steht (Lambert u. Mitarb. 1983); in ausgewählten Einzelfällen und bei speziellen Problemen ergibt sich aber sicherlich die Notwendigkeit längerfristiger Therapie, hier sind auch Kriterien durchaus unterschiedlich zu sehen, z.B. im subjektiven Bereich, zur Verhinderung von Rückfällen und auch zur Verbesserung von Lebensqualität (etwa im Bereich der Betreuung chronischer Erkrankungen).

Unter dem Stichwort „Wirksamkeit" sollte darauf hingewiesen werden, daß Verhaltenstherapie nicht als Ansatz zu sehen ist, um Probleme ein für allemal zu beseitigen, sondern als ein Versuch des „empowerment", als ein Ansatz der Hilfe zur Selbsthilfe (Stichwort: Selbstmanagementtherapie). Wir sollten auch nicht davon ausgehen, daß nach der Durchführung einer verhaltenstherapeutischen Intervention Probleme nie mehr auftreten dürfen, Patienten sollten im Rahmen der Verhaltenstherapie vielmehr gelernt haben, wie sie damit umgehen können und daß neuerliche Hilfe möglich ist.

Verhaltenstherapie im außerklinischen Bereich

Klassische Verhaltenstheorie gilt als allgemeine Theorie menschlichen Verhaltens und seiner Bedingungen. Die in diesem Kapitel abgehandelten klinisch relevanten Aspekte bieten sicherlich nur einen Teil aller Anwendungsmöglichkeiten. Ausgewählte Exemplare der Anwendung der Verhaltenstherapie bilden darüber hinaus die pädagogische Verhaltensmodifikation, z.B. im Bereich von Elterntrainings (O'Dell 1985), Lehrer- und Verhaltenstrainings, in der Bewältigung von Kindesmißbrauch (Gambrill 1983), auch Prävention von Schwangerschaft (Schinke 1984), AIDS-Prävention (Lawrence u. Kelly 1989), Verhinderung von School Dropout (Evans u. Matthews 1992) und Verhaltenstherapie in der Beratung (Southern u. Caprara 1984); dazu kommen Ansätze der Verhaltenstherapie und Verhaltensmodifikation in Organisationen, speziell die Berücksichtigung von Aspekten der Förderung von menschlichen Arbeitsbedingungen in Betrieben, Verhaltensmanagement, Arbeitsbereich (Andrasik, Heimberg u. McNarama 1981); Organisationspsychologie (Frederiksen u. Johnson 1981); neue und ganz besonders bedeutsame Anwendungsfelder bieten sich im Bereich der verantwortungsvollen Nutzung der Umwelt, im Bereich des Energie- und Wasserverbrauchs, des privaten und öffentlichen Verkehrs (Kazdin 1977, Twardosz 1984) und ganz allgemein im Rahmen der Ökologie (Martens u. Witt 1988). Zusätzlich gibt es Anwendungsfelder, die wiederum einem „klinischen" Ansatz näher stehen, z.B. im Bereich der Anwendung verhaltenstherapeutischer Ansätze bei geistiger Behinderung (Shafer 1987, Agran u. Martin 1987; Donahue u. Driesenga 1988) oder auch der Verhaltenstherapie im Bereich der Gerontologie (Wisocki 1984, Patterson u. Jackson 1980) und der Geriatrie (Hussian 1984). Die Grenzen zwischen klinischen und außerklinischen Anwendungsfeldern müssen dabei als fließend angesehen werden. Um einige Bereiche solcher Anwendungsmöglichkeiten darzustellen, sind in der folgenden Übersicht (Tab. 15.**2**) einige Hinweise angeführt.

Tabelle 15.**2** Hinweise zu außerklinischen Anwendungsfeldern

Anwendungsfelder	Literaturhinweis
– pädagogische Verhaltensmodifikation (z.B. Elterntraining)	O'Dell 1985
– Bewältigung von Kindesmißbrauch	Gambrill 1983
– Schwangerschaftsprävention (speziell bei Teenagern)	Schinke 1984
– Verhaltenstherapie in der Beratung	Southern u. Caprara 1984
– AIDS-Prävention	Lawrence u. Kelly 1989
– Umweltpsychologie, Energieverbrauch, Ökologie	Kazdin 1977 Twardosz 1984 Martens u. Witt 1988
– Verkehrserziehung/Nutzung von Sicherheitsgurten	Thyer u. Geller 1990
– Organisationspsychologie, Verhaltensmanagement	Frederikson u. Johnson 1981 Andrasik, Heimberg u. McNamara 1981
– Rauchverhalten in Betrieben	Klesges u. Cigrang 1988
– Gerontologie und Geriatrie	Wisocki 1984 Patterson u. Jackson 1980 Hussian 1984

Eine besondere Quelle für praktische Anwendungen verhaltenstherapeutischer Prinzipien (speziell unter „operanten" Gesichtspunkten) bildet das „Journal of Applied Behavior Analysis". Auch andere Zeitschriften (z.B. „Behavior Modification" oder „Clinical Psychology Review") und insbesondere Publikationsreihen („Progress in Behavior Modification", seit 1975, bisher 28 Bände herausgegeben von Hersen, Eisler u. Miller) bieten zum Teil ausgezeichnete Übersichten über klinische und außerklinische Anwendungsbereiche der Verhaltenstherapie.

Verhaltenstherapie: Auf dem Weg zur allgemeinen Psychotherapie

Einem unvoreingenommenen Betrachter bietet sich Psychotherapie als ein sehr heterogenes Feld völlig unterschiedlicher, ja sogar gegensätzlicher Schulen dar. Selbst wenn man die Auflistung von Herink (1980) in mehr als 250 „therapeutische Ansätze" für übertrieben hält (weil hier lediglich Namen und Etiketten gesammelt wurden), bleibt bei der Betrachtung sog. seriöser Modelle noch immer ein uneinheitliches Bild. Gekennzeichnet sind die einzelnen Ansätze durch unterschiedliche Annahmen im Menschenbild, in den Modellannahmen über die Entwicklung und Aufrechterhaltung psychischer Störungen, in Möglichkeiten zu deren Veränderungen und vor allem auch hinsichtlich der Kriterien einer Veränderung (z.B. wann man von Besserung/Heilung sprechen kann). Die Trennung in einzelne Schulen schlägt sich in verschiedenen Ausbildungs- und Weiterbildungsgängen nieder, wo kaum eine Überbrückung verschiedener Differenzen möglich erscheint. Die Orientierung an einzelnen Schulen wird zumeist durch charismatische Gründerfiguren begünstigt (Freud, Adler, Jung, Rogers, Wolpe und andere).

An verschiedenen Versuchen zur Vereinheitlichung von Psychotherapie mangelt es nicht (Garfield 1980, Lazarus 1976, Mahoney 1990, Stricker u. Gold 1993). Solche Versuche gehen entweder in Richtung **Eklektizismus** (d.h. sie sind technologisch orientiert, mit einer entsprechenden theoretischen Abstinenz und Sparsamkeit...) oder in Richtung **Integration** (d.h. mit dem Versuch einer theoretischen Überbrückung unterschiedlicher methodischer Ansätze). So gut gemeint die einzelnen Ansätze waren, so wenig Attraktion und Durchsetzung haben sie bisher gefunden: Die Bezeichnung als „Eklektiker" gilt heutzutage fast als Ausgrenzung, weil man einem Vertreter unterstellt, er/sie orientiere sich nicht an theoretischen Modellen (wo doch bereits Beobachtungsbegriffe „theoriegetränkt" sind, s. Bunge 1967); ein Ansatz zur „Integration" erscheint geradezu utopisch, weil dazu ein theoretisches „Dach" entwickelt werden müßte und darunter einzelne Therapiemethoden (die ihrerseits wieder spezielle Grundlagen aufweisen) subsumiert werden müßten.

Wenn man die heutige Situation wohlwollend betrachtet, so könnte man das Nebeneinander unter Umständen im Sinne eines theoretischen (und damit auch technologischen) **Pluralismus** sehen: Die einzelnen Ansätze stehen deshalb mehr oder weniger unverbunden nebeneinander, weil der Gegenstand der Betrachtungen (psychische Störungen) eben sehr unterschiedlich gefaßt werden kann. In der Praxis der klinischen Versorgung zeigt sich dieser Pluralismus a) als Verteilungskampf und b) als Möglichkeit der differentiellen Indikationsstellung (Seidenstücker 1984). Die einzelnen therapeutischen Ansätze (inklusive Verhaltenstherapie) sind gegenwärtig wohl am ehesten im Sinne dieses Pluralismus zu sehen.

Was sich für den Außenstehenden als Chaos und für den Fachmann als Pluralismus darstellt, ist für **Betroffene** gänzlich inakzeptabel: Patienten differenzieren nicht nach den Kategorien der Fachleute, und nur einem ganz geringen Teil an Betroffenen ist eine Differenzierung in einzelne psychotherapeutische Ansätze bekannt (Preuss 1986, Reinecker u. Krauß 1994). Was Fachleute als „Indikation" bezeichnen, ist aus der Sicht des Patienten „Glück" bzw. „Pech" – d.h. an einen Therapeuten oder an eine Klinik gelangt zu sein, die mit dem anstehenden Problem in adäquater Weise umzugehen in der Lage ist (Überweisungen u. ä. funktionieren wegen des angesprochenen Verteilungskampfes in der Praxis kaum).

Das angesprochene Problem ist sicher nicht einfach zu lösen – es ist in all seinen Dimensionen und Verästelungen noch nicht einmal einigermaßen differenziert beschrieben. Lösungsansätze gehen in Richtung einer fundierten Ausbildung in Psychologie (und ihren Teildisziplinen), in Richtung einer ebenso fundierten und differenzierten Ausbildung in Klinischer Psychologie (Kenntnis von theoretischen Ansätzen, Störungsbildern usw.) und in Richtung einer Weiterbildung in Psychotherapie. Perrez (1982) hat dazu schon vor einiger Zeit vorgeschlagen, Psychotherapie als „angewandte klinische Psychologie" zu verstehen. In einer sehr genauen Analyse der drei seriösen Psychotherapiemodelle (Psychoanalyse, Verhaltenstherapie, humanistische Ansätze) hat Grawe (Grawe, Donati u. Bernauer 1994) versucht, die allgemeinen Wirkmechanismen dieser therapeutischen Ansätze zu erfassen. Grawe bewegt sich bei seiner Analyse stark im **theoretischen** Bereich der (vermuteten) Wirkmechanismen, d.h. derjenigen Faktoren, von denen wir annehmen, daß sie Änderungen bewirken (was immer dabei technisch realisiert wird).

Die von Grawe, Donati u. Bernauer (1994) angesprochenen Perspektiven sind

- die Problembewältigungsperspektive,
- die Klärungsperspektive und
- die Beziehungsperspektive.

Grawe verläßt mit diesen Perspektiven, die er explizit als „Umrisse einer allgemeinen Psychotherapie" (1994, S. 749) bezeichnet, in erfreulicher Weise das Denken in Schulensystemen: Er begibt sich auf die Ebene dessen, was für Therapie, d.h. für Veränderung, auf seiten des Patienten zentrale Bedeutung hat. Therapeutische Ansätze müßten sich demnach daran messen lassen, inwieweit sie in der Lage sind, die einzelnen Perspektiven – orientiert an Zielvorstellungen und Bedürfnissen von Klienten und Patienten – auch zu realisieren.

Verhaltenstherapie bietet für die Realisierung dieser Perspektiven wohl einen optimalen Rahmen: Die **Perspektive der Problembewältigung** war immer eine Domäne (sogar der klassischen) Verhaltenstherapie: Der technische Aspekt der Übung, des Lernens, Situationen in alternativer Weise zu bewältigen, sich mit schwierigen Situationen auseinanderzusetzen, bildet ein Kernmerkmal des verhaltenstherapeutischen Vorgehens. Die Bewältigungsperspektive wird auch von Grawe u. Mitarb. (1994) als am stärksten in der Verhaltenstherapie verankert gesehen.

In der Verhaltenstherapie spielt – vermutlich mehr in der Praxis als in entsprechenden theoretischen Konzeptionen – der Aspekt der **Klärung** eine ausgesprochen bedeutsame Rolle (Grawe selbst spricht für die Perspektive der Bewältigung und der Klärung von einem Ergänzungsverhältnis): Patienten kommen zunächst nicht nur deshalb zur Therapie, weil sie bestimmte Dinge ändern oder Probleme bewältigen bzw. lösen möchten; im Vordergrund steht vielmehr häufig die Frage nach einer **Klärung** der Beschwerden (z.B. : „Warum habe ich solche Ängste, Depressionen, Schmerzen...?"...„Ich habe bis vor vier Jahren als normale, gesunde Frau gelebt, warum funktioniert dies alles nicht mehr.. .?" usw.). Im Kern dieser und ähnlicher Fragen steht der Wunsch nach einer **Klärung** der Beschwerden, nach einer sinnvollen Einordnung in den Lebenskontext. Die dem Patienten und seiner Umgebung zur Verfügung stehenden Kategorien sind hier an Grenzen gestoßen, sonst käme die Person nicht als PatientIn zur Therapie. Aufgabe im Rahmen dieser Klärungsperspektive ist es, dem Patienten ein plausibles Verständnis für seine Schwierigkeiten zu vermitteln; zu diesem Zweck muß der Therapeut zwei Bereiche verknüpfen: Sein theoretisches Hintergrundwissen in allgemeiner und klinischer Psychologie einerseits und die idiographische Situation und die Besonderheiten des Lebens eines Patienten andererseits. Die Vermittlung dieses plausiblen Modells (im Sinne einer kognitiven Umstrukturierung, einer Veränderung von Schemata...) geschieht im Verlaufe des therapeutischen Prozesses (Margraf u. Schneider 1990, Reinecker 1994, Kanfer, Reinecker u. Schmelzer 1996). Bewältigungs- und Klärungsperspektive wirken insofern zusammen, als der Patient zusammen mit dem Therapeuten ein plausibles Verständnis für seine Problematik vermittelt bekommt und gleichzeitig konkrete Veränderungen (im Sinne von Übungen) realisiert, die mit der Information und Klärung sowie mit der kognitiven Perspektive möglichst kongruent sind.

In der Konfrontationstherapie etwa begibt sich ein Patient in eine von ihm gefürchtete Situation (z.B. Menschenansammlung, aber auch Wahrnehmung interner Reize wie Herzschlag...). Im Verlaufe dieser Konfrontation erfolgt eine Auseinandersetzung mit belastenden Emotionen (Pennebaker 1993) im Sinne einer emotionalen Verarbeitung, Umstrukturierung und Bewältigung (Foa u. Kozak 1986). Dabei muß von einer gleichsinnigen Veränderung zentraler kognitiver Merkmale, nämlich der Erwartungen und der Einschätzung der eigenen Bewältigungsmöglichkeiten ausgegangen werden (Bandura 1977, Lazarus 1991).

Das dritte unverzichtbare Element einer allgemeinen Psychotherapie besteht in der **Beziehungsperspektive**: Die Bedeutsamkeit dieses Aspekts ist inzwischen auch empirisch belegt (Orlinsky, Grawe u. Parks 1994). In der Verhaltenstherapie wurde die Bedeutung der therapeutischen Beziehung schon von Anfang an als wichtig, als essentiell gesehen (Wolpe u. Lazarus 1967). Dennoch hat man der therapeutischen Beziehung über lange Zeit den Status einer lediglich „unspezifischen Variable" zuerkannt. Erst relativ spät wurde gesehen, daß die Perspektive der therapeutischen Beziehung einen spezifischen Wirkfaktor darstellt, vor dessen Hintergrund therapeutische Methoden überhaupt erst ihre Bedeutung entwickeln können (deVoge u. Beck 1978, Seiderer-Hartig 1980, Zimmer 1983, Sweet 1984, Schindler 1991). In einschlägigen Interaktionsanalysen (Schindler 1991, Schaap u. Mitarb. 1993) wurde die Relevanz der Beziehungsperspektive in der Verhaltenstherapie klar belegt. Schindler (1991) etwa unterstreicht die spezielle Rolle von Erklärung und Unterstützung auf seiten des Therapeuten sowie Veränderungsberichte und motivationale Aspekte auf seiten des Patienten als entscheidende Determinanten des therapeutischen Prozesses. Daß die Beziehungsaspekte in der verhaltenstherapeutischen Praxis immer realisiert wurden, zeigt sich unter anderem in der Vergleichsstudie von Sloane u. Mitarb. (1975): Von unabhängigen Ratern wurden hier die an der Studie beteiligten Verhaltenstherapeuten (im Vergleich zu Psychoanalytikern) auf gesprächstherapeutischen Skalen hinsichtlich der Realisierung von Beziehungsvariablen als deutlich überlegen eingestuft. Dennoch erschien es gerade aus verhaltenstherapeutischer Sicht problematisch, die Beziehungsperspektive getrennt von technischen oder Problemlösemerkmalen zu sehen: Beziehung wird praktisch in der Realisierung einer therapeutischen Strategie umgesetzt – umgekehrt läßt sich eine therapeutische Strategie nur realisieren, wenn eine entsprechende therapeutische Beziehung besteht (Verständnis, Vertrauen, Unterstützung).

Da sich die Verhaltenstherapie seit ihrer Entstehung durch verschiedene Phasen ihrer Entwicklung immer als Umsetzung psychologischer Prinzipien im therapeutischen Kontext verstanden hat und versteht, besitzt sie ein besonderes Nahverhältnis zur „Allgemeinen Psychotherapie" (Grawe, Donati u. Bernauer 1994, Grawe 1997). Im konkreten therapeutischen Vorgehen werden die einzelnen Merkmale in sicherlich unterschiedlicher Weise realisiert, dies aber entspricht genau einem differentiellen Vorgehen – einer Orientierung an den Bedürfnissen und Zielen des Patienten. Damit sollte keinesfalls unterstellt sein, die gesamte Psychotherapie sollte und müßte sich in Richtung Verhaltenstherapie oder der Perspektive einer allgemeinen Psychotherapie entwickeln: Zu unterschiedlich erscheinen die theoretischen und technischen Annahmen sowie die Merkmale der Menschenbilder von humanistischen Verfahren, von Psychoanalyse und Verhaltenstherapie. Außerdem werden die von Grawe, Donati u. Bernauer (1994) thematisierten Aspekte der Beziehung, des Problemlösens und der Klärung von diesen therapeutischen Richtungen in durchaus unterschiedlicher Weise realisiert. Es käme einer Verarmung des potentiellen therapeutischen Spektrums gleich, wollte man diese Möglichkeiten gewissermaßen reduzieren oder eliminieren.

Der oben angesprochene theoretische Pluralismus sollte vielmehr auch im therapeutischen Rahmen seinen Platz haben: Menschliche Probleme, psychische Störungen usw. können eben durchaus unterschiedlich konzipiert und damit eventuell auch unterschiedlich gelöst werden (hier sei ausnahmsweise die Analogie zur Medizin erlaubt, wo es für dieselbe Krankheit durchaus unterschiedliche Zugänge auf begrifflicher, erklärender und therapeutischer Ebene gibt). Der Pluralismus hat allerdings dort seine klaren Grenzen, wo sich die Konzeption einer Störung nicht prinzipiell psychologisch beschreiben und erklären läßt und wo sich die therapeutischen Prinzipien einer prinzipiellen Effektivitätskontrolle verschließen (Perrez 1982).

Verhaltenstherapie und allgemeine Psychotherapie sind keineswegs als identisch zu sehen; Verhaltenstherapie bietet sicher nicht **die** Lösung für alle theoretischen Lücken der Psychotherapie, und sie kann gewiß nicht als Allheilmittel für das Gesundheitssystem verstanden werden (dies hatten allerdings bereits Kanfer u. Phillips [1966] so gesehen). Verhaltenstherapie spielt aber eine wichtige Rolle im Bereich der Forschung (Grawe 1992) sowie im Bereich der Gesundheitsversorgung bei psychischen Störungen (Meyer u. Mitarb. 1991). Verhaltenstherapie sollte deshalb verstanden werden als offenes Programm, offen für Kritik, offen für Veränderungen und für Weiterentwicklungen auf dem Weg zur Allgemeinen Psychotherapie.

VI Systemische Therapie

16. Systemische Therapie

J. Schweitzer

Wichtige Teile dieser Darstellung entstanden in Diskussionen mit Dr. phil. Arist v. Schlippe (Osnabrück) und Dr. med. Gunherd Weber (Wiesloch)

Einleitung

Im folgenden wird ein möglichst knapper Überblick über Theorie, Methodik, Settings und Forschung zur Systemischen Therapie angestrebt. Wer Ausführlicheres sucht, sei auf den Aufsatz „Störe meine Kreise!" (Schweitzer u. Weber 1997) und insbesondere auf das „Lehrbuch der systemischen Therapie und Beratung (v. Schlippe u. Schweitzer 1998) verwiesen. Der letzte Abschnitt versucht darüber hinaus, aus der systemischen Perspektive einen Beitrag zur allgemeinen Psychotherapie-Diskussion zu leisten.

Was heißt systemisch?

Das Wörtchen „systemisch" verbindet mit den projektiven Testverfahren einen Aspekt: Alle legen andere Bedeutungen hinein. Eine gewisse Bedeutungsinflation ist angesichts der Breite des Begriffes nicht verwunderlich. Ein System ist ethymologisch das, was zusammen (griech. *syn*) steht (griech. *stamein*) oder liegt (griech. *histamein*). Anders gesagt ist ein System „ein Satz von Elementen und Objekten zusammen mit den Beziehungen zwischen diesen Objekten und deren Merkmalen" (Hall u. Fagen 1956). Vom Heizungsthermostat bis zur belletristischen Literatur, vom Molekül bis zur Staatengemeinschaft lassen sich Beziehungen zwischen Elementen verschiedenster Phänomenbereiche darauf hin untersuchen, was wie zusammengehört.

Wenn Psychotherapeuten von „systemisch" sprechen, bezeichnen Sie damit die Kommunikation zwischen den Mitgliedselementen sozialer Systeme - Partnerschaft, Familie, Nachbarschaft, Therapeut-Patient-Beziehung, Team, Institution, Versorgungssystem – *und* die Anstöße, die von diesen Kommunikationen auf die Gedanken, Gefühle, Hormonausstöße oder Erkrankungen der Mitglieder ausgehen - also auf deren psychische und biologische Systeme.

„Systemisch" ist mithin nicht ein bestimmter Realitätsbereich, sondern eine Betrachtungsweise, die das Verhalten von Elementen nicht aus ihrem endogenen „So-Sein", sondern aus ihren Beziehungen zu anderen Elementen zu erklären versucht. Insoweit *gibt* es keine Systeme, sondern Systeme sind *Beschreibungen* von Realitätsbereichen durch Beobachter. Eine systemische Sichtweise stellt das Verhalten von Elementen stets in einen Kontext, einen Beobachtungsrahmen für situative Zusammenhänge. In diesem Beobachtungsrahmen sind folgende Konzepte für das Verständnis von Systemen besonders wichtig:

Zirkularität: Das Verhalten jedes Mitgliedelements eines Systems ist zugleich Ursache und Wirkung des Verhaltens der anderen Mitglieder. Einseitige *lineare* Ursache-Wirkungs-Beschreibungen („Er trinkt, weil sie sich ihm verweigert" oder umgekehrt „Sie verweigert sich ihm, weil er trinkt") sind Ergebnis willkürlicher *Interpunktionen* aus verständlichen Motiven. Fokussiert wird also, wie sich Phänomene wechselwirksam beeinflussen und gegenseitig bedingen.

Kommunikation: Aufmerksamkeit gilt vor allem dem Austausch von Kommunikationen, d.h. von Botschaften zwischen sendenden und empfangenden Systemmitgliedern. Bei diesen lässt sich ein *Inhaltsaspekt* („Was wird explizit gesagt?") von einem *Beziehungsaspekt* unterscheiden („Was denkt A darüber, daß B gerade dies gerade jetzt gerade zu C sagt?").

Der zirkuläre Austausch von Kommunikationen führt über die Zeit hinweg zum wiederholten Auftreten bestimmter Kommunikationsabläufe *(Redundanzen)*, in denen ein Beobachter *Muster* (formal ähnliche Kommunikationsabläufe bei wechselnden Inhalten) erkennen kann und die als *Regeln* formuliert werden können („Immer wenn das Kind weint, zeigt sich der Vater besorgt und die Mutter ärgerlich" oder „Immer wenn die Mutter sich ärgerlich zeigt, weint das Kind, und der Vater wendet sich ihm besorgt zu").

System-Umwelt-Grenzen unterscheiden, was zu einem System dazugehört und was nicht. Sie sind zumindest in sozialen und psychischen Systemen nicht naturgegeben, sondern werden entsprechend deren Sinn-Verständnis ausgehandelt: Gehören die Schwiegermutter und der Freund der Tochter zur Familie? Sollten Angehörige in einer stationär-psychosomatischen Behandlung integriert werden? Gehören Zivildienstleistende in die Teamsupervision? Sind niederträchtige Racheimpulse legitime Mitglieder meiner Gefühlswelt?

Von der Kybernetik erster zur Kybernetik zweiter Ordnung

Die Rezeption systemtheoretischer Modelle aus verschiedenen Naturwissenschaften in die Psychotherapie fand in zwei Hauptphasen statt, die von Foerster (1988) als Kybernetik erster und zweiter Ordnung unterschieden hat.

Kybernetik erster Ordnung: Etwa von 1950 bis Mitte der 70er Jahre wurde systemtheoretisches Denken vor allem aus der Regelungs- und Nachrichtentechnik rezipiert. Das Interesse an der Vorhersehbarkeit, Durchschaubarkeit und Planbarkeit komplexer Systeme stand im Vordergrund. Die Kernfrage war: Wie können Systeme in einem Gleichgewicht gehalten oder aber aus einem für pathologisch gehaltenen Gleichgewicht herausgebracht werden? Zentraler Begriff war anfangs die Homöostase, deren Verlust durch negatives Feedback ausgeglichen und durch positives Feedback beschleunigt wird. Später rückte die Beschäftigung mit Zuständen fern vom Gleichgewicht, mit Fluktuation und Chaos, mit Unplanbarem in das Zentrum des Interesses.

Kybernetik zweiter Ordnung: Etwa ab 1980 wurde vermehrt eine biologische Systemtheorie („Theorie lebender Systeme", Maturana u. Varela 1987) rezipiert, die sich gerade für die Unmöglichkeit objektiv-externer Systembeobachtung und -beeinflussung interessierte. Die Kernfrage war hier: Wie sichern autonome , d. h. von außen unbeeinflußbare oder gar autopoietische, d. h. sich selbst erzeugende Prozesse das evolutionäre Überleben eines Systems und begrenzen die Möglichkeit von außen kommender Einflußnahme? Unter dem Einfluß erkenntnistheoretischer Überlegungen (siehe unten) wurde der Einfluß des Systembeobachters auf das beobachtete System thematisiert: Welche Beobachtungen erlaubt, welche verhindert, welche erzeugt gar die Eigenstruktur des Beobachters? Wie verändert sich das beobachtete System dadurch, daß es beobachtet wird?

Die epistemologische und soziale Konstruktion von Systemen

Zwei primär philosophische bzw. sozialpsychologische Denkansätze haben wesentlich zur Kybernetik zweiter Ordnung beigetragen: Die Erzeugung von Systemprozessen durch individuelle Kognitionen als Thema des radikalen Konstruktivismus (von Glasersfeld 1981) und ihre Erzeugung durch soziale Verständigungsprozesse als Thema des sozialen Konstruktionismus (Gergen 1991).

Der radikale Konstruktivismus nimmt an, daß wir unsere Annahmen (Bilder, gedanklichen Konstruktionen) über die Welt grundsätzlich nicht erfolgreich danach beurteilen können, ob sie diese „wahr" oder „falsch" abbilden, sondern lediglich, inwieweit sie zur Welt in dem Sinne *passen*, daß wir mit Ihnen erfolgreich handeln und überleben können. Daher interessiert aus radikal-konstruktivistischer Perspektive bei den verschiedensten Ideen (z. B. darüber, ob ein Kind „wirklich" behindert ist oder nicht, ob eine Frau Ihren Mann „wirklich" liebt, ob ein Patient sein psychotisches Verhalten beeinflussen kann oder es „über ihn kommt") nicht deren Wahrheitsgehalt, sondern deren Nützlichkeit für die Lebensgestaltung der Beteiligten. Wie tröstlich oder beunruhigend ist z. B. eine psychiatrische oder somatische Krankheitstheorie, die die genetische Determiniertheit der Erkrankung betont ? Aktiviert sie die Beteiligten, oder fördert sie passives Erdulden? Trägt sie zwischen den Beteiligten eher zu wohliger Harmonie oder zu lebhaftem Streit bei?

Gegenüber dem ursprünglich individualistisch konzipierten Konstruktivismus betont der *soziale Konstruktionismus* stärker das gemeinsame Aushandeln von Realitätssichten im Dia- oder Multilog, betont er noch stärker den Wert von Perspektivenvielfalt. Das „Selbst" ist in konstruktionistischer Sicht nicht mehr das in seine Haut eingeschlossene Individuum, sondern „jeder von uns wird zunehmend eine bunte Mischung von Potentialen, wobei jedes Potential eine oder mehrere der Beziehungen, in die wir uns einlassen, darstellt" (Gergen 1991).

Störungstheorie: Problemdeterminierte Systeme

Unter dem Schlagwort „Patient Familie" (Richter 1963) gelang der frühen Familientherapie eine Entpathologisierung des Patienten, die als ungewollte Nebenwirkung allerdings die latente Pathologisierung der Familie mit sich brachte. Auch systemische Familientherapieansätze aus der Kybernetik erster Ordnung sprechen von „dysfunktionalen Strukturen" (Minuchin 1977), „pathologischen Dreiecken" (Haley 1977) oder familiärer „Hybris" (Selvini et al. 1977). Erst mit dem Konzept des „problemdeterminierten Systems" (Goolishian 1988, Ludewig 1992) gelingt ein grundlegender Ausstieg aus linearen Verursachungs- und damit Schuldzuweisungstheorien.

„Problemdeterminiertes System" meint: Nicht ein System (eine Familie, eine Klinik, eine Firma) „hat" das Problem als sozusagen zu ihm gehörendes Strukturmerkmal („Herr Doktor, ich habe eine Depression" „Haben Sie sie mitgebracht?"), sondern um ein Thema herum, das als Problem konstruiert wird, entwickelt sich ein soziales System, welches durch das Problem zusammengehalten wird.

VI

> Steht etwa ein Mensch weit vorübergelehnt und ohne einschlägige Berufskleidung auf einer Flußbrücke oder auf dem 10. Stock eines Hochhauses, und wird dies von Passanten als „Suizidabsicht" gedeutet, so kann sich rasch ein „Suizidversuch-System" entwickeln, zu dem sich in rascher Folge der Betroffene, zwei Passanten, ein Polizist, ein Krankenwagenfahrer, mehrere Mitarbeiter einer psychiatrischen Klinik und schließlich die Angehörigen hinzugesellen können. Entscheidend ist nun, ob die nachfolgenden Kommunikationen so verlaufen, daß sie dieses Problemsystem rasch wieder auflösen (z. B. indem eine gute klärende Unterhaltung zwischen dem Betroffenen und seinen Angehörigen eventuelle Familienkonflikte überwinden hilft und/oder indem einige therapeutische Gespräche zur Überwindung depressiver Reaktionen helfen) oder aber ob sie es verfestigen und chronifizieren (etwa indem eine längerfristige psychiatrische Patientenkarriere eingeläutet wird).

Diese Perspektive hat einige sehr praktische Konsequenzen:

1. Es ist keine „Generalsanierung" desjenigen sozialen Systems erforderlich, in dem das Problem als erstes bemerkt oder beklagt wird. Denn nicht das System-an-sich muß sich verändern, sonder „nur" die Kommunikation rund um das Problem. Das ist oft noch schwer genug, aber schon leichter und überschaubarer.
2. Das Problemsystem muß nicht aus der Familie bestehen - seine Mitglieder können sich z. B. bei Schulphobien aus Schüler, Eltern, Lehrern und Klassenkameraden zusammensetzen, bei chronifizierten Psychosen z. B. aus Nachbarn, Nervenarzt, Wohnheim und Rentenantrag.
3. Das Problem ist nicht erst dann gelöst, wenn sich „wirklich" etwas geändert hat „im System". Es ist gelöst, wenn alle oder zumindest die „wichtigen" Leute meinen, daß es gelöst sei - wenn also die problemzentrierte Kommunikation sich aufgelöst hat.

Geschichtliche Entwicklung der Systemischen Therapie

Mehr als andere psychotherapeutische Ansätze ist die Systemische Therapie polyzentrisch entstanden. Statt einer zentralen Gründerfigur wie etwa Freud, Rogers, Perls, Moreno, Berne waren hier zuviele „Urväter und Urmütter" zugleich am Werk, als daß sich die Orthodoxie einer Führungsfigur und der Ausschluß von Häretikern hätten durchsetzen können. Statt dessen entwickelten sich einzelne Schulen Systemischer Therapie teils parallel, teils in geringer zeitlicher Versetzung, oft aber in heftiger Abgrenzung voneinander.

Dabei veränderten sich über die Zeit aber die zentralen Gegensätze. In den 60er und 70er Jahren blieben einige familientherapeutische Schulen stärker mit ihren „Herkunftsschulen" verbunden, etwa die psychoanalytischen, an Mehrgenerationsprozessen interessierten Ansätze (Boszormenyi-Nagy u. Spark 1981, Sperling 1983, Stierlin 1975), oder die an der humanistischen Psychologie orientierten Ansätze insbesondere von Satir (1979) und ihrem Avanta-Netzwerk. Andere grenzten sich unter Berufung auf die Systemtheorie stärker und radikaler insbesondere von dem damals dominierenden psychoanalytischen Denken ab (Watzlawick et al. 1975, Haley 1977, Minuchin 1977, Selvini, Boscolo, Cecchin, Prata 1977).

Seit den 80er Jahren scheinen dezidiert systemische Sichtweisen unter den Paar- und Familientherapeuten sich in einem Ausmaße durchgesetzt zu haben (Stierlin 1988 u. 1994), daß andere Unterschiede hervortraten: Zwischen „Interventionisten", die Therapiesitzungen mit gezielten Abschlußinterventionen beenden, und „Konversierern", die den Klienten eine breite und ungefilterte Palette verschiedener Sichtweisen mit nachhause geben; zwischen stärker verbal-narrativ und stärker handlungs- und erlebnisorientiert arbeitenden Therapeuten; zwischen einseitig lösungsorientierten und solchen Therapeuten, die gerne weiterhin das Problem verstehen wollen. Aber diese Unterschiede sind mit der Expansion des Feldes fließender geworden.

Therapeutische Haltungen

Als Schnittstelle zwischen systemtheoretischen und erkenntnistheoretischen Grundlagen einerseits und dem konkreten therapietechnischen Vorgehen andererseits lassen sich einige grundlegende therapeutische Haltungen oder Richtlinien beschreiben.

Den Möglichkeitsraum vergrößern: „Handle so, daß Du die Zahl der Möglichkeiten vergrößerst" - dieser basale „systemische Imperativ" (von Foerster 1988) bedeutet in der Psychotherapie: „Hilf, die Denk- und Handlungsspielräume Deiner Klienten zu erweitern". Dem entspricht eine stark als „Ideen- und Experimentierwerkstatt", als „Denken des bislang Ungedachten", als Anregung zum „Ausprobieren des bislang nicht Ausprobierten" begriffene Praxis. Es gilt, neben dem bestätigenden Verstehen hinreichend viel Neues, Ungewohntes, vielleicht sogar Verstörendes oder Provokatives in der Therapie geschehen zu lassen.

Achtung vor der Selbstorganisation: Diese dem Autopoiese-Konzept entsprechende Haltung erfordert zunächst vom Therapeuten *Neugier*, einhergehend mit der Haltung einer *Expertise des Nicht-Wissens* und dem Bemühen, Genese, Funktion und (Dys-) Funktionalität symptomatischen Verhaltens aus der Innensicht des Klientensystems kennenzulernen.

Neutralität: Um das oben genannte zu tun, ist eine neutrale Haltung erforderlich – bewußtes Nichtbewerten (Selvini et al. 1981). Der Therapeut schlägt sich nicht auf eine Seite einer Unterscheidung, sondern pendelt zwischen beiden oder mehreren Seiten hin und her, beleuchtet die Konsequenzen der einen und anderen, bewahrt eine Außenperspektive. Solche Neutralität ist auf drei Ebenen gefordert: *Soziale Neutralität gegenüber Personen* - nicht einseitig Partei ergreifen weder für die eine noch für die andere Konfliktpartei. *Neutralität gegenüber Ideen* - offen bleiben gegenüber widersprüchlichen Ideen darüber, wie ein Psychotherapieproblem entstanden und wie es am besten zu lösen sei. Am schwierigsten scheint *Neutralität gegenüber Symptomen* und damit verbunden auch *Neutralität gegenüber Veränderungs- und Nichtveränderungsimpulsen* zu sein - Symptome nicht einseitig als zu beseitigende Probleme zu sehen, sondern als zwar suboptimale, aber doch kreative Lösungen anderer, bislang nicht besser lösbarer Probleme. Diese Haltung liegt u. a. therapeutischen Praktiken der absichtlichen, positv konnotierten Symptomverschreibung zugrunde: das eigene Symptom zunächst (auch) schätzen zu lernen, um sich dann ggf. freier von ihm verabschieden zu können.

Neutralität wird manchmal in zweierlei Weise mißverstanden. Zum einen können Therapeuten nur selten neutral *sein*, weil sie natürlich ihr eigenes Wertesystem stets mit sich tragen. Aber sie können sich darum bemühen, Neutralität zu *zeigen*, sie in ihren Äußerungen und Handlungen *anzustreben*. Entscheidend ist, inwieweit die Klienten ihre Therapeuten als neutral erleben. Zum anderen hat eine Haltung der Neutralität ihren Wert nur da, wo einem Klientensystem geholfen werden soll, den eigenen Denk- und Handlungsspielraum zu erweitern. Wo dieser aus therapeutischen und ethischen Gründen absichtlich verringert werden soll (z. B. gegenüber einem akut gewalttätigen oder suizidalen Patienten), wo moralische oder politische Positionen durchgesetzt werden sollen, oder wo vom Behandler schnell entschieden und gehandelt werden muß, ist Neutralität unmöglich, nutzlos oder hinderlich. Angesichts dieser Diskussionen bevorzugen manche Systemiker den älteren, von Stierlin geprägten Begriff der *Allparteilichkeit* gegenüber dem der Neutralität.

Ressourcenorientierung: Die neueren systemischen Therapieansätze gehen von der Arbeitshypothese aus, daß Klienten „nichts fehlt", was sie entweder „nachreifen" lassen müßten (z. B. ein stabiles Ich) oder was sie „neu lernen" müßten (z. B. adäquat zu kommunizieren, richtig zu essen oder angstfrei Fahrstuhl zu fahren), sondern daß die Ressourcen zur Problemlösung im Klientensystem bereits vorhanden sind, aber noch nicht oder nicht mehr gefunden oder genutzt wurden. Therapie wird unter dieser Idee zum Suchen nach vernachlässigten oder unentdeckten Ressourcen - sie arbeitet suggestiv mit der positiven Implikation und Prophezeiung, der Patient habe diese potentiell bereits in seinem Repertoire.

Lösungsorientierung bedeutet in ihrer radikalen Variante: „Man braucht das Problem nicht näher zu erkunden, man kann sich gleich an die Konstruktion von Lösungen begeben". Lösungsorientierte systemische Therapie sucht vor allem nach dem, was schon jetzt gut gelingt – den „Ausnahmen vom Problem" – und versucht durch Antizipieren einer „Zukunft nach der Problemlösung" Zielvisionen zu erzeugen, die positiv auf das heutige Tun und Handeln zurückwirken.

Kundenorientierung ist vor allem bei der Diskussion über Therapieziele verstärkt eine Folge der Lösungsorientierung (Schweitzer 1995): Systemische Therapie ist dann erfolgreich, wenn der Patient („Kunde“) das erreicht hat, was er subjektiv erreichen wollte - und nicht unbedingt das, was der Psychotherapeut mit seinem eigenen Menschenbild als gutes Ergebnis ansieht.

Kontext- und Auftragsklärung

Eine ausführliche Klärung der (oft widersprüchlichen) Interessen und Erwartungen der an einer Therapie mittelbar und unmittelbar Beteiligten kann zu Therapiebeginn oft helfen, den Einstieg in unfruchtbare Prozesse zu vermeiden. Zu diesen Beteiligten gehören nicht nur die im Therapieraum Anwesenden. Auch abwesende Familienmitglieder, ein überweisender Hausarzt, eine zuvor behandelnde Klinik, ein skeptisch im Vorzimmer sitzender Partner stecken den Rahmen mit ab, innerhalb dessen eine Therapie sich bewegt.

Folgende Fragen zur Auftrags- und Erwartungsklärung können sich hier als nützlich erweisen (Simon u. Weber 1987, v. Schlippe u. Schweitzer 1998):

- Warum kommen Sie gerade zu diesem Zeitpunkt?
- Warum gerade zu mir? Warum gerade zu dieser Institution und nicht zu einer anderen?
- Wer ist der Überweiser? Was sind seine Motivation und seine Erwartung, was in der Therapie geschehen soll?
- Welche gleichzeitigen Kontakte des Klientensystems zu anderen Helfern gibt es? Sind Vorstellungen darüber, was in dieser Situation geschehen sollte, ähnlich oder unterschiedlich? Sind die Klienten professionellen Botschaften ausgesetzt, die sich evtl. gegenseitig neutralisieren?
- Welche Vorerfahrungen haben die Klienten mit Helfern gemacht und wie oft haben sie schon professionelle Hilfe in Anspruch genommen?
- Was verstehen die Klienten unter „Therapie“? Was soll da geschehen oder auf alle Fälle nicht geschehen? Welche Erwartungen haben sie, welche haben andere relevante Bezugspersonen? („Angenommen wir führten ein paar Gespräche gemeinsam und die Gespräche verliefen für alle Beteiligten optimal oder sehr zufriedenstellend, wie sähe dann Ihre Familie am Ende dieser erfolgreichen Gespräche aus? Was wäre dann konkret anders?“)
- Eventuell können auch persönliche Merkmale der Therapeuten, z. B. ihr Alter, ihre Geschlechtszugehörigkeit, ihre Kleidung, ihr Beruf, einen wichtigen Einfluß auf das Verhalten der Klienten ausüben und den therapeutischen Prozeß entscheidend beeinflussen. Es ist gut, wenn die Therapeuten dieses ahnen und zum Thema machen.

Fragen als therapeutische Interventionen

In der Systemischen Therapie wird nicht zwischen einer Explorations- und einer Interventionsphase unterschieden. Fragen sind in diesem Modell die wichtigsten „Träger“ und „Erreger“ von Informationen (Unterschiedsbildungen), die bei den Klienten angestoßen werden sollen. Sie dienen gleichzeitig der Informationsgewinnung und -erzeugung. (Tomm 1994). Wichtige Fragetypen sind z. B.:

Erklärungsfragen: „Wie erklären Sie sich, daß Ihre Frau gerade im vorigen Jahr begonnen hat zu trinken?“ Oder: „Wie werden es sich ihre Kinder erklären, wenn Sie, Herr X, ein halbes Jahr überhaupt keine Herzangst mehr zeigen?“

Fragen, die Eigenschaften zu Verhalten verflüssigen: „Was tut Ihr Vater, wenn Sie ihn für depressiv halten?“

Fragen, die ein Verhalten in einen spezifischen räumlichen, zeitlichen oder Beziehungskontext stellen: „Zeigt sich Ihr Vater eher bedrückt, wenn Familienmitglieder anwesend sind oder wenn er allein ist?“ „Eher während der Arbeitszeit oder außerhalb?“

Fragen, die Gegenseitiges Sich-Bedingen nahelegen: „Was tut die Mutter, wenn der Vater sich bedrückt zeigt (nicht ‚ist‘)?“ „Und wie reagiert er dann seinerseits darauf?“

Fragen, die eine Außenperspektive ermöglichen: „Was, vermuten Sie, denkt Ihr Mann, wenn ..?“

Fragen, die aus Opfern Mitverantwortliche werden lassen können: „Angenommen, ich gäbe Ihnen den Auftrag, sich schon innerhalb der nächsten vierzehn Tage wieder manisch zu zeigen, wie könnten Sie das am besten anstellen?“

Beziehungsfragen: „Haben Deine Eltern mehr miteinander gesprochen, bevor oder nachdem Deine Schwester in den Schulstreik getreten ist?“

Triadische Fragen: „Wie sehen Sie, Frau X, die Beziehung Ihres Mannes zu ihrer Tochter?“

Rangfragen: „Mach Du als Tochter bitte mal eine Reihenfolge, wer in der Familie am liebsten zu Haus bleibt und wer am liebsten fortgeht.“

Fragen mit Zeitimplikationen: „Wann denken Sie, werden Sie ihr Ziel eher erreicht haben: In sechs Tagen, sechs Wochen oder sechs Monaten ?“

Verschlimmerungsfragen: Fragen wie „Haben Sie Ideen, wie Sie Ihre Beziehung zu Ihrer Frau wieder verbessern können?“ sind Klienten meist schon öfters gestellt worden. Verschlimmerungsfragen sind dagegen viel überraschender und bergen ebenso die Implikation, daß die Klienten ihren Zustand verändern können. „Angenommen, Sie hätten die Absicht, die Beziehung zu Ihrer Frau in den nächsten Tagen auf alle Fälle zu verschlechtern - was müßten Sie dann tun?“

Mehrere dieser Beispielsfragen sind bereits zugleich *hypothetische Fragen.* Diese beginnen meist mit „angenommen, daß . . .“ oder „was wäre, wenn . . .“ Sie regen neue Optionen an, ohne daß die Klienten direkt aufgefordert werden, etwas Bestimmtes zu tun.

Die *Wunderfrage* (De Shazer 1989 a u. b, Kim Berg u. Miller 1993): „Angenommen, es geschähe ein Wunder und eine Fee sorgte heute Nacht dafür, daß Sie auf ihre Arbeitssituation nicht mehr mit Ängsten reagieren könnten, wie würden Sie dann morgen früh zur Arbeit gehen und was würden Sie morgen anders machen?“

Schlußkommentare, Schlußinterventionen, Reflektierendes Team

Viele systemische Therapeuten nutzen die Möglichkeit, am Ende der Sitzungen nach einer Pause Abschlußkommentare und -interventionen den Klienten mit „auf den Weg zu geben“. Die Pause von etwa 10 bis 20 Minuten nutzen die Therapeuten, um die erhaltenen Informationen noch einmal zu ordnen, ihre Hypothesen eventuell zu modifizieren, ihre Neutralität oder Parteilichkeit zu reflektieren und einen Schlußkommentar zu entwerfen.

Die Abschlußkommentare werden meist direkt anschließend mündlich mitgeteilt. Inhaltlich beginnen sie meist mit einer „positiven Konnotation", also einer Anerkennung vorhandener Ressourcen und gezeigten Besserungen oder einer positiven Umdeutung des Problemkreislaufs.

Bei Klientensystemen, die deutliche Veränderungsbereitschaft signalisieren, können dann Handlungsvorschläge folgen, die zum Experimentieren mit im Gespräch andiskutierten Ideen einladen. Das können Rituale sein, z. B. Konfliktrituale, Trauerrituale, Versöhnungsrituale. Das können Symptomverschreibungen sein: Einen unerwünschten Zustand absichtlich, aber nur kurz an bestimmten Orten oder zu bestimmten Zeiten herbeizuführen. Das können „So-tun-als-ob Aufgaben" sein: Ein symptomatisches oder Problemverhalten absichtlich vorzutäuschen, um dann zu beobachten, ob und wie die Umgebung anders als auf „Echtsituationen" reagiert.

Bei noch weniger veränderungsmotivierten Klientensystemen empfehlen sich eher Beobachtungsaufgaben, z. B. bei häufig heftig streitenden Paaren: Am Ort der häufigsten Streits ein Tonband aufstellen, wie gewohnt weiterstreiten, aber zu Streitbeginn jeweils kurz das Tonband einstellen und sich hinterher anhören. All diese Handlungs- und Beobachtungsvorschläge lösen eine heftige Konfrontation und Infragestellung bisheriger, redundanter Problemmuster hervor.

Besonders wenn im Klientensystem sehr unterschiedliche Beschreibungen, Wertungen und Lösungsvorstellungen vorhanden sind, nutzen die Therapeuten an dieser Stelle oft ein therapeutisches Splitting und konfrontieren die Klienten gleichzeitig mit mehreren Sichtweisen und Lösungsideen. Befanden sie sich im Gespräch überwiegend auf der Seite der Veränderung, betonen sie dann hier eher die positiven Aspekte des Vorhandenen und warnen eventuell vor zu vielen und zu schnellen Veränderungen.

Alternativ zum Team hinter einer Einwegscheibe - was im letzten Jahrzehnt von vielen Systemikern als zu einseitig, nicht-partizipativ, „Deus-ex-Machina" artig empfunden wurde - hat das „Reflektierende Team" zunehmende Verbreitung gefunden (Andersen 1990, Hargens u. von Schlippe 1998). Hier sitzt das zwei- bis dreiköpfige reflektierende Team mit im selben Raum und wird zwei oder dreimal während des Interviews um eine Zwischenreflektion gebeten, der Therapeut und Klientensystem gemeinsam zuhören, um danach über die darin enthaltenen Anregungen weiterzudiskutieren. Das reflektierende Team folgt einer narrativen Therapiephilosophie, der das vorsichtig-zögernde Anbieten einer Palette von Sichtweisen wichtiger ist als drastische Schlußinterventionen.

Settings und Verläufe

Teilnehmerkreis: An systemischen Therapien nehmen nicht mehr zwangsläufig alle im Haushalt lebenden Familienmitglieder teil. Vielmehr kommt, wer zur Auflösung des Problemsystems beitragen kann und will. Der Teilnehmerkreis kann sich ferner von Sitzung zu Sitzung partiell ändern. So beginnen Therapien mit jungen Anorexiepatientinnen oft mit deren (Herkunfts-)familie und werden später mit ihr allein oder mit hinzutretenden außerfamiliären Freunden und Partnern fortgeführt.

Sitzungszahl und Zeitabstände zwischen den Sitzungen: Die Mailänder und die Heidelberger Gruppe haben ein Standardangebot von meist 10 Sitzungen eingeführt, welche genutzt werden können, aber nicht zwangsläufig genutzt werden müssen. Zwischen den Sitzungen werden Abstände von zumindest vier Wochen, im späteren Verlauf bis zu einem halben oder auch ganzen Jahr eingelegt. Die Sitzungen sollen Anregungen erzeugen, zu deren Umsetzung Lebenszeit draußen, außerhalb der Therapie erforderlich ist. Als Regel gilt: Je mehr sich gerade verändert, um so dichtere Zeitabstände, insbesondere in gefährdenden Krisensituationen; je weniger sich verändert, umso längere Zeitabstände. Letzteres bewährt sich gerade in Therapien mit wenig motivierten Klientensystemen. Systemische Therapien verlaufen mit diesen zum Teil langen Abständen oft über ein bis zwei Jahre, gelegentlich auch länger, können also den Charakter einer „langen Kurzzeit-Therapie" annehmen.

Single Session Therapy: Aus der Erfahrung, daß einmalig bleibende Psychotherapiekontakte in allen Therapieansätzen die häufigste Sitzungsfrequenz sind, hat Talmon (1990) die „Single Session Therapy" vom bedauernswerten Therapieabbruch zu einem sorgfältig vorbereiteten und telefonisch katamnestisch nachbereiteten Therapiesetting weiterentwickelt.

Modifikationen des klassischen ambulanten Settings: Gut 20 Jahre nach Entwicklung des klassischen Mailänder und Heidelberger ambulanten Settings hat die systemische Familientherapie Einzug in viele stationäre, psychiatrische und medizinische, sozialpädagogische und sozialarbeiterische Einrichtungen bis hinein in die Rechtspflege gehalten, wo dieses Setting erheblich variiert werden muß.

1. Bei *Akutbehandlung und Kriseninterventionen* müssen die Abstände kürzer gehalten werden, beim ambulanten Management suizidgefährdeter, aber nicht einweisungsbedürftiger Patienten ggf. im Wochenabstand.

2. Erfolgt die *Behandlung unter Therapieauflage* etwa eines Gerichtes, so ist „Kunde" des Therapiegesprächs oft weniger der Patient als vielmehr der Richter. Hier müssen andere Bündnisse geschlossen werden, etwa nach dem Motto „Was müssen wir in den Gesprächen hier tun, damit dies den Richter davon überzeugt, daß Sie künftig nicht mehr zu mir hierher kommen müssen?"

3. Bei akut drohender *Gewalt oder Selbstbeschädigung* können sich Gesundheitsfachleute nicht auf die neutrale und neugierige Position zurückziehen, sondern müssen soziale Kontrollhandlungen vornehmen. Systemisches Denken hilft hier allerdings, sich immer wieder klarzuwerden, welchen „Hut" man gerade aufhat: Den des Therapeuten oder den des sozialen Kontrolleurs. Stärker als in anderen Therapierichtungen wird eine saubere Kontexttrennung von systemischen Therapeuten besonders betont.

4. Bei *vereinsamten Patienten* stößt systemische Familientherapie an ihre natürlichen Grenzen, hier wird systemische Einzeltherapie oder aber Netzwerktherapie wichtiger. Für systemische Einzeltherapie ist häufig eine größere Sitzungszahl erforderlich, da der Therapeut selber ein wesentlicher Teil des sozialen Netzwerks des Patienten ist und mit dem Patienten erst langsam Wege wird entwickeln können, sich selbst ein reichhaltigeres Netzwerk zu konstruieren.

5. Bei *stationärer Familientherapie* gilt es, die stationäre Einzel-, Gruppen- oder Milieutherapie sorgfältig mit dem familientherapeutischen Vorgehen in der Weise abzustimmen, daß beide sich nicht gegenseitig behindern.

6. In der *Organmedizin* können Ärztinnen oder Krankenpfleger methodische Elemente der systemischen Familientherapie in zwei bis fünfminütige Kurzberatungskontakte einbauen, insbesondere das zirkuläre Fragen. Hypothesen,

die in der Familientherapie erst erarbeitet werden, können aufgrund der Autorität von Ärzten häufig auch vorab angeboten werden („Bei unerfülltem Kinderwunsch kann es häufig so sein, daß erstens..., zweitens..., drittens... vielleicht überlegen Sie einmal, ob eins davon bei Ihnen zutrifft").

7. *Familienberatung in der sozialen Arbeit*, insbesondere mit armen Klienten, erfordert die Kombination systemisch-beraterischer Kompetenzen mit anwaltschaftlichen und fürsorgenden Aktivitäten zur Gewährleistung materieller Ressourcen, um unangemessenen „Psychologismus" zu vermeiden.

Therapie, Beratung, Konsultation, Konferenz, Supervision, Organisationsberatung, Coaching? Flexibilisiert hat sich auch die Benennung dessen, was Systemische Therapeuten tun. Da das Wort „Familientherapie" dahin mißverstanden werden kann, man halte alle einzelnen Mitglieder für psychisch gestört und daher therapiebedürftig, und da ferner die Systemische Therapie sich in Bereiche der Organmedizin, der Sozialen Arbeit und der betrieblichen und beruflichen Beratung weiterentwickelt hat, wird kontextabhängig das systemische Arbeiten oft bewußt gerade nicht als „Therapie" etikettiert.

Systemische Einzeltherapie: Auch Systemische Einzeltherapie kann mit guten Ergebnissen im klassischen Mailänder-Heidelberger-Setting durchgeführt werden: Maximal 10 Sitzungen, lange Abstände dazwischen, Hypothesenbildung vorher anhand eines Genogramms, Pause vor Sitzungsende, Abschlußintervention. Aus pragmatischen Gründen (Ökonomie im Rahmen der Krankenkassenfinanzierungsrichtlinien) bieten aber viele tiefenpsychologische oder verhaltenstherapeutische Kassenpsychotherapeuten mit zusätzlicher systemischer Weiterbildung eine höhere Sitzungsfrequenz (z. B. 25 Sitzungen) an.

Anwendung, Verbreitung, Berufspolitik

Systemische Therapie hat in den letzten Jahren breite Anwendung gefunden vor allem in den Bereichen Psychiatrie (in psychotherapeutisch aufgeschlossenen Landes- und Allgemeinkrankenhäusern sowie in gemeindepsychiatrischen Einrichtungen, kaum aber in Universitätskliniken), Kinder- und Jugendpsychiatrie (sehr starke Verbreitung), Psychosomatik (wiederum stärker in Fachkliniken als in Universitätskliniken), Pädiatrie (Onkologie, Neurologie und Sozialpädiatrie, Neonatologie, Nephrologie), Paar-, Familien-, Kinder- und Jugendberatung in öffentlichen und verbandlichen Beratungsstellen; stationäre und ambulante Jugendhilfe; Suchttherapie.

Neue Entwicklungen vollziehen sich außerhalb des engeren Psychotherapiebereiches derzeit vor allem in der Familienmedizin (Integration systemischer Ansätze in die psychosomatische Grundversorgung) und systemischen Sozialarbeit (im Allgemeinen sozialen Dienst, im Jugendamt, in der Schuldnerberatung). Erste ermutigende Erfahrungen mit der systemischen Psychotherapie bei Psychosen der Heidelberger Systemtherapeuten-Gruppe (Weber et al. 1987, Simon et al. 1989, Retzer 1994, Schweitzer u. Schumacher 1995) warten darauf, in breiterem Umfange repliziert zu werden.

Systemische Therapie ist bislang noch nicht als Richtlinienverfahren in der ambulanten Versorgung durch die Krankenkassen anerkannt. Ein Antrag liegt seit Mitte 1998 dem Bundesausschuß der Ärzte und Krankenkassen vor (AGST 1998 a). Daher ist sie als ambulantes Therapieverfahren bislang im früheren Erstattungsverfahren, mit Privatpatienten oder von Kollegen mit zusätzlicher psychoanalytisch-tiefenpsychologischer oder verhaltenstherapeutischer Weiterbildung durchgeführt worden.

Drei Dachverbände (Deutsche Arbeitsgemeinschaft für Familientherapie DAF seit 1978, Dachverband für Familientherapie und Systemisches Arbeiten DFS seit 1987, Systemische Gesellschaft SG seit 1993, miteinander in der Arbeitsgemeinschaft Systemische Therapie AGST kooperierend) haben relativ übereinstimmende Weiterbildungsrichtlinien verabschiedet, die 300–400 Stunden Theorie, 150–200 Stunden Supervision zur Diskussion von mindestens vier bis sechs Therapiefällen und 150 bis 200 Therapiesitzungen sowie 50–150 Stunden Selbsterfahrung verlangen - insgesamt also eine Weiterbildung über 850 bis 900 Stunden (AGST 1998b).

Systemische Weiterbildung ist grundsätzlich transdisziplinär angelegt und integriert neben Ärzten und Psychologen insbesondere Pädagogen, Sozialpädagogen und Sozialarbeiter, aber teilweise auch Klinikseelsorger, Fachtherapeuten (Konzentrative Bewegungstherapie, Logopädie, Ergotherapie, Krankengymnastik), ErzieherInnen und Fachkrankenschwestern/pfleger ohne interne Segregation in ihren Weiterbildungsgängen. Dies wird von allen Beteiligten als zentrales Element eines Kooperation und Kontextorientierung fördernden Designs erlebt.

Die Integration von Selbsterfahrung in Weiterbildungscurricula ist umstritten: Wie systemisch muß sie sein? (Ist die eigene Psychoanalyse eine nützliche systemische Selbsterfahrung?) Darf sie innerhalb des Weiterbildungsinstitutes angesiedelt sein? (Wird dann Selbsterfahrung nicht in unguter Weise mit latentem Leistungsdruck verquickt nach dem Motto „Sie sind in ihrer Selbsterfahrung noch nicht weit genug, Sie können die Weiterbildung noch nicht abschließen", wie das an den psychoanalytischen Instituten kritisiert wird?) In der Praxis enthalten die Weiterbildungscurricula (z. B. der IGST in Heidelberg) viele Übungen, die intensive Erfahrungen des eigenen Selbst-im-Kontext ermöglichen, eingebettet in die Theorie- und Methodenvermittlung.

Forschung

Das systemtheoretische Paradigma konfrontiert die empirische Forschungsmethodologie mit erhöhten Komplexitätsanforderungen:

- In Mehrpersonensystemen wie Paaren, Familien oder Organisationen geschehen Prozesse, die sich nicht angemessen durch Aggregierung von Daten beschreiben lassen, die an Individuen gewonnen werden. So sind Mittelwerte eines Familienfragebogens, der vier verschiedenen Familienmitgliedern zur Auswertung vorgelegt wurde, oft besonders wenig aussagekräftig.
- Systeme entwickeln sich nicht kontinuierlich, sondern oft in qualitativen Sprüngen. Dadurch können Variablen, anhand derer sich ein System zuvor gut beschreiben ließ, plötzlich irrelevant werden. Dies gilt besonders für klinisch orientierte Forschung. So können Nähe-Distanz-Konflikte in einer Familie mit einer adoleszenten eßgestörten Patientin lange Zeit eng mit der Symptomatik zusammenhängen, einige Jahre später aber für deren Gesundheit weitgehend irrelevant werden. Das läßt Forschungsdesigns mit vorab festgelegten Variablen, deren Werte zu verschiedenen Zeitpunkten erhoben werden, wenig sinnvoll erscheinen.

VI

Prozeßforschung

Familiäre Interaktionsprozesse werden zum einen in „natürlichen“ Situationen wie alltäglichen Familiengesprächen untersucht, vor allem mit teilnehmender Beobachtung und objektiv-hermeneutischen Auswertungsmethoden. Familiäre Interaktion wird auch anhand von Video- und Audiotranskripten von Familientherapiesitzungen mit Ratingverfahren oder in sehr formaler Weise mit automatischer Interaktionschronographie analysiert (Brunner 1984).

Ferner werden spezielle Interaktionsexperimente durchgeführt, bei denen Familien gemeinsam eine bestimmte Aufgabe mit Blick auf ein vorgegebenes Ziel zu lösen haben: Den nächsten Urlaub planen, logische Aufgaben lösen oder den Diätplan eines kranken Kindes festlegen. Ihre Interaktion wird mit Videokameras aufgezeichnet und mit Ratingverfahren ausgewertet. In solchen standardisierten Situationen können die Interaktionsbeiträge aller Einzelmitglieder erfaßt, der mehr oder weniger konflikthafte oder konsensuelle Einigungsprozess dokumentiert und schließlich die Qualität des gemeinsamen Ergebnisses bewertet werden. Mit solchen Experimenten konnten unterschiedliche Beziehungsmuster in „normalen“ oder „gestörten“ Familien (Haley 1962), in Familien mit als neurotisch, delinquent und schizophren (Ferreira u. Winter 1965, Reiss 1981) und als schizophren, schizoaffektiv oder manisch-depressiv diagnostizierten Indexpatienten (Retzer 1994), in Mutter-Kind-Dyaden mit guter und schlechter Diäteinhaltung bei Phenylketonurie (Armbruster 1995) gezeigt werden.

In letzter Zeit rückt die Interaktion zwischen Systemischen Therapeuten und ihren Klientensystemen verstärkt in den Blickpunkt der Forschung. Die Arbeitsgruppe um Schiepek (Schiepek et al. 1995 a) versucht, diese Interaktionen in systemisch-lösungsorientierten Einzeltherapien nach der Methode der Plananalyse in ihrem zeitlichen Verlauf abzubilden. Dies ermöglicht es, Unterschiede in der Häufigkeit des Einsatzes definierter therapeutischer Vorgehensweisen einerseits in derselben Therapie zu verschiedenen Zeitpunkten (z. B. Erstinterview versus sechste Sitzung), andererseits zwischen verschiedenen Therapeuten (z. B. psychoanalytisch versus systemisch orientierten) abzubilden.

Evaluationsforschung

Einige um 1990 veröffentlichte Sekundäranalysen (Hazelrigg 1987, Hahlweg u. Markmann 1988, Heekerens 1990, Meyer 1991, Grawe 1994) erweckten zunächst den Eindruck, es gäbe sehr wenige Evaluationsstudien zur systemischen Therapie. Dies hängt mit den sehr einschränkenden Kriterien zusammen, nach denen Primärstudien in diese Sekundäranalysen aufgenommen wurden: Rezeptionszeitraum empirischer Studien lediglich bis etwa 1984, mindestens vier Therapiesitzungen (ein bedeutsamer Teil systemischer Therapien bleibt unter Sitzungen) oder Einschränkung auf spezielle Populationen wie Kinder und Jugendliche.

Neuere Studien finden zur Familientherapie unterschiedlichster Therapierichtungen 163 Studien mit Kontrollgruppe (Shadish et al. 1993), speziell zur systemischen Therapierichtung aber mit 27 Studien deutlich weniger (AGST 1998 a). Vergleichend resümieren Shadish et al: „Es gibt sehr viel mehr gute Studien zur systemischen und eklektischen Paar- und Familientherapie als bisher angenommen wurde. Diese Studien stehen bezüglich der Solidität der empirischen Forschungsbasis auf einer Stufe mit den Studien zu den verhaltenstherapeutischen Behandlungsformen“ (Shadish et al 1997, S. 16). Beim reinen Mengenvergleich kontrollierter Familientherapiestudien liegen systemische Ansätze weit hinter verhaltenstherapeutischen, aber weit vor psychoanalytischen und insbesondere humanistischen.

Läßt man die strittige Frage der Breite der Datenbasis einmal beiseite, fallen die Wirksamkeitsbeurteilungen der statistischen Sekundäranalysen relativ ähnlich aus (Pinsof u. Wynne 1995, Shadish et al. 1997):

- Familientherapie und Paartherapie haben positive Wirkungen im Vergleich zu nichtbehandelten Kontrollgruppen.
- Familientherapie hat auch im Vergleich zu einigen alternativen Behandlungsansätzen positivere Wirkungen.
- Es gibt, wiederum im Vergleich mit anderen Verfahren, bislang keine Hinweise auf schädigende Nebenwirkungen von Familientherapie.
- Im Vergleich verschiedener Familientherapieschulen sind verhaltenstherapeutische Ansätze am häufigsten vor systemischen und eklektischen Ansätzen untersucht worden, humanistische und vor allem psychodynamische Familientherapieansätze hingegen weit seltener. Eine unterschiedliche Wirksamkeit dieser Ansätze läßt sich bislang nicht klar nachweisen.

Daneben liegen zahlreiche sorgfältige Evaluationsstudien zur systemischen Familientherapie ohne randomisierte Kontrollgruppe, aber mit multiplen Outcome-Kriterien, standardisierten Meßinstrumenten, inferenzstatistischer Datenanalyse und Stichproben zwischen 50 und 270 Familien vor: Z.B. mit verhaltensauffälligen Kindern und Jugendlichen (Santa Barbara et al. 1979), mit delinquenten Jugendlichen (Alexander et al. 1994), mit anorektischen (Minuchin et al. 1981, Weber u. Stierlin 1989), bulimischen (Jäger et al. 1996) und psychotischen Patientinnen und Patienten (Retzer 1994, Schweitzer et al. 1995). An großen Stichproben, aber mit sehr einfachen Erhebungsmethoden haben die stärker lösungsorientierten unter den systemischen Therapeuten ihre Therapien evaluiert (de Shazer et al. 1986, Ludewig 1992).

Systemische Therapie als Krankenbehandlung: Einige Diskussionsangebote zum Selbstverständnis von Psychotherapie

Zum Thema „Psychotherapie als Krankenbehandlung“ lassen sich aus dem Selbstverständnis der Systemischen Therapie einige Unterschiede zu anderen Psychotherapieansätzen benennen, die zu einem produktiven Diskurs einladen könnten.

Krankheitsverständnis

1. Menschen „haben“ keine Störungen, „sind“ nicht gestört. Statt „Störung“ als Eigenschaft einer Person zuzuordnen, die dieser „gehört“, wird im systemischen Ansatz davon gesprochen, daß sich rund um ein zum Problem gewordenen Thema Interaktionen in einer Weise verdichten, daß ihnen aus der Perspektive eines oder mehrerer Beobachter Störungswert zugeschrieben wird. „Gestörte“ Men-

schen sind insofern Teilelement einer „störenden" Interaktion.

2. Systemische Therapie ist, wie wohl alle Psychotherapie, Arbeit im sozialen System; in ihr geht es zunächst um die Ebene der Kommunikationen. Wie alle Psychotherapie hofft sie aber, daß veränderte Kommunikationen auch Veränderungen im psychischen und biologischen System „anzuregen" vermögen, betrachtet aber eine direkte Intervention von der sozialen auf die psychische und biologische Systemebene als grundsätzlich nicht möglich: Gedanken und Gefühle lassen sich ebensowenig wie Neurotransmitter und Hormone von außen direkt steuern, sondern allenfalls anregen bzw. verstören.
   Sie geht davon aus, daß psychische Symptome in dem Ausmaße erfolgreich ausschließlich als Kommunikationsprobleme behandelt werden können, wie sie außerhalb von Kommunikation zu existieren aufhören. Wenn ein Mensch eine Manie (eine Phobie, einen Zwang, einen Wahn, eine Borderline-Störung) zwar immer noch „hat", diese aber über längere Zeit hinweg nicht mehr „zeigt" (keine Kommunikation darüber mehr aussendet), und wenn niemand diese mehr „bemerkt" (keine Kommunikation darüber mehr empfängt), dann beginnt zwangsläufig eine produktive Irritation darüber, ob er/sie diese Störung tatsächlich noch „hat".
3. Ob einer Störung auf einer dieser drei Systemebenen Krankheitswert zugeschrieben wird – ab welcher Intensität, welchem Grenzwert, welcher Symptomkombination, welcher Dauer – ist Ergebnis sozialer Aushandlung. Bei Kommunikationsstörungen ist auch die Frage, *wem* – welchem Mitglied eines Problemsystems – diese Störung als Krankheit zugeschrieben wird, Ergebnis sozialer Aushandlung.
4. Die Benennung auffälliger Verhaltensweisen als „Krankheit" ist Ergebnis einer gesellschaftlichen Entscheidung – mithin nicht zwangsläufig, aber häufig sinnvoll. Das Konstrukt „Krankheit" stellt gegenüber seinen historischen (religiösen oder moralischen) Vorläufern einen zivilisatorischen Fortschritt dar: Sie bewahrt die Betroffenen vor Exorzismus und überfordernder Ausbeutung und sichert ihnen Schonräume. Auch wenn es Krankheit an sich in einem erkenntnistheoretischen Sinne nicht „gibt", so erscheint sie mir doch eine bewahrenswerte Erfindung. Freilich können Krankheitskonzepte kommunikativ auch so ausgeweitet werden (Erfindung ständig neuer Krankheitskonzepte) oder so verhärtet werden (Erfindung chronifizierender Krankheitskonzepte), daß manchmal gerade die Infragestellung solcher Krankheitskonzepte heilsam wirken kann.

Nosologie

1. Psychopathologische Krankheits-Klassifikationen haben in der systemischen Therapie ihre Bedeutung für die Verständigung mit anderen Fachleuten im Sprachspiel der Medical Community und für die Erkundung und den Umgang mit den subjektiven Krankheitstheorien von Patienten und Angehörigen. Für die Gestaltung therapeutischer Veränderungsprozesse sind sie überwiegend irrelevant.
2. Systemtherapeutisch hochbedeutsam ist aber eine „Typologie störender Beziehungsmuster", auf die sich spezifische Interventionen beziehen lassen. Inwiefern spezifische Beziehungmuster spezifische Symptome fördern, ist Gegenstand kontrovers diskutierter Forschungen. Eine solche Typologie störender Beziehungsmuster ist in vielen einzelnen Ansätzen auch schon entwickelt, aber bislang noch kaum systematisch zusammengetragen.

Ätiologie

1. Neben den geschichtlichen Erfahrungen (der Biographie) und der aktuellen Situation tragen die Ideen von Menschen über ihre Zukunft mindestens genauso bedeutsam zur Erzeugung und Chronifizierung von Störungen bei.
2. Da sich lebende Systeme zwangsläufig weiterentwickeln, ist die Frage: „Wie schaffen es Systeme, ein Problem aktiv zu chronifizieren?" interessanter als die nach der Problemgenese. Problemchronifizierung wird als Ergebnis einer aktiven, wenngleich meist nicht-bewußten Gemeinschaftsleistung angesehen, nicht jedoch als Ergebnis eines Defizits („Die können nicht anders").

Diagnostischer Prozeß

1. Die ausführliche Diskussion dessen, „was sein könnte" – also möglicher Lösungsszenarien – ist mindestens gleich wichtig wie die Beschreibung des Problems und die Erklärung seiner Entwicklungsgeschichte, und weit nützlicher als die Inventarisierung von all dem, was nicht geht („Residualsyndrome", „Strukturdefizite" etc.).
2. Eine zu ausführliche Problemanalyse kann sogar therapeutisch schädlich sein, wenn sie zu einer sich selbst erfüllenden kollektiven „Problemtrance" beiträgt. Denn wenn die Beschreibung und Klärung von Problemzusammenhängen die Kommunikation zu einseitig beherrscht (wenn „nur noch Krankheit" zum Thema wird), dann werden Lösungsideen in der Vorstellungswelt der Beteiligten zu sehr an den Rand gedrängt.

Therapie

Wenn menschliche Systeme konsequent als autonom, als nicht-instruierbar, als Experten ihres eigenen Lebens gedacht werden, bedeutet dies:

1. Sie brauchen in erster Linie keine neuen Fertigkeiten zu trainieren, zu erlernen; sie brauchen primär nicht externes Wissen (Störungswissen, Problemlösewissen) vermittelt zu bekommen. Sondern sie brauchen in erster Linie Hilfe dabei, Blockaden bei der Nutzung ihrer potentiell bereits vorhandenen Lösungsressourcen wieder zu überwinden (etwa durch die verstörende Infragestellung problemaufrechterhaltender Beziehungsmuster) und diese Lösungsressourcen wieder neu zu entdecken und zu nutzen (etwa durch die anregende Konstruktion von Lösungsszenarien). Was „die Wissenschaft festgestellt hat", wissen sie oft ohnehin schon.
2. Da die Aufdeckung von Abgewehrtem und Verdrängtem kein typisches Ziel Systemischer Therapie ist, können auch Widerstandsphänomene nur schwer auftauchen. Wo sie doch auftauchen, werden sie als berechtigte Reaktion auf ein unbefriedigendes Kooperationsangebot (meist: einen Verstoß gegen das Neutralitätsgebot) des Therapeuten gesehen und führen meist zu einem Neuverhandeln des Behandlungsauftrages.
3. Die Therapie orientiert sich thematisch, in der Dauer und im Setting an den „Kundenwünschen". Sie war erfolgreich und kann beendet werden, wenn die Patienten selbst den Eindruck haben, ihr Problem habe sich zufriedenstellend

gelöst, und diese Sicht auch nach einigen kritischen Infragestellungen der Therapeuten beibehalten. Beendigungen des therapeutischen Kontaktes nach einer oder wenigen Sitzungen müssen daher kein „Therapieabbruch" sein, auch wenn der therapeutische Ehrgeiz des Psychotherapeuten gerne weitergemacht hätte.

4. Auch das Therapieziel wird idealerweise vom Kundensystem festgelegt; es gibt keine schulenspezifische Festlegung „guter Ergebniskriterien". Denkbar sind u. a.:
   1. Änderung von Verhaltensmustern
   2. Änderungen von Ideens- und Glaubensmustern, auch ohne Verhaltensänderungen
   3. Akzeptanz und dann Beibehaltung bisheriger Verhaltens- und Einstellungsmuster.
5. Kundenorientierte Therapieplanung legt eine ausgeprägte Flexibilisierung von Therapiesettings nahe: Zwischen einer Sitzung („Single Session Therapy") und (warum nicht?) 360 Sitzungen, mit wöchentlichen bis mehrjährigen Abständen zwischen den Sitzungen, mit Teilnehmerkonstellationen von der Einzel- über die Paar- und Familien- bis zur Nachbarschafts- und Netzwerktherapie. Freilich sind systemische Therapeuten meist selbst nicht so flexibel: Ihre Sitzungsfrequenz liegt meist zwischen einer und zwanzig Sitzungen, die Abstände dazwischen meist zwischen einer und sechs Wochen, sie nehmen oft nur ungern den Aufwand größerer Netzwerktherapiesitzungen auf sich.

Indikation

Nach den bisherigen Überlegungen stellen sich Indikation und Kontraindikation in der Systemischen Therapie anders dar als insbesondere in den beiden bislang als Richtlinienverfahren anerkannten Ansätzen Psychoanalyse und Verhaltenstherapie, vor allem aus drei Gründen:

1. Die beschriebene Flexibilisierung von Therapiezielen, -themen, -dauer und -settings bewirkt, daß sich Systemische Therapie bislang nicht als Katalog wohldefinierter „Therapiepakete" darbietet, deren jedes für einen bestimmten Störungsbereich indiziert und für andere kontraindiziert wäre.
2. Die Indikation wird sich an störenden Interaktionen, nicht an gestörten Menschen orientieren.
3. Viele Elemente Systemischer Therapie lassen sich auch außerhalb explizit psychotherapeutischer Kontexte nutzen, z.B. in Organmedizin, Sozialarbeit, Schul- oder Betriebsberatung etc. – dort in der Regel kombiniert mit anderen Maßnahmen.

Anders gesagt: Indikationsentscheidungen stellen sich in der Systemischen Therapie eher kontinuierlich während und nach jedem Gespräch als primär nach dem Erstinterview. Die Fragen lauten hier eher: „Wen lade ich zum zweiten Gespräch ein? Biete ich angesichts der geäußerten Suizidtendenzen das nächste Gespräch bereits in wenigen Tagen an? Soll ich es am Gesprächsende bei einem positiv konnotierenden Kommentar belassen oder bereits ein handlungsorientiertes Experiment empfehlen?" als „Analyse oder tiefenpsychologische Psychotherapie im Sitzen?" bzw. „Reizüberflutung oder Systematische Desensibilisierung?".

Müßte systemische Therapie zur Anerkennung als Kassenleistung ihre Angebote als „Standardpakete" definieren, dann wäre dies sicher machbar, im Sinne von " bei Schulphobie: max. 10 Familiengespräche, max. 3 Lehrer-Eltern-Kooperationsgespräche, max. 20 Einzelgespräche mit Kind" - oder „bei schizophrener Psychose: max 20 Familiengespräche". Freilich wäre es viel sinnvoller, die jetzige Flexibilität der systemtherapeutischen Praxis durch gleichermaßen flexible Richtlinien für systemische Kassen-Psychotherapie zu erhalten, zumal angesichts der im Vergleich zu anderen Therapierichtungen geringen Sitzungszahl bei der systemischen Therapie eine starke „Dosis-Expansion" sehr unwahrscheinlich erscheint.

Kontraindikation

Nicht für Systemische Therapie generell, wohl aber speziell für das Setting „Mehr-Personen-Therapie" lassen sich aus systemischer Perspektive drei Kontraindikationen benennen:

1. Wenn bei systemischer Mehr-Personen-Therapie am Ende des Erstgespräches kein tragfähiger Motivationskonsens über die weiteren Gespräche zustande kommt;
2. Wenn die Gefahr droht, daß offene Mitteilungen im Therapiegespräch hinterher mit Gewalt oder Repression beantwortet werden;
3. Wenn dem Therapeuten nötige Qualifikationen für die Führung von Mehr-Personen-Therapien fehlen (Aushalten hoher interpersoneller Konfliktspannung; aktive Gesprächsmoderation, auch wo diese in Frage gestellt wird; Neutralität gegenüber Personen, Ideen und Problemen).

Das Verhältnis der Systemischen Therapie zu anderen Therapieschulen

Ich hoffe mit diesem Artikel verdeutlicht zu haben, daß *Systemische Therapie* einerseits eine theoretisch und methodisch von anderen sehr verschiedene und umfassend fundierte Therapierichtung im Sinne eines *eigenständigen Psychotherapieverfahrens* ist, daß aber zahlreiche ihrer Elemente im Sinne einer erweiterten *systemischen Perspektive* an manchen Stellen in andere Ansätze integriert werden können.

VII Andere Psychotherapeutische Methoden

17. Familientherapie – eine heterogene Praxis

P. Scheib und P. Wirsching

Einführung

„Wenn man über Familien spricht und sie verstehen will, ist das ähnlich, als ob man über eine Großstadt spricht und versucht, sie zu verstehen. Die Stadt sieht sehr übersichtlich und einladend aus. Manche Gebäude sind etwas höher, andere etwas niedriger, die einen sind älter, die anderen jünger, einige sind schlicht, andere haben eine ausgefallene Architektur, manche sehen exzentrisch aus, manche sind offensichtlich nicht bewohnt. Man kann die Gebäude betreten und die Innenarchitektur studieren: Manche Türen sind verschlossen, manche offen; ein paar Fenster sind kaputt. Es ist offenbar alles ganz einfach ..." (Carl Whitaker 1991, S. 135). Mit dieser Metapher für die Arbeit mit Familien umschreibt Carl Whitaker, einer der Altmeister der Familientherapie, das Feld, auf dem sich Therapeuten bewegen, wenn sie sich mit dem Beziehungskontext ihrer Patienten beschäftigen. Die auf den ersten Blick einfachen Gegebenheiten verweisen auf verborgene Strukturen, die sich erst durch die am Erfahrungswissen geschulten therapeutischen Vorkehrungen erschließen lassen. Die Vielschichtigkeit familiärer Prozesse, insbesondere die tieferen Bindungsmotive und die historisch gewachsenen Beziehungsgeschichten, korrespondiert mit einer ähnlich heterogenen Entwicklung im professionellen Feld.

Ansatzpunkt der Familientherapie

Während die Einzeltherapie intrapsychische Prozesse betrachtet bzw. deren Veränderung anstrebt, fokussiert Familien- und Systemtherapie auf die realen gegenwärtigen und/oder vergangenen Beziehungsprozesse der Individuen.

Das gemeinsame Gespräch mit Angehörigen mindestens zweier Generationen ist in der Mehrzahl der Fälle die Grundlage dieser systemischen Behandlung.

Die Einbeziehung des Beziehungskontextes in therapeutische Bemühungen folgt der Erkenntnis, daß sich Individuen im Laufe ihres Lebens im Kontext sozialer Beziehungen und im Austausch und in Transaktion mit Mitgliedern ihres engsten sozialen Netzwerkes bzw. ihrer Familien entwikkeln.

Eine solche „Systemsicht" bedeutet, daß Patienten (Klienten) als Teil eines offenen Beziehungssystems, z. B. ihrer Familie, erscheinen, das sie in ihrem Denken, Erleben und Handeln beeinflußt. Nach der Prämisse „das Ganze ist mehr als die Summe seiner Teile", sind die Beziehungen zwischen den Teilen ebenso wichtig, wie die Eigenschaften der jeweiligen Teile. Diese ganzheitliche (ökologische) Betrachtung bedeutet z. B. für die Beziehungen in einer Familie, daß die beobachtbaren Interaktionen mehr sind als die Darstellungen, die einzelne Familienmitglieder davon geben. Seelische und körperliche Erkrankungen sind im systemischen Verständnis Ausdruck, Folge und Ursache von Störungen des bio-psycho-sozialen Systems, in das sie eingebettet sind. Störung wird vor diesem Hintergrund als Ausdruck homöostatischer, selbstregulativer (autopoetischer) bzw. systemischer Prozesse in diesem Beziehungskontext verstanden. Gestört sind nicht nur der einzelne, sondern auch die Beziehungen im System. Für familiäre Beziehungen bedeutet dies: ändern sich die Beziehungen zwischen den Menschen, so ändern sich auch bestimmte persönlichkeitsabhängige Merkmale und umgekehrt (vgl. Bertalanffy 1963, Jackson 1959, Luhmann 1984).

Die Familientherapie richtet sich auf das Verstehen und die Veränderung problematischen Verhaltens und der Erlebnisweisen im Kontext der sozialen Beziehungen und durch die sozialen Beziehungen.

Wandel der Beziehungsformen

Bedingt durch den sozialen Wandel in der modernen bzw. postmodernen Gesellschaft ist der Begriff Familie längst nicht mehr eindeutig. Als Sammelbegriff kann er nur noch als Metapher für höchst unterschiedliche Beziehungskonstellationen, die sich im Prozeß permanenter Entwicklung befinden, gelten.

Im weitesten Sinne sind dies die sozialen Austauschprozesse des sozialen Netzwerkes, die identitätsstiftend und unterstützungsvermittelnd wirken, Intimität und Sexualität beinhalten sowie wichtigster Ort sozialen Lernens und sozialer Konflikte sind. Der Wandel der Vergesellschaftungsformen und die Beschleunigung von Modernisierungsprozessen haben Lebensformen hervorgebracht, in denen Menschen fortschreitenden Prozessen von Individualisierung und Separierung ausgesetzt sind bzw. sie aktiv betreiben. Individuelle Biographiemuster und Beziehungsmuster sind „bruchstückhaft". Das Leben in der postmodernen Gesellschaft ist auch unter dem Aspekt der sozialen Bindungen zugleich chancenreicher und risikohafter geworden. Immer weniger bestehen Partnerschaften lebenslang, immer weniger treffen die in „Generationenverträgen" erwarteten Austauschprozesse zu. Soziale Risiken wie Verarmung, Arbeitslosigkeit, Gewalt, Mißbrauch, Entwurzelung (z. B. durch Migration) und Vereinsamung betreffen unmittelbar den sozialen Beziehungskontext. Familientherapie kann auch verstanden werden als Reaktion auf diese „tektonischen Kräfte" im Beziehungsgefüge. In diesem Sinne ist Familientherapie auch weniger spezialisierte Technik, als vielmehr beziehungsökologische Haltung gegenüber zunehmender Individualisierung, wie sie leider noch immer von unserem Gesundheitssystem und allzu individualorientierter Psychotherapie unterstützt wird. Krankheiten körperlicher und seelischer Art entfalten sich vor dem Hintergrund dieser sozialen Beziehungsprozesse, sind oft Ausdruck von Beziehungsstörungen oder führen dazu als Folgen nicht gelungener Bewältigung von Belastungen und Konflikten. Patienten bzw. Klienten kommen in den unterschiedlichsten Lebenssituationen ganz selbstverständlich mit Beziehungskonflikten und Problemen, die die Familie bzw. das soziale Netzwerk betreffen, in die Praxen, Kliniken und Beratungsstellen. Entsprechend sind verschiedene Personengruppen bzw. Teilsysteme das Klientel von Familientherapeuten: Eltern, Kinder, Geschwister, Lebensgefährten, Großeltern und andere Verwandte, geschiedene Partner, homosexuelle Paare, Freunde, Nachbarn, Angehörige des Helfersystems, Wohngemeinschaften und ganze Organisationen können Ansatzpunkt für Familientherapie sein.

Wurzeln der Familientherapie

Die Familientherapie, als heterogenes „Bündel" unterschiedlicher therapeutischer Perspektiven, Theorien und Handlungsweisen, hat Wurzeln in der Psychoanalyse, der Kommunikationstheorie, der antipsychiatrischen Bewegung, der Kybernetik und in konstruktivistischen Theorien sowie systemischen Denkweisen (vgl. Glasersfeld 1987, Laing 1964).

Die interpersonelle Betrachtung psychiatrischer Störungen durch H. S. Sullivan ergänzte die noch in den 50er Jahren in der nordamerikanischen Psychiatrie vorherrschende intrapsychische Perspektive. Der Anthropologe G. Bateson formulierte zusammen mit Kollegen die „Double-bind"-Theorie, in der typische Symptome der Schizophrenie auf paradoxe Kommunikationsweisen zwischen Eltern und Kindern zurückgeführt wurden (Bateson, Haley, Jackson, Weakland u. a. 1919 – 1969, Bateson 1972). Watzlawick u. Mitarb. (1967) u. a. thematisierten, wie sehr Beziehungsprozesse als kommunikative Prozesse verstanden werden können und stellten fest, daß wir „nicht Nicht-kommunizieren" können. Diese kommunikativen Strukturen schaffen (Lebens-)Wirklichkeiten, die durch reflexive Beobachtung und kommunikative Intervention verändert werden können. Die kommunikativen Prozesse selbst unterliegen soziokulturell sich wandelnden semantischen Codierungen. Luhmann (1982) beschreibt z. B. die Bedeutung dieser Prozesse für das Empfinden von Liebe und Zuneigung in Partnerschaften und die daraus folgende Entwicklung der modernen familiären Systeme, die besonders stark auf der persönlichen Zuneigung und der Erfahrung von Liebe beruhen.

Starke Impulse zur Entwicklung der Paar- und Familientherapie in der heutigen Form gingen von sozialtherapeutisch engagierten Psychiatern, Psychologen und Sozialarbeitern aus, die in den USA in ihren jeweiligen Arbeitsfeldern die Erfahrung machen konnten, daß sich in therapeutisch wenig zugänglichen Bereichen (z. B. Psychosen, Delinquenz, Sucht und bei der Arbeit mit sozialen Randgruppen) neue Möglichkeiten erschließen, wenn das Umfeld der Patienten in gemeinsame Gespräche einbezogen wird.

Die weitere Entwicklung war dann vor allem durch Persönlichkeiten geprägt, die als Leitfiguren unterschiedliche theoretische und praktische Herangehensweisen vertraten. Dies führte zu einer starken Schulenorientierung innerhalb der Familientherapie. So stehen etwa Richter, Sperling, Willi, Bauriedel für die psychoanalytische Orientierung, Satir, Whitaker u. a. für eine entwicklungs- bzw. wachstumsorientierte Orientierung, Minuchin für die strukturelle Familientherapie, Haley, Stierlin, Selvini-Palazzoli, Cecchin, Boscolo u. a. entwickelten und verbreiteten die systemische oder auch strategische Orientierung in der Familientherapie bzw. die systemische Therapie.

Heute befindet sich die Familientherapie im Umbruch. Einerseits ist gegenüber der „Gründungseuphorie" und der Zeit der „großen Entwürfe" Ernüchterung über die Praxis der Familientherapie eingetreten, andererseits befindet sich das Feld, im Rahmen weitreichender Veränderungen des psychotherapeutischen und beraterischen Kontextes, auf dem Weg zunehmender Professionalisierung und Verwissenschaftlichung. Dies führt zur rationalen Definition der Indikationen und Anwendungsbereiche familien- und paartherapeutischer Techniken, zur Festlegung von Ausbildungsstandards und zu kooperativen Bemühungen der Zusammenarbeit verschiedener Berufsgruppen sowie zur Abstimmung psychotherapeutischer Behandlungsverfahren auf ein „Gesamtpaket" von Veränderungsbemühungen am einzelnen Fall.

Anwendungen der Familientherapie

Familientherapeutische Methoden kommen in verschiedener Form zur Anwendung. Es kann grob zwischen **Familientherapie** bzw. **Familienberatung** im engeren Sinne und einer **familiendynamischen bzw. systemischen Sichtweise**, die auf einen bestimmten Arbeitsbereich angewendet wird, unterschieden werden. Durch bestimmte eigene Prozeßcharakteristika hebt sich von der Familientherapie die **Paartherapie bzw. Paarberatung** ab (vgl. Willi 1975, Welter-Enderlin 1992).

Familientherapie im engeren Sinne erscheint als Behandlungsform vor allem bei folgenden Störungen ratsam:
- bei psychischen Störungen im Kinder- und Jugendalter,
- bei existentiellen Problemen, die die Mobilisierung aller Ressourcen erfordern (z. B. schwerer körperlicher Krankheit),
- bei Generationskonflikten, z. B. Ablösungskonflikte, Adolenszenzkonflikte,
- bei Sucht- und Abhängigkeitsproblematik,
- bei geriatrischen Problemen (z. B. Pflege),
- bei schweren (chronifizierten) psychiatrischen und psychosomatischen Störungen.

Bei Störungsformen aus dem Bereich der Erwachsenenpsychiatrie und bei der Behandlung psychosomatischer und neurotischer Störungen kommt Familientherapie oder Paartherapie aber selten als alleinige Behandlungsform in Frage, sondern wird in der Regel als eine Einbeziehung der Familie und/oder Partner im Kontext anderer Formen der Behandlung anzuwenden sein.

Insgesamt läßt sich feststellen, daß das Indikationsspektrum nicht so sehr den Krankheitsklassifikationen folgt, sondern vielmehr von den Fachtraditionen und Entwicklungsströmungen der jeweiligen Anwendungskontexte und nicht zuletzt von der Verfügbarkeit familientherapeutischer Kompetenz geprägt ist.

Potentiell beansprucht Familientherapie die Anwendbarkeit auf alle denkbaren Störungsbereiche von Individuen und Beziehungssystemen. Hiermit ist allerdings nicht gemeint, daß ohne weitere individuelle fallbezogene Indikationsstellung Familientherapie immer angewandt werden sollte.

Neben einem Nutzen von familientherapeutischen Methoden sind auch mögliche Schäden durch Familientherapie zu bedenken.

Familientherapie im psychosomatisch-psychotherapeutischen Kontext

Ambulanz

In der psychotherapeutischen und psychosomatischen Alltagsarbeit prägen die spezifischen Anwendungskontexte das Erscheinungsbild: in der ambulanten Psychotherapie (in der Klinik oder der freien Praxis) findet sich im wesentlichen die klassische Familientherapie wieder. Hier wird sie als eigenständiges Verfahren oder als familienorientierte Intervention eingesetzt. Die Prozeßcharakteristika verhalten sich analog zur Einzeltherapie: vor dem Hintergrund bestimmter – zumeist auf einen Indexpatienten bezogener – Fragestellungen ergibt sich eine gewisse Sequenz von Familiengesprächen mit mehr oder weniger klar umrissenen Veränderungszielen. Die Anwendung von Familiengesprächen reicht hier von der situativen Einbeziehung von Partner und Angehörigen in einen laufenden diagnostischen bzw. therapeutischen Prozeß um einen bestimmten Indexpatienten bis hin zur expliziten Familien- oder Paarbehandlung. Oft bleibt es aber bei einer relativ begrenzten Anzahl von Gesprächen, die meist in größeren Zeitabständen (2 bis 6 Wochen) geführt werden.

Fallbeispiel 1: Ambulante Behandlung

Eine junge Patientin aus dem Grenzgebiet zu Frankreich wurde in unsere psychosomatische Ambulanz überwiesen, da sie seit längerem über behandlungsresistente Schmerzen im Unterleib und chronische Harnleiterinfekte klagte. Es waren wiederholt körperlich eingreifende diagnostische Maßnahmen vorgenommen worden. Die Überweiser erhofften sich nun Klärung durch eine psychosomatische Perspektive. Im Laufe der ambulant durchgeführten Gespräche stellte sich heraus, daß die Patientin sich kurz vor Beginn der Beschwerden mit einem farbigen Franzosen, kreolischer Herkunft, verheiratet hatte. Zur Zeit der Gespräche war der Partner aber als französischer Soldat im Golfkrieg eingesetzt. Die Heirat erfolgte wegen des bevorstehenden Einsatzes in einer Ausnahmesituation. Die Patientin schien nun mit der neuen Rolle überfordert. Sie mußte jetzt einerseits jeden Tag um das Leben ihres Mannes fürchten, andererseits hatte sie auch Angst, er könne fremd gehen oder die Liebe könne überhaupt schwinden. Zusätzlich belastete sie, daß ihre Eltern wegen der Hautfarbe des Partners gegen die Heirat waren. Der Golfkriegseinsatz kam hier zur Hilfe. Jetzt, da sie aber den Partner für sich hatte, wurde ein anderes Thema zum Konflikt: Die Patientin wünschte sich ein Kind von ihrem Mann. Dieses sollte auch Ausdruck ihrer originären Liebe zueinander sein. Der Partner aber hatte aus einer ersten Verbindung schon einen kleinen Sohn. Die alte Beziehung ging zu Bruch, als die jetzigen Partner sich kennenlernten. Der Mann verschwieg aber zunächst die erste Beziehung und die Tatsache, daß schon ein Kind unterwegs war. Die Schmerzen der Patientin verwiesen somit auch auf die Kränkung, daß nicht sie es war, die das Kind mit ihm hatte, sondern eine andere Frau. Der Partner stand jetzt eher distanziert zu dem Kinderwunsch der neuen Partnerin. Im Paargespräch, nach der unversehrten Rückkehr des Soldaten aus dem Golfkrieg, zeigte er Verständnis und Gesprächsbereitschaft für die Gefühle der Frau. Der jetzt offene Konflikt konnte an die Stelle der Symptome treten. Die Paargespräche unterstützten die Klärung und verhalfen beiden zu einer realistischen Sicht der Ausgangsbedingungen ihrer Ehe. Es blieb offen, ob zu einem späteren Zeitpunkt die Gespräche fortgesetzt würden oder eventuell auch eine Einzelbehandlung sinnvoll sein könnte.

Stationäre Behandlung

Im Zuge der stationären Therapie einzelner sind Familiengespräche in den durch diese Behandlung sich entfaltenden Prozeß eingebettet. Der Wechsel eines Patienten auf eine Station stellt in der Regel einen enormen Eingriff in den Beziehungskontext dar. Oft stellen sich dann in der Interaktion mit dem stationären Behandlungsteam Muster her, die schon in der „realen" Beziehungswelt in ähnlicher Form existieren. Das Kennenlernen des Kontextes kann hier wertvolle diagnostische Dienste leisten. Wesentlich ist hier auch, daß die durch die stationäre Behandlung induzierten Veränderungen Auswirkungen auf die Beziehungen haben und sowohl der Erfolg und die Dauerhaftigkeit als auch der Mißerfolg oder auch die Bearbeitung von Veränderungsfolgen von der Implementation dieser Veränderung in den Beziehungskontext abhängen. Oft wird nicht berücksichtigt, daß die sozialen Bindungen weiterbestehen und die Motive aus diesen Beziehungen mächtige Kräfte entwickeln. Stationäre Psychotherapie findet also nicht im „leeren Raum" statt.

Wendet man Familiengespräche hier als Interventionsform an, so ergeben sich eigene Fragen nach den Indikationen und den Anwendungsformen in diesem Rahmen. Z. B. könnte ein solches Gespräch regelhaft immer am Anfang der stationären Therapie geführt oder aber in Abhängigkeit vom Behandlungsprozeß eingesetzt werden. Auch die Frage, wer dieses Gespräch dann führt, beeinflußt die Qualität der Behandlung stark. Ist z. B. der Einzel- oder Gruppentherapeut auch der Familientherapeut, so hat dies zwar den Vorteil, daß durch diese Person nun sehr viel Informationen gebündelt werden. Andererseits wird sich aber sehr schnell das Problem der Allparteilichkeit stellen. Leicht kann sich der Patient verraten fühlen, wenn der Therapeut in der Familienperspektive auch die Sichtweite anderer Familienmitglieder (streckenweise) annimmt. Auch die von außen kommenden Familienmitglieder oder Partner können das Gefühl haben, daß der Therapeut schon zu parteiisch für den Patienten ist. Es können Mißtrauen und mangelnde Partizipation am Gespräch entstehen.

Fallbeispiel 2: Stationäre Behandlung

Eine 22jährige Patientin wird wegen Anorexia nervosa stationär psychotherapeutisch behandelt. Hierbei ist sie in ein speziell für diese Art von Störung abgestimmtes Programm eingebunden. Nach etwa 6 Wochen wurde in der Behandlung deutlich, daß insbesondere zum Vater eine konflikthafte Beziehung vorliegt. In der Zwischenzeit drängen auch die Eltern immer mehr darauf, etwas von der Behandlung zu erfahren. Sie suchten den Kontakt zur Klinik. Da ein Familiengespräch auch bereits im Therapieprogramm vorgesehen war, wurde dazu eingeladen. Die Patientin hat eine ältere Schwester, die auch zum Familiengespräch eingeladen wurde. Zu Beginn des Gesprächs ging es um die Veränderungen im Elternhaus und in den Beziehungen, die durch die Abwesenheit der Tochter eingetreten sind. Die Eltern stellten auch Fragen zur Behandlung und versuchten, ihre Sichtweisen der Hintergründe der Störung darzustellen. Bald wurde über die Situation gesprochen, in der die Magersucht begann. Es wurde berichtet, daß die Tochter zu einem Au-pair-Aufenthalt in USA gewesen war. Diesem Aufenthalt waren große Ängste und Befürchtungen vorausgegangen. So hatte insbesondere der Vater große Bedenken, die Tochter könne in falsche Kreise geraten und z. B. Drogen nehmen. Die Tochter wiederum fühlte sich vom Vater sehr unverstanden. Er konnte nicht begreifen, daß die während des Aufenthalts erlebten Dinge für die Entwicklung ihrer Person sehr wichtig waren. Dies war besonders schmerzhaft für sie, da sie in USA in der Gastfamilie einen „Vater" kennenlernte, der ihr gegenüber sehr verständnisvoll und einfühlsam war.

In der Zeit nach der Rückkehr begann die Patientin eine Lehre, die sie aber abbrechen mußte. Der Vater führte dies auf das in USA gelernte „Lotterleben" zurück. Er forderte von der Tochter berufliche Leistung und zielgerichtetes berufliches Streben. Verstärkt wurden diese Tendenzen durch die berufliche Stellung des Vaters, der in der Öffentlichkeit der kleinen Gemeinde sehr beobachtet wurde. Angesprochen auf die eigene Entwicklungsgeschichte wurde deutlich, daß der Vater in jungen Jahren hart arbeiten mußte. Nach einer Handwerkslehre schaffte er es, zu studieren. Von den eigenen Eltern erhielt er keinerlei finanzielle Unterstützung. Diese Erfahrung prägte sehr die Anforderungen an seine eigene Familie. Die ältere Tochter erfüllte diese Anforderungen wie es schien ohne große Probleme. Die jüngere Tochter wagte hingegen den Konflikt mit dem Vater. In diesem Beziehungsgefüge war besonders wichtig, wie sich die Mutter verhielt. Vordergründig hielt sie sich aus den Streitereien zwischen Ehemann und Tochter heraus. Bei näherem Hinsehen bzw. Nachfragen wurde deutlich, daß sie auf verdeckte Weise mit der Tochter sympathisierte und eigene Wünsche nach Veränderungen und persönlicher Entwicklung stellvertretend durch die Tochter erfüllt sah. Es wurde ein Folgegespräch für die Zeit der Beendigung der stationären Therapie vereinbart, um insbesondere die Fragen des Verbleibs der Tochter mit der Familie nach ihrer Entlassung zu besprechen.

Durch die Teilnahme von Mitgliedern des stationären Behandlungsteams am Familiengespräch (hinter der Einwegscheibe) konnten die Behandlungsprozesse auf Station verbessert werden. Insbesondere konnten konflikthafte Beziehungsmuster der Patientin in der Patientengruppe besser verstanden werden.

Konsiliar-Liaison-Dienst

In der Konsiliar-Liaison-Arbeit findet Familientherapie zunächst vor allem im Sinne einer Systemsicht Anwendung. Hier hat es der Therapeut mit den komplexen Interaktionen individuell psychischen Geschehens im Rahmen medizinischer Behandlung zu tun. Aspekte des medizinischen-somatischen Behandlungssystems reichen in die psychotherapeutische Fragestellung hinein. Eine Systemsicht kann helfen, die Interaktionen zwischen aktueller Problemlage, medizinischem Behandlungskontext, individueller somatischer und psychischer Störung und familiären Prozessen zu verstehen und sie im Sinne einer interaktionellen Sicht im Alltagshandeln anzuwenden. Mit dem Familiengespräch kann man sich hier manchmal leicht adaptieren an den Krankenhauskontext, indem man die üblichen Besuchskontakte der Familie zum Gespräch mit ihnen nutzt. So kann ohne besondere Hervorhebung, die oft zu Widerständen führt, der gleiche Effekt erreicht werden, der sonst erst durch mühsame Arbeit aufgebaut werden muß. Der medizinische Kontext bietet auch die Gelegenheit, mit familiären Problemlagen zu arbeiten, wie sie im körpermedizinischen Alltag anzutreffen sind. Oft kommen solche Patienten gar nicht zu Psycho- oder Familientherapeuten, weil sie sich nicht explizit psychisch erkrankt fühlen. Hier kann besonders gut präventive Arbeit ansetzen. Dies schließt auch an die Möglichkeiten des Einsatzes von Familiengesprächen in der psychosomatischen Grundversorgung an, die oft von Hausärzten getragen wird und deren Arbeit strukturell zumeist schon die eines „Familienarztes" ist.

Fallbeispiel 3: Konsiliar-Liaison-Behandlung

Der Konsiliar wurde zu einer 19jährigen Patientin in die medizinische Klinik gerufen. Sie war mit einem schweren akuten Entzündungsschub der bei ihr neu aufgetretenen Crohn-Erkrankung in die Klinik eingeliefert worden. Sie hatte starken Blutverlust gehabt und war anfangs sehr geschwächt. Auf das Stationspersonal wirkte sie tapfer, von der schweren Krankheit sei ihr sonst in ihrer Haltung nichts anzumerken. Gleichzeitig wurde sie als sehr kindlich und sehr viel jünger wirkend beschrieben. Offenbar waren die Behandler durch die Diskrepanz dieses Erscheinungsbildes und den Anforderungen, die die Krankheit an die Patientin stellte, alarmiert und wollten nun die psychotherapeutische Sicht in die Behandlung miteinbeziehen. Es stellte sich im Erstgespräch heraus, daß der akuten Erkrankung eine Phase vorausging, in der die Patientin zunächst wegen Allergien ihre Lehre abbrechen mußte. Sie war später in Schichtarbeit in der Fabrik, in der auch ihr Vater und ihre Schwester arbeiteten, beschäftigt. Durch die akute Erkrankung wurde ein Zustand länger dauernder chronischer Belastung durch diese Arbeit unterbrochen.

Aus diagnostischen Gründen wurden nun beim nächsten Besuch die Eltern in ein Familiengespräch einbezogen. Es stellte sich heraus, daß die Mutter der Patientin selbst langjährig an Morbus Crohn erkrankt war und eine schwere Darmoperation hinter sich hatte. Die Familie, in der es noch zwei weitere Schwestern gab, gehörte einer besonderen Religionsgemeinschaft an. Die Rollen waren aufgeteilt. Die ältere Schwester hatte sich bereits von zu

Hause gelöst und lebte mit eigener Familie in der Nachbarschaft. Die mittlere Tochter galt als aufmüpfig und widerspenstig. Sie konnte sich am besten von der Familie abgrenzen, lebte aber dennoch zu Hause. Die Indexpatientin war die jüngste der drei und sie galt als die der Mutter am ähnlichsten. Im Haushalt war sie die Stütze der Mutter, insbesondere dann, wenn diese krank war. Der Vater wirkte eher am Rande stehend und über die familiären Beziehungen resigniert. Oft zog er sich in seine Hobbywerkstatt zurück. Die besondere Nähe zwischen der Indexpatientin und der Mutter verstärkte sich nunmehr durch die Ähnlichkeiten der Erkrankungen. In der Thematisierung der Erkrankung zwischen Mutter und Tochter wurde auch deutlich, wie sehr die Mutter die Tochter als Teil ihres eigenen Selbsts erlebte. Die besonderen Bindungsformen in der Familie hatten Wurzeln in der familiären Geschichte, die sich unter der Mehrgenerationenperspektive zeigte. Die Mutter erlebte ihre Kinderzeit im zweiten Weltkrieg. Sie stammte aus einer Familie mit vielen Kindern. In Bombennächten galt der Zusammenhalt unter den Geschwistern der Herkunftsfamilie als überlebenswichtig, und diese Erfahrung formte auch den Umgang der Mutter mit ihrer eigenen heutigen Familie. Hinzu kam, daß der Schwiegervater der Mutter, also der Großvater der Indexpatientin, die Mutter als Frau seines Sohnes zeitlebens ablehnte. Diese Ablehnung übertrug er auch auf seine Enkelin, die er als der Schwiegertochter sehr ähnlich empfand. In der Familie trug dies zu einer Spaltung bei, die sich in der „Aufteilung" der Töchter als „dem Vater ähnlich und damit der Familie zugehörig" und als „der Mutter ähnlich und damit nichtzugehörig", äußerte. Es schien, als ob diese besondere familiäre Bindung die aufkeimenden adoleszenten Individuationsentwicklungen behinderten und zusammen mit körperlichen Prädispositionen und spezifischen Belastungen (wie z. B. im Beruf) zu dem psychosomatischen Zusammenbruch beitrugen. Als die Tochter stärkere Ablösungsimpulse umsetzte (z. B. mit einem Freund in Urlaub fuhr), wurde die Mutter krank. Die familientherapeutische Behandlung fokussierte stark auf die Individuationsbemühungen der Tochter, behielt aber durch die Einbeziehung der Familienmitglieder die Wirkungen dieser Veränderungen auf das familiäre Gleichgewicht im Blick. Durch die Einbettung dieser familientherapeutischen Gespräche in die somatische Behandlung durch die Medizinische Klinik konnten Teaminteraktionen im Pflegeteam im Lichte der familiären Beziehungen besser verstanden werden. Die vertrauensvolle Beziehung zu den männlichen Behandlern half, die Rolle des zurückgezogenen Vaters in dieser Zeit der Individuation der Tochter zu ergänzen. Am Ende wirkte die Indexpatientin deutlich gereifter und in ihren Interessen und Beziehungen altersgemäßer. Der Freund, der bisher eine nachgeordnete Rolle spielte, wurde jetzt wichtiger, während die Mutter sich stärker der Pflege ihrer Schwiegermutter zuwandte. Die Crohn-Erkrankung trat während der zweijährigen Nachbeobachtungszeit nicht wieder auf. Alle hatten am Ende das Gefühl, von den Gesprächen sehr profitiert zu haben.

Veränderungskonzepte

Die Aufgabe des Familientherapeuten ist widersprüchlich: einerseits muß er die neu kennengelernte Familie verstehen, vor allem die Art und Weise, wie sie ihre Welt konstruiert, andererseits muß während der Therapie die eigene Erfahrung und das Wissen über familiäre Probleme aktualisiert werden. Dies muß zugleich im therapeutischen Rahmen passieren, in begrenzter Zeit, die Interventionen verlangt. Das hypothetische Wissen über die Familie und die Problematik muß handlungsbezogen zu akzeptablen, die Motivation der Beteiligten sichernden Ergebnissen führen. Es besteht ein enormer Handlungsdruck. Hierbei beruhen familientherapeutische Veränderungskonzepte auf der Voraussetzung, daß Diagnostik und Therapie zirkulär ineinandergreifende Prozesse sind. Während Diagnostik über den Prozeß der Hypothesengenerierung auf Erkenntnisse im Hinblick auf interpersonelle Prozesse bei der Störungsgenese und deren Aufrechterhaltung fokussiert, wird Therapie als entwicklungs- und entscheidungsförderndes Handeln zur Verbesserung des Wohlbefindens und der Unterstützung von Belastungsbewältigung sowie der Problem- und Konfliktlösung verstanden. Die therapeutischen Aspekte des Prozesses sind wiederum über den Prozeß der Hypothesenüberprüfung mit dem diagnostischen Anteil verbunden. Jede Diagnostik hat starke entwicklungs- und entscheidungsfördernde Wirkungen, jede therapeutische Aktion fördert neue Informationen zutage und hat damit erkenntnisfördernde Wirkung. Dieses Zusammenspiel von Diagnostik und Therapie soll in die Förderung einer vertrauensvollen Beziehung und die Unterstützung eines erweiterten Selbst- und Fremdverständnisses der beteiligten Individuen eingebettet sein. Das Familiengespräch wird als lösungsorientiertes und wirklichkeitskonstruierendes Instrument begriffen. Hierbei ist die Arbeit mit und an den Ressourcen der Familien und den Paaren ein besonderes Charakteristikum der Familientherapie. Oft hat die Arbeit in diesem Sinne eher den Charakter des Anstöße- und Impulsegebens, denn als Therapie im engeren Sinne.

Hierbei ist die systemische Sichtweise der Veränderungen von Bedeutung: da Beziehungsprozesse sich im Prinzip auf spiralförmige Weise fortentwickeln, Ursache und Wirkungen zirkulär ineinandergreifen, können Anfang und Ende von Transaktionsprozessen nur als bewußte Interpunktion bzw. Vereinbarung begriffen werden. Die Behandlungssequenzen können sehr unterschiedlichen Charakter haben. Phasenweise kann bei den Patienten das Bewußtwerden von Konflikten, das Erkennen und Verstehen von sich wiederholenden Beziehungsmustern und zugrundeliegenden Motiven sowie die Bearbeitung der familiären Geschichte im Mittelpunkt stehen. In einer anderen Sequenz kann es um die Neudefinition von Regeln in der Familie gehen oder auch über das Stellen von Aufgaben zur Anregung von Problemlösungen. Auch die Stärke der Grenzen, die Veränderung von Rollenverhalten und die Umdefinition von Verhaltensweisen können hier stattfinden. Die im engeren Sinne systemische Arbeit würde auch eine bewußte positive Konnotierung von Verhaltensweisen und die Ressourcenstärkung der Patienten im Blick haben und durch „Verschreibung von Symptomen" die Bearbeitung des Veränderungswiderstands nur sehr indirekt betreiben.

Die therapeutischen Veränderungsbemühungen von altem Zustand zu verändertem Zustand können mit einem Zitat von Anderson als „... respektvolles Erzeugen von Unterschieden" begriffen werden (Anderson 1991).

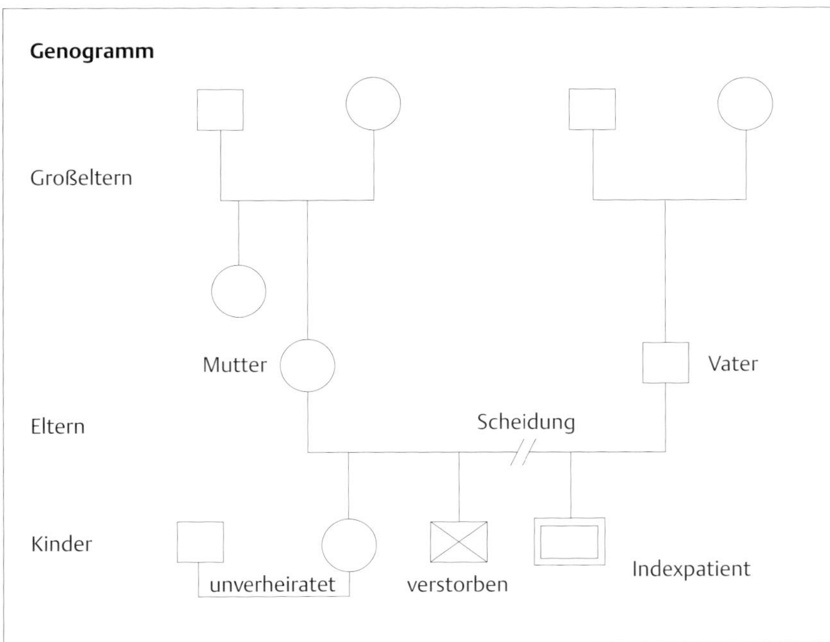

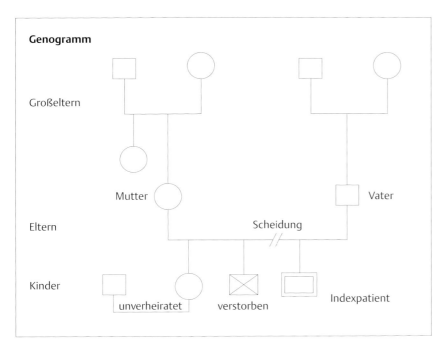

Abb. 17.1 Genogramm

Das Verhältnis von familiärem Geschichtlichem und familiärem Aktuellem sowie Zukünftigem läßt sich unter dem Motto „... vor dem Erfinden kommt das Finden" wie folgt beschreiben: „... Vergangenheit, Gegenwart und Zukunft sind Elemente eines Spannungsbogens, sind das Gewebe, das in Geschichten lebendig wird. Die Vergangenheit bildet den Rahmen für zukunftsbezogenes aktuelles Handeln: Aber sie bildet keinen Rahmen, der starr gesetzt ist, sondern einen Rahmen, mit dem man sich auseinandersetzen kann und der dazu da ist, überstiegen zu werden" (Hildenbrand 1990, S. 230 f).

Veränderungen treten in familiären Systemen oft sprunghaft ein und in einer meist nur schwer vorhersehbaren Weise. Familienbehandlungen sind daher sehr dynamische Prozesse. Die therapeutische Haltung ist oft aktiver, die Anzahl der Kontakte niedrig und die Abstände zwischen den Terminen sind oft groß. Familientherapeuten arbeiten oft in wechselnden Konstellationen mit den Familienmitgliedern. Die Fokussierung bestimmter Teilsysteme, z. B. die phasenweise Arbeit allein mit den Eltern eines Kindes, das als Indexpatient gilt, ist oft schon eine starke veränderungsinduzierende Intervention.

Theoretische und therapeutische Perspektiven in der Familientherapie

Mit den unterschiedlichen Schulenorientierungen in der Familientherapie und den gegebenen historischen Entwicklungen haben sich unterschiedliche Betrachtungsweisen oder auch therapeutisch-theoretische Perspektiven herausgebildet. Unterschiedliche Perspektiven und Schulenorientierungen haben auch unterschiedliche Methoden und Begriffe geprägt. In Tab. 17.1 sind verschiedene Aspekte unter drei Perspektiven zusammengefaßt. Diese „Landkarte" kann dazu dienen, sich in der Vielfalt der Begriffe und Methoden der Familientherapie so zu orientieren, daß zumindest eine grobe Zuordnung zur Perspektive möglich ist und auch erkannt werden kann, wie für ähnliche Sachverhalte zum Teil unterschiedliche Begriffe verwendet werden.

Als pragmatischen Ansatz schlagen wir vor, daß bei der Durchführung von Familiengesprächen generell mehrere dieser Perspektiven bzw. Methoden im Sinne einer multidimensionalen Betrachtungsweise angewendet werden sollten. Hierbei hängt die Fusion dieser Komponenten natürlich stark von den persönlichen Bedingungen der Therapeuten, aber auch den Eigenschaften der behandelten Familien bzw. Beziehungssysteme ab.

Genogramm

Im Laufe einer Familienbehandlung ist es hilfreich, sich einen Überblick über die Stellung des Indexpatienten bzw. der Familienmitglieder im familiären Gesamtsystem zu verschaffen. Handelt es sich bei der betrachteten Person um ein Elternteil oder ein Kind, welche Geschwisterposition nimmt es ein, um welche Art von Familie (Klein- oder Großfamilie, Stieffamilie, Einelternfamilie usw.) handelt es sich, welche soziale Stellung und welchen Status hat die Familie, welche äußeren Einflüsse liegen vor. Zur Diagnose der Stellung des Indexpatienten im familiären Gesamtsystem ist die Erstellung eines **Genogramms** sehr hilfreich (vgl. Mc Goldrick u. Gerson 1990). Oft können schon auf diese Weise aktuelle und mehrgenerationale, für die Störungsgenese relevante Einflüsse auf das familiäre System und den Indexpatienten im besonderen erkannt werden (Abb. 17.1).

Familiäre Strukturen und Prozesse

Basierend auf früheren umweltpsychologischen Konzepten, die sich mit dem Person-Umwelt-Verhältnis beschäftigten,

Tabelle 17.1 Perspektiven in der Familientherapie

Familientherapie „Landkarte“	Systemisch-konstruktivistische Perspektive	Geschichtlich-analytische Perspektive	Wachstum-, prozeß-, lernorientierte interaktionelle Perspektive
Theoretische Begriffe	Transaktionsmuster, Netzwerk, Kontext, Homöostase, Selbstorganisation, Zirkularität, Wirklichkeitskonstruktion und Rekonstruktion, Kybernetik, Chaostheorie, Morphogenese, Morphostase, Beobachtung, Lösungen	Konflikte, Bindung, bezogene Individuation, Delegation, Vermächtnis, Verdienst, Loyalität, Konten, Mehrgenerationenperspektive, Wiederholung, Inszenierung, Reaktualisierung	Kommunikation, Double-bind, Interpunktion, symmetrisch, komplementär, Dyade-Triade, Triangulation, Familienstruktur, Lernen, Problemlösen
Therapeutisches System	Neutralität, Zirkularität, Allparteilichkeit, Hypothetisieren, Reflecting-Team, Ko-Kreation	Übertragung, Gegenübertragung, Widerstand, Ko-Evulotion	Joining, Hier und Jetzt, Pacing, Leading, Unterstützung
Therapeutische Ziele	Veränderung der Transaktionsmuster, Veränderung von Bedeutungen, Ko-Kreation einer neuen Wirklichkeitskonstruktion	Verstehen, Veränderung von Bedeutung, Lösung von Konflikten, Veränderung von Rollen, Veränderung von Geschichten, Ablösungsprozesse, Individuation	Verbesserung der Kommunikation, Lernen des Umgangs mit Konflikten, Veränderung der Familienstruktur (z. B. Hierarchie und Grenzen), Überwindung von Stagnation und Förderung von Wachstumsprozessen
Therapeutische Methoden	spezielle Interviewtechniken: zirkuläre, hypothetische, ressourcenorientierte Fragen, Metaphern, Reframing, positive Konnotation, paradoxe Intervention, Verschreibung, Aufgaben und Rituale	Förderung des vertrauensvollen Besprechens von Konflikten, Deutung, Bearbeitung von Widerstand, Mehrgenerationengespräch, Rekonstruktion von Geschichten, Genogramm, Familienbrett, Skulptur, Rituale	Kommunikationsübungen, nonverbale Übungen, Streittraining, Skulpturarbeit, Aufgaben, Rituale

fand in der Familientherapie das Konzept des **Familienklimas** Verbreitung. Hierbei wird davon ausgegangen, daß es in Familien- bzw. Beziehungssystemen zeitüberdauernde, von der Stellung im Lebenszyklus abhängige Aspekte der familiären, emotionalen Umwelt gibt, die die Individuen beeinflussen. Forschungen hierzu beschreiben folgende relevante Dimensionen: Zusammenhalt, Offenheit, Konfliktneigung, Selbständigkeit, Leistungsorientierung, kulturelle Orientierung, aktive Freizeitgestaltung, religiöse Orientierung, Organisation und Kontrolle (Moos u. Moos 1986, Schneewind 1988) sowie Aufgabenbewältigung, Rollenverhalten, Kommunikation, Emotionalität, affektive Beziehungsaufnahme, Kontrolle sowie Werte und Normen (Epstein u. Mitarb. 1978, Steinhauer u. Mitarb. 1984). Hierbei ist es sinnvoll, die Familie auf drei unterschiedlichen Ebenen zu betrachten: die Familie als Gesamtsystem, die Paarbeziehung und die individuell-intrapsychische Ebene.

Betrachtet man die Familie im Hinblick auf Normen, Regeln, Hierarchien, Machtverhältnisse, Bindungen, Grenzen und Konflikte bzw. Beziehungsqualitäten, so strukturieren zeitüberdauernde **Beziehungsmuster** das Bild. Hierbei können wiederum die Interaktionen zwischen Subsystemen, z. B. Kinder – Eltern, oder die Interaktionen zwischen den einzelnen betrachtet werden. Bezogen auf die klinische Relevanz wird angenommen, daß bestimmte Beziehungskonfigurationen störungsrelevant sind. Olson u. Mitarb. (1972 u. 1980) haben in Weiterentwicklung solcher strukturellen Überlegungen das sog. „Circumplexmodell“ formuliert. In diesem wird angenommen, daß sich familiäre Prozesse im Hinblick auf die Struktur der Beziehungen im wesentlichen zwischen der Dimension „Zusammenhalt“ (Kohäsion) und Flexibilität (Adaptabilität) bewegen. Demnach bewegen sich gesunde Familien im mittleren Bereich, und Prozesse des Zusammenhalts und der Flexibilität halten sich die Waage. Zu

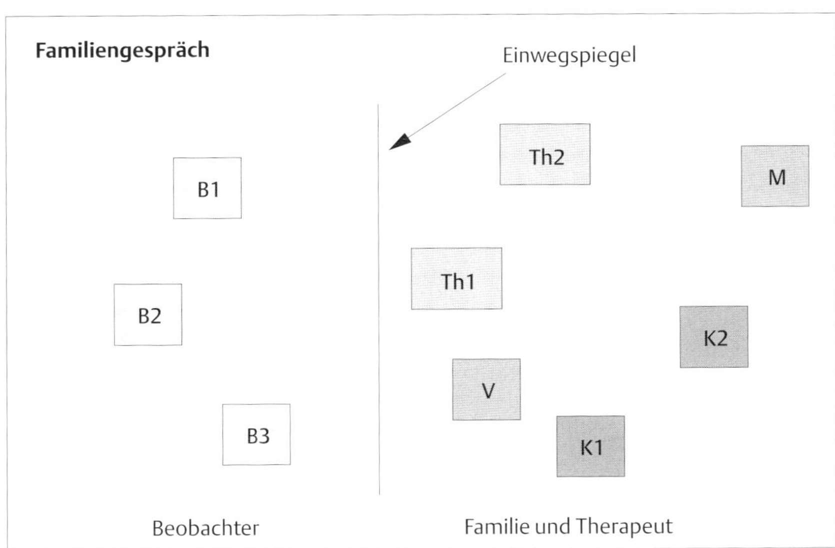

Abb. 17.2 Familiengespräch

starker Zusammenhalt oder auch zu große Flexibilität, aber auch zu geringe Flexibilität und zu geringer Zusammenhalt sind mit Störung assoziiert. Als besonders störungsanfällig gelten die als „rigide" und „eng gebundenen" und „verclincht" beschriebenen Familien.

Lebenszyklus

Entwicklungspsychologisch geprägte Betrachtungen der Familie führten zur Formulierung eines **Lebenszyklusmodells** (vgl. Mc Goldrick u. Carter 1982). Dieses Modell geht davon aus, daß Individuen bzw. Familien im Laufe ihrer Entwicklung typische Phasen durchlaufen, wie z. B. Partnerschaft ohne Kinder, Familie mit Kleinkindern, Phasen, in denen die Kinder das elterliche Haus verlassen und die Phasen der Familie im Alter. Die Übergänge zwischen diesen Phasen bilden Krisenpunkte, die sich den Familien in Form von Entwicklungsaufgaben stellen. Für eine Diagnostik familiärer Prozesse, gerade im Hinblick auf Störung, ist deshalb entscheidend, in welcher Stellung, bezogen auf einen solchen Lebenszyklus, eine Familie steht und welche Entwicklungsaufgaben zu bewältigen sind.

Probleme und Aufgaben

Vor dem Hintergrund **lern- und verhaltenstheoretischer Grundlagen** hat sich eine spezielle Richtung der Familientherapie herausgebildet, deren Blickrichtung in einer Familienbehandlung berücksichtigt sein sollte. Betrachtet wird das aktuelle Erleben und Verhalten der Familienmitglieder bzw. Ehepartner im Zusammenhang mit **Problemen, Aufgaben und Belastungen**, die von den Betroffenen bewältigt werden sollen. Bedeutsam für das Verständnis der Problemsituation sind die in einer Verhaltensanalyse gewonnenen Einsichten über frühere und aktuelle Lernkontexte sowie das Erleben und Verhalten beeinflussender Umweltfaktoren. Schon in der Diagnostik interessiert, wie vorhandenes Problemlöseverhalten und die familiäre Kommunikation verbessert bzw. neue **Problemlösestrategien** und neues **Kommunikationsverhalten** entwickelt werden können. Im Verlauf der Behandlung können dann z. B. entsprechende Übungen unternommen werden. Zur Entwicklung neuer Verhaltensmöglichkeiten können der Familie Aufgaben gestellt werden, oder es kann vorgeschlagen werden, ein problembezogenes Tagebuch zu führen. Im Bereich der Paartherapie, der sich durch spezielle Fragestellungen von der Familientherapie zum Teil abhebt, hat sich der Verhaltensansatz nochmals weiter spezialisiert (Falloon 1988, Hahlweg u. Mitarb. 1988).

Familiengeschichten

Ein etwas anderes Licht auf den familientherapeutischen Prozeß wirft die **ethnographische Orientierung** in der Familientherapie auf das Geschehen in der Familie und deren Lebensumfeld, wie sie z. B. von Hildenbrand (1983 u. 1991) vertreten wird. **Kontextuelles Wissen** über die Region sowie Alltagswissen, z. B. über die Berufsrollen und die soziale Stellung der Familie, führen zu hypothesengenerierenden Vermutungen, die sich im Gespräch prüfen lassen. Behandlung wird hier auch begriffen als die Konstruktion einer Familiengeschichte bzw. als eine Rekonstruktion übers Geschichtenerzählen (Hildenbrand 1990, Welter-Enderlin 1990). Dies betont den schöpferischen Aspekt der Therapie und bindet die familiären Prozesse in einen räumlichen und zeitlichen Kontext ein. Aufgesucht wird, neben dem für die Familie Typischen, das in der erzählten Geschichte Einmalige und Neue.

Konfliktdynamik, Bindung und mehrgenerationale Transaktion

Die familiendynamischen Vorstellungen, wie sie von **psychoanalytisch orientierten Familientherapeuten** formuliert wurden, waren an die Abwehrlehre der individualorientierten Psychoanalyse angelehnt. Sie haben eine Bedeutung im Hinblick auf unbewußte und bewußte Konflikte, die in familiären Beziehungen wirksam werden. Hierbei ist vor allem die Dynamik triebhaften, libidinösen Geschehens in der Familie zu beachten. Besonders brisant ist die Entwicklung der Sexualität Adoleszenter im Kontext der Familie. Aber auch verdrängte frühere Konflikte der Eltern und der Großelterngeneration, die in der aktuellen Entwicklung eine Rolle spielen, können hier Bedeutung erhalten. Im familientherapeutischen Gespräch hat die Dynamik von Übertragung und Gegenübertragung einen bedeutsamen diagnostischen Stellenwert. Hier kommen sowohl Aspekte der individuellen Übertragung als auch Übertragungsaspekte des Gesamtsystems in Betracht, soweit es sich, den individuellen Prozessen ähnlich, als „familiäres Subjekt" verstehen läßt. Zum Konfliktcharakter familiärer Prozesse gehören auch Dynamiken des Erlebens und Verhaltens in Familien, die zu gesellschaftlichen Normvorstellungen oder Tabus im Gegensatz stehen und zu symptomatischer Lösung mit Kompromißcharakter beitragen. Zur Familienbehandlung aus dieser Perspektive gehört dann auch die Einschätzung, inwieweit es sinnvoll ist, bestimmte Konflikte in der Therapie durchzuarbeiten bzw. inwieweit dies die Abwehrmechanismen der Familie bzw. der einzelnen überfordert.

Verbunden mit dem psychoanalytischen Ansatz in der Familientherapie ist vor allem auch die Beachtung der Wichtigkeit der therapeutischen Beziehung und die Rolle der subjektiven Beteiligung der Therapeuten in der Behandlung (Richter 1970, Stierlin 1978, Sperling u. Mitarb. 1982, Möhring u. Neraal 1991, Buchholz 1993).

Zu den komplexesten Perspektiven in der Familientherapie gehören die im sog. „Heidelberger familiendynamischen Konzept" unternommenen Versuche, mehrgenerationale Transaktionsmuster zu erfassen (Stierlin, Rücker-Embden, Wetzel, Wirsching 1977). Dessen Variablen sind:

- bezogene Individuation,
- Modi von Bindung versus Ausstoßung,
- Status der Gegenseitigkeit (Symmetrie oder Komplementarität),
- Delegation (Aufträge und Auftragskonflikte),
- Loyalitäten (Ansprüche und Verpflichtungen, Schuld- und Verdienstkonten).

„Bezogene Individuation" stellt ein Bindeglied zu eher individuumszentrierten psychoanalytischen Konzepten dar und enthält eine entwicklungspsychologische Perspektive, in dem Trennungs- und Individuationsprozesse in der frühen Kindheit und der Adoleszenz miterfaßt sind. Erweitert wird diese Perspektive noch um den Aspekt der Individuation, wobei Individuation als ein mehrere Generationen umfassender Prozeß, an dem die Familie als Ganzes beteiligt ist, begriffen wird. Weiterhin ist das dialektische Verhältnis von Differenzierung und Integration (bzw. Bezogenheit) wichtig. Differenzierung meint vor allem die Entwicklung und Bewußtmachung eigener Gefühle, Gedanken und Wahrnehmungen und deren Abgrenzung von Gefühlen, Gedanken und Wahrnehmungen anderer. Dies schließt die Bildung einer eigenen Identität ein. Mit der Differenzierung muß die Integration Schritt halten, sonst zerbricht der innere Zusammenhalt. Drei extreme **„Störungsformen"** sind beschreibbar: Die Isolation, die Fusion oder der abrupte Wechsel zwischen beiden. **Isolation** meint hier autistische Abkapselung, mißtrauische Zurückhaltung, keine Einfühlung, kein Verständnis für den anderen. **Fusion** bezeichnet geringe Differenzierung und höchstes Maß an einverleibender Integration zwischen den Individuen. Die Familienmitglieder erleben sich als nur wenig voneinander differenziert. Alle sehen die Welt gleichsam durch die gleiche Brille. Die einzelnen sind auf die reale Präsenz der anderen angewiesen. Es fehlen die lebendigen inneren Vorstellungen, auf die bei Trennung zurückgegriffen werden kann. Die Fähigkeit, Konflikte auszutragen, ist gestört, es besteht eine große Anfälligkeit gegenüber jeder Art von aufgezwungener Veränderung. Verluste und Trennungen werden als Katastrophen erlebt.

Bindung und Ausstoßung: Der zweite Transaktionsmodus von Bindung und Ausstoßung wurde im Rahmen von Studien zu Ablösungsprozessen während der Adoleszenz entwickelt, in denen zwischen zentripetalen und zentrifugalen Beziehungskräften unterschieden wurde. Bindung bedeutet hier in erster Linie emotionales Engagement als Ausdruck eines Interesses aneinander. Der entgegengesetzte Begriff Ausstoßung (manchmal auch Vernachlässigung genannt) bedeutet Desinteresse, fehlende emotionale Investierung. Bindung und Ausstoßung stehen in einem dialektischen Verhältnis. Sie können darüber hinaus auf verschiedenen Ebenen zum Tragen kommen.

Transaktionen auf der Es-Ebene spiegeln die Befriedigung oder Vernachlässigung der Bedürfnisse nach Geborgenheit, Versorgung und nach Sexualität wider. Auf der Ich-Ebene werden Transaktionen beschrieben, die den Austausch von Wahrnehmungen, Gedanken oder Gefühlen zum Inhalt haben. Auf der Über-Ich-Ebene werden Loyalitäten beschrieben. Diese Loyalitätsbindungen können als rigide Verpflichtungen Familien eng zusammenschweißen und die Entwicklung in Richtung größerer Individuation verhindern.

Die Delegation beschreibt Loyalitätsbande zwischen Familienmitgliedern, die in Form von Aufträgen übernommen werden. Die Aufträge, die von Eltern an die Kinder delegiert werden, können auf verschiedenen motivationalen Ebenen angesiedelt sein. Der Delegationsprozeß kann entgleisen. So können z. B. übernommene Aufträge das Kind überfordern. Es können Auftragskonflikte vorliegen, z. B. können mehrere Aufträge sich widersprechen. Diese Auftragskonflikte können zu Loyalitätskonflikten zwischen den einzelnen Familienmitgliedern führen. Bei extremen Entgleisungen der Delegationsprozesse sind schwere Entwicklungseinschränkungen die Folge.

Auftrags- und Loyalitätskonflikte: In einer mehrgenerationalen Perspektive lassen sich solche **Auftrags- und Loyalitätskonflikte** auch als über die Generationen hinweg tradierte Dynamiken von Vermächtnissen, Verdiensten und Schuld beschreiben (Boszormenyi-Nagy u. Spark 1981, Sperling u. Mitarb. 1982). Die gegenwärtige und zukünftige Entwicklung z. B. der Kindergeneration einer Familie kann so motivational beeinflußt sein von Dynamiken der Eltern und Großelterngeneration.

Zusammenfassend wird unter dem Aspekt der Gegenseitigkeit bzw. der Komplementarität der betrachteten Beziehungsprozesse die aktuelle Dynamik der Familie im Lichte der beschriebenen Perspektiven betrachtet. Hierbei meint positive Gegenseitigkeit die Fähigkeit der Familie, sich im Zusammenspiel aller genannten Kräfte positiv zu entwickeln. Negative Gegenseitigkeit wäre mit Störung assoziiert und kann z. B. als maligne Verklammerung (Verclinchung) verbunden mit rigid komplementärer Beziehungsstruktur erlebt werden.

Familiäre Prozesse als Ausdruck eines Spiels – die Spielemetapher

Die neuesten Entwicklungen der Mailänder Gruppe um Selvini-Palazzoli zum Verständnis der Entstehung der Psychosen führten zur Weiterentwicklung der systemischen Perspektive in der Familientherapie. Wurde in der Anfangszeit besonders auf systemische Prozesse und die „Verschreibung" von Paradoxien in der Behandlung Wert gelegt, so haben sich jetzt diese Familientherapeuten von den hierdurch implizierten eher technokratischen, dem „Gegenstand" Familie nicht gerecht werdenden Sichtweisen gelöst. Statt dessen wird die Metapher des **„Familienspiels"** eingeführt. Mit Hilfe der Spielemetapher gelingt es, einen Bezug herzustellen zwischen allgemeinen Regeln, die den Interaktionen der „Spieler" zugrunde liegen, und den individuellen „Spielzügen" der einzelnen Subjekte. Die Spielemetapher eröffnet eine Perspektive, in der weder die einzelnen Subjekte von ihrer wechselseitigen Abhängigkeit noch die Wechselbeziehungen vom Subjekt abgetrennt sind. Das Wort „Spiel" weckt Assoziationen zu Begriffen wie „Mannschaft", „Gruppe", „Teammitglied", „Stellung", „Strategie", „Taktik", „Zug" usw. Die spielbezogene Alltagssprache eignet sich nach Meinung der italienischen Kollegen gut zur Entwicklung einer Sprache, die zwischenmenschlichen Beziehungen gemäß ist. So beschreiben Wörter wie Anstiftung, Drohung, Finte, Versprechen, Verführung, Kehrtwendung, Bündnis, gewinnen, verlieren und Patt gut zwischenmenschliche Interaktionen. Zugleich befreit sich der Diagnostiker durch diesen Blick auf familiäre Prozesse von einschnürenden Dogmen. Dem Familientherapeuten ist es so möglich, den Gegensatz zwischen ganzheitlicher und individueller Perspektive zu überwinden. Er hat hierdurch ein Begriffsgerüst zur Hand, das es ihm erlaubt, handelnder Therapeut zu bleiben und sich genügend kreativen Spielraum zu lassen, Neues im Prozeß der Behandlung zu entdecken und auszuprobieren (Cecchin u. Mitarb. 1992, Selvini-Palazzoli, Cirillo, Selvini, Sorrentino 1992).

Familiengespräch – einige Grundregeln

Das Familiengespräch sollte minimalen Grundregeln folgen. Eine sinnvolle und über die Zeit hinweg intersubjektiv verläßliche therapeutische Praxis, die auch genügend Spielraum zur Entwicklung des Arbeitsbereichs läßt, erfordert ein standardisiertes und an bestimmten Grundprämissen orientiertes therapeutisches Vorgehen.

Familiengespräche sind nicht von den räumlich-zeitlichen und kontextuellen Bedingungen des Gesprächs (vor allem des Erstgesprächs) mit der Familie bzw. dem familiären Teilsystem zu trennen. Hierzu ist es besonders förderlich, wenn Familientherapie als Teamarbeit betrieben wird. Idealerweise findet ein solches Gespräch in Ko-Therapie und mit Beobachtern hinter einem Einwegspiegel statt (Abb. 17.**2**).

Die Einführung der Rolle des Beobachters in der Therapie hat ihre Wurzeln in der Auffassung, daß alle Erkenntnisse relativ zum Standpunkt zu verstehen sind. In neuesten Entwicklungen in diesem Bereich setzen Familientherapeuten z.B. ein „Reflecting-Team" ein. Aufgeteilt in einen Innenkreis und einen Außenkreis mit Therapeuten und Beobachtern findet ein Familiengespräch statt. Die Beobachter reflektieren anschließend in Anwesenheit der Familie den Gesprächsverlauf und auch die Arbeit der Therapeuten. Neben dem Versuch, in besonders schwierigen Situationen der Komplexität der Prozesse besser gerecht zu werden, wird von allen Beteiligten die Relativität der Abläufe und Sichtweisen erlebt und bearbeitet. Familientherapie ist so perspektiven- und standpunktreicher oder modisch ausgedrückt: vielfältiger.

Es ist hilfreich, daß sich die Therapeuten und Beobachter in einer Pause zum Ende des Gesprächs beraten. Hier können wichtige noch nicht zur Sprache gekommene Themen aufgegriffen werden. Der Gesprächsabschluß wird vorbereitet.

Dieser zunächst größere Aufwand vor allem zu Beginn einer Familientherapie kann die Behandlung erheblich verbessern. Erleichtert werden kann der Behandlungsprozeß durch eine Videoaufnahme, womit wichtige Passagen des Gesprächs später noch einmal angesehen werden können. Demgegenüber ist natürlich abzuwägen, inwiefern diese Vorkehrungen zu Artefakten in der Wahrnehmung der Familie führen und die Natürlichkeit der Gesprächssituation so verändern, daß hierdurch Erkenntnisnachteile entstehen. Auf jedem Fall liegt die Grenze eines solchen Vorgehens in der Akzeptanz durch die Beteiligten. Unsere Erfahrung zeigt aber, daß in aller Regel dies von den Familien und den beteiligten Therapeuten gut akzeptiert wird. Eine größere Schwierigkeit liegt in dem höheren Aufwand, den dieses Vorgehen notwendig macht und der nicht in jedem Arbeitsbereich möglich ist.

Die Klärung des Kontextes, des Überweisungsmodus und die Klärung der unterschiedlichen Erwartungen aller Beteiligten sowie die bewußte Berücksichtigung des eigenen institutionellen Rahmens zu Beginn der Behandlung ist oft schon der halbe Therapieprozeß. In der ersten Phase eines Familiengesprächs erfolgt in der Regel auch die **Problemdefinition**. Fragen hierzu könnten z.B. folgendermaßen lauten:

- Wer hat Ihnen empfohlen, zu uns zu kommen?
- Was denken Sie war der Grund, warum Sie Ihr Hausarzt (Facharzt, Psychotherapeut usw.) zu uns überwiesen hat?
- Was wäre für ihn, für die Familienangehörigen, für Sie selbst ein gutes Behandlungsergebnis?
- Welches Problem führt Sie zu uns?
- Wer würde als erster merken, daß Sie gesund sind?
- Was haben Sie bisher unternommen, um das Ziel zu erreichen?
- Wer macht sich am meisten Sorgen, wenn Sie das problematische Verhalten/Symptom zeigen?
- Wie sehen Sie das Problem, wie sehen es die anderen?

Zu den Bedingungen des Familiengesprächs gehören zudem die räumlichen und zeitlichen Gegebenheiten. Es ist ein Unterschied, ob ein Gespräch in einer ruhigen Atmosphäre stattfindet oder in einem durch Hektik und Streß geprägten stationären Umfeld, z.B. einer chirurgischen Station, wenn das Gespräch im Konsiliar-Liaison-Dienst stattfindet. Ebenso entscheidend sind die Therapeutenvariablen: Geschlecht, Alter, Erfahrung, Persönlichkeit, Ausbildung der Therapeuten usw. führen zu unterschiedlichen Perspektiven der Betrachtung des familiären Systems. Schon auf der Ebene der Problemdefinition ist die Familientherapie so unterschiedlich wie die Gruppe der Therapeuten heterogen ist. Familientherapie ist in diesem Sinn nicht uniform.

Gesprächsverlauf: Entscheidend für den Verlauf des Gesprächs ist die Balance zwischen der Förderung der Selbstinszenierung der Familien einerseits und der emotionalen sowie verbalen Beteiligung aller am Gespräch. Gerade in Beziehungskonstellationen, die schwierig sind und verfahren wirken, ist es entscheidend, ob bei den oft extrem asymmetrischen Kommunikationsstilen eine Beteiligung aller auch subjektiv hergestellt werden kann. Dies würde Veränderungen fördern. Oft muß daher die Gesprächshaltung sehr aktiv direktiv sein. Grundlegend ist allerdings das Bemühen um die **Förderung einer vertrauensvollen Atmosphäre**.

Die Therapeuten selbst sind, wie auch die Patienten, Subjekte des Behandlungsprozesses. Alle Prozesse unterliegen dieser subjektiven Dynamik. Ziel eines Familiengesprächs ist an erster Stelle die **Erweiterung des Problemverständnisses**. Hierbei ist entscheidend, inwieweit das Erfahrungswissen, die Dynamik des Gesprächs und die subjektiv erlebte Beteiligung der Patienten ein vertieftes Verständnis der Problemkonstellation erlauben. Diese Erweiterung des Problemverständnisses dient der **Förderung von Entwicklungsmöglichkeiten** der Familie, die für notwendige Veränderung Entwicklungsspielraum schafft.

Entscheidend und sehr spezifisch für den familientherapeutischen Ansatz ist hierbei die **Betonung der Ressourcen** der Familie bzw. des Beziehungssystems. Dieses Verständnis macht nicht halt vor dem Symptom selbst. Im Gegenteil: das vorgetragene Problem selbst wird im Kontext eines letztlich vorwärtsweisenden Lösungsversuchs verstanden, der im familientherapeutischen Prozeß als solcher dechiffriert und verstanden werden muß.

Fragen, die auf diese Sichtweisen zielen, könnten folgendermaßen lauten:
- Was hat Ihnen an Hilfe von außen am meisten geholfen, was am wenigsten?
- Welche Bedingungen sind notwendig, damit Sie sich eine Woche lang nicht depressiv fühlen?
- Was klappt gut in der Familie?
- Was möchten Sie auf keinen Fall ändern?
- Wann war das Problem das letzte Mal nicht da?
- Gab es Zeiten, in denen Sie sich besser verstanden haben?

Wichtige Elemente der **therapeutischen Grundhaltung** sind die **Allparteilichkeit** und **Neutralität**. Alle Familienmitglieder müssen das Gefühl haben, daß der Therapeut unterstützend auf seiner Seite stehen kann. Zwischen den Familienmitgliedern oft strittige Themen können vom Therapeuten neutraler gesehen werden. Durch die Allparteilichkeit wird die Berechtigung der Gefühle und Haltungen betont. Entscheidend ist die Förderung der Erkenntnis, daß es sich nicht um absolut objektiv entscheidbare Konflikte, sondern um das Finden einer Lösung in einer Konfliktsituation handelt. Hat ein Familienmitglied das Gefühl, nicht ernst genommen zu werden, sinkt die Bereitschaft, am Gespräch teilzunehmen, rapide, und Veränderung wird unmöglich.

Gegenüber den vorgetragenen Konflikten und Lösungsversuchen sollten die Therapeuten soweit wie möglich neutral bleiben und eine Infragestellung und vorschnelle Kritik der Familie vermeiden.

Da es sich bei einem Familiengespräch um ein sehr schwieriges Setting handelt, in dem immer wieder die Bereitschaft zum Gespräch hergestellt werden muß, haben Familientherapeuten die klassischen Vorgehensweisen der individuumszentrierten Therapien verändert. Es konnte die Erfahrung gemacht werden, daß Therapieprozesse stagnieren, daß die emotionale Spannung während des Gesprächs ins Unerträgliche gesteigert wird, insbesondere dann, wenn Konflikte zu direkt angesprochen werden. Einzelne Teilnehmer fühlen sich in etwas hineingezogen, das sie gar nicht wollen. Als ursächlich für eine pathologische Entwicklung verkannte Erstarrung und Rigidität wird hierdurch oft erst künstlich erzeugt. Besonders bedeutsam und hilfreich ist das **zirkuläre Fragen**, wie es vor allem von der Mailänder Schule der Familientherapie entwikelt wurde. Es hilft den Patienten, sich in die anderen hineinzuversetzen, fördert die Erkenntnis, daß es verschiedene Haltungen und Erlebnisweisen innerhalb der Familie gibt und entlastet die Therapeuten, da sie nicht mehr als Agenten der Konflikte erscheinen, die nur die „Finger in die Wunden legen".

Beispiel für zirkuläre Fragen sind:
- Wer glaubt am ehesten, daß Sie sich gut wehren können?
- Was glauben Sie, was Ihr(e) Vater/Mutter/Partner/Schwester zu dem Problem denkt?
- Aus der Sicht Ihres Mannes, wer hat wohl die engere Beziehung zu Ihrer Tochter, er oder Sie?

Die Familientherapie ist eine sehr aktive Form der Therapie. Während der analytische Einzeltherapeut sozusagen darauf wartet bis die Klienten „Material", z. B. durch freie Assoziation, liefern, erzeugen Familientherapeuten gleichsam ihr Material durch die aktive Weise, zu fragen. Hier gilt das Motto, Unterschiede zu machen, die Unterschiede machen. Es gehört auch hierzu, daß im Therapieprozeß permanent **Hypothesen** über die familiäre Dynamik generiert werden, die durch empirische Überprüfung im Gespräch auf ihre Brauchbarkeit getestet werden.

Ein solches **Hypothetisieren** kann auch direkt im Gespräch angewendet werden, indem man z. B. folgendermaßen fragt:
- Angenommen, Sabine entschiede sich in der nächsten Zeit, zum Vater zu ziehen, wie würde die Mutter darauf reagieren?
- Wer von den beiden Töchtern wird zuerst heiraten?
- Angenommen, Sie bekämen ein Kind, wie würde sich Ihre Beziehung zueinander verändern?

Im Gesprächsabschluß werden der Gesprächsverlauf und die wichtigsten Erkenntnisse nochmals zusammengefaßt, die Einzelaspekte werden gewichtet. Die anstehenden Entwicklungsaufgaben werden benannt und Aufgaben und Themen werden mit auf den Weg gegeben. Manchmal ist es hilfreich im Sinne einer Verschreibung z. B. Aufgaben und Rituale vorzuschlagen. Diese Elemente wollen gut durchdacht sein und müssen auf der Basis einer sich gut entwickelnden therapeutischen Beziehung stattfinden. Von einer allzu unkritischen Verwendung der sog. „Paradoxen Intervention" ist abzuraten.

Dokumentation

Die besondere Komplexität von Familiengesprächen macht eine Dokumentation familientherapeutischer Prozesse schwierig. Dennoch scheint es unter dem Gesichtspunkt einer Qualitätsentwicklung wichtig, daß sich Therapeuten die Mühe machen, Therapiegespräche zu klinischen und zu Forschungszwecken festzuhalten. Gerade die jüngste Diskussion über die Rolle der unterschiedlichen therapeutischen Ansätze im psychosozialen Versorgungssystem zeigt, daß sinnvolle Forschung an der sich schon bei der Dokumentation einstellenden Kluft zwischen Forschung und Praxis scheitert.

Neben der Erhebung von Fragebogendaten ist insbesondere eine mehrere Perspektiven umfassende prozessual-qualitative Beschreibung wichtig (vgl. Scheib u. Wirsching 1994).

Forschung und Professionalisierung

Die aktuellen Veränderungen im psychotherapeutischen Versorgungssystem haben die Notwendigkeit gezeigt, auch in der Familientherapie und der systemischen Therapie verstärkt Forschung über die Wirksamkeit und die prozessualen Merkmale dieser Behandlungsformen zu initiieren. Hierbei sehen sich Familientherapeuten allerdings weniger als Vertreter einer weiteren Schulrichtung, die nun wie andere auch sich anschickt, die „wissenschaftlichen Hürden" der berufsrechtlichen und versorgungspolitischen Anerkennung zu meistern. Vielmehr wird hier der schulen- und berufsgruppenübergreifende, integrative Aspekt der systemischen Sichtweise betont. Familientherapie hat starke Wurzeln in der sozialen Arbeit mit gesellschaftlich benachteiligten Gruppen. Familientherapeuten haben sehr unterschiedliche Grundberufe und sehr heterogene beruflich-kontextuelle Wurzeln. Da Familientherapie als Profession den Fokus auf das Beziehungsgeschehen und den sozialen Kontext legt, wird eine spezifische Spannung zum psychotherapeutischen Denken und Handeln immer dann entstehen, wenn es sich zu stark den Prämissen des „medizinischen Modells" verschreibt.

18. Gesprächspsychotherapie

J. Finke und L. Teusch

Die klientenzentrierte Gesprächspsychotherapie, vor fast 60 Jahren von Carl R. Rogers konzipiert, ist ein sowohl erlebnisaktivierendes wie einsichtsorientiertes Verfahren, also letztlich auch eine konfliktzentrierte Methode.

Ein besonderes Merkmal dieses Verfahrens liegt in dem besonderen Gewicht, das der Eigenleistung des Patienten im Prozeß der Einsichtsgewinnung zugemessen wird. Dies schließt einen besonderen Respekt gegenüber der Individualität des Patienten und der subjektiven Welt seiner Urteile, Bewertungen und Zielsetzungen ein.

Nach Grawe u. Mitarb. (1994) zählt die Gesprächspsychotherapie neben der Verhaltenstherapie und der psychoanalytischen Therapie zu den drei wissenschaftlich ausgewiesenen Therapieverfahren.

Krankheits- und Persönlichkeitskonzept

Im Mittelpunkt der gesprächspsychotherapeutischen Krankheitslehre steht der Inkongruenzbegriff. Mit dieser „Inkongruenz" ist die Diskrepanz zwischen zwei Repräsentationssystemen gemeint, dem Selbstkonzept (bestehend aus Selbstbild und Selbstideal) einerseits und dem „organismischen", d.h. ganzheitlichen und ursprünglichen Erfahren und Erleben andererseits. Dem ungestörten organismischen Erfahren wird ein intuitives Erfassen aller Strebungen, Bedürfnisse und Intentionen zugesprochen. Eine Störung dieses ganzheitlichen Erfahrens bildet sich heraus, wenn bestimmte Aspekte dieses Erfahrens und Erlebens mit verinnerlichten, elterlichen und im Selbstkonzept abgebildeten Normsetzungen und Geboten unvereinbar sind und so von der Wahrnehmung ausgeschlossen werden. Diese Wahrnehmungsblockade (Rogers 1987,1959) führt dann zur Inkongruenz zwischen dem Selbstkonzept und der organismischen Erfahrung. Unter dem Einfluß aktueller und in spezifischer Weise erlebter Lebensereignisse erfährt diese Inkongruenz insofern eine konflikthafte Zuspitzung, als nun die Wahrnehmungsblockade nicht mehr lückenlos aufrechterhalten werden kann. Dadurch wird das Selbstkonzept bedroht. Das Auftreten von Symptomen ist dann sowohl die Folge wie der Bewältigungsversuch dieser Bedrohung.

Die (neurotische) Störung wird also als Ausdruck eines Konflikts zwischen dem durch eine spezifische Sozialisation entfremdeten Selbstkonzept einerseits und dem ursprünglichen bzw. „wahren" Selbst andererseits verstanden. Dieses „wahre Selbst" wird repräsentiert in der sog. organismischen, d.h. ganzheitlichen und originären Erfahrung. Möglicher Gegenstand dieser Erfahrung ist die „Aktualisierungstendenz" bzw. die „aktualisierende Tendenz des Organismus". Darunter versteht Rogers, worin seine Nähe zur Lebensphilosophie deutlich wird, eine Grundausrichtung zur Selbstentfaltung, eine auf Verwirklichung der eigensten Möglichkeiten drängende Lebensenergie. Dem steht das Selbstkonzept des Individuums als Summe der verinnerlichten Beziehungen zu wichtigen, frühen Kontaktpersonen, meist den Eltern, gegenüber. Im Falle einer ausgeprägteren Inkongruenz stellt das Selbstkonzept insofern einen Behinderungsfaktor der aktualisierenden Tendenz dar, als die Werte und Normen der verinnerlichten Bezugspersonen den eigensten, originären Werten und Normen des Individuums widersprechen. Die Neurose stellt deshalb einen Selbstwiderspruch und eine Selbstentfremdung des Individuums dar.

Therapietheorie

Die Therapietheorie eines Verfahrens enthält die Grundkonzepte über die vermutete Wirkweise psychischer Einflußnahme. Diese Grundkonzepte stehen in der Regel in enger Beziehung zur Persönlichkeits- und Krankheitstheorie des betreffenden Verfahrens. Die Therapietheorie enthält also die zentralen Aussagen über das jeweilige therapeutische Selbstverständnis. In thesenartiger Zusammenfassung sind die Positionen der gesprächspsychotherapeutischen Therapietheorie wie folgt zu beschreiben:

Therapie als Fördern der Selbstheilungskraft durch bejahendes Begleiten und identifikatorische Teilhabe: In einem Klima der Anerkennung und Wertschätzung gewinnt der Patient den Mut, sich auch in den bisher verleugneten Aspekten seiner selbst anzunehmen und negative Selbstkonzepte zu überwinden. Aus dieser Position ergibt sich das Therapieprinzip „bedingungsfreies Akzeptieren".

Therapie als Sinnerfahrung und Aufhebung des Selbstwiderspruches: In der Auseinandersetzung mit seiner inneren Welt und seinen Gefühlen gewinnt der Patient Einsicht in diskrepante, „inkongruente" Erfahrungen und Bestrebungen und vermag so, diese Widersprüchlichkeit aufzulösen oder zu akzeptieren und damit zu integrieren. Dieser Position ist das Therapieprinzip „einfühlendes Verstehen" zuzuordnen.

Therapie als erlebter Dialog und korrigierende Interaktion: In der unmittelbaren therapeutischen Beziehung fühlt der Patient sich auch in seiner Widersprüchlichkeit und seinen abgewehrten Anteilen angenommen. Er erfährt aber auch, wann seine Beziehungserwartungen und Selbstbewertungen unangemessen sind. Er erlernt neue Muster der Kommunikation und der Selbstbejahung. Auf diese Position ist insbesondere das Therapieprinzip „Echtheit" zu beziehen.

Therapieprinzipien

Aus der Therapietheorie ergeben sich praxisbezogene Leitlinien, die sowohl auf der Ebene therapeutischer Einstellungen wie therapeutischer Handlungsentwürfe zu beschreiben sind. Diese Leitlinien stellen die Therapieprinzipien eines Verfahrens dar und entsprechen den sog. drei Basismerkmalen der Gesprächspsychotherapie: Bedingungsfreies Akzeptieren, einfühlendes Verstehen und Echtheit. Bei diesen Basismerkmalen handelt es sich im wesentlichen um therapeutische Einstellungen, nicht schon um Handlungsanweisungen. Deshalb sind sie im Sinne einer therapietheoretischen Systematik als Therapieprinzipien zu klassifizieren. Aus diesen Therapieprinzipien sind die Handlungsanweisungen erst abzuleiten (Abb. 18.**1**).

In besonderer Weise kennzeichnend für die Gesprächspsychotherapie ist nun der Umstand, daß diese Prinzipien nicht ausschließlich deduktiv aus der Therapietheorie abgeleitet, sondern durch empirische Untersuchungen als maßgebliche Wirkfaktoren bestätigt wurden. Das Bemühen, solche Wirkfaktoren empirisch zu verifizieren, ist von Anfang an ein wesentliches Charakteristikum der Gesprächspsychotherapie gewesen. Vorbildgebend für die weitere Psychotherapieforschung ist der Untersuchungsansatz von Rogers schon in den 40er Jahren geworden: Tonbandaufnahmen von Therapiegesprächen wurden von Ratern daraufhin beurteilt, in welchem Ausmaß ein bestimmtes Therapeutenverhalten auftrat; dieses wurde sodann mit dem Therapieergebnis in Beziehung gesetzt. Über diesen Weg gelangte Rogers zu Ausformulierungen der bereits beschriebenen drei Basismerkmale bzw. Therapieprinzipien.

Einfühlendes Verstehen im Klima bedingungsfreien Akzeptierens

Zwei der genannten drei Therapieprinzipien, nämlich das bedingungsfreie Akzeptieren und das einfühlende Verstehen, sollen hier zusammen besprochen werden, da sie in der therapeutischen Praxis miteinander in Beziehung stehen. Insbesondere prägt das erste Prinzip sehr das zweite; das Verstehen des Therapeuten hat sich auf der Basis einer akzeptierenden, bejahenden Grundhaltung zu vollziehen. Damit soll gesagt sein, daß der Therapeut in seiner verstehenden Suchhaltung den Aussagen des Patienten nicht primär kritisch oder gar argwöhnisch gegenüberstehen soll. Die Aufgabe des Therapeuten besteht vielmehr in einem anschauenden und bejahenden, auch die unausgesprochenen Gefühle und Wünsche des Patienten erhellenden Vergegenwärtigen. Im einfühlenden Verstehen sollte der Therapeut durch einen Akt partieller Identifikation die „innere Welt" des Patienten mit dessen Augen sehen und versuchen, hier Bedeutungssetzungen und Sinnverknüpfungen zu erfassen und diese dem Patienten mitzuteilen. Dieses Einfühlen und Verstehen soll von einer akzeptierenden und wertschätzenden Grundhaltung getragen sein. Der Therapeut soll, wie Rogers (1951) formulierte, zum „alter ego" des Patienten werden und aus dieser Rolle heraus das abgebrochene Zwiegespräch des Patienten mit sich selber wieder ermöglichen. Denn aufgrund seiner Inkongruenz ist der Patient in einem Selbstwiderspruch gefangen, der zu Störungen des Selbstverstehens führt. Dabei sollte der Therapeut nicht nur zum anderen, sondern auch zum besseren, zum liebevolleren und toleranteren Selbst des Patienten werden, so daß es dem Patienten möglich wird, bisher verleugnete, weil verpönte, Aspekte seines Selbst wahrzunehmen und so wieder Kontakt zu seiner „organismischen Erfahrung" zu bekommen. Der Therapeut sollte durch die bejahende Haltung eines bedingungsfreien Akzeptierens die

VII

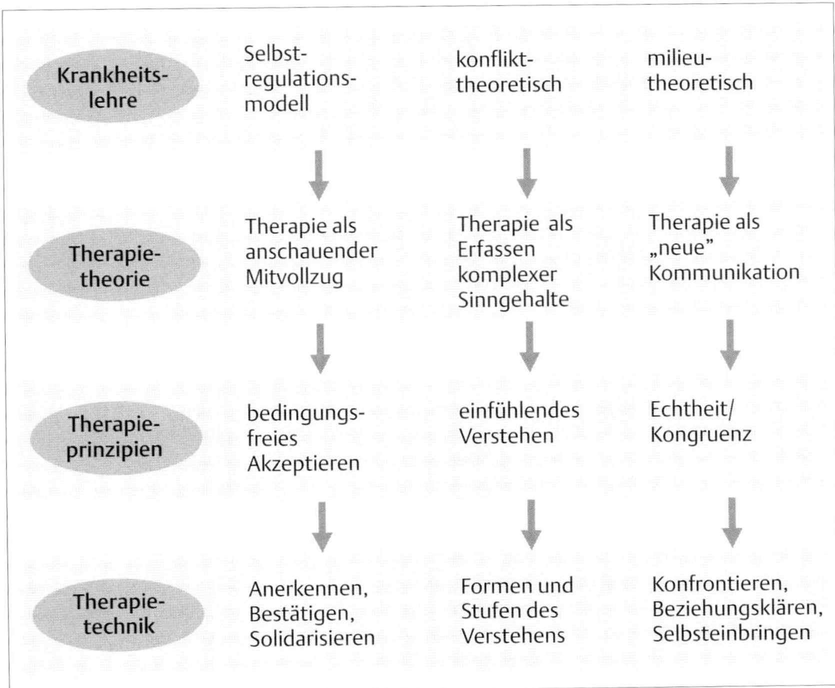

Abb. 18.**1** Der methodische Begründungszusammenhang von Krankheitslehre, Therapietheorie, Therapieprinzipien und Therapiepraxis (nach Finke 1994)

Schuld- und Schamgefühle bannen, die zu einer Sprachlosigkeit des Patienten mit sich selber geführt hatten. Der Therapeut hat gewissermaßen der liebevolle Spiegel zu sein, in dem der Patient sich ohne Angst betrachten kann.

Als Alter ego des Patienten soll der Therapeut „in die Haut des Klienten schlüpfen" (Rogers 1977) und diesem Gefühle und Bestrebungen spiegeln, die für diesen selbst noch nicht deutlich, sondern höchstens „am Rande der Gewahrwerdung" (Rogers 1977) sind.

Rogers (1973a, 1951) fordert, daß sich der Therapeut dabei selbst als Person weitgehend auszuklammern, daß er gewissermaßen hinter dem Patienten zu verschwinden habe. Damit ist unter anderem gemeint, daß sich der Therapeut nicht nur aller Anweisungen, Ratschläge und Belehrungen enthalten soll, sondern daß sich seine Abstinenz auch auf theoretische Vorgaben und spontane „Beurteilungen" zu beziehen habe. Dies bedeutet, der Therapeut sollte den Patienten weitgehend „aus sich selbst heraus" oder, wie Rogers sagte, aus dessen Bezugssystem heraus verstehen. Das therapeutische Verstehen soll in diesem Sinne also nicht therapeutenzentriert und insofern fremdbestimmend, sondern eben „klientenzentriert" sein. Wenn das Erleben und Verhalten des Patienten nicht unter dem Raster der psychologischen Konstruktionen des Therapeuten auf bestimmte Erklärungsmuster festgelegt und für das Selbstverstehen in seiner Unmittelbarkeit nicht verstellt wird, wird eine Außensteuerung und Festlegung des Patienten vermieden sowie Selbstfindung und Selbstentfaltung ermöglicht.

Hier wird die phänomenologische Ausrichtung der Gesprächspsychotherapie und ein Änderungskonzept deutlich, das als aktualistisch und antiintellektualistisch zu kennzeichnen wäre. Nicht rationales Wissen und die den Erlebnisstrom unterbrechende, einmalige Erkenntnis sind das wirksame Agens von Psychotherapie. Die Bewegung des Erlebens und seiner empathischen Vergegenwärtigung von Augenblick zu Augenblick führen schließlich zu einer Änderung. „Die Änderung des Erlebens geht der Einsicht eher voraus, als daß sie ihr folgt" (Rogers 1973b, 1961). Erkenntnisse im Sinne eines rationalen Erfassens von Sinnfiguren sind also nur als Endpunkt einer sich unter der Therapie prozeßhaft vollziehenden Änderung von Erlebnismustern zu sehen.

Grenzen der „Alter-ego"-Beziehung

Hier zeigt sich auch eine betont individualistische Position, der zufolge nur die Einsicht wirklich zur Selbstentfaltung und Selbstbefreiung führt, die das Individuum aus sich selbst heraus entwickelt. Interpretationen, die der Therapeut aus seinem Vorverständnis, d.h. aus seinen Erfahrungen und theoretischen Konzepten, an den Patienten heranträgt, wirken demnach im Prinzip schon wie eine suggestive bzw. fremdbestimmende Beeinflussung des Patienten.

Ein solches Konzept der reinen Selbstaussage, einer Selbstfindung „aus sich selbst heraus", ist natürlich dann zu kritisieren, wenn es absolut verstanden wird. Jede Selbstbestimmung vollzieht sich immer schon in einem Kontext sozialer Erfahrungen und d.h. auch Beeinflussungen, jede Selbstdefinition geschieht im Raum einer Sprache, also einer historisch und gesellschaftlich vermittelten Auslegungspraxis. Bei der Gesprächspsychotherapie geht es aber natürlich nicht um eine so grundsätzlich verstandene Selbstfindung „aus sich selbst heraus", sondern eher um das Bemühen, die Beeinflussung des Patienten durch den Therapeuten möglichst gering zu halten. Diese therapietheoretische Position gründet persönlichkeitstheoretisch auf dem Konzept der „Selbstaktualisierung", wonach das bestimmende Motiv eines jeden Individuums der Drang nach Selbstentfaltung, d.h. nach Aktualisierung aller seiner Möglichkeiten, ist.

Allerdings begann Rogers etwa ab Ende der 50er Jahre sowohl unter dem Eindruck der Beschäftigung mit schwer gestörten Patienten, namentlich schizophrenen, als auch unter dem Einfluß Martin Bubers und der Begegnungsphilosophie (Beck 1991, Rogers u. Schmid 1991) das Konzept zu vertreten, daß die bisher beschriebene nicht-direktive und klientenzentrierte Verstehenshaltung ergänzt werden sollte durch eine dialogische. Das Moment der Empathie wird ergänzt durch das der Interaktion, da der Patient bei der Selbstfindung auch die Auseinandersetzung mit dem „Anderen" brauche (Finke 1999).

Therapieprinzip Echtheit: Therapie als Interaktion

Sollte sich der Therapeut als eigenständig urteilende und wertende Person bisher weitgehend ausklammern und nur aus dem Bezugssystem des Patienten heraus verstehen, so wird Therapie nun als Begegnung von „Person zu Person" (Rogers 1961, 1973b) definiert, und der Therapeut hat bis zu einem gewissen Grade auch sein eigenes Bezugssystem ins Spiel zu bringen. Das empathische Moment der Therapie wird durch ein interaktionelles ergänzt. Therapie ist nunmehr nicht nur empathisch-verstehender Mitvollzug, sondern auch authentisches Antworten. Schon hierdurch wird die betont individualistische Position aufgebrochen. Wir sprechen von der personenzentrierten Phase der Gesprächspsychotherapie. In dieser personenzentrierten Phase wird ein weiteres Therapieprinzip, die Grundhaltung der Echtheit bzw. Kongruenz des Therapeuten betont. Mitarbeiter von Rogers, insbesondere Carkhuff (1969), haben Behandlungsmerkmale bzw. Interventionskategorien systematisiert, die sich aus diesem Prinzip ableiten lassen. Diese sind das Konfrontieren (confrontation), das Beziehungsklären (immediacy) und das Selbsteinbringen (self disclosure).

Durch die oben genannten Interventionskategorien wird das gesprächspsychotherapeutische Behandlungsinventar sehr erweitert. Beim Konfrontieren werden Widersprüche, z.B. Widersprüche zwischen zwei verschiedenen Aussagen oder zwischen verbalem und nonverbalem Ausdruck, angesprochen (Tscheulin 1992). Auch das Selbsteinbringen, in dem der Therapeut sein Erleben der therapeutischen Situation mitteilt, kann in diesem Sinne konfrontierend sein. Es kann aber auch eine Aufforderung zur Erweiterung der Perspektive des Patienten sein und hier z.B. dazu dienen, die psychosoziale Wahrnehmung zu differenzieren. Das Beziehungsklären, in dem der Therapeut die Beziehungsanspielung des Patienten aufgreift und an den Therapeuten gerichtete Erwartungen oder Befürchtungen verbalisiert, wird die Auseinandersetzung des Patienten mit seinem aktuellen Gegenüber anstoßen. Die für das gesprächspsychotherapeutische Vorgehen wichtige Forderung eines Arbeitens im Hier und Jetzt wird so am unmittelbarsten erfüllt. Dadurch wird auch die Möglichkeit eröffnet, in sehr gefühlsnaher Weise das Beziehungserleben zu anderen wichtigen Kontaktpersonen des Patienten zu bearbeiten (Finke 1994).

Durch diese auf dem Therapieprinzip Echtheit gründenden Behandlungsmerkmale wird die ausschließliche Zentrierung auf die Binnenwelt des Patienten, also die Gefahr einer in sich kreisenden Selbstbespiegelung durchbrochen. Zwar wird sowohl beim Konfrontieren wie beim Beziehungsklären diese Binnenwelt ebenfalls befragt, aber der Therapeut bringt in der einen oder anderen Form seine Person, d. h. seine Beurteilung oder seine emotionale Resonanz ins Spiel, und der Patient erlebt sich unmittelbar bezogen auf einen „signifikanten Anderen". Dies wird besonders deutlich beim Selbsteinbringen. Hier muß sich der Patient ganz direkt mit der Antwort, mit der Stellungnahme eines Anderen auseinandersetzen. Er gewinnt dabei nicht nur Einsicht, sondern er erlebt im Hier und Jetzt der therapeutischen Situation die Ungültigkeit einiger seiner bisherigen Kommunikationsmuster durch die für ihn neue Form der Beziehungsgestaltung.

Zielorientierte und störungsspezifische Methodik

Mit der oben beschriebenen Differenzierung der therapeutischen Rolle, vom ausschließlichen einfühlenden Mitvollzug über ein Beobachten und Verstehen der Therapeut-Patient-Interaktion bis zu einem authentisch stellungnehmenden, „antwortenden" Dialogverhalten, ist auch eine Differenzierung der Behandlungstechnik verbunden. Durch die Beschreibung prozeßbezogener Handlungsregeln ist der Therapeut in der Lage, auf unterschiedliche therapeutische Situationen zielorientiert zu reagieren. So kann er auf die unterschiedliche Betroffenheit des Patienten mit verschiedenen Themen, auf den Wechsel des Abwehrverhaltens und auf unterschiedliche Beziehungskonstellationen, an denen der Therapeut natürlich auch teilhat, differenziert eingehen.

Aus solcher Prozeßspezifität des therapeutischen Vorgehens ergibt sich insofern auch eine Störungsspezifität, als die Art der relevanten Themen, die Weise mit ihnen umzugehen und bestimmte Beziehungsmuster auszuprägen, auch von der jeweiligen Krankheit bzw. Störung abhängig ist.

Seit Ende der 80er Jahre sind eine Reihe von Arbeiten erschienen, die sich dezidiert mit einer störungsspezifischen Behandlungstechnik befaßt haben. So wurden gesprächspsychotherapeutische Konzepte bei depressiven und Angststörungen (Teusch u. Finke 1995; Finke u. Teusch 1999), bei psychosomatischen Störungen, bei narzißtischen Persönlichkeitsstörungen und bei Borderlinestörungen sowie schizophrenen Störungen beschrieben. Als Beispiel seien die Wahrnehmungsdifferenzierung bei depressiver Kognition oder das Bündeln der Leitgedanken bei bestimmten Formen schizophrener Denkstörungen genannt. Gegenwärtig werden als Weiterführungen dieser Konzepte Manuale entwikkelt, in denen bestimmte Klassen von Interventionen bestimmten prozeß- und störungs-spezifischen Themen (expliziert durch Patientenäußerungen) zugeordnet werden. Als weiterer Schritt sind Evaluationsstudien geplant, in denen derartige Manuale in ihrer Angemessenheit empirisch bestätigt werden sollen. Durch die präzise inhaltliche und funktionale Definition von Behandlungskategorien in solchen Manualen werden hier auch einer vergleichenden Indikationsforschung (Teusch et al. 1997, Teusch u. Böhme, 1999) neue Felder eröffnet.

Indikation zur Gesprächspsychotherapie

Die Ergebnisse der empirischen Indikationsforschung lassen insgesamt bisher noch keine sehr weitreichenden und differenzierten Aussagen zu bezüglich der differentiellen Indikation zu bestimmten psychotherapeutischen Verfahren (Zielke 1979). Immerhin ergab sich für die Gesprächspsychotherapie, daß sie besonders angezeigt ist bei – Verstimmungsstörungen im Sinne von Depressivität mit Niedergeschlagenheit, Unausgeglichenheit und allgemeiner Lebensunlust. – Selbstunsicherheit, verbunden mit inneren Spannungen und Ängsten. – Neigung zu sozialem Rückzug und intrapunitiver Konfliktverarbeitung, Introvertiertheit. – Selbstunzufriedenheit mit „internalen Blockierungen", Leistungs- und Kontakthemmungen. – Persönlichkeitsstörungen, insbesondere wenn sie mit den oben genannten Symptomen einhergehen.

Darüber hinaus ist zu sagen, daß bei grundsätzlicher Indikation zu einer einsichts- und erlebnisorientierten Psychotherapie eine etwa 3- bis 5stündige Probetherapie – also das frühe Ansprechen auf das therapeutische Beziehungsangebot – als bester Indikator für einen erfolgreichen Behandlungsverlauf anzusehen ist.

Inzwischen liegen umfangreiche Erfahrungen über den Einsatz der Gesprächspsychotherapie bei allen wichtigen neurotischen Störungen vor. Dies betrifft insbesondere die Behandlung depressiver Störungen, bei Angstneurosen aber auch von Persönlichkeitsstörungen und psychosomatischen Störungen. (Einen Überblick über die Gesprächspsychotherapie bei Neurosen und psychosomatischen Erkrankungen geben Swildens 1991, Finke u. Teusch 1991, Finke 1994; bei schweren psychiatrischen Erkrankungen: Teusch, Finke u. Gastpar 1994.) Nach den bisherigen Untersuchungsergebnissen kann gefolgert werden, daß die gesprächspsychotherapeutische Behandlung besonders günstig bei sog. „frühen" Störungen wirkt, etwa bei Borderlinestörungen und narzißtischen Störungen, bei denen es auf eine Verbesserung der Selbstempathie ankommt. Die differentielle Indikation zwischen Verhaltenstherapie, Gesprächspsychotherapie und analytisch orientierter Therapie darf nach wie vor als unzureichend geklärt angesehen werden.

Anwendungsfelder

Gruppengesprächspsychotherapie

Die Gesprächspsychotherapie wurde zwar als Einzeltherapie konzipiert, wird aber heute auch in großem Umfang als Gruppentherapie angewandt. Bei den heute üblichen Anwendungen gesprächspsychotherapeutischer Gruppentherapie werden gruppendynamische Prozesse berücksichtigt; die Gruppenmitglieder werden als Interaktionspartner gesehen, die sich gegenseitig entsprechende Rollen zuweisen, die ihrerseits eine Rückwirkung auf Einstellungen und Verhalten der Patienten haben (Mente u. Spitler 1980, Eckert u. Biermann-Ratjen 1985, Finke 1994). Die Inkongruenz jedes einzelnen Patienten zeigt sich in seinen Beziehungserwartungen und Verhaltensweisen gegenüber anderen Mitgliedern. Durch Verdeutlichen der Interaktionen in der Gruppe sollen die widersprüchlichen Erwartungen und Einstellungen mit dem Ziel einer Integration geklärt werden. Gruppendynamische Prozesse werden also ausdrücklich als Mittel der Therapie nutzbar gemacht. So soll einerseits die Beziehungsfähigkeit unmittelbar verbessert werden, andererseits die diese Beziehungsfähigkeit beeinträchtigenden Erlebnismuster aufgehellt werden. Obwohl die Gesprächspsychotherapie, wie gesagt, ursprünglich als Einzeltherapie konzipiert wurde, arbeitete Rogers schon in den 40er Jahren mit Gruppen. Sein Gruppentherapiekonzept unterschied sich von seinen in der Einzeltherapie entwickelten Konzepten zunächst nur insofern, als hier der Patient nicht nur durch den Therapeuten gespiegelt werden sollte. Vielmehr sollten auch die anderen Gruppenmitglieder jeweils die Rolle eines einfühlenden Alter ego einnehmen. Es kam den Gruppenmitgliedern also quasi die Aufgabe von Co-Therapeuten zu. Es handelte sich demnach um eine Therapie des Einzelnen in der Gruppe, wie sie auch schon von nicht-gesprächspsychotherapeutischen Autoren beschrieben wurde.

Die erste Arbeit zur gesprächspsychotherapeutischen Gruppentherapie erschien 1951, und seit Ende der 60er Jahre wird die Zahl der Arbeiten zur gesprächspsychotherapeutischen Gruppenarbeit immer umfangreicher (Franke 1978). Rogers selbst ist in diesem Zusammenhang mit seinem Buch „Encounter-Gruppen“ (1970, 1984) hervorgetreten. Die sich in den 70er Jahren entfaltende Encounter-Bewegung hat aber mit gesprächspsychotherapeutischer Gruppentherapie nur in einigen Punkten etwas gemein, da die letztere sich ausdrücklich als Mittel für die Behandlung von Kranken (mit der sich daraus ergebenden besonderen Verantwortung des Therapeuten und der entsprechenden Zielsetzung) versteht.

Paartherapie

Seit etwa 20 Jahren spielt die Paartherapie innerhalb der Gesprächspsychotherapie eine wichtige Rolle. Eine Reihe von grundlegenden Publikationen zu diesem Thema macht, wie schon bei der Gruppenpsychotherapie, deutlich, daß innerhalb der Gesprächspsychotherapie neben der Beschäftigung mit der innerpsychischen Problematik des Patienten dessen Interaktionsverhalten und -erleben zunehmendes Interesse findet (Auckenthaler 1983, Henning 1991).

Die theoretische Basis der gesprächspsychotherapeutischen Partnertherapie liegt in der Weiterführung der oben skizzierten Krankheits- bzw. Störungstheorie: Die Inkongruenz des jeweiligen Beziehungspartners führt zu sowohl einseitigen wie auch widersprüchlichen Beziehungserwartungen an den Partner. Hierdurch wird dieser seinerseits innerhalb seiner Inkongruenzen fixiert bzw. verstärkt, so daß letzterer schließlich die Beziehungserwartungen des ersteren immer weniger erfüllen kann. Diese Verschränkung gegenseitiger Inkongruenzen führt zu Kommunikationsmustern, die einerseits widersprüchlich sind, andererseits dem Partner in der Ganzheit seines Erlebens zunehmend weniger gerecht werden.

Das Ziel der Therapie besteht darin, beiden Partnern zunächst zu ermöglichen, die Angst vor der offenen Mitteilung des eigenen Erlebens abzubauen, es zu einer schrittweisen Offenbarung eigener Hoffnungen, Wünsche und auch Enttäuschungen kommen zu lassen. In einem weiteren Schritt soll jeder der beiden Beziehungspartner seine eigenen verzerrt oder gar nicht symbolisierten Bedürfnisse und Erfahrungen zunehmend besser wahrnehmen können, um sodann auch den anderen in der Ganzheit seines Erlebens erfahren zu können.

Eine Indikation zur Paartherapie ist dann gegeben, wenn beide Beziehungspartner an ihrer Beziehung leiden und gleichzeitig den Willen zur Verbesserung ihrer Beziehung haben. Darüber hinaus sollte das gestörte Befinden beider Beziehungspartner vorwiegend in der Störung der Kommunikation ihre Ursache haben. Die jeweils individuelle Störung sollte demgegenüber zurücktreten. Andernfalls wäre beiden Partnern oder zumindest dem gestörteren vorher eine Einzeltherapie anzuraten.

Familientherapie

Soweit dies an den einschlägigen Veröffentlichungen zu ermessen ist, tritt die gesprächspsychotherapeutische Familientherapie hinsichtlich ihrer Verbreitung hinter der Paartherapie zurück. Es handelt sich hier meist um eine Kombination der gesprächspsychotherapeutischen Grundpositionen mit systemischen Ansätzen, wobei diese oft überwiegen. Gerade aus klientenzentrierter bzw. gesprächspsychotherapeutischer Sicht ist aber darauf zu achten, daß sich nicht nur das Interaktionsverhalten der Familienmitglieder ändert und daß nicht nur die Regeln des „Interaktionsspiels“ umgestellt werden. Auch das einzelne Familienmitglied muß in die Lage versetzt werden, seine Bedürfnisse besser wahrzunehmen und sie sowohl in das Gesamt seines eigenen Erlebens wie des Familiensystems besser zu integrieren. Es muß auch in der Familientherapie unter anderem darum gehen, die Selbstaktualisierungstendenz jedes einzelnen Individuums zur Entfaltung kommen zu lassen und erst von daher auch Veränderungen des gesamten Systems zu ermöglichen. Gerade aus gesprächspsychotherapeutischer Sicht muß also darauf geachtet werden, die interpersonalen Vorgänge mit intrapersonalen zu verbinden.

Kinderpsychotherapie

Kinderpsychotherapie hat in der Gesprächspsychotherapie insofern eine besondere Tradition, als das erste maßgebliche Werk ihres Gründervaters aus dem Erfahrungsraum eben der Kinder- und Jugendpsychotherapie entstanden ist: „Die nichtdirektive Beratung“ von Rogers (1972, 1942). V. Axline (1972, 1947), eine Schülerin von Rogers, schrieb hier das Standardwerk „Kinderspieltherapie im nicht-direktiven Verfahren“. Durch die spezifischen Anforderungen an die Kinderpsychotherapie hat sich hier auch in der Gesprächspsychotherapie ein eigenständiger Ausbildungsgang mit entsprechendem Anerkennungsverfahren entwickelt.

Konzeptionell ist zu unterscheiden: Die therapeutische Arbeit mit Kindern, mit ihren Eltern und mit Eltern und Kindern zusammen. Bei der Arbeit mit den Kindern kommt es darauf an, im Spiel die Aktualisierungstendenz, d. h. hier die Bedürfnisse, die Phantasie, aber auch Aggressionen und Neid möglichst unmittelbar zur Entfaltung kommen zu lassen. Der Therapeut versucht dabei auf dem Hintergrund eines wertschätzenden Akzeptierens, diese Bedürfnisse und Gefühle anzusprechen. Ähnlich wie in der Erwachsenenarbeit geht es darum, die ganzheitliche, „organismische“ Erfahrung zu erweitern und bisher nicht symbolisierte Erfahrungsinhalte zu benennen. Bei der Arbeit mit Kindern kommt es aber in besonderer Weise auf ein erlebnisaktivierendes Vorgehen an. Der Sprachstil des Therapeuten muß natürlich dem Erleben des Kindes angemessen sein. Der Therapeut wird in der Arbeit mit Kindern oft zum Mitspieler des Kindes werden, das Kind wird ihm bestimmte Rollen (Polizist, Indianerhäuptling, Krankenschwester) zuweisen. In diesen Rollenzuweisungen spiegeln sich sowohl bestimmte Aspekte des Selbst des Kindes als auch bestimmte Beziehungserwartungen, die der Therapeut unter anderem durch das Beziehungsklären zeitweise bearbeiten kann (Goetze u. Jaede 1974).

Die Arbeit mit den Eltern wird sich zunächst kaum von der Erwachsenenpsychotherapie unterscheiden, es sei denn, daß der Therapeut im fortgeschrittenen Stadium der Therapie auch Informationen gibt bzw. seine Beobachtungen mitteilt. Dem Therapeuten muß es darum gehen, das Selbstwertgefühl der Eltern insgesamt eher zu stärken als in Frage zu stellen; insbesondere sollte er sich davor hüten, mit den Eltern zu rivalisieren und ihnen nachweisen zu wollen, daß er/sie der bessere Vater/die bessere Mutter für die Kinder sei.

Dabei wird es oft auch darum gehen, die Interaktion der Eltern mit ihren Kindern zu beobachten und aus diesen Beobachtungen Rückschlüsse auf die Beziehungserwartungen der Eltern an die Kinder zu ziehen. Es geht schließlich darum, mit den Eltern deren Bedürfnisse und Einstellung gegenüber ihren Kindern zu klären.

Stationäre Gesprächspsychotherapie

Gesprächspsychotherapeutische Konzepte haben sich in den letzten 20 Jahren auch im Rahmen stationärer Behandlung bewährt, hier naheliegenderweise bei dem gesamten Spektrum schwerer Neurosen, Persönlichkeitsstörungen und psychosomatischer Erkrankungen bis hin zur psychotherapeutischen (Mit-)Behandlung schizophrener Störungen (Böhme et al. 1998). Dabei ist der gesprächspsychotherapeutische Ansatz einmal das den gesamten Therapieraum prägende Basiskonzept, zum anderen ist er die spezifische psychotherapeutische Methode in der Einzel- und Gruppenpsychotherapie. Aus diesen Erfahrungen kamen wichtige Impulse für die Weiterentwicklung des Verfahrens zu einem strömungs- und prozeßspezifischen Vorgehen.

Schlußbemerkung

Der klientenzentrierte Ansatz hat jenseits von Psychotherapie unterschiedliche Bereiche wie Pädagogik, Sozialarbeit, Selbsterfahrung, psychologische Beratung und klinische Seelsorge beeinflußt. Hier war nur von der Psychotherapie im eigentlichen Sinne die Rede. Auch in diesem engeren Bereich ist eine zunehmende Ausdifferenzierung und Spezialisierung zu beobachten. Deren Spektrum reicht von der Behandlung psychoreaktiver Erkrankungen über die Therapie psychosomatischer Störungen bis zu der gesprächspsychotherapeutischen Betreuung schwerer psychiatrischer Krankheiten. Hinsichtlich der hier erfolgten störungsspezifischen Modifikationen des Standardverfahrens muß auf die angegebenen Literaturstellen verwiesen werden.

19. Katathym-imaginative Psychotherapie

M. Rust

Grundlagen

Die Katathym-imaginative Psychotherapie stellt ein Verfahren dar, welches auf dem theoretischen Fundament der Psychoanalyse und ihrer Erweiterungen aufgebaut ist und als tiefenpsychologisch fundiertes Behandlungsmodell das Augenmerk auf ungewußte Konflikte und Strukturen und deren Bearbeitung unter Beachtung von Widerstand und Übertragung richtet. Die wesentliche Differenzierung zur Psychoanalyse erfährt das Verfahren durch die zentrale Beobachtung von Imaginationen und den Umgang mit ihnen.

Imaginationen sind Ich-funktionelle Leistungen, die vielfältig von jeder gesunden Psyche gebildet und nutzbar gemacht werden. Allenthalben im täglichen Leben ist der Mensch aufgerufen, sich Szenen u. ä. vorzustellen, um daran sein Handeln zu orientieren. (Z. B. läßt sich der Weg durch eine Stadt imaginativ durchlaufen, um später diesen Weg in der Realität zu finden.)

Schurian (1986) beschreibt die Ausbildung unserer Wahrnehmungstätigkeit unter anderem über die Entwicklung von Durchbliken und Ausblicken. Unter Durchblicken sind dabei gerichtete Beobachtungen natürlicher Abläufe innerhalb räumlicher Grenzen zu verstehen, Ausblicke dagegen versetzen Wahrnehmungen an die Grenzen oder darüber hinaus, sie lassen wirkliche Gegebenheiten außer acht und entwerfen mit Kognitionen und Phantasie Bilder, die der Wirklichkeit entgegengestellt werden können. „Ausblicke sind die Vorboten für neue Richtungen, die begangen werden können, in ihnen erschließen sich Wegzeichen für unbekannte Gegenden. Die Ausblicke sind die Wegbereiter der unstillbaren menschlichen Neugier und der Sehnsucht nach dem Andern, auch die jeweils neuen Denkanstöße, welche aus den eingefahrenen Wegen herausreißen und nach Neuem suchen lassen." Er stellt im weiteren heraus, daß Imaginationen den Teil menschlicher Erkenntnis- und Wahrnehmungsfähigkeit darstellen, der sich auf Durchblicke und Ausblicke richtet. Imaginationen „bezeichnen einen Teil der allgemeinen menschlichen Produktivkraft, mit dessen Hilfe sich der Mensch die Natur zur Kultur umgeschaffen hat. In der Imagination bieten sich die Durchblicke auf den jeweiligen Hintergrund dar; es sind die Facetten der Anschauungen, mit denen das Erschaute Konturen, Tiefe, Schärfe, Umrisse und Valeurs erhält." Und weiter führt er aus: „Die Imaginationen bezeichnen die Ausblicke in sowohl die vergangene Geschichte als auch in die Zukunft als Orte der historischen Zeit und des bemeßbaren Raums... Sie stellen nicht eine bloße motivationale Antriebsquelle dar, sondern ein Abtasten aller möglichen Sondierungen... Sie sind die Spielereien an den Gedanken, welche sich in jeweils unvorhergesehenen Rahmen bewegen und sich dadurch einen unvorhersehbaren, erstmaligen Ausdruck verschaffen." Er vergleicht im weiteren die Imaginationen mit dem Schopf des Münchhausen, mit denen sich der Mensch selbst aus Abhängigkeiten und gegenseitigen Verstrickungen herausziehen kann. „Jeder Ausweg und jede Rettung aus einer hoffnungslosen oder hoffnungslos erscheinenden Lage beginnt mit einem Bild: Einer Vorstellung von einer weiterreichenden Möglichkeit. Jedes Schlupfloch, das schließlich entdeckt und benutzt wird, hat seinen Ausgangspunkt darin, daß es als solches überhaupt erst einmal wahrgenommen, d.h. erträumt, vorgestellt oder eingebildet wurde. In den Imaginationen fallen die Bilder mit den Ebenbildern zusammen, das Mögliche mit dem Unmöglichen. In den Imaginationen nähert sich der Mensch dem Andern, dem Fremden, dem Unbekannten, dem Sinn an."

Imaginationen in psychotherapeutischen Behandlungen sind in Verbindung mit einer weiteren Ich-funktionellen Leistung, nämlich der Symbolisierungsfähigkeit, zu verstehen. Diese Symbolisierungsfähigkeit setzt den Menschen in die Lage, in Alltagssituationen Zusammenhänge jeweils durch anderes zu verstehen und auch zu benennen. (Z. B. steht für den lesenden Menschen außer Zweifel, daß die als Buchstaben aneinandergereihten Zeichen bestimmte Wörter ergeben, die wiederum mit einem Sinn verbunden sind.)

Schon Freud (1895) maß den Imaginationen in den Anfängen der Psychoanalyse eine große Bedeutung bei. So beschreibt er ausführlich in seiner Abhandlung „Zur Psychotherapie der Hysterie" wie er die Hypnose durch seine Drucktechnik ersetzte und hierbei Imaginationen auftauchen ließ: „In der Konzentration und unter dem Drucke meiner Hand, als ich sie fragte, ob ihr etwas einfiele oder ob sie etwas sehe, entschied sie sich fürs Sehen und begann, mir ihre Gesichtsbilder zu beschreiben." Er versteht diese „Gesichter" als Symbolisierungen und sagt: „Ich weiß längst, daß ich es mit Allegorien zu tun habe, und frage sofort nach der Bedeutung des letzten Bildes."

Später sagt Freud (1923): „Es darf uns nicht beifallen,... die Bedeutung der optischen Erinnerungsreste... zu vergessen, oder zu verleugnen, daß ein Bewußtwerden der Denkvorgänge durch Rückkehr zu den visuellen Resten möglich ist und bei vielen Personen bevorzugt scheint... Das Denken in Bildern ist also nur ein sehr unvollkommenes Bewußtwerden. Es steht auch irgendwie den unbewußten Vorgängen näher als das Denken in Worten und ist unzweifelhaft onto- wie phylogenetisch älter als dieses. " Freud erklärt in diesem Zusammenhang, daß Wahrnehmungen, die von innen her kommen, „Empfindungen und Gefühle heißen" und in Verbindung mit Wortvorstellungen aus dem Unbewußten ins Bewußtsein zu treten vermögen. „Diese Wortvorstellungen sind Erinnerungsreste, sie waren einmal Wahrnehmungen und können wie alle Erinnerungsreste wieder bewußt werden."

Als katathyme Bilder bezeichnen wir dann innere Vorstellungen, verbunden mit Empfindungen und Gefühlen, die sich im Unbewußten an Symbole anknüpfen (also gleichsam in unserer inneren Bilderwelt verschoben werden), und dann über Wortvorstellungen ins Bewußtsein treten können.

So kann z. B. eine innere Wahrnehmung „ich bin ein gräßliches Kind, weil meine Mutter mich schlägt“ verschoben (symbolisiert) werden (vielleicht durch Anregung eines Therapeuten) in die Welt der inneren Bilder von Pflanzen und sich dort folgerichtig an das Bild einer unscheinbaren Unkrautpflanze anheften, die als Imagination sich darstellt und entsprechend erlebt wird und über Wortvorstellungen ins Bewußtsein tritt. Sie wird dann beschrieben als eine nutzlose Pflanze, die man zertreten kann oder achtlos ausrupfen, um sie vertrocknen zu lassen.

Also sind katathyme Bilder die über Symbolisierung wahrnehmbaren, an Emotionen gebundenen Bildvorstellungen aus unbewußten Bereichen, gekennzeichnet durch ihre Deutlichkeit, Farbigkeit und Dreidimensionalität.

Die Katathym-imaginative Psychotherapie baut auf diesen Grundvorstellungen auf und nutzt die Imaginationsfähigkeit des Menschen, um neurotische und auch frühe Konfliktgeschehnisse sowie strukturelle Entwicklungsbedingungen auf der Bildebene erlebbar werden zu lassen. Aus dem vorher Gesagten ergibt sich, daß die Verbalisierungsfähigkeit, die Verwörterung des Erlebten, nicht das primäre Ziel dieser Therapie sein muß, sondern daß es oftmals hinreichend wirkungsvoll und helfend erscheint, wenn Erleben auf der Bildebene und Probehandeln sowie die Suche nach neuen Lösungsmöglichkeiten im symbolisierten Kontext erreicht werden kann. Hierbei hängt es vom jeweiligen strukturellen Niveau (Kernberg 1986) des Patienten ab, inwieweit die in der Imagination dargestellte Problemzone, der Fokus, für das Bewußtsein des Patienten "übersetzt“ werden soll. Bei höher strukturierten, neurotischen Störungen kann konfliktzentriert klarifizierend, konfrontierend und deutend gearbeitet werden. Hierbei stellen die in Imaginationen aufgetauchten Bilder in ihrer symbolischen Ausdrucksform – vergleichbar den Nachtträumen – eine Via regia zum Unbewußten dar.

Das Verfahren wurde in den 50er Jahren dieses Jahrhunderts von H. Leuner entwickelt und umfassend in seinem Lehrbuch dargestellt (1994). (Leuner 1970, Leuner 1980, Leuner u. Lang 1982, Leuner, Hennig u. Fikentscher 1993, Kottje-Birnbacher et al. 1997)

Methodik

Die Katathym-imaginative Psychotherapie wird als therapeutisches Verfahren in die Unter-, Mittel- und Oberstufe eingeteilt. Zu jeder der Stufen gehören bestimmte Motivvorgaben, wodurch innerseelische Problemfelder in ihrer affektiven Besetzung angeregt werden. Hierbei stellen in der Grundstufe Landschaftsmotive Projektionsflächen dar, die für viele Menschen breiten Raum lassen für die Darstellung ihrer Befindlichkeit, ihrer aktuellen Konfliktlage, ihrer entwicklungsgeschichtlichen Bezüge, ihrer strukturellen Merkmale, ihrer Abwehrmechanismen sowie ihrer Symbolisierungsfähigkeit (Rust 1993).

Die Motive der Mittelstufe dienen als Kristallisationskerne für aggressive und libidinöse Antriebsbereiche sowie für Selbst- und Objektvorstellungen.

In der Oberstufe regen die Motivvorgaben in assoziativen Schritten zum Erleben im Symbol und Arbeiten am Symbol an und ermöglichen so, auf der Bildebene vorbewußte und unbewußte tiefe Konfliktbereiche zu beobachten und bewußt werden zu lassen.

Leuner (1994) gibt in seinem Lehrbuch tabellarisch einen Überblick über die von den Standardmotiven angesprochenen Konfliktkreise. Die Motive sollen im folgenden unabhängig von ihrer Zugehörigkeit zur Unter-, Mittel- oder Oberstufe genannt sein.

1. Aktuell andrängende Konflikte, aktuelle Gestimmtheit lassen sich im Motiv der Wiese, der Landschaft oder von Wolken darstellen.
2. Orale Thematik wird im Motiv der Quelle, der Kuh, der Küche in einem Haus dargestellt.
3. Anal-aggressive Thematik findet sich im Motiv des Sumpflochs, des Vulkans; oral-aggressive Thematik im Motiv des Löwen; expansive Entfaltung und Entwicklung im Motiv des Bachlaufs, einer Fahrt mit der Eisenbahn, dem Schiff, eines Ritts auf dem Pferd, eines Flugs mit dem fliegenden Teppich, in einem Flugzeug oder in der Rolle eines Vogels.
4. Ödipale und sexuelle Thematik stellen sich dar im Motiv des Sumpflochs, eines Obstbaums, eines Rosenbusches, einer Pferdekutsche oder eines Automobils.
5. Leistungs- und Konkurrenzthematik finden ihren Ausdruck im Motiv einer Bergbesteigung mit Rundblick.
6. Die Selbsteinschätzung läßt sich hinsichtlich Kontaktbereitschaft, Impulsfreudigkeit, Aufdeckung genetischen Materials im Motiv des Hauses, das betrachtet und eingehend besichtigt wird, darstellen; die Selbsteinschätzung hinsichtlich verdrängter Verhaltens- und Triebtendenzen stellt sich in Symbolgestalten, die aus dem Dunkel des Waldes, der Höhle, dem Sumpfloch oder dem Meer auftauchen, dar; die Selbsteinschätzung in bezug auf die Hingabefähigkeit läßt sich im Motiv des Sich-Treibenlassens in einem Bach oder Fluß, des Badens und Schwimmens im Wasser darstellen.
7. Vorstellungen der eigenen Identität und des Ich-Ideals stellen sich dar, wenn als Motiv eine Person mit gleichgeschlechtlichem Vornamen assoziiert wird.
8. Begegnungen mit Bezugspersonen aus der Gegenwart oder als internalisierte Objekte lassen sich symbolisch eingekleidet beobachten in allen Motiven der Landschaft wie Berg, Bäume und Baumgruppen, Pflanzen; in Tieren, Tierfamilien z.B. auf der Wiese oder hervortretend aus dem Dunkel des Waldes oder Erdöffnungen wie Höhle, Sumpfloch, Tiefe des Meeres. Die Begegnung mit Bezugspersonen als reale Personen der Gegenwart wie Eltern, Geschwister, Kinder, Lehrer, Chef, Konkurrent usw. sind in aktueller oder regressiver Form als Kindheitsszenen möglich.
9. Die libidinöse Besetzung von Körperorganen läßt sich durch Introspektion des Körperinneren beobachten.

In einer Behandlung wird nach Abschluß der tiefenpsychologischen Diagnostik und Indikationsstellung dem Patienten erklärt, wie mit Imaginationen gearbeitet werden soll. Dazu wird der Patient aufgefordert, sich in einer bequemen Haltung im Sessel einzurichten oder auf einer Couch Platz zu nehmen, um bei geschlossenen Augen und eventuell Vorgabe einiger Entspannungsformeln sich Bilder zum vorgegebenen Motiv vorzustellen (oder was immer auch sonst sich darstellen mag) und diese Bilder dem Therapeuten mitzuteilen.

Da der Patient seine Imaginationen umgehend verbalisiert, hat der Therapeut, der sich so suggestivarm wie möglich verhalten sollte, die Möglichkeit, dialogisch auf sie Einfluß zu nehmen, nachzufragen, auch einmal steuernd einzugreifen, auf bestimmte Erlebensbereiche hinzulenken, auch von Krisenzonen wegzuführen, oder vor allem den affektiven Gehalt der Bilder, also das Erleben, anzusprechen. Hierdurch ergibt sich ein steuerbarer, bei höher strukturierten Patienten auch assoziativ anreicherbarer therapeutischer Prozeß, der durch die Intensität der erlebten Imaginationen leicht erinnerbar und bearbeitbar wird.

Nach der Durchführung einer katathymen Imagination über 10–20 Minuten wird in der restlichen Therapiestunde eine tiefenpsychologische Aufarbeitung der Imaginationen erfolgen. Diese kann je nach strukturellem Niveau des Patienten aufdeckend oder in tiefenpsychologisch-psychotherapeutischem Sinne ressourcenorientiert durchgeführt werden. Es soll nochmals betont sein, daß die Imaginationen im Erleben als ein Symboldrama eine eigenständige Wirksamkeit zu entfalten vermögen. Unser Unbewußtes kann die eigenen kreativen Schöpfungen oftmals strukturbildend, konfliktmindernd und progressionsfördernd nutzen. Gerade die Entwicklung und Förderung der Kreativität stellt einen der bedeutenden Wirkfaktoren in der katathym-imaginativen Psychotherapie dar. So wird der Patient auch gern aufgefordert, außerhalb der Therapiestunde sein Bild oder Teile daraus zu malen. Dieses Bild, zur nächsten Stunde mitgebracht, kann zu weiterer Bearbeitung anregen oder zu weiteren Imaginationen hinleiten. In jedem Fall trägt es zur Strukturierung und Fokussierung des therapeutischen Prozesses bei.

Verfahren

Um das psychotherapeutische Verfahren deutlich werden zu lassen, sollen im folgenden einige Motive der Grundstufe ausführlicher dargestellt und zum Teil beispielhaft erläutert werden.

Blume

Die Imagination einer Blume repräsentiert oftmals deutlich Persönlichkeitsanteile. Der Patient wird aufgefordert, sich eine beliebige Blume vorzustellen, sie dann genau zu beobachten, zu beschreiben mit Blüte, Stengel, Blättern, dem Boden, auf dem sie steht sowie weiteren äußeren Gegebenheiten. Wenn hier eine hoch aufragende Sonnenblume mit leuchtendem Blütenkranz in voller Reife, auf kräftigem Stengel mit großen saftigen Blättern bei Sonnenschein auf fruchtbarem Boden steht, so mag hier der Imaginierende sich selbstbewußt und selbstsicher darstellen, vielleicht handelt es sich aber auch um seine Ich-Idealvorstellungen oder um seine typische Abwehrhaltung, bei der eine narzißtische Selbstdarstellung der Vermeidung von Kleinheitsgefühlen dient. Um welche dieser drei Formen es sich im eigentlichen bei diesem Patienten handelt oder um welche Vermischungen, läßt sich in aller Regel im Fortlauf der Imagination und im weiteren dialogischen Prozeß klären. Hierbei kann die Reflexion der Gegenübertragungsgefühle eine wesentliche Hilfe darstellen.

So könnte ein anderer eine kleine unscheinbare Blume imaginieren, deren Namen er nicht zu nennen weiß, die ihm schwer beschreibbar ist, die gleichsam im luftleeren Raum zu schweben scheint ohne Verbindung zur Erde und ohne weitere Details.

Hier könnte es sich um die symbolische Darstellung eines Menschen handeln, der sich selbst in seinem bisherigen Leben nicht liebenswert, wertvoll, beachtenswert, selbstsicher und verbunden mit anderen erlebt hat.

In dieser Weise lassen sich mit dem Blumenmotiv sehr regelhaft erste spontane Selbstbewertungen und auch Fragen der Beziehung zu anderen in symbolisierter Weise beobachten. Es handelt sich zunächst also bei dem Blumenmotiv um eine vorzügliche diagnostische Möglichkeit, die dem Therapeuten Kenntnis der Patientenpersönlichkeit und dessen eigener Beurteilung gibt. Zum weiteren läßt sich im Blumenmotiv beobachten, wie weit ein Patient sich auf Arbeit mit Symbolen einzulassen vermag, und in welchem Maße er bereit ist, kreativ mit seinem imaginierten Bild umzugehen. Die Fähigkeit zur Ausgestaltung des Bildes und die Fähigkeit zur affektiven Wahrnehmung sind hier kennzeichnend. Neben Möglichkeiten zum Proben neuer Situationen können auch Widerstandsphänomene auftauchen.

Zu den Widerständen des Patienten ist allgemein zu sagen, daß diese in symbolisierter Form schnell deutlich werden und vom Therapeuten als solche zu respektieren sind. Daneben bietet sich jedoch auf der Bildebene immer wieder auch die Möglichkeit, eine Milderung von Widerständen, gelegentlich eine Umgehung oder auch einmal ein Unterlaufen dieser Widerstände zu versuchen. Da die Symbolisierung dem Patienten jedoch stets die Möglichkeit gibt, „getarnt“ oder „wie mit einer Maske“ sich zu bewegen, ist hier für den Therapeuten einerseits ein hervorragendes Beobachtungsfeld gegeben und für den Patienten eine sehr schonende Möglichkeit, diese Widerstände darzustellen.

Inwieweit dann eine Klarifizierung oder Konfrontation mit dem Widerstandscharakter der geschilderten Bilder vorgenommen werden sollte, ist natürlich der Empathie des Therapeuten anheim gegeben; gelehrt wird in der Katathym-imaginativen Psychotherapie generell hier ein sehr subtiler Umgang mit den Widerständen. Die starke affektive Besetzung macht es aber möglich, daß Widerstandsbearbeitung üblicherweise sowohl schonend als auch schnell gelingt, was die relativ kurze Therapiezeit in der Katathym-imaginativen Psychotherapie erklärt.

Wiese

Das Wiesenmotiv als einfaches und immer wieder einstellbares Ausgangsbild stellt gleichsam das seelische Panorama des Imaginierenden dar: Die allgemeine Atmosphäre, Jahreszeit, Tageszeit, Wetterlage lassen Rückschlüsse zu auf die momentane emotionale Befindlichkeit; in Lebewesen auf der Wiese lassen sich Symbolisierungen für Objekte, aber auch für Triebansprüche beobachten; im Umgang mit dem Bild und Verhalten im Bild lassen sich Hinweise auf Ich-funktionelle Gegebenheiten, also strukturelle Merkmale, beobachten.

Auch lassen sich in der Ausbreitung des szenischen Panoramas Darstellungen aktueller Konfliktsituationen, momentaner Abwehrvorgänge und der aktuellen Übertragungskonstellation sehen, im dialogischen Prozeß klarifizieren, durch Konfrontation mit dem Symbol affektiv anreichern und in seiner Wirksamkeit evident werden.

Eine 35jährige Sozialarbeiterin imaginiert sich auf einer abgeblühten Sommerwiese bei trübem Wetter. Sie besteigt einen fruchtlosen Apfelbaum, auf dem sie sich sehr unwohl fühlt, springt von dort auf einen Palisadenzaun, der die Wiese undurchblickbar umzieht. Neben dem Zaun findet sie ein Schlammloch, in welches sie, sich inzwischen als junges Mädchen von 12 Jahren fühlend, hineinsteigt. Gänzlich nackt schmiert sie sich mit dem Schlamm ein, steigt wieder auf die Wiese, wo der Schlamm sofort zu einer festen Kruste trocknet. Beim Versuch, sich diese Kruste wegzubrechen, reißt sie am Oberarm ein Stück Haut mit ab, es kommt zu einer blutenden Wunde, die nicht mehr abheilt. Ein dann einsetzender heftiger Regen wäscht auf wundersame Weise die Kruste ab, nur die Wunde bleibt. Sich wieder erwachsen fühlend erlebt sie sich in einem Sturmwind stehend, der sie teils mal in ein rotes Haus hineintreibt, dann aber auch wieder heraussaugt, wie einen Spielball elementarer Kräfte.

Der Träumerin war rasch spürbar, daß es sich hier um die Darstellung ihrer Weiblichkeit und der damit verbundenen Probleme handelte. Von der Wiese als emotionalem Ausgangsfeld voller Traurigkeit und Resignation über den inzwischen fruchtlos gewordenen Baum (sie hat 4 Kinder) regrediert sie auf pubertäres Niveau, auf dem sie zum einen den mütterlichen Krustenpanzer affektiver Kontrolle anlegte, zum anderen ihre reife Weiblichkeit als „ewige Wunde der Menstruation“ erleben lernen mußte. In ihrer späteren ehelichen Beziehung vermochte sie zwar oberflächlich ihre Weiblichkeit zu erspüren, jedoch keine reife Liebesbeziehung zu entwickeln. In ihren Gefühlen hin- und hergerissen erlebt sie sich als einen Spielball ihres Schicksals.

Dieses Beispiel mag aufzeigen, wie von der einfachen Motivvorgabe Wiese aus sich ein sehr komplexes seelisches Panorama darstellt mit Hinweisen auf die Genese mit ihren Triebansprüchen und -versagungen, auf die Selbstvorstellungen, die Objektbeziehungen und vor allem auf das gefühlshafte Erleben. Daneben zeigen sich eigene, für viele Menschen unbekannte kreative Fähigkeiten, die einen Lebenskonflikt in einem einzigen Bild verdichtet darzustellen verstehen.

Bach

Der Bach als „Wasserweg“ kann wie eine Leitlinie durch die katathyme Bilderwelt verstanden werden. Er ist dann als Ausdruck der fließenden seelisch-emotionalen Entwicklung, der ungehinderten Entfaltung psychischer Dynamik oder seelischer Energie, etwa im Sinne der „Lebenstriebe“ zu werten (Leuner 1994, S. 73). So können alle Elemente des Bachs, vom Bachbett bis zum Fluß des Wassers sowie die Umgebung als Symbole verstanden werden. Auch der Weg zur Quelle, der eigenen Lebensquelle, erscheint aufschlußreich. Ebenso kann der Weg Richtung Mündung gegangen werden, um möglicherweise prospektive Vorstellungen des Patienten zu eruieren.

Das Wasser des Bachs kann in der Imagination wie eine „magische Flüssigkeit“ genutzt werden, z. B. können psychosomatisch reagierende Patienten mit dem Wasser schmerzende Körperbereiche einreiben, davon trinken oder ähnliches.

Berg

Das Motiv des Berges kann in drei Sequenzen betrachtet werden: Der Beobachtung aus der Ferne, dem Aufstieg und dem Rundblick vom Gipfel.

In der Betrachtung aus der Ferne läßt sich gewissermaßen das Anspruchsniveau des Patienten erkennen: Ist „sein Berg“ ein durchaus besteigbarer Mittelgebirgsberg oder ist es nur ein unscheinbarer Hügel oder ist es ein schroffer, unbezwingbarer, viele tausend Meter hoher majestätischer Fels. Irgendwo zwischen diesen Maßen wird jeder Patient seine Höhe finden, damit Aufschluß geben über seine momentanen Leistungsbestrebungen, seine Idealvorstellungen, möglicherweise über seine depressiven Kleinheitsgefühle usw.

Im Aufstieg auf den Berg werden diese Antriebsbereiche des Patienten sich weiter verdeutlichen. Er wird vielleicht mit Mühen, aber zügig den Gipfel besteigen können. Oder es wird sich alles gar nicht lohnen, das ist nicht beachtenswert, darumherum ist alles größer. Oder er wird in die gewaltige Felswand hineingehen, vielleicht ohne alle Schwierigkeiten dort hochklettern können oder sogar bereits sofort auf dem Gipfel stehen.

In jeder dieser beispielhaften Facetten zeichnen sich sehr persönlichkeitseigene und für den jeweiligen Träumer spezifische Merkmale ab, die jeweils für sich genauer betrachtet werden können.

Im Rundblick vom Gipfel wiederum stellen sich Vergleiche zu umliegenden Bergen dar, Konkurrenz- und Neidgefühle können mobilisiert werden, auch Insuffizienzgefühle oder Größenideen.

Im Verlauf einer Therapie können die imaginierten Berge eines Patienten sich sehr wandeln: Wenn z. B. ein Patient mit hysterischen und narzißtischen Strukturanteilen anfänglich sich hoch über dem höchsten Berg schwebend erlebt, kann dieser Berg von mal zu mal schrumpfen und der Umgang mit dem Berg zunehmend „normaler“ werden, indem der Patient ihn zu besteigen lernt, und sich die Vorstellungen von seiner eigenen Kraft und Ausdauer, der Notwendigkeit der Besteigung und der Höhe des Berges zu einem integrierten Gesamterleben vereinen.

Haus

Das Haus stellt ja bereits im Volksmund eine Symbolisierung für die Persönlichkeit dar. Nicht anders in den katathymen Imaginationen, in denen ein Haus aufgesucht wird, welches zunächst von außen und dann auch von innen beobachtet und erlebt werden kann. Neben den Darstellungen von Persönlichkeitsmerkmalen werden hier vor allem auch Konfliktfelder deutlich, wenn z. B. die Küche eine übermäßige Betonung erfährt oder zu jedem Zimmer eine eigene Toilette gehört oder kein Schlafzimmer vorkommt usw. Allein schon der Eintritt ins Haus zeigt häufig Auffälligkeiten: Wenn man davon ausgeht, daß der Imaginierende sein Haus als Symbolisierung seines Selbst darstellt, sollte es möglich sein, dieses Haus frei zu betreten. Bei Störungen des Selbstgefühls bestehen häufig Zweifel, ob es wohl erlaubt sein könnte, dieses Haus zu betreten.

Darüber hinaus kann ein Haus weitere Bereiche bieten, z. B. den Speicher, auf dem ja häufig alte, nicht mehr benötigte Gegenstände abgestellt werden, wo der Imaginierende vielleicht seine alten Spielsachen, die alten Photoalben der Familie, die Militärorden des Vaters oder ähnliches findet.

Ähnliches ist zum Keller zu sagen; dort wird ja in aller Regel „das Eingemachte“ gelagert, dort finden sich wie in anderen Tiefenbildern der Katathym-imaginativen Psychotherapie (Meer, Höhle, Sumpfloch, Wald, Körperinneres, Vulkan) in symbolisierter Form uralte Konflikte, verdrängte Gefühle, heimliche Lüste. Hier kann oftmals über einen sehr vorsichtigen Zugang zu gräßlichen Bildern von Folterkammern, Verliesen oder Verbrennungsanlagen ein sukzessives Bewußtwerden tief verdrängter seelischer Zonen erreicht werden, die zwar Charakter und Verhalten des Patienten bisher weitgehend prägten, aber einer Bearbeitung nicht zugänglich waren.

Ein 40jähriger Psychologe erlebte sich vor einem einsam in einer weiten Landschaft stehenden Einfamilienhaus, welches ihm völlig unscheinbar und „spießig" erschien. Drinnen fand er alles „normal und gelackt", die Wohnung war mit Schleiflackmöbeln ausgestattet, alles war sauber und ordentlich, unbewohnt, wie in einer Möbelausstellung. Auf dem Speicher schien zunächst nichts abgestellt zu sein, dann fand sich in einer dunklen Ecke ein Kasperletheater, welches er aus seiner Kindheit kannte. Nachdem er die Kiste mit den Figuren geöffnet hatte, erschrak er sehr, da die Köpfe der Figuren alle von ihrem Körper abgetrennt waren. Er schloß die Kiste schnell wieder und verließ den Speicher. Auf die Frage, ob er auch den Keller inspizieren wolle, machte er sich dorthin auf den Weg, stieg eine Treppe von mehr als 200 Stufen in schwülfeuchte Tiefe. In Gewölben, von Pechfackeln erleuchtet, fand er hinter Gittern gräßliche, gefährliche, tobende Gestalten, von denen er wußte, daß sie am Ende des Ganges am Galgen hingerichtet werden sollten. Zu den Gestalten fielen ihm zahlreiche Männerfiguren seines Lebens ein, die ihn alle in seinen eigenen großartigen Vorstellungen zu behindern versucht hatten, die er in seinem grenzenlosen Haß jedoch ständig mit sich trug. Zur Abwehr dieser Untergründe hatte er sich eine von Beziehungen isolierte, gelackte Fassade angeeignet. Über die Erinnerung, daß er als Kind seine Haßgefühle an den Kasperlefiguren auslassen konnte (er hatte tatsächlich die Figuren dekapitiert und andere Foltermaßnahmen an ihnen exerziert), wurde es ihm möglich, an seine Gefühlswelt der Kindheit mit Einsamkeit, Verlassenheit, Aufsichgestelltsein, fehlender Liebe zu kommen. Schmerz, Trauer und Verzweiflung wahrzunehmen und zu spüren, daß er sich in eine großartige Eigenwelt von intellektueller Isoliertheit begeben hatte in der Gewißheit, Beziehungsversuche müßten stets in Haßgefühlen enden, führten zu einer kathartischen emotionalen Erfahrung.

Über das Bewußtwerden dieser Psychodynamik konnte langsam eine Änderung erreicht werden.

Eine umfassende Darstellung zur Aussagekraft des Hausmotivs geben Klessmann u. Eibach (1993).

Zusammenfassung

Die Katathym-imaginative Psychotherapie stellt ein tiefenpsychologisch fundiertes Verfahren dar, welches die Imaginations- und Symbolisierungsfähigkeit des Menschen nutzt, um auf der Bildebene, verbunden mit zugehörigen Affekten, Wesenszüge, Charaktereigenschaften, Konfliktzonen, Wunschbereiche und andere seelische Befindlichkeiten und Geschehnisse von sehr bewußtseinsnahen Oberflächenschichten her langsam und vorsichtig in die Tiefe unbewußten seelischen Geschehens zu verfolgen.

Es steht damit neben psychotherapeutischen Verfahren, in denen die intellektuell-rationalen oder die kognitiven Funktionen stärker in den Vordergrund gestellt werden, eigenständig da, läßt sich aber auch mit vielen dieser anderen Verfahren verbinden. So kann z.B. eine psychoanalytische Therapie durch Verknüpfung mit der Katathym-imaginativen Psychotherapie eine Bereicherung erfahren wie auch umgekehrt. Dies gilt für weitere Verfahren ebenso.

Durch die Darstellung innerseelischer Prozesse auf der Bildebene ist für viele Menschen ein rascher und schonender Zugang zu diesen Geschehnissen möglich, so daß als wesentliche Indikationen zur Katathym-imaginativen Psychotherapie zum einen die Kurzpsychotherapie und zum anderen die Behandlung von psychosomatisch reagierenden Patienten zu nennen sind. Gerade zu letzterer Indikation liegen umfangreiche Untersuchungen vor (Wilke u. Leuner 1990). Zu dem speziellen Problem der Magersüchtigen gibt es Untersuchungen von Klessmann u. Klessmann (1988). Die weiteren Indikationen zu diesem Verfahren liegen bei den neurotischen Störungen, Persönlichkeitsstörungen sowie für erfahrene Therapeuten auch in der Behandlung von Frühstörungen. Umfangreiche Literatur hierzu wird angegeben bei Leuner (1994). Auch für die Paar-, Familien- und Gruppentherapie liegen inzwischen umfangreiche Untersuchungen und Erfahrungen mit diesem Verfahren vor. Die Gruppentherapie mit der Katathym-imaginativen Psychotherapie wird ausführlich dargestellt in Leuner, Kottje-Birnbacher, Sachsse, Wächter (1986). Ebenso liegen Erfahrungen bei Behandlungen psychotisch Erkrankter vor (Rust 1994). Eine weitere wesentliche Indikation zur Behandlung mit der Katathym-imaginativen Psychotherapie findet sich in der Behandlung von Kindern und Jugendlichen (Leuner, Horn u. Klessmann 1990). Das hohe Maß an Kreativitätsförderung durch das Verfahren schlägt sich nieder in der ständigen Suche nach neuen Motiven und Erweiterungen der Indikation (Gerber u. Sedlak 1994).

Kontraindikationen zur Behandlung mit der Katathym-imaginativen Psychotherapie finden sich vor allem bei Patienten, deren Regressionsneigung so hochgradig ist, daß eine Behandlung unter Nutzung und Förderung der Regression nicht sinnvoll oder gar gefährlich erscheint. So darf z.B. ein Patient mit einer akuten psychotischen Dekompensation nicht mit diesem Verfahren behandelt werden, auch nicht Patienten mit akuten depressiven oder manischen Psychosen. Im übrigen gelten Kontraindikationen, wie bei den meisten anderen Psychotherapieverfahren, auch für Patienten mit mangelnder Intelligenz, mit ausgeprägten hirnorganischen Veränderungen und mit fehlender Motivation. Eine Auflistung von Indikationen und Kontraindikationen findet sich bei Wächter (1993).

Aus langjähriger Erfahrung mit diesem Verfahren können inzwischen umfangreiche wissenschaftliche Publikationen vorgelegt werden verbunden mit Nachweisen über gute Therapieverläufe und -ergebnisse bei relativ kurzer Therapiezeit. Regelmäßige Veröffentlichungen zur Katathym-imaginativen Psychotherapie finden sich in: Imagination. Offizielles Organ der Österreichischen Gesellschaft für Autogenes Training und allgemeine Psychotherapie mit 4 Ausgaben/Jahr.

Auskünfte zu Ausbildungsmöglichkeiten:

Arbeitsgemeinschaft für Katathymes Bilderleben und imaginative Verfahren in der Psychotherapie (AGKB) e.V. mit Institut, Bunsenstr. 17, D 37073 Göttingen, Tel.: 0551/46754.

20. Hypnosetherapie und Hypnose

U. Prudlo, B. Trenkle und D. Revenstorf

Überblick

Entgegen aller vorherrschenden Meinungen kann man im Zustand der Hypnose nicht über Häuser springen, läuft nicht schneller als ein Pferd und läßt sich auch nicht dazu verleiten, seine Gläubiger zu erschießen. Vielmehr ist die moderne Hypnosetherapie ein Verfahren, das bemüht ist, den Patienten den Zugang zu seinen eigenen Ressourcen zu erleichtern. Dabei wird der Zustand der Trance als kreatives Medium genutzt.

Hypnose wird im allgemeinen ein Bewußtseinszustand (Trance) genannt, der gegenüber dem Alltagserleben als subjektiv verändert empfunden wird. Auch Verfahren zur Einleitung des Trancezustandes werden als Hypnose bezeichnet. Typischerweise wird beobachtet, daß Personen in hypnotischer Trance auf entsprechende Suggestionen hin unwillkürlich Veränderungen auf der sensorischen, kognitiv-affektiven und der Verhaltensebene erleben.

Die dabei auftretenden Phänomene sind nicht wegen der sichtbaren, sondern wegen der **subjektiven Veränderungen** bemerkenswert. Schmerzen z.B. werden unter Hypnose als belanglos empfunden, obwohl das Hirnstrombild (evoziertes Potential) nur tendenziell verändert ist. Die ausgestreckten Hände bewegen sich auf entsprechende Suggestionen („magnetische Anziehung") aufeinander zu; es scheint, als kooperiere der Proband, aber diese Bewegung wird als unwillkürlich empfunden. Begleitet sind die hypnotischen Phänomene häufig von lebhaften Vorstellungen – etwa bei der suggerierten Analgesie die Vorstellung eines Handschuhs, der die Hand unempfindlich macht. Bezüglich der hypnotischen Reaktionsbereitschaft (Suggestibilität, s. unten) gibt es große und stabile individuelle Unterschiede.

Trancephänomene

Zu den suggerierbaren oder spontan auftretenden Veränderungen im hypnotischen Zustand gehören:

Sensorische Phänomene: Analgesie, verändertes Körperempfinden (Fremdheit), positive und negative Halluzination (z.B. trockene Lippen, suggerierte Taubheit).
Kognitive Phänomene: Hypermnesie, Amnesie, Zeitverzerrung, primärprozeßhaftes Denken (Trancelogik), intensivierte Imagination.
Motorische Phänomene: Immobilität (Katalepsie), Levitation (von Arm oder Hand), unwillkürliche Bewegungen (Schwanken des Körpers), posthypnotische Reaktionen (Räuspern auf ein Klopfsignal).
Physiologische Phänomene: Vasokonstriktion (Kühle) und Dilatation (Wärme), Veränderungen des Muskeltonus (Entspannung, Katalepsie), immunologische und endokrine Reaktionen (Reduktion von Katecholaminen, Leukozytenzahl u.a.), Veränderungen im Hirnstrombild (z.B. im evozierten Potential).

Hypnosetherapie – die Nutzung von Trancephänomenen

Diese Phänomene der Hypnose werden genutzt, um unterschiedliche Ziele zu erreichen, die zum Teil selbst schon zweckdienlich sind oder in therapeutischen Techniken verwendet werden:

1. **Aktivierung der Vorstellung:** Visuelle, akustische, kinästhetische und andere somatosensorische Vorstellungen lösen ideomotorische, ideosensorische und ideoaffektive Prozesse aus, die denen externer Stimulation entsprechen und diese in der Therapiesituation ersetzen können.
2. **Veränderung physiologischer Prozesse:** Muskeltonus, Kreislauffunktionen, periphere Durchblutung und andere Funktionen des ANS wie auch eventuell solche des Immunsystems und des endokrinen Systems können durch den Trancezustand selbst, durch entsprechende Suggestionen bzw. die Aktivierung geeigneter Vorstellung der betroffenen Organe verändert werden (Visualisierung von Heilungsprozessen).
3. **Veränderung der Sensorik und des Zeitempfindens:** Schmerzen können in ihrer Qualität und ihrer Dauer subjektiv anders wahrgenommen werden und affektiv andere Bedeutung gewinnen.
4. **Unterbrechung gewohnter Schemata:** Denk-, Wahrnehmungs- und motorische Gewohnheiten können in Trance an kritischen Stellen unterbrochen oder in ihrer Bedeutung verändert werden (z.B. der Griff zur Zigarettenschachtel kann mit der Erinnerung an die Episoden der Gewohnheitsentstehung verknüpft werden).
5. **Dissoziation und Assoziation:** Erfahrungsdetails, die phobisch oder traumatisierend sind, können abgeschwächt (z.B. die Lautstärke einer Stimme) und fehlende Erfahrungen hinzuphantasiert werden (z.B. Worte oder Gedanken einer dritten Person im Sinne der Ich-Stärkung oder Bewältigung).
6. **Anregung von Suchprozessen:** Kreatives Denken, das divergente Lösungen anstrebt und den gewohnten Wahrnehmungs-, Affekt- und Denkrahmen überschreitet, wird in Trance erleichtert.
7. **Nutzbarmachung von Ressourcen:** Aus Gründen einseitiger Bewertung ausgegrenzte Lernerfahrungen, die für die Bewältigung einer bestimmten Problemsituation nützlich sind, können wieder zugänglich werden.
8. **Umdeutung:** Die subjektive Bedeutung einer Erfahrung kann so verändert werden, daß sie für die betreffende Per-

son sinnvoll wird (z. B. Abwertung als Aufmerksamkeit, Versagen als Hinweis auf eine neue Orientierung usw.).

Hypnosetherapie zur Erreichung dieser Ziele wird unterschiedlich durchgeführt. In der **expliziten Form** wird durch geeignete suggestive Prozeduren etwa eine bevorstehende oder vergangene konfrontative Situation wieder aufgesucht und mit Hilfe aus der Erinnerung aktivierter Bewältigungserfahrungen in der Vorstellung probeweise durchlebt. Oder es werden Heilungsvorgänge visualisiert (z. B. die Aktivität der Lymphozyten bei Tumorkranken).

Bei der **impliziten Hypnosetherapie** wird ein unwillkürliches Signal (Fingerbewegung, Handlevitation) etabliert. Damit wird eine unbewußt gesteuerte affirmative oder ablehnende Reaktion des Patienten möglich, der damit über Umstände, Zeitpunkte und Lösungsmöglichkeiten zum Problem befragt werden kann, ohne bewußt (verbal) dazu Stellung zu nehmen: Z.B. kann durch unwillkürliche Annäherung der ausgestreckten Hände überprüft werden, inwieweit den Patienten innere (unbewußte) Widerstände an einer Veränderung hindern.

Daneben werden manche therapeutische Veränderungen durch die unspezifische Entspannungsreaktion während der Hypnose erreicht (z. B. trägt die größere Gelassenheit zur Distanzierung von Streßauslösern und damit zur Bewältigung bei; oder die Verringerung von Cortisol im Serum verhindert die mit der Ausschüttung dieses Hormons verbundene Immunsuppression).

Suggestibilität und Trancetiefe

Die Fähigkeit zur Hypnose weist große individuelle Differenzen auf und ist psychometrisch gründlich untersucht worden. Es existieren eine Reihe von Meßinstrumenten. Als kurze Diagnostik wird von Spiegel (1972) die Augenrollprobe empfohlen: der Patient wird gebeten, die Augäpfel nach oben zu rollen und dann langsam die Lider zu schließen. Wenn dabei vorübergehend nur das Augenweiß zu sehen ist, besteht angeblich eine hohe Suggestibilität. Daneben gibt es mehrere ausführliche, gut untersuchte Skalen zur Überprüfung der Suggestibilität: Harvard-Skala (Shor 1963), Stanford-Skala (Weitzenhoffer 1962), Carlton-Skala oder die Barber-Skala (Barber 1964), die alle ähnlich aufgebaut sind. Relativ kurz ist die letztgenannte, die aus folgenden sieben Suggestionen besteht, die nach einer Tranceinduktion (s. unten) gegeben werden.

Suggestibilitäts-Test: Zwei positive motorische Proben (Armlevitation, Anziehung der Hände), zwei negative motorische Proben (Unbeweglichkeit des Körpers; Unbeugsamkeit [Steifheit] des Armes) und drei kognitive Proben (auditive und visuelle Halluzination und Amnesie für die Einzelheiten des Tests). Jeweils werden ein objektiver und ein subjektiver Testwert erhoben.

Gemäß solcher Skalen sind etwa 10% aller Patienten nicht hypnotisierbar, weitere 20% sind sehr gut hypnotisierbar und rund 70% sind mäßig suggestibel. Derartige Testwerte haben eine hohe **Stabilität** (Retest-Korrelation von .60 über 10 Jahre). Die Tests sind jedoch leicht durchschaubar, und soziale Erwünschtheit spielt beim Ergebnis eine Rolle. Tatsächlich sind die Reaktionen auf derartige Proben zweifaktoriell, wahrscheinlich aus einer genuinen Trancefähigkeit und einem Kooperationsanteil zusammengesetzt. Dispositionelle Merkmale der Persönlichkeit weisen kaum einen Zusammenhang mit der Suggestibilität auf; lediglich Lebhaftigkeit der Vorstellung und Phantasieneigung korrelieren mit der Fähigkeit zur hypnotischen Trance mäßig (r = .30, Telegen u. Atkinson 1974).

Die aktuell erreichte Tiefe der Trance ist traditionell in vier Stadien (Hypnoid, Lethargie, Katalepsie und Somnambulie) eingeteilt worden. Tatsächlich reicht nach übereinstimmender Meinung von klinischen Forschern eine leichte Trance (Lethargie) für therapeutische Zwecke aus. In der Praxis wird man die Trancetiefe an der Motorik (Immobilität, Levitation), Sensorik (Analgesie, Dissoziation von Außengeräuschen, d. h. fehlende Schreckreaktion) und nachträglich an der Zeitverzerrung (meist Unterschätzung der verstrichenen Zeit um 50%) und einer eventuellen Amnesie für die Inhalte der Sitzung überprüfen.

Erklärungsmodelle

Entsprechend der zweifaktoriellen Zusammensetzung hypnotischer Reaktionen sind **sozialpsychologische Mechanismen** auf der einen Seite und **kognitive Mechanismen** auf der anderen Seite für die Entstehung hypnotischer Phänomene verantwortlich zu machen. Autoren wie Spanos (1986) und Barber (1984) haben gezeigt, daß durch Sicherstellung einer positiven Erwartung an das Verfahren und den Therapeuten oder durch sozialen Druck viele hypnotische Phänomene auch ohne Induktion hervorgerufen werden können. Dazu werden Mechanismen angenommen wie:

Rollenübernahme: Ungewöhnliche Erwartungen an das Verfahren führen zu einer beteiligten Inszenierung, Regression, Visualisierung usw. (Sarbin 1972).

Kooperation: Unter dem erhöhten Erwartungsdruck des hypnotischen Rituals kommen Therapeut und Patient implizit überein, sich gegenseitig zu unterstützen (Barber u. De-Moor 1972).

Regression: Durch Sprachduktus und eine väterlich-autoritäre und zugleich mütterlich-fürsorgliche Rolle des Hypnotiseurs wird beim Patienten die Regression in eine kindlich-rezeptive Haltung gefördert.

Die kognitiven Anteile tragen zu dem bei, was andere Autoren wie Orne (1977) und Hilgard (1986) oder Erickson (Erickson u. Rossi 1981) den hypnotischen Sonderzustand nennen. Er stellt eine Veränderung der Informationsverarbeitung dar, die durch primärprozeßhaftes Denken (wie im Traum), Überwiegen der Imagination und Abspaltung von Wahrnehmungen und Handlungen aus dem Bewußtsein (Unwillkürlichkeit) gekennzeichnet ist. Dabei werden die Trancephänomene (s. oben) als Kennzeichen dieses Sonderzustands angesehen.

Tatsächlich gehen viele Autoren heute davon aus, daß die sozialen und kognitiven Anteile synergistisch in den Trancephänomenen wirken (Lynn u. Rhue 1991). Während die kognitiven Aspekte den veränderten Bewußtseinszustand beschreiben, ermöglichen die sozialpsychologischen den Kontext, in dem das Individuum bereit ist, den kognitiven Alltagsmodus zu verlassen. Diese Schuhanzieherfunktion des Kontextes wird durch die zunehmende Ratifikation der Trance während der Induktion abgelöst.

Tranceinduktion

Rapport

Zunächst ist es wie bei jeder therapeutischen Beziehung notwendig, ein Vertrauensverhältnis zwischen Patient und Therapeut herzustellen. Dies kann während der Eingangsdiagnostik und Anamnese geschehen. Patienten, die zum Psychotherapeuten mit dem Wunsch nach Hypnose kommen, haben einerseits positive Erwartungen an das Verfahren, aber häufig auch Bedenken. Daher steht am Beginn einer Hypnosebehandlung die Abklärung der Erwartungen und Befürchtungen des Patienten („Was wissen sie über Hypnose? – Warum glauben Sie, daß gerade Hypnose Ihnen helfen kann?"). Häufige Befürchtungen sind: (1) nicht hypnotisierbar zu sein, (2) aus der Hypnose nicht mehr aufzuwachen oder (3) die Kontrolle über den eigenen Willen zu verlieren. Der ersten Befürchtung kann man mit dem Hinweis begegnen, daß die Fähigkeit in Trance zu gehen durchaus unterschiedlich ist, daß sie jedoch durch Übung verbessert werden kann. Zur Befürchtung, nicht mehr aufzuwachen, läßt sich sagen, daß dies noch nie passiert sei, sich die Beendigung der Trance jedoch aus guten Gründen verzögern kann (z. B. weil der Zustand angenehm ist oder das Symptom verschwand). Für den letzten Einwand sollte ein Weg gesucht werden, wie der Patient sich sicher in Trance begeben kann, sich in ihr wohl fühlt und sich davon überzeugt, sie selbständig zu beenden. Dies kann auch durch Suggestionen unterstützt werden. Hilfreich ist manchmal, mit Beispielen zu untermauern, daß Trance ein ganz natürlicher Zustand ist, der auch im Alltag vorkommt (z. B. bei einer interessanten Arbeit oder bei einer spannenden Lektüre). Denn die Natürlichkeit des Zustands impliziert seine Unschädlichkeit. Auch das Anknüpfen an konkrete tranceverwandte Erfahrungen (Meditation, Autogenes Training oder Entspannung) erhöht das Vertrauen und damit die sichere Durchführung der Methode.

Ob die Tranceinduktion im Sitzen oder Liegen durchgeführt wird, hängt vom Einzelfall ab. Beides ist möglich. Trancezustände beim Laufen (Banayi u. Hilgard 1976) zeigen, daß Hypnose auch in Bewegung möglich ist. In der Regel wird man im Liegen tiefere Trancezustände erreichen als im Sitzen. Die Entscheidung der Körperlage hängt von diesem Punkt ab. Auch das Schließen der Lider ist nicht unbedingt notwendig. Es verunsichert manche, auch wenn es wegen der geringeren Ablenkung meist günstiger ist. Man sollte den Patienten dahingehend instruieren, daß er eine bequeme Körperhaltung einnimmt und sie zwischendurch verändern kann. Nimmt der Patient eine abgewande Position ein oder verschränkt Arme bzw. Füße, kann dies diagnostisch so gewertet werden, daß die Bereitschaft des Patienten noch gering ist, d. h. der Rapport verbessert werden muß.

Fokussierung

Nachdem die Vorerwartungen geklärt sind und der Patient sitzt oder liegt, beginnt der Therapeut die Aufmerksamkeit des Patienten zu fokussieren. Dies kann auf verschiedenste Arten erfolgen. Z.B. bittet der Therapeut den Patienten, einen kleinen Punkt im Raum mit den Augen zu fixieren. Es ist auch möglich, dem Patienten die Spitze eines Gegenstandes (Bleistift) in einem Abstand von 20 bis 40 cm vor dessen Augen zu halten (Augenfixation). Eine andere Art, die Aufmerksamkeit zu bündeln, ist das Erzählen von Geschichten, was zugleich die meist erwünschte Innenwendung mit sich bringt.

Der Inhalt enthält dabei trancefördernde Elemente als eingestreute Suggestionen. So kann die Erzählung von einer langen Bahnfahrt handeln, in der der Patient gar nicht vorkommen muß. Etwa wird zu Anfang das Einsteigen in den Zug beschrieben und das Suchen nach einem freien und angenehmen Sitzplatz. Nachfolgend setzt sich der Zug in Bewegung und während der Fahrt versetzt die Wärme der Sonne, die durch das Fenster scheint, den Reisenden in eine angenehme Müdigkeit.

Vertiefung: Verbreitet ist es, die Trance dadurch zu intensivieren, daß ein Bild beschrieben wird oder ein schrittweiser Vorgang, wie das Hinabsteigen einer Treppe oder eine Bergwanderung.

Die Fokussierung der Aufmerksamkeit erfolgt so, daß die wichtigsten Sinnesmodalitäten dabei berücksichtigt werden. Wird bei der Fixation der Augen auf einen Punkt die visuelle Wahrnehmung angesprochen, wird als nächstes zusätzlich die somatosensorische und die auditive Wahrnehmung einbezogen. Dies geschieht, indem passend zu den aktuellen Umweltreizen oder der erzählten Geschichte Dinge angesprochen werden, die hörbar oder körperlich spürbar sind (Körperhaltung, Wärme- bzw. Kälteempfindungen, Geräusche des eigenen Atmens usw.).

Durch gezielte Betonung trancefördernder Wahrnehmungen und dadurch, daß unpassende Wahrnehmungen, wie plötzlicher Lärm oder unerwartete Unterbrechungen, durch Umdeutung einbezogen werden (Inkorporation), erleichtert der Therapeut es dem Patienten in Trance zu gehen. Daneben sind trancefördernde Sprachmuster von Bedeutung.

VII

Sprachmuster

Rhythmische Synchronie von Therapeut und Patient wird durch Angleichung der Atmung erreicht. Der Therapeut sollte seinen Sprachduktus nach dem Ausatmen des Patienten richten (Pacing) und kann dann durch Verlangsamung des Sprechrhythmus die allgemeine Tendenz der Verlangsamung des Atemrhythmus unterstützen (Leading).

Wiederholungen: Einen zusätzlichen suggestiven Effekt hat das häufige Wiederholen von Wörtern oder ganzen Sätzen. So kann die Bedeutung von Wörtern, wie Entspannung, Ruhe oder Tiefe, hervorgehoben werden.

Markierung: Trancefördernde Inhalte können weiter durch Veränderung der Sprechrichtung hervorgehoben werden, wodurch sich der Klang des betreffenden Wortes verändert. Dies wird meist nur unterschwellig registriert, markiert jedoch die gesprochenen Worte und hebt sie dadurch aus dem Kontext der anderen Inhalte. Markierungen sind auch durch andere nonverbale Veränderungen möglich (z. B. durch unterstreichende Gestik).

Konfusion: Um gewohnte Denkmuster, die eine hypnotische Trance erschweren, zu entkräften, ist es manchmal nützlich, das rationale Denken zu verwirren. Das kann durch Überlastung mit Information (detallierte, aber irrelevante Einzelheiten) oder durch schwer auflösbare Widersprüche (z. B. Koan-ähnliche Rätsel, Yamada 1989) oder nicht-kontextgemäße, humorvolle oder irritierende Kommentare erreicht werden.

Dissoziation: Da der Patient angeleitet werden soll, von einer Bewußtseinslage (Alltagsdenken) in eine andere zu wechseln (Trance), ist es anfänglich gut, wiederholt darauf hinzuweisen, daß beide Prozesse nebeneinander bestehen können. Dazu kann das Nebeneinander von bewußten (z. B. Zuhören) und unbewußten Aktivitäten (z. B. Verlangsamung der Atmung) betont werden, aber auch die Abspaltung von Wahrnehmungen, auf die man vergißt zu achten, wie die Berührung durch die Brille, den Ohrring usw.

Ratifikation: Tranceverhalten zeigt häufig auch individuelle Züge. Manche Patienten ändern ihre Körperhaltung in eigentümlicher Weise, andere zeigen spontane Bewegungen einzelner Gliedmaßen. Diese Erscheinungen können einfach verstärkt (durch „Hm", „Gut" oder „Ja") oder als Ratifikation einer bereits eintretenden Trance angesprochen werden, um diese zu vertiefen.

Therapeutische Phase

Ist eine Trance in angemessener Tiefe erreicht, folgt im allgemeinen die therapeutische Phase der hypnotischen Behandlung (s. oben). Wobei das angestrebte Therapieziel schon während der Induktion mitbearbeitet werden kann, indem z.B. durch entsprechende, eingestreute Suggestionen oder durch den Inhalt der während der Induktion erzählten Geschichten das Therapieziel thematisiert und gebahnt wird.

Posthypnotische Suggestion: In der Abschlußphase werden häufig noch posthypnotische Suggestionen gegeben, die die in der therapeutischen Phase suggerierten Veränderungen mit in der Zukunft auftretenden Auslösern verknüpfen (z.B. eine reaktivierte Bewältigungserfahrung mit Merkmalen zukünftiger Problemsituationen).

Amnesie: Ferner kann es sinnvoll sein, für die in der Trance bearbeiteten Inhalte eine Amnesie zu suggerieren. Das trifft unter Umständen für traumatische Situationen oder Umdeutungen zu, die für den Alltagsverstand zunächst schwer einzuordnen sind, zu einem späteren Zeitpunkt aber assimiliert werden können, wenn die Akkommodation der zugehörigen kognitiven Schemata stattgefunden hat. Amnesie wird durch Konfusion (s. oben), Ablenkung – z.B. unvermittelter Hinweis auf banale Umgebungsreize (etwa Blick aus dem Fenster) – oder Themenwechsel (Frage nach häuslichen Umständen) – gefördert, da dadurch der Gedankenfluß momentan unterbrochen wird und eine andere Bewußtseinsebene etabliert wird.

Reorientierung: Bei der Reorientierung werden alle Suggestionen, die den Trancezustand vom Alltagsbewußtsein unterscheiden (Immobilität, Lidschluß, Levitation) zurückgenommen und die Aufmerksamkeit wieder in die aktuelle Situation zurückgeführt, um so die Innenwendung zu beenden. Der Vorgang der Reorientierung kann durch ein Zurückzählen von 10 nach 1 abgeschlossen werden. Am Ende soll der Patient die Augen wieder geöffnet haben und Arme und Beine bewegen. Über eine vollständige Reorientierung sollte man sich durch ein Nachgespräch vergewissern und eventuell einige Momente der Ruhe lassen (besonders vor dem Autofahren).

Anwendungen, Kontraindikation, Nebenwirkungen

Hypnose ist vermutlich eines der ältesten psychologisch-medizinischen Verfahren. Es wurde u.a. vor Einführung der Narkose im letzten Jahrhundert erfolgreich zur Analgesie in der Chirurgie eingesetzt. Inzwischen sind durch eine Vielzahl von Laboruntersuchungen die experimentellen Bedingungen wie auch wichtige physiologische Grundlagen der hypnotischen Reaktionsweisen klar geworden. Vor allem aber ist die Indikationsstellung in einer Vielzahl von klinischen Anwendungsbereichen untersucht und differenziert worden (s. unten). Außerdem hat sich Hypnose von einem stereotyp gehandhabten autoritären Ritual zu einer flexiblen Therapieform mit innovativen Interventionsstrategien entwickelt (s. oben).

Wie die einschlägigen Lehrbücher zeigen (Kroger 1977, Crasilneck u. Hall 1985, Wester u. Smith 1984, Borrows u. Dennerstein 1980, Rhue, Lynn u. Kirsch 1994, Revenstorf 1993, Kossak 1989), ist Hypnose in fast allen psychosomatischen, psychiatrischen und vielen somatischen Bereichen angewendet worden.

Im allgemeinen werden die folgenden beschrieben:

Somatische Probleme: Immunologie (Warzen, Ichthyosis, Dermatosen, Tumoren), Vasomotorik (Blutstillung, Morbus Reynaud, Wundheilung), akuter Schmerz (Geburtshilfe, postchirurgische Schmerzen, Zahnbehandlungen), Neurologie (Amnesien, Rehabilitation nach Hirnläsionen), sexuelle Dysfunktionen.

Psychosomatische Störungen: chronischer Schmerz, Migräne, Spannungskopfschmerz, Morbus Crohn, Ulkus, Asthma, Heuschnupfen, Hypertonie.

Psychoneurotische Störungen: Phobien, Zwänge, depressive Reaktionen, posttraumatische Reaktionen, Schlafstörungen, dissoziative Persönlichkeitsstörung.

Verhaltensprobleme: Nägelkauen, Bettnässen, Rauchen, Übergewicht, akademische und athletische Leistung (Mentaltraining).

Als Kontraindikation gelten prodromale Psychosen, bei denen der Realitätsverlust durch die Hypnose verstärkt und damit die Dekompensation gefördert werden könnte, und floride Psychosen, bei denen der nötige Rapport ohnehin schwer herzustellen wäre. Ebenso ist die Anwendung der Hypnose bei paranoiden Persönlichkeitsstörungen problematisch, da die suggestive Haltung des Therapeuten im Sinne des Wahns falsch gedeutet werden kann. Weiterhin plädieren viele Autoren dafür, bei hysterischen Persönlichkeiten auf Hypnose zu verzichten, da die damit angebotene „Bühne" leicht statt zur Veränderung zum Ausagieren benutzt werden kann. In Mißbrauchsfällen ist Hypnose vorsichtig zu handhaben, da bei diesen Patienten die hypnotische Situation selbst zur Metapher einer Ohnmachtssituation werden und die ursprüngliche vertiefen kann statt zu heilen.

Als Nebenwirkungen sind in einigen Fällen Dekompensationen, Kopfschmerzen, agitierte und depressive Irritationen berichtet worden (MacHovec 1986), die jeweils zwischen 2 und 5% der Fälle auftraten. Nebenwirkungen können im allgemeinen vermieden werden, wenn man durch die Probesitzungen die individuelle Reaktionsweise des Patienten überprüfen kann. Daher ist von hypnotischen Gruppensitzungen mit unbekannten Teilnehmern abzuraten.

Wirksamkeit

Hierzu liegen jeweils zahlreiche Fallstudien vor. Kontrollgruppenstudien zur Wirksamkeit der Hypnosetherapie gibt es ebenfalls in einigen wichtigen Bereichen. Die bisher vorhandenen Studien zeigen insgesamt, daß es empirisch gut bestätigte Indikationen für diese Methode gibt.

Ergebnisse von 77 Gruppenstudien an über 5800 Patienten zeigen die Wirksamkeit der Hypnosetherapie in den Bereichen Warzen, akutem Schmerz (Geburt), chronischem Schmerz, Migräne, Überlebensdauer bei Krebs, Nebenwirkung der Chemotherapie (Übelkeit), Schlaflosigkeit, Angststörungen, Rauchen. Weniger erfolgreich war bisher die Hypnosetherapie bei Bluthochdruck, Alkoholismus und Heroinabhängigkeit (Revenstorf u. Prudlo 1994). Eine Metaanalyse (Rominger, Prudlo u. Revenstorf im Druck) zeigt für einige der genannten Störungen (Schmerz, Angst und Rauchen) als quantitatives Ausmaß einen Erfolg von etwa 70% im Vergleich zu 30% in unbehandelten Kontrollgruppen.

Klassische und moderne Hypnose

Im Unterschied zu den hier vorrangig beschriebenen modernen Formen der Hypnose benutzt die klassische Hypnose (Charcot, Bernheim) Sprachformen, deren Struktur das autoritäre Gefälle in der Beziehung zwischen Therapeut und Patient widerspiegelt. Der Therapeut erteilt Anweisungen oder sogar Befehle und macht unausweichlich erscheinende Vorhersagen. Diese Art der Vorgehensweise wurde besonders um die Jahrhundertwende praktiziert und ist auch als Resultat der damals vorherrschenden gesellschaftlichen Verhältnisse zu sehen, die durch autoritäre Beziehungsstrukturen geprägt waren. Heute wird man jedoch eher Widerstand erzeugen, wenn man den klassischen Stil anwendet. In der modernen Form der Hypnose versucht der Therapeut, eine kooperative Beziehung zum Patienten herzustellen, und er betont, daß die Trance eine Leistung des Patienten ist. Auch wird Wert darauf gelegt, daß der Patient in der hypnotischen Situation das Gefühl von Selbstbestimmung hat. Dies wird durch entsprechende Suggestionen gefördert.

Hypnoanalyse

Freud verwarf die Hypnose als Behandlungsmethode psychischer Störungen. Deshalb wurde sie als der Psychoanalyse gegenüber minderwertige Behandlungsmethode in den Hintergrund gedrängt. Der Einsatz von Suggestion als Wachsuggestion, Autosuggestion oder Fremdsuggestion, zur Behandlung psychischer Störungen wurde als zudeckende Vorgehensweise bezeichnet, der die aufdeckende der Psychoanalyse überlegen sei. Nur die Technik der Autosuggestion in Form des Autogenen Trainings (Schultz 1932) fand als Entspannungsverfahren (s. unten) bis heute eine weit verbreitete Anwendung.

Dennoch ist eine Verwendung von Hypnose in der tiefenpsychologisch fundierten Therapie und in der Psychoanalyse unter Beachtung bestimmter Grenzen möglich und kann sogar von Vorteil sein (Brown u. Fromm 1986).

Freie Assoziation: In Trance sind Assoziationen reichhaltiger und bildhafter als im normalen Wachzustand. Ihre bildliche Qualität bringt sie in größere Nähe zu primärprozeßhaften Erscheinungen und läßt eher eine symbolische Ausdrucksweise zu, als dies bei rein verbalen Assoziationen der Fall ist.

Arbeit mit Träumen: In Trance ist es möglich, Träume hypnotisch zu induzieren und diese inhaltlich zu lenken. Auch eine Wiederholung unter verschiedenen Aspekten ist durchführbar.

Widerstand: Typische Signale des Widerstands bei der Arbeit mit Hypnose sind

- nicht in Trance gehen,
- nur sehr leichte Trancezustände erreichen,
- plötzliches Aufwachen aus der Trance.

Durch Trance ist eine größere Nähe zu unbewußten Inhalten gegeben. Widerstand und Abwehr sind geringer. Dies verlangt aber auch nach größeren Vorsichtsmaßnahmen, um der Gefahr zu begegnen, daß nicht integrierbare unbewußte Inhalte das Ich überfluten. Hierzu kann eine suggerierte Amnesie vorgenommen werden, die auch spontan entstehen kann.

Übertragung: In der Hypnoanalyse nimmt der Therapeut durch die Durchführung der Hypnose eine aktivere Haltung ein als bei der Psychoanalyse. Daraus entstehen andere Übertragungsangebote. Es ist jedoch zu berücksichtigen, daß, auch wenn der Zugang zu unbewußten Inhalten erleichtert ist, die Aufgabe, diese Inhalte außerhalb der Trance ins Wachbewußtsein zu integrieren, bleibt.

Hypnose, Verhaltenstherapie und andere Therapieformen

Hypnosetherapie steht der kognitiven Therapie nahe (Peter, Kraiker u. Revenstorf 1991, Revenstorf 1991, Revenstorf 1994), indem sie die rationale Analyse durch metaphorische und imaginative Methoden ergänzt. Sie ist verhaltenstherapeutisch, indem sie suggestiv direkte Verschreibungen, Informationen und physiologische Prozesse nutzt, aber auch durch indirekte Verschreibungen und strategische Prinzipien Verhaltensänderungen anregt und unterstützt. Aus den vielseitigen Anknüpfungspunkten ergibt sich für die Hypnose (sensu Erickson), daß sie sich nicht einer Therapieschule zuordnet. Das zeigt sich daran, daß Hypnosetherapeuten in ihrer Arbeitsweise Verhaltenstherapie (etwa bei Desensibilisierung), Familientherapie (etwa bei der zirkulären Befragung), Gesprächspsychotherapie (etwa im Fokussing), Gestalttherapie (bei Rekapitulationen) und andere Ansätze mit Trancephänomenen – an geeigneten Schnittstellen – verbinden. Hypnosetherapie befaßt sich mit der menschlichen Informationsverarbeitung und kann die rational-argumentiven Formen der kognitiven Therapie sinnvoll ergänzen.

Aufgrund der medizinischen Anwendungen der Hypnose (in den Bereichen Schmerz, Dermatologie, Allergien und Neurologie) stellt die Hypnose in natürlicher Weise eine theoretische wie auch praktische Verbindung zwischen Psychologie und Medizin her.

Hypnose, Autogenes Training, Entspannung und Katathymes Bilderleben

Da die Einleitung der Hypnose im allgemeinen mit einer Umstellung von ergotroper zu trophotroper Innervation einhergeht, kann sie als effiziente Entspannungsmethode, auch ohne inhaltliche Nutzung eingesetzt werden. Während beim Autogenen Training die Entspannung durch Suggestion vegetativer Phänomene erzeugt wird, z.B. Tonuserniedrigung oder Vasodilatation, führt bei der Hypnose allein schon die Innenwendung zu einer Dissoziation körperlicher Phänomene und damit zur Beruhigung.

Inhaltlich werden in der Hypnosetherapie häufig Visualisierungen und bildliche Metaphern als suggestive Mittel eingesetzt. Dadurch wird das Verfahren in die Nähe des Katathymen Bilderlebens gerückt, wo auf tiefenpsychologischer Basis bestimmte szenische Vorgaben gemacht werden. Beispielsweise dient die Vorstellung einer Bergbesteigung der Thematisierung des Leistungsmotivs. Der Patient gibt dabei fortlaufend Auskunft über die bei ihm entstehenden Bildassoziationen, die vom Therapeuten gedeutet oder suggestiv weitergeführt werden. In der Hypnosetherapie nimmt der Patient im allgemeinen eine rezeptive Haltung ein, und der Therapeut ist bemüht, mit bildlichen und anderen Suggestionen Suchprozesse auszulösen, ohne sie im Dialog ins Bewußtsein zu heben.

Selbsthypnose

Die Herbeiführung eines Trancezustandes durch Selbstanleitung (inneres Selbstgespräch) ist in vielen hypnotherapeutischen Anwendungen üblich und für Patienten, die ein mindestens durchschnittliches Tranceverhalten zeigen, gut geeignet. Hierbei ist es Ziel, die in der Therapie begonnenen kognitiven Prozesse selbständig zu vertiefen. Die Schritte der Durchführung sind mit denen der Heterohypnose identisch (s. oben), werden jedoch aus didaktischen Gründen dem Klienten in einer formalisierteren Fassung beigebracht.

Hypnose bei Kindern

Kinder können in der Regel leichter als Erwachsene verschiedene Bewußtseinszustände einnehmen. Ihre Fähigkeit, Phantasiewelten in großer Realitätsnähe aufzubauen, ermöglicht es ihnen leichter, Trancezustände einzunehmen, aber auch wieder aus ihnen herauszutreten. Dies erfordert eine besondere Flexibilität vom Therapeuten sowie Erfahrung in der Leitung kindlicher Phantasien. Zusätzlich liegen besondere Anforderungen in der Arbeit mit Kindern im Beziehungsaufbau zu diesen. Daher ist eine hypnotherapeutische Arbeit mit Kindern nur in einem allgemeinen kindertherapeutischen Setting unter der Durchführung eines erfahrenen Kindertherapeuten anzuraten (Mrochen, Holz u. Trenkle 1993).

Epikrise

Hypnosetherapie ist ein traditionelles Heilverfahren, das eine Vielzahl von Techniken herausgebildet hat, die ein gut kombinierbares, praktisches Handwerkszeug zur Erreichung medizinischer und psychotherapeutischer Ziele darstellt. Aus dieser Tradition resultiert ein Interesse, das in erster Linie an Problemlösung und Gesundung und erst in zweiter Linie an Ursachenforschung und Diagnostik orientiert ist. Da im Vordergrund die Verbesserung der Therapie steht, ist Hypnosetherapie offen für andere Therapieformen, in die sie integriert werden kann und so deren Effizienz in vielfältiger Weise fördert.

Hypnose kann als Zustand veränderter Aufmerksamkeit definiert werden, der im allgemeinen mit einer Innenwendung einhergeht. Die damit verbundenen Prozeßeigenschaften können zur Beeinflussung psychosomatischer Probleme, Unterbrechung motorischer Muster und zur Erweiterung kognitiv-affektiver Schemata herangezogen werden. Empirische Belege der Wirksamkeit hypnotherapeutischer Interventionen liegen in unterschiedlichsten Bereichen vor. Durch Metaanalysen ist die Wirksamkeit der Hypnose in der Schmerz- und Angstbehandlung und der Raucherentwöhnung besonders gut nachgewiesen.

Ein wesentliches Merkmal hypnotherapeutischer Arbeit liegt im ressourcenorientierten Vorgehen. Dies bedeutet die Ausrichtung der Therapie auf Fähigkeiten des Patienten und kann auch die Umdeutung des Symptoms als eines kreativen, wenn auch mit Nachteilen behafteten, Lösungsversuchs einschließen (Utilisationsprinzip). Während die traditionelle, defizitär orientierte Diagnostik eher zu einer Selbstwertschwächung des Patienten beiträgt, wird mit dem Utilisationsprinzip von Anfang an darauf hingearbeitet, den Selbstwert des Patienten zu stärken und damit Selbsthilfekräfte zu mobilisieren. Die Utilisation von Eigenheiten des Patienten unterstützt auch eine positive Therapeut-Patient-Beziehung. Dabei dient die Diagnose dem Hypnosetherapeuten als Hinweis für die Gestaltung der Beziehungsaufnahme (Interaktionsdiagnostik).

Damit erweist sich die Hypnosetherapie als eine flexible Methode, die empirisch gut abgesichert ist, auch mit verschiedenen Therapieformen kombiniert und in unterschiedlichsten Anwendungsgebieten eingesetzt werden kann.

21. Körpertherapeutische Ansätze

Psychoanalytische Perspektive

J. Küchenhoff

Definition

Der Begriff „Körpertherapien" ist in bewußter Abgrenzung vom Begriff „Psychotherapien" entstanden. Beide Begriffe haben sich eingebürgert und sind nicht mehr zu verändern; sie legen einen sehr einfachen Dualismus von Körper und Seele nahe, den niemand vertritt. Sachlich richtiger ist es, von „körperbezogener Psychotherapie" (Maaser et al.1994) zu sprechen. Die körperbezogenen Psychotherapien benutzen körperliche Erfahrungen als Gegenstand, aber auch als Medium der Selbst- und Fremderfahrung. Körpertherapien sind keine „non-verbalen" Therapien, denn natürlich wird auch in Körpertherapien gesprochen. Nur liegt der Aufmerksamkeitsfokus verstärkt auf dem körperlichen oder leiblichen Empfinden.

Gründe für die Entwicklung psychoanalytisch fundierter Körpertherapien

- **Entwicklung der psychoanalytischen Theorie**: W. Reich hat die psychoanalytische Theorie unter anderem dadurch bereichert, daß er Charakter- und Persönlichkeitsstrukturen unter dem Gesichtspunkt von Abwehrprozessen betrachtete. Er ging davon aus, daß die Charakterabwehr eines Menschen sich gleichsam in den Körper einschreibt. Reich hat die Energiemetaphorik, die in der Psychoanalyse Freuds bereits angelegt war, zu einer Energielehre ausgebaut, in der Gestalt, daß seelische Traumata in den Körper hinein verdrängt würden, daß die seelische Energie in Körperhaltung, in Dysfunktionen des Körpers usw. gebunden blieben. Diese Bindung von Energie hat einerseits Abwehrfunktion, sie schützt die Persönlichkeit, behindert aber ihre lebendige und volle Entwicklung. Von hier aus lag es nahe, die Charakterwiderstände in der direkten Arbeit am Körper infrage zu stellen oder aufzuheben. Reichs Konzepte wurden vor allem von der Bioenergetik aufgenommen und weitergeführt.
- **Entwicklung der psychoanalytischen Psychosomatik und stationären Psychotherapie**: Die Therapie psychosomatisch kranker Menschen, die vornehmlich und in erster Linie körperliches Leiden und nicht seelischen Schmerz empfinden, hat es klinisch erzwungen, dem körperlichen Symptomangebot entgegen zu kommen und es therapeutisch aufzugreifen. Das steigende Angebot an stationärer Psychotherapie, die in Deutschland meist innerhalb psychosomatischer Kliniken realisiert worden ist, hat zeigen können, wie klinisch fruchtbar es sein kann, wenn körperorientierte Verfahren die psychoanalytisch fundierten Gespräche ergänzen.
- **Erweiterung der Indikationen für Psychotherapie**: Psychodynamische Therapieverfahren, die eine sprachlich differenzierte Ausdrucksfähigkeit voraussetzen, benachteiligen manche Patienten aus unteren sozialen Schichten. Sie schließen bei starrer Handhabung auch solche Patienten aus, die über wenig spontanes Phantasieleben verfügen und die Sprache nur technisch-instrumentell benutzen, nicht aber zum unverwechselbaren Ausdruck der eigenen Emotionen und Gefühle, wie dies für manche psychosomatische Patienten mit einer alexithymen Persönlichkeitsstruktur gilt (Becker 1989). Körpertherapien können dazu verhelfen, das Indikationsspektrum für Psychotherapie gerade auf diese Patientengruppe zu erweitern.
- **Ergänzung der herkömmlichen Therapie**: Oft wird gegen sprachzentrierte Therapieverfahren, auch gegen die Psychoanalyse, der Vorwurf erhoben, in übermäßigem Bezug auf das Sprechen zu sehr rationale und zu wenig emotionale Erfahrungen zu fördern. Auch wenn dieser grundsätzliche Einwand falsch ist (sprechen ist nicht an sich gefühlsfern, der Psychoanalyse geht es überdies grundsätzlich um die Verschränkung von Sinnlichkeit und Sprache), so trifft der Vorwurf doch auf eine häufig anzutreffende, verfehlte psychotherapeutische Praxis zu. Die Entwicklung von Körpertherapien deckt daher Praxisdefizite der herkömmlichen Psychotherapie auf.

Psychoanalytische Grundlagen der Körpertherapie

Selbst und Körperbild

Als Körperbild bezeichnen wir die seelische Repräsentation und emotionale Besetzung des eigenen Körpers (Schilder 1950, Maaser u. Mitarb. 1994). Es ist nicht identisch mit dem Körperschema, das neurologisch definiert ist, durch Lagesinn, optische Haltungskontrolle etc. vermittelt ist. Das Körperbild bildet sich in der frühen Lebensgeschichte heraus. Das Körperbild und die Selbstvorstellung sind eng miteinander verknüpft. Das Selbstwerterleben und das Gefühl der eigenen Identität sind an die positive Besetzung des eigenen Körperbildes gebunden. Dabei ist das Körperbild kein in sich ruhendes oder stabiles Bild, sondern ein „dynamisches Körperbild" (Pankow 1975), dessen Aufrechterhaltung eine beständige Ich-Leistung bleibt und das durch eine Vielzahl heterogener Einflüsse, z.B. von Drogen, von schwerer körperlicher Krankheit, aber auch von Einsamkeit oder schwierigen interpersonellen Erfahrungen, gefährdet werden kann. Die Arbeit am Körperbild in der Therapie hat – umgekehrt betrachtet – die Funktion, ein kohärentes Selbstgefühl zu gewinnen oder zu stärken.

Struktur und Grenzen des Körperbildes

Das Gefühl der eigenen Identität bildet sich durch Abgrenzung von und Bezogenheit auf andere, die zunächst physisch-konkret erlebt wird. Das Körperbild ist im späteren Kindesalter oder beim Erwachsenen im Normalfall in sich differenziert und strukturiert, die Erfahrung der Körpergrenzen kann fluktuieren, der Körper kann als sehr abgegrenzt erlebt werden, in anderen emotionalen Zuständen auch als zerfließend. Der Körper kann als Ganzheit erlebt werden, aber auch, gerade in seelischen Krisen, als uneinheitlich, sogar als fragmentiert. Das Körperinnere und die Körperperipherie werden unterschiedlich bewertet, die Erfahrungen des Körperinneren oder die Wahrnehmung innerer Organe ist mit ganzheitlichen oder globalen, sog. könästhetischen Erfahrungen verbunden, während die Körperperipherie diakritisch wahrnimmt, also spezifischere, weniger globale, differenzierte Wahrnehmung ermöglicht (Spitz 1973). Daß auch fragmentierte, nach außen schlecht abgegrenzte Körpergefühlszustände alltäglich sind, hat schon Federn in einer bemerkenswerten Phänomenologie der Einschlafphasen beschrieben (Federn 1956/1978). In psychischer Krankheit können sich Fragmentierungserlebnisse oder das subjektive Gefühl durchlässiger Körpergrenzen fixieren.

Körperbild und Beziehungserfahrung

Das Körperbild ist nicht nur biologisch determiniert, sondern bildet sich auch durch die Verinnerlichung sozialer Erfahrungen. Es bleibt auch im Erwachsenenalter zu seiner Aufrechterhaltung an soziale Kontexte gebunden. Manche, immer noch vertretene entwicklungspsychologische Darstellungen der Entwicklung des Körperbilds (Becker 1989, Maaser u. Mitarb. 1994) gehen von einer bestimmten Chronologie in der Ausbildung des Körperbildes aus: Zunächst existiert demnach nur eine Wahrnehmung einzelner Körperteile, die dann in einem narzißtischen Entwicklungsstadium zu einer Ganzheitsvorstellung des Körpers weiterentwickelt wird, und erst wenn diese erreicht ist, werden Beziehungen, auch die körperliche Bezogenheit zu anderen wichtig. Diese Vorstellung kann nach dem heutigen Wissensstand nicht mehr aufrechterhalten werden; vielmehr zeigt die moderne Säuglingsbeobachtung (Stern 1985), daß das Kleinkind oder der Säugling von Anfang an in zwischenmenschliche Erfahrungen eingebunden ist. Die individuellen Selbstvorstellungen, auch das subjektive Bild des eigenen Körpers, sind sekundär, im Körpererleben bleiben die Spuren früher Interaktionen aufbewahrt. Das Körpererleben ist deshalb nie nur individuelles Erleben, sondern trägt die Spuren von Beziehungserfahrungen, die im Verlauf des ganzen Lebens, vor allem aber in den frühen Entwicklungsjahren, gemacht worden sind und gemacht werden. In der Körpertherapie können diese Beziehungserfahrungen reaktiviert werden.

Ausdrucksvermögen und Körpererfahrung

Becker (1989) unterscheidet zwischen prä- und nonverbalen Körpererfahrungen. Präverbale Körpererfahrungen sind die Körpererfahrungen, die in einer vorsprachlichen Entwicklungszeit gemacht werden, die zu diesem Zeitpunkt also nicht versprachlicht werden können. Nonverbale Körpererfahrungen sind Erfahrungen, die durchaus versprachlicht werden können, die aber verdrängt und dadurch unbewußt werden. Der Anspruch der meisten Körpertherapien geht dahin, daß sehr frühe Interaktionsmuster und Beziehungserfahrungen, eben solche aus dem vorsprachlichen Bereich, sich in körperlichen Interaktionen niederschlagen können, damit könnten Körpertherapien zu einem Erfahrungsbereich vordringen, den stärker sprachbezogene Psychotherapien nie erreichen können. Auch wenn dieses genetische Modell wissenschaftstheoretisch fragwürdig ist (nach dem Spracherwerb ist eine vorsprachliche Welt nicht mehr verfügbar), so enthält es doch einige therapeutisch wichtige Gedanken, nämlich daß die therapeutische Arbeit am Körper unter Umständen Tiefenschichten des seelischen Erlebens erreicht, die anders schwer zugänglich sind.

Affektnähe

Körperliche Erfahrungen sind besonders stark mit Affekten verbunden. In den lebensgeschichtlich frühen Phasen ist das Erleben ganzheitlich, d. h. Affekte werden sowohl körperlich als auch seelisch erlebt. Auch wenn in der späteren Entwicklung die körperliche und die seelische Seite des Affekterlebens sich voneinander differenzieren, so trennen sie sich doch nicht völlig. Je körpernäher ein Affekt erlebt wird, um so „ergreifender“ wird er empfunden. In alltagssprachlichen Redewendungen („berührt sein“, „vor Zorn beben“, „erfahrungshungrig“ etc.) beziehen wir uns ständig auf diese Körperlichkeit der Affekte. Die Affektnähe körperlicher Erfahrung kann therapeutisch genutzt werden; durch therapeutische Arbeit am und mit dem Körper können Affektzustände (wieder)belebt werden, die dem bewußten Erleben nicht oder nicht in ihrer Intensität zugänglich sind.

Körpererleben und Sinnlichkeit

Eine positive Besetzung des eigenen Körpers ist eine wichtige Voraussetzung für die Freude an Sinnlichkeit und Lusterfahrungen. Diese können alle Sinnesbereiche betreffen, aber auch die Motorik, die (Funktions-)Lust an der eigenen Kraft und ihrer Umsetzung in die Handlung. Durch verschiedenartige psychische Konflikte können libidinöse wie aggressive Strebungen gehemmt sein; die psychoanalytische Triebtheorie hat es sich von Anfang an zur Aufgabe gemacht, die Dynamik dieser Konflikte und das Wechselspiel vom Begehren und seinen neurotischen Einschränkungen zu verstehen. Aufgabe einer psychoanalytisch orientierten Körpertherapie wird es in der Regel nicht sein können, neurotische Hemmungen genetisch aus der Biographie heraus zu verstehen oder Konflikte ausreichend therapeutisch durchzuarbeiten, wenn sie schwerwiegend sind. Aber im Aufmerksamwerden auf die eigenen Körperempfindungen beim ruhigen Liegen, im Spüren von Angst vor der Nähe anderer Menschen beim Laufen durch den Therapieraum, im Genuß körperlicher Kräfte in spielerischem Ringkampf mit anderen und in vielen vergleichbaren Situationen wird der Teilnehmer auf die Möglichkeiten und Einschränkungen sinnlichen Körpererlebens aufmerksam.

Wirkprinzipien von Körpertherapien

Aus den theoretischen Grundlagen ergeben sich die Wirkprinzipien analytisch orientierter Körpertherapien. In ihnen wird der Körper als Medium der Selbst- und Fremderfahrung genutzt; so kann Körperarbeit zwischen verschiedenen Erlebensbereichen vermitteln und Verbindungen schaffen, z. B.
- die Verbindung von Sinnlichkeit und Emotionalität,
- die Verbindung von körperlichem Erleben und Unbewußtem,
- die Verbindung von Körpererleben und präverbalem Erfahrungsbereich,
- die Verbindung von Körperempfinden und Intersubjektivität,
- die Verbindung von Körpererleben und Selbstgefühl (Abgrenzung gegen andere, Subjekt-Objekt-Differenzierung).

Elemente körpertherapeutischer Praxis

Die körpertherapeutischen Techniken lassen sich aufgrund der Vielfalt der Verfahren nicht auf einen Nenner bringen; dennoch gibt es Elemente, die in verschiedenen analytisch fundierten Körpertherapien wiederkehren, z. B. in der Konzentrativen Bewegungstherapie KBT und der Körperbezogenen Psychotherapie (Maaser et al. 1994).

1. **Der therapeutische Rahmen**: Für die Durchführung körpertherapeutischer Sitzungen muß ein zeitlich und räumlich klar definierter Rahmen bestehen, durch den von außen kommende Störungen weitgehend ausgeschaltet sind, so daß die Teilnehmer sich ganz auf ihr Erleben konzentrieren können.
2. **Die besondere Therapeut-Patient-Beziehung**: Mehr als in anderen Psychotherapieformen übernimmt der Therapeut zwei Rollen, er ist einmal realer Interaktionspartner, der die Körperübungen anleitet oder an ihnen beteiligt ist, er ist zum anderen aber auch Therapeut, auf den sich unbewußte Wünsche, Abneigungen oder andere Affekte richten (Übertragung).
3. **Körpertherapie als „Spielraum"**: Körpertherapien ermöglichen eine Regression, schon weil vielen Teilnehmern an körpertherapeutischen Sitzungen die Konzentration allein auf den Körper oder das gemeinsame Spiel mit anderen seit Kindeszeiten unvertraut geworden ist. Ein Spielraum besteht auch im Sinne der Dramatisierung oder Inszenierung von Konflikten; „Agieren", also die Darstellung der eigenen Gefühle nicht durch das Sprechen, sondern in der Körperhaltung, im Handeln usw., ist in der Körpertherapie nicht verpönt, sondern geradezu erwünscht. Zum Spielraum gehört auch, daß es einen Spielleiter gibt, nämlich den Therapeuten, der Angebote macht und in wechselndem Ausmaße strukturiert und anleitet, während die Spieler auf der anderen Seite im Ausgestalten dieses Angebotes frei sind.
4. **Stufenfolge der Selbsterfahrung**: In jeder Körpertherapie wird das grundlegende, basale Erleben des eigenen Körpers eingeübt und genutzt. In einer nächsten Stufe kann dieses körperliche Spüren durch Phantasien angereichert werden, die um das körperliche Spüren zentriert sind. Auf einer dritten Stufe können, in der Begegnung mit anderen, aber auch in der Phantasie, zwischenmenschliche Erfahrungen reaktiviert werden.
5. **Der wechselnde Aufmerksamkeitsfokus**: Die Aufmerksamkeit in der Körpertherapie wechselt von der Aufmerksamkeit auf den eigenen Körper zu dem Bezug, den der eigene Körper zur Umgebung hat, wobei die Umgebung die nichtbelebte, aber auch die belebte Umgebung ist. Übungen in der konzentrativen Bewegungstherapie beginnen oft im Liegen, der Körper, wie er auf der Decke liegt, wird angespürt, die Lage gewechselt und Veränderungen registriert; im Aufstehen und im Gehen durch den Raum wird die Beziehung zum Boden, zur Wand, zu den Gegenständen des Raums mit oder ohne Augenkontrolle erspürt. Schließlich wird in der Begegnung mit anderen der Bezug zur menschlichen Umgebung hergestellt.
6. **Arbeit mit und an den einzelnen Sinnesmodalitäten**: Körpertherapien nutzen die Tatsache, daß die Sinnesmodalitäten des Körpers mit unterschiedlichen Erlebnisqualitäten verknüpft sind. In vielen Körpertherapieverfahren werden Techniken eingeübt, die bestimmte Sinnesqualitäten ausschalten, um andere Sinnesbereiche um so lebendiger werden zu lassen. Das einfachste Beispiel dafür ist der Augenschluß; der Blick ist mit rationaler Kontrolle und Übersicht verbunden, das Schließen der Augen ermöglicht einen stärkeren Selbstbezug, setzt aber auch ein Vertrauen voraus, das bei vielen Menschen nicht vorausgesetzt werden kann, sondern erarbeitet werden muß.
7. **Verbalisierung von Erfahrungen**: Psychoanalytisch fundierte Körpertherapien gehen insofern von einem ganzheitlichen Ansatz aus, als sie die sprachliche Aufarbeitung der Körpererlebnisse selbstverständlich einbeziehen; Körpertherapien, die gleichsam nur den Körper sprechen lassen wollen, neigen oft zur Mystifizierung von Körpererfahrung.
8. **Probehandlung und Veränderung als integraler Bestandteil der Körpertherapie**: Körperbezug, Reflexion und Handeln stehen in der Körpertherapie in einem produktiven Wechselverhältnis. Der bereits erwähnte Spielraum körpertherapeutischer Settings erlaubt es, gemachte Erfahrungen zu wiederholen, unterlassene, aber erwünschte Verhaltensweisen ein zweites Mal auszuprobieren, die Mitspieler um ein bestimmtes Verhalten zu bitten. Erkenntnis kann auf diese Weise in Erleben und in Interaktion umgesetzt werden.

Beispiel

Konzentrative Bewegungstherapie

Die Konzentrative Bewegungstherapie KBT hat ihre Ursprünge in Pädagogik, tänzerischem Körperausdruck und Psychotherapie; verschiedene Entwicklungslinien, die bis in die 20er Jahre zurückreichen, werden durch H. Stolze 1959 zusammengefaßt und zu einem einheitlichen Konzept verarbeitet. 1975 wurde der DAKBT (Deutscher Arbeitskreis für Konzentrative Bewegungstherapie) gegründet, der die gründliche Weiterbildung organisiert. - Zentrale Elemente der KBT sind das Wahrnehmen und Erspüren des eigenen Körpers in Ruhe und Bewegung einerseits und das Erleben des eigenen Körpers in szenischer, handelnder Interaktion andererseits. Dabei gelten die Prinzipien von Freiwilligkeit und Spontaneität: Alle im Einzel- oder Gruppensetting vorgeschlagenen Übungen sind Angebote, die vom Patienten aufgegriffen werden können, aber nicht müssen. Die KBT stellt einen „Spielraum" für eigenleibliche und interaktive Körpererfahrungen zur Verfügung; das spielerische Element erlaubt es den Patienten, in unaufdringlicher Weise Erfahrungen zu reflektieren oder neue Erfahrungen zu machen. Das szenische oder handlungsbezogene Spielelement in der

Therapie ermöglicht es, „Handlungsdialoge“, also im Verhalten und nur dort repräsentierte Erfahrungen, nicht mehr als „Agieren“ zu ächten, sondern sie konstruktiv therapeutisch zu nutzen (Becker 1989).

Indikation und Risiken

Indikation für Körpertherapien aus psychoanalytischer Sicht:

- Selbsterfahrung.
- Initiale Therapie von verbal ungeübten oder in ihrem Phantasieleben eingeschränkten Patienten (Unterschichtpatienten, psychosomatische Patienten).
- Behandlung von Krankheitsbildern, die regelmäßig mit schwerwiegenden Körperbildstörungen einhergehen (z. B. Anorexia nervosa).
- Kombination mit verbalen Psychotherapieverfahren im Rahmen stationärer oder teilstationärer Psychotherapieformen.
- Behandlung von psychotherapiebedürftigen, stark intellektualisierenden oder durch Charakterwiderstände eingeschränkten Patienten.

Risiken

- Affektüberflutung in unvermittelt und zu konfrontativ einsetzenden Körpertherapien; die Folge ist meist ein Therapieabbruch und/oder die reaktive Verstärkung von Widerständen gegen die Therapie, seltener die - z. B. psychotische – Dekompensation der Ich-Struktur;
- ungelöste Abhängigkeitsbeziehungen zum Körpertherapeuten, wenn die therapeutische Beziehung, die eng sein und starke Übertragungsmomente enthalten kann, nicht innerhalb der Therapie bearbeitet und aufgelöst wird;
- mangelnde Zeit zur verbalen Aufarbeitung der psychischen Konflikte, die in der Körperarbeit aktiviert werden, vor allem wenn sie schwerwiegend und biographisch verwurzelt sind.

Verhaltenstherapeutische Perspektive

N. Klinkenberg

Körperverfahren in der Verhaltenstherapie

Im Unterschied zur historisch gewachsenen Einbindung verschiedener Körperverfahren in die tiefenpsychologisch orientierte Psychotherapie haben Körperverfahren in der verhaltenstherapeutisch orientierten Psychotherapie und Rehabilitation bisher keinen festen Platz gefunden. Eine Übernahme solcher Verfahren, wie Konzentrative Bewegungstherapie, Funktionelle Entspannung, Bioenergetik usw. in die verhaltenstherapeutische Praxis erscheint wegen ihrer psychodynamischen Grundlagen und des (noch) weitgehend fehlenden Nachweises spezifischer Effekte nicht ohne weiteres möglich. Während Körperverhalten in den psychoanalytischen Körpertherapien wesentlich als Ausdruck und „Sprachorgan“ psychischer Vorgänge verstanden wird, kommt der Körperlichkeit in der verhaltenstherapeutischen Begingungsanalyse als „Organismusvariable“ eine grundsätzlich andere, individuell unterschiedliche Funktionalität zu.

Allerdings wurde das Konzept einer “Körperverhaltenstherapie“, d. h. einer therapeutischen Beeinflussung diesbezüglicher Kognitionen (z. B. Körperbild) oder Verhaltensweisen (z. B. Bewegung) bis heute nicht formuliert (Bielefeld 1991). Praktisch alle gegenwärtig in Zusammenhang mit Verhaltenstherapie eingesetzten Körperverfahren wurden unabhängig von den dort angewandten kognitiv-behavioralen Verfahren entwickelt. Zudem sind ihre psychologischen und auch physiologischen Effekte sowie ihr Stellenwert als Einzel- oder kombinierte Verfahren noch in vielen Aspekten klärungsbedürftig (Vaitl u. Petermann 1993, Petermann u. Vaitl 1994). Bezüglich der von Verhaltenstherapeuten häufig eingesetzten Entspannungsverfahren bestehen in bezug auf Stellenwert, Indikationsstellung und Kontraindikationen noch erhebliche Diskrepanzen (Fliegel 1989, Bischoff 1989, Kanfer et al. 1991, Linden 1993, Hamm 1993, Klinkenberg 1996 a).

Gründe für die Entwicklung einer kognitiv-behavioralen Körpertherapie.

Eine Klärung der theoretischen Voraussetzungen des Einbezugs von Körpertherapien in den verhaltensmedizinischen Kontext hilft zur Unterscheidung angesichts einer Vielzahl von sich anbietenden Körperverfahren und ist über den Wirknachweis des Einzelverfahrens hinaus für die Implementierung körperverhaltenstherapeutischer Elemente in multimodalen Behandlungssettings unerläßlich.

Körperliche Komorbidität psychosomatischer Patienten

Der Mangel an verhaltenstherapeutischen Körperverfahren ist besonders unbefriedigend, da in der verhaltenstherapeutischen Praxis Patienten mit konkreten körperlichen Beschwerden, organbezogenen Kognitionen und ebenso dysfunktionalen somatischen wie psychischen Verhaltensweisen betreut werden. So wird die verhaltenstherapeutische Rehabilitation psychosomatischer Patienten nicht nur durch eine hohe psychiatrische, sondern auch somatische Komorbidität erschwert (Rief u. Hiller 1992, Zielke 1993, Potreck-Rose u. Koch 1994). Komorbidität, Zugehörigkeit zur sozialen Unterschicht und chronisches Krankheitsverhalten gehören zu den prognostisch schlechten Faktoren psychosomatischer Patienten. Sie korrelieren invers mit der Motivation zu einer verhaltenstherapeutischen Behandlung. Zu den häufigsten Diagnosen von Komorbidität zählen bei psychosomatischen Patienten Erkrankungen des Skeletts, der Muskeln und des Bindegewebes. In der verhaltensanalytischen Diagnostik werden solche konkreten Beschwerden zumeist als Ursache, aufrechterhaltende Bedingung oder Folge entsprechender Verhaltensweisen, Emotionen und Kognitionen identifiziert und müssen therapeutisch berücksichtigt werden. Sie werden anders als in den psychodynamischen Konzepten nicht primär als körpersprachlicher Ausdruck intrapsychischer Konflikte gesehen, sondern als konkrete Bedingung oder Folge innerhalb eines Krankheits- und Verarbeitungsprozesses (Pfingsten u. Hildebrandt 1995).

Perzeptive, kognitive und Verhaltensdefizite im Zusammenhang mit Körper und Bewegung

Neben diesen konkreten somatischen Beschwerden fallen bei psychosomatischen Patienten perzeptive und kognitive Probleme auf, wie „Körperschema"-Störungen, eine geringe körperliche Wahrnehmungsfähigkeit, eine Fixierung auf Schmerzsymptome und gewohnte Bewegungsmuster, Verzerrungen des Selbstbildes als nicht verbesserungs- und lernfähig oder ein Zuviel an Anspannung und Haltearbeit. Eine Anwendung traditioneller Methoden der physikalischen Medizin und Rehabilitation allein, wie krankengymnastische Verfahren, Massage, manuelle Medizin, balneologische Verfahren usw., ist bei solchen Patienten unzureichend. Das gilt auch für Verfahren der Patientenschulung, wenn sie sich lernpsychologisch betrachtet auf „Modellernen" beschränken und bewegungspädagogisch lediglich den überholten Traditionen einer „rein mechanisch-funktionalistischen Denkweise" (Reck 1998) folgen.

Propädeutische Funktion von Körpertherapie für Verhaltenstherapie

Für verhaltensmedizinisches Arbeiten erscheinen körpertherapeutische Verfahren wünschenswert, die nicht nur Störungen des Bewegungsapparates direkt positiv beeinflussen können, sondern auch zu einer Verhaltensveränderung motivieren, mit anderen kognitiv-behavioralen Verfahren unter möglichst vielen Aspekten sinnvoll kombinierbar sind und diese vorbereiten oder ergänzen. Dies impliziert eine strukturelle und inhaltliche Kompatibilität des körperbezogenen Verfahrens mit der psychotherapeutischen Grundorientierung (Margraf u. Lieb 1995) und dem eigenständigem therapeutischem Ansatz (Westmeyer 1998) von Verhaltenstherapie: Begründung in der empirischen Psychologie, individuelle Problemdiagnostik, Therapieansatz an prädisponierenden, auslösenden und/oder aufrechterhaltenden Problemänderungen, aktive Beteiligung des Patienten (Margraf 1996). Übergreifende Systemmodelle stellen der bio-psycho-soziale Ansatz von Engel (1977) und Schwartz (1982) und das Selbstmanagement-Modell von Kanfer et al. (1991) dar.

Körperlichkeit als hedonistischer Erfahrungsraum

Daneben bestehen in der verhaltenstherapeutischen Praxis Beziehungen zur euthymen Therapie, bei der die gesunden Anteile und Ressourcen des Patienten, seine Positiva, Genußfähigkeit und positiven Life Events als in sich wertvoller Erlebens- und Handlungsbereich begriffen und verbessert werden. Das euthyme Konzept stellt insbesondere als Behandlungskomponente in stationären Settings eine Bereicherung des verhaltenstherapeutischen Angebots dar, durch die basale Fertigkeiten vermittelt werden, mit Positiva umzugehen. Fürsorglichkeit für sich selbst und euthyme Handlungen, Genießen und angenehme Selbstinstruktion stellen wesentliche Bestandteile verhaltenstherapeutischer Verfahren und Therapieansätze dar (Koppenhöfer 1996, Lutz 1996 a, b).

Körperliche Aspekte des Gesundheits- und Risikoverhaltens

Ergebnisse zahlreicher kontrollierter Studien weisen darauf hin, daß der Einsatz von Körperverfahren in multimodalen Therapiesettings sinnvoll ist und daß körperlicher Aktivität generell ein protektiver Nutzen für Gesundheit zukommt (Morgan u. Goldston 1987, Rost 1991, Schwarzer, 1992). Metaanalytisch läßt sich aber bisher nur für einzelne sportliche Aktivitäten und bestimmte Zielgruppen der Nachweis erbringen, daß sportliche Aktivität auch zu psychischer Gesundheit führt. Als Erklärung scheinen am ehesten kontrollbezogene Erwartungs- und Passungseffekte infrage zu kommen (Schlicht 1993). Entsprechend ist von einer kognitiv-behavioralen Körpertherapie zu fordern, daß sie zu überdauernder Verhaltensänderung beiträgt und – in allgemeinster Zielformulierung – zu einem aktiveren und bewußteren Selbstmanagement im Zusammenhang mit der „Organismusvariable" führt. Zu wünschen ist, daß solche Verfahren auch für ein breites Patientenspektrum anwendbar sind und schließlich organisations- und kostenanalytisch vertretbar sind.

Grundlagen kognitiv-behavioraler Körpertherapie

Grundlagen einer kognitiv-behavioralen Körpertherapie ergeben sich in erster Linie aus den physiologischen, neurophysiologischen, medizinischen, sportwissenschaftlichen, psychomotorischen, motopädagogischen und psychologischen Grundlagenfächern, darüberhinaus aus den theoretischen Annahmen verhaltenstherapeutischer Vorgehensweisen und Verfahren. Die Bewegungsforschung hat im letzten Vierteljahrhundert eine fast unübersehbare Fülle von Detailbefunden und immer wieder neuen, häufig erkenntnistheoretischen und methodologischen Fragestellungen hervorgebracht. Dennoch lassen sich folgende für eine verhaltenstherapeutische Körperarbeit bedeutsame Grundorientierungen ausmachen:

- Jede psychotherapeutische Arbeit mit dem Körper impliziert mehr oder weniger ausgesprochen eine ganzheitliche Sicht, die von einem Zusammenhang zwischen Denken, Emotionen und Bewegung ausgeht. So vielfältig die damit verbundenen Fragen sind, so grundlegend darf der Zusammenhang als solcher angenommen werden. Über Bewegung nimmt der Mensch Beziehung und Einfluß auf seine Umwelt auf. Seit den klassischen Beobachtungen und Hypothesen Piagets über die „sensomotorische Konstruktion" kindlicher Realität (Piaget 1937, Übersicht: Montada 1995) gehört die elementare Bedeutung von Bewegung zum Bestandteil entwicklungspsychologischer Theorien des Lernens und der Informationsverarbeitung. Kognitiv-behaviorale Körpertherapie greift somit grundsätzlich Fähigkeiten auf, die in der normalen Entwicklung jedes Individuums bereits eine wesentliche Rolle gespielt haben, ihm aber prinzipiell auch später jederzeit zur Verfügung stehen.
- Motorik wird in der Forschung als der umfassende Vorgang der Steuerung und Kontrolle von Haltung und Bewegung verstanden, der sensorische, perzeptive, kognitive und motivationale Prozesse mit einschließt. Bewegung wird somit über rein motorische Aspekte hinaus nur unter

Einbeziehung kognitiver und emotionaler Aspekte adäquat betrachtet werden können (Baur et al. 1994, Wiemeyer 1997). In der Biologischen Psychologie gelten motorische Ausdrucksreaktionen als unverzichtbarer Bestandteil der Entwicklung, Ausprägung und Speicherung emotionaler Reaktionsmuster (sog. James-Lange-Kontroverse) (Birbaumer u. Schmidt 1996, 647 ff.). Kognitiv-behaviorale Körpertherapie kann die peripher-physiologische Komponente emotionaler Vorgänge und damit den Ablauf von Gefühlsreaktionen beeinflussen. Als verhaltenstherapeutisches Modell bietet sich beispielsweise die Erzeugung einer unvereinbaren peripher-physiologischen Reaktion an, wie sie im Rahmen der Systematischen Desensibilisierung (Wolpe 1958) zu den Standardvorgehensweisen der Verhaltenstherapie gehört.

- Während zwischen dem Bewegungslernen und allem anderen Lernen auf neurologischer Ebene keine grundsätzlichen Unterschiede bestehen (Cratty 1975), bestehen andererseits spezifische Besonderheiten: Die normalerweise unbewußt ablaufenden motorischen Efferenzen können willkürlich und ohne Übung bewußt werden und in sensomotorische Kontroll- und Wahrnehmungsprozesse integriert werden (Wiemeyer 1997, 22 f.). Komplizierte Bewegungen unter cortikaler Beteiligung können gespeichert werden und stehen mit Fortschritt des Lernprozesses automatisch zur Verfügung. Für eine verhaltensmodifizierende Körperarbeit besteht somit die Möglichkeit, motorische Abläufe bewußt zu erleben (feedback), bewußt (z. B. unter Qualitätsgesichtspunkten) zu modifizieren und in das Bewegungsrepertoire zu integrieren.
- Der an sich selbst beobachtbare Lernfortschritt wird mangelhaften Kompetenzerwartungen und Attributionsstilen begegnen und Handlungs- und Selbstwirksamkeit fördern können (Bandura 1977, Weiner 1986, Schwarzer 1992). So werden die positiven Ergebnisse kognitiv-behavioraler Managementprogramme bei chronischen Schmerzpatienten (Flor et al. 1992, Hasenbring 1996) neben einer physiologischen Lernkomponente wesentlich durch psychologisches Lernen im Sinne einer gesteigerten Selbstwirksamkeitsüberzeugung erklärt (Ruoß 1998). Dies scheint sogar dann der Fall zu sein, wenn der Schwerpunkt in dem betreffenden Therapieprogramm stärker auf körperorientierten sportmedizinischen Maßnahmen liegt und kognitives Wissen eher in geringem Ausmaß erworben wird (Hildebrandt et al. 1996).
- Darüber hinaus wird eine kognitiv-behaviorale Körpertherapie methodische Bedingungen berücksichtigen, die Lernen, d. h. dauerhafte Verhaltensveränderung, optimieren. So führt bereits die Imagination von Bewegung zur Aktivierung peripher-motorischer wie motocortikaler Strukturen, was in der Sportwissenschaft unter dem Begriff des mentalen Trainings genutzt wird. Zu berücksichtigen ist das „psychophysische Grundgesetz" der Wahrnehmungspsychologie (Weber-Fechner-Gesetz), bzw. die psychophysische Beziehung von Stevens (Stevens 1971), wonach die Empfindungsintensität für schwache Reize verhältnismäßig größer ist als für starke Sinnesreize. Kleine, langsame und leichte Bewegungen werden beispielsweise besser wahrgenommen als große und schnelle. Andererseits beeinträchtigen emotionale Belastungen wie hoher Streß (Yerkes-Dodson-Gesetz, Wiemeyer 1997) oder Angst (Kleine u. Schwarzer 1991) den Prozeß des Bewegungslernens.
- Schließlich ergeben sich aus der komplexen Diskussion über die Theorien motorischer Kontrolle und motorischen Lernens interessante Anregungen für die kognitive Verhaltenstherapie selbst. Diese Diskussion wird derzeit durch die sog. Motor-Aktion-Kontroverse (Meijer u. Roth 1988) und neurobiologische Modellvorstellungen (Informationsprozeß-Modelle, Schema-Theorie, Modelle neuronaler Netzwerke) des Bewegungslernens geprägt (Tyron 1995). Ihre lernpsychologischen Modelle divergieren mit traditionellen seriellen und hierarchischen Kontrolltheorien von Bewegung, durch die beispielsweise die konventionellen physiotherapeutischen Methoden und Übungen noch weitestgehend bestimmt werden (Bate 1994).

Beispiel: Feldenkrais-Methode

Unter den derzeit formulierten Körperverfahren dürfte am ehesten die nach dem Physiker Moshé Feldenkrais (1904–1984) benannte Lernmethode den genannten Postulaten und theoretischen Grundlagen einer kognitiv-behavioralen Körpertherapie entsprechen. Zahlreiche von Feldenkrais bereits in seiner ersten Publikation zum menschlichen Bewegungsverhalten formulierte Theorien, wie seine Beobachtungen zum Körperschema ängstlicher Patienten, zu den physikalischen Grundlagen leichter Bewegung oder die von ihm postulierte Verbindung von mentaler und motorischer Aktivität gelten heute als allgemein akzeptiert (Feldenkrais 1949). Darüberhinaus wird der Feldenkrais'sche Ansatz zur Bewegungserziehung mit seiner spezifisch funktionalen und dynamischen Sichtweise von Bewegungsentwicklung mehr und mehr auch von körperbezogenen Psychotherapeuten aufgegriffen (Gröninger u. Stade-Gröninger 1996).

Im Kern handelt es sich bei der Feldenkrais-Methode um eine empirisch-kritische Lernmethode, die jedem Menschen möglich und leicht erlernbar ist. Dabei wird Bewegung als elementare menschliche Tätigkeit, als vom Zentralnervensystem gesteuert und kontrolliert und als der Wahrnehmung zugänglich aufgefaßt. Mit Hilfe bewußter Wahrnehmung eher kleiner und mit geringem Aufwand ausgeführter Bewegungen kann an das teleonom geprägte kindliche Bewegungsinteresse und Bewegungslernen wieder angeknüpft werden. Schrittweise können ein sichereres Gefühl für angenehme und leichte Bewegungsqualität sowie ein realistischeres Körperbild entwickelt und neue Bewegungsmuster erforscht werden. Der positive Einfluß der eigenen Erforschung qualitativ angenehmer Bewegung auf das sensomotorische Verhalten kann lernpsychologisch durch die Konstrukte von „Lernen am Erfolg", „instrumentelles Konditionieren" oder „Erlernen des Zweckhandelns" erklärt werden. Der Unterricht ist in seinen beiden Formen – Gruppen- und Einzelunterricht – nicht direktiv und vermeidet direkte Korrekturen oder Modellvorgaben. Im Vordergrund stehen nicht Verhaltensmaßregeln, sondern eine systematische Anleitung und Stimulation zur selbständigen Entwicklung neuer Bewegungsmöglichkeiten und Strategien zur Problembewältigung. Die Feldenkrais-Methode zeigt vorhersagbare und reproduzierbare positive Wirkungen auf die eigene Bewegungswahrnehmung und den Bewegungsablauf im Sinne einer subjektiv leichteren, angenehmeren und beobachtbaren harmonischeren und ökonomischeren Körperbeweglichkeit. Darüberhinaus scheinen Selbstwertgefühl, Selbstsicherheit, Ich-Bild und andere psychologische Aspekte positiv beeinflußt zu werden (Strauch 1986, Czetczok 1993).

Reese (1997) führt mehrere Beispiele aus der Feldenkrais-Arbeit an, die illustrieren, auf welche Weise die Feldenkrais-Methode im Gegensatz zu konventioneller physikalischer Therapie die Verknüpfung von Haltungs- und Bewegungsprobleme mit Verhaltensgewohnheiten beachtet und therapeutisch nutzt. So wird beispielsweise die in der traditionellen Krankengymnastik angewandte passive „Lösung" spastischer Gliedmaße nie angewandt. Stattdessen kann beispielsweise ein Kind mit Cerebralparese, dessen Arme sich nicht normal beugen lassen, auf eine explorative Art so bewegt werden, daß der Wert der Armbeugung für Stützhaltungen entdeckt wird und die Bewegungserfahrung in einen funktionalen Kontext eingebettet ist. Ein anderes Beispiel ist der von der Feldenkrais-Methode bei der Behandlung chronischer Schmerzen genutzte Umstand, daß eine schmerzhafte Bewegung kinematisch isomorph, aber kontextuell unterschiedlich und dann schmerzfrei ausgeführt werden kann. So kann etwa bei schmerzhafter Einschränkung der aktiven Armhebung die Bewegung der proximalen Seite des Gelenks (Scapulabewegung relativ zum Humerus) häufig ohne Schmerzauslösung ausgeführt werden. Das Vorgehen zahlreicher Feldenkrais-Lektionen (Feldenkrais 1978) kann als systematische Analyse von Bewegungsmustern, bewußte Auflösung von Mustern und anschließende Neuintegration der Musteranteile beschrieben werden. Andere Lektionen greifen stärker die Veränderung von Orientierungsbindungen auf (z.B. der Augen an eine Bewegung oder des räumlichen Kontextes: Bestimmte Bewegungen erscheinen etwa im Liegen unmöglich, aber im Sitzen sehr wohl usw.). Andere Maßnahmen dienen einer Optimierung von Lernstrategien, indem sie ineffiziente Zielorientierungen und bewußte Anstrengung unterlaufen und zufällige Bewegungsentwicklungen ermöglichen, die bezogen auf die bewußte Anstrengung zufällig, kinesiologisch aber logisch und konsequent sind (z.B. wenn der von Erwachsenen eher schwierig und nebensächlich aufgefaßte Versuch, den mit den Händen erfaßten Fuß dem Mund zu nähern, zum „Zufallsergebnis" führt, leicht von der Rückenlage auf die Seite zu rollen und zum Sitzen zu finden) usw.

Arbeitsweise und Effektivität der Feldenkrais-Methode werden durch zahlreiche Kasuistiken (Feldenkrais 1981, Ginsburg 1986, Talmi 1996) sowie Videodokumentationen belegt. Darüberhinaus liegen derzeit überwiegend amerikanische Studien vor, die unterschiedliche Aspekte der Bewegungsphysiologie, physiotherapeutische Effekte sowie psychologische Wirkungen untersuchen. Andere Arbeiten untersuchen die Anwendung der Methode bei bestimmten Zielgruppen, wie älteren Menschen, Sportlern, cerebral geschädigten Kindern, MS-Patienten, Schülern oder Künstlern mit medizinischen Problemen (Reese 1992, Klinkenberg 1996 b). Zwei deutschsprachige Arbeiten weisen positive Effekte der Feldenkrais-Methode bei psychosomatischen Patienten nach, nämlich die Arbeit von Laumer (Laumer 1993, Laumer et al. 1996) mit eßgestörten Patienten einer Psychosomatischen Klinik und eine vergleichende Studie von Schneider (1987) zur Beeinflussung von Körperbild und Selbstkonzept durch die Feldenkrais-Arbeit. Klinkenberg (1996 b) berichtete über die Integration beider Formen der Feldenkrais-Methode in die verhaltenstherapeutische Arbeit einer Psychosomatischen Rehabilitationsklinik.

Die in diesen Arbeiten dargelegten Effekte erlauben die Feststellung, daß die Feldenkrais-Methode in der Lage ist, in verschiedenen Anwendungsbereichen neue und sinnvolle Perspektiven zu eröffnen, daß sie zu einer Verbesserung körperlicher Bewegung führt, von unterschiedlichsten Personengruppen angewendet werden kann, in einem befriedigenden Kosten-Nutzen-Verhältnis steht und psychologische Effekte zeigt, die für eine gleichzeitige Verhaltenstherapie günstig sind. Einschränkend muß jedoch auf die insgesamt noch geringen Fallzahlen in diesen Untersuchungen und bei einigen der Untersuchungen auf methodologische Schwächen hingewiesen werden. Während Bender und Kreck (1996) aufgrund einer rudimentären Literaturübersicht einen hinreichenden Nachweis zur medizinisch-therapeutischen Wirksamkeit der Feldenkrais-Methode als nicht gegeben konstatieren, stellt Schmidt (1996) fest, daß „die wenigen vorliegenden Studien mehrheitlich positive Veränderungen bei unterschiedlichen Zielkriterien (z.B. Bewegungsparameter, psychologische Parameter) zeigen und diese Effekte mit der beanspruchten Wirksamkeit in Einklang stehen", was „eine weitere Evaluierung notwendig und sinnvoll" mache.

Anwendungsbereiche

Das vorgestellte Modell der Lernmethode nach Feldenkrais impliziert eine empirisch gewonnene, systemische Sicht- und Vorgehensweise, die als Bereicherung kognitiver Verhaltenstherapie verstanden und als ein Beitrag zur Formulierung kognitiv-behavioraler Körpertherapie genutzt werden kann. Der therapeutische Nutzen dieser pädagogischen Methode reicht über Gesundheitsprävention und Rehabilitation bei Bewegungs- und Wahrnehmungsstörungen hinaus. Zu den verhaltenstherapeutisch erwünschten Effekten der Feldenkrais-Arbeit gehören: Die verbesserte Wahrnehmung lokomotorischer Muster, eine schrittweise Verbesserung der Wahrnehmung und eine Erleichterung für das Erleben positiver Veränderung sowie eine Hilfe bei der Anleitung zu Selbstmanagement und Eigenkontrolle auch primär wenig psychotherapiemotivierter Patienten. Für psychosomatische Patienten typische Probleme, wie ihr geringes Vertrauen in Körpersignale, ein Zuviel an Anspannung und Haltearbeit, Körperschema-Störungen, Fixierung auf Schmerzsymptome, ängstliche Einengung und Fixierung auf eingeschliffene Bewegungsmuster oder ihre Neigung zu schmerzhafter Körpererfahrung können positiv modifiziert werden. Darüberhinaus können umgekehrt zahlreiche Elemente der Feldenkrais-Arbeit im verhaltenstherapeutischen Vorgehen im engeren Sinne aufgegriffen werden, wie z.B. das Erleben eigener Lernfähigkeit und Kompetenz, Förderung von Selbsterziehung und Selbständigkeit, Weckung von Vertrauen, Selbstbewußtsein und Selbstwertgefühl, Verbesserung der Wahrnehmung und Zunahme von Sensibilität, Erleben eigener Körperlichkeit und körperlichen Wohlbefindens, Entdecken eigener Kreativität und neuer Möglichkeiten durch Überwindung eingefahrener Muster und zwanghafter Verhaltensweisen, Entspannung im Sinne körperlicher Ausgeglichenheit, Weckung von Wachheit und Aktionsbereitschaft. Bei einer Vielzahl von Patienten mit chronischen und therapieresistenten Verläufen können durch die Feldenkrais-Arbeit Ansatzpunkte zur Behandlung entwickelt werden, vor allem bei chronischen Schmerzpatienten insbesondere mit Beschwerden des Bewegungsapparats, aber auch bei der Tinnitus-Behandlung, bei Torticollis, psychogenem Schwindel, Migräne, Spannungskopfschmerzen usw. Dem „Indikationsspektrum" der Feldenkrais-Methode gehören auch die traditionell krankengymnastisch angegangenen Probleme an, wie neurologische Störungen, rheumatische und degenerative Erkrankungen des Bewegungsapparats oder Überbeanspruchungs-Syndrome, sofern über eine Symptomminderung hinaus eine Erweiterung persönlicher Bewegungskompetenz, Prophylaxe und Autonomie angestrebt werden.

22. Übende und entspannende Verfahren

P. Seer

Progressive Muskelentspannung

Ziele und allgemeine Effekte der progressiven Muskelentspannung (PME)

Die PME wurde von Edmund Jacobson, einem amerikanischen Physiologen in den frühen 30er Jahren begründet (Jacobson 1990). Die Methode strebt eine willkürliche Entspannung der wichtigsten quergestreiften Muskelgruppen an. Zudem intendiert sie eine verbesserte Körperwahrnehmung sowohl von Entspannungs- als auch von Verspannungszuständen sowie eine entsprechende Anwendung im Alltag, bei der Verspannungsempfindungen als diskriminativer Stimulus für die Induktion einer allgemeinen oder differentiellen Entspannungsreaktion fungieren. Als erwünschte positive Nebenwirkung führt eine erfolgreiche Muskelentspannung gleichzeitig zur Entspannung vegetativer als auch mentaler Prozesse. Die psychologischen, physiologischen und neurophysiologischen Effekte konnten bereits umfassend wissenschaftlich dokumentiert werden (Hamm 1993). Die PME wurde sowohl als Methode für sich als auch in Kombination mit verhaltenstherapeutischen Verfahren bei einer Vielzahl von Störungen erfolgreich eingesetzt (Vaitl u. Petermann 1993; s. auch Indikation).

Grundprinzipien der PME

Prinzip des schrittweisen Vorgehens und Übens bestimmter Muskelgruppen

Jacobson arbeitete ursprünglich mit 30 Muskelgruppen, von denen er jeweils drei pro Sitzung eingehend üben ließ (1 – 2 Minuten Anspannung, 3 – 4 Minuten Entspannung). Sein Training war auf 56 Trainingssitzungen zu je 50 Minuten über einen Zeitraum von 3 – 6 Monaten angelegt. Die Methode hat seit ihrer Konzipierung durch Jacobson eine Vielzahl von Modifikationen erfahren (Gröninger u. Stade-Gröninger 1996). Die PME wird heute fast ausnahmslos in wesentlich verkürzter und kompakter Form angewandt.

Die PME wird jetzt typischerweise als Langform mit z. B. 19 Übungen (Ohm 1992) begonnen, mit fortschreitender Übungserfahrung aber auf eine Kurzform mit 10 – 12 Übungen reduziert und schließlich in einer Alternativform für den Alltag angeboten, in der der Übende ohne vorherige Anspannung passiv, im Sinne eines „body scans“ bzw. einer „Reise durch den Körper“, jede einzelne oder auch nur spezifisch relevante Muskelgruppen erspürt und losläßt.

Prinzip des Anspannungs- und Entspannungszyklus

Bei der eigentlichen Durchführung der PME wird der Übende aufgefordert,

- die jeweils angesprochene Muskelgruppe so weit anzuspannen, daß die Spannungsempfindung noch als angenehm, d. h. schmerzfrei erlebt wird,
- die Spannung zu halten, die Spannungsempfindungen bewußt zu beobachten und dann
- die Spannung wieder loszulassen und die Empfindungen in den gelockerten Muskeln wiederum bewußt zu beobachten.

Dieser Vorgang soll 1 – 2 mal wiederholt und dann nach dem gleichen Vorgehen mit der nächsten Muskelgruppe geübt werden.

VII

Prinzip der passiven Konzentration und nicht-leistungsorientierten Einstellung

Wesentlich für das Gelingen der PME ist eine passive Konzentration, die sich rezeptiv-achtsam für die durch den Anspannungs- und Entspannungszyklus hervorgerufenen Empfindungen interessiert und sie explodiert, ohne ein bestimmtes Ergebnis anstreben zu wollen. Treten Ablenkungen, insbesondere in Form von Gedanken, Bildern und Geräuschen auf, soll der Übende die Aufmerksamkeit immer wieder sanft auf die aktuell geübte Muskelgruppe zurücklenken.

Praktische Durchführung der PME

Wie bereits erwähnt, wurde die PME einer Vielzahl von Modifikationen unterworfen, insbesondere die Differenziertheit der Übungsdurchführung betreffend. Diese hängt unter anderem davon ab, ob die PME individuell oder in der Gruppe vermittelt wird, ob sie als einzige Methode oder in Kombination mit anderen Techniken (wie z. B. beim Streßbewältigungstraining) zur Anwendung kommt und welche Indikation vorliegt. Im folgenden soll am Beispiel einer auf acht Übungssitzungen angelegten und aus zehn Übungen bestehenden, kompakten Form die praktische Durchführung beschrieben werden.

Dabei kommen folgende Modifikationen zur Anwendung:

- Dem Atem wird mehr Beachtung geschenkt und die Entspannung (nach vorangegangener Anspannung) erfolgt grundsätzlich mit der Ausatmung.
- Mit dem Entspannen der Muskulatur werden die Signalworte „entspannen“ und „loslassen“ gesagt.

– Suggestive Elemente treten zugunsten von neutral gehaltenen Hinweisen auf bestimmte Empfindungen und das einfache Erspüren einzelner Körperzonen zurück.

Vorbereitung

Die Übenden werden aufgefordert, sich ausführlich zu rekeln und zu strecken, dann eine aufrechte, aber bequeme Sitzhaltung einzunehmen und die Augen zu schließen. Eine erste Hinlenkung der Aufmerksamkeit auf den Körper erfolgt über die Einladung, das Gewicht des Körpers im Kontakt mit der Sitzfläche zu spüren, die Zehen zu lockern, die Wirbelsäule auszuloten, mit einem weiten Ausatmen die Schultern abzusenken, den Kopf auf dem Hals zu lockern und auszubalancieren, schließlich Stirn und Augen im Sinne eines Freundlich-zu-sich-Seins zu lösen. Diese Vorbereitung erfolgt grundsätzlich zur Einstimmung in jede Übungssitzung.

Übungsabfolge

Nur die erste Übung soll in wörtlicher Rede wiedergegeben werden; für die anderen Übungen wird lediglich der technische Ablauf geschildert.

a) Rechte Hand, rechter Unterarm, rechter Oberarm

„Strecken Sie den rechten Arm und machen Sie eine Faust ... lassen Sie den Atem laufen ... und warten Sie bis erste Spannungsempfindungen bewußt werden ... z.B. in der Faust ... oder im Unterarm ... auf der Unterseite oder eher auf der Oberseite ... oder im Oberarm oder vielleicht in der Schulter ... winkeln Sie jetzt den rechten Arm an und atmen Sie normal weiter ... zwischen dem Unter- und Oberarm entsteht jetzt eine zusätzliche Druckzone ... vielleicht auch im Ellbogen ... führen Sie jetzt den Arm und Ellbogen so weit zur rechten Seite, wie es angenehm möglich ist ... weiteratmen ... und achten Sie auf die Empfindungen von Druck, Spannung oder Ermüdung ... spüren Sie jetzt nochmals die Einatmung und mit der nächsten Ausatmung den rechten Arm ‚entspannen' ... ‚loslassen' (= Signalworte) ... beobachten Sie weiter ... vielleicht bemerken Sie ein tieferes Ein- und befreienderes Ausatmen, ‚Loslassen' ... lenken Sie Ihre Aufmerksamkeit auf die rechte Hand ... wie fühlt sie sich an? ... manchmal spürt man in ihr ein Kribbeln oder eine andere Empfindung ... können Sie Ihren rechten Unterarm spüren? ... Ihren rechten Oberarm? ... stubsen Sie Ihre rechte Schulter frei ... Wenn Sie jetzt Ihre rechte, geübte Seite mit Ihrer linken, ungeübten Seite vergleichen ... fühlen sich beide Seiten gleich an oder bemerken Sie Unterschiede?"

b) Linke Hand, linker Unterarm, linker Oberarm

Siehe Punkt a), jeweils bezogen auf die linke Seite.

c) Schultergürtel

Als Vorbereitungsschritt soll der Oberkörper aufgerichtet, die Schultern nach unten freigelockert und der Kopf locker gehalten werden. Langsam beide Schultern leicht hochziehen ... Hände lockern ... atmen ... Schultern eventuell sanft noch etwas höher ziehen ... mit dem Ausatmen Schultern „entspannen", „loslassen".

d) Schultergürtel, oberer Rücken, Brustkorb

(Vorbereitungsschritt wie c) Hände und Unterarme leicht anheben ... Hände bleiben locker ... Ellbogen langsam zurückziehen ... atmen ... Ellbogen eventuell sanft noch weiter zurückziehen ... mit dem Ausatmen „entspannen", „loslassen".

e) Hals und Nacken

Kopf sanft nach vorn zur Brust sinken lassen ... nicht drüken! ... Eventuell minimale Schaukelbewegungen ausführen ... Kopf wieder langsam aufrichten ... atmen und Schultern nachlockern ... Kopf sanft zur linken Schulter neigen ... nicht drücken! ... Spannung auf der rechten Halsseite beachten ... Kopf sanft zur rechten Schulter führen und neigen ... nicht drücken! ... Spannung auf der linken Halsseite beachten ... Kopf zur Mitte führen ... und mit minimalen Bewegungen ausbalancieren.

f) Stirn, Augen, Nase

Augen sanft andrücken, Stirn in Richtung Nasenwurzel zusammenziehen, Nase rümpfen ... mit dem Ausatmen „entspannen", „loslassen".

g) Kiefer, Lippen, Zunge, Backen

Zähne (nicht zu fest) aufeinanderbeißen, Lippen (eher breit) aufeinanderpressen, Zunge gegen den Gaumen drücken ... durch die Nase atmen ... mit dem Ausatmen „entspannen", „loslassen".

h) Bauch

Mit dem Ausatmen den Bauch kräftig hereinziehen bis alle Luft ausgeatmet ist ... mit dem Einatmen den Bauch wieder rasch „entspannen", „loslassen".

i) Rechtes Bein, rechter Fuß

Rechtes Bein strecken, nur leicht vom Boden abheben und die Zehen wegdrücken ... mit dem Ausatmen „entspannen", „loslassen", ... den Fuß wieder aufstellen.

j) Linkes Bein, linker Fuß

Siehe Punkt i), jeweils bezogen auf die linke Seite.

Visualisierungsübung

Zum Ausklang werden die Übenden eingeladen, sich vorzustellen, daß sie einen für sie besonderen Ort in der Natur aufgesucht haben, an dem sie einen wunderbaren Blick genießen und einfach in Ruhe sein können (alle Sinnesmodalitäten werden angesprochen).

Rücknahme

Die Übenden werden aufgefordert, sich zunächst sanft zu rekeln, dann zunehmend kräftiger zu strecken und genußvoll zu gähnen.

Nachbesprechung

Die Übenden werden nach ihren Erfahrungen und möglichen Schwierigkeiten befragt und beraten.

Aufbau des Trainingskurses

1. Stunde: Übungen a – c; 2. Stunde: Übungen a – d und i – j; 3. Stunde: Übungen a – f und i – j; 4. Stunde: Übungen a – j; 5. Stunde: Übungen a – j; 6. Stunde: Übungen a, b, c, i, j; jeweils 1 mit und 1 ohne Anleitung selbständig üben; 7. Stunde: Übungen a, b, d, e, f, g, h; jeweils 1 mit und 1 ohne Anleitung selbständig üben; 8. Stunde: „Reise durch den Körper", d. h. rein mentale Entspannung ohne vorherige Anspannung.

Weitere Durchführungshinweise

Die Länge der Anspannungsphase wird von den Trainern sehr unterschiedlich gehandhabt (zwischen 5 bis 30 Sekunden und länger). Sie hängt von der Stärke der Anspannung und von der gesundheitlichen Verfassung des Übenden ab. Die Entspannungsphase sollte immer um ein mehrfaches länger sein, als die Anspannungsphase (1 – 2 Minuten). Während der Übung mit einer bestimmten Muskelgruppe wird der Übende immer wieder darauf hingewiesen, auch andere Muskelgruppen auf unnötige Muskelspannungen hin durchzugehen und gegebenenfalls Spannungen loszulassen.

Grundsätzlich werden die Übenden angeregt, ihren Körper mit einer Einstellung von **Interesse und Neugierde** zu explorieren. Dabei wird es nicht als Mangel, sondern als durchaus normal dargestellt, daß der noch Ungeübte manche Muskelgruppen zunächst nur wenig oder auch gar nicht spürt. Mit den diversen Hinweisen des Trainers auf einzelne Muskelgruppen und Empfindungsqualitäten soll erreicht werden, daß der Übende sich immer wieder von seinem Gedankenfluß löst und seine Aufmerksamkeit auf den Körper lenkt. Was er spürt, ob es nun eine bestimmte Empfindung ist oder einfach die Tatsache, daß er die angesprochene Muskelgruppe nicht spüren kann, wird als seine Erfahrung, bei der es kein richtig oder falsch gibt, akzeptiert. Dies soll verhindern, daß der Übende sich unter Leistungsdruck setzt. Eine persönliche Instruktion erzielt erwiesenermaßen stabilere Effekte als Instruktionen vom Tonband. Das **selbständige Üben**, das eine unabdingbare Voraussetzung für die Wirksamkeit der Methode ist, kann allerdings durch die Mitverwendung einer Tonbandkassette und schriftlicher Unterlagen gefördert werden. Für jeden einzelnen Teilnehmer werden zudem individuelle Übungszeiten und -formen herausgearbeitet, die die persönlichen Lebensumstände berücksichtigen. Um eine **Generalisierung der Übungseffekte** auf den Alltag zu erreichen, werden die Übenden aufgefordert, in alltäglichen Streßsituationen zu registrieren, in welchen Muskelpartien oder in welchen Körperfunktionen sie sich typischerweise verspannen. Die habituellen Spannungszonen sollen sie dann im Alltag mehrfach kontrollieren und entspannen.

Die PME erlaubt vielerlei Modifikationen und läßt sich mit anderen Entspannungsverfahren sehr gut ergänzen bzw. kombinieren, z. B. mit konzentrativer Meditation, mit dem autogenen Training, mit Eutonie, Yoga, Atemtherapie und andere Verfahren. Welche Entspannungsqualität vermittelt wird, hängt sehr stark von der Erfahrung des Trainers und seiner Vertrautheit mit anderen Methoden ab.

Indikation

PME als eigenständiger Therapieansatz

Die therapeutische Wirksamkeit der PME konnte in einer Vielzahl relativ gut kontrollierter Studien nachgewiesen werden (Vaitl u. Petermann 1993). Neben **generellen Effekten**, wie z. B. der Verbesserung der muskulären Entspannung, der allgemeinen Befindlichkeit, der vegetativen Stabilität und größerer innerer Ruhe und Gelassenheit, konnten auch **spezifische Effekte** in der Behandlung von Schlafstörungen, essentieller Hypertonie, Spannungskopfschmerz, Angst- und Spannungsgefühlen und bei verschiedenen körperlichen Beschwerden, die mit Anspannung und Schmerzen verbunden sind, erzielt werden (Grawe u. Mitarb. 1994).

PME als Basisfertigkeit in Verbindung mit verhaltenstherapeutischen Verfahren

Die PME ist in der Regel integraler Bestandteil standardisierter Gruppenprogramme zur Streß- und Schmerzbewältigung (Kaluza 1996, Jungnitsch 1992) Besonders bewährt hat sich die PME auch in der Behandlung von Ängsten und Phobien, allerdings nur dann, wenn sie mit weiteren verhaltenstherapeutischen Maßnahmen kombiniert wird. Während die Funktion der PME in der systematischen Desensibilisierung heute kontrovers diskutiert wird, konnten mit dem gemeinsamen Einsatz von PME und Expositionsbehandlung in vivo gute Ergebnisse mit verschiedenen Phobien erzielt werden (Öst 1987).

Konzentrative Meditation

Während die progressive Muskelentspannung eine seit Jahren gut etablierte Methode in der Verhaltenstherapie ist, findet die konzentrative Meditation, obgleich ihre therapeutische Effektivität in einer Vielzahl von Studien nachgewiesen werden konnte (s. ausführliche Bibliographie von van Quekkelberghe u. Mitarb. 1991, Engel 1995), nur zögerlich Eingang in die Verhaltenstherapie. In den angloamerikanischen Ländern ist die Akzeptanz der Meditation und ihre Integration in die Psychotherapie schon wesentlich weiter fortgeschritten als in der BRD (Bogart 1991, Kwee 1990, Shapiro 1987, West 1987).

Ziele und allgemeine Effekte der konzentrativen Meditation

Verschiedene Formen der konzentrativen Meditation finden sich in den mystischen Traditionen aller großen Weltreligionen. Die konzentrative Meditation führt zu einem Zustand innerer Sammlung, Präsentheit, Ruhe und Entspannung. Sie ist als Basismethode Voraussetzung für weiterführende Meditationspraktiken, deren Ziel die religiöse Erfahrung der „Erleuchtung", des „Erwachens" oder des „Einswerdens" ist.

Es gilt heute als gesichert, daß die konzentrative Meditation auch unter Loslösung von ihrem religiösen Kontext gewinnbringend psychotherapeutisch eingesetzt werden kann (z. B. Kabat-Zinn 1991). Die Entspannungseffekte der konzentrativen Meditation sind eingehend untersucht worden und entsprechen denen der progressiven Muskelentspannung. Für die konzentrative Meditation werden spezielle Effekte postuliert, die das besondere dieser Methode gegenüber den herkömmlichen Entspannungstechniken ausmachen. Diese Effekte, die besonders für die kognitive Verhaltenstherapie relevant erscheinen, sollen später eingehend besprochen werden.

Grundprinzipien der konzentrativen Meditation

Prinzip der Konzentration auf ein Meditationsobjekt

Die konzentrative Meditation läßt sich als Selbstregulationstechnik beschreiben, bei der der Übende lernt, seine Aufmerksamkeit über einen längeren Zeitraum auf einen klar definierten Stimulus, das sog. **Meditationsobjekt**, zu fokussieren. Der Übende erhält dabei explizite Anweisungen, wie er sich verhalten soll, wenn seine Aufmerksamkeit vom Meditationsobjekt abschweift und zu aufgabenirrelevanten Nebenobjekten in der Form von Gedanken, Bildern und Gefühlen geht. Typische **interozeptive Objekte** sind z. B. der eigene Atem, eine Silbe (Mantra) oder Laut, ein einfaches Wort oder Satz, ein inneres Bild oder Symbol oder eine einfache Körperbewegung. Als **exterozeptive Objekte** können z. B. eine Kerze, eine Blume, Bilder und Symbole, Geräusche oder Klänge und natürliche Umgebungen wie z. B. stilles oder bewegtes Wasser dienen.

Prinzip der Achtsamkeit und der beharrlichen Rückführung der Aufmerksamkeit

Der Übende erfährt in der Regel sehr rasch, daß es ihm anfangs meist nur für wenige Sekunden gelingt, sich z. B. auf den eigenen Atem (als Meditationsobjekt) zu konzentrieren. Er wird durch Gedanken, Bilder, Phantasien, Geräusche oder Körperempfindungen abgelenkt. Deshalb muß neben der Aufmerksamkeitssteuerung als zweite Funktion eine innere **beobachtende Instanz** trainiert werden, die als **Achtsamkeit** oder **inneres Gewahrsein** bezeichnet wird. Ihre Aufgabe ist es, zu melden, ob die Aufmerksamkeit noch „am Ball" ist, d. h. ob sie noch auf das Meditationsobjekt konzentriert ist oder ob sie es aufgrund von Interferenzen „verloren" hat. In diesem Fall initiiert die beobachtende Instanz die Rückführung der Aufmerksamkeit zum Meditationsobjekt. Der Vorgang des Fokussierens, Abgelenktwerdens, Loslassens und Wieder-zum-Meditationsobjekt-Zurückkehrens geschieht in einer Übungssitzung sehr oft.

Prinzip der meditativen Einstellung

Die „richtige" meditative Grundhaltung ist für ein Gelingen der Übung von entscheidender Bedeutung und hat eine Vielzahl von Aspekten.

- **Die Aufmerksamkeit** sollte stets sanft auf das Meditationsobjekt gerichtet und auch immer wieder sanft zurückgeführt werden, sobald sie gewandert ist.
- **Der Übende sollte ohne Erwartung**, ohne Ehrgeiz oder Kontrollambitionen, spielerisch an die Übung herangehen. Er sollte seine Übungserfahrungen nicht miteinander vergleichen, sondern jede Sitzung unvoreingenommen und neugierig angehen. Denn wie jeder Übungsdurchgang ausfällt, wird auch durch die innere Verfassung zum Zeitpunkt der Übung beeinflußt.
- **Geduld und Gelassenheit** im Umgang mit der „Übermacht" der Gedanken ist wesentlich, ebenso ein allmähliches Anerkennen und Akzeptieren, daß viele interferierende Gedanken normal sind. In der konzentrativen Meditation werden Gedanken und andere mentale Inhalte grundsätzlich nicht bewertet, analysiert oder interpretiert; egal welchen Inhalt die Gedanken auch haben mögen, soll der Meditierende, sobald er notiert, daß er das Meditationsobjekt verloren hat, sanft die Aufmerksamkeit zu ihm zurückführen.
- **Loslassen von Gedanken**: Obgleich sich mit der Länge der Übung und mit zunehmender Erfahrung eine mentale Entspannung einstellt, muß dem häufigen Mißverständnis vorgebeugt werden, zu versuchen beim Meditieren möglichst wenig Gedanken zu haben. Es geht nicht um ein Abblocken oder Loswerden von Gedanken, sondern ums Achtsamsein, wo man mit der Aufmerksamkeit gerade ist, um das Loslassen von Gedanken und um das **Sich-immer-wieder-freundlich-in-die-Gegenwart-Zurückholen**.

Praktische Durchführung der konzentrativen Meditation

Im folgenden soll eine Form der konzentrativen Meditation beschrieben werden, die den Atem als Meditationsobjekt benutzt. Sie besteht aus vier Übungseinheiten und wird in Verbindung mit der PME vermittelt, sobald der Übende einen befriedigenden Grad muskulärer Entspannung erreicht hat (für eine ausführliche Beschreibung s. Seer 1987).

In der ersten Übungssitzung wird erklärt, daß bei der konzentrativen Meditation die Aufmerksamkeit von den 10 verschiedenen Körper-/Muskelempfindungsbereichen der PME auf nur einen, nämlich den der Atembewegung im Bauchraum, eingeengt wird. Die neue Übung wird eher beiläufig eingeführt, indem der Übende eingeladen wird, seiner Atembewegung nachzuspüren und die unterschiedlichen Empfindungsqualitäten ausfindig zu machen. Die Perioden des Atemspürens- bzw. -beobachtens werden zunächst sehr kurz gehalten (1 – 2 Minuten), immer wieder durch eine kurze Befragung und weitere Anmerkungen unterbrochen und schließlich auf 5 Minuten ausgedehnt. Der Atem soll nur erspürt und beobachtet werden, ohne ihn zu regulieren. Trotzdem geschieht es typischerweise, daß die Beobachtung den Atem verändert. Deshalb sind während der Übung wiederholte Hinweise nützlich, die den Übenden immer wieder auf die „richtige" Einstellung hinweisen.

In der zweiten Übungssitzung wird ergänzend eine einfache Atemzählmethode eingeführt, die darin besteht, daß der Übende innerlich seine Ausatmungen von „eins" bis „drei" mitzählt und immer wieder diesen Zählzyklus wiederholt. Sobald er das Zählen vergißt oder über „drei" hinauszählt, ist das ein Hinweis dafür, daß er aufgrund interferierender Gedanken das Meditationsobjekt verloren hat. Ohne weiter den Ablenkungen nachzugehen, soll der Übende seine Aufmerksamkeit sanft zur Atembewegung zurückführen und das Zählen der Ausatmungen wieder aufnehmen. Die Anwendung dieser zusätzlichen Zählmethode wird zunächst wieder in kurzen Sequenzen von 2–3 und schließlich von 5 Minuten geübt. Dabei wird auf einen spielerischen Umgang mit dem Zählen geachtet. Es soll dem Übenden lediglich als Hilfsmittel dienen und ihn darüber informieren, ob er mit seiner Aufmerksamkeit noch beim Atem ist oder nicht. Manchen bereitet die Methode des Zählens Schwierigkeiten. Sie nehmen sie zu genau, verlegen sich zu sehr aufs Zählen oder versuchen über das Zählen den Atemrhythmus zu beeinflussen. In manchen Fällen kann es daher besser sein, die Zählmethode wieder aufzugeben und sich ausschließlich auf das Atemspüren zu verlassen.

In der dritten und vierten Übungssitzung werden jeweils zwei Übungsdurchgänge von 10–15 Minuten durchgeführt und Vorschläge für die Übertragung der Methode auf den Alltag gemacht. Der Übende wird ermutigt, die konzentrative Meditation (mit oder ohne Atemzählen) auch in Alltagssituationen, wie z.B. im Bus, in der Mittagspause und wenn möglich vor oder in schwierigen Situationen zu praktizieren. Die Übung kann auch mit geöffneten Augen oder im Stehen durchgeführt werden. Gerade jene Situationen, in denen man sich typischerweise verspannt, lassen sich zu einer „Minimeditation" umfunktionieren, z.B. eine angespannte Teamsitzung oder das Schlangestehen im Supermarkt.

Konzentrative Meditation und kognitive Verhaltenstherapie

Neben den Entspannungseffekten der konzentrativen Meditation sind eine Reihe von zusätzlichen psychohygienischen und psychotherapeutischen Wirkungen beobachtet worden, die eine Kombination der konzentrativen Meditation mit der kognitiven Verhaltenstherapie als sehr vielversprechend erscheinen lassen (Seer 1986). Diese Effekte sind jedoch zum größten Teil wissenschaftlich noch nicht überprüft.

Die meditative Konzentration trainiert über das Spüren des Atems ein ständiges Sich-Gewahrsein, ob man bewußt im gegenwärtigen Augenblick orientiert ist oder sich in Gedanken verloren hat, die sich ja meist mit Vergangenem oder Zukünftigem beschäftigen. Neben dieser diskriminativen Fertigkeit des Sich-immer-wieder-Bewußtmachens, ob man gedanklich bei der Sache ist oder nicht, übt man in der konzentrativen Meditation das Loslassen jeglicher mentaler Inhalte und das Zurückführen der Aufmerksamkeit in das Hier-und-Jetzt. Dies kann besonders bei der Behandlung von Grübeleien und von milden Ängsten von großem Nutzen sein, so z.B. bei Prüfungsängsten, bei denen die Aufmerksamkeit immer wieder von negativen Kognitionen absorbiert wird. Während in der kognitiven Verhaltenstherapie, die Logik, Richtigkeit und Funktionalität des eigenen Denkens das zentrale Thema ist, dienen in der konzentrativen Meditation Kognitionen als diskriminativer Stimulus für ihr Loslassen. Beide Aspekte sind therapeutisch relevant und ergänzen einander, das Korrigieren dysfunktionaler Gedanken wie auch ihr Loslassen.

Eine weitere, auch für die kognitive Verhaltenstherapie interessante Wirkung der konzentrativen Meditation ist ein sich veränderndes Verhältnis zu den eigenen Kognitionen, in dem Sinn, daß der Meditierende immer wieder mit der ungeheuerlichen Dominanz seiner kognitiven Prozesse konfrontiert wird. Mit der Übung wächst jedoch auch die Einsicht, daß Gedanken an sich nicht real sind. Es sind eben einfach nur Gedanken, denen man glauben kann oder auch nicht, die man korrigieren und vor allem auch wieder loslassen kann, um mit der realen Welt über die Sinne des Sehens, Hörens, Riechens, Schmeckens und Fühlens im Hier-und-Jetzt wieder in Kontakt zu kommen. Die Gedanken verlieren durch die Übung der konzentrativen Meditation ihre Übermacht; der Übende erlebt, daß er den eigenen Gedanken nicht einfach ausgeliefert ist, sondern daß er sie steuern oder sich auch von ihnen distanzieren kann. Der regelmäßig Übende ist also weniger mit seinen Gedanken identifiziert.

Obgleich man die in der Übung auftauchenden Gedanken nicht bewerten und analysieren, sondern sie lediglich mit distanziertem Interesse notieren soll, um sie dann loszulassen, wird man nicht anders können, als sich der vorherrschenden Themen und gewohnheitsmäßigen Gedankenmuster und „automatischen Gedanken" (Beck u. Mitarb. 1992) bewußt zu werden. Die konzentrative Meditation sensibilisiert also für die Wahrnehmung der eigenen Kognitionen und schafft somit eine bessere Grundvoraussetzung für eine erfolgreiche kognitiv-verhaltenstherapeutische Arbeit.

Indikation

Konzentrative Meditation als eigenständiger Ansatz

Die vorliegenden Ergebnisse wissenschaftlicher Studien rechtfertigen den Einsatz der konzentrativen Meditation als psychotherapeutisches Verfahren in der Behandlung von Patienten mit Spannungs- und Angstzuständen, Schlafstörungen, Asthma, essentieller Hypertonie und Alkohol- und Drogenabhängigkeit (Grawe u. Mitarb. 1994).

Was die allgemeinen Entspannungseffekte der konzentrativen Meditation betrifft, so sind sie vergleichbar mit denen der progressiven Muskelentspannung. Grawe u. Mitarb. (1994) kommen in ihrer Therapieevaluationstudie zu dem Ergebnis, daß meditative Verfahren in ihrer Wirksamkeit unterschätzt werden und nach den vorliegenden Ergebnissen sogar dem autogenen Training überlegen sind.

Konzentrative Meditation in Verbindung mit verhaltenstherapeutischen Verfahren

Die konzentrative Meditation ist integraler Bestandteil von Streß- und Schmerzbewältigungsprogrammen (z.B. Kabat-Zinn 1991, Astin 1997) und wurde in der Gruppentherapie zur Lebensstiländerung von Koronarpatienten erfolgreich eingesetzt (Ornish 1992).

Konzentrative Meditation und progressive Muskelentspannung im Vergleich

In den wenigen Studien, die beide Methoden vergleichen, erwies sich keine Methode als eindeutig überlegen. Das liegt zum einen daran, daß beide Methoden ähnliche therapeutische Effekte haben, zum anderen, daß die Studien nicht differenziert genug angelegt waren, um differentielle, methodenspezifische Effekte zu erfassen. Zusätzlich zu den Entspannungseffekten trainieren beide Methoden eine Reihe von

Fertigkeiten, die aus psychohygienischer Sicht als Ergänzung zur Psychotherapie sehr nützlich sind: Für die progressive Muskelentspannung sind dies eine verbesserte Körperwahrnehmung und Selbstregulation muskulärer und physiologischer Funktionen, für die konzentrative Meditation sind dies eine verbesserte innere Achtsamkeit und Orientiertheit im Hier-und-Jetzt und eine verbesserte Fertigkeit im Umgang mit Kognitionen.

23. Autogenes Training

H. Kraft

Autogenes Training als Basispsychotherapeutikum

Für viele Menschen gehört das Autogene Training (A.T.) zum Alltag, wird entweder regelmäßig in den Tagesablauf zur Entspannung und Erholung integriert oder in Streßsituationen bei Bedarf angewandt. Das Spektrum seiner Indikation reicht von der Psychohygiene und -prophylaxe (z.B. Vermittlung in Kursen an Volkshochschulen) über eine noch unspezifische „Resonanzdämpfung überschießender Affekte" bis hin zur gezielten psychosomatischen und psychotherapeutischen Behandlung einzelner Krankheitsbilder (z.B. Migräne, Morbus Raynaud), wobei Kombinationen mit medikamentöser Therapie oder anderen psychotherapeutischen Verfahren (z.B. als Einstieg in einige Formen der Verhaltenstherapie) möglich sind. Insofern ist es gerechtfertigt, von dem bereits 1932 durch J. H. Schultz in einer Monographie vorgestellten A.T. als einem „Basispsychotherapeutikum" zu sprechen. Schultz definierte es als „ein vom Selbst (autos) sich entwikelndes (gen = werden) und das Selbst gestaltendes systematisches Üben, Training." Es handelt sich um ein autohypnoides Verfahren, das als „legitime Tochter der Hypnose" bezeichnet werden kann: „Das Prinzip der Methode ist darin gegeben, durch bestimmte physiologisch-rationale Übungen eine allgemeine Umschaltung der Versuchsperson herbeizuführen, die in Analogie zu den älteren fremdhypnotischen Feststellungen alle Leistungen erlaubt, die den echten suggestiven Zuständen eigentümlich sind" (Schultz 1987, S. 1).

Das Ziel des A.T. ist die Selbstentspannung im Sinne einer sog. „organismischen Umschaltung"; darunter ist die willentliche Umschaltung von einer aktivitätsgerichteten ergotropen auf eine der Restitution und Erholung dienende trophotrope Reaktionslage des Organismus zu verstehen.

Stellung des Autogenen Trainings in der Arzt-Patient-Beziehung

Vor einer Anwendung und Vermittlung der Methode gilt es, zu reflektieren, welche Stellung dem A.T. in der Beziehung zwischen Arzt und Patient zukommt. Die Antwort darauf ist mitentscheidend für Indikation und Kontraindikation sowie für den therapeutischen Erfolg. Es können zwei Schwerpunkte in der Vermittlung herausgestellt werden (Kraft 1996).

Strukturierend-stützender Vermittlungsstil

Im konkreten Fall kann z.B. der Therapeut dem Patienten das A.T. als alleiniges oder ergänzendes Therapieangebot oder auch als Einstieg in eine umfassendere psychotherapeutische Behandlung vorschlagen. Er kann ihm vermitteln, daß er als Therapeut dies für die Methode der Wahl halte, gute Erfahrungen in vergleichbaren Fällen gemacht habe, gute Chancen bei den vom Patienten geklagten Beschwerden sehe, kurzum: Das A.T. sei genau das richtige therapeutische Verfahren und zudem eines, mit dem der Patient seine eigene Sache selbst zu vertreten lerne. Dies entspräche, in aller Kürze dargestellt, dem strukturiert-stützenden Einstieg in die Vermittlung des A.T. Eine derartige Vorgehensweise hat den Vorteil, einem Patienten, der sich stark verunsichert fühlt, einen Halt zu geben, ggf. seinen starken anaklitischen (anklammernden) und depressiven Bedürfnissen zu entsprechen. Das Verhalten des Therapeuten wäre hier also als empathische Reaktion auf die von ihm gespürten oder auch vom Patienten direkt zum Ausdruck gebrachten Bedürfnisse zu verstehen. Der hierbei in Kauf genommene Nachteil besteht darin, daß nach der Entscheidung für diesen Vermittlungsstil das subtile Geschehen von Übertragung und Gegenübertragung in einer spezifischen Weise vorstrukturiert ist.

Analytisch orientierter Vermittlungsstil

Durchaus anders gestaltet sich der Einstieg in eine offene, analytisch orientierte Vermittlung des A.T. Der Therapeut wird sich neutraler und zurückhaltender verhalten, sofern er erkennen kann, daß der Patient in konstruktiver Weise mit diesem non-direktiven Angebot umgehen kann. Auf diese Weise wird mehr Raum gegeben für die aus unbewußten Ängsten und Beziehungsmustern heraus sich spontan konstellierende Art einer Übertragungsbeziehung.

Eine solche Übertragungsbeziehung erreicht zwar nicht die Intensität einer Übertragungsneurose wie im klassischen psychoanalytischen Setting, erlaubt aber doch einen sehr weitgehenden Einblick in die unbewußten Konflikte des Patienten. So kann z.B. die Reaktion eines Patienten auf das Angebot des A.T. als eines autosuggestiven Verfahrens bereits sehr aufschlußreich sein. Übergeht der Patient dieses Angebot? Oder fragt er nach?

Ist eher eine Neugier oder eine ängstliche Zurückhaltung gegenüber dem Neuen und Unbekannten zu spüren?

Im Verlauf des Erlernens des A.T. wird es darauf ankommen, Schwierigkeiten und Fehler in der Realisierung des A.T. sowohl auf dem lebensgeschichtlichen Hintergrund als auch in der aktuellen Arzt-Patient-Beziehung zu verstehen.

Entsprechend der zum großen Teil psychoanalytisch orientierten psychotherapeutischen Weiterbildung in der Bundesrepublik Deutschland kommt meines Erachtens der offenen, analytisch orientierten Art der Vermittlung des A.T. eine zunehmend größere Bedeutung zu. Sie hat den Vorteil, die unpassende und doch sich zäh haltende Unterscheidung von „zudeckender" und „aufdeckender Therapie" zu überwinden, die sich auch heute noch in der Überzeugung wiederfindet, daß analytisch orientierte Psychotherapie und A.T. unvereinbar seien (vgl. hierzu Kraft 1996, S. 127 – 128).

Funktionsweise des Autogenen Trainings

Hypnoid und posthypnotischer Auftrag

Das A.T. wurde von J.H. Schultz als „legitime Tochter der Hypnose", als eine Form der Autohypnose bezeichnet. Der autohypnoide Zustand wird durch eine zunächst auf die körperliche Entspannung ausgerichtete Selbstbeeinflussung erreicht und kann – anders als die Entspannung im Schlafzustand – über die Übungszeit hinauswirken; dies ist in der Hypnose als „posthypnotischer Auftrag" bekannt (z.B. Terminerwachen).

Psychophysische Einheit

Im A.T. wird zum Zwecke der zunächst körperlichen Entspannung und Ruhigstellung die Reaktionsmöglichkeit des Körpers auf rein gedankliche Vorstellungen ausgenutzt. Wenn wir nun hinzunehmen, daß Körperliches und Psychisches nicht getrennt voneinander funktionieren können, sondern eine unlösbare Einheit bilden, die körperliche Entspannung also auch psychovegetativ regulierend und entspannend zurückwirkt, so sind der Mechanismus und die Wirkung des A.T. hiermit im wesentlichen bereits von Schultz dargestellt worden.

Lerntheoretische Ansätze

Durch Außenreizverarmung, Einnahme einer bequemen Sitz- oder Liegeposition sowie gedankliche Hinwendung auf die körperlichen Prozesse kommt es bereits zu einer leichten Muskel- und Gefäßentspannung als **unbedingter Reflex**. Durch Verwendung bestimmter Formeln (z.B. „Mein rechter Arm ist schwer") kommt es zur Kopplung der physiologischen Reaktionen an diese Formeln im Sinne der **klassischen Konditionierung**, die hier auch als **semantische Konditionierung** bezeichnet werden kann.

Positive Verstärker im weiteren Übungsverlauf (Lob des Kursleiters, erste Erfolge) und Wegfall negativer Verstärker (z.B. Minderung der vegetativen Symptome) sind als **operantes Konditionieren** (Lernen an Erfolg) zu bezeichnen.

Indikationen und Kontraindikationen

Indikationen

Psychohygiene und -prophylaxe im Sinne von psychophysischer Erholung, Entspannung, Erhöhung der Konzentration und einer „Resonanzdämpfung überschießender Affekte".

Funktionelle Störungen, z.B. Schlafstörungen, funktionelle Störungen der Muskulatur (z.B. Myogelosen, Verspannungen der Schulter-Nacken-Muskulatur, ggf. mit Kopfschmerzen).

Psychosomatische Erkrankungen, z.B. als unterstützendes therapeutisches Verfahren bei Migräne (vor allem am Beginn eines Anfalls), Asthma bronchiale, Angina pectoris, Morbus Crohn, Colitis ulcerosa, essentieller Hypertonie, Morbus Raynaud.

Somato-psychische Erkrankungen: Da die Wahrnehmung und Verarbeitung von (chronischen) Schmerzen auch von psychischen Faktoren mit abhängig ist, kann das A.T. zur Resonanzdämpfung der Affekte wertvolle Hilfe leisten, daneben können auch gezielt „formelhafte Vorsatzbildungen" (als spezifische Zusatzformeln) verwendet werden. Allgemein gilt, daß bei Schmerzen an der Haut oder an den Zähnen eine Kühle-Autosuggestion geeignet ist, während bei Schmerzzuständen innerer Organe (z.B. Koliken) eine Wärme-Autosuggestion angebracht ist.

Neurotische Erkrankungen vor allem bei angstneurotischen Erkrankungen ggf. auch als Einstieg in eine Verhaltenstherapie oder ein analytisch orientiertes Verfahren.

Suchterkrankungen.

Schwangerschaft – Geburt: Ängsten oder Verkrampfungen mit einem dadurch ausgelösten Circulus vitiosus von Angst – Schmerz – Angst kann entgegengewirkt werden.

Kontraindikationen

„Mit der Erörterung der Indikationen ist auch die Frage ihrer Kontraindikation gestellt. Es ist mir bis jetzt nicht gelungen, eine solche zu finden, wenn der Versuchsleiter im Auge behält, daß die Dosierung, besonders für die selbsttätige Verfügung über die Vasomotoren, vorsichtig und individuell erfolgen muß" – soweit J.H. Schultz.

Begrenzende Faktoren wäre die genauere Bezeichnung.

Kinder ab ca. 6.–8. Lebensjahr, alte Menschen, so lange sie in der Lage und interessiert sind, sich etwas Neues anzueignen, können das A.T. erlernen.

Verlust der Selbstverfügbarkeit, z.B. bei akuten oder schweren chronischen Psychosen, steht einem selbstverantwortlichen Lernprozeß entgegen.

Prognostisch ungünstige Faktoren: Als solche gelten
- starke Anspruchshaltung (ohne eigene entsprechende Leistungsmotivation);
- erlebnis- und vorstellungsarme Persönlichkeiten;
- ausgeprägt zwanghaft strukturierte Persönlichkeiten (wohingegen zwanghafte Anteile sich hinsichtlich der Übungskonstanz durchaus positiv auswirken können);
- krankhaft hypochondrische Einstellungen;
- sekundärer Krankheitsgewinn (vor allem im Sinne der Rentenneurose).

Wirksamkeitsnachweis: Obwohl – oder gerade weil – das A.T. ein altbekanntes und vielfach bewährtes psychotherapeutisches Verfahren ist, genügen die meisten Untersuchungen zu seiner Wirksamkeit nicht heutigen wissenschaftlichen Forderungen (Grave u.a. 1994, s. auch Gutachten zur Wirksamkeit von R. Holle und J. Schmidt in M. Bühring und F. H. Kemper, 1995). Es ist die Situation entstanden, daß ein als alt-bekannt und altbewährt geltendes Verfahren erneuter Forschungsanstrengungen bedarf (vor allem Therapievergleichsstudien mit größeren Fallzahlen und ausführlichen katamnestischen Erhebungen).

Grundstufe des Autogenen Trainings

Allgemeine Rahmenbedingungen

Das A.T. wird gemeinhin mit den sechs Übungen der Grundstufe gleichgesetzt (zur ausführlichen Schilderung der Übungen s. die Lehrbücher z.B. von Binder u. Binder 1989, Haring 1979, Hoffmann 1977, Kraft 1996, Krapf 1973, Rosa 1973, Schultz 1932/1987). Die Bedeutung des Arzt/Therapeuten-Patienten-Kontaktes und der Einfluß des Vermittlungsstils wurden bereits diskutiert (s. oben).

Das A.T. wird in bestimmten günstigen Haltungen trainiert (Liegehaltung, Lehnsesselhaltung, Droschkenkutscherhaltung), gleichzeitig ist auf eine entsprechende innere Gestimmtheit sowie auf Außenreizverarmung (abgedunkeltes Licht, bequeme Kleidung, Reduzierung der Störmöglichkeiten durch Lärm usw.) zu achten (sog. „set and setting").

Die Übungszeit beträgt anfänglich lediglich zwei bis drei Minuten, später ca. fünfzehn bis zwanzig Minuten bzw. „solange es angenehm ist". Die Kursteilnehmer werden angehalten, zwei- bis dreimal täglich allein zu Hause zu üben. Kurse für A.T. (oder auch die Einzelvermittlung) finden zumeist in wöchentlichem Abstand statt mit mindestens sechs bis ca. zehn Sitzungen mit ca. zwanzig bis neunzig Minuten Dauer der Einzelsitzung, je nach Vermittlungsstil und Gruppengröße.

Die durchschnittliche Gesamtzeit zum Erlernen des A.T. (Fähigkeit zur sog. „organischen Umschaltung") beträgt vier bis sechs Monate.

Die Vermittlung des A.T. gehört zu den Leistungen der gesetzlichen und privaten Krankenkassen.

Schwereübung

Die entspannte Muskulatur wird im Wachzustand als „schwer" wahrgenommen. Unter „Schwere" im A.T. verstehen wir die durch Hinwendung der Aufmerksamkeit (Konzentration) wahrgenommene Eigenschwere des Körpers.

Die Hinwendung wird durch Formeln unterstützt, beginnend mit dem „Arbeitsarm". „Mein rechter/linker Arm ist (ganz) schwer", wobei nach Eintritt des Erlebens die Formel auf beide Arme, dann beide Beine, schließlich den ganzen Körper erweitert wird. Die Formeln werden jeweils 5–6mal vergegenwärtigt, dann 1mal – gewissermaßen als Motto – „Ruhe kommt von selbst" (was geeigneter erscheint als das ursprünglich von J. H. Schultz empfohlene „Ich bin ganz ruhig").

Das A.T. wendet sich mit seiner ersten Übung an ein Organsystem, das einerseits der Willkürinnervation unterworfen ist und somit zunächst am ehesten zu beeinflussen ist (größte Ich-Nähe, d.h. relativ größte bewußte Verfügbarkeit), andererseits aber eine Vielzahl von emotionalen Einflüssen unterliegt: kann sich der Übende „gehenlassen", kann er sich loslassen, geschehen lassen, hat er Vertrauen in sich selbst, in die Gruppe, in den Therapeuten – oder muß er sich stets zusammennehmen, zusammenreißen, hat er Angst, die Kontrolle zu verlieren, sich zu verlieren, ins Bodenlose zu fallen?

Wenn wir die Genese einer derart verstandenen muskulären Daueranspannung zurückverfolgen, gelangen wir zum Thema der Abwehr regressiver (Hingabe-)Bedürfnisse als Ausdruck eines neurotischen Trieb-Abwehr-Konfliktes, möglicherweise jedoch auch als Ausdruck einer psychogenetisch früher anzusiedelnden Störung im Sinne eines „fehlenden Urvertrauens" (Erikson 1973) bzw. einer „Grundstörung" (Balint 1970).

Die „innere Haltung", die zum ich-syntonen Charakterbild eines Menschen gehören kann, sowie die unbewußten Konflikte prägen Aufnahme und Realisationsmöglichkeiten für die Schwereübung.

Wärmeübung

Das Ziel der Wärmeübung ist die Weiterstellung der Gefäße und eine Verbesserung der Durchblutung der Extremitäten, was sich speziell an Armen und Beinen als ein Wärmegefühl bemerkbar macht. Die Ausbreitung des Wärmegefühls folgt dem Vorgehen bei der Schwereübung. („Mein rechter/linker Arm ist [ganz/angenehm] warm" usw.)

Die aus psychodynamischer Sichtweise zu stellenden Fragen gehen dahin, ob der Übende sich selbst wärmen kann, sich selbst Wärme spenden kann (Thema Abhängigkeit – Unabhängigkeit), eine „vegetative Funktionslust" (Kraft 1996) entwickeln kann oder in angespannter Reaktions- und Handlungsbereitschaft verbleiben muß, vielleicht auch verbunden mit der (unbewußten) Forderung, gewärmt zu werden. Bildlich gesprochen ist dies die Frage, ob ein Mensch sich ein Bett bereiten und darin zurückziehen kann, um sich zu entspannen und sich zu erholen, oder ob er wütend-angespannt oder auch hilflos-ängstlich darauf beharrt, gewärmt, umsorgt, gefüttert und gehalten zu werden.

Atemübung (das „passive Atemerlebnis")

Konzentration auf die Atmung heißt im Zusammenhang mit dem A.T.: Konzentration auf einen biologisch ausreichend gesteuerten Rhythmus, Verzicht auf bewußte Steuerung.

Das passive Atemerlebnis führt uns ins Zentrum des A.T., indem wir in der Übung lernen, einen physiologischen Rhythmus beobachtend geschehen zu lassen. Das bewußte Sich-Einlassen auf diesen biologischen Rhythmus, dieses Anvertrauen, vertieft das Ruhe- und Entspannungsgefühl. Der bewußte Verzicht einer steuernden Einflußnahme auf die Atmung kann jedoch auch Ängste vor dem Loslassen, dem Geschehenlassen aktivieren, die bislang möglicherweise hinter einem dynamisch zupackenden Verhalten verborgen blieben.

Die Formel für diese Übung lautet: „Atmung ruhig und regelmäßig".

Um das passive Atemerlebnis noch zu verdeutlichen, empfiehlt Schultz, im Anschluß an die ca. sechsmalige Vergegenwärtigung der Standardformel einmal sich vorzustellen: „Es atmet mich."

Diese Formel wird von manchen Kursteilnehmern jedoch als ein „sprachliches Ungetüm" empfunden; viele kommen eher mit der folgenden Formel zurecht: „Es atmet in mir."

Herzübung (das „passive Herzerlebnis")

Die Kursteilnehmer werden angehalten, sich auf ihr Herz zu konzentrieren, die „beobachtende Konzentration" wird – vergleichbar der Atemübung – mit Hilfe der folgenden Formel unterstützt: „Das Herz schlägt ruhig und kräftig."

Es kann nicht klar genug und oft genug darauf hingewiesen werden, daß die Frequenz des Herzschlages nicht verändert werden soll, sondern daß es nur auf die Wahrnehmung ankommt, auf das „passive Herzerlebnis".

Speziell bei der Herzübung existieren viele verschiedene gleichwertige Alternativformeln, die ergänzend genannt werden sollen:

„Herz ruhig und regelmäßig."
„Herz arbeitet ruhig und leicht."
„Puls ruhig und regelmäßig."
„Es durchpulst mich."

In diesen Formeln kommt, hierin wieder der Atemübung vergleichbar, durch das „Es" wiederum schon sprachlich das Erleben, das Sichanvertrauen, das passive Herzerlebnis zum Ausdruck.

Sonnengeflechtsübung (Bauchübung)

„Der früheste Beweis für das Vertrauen des Kindes zur Gesellschaft ist das Fehlen von Ernährungsschwierigkeiten, Schlafstörungen und Spannungszuständen im Verdauungstrakt" (Erikson 1973, S. 241).

Schultz durfte im A.T. somit keinesfalls auf die Einbeziehung des Bauches verzichten, mußte aber den gesellschaftlich-sprachlichen Normen Rechnung tragen; es galt als „unschicklich", von „Bauch" oder gar „Unterleib" zu reden. So kam Schultz auf den aus der Anatomie bekannten Begriff des Plexus solaris (Sonnengeflecht), dieses Geflecht des autonomen Nervensystems, das an der Rückenwand der Bauchhöhle liegt.

Die Formel für die Sonnengeflechtsübung lautet:
„Sonnengeflecht strömend warm."
Als gleichwertige Formeln können gelten:
„Bauch strömend warm."
„Das Zentrum ist strömend warm."

Binder (1979) empfiehlt als zusätzliche formelhafte Vorsatzbildung.

„Ich ruhe in mir selbst, ich finde zu meiner eigenen Mitte zurück."

Das A.T., speziell mit seiner Sonnengeflechtsübung, gilt als das Spasmolytikum für den Leib schlechthin.

Stirnkühleübung (die „relative Stirnkühle")

Die Stirn bleibt – bei der allgemeinen Entspannung der Gefäße – trotz leichter Erwärmung stets deutlich kühler als die Extremitäten.

Die Stirnkühleübung dient also wesentlich der Vergegenwärtigung dieses Unterschiedes und wirkt der möglichen Ausbreitung des Wärmeerlebnisses auf den Kopf entgegen, was von den meisten Menschen als unangenehm erlebt würde und ggf. zu Kopfschmerzen führen könnte.

Die Formel für die Stirnkühleübung lautet:
„Stirn angenehm kühl."

Die Übung wird als subjektiv sehr angenehm, erfrischend, die Konzentration fördernd erlebt. So ist diese Übung besonders dann geeignet, wenn nach der Rücknahme konzentriert gearbeitet werden soll/muß, wohingegen vor einem gewünschten Einschlafen die Stirnkühleübung verständlicherweise zu unterlassen ist. Alternativ oder auch ergänzend zur Standardformel werden die folgenden Formeln häufig gebraucht:

„Kopf frei und klar."
„Kopf frei und leicht."

Da es sich beim A.T. um ein autohypnoides Verfahren handelt, muß jede Übung im A.T. zum Abschluß klar beendet („zurückgenommen") werden. Hierfür wird folgende Formel verwendet:

„Arme fest, Atmung tief, Augen auf."

Unterstützt wird diese Formel von kräftigem Beugen und Strecken der Arme und Beine sowie tiefem Durchatmen – analog dem morgendlichen Rekeln nach einem erfrischenden Schlaf.

Bei einem als Einschlafhilfe geübten A.T. fällt die Rücknahme natürlich fort, der Schlaf löst den autohypnoiden Zustand, die Rücknahme wird sozusagen auf das morgendliche Rekeln verschoben.

Ausblick

Bei Abschluß eines Grundstufenkurses im A.T. werden noch nicht alle Übungen sicher beherrscht (vgl. Tab. 23.**1**). Bei regelmäßigem zwei- bis dreimal täglichem Üben vergehen bis zur sicheren Beherrschung der Grundstufenübungen ca. vier bis sechs Monate. Ein zentrales Problem des A.T. liegt in der Notwendigkeit dieses regelmäßigen weiteren Übens. Ohne die Motivierung durch Kursleiter und Übungsgruppe wird von vielen das zur Stabilisierung des Übungserfolges notwendige regelmäßige Üben nicht lange genug beibehalten. Nach eigenen Untersuchungen trifft dies in Abhängigkeit von verschiedenen Faktoren für 40 bis 60% der Kursteilnehmer zu (vgl. Kraft 1989, S. 124–132). Nur ein kleiner Teil dieser Personengruppe nimmt später noch einmal an einem Grundstufenkurs teil, andere greifen das Angebot eines „Kurses für Fortgeschrittene im A.T." auf, um hierin Schwierigkeiten mit einzelnen Grundstufenübungen zu besprechen und ggf. spezielle Zusatzformeln (sogenannte formelhafte Vorsätze) zu erarbeiten (vgl. Tab. 23.**2**). Unabhängig von der Grundstufe und den darauf bezogenen Kursen für Fortgeschrittene existiert auch eine sog. „Oberstufe des A.T." (Schultz 1932/1987). Sie wird inzwischen als analytisch orientiertes Wachtraumverfahren („Autogene Imagination", Kraft 1996) gehandhabt (vgl. hierzu auch Rosa 1975, Wallnöfer 1978). Es bestehen deutliche Beziehungen zum katathymen Bilderleben, und zwar aktiven Imagination; entsprechend dem „autogenen" Charakter des A.T. liegt das Schwergewicht hierbei mehr auf dem eigenen vom Therapeuten ungestörten/unbeeinflußten Imaginieren, das im Anschluß an die Imagination, ggf. unter Zuhilfenahme bildnerischer Techniken, gemeinsam be- und aufgearbeitet wird.

Tabelle 23.1 Angegebene Schwierigkeiten bei einzelnen Übungen der Grundstufe des Autogenen Trainings (mehrere Angaben waren möglich, Anzahl der Angaben deshalb größer als die Teilnehmerzahl n1, Prozentwerte bezogen auf n = 66 [nach Kraft 1980])

	Schwierigkeiten noch über den Abschluß des Unterstufenkurses hinaus	Schwierigkeiten zu Beginn des Fortgeschrittenenkurses
Schwereübung	0 (0%)	0 (0%)
Wärmeübung	4 (6%)	2 (3%)
Atemübung	1 (1,5%)	1 (1,5%)
Herzübung	33 (50%)	27 (41%)
Sonnengeflechtsübung	24 (36%)	18 (27%)
Stirnkühleübung	25 (38%)	22 (33%)

Tabelle 23.2 Angegebene Gründe für die Teilnahme am Fortgeschrittenenkurs (mehrere Angaben waren möglich, Anzahl der Angaben deshalb größer als die Teilnehmerzahl n1, Prozentwerte bezogen auf n = 66 [nach Kraft 1980])

Bedürfnis, weitere Informationen zum A. T. zu erhalten	50 (76%)
Probleme bei einzelnen Übungen	44 (67%)
Erarbeitung formelhafter Vorsätze	40 (61%)
Versuch, die bereits guten Ergebnisse und Erfahrungen mit dem A. T. zu vertiefen	37 (56%)
Ein „zweiter Anlauf", nachdem zwischenzeitlich das A. T. sehr unregelmäßig geübt worden war.	15 (23%)

Aus- und Weiterbildung

Die Deutsche Gesellschaft für ärztliche Hypnose und autogenes Training (Geschäftsstelle: Kirchberg 4, 52076 Aachen-Wahlheim) hält für Patienten Adressen von Therapeuten bereit. Es wurden und werden außerdem Richtlinien für Therapeuten im A.T. ausgearbeitet. Weiterbildungsmöglichkeiten werden zum Teil regional angeboten, besonders jedoch auf den jährlichen Psychotherapietagungen in Lindau, Lübeck, Langeoog und Aachen.

VIII Integrative Therapieansätze

24. Entwicklung der integrativen Therapie

W. Huber

Der Leser der drei vorangehenden Kapitel wird sich fragen, warum an dieser Stelle noch ein Kapitel über integrative Therapieansätze folgt, ob vor allem psychoanalytische Therapie und Verhaltenstherapie, aber auch Familientherapie und Gesprächstherapie, noch andere Ansätze „nötig hätten". Bis vor kurzem konnte man auch bei Darstellungen der Psychotherapie kein derartiges Kapitel finden. Warum jetzt? Weil immer klarer wird, daß auf theoretischer Ebene auch der psychoanalytische und der verhaltenstherapeutische Ansatz das Gebiet der Psychotherapie nicht zufriedenstellend abdecken, und auf der praktisch-klinischen Ebene der mit der ärztlichen Ethik unvereinbare Mißstand behoben werden sollte, daß einem Patienten in der Mehrzahl der Fälle nicht die Therapiemethode angeboten wird, die er benötigt, sondern jene, die der Therapeut bevorzugt und die er gelernt hat.

Was ist Eklektizismus und Integration in der Psychotherapie?

Betreffs Eklektizismus sei erwähnt, daß in der Philosophie schon Potamon von Alexandrien empfohlen hat, eher die besten miteinander vereinbaren Thesen verschiedener Systeme zu entleihen, als ein neues System zu errichten, und daß sowohl Montaigne wie Leibniz Eklektiker waren. In der Psychotherapie erschienen eklektische Ideen Anfang der 30er Jahre. English & English (1958) geben folgende **Definition:** „Bei der Konstruktion von theoretischen Systemen, die Auslese und geordnete Kombination vereinbarer Elemente aus verschiedenen Quellen, manchmal aus sonst unvereinbaren Theorien und Systemen, das Bemühen, in allen Lehren oder Theorien gültige Elemente zu finden und sie zu einem harmonischen Ganzen zu kombinieren. Das sich ergebende System ist für konstante Revision offen, selbst in seinen wichtigen Grundzügen".

Da sie kürzer und dennoch brauchbar ist und vor allem weil sie ein wichtiges Element enthält, das in manchen Definitionen allzu implizit bleibt, sei auch die Definition des therapeutischen Eklektizismus von Brammer u. Shostrom (1982) gegeben: „Ein Prozeß der Auslese von Konzepten, Methoden und Strategien aus einer Vielfalt von gängigen Theorien, die brauchbar sind". Es sind diese letzten zwei Wörter, worauf der Akzent liegt und welche zugleich das Ziel des Eklektizismus vorstellen sowie den Grund seines wachsenden Erfolges.

Das **Ziel** des psychotherapeutischen Eklektizismus ist a) auf theoretischer Ebene, die Überwindung der durch die Schulen gesetzten Grenzen und der Aufbau einer umfassenden und empirisch begründeten Psychotherapie, b) auf praktisch-klinischer Ebene, durch Auswahl oder Kombination der besten Methoden und Techniken, die Wirkung der Psychotherapie zu erhöhen, d.h. ihre Wirksamkeit, ihre Effizienz und ihre Anwendbarkeit. Dies ist das Versprechen, das so manche Kliniker verlockt hat (s. unten).

Verschiedene Formen von Eklektizismus, die zu unterscheiden sind:

- der **synkretische** Eklektizismus wählt und kombiniert die Komponenten nach der subjektiven Vorliebe des Autors,
- im **systematisch-kritischen** Eklektizismus geschieht dies auf kritische und systematische Weise,
- der **theoretische** Eklektizismus erstrebt die Integration verschiedener Theorien, während
- der **technische** Eklektizismus Techniken gebraucht, die aus verschiedenen Quellen und Theorien stammen, wobei er nicht unbedingt die Theorien akzeptiert, aus denen die Techniken stammen. Dabei ist technischer Eklektizismus nicht „theorielos" – seine bekanntesten Vertreter (Beutler 1983, Lazarus 1976) haben beide einen theoretischen Rahmen entwickelt – der Unterschied findet sich mehr in der Setzung des Schwerpunkts.

Der Begriff „Integration" bedeutet im mittelalterlichen Latein: beenden, vollenden, im heutigen Englisch, Deutsch und Französisch: ergänzen, vervollständigen, zu einem Ganzen fügen. D.h. aber nicht, Unterschiede ignorieren oder minimisieren, sondern sie in einen anderen Zusammenhang einzuordnen.

Diese Unterscheidungen belegen, daß der Eklektizismus den schlechten Ruf nicht verdient, den man ihm manchmal nachsagt, daß er nicht unbedingt ein „Mischmasch von Theorien, eine unordentliche Sammlung von Prozeduren, ein Resteragout von Therapien" (Eysenck 1970) ist. Der Terminus „Integration" wird übrigens immer häufiger demjenigen des „Eklektizismus" vorgezogen. Es sei aber erwähnt, daß nicht alle Eklektiker sich als Integrationisten verstehen, wie dies z.B. aus einem Titel von A. Lazarus (1989) „Why I am an eclectic (not an integrationist)" hervorgeht.

Die heute meistbenutzten Strategien oder Wege zur Integration sind

1. technischer Eklektizismus,
2. theoretischer Eklektizismus und
3. die Suche nach gemeinsamen Wirkfaktoren (common factors approach).

Dieser dritte Weg geht zurück auf einen Artikel von Rosenzweig (1936), in dem er fragt:

1. „ob die Faktoren, von denen behauptet wird sie seien in einer gegebenen Therapie wirksam, mit denjenigen Faktoren identisch sind, die tatsächlich wirken", und
2. „ob die Faktoren, die in verschiedenen Therapien tatsächlich wirksam sind, nicht viel mehr Gemeinsamkeiten aufweisen als die behaupteten Wirkfaktoren".

Diese Fragen wurden dann auf verschiedene Arten weiter untersucht. Frank (1961 u. 1973) z.B. machte eine vergleichende Beschreibung von Beeinflussungsfaktoren und Gemeinsamkeiten in Medizin, Psychotherapie, Heilung durch Glauben usw. und schlug einige, allen Psychotherapien gemeinsame Basiskomponenten vor: eine gefühlsmäßige Vertrauensbeziehung zu einer Helferperson, Erwartung von Besserung, Stiften von Hoffnung, ein rationales Erklärungssystem für Symptome und Krankheit usw. Orlinsky u. Howard (1987) haben ein „Allgemeines Modell" vorgelegt, das auf empirischer Prozeß-Wirkungsforschung basiert.

Entwicklung zur integrativen Therapie

Sie begann sozusagen gleichzeitig in Europa und in Nordamerika. In Europa kann man innerschulische Ideen und Ansätze schon in den 20er Jahren bei Adler, Ferenczi und Rank finden. Der erste größere Versuch zur Integration verschiedener Schulen war hier jedoch die Arbeit der 1936 von der Schweizer Gesellschaft für Psychiatrie eingesetzten Kommission, welche die Aufgabe hatte, Grundzüge der psychotherapeutischen Arbeit zu formulieren. Die dort gehaltenen Referate wurden 1936 unter dem Titel „Die psychotherapeutischen Schulen, eine grundsätzliche Aussprache" publiziert und 1938, auf dem 10. Int. Ärztlichen Kongreß für Psychotherapie in Oxford, erläuterte C. G. Jung, der Präsident dieser Kommission, die Grundideen sowie die aus den verschiedenen Theorien herauskristallisierten 14 gemeinsamen Gesichtspunkte, die als gemeinsamer Grund psychotherapeutischer Arbeit gedacht waren. In Jungs Antwort auf die darauf erhaltene Kritik liest man u.a. den wichtigen Satz: „Unsere zugegebenermaßen lauwarmen und oberflächlichen Formulierungen brachten eine herzliche Zusammenarbeit zwischen Leuten zustande, die bis anhin meilenweit voneinander entfernt zu sein **glaubten**" (Fettdruck von W.H.).

Die Impulse zur weiteren Entwicklung kamen anschließend hauptsächlich aus England und dem deutschen Sprachgebiet. In England kreisten die Arbeiten anfangs um Eysencks Debatte zur Verhaltenstherapie und Psychoanalyse. Wichtige klinische und psychotherapeutische Forschung, die, absichtlich oder nicht, mehr oder weniger ausdrücklich Beiträge zum Problem des Eklektizismus und der Integration leisteten, wurde schon in den 60er Jahren begonnen und bis heute weitergeführt (z.B. die Psychotherapiestudien von Marks u. Gelder 1966, von A. Ryle 1987, die Metaanalysen von D. Shapiro 1985, die Vergleichsstudien von Shapiro u. Firth 1987). Kürzlich hat auch die SEPI-Arbeitsgruppe eine universitätsgestützte Ausbildung in integrativer Psychotherapie vorgelegt.

In Deutschland wurde schon früh ein Konzept von integrativer Psychotherapie vorgestellt, ein Arbeitskreis und eine Zeitschrift (1975) gegründet (s. Petzold 1982), die verschiedenen Aspekte und Probleme der Methodenintegration diskutiert (s. Wild-Missong u. Teuwsen 1977, Petzold 1982) und von Forschern wie Bastine, Fiedler, Grawe, Leuzinger, Minsel, Revenstorf, Sachse, Schulte, Tscheulin, van Queckelberghe u.a. zu den verschiedenen Problemen Forschungsarbeit geleistet, deren Referenzen in Bastine (1982 u. 1990), Fiedler (1994), Grawe, Donati u. Bernauer (1994) und Howe (1982) gefunden werden können. Im psychiatrisch psychosomatischen Kontext müssen hier u.a. auch die Arbeiten von Meyer u. Mitarb. (1991), Hand (1988) und Heim (s. unten) und Hohenberger u. Schindler (1984) erwähnt werden.

Im französischen Sprachgebiet scheint die Integrationsidee nach ersten, vereinzelten Ansätzen (Huber 1964 u. 1977, Benoit u. Berta 1972, Widlocher 1973) erst seit kurzem allmählich ein breiteres Interesse zu finden (s. Marie-Cardine, Chambon u. Meyer 1994).

In Nordamerika begann die Entwicklung des Integrationsgedankens mit einigen wissenschaftlich interessierten und intellektuell aufgeschlossenen Psychoanalytikern, die sich für die Lerntheorie interessierten. French (1933) beschrieb gewisse Parallelen zwischen Psychoanalyse und Pavlov-Bedingungslernen (z.B. Regression, Löschung usw.), und Kubie (1934) legte nahe, daß gewisse Aspekte psychoanalytischer Technik mit lerntheoretischen Prinzipien erklärt werden können. Es waren aber J. Dollard u. N. Miller (1950), die den ersten systematischen und umfassenden Versuch zur Integration von Psychotherapie machten, indem sie zeigten, wie psychoanalytische Begriffe in lerntheoretische übersetzt werden können, und darüber hinaus auf Prinzipien und Techniken der heutigen Verhaltenstherapie hinwiesen. Unter den Psychoanalytikern waren es zuerst vor allem Fr. Alexander (1963), Marmor (1964 u. 1969) und Weitzmann (1967), die diese Arbeiten weiterführten. Wachtels (1977) „Psychoanalysis and Behaviortherapy, Toward an Integration" zeigt dann den Versuch, Konvergenzen und Divergenzen beider Theorien durch Auswahl von spezifischen Komponenten so zu integrieren, daß daraus nicht ein statisches, durch additive Kombination erreichtes System, sondern ein sich verändernder und entwickelnder Bezugsrahmen hervorgeht (1984). Diese Versuche trafen in den meisten psychoanalytischen Kreisen auf heftige Kritik und Ablehnung.

Auch auf verhaltenstherapeutischer Seite schien einigen Autoren (u.a. Eysenck u. Francks) eine Integration beider Therapien weder möglich noch wünschenswert, da es sich um „zwei grundlegend unvereinbare Systeme" (Francks 1984) handle, mit großen Unterschieden in Weltanschauung, Methodologie, Daten, Behandlungsziel und -evaluation usw. Die Arbeiten von Marks u. Gelder (1966), von Ferster (1974), einem Skinnerianer, von Goldfried u. Davison (1976) und anderen zeigten jedoch, daß die Idee einer Annäherung und Integration vielversprechend war, vor allem dank der Entwicklung der Sozialen Lerntheorie und der neuen kognitiven Orientierung in der Psychologie (s. Mahoney 1974), welche Zugang und Erforschung bisher vernachlässigter psychischer Prozesse begünstigte und den Kontakt mit der psychoanalytischen Betrachtungsweise erleichterte. Diese Debatte ist in drei Büchern mit bezeichnenden Titeln dokumentiert: Marmor u. Woods (1980): „The interface between psychodynamic and behavior therapies"; Goldfried (1982): „Converging themes in psychotherapy: trends in psychodynamic, humanistic and behavioral practice"; Arkowitz & Messer (1984): „Psychoanalytic and behavior therapy: Is integration possible?"

Die Antwort auf diese letzte Frage ist natürlich nicht einfach. Auf der Suche nach einer Lösung des Problems ist es hilfreich, verschiedene **Analyse- und Vergleichseinheiten** sowie verschiedene **Integrationsmodelle** zu unterscheiden. Dabei ist zu bedenken, daß schon Jungs oben zitierter Kommentar wie neuerdings auch eine Arbeit von Lazarus u. Messer (1988) zeigen, daß ein offener Dialog Unvereinbarkeiten mehr reduzieren kann als erwartet. Betreffs der **Analyseeinheiten** macht es einen Unterschied, ob man klassische Psychoanalyse, psychoanalytische Therapie oder psychodynamische Kurztherapie mit Verhaltenstherapie vergleicht. In bezug auf die zwischen zwei Therapien bestehenden Beziehungen ist es nützlich, verschiedene **Integrationsmodelle** zu unterscheiden. Schacht (1984) z. B. schlägt sechs solcher Modelle vor:

1. Das Modell der **Trennung:** die verglichenen Therapien werden als grundlegend unvereinbar betrachtet (z. B. Francks 1984).
2. Das **Übersetzungsmodell:** die Begriffe oder die Sprache eines Systems werden in die des anderen oder in diejenige eines dritten Systems übersetzt (z. B. Dollard u. Miller 1950).
3. Das **Komplementaritätsmodell:** jede Therapie bezieht sich auf verschiedene Probleme desselben Patienten (z. B. Marmor 1971).
4. das **synergistische Modell:** es nimmt an, daß die unveränderten Techniken zweier Therapien im Patienten aufeinander einwirken und so zusammen ein besseres klinisches Resultat bewirken, als jede Technik allein erzielt hätte (z. B. Lambley 1976).
5. Das **Emergenzmodell:** es postuliert, daß die Kombination zweier Techniken neue Eigenschaften entwickelt, die aus der Kenntnis der Komponenten nicht hätten vorhergesagt werden können (z. B. die psychodynamische Verhaltenstherapie von Feather u. Rhoads [1972], die eine verhaltenstherapeutische Technik in einem psychodynamischen Rahmen benutzt).
6. Das Modell der **theoretischen Integration:** es versucht ganze Theorien oder größere Teile davon zu integrieren, wofür der Versuch von Wachtel (1977 u. 1984) wohl der bekannteste ist, was Psychoanalyse und Verhaltenstherapie betrifft.

Auf verhaltenstherapeutischer Seite wäre dann eine interessante Arbeit von Linehan (1993) zu erwähnen, die eine Integration von Zen-Praktiken und Verhaltenstherapie bei der Behandlung von Borderlinestörungen vorstellt und eine der seltenen integrativen Therapien ist, die empirisch gestützt und nach einem randomisierten Versuchsplan untersucht wurde. Auf dem **Gebiet der Psychosomatik** und der **Verhaltensmedizin** seien ferner zwei interessante Versuche erwähnt: Kabat-Zinns (1990) Streßreduktionsprogramm, das auf einer Integration von Verhaltensmedizin und Meditation basiert, und Ornish's (1990) „Program for reversing heart disease", welches verhaltenstherapeutische Techniken zur Lebensstiländerung und Streßreduktion mit Diät und ausgewählten Yogatechniken kombiniert.

Schließlich müssen diese Modelle durch ein neues ergänzt werden, nach welchem es sich nicht mehr darum handelt, verschiedene Schulen zu integrieren, sondern eine auf die Forschung gestützte allgemeine Theorie der Psychotherapie zu entwickeln, wie das z.B Mahoney (1991) mit seinem Buch „Human change processes, The scientific foundation of psychotherapy", oder Grawe (1994) mit seiner „Allgemeinen Psychotherapie" unternehmen.

Interesse, Hindernisse und Zukunft der integrativen Therapie

Verschiedene Umfragen (Ambühl 1994) haben gezeigt, daß sowohl in Nordamerika wie in Europa das **Interesse** für Eklektizismus und Integration sehr zugenommen hat. Es erstreckt sich vom praktischen oder technischen auch zunehmend auf den theoretischen Aspekt. Die dominierenden Kombinationen verschiedener Orientierungen (z. B. humanistische, psychoanalytische, systemische, verhaltenstherapeutische) können von Land zu Land und von Berufsgruppe zu Berufsgruppe variieren, sie zeigen aber eine Tendenz, kognitive und verhaltenstherapeutische Strategien und Techniken einzuschließen.

Hindernisse sind nach wie vor Sprachprobleme (z. B. ähnliche Phänomene werden verschieden benannt), erkenntnistheoretische Fragen (z. B. was ist gültiges Wissen und durch welche Methoden wird es erworben?), philosophisch-anthropologische Probleme (es gibt verschiedene Menschenbilder und Weltauffassungen), und, last but not least, professionelle und institutionelle (Psychosoziologie und Eigendynamik von Schulen und professionellen Gruppen, gesellschaftliche und staatliche Regelungen zur Ausübung, Finanzierung, und Kassenvergütung von Psychotherapie).

Betreffs der Zukunft von Integration muß man sagen, daß die meisten bisher erarbeiteten Theorien immer noch „schwache" Theorien sind, insofern es oft schwer ist, konfirmierbare Hypothesen abzuleiten. Auch ist mehr empirische Forschung notwendig. Weitere theoretische Arbeit und entsprechende empirische Forschung ist unverzichtbar, wobei theoriegeleitete und empirisch geprüfte Programmentwicklung, die Entblätterungsstrategien einschließt, wahrscheinlich das fruchtbarste Unternehmen wäre. Um die Rechte des Patienten zu gewährleisten, sollten die zu integrierenden Theorien, Behandlungsmethoden oder Teile davon, folgende **Kriterien** erfüllen (Huber 1992): sie sollten

1. auf einer wissenschaftlichen Theorie der Persönlichkeit und ihrer Störungen beruhen,
2. sich auf eine wissenschaftliche Theorie der therapeutischen Veränderung und eine erprobte Veränderungstechnologie stützen,
3. eine empirische Bewertung ihrer positiven wie negativen Wirkungen einschließen und
4. Störungen oder Leidenszustände betreffen, die für behandlungsbedürftig gehalten werden.

Die Erfüllung dieser Kriterien wäre wahrscheinlich der wichtigste Beitrag, den zur Zeit die verschiedenen Schulen zur theoretischen Integration leisten können. Forschung zu diesen Fragen, auf spezifische klinische Probleme bezogen, scheint momentan am nötigsten, um Theorien oder Teile davon zu integrieren und so ihre therapeutische Wirksamkeit zu erhöhen, was ja das Ziel der Integration ist. Zum Nutzen integrativer Ansätze in der Psychotherapie sei auf die positiven Ergebnisse neuerer klinisch-empirischer Studien verwiesen (Huber 1999).

25. Transparenz, Kombination, Integration: Ein Stufenmodell zur Integration in der Psychotherapie

M. Broda und W. Senf

Lehrbücher wie dieses lassen die Frage aufkommen, warum sich Verhaltenstherapie und Psychoanalyse plötzlich so umwerben, wie das Verhältnis von Psychoanalyse und Verhaltenstherapie beschaffen ist und welche Entwicklungschancen zur Kooperation oder Integration bestehen. Gehen uns die Feindbilder nun endgültig verloren? War es nicht auch immer ein wissenschaftstheoretischer Streit zwischen Phänomenologie und Nomothetik, zwischen verstehender Interpretation und normorientierter Diagnostik, der das Verhältnis der beiden Therapieschulen bestimmte? War dieser Streit nicht auch immer etwas gewürzt mit dem Beigeschmack Medizin contra Psychologie? Wie steht es um die unterschiedlichen Herangehensweisen an unsere PatientInnen? Konnten sich die Verhaltenstherapeuten nicht mit dem vermeintlichen Zitat Reichs „Der Zeppelin ist nicht nur ein Penissymbol, man kann auch mit ihm nach Amerika fliegen" jenen kritischen Abstand zur Symbolik und Interpretation schaffen und sich als empirisch orientierte und quasi unvoreingenommene, beobachtende, mit der Realität verbundene Individuen fühlen? Und konnten die Psychoanalytiker nicht ihrerseits auf den Reduktionismus symptomzentrierter quasi-experimenteller verhaltenstherapeutischer Anwendungen verweisen, die an der inneren subjektiven Realität der PatientInnen vorbeigehen? Warum soll das alles gerade in einer Zeit härter werdender Verteilungskämpfe nicht mehr gelten? Warum sollte das jeweilige Fortius - Citius - Altius aufgegeben werden? Es sind die folgenden Aspekte, die geradezu zwingend dazu auffordern.

Aspekte der Versorgungsrealität

Die psychotherapeutische Versorgungsrealität erweist sich zunehmend als eklektizistisch.

Goldfried und Safran legten 1986 eine Studie vor, in der sie Therapeut(innen) analytischer Ausbildungsgänge und behavioraler Ausbildungsgänge 10 Jahre nach Beendigung ihrer Ausbildung bezüglich ihrer praktizierten Therapien untersuchten. In 56% ihrer Interventionen wählten die Therapeut(innen) dieser unterschiedlichen Ausbildungsgänge übereinstimmende methodische Schritte, nur 15% der Interventionen wurden gegenseitig als nicht kompatibel zurückgewiesen. Ambühl et al. untersuchten 1995, in welchem Ausmaß und in welcher Weise Psychotherapeut(innen) ihre ursprüngliche theoretische Orientierung im Laufe ihrer beruflichen Karriere verändern. Die Daten verweisen auf eine überraschend große Variation schon zu Beginn psychotherapeutischer Praxis, die Mehrzahl der TherapeutInnen versucht bereits von Beginn ihrer Berufstätigkeit an, verschiedene Konzepte in ihre therapeutische Arbeit zu integrieren. Ein Blick auf die therapeutischen Orientierungen nach im Durchschnitt 9 Jahren Berufstätigkeit zeigt, daß PsychotherapeutInnen mit zunehmender Praxiserfahrung dahin tendieren, ihren theoretischen Horizont noch zu verbreitern und andere theoretische Konzepte als die ursprünglich gelernten in die therapeutische Arbeit zu integrieren. Auffallend dabei ist allerdings, daß es zwischen Psychoanalyse und Verhaltenstherapie kaum einen Austausch gibt.

Für ein Verständnis dieser eklektischen Entwicklung ist es hilfreich, einmal in die Entwicklungsgeschichte der Psychotherapie zu schauen. Die zwar relativ kurze, gleichwohl stür-

Tabelle 25.1 Ursachen für die Vielfalt in der Psychotherapie (nach Orlinsky 1994)

Problemformen und Störungsbilder	
Psychoanalyse (Freud)	Hysterie und Zwang
Interpersonale Therapie (Sullivan, Fromm-Reichmann, Searles)	Schizophrenie
Verhaltentherapie (Eysenck, Skinner, Wolpe)	Phobie
Kognitive Therapie (Beck)	Depressive Störungen
Persönlichkeit und Lebensumstände	
Freud	Junge Erwachsene der oberen Mittelschicht
Jung	Mittleres Lebensalter, andere Kulturen
Adler	Unterschicht
M. Klein	Kleinkinder
Rogers	Hochgebildet, introspektiv, selbstbestimmt, Universität
Goldstein	Ungebildete, wenig introspektionsfähig
Azrin	Psychiatrisch hospitalisiert

mische Entwicklung der Psychotherapie als Wissenschaft und klinische Praxis hat eine bemerkenswerte Vielfalt von therapeutischen Möglichkeiten gebracht. Orlinsky (1994) hat diese Vielfalt (s. Tab. 25.**1**) verglichen mit „einer Reihe biologischer Arten, die gattungsmäßig miteinander verwandt sind, sich aber durch die Adaptation an verschiedene Nischen oder Mikroumwelten innerhalb eines komplexen soziokulturellen Systemes unterschiedlich entwickelt haben“, und im historischen Rückblick hat er nachvollziehbar gemacht, wie sich diese Vielfalt und Variationsbreite entwickelt hat. Die jeweilige klinische Theorie und Behandlungspraxis hat sich an die Unterschiedlichkeit der Probleme und Störungen der Patienten angepaßt. Hinzu kommen die Einflüsse der unterschiedlichen sozialen und kulturellen Bedingungen, Persönlichkeitstypen und Lebensumstände der Patienten, und schließlich ist noch der Einfluß der persönlichen Überzeugungen, Wertvorstellungen und Persönlichkeiten der Therapeut(innen) zu nennen. Aus dieser Perspektive macht die Vielfalt und Komplexität der Psychotherapie Sinn.

Der Auftrag von Psychotherapie ist die wirksame Behandlung von Krankheit

Auch wenn die verschiedenen psychotherapeutischen Schulen Verfahren, Techniken und Settings zur Verfügung stellen, die jeweils für einen signifikanten Anteil der behandelten Patient(innen) hilfreich sind, ist das jeweilige Behandlungsmodell für sich nicht in der Lage, bei allen Problemen, Krankheiten und Störungen und bei allen Persönlichkeitstypen von Patient(innen) gleich wirksam zu sein.

> Der therapeutische Auftrag der Psychotherapie ist aber nur dann erfüllt, wenn ein Patient in jedem Fall die Therapie erhält, die für seine Krankheit notwendig ist, und wenn der therapeutische Aufwand in einem angemessenen Verhältnis zu dem Behandlungsergebnis steht.

Dieser Grundsatz ist heute noch weitgehend unerfüllt: Zu viele Patienten erhalten nur das an Behandlung, was der/die TherapeutIn gelernt haben oder bevorzugen. Das ist nicht immer die Therapieform, die nach heutigem Wissen besonders wirksam und deshalb angezeigt ist.

Methodenintegrative Psychotherapie?

Der *Ausweg* aus diesem Mißstand wird in der Entwicklung einer *methodenintegrativen Psychotherapie* gesehen. So weit ist die Psychotherapie jedoch noch nicht, und Aussagen, die jetzt schon von einer integrativen oder methodenübergreifenden Psychotherapie sprechen, sind verfrüht. Heute vorliegende Konzepte wie das *Generic Model of Psychotherapy* von Orlinsky et al. 1994 bzw. das Konzept der *Allgemeinen Psychotherapie* von Grawe et al. 1994 (siehe Kapitel 28) entstammen der Psychotherapieforschung mit allen daraus resultierenden Problemen für die Praxis.

> Allerdings besteht heute die Gefahr, daß ein unsystematischer weitgehend unreflektierter therapeutischer Eklektizismus ohne jegliche Krankheits- und Behandlungstheorie unter dem Label „methodenintegrativ“ mißverstanden wird als eine angeblich wissenschaftlich begründete Methodenintegration.

Ein Stufenmodell der Integration

Es gibt jedoch eine Reihe von Stufen vor einer Integration, auf denen sich die Versorgung momentan befindet, und aus denen sich integrative Ansätze in der Psychotherapie aus der klinischen Praxis entwickeln können (Tab. 25.**2**).

Methodentransparenz

Methodentransparenz bedeutet zu wissen, was genau in der anderen Methode gemacht wird, und zu versuchen zu verstehen, auf welchem theoretischen Hintergrund das jeweilige Vorgehen zu verstehen ist und welche empirischen Belege es für die Wirksamkeit gibt. *Differentielle Therapieentscheidungen*, wozu *jeder/jede* TherapeutIn heute in der Lage sein muß, können nur auf dem Boden einer ausreichenden Methodentransparenz getroffen werden.

> Eine *störungsspezifische differentielle Indikation* setzt ein hohes Maß an *Methodentransparenz* voraus, da es zu entscheiden gilt, welche Form von Psychotherapie unter den gegebenen Bedingungen indiziert, medizinisch notwendig, angemessen, wirtschaftlich ist.

Methodenkombination

Kombination (lat.) heißt *Verknüpfung, Zusammenfügung* als eine *berechnende Verbindung* aus einer *gedanklichen Folgerung*. Um sinnvoll kombinieren zu können, müssen zuvor die geeigneten Zusammenhänge erkannt und hergestellt werden. Bei der Methodenkombination werden Psychotherapiemethoden unterschiedlicher Schulen aufeinander bezogen genutzt - nebeneinander, aufeinander abfolgend, durch einen oder verschiedene TherapeutInnen. Das setzt nicht nur ein hohes Maß an *Methodentransparenz* voraus, sondern

Tabelle 25.**2** Stufenmodell der Integration

Methodentransparenz:
Kennenlernen der jeweils anderen Behandlungsmethode incl. der damit verbundenen Theorien, klinischen Praxis und empirischen Belege des Behandlungserfolges.

Methodenkombination:
Aufeinanderbezogene Nutzung verschiedener Methoden, nebeneinander oder nacheinander durch den gleichen oder durch verschiedene Therapeuten.

Methodenintegration:
Dialektischer Prozeß, der aus verschiedenen Therapiesystemen ein neues Therapiesystem entstehen läßt, wobei die alten Systeme verzichtbar werden.

Kenntnisse und Fähigkeiten in allen dazu notwendigen Verfahren, Techniken und Settings.

> *Problemorientierte adaptive Psychotherapie* ist eine Form der Methodenkombination: Verschiedene psychotherapeutische Verfahren, Techniken und Settings werden im Sinne einer *Methodenkombination* entsprechend den problemorientierten medizinischen Notwendigkeiten und Besonderheiten im Rahmen eines Behandlungsplanes miteinander verbunden und nebeneinander oder aufeinander abfolgend durch einen oder verschiedene Therapeuten genutzt.

Vielfach bekommt man den Eindruck, als gäbe es schon eine Entwicklung, die eine Anwendung einer Methodenkombination erlaubte. Entsprechende stationäre Einrichtungen, die Tiefenpsychologie und Verhaltenstherapie unter einem Dach anbieten, scheinen eher mit der Frage beschäftigt, welcher Patient in welche Abteilung kommt und weniger, wie sich die Kombination von Verfahren für einen optimierten Therapieerfolg nutzen läßt. Bei mancher mechanischen Anwendung von z. B. verhaltenstherapeutischen Konfrontationsverfahren durch sonst analytisch arbeitende Kolleg(innen) sind alle Voraussetzungen nach z. B. dem Kanfer-Stufenmodell (Kanfer, Reinecker und Schmelzer 1995), die vorher erfüllt sein müßten, unbeachtet geblieben. Der Eindruck ist aber eher der, daß wir uns zunächst durch die Stufe der Tranzparenz arbeiten müssen, bevor wir uns verantwortungsvoll der Methodenkombination zuwenden können, die jedoch als unverzichtbarer Standard der Psychotherapie angestrebt werden sollte.

Methodenintegration

Integration (lat.: Wiederherstellung) bedeutet im mittelalterlichen Latein *vollenden*, im heutigen Deutsch, Englisch oder Französisch *vervollständigen, zu einem Ganzen fügen*. Integration ist ein Vorgang, der durch Vereinheitlichung und Erneuerung zur Bildung eines neuen Ganzen führt. *Methodenintegration in der Psychotherapie* bedeutet, die Gemeinsamkeiten wie Unterschiede verschiedener Systeme aufeinander zu beziehen und in einen *neuen Zusammenhang* einzuordnen. Es handelt sich dabei um einen *dialektischen Prozeß*, der aus verschiedenen, bisher auch als unvereinbar geltenden Systemen *Neues* entstehen läßt. Dabei bleibt das Alte nicht unverändert oder wird verzichtbar. Methodenintegration in der Psychotherapie bedeutet, auf überkommene konservative Strukturen in der Organisation von Psychotherapie-Ausbildung zu verzichten.

> *Methodenintegrierende Psychotherapie* heißt, daß unter dem Grundsatz einer möglichst minimalen Intervention Patienten nur das an Therapie und therapeutischer Dosis erhalten, was zur Behandlung der Erkrankung indiziert, medizinisch notwendig und ausreichend ist.

Konsequenzen für die Aus-, Weiter- und Fortbildung

Die Forderung, daß ein Patient in jedem Fall die Psychotherapie erhalten muß, die für seine Krankheit notwendig ist (therapeutischer Auftrag), hat Konsequenzen für die psychotherapeutische Aus-, Weiter- und Fortbildung, denn:

> In nur einem psychotherapeutischen Verfahren auszubilden fördert die Gefahr, daß Patienten nicht die Therapie bekommen, die sie benötigen. (Der Grundsatz „Soviel Psychotherapie wie nötig, aber so wenig wie möglich" sollte nicht nur aus Gründen der Wirtschaftlichkeit, sondern vor allem aus Gründen einer möglichst geringen Belastung der Patienten gelten!)

In einem Grundverfahren *hauptgewichtig* auszubilden ist lediglich unter dem Aspekt vernünftig, daß die in Weiterbildung Stehenden sich zuerst umfassend mit dem Verfahren befassen sollen, das sie gewählt haben und das ihnen am meisten liegt. Das berücksichtigt auch die Tatsache, daß professionelle Kompetenz in der Psychotherapie als ein komplexes therapeutisches Konzept nicht einfach und kurzfristig zu erwerben ist. Ungelöst ist auch die Frage, ob es zur psychotherapeutischen Identitätsfindung erforderlich ist, sich mit seiner „Therapieschule" bis an die Grenzen der Methode und auch Person zu beschäftigen und nicht gleich Lösungen zu versuchen, die die Frage umgehen, warum die ursprünglich versuchte, „schulentreue" Methode keinen Erfolg hatte.

Die Integration als Ziel hat auch Gefahren. Wir wissen, daß Fortschritte meist aus Situationen resultieren, denen ein Wettbewerb zugrunde liegt. Die Einführung von Fokaltherapie in die Analyse wäre ohne Verhaltenstherapie als Konkurrenzmethode vielleicht nicht so schnell gegangen. Das Wetteifern um die für Patient(innen) besten Lösungen sollte deswegen nicht in eher statistisch wirkenden Integrationsmodellen begraben werden. Der Nachteil an den Modellen der allgemeinen Wirkfaktoren ist unseres Erachtens ihre Allgemeingültigkeit. Sie inspiriert nicht zu neuen Lösungen, da sie keinen Widerspruch erzeugt. Käme dies so, wäre es für die Psychotherapie eine fatale Entwicklung.

Was kann praktisch getan werden, um sich besser kennenzulernen, d. h. Voraussetzungen für Methodentransparenz und -kombination zu schaffen? Man kann Supervisoren aus dem jeweils anderen Lager einbeziehen. Man kann gemeinsame Fallbesprechungen durchführen und Unterschiede und Gemeinsamkeiten des konkreten therapeutischen Vorgehens diskutieren. In der Kombination von Verfahren stehen wir sicher noch am Anfang. Hier liegt eine große Versorgungs- und Forschungsaufgabe vor uns. Gerade bei den schwer zu behandelnden Störungsbildern wie Persönlichkeitsstörungen, Anorexia nervosa oder Zwängen wird es zukünftig Standard sein, unterschiedliche Behandlungsansätze kontrolliert kombiniert einzusetzen.

26. Integrative Psychotherapie bei Persönlichkeitsstörungen

P. Fiedler

Modellüberlegungen für eine differentielle Indikation

Auf der Grundlage bisheriger konzeptueller Modelle und empirischer Befunde verfolgt dieser Beitrag zwei Zielstellungen:

- **Differentielle Indikation:** Einerseits sollen jene Persönlichkeitsstörungen näher benannt werden, bei denen heute bereits bestimmte therapeutische Strategien und Methoden als Vorgehensweisen der ersten Wahl empfohlen werden können.
- **Integrative Psychotherapie:** Andererseits sollen jene Persönlichkeitsstörungen näher bestimmt werden, bei denen Überlegungen angestellt werden können, welche unterschiedlichen Vorgehensweisen (möglicherweise sogar unterschiedlichen Therapieansätze) wann und in welcher Folge zum Einsatz kommen sollten.

Mit diesem Beitrag über eine integrative und differentielle Psychotherapieperspektive bei Persönlichkeitsstörungen möchte ich (endlich) ein etwas heikles Thema aufgreifen, das schon längere Zeit auf eine erste Initiative zuwartet. „Heikel" ist dieses Thema deshalb, weil nachfolgende Ausführungen die Verhaltenstherapeuten und Psychoanalytiker unter den Lesern mit etwas gemischten Gefühlen zurücklassen könnte. Ein Ergebnis dieser Arbeit könnte nämlich lauten: Bei einer dependenten oder zwanghaften Persönlichkeitsstörung empfiehlt sich mit Blick auf die persönlichen Voraussetzungen, die diese Patienten mitbringen, zunächst eine psychoanalytisch-psychodynamisch orientierte Psychotherapie. Und für die schizotypischen und Borderline-Persönlichkeitsstörungen wäre ebenso begründet, eine verhaltenstherapeutische Behandlung als Methode der ersten Wahl zu bevorzugen. Würde hier und jetzt eine solche Indikationsstrategie für die zukünftige Überweisungspraxis als maßgeblich empfohlen, dann würde es von verschiedenen Seiten Proteste geben.

Die Vertreter der gerade bewerteten Therapieschulen würden nämlich alle möglichen Argumente beiziehen, warum man eine solche Bewertung nicht vornehmen sollte. Psychodynamisch arbeitende Therapeuten könnten mit gewissem Recht darauf verweisen, daß ihr Verfahren – u.a. durch die langjährigen Forschungsbemühungen von Kernberg u. Mitarb. (1993) belegt – wohl zu Recht als Therapie der ersten Wahl bei Borderlinestörungen zu gelten hätte. Und die Verhaltenstherapeuten würden ebenfalls mit gewisser Berechtigung behaupten, daß gerade bei der dependenten Persönlichkeitsstörung besondere Erfolge in empirischen Therapiestudien vorlägen (so z.B. in der Berner Therapiestudie von Grawe u. Mitarb. 1990).

In den Psychotherapieschulen herrscht insbesondere mit Blick auf die Persönlichkeitsstörungen (wie auch darüber hinaus) nach wie vor ein eigenwilliger „Omnipotenzanspruch" vor. Der sieht – etwas überspitzt – so aus, daß sich nicht nur Verhaltenstherapeuten und Psychoanalytiker, sondern weiterhin auch noch die Gesprächspsychotherapeuten sowie neuerlich die interpersonellen Psychotherapeuten für persönlichkeitsbedingte Probleme von Menschen grundsätzlich und zwar über alle Persönlichkeitsstörungen hinweg für zuständig halten.

Dieser polarisierende Anspruch hat sich insbesondere im deutschsprachigen Raum seit der Publikation „Psychotherapie im Wandel" von Grawe u. Mitarb. (1994) eher noch verschärft. Das ist eine ausgesprochen ungute Situation. Denn die Frage nach der **Integration unterschiedlicher Psychotherapiestrategien** sowie die zur **differentiellen Indikation** – und das heißt konkret: die Entscheidung darüber, welche therapeutischen Strategien bei welchen spezifischen psychischen Problemen und bei welchen persönlichkeitsbedingten Besonderheiten von Patienten unter welchen Rahmenbedingen, in welcher Reihenfolge oder als wirksamste Form als erste Vorgehensweise empfohlen werden sollten – kann überhaupt nicht gegeneinander entschieden werden. Sie läßt sich sinnvoll **nur miteinander** diskutieren. Eine solche Diskussion erfordert zugleich eine hohe Bereitschaft zur Selbstkritik. Denn die Zuständigkeitsdiskussion rückte endlich und zwangsläufig die bisher sträflich von den Therapieschulen vernachlässigte Frage des **Geltungsanspruchs** und der **Realgeltung** der jeweiligen Konzeption in den Mittelpunkt (Bastine 1986, Fiedler 1994).

Leider ist es noch nicht so weit. Wenn also gegenwärtig Bewertungen in Richtung der genannten Therapieschulen vorgenommen werden, dann werden sich Autoren zwangsläufig „zwischen die Stühle" setzen. – Das macht nichts! Denn sie würden nicht nur eine zwingend notwendige Diskussion in Gang bringen, sondern sie könnten mit etwas Glück und Verstand „auf dem Boden der Fakten und Tatsachen" landen. Und genau dort – bei der Empirie – beginnen die nachfolgenden Überlegungen.

Empirisch gefundene Komorbiditäten als Orientierung

Die Frage der differentiellen Indikation und integrativen Psychotherapie setzt idealerweise eine therapieschulenübergreifende oder -unabhängige Perspektive voraus, auf die sich dann die unterschiedlichen Denkansätze beziehen lassen. Dazu gibt es inzwischen eine Reihe von Vorbildern und Modellen. Eine dieser Ideen stammt von Gunderson u. Mitarb. (Gunderson 1992, Gunderson u. Mitarb. 1991). Die Autoren sehen differentielle Entscheidungshilfen darin, daß sie Persönlichkeitsstörungen auf der Grundlage der bisherigen Ko-

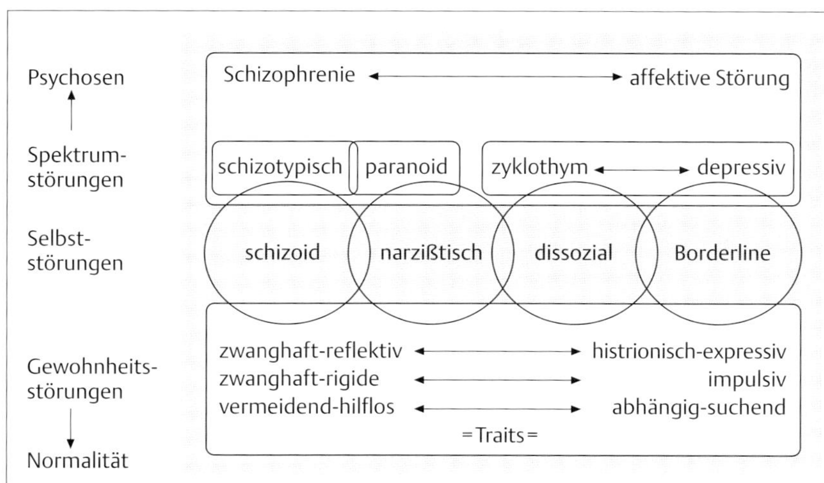

Abb. 26.**1** Konzeptuelle Komorbidität der Persönlichkeitsstörungen auf der Grundlage empirisch gefundener Zusammenhänge (in Anlehnung an Gunderson 1992, Gunderson u. Links 1991)

morbiditätsforschung zwischen eher normalen Gewohnheitsstörungen und Spektrumstörungen im Übergang zu den Psychosen verorten (Abb. 26.**1**).

Gundersons Schematik beinhaltet vor allem jene Persönlichkeitsstörungen, deren Komorbiditätsbeziehungen untereinander empirisch gut untersucht sind. Sie sieht die konzeptuelle Verbindung der affektiv-depressiven Temperamentsausprägungen mit den affektiven Störungen einerseits und andererseits Übergänge von der Schizophrenie zu den paranoiden und schizotypischen Persönlichkeitsstörungen vor. Schizoide, dissoziale, narzißtische und Borderline-Persönlichkeitsstörungen sind auf einer mittleren Ebene der Selbst- bzw. Identitätsstörungen verortet. Diese wiederum können als Extremvarianten von weniger schweren, sog. Gewohnheitsstörungen verstanden werden (zwanghaft, selbstunsicher, histrionisch, dependent).

Was die Grundlegung dieser Komorbiditätsschematik für eine selektiv-differentielle Indikation angeht, äußern sich die Autoren eher noch vage. Sie sehen einerseits die Möglichkeit einer pharmakologischen Adjuvanz gut begründet, je mehr die einzelnen Störungen in Richtung Spektrumdiagnosen zu verorten sind. Psychotherapeutisch empfiehlt sich – im Bereich der Selbststörungen – offensichtlich ein **Strategiewechsel** von einer interaktionell-psychodynamischen Strategie in Richtung „stützend-strukturierte Therapie". Dieser werde um so notwendiger, je ausgeprägter sich die Identitäts- und Selbststörungen von Patienten in Richtung Spektrumstörungen bewegten.

Was nun jedoch unter „stützend-strukturierter Therapie" konkret zu verstehen ist, ist nicht ganz eindeutig bestimmbar. Als Verhaltenstherapeut könnte man daran denken, daß damit vielleicht ein Strategiewechsel zur stützend-psychoedukativen Verhaltenstherapie gemeint sei. Dem würden Psychoanalytiker jedoch mit Hinweis auf ihr Verständnis einer stützend-psychodynamischen Therapie bei strukturellen Störungen widersprechen (vgl. Rudolf 1996). Vielleicht wurde von Gunderson u. Mitarb. „stützend-strukturierte Therapie" vorgeschlagen, um beide Optionen offenzuhalten.

Bei kritischer Betrachtung dieses Modells dürfte schnell klar werden, daß es sich nicht lohnt, sich allzu vertiefend mit der Gunderson-Schematik zu befassen. Für dieses und ähnliche Komorbiditätsmodelle gilt, daß sie für eine Grundlegung differentieller und integrativer Therapieentscheidungen nur sehr begrenzt tauglich sind. Sie sind – wegen ihrer empirischen Grundlegung – zu wenig theoriehaltig. Ein weiterer Grund liegt darin, daß Komorbiditätsdarstellungen dieser Art keine Zielentscheidungen ermöglichen. Genau dessen bedürfte es jedoch. Erforderlich wäre nämlich zunächst einmal

1. ein allgemeines Theoriemodell der gesunden Persönlichkeit. Denn erst eine Vorstellung davon, was Normalität ausmachen könnte, lieferte Zielperspektiven für die Behandlung von Abweichungen. Weiter
2. sollte diese Theorie eine Erklärung bieten für ein differentielles Verständnis der Persönlichkeitsstörungen selbst. Und schließlich
3. sollte diese Persönlichkeitstheorie auch noch über unterschiedliche Therapieschulen hinweg Akzeptanz finden (was zugleich möglichst hieße, daß sie nicht bereits von einer der Therapieschulen vereinnahmt worden ist).

Bis heute gibt es nur wenige Theorieentwürfe, die alle drei der genannten Ansprüche erfüllen. Einer dieser Ansätze stammt von Millon (1990, Millon u. Everly 1985), dessen Polaritätenmodell sich entsprechend gut für die Ableitung differentieller Therapieentscheidung eignet. Andererseits: Wegen des Grundansatzes – nämlich Normalität und gesunde Persönlichkeit von einem Verständnis ihrer Abweichungen und von den Persönlichkeitsstörungen her zu begründen – dürften Millons Vorstellungen bei den Vertretern unterschiedlicher Psychotherapieschulen gewisse Ambivalenzen zurücklassen. Interessant ist diese Perspektive jedoch durchaus (Millon 1996).

Ein bedürfnistheoretisches Polaritätenmodell der Persönlichkeitsstörungen

Nachfolgend soll eine eigene Perspektive unterbreitet werden (Fiedler 1997b, Vorüberlegungen und weiterführende Aspekte bei Fiedler 1997a). Es handelt sich um den Versuch einer bedürfnistheoretischen Grundlegung der Persönlichkeitsstörungen. Sie wurde zum Teil durch eine Ausarbeitung von Gasiet (1981) inspiriert, andererseits durch viele Überlegungen und Gedanken, wie sie bereits in Sullivans „Interpersoneller Theorie der Psychiatrie" (1953) niedergelegt wurden. Natürlich sind es nicht nur die zwei genannten Autoren, die Pate gestanden haben. Vieles wird dem Leser zu Recht sehr vertraut vorkommen, weil die meisten Grundannahmen voruntersucht sind oder Kerne der metatheoretischen Persönlichkeitstheorien der Therapieschulen darstellen (Abb. 26.**2**). Zirkumplex- oder Polaritätenmodelle wie das hier vorgeschlagene finden in unterschiedlichsten Varianten in der differentiellen Persönlichkeitspsychologie Verwendung, weil sie sich empirisch mittels Faktoren- oder Clusteranalysen überprüfen lassen (Becker 1995, Fiedler 1997 a).

Empirisch weitgehend gesichert ist die **Aktivitätsachse**, die im Modell als dritte Dimension zwischen passiv und aktiv polarisiert ist. Sie findet sich so empirisch und testtheoretisch u. a. bei Millon (1990, 1996) begründet. Das gleiche gilt für die vertikale zwischenmenschliche Dimension oder **interaktionelle Hauptachse**, die als einen Pol das Bindungsbedürfnis nach sozialer Geborgenheit (unten) und als gegenüberliegenden Pol das Autonomiebedürfnis nach sozialer Unabhängigkeit (oben) repräsentiert. Diese Polarisierung findet sich genau so in den meisten interpersonell orientierten Persönlichkeitstheorien – inzwischen gut untersuchbar mittels Fragebögen (wie z. B. im Inventar zur Erfassung interpersoneller Probleme [IIP] von Horowitz u. Mitarb. 1994) oder direkt mit Beobachtungsinventaren zur Analyse zwischenmenschlicher Beziehungen (wie z. B. mit der „Strukturanalyse sozialer Beziehungen" [SASB] von Benjamin 1995). Sie entspricht zugleich recht gut Grundannahmen der psychoanalytischen Objektbeziehungstheorie, die eine entwicklungspsychologische Konfliktdimension zwischen „Symbioseverlangen" und „Individuation" postuliert (Rudolf 1996).

Ob sich auch die dritte horizontale Hauptachse (die man als **Selbst- oder Strukturdimension** bezeichnen könnte) empirisch fassen läßt, ist noch etwas unklar. Sie findet sich ebenfalls als eine vielfach in den Therapieschulen vorgedachte Polarität repräsentiert, nämlich als eine Dimension zwischen Selbstkontrolle und Selbstaktualisierung, zwischen Über-Ich-Normierung und teils biologisch organisierter Triebhaftigkeit. So ist zum Beispiel das menschliche Bedürfnis nach Selbstsicherheit und Sinnstabilität in Sullivans interpersoneller Theorie (1953) von herausragender Wichtigkeit. Auch in der z. Zt. entwickelten „operationalisierten psychodynamischen Diagnostik" ist sie eine der wesentlichen Beurteilungsdimensionen (Arbeitskreis OPD, 1996).

Gesunde Persönlichkeit und funktionale Persönlichkeitseigenarten

Als **psychisch gesunde Person mit normaler Persönlichkeitsentwicklung** wäre jemand zu bezeichnen, der sich – je nach Lebenskontext und Lebensanforderung – **aller sechs** Bedürfnisaspekte situationsspezifisch und funktional bedienen wird. Eine solche Person könnte man mit Blick auf die Bindungsachse als Menschen mit „sozial bezogener Autonomie" bezeichnen. Eine psychisch gesunde Person ist weiter dadurch charakterisierbar, daß sie zur Anreicherung und Differenzierung ihres Selbstsystems über eine Offenheit für zwischenmenschlich emotionale Erfahrungen verfügt – und die gleichermaßen gern, wenn ihr danach ist, in Passivität verfällt, wie sie sich nicht scheut, aktiv am alltäglichen Leben teilzuhaben. Alle sechs Polaritäten bieten interessante und bedenkenswerte **therapeutische Perspektiven**. Entsprechend finden sie sich so oder ähnlich in fast allen Therapieschulen ausgearbeitet.

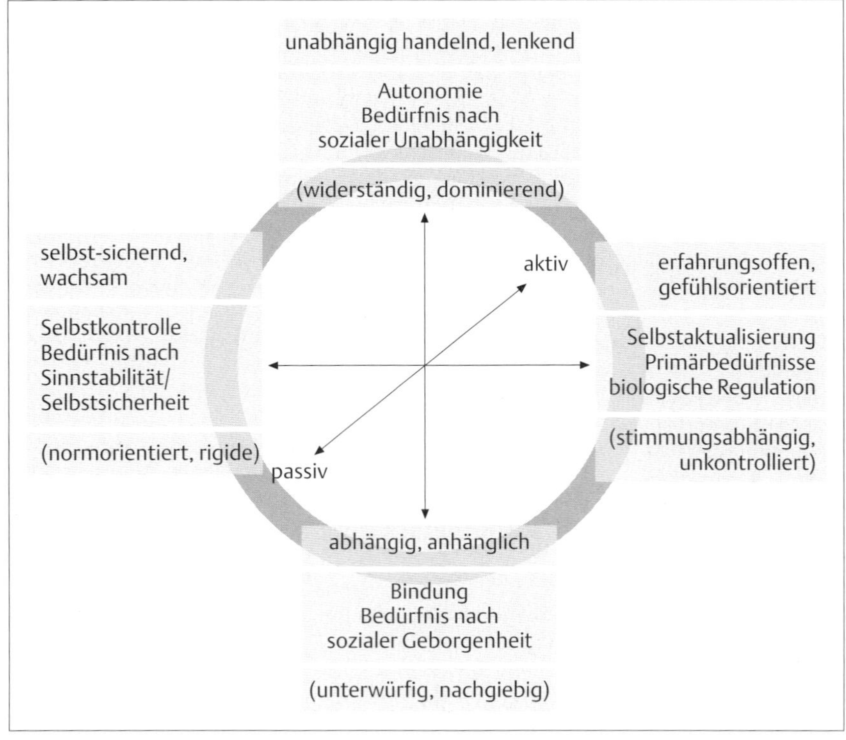

Abb. 26.**2** Ein bedürfnistheoretisches Polaritätenmodell der Persönlichkeitsstörungen (Fiedler 1997 b)

Wichtig ist natürlich weiter, daß das Bedürfniskonzept über eine Personperspektive hinausreicht, da Bedürfnisse fast ausschließlich auf zwischenmenschliche und sozialgesellschaftliche Aspekte bezogen sind. Persönlichkeitsentwicklung ist immer sozial-gesellschaftlich ausgerichtet und determiniert. Persönlichkeitsentwicklung und Persönlichkeitsabweichungen geraten zunehmend unter den Einfluß zwischenmenschlicher wie auch gesellschaftlicher Konflikte und sind entsprechend immer zugleich als Widerspiegelungen von sozialen und gesellschaftlichen Widersprüchlichkeiten zu verstehen und zu konzeptualisieren.

Persönlichkeitsabweichungen und Persönlichkeitsstörungen

Was nun ein bedürfnistheoretisches Verständnis der Persönlichkeitsstörungen angeht, so gehen die klinisch orientierten Bedürfnistheoretiker übereinstimmend davon aus, daß es sich bei Persönlichkeitsstörungen um prototypisch vereinseitigte Lösungen im Umgang mit diesen menschlichen Grundbedürfnissen handelt – und zwar mit deren natürlich gegebenen Ambivalenzen oder Konflikten (Fiedler 1997a, Kap. 26). Alle sechs Bedürfnispole sind insbesondere in ihrer Gegensätzlich gefühlsmäßig bedeutsam, wie zugleich konflikthaltig und ambivalent (Abb. 26.**3**). Konflikthaltig und ambivalent unter anderem deshalb, weil sie unmittelbar in ein Spannungsverhältnis gegeneinander geraten können. Diese werden durch wiederholte Erfahrungen eines persönlichen (teils diathetisch bedingten) wie zwischenmenschlich erlebten (teils gesellschaftlich bedingten) Unbehagens ausgelöst. Dieses Unbehagen ergibt sich u.a. aus schwer lösbaren oder nicht klar wahrnehmbaren interaktionell-sozialen Konflikten und Ambivalenzen, deren wesentliche Aspekte ein Konflikt zwischen Anpassungs- und Autonomieanspruch bzw. eine Ambivalenz zwischen Akzeptieren sozialer Anforderungen und Zwänge sowie der Offenheit für neue Erfahrungen bis hin zum Freiheitsanspruch darstellen können.

Persönlichkeitsstörungen beinhalten damit entweder eine **einseitige Negation** bestimmter Bedürfnisanteile, oder sie sind (zumeist zugleich) Ausdruck der besonderen und damit **einseitigen Bevorzugung** bestimmter Grundbedürfnisse – oder aber sie sind Ausdruck eines konflikthaltigen bzw. eines ambivalent-unentschiedenen Verharrens zwischen unterschiedlichen Bedürfnisseiten. Jede Persönlichkeitsstörung erhält damit einen Ort oder vielleicht sogar mehrere Verortungen innerhalb des Polaritätenmodells zugewiesen.

Persönlichkeitsgestörte Menschen stehen nun in mehrererlei Hinsicht außerhalb der Möglichkeiten, die Grundbedürfnisse in der Unterschiedlichkeit ihrer Funktionalität für persönliches und zwischenmenschliches Handeln zu aktivieren und zu nutzen. Entweder brauchen sie andere Menschen, weil sie von deren Zuneigung, Zustimmung oder Unterstützung abhängig sind (Beispiele finden sich als dependente, selbstunsichere und schizotypische Persönlichkeitsstörungen). Oder es mangelt ihnen an sozialer Bezogenheit, weil sie engstirnig und egoistisch eigene oder allgemeine Interessen und Ziele voranstellen und durchzusetzen versuchen oder weil sie sich von der sozialen Gemeinschaft isolieren (Beispiele finden sich als schizoide, paranoide oder dissoziale Persönlichkeitsstörung). Oder weiter sind sie häufig durch extreme Unsicherheiten oder Widerständigkeiten in bezug auf eine Offenheit gegenüber Erfahrungen und Selbstkontrolle bestimmt (z.B. die dependenten, zwanghaften, negativistischen oder schizoiden Persönlichkeitsstörung). Andere wiederum sind charakterisierbar durch ein extremes stimmungsabhängiges Schwanken (wie z.B. die Borderline-Persönlichkeitsstörung zwischen Bindungsverlangen und Dominanz) oder durch Ambivalenzen in bezug auf Normorientierung bzw. Offenheit für Erfahrungen (selbstunsichere Persönlichkeitsstörung) – oder beides (narzißtische Persönlichkeitsstörung). Auch im Falle einer mittelpunktsuchenden, fluktuierenden Rollenpräsentation histrionischer Persönlichkeiten dürfte nur schwerlich von sozialer Bezogenheit gesprochen werden können.

Die hier vorgenommene Einordnung der einzelnen Störungsbilder findet übrigens – ganz ähnlich wie bei Gunderson (1992) – durch die bisherige Komorbiditätsforschung weitgehend Bestätigung (Fiedler 1997a, Fydrich u. Mitarb. 1996). Und das heißt:

VIII

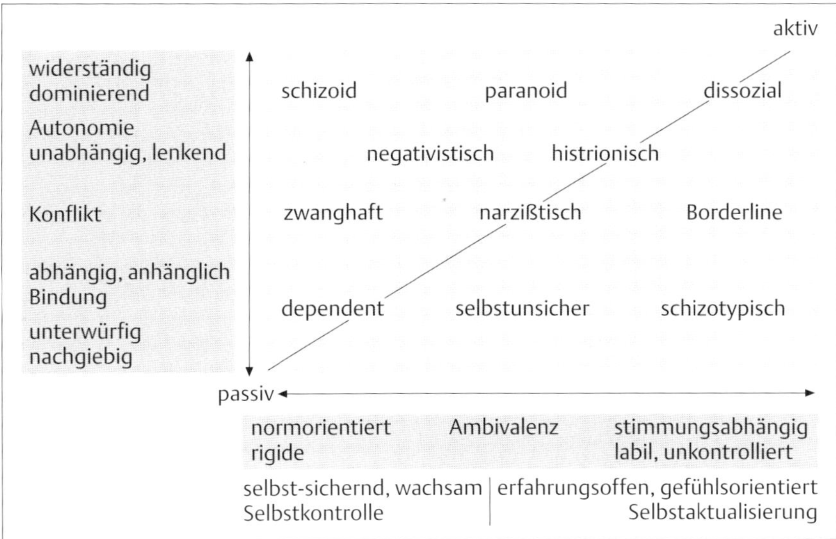

Abb. 26.**3** Verortungen der Persönlichkeitsstörungen im bedürfnistheoretisch begründeten Polaritätenraum

Je näher die einzelnen Persönlichkeitsstörungen im Bedürfnisraum verortet sind, um so größer ist die Wahrscheinlichkeit, daß sie bei ein und derselben Person komorbid auftreten und damit diagnostiziert werden können. Je weiter sie auseinander liegen, um so seltener lassen sich die Persönlichkeitsstörungen komorbid finden. Empirisch gefunden wurde und damit praktisch möglich ist jedoch jede Komorbidität von zwei Störungen bei ein und derselben Person. Dies gilt es bei den nachfolgenden Ausführungen immer mitzubeachten.

Integrative Psychotherapie und differentielle Indikation: Aktivierung und Stärkung bisher vernachlässigter Bedürfnisaspekte

Ohne Frage lassen sich aus dem Bedürfnismodell unmittelbar einleuchtende Therapieziele und damit therapeutische Strategien generieren, deren grobe Richtungen nachfolgend kurz angedeutet werden sollen. Gleichzeitig sollen einige Hypothesen dazu formulieren, welche Therapieverfahren gegenwärtig (auf der Grundlage vorliegender Forschungsergebnisse) und z. T. vorläufig (anhand von Erfahrungsberichten) zur Erreichung dieser Ziele integrativ, sukzessiv oder differentiell empfohlen werden können.

Strukturierte Therapieangebote mit klaren und eindeutigen Zielvorgaben

Kognitive und norm-/wertorientierte Therapieangebote empfehlen sich für jene Patienten, deren Persönlichkeitsstörungen im vorgeschlagenen Bedürfnisraum eher oder gar gänzlich rechts eingeordnet wurden (Abb. 26.**4**) – deren Probleme also im Bereich übermäßiger Stimmungsorientierung bzw. Stimmungslabilität liegen, die Identitätsprobleme haben, die zur Enthemmung neigen und zum Verlust der Selbst- und Impulskontrolle (wie angegeben also dissozial, Borderline und schizotypisch).

Ziel strukturbietender Therapieangebote wäre der Aufbau von Selbstsicherheit und Selbstvertrauen, die Entwicklung tragfähiger Sinnperspektiven und Werthaltungen, die Unterbrechung bzw. gar Unterbindung selbstdestruktiver wie fremddestruktiver Handlungen sowie die Stärkung einer funktionalen Normorientierung des eigenen Handelns.

Indiziert wären in diesem Falle verhaltenstherapeutische Behandlungsprogramme, die in aller Regel klare Ziel- und Strukturvorgaben beinhalten. Für alle drei Störungen liegen in der Verhaltenstherapie ausgearbeitete Behandlungskonzepte vor. Sie verfolgen gemeinsam jene oben angesprochenen Ziele, und erste empirische Ergebnisse zeigen, daß sie herkömmlichen Therapiestrategien überlegen sind (dissoziale Persönlichkeitsstörungen s. Roth 1987, Borderline-Persönlichkeitsstörungen s. Linehan 1993, das Vorgehen bei der Behandlung von schizotypischen Patienten wird zunehmend an Manualen der Schizophreniebehandlung orientierbar s. Fiedler 1997 a).

Aufgrund langjähriger Erfahrungen mit einer psychoanalytischen Psychotherapie bei Borderlinestörungen kann bei dieser Störungsgruppe durchaus auch an ein strukturiertes, psychodynamisch orientiertes Therapievorgehen gedacht werden, wie dies in den Arbeiten von Kernberg und Kollegen ausgearbeitet wurde (Kernberg 1989, Rohde-Dachser 1989). Es bleibt jedoch zu bedenken, daß ein psychodynamisches Vorgehen bei schwerer gestörten Borderlinepatienten (in empirischen Studien mit Psychiatriepatienten) nur etwa bei der Hälfte der Betroffenen zu bedeutsamen Fortschritten führt; die andere Hälfte der Patienten zeigte bereits während der Behandlung eine teils deutliche Verschlechterung der Symptomatik (Hull u. Mitarb. 1993). Deshalb sollte insbesondere in stationären Kontexten genau erwogen werden, ob nicht doch und bei welchen Patienten eine Verhaltenstherapie die bessere Alternative darstellt. In Forschungsarbeiten zur kognitiv-behavioralen Therapie bei Borderlinestörungen zeigte sich dieser (zur Zeit wohl nicht ganz vermeidbare) „Verschlechterungseffekt" nur bei etwa 20 Prozent der Psychiatriepatienten (z. B. Linehan u. Mitarb. 1993).

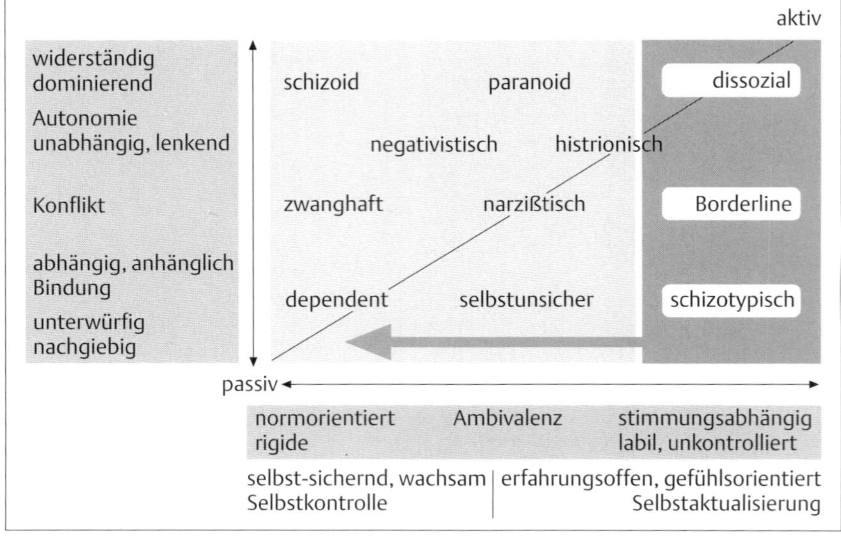

Abb. 26.**4** Strukturierte Therapieangebote für dissoziale, schizotypische und Borderline-Persönlichkeitsstörungen

Einsichts- und beziehungsorientierte Therapieangebote zur Förderung von Offenheit gegenüber Erfahrungen (Selbstaktualisierung)

Eine solche Behandlung empfiehlt sich für Patienten, deren Persönlichkeitseigenarten eher oder gänzlich links eingeordnet wurden (dependent, zwanghaft und schizoid) (Abb. 26.**5**). Alle drei Patientengruppen finden sich nicht gerade selten zu Beginn einer Therapie in einer Situation, in der sie sich selbst neu bestimmen müssen. Ohne einen solchen Anlaß kommen dependente, zwanghafte oder schizoide Patienten eher selten von sich aus in therapeutische Behandlung (mit der Ausnahme, daß diese Persönlichkeitsstörungen komorbid zu anderen psychischen Störungen beobachtbar sind). Dominiert hingegen die Persönlichkeitsstörung, dann ist zumeist das, was als Selbstkonzept bisher Schutz und Sicherheit bot, grundlegend erschüttert und gar zerstört worden.

Ziele der Therapie lägen in der behutsamen Reflexion bisheriger Lebensleitorientierungen, der Ermöglichung eines Beziehungslernens zur Selbstaktualisierung und in der Verbesserung persönlicher Möglichkeiten, sich offen auf neue Erfahrungen einzulassen.

Diese Ziele werden nach Ansicht des Autors gegenwärtig am besten in jenen Therapieformen realisiert, in denen eine Reflexion eigener Interessen und Bedürfnisse mit konkreten therapeutischen Beziehungserfahrungen verbunden wird. Beziehungserfahrungen zur sinnstiftenden Selbstaktualisierung werden vorrangig in psychodynamisch orientierten Behandlungskonzepten wie auch in der Gesprächspsychotherapie anvisiert und realisiert – auch wenn die therapeutische Arbeit an Beziehung und Übertragung keinesfalls die einzige Strategie der Therapeuten bleiben sollte.

In gewisser Hinsicht kann auch noch eine kognitive Therapie empfohlen werden, dies vor allem dann, wenn die jeweilige Persönlichkeitsstruktur von einer Neigung zur Dysphorie/Depression unterlagert wird (was nicht selten bei dependenten und zwanghaften Persönlichkeiten zu beobachten ist). In diesen Fällen sollte der Therapiefokus sowieso von der Regression bzw. Übertragung weg und stärker auf eine Realitäts-, Kontext- und Gegenwartsorientierung bezogen werden.

Es sind bis heute vor allem Fallberichte, aus denen sich ableiten läßt, daß die von dem Autor vorgenommene Wertung plausibel ist. Nur ein Beispiel: So berichten etwa Verhaltenstherapeuten über Schwierigkeiten und Complianceprobleme bei Patienten mit zwanghafter Persönlichkeit, die schon damit beginnen, mit den Betroffenen zu einem tragfähigen Konsens über Therapieziele zu gelangen (Turkat 1990). Andererseits berichten psychodynamisch orientierte Therapeuten über gute Erfahrungen, zwanghafte Persönlichkeitsstörungen selbst im psychoanalytischen Langzeitsetting zu behandeln (Salzman 1989). Anmerkung: Mit zwanghafter Persönlichkeitsstörung sind **keine** Zwangsstörungen gemeint (auch wenn einzelne Autoren diese empirisch nicht haltbare Ansicht vertreten; vgl. Fiedler 1997a). Zwangsstörungen unterscheiden sich grundlegend von der zwanghaften Persönlichkeitsstörung. Zwangsstörungen können – ganz im Unterschied zur hier gegebenen Empfehlung bei anankastischer Persönlichkeitsstörung – heute am besten in einer strukturierten Verhaltenstherapie behandelt werden (Reinecker 1991).

Strukturierte Therapieangebote zum Aufbau zwischenmenschlicher Autonomie

Jetzt rückt erstmals die Beziehungs- und Konfliktdimension des Polaritätenmodells in den Mittelpunkt. Gemeint sind jene Patienten, deren interaktionelle Eigenarten deutlich machen, daß sie sich zu nachgiebig und unterwürfig verhalten (dependent, selbstunsicher, schizotypisch) (Abb. 26.**6**). Bisherige Forschungsarbeiten stützen den Vorschlag, daß der Aufbau zwischenmenschlicher Autonomie am besten durch strukturierte Therapieangebote angestrebt und erreicht werden kann, wie sie heute am besten in einer verhaltenstherapeutischen Behandlung realisierbar sind. Therapeuten sollten nicht „einsichtsorientiert" zuwarten, bis Autonomie sich entfaltet. Die vergleichende Therapieforschung läßt heute unzweifelhaft schlußfolgern, daß die strukturierte Einübung sozialer Fertigkeiten (z. B. mit einem Training sozialer Fertigkeiten in Gruppen) gerade mit Blick auf eine prosoziale Auto-

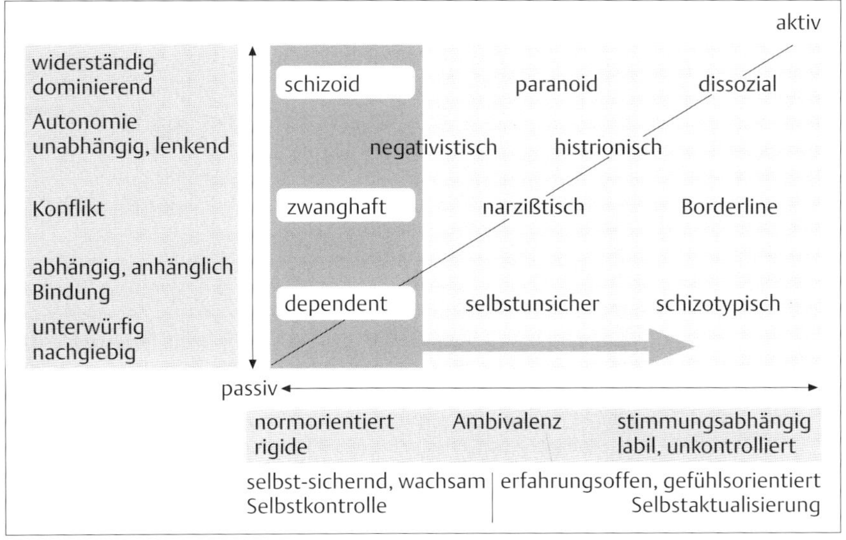

Abb. 26.**5** Einsichts- und beziehungsorientierte Therapieangebote für schizoide, zwanghafte und dependente Persönlichkeitsstörungen

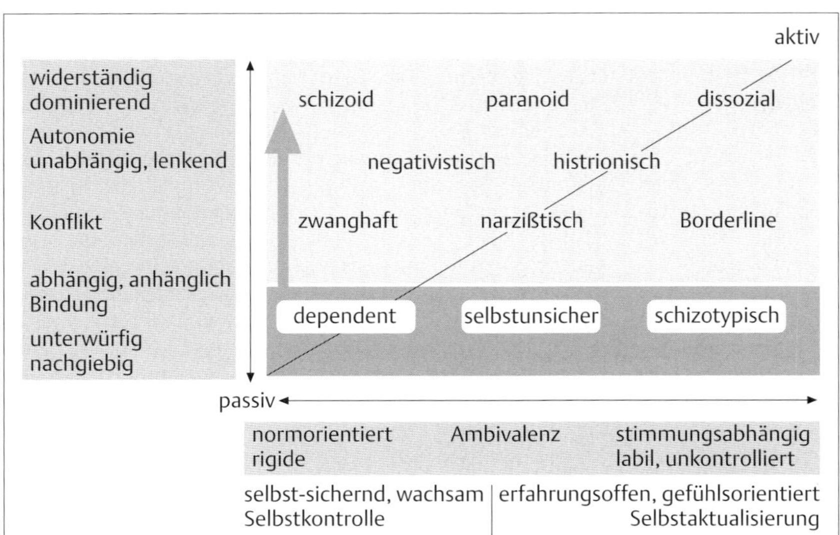

Abb. 26.**6** Entwicklung prosozialer Autonomie bei dependenter, selbstunsicherer und schizotypischer Persönlichkeitsstörung

nomieentwicklung jeder einsichtsorientierten Therapie nicht nur gleichwertig, sondern zumeist überlegen ist (Grawe u. Mitarb. 1994).

Wo Gruppenarbeit nicht oder nur begrenzt möglich ist oder in Fällen, wo die Gruppenarbeit sinnvoll um eine Einzeltherapie ergänzt werden sollte, kann an interpersonell und beziehungsorientierte Therapieformen gedacht werden. Es bleibt jedoch zu beachten, daß für die psychodynamische bzw. interpersonelle Psychotherapie bei dependenten, selbstunsicheren oder schizotypischen Persönlichkeitsstörungen bis heute nur Fall- und Erfahrungsberichte vorliegen (z.B. Benjamin 1995, Rudolf 1996); Forschungsarbeiten stehen noch aus. Ähnliches gilt für gesprächspsychotherapeutisch orientierte Behandlungen (Swildens 1991).

Das führt zum ersten Mal zu dem Punkt, daß sich für eine (nämlich die dependente) Persönlichkeitsstörung offensichtlich zwei unterschiedliche Therapiestrategien empfehlen. Das ergibt sich zwangsläufig mehrmals, wenn man das bedürfnistheoretische Polaritätenmodell gründlicher durchdenkt. Die Lösung solcher Indikationsprobleme ist am konkreten Einzelfall (eben mit Blick auf **integrative** Psychotherapieperspektiven) zu diskutieren. Bei einigen dependenten Patienten empfiehlt sich vielleicht eine Sukzession beider Strategien (personorientierte Sinnaktualisierung vor der Entfaltung zwischenmenschlicher Autonomie). Bei anderen dependenten Patienten könnte auf eine solche Sukzession verzichtet werden, z.B. wenn bereits eigene Interessen und Bedürfnisse durch die Betroffenen artikuliert und ausgedrückt werden können. Dependenz ist nicht gleich Dependenz. Und das gilt es jeweils bei allen Persönlichkeitsstörungen zusätzlich zu bedenken. Das Bedürfnismodell bietet – wegen seiner Polaritätendynamik – immer mehrere unterschiedliche Bewertungsaspekte und damit bedenkenswerte integrative Zielperspektiven.

Interpersonell orientierte Therapieangebote zur Förderung von Bindungskompetenzen und von Vertrauen in soziale Beziehungen

Die Polaritätendynamik des Bedürfniszirkumplexes wird besonders deutlich bei jenen Personen, deren persönliche Interaktionseigenarten durch Dominanz und die Neigung, andere zu unterdrücken oder sich von anderen zu isolieren, bestimmt wird (schizoid, paranoid, dissozial) (Abb. 25.**7**). Zwei der oben gegebenen Empfehlungen können zunächst beibehalten werden: Bei „schizoid" denke man an ein einsichts- und beziehungsorientiertes Behandlungssetting zur Erhöhung von Selbstaktualisierung und Offenheit gegenüber zwischenmenschlichen Erfahrungen; bei „dissozial" bevorzuge man ein klar strukturiertes, norm-/werteorientiertes Behandlungskonzept.

Gleichzeitig sollte bei diesen Störungen bedacht werden, daß wichtige weitere Behandlungsziele eine **Förderung von Bindungskompetenzen sowie eine Vergrößerung des Vertrauens in soziale Beziehungen** darstellen. Wie das konkret erreicht werden kann, ist nach wie vor unklar; denn zu wenig haben Therapieforscher bisher über diese Therapieziele bei genau diesen Störungen nachgedacht. Für alle drei Störungen gilt nämlich gleichermaßen, daß sich Autoren und Forscher viel lieber mit der diesen Störungen zugrundeliegenden Dynamik und ihren Ursachen befaßt haben, als Perspektiven dafür zu entwickeln, wie diese Bedingungen erfolgreich beeinflußt werden könnten. Das gilt in besonderer Weise für die paranoide Persönlichkeitsstörung (s.u.).

Therapieangebote mit Fokusbildung im Bereich konkreter zwischenmenschlicher Krisen und Konflikte

Die Behandlungsempfehlung bei paranoider Persönlichkeitsstörung soll die drei im Polaritätenmodell eng assoziierten Persönlichkeitsstörungen mit einschließen (also die negativistisch-widerständigen Charaktere, die narzißtischen Personen wie die histrionischen Persönlichkeiten)

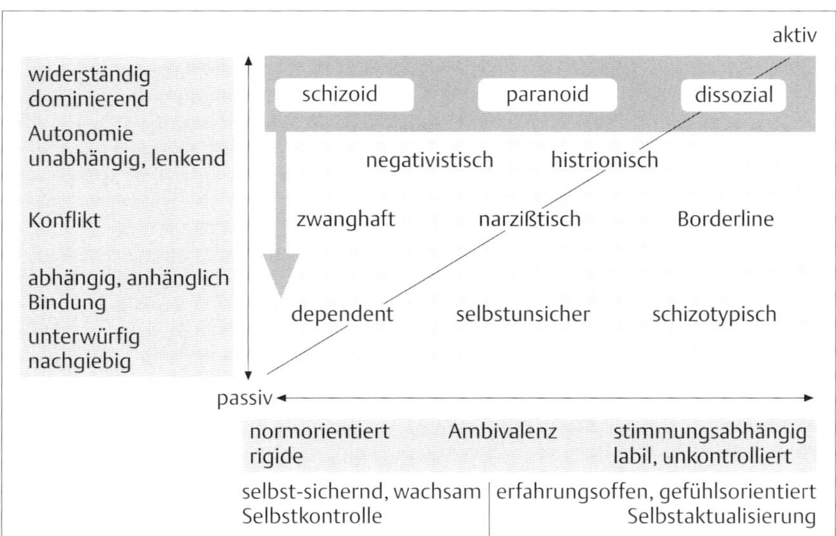

Abb. 26.**7** Förderung von Bindungskompetenz und Vertrauen in soziale Beziehungen bei schizoider, paranoider und dissozialer Persönlichkeitsstörung

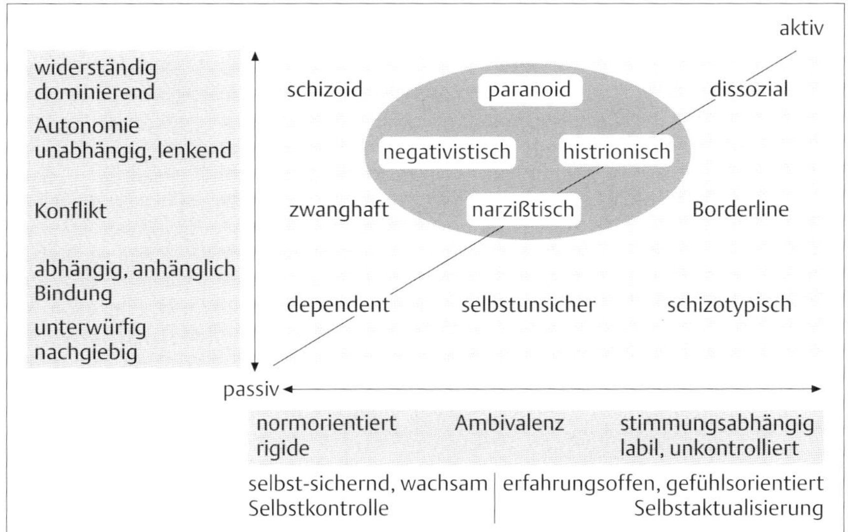

Abb. 26.**8** Krisen- und Konfliktmanagement bei paranoider, negativistischer, histrionischer und narzißtischer Persönlichkeitsstörung

(Abb. 26.**8**). Egal, für welches therapeutische Grundkonzept man sich bei diesen vier Störungen entscheidet, Psychotherapeuten sollten folgende allgemeine und damit integrativ bedeutsame Leitlinien beachten (Beck u. Mitarb. 1993, Benjamin 1996, Millon 1996, Rudolf 1996).

Eine Exploration und Behandlung der im Vordergrund stehenden, vermeintlich störenden Personeigenarten sollte zunächst nicht erfolgen (also **zunächst keine** Fokussierung der paranoiden kognitiven Konstruktionen, der Gründe für Negativismus und Widerständigkeit, der Überwertigkeitsphantasien narzißtischer Patienten wie der schauspielerischen Ablenkungsneigung histrionischer Personen). Stattdessen sollte sich der Therapeut eher als vertrauenswürdiger und sachlich arbeitender Begleiter in eine **Therapie zwischenmenschlicher Krisen und Konflikte** einbringen. Als ein Weg zur Beschäftigung mit den persönlichkeitsbedingten Schwierigkeiten im konkreten Lebensalltag wird von den meisten Autoren denn auch die **Suche nach konkreten Alternativen** zur Erreichung persönlicher Ziele und Wünsche angesehen, die gegenüber **konkret benennbaren** Konfliktpartnern bestehen. Das meint „Fokusbildung“: Real gegebene Streß- und Konfliktsituationen im Alltag der Betroffenen und die damit assoziierten Konflikte und Ambivalenzen sind die wichtigsten Anknüpfungspunkte einer in dieser Hinsicht konsequent inhaltlich strukturierten Therapie. Eine Fokusbildung wird empfohlen mit dem Ziel, das Vertrauen in genau diese Beziehungskonstellationen – wo immer möglich – erneut herzustellen oder neu anzuregen und zu festigen.

Alle vier Störungen sind im Kern Feedbackstörungen. Und eines ihrer prominenten gemeinsamen Merkmale liegt in einem mehr oder weniger ausgeprägten Mangel an Empathie. Auch hieraus ergeben sich lohnenswerte weitere Ziele:
- prosoziales Feedback geben lernen und
- mit negativem wie positivem Feedback umgehen lernen.

Selbst Empathie könnte direkt eingeübt werden (wie dies interessanterweise von Verhaltenstherapeuten bei narzißtischen Persönlichkeitsstörungen bereits empfohlen und praktiziert wird (Turkat 1990). Wo direkte Einübung konzeptuell nicht vorgesehen ist, sollte zumindest der Therapeut kontinuierlich als Empathiemodell wirken.

Leider sind es offensichtlich gerade diese vier Störungen, die für viele Therapeuten eine besondere Hürde darstellen, bei „Empathie" als einer der zentralen Therapeutenmerkmale zu bleiben. Damit komme ich zum Schluß, nämlich zu folgender, therapeutisch ebenfalls bedeutsamen Perspektive:

Persönlichkeitsstörungen als persönliche Kompetenzen

Wie Supervisionserfahrungen verdeutlichen, neigen viele Therapeuten gerade bei den vier letztgenannten Störungen viel zu schnell dazu, sich in einen Diskurs mit den Patienten über die vermeintliche interaktionelle Problematik ihrer Personeigenarten zu verwickeln. Sie übersehen, daß sie mit einer solchen „Konfrontation" **spezifische Kompetenzen** der Patienten kritisieren. „Konfrontation" ist bei vielen Persönlichkeitsstörungen zumindest zu Beginn der Behandlung eine ungeeignete Strategie. Denn eine Persönlichkeitsverortung im Bedürfnisraum verweist immer zugleich darauf, wo die persönlichen Stärken der Betroffenen liegen. Persönliche Stärken und damit Kompetenzen von Patienten kritisch zu hinterfragen, kann nur bedeuten, daß es solchermaßen konfrontativ arbeitende Therapeuten mit gut eingeübten Widerständigkeiten zu tun bekommen (nämlich genau mit der autonom vertretenen Rechthaberei paranoider Persönlichkeiten, mit einer vermeintlich autonom vertretenen Selbstbezogenheit narzißtischer Patienten, mit dem Abwehrverhalten negativistischer Personen oder mit dem ebenfalls sicher vorgetragenen Rollenverhalten histrionischer Patienten) – und genau deshalb werden Therapeuten mit einer zu vorschnellen Konfrontation als Therapiestrategie „unterliegen" oder „versagen".

Damit ist jetzt zum Schluß gesagt, daß als Ziele der Therapie von Persönlichkeitsstörungen (wenigstens zu Beginn der Behandlung) zunächst jene Bereiche im Polaritätenmodell ausgesucht und festgelegt werden sollten, wo sich die Patienten zur Zeit (noch) **nicht** oder **nicht mehr** befinden. Dies sind Beziehungs- und Bedürfnismuster, die ihnen fremd oder fremd geworden sind. Dort jedoch, wo Patienten sich aktuell im Bedürfnisraum befinden, sollten kritische Diskussionen vermieden werden, dies selbst dann, wenn die Personeigenarten der Patienten zunächst ausgesprochen dysfunktional, bizarr und fremdartig anmuten. Empathie und therapeutische Wertschätzung der Patienten sollte die vorrangige Strategie bleiben, bis sich eine tragfähige therapeutische Beziehung aufgebaut hat.

Zwischenbemerkung: Wenn Therapeuten und Patienten eine vertrauensvolle und tragfähige Beziehung miteinander aufgebaut haben, können eigentlich alle Probleme der Patienten offen angesprochen werden. Wenn die Beziehung tragfähig ist, kann man in der Regel – und ohne weiterreichende Konflikte erwarten zu müssen – auch über bizarres Verhalten als Ausdruck einer ich-syntonen Persönlichkeitsstörung der Patienten offen sprechen.

Für Abweichungen von Empathie und Wertschätzung der Person des Patienten als therapeutischem Basisverhalten gibt es eigentlich nur eine Ausnahme: selbst- und/oder fremddestruktives Verhalten. „Gewalt gegen sich selbst" oder „Gewalt gegen andere" (hier beides gemeint in einem ethisch begründbar weiten Sinn) sollten Therapeuten immer und möglichst unmittelbar mit dem Hinweis auf ihre nicht akzeptierbaren ethischen oder gar rechtlichen Konsequenzen oder auch mit Blick auf persönlich schädigende Folgen unterbinden. Dies wird ebenfalls konvergent von Autoren unterschiedlicher Therapieschulen empfohlen (Fiedler 1996).

Aber selbst diese psychoedukative Strategie wird wohl nur dann ihre therapeutisch intendierte Wirkung entfalten, wenn sie integraler Bestandteil des hier empfohlenen Therapiegrundprinzips empathischer Wertschätzung gegenüber der persönlich gelebten „Andersartigkeit" von Patienten ist und bleibt. Empathische Wertschätzung bedeutet nicht Akzeptanz, vielmehr unverzichtbarer Respekt vor den persönlichen Schwierigkeiten der Patienten. Funktionale, integrierte und prosoziale Personeigenarten und Verhaltensmuster sind sowieso erst **mittel- oder langfristige Ziele** in einer Psychotherapie persönlichkeitsgestörter Menschen und schon deshalb zu Beginn der Behandlung eher weniger häufig zu erwarten.

27. Integrative Ausbildung in der Psychotherapie

Einige Argumente zu gunsten von Ausbildung in der integrativen Psychotherapie

E. Heim

Für die oben beschriebene zunehmende Beachtung integrativer Ansätze durch praktizierende Psychotherapeuten gibt es neben den persönlichen Motiven auch handfeste wissenschaftliche Argumente. Sie sind in einer breiten und stark wachsenden Literatur dargelegt (vgl. z.B. Beitman u. Mitarb. 1989, Norcross u. Goldfried 1992). Einige dieser Überlegungen sollen im folgenden Beitrag kurz dargestellt werden.

Ausufern des Psychomarktes führte zu allgemeiner Verwirrung

Die Zahl der vertretenen Therapiemethoden wird auf mehrere Hundert geschätzt. Dies hat dazu geführt, daß selbst Fachleute und wissenschaftliche Spezialisten den Überblick über den Markt verloren haben. Nur die traditionellen Schulformen verfügen über eine ausreichende theoretische, technische, empirische und praktische Begründung. Viele neuere Verfahren sind eher einer Paraszene zuzuordnen, die sich um wissenschaftliche Stringens des Vorgehens wenig kümmert. Selbst ernsthafte Therapeuten sind als Folge dieser Entwicklung desorientiert und fragen sich, was gültig und was als ephemerer modischer Trend zu betrachten sei. Noch verwirrender ist die Situation für Laien und für potentielle Patienten, die in einschlägigen Medienerzeugnissen (z.B. Wochenendmagazinen, Stadtanzeigern, esoterischen Handbüchern usw.) vielfältige und widersprüchliche Angebote vorfinden. Vielen dieser Annoncen ist gemeinsam, daß sie kommerziell ausgerichtet sind, oft klingende Phantasienamen führen oder pseudoakademische Institute vertreten. Man kann sich des Eindrucks nicht erwehren, daß ein Teil der Ausbildungsangebote als verkappte Therapien durch wenig ausgewiesene Therapeuten zu verstehen und nicht selten ethisch anzuzweifeln sind.

Eine ähnlich verworrene und verwirrende Situation findet natürlich auch der professionelle Anfänger vor, der die Qual der Wahl auszustehen hat, welche Therapiemethode(n) aus seiner Sicht nun die geeignete(n) sei(en). Allein in Zürich stehen ca. 30 verschiedene Ausbildungsangebote (meist privater Institute) zur Auswahl, die den traditionellen Haupteinrichtungen der Psychotherapie zuzuzählen sind. Der Ausbildungskandidat ist somit vor die Frage gestellt, nach welchen Kriterien er die Ausbildungsrichtung zu wählen habe – und ob ein einzelner Ansatz der künftigen therapeutischen Tätigkeit gerecht werden könne.

Keine Theorie oder Methode vermag gegenüber anderen eine konstante Überlegenheit auszuweisen

Die 50er und 60er, ja selbst die 70er Jahre, waren durch einen meist theoretisch ausgetragenen Schulstreit zwischen den heute etablierten Hauptrichtungen charakterisiert. Den Novizen einer Therapierichtung wurde nicht selten abverlangt, sich so sehr mit der Schulrichtung zu identifizieren, daß dies in gewissem Sinne einer Glaubenshaltung gleichkam. Heute ist dies nur noch bei wenigen Instituten der Fall. Die Praxis dagegen, auch jene der Ausbilder, entspricht nachgewiesenermaßen dieser puristischen Haltung nicht mehr. Ausbildungskandidaten bemühen sich deshalb schon früh, gleichzeitig mehrere Verfahren kennenzulernen. Eine Studie hat z.B. im Vergleich zweier universitärer Ausbildungsgänge – der eine psychoanalytisch, der andere behavioral – nachgewiesen (Goldfried u. Safran 1986), daß nach 10 Jahren die ausgebildeten Therapeuten beider Richtungen in ihrer klinischen Praxis in 56% ihrer Interventionen übereinstimmende methodische Schritte wählten. Nur 15% der möglichen Interventionen wurden gegenseitig als nicht kompatibel zurückgewiesen und 29% wurden jeweils nur von Vertretern der einen Schulrichtung eingesetzt.

Nicht zuletzt aufgrund der oben geschilderten Entwicklung kann diese Phase als überwunden gelten. Eine seriöse wissenschaftlich ausgewiesene Richtung wird heute kaum noch für sich beanspruchen, in allen einschlägigen Situationen und Indikationsbereichen anderen Vorgehensweisen konstant überlegen zu sein. Die theoretisch unterschiedlichen Konzepte werden zwar, durchaus gerechtfertigt, aufrechterhalten. Sie entsprechen ja einer jeweiligen Perspektive des menschlichen Verhaltens und vermögen so auch künftig erkenntnistheoretisch wichtige Beiträge zu leisten. Gerade für den Anfänger der Psychotherapie ist es nach wie vor wichtig, sich an einer bestimmten Verstehensweise orientieren zu können. Es ist einzig der „Allwissenheitsanspruch", der zugunsten einer toleranteren und integrativeren Haltung relativiert wird. Die Frage, wie man den unterschiedlichen Bedürfnissen der Patienten gerecht werden kann, beschäftigt in praxi eine wachsende Zahl von Klinikern und Psychotherapeuten. Sie bemühen sich deshalb anhand von Forschungsergebnissen, Hinweise für eine Differentialindikation zu finden, ohne die eigene Arbeitsweise pauschal aufgeben zu müssen. Eine Befragung von über 1.200 Psychotherapeuten/-innen im deutschen Sprachraum ergab u.a., daß in aller Regel die einzelnen Therapeuten/-innen bemüht sind, zwei oder mehrere theoretische Ansätze in ihre klinische Arbeit zu integrieren. Der größere Teil hält dennoch an einer bestimmten theoretischen Orientierung fest (Ambühl u. Mitarb. 1995), ein Vorgehen das durchaus als technischer Eklektizismus verstanden werden kann.

Wirksamkeitsforschung zeigt vergleichbare Ergebnisse für die wichtigsten Methoden

Vorerst im angelsächsischen, später auch im deutschen Sprachraum, haben sog. Metaanalysen der klassischen Psychotherapien insgesamt eine eindrucksvolle Wirksamkeit ergeben (vgl. etwa Smith u. Mitarb. 1980, Shapiro u. Shapiro 1982, Grawe u. Mitarb. 1994), die zwar aus verschiedenen Gründen variiert, im großen und ganzen aber eine erstaunliche „Erfolgsquotenkonstanz" (Heim 1981) ergibt. Beitman u. Mitarb. (1989) nehmen aufgrund dieser Ergebnisse an, daß die erklärte Varianz der Effektivität nur zum kleinsten Teil durch die Wahl der Methoden bestimmt ist, daß vielmehr die therapeutische Beziehung und vor allem Charakteristika des Patienten über Erfolg oder Mißerfolg der Therapie entscheiden. Insgesamt darf aber heute die Wirksamkeit der Psychotherapie als wissenschaftlich nachgewiesen gelten. Bei geeigneter Indikation stehen die erzielten Veränderungen im Ausmaß jenen anderen Heilverfahren im Bereich der psychischen Störungen keineswegs nach.

Für den Praktiker ergibt sich, wie erwähnt, aus der Vielzahl der Studien vor allem die Frage nach der differentiellen Indikation: Welches Vorgehen bewährt sich bei welchem Patienten in welcher Situation am besten? Dazu sind unsere Erkenntnisse noch relativ bescheiden, aber die Forscher scheinen die Bedeutung der Frage erkannt zu haben (Wolfe u. Goldfried 1984). Jetzt schon läßt sich das Postulat eines technischen Eklektizismus (vgl. S. 285) ableiten, das die Kenntnisse mehrerer Methoden voraussetzt. Soweit sich die Wirksamkeit in bestimmten Indikationsbereichen tatsächlich unterscheidet, kann bereits präferentiell eine bestimmte Methode eingesetzt werden. Einzelne Manuale haben sich dieser Aufgabe angenommen (vgl. Beutler u. Clarkin 1990, Huber 1992). Nirgendwo wie in der Frage der differentiellen Indikation decken sich Interessen der Praktiker so gut mit jenen der Forscher. In ihrem Buch „What works for whom? A critical review of psychotherapy research" haben Roth u. Fonagy (1996) die Ergebnisse der einschlägigen englischsprachigen Literatur bis und mit 1995 eingearbeitet. Anhand der nach DSM-IV klassierten Störungsbilder konnte so die unterschiedliche Effizienz psychotherapeutischer Interventionen aufgezeigt werden.

Gemeinsame Prozeßfaktoren unterschiedlicher Methoden erhalten zunehmend Beachtung

Entgegen den Schulmeinungen weisen die einzelnen Verfahren mehr gemeinsame Wirkfaktoren auf als üblich angenommen. Frank hat schon 1961 in seinem Standardwerk „Persuasion and healing: a comparative study of psychotherapy" auf Gemeinsamkeiten zwischen Psychotherapie und Heilen durch Schamanen aufmerksam gemacht – Gemeinsamkeiten, die bis heute den meisten Psychotherapien eigen sind: eine vertrauende Beziehung; ein besonderes Setting; ein überzeugendes Erklärungsmodell; ein therapeutisches Ritual. Diese ursprünglich als „un-spezifisch" bezeichneten Faktoren wurden den „spezifischen" gegenübergestellt, die das jeweils besondere technische Vorgehen umschreiben. Nachdem es sich erwiesen hat, daß einerseits die als unspezifisch betrachteten Faktoren wie etwa die Beziehungsgestaltung, für das Ergebnis der Therapie von großer Bedeutung sind und zugleich immer deutlicher wurde, daß die vermeintlich schulspezifischen Kriterien auch anderen zugehörig sind, wurde empfohlen, den Begriff „unspezifisch" zu Gunsten von „gemeinsam" ganz aufzugeben (Castonguay 1993).

Gemeinsam sind mehreren Schulrichtungen etwa ein bestimmtes **Patientenverhalten**: die Bedeutung seiner Motivation, die Beziehungsgestaltung im Sinne der Übertragung (insbesondere emotionale Anteile), Widerstandsphänomene usw. Auf seiten der **Therapeuten** wird immer mehr die kognitive Aktivität als wesentlich herausgearbeitet, z. B. das Bemühen um Transparenz und Klarheit der Zielsetzung. Die sog. Gegenübertragung, die ursprünglich als rein psychoanalytisches Konzept verstanden wurde, erweist sich inzwischen für mehrere Methoden als bedeutsam, nämlich die Forderung nach Selbstkontrolle des Therapeuten in seinen Reaktionen dem Patienten gegenüber. Schließlich sind auch bestimmte **Interventionsformen**, die früher als schulspezifisch verstanden wurden, heute in mehreren Methoden anerkannt, auch wenn sie nicht immer gleich benannt werden: Reflektieren, Interpretieren, Konfrontieren, korrektive emotionale Erfahrung, Realitätsprüfung als adäquate Sichtweise von sich und der Welt; Umsetzen von Erkenntissen in eigentliches Verhalten. Allgemein wird der interpersonale Kontext im therapeutischen Arbeiten vermehrt betont, jedoch nicht länger als unspezifisches Fluidum, sondern als ein Ingrediens, das je nach Methode besonders umschrieben und gehandhabt wird. Das unter Leitung von Orlinsky (1996) durchgeführte „SPR-Collaborative-Research-Network"-Projekt, das das Verhalten von über 2.400 Therapeuten/-innen in unterschiedlichen Kulturen erfaßte, hat einen erstaunlichen Konsens hinsichtlich des erwünschten Therapeutenverhaltens ergeben: „PsychotherapeutInnen… sahen ihr derzeitiges und ideales Verhalten gegenüber PatientInnen als akzeptierend, freundlich, warmherzig, tolerant, beteiligt und engagiert."

Es sind diese, der Forschung zu verdankenden Erkenntnisse, die nach und nach in die Praxis umgesetzt wurden und somit einem integrativen Denken weiter förderlich waren.

Strukturelle Bedingungen haben sich in verschiedenen Methoden angenähert.

Der wissenschaftliche Austausch, der sich vorerst auf Forscher beschränkte, läßt immer mehr erkennen, daß die äußere Struktur und der prozessuale Ablauf von Psychotherapien viele Gemeinsamkeiten aufweisen. Orlinsky u. Howard (1988) haben ein allgemeines Psychotherapiemodell entwikkelt, das sie als „Generic model of psychotherapy" umschrieben haben. In diesem wurde die Komplexität der Rahmenbedingungen und des Ablaufs auf verschiedenen Ebenen zusammengefaßt. Grob enthält das Handlungsfeld jeweils Elemente des therapeutischen Vertrages, der therapeutischen Maßnahmen, der therapeutischen Beziehung oder Bindung und der therapeutischen Realisierung.

Während ursprünglich in der psychoanalytischen Tradition dem Zeitbegriff keine große Beachtung geschenkt, sondern der Prozeß mehr oder weniger offen gestaltet wurde, haben in den letzten Jahrzehnten die sog. Kurztherapien an Bedeutung und Verbreitung gewonnen (Heim u. Mitarb. 1990, Reich u. Neenan 1986). Untersuchungen der Wirksamkeit von Psychotherapien haben in erstaunlicher Übereinstimmung gezeigt, daß ca. 80% der erreichbaren Veränderung nach ca. 20–25 Sitzungen realisiert sind (vgl. etwa Howard u. Mitarb. 1986, Kächele 1990). In einzelnen Bereichen, etwa in Kriseninterventionen (Schnyder u. Sauvant 1993) oder bei psychosozialer Adaptation an somatische Krankheiten (vgl. z.B. Heim u. Perrez 1994), haben sich Kurzinterventionen von einigen wenigen Sitzungen bewährt. Umgekehrt ist aber auch offensichtlich geworden, daß bestimmte psychische Störungen nur dann Veränderungen zulassen, wenn die Patienten langfristig in Therapie stehen. Linehan (1993) hat in ihren Untersuchungen von kognitiver Behandlung von Borderlinepatienten z.B. festgestellt, daß eine einjährige Behandlung eine unzureichende Besserung brachte. Ebenso ist bekannt, daß bestimmte Depressionsformen erst, wenn sie kombiniert mit Medikamenten psychotherapeutisch behandelt werden, eine ausreichende Besserung erreichen (z.B. Wilson 1982). Die zeitliche Struktur und die Form des Settings sind somit immer mehr zu Determinanten des erfolgreichen Therapieverlaufes geworden.

Die erwähnten und andere Studien haben, obwohl primär ohne politische Intention verfaßt, großes Interesse bei Gesundheitspolitikern, Krankenkassen, Patientenvertretern u.a. gefunden, die schon länger auf eine klarere Kosten-Nutzen-Analyse der Psychotherapie gedrängt hatten. Versicherer und Politiker üben seither einen merkbaren Einfluß auf die Psychotherapiepraxis aus, der Therapeuten unterschiedlicher beruflicher Herkunft zu rationellerem und effizienterem Arbeiten zwingt. Eine nationale Umfrage der USA belegt, daß unter dem Kostendruck („managed care") Psychotherapeuten unterschiedlicher Ausbildung (Psychiater, Psychologen, Familientherapeuten usw.) häufiger Kurztherapien durchführten und um entsprechende Ausbildung nachsuchten (APA News 1995). Eine indirekte Folge ist, daß sich nicht zuletzt aus diesen eher defensiven Überlegungen die Schulrichtungen vermehrt zusammenschließen, um politisch der öffentlichen Kritik zu begegnen.

Bestimmt ließen sich noch mehr Argumente zusammentragen, die für eine verstärkte Integration des bestehenden Schul- und Methodenpluralismus sprechen. Die theoretischen und philosophischen Erwägungen wurden schon im vorausgehenden Abschnitt aus historischer Sicht zusammengetragen (Huber, S. 285). Auch bedarf es weiterhin intensiver Forschung, speziell in Bereichen wie technischer Eklektizismus, Prozeßverlauf, Differentialindikation, Ausbildung und Supervision, bevor ein Ziel angenähert werden kann, das etwa als die Lehre einer „allgemeinen Psychotherapie" umschrieben werden könnte.

Einige Modelle der Ausbildung in integrativer Psychotherapie

Die grundsätzlichen Erfordernisse einer angemessenen Psychotherapieausbildung wurden im Teil I von Buchheim u. Lieb dargestellt. Sie haben cum grano salis auch in der integrativen Ausbildung ihre Berechtigung. Das Ziel bleibt ja immer, einen oder eine „kompetente(n)" PsychotherapeutenIn heranzubilden. Shaw u. Dobson (1988) haben diese(n) wie folgt umschrieben:

1. Er oder sie verfügen über einen theoretischen oder konzeptuellen Rahmen, an dem sich ihre Interventionen orientieren.
2. Sie oder er haben die zentralen Probleme und Bedürfnisse des Patienten stets präsent.
3. Er oder sie sind geschickt im Einsatz von Interventionen, die Verhaltensänderungen auslösen sollen oder die dazu notwendigen Voraussetzungen schaffen.
4. Sie oder er kennen die Indikation, aber auch die Kontraindikation, dieser Interventionen.

Wie in den meisten Ausbildungsgängen wird auch beim künftigen Psychotherapeuten vorausgesetzt, daß er oder sie charakterlich geeignet ist. Idealerweise hat er oder sie als Persönlichkeit anteilnehmend, mitfühlend, intelligent und einfühlsam zu sein (Sakinowsky in Shaw u. Dobson 1988). Ausbildung vermöge zwar diese Fähigkeiten zu fördern, aber nicht sie zu entwickeln, wenn die Voraussetzungen dazu fehlten.

Von verschiedenen Autoren wurden Kriterien erarbeitet, wie sie in einer Ausbildung zur Psychotherapeutin/zum Psychotherapeuten vorauszusetzen sind (vgl. z.B. Mohl u. Mitarb. 1990). Im Hinblick auf ein integratives Training erwähnen Beutler u. Clarkin (1990) die folgenden Punkte:

1. Erkunden von Modellen menschlichen Verhaltens aus der Perspektive der Persönlichkeit, wie auch aus sozialer und systemischer Sicht.
2. Grundkenntnisse in Psychopathologie.
3. Biologische und neuropsychologische Grundkenntnisse des normalen und pathologischen menschlichen Verhaltens. Medizinische und pharmakologische Einflußmöglichkeiten.
4. Üben von Fertigkeiten in Beziehung und Kommunikation.
5. Kenntnisse verschiedener Therapietheorien, eher komprehensiv und komparativ als kritisierend.
6. Ausbildung in zumindest zwei oder drei Schulrichtungen.
7. Studium von Methoden und Modellen der Integration.

VIII

Methodenpluralismus

Die bis heute üblichen Ausbildungsgänge vermögen einem solchen Kriterienkatalog nur ausnahmsweise zu genügen. Wenn überhaupt wird dem gegenwärtigen Wissensstand gemäß am ehesten noch Methodenpluralismus unterrichtet. Das Angebot der zu erlernenden Methoden richtet sich dabei primär nach den lokalen Möglichkeiten, nur ausnahmsweise wird ein systematischer Aufbau vorbereitet, der später integrative Therapien ermöglichen könnte. Es gibt aber auch Vertreter integrativen Denkens, die den technischen Eklektizismus als das heute erreichbare Optimum bezeichnen. Die didaktische Voraussetzung wäre dann im wesentlichen, sich mit der Arbeitsweise unterschiedlicher Schulrichtungen bekannt zu machen. So setzt sich der bekannte amerikanische Kognitionspsychologe A. A. Lazarus (1995) schon seit längerem für einen technischen Eklektizismus ein, der es dem Therapeuten ermöglicht (von seinem jeweiligen theoretischen Standpunkt ausgehend) Interventionsformen zu integrieren, die eigentlich anderen als der eigenen Schulrichtung entsprechen.

Während einzelne Schulrichtungen schon immer integrative Anteile einschlossen, also die Kenntnisse von Nachbardisziplinen ermutigten, grenzen sich andere, etwa die orthodoxe Psychoanalyse, bewußt ab, um nicht die eigene Identität zu gefährden. Als Beispiel eines integrativen Ansatzes, der auf einer Schulidentität aufbaut, sei das Fritz-Perls-Institut in Düsseldorf erwähnt. Sein Begründer H. Petzold (1988) vertritt einen theoretischen und technischen Methodenpluralismus. Die von ihm herausgegebene Fachzeitschrift führt bezeichnenderweise den Namen „Integrative Therapie". Der Ausbildungsgang schließt entsprechend breite Kenntnisse anderer Fachrichtungen, insbesondere der Psychoanalyse, des Psychodramas, der Körpertherapien, der Gestalttherapie ein. Kürzlich hat Petzold gemeinsam mit Vertretern verschiedener psychodynamischer Schulen einen Übersichtsband zu Lehranalysen, Selbsterfahrung und Eigentherapie (Frühmann u. Petzold 1994) herausgegeben, der indirekt Einblick in verschiedene, zum Teil überlappende Ausbildungsmodelle ermöglicht. Ebenfalls methodenpluralistisch bildet das Jung-Institut in Zürich aus. Neben der klassischen Jung-Lehre wird Einblick in Freuds Psychoanalyse, Familien- und Paartherapien, Kurztherapieformen, Körpertherapie u.a. m. angeboten. Einen anderen Weg wählten verschiedene schulorientierte Ausbildungsinstitute der Schweiz. In einem politischen Willensakt haben sie sich 1991 (gemeinsam mit psychologischen Fachverbänden) eine Charta gegeben, die eine gleichwertige integrale psychotherapeutische Spezialausbildung garantieren soll (Buchmann 1991). U. a. ist darin vorgesehen, daß auch Kenntnisse der benachbarten Fachrichtung zu erwerben sind.

Manche ähnliche Beispiele ließen sich anfügen, wie heute in der Psychotherapieausbildung insgesamt doch oft breiter, schul- und methodenübergreifend gedacht und gelehrt wird. Zudem muß erwähnt werden, daß universitäre Aus- und Weiterbildung nur ausnahmsweise auf eine bestimmte Methode oder Fachrichtung festgelegt ist und gerade von akademischer Seite her verschiedene Initiativen unternommen wurden, psychotherapeutisches Denken zu integrieren (vgl. Huber S. 285).

Integrative Ausbildung

Eine eigentliche integrative Psychotherapieausbildung geht aber über das Erwerben breiter Kenntnisse hinaus und verlangt mehr, als sich spontan individuell zum pragmatischen Eklektiker zu entwickeln. Es wird von Anfang an – gemäß den oben angeführten Argumenten – ernsthaft versucht, die Schulung integrativ auszurichten.

In Europa ist mir, neben unserem eigenen unten beschriebenen Konzept, vor allem das integrative Ausbildungsprogramm der Universitäten von Brüssel bekannt. Es ist insofern speziell, als es gleichzeitig an der französisch wie an der flämisch sprechenden Universität in den respektiven Departementen für Psychiatrie unterrichtet wird. Das Einbeziehen zweier Sprachregionen verbindet zudem zwei unterschiedliche Kulturkreise mit je eigenen theoretischen Präferenzen: der den lateinischen Ländern verpflichtete Ansatz der Université libre (Szafran u. Mitarb. in press) mit dem auf angelsächsische Modelle ausgerichteten Denken der flämischen Vrije Universiteit Brussel (Roose 1989). Auch die Zulassung ist durchlässig, indem neben den primär einbezogenen Psychiatern und klinischen Psychologen auch Sozialarbeiter und andere Spezialisten der Gesundheitsberufe akzeptiert sind. Das eigentliche Programm dauert zumindest drei Jahre. In einem sog. „Sensibilisierungsjahr" werden Grundbegriffe (wie oben von Beutler u. Clarkin erwähnt) vermittelt und in die Theorien der psychodynamischen, kognitiv-behavioralen und systemischen Schulen eingeführt. Vom zweiten Jahr an haben die KandidatInnen die Möglichkeit, sich in einer der erwähnten drei Hauptrichtungen zu spezialisieren, wobei der Austausch und die Abgrenzung zu den beiden anderen Schulen weiter ausdiskutiert wird. Eine spätere zusätzliche Spezialisierung in einer der anderen Hauptrichtungen wird sehr ermutigt. Das Besondere am Vorgehen der Brüsseler Kollegen besteht darin, daß nicht einfach additiv unterschiedliche Methoden unterrichtet werden, sondern daß deren Spezifität stets in der dialektischen Auseinandersetzung mit den anderen Schulen erarbeitet werden muß. Das Ziel bleibt letztlich eine Arbeitsweise, die im eigentlichen Sinne integrativ ist.

Ein weiteres Beispiel einer schon weit fortgeschrittenen integrativen Ausbildung stammt aus den USA. Dabei differenziert sein Autor, Norcross, der sich in den letzten Jahren intensiv mit Ausbildungsfragen befaßt hat (Andrews, Norcross u. Halgin 1992), kritisch zwischen zwei Kategorien von Therapeuten mit je fundamental verschiedenen integrativen Verhaltensweisen:

Einerseits Therapeuten, die sich in einer Hauptrichtung ausgebildet, gleichzeitig aber auch Kenntnisse anderer Methoden und Vorgehensweisen kennengelernt haben, die ihnen die entsprechende Differential-Indikation und Überweisung an geeignete TherapeutInnen ermöglicht („Überweisungsintegration"). Andererseits Therapeuten, die selbst Kompetenz in verschiedenen Methoden erwerben und eine entsprechende integrative Therapie praktizieren. Norcross bevorzugt klar eine von Anfang an integrativ angelegte Ausbildung und Praxis, die er in 5 Stufen gliedert.

1. Übungen in Beziehungs- und Kommunikationsfertigkeiten, wie aktives Zuhören, nonverbale Kommunikation, Empathie, zwischenmenschlicher Respekt usw.
2. Erwerben von Kenntnissen in verschiedenen Metatheorien, im Minimum in psychodynamischen, humanistisch-existentiellen, kognitiv-behavioralen und interpersonal-systemischen Modellen menschlichen Verhaltens.
3. Entsprechende Ausbildung in Theorie der Technik und deren Praxis, mit Bezug zum entsprechenden Menschenbild und kulturellen Hintergrund.
4. Praktika und Interventionsübungen in der Erwartung, daß die KandidatInnen zumindest in zwei Modellen die Befähigung erwerben, Therapien selbständig durchzuführen.
5. Eigentliche Integration aufgrund der schon in den vorausgehenden Stufen angestrebten Verbindung der Modelle und Methoden. Dabei besteht Konsens darüber, daß ein Therapeut nur dann zur eigentlichen Integration befähigt ist, wenn er zuvor gründliche Kenntnisse und Fertigkeiten in einer oder zwei Methoden erworben hat.

Diese Ausbildung erstreckt sich über einige Jahre und ist von einer zweiten Phase gefolgt, in welcher der/die TherapeutIn aus eigener Initiative weitere Methoden kennenlernt und versucht, sie zu integrieren. Dies führt unmerklich über zur eigentlichen persönlichen integrativen Arbeitsweise, die mitunter erst im Laufe von Jahren erworben werden kann.

Problemorientierte Therapie (POT) als Beispiel einer integrativen Ausbildung

E. Heim und C. Ringer

Historischer und lokaler Kontext der problemorientierten Psychotherapie

Das Ausbildungsmodell problemorientierte Therapie (POT) wurde Mitte der 80er Jahre an der Berner Psychiatrischen Universitätspoliklinik entwickelt, der einer der Autoren von 1977 bis 1994 vorstand.

Nach 1994 erfolgte eine Neuausrichtung der Klinik in Richtung biologischer Psychiatrie, so daß sich die Psychotherapieforschungsgruppe und damit auch der Unterricht in POT an der Berner Poliklinik auflöste. Das Modell wird aber seither an verschiedenen schweizerischen, aber auch deutschen Kliniken didaktisch weiter praktiziert, wobei die Autoren dieses Beitrages über die jeweilige Anwendung nur bedingt orientiert sind. Die folgenden Ausführungen beziehen sich somit auf die 10jährige Entwicklungsperiode von ca. 1985 bis 1994.

Als das Bedürfnis nach einem integrativen Ausbildungskonzept an unserer Klinik faßbar wurde, waren uns die oben angeführten wissenschaftlichen Erkenntnisse noch nicht zugänglich. Es waren somit vor allem lokale Bedürfnisse der Dienstleistung und der Ausbildung, die uns ab Mitte der 80er Jahre bewogen, POT zu entwickeln. Die Psychiatrische Universitätspoliklinik Bern hat ein Einzugsgebiet von ca. 400000 Einwohnern zu versorgen, wobei die ca. 25 akademischen Mitarbeiter damals mehrere Tausend Konsultationen pro Jahr leisteten. Die psychotherapeutische Ausbildung ist vor allem auf künftige Fachärzte ausgerichtet. Das Angebot umfaßte neben dem regional organisierten theoretischen Unterricht (ein Halbtag pro Woche) Schulung und Praxis in Autogenem Training, Familien-und Gruppentherapie, Krisenintervention, interne und externe Supervision in psychoanalytischen Verfahren, Katathymem Bilderleben, vereinzelt in behavioral-kognitiven Methoden u. a. m.

Trotz dieses Therapiekanons bestand ein Bedürfnis nach einer kurzen, strukturierten Therapieform sowohl von seiten der Patienten wie der Ausbildungskandidaten. Die Klientel einer staatlichen Poliklinik umfaßt nur ausnahmsweise die bevorzugten YAVIS-Patienten (young, attractive, verbal, intelligent, successful oder sexy) der Privatpraxis. Neben den üblichen fachärztlichen Abklärungen sind es in der Mehrzahl Patienten in Notfall- und Krisensituationen oder Patienten diagnostischer, sozialer oder kultureller Randgruppen, die meist kaum zu motivieren sind, längerdauernde und für sie schwer durchschaubare Psychotherapien einzugehen. So war die Beobachtung an sich nicht überraschend, daß bei den psychotherapeutischen Anfängern eine gewisse Hilflosigkeit die Regel war und die mangelnde Kompetenz und Struktur der Behandlung zu vielen Abbrüchen führten: Die Therapeuten orientierten sich zu sehr an den klassischen Langzeitmodellen, die sie theoretisch vorgestellt erhielten, die Patienten ihrerseits vermißten umschriebene Ziele, die ihnen in der schwierigen Anpassung an widrige Lebensumstände geholfen hätten.

Unsere Suche nach einer strukturierten und integrierenden Behandlungsform kam entgegen, daß die vier Kaderleute[1], die die kleine Arbeitsgruppe zur Entwicklung des didaktischen Konzeptes bildeten, je eine unterschiedliche, aber überlappende eigene Ausbildung genossen hatten, mit Schwergewicht auf Psychoanalyse, aber auch in behavioralen und kognitiven Therapien, Gestalttherapie, Katathymem Bilderleben, Körpertherapien, Kurz- und Krisentherapien sowie in Familien- und Gruppentherapien unterschiedlicher Ausrichtung.

> Es lag nahe, aus der Literatur wie aus der eigenen Erfahrung jene Hauptmerkmale zu verbinden, die ein überschaubares didaktisches Konzept ermöglichen: **Problemorientierung, Patientenorientierung, Methodenpluralismus und Strukturierung.**

Hauptmerkmale von POT und ihre didaktische Umsetzung

Eine ausführliche Darstellung des integrativen Konzeptes POT erfolgte in einem Buch, das als didaktisches Manual konzipiert wurde (Blaser u. Mitarb. 1992). Im folgenden werden hier nur jene Elemente zusammengefaßt, die zum didaktischen Verständnis notwendig sind.

Problemorientierung

Unter Problemen verstehen wir eine Überforderung der gegebenen Anpassungsfähigkeit aufgrund von lebensgeschichtlich bedingten, unzureichenden innerpsychischen Ressourcen oder besonders belastendenden aktuellen Lebensumständen. Solche Probleme können zu dysfunktionalem Wahrnehmen, Denken, Fühlen und/oder Handeln führen. Das jeweilige Problem bewirkt, daß eine angemessene Anpassung an die realen Lebensumstände behindert wird und die eigenen Möglichkeiten der Problemlösung nicht erkannt werden.

In der sog. „Problemanalyse" wird deshalb gemeinsam mit dem Patienten in einem oder mehreren Bereichen untersucht, wie sich die Schwierigkeiten manifestieren, welche Zusammenhänge sie haben und wie sie entstanden sind:

1. Aktuelle Bedingungen: Wie äußert sich das Problem im Hier und Jetzt? Welche inneren und äußeren auslösenden Situationen, welche Wahrnehmungen, welche kognitive Verarbeitung, welche emotionale Reaktion, welches Verhalten, welche Auswirkungen und Folgen, welche Rückwirkungen bestimmen das Problem?
2. Lebensgeschichtliche Bedingungen: Woher kommt das Problem? Gibt es prädisponierende frühere Erlebnisse? Wann, wo und wie ist das Problem entstanden? Wie hat es sich im Laufe der Zeit verändert?
3. Funktionale Bedeutung: Wozu ist das Problem da? Wie regelt es die aktuellen zwischenmenschlichen Beziehungen? Welchen Zweck erfüllt das Problem in der gegenwärtigen Lebenssituation? Wozu ist es nötig? Wozu ist es vielleicht sogar gut?

[1] Neben den Autoren dieses Kapitels gehörten der Arbeitsgruppe Prof. Dr. phil. A. Blaser und Dr. phil. M. Thommen an. Gemeinsam haben die vier das einschlägige Buch „Problemorientierte Psychotherapie – ein integratives Konzept", Bern, Huber 1992 verfaßt.

Fallbeispiel „Die Verkäuferin" Eine 22jährige Patientin meldet sich auf Empfehlung des Hausarztes zur Behandlung. Sie leidet unter depressiven Verstimmungen und Minderwertigkeitsgefühlen, vor allem im Vergleich zu der 3 Jahre älteren, verheirateten Schwester. Durch Wohlverhalten und Entgegenkommen auch bei Bekannten und Freunden ringt sie immer wieder um Akzeptanz. Bei geringster Kritik macht sie sich Vorwürfe, nicht zu genügen, obwohl sie als Verkäuferin im Textilhandel sowohl bei der Geschäftsleitung wie auch bei den Kunden geschätzt ist. Wann immer Schwierigkeiten des Alltags auftreten, glaubt sie darin die Bestätigung zu sehen, daß sie immer noch das „Problemkind" der Familie sei, das den Eltern zur Last falle, vor allem der Mutter, der sie sich sehr verbunden fühlt. Die Vorstellung des „Problemkindes" begleitet sie seit der Kindheit, wo sie sich schulisch und sportlich immer wieder mit der älteren, erfolgreicheren Schwester verglich, von der sie glaubte, sie würde bei Eltern und Bekannten viel besser angenommen. Wann immer sie das Gespräch mit der Mutter sucht, bekräftigt diese ihr, sie sei eine liebenswerte Tochter und stehe der Schwester keineswegs nach. Auch der ruhige, umgängliche Vater mag seine jüngste Tochter offensichtlich gut leiden und macht sich Sorgen, daß sie immer wieder dazu neigt, sich grüblerisch in ihr Zimmer zurückzuziehen, wo er sie dann zum Gespräch aufsucht.

Wir haben den Begriff „Problem" gewählt, damit er nicht mit dem vor allem von der psychoanalytischen Therapie her bekannten Begriff „Fokus" verwechselt wird. „Problem" ist eher deskriptiv zu verstehen. Der Terminus kann, muß aber nicht dynamische Hypothesen einschließen. Ferner ermöglicht der Begriff „Problem", die Sichtweise des Patienten einzubringen, wobei der Patient ständig aufgefordert wird, seine eigenen Überlegungen zur Problemlage anzustellen und zu formulieren. Das Vorgehen ist dabei fragend-klärend und nicht deutend-suggestiv, im Sinne der unten beschriebenen Patientenorientierung. Gemeinsam mit der fachlich begründeten Konzeption des Therapeuten wird dann eine Formulierung gesucht, die den oben geforderten Charakteristika gerecht wird. Die Formulierung kann vorläufig vom Patienten allein, in der Regel aber gemeinsam mit dem Therapeuten festgelegt werden. Wenn einmal eine für beide Teile befriedigende Formulierung gefunden wurde, bewährt es sich, daß der Therapeut diese auch schriftlich abfaßt und sie so zu einem Teil des „Therapievertrages" macht.

Die formulierte „Problemdefinition" gliedert sich in die zitierten drei Teile und leitet zu einer Kurzbeschreibung des Therapiezieles über. Sie wird in der Ich-Form abgefaßt, was es dem Patienten erleichtert, sich mit der Umschreibung zu identifizieren.

Im oben erwähnten Beispiel wurde folgende Formulierung gewählt: – „Ich bin immer wieder mal entmutigt, bedrückt und ziehe mich zurück. Im Grunde erwarte ich eigentlich Zuwendung und Zärtlichkeit und bin bereit dafür auch einen Preis zu bezahlen – durch Wohlverhalten und Anpassen. (Aktueller Aspekt.) – Ich habe immer schon versucht, aus der Rolle des „Problemkindes" herauszufinden, da dies u. a. meine Mutter sehr bedrückt. Meine ältere Schwester war immer erfolgreicher als ich und wurde von den Eltern entsprechend mehr geschätzt. (Lebensgeschichtlicher Aspekt.) – Erst als sie wegging, konnte ich die Rolle der „Prinzessin" auch etwas genießen. Ich fühlte mich deshalb lange Zeit wohl zu Hause und dachte nicht ans Fortgehen. (Funktionaler Aspekt.) – Mein Ziel muß es sein, mich von der Rolle des abhängigen Mädchens zu befreien und auf meine eigenen Stärken zu bauen. Nur so bin ich fähig, mich von meinem Elternhaus im guten Sinne abzulösen und eine eigene Wohnung zu nehmen. Anstatt „Trotzkopf" zu spielen, will ich mich als erwachsene Frau durchsetzen lernen. Auch will ich mich gegenüber den Ansprüchen von Freunden und Bekannten besser abgrenzen. "

Gerade die schriftliche Abfassung wird meist von den Patienten als wertvoll erlebt, fühlen sie sich doch in ihrer Problematik nicht nur akzeptiert, sondern durch die Klarheit der Formulierung finden sie oft einen neuen Zugang zu sich selbst. Im weiteren Prozeß (Durcharbeitung, vgl. unten) kann wo nötig immer wieder auf die „Problemdefinition" nicht nur inhaltlich, sondern auch explizit zurückgegriffen werden. Je nach neuen Erkenntnissen kann die „Problemdefinition" zudem in späteren Therapiephasen abgeändert oder neu formuliert werden. Entsprechend kann dies auch das therapeutische Prozedere beeinflussen.

Die **didaktischen Ziele**, die sich aus der Problemorientierung ergeben, lassen sich wie folgt zusammenfassen:

- Der Therapeut lernt, von Anfang an sich auf eine inhaltliche wie zeitliche Begrenzung der Therapie auszurichten.
- Der Therapeut lernt, die Probleme des Patienten zu konkretisieren, sie nach ihrer Erscheinung, nach Herkunft sowie nach Funktionalität zu differenzieren.
- Der Therapeut lernt, in der Problemdefinition eine für Patienten wie für ihn selbst gleichermaßen konzise Umschreibung vorzunehmen, die folgerichtig zu einem Ziel überführt.
- Der Therapeut erkennt, welche Veränderungen anzustreben sind, was die Frage nach den geeigneten Mitteln aufwirft. Er muß sich zudem flexibel auf neue Erkenntnisse im Therapieprozeß einstellen, die andere oder zusätzliche Problemdefinitionen verlangen.

Es ist didaktisch höchst eindrücklich festzustellen, wie gerade das Erarbeiten eines bestimmten Problembereiches sowie das verpflichtende Formulieren als „Definition", gewiß dem Anfänger, aber auch dem fortgeschrittenen Therapeuten immer wieder große Mühe bereiten. Ist dieser Schritt einmal verwirklicht, so ist didaktisch eine wesentliche Voraussetzung für eine strukturierte Kurztherapie erfüllt. Für den Novizen der Psychotherapie bringt die klare Umschreibung des jeweils im Zentrum stehenden Problembereiches auch in Langzeittherapien einen wesentlichen Gewinn.

Patientenorientierung

Die therapeutische Arbeit soll ebenso vom Problemverständnis des Patienten und seinen Zielvorstellungen wie von den Überlegungen des Therapeuten bestimmt sein. Theorien und Wertvorstellungen des Therapeuten haben sich der gemeinsam erarbeiteten Zielvorstellung unterzuordnen.

Wie schon angedeutet bedeutet dies vor allem, daß der Patient mit seinen Schwierigkeiten und nicht das theroretische Verständnis des Therapeuten im Zentrum steht. Kommunikation über Vorgehen und Ziele der Therapie müssen transparent bleiben. Von Beginn an muß sich der Therapeut auf das Denken und Fühlen des Patienten einstellen, seine Überlegungen und Erklärungsmodelle verstehen und allenfalls durch Umformulieren zurückspiegeln. Die subjektive Krankheitstheorie des Patienten reflektiert seine Vorstellungen über Ursache und Funktion der Beschwerden, gleichzeitig sind sie auch der Schlüssel zu den anzustrebenden Veränderungen. Jene Patienten, die sich gerade dadurch auszeichnen, daß sie der Problemsituation hilflos ausgesetzt sind, erlernen so das eigene Verhalten in ein Erklärungsschema einzubauen. In der Formulierung muß der Therapeut um so mehr auf Klarheit der „Problemdefinition" hinarbeiten, als dies ein wichtiger Schritt zum Selbstverständnis werden kann.

Die oben erwähnte Verkäuferin war sich erst durch die ständige Aufforderung, eigene Gedanken vorzubringen, ihrer Mündigkeit bewußt geworden. Ihre anfängliche Erwartung war die des unbeholfenen Mädchens, das abzuwarten hatte, was die Erwachsenen von ihr verlangen würden, um erst dann ihre eigene Leistungsmeßlatte anzusetzen. Erst dadurch, daß sie sich in der Therapie ernst genommen fühlte, konnte sie formulieren, daß sie selbst auch schon erwogen hatte, ihr Selbstverständnis des „Problemkindes" sei nicht mehr ihrem Alter gemäß. Sie wußte nur nicht wie auf Distanz zu den Eltern zu gehen, da sie diese weder verletzen noch den eigenen Schwierigkeiten allein überlassen wollte. Ihre funktionale Erklärung hat somit auch die Rolle des familiären Stabilisators eingeschlossen. Im Bemühen um bessere Abgrenzung war es für sie naheliegender, diese vorerst im Umgang mit Freundinnen und Bekannten einzuüben, bevor sie daran denken konnte, von zu Hause auszuziehen.

Die **didaktischen Ziele** der Patientenorientierung ergeben sich folgerichtig:
- Der Therapeut lernt, das subjektive Problemverständnis des Patienten zu begreifen und zu gewichten.
- Der Therapeut lernt, den Patienten zur Therapieakzeptanz zu motivieren.
- Der Therapeut lernt, eine aktive Grundhaltung einzunehmen.
- Der Therapeut erwirbt eine Einstellung, welche eine partnerschaftliche Mitgestaltung des therapeutischen Prozesses ermöglicht, insbesondere diesen transparent zu machen und den Patienten an wichtigen Entscheidungen teilnehmen zu lassen.

Methodenpluralismus

In einem praxisgeleiteten eklektischen Zugang zu den Problemen des Patienten werden im Sinne der differentiellen Indikation Elemente jener Methoden eingesetzt, die der Problemlösung in überschaubarer Zeit dienlich sind. Innerhalb von POT unterscheiden wir die folgenden Methoden, die entsprechend operationalisiert sind:
1. Methoden der Bewußtmachung.
2. Methoden zu Veränderungen von Denkgewohnheiten und Einstellungen.
3. Methoden zur Lösung von Problemen.
4. Methoden zur Veränderung von Verhalten.
5. Methoden zur Förderung von Gefühlen.
6. Methoden zur Entspannung und Körperwahrnehmung.
7. Methoden zur Stützung.
8. Methoden zu systembezogenen Veränderungen.

Die allgemeine Begründung des Methodenpluralismus wurde in den Kapiteln 24 und 27 dargestellt. Neben der Tatsache, daß nicht alle Methoden den jeweiligen Patientenbedürfnissen gerecht werden können, gilt es natürlich auch, die jeweilige Kompetenz des Therapeuten zu beachten. Je nach Ausbildung ist er in der Lage, einen breiteren oder engeren Methodenkanon einzusetzen.

Die geeignete Wahl des Vorgehens ergibt sich aus dem Indikationsprozeß, der auf der Problemdefinition beruht. So wie sich diese im Laufe der Therapie verändern kann, wird es angemessen sein, die gewählte therapeutische Methode zu überprüfen. Es ist beispielsweise zu Beginn der Therapie einer phobischen Patientin naheliegend, diese einem antiphobischen Training zu unterziehen, das sowohl Veränderungen von Denkgewohnheiten, von Verhalten wie Körperentspannungstechniken einschließen kann. Sobald die Ängste schwächer werden, wird die Hintergrundproblematik an Bedeutung gewinnen und mehr systembezogene und bewußtmachende Methoden angezeigt sein.

Der erwähnten Verkäuferin konnte am ehesten mit einer Kombination von methodischen Schritten geholfen werden. Vorerst standen Schritte der Problemlösung an. Je klarer ihr die Umstände wurden, desto einfacher war es, ihre Denkgewohnheiten kognitionspsychologisch zu beeinflussen. Wenn sich konkrete Konfliktsituationen ergaben, z.B. gegenüber sie bedrängenden Bekannten oder am Arbeitsplatz, wurden diese im Rollenspiel aufgegriffen. Je mehr sich die Patientin auf ihre Ablösung von den Eltern einstellte (u.a. durch das Mieten einer eigenen Wohnung, trotz Protest der Mutter), desto zugänglicher war sie auch für psychodynamische Interpretationen.

Die **didaktischen Ziele**, die sich auf den Methodenpluralismus stützen, sind:
- Der Therapeut erkennt, daß eine bestimmte Methode nicht für alle Problemsituationen geeignet ist.
- Der Therapeut lernt, Überlegungen zur Differentialindikation des Vorgehens anzustellen. Er wird sich bewußt, daß unter Umständen verschiedene methodische Wege zum gleichen Ziel führen können.
- Der Therapeut lernt, mit mehreren therapeutischen Methoden gleichzeitig und integrativ umzugehen.
- Der Therapeut entwickelt Verständnis für phasengerechtes, unterschiedliches methodisches Vorgehen beim gleichen Patienten, je nach Veränderung der Problemsituation.
- Der Therapeut lernt, wie anspruchsvoll es ist, über Kenntnisse und Fertigkeiten in mehreren Methoden zu verfügen.

Von allen Hauptmerkmalen der POT, aber auch anderer integrativer Konzepte, ist das Praktizieren des Methodenpluralismus am schwierigsten. So ist es nicht erstaunlich, daß gerade der Anfänger von diesem Anspruch objektiv oder zumindest subjektiv oft überfordert ist. Wie soll er, der soeben mit der ganzen Komplexität des psychotherapeutischen Prozesses konfrontiert wurde, fähig sein, gleichzeitig oder gestaffelt, unterschiedliche Verfahren einzusetzen? Nun, das didaktische Dilemma, ob vorerst schulbezogen oder von Anfang an integrativ zu unterrichten sei, ist wohl kaum je lösbar. Beide didaktischen Vorgehensweisen haben Vor- und Nachteile. Wenn der strikten schulbezogenen Ausbildung der Vorzug gegeben wird, besteht die Gefahr, daß der Anfänger sich einseitig festlegt, da er sich so sicherer fühlt. Der Schritt zu methodenpluralistischem Behandeln ist dann entweder schwieriger oder gar verbaut. Geht man umgekehrt vor, wird sich der Anfänger wie ein angehender Alpinist, der bisher erste Klettergriffe nur im trockenen Fels erlernt hat, in einer Eiswand mit Steigeisen verloren fühlen. Er benötigt somit der kundigen Führung durch einen Tutor, der ihm gewissermaßen Schritt um Schritt vermittelt, was es heißt, Probleme zu lösen oder Rollenspiele durchzuführen oder Körperentspannung einzuüben usw. Nach unserer Erfahrung bewährt sich dieses zweite Vorgehen für die meisten der auszubildenden Kandidaten. Sie sind dankbar, in einer frühen Phase ihrer Ausbildung Einblick in unterschiedliche Methoden zu erhalten. Zudem sind sie durch die parallel angesetzte Ausbildung in unterschiedlichen Methoden schon relativ rasch in der Lage, das eine oder andere Vorgehen in den eigenen integrativen Therapien einzusetzen. Sie erlernen somit einen heuristischen Vorgang, wie er später die Arbeitsweise des erfahrenen Therapeuten auszeichnet.

Strukturierung

Um in beschränkter Zeit (ca. 15 – 25 Sitzungen) ein sinnvolles Therapieziel zu erreichen, muß der Therapieprozeß strukturiert und gegliedert werden. Wir unterscheiden die folgenden Therapiestufen:

1. Aufbau einer tragfähigen therapeutischen Beziehung.
2. Problemdarstellung aus Sicht des Patienten unter Einbezug seiner „subjektiven Krankheitstheorie".
3. Problemanalyse anhand aktueller Bedingungen, lebensgeschichtlichem Hintergrund und funktionaler Bedeutung.
4. Problemdefinition, Zielsetzung und Therapieplanung.
5. Problemdurcharbeitung und Umsetzung in die Realität.
6. Ablösung und Termination.

Die meisten Anfänger haben große Schwierigkeiten, den therapeutischen Prozeß zu strukturieren sowie Ziele inhaltlich und zeitlich zu limitieren. Ein Ausbildungsmodell, das eine klare Struktur des Vorgehens anbietet, d. h. das in bestimmten Schritten verläuft, ist nicht nur für den Anfänger, sondern auch für den erfahreneren Therapeuten hilfreich, um mit Kurztherapie zu arbeiten. Die Argumente für Kurztherapie wurden oben bereits angeführt. Die oben dargestellten Therapiestufen sind insofern nur bedingt mit Therapiephasen identisch, als die Sequenz durchaus variieren kann. Vor allem ist es möglich, daß immer wieder auf eine zurückliegende Therapiestufe gewechselt wird, z. B. beim Erarbeiten einer neuen Problemdefinition. So soll sich der Therapeut trotz zeitlicher Beschränkung frei fühlen, den Therapieprozeß so zu lenken, wie es die jeweilige Problemsituation verlangt. In der Regel wird das Durcharbeiten im Sinne von Stufe 5 am meisten Zeit beanspruchen. Hier muß auch die meiste Umsetzungsarbeit in das Alltagsleben des Patienten geleistet werden.

In der Behandlung der oben erwähnten Verkäuferin war es mehr oder weniger problemlos möglich, die einzelnen Therapiestufen durchzuführen, mit Ausnahme der Termination. Die Patientin war zunehmend motiviert, die Ablösung von ihren Eltern zu vollziehen und hat dabei auch heftige Auseinandersetzungen mit ihrer Mutter in Kauf genommen, die plötzlich als die viel abhängigere der beiden erschien. Sie ließ sich den Schritt in die eigene Wohnung nicht vermiesen und genoß es, auf diese Weise ihre errungene Unabhängigkeit zu demonstrieren. Die Termination der Therapie war schon länger auf einen Zeitpunkt nach dem Umzug vorgeplant. Kurz zuvor unternahm die Patientin noch mit einer Freundin eine Ferienreise. Als sie zurückkehrte, zeigten sich neu Ängste, ob sie in der neuen Situation wirklich bestehen könne. Direkt und indirekt feilschte sie um eine Verlängerung der Therapie, die ihr jedoch nicht zugestanden wurde. Vielmehr wurden ihr die Ablösungsängste gegenüber dem Therapeuten als äquivalent zur Ablösung von den Eltern erklärt, was der Patientin schließlich auch einleuchtete. Sie stellte sich der Trennung, auch wenn eine gewisse Unsicherheit anhielt. In der eingeplanten Nachkontrolle nach einigen Monaten ließ sich dann auch feststellen, daß die Patientin in der neu gewonnenen Selbständigkeit gut zurecht kam.

Die **didaktischen Ziele** der Strukturierung sind offensichtlich:

- Der Therapeut lernt die Gesetzmäßigkeit des therapeutischen Prozesses kennen, etwa im Sinn des generischen Modells von Orlinsky und Howard. Diese Struktur ist ihm nicht nur in der Kurztherapie, sondern grundsätzlich eine große Hilfe.
- Der Therapeut lernt, daß die zeitliche und inhaltliche Begrenzung von ihm eine aktive Auseinandersetzung verlangt. Er erkennt, daß Zeit allein keine Lösungen bringt.
- Der Therapeut lernt, seine Zielsetzungen zu beschränken.
- Der Therapeut lernt, mit dem Terminationsprozeß umzugehen, der in sich eine große therapeutische Chance bietet. Oft erfährt er erst so, daß die Ablösung sowohl vom Patienten wie von ihm als Therapeuten eine beträchtliche Ich-Leistung verlangt.

Didaktisches Setting

Das didaktische Setting orientiert sich an den beschriebenen Hauptmerkmalen. Es muß sowohl den Zielsetzungen von POT, den Fähigkeiten der auszubildenden Therapeuten wie den Bedürfnissen der Patienten gerecht werden.

Auswahl der Ausbildungskandidaten

Es sind wohl jeweils die örtlichen Kriterien, die darüber entscheiden, welche Kandidaten in welchen Ausbildungsgang einbezogen werden können. An unserer Klinik wurde allen therapeutischen Mitarbeitern, d. h. Ärzten, Psychologen und Sozialarbeitern ermöglicht, die Ausbildung mitzumachen.

Ärzte in Ausbildung schließen ebenso künftige Fachärzte wie Hausärzte ein. Da die poliklinische Ausbildung im Gesamtcurriculum einen „Flaschenhals" bildet, muß die Tätigkeit limitiert werden, für künftige Psychiater auf zwei, für Allgemeinpraktiker auf ein Jahr. Für beide Gruppen ist die POT-Ausbildung verpflichtend, zum Teil alternierend mit anderen parallel angebotenen Ausbildungsgängen. Von Vorteil ist das umschriebene Rahmenkonzept auch im stationären Setting. An verschiedenen Kliniken wird mit dem gesamten Abteilungsteam nach den Konzepten der POT gearbeitet, was einen Konsens in der Beurteilung der Problemlage wie des Vorgehens voraussetzt. Diesen zu erreichen, hat sich immer wieder als Vorteil für den gesamten Behandlungsplan erwiesen.

Psychologen in Ausbildung nehmen in vielen Kliniken ähnlich den Ärzten an der Dienstleistung teil. Für sie ist somit der Ausbildungsgang in der Kurztherapie POT ebenfalls sinnvoll.

Sozialarbeiter, die schon längere Berufserfahrung hatten, wurden an unserer Klinik ebenfalls in den allgemeinen

Sprechstundenbetrieb einbezogen und erhielten deshalb Zugang zu der therapeutischen Ausbildung.

Weitere therapeutische Mitarbeiter: Da die Strukturiertheit des Vorgehens für die meisten therapeutischen Disziplinen wichtig ist, ist es denkbar, daß auch andere therapeutisch engagierte Mitarbeiter wie Ergotherapeuten oder Pflegepersonen vom Ausbildungsgang profitieren können. Das Curriculum muß entsprechend angepaßt werden.

Eine breite Zusammenfassung der Kandidatengruppe, die sich in Erfahrung wie Tiefe der theoretischen Vorbildung unterscheiden, hat Vor- und Nachteile. Zum einen wird die Gruppe sehr vielfältig und damit auch anregend, was die Gesichtspunkte der Problemstellung angeht. Erfahrungsgemäß erkennen z.B. Sozialarbeiter rascher die sozialen Kriterien des Umfeldes als somatisch vorgebildete Ärzte. Umgekehrt ist deren Wissen in Psychopathologie kompetenter. Die Diskussion in der Kleingruppe kann somit ergänzend, aber auch beschränkend verlaufen. Wenn bewußt eine allgemein verständliche Sprache gebraucht wird, die sich von einem bestimmten Schuljargon abhebt, muß es zumindest terminologisch kaum je Probleme geben.

Die Teilnehmer vermögen sehr ungleich vom Ausbildungsgang zu profitieren. Für die einen bietet sich die Möglichkeit, Teilkenntnisse und Teilerfahrungen in Psychotherapie konzeptuell zu einem Ganzen zu integrieren und damit therapeutisch erfolgreich zu arbeiten. Für die anderen, insbesondere Kolleginnen und Kollegen mit Erfahrung in Langzeittherapie, bietet das POT-Konzept die Möglichkeit, in umschriebener, zeitlich beschränkter Form bisherige Kenntnisse und Fertigkeiten neu umzusetzen. Ausbildungskandidaten ohne spezifische Vorerfahrung können schließlich im POT-Kurs Grundkenntnisse in Psychotherapie erwerben.

Es sei daran erinnert, daß POT ein Ausbildungsmodell ist, das vor allem einer frühen Phase der Formation zum Psychotherapeuten gerecht wird. Im Rahmen der Facharztausbildung der Schweiz können die Assistenten, die vorwiegend an dieser Ausbildung teilnehmen, in der Regel nur 2 Jahre im poliklinischen Setting tätig sein. Es wird somit vorausgesetzt, daß gleichzeitig oder nachfolgend eine vertiefte Ausbildung in einer Haupt- und evtl. einigen Nebenmethoden erfolgt. Diese findet meist an den von privaten Trägerschaften organisierten schulspezifischen Ausbildungsinstituten statt. Die letzte – und vermutlich entscheidende – Phase zum bzw. zur integrativen TherapeutenIn erfolgt in der eigenständigen praktischen Tätigkeit, bei der der Methodenkanon den eigenen Fähigkeiten und Neigungen gemäß erst so richtig differenziert zur Anwendung kommt. Für die große Mehrheit der TherapeutenInnen bedeutet dies, daß sie dann im Sinne eines technischen Eklektizismus die heute meist praktizierte Form der Integration erreicht haben.

Vorgehen

Es hat sich bewährt, kleine Ausbildungsgruppen von bis zu vier Kandidatinnen und Kandidaten zu bilden. So kann am ehesten eine vertrauensvolle und unterstützende Arbeitsatmosphäre erreicht werden. Der jeweilige Tutor, ein erfahrener POT-Therapeut, begleitet die geschlossene Gruppe während eines vollen Jahres. In wöchentlichen Sitzungen wird jeweils eine bestimmte, von einem Kandidaten geführte POT-Behandlung hinter dem Einwegspiegel beobachtet und begleitet. Unmittelbar vor der Therapiesitzung findet eine Vorbesprechung und gleich anschließend eine Nachbesprechung in der Gruppe statt. So ist die kontinuierliche Supervision auf der Grundlage der Beobachtung gewährleistet. Während des Ausbildungsjahres erhalten die Kandidaten reihum Gelegenheit, eigene Patienten zu behandeln. Somit wird nicht nur die Behandlung durch den Kandidaten hautnah supervidiert, sondern es ergibt sich die wertvolle Möglichkeit, auf einer vergleichbaren Ausbildungsstufe stehende Kolleginnen und Kollegen zu beobachten. Das didaktische Grundprinzip besteht sowohl aus Lernen am Modell wie aus teilnehmender Beobachtung, was das eigene therapeutische Handeln unterstützt.

Die **Auswahl der Patienten** muß sich wohl nach der jeweiligen Dienstleistung richten. Es ist unsere Erfahrung, daß Patienten relativ leicht zu motivieren sind, sich am Ausbildungsgang zu beteiligen. Ohne daß hier der wichtige Indikationsprozeß dargestellt werden kann, ergeben sich einige Grundannahmen:

- Patienten, die mit einem aktuellen, umgrenzten Problem in einem Teilbereich ihres Lebens kommen, sind für POT gut geeignet. Das oben zitierte Beispiel entspricht dieser Anforderung.
- Bei Patienten mit vielen Problemen gilt es abzuklären, ob sie bereit sind, sich in der Therapie auf das Hauptproblem zu beschränken und Teillösungen zu akzeptieren.
- Längerfristig bestehende oder chronifizierte Probleme, wie sie gerade bei Non-YAVIS-Patienten oft bestehen, sind darauf hin zu prüfen, ob beschränkte Ziele erreichbar sind und ob die Methoden des Anfängers zur Behandlung geeignet sind.

Didaktisch steht nicht der spektakuläre Erfolg der Therapie im Vordergrund. Wichtiger ist es, dem künftigen Therapeuten zu vermitteln, wie er auch bei schwierigen Patienten mit beschränkten Mitteln eine sinnvolle Veränderung bewirken kann.

Zusammenfassung

Wir können somit schließen, daß POT ein pragmatisches Ausbildungsmodell für integrative Psychotherapie ist. Es ist nicht auf eine bestimmte Methode beschränkt, sondern stützt sich auf eine Vielzahl psychologischer Theorien. Im Sinne des technischen Eklektizismus werden unterschiedliche Methoden eingesetzt, die helfen, die Defizite der Patienten zu überwinden. Sie können ebenso Elemente der Psychoanalyse wie der behavioral-kognitiven, der humanistischen oder systemischen Ansätze einschließen. Immer bleibt aber die Patientenorientierung im Zentrum. Die Erklärung des Patienten im Sinne der subjektiven Krankheitstheorie wird ebenso beachtet wie die theoretische Ausrichtung des Therapeuten.

28. Allgemeine Psychotherapie

K. Grawe

Einleitung

In diesem Buch wird versucht, die wichtigsten in der Psychotherapie entwickelten Konzepte und Möglichkeiten zusammenzuführen. Sie werden nicht sich gegenseitig ausschließend, sondern einander ergänzend gesehen. Das ist auch die Grundidee einer allgemeinen Psychotherapie.

Es gibt verschiedene Wege, der Tatsache Rechnung zu tragen, daß man positive therapeutische Wirkungen auf verschiedene Weise herbeiführen kann:

Der Weg der differentiellen Indikation

Man nimmt an, daß für die einen Patienten eher das eine und für andere eher ein anderes Vorgehen am wirksamsten ist. Man sucht nach Kriterien für die Zuweisung zu einer Verhaltenstherapie, einer psychoanalytischen Therapie, einer Familientherapie usw. Dieser Weg erscheint auf den ersten Blick sehr vernünftig und vielversprechend. Er war es wert, gegangen zu werden. Leider hat man jedoch in der empirischen Forschung trotz intensiver Bemühungen keine klaren Zuordnungskriterien zu bestimmten Therapieformen gefunden. Die Abgrenzungen zwischen den einzelnen Therapieformen, wie etwa zwischen Verhaltenstherapie und psychoanalytischer Therapie, scheinen nicht diejenigen Merkmale der therapeutischen Vorgehensweisen hervorzuheben, die für die differentielle Wirkung von Therapien entscheidend sind. Zwar hat man einige Zusammenhänge zwischen Patientenmerkmalen und Merkmalen des therapeutischen Vorgehens gefunden, die mehrfach repliziert werden konnten (Beutler u. Clarkin 1990, Grawe 1992), aber diese Merkmale laufen quer zu den Grenzen zwischen den Therapieschulen. Patienten mit hoher Reaktanz sollten z. B. nicht mit einem direktiven Vorgehen behandelt werden, aber direktive und weniger direktive Vorgehensweisen gibt es sowohl im psychodynamischen als auch im verhaltenstherapeutischen Spektrum. Die Schulzugehörigkeit des Therapeuten ist es nicht, die für den Behandlungserfolg wichtig ist, sondern Merkmale des Therapeuten und seines Vorgehens, die in allen oder mehreren Therapieschulen vorkommen. Wenn aber nicht die eine Therapieform definierenden Merkmale für den differentiellen Therapieerfolg entscheidend sind, welchen Sinn macht es dann, therapeutische Vorgehensweisen weiterhin nach diesen Merkmalen zu unterscheiden und zu ordnen?

Der Weg des technischen Eklektizismus

Der Therapeut schert sich nicht um die Abgrenzungen zwischen den verschiedenen Therapieformen, sondern bildet sich in mehreren von ihnen aus und wählt in seinen Therapien daraus diejenigen Vorgehensweisen aus, die ihm für den jeweiligen Patienten am passendsten zu sein scheinen. Dieser Weg erscheint ebenfalls sehr vernünftig. Es ist ein Weg, den heute sehr viele Therapeuten einschlagen (Norcross u. Mitarb. 1992). Führende Vertreter dieses Ansatzes sind Beutler (1986), Garfield (1992) und Lazarus (1992).

Unbefriedigend bei diesem Ansatz bleibt die Notwendigkeit für den Therapeuten, zwischen verschiedenen therapeutischen Denksystemen hin- und herzuspringen. Darüber hinaus wird der Wert der einzelnen Denksysteme durch den technischen Eklektizismus grundsätzlich in Frage gestellt. Wenn sich die einzelnen Denksysteme immer wieder als zu begrenzt erweisen, um der ganzen Wirklichkeit eines Patienten oder einer Therapie Rechnung zu tragen, taucht unweigerlich die Frage auf, ob diese Denksysteme wirklich der Weisheit letzter Schluß sein sollen. Wäre es nicht sinnvoller, sie durch ein in sich kohärentes theoretisches System zu ersetzen, in dem all diese therapeutischen Möglichkeiten ihren legitimen und begründeten Platz haben, so daß ein Therapeut sich für die Wahl und Gestaltung seiner therapeutischen Möglichkeiten innerhalb desselben Denksystems bewegen kann?

Der Weg der theoretischen Integration

Um die begrenzte theoretische Reichweite der einzelnen Denksysteme zu überwinden, wird versucht, sie zu einem einheitlichen Denksystem zu verschmelzen. Am differenziertesten ausgearbeitet und begründet sind das psychoanalytische und das verhaltenstherapeutische Denksystem. Sie haben darüber hinaus deutlich unterschiedliche Schwerpunktsetzungen. Deshalb hat man sich von der theoretischen Integration dieser beiden Ansätze besonders viel versprochen und sie immer wieder versucht (Dollard u. Miller 1950, Wachtel 1977, Stricker u. Gold 1993). Keinem dieser Integrationsversuche ist es aber gelungen, sich durchzusetzen und die ursprünglichen Denksysteme durch ein übergreifendes abzulösen. Darüber, was die Gründe für die mangelnde Überzeugungskraft dieser Integrationsversuche sein mögen, kann man nur Vermutungen anstellen. Ich halte es für wahrscheinlich, daß sie u. a. daran gescheitert sind, daß sie Inkompatibles zusammenzufügen versuchten. Ein anderer Grund mag in Schwächen der ursprünglichen theoretischen Ansätze zu suchen sein, die man miteinander integrieren wollte. Viele Annahmen, die der psychoanalytischen Therapie und der Verhaltenstherapie zugrundeliegen, sind als fragwürdig anzusehen. Etliche können als empirisch widerlegt gelten. Das gilt etwa für die psychoanalytische Annahme der Symptomverschiebung und die verhaltenstherapeutische Erklärung therapeutischer Veränderungen mit Konditionierungsprozessen. Die theoretische Erklärungskraft dieser beiden hauptsächlichen Denksysteme der Psychotherapie für die tatsächlich gesicherten Fakten über die Wirkung und Wirkungsweise von Psychotherapie muß als sehr mangelhaft angesehen werden. Wenn man zwei theoretische Systeme mit mangelnder Erklärungskraft zusammenfügt, kann man dann wirklich erwarten, daß eines mit besserer Erklärungskraft resultiert? Ich halte das für unwahrscheinlich und deswegen den nachfolgend beschriebenen vierten Weg für den aussichtsreichsten.

Der Weg einer allgemeinen Psychotherapie auf neuer theoretischer Grundlage

Unter allgemeiner Psychotherapie verstehe ich den Versuch, das ganze Repertoire an Möglichkeiten der Psychotherapie systematisch zu nutzen, aber nicht im Sinne des technischen Eklektizismus, sondern auf einer neuen, einheitlichen theoretischen Grundlage. Wie können wir zu einer solchen theoretischen Grundlage gelangen?

Begründung einer allgemeinen Psychotherapie aus dem Ergebnisstand der Psychotherapieforschung

Von der Therapieforschung zur Formulierung allgemeiner therapeutischer Wirkprinzipien

Als die Begründer der therapeutischen Schulen ihre Konzepte entwickelten, konnten sie sich noch nicht auf gesicherte Fakten über die Wirkung und Wirkungsweise von Psychotherapie stützen. Die Durchführung von Psychotherapien auf der Grundlage der von ihnen entwickelten Konzepte war vielmehr Voraussetzung dafür, daß wir überhaupt Beobachtungen und Messungen bezüglich der Wirkungen von Psychotherapie anstellen konnten.

Heute befinden wir uns in einer besseren Lage. Wir verfügen über mehr als zweitausend gesicherte Zusammenhänge zwischen Prozeßmerkmalen und Therapieergebnissen (Orlinsky u. Mitarb. 1994) und über eine vierstellige Zahl kontrollierter psychotherapeutischer Wirksamkeitsstudien (Grawe u. Mitarb. 1994). Da wäre es unverständlich, wollte man heute noch Aussagen über die Wirkung und Wirkungsweise von Psychotherapien formulieren ohne Bezug auf diese Befunde. Diesbezügliche Aussagen sollten vielmehr explizit anstreben, die Gesamtheit der vorliegenden Fakten möglichst zutreffend zu erklären.

Das versucht z.B. Orlinsky in seinem „Generic model of psychotherapy" (Orlinsky 1994, Orlinsky u. Mitarb. 1994). Ein anderer Versuch stammt vom Autor. Er hat die in zwei umfangreichen Metaanalysen festgestellten Fakten über die Wirkung und Wirkungsweise von Psychotherapie (Grawe u. Mitarb. 1994, Orlinsky u. Mitarb. 1994) auf den Einfluß von vier therapeutischen Wirkprinzipien zurückgeführt (Grawe 1994, 1995, 1996, 1997, 1998). In Abbildung 28.**1** sind diese Wirkprinzipien aufgeführt. Sie vermitteln die Wirkung des Therapiegeschehens auf das psychische Geschehen auf seiten des Patienten.

1. Ein erstes empirisch breit abgestütztes Wirkprinzip ist das der **Ressourcenaktivierung**. Eine Fülle über die verschiedensten Therapieformen und -settings verteilter Forschungsergebnisse weist darauf hin, daß man Patienten besonders gut helfen kann, indem man an ihre positiven Möglichkeiten, Eigenarten, Fähigkeiten und Motivationen anknüpft, indem man die Art der Hilfe so gestaltet, daß der Patient sich in der Therapie auch in seinen Stärken und positiven Seiten erfahren kann. Kognitive Therapie nach Beck, die vor allem die Veränderung kognitiver Verzerrungen anstrebt, wirkt z. B. besser bei Patienten, die die Therapie schon mit geringeren kognitiven Verzerrungen beginnen. Interpersonale Therapie wirkt besser bei solchen Patienten, die schon vor der Therapie die bessere soziale Anpassung haben (Elkin 1994). Psychoanalytische Therapie wirkt besser bei Patienten, die die Therapie bereits mit einer hohen „psychological mindedness" beginnen (Horowitz 1994). Man könnte versucht sein, solche Befunde so zu interpretieren, daß die einzelnen Therapiemethoden bei denen am besten wirken, die sie am wenigsten nötig haben. Eine funktional zutreffendere Interpretation solcher und vieler ähnlicher Befunde ist aber wohl die, daß die Therapien bei diesen Patienten deswegen so gut wirken, weil sie bereits vorhandene Ressourcen des Patienten für die therapeutischen Veränderungszwecke nutzen.

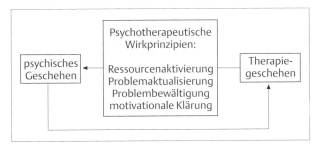

Abb. 28.**1** Vier Wirkprinzipien der Psychotherapie, über welche die Wirkung des Therapiegeschehens auf das psychische Geschehen beim Patienten vermittelt wird

Unter die Ressourcenaktivierung fällt vieles von dem, was in der Psychotherapieliteratur mit dem Begriff „unspezifische Wirkfaktoren" bezeichnet wird, wie etwa „die" Motivation des Patienten, „die" gute Therapiebeziehung usw. Solche, die einzelnen Vorgehensweisen übergreifenden potentiellen Ressourcen haben nur dann und in dem Ausmaß einen positiven Einfluß auf das Therapieergebnis, wenn sie durch ein spezifisch auf die individuellen Möglichkeiten und Voraussetzungen des Patienten zugeschnittenes therapeutisches Angebot aktiviert und genutzt werden. Ein Patient ist nicht entweder gut oder schlecht motiviert. Er läßt sich auf Vorgehensweisen, die gut mit seinen mitgebrachten Zielen, Eigenarten und Gewohnheiten übereinstimmen, bereitwilliger ein als auf solche, die ihn verunsichern, die ihn sich als unfähig erleben lassen oder die auf etwas anderes hinzielen, als er von sich aus eigentlich will. Die Frage, wozu der Patient von sich aus positiv motiviert ist und wofür er gute Voraussetzungen mitbringt, ist daher ein wichtiger Gesichtspunkt für die Wahl und spezifische Gestaltung des therapeutischen Angebotes. Dies erfordert, daß ein guter Teil der psychotherapeutischen Diagnostik darauf ausgerichtet wird, die vom Patienten mitgebrachten Stärken, Eigenarten, Gewohnheiten, Fähigkeiten, Einstellungen und Ziele auszumachen, die für den Veränderungsprozeß gezielt genutzt werden können. Tatsächlich ist die pychotherapeutische Diagnostik jedoch in der Regel ganz überwiegend darauf ausgerichtet, die Probleme und Defizite des Patienten ausfindig zu machen. Die empirische Befundlage weist mit großer Eindeutigkeit darauf hin, daß in dieser Hinsicht ein verbreitetes Umdenken erforderlich ist, wenn das Wirkprinzip der Ressourcenaktivierung seiner empirisch belegten Bedeutung entsprechend genutzt werden soll.

Eine der wichtigsten Ressourcen, die für den therapeutischen Veränderungsprozeß genutzt werden können und sollten, sind die zwischenmenschlichen Beziehungen des Patienten, und zwar sowohl seine in die Therapie bereits mitgebrachten Beziehungen, vor allem die zu Partnern und Familienangehörigen, als auch die mit der Therapiesituation neu entstehende(n) Beziehung(en). Für ein gutes Therapieergebnis spielt es nach hunderten von Forschungsbefunden eine sehr wichtige Rolle, in welchem Ausmaß der Patient seinen Therapeuten als ihn unterstützend, aufbauend, in seinem Selbstwert positiv bestätigend erlebt. Dabei kommt es vor allem darauf an, in welchem Ausmaß der Patient sich selbst als fähig zu einer guten Beziehung erleben kann. Die Bedeutung, die eine gelungene Aktivierung dieser wichtigen Ressource für das Therapieergebnis hat, ist unmittelbar einleuchtend: Wenn ein in seinem Selbstwert angeschlagener Mensch sich als Psychotherapiepatient nicht auf seine problematischen Seiten reduziert, sondern in seinen positiven Zielen und Fähigkeiten erkannt, bestätigt und unterstützt fühlt, dann erlebt er sich allein dadurch schon in veränderten Bedeutungen mit direkten positiven Auswirkungen auf sein Wohlbefinden, aber auch mit einer erhöhten Aufnahmebereitschaft für veränderungsorientierte therapeutische Interventionen.

2. Ein zweites empirisch breit abgestütztes Wirkprinzip ist das der **Problemaktualisierung** oder **prozessualen Aktivierung**: Was verändert werden soll, muß zuvor prozessual aktiviert werden. Es muß vom Patienten real erlebt werden. Es gibt eine große Zahl von Hinweisen darauf, daß Probleme am besten in einem Setting behandelt werden können, in dem eben diese Probleme real erfahren werden: z. B. generalisierte zwischenmenschliche Schwierigkeiten in einer Gruppentherapie; Paarprobleme unter Einbeziehung beider Partner; Probleme, an denen Familienangehörige maßgeblich beteiligt sind, unter Einbezug der relevanten Familienmitglieder; Schwierigkeiten in ganz bestimmten Situationen wie Waschzwänge, Platzangst usw. durch Aufsuchen dieser Situationen. Manche Beziehungsprobleme können auch im Rahmen einer Einzeltherapie in der Beziehung zum Therapeuten real erfahren und behandelt werden. Dafür ist der Begriff der Übertragung geprägt worden. Übertragung ist jedoch nur ein Spezialfall eines allgemeineren Prinzips: Die problematischen Bedeutungen, die das Leiden des Patienten ausmachen, können dann am wirksamsten verändert werden, wenn diese Bedeutungen in der Therapie real zum Erleben gebracht werden.

3. Ein drittes Wirkprinzip ist das der **Problembewältigung**. Damit ist gemeint, daß der Therapeut den Patienten mit geeigneten Maßnahmen aktiv darin unterstützt, mit einem bestimmten Problem besser fertig zu werden. Dieses Wirkprinzip kommt in sehr vielen und ganz verschiedenen therapeutischen Vorgehensweisen zum Zuge: im Selbstsicherheitstraining mit gehemmten Patienten, bei der Reizkonfrontation mit Agoraphobikern, beim Streßbewältigungstraining nach Meichenbaum, bei der Sexualtherapie nach Masters und Johnson, bei der Anwendung von Entspannungsverfahren oder Hypnose auf Schmerzzustände, bei der interpersonalen Depressionstherapie nach Klerman und Weissmann, beim Kommunikations- und Problemlösetraining mit Paaren, bei den meisten familientherapeutischen Interventionen, um nur einige der bekannteren Verfahren zu nennen, denen dieses Wirkprinzip gemein ist.

Gemeinsam ist diesen Verfahren, daß sie das, was der Patient als sein Problem erlebt, als solches ernst nehmen und mit problem- oder störungsspezifischen Maßnahmen, die sich für die Bewältigung dieser Probleme bewährt haben, dem Patienten helfen, eben diese Schwierigkeiten zu überwinden oder besser damit fertig zu werden. Die Maßnahmen, mit denen dieses Wirkprinzip realisiert werden kann, können sich je nach Problembereich sehr unterscheiden. Sie machen sich bereichsspezifische Eigenarten des psychischen und physiologischen Funktionierens zunutze, die die Grundlage dafür sind, daß es schließlich zu der Problembewältigung kommt.

Für die therapeutische Wirkung ist entscheidend, **daß** der Patient die reale Erfahrung macht, besser im Sinne seiner Ziele mit der betreffenden Situaton zurechtzukommen. **Wie** dies am besten erreicht werden kann, hängt von der spezifischen Problematik und den situativen Umständen ab. Hier muß der Therapeut ein reichhaltiges problem- und situationsspezifisches Erfahrungswissen einbringen können, um Patienten mit unterschiedlichen Problemen und Voraussetzungen zu der Erfahrung verhelfen zu können, daß sie besser als vorher mit bestimmten Schwierigkeiten fertigwerden können.

4. Das vierte Wirkprinzip ist das der **motivationalen Klärung**. Die zuvor aufgeführten drei Wirkprinzipien reichen nicht aus, um die objektiv festgestellten Wirkungen therapeutischer Vorgehensweisen befriedigend zu erklären. Es gibt wirksame therapeutische Vorgehensweisen, die gerade das nicht tun, was zuvor als Problembewältigung beschrieben wurde. Ein prototypisches Beispiel dafür ist die nichtdirektive Gesprächspsychotherapie im Sinne von Rogers. Aber auch die psychodynamischen Therapien erzielen ihre Wirkungen wohl zu einem erheblichen Teil über motivationale Klärung. Bei diesen Therapien treten positive Wirkungen ein, obwohl der Therapeut es geradezu vermeidet, dem Patienten mit spezifischen Maßnahmen aktiv bei der Überwindung konkreter Schwierigkeiten zu helfen. Unter der **Klärungsperspektive** geht es darum, daß der Therapeut dem Patienten dabei hilft, sich über die Bedeutungen seines Erlebens und Verhaltens im Hinblick auf seine bewußten und unbewußten Ziele und Werte klarer zu werden. Es geht um die Explikation impliziter Bedeutungen (Sachse 1992). Der Zustand und die Lebenssituation des Patienten werden nicht unter der Bewältigungsperspektive, sondern hauptsächlich unter dem **motivationalen Aspekt** betrachtet. **Warum** empfindet, warum verhält sich der Patient so und nicht anders?

Diesem Wirkprinzip können ebenfalls viele verschiedene therapeutische Vorgehensweisen zugeordnet werden. Gesprächspsychotherapie, Gestalttherapie und die verschiedenen psychodynamischen Therapieformen können unter dieser Perspektive zusammenfassend als klärungsorientierte Therapien bezeichnet und den eher bewältigungsorientierten kognitiv-behavioralen Therapien gegenüberstellt werden.

Von allgemeinen therapeutischen Wirkprinzipien zu einer allgemeinen Psychotherapie

Die zuletzt herausgearbeitete Unterscheidung zwischen klärungs- und bewältigungsorientierten Vorgehensweisen könnte einen auf den Gedanken bringen, sie zur Grundlage einer differentiellen Indikationsstellung zu machen. Die Zuweisung zu einem eher bewältigungsorientierten oder einem eher klärungsorientierten therapeutischen Vorgehen könnte davon abhängig gemacht werden, ob ein Patient eher bewältigungs- oder eher klärungsmotiviert ist.

Es stellt sich jedoch die Frage, ob man der Mehrzahl der Patienten mit einem solchen Entweder-Oder gerecht würde. Ist es wirklich vernünftig anzunehmen, daß für die einen Patienten ihre Problemlage mit dem Aspekt des Könnens versus Nichtkönnens (Bewältigungsperspektive) und für die anderen Patienten mit der Frage nach den motivationalen Bedeutungen (Klärungsperspektive) vollständig und angemessen erfaßt wird? Ist es nicht wahrscheinlicher, daß für die meisten Menschen beide Aspekte wichtig sind? Sind nicht das Können und das Wollen, Kompetenz- und Motivationsaspekt, zwei einander ergänzende Perspektiven, die erst zusammen ein einigermaßen vollständiges Verständnis dessen ermöglichen, was ein Mensch tut und erlebt?

Wenn „einsichtsorientierte" und "übende" Verfahren, „aufdeckende" und „zudeckende" Therapie als Alternativen einander gegenübergestellt werden, wie es bisher verbreitet geschieht, wird damit nicht zum „Entweder-Oder" gemacht, was besser ein „Sowohl-Als-Auch" sein sollte? Sind es nicht nur die Abgrenzungen zwischen den Therapieschulen, die dazu führen, daß die Probleme der einen Patienten, nämlich derjenigen, die in eine psychodynamische oder humanistischen Therapie kommen, einseitig unter dem motivationalen Aspekt betrachtet und behandelt werden, und diejenigen der anderen, die in eine Verhaltenstherapie oder eine andere bewältigungsorientierte Therapie kommen, einseitig unter dem Kompetenzaspekt? Würde der gesunde Menschenverstand nicht eigentlich eine Verbindung dieser beiden Perspektiven sowohl bei der Fallkonzeption als auch bei der Therapieplanung nahelegen?

Nicht nur der gesunde Menschenverstand und der Stand der empirischen Psychotherapieforschung legen eine solche Verbindung nahe, sondern auch der theoretische Entwicklungsstand der Psychologie. Ich möchte dies im folgenden dem Leser aus zwei verschiedenen grundlagenwissenschaftlichen Perspektiven nachvollziehbar machen. Aus Platzgründen muß ich mich dabei kurz fassen und kann nicht alle Aussagen so ausführlich erläutern und begründen, wie es eigentlich wünschenswert wäre. An anderer Stelle sind die Möglichkeiten der theoretischen Begründung einer allgemeinen Psychotherapie aus der psychologischen und neurowissenschaftlichen Grundlagenforschung sehr viel genauer und umfassender ausgeführt (Grawe 1998).

Die Begründung einer allgemeinen Psychotherapie aus der psychologischen und neurowissenschaftlichen Grundlagenforschung

Psychotherapie aus der Perspektive der Erwartungs-Mal-Wert-Theorien

Zu den wichtigsten und bestuntersuchten Theorien der grundlagenwissenschaftlichen Psychologie zählen gegenwärtig die Erwartungs-Mal-Wert-Theorien. Nach ihnen läßt sich Verhalten aus dem Produkt der mit dem betreffenden Verhalten und seinen Folgen verbundenen Erwartungen und den damit verbundenen Werten (Bewertungen) voraussagen. Bei therapeutischen Problemstellungen haben wir es in der Regel sowohl mit problematischem willkürlichen Verhalten wie etwa Vermeidungsverhalten als auch mit unwillkürlichem Verhalten wie Angstgefühlen zu tun. Emotionen entstehen nach Lazarus (1991) aus der Wechselwirkung von zwei Bewertungsprozessen. Der eine, der „Primary Appraisal", bewertet die Situation im Hinblick auf ihre Bedeutung für die aktuellen Motivationen – dies wäre die Wertkomponente in den Erwartungs-Mal-Wert-Theorien –, der andere, der „Secondary Appraisal", bezieht sich auf die Einschätzung dessen, wie gut die betreffende Person glaubt, mit der Situation und ihren eigenen Gefühlen umgehen zu können. Das entspricht der Selbstwirksamkeitserwartung im Sinne von Bandura (1977, 1982, 1989). Der Secondary Appraisal entspricht daher der Erwartungskomponente der Erwartungs-Mal-Wert-Theorien. Motivationale Bewertungen und Erwartungen – unterteilbar in Ergebnis-, Selbstwirksamkeits-und Reaktionserwartungen (z. B. Angst vor der Angst) – bzw. beider Zusammenwirken spielen daher nach neueren psychologischen Theorien sowohl für willkürliches als auch für unwillkürliches Verhalten oder Erleben eine entscheidende Rolle.

Betrachten wir einmal die Behandlung einer Agoraphobie aus dieser Perspektive: Aus Studien, in denen die einzelnen Wirkkomponenten der Expositionstherapie kontrolliert variiert wurden, wissen wir, daß es für die Reduktion agoraphobischer Ängste entscheidend wichtig ist, daß sich der Patient den bisher vermiedenen Situationen von sich aus aussetzt. Ob und mit welchem Nachdruck er dies tun wird, wird nach den Erwartungs-Mal-Wert-Theorien einerseits von seinen Erwartungen und andererseits von einer motivationalen oder Wertkomponente bestimmt.

Je stärker die Motivation des Patienten ist, sich von der Phobie zu befreien und wieder zu dem imstande zu sein, was er bisher wegen seiner Angst vermieden hat, und je fester die Intention und Selbstverpflichtung dazu sind, sich der Angst auszusetzen, um so eher wird der Patient das tun und damit das zu seinem Behandlungserfolg beitragen, was er willentlich dazu beitragen kann. Die Herausbildung und Aufrechterhaltung einer genügend festen Intention ist daher bei Expositionstherapien eine spezifische therapeutische Aufgabe, von deren Gelingen der Behandlungserfolg ganz wesentlich abhängen kann (Fiegenbaum u. Mitarb. 1992).

Für die Festlegung auf bestimmte Ziele, das Fassen von Absichten und der Entschluß, sie zu verwirklichen, ist nach der Handlungskontrolltheorie von Kuhl (1983, 1987 a, 1987 b, 1996, Kuhl u. Beckmann 1994) ein bestimmter Modus der

Handlungskontrolle erforderlich, den er als „Handlungsorientierung" bezeichnet. Dieser Kontrollmodus ist vor allem durch die Herausbildung, Aufrechterhaltung und Durchführung fester Intentionen und Vorsätze gekennzeichnet. Diesem handlungsorientierten wird ein „lageorientierter" Kontrollmodus gegenübergestellt, der hauptsächlich durch eine fortwährende Beschäftigung mit dem eigenen Zustand gekennzeichnet ist. Nach Kuhl wäre für das, was ein Agoraphobiker bei einer Expositionstherapie zu leisten hat, ein handlungsorientierter Kontrollmodus erforderlich. In seiner Terminologie ist es für die Durchführung einer Expositionstherapie wichtig, den Patienten in einen handlungsorientierten Kontrollmodus zu bringen und darin zu halten.

Tatsächlich konnten Schulte u. Mitarb. (1996, Hartung 1990, Hartung u. Schulte 1991, 1994) nachweisen, daß ein handlungsorientierter Kontrollmodus einen bedeutsamen positiven Einfluß auf den Behandlungserfolg bei Expositionstherapien mit Agoraphobikern hat. Je mehr der Patient bereits zu Beginn der Therapie handlungsorientiert ist, desto besser sind seine Erfolgsaussichten. Die Fähigkeit zu einem handlungsorientierten Kontrollmodus kann also als Ressource eines Agoraphobikers angesehen werden, die durch eine Expositionstherapie und ihre Vorbereitungen wirksam aktiviert wird. Darüber hinaus geht ein guter Therapieerfolg bei der Expositionstherapie mit einem Anstieg der Handlungsorientierung im Verlauf der Therapie einher. Handlungsorientierung ist also eine gute Voraussetzung für eine Expositionstherapie und wird durch eine solche Therapie gleichzeitig gefördert. Beides spricht für eine spezifische funktionale Bedeutung eines handlungsorientierten Kontrollmodus für diese spezifische Therapieform. Das leuchtet unmittelbar ein. Man muß schon eine klare Intention und den festen Vorsatz gefaßt haben, sich nicht mehr von seinen Ängsten bestimmen zu lassen, sondern sie aktiv anzugehen, auszuhalten und zu überwinden, um eine Expositionstherapie aktiv mitzumachen und erfolgreich zu beenden. Intentions- und Vorsatzbildung und ihre erfolgreiche Abschirmung von „intrusiven" anderen Intentionen sind aber gerade die Merkmale eines handlungsorientierten Kontrollmodus. Weil der feste Vorsatz, nicht mehr zu vermeiden, eine conditio sine qua non für eine erfolgreiche Expositionstherapie ist, hat ein handlungsorientierter Kontrollmodus für diese Art des Vorgehens eine spezifische funktionale Bedeutung. Die Ergebnisse von Schulte u. Mitarb. haben noch eine Untermauerung erhalten durch ähnliche Befunde von de Jong-Meyer u. Mitarb. (1997) für die kognitiv-behaviorale Behandlung depressiver Patienten.

Man könnte angesichts der Plausibilität dieser Ergebnisse versucht sein, zu glauben, daß Handlungsorientierung ganz allgemein eine wichtige Moderatorvariable für ein gutes Therapieergebnis ist. Das ist aber nicht so. Nach einer Untersuchung von Jeger (1996) war bei klärungsorientierten Therapien ein guter Therapieerfolg ganz im Gegenteil mit einer Zunahme der Lageorientierung assoziiert. Dieser zunächst überraschende Befund wird verständlich, wenn wir uns eine Handlung in ihrer Abfolge vorstellen, von ihren ersten Ursprüngen in noch unklaren Wünschen und Befürchtungen über das Herausbilden zunehmend klarerer Intentionen in einem Wahl- und Entscheidungsprozeß, der schließlich zu einer bestimmten Volitionsstärke führt, die entscheidend dafür ist, ob die Handlung erfolgreich gegenüber konkurrierenden Motivationen abgeschirmt werden kann, bis hin zur Handlungsausführung und Handlungsbewertung. Diese Abfolge entspricht den verschiedenen Phasen des Handlungsphasenmodells von Heckhausen (1987), das in Abbildung 28.**2** graphisch dargestellt ist.

Dieses Modell wird auch als „Rubikonmodell" bezeichnet. Der Rubikon wird da überschritten, wo sich aus Wünschen und Befürchtungen in einem Prozeß des Reflektierens und Abwägens allmählich bestimmte Intentionen herausgebildet haben, die schließlich eine so große Stärke erreichen, daß es zu einem Entschluß kommt, der nun mit einer bestimmten Volitionsstärke verfolgt wird.

Die Volitionsstärke ergibt sich aus dem Produkt der **Wünschbarkeit** des angestrebten Ziels und seiner erwarteten **Realisierbarkeit**. Wenn die Wünschbarkeit sehr hoch ist, wenn also die Motivationslage eindeutig ist, und wenn der Betreffende sich zutraut, die erforderlichen Schritte zu vollziehen und erwartet, daß sie zu dem gewünschten Erfolg führen, wird das Ziel mit hoher Volitionsstärke verfolgt und mit einiger Wahrscheinlichkeit erreicht werden.

Wenn jedoch die Wünschbarkeit zwar hoch, die Ergebnis- und Selbstwirksamkeitserwartungen aber gering sind, wird der Betreffende die erforderlichen Schritte zur Erreichung des Ziels wahrscheinlich nicht unternehmen. Dies ist die Situation, in der eine verhaltenstherapeutische Expositionstherapie bei einem agoraphobischen Patienten mit einiger Wahrscheinlichkeit zu einem Erfolg führen wird. Das ganze Vorgehen ist darauf ausgerichtet, die Selbstwirksamkeitserwartungen des Patienten durch positive Kontrollerfahrungen zu verbessern und seine Angst vor der Angst abzubauen, d. h. seine Reaktionserwartungen zu verbessern. Bei der unterstellten hohen Wünschbarkeit des Zieles, sich wieder angstfrei bewegen zu können, wird dieses Ziel nach der Stärkung

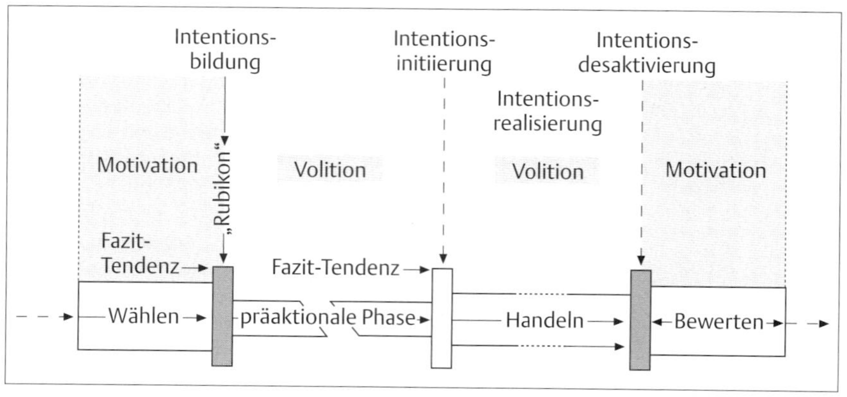

Abb. 28.**2** Das handlungspsychologische Phasenabfolgemodell „Rubikonmodell" von Heckhausen

der Erwartungskomponente durch die therapeutischen Maßnahmen nun mit einer sehr hohen Volitionsstärke verfolgt: Der Patient setzt sich mit zunehmender Willenskraft den notwendigen korrektiven Erfahrungen aus, die wiederum positiv auf seine Erwartungen zurückwirken. Es wird für ihn immer leichter, sich den zuvor angstbesetzten Situationen auszusetzen.

Das Ganze gilt jedoch nur unter der Annahme einer eindeutigen Motivationslage. Wenn die Wünschbarkeit zwiespältig ist, weil in der Welt der Wünsche und Befürchtungen links des Rubikon eine konflikthafte Motivationslage besteht, ist das Produkt aus Wünschbarkeit und Realisierbarkeitserwartungen, die Volitionsstärke, gering. In diesem Fall fehlen die Voraussetzungen für intentionsrealisierende Maßnahmen zur Bewältigung der Störung. Es müßten dafür erst Voraussetzungen geschaffen werden durch die Herausbildung eindeutiger Intentionen in einem Klärungsprozeß.

Wenn es durch klärungsorientierte Vorgehensweisen gelingt, eine konflikthafte Motivationslage in eine eindeutige zu überführen, wäre der Weg frei für die Realisierung der herausgebildeten Intentionen entweder durch selbstbestimmte Schritte des Patienten oder mit Unterstützung durch bewältigungsorientierte therapeutische Interventionen. Offenbar setzt die Wirkung klärungsorientierter therapeutischer Vorgehensweisen, wie sie in psychodynamischen und humanistischen Therapien üblich sind, an dieser Stelle links des Rubikon an: Sie schafft ein Bewußtsein für zuvor nicht oder nicht klar bewußte Konfliktkomponenten und damit die Voraussetzungen für einen bewußten Wahl- und Entscheidungsprozeß, der schließlich zu einer eindeutigeren Intentionslage führt. Aus dieser Sicht wird auch der empirische Befund von Jeger verständlich, daß bei klärungsorientierten Therapien ein guter Therapieerfolg mit einem Anstieg der Lageorientierung verbunden ist, der auf eine stärkere Beschäftigung mit sich selbst im Sinne von Reflektieren hinweist. Klärungsorientierte Therapien setzen eine Bereitschaft zur klärungsorientierten Beschäftigung mit sich selbst voraus, bewältigungsorientierte Therapien eine Bereitschaft zur bewältigungsorientierten Auseinandersetzung mit Realisierungsproblemen.

Klärungsorientierte Therapien arbeiten also schwerpunktmäßig auf dem linken Ufer der Rubikonlandschaft, bewältigungsorientierte dagegen auf dem rechten. Entscheidend dafür, ob eher therapeutische Arbeit auf dem rechten oder auf dem linken Rubikonufer nötig ist, ist die Intentionslage des Patienten. Bei Vorliegen konflikthafter und unklarer Motivationen im Bezug auf die angestrebten Therapieziele muß die Therapie zunächst oder zumindest auch auf dem linken Rubikonufer ansetzen, bei eindeutiger Wünschbarkeit der Ziele aber geringen Realisierungserwartungen wäre therapeutische Arbeit auf dem rechten Rubikonufer indiziert. Es ist jedoch sehr unwahrscheinlich, daß sich die Problemkonstellationen der meisten Patienten eindeutig dem einen oder anderen Ufer zuweisen lassen. Es ist vielmehr damit zu rechnen, daß für die meisten Patienten sowohl der motivationale Aspekt als auch der Realisierungsaspekt relevant sind, zumal es ja in einer Therapie in der Regel nicht nur um ein einziges klar umschriebenes Problem, sondern um komplexere Problemkonstellationen geht. Für den einen Aspekt einer solchen komplexeren Problemkonstellation mag die motivationale Perspektive relevanter sein, für einen anderen die Bewältigungsperspektive. Oder es mag in der einen Phase der Therapie ein motivationales Problem anstehen, in einer anderen ein Bewältigungsproblem. Ein Therapeut sollte bereit und fähig sein, seine Patienten in beiden Arten von Schwierigkeiten zu unterstützen. Er sollte also sowohl klärungs- als auch bewältigungsorientiert arbeiten können.

Betrachtet man therapeutische Problemstellungen aus der Perspektive der Erwartungs-Mal-Wert-Theorien, kommt man zu der Schlußfolgerung, daß die gegenwärtig in der Psychotherapie noch vorherrschende Unterteilung in entweder klärungsorientierte oder bewältigungsorientierte Therapieformen nicht der menschlichen Natur entspricht. Reflektieren und Handeln sind für das menschliche Leben und seine Probleme gleichermaßen wichtig, keines von beiden ist verzichtbar. Das gilt auch für diejenigen Teile des menschlichen Lebens, um die es in Psychotherapien geht. Die meisten Psychotherapiepatienten können Hilfe beim Klären **und** beim Bewältigen brauchen. Es ist unnatürlich, ihnen aufzuzwingen, sich für das eine oder andere zu entscheiden. Genau das geschieht aber bisher, wenn wir ihnen aufzwingen, sich **entweder** in eine Verhaltenstherapie **oder** in eine psychoanalytische Therapie zu begeben. Es sind die Denkweisen der Therapeuten, die ihnen ein solches Entweder-Oder aufzwingen. In der Natur der Sache und in Übereinstimmung mit der empirischen Ergebnislage liegt eigentlich ein Sowohl-Als-Auch. Erst innerhalb der einzelnen Therapie kann am besten die Entscheidung getroffen werden, ob, wann, für wie lange und für welches Problem das therapeutische Vorgehen eher einen klärungs- oder eher einen bewältigungsorientierten Schwerpunkt haben sollte. Oft werden sinnvollerweise diese Schwerpunktsetzungen einander abwechseln oder beides kann gleichzeitig verwirklicht werden. Psychotherapeuten sollten auf einer theoretischen Grundlage ausgebildet werden und therapieren können, die ihnen beides gleich gut ermöglicht, das ist die Idee einer allgemeinen Psychotherapie.

Eine grundlagenwissenschaftliche Sichtweise der Entstehung, Aufrechterhaltung und Veränderung psychischer Störungen und ihre Konsequenzen für die Psychotherapie

Die vorangegangenen Schlußfolgerungen über das Verhältnis klärungs- und bewältigungsorientierter Vorgehensweisen haben sich auf ein ganz allgemeines Modell des menschlichen Handelns gestützt. Dieses Modell beinhaltet noch keine **Sichtweise psychischer Störungen**. Weil es aber in der Psychotherapie vor allem um die Behandlung psychischer Störungen geht, braucht eine allgemeine Psychotherapie, wenn sie die wichtigsten in der Psychotherapie entwickelten therapeutischen Möglichkeiten zusammenführen soll, auch ein theoretisches Modell psychischer Störungen, das störungsspezifische (bewältigungsorientierte) und konfliktbearbeitende (klärungsorientierte) Vorgehensweisen nicht als Gegensätze erscheinen läßt, wie es im verhaltenstherapeutischen und psychoanalytischen Modell der Fall ist, sondern das ihren jeweiligen Stellenwert in einem einheitlichen Modell verbindet. Ein solches Modell der Entstehung, Aufrechterhaltung und Veränderung psychischer Störungen soll im folgenden in gedrängter Form skizziert werden.

Das Modell beruht auf einer Sichtweise des psychischen Geschehens, die sich auf die psychologische und neurowissenschaftliche Grundlagenforschung stützt. Die wichtigsten Grundgedanken des Modells werden im folgenden thesenartig dargestellt ohne Bezug auf die Forschungsbefunde, auf die sich die jeweiligen Aussagen stützen. Ausführliche Begründungen dazu finden sich bei Grawe (1998).

Grundlagen des Erlebens und Verhaltens

Allen psychischen Prozessen liegen **neuronale Erregungsmuster** zugrunde. Diese sind in verschiedenen Gedächtnissystemen in Form **neuronaler Erregungsbereitschaften** gespeichert. Die Speicherung geschieht über die Veränderung synaptischer Verbindungsgewichte. Durch zeitliche Synchronizität und hierarchische Organisation werden Zellen und Zellverbände niederer Ordnung zu komplexeren **Cell Assemblies** im Sinne von Hebb (1948) oder zu **neuronalen Gruppen** im Sinne der Theorie der Selektion neuronaler Gruppen von Edelman (1987, 1995) „zusammengebunden".

Durch jede **gemeiname Erregung** werden die bereits angelegten Verbindungen besser **gebahnt**. Das Erregungsmuster wird immer leichter aktivierbar. Es kann von immer mehr Teilkomponenten aus immer leichter als ganzes aktiviert werden. Den zugrundeliegenden positiven Rückkopplungsprozeß kann man als einen **Attraktor** im Sinne der dynamischen Systemtheorie bezeichnen: Von ganz verschiedenen Ausgangszuständen aus kommt es durch eine immer besser gebahnte Erregungsausbreitung schließlich immer schneller zu einem bestimmten Endzustand, der z. B einer Wahrnehmung, einem bestimmten Bewegungsmuster oder einer Emotion entsprechen kann.

Bei komplexeren neuronalen Erregungsmustern, wie sie unserem Erleben und Verhalten zugrundeliegen, sind eine Vielzahl unterschiedlich spezialisierter Nervenzellen aus verschiedenen Hirnarealen synchron beteiligt. Es findet eine massiv **parallel-distributive Erregungsausbreitung** statt. Das Erleben und Verhalten ist eine **emergente Qualität**

- der **Art der Nervenzellen**, die durch wechselseitige Rückkopplung zu einem Muster zusammengebunden werden,
- ihrer **Lokalisation im Gehirn** und
- ihrer **synaptischen Verbindungen** miteinander.

Spezifische Wahrnehmungen wie etwa „Stuhl", Bewegungsmuster wie „Gehen", aber auch komlexere psychische Prozesse wie Emotionen oder die Qualität des Bewußtseins sind emergente Qualitäten der jeweils synchron aktivierten neuronalen Erregungsmuster.

Das Zusammenbinden neuronaler Erregungsbereitschaften zu einer neuen neuronalen Gruppe oder einem neuen Attraktor erfolgt durch **differentielle Verstärkung** im Hinblick auf vorgegeben Werte. Unter den bei den gegebenen **Constraints** – das sind genetisch vorbereitete und epigenetisch erworbene Erregungsbereitschaften sowie situative Bedingungen – möglichen Erregungsmustern werden solche **selektioniert**, die sich als geeignet erweisen, eine aktuell bestehende Spannung (**Bedürfnisspannung, Inkonsistenzspannung**) zu reduzieren. Diejenigen Verbindungen, die zu einer Spannungsreduktion führen, werden gebahnt und werden zukünftig unter gleichen Bedingungen leichter aktiviert. Durch positive Rückkopplung zwischen den an dem neuen Erregungsmuster beteiligten Nervenzellen und Zellverbänden kommt es zur Ausbildung eines Attraktors.

Neuronale Attraktoren entsprechen ungefähr dem, was in der kognitiven Psychologie als **Schema** bezeichnet wird. Das Schematisieren durch Abstrahieren von Invarianten entspricht der Bahnung und dem Zusammenbinden neuronaler Verbindungen.

Mit zunehmender Bahnung lösen sich Attraktoren von ihren Entstehungsbedingungen. Sie werden **funktional autonom** und erhalten sich selbst durch positive Rückkopplung aufrecht. Sie benötigen keine Verstärkung mehr durch Spannungsreduktion. Sie werden von jedem Teil des zu einer Cell Assembly zusammengebundenen neuronalen Netzwerkes aus aktivierbar.

Das gilt auch für **motivationale Attraktoren** oder **motivationale Schemata**. Sie sind die Mittel, die ein Individuum für die Befriedigung seiner **Grundbedürfnisse** entwickelt. Gut entwickelte intentionale **Attraktoren** oder Schemata bedeuten gut ausgebaute Möglichkeiten der Bedürfnisbefriedigung. Gut gebahnte motivationale Attraktoren werden selbstaktiv und damit funktional teilweise unabhängig von aktuellen Bedürfnisspannungen. Solche behalten aber die Fähigkeit, diese Attraktoren zu aktivieren.

Determinanten des psychischen Geschehens

Für das Verständnis psychischer Störungen und der Wirkungsweise von Psychotherapie sind mindestens **4 Grundbedürfnisse** relevant, im Hinblick auf welche annähernde und vermeidende Attraktoren entwickelt werden, nämlich

- das Bedürfnis nach **Orientierung und Kontrolle**,
- das Bedürfnis nach **Lustgewinn und Unlustvermeidung**,
- das **Bindungsbedürfnis** und
- das Bedürfnis nach **Selbstwerterhöhung und Selbstwertschutz**.

Diese Bedürfnisse bzw. die zu ihrer Befriedigung oder zu ihrem Schutz entwickelten motivationalen Schemata bestimmen den größten Teil der zielgeleiteten psychischen Aktivität.

Das oberste Prinzip des psychischen Funktionierens ist das Streben nach **Konsistenz**. Es ist allen Einzelbedürfnissen übergeordnet. Konsistenz der gleichzeitig ablaufenden psychischen Prozesse ist mehr als ein Bedürfnis, es ist eine unverzichtbare Systemerfordernis. Ein zu hohes Maß an Inkonsistenz gefährdet die wirkungsvolle Auseinandersetzung mit der Umgebung. Konsistenz der psychischen Prozesse sichert am besten die Befriedigung der Grundbedürfnisse. Deshalb wurde die Ausrichtung der psychischen Prozesse auf die Einhaltung dieser Systemerfordernis in der Evolution selegiert. Abbildung 28.**3** stellt das Verhältnis von motivationalen Schemata, Grundbedürfnissen und dem Streben nach Konsistenz schematisch dar.

Die Konsistenz der psychischen Prozesse kann gefährdet werden, indem die tatsächlichen Wahrnehmungen, die das Individuum in der Auseinandersetzung mit der Umgebung macht, nicht mit seinen Erwartungen und Bereitschaften (d. h. auch mit seinen Bedürfnissen) übereinstimmen (**externe Inkonsistenz** oder Inkongruenz) oder durch **interne Inkonsistenz** oder Diskordanz der gleichzeitig aktivierten zielgeleiteten Prozesse. Externe Inkonsistenz ist identisch mit Nichtbefriedigung der Bedürfnisse, interne Inkonsistenz behindert die Befriedigung der Bedürfnisse.

Inkonsistenz des psychischen Geschehens als Nährboden für die Entwicklung psychischer Störungen

Die wichtigste Quelle interner psychischer Inkonsistenz sind motivationale **Vermeidungsschemata**. Sie entwickeln sich als Schutz vor der Verletzung der Grundbedürfnisse. Je mehr

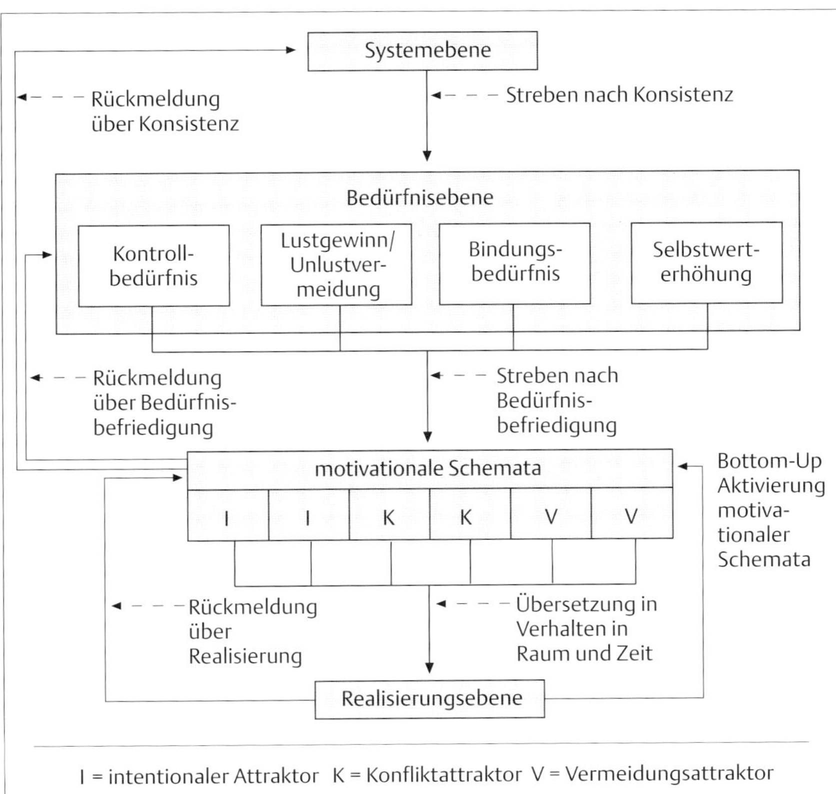

Abb. 28.**3** Hierarchisches Funktionsmodell des psychischen Geschehens mit den vier Ebenen: Systemebene, Bedürfnisebene, Ebene der motivationalen Schemata und Realisierungsebene

ein Individuum in seinen Grundbedürfnissen verletzt wurde, um so mehr ist seine psychische Aktivität darauf ausgerichtet, erneute Verletzungen zu vermeiden. Als Folge von Verletzungen des Bindungsbedürfnisses entwickelt sich z.B. ein vermeidender Bindungsstil. Bedürfnisrelevante Situationen aktivieren danach gleichzeitig die nur schwach entwickelten Annäherungsschemata und die stärker entwickelten Vermeidungsschemata. Diese hemmen die intentionalen Schemata, und es kommt nicht zu bedürfnisbefriedigenden Erfahrungen.

Damit bleiben die Bedürfnisse ungestillt. Als Folge davon sind sie praktisch permanent aktiviert. Die einander entgegenstehenden Annäherungs- und Vermeidungstendenzen werden zu einem sich selbst aufrechterhaltenden neuronalen Erregungsmuster verbunden, das man als **Konfliktschema** bezeichnen kann. In Abbildung 28.**4** ist ein Konfliktschema schematisch dargestellt. Aktivierte Konfliktschemata bedeuten ein hohes Inkonsistenzniveau der psychischen Prozesse.

Wenn sich ausgeprägte Vermeidungsschemata gebildet haben, bestimmen sie nicht nur das offene Verhalten, sondern auch die **Kognitionen**. Diejenigen Kognitionen, die vermieden werden, werden nicht Teil des Bewußtseins. Die kognitive Dissonanzforschung hat gezeigt, daß das **Bewußtsein** eine besonders **geringe Toleranz für Inkonsistenz** hat. Inhalte, die mit den bereits im Bewußtsein enthaltenen Inhalten inkonsistent sind, erhalten keinen Zugang zum Bewußtsein. Bei stark ausgeprägten Vermeidungsschemata sind die Vermeidungsziele deshalb oft nicht im Bewußtsein repräsentiert, denn mit dem Vermeiden würde auch das Vermiedene bewußt. So kommt es, daß wichtige Determinanten seines Erlebens und Verhaltens dem Individuum **nicht bewußt** sind. **Verdrängung** im Sinne von Nichtzulassen zum Bewußtsein ist einer der wichtigsten Mechanismen der **Konsistenzsicherung**.

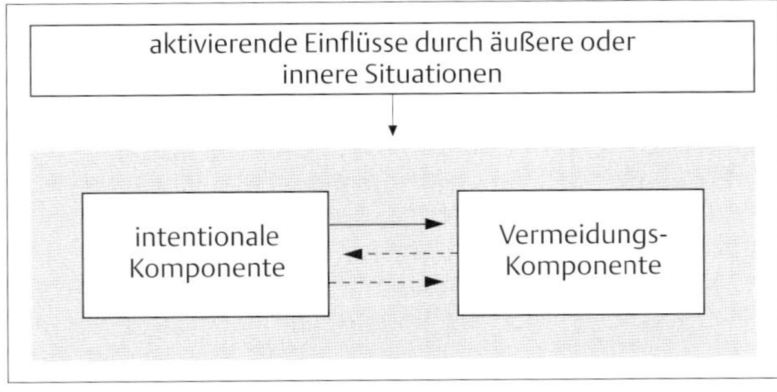

Abb. 28.**4** Schematische Darstellung eines Konfliktschemas mit den sich wechselseitig aktivierenden und hemmenden beiden Konfliktkomponenten

Im Bewußtsein nicht repräsentierte Determinanten des Verhaltens wie Vermeidungsziele behalten im impliziten Funktionsmodus ihren Einfluß auf die psychische Aktivität. Sie sind aber der bewußten Kontrolle und willentlichen Steuerung entzogen.

Der implizite und der bewußte Funktionsmodus der psychischen Aktivität

Es gibt im Wachzustand **zwei verschiedene Funktionsmodi** der psychischen Aktivität, den **bewußten** und den **impliziten** Funktionsmodus. Die meisten psychischen Prozesse werden nicht bewußt. Sie nehmen im impliziten Funktionsmodus Einfluß auf das Erleben und Verhalten. Grundlage dieser Prozesse sind im **impliziten Gedächtnis** gespeicherte neuronale Erregungsbereitschaften. Solange diejenigen Hirnareale und Neuronenverbände, die für die Qualität des bewußten Erlebens Voraussetzung sind, nicht in ein neuronales Erregungsmuster einbezogen sind, gelangen diese Prozesse nicht in den bewußten Kurzspeicher und können deshalb nicht zu Inhalten des konzeptuellen oder deklarativen Langzeitgedächtnisses werden. Das Bewußtsein hat aber nur Zugriff auf die Inhalte des konzeptuellen Gedächtnisses, nicht auf die des impliziten Gedächtnisses.

Die neuronalen Erregungsbereitschaften für unwillkürliche Reaktionen wie etwa für **Gefühle**, für das **nonverbale Ausdrucksverhalten** und für viele **psychopathologische Symptome** sind überwiegend im **impliziten Gedächtnis** gespeichert. Sie sind nicht vom Bewußtsein aus **(top down)** adressierbar. Sie sind daher nicht erinnerbar und willentlich steuerbar. Sie müssen **bottom-up**, d.h. durch situative Bedingungen oder durch andere implizite Prozesse, prozessual aktiviert werden. Während sie prozessual aktiviert sind, können sie mit neuen, „korrektiven" Erfahrungen überschrieben werden. Um unbewußte Prozesse vom impliziten in den bewußten Funktionsmodus zu transferieren, müssen sie **bottom-up prozessual aktiviert** und dann in den Fokus der **bewußten Aufmerksamkeit** gebracht werden. Sie werden damit in ein neu gebahntes neuronales Erregungsmuster eingebunden, das nun mit der Qualität des Bewußtseins verbunden ist. Damit werden zuvor unbewußte Prozesse der bewußten Kontrolle zugänglich. Wurde die Bewußtheit dieser Prozesse zuvor aktiv vermieden, muß dafür ein **Verdrängungswiderstand** überwunden werden.

Die Entstehung psychischer Störungen durch Reduktion von Inkonsistenzspannungen

Die von Konflikschemata ausgehende **Verdrängung** und **Vermeidung** führt zu **Inkonsistenz** im psychischen Geschehen. Im impliziten und im bewußten Funktionsmodus laufen gleichzeitig Prozesse ab, die im Bewußtsein nicht miteinander vereinbar sind. Es kommt zu einer **Dissoziation** der psychischen Prozesse. Das psychische Geschehen ist in diesem Moment nicht von eindeutigen, auf bedürfnisbefriedigende Erfahrungen ausgerichteten Ordnungsmustern bestimmt. Die gleichzeitig aktivierten, aber einander hemmenden Ordnungsmuster führen zu einer erhöhten **Inkonsistenzspannung**. Weil keines der aktivierten Ordnungsmuster eindeutig vorherrschend werden kann, kommt es zu einer **Fluktuation** zwischen verschiedenen Ordnungszuständen der psychischen Aktivität auf einem **hohen Spannungsniveau**. In dieser Situation können sich durch autokatalytische Verstärkung der Fluktuationen (durch positive Rückkopplung) **neue Ordnungsmuster** etablieren. Sie werden durch eine Reduktion der Inkonsistenzspannung differentiell verstärkt.

Diese qualitativ neuen Ordnungsmuster der psychischen Aktivität dienen im Unterschied zu den motivationalen Attraktoren nicht der Bedürfnisbefriedigung, sondern der **Reduktion von Inkonsistenzspannungen**. **Psychische Störungen** entstehen auf diese Weise als qualitativ neue Ordnungsmuster der psychischen Aktivität in Situationen einer aktuell erhöhten Inkonsistenzspannung. Sie können im Unterschied zu motivationalen Attraktoren als Störungsattraktoren bezeichnet werden.

Eine **inkonsistenzerzeugende motivationale Konstellation** stellt eine **aktuelle Auslösebedingung** für psychische Störungen dar. Sie bestimmt nicht die Art der psychischen Störung. Diese wird vielmehr von **genetisch und epigenetisch erworbenen Bereitschaften** und situativen Constraints bestimmt. Menschen mit gleichen motivationalen Konflikten können daher sehr unterschiedliche Störungen entwickeln. Menschen mit genetischen und epigenetisch erworbenen Bereitschaften für bestimmte psychische Störungen entwickeln u.U. nie eine solche Störung, weil gut gebahnte bedürfnisbefriedigende intentionale Schemata sie davor schützen.

Die Eigendynamik psychischer Störungen und ihre therapeutischen Konsequenzen

Die erhöhe **Inkonsistenzspannung** ist bei der Entstehung eines **Störungsattraktors** der wichtigste **Kontrollparameter**, d.h., der qualitativ neue Ordnungszustand der psychischen Aktivität entwickelt sich unter dem Einfluß dieses Kontrollparameters. Je öfter aber das neue Erregungsmuster gebahnt und durch Reduktion der Inkonsistenzspannung verstärkt wurde, desto mehr erhält es die Eigenschaften eines Attraktors. Es kann von den verschiedensten Komponenten des neuronalen Netzwerkes aus aktiviert werden. Die einzelnen Komponenten des Netzwerkes werden selbst zu **Kontrollparametern des Störungsattraktors**. Über die Aktivierung einer dieser Komponenten kann der ganze Attraktor aktiviert werden. Die Erwartung, daß ein Panikzustand eintreten könnte, löst schließlich selbst einen Panikzustand aus. Der Störungsattraktor ist **funktional autonom** geworden. Er hat sich von seinen Entstehungsbedingungen gelöst. Das Vorhandensein einer aktuellen Inkonsistenzspannung ist keine notwendige Bedingung mehr für die Aktivierung des Störungsattraktors. Die psychische Störung hat eine **störungsspezifische Eigendynamik** entwickelt.

Bei einem gut gebahnten Störungsattraktor sind seine einzelnen **Komponenten**, also z.B. bei einer Agoraphobie das Vermeidungsverhalten, die Reaktionserwartungen (die Angst vor der Angst), die fehlenden Selbstwirksamkeitserwartungen und katastrophisierenden Kognitionen, die Sensibilisierung für physiologische Angstindikatoren selbst zu **funktional eigenständigen Kontrollparametern** geworden, über die durch positive Rückkopplung der ganze Störungsattraktor aktiviert werden kann. Diese Störungskomponenten behalten ihre Funktion als Kontrollparameter und erhalten die Störung aufrecht, auch wenn der ursprüngliche Kontrollparameter, die Inkonsistenzspannung, nicht mehr fortbesteht. Die Störung wird also nach genügender Bahnung unabhängig von ihren Entstehungsbedingungen durch positive Rückkopplung zwischen ihren Komponenten aktiv aufrechterhalten. Die Komponenten der Störung werden mit zu ihren aufrechterhaltenden Bedingungen. Diese **störungsspezifischen Kontrollparameter** sind Ansatzstellen für eine therapeutische Beeinflussung der Symptomatik.

Über Beeinflussung seiner störungsspezifischen Kontrollparameter kann ein **Störungsattraktor destabilisiert** werden. Wenn die ursprüngliche Inkonsistenzspannung nicht mehr besteht, sind die einzelnen Komponenten des Störungsattraktors sogar zu seinen hauptsächlichen Kontrollparametern geworden. Die Destabilisierung wird um so besser gelingen, je mehr Komponenten des Störungsmusters und sonstige **aufrechterhaltende Bedingungen** gleichzeitig beeinflußt werden.

Wenn die ursprüngliche Inkonsistenzspannung nicht mehr besteht und der Attraktor nur noch von seiner störungsspezifischen Eigendynamik aufrechterhalten wird, sollte sich eine Behandlung hauptsächlich auf die Beeinflussung der störungsspezifischen Kontrollparameter ausrichten. Dies sind das Rationale und die spezifische Indikation für **störungsspezifische Behandlungsmethoden**.

Die Rolle inkonsistenzerzeugender motivationaler Konstellationen für die Aufrechterhaltung psychischer Störungen und ihre therapeutischen Konsequenzen

Die ursprüngliche Inkonsistenzspannung kann aber auch weiter zu den aufrechterhaltenden Bedingungen des Störungsattraktors zählen, nämlich dann, wenn die inkonsistenzerzeugende motivationale Konstellation fortbesteht. Sie stellt dann neben den störungsspezifischen Kontrollparametern einen **individuellen motivationalen Kontrollparameter** des Störungsattraktors dar. In diesem Fall sollte die Behandlung sowohl den störungsspezifischen als auch den motivationalen Kontrollparametern der Störung Rechnung tragen.

Die Behandlung müßte in diesem Fall darauf abzielen, die inkonsistenzerzeugende motivationale Konstellation durch **Förderung der intentionalen** und **Hemmung der vermeidenden Komponenten** der beteiligten Konfliktschemata so zu verändern, daß die Inkonsistenz im psychischen Geschehen geringer wird.

Wenn die an einem Konflikt beteiligten Vermeidungsschemata dem Patienten nicht bewußt sind, sollte die Therapie wenigstens teilweise einen **klärungsorientierten** Schwerpunkt haben mit dem Ziel, diese Vermeidungstendenzen unter bewußte Kontrolle zu bringen. Wenn der Patient ein Bewußtsein für die Vermeidungsschemata hat, die eine bessere Befriedigung seiner Bedürfnisse behindern, sollte die motivationale Konstellation durch **bewältigungsorientierte** Vorgehensweisen zu verändern versucht werden. Auch hier ist das Ziel eine bessere Bahnung der intentionalen und eine Hemmung der vermeidenden Konfliktkomponenten.

Die bewältigungsorientierte oder klärungsorientierte Bearbeitung konflikthafter motivationaler Konstellationen sollte immer von einer gezielten Beeinflussung der störungsspezifischen Kontrollparameter flankiert werden, denn deren Funktion als Kontrollparameter der Symptomatik ist von der motivationalen Konstellation unabhängig.

Das Inkonsistenzniveau als differentielles Indikationskriterium für ein störungsspezifisches oder konfliktbearbeitendes Vorgehen

Das **Inkonsistenzniveau** im psychischen Geschehen ist das wichtigste **differentielle Indikationskriterium** für eine Therapie mit **störungsspezifischem** oder **konfliktbearbeitendem** Schwerpunkt. Liegt eine psychische Störung vor, und es gibt keine Anzeichen für eine erhöhte Inkonsistenz im psychischen Geschehen, verspricht eine symptomorientierte störungsspezifische Behandlung einen guten Therapieerfolg.

Gibt es Anzeichen für eine inkonsistenzerzeugende motivationale Konstellation, sollte die Behandlung über die Beeinflussung der störungsspezifischen Kontrollparameter hinaus auch **die individuellen motivationalen Kontrollparameter** durch bewältigungs- und/oder klärungsorientierte **Konfliktbearbeitung** zu verändern versuchen. Dies sollte nicht nur zur Destabilisierung des Störungsattraktors beitragen, sondern sich über bessere Bedürfnisbefriedigung direkt auf das Wohlbefinden auswirken.

Eine hohe **Komorbidität** ist ein Hinweis auf das Vorliegen einer inkonsistenzerzeugenden motivationalen Konstellation. Es entstehen immer wieder aktuell erhöhte Inkonsistenzspannungen, die zum **Nährboden für die Ausbildung neuer Störungsattraktoren** werden. Die bereits vorhandenen Störungen wirken als Constraints und erhöhen die Bereitschaft zur Entwicklung bestimmter weiterer Störungen. So bereitet z.B. eine Angststörung gehäuft den Boden für die Ausbildung einer Depression. Die Ausbildung jeder neuen Störung erfordert aber eine differentielle Verstärkung durch die Reduktion einer aktuell erhöhten Inkonsistenzspannung. Bei hoher Komorbidität sollte deshalb besonders sorgfältig nach Indikatoren für eine inkonsistenzerzeugende motivationale Konstellation Ausschau gehalten werden. Liegt eine solche vor, sollte ihre Bearbeitung Vorrang haben vor der störungsspezifischen Behandlung der einzelnen Störungsattraktoren. Auf jeden Fall sollte sich die Behandlung nicht auf einen störungsspezifischen Schwerpunkt beschränken.

Ein Dreikomponentenmodell wirksamer Psychotherapie

Psychotherapie wirkt nach diesem Modell grundsätzlich darüber, daß sie die **Konsistenz im psychischen Geschehen** erhöht. Sie hilft dem Individuum, mehr im **Einklang mit seinen Bedürfnissen** zu leben. Es gibt dafür drei Ansatzstellen:

1. **Aktivierung und Stärkung** bereits vorhandener Ressourcen, d.h. Aktivierung und bessere Bahnung intentionaler Schemata.
2. Inkonsistenzreduktion durch **Destabilisierung von Störungsattraktoren**, die eine von den Bedürfnissen abgekoppelte Eigendynamik entwickelt haben. Dadurch wird der Weg dafür frei, daß die psychische Aktivität wieder in stärkerem Maße durch bedürfnisbezogene intentionale-Schemata bestimmt wird.
3. Inkonsistenzreduktion durch **Hemmung** der **Vermeidungskomponenten von Konfliktschemata** bei gleichzeitiger Förderung (besserer Bahnung) der intentionalen Komponenten. Dadurch kommt es zu einer besseren Bedürfnisbefriedigung.

Nach dem entwickelten Modell gibt es demnach drei Arten von therapeutischen Einflüssen, die ein Therapeut gezielt nutzen kann. In Abbildung 28.**5** sind diese drei Wirkkomponenten der Psychotherapie mit ihren Auswirkungen und mit ihren funktionalen Wechselwirkungen schematisch dargestellt.

Die Wirkung von Psychotherapie ergibt sich danach aus dem Zusammenwirken dreier Wirkkomponenten:

1. **Ressourcenaktivierung:** Die vorhandenen intentionalen Schemata (man könnte auch sagen: die Ressourcen) des Patienten sollten so oft und so intensiv wie möglich aktiviert werden, damit sie besser gebahnt werden und mehr Einfluß auf die psychische Aktivität gewinnen. Je besser das gelingt, um so geringeren Einfluß haben problematische Ordnungsmuster auf das psychische Geschehen. Die Aktivierung von Ressourcen bringt einen positiven Rückkopplungsprozeß in Gang, der zu bedürfnisbefriedigenden Erfahrungen und damit zu einer Besserung des Wohlbefindens beim Patienten führt (Abb. 28.**5**, oben).

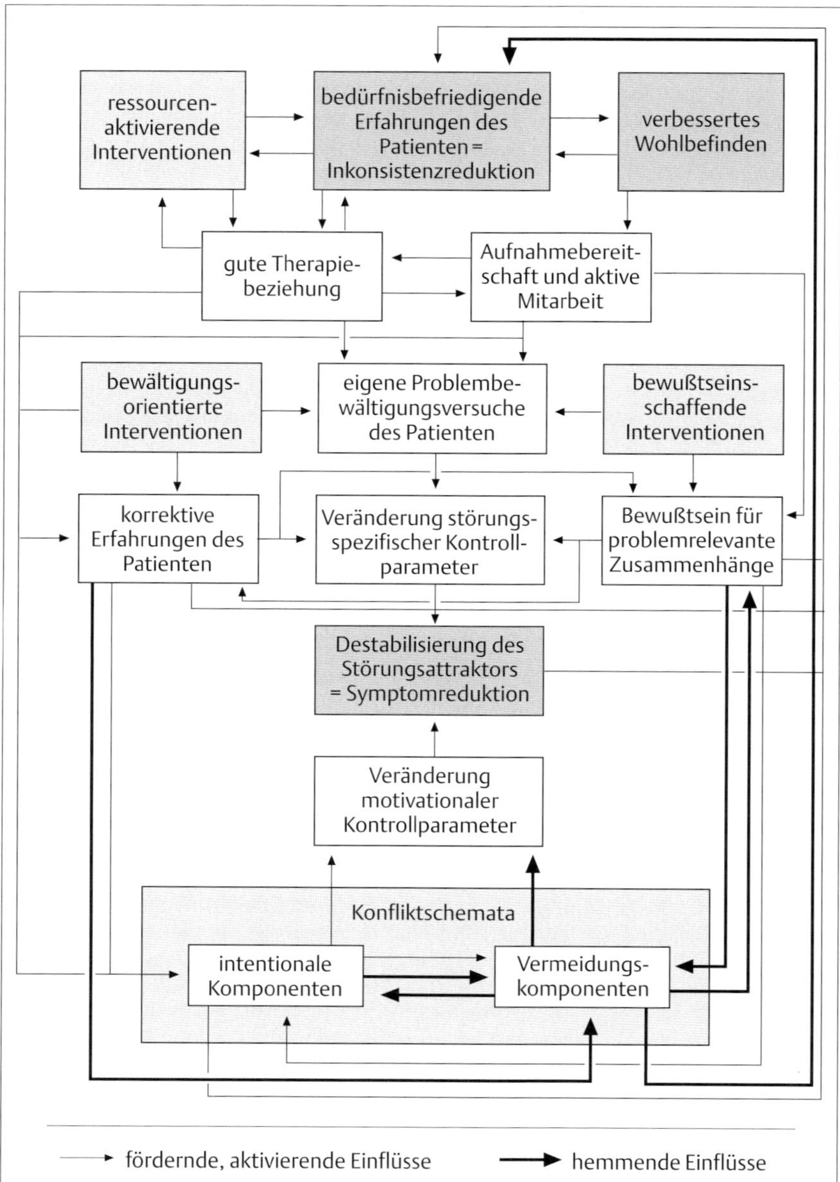

Abb. 28.**5** Dreikomponentenmodell der Wirkungsweise von Psychotherapie. Im oberen Teil die erste Wirkkomponente „Ressourcenaktivierung", im mittleren Teil die zweite Wirkkomponente „störungsspezifische Intervention" und im unteren Teil die dritte Wirkkomponente „Konfliktbearbeitung". Die Pfeile stellen die funktionalen Zusammenhänge zwischen den einzelnen Teilkomponenten des Modells dar

2. **Störungsspezifische Interventionen:** Die problematischen Ordnungsmuster des Patienten sollten geschwächt werden. Dafür gibt es zwei Ansatzstellen: die Störungsattraktoren und die Vermeidungsschemata. Der Einfluß von Störungsattraktoren auf das psychische Geschehen kann verringert werden durch Veränderung der störungsspezifischen Kontrollparameter durch störungsspezifische Interventionen (Abb. 28.5, Mitte).
3. **Konfliktbearbeitung:** Die anderen problematischen Ordnungsmuster sind dysfunktionale Vermeidungsschemata, die eine Funktion als individuelle motivationale Kontrollparameter für die Symptomatik haben. Ihr Einfluß kann durch bewältigungs- und/oder klärungsorientierte Interventionen abgeschwächt werden (Abb. 28.5, unten).

Die besten Therapieerfolge können nach diesem Dreikomponentenmodell der Wirkungsweise von Psychotherapie dann erzielt werden, wenn alle drei Wirkkomponenten gleichzeitig aktiviert werden. Insbesondere die **Kombination von ressourcenaktivierenden und problembearbeitenden Interventionen** wirkt synergetisch:

> Je stärker intentionale Schemata aktiviert werden, desto mehr wird der Einfluß der problematischen Ordnungsmuster eingeschränkt. Je mehr die Störungs- und Vermeidungsattraktoren in ihrem Einfluß zurückgedrängt werden, um so mehr Entfaltungsraum erhalten die intentionalen, auf Bedürfnisbefriedigung ausgerichteten Schemata.

Auch aufgrund der oben entwickelten grundlagenwissenschaftlichen Sichtweise der Entstehung, Aufrechterhaltung und Veränderung psychischer Störungen gelangen wir also zu der Schlußfolgerung, daß bewältigungsorientierte und klärungsorientierte, störungsspezifische und konfliktbearbeitende Vorgehensweisen in Psychotherapien **synergetisch** genutzt werden sollten. Die in der Psychotherapie noch verbreitete Trennung dieser Vorgehensweisen ist eine Auswirkung wissenschaftlich überholter theoretischer Konzepte. Sie liegt nicht in der Natur der Sache begründet. Eine in der aktuellen empirischen Grundlagenforschung fundierte Sicht des psychischen Geschehens und psychischer Störungen legt ganz im Gegenteil die Synergie dieser Vorgehensweisen nahe. Eine allgemeine Psychotherapie wird sowohl durch den Stand der empirischen Psychotherapieforschung als auch durch den Stand der psychologischen und neurowissenschaftlichen Grundlagenforschung nahegelegt.

Schlußwort

Die vorangegangenen Ausführungen waren sehr gedrängt und bedürften an vielen Stellen einer Erläuterung und Konkretisierung. Das war in diesem Rahmen nicht möglich. Der interessierte Leser findet eine sehr viel ausführlicher begründete Darstellung der hier nur skizzierten Sichtweise bei Grawe (1998). Dort sind auch die praktischen Schlußfolgerungen ausgeführt, die sich auf dieser theoretischen Grundlage ergeben, und mit Beispielen demonstriert. Die Praxis der Psychotherapie, die Ausbildungen zum Psychotherapeuten und die psychotherapeutische Versorgung könnten nach Auffassung des Autors ganz erheblich verbessert werden, wenn man auf einer neuen theoretischen Grundlage zusammenführte, was jetzt in der Psychotherapie noch getrennt ist.

Es gibt Hoffnung, zu sehen, daß in diesem Buch das früher ganz Getrennte schon näher zusammengerückt ist. Wenn Menschen nahe zusammenrücken, entsteht manchmal etwas Neues. Es ist von neuer, eigenständiger Eigenart, aber man sieht ihm noch an, von welchen Eltern es abstammt. Es kann seinen Eltern sowohl beim Zeugen als auch durch seine spätere Entwicklung große Freude machen. Die allgemeine Psychotherapie ist ein noch sehr junger Sprößling einer noch im Therapieschuldenken verhafteten Elterngeneration. Es ist unklar, ob sie sich noch im Stadium der Geburt oder gerade danach befindet. Klar ist, daß sie viele Eltern hat. Zu hoffen ist, daß ihre Eltern sich mit ihrem Kind identifizieren und dazu beitragen, daß es zu dem wird, was es einmal werden kann.

IX Praktische Hinweise

29. Praktische Hinweise für den psychotherapeutischen Alltag

M. Broda und W. Senf

Praktische Hinweise für den psychotherapeutischen Alltag, zur Durchführung von Psychotherapie, was die Organisation der Praxis, Vereinbarungen, den allgemeinen Umgang mit den Patienten usw. betrifft, kommen in der Ausbildung meist zu kurz und werden in den Lehrbüchern übergangen. Deshalb sollen in diesem Buch einige für die psychotherapeutische Arbeit wichtige praktische Aspekte zumindest angesprochen werden. Dabei ergab sich als Problem, daß sich die Durchführung von Psychotherapie, von den formalen Aspekten bis hin zum allgemeinen Umgang mit den Patienten, je nach schulischem Ansatz erheblich unterscheiden kann, wenn etwa die psychoanalytische „Liegung" auf der Couch mit weitgehendem Inkognito des Therapeuten und die verhaltenstherapeutische „Außenübung" gegenübergestellt werden. Dennoch gibt es bei allen Unterschiedlichkeiten auch viele Gemeinsamkeiten, auf die wir eingehen wollen.

Dieser Text wurde von M. Broda entworfen und ist somit primär aus der Sicht eines Verhaltenstherapeuten abgefaßt. Psychoanalytische Psychotherapeuten werden sich mit den einen oder anderen Hinweisen und Vorschlägen schwer tun. Soweit möglich, wurden diese Ausführungen dann von W. Senf aus psychoanalytischer Sicht ergänzt oder kommentiert. Wir sind davon überzeugt, daß sich die praktische Durchführung der Psychotherapie über die verschiedenen Schulen hinweg stark angenähert hat. Deshalb haben wir es gewagt, dieses Kapitel gemeinsam zu schreiben und zu den folgenden Aspekten gemeinsam Stellung zu beziehen.

Aspekte der Praxisführung und des Settings

Psychotherapeutische Praxis

Die psychotherapeutische Praxis sollte es allein schon durch gestalterische Mittel den Patienten so leicht wie möglich machen, in eine mögliche Behandlung Vertrauen zu fassen. Dazu gehören Transparenz (beispielsweise durch das Auslegen von Informationsbroschüren im Wartebereich) und die Vermittlung einer freundlichen, gleichzeitig aber auch sachlichen Arbeitsatmosphäre durch eine ansprechende Praxismöblierung und Beleuchtung. Das **Behandlungszimmer** wird immer eine persönliche Handschrift tragen, dabei sollte aber auch bedacht werden, ob die Gestaltung der Praxis nicht doch zu persönlich oder zu unpersönlich ist.

> Fragen Sie sich vor der Dekoration der Wände, was die von Ihnen ausgewählten Bilder für die Patienten bedeuten könnten oder ob gar die Bildergalerie Ihrer Familie, Ihrer Frau und Kinder unbedingt sichtbar für die Patienten an die Wand muß.

Das **Mobiliar** sollte zweckmäßig sein, d.h. bei der Auswahl muß bedacht werden, daß sich dort Menschen unterschiedlichsten Gewichts und Alters bequem 50 Minuten aufhalten können sollen und daß sie Patientinnen mit Röcken nicht in eine unangenehme Situation bringen. Nicht bewährt haben sich zu niedrige Sitzmöbel, aus denen man nur schwer aufstehen kann. Für Patienten, die Schwierigkeiten haben, sich zu entspannen, kann sich die Anschaffung eines speziellen Entspannungsstuhls als sinnvoll erweisen.

Auf jeden Fall sollten sie einen **Wartebereich** in Ihrer Praxis einrichten, auch wenn Wartezeiten möglichst vermieden werden sollen. Manche Patienten kommen aus innerer Notwendigkeit etwas früher, manchmal brauchen Patienten auch ein paar Minuten, bevor sie gehen. Ein Wartebereich mit unkomplizierter Zugänglichkeit (z.B. Türöffner in Reichweite im Behandlungszimmer) gibt auch in den Stunden mehr Spielraum. Informationsmaterial oder Zeitschriften helfen den Wartenden, die Zeit zu überbrücken.

Bedacht werden muß auch die **Zugänglichkeit** der psychotherapeutischen Praxis. Wer jemals ein Telefonbuch zur Hand nimmt, um einen Psychotherapeuten auszuwählen und mit diesem einen Termin zu vereinbaren, der wird mit der leidvollen Erfahrung vieler Patienten konfrontiert: man stößt gewöhnlich auf eine mehr oder weniger freundliche, manchmal unangemessen „witzig" gehaltene Ansage im Anrufbeantworter und auf die Empfehlung, zu einer bestimmten Zeit anzurufen; es ist dann nicht ungewöhnlich, wenn sich diese Anrufzeit auf höchstens zweimal fünfzehn Minuten in der Woche begrenzt; zur genannten Zeit hört der Anrufer fast immer das Besetztzeichen, als sei geradezu beabsichtigt, daß der Kontakt nicht zustande kommt. Prinzipiell muß jede Praxis erreichbar sein, was durch nicht zu knappe, über die Woche auf verschiedene Tageszeiten verteilte Anrufzeiten gewährleistet werden kann. Sollte absehbar kein Therapieplatz frei sein und sollte auch keine Möglichkeit zur Diagnostik und Beratung bestehen, warum nicht auf dem Anrufbeantworter schon mitteilen und eventuell andere Möglichkeiten nennen (z.B. Kollegen mit freien Sprechstunden, Polikliniken usw.)?

Zeitraster

Gewisse **Wartezeiten** sind in einer psychotherapeutischen Praxis kaum zu vermeiden. Auf jeden Fall aber darf zwischen der (meist telefonischen) Anmeldung und dem ersten Kontakt keine zu lange Wartezeit liegen, möglichst nicht länger als zwei Wochen. Wartezeiten können eher nach Abschluß der probatorischen Sitzungen in Kauf genommen werden, wenn sich aufgrund des Begutachtungsverfahrens sowieso eine Bearbeitungslücke ergibt. Lange Wartezeiten und Wartelisten mögen auf den ersten Blick der eigenen finanziellen Absicherung und dem eigenen Ruf als begehrtem Therapeuten durchaus förderlich sein, sie tragen aber auch zur Chronifizierung bei und können Patienten in die Hände fragwürdig arbeitender „Psycho"-Anbieter treiben.

Für den **Abstand zwischen den therapeutischen Sitzungen,** also was die wöchentliche Frequenz der Sitzungen betrifft, haben die verschiedenen psychotherapeutischen Verfahren ihre eigene Zeitstruktur. Psychoanalytische Therapie kann mehrere Sitzungen in der Woche erfordern, in der Verhaltenstherapie finden therapeutische Sitzungen in der Regel einmal wöchentlich statt, in der Familientherapie wiederum können mehrere Wochen zwischen den einzelnen Sitzungen liegen.

> Wichtig ist aber, daß die Termine regelmäßig am gleichen Wochentag zu einer fest vereinbarten Zeit stattfinden, um der Behandlung die Sicherheit einer festen Zeitstruktur zu geben.

Sonst kann es leicht zum (auch gemeinsamen) Agieren mit Terminen kommen. Es muß natürlich auch gewährleistet sein, daß dieser Termin allein den Patienten zur Verfügung steht und frei ist von Störungen, wie z. B. Telefonaten. Viele Patienten haben in ihrer Entwicklung unter Unzuverlässigkeiten in zwischenmenschlichen Beziehungen gelitten, so daß Zuverlässigkeit und ungestörte Zuwendung in der therapeutischen Beziehung wesentliche Elemente der Therapie sind. Allerdings können durch ein zu rigides Festhalten an der einmal vereinbarten Zeitstruktur positive Veränderungen und Entwicklungen bei den Patienten mißachtet werden und damit ebenso ungeeignet sein wie eine zu freizügige Handhabung.

> Beispiel: Ein Patient ist wieder arbeitsfähig und hat eine neue Stelle gefunden, allerdings im Schichtdienst. Hier ist es natürlich sinnvoll, das Zeitraster der veränderten Situation anzupassen, soweit es möglich ist.

Natürlich kann oder muß sogar in **Krisensituationen** von der vereinbarten Zeitstruktur abgewichen werden.

Die **Ferienzeiten** müssen in der Behandlungsplanung frühzeitig abgesprochen sein, und es müssen klare Regelungen für die Ausfallzeiten getroffen werden, wie z. B. die Sorge um eine geeignete Vertretung für die Patienten. Es ist nicht vertretbar, den Patienten über deren oder die eigenen Ferien hinweg „Honorar" abzuverlangen! Man kann aber durchaus erwarten, daß die Patienten ihre Ferienplanung in einem gewissen Umfang an der Planung ihres Therapeuten orientieren. Eine Faustregel kann sein, daß sich die Ferien bis auf sechs „freie" Wochen überschneiden sollten. Solche zu Therapiebeginn getroffenen Abmachungen können hilfreich sein, ein Agieren mit Ausfallzeiten zu vermeiden. Eine unklare Ferienplanung kann auch eine Behandlung in ungünstiger Weise verlängern.

Für die Verhaltenstherapie (wir meinen allerdings, nicht nur dafür) besteht hinsichtlich der Zeitstruktur auch die Grundüberzeugung, daß viele wichtige Veränderungen aufgrund neuer Erfahrungen in vivo und nicht nur in der Therapiestunde passieren. Die Verhaltenstherapie versucht deswegen, durch therapeutisch sinnvolle Aufgaben, diesen Prozeß zu unterstützen und zwischen den Sitzungen genügend Zeit zu geben, eigene neue Erfahrungen zu sammeln.

Bezahlung

Manche, gerade unerfahrene Therapeuten finden es eher unangenehm, sich für ihre Leistung direkt bezahlen zu lassen. Dies hängt mit vielerlei, auch sozialisationsbedingten Einstellungen zusammen, sollte aber revidiert werden. Für die Patienten ist es wichtig zu erfahren, daß die therapeutische Beziehung auch durch die Bezahlung (direkt oder Kasse) gestaltet wird. Klarheiten in der Bezahlung helfen auch Fehlinterpretationen zu vermeiden und die professionelle therapeutische Beziehung als „Freundschaft" mißzuverstehen. Gefühle der Dankbarkeit, des schlechten Gewissens unklarer Zahlungsmodalitäten behindern die therapeutische Beziehung und den therapeutischen Prozeß.

S. Freud sprach von der „**Stundenmiete**", die beide Beteiligten vertraglich verpflichtet. Das bringt die Patienten einerseits in eine (nicht nur für die Verhaltenstherapie wichtige) klare Position als „**Kunde**", der eine „**Leistung** " erwarten darf. Zum anderen muß den Patienten aber auch klar sein, daß sein Therapeut von der „Stundenmiete" lebt. Deshalb müssen Regelungen für von Patienten verschuldete Ausfallzeiten getroffen werden. Eine übliche Regelung ist, daß Termine von den Patienten rechtzeitig (z. B. 2 – 3 Tage zuvor) abgesagt werden müssen, so daß die Möglichkeit besteht, diese Zeit anders zu verwenden, sonst wird das Stundenhonorar dem Patienten privat in Rechnung gestellt. Dabei müssen allerdings auch die besonderen Umstände berücksichtigt werden, denn es macht einen Unterschied, ob die Stunde wegen eines schweren Unfalles oder wegen einer geringen Unpäßlichkeit abgesagt wird. Besondere Regelungen sind vor allem auch bei der Gruppentherapie zu treffen, da der Verdienstausfall nicht durch Ersatz kompensiert werden kann.

> Es ist selbstverständlich, daß ausgefallenen Stunden nicht der Krankenkasse in Rechnung gestellt werden dürfen! Ebenso selbstverständlich ist, daß über das von der Krankenkasse getragene Honorar hinaus keine zusätzliche Zahlung gefordert werden darf.

Bezahlungsarten für psychotherapeutische Leistungen sind:
- Die Abrechnung über die Kassenärztliche Vereinigung, wie sie im Rahmen der Psychotherapie-Richtlinien geregelt ist.
- Rechnungsstellung bei Privatpatienten entsprechend der Gebührenordnung, wobei auf jeden Fall die Sonderbestimmungen der jeweiligen Privatversicherung beachtet werden müssen wie z. B. nur eine bestimmte Anzahl von Leistungen pro Jahr usw. Für Privatversicherte im öffentlichen Dienst gelten besondere Bestimmungen der Beihilfe. Nur bei reinen Selbstzahlern kann der Stundensatz frei vereinbart werden.

Umfang der Inanspruchnahme

Ein psychotherapeutisch Arbeitender hat sich einen harten, kräftezehrenden und manchmal emotional hochbelasteten Beruf gewählt. Er muß deswegen sein Privatleben möglichst vor Einflüssen aus dem Berufsalltag schützen. Dazu gehört, daß die **private Telefonnummer** nicht an Patienten weitergegeben wird (außer als begründete Ausnahme unter Würdigung aller Argumente), daß **Sondertermine** auf Kriseninterventionen beschränkt bleiben oder daß Treffen mit Patienten außerhalb des therapeutischen Settings unterbleiben.

Die Termine haben eine Dauer von 50 Minuten, so daß eine Planung von einem Patienten pro Stunde sinnvoll erscheint. Unzulässig ist, die Sitzung auf 45 Minuten zu begrenzen, um die Patienten „nahtlos" einbestellen und dadurch mehr Stunden am Tag gewinnen zu können. Wieviele Patienten pro Tag sinnvoll versorgt werden können, hängt stark von den individuellen Kenntnissen, den Erfahrungen, dem Arbeitsstil sowie den Supervisionsmöglichkeiten ab.

Dokumentation

Über jeden Patientenkontakt muß eine Aufzeichnung angefertigt werden.

Dabei genügt es, Stichworte über die wesentlichen Inhalte der Sitzung, besondere Aspekte und vereinbarte Aufgaben zu notieren. Dies kann durchaus während der Sitzung passieren, vorausgesetzt, die Patienten können ungestört sprechen und behalten das Gefühl, gehört zu werden. Auch sind die Arbeitsblätter über therapeutische Aufgaben der Akte beizufügen. Diese Dokumentation dient nicht nur dazu, sich Inhalte wieder schneller ins Gedächtnis rufen zu können, sondern ist auch aus rechtlichen Gründen notwendig. Diese Dokumentation wird bei allen Fragen eines Patientensuizids, einer Kunstfehlerklage bis hin zu Vorwürfen eines sexuellen Mißbrauchs den zentralen Anhaltspunkt über das Handeln des Psychotherapeuten darstellen.

Deswegen gehört zur Verhaltenstherapie auch grundsätzlich die Aufzeichnungspflicht mittels elektronischem Medium, was auch für die psychoanalytische Therapie (trotz sicher ernst zu nehmender Einwände) zu empfehlen ist. Man kann sich auch auf den Standpunkt stellen, daß Psychotherapie transparent zu machen ist und über Ton- oder Bildträger jederzeit einem Supervisor zugänglich gemacht werden kann. Das hat außerdem den Vorteil, daß die Patienten sich schnell daran gewöhnen und sich nicht mehr durch Aufzeichnungen stören lassen.

Die Akten sollten, auch wenn es dazu keine gesetzlichen Bestimmungen gibt, 10 Jahre aufbewahrt werden. Dies kann für Videobänder natürlich nicht gelten.

Arztbriefe

Arztbriefe sind eine sehr wichtige Säule in der Kommunikation mit den Kollegen. Sie machen nachvollziehbar, worum es bei den Patienten geht, woran gearbeitet werden soll oder wurde, welche Ziele dabei eine Rolle spielen und wie die Zielerreichung gelang. Die Briefe sind die Visitenkarte der jeweiligen Therapeuten und prägen die Zusammenarbeit mit Fachkollegen. Sie dienen auch intern für die Behandler selbst als gute Möglichkeit, das Wesentliche der therapeutischen Arbeit zusammenzufassen und sich selbst gegenüber Rechenschaft abzulegen.

Briefe dürfen aber nur mit dem Einverständnis des Patienten geschrieben werden. Jeder Brief muß mit einem deutlichen Vermerk versehen sein, daß er nicht an Dritte weitergegeben werden darf. Ebenso bedarf eine Weitergabe jeglicher Unterlagen an Dritte, Berichte an andere Behandler, gutachterlicher Stellungnahmen usw. der gültigen Schweigepflichtsentbindung durch die Patienten. Liegt keine schriftliche Schweigepflichtsentbindung vor, dürfen keinerlei Angaben zu Patienten gemacht werden, nicht einmal zur Frage, ob sie überhaupt einmal Patienten waren.

Ist eine solche Vorsicht nicht übertrieben? Nein, auf keinen Fall! Stellen Sie sich dazu als Beispiel folgendes Szenario vor, es ist tatsächlich vorgekommen:

Eine Patientin mit schweren Angstsymptomen und auf dem Hintergrund einer Borderlinestörung berichtete in einem diagnostischen Gespräch dem Psychotherapeuten erstmals über den sexuellen Mißbrauch nicht nur durch den Vater, sondern auch durch die Brüder. Der „Arztbrief" schilderte die Umstände ausführlich, um die aktuellen Symptome und Verhaltensauffälligkeiten mit der Erkrankung in Verbindung zu bringen und daraus die Indikation für eine stationäre Psychotherapie zu begründen. Dieser Brief wurde von dem Hausarzt, der die Patientin an den Psychotherapeuten überwiesen hatte, im Rahmen der Beantragung der Kostenübernahme für die stationäre Psychotherapie einem Gesundheitsamt für eine gutachterliche Stellungnahme zur Verfügung gestellt. Über diesen Weg kam der Brief in eine Akte zur Begutachtung der Erwerbsfähigkeit der Patientin, später spielte er in einer gerichtlichen Auseinandersetzung um die Kostenübernahme der Therapie eine (traurige) Rolle.
Die Patientin hatte nicht nur das sie sehr beschämende Gefühl, bloßgestellt zu sein vor der ihr familiär bekannten Arzthelferin des Hausarztes, der Gesundheitsbehörde, den Anwälten des Gegners im Rechtsstreit, sondern in dem Brief wurde auch ein Straftatbestand öffentlich verbreitet.

Psychotherapie heißt, daß das „Herzblut" der uns anvertrauten Menschen zur Sprache kommt, die uns ihre ganz intimen Angelegenheiten, Erlebnisse, Erfahrungen, Überlegungen offenlegen. Das muß unbedingt geschützt sein, auch in den Arztbriefen!

Für die Arztbriefe schlagen wir folgende Regeln vor:

- Arztbriefe sollten auf jeden Fall geschrieben werden, und zwar nach Abschluß der Diagnostik und nach Abschluß der Therapie an den überweisenden Arzt bzw. Psychotherapeuten, das Einverständnis der Patienten vorausgesetzt. Es sollte mit den Patienten immer abgeklärt werden, ob sie wünschen, daß der Hausarzt unterrichtet wird.
- Die Arztbriefe sollten möglichst knapp und klar sein. Kein Hausarzt hat Zeit, einen langen Brief in einer ihm meist unverständlichen Sprache und Terminologie zu lesen! Er spricht Sie als Fachexperten an, und er will einen sachkompetenten Befund, eine klare Indikationsstellung und keine Romane.
- Der Brief sollte beinhalten
  - eine Beschreibung der krankheitswertigen und behandlungsbedürftigen Symptome,
  - eine nosologisch-diagnostische Zuordnung (zukünftig nach ICD-10),
  - eine Aussage zur Zuständigkeit der Psychotherapie,
  - eine Behandlungsempfehlung bzw. Empfehlung für das weitere Vorgehen.
  - Das Angebot, bei Unklarheiten und bei weiteren Fragen miteinander zu telefonieren.
- Bitte keine „Arztbriefe" an nichtmedizinische Institutionen, wie allgemeine Beratungsstellen, Behörden, Krankenkassen usw. schicken, auch wenn sie als Psychotherapeut von dort empfohlen worden sind.
- Bitte keine intimen Inhalte aus der lebensgeschichtlichen Entwicklung oder der aktuellen Lebenssituation preisgeben.

Grundsätzlich ist es sinnvoll, mit den Überweisern oder zur Überweisung zu telefonieren, da in einem persönlichen Gespräch die Problematik und Situation der Patienten oft viel besser erklärt werden kann. Zugleich kann man die Gelegenheit für weitere Informationen nutzen.

Beispiel für einen Arztbrief:

Dr. med. Dipl. Psych. Maria Seele
Psychotherapeutin

Betr.: Herr Adam Herz, geb. 21. 9. 1957, aus Wien, Berggasse 5

Sehr geehrte Frau Kollegin,
vielen Dank für die Überweisung Ihres o. g. Patienten, den ich am 11. 11. 1995 in meiner Praxis untersucht habe und zu dem wir schon telefoniert haben.

Diagnose: Herzangstsyndrom (ICD-10:F 45.30):

Herr H. klage über nahezu wöchentlich auftretende „Herzanfälle", die zu einer Krankschreibung seit 8 Wochen geführt haben. Über die sympathikovasalen Anfälle hinaus findet sich die typische phobische Erwartungsangst, wodurch es zu einem sozialen Rückzug gekommen ist.

Es konnte eine eindeutige symptomauslösende Belastungssituation herausgearbeitet werden. Wie Ihnen ja bekannt ist, hat sich Herr H. kurz vor Beginn der Erkrankung zu einem Wechsel der Arbeitsstelle entschlossen. Aus psychodynamischer Sicht steht diese aktuelle Konfliktsituation in einem eindeutigen Zusammenhang zu Belastungen in der lebensgeschichtlichen Entwicklung, was mit Herrn H. ausführlich besprochen werden konnte.

Eine psychotherapeutische Behandlung ist dringend indiziert, und es besteht eine gute Prognose. Aufgrund der biographisch bedingten innerpsychischen Konflikte, die zur Erkrankung geführt haben, empfehle ich eine psychoanalytisch orientierte Gruppentherapie. Da ich selbst augenblicklich nicht über einen geeigneten Behandlungsplatz verfüge und ich Herrn H. keine längere Wartezeit zumuten möchte, habe ich ihm niedergelassene Kollegen genannt, die Behandlungsplätze frei haben. Für die Zwischenzeit habe ich mit Herrn H. überbrückende psychotherapeutische Gespräche vereinbart, nach deren Abschluß ich Ihnen kurz über den weiteren Ablauf berichten werden.

Sollten noch Fragen offen sein, dann bitte ich um eine telefonische Klärung.

Mit freundlichen Grüßen

Bewährt haben sich **Kurzbriefe** mit selbstschreibendem Durchschlag, mit denen man sogar handschriftlich sehr rasch, sachlich und knapp informieren kann. Über die Arztbriefe hinaus sollte zu jedem diagnostischen oder Behandlungsfall eine **Epikrise** abgefaßt werden, die alle relevanten Daten und Informationen enthält.

Bericht in der Supervisionsgruppe

Bei den Berichten in der eigenen Supervision sollten nicht in erster Linie die Fakten des „Falles", sondern vor allem die therapeutische Beziehung zum Patienten im Mittelpunkt des Berichtes stehen. **Wie wirkt jemand auf mich, was löst jemand aus, was verhindert jemand bei mir oder wozu versucht mich jemand zu bringen,** können wichtige Fragen für die Supervision sein. Für die Kommunikation in der Supervisionsgruppe gilt die Schweigepflicht nicht. Patienten sollten jedoch immer darüber informiert werden, daß zur eigenen Kontrolle und Weiterbildung die in der Therapie besprochenen Inhalte sowie die schriftlichen oder elektronischen Aufzeichnungen prinzipiell dem Supervisor oder der Ausbildungsgruppe zugänglich gemacht werden.

Information des Patienten

Patienten haben prinzipiell das Recht, alle über sie gewonnenen Informationen zu erhalten. In der Verhaltenstherapie ist Transparenz des Vorgehens einer der Hauptbestandteile der Therapie, von daher ist es selbstverständlich, Informationen, die beispielsweise aus Tests gewonnen wurden, mit dem Patienten ausführlich zu besprechen. Ausnahmen hiervon kann es nur geben, wenn die Information zu einer Verschlechterung des psychischen Zustands des Patienten führen wird. Dies kann vorstellbar sein, wenn einem Psychosekranken ohne weitere Erläuterungen die Diagnose mitgeteilt wird, oder jemandem, der ständig um sein Recht kämpft, das Label „Querulant" gegeben wird. Auch umgangssprachlich verletzende Begriffe wie „hysterisch" haben weder in der Kommunikation mit Patienten noch in der mit Fachkollegen etwas zu suchen.

Sitzungsvorbereitung

Zielgerichtete Psychotherapie fängt mit der Energie an, die in die Vorbereitung der jeweils nächsten Sitzung investiert wird. Hilfreich ist es, sich vor der Behandlungsstunde aus dem Gedächtnis oder anhand der Aufzeichnungen der letzten Sitzung das Wichtigste noch einmal zu vergegenwärtigen (Hauptthemen, vereinbarte Aufgaben, besondere Ereignisse der letzten Sitzung usw.). In der psychoanalytischen Therapie geht es vor allem um die innerliche Einstimmung auf die gegenwärtige Übertragungsbeziehung und die damit verbundene Gegenübertragung. In der Verhaltenstherapie sollte sich vorher klargemacht werden, welche Informationen für ein funktionales Bedingungsmodell noch fehlen, welche Ebenen des Verhaltens an der Symptomatik beteiligt sind und welche Teilziele im Moment im Vordergrund stehen.

Stundenaufbau

Jede Therapiestunde hat eine Art „Choreographie", die gemeinsam von Patient und Therapeut gestaltet wird.

Die **psychoanalytische Therapiesitzung** wird, je nach angewendetem Verfahren, mehr oder weniger durch die psychoanalytische Grundregel, das Prinzip der freien Assoziation durch den Patienten und der korrespondierenden freischwebenden Aufmerksamkeit des Therapeuten gestaltet. Zunächst unbeeinflußt steht zuerst die Selbstdarstellung des Patienten und die von ihm angebotene Thematik im Vordergrund der Aufmerksamkeit. Diese Empfehlung darf aber nicht als Aufforderung zu einer durchgängigen Passivität mißverstanden werden. Die scheinbar ziellose Zurückhaltung des Therapeuten zu Stundenbeginn erlaubt, die jeweiligen Konstellationen von Übertragung, Gegenübertragung, Widerstand usw. zu erfassen. Dadurch und durch die dann notwendige aktive Handhabung von Übertragung, Gegenübertragung und Widerstand erhält jede einzelne Therapiestunde ihre jeweils eigene „Choreographie".

Die **verhaltenstherapeutische** Stunde erscheint demgegenüber direktiver und strukturierter, die im folgenden beschriebenen Abläufe und Aspekte sind jedoch auch für die psychoanalytischen Therapeuten interessant.

Zum verhaltenstherapeutischen Stundenaufbau gehört das „warming up" zu Beginn der Stunde, die Rekapitulation der letzten Sitzung und der Ist-Stand innerhalb der Therapie, das Nachbesprechen der therapeutischen Aufgaben, das Fokussieren auf ein ausgewähltes Problem, Vorbesprechen der Übungen und Aufgaben für die nächste Stunde sowie das Beenden der Sitzung.

Dabei können verschiedene Fallstricke auftreten:

- Das warming up hört nicht auf, Patient bleibt in Alltagsplaudereien verhaftet.
- Fortwährend tauchen neue Katastrophen auf und verhindern ein kontinuierliches Arbeiten.
- Erreichte Fortschritte werden wieder abgewertet und Behandlungsziele verändert.
- Therapeutische Aufgaben wurden nicht gemacht.
- Das Kommunikationsverhalten des Patienten verunmöglicht ein Fokussieren auf ein Problem.
- Patient berichtet kurz vor Ende der Sitzung über ein neues, großes Problem.

Es gibt keine kochbuchartigen Lösungsvorschläge für diese häufig auftretenden Probleme, und Anfängern ist auch nicht damit gedient, daß mit mehr Erfahrung die Sensibilität für solche Fallstricke wächst. Hilfreich ist, solche schwierigen Situationen in der Supervision zu besprechen.

Therapeutisches Arbeitsbündnis

Der Begriff „Arbeitsbündnis" entstammt der Psychoanalyse und beinhaltet die unneurotische und rationale Beziehung zwischen Patient und Analytiker, die es dem Patienten trotz der Übertragung ermöglicht, in der analytischen Situation zielstrebig zu arbeiten. Im allgemeinen psychotherapeutischen Sprachgebrauch bezeichnet der Begriff des Arbeitsbündnisses die zwingende Notwendigkeit, daß einige Dinge klar besprochen sind, wenn eine Behandlung mit einem Patienten vereinbart wird.

So muß jeder Patient über den formalen Ablauf und die Bedingungen der vorgesehenen Therapie unterrichtet sein, und es muß klar sein, welcher Art diese therapeutische Allianz ist und wie die Rollen erfüllt werden.

> Vor allem aber muß jeder Patient eindeutig und für ihn verständlich über mögliche Gefahren und Risiken durch die Behandlung aufgeklärt werden.

Patienten können meist nur unzureichend die oft weitreichenden Folgen durch eine Psychotherapie abschätzen, wie z. B. vorübergehende Verschlechterungen des Zustandes, das Risiko einer Trennung von Partnern, die Bewußtmachung bisher unbewußter Konflikte usw.

Es dürfen in eine Therapie auch keine neuen Elemente eingeführt werden, mit denen sich die Patienten nicht ausdrücklich einverstanden erklärt haben. (Auch für die Psychotherapie sind zukünftig Klagen auf Schadensersatz zu erwarten!)

> Auf diesem Hintergrund ist zu raten, daß mit der Behandlungsvereinbarung die Einwilligung des Patienten in die Therapie nach erfolgter Aufklärung über die Therapie sowie notwendige Veränderungen in der Therapie in der Krankenakte dokumentiert werden. Manche Therapeuten schließen mit ihren Patienten schriftlich Behandlungsverträge ab.

Zum Arbeitsbündnis gehört aber auch, daß von den Patienten aktive Mitarbeit, regelmäßiges Erscheinen zu den Sitzungen, Offenheit und Veränderungsmotivation erwartet wird. Dies kann zwar nicht bei allen Patienten als selbstverständlich angenommen werden, sollte jedoch als therapeutisches Target ausdrücklich formuliert werden. Allerdings sollte es dabei selbstverständlich sein, den Patienten explizit auch über seine Kontrollmöglichkeiten bezüglich der Informationserhebung zu unterrichten, ohne jede wie auch immer motivierte Zurückhaltung zu rasch als Widerstand zu deuten und überwinden zu wollen.

In das Arbeitsbündnis gehören auch klare Vereinbarungen über das Setting. Die Therapie findet, abgesehen von zu vereinbarenden Außenübungen in der VT, in den Therapieräumen statt. Dazu werden verbindlich Zeiten festgelegt, die sowohl was Beginn als auch Ende angeht, von beiden Seiten so gut wie möglich eingehalten werden. Weitere Kontakte zwischendurch sind, soweit sie nicht aus therapeutischen Gründen vereinbart sind, auf Notfälle zu begrenzen.

Besprechung der Behandlungsziele

Die Besprechung und Klärung der Behandlungsziele mit den Patienten sollte nicht nur ein wichtiges Element in der verhaltenstherapeutischen, sondern auch in der psychoanalytischen Arbeit sein. Von psychoanalytischer Seite wird manchmal die behandlungstechnische Empfehlung der „Ziellosigkeit" in der einzelnen psychoanalytischen Sitzung (psychoanalytische Grundregeln) mißverstanden als Empfehlung einer allgemeinen Ziellosigkeit psychoanalytischer Behandlungsplanung überhaupt. Dem widersprechen die sehr deutlich formulierten Behandlungsziele in der psychoanalytischen Literatur.

Wenn die Zielvorstellungen zwischen Therapeuten und Patienten nicht wenigstens annähernd übereinstimmen, dann wird eine sinnvolle therapeutische Arbeit sehr erschwert, wenn nicht sogar unmöglich sein.

> Wir möchten heute doch so weit gehen, daß für jede Psychotherapie gleich welcher Art, zu fordern ist, daß Therapieziele erstellt werden, die soweit wie möglich mit den Patienten zu besprechen und zu Therapieende zu überprüfen sind.

Das wird ja auch in den Vorschriften zur Qualitätssicherung gefordert. Das hat natürlich zur Voraussetzung, daß ein kooperatives Arbeitsbündnis aufgebaut wurde, Veränderungsmotivation besteht und sich die Therapeuten über allgemeine Lebensziele und Wertvorstellungen der Patienten ein Bild gemacht haben.

Für die Behandlungsplanung muß aber auch berücksichtigt werden, daß sich innerhalb des Therapieprozesses die Ziele ändern oder neue hinzukommen können. Eine Therapie kann deswegen auch dann beginnen, wenn der Patient noch sehr eingeschränkte Ziele formuliert, die aber weitergehende Formulierung erwarten lassen. Auch im Ablauf des therapeutischen Prozesses ist es unerläßlich, zusammen mit den Patienten die Zielsetzungen regelmäßig zu prüfen: ob sie unverändert bleiben können und ob der Therapieablauf noch auf diese zusteuert. Die Verlängerungsanträge bei den Krankenkassen sind dafür geeignete Gelegenheiten. Die Integration notwendiger neuer Ziele erfordert eine bewußte Entscheidung der Patienten wie der Therapeuten und sollte auch unter zeitökonomischen Fragen diskutiert werden.

Erläuterung des Therapieprozesses

Die Erläuterung des Therapieprozesses ist in der Verhaltenstherapie ein zentrales therapeutisches Element. Da die Patienten in der Behandlung Strategien erlernen sollen, wie sie ein bestimmtes oder ähnliche Probleme selbst zu lösen imstande sind, müssen sie verstehen, wie der Problemlöseprozeß aufgebaut ist und welche Faktoren veränderungswirksam sind.

Aber auch eine psychoanalytische Behandlung ist ohne Erläuterungen des therapeutischen Prozesses nicht denkbar, da psychoanalytische Therapie nur dann erfolgreich sein kann, wenn sich die Patienten mit den Besonderheiten der jeweiligen therapeutischen Arbeit identifizieren und die Haltung ihres Therapeuten verinnerlichen können. Da die Patienten in der Behandlung lernen sollen, wie sie ein bestimmtes oder ähnliches Problem selbst zu lösen imstande sind, müssen sie auch verstehen, wie der Problemlösungsprozeß aufgebaut ist.

Gebe ich keinen Einblick in die Phasen des therapeutischen Prozesses, dann werden die Patienten die „geniale therapeutische Leistung" des Therapeuten für die Veränderungen verantwortlich machen, nicht jedoch eigene Kräfte und Handlungen. Dies bindet zwar die Patienten auf Dauer an die Therapie, ist jedoch mit dem prinzipiellen emanzipatorischen Ziel von Psychotherapie unvereinbar.

Anfang und Ende der Behandlung

Eine Psychotherapie beginnt dann, wenn die Diagnostik abgeschlossen, ein Behandlungsplan erstellt und die formalen Therapievoraussetzungen (Kostenübernahme) geklärt sind. Es muß berücksichtigt werden, daß die Kosten für die Behandlung von den Kassen nur dann übernommen werden, wenn das Gutachterverfahren abgeschlossen und die Therapie bewilligt ist. Verweigert die Kasse die Leistungspflicht für zuvor erbrachte Therapiesitzungen und war der Patient über dieses Risiko nicht aufgeklärt, dann kann das Honorar nicht eingefordert werden, und es geht zu Lasten des Therapeuten.

Die Frage, wann „zu Ende therapiert" ist, ist äußerst schwierig zu beantworten. In der ambulanten Praxis besteht die Gefahr, daß die Therapiedauer, eventuell in Abhängigkeit von der Warteliste, schlicht der bewilligten Stundenzahl angenähert wird, auch wenn die Therapie durchaus früher erfolgreich abgeschlossen werden könnte. Damit wird nicht nur gegen das Gebot der Wirtschaftlichkeit verstoßen, was auch den allgemeinen kassenärztlichen Honorartopf (Deckelung!) ohne klinische Notwendigkeit mindert, sondern diese Praxis blockiert zudem Therapieplätze für andere behandlungsbedürftig Kranke. Auch im stationären Setting kann die Dauer der Kostenzusage den maßgeblichen Einfluß auf die Therapiedauer haben und nicht die klinische Indikationsstellung.

> Das Ende einer Psychotherapie sollte sich prinzipiell daran orientieren, wie weitgehend die Therapieziele erreicht sind.

Das kann u. a. auch daran geprüft werden, ob der Patient aufgrund der therapeutischen Erfahrungen und des dadurch veränderten Erlebens und Verhaltens in der Lage ist, sich auch in ähnlichen Situationen anders zu erleben und verhalten und ob er also eine allgemein einsetzbare Strategie gelernt hat und nicht nur ein situationsbezogenes Verhalten.

Erfolgreiche Therapie heißt keineswegs völlige Konfliktfreiheit und umfassende Problemlösung in allen Lebensbereichen, sondern eine gelungene Konfliktbewältigung und Problemlösung in solchen Bereichen, die zu selbständigen Bewältigungen und Lösungen in anderen Bereichen befähigt. Bei begrenzter Zielsetzung darf es kein Problem sein, wenn Patienten irgendwann später bei nicht bewältigbaren Schwierigkeiten wieder um Hilfe nachsuchen.

Eine Therapie kann auch, um den Prozeß des Transfers auf andere Problembereiche zu fördern, „ausgeschlichen" werden. Dabei würden die letzten Sitzungen auf zunehmend große Abstände verteilt, um Realitätserprobung mit der Sicherheit eines noch bestehenden therapeutischen Kontakts zu verbinden.

Auswirkung von Diagnostik

Die vor Jahrzehnten noch übliche Trennung in eine diagnostische und therapeutische Phase kann schon seit langem nicht mehr aufrechterhalten werden. Wir wissen, daß jede Messung Auswirkungen auf den Meßgegenstand hat, also die Messung das zu Messende beeinflußt. So sind in der Verhaltenstherapie häufig zum Einsatz kommende Selbstbeobachtungsprotokolle zur „Baselineerhebung" schon Bestandteil der Therapie und beeinflussen durch das Fokussieren auf Problemverhalten (Anzahl der Zigaretten, Kalorienzufuhr, Schmerzzustände) die Auftretenswahrscheinlichkeit des Problemverhaltens. Dies ist ein wichtiger erster Lernschritt: Allein durch genaue Beobachtung kann ich das Problemverhalten modifizieren.

Jede Diagnostik ist zielgerichtet. Deswegen kommen allgemeine Inventare zur Beschreibung der Gesamtpersönlichkeit (FPI, MMPI usw.) eher selten zum Einsatz. Das Augenmerk richtet sich auf Symptomverhalten, Gedanken, Gefühle und Verhalten in spezifischen Situationen, insbesondere auch der diagnostischen Situation. Der Sinn der Diagnostik muß den Patienten klar und nachvollziehbar sein. Dabei dürfen keine Phantasien entstehen, Therapeuten wüßten aufgrund der Diagnostik mehr als die Patienten.

Aus psychoanalytischer Sicht wurde von M. Balint schon früh auf die besondere Verantwortung in der Diagnostik hingewiesen.

> Jede „Psycho"-Diagnostik ist immer ein den Patienten verändernder Eingriff! Diagnostik darf deshalb nur so weit getrieben werden, wie dem Patienten auch eine konkrete therapeutische Hilfe geboten werden kann.

Diagnostik darf nicht heißen, „die Seele aufreißen, und dann im Regen stehen lassen", wie ein Patient es im Rückblick auf ein psychoanalytisches Interview formulierte, dem kein Behandlungsangebot folgte.

Einbeziehung von Bezugspersonen

Prinzipiell ist es in der Verhaltenstherapie immer wünschenswert, nahe Bezugspersonen zu einem bestimmten Zeitpunkt in die Therapie mit einzubeziehen. Das gilt zunehmend bei bestimmten Krankheitsbildern (z. B. Eßstörungen) und bestimmten Problemsituationen auch für die psychoanalytische Therapie. Das kann selbstverständlich nur mit Einwilligung der Patienten geschehen.

Dabei müssen folgende Punkte beachtet werden:

- Die Einbeziehung des Partners ist, wie das übrige therapeutische Vorgehen auch, zielgerichtet und zeitbegrenzt. Die Patienten stehen im Mittelpunkt, Partnereinbezug soll nur helfen, die mit dem Klienten vereinbarten Ziele besser und stabiler zu erreichen.
- Ihre therapeutische Rolle ändert sich insofern, als Sie nicht alle Themen der Therapie ansprechen können, wenn Sie es für angebracht halten. Patienten sollen selbst entscheiden können, worüber sie in der Sitzung sprechen möchten. Legen Sie mit dem Patienten vorher fest, welche Punkte in dem Gespräch angeschnitten werden sollen.
- Häufig befürchten Partner im Gespräch, den „schwarzen Peter" zugeschoben zu bekommen und verantwortlich für das Problem des Patienten gemacht zu werden. Versuchen Sie daher, den Partner als Helfer anzusprechen, der bei der Umsetzung neuer Verhaltensweisen eine wichtige Rolle spielt.
- Bündnisse im Gespräch mit Patienten oder Partner können schädlich sein. Lassen Sie sich nicht in die Lage bringen, Position für den einen oder anderen zu beziehen, es sei denn, sie setzen es therapeutisch ein und unterstützen beide Partner abwechselnd und betonen die Sinnhaftigkeit der ablaufenden Interaktionsprozesse.

Qualitätssichernde Maßnahmen

Die stationäre Psychotherapie ist aufgrund der Veränderungen durch das sog. Gesundheitsreformgesetz im SGBV gezwungen, Nachweise über die Qualität der durchgeführten Leistungen zu erbringen. Dieses wird von den Leistungsträgern detailliert angefordert und gestattet eine weitgehende Kontrolle der stationären Psychotherapie. In der ambulanten Versorgung ist die Entwicklung noch längst nicht so weit gediehen – wir empfehlen jedoch den ambulant arbeitenden Therapeuten dringend, sich auf solche Entwicklungen vorzubereiten und Maßnahmen zur Qualitätssicherung, auch ohne gesetzlichen Druck, einzuführen. Dazu gehören die standardmäßige Erfassung von Therapiezielen, die Erfassung des Grads ihrer Verwirklichung, die Durchführung eines Basisdokumentationssystems sowie Patienteneinschätzungen über Erfolg am Ende der Behandlung.

Am Schluß dieses Kapitels finden Sie einen Vorschlag zur Dokumentation der Therapieziele durch Sie als Therapeuten und durch die Patienten. Die Ziele sollen Therapeut und Patient getrennt ausfüllen.

Es ist jedoch auch klar, daß sowohl in der stationären als auch in der ambulanten Psychotherapie diese Leistungen im Rahmen der Qualitätssicherung über die Pflegesätze oder Stundenhonorare zu vergüten sind, da sonst die Gefahr besteht, daß ungenau oder lückenhaft dokumentiert wird.

Professionelles Verhalten des Psychotherapeuten

Äußerlichkeiten

Der Beziehungsaufbau in der Psychotherapie wird auch über sog. Äußerlichkeiten gestaltet. Dabei ist es wichtig, daß jeder Therapeut einen eigenen Stil in der Rolle entwickelt. Wenn wir wollen, daß das Gesamtbild, das der Klient als Eindruck aus der Therapie mitnimmt, durch Begriffe wie „Kompetenz“, „Professionalität“, oder „Vertrauen“ geprägt ist, so müssen wir auch mit dem äußeren Rahmen diesen Eindruck unterstützen. Zu achten ist auf eine freundliche, aber gleichzeitig auch sachliche Atmosphäre, die Lernvorgänge erleichtert. Die Patienten sind zu motivieren, gern zu den Sitzungen zu kommen.

Was ziehe ich an?

Die Kleidung sollte so gehalten sein, daß sie in der Beziehung zu den Patienten keine Komplikationen schafft, etwa durch zu große Freizügigkeit oder Unordentlichkeit. Ebenso verfehlt kann natürlich eine zu formale Kleidung sein. Die langjährige Sozialisation als Student kann einen Einfluß auf das Äußere haben, was für manche Patienten möglicherweise schwer zu akzeptieren ist.

Anmerkungen zum Umgangsstil mit Patienten

Es scheint überflüssig, Begriffe wie „höflich“ oder „korrekt“ hier ins Spiel zu bringen. Dennoch sei darauf verwiesen, daß gerade auch unter dem Einfluß der provokativen Therapie bei manchen noch wenig erfahrenen Therapeuten die Gefahr besteht, vor dem Aufbau einer tragfähigen und empathischen Beziehung mit provozierenden oder stark konfrontativen Elementen zu spielen und dadurch Klienten zu brüskieren. Der Klient hat das Recht, von dem Therapeuten ernsthafte Aufmerksamkeit, einfühlendes Verständnis und Akzeptanz seiner Person entgegengebracht zu bekommen. Jeder therapeutisch Arbeitende weiß natürlich, daß diese Forderungen manchmal schwer zu erfüllen sind.

Beziehung zwischen Patient und Therapeut

In der psychoanalytischen Psychotherapie geht es, nicht zuletzt durch die Arbeit mit der Übertragung und der Gegenübertragung, eigentlich immer um die therapeutische Beziehung, und das wird in diesem Buch in den entsprechenden Kapiteln abgehandelt. Aus der psychoanalytischen Betrachtung kann sich die Gefahr ergeben, daß die reale Beziehung auch einmal aus den Augen verloren wird und sie in der Bewertung der therapeutischen Einflußnahme zu kurz kommt. Der Verhaltenstherapie gegenüber existiert das weitverbreitete Vorurteil, daß der Aspekt der therapeutischen Beziehung unwichtig sei. Das ist falsch! Die therapeutische Beziehung ist ein zentrales Element der Verhaltenstherapie und ihrer gelungener Aufbau die elementare Voraussetzung für die therapeutische Arbeit. Auch in der Verhaltenstherapie wird versucht genauer zu beschreiben, was unter der therapeutischen Beziehung zu verstehen ist.

Aus unserer Sicht ist aber unstrittig, daß die folgenden Elemente der therapeutischen Beziehung für alle Formen von Psychotherapie grundlegend sind. Sie sind aus der Sicht der Verhaltenstherapie formuliert, lassen sich aber leicht in psychoanalytische Termini übersetzen.

- Psychotherapie ist eine **bezahlte Dienstleistung,** die von dazu besonders ausgebildeten Fachleuten durchgeführt wird mit dem Ziel einer Problemlösung im Sinne des Patienten.
- Die Beziehung ist eine **professionelle Beziehung,** sie unterscheidet sich fundamental von Alltagsbeziehungen und Freundschaften.
- In dieser Beziehung werden Rollen eingenommen, ebenso wie der Therapeut eine **berufliche Rolle** übernimmt, wird von dem Patienten die Übernahme einer **kooperierenden Rolle** erwartet.
- Der Therapeut muß mit allen zur Verfügung stehenden Mitteln der Informationsverarbeitung in Bezugnahme auf professionelles Wissen und Erfahrung dem therapeutischen Prozeß Impulse geben und damit den Patienten an **eigene Konflikt- und Problemlösungsaktivitäten heranführen.**
- Die Aufgabe des Therapeuten in dieser Beziehung ist, sich an entscheidenden Punkten in der Therapie **anders zu verhalten, als es die Lernerfahrungen des Klienten in seiner sozialen Umwelt sind,** um neue Beziehungserfahrungen und neue Lernsituationen für den Patienten zu schaffen.
- Die Pflicht des Therapeuten ist es, ein **echtes, jedoch ausschließlich berufliches Interesse** an der Problemlösung des Patientenproblems zu haben, und im Sinne des Abstinenzprinzips auf die Befriedigung eigener Bedürfnisse in der Beziehung zu den Patienten zu verzichten.
- Der Therapeut muß in dieser Beziehung aufkommende **Gefühle kontrollieren und regulieren** können.
- Der Therapeut muß während der Arbeit nicht nur fortlaufend das Verhalten des Patienten beobachten, sondern die eigenen Emotionen und Gedanken registrieren und auf einer **kognitiven Metaebene Interaktionsphänomene analysieren.** Dabei muß er ständig die Motivation bezüglich eigener Handlungsimpulse reflektieren und mit dem Fachwissen in Verbindung bringen.
- **Die Beziehung ist mit Abschluß der Therapie beendet.** Sie muß jedoch, auch bei erneuter Kontaktaufnahme, immer eine professionelle Beziehung bleiben.

Um diese Anforderungen erfüllen zu können, ist Selbsterfahrung als eigene therapeutische Erfahrung wie auch in der Supervision unerläßlich.

Eigene Gefühle in der therapeutischen Beziehung

Patienten können in uns Wut, Ärger, Ablehnung, aber auch starkes Interesse, ein Gefühl der Fürsorge oder Verliebtheit auslösen. Diese Gefühlszustände werden in der psychoanalytischen Therapie unter dem Begriff der Gegenübertragung untersucht und für den therapeutischen Prozeß nutzbar gemacht. Daß Verhaltenstherapeuten den Begriff nicht verwenden liegt daran, daß sie die Theoriegebäude, die mit diesem Begriff zusammenhängen, nicht kennen und somit ein Vokabular verwenden würden, von dem sie nicht viel verstehen.

Im folgenden versuchen wir einen Kompromiß, indem wir davon ausgehen, daß Gefühle Bestandteil einer jeden menschlichen und somit auch therapeutischen Beziehung sind. Sie stellen ein wichtiges Diagnostikum im therapeutischen Prozeß dar und helfen uns, schwierige Therapiesituationen besser zu verstehen.

> Je klarer sich ein Therapeut über eigene Gefühle in der Therapie wird, desto leichter wird er damit fertig werden.

Schwierigkeiten entstehen dann, wenn das Zulassen eigener Gefühlsbeteiligung unterdrückt wird oder Gefühle abgestritten werden. Der Ort, wo dieses thematisiert werden muß, ist die Supervision.

In der Kommunikation mit den Patienten ist das Äußern von Gefühlen durch die Therapeuten im Grunde kontraindiziert und verlangt, wenn es notwendig ist, ganz besondere Aufmerksamkeit und ein spezielles behandlungstechnisches Vorgehen. In einzelnen Fällen kann es sinnvoll sein, den Patienten durch das Ansprechen eigener Gefühle im therapeutischen Prozeß weiterzuhelfen („wenn ich damit beim Therapeuten solche Gefühle auslöse, wie geht es dann anderen Kommunikationspartnern?"). Das Ansprechen eigener Gefühle oder Befindlichkeiten führt aber in allen anderen Fällen dazu, daß der Patient anfängt, sich Gedanken über den Therapeuten zu machen und mit der Aufmerksamkeit von sich abrückt.

Manche Therapeuten halten es für ein Zeichen von Echtheit, wenn sie beispielsweise aufkommende negative Gefühle dem Patienten gleich mitteilen. Nach unserer Auffassung ist das Auftreten starker Gefühle auf Therapeutenseite eine Indikation zu baldmöglichster Supervision (Was macht mich wütend? Wie erklärt sich meine Gegenübertragungsreaktion? Auf welche Schemata bei mir trifft Patient mit seinen Äußerungen?). Es kann auch bei Verhaltenstherapeuten durchaus vorkommen, daß uns ein Klient an einen Elternteil oder eine andere Person mit wichtigem Einfluß in unserer Biographie erinnert. Dann hilft es nur, sich genau (mit Hilfe von Kollegen) klar zu machen, welche Sätze oder Bestandteile von Mimik, Gestik bei mir diese Assoziationen auslösen und welche biographischen Ereignisse reaktiviert werden.

Natürlich kommt es auch vor, daß sich Patienten in den Therapeuten verlieben. Dies ist weder eine Katastrophe noch ein Kunstfehler. Manchmal läßt sich die dort entstehende positive Energie auf seiten des Klienten auch sehr gut therapeutisch nutzen. Es muß klar sein, daß ein Therapeut nichts unternehmen darf, um dieses Gefühl beim Gegenüber zu unterstützen. Es ist zwar schön, wenn ich als Therapeut von meinem Klienten gemocht werde, Ziel der Therapie ist jedoch die Unabhängigkeit von Therapie und Therapeut, Autonomie und Selbstverantwortung.

Weitaus komplizierter ist es, wenn sich ein Therapeut in eine Patientin verliebt oder eine Therapeutin in einen Patienten. Das ist übrigens ein schulenunabhängiges Problem. Es ist selbstverständlich, daß eine ernsthafte Verliebtheit in den Patienten oder die Patientin die sofortige Beendigung der Therapie bedeuten muß, wenn sich diese Gefühle nicht als spezifische Gegenübertragung z.B. mit Hilfe eines erfahrenen Supervisors auflösen lassen. Aus verhaltenstherapeutischer Sicht können mit der Herstellung absoluter Transparenz (Video, Tonband) in der Therapie Wege aus dieser Situation gefunden werden. Meistens ist es jedoch dem Therapeuten nicht so klar, daß ein Verliebtsein vorliegt.

Die Alarmglocken sollten jedoch schon bei einem der folgenden Punkte läuten:

- Ungewöhnliche starke Vorfreude auf die Therapiestunde.
- Übertriebene Beschäftigung mit eigenem Aussehen vor der Stunde.
- Wachsendes Interesse an Dingen, die für die Therapie nicht relevant sind.
- Nicht sachdienliches und auffallendes Interesse an dem Sexualleben.
- Verzicht auf den Einsatz konfrontierender Elemente in der Therapie.
- Beschäftigung mit der Person oder Phantasien zur Person außerhalb der Stunde.
- Nicht-ablehnen-Können weitergehender Wünsche (Überziehen von Sitzungen, Vereinbaren von Sonderterminen, häufige Telefonate zwischen den Terminen).
- Therapeutisches Überengagement.

Darf ich Patienten berühren?

In der Regel nicht – außer Hände geben bei der Begrüßung und beim Abschied. Darüber hinaus gibt es ganz wenige Ausnahmen, in denen Berührungen zulässig sind. Zur Überprüfung von Entspannungszuständen bei bestimmten Entspannungsverfahren kann es sinnvoll sein, den Patienten am Arm zu berühren. Auch in Situationen, in denen verbalen Techniken Grenzen gesetzt sind, wie beispielsweise im Krankenhaus bei Sterbenden, können Berührungen für den Betroffenen eine Hilfe sein. Sollten **körperbezogene** Techniken in der Therapie eingesetzt werden, dann setzt dies eine entsprechende qualifizierende Ausbildung und Erfahrung (z.B. in konzentrativer Bewegungstherapie) voraus.

Was teile ich über mich selbst mit?

Ein Therapeut soll den Patienten grundsätzlich keine persönlichen Dinge über sich erzählen, wenn der Impuls dazu zu groß wird, dann sollte unbedingt eine Supervision aufgesucht werden (s. oben). Andererseits ist eine völlige Nachrichtensperre kaum aufrechtzuhalten und unsinnig. Es kommt mehr darauf an, die Funktion von Fragen eines Patienten zu reflektieren, zu besprechen und für den therapeutischen Prozeß zu nutzen. Dabei ist es dann meistens unerheblich, ob die Sachinformation gegeben wird oder nicht. So kann eine Klientin mit Erziehungsproblemen sehr wohl aus ihrer Sicht mit einer gewissen Berechtigung sich danach erkundigen, ob der Therapeut selbst Kinder hat. Aufgabe des Therapeuten ist es dann, die Aspekte der Problemlösung zu betonen und die Unwichtigkeit der eigenen Kinderanzahl für die Problemlösung der Patientin anzusprechen.

Soll ich den Patienten körperlich untersuchen, wenn ich die Therapie mache?

Psychologen sind mit dem Problem nicht konfrontiert. Ärztliche Kollegen müssen sich sicherlich überlegen, aus welchen Gründen sie Zurückhaltung üben möchten. In der Verhaltenstherapie ist es üblich, daß ein Therapeut im Therapieprozeß unterschiedliche Rollen übernimmt. Insofern ist diese Frage nicht von prinzipieller Bedeutung. In der psychoanalytischen Therapie hängt es stark sowohl von der Problemlage wie auch von dem Setting und dem Rahmen ab, in welchem die Therapie durchgeführt wird (hausärztliche Praxis versus psychoanalytische Einzelpraxis).

Darf ich mich von Patienten privat einladen lassen?

Nein. Als Therapeut stehe ich in einer professionellen Beziehung zum Patienten, die auch durch Asymmetrie und Macht gekennzeichnet ist. Jeder Versuch, daraus eine symmetrische Beziehung zu machen ist aufgrund der Informationsmacht des Therapeuten unmöglich. Die therapeutische Rolle sollte durch ein Verhalten gekennzeichnet sein, das sich frei macht von sozialen Floskeln und kommunikativen Konventionen. Dies ist im Rahmen einer privaten Einladung jedoch nicht zu vermeiden. Diese Regel gilt auch für die Zeit nach Beendigung der Therapie. Eine psychotherapeutische Beziehung schließt letztendlich eine private Beziehung aus.

Intime Kontakte zu Patienten

Es folgt aus dem vorher Gesagten zwingend logisch, daß jede Art intimer Beziehung zu einem Patienten nicht nur unethisch ist, sondern ein sofortiges Verbot der Berufsausübung nach sich ziehen sollte, da es für die meist betroffenen Patientinnen in extremer Weise schädlich ist. Wir wissen aus Untersuchungen, daß sexueller Mißbrauch von Abhängigen in psychotherapeutischen Praxen häufiger vorkommt als befürchtet. Manchmal wird argumentiert, das sei nicht bewiesen, und es würden vielmehr enttäuschte Klienten auf diese Weise ihre Wut auf Therapeuten äußern. Zur Sicherheit sollte deswegen immer eine Aufzeichnung der Stunde gemacht werden.

Typische Problemsituationen für Anfänger

Die folgenden Ausführungen reflektieren mehr verhaltenstherapeutische Positionen und einige dieser Aspekte ließen sich aus psychoanalytischer Sicht sicherlich in den Konzepten von Widerstand, Übertragung und Gegenübertragung fassen. Eine entsprechende Kommentierung bleibt dem Leser überlassen. Diese Problemsituationen sind aber typisch für Anfänger, in welcher Therapieschule sie auch ausgebildet werden.

Ausgrenzung von Themenbereichen

Es gibt Patienten, denen fällt das Sprechen über bestimmte Ereignisse oder Problemfelder sehr schwer. Jeder empathisch arbeitende Therapeut wird dafür Verständnis aufbringen und entsprechend behutsam mit diesen Themen umgehen. Es kann jedoch auch vorkommen, daß ein Thema zur „problemfreien Zone“ erklärt wird (beispielsweise die Partnerbeziehung), obwohl der Therapeut genügend Hinweise auf mögliche Hintergrundprobleme hat. Prinzipiell stellt auch das Ausgrenzen von Themenbereichen zunächst immer einen Schutzversuch dar, den ich als Therapeut zu respektieren habe. Für dieses Schutzbedürfnis kann ich auch Verständnis entwickeln („Wenn ich glauben würde, daß durch ein Sprechen über mögliche Probleme in meiner Beziehung sich die Beziehung nur verschlechtern kann, würde ich auch nicht darüber reden wollen“), oder ich kann das Vorhandensein von Problemen als Normalität definieren („Die allermeisten Patienten mit psychosomatischen Störungen berichten auch über ein stark nachlassendes Interesse an Sexualität. Ist dies bei Ihnen auch so?“). Paradoxe Interventionen müssen gut beherrscht werden, um nicht von Patienten als Ironie verstanden zu werden („Vielleicht sollten Sie Ihren Mann noch etwas mehr von den Pflichten der Hausarbeit entlasten“). Als Therapeut kann ich solche Themen auch ansprechen, um mir sodann gleich „auf die Zunge zu beißen“ und entschuldigend zu sagen „aber darüber wollten wir ja nicht sprechen“. Dabei soll dem Patienten klar werden, daß sein Verhalten „durchschaut“ ist, ohne dem Druck ausgesetzt zu sein, direkt etwas daran verändern zu sollen.

Unter Zeitdruck setzen

Manchmal kommen Patienten zu uns, die schon Jahre unter ihrer Symptomatik leiden, diese aber jetzt möglichst binnen weniger Wochen restlos beseitigt haben wollen. Unerfahrene Therapeuten werden daraufhin versuchen, mit allem Engagement und oft auch noch unter Vernachlässigung der Verhaltensanalyse, möglichst viele Therapietechniken einzusetzen. Was dann häufig geschieht, läßt sich kurz so beschreiben: der Patient berichtet, daß die gegebenen Empfehlungen bei ihm nichts geholfen hätten, die Zeit jetzt aber dränge und ihm doch geholfen werden müsse. Der Therapeut fühlt sich zum einen verantwortlich für den Mißerfolg, zum anderen unter Druck, jetzt schnell etwas Wirksames zu finden, damit dem Patienten geholfen wird.

Ein erfahrener Therapeut wird sich klarmachen, daß es sich beim Patientenverhalten um einen Verhaltensausschnitt handelt, welcher auch im Alltag eingesetzt wird. Da dieses offensichtlich nicht zur Problemlösung beigetragen hat, muß es von dem Therapeuten nicht unterstützt, sondern eher problematisiert werden. Des weiteren wird deutlich werden, daß der Patient wenig Verantwortung für die Veränderung übernehmen möchte. Als Therapeut bin ich jedoch daran interessiert, daß der Patient baldmöglichst lernt, eingetretene Veränderungen auf eigene Verhaltensanstrengungen zurückzuführen. Deswegen werde ich zurückhaltend auf den Wunsch reagieren, den Therapieauftrag unter der fremdgesetzten Zeitperspektive und mit den Outcome-Vorgaben mir zu eigen zu machen. Sinnvollerweise könnte zunächst die Strategie problematisiert werden, Lösungen unter Druck anzustreben.

Unter Leidensdruck setzen

Ein Mitfühlen ist eine therapeutische Basisvariable, die mit Leidensdruck jedoch nichts zu tun hat. Häufig stellen wir fest, daß Patienten den Druck, am Symptom wegen der Schwere etwas ändern zu müssen, an Therapeuten weitergeben und somit wiederum Therapeuten zum Arbeiten bringen, ohne selbst aktiv werden zu müssen. Mir hilft in solchen Situationen die Einstellung, daß ich überzeugt bin, daß jede von mir erarbeitete Problemlösung nur von vorübergehender Dauer sein wird und daß nur der Patient selbst einen Weg aus dem Symptom oder auch mit dem Symptom finden bzw. gehen können wird. Sobald mich das Leiden eines Patienten selbst „drückt", muß ich mich in der Supervision fragen, warum ich mich mit dem Patienten so identifiziere und welche Teile meiner Biographie hierbei angesprochen werden.

Zweifel an der Kompetenz der Therapeuten

„Sie sind aber noch sehr jung", „Sind Sie Psychologe oder Arzt?", „Haben Sie schon einmal so ein Krankheitsbild behandelt?" sind Fragen, die wenig erfahrene Therapeuten stark verunsichern können. Meistens enden sie in Rechtfertigungsversuchen oder mühsamen Demonstrationen eigener Kompetenz. Andere reagieren wiederum mit völliger Offenlegung ihres Ausbildungsstands. Wichtig ist jedoch, den Hintergrund der Patientenäußerung zu verstehen: Jeder Patient hat den berechtigten Wunsch, kompetent und erfahren behandelt zu werden. Die Angst, dies könne nicht der Fall sein, ist zu verstehen. Was davon getrennt werden muß, ist das Alter, die Berufszugehörigkeit oder die Erfahrung mit einem speziellen Symptom. Gerade junge Therapeuten sind häufig besser ausgebildet, befinden sich in Supervision und haben noch eine gehörige Menge Selbstkritik – Dimensionen, die in der Arbeit mit Patienten von Vorteil sein können.

Betonung der Kompetenz der Therapeuten

„Sie sind meine letzte Hoffnung, nachdem ich bei Prof. Müller und Prof. Schmidt schon so lange in Behandlung bin und noch keine Besserung eingetreten ist", oder „Wissen Sie, ich habe schon 4 Jahre Psychoanalyse und 2 Jahre Gesprächstherapie, eine Selbsthilfegruppe und etwas Bioenergetik und weiß über mich ziemlich gut Bescheid – jetzt komme ich zu Ihnen, weil ich mir von der Verhaltenstherapie Hilfe bei der Umsetzung verspreche." Die Gefahr, sich genau unter diesen Beweisdruck zu begeben, besser zu sein als Prof. Seele, ist offensichtlich in diesen Beispielen. Diese sagen nichts über die Kompetenz der Kollegen oder Therapieansätze aus, sondern zeigen uns ein Stück Patientenproblem, das wir in unserem Verhalten berücksichtigen müssen. Dabei wird die Frage wichtig, woran es liegt, daß jemand mit einer Menge an verschiedenen Angeboten nichts anfangen kann und wieso die Hoffnung besteht, jemand würde nun ausgerechnet bei diesem Behandlungsversuch andere Erfahrungen machen.

> Letztendlich können hier nur einige wenige Beispiele von Problemsituationen besprochen werden, deren Lösung auch nicht in der Lektüre eines Buchkapitels liegen kann. Die Hinweise sollten dazu dienen, sich bei ähnlichen Situationen in Supervision zu begeben und die eigene emotionale Involviertheit zu problematisieren. Aber auch hier gilt: Nur aus Fehlern können wir lernen und solche „Fallen" sind im Therapiealltag dazu da, auch mal hineinzufallen.

30. Qualitätssicherung

M. Broda und W. Senf

Warum Qualitätssicherung?

Qualitätssicherung ist seit dem 1. 1. 1989 für das bundesdeutsche Gesundheitswesen im Fünften Sozialgesetzbuch (§ 137 ff) gesetzlich vorgeschrieben. Damit soll gewährleistet werden, daß Patienten die Behandlung erhalten, die nach dem Stand der Forschung für ihre Problemlage optimal ist. Da der Gesetzgeber 1988 durch das Gesundheitsreformgesetz (GRG) die Durchführung qualitätssichernder Maßnahmen für alle Bereiche der Medizin zur Pflicht gemacht hat, gilt dies auch für die Psychotherapie in der Krankenversorgung. Wie Abbildung 30.**1** auf einer Zeitachse verdeutlicht, hat der Gesetzgeber auf die Initiative der WHO 1984 und die nachfolgende Verpflichtung der europäischen Mitgliedstaaten, bis 1990 effektive Verfahren zur Qualitätssicherung einzuführen, reagiert. „Die Qualitätssicherung gehört zu den Strukturelementen der Gesundheitsreform. Mit dieser Reform soll das gesamte Leistungsangebot der modernen Medizin für jeden Versicherten – jetzt und in der vorhersehbaren Zukunft – verfügbar bleiben, damit jeder im Einzelfall alle erforderlichen Gesundheitsleistungen – und d. h. auch in der erforderlichen Qualität – erhält. Es gibt bei uns keine Zweiklassenmedizin: Auf Qualität hat jeder Versicherte Anspruch. Die Qualitätssicherung steht in einem unmittelbaren inhaltlichen Zusammenhang mit einer humanen Krankenversorung der Versicherten. Die Verpflichtung der Krankenkassen und der Leistungserbringer, auf eine humane Krankenbehandlung hinzuwirken, ist im § 70 Abs. 2 des Fünften Buches Sozialgesetzbuch gesondert bestimmt. Auch mit diesem ausdrücklichen Bekenntnis zur Qualität und Humanität hat der Gesetzgeber deutlich gemacht, daß es beim Gesundheitsreformgesetz nicht allein um die finanzielle Sicherung der gesetzlichen Krankenversicherung geht, sondern um die Gewährleistung der humanen, zeitgemäßen und wirksamen Krankenbehandlung." (Jagoda 1990, zit. nach Kordy 1992) Die Bundesärztekammer hat die Aufgaben der Qualitätssicherung in § 137 a Abs. 2 festgelegt mit dem Ziel einer **„Verbesserung der Patientenversorgung im Sinne einer ergebnisorientierten, unaufwendigen Qualitätssicherung"** (Dt. Ärzteblatt 94 [1997] 1705 – 1706).

Tabelle 30.**1** Ebenen der Qualitätssicherung

Strukturqualität	ist in erster Linie gerichtet auf die Qualifikation des medizinischen und paramedizinischen Personals (z. B. Schwestern), die Gestaltung des Versorgungsangebotes (Setting) und die räumlich-baulichen Voraussetzungen; die Qualifikationsvoraussetzungen regeln das Weiterbildungsrecht bzw. Aus- und Fortbildungscurricula.
Prozeßqualität	ist gerichtet auf die sachgerechte Durchführung diagnostischer und therapeutischer Maßnahmen; Grundlagen sind die Basisdokumentation, Diagnose- und Klassifikationsschemata und die Erfassung der Behandlungsdosis als Voraussetzungen für die Kontrolle der Prozeßqualität.
Ergebnisqualität	betrachtet Aspekte der Heilung, Besserung oder Verschlechterung, katamnestisch gesicherte Heilungsdauer, gewonnene Lebensqualität, therapiebedingte Komplikationen etc.; Grundlagen zur Sicherung der Ergebnisqualität sind Effektivitäts- und Effizienzstudien, Evaluationsstudien, Erfassung therapeutischer Zielsetzungen sowie Zufriedenheitsangaben der Patienten.

Ebenen der Qualitätssicherung

Es lassen sich 3 Ebenen der Qualitätssicherung unterscheiden (Tab. 30.**1**, nach Donabedian 1966):

Strukturqualität

Die Strukturqualität definiert sich in erster Linie über Aus- und Weiterbildungscurricula, Zulassungs- und Prüfungsvorschriften der Psychotherapeutinnen und Psychotherapeuten bzw. der in einer Praxis oder Klinik beschäftigten MitarbeiterInnen. Fragen nach den strukturellen Voraussetzungen für eine stationäre Psychotherapie in Kliniken richten sich darüber hinaus auf

- die Personalausstattung und den Umfang des qualifizierten therapeutischen Angebotes für die Patientenversorgung,
- Möglichkeiten zur externen und internen Supervision, Aus- und Weiterbildung, Chef-/Oberarztvisiten,
- die materielle Ausstattung wie z. B. geeignete Räume und Materialien für die speziellen Therapien (Gruppen-, Gestaltungs-, Musik-, Konzentrative Bewegungstherapie usw.), Gestaltung der Patientenzimmer sowie Gestaltung der Räume zur Förderung einer therapeutischen Gemeinschaft.

Prozeßqualität

Die Prozeßqualität operational und valide zu erfassen, ist nicht nur in der Psychotherapie, sondern in der gesamten

WHO (1984)
Ziel 31: „Bis zum Jahr 2000 soll es in allen Mitgliedsstaaten Strukturen und Verfahren geben, die gewährleisten, daß die Qualität der Gesundheitsversorgung laufend verbessert und Gesundheitstechnologien bedarfsgerecht weiterentwickelt und eingesetzt werden."

↓

Verpflichtung der **europäischen Mitgliedsstaaten,** bis 1990 effektive Verfahren zur QS einzuführen

↓

Gesundheitsreformgesetz (GRG 1988)

§ 115b SGB V:	QS beim ambulanten Operieren
§§ 135 u. 136 SGB V:	QS im vertragsärztlichen Bereich
§§ 137 u. 137a, b SGB V:	QS in der stationären Versorgung

Fragen der **Strukturqualität** und der **Qualifikationsvoraussetzungen** regelt das Weiterbildungsrecht

Aufgabe der **Bundesärztekammer** nach § 137a Abs. 2: „Für die Leistungen, deren Qualität nach Abs. 1 gesichert werden soll, beschließt die Bundesärztekammer Anforderungen für entsprechende Qualitätssicherungsmaßnahmen, soweit sie die ärztliche Berufsausübung betreffen. Bei der Entwicklung der Anforderungen ist den Spitzenverbänden der Krankenkassen und der Deutschen Krankenhausgesellschaft Gelegenheit zur Stellungnahme zu geben. Die Stellungnahmen sind in die Entscheidung einzubeziehen."

Abb. 30.1 Entwicklung zur Qualitätssicherung (QS) in der Fachpsychotherapie

Medizin ein schwieriges Problem. So wie in der Psychotherapie trotz aller Forschungsbemühungen die Interaktionen einzelner Settingelemente z.B. in einer stationären Behandlung noch nicht sicher bestimmt werden können bzw. das Zusammenwirken einzelner therapeutischer Techniken in ambulanten Psychotherapien, so können in der Inneren Medizin die Wechselwirkungen verschiedener Medikamente in einem Patienten oder in der Chirurgie der Heilungsverlauf nach sachgerechtem operativem Eingriff auch nicht immer mit Sicherheit vorausgesagt werden. Voraussetzung für die Prozeßqualität ist die sachgerechte Durchführung und Dokumentation diagnostischer und therapeutischer Maßnahmen.

Ergebnisqualität

Ergebnisqualität betrachtet den Aspekt der Erreichung von Zielvorgaben durch die diagnostischen und therapeutischen Maßnahmen. Es besteht die Auffassung, daß die Ergebnisqualität die entscheidende Dimension unter den Merkmalen der Qualitätssicherung darstellt (Schulte 1993). Insofern sollte auf diese Fragen verstärkte Aufmerksamkeit gelegt werden (Broda 1998). Zur Beurteilung von Ergebnisqualität spielen sowohl Fragen der Inanspruchnahme/Akzeptanz eines Angebots, des Erfolgs sowie die Kosten-Nutzen-Relation eine Rolle (s. auch Koch u. Schulz 1997). Während bei der Quote der Inanspruchnahme eine Abschätzung der erreichten Patienten relativ unaufwendig bestimmbar zu sein scheint, gibt es bei der Beurteilung des Behandlungserfolgs mehrere Ebenen zu berücksichtigen (Broda u. Mitarb. 1996). Die Kosten-Nutzen-Analyse einer Maßnahme berücksichtigt Teilaspekte, die auch im Rahmen einer Evaluation zu berücksichtigen sind. Wichtig erscheint auch, daß es keine Qualität ärztlicher oder psychologischer psychotherapeutischer Leistung per se gibt. Qualität ist immer im Hinblick auf die am einzelnen Patienten orientierten angestrebten Behandlungsziele definiert. Damit ist Qualität als eine „Wertung" direkt von der konkreten Zielvorstellung abhängig. Unter Berücksichtigung auch von identischen Krankheitsbildern können diese Ziele, bezogen auf unterschiedliche Patienten, durchaus unterschiedlich sein (Hoffmann 1988).

Zielsetzungen von Dokumentationssystemen

Die Datenerfassung, die eine Beurteilung der Struktur-, Prozeß- und Ergebnisqualität erlaubt, wird in sog. Basisdokumentationssystemen vorgenommen. Dokumentationssysteme haben in der Psychotherapie und Psychosomatik eine lange Tradition. Diese Entwicklung wurde durch zwei Interessenschwerpunkte gefördert: Zum einen benötigt der Leistungsträger Daten, die ihm Qualitätssicherung, Kosten-Nutzen-Berechnung und Planung ermöglichen, zum anderen ist zumindest den stationären Einrichtungen daran gelegen, möglichst rasch über Entwicklungen des behandelten Klientels informiert zu sein und somit Angebot und Nachfrage flexibel aufeinander abstimmen zu können. Hieraus ergeben sich folgende Zielsetzungen:

- **Klinik- und praxisinterne Steuerung:** Die Daten einer Basisdokumentation informieren über Zusammensetzung des Klientels, Verteilung der Diagnosen, Kostenträger oder Dauer der Vorerkrankung. Damit bilden sie eine wichtige Grundlage für klinikinterne Entscheidungen.
- **Optimierung therapeutischer Angebote:** Unter Verwendung der Basisdokumentation können Aussagen über Dosis-Wirkungs-Relationen getroffen werden, und es kann geprüft werden, ob PatientInnen ihren Erkrankungen entsprechende Therapieangebote erhalten haben. Weiterhin können Aussagen darüber getroffen werden, ob sich die Angebotsstruktur im Einklang mit beispielsweise der sozialen Zusammensetzung des Klientels befindet (Broda u. Dinger-Broda 1995).
- **Argumentationshilfe gegenüber Kostenträgern und politischen Instanzen:** In der Argumentation gegenüber Trägern und Politikern kann die schnelle Übersicht über Zusammensetzung oder Entwicklungen im Klientel wertvolle Hilfestellung für die Einrichtungen leisten.
- **Forschung und Außendarstellung:** Dokumentationssysteme dienen als Grundlage für alle Forschungsfragestellungen.

Erfassungsbereiche von Dokumentationssystemen

Ein Dokumentationssystem soll die Möglichkeit eröffnen, über alle relevanten Daten des behandelten Klientels zu verfügen und statistisch aufzuarbeiten. Deswegen werden in den Dokumentationssystemen alle mit der Erkrankung möglicherweise in Zusammenhang stehenden Bereiche erfaßt.

Soziodemographische Variablen wie Alter, Geschlecht, Familienstand, Bildung und Beruf sind feste Bestandteile einer jeden Dokumentation von Basisdaten. Sie erlauben Aussagen zu der sozialen Zusammensetzung des Klientels. Daten im Zusammenhang mit Erkrankungsparametern vor Behandlungsbeginn wie beispielsweise die Ursache der Erkrankung, Erkrankungsdauer, Krankenhausaufenthalte, Vorbehandlungen geben Aufschluß über die Patientenkarriere. Sozialmedizinische Daten wie Arbeitsunfähigkeitszeiten, Berentungen, Grad der Behinderung, der Arbeitslosigkeit erlauben Aussagen zur Chronifizierung der Erkrankung und den beruflichen und sozialen Einschränkungen.

Medizinische Diagnosen werden für den somatischen und für den psychisch/psychiatrischen Bereich festgehalten. Therapieziele sollten individuell formuliert und für jeden Patienten vor Beginn der Behandlung festgelegt werden.

Durchgeführte therapeutische Maßnahmen ermöglichen Aussagen über die Adäquatheit einzelner Interventionen im Hinblick auf die Diagnose. Die Einschätzung des Therapieerfolgs kann durch direkte Patientenangaben, aber auch durch sozialmedizinische Parameter erfolgen.

Bislang erprobte Dokumentationssysteme

Vertreter der psychosomatischen Fachkliniken Bad Dürkheim und Windach entwickelten und erprobten 1982 ein erstes Basisdokumentationssystem, das als Vorläufer eines Dokumentationssystems gilt, das heute an mehreren großen psychosomatischen Kliniken eingesetzt wird (Zielke 1993). In einer Zwischenauswertung konnte dort über eine Stichprobe von mehr als 22000 PatientInnen berichtet werden (Broda 1995).

In einer Arbeitsgruppe des Deutschen Kollegiums für Psychosomatische Medizin (DKPM) wurde ein Basisdokumentationssystem entwickelt, das sich dadurch auszeichnet, daß es sowohl in tiefenpsychologisch als auch verhaltenstherapeutisch ausgerichteten Institutionen einsetzbar ist (Broda u. Mitarb. 1993).

Auch im ambulanten Bereich gibt es erste Erfahrungen mit Basisdokumentationssystemen. In einer Pilotstudie setzten Scheidt u. Hartmann (1994) zeitbegrenzt eine Basisdokumentation in 40 ambulanten Psychotherapiepraxen in Südbaden ein. Die Europäische Arbeitsgruppe für Konsiliar-Liaison-Psychiatrie entwickelte eine gemeinsame Basisdokumentation (Herzog u. Mitarb. 1995).

In fünf ehemals zur Karlsruher Sanatoriums AG gehörenden psychosomatischen Fachkliniken wurde ein Basisdokumentationssystem entwickelt, das auch in der Kombination mit Evaluationsstudien eingesetzt wurde (Schmidt u. Mitarb. 1992).

Therapiezielorientierte Dokumentation

Die Erarbeitung von Therapiezielen ist seit jeher fester Bestandteil einer jeden seriösen psychotherapeutischen Behandlung (Margraf 1996, Reimer u. Mitarb. 1996, Senf u. Broda 1996). Leider hat deren systematische Erfassung und die Bewertung des Grads der Zielerreichung im Gegensatz zu allen Forderungen der Therapietheorie (Kanfer u. Mitarb. 1996) noch keine Tradition. Im Unterschied zu den bislang vorgelegten Systemen legt die Psy-BaDo (Heuft u. Senf 1998) die Erfassung von Therapiezielen sowohl aus PatientInnen- als auch aus TherapeutInnensicht ihrem System zugrunde. Die Psy-BaDo ist die gemeinsame Basisdokumentation der in der Arbeitsgemeinschaft Wissenschaftlich-Medizinischer Fachgesellschaften (AWMF) vertretenen Fachgesellschaften sowie der Vereinigung leitender Ärzte der psychosomatisch-psychotherapeutischen Krankenhäuser und Abteilungen in Deutschland. Diese Fachgesellschaften haben die Psy-BaDo mit dem erklärten Ziel entwickelt, ein Konzept zur Dokumentation und Qualitätssicherung zu erarbeiten, das praktikabel, zeitökonomisch, therapieschulenübergreifend sowie für die ärztliche und psychologische Psychotherapie gleichermaßen geeignet ist. Die Dokumentation kann für den ambulanten und stationären Versorgungssektor gemeinsam nutzbar gestuft eingesetzt werden, je nach Fortgang der Diagnostik oder des Therapieprozesses oder bei speziellen Fragestellungen ist sie modular ergänzbar.

Die Entwicklung der Psy-BaDo stützt sich zum überwiegenden Teil auf publizierte und eingeführte Instrumente zur Basisdokumentation, insbesondere auf die DKPM-BaDo (Broda u. Mitarb. 1993 a 1993 b), die Basisdokumentation des Wissenschaftsrates der AHG (Meermann 1993, 1995), den Fachausschuß Psychosomatik des Wissenschaftsrates der AHG 1994 (Zielke u. Mitarb. 1995) und die psychiatrische Basisdokumentation gemäß den Empfehlungen der DGPPN (Cording u. Mitarb. 1995, s. auch Haug u. Stieglitz 1995, Berger u. Gaebel 1997). Die Struktur der Psy-BaDo (Abb. 30.**2**) umfaßt neben reliabel erfaßbaren soziodemographischen Variablen die Diagnosen, den Beeinträchtigungsschwere-Score (BSS, Schepank 1995; in der Adaptation für Patienten $>$ 60 Jahre: Schneider u. Mitarb. 1997) sowie die Global Assessment of Functioning Scale (GAF; 1987). Bei Behandlungsende erfolgt die Ergebnisdokumentation mit der Erfassung der Diagnosen und einer erneuten Einschätzung des Beeinträchtigungsschwere-Scores (BSS) sowie über die Einschätzung des Erreichens von zu Beginn formulierten individuellen Therapiezielen (ErgeDoku A) und eine allgemeine Veränderungsdokumentation von Befindensstörungen und Problembereichen des Patienten (ErgeDoku B2) jeweils aus Patienten- sowie Therapeutensicht, deren Relevanz zu Behandlungsbeginn in einer parallelisierten Form erfragt worden war (ErgeDoku B1) (Heuft u. Senf 1998).

Die Erfassung der Ergebnisqualität orientiert sich in der Psy-BaDo zwar an der Ergebnisforschung der Psychotherapie, sie folgt jedoch nicht primär den methodischen Prinzipien der Forschung. Insoweit sind Instrumente zur Messung und Erfassung der Ergebnisqualität gefragt, die nicht nur den speziellen klinischen und therapeutischen Erfordernissen und Bedingungen des Fachgebietes angemessen, sondern bezogen auf die therapeutische Praxis auch anwendbar sind. Das entspricht im übrigen den Vorgaben des Gesetzgebers und der Bundesärztekammer.

Diesen Grundsatz verwirklicht die Psy-BaDo durch die Einführung der **individuellen Therapieziele** (ITZ), womit besonderer Wert auf die Abbildung der qualitativen Aspekte des Outcome gelegt wird. Der Einsatz individueller Therapieziele basiert auf der Methodik des Goal-Attainment-Scaling (GAS) nach Kirusek u. Sherman (1968). Parallel zu der Dokumentation der individuellen Therapieziele werden dem Patienten und dem Therapeuten bei Therapiebeginn und Therapieende Fragebögen zur Veränderungsdokumentation mit vorgegebenen Items vorgelegt.

Diagnostik / Therapiebeginn	Therapieende
soziodemographische Daten (1.) Patientenselbstauskunft (5 Min.) (2.) Therapeutenangaben bei Diagnostik/Behandlungsbeginn	
(insgesamt 10 Min.) Diagnosen (ICD-9, ICD-10)	(10 Min.) (5.) Diagnosen Therapieende (ICD-9; ICD-10)
Beeinträchtigungsschwere des Patienten (BSS; Schepank 1995)	Beeinträchtigungsschwere Therapieende (BSS)
Global Assessment of Functioning Scale (GAF, DSM-IV 1996)	Global Assessment of Functioning Scale Therapieende (GAF)
(3.1) ErgeDoku A – Therapeut (5 Min.) (4.1) ErgeDokuA – Patient Festlegung von individuellen Therapiezielen für diese Behandlung	(3.1) ErgeDoku A – Therapeut (5 Min.) (4.1) ErgeDoku A – Patient Erreichen der individuellen Therapieziele mit dieser Behandlung
(3.2) ErgeDoku B_1 – Therapeut (5 Min.) (4.2) ErgeDoku B_1 – Patient Definition der für diese Behandlung relevanten Problembereiche, Planung der Pharmakotherapie, Therapiemotivation des Patienten	(5.8) ErgeDoku B_2 – Therapeut (5 Min.) (6.) ErgeDoku B_2 – Patient Veränderungsmessung: Problembereiche, (in 4.2) Pharmakotherapie, Arbeitsfähigkeit, Gesamtbeurteilung dieser Behandlung

Abb. 30.**2** Struktur der Psy-BaDo (die jeweils vorangestellten Ziffern verweisen auf die entsprechenden Dokumentationsbögen)

X Krankheitsbilder: Wie werden sie behandelt?

31. Angstkrankheiten

Symptomatik, Diagnostik, Klassifikation, Therapie

L. Fehm, J. Margraf und W. Senf

Angst als natürliche Disposition des Menschen

Angst ist kein primär pathologisches, sondern ein ubiquitäres und notwendiges Phänomen, eine natürliche Disposition (Bowlby 1976) des Menschen. Nur in den extremen Ausprägungen wird Angsterleben auffällig: entweder bei unangemessener Stärke oder bei zu wenig Angstgefühlen. Die **Angstfähigkeit** ist eine für das individuelle Überleben notwendige biologische Mitgift, vergleichbar der Schmerzreaktion. Aus psychoanalytischer Sicht sind **Angstbereitschaft** und **Angstbewältigung** Entwicklungsaufgaben, die an jedes Individuum im menschlichen Lebenszyklus gestellt sind. Sie haben dennoch eine **psychosoziale Entwicklungsgeschichte**, und die angeborene Angstschwelle ist einem individuellen, sie fördernden oder abschwächenden Entwicklungsprozeß unterworfen. Die verhaltenstherapeutische Sichtweise betont bei der Entwicklung einer Angstsymptomatik das Zusammenspiel von drei Faktoren: **disponierende**, **auslösende** sowie **aufrechterhaltende Bedingungen**.

Im folgenden werden zunächst allgemeine Prinzipien der Angstreaktion, die vor allem in der psychoanalytischen Sichtweise eine große Rolle spielen, dargestellt. Die verhaltenstherapeutischen Erklärungsansätze basieren stärker auf störungsspezifischen Prinzipien und sind daher verstärkt in den Rahmen der Darstellung einzelner Störungsbilder eingebettet. Im Anschluß daran folgen Hinweise zur Diagnostik von Angstsyndromen sowie eine Beschreibung der Erscheinungsbilder der wichtigsten Angststörungen nach dem Klassifikationssystem DSM-IV.

Angstentwicklung im Lebenszyklus

Zur Entwicklungsgeschichte der Angstbereitschaft sind folgende Aspekte von Interesse:

Diffuse Angst versus zweckdienliche Angst

Nach der psychoanalytischen Betrachtungsweise muß jeder Mensch von Geburt an lernen, aus einer primär diffusen, ungerichteten Angst eine konkrete, gerichtete und zweckdienliche Angst zu entwickeln. Das gelingt in dem Maße, wie sich die Ich-Struktur ausbildet und das Ich in der Lage ist, zwischen innerer Antriebswelt und äußerer Realität adäquat zu vermitteln. Ein Beispiel für die **Sozialisierung primärer diffuser Angst durch konkretisierende Angstbindung** ist die Vorliebe der Kinder für furchterregende Märchen. Hier haben die Kinder Gelegenheit, ihre diffusen Ängste in Gestalt abenteuerlicher Situationen in der Phantasie und in der Projektion selbst zu bewältigen. Dieser Prozeß der Verwandlung diffuser Angst in gerichtete Angst gehört zu den Entwicklungsaufgaben.

Grundformen der Angst

Die Psychoanalyse hat die Bedeutung einiger Grundformen der Angst, die entsprechend den Entwicklungsphasen in dem menschlichen Lebensgang jeweils vorherrschen, für die normale Entwicklung betont und gleichzeitig auch Annahmen über ihre Bedeutung für psychopathologische Zustände formuliert.

Vernichtungsangst und Trennungsangst sind demnach die frühesten und elementarsten Ängste beim Menschen, die Angst vor dem Verlust des Objektes, von dem eine existentielle Abhängigkeit besteht, was die Vernichtung zur Folge hat. Die Angstneurose im engeren Sinn hat solche frühen Ängste zur Grundlage.

Angst vor Liebesverlust tritt dann auf, wenn das Individuum bereits sicher zwischen Selbst- und Objektwelt unterscheiden kann, d.h. Objektbeziehungen bereits aufgebaut sind. Es ist die überwiegende Angstform der depressiven Erkrankungen.

Über-Ich-Angst ist eine reife Angstform, die eine schon weit fortgeschrittene Ich-Entwicklung mit der Internalisierung der elterlichen Gebote und Verbote voraussetzt. Es ist die Angstform der strukturierten Psychoneurosen.

Angst als pathologisches Phänomen

Als klinisches Problem stellt sich die Frage, wie das primär sinnvolle, sogar überlebenswichtige Reaktionsmuster „Angst" auch scheinbar sinnlos und inadäquat ausgelöst werden und ablaufen kann, d.h., warum Angst ohne erkennbare Gründe in Erscheinung tritt oder in Situationen auftritt, die für andere Menschen keine angstauslösende Funktion besitzen. Zur Beantwortung dieser Frage ist die Unterscheidung zwischen realistischer und pathologischer Angst (z.B. nach Rüger 1984) hilfreich:

- **Realangst** ist auf eine äußere Gefahr gerichtet, angemessen und dient dazu, durch Flucht oder Aggression äußere Gefahr zu beseitigen.
- **Pathologische Angst** ist der Situation nicht angemessen, übertrieben und dient nicht zur adäquaten Bewältigung dieser Situation. Die Unangemessenheit dieser Angst läßt sich mit der Abb. 31.**1** verdeutlichen: Ein äußerer Stimulus

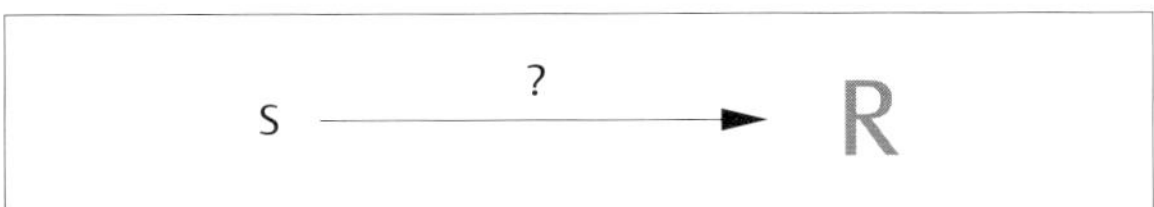

Abb. 31.**1** Stimulus – unangemessene Reaktion

führt zu einer Angstreaktion in einem Ausmaß, wie es das angstauslösende Objekt nicht rechtfertigt.

Fallbeispiele

Patientin A, eine Krankenschwester, leidet an einer ausgeprägten Phobie vor „Federvieh", wie sie es ausdrückte, einer phobischen Angst vor Vögeln. Sie kommt in panischer Angst in die Ambulanz, als sich eine Taube in ihr Zimmer verirrt hat.
Patientin B erlebt sich häufende diffuse Zustände von „Angst, verrückt zu werden", nachdem ihr Mann, ein Koch, ihr mitgeteilt hatte, daß er wegen einer neuen Arbeitsstelle von Ulm zurück nach Heidelberg ziehen wird. Paradoxerweise entsprach das ganz dem Wunsch und auch Drängen der Patientin.

Die psychodynamische Erklärungshypothese basiert auf der Annahme einer bewußten und einer unbewußten Sphäre im **Ich** (Abb. 31.**2**), und danach erklärt sich die Unangemessenheit der Angstreaktion daraus, daß der bewußt wahrgenommene Stimulus – in den Fallbeispielen das „Federvieh" bzw. „der Umzug" – durch einen unbewußten Stimulus verstärkt, modifiziert oder sogar abgelöst wird. Die Verhaltenstherapie geht nicht von einer zusätzlichen, unbewußten Konfliktquelle als notwendigem Erklärungsbaustein aus. Statt dessen wird zur Erklärung der Symptomatik das Ineinanderwirken einer Vielzahl von Faktoren herangezogen, die sich aus lebens- und lerngeschichtlichen Bedingungen sowie aktuellen Konflikt- und Belastungssituationen zusammensetzen.

Aus psychodynamischer Sicht interessieren zur Angstentwicklung folgende Aspekte:

Beschaffenheit des unbewußten Stimulus

Der unbewußte Stimulus ist durch die jeweils individuelle Lebensgeschichte bestimmt. Es kann sich um unbewußte Trennungsängste, bedrohliche Abhängigkeitsbeziehungen oder unbewußte Aggressionen oder sexuelle Impulse handeln oder um den unbewußten Niederschlag traumatischer lebensgeschichtlicher Erfahrungen etwa auf dem Hintergrund der o.g. Grundformen von Angst. Entscheidend ist, daß diese Impulse, Vorstellungen, Gefühle, Phantasien oder Lebenserfahrungen nicht bewußtseinsfähig sind. Bei vielen Patientinnen mit ausgeprägten Angstsymptomen erweist sich häufig sexueller Mißbrauch oder schwere Gewalttätigkeit in der Vorgeschichte als psychodynamisch wirksamer Hintergrund für die Symptombildung, was oft erst während des therapeutischen Prozesses erinnert und geäußert werden kann.

Irritationen der Ich-Struktur

In einem aktuellen Konflikt werden über regressive Prozesse solche den Patienten unbewußten Inhalte in der sog. symptomauslösenden Situation aktiviert (Abb. 31.**3**). Diese unbewußten Impulse, Wünsche oder Phantasien werden vom Ich als innere Gefahr gewertet. Das führt zur Ausbildung von Angst als Signalangst mit dem Zweck, geeignete Abwehrmaßnahmen in Gang zu setzen (Freud 1926). Dies sind im günstigsten Falle eine gelungene Verdrängung oder Sublimierung. Das Mißlingen der Abwehrfunktion bei den Angstkrankheiten wird auf eine passagere Defizienz oder einen chronischen Defekt in der Ich-Struktur zurückgeführt. In der Folge ist das Ich nicht in der Lage, den unbewußten Stimulus über die Abwehrmechanismen ausreichend abzuwehren, so daß er sich mit dem aktuellen Stimulus in der symptomauslösenden Situation verbindet.

Dazu ist für die Beispiele zu ergänzen:
Patientin A: Im Falle der Phobie vor Federvieh war die „auslösende Situation" die aufgenommene Beziehung zu einem verheirateten Mann, wobei die Symptombildung auf dem Hintergrund einer hochambivalenten Vaterbeziehung der Patientin verstehbar wurde. Der Vater, ein Kanarienzüchter, hatte sich der Patientin inzestuös genähert.
Patientin B: Bei der Patientin mit der Angstneurose verband sich mit dem Umzug eine ihr nicht bewußte Angst,

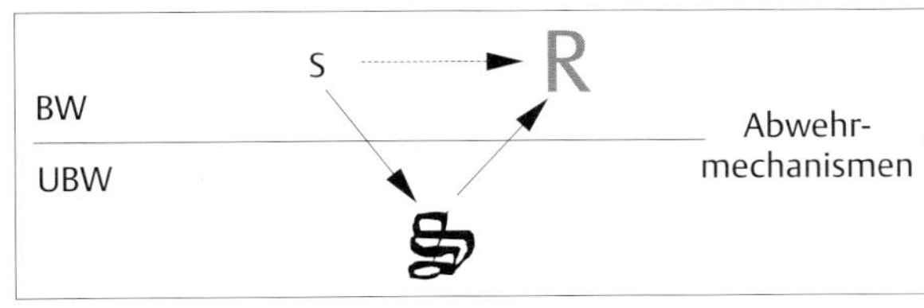

Abb. 31.**2** Bewußte – unbewußte Sphäre des Ich

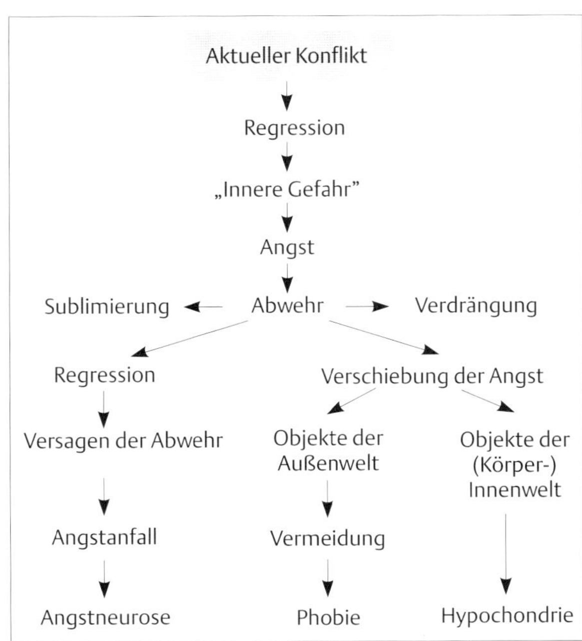

Abb. 31.**3** Modell der Symptombildung

entwertet und verlassen zu werden. Die Patientin war durch eine Heimgenese mit ständig wechselnden unkalkulierbaren Objektbeziehungen traumatisiert. Sie war von ihrer Mutter schon als Säugling mehrfach in Heime oder zu Pflegepersonen abgegeben worden und hat sich ständig entwertet gefühlt. (Später wird nochmals darauf Bezug genommen.)

Psychodynamik der Angstentwicklung

Es läßt sich der folgende psychodynamische Unterschied zwischen der Phobie und der Angstneurose herausarbeiten.

Bei der **Phobie** handelt es sich um eine **partielle Defizienz der Ich-Struktur**, so daß die Abwehr der Verschiebung noch gelingt. Die äußere Situation, die gefürchtet wird, steht symbolisch für die innere Bedrohung. Es kommt zu einer Verschiebung des Angstobjektes von innen nach außen. Durch Vermeidung des äußeren Angstobjektes wird dann Konfliktfreiheit und damit Angstfreiheit erreicht. Dieser Vermeidungsprozeß wird dann durch Lernprozesse eingeübt, bis er nicht mehr gelingt.

Bei der **Angstneurose** kommt es zu einer **Ich-Regression** aufgrund einer **defizienten Ich-Struktur**. Da die Angst wegen der Ich-Schwäche nur unzureichend abgewehrt werden kann, kommt es zu immer stärkeren Durchbrüchen der Angst als Symptom. Das beständige Versagen der Abwehr bei zunehmend geringeren Auslösern führt dann zu der Häufung von massiven Angstzuständen, was schließlich medikamentöse Behandlung und sogar die Hospitalisierung dieser Patienten notwendig macht (König 1981, Mentzos 1984).

Verhaltenstherapeutische Modellvorstellungen

In der verhaltenstherapeutischen Betrachtungsweise werden in Modelle zur Entstehung und Aufrechterhaltung von Angststörungen drei Arten von Faktoren einbezogen: So wird zwischen disponierenden, auslösenden und aufrechterhaltenden Faktoren unterschieden.

Als **disponierende Faktoren** sind sowohl genetische als auch lebensgeschichtliche Bedingungen zu untersuchen. So wurde für viele Angststörungen eine familiäre Häufung beobachtet; dabei ist es unklar, ob dies auf genetische Prozesse oder auf Lernprozesse durch die Modellwirkung der Eltern auf ihre Kinder oder eine Kombination beider Faktoren zurückzuführen ist (Schneider 1995). Auch andere Personen des näheren Umfelds können Modellfunktion erwerben. Ebenso können bestimmte, länger vorhandene Verhaltenstendenzen das Auftreten der Angstsymptomatik begünstigen, wie z.B. eine allgemein vermeidende Grundhaltung.

Als **auslösende Momente** der Angstproblematik werden von Patienten häufig belastungsreiche Lebensphasen oder einzelne, bedeutsame Lebensereignisse genannt. Nicht selten jedoch tritt die Angstproblematik auch erst während einer Entspannungsphase nach hoher Anspannung oder im Urlaub auf. In diesen Situationen kommt es durch Entlastung häufig zu verstärkter Selbstwahrnehmung körperlicher Symptome, die für viele Angststörungen charakteristisch ist. Doch nicht für alle Patienten läßt sich während der diagnostischen Phase ein auslösendes Ereignis explorieren.

Die **aufrechterhaltenden Faktoren** lassen sich häufig nur im Rahmen einer störungsspezifischen Betrachtungsweise adäquat beschreiben. So hat sich bei der Panikstörung der selbstverstärkende Prozeß aus Selbstbeobachtung, der Wahrnehmung körperlicher Vorgänge und deren katastrophisierende Bewertung als sehr hilfreich erwiesen. Im Rahmen der therapeutischen Vorgehensweise wird dieses Modell genauer dargestellt werden. Zum Verständnis der phobischen Symptomatik hingegen wird beispielsweise der angstverstärkenden Wirkung von Vermeidungsverhalten großer Raum beigemessen.

Diagnostik

Bei der Diagnostik stehen zunächst der Aufbau einer tragfähigen therapeutischen Beziehung sowie eine detaillierte Exploration der Symptomatik des Patienten im Vordergrund. Zu den Grundprinzipien psychodynamischer und verhaltenstherapeutischer Diagnostik wird auf das Kapitel III verwiesen. Auch wenn der psychodynamische und der verhaltenstherapeutische diagnostische Zugang unterschiedlich sind, ist die Klärung der folgenden Aspekte für eine umfassenden Diagnostik der Angststörungen in der psychotherapeutischen Praxis notwendig.

Die **störungsspezifische Anamnese** erfaßt die Umstände beim ersten Auftreten, die Auslöser und aufrechterhaltenden Bedingungen, den zeitlichen Verlauf der Symptome sowie bisher erfolgte Behandlungen und deren erreichte Veränderungen der Symptomatik.

Die **biographische Anamnese** erfaßt die lebensgeschichtlich bedingten Einflüsse (z.B. Lernerfahrungen, Beeinflussung durch Bezugspersonen mit Modellfunktion und Traumatisierungen), Interaktionsmuster und deren Veränderungen durch die Angsterkrankung, Objektbeziehungen, Entwicklung der Persönlichkeit.

Psychopathologische Diagnose

Einen ersten wichtigen Schritt stellt die differentialdiagnostische Abgrenzung der Angststörung von anderen psychischen Störungen dar. Hier muß zunächst abgeklärt werden, ob Psychosen, Depressionen oder eine Abhängigkeitsproblematik vorliegen. Alle diese Störungen können andere Behandlungsmaßnahmen notwendig machen. Das Vorliegen einer Psychose bedeutet in aller Regel, daß diese zunächst behandelt werden sollte. Erst danach kann entschieden werden, ob gegebenenfalls vorliegende Angststörungen auch unabhängig von der Psychose noch eine Behandlung erforderlich machen. Auch Depressionen stellen ein bedeutendes differentialdiagnostisches Problem dar. Hier ist es besonders wichtig, den zeitlichen Zusammenhang zwischen den verschiedenen Beschwerden zu betrachten. Angststörungen führen häufig zu einer sekundären Depression. Falls die Ängste nur in Phasen schwerer Depression auftreten, kann es notwendig sein, zuerst die Depression zu behandeln. Eine andere häufige Komplikation ist eine Sucht als Versuch zur Selbstbehandlung mit Hilfe von Medikamenten und Alkohol (Bibb u. Chambless 1986, Poser 1989). In manchen Fällen erfordert dies eine direkte Behandlung. Der Beginn eines Mißbrauchs illegaler Drogen nach Einsetzen der Angststörung ist dagegen sehr selten. Um genauen Aufschluß über die Medikamente zu bekommen, die die Patienten einnehmen, haben sich zwei Maßnahmen bewährt: Zum einen kann den Patienten eine Liste der handelsüblichen Anxiolytika, Antidepressiva und Betarezeptorenblocker vorgelegt werden, da das passive Wiedererkennen leichter fällt als die aktive Aufzählung der eingenommenen Substanzen. Zum anderen können die Patienten gebeten werden, die Packungen aller Medikamente mitzubringen, die aktuell eingenommen werden.

Ohne geeignete Hilfsmittel ist es eine schwierige Aufgabe, alle notwendigen Informationen sorgfältig und zugleich mit möglichst geringem Aufwand zu erheben. In diesem Stadium des diagnostischen Prozesses haben sich strukturierte Interviews wie das „Diagnostische Interview bei psychischen Störungen" (DIPS, Margraf u. Mitarb. 1991) oder das „Strukturierte Klinische Interview für DSM-III-R" (SKID, Wittchen u. Mitarb. 1990) als effiziente und reliable Methode erwiesen. Speziell für die Praxis wurde mit dem Mini-DIPS (Margraf 1994) ein diagnostisches Kurzinterview entwickelt, das den Zeitaufwand für die Diagnosestellung erheblich reduziert.

Zusätzliche strukturierte diagnostische Maßnahmen

Neben dem therapeutischen Gespräch können spezielle klinische Fragebögen dazu dienen, für die Therapie wichtige Informationen effizient zu erheben (z. B. Unsicherheitsfragebogen, Fear Survey Scale, Mobilitätsinventar). Tagebücher, die das Auftreten von Angstanfällen erfassen, können einen weiteren Überblick über die Problematik geben sowie zur kontinuierlichen Kontrolle des Therapiefortschritts dienen. Bei Patienten mit Vermeidungsverhalten können zusätzlich Aktivitätstagebücher verwendet werden. Auch für die konkrete Therapieplanung stellen diese Maßnahmen eine große Hilfe dar. Mit Hilfe eines Hyperventilationstestes kann die Hyperventilation als angstauslösendes oder -verstärkendes Moment identifiziert werden. Obwohl dieser Test im großen und ganzen ungefährlich ist, sollte er erst nach der Abklärung möglicher organischer Komplikationen durchgeführt werden, da beispielsweise bei Epileptikern pathologische EEG-Veränderungen ausgelöst werden können. Das standardisierte Vorgehen ist bei Margraf u. Schneider (1990 a, S. 99 ff.) dargestellt.

Maßnahmen zur psychodynamischen Diagnostik

In der psychodynamischen Sichtweise ist die Ich-Stärke ein zentraler Organisator für die verschiedenen Formen und Ausprägungen der Angsterkrankungen. Zur Diagnostik (s. Kapitel III, 11) der Angstkrankheiten und für die Überlegungen zur Differentialindikation psychoanalytischer Verfahren (s. Kapitel IV, 13) ist es deshalb notwendig, den Grad der Organisiertheit der Angstsymptome auf die Ich-Struktur und Ich-Stärke zu beziehen. Dazu ist unmittelbar einleuchtend, daß die isolierte Vogelphobie der Patientin A, bei welcher lange Zeit eine weitgehende Angstfreiheit durch Vermeidung des Angstobjektes erreicht werden konnte, eine bessere Form der Angstbewältigung ausdrückt als die präpsychotisch anmutende diffuse Angst der Patientin B, „verrückt" zu werden. Für den Grad der Organisiertheit der Angstsyndrome ergibt sich eine Spannbreite von diffuser Angst einerseits bis zu stark fokussierter Angst andererseits, wobei die Symptombilder mit der ich-strukturellen Organisation korrelieren.

> Als Faustregel gilt: Je mehr Angstbewältigung ein Symptom erkennen läßt, desto mehr liegen dem Symptom eine günstige Ich-Struktur und Ich-Stärke zugrunde; je weniger Angstbewältigung ein Symptom erkennen läßt, um so mehr müssen eine ungünstige Ich-Struktur und Ich-Schwäche angenommen werden.

Art und Ausmaß der Symptombildung im Verhältnis zu den jeweiligen ich-strukturellen Voraussetzungen bestimmen aus psychoanalytischer Sicht die Differentialindikationen. Zur diagnostischen Einschätzung der Struktur eignet sich die Operationalisierte Psychodynamische Diagnostik (Arbeitskreis-OPD).

Organische Differentialdiagnose

Eine körperliche Untersuchung muß bei allen Patienten mit einer Angststörung erfolgen, bzw. die speziellen somatischen Befunde dürfen nicht älter als drei Monate sein. Eine Ausnahme kann bei eindeutig abgrenzbaren, monosymptomatischen Phobien gemacht werden, wie z. B. Patienten mit einer Spinnenphobie. Diese Beschwerdebilder treten jedoch in der klinischen Praxis selten auf.

Vor allem Patienten mit Angstanfällen und Agoraphobien haben bereits zahlreiche organmedizinische Untersuchungen hinter sich, bevor sie eine psychotherapeutische Behandlung aufsuchen. Falls dies nicht der Fall ist, sollte eine medizinische Untersuchung eingeleitet werden, da eine Reihe von organischen Syndromen mit Ängsten verbunden sein können (McCue u. McCue 1984). Eine ausgezeichnete Darstellung der relevanten Differentialdiagnosen geben Jacob u. Rapport (1984) sowie Strian (1994).

Das tatsächliche Vorliegen einer bedeutsamen organischen Krankheit stellt eine seltene Ausnahme dar. Trotz dieser Beobachtung sollte in jedem Fall eine somatische Differentialdiagnose durchgeführt werden, auch wenn dies für manche Patienten belastend ist und dadurch weitere Kosten entstehen. Der routinemäßige Ausschluß organischer Ursachen ist angesichts der Folgen beim Übersehen einer behandlungswürdigen und vielleicht sogar lebensbedrohenden Krankheit eine absolute Notwendigkeit.

Klassifikation der Angststörungen

Das Klassifikationssystem DSM-IV (Diagnostical and Statistical Manual of Mental Disorders, APA 1994; deutsch: Saß, Wittchen u. Zaudig 1996) liefert eine in der Praxis gut handhabbare Einteilung der wichtigsten Angststörungen (s. auch Kapitel III, 9). Diese sind in der Tabelle 31.**1** aufgeführt, wobei auch die jeweiligen Kodierungsnummern der ICD-10, die eine weitgehend ähnliche Einteilung hat, angegeben sind. Im Rahmen der psychodynamischen Betrachtung der Angstentwicklung wird zusätzlich noch Wert gelegt auf den Einfluß der unbewußten Prozesse und der ich-strukturellen Aspekte (Abb. 31.**4**).

Über die genannten Störungen hinaus führt das DSM-IV auch noch Zwangsstörungen, posttraumatische Belastungsreaktionen, akute Streßsyndrome, Angststörungen aufgrund eines medizinischen Zustands und substanzinduzierte Störungen als Angststörungen auf. Auf diese Störungsbilder kann jedoch aus Platzgründen nicht näher eingegangen wer-

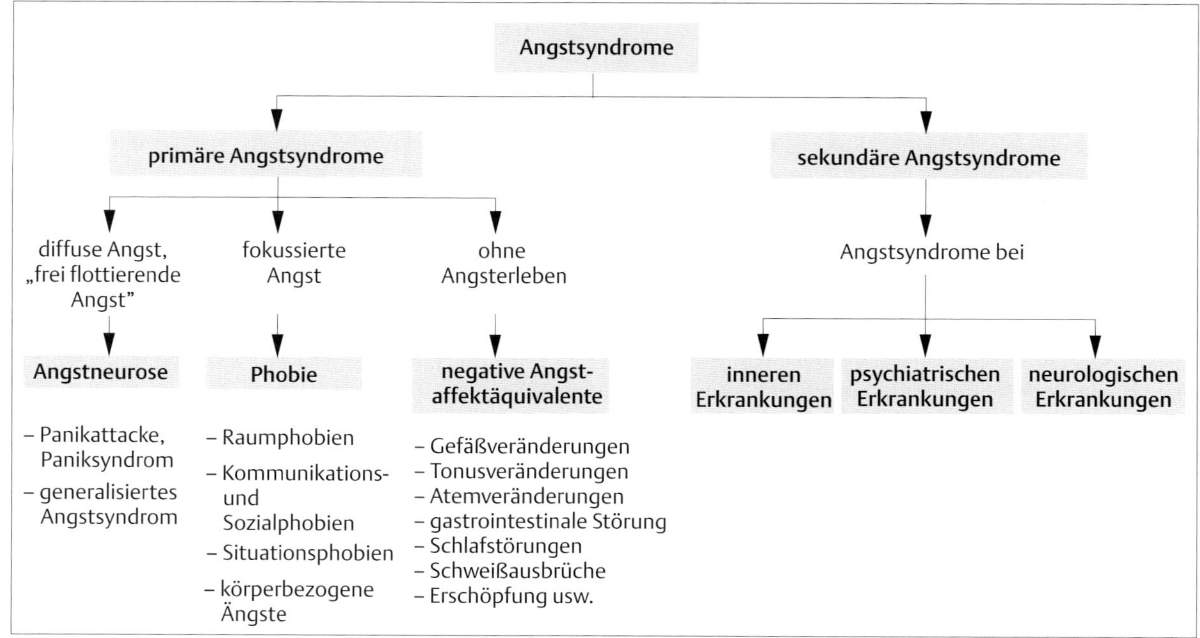

Abb. 31.**4** Einteilung der Angstsyndrome

Tabelle 31.**1** Angststörungen nach DSM-IV bzw. ICD-10 mit den entsprechenden Klassifikationsnummern

Störung	DSM-IV	ICD-10
Paniksyndrom	300.01	F41.0
Agoraphobie mit Paniksyndrom	300.21	F40.01
Agoraphobie ohne Paniksyndrom	300.22	F40.00
Soziale Phobie	300.23	F40.1
Spezifische (isolierte) Phobie	300.29	F40.2
Generalisiertes Angstsyndrom	300.02	F41.1

den. Die Zwangsstörung wird in einem gesonderten Kapitel (Kapitel X, 32) behandelt. Die jeweiligen Kriterien für die Diagnosestellung aller im DSM-IV aufgeführten Angststörungen sind dort nachzulesen.

Paniksyndrom

Im Zentrum des Paniksyndroms stehen Phasen intensiver, akuter Angst, die synonym als Panikattacken, Panikanfälle oder Angstanfälle bezeichnet werden. Charakteristisch für Angstanfälle ist das plötzliche und von den Betroffenen meist als spontan erlebte Einsetzen unangenehmer Symptome, bei denen körperliche Empfindungen im Vordergrund stehen. **Spontaneität** bedeutet hier, daß die Betroffenen die einsetzenden körperlichen Symptome nicht mit externalen Stimuli (z.B. Höhe, Kaufhaus) in Verbindung bringen bzw. daß die Angst sich nicht einer realen Gefahr zuschreiben läßt. Die häufigsten körperlichen Symptome sind Herzklopfen, Herzrasen, Atemnot, Schwindel, Benommenheit, Schwitzen und Brustschmerzen sowie Druck oder Engegefühl in der Brust. Neben körperlichen Symptomen treten üblicherweise kognitive Symptome auf, die die mögliche Bedeutung dieser somatischen Empfindungen betreffen, z.B. „Angst zu sterben", „Angst, verrückt zu werden" oder „Angst, die Kontrolle zu verlieren".

Während eines Angstanfalls zeigen die Patienten oft ein ausgeprägt hilfesuchendes Verhalten: Sie suchen den Notarzt auf, bitten Angehörige um Hilfe oder nehmen beruhigende Medikamente ein. Tritt der Angstanfall an einem öffentlichen Ort auf, wie z.B. dem Supermarkt, so versuchen die Patienten, diesen Ort möglichst schnell zu verlassen und an einen subjektiv sicheren Ort zu flüchten.

Agoraphobie

Viele der Patienten mit Panikanfällen entwickeln im Laufe der Zeit **Vermeidungsverhalten**. Sie beginnen, Orte zu vermeiden, an denen Angstanfälle aufgetreten waren oder von denen im Falle eines Angstanfalls Flucht schwierig oder peinlich wäre. Das Vermeidungsverhalten kann eng umgrenzt sein, kann aber auch in extremen Fällen so stark generalisieren, daß die Betroffenen das Haus nicht mehr verlassen können. In seltenen Fällen zeigen die Betroffenen kein offenes Vermeidungsverhalten, sondern ertragen die gefürchteten Situationen unter starker Angst.

Im DSM-IV wird die Vielzahl der Situationen, die diese Patienten meiden bzw. fürchten, unter dem Begriff der Agoraphobie zusammengefaßt. Agoraphobie im Sinne des DSM-IV betrifft also nicht nur große, offene Plätze, wie dies vielleicht der griechische Begriff „agora" nahelegen mag, sondern eine Reihe öffentlicher Orte und Menschenansammlungen. Typische Situationen, die von Agoraphobikern vermieden oder nur mit starker Angst ertragen werden, sind Kaufhäuser, Kinos, Restaurants, öffentliche Verkehrsmittel, Autofahren, Fahrstühle oder Höhen. Das Gemeinsame dieser Situationen ist nicht ein bestimmtes Merkmal der Situation an sich, sondern die „Angst vor der Angst" in diesen Situationen. Deshalb werden von Agoraphobikern vor allem die Situationen als bedrohlich erlebt, die eine Entfernung von „sicheren" Orten (meist ihr Zuhause) oder eine Einschränkung ihrer Bewegungsfreiheit bedeuten (Matthews u. Mitarb. 1981, Thorpe u. Burns 1983, Marks 1987). Manche Autoren charakterisieren agoraphobische Situationen auch mit der Metapher „in der Falle sitzen" („trapped") (Goldstein u. Chambless 1978, Beck 1985).

Die meisten agoraphobischen Patienten berichten, in Begleitung die gefürchteten Situationen besser ertragen zu können. Auch sog. **Sicherheitssignale** helfen den Patienten, die phobischen Situationen zu bewältigen und die Angst zu reduzieren (Mowrer 1960, Rachman 1984). Typische Sicherheitssignale sind das Mitsichtragen von Medikamenten, Riechsubstanzen, Entspannungsformeln oder der Telefonnummer des Arztes. Im Falle starker Angst können diese Dinge benutzt werden, um die Angst zu reduzieren.

Nur eine kleine Gruppe von Agoraphobikern weist keine Angstanfälle in den gefürchteten Situationen auf (Barlow 1988). Sie ängstigt in den phobischen Situationen nicht das Auftreten eines plötzlichen Angstanfalls, sondern daß sie in einer solchen Situation beispielsweise ohnmächtig werden oder die Kontrolle über die Magen-Darm-Tätigkeit verlieren könnten. Im DSM-IV erhält diese Patientengruppe die Diagnose Agoraphobie ohne eine Anamnese von Angstanfällen.

Sozialphobie

Im Vordergrund steht eine dauerhafte, unangemessene Furcht und Vermeidung von Situationen, in denen die Patienten mit anderen Menschen zu tun haben und dadurch einer möglichen Bewertung im weitesten Sinne ausgesetzt sind. Sie befürchten, zu versagen, sich lächerlich zu machen oder durch ungeschicktes Verhalten gedemütigt zu werden. Sozialphobien können sowohl eng umschrieben sein (z.B. Furcht vor öffentlichem Sprechen) als auch einen Großteil aller zwischenmenschlichen Aktivitäten einschließen. Typischerweise zeigen die Patienten starke Erwartungsangst, wenn die Konfrontation mit einer sozialen Situation bevorsteht.

Spezifische Phobie

Hauptmerkmal ist eine dauerhafte, unangemessene und intensive Furcht und Vermeidung spezifischer Objekte oder Situationen. Ausgenommen sind hier die Furcht vor plötzlichen Angstanfällen (s. Paniksyndrom) und vor sozialen Situationen (s. Sozialphobie). Am häufigsten betreffen die Phobien Tiere (z.B. Spinnen, Schlangen, Ratten oder Hunde), Höhen, enge Räume, Flugzeuge und den Anblick von Blut, Verletzungen oder Spritzen. Bei Phobikern sind diese weit verbreiteten Ängste so stark, daß die normale Lebensführung beeinträchtigt und ausgeprägtes Leid verursacht wird. Treten Höhenphobien o.ä. im Kontext einer Agoraphobie auf, so wird keine zusätzliche Diagnose einer spezifischen Phobie vergeben.

Generalisiertes Angstsyndrom

Dauerhafte, unrealistische oder übertriebene Furcht oder Sorgen stellen das Hauptmerkmal des generalisierten Angstsyndroms dar. In der Regel betreffen die Befürchtungen und das Grübeln mehrere Lebensbereiche (z.B. Arbeit, Finanzen und Ehe). Typischerweise werden die Sorgen von körperlichen Symptomen begleitet, wie ständig erhöhte Erregung, Nervosität, Anspannung, Hypervigilanz oder vegetative Beschwerden.

Psychotherapie der Angstkrankheiten

Bei allen Angstkrankheiten ist Psychotherapie die Methode der Wahl. Der Nutzen bzw. Schaden medikamentöser Zusatzbehandlung während einer Psychotherapie wird nach wie vor kontrovers diskutiert. Unbestritten ist jedoch die Bedeutung der Pharmakotherapie als schnell wirksame und leicht verfügbare Zwischenlösung bis zum Einsetzen adäquater psychotherapeutischer Maßnahmen. Medikamentöse Dauertherapie ist jedoch als Problemlösung nicht sinnvoll und angesichts des Suchtpotentials und Nebenwirkungsspektrums mancher Präparate sogar als schädlich zu betrachten.

Allgemeine Zielsetzungen bei der Psychotherapie von Angststörungen sind eine

- ausreichende Symptomreduktion,
- allgemeine psychische und körperliche Besserung,
- Reduktion von Beeinträchtigungen in der Lebensführung (z.B. Beruf, soziale Beziehungen, Freizeit).

Eine Priorisierung für Verhaltenstherapie oder für psychoanalytische Therapie ist heute noch nicht eindeutig zu entscheiden. So können die folgenden allgemeinen Hinweise zur Differentialindikation nach heutigem Wissen lediglich der Orientierung dienen.

Bei **spezifischer Phobie** gilt die Verhaltenstherapie als die Methode der Wahl. Psychodynamische Psychotherapie kommt als Fokal- und Kurzzeittherapie zur Anwendung, keine Indikation besteht für die Psychoanalyse.

Beim **Paniksyndrom** kommen sowohl kognitive Verhaltenstherapie als auch die psychodynamische Kurzzeittherapie zum Einsatz. Beide Herangehensweisen sollten die aktive Auseinandersetzung mit körperlichen Symptomen beinhalten.

Für die **Agoraphobie mit und ohne Paniksyndrom** gilt heute die Konfrontationstherapie als Methode erster Wahl. Es kommen jedoch auch gesprächsorientierte Verfahren, wie z.B. die psychodynamische Kurzzeittherapie in Verbindung mit konfrontativen Elementen, zur Anwendung. Die differentielle Indikation ist dabei auch abhängig von den jeweiligen klinischen Gegebenheiten (z.B. Komorbiditäten), von den Rahmenbedingungen und den Wünschen und Vorstellungen der Patienten.

Die **soziale Phobie** gilt als Domäne insbesondere der kognitiven Verhaltenstherapie. Psychodynamische Psychotherapie ist dann angezeigt, wenn die der sozialen Phobie zugrundeliegende Selbstwertproblematik sehr ausgeprägt ist und einer primär auf das Selbstkonzept und das Selbstwertsystem fokussierten Behandlung bedarf.

Bei dem **generalisierten Angstsyndrom** ist vor allem dann psychoanalytische Therapie angezeigt, wenn es um die Stärkung bzw. Nachreifung defizitärer Ich-Funktionen bei ich-strukturell gestörten Patienten mit diffusen Ängsten geht (s. die folgenden Fallbeispiele). Als verhaltenstherapeutische Techniken haben sich Entspannungstraining, kognitive Therapie sowie Angstmanagement als gleichermaßen wirksam erwiesen. Oft werden auch Kombinationen mehrerer Therapieelemente verwendet.

Konsens sollte heute aber darüber bestehen, daß schwere Formen der Angstkrankheiten nicht mehr ausschließlich „Schulen-orientiert" mit einem einzigen Therapieverfahren behandelt werden sollten, sondern daß, wie bei vielen anderen Störungen auch, eine Kombination oder Integration von verschiedenen psychotherapeutischen Verfahren und Techniken in einem Gesamtbehandlungsplan zu realisieren ist. Das erfolgt schon in der stationären Psychotherapie, ist in der ambulanten psychotherapeutischen Praxis allerdings noch zu leisten.

Überblicksdarstellung psychoanalytisch orientierter Maßnahmen

W. Senf

Indikation

Für die Indikation eines psychoanalytischen Therapieverfahrens gelten folgende Grundsätze:

- Ist der Patient mit der aufdeckenden Klärung der Ursachen seiner Ängste nicht einverstanden, dann entfällt die Indikation zur psychoanalytischen Therapie.
- Bei Phobien und leichteren Formen der Angstneurosen ohne weiterreichende Persönlichkeitsstörung ist eine tiefenpsychologisch fundierte Psychotherapie oder eine psychoanalytische Fokaltherapie angezeigt. Für die Durchführung einer psychoanalytisch fundierten Fokaltherapie haben Hoffmann u. Bassler (1995) ein Therapiemanual vorgelegt.
- Bei Herzangstneurosen ist Gruppentherapie, insbesondere im stationär-ambulanten Setting (Senf 1985), die Methode der Wahl.
- Bei Patienten mit einer schweren Angstneurose auf dem Boden einer Persönlichkeitsstörung ist eine längerfristig geplante tiefenpsychologisch fundierte oder analytische Psychotherapie indiziert.

Therapie

Über die Grundlagen zur Durchführung psychoanalytischer Psychotherapie informieren Kapitel IV, 14 und 15. Ein wesentlicher Fokus, der die psychoanalytische Therapie von der Verhaltenstherapie unterscheidet, ist die psychoanalytische Handhabung der therapeutischen Beziehung mit den spezifischen, aus den unbewußten Konflikten der patientengesteuerten Interaktionsmuster und den Prozessen von Übertragung und Gegenübertragung. Deshalb konzentriert sich die folgende Darstellung auf Aspekte der therapeutischen Beziehung.

Aspekte der therapeutischen Beziehung

Bei der Behandlung von **schweren Verlaufsformen der Angstneurose** ist die therapeutische Arbeit „in der Beziehung" von zentraler Bedeutung. Diesen Angsterkrankungen mit diffusen Ängsten liegt in der Regel eine ausgeprägte **Pathologie in der Objektbeziehungsfähigkeit** zugrunde. Die Patienten haben in ihrer lebensgeschichtlichen Entwicklung eine Art Unzuverlässigkeit in ihren Objektbeziehungen erfahren, was zu einer Mißtrauenshaltung in allen zwischenmenschlichen Beziehungen geführt hat. Sie haben die innere Gewißheit, letztendlich niemandem vertrauen zu können. Bei diesen Patienten ist eine konsequent aufdeckende psychoanalytische Therapie zumindest für die Anfangsphase der Behandlung, wenn nicht sogar überhaupt, kontraindiziert, da es schon durch das Setting (insbesondere beim Liegen ohne Blickkontakt) zur Labilisierung und dadurch auch zur Retraumatisierung kommen kann. Im Vordergrund des therapeutischen Prozesses steht die Stärkung bzw. Nachreifung des Ich und der Ich-Funktionen, um das Selbstkonzept der Patienten in für die Angstgenese wesentlichen Aspekten zu verändern und die bisherige subjektive Theorie ihrer Ängste zu verändern.

Für diesen therapeutischen Prozeß sind die interpersonellen Erfahrungen, die der Patient in der therapeutischen Beziehung macht, von zentraler Bedeutung, was Patientin B mit ihren Aussagen im Rückblick auf ihre Therapie verdeutlicht. Sie wurden in einem katamnestischen Interview im Rahmen eines Katamneseprojektes gewonnen und qualitativ ausgewertet (Rad, Senf, Bräutigam 1998). Nicht nur die Patientin selbst, sondern auch ihr Therapeut wurden zum Therapieergebnis und zum Therapieverlauf befragt, wobei der Therapeut weder über das Ergebnis noch über die Inhalte des Katamnesegespräches mit der Patientin informiert war.

Fallbeispiel

Bei der 30jährigen Frau B., die an einer sehr schweren Angstsymptomatik mit Medikamentenabhängigkeit gelitten hatte, ist es durch eine stationär eingeleitete und ambulant fortgeführte Einzeltherapie zu einer guten Besserung mit Symptomfreiheit gekommen. Im Rückblick auf die Therapie erinnern sich sowohl die Patientin als auch ihr Therapeut unabhängig voneinander an folgende Situationen, welche den Erstkontakt, wichtige Ereignisse in der Therapie und die Frage, was am meisten geholfen hat, betreffen.

1. Diagnostischer Erstkontakt

Patientin: „Ich bin damals in die Klinik gekommen und war überhaupt nicht mehr existent. Weder körperlich noch – ich habe eigentlich nicht mehr existiert, ich war eigentlich tot. Also in jeder Hinsicht. Es hätte lediglich noch der schlußendliche Faktor, der hätte noch gefehlt. Ansonsten habe ich nicht mehr gelebt. Im Vergleich dazu heute... also das steht in keinem Verhältnis. Ich bin damals von der Psychiatrie rübergekommen, erst mal auf Entzug gewesen, ich war also tablettenabhängig, und haben mich erst mal entzogen... und haben mich hier rüber überwiesen, ob ich wollt oder nicht, ich hab überhaupt keine Entscheidungsfreiheit mehr gehabt, ich hätte auch keine haben können, damals."

Therapeut: „Also, was mir zuerst in den Sinn kommt, ist eigentlich immer die Anfangssituation... und ich sehe sie noch vor mir sitzen mit einer wirklich heillosen Angst, so daß sie überhaupt nicht mehr auf die Straße gehen konnte. .. und ich weiß noch, wie ich damals 'ne unheimliche Wut auf die Psychiater gekriegt habe, weil die die Patientin ganz auf der sexuellen Ebene festlegen wollten. Und die hab ich zwar auch gespürt, also die hatte so eine hysterische Fassade... aber darunter war ganz klar zu spüren, daß dort eine Angst war, die damit überhaupt nichts zu tun hatte... und ich hab die auch ganz spontan mit diesem ersten Kontakt adoptiert, also in Therapie genommen und dann kam sie auf die Station. Und das war die ganze Therapie von meiner Seite, ich war sehr engagiert immer für die Patientin."

2. Wichtige Ereignisse in der Therapie

Patientin: „Ich habe ihn oft rausgefordert. So im Nachhinein sehe ich das ja. Ich habe versucht, mich unheimlich schlecht zu machen und der hat nie mit der Wimper gezuckt. Ich hab ihn genau beobachtet und hab also drauf gewartet, daß ich irgendwie in seinem Verhalten oder daß sich auch nur sein Gesicht 'n bißchen verzieht oder so... Ich hätte es gemerkt. Also wenn nur 'ne Kleinigkeit gewesen wäre, ich habe drauf gewartet, ich hab das rausgefordert und habe drauf gewartet. Dann wäre absolut nichts mehr bei mir gewesen. Ich hab ihn also richtig genau beobachtet, und es kam nie irgendwie auch nur ein leichtes Muskelverziehen oder so zum Abfälligen oder so was oder zu irgendwie 'ner Negation rein. Nichts! Nicht das Geringste! Das war schon ein Indiz dafür, daß es für mich persönlich was nützt."

Therapeut: „Ich erinnere mich an heftige Situationen, wo sie mich auch sehr gefordert hat, z. B. durch ein oft langdauerndes Entwerten der Therapie. So Stunden, die so zäh waren, wo sie saß und nur sagte, das bringt mir nichts, das ist noch nichts, aber sie ist nicht gegangen. Das hat mich schon gequält, und ich war auch nahe dran, zu sagen, also komm, rutsch mir den Buckel runter, jetzt wirst du verschickt, jetzt kommst du in eine Gruppe oder sonst wo hin. Das waren Situationen, wo ich das Gefühl hatte, sie will mich an die Grenze bringen, wo ich das noch toleriere."

3. Was in der Therapie hat am meisten geholfen?

Patientin: „Ich fühlte mich uneingeschränkt akzeptiert von meinem Therapeuten. Das war das Allerwichtigste und Allergrößte. Also das war ein Erlebnis, das ich vorher überhaupt nicht kannte. Das war das Aller-aller-Wichtigste. Also das Überragende... Also das ist eigentlich das einzige, was ich dazu zu antworten weiß."

Therapeut: „Daß ich für sie da bin. Und daß ich auch jemand bin, auf den sie rechnen kann. Das glaube ich, hat sie erfahren. Daß das geholfen hat, so dieses Mißtrauen und diese Angst, sitzengelassen zu werden, und so dieses Mißtrauen in den Objektbeziehungen, um das zu korrigieren... Weil sie erfahren hat, daß ich sie mag und ich sie schätze und daß ich zuverlässig da bin... Ich glaube nicht, daß sie bestimmte Ereignisse nennen würde, sondern den konstanten Bezug zu mir."

Zum Verständnis dieser Interaktionen zwischen Frau B. und dem Therapeuten ist die Vorgeschichte der Patientin wie folgend zu ergänzen: Sie wurde von ihrer Mutter bald nach ihrer Geburt in ein Heim gebracht. Der Patientin gelang es jedoch, Pflegeeltern für sich zu gewinnen, die sie aus dem Heim zu sich aufnehmen. Als die Pflegemutter wegen einer Krebserkrankung ins Sterben kam, wurde die Patientin, sie war gerade sieben Jahre alt, auf Betreiben der leiblichen Mutter in eine Internatsschule gesteckt. In der Folgezeit gab es mehrfachen Wechsel von Internatsschulen, aus welchen sie wegen „Bösartigkeit" entlassen wurde, zur Mutter, die sie als „unerträglich" wieder wegschickte. In der therapeutischen Beziehung ergaben sich aus dem Rückblick folgende Konstellationen. Der Patientin war es gelungen, daß der Therapeut sie „spontan adoptiert" hat, ähnlich wie die Pflegeeltern. Dennoch mußte sie, wie in allen ihren Beziehungen, auch in der Beziehung zum Therapeuten immer wieder die Abweisung provozieren. Der Zusammenhang zu ihrer Lebensgeschichte ist offensichtlich, und es bedarf keiner weiteren Erläuterungen, daß Mißtrauen, Scham, Minderwertigkeitsgefühle als ihre Grundhaltungen alle ihre Beziehungen bestimmten. Sie mußte die ihr wichtigen Bezugspersonen immer wieder auf die Probe stellen. Entscheidend für den gelungenen Verlauf dieser Behandlung war, daß der Therapeut das Verhalten der Patientin als ihren inneren Wiederholungszwang erkannt hat, als die Übertragung der ihr unbewußten inneren Konflikthaftigkeit, und er sich eben nicht hat provozieren lassen. Die Störung in der Objektbeziehungsfähigkeit ist in der therapeutischen Interaktion direkt und unmittelbar zur Manifestation gebracht worden, und Therapie heißt, die Reste verbliebener Kindlichkeit (Fürstenau) in der therapeutischen Beziehung zu wiederholen und aufzuarbeiten, um über diesen Prozeß eine „neue" Objektbeziehung herzustellen. In der Therapie von Frau B. ist es zu dieser „neuen" Beziehungserfahrung gekommen.

Überblicksdarstellung verhaltenstherapeutischer Maßnahmen

J. Margraf und L. Fehm

Verhaltenstherapeutische Maßnahmen zur Behandlung primärer Angsterkrankungen basieren auf der Erkenntnis, daß diese Störungen maßgeblich von Lernprozessen, aufrechterhaltenden situativen Bedingungen und kognitiven Verzerrungen beeinflußt werden. Im Vordergrund der Therapie stehen daher Veränderungen dieser Störungsbedingungen. Ein weiteres wesentliches Kennzeichen der Verhaltenstherapie ist das störungsspezifische Vorgehen. Dies bedeutet, daß für jede Angstkrankheit spezielle, genau auf die Störung zugeschnittene Behandlungsmethoden entwickelt wurden. Diese Besonderheit hat sicherlich ganz bedeutend zu der Wirksamkeit des verhaltenstherapeutischen Vorgehens bei Ängsten beigetragen. In der Tabelle 31.**2** werden die wichtigsten Vorgehensweisen für die einzelnen Angstkrankheiten zusammengefaßt. Alle dort aufgeführten Therapieverfahren sind bei den jeweiligen Störungen indiziert und wurden empirisch auf ihre klinische Brauchbarkeit hin untersucht.

Die in der Tabelle 31.**2** genannten Therapieverfahren betreffen nur das störungsspezifische Vorgehen. Daneben kommen natürlich im therapeutischen Prozeß auch andere, weniger auf die Störung zugeschnittene Therapieinterventionen zur Anwendung, auf die hier nicht genauer eingegangen werden kann. Neben den Technikvariablen sind außerdem die Faktoren der therapeutischen Beziehung von Bedeutung (vgl. Margraf u. Brengelmann 1992). Darüber hinaus können sich im Verlauf der Therapie weitere Problembereiche ergeben, die neuer Therapieinterventionen bedürfen. So können im Anschluß an eine Konfrontationstherapie bei einem agoraphobischen Patienten weitere Probleme im Sozialbereich oder in der Partnerbeziehung auftauchen, die bislang von der Agoraphobie überlagert und daher nicht sichtbar waren. In solchen Fällen müssen neue diagnostische Schritte eingeleitet werden und gegebenenfalls weitere therapeutische Interventionen folgen.

In den folgenden Abschnitten werden die Therapieansätze für die verschiedenen Störungen jeweils kurz charak-

Tabelle 31.**2** Spezifische Therapieverfahren, die bei den verschiedenen Angststörungen indiziert sind (nach Margraf 1994)

Störung	Verfahren
Paniksyndrom	Reattribution körperlicher und psychischer Symptome, Konfrontation mit internen Reizen (z. B. Herzklopfen)
Agoraphobie	Konfrontation in vivo mit angstauslösenden Situationen
Sozialphobie	Gruppentherapie (Konfrontation in vivo und in sensu, Reattribution von Verhaltensweisen anderer, Training sozialer Kompetenz)
Spezifische Phobie	Konfrontation in vivo mit angstauslösenden Reizen, eventuell systematische Desensibilisierung
Generalisiertes Angstsyndrom	Angstbewältigungstraining, Entspannungstechniken, „Grübelkonfrontation"

terisiert und wichtige Elemente durch Beispiele verdeutlicht.

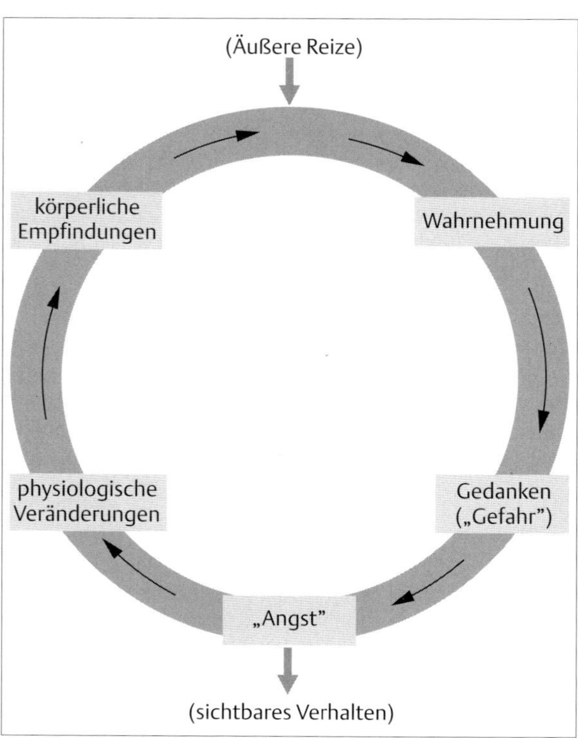

Abb. 31.**5** Der „Teufelskreis" bei Angstanfällen. Dargestellt ist der typische Aufschaukelungsprozeß, der während Panikanfällen auftritt, und der für den raschen Angstanstieg verantwortlich ist (nach J. Margraf u. S. Schneider)

Spezifisches Vorgehen bei den verschiedenen Angststörungen

Behandlung des Paniksyndroms

Erfolgreiche Therapieprogramme zur gezielten Behandlung von Angstanfällen enthalten die folgenden Bestandteile: Informationsvermittlung über Angst und Angstanfälle, kognitive Bearbeitung von ursprünglich als bedrohlich interpretierten körperlichen Symptomen (z. B. Herzklopfen, Schwindel) und Konfrontation mit internalen Reizen (z. B. Angstsymptome, angstauslösende Gedanken, Hyperventilation). Ziel der Therapie ist die Reduktion bzw. Eliminierung der Angstanfälle. Darüber hinaus sollen den Patienten Fertigkeiten und Strategien vermittelt werden, die sie auch ohne Therapeuten selbständig einsetzen können.

In der ersten Phase der Therapie geht es zunächst darum, den Patienten in der Beobachtung seiner Ängste zu schulen und ihm Informationen über Angst und Angstanfälle zu vermitteln. In dieser Phase wird der Patient angeleitet, den „Teufelskreis" der Angst zu entdecken. Hierunter wird ein Aufschaukelungsprozeß verstanden, der zwischen der Wahrnehmung körperlicher Ereignisse (z. B. Schwitzen), deren Bewertung als Gefahr (z. B. „Oh Gott, jetzt fängt es wieder an!") und den darauf folgenden Angstreaktionen besteht (Abb. 31.**5**). Da viele Patienten während eines Angstanfalls hyperventilieren, sollte in dieser Phase der Therapie auch ein Hyperventilationstest durchgeführt werden. Neben dem Teufelskreis ist Hyperventilation eine weitere wichtige Erklärung für die körperlichen Symptome während eines Angstanfalls. Dabei ist es wichtig, dem Patienten den Teufelskreis nicht in einer Art „Frontalunterricht" vorzutragen, sondern ihn durch gezielte Fragen dazu anzuleiten, die relevanten Zusammenhänge selbst zu erkennen.

In der zweiten Phase der Therapie geht es dann darum, die Fehlinterpretationen von körperlichen Symptomen (z. B. „mein Herzklopfen bedeutet eine Herzkrankheit") zu bearbeiten und zu modifizieren. Anhand eines Korrekturschemas werden hier sehr sorgfältig und systematisch alle Argumente für und gegen die Interpretation des Patienten gesammelt und diskutiert. Die Veränderung der Angstreaktion geschieht auf zwei Wegen: Zum einen wird der Patient angeleitet, neue angstreduzierende Bewertungen der körperlichen Symptome zu entwickeln, zum anderen soll der Patient durch gezielte Konfrontation mit internalen Reizen eine Gewöhnung an die körperlichen Symptome erfahren. Zur Konfrontation mit solchen Symptomen sind eine Vielzahl von Verhaltensexperimenten geeignet, wie z. B. Auf-der-Stelle-Laufen, Seilspringen oder ein Besuch von Sauna oder Fitneßstudio zur Erzeugung von Herzklopfen und Schwitzen oder Drehen auf einem Drehstuhl zum Hervorrufen von Schwindelgefühlen. Bei der Umbewertung der Fehlinterpretationen körperlicher Symptome (z. B. „Wenn mein Herz stark klopft, bedeutet das, daß ich einen Herzinfarkt bekomme") sollten zunächst alle Daten gesammelt werden, die für die Interpretation des Patienten sprechen, um dem Patienten Gelegenheit zu geben, alle seine Sorgen auszusprechen und somit Widerstand zu vermeiden. Erst dann sollte nach Alternativerklärungen gesucht werden.

Dies soll durch das folgende Beispiel in verkürzter Form verdeutlicht werden (Bemerkungen, die vor allem der Beziehungsgestaltung dienen, wurden weggelassen).

Therapeut: „Ich möchte jetzt gemeinsam mit Ihnen alle Gründe sammeln, die dafür sprechen, daß Sie während eines Anfalls einen Herzinfarkt bekommen könnten. Wichtig ist hierbei, daß Sie wirklich alle Gründe nennen, die Ihnen dabei durch den Kopf gehen, auch wenn Sie Ihnen jetzt außerhalb des Anfalls als wenig wahrscheinlich erscheinen. Anschließend wollen wir uns das alles noch einmal genauer anschauen."
Patient: „Also, ich kann mir nicht vorstellen, daß so ein starkes Herzklopfen einfach nur Angst ist. Und wenn es Angst ist, müssen doch so massive Symptome auf die Dauer für mein Herz schädlich sein."
Therapeut: „Was gibt es noch für Gründe, die für Ihre Befürchtung sprechen?"
Patient: „Ja, und dann denke ich natürlich, daß ich ja erblich belastet bin. Mein Vater ist mit 54 Jahren an Herzinfarkt gestorben. Das kam aus heiterem Himmel. Er war vorher nie krank."
Therapeut: „Was spricht noch für Ihre Befürchtung?"
Patient: „Hhm..., mehr fällt mir im Moment nicht ein."
Therapeut: „Gut, Sie können ja zu Hause noch einmal überlegen, ob Ihnen vielleicht noch etwas dazu einfällt. Ich möchte dann jetzt mit Ihnen überlegen, ob es Ihrer Meinung nach auch Hinweise gibt, die gegen Ihre Befürchtung sprechen, daß die Symptome während eines Angstanfalls Hinweise auf einen Herzinfarkt sind."
Patient: „Tja, ich zweifle ja selbst immer wieder daran, aber wenn die Symptome da sind, kommen sofort wieder die Gedanken an einen Herzinfarkt. Wenn ich allerdings jetzt hier bei Ihnen in der Therapie sitze, denke ich selber manchmal, du hast schon so viele Anfälle gehabt, die noch nie in einem Herzinfarkt geendet haben. Und auch alle anschließenden medizinischen Untersuchungen haben ja nie irgendeinen Hinweis auf eine Herzerkrankung gegeben. Mein Arzt sagt immer, ich sei völlig gesund."
Therapeut: „Gibt es noch irgendwelche Beobachtungen, die sie manchmal an Ihrer Befürchtung zweifeln lassen?"
Patient: „Na ja, das ist mir manchmal schon peinlich. Aber bis auf das erste Mal ist es jetzt immer so, sobald ich einen Arzt angerufen habe und ich weiß, er ist unterwegs, merke ich schon, wie die Symptome nachlassen. Bis der Arzt dann da ist, ist meistens schon alles vorbei."

Gegen Ende der Therapie wird zur Stabilisierung der erreichten Erfolge eine Rückfallprophylaxe durchgeführt, bei der der Patient auf Krisenzeiten und mögliche Rückschläge vorbereitet wird. Das genaue Vorgehen in der Behandlung von Angstanfällen ist bei Margraf u. Schneider (1990) beschrieben.

Behandlung der Agoraphobie

Vor der Behandlung der Agoraphobie muß zunächst geklärt werden, ob neben der Vermeidung von Situationen auch Angstanfälle vorliegen. Viele Agoraphobiker hatten zumindest zu Beginn ihrer Angsterkrankung plötzliche Angstanfälle. Falls diese zum Zeitpunkt der Therapie noch eine Rolle spielen, sollen die Angstanfälle wie oben beschrieben in die Therapie einbezogen werden. In der Therapie sollte in der Regel mit der derzeit belastenderen Symptomatik begonnen werden. Im folgenden soll die Behandlung der Agoraphobie ohne Berücksichtigung der Angstanfälle beschrieben werden. Ziel der Therapie ist die Reduktion bzw. Eliminierung des Vermeidungsverhaltens und der Angstreaktion beim Aufsuchen der gefürchteten Situationen. Die Methode, die sich hier allen anderen Therapieinterventionen als klar überlegen gezeigt hat, ist die Konfrontation in vivo. In Katamnesestudien über bis zu 9 Jahre konnte der positive Effekt dieser Methode gut belegt werden. Im Zentrum der Therapie steht das gezielte Aufsuchen der gefürchteten Situation. Der Patient soll lernen, daß er die angstauslösende Situation aufsuchen kann, ohne daß die von ihm gefürchtete Katastrophe eintritt. Für die Konfrontation in vivo gibt es zwei Vorgehensweisen: das abgestufte Vorgehen oder das Flooding-Prinzip (auch „Reizüberflutung" genannt). Beim abgestuften oder hierarchischen Verfahren wird der Patient nach einer zuvor aufgestellten Angsthierarchie in aufsteigender Folge mit immer stärker angstauslösenden Situationen konfrontiert. Er beginnt mit einer nur leicht angstauslösenden Situation. Beim Flooding-Verfahren beginnt der Patient gleich mit einer der am stärksten angstauslösenden Situationen und sucht danach die anderen Angstsituationen auf. Für den Einsatz des Flooding-Verfahrens spricht, daß die Erfolge in der Regel dauerhafter sind und schneller erreicht werden. Es wird eine konsistente Metabotschaft vermittelt („Angst ist ungefährlich"). Graduiertes Vorgehen ist logistisch einfacher zu realisieren sowie bei Vermischung mit realen Gefahren (z. B. Autofahren) die angemessene therapeutische Variante. Ganz wichtig für die Durchführung des Konfrontationsverfahrens ist die kognitive Vorbereitung, bei der dem Patienten Rationalität und Vorgehen der Therapie vermittelt werden (Fiegenbaum u. Mitarb. in Margraf u. Brengelmann 1992). Nach diesem Vorbereitungsgespräch sollte der Patient die Grundidee der Therapie und die Notwendigkeit des Aufsuchens angstauslösender Situationen verstehen und somit einen Rahmen zur Einordnung der Erfahrungen während der Konfrontationsübungen haben.

Eine detaillierte Beschreibung für das Vorgehen bei einer Flooding-Therapie wird von Bartling u. Mitarb. (1980) sowie in Schneider und Margraf (1998) gegeben.

Der im folgenden dargestellte Ablauf eines ersten Therapietages für eine Patientin mit ausgeprägtem Vermeidungsverhalten soll das Vorgehen beispielhaft verdeutlichen. Die Ankündigung der einzelnen Übungen sollte dabei immer erst kurz vorher erfolgen, so daß die Patientin keine spezifischen Erwartungsängste aufbauen kann, die dadurch andere Übungen stören könnten. Weiterhin ist von großer Bedeutung, daß die Patientin so lange in der Situation verbleibt, bis ein spürbares Nachlassen der Angst stattgefunden hat.

Therapieablauf, 1. Tag, Frau A.

8.30 Uhr	Abholen der Patientin aus dem Hotel
9.30 Uhr	Zugfahrt von Dresden nach Berlin
12.00 Uhr	Ankunft in Berlin. Gepäck einschließen. U-Bahn-Fahrten in Begleitung und allein
13.30 Uhr	Mittagessen allein in einem Restaurant
14.15 Uhr	Fahrt zum Funkturm, mehrmaliges Hochfahren mit dem gläsernen Aufzug
15.20 Uhr	Fahrt ins KaDeWe, dort mehrmals Aufzug fahren, allein im obersten Stockwerk umhergehen, in engen Kabinen Kleidungsstücke anprobieren
16.30 Uhr	Europacenter, dort nochmals mehrmals Aufzugfahren und Kleidungsstücke anprobieren
18.00 Uhr	Fahrt ins Hotel, danach Restaurantbesuch allein

X

20.00 Uhr	Kinobesuch mit einem Sitz ganz in der Mitte der Reihe
22.30 Uhr	Fahrt zurück ins Hotel, Übernachtung allein

Behandlung der Sozialphobie

Obwohl nur wenige sozialphobische Patienten größere Defizite im Sozialverhalten aufweisen, werden in der Mehrzahl der Fälle Trainings der sozialen Kompetenz angewandt. Während Patienten mit sozialen Defiziten gut davon profitieren können, weisen sozialphobische Patienten ohne Defizite im Sozialverhalten weniger Verbesserungen auf. Neuere Therapieprogramme rücken daher immer mehr die Rolle von Konfrontation und kognitiver Umstrukturierung in das Zentrum der Sozialphobiebehandlung. Optimal für die Behandlung der Sozialphobie erscheint derzeit ein kognitiv-verhaltenstherapeutisches Programm, das von Heimberg u. Mitarb. (1987) entwickelt wurde. Vor der Anwendung dieses Programms sollte aber abgeklärt werden, ob bei dem Patienten Defizite im Sozialverhalten bestehen. In diesem Fall sollte zunächst ein Training zur sozialen Kompetenz (z. B. Hinsch u. Pfingsten 1991) durchgeführt werden, bevor das Programm von Heimberg u. Mitarb. eingesetzt wird. Das Programm wird in einer Gruppe von 6 bis 7 Patienten beiderlei Geschlechts durchgeführt. Während bei allen anderen Angststörungen in der Regel Einzeltherapien vorzuziehen sind, hat sich in der Therapie der Sozialphobie die Gruppensituation als sehr effektiv bewährt, da hier sehr leicht phobisch relevante Situationen für den Patienten geschaffen werden können. Ein zentraler Bestandteil der Therapie sind Rollenspiele. Anhand von Rollenspielen werden angstauslösende Situationen in der Gruppe nachgestellt. So kann hier z. B. das Lesen vor anderen oder das Halten eines Referates nachgestellt werden. Durch Übungen, die aus dem Kompetenztraining entnommen sind, können auch außerhalb der Gruppe therapierelevante Situationen geschaffen werden, z. B. indem der Patient Passanten um 20 Pfennig zum Telefonieren bittet oder mit Fremden ein kurzes Gespräch anknüpft. Dabei werden folgende Ziele verfolgt:

1. Konfrontation des Patienten mit seiner Angst mit dem Ziel der Habituation,
2. Identifizierung von irrationalen Gedanken,
3. Üben von Bewältigungsstrategien.

Die kognitive Umstrukturierung der irrationalen Gedanken und Bewertungsmaßstäbe des Patienten ist die zweite wichtige Behandlungskomponente. Hierzu wird auch die Gruppe miteinbezogen, die gemeinsam mit dem Patienten die irrationalen Gedanken und die Bewertungsmaßstäbe, die der Patient seinen Leistungen zugrunde legt, diskutiert und überprüft. Zur Generalisierung der in der Gruppe neu gelernten Fertigkeiten werden für jeden Patienten individuell Hausaufgaben formuliert, die der Patient zwischen den Sitzungen erledigen soll. Eine genauere Beschreibung des Behandlungsprogramms ist bei Heimberg u. Mitarb. (1987) zu finden, ein Therapiemanual für Trainings sozialer Kompetenz geben Hinsch u. Pfingsten (1991).

Behandlung der spezifischen Phobie

Für die Behandlung von spezifischen Phobien haben sich die gleichen Therapiemethoden bewährt wie bei der Behandlung der Agoraphobie. Hier ist die Konfrontation in vivo die Methode der Wahl (vgl. Behandlung der Agoraphobie). Die Behandlung kann in Anlehnung an das Behandlungsprogramm von Bartling u. Mitarb. (1980) durchgeführt werden. Eine ältere Behandlungsform, die manchmal ebenfalls sinnvoll sein kann, ist die systematische Desensibilisierung nach Wolpe (vgl. Linden u. Hautzinger 1993). Bei Blutphobikern muß die Besonderheit eines Blutdruckabfalls in der Angstsituation mit in die Therapie einbezogen werden. Hierfür haben sich Programme zur „Applied Tension" bewährt (z. B. Öst u. Sterner 1987).

Behandlung des generalisierten Angstsyndroms

In der Behandlung des generalisierten Angstsyndroms haben sich in jüngster Zeit „Angst-Bewältigungsprogramme" durchgesetzt (Butler u. Mitarb. 1987 a, Barlow 1988). Diesen Behandlungsprogrammen liegt die Annahme zugrunde, daß die Angst durch einen Aufschaukelungsprozeß (ähnlich wie bei dem Paniksyndrom) entsteht. Dem Patienten wird vermittelt, daß durch das Aufdecken der aufrechterhaltenden Faktoren der Angst und das Durchbrechen des Aufschaukelungsprozesses die Angst reduziert werden kann. Bestandteile dieser Angst-Bewältigungsprogramme sind in erster Linie Techniken zur Reduktion körperlicher und kognitiver Symptome. Hierzu gehören Informationsvermittlung über die Angst, Entspannungstechniken zur Reduktion des erhöhten Erregungsniveaus (z. B. die progressive Muskelrelaxation nach Jacobson, gut beschrieben z. B. von Bernstein u. Borkovec 1990) und kognitive Techniken zur Reduktion und Modifikation der angstverstärkenden Gedanken. Bei der Informationsvermittlung geht es darum, den Patienten über die einzelnen Bestandteile der Angst, den Zusammenhang von Gedanken, körperlichen Symptomen und Verhalten sowie Kontrollmöglichkeiten der Angst aufzuklären, um somit eine Basis für die weiteren Interventionen zu legen. Sowohl das Entspannungstraining als auch die kognitiven Techniken (z. B. Ablenkung, Selbstinstruktionen) dienen der Symptomreduktion. Butler u. Mitarb. (1987 b) schlagen zwei weitere Behandlungsschwerpunkte vor: Ausgehend von der Beobachtung, daß auch bei Patienten mit generalisiertem Angstsyndrom Vermeidungsverhalten, wenn auch nicht so klar umrissen wie bei phobischen Patienten, eine Rolle spielen kann, enthält ihr Programm Interventionen zur Behandlung der Vermeidung. Daneben beinhaltet ihr Programm Interventionen zum Aufbau des Selbstvertrauens (z. B. Freunde besuchen, Ermunterung zu angenehmen Tätigkeiten, Bearbeitung von selbstabwertenden Kognitionen). Obwohl bislang unklar bleibt, was die spezifischen Wirkvariablen dieser Programme sind, kann mit ihrer Hilfe das erhöhte Erregungsniveau und das Grübeln der Patienten gut behandelt werden. Leider gibt es derzeit keine genaueren Beschreibungen der hier kurz skizzierten Behandlungsprogramme. Überblicke sind bei Barlow (1988), Butler u. Mitarb. (1987 b) und Clark (1990) zu finden.

Abschließende Bewertung

Die Entwicklung von verhaltenstherapeutischen Therapieansätzen zur Behandlung von Angststörungen stellt einen wesentlichen Fortschritt dar. Die Wirksamkeit verhaltenstherapeutischer Interventionen ist hoch, und die erreichten

Veränderungen sind langfristig stabil. Dies wird durch eine Vielzahl von Therapiestudien eindrucksvoll belegt. Neben den empirischen Belegen sollen jedoch auch die Patienten selbst zu Wort kommen.

Die folgenden Zitate stammen von einer Patientin vor und nach einer dreiwöchigen ambulanten Konfrontationsbehandlung: „Ich leide unter Panikattacken und Angstzuständen. Ich kann nur mit meinem Mann das Haus verlassen. Ich kann auch nicht allein zu Hause bleiben und mußte meinen Arbeitsplatz im Hause meiner Eltern einrichten. Auch in Begleitung meines Mannes kann ich mich nicht angstfrei bewegen." Diese Symptomatik bestand bei Therapiebeginn seit acht Jahren.
Ein Jahr nach Beendigung der Therapie schreibt Frau A.: „Die Erfahrung, daß man lernen kann, seine Ängste zu besiegen, auch wenn sie noch so furchteinflößend erscheinen, ist so positiv, daß ich bis heute enorm Kraft daraus gewonnen habe und gewinne. Das Verlernen negativer und das Erlernen positiver Verhaltensmuster ist für mich sogar auf andere Lebensbereiche übergegriffen. Die Art, wie ich heute auch mit alltäglichen Problemen umgehen kann, ist ebenfalls entschieden davon geprägt. Daß ich heute immer noch nicht ganz angstfrei bin, bedrückt mich nicht, da ich täglich spüre, wie diese Ängste mich immer mehr verlassen..."

Trotz der insgesamt positiven Bilanz werden verhaltenstherapeutische Verfahren im klinischen Alltag kaum verwendet. So zeigte sich in der Dresdner Angststudie (Margraf, in Vorbereitung), daß nur bei 0,8% aller Angstbehandlungen Reizkonfrontationsverfahren verwendet werden, andere verhaltenstherapeutische Verfahren in 0,9% der Fälle. Bei weitem häufigste Behandlungsform hingegen ist die medikamentöse Behandlung (90% der Fälle), eine allgemeine Beratung erfolgt in 75% der Fälle. In insgesamt 25% der Fälle erfolgen psychotherapeutische Verfahren, wobei hiervon jeweils ca. 11% auf Entspannungsverfahren sowie unspezifische Gespräche entfielen.

Die Ursache für diese unbefriedigende Umsetzung wissenschaftlicher Erkenntnisse in die Praxis könnte zum Teil durch den Mangel an gut ausgebildeten Verhaltenstherapeuten bedingt sein. Aber auch ideologische Vorbehalte gegen „symptomorientiertes" Vorgehen könnten eine Rolle spielen. Der Grund liegt hier häufig in der Annahme der Symptomverschiebung; diese ist jedoch durch die Forschung mittlerweile eindeutig widerlegt.

32. Zwang

H. Lang

Psychoanalytische Therapie

Als Frau O., eine 33jährige Bibliothekarin, unsere Ambulanz aufsuchte, klagte sie, daß sie seit über acht Jahren an Zwängen leide, die ihren Lebensraum immer stärker einschränkten. Wenn sie ihre Wohnung verlasse, müsse sie immer wieder kontrollieren, ob der Elektroherd abgeschaltet sei. Wenn nicht, könnte das ganze Haus abbrennen und die Leute darin umkommen. Sie habe immer Ängste und Schuldgefühle, denkt, wenn sie das und das nicht tue, das und das nicht denke, passiere das Schlimmste. Im Urlaub müsse sie beispielsweise kontrollieren, ob im Hotel die Zimmerklingel gehe – wenn nicht, müsse sie ständig daran denken, daß jemand in Not vergeblich läutete und deshalb sterben müßte. Seit gut einem Jahr seien noch weitere Zwänge hinzugekommen. Spüre sie beim Autofahren eine Unebenheit der Straße, denke sie sofort, sie habe einen Menschen überfahren; sie müsse deshalb „rumgucken" und umkehren, um sich zu vergewissern, daß das nicht der Fall sei. Oft müsse sie das mehrmals wiederholen, weil sie zweifle, ob sie richtig gesehen habe. Dann kämen aber bei jeder Wiederholung Skrupel, ob nicht durch diese Rückkehr der Verkehr sich anders darstelle als sonst, deshalb durch ihr Verschulden ein Unfall passieren könnte. Das sei fürchterlich: Was sie auch mache, es sei falsch, das versetze sie in Panik und mache große Schuldgefühle. Angefangen hätten die Zwänge mit der Befürchtung, daß der (gesunde) Vater – die Eltern wohnen in einer 350 km entfernten Stadt – sterben könnte. Sie müsse deshalb ständig kontrollieren, ob der Telefonhörer aufliege, es könnte ein Hilferuf kommen. In den folgenden Stunden berichtet die Patientin eine Fülle solcher Zwangsbefürchtungen und Zwangshandlungen in immer neuen Variationen und Inhalten. Unter anderem schildert sie auch einen Sauberkeitszwang. Müsse sie auf eine fremde oder öffentliche Toilette, sei das mit viel Ekel verbunden; die Reinigungszeremonien in der Toilette dauerten lange, „dann wasche ich mir noch x-mal die Hände, dusche mich, wenn ich nach Hause komme, lasse die Schuhe vor der Haustüre stehen und bringe die Kleider, die ich anhatte, zur Reinigung".
Aufgrund der vielen Zwänge und Zwangsbefürchtungen arbeitet Frau O. nur noch halbtags, befürchtet, wenn das so weiterginge, ganz aufhören zu müssen.

Bei Frau O. liegt eine Zwangsneurose vor. Im DSM-III-R wird diese „Störung" als „Obsessive-Compulsive-Disorder" („OCD") bezeichnet und als „Anxiety Disorder" klassifiziert, da Zwänge vorrangig der Angstregulierung dienten. In der ICD-10 ist die synonyme Bezeichnung „Anankastische Syndrome, Zwangsstörungen". Die schwere Form der Zwangsneurose wird im älteren Schrifttum häufig „Zwangskrankheit" genannt.

Symptomatik

Im Beschwerdebild lassen sich drei große Bereiche unterscheiden:

1. **Zwangsgedanken („Obsessions").** Bestimmte Zwangsvorstellungen oder Zwangsbefürchtungen (vgl. Frau O.) behaupten sich im Bewußtsein. Inhaltlich handelt es sich oft um aggressive und sexuelle Themen bzw. damit verbundene Schuldvorstellungen. Oder es müssen bestimmte Gedankenreihen immer wieder zu Ende gedacht werden (z. B. Zählzwang), dabei oft verbunden mit Befürchtungen der Fremd- oder Selbstschädigung (wenn nicht entsprechend gedacht oder gezählt wird, geschieht einer fremden Person oder dem Subjekt selbst etwas Schlimmes).
2. **Zwangsantriebe.** Impulse meist aggressiven Charakters, z. B. den eigenen Säugling fallen zu lassen oder mit einem Messer zu verletzen. Hier drängen Zwangsvorstellungen zur Handlung.
3. **Zwangshandlungen** („Compulsions") sind krankhaft erlebte Handlungen, deren Unterlassung heftige Angst auslösen kann. Beispiele sind Zwangsrituale, Waschzwang (am häufigsten), Ordnungszwang, Kontroll- oder Vermeidungszwang (vgl. Frau O.).

Neben diesen typischen Zwangsphänomenen finden sich bei Zwangsstörungen Ängste – entweder begleitend oder auch vorauslaufend (Zwang als Angstabwehr, „Anxiety Disorder") und depressive Symptome – zumeist sekundär als Folge der quälenden Zwänge. Zwänge können schließlich in einem Restriktionsprozeß des „Self-perpetuating-circle" den Lebensraum des Betreffenden immer mehr einschränken und „zu dem gefürchteten Endausgang der Willenslähmung" (Freud 1926) der malignen Zwangsneurose führen.

Epidemiologie

Galten früher Männer als häufiger betroffen, zeigen neuere epidemiologische Untersuchungen keine Unterschiede mehr in der Geschlechtsverteilung. War man früher der Ansicht, daß Zwangsneurosen eher selten aufträten, zeigen neuere Forschungen eine lebenslange Prävalenz von 2–3%. In psychiatrischen und psychotherapeutischen Ambulanzen stellt die Zwangsneurose 1–4% der gestellten Diagnosen dar.

Differentialdiagnose: Zwanghafte Persönlichkeit und zwanghafte Charakterneurose

Die tiefenpsychologische Sicht unterscheidet nicht grundsätzlich zwischen krankhaften und gesunden Erscheinungen. So hat auch der sogenannte „Normale" seine neurotischen Winkel. So finden sich Ansätze zu zwanghaftem Verhalten bereits bei Gesunden. Sie machen sich nur nicht auf eine Weise bemerkbar, daß sie Krankheitswert erhalten. Von daher wird verständlich, daß eine analytische Charaktertypologie von klassischen Neuroseformen ausgeht und damit Menschen generell typologisch untergliedert werden können. Die Zuordnung eines Menschen zu einem solchen Typus besagt also noch nicht, daß seine Persönlichkeit gestört sei. Der Typus läßt sich vielmehr als „grundsätzlich mögliche, sinnvolle Einstellung zur Welt überhaupt darstellen, die das unwillkürliche Erleben und Verhalten des einzelnen bestimmt" (Bräutigam 1994).

So auch die „zwanghafte" Charakterstruktur oder Persönlichkeit – die Tiefenpsychologie macht hier keinen Unterschied. In diese Struktur geht die von Freud (1908) beschriebene „anale Trias" ein: „Unter den Personen, denen man durch psychoanalytische Bemühungen Hilfe zu leisten sucht, begegnet man eigentlich recht häufig einem Typus . . . Die Personen fallen dadurch auf, daß sie in regelmäßiger Vereinigung die nachstehenden drei Eigenschaften zeigen: Sie sind besonders ‚ordentlich, sparsam und eigensinnig'." „Ordentlich" umfaßt hier sowohl die körperliche Sauberkeit als auch Gewissenhaftigkeit, den Hang zur Perfektion, zum Peniblen; „. . . die Sparsamkeit kann bis zum Geiz gesteigert erscheinen, der Eigensinn geht in Trotz über, an den sich leicht Wut und Rachsucht" knüpfen. Es besteht eine Hemmung motorisch-expansiver, sexueller und aggressiver Antriebe bei entsprechend gegenläufigen Tendenzen. Man kann deshalb den Zwangscharakter (wie auch den Zwangsneurotiker) als „gehemmten Rebellen" (Lang 1986) bezeichnen. Fähigkeiten zur Systematisierung, Disziplin und Ausdauer zeichnen den anankastischen Charakter aus.

Spitzen sich die genannten Persönlichkeitszüge zu, so daß ein Leidensdruck für den Betroffenen und Bezugspersonen entsteht, das betroffene Subjekt sich in seiner Lebensentfaltung behindert findet, es z.B. aufgrund seines Festgelegtseins auf Ordentlichkeit, Penibilität und Perfektion plötzlich vermehrt anfallende Aufgaben nicht mehr bewältigen kann, es sich in Details verliert und deshalb mehr und mehr in eine ängstlich-depressive Verfassung gerät, sprechen wir von **zwanghafter Charakterneurose** oder nach DSM-III-R von „Obsessive-Compulsive-Personality-Disorder".

Die Unterscheidung zur Zwangsneurose basiert darauf, daß es sich in einem Fall um eine Symptomneurose, im anderen um überdauernde, jetzt aber pathologisch zugespitze Persönlichkeitszüge handelt. Störungen bei der Charakterneurose sind ich-synton, werden nicht wie die Symptome bei der „Symptomneurose" Zwangsneurose als ich-fremd, „aufgezwungen", als „ich-dyston" erlebt, deren man sich zu entledigen wünscht. Nur für die Zwangsneurose trifft deshalb die bekannte psychopathologische Definition Kurt Schneiders zu: „Zwang ist, wenn jemand Bewußtseinsinhalte nicht loswerden kann, obschon er sie gleichzeitig als inhaltlich unsinnig oder wenigstens als ohne angemessenen Grund beherrschend und beharrend beurteilt" (1967). Ein Beispiel Hoffmanns (Hoffmann u. Hochapfel 1995) veranschaulicht den Unterschied zwischen Zwangsstruktur und Symptomneurose. Dabei kann das gleiche objektive Verhalten einmal Ausdruck einer Symptomneurose und ein andermal Ausdruck einer zwanghaften Charakterstruktur sein, die zugespitzt, sich zur Charakterneurose entwickelt.

„Wenn ein pedantischer Bürokrat seine Bleistifte alle der Größe nach ordnet und in die gleiche Richtung legt, dann ist dies Ausdruck einer Persönlichkeitseigentümlichkeit, die man als zwanghafte Ordentlichkeit (Pedanterie) bezeichnet. Psychodynamisch gesehen liegt kein Symptom vor, weil der Mann so sein will, weil das Verhalten ichsynton ist. Ein anderer Mensch schildert nun folgendes: ‚Ich muß morgens immer meine Bleistifte alle der Größe nach sortieren und sie mit den Spitzen in die gleiche Richtung legen. Tue ich es nicht, dann werde ich sehr unruhig. Ich habe schon oft versucht, dieses Verhalten zu unterdrücken, aber es gelingt mir einfach nicht. Ich bin einfach gezwungen, das zu tun'. Obwohl das äußere Verhalten gleich ist, ist die dynamische Struktur grundverschieden. Dieser Patient erlebt sein Tun als ich-fremd, ich-dyston, er hat ein Symptom (Ordnungszwang)."

Auf der anderen Seite besteht eine enge Beziehung zwischen Symptomen und anankastischer Charakterstruktur, denn häufig entwickelt sich eine Zwangsneurose auf dem Boden des Zwangscharakters mit den vorgenannten Kriterien, wobei ein ausgeprägter Hang zu Zweifel, Entschlußunfähigkeit, Neigung zur Bildung von Schuldgefühlen und strengen moralischen bzw. religiösen Überzeugungen und Verarmung des Gefühlslebens zugunsten kognitiver Dominanz ergänzend zu erwähnen sind. Diese enge Verwandtschaft zeigt sich vor allem in der ähnlich strukturierten Psychodynamik.

Psychodynamik und Ätiologie

Psychodynamisch ist die Entwicklung der Zwangsneurose auf der Basis eines unbewußten Konflikts zwischen starken Triebimpulsen sowohl aggressiver als auch libidinöser Natur mit einer rigiden Über-Ich-Instanz zu sehen. Nicht anders als bei anderen Übertragungsneurosen bildet auch hier der Ödipuskomplex den Kern, nur mit dem Unterschied, daß die Abwehr der verpönten ödipalen Impulse eine Regression auf die sadistisch-anale Stufe mit ihrem magischen Weltbild impliziert und dergestalt die spezifische anale Dynamik – ich erinnere an die anale Trias – in der entsprechenden Strukturierung der Symptome ins Spiel kommt. Daß diese Regression möglich und somit diese zwangsneurotische Form der Abwehr auf den Plan tritt, setzt bereits eine Fixierung an diese erogene Zone voraus. Zwangscharakter und entsprechend zwanghafte Charakterneurose wurden in dieser frühkindlichen Entwicklungsphase geprägt, die durch die Beschäftigung mit der Darmzone und der Erziehung zur körperlichen Sauberkeit gekennzeichnet ist.

So intendiert die Sauberkeitserziehung, sich nur an vorgegebenen Orten und Zeiten zu entleeren, wodurch Leitlinien für „Ordentlichkeit" (hier Pünktlichkeit und Sauberkeit eingeschlossen) vermittelt werden. Daß es dabei auf das „Beisichbehalten" ankommt und Hergeben (Ausstoßen) nur in engen Grenzen gewünscht wird, wird ebenso vermittelt. Das Prinzip der „Sparsamkeit" wird auf diese Weise erstmals über anale Erziehungserfahrungen erlernt. Die polare Gegenbewegung gegen diese „Verordnung" und „Reinlichkeitsdressur" ist Protest („Trotzphase"). Beschmutzungslust und (spätere) Fäkalsprache sind Ausdruck dessen. Unser größter Dichter hat wohl seine größte Breitenwirkung durch sein Götz-Zitat erzielt. Und deshalb ist der Zwangsneurotiker, dessen Neurose anal strukturiert ist, ein Rebell, der aber nicht wie der Bauernkrieger Götz Schlösser niederbrennt und Bischöfe bekriegt – genau das sucht er zur gleichen Zeit mit allen Mitteln zu vermeiden. Deshalb muß er ständig seine triebhaften Bedürfnisse und entsprechenden Gefühle „kaschieren", „verschieben", „isolieren", „rationalisieren", „ins Gegenteil verkehren", Andeutungen der Erfüllung „ungeschehen machen", sich im magischen Ritual „reinwaschen". Der von der Reinlichkeitsdressur Betroffene und sich im Innern dagegen Auflehnende wird zum Sauberkeitsperfektionisten, zum Pilatus, der sich seine Hände in vermeintlicher Unschuld wäscht, oder zur imaginierten Lady Macbeth, die vergeblich das „Blut" ihrer Morde abzuwaschen sucht (vgl. Lang 1998a).

Zwang sichert das Subjekt vor ständig andrängenden, unruhestiftenden Impulsen. Wie abstrus und magisch die Ordnung, die Zwang stabilisiert, auch erscheinen mag, sie sichert vor einer ins Chaos tendierenden Überschwemmung anders nicht kontrollierbarer Impulse. Zwang scheint so ein fundamentales Sicherungsbedürfnis des Menschen zu erfüllen. In seiner Doppelgesichtigkeit von ständig unruhestiftenden Impulsen und entsprechend repetitiver Abwehr ermöglicht der Zwang zugleich ständige Rebellion und stete Bewahrung, sichert der Zwang diese Ordnung und somit das Subjekt selbst. Zwang als Versuch, Zweifel zu beseitigen, ist dergestalt auch immer Ich-Sicherung.

Dieser autoprotektive Sinn des Zwangs scheint vor allem bei Zwangsphänomenen in Borderlinestörungen und Psychosen am Werke (vgl. Lang 1981 u. 1985; Quint 1988). Ein Rekapitulationszwang beispielsweise, der nötigt, vergangene Erfahrungen, die Ereignisse des abgelaufenen Tages immer wieder durchzugehen und in Gedanken zu wiederholen, kann dazu dienen, Struktur, Chronologie in eine sich auflösende Persönlichkeit und auseinanderbrechende Zeitigung zu bringen. So hat sich gezeigt, daß Schizophrene mit langdauernder Zwangsentwicklung einen gutartigen Verlauf nehmen und Depressive mit Zwang weniger suizidgefährdet sind als Melancholiker ohne Zwangssymptomatik.

Ätiologisch ist Zwang als ein bio-psycho-sozial determiniertes Geschehen einzustufen. Als ein fundamentales Sicherungsbedürfnis, das schon der Normale in verunsichernden Situationen kennt, hat Zwang seine biologischen Wurzeln. Eine erbgenetische Komponente ist in Zwillingsstudien (z. B. Heigl-Evers u. Schepank 1980 u. 1982) wohl gesichert, die Ansprechbarkeit mancher Zwangssyndrome auf Antidepressiva (z. B. Clomipramin, Fluvoxamin) spricht ebenfalls dafür. Neben dem gewichtigen biographisch-psychodynamischen Faktor ist eine soziale Determinante mitzusehen, die, vermittelt über ein rigides Über-Ich, auf das betreffende Subjekt einwirkt. Forderungen nach Sauberkeit, Ordentlichkeit, Perfektion werden in unserer Deo- und Sprayzivilisation, auf unserem Shampoo-Planet, früh an die Subjekte herangetragen. Allerdings braucht bei angeborenen stark neurotischen Tendenzen eine strenge Anforderung und motorisch einschränkende Erziehung das Maß des Normalen kaum zu überschreiten, gleichwohl kann es zu einer zwanghaften Verarbeitung kommen. Das Nächstliegende scheint wohl die Annahme einer Ergänzungsreihe von psychosozialen und erbgenetischen Faktoren zu sein. Über das Maß der Verteilung könnte das Maß der Therapierbarkeit Auskunft geben.

Die Therapie der Zwangsneurose soll am Falle von Frau O. exemplifiziert werden. Wir wollen deshalb, wie auch zur Veranschaulichung wesentlicher dynamischer Faktoren, zunächst auf die Biographie dieser Patientin zurückkommen.

Wie viele Zwangsneurotiker galt die Patientin als sehr braves, überangepaßtes Kind. Eine offensichtlich zu frühe und rigide Sauberkeitsdressur und Einengung der motorisch-expansiven Entfaltung durch die Mutter läßt keine eigentliche Trotzphase und damit einen ersten Umriß von Autonomie aufkommen. Sehr früh hatte sich eine intensive Beziehung zum Vater entwickelt, der, enttäuscht über die mangelnden Aufstiegsmöglichkeiten als einfacher Finanzbeamter, im Verhältnis zur „kleinen Prinzessin" Trost für seine beruflichen und auch ehelichen Frustrationen suchte. Diese zu frühe Ödipalisierung kompensierte sicherlich einerseits die defizitäre Beziehung zur Mutter, mußte andererseits aber schon früh ödipal-erotische Wünsche wekken, die nun ihrerseits – durch eine Regression auf die analsadistische Stufe – abzuwehren waren. So lassen sich die massiven Schuldgefühle, die den mannigfachen Zwangsbefürchtungen und anankastischen Wiedergutmachungshandlungen zugrunde liegen, letztlich als zweifach bestimmt sehen. Einmal als schuldhafte Reaktion auf den Eifersuchtshaß gegen den gleichgeschlechtlichen ödipalen Rivalen, die Mutter, zum anderen als schuldhafte Antwort auf den Wunsch nach Ablösung vom gegengeschlechtlichen ödipalen Liebespartner, dem Vater. Die Tatsache nun, daß in den Zwangsbefürchtungen und Zwangshandlungen der Tod des anderen das beherrschende Thema ist, weist auf Todeswünsche dergestalt, als ob der bloße Wunsch und Gedanke schon töten könne, zeigt, wie Freud schreibt, „Gedanken, die regressiv Taten vertreten müssen" (1909), zeigt also in der Konstitution der Zwangsphänomene mit die Regression auf ein magisch-mystisches Weltbild – worauf nach Freud vor allem von Gebsattel (1954) aufmerksam gemacht hat. Deshalb muß die Patientin sich immer wieder vergewissern, daß der andere bzw. die anderen, die in dieser Übertragungskette stehen, noch leben, muß sie ständig Vorsorge treffen, „kontrollieren", daß dem anderen nichts zustößt, muß sie sich wie Pilatus „reinwaschen", und, da die Impulse ständig andrängen, dies im Wiederholungszwang – wobei bei letzterem die Abwehr anal-lustvoller Wünsche, der anale Trotz, in Form der Beschmutzungsfurcht (Sauberkeitszwang) hinzukommt. „Ich habe nie gewagt, mal schmutzig nach Hause zu kommen, aus Angst, ich würde ausgeschimpft."

Als die Patientin nach Abschluß ihrer Bibliothekarsausbildung ins Elternhaus zurückkehrt, reagiert die Mutter sehr eifersüchtig auf die erneut aufgenommene enge Beziehung zum Vater. Die Patientin hat große Schuldgefühle deshalb, fühlt sich immer unsicherer, traut sich nichts mehr zu, bekommt mehr und mehr ein inneres Flattern, wenn jemand über Sexualität spricht. Jetzt stellen sich die ersten Zwangssymptome ein, die sich in der Folge schnell generalisieren.

Therapie

Die Psychoanalyse verdankt ihre Entstehung nicht nur dem Studium und der Behandlung der Hysterie, sondern vor allem der Zwangsneurose.

Das erste kasuistische Beispiel der noch vor den „Studien über Hysterie" erschienenen Arbeit über die sogenannten „Abwehr-Neuropsychosen" schildert den Fall eines jungen Mädchens, das an Zwangsvorwürfen litt, sie betreibe Falschmünzerei und fürchte, selbst gemordet zu haben, wenn sie in der Zeitung über diese Verbrechen las. „Dabei war sie sich der Ungereimtheiten dieser Zwangsvorwürfe voll bewußt" (Freud 1894). In der Behandlung stellte sich nun heraus, daß diesen Zwangsbefürchtungen ein massives Schuldbewußtsein zugrunde lag, dieses aber aus einem ganz anderen Bereich als dem in den Symptomen manifesten stammte, dem sexuellen nämlich. Ein massiver Schuldaffekt wegen exzessiv betriebener Onanie sei verdrängt worden, hätte sich dann aber durch „falsche Verknüpfung", d. h. Verschiebung, an andere Vorstellungen geheftet, die, wie die Falschmünzerei, dem Bewußtsein erträglicher erschienen als die sexuellen. Das Zwangssyndrom ist also als ein Abwehrsystem zu begreifen, das sich gegen unerlaubte Triebregungen richtet. Zur Behandlung heißt es nun etwas lapidar: „Das Mädchen heilte nach einigen Monaten Behandlung und strengster Überwachung".

Neben der in einer Arzt-Patient-Beziehung gewonnenen Einsicht in die unbewußten Zusammenhänge, unterstützt wahrscheinlich durch Hypnose, war es offensichtlich eine Entschärfung des für zwangsneurotische Patienten charakteristischen „Über-Ich - Es-Konflikts", vermittels Reduktion der das massive Schuld-Bewußtsein verursachenden triebhaften Handlungen, was hier wirkte.

In der Folge gehören nun Behandlungen von Zwangsneurosen zum klassischen Repertoire. Zwei der großen Krankengeschichten Freuds, die Fälle des „Rattenmanns" und „Wolfsmanns", betreffen Zwangsneurotiker. Trotz dieser langen Tradition therapeutischer Erfahrung gelten Zwangsneurosen als schwer behandelbar. Das kann damit zusammenhängen, daß sich hinter Zwangssyndromen eine Borderlinestruktur verbergen kann und das klassische Setting dann nicht adäquat ist, weil es zusätzliche Desintegrationsängste weckt. Die letztlich frustrane Behandlung des „Wolfsmanns" mag hier mit ihren Grund haben (vgl. Gardiner 1972). Dient ein Zwangssyndrom zur Stabilisierung eines fragilen Selbst und zur Abwehr von Ängsten vor Fragmentierung, wird die „Grundstörung", sei sie noch auf Borderline- oder schon auf psychotischem Niveau, primär in einem modifizierten analytischen Setting anzugehen sein (vgl. Borderlinetherapie in diesem Band). In diesem Kontext ist erwähnenswert, daß beim depressiv entgleisten Typus melancholicus fremdschädigende Zwangsbefürchtungen verschwanden, als die depressive Störung (medikamentös) beseitigt war. Die antidepressive Medikation hat wohl nicht den Zwang beseitigt, das Imipramin hat viel eher den Kranken aus einer psychotischen Entgleisung zurückgeholt, und so bedurfte es der „Bremswirkung" des Zwangs auf die melancholische Auflösung der bisher geltenden Welt- und Selbstbezüge und der damit verbundenen Autodestruktivität nicht mehr. Zur Kombination von Psychotherapie und Pharmakotherapie vgl. Lang 1999 und Reinecker in diesem Band.

Liegt der Symptomatik hingegen, in Abhebung zu dieser existentiell autoprotektiven Funktion des Zwangs, Konflikthaftigkeit im Sinne des Über-Ich-Es-Konflikts, der Konflikte zwischen Heteronomie und Autonomie, Unterordnung und Aufsässigkeit, zugrunde, ist gerade auch eine analytische oder tiefenpsychologisch fundierte Psychotherapie indiziert. Das heute oft gehörte Klischee, nur Pharmako- und Verhaltenstherapie wären bei Zwang hilfreich, ist natürlich Unsinn (vgl. hierzu u. a. Lang 1998b, 1999). Im folgenden soll die analytische Psychotherapie der Zwangsneurose am Falle von Frau O. dargestellt werden.

Zur Lockerung des Zwangskorsetts kam es erstmals, als es gelang, einen psychodynamischen Zusammenhang zwischen den Zwangshandlungen „Rumgucken" bzw. „Umkehren" und bestimmten Situationen herzustellen, die psychisch belasteten: die Auseinandersetzung mit einer Kollegin und ein außerehelicher „Fehltritt".

Obwohl die Reihe an der Patientin war, in der Bibliothek eine interessantere Sektion für das kommende Jahr zu erhalten, wagte sie es nicht, sich gegen eine ältere Kollegin zu behaupten, die erneut diese Sektion beanspruchte. In der Durcharbeitung dieser Problematik stellte sich heraus, daß ihre Zwangsbefürchtungen, jemanden überfahren zu haben mit der Folge, daß sie sich durch entsprechende sich wiederholende Zwangshandlungen vom Gegenteil zu überzeugen hatte, gerade auch Ausdruck dessen waren, daß sie die Kollegin – und das ist jetzt konkretwörtlich zu nehmen – zu „überfahren" fürchtete. Letztlich glaubte sie in ihren unbewußten Ängsten, daß dies tödlich enden könnte, und entsprechend war ihre Hemmung, auf ihr legitimes Recht zu pochen. Vergessen wir nicht, daß der Zwangsneurotiker in seiner Symptomproduktion unbewußt auf eine magische Weltsicht regrediert, wo Wort und Sache bzw. Handlung noch identisch sind, der übertragene Sinn von „überfahren" zurückgenommen und konkretistisch ausagiert wird.

Erstmals war die Symptomatik des „Rumguckens" und „Umkehrens" nach der Aufnahme einer außerehelichen Beziehung aufgetreten. Die Patientin bricht schließlich diese Beziehung ab, weil sich immer mehr Schuldgefühle gegenüber der Ehefrau des außerehelichen Partners einstellen, die Angst immer größer wird, die Frau könnte sich etwas antun. In der Analyse selbst schimpft sie sich eine Hure, sie sei nicht besser als ein „Straßenmädchen". Offensichtlich weckt die Angst zu verletzen, ja zu töten, massive Schuldgefühle, die jetzt über den Verschiebungsmechanismus zu bestimmten zwanghaften Reaktionen führen, zum Vergewissern, daß der andere noch lebt bzw. „nichts passiert" sei. Das Wort „Verkehr", wie vielleicht auch der Ausdruck „Straßenmädchen", bildeten für diese Verschiebung offensichtlich die magische Brücke, so daß

X

die aus dem sexuellen „Verkehr“ kommenden Schuldgefühle und die entsprechenden zwanghaften Reaktionen auf einen anderen „Verkehr“ übertragen werden konnten. Die analoge „magisch-konkretistische“ Strukturierung hatten wir ja bereits bei dem Wort „überfahren“ gesehen.

Die in diesen rezenten Situationen entstandenen Schuldgefühle waren analog dem oben geschilderten Fall Freuds offensichtlich durch „falsche Verknüpfung“ (= Verschiebung) auf den Bereich des Verkehrs übertragen worden und produzierten hier entsprechende Symptome. Eine erste Einsicht in diese unbewußte Determination läßt die Patientin eine gewisse Distanzierung gegenüber ihren Symptomen gewinnen. Die Möglichkeit, die bis dahin als irrational und ichfremd erlebten Zwänge zu verstehen, zu sehen, daß die Konstellation der 3-Personen-Beziehung des außerehelichen Verhältnisses (verheirateter Partner, dessen Frau, sie selbst) eine Reduplikation der ungelösten ödipalen Situation ist, läßt ein Stück Souveränität zurückgewinnen. Die Patientin gewinnt jetzt Einsicht in diesen umfassenden psychodynamisch-relevanten Strukturzusammenhang, der von dieser frühen ungelösten ödipalen Konstellation, über die erste Auslösesituation der Rückkehr ins Elternhaus mit Reaktivierung dessen, bis zu den späteren pathogenen Situationen der außerehelichen Beziehung und der Auseinandersetzung mit der älteren Kollegin reicht, wobei in letzterem Falle eine Mutterübertragung mit im Spiele war.

Untrennbar verknüpft mit dieser Einsicht allerdings ist die Entwicklung eines guten Arbeitsbündnisses und bald einer positiven Übertragung in der Therapeut-Patient-Interaktion, nachdem anfängliche Näheängste überwunden waren. Der Therapeut wurde zu einem guten „Über-Ich“, das von Schuldgefühlen entlastet und auf diese Weise der Patientin ermöglicht, die außereheliche Beziehung weniger schuldhaft zu erinnern und sich generell, ohne neuerliche Produktion von Schuldgefühlen, am Arbeitsplatz durchzusetzen. Auf diese Weise wird der Patientin so viel an emotionaler Sicherheit vermittelt, daß bislang verpönte und deshalb unbewußt gebliebene Affekte und Impulse verbalisiert werden können. So auch die bis zu Todeswünschen gehenden aggressiven Vorstellungen gegenüber der Kollegin. Ein entscheidender Faktor in der Therapie von Zwangsneurotikern besteht also darin, daß es gelingt, hochtabuisierte Vorstellungen, seien sie aggressiver oder sexueller Art, zur Sprache zu bringen und dabei in der therapeutischen Situation die Erfahrung zu machen, daß man solche Phantasien äußern kann, ohne auf Ablehnung zu stoßen.

Um die Hemmungen des „gehemmten Rebellen“ weiter zu lockern, ist der Therapeut hier versucht, weiter zu ermutigen, läuft dabei aber Gefahr, mit dieser „Methode des Förderns dem Zwangsneurotiker neue Gebote zu setzen, d. h. zur weiteren Unterwerfung zu zwingen“ (Quint 1976). Die Erfahrung allerdings, sich ohne Schuldgefühle „draußen“ besser durchsetzen zu können, kann aus der anfänglichen Gefügigkeit eine Stabilisierung seiner selbst werden lassen. Diese Erfahrung berichtet z.B. Dührssen, wenn sie bei der Schilderung der Therapie eines zwangsneurotischen Patienten schreibt: „So übernahm der Patient anfänglich meine Ermunterungen zu Selbstdurchsetzung und Selbstverteidigung mehr aus Gefügigkeit, um dann gewissermaßen ‚auf den Geschmack zu kommen‘, und weil er merkte, daß ihm diese seine Entwicklungsschritte meine Anerkennung eintrugen“ (1972, S. 266).

Gleichwohl ist nicht auszuschließen, daß sich die zwangsneurotische Abwehr bei dieser „Verstärkung“ in die Asymmetrie der Therapeut-Patient-Beziehung selbst zurückziehen kann. Die Struktur des „gehemmten Rebellen“ wird in dieser Nische persistieren. Eine durchgreifende Emanzipation und damit die Aufgabe der gehemmten Rebellion bliebe so aus. Das war bei unserer Patientin der Fall. Es muß sich deshalb eine negative Übertragung einstellen, in der die vermiedene Aggression sich durchgreifend artikulieren kann. Entscheidend wird es also jetzt darauf ankommen, daß es gelingt, die konflikthaft strukturierte Gefühlswelt des Kranken, die sich im Laufe seines Lebens verfestigt hat, in die Therapeut-Patient-Beziehung einzubringen und verbalisierend durchzuarbeiten. Deshalb fordern gerade chronifizierte Zwangsneurosen den Übergang in eine „Übertragungsneurose“ und deshalb sind wohl für die Falldarstellungen erfolgreicher Therapien von Zwangsneurosen Passagen heftigster Wut und ihrer Artikulation gegenüber dem Therapeuten charakteristisch. Technisch ist zur Ermöglichung dessen wichtig, daß der Therapeut sich abstinent verhält, keine Gratifikationen gibt, sich nicht vom verführerischen Charme des Zwangsneurotikers einwickeln läßt, aber auch nicht sadistisch bestrafend agiert. Soll der Patient erfahren, daß die Artikulation seiner geheimsten Wünsche, seien es die nach Emanzipation oder nach erotischer Erfüllung, für sein Gegenüber nicht todbringend ist und er deshalb bei deren Artikulation gemäß dem Talion-Prinzip auch nicht den eigenen Tod zu fürchten hat, muß dieser Horizont des Todes vergegenwärtigt werden.

Im Zuge der sich bald bildenden positiven Übertragung, verbunden mit ersten aktualgenetischen Bearbeitungen, waren Zwangshandlungen wie das ständige „Rumgucken müssen“ und „Umkehren“ bei unserer Patientin zurückgetreten. Die Zwangsbefürchtungen um den befürchteten Tod des Vaters nahmen indessen zu. Parallel dazu steigerte sich die Übertragung zur Übertragungsliebe. Da indessen die Analyse in der Versagung stattzufinden hat, machte sich bald eine tiefe Enttäuschung breit, es kam zum dialektischen Umschlag. Der Therapeut wurde zu einem Menschen, der „stur wie ein Fels ist“, ein „Herz aus Stein“ hat. Die therapeutische Regression machte indessen nicht bei dieser ödipalen Thematik halt. Das therapeutische Setting wurde zum „analen Gefängnis“, der Therapeut zum Gefängniswärter, dem sie, um endlich frei zu sein, den Tod wünscht.

„Sie sind wie ein Alpdruck, der auf mir lastet. Ich habe Sie schon immer als jemand empfunden, der mit der Peitsche hinter mir steht. Ich habe zu Hause phantasiert, daß dieses Gefängnis hier in die Luft fliegt, weil ich den Druck und Zwang nicht mehr aushalten kann. Ich soll immer nur hier brav liegen, das sind doch Zwangsmaßnahmen.“ Oder: „Ich muß hier die Wände anstarren und werde allein gelassen. Ich habe einen unheimlichen Haß auf Sie“.

Es war der Patientin indessen möglich, Einsicht in dieses Geschehen als Übertragungsgeschehen zu gewinnen, z.B. im Schweigen des Analytikers auch eine Wiederholung des Nichtreagierens der Mutter, das sie in ihren subjektiven Ängsten als existenzbedrohend empfand, zu sehen. Oder im Wände anstarren und an die Wände des Behandlungszimmers trommeln, eine Parallele zum quälenden Alleinsein im Kinderbett zu erblicken, das sie dazu gebracht hatte, Löcher in die

Wände zu bohren usw. Und sie konnte sich jetzt den übertragungsneurotischen Effekt dieser schwierigen Monate eingestehen: „Je mehr ich das alles mit Ihnen hier durchmache, dann habe ich weniger Zwänge und Ängste sonst, kann mich auch viel besser durchsetzen." Wenn hier zuletzt ein mütterlicher Übertragungsaspekt in den Vordergrund trat, so scheint doch nicht minder wichtig, daß die Patientin in der Beziehung zum Therapeuten die Erfahrung machen konnte, daß ein mitmenschlicher Bezug zu einem Vaterobjekt möglich ist, der nicht von irritierenden, nur neue Schuldgefühle provozierenden inzestuösen Sexualisierungen abhängig ist und trotzdem Bestand hat. Auf diese Weise konnte sie die korrigierende Erfahrung einer integren ödipalen Beziehung machen. Die neuneinhalb Jahre währende Zwangssymptomatik, die den Lebensraum der Patientin immer mehr eingeschränkt hatte, blieb auch zweieinhalb Jahre nach Beendigung der Therapie, wie ein Nachgespräch ergab, verschwunden.

Ein entscheidender kurativer Faktor scheint also zu sein, daß die Therapie selbst – mit den Worten der Patientin ausgedrückt – zur „Zwangsmaßnahme" wird, sie aber jetzt gegen diese Zwangsmaßnahmen, die letztlich sowohl die Bindung an den Vater als auch die Beziehung zur Mutter spiegeln, rebellieren und diese Rebellion artikulieren kann. Kommt es nicht zu dieser Auseinandersetzung, können sich Patient und Therapeut, der im Übertragungsgeschehen für die früheren dominanten anderen steht, nicht „auseinandersetzen", bleibt Symmetrisierung und Emanzipation der Beziehung aus und damit auch eine gesundmachende Ablösung von den signifikanten anderen. Indem nun der Patient in der Übertragungsbeziehung zum Therapeuten seinen alten traumatisierenden Kernkonflikt wiederbelebt, reinszeniert, kann er, da die therapeutische Situation sich im Gespräch vollzieht, zur Sprache gebracht, damit verarbeitet und gelöst werden. Indem es letztlich gelingt, eine bislang überwältigende weil nicht bewußte Konflikthaftigkeit zu verbalisieren, wird entdramatisiert, eröffnen sich neue Möglichkeiten von Freiheit. Wichtig ist dabei allerdings, daß es sich hier nicht um ein intellektuelles Verbalisieren und Bewußtmachen handelt, sondern um eine „erlebte Einsicht", um eine Artikulation im Emotionalen. Nur dann verschwinden die Beschwerden, kann sich die „Heilwirkung der Sprache" (vgl. Lang 1994) entfalten.

Vor einer solchen übertragungsneurotischen Auseinandersetzung ist die Entwicklung einer tragfähigen Beziehung zwischen Therapeut und Patient unerläßlich. Eine entscheidende Bedingung dieser Tragfähigkeit besteht darin, daß sich eben der analytische Prozeß als Gespräch konstitutiert, denn sich in ein Gespräch einfügen heißt, sich einer Universalität unterordnen, worin jenes, was jetzt als Affektivität erscheint, neu gesehen und geordnet werden kann. Dabei hat sich der Therapeut zugleich als alter Ego und triangulierender Faktor zu präsentieren, denn soll der Patient die Chance erhalten, seine „Blocks" inszenieren und aktualisieren zu können, muß der Therapeut sich so präsentieren, daß der Patient seinen Part im Übertragungsgeschehen als affektiv betrachtetes „Wortgefecht" führen kann. Zugleich muß der Therapeut aber in seiner Abstinenz die Konstituierung einer triangulierenden Metaperspektive ermöglichen, mit deren Hilfe sich die bisherige subjektive Epistemologie und der bisherige Daseinsentwurf verändern können.

Psychodynamische Gruppentherapie kann vor allem dann indiziert sein, wenn es darum geht, die interpersonellen Beziehungen, das „social functioning" (Gabbard 1990), zu verbessern. Die Gruppe spiegelt, daß der Patient mittels der Zwänge nicht nur sich selbst, sondern auch Bezugspersonen kontrolliert und so die Beziehungen, trotz „zwanghafter" Abwehr aggressiver oder sexueller Antriebe, belastet. Entsprechende Konfrontation von seiten der Gruppenmitglieder wird vom Patienten eher akzeptiert, als wenn sie vom professionellen Therapeuten kommt.

Eindrucksvoll ist es für den Zwangsneurotiker, wenn er gerade in einer Gruppe, deren Mitglieder für ihn die äußere Realität repräsentieren, die Erfahrung macht, daß verpönte Vorstellungen und Wünsche geäußert werden können, ohne daß er verurteilt wird. Der Patient kann so lernen, daß seine Ängste, von anderen ob solcher Gefühle „verdammt" zu werden, Projektionen des eigenen strengen Über-Ichs sind. Im Zuge der auf diese Weise geschehenen Modifikationen des Über-Ichs vermindern sich die entsprechenden Ängste, und entsprechend können jetzt die angstbindenden Zwangsvorstellungen und Zwangsrituale abnehmen.

Persistieren Zwangssymptome trotz des Versuchs psychodynamischer Aufarbeitung, ist zu untersuchen, ob der Patient inzwischen einen wichtigen sekundären Gewinn aus seiner Erkrankung zieht. So kann er in seine Reinigungsrituale die ganze Familie einbinden, dadurch entsprechende Kontrolle ausüben und in einer kaschierten Form aggressive und sexuelle Impulse ausleben. Überraschend dann zu sehen, daß solche Symptome bei Hospitalisierung verschwinden können, weil sie jetzt als Mittel zur Machtausübung über die Familie hinfällig werden, aber nach der Rückkehr in die Familie rezidivieren. Neben der psychodynamischen Bearbeitung kann also die Beachtung der familien- und soziodynamischen Faktoren, die sich mit den Zwängen verbinden, für einen Therapieerfolg entscheidend sein.

In einer abschließenden Übersicht werden noch einmal die zentralen Faktoren der psychodynamisch orientierten Therapie der Zwangsneurose zusammengefaßt.

Zentrale Faktoren des psychoanalytisch orientierten Prozesses in der Therapie der Zwangsneurose

1. Herstellung eines Arbeitsbündnisses (Leidensdruck, Gesundungswille, wechselseitige Akzeptanz usw.):
2. Bildung einer positiven Übertragung, verbunden mit einer ersten Einsicht in die psychodynamischen Zusammenhänge der Symptomproduktion, führt zur Über-Ich-Entlastung bzw. zur Reduktion von Schuldgefühlen. In der so vollzogenen Entschärfung des Konflikts bei entsprechender Reduzierung der zwangsneurotischen Abwehr kann sich der Patient besser durchsetzen und wird entscheidungsfähiger.
3. Entscheidend dabei die Erfahrung, daß die Verbalisierung von bislang tabuisierten Vorstellungen, Wünschen, Ängsten und das dementsprechende bislang blockierte Handeln (z. B. Sichdurchsetzen) nicht die befürchteten Folgen haben. Sowohl in Einzel- als auch Gruppentherapie kann der Patient lernen, daß die befürchtete Verurteilung Projektion des eigenen rigiden Über-Ichs ist. So reduziert sich das magische Weltbild und damit die typische zwangsneurotische Abwehr.
4. Intensivierung dieses therapeutischen Prozesses durch das Entstehen einer Übertragungsneurose:
   a) Reaktivierung ödipal-libidinöser Emotionen bis zur Übertragungsverliebtheit,

X

b) Reaktivierung ödipal-aggressiver Emotionen und des „analen Protests".
5. a) Erfahrung einer ödipal-integren, nicht mehr pervertierten Triade,
   b) In der „Auseinander-Setzung" mit dem Therapeuten im Rahmen einer negativen Übertragung Symmetrisierung der Beziehung und damit entsprechende Emanzipation. Die „gehemmte Rebellion", gestaltet durch das zwangsneurotische Abwehrgeschehen, wird damit hinfällig und somit die Zwangsneurose überhaupt.
6. Bleibt die Realisierung der vorgenannten Wirkfaktoren aus und persistieren die Symptome trotz des Versuchs einer psychodynamischen Aufarbeitung, ist zu untersuchen (und dann entsprechend zu bearbeiten und zu verfahren), ob dieser „Widerstand" auf Angst vor Desintegration oder sekundären Krankheitsgewinn zurückzuführen ist.

Verhaltenstherapie

H. Reinecker

Vorbemerkungen

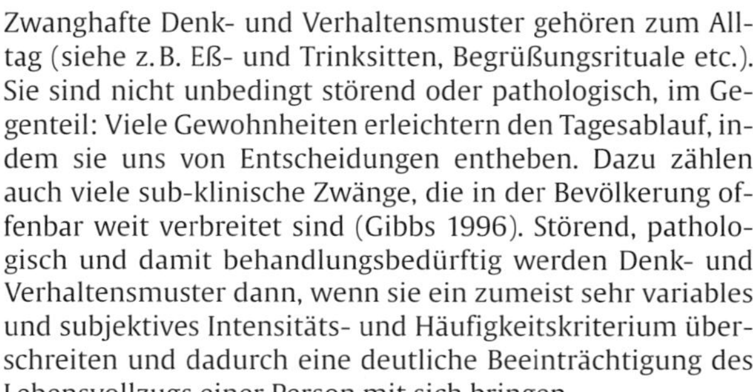

Zwanghafte Denk- und Verhaltensmuster gehören zum Alltag (siehe z.B. Eß- und Trinksitten, Begrüßungsrituale etc.). Sie sind nicht unbedingt störend oder pathologisch, im Gegenteil: Viele Gewohnheiten erleichtern den Tagesablauf, indem sie uns von Entscheidungen entheben. Dazu zählen auch viele sub-klinische Zwänge, die in der Bevölkerung offenbar weit verbreitet sind (Gibbs 1996). Störend, pathologisch und damit behandlungsbedürftig werden Denk- und Verhaltensmuster dann, wenn sie ein zumeist sehr variables und subjektives Intensitäts- und Häufigkeitskriterium überschreiten und dadurch eine deutliche Beeinträchtigung des Lebensvollzugs einer Person mit sich bringen.

Aus der Literatur sind verschiedene Beispiele von Personen bekannt, bei denen wir heute eine Zwangsstörung diagnostizieren würden: Dazu gehören etwa die Gestalt der Lady Macbeth oder die zwanghafte Eifersucht bei Othello in den Dramen von W. Shakespeare; Stefan Zweig stellte die Problematik in der Novelle „Der Zwang" in literarischer Form dar.

Frau E., eine 28jährige Frau, wendet sich auf Anraten einer ehemaligen Patientin an den Therapeuten. Sie leidet seit mehreren Jahren an einer deutlichen depressiven Verstimmung als Folge der Zwangsgedanken, ihre Kinder (2 und 4 Jahre) und evtl. auch ihren Ehemann mit „Gewaltgegenständen" verletzen oder sogar töten zu können. Den Kontakt mit solchen Gegenständen (Messern, Scheren, aber auch Schnüren, Telefonkabeln, Steinen etc.) versucht sie völlig zu umgehen. Sie vermeidet es nach Möglichkeit, allein zu sein, um die Kontrolle an andere Personen abgeben zu können. Nach mehreren Jahren fühlt sich Frau E. so sehr beeinträchtigt, daß sie praktisch nicht mehr in der Lage ist, den Haushalt und ihre Kinder zu versorgen. Sie schämt sich des Inhaltes ihrer Gedanken in höchstem Maße („eine Mutter denkt so etwas nicht") und zögert lange Zeit, sie ihrem Mann gegenüber zu äußern. Sie erscheint sehr erleichtert, als sie im Erstgespräch bemerkt, daß dem Therapeuten die Problematik wohl bekannt ist. Sie faßt Vertrauen und schöpft Mut zur Bewältigung ihrer Probleme.

Beschreibung und diagnostische Kriterien

Eine erste, durchaus präzise Beschreibung von Zwangsstörungen erfolgte bereits im vergangenen Jahrhundert durch Esquirol (1838) bzw. durch den deutschen Psychiater Westphal (1878). Die seit langer Zeit bekannten Merkmale von Zwangsstörungen (Jaspers 1913, Schneider 1925) fanden auch Eingang in die üblichen Klassifikationssysteme (hier: DSM-IV, APA 1996). Demnach sind für Zwangsstörungen folgende Merkmale ausschlaggebend:

1. Es handelt sich um einen **inneren**, subjektiven **Drang**, bestimmte Dinge zu tun oder zu denken.
2. Die Person leistet zumindest einen gewissen **Widerstand** gegen den Impuls.
3. Die Person besitzt **Einsicht** in die Sinnlosigkeit der Gedanken und Handlungen.
4. Gedanken bzw. Rituale führen zu einer deutlichen **Beeinträchtigung** des Lebensvollzugs der Person.

Speziell das letztgenannte Kriterium ist von besonderer Bedeutung, weil mit Zwangsgedanken und -handlungen zumeist deutliche Einschränkungen verbunden sind; die daraus folgende Beeinträchtigung der Lebensqualität bildet in den meisten Fällen das zentrale Motiv für das Aufsuchen therapeutischer Hilfe.

An den diagnostischen Kriterien sind zwei Aspekte von besonderer Bedeutung:

Zum ersten sind zentrale Kriterien der Zwangsstörungen subjektiver Natur (gedankliche Prozesse; subjektive Beeinträchtigung etc.). Zwangsstörungen sind also ohne die Berücksichtigung des kognitiven Geschehens kaum zu verstehen, weswegen es bei den neueren theoretischen Modellen in besonderer Weise Berücksichtigung findet. In der Charakterisierung fehlt zum zweiten das Merkmal der Angst. Dies ist insofern besonders erwähnenswert, als Zwangsstörungen nach wie vor zu den Angststörungen gezählt werden, was aus mehreren Gründen problematisch erscheint (Leplow 1998): Theoretische Vorstellungen über Zwangsstörungen waren zwar lange Zeit durch Modelle gekennzeichnet, wie sie für Angststörungen charakteristisch sind (z.B. Angstreduktionsmodell, Mowrer 1950; Rachman u. Hodgson 1980). Die zentrale Emotion bei Zwangsstörungen erscheint allerdings weniger als Angst, sondern vielmehr als Erregung, Unruhe, Unsicherheit, Ekel usw. Neuere Überlegungen zur Klassifikation von Zwangsstörungen gehen eher in die Richtung einer eigenständigen Betrachtung von Zwangsstörungen; sie sind gewissermaßen zwischen den Angst- und den Affektiven Störungen einzuordnen.

In der Klassifikation von Zwangsstörungen wurde zunächst in phänomenologischer Hinsicht unterschieden in **Zwangshandlungen** (hier: Waschen bzw. Kontrollieren) und **Zwangsgedanken** (hier: Gedanken, Bilder, Impulse). Die Differenzierung hat eine Reihe von Implikationen sowohl für die unterschiedliche Entstehung der Untergruppen, als auch für deren theoretische Erklärung und insbesondere für die Prognose und Behandlung.

Hinweise zur Epidemiologie und Nosologie

Zwangsstörungen waren lange Zeit als sehr selten vorkommende Störung gesehen worden; dies mag mit der Tendenz zur Verheimlichung auf Seiten des Patienten ebenso zusammenhängen (Dauer des Aufsuchens therapeutischer Hilfe, 7–10 Jahre) wie mit dem lange Zeit herrschenden „therapeutischen Nihilismus", den Patienten nämlich so gut wie keine effizienten Hilfestellungen anbieten zu können. Neuere epidemiologische Untersuchungen (Wittchen 1986, Rasmussen u. Tsuang 1986, Rasmussen u. Eisen 1991, 1992) zeigen 6-Monatsprävalenzraten im Bereich von 1–2%. In Deutschland ist demzufolge von rund 1 Mio. Zwangspatientinnen und -patienten auszugehen, von welchen die meisten aus verschiedenen Gründen unentdeckt und nach wie vor nicht zielführend behandelt werden. Dies ist eine aus menschlicher ebenso wie aus gesundheitspolitischer und ökonomischer Sichtweise außerordentlich problematische Situation.

Im klinischen Erscheinungsbild fallen eine Reihe von nosologischen Gemeinsamkeiten mit anderen Störungen auf, die hier nur angerissen werden können: Ein erster Zusammenhang betrifft Zwänge und Angststörungen: Dies betrifft vor allem Waschzwänge, bei denen Angst (vor Infektionen, Krankheit, Schmutz...) häufig in der Entwicklung und Aufrechterhaltung mit eine Rolle spielt. Auch soziale Ängste, generalisierte Ängste, Panikstörungen etc. sind bei Zwangsstörungen zu beachten (Marks 1987). Der Konnex zwischen Zwängen und Depressionen wird in der Literatur ausgiebig diskutiert. Unbestritten ist das häufige gemeinsame Auftreten („Komorbidität"), weitgehend unklar ist allerdings der ätiologische und pathogenetische Zusammenhang. Speziell in der Therapie muß der Aspekt der Depression im Detail berücksichtigt werden (Demal et al. 1992). Für die Entstehung einer Zwangsstörung wird häufig eine prämorbide „zwanghafte Persönlichkeitsstörung" (Fiedler 1995) als entscheidend erachtet. Während Zwangsstörungen jedoch Ich-Dyston sind, sind die Persönlichkeitsstörungen als Ich-Synton anzusehen (siehe dazu den Beitrag von H. Lang) und werden deshalb auch auf Achse II des DSM-IV diagnostiziert. Zwangsstörungen sind manchmal nicht einfach von sogenannten Borderline-Persönlichkeitsstörungen oder sogar von Schizophrenien zu trennen; Aufgabe einer präzisen funktionalen Analyse (Kanfer u. Saslow 1969) ist es somit, einzelne Merkmale im Detail zu beschreiben und sie in einen entspechenden Zusammenhang mit internen und externen Variablen zu setzen. Eine bloß diagnostische Kennzeichnung oder Klassifikation stellt lediglich ein Etikett („Kürzel") dar, das eine funktionale Analyse als Grundlage einer konkreten therapeutischen Intervention nicht ersetzen kann. So zeigte sich im obigen Beispiel Frau E. als zunächst äußerst verzweifelt, depressiv und zurückgezogen, was sich in der funktionalen Analyse allerdings als sekundär, d.h. als von ihrer zwanghaften Problematik abhängig erwies. Die funktionale Analyse sollte die Ebenen des Verhaltens, der Kognitionen sowie physiologisch relevante Variablen berücksichtigen.

Ein spezielles Konstrukt hat in neuerer Zeit große Aufmerksamkeit erhalten: Die sogenannten Zwangs-Spektrumsstörungen (Hollander 1993, Yaryura-Tobias u. Neziroglu 1996). Verschiedene psychische Störungen werden neuerdings im Zusammenhang mit Zwangsstörungen gesehen und analysiert (z.B. Gilles de la Tourette-Syndrom, somatoforme Störungen, Eßstörungen, verschiedene neurologische Störungen, zwanghaftes Spielen etc.). Auf diese Verknüpfungen soll hier nur hingewiesen werden, sie werden in der folgenden Betrachtung ebenso ausgeklammert wie Überlegungen zu Zwangsstörungen bei Kindern und Jugendlichen (Knölker 1992, Hinin u. Kendall 1997, Flament, Wittaker, Rapoport et al. 1988, Last u. Strauss 1989, Rapoport, Swedo u. Leonard 1992, Swedo u. Rapoport 1990, Wolff u. Wolff 1991, Milby u. Weber 1991).

Theoretische Modelle

Eine zielführende Behandlung erscheint ohne eine zumindest implizite Berücksichtigung theoretischer Überlegungen problematisch. Klassische und moderne Sichtweisen aus psychodynamischer Sicht sind in dem Beitrag von H. Lang dargestellt (Hoffmann, 1980). Aus kognitiv-verhaltenstherapeutischer Perspektive gibt es nicht **das** theoretische Modell: Innerhalb verschiedener Überlegungen werden – speziell mit Rückgriff auf verhaltenstherapeutische und psychophysiologische Modellvorstellungen – unterschiedliche theoretische Perspektiven angelegt, die gewissermaßen den Stand des Wissens repräsentieren. Theoretische Modelle sind nie abgeschlossen: Sie sind vorläufige Annahmen über Ereignisse und Prozesse.

Zwang als Angst-Reduktion: Das Zwei-Faktoren-Modell von H. Mowrer

Mowrers Modell wurde ursprünglich zur Erklärung von beobachtbaren Angstreaktionen entwickelt und erst später auf Zwangsstörungen übertragen; in diesem Modell hat man sich die **Entstehung** und **Aufrechterhaltung** von Zwangsstörungen (eben in Analogie zu Angststörungen, z.B. zu Agoraphobien) als einen zweiphasigen Prozeß vorzustellen:

In einer ersten Phase erwerben ursprünglich neutrale Situationen durch ein- oder mehrmalige Koppelung mit einer belastenden Situation aversive Qualität (Prinzip der klassischen Konditionierung, der Assoziation oder der Stimulussubstitution). In der Folge lösen nun nicht nur tatsächlich aversive Reize (UCS) die Angstreaktion aus, sondern ebenfalls die ursprünglich neutralen, nunmehr konditionierten Stimuli (CS). In der Literatur wurde vielfach verdeutlicht, daß man sich den Prozeß der klassischen Konditionierung nicht als passiven Prozeß der Koppelung von Reizen vorzustellen hat (Kimble 1961, Rescorla 1988, McAllister u. McAllister 1995). Lernen ist vielmehr ein aktiver Prozeß der Wahrnehmung unter intensiver Beteiligung von Gedächtnis- und Bedeutungsstrukturen. Deshalb sollte das in Abb. 32.**1** dargestellte Prinzip des Zwei-Faktoren-Modells nur als grobe Vereinfachung eines komplexen Prozesses betrachtet werden.

Unklar bleibt im ersten Teil des Prozesses die **Stabilität** zwanghaften Verhaltens: Die traumatischen/belastenden Bedingungen dauern in der Regel nicht an und so müßte es folglich zu einer Abnahme (Löschung) des zwanghaften Verhaltens kommen. Hier spielt nun der zweite Faktor (Vermeidungslernen) seine problematische Rolle (siehe Abb. 32.**1**): Der CS wird zum diskriminativen Hinweisreiz auf die aversiven Konsequenzen (Reaktionen = CR); das Individuum sucht die Situation zu beenden (Flucht) bzw. zu umgehen (Vermeidung). Erfolgreiche Vermeidung (= $\bar{R}$) läßt die befürchteten aversiven Konsequenzen gar nicht erst erneut eintreten, das Vermeidungsverhalten wird kontinuierlich negativ verstärkt ($\bar{R} \rightarrow \not{C}^-$) und deshalb im Repertoire des Individuums stabilisiert.

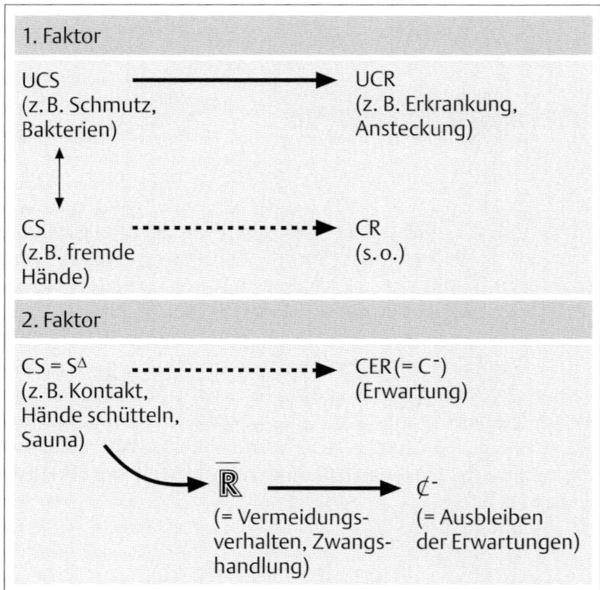

Abb. 32.**1** Prinzip und Beispiel für das Zwei-Faktoren-Modell

Überträgt man die theoretischen Überlegungen auf das Beispiel von Frau E., so führt die Vermeidung (z.B. Wegsperren von Messern, Anwesenheit des Mannes etc.) kontinuierlich zu einer Vermeidung der von der Patientin so sehr gefürchteten Situation (d.h. der Verletzung ihrer Kinder): Sie erlebt eine Art problematischer „Bestätigung" für die scheinbare Richtigkeit ihres Handelns.

Eine besondere Form der Stabilisierung ergibt sich vor allem dadurch, daß man bei Zwängen von sogenanntem **aktiven** Vermeidungsverhalten spricht, d.h. die Person entwickelt neue aktive Strategien (z.B. spezielle Waschrituale, spezielle Formen der Kontrolle), um sicherzugehen, daß ein gefürchtetes Ereignis **nicht** eintritt.

Dieses Zwei-Faktoren-Modell diente sehr lange Zeit als nachvollziehbares und durchaus robustes Modell zur Erklärung von Zwangsstörungen aus verhaltenstherapeutischer Sicht. Besondere Bedeutung kommt dem Modell insofern zu, als es eine erste zielführende Behandlungsstrategie – nämlich Konfrontation und Reaktionsverhinderung – zu entwikkeln erlaubte (Meyer 1966). Dies war sicherlich ein Durchbruch in der Behandlung von Zwangsstörungen. In der Zwischenzeit müssen allerdings verschiedene Grenzen und Probleme des Modells gesehen werden:

1. Das Modell bietet eine gute Klärung (und auch Behandlungsansätze) insbesondere für beobachtbare Zwangshandlungen. **Zwangsgedanken** (vor allem in reiner Form) lassen sich durch das Modell hingegen kaum erklären und auch effiziente Behandlungsstrategien nur begrenzt gewinnen.
2. Das Problem **angst-erhöhender Zwänge** entzieht sich einer Beschreibung und Erklärung (Foa u. Tillmanns 1980): Patienten berichten häufig, daß sich ihre Zwänge (vornehmlich Gedanken), ihre Angst und Unruhe nicht reduzieren, sondern geradezu eskalieren lassen.
3. Die Annahme **traumatischer** oder konflikthafter **Konstellationen** ist für den ersten Teil des Modells zentral; verfolgt man die Entwicklung von Zwangsstörungen, so läßt sich in bestenfalls ca. 1/4 aller Fälle eine solche mögliche Bedingung finden. Außerdem ist diese Annahme schon aus forschungsmethodologischen und wissenschaftstheoretischen Gründen kaum empirisch prüfbar.
4. Anders als Patienten mit Angststörungen, die verschiedene Situationen konsistent zu **vermeiden** versuchen, werden Patienten mit Zwangsstörungen von den belastenden Situationen geradezu magisch **angezogen** (Leplow 1998). Patienten scheinen die Situationen (und aversive Konsequenzen) weniger vermeiden zu wollen, als vielmehr zu versuchen, Dinge richtig zu stellen usw.

Einige dieser Schwierigkeiten wurden und werden auch von Vertretern des Modells gesehen, konnten jedoch durch Ergänzungen und Korrekturen des 2-Faktoren-Modells (Reinecker 1994) teilweise relativiert werden (z.B. Modell der Preparedness, kulturelle Einbettung von Zwängen, entwicklungspsychologische Besonderheiten). Das Modell ist trotz der Kritikpunkte bzw. weiterer Entwicklungen nicht falsch oder überholt: Das Grundprinzip und viele Elemente können heute noch als bedeutsam und handlungsleitend angesehen werden. Auf der Grundlage neuerer Entwicklungen der kognitiven Psychologie einerseits und neurophysiologischer Befunde andererseits wurden Erklärungsmodelle entwickelt, die im Zentrum der nächsten Abschnitte stehen sollen.

Kognitive Modellvorstellungen (P. M. Salkovskis)

Kognitive Prozesse spielen bei nahezu allen Zwangsstörungen eine ausschlaggebende Rolle. In rund 1/4 aller Fälle liegen rein kognitive Zwänge (also ohne beobachtbare Handlungen) vor. Diese bereiten sowohl für Diagnostik, für Beschreibung und Erklärung und insbesondere natürlich für die Therapie größte Probleme. Durch die Entwicklung eines Modells, das kognitiven Elementen und Prozessen einen gebührenden Raum zuweist, hat sich insbesondere die Forschergruppe um P.M. Salkovskis in Oxford verdient gemacht (Salkovskis 1985, 1989, Salkovskis u. Kirk 1989, 1996, Salkovskis u. Warwick 1988). Ausgangspunkt der Überlegungen war die Intention, den **Gedanken** innerhalb des Ablaufes der Störung eine gebührende Beachtung zuzuerkennen. Gedanken, und nicht so sehr offene Verhaltensweisen sind es, die den problematischen Ablauf zwanghafter Muster immer wieder in Gang setzen (unter anderem weil Gedanken kaum zu kontrollieren, d.h. zu unterdrücken oder zu beenden sind, siehe dazu unten). Die Gedanken an sich erscheinen nicht pathologisch („Gedanken sind frei!"), sie werden erst durch eine spezielle **Bewertung** zum Problem: Diese Bewertung, also die Verknüpfung einer speziellen Bedeutung an einen Gedanken vor dem Hintergrund der eigenen Biographie stellt ein Schlüsselelement in der Stabilisierung von Zwangsstörungen dar (siehe Abb. 32.**2**). Ein entscheidender Aspekt in dem kognitiven Modell ist die Trennung in zwei Elemente des Zwanges, nämlich in eine Stimulus- und in eine Reaktionskomponente der Zwangsstörungen (Abb. 32.**2**), die ganz unterschiedliche Funktionen besitzen.

Die Stimulus-Komponente (Gedanke) bildet in diesem Kreislauf gewissermaßen einen ubiquitären Ausgangspunkt:

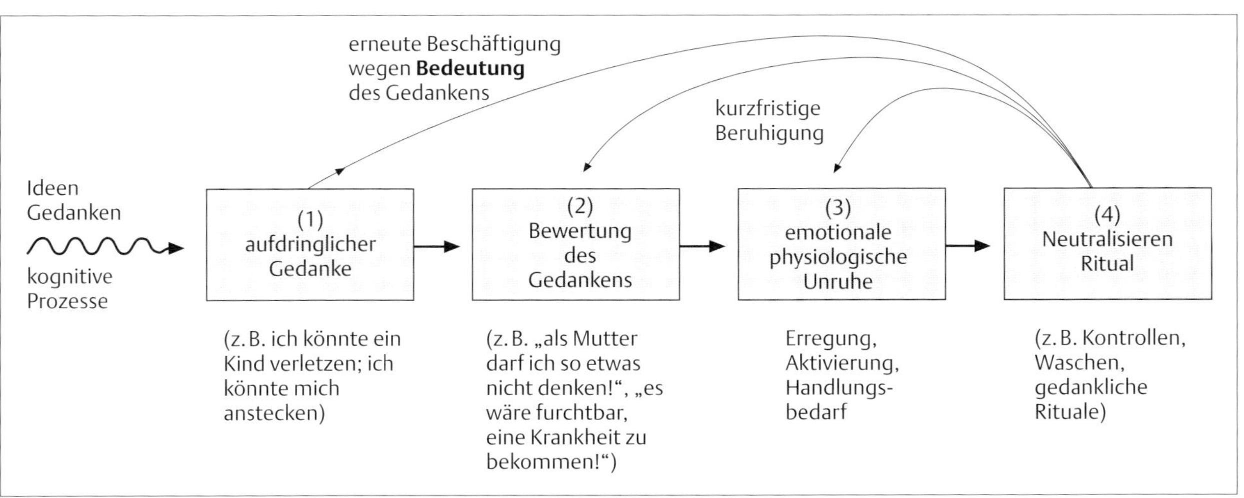

Abb. 32.**2** Prinzip des kognitiven Modells von Zwangsstörungen nach P. M. Salkovskis

Es sind **nicht** die Inhalte eines Gedankens, die problematisch sind, nicht der Gedanke selbst ist pathologisch, zum Problem wird er erst durch eine spezielle Form der Bewertung. Einer Untersuchung von Rachman und DeSilva (1978) zufolge, zeigen rund 95% aller Menschen fallweise ähnliche Gedanken wie Zwangspatienten (Gibbs 1996). Diese Personen werden allerdings nicht zu Zwangspatienten, weil sie die Gedanken nicht mit speziellen Bedeutungen verknüpfen. Erst die spezielle Bedeutung erhöht die (physiologische) Erregung und führt zu einem massiven Bedürfnis nach einer Reduktion der Erregung (Unruhe, Erregung, Ekel, „anxiety/discomfort", Rachman u. Hodgson 1980). Die zweite Komponente, nämlich das **Neutralisieren** (Handlungen oder Gedanken), spielt insofern in der Aufrechterhaltung eine ganz problematische Rolle, als die versuchte (und nie gänzlich gelingende) Unterdrückung ein weiteres Signal für die Bedeutung des Gedankens darstellt (Rebound-Effekt, Wegner 1992). Das Neutralisieren ist – ähnlich wie das Vermeidungsverhalten im Zwei-Faktoren-Modell – deshalb so stabil im Repertoire der Person, weil das Ritual unmittelbar negativ verstärkt wird. Da aber Angst und Unruhe des Patienten niemals gänzlich reduziert werden können, stellt dies wiederum einen Ausgangspunkt für aufdringliche Gedanken (= Stufe 1) dar.

Für dieses kognitive Modell sind also Mechanismen der gedanklichen Verarbeitung von Informationen von größter Bedeutung: In der einschlägigen Literatur gibt es unzählige Hinweise auf selektive Wahrnehmung, auf eine problematische Form der Bedeutungszuschreibung, der Speicherung und Verknüpfung von Information (Lang 1979, 1985). Wenn man versucht, die zentralen Konstrukte des Modells herauszustellen, so sind dies

1. Spezielle **Erwartungen** des Patienten, d. h. Patienten besitzen eine überhöhte Erwartung, daß negative Ereignisse eintreten könnten, wobei sie die Eintretenswahrscheinlichkeit in hohem Maße überschätzen.

Beispiel Frau E.: Das Ereignis der Verletzung oder Tötung von Familienmitgliedern steht ständig im Blickfeld der Patientin. Information aus den Medien springt ihr gewissermaßen ins Auge und sie schätzt die Wahrscheinlichkeit, daß auch ihr etwas derartiges passieren könnte, sehr hoch ein.

Patienten mit Zwangsstörungen zeigen eine erhöhte Selbstbeobachtung und Selbstaufmerksamkeit (Wells 1997, Wells u. Mathews 1994, 1997, Clark u. Purdon 1993). Befunde aus der Forschung zur Stimmungskongruenz zeigen, daß diese Infomation tatsächlich ständig zugänglich ist und von der Person stets aktiviert werden kann (Bower 1981, 1987, Singer u. Salovey 1988). Darüber hinaus vermischen die Patienten die Grenzen von Handlungen und Gedanken („thought-action-fusion", Rachman 1993, 1997).

2. Das Thema der **Unsicherheit** ist für Patienten mit Zwangsstörungen besonders charakteristisch: Da einer Entscheidung selbst bei trivial erscheinenden Gedanken und Handlungen höchste Bedeutung zugemessen wird, zeigt sich der Patient äußerst zögerlich. Dieses Zögern ist mit vermehrter Unruhe verbunden (= Stufe 3 im Salkovskis-Modell); dies ist aus allgemein-psychologischer Perspektive gesehen sehr sinnvoll, da in einer solchen Situation üblicherweise günstige Bedingungen für Problemlösungen gegeben sind. Für den Patienten ist die Situation der chronischen Erregung und Unsicherheit höchst aversiv; das Ritual bietet zumindest eine gewisse Stabilität in der Unsicherheit (siehe dazu auch die Funktion von Ritualen in verschiedenen Kulturen, in Situationen des Übergangs, der Unsicherheit und großen emotionalen Beteiligung, z. B. bei Tauf-, Hochzeits-, Reinigungs- oder Beerdigungsritualen).
3. Das Thema der **Schuld** und **Verantwortlichkeit** spielt für die gedankliche Verarbeitung eine zentrale Rolle: Der Patient dehnt seine Verantwortung auf Bereiche aus, die im Prinzip außerhalb seiner Einflußmöglichkeiten liegen, so daß in vielen Fällen wohl von einer Form des magischen Denkens gesprochen werden muß.

Frau M. ist erst nach umfangreichen und zeitraubenden Kontrollen aller Wasserhähne und Toilettenspülungen in der Lage, die Firma zu verlassen, in der sie angestellt ist.

Da sie – gerade wegen dieser Kontrollen – zumeist die letzte Person ist, die das Gebäude verläßt, könnte sie ihrer Logik nach für eine Überflutung und einen damit verbundenen Wasserschaden verantwortlich gemacht werden.

Gemeinsam mit den beiden anderen Konstrukten ergibt dieses Gefühl der Schuld und Verantwortlichkeit (Salkovskis [1989], spricht von „inflated responsibility") eine Art Teufelskreis, aus dem die Patientin nur durch vermehrte Kontrollen zu entkommen glaubt. Im Sinne eines „meta-kognitiven Modells" (Tallis 1995, Wells u. Mathews 1997) spielen damit die **Gedanken** des Patienten (vor allem seine Gedanken über seine Gedanken...) eine entscheidende Rolle für die Stabilisierung des zwanghaften Systems.

Die kognitiven Modellvorstellungen aus der Arbeitsgruppe um Salkovskis stellen in mehrfacher Hinsicht eine enorme Bereicherung dar:

- Zum ersten leistet das Modell einen Versuch zur Beschreibung und Erklärung rein **kognitiver** Abläufe, da das zentrale Problem bei Zwangsstörungen vor allem gedanklicher Art zu sein scheint.
- Das Modell bietet weiterhin eine geradezu ideale Einbindung von Befunden der kognitiven Psychologie, der Gedächtnispsychologie und neuerer **Emotionstheorien**: Viele dieser Aspekte erweisen sich zur Klärung pathologischer Abläufe bei Zwangspatientinnen und Zwangspatienten als äußerst zielführend.
- Nicht zuletzt enthält das Modell für die Therapieplanung und Therapiedurchführung eine Reihe von konkreten Hinweisen; als zentral muß demnach der Aspekt der **Bewertung** eines Gedankens angesehen werden. Ansätze der Veränderung von Bedeutung und Bewertung im Sinne kognitiver Therapie (siehe unten) bieten sich deshalb in besonderer Weise an.

Psychobiologische Modellvorstellungen (J. E. Schwartz)

Jedes körperliche und kognitive Geschehen ist mit physiologischen und biologischen Prozessen verknüpft. Aus diesem Grunde sind rein verhaltensorientierte oder rein kognitive Modellvorstellungen zumindest einseitig oder unvollständig. Für psychische Störungen wird deshalb in neuerer Zeit von einem bio-psycho-sozialen Modell ausgegangen, das seinerseits jede Form von Reduktionismus verbietet (Damasio 1997).

Aus verhaltenstherapeutischer Sicht haben Analysen von psycho-biologischen Prozessen bei Zwangsstörungen bereits Tradition (Rachman u. Hodgson 1980, Schwartz u. Beyette 1997). Schwartz geht in seinen Überlegungen soweit, die Zwangsstörungen gewissermaßen als eine „Krankheit des Gehirns" zu bezeichnen. Untersuchungen aus seinem eigenen Labor haben gezeigt, daß das Gehirn durch Mechanismen des Lernens und der kognitiven Umstrukturierung beeinflußbar ist, daß also entsprechende Wechselbeziehungen bestehen (mit entsprechenden Implikationen für die Therapie von Zwangsstörungen).

Nach unserem heutigen Wissen sind am Ablauf von Zwangsstörungen vor allem folgende Hirnareale beteiligt:

1. **Corpus striatum** (Basalganglien): In diesem Bereich erfolgt die automatische Übertragung von Handlungen (Putamen) bzw. von Gedanken (Nucleus caudatus). Die automatische Verarbeitung scheint bei Zwangspatienten beeinträchtigt.
2. **Orbitaler Kortex:** Hier erfolgt die Zusammenschaltung von Emotionen, Gedanken und Handlungen; durch die Störung des automatischen Ablaufes ergibt sich eine gewissermaßen chronische Aktivierung und Überaktivierung des Fehlernachweis-Reglers.
3. **Gyrus cinguli**: Die Beteiligung des limbischen Systems bringt entspechende Angst, Unruhe und emotionale Erregung mit sich, die vom Individuum besonders unangenehm und belastend erlebt wird; durch das oben angesprochene Neutralisieren kann der Patient diese Unruhe zumindest partiell reduzieren.

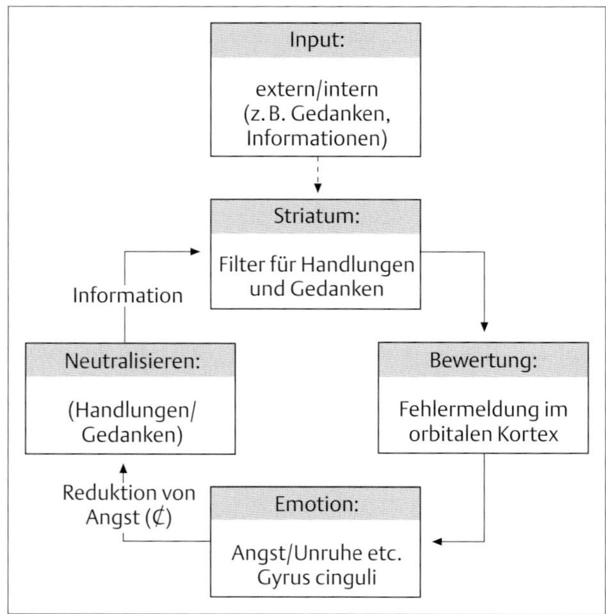

Abb. 32.**3** Psychobiologisches Modell für Zwangsstörungen

Potentielle Zusammenhänge der einzelnen Systeme – unter Beteiligung des Thalamus – werden in Abb. 32.**3** dargestellt.

Ähnlich wie im kognitiven Modell von Salkovskis bestehen verschiedene Möglichkeiten der Aktivierung des Systems: Ein externer Reiz (Wasserhahn, Schmutz, Gewaltgegenstand...) ebenso wie gedankliche Prozesse (Bilder, Vorstellungen etc.) lösen einen gedanklichen oder Verhaltensablauf aus. Die Hemmung des automatisierten Ablaufs (z.B. einfache Kontrolle des Wasserhahns oder eine visuelle Kontrolle) funktioniert nicht, weil im orbitalen Kortex eine Art chronische Fehler-Meldung erfolgt; die Beteiligung des limbischen Systems ergibt eine Aufschaukelung aversiver Gefühle („etwas ist nicht in Ordnung..."). In dieser Situation versucht die Person zunächst, partielle Sicherheit herzustellen und die Unruhe zu neutralisieren, und erreicht durch das Ritual zumindest eine kurzfristige Beruhigung (negative Verstärkung). Sie ist sich allerdings unsicher (siehe oben, kognitive Modelle) und übernimmt große Verantwortung für Handlungen und für das Unterlassen von Handlungen, so daß das System über den Weg der Informationsverarbeitung nie abgeschlossen ist.

Als besonderer Aspekt der chronischen und gedanklichen Handlungsaktivierung kommt hinzu, daß es bei Patienten mit Zwangsstörungen offenbar zu einer problematischen Umkehrung des bei normalen Personen gegebenen „omission error" kommt (Salkovskis 1996; Salkovskis u. Kirk 1996): Normale Personen fühlen sich für aktive Handlungen und deren Folgen stärker verantwortlich als für Handlungen, die sie unterlassen haben und die im Prinzip ebenso problematische Konsequenzen haben (Beispiel: Unterlassen einer Geldspende für caritative Zwecke). Zwangspatienten scheinen diese Logik umzukehren: Sie fühlen sich in besonderer Weise verantwortlich für Handlungen und Gedanken, deren Unterlassung möglicherweise problematische Folgen haben könnte (Beispiel: Kontrolle im Straßenverkehr, gedankliche Sprüche, Formeln, Zählen etc. um ein Unglück zu vermeiden). Die **Stabilität** der Rituale ergibt sich in besonderer Weise dadurch, daß sie kontinuierlich negativ verstärkt werden (siehe dazu auch Zwei-Faktoren-Modell).

Die Relevanz von psycho-biologischen Modellvorstellungen ist nicht so sehr in der bloßen Komplexitätserweiterung zu sehen; die Berücksichtigung des psycho-biologischen Geschehens erscheint vielmehr unabdingbar. Von besonderem Wert ist diese Modellvorstellung auch deshalb, weil sich einzelne Elemente harmonisch ergänzen: Prinzipien aus den klassischen Lerntheorien lassen sich hier ebenso gut integrieren wie Überlegungen zu kognitiven Prozessen, zum Thema der Bedeutung, der Verantwortlichkeit usw. Das Modell erscheint darüber hinaus offen für Ergänzungen und Erweiterungen, die für das Verständnis von Zwangsstörungen große Bedeutung haben. Zu nennen sind entwicklungspsychologische Prinzipien (z.B. über die Rolle von Phasen des Übergangs, mit einem solchen Übergang verbundene Verunsicherung und der Rückgriff auf Rituale), aber auch Hinweise aus der Ethologie (siehe z.B. Rolle von Übersprungshandlungen) oder auf die Thematik einer kulturellen und sozialen Einbettung von Zwangsstörungen (z.B. Themen der Schuld, der Reinigung, der Verantwortung etc. in verschiedenen Kulturen). Daß gerade mit psycho-biologischen Modellen Überlegungen zur Bedeutung unterschiedlicher Therapiemodalitäten verknüpft sind, ist unter anderem Thema der Erörterungen im folgenden Abschnitt.

Die Behandlung von Zwangsstörungen

Im gesamten Spektrum psychischer Störungen gelten Zwangsstörungen zu Recht als besonders schwierig behandelbar, was mit der Pathologie im engeren Sinne ebenso zusammenhängt wie mit der Struktur der psycho-sozialen Versorgung, aber auch mit Merkmalen der therapeutischen Interaktion. In den obigen Ausführungen wurde von einem Durchbruch in der Behandlung von Zwangsstörungen durch das Verfahren der Konfrontation und Reaktionsverhinderung (Meyer 1966) gesprochen. Das Prinzip steht nach wie vor im Zentrum von verhaltenstherapeutischen Behandlungsansätzen. Hinzu kommen Variationen, Ergänzungen, Verbesserungen etc.; eine besondere Rolle spielen auch das sogenannte Vorfeld der Behandlung und prognostische Faktoren.

Vorbereitung der Behandlung

Die Durchführung von Verhaltenstherapie ist in einen kontinuierlichen **Prozeß** eingebettet. An dessen Beginn steht die Klärung von Rollen, der therapeutischen Beziehung, des therapeutischen Settings; daran schließt sich eine Klärung und der Aufbau von Änderungsmotivation sowie eine präzise und detaillierte Verhaltens- und Zielklärung an (Kanfer, Reinekker u. Schmelzer 1996). Der konkrete technische Einsatz therapeutischer **Methoden** steht in diesem Prozeßmodell an relativ später Stelle und bedarf einer entsprechend genauen Vorbereitung der anderen Stufen. Das Gesagte gilt für Verhaltenstherapie im allgemeinen. In der therapeutischen Arbeit mit Zwangspatienten zeigen sich einige Besonderheiten, deren Kenntnis und Berücksichtigung für eine effiziente Arbeit unverzichtbar erscheint.

- Patienten mit Zwangsstörungen stehen einer therapeutischen Intervention sehr zögerlich und **ambivalent** gegenüber (Turner u. Beidel 1988). Dies zeigt sich unter anderem daran, daß Patienten ihr Problem in der Regel sehr lange Zeit verheimlichen. Die Verheimlichung hat mit dem Schamgefühl der Patienten ebenso zu tun wie mit der problematischen Struktur des Versorgungssystems. Besonders klar und eindringlich geschildert ist diese Problematik in der Darstellung einer ehemaligen Patientin (Ulrike S. et al. 1996).
- In der Vorbereitung sollte berücksichtigt werden, daß Patienten mit Zwangsstörungen üblicherweise eine Kette von erfolglosen **Behandlungsversuchen** hinter sich haben. Diese gehen in der Regel von Haus- und Fachärzten, stationären Klinikaufenthalten über Heilpraktiker, verschiedene psychotherapeutische Versuche, Ansätze im paramedizinischen und nonprofessionellen Feld, bishin zu dubiosen und zum Teil unvertretbaren „Therapien" auf dem Psycho-Markt. Patienten sind nach diesen Irrwegen zumeist entmutigt bis verzweifelt. Diese Tatsache ist unbedingt in Rechnung zu stellen (d.h. warum sollte aus Sicht des Patienten gerade die anstehende Therapie helfen?).
- Die Interaktion und **Beziehung** mit einem Patienten verlangt vom Therapeuten ein hohes Ausmaß an Ruhe, Geduld und Frustrationstoleranz: Im Beitrag von H. Lang wurde bereits angesprochen, daß Patienten einer Therapie oft mit Feindseligkeit, Ablehnung und zum Teil offener Aggressivität gegenüber treten (z.B.: „Sie haben ja keine Ahnung, in welcher Situation ich mich befinde!"). Auf der anderen Seite zeigt der Patient oft eine Form von Abhängigkeit (Übertragung?) die sich in Kombination mit dem oben Gesagten als problematisch erweist (z.B.: „Sie sind meine letzte Rettung, wenn sie mir nicht helfen, kann ich mich auch umbringen!").
- In der Psychotherapieforschung ebenso wie in der konkreten therapeutischen Praxis gilt entsprechende **Motivation** eines Patienten als besonders bedeutsam. Motivation meint dabei ganz konkret die Bereitschaft, sich auf einzelne Veränderungsschritte einzulassen und am Prozeß der Zielerreichung mitzuarbeiten. Es liegt auf der Hand, daß gerade dieser Punkt bei Zwangspatienten eine besondere Schwierigkeit darstellt, bedeutet doch Therapie, zwar pathologische, allerdings auch gewohnte und stabile Verhaltensmuster zu unterlassen. Aufgabe des Therapeuten ist es in diesem Kontext, Motivation nicht nur zu klären, sondern nach Möglichkeit zu unterstützen und zu fördern, indem Perspektiven und positive Beispiele aufgezeigt werden.
- In der Vorbereitung der Behandlung (vor allem der Exposition) stellt die **plausible Erklärung** der Problematik ein bedeutsames Element dar. Patienten mit Zwangsstörungen sind besonders verunsichert, da ihnen die Zwangsgedanken und Rituale unerklärlich sind. Aufgabe des Therapeuten ist es deshalb, dem Patienten in verständlichen

Worten den Stand unseres Wissens – bezogen auf seine individuelle Lebenssituation und Problematik – zu vermitteln. Die plausible Erklärung erleichtert nicht nur den Einstieg des Patienten in die Behandlung, sondern stellt auch ein Gebot der Transparenz unter dem Blickwinkel des späteren Selbstmanagement dar.

Zum Aspekt des Vorfelds der Behandlung gehört es auch, den breiteren Lebenskontext des Patienten gebührend zu berücksichtigen. Auf der **Makro-Ebene** besitzt die Zwangsstörung in der Regel eine spezielle Funktion, die einer genauen Analyse bedarf (Marks 1987). Therapie bedeutet nicht nur einen Eingriff in die engere Problematik, sondern sie beinhaltet eine Veränderung des persönlichen, familiären und des sozialen Kontextes.

Herr E. nimmt – seit er von den Schwierigkeiten seiner Frau weiß – besonders viel Rücksicht auf sie; Werkzeug läßt er weder im Garten, noch sonst im Haus liegen, damit seine Frau nicht mehr beunruhigt wird, verschiedene „Gewaltgegenstände" sperrt er in die Garage ein etc. Er versucht auch besonders oft zu Hause zu sein, damit seine Frau nicht allein ist, bemüht sich, sie zu beruhigen und nimmt ihr eine Reihe von Entscheidungen ab.

Prognostische Faktoren

Der Effekt einer psychotherapeutischen Intervention hängt nicht nur von der Anwendung einer therapeutischen Maßnahme im Kontext einer therapeutischen Beziehung ab; verschiedene Variablen beeinflussen die Prognose einer Behandlung gewissermaßen unabhängig von diesen Faktoren (Abb. 32.**4**).

Aus der Liste von Faktoren (Reinecker 1994) soll ein Beispiel jeder Spalte hervorgehoben werden:

- Kurze **Dauer** gilt sicherlich deshalb als Faktor mit guter Prognose, weil sich die Problematik im Repertoire der Person und im Makro-Kontext (Bezugspersonen) noch nicht stabilisiert hat. Es ist einsichtig, daß das Alter der Person mit der Dauer der Störung korreliert, doch nicht das Alter der Person, sondern die Dauer (interessanterweise auch nicht die Intensität der Störung) bildet den entscheidenden Prädiktor für eine mögliche Veränderung.
- Als weitgehend **irrelevant** gilt zwanghaftes Verhalten in der Kindheit vermutlich deshalb, weil solches in der Kindheit äußerst weit verbreitet ist (dies meint nicht unbedingt eine ausgeprägte Zwangsstörung, Hemminger 1995).

Prognose gut	für Prognose irrelevant	Prognose schlecht
Motivation episodischer Verlauf prämorbider Zustand kurze Dauer Life Events (umstritten)	Alter Geschlecht Intelligenz Kindheit Medikation (umstritten)	Dauer „Overvalued Ideas" reine kognitive Zwänge Partnerschaft (umstritten)

Abb. 32.**4** Prognostische Faktoren für die Behandlung von Zwangsstörungen

- Ein bekannt negativer Prädiktor ist bei sogenannten **„overvalued ideas"** gegeben (Foa 1979, Foa et al. 1983, Kozak u. Foa 1994, 1996): Gemeint ist damit die Auffassung des Patienten, daß seine Ängste, Gedanken und Befürchtungen im Prinzip eine realistische Grundlage besitzen.

Ein 32jähriger Patient mit massiven Kontrollzwängen betreffs Straßenverkehr und potentieller Unfälle, war im Prinzip fest davon überzeugt, daß seine Kontrollen (Straße mehrfach abfahren, in angrenzenden Grundstücken nachsehen, auch nachts kontrollieren, Polizei anrufen usw.) höchst wichtig seien. Er hielt sich für in besonderer Weise dafür verantwortlich (siehe oben), diese Kontrollen durchzuführen, weil er beim Unterlassen zwar unwahrscheinlicher-, aber möglicherweise doch Schuld auf sich laden würde, die er nicht ertragen könnte.

Daß bei einer solchen Problemkonstellation eine Therapie nur sehr schwer möglich ist und daraus eine schlechte Prognose resultiert, liegt auf der Hand: Der Patient läßt sich auf die emotionale Bedeutung seiner Befürchtungen (Foa u. Kozak 1986, Kozak u. Foa 1996) nicht ein, so daß eine entsprechende Veränderung von Bedeutungen (Pennebaker 1993) nicht erfolgen kann.

Prinzip und Praxis der Behandlung

Das entscheidende Prinzip der Behandlung bei Zwangsstörungen besteht in **Konfrontation und Reaktionsverhinderung** (Meyer 1966, Sturgis u. Meyer 1981, Marks 1975, 1987, Rachman u. Hodgson 1980, Turner u. Beidel 1988, Reinecker 1994, Kozak u. Foa 1996, Schwartz u. Beyette 1997). Konfrontation verlangt eine präzise Identifikation derjenigen Stimuli (interner und externer Art), die die Unruhe und die damit verbundenen Rituale auslösen. Die Konfrontation des Patienten mit solchen Situationen setzt die oben angeführte Vorbereitung ebenso voraus, wie eine transparente Erklärung an den Patienten und den Hinweis, daß die Behandlung durchaus unangenehm und belastend ist. Diese Belastung hängt unter anderem damit zusammen, daß als zweite Komponente des Verfahrens die Reaktionsverhinderung greift (Marks 1987): Der Patient wird dazu angeleitet, seine üblichen Vermeidungsrituale zu unterlassen, bis im weiteren Verlauf Angst, Unruhe, Erregung etc. abnehmen (siehe Abb 32.**5**).

Konfrontation und Reaktionsverhinderung bildet die für den Patienten einzige Möglichkeit zur konkreten Prüfung seiner Erwartungen: Indem er seine bisherigen Vermeidungsrituale unterläßt, **erlebt** der Patient, daß die Rituale nicht notwendig sind. Dies läßt sich auch anhand des folgendem scherzhaften Beispiels, das manchmal auch zur Verdeutlichung der zwanghaften Logik dem Patienten gegenüber verwendet wird, illustrieren:

Ein Mann sitzt beim Psychiater und schnippt unaufhörlich mit den Fingern; nach einer Zeit fragt der Psychiater, was es mit dem Schnippen der Finger auf sich habe. Antwort des Patienten: „Ich verscheuche die Fledermäuse in diesem Zimmer". Der Psychiater: „Aber hier gibt es doch keine Fledermäuse". Daraufhin der Patient: „Ja, weil ich unaufhörlich mit den Fingern schnippe!".

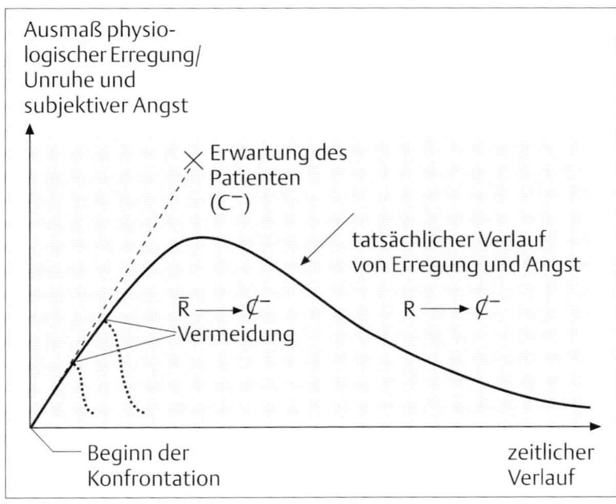

Abb. 32.**5** Verlauf von Angst und Unruhe bei Vermeidung bzw. Konfrontation/Reaktionsverhinderung

Stichwortartige, praktische Hinweise zur Durchführung des Verfahrens:

- Die Durchführung sollte in der Regel in der **Anwesenheit des Therapeuten** erfolgen, unterstützt evtl. durch Co-Therapeuten. Die Durchführung sollte im natürlichen Setting des Patienten erfolgen; auf Probleme der Anwendung in stationären Settings wird noch hingewiesen.
- Die **Dauer der Durchführung** der Konfrontation und Reaktionsverhinderung erscheint weniger bedeutsam als der Aspekt, daß der Patient eine Abnahme von Angst, Unruhe und Vermeidungstendenzen erlebt.
- Die Dauer ist sicherlich offen, beträgt aber zum Teil mehrere Stunden und verlangt vom Therapeuten entsprechende **Flexibilität** (Probleme der ambulanten Versorgung).
- Der Patient sollte sich auf den **emotionalen Inhalt** seiner Ängste, Befürchtungen, Unruhe etc. einlassen. Das Prinzip „Wasch mich, aber mach mich nicht naß“ funktioniert in diesem Kontext keinesfalls. Bereits bei der Vorbereitung der Therapie wird Geduld auf seiten des Therapeuten verlangt, keinesfalls zielführend sind Überredung oder Überrumpelung. In der konkreten Durchführung der Intervention ist mit dem Hinweis auf die Vorbereitung durchaus Konsequenz erforderlich, was entsprechende Erfahrung und Kompetenz des Therapeuten voraussetzt.
- **Gewalt**, auch psychische Gewalt, ist auf jeden Fall **unangebracht** (z.B. auch ein Hinweis auf den Abbruch der Therapie). Die aktive Entscheidung des Patienten gegen den Beginn oder die Weiterführung der Therapie ist in jedem Fall zu respektieren.
- Schrittweises **Ausblenden von Hilfestellung** und ein Übergang zum Selbstmanagement bietet sich dann an, wenn der Patient Übungen selbständig durchführen kann.
- Notwendigkeit von Übungen, Aufgaben im Sinne von **Hausaufgaben** (siehe dazu auch Motivation) zwischen den einzelnen Sitzungen.
- Bei Kontrollzwängen ist insbesondere die Übergabe der **Verantwortung** an den Patienten notwendig, was besonderer Übung und Erfahrung des Therapeuten bedarf.
- Information und Beteiligung von **Bezugspersonen:** Da diese üblicherweise mit dem zwanghaften System vernetzt sind, erweist sich deren Einbindung in den therapeutischen Prozeß als wichtig. Dies gilt in besonderer Weise für die Stabilisierung von Veränderungen.
- Unbedingt notwendig erscheint ein **Aufbau von Alternativen;** Patienten waren oft viele Stunden mit zwanghaften Ritualen beschäftigt. In der Therapie kann es nicht nur um eine Reduktion pathologischer Aspekte gehen, sondern um den Aufbau von „gesunden“ Denk- und Verhaltensmustern (z.B. im Bereich des Berufes, der Freizeit, sozialer und persönlicher Beziehungen usw.).
- Als unspezifische Faktoren der Intervention müssen sicherlich **Faktoren** wie Beruhigung, Unterstützung, Ermutigung etc. genannt werden. Diese Faktoren sind in der Regel mit einer kompetenten Therapiedurchführung verbunden und somit davon nicht zu trennen.

Problematisch bleibt sicherlich der Umgang mit **gedanklichen Zwängen**, weil Merkmale der kognitiven Vermeidung kaum kontrollierbar sind (siehe unten).

Das konkrete Vorgehen wurde aus der Sicht einer Patientin (Ulrike S. et al. 1996) sehr genau und im Detail beschrieben. Hier sind durchaus Hinweise zu belastenden wie auch erleichternden Faktoren bei der Bewältigung einzelner Situationen zu entnehmen.

Frau E. wurde nach wenigen Therapiesitzungen ermutigt, ein Küchenmesser (eingewickelt in ein Küchentuch) in die Handtasche zu legen, zu sich ins Auto und zur Therapie mitzubringen. Dieses Messer wurde dann auf den Tisch gelegt; in dieser Situation zeigte die Patientin zunächst eine massive Unruhe. Mit der Zeit beruhigte sie sich und sie wurde dazu angehalten, mit dem Messer zu hantieren. Dies war anfänglich mit größter Angst verbunden. Im Laufe der Zeit wurde die Patientin auch aufgefordert, mit anderen Gewaltgegenständen umzugehen; sie sollte wieder beginnen, Tageszeitungen zu lesen und Gartengeräte zu benutzen. Außerdem suchte sie gemeinsam mit dem Therapeuten und der Co-Therapeutin die Garage auf. Gerade in diesem Bereich war es durchaus schwierig, die Verantwortung an die Patientin abzugeben, weil sie sich durch die Anwesenheit des Therapeuten und der Co-Therapeutin beruhigt fühlte. Wichtig war es in diesem Kontext vor allem, zu Übungen überzugehen, in denen ein hoher Anteil an Selbstkontrolle und Selbstmanagement enthalten war (Hausaufgaben etc.). Von besonderer Bedeutung war in diesem Kontext auch ein Aufbau von Alternativen, sowie die Veränderung der Kommunikation mit dem Partner (hinsichtlich der Bereiche Dominanz, Gefühle, auch aggressive Gefühle zulassen zu können und sie in der Kommunikation auszudrücken). Im Bereich der Alternativen kam es z.B. zu einer Wiederaufnahme der Berufstätigkeit, zu vermehrter Selbständigkeit und größerem Selbstvertrauen der Patientin. In einem Follow-up nach zwei Jahren zeigte sie sich völlig beschwerdefrei; sie konnte ihrer früheren Halbtagsbeschäftigung wieder nachgehen und schilderte auch die partnerschaftliche und die soziale Interaktion als besonders befriedigend.

Hinweis zur Diskussion von ambulanter versus stationärer Behandlung

Diese Frage erscheint keineswegs eindeutig zu beantworten. Die Entscheidung wird nicht so sehr von der Problematik und deren Intensität abhängig sein, sondern vielmehr von Makrofaktoren (z. B. familiäre Belastung etc., Ecker 1991, Crombach 1991). Bei fallweise durchaus sinnvollen stationären Behandlungen erscheint es besonders wichtig, einen nahtlosen Übergang zu ambulanter Therapie besondere Beachtung zu schenken und den Aspekt des Selbstmanagement zu betonen, weil Probleme vor allem eben zu Hause und nicht so sehr in der Klinik auftreten.

Kognitive Verhaltenstherapie bei Zwangsstörungen erfordert, verglichen etwa mit unterschiedlichen Gruppen von Angststörungen, in der Regel einen größeren Aufwand und mehr Zeit. In vielen Fällen ist eine Langzeittherapie (rund 40–60 Stunden, Dauer ein bis zwei Jahre) angemessen. Man sollte bei der Behandlung von Zwangsstörungen sogenannte „Auffrischungssitzungen" mit den Patientinnen und Patienten planen und absprechen: Auch **nach** dem formellen Ende der Therapie sollten Patienten Gelegenheit haben, sich an ihren behandelnden Therapeuten zu wenden, um einzelnen Rest-Schwierigkeiten – im Rahmen zumeist weniger Sitzungen und Übungen – zu begegnen. Solche Nachbehandlungen sollten nicht als Fehler des Therapeuten oder der Therapiedurchführung bzw. gar des Patienten angesehen werden. Die Schwierigkeiten, die Nachbehandlungen u. U. erforderlich machen, ergeben sich vielmehr aus der Dynamik der Störung und ihrer Vernetzung mit dem individuellen Lebenskontext. Schwartz u. Beyette (1997) sprechen in diesem Kontext sogar explizit von „Zwangsstörungen als einer chronischen Krankheit".

Exkurs: Zur Rolle der Medikation bei der Behandlung von Zwangsstörungen

Nahezu alle Patienten haben bei Beginn einer kognitiven Verhaltenstherapie eine bereits lange dauernde „Karriere" unterschiedlicher Behandlungsmaßnahmen hinter sich (ca. 7–10 Jahre, Reinecker u. Zaudig 1996). Unter diesen verschiedenen Maßnahmen nehmen medikamentöse Verfahren in der Versorgung sicherlich einen wichtigen Platz ein. Wenn man bisherige Forschungsergebnisse zu dieser Thematik zusammenfaßt, so läßt sich folgendes festhalten: Aus der breiten Gruppe von Psychopharmaka können unterschiedliche **Antidepressiva** als durchaus zielführende Medikamente angesehen werden. Dies mag damit zusammenhängen, daß zwischen Depressionen einerseits und Zwangsstörungen andererseits biochemische Gemeinsamkeiten bestehen (Turner, Beidel u. Nathan 1985). Einschränkend aber muß bereits hier festgehalten werden, daß es einen **spezifisch** auf die Zwangsproblematik gerichteten pharmakologischen Effekt sicherlich nicht gibt, so daß auch der Wirkmechanismus weitgehend unklar bleibt.

Innerhalb der Antidepressiva zeigen sich zwei Medikamenten-Gruppen als sinnvoll und in der Anwendung bei Zwangsstörungen indiziert (in der Regel allerdings unbedingt in Kombination mit Verhaltenstherapie, v. Balkom et al. 1994, Hohagen 1998): Dies sind zum ersten **trizyklische Antidepressiva** (Ananth 1986, Insel u. Mueller 1984, Turner u. Beidel 1988) und zum anderen die **selektiven Serotonin-Reuptake-Hemmer** (SSRI's, Goodman 1982, Fineberg et al. 1992, Zohar u. Kindler 1992). Beide Medikamenten-Gruppen bewirken eine Veränderung des Serotonin-Systems, wobei die letztgenannte Gruppe offenbar geringere Nebenwirkungen zeigt als die trizyklischen Antidepressiva. Interessant erscheint in dem Zusammenhang, daß Patienten mit Zwangsstörungen (im Vergleich speziell zu Angststörungen) kaum auf Placebos ansprechen.

Die Bedeutung medikamentöser Behandlung im Spektrum psychotherapeutischer Verfahren läßt sich heute kaum sachlich diskutieren. Die Argumentationen sind stärker durch berufspolitische Positionen als durch die Notwendigkeit der Versorgung und die Bedürfnisse von Patienten gekennzeichnet. In einer Übersicht verschiedener Studien zeigt Abel (1992), daß antidepressive Medikation (in Kombination mit Verhaltenstherapie) speziell zur kurzfristigen Verbesserung der Stimmung und zur Verbesserung der Motivation zur Behandlung durchaus angezeigt sein kann. Die Probleme medikamentöser Behandlung, insbesondere bezüglich unerwünschter Nebenwirkungen und Rückfällen beim Absetzen der Behandlung, sollten dabei nicht übersehen werden: Die Rückfallquoten liegen im Bereich von 80–100% bei rein medikamentöser Behandlung (Ananth 1986, Pato et al. 1988, Turner u. Beidel 1988), was nach übereinstimmender Meinung aller Autoren unbedingt für die langfristige Kombination mit kognitiver Verhaltenstherapie spricht (v. Balkom et al. 1994, Stanley u. Turner 1995, Hohagen 1998).

Die Behandlung von Zwangsgedanken

In Entstehung und Aufrechterhaltung von Zwangsstörungen spielen gedankliche Prozesse eine höchst bedeutsame Rolle: Sie besitzen in der Regel für den Ablauf des gesamten zwanghaften Rituals die Funktion eines **Auslösers** (siehe obiges Modell, Abb. 32.2). Eine besondere Schwierigkeit in der Behandlung stellen rein gedankliche Zwänge dar, also Zwangsstörungen ohne beobachtbare Rituale. Nosologisch gesehen betrifft dies rund 25% aller Zwangsstörungen (Rachman u. Hodgson 1980), im Versorgungskontext etwa die Hälfte dieser Rate (d. h. ca. 12% im stationären Bereich, Reinecker u. Zaudig 1996). Dies dürfte mit Faktoren der Selbst- und Fremdselektion ebenso zusammenhängen wie mit dem Umstand, daß Patienten mit rein kognitiven Zwängen offenbar noch eher in der Lage sind, persönlichen, sozialen und beruflichen Verpflichtungen nachzukommen.

Die zentrale Schwierigkeit in der Behandlung von **Zwangsgedanken** betrifft nicht nur die „Flüchtigkeit" von gedanklichen Prozessen, sondern insbesondere den Umstand, daß gedankliche Zwänge zwei ganz unterschiedliche **Funktionen** annehmen können: Zum ersten die eines gedanklichen Ereignisses mit **Stimuluscharakter**, damit also des Auslösers einer speziellen Bewertung und eines damit verbundenen Anstiegs von Erregung, Unruhe usw. (Beispiel „Ich könnte ein Kind mit einem Gewaltgegenstand verletzen oder sogar töten...!"). Diese sogenannten „angsterhöhenden" Zwänge stellen speziell für ein Angstreduktionsmodell (siehe oben Abb. 32.**1**) ein unlösbares Problem dar. In verschiedenen Überlegungen wird insbesondere darin (nämlich im Aspekt der Angsterhöhung versus der Angstreduktion) der bedeutsame Unterschied zwischen Zwangshandlungen und Zwangsgedanken gesehen (Foa u. Tillmanns 1980). Zum zweiten können gedankliche Zwänge die Funktion von **Reaktionen** besitzen; hier bilden sie einen Versuch zur Reduktion von Angst, Unruhe und Erregung (z. B. „Lieber Gott, laß mich das nicht tun...!").

In der Behandlung von Zwangsgedanken ist in besonderer Weise auf deren unterschiedliche **Funktion** zu achten, weil sie problematischerweise inhaltlich identisch sein können. Dies wird am obigen Beispiel weniger deutlich als in anderen Fällen, etwa religiösen oder Zählzwängen: Das Denken einer bestimmten Zahl oder eines bestimmten Verses war für eine Patientin mit extremer Unruhe und Angst verbunden (= Stimuluscharakter). Wurde der Gedanke allerdings viermal oder ein Vielfaches von viermal gedacht, so reduzierte sich die Unruhe (= Reaktionscharakter). Während gedankliche Zwänge mit Stimuluscharakter der Konfrontation (Exposition) bedürfen, sollten Gedanken mit Reaktionscharakter (also das Neutralisieren) durch Reaktionsverhinderung begegnet werden (Marks 1987, Salkovskis u. Kirk 1996).

In der Behandlung von reinen Zwangsgedanken können nach heutigem Stand folgende Wege bzw. deren Kombination beschritten werden:

1. Konfrontation mit Gedanken und Verhindern des Neutralisierens:

Die Konfrontation erfolgt hier in der Vorstellung (z. B. indem der Therapeut den Inhalt des Gedankens verbal darlegt). Der Klient sollte in dieser Situation versuchen, bei dem Gedanken zu bleiben (= Exposition) und nicht auf Strategien des Neutralisierens zurückgreifen (= Reaktionsverhinderung). Dieses Vorgehen stellt sich in der Praxis als äußerst schwierig dar: Weder die Vorstellung, noch das Unterbleiben des Neutralisierens läßt sich vom Therapeuten überprüfen. Auch für den Patienten ist es sehr schwierig, über längere Zeit hinweg bei einem – darüber hinaus noch aversiven – Gedanken zu verweilen. Eine gewisse Möglichkeit bietet die Strategie, Gedanken aufzuschreiben oder, noch besser, auf ein Tonband mit Endlosschleife zu sprechen. Das Tonband sollte dann vom Patienten über längere Zeit abgehört werden. Durch die monotone Darbietung bleibt der Patient beim Inhalt seines problematischen Gedankens, so daß es zur Habituation und idealerweise Generalisierung kommen kann (Salkovskis 1989, Salkovskis u. Westbrook 1989, Salkovskis u. Kirk 1996).

2. Koppelung mit externen Auslösern:

Gedankliche Zwänge sind in der Regel nicht „gleichmäßig" über den gesamten Tag und über verschiedene Situationen verteilt, sondern zumeist an externe und somit beobachtbare Auslöser gekoppelt. Aufgabe der funktionalen Analyse ist es, diese Zusammenhänge zu erfassen und zu dokumentieren. Ein solches Vorgehen bietet zumeist einen in therapeutischer Hinsicht optimalen Ansatzpunkt.

Frau K. vermied es seit langer Zeit, eine Kirche aufzusuchen, weil sie dort besonders häufig von blasphemischen Gedanken gequält wurde. Der Anblick Jesu am Kreuze, ebenso bildliche Darstellungen und in generalisierender Weise auch bloße Kreuze lösten einen belastenden Gedanken aus (z. B. „Jesus hängt nackt am Kreuz – ich könnte ihn berühren ...!"). Die Patientin versuchte eine Kontrolle und Unterdrückung des Gedankens durch sogenannte religiös gute Gedanken (z. B. „Heilige Gottes Mutter, Heilige Jungfrau Maria, bitte für uns!" und ähnliches) und trug damit eindeutig zur Stabilisierung des gesamten gedanklichen Ablaufes bei. Ein zentraler Aspekt der Behandlung bestand darin, Kirchen und Kapellen aufzusuchen, emotionale Unruhe und das Abklingen der Unruhe durch länger dauernde Konfrontation zu erleben.

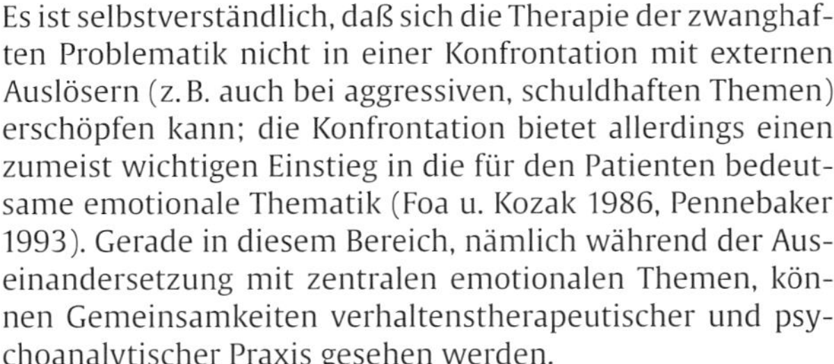

Es ist selbstverständlich, daß sich die Therapie der zwanghaften Problematik nicht in einer Konfrontation mit externen Auslösern (z. B. auch bei aggressiven, schuldhaften Themen) erschöpfen kann; die Konfrontation bietet allerdings einen zumeist wichtigen Einstieg in die für den Patienten bedeutsame emotionale Thematik (Foa u. Kozak 1986, Pennebaker 1993). Gerade in diesem Bereich, nämlich während der Auseinandersetzung mit zentralen emotionalen Themen, können Gemeinsamkeiten verhaltenstherapeutischer und psychoanalytischer Praxis gesehen werden.

3. Prinzipien kognitiver Therapie

Das Prinzip kognitiver Therapie ergibt sich in besonderer Weise aus der Betrachtung des kognitiven Geschehens unter dem Blickwinkel des oben dargestellten Modells (siehe Abb. 32.**2**). Von besonderer Bedeutung ist der Zusammenhang insofern, als nicht so sehr der Gedanke, sondern die mit ihm verbundene **Bedeutung** das zentrale Problem (vor allem für die Stabilisierung) der zwanghaften Probleme darstellt. Diese Bedeutung hängt selbstverständlich von individuellen Bewertungen vor einem speziellen biographischen Hintergrund ab (z. B. die im obigen Beispiel angeführte Thematik der religiösen Gedanken mit den Themen Sexualität und Schuld der Patientin).

Gegenstand der kognitiven Therapie ist es nicht nur, „mit der Patientin zu sprechen", sondern die von ihr als zentral erachteten Aspekte der **Bedeutung** eines Gedankens zum Thema der Intervention zu machen. Schon auf der Ebene des Interviews bietet sich durch die Position des Therapeuten als „naivem Außenstehenden" für die Patientin die Möglichkeit an, sich ihren Gedanken in veränderter Sichtweise zu nähern. In weiterer Folge können durch eine Art „Sokratischen Dialog" bisher vermiedene Folgerungen aus zwanghaften Gedanken zugänglich gemacht und einer neuerlichen Bewertung unterzogen werden (Ellis u. Hoellen 1997). Auch das gewissermaßen paradoxe (Ascher 1989) Angebot an den Patienten, mit seinen Zwängen und Problemen weiterzuleben oder die mit dem Gedanken verbundene Unsicherheit, potentielle Konsequenzen etc. zu ertragen, schafft vielfach einen Einstieg in eine veränderte Sichtweise des Problems und eine Erhöhung der Motivation zur konkreten Behandlung.

Daß kognitive Therapie nicht auf die kognitive Ebene beschränkt bleibt, zeigt sich in einer gemeinsamen Erarbeitung sogenannter Risikoübungen, die der Patient **zwischen** den Sitzungen umsetzen kann und die eine deutliche Erweiterung des Verhaltensspielraums nach sich ziehen.

Herr U. mußte beim Verlassen seiner neu bezogenen Wohnung eine Reihe von gedanklichen Kontrollen realisieren, z. B. „Habe ich das Licht im Bad abgedreht ...?", „habe ich alle Fenster geschlossen ...?", „ist die Stereoanlage ausgeschaltet ...?" usw. Der Patient gewöhnte sich an stabile Muster in der Abfolge der Gedanken, die nicht verändert oder durchbrochen werden durften. In diesen (häufigen) Fällen mußte alles neu beginnen usw. Arbeit und soziale Kontakte wurden immer schwieriger, weil der Patient immer zu spät kam und unter immer größeren Druck geriet. Im Laufe des Beginns der Behandlung wurde gemeinsam mit dem Patienten die Idee entwickelt, in der Abfolge Fehler bewußt einzubauen und speziell kleine **Risiken** einzugehen, z.B. das Fenster den Tag über gekippt zu lassen (Angst vor Einbrechern), das Radio tagsüber laufen zu lassen (Angst vor Kurzschluß und Brand) usw. Verschiedene dieser Übungen verschafften dem Patienten eine Erhöhung seiner Flexibilität und die Möglichkeit, schrittweise wieder zu einem für ihn „normalen" Leben zurückzufinden.

Ansätze der kognitiven Therapie sind nicht neu, sie werden vielmehr von der Behandlung anderer psychischer Störungen her gewissermaßen übertragen und nutzbar gemacht (Beck u. Emery 1985, Salkovskis u. Kirk 1989, 1996). In der Behandlung von Zwangsgedanken sind sie nicht mehr wegzudenken (Lakatos 1996, Wells 1997).

Zur Therapie von Zwangsgedanken muß abschließend festgehalten werden, daß die oben genannten Strategien bestenfalls gewisse Zugänge zur Behandlung bilden können. Gerade Praktiker wissen um die Schwierigkeit der Therapie kognitiver Zwangsstörungen und, daß eine solche nach wie vor (gewissermaßen als Steigerung in der Behandlung von Zwangshandlungen) ein äußerst mühsames Unterfangen darstellt.

Zur Effektivität der Behandlung von Zwangsstörungen

Wie bereits erwähnt, wurde die Behandlung von Zwangsstörungen in verschiedenen älteren Übersichten und Studien sehr pessimistisch beurteilt. Auch neuere psychoanalytische Autoren stehen einer Behandlung von Zwangsstörungen durch psychoanalytische Verfahren sehr skeptisch gegenüber (Malan 1979, Gabbard 1992). Die Behandlung von Zwangsstörungen durch gehirnchirugische Operationen (Lobotomie, Einschätzung dazu bei Salzman u. Thaler 1981, Rachman 1994) muß deshalb als Ausdruck einer verzweifelten und zum Teil aussichtslosen Situation gesehen werden.

Ein Überblick über das kognitiv-verhaltenstherapeutische Vorgehen zeigt, daß rund 60–85% der in Studien behandelten Patienten deutliche Verbesserungen aufweisen (Marks 1987, Hand 1990). Stellt man in Rechnung, daß für Patienten aus Therapiestudien möglicherweise andere Randbedingungen gelten als in der aktuellen Versorgungssituation, so ist die Besserungsrate von ca. 50% im Versorgungskontext (Salkovskis 1989) immer noch durchaus beachtlich. V. Balkom (1994) hat eine Zusammenfassung aller bisher kontrollierten Studien (87 Studien mit insgesamt 162 Behandlungsbedingungen) zur Therapie von Zwangsstörungen in Form einer Metaanalyse vorgenommen und kommt zu differentiellen Effekten unterschiedlicher Behandlungsbedingungen: Vor allem verhaltenstherapeutische Verfahren zeigten (unter anderem in Kombination mit medikamentöser Therapie) beachtliche Effektstärken (ES zwischen 1,43 und 1,84). In dieser Kombination der Bedingungen trägt nach Ansicht des Autors die zusätzlich durchgeführte Verhaltenstherapie zu einer Effektivitätssteigerung der medikamentösen Therapie bei, während zusätzliche Medikation die Effektivität kognitiver Verhaltenstherapie offenbar nicht weiter erhöhte. Für Abramowitz (1997) gehören die hohen Besserungsraten von kognitiver Verhaltenstherapie bei Zwangsstörungen zu den konsistentesten Befunden in der Behandlung psychischer Störungen.

Für Forscher und Praktiker, in besonderer Weise aber für betroffene Patienten, stellt sich die Frage nach der **Stabilität** der therapeutischen Effekte; insgesamt muß es ja das Anliegen der Therapie sein, dem Patienten zu einer eigenständigen Bewältigung seiner Problematik im natürlichen Kontext zu verhelfen. Verschiedene Studien zeigen eine Effektstabilität – d.h. vom Ende der Therapie bis zum FU – von ca. 70–80% (unter anderem Emmelkamp 1986, 1987, Marks 1987, Kirk 1983). Eine Studie mit insgesamt 148 Patienten im stationären Versorgungskontext zeigte ebenfalls, daß rund 50% der Patienten vom Beginn der Behandlung bis zum FU nach 3–8 Jahren immerhin noch eine sehr gute, gute oder zumindest leichte Verbesserung ihrer Problematik aufwiesen (Reinecker u. Zaudig 1996). Während viele Autoren auch neuerdings (Schwartz u. Beyette 1997) von Zwängen als „chronischen Störungen" sprechen, können die angeführten Befunde durchaus Anlaß zu einem gewissen Optimismus hinsichtlich der Veränderbarkeit der Problematik geben. Das darf allerdings nicht darüber hinwegtäuschen, daß Zwänge im Spektrum psychischer Störungen (ausgenommen vielleicht Abhängigkeiten) immer noch zu den Störungen mit insgesamt schlechteren Prognosen zählen und daß man dem Thema Mißerfolg entsprechende Beachtung schenken muß (siehe nächster Abschnitt). Ohne zielführende verhaltenstherapeutische Behandlung (Spontanverlauf bzw. alternative Behandlungen) gibt es für Patienten eine nur geringe Aussicht auf Besserung der Problematik. Bei einer fundierten kognitiv-verhaltenstherapeutischen Intervention besteht eine deutliche Chance einer auch dauerhaften Besserung.

Offene Fragen

Theorie und Praxis bei der Behandlung von Zwangsstörungen sind unter anderem deshalb ein so faszinierendes Unterfangen, weil sich in der Analyse eine ganze Reihe von Querverbindungen nicht nur zu psychologischen Teildisziplinen ergeben. In der konkreten Behandlung ist man darüber hinaus immer mit Bezügen zur Kultur, Religion, zur Medizin, zur Evolution etc. konfrontiert. Hinzu kommt die Tatsache, daß die Behandlung von Zwangsstörungen für jeden Therapeuten eine spezielle fachliche und persönliche Belastung bedeutet. All diese Faktoren führen dazu, daß es gerade in der Behandlung von Zwangsstörungen eine große Zahl offener Fragen gibt, die eine kontinuierliche Herausforderung an Forscher und Praktiker darstellen. Daß daneben eine ganze Reihe theoretischer Fragen ungeklärt bleiben, bedarf keiner besonderen Erwähnung. Im Rahmen dieses Abschnittes sollen nur zwei aus praktischer Sicht bedeutsame Punkte erörtert werden, nämlich die Frage der Mißerfolge und zum anderen das Problem der therapeutischen Versorgung von Zwangspatienten.

Mißerfolge in der Behandlung von Zwangsstörungen

Bei der Erörterung des Themas Effektivität wurde bereits angedeutet, daß die in einzelnen Studien auf 100% fehlenden Zahlen als Mißerfolge angesehen werden müssen. Diese nüchternen Zahlen (also zwischen 15 und 40% nach der Behandlung bzw. langfristig gesehen knapp 50%) verbergen, daß es sich in jedem der Fälle um ein zumeist gravierendes menschliches Schicksal handelt.

Die Frage, wann therapeutische Behandlung als Mißerfolg anzusehen ist, ist möglicherweise noch schwieriger zu beantworten als die Frage, wann vom Erfolg einer Therapie gesprochen werden kann. Die Beurteilung hängt in jedem Falle von diversen **Kriterien** ab, die als Maßstab herangezogen werden (Kazdin u. Wilson 1978, Rachman u. Wilson 1980). In diese fließen normative Standards und gesellschaftliche Richtlinien ebenso ein wie Perspektiven aus deskriptiv wissenschaftlicher Sicht (z. B. hängt die Frage, ob Berentung als Mißerfolg zu sehen ist, auch von konjunkturellen Bedingungen ab; die Frage der Trennung oder der Stabilität der Partnerschaft hängt mit normativen Vorstellungen über Partnerschaft zusammen etc.). Foa et al. (1983) haben eine Differenzierung verschiedener Stufen von Mißerfolgen vorgelegt; Abb. 32.**6** gibt dies graphisch wieder.

Demnach sollte man unterscheiden:

1. **Therapieverweigerung:** Hier handelt es sich um Patienten, die sich nach einer detaillierten Beschreibung des Vorgehens (in der Regel Konfrontation und Reaktionsverhinderung) **gegen** die Durchführung der Behandlung aussprechen. In verschiedenen Studien wurde von Therapieverweigerungsraten im Bereich von 5–25% berichtet. Bei dieser Form von Mißerfolg gelingt es in den ersten Stufen des therapeutischen Prozesses offenbar nicht, die Motivation des Patienten in Richtung Veränderung hinreichend aufzubauen.
2. **Ausfälle („dropouts"):** Hierunter sind Patienten zu zählen, die eine Therapie zwar beginnen, sie aber nicht wie geplant beenden. Die Rate solcher Patienten liegt in verschiedenen Studien bei 0–12%. Aus methodischen und studientechnischen Gründen werden (paradoxerweise) auch Patienten, die eine Therapie beenden, weil sie möglicherweise ein subjektives Kriterium der Verbesserung erreicht haben und an weiteren Sitzungen nicht teilnehmen wollen, unter die tatsächlichen dropouts subsumiert.

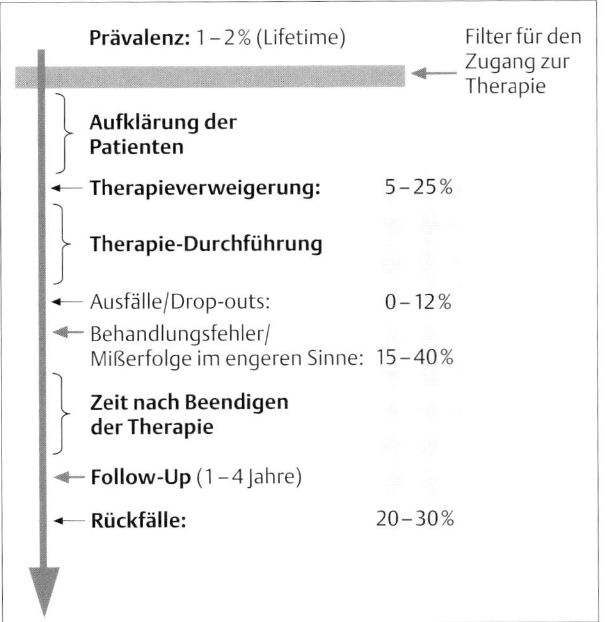

Abb. 32.**6** Stufen von Mißerfolgen im Makrokontext

3. **Behandlungsfehler:** An dieser Stelle sollte von Mißerfolgen im engeren Sinne gesprochen werden; hier handelt es sich um Patienten, die am Therapieverfahren korrekt teilnehmen, bei denen das therapeutische Ziel jedoch nicht erreicht werden kann. Differenziert betrachtet werden müssen technische und eher theoretische Fehler der Behandlung. Zu den technisch-praktischen Fehlern müssen z. B. eine inkorrekte Diagnostik, Fehler in der Durchführung des Verfahrens, Mängel in der Compliance usw. gezählt werden. Diese Fehler können sicherlich durch entsprechende Ausbildung von Therapeuten, durch Supervision, aber auch durch entsprechende Vorbereitung und Aufklärung von Patienten minimiert werden. Der zweite Fehlerbereich, der eher theoretischen Ebene kann auch für Theorie und Technologie der Behandlung von Zwangsstörungen problematisch werden. Besonders heikel sind Fälle, in denen es trotz korrekter Behandlung nicht zu einer Abnahme von Angst und Unruhe (Habituation) kommt. Erklärungsansätze hierfür sind vielfach im Bereich zusätzlicher Störungen (Stichwort: Komorbidität, z. B. im Bereich der Depressivität) zu suchen. Einen speziellen Bereich machen die sogenannten „overvalued ideas" (Foa 1979) aus: Patienten halten am Inhalt ihrer Gedanken fest; lassen sich nur oberflächlich auf die Behandlung ein und verstellen sich so selbst den Weg zu einer kognitiven und emotionalen Umorientierung (Foa u. Kozak 1986). Auch sogenannte atypische Zwänge (Kozak u. Foa 1990) oder Übergänge zu Persönlichkeitsstörungen (Fiedler 1995) sind hier zu nennen. Der Vollständigkeit halber sollen abschließend Patienten mit reinen Zwangsgedanken angeführt werden, bei denen die Durchführung effizienter Behandlung bekanntermaßen ein großes Problem darstellt.
4. **Rückfälle:** Hierunter werden nach allgemeinem Sprachgebrauch Patienten verstanden, die nach dem Ende der Behandlung zwar eine gewisse Besserung erreicht haben, sie aber in zeitlicher oder situationaler Hinsicht nicht stabilisieren konnten. Rund 20–30% der erfolgreich behandelten Patienten erleiden im Zeitraum von 2–3 Jahren Rückfälle. Als besondere Faktoren solcher Rückfälle sind zum einen eine sogenannte unvollständige Behandlung anzuführen: Patienten halten gegen Ende der Behandlung an sogenannten **zwanghaften Resten** fest, die gewissermaßen wiederum eine Keimzelle für die Ausweitung alter Zwänge darstellen. Als zweiter bekannter Faktor müssen soziale und interpersonale **Belastungen** und **Streß** angesehen werden: Patienten sind auch nach einer erfolgreichen Behandlung kritischen Lebensereignissen gegenüber besonders anfällig; im Stadium eines erhöhten Erregungsniveaus und einer damit erforderlichen neuerlichen Anpassungsleistung werden alte (wenn auch pathologische) Muster der Zwangsgedanken und Zwangshandlungen wieder aktiviert.

Alle Arten von potentiellen Mißerfolgen – die hier sicherlich künstlich getrennt wurden – stellen für Theorie und Praxis eine besondere Herausforderung dar. Einige potentielle Mißerfolge lassen sich durch korrekte Diagnostik, Therapieplanung und Durchführung wohl präventiv eindämmen; dies gilt insbesondere für Therapieverweigerung und zum Teil auch für technische Fehler in der Behandlung. Insgesamt aber führen uns Mißerfolge gerade in der Behandlung bei Zwangsstörungen wohl Grenzen der therapeutischen Änderungsmöglichkeit stabiler menschlicher Gewohnheiten vor Augen.

X

Therapeutische Versorgung

Im Gutachten zur psychotherapeutischen Versorgung (Meyer et al. 1989) wurde diese in Deutschland als im Prinzip vorbildlich und als eine der besten der Welt gerühmt. Die Autoren haben gleichwohl auf eine Reihe von Mängeln und Lükken im Versorgungssystem hingewiesen, die besonders dann deutlich werden, wenn man die Situation von Zwangspatienten betrachtet: In Deutschland ist nach vorsichtigen Schätzungen von ca. einer Million Betroffener auszugehen; nur ein ganz geringer Teil von diesen kommt zur Behandlung (siehe dazu für Angstpatienten Neumer u. Margraf 1996). Zwangsstörungen gelten nach wie vor als „heimliche Krankheit"; während es heute unproblematisch erscheint, sich wegen einer Depression, evtl. auch wegen Alkoholismus oder einer Bulimie, an Fachleute zu wenden, zögern Patienten mit Zwangsstörungen über Jahre hinweg, sich einer Fachperson anzuvertrauen. Dies hat mit Merkmalen der Störung selbst zu tun, zeigt aber auch die angesprochenen Lücken.

Herr T., ein 30jähriger Arbeiter, zögert mehrere Jahre, sich wegen unterschiedlicher Zwangsgedanken und Zwangshandlungen an einen Arzt zu wenden. In seiner Bekanntschaft war ein ähnlicher Fall aufgetreten. Diese Person mußte durch den Hausarzt in eine Klinik eingewiesen werden und kam „von zu Hause weg". Dieses Schicksal schwebte mehrere Jahre lang als Horrorvorstellung über dem Patienten und seiner Familie. Auch als Herr T. wegen seiner Zwänge den Arbeitsplatz verlor, lag er tagelang nur zu Hause im Bett und grübelte. Erst als ihm ein verständnisvoller Arzt bei einem Hausbesuch wegen einer schweren Grippe die Möglichkeit einer Verhaltenstherapie und damit zur Lösung seiner Problematik eröffnet hatte, sah der Patient einen Ausweg und wandte sich an den Psychotherapeuten.

Ärzten, selbst Fachärzten, ist die Problematik weitgehend unbekannt; Betroffene und Angehörige stehen zumeist vor einem Rätsel. Frank (1985) spricht von „Demoralisierung", d. h. von einer über die engere Störung hinausgehenden Hilflosigkeit und Betroffenheit, die eine Lösung im besonderen Maße zusätzlich verstellt. Zu einer Verbesserung der Situation auf der Makro-Ebene, speziell im Bereich des Wissens um die Störung und die Akzeptanz bei Betroffenen, Angehörigen und in der Allgemeinheit, wurde kürzlich die „Deutsche Gesellschaft Zwangserkrankungen" (DGZ, Postfach 1545, 49005 Osnabrück) gegründet. Hier finden Interessierte die Möglichkeit einer Klärung verschiedener Fragen und eine Hilfe bei der Suche nach einem Therapeuten in ihrer Region. Regelmäßige Publikationen tragen zu einer besseren Zusammenarbeit von stationären Einrichtungen, der ambulanten verhaltenstherapeutischen Versorgung und flankierenden Maßnahmen im Bereich der Selbsthilfe bei.

Es erscheint unabdingbar, vor allem im Bereich der therapeutischen **Versorgung** der Zwangspatienten, eine Verbesserung der Situation anzustreben, die unter anderem dadurch zu erreichen wäre, daß die als effizient bekannten Strategien (siehe oben) auch in der Praxis umgesetzt werden. Grawe, Donati u. Bernauer (1994) sprechen in ihrer Analyse von Konfrontation und Reaktionsverhinderung als Methode der Wahl bei Zwangsstörungen. Ein Verzicht auf eine solche Vorgehensweise wird von den Autoren sogar als ethisch bedenklich angesehen, weil damit in jedem Falle das enorme Leiden von Patienten verlängert wird. Zum Procedere existieren verschiedene Beschreibungen und Manuale (Lakatos u. Reinecker 1998), die sicherlich nicht im Sinne von rezeptartigen Vorschlägen umzusetzen sind. Bei einer **realistischen** Erwartung seitens des Patienten und des Therapeuten läßt sich selbst bei gravierenden Zwangsstörungen durchaus eine gewisse Besserung erreichen.

Zusammenfassung und Resumee

Bemühungen um die Therapie von Zwangsstörungen sind in der Verhaltenstherapie seit rund 30 Jahren sehr intensiv; an erster Stelle stand dabei das Prinzip der Konfrontation und Reaktionsverhinderung (Meyer 1966), das in enger Verbindung mit dem Zwei-Faktoren-Modell der Entstehung und Aufrechterhaltung von Angst zu sehen ist (Mowrer 1950). Die heutige kognitive Verhaltenstherapie sieht die „Ursachen" von Zwangsstörungen in einem Bündel von Determinanten, die zum Teil nicht mehr zu klären sind; ihr Zusammenwirken („Verkettung") trägt aber wohl zur Entstehung und Aufrechterhaltung der Störung bei. In diesem bio-psycho-sozialen Modell spielen prädisponierende Faktoren (Genetik, Physiologie, Biochemie) ebenso eine Rolle wie auslösende Faktoren (spezielle Belastungen, Modellernen, Lernprozesse vor dem Hintergrund einer individuellen Entwicklung, kulturelle Determinanten) und aufrechterhaltende Merkmale im Mikro- und Makrobereich (Denk- und Bewertungsprozesse; familiäre und partnerschaftliche Konstellation).

Die Komplexität unterschiedlicher Problemkonstellationen vor dem Hintergrund einer individuellen biographischen Entwicklung verbietet es, von „**der** Ursache" von Zwangsstörungen zu sprechen. Es wäre deshalb geradezu überheblich zu behaupten, die Ursache von Zwangsstörungen könne heute als bekannt angesehen werden. Die in diesem Kapitel angeführten theoretischen Perspektiven sind als Modellvorstellungen zu betrachten, die gewissermaßen als Suchraster helfen können, mögliche relevante Bedingungen zu identifizieren; sie stellen darüber hinaus eine wertvolle **Heuristik** bei der Planung des therapeutischen Vorgehens dar.

Zum therapeutischen Procedere bei Zwangsstörungen lassen sich stichwortartig folgende Elemente als besonders bedeutsam festhalten:

- Rollenstrukturierung, Klärung der therapeutischen **Beziehung,** der Erwartungen des Patienten und Aufbau von Motivation.
- Präzise **Analyse des Verhaltens** und seiner Bedingungen, der Kognitionen, Bewertungsprozesse usw.
- Auseinandersetzung des Patienten mit der problematischen Situation, seinen Verhaltensmustern und Kognitionen im Sinne einer **Konfrontation,** nach Möglichkeit in der natürlichen Umgebung des Patienten, d. h. dort, wo die Problematik auftritt. Dabei erscheint eine gewisse Belastbarkeit (siehe Motivation) des Patienten unabdingbar.
- **Reaktionsverhinderung,** d. h. das Unterbinden bzw. Unterlassen bisheriger Rituale, die Angst und Unruhe zwar kurzfristig reduzieren, langfristig aber zur Stabilisierung der Zwangsstörungen beitragen.
- Kognitive Therapie im Sinne einer Veränderung von **Bewertungen**, von Aspekten der Unsicherheit, der Schuld und Verantwortlichkeit etc.
- Schrittweiser Aufbau von **Alternativen** zu zwanghaften Ritualen und gedanklichen Mustern; dies verlangt vom

Patienten vielfach, von stabilisierten Gewohnheiten abzurücken.

- Die vom Therapeuten zunächst realisierte Lenkung und Steuerung des therapeutischen Prozesses sollte schrittweise in die Eigenverantwortung des Patienten übergehen (Stichwort: **Selbstmanagement**).
- Planung und Durchführung von **Auffrischungssitzungen,** weil erfahrungsgemäß davon auszugehen ist, daß eine im therapeutischen Setting vermittelte und eingeübte Strategie nicht auf Dauer beibehalten wird (dies gilt insbesondere für Rückschläge aufgrund von Belastungen, Streß, life events etc.).

Kognitiv-verhaltenstherapeutisches Vorgehen bei Zwangsstörungen kann heute insgesamt als gut evaluiert gelten (v. Balkom 1994, Abramowitz 1997). Wichtiger aber als die Angabe allgemeiner Besserungsraten ist die konsequente Umsetzung therapeutischer Strategien in der Versorgung einzelner Patienten. Bei entsprechender Motivation des Patienten und engagiertem Einsatz des Therapeuten bestehen gute Chancen auf eine Besserung der Zwangsproblematik.

33. Depression

Psychoanalytische Behandlung

L. Reddemann

Einleitung

Weltweit erkranken an Depressionen doppelt so viele Frauen wie Männer (außer an bipolaren Störungen, wo das Geschlechterverhältnis etwa 1 : 1 ist). Im folgenden sollen daher anhand einer Fallvignette einer Patientin Diagnose und Therapie der Depression dargestellt werden.

Erstkontakt – eine Patientin in Not

Frau K. hat sehr dringend um einen Erstgesprächstermin gebeten, der ihr dank günstiger Umstände auch innerhalb von 2 Tagen eingeräumt werden konnte. Sie wirkt beim ersten Kontakt sehr verzweifelt, sie hat das Gefühl, daß sie am Ende ist. Ihre Magenbeschwerden seien so massiv geworden, obwohl ohne organischen Befund, daß sie die Schmerzen kaum mehr ertrage. Sie denke häufiger an Selbstmord. Habe Angst vor jedem nächsten Tag. Sie könne nicht glauben, daß sich ihre Lage jemals bessern würde, sondern sie rechne mit dem völligen Absturz. Dieser Zustand bestehe nun schon einige Monate, und es falle ihr immer schwerer, ihren Pflichten nachzukommen. Durch die Anforderungen, die Beruf und ihre Kinder an sie stellten, fühlte sie sich total überfordert. Am liebsten würde sie den ganzen Tag im Bett bleiben.

Diese Patientin weist für Depressive sehr **typische Merkmale** auf:

- sie ist ein pflichtbewußter, zu Überforderung neigender Mensch,
- sie hat eine Trennungssituation hinter sich,
- sie klagt über körperliche Beschwerden und Erschöpfung,
- sie hat Angst, insbesondere vor der Zukunft.

Leithypothesen

Frau K. ist ein pflichtbewußter, zur Überforderung neigender Mensch: In allen Beschreibungen von Depressiven, seien sie psychodynamisch oder deskriptiv orientiert, wird ihr Pflichtbewußtsein und ihre Leistungsorientierung hervorgehoben. Dabei scheint die Erkrankung so etwas wie eine Rechtfertigung zu sein, endlich nicht mehr leisten zu müssen.

Frau K. stammt aus einer Familie, in der Leistung einen sehr hohen Stellenwert hatte. Ihr Großvater war ein hochrangiger Jurist. Ihr Vater litt zeitlebens darunter, es „nicht so weit" gebracht zu haben wie sein Vater, sondern nur „einfacher" Anwalt zu sein. Die Mutter hatte Sprachen studiert, hatte ihr Studium aber, wie zu dieser Zeit üblich, wegen der Geburt des ersten Kindes, der Patientin, aufgegeben und war „nur Hausfrau".

Depressive leiden an dem Gefühl, nicht liebenswert zu sein. Sie sind von klein auf bestrebt, Liebe durch Leistung zu erringen. Viele depressive Patienten sind vor Ausbruch ihrer Erkrankung besonders tüchtig gewesen und haben sich jahrelang überfordert. Das kleine Mädchen in der Patientin sagt: „Ich weiß, daß ich ganz schlecht bin, aber schau, ich streng mich doch so an, alles gut zu machen, da mußt du mich doch lieb haben."

Frau K. erlebte bereits mit $1^1/_2$ Jahren, daß ein Geschwister geboren wurde. Zwangsläufig mußte sich die Mutter verstärkt um das Neugeborene kümmern. Der Vater stand kaum zur Verfügung. Dies löste in ihr ebenso zwangsläufig Eifersuchts-, Neid- und Verlassenheitsgefühle aus. Ich vermute also, daß Frau K. früh lernte, ihre Neid- und Eifersuchtsgefühle wie auch Gefühle der Verlassenheit und der Einsamkeit durch besondere Tüchtigkeit und „Bravheit" abzuwehren. Sie verhielt sich dadurch „groß", was ihr die Anerkennung der Eltern einbrachte. Sehr bald wurde sie wegen ihrer Klugheit Vaters Liebling. Natürlich sehnte sich Frau K. wie alle Menschen in ähnlicher Lage danach, um ihrer selbst willen und nicht wegen ihrer Leistungen geliebt zu werden.

Psychodynamisch verstanden verhilft die Depression also dazu, den Wunsch, „hab mich lieb ohne Leistung", auszudrücken, ohne daß dieser – gefürchtete – Wunsch bewußt werden muß.

Erste Hypothese

Bei Frau K. besteht ein starker Wunsch und eine ebenso starke Angst vor diesem Wunsch, so wie sie ist, geliebt zu werden. Da dieser Wunsch vermutlich ein Leben lang frustriert wurde – dazu hat Frau K. durch ihre Tüchtigkeit zum Teil selbst viel getan – muß in ihr viel Enttäuschung und Wut sein, die sie aber nicht zeigen darf, denn dann müßte sie ja fürchten, abgelehnt zu werden.

Sie hat eine Trennungssituation hinter sich: Freud hat als erster darauf hingewiesen, daß der Verlust des Objektes und die damit zusammenhängenden (Abwehr-)Mechanismen grundlegend für die Melancholie sind. Die klinische Erfahrung bestätigt, daß Trennungserfahrungen und deren Wiederholung im späteren Leben bei Depressiven häufig vorkommen.

Im Falle von Frau K. ist zu erfahren, daß sie zwar nicht real den Verlust einer Bezugsperson als Kleinkind zu verkraften hatte, aber sie verlor die Mutter in doppelter Weise: zum einen durch die Geburt eines Geschwisters, zum anderen sei die Mutter ihrerseits depressiv gewesen (s. Green, die „tote Mutter").

Zweite Hypothese

Aufgrund von frühkindlichen Verlusterfahrungen hat Frau K. die Trennung und Scheidung vom Ehemann, die jetzt ein Jahr zurückliegt, so verarbeitet, daß sie mit unbewußten Schuldgefühlen, nicht eingestandener Enttäuschung und Wut so umgehen mußte, daß sie diese gegen sich selbst richtete.

Die Klage über körperliche Beschwerden kann anzeigen, daß die Abwehr gegen unbewußte Gefühle nicht mehr ausreicht. Körperliche Beschwerden können auch den unbewußten Wunsch nach Selbstbestrafung erfüllen.

Dritte Hypothese

Die massiven körperlichen Beschwerden können auf einen langen inneren (Abwehr-)Kampf hinweisen, der jetzt zusammengebrochen ist.

Frau K. hat Angst vor der Zukunft: Zukunftsangst ist häufig der Versuch, vergangenes Leid und Trauer darüber, dadurch, daß es erst in der Zukunft erwartet wird, abzuwehren. Wenn Frau K. fürchtet, in Zukunft nichts mehr zustande zu bringen, erzählt das kleine Mädchen in ihr eine Geschichte, in der es sich hilflos, ohnmächtig und verlassen fühlte.

Vierte Hypothese

Die enttäuschenden Erfahrungen haben in Frau K. ein tiefes Gefühl der Hilflosigkeit erzeugt, das sie auf die Zukunft projiziert.

Eine Frau in Not

Frau K. ist beim Erstkontakt Mitte 40. Sie ist seit einem Jahr geschieden. Die Kinder leben bei ihr. Sie ist eine beruflich sehr erfolgreiche Akademikerin, jedoch arbeitet sie zur Zeit in einer befristeten Stelle. Der geschiedene Mann von Frau K. ist ebenfalls Akademiker, aber in einer untergeordneten Position.

In der Psychoanalyse ist der Tatsache, daß es doppelt so viele depressive Patientinnen gibt wie Patienten, bisher wenig Rechnung getragen worden. Ich horche auf, wenn Frau K. mir erzählt, daß sie beruflich erheblich erfolgreicher ist als ihr Mann und frage mich, ob sie sich unbewußt schuldig fühlt wegen des Erfolges. Hat sie eine besondere Geschichte, die diese Hypothese untermauern könnte? Sie befände sich dann in einer besonders schwierigen Lage, in der sich innerseelische Konfliktfaktoren und deren Externalisierung mit sozialpsychologischen vermischen würden. Auch wenn ich mich als Analytikerin verstärkt für die innerseelische Konfliktdynamik interessiere, so ist es mir ebenso wichtig, eventuell soziale Benachteiligungen und Ängste und deren Auswirkungen auf das (Gegenwarts-)Unbewußte mit zu reflektieren.

Fünfte Hypothese

Als Frau fühlt sich Frau K. unbewußt nicht berechtigt, erfolgreicher als ihr Mann zu sein. Finde ich in ihr ein kleines Mädchen, das mir dazu etwas erzählen kann?

Frau K. ist die älteste von 3 Geschwistern. Sie hat 2 jüngere Brüder, der eine $1^1/_2$, der andere 5 Jahre jünger. Frau K. war stets eine besonders begabte und erfolgreiche Schülerin, während ihr $1^1/_2$ Jahre jüngerer Bruder schlecht und recht voran kam. In der Familie habe es immer wieder geheißen, es sei schade, daß sie als Mädchen so viel besser sei.

Nun erfährt meine Hypothese eine **psychodynamische Untermauerung**: Frau K. hat sich im Vergleich zu ihrem Bruder weniger wertgeschätzt gefühlt. Dies führte u. a. zu vermehrtem Leistungsstreben. Es blieb aber ein nagendes Schuldgefühl, sie mache etwas falsch. Es blieben auch nagende Selbstzweifel. Immer wenn Frau K. erfolgreich ist und ein ihr nahestehender Mann im Vergleich weniger erfolgreich ist, kann das zur Symptombildung führen, um die unerträglichen Schuldgefühle und Selbst(wert)zweifel abzuwehren. Eine abgewehrte Neid- und Eifersuchtsproblematik ist ebenfalls zu vermuten.

Übertragungs-Gegenübertragungsaspekte

Frau K. erzählt mir also im ersten Gespräch: Ich fühle mich als Mädchen nicht wertgeschätzt, darüber bin ich eigentlich schrecklich wütend und traurig. Ich glaube nicht, daß sich jemand ernstlich für mich interessieren kann. Deshalb kann ich mich auch noch so viel anstrengen wie ich will. Das tut mir weh, aber ich habe nichts Besseres verdient.

Was löst dieser Text hinter ihrem Text über ihre Beschwerden bei mir aus: Ich nehme sie als zarte, schutzbedürftige Person wahr. Ich möchte ihr meine Bewunderung mitteilen, daß sie so viel geschafft hat. Ich frage mich, was es für uns beide zu bedeuten haben wird, daß ich mir als Frau erlaube, beruflich erfolgreich zu sein. Weiter frage ich mich, was es bedeutet, daß ich ihr zwar rasch einen Erstgesprächstermin anbieten konnte, aber nicht direkt mit der Therapie fortfahren kann. Wird sie das so auslegen, daß ich kein echtes Interesse an ihr habe?

Ich fühle mich sehr rasch als die Mutter, die sich auf ihr Kind freut, und es dann viel zu rasch wieder verläßt, als der Vater, der sie bewundert für ihre Leistungen, und als der Bruder, denn mir geht durch den Kopf, daß sie in bezug auf ihre akademische Laufbahn mehr erreicht hat als ich. Erinnerungen und Phantasien, Vergleiche mit meiner eigenen Geschichte helfen mir außerdem, mich mit ihr vorübergehend zu identifizieren.

Ich sage ihr, daß ich sie auf zwei verschiedene Weisen wahrnehme: Eine Frau, die bisher viel geschafft und erreicht hat, und eine andere, vielleicht auch eher ein Kind, das endlich mit ihrer Traurigkeit und ihren Wünschen nach Unterstützung gesehen und angenommen sein will. Daß es ihr aber nach dem, was ich so von ihr gehört hätte, eher schwer falle, sich diese bedürftige Seite einzugestehen.

Die Patientin antwortet, daß sie einige Freundinnen schon um Hilfe bitten könne. Manchmal sei sie neidisch auf ihre Kinder, die hätten es irgendwie viel besser als sie damals. „Wer hat sich schon so um uns gekümmert, wie wir uns jetzt um sie?"

Als ich der Patientin mitteilte, daß ich ihren Wunsch nach einer analytischen Therapie für richtig halte und bereit bin, ihr einen Platz zur Verfügung zu stellen, dies aber noch einige Zeit dauert, gehe ich prinzipiell auf ihren Wunsch ein, mich um ihr bedürftiges Kind zu kümmern. Gleichzeitig frustriere ich dieses Kind, da ich nicht sofort verfügbar bin. „Das habe ich mir schon gedacht, daß das nicht sofort geht. Ich bin froh, wenn ich nicht noch länger warten muß."

Frau K. hat innerlich einer Frustration und daraus resultierender Trauer und Ärger schon vorgebeugt. Sie ist die „vernünftige" Große, die einsieht, daß so manches nicht geht. Ihrem bisherigen lange eingeübten Muster entsprechend erlaubt sie sich nicht, sich und mir einzugestehen, daß sie lieber schneller käme. Immerhin hatte sie ja schon sehr stark auf ein kurzfristig stattfindendes Erstgespräch gedrängt.

Ich spreche das an, und ob es nicht doch schwer sei, so lange zu warten, ob sie vielleicht meine, das dürfe sie mir nicht sagen, um mich nicht zu verärgern. „Lieber wäre es mir schon, es ginge schneller, aber ich weiß ja, daß Sie sehr viel zu tun haben" (die vielbeschäftigte Mutter).

Da das, was wir als Psychoanalytiker als Abwehrmechanismen bezeichnen, immer auch eine Anpassungsleistung des Ich ist und insofern in moderner Sprache ausgedrückt eine Coping-Strategie oder eine Ressource darstellt, die der Patientin hilft, mit ihrem Leben zurechtzukommen, erscheint der Umgang der Patientin mit der Situation angemessen, insbesondere vor dem Hintergrund ihrer Erfahrung.

Einleitung der Behandlung

Die **Besprechung des Gutachterverfahrens** bietet mir die Möglichkeit, der Patientin eine Art des Verbindunghaltens mit mir anzubieten. Ich bitte sie nämlich, mir für meinen Bericht an den Gutachter eine möglichst ausführliche Lebensgeschichte in schriftlicher Form zukommen zu lassen. Nach meiner Erfahrung ist dieses schriftliche Niederlegen der eigenen Lebensgeschichte eine Art Übergangsobjekt, was der Patientin hilft, mit mir in Beziehung zu bleiben. Darüber hinaus wird die Patientin zur Introspektion angeregt.

Umgang mit der Krise

Ich biete der Patientin aber auch an, sich zu melden, wenn sie das Gefühl habe, daß ihr die Wartezeit zu lang werde und daß sie Hilfe brauche. Patienten, die sich in einer akuten schweren Krise befinden, wie diese Patientin, können häufig von einem ersten Gespräch, in dem sie sich angenommen fühlen, in der Weise profitieren, daß sie die Wartezeit gut überstehen. Dies ist aber nicht immer der Fall, und es ist unsere Pflicht, wenn wir die Patientin in Behandlung nehmen, uns auch – ggf. auch begrenzt – verfügbar zu zeigen.

Modifikationen des Standardverfahrens

Dazu gehört eine gewisse Verfügbarkeit und Erreichbarkeit über die vereinbarten Sitzungen hinaus. Ich habe nicht erlebt, daß dies mißbraucht wurde. Insbesondere, wenn Patienten suizidal sind, was zu Beginn der Behandlung meist der Fall ist und während der Behandlung immer wieder auftreten kann, ist es notwendig, mit der Patientin Verabredungen zu treffen, und zwar:
1. daß sie uns erreichen kann,
2. daß sie sich verpflichtet, sich zu melden, wenn der Impuls zur Selbsttötung überwältigend wird.

In der Regel empfiehlt es sich nicht, die Aggressionen, die hinter den Suizidabsichten und manchem Symptom verborgen sein können, zu Beginn und früh in der Behandlung anzusprechen, zumal die unterdrückte Aggressivität und Depressivität zwei Seiten einer Medaille, nämlich letztlich als unerträglich erlebte Frustration, sind. Alle mir bekannten Patienten mit depressiven Symptomen erlebten in ihren Elternhäusern, daß Wut und alle anderen sog. negativen Gefühle unerwünscht, wenn nicht verboten waren. In der analytischen Arbeit geht es darum, diese Gefühle erst einmal zu benennen. Später in der Übertragung erlebbar und darüber hinaus erfahrbar zu machen, daß „nichts Schlimmes" geschieht, wenn man Haß, Wut, Eifersucht und Neid äußert.

Wahrnehmen geschlechtsspezifischer Merkmale

Nach meiner Erfahrung gibt es **geschlechtsspezifische** Unterschiede, die wahrgenommen werden sollten und auch unterschiedlich bearbeitet werden müssen.

Beispielsweise macht ein Patient mir von Anfang an Vorwürfe über alles, was ihm an mir spießig und bürgerlich erscheint. D. h., er bringt seine Aggression von Anfang an, wenn auch hinter Rationalisierungen versteckt, in die Beziehung. Er versucht, mich nach seinen Vorstellungen zu verändern. Männer scheinen sich nach meiner Erfahrung mehr erlauben zu können, zu wissen, wie die Dinge sein sollen. Das Gefühl, zu dem Teil der Menschheit zu gehören, der weiß und bestimmt, was richtig und was falsch ist, prägt sich in das männliche Unbewußte ein, so daß selbst ein depressiver Patient sich noch mehr die Freiheit zur Kritik – jeder auf seine Weise und je nach individuellem Hintergrund – nimmt als Patientinnen. Als Frauen haben sie gelernt, daß ihre Vorstellungen und Meinungen weniger Gewicht haben, so daß eine depressive Patientin, die sich von Anfang an beschwert und Kritik übt, eher die Ausnahme sein dürfte.

Aggressive Gefühle können von Männern häufig direkter geäußert werden – möglicherweise verhindert genau dies auch, daß sie genau so häufig an Depressionen erkranken wie Frauen –, selbst wenn sie depressiv sind. Sie brauchen in der Regel dazu keine Ermutigung. Es genügt, sie die Erfahrung machen zu lassen, daß sie damit nicht abgewiesen werden. Frauen dagegen benötigen oft direkte Ermutigung, ihre enttäuschten und ärgerlichen Gedanken und Gefühle auszudrücken.

Frauen und Depression

Die Tatsache, daß Kranke, die tagtäglich unsere Praxis füllen – und die Depression gehört zu den häufigsten Störungen – überwiegend einem Geschlecht, nämlich dem weiblichen angehören, sollte unsere Aufmerksamkeit wecken. Interessanterweise spricht man von einem „Hausfrauensyndrom“, wenn Männer, die ihre Aktivitäten überwiegend auf den häuslichen Bereich lenken, an einer Depression erkranken. Es ist uns also bewußt, daß der Mangel an gesellschaftlicher Anerkennung und bezahlter Arbeit depressionsauslösend sein kann.

Psychoanalytische Therapie, die gesellschaftliche Bedingungen und geschlechtsspezifische Unterschiede nicht wahrnimmt, wird Freuds Anspruch nach Wahrheitsliebe nicht gerecht. Daher muß psychoanalytische Therapie auch die gesellschaftliche Tendenz zur Herstellung von Unbewußtheit (Erdheim) berücksichtigen. Dazu sollte auch die Reflexion der eigenen Geschlechtsrolle als Therapeutin und als Therapeut gehören sowie die daraus resultierenden Stereotypien, die sich in unseren Deutungen und in unserem Verständnis von Therapieprozessen ausdrücken können. Die gründlichste Untersuchung zum Thema „Frauen und Depression“ ist in den letzten Jahren von der „American Psychological Association“ (APA) durchgeführt worden (McGrath u. Mitarb. 1994).

Zwar wird unsere Hauptaufgabe als Analytiker sein, das Kind in unseren Patienten zu verstehen. Jedoch hat es andere Auswirkungen auf eine Frau, wenn z. B. im Fall von Frau K. die Mutter ihr Studium „der Kinder wegen“ aufgegeben hat, als auf einen Mann. Der unbewußte Ärger der Mutter wirkt sich auf eine Tochter in anderer Weise aus als auf einen Sohn. Die Tochter fühlte sich, wie sich später in der Analyse herausstellte, schuldig, es weiter gebracht zu haben als ihre Mutter und dafür, daß die Mutter „wegen ihr“ die Karriere aufgegeben hatte. Das verbietende Mutterintrojekt wirkte sich auf ihr Selbstbild als Frau destruktiv aus. Auch ein Mann könnte sich bei vergleichbarer Geschichte schlecht und schuldig fühlen, jedoch würde sich dies weniger destruktiv auf sein **Selbstbild als Mann** auswirken.

Diagnose

Depressive Bilder finden wir in einem Kontinuum von
- reaktiven Depressionen bei sonst Gesunden – über
- die neurotischen Depressionen
- die Depressionen bei Borderlinestörungen (s. Kapitel X, 34)
- psychotische Depression und
- der Depression im Rahmen einer posttraumatischen Belastungsstörung.

Die **Diagnose** Depression beinhaltet also Krankheitsbilder verschiedenen Schweregrades, wobei wir bei allen Depressionen
- mehr oder weniger bewußte Schuldgefühle,
- mangelndes Selbstwertgefühl bis zum Selbsthaß,
- mehr oder weniger offene Suizidalität,
- Antriebsstörungen,
- gedrückte Stimmung,
- Affektstörungen,
- vegetative Dysfunktionen finden können.

Die neurotische Depression spricht auf psychoanalytische oder psychoanalytisch orientierte Therapie gut an.

Depressive Zustände im Rahmen einer psychotischen oder Borderlinestörung unterscheiden sich von der neurotischen Depression vor allem durch ein schwächeres Ich und frühere Abwehrmechanismen. Mentzos hat jüngst überzeugend dargelegt, daß psychotische Depressionen psychoanalytisch gut zu behandeln sind (Mentzos 1995).

Bei reaktiven Depressionen empfiehlt sich eine analytisch orientierte, konfliktzentrierte Therapie. Die Behandlung der posttraumatischen Belastungsstörung wird weiter unten dargestellt.

Abwehrmechanismen

Die am häufigsten zu beobachtenden Abwehrmechanismen sind
- neben der Verdrängung
- Reaktionsbildung,
- Verkehrung ins Gegenteil,
- Wendung gegen das eigene Selbst,
- Somatisierung.

Je mehr ein unreifes Ich involviert ist, treten
- Projektions- und
- Spaltungsmechanismen,
- frühe Introjektion und
- reifere Identifikation (Mentzos 1982) auf.

Letztere machen aus psychoanalytischer Sicht den depressiven Mechanismus besonders verstehbar (Freud 1917).

Bei Frau K. sagen wir, daß sie ein „böses“, sie als Mädchen, Frau, ablehnendes Mutterintrojekt hat. Sie hat die „böse Mutter“ immer dann introjiziert, wenn sie die reale Mutter verloren glaubte.

Durch den Mechanismus der Introjektion wird Trauer vermieden, d.h., das, was man verloren glaubt oder glaubte, kann man weder wertschätzen noch sich davon lösen. Der Mechanismus der Introjektion verhindert außerdem, daß Wut und Haß sich auf das verlorene oder verloren geglaubte Objekt richten. Jede Arbeit mit Depressiven macht früher oder später auf quälende Weise erlebbar, daß der Selbsthaß eigentlich Enttäuschung über das Objekt ist.

Weite Strecken des Durcharbeitens beziehen sich darauf, den Mechanismus der Wendung gegen das eigene Selbst auf diesem Hintergrund zu verstehen.

Setting

Die Behandlung von Frau K. dauerte 270 Stunden mit einer Frequenz von zunächst zwei, nach ca. einem Jahr für ein Jahr drei Stunden, dann wieder zwei Stunden und gegen Ende der Behandlung eine Stunde pro Woche. Die Behandlung fand im Liegen statt.

Zur **Veränderung des Settings** in bezug auf die Frequenz gibt es unter Psychoanalytikern kontroverse Meinungen. Einige meinen, daß nur eine festgelegte Stundenfrequenz von Anfang bis Ende dem Patienten genügend Sicherheit gebe. Andere meinen, daß sich die Frequenz flexibel dem jeweiligen Entwicklungsniveau der Patienten anpassen soll, d.h. in einer Phase, in der viel regressives Material bearbeitet wird oder werden soll, ist eine höhere Frequenz sinnvoll. Andererseits kann sich eine niedrigere Frequenz empfehlen, wenn die Patientin in einer relativ stabilen Phase des Durcharbeitens ist, in der viel Veränderungsarbeit im Alltag anliegt. Bei Depressiven kann es sich auch bewähren, für die Phase der Trennung die Stundenfrequenz zugunsten der Gesamtbehandlungszeit zu verringern. Bei 2- bis 3stündigen Therapien ist in der Regel davon auszugehen, daß die Behandlung mit 240 bis 300 Stunden erfolgreich abgeschlossen werden kann. In jedem Fall brauchen Veränderungen Zeit, d.h., wir sollten uns auf einen Prozeß von 2 bis 4 Jahren einstellen. Für manche Patienten scheint es günstiger, daß sie 4 Jahre lang einmal pro Woche kommen können als 2 Jahre lang 2 Stunden. Leider wird die 1stündige Behandlung von vielen Gutachtern noch immer nicht als analytisch anerkannt.

In aller Regel kann die therapeutische Arbeit nach dem Standardverfahren im Liegen durchgeführt werden. Einige Patienten können aggressives Material leichter mitteilen, wenn sie im Liegen mehr „bei sich" sein können, manche fühlen sich im Sitzen wohler, „aufrechter", aber auch bei dieser Settingfrage empfehle ich einen flexiblen Umgang.

Insbesondere während suizidaler Phasen kann es wichtig sein, daß die Patienten Augenkontakt halten können (was ggf. dadurch erreicht werden kann, daß die Patienten liegen, die Analytiker sich aber neben die Patienten setzen). Settingänderungen bedürfen der Absprache und müssen hinsichtlich ihres Bedeutungsgehaltes analysiert werden.

Frau K. hatte nach dem Erstgespräch etwas Mut geschöpft. Ihre Magenschmerzen hatten nachgelassen. Die ersten Stunden vergehen mit der Schilderung der beruflichen Situation, die ihr „Magenschmerzen macht", und des Ärgers auf ihren geschiedenen Mann, der sich ihrer Meinung nach nicht an Absprachen, die Kinderbetreuung betreffend, hält, sich „aufspielt". Sie träumt von einem älteren Kollegen, durch den sie sich einerseits immer gefördert fühlte, dem gegenüber sie sich aber auch immer als „mickrig" empfand.

Wichtige Themen in der Behandlung

Die Selbstwertproblematik und damit einhergehende Themen narzißtischer Kränkbarkeit – wie ernst werde ich genommen – durchzieht die Therapie Depressiver als Frage und Befürchtungen an die Therapeutin. Wegen der fast immer hohen narzißtischen Kränkbarkeit Depressiver empfiehlt es sich, Freuds Ratschlag, zunächst einen vertrauensvollen Rapport herzustellen, besonders zu beherzigen. Von frühzeitigen Deutungen negativer Übertragungsaspekte ist auch aus diesem Grund abzuraten. Meist werden sie von Depressiven als Vorwurf und Kränkung verarbeitet.

Negative Übertragung

Selbstverständlich kann es keine analytische Arbeit ohne Analyse negativer Übertragung geben. Früher oder später wird die Patientin auch in mir diejenige sehen, die sie kleinmachen will oder zuviel von ihr verlangt. Jede Bestätigung ist dann gleichzeitig eine Falle, da ich die Patientin zu mehr Leistung „antreibe". Früher oder später werde ich mich schuldig fühlen, sie nicht genügend zu unterstützen, sie „hängenzulassen", ihr nicht genügend zu geben. Früher oder später werde ich so etwas wie Verachtung oder Ärger oder beides in mir wahrnehmen, und die Patientin wird von mir enttäuscht sein. Ihre Wut über mich wird mehr oder weniger unverhohlen zum Ausdruck kommen. Wenn die Beziehung zwischen uns genügend tragfähig ist, werden wir dies alles willkommen heißen können, denn nur wenn Frau K. bei sich auch all die negativen Gefühle wahrnehmen darf und erleben kann, daß ich sie aushalte, daß ich nicht wie die Mutter depressiv werde und ihr verlorengehe, kann sie gesund werden.

Zu den Aspekten positiver Übertragung – Gegenübertragung gehören die wechselseitige Wertschätzung und Achtung sowie das sich langsam entwickelnde Gefühl der Patientin, daß ich an ihr, ihren Schwierigkeiten und ihren Fähigkeiten wirklich interessiert bin.

Exkurs: Über die Gefahr, Mitleid statt Mitgefühl zu entwickeln

Viele depressive Patienten scheinen menschliches Leiden schlechthin zu verkörpern. Es heißt, die Depression sei die menschlichste aller Erkrankungen. Depressiv sein gehöre wie Angst haben zur Condition humaine. Dies zu wissen hilft uns einerseits, mitfühlend zu sein, gleichzeitig besteht die Gefahr, daß wir uns mit depressiven Patienten mitleidsvoll überidentifizieren. Zu viel – verwöhnendes – Engagement kann die Folge sein, oder zuviel Sorge, wenn die Patientin suizidal ist, z.B. Extrastunden zu geben. Hier soll nicht behauptet werden, daß Extrastunden immer falsch sind, aber doch der Hinweis gegeben werden, sorgfältig darauf zu achten, ob vom Patienten induzierte Schuldgefühle ein Gegenübertragungsagieren auslösen, das mehr aus Mitleid denn aus Mitgefühl, abgegrenzter Einfühlung also, resultiert.

Damit wäre dem Patienten letztlich nicht gedient, denn wir verstärken dadurch die Schuldgefühlsspirale und die Abhängigkeit. Wir sollten uns daran erinnern, daß die Patienten uns unbewußt „testen", ob wir bereit sind, mit ihren gesunden Seiten zu kooperieren (Weiss u. Sampson 1986).

Depressive leiden fast immer unter **Trennungsangst**, meist deshalb, weil sie zu früh Trennungen von wichtigen Bezugspersonen ausgesetzt waren oder befürchten mußten, diese zu verlieren. Sie haben daher eine Neigung, aktiv zu wiederholen, was sie einst passiv erleiden mußten. Sie geben einem das Gefühl, daß sie einen durch Suizid verlassen wollen und lösen bei uns Angst und Schuldgefühle aus. Suizid wird zu Recht als Ausdruck gegen das eigene Selbst gerichteter Aggression aufgefaßt, und es kann befreiend sein, das Wütende in Suizidgedanken in der Analyse durchzuphantasieren, z.B. das Triumphgefühl, wenn es Angehörigen schlecht geht, wenn man tot ist.

Suizidalität hat aber auch die Funktion, unerträgliche Ohnmachtsgefühle, hier meist im Zusammenhang mit Trennungsangst und Verlassenheitsgefühlen, abzuwehren und den Selbstwert zu regulieren: „Wenigstens Herr über mein Leben bin ich, das kann mir niemand streitig machen."

Es empfiehlt sich daher, Suizidgedanken auch unter diesem Aspekt durchzuarbeiten und als Ich-Leistung anzuerkennen.

Frau K. reagierte über lange Zeit auf jede Trennung von mir mit verstärkter Symptomatik, während sie äußerte, es mache ihr „gar nichts", wenn ich in Urlaub gehe. Es war viel zu schmerzhaft, sich Trauer, Wut, Ohnmachtsgefühle einzugestehen, und es mußte zunächst die Scham analysiert werden, überhaupt so zu fühlen und von mir dafür womöglich verachtet zu werden.

Der Selbsthaß **Depressiver** wird häufig durch **Scham** verstärkt: „Ich fühle mich fürchterlich, daß ich so schwach bin, ich hasse mich, daß ich mit meinem Leben nicht klar komme, andere schaffen das doch auch."

Im Fall von Frau K. hingen die Schamgefühle besonders mit dem vorzeitigen „Großseinmüssen" und Angst vor Versagen zusammen und mit dem Mangel an Akzeptanz der Umgebung für ihre heftigen kindlichen Neid- und Eifersuchtsgefühle. Ihr Über-Ich hatte eine strenge Qualität und verbot ihr negative Gefühle als Schwäche. Dieses Über-Ich projizierte sie auf mich, und sie rechnete damit, daß ich sie ebenfalls verachte.

Ein Großteil der analytischen Arbeit bezieht sich bei Depressiven auf die Milderung dieses strengen Über-Ich.

Geschlechtsunterschiede

Frauen lernen in unserer Kultur mehr als Männer, für das gute Funktionieren von Beziehungen verantwortlich zu sein (Eichenbaum und Orbach). Das von Freud als schwächer bezeichnete Über-Ich der Frau zeigt, wie Gilligan überzeugend nachgewiesen hat, eine stärkere Beziehungsorientierung, während das Über-Ich des Mannes sich mehr an Normen, Ge- und Verboten orientiert. Eine Patientin wird ihr Versagen daher eher an einem der Beziehung nicht Gerechtwerden festmachen, ein Patient eher an einem den Normen nicht genügen. Beides ist quälend und bedarf der analytischen Aufklärung und des Verständnisses für psychodynamische Hintergründe. Wenn Frauen bei Frauen in Analyse sind, ist weiter davon auszugehen, daß die Patientin in der Analytikerin die Mutter wiederfindet, die von der Patientin verlangt, auf ihre eigenen Bedürfnisse zugunsten anderer zu verzichten. Ein Patient wird in der Analytikerin eher die Vertreterin von Recht und Ordnung vermuten oder sie angreifen, wenn sie diese Ordnung nicht genügend vertritt.

Bestimmte patriarchal geprägte Theorien zur Weiblichkeit können dazu beitragen, das Depressivsein von Frauen zu verstärken, statt abzubauen. Nehmen wir z.B. das Konzept der „phallischen Frau", das Frauen nach wie vor den Bereich der Familie zuweist. Ein(e) Analytiker(in) mit diesem Konzept wird vermuten, daß die Patientin, die eine berufliche Karriere anstrebt, ihr Frausein vernachlässigt, phallisch konkurriert, und wird dies eher für neurotisch halten. Dies aber wird die Schuldgefühle der Patientin möglicherweise verstärken statt sie davon zu befreien. Im Fall von Frau K. kann man entweder den Neid auf den Bruder als Reaktion auf eine reale Benachteiligung verstehen oder traditionell als Ausdruck von „Penisneid". Je nach theoretischem Konstrukt werden unterschiedliche Interpretationen gegeben, und dies wird auch unterschiedliche Auswirkungen auf die Therapie haben.

Ich habe Frau K. verstanden als eine Frau, die real benachteiligt war, was in ihr bestimmte Abwehrmechanismen und Phantasien auslöste, die es zu analysieren galt. Unter anderem hat es für Frau K. wichtige Implikationen, in mir einer beruflich erfolgreichen Frau zu begegnen.

Frauen, die in ihrer Herkunftsfamilie der traditionellen Aufteilung von Mutter/Hausfrau und berufstätigem/erfolgreichem Vater begegnet sind, haben sich, wenn sie selbst beruflichen Erfolg anstreben, meist mit dem Vater identifiziert und fühlen sich der Mutter gegenüber schuldig. Die berufstätige Analytikerin wird ggf. als Amazone und Männerfeindin phantasiert, was eine Projektion eigener Ängste in bezug auf eigenen Erfolg darstellen kann. Ein Patient, der seine Analytikerin als Amazone phantasiert, wird dagegen eher fürchten, daß sie ihn vernichten will, was Ausdruck abgewehrter Angst vor der (über-)mächtigen Mutter oder auch des Hasses auf diese Mutter sein kann. Es ist immer notwendig, den Einzelfall genau zu untersuchen. Jedoch ist es auch notwendig, sich bewußt zu machen, daß eigene Bilder von Männlichkeit und Weiblichkeit unseren Umgang und unsere Deutungen bestimmen und daß dies Auswirkungen auf den therapeutischen Prozeß hat.

Modifikation der einzeltherapeutischen Arbeit

Einbeziehung des Partners

Depressive pflegen in der Regel Partnerschaften, die sich durch übertriebenes Harmoniestreben und unterdrückte Aggressivität auszeichnen. Die – wenigstens gelegentliche – Einbeziehung des Partners sollte daher erwogen werden.

Umgang mit dem Körper

Depressive haben fast immer ein gestörtes Körpererleben. Der Analytiker tut gut daran, diesem Erleben ausreichend Aufmerksamkeit zu widmen. Eine wohlwollende Haltung in bezug auf Körperarbeit – auch wenn wir sie nicht direkt in der analytischen Arbeit anwenden – kann die analytische Psychotherapie befruchten.

Handlungsorientierte Therapien

Kreative Therapien wie Musik- und Gestaltungstherapie befruchten ebenfalls die analytische Therapie. Das Kreative als Ausdruck des Zwischenbereiches ermöglicht es der Patientin, sich autonomer zu entwickeln, Unabhängigkeit, Eigenes zu erleben.

Da in der ambulanten Psychotherapie Kombinationen mit anderen Therapieverfahren nicht möglich sind, sind Körperarbeit und kreativer Ausdruck zu begrüßen und zu unterstützen (z.B. Kurse an der Volkshochschule). An den Erfahrungen kann dann in der Psychotherapie gearbeitet werden.

Stationäre Therapie

In der stationären Therapie gibt es in der Regel eine Kombination von analytischer Psychotherapie mit Körper- und kreativen Therapien. Dies kann zur Einleitung der Behandlung oder in Krisen unterstützend wirken und die Patientin über eine stärkere Handlungsorientierung in Kontakt mit ihren – abgewehrten – Gefühlen bringen. Insbesondere aggressive Impulse lassen sich oft leichter in sog. nonverbalen Verfahren erfahren und ausdrücken und werden so für die analytische Arbeit nützlich.

Depressionen im Rahmen posttraumatischer Belastungsstörungen

Häufig bieten Patienten, die real traumatisiert wurden, zunächst das Bild einer schweren Depression mit
- stark ausgeprägtem Selbsthaß,
- massiven Schuld- und Schamgefühlen,
- Hoffnungslosigkeit,
- Hilflosigkeit,
- reduzierten Affekten,
- Beziehungsschwierigkeiten.

Depression gehört zu den selten untersuchten psychologischen Langzeitfolgen von Victimisierung (McGrath u. Mitarb.).

Wir empfehlen, keine analytische Arbeit mit Patienten zu beginnen, die erkennbar real traumatisiert sind. Deshalb sollte bei der Anamneseerhebung nach weiteren Symptomen eines posttraumatischen Belastungssyndroms geforscht werden.

Dies sind neben den bereits o.g. Symptomen insbesondere
- selbstzerstörerische Handlungen,
- selbstverletzendes Verhalten,
- Suchtverhalten,
- starke Angst vor Hingabe und Kontrollverlust,
- Unfähigkeit, Grenzen zu setzen,
- wiederholter Mißbrauch in Beziehungen,
- Opferrolle,
- Ohnmachtsgefühle,
- Vermeiden von Nähe,
- Gefühle von Isolation, nicht dazugehören,
- Entfremdungs- und Depersonalisationsgefühle,
- physische und psychische Lähmungserscheinungen in bestimmten Situationen oder bei bestimmten Themen.
- Sich unwirklich vorkommen, Gefühl verrückt zu sein.
- Flashbacks: Plötzliche bildliche Erinnerung an das Trauma, die wie ein Überfall wirken. Starke sensorische Erinnerungen, die keinen Sinn machen, z.B. das Tapetenmuster, ein Geruch, der immer wieder in die Nase steigt und Ängste auslöst.
- Würge- und Erstickungsgefühle, Kloß im Hals, Schluckbeschwerden, Atemnot, Hautausschläge, Juckreiz.
- Auffällige Erinnerungslücken, Unfähigkeit, sich an ganze Perioden aus der Kindheit zu erinnern, Ausblenden von bestimmten Personen und Situationen. Uneinfühlbar heftige Gefühlsreaktionen bei bestimmten Begegnungen mit Orten oder Menschen (Blume, S. E. 1988, für Inzest zusammengestellt, die Symptomatik gilt aber auch für andere Traumatisierungen).

Ist die Diagnose erhärtet, sollte eine Entscheidung für eine analytisch orientierte Vorgehensweise getroffen werden, d.h. Wahrnehmen von Übertragung und Gegenübertragung ohne Förderung einer Übertragungsneurose. Die Bearbeitung des Traumas mit Hilfe der Übertragung halten wir für äußerst problematisch. Sie führt zu lang anhaltendem Leiden für Patienten und Therapeuten und zu einer Retraumatisierung der Patienten. Negative Übertragungsaspekte sollten sofort angesprochen und als unrealistisch erkannt und benannt werden, so daß der Therapeut als gutes Objekt erhalten bleibt.

Die Therapiestrategie ist ausführlich andernorts dargestellt (Reddemann u. Sachsse 1997/98).

Verhaltenstherapie

F. T. Zimmer

Beschreibung der depressiven Symptomatik

„Ich bin so niedergeschlagen und fertig… Ich komme morgens fast gar nicht mehr aus dem Bett. Ich bin so eine schlechte Hausfrau… Ich schaff's einfach nicht mehr mit dem Haushalt. Es ist alles so viel! Das ist auch schlimm für meinen Mann. Ich fühl mich so mies und schuldig. Er hat soviel für mich getan. Ich kann verstehen, daß er mich nicht mehr mag und mir aus dem Weg geht… (weint). Ich glaub, er liebt mich nicht mehr, und ich weiß nicht, was ich tun soll. Ist ja auch kein Wunder, wenn ich ihm nur zur Last falle… Ich kann mich einfach zu nichts aufraffen… Und immer dieser Druck auf der Brust und nachts nicht schlafen zu können. Ich trau mich auch gar nicht mehr aus dem Haus, weil mich dann die Nachbarin sieht und denkt, ich bin faul, und das Haus ist schmutzig… Ich weiß nicht mehr, wie es weitergehen soll… (weint); auch als Mutter tauge ich nicht; mein Sohn tanzt mir auf der Nase herum und macht seine Schularbeiten nicht. Ich bin so hoffnungslos!"

Diese Beschreibung stammt aus einem Erstgespräch von einer Patientin, Frau K., die an einer seit einem halben Jahr bestehenden erstmaligen depressiven Episode litt, die vor etwa drei Monaten zur stationären Aufnahme mit anschließender ambulanter Behandlung führte.

Typische Charakteristika depressiver Syndrome sind in diesem Ausschnitt bereits enthalten: Patienten sind in ihrem Selbst-Erleben, in ihren Beziehungen zur Umwelt und ihrer

Wahrnehmung der Zukunftsperspektive beeinträchtigt. Die **Stimmung** ist niedergeschlagen und ängstlich, hilflos, zum Teil verzweifelt. Die **Gedanken** sind pessimistisch-negativ, voll Selbstanklagen und -vorwürfen, geringem Selbstwert. Die Aufgaben erscheinen wie ein Berg voller Hindernisse. Die Umwelt wird gegen sich gerichtet und kritisch erlebt, voll potentieller weiterer Verluste, die Zukunft hoffnungslos. **Motivational** gesehen, haben die Patienten in der Regel ihr übliches Interesse an ihren Tätigkeiten und Hobbies verloren. Sie haben Schwierigkeiten, Entscheidungen zu treffen, ziehen sich von sozialen Kontakten zurück und fühlen sich abhängig von ihrer Umgebung. Im Verhalten sind sie inaktiv, antriebsarm, müde, klagend, können aber auch agitiert erregt sein. Sie fangen vieles an, ohne etwas zustande zu bringen. Somatische Symptome sind: Druck auf der Brust, Schlafschwierigkeiten, sichtbare Hemmung oder Erregung, Appetit- und Gewichtsverlust (oder Zunahme) und Verminderung sexuellen Interesses.

Epidemiologie und Klassifikation

Im Laufe ihres Lebens (Lebenszeitprävalenz) erkranken 17% der Gesamtbevölkerung an einer Depression. Derzeit sind etwa 10% der Gesamtbevölkerung an einer Depression nach ICD-10 erkrankt. Depressionen sind mit 15% die in der Allgemeinpraxis häufigsten psychiatrischen Störungen (Kasper u. Mitarb. 1994). 20% der depressiven Erkrankungen nehmen einen chronischen Verlauf, und es ist nach Keller u. Mitarb. (1986) mit einem kumulativen Verlauf von 30% zu rechnen. Dennoch bleiben viele Depressionen unerkannt, wenn körperliches Leiden oder verringerter Antrieb im Vordergrund stehen. Etwa doppelt so viele Frauen erkranken an einer Depression wie Männer (2 : 1), bei chronischen Verläufen etwa 3 : 1.

Symptome einer depressiven Episode nach ICD-10 sind in Tab. 33.**1** dargestellt. Die Diagnose setzt eine Dauer von mindestens 2 Wochen voraus. Das Erscheinungsbild variiert individuell erheblich.

Ursprünglich teilte man die vielfältigen Erscheinungsformen depressiver Erkrankungen nach ihren Ursachen ein in neurotische Entwicklungen (psychogen), anlagebedingte Entwicklungen (endogen) und aufgrund körperlicher Erkrankungen (somatogen). Die heute übliche Klassifikation im ICD-10 der WHO (Dilling u. Mitarb. 1993) wie auch das amerikanische DSM-IV (APA 1994) richten sich nach den beschreibenden Merkmalen im Querschnittsbefund und nach dem Verlauf, wie Tab. 33.**2** zeigt. Es wird zwischen depressiven Episoden ohne auffällige Vorgeschichte und wiederkehrenden (rezidivierenden) depressiven Episoden sowie über Jahre anhaltenden leichteren (Dysthymie) differenziert.

Tabelle 33.**1** Symptome einer depressiven Episode nach ICD-10

- Gedrückte Stimmung
- Interessenverlust, Freudlosigkeit, verminderter Antrieb, Aktivitätsverlust
- Verminderte Konzentration und Aufmerksamkeit
- Vermindertes Selbstwertgefühl und Selbstvertrauen
- Schuldgefühle und Gefühl der Wertlosigkeit
- Negative und pessimistische Zukunftsperspektiven
- Suizidgedanken, erfolgte Selbstverletzungen oder -handlungen
- Schlafstörungen
- Verminderter Appetit

Tabelle 33.**3** Somatisches Syndrom nach ICD-10 (mindestens 4 Symptome)

- Interessenverlust oder Verlust der Freude
- Mangelnde emotionale Reaktionsfähigkeit
- Frühmorgendliches Erwachen
- Morgentief
- Objektive psychomotorische Hemmung oder Agitiertheit
- Deutlicher Appetitverlust
- Gewichtsverlust (5%)
- Deutlicher Libidoverlust

Die Schweregradeinteilung soll die Vielzahl klinischer Bilder in der ambulanten und stationären Versorgung abdekken. Die „leichten" und „mittelgradigen" können ohne oder mit „somatischem Syndrom" auftreten.

Bei einer „schweren depressiven Episode" geht man immer vom Vorhandensein eines „somatischen Syndroms" aus, während „psychotische Symptome" zusätzlich diagnostiziert werden (Tab. 33.**3**).

Rezidivierende depressive Störungen treten wiederholt auf, wobei Alter bei Beginn, Schweregrad, Dauer und Häufigkeit sehr variieren. Häufig werden sie durch belastende Lebensereignisse ausgelöst. Die **Dysthymie** bezeichnet chronisch anhaltende affektive Störungen, die in der Regel bei

X

Tabelle 33.**2** Klassifikation depressiver Störungen nach ICD-10 und DSM-IV

ICD-10			DSM-IV		
Hauptformen		Unterformen	Hauptformen		Unterformen
F32	depressive Episode	leicht mittelgradig schwer	296.2	typisch depressive Episode, einzelne Episode	leicht mittel schwer
F33	rezidivierende depressive Episode	(derzeit) leicht mittelgradig schwer	296.3	typische depressive Episode, wiederkehrend	(derzeitig) leicht mittel schwer
F34	anhaltende milde Depression (Dysthymia)	früher Beginn später Beginn	300.4	dysthyme Störungen	früher Beginn später Beginn atypisch

Tabelle 33.**4** Indikation kognitiver Verhaltenstherapie

Indikationen	Kontraindikationen
– reaktive Depressionen – neurotische Depressionen – atypische Depressionen – chronischer Verlauf – Therapieresistenz auf Antidepressiva – ambulantes wie stationäres Setting – Einzel- und Gruppensetting – geriatrische Patienten mit Modifikationen	– psychotische Symptome (Wahn, Halluzinationen)[1] – bipolare Depression[1] – extreme Retardierung ohne Stupor[1] – gleichzeitige EKT-Therapie

[1] nur in Kombination mit medikamentöser Behandlung

Tabelle 33.**5** Ziele und methodische Hilfen zur Bearbeitung der Anhedonie

Ziel	Methodische Hilfe
– Selbstbeobachtung von Aktivität und Stimmung – Zusammenhänge erkennen +/- – Erfassung von Zielaktivitäten (z. B. soziale Kontakte, Interessen) – Erfolgswahrnehmung – längerfristige Pläne einbeziehen	– Wochenplan (Erfolg- und Vergnügen-Technik) – Wochenplan (Stimmungsskala) – Stimmungskurven – Tübinger Anhedonie-Fragebogen (TAF) und andere Verstärkerlisten (PES usw.) – gestufte Aufgaben – Gespräch

leichterem Schweregrad jahre- oder manchmal lebenslang währen und dadurch zu großem subjektiven Leiden und Beeinträchtigung der Patienten (und oft auch der Angehörigen) führen. Patienten fühlen sich meist müde, depressiv und angestrengt, klagen über schlechten Schlaf und ihre eigene Unzulänglichkeit (verwandte Begriffe: depressive Neurose, neurotische Depression, DSM-IV: chronisch).

Indikation und Kontraindikation kognitiver Verhaltenstherapie

Kognitive Verhaltenstherapie ist nach dem derzeitigen Stand der Forschung bei unipolaren, nicht-psychotischen Depressionen indiziert (depressive Episode, einfach und rezidivierend, Major Depression, Dysthymia; s. Tab. 33.**4**). Die Wirksamkeit kognitiver Verhaltenstherapie ist in einer Vielzahl gut kontrollierter Studien empirisch untersucht worden (Überblick u.a. in Dobson 1989, Zimmer 1989, Hautzinger 1993, Zimmer u. Heimann 1995), wobei die Katamnesestudien einen rezidivprophylaktischen Effekt gegenüber trizyklischen Antidepressiva gezeigt haben. Sie kann in der akuten Krise begonnen werden sowie auch bei schweren Depressionen mit medikamentöser Behandlung kombiniert werden. Die meisten Studien beziehen sich auf ambulante Einzeltherapien, jedoch gibt es inzwischen auch für die stationäre Anwendung sowie für die Durchführung in Gruppen positive Belege.

Daher müssen neben den im ICD-10 und DSM-IV genannten **Differentialdiagnosen** im Zusammenhang mit der Indikation weiter differentialdiagnostisch abgegrenzt werden:

- **Eindeutig psychotische Symptome** (Wahnideen, Halluzinationen, depressiver Stupor). (Einzelne Falldarstellungen – wie z.B. von Blackburn 1989 – weisen auf die Anwendbarkeit der Therapiemethode hin. Zur Kombinationsbehandlung s. de Jong u. Mitarb. 1996. In der Regel sind jedoch hier zunächst andere Behandlungsmaßnahmen erforderlich.)
- **Bipolare affektive Störungen**, bei denen manische Phasen sich mit depressiven abwechseln. Klinische Erfahrungen liegen für die Anwendbarkeit in der depressiven Phase vor, jedoch keine empirisch fundierten Belege. Hier sind primär andere Therapieverfahren in Erwägung zu ziehen (Benkert u. Hippius 1992, Möller 1993, Greil u. Mitarb. 1996), wobei kognitive Verhaltenstherapie diese sehr sinnvoll ergänzen kann.
- **Primäre Angststörungen und primäre Abhängigkeit bzw. Mißbrauch von Alkohol oder Sedativa.** Diese besonders bei chronischen Verläufen auftretenden Probleme der Komorbidität erfordern eine sorgfältige Prüfung des funktionalen hierarchischen Zusammenhangs der Einzelprobleme. Zur Abklärung müssen derzeit eingenommene Medikamente (Antidepressiva, Anxiolytika usw.) ggf. anhand einer vorgefertigten Liste erfragt bzw. mitgebracht werden. Falls nicht schon geschehen, muß mit dem zuständigen Arzt Kontakt aufgenommen werden.

Strukturierte Interviews wie das „Strukturierte Klinische Interview für DSM-III-R" (SKID, Wittchen u. Mitarb. 1990), das „Diagnostische Interview bei psychischen Störungen" (DIPS, Margraf u. Mitarb. 1991) oder praxisbezogen als Kurzform das „Mini-DIPS" (Margraf 1994) können als Hilfsmittel herangezogen werden.

Diagnostik und Erstgespräch

Die klassifikatorische Diagnostik dient der Verständigung und zum Teil der Indikationsstellung sowie der Forschung. Sie muß für eine individuelle Therapieplanung jedoch noch wesentlich ergänzt werden. Quellen der Erfassung des Zusammenhangs zwischen Emotion, Gedanken, interaktionellem und anderem Verhalten sind im Wesentlichen das Gespräch und die Beobachtung des Patienten in der therapeutischen Beziehung.

Ziele des Erstgesprächs

Ziele des Erstgesprächs sind vor allem (Beck u. Mitarb. 1996, Kanfer u. Mitarb. 1991):
- Aufbau eines guten affektiven Rapports:
- Empathie, Wärme, Zusammenfassen und Validierung.
- Überblick über die Hauptbeschwerden und deren Entwicklung:
- Strukturiert in die Breite fragen: „Gibt es noch etwas, das Sie belastet?"
- Einschätzung des Suizidrisikos und der damit zusammenhängenden Gedanken:
- Klärung der häufig auftretenden Hoffnungslosigkeit und ggf. Einleitung von Sofortmaßnahmen.
- Klärung der Therapiemotivation und Erwartungen.
- Information über die gegenwärtige Lebenssituation.
- Von den affektiven Klagen zur Zielproblematik gelangen: Statt Beschwerden Probleme und Ziele formulieren.
- Störungsspezifische Diagnostik entsprechend der Modelle zur Aufrechterhaltung und Ätiologie depressiver Störungen (s. unten). Zusammenhänge zwischen Emotion, Kognitionen und Verhalten eruieren.
- Fokussieren und Präferenzen für die Reihenfolge des Angehens mit dem Patienten gemeinsam setzen. Kurzfristig ist aktuelle Entlastung notwendig, während längerfristig die Bearbeitung der zentralen Probleme und kognitiv-emotionalen Schemata notwendig ist. Die Leitlinie dabei ist der Affekt: „Welches Problem ist am belastendsten?", „Welches Problem ist am besten zugänglich?".

Weitere diagnostische Verfahren

In Ergänzung zum Erstgespräch können klinische Selbst- und Fremdbeurteilungsverfahren zur Schweregradmessung bei vorhandener Diagnose (Beck-Depressions-Inventar – BDI, Hamilton-Depressionsskala – HAMD, oder MADS, IDS) oder zu speziellen therapierelevanten Aspekten wie Verlust der Freude und Interessen (Tübinger Anhedonie-Fragebogen – TAF) oder soziale Kompetenz (Unsicherheits-Fragebogen U) hinzugezogen werden (s. auch: Collegium Internationale Psychiatriae Scalarum – CIPS 1981, Hank, Hahlweg u. Klann 1990, Stieglitz u. Baumann 1994).

Problemanalyse

Voraussetzung einer strukturierten, problemorientierten Kurzzeittherapie ist eine differenzierte Problemanalyse, in der die hierarchischen, funktional voneinander abhängigen Problembereiche in ihrem Zusammenhang geordnet und die mit dem belastenden Affekt verbundenen Kognitionen, Verhaltensweisen und somatischen Symptome herausgearbeitet werden (Fliegel in diesem Band, Caspar 1996). Für die Behandlung sind die aufrechterhaltenden Mechanismen entscheidender als die ursprüngliche Ätiologie, da sie – unabhängig vom Beginn – eine funktionale Unabhängigkeit erhalten können (s. auch Teasdale u. Barnard 1993). Im folgenden werden empirisch belegte Modelle der Aufrechterhaltung dargestellt. Aufgabe der Problemanalyse ist es nun, herauszufinden, welche der Erklärungen für den einzelnen Patienten Bedeutung haben.

Kognitionstheoretische Modelle der Depression

Kognitionen bezeichnen nach Neisser (1979) Prozesse, durch welche innere und äußere sensorische Reize umgewandelt, reduziert, elaboriert, gespeichert, wiedererkannt und verwertet werden. Kognitionen bezeichnen den Prozeß wie den Inhalt des Denkens. Hierzu gehören: Wahrnehmung, Sprache, Einstellungen, Werthaltungen, Glauben, Urteile, Gedächtnis, Antizipationen und Problemlösestrategien.

Im Modell der gelernten Hilflosigkeit (Seligman 1975/1992) wird angenommen, daß Menschen durch die Erfahrung der Nichtbeeinflussung und Nichtvorhersagbarkeit vor allem aversiver Ereignisse eine Einstellung der Hilflosigkeit entwickeln, die der Depression entsprechende Symptome zur Folge hat. Entscheidend ist dabei die subjektive Ursachenzuschreibung (Kausalattribution) bedeutungsvoller Ereignisse auf drei Dimensionen: Depressive suchen die Ursachen für Mißerfolge eher bei sich (internal) als bei anderen (external), schreiben sie öfter zeitlich überdauernden Persönlichkeitszügen zu „so bin ich halt" (stabil) als vorübergehenden Umständen (variabel) und generalisieren eher auf ihre „Unfähigkeit" (global), als daß sie spezifisch die einzelne Situation bewerten würden. Während die internale Zuschreibung Schuldgefühle nach sich zieht, trägt die stabile Interpretation zur Chronifizierung bei und die Verallgemeinerung zur Ausweitung der Depression.

Frau K. erlebt sich als hilflos („Ich kann mich nicht aufraffen. Ich weiß nicht, was ich tun soll") mit internaler Ursachenzuschreibung („Ich fühle mich schuldig") und stabiler Erwartung in bezug auf die Zukunft ("... ich weiß nicht, wie es weitergehen soll, hoffnungslos"). Ihr Mann hat seit einem halben Jahr eine verantwortungsvollere Position in der Firma bekommen, muß sich einarbeiten und Überstunden machen, fühlt sich überfordert, ohne seine Ängste jedoch seiner Frau mitzuteilen. Sie sieht nur seine geringere Zeit für sie, seine Müdigkeit und keine Einflußmöglichkeit, macht sich, statt mit ihm vertrauensvoll zu sprechen, Vorwürfe für ihre Niedergeschlagenheit. Seit einem halben Jahr hat sich auch ihre Depression entwickelt.

Die **kognitive Theorie** von Beck (1976, 1979 u. 1996) nimmt Depression als Folge verzerrter kognitiver Strukturen und fehlerhafter Informationsverarbeitung auf drei verschiedenen Ebenen an: Während die kognitive Triade automatischer Gedanken den inhaltlichen Aspekt des Denkens benennt, betreffen Schemata den strukturellen Aspekt und systematische Fehler der Informationsverarbeitung den Prozeß des Denkens.

Die **kognitive Triade automatischer Gedanken** bezeichnet die negative Sicht der eigenen Person (Selbst), der Umwelt und der Zukunft.

So hatte Frau K. ein geringes Selbstwertgefühl als Hausfrau, sah sich als nutzlos, wertlos, unfähig, ihren Mann, ihren Sohn und die Nachbarin als ihre Umwelt kritisch gegen sich gerichtet, voll Anforderungen, Hindernissen und Verlassensein („Er liebt mich nicht"; „Sie wird schlecht von mir denken"; „Ich muß eine perfekte Hausfrau sein") und ihre Zukunft als hoffnungslos, voll Schwierigkeiten, Mißerfolge, Versagen („Ich weiß nicht mehr weiter"; „Weiß nicht, was ich tun kann").

Schemata sind als die grundlegenden Organisationseinheiten psychischer Prozesse relativ stabile kognitive Muster der Gedächtnisorganisation (Beck 1976 u. 1979, Piaget 1981, Neisser 1979, S. 27). Schemata entwickeln sich nach Beck im Laufe der Lebensgeschichte und sind dann latent vorhanden, bis sie durch interne oder externe Streßereignisse im Sinn eines Vulnerabilitäts-Stress-Modells oder durch einen Affekt, der dem der Ursprungssituation gleich oder ähnlich ist (State-dependent Learning), erneut aktiviert werden. Sie sind gleichzeitig Produkt wie Produzent der Individuums-Umgebungsinteraktionen. Schemata bestimmen die Wahrnehmungsselektion und beeinflussen die Verarbeitung und Interpretation von Erfahrungen und steuern so Erleben und Verhalten. Gleichzeitig werden sie durch das Wahrgenommene angereichert, differenziert, modifiziert (siehe auch Aldenhoff 1997).

„Welche zentralen, bedeutungsvollen **Schlüsselkognitionen** bzw. **Grundannahmen** sind mit den belastenden Gefühlen verbunden?" Sie sind ungeprüfte Ableitungen früherer Erfahrungen, die als Prämissen auf die heutige Situation übertragen werden. Studien haben gezeigt, daß die Erfassung von Schlüsselkognitionen neben Empathie und Strukturierung am engsten mit dem Erfolg kognitiver Verhaltenstherapie korrelieren.

Frau K.s gegenwärtige Gedanken zum doppelten Verlust, der vermißten Zuwendung ihres Mannes wie der Ferne der Freunde wegen eines kürzlichen Umzugs: „Ich kann meinen Mann nicht beeinflussen. Wenn ich ihm meine Wünsche sagen würde, dann würde er mich noch unattraktiver, unweiblicher finden. Außerdem kann ich mir nicht vorstellen wie." „Wenn ich etwas eigenständig mache, dann riskiere ich meine Ehe und werde allein sein." „Meine Freundin hat kein Interesse mehr an mir, sonst würde sie anrufen." Sie hatte nicht gelernt, sich autonom abzugrenzen, die Verluste durch positive Selbstbewertungen auszugleichen, und Angst, eigenständig unter Menschen zu gehen. Frau K. wuchs als Einzelkind auf. Ihre Mutter war eine eher schüchterne und anlehnungsbedürftige Hausfrau gewesen, die sich dem tüchtigen und liebevollen, aber oft beruflich abwesenden Vater unterordnete. Sie genoß einerseits die anerkannte Stellung ihres Mannes, litt jedoch andererseits unter seiner starken Beanspruchung, was die Tochter spürte. Frau K. erlebte frühzeitig im Modell der Mutter „weiblich" gleichbedeutend zu setzen mit „abhängig von der Zuwendung ihres Mannes" und konnte bei ihrer nichtberufstätigen Mutter wenig Eigenständigkeit in außerhäuslichen Bereichen abschauen. Auch wäre in dem kleinstädtischen Milieu ein solches Verhalten von der Umgebung sanktioniert worden. So lernte sie frühzeitig, ihr Selbstwertgefühl von der liebevollen, aber seltenen Zuwendung des Vaters abhängig zu machen, da ihre Mutter dies nicht vermitteln konnte. Wie diese paßte sie sich um den Preis der hilflosen Abhängigkeit und geringen Autonomie an, um die Liebe des Vaters nicht zu riskieren. Da sie Einzelkind war, hatte ihre Mutter auch Mühe, in der Pubertät autonome Bedürfnisse zuzulassen. „Wenn ich geliebt werden will, dann muß ich brav sein und mich fügen und nicht eigene Bedürfnisse äußern oder eigene Wege gehen."

Systematische formale Fehler im Prozeß der Informationsverarbeitung Depressiver sind nach Beck u. Mitarb. (1996) arbiträre Inferenz (willkürliche Schlußfolgerung), Übergeneralisierung, selektive Abstraktion, Personifizieren, dichotomes, absolutistisches Denken, Magnifizieren der Leistungen anderer und Minimieren der eigenen sowie „Sollte-Tyranneien".

Frau K. generalisierte unüberprüft von den früheren Reaktionen ihrer Eltern auf die ihres Mannes und ihrer neuen Nachbarin. Aus der vermehrten Arbeit ihres Mannes schloß sie selektiv, daß er sie nicht mehr liebe, und dichotom nahm sie ihre eigenen Einflußmöglichkeiten als überhaupt nicht vorhanden wahr.

Das **Selbstregulationsmodell** von Kanfer und Hagermann (1981), Kanfer (1992) geht von einer gestörten Selbstregulation Depressiver aus:
- In der Selbstwahrnehmung nehmen sie selektiv negative Aspekte wahr, während sie positive ausblenden.
- In der Selbstbewertung setzen sie sich unrealistisch hohe Ziele und überfordern sich damit und können sich infolgedessen relativ selten für erreichte Ziele positiv bewerten.
- Bei der Selbstverstärkung überwiegt das Bestrafungsprinzip für Fehler und Unerreichtes, während Selbstbelohnungen rar sind.

Frau K. konnte zu Beginn der Therapie eigene Stärken kaum benennen. Statt dessen war ihr Denken völlig eingenommen von der Unfähigkeit, morgens mit Schwung das Frühstück zu machen, freundlich zu ihrem Mann zu sein und in Kürze den Haushalt zu bewältigen. Sie konnte keine Teilziele formulieren, sondern hätte sich nur bei täglich umfassender Erfüllung ihres hohen Anspruchs (eventuell) ein kleines Lob gegönnt. Dies kam jedoch in ihrem Zustand nicht vor.

Verhaltensorientierte Modelle

Das **Verstärker-Verlust-Modell von Lewinsohn** sieht Depression als Folge mangelnder positiv verstärkender Erfahrungen und Aktivitäten oder Verlust derselben. Dabei ist die Kontingenz, d. h. der zeitliche und verursachende Zusammenhang zwischen eigenem Handeln und folgender angenehmer Konsequenzen, für die Befindlichkeit entscheidend. Fragen können sein:
- „Gibt es unbewältigte Verluste, aktuell oder früher?"
- „Gibt es derzeit befriedigende Erlebnisse, Tätigkeiten?"

- „Wie sind seine/ihre Fähigkeiten bzw. auch äußeren Möglichkeiten, sich selbst angenehme Erlebnisse zu verschaffen, sei es durch Interessen, Hobbies, durch soziale und/ oder berufliche Fertigkeiten?“

Für Frau K. waren die wesentlichen Verstärker soziale Zuwendung durch ihren Mann und zwei Freundinnen. Beide hatte sie im letzten halben Jahr vermißt. Unbefriedigend kamen die mit der Pubertät ihres Sohnes verbundenen Konflikte hinzu, denen sie aufgrund ihrer mangelnden sozialen Kompetenz nicht ausreichend gewachsen war. Kleinere Belohnungen wie spazierengehen, telefonieren, bummeln gehen, Blumen kaufen usw. gönnte sie sich nicht, solange sie nicht ihre „Pflicht als Hausfrau“ beendet hatte.

In diesem verhaltensorientierten Modell wird ähnlich wie im **Modell der sozialen Kompetenz** von Bellack u. Mitarb. (1981) die **Beziehungsfähigkeit** thematisiert. Soziale Fertigkeiten sind eine Vorbedingung für befriedigende Beziehungen und damit für soziale Verstärker oder umgekehrt im Falle eines Mangels ein wichtiger depressionsfördernder Faktor.

„Kann der Patient seine Wünsche und Bedürfnisse in Beziehungen etwa nach Geborgenheit und Nähe oder Autonomie und Distanz einbringen, seine Gefühle der Zuneigung oder der Enttäuschung und des Ärgers äußern, verbal und nonverbal, Konflikte ansprechen und klären?“

Frau K. hatte hier wenig Fertigkeiten. Abgesehen von eher inneren Ängsten, ihren Wünschen mehr Ausdruck zu verleihen, hatte sie bei ihren Eltern wenig Vorbilder gehabt. So äußerte sie ihren Wunsch, ihr Mann möge ihr kurz abends in der Küche helfen, nicht, hatte jedoch ein recht „ungenießbares Gesicht“, wenn er ihr nicht automatisch den Wunsch von den Augen „ablas“. Auch hatte sie niemals gewagt, ihren Mann einmal zu fragen, ob er es denn furchtbar fände, wenn sie eventuell abends allein zu einer Veranstaltung ginge, falls er nicht mitkönne. Dadurch reihten sich täglich die Enttäuschungen aneinander, ohne daß sie eine Möglichkeit sah, dies zu ändern.

Ansätze zur Behandlung

Im Rahmen der kognitiven Verhaltenstherapie wurden auf der Basis der oben beschriebenen Modelle Behandlungsstrategien entwickelt. Diese sind primär gegenwarts- und ressourcenorientiert. Biographisches wird, soweit zum Verständnis und zur Klärung vor allem der zentralen Schemata notwendig, einbezogen. Die kognitiv-emotionale Bewältigung kann jedoch nur durch wiederholtes Üben und reale Auseinandersetzung mit emotional bedeutsamen Personen in der Gegenwart geschehen. Dabei ist die therapeutische Beziehung die Basis für den Therapieprozeß. Kurzfristige Strategien werden von längerfristigen und der Bearbeitung der Schemata unterschieden. Im folgenden werden die Elemente kognitiver Verhaltenstherapie mit den wichtigsten therapeutischen Strategien zusammengefaßt und am Beispiel der Patientin K. erläutert. In einem weiteren Abschnitt werden Aspekte der Durchführung und des Verlaufs beschrieben.

Elemente kognitiver Verhaltenstherapie

1. Grundprinzipien der therapeutischen Beziehung.
2. Aufbau befriedigender Aktivitäten.
3. Veränderung kognitiver Prozesse.
4. Soziales Kompetenztraining.
5. Verbesserung der familiären Interaktion.

1. Der Aufbau einer tragfähigen therapeutischen Beziehung ist die Basis der Therapie. Hierzu gehören Empathie, Geduld und eine wertschätzende Haltung, in der sich Vertrauen bilden kann. Kurzfristig sind in der Depressionsbehandlung entlastende Maßnahmen notwendig. Zielsymptome werden in Abhängigkeit von ihrer Aktualität und Intensität von Therapeut und Patient fokussiert, um sie nacheinander bearbeiten zu können. Möglichst früh wird versucht, dem Patienten kleine Erfolge zu vermitteln, die seiner Hoffnungslosigkeit entgegenwirken und damit auch die Therapiemotivation erhöhen. In dieser ersten Phase geht es darum, neben der Symptomatik interaktionelle Besonderheiten sensibel wahrzunehmen, Hoffnungen und Befürchtungen zu klären. Aufgrund der nicht selten jahrelangen Therapievorerfahrungen mit anderen Therapien ist es besonders wichtig, das subjektive Krankheitsmodell des Patienten zu erfassen und sich sukzessiv über ein Therapiekonzept zu verständigen. Hierzu gehört auch die oft vielfältige familiäre Dynamik und unter Umständen auch die Einbeziehung des engsten Angehörigen. Wesentliche Gesprächsführungstechniken sind der **„sokratische Dialog“** gelenkter Fragen, der die subjektiven Bedeutungen von Ereignissen für den Patienten erfaßt, und der **„empirische Dialog“**, mit dem die in der Regel negativ verzerrten Wahrnehmungen und Bewertungen immer wieder an der objektiven Realität überprüft werden. Charakteristisch für verhaltenstherapeutisches Vorgehen sind dabei die Zielorientierung, Transparenz und ein strukturiertes Vorgehen, das schrittweise Arbeiten an spezifischen Situationen, Zusammenfassungen und Rückmeldungen sowie umgekehrt das Erfassen von Rückmeldung durch den Patienten.

2. Die Anregung befriedigender und verstärkender Aktivitäten in kleinen Schritten ist besonders bei motivationaler Hemmung, Passivität, Anhedonie – dem **Verlust der Genußfähigkeit** – indiziert und um so eher, je schwerer die Depression und je größer die Demoralisierung ist. Der Patient wird durch die genaue Beobachtung seiner alltäglichen Aktivitäten angeleitet, Zusammenhänge zwischen seinem Handeln und seinem Befinden herauszufinden. Da hierbei sowohl unausgeschöpfte Möglichkeiten wie auch Konflikte deutlich werden, kann gemeinsam überlegt werden, welche ersten Schritte mit Hoffnung auf Erfolg und Stimmungsbesserung herausführen könnten. Durch die systematische Beobachtung und Erkundung können

- das Niveau befriedigender, antidepressiver Aktivitäten gesteigert (wenn nötig) und die Woche strukturiert werden und
- das hedonische Repertoire erweitert, Interessen angeregt werden.
- Dabei werden zunehmend **längerfristige Lebenspläne** und Ziele mit einbezogen, gleichzeitig
- belastende, depressionsfördernde Aktivitäten und Bedingungen reduziert (Beck u. Mitarb. 1996, Zimmer 1990, Hautzinger u. Mitarb. 1992). Tabelle 33.**5** (s. S. 384) faßt Ziele und einige methodische Hilfen zusammen.

X

3. Die Änderung von Kognitionen bzw. kognitiv-emotionaler Schemata ist dann indiziert, wenn verzerrte Wahrnehmungs- und Bewertungsmuster vorliegen, die sich in negativen automatischen Gedanken (s. unten), in der **„kognitiven Triade"** bezüglich Selbst, Umwelt und Zukunft oder depressionsfördernden Attributionen zeigen. Hierzu zählen auch die Rolle als Patient („Ich bin ein hoffnungsloser Fall"), der Therapeut als unmittelbare Umwelt und der antizipierte Ausgang der Therapie. Ziel ist eine funktionale und realitätsgerechte Informationsverarbeitung. Hierzu ist es notwendig, die negativen Kognitionen zu analysieren, im sokratischen Gesprächsdialog auf ihren Realitätsgehalt hin zu prüfen und je nach Ergebnis entsprechend zu modifizieren. Im weiteren Prozeß der Therapie geht es darum, auf die **formalen Denkfehler** in der Informationsverarbeitung aufmerksam zu werden und den darin enthaltenen Generalisierungen spezifischere Wahrnehmungen und Bewertungen entgegenzusetzen. Im einzelnen gibt es hierzu eine Vielzahl von Interventionen wie sokratischer Dialog, Differenzierung, Distanzierung, Disattribution, Reattribuierung, Realitätstesten u. a., jeweils mit ihrer problemspezifischen Indikation (Beck u. Mitarb. 1996).

Die **Schemata** spielen für Aufrechterhaltung und Chronifizierung eine entscheidende Rolle, unabhängig von ihrer Genese (Teasdale u. Barnard 1993, Modell der Chronifizierung und Remission, Zimmer 1991, 1999). Deshalb ist ihre Änderung für die Rezidivprophylaxe besonders wichtig (Überblicke u. a. in: Zimmer 1989, Dobson 1989, Hautzinger 1993, Blackburn 1994, Elkin 1994, Hautzinger 1997), und es muß das längerfristige Therapieziel sein, diese systematisch zu analysieren und zu modifizieren (Zimmer 1999).

Schemata haben *drei Komponenten*:
- Eine starke affektive Beteiligung.
- Eine von Beck als dysfunktionale Grundannahmen bezeichnete kognitive Komponente („alle müssen mich lieben" oder „ich darf nie einen Fehler machen"), die in Form von „Wenn-dann-Aussagen" extreme Befürchtungen enthält, die
- zu einem starken Vermeidungsverhalten bzw. Widerstand führen.

Es gilt, den Patienten anzuleiten, die heutige Gültigkeit seiner Schemata immer wieder erneut zu überprüfen und so zu moderateren Kriterien seiner Selbstbewertungen zu gelangen (u. a. Beck u. Mitarb. 1996). Wegen der starken **affektiven Beteiligung** und des automatisierten Vermeidungsverhaltens halten sich die Schemata selbst aufrecht, sofern sie nicht systematisch und gezielt bearbeitet werden und im Sinn von Piaget Prozesse der Assimilation und Akkomodation angeregt werden. Das Risiko, bei der Angstüberwindung schrittweise Vermeidungsverhalten aufzugeben, kann mit Unterstützung des Therapeuten begrenzt werden, jedoch letztlich dem Patienten nicht abgenommen werden (s. auch Behandlung von Persönlichkeitsstörungen: u. a. Beck u. Freemann 1993, Fiedler 1998).

Ein weiterer kognitiver Behandlungsansatz ist die gezielte Aufmerksamkeitslenkung auf positive **Selbstkonzeptanteile** (Zimmer 1993, s. auch Kanfer u. Mitarb. 1992 sowie Wells u. Matthews 1994). Dieses ressourcenorientierte Vorgehen erleichtert besonders frühzeitig in der Behandlung die kurzfristige Unterbrechung des Circulus vitiosus Depression, Passivität und Selbstabwertung sowie die Wahrnehmung der Anerkennung durch den Therapeuten. Ziel ist eine ausgewogene positive Selbstbewertung anhand sehr spezifischer Situationen und von Verhaltensaspekten der eigenen Person aus der jüngsten Erinnerung. (Eine ausführlichere Darstellung findet sich bei Zimmer 1993.)

4. Die Erweiterung sozialer Fertigkeiten und damit die Förderung der Beziehungsfähigkeit ist ein weiteres wichtiges Element verhaltenstherapeutischer Depressionsbehandlung, insbesondere bei chronifizierten Verläufen. Interaktionelle Kompetenzdefizite lassen sich als Ursache wie auch als Folge der länger andauernden Erkrankung finden. Ziel ist daher der Aufbau langfristig beidseitig verstärkender Beziehungen. Zu den analysierten Problembereichen gehören:
- Wahrnehmung und Äußern persönlicher Wünsche und Bedürfnisse,
- Ablehnen unberechtigter Forderungen und Setzen eigener Grenzen,
- Wahrnehmung und Ausdruck von Ärger und Enttäuschung,
- Gefühlen der Zuneigung und Trauer,
- konstruktiver Umgang mit Kritik.

Neben der Inhaltsebene ist die nonverbale emotionale Ausdrucksebene mit zu berücksichtigen. Als Methoden haben sich das Rollenspiel und das Lernen am Modell bewährt, systematische Rückmeldung und Verstärkung. So können Patienten ihr soziales Repertoire in relativ kurzer Zeit erheblich erweitern. Rollenspiele bieten die Chance einer intensiven Auseinandersetzung mit nicht anwesenden Interaktionspartnern, Ehepartnern und Elternfiguren, mit hohem affektiven Lerngewinn. Hier werden wichtige Bedürfnisse und Gefühle erstmals in geschütztem Rahmen formuliert. Dies kann unter Umständen später mit größerer Sicherheit in die Realität umgesetzt werden (s. Bellack 1981, Heimberg u. Mitarb. 1995).

Prinzipien, die dabei eine Rolle spielen können:
- eine adäquate Selbstwahrnehmung,
- Kongruenz,
- Angstbewältigung,
- flexibles Verhaltensrepertoire und
- Einstellungen.

5. Die Einbeziehung des engsten Angehörigen (in der Regel der Ehepartner) ist dann wichtig, wenn problematische depressiogene Verhaltensmuster der Partner sich wechselseitig bedingen. Inhaltliche Konflikte können dann zu einem negativen Aufschaukelungsprozeß führen, wenn sie aufgrund fehlender sozialer Kompetenzen der Partner nicht konstruktiv bearbeitet werden können. Das klagende Verhalten vieler depressiver Patienten führt häufig kurzfristig zu vermehrter Aufmerksamkeit, wobei der Partner eigene Bedürfnisse zurücksteckt und sich zunehmend unwohl fühlt, bis er mit sozialem Rückzug reagiert. Dieser Wechsel zwischen komplementärer Helferrolle und Überforderung ist besonders bei unsicheren und hilfsbereiten Partnern zu beobachten. Unter lerntheoretischer Betrachtung unterliegen die Patienten dadurch einem Prozeß **intermittierender Verstärkung** (vgl. Kapitel V, 15), der Verhaltensweisen bekanntlich besonders löschungsresistent macht und zu stabilisieren vermag.

Aspekte der Durchführung im Verlauf

1. Auswahl der zu bearbeitenden Situationen: der Affekt als Leitprinzip,
2. Exploration der Situation,
3. der zugehörigen Kognitionen und

4. des Verhaltens,
5. Auswahl des nächsten Schrittes,
6. Hausaufgaben als Hilfe für den Transfer,
7. Widerstand, kognitive Mikroanalyse und
8. Adaptation des Vorgehens.

1. Der Affekt als Leitlinie: Für die Auswahl der anzugehenden Symptome und Situationen sind die Intensität des Affekts, seine Aktualität und sein Beginn maßgeblich. Kognitive und Verhaltensänderungen sind nur Wege zum Ziel der kurz- und langfristigen affektiven Entlastung.

- „Wann ging es Ihnen in der letzten Woche am schlechtesten?"
- „Was hat Sie so belastet?"
- „Was beschäftigt Sie?"
- „Wann hat das angefangen?"

2. Methoden, um affektiv relevante Situationen und die dazugehörigen Kognitionen, das Verhalten und eventuell physiologische Reaktionen zu erfassen, sind:

- Erinnern und Vorstellen vergangener belastender Ereignisse.
- Stimmungsveränderungen während der Sitzung (Weinen, Lachen usw.).
- Tagesprotokoll negativer Gedanken.
- Selbstbeobachtung (Häufigkeit, Strichlisten).
- Exploration der Bedeutung von Ereignissen.
- Nacherleben vergangener Situationen im Rollenspiel.
- Konfrontation mit dem externen Ereignis.

3. Kognitionen, automatische Gedanken und Bedeutungen laufen im Sinne eines uns ständig begleitenden „Bewußtseinsstroms" reflexhaft, unfreiwillig und häufig vorbewußt zwischen einem inneren oder äußeren Ereignis und dem nachfolgenden emotionalen Erleben ab und erscheinen subjektiv plausibel. Sie drücken sich in Bildern, Phantasien, Selbstgesprächen, Selbstinstruktionen, persönlichen Interpretationen und idiosynkratischen Bewertungen von Situationen oder Ereignissen aus. Analysieren lassen sie sich anhand einer emotional bedeutsamen auslösenden Situation, wie oben beschrieben, zu der sie direkt erfragt (im Gegensatz zu Deutungen im analytischen Vorgehen) werden können. Im Laufe dieser Exploration werden in der Regel vorher nicht direkt bewußte Inhalte und Zusammenhänge deutlich.

- „Was ging Ihnen durch den Kopf?"
- „Was haben Sie sich innerlich gesagt?"
- „Welches Bild, welche Phantasie hatten Sie vor Augen?"
- „Was bedeutet das für Sie?"
- „Was ist so schlimm daran?"

4. Verhaltensweisen des Patienten in der Situation und bisherige Bewältigungsversuche spiegeln das Verhaltensrepertoire und die Angstvermeidungstendenzen, aber möglicherweise auch den realen Mangel sozialer Kompetenz wider. **5. Ziele in Teilziele zerlegen:** Was ist der nächste Schritt? Immer wieder stellt sich die Frage, was der eine nächste Schritt ist, um etwas Hoffnung oder Vertrauen in die eigene Kompetenz zu erfahren. Die Kunst ist es, aus großen Wünschen und langfristigen, schwierigen Zielen den nächsten erreichbaren Schritt abzuleiten. Hier ist zu klären, ob die Schwierigkeiten eher kognitiver Art im Sinne einer unrealistischen Wahrnehmung sind oder ob ein eingeschränktes Verhaltensrepertoire bzw. Mangel an sozialen Fertigkeiten im Vordergrund steht (was sich gegenseitig nicht ausschließt). Dies kann eine Bearbeitung automatischer Gedanken, z.B. „ich habe versagt", oder die Vorbereitung neuer Handlungsstrategien durch Gespräch und Rollenspiel (s. unten) zur Folge haben. **6. Hausaufgaben als Hilfe für den Transfer:** Wichtige Erfahrungen machen Patienten nicht nur in der Therapiestunde mit dem Therapeuten, sondern im Alltag mit wichtigen Bezugspersonen. Zwischen akut Depressiven und chronisch Depressiven findet sich ein wesentlicher Unterschied im Transfer von der Therapiestunde auf die natürliche Umgebung (Fenell u. Teasdale 1982). Der langfristige Therapieerfolg hängt wesentlich davon ab, ob ein Transfer der neuen Erfahrungen in das alltägliche Leben möglich ist. Das Grundprinzip besteht in der Anregung von Gegenerfahrungen zu zentralen kognitiv-emotionalen Schemata. Entscheidend ist aus dieser Sicht **nicht** die **Länge der Therapie**, sondern ob **schemarelevante Gegenerfahrungen** oder Neuerfahrungen gemacht werden können. Darüber hinaus ist nicht nur die Depressionsabnahme das Ziel, sondern die Rezidivprophylaxe. Hausaufgaben im Sinne „geleiteter Erfahrungen zwischen den Sitzungen" sind daher neben Transparenz und zunehmender Einbeziehung des Patienten wichtiges Hilfsmittel für die Bewältigung von Stimmungsschwankungen nach Therapieende. **7. Widerstand und kognitive Mikroanalyse:** In der Regel treten im Laufe der Behandlung auch Widerstände und Vermeidungsverhalten auf. Es ist einfacher, über Themen zu sprechen als neue Erfahrungen zu riskieren und über den eigenen Schatten zu springen. Der Fortschritt und die Bearbeitung der Schemata ist jedoch ohne neu „erlebte" Erfahrungen nicht möglich. Wie oben ausgeführt, sind zentrale Schemata durch starkes Vermeidungsverhalten gekennzeichnet. 8. Wir betrachten Therapie als einen Prozeß fortlaufender **Adaptationen**. Die interessantesten Informationen sind dort zu gewinnen, wo es nicht so läuft, wie wir erwarten. Einbrüche und Widerstände sollten daher nicht übergangen, sondern frühzeitig beachtet und ernst genommen werden, da sie ein Zeichen für hohe affektive Beteiligung sind, ohne daß der eigentliche Affekt ausgesprochen wird.

- „War Ihnen das Konzept für die Hausaufgabe klar?"
- „Hatten Sie vor, es auszuprobieren?"
- „Wann haben Sie das letzte Mal daran gedacht?"
- „Was ging Ihnen dabei durch den Kopf?"

Entsprechend der Antworten können Überforderungsängste, motivationale Unklarheiten, Aspekte der therapeutischen Beziehung oder zentrale Schemata herausgearbeitet werden. Im Anschluß an diese Mikroproblemanalyse kann wieder gemeinsam der nächste Schritt überlegt werden, der zielorientierte Neuerfahrung anregen kann. Beck u. Mitarb. (1996) führen eine Liste möglicher Probleme mit Hausaufgaben auf.

Durchführung und Verlauf bei Frau K.

Die Anfangsphase: Motivation, Beziehungsangebot, Therapiekonzept, Ziel(um)formulierung, Auswahl des Problems „ich kann nicht", verbunden mit Hilflosigkeit, geringem Antrieb und Morgentief und erste Schritte. Frau K. war zu Beginn der ambulanten Therapie nicht mehr suizidal, litt jedoch unter dem Alleinsein tagsüber. Das Beziehungsangebot, sie in dieser Phase der erneuten Eingewöhnung Zuhause zu unterstützen und die konkrete Vereinbarung von zwei Terminen pro Woche mit dem Ziel, gemeinsam einen Weg zu finden, wie sie aus ihrer Hoffnungslosigkeit wieder herausfinden kann, nahm sie dankbar auf. An der morgendlichen Frühstückssituation sah sie beispielhaft, daß Gedanken wie „Ich kann es nicht, ich schaffe nichts", „Mein Mann liebt mich nicht, und ich bin es auch nicht wert" ihr Gefühl der Niedergeschlagenheit verstärkten und ihr Verhalten hemmten, ihren Mann anzuschauen oder später das Geschirr abzuräumen (Therapiekonzept). Sie formulierte als Therapieziele „Es soll alles wieder so werden wie früher," „Ich möchte, daß mein Mann wieder zärtlich zu mir ist." Diese diffus und passiv formulierten Ziele machten es notwendig, einerseits auf ihre Wünsche einzugehen, andererseits konkretere Zwischenziele zu formulieren und einen ersten Schritt zu überlegen, der geeignet war, ihr generalisiertes Gefühl der Hilflosigkeit, der Wahrnehmung „Ich kann nichts beeinflussen" zu überprüfen. Dies war auch für Ihre Therapiemotivation wichtig.

Wir einigten uns auf zwei erste Schritte für die erste Woche:

1. Im Gespräch und kurzem Rollenspiel in der Stunde bereitete sie sich vor, ihren Mann zu einem einmaligen diagnostischen Gespräch hinzuzubitten (zusätzliche Einschätzung der Paardynamik im Hinblick auf Einzel- oder Paartherapie).
2. Sie sollte einen Test versuchen „Ich kann vielleicht ein kleines bißchen zu meiner Stimmung beitragen." Es folgt ein Beispiel für einen sokratischen Dialog aus dieser Phase:

Therapeutin: „Sie sind der Ansicht, daß Sie nichts tun können?"
Patientin: „Ja, ich bin so ausgeliefert. Da ist die Depression. Es ist alles immer so gleich."
Therapeutin: „Wann ist es denn am schlimmsten? Was können Sie denn nicht?"
Patientin: „Ja morgens, dann ist alles wie ein Berg und dieser Druck..., und nach dem Frühstück geh ich wieder ins Bett (weint). Es ist so furchtbar..., ich kann mich zu nichts aufraffen."
Therapeutin: „Haben Sie schon einmal etwas versucht?"
Patientin: „Ja, den Haushalt anzufangen, aber dann überkommt mich dieses Gefühl (seufzt), daß ich doch nicht alles schaffe, und dann kann ich nur die Teller in die Küche bringen."
Therapeutin: „Das schaffen Sie trotz allem?"
Patientin: „Ja, das stimmt. Naja, das ist ja nichts."
Therapeutin: „Haben Sie einmal versucht, etwas zu tun, was vielleicht etwas angenehmer für Sie wäre?"
Patientin: „Nein, das mach' ich erst nach allem anderen. Aber dazu kommt es ja gar nicht."
Therapeutin: „Was mögen Sie denn ein bißchen oder haben Sie früher gern gemacht?
Patientin: „Ja, früher hab ich den Hund spazierengeführt. Der bräuchte Auslauf."
Therapeutin: „Könnten Sie sich vorstellen auszuprobieren, ob Sie das schaffen, nach dem Frühstück 15 Minuten mit dem Hund zu spazieren statt gleich wieder ins Bett zu gehen, und zu schauen, ob es Ihre Stimmung irgendwie beeinflußt?"
Patientin: „Ja, ich weiß nicht, Ich glaube nicht, daß es etwas ändert, (zögert)..., aber vielleicht könnte ich es versuchen."
Therapeutin: „Ja, ich bin gespannt, wenn wir uns wiedersehen, zu hören, wie es Ihnen ergangen ist."

Sie versuchte es tatsächlich, und es tat ihr gut, etwas frische Luft zu bekommen und die Erfahrung zu machen, daß sie durch Ihr Verhalten eine kleine Stimmungsänderung induzieren konnte (internale Kontrollattribution für Erfolg und Gegenerfahrung zum Gedanken „ich kann nicht").

In einer zweiten Phase ging es um ihr geringes Selbstwertgefühl („Ich kann mich zu nichts aufraffen. Ich bringe nichts zustande"), ihre negative Selbstbewertung und hohen Leistungsstandards bei ihrer Hausarbeit: die Prinzipien der gestuften Aufgaben und positiver Selbstbewertung und Selbstverstärkung für erreichte Teilziele (z.B. 1. Frühstück abräumen, Bett machen, dann Freundin anrufen. 2. Mittagessen überlegen, Sachen rausstellen – ausruhen, Kaffee trinken). Hilfreiche Gedanken waren für sie: „Jeder geputzte Treppenabsatz im Haushalt ist eine Leistung, wenn es einem nicht gut geht, und sollte belohnt werden." Dann wurde vereinbart, um ihre Wahrnehmung zu schärfen (und implizit die Erlaubnis zu erteilen), jedes „ich würde gern" zu protokollieren (3. Woche).

In einer dritten Phase ging es um die Äußerung dieser Wünsche sowohl zu Beginn der Therapiestunde („Was möchten Sie heute besprechen, was ist Ihnen wichtig?") als auch ihrem Mann gegenüber. In Rollenspielen übte die Patientin über mehrere Sitzungen, ihre Wünsche ihrem Mann gegenüber zu äußern, anstatt den Unmut in sich hineinzufressen, aber in ihrer Mimik zu zeigen. Hausaufgaben bestanden darin, zunehmend schwierige Wünsche freundlich und klar zu äußern und ihren Mann nach den seinen zu fragen. Darüber hinaus wollte sie nach seiner Arbeit fragen sowie Vorschläge für gemeinsame Unternehmungen machen. Es fiel ihr sichtlich schwer, ihre Bedürfnisse zu formulieren, so daß die wohlwollende Ermutigung nicht ausreichte, ihr über diese Hürde zu helfen. Eine nähere Exploration ihrer Gedanken und Befürchtungen durch Fragen wie etwa

- „Warum nicht?",
- „Was bedeutet das für Sie?",
- „Und was könnte passieren?",
- „Was befürchten Sie?" usw.

führte zur Herausarbeitung der Annahme „Wenn er mich lieben würde, würde er es merken, ohne daß ich meine Wünsche sagen muß" und „Wenn ich es sage, wird mein Mann mich unweiblich und unattraktiv finden". Erstaunlich war für sie die Erfahrung, daß es nicht aversiv für ihren Mann war, sondern daß er zum Teil direkt auf ihre Bedürfnisse einging und die Abnahme ihres Nörgelns angenehm kommentierte. Frau K. konnte als ihr Muster zunehmend wahrnehmen, wie sie einerseits eigene Wünsche zurückhielt, andererseits bei Nichterfüllung ihrer unausgesprochenen Wünsche in ihrer Mimik sehr anklagend wirkte. In vielen Rollenspielen mit ihrem Ehemann sowie durch Rückmeldung und Nachfragen in der therapeutischen Interaktion versuchte sie zunehmend, ihre sprachlichen und nonverbalen Äußerungen ihrem inneren Empfinden anzupassen und wurde damit immer verständlicher und glaubwürdiger. Ermutigt hierdurch kam sie wieder mit ihrem Mann ins Gespräch und schlug eine gemeinsame abendliche Unternehmung vor. Seine Ablehnung war ein Rückschlag für sie, verbunden mit der Interpretation:

Patientin: „Es stimmt doch, er liebt mich nicht, sonst würde er zustimmen."
Therapeutin: „Das wäre eine Möglichkeit zu denken. Wie kommen Sie darauf?"

Patientin: „Er ist immer bei der Arbeit und kommt seit Wochen erst nach zehn nach Hause."
Therapeutin: „Gibt es weitere Hinweise für Ihre Annahme: Er liebt mich nicht?"
Patientin: „Ja, er ist so in sich gekehrt und sagt nicht viel und ist ernst."
Therapeutin: „Spricht auch etwas gegen Ihre Annahme?"
Patientin: „Ich weiß nicht, er macht so einen besorgten Eindruck. Ich weiß nicht, wie es ihm mit seiner Arbeit geht."
Therapeutin: „Wie könnten Sie da mehr von ihm erfahren, was seine Gründe sind?"
Patientin: „Ich müßte ihn fragen..., vielleicht nach seiner Arbeit."

Frau K. nahm sich vor, ihren Mann daraufhin anzusprechen und erfuhr von seiner Überforderung, seinen Geldsorgen wegen des Hausbaus und seinem Konflikt zwischen dem Druck vom Chef und den Wünschen seiner Frau. Frau K. war unerwartet entlastet durch seine Offenheit und konnte auf seine Probleme eingehen.

Vierte Phase: Die Überlegung, auch allein unter Menschen zu gehen, war begleitet von Befürchtungen negativer Reaktionen ihres Mannes. Diese Ängste mußten immer wieder besprochen und schrittweise bewältigt werden. Tatsächliche Fortschritte im autonomeren Verhalten führten vorübergehend zur Verunsicherung des Mannes, nach einem diesbezüglichen Gespräch jedoch zu beidseitig mehr Zufriedenheit allein und miteinander. Im Verlauf dieser Phase, die für sie besonders harte Arbeit war, kam sie zunehmend auf ihr Elternhaus zu sprechen, ihre Liebe, aber auch Enttäuschung über den so oft abwesenden Vater und auch über ihre Mutter, die sich so abhängig gemacht hatte und so wenig selbständiges Vorbild für sie war.

Letzte Phase: Vorbereitung der Trennung und Ablösung. Hier reflektierte die Patientin nochmals ihre Erfahrungen aus der stationären und ambulanten Therapie, in welchen Zielbereichen sie Fortschritte gemacht hatte, was sie selbst dazu beigetragen hatte, welche sozialen Kontakte sie hatte, wo sie persönlich offen sprechen konnte und welche Bewältigungsstrategien sie für zukünftige Krisen zur Verfügung hatte. Die Termine waren jetzt 2- bis 3wöchig. Sie hielt zum üblichen Therapietermin zwischendurch „Beratung-mit-sich-selbst", wobei sie innere Bilder zu Hilfe nahm. Ihr Mann kam zu einem Teil des Abschlußgespräches, in dem Freude über das Bewältigte und Trauer um den Abschied sich mischten, dazu und berichtete von den Veränderungen seiner Frau und ihrer Beziehung, ohne daß eine Paartherapie dazu notwendig gewesen war.

1-Jahres-Katamnese: Ein Katamnesegespräch nach einem Jahr ergab eine Stabilität ihres Befindens. Da sie ihren Anteil an den Fortschritten während der Therapie gesehen hatte, gelang es ihr auch, die angeschnittenen Themen weiter zu entwickeln.

Spezifische Aspekte bei der Therapie chronisch Depressiver

Kognitive Verhaltenstherapie wird aufgrund bisheriger Studien für chronifizierte Depressionen empfohlen, die großes Leid für Betroffene wie für ihre Angehörigen darstellen. Wenngleich ihre Behandlung erwartungsgemäß schwieriger und die Erfolgsrate insgesamt niedriger ist als bei akuten, können auch bei sehr schwierigen Krankheitsverläufen mit langwieriger Vorgeschichte sowie Therapieresistenz auf Antidepressiva gute und anhaltende Besserungen durch kognitive Verhaltenstherapie erzielt werden (Scott 1992, Zimmer, Brömer u. Heimann 1992).

Die speziellen Charakteristika chronifizierter Krankheitsverläufe müssen dabei in Betracht gezogen werden:

- Psychopathologie: der hohe Anteil an Komorbidität mit Panik, Alkohol- und Sedativamißbrauch, Selbstwertproblematik, Verlust der Lebensfreude und Hoffnungslosigkeit mit Suizidtendenzen bei zunehmender Chronifizierung aufgrund der gescheiterten Vorbehandlungen.
- Persönlichkeit: Neurotizismus, Introversion, Beziehungsschwierigkeiten und ambivalente Therapiemotivation erschweren einen psychotherapeutischen Zugang.
- Psychosoziale Belastungsfaktoren wie multiple Verluste, Tod oder körperliche Krankheit des Patienten oder Partners stellen besondere Probleme dar.

Schlußfolgerungen werden für die Adaptation therapeutischer Interventionen hinsichtlich Setting, Dauer, Konzept und Inhalten bei dieser Patientengruppe gezogen (Zimmer u. Heimann 1995). Ähnlichkeit gibt es zu den neueren Behandlungsansätzen der Persönlichkeitsstörungen (Beck u. Freeman 1993, Fiedler 1994), auf die hier nur verwiesen werden kann. Dem zeitlichen Aspekt sowie Trauer und Trennungsbewältigung kommt hier eine besondere Rolle zu (s. Zimmer 1999).

1. **Setting, Dauer und Verlauf:** Um beidseitige Demoralisierungen zu vermeiden, muß der Therapeut auf Selbstwertprobleme, Passivität und Motivationsprobleme ebenso vorbereitet sein wie auf langsame Fortschritte. Intensivere Kontaktdichte, längere Therapie und eine begrenzte Milieuveränderung durch ein stationäres Setting können hilfreich sein. Anhedonie und dysfunktionale Einstellungen sind als wichtige prognostische Faktoren in der Therapie zu berücksichtigen.
2. **In der therapeutischen Beziehung spiegeln sich** – ähnlich wie bei Persönlichkeitsstörungen – die chronifizierten Schemata und sind daher immer wieder zentrales Thema. Stabilität, Geduld und ein realistischer Optimismus sind notwendig, um nicht dem Ansteckungseffekt von Hilflosigkeit und Resignation zu erliegen.
3. **Therapiekonzept und Kooperation:** Bei einer komplexen Behandlungsstrategie unter Beteiligung mehrerer Therapeuten oder stationärer Teams ist eine gute Kooperation der Beteiligten wichtig, um dem Patienten ein integriertes Therapiekonzept vermitteln zu können. Die skizzierte komplexe Symptomatik erfordert mehr Zeit und eine besonders sorgfältige Analyse der funktionalen Zusammenhänge.
4. **Therapieelemente:** Oftmals müssen wegen der hohen Komorbidität mit zusätzlicher Angst- oder Abhängigkeitssymptomatik zusätzliche Verfahren (vgl. Kapitel 31 und 54) hinzugezogen werden.
5. **Interaktionelle Fertigkeiten und soziale Faktoren** wie die Partnerdynamik und sekundäre familiäre Probleme bilden besondere, die chronische Depression aufrechterhaltende Belastungsfaktoren. Klare, respektvolle Kommunikation sind dabei Voraussetzung für die

Bearbeitung zentraler Beziehungskonflikte im Umgang mit Nähe/Distanz oder Abhängigkeit/Unabhängigkeit (D. Zimmer 1985).

6. **Kombination mit Psychopharmaka:** Grundsätzlich ist auch an eine mögliche Kombination mit psychopharmakologischer Behandlung zu denken, sofern ein Krankheitskonzept hierzu vermittelt werden kann, das beide Therapiearme sinnvoll miteinander verbindet (Heimann u. Zimmer 1991).

Evaluation und Bewertung

Kognitive Verhaltenstherapie bei Depressionen als Kurzzeitpsychotherapie im Umfang von 16 bis 24 Sitzungen hat sich gut bewährt und ist nach heutigem Stand der Forschung in ihrer Wirksamkeit vergleichbar mit Pharmakotherapie bei unipolaren, nichtpsychotischen Depressionen, wobei eine längerfristige Stabilisierungsphase oft hilfreich ist. Während Antidepressiva unter Umständen schneller wirken und den

Tabelle 33.**6** Gegenüberstellung von Psychoanalyse und Verhaltenstherapie bei der Behandlung von Depressionen

Depressionsmodelle	
Psychoanalyse	**Verhaltenstherapie**
Das Verstehen der Depression geschieht auf dem Hintergrund der Lebensgeschichte. Unbewußte Konflikte, insbesondere in Zusammenhang mit oraler Bedürftigkeit, Trennungssituationen und Selbstwertregulation werden als ätiologisch relevant verstanden. Die im Kontext dieser Konfliktsituationen entstandenen Abwehrmechanismen reichen bei Wiederbelebung (z. B. in Trennungssituationen) nicht aus und führen zu depressiver Symptomatik.	Im Vordergrund steht das Verständnis der depressiogenen kognitiv-emotionalen Schemata und Bewältigungsversuche durch Erfragen der im Laufe der Biographie gewachsenen Bedeutungen, ausgehend von den gegenwärtig aktivierten Kognitionen. Das therapeutische Vorgehen ist ableitbar aus den aktuellen Mechanismen der Aufrechterhaltung. Modelle: – Modell kognitiv-emotionaler Schemata – Gelernte Hilflosigkeit – Selbstregulationsmodell – Verstärker-Verlust-Modell – Modell interaktioneller Kompetenz

Therapeutische Verfahren und Vorgehensweisen		
Spezifisch Psychoanalyse	**Ähnlich/übereinstimmend**	**Spezifisch Verhaltenstherapie**
	Diagnostik Erstellung der Diagnose anhand von klinischen Selbst- und Fremdbeurteilungsverfahren Abklärung einer möglichen akuten **Suizidalität** Reflexion von **Indikation/Kontraindikation** des therapeutischen Verfahrens für die spezielle Diagnose; ggf. Modifikation des Standardverfahrens	
Erstellung von *Leithypothesen* auf psychodynamischer Basis, Überprüfung der Hypothesen anhand der Lebensgeschichte der Patienten sowie anhand der Übertragung/Gegenübertragung	**Ausführliche Therapieplanung**	Differenzierte *Problemanalyse:* Funktionale Zuordnung der Symptome und Problembereiche, die anhand des therapeutischen Prozesses und der biographischen Entwicklung validiert werden
Raum schaffen für *freies Assoziieren;* insbesondere im Rahmen der therapeutischen Beziehung, innerhalb derer sich sowohl „verbliebene Kindlichkeit" (Fürstenau) als auch erwachsene Anteile entfalten können, z. B. durch Erzählen von Träumen oder der Schilderung von Interaktionserfahrungen aus der Lebensgeschichte	**Förderung der Introspektionsfähigkeit/Selbstwahrnehmung**	Anregung zur *systematischen Beobachtung und Erkundung:* – Exploration einer belastenden Situation (Kognitionen, Gefühle, Verhalten) – Selbstbeobachtung (Gefühl, Kognitionen, Verhalten) innerhalb und zwischen den Sitzungen (Protokoll negativer Gedanken, Wochenplan etc.) – Erarbeitung von Zusammenhängen Anleitung zur Erarbeitung von (Therapie-) **Zielen** und deren *Zerlegung in Teilziele*
	PA: **Ich-Stärkung** VT: Aufmerksamkeitslenkung auf **positive Selbstkonzeptanteile**	Anregung befriedigender und verstärkender Aktivitäten, Aufbau von Genußfähigkeit

Tabelle 33.**6** (Fortsetzung)

Therapeutische Verfahren und Vorgehensweisen		
Spezifisch Psychoanalyse	**Ähnlich/übereinstimmend**	**Spezifisch Verhaltenstherapie**
Benennen von Gefühlen Erkennen von *Abwehrmechanismen* (z. B. Verdrängung, Reaktionsbildung, Verkehrung ins Gegenteil, Somatisierung, Wendung gegen das eigene Selbst) und Deutung derselben *Analyse* und *Deutung* von Übertragungsphänomenen	**Bewußtmachen und Ändern psychischer Muster**	– *Sokratischer Dialog* zur Erfassung subjektiver Bedeutungen von Ereignissen für Patient/innen, – *empirischer Dialog* zur Überprüfung der (negativ) verzerrten Wahrnehmungen an der objektiven Realität, – *Aufdecken formaler Denkfehler bzw. dysfunktionaler Grundannahmen:* z. B. durch Analyse negativer Kognitionen, Prüfung des Realitätsgehaltes, Modifikation, kognitive Umstrukturierung, Distancing, Rollenspiele – Suchen nach schemainkongruenten neuen emotionalen Erfahrungen in der therapeutischen Beziehung und im Alltag, Bearbeitung ungünstiger Selbstbestrafungsmuster, Habituationsverfahren zur Emotionsbewältigung bei Trauer und starken Ängsten
Erproben von neuen Reaktionen (z. B. auf Gefühle) im Rahmen der therapeutischen Beziehung	**Aufbau neuer Verhaltensweisen**	Erlernen von neuen Verhaltensweisen durch – imaginatives Probehandeln, – Rollenspiel, – Lernen am Modell, – Lernen in kleinen Schritten, – systematische Rückmeldung und Anerkennung/Verstärkung, – systematischer Transfer in den Alltag Schrittweise Reduktion des Vermeidungsverhaltens
Selbstwertproblematik und narzistische Kränkbarkeit, Verstehen des Mechanismus der Wendung gegen das eigene Selbst	**Wichtige Themen:** – Abgrenzung – Enttäuschung – Ärger – Trennungsangst – Selbstwertproblematik	Unterstützung zur Überwindung der Angst, die genannten Gefühle am entsprechenden Ort/gegenüber Personen zu äußern
Wahrnehmen und Verstehen im Kontext der therapeutischen Beziehung	**Körpererleben**	Verspannungen als Indikatoren für Emotionen nutzen, Aufbau positiven Körpererlebens (z. B. Entspannung, Aktivität wie Tanz, Sport etc.)
Analyse negativer und positiver Übertragungen und Deutung, infolge davon: Milderung des strengen Über-Ich	**Reflexion der therapeutischen Beziehung**	Ansteckungseffekt von chronifizierten Schemata werden reflektiert, systematisches Erfragen von Rückmeldungen, gemeinsame Stundenstrukturierung, Vorbereitung der Ablösung

Patienten aktuell entlasten können, hat sich der längerfristige Vorteil kognitiver Verhaltenstherapie durch eine geringere Rückfallrate gezeigt. Eine Kombinationsbehandlung ist bei entsprechender Indikation möglich, wobei auf ein einheitliches Konzept für den Patienten zu achten ist. Es hat sich gezeigt, daß eher mit den Stärken als mit den Schwächen eines Patienten gearbeitet werden kann (Sotsky u. Mitarb. 1991). Depressive Residualsymptomatik, dysfunktionale Grundeinstellungen und residuale Anhedonie sind Risikofaktoren für spätere Rückfälle. Daher sollten Genußfähigkeit auf der Verhaltens- und kognitiven Ebene sowie die Änderung kognitiv-emotionaler Schemata als Zielvariablen in der Therapieplanung besonders berücksichtigt werden und vor Beendigung in diesen Bereichen Besserung erzielt werden. U. E. nach ist die Beachtung interpersoneller Erfahrungen und Muster von besonderer Bedeutung nicht nur bei chronisch Depressiven.

Bei geriatrischen Patienten scheint kognitive Verhaltenstherapie nach den bisherigen angloamerikanischen Studien neue Möglichkeiten der Therapie aufzuzeigen (einen Überblick geben Fuchs u. Zimmer 1992), jedoch erfordert diese Patientengruppe Adaptationen des herkömmlichen Ansatzes im Hinblick auf kognitive Funktionen und körperliche Einschränkungen.

34. Persönlichkeitsstörungen

Psychoanalytische Therapie bei Persönlichkeitsstörungen – Allgemeines

G. Dammann

Das psychoanalytische Verständnis der Diagnose Persönlichkeitsstörung (PS)

Freud selbst ging ursprünglich von einer rein triebtheoretischen Charaktertheorie aus, an der er letztlich auch festhielt:

> „Die bleibenden Charakterzüge sind entweder unveränderte Fortsetzungen der ursprünglichen Triebe, Sublimierungen derselben oder Reaktionsbildungen gegen sie." (Freud 1908)

Allerdings findet sich besonders seit 1923 eine Veränderung in Richtung Ich-Psychologie, die auch für die weitere Konzeptionsbildung dieser Störungen (besonders Reich, Fenichel und A. Freud) maßgeblich blieb. In Freuds Arbeit „Das Ich und das Es" wird Charakter als Folge von Objektbeziehungen oder Identifizierungen gesehen: „Auch eine Gleichzeitigkeit von Objektbesetzung und Identifizierung, also eine Charakterveränderung, ehe das Objekt aufgegeben worden ist, kommt in Betracht. In diesem Fall könnte die Charakterveränderung die Objektbeziehung überleben und sie in gewissem Sinne konservieren," (Freud 1923). Freud veränderte nun seine metapsychologische ursprüngliche „topographische" Perspektive in Richtung einer mehr „strukturtheoretischen" Sicht, die konfliktzentriert blieb, jedoch auch die Möglichkeit einer zusätzlichen interpersonellen Dimension beinhaltete (später auch mit dem „Alloplastie"-Begriff verbunden), was besonders für die Charakterstörungen wichtig blieb. Ausgehend von einer jeweiligen Dominanz der Instanzen von „Es", „Über-Ich" und „Ich" schlug Freud (1931), die zunehmende damalige Diskussion um die Charakterneurosen aufgreifend, eine Unterscheidung in drei „libidinöse" Typen vor: den „erotischen", den „zwanghaften" und den „narzißtischen" Typ. Charakterstörungen entstünden, so Freud, aus diesen Grundtypen, insbesondere wenn nur eine dominante Seite vorliegt, anders als bei den Neurosen und den normalen Entwicklungen, wo zwei oder im besten Fall alle drei Typen zusammenspielten.

Karl Abraham, der die Psychoanalyse in verschiedene Richtungen erweiterte, trug ebenfalls Wesentliches für das Verständnis der Persönlichkeitsstörungen bei. So in seiner frühen, „strukturdiagnostisch" zu nennenden Einschätzung, daß die therapeutischen Bemühungen notwendigerweise in die Richtung gehen sollten, daß der Patient „... von der erreichten Fähigkeit..., Sympathiegefühle auf andere Personen oder auf die Gesamtheit zu übertragen," profitieren sollte (Abraham 1923).

Es war dann Wilhelm Reichs (1928) Theorie, die vor allem aus drei Gründen für das weitere psychoanalytische Verständnis der Behandlung von Persönlichkeitsstörungen äußerst wichtig geblieben ist. Erstens postulierte er (von der Triebtheorie ausgehend) einen eigenen Abwehrmodus des „Charakters" in der Unterscheidung vom „Ich", was auch die „Ich-Syntonie" der Charakterstörungen plausibel machte. Zweitens ging Reich davon aus, daß die Ausbildung einer Neurose bis in eine Charakterstörung auch in körperliche Prozesse („Charakterpanzer") hineinreichen könnte. Und drittens sah er Charakterneurosen, im Gegensatz zu Freud, wegen ihrer, grundsätzlich den Symptomneurosen entsprechenden Abwehrfunktion, als prinzipiell der psychoanalytischen Behandlung zugänglich an.

Otto Fenichel und Anna Freud erweiterten später Reichs auf die Abwehr zentriertes Charakterverständnis, in dem sie den synthetischen Ich-Aspekt betonten. Den Charakter kann Fenichel dann definieren als „die habituellen Modi des Ichs zur Anpassung an die äußere Welt, das Es und das Über-Ich, und die charakteristischen Arten, diese Modi miteinander zu kombinieren". Charakter wird so zur individuellen Art und Weise der Ausprägung der zentralen Ich-Funktionen (Hoffmann 1979).

Besonders die Zuordnung bestimmter Abwehrformen auf bestimmte Charaktertypen (etwa „Isolierung" und Zwangscharakter) geht auf diese Tradition zurück und wirkt bis Kernberg nach. Auch in der Psychoanalyse wurde der Begriff der Charakterneurose mehr und mehr durch den der Persönlichkeitsstörung ersetzt.

Der ich- und objektpsychoanalytische Ansatz

Die Theorie der Objektbeziehungen markiert in gewisser Weise die „Moderne" innerhalb der Psychoanalyse, basiert doch auf ihr die heute beinahe universell vertretene Sicht, klinische Störungen als Folge traumatischer oder gestörter internalisierter Beziehungserfahrungen zu verstehen. Die Theorie geht zurück auf die ich-psychologischen Arbeiten von Heinz Hartmann (Selbst, affektive und kognitive Repräsentanzen), die Entwicklungspsychologie Margaret Mahlers (Symbiose, Wiederannäherung, Individuation) und die eigenständige Metapsychologie Melanie Kleins.

Unter den objekt-psychoanalytischen Ansätzen soll im folgenden – auch wegen der daraus entwickelten therapeutischen Implikationen – der Otto F. Kernbergs näher dargestellt werden. Dieser Ansatz entwickelte sich zum einen aus der Tradition der britischen Objektpsychologie (Fairbairn, Guntrip) und zum anderen aus der (Trieb- und später) ichpsychologischen Tradition der Behandlung schwerer Störungen, wie sie sich besonders auch in den 60er und 70er Jahren in den Vereinigten Staaten (etwa der Menninger Clinic) entwickelte. Besonders durch die Ausarbeitung des Konzeptes der „Spaltung", die eine Abwehrfunktion ist, hat Kernberg wesentliches zum Verständnis der schweren Persönlichkeitsstörungen beigetragen. Affektiv nicht integrierbare oder differenzierbare Objekt-und Selbstrepräsentanzen werden – zum Schutz – durch (jeweils entweder) Idealisierung oder Entwertung partialisiert und auf die eigene Person oder eine andere „deponiert". Dadurch lassen sich zahlreiche der klinisch auffälligen Symptome der Patienten mit Persönlichkeitsstörungen (z. B. emotionale und interpersonelle Instabilität) erklären. Neben langjähriger klinischer Erfahrung (Kernberg 1975) hat dieser Behandlungsansatz in den letzten Jahren zunehmend Versuche unternommen, den Kriterien der Psychotherapieforschung zu genügen (Clarkin 1992) und sich in Richtung einer lern- und lehrbaren Manualisierung entwickelt (Clarkin u. Mitarb. 1999).

> Das übergeordnete Ziel einer psychodynamischen Behandlung von Patienten mit schwerer Persönlichkeitsstörung, die im Sinne Kernbergs die Kriterien einer Borderline-Persönlichkeitsorganisation erfüllen, ist es, diejenigen zentralen Bereiche der internalisierten Objektbeziehung des Patienten zu verändern, die zu den (für die jeweilige Störung charakteristischen) sich ständig wiederholenden, maladaptiven Verhaltensauffälligkeiten und chronischen affektiven und kognitiven Störungen führen. Von einem objektpsychoanalytischen Standpunkt aus könnte man diesen Prozeß wie folgt beschreiben: Rigide und primitive internalisierte Objektbeziehungen werden ebenso wie abgespaltene (z.B. gut-böse) Anteile in eine reifere, integrierte und flexiblere Form überführt. Dies geschieht in der Arbeit an Übertragung und Widerstand durch Deutung dieser Tendenzen. Deutung ermöglicht integrierende Internalisierung abgespaltener Anteile.

Allerdings könnte man dies vermutlich auch in andere therapeutische metapsychologische Sprachen („Ich-Psychologie", „Selbst-Psychologie", „kognitive Psychologie") übersetzen, da es jeweils um eine durch die therapeutische Beziehung gehaltene konkrete emotionale Reaktivierung der Ursprungsproblematik und eine dadurch ermöglichte (Beziehungs-) Veränderungsmöglichkeit geht. Die Bedeutung des „Lernens am Modell", obwohl aus psychoanalytischer Sicht bislang noch wenig diskutiert, spielt wohl ebenfalls eine Rolle.

Der Patient ist zunächst (auch emotional) nicht in der Lage sich selbst und andere in der ganzen Ambivalenz erfordernden Komplexität wahrzunehmen. Stattdessen herrschen archaische reduktionistische „Paare" vor, in denen sich der Patient zum Beispiel als mißhandeltes Kind sieht, die Interaktionspartner (zum Beispiel auch den Therapeuten) dagegen als Mißhandler. Die Paarbildung kann sich jedoch – manchmal oszillierend rasch – auch umkehren, so daß er selbst zum „Mißhandler" wird und der andere zum Mißhandelten. Die durch die Therapie angestrebte Integration beider Pole zu einem internalisierten Bild wichtiger stabiler Bezugsfiguren führt dann zu der Möglichkeit, befriedigende Beziehungen zu führen, Impulse zu kontrollieren und Affekte zu modulieren.

Übertragungs-Gegenübertragungspaare

Beispiele für Übertragungs-Gegenübertragungspaare, die in Therapien wechselnd reaktiviert und gedeutet werden können, finden sich in Tabelle 34.**1**.

Die Integrationsarbeit des Patienten in seiner inneren „Repräsentationswelt" kann nur in der realen Beziehung zum Therapeuten erfolgen, der den Patienten (im allgemeinen 2mal wöchentlich) regelmäßig sieht. Die Wahrnehmung und Aufmerksamkeit des persönlichkeitsgestörten Patienten wird auf seine partialisierten und polarisierten internalisierten Selbst- und Objektbeziehungsrepräsentanzen gelenkt, die immer wieder zu der beängstigenden, undurchschaubaren, gähnend leeren oder verfolgenden subjektiven Erfahrung führt. Außerdem sollte der Patient etwas von dem Repertoire an inneren Möglichkeiten, über die der Therapeut bereits verfügt, erfahren können. Dazu ist es notwendig, daß die Grenzen des Settings streng eingehalten werden. Oftmals schwieriger als die Beachtung äußerer Therapiegrenzen ist es, die eigene schleichende Involviertheit zu verfolgen. Die Reflexion über die jeweils aktivierten Beziehungspaare, die sich in der therapeutischen Situation wiederspiegeln, ermöglicht ein „Entrinnen-Können" ohne sich gleichzeitig „davonzustehlen". Meist ist eine regelmäßige Supervision bei der Behandlung dieser Patienten notwendig. Eigene Selbsterfahrung scheint ebenfalls in den meisten Fällen unumgänglich zu sein, zum Beispiel um die Tendenz eigener narzißtischer Bemächtigungen (u. U. unabhängig auch vom therapeutischen Prozeß) von Patienten frühzeitig zu erkennen. Bemächtigungen dieser Art müssen nicht auf die Extremformen von Mißbrauch beschränkt bleiben, sondern können sich auch darin äußern, daß man z. B. zu schnell weiß, was für den Patienten gut ist.

Kernberg vertritt eine gestufte Vorgehensweise, die an seinem theoretischen objektpsychoanalytischen Modell angelehnt ist. Kernbergs Entwicklungspsychologie folgt im wesentlichen der britischen Objektpsychoanalyse und dabei besonders Mahler. Nach Kernbergs Auffassung (1993) ist zunächst die Diagnose und psychotherapeutische „Auflösung" der Identitätsdiffusion wichtig, gefolgt von den primitiven Abwehrmechanismen (wie Spaltungen, Leugnungen oder projektive Identifikationen) und dann (am schwierigsten

Tabelle 34.**1** Beispiele für Übertragungs-Gegenübertragungspaare

Destruktives, bösartiges Kind	Bestrafende, sadistische Eltern
Ungewolltes Kind	Vernachlässigende, selbstbezogene Eltern
Mißbrauchtes Opfer	Sadistischer Angreifer
Ungezogenes, sexualisierendes Kind	„Kastrierende" Eltern
Sexuell angegriffenes Opfer	Vergewaltiger

und erfahrungsabhängigsten, da am wenigsten „kognitiv" zu bewerkstelligen) der Übergang von primitiven internalisierten Teilobjektbeziehungen (in den Selbst- und Objektrepräsentanzen) zu integrierten Objektbeziehungen.

In der **Anfangsphase** der Therapie (Stufe 1) gilt es, die primitiven Teilobjektbeziehungen in der Übertragung des Patienten diagnostizierend aufzunehmen und die „interpretierende Analyse der Struktur der vorherrschenden unbewußten Phantasie, die dieser speziellen Übertragungsaktivierung entspricht" aufzunehmen. Nach Kernbergs Verständnis dienen die primitiven Abwehrmechanismen nicht einer (prothetischen) Stärkung des Ichs, wie von anderen Autoren angenommen, sondern stellen die eigentliche invalidisierende Dysfunktionalität dar.
In einer **2. Phase** werden nun die typischerweise sich oszillierend und alternierend darstellenden Attributionen der Selbst- und Objektrepräsentanzen des Patienten auf sich selbst und den Therapeuten verstanden und aufgegriffen (z. B. Angreifer-Verfolgter-Aggressor).
In einer weiteren **3. Stufe** wird nun durch eine interpretative Intervention versucht, die wechselseitig dissoziierten „nur guten" und „nur bösen" Objektbeziehungen zu integrieren, wobei es im Idealfall zu einer modulierten, verbesserten Affektkontrolle, Empathie- und Beziehungsfähigkeit kommt.

Deutungen sind im Gegensatz zur klassischen „Talking Cure" (wo genetische, d. h. kindheitsbezogene Deutungen eine wichtige Bedeutung haben) eher als „Proto-Interpretationen" zu verstehen. Das heißt sie dienen der systematischen Klärung der subjektiven Erfahrung des Patienten, konfrontieren ihn (nichtaggressiv) mit seinem verbalen, nonverbalen und interaktionellen Verhalten und greifen unbewußte Dynamiken ausschließlich im Hier und Jetzt auf, wenn auch der Bezug zu realen kindlichen Erfahrungen durch diese Art der Deutungen immer evidenter werden kann. Erst im Laufe einer Therapie, wenn es zu einer Progression in Richtung eher neurotischer Mechanismen gekommen ist, wird vermehrt in der Vergangenheit gearbeitet. Dazwischen werden oft (zeitlose und metaphorische) „Als-ob"-Deutungen angewandt.

Dieser Ansatz (durch das Mittel der Fokussierung auf die unmittelbare Realität, Realitätsprüfung in Arzt-Patienten-Beziehung) beansprucht auch, ein adäquates Mittel bei der Lösung von psychoseähnlichen Zuständen zu sein, die Psychoanalytiker oft als Übertragungspsychosen oder maligne paranoide Regressionen verstehen.

Kernberg warnt davor, daß die reine Übertragungsanalyse zum Mittelpunkt der Therapiestunden wird. Die initialen und die langfristigen Behandlungsziele müssen ebenso wie die äußere Realität beachtet werden, was zu einer Modifikation der Übertragungsarbeit führt.

Das psychoanalytische Konstrukt „strukturelle Störung"

Für die psychodynamische Diagnostik von Persönlichkeitsstörungen sind im Gegensatz zu den Klassifikationssystemen DSM-IV oder ICD-10 weniger deskriptive Verhaltensweisen entscheidend als vielmehr das Vorhandensein und Ausmaß von sogenannter „struktureller Störung". Im folgenden finden sich die zentralen konstituierenden Elemente der psychischen Struktur (oder des Persönlichkeitsorganisationsniveaus) im Überblick zusammengefaßt wieder.

Identitätsdiffusion: Schwierigkeit über ein kohärentes inneres Bild von sich und den anderen zu verfügen und es äußern zu können; Gefühle, immer ein Außenseiter zu sein, werden geäußert; sexuelle Identitätsschwierigkeiten.
Vorwiegende **Abwehr**muster: z. B. Spaltung, Verleugnung oder Projektion versus Rationalisierung oder Verdrängung bei höherer Persönlichkeitsorganisation.
Qualität der Objektbeziehungen: z. B. manipulative oder von Mißtrauen bestimmte Formen der Objektbeziehung; Fähigkeit zu Empathie, Fähigkeit Bindungen wieder zu lösen.
Psychosenahe Erlebnisweisen bei Labilisierung (manchmal dissoziativ bedingt; meist „pseudopsychotisch", d. h., Patient kann Abstand dazu herstellen), häufiger jedoch Entfremdungserlebnisse.
Fähigkeit zur Selbstwahrnehmung oder Introspektionsfähigkeit: Spaltung beeinträchtigt auch die synthetischen und realitätsprüfenden Funktionen des Ich; nicht zu verwechseln mit Intelligenz.
Fähigkeit mit unangenehmen Affekten umzugehen: Affekttoleranz, Selbstwertregulation.
Kommunikations- und Kontaktschwierigkeiten: Patienten haben Schwierigkeiten, Grenzen anderer einzuhalten, Affekte anderer zu verstehen oder sich mitzuteilen, dadurch manchmal „arrogant" wirkendes Verhalten.
Sexuelles Verhalten oder sexuelle Hemmung: Perversionen, primäre Unfähigkeit, Sexualität zu genießen oder zu tolerieren, Promiskuität.
Umgang mit Aggression und Haß: Über-Ich-Pathologie durch die Verzerrung der Objektrepräsentanzen in aggressiver Richtung und dem Vorherrschen von oraler Wut und Neid.

Neben der Struktur gibt es jedoch auch typische deskriptive Muster, die für das Vorhandensein einer Persönlichkeitsstörung sprechen und mit der Struktur in Verbindung stehen (nach Wurmser 1987):

1. Wiederholte Perioden von Arbeitsunfähigkeit oder schwerer Arbeitshemmung infolge überwältigender Gefühlszustände von rastloser Spannung, Angst, Selbstunwert, Niedergeschlagenheit oder Wut.
2. Zustände veränderten Bewußtseins.
3. Lebensgefährliche selbstzerstörerische Handlungen, gewöhnlich impulsiver Natur.
4. Der manifeste „Wiederholungszwang": die sich immer wieder, gewöhnlich in ziemlich stereotyper Weise, wiederholende und zwangsmäßige Abfolge symptomatischer Handlungen und Erlebnisse.
5. Das überwiegende Gefühl mangelnder Freiheit und der beherrschenden Zwanghaftigkeit von Verhalten und Erleben.
6. Der süchtige oder emotional abhängige Gebrauch von Alkohol und Drogen.

7. Panneurotische Symptomatik (Ängst, Zwänge etc.).
8. Auf Spannung und Angst wird mit Aggression oder Dissozialität reagiert.
9. Schwere Störung der mitmenschlichen Beziehungen mit extremer Ambivalenz und einem Vorherrschen von „feindseliger Abhängigkeit", oder aber das fast völlige Fehlen von mitmenschlichen Beziehungen, bei denen tiefere Gefühle von Nähe und Intimität verspürt und gezeigt würden.

Ein modernes psychoanalytisches Schema der Persönlichkeitsstörungen hat Kernberg vorgelegt. Es verbindet (1) die kategoriale Persönlichkeitsstörungsdiagnose, (2) einen dimensionalen Aspekt, nämlich Introversion versus Extraversion und (3) den psychoanalytischen Strukturbegriff, der normale und neurotische Persönlichkeitsorganisation von eigentlichen Persönlichkeitsstörungen – dem „Borderlineorganisationsniveau" – unterscheidet und einen Schweregrad festlegt.

Fallvignette

Ein 27jähriger Medizinstudent wird nach einem schweren Suizidversuch – er hatte sich intravenös Barbiturate injiziert, die er gestohlen hatte – konsiliarisch gesehen. Er berichtet, daß er es nicht verkraftet habe, daß sich seine Freundin von ihm getrennt habe. Während der kurzen Beziehung habe er sich meist gelangweilt, es habe auch im sexuellen Bereich Schwierigkeiten gegeben, da er nach einiger Zeit, wie immer in Beziehungen, das Interesse daran verloren hatte. Umso mehr verwundere es ihn, daß es ihm nach der Trennung so schlecht gegangen sei. Er habe unter Leeregefühlen und Depressionen gelitten, deswegen habe er ihr auch aufgelauert, um sie zu einem erneuten Beziehungsversuch zu bewegen. Er sei auch überzeugt gewesen, daß sie sich mit seinem Freund eingelassen habe, dessen Vater eine Fabrik besitzt. Allerdings räumt er ein, daß er schon früher unter diffusen Leere- und auch Wutgefühlen gelitten habe. In der Schule sei er beliebt gewesen, er war Schulsprecher, dies trotz seiner Akne. Trotzdem habe er sich nicht dazugehörig gefühlt („wie ein Außenseiter oder Hochstapler"). In der Schule mußte er anders als im Studium nie lernen. Er sei durch mehrere Prüfungen gefallen, was ihn sehr belastet habe. Es sei ihm vor Prüfungen kaum möglich gewesen, sich darauf vorzubereiten. In letzter Zeit habe er auch wegen seiner Probleme vermehrt Bier getrunken und nachts im Internet gesurft. Wegen einer erfolglosen Prüfung führe er gerade einen Prozeß. Medizin studiere er, um Professor zu werden, Kardiologe oder Neurochirurg. Tatsächlich empfinde er aber das Studium als uninteressant. Die Kommilitonen seien phantasielos, daher falle es diesen auch nicht schwer zu pauken. Er selbst würde gerne etwas Interessanteres tun (er habe sich neulich überlegt in die Fremdenlegion zu gehen), man sei ja im Studium „nur eine anonyme Nummer". Auf die Frage, ob er jemanden liebe, reagiert er erstaunt, „lieben sei vielleicht zu viel gesagt, aber die Leute, die ihn jetzt in der Klinik besucht hätten, seien schon o.k." Den anderen werde er „es schon noch zeigen!" Während des Gesprächs wirkt der Patient etwas ironisch. So ein „softes Fach, wie Psychologie" hätte er nie studiert, sagt er. Am Ende des Gesprächs äußert er den Wunsch, „wenn schon Therapie", dann diese beim Interviewer machen zu können („ich glaube Sie könnten mich verstehen").

In diesem Beispiel (deskriptiv als narzißtische Persönlichkeitsstörung mit leicht paranoiden Zügen beschreibbar) finden sich zahlreiche Merkmale, die für Persönlichkeitsstörungen typisch sind: Frustrationsintoleranz, erhöhte Kränkbarkeit und aggressive Durchbrüche; Beschäftigung mit den Gefühlen von Recht, Unrecht oder ungenügendem Wahrgenommensein; chronische Leeregefühle und Depressivität mit Suizidalität; ein „falsches Selbst" (mit dem Gefühl „unecht" oder fassadär zu sein), Grandiositätsvorstellungen, Gefühle von Wut, Neid und Scham. Beziehungen werden manipulativ oder „selbstobjekthaft" eingesetzt, Entwertungstendenzen. Sexuelle Hemmung und eine Unfähigkeit zu lieben als Ausdruck von Identitätsdiffusion; Suchttendenzen und Arbeitshemmung.

Die psychoanalytische Behandlung der persönlichkeitsgestörten Patienten steht demnach unter dem Ziel der Integration durch Deutung. Dabei verwendet der Therapeut als „Kanäle" zur Informationsgewinnung: erstens das, was der Patient sagt (Inhalt; relevante Auslassungen; Hypothesen, die sich dadurch ableiten lassen), zweitens, wie er es sagt (Affekt; Mimik; auch szenische Elemente), und schließlich drittens die Analyse der ausgelösten Gegenübertragung.

Strategien

Diese Integration durch Übertragungsdeutung wird nach Kernberg (1989, Clarkin u. Mitarb. 1999) durch drei wesentliche Behandlungsstrategien erreicht, die die gesamte Therapiedauer als innere Richtschnur begleiten:

1. Aufzeigen und (metaphorische) Deutung der dominanten (primitiven Teil-)Objektbeziehungsmuster des Patienten, die sich in der Übertragungsbeziehung zwischen Patient und Analytiker äußern.
2. Identifizierung und Analyse von unbewußten, oszillierenden Selbst- und Objektrepräsentanzen des Patienten auf sich und den Therapeuten (der Therapeut beschreibt die „Rollenpaare", z. B. Opfer-Täter).
3. Die Integration der positiven und negativen Sichtweisen von sich und signifikanten anderen erfolgt. Der Patient erkennt disparate Aspekte des Selbst an.

Spezifische „Taktiken"

Die spezifischen Taktiken in den Einzelstunden von Patienten mit Persönlichkeitsstörungen beinhalten (nach Clarkin u. Mitarb. 1999) folgende Schritte:

1. Wahl eines Hauptthemas der Stunde (nach hierarchischen Gesichtspunkten in Hinblick auf den dominierenden Affekt und das Übertragungsgeschehen).
2. Der Rahmen des Behandlungssettings (Grenzen) wird geschützt.
3. Es wird von einer Position der technischen Neutralität (und der davon begründeten Ausnahmen) ausgegangen.

4. Dem Ausagieren werden Grenzen gesetzt, um das Erscheinen und die Interpretation der darunterliegenden Affekte und Konflikte in der Übertragung zu erleichtern.
5. Bei der Fokussierung auf ein Thema ist es zentral, wie es sich in der Übertragung darstellt (dabei sollen die positiven und die negativen Aspekte dieser Übertragung beachtet werden).
6. Es sollte bei den Interventionen zunächst von der Grundlage gemeinsam geteilter Realitätseinschätzungen ausgegangen werden, die dann zunehmend in Richtung der inkompatiblen Sichtweisen von Patient und Therapeut ausgedehnt werden können.
7. Systematische Deutung von primitiver Abwehr und der (sich in der Übertragung manifestierenden) Objektrepräsentanzen.

Technische Vorgehensweise

Die Vorgehensweise wird bestimmt durch eine technisch neutrale Anwendung der drei zentralen psychoanalytischen Techniken:

1. **Klärung:** Die subjektive Wahrnehmung des Patienten wird minutiös erfragt. Besonders Bereiche, die vage oder konfus wirken, werden solange geklärt, bis der Therapeut versteht, was der Patient meint und der Patient den Therapeuten versteht.
2. **Konfrontation:** Geklärte Bereiche, die widersprüchlich oder konflikthaft erscheinen, werden dem Patienten taktvoll konfrontierend mitgeteilt. Auch Bereiche, die weiterer Klärung bedürfen, werden angesprochen. Häufig werden auch Diskrepanzen zwischen den drei Kommunikationskanälen des Patienten (verbal, nonverbal und Gegenübertragung) aufgezeigt.
3. **Interpretation/Deutung im Hier und Jetzt:** bezogen auf die Therapeut-Patient-Beziehung. Bewußtmachen von zunächst unbewußt wirksamen Objektbeziehungen, die entweder agiert oder als Symptom wahrgenommen werden.

Insbesondere die minutiöse Klärung, die bei neurotischen Patienten in dieser Form nicht notwendig ist, ermöglicht es oft erst, daß Selbstüberschätzungen, Verleugnungen oder Realitätsverzerrungen der Patienten mit Persönlichkeitsstörungen ausreichend deutlich werden. Der Ansatz hat eine gewisse Nähe zu der von Reich postulierten, allerdings damals kaum in tatsächlichen Therapien umgesetzten Charakteranalyse durch stringente Widerstandsanalyse: „Wir verfahren dabei so,... daß wir den Charakterzug dem Patienten wiederholt isoliert vorführen müssen, so lange, bis er Distanz gewonnen hat und sich dazu einstellt, wie zu einem Symptom. Denn durch die Distanzierung und Objektivierung des neurotischen Charakters bekommt dieser etwas Fremdkörperhaftes" (Reich 1928). Allerdings wird das Fremdkörperhafte nicht ausgetrieben, sondern als Teil integriert. Die Behandlung von Persönlichkeitsstörungen erfordert oftmals den Einsatz von sogenannten „Parametern" (Eissler 1953), das heißt Abweichungen vom klassischen (psychoanalytischen) Setting. Zu den Besonderheiten der psychoanalytischen Behandlung von Persönlichkeitsstörungen finden sich z. B. auch Hinweise bei Liebowitz u. Mitarb. (1986) und Stone (1992).

Der Kleinianische Ansatz

Von einem psychoanalytischen Ansatz, der sich dem Werk Melanie Kleins verpflichtet fühlt, könnten gegen die oben dargestellte ich- und objektpsychoanalytische Vorgehensweise Bedenken geäußert werden, die hier erwähnt werden sollen. Vorgebracht werden könnte insbesondere, daß den klinischen Phänomenen dieser Patienten, die auf schweren Störungen im Bereich der „Symbolisierungsfähigkeit" beruhen, nicht mit erklärenden Inhaltsdeutungen begegnet werden kann. Der Analytiker hat vielmehr die (im Sinne Bions die „träumerische Einfühlung" der Mutter ersetzende) Aufgabe, auch sprachloses, primärprozeßhaftes Material des Patienten (wie ein Container) assimilierend auszuhalten und sie quasi für ihn zu „verdauen" und in höher strukturierte Alpha-Elemente zu überführen, ohne sie ihm (aus Angst vor ihrer vernichtenden oder psychotischen Wucht) zurückzugeben. Meltzer (1986) geht soweit, zu fordern, daß der Analytiker sich mit dem Patienten im „Verrücktsein" identifizieren müsse.

Es stellt sich demnach auch weniger die Frage nach der richtigen Deutung (dem Verstehen des Patienten), sondern ob der Patient unser Verstehen aufnehmen kann. Es kommt (im Sinne Betty Josephs) zu einem Gebrauch der Übertragung als „Totale Situation".

Einen Ansatz zur Behandlung von schwer gestörten Patienten, die besonders emotional kaum erreichbar scheinen, wie viele schizoide oder narzißtische Patienten, (und der sich besonders mit dem Widerstand beschäftigt) hat innerhalb des Kleinianischen Theoriegebäudes John Steiner (1993) vorgelegt. Steiner versteht unter „Psychic Retreats" spezifische psychische (scheinbar konfliktfreie) „Zufluchtsorte", d. h. ein Geflecht von spezifischen Objektbeziehungen, die von dem Patienten in der Vergangenheit gewählt wurden. Mit Hilfe von korrespondierenden pathologischen Abwehrformationen wird der Patient auch entgegen der Bemühungen des Analytikers in der Therapie versuchen, diese beizubehalten, um die mit Veränderung einhergehenden psychischen Schmerzen zu vemeiden. Diese „Retreats" entsprechen (Schutz-)Phantasien oder Träumen von Inseln, Höhlen oder Festungen, sie haben die Funktion, die traumatischen Aspekte der Objektbeziehungen und die Heftigkeit der Impulse durch Spaltung oder Fragmentierung ganz auf den anderen (den Therapeuten) zu verlagern, um die innere Grandiosität nicht zu gefährden.

Die Behandlung der Schutzphantasie von affektiver Losgelöstheit erfolgt nur, „wenn es gelingt, der Verstrickung in realitätsfremde Phantasien zu entgehen und die verlorenen Selbstanteile wiederzuerlangen. Hierbei spielt die Trauer über Anteile der Selbstrepräsentanz eine wichtige Rolle, die per projektiver Identifizierung dem Objekt zugeschoben wird. Die Trauer verunmöglicht eine Haltung der Omnipotenz, und die Fähigkeit zur Vergebung beinhaltet gleichzeitig, die eigene hinreichende Schlechtigkeit zu akzeptieren sowie das Erleben, selbst ausreichend gut zu sein, um selbst Vergebung zu verdienen."

Die Kleinianer haben (z. B. durch das Konzept des Übergangs von der schizoid-paranoiden zur depressiven Position) viel zu einem umfassenderen theoretischen Verständnis der Psychoanalyse schwerer Störungen beigetragen, werden im

Kontrast dazu jedoch in technischer Hinsicht gelegentlich wegen ihrer labilisierenden Vorgehensweise kritisiert.

Selbstpsychoanalytische Ansätze

Heinz Kohut (1971) versteht in seiner Theorie den „Narzißmus" (quasi im Unterschied zur nach außen gerichteten Libido) als eine im wesentlichen auf das eigene „Selbst" gerichtete primäre Triebkraft, die insbesondere für das Entstehen von „Selbstwertgefühl" und „Selbstvertrauen" zentral ist. Die entwicklungspsychologisch auf dem Vorhandensein eines narzißtischen „Größen-Selbst" und daraus folgenden „idealisierten Eltern-Imagines" basierende Theorie erklärt besonders das (durch Fixierungen entstehende) Vorhandensein von erhöhter Kränkbarkeit, Scham, Wut, Beziehungsabbrüchen und hypochondrischen Befürchtungen aus den nicht zu befriedigenden Größenansprüchen an sich selbst oder andere, wie sie bei Persönlichkeitsstörungen vorkommen.

Besonders im Umfeld der sogenannten humanistischen Psychotherapien, aber auch der in der Nachfolge Kohuts stehenden supportiven, psychoanalytischen Selbstpsychologie kommt der Förderung positiver Anteile des Patienten, dem aktiven Anerkennen seiner (in der Vergangenheit versagten) Bedürftigkeit und dem Ansprechen von früher erfolgten, schmerzhaften Übergriffen eine entscheidende verändernde Rolle zu.

Gerald Adler (1985) hat selbstpsychologische und Winnicott-Ansätze in seinem Therapieverfahren zur Behandlung der Borderlinestörung verbunden. Der Therapeut wird so zeitweise zum haltenden und erst viel später auch frustrierenden „Selbstobjekt".

Der Therapeut kann am Anfang vom Borderlinepatienten als „haltendes Selbstobjekt" und erst viel später auch frustrierend gebraucht werden. Diese hilfreiche Beziehung soll dem Patienten nicht nur eine korrigierende Erfahrung vermitteln, sondern auch die innere Grundlage für die Ausbildung weiterer adäquater, innerer und haltender Introjekte bilden.

Die Aufgabe des Therapeuten ist es, in dieser ersten Phase die unvermeidlich auftretende Wut, mit der der Patient das gute, aber die große Bedürftigkeit nicht stillen könnende Objekt zu zerstören sucht, auszuhalten und auch mittels Klärungen und Deutungen zu bearbeiten. In dieser ersten Phase unterstützt der Therapeut – nicht eigentlich abstinent – die Vermittlung eines haltenden Objekts, indem er seinem Patienten (in Zeiten von Ferienabwesenheit etwa) Postkarten schickt oder ihm einen Gegenstand, quasi als „Übergangsobjekt", leiht.

In einer späteren Phase der Therapie wird dem Patienten vermittelt, daß zum „Good Enough" auch eine „optimale Enttäuschung" gehört. Der Patient erfährt, daß seine Selbstobjekte die unrealistischen Vorstellungen, die von ihnen gebildet wurden, nicht einhalten können, daß Therapeuten zum Beispiel nicht dauernd verfügbar sind, auch andere Patienten haben etc. Im Idealfall bewährt sich jetzt aber, daß eine „Unzerstörbarkeit" eingetreten ist.

In der abschließenden Therapiephase wird die optimale Autonomie der Patienten, die zuvor oftmals zwischen extremer Abhängigkeit und einer Art „splendid Isolation" schwankte, bekräftigt. Archaische Über-Ich-Haftigkeit wird ebenso abgemildert, wie der Abbau eines „fassadären" Selbst, was echte, nichtnarzißtische, ich-hafte Objektliebe ermöglichen kann.

Abwehr und Über-Ich-Analyse: der therapeutische Ansatz von Léon Wurmser

Von einer vorwiegend klassisch freudianischen, aber selbstpsychologische Elemente übernehmenden therapeutischen Position ausgehend verwendet Wurmser (1987) für die Persönlichkeitsstörungen den Begriff der „schweren Neurose". Psychoanalysegeschichtlich argumentiert er, daß gegen den Gebrauch der Begriffe „Borderline" oder „narzißtische Störung" die Aura der Unbehandelbarkeit („Geist der Verurteilung") sprechen würde, während sein Ansatz entsprechend die potentielle neurotische Veränderbarkeit betonte. Klinisch allerdings unterscheiden sich diese Patienten von solchen mit Persönlichkeitsstörungen nicht, wenn auch Wurmser statt der übergeordneten „Strukturdiagnose" die spezifischen Modifikationen bei der Analyse von Über-Ich-Problematik und Abwehrmodi dieser Störungen in den Mittelpunkt seiner Überlegungen stellt. Im Gegensatz zu Kernberg bezweifelt Wurmser, daß sich die Intensität und die Einzelcharakteristika von Übertragung, Abwehrkonstellationen oder Konflikten bereits in ersten Interviews feststellen lassen. Besonders auch dem Circulus vitiosus des Wiederholungszwangs, wie er sich etwa bei Süchten findet, widmet Wurmser große Aufmerksamkeit.

Die Abwehranalyse, die nur gelingen kann, wenn der Patient sich entscheidet, offen und ehrlich zu sein, bedarf nach Wurmser (1987) einiger technischer Modifikationen, die hier jedoch nur angedeutet werden können.

Für Wurmser muß die Abwehranalyse in einem Klima erfolgen, das geprägt ist von Schonung, Takt und Freundlichkeit, gerade wegen der komplexen Über-Ich- und Schamproblematik. Verurteilende Worte sollten vermieden werden; Interventionen, die auf Spaltung, Konfrontationen und direkter Triebdeutung basieren, daher eher die Ausnahme bleiben.

Eine einseitige Beachtung der Spaltung unter den Abwehrvorgängen kann sich seines Erachtens ebenfalls als zu beschränkt erweisen. Die Beachtung von ödipalen und präödipalen Konflikten, die meist untrennbar verbunden sind, muß ebenfalls erfolgen. „Aggressive Wünsche und Gefühle werden nicht primär durch Konfrontation noch durch Triebdeutung, sondern mit Hilfe der Angst- und Abwehranalyse, namentlich gerade von der Seite des Über-Ich, angegangen; überdies werden sie nicht als primär, sondern als Ausdruck tieferer Bedrohungen des Selbstgefühls und der Intaktheit der eigenen Persönlichkeit aufgefaßt."

Die Psychoanalyse geht zunehmend – etwa durch die Befunde der intersubjektiven Theorien und der Säuglingsbeobachtung (D. Stern, J. Lichtenberg) – von einer Komplementarität zwischen Affektregulation und inneren Konflikten aus.

Interpersonelle Therapien

Die psychoanalytische Charakterkonzeption, besonders die der Persönlichkeitsstörungen, weist – spätestens seit Wilhelm Reich aber auch Alfred Adler – eine große Nähe zur sozialen Dimension auf. Reich definiert den Charakter als „die typische Reaktionsweise des Ichs auf das Es und die Außenwelt" oder als „erstarrter soziologischer Prozeß einer bestimmten

Epoche." Die Entwicklung eigenständiger (neo-psychoanalytischer) interpersoneller Theorien in den Vereinigten Staaten seit 1950, besonders durch Erich Fromm, Karen Horney und Harry S. Sullivan, war daher mehr als naheliegend.

Die interpersonellen Therapien, die z.T. auch auf den bekannten Kreismodellen von Kiesler oder Leary gründen, analysieren Aspekte wie „Zuneigungsdimension" und „Statusdimension" und lenken die Wahrnehmung auf unterschiedliche Foci des aktiven oder passiven interpersonellen Verhaltens im „Selbst", „Anderen" und „Introjekt".

Ausgehend von ihrem Modell der Strukturanalyse sozialer Beziehungen (SASB) hat Lorna S. Benjamin (1993) auch therapeutische Überlegungen zu den Persönlichkeitsstörungen entwickelt. Neben der Entwicklung einer tragfähigen Arbeitsbeziehung soll die Bereitschaft des Patienten gefördert werden, eigene Interaktionsmuster zu erkennen und analysieren zu wollen. Die maladaptiven Interaktionsmuster werden unterbrochen und die unterschwellig vorhandenen interpersonellen Befürchtungen und Bedürfnisse thematisiert. Es finden sich zwar Elemente der Psychoanalyse wieder, eine Vorstellung von möglichem „Widerstand" auf seiten des Patienten bei diesen Interventionen existiert jedoch nicht.

Die von tiefenpsychologisch orientierten Therapeuten manchmal geäußerte Auffassung, daß es genügen könnte, „zuverlässig präsent zu sein" und das „negative Beziehungsangebot anzunehmen und auszuhalten", bleibt aber an der Oberfläche und führt meist nicht zu Veränderungen.

Unterschiede in der Behandlung von Neurosen und Persönlichkeitsstörungen

Trotz der Vielzahl von fundamentalen Gemeinsamkeiten (etwa Arbeit mit unbewußten Konflikten, Beachtung aggressiver Impulse etc.) sind praktische und theoretische Unterschiede in der psychodynamischen Behandlung von Neurosen und Persönlichkeitsstörungen erforderlich (Tab. 34.**2**).

Tabelle 34.**2** Unterschiede in der psychodynamischen Behandlung von Neurosen und Persönlichkeitsstörungen

Therapie von Neurosen:	Therapie von Persönlichkeitsstörungen:
Neutrale Haltung (d.h. beispielsweise, daß kein Einfluß auf Lebensentscheidungen, Partnerschaften, Berufssituation etc. genommen wird).	Der Grundsatz der Neutralität bleibt bestehen; allerdings Ausnahmen in bestimmten (meist kritischen) Situationen.
Die Szene zwischen Patient und Therapeut kann sich langsam entwickeln.	Die Szene muß schnell analysiert werden.
Längeres Schweigen des Therapeuten wird meist gut toleriert.	Schweigen kann zu Problemen führen.
Gegebenenfalls liegendes Setting.	Sitzendes Setting.
Meist kein Einsatz von Psychopharmaka notwendig.	Gegebenenfalls unterstützende Gabe von Psychopharmaka.
Möglichst keine supportiven Elemente (auch wird „Positives" weniger angesprochen).	Besonders am Anfang einer Therapie können ggf. supportive Elemente („Lob" über bereits Erreichtes etc.) sinnvoll sein.
Analytiker spricht oft relativ wenig, Analysand assoziiert frei.	Therapeut spricht weit mehr, „verbalisiert" für den Patienten.
Kein hierarchisches Vorgehen in der Regel notwendig.	Hierarchisches Vorgehen oft notwendig (parasuizidale Handlungen werden etwa vor einem angebotenen Traum analysiert).
Widerstand wird stark fokussiert.	Widerstand wird ggf. anfangs noch weniger bearbeitet.
Klärungen und Konfrontationen sind meist weniger häufig notwendig, da eher von einer „geteilten Realität" ausgegangen werden kann.	Häufige Klärungen und Konfrontationen.
Keine Therapieverträge.	Therapieverträge (mündlich oder schriftlich) manchmal notwendig; der Kontrakt, auch im weiteren Sinn, muß eventuell immer wieder erneuert werden.
Regression (etwa im Dienste des Ich) wird tendenziell eher zugelassen oder gefördert.	Regression wird eher nicht gefördert, über diesen Punkt gibt es jedoch verschiedene Ansichten.
Keine Suggestionen.	Ebenfalls keine Suggestionen oder Vermittlung von Hoffnung.
Genetische (kindheitsbezogene) Deutungen.	Deutungen eher im Hier und Jetzt.
Informationen werden kaum gegeben.	Häufiger Informationen und Erklärungen.
Dyadisches Setting wird streng eingehalten.	Eventuell Einbeziehen von Bezugspersonen.
Oft höherfrequentes Vorgehen wichtig.	In der Regel weniger Stunden in der Woche (1 bis 2); manchmal variable Stundenfrequenz angezeigt.

Fortsetzung ▶

Tabelle 34.2 (Fortsetzung)

Therapie von Neurosen:	Therapie von Persönlichkeitsstörungen:
Störungen der Therapie (z. B. Ferien) werden meist gut toleriert.	Störungen der Therapie müssen ggf. vorbereitet werden.
Symptomwandel wird symbolisch verstanden.	Symptomwandel wird aktiv untersucht.
Zwischenzeitliche Hospitalisierungen meist nicht notwendig.	Hospitalisierungen notwendig.
Keine kognitiv-behavioralen Elemente (oder falls bei bestimmten Störungen notwendig durch anderen Verhaltenstherapeuten).	Gegebenenfalls Verwenden von behavioralen Elementen.
Therapeut bleibt abstinent bezüglich seiner realen Lebensumstände.	Therapeut gibt ggf. Auskunft auf Fragen des Patienten.
Übertragungsbildung wird gefördert („Sie taten dies, um mich …").	Übertragung wird analysiert, aber nicht „angeheizt".
Therapiestörendes Verhalten, plötzliche Abbrüche selten.	Therapiestörendes Verhalten, plötzliche Abbrüche häufig.
Manchmal kürzere Therapien, Fokaltherapien möglich.	Meist Langzeittherapien.
Deutungen können konkret gegeben werden.	Deutungen werden mehr metaphorisch gegeben („als ob").
Kaum projektive Identifikationen; Gegenübertragungsgefühle weniger heftig.	Zahlreiche projektive Identifikationen; starke Gegenübertragungsgefühle.
Typische „Leitsymptome" der spezifischen Neurose.	„Panneurotisches" Erscheinungsbild (Zwänge, Ängste, Panik, Somatisierung etc.).
Baldige Bearbeitung der Vergangenheit möglich.	Meist längere gegenwarts- und realitätsorientierte Anfangsphase notwendig.

Das Prinzip Deutung

Die psychoanalytische Therapie geht zwar davon aus, daß bei neurotischen Patienten die Bedürfnisse des Ich („Ego Needs") eher gering, die Es-Wünsche („It Wishes") dagegen eher stark sind (was dazu führt, daß diese in Therapien „frustriert" werden können), während bei Persönlichkeitsstörungen die „Ego Needs" hoch sind, die Patienten dadurch nicht so stabil sind und z. T. reale „Befriedigung" dieser Bedürfnisse benötigen. Dennoch scheint daraus keine fundamentale Abweichung vom psychoanalytischen Vorgehen zu resultieren.

Der Therapeut sollte sich nicht durch primitive Idealisierungen „verführen" lassen. Es sollten sowohl die negativen als auch die positiven Übertragungen gedeutet werden. Allerdings können leichte Idealisierungsformen, die dem therapeutischen Bündnis dienen, ungedeutet belassen werden.

Bei manchen schwerwiegenden „projektiven Identifikationen" kann es sich als außerordentlich schwierig erweisen, durch das deutende Vorgehen den Patienten zu erreichen. John Steiner schlägt dem Analytiker hier vor, in diesen Fällen, die Projektion zwar einerseits zu tolerieren, sie aber andererseits nicht „anzunehmen", um so die Übertragung, praktisch in der Projektion selbst, weiter zu untersuchen.

Neben der Deutung der Übertragung gilt (spätestens seit Balint und Winnicott) die haltende und erleichternde Objektbeziehung als zweiter wichtiger Wirkfaktor der Psychoanalyse, die den Möglichkeitsraum der Psychoanalyse erst zu konstituieren vermag. Diese psychoanalytische korrektive Beziehung darf jedoch nicht mit supportiven psychotherapeutischen Verfahren gleichgesetzt werden. Allerdings ist der Einsatz supportiver Elemente (konkrete Hilfestellungen, Ermutigungen) aber zu Beginn der Therapie besonders von Patienten mit schweren Persönlichkeitsstörungen manchmal notwendig. Der Patient wird, dem Konzept nach, durch die ich-stärkende Deutung primitiver Abwehrmechanismen gestützt. Der Effekt – nicht aber die Technik – erweist sich darin als „supportiv" für den Patienten.

Deutungen sollten bei Patienten mit Persönlichkeitsstörungen metaphorisch formuliert werden (z. B. „es ist beinahe so, als würde ein Teil von Ihnen in mir…" etc.). Was die Induktion von sogenannten tiefen Übertragungsregressionen in der Therapie von persönlichkeitsgestörten Patienten angeht, gehen die Meinungen der psychoanalytischen Autoren auseinander. Während die meisten Autoren solchen Prozessen eher kritisch gegenüberstehen, ist für Volkan (1987), dessen Ansatz sonst in manchen Bereichen dem Kernbergs ähnelt, die tiefe Übertragungsregression eine Möglichkeit – mit Hilfe von sogenannten Entwicklungsspaltungen – aus einer Entdifferenzierung von Selbst- und Objektrepräsentanzen einen Weg zu progressiven Entwicklungen zu nehmen.

Gegenübertragung und projektive Identifikation

Die heftigen Gegenübertragungsgefühle, die entstehen können, sind ein Charakteristikum für die Behandlung von Patienten mit Borderline-Persönlichkeitsorganisation.

> Die Gegenübertragung kann dabei intensive Gefühle, die selbst für erfahrene Therapeuten beunruhigend sein können, wie Haß, sexuelle Gefühle oder das Bedürfnis, dem Patienten realen Schutz zu geben, auslösen. Der Umgang mit solchen Gegenübertragungsimpulsen erfordert in der Regel berufliche Erfahrung, Supervision und Selbsterfahrung. Allerdings stellt sie auch eine therapeutische Chance dar, wenn sie richtig genutzt wird (Gabbard u. Wilkinson 1994).

Gegenübertragungsgefühle können manchmal so heftig sein, daß der Therapeut nicht mehr weiß, wo er „selbst" eigentlich noch eine unabhängige Sicht der Realität hat. – Die Selbstanalyse von konkordanten und komplementären Identifikationen (Racker 1968) in der Gegenübertragung besonders bei drohender Überinvolviertheit oder Distanzierungsimpulsen ist dann notwendig.

Allerdings sollte von einer simplifizierten Arbeit mit dem Gegenübertragungskonzept, wie es sich zunehmend verbreitet, Abstand genommen werden. Nicht jedes „Gefühl", daß einem Patienten gegenüber empfunden wird oder daß in einer Stunde auftaucht, ist deshalb schon „Gegenübertragung". Die Gegenübertragung ist vielmehr als eine (primär unbewußte) Reaktion auf die Übertragung des Patienten zu sehen. Auch die eigene Übertragung, die wir einem Patienten gegenüber entwickeln, ist davon zu unterscheiden. Obwohl von psychoanalytischer Seite vorgeschlagen wurde (Solomon u. Mitarb. 1987), die typische Gegenübertragung sogar als quasi „pathognomonisches" diagnostisches Zeichen, etwa bei der Arbeit mit Borderlinepatienten, zu verwenden, muß hier eingewandt werden, daß z.B. auch bei psychotischen Patienten starke Gegenübertragungen entstehen können. Trotz der Wichtigkeit mit der Gegenübertragung zu arbeiten, wäre es aus psychoanalytischer Sicht eine Verkürzung, wenn dies durch bloßes Ansprechen der eigenen Gefühle („Sie lösen in mir aus, daß ich mich jetzt total hilflos fühle") geschehen würde.

Von psychoanalytischer Seite sollte ferner von einem unkritischen Gebrauch des Konzepts der „projektiven Identifikation" gewarnt werden. Zwar zeigt das Konzept eine gewisse Gültigkeit, wenn es darum geht, plötzliche intensive emotionale Reaktionen von Seiten des Therapeuten besser zu verstehen; es sollte jedoch nicht konkretistisch gebraucht werden, etwa in dem Sinne, daß etwas Numinoses im Patienten „irgendetwas mit einem macht", dem man hilflos und passiv ausgeliefert ist.

Der Rahmen

Ein stabiler Rahmen ist bei der Behandlung von Patienten mit Persönlichkeitsstörungen besonders wichtig. Es ist notwendig, die Bedingungen des Rahmens (Ferienabwesenheit, ausgefallene Stunden, Umgang mit Krisen außerhalb der Sitzungen, Bezahlung etc.) frühzeitig, d.h. in einer noch weitgehend neutralen Atmosphäre, zu klären.

> Der Rahmen erfüllt dabei mehrere wesentliche Aufgaben: Er ermöglicht es dem Therapeuten und dem Patienten in schwierigen Situation immer wieder auf den Rahmen zu rekurrieren, der sozusagen aus der für beide hochbedrohlichen Dyade (verwickelter Patient – verwickelter Therapeut) eine Art von früher Triangulierung ermöglicht, in der der Analytiker immer beides ist, betroffener Akteur im Innen und „neutraler Hüter" des Rahmens im Außen. (Auf die Bedeutung früher ödipaler Triangulierungen bei schweren Störungen haben insbesondere die französischen Psychoanalytiker wie z.B. André Green hingewiesen.) Der Rahmen „schützt" also die Therapie. Er ermöglicht es auch, „Sorge" für den Patienten zu äußern. Die andere wesentliche Funktion ist, daß sich in der erfolgten Setzung des Rahmen und im Versuch des Patienten diesen zu verschieben oder zu verzerren, oft genau die charakteristischen Schwierigkeiten (Widerstände etc.) des Patienten manifestieren werden.

Die Einhaltung des Rahmens darf aber dabei andererseits nicht die Züge eines strafenden, „archaischen Über-Ichs" erhalten.

Hierarchisches Vorgehen

Die psychoanalytische Therapie der Persönlichkeitsstörungen entwickelte in den letzten Jahren parallel zur Verhaltenstherapie – und in diesem Punkt auch gewiß von ihr beeinflußt (Linehan 1993) – eine Technik, die (besonders am Anfang der Therapie) ein „hierarchisches" Vorgehen vorsieht. In typischer Weise berichten diese Patienten oftmals bereits in den ersten Minuten einer Therapiestunde dem Therapeuten eine Fülle von neuen Ereignissen, Träumen, interpersonellen Katastrophen und impulsiven Verhaltensweisen, die seit der letzten Stunde geschehen sind, was es für den Therapeuten schwierig macht, eines davon zu fokussieren und mit dem Patienten durchzuarbeiten. Clarkin, Yeomans und Kernberg (1998) schlagen deshalb hier ein hierarchisches Vorgehen vor, daß auch im späteren Therapieverlauf – bei Wiederauftreten solcher Elemente – angewandt werden sollte. Zum hierarchischen Vorgehen gehört insbesondere die starke Beachtung von Suizidalität und von parasuizidalen Handlungen (Selbstverletzungen, Intoxikationen u.ä.) sowie den Fortgang der Therapie gefährdenden Verhaltens (z.B. ständiges Versäumen der Stunden, Pläne, in eine andere Stadt zu ziehen etc.). Gerade bei chronisch suizidalen Patienten besteht immer die Gefahr, daß sich Patient und Therapeut an die Suizidalität oder Parasuizidalität quasi „gewöhnen" und sie nicht mehr fokussieren. Kernberg unterscheidet hier zu recht eine symptomatische Suizidalität, etwa bei einer depressiven Episode, von einer tieferliegenden „charakterologischen" Suizidalität.

Fallbeispiel

Eine Borderlinepatientin berichtet in den ersten 10 Minuten der Therapiestunde aufgeregt eine Vielzahl von neuen

X

Begebenheiten und ihre Reaktionen darauf. Sie habe gestern nach langer Zeit wieder mit ihrer Mutter telefoniert und sich schrecklich aufgeregt. Sie sei enttäuscht von ihrem Freund, der sie nicht genügend unterstütze: Sie hätten gestern gestritten, worauf sie angetrunken nachts noch nach Hause gefahren sei. Auch die Therapie bringe ihr wenig, sie habe deshalb ein Vorgespräch mit einer anderen Therapeutin vereinbart. Schließlich erzählt die Patientin einen dichten und symbolreichen Traum.

Nach einem hierarchischen Vorgehen wären es zunächst die Selbst- und Fremdgefährdung (Autofahrt) und dann das therapiegefährdende Verhalten (Vorgespräch mit anderem Therapeuten), die fokussiert werden. Also nicht der Traum oder das Telefongespräch mit der Mutter, obwohl diese vielleicht vielen Therapeuten „einladender" erscheinen.

Therapeutische Probleme spezieller Persönlichkeitsstörungen

Schizotype Persönlichkeitsstörung

Die Arbeit sollte zunächst mehr einer psychosenanalytischen Therapie gleichen (Benedetti 1983) und später in eine psychoanalytisch orientierte Therapie münden: Einbeziehung nonverbaler Methoden (Kunsttherapie), Beachtung der kognitiven Schwierigkeiten, vorsichtiger Aufbau der Beziehung (Stone 1985). Der Zugang sollte möglicherweise zunächst eher supportiv, manchmal unter Einbeziehung von sozialpsychiatrischen Elementen erfolgen.

Emotional instabile Persönlichkeitsstörung vom Borderlinetyp

Umgang mit Suizidalität und selbstverletzendem Verhalten sowie der Tendenz die Therapie abzubrechen werden fokussiert. Hinzu kommen hierarchische Vorgehensweise in den Therapiephasen (destruktive Verhaltensauffälligkeiten, schwere Hoffnungslosigkeit, Probleme in der Lebensgestaltung und interpersonelle Probleme, mangelnde Selbstzufriedenheit und zuletzt Sinnsuche), Einbeziehung von Psychopharmaka, kein liegendes Setting.

Therapieschema (modifiziert nach Waldinger 1987):

1. Aufbau eines stabilen Behandlungsrahmens
2. Vermeiden einer passiven therapeutischen Haltung
3. Haltenden Raum („Containing") für die Wut des Patienten geben
4. Konfrontativer, aktiver Umgang mit selbstzerstörerischem Verhalten
5. Verbindung herstellen zwischen Gefühlen und Handlungen („Ausagieren")
6. Setzen und Einhalten von Grenzen
7. Wahrnehmen der Gegenübertragung
8. Interventionen sollten ihren Fokus im „Hier und Jetzt" haben

Anankastische Persönlichkeitsstörung

Diese Patienten gelten als schwierig zu behandeln, obwohl sie symptomatologisch nicht so krank wirken; oft sind lange Therapien notwendig. Die freie Assoziation sollte angeregt werden; der Therapeut sollte selbst „flexibel" sein und minutiöse Detailschilderungen des Patienten deutend unterbrechen und mit der affektiven Gegenwart in Beziehung setzen (Salzman 1980).

Dependente Persönlichkeitsstörung

Schwierig kann sich insbesondere die (scheinbare) Aggressionshemmung in der Therapie erweisen. Der Patient erlebt sich selbst („masochistisch") nur als passives Opfer, eigene Anteile an den pathologischen Beziehungsgestaltungen werden oft geleugnet (zum Beispiel Ehefrauen von Alkoholikern); schwierig kann sich das Therapieende gestalten, der Therapeut dient oft der realen (oralen) Bedürfnisbefriedigung. Die Komorbidität mit Depressionen ist hoch (zusätzliche Behandlung mit einem Antidepressivum daher manchmal sinnvoll). Die Abgrenzung, ob es sich bereits um eine Persönlichkeitsstörung im engeren Sinn oder noch um eine Neurose handelt, ist manchmal nicht eindeutig.

Antisoziale Persönlichkeitsstörung

Diese Patienten sind in der Regel nicht für eine einsichtsorientierte Psychotherapie zu gewinnen, der Mangel an eigentlichem Leidensdruck und die Unfähigkeit, eine (Übertragungs-)Beziehung zu einem anderen Menschen einzugehen, die nicht pervertiert oder manipulativ ist, erweist sich meist als nicht veränderbar. Hinzukommen oft äußere Gründe für den Therapiewunsch (wie das Vermeiden von juristischen Konsequenzen). (Ein spannender „experimenteller" Versuch, eine Gruppe dieser Patienten in einem Gefängnis durch eine „chaotisch-machende", im Sinne ständig veränderter Regeln, Bion-Gruppenanalyse zu erreichen, wurde aus diversen Gründen wieder abgebrochen.)

Patienten mit antisozialen Persönlichkeitszügen oder sogenanntem malignen Narzißmus gelangen wegen ihrer manipulativen oder tatsächlich „charmant" wirkenden Qualitäten, trotz der Schwierigkeit sie behandeln zu können, relativ oft in Therapien. Oft stellen sich diese Züge auch erst mit der Zeit heraus, da sie anfangs verheimlicht werden (ausbeuterische oder perverse Beziehungsgestaltungen, Patient zahlt Rechnungen nicht etc.). Diese Patienten sollten stärker in ihre Mitverantwortlichkeit für die Therapie eingebunden werden.

Narzißtische Persönlichkeitsstörung

Die Therapie dient manchmal dazu, sich verleugnend weiter der Illusion hingeben zu können, daß alles in Ordnung sei. Der Therapeut wird scheinbar idealisiert, aber eigentlich entwertet, ohne daß er es merkt. Patienten mit narzißtischen Persönlichkeitsstörungen neigen dazu, unangenehme Details oder Schwierigkeiten zu verschweigen, die Realität leicht zu verändern. Geachtet werden muß auch auf die Tendenz der „Trivialisierung" in den Stunden, d. h. statt von den schwerwiegenden Schwierigkeiten über Banalitäten zu sprechen. Auf der anderen Seite können diese Patienten durch ihre vordergründig rationalisierende Abwehr, die aber eigentlich keine ist, den Eindruck von reflexiver Introspektion erwecken; dies gilt besonders für intelligente Patienten.

Schizoide Persönlichkeitsstörung

Diese Gruppe sucht nur selten Therapeuten auf. Allerdings gibt es einige andere Persönlichkeitsstörungen, die schizoide Züge (oder Komorbidität) aufweisen (besonders die selbstunsichere PS). Es erscheint notwendig, sich in die manchmal bizarre Gefühls-und Gedankenwelt (etwa im religiösen Bereich) dieser Patienten hineinzubegeben, um einen inneren wie äußeren Rapport zu gewinnen. Gelegentlich empfiehlt sich auch ein eher interpersonelles Vorgehen, weil es für diese Patienten weniger bedrohlich erscheint, als der analytische Zugang. Der „schizoide Kompromiß" (Guntrip) zwischen Distanzierung und (gedanklicher) Annäherung wird zunächst, später die (wie gefrorene) Angst, von einem Objekt verschlungen zu werden, analysiert. Es wird weniger gedeutet (z.B. langes Schweigen nicht als Widerstand gedeutet); Gruppentherapie kann hilfreich sein (Appel 1974).

Paranoide Persönlichkeitsstörung

Solange der Therapeut die Sicht des Patienten teilt, wird er akzeptiert oder geduldet. Die Patienten reagieren außerordentlich sensibel bis mißtrauisch auf Zeichen von Kritik oder von Zweifeln. Entsprechende Persönlichkeitszüge finden sich z.B. auch bei Patienten mit „Chronic Fatigue Syndrom" oder „multipler Chemikaliensensitivität" (Amalgam etc.). Die meisten Therapeuten versuchen, um überhaupt einen Kontakt mit diesen Patienten aufnehmen zu können, zunächst nicht gegen die verfälschte Sicht zu argumentieren. Es kann sich dabei aber rasch ein „Pyrrhus-Frieden" herausstellen. Unvereinbare Realitäten sollen klar angesprochen werden: "... ich bin überzeugt, daß sie überzeugt sind, von dem was sie sagen, ich bin jedoch absolut anderer Meinung als sie, da wir jedoch nicht beide recht haben können, muß sich einer von uns in einem fundamentalen Irrglauben befinden" (Kernberg). Meissner (1978) empfiehlt wegen der Gefahr projektiver Übertragung auf den Therapeuten den langsamen Aufbau einer vertrauensvollen Beziehung. Die Transparenz sollte, um das Mißtrauen zu verhindern, möglichst umfassend sein und selbst Deutungen und Konfrontationen umfassen.

Hysterische Persönlichkeitsstörung

Patientinnen können besonders bei Männern eine erotische Übertragung ausbilden, die schwer zu bearbeiten sein kann und von diesen mit dem Wunsch nach realer Erfüllung ichsynton verwirklicht werden will. Ein Teil der Patienten geht grundsätzlich nicht zu weiblichen Therapeuten oder nur zu diesen, was Teil eines Widerstands sein kann. Insgesamt erscheint es oft schwierig, nicht nur die (vordergründig zwar so angebotene) ödipale Problematik, sondern auch tieferliegende strukturelle Störungsbereiche mit diesen Patienten anzugehen (Israel 1983). Das „Verführungsangebot" muß (aus genetisch ersichtlichen Gründen) sowohl angenommen als aber auch abgelehnt werden, damit die Patientinnen lernen können, sich etwa mit eigenen kreativen („phallischen") Anteilen zu identifizieren.

Histrionische Persönlichkeitsstörung

Die Unterscheidung einer histrionischen (oder infantilen) von einer hysterischen PS (im Gegensatz zu den gegenwärtigen Klassifikationssystemen) erscheint aus verschiedenen Gründen sinnvoll, kann an dieser Stelle jedoch nicht vertieft werden (Gabbard 1994).

Dissoziative und/oder „pseudostupide" Tendenzen (Patient zeigt sich etwa partiell unfähig, auch nur kleinste Zusammenhänge zu erkennen) müssen beachtet und als Teil des Widerstands bearbeitet werden. Besonders Patientinnen und männliche Therapeuten gehen manchmal eine hysterisch-narzißtische Kollusion ein, die dadurch gekennzeichnet ist, daß der Therapeut zum Voyeuristen wird; die Patientinnen meinen andererseits oft, sie kämen ohne ihn nicht aus (Horowitz 1991). Bei männlichen Patienten ist die latente Homosexualität oder die (Don-Juan-hafte) Pseudohypersexualität zu beachten.

Passiv-aggressive Persönlichkeitsstörung

Therapieerfolge müssen vom Patienten boykottiert werden, was den Therapeuten dann dazu bringt, auf den Patienten „wütend" zu werden, was diesen wiederum in eine hilflos-passive Situation bringt. Die Störung ist schwer zu behandeln. Sie kann im weiteren Verlauf in Richtung einer Therapie von Patienten mit dependenter PS münden. Die Erwartungshaltung der Patienten sollte immer wieder angesprochen werden (Malinow 1981).

Selbstunsichere und ängstlich-vermeidende Persönlichkeitsstörung

Patienten mit diesen Persönlichkeitsstörungen sind oft relativ einfach zu behandeln, was auch eine größere Zahl entsprechender Therapiestudien zeigt (Alden 1989, Cappe und Alden 1986). Allerdings scheint diese Störung eher mit neurotischen Problematiken (soziale Phobie u. ä.) in Verbindung zu stehen. Obwohl naheliegend ist, daß gerade diese Patientengruppe gut von behavioralen Strategien profitieren kann (Selbstsicherheitstraining etc.), darf die tieferliegende Beziehungsstörung nicht unbeachtet bleiben. Die obengenannten Autoren berichteten, daß sich die Gefühle von Einsamkeit und Alleingelassensein trotz intensiver verhaltenstherapeutischer Therapie nicht besserten. Trotz deutlicher Verbesserungen blieben die Patienten daher in vielen Bereichen dysfunktional.

Ausblick und offene Fragen (auch an die Verhaltenstherapie)

Bei der Therapie von Persönlichkeitsstörungen sind zahlreiche Fragen weiterhin ungeklärt:

1. Besonders für die Psychoanalyse wird es darum gehen, sich mit Befunden der neueren Psychotherapieforschung (etwa der Arbeitsgruppe um William Piper 1991) auseinanderzusetzen, die (besonders bei schwereren Störungen) in den Wirkfaktoren eine Überlegenheit von supportivem und dadurch ich-stärkendem Vorgehen, im Gegensatz zu konfrontativen, früh mit Deutungen arbeitenden Techniken andeuten.

2. Die Beachtung der Ressourcen von Menschen mit Persönlichkeitsstörungen wird vermutlich in Zukunft einen größeren Raum einnehmen. Rhode-Dachser (1989) fordert, die

bereits vorhandenen Ich-Anteile und Selbstschutzfähigkeiten stärker zu beachten und „weniger auf die Pathologie als auf die Copingmöglichkeiten der Patienten" einzugehen. Trotz der Gefahr einer nicht mehr psychoanalytisch zu nennenden psychoedukativen Technik wird die Resilience, eine Art positiver, umgekehrter Vulnerabilität, in Zukunft eine größere Rolle spielen. Patienten mit Persönlichkeitsstörungen könnten so ermutigt werden, in entsprechenden Berufszweigen erfolgreich zu sein, die ihrer Persönlichkeit entgegenkommen. Auch die häufig vorhandene Kreativität dieser Menschen sollte stärker beachtet werden. In diese Richtung gehen auch Ansätze, die sich mit der kontextspezifischen Kompetenz von Persönlichkeitsstörungen beschäftigen (Offer u. Sabashin 1991).

3. Im Bereich der Psychotherapieforschung von Persönlichkeitsstörungen wird vermutlich die Identifizierung von Subgruppen innerhalb einer DSM-IV-Kategorie in Zukunft eine größere Rolle spielen. Clarkin u. Mitarb. (1992) identifizierten zum Beispiel für den Borderlinebereich drei Subcluster (ein „affektives", ein „impulsives" und ein durch Identitätsdiffusion gekennzeichnetes), die deutlich ungleich auf eine manualisierte psychodynamische Therapie zu reagieren scheinen. Das „identitätsdiffuse Cluster" zeigte dabei erwartungsgemäß die schlechtesten Erfolgswerte. Kernberg (mündl. Mitteilung) betont selbst, daß das psychoanalytische zentrale Konzept der Identitätsdiffusion in weiten Bereichen wissenschaftlich ungeklärt ist, vielleicht könnten dabei Modelle aus dem Bereich der „dissoziativen Identitätsstörungen" zur Klärung beitragen.

Auch im Bereich der ängstlich-vermeidenden Persönlichkeitsstörung konnten Therapiestudien (Alden und Capreol 1993) unterschiedliche Untergruppen feststellen.

4. Michael Stone (1993) fand in seiner berühmten Langzeitstudie, daß ca. 66% aller nachuntersuchten Patienten mit z.T. schweren Persönlichkeitsstörungen nach durchschnittlich etwa 20 Jahren ein inzwischen gutes „Funktionsniveau" aufwiesen. Ein günstiger Verlauf scheint durch Intelligenz, physische Attraktivität, die Fähigkeit, andere für sich einnehmen zu können, Kreativität und Teilnahme an Alkoholikerselbsthilfegruppen (AA) beeinflußt zu werden; ungünstige Prognosen hängen dagegen mit der Komorbidität mit anderen Persönlichkeitsstörungen (besonders gravierend schizotype und/oder antisoziale PS), extremen Formen traumatischer Erfahrungen (wie Vater-Tochter-Inzest oder stark aggressionsgeladenem Familienklima) zusammen. Unklar bleibt dabei jedoch, ob es bei diesen Stabilisierungen nur zu einer Art „Aging-Out" in der Symptomatologie oder zu einer eigentlichen strukturellen Stabilisierung kommt.

5. Besonders auch für den Bereich der Persönlichkeitsstörungen ist es interessant, ob es in Zukunft eher zu einer Entwicklung von störungsspezifischen, schulenübergreifenden Psychotherapien kommen wird (etwa dem Modell der „allgemeinen Psychotherapie" von Grawe folgend) oder ob sich gerade hier der besondere Wert des psychoanalytischen Vorgehens – mit seiner Fähigkeit, Übertragung, Gegenübertragung, Widerstand, Spaltung oder Ausagieren aufzugreifen und verstehend einzuordnen – erweisen wird.

6. Sowohl im Bereich der behavioral-kognitiven (Linehan 1993), der interpersonellen (Shea 1993) und psychodynamischen Therapien (Clarkin u. Mitarb. 1999), die zum gegenwärtigen Zeitpunkt von der Psychotherapieforschung als „Mittel der Wahl" (Roth u. Fonagy 1996) bei der Behandlung von Persönlichkeitsstörungen angesehen werden, entstehen zunehmend manualisierte Therapieverfahren.

7. Im Gegensatz zu den behavioralen verfügen die psychoanalytisch orientierten Psychotherapien bislang kaum über die Möglichkeit, persönlichkeitsgestörten Patienten Fertigkeiten („Skills") zu vermitteln (z.B. Selbstsicherheitstraining, Gedankenstop, Entspannungsübungen, Rollenspiele), die diese alternativ zu ihrem bisherigen Muster einzusetzen versuchen könnten (Linehan 1993 für die Borderline-Persönlichkeitsstörung).

8. Obwohl ein positiver Effekt von Psychopharmaka bei manchen Persönlichkeitsstörungen als erwiesen gelten kann (Soloff 1990), ist unklar, ob es sich (entsprechend der NIMH-Studie zur Depression) um einen der Psychotherapie eher gleichwertigen oder additiven Effekt handelt.

9. In der psychoanalytischen Arbeit mit persönlichkeitsgestörten Patienten geht es letztlich um den „Aufbau von Struktur", worin vielleicht auch die entscheidende Überlegenheit im Vergleich zu den rein am Verhalten und der Interaktion orientierten Verfahren liegen könnte. So zeigte sich etwa für die verhaltenstherapeutische Behandlung von Borderlinepatienten in der Studie von Linehan u. Mitarb. (1991) zwar (im Vergleich zu einem herkömmlichen, nicht manualisierten Vorgehen) eine geringere Anzahl von notwendigen stationären Kriseninterventionen und parasuizidalen Handlungen. Die Depressivität und die interpersonellen Schwierigkeiten – Elemente also, die der „Struktur" im weiteren Sinn zugerechnet werden könnten – waren im Vergleich zur Kontrollgruppe nicht oder kaum verbessert. Es wird sich in Zukunft zeigen, ob es im Gegensatz dazu in psychoanalytischen Therapien zu diesen strukturellen Veränderungen kommen kann und wie diese sich messen lassen werden.

Zusammenfassung

Bei der Behandlung der Persönlichkeitsstörungen lassen sich (nach psychoanalytischer Auffassung) die Spaltung als zentraler Abwehrmodus, der die – durch unklare Ich-Grenzen und primitive negative Übertragungen in Beziehungen zu anderen und sich selbst auftretende – chaotische Diffusion zu verhindern versucht, ebenso wie der Wiederholungszwang – als Flucht vor dem Gewissen –, der in einem (traumatisch begründeten) Vorherrschen des Über-Ich als hauptsächliche innere Regulationsinstanz gründet, letztlich nur durch eine affektreaktivierende, übertragungs- und abwehrfokussierte, längerdauernde Behandlung wirksam verändern, die gelegentlicher, im Dienste des Patienten und des strukturierenden Behandlungssettings stehender, reflektierter Abweichungen von der technischen Neutralität bedarf.

Psychoanalytische Therapie bei Borderlinestörungen

Ch. Rohde-Dachser

Borderlinekasuistik

Eine 23jährige Patientin, Studentin der Kunstgeschichte, kommt nach einem Suizidversuch in die psychiatrische Klinik. Der Suizidversuch fand statt, nachdem sie im Rahmen ihres Studiums von ihren Eltern weg in eine andere Stadt gezogen war und mehrere Männerbekanntschaften dort schnell hintereinander in die Brüche gingen. Die Vorgeschichte der Patientin zeigt, daß sie sich seit ihrem 16. Lebensjahr immer wieder selber Schnitte an beiden Armen zufügt. Sie könne dieses Verhalten nicht kontrollieren, müsse dies einfach tun; eine Rasierklinge habe sie zu diesem Zweck immer bei sich. Die Patientin war früher bereits zweimal für kurze Zeit in einer psychiatrischen Klinik gewesen. Der Anlaß war in beiden Fällen die angstbesetzte Vorstellung, daß die Blumen in ihrem Zimmer lebendig würden und sich auf sie zubewegten. In der Klinik verschwanden diese Vorstellungen jedes Mal recht schnell. Die Diagnose lautete damals „psychotische Episode mit unklarer Genese". Auf Nachfrage schildert die Patientin, daß ihr Vater sie seit ihrem 8. Lebensjahr sexuell mißbraucht habe. Er mache ihr auch heute noch Anträge; sie fahre deshalb seit einiger Zeit nicht mehr nach Hause. Die Mutter wisse von diesen Aktivitäten des Vaters nichts; sie sei eine depressive Frau und nehme die Umwelt oft gar nicht wirklich wahr.

Die Patientin wird dieses Mal mit der Diagnose „Borderlinestörung" aus der psychiatrischen Klinik entlassen; sie bekommt die Empfehlung, sich einer psychoanalytischen Psychotherapie zu unterziehen.

Beschwerdebild

Borderlinestörungen gehen häufig mit Symptomen einher, wie sie auch in dieser Kasuistik vorkommen. Dazu gehören
- **selbstverstümmelnde Verhaltensweisen,**
- **Suizidversuche,**
- **wiederkehrende Impulshandlungen mit selbstschädigendem Charakter,**
- **flüchtige oder ausgestanzte Wahnvorstellungen,** in denen die Umwelt verändert oder bedrohlich wahrgenommen wird,
- **Zwangssymptome,** die vorübergehend wahnhaften Charakter annehmen, und
- **eidetische Vorstellungen,** die manchmal so leibhaftig wirken, daß der Patient sie nicht mehr als Sinnenstäuschung erkennt,
- **kurzfristige psychotische Dekompensationen,** in der Borderlineliteratur auch als „Minipsychose" beschrieben, die Stunden bis (höchstens) zwei Tage dauern, aber auch in dieser Zeit immer ein Stück weit ich-dyston bleiben und voll reversibel sind.

Bei Borderlinestörungen sind einzelne Symptome allein oft nicht in der Lage, die frei flottierende Angst des Patienten dauerhaft zu binden. Es kann dann zu einem Schwanken oder auch einem häufigeren Wechsel der Symptome kommen. Die Borderlinediagnose sollte deshalb erst nach mehrmaligem Kontakt mit dem Patienten gestellt werden.

> Nicht alle Borderlinestörungen zeigen die hier beschriebenen Symptome. Oft stehen Charakterzüge im Vordergrund, die sich vor allem im Affekterleben und in der Struktur der Objektbeziehungen ausdrücken.

Patienten mit einer Borderlinestörung erleben in aller Regel **chronischen Ärger** und/oder **Wutausbrüche,** die mit **Ängstlichkeit, Depression** und **Entfremdungsgefühlen** abwechseln. Borderlinepatienten können sich nicht freuen – ein Zustand, der auch als **Anhedonie** beschrieben wird. Borderlinepatienten haben eine panische **Angst vor dem Alleinsein** und tun alles, um diesen Zustand zu vermeiden. Oft werden andere durch **Manipulation** oder **Erpressung** in der Beziehung festgehalten; Borderlinepatienten glauben nicht, daß ein anderer auch freiwillig bei ihnen bleiben könnte. Wichtige Beziehungspartner werden dabei **wechselnd idealisiert und entwertet.** Man kann die Beziehungen des Borderlinepatienten deshalb auch als **intensiv, aber unbeständig** bezeichnen. Eine Borderlinedekompensation erfolgt häufig, wenn solche Beziehungen in die Brüche gehen.

Borderlinediagnose

In der ICD-10 und im DSM-IV wird die Borderlinestörung unter die **Persönlichkeitsstörungen** eingeordnet. Das bedeutet, daß die beschriebenen Störungen das Persönlichkeitsbild der Borderlinepatienten nachhaltig prägen und als stabile Reaktionen in unterschiedlichen Situationen auftreten.

Im DSM-IV wird die Borderline-Persönlicheitsstörung neben den bereits beschriebenen Symptomen der **Selbstverstümmelung** und anderer **selbstschädigender Verhaltensweisen** vor allem durch eine **massive Identitätsunsicherheit, instabile Objektbeziehungen** bei gleichzeitiger **Angst vor dem Alleinsein** und **Gefühlen von Ärger und Leere** beschrieben. In der ICD-10 entspricht dem die **„emotional instabile Persönlichkeit, Borderlinetypus".**

Die traumatischen Kindheitserfahrungen, die hier im Vordergrund stehen, lassen alternativ auch an die Diagnose einer „posttraumatischen Belastungsstörung" (ICD-10, F43.1 bzw. DSM-IV, 309.81) oder eine „andauernde Persönlichkeitsänderung nach Extrembelastung" (ICD-10, F 62.0) denken.

Hilfsmittel zur Erstellung der Borderlinediagnose sind das „Strukturelle Interview" von Kernberg (1984), das „Diagnostische Interview für Borderlinepatienten" (Gunderson 1985, revidiert durch Gunderson u. Zanarini, 1987) und der „Borderline-Syndrom-Index" (Conte u. Mitarb. 1980).

Epidemiologie

Die Prävalenz der Borderline-Persönlichkeitsstörung wird nach den Angaben des DSM-IV auf 2% der Normalbevölkerung geschätzt. In der ambulanten Population beträgt sie 10%; bei stationären Patienten steigt dieser Anteil auf 20%. 30 bis 60% der Patienten mit einer Persönlichkeitsstörung leiden an einer Borderline-Persönlichkeitsstörung. Die mit der Borderline-Persönlichkeitsstörung verbundenen Risiken (insbesondere das Suizidrisiko) sind im frühesten Erwachsenenalter am größten. Sie vermindern sich in der Regel mit fortschreitendem Alter.

Etwa $^{3}/_{4}$ der Borderline-Persönlichkeitsstörungen sind weiblich (DSM-IV). Das demographische Profil des typischen Borderlinepatienten ist das einer 18- bis 30jährigen Frau, die mit einer Borderlinediagnose stationär behandelt wird (Akhtar u. Byrne 1986).

Der Frauenüberhang unter den Borderline-Persönlichkeitsstörungen kann durch die vorwiegend autoaggressive Aggressionsverarbeitung, die für dieses Krankheitsbild typisch ist und bei Frauen allgemein eher vorkommt als bei Männern, allein nicht erklärt werden. Neuere Untersuchungen (Übersicht bei Rohde-Dachser 1994, S. 84 ff.) haben ergeben, daß die Borderline-Persönlichkeitsstörung in aller Regel mit **traumatischen Kindheitserfahrungen** verbunden ist, die mit physischem und sexuellem Mißbrauch einhergehen. Der sexuelle Mißbrauch trifft Mädchen allgemein zwei- bis dreimal häufiger als Jungen. Dies scheint die Häufigkeit der Borderlineentwicklung bei Frauen zu erklären. Nicht berücksichtigt ist, daß Männer, die aufgrund von Gewalttaten im Gefängnis landen, ebenfalls überdurchschnittlich häufig eine Borderlinestörung aufweisen, die aber in der Regel nicht klinisch manifest wird (Eckert 1994).

Ätiologie

> Borderlineentwicklungen lassen sich in aller Regel auf kumulative Kindheitstraumen zurückführen (Vernachlässigung, häufiger Objektwechsel, Zeuge drastischer Gewalt in der Familie, physischer und sexueller Mißbrauch).

Diese Erkenntnis macht die übliche Einstufung der Borderlinestörungen als „Frühstörung" revisionsbedürftig. Traumatische Erfahrungen, insbesondere sexueller Mißbrauch, können auch in der späteren Kindheit auftreten und mit einer Borderlineentwicklung einhergehen. Wahrscheinlich gibt es aber bestimmte **Vorerfahrungen aus der frühen Kindheit,** die eine solche Entwicklung begünstigen.

Nach Kernberg (1975) handelt es sich dabei vor allem um **Haß- und Neidkonflikte,** die mit einer (aus seiner Sicht konstitutionell gesteigerten) Aggression des Kindes einhergehen und zu einer fortbestehenden Spaltung der Selbst-Objekt-Vorstellungen in „ganz gut" und „ganz böse" führen. Nach Mahler, Pine u. Bergmann (1975) findet diese **Spaltung zu Abwehrzwecken** vor allem im zweiten und dritten Lebensjahr des Kindes statt. Das Kind hält die Spaltung aufrecht, um auf diese Weise die gute Selbst-Objekt-Repräsentanz vor der Vernichtung durch die böse Selbst-Objekt-Repräsentanz zu schützen.

Für Masterson (1976) vollzieht sich dieser Spaltungsvorgang nicht so sehr zwischen einem guten und einem bösen, sondern zwischen einem belohnenden und einem verlassenden Objekt. Masterson beschreibt eine Mutter-Kind-Beziehung, in der die Mutter regressives Verhalten belohnt, während sie auf das autonome Verhalten des Kindes mit Rückzug reagiert. Kinder erleben dabei eine **schwere Verlassenheitsdepression,** deren Wiederkehr sie später mit allen Mitteln zu vermeiden trachten. Sie verzichten deshalb auf Autonomie und lehnen sich mit einem Teil ihres Ich regressiv an eine Objektrepräsentanz an, die Belohnung für regressives Verhalten verspricht. Diese Belohnung kann auch durch ein Suchtmittel repräsentiert werden.

> So wichtig diese Theorien für die Erklärung der Borderlineentwicklung auch sein mögen, so lenken sie den Blick doch leicht von späteren traumatischen Kindheitserfahrungen ab.

„Frühstörungs"-Konzepte sollten nicht dazu benutzt werden, diese traumatischen Erfahrungen zu verleugnen (weitere Differenzierungen bei Westen u. Mitarb. 1990).

Psychodynamik

> Borderline-Persönlichkeitsstörungen lassen sich auch als „ich-strukturelle Störung" beschreiben. In ihrem Zentrum steht der Abwehrmechanismus der Spaltung und – eng damit verbunden – eine spezifische Qualität der Objektbeziehungen und des Über-Ich.

Borderlineabwehr

Spaltung ist ein Abwehrmechanismus, in der Ich-Zustände mit entgegengesetzter Gefühlsqualität streng voneinander getrennt gehalten werden. Sie dient dazu, ein schützendes idealisiertes Objekt zu bewahren, auch wenn dieses idealisierte Objekt realiter die gleiche Person ist, die das Kind vernachlässigt, schlägt oder vergewaltigt. **Projektion, Verleugnung, Depersonalisation** und der **Mechanismus des Verdeckens** können diese Spaltung unterstützen. Unter „Verdecken" versteht man die Überlagerung eines Gefühls durch das entgegengesetzte Gefühl, eines Gedankens durch den entgegengesetzten Gedanken usw.; dabei darf die Deckoperation nicht aufgegeben werden, weil sonst sofort der bisher verdeckte (unangenehme) psychische Zustand ins Erleben drängt. Borderlinepatienten können im Dienste der Abwehr auch **wichtige Ich-Funktionen außer Kraft setzen** (z. B. die Wahrnehmungsfunktion, das Gedächtnis oder die Realitätsprüfung). Anstelle einer Regression im Dienste des Ich kommt es auf diese Weise zu einer **„Regression des Ich",** die wie eine Ich-Schwäche anmutet, aber Abwehrzwecken dient.

Qualität der Objektbeziehungen

Die Spaltung der Selbst- und Objektrepräsentanzen in „gut" und „böse" verhindert die Entwicklung einer sicheren eigenen Identität, so wie auch die Bewertung wichtiger Objekte starken Schwankungen unterliegt. Was auf diese Weise abgewehrt wird, ist die immense, auf traumatische Kindheitserfahrungen zurückzuführende Aggression. Gleichzeitig haben Borderlinepatienten eine panische Angst vor dem Alleinsein. Dies hat nicht nur mit Trennungsangst zu tun. Borderlinepatienten konnten kein schützendes inneres Objekt errichten, zu dem sie in Zeiten des Alleinseins Zuflucht nehmen können. Ein solches „gutes" internalisiertes Objekt ist aber notwendig, um Schutz vor den ebenfalls internalisierten traumatisierenden Objekten zu gewähren.

Für Borderlinepatienten bedeutet Alleinsein deshalb, daß frühere traumatische Erfahrungen jederzeit wieder wach werden können.

Sachsse (1994) beschreibt das damit verbundene Gefühl als „Grauen" (S. 103). Es ist „ein Gefühl der Selbstauflösung und Fraktionierung, das Panik auslöst" (a. a. O.). Alleinsein ist hier deshalb oft gleichbedeutend mit Vernichtetwerden. Die **Selbstverletzungen der Borderlinepatienten** haben dann eine lebenserhaltende Funktion. Borderlinepatienten schildern immer wieder, daß sie sich im Zusammenhang mit der Selbstverletzung wieder lebendig fühlten, während sie vorher wie tot und abgestorben waren.

Auch „Blut" bekommt dabei eine ganz besondere Konnotation. „Ich blute", als Mitteilung an den Therapeuten gedacht, kann heißen, daß man blutet, um die erlittene Gewalt szenisch darzustellen, oder daß man blutet, um sich nicht schuldig zu fühlen oder um die eigene Schuld wieder gut zu machen.

Die traumatischen Objektbeziehungen von Borderlinepatienten werden unbewußt immer wieder neu inszeniert.

Dies gilt auch für die mit ihnen verknüpften Erfahrungen der Hoffnung auf Rettung, des Verrats und der Schuld.

Qualität des Über-Ich

Borderlinepatienten zeichnen sich durch eine massive Über-Ich-Verzerrung aus, die eng mit der Frage zusammenhängt, wer an den in der Kindheit erlittenen Traumata die Schuld trägt.

Kinder nehmen in der Regel das erlittene Trauma auf sich, während sie den Elternteil entschuldigen.

Solange das Kind davon ausgeht, daß es selbst die Schuld an den ihm zugefügten Schmerzen und Verletzungen hat, scheint es auch darauf einwirken zu können, daß das Trauma sich nicht wiederholt. Es braucht dazu nur „brav genug" zu sein, sich mit großem Einfühlungsvermögen auf die Launen und andere Vorboten von Gewalt von seiten des Elternteils einzustellen und dessen Perspektive der Tat zu übernehmen (Herman 1992). Borderlinepatienten sind – im Gegensatz etwa zu antisozialen Persönlichkeitsstörungen – in der Regel deshalb gegenüber wichtigen Bezugspersonen auch als Erwachsene „brav"; das bedeutet, daß sie ihre massive Aggression im wesentlichen auf sich selber zurücklenken.

Borderlinepatienten haben im Rahmen ihrer oft jahrelangen traumatischen Erfahrungen aber auch die **Rolle des Täters** internalisiert. Die internalisierte Täterrepräsentanz wirkt dabei wie ein **Introjekt,** von dem sich der Patient nicht befreien, das er aber auch nicht endgültig ins Selbst aufnehmen kann. Das Introjekt wirkt dann wie ein gewalttätiger innerer Begleiter, der die Weiterentwicklung des Patienten blockiert und immer wieder von neuem seine Rechte einfordert. In der Identifikation mit diesem Introjekt wird der Patient dann selber unversehens kontrollierend und gewalttätig, ohne diese Verhaltensweisen kontrollieren zu können.

Behandlungsgrundsätze

Psychotherapie-Indikation

Borderlinepatienten können in der Regel von einer psychoanalytisch orientierten Therapie profitieren, die – von Krisensituationen abgesehen – eher niedrigfrequent, dafür aber über eine lange Zeit hinweg angeboten werden sollte.

Alle Therapieformen, die aufgrund ihres Settings und/oder ihrer dichten Frequenz den Patienten zu einer tieferen Regression einladen, sind kontraindiziert. Die Regression führt zu einer Labilisierung der Abwehr, in der primärprozeßhafte Inhalte verstärkt an die Oberfläche drängen. Eine solche Situation kann das Ich des Borderlinepatienten mit in ihren Strudel ziehen und im Extremfall sogar zu einer Übertragungspsychose führen. Nach Gunderson (1985) ist es ein Hauptkennzeichen für Borderlinepatienten, daß sie auf eine Psychotherapie, die diese Gefahr übersieht, oft mit einer Verschlechterung reagieren. Es dürfte sich dabei vor allem um Therapien handeln, in denen die Abwehr des Patienten nicht entsprechend respektiert wird, während die Nähe zum Therapeuten gleichzeitig regressive Wünsche in Gang setzt, die die ohnehin prekäre Ich-Autonomie des Patienten weiter auszuhöhlen drohen.

Einleitung der Behandlung

Empfehlenswert ist ein klarer Eingangskontrakt, in dem insbesondere auch das Ziel der Therapie umrissen werden soll.

Ein solches Ziel kann zu Beginn der Therapie oft nicht klar benannt werden. Dann sollte es Gegenstand des Eingangskontrakts sein, das Ziel zunächst nicht oder nur vorläufig festzulegen. Ungünstig ist es, die Behandlung in einer Krisensituation zu beginnen und ohne einen solchen Kontrakt anschließend einfach fortzusetzen. Oft entsteht auf diese Weise eine therapeutische Beziehung, die es dem Therapeuten fast unmöglich macht, die Therapie zu beenden. Der Patient, der wie alle Borderlinepatienten das Alleinsein fürchtet, hält mit allen Mitteln an der therapeutischen Beziehung fest, so wie er das auch sonst mit seinen Objektbeziehungen tut. Auf die Ankündigung des Therapieendes reagiert er dann mit Verschlechterung bis hin zum Suizidversuch, und der Therapeut ist wieder wie zu Beginn der Therapie mit einer Krisenintervention beschäftigt. Therapien, in denen der Patient auf diese Weise die Kontrolle über die Fortsetzung der Therapie übernimmt, schlagen nach aller Erfahrung fehl.

Wo aus der Vorgeschichte des Patienten bestimmte Risiken deutlich werden, die mit der Therapie verbunden sind, sollten diese Risiken ebenfalls bereits im Vorgespräch benannt und für den Ernstfall entsprechende Maßnahmen besprochen werden. Solche Voraussagen können sich auf eine unter der Therapie vorübergehend verstärkte Suizidneigung beziehen, auf die Selbstverstümmelungen des Patienten, auf Fremdaggressionen (z.B. gegen die eigenen Kinder), auf selbstschädigende Aktivitäten, aber auch auf ein unter der Therapie vorübergehend erhöhtes Psychoserisiko, das eine Medikation oder eine stationäre Einweisung notwendig macht. Es ist besser, wenn Patient und Therapeut sich von vornherein auf solche Risiken einstellen, als sich von ihnen überraschen zu lassen.

Sicherheit der therapeutischen Beziehung

> Der Therapeut sollte dem Patienten über alle Schwierigkeiten hinweg als sicherer Beziehungspartner zur Verfügung stehen.

Dies bedeutet u.a., daß er vor der Aggression des Patienten nicht die gleiche Angst hat wie der Patient. Der Patient wird die therapeutische Beziehung immer wieder neu erproben, um zu sehen, ob sie diesmal im Vergleich zu früher einen besseren Verlauf nimmt. Eine Patientin kann beispielsweise versuchen, den Therapeuten zu verführen, um zu erfahren, ob er darauf ähnlich wie früher ihr Vater reagiert. Leider ist es so, daß solche Versuche nicht selten erfolgreich sind (so wie Patientinnen mit einem sexuellen Mißbrauch in der Kindheit im Erwachsenenleben auch zwei- bis dreimal häufiger vergewaltigt werden als Frauen ohne eine solche Vorerfahrung, vgl. Herman 1992). D.h. selbstverständlich nicht, daß sexuell mißbrauchte Frauen eine Wiederholung dieser Mißbrauchserfahrung anstreben und sie latent vielleicht sogar genießen. Sie suchen im Gegenteil nach einer Beziehung, in der sich dieses Trauma nicht wiederholt. Gerade deshalb stellen sie den Therapeuten unbewußt auf die Probe. Der Therapeut sollte dies wissen und sich rechtzeitig um eine Supervision bemühen, wenn er sich dadurch in seiner therapeutischen Identität gefährdet fühlt.

Therapeutische Interventionen

> Der Therapeut muß den Patienten von Anfang an so ernst wie möglich nehmen. Dies ist die wahrscheinlich wichtigste Voraussetzung der Borderlinetherapie und gilt auch für das Schweigen und den Widerstand des Patienten.

Patienten fürchten sehr oft Scham und Spott, wenn sie von ihren traumatischen Kindheitserfahrungen berichten. Die schlimmste Befürchtung aber ist die, daß ihr Bericht als „neurotische Einbildung" zurückgewiesen wird, so wie sie dies bereits früher in ihrem Leben erfahren haben.

> Im Zentrum der Borderlinetherapie steht der Umgang mit der Spaltung des Patienten, die dazu führt, daß der Patient sich immer nur mit einem Teil seiner Persönlichkeit mit dem Therapeuten in Verbindung setzt, während er mit dem abgespalteten anderen Teil außerhalb der therapeutischen Beziehung in oft ganz entgegengesetzter Weise agiert.

Der Therapeut sollte diese „Teilangebote" des Patienten auch als solche behandeln und den Patienten auf die Widersprüche ansprechen, die zwischen ihnen bestehen. Wo der Patient „entweder-oder" sagt, wird der Therapeut deshalb von einem „sowohl-als auch" sprechen, so wie an die Stelle des „oder" der Spaltung in der Therapie ein „und" treten muß.

Borderlinepatienten können sich in der Therapie beispielsweise lange Zeit über ihre Partnerbeziehung beschweren, während sie die therapeutische Beziehung entsprechend idealisieren. Es gibt auf diese Weise eine „böse" Partnerbeziehung und eine „gute" therapeutische Beziehung, in der der Patient Hilfe gegen den „bösen" Partner sucht. Oder aber der Patient erlebt seine Beziehung zu den Eltern oder zum Partner wechselnd als „ganz gut" und als „ganz böse" und fragt sich in der therapeutischen Sitzung immer wieder, ob er mit dieser Beziehung nun in dem Himmel lebe, den er sich immer gewünscht hat, oder aber in einer Hölle, der er so schnell wie möglich entrinnen möchte. Genau so wird der Therapeut dann wechselnd als Heilsbringer idealisiert oder aber – bei der geringsten Enttäuschung – als Versager entwertet. In Wirklichkeit haben Mutter und Vater ebenso wie der Partner und der Therapeut gute **und** schlechte Seiten, so daß die immer wieder ventilierte Frage, ob man nun im Himmel oder aber in der Hölle lebe, von vornherein falsch gestellt ist. Die Frage muß vielmehr lauten, was es heißt, die Eltern, den Partner oder den Analytiker in seinen guten **und** schlechten Eigenschaften wahrzunehmen und zu akzeptieren. Die Intervention des Therapeuten lautet dementsprechend: „Ihr Vater, Ihr Partner oder ich als Therapeut haben also neben den guten **auch** weniger gute Züge. Was bedeutet das für Sie?" Oder: „Was heißt es für Sie, wenn Sie sehen, daß ich nicht vollkommen bin? Wenn ich gute **und** schlechte Eigenschaften habe?"

Was dieses „auch" in der therapeutischen Beziehung bedeuten kann, erfuhr ich u.a. durch einen Patienten, der mir in der Therapie immer wieder seine Vorstellung von einer „reinen" Frau schilderte, die bis zur Ehe sexuell enthaltsam lebt und „unbefleckt" in die Ehe geht. Auf meine Frage, was es für ihn bedeuten würde, wenn ich diese Auffassung von sexueller Enthaltsamkeit bis zur Ehe nicht in allen Punkten teilte, antwortete der Patient spontan: „Ich müßte mir dann vorstellen, Sie wären ein Staubkorn auf dem langen weißen Handschuh, den ich trage. Und ich würde Sie wie ein Staubkorn von diesem Handschuh schnippen."

Für diesen Patienten mußte neben dem Bild einer „guten" asexuellen Frau unbedingt das Bild einer „bösen" sexuellen Frau erhalten bleiben. Dieses Bild rechtfertigte seine maßlose Aggression auf Frauen, die – wie in seiner Phantasie früher bereits seine Mutter – ihm sexuell „untreu" waren; gleichzeitig konnte er sich damit die „gute" asexuelle Frau (hier die Therapeutin) erhalten, mit der er sich eins wähnen konnte. Der Bruch dieser Einheitsillusion konfrontiert den Patienten unmittelbar mit seiner Aggression, die er durch die Spaltung zu vermeiden oder umzulenken trachtete.

Idealisierungen des Therapeuten dienen latent oft diesem Zweck und müssen dann in der beschriebenen Weise hinterfragt werden. Andere Formen der Idealisierung bedürfen eher einer Unterstützung. Von einem traumatisierenden Objekt kann man innerlich erst Abschied nehmen, wenn es ein gutes, idealisierbares Objekt gibt, das an seine Stelle treten kann. Der Therapeut wird sich von daher mit dem Patienten immer wieder auf die Suche nach solchen guten Objekten begeben und sich selber als ein solches gutes Objekt zur Verfügung stellen. Eine Borderlinetherapie ist aber auf die Dauer nur erfolgreich, wenn es dem Patienten gelingt, den Therapeuten als gutes Objekt auch zu hinterfragen, ohne befürchten zu müssen, ihn auf diese Weise ein für allemal zu verlieren.

Dies dauert oft längere Zeit, in der man davon ausgehen kann, daß der Patient in der therapeutischen Beziehung noch nicht sicher genug ist, um sich auch seiner Aggression zu stellen. Wenn der Patient dann später beginnt, vorsichtig auch seine aggressiven Gefühle gegenüber dem Therapeuten zu verbalisieren, kann man ihn dazu ermutigen, indem man etwa sagt: „Unsere Beziehung ist mittlerweile offenbar auch für Sie so sicher geworden, daß Sie mich vor Ihrer Aggression nicht mehr verschonen müssen. Sie sind sicher, daß unsere Beziehung diese Aggression überleben wird."

Therapeutische Interventionen sollten in der Borderlinetherapie mit einem möglichst klaren **Benennen der Affekte des Patienten** verbunden sein (Heigl-Evers u. Mitarb. 1993). Borderlinepatienten erleben anstelle differenzierter Gefühle oft lediglich eine diffuse Spannung, die nach Entladung drängt (z.B. durch Selbstverstümmelungen). Die traumatischen Erfahrungen der Kindheit sind dann so stark mit Überflutungsreaktionen des Ich einhergegangen, daß keine differenzierterten Affekte ausgebildet werden konnten. Manchmal wurden diese Affekte auch verdrängt, weil sie als zu schmerzlich erlebt wurden. Ein großer Teil der therapeutischen Interventionen in der Borderlinetherapie wird sich aus diesem Grund auf die sorgfältige Erforschung und Benennung der Affekte des Patienten beziehen. Manchmal müssen gute und böse Erfahrungen dabei erst voneinander getrennt werden, daß so etwas wie „Spaltung" möglich wird. Erst wenn mit Hilfe der Spaltung eine klare Trennung zwischen guten und bösen Erfahrungen aufgerichtet worden ist, ist eine Integration dieser Erfahrungen möglich. Sie führt zu der das menschliche Leben kennzeichnenden **Erfahrung von Ambivalenz.**

Mit einem Patienten z.B., der seine Begegnungen mit einem anderen so verschwommen schildert, daß unklar bleibt, ob es sich dabei um eine angenehme oder unangenehme Erfahrung handelt, wird man zunächst auf eine solche Klarifizierung hinarbeiten. So beschrieb einer meiner Patienten den Besuch seiner Mutter mit widersprüchlichen Äußerungen wie: „Sie kommt immer, wenn ich sie überhaupt nicht brauchen kann. – Sie kocht mir immer meine Lieblingsspeise. – Sie hält mich mit all ihren Vorwürfen von der Arbeit ab. – Ich fühle mich bei ihrem Besuch daran erinnert, wie wohl ich mich als Kind zu Hause gefühlt habe." Hier müssen die geschilderten Erfahrungen zuerst einmal nach ihrer jeweiligen gefühlsmäßigen Qualität geordnet werden. Der Patient wird dann erleben, daß es unterschiedliche Gefühle sind, die der Besuch seiner Mutter in ihm abruft, und daß der Besuch sowohl mit angenehmen als auch mit unangenehmen Erfahrungen verbunden ist, die dann (aber auch erst dann) zu einer Integration gebracht werden können.

In anderen Fällen wird es eher darum gehen, das eingeengte Gefühlsspektrum eines Patienten allmählich durch eine differenziertere Gefühlswahrnehmung zu erweitern. Ein Patient beispielsweise, der auf unangenehme Erfahrungen stereotyp mit Ärger reagiert, hat oft nicht gelernt, andere Affekte bei sich wahrzunehmen, insbesondere **keine Enttäuschung, keine Depression** und **keine Schuldgefühle,** so wie er auch **keine Hoffnung** kennt (die die Voraussetzung für eine Enttäuschung wäre). Mit der Differenzierung seiner Affektwahrnehmung erfährt der Patient dann auch eine Erweiterung seiner Entscheidungsspielräume, da Entscheidungen immer mit Gefühlen verbunden sind und sich an ihnen ausrichten.

Gegenübertragung des Therapeuten

> Borderlinepatienten setzen bei ihren Therapeuten in der Regel massive, wechselnde Gegenübertragungsreaktionen in Gang.

Die Gegenübertragungsreaktionen schwanken von Bewunderung über Leeregefühle bis hin zu Schläfrigkeit oder Haß und dem Bedürfnis, den Patienten loszuwerden. Borderlinetherapien bedürfen deshalb in der Regel einer zumindest weitmaschigen Supervision.

Negative Gegenübertragungsgefühle sind am ehesten erträglich, wenn man sie als **Teil einer Inszenierung des Patienten** versteht, in der dieser unbewußt dem Therapeuten zu verstehen gibt, was er als Kind erlebt und erlitten hat. Der Therapeut kann dem Patienten dann beispielsweise sagen: „Wenn ich Ihnen zuhöre, breitet sich in mir eine solche innere Leere aus, daß ich mittlerweile besser verstehe, wie leer und ausgebrannt Sie sich als Kind gefühlt haben." Oder: „Während Sie scheinbar ganz gleichgültig von Ihren traumatischen Erfahrungen sprechen, empfinde ich selber in der Identifikation mit Ihnen ein Gefühl von Wut, das darauf hindeutet, wieviel Wut und Haßgefühle Sie früher verdrängen mußten, um ein solches Trauma zu überstehen."

Während diese Interventionen auf einer **konkordanten Gegenübertragung** beruhen, gibt es auch Gegenübertragungsreaktionen, in denen der Therapeut sich mit einem Objekt des Patienten identifiziert, das gleichgültig oder feindlich ist **(komplementäre Gegenübertragung).** Auch diese Gegenübertragungsreaktionen sollten als Teil einer **Inszenierung** verstanden werden, mit der der Patient unbewußt eine Szene seiner Kindheit rekonstruiert, hier mit dem Therapeuten in der Rolle des **Objekts.** Es wäre allerdings ein Kunstfehler, in diesem Falle dem Patienten die eigenen Gegenübertragungsreaktionen einfach mitzuteilen, vielleicht sogar noch im Tone des Vorwurfs, den der Patient in dieser Situation ohnehin erwartet. Der Therapeut muß vielmehr die Beziehung, in die er involviert ist, zunächst für sich selbst analysieren, um anschließend dem Patienten aus der **Position des Beobachters** heraus mitzuteilen, wie er die **Inszenierung der Beziehung** versteht.

So schilderte mir ein Patient in der psychoanalytischen Therapie immer wieder, wie er von seinem Vater drakonisch verprügelt wurde; dabei weinte er jedesmal heftig. Mir selber teilte sich der Schmerz des Patienten aber kaum mit; zu meiner eigenen Überraschung blieb ich bei seinen Schilderungen statt dessen innerlich irgendwie gleichgültig. Eine solche Reaktion verlangt nach einer Erklärung, die hier sicherlich ganz verschiedene Facetten haben kann. Ich sagte dem Patienten damals, nachdem ich mir über meine eigene Reaktion klar geworden war: „Kann es sein, daß Sie in Ihrer Kindheit oft so geweint haben wie eben jetzt und dabei erfahren mußten, daß niemand sich um sie kümmerte?" Diese Intervention führte dazu, die Beziehung zwischen dem Patienten und seinem Vater in einem neuen Licht zu sehen. Dazu war es nicht notwendig, daß der Therapeut von sich sprach (etwa nach dem Motto: „Ich merke, wie mich Ihre Schilderungen gleichgültig lassen!"). Solche Mitteilungen erlebt der Patient in aller Regel als Vorwurf oder Desinteresse, so wie bereits früher in seiner

Kindheit. Trotzdem sind die Gefühle des Therapeuten wichtig, denn nur mit ihrer Hilfe kann er selber bei sich erspüren, welcher Art die gerade inszenierte Beziehung ist. Anschließend muß der Therapeut aber wieder eine **beobachtende Position** einnehmen und aus dieser Position heraus mit dem Patienten zusammen die Beziehung analysieren, in die er gerade noch selber involviert war.

Innerhalb einer psychiatrischen Station kommt es oft zu einer Gegenübertragungsreaktion, in der verschiedene Mitglieder des Teams unterschiedliche Tendenzen des Patienten ausagieren (den Patienten dann beispielsweise entweder besonders schützen oder aber sofort entlassen wollen). Wenn dieser Konflikt im Team überwunden wird, erlebt auch der Patient dies unbewußt oft als ein Identifikationsangebot, die vorher gespaltenen Seiten in seinem Innern zu vereinen.

Umgang mit der Aggression des Patienten

> Zu den schwierigsten Problemen einer Borderlinetherapie gehört der Umgang mit der oft ganz archaischen Aggression des Patienten.

Ungünstig ist es, die Aggression des Patienten gleich in der ersten Phase der Therapie anzusprechen und sie auf diese Weise früher als notwendig ins Zentrum der therapeutischen Beziehung zu stellen. Der Patient braucht den Therapeuten als schutzgebendes, idealisierbares Gegenüber. Er muß den Therapeuten deshalb vor seinen Aggressionen bewahren, wenn er die Therapie fortsetzen möchte.

Aggression taucht innerhalb der therapeutischen Beziehung fast immer zusammen mit **Über-Ich-Forderungen** auf. Das bedeutet, daß Aggression in der Regel als konflikthaft erlebt wird. Sie sollte innerhalb der Therapie deshalb auch als ein solcher **Konflikt** thematisiert werden (zwischen Wunsch und Verbot, Liebe und Haß, Rache und Wiedergutmachungstendenzen usw.). Dies ist deshalb so bedeutsam, weil Borderlinepatienten dazu neigen, Aggression und Schuldgefühle jeweils abwechselnd zu erleben, ohne zwischen diesen Erfahrungen eine Verbindung herstellen zu können.

Der Therapeut darf dann dem Patienten nicht (nach genau dem gleichen Muster) etwa unterstellen, daß er bei aller vordergründiger Gutmütigkeit „in Wirklichkeit" hochaggressiv sei. Die Intervention muß vielmehr lauten, daß der Patient aggressive Gefühle hat und sich wegen dieser aggressiven Gefühle gleichzeitig schuldig fühlt. Borderlinepatienten leiden nicht so sehr unter ihrer Aggression, als an dem durch sie verursachten Konflikt. Sehr oft sehen sie auch nicht, daß der Aggression eine Wiedergutmachung folgen kann. Es kann dann sinnvoll sein, daß der Therapeut davon spricht, daß auch diese Wiedergutmachung in der Macht des Patienten liegt.

> Haß und Wut des Patienten lassen sich leicht als Folge des Kindheitstraumas verstehen. Oft haben Haß und Wut darüber hinaus aber auch noch ganz andere Funktionen.

Die Wut des Patienten kann beispielsweise unbewußt dem Zweck dienen, in dem Verschmelzungssog, der durch die Nähe zum Therapeuten ausgelöst wird, die eigenen Ich-Grenzen aufrechtzuerhalten. In diesem Fall dient die Wut letztlich der Abwehr von Liebesgefühlen. In anderen Situationen sollen Wut und Haß die eigenen Schuldgefühle überdecken. Nicht selten dienen sie darüber hinaus einfach der Wiederherstellung von Lebensgefühl.

Patient zu Worte kommen lassen

> Wenn die Therapie zu stocken droht und der Therapeut im Augenblick nicht weiter weiß, ist es oft sinnvoll, einfach den Patienten zu fragen, was er jetzt gerade braucht.

Patienten können darauf in aller Regel eine Antwort geben; sie sind nur nicht gewohnt, daß jemand sie danach fragt. Häufig äußern Patienten dann z.B. die Bitte nach einer niedriger frequenten, dafür aber um so längerfristigen Therapie. Auch unabhängig von einem solchen Wunsch sollte der Therapeut dem Patienten immer wieder versichern, daß er für ihn da ist, so lange er ihn braucht.

Manchmal dauert es lange, bis ein Patient die manchmal geradezu katastrophalen Beschreibungen von sich abstreift, die er schon früh von anderen gehört und übernommen hat, so wie es lange dauern kann, bis ein Patient in der Lage ist, andere Beziehungen einzugehen als die bisher gewohnten. Der Therapeut sollte ihm auf diesem Weg als verläßlicher Begleiter zur Verfügung stehen.

Psychoanalytische Therapie bei narzißtischen Störungen

F.-W. Deneke

Kurze historische Einführung zum Begriff „Narzißmus"

Seit Freuds Arbeit „Zur Einführung des Narzißmus" (1914) ist die Theoriediskussion um diesen Begriff nicht zu einem befriedigenden Abschluß gekommen. Pulver (1972) nennt vier Bedeutungen, die mit der Verwendung des Begriffs verknüpft sind:

1. Eine bestimmte Art der Objektwahl (eben eine narzißtische).
2. Eine Perversionsform.
3. Bestimmte frühe Entwicklungsphasen (primärer versus sekundärer Narzißmus).
4. Eine bestimmte Qualität des Selbstgefühls.

Neben der Vielfalt der Bedeutungsinhalte ist es m.E. vor allem die Einbindung in den Rahmen der (energetischen) Triebtheorie, die eine Fortentwicklung der Theorie des Narzißmus behindert hat. Wenn Hartmann (1950) Narzißmus als „libidinöse Besetzung des Selbst" definiert, so ist damit die klassische triebtheoretische Konzeption klar umrissen, und zugleich werden deren Schwächen deutlich. Denn nach dieser Modellvorstellung sind Libidoquantitäten, die an das Selbst gekoppelt sind, nicht mehr für die Objekte (genauer: deren Repräsentanzen) verfügbar und vice versa. Diese Konzeption ist nämlich mit klinischen Beobachtungen nicht vereinbar, die uns zeigen, daß die Fähigkeit zur Objektliebe in der Regel zur Voraussetzung hat, daß ein Mensch auch und zugleich zur Selbstliebe fähig ist. Die enge energetisch-triebtheoretische Betrachtungsweise wird verlassen, wenn Moore u. Fine (1967) den Narzißmus nüchtern als „Konzentration seelischen Interesses auf das Selbst" definieren. Joffe u. Sandler (1967) betonen in ihrem motivationspsychologischen Ansatz die Bedürfnisse nach Sicherheit, Geborgenheit und Wohlbefinden, die als Idealzustände menschlicher Befindlichkeit angestrebt werden. Wenn diese Idealzustände momentan nicht bestehen, werden Regulationsvorgänge in Gang gesetzt, um diese Idealzustände und damit ein „narzißtisches" Gleichgewicht zu erreichen.

Wir wollen uns hier den narzißtischen Phänomenen unter vorrangig zwei Gesichtspunkten nähern. Der erste Gesichtspunkt ist eingegrenzter: Er bezieht sich auf die Erscheinungsweise von Menschen, die narzißtische Züge in einer solchen Merkmalskombination und Ausprägung zeigen, daß die Diagnose einer „narzißtischen Persönlichkeitsstörung" gerechtfertigt erscheint. Der zweite Gesichtspunkt ist insofern umfassender, als wir uns mit einzelnen Regulationsweisen befassen wollen, die eingesetzt werden können, um das Selbsterleben so auszusteuern, daß ein Mensch sich narzißtisch gut ausbalanciert, subjektiv also wohlfühlt.

Zunächst aber zur einführenden Illustration eine kurze Fallschilderung.

Fallbeispiel

Es handelt sich um eine 28jährige Patientin, die vordergründig wegen einer bulimischen Symptomatik um psychotherapeutische Hilfe nachsuchte. Sehr rasch tritt dann aber eine erhebliche Selbstwertproblematik in den Vordergrund. Es falle ihr immer schwerer, „nach außen das perfekte Schaubild" von sich aufrechtzuerhalten, wie sie es von sich verlange. Kritik, die sie ohnehin immer nur schwer habe ertragen können, würde ihr jetzt „gleich die Seele abdrehen". Oft fühle sie sich dann „wie leer innerlich". Der Gedanke an Selbstmord sei ihr schon seit Jahren vertraut. Wichtig sei ihr dabei vor allem das Gefühl, „über den Tod selbst bestimmen" zu können.

Die Patientin ist das erstgeborene von zwei Kindern. Der Bruder ist ein Jahr jünger. Von einer Verwandten habe sie erfahren, daß sie „eigentlich abgetrieben werden sollte". An die ersten Jahre bis zum Schuleintritt habe sie nur wenige Erinnerungen, und diese seien, wie auch die späteren Erinnerungen, durch ein stets gleichbleibendes Grundgefühl geprägt: „Der Bruder kriegte alles, ich aber mußte mir alles ersparen, erarbeiten". Noch heute sei es so, daß die Mutter – wenn sie (die Patientin), Bruder und Mutter zusammensäßen – „nur ihn sieht". Der Vater habe weder sie noch den Bruder jemals „richtig anerkannt". Schon früher habe sie in der Beziehung zu den Eltern gewußt: „Hilf Dir selbst, sonst hilft Dir keiner!" Sie berichtet, schon als Kind „sehr jähzornig" gewesen zu sein – vor allem gegenüber dem Bruder. So habe sie ihn in der Frühpubertät einmal mit einem Knüppel so verprügelt, „daß nur noch das Eingreifen der Eltern Schlimmeres verhindert" hätte. Ab ihrem 18. Lebensjahr sei sie verschiedene Männerbeziehungen eingegangen, die aber stets einen sehr ähnlichen Verlauf genommen hätten: Erst habe sie die Männer von sich „abhängig gemacht", um sie dann fallenzulassen. Und sie beschreibt diese Männer voller Verachtung: dumm, häßlich, ihr selbst haushoch unterlegen. Der Interviewer und Analytiker nimmt das drohende Signal deutlich in sich wahr: „Dir wird es genauso gehen, wenn du Schwächen zeigst!" Beziehungen zu „starken Männern" habe sie stets vermieden – aus Angst, in solchen Beziehungen „nur verlieren" zu können und als dumm und unwissend entlarvt zu werden.

Narzißtische Persönlichkeitsstörung

Im DSM-IV (1994) werden neun diagnostische Kriterien zusammengestellt, die für das Vorliegen einer narzißtischen Persönlichkeitsstörung sprechen. In geraffter Zusammenfassung sind narzißtische Persönlichkeiten demnach Menschen, die

- eine grandios-überhöhte Vorstellung von ihrer eigenen Bedeutung haben,
- ganz in Anspruch genommen sind von Phantasien, die um Themen wie z.B. grenzenlose Macht, Schönheit, Erfolg usw. kreisen,
- glauben, als Personen einzigartig und „besonders" zu sein,
- Bewunderung durch andere verlangen,
- glauben, einen besonderen Anspruch auf spezielle Behandlung bzw. Erfüllung ihrer Wünsche zu haben,
- in zwischenmenschlichen Beziehungen ausbeuterisch sind,
- ohne einfühlendes Verständnis für die Bedürfnisse und Gefühle anderer sind,
- neidisch auf andere sind oder glauben, von anderen beneidet zu werden,
- in ihrem Verhalten arrogant und hochmütig erscheinen.

Gemäß DSM-IV kann die Diagnose einer „narzißtischen Persönlichkeitsstörung" gestellt werden, wenn mindestens fünf dieser Kriterien erfüllt sind. In der allgemeinen Bestimmung einer „Persönlichkeitsstörung" wird betont, daß es sich dabei um ein zu persönlicher Not und Beeinträchtigung führendes Erlebens- und Verhaltensmuster handelt, das von dem im jeweiligen Kulturraum üblichen deutlich abweicht, dabei relativ zeitstabil bestehen bleibt und sich in der Regel in der Adoleszenz oder dem frühen Erwachsenenalter manifestiert. Folgt man diesen Angaben des DSM-IV, so schwankt die Prävalenz einer spezifisch „narzißtischen" Persönlichkeitsstörung bei klinischen Populationen zwischen 2 und 16%, wobei diese Störung bei weniger als 1% der Allgemeinbevölkerung diagnostiziert werden kann.

Narzißmus im erweiterten Sinne

In der klinischen psychoanalytisch orientierten Diagnostik und Psychotherapie spielt nun der narzißtische Aspekt in einem erweiterten Sinne bei praktisch allen Patienten eine wichtige Rolle. Es geht dabei – hinausgehend über ausgeprägt narzißtische Auffälligkeiten, die, wie oben beschrieben, die Diagnose einer entsprechenden „Persönlichkeitsstörung" nahelegen – generell um die Frage, wie ein Patient sein Erleben und spezifischer sein Selbstwert-Erleben reguliert.

Wenn ein Mensch infolge eines z.B. unlösbaren Konfliktes, eines Objektverlustes, einer schweren Kränkung oder sonstigen Belastung in seinem seelischen Gleichgewicht bedroht wird, sucht er automatisch nach Möglichkeiten, um sich gegenregulatorisch zu stabilisieren. Durchläuft er nun in seinem Erleben verschiedene Zyklen versuchter Restabilisierung, die aber erfolglos bleiben, weil er kein neues inneres Gleichgewicht findet, so nähert er sich allmählich einem Zustand des Selbst-Erlebens, mit dem die Entwicklung intensiver Ängste einhergeht: Das Selbst wird von Lähmungs- und Ohnmachtsgefühlen überflutet; jede Kontroll- und Abwehrtätigkeit bricht zusammen; die eigene Person und die Umwelt werden als fremd und unwirklich erlebt; das Selbst verliert seine zeitliche Kontinuität; die gewohnheitsmäßig vertrauten raum-zeitlichen Strukturen oder sonstigen Ordnungen lösen sich auf.

Auf empirischer Basis konnten wir 18 verschiedene Regulationsweisen des Selbst-Erlebens identifizieren (Deneke u. Hilgenstock 1989). Diese sollen zwei sich ergänzende Funktionen erfüllen: Sie sollen

- die Kernangst abwehren, die auftaucht, wenn die Stabilisierungsmöglichkeiten eines Menschen zusammenzubrechen drohen, und sie sollen
- helfen, eine solche innere Erlebenswelt aufzubauen bzw. aufrechtzuerhalten, die subjektiv befriedigen und stabilisieren kann. Die einzelnen Regulationsmodi ließen sich faktorenanalytisch vier Dimensionen oder Bereichen zuordnen (s. Tab. 34.**3**).

In der ersten Dimension – das bedrohte Selbst – begegnen wir einem Selbst-Erleben, das stark von Dekompensation bedroht ist. Die einzelnen Unteraspekte dieser Dimension bringen dieses Bedrohungserleben auf unterschiedliche Weise zum Ausdruck, wobei sie zugleich basale Mechanismen einer versuchten Rekompensation darstellen – mit dem Ziel, den kompletten Zusammenbruch der Selbstorganisation abzuwenden. Dem **ohnmächtigen Selbst** drohen massive Angsteinbrüche, vernichtende Selbstentwertungen, autodestruktive Handlungen und eine Überflutung mit lähmenden Leere- und Sinnlosigkeitsgefühlen. Hiermit eng assoziiert ist der drohende **Affekt-/Impulskontrollverlust,** das Erleben von **Derealisations-/Depersonalisationszuständen** und der Verlust des **archaischen Hoffnungspotentials** – also der Verlust des Vertrauens darauf, daß es trotz der innerlich erlebten Not immer noch Rettungsmöglichkeiten geben wird. Das Selbst kann versuchen, dem totalen Zusammenbruch durch Eingrenzung auf spezifische Erlebensinhalte zu entkommen – durch Eingrenzung auf spezifische Gefühle persönlicher Minderwertigkeit: das **Kleinheitsselbst** oder ein **negatives Körperselbst** (wobei der eigene Körper als häßlich und abstoßend entwertet wird, andere nichtkörperliche Selbstanteile aber möglicherweise gerettet werden können). Des weiteren versucht sich das bedrohte Selbst durch **soziale Isolierung** und Belebung **archaischer Rückzugsphantasien** zu schützen.

In der zweiten Dimension treten klassisch narzißtische Regulationsweisen zur Stabilisierung des Selbst deutlich hervor: Ein Mensch entwickelt oder aktiviert **Größenselbst-Phantasien**; er sehnt sich nach einem **idealen Selbstobjekt,** an dessen Glanz und Schönheit er identifikatorisch teilhaben kann; er strebt intensiv nach sozialer Gratifikation: **Gier nach Lob und Bestätigung;** oder er versucht, reale oder in der Phantasie antizipierte Kränkungen und Selbstwerteinbrüche durch Mobilisierung von Wut- und Racheimpulsen zu kompensieren: **die narzißtische Wut.**

Den Regulationsmustern des dritten Bereiches – das idealistische Selbst – ist gemeinsam, daß sich das Selbst an seinen überhöhten eigenen Leitideen orientiert und qua Identifikation mit diesen idealistischen Konzepten und Wunschphantasien aufwertet. Es ließen sich differenzieren: das **Autarkie-Ideal** (alles aus eigener Kraft bewältigen, Abhängigkeitswünsche abwehren), die Selbsterhöhung durch **Objektabwertung** (andere sind schlecht und unzuverlässig), die Überbetonung persönlicher **Werte-Ideale** und schließlich der **symbiotische Selbstschutz** als Ausdruck der Sehnsucht nach einer konfliktfrei-nahen und zuverlässig tragenden Objektbeziehung.

Den beiden Regulationsmodi des vierten Bereiches – das hypochondrisch-somatisierende Selbst – ist gemeinsam, daß sie den eigenen Körper oder körperliche Funktionen zur Selbst-Stabilisierung benutzen: Die grenzenlose Angst vor einem seelischen Zusammenbruch wird durch Eingrenzung und Konkretisierung auf körperbezogene Befürchtungen (vgl. Mentzos 1984) zu binden versucht – **hypochondrische Angstbindung;** oder das Selbst schützt sich vor der Gefahr totaler Selbstentwertung dadurch, daß es für sein persönliches Versagen körperliche Symptome oder Unzulänglichkeiten verantwortlich macht und auf dem Wege einer solchen „Schuld"-Zuweisung die Selbstachtung aufrechterhält – **narzißtischer Krankheitsgewinn.**

Tabelle 34.**3** Regulationsweisen des Selbsterlebens (Skalen des Narzißmusinventars, Deneke u. Hilgenstock 1989)

Dimension	Skala
II. Das „klassisch" narzißtische Selbst	9. Größenselbst 10. Sehnsucht nach idealem Selbstobjekt 11. Gier nach Lob und Bestätigung 12. Narzißtische Wut
III. Das idealistische Selbst	13. Autarkie-Ideal 14. Objektabwertung 15. Werte-Ideal 16. symbiotischer Selbstschutz
IV. Das hypochondrisch-somatisierende Selbst	17. hypochondrische Angstbindung 18. narzißtischer Krankheitsgewinn

Zur Psychogenese, Psychodynamik und Therapie von Patienten mit ausgeprägt narzißtischen Zügen

Relativ unabhängig von den jeweiligen theoretischen Ausrichtungen betonen die meisten Autoren, die die Disposition zur Entwicklung narzißtischer Störungsbilder zu erklären versuchen, daß lebensgeschichtlich frühe und massive Frustrationen basaler Bedürfnisse, die Kinder in den Beziehungen zu ihren Elternpersonen erfahren haben, eine überragende Rolle spielen (vgl. Volkan u. Ast 1994).

In der Selbstpsychologie (Kohut 1979) wird angenommen, daß Kinder mit etwa 1,5 Jahren die für sich genommen zunächst gesunde Tendenz zu zeigen beginnen, zwei archaische seelische Strukturen herauszubilden, um mit unvermeidlichen Frustrationen seitens ihrer Umwelt fertigzuwerden: Das **grandiose Selbst** ist ein Komplex aus Vorstellungen und Phantasien, in dessen Zentrum das Kind sich selbst als großartig, allmächtig, unbesiegbar usw. erlebt. Der **idealisierten Eltern-Imago** entsprechen Phantasien und Vorstellungen von Vollkommenheit und Allmacht, mit denen die Eltern ausgestattet werden.

In der gesund verlaufenden Entwicklung gelingt es nun, diese narzißtischen Konfigurationen so zu modifizieren, daß sie als angemessene Ziel- und Erwartungskonzepte, als Quellen gesunder Selbstachtung oder als ideale Leitbilder in die Persönlichkeitsstruktur integriert werden können. Dieser Prozeß der sog. transmutierenden Internalisation setzt voraus, daß Eltern in der Lage sind, sich in einem befriedigenden Maße auf die kindlichen Bedürfnisse einzustellen und als sog. Selbstobjekte – das sind Objekte, die seelisch als Teil der eigenen Person erlebt werden (vgl. Köhler, 1993) – zu funktionieren. Sind Eltern hierzu unfähig, werden die Kinder also in ihren Selbstobjekt-Bedürfnissen massiv frustriert, so mißlingt die skizzierte Umwandlung der archaischen narzißtischen Strukturen. Diese erhalten sich vielmehr – unter Umständen lebenslang – relativ unverändert. In psychoanalytischen Behandlungen, die an dieser selbstpsychologischen Konzeption orientiert sind, wird nun versucht, einem narzißtischen Patienten nachträglich die notwendigen Transformationen dadurch zu ermöglichen, daß der Behandler jetzt die Selbstobjekt-Funktionen übernimmt, die die Elternpersonen nicht hatten übernehmen können.

Kernberg (1980) betont in seiner Narzißmuskonzeption die zentrale Bedeutung archaischer Aggressionen in Verbindung mit der ausgeprägten Neigung narzißtischer Patienten zu vernichtenden Entwertungen – Entwertungen der eigenen oder fremder Personen, so auch des behandelnden Psychotherapeuten oder Psychoanalytikers. Er sieht das – möglicherweise sogar konstitutionell mitbedingte – hohe Aggressionspotential in frühen (oralen) Mangelerfahrungen begründet, mit denen dann ihrerseits wiederum die Entwicklung starker Neidgefühle einhergeht. Die starke Aggressions- und Entwertungsbereitschaft hat zur Folge, daß die Patienten die „guten" Anteile ihrer Selbst- und Objektrepräsentanzen nur auf dem Wege schützen können, daß sie sie von den entsprechenden „bösen" Anteilen, ihren aggressiv-destruktiven Impulsen, getrennt halten. Der Rückgriff und die Fixierung auf den Abwehrmechanismus der „Spaltung" sollen diesen Schutz sichern, was aber wiederum dazu führt, daß die Patienten in hohem Maße unfähig sind, die dissoziierten Aspekte ihrer Selbst- und Objektrepräsentanzen zu integrieren.

Insbesondere an der Frage, wie mit den aggressiv-destruktiven Impulsen umzugehen sei, scheiden sich die behandlungstechnischen Vorstellungen sensu Kohut und Kernberg. In selbstpsychologisch orientierten Behandlungen werden die auftauchenden intensiven Wutaffekte als Symptom für das sich wiederholende Versagen eines Selbstobjektes (jetzt also des Psychoanalytikers) aufgefaßt, wobei es darum geht, die Auslösebedingungen für dieses „Versagen" im Kontext der Gegenwartsbeziehung zum Analytiker und vor dem Hintergrund der lebensgeschichtlichen Erfahrungen eines Patienten zu verstehen.

Mit dieser behandlungstheoretischen Konzeption geht nun aber die Gefahr einher, daß die elementare Wut der Patienten, die tief und zeitlich überdauernd in ihrer Struktur verankert ist, nicht angemessen (weil ja „nur" Folge eines passageren Zusammenbruches der Selbst-Selbstobjekt-Beziehung) wahrgenommen und aufgegriffen wird. Auf diese Gefahr hat Kernberg (1980) nachdrücklich hingewiesen.

Ich möchte aufgrund meiner Erfahrungen folgendes Vorgehen empfehlen: Wenn ein Patient offen oder subtil (und damit häufig nur in der Gegenübertragung spürbar) destruktiv entwertet, so sollte dies möglichst umgehend und eindeutig thematisiert werden. Aber die Tatsache, daß er entwertet, sollte immer mit dem Bemühen verbunden werden, zu klären und zu verstehen, warum er es tun muß.

Die Patienten erleben intensive Wutaffekte und die Plötzlichkeit und Intensität, mit der die Vernichtungs- und Entwertungsimpulse auftauchen können, beunruhigen sie unter Umständen ganz erheblich. Der beste Weg ist demnach, diese Aggressionen – wenn sie in der erlebten Wirklichkeit der Patienten auftauchen – auch möglichst angstfrei in ihrer archaischen Qualität zu benennen. Nur so können sich die Patienten auch in diesen zentralen Aspekten ihres Selbsterlebens wahrgenommen, verstanden und entlastet fühlen – wobei dieses klare Benennen natürlich nichts mit einem Vorwurf zu tun hat, sondern mit der Wahrnehmung und Anerkennung innerer Wirklichkeiten der Patienten, die es zu verstehen gilt.

Diese Verknüpfung von nichtwertender Konfrontation und Bemühen um Verstehen wird uns häufig zu einem Erleben des Patienten im Sinne des „bedrohten Selbst" (s. oben) führen, und die Wut, Verachtung, vermeintliche Grandiosität usw. eines Patienten werden als Versuche verstehbar sein, dem Gefühl zu entgehen, selbst als Person von totaler Vernichtung bedroht zu sein.

Ich gehe hier also bei der Aggressivität nicht von einem autochthon-biologischen Triebgeschehen aus, das lebenslang kanalisiert und kontrolliert werden muß, sondern verstehe die Fähigkeit zur Aggression als angeborene und lebensnotwendige Disposition, wobei dann das individuelle Lebensschicksal – das Ausmaß an erfahrenen schweren Verletzungen, Kränkungen oder Zurückweisungen usw. – darüber entscheidet, ob diese Disposition zu einer destruktiven Kraft mit hohem Vernichtungspotential ausgearbeitet wird (oder nicht).

X

Psychoanalytisch orientierte Therapie bei dissoziativen Störungen

H. J. Freyberger und C. Spitzer

Geschichte und moderne Konzepte der Dissoziation

Der Dissoziationsbegriff etablierte sich im Zusammenhang mit den ersten psychodynamischen Modellvorstellungen zur

Hysterie (Wölk 1992, Spitzer u. Mitarb. 1996). Nachdem Paul Briquet eine phänomenologische Systematisierung vorlegte, ohne jedoch entscheidende Einsichten in Ätiologie oder Pathogenese der Hysterie zu gewinnen, entdeckte Jean Marie Charcot, daß sich hysterische Symptome unter Hypnose auflösen können bzw. induzieren lassen. Obwohl er folgerte, daß alterierte Bewußtseinsanteile für den Pathomechanismus von ausschlaggebender Bedeutung seien, blieb er einem organischen Krankheitskonzept verpflichtet (Mentzos 1986).

An die Vorstellung alterierter Bewußtseinsanteile anknüpfend formulierte vor rund 100 Jahren erstmals Pierre Janet (1889/1907) das Grundkonzept der Dissoziation oder Abspaltung bestimmter Erlebnisanteile: Die dissoziierten Vorstellungs- und Funktionssysteme entziehen sich danach dem Bewußtsein, bleiben jedoch weiterhin aktiv und sind so für die vielfältigen hysterischen Phänomene wie etwa Erinnerungslücken, die Fugue, stuporöse Zustände, aber auch Ohnmachten und Lähmungen verantwortlich.

In seiner Auseinandersetzung mit der Hysterie verstand Sigmund Freud die Dissoziation mehr als einen Bewußtseinszustand, in dem sich der Patient zum Zeitpunkt der Entstehung hysterischer Symptome befindet. Er stellte als zentralen Mechanismus der Hysterie die **Konversion** heraus, d. h. die Umsetzung eines intrapsychischen Konfliktes in ein körperliches Symptom, das den Konflikt symbolhaft darstellt. Der intrapsychische Konflikt besteht zwischen verbotenen, nicht zugelassenen Wünschen und Phantasien (meist sexueller Natur), die ins Bewußtsein drängen, und den Strebungen, diese Wünsche nicht im Bewußtsein zuzulassen. Um diesen Konflikt zu lösen, werden die Triebregungen in ein symbolisches Körpersymptom umgewandelt, ohne jedoch ins Bewußtsein zu gelangen.

Die Spannungsreduktion, die der Patient durch die Konversion erfährt, bezeichnete Freud als primären Krankheitsgewinn. Unter dem sekundären Krankheitsgewinn werden die Umweltreaktionen auf das Symptom, das ja eine organische Ursache nahelegt, verstanden, die dem Patienten neue Beziehungsmöglichkeiten mit seiner Umgebung eröffnen, z. B. die Sorge und Beachtung durch die Familie (Freud u. Breuer 1895, Freud 1916/1917).

Eugen Bleuler (1911) erweiterte das Begriffsumfeld im Zusammenhang mit seinem Schizophreniekonzept. Er verstand unter Dissoziation den Mechanismus der Spaltung und verband ihn mit den Kernsymptomen schizophrener Patienten, bei denen er eine Desintegration des Denkens, der Affektivität und des Wollens beschrieb. Bei der Schizophrenie hielt Bleuler eine Fragmentierung des Assoziationsgefüges für primär; eine Spaltung des Denkens in verschiedene, unverbundene oder dissoziierte Gruppen für sekundär. Dieses Konzept impliziert ein Funktionsmodell seelischer Prozesse, das eine gewisse Analogie zu Janets Dissoziationsbegriff aufweist (Laplanche u. Pontalis 1992).

Nach einer Hochphase des Dissoziationskonzepts zur Jahrhundertwende folgte ein rascher Bedeutungsverlust, der sich u. a. auf den zunehmenden Einfluß von Bleulers Schizophrenieverständnis, aber wesentlich auf die Verbreitung des psychoanalytischen Hysterie- und Konversionsmodells gründet (Spitzer u. Mitarb. 1996). Diese wurden jedoch von Freud selbst als auch von seinen Nachfolgern erheblich modifiziert. Diese Veränderungen beziehen sich u. a. auf die zugrundeliegende entwicklungsgeschichtliche Konfliktkonstellation, die an der hysterischen Symptombildung beteiligten Abwehrmechanismen, den Symbolgehalt und die Wahl des Symptoms sowie den Symptomwandel im Laufe der Zeit.

Zudem wurde diskutiert, welche Körpersymptome als Konversionsphänomene aufzufassen seien und ob sie eine eigene Krankheitsentität oder nur ein Symptom darstellen (Hoffmann 1996, Hohendorf u. Bölle 1996, Kößler u. Scheidt 1997). Trotz der Krise des Konversions- bzw. Hysteriebegriffes wurde eine vereinheitlichende neue Konzeption aus psychodynamischer Sicht versucht (Mentzos 1986): „Der Betreffende versetzt sich innerlich (dem Erleben nach) und äußerlich (dem Erscheinungsbild nach) in einen Zustand, der ihn sich selbst quasi anders erleben und in den Augen der umgebenden Personen anders, als er ist, erscheinen läßt." Es kommt zu einer „quasi veränderten Selbstrepräsentanz", die sich u. a. den Mechanismus der Konversion zu Nutze macht.

Diese Vorstellung einer veränderten Selbstrepräsentanz steht den Ansätzen amerikanischer Autoren nahe (Hoffmann 1986), die das Janet-Konzept der Dissoziation als basalen Pathomechanismus nicht nur der hysterischen Störungen postulieren (Nemiah 1988 a, b). Zur Renaissance des Dissoziationskonzepts kam es etwa Ende der 70er Jahre (Eckhardt 1996). Dazu haben verschiedene klinische und theoretische Strömungen beigetragen. So wurden z. B. seitens der Hypnose (vgl. Kapitel 20) die phänotypischen Ähnlichkeiten zwischen hypnoiden und dissoziativen Zuständen hervorgehoben (Bremner u. Marmar 1998). In diesem Zusammenhang steht auch Hilgards „Neodissoziationstheorie" (Hilgard 1994). Einen wesentlichen Beitrag zur Wiederbelebung des Dissoziationsmodells hat auch die **Psychotraumatologie** geliefert. Einerseits haben Untersuchungen von Vietnamkriegsveteranen in den USA (Bremner u. Mitarb. 1992, Marmar u. Mitarb. 1994) und andererseits die Auseinandersetzung mit psychischen und körperlichen Realtraumatisierungen von Kindern (Chu u. Dill 1990, Terr 1991, DeLoos u. Op den Velde 1992, Egle u. Mitarb. 1997) die Bedeutung dissoziativer Symptome als Traumafolge herausgearbeitet. Dabei werden komplexe dissoziative Phänomene zwar nicht als spezifischer, aber klinisch relevanter symptomatologischer Indikator für das Vorliegen von Realtraumatisierungen betrachtet (vgl. Kapitel 36 – 38).

Innerhalb der psychoanalytischen Theoriebildung wurde Dissoziation im Sinne von Spaltung in den späten 60er und frühen 70er Jahren mit der Entwicklung ich-psychologischer Modellvorstellungen, der Narzißmustheorie und dem Borderline-Persönlichkeitsstörungskonzept wieder aufgegriffen und weiterentwickelt (z. B. Kernberg 1978, Kohut 1973). Dabei ist kritisch anzumerken, daß auch innerhalb dieser Theoriebildung viele Aspekte ungeklärt bleiben, so das Verhältnis von Dissoziation und anderen Abwehrmechanismen oder die spezifische psychodynamische Rolle dissoziativer Phänomene (Eckhardt 1996).

Vergegenwärtigt man sich diese Begriffsgeschichte, so wird eine nicht zu übersehende Überdeterminierung des Dissoziationsmodells und die sich daraus ableitende begriffliche Unschärfe verständlich. Es ist daher zu Recht gefragt worden, ob mit der Aufgabe des Hysterie- und Wiederbelebung des Dissoziationsbegriffs überhaupt etwas gewonnen sei (Frankl 1990, Wölk 1992). Um diesem Problem gerecht zu werden, ist die Berücksichtigung des jeweiligen theoretischen Kontextes sehr wichtig. Unter diagnostisch-klassifikatorischen Aspekten ist somit eine reine deskriptive Verwendung von Dissoziation im Sinne einer spezifischen Psychopathologie zu empfehlen (Spitzer u. Freyberger 1997).

Dissoziative Störungen in der ICD-10 und dem DSM-IV

Aber auch die deskriptive Einteilung dissoziativer Störungen in der ICD-10 (WHO 1992, 1993, Dilling u. Mitarb. 1993, 1994) und im DSM-IV (APA 1994, Saß u. Mitarb. 1996) ist nicht einheitlich und spiegelt die divergente Konzeptbildung teilweise wider (Tab. 34.**4**). Gemeinsam ist beiden Systemen, daß die Störungen als dissoziative klassifiziert werden, die sich auf der Bewußtseins- oder kognitiven Ebene manifestieren wie etwa die Amnesie. Im DSM-IV zählt dazu auch die Depersonalisationsstörung, die in der ICD-10 unter den sonstigen neurotischen Störungen aufgeführt wird. Der wesentliche Unterschied besteht darin, daß sich das DSM-IV stärker an der klinisch führenden Symptomatologie orientiert und daher körperliche Störungen ohne ausreichendes organisches Korrelat unter den somatoformen Störungen abbildet. Dazu zählen im DSM-IV die pseudoneurologischen Konversionsstörungen, die somatoforme Schmerzstörung und der polysymptomatische Typ der hysterischen Neurose mit frühbeginnenden, multiplen, vagen Beschwerden in verschiedensten Organsystemen (Somatisierungsstörung im engeren Sinne). Demgegenüber nähert die ICD-10 die hysterischen Funktionsausfälle auf kognitiv-psychischer und pseudoneurologischer Ebene einander wieder an, indem die dissoziativen und die Konversionsstörungen in einer einzigen diagnostischen Kategorie zusammengeführt werden. Trotz dieser „nomenklatorischen Verwirrung" (Hoffman u. Hochapfel 1995) wird diese Zusammenführung als Fortschritt gewertet, da Dissoziation als „integrierender und basaler Pathomechanismus" bei beiden Störungsbildern eine entscheidende Rolle spielt (Nemiah 1988 a, b, Hoffmann u. Hochapfel 1995). Entsprechend wurden die diagnostischen Eingangskriterien sehr deskriptiv gehalten (Tab. 34.**5**). Hinsichtlich der somatoformen Störungen sei auf Kapitel 40 und 41 verwiesen.

Epidemiologische Aspekte

Wird der deskriptive Dissoziationsbegriff der ICD-10 zu Grunde gelegt, so ist davon auszugehen, daß Patienten mit dissoziativen Störungen überwiegend in neurologischen und vergleichsweise selten in psychiatrischen Kliniken behandelt werden. Dabei liegt die Prävalenz in der Allgemeinbevölkerung zwischen 1,4 und 4,6% (Franz u. Mitarb. 1993). Bei internistischen und chirurgischen Patienten im Allgemeinkrankenhaus finden sich diese Störungen bei etwa 1,3% (Arolt 1998), im stationären psychiatrischen Bereich in einer Häufigkeit zwischen 1 und 6,5% und im stationären neurologischen Bereich in einer Prävalenz von 8,1 bis 10,5% (Lempert u. Mitarb. 1990, Tomasson u. Mitarb. 1991). In der Geschlechtsverteilung überwiegen Patientinnen etwa im Verhältnis 3 : 1. Während die dissoziativen Störungen in der

Tabelle 34.**4** „Hysterie" in der ICD-10 und dem DSM-IV

ICD-10		**DSM-III-R und DSM-IV**	
F44	**Dissoziative Störungen**	**Dissoziative Störungen**	
F44.0	dissoziative Amnesie	300.12	dissoziative Amnesie
F44.1	dissoziative Fugue	300.13	dissoziative Fugue
F44.2	dissoziativer Stupor		
F44.3	dissoziative Trance- und Besessenheitszustände		
F44.4	dissoziative Bewegungsstörungen	300.11	Konversionsstörung (gehört zu den somatoformen Störungen)
F44.5	dissoziative Krampfanfälle		
F44.6	dissoziative Sensibilitäts- und Empfindungsstörungen		
F44.7	dissoziative Störungen, gemischt		
F44.8	andere		
F44.80	Ganser-Syndrom		
F44.81	multiple Persönlichkeit	300.14	dissoziative Identitätsstörung
F44.88	andere näher bezeichnete Störungen		
F44.9	nicht näher bezeichnete Störungen	300.15	nicht näher bezeichnete
F45	**Somatoforme Störungen**	**Somatoforme Störungen**	
F45.0	Somatisierungsstörung	300.81	Somatisierungsstörung
F45.1	undifferenzierte Somatisierungsstörung	300.70	undifferenzierte somatoforme Störung
F45.3	somatoforme autonome Funktionsstörung		
F45.4	anhaltende somatoforme Schmerzstörung	307.80	somatoforme Schmerzstörung
F48	**Sonstige neurotische Störungen**		
F48.1	Depersonalisations-/Derealisationsstörung	300.60	Depersonalisationsstörung (gehört zu den dissoziativen Störungen)
F60	**Persönlichkeitsstörungen**	**Persönlichkeitsstörungen** (Achse II)	
F60.4	histrionische Persönlichkeitsstörung	301.50	histrionische Persönlichkeitsstörung

Tabelle 34.5 Merkmale der dissoziativen Störungen (Konversionsstörungen) nach ICD-10: Diagnostische Leitlinien und Forschungskriterien

Diagnostische Leitlinien

1. Klinische Charakteristika, wie sie für die einzelnen Störungen (Amnesie, Fugue, Anfälle, Paresen etc.) typisch sind.
2. Keine körperliche Erkrankung, welche die Symptome ausreichend erklären könnte.
3. Nachweis einer psychogenen Verursachung, d. h. zeitlicher Zusammenhang mit einer psychosozialen Belastung (auch wenn diese vom Patienten selbst geleugnet werden).

Forschungskriterien

1. Kein Nachweis einer körperlichen Krankheit, welche die für diese Störung charakteristischen Symptome erklären könnte (es können jedoch körperliche Störungen vorliegen, die andere Symptome verursachen).
2. Überzeugender zeitlicher Zusammenhang zwischen den dissoziativen Symptomen und belastenden Ereignissen, Problemen oder Bedürfnissen.

Psychiatrie überaus häufig nicht den eigentlichen Behandlungsgrund darstellen, sondern als begleitende Symptomatik aufzufassen sind, stellen sie in der Neurologie in aller Regel den Grund für die Krankenhauseinweisung dar. Die Patienten werden dabei in der Neurologie zumeist im Rahmen akuter Syndrome hospitalisiert, die zunächst als somatische Störungen verkannt werden.

Konsequenzen für therapeutische Ansätze

Werden die Besonderheiten in der Entwicklungsgeschichte des Dissoziationsbegriffes, die z.T. divergierenden Konzeptbildungen innerhalb der psychiatrischen und der psychoanalytischen Krankheitslehre und die epidemiologischen Befunde ernst genommen, so bleibt kein Zweifel daran, daß wir es auf mehreren Ebenen mit phänomenologisch und strukturell sehr unterschiedlichen Patienten zu tun haben mit den entsprechenden Konsequenzen für therapeutische Ansätze. Obwohl bisher kaum systematische Studien vorliegen, ist davon auszugehen, daß sich sowohl auf der ätiopathogenetischen als auch auf der therapeutischen Ebene die pseudoneurologischen dissoziativen Störungen und die Dissoziation auf psychischem Niveau unterscheiden lassen.

Zur Therapie pseudoneurologischer dissoziativer Störungen

Die Beobachtung, daß Patienten mit pseudoneurologischen dissoziativen Störungen eine hohe Komorbidität mit anderen psychischen Erkrankungen zeigen (Tomasson u. Mitarb. 1991, Spitzer u. Mitarb. 1994) und wahrscheinlich zu einem Drittel als Persönlichkeitsstörungen einzuschätzen sind, hat dazu geführt, dieser Patientengruppe auch in therapeutischer Hinsicht mehr Aufmerksamkeit zu schenken (Ahrens u. Mitarb. 1995). Da bei den dissoziativen Störungen mit pseudoneurologischer Symptomatik keine sicheren phänomenologischen Kriterien zur Differenzierung psychogener und organischer Störungen vorliegen, ein erheblicher Überschneidungsbereich im Sinne der Komorbidität mit somatischen Erkrankungen (z. B. sog. Hysteroepilepsien) besteht und im neurologischen Bereich nur selten eine positive psychiatrische oder psychosomatische Diagnostik durchgeführt wird, werden die Patienten häufig umfangreichen diagnostischen Maßnahmen unterworfen. In zahlreichen Fällen inszenieren die Patienten dabei im Rahmen der **Arzt-Patient-Interaktionen** ein Beziehungsmuster, das dem der Patienten mit artifiziellen Störungen nicht unähnlich ist und den Beginn einer möglichen psychotherapeutischen Beziehung oft erschwert: am Anfang der neurologischen Behandlung werden die Symptome akut und dramatisch präsentiert, wobei die Patienten einen hohen somatischen Beschwerdedruck mit einer großen Bereitschaft zur Akzeptanz invasiver diagnostischer Maßnahmen signalisieren und nicht selten zur anfänglichen Idealisierung ihrer Behandler bereit sind. Wenn dann über die zunehmende Kumulierung negativer diagnostischer Befunde und gleichzeitig offensichtlich werdender Verhaltensauffälligkeiten Zweifel an der somatischen Begründung („Echtheit") des Krankheitsbildes aufkommen, verändert sich die Beziehung schlagartig, sofern kein alternatives psychotherapeutisches Behandlungsangebot integriert werden kann. Die Patienten mit ihrem primär somatischen Krankheitskonzept erleben durch ihr medizinisches Gegenüber, das ihnen möglicherweise signalisiert „Sie haben nichts", eine erhebliche Kränkung, die nicht selten zu einer Verstärkung der zur Aufnahme führenden Symptomatik oder zu einem Behandlungsabbruch (und zu einer Reinszenierung an einem anderen Ort) führt. Bei den ärztlichen Behandlern dominieren in der **Gegenübertragung** vor allem Gefühle des Getäuschtwordenseins und – sofern keine psychotherapeutischen Angebote unmittelbar verfügbar sind – der Hilflosigkeit, was dann häufig zu einer raschen Entlassung der Patienten führt („Bei uns sind Sie falsch"). Damit wird der mögliche psychotherapeutische Zugang dadurch determiniert, zu welchem Zeitpunkt ein psychologischer Mediziner und/oder Psychologe hinzugezogen wird.

Das **Behandlungskonzept** hat also zu berücksichtigen, daß die Patientengruppe mit pseudoneurologischer Symptomatik überzufällig häufig ein eher somatisches Krankheitsverständnis mit der Tendenz zur Etablierung typischer Übertragungs-Gegenübertragungskonstellationen aufweist. Vor diesem Hintergrund erscheint es notwendig, den durch die Symptomatik ausgedrückten Beschwerdedruck zu respektieren und nicht durch vorschnelle Konfrontation einen Beziehungskonflikt auszulösen, in dem der Behandler das Psychogenesekonzept vertritt und der Patient über die Verstärkung alter und die Entwicklung neuer Symptome eine körperliche Störung nachzuweisen versucht. Die Dissoziation kann in diesem Zusammenhang als ein Abwehrprozeß aufgefaßt werden, der den Patienten davor schützt, den zentralen Konflikt wahrzunehmen und möglicherweise schwere Realtraumatisierungen zu erinnern. Am Anfang jeder psychotherapeutischen Behandlung hat daher vor einer Konfrontation mit der Psychodynamik eine sorgfältige Analyse des Krankheitskonzepts, der Behandlungsbereitschaft, der Introspektionsfähigkeit und des Regressionspotentials zu stehen. In Abhängigkeit von den Ergebnissen sollten konfrontative Schritte sorgfältig vorbereitet und in einen Gesamtbehandlungsplan integriert werden. Dabei kann es im stationären Bereich notwendig sein, die Patienten im Rahmen eines Konsultations-Liaison-Angebotes über einen längeren Zeitraum in der Neurologie zu betreuen, mit dem Ziel, Aspekte eines psychischen Krankheitskonzepts und eine differenzierte Psychotherapiemotivation zu erarbeiten. Nach übereinstimmender Auffassung zahlreicher Autoren empfiehlt sich folgendes Vorgehen:

1. **Aufklärung des Patienten**, daß mit hoher Wahrscheinlichkeit psychische Geschehnisse und Konflikte einen verlaufsmodifizierenden, teilursächlichen oder ursächlichen Einfluß auf seine derzeitige Symptomatik haben. Dabei sollte nachdrücklich betont werden, daß dem Untersucher die Schwere der Symptomatik, der damit verbundene Leidensdruck und die resultierenden psychosozialen Konsequenzen bewußt sind und nicht davon ausgegangen wird, daß der Patient „nichts hat".
2. **Einleitung einer symptomorientierten Behandlung**, die die Symptompräsentation und den somatischen Beschwerdedruck der Patienten respektiert:
3. Krankengymnastik bei motorischen Störungen,
4. logopädische Therapie bei Sprach- und Sprechstörungen,
5. kognitive Verfahren bei Amnesien.
6. **Angebot suggestiv-hypnotherapeutischer Verfahren** (etwa autogenes Training, Muskelrelaxation nach Jacobson), die in ein supportiv-psychotherapeutisches Konzept (Freyberger u. Freyberger 1994) eingebettet sein sollten, welches den Patienten initial einen eher passiv-rezeptiven Zugang ermöglicht.

   Auf der Grundlage der hierdurch gewonnenen Behandlungserfahrungen kann die **differentielle Indikation einer konfliktbearbeitenden bzw. verhaltenstherapeutischen Therapie** gestellt werden.

Obgleich mittlerweile verhaltenstherapeutische Programme vorliegen (Zielke u. Sturm 1994), ist die konfliktbearbeitende Psychotherapie der Verhaltenstherapie vorzuziehen, sofern die prinzipiellen Voraussetzungen (vgl. Kapitel XX) erfüllt sind. Verhaltenstherapeutische Interventionen sind vor allem dann sinnvoll, wenn sich die individuelle Konfliktdynamik mit dem Patienten nicht angemessen herausarbeiten läßt, aus intellektuellen oder kognitiven Gründen eine konfliktbearbeitende Therapie nicht in Frage kommt oder angesichts eines hohen Chronifizierungsgrades die Therapieziele vor allem auf symptomatologischem Niveau anzusiedeln sind.

Die **Indikation zu einer stationären Psychotherapie** ist bei einer laufenden Behandlung gegeben, wenn

- die Symptomatik eine ambulante Behandlung nicht zuläßt (z.B. dissoziative Halbseitenlähmung, wiederholte dissoziative Krampfanfälle);
- bei Therapieresistenz über einen Zeitraum von mehr als 6 Monaten in der ambulanten Behandlung;
- bei rezidivierenden Störungen;
- bei Komorbidität mit anderen psychischen Störungen und
- bei Symptomverschiebungen und Komplikationen (s.u.) im therapeutischen Prozeß.

Dabei sollte die symptomorientierte Behandlung auch beim Rückgang der Symptomatik prinzipiell über einen längeren Zeitraum fortgesetzt werden.

Neben dem Ziel einer symptomatologischen Besserung und einer Differenzierung der Krankheitsverarbeitung besteht die Aufgabe stationärer psychotherapeutischer Ansätze vor allem darin, die zu Grunde liegende Konfliktdynamik herauszuarbeiten. Nach den wenigen bisher vorliegenden Therapiestudien scheinen dabei Patienten mit pseudoneurologischen dissoziativen Störungen vor allem von gruppenpsychotherapeutischen Ansätzen zu profitieren, in denen dissoziative Abwehrprozesse offenbar gut identifiziert und korrigiert werden können (Freyberger u. Mitarb. 1996).

Zur Therapie der Dissoziation auf psychischem Niveau

Da bei der Mehrzahl der Patienten mit dissoziativen Störungen sowohl pseudoneurologische als auch rein psychische dissoziative Phänomene zu finden sind (Hoffmann 1996), erscheint eine Trennung der entsprechenden Therapieansätze eher artifiziell zu sein. Studien zur dissoziativen Amnesie oder Fugue stammen ausschließlich aus dem US-amerikanischen Raum (Loewenstein 1996, Spiegel 1993) und weisen einige methodische Mängel auf, so daß bei fehlenden Replikationsstudien aus Europa therapeutische Schlußfolgerungen zu früh erscheinen. Die vorliegenden europäischen Einzelfallbeschreibungen zu isolierten dissoziativen Störungen weisen darauf hin, daß die Patienten vor allem Aktualtraumatisierungen erlebt haben, die entweder als posttraumatische Belastungsstörung oder als komplexer Aktualkonflikt aufzufassen sind (De Loos u. Op den Velde 1992, Loewenstein 1996, Spiegel 1993). Hierbei ergibt sich keine über eine Krisenintervention oder Kurzpsychotherapie hinausgehende Psychotherapieindikation. Demgegenüber scheinen der dissoziative Stupor, Depersonalisations- und Derealisationsstörungen sowie Trance- und Besessenheitszustände überzufällig häufig sowohl mit anderen dissoziativen Störungen als auch mit Persönlichkeitsstörungen und anderen psychischen Erkrankungen assoziiert zu sein. Diese bestimmen dabei in ätiologischer und pathogenetischer Hinsicht die Differentialindikationen zur ambulanten oder stationären Psychotherapie.

Für die multiple Persönlichkeitsstörung (MPD; nach dem DSM-IV: dissoziative Identitätsstörung) liegen umfangreiche Monographien (Ross 1989, Putnam 1989) und Therapiestudien bislang nur aus den USA vor. Diese reichen von psychoanalytischer Psychotherapie bis zur Elektrokrampftherapie. Im europäischen Raum ist die nosologische Bedeutung der MPD stark umstritten (Merskey 1992, Overkamp u. Mitarb. 1997, Erkwoh u. Saß 1993). Dies liegt einerseits an erheblichen phänomenologischen Überschneidungen mit anderen Störungen wie etwa der komplexen posttraumatischen Belastungsstörung oder der Borderlinestörung (Gunderson u. Sabo 1993, Overkamp u. Mitarb. 1997). Andererseits bestehen theoretische und konzeptuelle Unklarheiten, so etwa die Frage, ob der gesamte begriffliche Apparat, der sich um die MPD rankt, nicht zuletzt altbekannte Phänomene aus der psychoanalytischen bzw. ich-psychologischen Theoriebildung aufgreift (Eckhardt 1996). Die „Alter Personalities" sind nach Auffassung der Autoren als dissoziative Ich- oder Persönlichkeitszustände im Rahmen komplexer Persönlichkeitsstörungen (meist vom Borderlineniveau) aufzufassen (Dulz u. Lanzoni 1996). Psychodynamisch können sie als Regression und/oder Abwehrprozeß einer unerträglichen Realität verstanden werden (Rohde-Dachser 1995, Hoffmann 1996). Insgesamt kommt dissoziativen Phänomenen eine große Bedeutung für die Aufrechterhaltung der integrativen Ich-Funktionen zu. Differentielle Therapieindikationen, die über entsprechende Konzepte zur Behandlung der Borderline-Persönlichkeitsstörungen oder der posttraumatischen

Belastungsstörung hinausgehen, lassen sich nicht formulieren.

Komplikationen im psychotherapeutischen Prozeß

Nach übereinstimmender Auffassung weisen Patienten mit dissoziativen Störungen in der ambulanten wie stationären Psychotherapie zwei Komplikationsformen auf, die sich zumeist in Situationen zeigen, in denen die hinter den dissoziativen Phänomenen stehende Konfliktdynamik offensichtlich wird:

- schwere psychische Krisen mit z.B. suizidalen Episoden, Selbstbeschädigung, psychotischen, schweren affektiven und Angststörungen;
- Reinszenierung erlittener Realtraumatisierungen im therapeutischen oder nichttherapeutischen Raum.

Mit dem Auftreten dieser Komplikationen muß auch bei behutsamer Therapieplanung im psychotherapeutischen Prozeß vor allem dann gerechnet werden, wenn es zu einschneidenden symptomatologischen Besserungen kommt.

Beispielhafte Kasuistik

Die 24jährige, ungelernte Frau W., alleinerziehende Mutter einer 2jährigen Tochter, wurde aus der Notfallambulanz der Klinik für Innere Medizin unter der Verdachtsdiagnose eines prolongierten reversiblen ischämischen neurologischen Defizits (PRIND) mit rechtsseitiger Armparese und Sehstörungen in die neurologische Klinik übernommen. Bei der *neurologischen Aufnahmeuntersuchung* fand sich eine wache Patientin, die über gelegentliches Tunnelsehen klagte und Doppelbilder beim Blick nach links angab. Der übrige Hirnnervenstatus war regelrecht. Es imponierte eine schlaffe Armplegie rechts bei mittellebhaft auslösbaren Muskeleigenreflexen; Pyramidenbahnzeichen fanden sich nicht. Sie gab eine Hypästhesie für Berührung, nicht jedoch für Temperaturempfinden und Schmerz einem Schneidermuster entsprechend am rechten Arm an. Stand-, Gang- und Koordinationsprüfungen waren unauffällig. Die *Zusatzuntersuchungen* (Labor, kraniales CT, intra- und extrakranielle Doppler-Sonographie, EEG sowie Elektrophysiologie mit ENG und VEP) erbrachten normale Befunde. Daraufhin wurde ein psychiatrischer Konsiliarius hinzugezogen.

Dieser erhob den folgenden *psychopathologischen Befund*: Sehr offene und temperamentvolle Patientin, die in fast „kindlicher Heiterkeit" über ihre Armlähmung berichtet. Weitere relevante Symptome werden lächelnd und etwas umständlich dargelegt, wobei gelegentlich eine starke Verunsicherung und Traurigkeit durchscheint. Dabei steht thematisch die Erziehung der 2jährigen Tochter im Vordergrund, von der sich Frau W. überfordert fühlt. Sie müsse deswegen oft weinen, habe die Lust an ihren Hobbies verloren, sie könne keine Nacht durchschlafen und habe auch keinen Appetit mehr. Neben dem Insuffizienzerleben und Schuldgefühlen werden jedoch auch ablehnend-aggressive Tendenzen der Tochter gegenüber spürbar. Darüber hinaus erwähnt sie Ängste, die kurz nach der Geburt ihrer Tochter begonnen haben und seitdem immer schlimmer werden. Diese treten v. a. auf, wenn sie mit vielen Menschen zusammen sei, gelegentlich jedoch auch unabhängig davon. Während solcher „Attacken" bekomme sie Schweißausbrüche, Atemnot und das Gefühl, ohnmächtig zu werden. Sie habe jetzt immer Angst vor neuen „Angstanfällen". Zur *aktuellen Vorgeschichte* berichtete Frau W., daß sie eine Woche vor stationärer Aufnahme dem Drängen ihres Schwagers nach sexuellen Kontakten nachgegeben habe. Kurz darauf sei dann plötzlich ihr Arm „lahm" gewesen. Im Moment sei ihre größte Sorge, daß ihre Schwester von dem Ehebruch erfahren könnte. *Biographisch* ist relevant, daß Frau W. als 7. von 7 Kindern geboren wurde. Ihre 4 älteren Brüder sind Halbgeschwister aus der 1. Ehe des Vaters, ihre beiden leiblichen Schwestern sind 4 und 6 Jahre älter. Zu ihren Brüdern besteht kein Kontakt, da diese sie immer nur „ausgenutzt" hätten. Ihrer älteren Schwester schreibt sie zu Anlässen. Ihre jüngere Schwester lebt mit eigener Familie in ihrer Nähe, zu ihr besteht ein enges Verhältnis. Der Vater der Patientin war ungelernter Hafenarbeiter und starb 63jährig an den Folgen einer chronischen Alkoholabhängigkeit, nachdem er zuvor einen Insult mit einer rechtsseitigen Halbseitensymptomatik erlitten hatte. Die jetzt 64jährige Mutter war zeitlebens Hausfrau; sie wird als jähzornig, aber im Grunde liebenswürdig geschildert. Frau W. durchlief Grund- und Hauptschule, mußte jedoch die 7. Klasse wiederholen. Während ihrer Schulzeit hatte sie nur wenige, oft wechselnde Freundschaften; sie wurde viel gehänselt und hat sich schon immer als „schwarzes Schaf" gefühlt. Nach dem Hauptschulabschluß wurde sie in einer Tischlerei angelernt.

Als *zentrales Erlebnis* ihrer Jugend berichtete die Patientin von sexuellem Mißbrauch durch einen Nachbarn im Alter von 9 und 14 Jahren. Sie habe von der ersten Vergewaltigung niemandem etwas erzählt. Nach dem zweiten Mal habe ihr keiner, nicht einmal ihre Schwester oder ihre Mutter glauben wollen. Als der Nachbar sich ihr erneut im Alter von 17 Jahren sexuell nähern wollte, verließ sie fluchtartig ihr Heimatdorf, ohne ihre Familie zu benachrichtigen. Sie ließ sich in einer norddeutschen Großstadt nieder, wo sie eine Aushilfsstelle in einer Schlachterei annahm. Mit 18 Jahren lernte sie ihren ersten Freund kennen, der sie nach 3 Jahren wegen einer anderen Frau verließ. Aus „Rache" begann sie eine Liaison mit einem Lehrling aus ihrem Betrieb. Als dieser erfuhr, daß Frau W. von ihm schwanger war, brach er die Beziehung ab. Obwohl die Patientin selbst dieses Kind nicht wollte, aber grundsätzlich gerne Mutter wäre, trug sie die Schwangerschaft aus und wurde mit 22 Jahren Mutter einer jetzt 2jährigen Tochter. Seit der Geburt ist die Patientin arbeitslos und bezieht Sozialhilfe.

Aus der *psychiatrischen Anamnese* war zu erfahren, daß sie im Anschluß an den ersten sexuellen Mißbrauch einen ritualisierten Waschzwang für etwa 6 Monate entwickelte. 14jährig unternahm sie mehrere Suizidversuche durch wahllose Einnahme verschiedenster Medikamente, nachdem man ihr die zweite Vergewaltigung nicht glauben wollte. Nach der Trennung von ihrem ersten Freund erlebte sie eine depressive Episode von 4 Monaten Dauer. Während der ungewollten Schwangerschaft entwickelte die Patientin autoaggressive Tendenzen, die sich in Schnittwunden an den Handgelenken und oberflächlichen Bauchverletzungen äußerten. Unmittelbar nach der Entbindung kam es erstmals zu einer rechtsseitigen Armparese, so daß Frau W. ihre Tochter zunächst nicht versorgen konnte. Der damals vermutete Apoplex besserte sich unter krankengymnastischer Behandlung nach 3 Monaten. Es wurde die Verdachtsdiagnose einer Borderline-Persönlichkeitsstörung geäußert, in deren Rahmen die dissoziative Armparese und Sehstörung als symptomatologischer Anteil zu deuten sei, und eine stationäre Psychotherapie empfohlen. Nach weiteren Vorgesprächen konnte Frau W. einer Verlegung in die psychiatrische Klinik zustimmen. Die stationäre psychiatrisch-psychotherapeutische Behandlung umfaßte in einer Art Stufenplan neben autogenem Training Physio- und Ergotherapie sowie eine analytisch-interaktionelle Gruppentherapie, der von Einzelgesprächen komplettiert wurde. Dabei wurden die sexuellen Mißbrauchserlebnisse sowie die jetzige Lebenssituation thematisiert. Dabei standen die ambivalente Einstellung und die aggressiven Impulse der Tochter gegenüber im Vordergrund. In den ersten zwei Wochen vollzog sich eine deutliche Besserung der Lähmung. Es kam jedoch zu einem Rückfall, als Frau W. erfuhr, daß ihre Schwester über den Ehebruch informiert sei. Neben Suizidäußerungen reagiert Frau W., indem sie eine linksseitige Armparese entwickelt. Nach insgesamt zweimonatiger Behandlung wird die Patientin ohne dissoziative Symptomatik und emotional deutlich stabilisiert in weiterführende ambulante Betreuung entlassen. Katamnestisch interessant war, daß sie 9 Monate später erneut in die Klinik für Neurologie mit Paraparese der Beine eingeliefert wurde. Zur auslösenden Situation berichtete sie, daß sie vor 4 Wochen eine neue Beziehung begonnen habe. Am Abend vor der Einweisung sei es erstmals zu einem sexuellen Kontakt mit ihrem neuen Partner gekommen. Als sie am folgenden Morgen aufstehen wollte, konnte sie ihre Beine nicht mehr bewegen.

Hier wird deutlich, daß die dissoziative Armparese zwar den Einweisungsgrund darstellte, jedoch nur einen Teil des komplexen Störungsgeschehens ausmachte. Dabei ist für die psychodynamische Interpretation sowohl die Wahl als auch die Funktion des Symptoms relevant: Mit der Armlähmung erfolgt eine Partialidentifikation mit dem alkoholkranken Vater, der an einem Apoplex erkrankt war. Zudem trugen die Halbbrüder sowie ein mißbrauchender Nachbar nicht zur Ausbildung stabiler – zumindest männlicher – Objektrepräsentanzen bei. Dies wiederum könnte erklären, warum sich die Patientin sehr schnell und immer wieder auf (auch sexuell) intensive Beziehungen zu Männern einläßt. In ihrer aktuellen Situation erfüllt die Armparese zudem die Funktion der Über-Ich-Entlastung: Durch die vermeintlich körperlich begründbare Unfähigkeit ihre Tochter zu versorgen, verdrängt sie ihre aggressiven Impulse, die im Symptom gleichsam neutralisiert und „unschädlich" werden. Die Ambivalenz zwischen Ablehnung der Tochter und ausdrücklichem Wunsch der Mutterschaft kann Frau W. nicht bewußt erleben. Auch auf sexuellem Gebiet kann sie entgegengesetzte Erfahrungen nicht verbinden. Ihre Vergewaltigungserlebnisse sind mit weiteren – positiven – sexuellen Erfahrungen nicht vereinbar, so daß diese Widersprüchlichkeit nur durch die wiederholte Entwicklung einer dissoziativen Körpersymptomatik thematisiert werden kann. Damit ermöglichen die dissoziativen Phänomene, „gute" und „böse" Anteile voneinander getrennt bestehen zu lassen, ohne sie verbinden zu müssen. Diese Spaltung und die Unfähigkeit, Ambivalenz zu erleben, gilt als ein zentrales Moment der Borderlinestruktur. Gleichzeitig kann die dissoziative Symptomatik als Regression verstanden werden, mit der die Patientin ihren unbewußten Wunsch nach Versorgung und Beschütztwerden ausdrückt.

Die Therapie hat diese vielen Facetten und damit die Überdeterminierung des Symptoms zu berücksichtigen. Im Fall von Frau W. kam es in dem Maße zu symptomatologischen Verbesserungen, wie sie ihre Ambivalenz erleben und akzeptieren konnte. Dabei waren ihr besonders die Mitpatienten aus ihrer stationären, psychoanalytisch orientierten Gruppenpsychotherapie hilfreich, die empathisch die positiven und negativen Seiten ihrer Lebenssituation reflektierten.

Zusammenfassende Diskussion

Die Wiederbelebung des Dissoziationsmodells und die neue diagnostische Kategorie der dissoziativen Störung in der ICD-10 und dem DSM-IV läßt sich nur vor dem Hintergrund der Veränderungen im Hysteriekonzept, dem Beitrag der Psychotraumatologie und der Ich-Psychologie verstehen. Dabei muß berücksichtigt werden, daß Dissoziation auch phänomenologisch ein heterogenes Konstrukt mit einerseits rein psychischen, andererseits mit körperlichen Symptomen darstellt. Dem entspricht eine Vielfältigkeit der psychodynamischen Bedeutung dissoziativer Phänomene. Somit sind dissoziative Störungen bei einer definierten Patientengruppe als eigenständige Erkrankungen mit entsprechenden differentiellen Therapieindikationen aufzufassen. Bei der Mehrheit stellen sie jedoch lediglich einen Ausschnitt eines komplexeren psychopathologischen und psychodynamischen Prozesses dar, wobei unter strukturdiagnostischen Gesichtspunkten dissoziative Phänomene auf unterschiedlichem Niveau organisiert sein können. Dies ist natürlich in der Therapie zu berücksichtigen. Ob das Vorliegen dissoziativer Phänomene bei anderen psychischen Erkrankungen das Ansprechen auf Therapie und die Prognose verbessert oder verschlechtert, ist bislang empirisch nicht ausreichend geklärt worden. Die Therapie dieser unter ätiologischen Gesichtspunkten insgesamt inhomogenen Patientengruppe, Merkmale ihrer Verlaufscharakteristika sowie ihre Langzeitprognose stellen einen wichtigen Forschungsansatz der kommenden Jahre dar.

X

Kognitive Verhaltenstherapie bei Persönlichkeitsstörungen

B. Schmitz

Einleitung

Seit den 80er Jahren kann man ein zunehmendes klinisches und wissenschaftliches Interesse an der Diagnostik und psychotherapeutischen Behandlung von Persönlichkeitsstörungen feststellen. Nachdem Persönlichkeitsstörungen in der Literatur der vorangehenden Jahre hauptsächlich aus psychiatrischer und psychoanalytischer Sicht behandelt wurden, findet man heute eine breite Publikations- und Forschungstätigkeit, an der auch Verhaltenstherapeuten aktiv beteiligt sind (Fiedler 1995, Schmitz u. Mitarb. 1996a).

Neben den Neuerungen in den psychiatrischen Klassifikationssystemen durch die Einführung der operationalisierten Diagnostik haben auch veränderte berufs- und gesundheitspolitische Rahmenbedingungen und nicht zuletzt konzeptuelle interne Entwicklungen selbst zu einem Einstellungswandel in der Verhaltenstherapie gegenüber dem Thema der Persönlichkeitsstörungen beigetragen (Schmitz u. Mitarb. 1996b). So hat die Verhaltenstherapie in der Vergangenheit ihre besondere Stärke und Identität in der Feinanalyse und mehrdimensionalen Betrachtungsweise menschlichen Verhaltens in spezifischen Situationen und seiner konkreten internen und externen Auslöser und Konsequenzen gewonnen. Wenn sich heute und relativ spät Verhaltenstherapeuten mit dem Thema der Persönlichkeitsstörungen intensiver beschäftigen, so ist dies auch Ausdruck eines Bedürfnisses nach grundlegenden theoretischen Beiträgen zur menschlichen Entwicklung und Persönlichkeitsorganisation, die situationsübergreifende Muster der inneren Erfahrung und des Verhaltens erklären (Safran u. McMain 1992, Becker 1995).

Millon legte bereits 1981 mit seiner biosozialen Lerntheorie einen ersten verhaltenstheoretisch orientierten Erklärungsansatz für Persönlichkeitsstörungen vor und entwickelte ein differenziertes Modell des Wechselspiels von biologischen Faktoren, neuropsychologischen Entwicklungsmöglichkeiten und lernpsychologischen Prozeßen (vgl. Millon u. Davis 1996).

Erste kognitiv oder verhaltenstherapeutisch orientierte Konzepte zur Erklärung und Behandlung von Persönlichkeitsstörungen wurden dann ab Mitte der 80er Jahre publiziert (Fleming 1988, Liebowitz u. Mitarb. 1986, Linehan 1987 u. 1989, Pretzer 1988, Turkat u. Maisto 1985, Young u. Swift 1988). Mittlerweile liegen sowohl zur kognitiv (z.B. Beck u. Mitarb. 1990/deutsch 1993, Safran u. Segal 1990, Young 1990) als auch zur verhaltenstherapeutisch orientierten Behandlung (z.B. Linehan 1993a/deutsch 1996a u. 1993b/deutsch 1996b, Turkat 1990/deutsch 1996) ausgearbeitete Behandlungskonzepte und Manuale vor. Als kognitive Ansätze werden hier die Konzepte mit schematheoretischer Grundlegung zusammengefaßt (zur Schematheorie s. auch Grawe u. Mitarb. 1994).

Angesichts der Komplexität der Probleme und der schwierigen Therapieverläufe bei Patienten mit Persönlichkeitsstörungen verbinden viele Konzepte (z.B. Linehan 1993a u. b, Liotti 1992, Lockwood 1992, Safran u. McMain 1992, Safran u. Segal 1990, Young 1990, Young u. Lindeman 1992) andere Theorie- und Therapiemodelle wie Gestalttherapie, Gesprächspsychotherapie, interpersonelle Therapie, Bindungstheorie, psychoanalytische Therapie oder Prinzipien der Zen-Philosophie mit dem kognitiven oder verhaltenstherapeutischen Ansatz und verstehen sich mehr oder weniger als integrative Therapiemodelle.

Das Thema der Persönlichkeitsstörungen wurde seit dem Ende der 80er Jahre auch im deutschsprachigen Raum von Verhaltenstherapeuten aufgegriffen (z.B. Bohus u. Berger 1996, Bruch 1988, Fiedler 1993, 1995u. 1996a, Juli 1992, Schmitz u. Limbacher 1989, Schmitz u. Mitarb. 1996a).

Die meisten Beiträge zur kognitiven und verhaltenstherapeutischen Behandlung von Persönlichkeitsstörungen basieren auf klinischen Beobachtungen und Einzelfalluntersuchungen. Da sich die Forschung noch in den Anfängen befindet und angesichts der Komplexität der Probleme betonen die meisten Autoren die Bedeutsamkeit eines individuellen Fallkonzepts und seiner empirischen Überprüfung in der Therapie. Die Ergebnisse von Turkat und Maisto (1985) zeigen zumindest für einzelne Persönlichkeitsstörungen, wie ein effektiver Behandlungsplan auf der Basis eines individuellen Konzeptes für die Probleme eines Patienten aufgestellt und überprüft wird. In den letzten Jahren wurden auch erste kontrollierte Studien zur Überprüfung der Wirksamkeit der psychotherapeutischen Behandlung der Persönlichkeitsstörungen selbst durchgeführt (Shea 1996). Am häufigsten wurden die selbstunsichere Persönlichkeitsstörung und die Borderline-Persönlichkeitsstörung untersucht. Die Ergebnisse sind ermutigend, hervorzuheben sind die Studien von Linehan und Mitarbeitern (Linehan u. Mitarb. 1991 u. 1993), die die Wirksamkeit der dialektischen Verhaltenstherapie bei Borderline-Persönlichkeitsstörungen nachdrücklich belegen.

Kognitive Therapie bei Persönlichkeitsstörungen

Die Arbeitsgruppe um Beck und Freeman (Beck u. Mitarb. 1993, Fleming 1996, Freeman u. Mitarb. 1990, Pretzer 1996) bezieht sich auf den kognitiven Erklärungs- und Behandlungsansatz, wie er erstmalig von Beck und Mitarbeitern (Beck u. Mitarb. 1979) für die Kurzzeitbehandlung der Depression und im weiteren auch für andere Achse-I-Störungen entwickelt wurde, überträgt ihn auf die Behandlung der Persönlichkeitsstörungen und hebt das Schemakonstrukt als grundlegende Einheit der Persönlichkeit hervor. In der Darstellung der komplexen schematheoretischen Grundlagen fallen zwar konzeptuelle und sprachliche Unklarheiten und eine mangelnde Systematik auf, dafür imponieren aber aus klinischer Sicht die differenzierten und ausführlichen diagnostischen und therapeutischen Ausarbeitungen zu allen Persönlichkeitsstörungen nach DSM-III-R (APA 1987).

Grundlegende Annahmen und Begriffe der kognitiven Therapie

Im Unterschied zu frühen verhaltenstheoretischen oder behavioristischen Positionen gehen die kognitiven Ansätze in der Verhaltenstherapie davon aus, daß der Mensch aktiv und gestaltend auf seine Umgebung einwirkt und daß die Umwelt das Erleben und Verhalten weniger durch ihre objektiven Bedingungen beeinflußt, sondern durch die subjektiv wahrgenommene Realität (Bastine 1990). Das kognitive Störungsmodell betont drei Aspekte kognitiver Verhaltensdeterminanten bei psychischen Störungen: übertriebene und fehlerhafte automatische Gedanken, dysfunktionale Schemata und kognitive Verzerrungen.

Die Grundannahmen des kognitiven Erklärungsansatzes bei psychischen Störungen lassen sich in einem zirkulären Feedbackmodell darstellen, daß sowohl intrapsychische als auch interpersonelle, sich selbst aufrechterhaltende Kreisläufe enthält (Abb. 34.**1**):

1. Kognitiv-emotionale Kreisläufe. Dysfunktionale Schemata, kognitive Verzerrungen, übertriebene und fehlerhafte automatische Gedanken, und eine stimmungsabhängige selektive Wahrnehmung und Erinnerung können zu einem intrapsychischen Teufelskreis führen:

- Ungünstige, streßbesetzte Erfahrungen in der Lebensgeschichte verfestigen sich in dysfunktionalen Schemata,

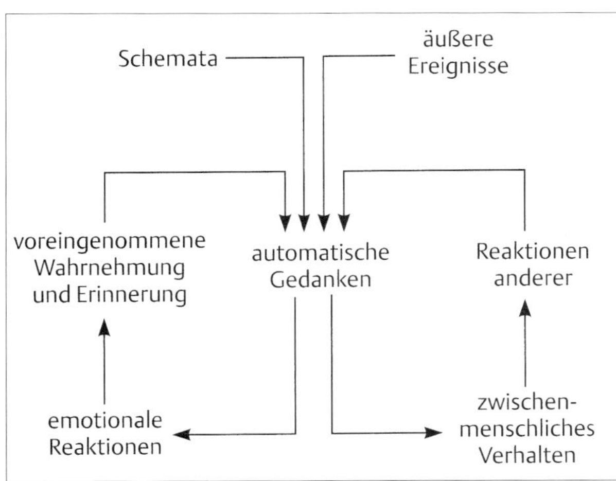

Abb. 34.1 Intrapsychische und interpersonelle Kreisläufe (Pretzer 1996)

die als prädisponierender Faktor für eine psychopathologische Entwicklung angesehen werden; z.B. kann ein Kind, daß in der Familie ständig kritisiert worden ist, weil es den Erwartungen der Eltern nicht entsprochen hat, die Überzeugung entwickeln, daß die Aufmerksamkeit von Autoritäten nur Bestrafung und Feindseligkeit bedeuten kann.

- Diese Schemata werden aktiviert durch relevante und belastende Situationen (z.B. von einem Vorgesetzten zu einem Gespräch gebeten zu werden), die dann in Kombination mit den kognitiven Verzerrungen (z.B. „andere sind entweder absolut freundlich oder feindlich") zu den problematischen automatischen Gedanken beitragen; z.B. „Jetzt bin ich in Schwierigkeiten, jetzt geht es mir schlecht."
- Diese wiederum lösen eine korrespondierende, z.B. depressive Stimmung aus, die selektive Erinnerungen und Wahrnehmungen begünstigt (z.B. die Erinnerung an frühere Situationen der Bestrafung durch relevante Bezugspersonen), die wiederum die automatischen Gedanken verstärken.

2. Kognitiv-interpersonelle Kreisläufe. Die dysfunktionalen automatischen Gedanken können dann ein entsprechendes interpersonelles Verhalten des Betroffenen bewirken, daß im Sinne einer „sich selbst erfüllenden Prophezeiung" das befürchtete Verhalten des Gegenübers tatsächlich auslöst und ein Teufelskreis auf der interpersonellen Ebene entsteht, z.B. ängstliches und mißtrauisches Verhalten angesichts der Erwartung eines feindlichen und bestrafenden Verhaltens kann beim Gegenüber genau dieses Verhaltens auslösen.

Kognitives Erklärungsmodell bei Persönlichkeitsstörungen

Im kognitiven Konzept werden einige Begriffe, wie „automatische Gedanken", situationsspezifisch verstanden, während andere, wie „Schemata" oder "Überzeugungen", situationsübergreifend gelten. Die persistierenden, unflexiblen Verhaltensmuster bei Persönlichkeitsstörungen (normalerweise mit Adjektiven wie z.B. abhängig beschrieben) werden als sichtbare Zeichen dysfunktionaler Schemata aufgefaßt und als interpersonelle Strategien bezeichnet. Im Unterschied zu klinischen Syndromen wie Ängsten oder Depressionen sind die dysfunktionalen Überzeugungen oder Schemata bei Persönlichkeitsstörungen dauerhaft strukturiert und gehören zur alltäglichen Informationsverarbeitung.

Persönlichkeitsstörungen sind nach Ansicht der Autoren also durch besonders extreme, starre und unumgängliche Schemata gekennzeichnet (z.B. „ich bin nicht liebenswert"), die im Sinne der kognitiven Grundannahme eine kontinuierliche Verzerrung in der alltäglichen Informationsverarbeitung bewirken (z.B. Überbewertung jeglicher Anzeichen von Ablehnung). Sie führen zu entsprechenden interpersonellen Strategien zum Schutz der eigenen Vulnerabilität (z.B. Vermeidung von Situationen der Bewertung), bestätigen sich in komplexen Interaktionsprozessen immer wieder und verhindern, daß neue Erfahrungen gemacht werden.

Die Art und Weise, wie die Betroffenen auf diese Situationen reagieren, können als ich-syntone Bewältigungsversuche verstanden werden, gegenüber diesen Situationen zu bestehen, als Verhalten zum Schutz der eigenen Vulnerabilität. So kann z.B. die überwertige Selbstdarstellung und geringe Empathie eines Menschen mit narzißtischer Persönlichkeitsstörung als selbstschützendes Verhalten betrachtet werden, der Angst vor Kritik und Ablehnung entgegenzuwirken oder die extrem mißtrauischen oder die überempfindlichen Reaktionen eines Menschen mit paranoider Persönlichkeitsstörung schon bei harmlosen Bemerkungen als Versuch, einer befürchteten Abwertung oder Täuschung zu begegnen. Das Ausmaß dieser Störungen hängt auch davon ab, ob die Betroffenen mit ihrem Verhalten auf Verständnis stoßen und sozialen Rückhalt finden. Da die Selbsthilfeversuche der Betroffenen für die Umgebung oft nicht nachvollziehbar sind, sondern meistens als Verletzung interpersoneller Umgangsformen verstanden werden, provozieren sie geradezu die Kritik und Ablehnung bei anderen, vor der sich die Betroffenen zu schützen versuchen (Fiedler 1995).

So erfährt der Mensch mit narzißtischer Persönlichkeitsstörung, daß andere seine überwertige Selbstdarstellung nicht teilen und von ihm eine realistische Sichtweise einfordern. Und genau diese Bedrohung führt wiederum fast zwangsläufig in einen erneuten Rechtfertigungszwang und zu einer Aufrechterhaltung des Verhaltens. Oder der Mensch mit paranoider Persönlichkeitsstörung erzeugt durch sein Mißtrauen erst recht das Mißtrauen und die Feindseligkeit der anderen, was ihn in seinem Weltbild bestätigt. Pretzer hebt diese Zusammenhänge in einer neueren Definition von Persönlichkeitsstörungen hervor: „Die kognitive Sichtweise der Persönlichkeitsstörungen bezieht diesen Begriff auf Individuen mit durchgängigen, sich selbst aufrechterhaltenden kognitiv-interpersonalen Kreisläufen, die so dysfunktional sind, daß sie in eine psychotherapeutische Behandlung führen" (Pretzer 1996, S. 160).

Zur Entwicklung von Persönlichkeitsstörungen können nach Beck und Mitarbeitern (1993) im Sinne eines biopsychosozialen Ansatzes verschiedene Faktoren und ihre Wechselwirkungen beitragen. Genetische Prädispositionen werden als „Neigungen" betrachtet, die durch Erfahrung akzentuiert oder abgebaut werden können. So sind z.B. Menschen mit dependenter Persönlichkeitsstörung auf enge Bindungen fixiert, die im Laufe der Entwicklung von den Bezugspersonen aus unterschiedlichsten Gründen verstärkt werden können, oder es werden dysfunktionale Muster von Bezugspersonen über Identifikationsprozesse und durch Modellernen übernommen und weiterentwickelt. Die Aufarbeitung frühkindlicher Erfahrungen zeigt in vielen Fällen, daß sich Persönlichkeitsstörungen aus der kompensatorischen Bewältigung traumatischer Kindheitserlebnisse entwickeln: Eine paranoide Persönlichkeitsstörung kann sich als Reaktion auf frühe Erfahrungen von Verrat und Täuschung herausbilden oder eine zwanghafte Persönlichkeitsstörung als Reaktion auf chaotische Zustände in der Kindheit.

Für jede Persönlichkeitsstörung wurde ein spezifisches „kognitiv-behavioral-emotionales Profil" erarbeitet, das am Beispiel der paranoiden Persönlichkeitsstörung konkretisiert werden soll:

- **Selbstbild:** Menschen mit paranoiden Persönlichkeitsstörungen sehen sich selbst als rechtschaffen und glauben, von anderen schlecht behandelt zu werden.
- **Bild über die Mitmenschen:** Sie betrachten andere Menschen im wesentlichen als unaufrichtig, als Betrüger und Verräter, die verdeckt manipulieren und sich gegen sie verschwören.
- **Hauptannahmen:** „Ich bin anderen Menschen gegenüber verletzlich," „Man kann anderen Menschen nicht trauen," „Ihre Motive sind suspekt," „Sie täuschen mich, sie wollen mich hintergehen oder geringschätzen."
- **Hauptstrategien:** Sie sind vorsichtig, mißtrauisch, äußerst wachsam und jederzeit auf der Suche nach Hinweisen, die „verdeckte Motive" oder „Feinde" entlarven.
- **Hauptaffekt:** Ärger über die angeblich schlechte Behandlung und Angst vor wahrgenommener Bedrohung.

Kognitives Behandlungskonzept

Aus den prototypischen Schemata des Patienten bzw. seiner jeweiligen Persönlichkeitsstörung ergeben sich ausdrücklich störungsspezifische Therapieempfehlungen für den Therapeuten, die sich sowohl auf die Gestaltung der therapeutischen Beziehung und Zusammenarbeit als auch auf die weiteren Problembereiche und Vorgehensweisen beziehen. Im Rahmen einer kognitiven Schwerpunktsetzung läßt sich der kognitive Behandlungsansatz als ein aktiver und hypothesengeleiteter empirischer Therapieansatz charakterisieren, der auf einem individualisierten Konzept der Probleme eines jeden Patienten basiert und der interpersonelle, kognitive, verhaltens- und erlebnisorientierte Interventionen ebenso umfaßt wie die Einbeziehung der sozialen Umwelt in die Therapie.

Therapeutische Zielsetzungen

Das Hauptgewicht des kognitiven Behandlungsansatzes liegt auf der Entwicklung neuer und der Modifikation alter Schemata. Schemata können rekonstruiert, modifiziert und neuinterpretiert werden (Beck u. Mitarb. 1993).

Das Ziel einer „schematischen Rekonstruktion" (z.B. ein Patient mit einer paranoiden Persönlichkeitsstörung wird zu einem vertrauensseligen Menschen) scheint kaum erfolgversprechend, erinnert eher an die behavioristische Machbarkeitsideologie vergangener Jahre und überfordert in der Regel Patient und Therapeut. Als Folge stellen sich im therapeutischen Verlauf dann schnell Frustration und Ärger auf den Patienten ein, die scheinbar ungenügende Mitarbeit des Patienten wird als therapiewidriges Verhalten gegen den Therapeuten gerichtet interpretiert, und dem Patienten wird eine interaktionelle Flexibilität unterstellt, über die er nicht verfügt. Für den Patienten bedeuten derartige Zielsetzungen eine grundlegende Infragestellung der eigenen Person und des eigenen Selbstwerts. Er verleugnet die tatsächlich oft schwierigen Umstände, unter denen er aufgewachsen ist bzw. unter denen er lebt. Wenn festgestellt wird, daß ein Patient andere Menschen als böswillig wahrnimmt, so ist auch nicht unbedingt davon auszugehen, daß die Ansichten des Patienten verzerrt sind. So könnte der Patient mit feindseligen Menschen zu tun haben oder die Feindseligkeit anderer provoziert haben.

Anstatt nun davon auszugehen, daß alle Menschen schlecht sind, könnte der Patient im Sinne einer „Schemamodifikation" unterscheiden lernen, wem er mehr oder weniger trauen kann. In Übereinstimmung mit den entsprechenden kognitiven Interventionen ist es dann auch wichtig, daß der Patient seine dysfunktionalen Interaktionen verändert, damit er keine weiteren feindlichen Reaktionen anderer provoziert, oder auch relevante Bezugspersonen in die Therapie einzubeziehen. Angemessener und versöhnlicher sind also Zielsetzungen, die in Richtung einer „Schemamodifikation" (ein Patient mit paranoider Persönlichkeitsstörung lernt einigen Menschen in einigen Situationen zu vertrauen) oder auch einer „Neuinterpretation der Schemata" gehen. Dies bedeutet, daß dem Patienten geholfen wird, das eigene Verhalten im Kontext seiner Biographie als sinnhaftes, selbstschützendes Verhalten zu verstehen und alle Möglichkeiten auszunutzen, die Umwelt so zu gestalten, daß er mit seiner persönlichen Eigenart befriedigender leben kann, und daß seine persönlichen Eigenarten unter Umständen auch als Kompetenzen zum Ausdruck kommen können (Fiedler 1995). So könnte sich ein Patient mit zwanghafter Persönlichkeitsstörung einen Arbeitsplatz suchen, der in seinen Anforderungen seinem Arbeitsstil entspricht.

Die dysfunktionalen Annahmen, die „nur" mit klinischen Syndromen wie Angst- oder Affektstörungen einhergehen, sind weniger stabil und leichter veränderbar. Somit ist die Behandlung der komplexeren, tiefverwurzelten Probleme bei Patienten mit Persönlichkeitsstörungen wesentlich langwieriger und stellt spezifische Anforderungen an die interaktionelle und methodische Kompetenz des Therapeuten. Beck u. Mitarb. sprechen hier auch von der Charakterphase der Behandlung und geben eine ambulante Behandlungsdauer zwischen 12 und 20 Monaten im Unterschied zu 12 bis 20 Wochen bei der kognitiven Therapie von Achse-I-Störungen an.

Die Fülle und Intensität der Problembereiche bei Patienten mit Persönlichkeitsstörungen sollte nicht zu unrealistischen Erwartungen bezüglich der Ziele, des therapeutischen Aufwandes oder der raschen Veränderbarkeit führen. In jeder Phase des Behandlungsverlaufs ist zu prüfen, welche konkreten Ziele aktuell relevant und erreichbar sind und welche Prioritäten auch durch die soziale Realität gesetzt werden.

Therapeutische Interventionen

Zur Entwicklung neuer und zur Modifikation alter Schemata werden klassische kognitive Techniken wie z.B. das Aufdekken dysfunktionaler Annahmen unter Anleitung, empirisches Vorgehen zur Überprüfung der Validität der Annahmen, Reattribuierung oder die Verwendung von Schematagebüchern vorgeschlagen.

Um die Validität der in der Kindheit entstandenen Schemata anhand der Realität prüfen zu können, müssen diese Annahmen jedoch bewußt werden. Einen besonderen Stellenwert nehmen dabei erlebnisorientierte Vorgehensweisen ein („experientel techniques"), die die Schemata verfügbarer machen (als sogenannte heiße Schemata). So erleichtert das kathartische Erleben im psychodramatischen Rollenspiel den Zugang zu den beherrschenden Schemata (im Sinne des „state-depending-learning"). Das wiederholte Betrachten zentraler Kindheitsepisoden kann Einblick geben in die Ursprünge der eigenen dysfunktionalen Annahmen (z. B. zu erkennen, daß die Neigung zur Selbstkritik keinen triftigen Grund hat, sondern übernommen wurde von der Mutter, die ständig Kritik geübt hat) und ermöglicht damit eine kognitive Umstrukturierung und Erweiterung der Perspektive (z. B. Abschwächung der eigenen Selbstkritik). Durch Rollentausch kann Verständnis entstehen für das Verhalten wichtiger Bezugspersonen, ihre Aussagen und Urteile können relativiert werden (z. B. daß die Mutter unzufrieden war und ihren Ärger an ihrem Kind ausgelassen hat) und damit auch die Einstellungen sich selbst gegenüber.

Verhaltenstherapeutische Methoden wie z. B. Aktivitätenplanung, Modellvorgaben, soziales Kompetenz- und Selbstsicherheitstraining, Rollenspiele oder Hausaufgaben können zur Modifikation der selbstzerstörerischen Verhaltensweisen und zur Förderung sozialer Kompetenz und lebenspraktischer Fertigkeiten eingesetzt werden.

Eine besondere Beachtung finden im kognitiven Ansatz die Probleme und Strategien der Zusammenarbeit und Beziehungsgestaltung mit der Intention, die Therapiebeziehung an den interaktionellen Möglichkeiten des Patienten zu orientieren und sie als Wirkfaktor für Veränderungsprozesse zu nutzen. Angesichts der Komplexität der Probleme und der schwierigen Beziehungsgestaltung wird die Erfordernis betont, klare und gemeinsame Behandlungsziele zu entwickeln, mit Interventionen zu beginnen, die kein umfassendes Sich-Öffnen erfordern, und von Behandlungsbeginn an das Gefühl der Selbstwirksamkeit des Patienten zu fördern.

Beziehungsgestaltung und Zusammenarbeit bei paranoider Persönlichkeitsstörung

Angesichts des paranoiden Weltbildes der Patienten überrascht es nicht, daß die Patienten die Inanspruchnahme psychotherapeutischer Hilfe eher vermeiden, sie hinauszögern und erst dann in einer Psychotherapie erscheinen, wenn andere starken Druck ausüben oder wenn die Lebensverhältnisse unerträglich geworden sind.

Es ist offensichtlich, daß gerade die Anfangsphase einer Therapie eine besonders bedrohliche Situation für den Patienten darstellt, da von ihm Verhaltensweisen erwartet werden (Vertrauen schenken, sich offenbaren und intime Gefühle und Gedanken mitteilen, ein Arbeitsbündnis eingehen und Hilfe annehmen), die für ihn gefährlich sind. Der Patient sollte deshalb, mehr noch als gewöhnlich, die Kontrolle über den Inhalt der therapeutischen Gespräche, über die Hausaufgaben und über die weitere Therapieplanung haben. Da die Patienten ihre paranoiden Einstellungen und Wahrnehmungen selten als zu bearbeitendes Problem sehen, und sich oft bedroht fühlen, wenn sie frühzeitig konfrontiert und zur selbstkritischen Einsicht gedrängt werden, ist es wichtig, Verständnis zu zeigen und auf die Therapieziele des Patienten hinzuarbeiten (z. B. besser entspannen können, mehr Selbstsicherheit gewinnen, Partner- oder Arbeitsplatzprobleme klären). In Anbetracht der besonderen Wachsamkeit des Patienten gegenüber strategischem und manipulierendem Verhalten sollte sich der Therapeut Mühe geben, klar und eindeutig zu kommunizieren und die Therapie transparent zu gestalten.

Förderlich für die Vertrauensbildung ist, das Mißtrauen des Patienten offen anzusprechen und zu respektieren, verbunden mit dem Angebot, sich Zeit zu lassen für den Prozeß der Entwicklung gegenseitigen Vertrauens, Mißverständnisse offen anzusprechen und zu klären und sich darauf einzulassen, die Worte des Therapeuten an seinen Taten zu messen. Voraussetzung für dieses Vorgehen ist, daß der Therapeut das Mißtrauen des Patienten nicht als persönlichen Angriff wertet.

Das Mißtrauen des Patienten kann sich eher verstärken, wenn der Therapeut den Patienten versucht zu überreden, ihm zu vertrauen, oder wenn der Therapeut sich übermäßig verständnisvoll um den Patienten bemüht. Beide Verhaltensweisen können vom Patienten als Täuschungsmanöver wahrgenommen werden, letztere in dem Sinne, daß die besondere Freundlichkeit des Gegenübers gerade der Beweis für seine böse Absicht ist. Eine übermäßig verständnisvolle Haltung des Therapeuten kann auch bald ins Gegenteil einer gekränkten, verärgerten oder mißtrauischen Haltung umschlagen, wenn der Patient die besonderen Anstrengungen des Therapeuten nicht „honoriert" durch eine entsprechende Verhaltensänderung. Auch diese Interaktionssequenz kann aus der Sicht des Patienten wieder als Beleg gelten für die manipulative Absicht des Therapeuten.

Die Probleme in der Therapeut-Patient-Beziehung sollten als Interventionsgelegenheiten genutzt und nicht als Störung betrachtet werden, die so schnell wie möglich beigelegt werden muß. Patienten mit Persönlichkeitsstörungen nehmen Therapeuten aufgrund ihrer generalisierten Annahmen oft unzutreffend wahr ("Übertragungskognition"), hier bieten sich Möglichkeiten für neue Erfahrungen an durch eine einfühlsame Aufklärung der Fehlwahrnehmungen und von Mißverständnissen. In diesem Zusammenhang ist auch die Bereitschaft des Therapeuten gefordert, sich offen mit den eigenen oft starken Gefühlen wie Ärger, Mutlosigkeit oder Angst auseinanderzusetzen, die nicht nur einen Zugang ermöglichen zu wichtigen dysfunktionalen Annahmen des Patienten, sondern auch zu den dysfunktionalen Annahmen und Überempfindlichkeiten des Therapeuten.

Auftretende Probleme in der Zusammenarbeit gehören sorgfältig analysiert und können nicht nur Ausdruck der persönlichkeitsbedingten Kooperationsstörung des Patienten sein (z. B. Rigidität, Angst vor Veränderungen), sondern ihre Ursache auch im Verhalten des Therapeuten oder des Teams haben (z. B. geringe Erfahrung, unrealistische Therapieziele), durch das Setting bedingt sein (z. B. mangelnde Kommunikation, Organisation oder Supervision) oder in der Umwelt des Patienten liegen (z. B. wenn die Umwelt die dysfunktionalen Annahmen des Patienten verstärkt oder die Inanspruchnahme therapeutischer Hilfe ablehnt).

Fallbeispiel Herr Z.: Eine eigene Erfahrung soll die oft miteinander verwobenen Probleme deutlich machen. Eine junge Kollegin, als postgraduierte Psychologin noch nicht lange in der Klinik und verunsichert durch ihre neue Rolle als Therapeutin, bekommt Herrn Z. als neu aufgenommenen Patienten zugewiesen. Herr Z. fiel schon im Vorgespräch vor der stationären Behandlung auf durch seine unklaren Beschwerden und Behandlungserwartungen, durch seine überzogene Selbstdarstellung und durch verachtende, abwertende Äußerungen insbesondere gegenüber Frauen. Trotz der unklaren Behandlungsmotivation des Patienten wurde im Vorgespräch ein Behandlungsversuch vereinbart (Verdachtsdiagnose: depressive Reaktion bei narzißtischer Persönlichkeit), und im Gesprächsprotokoll wurde, zur Vermeidung erster Krisen, ein erfahrener männlicher Therapeut für die stationäre Maßnahme empfohlen. Dieses Vorgesprächsprotokoll wurde bei der stationären Aufnahme des Patienten übersehen, und so gelangte der Patient zu der jungen Kollegin, die sich nach den ersten Therapiegesprächen trotz vielfältiger Hilfestellungen überfordert fühlte, die Behandlung fortzuführen.

Voraussetzung für eine erfolgreiche Behandlung ist nicht nur ein individuelles, für den Patienten transparentes Fallkonzept, sondern auch eine besondere Flexibilität und Kreativität des Therapeuten im Umgang mit dem Patienten und seinen Problemen (z.B. lebendige und anregende Sprache, Humor, Verwendung von Anekdoten und Metaphern) sowie die Bereitschaft, Verständnis für die besondere Eigenart des Patienten zu gewinnen.

Kognitive Therapie am Beispiel der Borderline-Persönlichkeitsstörung

Beck u. Mitarb. (1993) sehen bei der Borderline-Persönlichkeitsstörung eine Vielzahl typischer Annahmen und Verhaltensmuster, die für viele andere Persönlichkeitsstörungen charakteristisch sind. Sie heben drei Grundannahmen bei Borderline-Persönlichkeitsstörungen hervor: „Die Welt ist gefährlich und feindselig," „Ich bin machtlos und verletzlich," „Ich bin von Natur aus inakzeptabel." Diese Grundannahmen bilden zusammen mit dem dichotomen Denken der Betroffenen und ihrem schwachen Identitätssinn ein komplexes System mit sich selbstverstärkenden kognitiv-interpersonellen Kreisläufen und tragen wesentlich zur Störung bei.

Borderlinepatienten sehen sich demnach inakzeptabel, machtlos und verletzlich in einer feindseligen Welt. Im Verhalten zeigt sich eine ständige Wachsamkeit gegenüber Anzeichen von Gefahren, Vorsicht gegenüber zwischenmenschlichen Beziehungen und Angst vor dem Verlust der Selbstkontrolle insbesondere emotionaler Reaktionen und eine ständige Bemühung, die eigene Unzulänglichkeit zu verbergen, um nicht abgelehnt zu werden. Die besondere Wachsamkeit führt dazu, daß sie viele scheinbare Gefahrensituationen entdecken, was ihre Annahmen nur bestätigt. Die Annahme, daß sie von Natur aus inakzeptabel sind, führt dazu, daß sie keine Lösung ihrer Probleme darin finden, abhängig zu werden von jemandem, der sich um sie kümmern könnte, da Abhängigkeit mit der Gefahr verbunden ist, abgelehnt oder verlassen zu werden. So sind die Patienten überzeugt, hilflos in einer feindlichen Welt zu leben, und schwanken zwischen Autonomie und Abhängigkeit hin und her, ohne sich auf eine der beiden verlassen zu können.

Das „Schwarzweißdenken" (z.B. jemand ist entweder vertrauenswürdig oder hinterlistig) bewirkt extreme Bewertungen von Situationen, die wiederum zu extremen emotionalen Reaktionen, Verhaltensweisen und Stimmungswechseln führen (z.B. erscheint jemand als vollkommen unzuverlässig, wenn er den Erwartungen erstmals nicht gerecht wird, auch wenn er sich vorher als zuverlässig erwiesen hat).

Der Mangel an klaren Zielen als ein Aspekt des schwachen Identitätssinnes und die abrupten Emotionswechsel verhindern, daß der Patient erfolgreich auf langfristige Ziele hinarbeiten kann. Sie verhindern die Erfahrung der eigenen Selbstwirksamkeit und Problemlösefähigkeit und prägen bei zahlreichen gleichzeitig einwirkenden Streßfaktoren das Bild einer permanenten Krise, die vom Patienten nicht nur „erlitten", sondern auch aktiv produziert wird (Linehan 1993a).

Beck u. Mitarb. (1993) heben acht spezifische Ziel- und Problembereiche des kognitiven Therapieansatzes bei Patienten mit Borderline-Persönlichkeitsstörungen hervor:

1. Aufbau eines Arbeitsbündnisses.
2. Auswahl der ersten Interventionen.
3. Abbau der Noncompliance.
4. Abbau des dichotomen Denkens.
5. Aufbau von Emotionskontrolle.
6. Verbesserung der Impulskontrolle.
7. Stärkung des Identitätssinns.
8. Thematisierung der Annahmen.

Aufbau eines Arbeitsbündnisses

Da Vertrauen und Intimität von den meisten Patienten als bedrohlich erlebt werden, ist es mehr als sonst notwendig, klar und ehrlich zu kommunizieren, kongruent im verbalen und nonverbalen Verhalten. Mißverständnisse sollten vermieden bzw. offen geklärt werden, und Vereinbarungen sollten eingehalten werden. Der Patient sollte zur Offenheit nicht gedrängt oder überredet werden, und er sollte die Kontrolle über das Ausmaß an Intimität während der Sitzung haben.

Der Patient sollte wegen heftiger emotionaler Reaktionen nicht abgelehnt werden oder Nachteile erfahren, sondern Hilfestellung erfahren im Verständnis des eigenen Fühlens und Verhaltens. Der Therapeut sollte eigene starke Gefühle gegenüber dem Patienten kritisch betrachten und mögliche Überforderungen des Patienten oder eigene Unterstellungen erkennen. Verhalten sich Patienten manipulativ, führen vereinbarte Hausaufgaben nicht durch oder reagieren auf therapeutische Interventionen nicht so, wie sich Therapeuten dies wünschen, entsteht oft Ärger. In diesen Fällen ist es wichtig, einen Schritt zurückzugehen, um den Standpunkt des Patienten besser zu verstehen.

Angesichts häufiger Krisen, notfallmäßiger Telefonanrufe oder spezieller Wünsche nach Sondervereinbarungen muß der Therapeut klären, wieweit er sich für den Patienten verantwortlich fühlt und gewillt ist, auf ihn einzugehen, um daraufhin klare und eindeutige Grenzen zu ziehen. Geht der Therapeut nicht auf den Patienten ein und grenzt sich zu hart und emotional distanziert ab, so fehlt die „haltende Umgebung" und ein Scheitern der Therapie ist wahrscheinlich. Gelingt es dem Therapeuten nicht, angemessene Grenzen zu ziehen, droht eine unrealistische Beziehungsgestaltung. Der Patient wird weiterhin prüfen müssen, wo die Grenzen des Therapeuten tatsächlich liegen und Frustration, Enttäuschung und Aggressionen bei allen Beteiligten sind wahrscheinlich, wenn letztendlich die Grenzen deutlich werden.

Auswahl der ersten Interventionen

Kognitive Therapeuten verfolgen in der Regel einen strategischen, problemorientierten Ansatz, der erfordert, daß sich Therapeut und Patient über die therapeutischen Zielsetzungen einig sind und einen Schwerpunkt durchgehend von Sitzung zu Sitzung beibehalten.

Fallbeispiel Frau M.: Wie geht es einem als Therapeut und was macht man mit einer Patientin, die einen ständig in Atem hält, die stationär wegen einer Bulimie aufgenommen wurde und in jeder Sitzung mit extremer Dringlichkeit und Panik von einer neuen Krise berichtet? Und von der man nach vier Wochen stationärer Behandlung noch immer wenig Grundlegendes zu Krankheitsbild und Lebensgeschichte weiß? Ich berichte von einer eigenen Patientin, die ich vor einiger Zeit behandelt habe. Frau M. berichtete in der ersten Sitzung von aktuell sich zuspitzenden Konflikten mit ihrer Mutter, die während der stationären Behandlung die Tochter meiner Patientin zu sich genommen habe und der sie nicht zutraue, das Kind richtig zu behandeln. Es gebe täglich heftige Telefonate, und sie überlege sich, ob sie die stationäre Behandlung abbrechen müsse. In der nächsten Sitzung berichtete Frau M. von ständigen, bedrängenden Telefonaten ihres Ex-Ehemannes, der wieder eine Beziehung zu ihr aufnehmen wolle und seinen Besuch angekündigt habe. Sie habe sich von ihm getrennt, weil er oft brutal und aggressiv gewesen sei und sie oft geschlagen habe, wenn er getrunken habe. Derzeit besuche er ständig ihre Mutter, mit der er sich sehr gut verstehe. Es gebe da ein Komplott gegen sie, und ihre Mutter würde sie ebenfalls bedrängen, die Beziehung wieder aufzunehmen. In einer darauffolgenden Sitzung berichtete die Patientin über ihren neuen Freund, den sie erst seit ein paar Monaten kenne und der sie ebenfalls laufend anrufe und wünsche, daß sie wieder nach Hause komme. Sie habe ihn über eine Zeitungsanzeige kennengelernt, in der er eine Partnerin für ausgefallene Sexualpraktiken gesucht habe. In einer weiteren Sitzung berichtete Frau M., ihr ambulanter Therapeut habe sie besucht. Er habe keinen guten Eindruck von der Klinik gewonnen und ihr ebenfalls geraten, die Behandlung abzubrechen. Nach anfänglichem Zögern berichtete die Patientin, daß sie sich auch auf eine intime Beziehung zu ihm eingelassen habe, darüber aber nicht sprechen solle. Soweit zu den ersten Gesprächen mit meiner Patientin. Der weitere Therapieverlauf offenbarte immer wieder neue Probleme und Krisen. Kaum war die bulimische Symptomatik etwas gemildert, war Frau M. ständig unterwegs und zeigte ein verschwenderisches Kaufverhalten. Sie berichtete dazu, ihre Schränke zu Hause seien voll mit Kleidern und Schuhen, die sie niemals alle tragen könne. Dann wieder standen extreme soziale Ängste oder ein zwanghaftes Schreibverhalten im Vordergrund, das Frau M. – quasi zum Ausgleich für ihre chaotische Lebensgestaltung – seit Jahren entwickelt hatte. So mußte sie jede neue Einsicht und Anregung aufschreiben – die Regale zu Hause seien mit zahlreichen Ordnern gefüllt –, aus Angst zu entgleisen und vollständig die Kontrolle über ihr Leben zu verlieren. In den nachfolgenden ruhigeren Therapiephasen kamen auch langjährige Erfahrungen sexuellen Mißbrauchs und körperlicher Gewalt durch den Vater zur Sprache. Es wird nicht überraschen, daß Frau M. diagnostisch u.a. die Kriterien einer Borderline-Persönlichkeitsstörung erfüllte. Die Therapie vor allem in der ersten Hälfte verlief von „crisis to crisis“, immer auch bedroht durch eine latente Suizidalität der Patientin, die allein drei Suizidversuche im vorausgegangenen Jahr unternommen hatte. Es wird nachvollziehbar sein, daß ich, beeindruckt von den vielen Problemen, zumindest in der ersten Therapiephase oft angespannt in die Sitzungen ging in der Erwartung einer neuen Krise und Offenbarung. Um ein anderes Bild zu benutzen: Ich kam mir als Therapeut manchmal vor wie ein Koch in der Küche eines großen Restaurants, der auf vielen Kochplatten Töpfe stehen hat, die alle gleichzeitig drohen überzukochen.

Wie geht man in der kognitiven Therapie um mit den ständigen Krisen, vielfältigen Problemen und wechselnden Zielsetzungen, die sich in der Behandlung von Patienten mit Borderline-Persönlichkeitsstörungen immer wieder ergeben?

Für die Auswahl der ersten Interventionen sollten die Ängste des Patienten vor Vertrauen und Intimität berücksichtigt werden durch die Arbeit an verhaltensnahen Problemen, die eine geringere Introspektion und Selbstoffenbarung erfordern. Angesichts der „permanenten Krise“ der Patienten und ihrer zahlreichen Probleme und Symptome sowie ihrer Unklarheiten im Hinblick auf eigene Zielsetzungen und Prioritäten ist es vor allem in der ersten Therapiephase nicht einfach, einen ruhigen und methodischen Ansatz beizubehalten, wie es sich ja auch im Behandlungsverlauf meiner Patientin zeigte. Auch wenn der Neigung widerstanden werden sollte, auf jedes Symptom und jede Krise als einen Notfall zu reagieren, so ist es doch bei vielen Patienten angebracht, die alltäglichen Krisen zu bearbeiten, und sie nicht als Störung des strategischen Vorgehens wahrzunehmen. Die Zusammenarbeit erfordert Flexibilität vom Therapeuten, ein zu starres Verfolgen festgelegter Ziele und Prioritäten führt dazu, daß der Patient sich nicht verstanden und unterstützt fühlt, daß er überfordert wird im Anspruch an Kontinuität oder daß sich Machtkämpfe entwickeln. Das Eingehen auf die alltäglichen Krisen führt dann auch oft dazu, daß sich immer wieder ähnliche Ursachen finden lassen und sich damit ein durchgängiger Schwerpunkt herausbildet.

Fallbeispiel Frau M.: In dem berichteten Fallbeispiel war dies vor allem die Überzeugung meiner Patientin, grundsätzlich machtlos den verschiedenen Beziehungspartnern und ihrem drängenden Verhalten ausgeliefert zu sein, die Unklarheit hinsichtlich ihrer Gefühle, Bedürfnisse und Zielsetzungen und ihre geringen Fertigkeiten der Abgrenzung und Konfliktbewältigung. Die therapeutische Vorgehensweise in den ersten Wochen bestand allerdings zuerst einmal darin, die Krisen aktuell zu klären bzw. zu entschärfen, z.B. sich mit den eigenen Zielsetzungen für den stationären Aufenthalt auseinanderzusetzen, das Für und Wider zu klären im Hinblick auf die täglichen Telefonate und Krisengespräche mit den verschiedenen Bezugspersonen im Rahmen der Zielsetzungen für die stationäre Therapie, dringend zu klärende Probleme zu trennen von Problemen, die sich aufschieben lassen und gründlicher durchdacht werden müssen und geeignete Maßnahmen zu ergreifen zur Klärung oder zur Zurückstellung der vielfältigen Probleme (z.B. Vereinbarungen zu treffen zur Kontaktgestaltung und Beziehungsklärung mit den verschiedenen Bezugspersonen während der stationären Behandlung).

Abbau der Noncompliance

Da die Patienten oft bemüht sind, die eigene Unzulänglichkeit zu verbergen, um nicht abgelehnt zu werden, übersieht der Therapeut oft die tatsächlichen Schwierigkeiten des Patienten. Linehan (1993 a) spricht von einer „scheinbaren Kompetenz“ der Patienten. Viele Probleme der Zusammenarbeit (z. B. Hausaufgaben nicht erledigen, geringe Offenheit) stehen in Zusammenhang mit der Überzeugung der Patienten, bedeutende Unzulänglichkeiten verstecken zu müssen und sich nicht so zeigen zu können, wie sie wirklich sind.

Fallbeispiel Frau M.: Ich hatte mit Frau M. vereinbart, daß sie tägliche Protokolle ihres Eßverhaltens erstellt. Nachdem sie mehrmals die unterschiedlichsten Gründe fand, warum sie diese Aufgabe nicht durchgeführt hatte, fanden wir heraus, daß sie sich schämte, mir und sich selbst einzugestehen, daß sie ihr bulimisches Eßverhalten nicht unter Kontrolle hatte. Meine Versicherung, daß ich dies auch nicht von ihr erwarte, hatte sie zwar gehört, aber nicht geglaubt. Die indirekte Verweigerung der Hausaufgabe stand im direkten Zusammenhang mit der Vermeidung von Scham- und Schuldgefühlen und der Sichtweise der Patientin, daß sie inakzeptabel sei und daß die Umwelt kontrollierend und feindselig sei. Darüber hinaus war sie der festen Überzeugung, daß sie zum Zwecke der Anerkennung etwas leisten müsse, und daß es gefährlich sei, ein Risiko einzugehen und die eigenen Schwächen zu zeigen. Die Durchführung der Hausaufgabe selbst löste auch Ängste aus vor dem vermuteten eigenen Versagen in der Bewältigung der Eßprobleme, so daß es besser sei, sich gar nicht erst damit zu beschäftigen, da ja sowieso mit einem Mißerfolg gerechnet werden müße. Die skizzierten Zusammenhänge machen auch verständlich, warum meine Patientin nur allmählich und schrittweise im Behandlungsprozeß ihre weiteren Probleme offenbarte. Es war ein wiederkehrender Test meiner Glaubwürdigkeit, Zuverlässigkeit und Belastbarkeit, immer auch bedroht aus der Sicht der Patientin durch zuviel Abhängigkeit und Nähe zu ihrem Therapeuten, die sie mit Hilflosigkeit und Verletzlichkeit gleichstellte. Frau M. hatte deshalb über den gesamten Therapieprozeß großen Einfluß auf die Gesprächsthemen und die Gestaltung der Zusammenarbeit, so daß sie die Erfahrung machen konnte, daß Offenheit und Intimität sich nicht ihrer Kontrolle entziehen.

Die Behandlung der Patienten erfordert eine intensive Supervision und Gesprächsbereitschaft aller Beteiligten, dies gilt insbesondere auch für die Zusammenarbeit im stationären Setting, wenn sich an der Therapie oft Konflikte entzünden.

Fallbeispiel Frau M.: Nachdem Frau M. im Therapieverlauf offener wurde und sich auch zunehmend Hilfe und Unterstützung holte in Krisensituationen, gab es Konflikte im Team. So kritisierte die Co-Therapeutin, daß meine Patientin wesentlich mehr Zuwendung, Aufmerksamkeit und Unterstützung erfahre als die anderen Patienten und von mir bevorzugt werde. Wir haben oft erlebt, wie sich besonders in der Therapie von Patienten mit Borderline-Persönlichkeitsstörungen Teamkonflikte entzünden und Spaltungsprozesse und Koalitionsbildungen sichtbar werden. Oft geht es dann um eine strengere oder eine verständnisvollere Haltung zum Patienten oder darum, ob man auf Regelverstöße fürsorglich oder disziplinarisch reagieren müßte. Auch im Team offenbaren sich dann dichotome Einstellungen, die es in der Supervision zu klären und zu überwinden gilt. In diesem Falle war es uns gelungen, zu einer Klärung der Situation zu kommen, indem wir in die Therapie stärker die aktiven Selbsthilfemöglichkeiten der Patientin einbezogen (z. B. auch Hilfestellung bei ihr nahestehenden Mitpatienten zu holen). Die kritischen Kommentare der Co-Therapeutin halfen somit, das richtige Maß zwischen verständnisvoller Fürsorge um die Patientin und dem Anspruch an aktive Selbsthilfe der Patientin zu finden (Linehan 1993 a).

Abbau des dichotomen Denkens

Beck und Mitarbeiter sehen in der Abschwächung des dichotomen Denkens eine wichtige Voraussetzung dafür, daß die Häufigkeit plötzlicher Stimmungswechsel und die Intensität emotionaler Reaktionen des Patienten abnimmt, wenn die Patienten die Problemsituationen nicht mehr so extrem bewerten. Dem typischen dichotomen Denken kann z. B. mit der Kontinuumtechnik entgegengewirkt werden. Hierbei wird ein Begriff wie „Vertrauenswürdigkeit“ ausgewählt, und der Patient wird aufgefordert, einigermaßen klare operationale Definitionen zu geben, welche Eigenschaften jemand hat, der vertrauenswürdig ist und der nicht vertrauenswürdig ist. Dann können die Patienten gebeten werden, zu prüfen, ob sich bekannte Personen diesen beiden extremen Kategorien zuordnen lassen, oder ob sie – was sich in der Regel herausstellt – zwischen den Extremen liegen. Dies als Beleg dafür, daß die Dinge nicht nur schwarz oder weiß sind.

Aufbau von Emotionskontrolle

Der Begriff der Emotionskontrolle ist nur bedingt zutreffend, da es nicht nur darum gehen kann, mehr Kontrolle über die eigenen Emotionen zu gewinnen, sondern auch darum, die eigenen Emotionen differenzierter und frühzeitiger wahrzunehmen und auszudrücken. Die Patienten neigen dazu, die Wahrnehmung negativer Gefühle zu vermeiden, da diese Gefühle selbst Angst machen, von ihnen überflutet zu werden (Linehan 1993 a). Und negative Gefühle anderen gegenüber werden oft unterdrückt, da sie mit der Angst vor Ablehnung verbunden sind, oder es werden andere Wege gesucht, emotionalen Streß abzubauen, wie impulsives oder selbstschädigendes Verhalten. Irgendwann explodieren die Patienten auch, wenn die innere Anspannung und Erregung sich nicht mehr kontrollieren läßt. Hier bieten die Einzel- und Gruppentherapie viele Möglichkeiten, einen differenzierteren Zugang zu den eigenen Gefühlen zu gewinnen. So kann der Therapeut behutsam diesen Prozeß in Gang setzen, wenn er immer wieder die Gefühle anspricht, sobald Situationen auftauchen, die normalerweise Ärger, Angst oder Enttäuschung hervorrufen, oder er kann über eine sensible Wahrnehmung und Rückmeldung der nonverbalen Signale dem Patienten helfen, vermiedene Gefühle wahrzunehmen.

Verbesserung der Impulskontrolle

Patienten, die unter impulsiven und selbstschädigenden Verhaltensweisen leiden, können in der Aufarbeitung und Bedingungsanalyse dieser Situationen lernen, mehr Zugang zu ihren Gefühlen zu gewinnen, da diese Verhaltensweisen in der Regel durch emotionalen Streß bedingt sind.

Fallbeispiel Frau M.: So hatte Frau M. über viele Jahre gelernt, innere Anspannung, Angst, Unzufriedenheit oder körperliche Unruhe durch impulsive und betäubende Verhaltensexzesse abzubauen wie Heißhungeranfälle und Erbrechen, selbstverletzendes Verhalten, verschwenderisches Kaufverhalten, masochistische Sexualpraktiken oder schmerzhaften Intimschmuck. Eine Auseinandersetzung mit den Motiven und den inneren und äußeren Bedingungen dieser Verhaltensweisen kann wesentlich zur Verbesserung der Selbstwahrnehmung des Patienten beitragen und kann helfen, angemessenere Verhaltensweisen zu entwickeln. Gerade selbstverletzende Verhaltensweisen haben oft die Funktion, andere oder sich selbst zu bestrafen, sich Erleichterung zu verschaffen oder auf die Ernsthaftigkeit der eigenen Probleme hinzuweisen. Frau M. berichtete beispielsweise, daß sie sich am Ende einer Wochenendbeurlaubung mehrfach mit einer Nagelschere die Arme verletzt habe, weil sie unter einer nicht zu ertragenden Anspannung gelitten habe. Erst nach einer Durcharbeitung der Geschehnisse des Wochenendes konnte sie Zusammenhänge sehen zu einem Verlusterlebnis und zu einer Kränkung, die sie durch ihren Freund erfahren hatte, die sie aber erst im Rahmen einer Vorstellungsübung bewußt wahrnehmen und erleben konnte. So hatte ihr Freund sie als hysterisch kritisiert, nachdem sie über den Tod seines Großvaters weinte, zu dem sie eine sehr enge Beziehung hatte. Das selbstverletzende Verhalten war für sie gleichermaßen eine Selbstbestrafung, weil sie sich nicht unter Kontrolle hatte, es half die Anspannung in der Situation zu vermindern, und es war ein Versuch, den Freund zu bestrafen und seine Schuldgefühle anzusprechen, weil er sie verletzt hatte.

Stärkung des Identitätssinns

Zur Stärkung des Identitätssinns sollte die Therapie den Patienten die Erfahrung ermöglichen, daß sie vielfältige positive Eigenschaften und Fertigkeiten besitzen und daß sie in einem behutsamen und schrittweisen Therapieprozeß auch erfolgreich die notwendigen Bewältigungsfertigkeiten und sozialen Kompetenzen zu einer befriedigenderen Lebensführung entwickeln können, wenn sie mehr Zugang zu sich, ihren Gefühlen und Bedürfnissen und zu ihrem Körper gewinnen.

Zur Stärkung des Identitätssinnes gehört auch, Verständnis zu gewinnen für die eigene Lerngeschichte der Verletzungen, Verluste und Belastungen, die den Überzeugungen, Verhaltensweisen und Gefühlen zugrundeliegen, und einen Weg zu finden, die oft leidvolle, aber auch reiche Lebenserfahrung zu einer aktiven Lebensgestaltung zu nutzen. Einen hohen Stellenwert in der Behandlung von Patientinnen mit Borderline-Persönlichkeitsstörung nimmt in diesem Zusammenhang die Aufarbeitung sexueller Mißbrauchserfahrungen ein, die dem Bewußtsein oft nicht zugänglich sind und die oft erst im Laufe des therapeutischen Prozesses erinnert werden. Auch die Aufarbeitung dieser Erfahrungen sollte behutsam erfolgen, und die Patientin sollte die Kontrolle darüber haben, wann und was sie berichten möchte. Anstatt sich selbst zu hassen und den Körper abzulehnen, gilt es in vielen kleinen Schritten, eine fürsorgliche und annehmende Haltung dem Körper gegenüber zu entwickeln und die Erfahrung von Selbstbestimmung wiederzuerlangen. D. h., auch Grenzen zu setzen, Nein zu sagen, Kontrolle über Situationen zu haben und das eigene Handeln als effektiv zu erfahren.

Thematisierung der Annahmen

Grundsätzlich ist zu sagen, daß die Patienten ihre Überzeugung, daß sie machtlos und inakzeptabel in einer feindlichen Welt leben, nur allmählich abschwächen können im Rahmen wiederkehrender, schrittweiser Realitätsüberprüfungen und Verhaltensexperimente und daß keine spektakulären Veränderungen zu erwarten sind. Die Therapeut-Patient-Beziehung stellt dabei eine besondere Gelegenheit dar zur Thematisierung und Überprüfung der Annahmen. Es ist eine wiederkehrende Erfahrung in der Therapie von Patienten mit Borderline-Persönlichkeitsstörungen, daß die Patienten im Verlauf der Therapie allmählich das gesamte Ausmaß ihrer Verrücktheit offenbaren und die Verhaltensweisen, für die sie sich schuldig fühlen oder schämen. Gelingt es dem Therapeuten, die Patienten aufrichtig zu akzeptieren und ihnen diese Akzeptanz durch Empathie und Fürsorge mitzuteilen, so erfährt der Patient, daß er als Person angenommen wird, auch wenn er die schlimmsten Geheimnisse offenbart. Daß der Patient dies nicht immer und überall erwarten kann, wenn er mehr Offenheit und Nähe in Beziehungen riskiert und auch mit Ablehnung umgehen muß, sollte in der Therapie gleichermaßen zum Thema werden.

Der Patient sollte auch verstehen lernen, wie er selbst mit dem eigenen Verhalten beiträgt zur Bestätigung seiner Überzeugungen. So machen die Patienten häufig die Erfahrung, daß sie von ihrer Umwelt nicht ernst genommen werden in ihrer Verletzbarkeit und den ständigen Krisen oder daß sich Bezugspersonen kritisch und überfordert zurückziehen. Suizidale oder selbstschädigende Verhaltensweisen des Patienten sind dann oft die letzten verfügbaren Mittel, der Umwelt zu beweisen, daß man so verzweifelt ist, wie man es äußert und daß man Hilfe benötigt. Wenn selbst diese Verhaltensweisen bei anderen Überforderung, Kritik, Zweifel oder Rückzug auslösen, fühlt sich der Patient darin bestätigt, daß er machtlos und inakzeptabel in einer feindlichen Welt lebt. Hier geht es auch darum, dem Patienten (wie auch dem Therapeuten in der Supervision) Einsicht zu ermöglichen in die sich selbst aufrechterhaltenden kognitiv-interpersonellen Kreisläufe, die sich nicht nur außerhalb, sondern auch innerhalb der Therapie wiederholen.

Fallbeispiel Frau D.: Frau D. befand sich seit vier Monaten in stationärer Behandlung in unserer Klinik. Nach krisenreichem Verlauf hatte sich die Patientin zunehmend stabilisiert, und es stand die Vorbereitung der Entlassung im Vordergrund, als es zu einer weiteren suizidalen Krise kam. Als Auslöser der Krise berichtete die Patientin, daß sie während eines Ausflugs mit Mitpatienten von einem 8jährigen Mädchen als „fette Kuh" beschimpft worden sei. Darüber hinaus habe einige Tage später die Schwester einen versprochenen Besuch in der Klinik abgesagt, obwohl sie ihr berichtet hatte, daß es ihr schlecht gehe und sie Selbstmordgedanken habe. Das Verhalten der Schwester bestätige sie darin, daß niemand sie ernst nehme und auf ihre Wünsche und Bedürfnisse eingehe. „Was muß ich denn noch machen, damit meine Schwester kommt." Die Schwester würde sowieso denken, „die spinnt ja bloß." Das Gespräch wurde vom Therapeuten auf Video aufgenommen und in der Supervision besprochen. Am Verhalten des Therapeuten fiel auf, daß er nach einer kurzen, oberflächlichen Exploration der Ereignisse zunehmend in eine enttäuschte und vorwurfsvolle Haltung überging und die Patientin mit Vorhaltungen konfrontierte (z. B. „was sie denn eigentlich in den vier Monaten gelernt habe"). Ärger und Enttäuschung des Therapeuten bestätigten die Patientin in ihren negativen Überzeugungen und verhinderten, daß die hinter der Krise stehenden Ängste der Patientin vor der geplanten Entlassung angesprochen wurden.

Kognitiv-interpersonelle Therapie bei Persönlichkeitsstörungen

Safran u. Mitarb. (Safran u. Segal 1990, Safran u. McMain 1992) sehen ihr Interesse an den Persönlichkeitsstörungen im Zusammenhang mit grundlegenden Bemühungen, die Begrenzungen des kognitiven Therapieansatzes für Achse-I-Störungen (Beck u. Mitarb. 1979) zu überwinden und konzeptuell und therapeutisch weiterzuentwickeln, auch unter Einbeziehung anderer therapeutischer Richtungen. Sie kritisieren am klassischen kognitiven Therapieansatz:

1. die Vernachlässigung der therapeutischen Beziehung als Wirkfaktor der Behandlung,
2. die eingeschränkte Sichtweise von Emotionen als postkognitive Phänomene,
3. die Vernachlässigung wichtiger interpersoneller und sozialer Aspekte bei psychischen Störungen,
4. die Gleichsetzung von Gesundheit mit Rationalität und die Betonung realitätsangepaßten Denkens und Wahrnehmens sowie die Unterschätzung des Patienten, der Experte seines eigenen Erlebens sei und
5. die Betonung strukturierender und technischer Aspekte der Therapie, anstelle von prozeßorientierten und Beziehungsfaktoren.

Erklärungsmodell

In ihrem eigenen Ansatz stellen sie das Konstrukt des „interpersonellen Schemas" in den Mittelpunkt, das die frühkindlichen Interaktionen mit signifikanten Bezugspersonen repräsentiert und beziehen sich in ihrem theoretischen Modell u. a. auf die interpersonelle Theorie (Sullivan 1953), auf den bindungstheoretischen Ansatz (Bowlby 1963, 1979 u. 1980) und auf neuere, auch eigene Beiträge zur Emotionstheorie (z. B. Safran u. Greenberg 1987).

Interpersonelle Schemata werden als abstrakte, prototypische Repräsentationen von menschlichen Beziehungen aufgefaßt, die eine Art „Programm" enthalten zur Aufrechterhaltung von Beziehungen. Bowlby prägte in diesem Zusammenhang den vergleichbaren Begriff des „internal working models".

Dabei ist das Grundziel, interpersonelle Beziehungen einzugehen und aufrechtzuerhalten, angeboren (Bindungsbedürfnis), während die jeweils unterschiedlichen individuellen Strategien und Prinzipien der Zielerreichung erlernt sind, d. h. sich aus den Erfahrungen in bindungsrelevanten Situationen ergeben. Interpersonale Schemata haben also eine adaptive Funktion im Entwicklungskontext, wobei ungünstige Sozialisationserfahrungen die Entwicklung interpersonaler Schemata fördern können, die sich im späteren Lebenskontext als dysfunktional erweisen. So wird sich z. B. jemand, der gelernt hat, sich stark und unverletzbar zu zeigen, um Beziehungen aufrechtzuerhalten, Gefühle von Trauer, Hilflosigkeit oder Angst verbergen. Da es schwierig ist, zu dem Betreffenden emotionalen Kontakt zu bekommen, werden sich andere Menschen oft zurückziehen und damit die Annahme des Betroffenen bestätigen, daß er nicht liebenswert sei und daß seine Gefühle inakzeptabel sind. Hier zeigt sich die Bedeutung eines „kognitiv-interpersonellen Zirkels" für die Aufrechterhaltung psychischer Störungen: Rigide Vorstellungen über sich selbst und über andere aktivieren stereotypes und rigides Verhalten gegenüber anderen Personen, durch dessen Konsequenzen die eigenen starren Vorstellungen über zwischenmenschliche Beziehungen bestätigt werden.

Behandlungskonzept

Die Autoren heben in ihrem therapeutischen Konzept drei hauptsächliche Veränderungsmechanismen hervor:

1. **„Decentering":** Ein notwendiger, aber nicht ausreichender Schritt ist, daß der Patient seine eigene Rolle in der Konstruktion von Wirklichkeit wahrnimmt. Der Ansatz betont das Vorgehen einer phänomenologischen Exploration und geht davon aus, daß der Patient Experte seiner eigenen Erfahrungen ist und daß Interpretationen die eigene Selbstexploration und Selbstkenntnis verhindern können. Die Untersuchung und Veränderung kognitiver Prozesse erfolgt in einer emotional unmittelbaren Art, d. h. kognitive Prozesse, die von den affektiven Erfahrungen abgespalten sind, repräsentieren keine vollständige organismische Erfahrung, die aus der Sicht der Autoren eine Voraussetzung für Veränderungen darstellt.
2. **„Disconfirmation":** Die dysfunktionalen Überzeugungen über die eigene und andere Personen werden durch neue Erfahrungen mit Hilfe der üblichen kognitiv-verhaltenstherapeutischen Methoden herausgefordert und modifiziert. Exploratives Verhalten oder Rückzug sind beeinflußt durch die Erfahrung oder durch einen Mangel zuverlässiger Beziehungserfahrungen in der Kindheit. Aus der Sicherheit einer vertrauensvollen therapeutischen Beziehung kann sich der Patient explorativ auf neue Erfahrungen einlassen. Werden Ängste aktiviert wie z. B. vor Zurückweisung, können kognitive Methoden (z. B. „reframing": die Angst als Chance, etwas neues zu lernen) helfen, die Angst zu tolerieren und den Lernprozeß zu ermöglichen. Der Ansatz von Safran u. Segal betont, den Patienten als aktiven Partner zu gewinnen und hebt die Bedeutung der therapeutischen Beziehung hervor als Labor zur Exploration kognitiv-affektiver Prozesse und Infragestellung interpersoneller Schemata. Die Gefühle des Therapeuten werden herangezogen, um Hypothesen über die charakteristischen interpersonellen und kognitiven Stile des Patienten zu gewinnen, wobei besonders hingewiesen wird auf die Notwendigkeit, daß der Therapeut den ei-

genen Anteil an der Interaktion erkennt und daß er aus dem interpersonellen Teufelskreis, den der Patient mit seinem extremen Verhalten provoziert, herausfindet. Vom Therapeuten wird Sensibilität und Offenheit gefordert in der Selbst- und Fremdwahrnehmung und gegenüber Veränderungen in der Beziehung, Bereitschaft zur Selbstexploration und Metakommunikation sowie Belastbarkeit und eine positive Einstellung gegenüber therapeutischen Krisen, deren gelungene Bearbeitung den Veränderungsprozeß des Patienten wesentlich begünstigen kann.

3. **„Accessing action-disposition information“:** Förderung der Wahrnehmung von bedrohlichen Gefühlen (Gefühle als Handlungsbereitschaften), die zuvor nicht bewußt waren, da sie mit den dysfunktionalen Überzeugungen nicht übereinstimmen. Als Folge der uneingestandenen Gefühle können sich inkongruente Kommunikationsstile entwickeln, die zu den interpersonellen Teufelskreisen beitragen: z.B. wenn jemand mit Worten einer Sache zustimmt, weil er meint, den Erwartungen anderer entsprechen zu müssen und nonverbal seinen Unwillen kundtut, weil er es gegen seinen Willen tut und damit distanzierendes Verhalten anderer provoziert. Therapeutisches Ziel für den Patienten ist, die uneingestandenen Gefühle (z.B. Ärger über den Therapeuten und seine Anforderungen) wahrzunehmen, sie selbstverantwortlich zum Ausdruck zu bringen und die eigenen rigiden und eingeschränkten interpersonellen Schemata (z.B. ich muß den Erwartungen anderer gerecht werden, um akzeptiert zu werden und Beziehungen aufrechterhalten zu können) flexibler zu gestalten und im Verhalten kongruent zu werden. Die Autoren heben hervor, daß der Therapeut den Patienten mit einer annehmenden und empathischen Haltung darin unterstützen kann, seine dysfunktionalen Überzeugungen über seine Gefühle zu korrigieren und offener zu werden gegenüber dem eigenen inneren Erleben, während ablehnendes oder kritisches Verhalten des Therapeuten die dysfunktionalen Überzeugungen eher verstärken wird. So wird eine feindliche oder ablehnende Haltung des Therapeuten die Überzeugung des Patienten bestätigen, daß es gefährlich ist, Ärger zu erleben, oder wenn der Patient beginnt, seine uneingestandenen Gefühle der Traurigkeit wahrzunehmen, wird ein Therapeut, der die Traurigkeit durch eine rationale Neubewertung der Situation zerstreuen möchte, den Patienten darin bestätigen, daß Traurigkeit nicht akzeptiert wird.

Verhaltenstherapie bei Persönlichkeitsstörungen

Praxisorientierte Ausarbeitungen aus verhaltenstherapeutischer Sicht liegen z.B. vor von Turkat (1990), der angesichts des geringen Kenntnisstandes zur Wirksamkeit von Verhaltenstherapie bei Persönlichkeitsstörungen einen quasi-experimentellen und hypothesenüberprüfenden dreistufigen Behandlungsansatz im Sinne eines Einzelfalldesigns vorschlägt. Der Behandlungsansatz orientiert sich an folgenden drei Stufen:

1. **„Initial interview“:** In der ersten Stufe wird anhand einer differenzierten Verhaltens- und Bedingungsanalyse, ergänzt durch eine psychiatrische Diagnostik nach DSM-III-R und durch umfassende ätiopathogenetische Informationen ein individuelles Fallkonzept erstellt. Das individuelle Fallkonzept enthält Annahmen
   - über den Zusammenhang zwischen den verschiedenen Problemen des Patienten und
   - über deren Ätiopathogenese im Sinne begünstigender, auslösender und aufrechterhaltender Faktoren sowie
   - über das zukünftige Verhalten des Patienten.
2. **„Clinical experimentation“:** Daraufhin erfolgt in der zweiten Stufe die Überprüfung der Konzeptvalidität im Rahmen eines quasi-experimentellen Vorgehens, d.h. mit verschiedensten Methoden wie Verhaltensexperimenten oder Testverfahren werden die spezifischen Voraussagen über das Verhalten des Patienten überprüft. Turkat gibt dazu zahlreiche Beispiele und Anregungen wie z.B. Verhaltensexperimente zur Überprüfung geringer Empathie bei narzißtischer Persönlichkeitsstörung.
3. **„Modification methodology“:** Sprechen die Ergebnisse für die Validität des Fallkonzeptes und sind sich Therapeut und Patient über die Sichtweise der Probleme einig, erfolgt in der letzten Stufe die Aufstellung eines Interventionsplans und die systematische Evaluation der Maßnahmen. Im Unterschied zu standardisierten verhaltenstherapeutischen Vorgehensweisen wird ein individueller Interventionsplan erarbeitet, der sich direkt vom individuellen Fallkonzept ableitet.

Der Interventionsplan sollte nicht nur die spezifischen verhaltenstherapeutischen Vorgehensweisen beschreiben, sondern auch die therapeutische Strategie in der Gestaltung der Abfolge der Maßnahmen und die Art der Beziehungsgestaltung zum Patienten.

Selbst wenn zwei Patienten die gleiche Diagnose haben, z.B. eine paranoide Persönlichkeitsstörung und als Problembereiche eine Überempfindlichkeit gegenüber Kritik sowie geringe soziale Fertigkeiten herausgearbeitet werden, kann sich aus dem individuellen Fallverständnis eine unterschiedliche Reihenfolge im Vorgehen ergeben. Bei dem einen Patienten mag es angebracht sein, im ersten Schritt die Angst vor Kritik zu verringern und dann ein soziales Fertigkeitentraining durchzuführen, da er zu ängstlich ist, um von den kritischen Rückmeldungen zu lernen, die im Fertigkeitentraining verwandt werden. Bei dem anderen Patienten wird unter Umständen zuerst ein Fertigkeitentraining durchgeführt, weil das soziale Verhalten als primär angesehen wird und die Angst vor Kritik als sekundär, da der Patient immer wieder Sozialverhalten zeigt, das die Kritik anderer auslöst.

Turkat illustriert seinen dreistufigen Behandlungsansatz für jede Persönlichkeitsstörung nach DSM-III-R anhand von klinischen Beobachtungen, methodischen Anregungen und Interventionsempfehlungen. Im Unterschied zu den anderen kognitiven und verhaltenstherapeutischen Ansätzen, über die berichtet wird, beschränkt sich Turkat mit seinen Interventionsempfehlungen im Rahmen eines mehrdimensionalen Therapieansatzes eher auf klassische verhaltenstherapeutische Methoden wie z.B. Training sozialer Fertigkeiten (bei den meisten Persönlichkeitsstörungen angezeigt), Angstbewältigung, Problemlösen oder kognitive Umstrukturierung (Liebowitz u. Mitarb. 1986).

So hebt Turkat z.B. für die Behandlung der paranoiden Persönlichkeitsstörung folgende Problembereiche und Methoden hervor: Verringerung der Überempfindlichkeit gegenüber Kritik durch Methoden der Angstbewältigung und Förderung sozialer Fertigkeiten im Hinblick auf soziale Wahrnehmung, korrekte Informationsverarbeitung, soziale

Attraktivität, Umgang mit Feedback. Inwieweit die von Turkat entwickelten Konzepte und Interventionen auch auf andere Patienten mit derselben Diagnose übertragbar sind, müssen größere und kontrollierte Studien zeigen.

Dialektische Verhaltenstherapie bei Borderline-Persönlichkeitsstörungen

Marsha M. Linehan hat seit Mitte der 80er Jahre in verschiedenen Artikeln (z.B. 1987, 1989, 1996) und Buchpublikationen (1993a, 1993b) ihr Konzept der „dialektischen Verhaltenstherapie" bei Patienten mit Borderline-Persönlichkeitsstörungen dargestellt.

Biosoziale Theorie

Linehan vertritt mit ihrem Ansatz der dialektischen Verhaltenstherapie ein affektives Vulnerabilitätskonzept und vermutet eine konstitutionell angelegte Dysfunktion der Affektregulation („Vulnerabilität") bei Individuen mit einer Borderline-Persönlichkeitsstörung, die mitverantwortlich sein soll für die heftigen Überreaktionen und das impulsive Handeln der Betroffenen. Emotionale Vulnerabilität bezieht sich auf ein durchgängiges Muster hoher Sensitivität gegenüber emotionalen Reizen, heftigen emotionalen Reaktionen schon auf schwache Reize und eine nur langsame Rückkehr zum Ausgangsniveau und führt zu Gefühlen von Panik, Verzweiflung und dem Überwältigtwerden von Emotionen bis hin zu suizidalem Verhalten.

Linehan vergleicht die heftigen emotionalen Überreaktionen von Borderlinepatienten mit der Empfindlichkeit von Patienten mit ausgedehnten Verbrennungen, die die leichteste Berührung oder Bewegung als schmerzhaft empfinden. Borderlinepatienten haben sozusagen keine „emotionale Haut" und erleben vor allem schmerzhafte Emotionen mit besonderer Intensität und Unkontrollierbarkeit.

Dieser initialen affektiven Vulnerabilität stehen ungünstige Lernerfahrungen gegenüber, die dazu führen, daß die Betroffenen keine Fertigkeiten zur Emotionsregulierung lernen („Invalidierungs- bzw. Entwertungssyndrom"). Unter dem Invalidierungssyndrom versteht Linehan die Neigung wichtiger Bezugspersonen, insbesondere negative emotionale Erfahrungen zu mißachten, Schwierigkeiten in der Lebensbewältigung herunterzuspielen und viel Wert auf positives Denken zu legen. Persönliche Erfahrungen und insbesondere emotionale schmerzhafte Erfahrungen werden als nicht angemessene Reaktionen auf Ereignisse gesehen, sie werden bestraft, bagatellisiert, nicht beachtet, oder sie werden der Überempfindlichkeit des Betroffenen, seinem Mangel an Motivation, Disziplin oder Anstrengung zugeschrieben. Beispiele für eine Invalidierung sind z.B. sich lächerlich machen über die Gefühle des Kindes bis hin zu physischem oder sexuellem Mißbrauch als prototypischem invalidierenden Umfeld. Vulnerable Individuen lernen in einer invalidierenden Umgebung keine Fähigkeiten der Emotionsregulierung, sie entwickeln kein Gespür dafür, wann sie ihren eigenen Gefühlen trauen können als einer gültigen Interpretation des Geschehens, und sie übernehmen zunehmend die Reaktionen der Umgebung auf die eigenen Gefühle und reagieren mit Scham, Selbstkritik und Selbstbestrafung. Drogen- oder Medikamentenmißbrauch und suizidale oder andere impulsive oder selbstschädigende Verhaltensweisen haben affektregulierende Funktion und werden als Flucht aus dem als überwältigend und unkontrollierbar erlebten Affekt verständlich oder als Warnung an die Umwelt, vorsichtig zu sein und lösen Helferverhalten aus, das sonst nicht zugänglich ist.

Dialektik

Linehan verwendet den Begriff „Dialektik" in zweifacher Bedeutung: als Ausdruck einer dialektischen Weltsicht, nach der Ganzheit, Wechselbeziehungen und Veränderungen prinzipielle Charakteristika der Wirklichkeit sind und zur Charakterisierung ihres Behandlungsansatzes und der Strategien, die vom Therapeuten zur Beeinflussung von Veränderungen eingesetzt werden.

Linehan begreift die in der psychoanalytischen Konzeption als Spaltung beschriebene Neigung der Borderlinepatienten zu dichotomem Denken als Bestreben, an Gegensätzlichkeiten, d.h. entweder an These oder Antithese festzuhalten, und als Unfähigkeit, sich auf eine Synthese hinzubewegen. Ein Beispiel für die Unfähigkeit von Borderlinepatienten zur dialektischen Integration wäre etwa ihr Nichtbegreifen des Paradoxons, daß man gleichzeitig einzigartig oder verschieden und Teil eines Ganzen sein kann. Vielfach versuchen die Patienten ein Gefühl der Einheit und Integration durch die Unterdrückung bzw. Nichtentwicklung der eigenen Identität zu erreichen und sich im Sinne der „as if personality" (falsches Selbst) an die Erwartungen ihrer Bezugspersonen anzupassen. Das Festhalten an Gegensätzlichem und die Unfähigkeit, sich auf eine Synthese hinzubewegen, spiegelt sich nach Linehan in drei bipolaren Verhaltensdimensionen bzw. dialektischen Dilemmata des Borderlinepatienten. So schwankt das Verhalten von Borderlinepatienten zwischen „emotionaler Vulnerabilität" und „Selbst-Invalidierung", zwischen „aktiver Passivität" und „scheinbarer Kompetenz" sowie zwischen „permanenter Krise" und „gehemmter Trauer".

1. **Emotionale Vulnerabilität versus Selbst-Invalidierung.** Je nachdem, ob die Betroffenen ihre eigene Vulnerabilität validieren oder invalidieren, schwankt ihr Verhalten zwischen emotionaler Vulnerabilität und Selbst-Invalidierung und führt zu zwei gegensätzlichen Erfahrungen ihrer Situation. Wird die eigene Vulnerabilität validiert, so ist die Verzweiflung und Hoffnungslosigkeit oft begleitet von einem starken Zorn auf andere, die kein Verständnis haben, und einem Bemühen, zu beweisen, daß man ihre Erwartungen nicht erfüllen kann (auch mit suizidalen und anderen extremen Verhaltensweisen). Mit der Selbst-Invalidierung übernimmt das Individuum die Charakteristika des „invalidierenden Umfeldes", in dieser Stimmung treten häufig übermäßige Selbstkritik und Selbstbestrafung auf, oder es werden oft unrealistische Zielsetzungen verfolgt, die unweigerlich scheitern müssen.
2. **Aktive Passivität versus scheinbare Kompetenz.** Aktive Passivität bezieht sich auf die bei Borderlinepatienten vorhandene Neigung sich als unfähig zu erleben, eigene Probleme zu lösen und von anderen eine Lösung zu erwarten oder zu fordern. Da die Patienten die Erfahrung machen, trotz erheblicher Anstrengungen zu versagen, entwickeln sie ein typisches Muster der erlernten Hilflosigkeit mit intensiven emotionalen Reaktionen auf den drohenden oder erlittenen Verlust wichtiger Bezugspersonen, verbunden mit übermäßigen Erwartungen und starker Abhängigkeit von anderen. Scheinbare Kompetenz kennzeichnet den Gegenpol dazu und bedeutet, daß Bor-

derlinepatienten leicht einen täuschend kompetenten Eindruck vermitteln. Die Täuschung beruht u.a. darauf, daß die tatsächlich vorhandenen Kompetenzen der Betroffenen nicht über alle relevanten Situationen und nicht über die verschiedenen Stimmungslagen hinweg generalisiert werden können, sondern im Gegenteil extremen Schwankungen unterworfen sind. Scheinbare Kompetenz kann das invalidierende Umfeld verewigen, indem sie andere einschließlich des Therapeuten davon überzeugt, daß der Betroffene über mehr Kompetenz verfügt, als er tatsächlich hat.

3. **Permanente Krise versus gehemmte Trauer.** Permanente Krise kennzeichnet die anscheinend niemals endenden persönlichen Krisen der Patienten und ihre Unfähigkeit, auf ein Grundniveau „neutralen" emotionalen Funktionierens zurückzukehren. Die Krisen, die häufig mit traumatischen Ereignissen zusammenhängen, werden intensiviert durch die individuelle Vulnerabilität und mangelnde zwischenmenschliche Fertigkeiten der Betroffenen und durch fehlende soziale Unterstützung. Gehemmte Trauer bezeichnet die Neigung, die Erfahrung und Erinnerung starker negativer Emotionen zu hemmen, was verhindert, daß die wiederholten Traumen und Verluste (Inzest, physischer und sexueller Mißbrauch, Tod eines Elternteils oder Geschwisters, Vernachlässigung usw.) tatsächlich durchlebt und integriert werden. Das Individuum wird von ständigen Verlusten überfordert („bereavement overload") und vermeidet alle negativen Gefühle einer notwendigen Trauerarbeit („wenn ich zu weinen anfange, werde ich nicht wieder aufhören können zu weinen").

Behandlungskonzept

Die dialektische Verhaltenstherapie (DBT) verbindet einen verhaltenstherapeutischen Ansatz, der klassische Methoden wie Verhaltensanalyse, Problemlöse- und Fertigkeitentraining, Exposition oder Kontingenzmanagement umfaßt, mit Prinzipien der Zen-Philosophie und der Betonung dialektischer Prozesse und Strategien. Die Behandlung wird durchgeführt in einer gleichzeitigen Anwendung von Einzel- und Gruppentherapie. Die standardisierte Gruppentherapie dient ausschließlich der Vermittlung spezieller Fertigkeiten (emotional-kognitive Balance, Emotionsregulierung, Streßtoleranz, soziale Kompetenz). In der Einzeltherapie werden die individuellen Probleme bearbeitet, die sich aus der Symptomatik der Borderline-Persönlichkeitsstörung ergeben, und es werden individuelle Fertigkeiten gefördert. Die einzelnen Problem- und Zielbereiche sind hierarchisch geordnet nach ihrer Priorität für den Behandlungsverlauf:

1. Verringerung von suizidalen und parasuizidalen Verhaltensweisen.
2. Verringerung therapiegefährdender Verhaltensweisen wie z.B. Terminversäumnisse, Verweigerung von Hausaufgaben oder der Mitarbeit im Verhaltenstraining, feindseliges oder aggressives Verhalten.
3. Verringerung von Verhalten, das die Lebensqualität schwer beeinträchtigt wie z.B. Drogen- und Alkoholmißbrauch, Eßstörungen, finanzielle Probleme, antisoziales Verhalten oder Promiskuität.
4. Förderung von Streßtoleranz, emotionaler Regulation, interpersoneller Effektivität und emotional-kognitiver Balance/Achtsamkeit als adäquate Bewältigungsstrategien und als Voraussetzung für die nächsten Therapieschritte.
5. Verringerung posttraumatischer Belastungsreaktionen, deren Bearbeitung in vier Schritten folgt: Akzeptanz des Traumas, Verminderung von Stigmatisierung und Selbstbeschuldigung, Bearbeitung der Verleugnung und Umgang mit der Mißbrauchsdichotomie.
6. Förderung der Selbstachtung.
7. Andere Ziele des Patienten.

Linehan unterscheidet zwischen sog. Basisstrategien (den dialektischen und Validierungsstrategien), die in jeder Phase der Therapie zur Anwendung kommen und den spezifischen Strategien (Kontingenzmanagement, Fertigkeitentraining, Emotionsexposition und kognitive Umstrukturierung), die den jeweiligen Problembereichen zugeordnet sind. Der Behandlungsansatz von Linehan fördert mit Nachdruck das Ertragen von Widersprüchen und Veränderung sowie die Vermittlung dialektischer Denkmuster (von einer „Entweder-oder-" zu einer „Sowohl-als-auch-Position") anstelle der für Borderlinepatienten typischen dichotomen Denkweisen. Für den Therapeuten fordert die dialektische Denkweise, daß seine Haltung gegenüber dem Patienten geprägt sein müsse von dem Gleichgewicht oder der Synthese zwischen „Akzeptanz und Veränderung", „Standfestigkeit und mitfühlender Flexibilität" und „wohlwollendem Fordern und Versorgen".

Als besondere Aufgabe sieht Linehan das Ausbalancieren der Veränderungstechniken der Verhaltenstherapie mit der Haltung einer radikalen oder bedingungslosen Akzeptanz der Patienten. In Anlehnung an Zen-Prinzipien („Du bist vollkommen, so wie Du bist") und klientenzentrierter Behandlungsansätze fordert Linehan die Bereitschaft des Therapeuten zu bedingungsloser Akzeptanz, das Verhalten des Patienten sinnhaft zu verstehen und sich auf den Patienten und die Therapie einzulassen ohne Wertung, Vorwurf oder Manipulation. Als Hauptvermittler der Akzeptanz benennt sie verschiedene Validierungsstrategien wie aktives Beobachten (aufmerksames und unvoreingenommenes Zuhören und Wahrnehmen), Reflexion (genaues Spiegeln, Identifizieren oder Beschreiben der Gedanken, Gefühle und Verhaltensweisen des Patienten), Gedanken lesen (Gedanken und Gefühle formulieren, die der Patient nicht verbalisiert) oder Validierung in bezug auf die Vergangenheit und auf die Gegenwart (Identifizierung wesentlicher Lernerfahrungen oder aktueller Ereignisse, die die Reaktionsmuster des Patienten unvermeidlich werden ließen oder unterstützen und verstärken).

Überlegungen zum Umgang mit der Ich-Syntonie

Fiedler hat 1995 ein umfassendes Buch über Persönlichkeitsstörungen publiziert, in dem er in Anlehnung an die existentielle Psychotherapie (Potach 1994) störungsübergreifende Vorschläge entwickelt zum Umgang mit der „Ich-Syntonie" bei Persönlichkeitsstörungen. Vor dem Hintergrund der historischen und derzeitigen Entwicklungen der verschiedenen Therapieschulen arbeitet er Persönlichkeitsstörungen konsequent als komplexe Störungen des zwischenmenschlichen Beziehungsverhaltens heraus und versteht die persönlichkeitsbedingten Interaktionseigenarten der Betroffenen als sinnhaftes Verhalten (als Coping oder auch als spezifische Kompetenz) zum Schutz der eigenen zwischenmenschlichen

Vulnerabilität, obgleich die Verhaltensweisen aus der Außenperspektive als dysfunktional oder defizitär betrachtet werden können. In diesem Sinne legt er auch ein Schema zur Diagnose und Therapieplanung vor, das in seiner Struktur den Therapieprozeß als Problemlöseprozeß abbildet und Überlegungen aus Turkats Einzelfalldesign aufgreift. Im besonderen aber geht dieses Schema von einer Problem- oder Ätiologieanalyse aus, die im ersten Schritt eine Analyse der „Motiv-Handlung-Kontext-Passung" bei zwischenmenschlichen Beziehungsstörungen beinhaltet und unterscheidet zwischen „sinnvollen persönlichen Grundmotiven und den konkreten dysfunktionalen und/oder störenden Interaktionseigenarten und Interaktionsmustern" der Betroffenen. In der Behandlung sollten deshalb zwei Gesichtspunkte besonders im Vordergrund stehen:

1. Eine „differentielle Positivierung der Persönlichkeitseigenarten" des Patienten durch eine gemeinsame Rekonstruktion der möglichen „Sinnhaftigkeit" ich-syntoner Interaktionsmuster. Dies erfordert vom Therapeuten besonderen Respekt, Empathie und Akzeptanz und die Bereitschaft zu einem verstehenden Ansatz, der Aufschluß gibt über traumatische Kindheitserlebnisse, über die Lerngeschichte der Verletzbarkeiten und Empfindlichkeiten des Patienten und ihrer aufrechterhaltenden, interaktionellen Folgen und der das Verhalten des Patienten als Selbsthilfeversuch verstehbar macht.
2. Im Sinne klassischer verhaltenstherapeutischer Positionen sollte keine Veränderung der „Persönlichkeit" als Therapieziel angestrebt werden, sondern anhand konkreter und aktueller Probleme oder Konflikte sollten sozial angemessene Verhaltensweisen zur Erreichung persönlich wichtiger Ziele oder Motive gefördert werden. Zur Klärung und Umsetzung dieser Zielsetzung sollte auch der soziale Kontext des Patienten in die Therapie einbezogen werden, z.B. wenn die Interaktionsstörungen eng mit familiären oder partnerschaftlichen Problemen zusammenhängen, sollten relevante Bezugspersonen in die Therapie einbezogen werden oder therapeutische Maßnahmen sollten gegebenenfalls auch im Lebenskontext des Patienten durchgeführt werden.

Mit dieser Behandlungsstrategie gehe auch eine Perspektivänderung einher, „weg von der stigmatisierenden Diagnose der Persönlichkeitsstörung hin zu einer expliziten Bestimmung und Bewertung vorhandener wie fehlender Kompetenzen und persönlicher wie sozialer Ressourcen" (Fiedler 1995, S. 416). Um dem persönlichkeitsgestörten Patienten eine Neugestaltung seiner zwischenmenschlichen Perspektiven zu eröffnen im Sinne sozial verantwortlicher Handlungsalternativen hebt Fiedler drei Basisvariablen des Therapeutenverhaltens („Zieltransparenz", „Widerspruchsmöglichkeit" und „Verbindlichkeit") als Grundbedingungen einer kooperativen Therapeut-Patient-Beziehung hervor. Speziell zur Auflösung therapeutischer Krisen schlägt Fiedler eine konkrete Gesprächsstrategie vor, die er „personenzentrierte Verantwortungszuweisung" nennt. Basisvariablen und Gesprächsstrategie heben beide die Entscheidungsfreiheit und Mitverantwortung des Patienten für die Therapie hervor und verlangen vom Therapeuten ein hohes Maß an Klarheit, Flexibilität und Unabhängigkeit.

Ein psychoedukativer Behandlungsansatz für Patienten mit Persönlichkeitsstörungen

In der kognitiven Verhaltenstherapie gehört die Aufklärung und Informierung des Patienten über seine spezifischen Probleme und Störungen, deren Diagnose, Ätiologie, Behandlung und Prognose zu einem integralen Bestandteil des therapeutischen Vorgehens. Patienten sollten in einer angemessenen Sprache erfahren, was ihre Therapeuten aus Sicht der Forschung und klinischen Erfahrung über ihre Beschwerden und Probleme sowie deren Ursachen und Behandlungsmöglichkeiten wissen. Psychoedukative Maßnahmen und Informationsmaterialien finden sich seit Mitte der 80er Jahre zunehmend in nahezu allen neuerlich publizierten Therapiemanualen zu den verschiedensten psychischen und psychosomatischen Störungen (Fiedler 1996b) wie auch zu den Persönlichkeitsstörungen (z.B. Linehan 1993, Young 1990).

Psychoedukative Maßnahmen werden damit begründet, daß mit einer angemessenen Aufklärung des Patienten die Zufriedenheit mit der Therapie und das Vertrauen in die Behandlung wachse. Akzeptierbare Information begünstige die aktive und eigenverantwortliche Mitarbeit des Patienten und wirke für sich bereits hochgradig therapeutisch (Fiedler 1997b).

Angesichts der oft zu beobachtenden ungünstigen Behandlungsverläufe bei Patienten mit Persönlichkeitsstörungen sind psychoedukative Maßnahmen für diese Patientengruppe besonders indiziert. So berichten zahlreiche Studien an Patienten mit depressiven Störungen, Angst- und Zwangsstörungen, Eßstörungen oder Substanzmißbrauch bzw. Abhängigkeit, daß Patienten mit zusätzlichen Persönlichkeitsstörungen häufiger die Behandlung abbrechen oder ein ungünstigeres Behandlungsergebnis erzielen als Patienten ohne zusätzliche Persönlichkeitsstörungen (Schmitz u. Mitarb. 1996c). Als Gründe für den ungünstigeren Behandlungserfolg von Patienten mit zusätzlichen Persönlichkeitsstörungen werden nicht nur die komplexen Probleme und Beschwerden der Patienten diskutiert, sondern auch die häufig zu beobachtenden Interaktions-, Motivations- und Complianceprobleme im Behandlungsverlauf. Patienten mit Persönlichkeitsstörungen gelten vor allem deshalb als schwer zu behandeln, weil sie das eigene Verhalten als „zu sich gehörig" (ich-synton) erleben und nicht als „ich-fremde" (ich-dystone) Symptomatik, die sie gerne wieder los wären, weil sie die Schwierigkeiten im Umgang mit Menschen und Problemen oft unabhängig vom eigenen Verhalten sehen (sich als Opfer anderer oder des Systems sehen), wenig Einsicht in die Unangemessenheit ihrer Überzeugungen und Verhaltensweisen haben und eine Therapie erst wegen der Folgeprobleme (z.B. Depressionen) aufsuchen oder auf Drängen der Umwelt.

Der hier vorgestellte psychoedukative Behandlungsansatz geht davon aus, daß sich die Therapieverläufe von Patienten mit Persönlichkeitsstörungen grundsätzlich günstiger gestalten lassen, wenn Therapeuten im Rahmen einer umfassenden Eingangsdiagnostik auch die Diagnose einer Persönlichkeitsstörung überprüfen und ein „angemessenes" konzeptuelles und sprachliches Handwerkszeug zur Verfügung haben, um die Probleme offen und transparent mit ihren Patienten zu thematisieren und in die therapeutischen Überlegungen einzubeziehen. Im Rahmen einer von Therapeut und Patient gemeinsam erarbeiteten funktionalen Bedingungsanalyse kann der Einfluß persönlichkeitsspezifischer Einstellungs- und Verhaltensmuster auf symptomatische Störungen und andere Problembereiche (z.B. Beziehungsgestaltung) dann möglichst frühzeitig in der Therapie zur Sprache kommen. Dies sollte allen Beteiligten nicht nur ein angemesseneres Verständnis der Probleme des Patienten und ihrer Zusammenhänge ermöglichen, sondern auch einen konstruktiveren Umgang mit den aufkommenden Schwierigkeiten in der Zusammenarbeit und Beziehungsgestaltung oder die Entwicklung angemessener und realistischer Therapieziele und insgesamt einen günstigeren Verlauf der Behandlungsmaßnahme bewirken.

Die stigmatisierende Sprache und Defizitorientierung des Persönlichkeitsstörungskonzepts

Die klinische Erfahrung zeigt, daß die konkrete therapeutische Arbeit mit Patienten mit Persönlichkeitsstörungen nicht nur durch die besonderen Probleme der Patienten erschwert wird, sondern auch durch das Persönlichkeitsstörungskonzept selbst und seine Sprache. Trotz der Fortschritte in der Diagnostik und Behandlung von Persönlichkeitsstörungen sind viele Probleme weiterhin ungelöst (Fiedler 1995, Fydrich u. Mitarb. 1996a, Schmitz u. Mitarb. 1996b, Wittchen 1996). Hierzu gehören nicht nur die ungenügende Validität der Diagnosen, die hohen inneren Komorbiditäten zwischen einzelnen Persönlichkeitsstörungen, die unklare Abgrenzung zu klinischen Syndromen oder die Konfundierung von Persönlichkeitsstörungen und klinischen Syndromen, sondern auch die weiterhin stigmatisierende Sprache und die einseitig psychopathologisierende und defizitorientierte Sichtweise des Persönlichkeitsstörungskonzepts.

Als besonders kritischer Gesichtspunkt muß das unbeirrte Festhalten am überholten Begriff der Persönlichkeitsstörung gesehen werden, der eine psychopathologisch eingeengte Sicht des Menschen und seines Erlebens und Verhaltens nahelegt und der von den Betroffenen kaum weniger diskriminierend erlebt wird als seine sprachlichen Vorgänger „abnorme Persönlichkeit“ oder „Psychopathie“ und ebenso mit persönlicher Minderwertigkeit, Unreife oder Charakterschwäche gleichgesetzt wird. Tölle (1990) fragt in diesem Zusammenhang zu Recht: „Wer möchte schon seine Persönlichkeit alleine unter den Aspekt einer Störung gestellt sehen?“ (S. 9), und Jaspers (1976) formuliert so beeindruckend, daß er mehrfach zitiert wird: „Menschlich aber bedeutet die Klassifikation und Festlegung des Wesens eines Menschen eine Erledigung, die bei näherer Besinnung beleidigend ist und die Kommunikation abbricht“ (zit. nach Tölle 1990, S. 9). Die psychiatrischen Kategorien mögen der Kommunikation zwischen Fachkollegen dienen, „als Einladung zur neugierigen Selbsterfahrung, als Ausgangspunkt für persönliche Entwicklung und für vertieftes zwischenmenschliches Verstehen taugen sie nicht“ (Schulz von Thun 1989, S. 60). Hinter der „Ich-Syntonie“ der Persönlichkeitsstörungen verbirgt sich u. U. auch der Widerstand von Patienten gegenüber einer therapeutischen Sprache und Sichtweise, die Persönlichkeit eines Menschen „allein unter dem Aspekt einer Störung“ zu betrachten, oft verbunden mit einer einseitigen Schuldzuweisung für die auftretenden Probleme an die Betroffenen.

Die Sprache des Persönlichkeitsstörungskonzepts und die durch das Konzept nahegelegte einseitige Psychopathologisierung und Defizitorientierung wirkt sich bei vielen Patienten ungünstig auf die Motivation und Mitarbeit aus und stößt auch bei vielen Therapeuten auf Ablehnung.

Die ablehnende Haltung von Therapeuten führt oft dazu, daß Persönlichkeitsstörungen diagnostisch nicht abgeklärt werden und daß Therapeuten erst dann das Vorliegen einer Persönlichkeitsstörung bei ihren Patienten vermuten, wenn es zu erheblichen Problemen in der therapeutischen Beziehung und Zusammenarbeit kommt. Zu diesem Zeitpunkt ist auf Grund der starken negativen Gefühle aller Beteiligten und der vorausgegangenen konflikthaften und kränkenden Beziehungserfahrungen das Vertrauensverhältnis zwischen Patient und Therapeut oft so beeinträchtigt, daß eine weitere konstruktive Zusammenarbeit nicht mehr möglich scheint. Therapeuten fühlen sich in dieser Phase oft ausgenutzt, enttäuscht oder verärgert und möchten am liebsten nichts mehr mit ihrem Patienten zu tun haben. Unter Umständen legt sich der Ärger, wenn der Therapeut in der Supervision einen Schritt zurückgeht, das Verhalten des Patienten weniger persönlich nimmt, die interpersonelle Strategie des Patienten im biographischen Kontext verstehen lernt und mit einem ausgewogenen Verhältnis von Einfühlung und Abgrenzung darauf zu reagieren vermag. Ein Perspektivenwechsel, die Verarbeitung anderer Aspekte der Informationen oder neue Informationen aus der Biographie des Patienten erlauben dann im günstigen Falle eine ganz neue Art des Verstehens und Herangehens.

Angesichts der beschriebenen Probleme des Persönlichkeitsstörungskonzepts überrascht es nicht, daß Therapeuten sich scheuen, ihre Patienten über die Diagnose einer Persönlichkeitsstörung und ihre Bedeutung aufzuklären. Die mangelnde Informierung und Aufklärung der Patienten steht aber nicht nur im Widerspruch zu einem Grundrecht des Patienten nach Aufklärung, sondern schadet auch der Wirksamkeit therapeutischer Maßnahmen.

Das dimensionale Konzept der Persönlichkeitsstile als Grundlage des psychoedukativen Behandlungsansatzes

Im folgenden wird ein psychoedukativer Behandlungsansatz für Patienten mit dysfunktionalen Persönlichkeitsstilen und Persönlichkeitsstörungen vorgestellt, der im Rahmen der stationären verhaltenstherapeutischen Psychosomatik entwickelt wurde und der die besonderen Problemstellungen von Patienten mit Persönlichkeitsstörungen durch eine stärkere Ressourcenorientierung und Informierung des Patienten berücksichtigt.

Der psychoedukative Behandlungsansatz orientiert sich an der dimensionalen Sichtweise und ressourcenorientierten Sprache von Oldham und Morris (1992). Die Autoren haben mit lebendiger und wertschätzender Sprache eine Publikation für Laien vorgelegt, die, basierend auf dem dimensionalen Konzept der Persönlichkeitsstile, über das Thema informiert. Zur Illustration folgende amüsante Geschichte zum dramatischen Stil.

Hören Sie, wie Valerie ihrer Freundin erklärt, warum Sie zu einer Mittagessensverabredung im Restaurant zu spät

X

erschien. Achten Sie darauf, wie eine der ermüdenden täglichen Frustrationen des Großstadtlebens – die Parkplatzsuche – sich in ein aufregendes mittägliches Abenteuer verwandelt: „Ich war gerade auf dem halben Weg zur U-Bahn, als mir einfiel, daß ich mein Auto nicht weggefahren hatte. Da, wo es stand, konnte es nur noch eine halbe Stunde bleiben. Gott! Ich raste in die Wohnung zurück, um den Schlüssel zu holen – aber der Fahrstuhl war steckengeblieben, also rannte ich die hunderttausend Stufen rauf, fand meinen Schlüssel, flog wieder nach unten, rannte zu meinem Auto. Kannst du dir vorstellen, daß sich vor meinen Augen ein Parkplatz auftat? Die gute Fee beschützte mich heute! Ich will also rückwärts in den Platz reinfahren, und plötzlich höre ich dieses *vroom-vroom* – ein Typ ganz in Leder war mit seinem Motorrad hinter mir in die Lücke gefahren. Ich steige aus, er steigt von seinem Motorrad ab – und ich sage dir, ich habe noch nie jemanden gesehen, der so groß ist. Er blickt finster auf mich herab, und ich denke, der Typ muß einer von den Hell's Angels sein – wenn ich den Mund aufmache wird er mich umbringen. Aber diese klitzekleine Stimme kommt aus mir heraus und sagt: ‚Entschuldigung, großer Ledermann, aber ich war zuerst da'. Es gab eine lange Pause, und ich war überzeugt, daß das mein letzter Augenblick auf dieser Erde war, und dann sagte der Lederriese: ‚Okay, Lady.' Er grinst – was für ein Gebiß! Dann schwingt er ein Bein über seine Harley und düst ab. Hättest du das geglaubt? Ich habe einem Hell's Angel beigebracht, ein guter Mensch zu sein"! Valerie verfiel in ein vergnügtes Gelächter. Ihre Freundin, die fast eine halbe Stunde gewartet hatte, war entzückt von der farbenprächtigen Geschichte und Valeries Talent, eine potentiell unangenehme Erfahrung in eine erfreuliche zu verwandeln und vergaß ihren Ärger. (Oldham u. Morris 1992, S. 150f).

Hinzugefügt werden sollte, daß dieses Buch (trotz der großzügigen Verallgemeinerungen) nicht nur ein gelungener Text für Laien ist, sondern auch für Therapeuten vielfältige Anregungen gibt, Kenntnisse und Wissensbestände der psychiatrischen und klinisch-psychologischen Forschung in eine Sprache zu übersetzen, mit der sich Patienten verstanden und nicht stigmatisiert fühlen und die motiviert und anregt. Ausgehend von den normalen, anpassungsfähigen Persönlichkeitsstilen mit großer Variationsbreite werden dysfunktionale Persönlichkeitsstile und Persönlichkeitsstörungen als deren Extreme aufgefaßt, als „Übertreibungen" der jeweiligen Persönlichkeitsstile (des Guten zuviel), die in unterschiedlichen Anteilen in jedem Menschen als unverzichtbare Qualitäten vorhanden sind (Kuhl u. Kazen 1997, Oldham u. Morris 1992). Im einzelnen handelt es sich um folgende 13 Stile, die in Anlehnung an die im DSM-III-R (APA 1987) beschriebenen Persönlichkeitsstörungen von Oldham und Morris entwickelt wurden (in Klammern die jeweilige Persönlichkeitsstörung als Extremausprägung des Stils): gewissenhaft (zwanghafte PS), selbstbewußt (narzißtische PS), dramatisch (histrionische PS), wachsam (paranoide PS), sprunghaft (Borderline-PS), anhänglich (dependente PS), ungesellig (schizoide PS), lässig (passiv-aggressive PS), sensibel (selbstunsichere PS), exzentrisch (schizotypische PS), abenteuerlich (antisoziale PS), aufopfernd (selbstschädigende PS) und aggressiv (sadistische PS).

Das dimensionale Konzept der Persönlichkeitsstile ermöglicht gleichermaßen einen ressourcenorientierten als auch einen problemorientierten therapeutischen Zugang, indem jeder Persönlichkeitsstil in seinen Stärken und in seinen Risiken/Schwächen erarbeitet wird und der Patient die Erfahrung macht, daß sein oftmals seltsam und befremdlich wirkendes Verhalten als subjektiv sinnhafte Anpassungs- und Überlebensstrategie in spezifischen Sozialisationskontexten verstanden wird. Die Ressourcenorientierung bildet sich auch in einer lebendigen und wertschätzenden Sprache ab, die eher Neugier und Mitarbeit des Patienten und seine Bereitschaft zur Selbstoffenbarung und Reflexion eigener Einstellungen und Verhaltensweisen fördert, als eine einseitige Defizitorientierung.

Das dimensionale Konzept der Persönlichkeitsstile stellt einen Kompromiß dar zwischen psychiatrischer Sichtweise und Erfahrung (typologische Einteilung der Stile) und der dimensionalen Sichtweise der differentiellen Psychologie. Dem kategorialen Konzept der psychiatrischen Diagnostik steht die psychologische Tradition der differentiellen Psychologie gegenüber, die im Bereich der Diagnostik von Persönlichkeitseigenschaften meist einem dimensionalen Modell folgt. Dies bedeutet, daß bei Personen von einem Kontinuum von Eigenschaften, Einstellungen und Verhaltensweisen ausgegangen wird, nicht aber von qualitativen „Sprüngen", oder einer Unterscheidung von „gestört" versus „nicht gestört". Es gibt eine Vielzahl von Forschungsarbeiten, die sich dem Unterschied zwischen der dimensionalen und kategorialen Persönlichkeitsdiagnostik widmen (Saß u. Mitarb. 1996) und deren Vor- und Nachteile aufzeigen. Persönlichkeitsdimensionen werden in den psychologischen Modellen in der Regel auf der Basis empirisch auffindbarer Zusammenhangsmuster definiert (z.B. Catell 1965, Eysenck 1967, Fahrenberg u. Mitarb. 1989, McCrae u. Costa 1987). Die Nachteile dieser korrelationsstatistischen Ansätze für die klinische Praxis sind u.a., daß die gewonnenen Zusammenhangsdimensionen sehr abstrakte Konstrukte darstellen, wenig Bezug zur klinischen und Alltagssprache haben und unter Umständen Verhaltensmerkmale zusammenfassen, die aus klinischer Sicht als unterscheidbare Phänomene behandelt werden (Kuhl u. Kazen 1997).

Nachdem zuerst von Oldham und Morris (1992) der Entwurf eines Fragebogens zur Erfassung von Persönlichkeitsstilen in Anlehnung an die im DSM-III-R beschriebenen Persönlichkeitsstörungen vorgelegt wurde, publizierten in jüngster Zeit Kuhl und Kazen (1997) mit vergleichbarer Absicht erste Daten zu einem empirisch konstruierten Fragebogen (PSSI, Persönlichkeitsstil- und Störungsinventar), der sich am DSM-IV (APA 1994) orientiert. Mit dem PSSI liegt damit jetzt ein wissenschaftlich konstruiertes Selbstbeurteilungsinstrument vor, das die relative Ausprägung von 13 Persönlichkeitsstilen quantifiziert und das für jeden Probanden die Erstellung und Auswertung eines Persönlichkeitsstilprofils ermöglicht. Auch wenn manche Menschen einen Stil in auffälliger „Reinkultur" verkörpern, sind es eher bestimmte Kombinationen oder Mischungen von Stilen, die für einen bestimmten Menschen in bestimmten Situationen typisch sind und die seine Einzigartigkeit belegen.

Ein psychoedukativ- und kompetenzorientiertes Gruppentherapieprogramm

Der psychoedukative Behandlungsansatz wurde zuerst als Vortragsreihe konzipiert und erprobt (Schmitz 1999) und wird derzeit in einer modifizierten und manualisierten Form als Gruppenprogramm in der stationären verhaltenstherapeutischen Psychosomatik und Suchttherapie durchgeführt und wissenschaftlich evaluiert (Schmitz u. Mitarb. 1999). Die Maßnahmen wurden als zusätzliche Therapiebausteine in einem stationären verhaltenstherapeutischen Behandlungssetting für Patienten angeboten, die neben ihren symptomatischen Störungen dysfunktionale Persönlichkeitsstile und Persönlichkeitsstörungen aufweisen, die in einem aufrechterhaltenden Zusammenhang zur Symptomatik und zu den weiteren Problembereichen stehen. Wir haben an anderer Stelle anhand von Falldarstellungen und Erläuterungen zu den Therapiebausteinen unser Behandlungskonzept für Patienten mit Persönlichkeitsstörungen ausführlich beschrieben (Limbacher u. Schmitz 1996), das jetzt ergänzt wird um das neue Behandlungsangebot.

Das psychoedukative Behandlungsangebot verfolgt die Zielsetzung, möglichst frühzeitig im Therapieprozeß den Patienten zu einer Auseinandersetzung mit dem eigenen Persönlichkeits- und Kommunikationsstil, seiner Entwicklung und seinen Auswirkungen anzuregen. Im Vordergrund steht deshalb die Aufklärung, Informierung und Motivierung des Patienten.

Obwohl wir lieber auf den Begriff der Persönlichkeitsstörung gänzlich verzichten würden und ihn auch für die Diagnostik durch den Begriff des Persönlichkeitsstils austauschen würden, führen wir ihn unter den gegebenen Verhältnissen zur Informierung der Patienten als Fachbegriff ein, der zum professionellen Gebrauch bestimmt ist, im sprachlichen Umgang werden Bezeichnungen wie "überentwickelte" oder „unflexible" Persönlichkeitsstile vorgezogen. Es wird angenommen, daß dysfunktionale Persönlichkeitsstile oder Persönlichkeitsstörungen in milderer Art universelle Umgangsformen sind: Es wird also nicht von einer dichotomen Abgrenzung von „normal" und „gestört" ausgegangen, sondern es werden fließende Übergänge angenommen. Die Quantität des Persönlichkeitsstils in einem Kontinuum schafft Probleme im Leben, nicht seine Qualität (Oldham u. Morris 1992).

Das Gruppenprogramm wurde vorerst speziell für Patienten mit Persönlichkeitsstilen und Persönlichkeitsstörungen aus dem ängstlichen und emotional instabilen Cluster nach DSM-IV entwickelt, d.h. für Patienten mit selbstunsicherer, dependenter, zwanghafter, histrionischer, narzißtischer und Borderline-Persönlichkeitsstörung (bzw. entsprechendem Persönlichkeitsstil). Diese sechs Persönlichkeitsstörungen sind nach den vorliegenden Ergebnissen (Fydrich u. Mitarb. 1996b) die in der stationären verhaltenstherapeutischen Psychosomatik und Suchttherapie am häufigsten diagnostizierten Persönlichkeitsstörungen.

Das Gruppenprogramm wurde so konzipiert, daß für jeden der sechs Persönlichkeitsstile zwei eineinhalbstündige Sitzungen zur Verfügung stehen. Zu jedem Persönlichkeitsstil gibt es einen psychoedukativen Teil, in dem die relevanten Informationen gemeinsam mit den Patienten erarbeitet werden, und einen kompetenzorientierten Übungsteil, in dem durch Übungen zu zentralen Problembereichen des jeweiligen Persönlichkeitsstils individuelle Kompetenzen gefördert werden sollen.

Im psychoedukativen Teil werden anhand anschaulicher und illustrierender Beispiele und durch vorbereitete szenische Darstellungen (Rollenspiele) die Merkmale des jeweiligen Stils und seine Stärken und Risiken/Schwächen herausgearbeitet, und es werden typische Problemsituationen für jeden Persönlichkeitsstil dargestellt und ausgewertet (z.B. in Form von modellhaften Darstellungen von horizontalen und vertikalen Verhaltensanalysen und kognitiv-interpersonellen Teufelskreisen) (Abb. 34.**2** u. 34.**3**). Im einzelnen werden

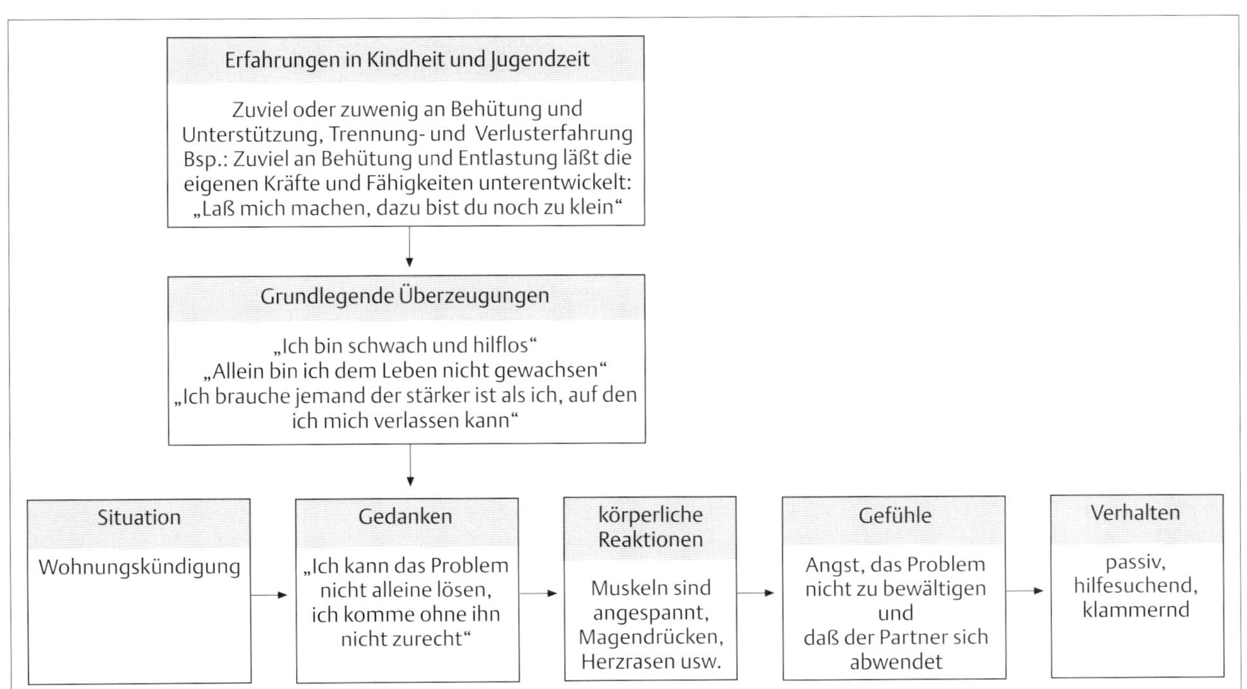

Abb. 34.**2** Wenn der anhängliche Stil zum Problem wird: Der Einfluß von grundlegenden Überzeugungen auf das Verhalten in konkreten Situationen (nach Schmitz u. Mitarb. 1999)

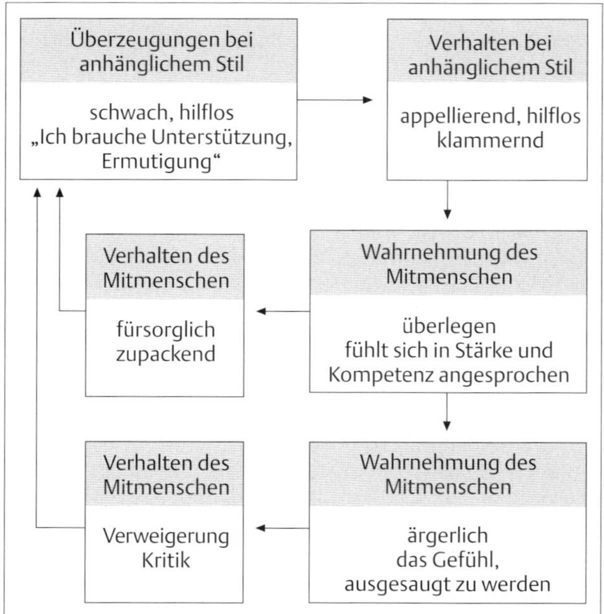

Abb. 34.3 Teufelskreise bei anhänglichem Stil: Welche Reaktionen löst der anhängliche Stil bei anderen Menschen aus und welche Rückwirkungen hat dies für die Betroffenen? (Nach Schmitz u. Mitarb. 1999)

im psychoedukativen Teil des Gruppenprogramms für jeden Persönlichkeitsstil folgende Themen behandelt (zur ausführlichen Darstellung s. Schmitz 1999):

1. Charakteristische Merkmale des Persönlichkeitsstils und seine Stärken und Risiken/Schwächen.
2. Wenn der Persönlichkeitsstil zum Problem wird: Der Einfluß grundlegender Überzeugungen auf das Verhalten in konkreten Situationen.
3. Der Einfluß von Kindheit und Jugendzeit auf die Entwicklung des Perönlichkeitsstils.
4. Der Einfluß des Persönlichkeitsstils auf die persönliche und berufliche Beziehungsgestaltung: Welche Reaktionen löst das Verhalten bei anderen Menschen aus und welche Rückwirkungen hat dies für den Betroffenen?
5. Der Einfluß des Persönlichkeitsstils auf die Entwicklung psychischer und psychosomatischer Störungen und Beschwerden.

Im kompetenzorientierten Übungsteil des Gruppenprogramms werden als Starthilfe für den Patienten und für die weitergehende Bearbeitung in der Einzeltherapie für jeden Persönlichkeitsstil Richtungen der Persönlichkeitsentwicklung herausgearbeitet, und es werden konkrete Übungen und Rollenspiele durchgeführt, die neue Erfahrungen und Kompetenzen im Denken, Erleben und Verhalten ermöglichen (Motto: „Machen Sie das Beste aus Ihrem Stil“ und „Ohne Übung kein Meister.“) Die thematischen Schwerpunkte des kompetenzorientierten Übungsteils sind: Gelassenheit und Genußfähigkeit (gewissenhafter Stil bzw. zwanghafte Persönlichkeitsstörung), Wahrnehmungsschulung und Umgang mit Gefühlen (dramatischer Stil bzw. histrionische Persönlichkeitsstörung), selbstverantwortliches Verhalten und Ausdruck von Gefühlen, Wünschen und Bedürfnissen (anhänglicher Stil bzw. dependente Persönlichkeitsstörung), Einfühlungsvermögen und Umgang mit Kritik (selbstbewußter Stil bzw. narzißtische Persönlichkeitsstörung), selbstsicheres Verhalten und Durchsetzung eigener Rechte (sensibler Stil bzw. selbstunsichere Persönlichkeitsstörung) sowie Achtsamkeit und Umgang mit Nähe und Distanz (sprunghafter Stil bzw. Borderline-Persönlichkeitsstörung).

Die Inhalte des Gruppenprogramms wurden insbesondere in Anlehnung an die Arbeiten von Beck u. Mitarb. (1993), Benjamin (1993), Linehan (1993 a und b), Oldham und Morris (1992), Riemann (1989), Schulz von Thun (1989), Turkat (1990) und Young (1990) entwickelt. Im Gruppenprogramm arbeiten wir mit kognitiven, erlebnis- und verhaltensorientierten Methoden (z.B. sokratischer Dialog, Disput irrationaler Einstellungen, Phantasieübungen, szenischen Darstellungen und Rollenspielen, Hausaufgaben etc.) ergänzt durch vielfältige Wahrnehmungs- und Kommunikationsübungen und durch Methoden der Unterrichtsdidaktik (Lesematerial, Informationsvermittlung im Gruppengespräch, Kurzreferate, Kleingruppenarbeit, Fallbeispiel etc.). Psychoedukation verstehen wir als lebendigen Lernprozeß der gemeinsamen und kreativen Erarbeitung relevanter Informationen und nicht als einseitige Kommunikation in einer asymmetrischen Beziehungsgestaltung.

Im Unterschied zu Behandlungs- und Gruppenkonzepten für Patienten mit spezifischen Persönlichkeitsstörungen basiert das Konzept auf einer heterogenen Gruppenzusammensetzung, und es werden verschiedene Persönlichkeitsstile bzw. Persönlichkeitsstörungen bearbeitet. Für dieses Vorgehen sprechen nicht nur die hohen inneren Komorbiditäten bei Persönlichkeitsstörungen (Fydrich u. Mitarb. 1996 b). Als Vorteil sehen wir auch an, daß die Patienten nicht nur etwas über die Persönlichkeitsstile erfahren, die sie direkt betreffen, sondern daß sie auch mit anderen Stilen konfrontiert werden, in die es gilt, sich hineinzuversetzen und Verständnis zu entwickeln für unterschiedliche interpersonelle Bedürfnisse, Einstellungen und Verhaltensweisen. Patienten mit Persönlichkeitsstörungen erleben die Welt oft nur aus der eigenen egozentrischen Perspektive (Liotti 1992). Sie haben dann nur geringe Fähigkeiten der Perspektivenübernahme, d.h., sie können sich nur wenig in das Erleben anderer hineinversetzen oder den Standpunkt oder Blickwinkel eines anderen einnehmen. So verstehen wir die Gruppe unter diesem Aspekt als ein Übungsfeld zur Förderung von Fähigkeiten der Perspektivenübernahme. Die Verschiedenheit der Gruppenteilnehmer kann sich im kompetenzorientierten Übungsteil dann besonders günstig auswirken, wenn die positiven Seiten oder Stärken der einzelnen Stile in einem ausgewogenen Verhältnis (z.B. von Einfühlung und Abgrenzung) situationsgerecht in den konkreten Übungen und Rollenspielen zum Ausdruck kommen. Dies fördert auch ein positives Gruppenklima und die gegenseitige Wertschätzung und Toleranz.

Die Zielsetzungen des Gruppenprogramms sind sowohl verstehens- als auch veränderungsorientiert, d.h., es geht nicht nur darum, sich selbst und andere Menschen besser zu verstehen und damit die Selbstakzeptanz, Menschenkenntnis und Toleranz zu fördern, sondern auch darum, Anregungen für die Förderung psychosozialer Fertigkeiten zu geben und diese zu üben. Im einzelnen stehen folgende Zielsetzungen im Vordergrund des Gruppenprogramms:

1. Die Förderung von Selbstwahrnehmung, Verständnis und Toleranz für das eigene Verhalten im Rahmen einer Auseinandersetzung mit dem eigenen Persönlichkeits- und Kommunikationsstil, seiner Entwicklung und seinen Aus-

wirkungen auf sich selbst und andere Menschen. Die Patienten erfahren etwas über Persönlichkeitsstile, die sie selbst betreffen.
2. Die Förderung von Menschenkenntnis, Verständnis und Toleranz für das Verhalten anderer. Die Patienten erfahren etwas über Persönlichkeits- und Kommunikationsstile, die sie selbst weniger betreffen, unter Umständen aber Personen, mit denen sie privat oder beruflich zu tun haben.
3. Die Förderung psychosozialer Kompetenzen im Sinne einer „Verfügbarkeit und Anwendung von kognitiven, emotionalen und motorischen Verhaltensweisen, die in sozialen Situationen zu einem langfristig günstigen Verhältnis von positiven und negativen Konsequenzen führen" (Hinsch u. Pfingsten 1983, S. 6).

Die Besonderheiten des Gruppenprogramms liegen in seiner Themenbreite, seiner Transparenz und vorgegebener Struktur, in der Vielfalt der therapeutischen Methoden und Vorgehensweisen wie auch in den vorbereiteten Arbeitsmaterialien und Hausaufgaben, die eine kontinuierliche Arbeit gewährleisten (vgl. Schmitz et al. 1991). Die übersichtliche und für jeden Persönlichkeitsstil identische Struktur des Programms trägt zur Entängstigung bei und gibt durch seinen psychoedukativen Charakter besonders mißtrauischen, sozial ängstlichen oder affektiv instabilen Patienten Halt und einen Orientierungsrahmen mit mäßigem Anspruch an Nähe und Beziehungsintensität. Die Themen bedrängen weniger und machen eher neugierig, weil sie überschaubar sind und wechseln. Durch unterschiedliche Vorgehensweisen wird ein anregender und lebendiger Zugang ermöglicht, und Informationen erzeugen weniger Abwehr und Widerstand, wenn sie sachlich berichtet werden und die Gruppe der Adressat ist und weniger der einzelne in der direkten Konfrontation. Die therapeutischen Interventionen sollten durch einfühlendes Verstehen und Anteilnahme geleitet sein, die Gruppenatmosphäre sollte unterstützend und nicht bedrohlich wirken. Darüber hinaus bemühen wir uns durch die Vergabe von Hausaufgaben in Kleingruppenarbeit, die aktive Mitarbeit der Patienten und die Kontaktaufnahme untereinander direkt zu fördern. Psychoedukation verstehen wir als „lebendigen Lernprozeß" der gemeinsamen und kreativen Erarbeitung relevanter Informationen und nicht als einseitige Kommunikation in einer asymmetrischen Beziehungsgestaltung.

Psychoedukative Behandlungsangebote schaffen Transparenz für den Patienten in der Therapie und lassen ihm die Freiheit, zu entscheiden, inwieweit er sich mit den erarbeiteten Informationen auch im persönlichen Bezug auseinandersetzen möchte. Ressourcenorientierung, Transparenz und Entscheidungsfreiheit scheinen uns als Wirkfaktoren von besonderer Bedeutung für die Klärung und Entwicklung von Behandlungsmotivation bei Patienten mit „ich-syntonen" Störungen. Als Nachteile des psychoedukativen Gruppenkonzepts erleben wir oft die Beschränkungen, die mit dem strukturierten Vorgehen verbunden sind. Es mangelt insbesondere immer wieder an Zeit, um auf einzelne Patienten näher einzugehen. Sind wir selbst auch Bezugstherapeuten der Patienten, so können wir in der Einzeltherapie einzelne Themen aufgreifen und vertiefen. Haben die Patienten andere Bezugstherapeuten, so ist ein ständiger Informationsfluß zwischen uns als Gruppentherapeuten und den jeweiligen Bezugstherapeuten gefordert, der (im Rahmen der komplexen Angebots- und Organisationsstruktur der Klinik) nicht immer aufrechtzuerhalten ist.

Zusammenfassung

Es wurden ausgewählte kognitiv-verhaltenstherapeutische Behandlungsansätze für Persönlichkeitsstörungen dargestellt. Vergleicht man die vorliegenden Beiträge miteinander, so gibt es viele Gemeinsamkeiten in der Auffassung von Persönlichkeitsstörungen und ihrer Entwicklung und Behandlung:
1. Persönlichkeitsstörungen sind komplexe, mehrdimensionale Beziehungsstörungen mit persistierenden, unflexiblen und sozial wenig angepaßten Verhaltensauffälligkeiten. Das Verhalten der Betroffenen wird als ein, aus der individuellen Lerngeschichte nachvollziehbarer und sinnhafter, im weiteren Lebenslauf aber untauglicher Coping- oder Selbsthilfeversuch aufgefaßt zum Schutz der eigenen zwischenmenschlichen Verletzbarkeit.
2. Die Erklärungsmodelle orientieren sich mit unterschiedlicher Akzentuierung und Differenziertheit in ihren ätiopathogenetischen Vorstellungen an einem biopsychosozialen Störungsmodell.
3. Die Erklärungsmodelle heben die chronisch ungünstigen und häufig traumatischen Aufwuchsbedingungen hervor und betonen die Rolle früher Beziehungserfahrungen für die Entwicklung der Kernschemata und Problembereiche bei Persönlichkeitsstörungen und die Bedeutung von kognitiv-interpersonellen Kreisläufen für deren Aufrechterhaltung.
4. Die Behandlungskonzepte verfolgen einen hypothesengeleiteten, empirischen Therapieansatz, der auf einer individuellen Problem- und Ätiologieanalyse basiert und der mit unterschiedlicher Schwerpunktsetzung klassische kognitive und verhaltenstherapeutische Interventionen, aber auch interpersonelle und erlebnisorientierte Interventionen umfaßt sowie die Einbeziehung der sozialen Umwelt in die Therapie.
5. Probleme und Strategien der Beziehungsgestaltung und Zusammenarbeit werden in den meisten Beiträgen besonders berücksichtigt mit der Intention, eine vertrauensvolle und tragfähige Therapiebeziehung aufzubauen, die Beziehungsgestaltung an den interaktionellen Möglichkeiten des Patienten zu orientieren und sie explizit als Fokus und Wirkfaktor für Veränderungsprozesse zu nutzen.
6. Insbesondere die kognitiven Ansätze betonen die Bedeutung erlebnisorientierter Vogehensweisen zur Identifikation und Überprüfung der Schemata. Ebenso wird die Bedeutung der biographischen Rekonstruktion zentraler Kindheitsepisoden hervorgehoben. Sie ist mit emotionaler Beteiligung ein wichtiger Zugang zu den Überzeugungen des Patienten und seinen Gefühlen und ermöglicht als sinnstiftende und entlastende Erfahrung, die eigenen dysfunktionalen Überzeugungen und Verhaltensweisen verstehen zu lernen als notwendige Anpassung und Überlebensstrategie in spezifischen Sozialisationskontexten.

Im letzten Teil wurde ein psychoedukativer Behandlungsansatz beschrieben, der auf einem dimensionalen Modell der Persönlichkeitsstile basiert. Der psychoedukative Behandlungsansatz integriert wesentliche Aspekte der vorliegenden kognitiv-verhaltenstherapeutischen Behandlungskonzepte und berücksichtigt dabei die besonderen Problemstellungen bei Patienten mit Persönlichkeitsstörungen durch eine stärkere Ressourcenorientierung und Informierung des Patienten.

35. Schizophrenie

M. Weisbrod und Ch. Mundt

Einleitung

Kasuistik einer schizophrenen Psychose

Der 29jährige Herr H. wird von einem ambulant tätigen psychiatrischen Kollegen zur stationären Behandlung auf die Rehabilitationsstation einer psychiatrischen Klinik überwiesen. Nach Angaben der Angehörigen war der Patient schon als Kind ängstlich und unsicher und hatte nur wenige Freunde gehabt. Er sei zunächst ein guter Schüler gewesen, hatte, nachdem die Leistungen unvermittelt schlechter geworden waren, in der 9. Klasse das Gymnasium aber verlassen müssen und schließlich mit Mühe den Realschulabschluß geschafft. In der Folgezeit konnte er sich nicht für eine Berufsausbildung entscheiden. Nach mehreren Monaten, in denen der Patient sich ohne Kontakte zu Personen außerhalb der Familie hauptsächlich zuhause aufgehalten hatte, konnte er schließlich durch persönliche Vermittlung des Vaters eine Ausbildungsstelle antreten. Durch die Ausbildung fühlte er sich von Beginn an überfordert. Nach Arbeitsschluß und am Wochenende zog er sich in sein Zimmer zurück und verbrachte seine Freizeit ausschließlich mit Musikhören. Schließlich stand er immer häufiger morgens nicht mehr auf und blieb der Arbeit fern. Das Fernbleiben von der Arbeit begründete er damit, daß seine Arbeitskollegen ein Komplott gegen ihn geschmiedet hätten und darauf aus seien, ihm seine Lebensenergie zu entziehen. Als er seine Eltern, die ihm Vorwürfe wegen des Fernbleibens vom Arbeitsplatz und seiner „faulen Lebensgestaltung" machten, lautstark beschimpfte, erfolgte im Alter von 20 Jahren die erste stationäre Aufnahme in eine psychiatrische Klinik. Dort wurde die Diagnose einer **schizophrenen Psychose** gestellt und eine medikamentöse Therapie mit einem Neuroleptikum begonnen. Darunter gingen die Beeinträchtigungserlebnisse, die Verfolgungsideen und die Ängste zurück, das Denken und Handeln wurde wieder geordneter. Nach der Entlassung war Herr H. aber weiterhin mißtrauisch gegenüber anderen Menschen, knüpfte an alte Freundschaften nicht mehr an und schloß keine neuen Bekanntschaften mehr. Er beklagte sich über anhaltende Konzentrationsstörungen und eine Verminderung seiner Leistungsfähigkeit. Seine Arbeitsstelle war ihm zwischenzeitlich gekündigt worden und weitere Versuche, eine geregelte Arbeit aufzunehmen, waren stets nach wenigen Wochen gescheitert. Herr H. lebt nun, ohne einer Beschäftigung nachzugehen, bei seinen Eltern. Er übernimmt einige Aufgaben im Haushalt, verbringt den größten Teil der Zeit aber mit Musikhören in seinem Zimmer. Dreimal war nach der ersten stationären Aufnahme eine erneute stationäre Behandlung notwendig geworden. Jedes Mal hatte er die neuroleptische Medikation wegen der störenden Nebenwirkungen zuvor abgesetzt. Er hatte sich dann jeweils wieder zunehmend bedrängt und verfolgt gefühlt, einmal zwei Wochen niemanden mehr in sein Zimmer gelassen und die Nahrungsaufnahme eingestellt.

Der Patient berichtet bei der jetzigen Aufnahme, er habe sich an seiner ersten Ausbildungsstätte von seinen Arbeitskollegen bedrängt gefühlt. Seine Arbeitskollegen hätten ihn seltsam behandelt, sich gegenseitig mit Zeichen über ihn verständigt, hinter seinem Rücken über ihn gesprochen und ihm zu verstehen gegeben, daß sie ihn loswerden wollten. So habe z. B. ein Kollege, als er in sein Büro gekommen sei, gesagt „Niemand da". Damit habe ihm bedeutet werden sollen, daß er in den Augen der anderen kein Mensch sei. Er habe schließlich bemerkt, daß seine Kollegen ihm auch außerhalb der Arbeit nachspioniert hätten. So sei in die Nachbarwohnung ein neuer Mieter eingezogen, der mit den Kollegen unter einer Decke stecke, ihn über Richtmikrophone abhöre und nachts über magnetische Systeme seine Energie absauge. Er habe diese Aktivitäten an seiner durchgehenden Erschöpfung und an der Veränderung seiner inneren Organe gespürt. Schließlich sei er dahinter gekommen, daß selbst seine Eltern in das gegen ihn gerichtete Komplott einbezogen waren. Die Beteiligung der Eltern an dem Komplott sei ihm unmittelbar klar geworden, als sie den Gesichtsausdruck der Kollegen im Büro übernommen, die gleichen Gesten ausgeführt und manchmal deren Sätze wortwörtlich wiederholt hätten. Die Verfolgungen durch die Kollegen seien inzwischen nicht mehr so schlimm, sie hätten wohl das Interesse an ihm verloren. Daher hätten sich auch die Eltern von dem Komplott abgewandt. Auffällig sei aber weiterhin, daß sich häufig ihm unbekannte Personen auffällig für ihn interessierten. Daher meide er es, auf die Straße zu gehen. Es sei zwar schade, daß bislang noch nichts Rechtes aus ihm geworden sei, er fühle sich aber durch die Nachstellungen körperlich geschwächt und könne deshalb keiner geregelten Arbeit nachgehen. Er wisse eigentlich auch gar nicht, was er beruflich tun solle. Zuhause komme er ganz gut zurecht und sei mit seiner Musik ausreichend beschäftigt. Er habe außerhalb der Familie keinen Kontakt, das sei aber nicht so wichtig. Schade sei allerdings, daß er deshalb keine Frau finden könne.

Beschwerdebild

Eine Schizophrenie kann, wie im Fallbeispiel deutlich wird, sehr vielfältige Symptome beinhalten.

> Im Kern der Psychopathologie stehen Wahn, Sinnestäuschungen, Ich-Störungen, Denkzerfahrenheit und sogenannte Negativsymptome.

Ein **Wahn** zeichnet sich dadurch aus, daß der Wähnende mit subjektiver Gewißheit unkorrigierbar an Überzeugungen festhält, die von der vom sozialen und kulturellen Umfeld akzeptierten Realität abweichen. Zu Beginn einer schizophrenen Erkrankung fühlt sich der Patient im Mittelpunkt des Geschehens, viele Handlungen und belanglose Vorgänge bekommen eine geheimnisvolle Bedeutung. Die anfänglich nicht greifbaren Bedeutungen dieser Erlebnisse werden dem Patienten im Wahn plötzlich unmittelbar klar. Durch **Wahnarbeit** werden aktuelle Erlebnisse in den Wahn assimiliert, der Wahn wird ausgestaltet und systematisiert.

Häufig finden sich auch Sinnestäuschungen, die als **Halluzinationen** in jeder möglichen Sinnesmodalität auftreten können, am häufigsten aber in Form akustischer Halluzinationen berichtet werden. Sie treten meist in Form von Stimmen auf, die den Patienten ansprechen, seine Handlungen kommentieren, ihn imperativ zu Handlungen auffordern oder dialogisierend über ihn sprechen. Meist sind diese Halluzinationen von einer unbestimmten Qualität, wie sie sich bei normalen Sinneseindrücken nicht findet. Gelegentlich haben sie auch einen ausgesprochen bizarren Charakter.

> Unter Ich-Störungen werden Erlebnisse zusammengefaßt, die Einheitlichkeit und die Integration des Ich-Gefühls stören oder aufspalten, die Ich-Außenweltschranke kann durchläßig werden. So erlebt der Kranke z.B., daß seine Gedanken sich ausbreiten und anderen zugänglich sind, daß ihm Gedanken eingegeben oder auch entzogen werden, daß die eigenen Antriebe, Bewegungen und Handlungen von außen gelenkt und beeinflußt werden.

Viele Patienten erklären sich dieses Erleben als Folge der Einwirkung technischer Apparate oder übersinnlicher Phänomene.

Der formale Ablauf des Denkens ist bei vielen Patienten auf typische Art und Weise verändert. Nebensächliche Aspekte eines Gesamtkonzeptes können nicht zurückgehalten werden und stören den Gedankengang. In zunehmendem Ausprägungsgrad können diese **Denkstörungen** von einer Vagheit und Ungenauigkeit des Denkens über Brüche und Einschiebungen in den Gedankenfluß zu gedanklichen Sprüngen und schwer nachvollziehbaren Verknüpfungen bis zu völlig unverständlichem Wortsalat oder stiller Ratlosigkeit reichen.

> Von sogenannten Plussymptomen wie z.B. Halluzinationen und Wahn werden sogenannte Negativsymptome abgegrenzt. Sie sind zunächst nicht so eindrucksvoll, für die langfristige Krankheitsentwicklung und die Prognose aber wesentlich. Negativsymptome sind im wesentlichen durch allgemeinen Interessenverlust und den Rückzug aus sozialen Bezügen gekennzeichnet.

Sie schließen **Apathie**, verflachte und inadäquate Affekte mit Rückgang an Gefühlsintensität und Erlebnisfähigkeit ein und können Antriebsarmut, Teilnahmslosigkeit und gedankliche Verarmung umfassen. Da die Patienten das Interesse an vielen Dingen und Erlebnissen verlieren, können sie in der Folge auch keine Entwicklung mehr vollziehen.

Häufig finden sich bereits vor dem Manifestwerden einer schizophrenen Erkrankung Auffälligkeiten. So sind Patienten, die später an einer schizophrenen Psychose erkranken, häufig bereits in der Kindheit auffällig scheu, ängstlich und wenig kontaktfreudig. Die schizophrene Erkrankung kündigt sich nicht selten durch einen Leistungsknick z.B. in der Schule oder am Arbeitsplatz, durch Interessenverlust und Abbruch sozialer Kontakte und Aktivitäten an. Monate bis Jahre vor der Erstmanifestation können **Prodrome** auftreten (Huber 1987). Symptomatologisch können sie pseudoneurasthenisch, zönästhetisch oder depressiv ausgestaltet sein. Nach dem Abklingen einer akuten schizophrenen Phase schließt sich nicht selten ein postremissives Erschöpfungssyndrom an, das durch depressive morose Verstimmtheit, Antriebsarmut, Irritabilität und sowohl körperliche als auch seelische Erschöpfung gekennzeichnet ist. Unspezifische Symptome wie Konzentrationsstörungen, Scheu in sozialen Situationen, rasche Ermüdbarkeit und Labilität bestehen häufig noch mehrere Monate nach Überwindung der akuten Erkrankung. Bei einem Teil der Patienten stellt sich nach Überwindung einer schizophrenen Phase ein andauernder Residualzustand ein, der im wesentlichen durch Negativsymptome geprägt ist.

Epidemiologie

Die **Lebenszeitinzidenz** der Schizophrenie liegt weltweit bei 0,8%, die **Prävalenz** bei etwa 1,0–1,5%. Zu einem beliebigen Zeitpunkt leiden in der BRD etwa 400 000 Personen an Schizophrenie. Frauen und Männer erkranken etwa gleich häufig. Geschlechtsspezifische Unterschiede bestehen aber bzgl. des Zeitpunktes der **Ersterkrankung**. Männer erkranken früher mit einem Ersterkrankungsgipfel um das 22. Lebensjahr, Frauen erkranken hingegen später mit einem ersten und höheren Gipfel um das 29. Lebensjahr und einem zweiten Gipfel um das 45. Lebensjahr, der mit der Menopause in Verbindung gebracht wird.

Ätiologie

In den letzten Jahren wurde deutlich, daß sowohl **biologische als auch psychologische Faktoren** an der Ätiopathogenese der Schizophrenie beteiligt sind. Die Bedeutung genetischer Faktoren konnte durch Untersuchungen von Familien und insbesondere von Zwillingspaaren abgesichert werden. Dabei konnte gezeigt werden, daß die Erkrankungswahrscheinlichkeit mit der genetischen Nähe zu einem oder mehreren an Schizophrenie Erkrankten regelhaft zunimmt. Auf dem Boden dieser Befunde nehmen viele Genetiker heute eine polygen vermittelte Krankheitsbereitschaft mit einem Schwellenwert für genotypische Gefährdung an. Ergebnisse von Zwillingsstudien belegen aber auch, daß neben genetischen Faktoren Umwelteinflüsse wesentlich an der Ätiopathogenese schizophrener Erkrankungen beteiligt sind. So bleiben 50% der Paarlinge eineiiger schizophrener Zwillinge von der Erkrankung verschont, obwohl sie genetisch mit ih-

X

ren Zwillingsgeschwistern identisch sind. Weitgehende Anerkennung hat ein Ätiopathogenesemodell gefunden, das biologische und psychologische Befunde integriert. Das **Vulnerabilitäts-Streß-Modell** geht davon aus, daß bei Personen mit einer bestehenden Krankheitsbereitschaft (Vulnerabilität) eine schizophrene Erkrankung dann manifest wird, wenn zusätzliche Faktoren (Stressoren) hinzutreten (Zubin u. Spring 1977). Die Krankheitsbereitschaft kann in einer genetischen Prädisposition, in früh erworbenen Hirnfunktionsstörungen oder der Störung der psychosozialen Entwicklung begründet sein.

Infolge der bestehenden Vulnerabilität entstehen oft schon bei der Bewältigung physiologischer Streßsituationen und Reifungsschritte mentale Dysfunktionen sowie Abwehr- und Copingverhalten wie z. B. Autismus, Ich-Störungen und Wahn. Wann und ob eine Schizophrenie manifest wird, hängt somit auch von biographischen und situativen Faktoren ab. Dies können sowohl biologische (z. B. die Einnahme von psychotropen Substanzen, somatische Erkrankungen) als auch psychosoziale (z. B. eine belastende familiäre Situation, Verlust einer Bezugsperson) Faktoren sein. Die beobachtbaren klinischen Symptome werden als das Resultat komplexer Interaktionen der Grundstörung mit situativen Faktoren, psychosozialen Einflüssen und Bewältigungsversuchen aufgefaßt.

Grundlagen psychotherapeutischer Behandlung

Während sich die Behandlung schizophrener Patienten vor der Entwicklung wirksamer biologischer Behandlungsmethoden alleine auf psycho- und soziotherapeutische Konzepte stützte, geriet die psychotherapeutische Behandlung schizophrener Patienten infolge des Einzugs der Neuroleptika in die psychiatrische Therapie zunächst in die Defensive. In den letzten Jahren ist aber zunehmend deutlich geworden, daß schizophrene Erkrankungen eine **mehrdimensionale Therapie erfordern, die psychopharmakologische mit psycho-und soziotherapeutischen Maßnahmen** verbindet. In der Akutphase stehen die medikamentöse Behandlung, die Gestaltung eines entspannenden Milieus sowie der Schutz des Patienten vor Suizidalität im Vordergrund therapeutischer Bemühungen. Bei aller Turbulenz in der akuten Erkrankungsphase darf aber nicht vergessen werden, daß in dieser vom Patienten und seinen Angehörigen häufig als sehr bedrohlich erlebten Zeit der Grundstein für die weitere therapeutische Beziehung gelegt wird. Mit Abklingen der akuten psychotischen Symptome gewinnen psychotherapeutische und soziotherapeutische Maßnahmen stärker an Bedeutung. Vor allem während des postremissiven Erschöpfungssyndroms muß das Selbstwertgefühl des Patienten gestärkt, die Integrierung der psychotischen Erkrankung in das Selbstbild des Patienten unterstützt und die Revision der Lebensperspektiven in Angriff genommen werden, um die diese Phase kennzeichnende hohe suizidale Gefährdung des Patienten abzuwehren. Schizophrene Patienten sind häufig mißtrauisch und ängstlich. Der Therapeut muß darauf vorbereitet sein, Ablehnung und Zurückweisung zu ertragen und zu respektieren. Der Versuch, mit dem Patienten in eine therapeutische Beziehung zu treten, wird vom Patienten häufig als Grenzüberschreitung erlebt und kann Ängste vor Manipulation auslösen. Das Beziehungsangebot muß deshalb transparent, sicher und verläßlich sein. Eine Therapie muß sich nicht selten zunächst darauf beschränken, dem Patienten zu vermitteln, daß dieser dem Therapeuten trauen kann. Der schizophrene Patient sollte spüren, daß der Therapeut ihn auch mit seinen ungewöhnlichen und in der Regel auf Ablehnung stoßenden Denkinhalten verstehen möchte.

Erst nachdem diese mitunter schwierige Etablierung einer therapeutischen Beziehung geglückt ist, können die spezifischen Akzentuierungen der unterschiedlichen psychotherapeutischen Ansätze zum Tragen kommen.

In Anbetracht der möglichen Defizite der kognitiven Informationsverarbeitung muß bei schizophrenen Patienten grundsätzlich auf die Eingrenzung, Klarheit und Strukturiertheit der vermittelten Information geachtet werden. Wegen der Gefahr der Überstimulierung und der daraus möglicherweise resultierenden Exazerbation der schizophrenen Akutsymptomatik sollten affektprovozierende Verfahren vermieden und das Erregungsniveau kontrolliert werden.

Häufig führt eine schizophrene Erkrankung – in besonderem Maße die akute Exazerbation sowie die für die Bezugspersonen kaum verstehbaren und quälend miterlebten Negativsymptome – zu erheblichen Verwerfungen in den sozialen und interpersonellen Bezügen der Kranken. Zahlreiche Studien konnten belegen, daß die Prognose schizophrener Patienten wesentlich vom intrafamiliären Interaktionsstil abhängt (Mundt 1996). Günstig sind eindeutige und klare Botschaften, Respekt vor den Autonomiebedürfnissen auch des geschwächten Ich der Patienten und ein niedriges Profil ausgedrückter Gefühle, vor allem von Kritik (vgl. „Expressed Emotion" Lit. bei Mundt 1996). Daher sollten wenn möglich die Angehörigen des Patienten in die Therapie einbezogen werden. Jede psychotherapeutische Behandlung sollte von einer soziotherapeutischen Behandlung begleitet werden.

Psychodynamische Therapien

Tiefenpsychologische Schizophreniekonzepte

Die wechselnden konzeptuellen Entwürfe zum psychodynamischen Verständnis der Schizophrenie und die daraus abgeleiteten therapeutischen Empfehlungen von S. Freud beeinflussen die Psychotherapie schizophrener Patienten noch heute. Im Grunde faßte Freud schizophrene Psychosen als narzistische Psychoneurosen und damit als Folge einer sehr früh in der Entwicklung auftretenden Fixierung auf. Das instabile Ich wird demnach in der Psychose durch sich widersprechende Forderungen des Es und des Über-Ich überschwemmt, Ich-Grenzen gehen verloren, die Realitätsprüfung wird fehlerhaft und die primären Denkcharakteristiken des Es dominieren. Freud folgerte aus dem postulierten Mangel an libidinöser Besetzung der Objekte und der Regression auf einen objektlosen narzistischen Zustand, daß schizophrene Patienten keine Übertragung entwickeln können und somit einer psychoanalytischen Behandlung nicht zugänglich sind. In Abgrenzung davon verteidigte C. G. Jung, der schizophrene Patienten von Vorstellungen des kollektiven Unbewußten überflutet sah, die Möglichkeit und Notwendigkeit der Psychotherapie schizophrener Patienten. Einen anderen sehr einflußreichen Ansatz verfolgte M. Klein (1960). Sie faßte schizophrene Psychosen als Regression auf eine paranoid-schizoide Position frühkindlicher Entwicklung auf, in der das frühe Ich sich gegen intensive widerstrebende Triebe durch u.a. Spaltung, projektive Identifikation und Idealisierung verteidigt. Mentzos (1988) führt die schizophrene Störung auf einen Konflikt zwischen Verschmelzungs- und Individuationstendenzen in einer frühen Phase, in der Selbst- und Objektrepräsentanzen noch nicht getrennt sind, zurück. Viel diskutiert wird derzeit ein linguistisch-strukturaler Ansatz zur Erklärung der schizophrenen Ätiogenese. Er hebt auf eine Symbolisationsstörung der schizophrenen Patienten ab und postuliert, daß insbesondere unstrukturierten schizophrenen Patienten der Übergang von der dyadisch-symbiontischen Zweierbeziehung zur ödipalen Dreierkonstellation nicht gelingt.

Psychodynamische Therapie schizophrener Patienten

Aufdeckende analytische Psychotherapie bei schizophrenen Psychosen ist umstritten, da die bestehende Ich-Störung durch aufdeckende Therapie verstärkt und der Patient stärker in die Psychose gedrängt werden kann. Weitgehend Einigkeit besteht darüber, daß eine **tiefenpsychologisch orientierte Behandlung schizophrener Patienten erst nach Abklingen der akuten Symptome** erfolgen sollte. May u. Mitarb. (1986) fanden höhere Rückfallraten bei Patienten, bei denen die Therapie in der Akutphase begonnen hatte, als bei Patienten, deren Therapie in der stabilen Remission aufgenommen wurde. Ein weiterer Konfliktpunkt ist die Vereinbarkeit von analytischer Therapie und neuroleptischer Behandlung. Einerseits ist eine medikamentöse Behandlung häufig Voraussetzung, um therapeutisch arbeiten zu können, andererseits schränken Neuroleptika die emotionale Erlebnisfähigkeit ein und erschweren damit eine analytische Therapie. Ein Modell für eine psychotherapeutische Behandlung auch akut erkrankter Patienten mit weitgehendem Verzicht auf neuroleptische Behandlung wurde für den deutschen Sprachraum von Ciompi vorgelegt, der allerdings Elemente aus unterschiedlichen psychotherapeutischen Schulen zum Einsatz bringt (Ciompi u. Mitarb. 1993). Konsens herrscht darüber, daß die **psychodynamische Behandlung im Sitzen** durchgeführt werden sollte. Sie sollte 1–3 Sitzungen pro Woche nicht überschreiten und über einen Zeitraum von mehreren Monaten bis zu mehreren Jahren durchgeführt werden. Mit einer faßbaren Wirkung im Sinne der Abnahme der Anzahl akuter psychotischer Exazerbationen ist erst nach mindestens 2jähriger Therapiedauer zu rechnen. Diese Zeitdauer erreichen die Therapien im ambulanten Setting wegen Therapieabbrüchen von Seiten der Patienten häufig nicht. Ziel einer analytischen Psychotherapie stellt die **Festigung der Identität und der Ich-Grenzen durch die dauerhafte Differenzierung der Selbst- und der Objektrepräsentanzen dar**. Damit werden Verschmelzungsängste in Partnerschaften und anderen engen Kontakten reduziert. Es sollte versucht werden, den **abgerissenen Sinnzusammenhang in der lebensgeschichtlichen Kontinuität wiederherzustellen**. Deutungen sollten behutsam vorgenommen werden, da sie den Patienten verunsichern und zur Destabilisierung des Arbeitsbündnisses beitragen können. Auch das freie Assoziieren ist bei schizophrenen Patienten in Anbetracht der spezifischen schizophrenen Denkstörungen häufig nicht möglich. Übertragungsbeziehungen stellen sich bei schizophrenen Patienten aufgrund ihrer Probleme mit der Nähe-Distanz-Regelung, ihrer Ambivalenz und der emotionalen Irritierbarkeit nicht regelmäßig von selbst ein und sind instabil. In der Gegenübertragung überwiegen häufig Gefühle von Hilflosigkeit und Ohnmacht.

> Eine besondere Schwierigkeit stellt die psychotherapeutische Behandlung eines Wahns dar, der ja gerade durch die subjektive Gewißheit und die Unkorrigierbarkeit der Überzeugungen gekennzeichnet ist.

Und doch ergibt sich bei chronischen Wahnformen die Notwendigkeit einer psychotherapeutischen Behandlung, da die medikamentöse Behandlung häufig nicht erfolgreich ist. Vor Beginn der Therapie sollte der Therapeut die Verwurzelung des Wahns in der Persönlichkeit des Patienten und die Zähigkeit, mit der am Wahn festgehalten wird, in Erfahrung bringen. Bei geringer Fixiertheit, die meist mit deutlicher Affektauslenkung einhergeht, ist es ökonomisch, den Patienten bis zur Rückbildung der Stimmungsantriebsauslenkung und des damit in der Regel einhergehenden Verschwindens des Wahns zu stützen. Völlig anders stellt sich die Situation bei einem chronifizierten schizophrenen Wahn dar. Ziel der Therapie kann hier die Entaktualisierung mit Hinnahme eines residualen, den Patienten nicht wesentlich beeinträchtigenden Restwahns sein. In der akuten psychotischen Entordnung hingegen stellt der Wahn erst wieder die Kohärenz der Sinnzusammenhänge her und bildet damit wieder eine Grundlage für die Erfahrungs- und Beziehungsfähigkeit des Patienten, wenngleich um den Preis der Ausgliederung eines Teils seines Erlebens aus der gemeinsamen Wirklichkeitskonstituierung des Common Sense. Er kann aber auch Distanz zu Themen schaffen, deren Verarbeitung dem Patienten nicht gelingt. Die therapeutische Bearbeitung des Wahns kann in solchen Fällen den Patienten destabilisieren und die destruktiven Kräfte wieder freilegen. Eher sollten in solchen Fällen die mentalen Grundhaltungen außerhalb der eigentlichen Wahnfelder, z.B. durch Training von Neugierverhalten und Üben von Perspektivenwechsel, erst einmal aufgelokkert, entkrampft, vom Wahn dezentriert werden, ohne daß der kognitive Widerstand der Wahnverteidigung geweckt wird. Wie andere psychische Symptome kann auch der Wahn auf bestimmte Traumen, unbewältigte Reifungsschritte, Ängste oder Sehnsüchte hinweisen. Das Wissen um das im Wahn ausgedrückte Thema hilft dem Therapeuten, dem Patienten mit Verständnis und Takt zu begegnen, wenn diese Themen außerhalb des Wahns berührt werden. Faßt man den Wahn als vorprädikative Aussage über den mentalen Zustand des Patienten auf – eine heute vorherrschende Interpretation der Phänomenologie –, dann macht der Patient mit der prädikativen Aussage (im o.g. Fallbeispiel etwa: meine Arbeitskollegen beobachten mich) in Wirklichkeit eine nonprädikative Aussage über sein Befinden (ich fühle mich ohnmächtig, entmächtigt, ausgeliefert). Für die Aussage über den mentalen Zustand ist aber allein die subjektive Gewißheit maßgeblich, sie kann deshalb nicht diskutiert werden. Daher fühlen sich Patienten nicht verstanden, solange der Therapeut nicht auf die **vorprädikative Aussage des Wahns** eingeht. Der Therapeut steht dann allerdings vor dem Dilemma, daß er die konkretistische Aussage nicht völlig mißachten, die vorprädikative aber auch nicht direkt benennen darf, weil das im Wahn verborgene Lebensthema dem Bewußtsein nicht zugänglich ist. Dieses Dilemma kann durch Aufgreifen des eigentlichen Anliegens des Patienten in Lebensbereichen, die nicht mit dem Wahn in Beziehung stehen, aufgelöst werden. Der Therapeut sollte auf praktische Aspekte der Lebensgestaltung und nicht auf die konflikthaften Themen zugehen und vermeiden, den Patienten durch die Vertiefung der angebotenen zentralen Themen zu gefährden. Ziel sollte die Öffnung zu neuen Themen und der Erwerb neuer Repräsentationen sein, um dem Patienten zu ermöglichen, die Wahninhalte durch Neubesetzung ihrer Speicherfelder mit anderen affektiv relevanten Inhalten aktiv zu verlernen (vgl. dazu Spitzers neurokognitive Wahninterpretation, 1996). Aus diesen Überlegungen lassen sich zwei therapeutische Empfehlungen ableiten:

- Wahnthemen sollten nicht unnötig durch Nachexplorationen reaktualisiert werden,
- Patienten sollten mit neuen kognitiven Aufgaben gefordert werden.

Bei der später u. U. möglichen Bearbeitung der im Wahn enthaltenen Problematik ist Trauerarbeit für die Aufgabe nicht realisierter biographischer Intentionslinien zu leisten. Mit dem Verschwinden des Wahns kann es deshalb zu einer depressiven Reaktion und zu einem Leeregefühl durch Sinnverlust kommen. Um zu verhindern, daß der gesundete Wahnkranke dann wieder in den Wahn zurückstrebt, muß zur Stabilisierung des Therapieerfolges ggf. eine pharmakologische und psychotherapeutische Stützung erfolgen.

Verhaltenstherapie

Verhaltenstherapeutische Schizophreniekonzepte

Verhaltenstherapie ist von ihrer grundsätzlichen Ausrichtung nicht an Diagnosen orientiert, vielmehr zielt sie auf die Eliminierung oder Reduktion ungünstiger Verhaltensweisen und Symptome. Aus dieser Grundhaltung heraus ist verstehbar, daß sich im Vergleich zu den zahlreichen psychodynamischen Krankheitskonzepten weniger verhaltenstherapeutisch ausgerichtete Ätiopathogenesemodelle der Schizophrenie finden. Lerntheoretische Ansätze zur Erklärung schizophrener Verhaltensweisen postulieren, daß Kinder, die später an Schizophrenie erkranken, irrationale Reaktionen und Denkstile von ihren Eltern imitieren. Dabei wird angenommen, daß die Eltern selbst erhebliche emotionale Probleme haben. Nach diesen Konzepten gründen die gestörten zwischenmenschlichen Beziehungen schizophrener Patienten in den ungünstigen Modellen, von denen sie lernen.

> Wesentlich stärker als auf diese lerntheoretischen Ansätze beziehen sich verhaltenstherapeutische Therapiekonzepte in der Praxis aber auf das oben ausgeführte Vulnerabilitäts-Streß-Modell. Sie setzen überwiegend an den Stressoren an und versuchen, mit den Patienten günstige Verhaltensweisen zur Bewältigung und Vermeidung belastender Situationen zu erarbeiten.

So werden z. B. mittels kognitiver Verhaltenstherapie Krankheitsmanagement trainiert und Copingstrategien entwickelt und unterstützt. Daneben wird angestrebt, die Medikamentencompliance der Patienten zu erhöhen und damit die Vulnerabilität zu senken. Aversive Techniken, die anfangs durchaus eingesetzt wurden, sind heute nicht mehr üblich. Stattdessen liegt das Hauptgewicht auf positiver Verstärkung. Während zunächst in enger Anlehnung an lerntheoretische Konzepte therapeutischer Bemühungen die Beeinflussung von Faktoren, die dysfunktionalem Verhalten vorausgehen bzw. nachfolgen, anstrebten, beziehen neuere Konzepte stärker emotionale, kognitive und soziale Aspekte ein.

Verhaltenstherapie schizophrener Patienten

> Als Ziele einer verhaltenstherapeutischen Therapie schizophrener Patienten bieten sich das Erlernen sozialer Fertigkeiten, die Verbesserung der Streßbewältigung, das Training der kognitiven Leistungsfähigkeit und die Verringerung von beeinträchtigenden schizophrenen Symptomen an.

Zur Festlegung der Behandlungsziele wird durch eine Verhaltensanalyse das Problemverhalten bestimmt, die damit verbundenen Kognitionen und Affekte werden erfaßt. Bei schizophrenen Patienten müssen diejenigen Aspekte eines Verhaltens, die modifiziert werden sollen, explizit und klar benannt werden. Die Therapieziele sollten vorsichtig gewählt werden, damit Überstimulierung und Enttäuschung der Patienten vermieden werden. Dabei muß die häufig eingeschränkte kognitive Leistungsfähigkeit der Patienten berücksichtigt werden. Daher sollten zunächst kleine Veränderungen angestrebt werden, bevor einschneidendere in Angriff genommen werden. Über- oder Unterforderungen sollten durch regelmäßige Überprüfung der erreichten Ziele rechtzeitig erkannt und vermieden werden. Die Planung der Behandlung sollte nicht auf die Defizite fokussiert sein, sondern die Ressourcen und die bisherige Leistung der Patienten im Umgang mit der Erkrankung aufnehmen.

Zur **Reduzierung von Halluzinationen** kann positive Verstärkung eingesetzt werden, indem die Reduktion von Halluzinationen belohnt wird. Durch die Verschreibung subvokaler Bewegungen des Mundes bei Auftreten von akustischen Halluzinationen kann eine Abnahme dieser Halluzinationen erreicht werden. Andere Techniken wie Gedankenstopp, Ablenkungstechniken, Wechsel der Aufmerksamkeit zu externen Stimuli und Ausführung von mit Halluzinationen nicht zu vereinbarenden Aktivitäten werden erfolgreich zur Symptomreduktion eingesetzt. Die Patienten leiden häufig sehr unter dem Erleben, daß akustische Halluzinationen von anderen, übelwollenden Personen ausgehen und fühlen sich diesen Personen machtlos ausgeliefert. Ausgehend von diesen Überlegungen zielt ein interessanter Ansatz darauf, mit dem Patienten eine rationale Erklärung für das Auftreten der Halluzinationen zu erarbeiten und damit die Entmächtigung zu überwinden. Dazu kann z. B. mit der Technik des sokratischen Dialogs gearbeitet werden. Es kann aber auch eine formale Realitätsüberprüfung durchgeführt werden. So berichten Chadwick u. Mitarb. (1994) von einer Patientin, die von Stimmen geplagt wurde, die drohten, sie zu töten. Um die Patientin davon zu überzeugen, daß die Stimmen eine Wahrnehmungsstörung darstellen und nicht von außen kommen, wurde sie aufgefordert schalldichte Kopfhörer aufzusetzen. Tarrier (1990, zit. nach Penn and Mueser 1996) berücksichtigt die Erfahrung der Patienten im Umgang mit ihren psychotischen Symptomen. Er greift die vom Patienten bereits selbst entwickelten Copingstrategien auf und ermuntert sie, diese zielgerichtet zur Symptomreduktion einzusetzen und weiterzuentwickeln.

Zur Behandlung *schizophrener Negativsymptome* wurden im wesentlichen zwei verhaltenstherapeutische Behandlungsstrategien herangezogen. Von Ayllon und Azrin (1968) wurde das **Tokensystem** propagiert. Dabei werden Zielverhalten und Problembereiche für jeden Patienten individuell identifiziert und ein individuelles Belohnungssystem entwickelt. Token, die der Patient in Abhängigkeit von seinem Verhalten in den Zielfeldern entweder erwerben oder verlieren kann, kann er gegen Belohnungen (z. B. Ausgang) eintauschen. Nach der Einführung wurde dieses Konzept zunächst sehr enthusiastisch aufgenommen, da anfängliche Studien sehr ermutigende Ergebnisse berichteten. Es wurde nach und nach aber deutlich, daß die Effekte unspezifischer als erwartet waren. Sie konnten von Effekten, die auf eine mit der Umstellung auf das Tokensystem einhergehenden Umstrukturierung des therapeutischen Milieus zurückzuführen waren, nicht getrennt werden. Zum anderen zeigte sich, daß die anfänglichen Verbesserungen nicht langfristig bestehen blieben. Durchgesetzt haben sich deshalb Trainingsverfahren, die auf die **Veränderung umfassenderer Verhaltensaspekte** abzielen. Hierzu wurden Programme entwickelt, die meist aus aufeinander aufbauenden Modulen bestehen. An diesen Programmen wurde kritisiert, daß sie nicht auf die individuellen Bedürfnisse der Patienten zugeschnitten waren. Ein generelles Problem bestand zunächst darin, daß der Transfer der erreichten Verbesserungen auf nichttrainierte Bereiche nur unzureichend gelang.

Mit der zunehmenden ambulanten Behandlung schizophrener Patienten und der Aufgabe von Langzeitstationen ist die Therapie von *sozial inakzeptablem Verhalten* zunehmend in das Blickfeld therapeutischer Bemühungen getreten. Die Verhaltensauffälligkeiten können aggressives Verhalten gegen Menschen und Dinge, Schreien und Spucken in der Öffentlichkeit, sexuell unangemessenes Verhalten sowie bizarres Erscheinen und Auftreten umfassen. Die Behandlung dieses Verhaltens beginnt mit einer umfassenden Bedingungsanalyse. Geringe positive Veränderungen müssen wahrgenommen und positiv verstärkt werden. Eine Schwierigkeit besteht allerdings nicht selten darin, einen positiven Verstärker zu identifizieren.

Zur **Behandlung eines Wahns** wird der Einsatz von verbaler Verstärkung und Selbstinstruktion vorgeschlagen (Drummond u. Duyol 1997). Verbale Instruktionen können z. B. aus Befehlen bestehen wie „Sei logisch", „Sei nüchtern". Patienten können auch üben, wahnhafte Überzeugungen zu ignorieren und damit den Einfluß des Wahns auf den Alltag zurückzudrängen. Ein Vorgehen, das in krassem Widerspruch zur üblichen psychiatrischen Vorgehensweise steht, wird z. B. von Kingdon und Turkington beschrieben (1997). Sie empfehlen dem Behandler, mit dem Patienten in einen Dialog über den Wahrheitsgehalt des Wahns einzutreten. Der Patient soll veranlaßt und befähigt werden, eine Realitätsprüfung durchzuführen. Dieses Vorgehen setzt an der Beobachtung an, daß der Grad an subjektiver Überzeugung und Unkorrigierbarkeit eines Wahnes bei schizophrenen Patienten sowohl intra- als auch interindividuell erheblich schwanken kann. Diese Schwankungen können als Ankerpunkt für kognitive Verhaltenstherapie genutzt werden, indem die Validität ungewöhnlicher Denkinhalte überprüft wird. Kingdon und Turkington schlagen vor, die Entstehungsbedingungen des Wahns zu explorieren, um eine für den Patienten verstehbare und annehmbare Erklärung des Wahns zu formulieren. In einem nächsten Schritt sollen dann die vermeintlichen Beweise überprüft und alternative Erklärungen gefunden werden. Gleichzeitig wird dem Patienten ein Krankheitsmodell vermittelt, das er zum Verständnis seiner Situation heranziehen kann. So könnte mit dem Patienten z. B. erörtert werden, wie die Wahrnehmung von nonverbalen Äußerungen eines Gesprächspartners zur Antizipation seiner Gedanken und damit zum Erleben von Gedankenausbreiten oder Gedankenlesen führen kann. Dieses Vorgehen ist nach unserer Erfahrung allerdings nur möglich, wenn keine Wahngewißheit vorliegt, die Wahndynamik den Patienten nicht entmächtigt und die Wahnarbeit noch nicht weit fortgeschritten ist. Kingdon und Turkington weisen ausdrücklich auf die **Notwendigkeit hin, an dem „Schema", das sich in einem Wahn verbergen kann, zu arbeiten**. Sie verweisen damit auf etwas sehr Ähnliches wie Mundt, wenn er die vorprädikative Aussage des Wahns herausarbeitet (s. o. und Mundt 1996).

> Neben Vorschlägen zur Behandlung einzelner Symptome wurden umfassendere, spezifisch auf schizophrene Patienten abgestimmte Behandlungsprogramme entwickelt. Exemplarisch soll das von der Gruppe um Brenner seit 1976 entwickelte und inzwischen weit verbreitete und wissenschaftlich gut abgesicherte „integrierte psychologische Therapieprogramm" (IPT) vorgestellt werden (Roder u. Mitarb. 1988).

Das IPT geht von der Überlegung aus, daß durch die Behandlung zunächst basaler kognitiver Defizite die Aneignung und Wiederherstellung komplexerer Funktionen (z. B. soziale Fähigkeiten) möglich wird und damit zukünftige Rückfälle vermieden werden können. Das IPT berücksichtigt die kognitiven Defizite schizophrener Patienten und verlagert den therapeutischen Schwerpunkt von einer anfänglich stärkeren Gewichtung basaler kognitiver Prozesse zu einer zunehmenden Betonung sozialer Fertigkeiten. Es besteht aus 5 Unterprogrammen, die in kleinen Gruppen durchgeführt werden und sukzessive aufeinander aufbauen:

- kognitive Differenzierung (z. B. **Training der Merkfähigkeit**),
- **soziale Wahrnehmung** (Training von Reizerkennung und -interpretation im Zusammenhang mit sozialen Interaktionen),
- **verbale Kommunikation** (z. B. Achten auf Beiträge anderer Gruppenmitglieder),
- **soziale Fertigkeiten** (z. B direkte Beeinflussung von Selbstwahrnehmung und Selbststeuerung) und
- **interpersonelles Problemlösen** (Erwerb von Problemlösestrategien).

Im Therapieverlauf nehmen die Gruppeninteraktionen und die Beschäftigung mit emotional belastenden Therapieinhalten zu. Die therapeutische Vorgehensweise wird so gewählt, daß ein unmittelbarer Bezug zum Alltag des Patienten besteht. Hierbei können unterschiedliche Techniken wie z. B. Rollenspiel, Modelling, Prompting, Rehearsal, materielle Verstärker, Überlernen und In-vivo-Übungen zum Einsatz kommen. Die Effizienz des Programmes und die Aufrechterhaltung der Therapieeffekte über die Zeit hinweg sind gut belegt (Roder 1988).

Angehörigenarbeit

Konzepte zur Angehörigenarbeit bei schizophrenen Patienten

Das von Gregory Bateson formulierte Double-Bind-Konzept sieht die Ursache einer schizophrenen Erkrankung in widersprüchlichen elterlichen Botschaften, die das Verhalten und die Gefühle der Kinder betreffen. Dies soll einen desintegrierenden Einfluß zur Folge haben, so daß die Kinder in einen psychotischen Zustand geraten, der sie dann von der unlösbaren Verstrickung der Double-Bind-Situation abschirme. Obwohl empirische Studien dieses Konzept nicht bestätigen konnten, wurde es außerordentlich populär. Es begegnet dem klinisch Tätigen sehr häufig in der Angst der Mütter schizophrener Patienten, durch eigenes Fehlverhalten, die Erkrankung verursacht zu haben mit der Folge emotionalen Überengagements und intrusiven, vermeintlich helfenden Umgangsformen.

Empirisch gut gesichert ist hingegen das **Expressed-Emotions-(EE-)Konzept** (Leff and Vaughn 1985), das ursprünglich von der klinischen Beobachtung ausging, daß junge schizophrene Patienten, die zu ihren Ursprungsfamilien entlassen wurden, früher und häufiger Rückfälle erlitten. Zahlreiche Studien konnten in der Folgezeit belegen, daß Rückfälle bei schizophrenen Patienten häufiger auftreten, wenn Angehörige einen Interaktionsstil aufweisen, der von Kritik, Feindseligkeit und/oder emotionaler Überinvolviertheit geprägt ist (Übersicht bei Kavanagh 1992).

Kontrollierte Therapiestudien konnten belegen, daß Angehörigenarbeit mit diesen High-EE-Familien (HEE) die **Rezidivrate der Patienten** senkt (Übersicht bei Mundt 1996).

Insgesamt konnte gezeigt werden, daß die therapeutische Arbeit mit Angehörigen die Wiedererkrankungsrate schizophrener Patienten nicht nur kurzfristig, sondern auch über einen Zeitraum von mehreren Jahren reduziert. Zusätzlich werden durch Angehörigenarbeit **Negativsymptome vermindert** und die **soziale Anpassung verbessert**. Die bislang vorliegenden Studien weisen darauf hin, daß die Wirksamkeit mit der Dauer der Angehörigenarbeit positiv korreliert (Penn and Mueser 1996). Arbeit mit Angehörigen wirkt sich nicht nur für die Patienten positiv aus, sondern verbessert auch die Lebensqualität der Angehörigen (Penn and Mueser 1996).

Durchführung der Angehörigenarbeit bei schizophrenen Patienten

Wie in dem dargestellten Fallbeispiel können Angehörige selbst in das psychotische Erleben eines Patienten einbezogen sein, was zu erheblichen Belastungen der intrafamiliären Beziehungen führen kann. Belastende Erlebnisse mit dem kranken Angehörigen sowie Wut und Trauer werden häufig aus Scham nicht angesprochen, können aber in Form von Feindseligkeit, unangemessener Kritik und übermäßiger Einschränkung der Selbstbestimmung des Kranken den weiteren Krankheitsverlauf erheblich belasten. Nicht selten haben Angehörige Angst, daß die psychiatrische Erkrankung in der Umgebung der Familie bekannt wird. Wichtig ist auch, **auf mögliche Schuldgefühle der Familienmitglieder zu achten** und ggf. darauf einzugehen. Die nach dem Abklingen der akuten Symptome häufig zurückbleibenden Negativsymptome können das intrafamiliäre Klima erheblich belasten, Rückzug kann als Ablehnung, Antriebsschwäche als Faulheit und affektive Labilität als Launenhaftigkeit aufgefaßt werden. Die Aufgabe von ursprünglichen Lebenszielen wird nicht selten von den Angehörigen weniger akzeptiert als von den Patienten. So wird z. B. ein **Zusammenhang** der v. a. in der Remissionsphase zu beobachtenden relativ **hohen Suizidraten junger schizophrener Patienten** aus Familien mit hohem sozialen Status mit den von der Familie an den Patienten herangetragenen und ihn **überfordernden** Ausbildungs- und **Qualifizierungsleistungen** gesehen.

Die Arbeit mit Angehörigen ist selbstverständlich nur dann möglich, wenn der Patient diese Zusammenarbeit zuläßt. Nicht selten müssen zuvor beim Patienten Ängste und Mißtrauen abgebaut und das Setting festgelegt werden. Wie mehrere Untersuchungen nahelegen, lassen sich viele Unsicherheiten der Angehörigen auf ein erhebliches Informationsdefizit über die Erkrankung zurückführen.

Daher betonen unabhängig von den therapeutischen Ausrichtungen die in der Arbeit mit Angehörigen erfahrenen Therapeuten die Wichtigkeit einer **Psychoedukation**. Den Angehörigen sollte ein Krankheitsmodell vermittelt werden, das sie in die Lage versetzt, die Symptome der Patienten zu verstehen, einzuordnen und ihre Hilflosigkeit zu überwinden. Sie müssen deshalb ausführlich über **Krankheitssymptome** und den **Krankheitsverlauf** aufgeklärt werden. Auch über Therapiemöglichkeiten, insbesondere über die Indikation zur Gabe und die **Nebenwirkungen von Psychopharmaka**, sollten sie ausführlich informiert werden.

Aufklärung allein scheint aber nicht auszureichen, um Überzeugungen und Verhaltensweisen innerhalb von Familien zu verändern. Daher muß neben Psychoedukation die Vermittlung von Strategien zur Lösung von Problemen und die Erarbeitung streßreduzierender Interaktionsmuster treten. Dies kann die **Identifizierung von Faktoren, die zu Rückfällen führen,** beinhalten und sollte die Vermittlung kognitiver Techniken zum **Streßmanagement** oder auch Entspannungstechniken umfassen. Es ist empfehlenswert, den Fokus der Angehörigenarbeit auf die Bewältigung unmittelbar bestehender Schwierigkeiten zu richten. Konfliktträchtige Felder sollten zunächst vermieden werden, um eine emotionale Aufladung, die den Patienten überfordern und zu einer Exazerbation der Symptome führen könnte, zu vermeiden. Um intensive Auseinandersetzungen zu umgehen, empfehlen viele Autoren bei der Arbeit mit Patienten und deren Angehörigen ein strukturiertes, sachliches und emotional distanziertes Erarbeiten von Problemlösungen anzustreben.

Angehörigenarbeit kann sowohl in einzelnen Familien als auch in Angehörigengruppen stattfinden (Fiedler 1986). Behandlungsprogramme, die Therapie in einzelnen Familien mit Angehörigenarbeit in Gruppen zu verbinden, haben z. B. Anderson u. Mitarb. (1986) und Leff u. Mitarb. (1986) vorgeschlagen.

> Gruppen können einen therapeutisch ausgebildeten Leiter haben, aber auch primär als Selbsthilfegruppen organisiert sein oder in Selbsthilfegruppen überführt werden.

Die Gruppen sollten regelmäßig stattfinden (erfahrungsgemäß werden Abstände von 2 Wochen hinsichtlich des Zeitaufwandes für die Angehörigen am besten akzeptiert). Sie können geschlossen oder offen konzipiert sein. Nach der zeitlichen Assoziation an das Krankheitsgeschehen unterscheidet man die zeitlich begrenzte Krisenintervention (in der Regel während der Hospitalisation des Patienten) von der Rückfallprophylaxe (meist im Anschluß an den Klinikaufenthalt) und der Lanzeittherapie (i. a. länger als sechs Monate). Neben Psychoedukation und der Herausarbeitung von Problemlösestrategien kann die Arbeit in der Gruppe auch Selbsterfahrung einschließen. In Gruppen profitieren häufig Angehörige am Beispiel anderer Betroffener. So können HEE-Angehörige modellhaft von Angehörigen mit niedrigem EE lernen. Anleitungen und Materialien zur Arbeit mit Angehörigengruppen wurden z. B. von Fiedler u. Mitarb. (1986), Schulze-Mönking & Buchkremer (1993) und Bäuml (1994) vorgelegt.

Zusammenfassend läßt sich festhalten, daß es heute eine Vielzahl von individual- und soziotherapeutischen Psychotherapietechniken für die Behandlung der Schizophrenie gibt. Die übergeordneten Prinzipien dieser Ansätze liegen in der Stärkung der integrativen Kräfte der Selbstgestaltung zu verbesserter Kohärenzbildung des Selbsterlebens; Abschirmung von spezifischen und unspezifischen emotionalen und kognitiven Belastungsfaktoren, die sich desintegrativ auf das Selbsterleben und Sozialverhalten auswirken, sowie Erwerb und Training kognitiver, emotionaler und sozialer Kompetenzen der Patienten, die oft durch die verminderte Streßbelastbarkeit und durch die Desintegrationsneigung in entwicklungsintensiven Lebensphasen wie der Adoleszenz nicht das Niveau gesunder Gleichaltriger hatten erreichen können.

36. Posttraumatische Störungen – allgemeine Einführung

U. Schnyder

Fallbeispiel

Herr Schweizer (Name geändert), der 58jährige Geschäftsführer einer Kehrichtverbrennungsanlage, ist soeben von der Arbeit nach Hause gekommen, als das Telefon läutet: In einem der beiden großen Bunker zur Zwischenlagerung von mehreren Tausend Kubikmetern Abfällen hat sich eine sogenannte „Verpuffung", eine Explosion von brennbaren Gasen, ereignet; zwei Arbeiter haben schwere Verbrennungen erlitten. 20 Minuten später ist der Chef am Unglücksort: Die ganze Anlage steht in Flammen, die beiden schwerverletzten Verbrennungsopfer sind zum Abtransport per Hubschrauber ins nahegelegene Universitätsspital bereit. Es herrscht große Aufregung: Einzelne Mitarbeiter sind in Panik geraten und irren planlos umher. Herr Schweizer reagiert adäquat: Er überlegt kurz und trifft dann die unmittelbar nötigen Entscheidungen, beruft eine Krisensitzung ein, orientiert Polizei und Medien. Erst gegen Mitternacht sind die wichtigsten Dinge geregelt, und Herr Schweizer fährt nach Hause, um einige Stunden zu schlafen.

In den folgenden Tagen bringt Herr Schweizer keinen Bissen mehr herunter, nur mit Mühe kann er sich dazu überwinden, wenigstens genügend zu trinken. Immer wieder sieht er unwillkürlich das Flammenmeer und die beiden Verletzten vor sich. Obschon er weiß, daß ihn keine unmittelbare Schuld trifft, macht er sich große Vorwürfe, insbesondere als er erfährt, daß einer der beiden Verletzten, ein junger Familienvater, seinen Verbrennungen erlegen ist. Bei der Arbeit fühlt er sich zeitweise vollständig gelähmt und handlungsunfähig. Als er einige Wochen später in den Ferien im Gebirge einen Hubschrauber landen sieht, bricht er körperlich zusammen und weint stundenlang. In der Folge entwickelt er schwere Schlafstörungen, jede Nacht schreckt er schweißgebadet aus Alpträumen auf, in denen er das Unglück in hyperrealistischen Bildern wiedererlebt. Der Anblick des Unfallortes ängstigt ihn derart, daß er einen großen Umweg in Kauf nimmt, um zu seinem Arbeitsplatz zu gelangen. Im Büro kann er sich nur noch mit großer Mühe konzentrieren, auf Fragen seiner Mitarbeiter reagiert er häufig ungewohnt gereizt und aufbrausend. Bei belanglosen Ärgernissen packt ihn eine mörderische Wut, und er möchte am liebsten irgendetwas zerstören. Er schämt sich für diese aggressiven Impulse, die er nur mit Mühe kontrollieren kann. Wird er auf das Unglück angesprochen, reagiert er mit Herzklopfen, Schweißausbrüchen und Zittern. Innerhalb weniger Wochen verliert er 5 kg an Körpergewicht.

Einen Monat nach dem Ereignis muß sich Herr Schweizer eingestehen, daß er nicht mehr arbeiten kann und professionelle Hilfe benötigt. Es sucht einen Psychiater und Psychotherapeuten auf. Dieser stellt die Diagnose einer posttraumatischen Belastungsstörung und schlägt eine mittelfristig ausgelegte ambulante Psychotherapie mit wöchentlicher Sitzungsfrequenz sowie eine medikamentöse Behandlung mit einem Antidepressivum vor.

Epidemiologie

Die bio-psycho-sozialen Auswirkungen traumatischer Erlebnisse finden seit etwa 20 Jahren zunehmende wissenschaftliche Beachtung. Individuelle Traumata sind beispielsweise Folter und Kriegserlebnisse, Unfälle und Überfälle, aber auch Vergewaltigung oder Inzesterfahrungen. Kollektive Traumata entstehen durch Naturkatastrophen wie Überschwemmungen, Lawinenunglücke, Erdbeben oder Wirbelstürme sowie durch menschlich verursachte Ereignisse wie Flugzeugabstürze und Großbrände. All diesen Ereignissen ist gemeinsam, daß sie Gefühle von intensiver Angst, Schrecken oder Hilflosigkeit auslösen. Entsprechende Krankheitsbilder wurden im DSM zunächst als „gross stress reaction" und im DSM-II als „transient situational disturbance" bezeichnet. Mit dem Erscheinen des DSM-III im Jahre 1980 wurde der Begriff „post-traumatic stress disorder", deutsch: „posttraumatische Belastungsstörung", eingeführt, der schließlich im DSM-IV noch durch die diagnostische Kategorie „acute stress disorder" ergänzt wurde. Im ICD-10 wird zwischen akuten Belastungsreaktionen, posttraumatischen Belastungsstörungen und andauernden Persönlichkeitsänderungen nach Extrembelastung unterschieden.

Traumatische Erfahrungen sind häufige Vorkommnisse: Etwa 60% aller Männer und 50% der Frauen werden im Verlauf ihres Lebens mindestens einmal mit einem Trauma konfrontiert, das die Stressorkriterien der posttraumatischen Belastungsstörung erfüllt (Kessler u. Mitarb. 1995). In einer anderen Untersuchung wurde eine repräsentative Stichprobe von 1000 US-Amerikanern in bezug auf ihre Exposition mit zehn potentiell traumatischen Ereignissen befragt: Raubüberfall, Körperverletzung, sexueller Übergriff, tragischer Todesfall (durch Unfall, Suizid oder Tötung), Verkehrsunfall, Kriegseinsatz, Feuersbrunst, andere technische oder Naturkatastrophen, andere Gefahren. 69% hatten im Laufe ihres Lebens mindestens eines dieser Ereignisse erlebt, 21% allein im vergangenen Jahr. Tragische Todesfälle kamen am häufigsten vor, Vergewaltigungen hatten am häufigsten eine posttraumatische Belastungsstörung zur Folge, während Verkehrsunfälle sich als die ungünstigste Kombination von Häufigkeit und Auswirkung erwiesen (Norris 1992).

Die posttraumatische Belastungsstörung ist eine der häufigsten psychischen Störungen. In neueren epidemiologischen Untersuchungen wurde über Lebenszeitprävalenzen von 8–9% (Breslau u. Mitarb. 1991, Kessler u. Mitarb. 1995) berichtet. Frauen tragen bei vergleichbarer lebenslanger Traumaexposition ein etwa doppelt so großes Risiko, an einer PTBS zu erkranken (Breslau u. Mitarb. 1991, Kessler u. Mitarb. 1995; Resnick u. Mitarb. 1993). Natürlich werden längst nicht alle Menschen nach einem traumatischen Erlebnis psychisch krank. Gemäß einer jüngeren Übersichtsarbeit entwickelt aber immerhin etwa ein Viertel der Betroffenen das Vollbild einer posttraumatischen Belastungsstörung (Green 1994). Je nach Art des Traumas ist das Erkrankungsrisiko allerdings unterschiedlich. Hierzu einige Beispiele:

Folter scheint einer der wirksamsten Stressoren im Hinblick auf die Entwicklung einer posttraumatischen Belastungsstörung zu sein, vermutlich weil Folter eine maligne Kombination eines durch Mitmenschen verursachten Traumas mit einer Verletzung der körperlichen Integrität darstellt, beides prognostisch ungünstige Faktoren. Die Lebenszeitprävalenz für PTSD bei Folteropfern liegt bei 33% (Basoglu u. Mitarb. 1994), bei gefolterten Flüchtlingen und Asylbewerbern sogar bei über 50% (Van Velsen u. Mitarb. 1996). Wenn man davon ausgeht, daß mindestens jeder vierte Asylbewerber in seinem Herkunftsland der Folter ausgesetzt war (Wicker 1991), so läßt sich in diesem Zusammenhang von einer eigentlichen Epidemie sprechen.

Kaum anders sieht es bei sexuellen Traumatisierungen aus: Eine große Mehrheit der Opfer einer **Vergewaltigung** zeigt in den ersten zwei Wochen die Symptome einer posttraumatischen Belastungsstörung (Dahl 1989). Im Langzeitverlauf leiden etwa 30% der Vergewaltigungsopfer an einer chronischen posttraumatischen Belastungsstörung (Dahl 1993, Resnick u. Mitarb. 1993, Winfield u. Mitarb. 1990).

In den ersten Wochen nach einem **Unfall** leiden bis zu 50% der Betroffenen an psychischen Störungen, im längerfristigen Verlauf werden immerhin noch in 10–25% posttraumatische Belastungsstörungen beobachtet (Schnyder u. Buddeberg 1996). Einschränkend muß hier allerdings gesagt werden, daß in den bisherigen Studien über die psychosozialen Auswirkungen unfallbedingter Verletzungen sehr heterogene Stichproben hinsichtlich des Unfallschweregrades untersucht wurden.

Untersuchungen an Soldaten, die in Kampfhandlungen verwickelt waren, insbesondere an **Vietnamveteranen**, sind als eine der wichtigsten Wurzeln der modernen Psychotraumatologie anzusehen (Friedman u. Mitarb. 1994). 15 Jahre nach ihrem Kampfeinsatz leiden immer noch 15% der Vietnamveteranen an einer posttraumatischen Belastungsstörung (Schlenger u. Mitarb. 1992), ihre Lebenszeitprävalenz liegt sogar bei 30%, zusätzlich weisen 20% eine sogenannte partielle oder subsyndromale Form der PTBS auf (Weiss u. Mitarb. 1992).

Der objektive Schweregrad der Belastung oder des Stressors ist nicht in jedem Fall ein guter Prädiktor für die Entwicklung einer posttraumatischen Belastungsstörung: Während beispielsweise bei Kriegsveteranen eine eindeutige Korrelation zwischen dem Expositionsniveau mit bestimmten Stressoren und PTBS besteht (March 1993), läßt sich ein solcher Zusammenhang bei Unfallopfern nicht belegen (Schnyder u. Buddeberg 1996).

Traumabedingte psychische Störungen

Viele Menschen, wahrscheinlich sogar die meisten, verarbeiten ein traumatisches Erlebnis mit Hilfe ihrer inneren und äußeren Ressourcen so, daß sie nie psychosozial auffällig werden. Wie bereits erwähnt, entwickelt aber ein Teil der Betroffenen (in Abhängigkeit von Art und Stärke des Stressors, von biographischen protektiven und Belastungsfaktoren sowie von situativen Variablen) spezifische posttraumatische Störungen, die nun im folgenden beschrieben werden sollen. Da sich in Europa, insbesondere für den klinischen Gebrauch, die ICD-10 (WHO 1992, 1993) in letzter Zeit weitgehend durchgesetzt hat, hält sich die Darstellung der Phänomenologie dieser spezifischen posttraumatischen Zustandsbilder hauptsächlich an diese Klassifikation. Wesentliche Unterschiede zum DSM-IV (APA 1994) werden erwähnt.

> Die **akute Belastungsreaktion** (ICD-10: F43.0) ist eine vorübergehende Störung von beträchtlichem Schweregrad, die sich „bei einem psychisch nicht manifest gestörten Menschen als Reaktion auf eine außergewöhnliche körperliche oder seelische Belastung entwickelt, und im allgemeinen innerhalb von Stunden oder Tagen abklingt" (WHO 1992).

Der Betroffene muß ein überwältigendes traumatisches Erlebnis durchgemacht haben, das mit einer ernsthaften Bedrohung für seine Sicherheit oder körperliche Unversehrtheit oder einer geliebten Person einherging. Auch Verluste durch mehrere Todesfälle oder einen Brand, die eine ungewöhnlich plötzliche und bedrohliche Veränderung der sozialen Stellung und/oder des Beziehungsnetzes hervorrufen, können als Traumata in diesem Sinne gelten. Die Reaktion entwickelt sich in der Regel innerhalb weniger Minuten nach dem Trauma und ist geprägt durch ein gemischtes und rasch wechselndes Zustandsbild:

> Nach anfänglicher Betäubung werden depressive Symptome, Angst, Ärger, Verzweiflung, Überaktivität oder sozialer Rückzug bis hin zum dissoziativen Stupor beobachtet. Eine Einengung der Aufmerksamkeit und Desorientierung unterschiedlichen Ausmaßes sind häufig. Nicht selten bleibt eine teilweise oder vollständige psychogene Amnesie für diese Episode bestehen.

Das Auftreten der Störung hängt von prätraumatischen Persönlichkeitsmerkmalen wie auch von der momentanen Vulnerabilität und den verfügbaren Copingstrategien der betroffenen Person ab. Körperliche Erschöpfung und Verletzungen erhöhen das Risiko, eine akute Belastungsreaktion zu entwickeln. Die Symptomatik klingt meistens innerhalb weniger Stunden ab. Auch wenn der Stressor persistiert, sollten die Symptome in der Regel nach drei Tagen kaum mehr vorhanden sein.

Die der akuten Belastungsreaktion entsprechende Diagnose heißt im DSM-IV „acute stress disorder" (APA 1994). Mit dieser Bezeichnung wird bereits deutlich, daß die Anforderungen zur Diagnosestellung im Akutbereich nach einem traumatischen Erlebnis im DSM-IV höher liegen. So werden beispielsweise dissoziative Symptome zwingend verlangt. Auch ist die Dauer der Störung mit mindestens zwei Tagen und längstens einem Monat festgelegt, womit im DSM-IV durch diese Diagnose der gesamte Akutbereich abgedeckt wird, bis dann – nach frühestens einem Monat, siehe unten – bei Persistenz der Symptomatik die Diagnose einer posttraumatischen Belastungsstörung gestellt werden kann.

> Die **posttraumatische Belastungsstörung** (ICD-10: F43.1) entsteht als „eine verzögerte oder protrahierte Reaktion auf ein belastendes Ereignis oder eine Situation außergewöhnlicher Bedrohung oder katastrophenartigen Ausmaßes..., die bei fast jedem eine tiefe Verzweiflung hervorrufen würde" (WHO 1992).

Solch belastende Erlebnisse können durch Naturereignisse oder von Menschen verursachte Katastrophen, Kampfhandlungen oder schwere Unfälle sein. Folter, Terrorismus, Vergewaltigung oder andere Gewaltverbrechen sind weitere Beispiele. Auch Zeuge des gewaltsamen Todes anderer zu werden, gehört hierzu. Typisch und nahezu pathognomonisch, jedenfalls für die Diagnosestellung unabdingbar, sind die sogenannten Symptome des Wiedererlebens, die sich den Betroffenen tagsüber in Form von Erinnerungen an das Trauma, Tagträumen oder Flashbacks, nachts in Angstträumen aufdrängen. Gewissermaßen das Gegenstück dazu sind die Vermeidungssymptome, die aber in der klinischen Realität meistens parallel zu den Symptomen des Wiedererlebens auftreten: emotionale Stumpfheit, Gleichgültigkeit und Teilnahmslosigkeit der Umgebung und anderen Menschen gegenüber, aktive Vermeidung von Aktivitäten und Situationen, die Erinnerungen an das Trauma wachrufen könnten. Meistens liegt eine mehr oder weniger ausgeprägte Angstsymptomatik vor, weshalb die Störung im DSM-IV nicht wie in der ICD-10 unter den Anpassungsstörungen, sondern nach wie vor im Kapitel der Angststörungen aufgeführt wird. Manchmal können wichtige Aspekte des traumatischen Erlebnisses nicht mehr (vollständig) erinnert werden. Häufig kommt ein Zustand vegetativer Übererregtheit dazu, der sich in Form von Schlafstörungen, Reizbarkeit, Konzentrationsschwierigkeiten, Hypervigilanz oder einer erhöhten Schreckhaftigkeit manifestieren kann.

Auch bei der posttraumatischen Belastungsstörung finden sich einige Unterschiede zwischen den beiden erwähnten Klassifikationssystemen. Ein wichtiger Unterschied betrifft die Stressorkriterien, die im DSM-IV erstmals neben den ereignisbezogenen Merkmalen auch opferbezogene Merkmale einbeziehen: Das Ereignis muß beim Betroffenen eine Reaktion von Angst, Hilflosigkeit oder Grauen hervorrufen, um als traumatisch eingestuft zu werden. Die Einführung eines subjektiven Bewertungskriteriums ist sicherlich sinnvoll, weil das gleiche Ereignis bei verschiedenen Menschen sehr unterschiedliche Reaktionen hervorrufen kann: Je nach biographischem Hintergrund, vorbestehender Vulnerabilität, momentaner Lebenssituation und aktuellem Bewältigungsvermögen wird ein belastendes Ereignis in seiner traumatischen Potenz individuell bewertet. So kann beispielsweise die traumatische Amputation des Endgliedes des linken Kleinfingers für einen Geigenvirtuosen eine Tragödie bedeuten, während der gleiche Unfall von einem Schreiner unter Umständen problemlos verarbeitet wird. Auf der anderen Seite bringt die Einführung dieses zusätzlichen Aspekts auch Probleme mit sich, beispielsweise bei den Fällen, in denen das Trauma mit einer organisch bedingten oder psychogenen Amnesie verbunden ist, wie das insbesondere bei schweren Unfällen mit Schädelhirntrauma in der Regel der Fall ist. Es sind gut dokumentierte Fälle bekannt, in denen sich nach einem Schädelhirntrauma trotz vollständiger organisch bedingter Amnesie für das Unfallereignis das Vollbild einer posttraumatischen Belastungsstörung entwickelte (McMillan 1991, McMillan 1996).

> Die posttraumatische Belastungsstörung ist mit einem hohen psychiatrischen Komorbiditätsrisiko verbunden. Depressionen, somatoforme Störungen, vor allem aber auch Substanzmißbrauch und -abhängigkeit (Alkohol, Benzodiazepine, Opiate) sind die häufigsten konkomitierenden psychischen Erkrankungen.

In einer neueren Arbeit konnte gezeigt werden, daß Frauen mit einer posttraumatischen Belastungsstörung im Vergleich zur Normalbevölkerung ein wesentlich höheres Risiko haben, erstmals an einer Depression (Faktor 2.1) oder einer Alkoholabhängigkeit (Faktor 3.0) zu erkranken (Breslau u. Mitarb. 1997).

> Eine **andauernde Persönlichkeitsänderung nach Extrembelastung** (ICD-10: F62.0) kann sich nach traumatischen Erlebnissen in einem Konzentrationslager, nach Folter, Katastrophen oder andauernden lebensbedrohlichen Situationen wie Geiselhaft oder langer Gefangenschaft mit drohender Todesgefahr entwickeln.

Sie kann sich aus einer posttraumatischen Belastungsstörung entwickeln und wird dann als irreversible Folge der extremen Belastung angesehen. Die Diagnose darf erst gestellt werden, wenn eine solche Persönlichkeitsänderung über mindestens zwei Jahre bestanden hat. Sie äußert sich in einem Muster unflexiblen und unangepaßten Verhaltens, das die zwischenmenschlichen privaten und beruflichen Beziehungen erheblich beeinträchtigt. Typisch ist eine feindliche oder mißtrauische Haltung der Welt gegenüber, sozialer Rückzug sowie Gefühle der Leere oder Hoffnungslosigkeit. Häufig berichten die Betroffenen über ein chronisches Gefühl von Nervosität, wie wenn sie ständig bedroht wären. Viele empfinden auch mehr oder weniger quälende Gefühle der Entfremdung.

Wenn die floriden Symptome des Wiedererlebens und ein aktives Vermeidungsverhalten sowie Zeichen einer psychovegetativen Übererregbarkeit über mehr als zwei Jahre vorliegen, liegt eine chronische posttraumatische Belastungsstörung vor, eine Persönlichkeitsänderung soll in solchen Fällen nicht diagnostiziert werden.

Im DSM-IV gibt es übrigens keine entsprechende diagnostische Kategorie. Auch hier wird allerdings darüber diskutiert, eine zusätzliche Diagnose einzuführen, die den komplexen psychopathologischen Zustandsbildern Rechnung trägt, welche bei Opfern zeitextendierter und wiederholter Traumatisierungen nicht selten zu beobachten sind. Im Englischen wird dieses Syndrom „Complex PTSD" oder „DESNOS" (Disorder of extreme stress not otherwise specified) genannt. Die vorläufige Konzeption dieses Syndroms schließt eine Vielfalt von Symptomen ein, die über die typischen Symptome der posttraumatischen Belastungsstörung hinausgehen (z. B. Somatisierung, Dissoziation, affektive Veränderungen). Andererseits weisen DESNOS-Patienten charakteristische Persönlichkeitsänderungen auf, die sich in erster Linie in einem veränderten, gestörten Beziehungsverhalten und Identitätserleben äußern, ähnlich wie man sie bei Menschen mit emotional instabiler Persönlichkeit (Borderlinepersönlichkeit) beobachtet. Zudem sind solche Menschen offenbar besonders anfällig, als Opfer oder Täter immer wieder in Traumatisierungen verwickelt zu werden (Herman 1993).

Es sei schließlich noch erwähnt, daß viele Menschen im Anschluß an ein Trauma **unspezifische posttraumatische Störungen** entwickeln, d. h. psychische Störungen, deren Auftreten nicht zwangsläufig ein traumatisches Erlebnis vorangegangen sein muß. Dazu gehören in erster Linie Depressionen, Angststörungen und somatoforme Störungen.

Behandlungsgrundsätze

Haltung

Die psychotherapeutische Arbeit mit traumatisierten Menschen setzt eine klare und reflektierte therapeutische Haltung voraus. Die Berichte traumatischer Erlebnisse können beim Therapeuten starke Gegenübertragungsgefühle und -impulse auslösen. Empörung und Wut gegenüber den Tätern, Mitleid und Helferwillen (gelegentlich auch Ekel oder Abscheu) gegenüber den Betroffenen, Ohnmacht und Hilflosigkeit angesichts gesellschaftlicher Rahmenbedingungen, die als Mitverursacher kollektiver und individueller Traumatisierungen gesehen werden können: All dies sind häufig beobachtete emotionale Reaktionen. Im Falle organisierter Gewalt wird auch die politische Einstellung des Therapeuten einen Einfluß auf seine Haltung gegenüber dem Patienten haben. Oft werden durch die Schilderungen der traumatischen Ereignisse beim Therapeuten eigene, nicht vollständig verarbeitete Erlebnisse wachgerufen und reaktiviert, was die unvoreingenommene, empathische Zuwendung zum Patienten beeinträchtigen kann. Insbesondere bei den Schilderungen interpersoneller Traumata (Folter, Vergewaltigung) kann aber auch ein gesunder und unbefangener Therapeut an seine persönlichen Grenzen stoßen und sich unter Umständen der pathogenen Wirkung traumatischer Narrative nicht mehr entziehen („vicarious traumatization").

> Jeder Therapeut wird für sich das richtige Maß zwischen zwei Extremen finden müssen: Überinvolvierung, Überidentifikation und Allmachtsphantasien auf der einen, zynische Abwendung, Hilflosigkeit und Desinteresse auf der anderen Seite.

Der Therapeut soll sich als Mitmensch berühren lassen, gleichzeitig soll er aber der pathogenen Gewalt des Traumas standhalten und ihm gesunde, kompensierende, protektive, salutogene Kräfte entgegenstellen. Nicht der grenzenlos belastbare, sondern der flexible Therapeut ist gefragt, der seine eigenen Stärken und Schwächen gut kennt und angemessen reagiert, wenn er an persönliche Grenzen stößt: Wenn der Therapeut beispielsweise merkt, daß die Schilderungen des Patienten das Maß des momentan erträglichen übersteigen, wird er unter Umständen dem Patienten eine kurze Gesprächspause vorschlagen, damit sich beide wieder fassen können.

Traumatische Ereignisse sind nicht nur schrecklich, sie sind immer auch Faszinosa. Auch als Therapeuten können wir uns dieser faszinierenden Wirkung nicht entziehen. Professioneller Umgang mit diesem Phänomen bedeutet, daß wir unsere Neugier bewußt zügeln. Der Therapeut muß nicht unbedingt über alle Details des traumatischen Ereignisses Bescheid wissen. Es geht vielmehr darum, die therapeutische Beziehung so zu gestalten, daß der Patient von seinen Erlebnissen erzählen kann, wenn dies der Verarbeitung des Geschehenen oder der Linderung seines Leidens förderlich ist. Von vielen Patienten wird die Möglichkeit, die krankmachenden Erlebnisse einer verständnisvollen und vertrauenswürdigen Fachperson mitzuteilen, als hilfreich erlebt. Unter Umständen kann die Berichterstattung aber auch zur belastenden Reexposition mit Erinnerungen werden, die den Patienten aus einem eben erst gefundenen psychischen Gleichgewicht wirft. Im schlimmsten Fall kann es so in der Therapiestunde zu einer „iatrogenen Retraumatisierung" kommen.

Psychotherapie kann auch im günstigen Fall nur einen mehr oder weniger bescheidenen Beitrag zur Heilung leisten. Vieles wird außerhalb des Einflußbereichs des Psychotherapeuten bleiben. Eine umfassende Heilung und Wiederherstellung von Gerechtigkeit wird ohnehin nicht immer möglich sein.

> Posttraumatische Störungen sind bio-psycho-soziale Störungen par excellence, es liegt also auf der Hand, daß die Behandlung in aller Regel multimodal erfolgen muß. Am erfolgreichsten sind wahrscheinlich Behandlungsmodelle, die es erlauben, auf der Basis einer konsistenten Therapietheorie psychotherapeutische, pharmakotherapeutische, soziotherapeutische, physiotherapeutische und andere Interventionen zur Wirkung zu bringen.

Oft braucht der Patient auch die Unterstützung eines Juristen zur Lösung zivil- oder strafrechtlicher Probleme. Nur selten wird ein Psychotherapeut alle diese Aspekte abdecken können. Er sollte sich und dem Patienten immer wieder die Begrenztheit seiner Möglichkeiten bewußt machen. Auf diese Weise kann er allfällige Allmachtsphantasien und übertriebene Helferimpulse kontrollieren, die der Patient, insbesondere im Zuge der Idealisierung zu Beginn der Behandlung, durch unrealistische Erwartungen bei ihm geweckt haben mag.

Akutbehandlung

> In der akuten Phase nach einer traumatischen Erfahrung kommen therapeutische Prinzipien zur Anwendung, wie sie aus der Krisenintervention seit langem bekannt sind: rascher und flexibler Einsatz, Konzentration auf die aktuelle Problemlage, zeitliche Begrenzung, eine aktive und direkte, jedoch nicht unbedingt direktive therapeutische Haltung (Schnyder u. Sauvant 1996).

X

Darüber hinaus gibt es aber eine Reihe von Besonderheiten, die bei der Arbeit mit traumatisierten Menschen beachtet werden müssen:

Sicherheit: Solange sich der Patient im Therapieraum unsicher, bedroht, verfolgt, beobachtet fühlt, sind die Voraussetzungen für eine Therapie ungünstig. Zu Beginn der Behandlung wird der Therapeut sorgfältig darauf achten, daß in der Therapiestunde eine Atmosphäre entsteht, in der sich der Patient sicher und beschützt fühlen kann. Gerade nach Traumatisierungen, die von einem Mitmenschen in bewußter destruktiver Absicht ausgeführt wurden (Folter, Vergewaltigung), sind die Betroffenen voller Mißtrauen auch gegenüber Menschen, von denen sie eigentlich Hilfe erhoffen dürfen. Oft sind das zwischenmenschliche Grundvertrauen, der Glaube an das Gute im Menschen oder die Überzeugung der eigenen Unverletzlichkeit so tiefgreifend erschüttert, daß der Patient große Mühe hat, in der Therapiesituation Vertrauen zu fassen. Mit anderen Worten: Bei der Arbeit mit akut traumatisierten Menschen wird der Therapeut unter Umständen viel Geduld aufbringen müssen, bis eine tragfähige therapeutische Beziehung etabliert ist.

Distanz und Kontrolle: Das wichtigste therapeutische Ziel in der Akutbehandlung posttraumatischer Störungen besteht in der Regel darin, daß der Patient die sich aufdrängenden Symptome des Wiedererlebens (Angstträume, Flashbacks) unter Kontrolle bringt. Niemand kann sich während 24 Stunden am Tag andauernd mit seinen Problemen beschäftigen. Der Patient muß zumindest zeitweise Abstand zu den belastenden Erinnerungen gewinnen. Hierzu wurden in den letzten Jahren eine ganze Reihe von Techniken entwikkelt, die auf dem wachsenden Psychotherapiemarkt wie „Wundermittel" angepriesen werden und von denen sich Patienten wie auch viele Therapeuten rasche Heilung versprechen. Die bekannteste und in ihrer Wirksamkeit wohl am besten dokumentierte unter den sogenannten „Power Therapies" ist die Technik des „Eye Movement Desensitization and Reprocessing" (Shapiro 1995), bei welcher der Patient sakkadische horizontale Augenbewegungen durchführt, während er sich die traumatischen Szenen in Erinnerung ruft. Andere kognitive Techniken sind unter dem Namen „Thought Field Therapy" (Callahan 1985), „Visual/Kinesthetic Disassociation" (Bandler u. Grinder 1979), „Video Replay Technique" (Schnyder 1997), „Image Habituation Training" (Vaughan u. Tarrier 1992) oder „Prolonged Exposure" (Foa u. Mitarb. 1991) bekannt geworden. Allen diesen Ansätzen ist gemeinsam, daß sie nicht als eigenständige therapeutische Verfahren mit einer fundierten Therapietheorie angesehen werden können. Wenn sie in ein umfassendes Therapiekonzept eingebettet sind, können sie jedoch gute Dienste leisten: Sie verhelfen vielen Patienten in kurzer Zeit zu einer spürbaren Symptomreduktion und zu der Erfahrung, daß sie nicht hilflos den intrusiven Symptomen des Wiedererlebens ausgeliefert bleiben müssen. Dadurch kann es gelingen, aus der Identität des Opfers herauszufinden und die Störung als handhabbar zu erleben.

Debriefing: Zu Beginn der achtziger Jahre wurde in Anlehnung an Erfahrungen aus der Kriegspsychiatrie die Methode des Critical Incidence Stress Debriefing (CISD) eingeführt (Mitchell 1983). Mit diesem Ansatz wird seither versucht, nach kollektiven Traumatisierungen wie Naturkatastrophen oder von Menschen verursachten Ereignissen großen Ausmaßes bei den direkt Betroffenen, aber auch bei Angehörigen und semiprofessionellen wie professionellen Helfern (Polizisten, Soldaten, Feuerwehrleuten etc.) die Entwicklung posttraumatischer Störungen präventiv zu verhindern. Die Intervention besteht in der Regel aus einer Gruppensitzung von einer bis drei Stunden Dauer, die innerhalb von 24–72 Stunden nach dem Ereignis stattfinden soll. Nach einer Einführung werden Tatsachen über den Ablauf der Ereignisse zusammengetragen (Fact Phase). Später werden die Gruppenmitglieder aufgefordert, ihre ersten Gedanken (Thought Phase) und emotionalen Reaktionen (Reaction Phase) mitzuteilen. In der „Symptom Phase" werden spezifische Streßsymptome angesprochen. Anschließend informieren die Gruppenleiter über Streßreaktionen, die nach solchen Ereignissen häufig beobachtet werden, und wie damit umgegangen werden kann (Teaching Phase). Die generelle Botschaft besteht darin, daß die beobachteten Symptome „normale" Reaktionen auf ein „abnormales" Ereignis darstellen. Zuletzt wird zusammengefaßt und festgelegt, ob weitere Maßnahmen erforderlich sind (Relating Phase). Dieses Modell ist heute weltweit etabliert und in der Fachwelt akzeptiert. Die Intervention wird von den allermeisten Betroffenen als hilfreich erlebt. Der Nachweis einer präventiven Wirkung konnte aber bis heute nicht erbracht werden. In jüngster Zeit wurden sogar Studien publiziert, in denen nach Debriefings höhere Inzidenzen posttraumatischer Belastungsstörungen als bei Vergleichsgruppen ohne Debriefing beobachtet wurden. Die Methode scheint also nicht wirkungslos zu sein, im Gegenteil, sie kann auch Schaden anrichten. In Zukunft wird das Modell überdacht, auf seine wirksamen Komponenten hin überprüft und entsprechend angepaßt werden müssen.

Behandlung längerdauernder posttraumatischer Störungen

Je nach Art des Traumas und der Persönlichkeit des Betroffenen, aber auch unter dem Einfluß von protektiven bzw. belastenden Umgebungsfaktoren, kann die posttraumatische Belastungsstörung einen chronischen Verlauf nehmen. Schwere Traumatisierungen können aber auch bei prätraumatisch gesunden Menschen hartnäckige psychische, psychovegetative oder psychosomatische Symptome und tiefgreifende Verunsicherungen bewirken, die sich auch mit der raffiniertesten Technik nicht einfach „wegtherapieren" lassen. In solchen Fällen sind mittel- bis längerfristig ausgelegte Psychotherapien angezeigt. Hier steht die Symptombefreiung nicht mehr so sehr im Zentrum wie in der Akutbehandlung. Vielmehr wird der Therapeut in sorgsamer, geduldiger und beharrlicher Arbeit versuchen, dem Patienten dazu zu verhelfen, daß er das Trauma als unabänderliche Gegebenheit akzeptieren lernt, es als prägendes, aber vergangenes Erlebnis in sein Selbstbild integriert und sich schließlich neuen Lebensaufgaben stellt, die ihn mit der Zeit auch neuen Sinn im Leben finden lassen. In diesem Bereich haben psychoanalytisch-psychodynamische Ansätze wertvolle Beiträge zur Entwicklung einer differenzierten Therapietheorie für die Behandlung posttraumatischer Störungen geleistet (Horowitz 1993, Lindy 1993, Marmar u. Mitarb. 1996).

In der Arbeit mit Vietnamveteranen hat sich gezeigt, daß bei jahrelangen chronifizierten Krankheitsverläufen der Effekt auch intensiver und maßgeschneiderter stationärer Therapieprogramme sehr bescheiden ist. Dies hat vermutlich damit zu tun, daß solche Therapieprogramme bis heute recht einseitig auf die Exploration und Beseitigung von Symptomen fokussiert waren und damit zu sehr vergangenheitsorientiert waren. Die Behandlung chronischer posttraumatischer Störungen wird sich vermehrt auf die Gestaltung des Hier und Jetzt und der Zukunft ausrichten müssen, wie dies bei Rehabilitationsprogrammen für Patienten mit schweren chronischen psychischen Störungen seit langem praktiziert wird (Shalev 1997). Es bleibt unbestritten, daß am Beginn einer chronischen posttraumatischen Belastungsstörung oder einer andauernden Persönlichkeitsänderung immer ein Trauma steht. Ein psychosozialer Stressor als Krankheitsauslöser findet sich aber auch bei anderen psychischen Störungen, die später einen chronischen oder chronisch-rezidivierenden Verlauf nehmen können, beispielsweise bei der Depression. Die psychoreaktive Genese darf nicht darüber hinwegtäuschen, daß die gute Prognose posttraumatischer Störungen im Grunde genommen nur für akute Fälle gilt. Bei chronischen Verläufen sind rasche Heilungen eher die Ausnahme.

> Ein allzu einseitiger Blick zurück auf das Trauma und seine schlimmen Folgen kann dazu führen, daß der Patient in einer Opferrolle verharrt. Der Therapeut soll dem Gespräch über die traumatischen Erfahrungen des Patienten nicht ausweichen. Er soll aber immer wieder auch eine zukunftsorientierte, salutogenetische Perspektive ins Gespräch bringen. Die Aktivierung von intra- und interpersonellen Ressourcen (Schnyder 1998) kann dem Patienten helfen, sich mit neuen Aufgaben zu identifizieren und sein Leben wieder aktiv in die Hand zu nehmen.

Ein therapeutischer Grundsatz für die Arbeit mit Traumaopfern sei noch einmal hervorgehoben:

> Während es bei der Therapie von sogenannten neurotischen Störungen, jedenfalls bei analytisch orientiertem Vorgehen, im Prinzip darum geht, den hinter einem Symptom steckenden unbewußten Konflikt aufzudecken und zu bearbeiten, gibt es bei einem Traumaopfer eigentlich nichts „aufzudecken", im Gegenteil: Das traumatische Ereignis ist dem Patienten nur allzu bewußt und omnipräsent.

Das Problem besteht ja gerade darin, daß es sich ihm immer wieder ungewollt in Form von Flashbacks oder Angstträumen aufdrängt und daß es ihm nicht gelingt, sich zumindest zeitweise von diesen Erinnerungen zu distanzieren. Wie bereits gesagt: Kein Mensch hält es auf Dauer aus, ein Problem während 24 Stunden pro Tag im Bewußtsein zu haben. Aus dieser Sicht haben Verdrängung als Abwehrform und bewußte Distanzierung als Bewältigungsstrategie durchaus ihre heilsame Berechtigung. Wenn ein Patient zur Auseinandersetzung mit dem traumatischen Ereignis genötigt wird, noch bevor ein gutes Arbeitsbündnis etabliert ist und er von sich aus dazu bereit ist, dann wird er das gut gemeinte konfrontative Vorgehen des Therapeuten möglicherweise als intrusiv erleben. Häufig wird es also in der Therapie zunächst eher darum gehen, dem Patienten zu helfen, Distanz zum Trauma zu gewinnen. Erst wenn er ein gewisses Maß an Kontrolle über seine emotionalen Reaktionen erlangt hat, kann man dazu übergehen, das traumatische Erlebnis gemeinsam näher in den Blick zu nehmen. Sinnfragen tauchen eher gegen Ende der Behandlung auf, wenn es darum geht, das Trauma als Gegebenheit zu akzeptieren und sich im Leben neu zu orientieren.

Nachdem wir in den vergangenen 20 Jahren eine eigentliche Renaissance der Psychotraumatologie erlebt haben, beginnt man sich nun auch die Frage zu stellen, ob ein Trauma neben den unbestrittenen, oft verheerenden gesundheitlichen Auswirkungen nicht unter gewissen Umständen auch den Anstoß für positive Entwicklungen geben kann, wie dies von Vertretern der Krisentheorie unter dem Schlagwort „Krise = Gefahr und Chance" bereits seit längerer Zeit postuliert, jedoch nie empirisch belegt wurde. Neuerdings wurde sogar ein Fragebogen zur Erfassung positiver Auswirkungen einer traumatischen Erfahrung entwickelt (Tedeschi u. Calhoun 1996): Das Konzept geht davon aus, daß traumatische Ereignisse sowohl positive als auch negative Auswirkungen haben können, die sich gegenseitig nicht ausschließen müssen. Viele Betroffene berichten, daß sie neue Möglichkeiten für ihr Leben entdeckt und erschlossen haben, daß sich ihre Beziehung zu anderen Menschen grundlegend und eben manchmal auch in positivem Sinne verändert hat, daß sie an persönlicher Stärke gewonnen haben und in spiritueller bzw. religiöser Hinsicht weitergekommen sind oder daß sie seit dem Trauma ihr Leben intensiver wahrnehmen und bewußter wertschätzen.

> Nicht mehr dauernd von der Vergangenheit heimgesucht werden und diesbezügliche emotionale Reaktionen als Wiederkehr des Traumas zu interpretieren, sondern in der Gegenwart zu leben und den Herausforderungen der Zukunft angemessen begegnen zu können: So könnte das allgemeine Ziel für die psychotherapeutische Arbeit mit traumatisierten Patienten formuliert werden (van der Kolk u. Mitarb. 1996).

37. Sexueller Mißbrauch

Definition, Diagnostik, Epidemiologie

R. Wipplinger und G. Amann

Einleitung

Sexueller Mißbrauch ist nicht so eindeutig zu definieren wie die unterschiedlichen, in diesem Buch beschriebenen Störungsbilder, da sexueller Mißbrauch kein klinisches Störungsbild, sondern eine unangemessene sexualisierte traumatische Erfahrung darstellt, der Kinder oder Jugendliche im Laufe ihres Lebens ausgesetzt sein können.

Charakteristische Merkmale eines sexuellen Mißbrauchs

Sexueller Mißbrauch wird in der Literatur anhand folgender Kriterien beschrieben, die in Definitionen mehr oder weniger explizit angeführt werden: eine sexuelle Handlung, das Ausmaß und die Dauer der sexuellen Handlung, die Altersdifferenz zwischen Opfer und TäterIn, der Entwicklungsstand des Opfers, die Absicht der TäterIn, die Bedürfnisbefriedigung der Mächtigeren, die Mißachtung des kindlichen Willens, die Folgen des Mißbrauchs, das mangelnde Einfühlungsvermögen der TäterIn, das Sich-mißbraucht-Fühlen, der sexuelle Mißbrauch durch Blicke und Worte und das Gebot der Geheimhaltung (Bagley u. King 1990, Bange u. Deegener 1996, Conte 1993, Gaenslen-Jordan, Appelt u. von Osterroht 1990, Richter-Appelt 1995).

Möglichkeiten der Definition

Einerseits kann sexueller Mißbrauch ausschließlich als direkte Kontakthandlung verstanden werden, wie z.B. Berührung der Genitalien, Geschlechts-, Oral- oder Analverkehr, andererseits aber auch als unangemessenes sexualisiertes Verhalten, das Nicht-Kontakthandlungen, wie obszöne Anreden, Exhibitionismus, Anleitung zur Prostitution, die Herstellung von pornographischem Material usw. miteinschließt. Diese zwei gegensätzlichen Auffassungen stellen die enge bzw. weite Definition von sexuellem Mißbrauch dar. Auf diesem Kontinuum, das den unterschiedlichen Bedeutungsumfang von sexuellem Mißbrauch abbildet, lassen sich die zahlreichen Definitionen einordnen, wie die normativen bzw. gesellschaftlichen, feministischen, entwicklungspsychologischen sowie die klinischen, juristischen und Forschungsdefinitionen (Julius u. Boehme 1997, Wipplinger u. Amann 1998). Gesellschaftliche Definitionen heben besonders das Machtgefälle und den Machtmißbrauch zwischen den Opfern und TäterInnen hervor. Feministische Definitionen betonen zusätzlich zum Macht- und Autoritätsgefälle eine geschlechtliche Zuweisung zu männlichen Tätern und weiblichen Opfern sowie den Aspekt des Sich-mißbraucht-Fühlens. Ein Beispiel für eine entwicklungspsychologische Definition ist jene von Kempe u. Kempe (1980), die sexuellen Mißbrauch definieren

> „als die Inanspruchnahme von abhängigen, entwicklungsmäßig unreifen Kindern und Adoleszenten für sexuelle Handlungen, die sie nicht gänzlich verstehen, in die einzuwilligen sie in dem Sinne außerstande sind, daß sie nicht die Fähigkeit haben, Umfang und Bedeutung der Einwilligung zu erkennen, oder die sozialen Tabus von Familienrollen verletzen" (Kempe u. Kempe 1980, S. 62).

Bei entwicklungspsychologischen Definitionen stehen Aspekte der Entwicklung des Kindes im Vordergrund, da Kindern wesentliche kognitive Fähigkeiten fehlen, die gesamte Tragweite einer sexuellen Handlung zu überblicken und zu erfassen. Folglich können sie auch den sexuellen Handlungen nicht zustimmen. Damit tritt diese Art der Definition verbreiteten Laienauffassungen entgegen, daß Kinder in der Lage sind, sexuellen Kontakten mit älteren bzw. mächtigeren Personen zuzustimmen, diese sogar von ihnen gewünscht und forciert werden. Hinter dieser Auffassung verbirgt sich vielmehr die Projektion eigener sexueller Gefühle, Wünsche und Gedanken auf das Kind, um sich der Verantwortung für das unangemessene sexuelle Verhalten entziehen zu können (Ferenzci 1933). Klinische Definitionen hingegen versuchen anhand von möglichen Symptomen und Störungen einen sexuellen Mißbrauch zu bestimmen. Juristische Definitionen finden wir in den jeweiligen Gesetzestextes eines Landes. Forschungsdefinitionen beziehen sich je nach Forschungskontext auf die unterschiedlichen, oben genannten Definitionsmöglichkeiten. Aufgrund der großen Bandbreite möglicher Definitionen eines sexuellen Mißbrauchs wird verständlich warum Haugaard u. Repucci (1988) vom Mythos einer allgemein gültigen Definition sprechen. Dennoch spielen Definitionen im Forschungs-, wie im Behandlungsbereich ein bedeutende Rolle. Sie haben Einfluß auf den Bedeutungsinhalt und Bedeutungsumfang eines Begriffes, wirken sich entsprechend auf epidemiologische Ergebnisse aus. Die Folgen eines sexuellen Mißbrauchs werden uns erst verständlich, wenn wir wissen, auf welche Definition wir uns beziehen können.

Diagnostische Klassifikationsmöglichkeiten und Folgen

Sexueller Mißbrauch kann nicht wie ein klinisches Störungsbild diagnostiziert werden. Im DSM-IV (APA, 1996) und nach der ICD-10 (Dilling, Mombour u. Schmidt 1991) können die möglichen psychischen Folgen eines sexuellen Mißbrauchs als posttraumatische Belastungsstörung (PTSD, 309.81 bzw. F43.1), als Reaktion auf akute bzw. schwere Belastungen (308.3 bzw. F43.0), als Anpassungsstörung (309.XX bzw. F43.2) oder bei chronifizierten Folgen als andauernde Persönlichkeitsänderung nach Extrembelastungen (F62.0) klassifiziert werden. Opfer eines sexuellen Mißbrauchs können eine Reihe von Symptomen entwickeln, die auch bei Opfern eines Krieges, von gewalttätigen Angriffen wie Straßen- und Raubüberfällen, von Terroranschlägen, Naturkatastrophen, Autounfällen usw. auftreten. Obwohl bei vielen sexuell mißbrauchten Kindern eine PTSD diagnostiziert worden ist (Deblinger et al. 1989, McLeer et al. 1988, McLeer, Callaghan, Henry u. Wallen 1994), kann eine PTSD dennoch nicht als alleinige Folge gesehen werden, da nicht alle möglichen Folgen damit erfaßt werden können. Zudem ist die PTSD-Kategorie nicht ausschließlich für die Folgen eines sexuellen Mißbrauchs konzipiert worden. Aus diesem Grund sind in den beiden genannten Diagnosemanualen zusätzliche Kategorien zu finden, die sich im besonderen auf Probleme und Bedingungen beziehen, die mit den diagnostizierten Störungen (z.B. Depression) in Zusammenhang stehen und somit eine speziellere Codierung dieser Störungen mit dem Hinweis auf einen sexuellen Mißbrauch ermöglichen (z.B. Sexueller Mißbrauch oder Vernachlässigung eines Kindes, V61.2 1. bzw. YO5, Y07.x, Z61.4 und Z61.5).

Die Aufdeckung eines vermuteten sexuellen Mißbrauchs kann im Rahmen einer gutachterlichen Tätigkeit oder im Verlauf einer Psychotherapie oder Beratung erfolgen. Hierfür existieren Interviewvorlagen (z.B. Kopecky-Wenzel, Hipfner u. Frank 1996, Rowan, Foy, Rodriguez u. Ryan 1994, Russell 1986, Tully u. Tam 1987), problematischer und schwieriger ist das Vorgehen hingegen, wenn Kinder einmal gemachte Aussagen zurücknehmen oder noch gar nicht wissen, wie sie über den Mißbrauch sprechen sollen. In solchen Fällen ist therapeutisches Können gefordert (Willutzki, Neumann u. Bertelmann 1998).

Bei sexuellem Mißbrauch können wir zwei unterschiedliche Arten von Folgen unterscheiden: Initialfolgen und Langzeitfolgen (Browne u. Finkelhor, 1986). Mit Initialfolgen bzw. Kurzzeitfolgen sind jene Reaktionen gemeint, die sich unmittelbar bzw. innerhalb von zwei Jahren nach Mißbrauchsende beim Kind bemerkbar machen, wie affektive Reaktionen (z. B. Angststörungen, PTSD, Depression), auffälliges Sozialverhalten (z.B. Rückzugsverhalten, Hyperaktivität, Schulschwierigkeiten, delinquentes Verhalten, aggressives Verhalten), sexuelle Symptome (z. B. sexualisiertes Verhalten, Aufdrängen von Küssen, offenes Masturbieren, Simulierung des Geschlechtsverkehrs), körperlich erkennbare Folgen (z. B. Geschlechtskrankheiten, Schwangerschaft, Verletzungen im oralen, genitalen und analen Bereich) und psychosomatische Beschwerden (z. B. Eßstörungen, Schlafstörungen, Enuresis, Enkopresis, Atembeschwerden). Als Langzeitfolgen werden diejenigen Konsequenzen bezeichnet, die im Erwachsenenalter auftreten. Dies können eine Vielzahl chronischer Symptome auf der emotionalen, kognitiven oder physiologischen Ebene sein: affektive Störungen, autodestruktives Verhalten bis hin zur Suizidalität, niedriges Selbstwertgefühl und negative Selbstwahrnehmung usw., aber auch z. B. eine unterdrückte Cortisolreaktion. Häufig zu finden sind auch Störungen im Zusammenhang mit psychotropen Substanzen wie z. B. Alkoholmißbrauch, Drogenmißbrauch, Medikamentenmißbrauch sowie dissoziative Störungen, Angststörungen, Persönlichkeitsstörungen, somatoforme Störungen, Schlafstörungen, Eßstörungen, sexuelle und Beziehungsstörungen. Viele dieser Störungen sind auch als Bewältigungsstrategien hinsichtlich des sexuellen Mißbrauchs und seiner Folgen zu sehen.

Es gibt fast keinen Symptombereich, der nicht mit der Anamnese eines sexuellen Mißbrauchs in Zusammenhang gebracht wurde. Da die Ergebnisse zu den Folgen eines sexuellen Mißbrauchs sich ausschließlich auf retrospektive Untersuchungsdesigns gründen, sind kausale Zusammenhänge zwischen dem Mißbrauch und den Folgen nicht einwandfrei nachzuweisen. Prospektive Langzeitstudien, die dies ermöglichen würden, sind natürlich aus ethischen Gründen auszuschließen.

Ein eindeutiger Nachweis eines sexuellen Mißbrauchs aufgrund von vorhandenen psychischen Symptomen ist somit nicht möglich. Zum einen können sich die Auswirkungen eines sexuellen Mißbrauchs in der gesamten Bandbreite aller psychischen Symptome manifestieren. Ein spezifisches Symptommuster, wie dies einige AutorInnen vorschlagen (Corwin 1989, Jampole u. Weber 1987, Wolfe, Gentile u. Wolfe 1989), ist bis jetzt nicht nachweisbar. Zum anderen können protektive Faktoren und adäquate Copingstrategien bei den Opfern dazu führen, daß keine Symptome oder Störungen entwickelt werden (Bender u. Lösel 1997, Spaccarelli u. Fuchs 1998). Aufgrund des Fehlens von Symptomen kann ein sexueller Mißbrauch somit nicht ausgeschlossen werden. Obwohl Kendall-Tackett, Meyer Williams u. Finkelhor (1998) in einer Überblicksarbeit nachweisen konnten, daß bei mißbrauchten Kindern neben anderen Auffälligkeiten besonders häufig sexualisiertes Verhalten auftritt, ist sexualisiertes Verhalten jedoch auch bei nicht mißbrauchten Kindern zu beobachten (Coughlan 1997).

Epidemiologie

Epidemiologischen Studien folgend stellt sexueller Mißbrauch ein international verbreitetes Problem dar. Ein historischer Rückblick zeigt, daß sexueller Mißbrauch schon zu Zeiten der Römer und Griechen, ja schon viel früher existent war (Kahr 1991, Rush 1984, Trube-Becker 1998). Finkelhor (1998) bringt einen Überblick zu 21 großen Prävalenzstudien aus verschiedenen Ländern. Die Häufigkeitszahlen erstreken sich dabei von 7-36% bei Mädchen und 3–29% bei Jungen. In Deutschland z. B. wurden sexuelle Mißbrauchserlebnisse bei 5,8% der befragten Männer und 16,8% Frauen erhoben, wobei 4% der Männer und 10,3% der Frauen sexuellen Mißbrauch mit Körperkontakt und 0,9% der Männer und 1,9% Frauen einen Geschlechtsverkehr nannten (Schötensack, Elliger, Gross u. Nissen 1992). Diese Prävalenzdaten bestätigten auch Raupp u. Eggers (1993). Weitere epidemiologischen Daten finden sich für die Schweiz (11,5% Frauen und 3% Männer, Ernst, Angst u. Foldenyi 1993, bzw. 25% Studentinnen und 15% Studenten, Gloor u. Pfister 1995) und für Österreich (36% Studentinnen und 19% Studenten, Kinzl u. Biebl 1993). Die z. T. großen Unterschiede bei den Prävalenzdaten sind auf die verschiedenen zugrundeliegenden Definitionen, die unterschiedlichen Stichproben sowie die verwendeten Befragungsinstrumente zurückzuführen (zur Problematik epidemiologischer Forschung s. Ernst 1998).

Psychoanalytische Therapie

H. Richter-Appelt

Einleitung

Kurzer historischer Überblick

Die Diskussion über sexuellen Mißbrauch hat in den letzten Jahren ein erstaunliches Interesse hervorgerufen. Wurde Ende des letzten Jahrhunderts die Frage nach der Bedeutung traumatischer sexueller Erfahrungen in der Kindheit nur in ärztlichen Fachkreisen diskutiert und mit Empörung zurückgewiesen, so hat die Diskussion fast 100 Jahre später eine breite Öffentlichkeit erfaßt. War es Ende des letzten Jahrhunderts Freud, der sich mit sexuellen Mißbrauchserfahrungen beschäftigte, so sind es 100 Jahre später vor allem Gegner der Psychoanalyse, die das Wort ergreifen und der Psychoanalyse vorwerfen, sie sei Schuld daran, daß sexueller Mißbrauch in der Psychotherapie, aber auch in der Öffentlichkeit nicht wahrgenommen, verleugnet werde. Der zentrale Konfliktstoff ist die sogenannte **Verführungstheorie** bzw. das Fallenlassen eben dieser Verführungstheorie.

In seiner Arbeit zur Ätiologie der Hysterie aus dem Jahre 1896 stellte Freud die Hypothese auf, hysterische Symptome im Erwachsenenalter (vor allem bei Frauen) seien die Folge realer sexueller Verführungen im Kindesalter, die dem Vergessen anheimfallen, also ins Unbewußte verdrängt werden. In dieser ersten „empirischen" Arbeit zum sexuellen Mißbrauch in der Kindheit berichtet Freud über 18 Patienten, 6 Männer und 12 Frauen, die in der Kindheit Erfahrungen mit sexueller Verführung am eigenen Leib, geschlechtlichen Verkehr (im weitesten Sinn) erfahren hatten. Die Echtheit der infantilen Sexualszenen stellte Freud zunächst nicht in Frage, denn die Kranken entwickelten heftigste Widerstände gegen das Auftauchen der Erinnerungen und hätten nicht einmal ein Erinnerungsgefühl, wo sie doch die Emotionen wiederholt durchgemacht haben. Er teilte seine Fälle in drei Gruppen, je nach der sexuellen Reizung ein:

„In der **ersten Gruppe** handelt es sich um Attentate, einmaligen oder doch vereinzelten Mißbrauch meist weiblicher Kinder von seiten Erwachsener, fremder Individuen (die dabei groben, mechanischen Insult zu vermeiden verstanden), wobei die Einwilligung der Kinder nicht in Frage kam und als nächste Folge des Erlebnisses der Schreck überwog. Eine **zweite Gruppe** bilden jene weit zahlreicheren Fälle, in denen eine das Kind wartende Person, Kindermädchen, Kindsfrau, Gouvernante, Lehrer, leider auch all zu häufig nahe Verwandte, das Kind in den sexuellen Verkehr einführte und ein – auch nach der seelischen Richtung ausgebildetes – förmliches Liebesverhältnis, oft durch Jahre, mit ihm unterhielt. In die **dritte Gruppe** gehören die eigentlichen Kinderverhältnisse, sexuelle Beziehungen zwischen zwei Kindern verschiedenen Geschlechts, zumeist zwischen Geschwistern, die oft über die Pubertät hinaus fortgesetzt werden und die nachhaltigsten Folgen für das betreffende Paar mit sich bringen. In den meisten Fällen ergab sich eine kombinierte Wirkung von zwei oder mehrerer solcher Ätiologien; im einzelnen war die Häufung der sexuellen Erlebnisse von verschiedenen Seiten her geradezu erstaunlich." (1896, 1971, S. 69) Außerdem nahm Freud damals noch an, daß „ohne vorherige Verführung, Kinder den Weg zu Akten sexueller Aggression nicht zu finden vermögen."

Die hier von Freud beschriebenen Gruppen von sexuellem Mißbrauch lassen sich wie folgt charakterisieren:
- einmaliger oder vereinzelter Mißbrauch durch eine fremde Person ohne Anwendung von Gewalt,
- „förmliche Liebesverhältnisse" über längere Zeit zwischen dem Kind und nahen Bezugspersonen oder Verwandten,
- sexuelle Beziehungen zwischen zwei Kindern, die eigentlichen Kinderverhältnisse.

Obwohl Freud hier zwischen sehr unterschiedlichen Formen sexuellen Mißbrauchs unterscheidet, geht er in seinen weiteren Ausführungen nicht darauf ein, inwiefern unterschiedliche Formen des Mißbrauchs auch zu unterschiedlichen Folgen führen bzw. unterschiedliche Bedeutungen für die betreffenden Individuen haben. Diese mangelnde Differenzierung findet sich bis heute in der Mißbrauchsliteratur, auch in der psychoanalytischen.

Die Annahme Freuds, daß hysterische Symptome die Folge sexueller Traumatisierungen im Kindesalter seien, wurde als Verführungstheorie bekannt und gewann in den letzten Jahren im Zuge der Auseinandersetzung um den sexuellen Mißbrauch in der Kindheit einen Bekanntheitsgrad, den Freud sicherlich nicht im Traum erwartet hatte. Nur selten findet dabei die Tatsache Beachtung, daß Freud die Bezeichnung Verführungstheorie nie selbst verwendet hatte, sondern diese Bezeichnung erstmals von Kris 1954 erwähnt wurde (vgl. Blass und Simon 1992).

Bereits 1897 allerdings distanzierte sich Freud in seinem berühmt gewordenen Brief an Fließ von dieser Hypothese. Später meinte er dazu, daß damals fast alle Patientinnen mit hysterischen Symptomen ihm von einer Verführung durch den Vater erzählt hätten. Zweifel an diesen Berichten führten zur Entdeckung der Bedeutung von Phantasien für die Entstehung von Traumata, vor allem aber auch zu einem neuen Verständnis psychischer Prozesse. Freud hatte allerdings entgegen der immer wieder in den letzten Jahren geäußerten Behauptung (z. B. Rijnharts 1988, Bange 1992) nie die Wichtigkeit in Zweifel gezogen, die reale traumatische sexuelle Erlebnisse für die spätere Entwicklung haben (Nitschke 1997). In seiner 23. Vorlesung aus dem Jahre 1932 führt er etwa aus: „Besonderes Interesse hat die Phantasie der Verführung, weil sie nur zu oft keine Phantasie, sondern reale Erinnerung ist... Glauben Sie übrigens nicht, daß sexueller Mißbrauch durch die nächsten männlichen Verwandten dem Reiche der Phantasie angehört. Die meisten Analytiker werden Fälle behandelt haben, in denen solche Beziehungen real waren und einwandfrei festgestellt werden konnten." (S. 385)

Nach Freud war es sicherlich Ferenczi (1933), der in seiner in den letzten Jahren besonders beachteten Arbeit „Sprachverwirrung zwischen den Erwachsenen und dem Kind – die Sprache der Zärtlichkeit und der Leidenschaft" die Bedeutung von Mißbrauchserfahrungen hervorhob: „Vor allem wurde meine schon vorher mitgeteilte Vermutung, daß das Trauma, speziell das Sexualtrauma, als krankmachendes Agens nicht hoch genug eingeschätzt werden kann, von neuem bestätigt. Auch Kinder angesehener, von puritanischem Geist beseelter Familien fallen viel öfter, als man es zu ahnen wagte, wirklichen Vergewaltigungen zum Opfer. Entweder sind es die Eltern selbst, die für ihre Unbefriedigtheit auf diese pathologische Art Ersatz suchen, oder aber Vertrauenspersonen wie Verwandte (Onkel, Tanten, Großeltern), Hauslehrer, Dienstpersonal, die Unwissenheit und Unschuld der Kinder mißbrauchen. Der naheliegende Einwand, es handle sich um Sexualphantasien des Kindes selbst, also um hysterische Lügen, wird leider entkräftet durch die Unzahl von Bekenntnissen dieser Art, von Sichvergehen an Kindern, seitens Patienten, die sich in Analyse befinden." (Ferenczi 1933, S. 307)

Er machte sich auch über die psychodynamische Verarbeitung derartiger Erlebnisse Gedanken, die noch heute in psychoanalytischen Arbeiten zum sexuellen Mißbrauch Erwähnung finden. Wurde lange Zeit die Identifikation mit dem Aggressor als ein von Anna Freud (1936) geprägter Abwehrmechanismus zitiert, wird heute oft darauf hingewiesen, daß bereits Ferenczi in seiner 1933 erschienenen Arbeit diese Formulierung verwendet hatte: „Schwer zu erraten ist das Benehmen und das Fühlen von Kindern von solcher Gewalttätigkeit. Der erste Impuls wäre Ablehnung, Haß, Ekel, kraftvolle Abwehr: ‚Nein, nein, das will ich nicht, das ist mir zu stark, das tut mir weh. Laß mich.' Dies oder ähnliches wäre die unmittelbare Reaktion, wäre sie nicht durch eine ungeheure Angst paralysiert. Die Kinder fühlen sich körperlich und moralisch hilflos, ihre Persönlichkeit ist noch zu wenig konsolidiert, um auch nur in Gedanken protestieren zu können, die überwältigende Kraft und Autorität des Erwachsenen macht sie stumm, ja beraubt sie oft der Sinne. Doch dieselbe Angst zwingt sie automatisch, sich dem Willen des Angreifers zu unterzuordnen, jede seiner Wunschregungen zu erraten und zu befolgen, sich selbst ganz vergessend mit dem Angreifer vollauf zu identifizieren. Durch die Identifizierung, sagen wir Introjektion des Angreifers, verschwindet dieser als äußere Realität und wird intrapsychisch, statt extra;... der Angriff (hört) als starre äußere Realität zu existieren auf, und in der traumatischen Trance gelingt es dem Kind, die frühere Zärtlichkeitssituation aufrechtzuerhalten. Doch die bedeutsame Wandlung, die die ängstliche Identifizierung mit dem erwachsenen Partner im Seelenleben des Kindes hervorruft, ist die Introjektion des Schuldgefühls des Erwachsenen." (1933, S. 308) Die äußere traumatische Realität wird somit von außen nach innen verlagert in der Hoffnung, dort kontrollierbar zu sein.

In den darauffolgenden Jahrzehnten haben Analytiker vereinzelt auf die Bedeutung und Häufigkeit von sexuellen Mißbrauchserfahrungen in der Kindheit hingewiesen (Devereux 1953, Richter 1963, Shengold 1979), jedoch erst die provokanten Veröffentlichungen von Miller (1981) und Masson (1984) und vor allem die von feministischer Seite ausgelöste öffentliche Diskussion der siebziger und achtziger Jahre führte auch innerhalb der modernen Psychoanalyse zu einer vermehrten Auseinandersetzung mit realen sexuellen Mißbrauchserfahrungen in der Kindheit (Cremerius 1983 u. 1984, Hirsch 1987, Laplanche 1988, Ehlert 1991, Richter-Appelt 1997).

Die lange vertretene Behauptung, reale sexuelle Verführung komme fast gar nicht vor und sei in der psychotherapeutischen Praxis hinsichtlich ihres Realitätsgehalts immer skeptisch zu handhaben, steht in krassem Widerspruch dazu, daß im psychoanalytischen Schrifttum nur eine einzige ausführliche Fallgeschichte auffindbar ist, in der von einer Patientin berichtet wird, die die Vorstellung, sie sei sexuell mißbraucht worden, im Laufe einer Analyse verwirft (Raphling 1994). Eindeutige Angaben über Mißbrauchserfahrungen, die später widerrufen wurden, sind vor allem bei psychotischen Patientinnen beobachtet worden. Es sind allerdings viele Fallberichte bekannt, in denen im Laufe einer psychoanalytischen Behandlung die Verdrängung der Erfahrungen mit sexuellem Mißbrauch aufgehoben wurde (Brunner u. Mitarb. 1998). Nichtsdestotrotz kommen in den letzten Jahren vermehrt vor allem Patientinnen in die Praxis, die meinen, sexuell mißbraucht worden zu sein. Hier ist der Einfluß der öffentlichen Diskussion zu diesem Thema nicht zu unterschätzen, der dazu führte, daß der Verdacht eines sexuellen Mißbrauchs gerne für die verschiedensten Probleme verantwortlich gemacht wird und eine Psychotherapie rechtfertigen soll.

Sexuelle Traumatisierung und traumatisierte Sexualität

Um die Traumatisierung einer Mißbrauchshandlung zu erfassen, erscheint eine Auseinandersetzung mit dem Begriff Trauma unerläßlich. Hirsch (1997) meint dazu: „Ob ein gegebener Reiz zu einem psychischen Trauma führt, hängt von der Ich-Stärke und einigen Ich-Funktionen ab, z. B. Antizipation, Gedächtnis, motorische Kontrolle... ebenso auch von bestimmten Ich-Schwächen oder übermäßigen Empfindlichkeiten aufgrund von früheren Ereignissen in der individuellen Geschichte. Dazu kommt, inwieweit die äußere Gefahrensituation an innere Triebreize erinnert und beide zusammen wirken." (S. 114) Und weiter meint Hirsch: „Ein *traumatisches Ereignis* geschieht durch das Eindringen von Reizen in den psychischen Apparat, wodurch eine Reihe von intrapsychischen Vorgängen dadurch ausgelöst wird (*traumatischer Prozeß*), daß die Kapazität des Ichs überfordert ist. Dieser intrapsychische Prozeß führt zu einer Schwächung der Grenzen oder der Abwehrmöglichkeiten des Ichs, so daß ein Zustand der Sicherheit nicht wieder erreicht werden kann. Es entsteht ein Zustand (*traumatischer Zustand*) des Gefühls der psychischen Hilflosigkeit, ein Gefühl des Fehlens von Kontrolle und eine Verletzbarkeit für weitere Reize. Wenn dieser Zustand anhält, ist er in sich ein pathologischer Zustand." (S. 114) Dies gilt auch, wenn man die Reaktion auf das Trauma als durchaus adäquat, ja gesund ansehen muß.

Eine Unterscheidung zwischen einer Traumatisierung durch sexuelle Reize und einer Traumatisierung der Sexualität durch nicht sexuelle Reize erscheint mir unerläßlich, will man die Traumatisierungen in ihrer Komplexität erfassen. Ich schlage daher folgende Unterteilung vor:

Bei **sexuellen Traumatisierungen**, die dem sexuellen Mißbrauch zugerechnet werden, sind die traumatisierenden Reize sexueller Natur. All diese Traumatisierungen können mit und ohne Körperkontakt stattfinden. Sie sind aber natürlich je nach der Art der Reizung von sehr unterschiedlicher Qualität:

- *Konfrontation mit der (meist Erwachsenen-)Sexualität*, einer altersinadäquaten sexuellen Reaktion bei einem anderen (von der Aufforderung zu berühren bis zur Präsentation pornographischen Materials), die zu Neugier, Angst, Schrecken aber auch zu einer für das Kind irritierenden sexuellen Erregung führen kann oder
- *sexuelle Reizungen am eigenen Leib des Kindes*, die durch direkte Berührungen zu sexueller Erregung als unmittelbare Reaktion führen können.

Traumatisierung der Sexualität durch nichtsexuelle Reize (verbale oder physische):

- *Hemmung sexueller Erregung* durch Androhung von gravierenden Folgen (z. B. Masturbation führe zu Rückenmarkserkrankungen),

X

- *Bestrafung sexueller Handlungen* (z.B. Prügelstrafe nach kindlicher Masturbation oder Abbruch der Beziehung zu einer Tochter, die vorehelichen Verkehr hatte).

Fallbeispiel

Im Rahmen einer Untersuchung zum Waschverhalten von Müttern schilderte eine Mutter, daß sie ihren fünfjährigen Sohn in der Nacht wecke und körperlich bestrafe, wenn sie merke, daß er eine Erektion habe. Sie glaubt, ein Junge bekomme nur dann eine nächtliche Erektion, wenn er vor dem Einschlafen masturbiert hätte. Um dem Jungen dies abzugewöhnen, greife sie ein.

Diese zweite Form sexueller Traumatisierung findet in der modernen Diskussion zum sexuellen Mißbrauch erstaunlicher Weise überhaupt keine Erwähnung, obwohl sie mit sexueller Erregung beim Erwachsenen einhergehen kann (z.B. bei sadistischem Prügeln). Im folgenden wird diesem Punkt keine weitere Beachtung geschenkt, da er üblicherweise nicht unter Mißbrauch subsumiert wird.

Der traumatische Prozeß wird weitgehend dadurch bestimmt, unter welchen Umständen mit welchen Personen in welchem Ausmaß das traumatische Ereignis stattfindet, aber auch welche Erfahrungen die betroffene Person in der Vorgeschichte und in der Zeit danach gemacht hat. Nur so läßt sich erklären, warum es eine nicht unbeträchtliche Anzahl von Opfern gibt, die selbst nach schwereren Mißbrauchserfahrungen keinerlei offensichtliche Spätfolgen zeigen. Ein weiteres wichtiges Differenzierungsmerkmal hinsichtlich der Auswirkungen von Mißbrauchserlebnissen sind neben emotionaler Vernachlässigung und emotionalem Mißbrauch sicherlich vor allem zusätzliche Erfahrungen mit körperlicher Gewalt, die entweder mit der sexuellen Traumatisierung in direktem Zusammenhang stehen oder – was häufiger der Fall ist – unabhängig davon von der mißbrauchenden Person selbst oder einer anderen Bezugsperson ausgeübt werden (Richter-Appelt u. Tiefensee 1996a, b). Weitere Charakteristika des sexuellen Mißbrauchs finden sich bei Richter-Appelt (1995) und Amann und Wipplinger (s.u.).

Ein Hauptkritikpunkt an der Literatur zum sexuellen Mißbrauch, auch der psychoanalytischen, ist jedoch die geringe Differenzierung zwischen Inzest und sexuellem Mißbrauch bzw. inner- und außerfamiliärem Mißbrauch (Tiefensee 1997). In den letzten Jahren erschienen eine ganze Reihe von Arbeiten, die Sexual Abuse bzw. sexueller Mißbrauch im Titel führten, aber eigentlich Inzest meinten (z.B. Hirsch 1997, Joraschky 1997).

Psychoanalytisch orientierte Therapie nach sexueller Traumatisierung

Es liegen eine Reihe neuerer psychoanalytischer Arbeiten auch aus dem deutschen Sprachraum vor, die sich mit der Therapie sexuell traumatisierter Patienten beschäftigen (Hirsch 1987, Egle u. Mitarb. 1997). Es wird jedoch nicht systematisch nach der jeweiligen Beziehung zum Täter und damit nach grundlegend verschiedenen traumatischen Ereignissen untergliedert. Für die Therapie ist diese Differenzierung von weitreichender Bedeutung, da es je nach gegebenen Beziehungsmustern zu ganz unterschiedlichen Übertragungs- und Gegenübertragungsdynamiken kommen kann. Hier sollen einige mögliche Situationen betrachtet werden:

- einmaliger extrafamiliärer Mißbrauch durch eine fremde Person,
- wiederholter extrafamiliärer Mißbrauch durch unterschiedliche fremde Personen,
- extrafamiliärer Mißbrauch durch Erziehungspersonen,
- intrafamiliärer Mißbrauch durch Elternfiguren,
- intrafamiliärer Mißbrauch durch Geschwister,
- „Liebesbeziehungen“ zwischen sozial verwahrlosten, alleingelassenen Kindern und meist pädophilen Erwachsenen.

Einleitend sei darauf hingewiesen, daß es bei der Behandlung sexuell traumatisierter Patienten zu heftigen Gegenübertragungsgefühlen beim Therapeuten kommen kann, wie sie auch aus Therapien mit Patienten mit posttraumatischen Belastungsstörungen beschrieben wurden (s. Beitrag Schnyder). Wichtig ist in der therapeutischen Situation, das richtige Maß an emotionaler Beteiligung zuzulassen zwischen Überinvolvierung, Überidentifikation und Allmachtsphantasien einerseits, zynischer Abwendung, Hilflosigkeit, Desinteresse auf der anderen Seite. Nicht immer sind Grenzen der eigenen Belastbarkeit richtig einzuschätzen, das Anhören bestimmter Details auszuhalten, oder aber auch nicht zu erfahren. Patienten müssen selbst entscheiden können, wie viele Details sie wann erzählen möchten, dies zu gewähren, stellt keine Verletzung der analytischen Grundregel, alles zu erzählen, was einem in den Sinn kommt, dar. Geht man mit traumatischen Erinnerungen in der Therapie nicht behutsam um, kann dies zu einer Reexposition führen – was zwar in der Verhaltenstherapie gezielt genutzt wird – bei falscher Handhabung jedoch eine iatrogene Retraumatisierung in der therapeutischen Beziehung bewirken kann.

Wie der Patient muß auch der Therapeut sein Ich aufteilen, um mit einem Teil rational beobachten und mit dem anderen irrational erleben zu können. Nur wenn der Therapeut nicht davor zurückscheut, in der Phantasie dem irrationalen Erleben kontrolliert freien Lauf zu lassen, negative Gegenübertragungsgefühle zu bearbeiten, wird der Patient die Vielfalt an verdrängten Gefühlen zulassen können, die noch das aktuelle Erleben bestimmen und beeinträchtigen. Der analytische Umwandlungsprozeß hängt somit zum großen Teil vom Verständnis des Therapeuten für schreckliche, unglaubwürdige Phantasien ab, aber auch von dem Wahrhabenwollen realer Erfahrungen.

Im folgenden soll vor allem auf spezifische Aspekte sexueller Traumatisierungen eingegangen werden, unspezifischere Aspekte sind unter „posttraumatischer Belastungsstörung“ nachzulesen. Außerdem wird nicht auf akute Traumatisierungen eingegangen, sondern nur auf Folgen kindlicher Traumata im Erwachsenenalter. Eine Aufteilung in eine Konfrontation mit der Erwachsenensexualität oder sexueller Überstimulierung wird nicht konsequent vorgenommen, wenngleich dies eigentlich geschehen müßte.

Einmaliger extrafamiliärer Mißbrauch durch eine fremde Person

Fallbeispiel

Ein Mädchen kommt von der Schule nach Hause. Vor der Haustür eines mehrstöckigen Wohnhauses wartet ein Mann mittleren Alters auf sie. Da das Mädchen davon ausgeht, es handle sich um den Besucher einer anderen Hauspartei, öffnet sie freimütig die verschlossene Haustür und steigt mit dem Fremden in den Aufzug. Kaum hat sie auf den Knopf gedrückt, beginnt der Fremde vor ihr zu exhibieren. Das Mädchen erschrickt heftig und verläßt bei nächster Gelegenheit den Aufzug. Noch Jahre später vermeidet sie es, allein mit einem fremden Mann in einem Aufzug zu fahren und sucht wegen Angstzuständen einen Therapeuten auf.

Personen, die von Fremden einmalig mißbraucht worden sind, fällt es meist nicht so schwer, die stützende Funktion des Therapeuten anzuerkennen, sich dem Therapeuten anzuvertrauen, ein Arbeitsbündnis entstehen zu lassen. Diese Patienten suchen, wenn überhaupt, wegen anderer Probleme den Therapeuten auf und das sexuelle Mißbrauchserlebnis wird in der Therapie nur eine marginale Rolle spielen. Allerdings können nach schwereren Traumatisierungen Jahre später andere, oft wenig traumatisch erscheinende Ereignisse, Emotionen zu tage fördern, die längst bewältigt erschienen und in der gegenwärtigen Situation auf einen Außenstehenden völlig übertrieben wirken. Aktuelle Situationen führen zur Reaktualisierung unbewußter Ängste und zu Vermeidungsverhalten, deren Ursprung der Person nicht bewußt sind (z.B. Vermeiden des Aufsuchens bestimmter Orte wie Wald, Kinderspielplatz, Aufzug). Erinnerungen können plötzlich wachgerufen werden, die bisher erfolgreich verdrängt werden konnten. Bereits Freud hatte darauf hingewiesen, daß es dabei zu einer nachträglichen Umdeutung bestimmter Erlebnisse kommen kann (Prinzip der Nachträglichkeit). „Das Kind empfängt mit 1½ Jahren einen Eindruck, auf den es nicht genügend reagieren kann, versteht ihn erst, wird von ihm ergriffen bei der Wiederbelebung des Eindrucks mit vier Jahren, und kann erst zwei Dezennien später in der Analyse mit bewußter Denktätigkeit erfassen, was damals in ihm vorgegangen. Der Analysierte setzt sich dann mit Recht über die drei Zeitphasen hinweg und setzt sein gegenwärtiges Ich in die längstvergangene Situation ein." (Freud 1917, 1986, S. 72) So kann es etwa sein, daß ein Kind ein Mißbrauchserlebnis gehabt hatte, aber erst Jahre später die Bedeutung dieser Erfahrung versteht und als Mißbrauch erkennt (z.B. die Begegnung mit dem Exhibitionisten). Dieses in der Psychoanalyse gut bekannte Phänomen hat zu einer ausgiebigen Diskussion in der modernen Psychologie um das „false memory syndrom" geführt.

Die oben erwähnte Identifikation mit dem Täter hatte in diesen Fällen nicht stattgefunden, Irritation und Verunsicherung standen im Vordergrund des Erlebens. Da keine Abhängigkeitsbeziehung bestand, konnten aggressive Gefühle dem fremden Täter gegenüber geäußert werden, positive Gefühle dem Täter gegenüber traten nicht auf. Irrationale Ängste, v.a. aber Schamgefühle spielen zwar eine Rolle, eine Aufteilung des Ich in einen rationalen Teil und einen irrationalen ist jedoch möglich. Das Verarbeiten der traumatischen Situation wird unterschiedlich sein, je nachdem, ob es zu einer Konfrontation mit der Erwachsenensexualität gekommen ist (z.B. Begegnung mit einem Exhibitionisten), die zu Verunsicherung, Angst, Ekel führte, oder ob Berührungen zu bisher unbekannten sexuellen Reaktionen bei dem Kind geführt haben, zu einer sexuellen Überstimulierung, die dieses nicht verarbeiten konnte und eine Verunsicherung im Umgang mit dem eigenen Körper, eigenen Triebregungen zur Folge hatte. Vor allem Personen mit geringem Selbstwertgefühl und Neigung zu Selbstvorwürfen (mit pathologischen Selbst- und Objektrepräsentanzen) werden nach derartigen Mißbrauchssituationen sich selbst Vorwürfe machen, Schuldgefühle erleben.

Hat eine Person das Gefühl, zu der traumatisierenden Situation sei es nur gekommen, da die Eltern nicht genug Schutz geboten hatten, wird dies die Aufarbeitung des Traumas bestimmen. Das Übertragungsgeschehen in der Therapie wird nicht so sehr von der Erfahrung des einmaligen traumatischen Erlebnisses bestimmt sein, sondern von der mangelnden Fürsorge der Eltern, der Trauer darüber, keine guten Eltern gehabt zu haben.

In der Gegenübertragung empfinden Therapeuten meist Verständnis und Mitgefühl. Es wird zu einer Verständigung zwischen Patient und Therapeut kommen, daß das Böse von außen kam und bald wird der Patient verstehen, daß die eventuell aufgetretenen Schuldgefühle zu seiner Persönlichkeitsstruktur gehören und nicht eine reale Schuld widerspiegeln. Diese Patienten haben in der Regel keine allzu große Mühe sich auf den analytischen Prozeß einzulassen. Weder das Liegen auf der Couch, ohne das Gegenüber durch Blickkontakt unter Kontrolle zu behalten, noch das freie Assoziieren bereitet diesen Patienten große Mühe. Die Therapie wird so verlaufen wie bei anderen neurotischen Patienten.

Wiederholter extrafamiliärer Mißbrauch durch unterschiedliche fremde Personen

Fallbeispiel

Eine Patientin berichtet, daß sie in den letzten Jahren dreimal sexuell von Männern belästigt worden sei, nachdem diese in ihre Wohnung eingedrungen waren. Dies sei passiert, obwohl sie die Wohnung gewechselt hatte und sie sich auch sicher sei, daß diese ihr fremden Männer sich gegenseitig nicht kannten. Diese Erlebnisse haben dazu geführt, daß sie große Angst vor Männern entwickelt hatte und nun nicht den Mut aufbringe, eine neue Beziehung zu einem Mann aufzunehmen. Erst nach längerer Exploration wurde deutlich, daß die Patientin immer Wohnungen im Erdgeschoß anmietete, keine Vorhänge anbrachte und nicht weiter darüber nachdachte, daß sie damit eine Gefahrensituation wiederholt selbst herstellte.

Die Anamnesen von Patienten, die mehrfach sexuell traumatisierenden Situationen mit unterschiedlichen fremden Personen ausgesetzt waren, klingen manchmal fast unglaubwürdig, da sie für einen Außenstehenden extrem unwahrscheinlich erscheinen. Im Unterschied zum ersten Fall ist in der Übertragung kein Hinterfragen eigener Anteile zu beobachten. Die Patienten erleben sich nur als Opfer und empfinden keinerlei Schuldgefühle. In der Gegenübertragung lösen diese Patienten oft Wut über so viel Unbedachtsamkeit und Naivität aus und man läuft Gefahr, den Patienten Schuld für Handlungen zuzuschreiben, die diese aus einem unbewußten Wiederholungszwang völlig unfreiwillig begehen, womit man sie wieder zum hilflosen Opfer machen würde. Es liegt nahe, zu vermuten, daß diese Personen in der Kindheit nicht gelernt haben, sich in angemessenem Ausmaß vor sexuellen Übergriffen zu schützen. Diese Patientinnen fallen oft durch ein besonders herausgeputztes, verführerisches Äußeres auf. Sie haben sicherlich viel zu dem Vorurteil beigetragen, Frauen bzw. Mädchen wollten doch nur „genommen werden". Nicht selten reagieren diese Frauen mit depressiven Verstimmungen, wenn man sie auf ihr verführerisches Äußeres anspricht. Spricht man sie nicht darauf an, reagieren sie hingegen enttäuscht, daß ihr auffallendes Auftreten nicht bemerkt wird. Haben schützende Elternfiguren in der Kindheit gefehlt, wird das mißbrauchte Kind immer wieder seine Wünsche nach Anerkennung und Liebe auf einen Täter richten und unbewußt Situationen inszenieren, in denen diese Wünsche wiederholt enttäuscht werden müssen.

Diese Patientinnen haben nicht selten Übergriffe durch Therapeuten erlebt. Sie erzählen diese ohne besondere Bestürzung und spalten negative Gefühle ab. Als Therapeut ist es oft schwierig, nicht spontan sein Entsetzen über andere Kollegen kundzutun, sondern sich erst in Ruhe die gemachten Erfahrungen, inklusive der den mißbrauchenden Therapeuten idealisierenden Äußerungen schildern zu lassen (Ehlert-Balzer 1997). Der Hauptkonflikt dieser Patientinnen ist häufig, daß sie im Alltag wenig Anerkennung bekommen, durch spektakuläre Erlebnisse aber als Opfer Hilfe in Anspruch nehmen können und damit die ihnen fehlende Zuwendung zu erreichen hoffen. Hilflosigkeit in schwierigen Situationen kann dazu führen, in die Kindheit zu regredieren, in der Hoffnung, daß nun endlich Hilfe von den allmächtigen Eltern gegeben werde. Die Regression in der Therapie ist mit der Suche nach einem Hilfs-Ich verbunden, es soll eine Situation hergestellt werden, in der der Therapeut die mächtigen Elternimagines repräsentiert. Der Therapeut stellt eine Person dar, an die die aufgegebenen Ich-Funktionen delegiert werden können.

Der in der Gegenübertragung spürbare Ärger über das unvernünftige Verhalten gilt eigentlich den Erziehungspersonen der Patienten, die das Kind nicht angemessen beschützten, als es um seine Autonomie rang. Hat sich das Kind voll Neugierde entfernt, fehlte die nötige Obhut, aber auch Besorgnis. Das Kind lernte nicht zwischen Gefahrensituationen und sicheren zu unterscheiden. Ähnlich wie eine besorgte einfühlsame Mutter durchaus verärgert reagiert, wenn das Kind nach mehrmaligen Ermahnungen sich immer noch in Gefahrensituationen begibt, reagiert der Therapeut mit Verärgerung, wenn eine Patientin sich immer wieder gefährlichen Situationen aussetzt (z.B. eine Patientin, die während der Therapie zum 3. Mal ungewollt schwanger wird und abtreibt) und keinerlei eigene Anteile zu erkennen bereit ist. Nach einer gewissen Zeit lernt das gesunde Kind jedoch, diese Gefahrensituationen zu meiden und der Ärger der Mutter wird nachlassen. Analoges muß auch in der Übertragung bzw. Gegenübertragung in der Therapie bearbeitet werden.

Extrafamiliärer Mißbrauch durch Erziehungspersonen

Kinder, die in der Familie nicht genügend emotionale Unterstützung erfahren, suchen oft außerhalb der Familie nach Elternfiguren. Sie sind besonders anfällig, sich in Erziehungspersonen zu „verlieben", und hoffen bei diesen Liebe und Anerkennung zu bekommen. Aus dieser emotionalen Deprivation heraus fehlt ihnen ein Sensorium für grenzüberschreitende Verhaltensweisen der sie betreuenden Personen. (Dies gilt natürlich noch nicht für Babys und Kleinkinder, die von Kindermädchen im Zusammenhang mit dem Reinlichkeitstraining sexuell überstimuliert werden). Emotionale, auch körperliche Zuwendung wird von diesen Kindern geradezu gesucht und pädophile Erwachsene müssen keine großen Überredungskünste oder gar Gewalt anwenden, um mit bzw. an dem Kind sexuelle Handlungen vornehmen zu können. In der Therapie ist es besonders wichtig, die emotionale Bedürftigkeit im Blickpunkt zu haben. Übertragungsdeutungen können schnell als Schuldzuweisungen empfunden werden, was zu einem emotionalen Rückzug in der Therapie führt.

Gerade in dieser Gruppe gibt es große Unterschiede zwischen mißbrauchten Mädchen und Jungen. Während Mädchen sowohl inner- wie extrafamiliär meist von gegengeschlechtlichen Personen mißbraucht werden, herrscht bei Jungen der Mißbrauch durch Personen des gleichen Geschlechts, also Männern, vor. Dies hat dazu geführt, daß die Prävalenz von Mißbrauchserlebnissen bei Männern lange Zeit unterschätzt wurde, von den Opfern nicht als Mißbrauch, sondern als homosexuelle Erfahrung angesehen wurde. Auch beharren diese oft darauf, die sexuellen Handlungen doch gewollt zu haben und möchten auf keinen Fall als „Opfer" angesehen werden, was einer narzißtischen Kränkung gleichkäme. Probleme in der Erwachsenensexualität möchten sie nicht im Zusammenhang mit den Erfahrungen der Kindheit sehen und dennoch spielt eine Verunsicherung, ob sie nicht doch homosexuell sein könnten, eine wichtige Rolle in der Therapie. Diese Patienten suchen allerdings praktisch nie wegen ihrer Mißbrauchserlebnisse den Therapeuten auf, sondern meist wegen anderer Symptome wie Leistungsstörungen, Angstzuständen oder sexuellen Problemen.

Intrafamiliärer Mißbrauch durch Elternfiguren (Inzest)

Immer wieder wurde beschrieben, daß Inzestfamilien nach außen sehr abgeschirmt seien und innerhalb der Familie starre Moralvorstellungen herrschen, die vor allem auch die Sexualität betreffen. So werden etwa Mädchen, nachdem sie jahrelang vom eigenen Vater mißbraucht worden waren, als „Hure" bezeichnet, wenn sie vor der Eheschließung mit einem Mann ihres Alters sexuell verkehren. Sexualität mit Fremden ist nicht erlaubt, Grenzüberschreitungen im Bereich der Sexualität in der Familie finden statt, dürfen aber nicht benannt und unter keinen Umständen Fremden erzählt werden. Die Kinder werden oft als Besitz des Vaters angesehen, der keinem Fremden Rechenschaft abzulegen braucht, was er mit seinen Kindern (meist Töchtern) macht. Die Mutter ist oft zu schwach, um sich in diesem Familiensystem eine vom Vater unabhängige Meinung zu bilden, ist von diesem meist auch finanziell abhängig und hat Angst, ihn zu verlieren. Ahnungen, daß ein Mißbrauch stattfinden könnte, verleugnet sie aus diesem Grunde. Die oft geäußerte Drohung Inzestopfern gegenüber: „Wenn Du jemandem etwas erzählst, ruinierst Du die ganze Familie!" ist somit nicht ohne tragischen Wahrheitsgehalt.

Es gibt aber auch Inzestfamilien, die keine klaren Grenzen nach außen ziehen, so daß alle möglichen Menschen in der Wohnung aus und ein gehen, die Eltern – so sie noch zusammenleben – mehrere Sexualpartner haben, die sie dann auch ihren Kindern (meist Töchtern) „zur Verfügung" stellen. Nicht selten spielt hier auch Prostitution eine Rolle, und die Kinder sind gefährdet, selbst in jungen Jahren in die Prostitution abzurutschen. Diesen Familien wird in der psychoanalytischen Literatur kaum Beachtung geschenkt. Deren Angehörige begeben sich kaum in psychoanalytische Behandlung, da sie eine Grundvoraussetzung für analytische Therapie, nämlich die Beziehungsfähigkeit, oft nicht erfüllen. Wir begegnen ihnen allerdings in Beratungsstellen.

Die Therapie von Inzestopfern der abgeschlossenen Familien wurde im deutschen Sprachraum vor allem von Hirsch bereits 1986 und im englischen bei Levine (1990) ausführlich beschrieben. Die von Hirsch wiederholt angeführte Abfolge verschiedener Phasen der Therapie bestimmt durch idealisierende Mutter-Übertragung, negative Mutter-Übertragung, Externalisierung des traumatischen Introjekts und Trennung stellen zwar eine differenzierte Beschreibung möglicher Therapieabläufe dar, sind aber sicherlich nicht für alle Inzestopfer zutreffend. Raphling (1990) und Levine (1990) betonen, daß die Bearbeitung der negativen Übertragung, die Folge der mütterlichen Deprivation sei, zu Beginn der Therapie erfolgen müsse, um das Arbeitsbündnis zu stärken. Erst nach einer Erfahrung des Vertrauens und der Sicherheit in der therapeutischen Beziehung sei eine Exploration und Durcharbeitung des Inzesttraumas mit all seinen heftigen Affekten möglich.

Vor allem dürfte der Therapieverlauf sehr vom Geschlecht des Therapeuten abhängen, worauf ebenfalls Raphling (1990) hingewiesen hatte. Je nachdem, ob Patienten die Mutter als unterstützend und emotional verständnisvoll – auch gegen den Vater – erlebt haben und immer noch erleben oder als jemand, die das Kind nicht vor dem Vater schützen konnte, unter Umständen sogar ihm ausgeliefert hatte, um selbst von der Sexualität des Vaters verschont zu bleiben, wird eine erwachsene Frau unterschiedlich auf einen männlichen bzw. weiblichen Therapeuten reagieren. Es kann sogar sein, daß die Beziehung zum mißbrauchenden Vater noch die bessere war, als diejenige zur vernachlässigenden Mutter und sie daher Frauen gegenüber besonders mißtrauisch sind. Patienten sollten daher immer selbst entscheiden können, ob sie bei einem Mann oder einer Frau Therapie machen wollen. Daß Mißbrauchsopfer nur von Frauen behandelt werden sollten, wie oft behauptet wird, ist schlichtweg falsch und stellt eine Allmachtsphantasie hinsichtlich einer guten rettenden Mutter dar.

Wiederholt wurde auch die Angst von Mißbrauchspatienten beschrieben, der Therapeut könnte sie mißbrauchen. So wird etwa manchmal bereits das Sprechen über Sexualität als Übergriff, Verführung empfunden, falls die Patienten noch nie über Sexualität und schon gar nicht über die Mißbrauchserlebnisse mit jemandem gesprochen hatten.

Ziel der analytischen Therapie ist, das introjizierte traumatische Erlebnis zu externalisieren und die damit in Zusammenhang stehenden Affekte in die Übertragung zu bringen, wobei Angst, Wut und Schuldgefühle eine zentrale Rolle spielen. Ein häufig bei Inzestopfern beschriebenes Phänomen ist das der Depersonalisierung bzw. Dissoziierung. Bei der Depersonalisierung werden übersteigerte Empfindungen oder Vorstellungen verdrängt. Das Ich distanziert sich vom kranken Teil, wehrt sich, indem es bestimmte Körperteile von sich abspaltet und nicht mehr sich selbst zugehörig ansieht. So ist es möglich, daß Frauen mit Mißbrauchserlebnissen in der Kindheit zwar sexuell aktiv sind, die Sexualität jedoch als nicht zu sich gehörend erleben. Nur so kann das Ich sich schützen, vom traumatischen Introjekt vereinnahmt zu werden. In der Therapie muß nun versucht werden, die verleugneten, dissoziierten Affekte in die Übertragungsbeziehung und die abgespaltenen Selbst- und Objektanteile zu integrieren. Diese Übertragungsbeziehung ist oft sexualisiert und erotisiert als Ausdruck der unbewußten Phantasie „...der Vater werde sich eines Tages doch kindgerecht, nicht ausbeuterisch verhalten, dadurch auch ein alternatives mütterliches Objekt sein können, verstehen..." (Hirsch 1997, S. 493). Wichtig ist dabei zu bedenken, daß sexualisierte Übertragung nicht Ausdruck eines tatsächlichen sexuellen Bedürfnisses ist, sondern Ausdruck der emotionalen Bedürftigkeit der Patientin. Diese Verführungssituation ist auch für Therapeuten nicht immer leicht auszuhalten und zu bearbeiten (Becker 1997). Hier ist „eine Haltung gefordert, die der Vater der ödipalen Tochter einnehmen sollte, indem er die spielerisch erotischen Angebote freundlich akzeptiert,... aber eine absolute Grenze setzt vor die eigene Befriedigung." (Hirsch 1997, S. 494)

Abschließend soll noch kurz auf einen Gedanken eingegangen werden, der vor allem in der französischen Literatur zu finden ist (Racamier 1995, Tesone 1996). Dort wird betont, daß Inzest nicht gleichgesetzt werden darf mit Ödipuskomplex, er sei vielmehr sein Gegenteil. Während es sich bei der ödipalen Phantasie um eine für das symbolische Denken entwicklungsfördernde Phantasie handelt, muß man die Inzestphantasie und vor allem die reale Überschreitung des Inzestverbots als entwicklungshemmend ansehen (Richter-Appelt 1997). Bei der Inzestphantasie handle es sich um eine Gegenphantasie. Tesone (1996) beschreibt dies folgendermaßen: „Da die Hauptfunktion des Ödipus darin besteht, die Andersheit des Kindes zu konstituieren, ist der Akt des Inzests genau deren Verhinderung." (S. 842) Dahinter verberge sich der Wunsch, alle Orte gleichzeitig einzunehmen: Vater, Mutter, Sohn und Tochter zugleich zu sein. Und weiter führt er aus: „Die sexuelle Inzestbeziehung ist somit nichts anderes als ein Äquivalent der Masturbation. Die Sexualität bleibt dabei im Grunde autoerotisch, und die Fiktion des Objekts beschränkt sich darauf, diese objektale Autoerotik zu befriedigen. Die narzißtisch verführte Tochter löst sich im elterlichen Körper auf." (S. 843) Somit handelt es sich dabei nicht nur um die Überschreitung eines Inzesttabus, sondern auch eines narzißtischen Tabus.

Intrafamiliärer Mißbrauch durch Geschwister (Geschwisterinzest)

Sowohl Mißbrauchssituationen zwischen Kindern bzw. Jugendlichen als auch Geschwisterinzest finden in der aktuellen, aber auch in früheren Diskussionen um den sexuellen Mißbrauch praktisch keine Erwähnung (außer bei Freud 1896!). Derartige Erfahrungen als Spielereien unter Kindern abzuhandeln, entspricht jedoch nicht den Traumatisierungen und Verletzungen, die Geschwister und Gleichaltrige sich zufügen können. Sicherlich erscheint es wichtig, hier nicht sexuelle Spielereien zwischen Kindern und Jugendlichen mit einzubeziehen, sondern nur diejenigen Erlebnisse, die traumatischen Charakter haben. Vor allem ist auch darauf hinzuweisen, daß es sich hier keineswegs nur um männliche Täter handelt, sondern Mädchen, vor allem wenn sie in kleinen Gruppen auftreten, zu Täterinnen werden können. In Untersuchungen zum sexuellen Mißbrauch wurde immer wieder erwähnt, daß sexueller Mißbrauch unter Geschwistern und Cousins vorkäme, z.B. 5% der Täter bei Brunner (1997), der psychoanalytische Fallgeschichten auswertete, 10% der Täter in einer unauffälligen Studentenstichprobe (Richter-Appelt u. Tiefensee 1996a). Obwohl Freud dieses Thema bereits in seiner 1896 erschienenen Arbeit genannt hatte, wurde es jedoch von Analytikern kaum weiter aufgegriffen, sondern höchstens nur am Rande erwähnt.

Fallbeispiel

Ein Patient berichtet in der Therapie, daß er als 10jähriger wiederholt von seinem Bruder und dessen Freunden in den Wald gezerrt wurde. Dort mußte er Frauenkleider anziehen, die die anderen mitgebracht hatten. Nachdem er gefesselt worden war, „spielten" die etwa 14jährigen Jungen, daß sie mit einer Frau Geschlechtsverkehr vollziehen würden. Es kam dabei allerdings nicht zum Analverkehr. Der Patient konnte noch als Erwachsener, wenn er mit einer Frau verkehrte, nur sexuell erregt werden, wenn er sich vorstellte, selbst eine Frau zu sein. Diese Phantasie wurden so überwältigend, daß er sich mit der Frage, ob er nicht transsexuell sei, in Therapie begab.

In der Therapie dieser Patienten begegnet man oft Eltern, die geschont werden mußten, denen Kinder traumatische Erlebnisse nicht erzählen konnten. Oft ist die Therapie der Ort, an dem erstmals über die traumatischen Erfahrungen gesprochen wird. Auch diese Patienten suchen in der Regel nicht wegen der Mißbrauchserlebnisse, sondern aufgrund anderer Probleme den Therapeuten auf. Dies mag mit dazu beitragen, warum Geschwisterinzest nicht im Titel und auch nicht unter Stichworten in Literaturverzeichnissen erscheint.

„Liebesbeziehungen" zwischen sozial verwahrlosten, alleingelassenen Kindern und meist pädophilen Erwachsenen

Noch einmal ganz anders ist die Situation bei Kindern, die überhaupt keine Personen haben, die sich um sie kümmern und zu fremden Tätern „Liebesbeziehungen" aufnehmen. Die emotionale Deprivation dieser Kinder führt dazu, daß Mißbrauchsbeziehungen oft als positiv von Tätern eingeschätzt werden unter dem Motto: „Besser eine sexuelle Beziehung als gar keine." Auch diese Personen kommen kaum in analytische Behandlung. Es wird vor allem von der frühen Lebensgeschichte dieser Personen abhängen, inwiefern sie ein Problem- und Konfliktbewußtsein entwickeln und eine Veränderung ihrer Situation anstreben. Die analytische Therapie entspricht am ehesten der Therapie mit Borderlinepatienten, die von Kernberg u. Mitarb. (1993) sehr plastisch und verständlich dargestellt wurde.

Zusammenfassung

In der vorliegenden Arbeit wurde vor allem darauf hingewiesen, wie wichtig es ist, verschiedene Formen der Beziehungsstrukturen zwischen in der Kindheit mißbrauchten Personen und den jeweiligen Tätern zu unterscheiden. Dabei wurde hervorgehoben, daß es nach sexuellen Traumatisierungen in der Kindheit sowohl zu einer Sexualisierung des Verhaltens als auch zu einer Hemmung der Sexualität kommen kann. In der Therapie muß den Gegenübertragungsgefühlen besondere Beachtung geschenkt werden, um die spezifische Form der Traumatisierung zu verstehen. Dabei gilt es vor allem Gefühle der Ohnmacht, aber auch der Empörung und Ärger auszuhalten, ohne sie zu schnell den Patienten mitzuteilen. Nur so wird es Patienten möglich sein, positive und negative Gefühle sowie abgespaltene Anteile zu integrieren.

Verhaltenstherapie

G. Amann und R. Wipplinger

Sexueller Mißbrauch kann, wie im einleitenden Beitrag dargestellt wurde, zu sehr vielfältigen Initial- und Spätfolgen führen. Opfer eines sexuellen Mißbrauchs suchen jedoch sehr häufig erst im Erwachsenenalter, Jahre nach ihrem Mißbrauch, eine Therapie auf. Die Ursachen hierfür sind vielfältig. Um nicht mit den negativen Erlebnissen und Gefühlen konfrontiert zu werden, vermeiden sie es, sich mit dem Mißbrauch auseinandersetzen zu müssen. **Vermeidung** ist wohl die bedeutsamste Strategie, die Opfer einsetzen, um einen sexuellen Mißbrauch zu bewältigen. Sich in Therapie zu begeben, bedeutet hingegen unweigerlich die Konfrontation mit dem Erlebten und die Unterbindung dieser z.T. sehr erfolgreichen Vermeidungsstrategie. Therapie ist mit der Gefahr verbunden, schmerzhafte und negative Gefühle wieder zu erleben und das System von Erklärungen und Rechtfertigungen, das wahrscheinlich im Verlauf der Jahre aufgebaut wurde, hinterfragen zu müssen. Für die **Tabuisierung** des sexuellen Mißbrauchs über viele Jahre hinweg gibt es jedoch noch weitere wichtige Ursachen. Sexueller Mißbrauch ist mit einem deutlichen Stigma verbunden. Die öffentliche Meinung schreibt dem Opfer sehr häufig zumindest eine Mitschuld an dem Geschehenen zu (Amann u. Wipplinger 1998). Auch die Opfer selbst stehen dem sexuellen Mißbrauch insgesamt häufig ambivalent gegenüber. Neben negativen Gefühlen wie Schuld, Scham, Ekel und Angst können Kinder bei sexuellen Mißbrauchshandlungen durchaus auch positive Gefühle wie sexuelle Lust und Erregung oder emotionales und körperliches Wohlbefinden erleben. Zudem erhalten Opfer von den Tätern häufig Vergünstigungen (z.B. Geschenke, besondere Erlaubnisse) oder einen Sonderstatus. Dies alles hinterläßt bei ihnen das Gefühl, daß sie das Geschehene vielleicht doch auch selbst gewollt haben bzw. dafür verantwortlich sind. Verstärkt wird diese Sichtweise vor allem durch Rechtfertigungen, welche die Täter den Opfern gegenüber anführen, aber auch durch die öffentliche Meinung und die Reaktionen des Umfelds, wenn ein sexueller Mißbrauch aufgedeckt wird.

Darüber hinaus stellt sexueller Mißbrauch eine Grenzverletzung dar und ist sehr häufig mit einem massiven Vertrauensbruch verbunden. Opfer haben im Zusammenhang mit dem sexuellen Mißbrauch immer wieder erfahren, daß andere Menschen ihre Bedürfnisse, Wünsche und Gefühle nicht respektieren, sie nicht geschützt werden. Eine **enge Vertrauensbeziehung**, wie sie zwischen Klientin[1] und Therapeutin stattfinden soll, birgt für das Opfer immer auch die Gefahr, erneut enttäuscht und mißachtet zu werden. Sich mit derartigen Sichtweisen und Bewertungen der Klientin auseinanderzusetzen, ist für die Therapeutin von Beginn an wichtig. Zum einen hilft es im Aufbau einer tragfähigen therapeutischen Beziehung, zum anderen werden dadurch auf den ersten Blick vielleicht unverständliche Handlungen der Klientin verstehbar.

Wir möchten uns in den nun folgenden Ausführungen auf die Therapie mit Erwachsenen beschränken. Die Therapie mit Kindern folgt anderen Regeln, andere Problembereiche stehen im Vordergrund, ein anderes Vorgehen und andere Strategien sind indiziert. Hier sei lediglich auf entsprechende Arbeiten verwiesen (Amann u. Wipplinger 1998, Bingel 1998, Furniss 1991, Garbe 1998, Schneewind 1994, Trepper u. Barrett 1991, Wipplinger u. Amann 1988).

Grundprinzipien der Therapie

Verhaltenstherapie ist zielorientiert, problemorientiert und wenn auch nicht kurz, so doch zeitlich begrenzt. Im Zentrum steht das aktuelle Verhalten des Menschen, das sich nicht nur auf der motorischen, beobachtbaren Ebene, sondern auch auf der kognitiven, emotionalen und physiologischen Ebene äußert. Dieses menschliche Verhalten ist eingebunden in ein komplexes und dynamisches Netz von Faktoren, die menschliches Verhalten auslösen, beeinflussen und verändern. Die Aufgabe der Therapeutin ist, das Problem der Klientin im Rahmen dieser Variablen zu analysieren und jene Variablen zu isolieren, die mit dem Problem der Klientin in einem funktionalen Zusammenhang stehen, d.h. dieses Problem bedingen bzw. beeinflussen. Da sich die Verhaltenstherapie auf aktuelles Verhalten konzentriert, stehen entsprechend auch aktuelle Variablen im Vordergrund. Es werden nur jene Faktoren berücksichtigt, die aktuell das Problem der Klientin beeinflussen oder für die Bewältigung des Problems bedeutsam sind. Faktoren aus der Vergangenheit der Klientin (z.B. frühere Erfahrungen, Erlebnisse) oder aus ihrer Zukunft (z.B. Ziele, Prognosen über Zukünftiges) sind nur soweit zu berücksichtigen, als sie aktuell für das Problem der Klientin bedeutsam sind.

Viele Opfer, die eine Therapie aufsuchen, leiden unter einer Vielzahl von komplexen und interagierenden Problembereichen. Daher ist es wichtig, in einem ersten Schritt unter enger Beteiligung der Klientin eine sinnvolle **Konzeptualisierung ihres Einzelfalles** zu erarbeiten. Die Therapeutin sollte sich einen Überblick zu den vorhandenen Problembereichen verschaffen und klären, wie diese Problembereiche miteinander in Zusammenhang stehen. Erst im Anschluß daran sollten Überlegungen zum therapeutischen Vorgehen angestellt werden. Es sollte aus dem individuellen Bedingungsgefüge abgeleitet und auf die Klientin spezifisch zugeschnitten sein. Für die Problemanalyse und Therapieplanung ist wichtig, daß sie in einem interaktionellen und dynamischen Prozeß erfolgt.

[1] Bei Aussagen, die sowohl für weibliche als auch für männliche Personen zutreffen, verwenden wir der Vereinfachung wegen durchgängig die weibliche Form.

Von grundlegender Bedeutung ist, daß die Klientin für sich ein **plausibles Erklärungsmodell** ihrer komplexen Probleme und Schwierigkeiten erarbeitet. Sie sollte für sich klären, wie ihre aktuellen Probleme mit dem Mißbrauch in Zusammenhang stehen und wie sich diese entwickelt haben. Gelingt es der Klientin, ihre Probleme für sie nachvollziehbar einzuordnen und Zusammenhänge zu verstehen, wiedererlangt sie damit ein gewisses Maß an „Kontrolle" über sich und ihr Leben, und das vorherrschende Gefühl der Hilflosigkeit nimmt ab. Gleichzeitig ist damit auch ein erster erfolgreicher Schritt hin zur Erreichung der allgemeinen Ziele einer Verhaltenstherapie getan: das (Wieder-)Erlangen von Autonomie, Selbstbestimmung und Selbstregulation.

Liegt ein **komplexes Bedingungsgefüge** vor und ist es nicht möglich, die bestehenden Problembereiche in einem Zuge zu verändern, so muß aufgrund ihrer Stellung im Bedingungsgefüge und ihrer Bedeutung für die Klientin entschieden werden, in welcher Reihenfolge man sich mit diesen beschäftigen sollte. Wird die Veränderung eines Problembereiches erst durch die Veränderung eines anderen Problembereiches ermöglicht und man läßt dies unberücksichtigt, so kann dadurch der Therapiefortschritt gefährdet, wenn nicht verhindert werden.

Ein **transparentes therapeutisches Vorgehen** ist gerade bei sexuell mißbrauchten Klientinnen von essentieller Bedeutung. Durch ihre Erfahrungen des Benütztwerdens und des Kontrollverlustes ist die Angst, daß etwas geschehen könnte, was sie nicht wünschen, besonders groß. Daher muß für die Klientin immer nachvollziehbar sein, wie durch die gemeinsam entworfene Strategie ihre Ziele erreicht werden können. Sie sollte auf alles, was in der Therapie geschieht, vorbereitet werden und vor allem damit einverstanden sein (Calhoun u. Atkeson 1994, Hoyndorf u. Mitarb. 1995).

Eine Therapie muß, will sie Erfolg haben, den Kreislauf der Vermeidung und Verleugnung unterbrechen und eine konstruktive **kognitiv-emotionale Verarbeitung** des Erlebten ermöglichen. Dies ist das Kernstück der Verhaltenstherapie mit Opfern eines sexuellen Mißbrauchs. Dabei reicht es nicht aus, sich an die Erlebnisse zu erinnern oder über damit verbundene Gefühle zu sprechen. Für eine konstruktive Verarbeitung muß sich die Klientin vielmehr damit auseinandersetzen, was der erlebte sexuelle Mißbrauch für sie bedeutet und wie sie ihn im Verlauf der Jahre bewertet hat.

Weitere zentrale Aspekte, die zwingend in einer Therapie bearbeitet werden sollten, sind die Selbstwahrnehmung der Klientin, ihre bisherigen Copingstrategien und deren Effektivität im Umgang mit Kognitionen und Emotionen im Zusammenhang mit dem Mißbrauch. Als Copingstrategien – sie werden auch als Überlebensstrategien bezeichnet (Bass u. Davies 1995) – sind unterschiedlichste Bereiche zu berücksichtigen. Sie reichen von der Suche nach Gründen und Ursachen für den sexuellen Mißbrauch, über die Unterdrückung der Erinnerung bis zu Alkoholmißbrauch, Drogenkonsum, Promiskuität und Suizidalität.

Die therapeutische Beziehung

Der Aufbau einer therapeutischen Beziehung gestaltet sich bei Opfern eines sexuellen Mißbrauchs oft sehr schwierig, da diese aufgrund ihrer Erfahrungen davor zurückscheuen jemandem zu vertrauen und Therapie häufig mit Hilflosigkeit und Ausgeliefertsein assoziiert ist. Opfer stehen einer Therapie meist **ambivalent** gegenüber, da Therapie einerseits zwar Hilfe verspricht, andererseits aber auch die Auseinandersetzung mit sehr schmerzhaften Gefühlen und Erinnerungen bedeutet.

Auch die **Interaktion zwischen Therapeutin und Klientin** kann in einigen Bereichen schwierig sein. Viele der mißbrauchten Klientinnen sind sehr sensibel gegenüber Kritik und Zurückweisungen. Manche haben sehr viele negative Emotionen, wie Ärger und Wut in sich, die erstmals im geschützten Rahmen der Therapie hervortreten und sich auch gegen die Therapeutin richten können. Zudem ist es für die Therapeutin oft schwierig, die für eine therapeutische Arbeit notwendige richtige Balance zwischen Nähe und Distanz zu finden – schwieriger als bei vielen Themen, die mit anderen Klientinnen behandelt werden. Ein weiterer wichtiger Aspekt der therapeutischen Beziehung ist, daß Klientinnen sexualisiertes Verhalten auch im therapeutischen Kontakt zeigen können. Wenn Therapeutinnen und Therapeuten nicht gelernt haben, dieses Verhalten entsprechend einzuordnen und professionell damit umzugehen, kommt es leider nicht selten dazu, daß Klientinnen in der Therapie erneut sexuell mißbraucht werden, was eine weitere Traumatisierung darstellt.

Die therapeutische Beziehung soll als **Modell für eine unterstützende, wertschätzende und tragfähige Vertrauensbeziehung** fungieren, in der die Klientin lernen kann, daß es möglich ist, mit einem anderen Menschen in einer klaren, eindeutigen und verläßlichen Weise verbunden zu sein und von diesem Menschen ohne bestimmte Gegenleistungen Wertschätzung und Unterstützung erfahren zu können. Die Klientin soll durch das Verhalten der Therapeutin lernen, ihre Einschätzung und ihr Verhalten sich selbst gegenüber positiv zu verändern.

Bearbeitung spezifischer Problembereiche

Häufig besteht bei Klientinnen die Meinung, daß eine Verarbeitung der Mißbrauchserlebnisse auch das Verschwinden der aktuellen Probleme und Schwierigkeiten zur Folge hat. Dies ist jedoch leider zumeist nicht der Fall, da diese Probleme wohl im Zusammenhang mit dem Mißbrauch entstanden sind, sich jedoch im Verlauf der Jahre soweit verselbständigt haben, daß sie unabhängig davon therapeutisch behandelt werden müssen. Daher konzentriert sich die verhaltenstherapeutische Arbeit neben den dargestellten prinzipiellen Aspekten auch auf die Bewältigung spezifischer Problembereiche, die als Folge des sexuellen Mißbrauchs entstanden sind. Dabei können die gesamten Methoden der Verhaltenstherapie zur Anwendung kommen. Im folgenden möchten wir das therapeutische Vorgehen zu jenen Bereichen darstellen, mit welchen man in der Therapie mit Opfern eines sexuellen Mißbrauchs am häufigsten konfrontiert wird. Dies sollte jedoch nicht dahingehend mißverstanden werden, daß diese Problembereiche immer und ausschließlich auftreten und als isolierte Probleme zu behandeln sind. In der Therapie muß vielmehr immer der individuelle Gesamtzusammenhang berücksichtigt werden.

Depressionen – negatives Selbstbild

Opfer eines sexuellen Mißbrauchs leiden relativ häufig unter einem negativen Selbstbild und einer damit verbundenen depressiven Störung, oft sind diese auch mit Suizidalität und selbstverletzendem Verhalten verbunden (z. B. Braver u. Mitarb. 1992, Briere u. Runtz 1988, Jackson u. Mitarb. 1990, Peters 1988, Stein u. Mitarb. 1988). Zur Erklärung der Entwicklung und Aufrechterhaltung dieser Störungen und Probleme können die Bindungstheorie (Bowlby 1969, 1980, Ernst u. von Luckner 1985, Wolfe 1987), die Theorie der gelernten Hilflosigkeit (Seligman 1995, Abramson u. Mitarb. 1978, Peterson u. Seligman 1984) und das Beck-Depressionsmodell (Beck 1970, 1983, Beck u. Mitarb. 1986) herangezogen werden (s. auch Verhaltenstherapie bei Depressionen, Kap. 33).

Zentral in der verhaltenstherapeutischen Behandlung dieses Problembereiches sind die **dysfunktionalen Kognitionen**, die mit dem sexuellen Mißbrauch in Beziehung stehen. Dysfunktionale Kognitionen, die im Zusammenhang mit Schuld- und Schamgefühlen, Selbstabwertungen und Abwertungen der Beziehungen zu anderen Menschen auftreten, müssen in einer Form verändert werden, daß die Klientin eine alternative Konzeptualisierung entwickeln kann. Die gesamten Überzeugungen bzgl. des Mißbrauchs, dessen Ursachen, den Selbstbeschuldigungen, Bewertungen und Erwartungen hinsichtlich der langfristigen Folgen müssen systematisch und genau erfaßt, die zentralen dysfunktionalen Kognitionen ausgewählt und einer systematischen Reattribution zugeführt werden. Als Methoden bieten sich die kognitive Therapie nach Beck (Beck u. Mitarb. 1986) sowie die rational-emotive Therapie nach Ellis (1977) an. Besonders zu beachten ist, daß dysfunktionale Kognitionen bei sexuell mißbrauchten Klientinnen zumeist über lange Zeit bestanden haben und oft das gesamte Leben von diesen Erklärungen und Bewertungen bestimmt war, so daß eine Veränderung besonders schwierig und schmerzhaft und zumeist mit großem Widerstand verbunden ist.

Fallbeispiel

Das Denken einer Klientin war von der Überzeugung geprägt, daß sie den über Jahre andauernden sexuellen Mißbrauch durch ihren Onkel selbst verschuldet hat. Sie hätte ihn durch ihr Verhalten zu den sexuellen Handlungen verleitet. Erst nach dem systematischen Herausarbeiten ihrer emotionalen Bedürftigkeit (die Beziehung zu ihren Eltern war kühl, distanziert und abwertend), der Unfähigkeit von Kindern zu erkennen, daß ihre Handlungen auch „sexuell" interpretiert werden können (z. B. wenn ein Kind sich zu jemandem auf den Schoß setzt) und des unterschiedlichen Ausmaßes an Verantwortung von Erwachsenen und Kindern für Geschehnisse, in die beide involviert sind, gelang es ihr langsam, sich von dieser Überzeugung zu lösen und die Verantwortung für den sexuellen Mißbrauch dem Onkel zuzuschreiben. Besonders wichtig in diesem Prozeß der kognitiven Umstrukturierung war, sich immer wieder von der konkreten Person der Klientin und den konkreten Geschehnissen zu lösen. Erst in der Bearbeitung von Situationen und Konstellationen anderer fiktiver Personen gelang es der Klientin die Irrationalität ihrer Überzeugungen und Zuschreibungen zu erkennen. Auch zeigte sich, daß die Klientin, den Weg der Umstrukturierung selbst finden mußte. Wurden auch nur geringfügig alternative Gedanken und Erklärungen von der Therapeutin vorgeschlagen, blieb dies ohne Effekt – die Klientin konnte diese nicht übernehmen.

Auch **Gefühle von Hilflosigkeit** und die **Unfähigkeit sich** gegenüber der Umwelt bzw. anderen Menschen und deren Forderungen **abzugrenzen**, sind bei Opfern eines sexuellen Mißbrauchs häufig zu finden. Diese haben sich aus den Erfahrungen in der Mißbrauchssituation entwickelt und können durch die Theorie der gelernten Hilflosigkeit erklärt werden. Therapeutisches Ziel ist, daß die Klientin derartige Situationen erkennt und für sich Möglichkeiten erarbeitet, diese Situationen beeinflussen zu können, indem schrittweise abgrenzendes Verhalten aufgebaut wird. Dies kann durch Imaginationsübungen unterstützt werden, in welchen sich die Klientin mit den vergangenen Mißbrauchssituationen konfrontiert, den Ablauf der Situation verändert und so die ursprünglichen Mißbrauchserlebnisse retrospektiv alternativen Lösungen zuführt. Zentrale Wirkvariable ist dabei, daß die Klientin in dieser Situation ein Gefühl der Macht und Stärke erlebt, das sie auch in aktuellen Situationen von Grenzverletzungen aktivieren kann.

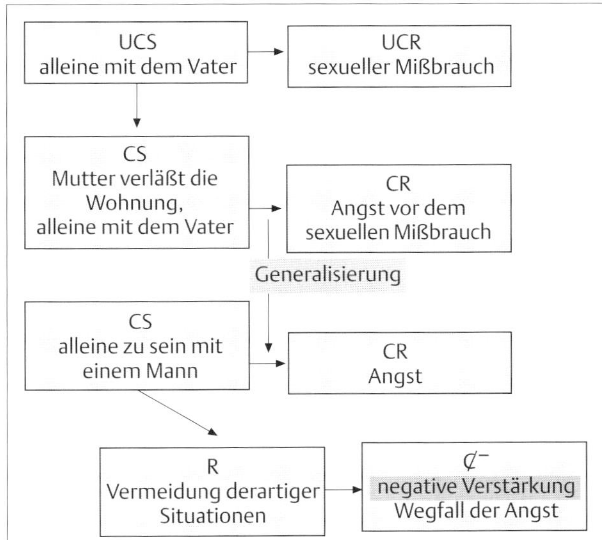

Abb. 37.**1** Entstehung und Aufrechterhaltung der generalisierten Ängste nach der Zwei-Faktoren-Theorie von Mowrer (1960)

Posttraumatische Belastungsstörung – Ängste

Auch Ängste, Panikattacken, Alpträume und Schlafstörungen sind bei Opfern eines sexuellen Mißbrauchs häufig zu finden (z.B. Bagley u. Ramsey 1985–1986, Briere u. Runtz 1988, Pribor u. Dinwiddie 1992, Saunders u. Mitarb. 1992, Sedney u. Brooks 1984). Diese Symptome sind unter dem Syndrom der posttraumatischen Belastungsstörung (PTSD) zusammenzufassen (vgl. DSM-IV, American Psychiatric Association 1996). Briere (1997) gibt einen umfassenden Überblick zu den Möglichkeiten der Erfassung einer PTSD. Die Entstehung und Aufrechterhaltung einer PTSD wird durch unterschiedlichste biologische und lerntheoretische Ätiologiemodelle erklärt, die sich in ihrer Grundlage auf die Zwei-Faktoren-Theorie von Mowrer (1960, siehe auch Verhaltenstherapie, Kap. 13) stützen, jedoch später um die Konzepte der sozialen Unterstützung, der Fähigkeit zur Bewältigung und der biologischen Vulnerabilität erweitert wurden (z.B. Barlow 1988, Foa u. Mitarb. 1989, van der Kolk u. Mitarb. 1985).

Ängste werden zumeist von Situationen bzw. Stimuli ausgelöst, die mit dem sexuellen Mißbrauch zusammenhängen. Die im Verlauf stattfindende Generalisierung läßt den Zusammenhang zwischen den Ängsten und dem sexuellen Mißbrauch oft nur schwer erkennen. Vermeidung als eingesetzte Bewältigungsstrategie der Ängste kann zu einer massiven Einschränkung in der Lebensgestaltung führen, was wiederum eine Depression auslösen bzw. verstärken kann (Abb. 37.**1**). Den Teufelskreis „Ängste – Vermeidungsverhalten – Depression" gilt es in der Therapie zu durchbrechen (s. auch Verhaltenstherapie bei Angstkrankheiten, Kap. 31).

Zur Bewältigung der Ängste muß die Klientin dabei unterstützt werden, **kognitive und emotionale Aspekte des Traumas zu integrieren**. Nach einer systematischen Erhebung aller angstauslösenden Stimuli und Situationen, auch unter Beachtung innerer Bilder und Kognitionen, empfiehlt sich die **Konfrontation** mit diesen. Eine effektive emotionale Verarbeitung und Angstbewältigung setzt jedoch nicht nur die Konfrontation mit den unterschiedlichen angstauslösenden Stimuli voraus, sondern auch die Konfrontation mit korrigierenden Informationen, durch welche die Bedeutung dieser Stimuli und die Reaktionen darauf und damit auch die Gedächtnisstrukturen, die diesen Emotionen zugrundeliegen, modifiziert werden können (Foa u. Kozak 1986, Foa u. Mitarb. 1989, Resick u. Schnicke 1993).

Opfer eines sexuellen Mißbrauchs leiden häufig unter **Alpträumen** und sogenannten **Flashbacks**. Flashbacks sind klassisch konditionierte Reaktionen, bei welchen bestimmte Stimuli eine unwillkürliche Wiedererinnerung an ein Mißbrauchserlebnis und die damit verbundenen Gefühle auslösen (Abb. 37.**2**). Die Angst vor Flashbacks führt zur Vermeidung von Situationen, in denen diese auftreten können.

Flashbacks und Alpträume stellen Angstreaktionen dar und sind entsprechend durch eine **Konfrontation** mit jenen Situationen, in denen Flashbacks auftreten, bzw. den darin enthaltenen Bildern und Inhalten zu behandeln. Bei Flashbacks empfiehlt sich die Technik des Gedankenstopps und eine Gegenkonditionierung durch positive und angenehme Phantasien oder in Imaginationsübungen auftauchende Bilder soweit zu entfremden, so daß die damit verbundenen negativen Gefühle von den Bildern entkoppelt werden.

X

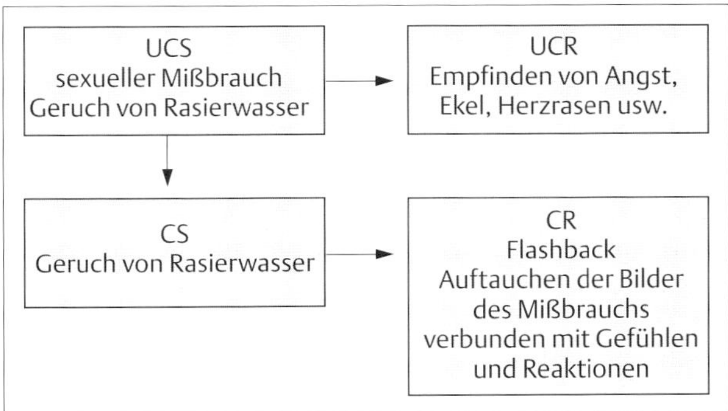

Abb. 37.**2** Entstehung von Flashbacks nach dem Prinzip der klassischen Konditionierung

Fallbeispiel

Bei einer Klientin tauchten in Form von Alpträumen und Flashbacks immer wieder Erinnerungen und Bilder an den langjährigen sexuellen Mißbrauch durch ihren Bruder auf. Diese Erinnerungen und Bilder wurden mit der Klientin in Imaginationsübungen schrittweise bearbeitet. Sie wurde instruiert, sich diese Bilder konkret vorzustellen und sie anschließend bewußt zu verändern, indem sie diese farblich veränderte (z.B. grün einfärben oder schwarzweiß), die Tonlagen der Stimmen veränderte (die Stimme des Bruders ganz hoch, ihre eigene Stimme ganz tief), die Bilder in Zeitlupe oder Zeitraffer ablaufen ließ. Dadurch verloren die Bilder und Erinnerungen ihren Schrecken für die Klientin und lösten im Verlauf immer weniger negative Gefühle wie Angst, Ekel und Hilflosigkeit verbunden mit einer physiologischen Erregung aus, und es gelang ihr in der Folge sich verstärkt jenen Situationen zu stellen, die sie aus Angst vor Flashbacks zuvor vermieden hatte. Im Verlauf traten die Flashbacks immer seltener auf.

Sexualisierung

Die Sexualisierung der Opfer eines sexuellen Mißbrauchs zeigt sich u.a. in verführerischem Verhalten und Aufforderungen zu sexuellen Aktivitäten auch in unangemessenen Situationen sowie durch Promiskuität (z.B. Courtois 1979, DeYoung 1982, Herman 1981, Meiselman 1978). Die Sexualisierung ist über den Prozeß der positiven Verstärkung zu erklären. Denn vom Täter wurden „sexuelle" Körperteile übermäßig beachtet, unangemessenes „sexuelles" Verhalten belohnt und dem Opfer vermittelt, daß es nur als sexuelles Wesen einen Wert hat. Positive Zuwendung erhielt das Opfer nur über Sexualität und entsprechend wird vom Opfer ihr Selbstwert nur in diesem Bereich begründet. Therapeutisches Ziel für diesen Bereich ist, daß die Klientin diese Zusammenhänge erkennt und lernt, andere Bereiche zu sehen, in welchen sie sich als wertvoll und liebenswert erleben kann.

Sexuelle Funktionsstörungen

Sexueller Mißbrauch und sexuelle Gewalt sind wahrscheinlich die am meisten unterschätzten Ursachen sexueller Dysfunktionen und werden als die häufigsten Folgen eines sexuellen Mißbrauchs beschrieben (z.B. Becker u. Mitarb. 1986, Jackson u. Mitarb. 1990, Hunter 1991, Myers 1989, Wyatt u. Mitarb. 1993). Ängste, die negative Bewertung des eigenen Körpers, Flashbacks und Probleme, dem Partner zu vertrauen, führen dazu, daß sexuelle Kontakte vermieden werden, was jedoch gleichzeitig Schuldgefühle und Selbstabwertungen, keine richtige Frau zu sein, auslösen kann.

Die Entstehung und Aufrechterhaltung der sexuellen Funktionsstörungen wird gleichfalls zumeist über die Zwei-Faktoren-Theorie von Mowrer (1960) erklärt. Bestimmte Situationen und Stimuli, die Aspekten der Mißbrauchserlebnisse ähneln, können negative Reaktionen auslösen, die dann auf andere sexuelle Situationen, Verhaltensweisen oder Interaktionen generalisieren können. Durch Vermeidungsverhalten werden diese negativen Reaktionen aufrechterhalten. In der Theorie von Beck u. Barlow (1984, Barlow 1986) stehen hingegen kognitiv-attentionale Prozesse im Mittelpunkt. Hier werden sexuelle Dysfunktionen durch eine kognitive Hemmung erklärt, die durch negative Affekte, die mit dem Gefühl der Erregung verbunden sind und bei Stimulierung auftreten, ausgelöst wird.

Eine Reflexion der möglichen Auswirkungen eines sexuellen Mißbrauchs auf das spätere sexuelle Erleben kann gerade zu Beginn zu einer deutlichen Entlastung der Klientin und zu einer veränderten Sichtweise führen, was wiederum den Prozeß der Zielfindung für diesen Bereich erleichtern wird. Mögliche Ziele für diesen Bereich wären, daß die Klientin die **Kontrolle über ihre eigene Sexualität** wiedererlangt, **dysfunktionale Kognitionen umstrukturiert**, daß sie lernt eigene **Wünsche und Vorlieben wahrzunehmen und zu äußern**. Von grundlegender Bedeutung ist jedoch, daß die Klientin für sich selbst die Ziele generiert.

Nach einer sorgfältigen Problemanalyse des sexuellen Erlebens, der sexuellen Schwierigkeiten und der sexuellen Wünsche der Klientin empfiehlt es sich, nach dem PLISSIT-Modell (Annon 1976, 1987) vorzugehen. Dieses Modell ist stufenweise nach dem Prinzip der minimalen Intervention aufgebaut und ermöglicht, bei jeder Klientin individuell zu entscheiden, in welchem Ausmaß sie eine therapeutische Unterstützung benötigt, um ihre Ziele erreichen zu können (s. auch Verhaltenstherapie bei sexuellen Störungen, Kap. 42). Ein wesentlicher Bestandteil der Therapie in diesem Bereich wird jedoch die Arbeit am **Körperbild und Körpererleben** sein. Opfer eines sexuellen Mißbrauchs erleben sich häufig als unattraktiv und lehnen ihren Körper oder Teile davon ab. Ziel ist, daß die Klientin lernt, ihren Körper positiv und angenehm zu erleben. Hier können Übungen der körperlichen Selbsterfahrung eingesetzt werden, wie sie von Hauch, Arentewicz und Gaschae (1986) in Anlehnung an LoPiccolo und Lobitz (1972) beschrieben werden. Da diese Übungen sehr starke negative Emotionen bei der Klientin auslösen können, empfiehlt es sich, besonders darauf zu achten, schrittweise vorzugehen, um die Klientin nicht zu überfordern.

Fallbeispiel

Ein Klient berichtete in der Therapie über massive sexuelle Probleme. Es fiel ihm sehr schwer, seinen Körper wahrzunehmen, die Konfrontation mit seinem Körper insbesondere seiner Genitalien löste sehr negative Gefühle aus. In einem schrittweisen Vorgehen wurde der Klient mit seinem Körper und seinen Körperempfindungen konfrontiert. Zu Beginn betrachtete sich der Klient angezogen und später ohne Bekleidung eingehend vor einem Spiegel und wurde angeleitet, die unterschiedlichen Regionen seines Körpers zu berühren und auf seine Empfindungen zu achten. Die Erfahrungen des Klienten wurden in den Therapiestunden ausführlich besprochen. Ergänzt wurden diese Übungen zudem durch Entspannungsübungen in der Badewanne, die darauf abzielten, positive Körperempfindungen zu unterstützen. In einem weiteren Schritt wurden diese Selbsterfahrungsübungen auf die Erkundung der Genitalien erweitert. Im Verlauf gelang es dem Klienten, seinen Körper und auch seine sexuelle Erregung positiv zu erleben.

Eine **Einbeziehung des Partners** kann in manchen Fällen sinnvoll sein. Zum einen sind für den Partner Verhaltensweisen und Reaktionen seiner Partnerin oft unverständlich, wobei ein gemeinsames Gespräch hier Aufklärung bringen kann. Zum anderen sollte die Klientin, die ihre Sexualität neu entdeckt bzw. verändert, selbst bestimmen können, wann und wie sie sexuell aktiv werden will, um Erfolge in diesem Bereich nicht zu gefährden und eine erfolgreiche Bewältigung zu ermöglichen. Dies setzt jedoch eine funktionierende Kommunikation zwischen den Partnern voraus, die in vielen Fällen erst erarbeitet werden muß.

Zusammenfassende Bemerkungen

In der verhaltenstherapeutischen Behandlung von Opfern eines sexuellen Mißbrauchs steht die kognitiv-emotionale Verarbeitung des Erlebten im Mittelpunkt. Die Therapie konzentriert sich auf das aktuelle Verhalten der Klientin und Variablen, die dieses Verhalten aktuell beeinflussen. Zu allen bestehenden Problemen und Schwierigkeiten, die sich in der Folge des sexuellen Mißbrauchs entwickelt haben, ist ein komplexes Bedingungsgefüge des Einzelfalles zu entwickeln, um daraus das therapeutische Vorgehen ableiten zu können.

38. Grenzverletzungen: Folter und sexuelle Traumatisierung

G. Fischer und N. F. Gurris

Einleitung

Bei der Erforschung und Behandlung extremer psychischer Belastungssituationen im Rahmen der psychologischen Traumatologie ist seit etwa 10 Jahren in den USA und seit einiger Zeit auch in Deutschland eine faszinierende Kooperation, bisweilen sogar Konvergenz psychodynamischer und verhaltenstheoretischer Ansätze zu beobachten. Als Beispiel aus der Literatur kann etwa das „International Handbook of Traumatic Stress Syndromes“ von Wilson u. Raphael (1993) genannt werden. Hier sind psychodynamische wie behaviorale Beiträge in annähernd gleicher Zahl vertreten. Zudem sind die meisten Autoren, auch wenn sie primär von einem oder anderen Ansatz ausgehen, um eine Integration von dynamischen und behavioralen Konzepten bemüht. Ein weiteres interessantes Beispiel für eine sich anbahnende Methodenintegration ist der Band von Wilson u. Lindy (1994) „Countertransference in the Treatment of PTSD“. Darin berichten Therapeuten und Forscher aus verschiedenen Therapierichtungen über typische Gegenübertragungsreaktionen bei Traumaopfern unterschiedlicher Genese.

Gegenübertragung ist primär ein psychoanalytisches Konzept. Patienten übertragen unbewußt zentrale unbewältigte Beziehungsmuster auf den Therapeuten und beziehen diesen in das unbewußte Rollenangebot ein. Dieser Vorgang entwickelt bei Traumaopfern eine so massive Dynamik, daß das Verständnis der eigenen Gegenübertragungsreaktionen und der adäquate Umgang mit ihnen mittlerweile in sehr unterschiedlichen Therapiekonzepten als zentral für die Therapie wie auch die Psychohygiene des Therapeuten betrachtet werden. Auch Verhaltenstherapeuten, die in diesem Zusammenhang von „Klientenverhalten“ und „reziprokem Therapeutenverhalten“ sprechen, widmen diesen therapeutisch bedeutsamen Prozessen umfangreiche Interventionsstrategien (Safran u. Segal 1990, Mollica u. Caspi-Yavin 1992), die im wesentlichen den kooperativen und offengelegten Austausch dieser Phänomene zwischen Therapeut und Klient beinhalten durch Feedback, „Sokratischen Dialog“ und „going public with the data“ (Meichenbaum 1994), d. h. Therapeuten teilen den Klienten analoge und digitale Verhaltensbeobachtungen in angemessener Form mit, gleichen diese mit den Klienten ab und ermutigen, neue Sichtweisen und Bewältigungsfertigkeiten zu entwickeln.

Eine weitere gemeinsame Ausgangsbasis von Psychoanalyse und Verhaltenstherapie ist bei Traumapatienten die Notwendigkeit, zu Therapiebeginn und vor allen weiterreichenden Interventionen die Fähigkeit des Patienten zur Selbstberuhigung und Selbstdesensitivierung zu stärken. Auch die meisten psychoanalytisch vorgebildeten Therapeuten, die in der Traumatherapie tätig sind, verwenden Entspannungsverfahren, um Patienten zu stärken, wenn sie unter den intrusiven Symptomen der psychotraumatischen Belastungsreaktionen leiden, wie Alpträumen, sich aufdrängenden Erinnerungsbildern oder dissoziiertem Wiedererleben der traumatischen Situation. Die Verhaltenstherapie hat, ausgehend von der progressiven Muskelentspannung nach Jacobsen, eine Vielfalt von Verfahren entwickelt, die sich den Bedürfnissen von Patienten mit unterschiedlichen traumatischen Erfahrungen anpassen lassen (Bernstein u. Borkovec 1990, Lazarus u. Mayne 1990, Wendlandt 1992, Margraf u. Schneider 1990). Sie reichen bis hin zu hypnotherapeutischen Ansätzen (Spiegel u. Cardena 1990, Dolan 1991), die seit einigen Jahren von vielen Verhaltenstherapeuten aufgenommen werden. Diese Verfahren sind zugleich Grundlagen für z. B. kognitiv-behaviorale Behandlungen von Ängsten, Panikzuständen, Phobien, Zwängen und psychosomatischen Schmerzzuständen, unter denen viele Traumapatienten leiden.

Trotz sich abzeichnender Ergänzungen zwischen psychodynamischen und behavioralen Verfahren zeichnen sich diese beiden Ansätze doch durch divergente Basisstrategien der Therapieführung, durch entgegengesetzte Therapiestile aus. Das macht einen Vergleich beider Vorgehensweisen für die Praxis so interessant.

Verhaltenstherapeuten tendieren dazu, den Therapieplan als Folge aufeinander abgestimmter Handlungseinheiten (bisweilen eklektisch oder „multimodal“, s. A. Lazarus 1981) und kognitiver Umstrukturierungsprozesse zu entwerfen. Während Methoden der Beziehungsklärung eher begleitend zur Unterstützung des Therapieplans eingesetzt werden, werden Klienten in der kognitiven Verhaltenstherapie im „Sokratischen Dialog“ aktiv dazu angeregt, bisherige Annahmen, Glaubensgrundsätze und Attributionen zu überprüfen und in für sie angemessener Weise zu verändern. Die Therapeutenhaltung ist einfühlend empathisch bis direktiv-konfrontierend.

Primäre Ziele des psychodynamischen Therapiestils sind die erweiterte Selbstexploration und Beziehungsklärung sowie die Einsicht auch in die unbewußten Aspekte der Therapeut-Klient-Beziehung. Je intensiver sich der Austausch zwischen beiden Verfahren gestaltet – dies möglichst bezogen auf bestimmte „Domänen“ der Forschung und Praxis, wie etwa die Psychotraumatologie –, desto mehr erfahren wir über gemeinsame Wirkungsmuster, aber auch über die differentielle bzw. adaptive Indikation beider Therapieformen.

Wird psychische Traumatisierung von Menschen herbeigeführt, möglicherweise sogar planmäßig und absichtsvoll wie in der Folter oder bei Vergewaltigung, so können wir solche „Man-made“-Desaster als übelste Form und möglicherweise sogar als Prototyp absichtsvoller Grenzverletzungen betrachten. Das betroffene Individuum gerät durch sie in eine Situation von extremer Hilflosigkeit und Ausgeliefertsein, die über kurz oder lang dazu führt, daß wichtige psychische, kognitive oder behaviorale Funktionen zusammenbrechen. Die folgende **Definition des psychischen Traumas** enthält einige Gesichtspunkte, die sowohl aus psychodynamischer wie verhaltenstheoretischer Sicht von Bedeutung sind:

Psychisches Trauma ist ein „vitales Diskrepanzerlebnis zwischen bedrohlichen Situationsfaktoren und individuellen Bewältigungsmöglichkeiten, das mit Gefühlen von **Hilflosigkeit** und schutzloser Preisgabe einhergeht und so eine dauerhafte **Erschütterung von Selbst- und Weltverständnis** bewirkt (Fischer u. Riedesser 1996, Fischer, Gurris, Pross u. Riedesser 1995).

Die Erschütterung des Selbstverständnisses äußert sich oft in den unbegründeten Selbstanklagen, z.B. angesichts der überwältigenden Bedrohung, „versagt" zu haben. Die Wiederherstellung des erschütterten Weltverständnisses, der „shattered assumptions" (Janoff-Bulman 1992), kann oft Jahre in Anspruch nehmen. Diese Traumafolge der Erschütterung kognitiv-emotionaler Annahmen eines Menschen über sich und die Welt ist ein gutes Beispiel für ein sich anbahnendes integratives, behaviorales wie psychodynamisches Traumaverständnis. Janoff-Bulman, die mit einem sozialkognitiven Ansatz arbeitet, führt hierin Überlegungen von Mardi Horowitz, einem Psychoanalytiker und Kognitionsforscher fort, der Trauma als Zusammenbruch der Informationsverarbeitungskapazität des Organismus definiert und in der allmählichen Integration der traumatischen Erfahrung in die kognitiv-emotionalen Schemata der Person die wesentliche Möglichkeit sieht, Traumen zu verarbeiten. Unter Bezugnahme auf die Horowitz-Traumatheorie betrachtet auch Janoff-Bulman die Wiederherstellung (rebuilding) der „shattered assumptions" als zentralen Vorgang gelingender Traumaverarbeitung.

„Hilflosigkeit" als Folge des Traumas, aktuell wie auch dauerhaft, ist ebenfalls ein verbindendes Konzept zwischen verhaltenstheoretischer und psychoanalytischer Sichtweise. Seligmans Theorie der gelernten Hilflosigkeit (1992) und seine Gesichtspunkte zur Überwindung dieses Zustands wurden zwar nicht explizit im Rahmen der Traumaforschung formuliert, sie können jedoch wichtige Anregungen zur Therapieplanung geben und haben vieles gemeinsam mit „ich-stützenden" und „ich-stärkenden" Techniken, wie sie von der psychoanalytischen Ich-Psychologie entwickelt wurden.

Auch auf die Definition von Trauma als einem relativen Phänomen, das aus der Diskrepanz zwischen bedrohlichen objektiven Situationsfaktoren und individuellen Bewältigungsmöglichkeiten erwächst, können Psychoanalyse und Verhaltenstherapie sich mittlerweile einigen. R. Lazarus (1981) hat mit seiner „transaktionalen" Sichtweise von Streßphänomenen dieses Konzept im behavioralen Ansatz formuliert. Die Psychoanalyse erforscht zwar stärker die Erlebnisseite bei seelischen Verletzungen, betont jedoch auch seit Freuds frühester Traumadefinition die Wirkung des traumatischen „Stressors" als Reizüberflutung durch „unphysiologische" Umweltfaktoren.

Im folgenden werden wir am Beispiel von Folter einen behavioralen Verständniszugang und Interventionsmethoden aufzeigen, am Beispiel der sexuellen Traumatisierung den psychoanalytischen Gesichtspunkt der psychischen „Grenzverletzung", die Verformung der Grenzen zwischen Selbst und Anderen, wie er in der Tradition der „Objektbeziehungstheorie" und der „Selbstpsychologie" vertreten wird. Wir wollen also keine vollkommene Integration von dynamischer und behavioraler Sichtweise demonstrieren, jedoch Anregungen geben, wie von beiden Seiten her die sachlich nicht immer begründete Dichotomie zwischen den unterschiedlichen Ausgangspositionen überwunden werden kann.

Extremeinwirkung auf den Organismus: Folter und Folterfolgen aus behavioraler Sicht

Konditionierungsmodelle

Zum Verständnis der Extremtraumatisierung durch Folter, Erfahrungen, die nach der Definition des DSM sicher weit außerhalb der üblichen Bereiche menschlichen Erlebens liegen, greift der verhaltenstheoretische Ansatz zurück auf die klassischen Lerntheorien von Pawlow und Skinner. Aus der Sicht heutiger Praxis können zwischen den beiden bekanntesten Modellen, dem der **respondenten** Konditionierung nach Pawlow und dem der **instrumentellen (operanten) Konditionierung** nach Skinner keine eindeutigen Unterscheidungen getroffen werden. Sie scheinen miteinander zu interagieren. Gleichwohl können beide Modelle in ihrer Verschränkung miteinander grundlegende Konditionierungsprozesse bei Traumatisierung durch Folter erhellen und als Hintergrund für Verhaltensanalyse und Entwicklung verhaltenstherapeutischen Vorgehens dienen.

Respondente Konditionierung B-Typ

Bei der Pawlow-Typ-B-Konditionierung sind die unkonditionierten Stimuli (UCS) aversive Ereignisse. Die extrem aversiven Einwirkungen durch Folter lösen sehr heftige unkonditionierte Reaktionen aus (z.B. unerträglicher Schmerz, Todesangst, Hyperarousal). Der Konditionierungsprozeß setzt ein durch Assoziation der UCS mit zuvor neutralen Stimuli, die während der traumatischen Situation bzw. des traumatischen Verlaufs anwesend waren. Diese Stimulusmuster werden damit zu einer Klasse von konditionierten Stimuli (CS), die konditionierte Reaktionen (CR) auslösen. Flor (1991) weist darauf hin, daß die CR den UCR hinsichtlich Intensität und Dauer sehr ähnlich sind und daß die Heftigkeit der UCR die Persistenz der Typ-B-Konditionierungen begründen. Typ-B-CRs erweisen sich als besonders extinktionsresistent und machen so das Andauern von **Vermeidungsreaktionen** wahrscheinlich. Bei aversiven Reizsituationen besteht außerdem eine hohe Wahrscheinlichkeit für Reizgeneralisierungen: Ähnliche Reize gewinnen Signalfunktion und können als cues die gesamte traumatische Verhaltenskette auslösen. Damit werden Flucht- und Vermeidungsverhalten aufrechterhalten.

Instrumentelle Verstärkung (operantes Lernen)

Die im respondenten Prozeß konditionierten emotionalen Reaktionen (CR) besitzen zugleich innere Stimuluseigenschaften für den Organismus. Sie können Klassen operanter Reaktionen hervorrufen, die im wesentlichen durch die kontingenten Konsequenzen (C+ oder C-) in ihrer Auftretenswahrscheinlichkeit gesteuert werden. Im Falle der extrem aversiven Traumasituation (Folter) wird eine konditionierte emotionale Angst-/Furchtsituation ausgelöst, die zum verdeckten (im Organismus) Auslöser für eine Klasse von Flucht- und Vermeidungsreaktionen wird. Die Aufrechterhaltung dieser Reaktionen erfolgt durch **negative Verstärkung** ($\not{C}^-$), d.h. sie erhalten Persistenz durch die Beendigung bzw. den Wegfall (wenn auch nur kurzfristig) der konditionierten aversiven Situation/Reaktion. Durch diese Verschränkung des Konditionierens in sehr schmerzhaften Situationen und der folgenden negativen Verstärkung von Vermeidungsreaktionen entstehen sehr löschungsresistente Verhaltensketten und -muster, die als eine Erklärungsgrundlage für oft Jahrzehnte überdauernde posttraumatische Belastungsreaktionen gefolterter Menschen dienen mag.

Kognitiv-behaviorale Verhaltensmodelle

Ebenso wenig wie die klassischen Lern- und Verhaltensmodelle klar voneinander unterscheidbare Konzepte hervorgebracht haben, gibt es *die* kognitive Lern- und Verhaltenstheorie.

Auf Tolman (1932) zurückgehend faßt Reinecker Lernen als Bildung von **Erwartungsmustern** zusammen. Dabei interagieren „...biologische Prädispositionen und kognitive Prozesse der Wahrnehmung, der Bildung von Regeln und der Schaffung sinnvoller Assoziationen ... Als wichtige Elemente einer kognitiven Lerntheorie werden ausschließlich Prozesse des Gedächtnisses, der Bildung von Symbolen, die Fähigkeit zum Aufstellen von Regeln und Mechanismen kognitiver Transformationen angesehen" (1994, S. 200).

Erfahrungen wie grausame Mißhandlungen und Folterungen können von Menschen gewöhnlich nicht in bestehende kognitive Muster integriert werden. D.h., daß der Sinngehalt der Ereignisse nicht verarbeitet werden kann und daß das Opfer hinsichtlich seines psychischen Bewältigungsvermögens überfordert ist. Solche fundamentalen Sinnveränderungen lassen klassische Konditionierungsmodelle als unzureichend erscheinen und erfordern nach Koss u. Harvey (1991) eine semantische Theorie. Die Foltereresignisse rufen Streßreaktionen hervor mit extremen physiologischen Erregungszuständen (arousal), die dadurch verstärkt werden, daß kognitive Prozesse desorganisiert und Grundannahmen über das Selbst und die Welt bedroht und zerstört werden. Solche Grundannahmen beinhalten nach Janoff-Bulman (1985):

- Persönliche Sicherheit, Integrität, Selbstwert und Unverletzbarkeit.
- Ein Verständnis der Welt als geordnet und sinnvoll.
- Die Einschätzung von anderen Menschen als hilfreich und gut.

Werden diese Grundannahmen verletzt oder zerstört, ist die mißglückte, notdürftige „Rekonstruktion" des Selbst gewöhnlich negativer Art: Das Opfer erlebt sich als hilflos, ineffektiv und wertlos. Es tendiert dazu, sich selbst Schuld an den Ereignissen zuzuschreiben und Affekte gegen sich selbst zu richten.

Da systematische Folter unentrinnbar und unvorhersagbar gestaltet wird, ist es unmöglich für die Opfer, Stressoren und Streßreaktionen angemessen zu kontrollieren (coping). Seligmans Konzept der erlernten Hilflosigkeit, das zu einer der Grundlagen kognitiver Therapie von Depressionen geworden ist (Beck u. Mitarb. 1992) ist auch auf gefolterte Klienten übertragbar.

Foa u. Mitarb. (1989) nehmen mit dem kognitiven Konzept der **Angststrukturen** an, daß infolge Extremtraumatisierung solche Angststrukturen entstehen, die die gesamte Persönlichkeit beherrschen. So kann die Stimulierung von Teilen der Angststruktur die gesamte Angststruktur aktivieren, welche dann mit einhergehenden starken physiologischen Reaktionen die Verarbeitung von Informationen blokkieren. So können gefolterte Menschen Widerspruchsevidenzen oft nicht einmal wahrnehmen. Ist z.B. infolge der Traumatisierung ein kognitives Schema mit **beliefs** entstanden über die grundsätzlich schlechte Natur der Menschen, so kann sich dieses nicht ändern, da das Individuum Situationen nicht wahrnimmt oder erinnert, in denen Menschen freundlich und hilfreich sind oder waren. Die Expansion der traumatischen beliefs kann sogar alle prätraumatischen Lebensphasen negativ umdeuten (Gurris 1993), z.B., indem das ganze Leben als schlecht und wertlos gedeutet wird. Positive Ressourcen als Bewältigungsgrundlage werden so verschüttet.

Durch Zufügen unerträglicher Schmerzen und systematischer Verwirrpraktiken können Folteropfer sogar die Realitätskonstruktion ihrer Peiniger übernehmen und in eine tragische Bindungsabhängigkeit geraten (Identifikation mit dem Aggressor in der Psychoanalyse). Dieses Entstehen einer **traumatischen Bindung** folgt aus dem verzweifelten Bedürfnis, überwältigenden Streß und Arousal zu vermindern und eine Art von Kontrolle, Sinn und Ordnung wiederzugewinnen. Bei andauernden Traumatisierungen durch Folter entsteht in lebensbedrohenden Streß- und Gefahrensituationen ein gesteigertes Bedürfnis nach Fürsorge, Schutz, Bewältigungshilfe und Sinngebung (Gurris 1993), um Arousal und Affekte zu regulieren. Schlimmstenfalls ist es dann nur der Folterer, der dieses Bedürfnis befriedigen kann. Die Unmöglichkeit, sich während und nach der traumatischen Situation an vertraute Menschen zu wenden, bedeutet den Verlust der wichtigsten Bewältigungsfähigkeiten, die Menschen zur Verfügung haben.

Verhaltenstherapeutische Konzepte

Obwohl der kognitiv-behaviorale Ansatz keinen expliziten Grenzbegriff formuliert, strebt er doch auch in der Therapie mit Traumaüberlebenden die Rekonstruktion von verletzten und zerstörten Grenzen der Persönlichkeit an durch Hilfe zur angemessen adaptiven Integration des Erlebten in die kognitiven Schemata des Selbst, unter Berücksichtigung der neurovegetativen, behavioralen und kognitiven Aspekte der Traumatisierung und deren Folgen. Angesichts der Vielfalt langanhaltender und sehr löschungsresistenter posttraumatischer und exilbedingter Belastungen der Folterüberlebenden werden in der kognitiv-behavioralen Therapie multimodale Konzepte, Methoden und Techniken in integrativer Weise verbunden (Meichenbaum 1994). Auch Ansätze anderer „Schulen", wie Aspekte des Psychodrama, der Systemischen Therapie (Trepper u. Barrett 1989) oder der Hypnotherapie, können sinnvoll integriert werden. Im Behandlungszentrum für Folteropfer Berlin wurden in einem Fall psychoanalytische und verhaltenstherapeutische Vorgehensweisen durch zwei Therapeuten realisiert (Behandlungszentrum für Folteropfer Berlin 1994).

Auch in der kognitiv-behavioralen Therapie ist zu beachten, daß schon allein das therapeutische Setting Retraumatisierungen bei den Klienten hervorrufen kann. Es kann Fragmente von Verhör- und Foltersituationen wachrufen.

Die Extremerfahrungen gefolterter Menschen können auch bei Therapeuten Angst- und Vermeidungsreaktionen auslösen, die wiederum bei den Klienten zur Annahme führen können, ihnen werde nicht geglaubt, sie könnten ihr Schicksal dem Therapeuten nicht zumuten oder der Therapeut bestätige das negative Selbstbild von Selbstablehnung und Zuschreibung von eigenem Versagen und Schuld. Auch Verhaltenstherapeuten stehen in der Pflicht, bei gefolterten Klienten sorgsam und authentisch mit Grenzen umzugehen (Hawellek 1992) und z. B. auch nicht überprotektiv auf Klienten zu reagieren, die überwältigende Unmenschlichkeit erfahren haben.

Die Verhaltenstherapie zielt auf die Ausbildung von **Selbstmanagement** (Kanfer u. Mitarb. 1991) und Bewältigungsfertigkeiten. Der therapeutische Prozeß beinhaltet angemessene rationale und psychoedukative Informationen. So werden z. B. die gefolterten Klienten in verständlicher angemessener Sprache über die Wirkzusammenhänge ihrer körperlichen und psychischen Belastungen informiert, ihre Symptome werden als zunächst sinnvolle und protektive Bewältigungsversuche auf unnormale Situationen und nicht im Sinne des Krankheitsmodells, das eher die gelernte Hilflosigkeit unterstützt, dargestellt. Die Form der Rationale ist nicht belehrend, sondern ein einfühlend-reflektierender „Sokratischer Austausch" in Zusammenarbeit mit den Klienten und mit der Möglichkeit der Bestätigung oder Zurückweisung.

Feedback, offene Fragen und der offen verbalisierte Umgang mit Eindrücken, Gedanken und Verhaltensbeobachtungen sowie rational-emotiver Dialog sind aktiver und direktiver Part der Therapie. Zu ersten Schritten der Symptombewältigung gehört bei Folterüberlebenden zumeist der Umgang mit den psychosomatischen Schmerzzuständen, unter denen die meisten Klienten leiden. Durch übende Verfahren der Entspannung, der Atmung und der Bewegungsaktivierung erfahren die Klienten das Zusammenspiel von Schmerzerwartung, muskulärer Verspannung, kognitiver Bewertung und Aufrechterhaltung des Circulus vitiosus. So werden gegenkonditionierende Bewältigungsfertigkeiten erlernt. Durch Reduktion von Schmerzverhalten gewinnen sie wieder erste Gefühle von Selbstkontrolle, die während der Folter verlorengingen.

Solche Verfahren der **Gegenkonditionierung** können als Therapiephase über weite Anteile der posttraumatischen Belastungsreaktionen gespannt werden. So können generalisierte Ängste, Phobien, Panikattacken und Zwänge, Reaktionen, die fast immer Folge von Foltererfahrungen sind, sowohl durch systematische Desensitivierung als auch durch geleitete Konfrontation mit vermiedenen Situationen flankierend behandelt werden.

Die zentrale Phase in der Therapie mit Folterüberlebenden ist aber die linguistische bzw. semantische Bewältigung der Folterereignisse und damit die **Integration** der Traumarealität in das kognitive Selbstkonzept als hinreichend sinn- und bedeutungsvoll. Nur so, durch die Aufhebung des überwiegenden kognitiven und behavioralen Vermeidungsverhaltens, können Stärke und Persistenz des PTSD (Posttraumatic Stress Disorder) auf Dauer reduziert werden. Um diese Integration zu erreichen, ist es nach Mollica u. Mitarb. notwendig, „Worte über das Erlebte und die begleitenden Gefühle herum zu formen" (Mollica u. Mitarb. 1987). Dies bedeutet die Wiederbelebung der inneren Welt von Symbolen, Phantasien, die Restrukturierung kognitiver Annahmen, die Veränderung negativer „automatischer" Gedanken (Beck 1992) und die Prüfung und Veränderung von Attributionen (z. B. die Selbstzuschreibung von Schuld).

Es hat sich in der Traumatherapie auch bewährt, erste Rekonstruktionsschritte des beschädigten Selbst vorzunehmen durch Freilegen und Stärken von Ressourcen (im hypnotherapeutischen Sinn [Dreher u. Woods 1989]), welche vor den traumatischen Situationen bestanden. In Entspannung oder nach hypnotherapeutischer Tranceinduktion ermöglichen **geleitete Imaginationen** Zugang zu positiven Erfahrungen und selbstwertstärkenden Erinnerungen, die vor der Traumatisierung Schutz, Sicherheit und kognitive Orientierung gaben. Die in den **Innenbildern** der Klienten entwickelten Szenarien werden in ihren kreativen, schützenden und heilenden Aspekten geankert, so z. B. mit angenehmen assoziierten Sinnesempfindungen wie Gerüchen, Farben, Körpersensationen oder Geräuschen konditioniert und verfügbar gemacht.

Die nächste Therapiephase beinhaltet die Konfrontation mit den vermiedenen Stimuli der traumatischen Situationen als vorsichtiges, schrittweises und wiederholtes **Flooding.** Dieses bedingt das uneingeschränkte Einverständnis der Klienten, das zuvor durch entsprechende Rationale erarbeitet sein muß. Das Ziel ist, den Teufelskreis der Vermeidung aufzuheben, durch den gefolterte Menschen durch Fragmente der traumatischen Situationen (Flashbacks und Alpträume sowie im weiteren Sinn durch psychosomatische Schmerzen) immer wieder überfallen werden. Das therapeutische Reinszenieren (re-enacting) dagegen ist das im Schutzraum ermöglichte Erinnern, Imaginieren und Aussprechen der traumatischen Erfahrungen. Soweit möglich, unterstützen Therapeuten die angemessene Sinn- und Bedeutungszuschreibung. Für „unfaßbare" Ereignisse wird empathische Anteilnahme gegeben. Hilfreich ist oft auch die Bedeutungsklärung, z. B. die Erhellung der Absichten der Folterer, womit Verminderung von Scham- und Schuldgefühlen bewirkt werden kann. Es können starke Emotionen freigesetzt werden, indem z. B. angemessene Trauer, Wut oder Aggression die Klienten aus der traumatischen Erstarrung lösen. Das wiederholte Durcharbeiten durch Imagination, Beschreibung und Bedeutungsfindung führt allmählich zur bewußten Integration des Traumas in das Selbst. Die Vermeidungstendenz wird verringert, womit sich auch die vielfältigen Symptome reduzieren. Während die erste Reinszenierung zumeist heftige affektive Reaktionen auf hohem Erregungsniveau auslöst, führen die folgenden Wiederholungen zu einer stetigen Habituation.

Die Klienten registrieren dies in subjektiven Ratings über ihr Befinden und gewinnen mehr und mehr Selbstkontrolle über diesen Prozeß, lernen am Erfolg der oft dramatisch verbesserten Gesamtbefindlichkeit.

In späteren Sitzungen können erneute Wiederholungen streßimpfend (Meichenbaum 1991) und rückfallprophylaktisch wirken. Auch der Transfer auf bedrohliche Alltagssituationen kann in dieser Weise zur Stabilisierung der Befindlichkeit beitragen.

Je länger die Traumen zurückliegen, desto schwieriger wird zumeist der therapeutische Prozeß.

„Heilung" bedeutet bei Folteropfern oft eher die Hilfe zum Überleben, zur Vernarbung von offengehaltenen Wunden (Hoppe 1985).

Sexuelle Traumatisierung[1]

Die sexuelle Selbstbestimmung gehört zum Kernbereich eines intakten und kompetenten Selbstgefühls. Das menschliche Selbstverhältnis, seine Abgrenzung vom Anderen oder die Öffnung zum Anderen hin ist wesentlich auf der körperlichen Intimsphäre und der Selbstbestimmung, zumindest in diesem ganz persönlichen Bereich, aufgebaut. Einen anderen Menschen hier teilhaben zu lassen, ist Ausdruck von Zuneigung, enger persönlicher Vertrautheit und Liebe.

Verstöße gegen die sexuelle Selbstbestimmung, ob in Kindheit oder Erwachsenenalter, kehren diesen Kern unseres Selbstverständnisses um. Die Opfer unterliegen einer zentralen „Invasion" ihres Selbstgefühles. Die bei sexueller Traumatisierung besonders häufigen Dissoziationstendenzen wie Depersonalisierung und Derealisierung können in diesem Zusammenhang als Versuche der „Selbst"-Rettung und „Selbst"-Bewahrung verstanden werden. Wenn in der Depersonalisierung beispielsweise das Opfer einer Vergewaltigung oder der sexuellen Folterung imaginativ aus dem eigenen Körper heraustritt, es fertigbringt, wie ein „unbeteiligter Zuschauer" den ungeheuren Vorgängen zuzuschauen, wie nicht wenige Opfer berichten, so können wir dies als einen Versuch verstehen, den „Intimbereich" aus der bedrohten Körpersphäre fortzuverlagern in einen imaginativen Fluchtpunkt, zu dem der Folterer und sexuelle Gewalttäter keinen Zugang mehr hat. Dies ist ein Beispiel für peritraumatische Dissoziation als psychischer Überlebensmechanismus. Nach Ende der traumatischen Situation können Überlebensstrategien wie Rückzug von der eigenen Körperlichkeit noch über lange Zeit erhalten bleiben. Dann verlieren sie ihren ursprünglichen Sinn und werden oft zum Hindernis für weitere Entwicklungsmöglichkeiten, die der Weg vom Opfer zum Überlebenden des Traumas mit sich bringen kann.

Vergehen gegen die sexuelle Selbstbestimmung scheinen regelmäßig in besonderer Weise die Grenzen des Selbst zu verletzen und zu einer Konfusion in elementaren Unterscheidungskriterien wie Selbst/Anderer, freundlich/feindlich, vertraut/fremd usw. zu führen. Ochberg (1988 u. 1993) hat analog zum Aufbau des PTSD im DSM-IV ein Syndrom der Victimisierungsfolgen beschrieben, das die Konfusion der Selbst/Anderer-Unterscheidung und weitere Folgen der besonders verwirrenden Erfahrung negativer sexueller Intimität zum Ausdruck bringt:

„A) The experience, or witnessing, of one or more episodes of physical violence or psychological abuse or of being coerced into sexual activity by another person. B) The development of at least (number to be determined) of the following symptoms (not present before the victimization experiences):

1. A generalized sense of being ineffective in dealing with one's environment that is not limited to the victimization experience (e.g. generalized passivity, lack of assertiveness, or lack of confidence in one's own judgment). 2. The belief that one has been permanently damaged by the victimization experience (e.g., a sexually abused child or rape victim believing that he or she will never be attractive to others). 3. Feeling isolated or unable to trust or to be intimate with others. 4. Overinhibition of anger or excessive expression of anger. 5. Inappropriate minimizing of the injuries that were inflicted. 6. Amnesia for the victimization experiences. 7. Belief that one deserved to be victimized, rather than blaming the perpetrator. 8. Vulnerability to being revictimized. 9. Adopting the distorted beliefs of the perpetrator with regard to interpersonal behavior (e.g., believing that it is OK for parents to have sex with their children, or that it is OK for a husband to beat his wife to keep her obedient). 10. Inappropriate idealization of the perpetrator.

C. Duration of the disturbance of at least one month" (1993, 782).

Im einzelnen umfaßt die Victimisierungsstörung die folgenden Symptome:

„1. Shame: Deep embarassment, often characterized as humiliation or mortification. 2. Selfblame: Exaggerated feelings of responsibility for the traumatic event, with guilt and remorse, despite obvious evidence of innocence. 2. Subjugation: Feeling belittled, dehumanized, lowered in dominance, and powerless as a direct result of the trauma. 4. Morbid hatred: Obsessions of vengeance and preoccupation with hurting or humiliating the perpetrator, with or without outbursts of anger or rage. 5. Paradoxical gratitude: Positive feelings toward the victimizer ranging from compassion to romantic love, including attachment but not necessarily identification. The feelings are usually experienced as ironic but profound gratitude for the gift of life from one who has demonstrated the will to kill. (Also known as pathological transference and "Stockholm Syndrome"). 6. Defilement: Feeling dirty, disgusted, disgusting, tainted, "like spoiled goods" and in extreme cases, rotten and evil. 7. Sexual inhibition. Loss of libido, reduced capacity for intimacy, more frequently associated with sexual assault. 8. Resignation: A state of broken will or despair, often associated with repetitive victimization or prolonged exploitation, with markedly diminished interest in past or future. 9. Second injury or second wound: Revictimization through participation in the criminal justice, health, mental health, and other systems. 10. Socioeconomic status downward drift: Reduction of opportunity or life-style, and increased risk of repeated criminal victimization due to psychological, social, and vocational impairment" (ebd. 782/783).

Symptome wie paradoxe Dankbarkeit, Idealisierung des Täters oder Übernahme seiner Weltsicht, die auf einen Verlust der Selbstgrenzen hindeuten, wurden in der Psychoanalyse als Identifizierung mit dem Angreifer beschrieben oder auch als „Introjektion des Schuldgefühls des Täters" (Ferenczi 1933), wenn ausgerechnet das Opfer die Schuldgefühle und Selbstanklagen entwickelt, die der Täter vermissen läßt.

Sogar noch eine Steigerung in der Konfusion zwischen Selbst- und Fremdbildaspekten (den „Repräsentanzen" von Selbst und Partner im Sinne sowohl der kognitiven Psychologie wie der Psychoanalyse) ist zu erwarten, wenn der Täter zugleich Bindungsfigur für das Opfer ist, wie beim sexuellen Kindesmißbrauch durch die Eltern (zu Häufigkeit und Folgen etwa Bange 1992), mit dem Opfer eng vertraut oder gut bekannt ist wie bei Vergewaltigung in der Ehe oder auch sonst bei Vergewaltigung (vgl. Kretschmann 1993, Calhoun/Atkeson 1994), bei sexuellem Mißbrauch in Psychotherapie und Psychiatrie (Becker-Fischer u. Fischer 1996) oder im Laufe der traumatischen Situation zu einem Vertrauten wird, wie manchmal bei Geiselnahme und sexueller Folter (Gurris

[1] In diesem Abschnitt werden Forschungsergebnisse des Freiburger Instituts für Psychotraumatologie zur „natural history" und Therapie der sexuellen Traumatisierung berücksichtigt. Für Forschungsunterstützung danken wir u. a. der Landesversicherungsanstalt Baden.

1994), insbesondere wenn die Folterer Verwirrtechniken wie Double-binds verwenden. In all diesen Fällen tritt eine Desorientierung ein hinsichtlich der „guten" versus „bösen", „freundlichen" versus „feindlichen" Aspekte des Täters. Ähnlich wie sexuell und physisch mißhandelte Kinder sind bisweilen auch erwachsene Opfer aus seelischen Überlebensgründen gezwungen, das Bild vom Täter gewissermaßen aufzuspalten und an einem „guten", eventuell sogar idealen (Teil-)Bild festzuhalten. In dialektischer Konsequenz wird das bedrohliche und hassenswerte Bild auf andere Personen verschoben, von Folteren durch „Bad-guy-Good-guy"-Techniken noch unterstützt, und/oder das negative Bild wird auf die eigene Person verlagert und führt zu den Schuldgefühlen und Selbstanklagen des Victimisierungssyndroms. „Spaltungsvorgänge" als ein Abwehrmechanismus wurden in der psychoanalytischen Literatur beschrieben, für die „Borderline-Persönlichkeit" z.B. von Kernberg (1978), allerdings auf über 400 Seiten Text ohne jeden Bezug auf sexuelle und physische Traumatisierungen, die, wie wir heute wissen, den biographischen Hintergrund zahlreicher Borderlinepatienten bilden (eine Übersicht bei Rohde-Dachser 1994). Auch die kognitive Aufspaltung des Täters in eine gute und böse Teilrepräsentanz ist ein Überlebensmechanismus, der die Opfer vorübergehend vor Verzweiflung bewahren kann. Der Preis dieser kognitiven Selbstmanipulation im „Personenschema" ist die auch posttraumatisch fortbestehende emotionale Bindung an den Täter und die Neigung zu Selbstentwertung und Selbstanklage, die sich bis hin zu Suizidhandlungen steigern kann.

Therapie

Neben Aspekten der Traumaverarbeitung im weiteren Sinne wie **Re-enactment** bzw. **Re-experiencing, Katharsis** und **Durcharbeiten** muß die Therapie speziell bei sexueller Traumatisierung den „gordischen Beziehungsknoten" auflösen, den der Täter um das Opfer geschlungen hat und der jetzt dessen persönliche Weiterentwicklung verhindert. Der Umgang mit dieser verzwickten Beziehungsproblematik erfordert dialektische Strategien, wie sie von Fischer (1983, 1986 u. 1989) für die psychodynamische Therapiekonzeption entwickelt wurde, von Linehan (1987 u. 1994) für die Verhaltenstherapie. Dialektische Strategien zielen darauf ab, den Patienten die Widersprüche erkennen zu lassen, in die er sich mit Überlebenstechniken verstrickt, die in der ursprünglichen Notlage zumeist hilfreich waren, sich später aber als kontraproduktiv erweisen. Für die Arbeit mit sexuell traumatisierten Patienten hat Fischer (1990) einen therapeutischen Veränderungsschritt beschrieben, den er als die „Fähigkeit zur Objektspaltung" bezeichnet. Gemeint ist die metakognitive (Flavell 1976) Fähigkeit, die bisherige Aufspaltung des Täterbildes und die Idealisierung des Täters als eine wunschbestimmte Illusion zu durchschauen, sich emotional vom Täter lösen und so die Selbstgrenzen wieder klar und eigenbestimmt aufrichten zu können. Manche Therapeuten versuchen, diesen Schritt mit psychoedukativen Mitteln durch Deklarationen herbeizuführen oder zu erleichtern. In der praktischen Arbeit kann dies leicht zu Enttäuschung und Resignation führen, wenn die Opfer zuerst alle Warnungen dankbar aufnehmen, um dann schließlich doch zum Täter und damit in das traumatische Milieu zurückzukehren.

In einer dialektischen Therapiekonzeption muß hier die therapeutische Beziehungsebene als unerläßlicher Vermittlungsschritt berücksichtigt werden. Im gleichen Maße, wie der Klient/Patient innerlich an den Täter gebunden bleibt, überträgt er auf den Therapeuten oder die Selbsthilfegruppe Aspekte des negativen Täterbildes. Durch unbewußte „Beziehungstests" (Sampson u. Weiss 1983) unterwirft der Patient den Therapeuten einer Probe, um festzustellen, ob dieser wirklich in der Lage ist, sich anders zu verhalten als der Täter oder ob er strukturell letztlich doch ähnlich reagiert. Wenn nun der Therapeut sich durch zuviel psychoedukative Rhetorik vom Täter distanziert, so kommt er paradoxerweise nicht länger für den „Übertragungstest" in Frage. Erst wenn es dem Therapeuten gelingt, in einer Schlüsselszene, die strukturell der Mißbrauchssituation oft bedenklich nahekommt, die gelernten Erwartungsmuster des Patienten dialektisch zu durchkreuzen, sich in diesem Sinne also „erwartungswidrig" (Fischer 1983) zu verhalten, kommt die emotionale Ablösung vom Täter und die metakognitive Überwindung der Spaltung im Täterbild zustande. Der Veränderungsschritt, der den „gordischen Knoten" der bisherigen Selbst – Objekt – Konfusion lösen kann, ist durch drei Merkmale gekennzeichnet:

- durch den Aufbau eines tragfähigen Arbeitsbündnisses und damit eine neue, vertrauensvolle Beziehungserfahrung;
- eine therapeutische Intervention, die einen stabilen Bezugspunkt jenseits des konfundierten Täterkonzeptes setzt und
- die Fähigkeit des Patienten, die Differenz zwischen seiner negativen Erwartung dem Therapeuten gegenüber und dessen realem Verhalten (nicht nur seinen verbalen Äußerungen) zu erkennen.

Diese Aufhebung der Idealisierung des Täters und metakognitive Integration der negativen, hassenswerten Aspekte in das Täterbild ist eine notwendige Bedingung für den Therapieerfolg in der Arbeit mit Patienten, die in ihrer Kindheit oder auch später als Erwachsene durch sexuelle oder physische Gewalt traumatisiert worden sind und Symptome der Victimisierungsstörung entwickelt haben. Beim Durcharbeiten der traumatischen Situation kann jetzt die Grenze zwischen Selbst und Objekt aufrechterhalten und die traumatische Erfahrung in ihrer realen Verursachung auch emotional begriffen werden. Selbstanklagen und die diversen Selbsterniedrigungstendenzen des Victimisierungssyndroms erübrigen sich auf diese Weise. Prinzipiell ist der Weg frei für die Überwindung der „Gegenabhängigkeit", der Fixierung an die Tat und den Täter, unter der manche Opfer sogar lebenslang leiden; für den Aufbau eines Selbst- und Weltverhältnisses, das das Trauma integrieren kann, ohne sich noch länger von der Gewalttat beherrschen lassen müssen. Die weiteren Entwicklungsschritte, die sich an die „Fähigkeit zur Objektspaltung" anschließen, bilden zugleich den Weg vom „Opfer" zum „Überlebenden" des Traumas.

39. Eßstörungen

Anorexia nervosa: Psychoanalytische Therapie

St. Herpertz

Einleitung und historische Betrachtung

Die Magersucht hat keine lange Geschichte und ihr erstes Zeugnis stammt aus der Neuzeit. Die Kunde von Menschen, die aufgrund selbst auferlegten Fastens hungern und abmagern, erregte in der damaligen Öffentlichkeit großes Aufsehen. Eine der ersten Fallbeschreibungen geht zurück auf das Jahr 1667, als in England die 18jährige Martha Taylor eine Magersucht entwickelte. Ihre Krankheit erregte nicht nur das Interesse medizinischer Fachkreise, selbst der bekannte englische Philosoph und politische Denker Thomas Hobbes setzte sich kritisch mit der Frage auseinander, inwieweit die genaue Untersuchung dieses Einzelfalls der Allgemeinheit nütze oder vielleicht eher Sache der Kirche sei (Silverman 1992). Wenig später lieferte Richard Morton 1691 in seinem Werk „Phthisiologia" eine ausführliche Beschreibung dieses Krankheitsbildes, wobei er als Pathogenese eine nervöse Auszehrung aufgrund von Traurigkeit und ängstlicher Sorge annahm. Die Krankheitsbezeichnung „Anorexia nervosa" geht auf den englischen Arzt Sir Francis Gull zurück (Gull 1888), der 1888 eine Monographie über die Magersucht im Lancet veröffentlichte. Ein eindrucksvolles literarisches Beispiel einer anorektischen Eßstörung gab Franz Kafka (1883–1924) Anfang dieses Jahrhunderts mit seinen beiden Novellen „Die Verwandlung" (1915) und „Der Hungerkünstler" (1924), wobei der Autor vermutlich selber an einer atypischen Magersucht litt (Fichter 1987). Obwohl schon frühzeitig psychische Probleme dieser Erkrankung herausgestellt worden waren, standen die somatische Betrachtungsweise und die von ihr abgeleiteten Therapiekonzepte bis Mitte dieses Jahrhunderts weitgehend im Vordergrund, nicht zuletzt durch die von Simmonds 1914 beschriebene Nekrose der Hypophyse als Folge einer schweren Puerperalsepsis. Erst in den 60er Jahren begann mit Bruch (1973), Crisp (1967) und Russel (1970) die systematische Erforschung der Magersucht mit konzeptuellen Überlegungen zur Therapie.

Fallbeispiel: diagnostische ambulante Phase

Die 20jährige Patientin wurde von einer niedergelassenen Kollegin an die Klinik überwiesen, da ihr Untergewicht bedrohliche Ausmaße angenommen hatte. In den zwei Ambulanzgesprächen ergab sich folgende Anamnese: Frau S. unternahm erstmals mit sechzehn Jahren eine Nulldiät, um abzunehmen. Sie sei damals schon mit ihrem Aussehen sehr unzufrieden gewesen, sie habe sich zu dick gefühlt, von daher der Wunsch abzunehmen. Eingebettet ist diese Unzufriedenheit mit ihrer Figur in einer ausgeprägten Selbstwertproblematik. Sie habe sich von keinem Menschen verstanden oder gemocht gefühlt. Auch ihre schulischen Leistungen seien damals sehr schlecht, die Versetzung gefährdet gewesen. In ihrem Leben habe „nichts mehr gestimmt", wenigstens der Körper, „die Figur habe stimmen müssen!" Bei einer Körpergroße von 1,68 m wog die Patientin 40 kg. Seit drei Jahren bestand eine Amenorrhö. Noch im Alter von 16 Jahren wog die Patientin 62 kg. Die Gewichtsabnahme erreichte die Patientin durch Fasten. Eine Sättigung führte sie durch die übermäßige Einnahme von Wasser herbei. Erbrechen oder der Gebrauch von Abführmitteln wurde von der Patientin verneint. Zusammen mit ihrer zehn Jahre älteren Schwester wuchs Frau S. bei ihren Eltern auf. Schon von ihrer frühen Jugend an war die Patientin begeisterte Turniertänzerin und Mitglied des Tanzsportvereins, den der Vater, selbst begeisterter Tänzer, gründete. Zu den mehrmals in der Woche stattfindenden Tanzveranstaltungen wurde die Patientin von ihrer Mutter regelmäßig gefahren. Die Ehe der Eltern gestaltete sich sehr konfliktreich, der Vater weilte immer seltener zu Hause, schließlich lernte er eine andere Frau kennen, mit der er dann nach der Trennung von seiner Familie nach Norddeutschland verzog. Im gleichen Jahr entwickelte die Patientin die Magersucht. Bezeichnend für die Patientin war ihre Wohnsituation. Nach dem Wegzug des Vaters nach Norddeutschland wechselte auch die Mutter ein Jahr später in eine Eigentumswohnung, die Patientin blieb allein in dem nunmehr zum Verkauf stehenden Elternhaus zurück. Sie habe ihr Zimmer in der ersten Etage. Bis auf ihre Zimmereinrichtung und die Küche stehe das Haus weitgehend leer.

Diagnose

Die zur Zeit gebräuchlichen Klassifikationskriterien des amerikanischen Klassifikationsschemas DSM-IV (APA 1994) und der ICD-10 (Dilling u. Mitarb. 1991) weisen für die Krankheitsbilder der Eßstörungen keine wesentlichen Unterschiede auf. Leitsymptom der Magersucht ist die selbstinduzierte Mangelernährung mit Gewichtsverlust bis hin zur Kachexie. Der unerschütterliche Glaube, zu dick zu sein, steht im Vordergrund, damit verbunden der unbezwingbare Drang, abzunehmen – mit welchen Mitteln auch immer. Hinter einem meist nur vordergründigen Krankheitsbewußtsein wird häufig ein Stolz und eine Befriedigung über die Leistung

Tabelle 39.**1** Anorexia nervosa

Symptomatik: Störung des Eßverhaltens
– Überzeugung, zu dick zu sein – kontinuierlicher unbezwingbarer Drang, abzunehmen, mit welchen Mitteln auch immer – Nahrungsverweigerung, Hypermotorik, Unterdrückung des Hungers (passiv-restriktive Form) – zusätzlich selbstinduziertes Erbrechen, Laxanzien- und Diuretikaabusus (aktive Form) – beständige Gewichtsabnahme – sekundäre Amenorrhö
Psychischer Befund
– Störung der Körperwahrnehmung und des Körperbildes – Stolz und Befriedigung über die Leistung der Gewichtsabnahme – Verleugnung des Hungers („Ich brauche nichts“) – Depressives Syndrom – Kontaktstörung

der Gewichtsabnahme deutlich. Zur Kernsymptomatik zählt weiterhin die Körperschemastörung, worunter eine perzeptorische und konzeptionelle Störung des eigenen Körperbildes verstanden wird: Trotz Untergewicht, ja teilweise kachektischem Ernährungszustand überschätzen anorektische Patientinnen ihren Körperumfang und fühlen sich zu dick. Die Körperschemastörung richtet sich vornehmlich auf charakteristische Körperpartien der weiblichen Fettverteilung wie Oberschenkel oder Hüften (Tab. 39.**1**).

Die beständige Gewichtsabnahme erfolgt bei der klassischen passiv-restriktiven Magersucht mittels intermittierender Nahrungsverweigerung oder extrem kalorienarmer Ernährung. Zusätzliche Maßnahmen zur Gewichtsreduktion wie Erbrechen oder die Einnahme von Laxanzien, Diuretika, Appetitzüglern oder Thyreostatika ergeben das Bild der aktiven Anorexia nervosa. Darüber hinaus läßt sich bei fast allen magersüchtigen Patienten ein übermäßiger Bewegungsdrang beobachten. Weitere charakteristische Merkmale magersüchtiger Patientinnen sind eine depressive Stimmungslage, Sthenizität und ein übermäßiger Leistungsehrgeiz.

Epidemiologie

Nach einer Studie der Mayo-Klinik (Lucas u. Mitarb. 1991) beträgt die jährliche Inzidenz der Magersucht 8,2 auf 100 000 Einwohner. Die höchste altersspezifische Inzidenzrate von 56,7 auf 100 000 Einwohner ist bei jungen Frauen zwischen 15 und 19 Jahren zu beobachten. Die Prävalenzraten für die Anorexia nervosa schwanken je nach Strenge der angewandten Kriterien. Entsprechend der Mayo-Klinik-Studie liegt die Erkrankungshäufigkeit in der Gruppe der

- adoleszenten Mädchen zwischen 15 und 19 Jahren bei 0,3%, andere Studien sprechen von 0,7 (Pope u. Mitarb. 1984) bis 2,1% (Morgan u. Sylvester 1977).
- Risikogruppen, wie Ballettschülerinnen oder Models, die unter einem hohen „Schlankheitsdruck“ stehen, weisen eine Prävalenz von 7% auf.
- Die Prävalenz von Eßstörungen beim männlichen Geschlecht ist deutlich geringer und schwankt je nach Studie und Diagnosekriterien zwischen 5 und 10% aller Eßgestörten (Herpertz u. Mitarb. 1997).

Ätiologie

Die Genese der Magersucht stellt ein Zwischenspiel biologischer, kultureller, familiärer und intrapsychischer Faktoren dar.

Genetische Befunde

Eine genetische Disposition ist bei der Magersucht nicht von der Hand zu weisen, weisen doch Zwillingsuntersuchungen auf eine Konkordanzrate für eineiige Zwillinge auf etwa 50% gegenüber nur 10% bei dizygoten Zwillingspaaren (Treasure u. Holland 1990). Auch bei Verwandten ersten Grades magersüchtiger Patientinnen läßt sich eine achtmal höhere Erkrankungsrate an Anorexia nervosa als bei der Normalbevölkerung nachweisen (Strober u. Mitarb. 1990). Angehörige von Patientinnen mit Eßstörungen haben auch ein zwei- bis vierfach erhöhtes Risiko, an einer affektiven Erkrankung oder an einer Substanzabhängigkeit zu leiden (Strober 1992).

Soziokulturelle Aspekte

Im Gegensatz zu Ländern der Dritten Welt finden wir in hochindustrialisierten Gesellschaften auf der einen Seite einen ausgeprägten Nahrungsüberschuß, gleichzeitig ein immer rigider werdendes Figurdiktat, deren Schlankheitsnormen kaum noch zu erfüllen sind. So stieg das Durchschnittsgewicht der Menschen in Deutschland seit dem Zweiten Weltkrieg stetig an, während spätestens seit den fünfziger Jahren der gesellschaftliche Druck in Richtung Schlanksein zugenommen hat und das mit einer idealen Körpervorstellung verknüpfte Gewicht sich verringerte. Das Schlankheitsideal betrifft insbesondere jüngere Menschen, die den Prozeß der Selbstfindung noch nicht abgeschlossen haben, nach ihrer eigenen Identität suchen und denen es an Selbstbewußtsein und Selbstvertrauen mangelt. Jede Abweichung von gesellschaftlichen Normen, insbesondere dem gängigen Figur-/Schlankheitsideal kann diese Menschen in schwere seelische Krisen stürzen und zwingt sie, durch immer rigidere Fastenregime der „Idealfigur“ zu entsprechen.

Psychobiologische Faktoren

Zu den wesentlichen Fortschritten in der Konzeptualisierung der Magersucht der letzten Jahre zählt auch die Erkenntnis, daß nicht nur hormonelle, sondern auch psychopathologische Charakteristika der Magersucht starvationsbedingt sind. Schon 1950 hatte Keys (Keys u. Mitarb. 1950) in der berühmt gewordenen Minnesota-Studie an gesunden Probanden im Hungerexperiment Verhaltensauffälligkeiten und Symptome beobachtet, die auch als typisch für die Magersucht gelten. So stellen eine Reihe von Verhaltensauffälligkeiten magersüchtiger Patientinnen nicht etwa pathognomonische Symptome der Magersucht dar, sondern sind ausschließlich Folgeerscheinungen des Hungerns. Dies hatte weitreichende Konsequenzen für die Behandlung der Magersucht: der Gewichtszunahme wurde nicht nur eine entscheidende Bedeutung zuerkannt, Psychotherapie wurde erst ab einem bestimmten Minimalgewicht als sinnvoll erachtet.

Neben den vornehmlich starvationsbedingten biologischen Veränderungen insbesondere bei der Anorexia nervosa sind neurobiologische Veränderungen als Trait-Merkmale bei den Eßstörungen Gegenstand wissenschaftlicher Unter-

X

suchungen. Veränderungen zentraler Neurotransmittersysteme spielen sowohl in der Pathophysiologie der Anorexia nervosa als auch bei einigen anderen psychiatrischen Erkrankungen eine bedeutsame Rolle. Für die Eßstörungen haben sich spezifische Transmittersysteme herauskristallisiert: die Amine Noradrenalin und Adrenalin, die Neuropeptide Cholezystokinin (CCK), Corticotropin-Releasing-Hormon (CRH), Neuropeptid Y (NPY), die Endorphine und das Serotonin. (Übersichtsarbeiten: Fava u. Mitarb. 1989, Jimerson u. Mitarb 1990, Pirke 1990, Herpertz 1997, Herpertz u. Schweiger 2000, Schweiger u. Fichter 1999).

Intrapsychische Konflikte

Eine nicht unerhebliche Zahl psychoanalytischer Theorien zur Ätiologie der Magersucht hat bisher Eingang in die Literatur gefunden. Gemeinsam ist ihnen die von Freud entwickelte Neurosentheorie, wonach der einzelnen Symptomneurose ein bestimmter Grundkonflikt zugeordnet werden kann, der wiederum eine bestimmte Kindheitsphase widerspiegelt. Neben der sich daraus ergebenden genetischen Fixierung können auch phasenspezifische Abwehrmechanismen und ein bestimmter phänomenal beschreibbarer Charaktertypus abgeleitet werden. Die weitere Entwicklung psychoanalytischer Theorienbildung rückte neben dem Triebkonflikt die Objektbeziehung und später die Reife der Ich-Funktionen in den Vordergrund diagnostischer und therapeutischer Überlegungen.

Im Sinne der genetischen Fixierung wurden bei der Magersucht traumatische Erfahrungen in der oralen Entwicklungsphase vornehmlich in der frühkindlichen Beziehung der Magersüchtigen zu ihrer Mutter postuliert. Mit Fixierung auf diese Entwicklungsstufe sieht Bruch (1973) die Gefahr des fortwährenden Unvermögens, körperliche Empfindungen und Gefühle zu differenzieren und ein Autonomie- und Identitätsgefühl zu entwickeln. Das unzureichend entwikkelte Identitätsgefühl stellt die Magersüchtige vor das Problem, pubertäre Entwicklungsaufgaben zu bewältigen. Die Identifizierung mit dem eigenen Geschlecht, wozu die körperlichen Veränderungen in der Pubertät aufrufen, ist der Magersüchtigen nicht zuletzt durch ihre ambivalente Beziehung zur Mutter nur bedingt möglich, mit der Folge einer zunehmenden Isolierung von Gleichaltrigen, insbesondere des männlichen Geschlechts. Erste Individuations- und Autonomieschritte gehen meist mit der Erfahrung der eigenen Insuffizienz einher, der Unfähigkeit, in der Trennung von den Eltern eine verläßliche Selbstkontrolle zu besitzen, Beziehungen zu Gleichaltrigen aufzubauen und auf die Umwelt konstruktiv Einfluß zu nehmen. Der Wunsch zu fasten als Rückzug auf den eigenen Körper und letzte Bastion autonomer Einflußnahme gilt als Auslöser der anorektischen Symptomatik. In der Nahrungsverweigerung manifestiert sich ein Gefühl der Selbstkontrolle, der Autonomie und der Identität, umgekehrt wird die Angst vor einem Kontrollverlust, der nicht selten einem Ich-Verlust gleichkommt, im Symptom gebannt (Mester 1981). Der Versuch der magersüchtigen Patientin, sich von der Mutter loszulösen, steht in einem nur scheinbaren Widerspruch zu ihrem Wunsch, sie über ihr Symptom zu binden. Die Angst vor dem Kontrollverlust, initial wahrgenommen an den eigenen körperlichen Veränderungen während der Pubertät, führt zur Abwehr nicht nur sexueller Triebe (Thomä 1961), sondern libidinöser Impulse schlechthin, um am Ende jeglicher mitmenschlicher Beziehung zu gelten. Die Erfahrung von Macht über den eigenen Körper gereicht der Magersüchtigen zu einer narzißtischen Gratifikation, weitere Fastenanstrengungen werden unternommen, ein Teufelskreis beginnt sich abzuzeichnen (Abb. 39.**1**).

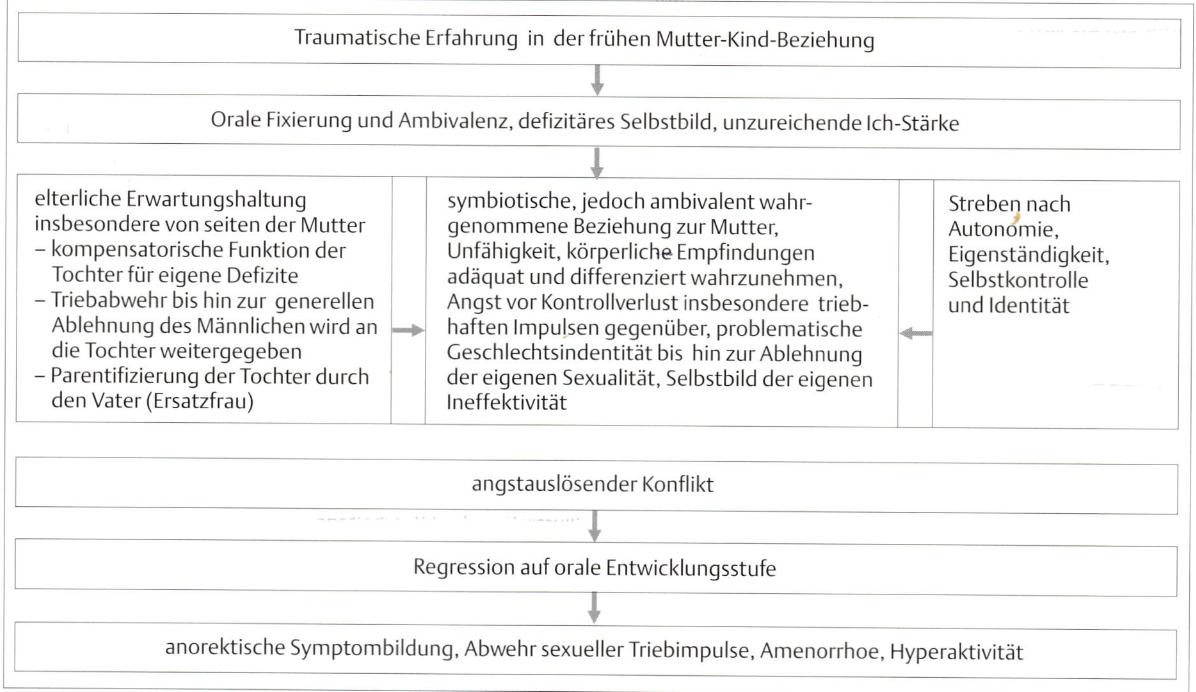

Abb. 39.**1** Annahmen zur Ätiologie der Anorexia nervosa aus psychoanalytischer Sicht (nach Karren 1986)

Tabelle 39.**2** Ausdrucksformen der Magersucht nach Untergruppen (nach Hänsel 1991)

Magersucht als Ausdruck eines Autonomieversuchs
Abgrenzung gegenüber familiären Ansprüchen, Autonomiebestrebungen innerhalb des familiären Systems, Verselbständigungstendenzen; Abgrenzung gegenüber eigenen triebhaften, sexuellen Impulsen (Pubertätsmagersucht), konfliktreiche Entwicklung der eigenen Geschlechtsidentität
Magersucht als Ausdruck der Beziehungsabwehr
Störung auf der Objektbeziehungsebene, Appell nach stützendem Objekt, Hilfeleistung wird als eigene Ohnmacht, narzißtische Kränkung und Einbruch in die Autonomie gewertet, Nähe-Distanz-, Abhängigkeits-Autonomiekonflikt
Magersucht als Ausdruck einer Lebensverweigerung
Extreme, meist depressive Rückzugstendenzen mit ausgeprägten autodestruktiven Zügen, prolongierte Suizidalität

Auch wenn bei der Mehrzahl der Patientinnen die Magersucht ein Abbild dieses beschriebenen Autonomiekonfliktes darstellt, so ist die psychodynamische Spezifität der Anorexia nervosa, d.h. der Rückschluß von beobachtbaren Verhaltensweisen – im Falle der Magersucht von beobachtbarem Verhalten, das sich in Pubertät und Adoleszenz manifestiert, auf spezifische frühkindliche Traumata, z.B. von Nahrungsverweigerung, auf die Frustration oraler Bedürfnisse nicht mehr länger haltbar. Bei der Magersucht läßt sich weder eine eindeutig zuordnenbare Ich-Struktur noch ein für sie charakteristischer infantiler Konflikt aufzeigen.

Vielmehr ist zumindest zum Zeitpunkt der Symptomentstehung der direkten Beobachtung zugänglich ein Konflikt in der mittleren und späten Adoleszenz. Nicht der der präödipalen Phase immanente Separations-Individuations-Konflikt, sondern die „zweite Loslösung und Individuation" (Blos 1967), also der Entwicklungsschritt vom abhängigen Mitglied der Familie zum innerlich wie auch äußerlich autonomen Individuum gestaltet sich konfliktreich (Habermas 1990). Die beschriebene Psychodynamik liegt in der Regel der klassischen Pubertätsmagersucht zugrunde. Sie stellt aber nicht die alleinige Ausdrucksform der Magersucht dar. Nicht zuletzt aus prognostischen Erwägungen erscheint eine Untergruppenbildung der Magersucht als Ausdruck von Beziehungsabwehr, eines Autonomieversuchs oder von Lebensverweigerung hilfreich (Hänsel 1991) (Tab. 39.**2**).

Prognose

Katamnestische Beobachtungen nach einem mittleren Zeitraum von vier bis fünf Jahren weisen nach, daß etwa 40% anorektischer Patientinnen einen guten Heilungserfolg aufzeigen, jeweils 25 bis 30% haben einen mittelmäßigen oder schlechten Heilungserfolg (Herzog u. Mitarb. 1992). Das Verlaufsergebnis scheint mit zunehmender Katamnesedauer eindeutiger zu werden, d.h., daß sich die Patienten mit mittelmäßigem Heilungserfolg auf die beiden Kategorien mit gutem und schlechtem Ergebnis verteilen. Auf der anderen Seite ist mit zunehmender Dauer der Erkrankung ein Anstieg der Mortalität zu beobachten: So beträgt sie nach vier bis fünf Jahren nur etwa 5%, nach 20 bis 30 Jahren allerdings zwischen 15 und 20%. Nicht selten wird die Eßstörung durch andere psychiatrische Erkrankungen abgelöst, wobei depressive Erkrankungen, Zwangsstörungen und Suchterkrankungen am häufigsten beobachtet werden. Zwischen 7 und 40% aller anorektischen Patienten hatten während ihres Krankheitsverlaufes bulimische Symptome (Herpertz-Dahlmann u. Remschmidt 1994).

Therapie

Es besteht weitgehend Konsens über die Genese der Magersucht als ein multifaktorielles Krankheitsgeschehen, bei welchem innerseelisch-psychodynamische, psychosoziale, soziokulturelle und biologische Faktoren ineinandergreifen und gegenseitige Verstärkerfunktion besitzen. Psychosomatische wie auch somatopsychische Zusammenhänge müssen auf ganz verschiedenen Ebenen berücksichtigt werden. Entsprechend kann diesem Krankheitsbild nur mit einem multimethodalen Therapieansatz begegnet werden. Die Bearbeitung des innerseelisch-psychodynamischen Konfliktes, des familiären und psychosozialen Umfeldes stellen ebenso wie die Rückkehr zu normalen Eßgewohnheiten unverzichtbare Therapieelemente dar.

Ernsthafte medizinische Komplikationen, ausgeprägte Verleugnungstendenzen und partiell starvationsbedingte ungenügende Introspektionsfähigkeit machen bei magersüchtigen Patientinnen die Indikation zu einer stationären Psychotherapie in der Regel notwendig. Nicht zuletzt aufgrund der geringen Bereitschaft zu einem Arbeitsbündnis und der damit einhergehenden Unmöglichkeit einer Regulation des Eßverhaltens ist eine ambulante Therapie zumindest in der Initialphase wenig sinnvoll.

In der Regel kann die stationäre Therapie nur den Charakter einer Etappe in einem ambulant-stationär-ambulanten Gesamtbehandlungsplan haben. Die prästationäre Phase beinhaltet neben der Diagnostik (Tab. 39.**3**) und Indikationsstellung die Vereinbarung eines Therapieplanes. Noch vor der stationären Aufnahme wird die Patientin mit allen Einzelheiten der stationären Therapie vertraut gemacht, da eine weitgehende Transparenz des Behandlungsprogramms die beste Voraussetzung eines Therapiebündnisses ist. Der überindividuell formulierte Therapiekontrakt stellt nicht nur für die Patientinnen, sondern auch für das Behandlungsteam eine notwendige Transparenz her und versteht sich als Leitfaden der Behandlung. Die Vereinbarung des Therapieplanes beinhaltet:

- Vermittlung des nach einem Stufenmodell orientierten Therapiekonzepts,

Tabelle 39.**3** Diagnostik

- Abklärung des körperlichen Allgemein- und Ernährungszustandes
- Beurteilung der Körperbildstörung
- Illustration des Eßverhaltens
- Vorerfahrung mit bisherigen Therapien und deren Beurteilung
- Psychodynamisches Verständnis (wichtige Lebensdaten), Auslösesituation, emotionale Einstellung zur Magersucht, Vorstellung von sich selbst und wichtigen Bezugspersonen, Beurteilung von Übertragungs- und Gegenübertragungsprozessen, Abwehrmechanismen

Tabelle 39.**4** Stationäres Therapiekonzept

1. Stationäre psychoanalytische Psychotherapie	2. Strukturierendes Eßprogramm	3. Ernährungsberatung	4. Sozialarbeit
• Einzeltherapie • Gruppentherapie • Gestaltungstherapie • Konzentrative Bewegungstherapie • Schwesterngespräch • Stationsarzt-Betreuung mit 1mal wöchentlicher Visite und Besprechung des Gewichtsverlaufs	• Festlegung eines Zielgewichtes in Anlehnung an das Idealgewicht (Idealgewicht nach Broca: Körperlänge – 100 – 15%) • wöchentlicher Gewichtszuwachs 0,5 bis 1 kg • 2mal wöchentlich Gewichtskontrolle, 4 Mahlzeiten pro Tag • gemeinsame Mahlzeiten im Speisesaal • 30minütige Nachruhe nach jeder Mahlzeit • Eß-, Nachruhebegleitung beim Mittagessen	• Vermittlung eines normalen Eßverhaltens: – mindestens 3 Mahlzeiten am Tag zu festen Zeiten – nach ernährungsphysiologischen Gesichtspunkten – ausgewogene Ernährung • organisierte Einkäufe • Kochgruppe	• Hilfestellung bei – Wohnungssuche – Berufsfindung – im Freizeit- und Kontaktbereich mittels Beratung und Begleitung bei – Außenterminen – Kontaktaufnahme zu Behörden, – psychosozialen Institutionen – Frauenberatungsstellen – Selbsthilfegruppen usw.

– Festlegung eines Zielgewichts, welches sich nach dem Idealgewicht der Patientin (Broca-Index: Körpergröße – 100 – 15%) orientiert und z.B. in der Essener Klinik für Psychotherapie und Psychosomatik 10% unter dem Idealgewicht liegt.

Zwar läßt die Interdependenz von Körpergewicht und endokrinologischen Veränderungen das Zielgewicht objektivierbar erscheinen, nicht selten persistiert die Oligo- oder Amenorrhö als Ausdruck endokriner Dysfunktion jedoch auch nach Gewichtsnormalisierung, so daß die Frage, welches Gewicht während des Klinikaufenthaltes erreicht werden soll, einen Kompromiß aus physiologischer Notwendigkeit, psychischer Integration, aber auch Dauer des stationären Aufenthaltes darstellt. Eine forcierte Wiederauffütterung etwa mittels parenteraler oder Sondenernährung ist nur als Notfallmaßnahme bei vitaler Gefährdung indiziert. Auf dem Hintergrund ihrer Autonomiebestrebungen wird die magersüchtige Patientin sie jedoch traumatisch erleben, eine ernste Gefährdung des Arbeitsbündnisses ist häufig die Folge.
Die Ziele der stationären Therapiephase sind zwangsläufig begrenzt und umfassen:
– eine Stabilisierung des körperlichen Zustands auf einem klinisch vertretbaren Niveau,
– Wiedererlernen eines normalen Eßverhaltens,
– Einstieg in einen Entwicklungsprozeß mit Heranführung der Patientin an ein psychodynamisches Verständnis der Erkrankung als notwendige Voraussetzung für die sich in der Regel anschließende ambulante Behandlung.

Eckpfeiler der Therapie sind tiefenpsychologisch orientierte Einzel- und Gruppentherapien, Gestaltungstherapie und konzentrative Bewegungstherapie als Spezialverfahren, ein strukturiertes Eßprogramm mit betreuten Einkaufs- und Kochmöglichkeiten, Eßbegleitung und Nachruhe unter Führung und Anleitung einer Stationsschwester. Ernährungsberatung sowie sozialarbeiterische Maßnahmen und Hilfestellungen sind darüber hinaus unverzichtbare Therapieelemente (Tab. 39.**4**). Entsprechend dem zu erreichenden Zielgewicht sieht das Eßprogramm einen Stufenplan mit sukzessiver Steigerung des Psychotherapieangebotes und der individuellen Freiheitsgrade abhängig von der Gewichtszunahme vor (Tab. 39.**5**).

Die starvationsabhängige defizitäre mentale Leistungsfähigkeit bei vielen magersüchtigen Patientinnen stellt initial häufig jegliches Arbeitsbündnis in Frage, was eine unabdingbare Voraussetzung tiefenpsychologisch geführter Behandlung darstellt. Sowohl auf dem Hintergrund der passager bio-

Tabelle 39.**5** Stufenprogramm für eßgestörte Patientinnen. Das Eßprogramm besteht aus vier Stufen. Bei einem Drittel des notwendigen Gewichtszuwachses wird die nächste Stufe erreicht

1. Stufe	2 Stunden Ausgang pro Tag auf dem Klinikgelände in Begleitung von Mitpatienten oder Angehörigen, Besuche nur am Wochenende. Sportliche Betätigung ist nicht möglich. Zusätzlich zu der normalen Krankenhauskost, welche auf der 1. Stufe 2000 kcal beträgt, bekommen die Patienten 2mal 200 ml Fresubin = 400 kcal als Trinknahrung (= 2400 kcal).
2. Stufe	Keine weitere Applikation hochkalorischer Trinknahrung. Es wird die normale Krankenhausmahlzeit eingenommen, die tägliche Gesamtkalorienmenge beträgt 3000 kcal. Die Klinik kann ohne Begleitung verlassen werden, aber nicht das Klinikgelände. Kein Ausgang am Wochenende.
3. Stufe	(Sobald ²/₃ des verlangten Gewichtszuwachses erreicht worden sind) – freies Wochenende, das Klinikgelände kann verlassen werden. Nach Erreichen des Zielgewichtes erfolgt eine weitere stationäre Therapie von 6 Wochen.
4. Stufe	Fakultativ stationärer oder teilstationärer Behandlungsstatus möglich. Einnahme der normalen Krankenhausnahrung (2500 – 3000 kcal). Das Zielgewicht sollte gehalten werden. Fakultativ erfolgt einmal wöchentlich eine Blutabnahme, zwecks Ausschluß eines Laxanzien-/Diuretikaabusus (Elektrolyte und harnpflichtige Substanzen).

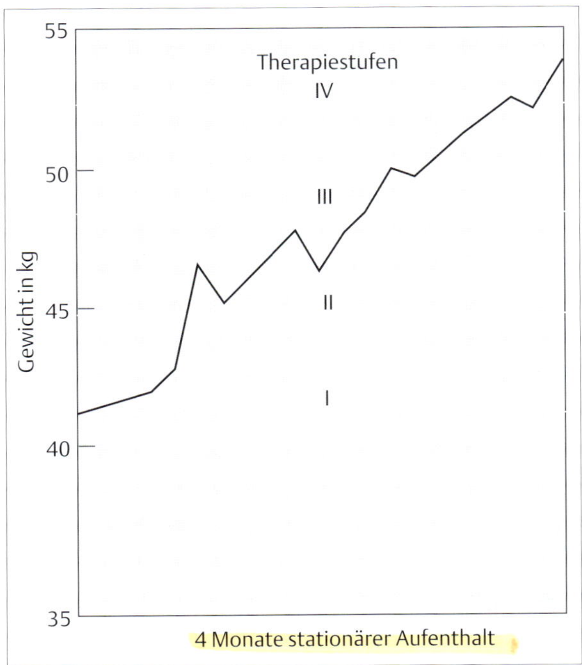

Abb. 39.**2** Gewichtskurve Patientin Frau H.

logischen als auch Ich-strukturellen Störungsanteile hat ein strukturiertes Therapieprogramm initial eine sehr bedeutende Hilfs-Ich-Funktion.

Die Behandlung anorektischer Patientinnen stellt meist außerordentliche Anforderungen an das behandelnde Team. Besondere Anforderungen richten sich nicht nur auf dessen Containing-Funktion (Bion 1962), sondern auch auf dessen Fähigkeiten, mit Spaltungsprozessen umzugehen, die sich nahezu regelhaft im Umgang mit magersüchtigen Patientinnen beobachten lassen.

Die graphische Dokumentation des Gewichtsverlaufs der Patientinnen hat sich neben besserer Illustrationsmöglichkeiten sowohl für das Behandlungsteam als auch für die gemeinsame Besprechung mit den Patientinnen bewährt. Sie spiegelt nicht selten den psychodynamischen Prozeß während der stationären Psychotherapie und kann insofern wertvolle Orientierungshilfen für das Gesamt-Behandlungsteam bieten (Abb. 39.**2**).

Fallbeispiel

Bei einer Körpergröße von 1,73 m betrug das Körpergewicht der Patientin mit 40 kg deutlich weniger als 85 % des Idealgewichts nach Broca. Neben einer verzerrten Körperwahrnehmung und einer Amenorrhö entsprach sie auch von ihrem Untergewicht her allen Kriterien der beiden Klassifikationsschemata für eine Magersucht. Da die Patientin die Gewichtsabnahme ausschließlich mittels Fasten herbeiführte, war von einer restriktiven Form der Magersucht auszugehen. Psychodynamisch deutete vieles bei der Patientin auf eine ausgeprägte Selbstwertproblematik, deren Wurzeln in der Biographie der Patientin sicherlich schon vor der Trennung des Vaters von seiner Familie zu suchen waren. In den prästationären Gesprächen wurde deutlich, daß das Hungern der Patientin als Reaktion auf den Weggang des Vaters mit einer anderen Frau zu werten war, der hilflose Versuch, die Familie mittels des anorektischen Symptoms wieder zusammenzuführen und an sich zu binden. Bezeichnenderweise hatte in der Vergangenheit eine kurzfristige Versöhnung der Eltern zu einer deutlichen Gewichtszunahme der Patientin geführt. Eine zweite, nunmehr endgültige Trennung zog eine um so dramatischere Gewichtsabnahme nach sich. Mit der Patientin wurde vor ihrer stationären Aufnahme vertraglich ein Zielgewicht von 52 kg vereinbart, welches sie mit einem Mindestgewichtszuwachs von 500 g/Woche zu erreichen hatte. Das Gewicht (Abb. 39.**2**) zeigte in der ersten Stufe einen kontinuierlichen Zuwachs. Eine Beunruhigung ließ die Patientin nicht erkennen; wie sie später ausführte, hatte der Vertrag im Sinne einer Außensteuerung gegenüber ihrem inneren Autonomiestreben eine entlastende Funktion und wirkte jeglichem Ambivalenzkonflikt entgegen. Demgegenüber ließ sie sich jedoch auf die Therapieangebote in den einzelnen Therapiefeldern wenig ein. Ihr stilles und von Trauer geprägtes Auftreten führte nicht nur zu einer allgemeinen Akzeptanz in der Gruppe; gleichermaßen war die Begegnung mit ihr auch von einer Aggressionshemmung geprägt, was zur Folge hatte, daß sie in produktive gruppendynamische Konflikte nicht miteinbezogen wurde und eher die Rolle einer verträumten Außenseiterin einnehmen konnte. Der Gewichtsverlauf in der zweiten und dritten Stufe spiegelte um so deutlicher die Ambivalenz der Patientin, ihre regressiven Neigungen aufzugeben, hatten diese doch einerseits ihre Aggressionen insbesondere dem Vater gegenüber weitgehend gebunden, andererseits die Sorge und Zuwendung der Mutter und Schwester gesichert. Schließlich fand die Patientin in der konzentrativen Bewegungstherapie einen geschützten Raum, der es ihr ermöglichte, Affekte der Trauer, Wut und Scham gegenüber ihrem Vater zu spüren und zuzulassen. Zusammen mit ihrer Einzeltherapeutin gelang es der Patientin, ihre ambivalenten Gefühle dem Vater gegenüber zu verbalisieren und zu verstehen. Auf dem Hintergrund des Scheiterns der elterlichen Ehe hatte die Patientin zunehmend die Rolle der Freundin gegenüber dem Vater eingenommen, wobei der Patientin insbesondere der Tanz die väterliche Aufmerksamkeit und Zuwendung sicherte. Die nicht zuletzt aus der Interaktion mit dem Vater erwachsene hochgradige narzißtische Besetzung des Körpers führte bei dessen Trennung zur Entwicklung der Anorexia nervosa als Ausdruck einer schweren Selbstwertkrise. Die Patientin war im weiteren Verlauf der Therapie nun zunehmend in der Lage, ihre Konflikte in den einzelnen Therapiefeldern zu thematisieren und insbesondere gegenüber dem männlichen Gruppentherapeuten im Sinne einer Vaterübertragung eine deutlich konfrontativere Haltung einzunehmen. Bei einem Gewicht von 52 kg erreichte die Patientin schließlich die vierte Stufe ihrer Therapie. In dieser letzten Behandlungsphase sind keine für die Eßstörung spezifischen Therapieelemente mehr vorgesehen. Nicht zuletzt die in den Gesprächen mit dem Sozialarbeiter aufgeworfenen Fragen nach ihrem zukünftigen psychosozialen Arrangement und die regelmäßige Teilnahme an Lebensmitteleinkäufen und Kochgruppen erlebte die Patientin als Herausforderung zu selbständigen Entwicklungsschritten. In Anbetracht ihrer großen Regressionsneigung und des bisherigen langen Behandlungsverlaufs wurde der Patientin die Möglichkeit einer tagesklinischen Behandlung nahegelegt. Bei Fortsetzung des einzel- und gruppentherapeutischen Behandlungsangebots bestand ein abschließendes Therapieziel in einer langsamen Reintegration in die äußere Realität, wozu nicht nur die Klärung ihrer Studien- und Wohnungssituation zählte, sondern auch die Intensivierung sozialer Kontakte außerhalb der Klinik. Bei ihrer Entlassung wog die Patientin 53 kg. An ihrem Studienort wollte sie die Psychotherapie ambulant fortsetzen.

Anorexia nervosa: Verhaltenstherapie

A. Franke

Einleitung

Obwohl die Anorexia nervosa bereits in den 70er Jahren des vorigen Jahrhunderts beschrieben wurde (Charcot 1889, Gull 1874, Lasègue 1873), hatte sie noch bis in die 60er Jahre unseres Jahrhunderts in der therapeutischen Praxis wenig Bedeutung. Ihr haftete so etwas wie der Ruf einer Erkrankung für spinnerte junge Mädchen[1] an, die etwas Besonderes sein und sich mit den allgemeinen Anforderungen der Frauenrolle nicht anfreunden wollten. Therapeuten begegneten den Erkrankten mit Verständnis, guten Ratschlägen, gesundem Menschenverstand und manchmal auch Druck. Stationäre Behandlungsplätze standen in geringer Zahl in Abteilungen für Jugendpsychiatrie, außerdem in zumeist psychoanalytisch orientierten psychosomatischen Fachkliniken bereit. In einigen Kliniken wurden auch erste Schritte in Richtung auf eine verhaltenstherapeutische Behandlung unternommen.

Als die Anorexia nervosa aufgrund gehäufteren epidemiologischen Vorkommens in den 70er Jahren breitere Akzeptanz als psychosomatische Störung erhielt, erschienen erste Überblicks- und Sammelbände zu Diagnostik und Therapie der Erkrankung. Insbesondere in der Verhaltenstherapie begann eine von großem Optimismus geprägte Phase intensiver Therapieerfolgsforschung, die von einem gewissen Jagdfieber getragen war: Man wähnte sich der Krankheit auf der Spur, und es schien nur noch kurze Zeit zu dauern, bis man sie endgültig umzingelt und besiegt hatte. Dieser Optimismus verflüchtigte sich allerdings zusehends, als einige Jahre später Katamnesen die frühen verhaltenstherapeutischen Erfolge als kurzfristig und instabil auswiesen (Franks u. Wilson 1978). Das Wort „Hartnäckigkeit" gewann in der Anorexiediskussion zunehmend an Bedeutung. Diese wurde zwar den Patientinnen zugeschrieben, doch sie läßt sich (zumindest für diesen Zeitraum) auch bei den therapeutischen Schulen in einem geradezu erbitterten Kampf um die „richtige" Behandlung nachweisen. Klessmann u. Klessmann (1988) kommentierten diesen Kampf mit feiner Ironie, indem sie fragten, ob hier nicht der anorektische Drang, stets die Beste sein zu wollen, ungefiltert auf die Therapeuten übergegangen sei.

Inzwischen läßt sich eine größere Annäherung des therapeutischen Vorgehens konstatieren. Insbesondere die Verhaltenstherapie hat viele ihrer frühen Vorstellungen modifiziert, und ihre sehr starren Therapieprogramme sind flexibleren Vorgehensweisen gewichen. Diese Veränderungen ergaben sich sowohl aufgrund einer wenig erfolgreichen therapeutischen Praxis als auch auf dem Hintergrund eines veränderten ätiologischen Modells. Im folgenden wird daher erst auf Diagnostik und Ätiologie der Erkrankung eingegangen, bevor das therapeutische Vorgehen im einzelnen dargestellt wird.

Fallbeispiel

Frau H. (21 Jahre) sagt, sie habe zu hungern angefangen, weil sie sich, nachdem sie ein paar Kilogramm zugenommen habe, nicht mehr gefallen habe. Sie habe immer einem Ideal mit sehr schlanker Taille nachgeeifert und den Wunsch nach einer Tänzerinnenfigur gehabt.

Das prämorbide Gewicht läßt sich nicht eruieren; zu Therapiebeginn wiegt die Patientin 33 kg bei 1,61 m Körpergröße. Physikalischer und neurologischer Befund sind unauffällig, der Blutdruck ist gering reduziert (RR 110/80 mm Hg). Sie habe vor etwa zwei Jahren angefangen zu hungern. Erst habe sie alle fetten Speisen weggelassen, außerdem Fleisch und Wurst. Nach und nach habe sie sowohl die Menge als auch die Art der Lebensmittel eingeschränkt. Jetzt ernähre sie sich vorwiegend von Obst, Joghurt und Möhren. Etwa dreimal pro Woche überfalle sie jedoch ein Heißhunger, und dann esse sie große Mengen Käsebrote, Kuchen, Kekse, Schokolade, vor allem Vollmilch-Nuß, und Erdnußflips. Vor einem Jahr habe es zwei kurzfristige Aufnahmen in das Städtische Krankenhaus gegeben wegen Obstipation und Einnahme einer Überdosis von Abführmitteln. Abführmittel nehme sie seit etwa eineinhalb Jahren, ungefähr seit dieser Zeit traten auch die bulimischen Attacken auf.

Die Patientin wuchs gemeinsam mit ihrer Schwester bei den Eltern auf. Der Vater sei heute 47 Jahre alt und Elektriker, die Mutter 43 Jahre alt und Hausfrau, beide seien gesund. Die Mutter sei schlank, achte aber sehr auf ihr Gewicht und mache häufig Diäten. Die 16jährige Schwester habe erhebliches Untergewicht. Die Beziehung zwischen den Eltern wird als „relativ gut" geschildert; sie stritten sich öfter, vertrügen sich aber schnell wieder. In der Regel sehe das „Sich-vertragen" so aus, daß ihre Mutter wieder einlenke. Sie tue dies auch bei Streitigkeiten zwischen den Töchtern und dem Vater. Die Patientin beschreibt sich als früher sehr liebes Kind, das immer alles gemacht habe, was die Eltern gesagt hatten. Sie selbst habe sich aber sehr unsicher und schüchtern gefühlt, erröte manchmal auch heute noch und wisse oft aus Schüchternheit einfach nichts zu sagen. Mit etwa 16 Jahren habe sie eine Freundin kennengelernt, die ihr etwas mehr Selbstvertrauen gegeben und ihr auch beigebracht habe, sich durchzusetzen. Danach habe es zu Hause öfter Streit gegeben; nach Meinung ihrer Eltern sei sie „abgerutscht".

Leider habe sie keine Berufsausbildung. Sie habe Tänzerin oder Mannequin werden wollen und halte sich für künstlerisch begabt. Ihre Mutter habe aber ihre künstlerischen

[1] Der Anteil von Jungen und Männern an den an Anorexie Erkrankten wird heute auf etwa 8% geschätzt. Wegen dieses epidemiologischen Übergewichts der Frauen bezieht sich der Artikel ausschließlich auf diese Gruppe.

Aktivitäten, vor allem Malen und Tonarbeiten, als „Ergüsse" abgetan. Gegen ihren eigenen Wunsch hätten die Eltern sie nach Abschluß der Realschule zu einer Lehre als Bankkauffrau angemeldet; sie habe diese bald abgebrochen. Ihr Vater habe ihr daraufhin eine neue Lehre in einem Einzelhandelsgeschäft vermittelt, die habe sie ebenfalls abgebrochen. Sie sei sehr an einer Berufsausbildung interessiert, irgendwo im künstlerischen Bereich. Ihre Eltern und ihr Verlobter wünschten aber, daß sie nach ihrer Gesundung irgendwo arbeite, um Geld zu verdienen.

Ihren Verlobten habe sie vor zweieinhalb Jahren kennengelernt; seit einigen Monaten wohne sie mit ihm in einer gemeinsamen Wohnung. Es sei eine sehr gute Beziehung, die lediglich von starken finanziellen Problemen überschattet sei. Sowohl ihre Freßanfälle als auch das Hobby ihres Verlobten seien sehr kostenaufwendig; der Verlobte sammele Autos aus den 50er Jahren, er beschäftige sich in der gesamten Freizeit mit den Autos und restauriere diese. Er hoffe immer, ein Auto zu einem besonders guten Preis verkaufen zu können, bisher seien diese Pläne jedoch allesamt gescheitert. Auch ihr eigenes Sparkonto sei schon in das Hobby des Verlobten geflossen. Sie lebten ansonsten vom Verdienst des Verlobten und vor allem von Zuschüssen ihrer Großmutter und seiner Mutter. Um mit ihrem Verlobten zusammen sein zu können, verbringe sie ebenfalls die gesamte Freizeit im Hof oder in der Garage beim Autobasteln; Spaß mache ihr das nicht.

Diagnose

Das klinische Bild der Anorexie gilt als leicht zu diagnostizieren, und es kann von einer hohen Zuverlässigkeit der Diagnose und Übereinstimmung zwischen verschiedenen Beurteilern ausgegangen werden. Bereits 1972 wurden von Feighner u. Mitarb. diagnostische Kriterien vorgeschlagen, die sich mit nur minimalen Schwerpunktveränderungen in den Klassifikationssystemen ICD-9, DSM-III-R und ICD-10 wiederfinden. In der Tab. 39.**6** sind sie zusammengefaßt.

Ätiologie

Obwohl somit die diagnostischen Kriterien im wesentlichen stabil geblieben sind, haben sich bezüglich der Annahmen über die Ätiologie der Erkrankung insbesondere auch in der Verhaltenstherapie entscheidende Veränderungen ergeben. Besonders bedeutsam sind die folgenden.

Während die klassische Verhaltenstherapie Anorexia nervosa nahezu ausschließlich als Störung des Eß- und Gewichtsverhaltens interpretierte, wird heute **den kognitiven und emotionalen Aspekten größere Bedeutung** beigemessen. Die Symptome in bezug auf Essen und Gewicht werden nicht mehr als die Störung selbst verstanden, sondern sie werden auf ihre Funktion im Lebenszusammenhang der Patientin hinterfragt. Damit geraten kommunikationstheoretische Ansätze in den Vordergrund: die Erkrankung wird als eine Form der Auseinandersetzung mit für die Patientin nicht lösbaren oder nicht lösbar erscheinenden Problemen interpretiert. Sie ist somit eine Lösung, die im Sinne der Kommunikationstheorie das offensichtliche Problem erst schafft (vgl. Franke 1994).

Anorektische Frauen werden **nicht mehr allein im Rahmen eines Defizitmodells** betrachtet. Im Rahmen dieses traditionellen Modells galten sie als unfähig,

- ihren Körper realitätsgerecht zu sehen,
- interne Stimuli wie Hunger, Müdigkeit, Frieren, angemessen wahrnehmen und zu interpretieren,
- die Frauenrolle zu akzeptieren,
- ein angemessenes Selbstwertgefühl aufzubauen,
- das für sie richtige Maß von sozialer Nähe und Distanz zu definieren und durchzusetzen,
- eine realistische Selbstwahrnehmung in bezug auf die eigenen Fähigkeiten zu entwickeln.

Dieser Katalog ließe sich noch erweitern; insgesamt galten anorektische Patientinnen als geradezu rundum unzureichend, außerdem als halsstarrig, bockig, uneinsichtig und verlogen. Selbst ansonsten sozial positiv bewertete Fähigkeiten wie Fleiß, Ausdauer und soziales Engagement wurden bei anorektischen Frauen als Unfähigkeit gedeutet – etwa die Unfähigkeit, zu genießen, mal alle Fünfe gerade sein zu lassen oder sich nicht für jedes Elend in der Welt verantwortlich zu fühlen. Heute wird demgegenüber weitgehend anerkannt, daß die Anorexie für die betroffene Frau angesichts einer Fülle von sie überwältigenden Problemen und Aufgaben gerade nicht Ausdruck von Zerstörung, Verweigerung und Unvermögen ist, sondern im Gegenteil Ausdruck eines verzweifelten Kampfes um Selbsterhaltung und (Über-)Leben.

Welche Funktion die Erkrankung bei einer einzelnen Patientin übernimmt, kann jeweils nur im Rahmen einer umfassenden Verhaltensanalyse geklärt werden. Als zentrale Funktionen haben sich die folgenden herauskristallisiert.

Erlangung von Autonomie: Anorektische Mädchen und Frauen leben häufig in einem sozialen Umfeld, in dem das konfliktlose Miteinander höher bewertet wird als die jeweiligen Wünsche und Bedürfnisse der einzelnen. In familientherapeutischen Modellen (vgl. Minuchin u. Mitarb. 1978, Selvini Palazzoli 1982) werden die Familien als hochgradig vermischt beschrieben: unterschiedliche Meinungen und Emotionen können nicht zugelassen werden, alle Familienmitglieder mischen sich in die Angelegenheiten der jeweils anderen ein, es besteht extreme gegenseitige Kontrolle, Grenzen zwischen den Familienmitgliedern werden nicht respektiert und eingehalten, das emotionale Klima ist häufig kalt. Die Eltern stellen in aller Regel hohe Ansprüche an die Tochter und bewerten vermeintliche Wertvorstellungen Außenstehender höher als die Bedürfnisse ihrer Tochter. Sie sind rigide, unterbinden experimentierendes Sich-Ausprobieren der Jugendlichen und verweigern ihnen eine lustvolle sexuelle Entwicklung. Die Töchter müssen, so beschreibt es auch Hilde Bruch (1973, 1980 u. 1990), die Formen ausfüllen, die ihre Eltern für sie gegossen haben.

Die Auseinandersetzung mit dem (sich verändernden) Körper: Anorektische Patientinnen beschäftigen sich gedanklich und in ihrem Verhalten nahezu permanent mit ihrem Körper und seinem Gewicht. Sie leben, wie Selvini Palazzoli (1974) es ausdrückte, so, als liege der Grund für ihr ganzes Mißgeschick in ihrem Körper. Hilde Bruch wies als eine der ersten (1962 u. 1973) auf Störungen des Körperbildes bei anorektischen Frauen hin und hielt diese neben der Konfusion hinsichtlich körperlicher Empfindungen und einem alles umfassenden Gefühl von Unzulänglichkeit für eines von drei grundlegenden Charakteristika der Krankheit. In ihrem letzten Werk 1990 distanzierte sie sich jedoch vorsichtig von diesem Standpunkt und betrachtete diese Trias als gemein-

X

Tabelle 39.**6** Schwerpunktveränderungen in den Klassifikationssystemen

Ferghner u. Mitarb. 1972	ICD-9 (Degkwitz u. Mitarb. 1980)	DSM-III-R (APA 1987)	ICD-10 (Dilling u. Mitarb. 1991)
Beginn vor dem 25. Lebensjahr	Beginn: Pubertät, gelegentlich Vorpubertät; selten bei männlichem Geschlecht		heranwachsende Mädchen und junge Frauen; selten bei Jungen und jungen Männern und älteren Frauen
	Essensverweigerung		
Gewichtsverlust mindestens 25% des ursprünglichen Gewichts	markanter Gewichtsverlust	Weigerung, das Körpergewicht über einem minimalen Normalgewicht entsprechend dem Alter und der Größe zu halten: Gewicht 15% unter erwartetem Gewicht	Körpergewicht mindestens 15% unter erwartetem Gewicht oder Body-mass-Index* von 17,5 oder weniger
Verzerrte und nicht korrigierbare Einstellung gegenüber Essen/Nahrung/Gewicht, z. B. – Krankheitsverleugnung – Vergnügen am Gewichtsverlust – angestrebtes extrem mageres Körperbild – ungewöhnliches Horten oder Umgehen mit Nahrungsmitteln	ungewöhnliche Eßgewohnheiten und Einstellungen zur Nahrung	intensive Angst, zuzunehmen oder dick zu werden: Gewicht, Größe und Gestalt des Körpers werden verzerrt erlebt	Körperschema-Störung in Form einer spezifischen psychischen Störung: die Angst, zu dick zu werden, besteht als eine tiefverwurzelte überwertige Idee
Keine andere psychiatrische Erkrankung	möglich: begleitende psychische Symptome		möglich: depressive Symptome, Zwangssymptome
	Amenorrhoe	Ausbleiben von mindestens 3 aufeinanderfolgenden Menstruationszyklen	
Mindestens zwei der folgenden Symptome: – Amenorrhoe – Lanugobehaarung – Bradykardie – Hyperaktivität – bulimische Episoden – Erbrechen oder Laxantienabusus	hohes Aktivitätsniveau bulimische Episoden möglich – verlangsamter Puls – erniedrigte Atemfrequenz – erniedrigte Körpertemperatur – lageabhängige Ödeme		Gewichtsverlust selbst herbeigeführt durch: – Verhinderung hochkalorischer Speisen und/oder: – selbst induziertes Erbrechen – selbst induziertes Abführen – übertriebene körperliche Aktivitäten – Appetitzügler und/oder Diuretika
			endokrine Störung auf der Hypothalamus-Hypophysen-Gonaden-Achse bei Frauen: Amenorrhoe, bei Männern: Libido-, Potenzverlust; verzögerte Abfolge der pubertären Entwicklungsschritte bei Beginn in der Vorpubertät

* Body-mass-Index $\frac{\text{Körpergewicht (kg)}}{\text{Körpergröße (cm)}}$

same Ausdrucksform eines zerstörten Selbstkonzepts, das von Angst vor innerer Leere oder Schlechtigkeit, auf jeden Fall vor etwas, das unter allen Umständen verborgen bleiben muß, geprägt ist. Andere Erklärungsmodelle setzen die Beschäftigung mit dem Körper in ursächliche Verbindung zu den pubertären Veränderungen und sexuellen Anforderungen, zum herrschenden Schlankheitsideal und den gesellschaftlichen Anforderungen an die äußere Attraktivität von Frauen (Lawrence 1986, Orbach 1987). Auch im Rahmen des funktionalen Modells ist die Frage nach der Bedeutung, die die intensive Beschäftigung mit dem Körper hat, nicht geklärt (eingehendere Überlegungen s. bei Franke 1994); es gilt, sie in jedem Einzelfall herauszufinden.

Der Erwerb von Selbstwertgefühl: Mangelndes Selbstwertgefühl ist ein zentrales Problem anorektischer Patientinnen. Sie fühlen sich unfähig, wertlos, zu nichts Nutze, können ihre Position in der Welt nicht definieren. Das Aushalten von Hunger, das Sich-nicht-gehen-Lassen, schlank zu werden in einer Zeit, in der dieses Ziel als für „moderne" Frauen fast wichtigstes Ziel hingestellt wird, scheint ein Gefühl von

Überlegenheit und Kompetenz zu geben (vgl. Mc Leod 1983, Schlipper 1992).

Der Schrei nach Hilfe: Anorektische Mädchen und Frauen leben häufig in einer Welt, in der alle äußeren Angelegenheiten hervorragend geregelt sind. Die Familien sind zumeist sozial eingegliedert, die wirtschaftlichen Verhältnisse sind geordnet, die äußere Fassade ist bürgerlich-harmonisch. Auch die anorektische Frau rebelliert nicht gegen diese Außendarstellung. Doch jedem Außenstehenden wird klar, daß irgend etwas nicht stimmen kann, wenn inmitten der gut gekleideten und blendend gelaunt scheinenden Familie ein Skelett mit auf den Sonntagsspaziergang geht.

Der magere und kindliche Körper als Schutz: Anorektische junge Frauen sind in aller Regel nicht auf ein selbständiges Leben vorbereitet, sie fühlen sich von den Anforderungen des Erwachsenenlebens überfordert. Hier bietet der kindliche Körper einen vermeintlichen Schutz.

Verhaltenstherapeutische Verfahren: Anfänge

Wie bereits erwähnt, betrachtete die frühe Verhaltenstherapie Anorexia nervosa als Störung des Eß- und Gewichtsverhaltens. Zur Erklärung dieser Störung wurde sowohl das Paradigma des klassischen als auch dasjenige des operanten Konditionierens herangezogen.

Unter Berücksichtigung des **klassischen Paradigmas** erschien Anorexia nervosa als phobische Störung: Essen bzw. normales Gewicht oder Gewichtsanstieg wurden als angstauslösend angesehen, Nicht-essen somit als Vermeidungsverhalten interpretiert. Entsprechend dem allgemeinen Stand der Verhaltenstherapie folgte die Behandlung weitgehend dem Modell der Gegenkonditionierung, d. h. es wurde vor allem die Methode der systematischen Desensibilisierung angewandt (vgl. Crisp u. Toms 1972, Schnurer, Rubin u. Roy 1973). Die Angsthierarchien bezogen sich sowohl auf das Eßverhalten und das Gewicht als auch auf Art und Menge des Essens.

In der praktischen Durchführung traten zahlreiche Probleme auf, insbesondere massive Angstreaktionen selbst bei der Vorstellung kleinster Gewichtsanstiege oder minimaler Kaloriensteigerungen. Insgesamt fanden Verfahren zur Angstreduktion in der Behandlung anorektischer Patientinnen keine sehr weite Verbreitung.

Im operanten Modell konzentrierte man sich vorwiegend auf die dem Eß- und Gewichtsverhalten vorausgehenden und die ihm nachfolgenden Reizbedingungen. Eßverhalten, so die Annahme, stehe unter der Kontrolle „unangemessener" Reizbedingungen, die es zu ändern gelte, damit „angemessenes" Eßverhalten realisiert werden könne. Prototyp für alle weiteren Therapiepläne war das therapeutische Vorgehen von Bachrach, Erwin u. Mohr, das wegen seiner grundlegenden Bedeutung und des Einflusses, den es über viele Jahre auf die verhaltenstherapeutische Behandlung gehabt hat, hier ausführlich vorgestellt sei:

Verhaltenstherapeutisches Vorgehen: Historisches Beispiel

„Um angenehme Konsequenzen (C+, positive Verstärker) für die erwünschte Verhaltensweise ‚Essen' zur Disposition zu haben, wurde die Patientin in einem kahlen Raum untergebracht, in dem sich außer einem Bett, Stuhl, Nachtschrank sowie einem Ausguß keine weiteren Gegenstände befanden. Jeweils einer der drei Therapeuten nahm eine Mahlzeit gemeinsam mit der Patientin auf ihrem Zimmer ein. Dabei wurde die Verhaltensweise ‚Essen' in all ihren Teilschritten (Nahrung auf die Gabel nehmen, Gabel in Richtung Mund bewegen, Kauen) verbal positiv verstärkt (‚shaping'), indem der Therapeut jedesmal, wenn diese erwünschten Verhaltensweisen auftraten, über ein für die Patientin angenehmes oder interessantes Thema sprach. Wenn sie die Nahrung zu sich genommen hatte, wurde dies durch Erlaubnis zum Radiohören, Fernsehen, Plattenabspielen verstärkt, indem eine Schwester auf ein Signal des Therapeuten die Geräte in das Zimmer der Patientin brachte (‚operantes Konditionieren'). Später – als die Patientin bereits an Gewicht zugenommen hatte und wieder mobil war – wurden weitere Verstärker eingesetzt, z. B. Essen mit einer Mitpatientin ihrer Wahl, gemeinsames Essen im Tagesraum, Spaziergänge mit einer Lernschwester oder einer Mitpatientin ihrer Wahl, Besuche durch Familienmitglieder und andere Kontaktpersonen, Postempfang, Haarpflege. Da der Verdacht bestand, daß sich die Patientin eines Teiles ihrer zu sich genommenen Nahrung durch Erbrechen entledige, definierten die Autoren die Zielverhaltensweise ‚Nahrungsaufnahme' in ‚Gewichtszunahme' um. Jeden Tag um 15.00 Uhr wurde das Gewicht der Patientin gemessen und die Vergabe von Verstärkern von diesen Messungen abhängig gemacht. Danach erhielt die Patientin für knapp elf Monate eine ambulante Betreuung. Ihre Familie wurde instruiert, besonders auf folgende Punkte zu achten:

- Krankes Verhalten und Klagen nicht zu verstärken.
- Keine Auseinandersetzungen wegen des Essens zu initiieren.
- Ihre Gewichtszunahme weiterhin verbal zu verstärken.
- Keine besonderen Mahlzeiten für sie zuzubereiten.
- Ihr niemals zu erlauben, alleine zu essen.
- Die Mahlzeiten genau einzuhalten und während der Mahlzeiten einen Wecker aufzustellen; ein violettes Tischtuch als diskriminativen Reiz für Essenszeit-Tisch-Verhalten zu benutzen, d. h. das Tuch sollte signalisieren, daß nur Essenszeit-Verhalten wie Tischdecken, Nahrungsaufnahme an diesem Tisch gezeigt werden sollte, solange das Tuch auflag.
- Die Patientin zu ermutigen, mit anderen Personen auswärts unter erfreulichen Bedingungen essen zu gehen (zitiert nach Meermann u. Vandereycken 1981, S. 88 f).

Operante Programme dieser Art wurden vor allem in Kliniken durchgeführt, wobei sich die Durchführung im therapeutischen Alltag keineswegs als komplikationslos erwies. Als Hauptproblem erwies sich zu allem Übel leider das zentrale Moment jedes operanten Plans: das Verstärken.

Theoretisch gab es drei Verhaltensweisen, die als zu verstärkendes Verhalten in Frage kamen: zielgerichtetes Eßverhalten (Gabel/Löffel zum Teller führen, ohne langes Herumrühren zum Mund heben, angemessen kauen, schlucken), Essen einer ausreichenden Nahrungsmenge (operationalisiert in Menge/Anzahl bestimmter Nahrungsmittel oder Kalorien), Gewichtszunahme.

In der praktischen Durchführung machten diese jedoch auf ihre je spezifische Weise Probleme: Die Verstärkung des Eßverhaltens erwies sich nicht nur als außerordentlich kompliziert, sondern sie führte zu hastigem Hinunterschlingen und häufig zu späterem Erbrechen. Verstärkung der Eßmen-

X

ge führte dazu, daß die Patientinnen sich unmittelbar nach dem Essen wieder erbrachen, Verstärkung von Gewichtszunahme führte zu den allseits als Hinterhältigkeiten beklagten Tricks wie Wassertrinken vor dem Wiegen oder das Festkleben kleiner Kieselsteine aus dem Klinikpark in der Schlafanzughose. Zusätzlich wurde beklagt, daß die Patientinnen sich nicht verstärken ließen: sie verschmähten hartnäckig alles, was ihnen nach Therapieplan Freude machen sollte.

Am Ende ihres Verstärkerlateins führten Verhaltenstherapeuten daraufhin strenge Deprivationsbedingungen in die Programme ein. Die Patientinnen lagen in der Regel allein in einem Zimmer, in dem es außer einem Klinikbett nichts gab. Telephonieren, Briefe schreiben und bekommen, fernsehen, Radio hören, lesen wurden als Verstärker definiert und nur gewährt, wenn die Patientinnen die entsprechenden Ziele erreichten. Nur zu häufig zeigte sich jedoch, daß auch solche Deprivationsbedingungen nichts bewirkten. Dies führte zu Verschärfungen der therapeutischen Prozedur und Bestrafungen wie etwa der, Patientinnen, die sich erbrachen, den freien Zugang zur Toilette zu verbieten und einen Nachttopf zu geben, den sie selbst reinigen mußten (Halmi 1985).

Verhaltenstherapeutische Programme dieser Art gehören inzwischen weitgehend der Vergangenheit an. Hierzu haben sicherlich neben der massiven Kritik von Experten anderer therapeutischer Schulen, insbesondere von Hilde Bruch (1974 u. 1975), auch die frustrierenden Katamnesen (vgl. Erwin 1977, Franks u. Wilson 1978, Garfinkel, Modolfsky u. Garner 1977) beigetragen. Ein weiterer Faktor dürfte der große Aufwand gewesen sein, den diese Programme verursachten. Insbesondere im stationären Bereich erforderten die Patientinnen mit Anorexia nervosa überproportional viel Arbeitskraft und therapeutische Energie, ohne daß dieser Aufwand in Relation zu einem erkennbaren Erfolg gestanden hätte.

Zur Kursänderung hat sicherlich auch die allgemeine kognitive Wende in der Verhaltenstherapie beigetragen, die es ermöglichte, neben den Störungen im Eß- und Gewichtsverhalten auch die oft massiven Defizite im Bereich von Selbstsicherheit, Selbstbild, Sozialverhalten, Körperwahrnehmung in Problemanalyse und Therapieplan zu berücksichtigen.

Und schließlich und endlich – und dies scheint mir der entscheidendste Punkt für die Veränderung – erkannten mit der Zeit auch immer mehr Verhaltenstherapeuten, daß sie mit den kontrollierenden Programmen exakt den interaktionellen Gegenpart übernahmen, den die anorektische Patientin zur Aufrechterhaltung ihrer Störung braucht. Unter kommunikationstheoretischen Gesichtspunkten erwiesen sich insbesondere die operanten Programme als Mehr vom Gleichen und trugen damit mehr zu einer Stabilisierung des anorektischen Verhaltens als zu seiner Reduzierung bei (vgl. Franke 1991 u. 1994).

Therapieverlauf

Fallbeispiel

Frau H. befand sich vier Monate zu einem stationären Aufenthalt in einer verhaltensmedizinischen Klinik. In dieser Zeit führte sie etwa 50 Einzelgespräche mit der Therapeutin und nahm an zahlreichen Gruppenangeboten aus verschiedenen Bereichen teil.

In den Gesprächen ging es zunächst vorwiegend darum, die massiven kognitiven und emotionalen Fehlwahrnehmungen und Fehlattribuierungen der Patientin aufzuarbeiten. So war sie z. B. fest überzeugt, gegessen zu haben, wenn sie im Speisesaal ihr Tablett holte, mittels Kalorientabelle und Taschenrechner die Kalorien ausrechnete, diese in ein Heft eintrug und das unberührte Tablett wieder zurückbrachte. Nach dieser Phase, die mühsam und für die Patientin offenbar manchmal recht schmerzhaft verlief, fanden gemeinsame Gespräche mit dem Verlobten statt. Im Sinne der strukturellen Theorie zeigten sie die gegenseitige Verflochtenheit der Symptome „Anorexie“ und „exzessive Beschäftigung mit Autos“ auf. Diese Deutung wurde vom Verlobten heftig zurückgewiesen, von der Patientin aber geradezu begeistert akzeptiert. In der Woche nach dem zweiten Partnergespräch erklärte sie, sie habe jetzt keine Angst mehr vor dem Zunehmen, lediglich vor Freßanfällen mit Süßigkeiten. Sie gab daraufhin alle Süßigkeiten, die sie vorher gehortet hatte und stets in großen Plastiktüten mit sich herumzuschleppen pflegte, im Stationszimmer ab und holte sich nur bei Bedarf kleinere Mengen. Von diesem Zeitpunkt an nahm sie in Eigenregie kontinuierlich langsam zu; sie nahm an der von der Hauswirtschaftsleiterin angebotenen Diätberatung teil, erstellte sich aber keinen Diätplan und wünschte keine weitere Hilfe zum Wiedererlangen des geregelten Essens. Die Einzelgespräche konzentrierten sich in diesem zweiten Teil der Therapie vor allem um den Aufbau konkreter eigener Lebensperspektiven und um Fragen der Durchsetzung gegenüber Großmutter, Eltern und Verlobten.

Sehr intensiv und mit großer Freude nahm Frau H. an den Angeboten der Ergotherapie teil. Während ihre Mutter die Ergebnisse ihres künstlerischen Tuns immer als „Ergüsse“ abgetan hatte, machte sie in der Ergotherapie die Erfahrung, daß ihre Fähigkeiten ernst genommen und geschätzt wurden.

In der Sporttherapie lernte sie, körperliche Aktivität nicht sinnlos zu vergeuden, sondern gezielt einzusetzen. Ihre Hyperaktivität reduzierte sich deutlich, sie nahm zunehmend regelmäßig an den sportlichen Freizeitaktivitäten der Klinik teil.

Als sehr hilfreich erwies sich die Teilnahme an der Selbsterfahrungsgruppe, in der Frau H. lernte, sich gegenüber Wünschen und Ansprüchen anderer abzugrenzen, eigene Bedürfnisse zu artikulieren, Strategien für Auseinandersetzungen mit Autoritäten zu entwickeln, Emotionen zu äußern. Besonders wichtig war es für sie, zu sehen, wie sehr sie auch in dieser Gruppe darauf bedacht war, allgemeine Harmonie herzustellen und wie schwer es ihr fiel, Spannungen auszuhalten. Gegen Ende der Gruppenarbeit gelang es ihr zusehends, sich in Konflikte zwischen anderen Teilnehmern nicht einzumischen, und es zu ertragen, wenn unterschiedliche Ansichten und Meinungen in der Gruppe existierten.

Wenig erfolgreich waren die Gespräche mit der Soziotherapeutin, die angesetzt worden waren, um eine berufliche Perspektive zu entwickeln. Zwar äußerte Frau H. mehrmals den Wunsch nach diesen Gesprächen, nahm vereinbarte Termine dann aber entweder nicht wahr oder ließ eine Beratung nicht zu. Es entstand der Eindruck, daß Frau H. zwar sehr an einer Berufsausbildung interessiert war, sie es aber noch nicht wagte, diesen Wunsch gegenüber ihren Eltern und ihrem Verlobten durchzusetzen; deren ausdrückliches Votum ging dahin, daß Frau H. nach ihren diversen abgebrochenen Ausbildungsversuchen nun in einer ungelernten Stellung Geld verdienen solle.

Bausteine der Therapie

Im Fallbeispiel von Frau H. sind exemplarisch die wesentlichen Bausteine eines heutigen verhaltenstherapeutischen Vorgehens in der Behandlung von Patientinnen mit Anorexia nervosa dargestellt. Als Therapieziele werden nicht mehr allein Gewichtsanstieg, geregeltes Essen, Abbau der Hypermotorik und Wiedereinsetzen der Menstruation definiert. Vielmehr wird die spezifische Lebenssituation, in der sich das anorektische Syndrom entwickelt hat, auf die Notwendigkeit und die Bedingungen ihrer Veränderung überprüft, so daß sich ein Spektrum an Behandlungsansätzen ergibt, das nahezu die gesamte Palette verhaltensmedizinischen Vorgehens umfassen kann.

Einen wesentlichen Baustein in der Therapie bilden in jedem Fall Einzelgespräche mit einem Bezugstherapeuten. Völlig unabhängig von der Art der im einzelnen eingesetzten Methoden ist die therapeutische Beziehung die Grundvoraussetzung für eine mögliche Veränderung anorektischer Patientinnen. Einfühlendes Verstehen, Akzeptanz, Echtheit – die von Rogers 1951 postulierte Trias erweist sich bei der Arbeit mit anorektischen Frauen als unabdingbar. Nur wenn die Patientin sich akzeptiert fühlt, wird sie ihre Verteidigungshaltung aufgeben können und sich gemeinsam mit dem Therapeuten auf die Suche nach Lösungsansätzen für das Problem begeben, zu dessen Vertuschung eine solche mächtige und dominante Symptomatik erforderlich ist. Die Beziehung ist nicht die eines wissenden Therapeuten auf der einen und einer kranken Patientin auf der anderen Seite, sondern die von zwei miteinander Arbeitenden, die sich gemeinsam verschworen haben, ein großes Rätsel zu lösen (ausführlich hierzu: Franke 1994).

In diese kooperative Beziehung müssen in einem stationären Setting natürlich auch alle anderen Behandler eingebunden sein. Anorektische Patientinnen sind sensibel für Unstimmigkeiten jeder Art, und sie werden Dissonanzen im Team treffsicher aufspüren und verwerten.

Darüber hinaus spielen die im folgenden aufgeführten Elemente in der Therapie anorektischer Patientinnen eine besondere Rolle; welche im einzelnen Verwendung finden, wird sich auch danach richten, ob die Therapie im ambulanten oder stationären Setting durchgeführt wird.

In verschiedenen Kliniken und auch im ambulanten Bereich sind unterschiedliche **Formen von Gesprächsgruppen** für eßgestörte Patientinnen entwickelt worden. Manchmal nehmen an diesen Gruppen Anorexie- und Bulimiepatientinnen teil, manchmal auch Adipöse. Gruppen, an denen nur Anorexiepatientinnen teilnehmen, können sich in der Durchführung als sehr schwierig erweisen, dies insbesondere wegen der großen Gefahr von Konkurrenzkämpfen, die die Patientinnen häufig auch mit therapeutischer Hilfe nicht regeln können. Zwar gibt es vereinzelt Institutionen, die solche Gruppen mit Erfolg durchführen, doch hat sich im allgemeinen gezeigt, daß das Zusammensein mit Frauen, die eine andere Eßstörung entwickelt haben, mancher anorektischer Patientin hilft, sich von der eigenen Fixierung zu lösen. Es besteht die Möglichkeit zu erkennen, daß andere bei sehr unterschiedlicher Symptomatik sehr vergleichbare Probleme haben, und dies öffnet die Chance, das eigene Verhalten als das zu sehen, was es ist: ein unangemessener Lösungsversuch für andere Probleme.

Die Gesprächsgruppen sind teilweise offen, häufig werden jedoch auch für Patientinnen mit Eßstörungen typische Themen vorgegeben. Solche sind z.B.: Nähe und Distanz, Umgang mit den eigenen Bedürfnissen, Leistungsorientierung, Aggressivität, Ablösung von den Eltern (ausführlich hierzu: Schmitz, Ecker u. Hofmann 1991).

Einen zweiten wichtigen Baustein bilden **Selbstsicherheitstrainings.** Patientinnen mit Anorexia nervosa sind zumeist sehr sensibel für die Bedürfnisse, Wünsche und Emotionen ihrer Sozialpartner, aber unfähig, ihre eigenen Bedürfnisse zu erkennen. Wenn überhaupt, dann wissen sie, was sie nicht wollen und verweigern sich passiv-trotzig. Im Selbstsicherheitstraining können sie lernen, eigene Bedürfnisse wahrzunehmen und zu artikulieren, sie können erfahren, daß das Äußern von Wünschen nicht von allen Sozialpartnern als Ausdruck eines krassen Egoismus gewertet wird, und sie können in einer angstfreien Atmosphäre ausprobieren, Forderungen und Bitten, denen sie nicht nachkommen möchten, abzulehnen.

Zum Aufbau eines angemessenen Körperschemas, zum Erlernen eines angstfreien und lustvollen Umgangs mit dem Körper und zum Abbau der Hypermotorik haben sich **Gymnastik und Sport** sehr bewährt. Da der Patientin in der Regel in ihrer realen sozialen Situation verboten war, sich zuviel zu bewegen (weil sie ja dadurch noch dünner würde), erleben es die Patientinnen als erleichternd, wenn in der Therapie Bewegung ausdrücklich empfohlen wird. Gezielte sportliche Übungen sind zudem hilfreich beim Abbau von ungezielter hypermotorischer Aktivität. In einem fortgeschrittenen Stadium der Therapie sind Schuld- und Angstgefühle, die sich einstellen, wenn die Patientin beginnt, sich weniger anorektisch zu verhalten, auf diese Weise schonend zu reduzieren.

Übungen zur Körperwahrnehmung bereiten den Patientinnen häufig zunächst große Angst, bei einer sehr vorsichtigen und gewährenden Anleitung können sie jedoch häufig die Chance wahrnehmen, sich dem eigenen Körper und damit auch der eigenen Person zu nähern. Solche Übungen können im Rahmen der Sporttherapie oder körpertherapeutischer Arbeit stattfinden. Hilfreich ist alles, was die Auseinandersetzung mit dem eigenen Körper fördert, den eigenen Körper vertrauter macht und zu seiner Akzeptanz führt: Spiegelübungen, Visualisierungsübungen, Sich-Verkleiden und das Ausprobieren von Perücken und Hüten, Massage, Bäder mit wohlriechenden Essenzen usw. Ziel ist nicht nur die Akzeptanz eines „angemessenen" Körperumfangs, sondern das Kennenlernen des Körpers mit all seinen Signalen, Bedürfnissen und Ausdrucksmöglichkeiten.

Zur Aufdeckung und Veränderung rigider und persistierender Gedankenmuster haben sich **Kognitionstrainings** bewährt. Die Gedanken anorektischer Patientinnen sind zumeist nicht situationsangemessen, sondern von einem Repertoire immer gleicher Sätze, die um Essen, Nicht-Essen und Körper kreisen, bestimmt. Im Kognitionstraining können die Patientinnen lernen, daß auch andere Gedanken denkbar sind und sich verschiedenen Alternativen vorsichtig übend nähern.

Ergotherapeutische Maßnahmen haben eine wesentliche Indikation bei extrem leistungsorientierten Patientinnen, die in der Therapie kreative, lustvolle Aspekte kennenlernen können. Auch der manchmal verschwenderische und ziellose Umgang mit Material kann helfen, asketisches Sich-Einengen zu hinterfragen und zu überwinden.

Viele anorektische Patientinnen wissen nichts oder viel Falsches über **physiologische und psychologische Grundlagen** von Hunger und Durst, Ernährung, Ernährungswert verschiedener Lebensmittel u. ä. Hier können entsprechende Informationen durch eine Diätberatung vermittelt werden.

Im Rahmen eines verhaltenstherapeutischen Konzepts richten sich die meisten Maßnahmen an die betroffene Patientin. Dies schließt jedoch nicht aus, daß bei entsprechender Indikation **auch das soziale Umfeld** in die Therapie einbezogen wird. Dies kann in Form einzelner gezielter Beratungsgespräche geschehen, ggf. aber auch in gemeinsamen Interventionen über längere Zeit.

Bulimia nervosa: Psychoanalytische Therapie

St. Herpertz

Einleitung

Bei der Bulimia nervosa (griechisch „bous": Ochse, Stier; „limos": Hunger, Heißhunger) handelt es sich um ein primär psychisch bedingtes Krankheitsbild, dessen erste Falldarstellung, die aktuellen diagnostischen Kriterien genügt, von Wulff aus dem Jahre 1932 stammt. Rückblickend stellen auch Janets Fall „Nadia" (1903) und Binswangers Fall „Ellen West" (1944) bulimische Eßstörungen dar, die jedoch mangels geeigneter Bezeichnungen eine andere Diagnose bekamen (Fichter 1989). Ende der 40er Jahre beobachtete Bruch die ersten Patientinnen mit Bulimie. 1980 fand Russels Beschreibung dieses Krankheitsbildes Eingang in das amerikanische Klassifikationsschema DSM-III (APA 1980). In der Zeit danach fand eine intensive Diskussion statt hinsichtlich der Terminologie diagnostischer Kriterien und der Beziehung dieser Gruppe von Störungen zur Magersucht. Zu einer einheitlichen Meinung fand man 1987 bei der Definition der Bulimia nervosa in der ICD-10 (Dilling u. Mitarb. 1991) und im DSM-III-R (APA 1987). Parallel zu der seit spätestens 1979 einsetzenden wissenschaftlichen Auseinandersetzung entwickelte sich eine zunehmende öffentliche Diskussion. 1979 wurde Boskind-Lodahls Untersuchung bulimischer Studentinnen an der renommierten amerikanischen Cornell-Universität im deutschen Sprachraum publiziert, wodurch erstmals auch hier eine breitere Öffentlichkeit Kenntnis von diesem Krankheitsbild bekam (Boskind-Lodahl u. Sirlin 1979). Nicht zuletzt aufgrund der Bulimie haben die Eßstörungen nicht nur in den medizinischen und psychologischen Fachbereichen zunehmend an Bedeutung gewonnen. Neben populärwissenschaftlichen Büchern und Magazinen widmen sich zunehmend die Massenmedien, insbesondere auflagenstarke Frauen- und Mädchenzeitschriften diesem Themenkomplex. Während die Bulimia nervosa noch vor 15 Jahren allenfalls Vertretern entsprechender Fachdisziplinen bekannt war, dürfte diese Eßstörung heute vielen jungen Frauen zwischen 15 und 25 Jahren geläufig sein.

Fallbeispiel einer tiefenpsychologischen Diagnostik

Die 25jährige Frau B. wird wegen kurzzeitiger Bewußtlosigkeit, Schwindel, Abgeschlagenheit und Kräfteverlust in der medizinischen Klinik notfallmäßig aufgenommen. Bei einer Körpergröße von 1,75 m ist die Patientin mit 62 kg idealgewichtig. Laborchemisch auffällig ist ein ausgeprägter Kalium-, Calcium- und Eisenverlust. Ein somatisches Korrelat kann nicht festgestellt werden, erst im weiteren Verlauf ihres stationären Aufenthalts vertraut die Patientin der Stationsärztin ihre Bulimie an, worauf die Patientin in die psychosomatische Klinik verlegt wird. Weitere diagnostische Gespräche ergeben den Befund einer schweren Bulimia nervosa mit täglich bis zu acht bulimischen Attacken. Jegliche zeitliche Strukturierung der Nahrungsaufnahme scheint aufgehoben, Freß- und Brechattacken alternieren mit Fastenepisoden. Neben einem ausgeprägten Laxanzienabusus konsumiert die Patientin in großen Mengen Lakritze. Seit dem 11. Lebensjahr unternahm die Patientin immer wieder Fastendiäten, die Angst jedoch vor einer Gewichtszunahme wurde immer stärker. Laxanzien nahm sie zum ersten Mal mit 15 Jahren, das erste selbstinduzierte Erbrechen erfolgte drei Jahre später. Als Einzelkind wuchs die Patientin zusammen mit ihren Eltern und Großeltern auf einem Bauernhof auf. Im Alter von zwei Jahren wurde ihr Bruder geboren, der jedoch kurze Zeit nach seiner Geburt an einem Herzfehler starb. Ein Jahr später hatte die Mutter erneut eine Frühgeburt, ebenfalls ein Junge, der perinatal verstarb. Die Patientin beschreibt ihre Kindheit als hart, nicht zuletzt habe sie den Eltern auf dem Feld immer helfen müssen, Freizeit habe es nur selten gegeben. Häufig sei es insbesondere zwischen ihr und ihrem Vater zu aggressiven Auseinandersetzungen mit gewaltsamen Übergriffen von seiten des Vaters gekommen. Der Vater habe sich immer einen Jungen gewünscht. Nicht nur die Trauer über seine beiden verstorbenen Söhne sei für sie spürbar gewesen, sondern auch eine latente Vorwurfshaltung wegen ihres weiblichen Geschlechts. Mit 18 Jahren beginnt die Patientin die Ausbildung beim Bundesgrenzschutz, schon als Kind habe sie Polizistin werden wollen. Während ihr anfangs die Ausbildung sehr zugesagt habe, sei sie den an sie gestellten Ansprüchen in ihrem Beruf weder physisch noch psychisch kaum noch gewachsen.

Diagnose

Die Bezeichnung Bulimie steht für den unwiderstehlichen Drang nach häufig hochkalorischer Nahrung. Phasen der übermäßigen unkontrollierten Nahrungsaufnahme wechseln mit Erbrechen, Laxanzien- und/oder Diuretikaabusus. Häufig folgt rigoroses Fasten. Aus der vorherrschenden Furcht, zu dick zu werden, folgen also Maßnahmen, die der Gewichtskontrolle dienen. Nach einer Eßattacke, bei der mehrere Tausend kcal konsumiert werden können, stellen sich Schuldgefühle und Selbstvorwürfe ein, verbunden mit dem Wunsch nach Ungeschehenmachenwollen. Die in der Regel der Bulimie vorausgehenden Fasten- und Diätregime hatten schon ein normales Eßverhalten weitgehend aufgehoben. In ausgeprägten Fällen wechseln bulimische Kontrollverluste mit Hungerphasen. Mahlzeiten als basale Zeitgeber

Tabelle 39.**7** Diagnostische Kriterien der Bulimia nervosa DSM-IV (APA 1994)

A. Wiederholte Episoden von „Freßattacken". Eine „Freßattacken"-Episode ist gekennzeichnet durch beide der folgenden Merkmale:
   1. Verzehr einer Nahrungsmenge in einem bestimmten Zeitraum (z. B. innerhalb eines Zeitraums von 2 Stunden), wobei diese Nahrungsmenge erheblich größer ist als die Menge, die die meisten Menschen in einem vergleichbaren Zeitraum und unter vergleichbaren Bedingungen essen würden.
   2. Das Gefühl, während der Episode die Kontrolle über das Eßverhalten zu verlieren (z. B. das Gefühl, weder mit dem Essen aufhören zu können, noch Kontrolle über Art und Menge der Nahrung zu haben).

A. Wiederholte Anwendung von unangemessenen, einer Gewichtszunahme gegensteuernden Maßnahmen, wie z. B. selbstinduziertes Erbrechen, Mißbrauch von Laxanzien, Diuretika, Klistieren oder anderen Arzneimitteln, Fasten oder übermäßige körperliche Betätigung.

B. Die „Freßattacken" und das unangemessene Kompensationsverhalten kommen drei Monate lang im Durchschnitt mindestens zweimal pro Woche vor.

C. Figur und Körpergewicht haben einen übermäßigen Einfluß auf die Selbstbewertung.

D. Die Störung tritt nicht ausschließlich im Verlauf von Episoden einer Anorexia nervosa auf.

Tabelle 39.**8** Diagnostische Kriterien der Bulimia nervosa nach ICD-10 (Dilling u. Mitarb. 1991)

A. Andauernde Beschäftigung mit Essen und Heißhungerattacken, bei denen große Mengen Nahrung in kurzer Zeit konsumiert werden.

B. Versuche, dem dickmachenden Effekt des Essens durch verschiedene Verhaltensweisen entgegenzusteuern, zum Beispiel selbstinduziertes Erbrechen, Laxanzienabusus, restriktive Diät etc.

C. Krankhafte Furcht, zu dick zu werden.

D. Häufig Anorexia nervosa in der Vorgeschichte.

und Kommunikationsmittel des sozialen Lebens verlieren ihre Bedeutung, die Beschäftigung mit Nahrungsaufnahme, Lebensmitteln und der Figur, damit verbunden die Angst zu dick zu werden, gewinnt absolute Priorität (Tab. 39.**7**, 39.**8**, 39.**9**).

Epidemiologie

Nicht nur infolge der problematischen Definition und der Abgrenzungsschwierigkeiten ist die Bulimia nervosa hinsichtlich ihrer Häufigkeit schwerer zu objektivieren als die Anorexie. Es kommt noch hinzu, daß bulimische Patienten ihre Symptomatik in hohem Maße verheimlichen, was es schwer macht, die Dunkelziffer zu benennen. Die Prävalenz für die Bulimie für junge Frauen liegt nach Cooper u. Fairburn sowie Hsu bei 2 bis 4,5 % (Cooper u. Fairburn 1983, Hsu 1990). Der Erkrankungsgipfel liegt bei 18 Jahren. Epidemiologische

Tabelle 39.**9** Subtypen der Bulimia nervosa

„Purging"-Typus	Die Person induziert während der aktuellen Episode der Bulimia nervosa regelmäßig Erbrechen oder betreibt Laxantien-, Diuretikaabusus.
„Nicht-Purging"-Typus	Die Person hat während der aktuellen Episode der Bulimia nervosa andere unangemessene, einer Gewichtszunahme gegensteuernde Maßnahmen gezeigt wie beispielsweise Fasten oder übermäßige körperliche Betätigung, hat aber nicht regelmäßiges Erbrechen induziert oder Laxantien-, Diuretikaabusus betrieben.

Untersuchungen führen den eindrucksvollen Anstieg von Eßstörungen in den Industriestaaten der Welt in erster Linie auf eine Zunahme der Bulimia nervosa zurück (Hsu 1990, Pyle u. Mitarb. 1983 u. 1986).

Ätiologie

Mit seiner Beschreibung der Impulsneurose führte Janet 1906 die wichtigsten Kriterien der viele Jahre später beschriebenen bulimischen Eßstörung auf: nicht kontrollierbarer Handlungsdrang, welcher häufig der Selbststimulation dient, um Zustände von Leere und innerer Langeweile zu überwinden und unangenehme Stimmungen zu durchbrechen. Den Handlungen folgen in der Regel Schuldgefühle und Selbstvorwürfe, häufig verbunden mit der Überzeugung, in Zukunft diesen Impulsen nicht mehr nachgeben zu müssen. Das Merkmal der Impulsivität ergibt sich aus der Diskrepanz zwischen der Ich-syntonen Qualität bei der Impulshandlung und ihrer Ich-Syntonität in den Intervallen (Habermas u. Mitarb. 1987). Mit dem Begriff der „Impulsive Personality Disorder" fassen Lacey u. Evans (1986) Impulsivität als stabiles Persönlichkeitsmerkmal, wozu nicht nur die Bulimie, sondern auch die von Fenichel unter den Begriff der Impulsneurose subsumierten Verhaltensauffälligkeiten wie Spielsucht, Pyromanie und Kleptomanie gehören. Demgegenüber hatte schon Boskind-Lodahl (1979) vor einer Psychiatrisierung der bulimischen Eßstörung gewarnt und sie aus feministischer Sicht als Ergebnis der Sozialisationsbedingungen junger Frauen dargestellt. Während die Bulimia nervosa entsprechend dem medizinischen Modell als Ausdruck einer Impulsneurose mehr die Diskontinuitätsannahme widerspiegelt, wonach zwischen „echten" Eßstörungen und anderen Problemen, z. B. chronische Fastendiäten, ein qualitativer Unterschied postuliert wird, gehen neuere Forschungsansätze von einem Kontinuum des gestörten Eßverhaltens aus, dessen einer Pol die normale Gewichtskontrolle, dessen anderer Pol die Bulimie darstellt. Vieles spricht dafür, daß die Frage, wohin sich letztendlich die Eßstörung innerhalb dieses Kontinuums entwickelt, damit verbunden die Frage nach dem therapeutischen Prozedere, der Gewichtung unterschiedlicher Therapieverfahren und schließlich der Prognose von der individuellen Psychopathologie abhängt, ohne die eine bulimische Eßstörung nicht denkbar ist. Nicht zuletzt aufgrund soziokulturell und geschlechtsspezifisch vermittelter Schönheitsideale und Verhaltensstandards erfährt der individuelle neurotische Konflikt eine Bahnung und manifestiert sich in einer bulimischen Eßstörung, die mit zunehmender Chronifizierung spezifische Konflikte und Auslösesituationen immer weniger erkennen läßt. Persönlichkeitsstrukturen mit frühen Ich-strukturellen Störungsanteilen, die sich durch unbedachte, impulsive Verhaltensweisen und affektive Merkmale wie Dysphorie, plötzliche Stimmungsänderungen und Gefühle der Leere auszeichnen, finden nicht selten ihre Ausdrucksform in einem bulimischen Eßverhalten (Levin u. Hyler 1986, Skodol u. Mitarb. 1993, Sohlberg 1990, Herpertz u. Saß 1994). Die wissenschaftliche Forschung der letzten Jahre widmete sich nun zunehmend der Frage bahnender Einflüsse auf ein eßgestörtes Verhalten, wobei insbesondere die Theorie des gezügelten Eßverhaltens zunehmend an Bedeutung gewann.

Der Eßanfall ist ein hochkomplexes Geschehen, bei dem biologische, psychische und soziokulturelle Faktoren sich gegenseitig verstärken, wobei man sicherlich der Komplexität mit der Bezeichnung „Kontrollverlust" nicht gerecht wird. Vielmehr sollten die ätiologischen Konzepte dem phasenhaften Geschehen eines Eßanfalls gerecht werden, damit verbunden auch die je nach Phase im einzelnen unterschiedlichen Kognitionen und Emotionen.

- 1. Phase: prädisponierende Faktoren,
- 2. Phase: Triggermechanismen,
- 3. Phase: Faktoren, die das pathologische Eßstörungsverhalten stabilisieren.

Prädisponierende Faktoren

Körper- und Figurunzufriedenheit

Auf Grund des vornehmlich in den Industrienationen gesellschaftlich vermittelten Schlankheits- und Schönheitsideals besteht bei vielen Mädchen und jungen Frauen der Wunsch abzunehmen. Diese Unzufriedenheit mit dem eigenen Körper und insbesondere mit dem Körpergewicht ist jedoch ab-

zugrenzen von der Körperbildstörung der Magersucht, die eher eine Wahrnehmungsverzerrung darstellt. Der Wunsch nach einer Gewichtsreduktion ist in der Regel verbunden mit einem Diätverhalten, welches als einer der wichtigsten Prädiktoren insbesondere für eine bulimische Eßstörung aufzufassen ist.

Der Wunsch abzunehmen steht für den Wunsch nach mehr Attraktivität. Eine zusätzliche Verstärkung erhält dieser Wunsch durch den von Seiten der medizinischen Wissenschaften objektivierten Glauben, daß Schlanksein synonym mit Gesundheit ist. Dazu dürfte sich die seit einem Jahrzehnt gesellschaftlich tradierte Überzeugung gesellen, daß Schlanksein Sinnbild für Leistung und Erfolg ist. Nach einer Studie von Yates u. Mitarb. (1983) findet sich die Bulimie häufig auch bei Menschen, die exzessiven Sport treiben. Die kausale Verknüpfung dürfte im Zusammenhang mit bei Sportlern häufig anzutreffendem Diätverhalten zu finden sein.

Geringes Selbstwertgefühl

Geringes Selbstwertgefühl ist häufig mit einer größeren Suggestibilität gegenüber Massenmedien und Trendsettern verbunden, die in der Regel sehr niedrige Körpermaße proklamieren (Figurdiktat). Im Gegensatz zu Männern artikuliert sich bei Frauen die Selbstwertproblematik vornehmlich in einer Unzufriedenheit über den Körper und insbesondere dessen Gewicht.

Dysfunktionale Denkschemata

Kognitive Einengung oder „escape from higher meaning" (Heatherton u. Baumeister 1991): In Streßsituationen, ausgelöst zum Beispiel durch inter- oder intrapsychische Konflikte, sind Menschen im allgemeinen in einem größeren Umfang außenreizzugänglich und -gesteuert, was sich bei Patientinnen mit Bulimia nervosa insbesondere auf Nahrungsstimuli bezieht. In ihrem Bemühen, diesen Streßfaktoren und insbsondere einer mit negativen Gefühlen einhergehenden Introspektion zu entgehen, verengen sie ihr Wahrnehmungsfeld auf spezifische Stimuli, in der Regel geschmackvolle hochkalorische Nahrungsangebote.

Dichotomes Denken

Dichotomes Alles-oder-Nichts-Denken, Schwarzweißsehen, Negativismus, Fressen oder Hungern etc. zeichnet die Bulimia nervosa nicht selten aus und wird durch Diätmaßnahmen im allgemeinen gefördert. Gewöhnlich wird das Essen von negativen Gefühlen begleitet. Kann inneren Diätvorschriften nicht entsprochen werden, so wird dies als Versagen erlebt und ein Kontrollverlust und Eßanfall ist die Folge.

Positive Verstärkung

Zwar hat ein Eßanfall in der Regel aversive Konsequenzen, nicht zu übersehen ist allerdings auch eine gewisse Erleichterung oder Spannungsabfuhr, die einem Eßanfall folgt und insbesondere negativen Gefühlen entgegenwirkt mit der Gefahr der positiven Verstärkung.

Familiäre Faktoren

Ähnlich wie bei der Magersucht sind spezifische familiäre Faktoren mit Vorbehalt zu diskutieren. Die Datenerhebung gestaltet sich insofern schwierig, da eine Aussage über State und Trait kaum zu treffen ist. Allerdings sind familiäre Einflüsse mit Betonung eines Diätverhaltens durch offene oder subtile Verknüpfung von Körpergewicht und Selbstwert als gewichtige prädisponierende Faktoren in der Entwicklung einer Bulimia nervosa zu werten. In einer Stichprobe von 73 adoleszenten Mädchen und deren Eltern einer amerikanischen Untersuchung (Moreno u. Thelen 1993) unterschieden sich Mädchen mit einer klinischen und subklinischen Bulimia nervosa signifikant von der gesunden Kontrollgruppe. Eßgestörte Mädchen fühlten sich zu dick, betrieben eine übermäßige Gewichtskontrolle und erlebten mehr elterlichen Druck abzunehmen und sich sportlich zu betätigen. Auch die Mütter, nicht jedoch die Väter unterschieden sich in den beiden Vergleichsgruppen. Mütter von eßgestörten Mädchen nahmen ihre Töchter als übergewichtig wahr und veranlaßten sie häufiger als in der Vergleichsgruppe zu Kalorieneinschränkungen und zum Körpertraining zwecks Gewichtsreduktion.

Triggermechanismen

Gezügeltes Eßverhalten (Restrained Eating)

Sowohl Befunde an klinischen Populationen als auch Überlegungen zu möglichen biologischen Konsequenzen eines unphysiologischen Ernährungsverhaltens führten zu der Hypothese, daß Diätverhalten ein kausaler Faktor für die Pathogenese der Bulimia nervosa ist (Tuschl u. Mitarb. 1988). Empirische Befunde für diese Annahme stammen dabei unter anderem aus Laborstudien zum Eßverhalten im Rahmen des „Restraint“-Konzeptes (Polivy u. Herman 1975). In der Mehrzahl geht den Eßstörungen ein Diätverhalten mit dem Ziel einer Körpergewichtsreduktion voraus. Unabhängig von der physiologischen Wahrnehmung von Hunger, Sättigung und psychischer Appetenz erfolgt die Regulation der Nahrungsaufnahme aufgrund einer der Schlankheitsnorm entsprechenden kognitiven Kontrolle (Herman u. Mack 1975). Quantität, Qualität und zeitliche Strukturierung der Nahrungsaufnahme werden unabhängig von physiologischen internen Signalen vorausgeplant. Natürliche Mechanismen der Nahrungsregulation treten zunehmend in den Hintergrund. Sowohl Starvationsversuche aus den 50er Jahren (Keys u. Mitarb. 1948) als auch Ergebnisse der Adipositasforschung (Herman u. Mack 1975) haben gezeigt, daß restriktives Eßverhalten unter bestimmten Bedingungen zu einem unkontrollierten Konsum größerer, hochkalorischer Nahrungsmengen prädisponiert.

Affekt- und Selbstregulation

Eine ganz andere Funktion hat der Eßanfall im Rahmen der Affekt- und Selbstregulation (Johnson u. Connors 1987). So vermag der Eßanfall insbesondere bei Patienten mit Bulimia nervosa eine Hilfe zur Wiederherstellung der Selbstregulation darstellen etwa im Sinne eines Schutzes vor Desintegration. Die bulimische Symptomatik kann angstmindernd wirken etwa durch eine affektive und kognitive Entkopplung von angstbesetzten Inhalten oder durch Verschiebung der Angst von bedrohlichen auf weniger bedrohliche Inhalte wie etwa die Eßstörung. Auf der Beziehungsebene kann der Freßanfall Gefühlen der Deprivation und Isolation begegnen. Orleans u. Barnett (1984) bezeichnen den Freßanfall als Möglichkeit, das „interpersonelle Vakuum“ zu füllen.

Faktoren, die zur Stabilität der bulimischen Symptomatik beitragen

Ein entscheidender die Eßstörungspathologie stabilisierender Faktor ist die psychiatrische Komorbidität, die intra- und interpersonellen Konflikte mit ihren dysphorischen Gefühlen perpetuiert und die Eßstörungssymptomatik wie oben beschrieben triggert.

Prognose

Im Vergleich zur Magersucht ist über den Verlauf der Bulimia nervosa noch wenig bekannt und die Ergebnisse stellen sich widersprüchlich dar. Nach einer Verlaufsstudie von Fichter u. Mitarbeiter (1992) bei erwachsenen bulimischen Patientinnen waren nach zweijähriger Beobachtungsdauer immer noch 41 Prozent von 247 Patienten an einer Eßstörung erkrankt, die die Kriterien des amerikanischen Klassifikationsschemas DSM-III-R (APA 1987) erfüllten. Sechs Jahre nach Entlassung waren es jedoch nur noch 20%. Mit zunehmendem zeitlichen Abstand von der Behandlung zeigte sich eine zunehmend hohe Remissionsrate (Fichter u. Mitarbeiter 1995). Die Verlaufsbeobachtung von Reiss u. Johnson-Sabine (1995) ebenfalls über sechs Jahre sprach für eine schlechtere Prognose. Die Hälfte der nachuntersuchten Patienten hatte entweder keine Eßstörung mehr oder zeigte einen Kontrollverlust oder Erbrechen seltener als einmal im Monat. Die andere Hälfte allerdings erfüllte weiterhin sämtliche Kriterien einer bulimischen Eßstörung oder die Eßstörungssymptomatik war mehr als einmal im Monat zu beobachten.

Therapie

Ein integrativer tiefenpsychologischer Ansatz einer stationären Psychotherapie

Ähnlich wie bei der Magersucht handelt es sich bei der Bulimia nervosa um ein multifaktoriell bedingtes Krankheitsbild, dem nur mit einem multidimensionalen Therapieansatz zu begegnen ist. Entsprechend wurden in den letzten Jahren zunehmend Versuche unternommen, auf interindividuelle Unterschiede und intraindividuelle Veränderung im Therapieprozeß durch Integration und Kombination verschiedener Therapiestrategien adaptiv zu reagieren (Senf u. Mitarb. 1995). Im Gegensatz zu magersüchtigen Patientinnen stellt sich die körperliche Situation bulimischer Patientinnen meist stabiler dar. Sie weisen in der Mehrzahl kein Untergewicht auf, so daß starvationsbedingte affektive und mentale Alterationen nicht zu erwarten sind. Von schweren Elektrolytentgleisungen aufgrund permanenten Erbrechens und/oder ausgeprägtem Abführmittelabusus abgesehen, richtet sich die Frage einer ambulanten oder stationären Therapie nach der Schwere der Psychopathologie und des psychosozialen Arrangements der bulimischen Patientin, worin auch die Familiendynamik und der Grad der krankheitsbedingten Isolation innerhalb des sozialen Umfelds miteinbezogen sind. Als differentialdiagnostisch wertvoll erwiesen hat sich die Unterteilung in bulimische Patientinnen mit einer psychoneurotischen Störung auf neurotischem Entwicklungsniveau und überwiegend ödipaler Störungsebene gegenüber den Patientinnen mit Ich-struktureller Störung, die häufig eine umfassendere Störung der Impulskontrolle aufweisen (z. B. Suchtproblematik, automutilative Tendenzen) (Schulte u. Böhme-Bloem 1989). Insbesondere bei letzteren Patientinnen erscheint eine stationäre Psychotherapie sinnvoll (Tab. 39.**10**).

Tabelle 39.**10** Indikation zur stationären Psychotherapie bei Bulimia nervosa

Eßstörungspathologie
– schwerwiegende somatische Befunde (z. B. Elektrolytverschiebung)
Soziale Situation
– ausgeprägte familiäre Konfliktsituation – soziale Isolation – unzureichende ambulante Versorgungsmöglichkeiten
Psychopathologie
– Impulskontrollstörung (umfassende Störung der Impulskontrolle, Suchtkrankheiten, autoaggressives, mutilatives Verhalten) – Patienten mit schwerer Ich-struktureller Störung (z. B. Borderline-Persönlichkeitsstörung)

X

In einem Behandlungsvertrag sollte die Festlegung eines Basisgewichts vorgesehen sein, welches individuell zu bestimmen ist, jedoch ein suboptimales wahrscheinlich unter dem konstitutionellen Körpergewicht der Patientin liegendes Gewicht verhindern soll, um den bulimischen Circulus vitiosus von latenten Hungerzuständen und Kontrollverlusten aufzuheben (Fichter 1992). Sowohl in der ambulanten wie auch stationären Therapie stellt die Ernährungsberatung ein unverzichtbares Therapieelement dar. Ein Essensplan mit Haupt- und Zwischenmahlzeiten sollte mit der Patientin gemeinsam erstellt werden, wobei nicht zuletzt durch die Zwischenmahlzeiten ein Hungergefühl verhindert werden soll, welches die nächste bulimische Eßattacke triggern könnte.

Ein von der Patientin geführtes „Bulimieprotokoll" gibt Aufschluß über die Art der bisherigen Eßgewohnheit, über den Ablauf, die Frequenz und die situativen Besonderheiten von Eßanfällen und bietet in der Therapie die Möglichkeit der Analyse von Auslösesituationen und deren zukünftiger Verhinderung.

Neben verhaltenstherapeutisch-kognitiven Therapieelementen, die vornehmlich die Bearbeitung dysfunktionaler und irrationaler Überzeugungen bezüglich Figur und Gewicht zum Ziel haben, haben sich analytische Therapieverfahren in der Bearbeitung des neurotischen Konflikts, der bei bulimischen Patientinnen fast pathognomonischen Selbstwertproblematik wie auch der Persönlichkeitsstörung als letztendlich die bulimische Eßstörung unterhaltende Pathomechanismen bewährt.

Ähnlich wie bei der Magersucht stellt die stationäre Psychotherapie bulimischer Patientinnen nur die initiale Phase eines Gesamttherapieplans dar, der in der Regel nur durch eine poststationäre ambulante Fortsetzung sinnvoll erscheint. Neben einer Stabilisierung des körperlichen Zustands und einer Normalisierung des Eßverhaltens kann die stationäre Therapiephase letztendlich nur dem Einstieg in den psychoanalytischen therapeutischen Prozeß dienen, um die notwendigen Voraussetzungen und Grundlagen für die sich anschließende ambulante Behandlung zu schaffen.

Bei bulimischen Patientinnen mit einer Ich-strukturellen und häufig generalisierten Impulskontrollstörung sind die Abwehrmöglichkeiten des Ich begrenzt und die Integration gegensätzlicher internalisierter Objektbilder unzureichend. Gegenüber den bei diesen Patientinnen häufig zu beobachtenden und gegen sich selbst gerichteten aggressiven Affekten gewinnt die Bulimia nervosa eine sowohl bindende (Rohde-Dachser 1990) als auch abspaltende Funktion (Ettl 1988). Das bulimische Erbrechen als eng umschriebenes, ausgestanztes Ritual in einem abgelegenen Raum, dessen Wände das Hinaustreten jeglicher Aggressivität verhindern sollen, stellt nach Ettl eine feminine Strategie der Aggressionsabfuhr dar. Psychoanalytisch ausgerichtete Therapieverfahren geben der Patientin die Möglichkeit, eine therapeutische Beziehung aufzubauen, in der der Therapeut als reales Objekt zur Verfügung steht. Neben der Konfrontation mit ihren inneren Widersprüchen und Verleugnungen muß der Versuch unternommen werden, intrapsychische und interpersonelle Konfliktkonstellationen, die nicht selten ein enormes aggressives Konfliktpotential in sich bergen und ein bulimisches Eßverhalten nach sich ziehen, aufzudecken und die meist diffus wahrgenommenen Gefühle und seelischen Spannungszustände in bewußtseinsnähere differenziertere Empfindungen zu transformieren. Langfristiges therapeutisches Ziel ist bei diesen Patientinnen die Verbindung dissoziierter Ich-Anteile zu einer stabilen Ich-Identität und die Aufhebung der Schwarzweißzeichnung ihrer Objektbeziehungen.

Fallbeispiel

Frau B. wirkte zu Beginn der stationären Therapie erleichtert, zumal sich ihr körperlicher Zustand stabilisiert hatte. Nicht zuletzt durch die Unterbrechung der für sie äußerst belastenden Situation an ihrem Arbeitsplatz und die Übernahme von Hilfs-Ich-Funktionen durch die Klinik und den Behandlungsvertrag hatte die bulimische Symptomatik sistiert, woran die Patientin voreilig Hoffnungen auf Spontanheilung knüpfte. Um so massiver traten im weiteren Verlauf der Therapie Probleme mit ihren Mitpatienten auf, die sie schließlich bis auf wenige kategorisch ablehnte. Ähnliches wiederholte sich in den einzelnen Therapiefeldern zu den jeweiligen Therapeuten. Während sie ihre Einzeltherapeutin zu idealisieren schien, weigerte sie sich zeitweilig, die Gruppentherapie aufzusuchen, sie fühlte sich vom Gruppentherapeuten unverstanden und reglementiert. Begleitet wurden diese interpersonellen Konflikte von einer enormen aggressiven Spannung, die sich nun regelhaft in Freß- und Brechattacken entlud. Allmachtsphantasien, die nicht selten die Säuberung der Welt von allem Übel zum Thema hatten, wechselten mit Gefühlen der Trauer, Minderwertigkeit und Beschämung. Die deutlich werdende Selbstwertproblematik schien nicht zuletzt auf einer Geschlechtsunsicherheit zu gründen, welche sie zuvor mittels dauernd wechselnder Sexualkontakte abzuwehren versucht hatte. Obschon die Schilderungen der Patientin genug Material boten, wurde auf die Rekonstruktion der Kindheitsgeschichte und das Aufdecken unbewußter Konflikte weitgehend verzichtet. Vielmehr konzentrierte sich die therapeutische Arbeit auf die pathologischen Abwehrformen der Patientin, von denen die Spaltung als primitiver Abwehrmechanismus vorzuherrschen schien. Voraussetzung waren tragfähige Beziehungen zu ihrer Einzeltherapeutin und zur Stationsschwester. Die Erfahrung guter und zuverlässiger Objektbeziehungen ermöglichten es der Patientin, Beziehungskonflikte überhaupt zuzulassen und in der therapeutischen Situation zu erproben, anstatt sie wie bisher aggressiv abzuspalten oder mittels der Bulimie „wegzuspülen". Hilfreich erwiesen sich auch die Gruppentherapien, in denen die Patientin im Mehr-Personen-Setting Entlastung gegenüber ihren zeitweise für die therapeutische Zweierbeziehung zu bedrohlich empfundenen Aggressionen fand. Die Erfahrung, das idealisierte und geliebte Objekt (Therapeutin/Schwester) mit ihrem Haß (auf die Primärobjekte Vater und Mutter) nicht zu vernichten, machte die Bulimie als Möglichkeit der Spannungsabfuhr und Neutralisierung ihrer Wut zunehmend überflüssig. Während sich zu Beginn der Therapie keinerlei situativer Zusammenhang der bulimischen Eßstörung aufzeigen ließ, die Eß- und Brechattacken fast ausschließlich Ausdruck eines habituellen Geschehens zu sein schienen, ließ sich mit Nachlassen der Eßstörungssymptomatik nicht zuletzt anhand des Bulimieprotokolls eine Verknüpfung der bulimischen Episoden mit Phasen konfliktreicher Beziehungsgestaltung auf der Station und später außerhalb der Klinik herstellen.

Ambulante Therapie

Bei bulimischen Patientinnen auf einem neurotischen Strukturniveau erscheint eine ambulante Psychotherapie indiziert. In der Mehrzahl handelt es sich um Patientinnen ohne Magersucht in der Vorgeschichte, deren gelungene soziale Integration in Partnerschaft, Familie, Studium oder Beruf zumindest partiell auf gesunde Ich-Strukturen verweist und deren stationäre Aufnahme eine ernste Gefährdung ihres psychosozialen Arrangements zur Folge hätte. Angeregt durch die beachtlichen Erfolge eines Konflikt- und symptomzentrierten Therapiekonzepts von Lacey in London Anfang der 80er Jahre (Lacey 1985) und dessen Weiterentwicklung in Heidelberg (Habermas u. Neureither 1988, Herzog u. Mitarb. 1988), Berlin und Freiburg (Herzog 1990) hat dieser zeitlimitierte, multimodale Therapieansatz, bestehend aus vornehmlich symptomzentrierter Einzeltherapie und psychodynamischer, interaktioneller Gruppentherapie in vielen Therapiezentren in Deutschland Eingang gefunden, wobei sich die einzelnen Zentren nicht zuletzt aufgrund personeller Gegebenheiten in der Frage des Therapieumfangs (Zahl der Therapiesitzungen, Dauer der Nachsorge usw.) unterscheiden.

Einzelsitzung

Das meist 30 Minuten umfassende symptomzentrierte Einzelgespräch ist relativ strukturiert. Das Wiegen der Patientin zu Beginn der Einzelsitzung dient einerseits als Informationsquelle über das Eß- und Trinkverhalten der Patientin, andererseits auch der Konfrontation mit ihrem Gewichtsverlauf, der zumindest am Anfang der Therapie erhebliche Schwankungen aufweist. Unabdingbare Voraussetzung des Wiedererlernens eines normalen Eßverhaltens ist die differenzierte Wahrnehmung innerer und äußerer Reize und deren Stellenwert für die Manifestation des bulimischen Symptoms. Hinsichtlich des Eßverhaltens liegt der Schwerpunkt der Einzelsitzungen in einer kognitiven Umstrukturierung mit Hilfe des Bulimieprotokolls und ernährungsrelevanter Informationen. Anhand des Bulimieprotokolls erfolgt die Diskussion des Eßverhaltens, begleitender Wahrnehmungen und Gefühle sowie möglicher situativer Zusammenhänge, um eine zunehmende Verknüpfung von Symptom und Konflikt zu ermöglichen. Individuelle Vereinbarungen können für die nächste Woche getroffen und im Protokoll schriftlich festgelegt werden, vornehmlich mit dem Ziel, alternative Reaktionsweisen auf individuelle Streßsituationen zu entwikkeln. Als hilfreich hat sich auch ein „Wochenplan" erwiesen, eine Strichliste über die Häufigkeit und tageszeitliche Verteilung der bulimischen Eß- und Brechattacken, wodurch sich Therapeut und Patientin auf einen Blick einen Zeitraum von vier Wochen vergegenwärtigen können.

Gruppentherapie

Die Gruppentherapie, die sich in der Regel an die Einzelsitzungen anschließt, stellt ein modifiziertes interaktionelles Kurzpsychotherapieverfahren dar, wobei das Thema der zeitlichen Begrenzung (Rohde-Dachser 1987) von Anfang an das Gruppengeschehen prägt, die Deutung vornehmlich im Hier und Jetzt erfolgt und die bulimische Eßstörung mit den sie bedingenden und aus ihr resultierenden seelischen Konflikten den Fokus darstellt. Neben der bewußten Förderung des Selbsthilfepotentials durch die Therapeuten soll durch Klarifikation und Deutung der biographische und situative Kontext aufgezeigt werden, auf dem sich die Eßstörungssymptomatik entwickelt einschließlich ihrer individuellen Bedeutung für die Patientin.

Nachgespräche

Die sich anschließenden, jetzt 50 Minuten umfassenden, aber mit einer abnehmenden Frequenz durchgeführten Nachgespräche dienen der Konsolidierung des Eßverhaltens und der psychischen Stabilisierung. Nicht zuletzt für den Umgang mit den nicht selten auftretenden Rückfällen und den sie fast regelhaft begleitenden kognitiven Dysfunktionen nach dem Alles-oder-nichts-Prinzip stellen die Nachgespräche eine bleibende Orientierungshilfe dar und dienen häufig der Über-Ich-Entlastung. Lacey konnte die therapeutische Wirkung seiner Nachuntersuchungsgespräche nachweisen, wodurch der Langzeittherapieerfolg signifikant gebessert werden konnte (Lacey 1985).

Bulimia nervosa: Verhaltenstherapie

W. Lennerts

Einleitung

Der vorliegende Artikel zur Therapie der Bulimia nervosa orientiert sich an einem verhaltenstheoretischen, psycho-bio-sozialen Modell der Entstehung und Aufrechterhaltung einer bulimischen Eßstörung und leitet die therapeutischen Grundsätze aus einem solchen Erklärungsmodell ab.

Ausgehend von den empirischen Ergebnissen und Hypothesen zu

- den psychologischen und physiologischen Konsequenzen restriktiven Eßverhaltens,
- dem Verhalten bzw. den Schwierigkeiten bulimischer Patientinnen im Umgang mit Streß- und Belastungssituationen sowie
- aus der für eßgestörte Patientinnen charakteristischen Selbstwertproblematik

ergeben sich die Schwerpunkte des hier vorgestellten verhaltenstherapeutischen Therapieansatzes.

Fallbeispiel

Fr. R. berichtet, daß ihre Eßstörung damit begonnen habe, daß sie sich zu dick gefühlt und mit Diäten begonnen habe. Zunächst habe sie auch abgenommen, in der Folge habe sie jedoch immer öfter Phasen gehabt, in denen sie die Nahrungsmittel, die sie sich verboten hatte, in relativ kurzer Zeit geradezu verschlang. Um eine Gewichtszunahme zu vermeiden, habe sie schließlich begonnen, im Anschluß an das Essen Erbrechen herbeizuführen, indem sie sich den Finger in den Hals steckte. Eine Freundin hatte ihr von dieser Methode erzählt: „dann kannst du soviel und alles was du willst essen". Zunächst sei ihr dies als Lösung für ihr Eß- und Gewichtsproblem erschienen. Dann aber habe sie zunehmend die Kontrolle über ihr Eßverhalten verloren. Die Essensmengen seien immer größer geworden und ihre ‚Eßanfälle' und das Erbrechen immer häufi-

X

ger. Auch habe sie sich zunehmend aufgrund ihres Verhaltens geschämt, sich immer depressiver und niedergeschlagener gefühlt und sich fast völlig von sozialen Kontakten zurückgezogen. Nun habe sie das Gefühl, ohne Hilfe von außen den Kreislauf von Eßanfällen und Erbrechen nicht mehr unterbrechen zu können.

Der hier kurz skizzierte Fall einer Patientin[1] mit Bulimia nervosa, einer Eßstörung, bei der sich Eßanfälle und darauffolgendes Erbrechen oder strenges Diätieren abwechseln und die Person sich ständig mit Figur/Gewicht und Ernährung beschäftigt, steht stellvertretend für eine zunehmende Zahl von Frauen, die das Gefühl haben, daß ihnen die Kontrolle über ihr Eßverhalten entglitten ist, und sich um therapeutische Hilfe bemühen.

Störungsbild der Bulimia nervosa

Wußte bis vor ca. 15 Jahren kaum jemand, was unter dem Terminus „Bulimie" oder „Bulimia nervosa" zu verstehen sei, so hat das Störungsbild der Bulimia nervosa in den letzten Jahren eine ungemeine „Popularität" erlangt, u. a. durch eine Vielzahl einerseits wissenschaftlicher Publikationen, andererseits aber auch durch vielerlei Berichte in der Boulevardpresse und durch die „Bekenntnisse" prominenter Persönlichkeiten. Obwohl also mittlerweile allgemein eine gewisse Vorstellung von dem Störungsbild vorhanden zu sein scheint, soll hier dennoch eine kurze Darstellung der wesentlichen Charakteristika erfolgen:

Das Hauptmerkmal der Bulimia nervosa (griechisch „bulimia" = Ochsenhunger, „limos" = Hunger, „bous" = Ochse, Stier) besteht in dem wiederholten Auftreten von Eßanfällen, die von den Betroffenen als unkontrollierbar erlebt werden. Während dieser Eßanfälle nehmen die Patientinnen in der Regel in kurzer Zeit ein Vielfaches der normalerweise während einer Mahlzeit verspeisten Nahrungsmenge zu sich. Oftmals wird jedoch auch der Verzehr relativ kleiner Mengen sog. „verbotener" Nahrungsmittel, welche die Patientinnen sonst nicht zu sich nehmen, von ihnen als Eßanfall bezeichnet oder wirkt auf dem Hintergrund des Durchbrechens einer sich selbst gesetzten strikten Diätregel als Auslöser für weitere Nahrungsaufnahme.

Aus Angst vor einer möglichen Gewichtszunahme folgen dem Eßanfall in der Regel Handlungen, durch die die Patientin versucht, sich der aufgenommenen Nahrung wieder zu entledigen. Dazu dient vor allem selbst herbeigeführtes Erbrechen. Laxantien-, Diuretika-, oder Appetitzüglermißbrauch wie auch exzessive sportliche Aktivität oder tagelanges striktes Fasten im Anschluß an einen Eßanfall werden in deutlich geringerem Umfang von den Patientinnen eingesetzt. Die Eßanfälle treten vorwiegend am späten Nachmittag oder Abend auf und sind in der Regel im Tagesablauf zeitlich abgegrenzt. Es kann auch zu regelrechten „Freßorgien" kommen, bei denen die Patientin z. B. einen ganzen Tag lang ständig ißt und dann am Schluß oder bereits zwischendurch mehrmals erbricht. Während der Eßanfälle sind die Patientinnen allein und unbeobachtet. Ihre Häufigkeit kann von wenigen Malen pro Woche bis zu mehrmals täglich reichen.

[1] Da vorwiegend Frauen von der Eßstörung Bulimia nervosa betroffen sind, wird nachfolgend von Patientinnen gesprochen.

Bei den Eßanfällen werden von den Patientinnen bevorzugt hochkalorische, leicht eßbare Nahrungsmittel verspeist, die oftmals reich an Kohlehydraten und Fetten sind (Wöll u. Mitarb. 1989). Diesen Nahrungsmitteln ist oftmals gemein, daß deren Aufnahme ansonsten von den Patienten aufgrund ihrer kalorischen Dichte gemieden wird („verbotene Nahrungsmittel"). Die bei den Eßanfällen aufgenommene Kalorienmenge betrug in einer amerikanischen Studie (Mitchell u. Mitarb. 1986) im Mittel 3000 kcal mit einer Spannweite von 1200 bis 11 500 kcal. Die von Wöll u. Mitarb. (1989) untersuchten deutschen bulimischen Patientinnen nahmen während eines Eßanfalls im Durchschnitt 1945 kcal zu sich. In einer eigenen Untersuchung (Lennerts 1991) zeigte sich eine durchschnittliche Kalorienaufnahme von ca. 2000 kcal.

In den Zeiten zwischen den Eßanfällen sind bulimische Patientinnen meist bemüht, Diät zu halten, um an Gewicht abzunehmen oder ein bestimmtes sich selbst gesetztes Idealgewicht zu halten. Ihr „Basis-Eßverhalten" ist gegenüber Normalpersonen in quantitativer, qualitativer und zeitlicher Hinsicht verändert: Die Mahlzeiten sind meist klein und bestehen überwiegend aus kalorienarmen (z. B. Obst und Gemüse) und/oder kalorienreduzierten Nahrungsmitteln (z. B. Diätnahrungsmittel). Dabei werden kohlehydratreiche Nahrungsmittel vermieden und fettarme, proteinreiche Nahrungsmittel bevorzugt. Durch das oftmalige Ausfallenlassen von Mahlzeiten oder die nur äußerst geringe Nahrungsaufnahme, insbesondere bei Frühstück und/oder Mittagessen, kommt es zu großen Zeitspannen zwischen den Mahlzeiten, was zu einem sich zum Abend hin verstärkenden Hungergefühl führt.

Die Patientinnen zeigen eine übersteigerte Sorge um ihre Figur und ihr Gewicht sowie eine übermäßige Angst vor jeglicher Gewichtszunahme. Selbstwertgefühl und Selbstsicherheit sind für die Patientinnen eng mit körperlicher Erscheinung, Figur und dem Einhalten bzw. Erreichen eines bestimmten selbstgesetzten Idealgewichtes verknüpft. Wie bei der Anorexia nervosa besteht eine Tendenz zur Überschätzung der Körperdimensionen, welche in ihrem Ausmaß stark von emotionalen Zuständen abhängig ist. Auf gedanklicher Ebene findet sich eine übermäßige, teilweise durchaus als zwanghaft anzusehende Beschäftigung mit Gewicht, Essen, Diäten und Nahrungsmitteln, insbesondere mit deren kalorischem Gehalt.

Diagnose

Zur Diagnosestellung einer Bulimia nervosa müssen nach den neuesten Kriterien des DSM-IV (DSM-IV Nr. 307.51) (American Psychiatric Association 1994) folgende Kriterien erfüllt sein:

A) Wiederholte Episoden von Freßanfällen. Ein Freßanfall ist charakterisiert durch die folgenden zwei Merkmale:
   1. die Aufnahme einer Nahrungsmenge innerhalb einer bestimmten Zeitspanne (in der Regel innerhalb von zwei Stunden), welche definitiv größer ist als die Menge, die die meisten Personen in einer vergleichbaren Zeitspanne unter vergleichbaren Bedingungen zu sich nehmen würden.
   2. ein Gefühl des Kontrollverlustes über das Eßverhalten während des Freßanfalls (i. S. eines Gefühls, daß die Person nicht in der Lage ist, das Essen zu stoppen oder die Menge zu kontrollieren).

B) Wiederholtes unangemessenes kompensatorisches Verhalten, um eine Gewichtszunahme zu verhindern, wie selbstinduziertes Erbrechen, Mißbrauch von Laxantien, Diuretika, Einläufen oder Medikamenten, Fasten oder übermäßige körperliche Betätigung.
C) Die Freßanfälle wie auch das unangemessene kompensatorische Verhalten treten durchschnittlich mindestens zweimal pro Woche über einen Mindestzeitraum von drei Monaten auf.
D) Das Selbstwertgefühl ist in übertriebenem Maße durch Figur und Gewicht beeinflußt.
E) Die Störung tritt nicht ausschließlich während Anorexia-nervosa-Episoden auf.

Weiterhin soll nach dem DSM-IV zwischen zwei Untertypen unterschieden werden:
- **Typus mit Erbrechen/Abführen („Purging Type"):** Während der momentanen Bulimia-nervosa-Episode hat die Person regelmäßig selbstinduziertes Erbrechen herbeigeführt oder Laxantien, Diuretika oder Einläufe mißbräuchlich benutzt.
- **Typus ohne Erbrechen/Abführen („Nonpurging Type"):** Während der momentanen Bulimia-nervosa-Episode hat die Person andere unangemessene kompensatorische Verhaltensweisen benutzt, wie Fasten oder exzessive körperliche Aktivität, jedoch nicht selbstinduziertes Erbrechen herbeigeführt oder Laxantien, Diuretika oder Einläufe mißbräuchlich benutzt.

Im Kapitel V (F) der „International Classification of Mental Diseases" der WHO von 1991 (ICD-10) finden sich zwei Unterkategorien, die den Terminus „Bulimia nervosa" enthalten: F50.2: „Bulimia nervosa" und F50.3: „Atypische Bulimia nervosa". Dabei soll die Diagnose „Atypische Bulimia nervosa" für Patientinnen verwandt werden, die normal- oder auch übergewichtig sind, bei denen jedoch „ein oder mehr Kernmerkmale der Bulimia nervosa (F50.2) fehlen, bei sonst recht typischem klinischen Bild" (WHO 1991). Allerdings erscheint eine solche Differenzierung angesichts der häufig zu beobachtenden fließenden Übergänge der Symptomatiken – auch hin zur Anorexia nervosa – kaum möglich.

Differentialdiagnose

Der Ausschluß körperlich-neurologischer wie auch psychiatrischer Störungen als Ursache der Eßstörung gelingt in der Regel aufgrund der charakteristischen Psychopathologie rasch und einfach. Ebenso gilt dies für die Abgrenzung zu psychogenem Erbrechen, bei dem die für Eßstörungen charakteristische „Gewichtsphobie" meist fehlt.

Wie bereits eben angesprochen, finden sich bulimische Verhaltensweisen sowohl bei magersüchtigen wie auch bei übergewichtigen Personen. Ein grundsätzliches Problem bei der Abgrenzung der Störungsbilder liegt darin, daß die Diagnose einer Magersucht oder auch Adipositas in erster Linie aufgrund des Gewichtskriteriums (Unter- oder Übergewicht) erfolgt, die Diagnose einer bulimischen Eßstörung in erster Linie jedoch aufgrund von Verhaltenskriterien (Eßanfälle, kompensatorische Maßnahmen). Weiterhin sind die Übergänge zwischen den Störungsbildern häufig fließend und wechseln oftmals im zeitlichen Verlauf (meist von Anorexia nervosa zu Bulimia nervosa).

„Multi-impulsive Bulimia": In den letzten Jahren ist wiederholt beobachtet worden, daß eine Untergruppe bulimischer Patientinnen eine Vielzahl impulsiver, selbstschädigender Verhaltensweisen zeigt (z.B. vermehrter Alkohol- und/oder Drogenkonsum, Selbstverletzungstendenzen). In der Therapie erweisen sich diese Patientinnen oft als am schwierigsten zu behandeln, da die Symptome von austauschbarer Natur und Ausdruck einer primären Störung der Impulskontrolle zu sein scheinen (s. z.B. Fichter u. Mitarb. 1994).

Abschließend sei noch angemerkt, daß es für den Kliniker aufgrund der o.g. Übergänge zwischen den Störungsbildern in der klinischen Praxis um so mehr auf die genaue phänomenologische Erfassung des Störungsbildes auf seiner körperlichen, verhaltensmäßigen und psychopathologischen Ebene ankommt. Hierbei ist insbesondere zu beachten, daß Untergewichtigkeit in Verbindung mit Erbrechen oder Abführmittelmißbrauch sowie die Chronizität der Störung die größten Risikofaktoren für schwerwiegende körperliche Schäden mit möglicher Todesfolge darstellen (s. z.B. Beumont u. Mitarb. 1995).

Diagnostische Instrumente

Zur unterstützenden psychometrischen Diagnostik bei Eßstörungen sind in den letzten Jahren spezifische diagnostische Checklisten (z.B. die „Internationalen Diagnosen Checklisten" von Hiller u. Mitarb. 1995), Interviewleitfäden (z.B. „Strukturiertes Interview für Anorexia und Bulimia Nervosa" [SIAB] von Fichter u. Mitarb. 1990; „Eating Disorder Examination" [EDE] von Cooper u. Mitarb. 1987, Cooper u. Mitarb. 1989) wie auch Erhebungsinstrumente zur Erfassung des Ernährungsverhaltens („Fragebogen zum Eßverhalten" [FEV], Pudel u. Westenhöfer 1989) und eßstörungsspezifischer Psychopathologie (z.B. das „Eating Disorder Inventory" [EDI], Garner u. Mitarb. 1983) entwickelt worden, die sich in der klinischen Praxis gut bewährten. Weiterhin empfiehlt sich die Erhebung allgemeinpsychopathologisch relevanter Variablen wie z.B. Depressivität (z.B. durch das „Beck Depressions-Inventar" [BDI], Beck u. Mitarb. 1961) und Ängstlichkeit (z.B. durch das „State-Trait-Angst-Inventar" [STAI], Laux u. Mitarb. 1981). Für die klinische Praxis haben sich – insbesondere auch zur Verhaltensbeobachtung – strukturierte Ernährungs- und Stimmungstagebücher zur Selbstbeobachtung des Eß- und Ernährungsverhaltens sowie Instrumente zur Unterstützung kognitiver Umstrukturierungsmaßnahmen als sinnvoll erwiesen (eine gute Zusammenstellung solcher die Therapie begleitenden und unterstützenden Materialien zur Diagnostik findet sich bei Waadt u. Mitarb. 1992).

Epidemiologie

Die Anzahl der Publikationen zum Thema Bulimie ist in den letzten Jahren ohne Zweifel rasant angestiegen. Ob sich darin aber auch eine tatsächliche, „epidemieartige" (Westenhöfer u. Mitarb. 1987) Zunahme in der Häufigkeit bulimischer Eßstörungen in den westlichen Industrienationen niederschlägt, läßt sich nicht mit Sicherheit sagen, vor allem da Längsschnittuntersuchungen zu Veränderungen in der Prävalenz und Inzidenz von Eßstörungen nicht vorliegen.

Die meisten Wissenschaftler und Kliniker gehen jedoch, wohl auch zu Recht, davon aus, daß in den letzten Jahren bulimische Eßstörungen in westlichen Gesellschaften vor allem bei jungen Frauen, die zum Großteil aus der Mittel- und Oberschicht stammen (Mitchell u. Mitarb. 1985), stark zugenommen haben (Westenhöfer u. Mitarb. 1987, Pyle u. Mitarb. 1986). In einem Überblicksartikel zur Epidemiologie der Bulimia nervosa (Connors u. Johnson 1987) kommen die Autoren zu folgendem Ergebnis: die Untersuchungen, die die Kriterien für Bulimia des „Diagnostic and Statistical Manual of Mental Disorders“ der American Psychiatric Association von 1980 am besten operationalisiert haben, berichten eine Prävalenzrate von ca. 3 bis 8% für Frauen zwischen 18 und 30 Jahren. Nach Zugrundelegung der strengeren Kriterien des DSM-III-R (American Psychiatric Association 1987, Wittchen u. Mitarb. 1989) kamen Fairburn u. Beglin (1990) zu einer Schätzung von 1%. Allerdings stellen die Autoren selbst das Zutreffen dieser Schätzung und ihre klinische Relevanz im Hinblick auf die Behandlungsbedürftigkeit in Frage.

Für den deutschen Sprachraum ist bei 2 bis 4% aller jungen Frauen zwischen 18 und 35 Jahren eine bulimische Störung im Sinne des DSM-III anzunehmen (Fichter 1985, Westenhöfer u. Mitarb. 1987, Westenhöfer 1991). Bei Männern ist eine Bulimia nervosa eher selten anzutreffen. Der Anteil männlicher Patienten dürfte bei nur ca. 1% liegen (Fairburn u. Cooper 1984). Interessanterweise fand Westenhöfer (1991) bei einer in der Bundesrepublik durchgeführten Untersuchung keinen Unterschied zwischen Männern und Frauen (2,4%). Eine ausführliche Beschreibung der Bulimia nervosa beim Mann findet sich bei Fichter u. Hoffmann (1989).

Weit häufiger als das gesamte Syndrom der Bulimia nervosa finden sich in der Gesamtbevölkerung Einzelsymptome gestörten Eßverhaltens wie das Auftreten von Eßanfällen (5 bis 21%), selbstinduziertes Erbrechen (3,5 bis 7%) oder der Mißbrauch von Abführmitteln (5 bis 8,6%), Entwässerungstabletten oder Appetitzüglern (2,6 bis 7,6%) zum Zweck der Gewichtskontrolle (s. z.B. Westenhöfer u. Mitarb. 1987, Westenhöfer 1991, Connors u. Johnson 1987).

Medizinisch-physiologische, psychologisch-psychiatrische und soziale Begleit- und Folgeerscheinungen

Im Verlauf einer bulimischen Eßstörung können sich aufgrund des gestörten Eßverhaltens und der Maßnahmen zur Gewichtskontrolle vielfältige medizinisch-physiologische Begleit- und/oder Folgesymptome einstellen (Übersicht z.B. bei Mitchell u. Pomeroy 1989) (Tab. 39.**11**).

Bei den Patientinnen können zudem neben der unmittelbaren Störung des Eßverhaltens schwere bis schwerste Beeinträchtigungen im sozialen und psychopathologischen Bereich bestehen. Die wesentlichsten sind in Tab. 39.**12** wiedergegeben.

Ein Großteil der o.g. medizinisch-physiologischen wie auch der psychologisch-psychiatrischen und sozialen Folgeerscheinungen bei Bulimia nervosa findet sich auch bei Patientinnen mit einer Anorexia nervosa. Wie auch bei der Magersucht lassen sich viele dieser Symptome als Folgeerscheinungen des restriktiven Eßverhaltens und als biologisch sinnvolle Anpassungsprozesse an die damit in manchen Fällen einhergehende Mangelernährung begreifen (s. z.B. Pirke u. Mitarb. 1985, Pirke u. Ploog 1987, Schweiger u. Mitarb. 1988). Diese veränderten physiologisch-psychologischen Prozesse können nun wiederum im Sinne eines Circulus vitiosus zur Aufrechterhaltung der Eßstörung beitragen (zur Bedeutung einer restriktiven Nahrungsaufnahme und einer damit verbundenen Mangelernährung für die Entstehung und Aufrechterhaltung der Bulimia nervosa s. auch S. 485 f).

Tabelle 39.**11** Medizinisch-physiologische Begleit- und/oder Folgeerscheinungen bei Bulimia nervosa

- Endokrinologische Störungen (u. a. Zyklusstörungen, Schilddrüsenunterfunktion)
- Störungen im Elektrolythaushalt (vor allem Kalium), Herzrhythmusstörungen
- Störungen im vegetativen Bereich: Müdigkeit, Schlaf- und Sexualstörungen
- Entzündungen der Speiseröhre, Verletzungen durch „Brechhilfen“
- Schwellungen der Speicheldrüsen
- Kariöse Schädigungen der Zähne
- Gastrointestinale Beschwerden
- Neurotransmitterstörungen (Noradrenalin, Serotonin)
- Morphologische Veränderungen des Gehirns
- Ödeme
- Hautveränderungen und Haarausfall

Tabelle 39.**12** Psychologisch-psychiatrische sowie soziale Begleit- und Folgeerscheinungen bei Bulimia nervosa

- Unzufriedenheit und übermäßige Beschäftigung mit Gewicht und Figur, Körperschemastörungen
- Herabgesetztes Selbstwertgefühl
- Affektiv: Depressivität, emotionale Labilität, Reizbarkeit
- Kognitiv: Konzentrationsmangel, Entscheidungsunfähigkeit, ständige gedankliche Beschäftigung mit Essen, Kalorienzählen
- Psychophysisch: Veränderte, in der Regel verminderte Interozeption, insbesondere der Hunger- und Sättigungswahrnehmung
- Probleme in Partnerschaft, Familie, Freundeskreis und Beruf, sozialer Rückzug
- Finanzielle Probleme

Seltener sind:
- Alkohol- und/oder Drogenmißbrauch
- Straffälligkeit (vor allem infolge von Stehlen, insbesondere von Nahrungsmitteln)

Abschließend sei hinsichtlich der o.g. Liste möglicher körperlicher Begleit- und Folgeerscheinungen bei bulimischen Eßstörungen darauf hingewiesen, daß der Kliniker insbesondere mit den schwerwiegenderen nur äußerst selten konfrontiert wird. Klinisch relevant ist insbesondere der Elektrolytstatus der Patientin, vor allem Kalium, der unbedingt kontrolliert werden sollte (s. z.B. Beumont u. Mitarb. 1995).

Verlauf

Im Gegensatz zur Anorexia nervosa, die wie der deutsche Terminus „Pubertätsmagersucht“ nahelegt, verstärkt bei jungen Mädchen auftritt, zeigt sich die Mehrzahl der bulimischen Eßstörungen bei jungen erwachsenen Frauen. Der Beginn der Eßstörung liegt meist in der Adoleszenz und das Alter des Großteils der Patientinnen liegt zwischen 20 und 30 Jahren, wenn sie sich erstmals um professionelle Hilfe bemühen. Bis zu diesem Zeitpunkt sind bereits im Mittel mehr als fünf Jahre, bei 32% sogar mehr als zehn Jahre seit Beginn der Symptomatik vergangen (Paul u. Mitarb. 1984).

Meistens ist es jedoch äußerst schwierig, einen konkreten Zeitpunkt als Erkrankungsbeginn festzustellen, da bulimische Symptome wie Eßanfälle bereits zuvor isoliert oder im Zusammenhang mit einer Magersucht, welche in 50% der Fälle der Bulimia nervosa vorausgeht (Mitchell u. Mitarb. 1986), aufgetreten sein können.

Zum langfristigen Krankheitsverlauf des Störungsbildes gibt es kaum Untersuchungen. Vieles deutet jedoch darauf hin, daß die Störung ohne Behandlung chronisch verläuft, wobei sich Phasen mit gravierender Symptomatik mit symptomfreien oder nahezu symptomfreien Zeitabschnitten abwechseln können (Mitchell u. Mitarb. 1986). Allerdings führen auch therapeutische Interventionen bei einem beträchtlichen Prozentsatz zu keiner völligen Symptomfreiheit und/oder Rückfälle bleiben wahrscheinlich (s. auch S. 492 f).

Ätiologie: Ein psycho-bio-soziales Erklärungsmodell der Entstehung und Aufrechterhaltung einer bulimischen Eßstörung

In der letzten Zeit sind verschiedene ätiologische Modelle zur Entstehung und Aufrechterhaltung der Bulimia nervosa beschrieben worden. Im Lichte der empirischen Forschung der letzten Jahre hat sich ein psycho-bio-sozialer Erklärungsansatz herauskristallisiert, der von einem multifaktoriellen Erklärungsmodell ausgeht, bei dem im Sinne eines Diathese-Streß-Ansatzes ein interaktives Zusammenwirken von prädisponierenden, mediierenden, auslösenden und aufrechterhaltenden Bedingungen angenommen wird.

Ätiologisch-relevante Faktoren

Momentane psychosoziale und Persönlichkeitsfaktoren

- Unzufriedenheit mit der eigenen Figur, dem eigenen Körper, bei gleichzeitiger übermäßiger Betonung von Figur, Schlankheit und Gewichtskontrolle.
- Kognitive Faktoren: dysfunktionale Denkschemata wie dichotomes Alles-oder-Nichts-Denken, Negativismus, Dramatisierung.
- Gestörte Hunger- und Sättigungswahrnehmung.
- Verstärkte Hungergefühle aufgrund eines restriktiven Eßverhaltens und erhöhter Anreizvalenzen bestimmter „verbotener" Nahrungsmittel.
- Unzureichende Streßverarbeitungs- und Problemlösefähigkeiten („coping skills").
- Unzureichende soziale Fertigkeiten („social skills").
- Persönlichkeitsfaktoren: geringes Selbstwertgefühl, Selbstunsicherheit und Gefühle der Ineffektivität; emotionale Labilität, Ängstlichkeit, Erregbarkeit, Depressivität, körperliche Beschwerden, erhöhte Störbarkeit des Verhaltens, gleichzeitig aber auch Perfektionismus und hohe Anspruchshaltungen.

Lerngeschichte

Individuelle Lernerfahrungen hinsichtlich des Ernährungsverhaltens (z.B. Belohnung, Tröstung über Nahrungsmittel), der Bedeutung von Gewicht und Figur für das weibliche Selbstwertgefühl und der Modellpersonen (Eß- und Diätverhalten, Definierung des Selbstwertes).

Biologische Faktoren

- Biologische Anpassungs- und Folgeprozesse auf Diätverhalten, welche direkt oder indirekt das erstmalige Auftreten der Bulimia nervosa begünstigen oder zu deren Aufrechterhaltung beitragen.
- Geringer Energieverbrauch (genetisch vorbestimmt oder im Laufe der Entwicklung z.B. durch mehrmals durchgeführte Diäten erworben) führt bei normalen Ernährungsbedingungen zu einem relativ erhöhten Körpergewicht.
- Genetische Vulnerabilität für psychische Erkrankungen, insbesondere aus dem depressiven Formenkreis.

Soziale Faktoren

- Das momentan soziokulturell vorgegebene Schlankheitsideal begünstigt das Erleben einer Diskrepanz zwischen Ist-Gewicht und gefordertem Idealgewicht.
- Sport- und Fitneß- sowie Gesundheitsbewußtsein im Sinne der Einhaltung bestimmter Ernährungsregeln.
- Leistungsorientierung.

Exkurs: Bedeutung von Diätverhalten für die Entstehung bulimischer Eßstörungen

Jede/r Therapeut/in, der Patientinnen mit Eßstörungen behandelt, sollte mit den physiologischen und psychologischen Konsequenzen von Diätverhalten und Mangelernährung vertraut sein, da viele der eßstörungsspezifischen Symptome (s. oben) Folgeerscheinungen von Diätverhalten und einer daraus in schweren Fällen resultierenden Mangelernährung sein können.

Polivy u. Herman formulierten 1985 die Hypothese, daß sich die Eßanfälle bulimischer Patientinnen möglicherweise auf dem Hintergrund des von ihnen als „Restrained Eating" bezeichneten Eßverhaltens der Patientinnen entwickeln. Dieses restriktive Ernährungsverhalten (s. z.B. Wöll u. Mitarb. 1989) ist im Vergleich zu einer normalen Nahrungsaufnahme in

1. quantitativer Art (die aufgenommene Nahrungs- bzw. Kalorienmenge betreffend),
2. qualitativer Art (die Nahrungszusammensetzung betreffend) und
3. struktureller Art (die zeitliche Abfolge der Mahlzeiten betreffend)

verändert. Die Patientinnen versuchen fortwährend Diät zu halten, dabei die absolut aufgenommene Kalorienmenge zu reduzieren, bestimmte, insbesondere kohlehydrat- und fettreiche Nahrungsmittel zu vermeiden sowie die Zeitintervalle zwischen den Mahlzeiten möglichst auszudehnen. Einige Patientinnen waren früher übergewichtig und haben durch Diäten beträchtlich abgenommen und versuchen nun, dieses möglicherweise unphysiologisch niedrige Gewicht durch weiteres, stark gezügeltes Eßverhalten zu halten.

In Folge eines in solcher Weise veränderten gezügelten Eßverhaltens stellen sich psychologische und physiologische Konsequenzen ein, welche nun ihrerseits direkt oder indirekt zur Entstehung und Aufrechterhaltung der Eßstörung beitragen können. Unterstützung findet diese Annahme durch folgende Forschungsergebnisse:

Untersuchungen bei experimentell fastenden Personen (s. insbesondere die klassische Fastenstudie von Keys u. Mitarb. 1950) sowie diätierenden Personen (z.B. Beumont u. Mitarb. 1978, Schweiger u. Mitarb. 1988) konnten zeigen, daß das Einhalten einer strikten Reduktionsdiät per se bei entsprechend vulnerablen Personen zu fortgesetzt chronischem Diätieren und pathologisch veränderten Einstellungen zu Figur und Gewicht führen sowie zum Auftreten von Eßanfällen disponieren kann. Weiterhin ließen sich folgende psychobiologische Konsequenzen von Diätverhalten und Mangelernährung feststellen: physiologische Anpassungsprozesse an Mangelernährung (z.B. Erniedrigung des Energieverbrauchs, veränderte Schilddrüsenfunktion, Zyklusstörungen), Hunger- und Frustrationsgefühle, ständige gedankliche Beschäftigung mit Essen und insbesondere mit dessen kalorischem Gehalt, gestörte Hunger- und Sättigungswahrnehmung, emotionale Labilität, erhöhte Ängstlichkeit und Depressivität (s. z.B. Laessle 1989), Schlafstörungen, Libidoverlust und sozialer Rückzug.

Diese Folgeerscheinungen wiederum können das Auftreten von Heißhungeranfällen erleichtern und in direkter oder indirekter Weise für einen Großteil der physiologischen und psychologischen Begleiterscheinungen bzw. Komplikationen der Bulimia nervosa verantwortlich sein. Vor allem die o.g. psychopathologischen Folgen des gestörten Eßverhaltens und der Mangelernährung, wie z.B. emotionale Labilität, erhöhte Ängstlichkeit und Depressivität, führen zu einer Einschränkung der Interessen in anderen Lebensbereichen (Partnerschaft, Freundeskreis) und zu sozialer Isolation. Defizite in Selbstwertgefühl, Selbstwahrnehmung und sozialen Fertigkeiten werden dadurch oft zusätzlich vergrößert und in der Folge durch verstärkte Kontrolle von Essen, Gewicht und Figur wieder auszugleichen versucht.

In klinischen Populationen gehen dem erstmaligen Auftreten von Heißhungeranfällen und dem Beginn der Bulimia nervosa fast ausnahmslos Phasen längerer Diäten bzw. Diätversuche voraus. Fairburn u. Cooper (1984) berichten, daß 80% der bulimischen Patientinnen vor dem erstmaligen Auftreten von Eßanfällen Diäten durchgeführt hatten; 50% hatten bereits eine Magersucht gehabt (Mitchell u. Mitarb. 1985).

Ein durch „Restrained eating" charakterisiertes Eßverhalten kann also als eine latent vorhandene, notwendige Vorbedingung für das Auftreten von Eßanfällen bzw. für das Einsetzen der Bulimia nervosa betrachtet werden. Dies allein vermag jedoch nicht das Auftreten der Heißhungeranfälle zu erklären. Ein hoher Prozentsatz aller Frauen (42% in der Untersuchung von Westenhöfer u. Mitarb. 1987) führten Diäten durch, ohne Heißhungeranfälle zu haben oder gar an Bulimia nervosa zu leiden. Zu dem gezügelten Eßverhalten müssen also noch andere Faktoren hinzutreten, um das Auftreten von Heißhungeranfällen zu erklären. Als solche hinreichende, also den konkreten Eßanfall auslösende Faktoren kommen subjektive Befindlichkeiten, wie ein erhöhtes Hungergefühl, das Durchbrechen einer sich selbst gesetzten Diätgrenze, der Verzehr eines „verbotenen", bei normalen Mahlzeiten gemiedenen Nahrungsmittels oder kritische Lebensereignisse sowie auch Situationen in Frage, die von dem Individuum als streßhaft erlebt werden (z.B. geringschätzige Äußerungen des Freundes, der Eltern oder anderer wichtiger Bezugspersonen bezüglich des Aussehens, der Figur oder des Körpergewichts, Trennungs- oder Verlustereignisse, neue Anforderungen, Angst vor Leistungsversagen oder auch körperliche Erkrankungen). In der Folge dieser situativen Auslöser kommt es in Verbindung mit „Alles-oder-Nichts"-Kognitionen zu einem Zusammenbruch der kognitiven Kontrolle und zu einem Eßanfall. Die zu diesem Zeitpunkt vorhandene Gewißheit, sich der aufgenommenen Nahrung wieder entledigen zu können, erleichtert das Auftreten eines Eßanfalls zusätzlich. Vor allem Rosen u. Leitenberg (1985) haben dem Erbrechen durch seine angstreduzierende Wirkung bzw. negative Verstärkungswirkung bei der Auftrechterhaltung der Bulimia nervosa eine zentrale Bedeutung zugesprochen.

Zusammenfassung

Auf dem Hintergrund prädisponierender Faktoren führt eine kognitiv kontrollierte Einschränkung der Nahrungsaufnahme (Diätieren, „Restrained Eating") über mediierende physiologische und psychologische Prozesse, wie z.B. psychobiologischen Konsequenzen von Diätverhalten und Mangelernährung, im Zusammenwirken mit psychosozialen Stressoren wie kritischen Lebensereignissen oder chronischen Alltagsbelastungen zum Auftreten erster Eßanfälle mit nachfolgenden kompensatorischen Maßnahmen, in der Regel selbstinduziertem Erbrechen. Der „Kreislauf" der Eßanfälle und des Erbrechens wird durch kurzfristig positive Konsequenzen sowie wiederum durch mediierende physiologische und psychologische Anpassungsprozesse an Mangelernährung aufrechterhalten. Mit der Zeit erreichen die bulimischen Verhaltensweisen eine suchtartige Eigendynamik, welche wiederum funktional in die Bewältigung von Alltagsproblemen eingebaut ist. (Eine ausgezeichnete Herleitung der Entstehung der Bulimia nervosa auf dem Hintergrund des „Restrained eating"-Paradigmas findet sich bei Tuschl u. Mitarb. [1988].)

Das in Abb. 39.**3** wiedergegebene Modell verdeutlicht noch einmal graphisch zusammenfassend die bei der Entstehung und Aufrechterhaltung bulimischer Eßstörungen angenommenen, bedeutsamsten Wirkungsfaktoren.

Therapie

In der großen Anzahl von Therapieevaluationsstudien zur Bulimia nervosa, die in den letzten Jahren publiziert wurden (zur Übersicht s. z.B. Garner u. Mitarb. 1987, Lennerts 1991), erwiesen sich kognitiv-verhaltenstherapeutische Therapieansätze als erfolgversprechend. Die dabei zumeist zur Anwendung kommenden „Therapiepakete" beinhalten eine Vielzahl von Behandlungskomponenten, wie z.B. verhaltenstherapeutische (Exposition und Reaktionsverhinderung), kognitive (z.B. kognitive Umstrukturierung), körperorientierte (z.B. Training in Körperwahrnehmung) und familienorientierte Interventionen (zu medikamentösen Therapieansätzen s. z.B. Fichter 1993). Entsprechend den empirischen Untersuchungen zur Bedeutung von gezügeltem Eßverhalten für die Entstehung und Aufrechterhaltung von Eßstörungen (s. oben) wurden mittlerweile auch zunehmend Elemente eines „Ernährungsmanagements" (s. z.B. Lennerts 1991) und ernährungsberatende Elemente in die Behandlung der Bulimia nervosa aufgenommen (s. z.B. Beumont u. Mitarb. 1989), welche zunächst primär eine Normalisierung des Eßverhaltens anstreben.

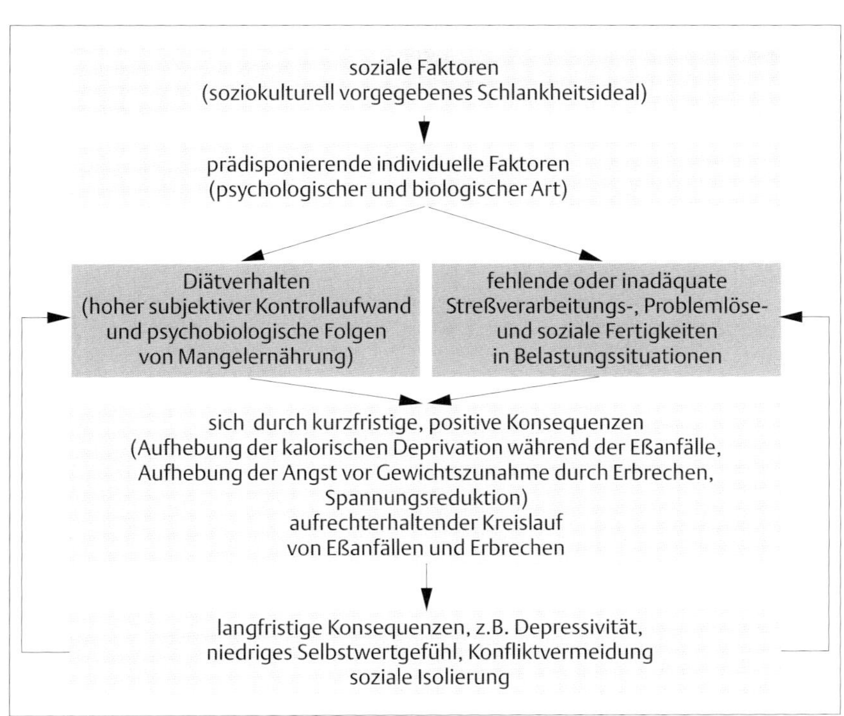

Abb. 39.3 Schematisches Modell der Entstehung und Aufrechterhaltung der Bulimia nervosa

Forschungsergebnisse zum Therapieerfolg stationärer und ambulanter Therapieansätze

Bei der Betrachtung von Forschungsergebnissen zum Therapieerfolg bei Bulimia nervosa sollte man sich vergegenwärtigen, daß ein Vergleich von Ergebnissen verschiedener Studien zumeist schwierig oder gar unmöglich ist, da die Patientenkollektive hinsichtlich psychopathologischer und/oder demographischer Variablen sowie auch im Hinblick auf die konkret durchgeführten Interventionen nicht oder nur bedingt vergleichbar sind.

Eine weitere Schwierigkeit besteht darin, daß bislang nur wenige kontrollierte Therapiestudien mit einem ausreichenden Katamnesezeitraum (zumindest ein Jahr) verfügbar sind. Dies ist um so wichtiger, da die Rückfallhäufigkeit bulimischer Störungen sehr hoch ist. So reichen die publizierten Zahlen zur Häufigkeit von Rückfällen im Anschluß an eine ambulante Therapie von 30% innerhalb der ersten 6 Monate (Pyle u. Mitarb. 1990) bis zu 63% innerhalb von 18 Monaten nach Therapieende (Keller u. Mitarb. 1992). Weiterhin muß – wie auch von anorektischen Patientinnen berichtet (s. z.B. Windauer u. Mitarb. 1993) – damit gerechnet werden, daß bei vielen bulimischen Patientinnen auch über das Ende einer Intervention hinweg, welche zumindest die Hauptsymptome hat beseitigen können, oftmals eßstörungsspezifische Handlungs-, Einstellungs- und Denkmuster fortbestehen.

Ergebnisse stationärer Therapieansätze

Exemplarisch sollen an dieser Stelle die für den deutschen Sprachraum relevanten Ergebnisse der Langzeitstudie von Fichter u. Mitarb. (1992 u. 1995) berichtet werden. Fichter u. Mitarb. (1992) führten an 250 stationär behandelten Patienten mit einer Bulimia nervosa zwei Jahre nach Entlassung eine Katamneseuntersuchung durch. Während einer im Durchschnitt 100tägigen verhaltensmedizinisch ausgerichteten stationären Behandlung zeigte sich nach Ende der Therapie eine Verbesserung hinsichtlich der eßstörungsspezifischen Pathologie wie auch in allgemeinpsychopathologischen Bereichen.

Poststationär zeigte sich ein erhöhtes Rückfallrisiko in den Monaten unmittelbar nach Beendigung der Klinikbehandlung. Trotz insgesamt guter Behandlungsergebnisse bei Ende der stationären Behandlung und trotz einer insgesamten Stabilisierung dieser Behandlungserfolge erfüllten bei der 2jährigen Nachfolgeuntersuchung immer noch 36% der Patientinnen die Diagnose einer Bulimia nervosa, weitere 4,9% erfüllten die Kriterien für Anorexia und Bulimia nervosa. Bei einer 6jährigen Katamnese erfüllten noch 20% die DSM-IV-Kriterien für Bulimia nervosa (Fichter u. Mitarb. 1995).

Ergebnisse ambulanter Therapieansätze

Eine vom Autor anhand von 32 Studien durchgeführte Übersicht zu Therapieergebnissen ambulanter Therapieansätze ergab folgendes Ergebnis (Lennerts 1991):

Die Mehrzahl der Therapiestudien zur ambulanten Behandlung der Bulimia nervosa berichtete eine statistisch signifikante Reduzierung der bulimischen Symptomatik. Die durchschnittliche Häufigkeit der Eßanfälle sank von 10,5 pro Woche auf 2,5 bei Therapieende. Allerdings konnte für viele Patientinnen keine völlige Symptomfreiheit erzielt werden. 58% aller Patientinnen hatten bei Therapieende noch Eßanfälle, bei der letzten Katamneseuntersuchung waren es noch 49%. Obwohl die Therapieansätze also hinsichtlich des Kriteriums einer durchschnittlichen Reduzierung bulimischer Symptomatik erfolgreich waren, bleibt die Symptomatik bei vielen Patientinnen in abgemilderter Form bestehen. Eßstörungsspezifische psychopathologische Symptome besserten sich signifikant in 59% der Therapiestudien. Symptome unspezifischer Psychopathologie, insbesondere Depressivität, wiesen in 32% der Studien eine signifikante Verbesserung auf.

Patientinnen, welche Kontroll- oder Wartegruppen zugeordnet worden waren, zeigten keinerlei Verbesserungen. In den Studien mit Katamneseuntersuchungen zeigte sich eine Stabilisierung der bis Therapieende erreichten Erfolge oder sogar eine weitere Verbesserung. Berücksichtigt man die meist beträchtliche Dauer der bulimischen Störung, so sind die in einer oftmals relativ kurzen ambulanten Therapiezeit erreichten Verbesserungen erstaunlich.

Prognostische Faktoren

Bossert u. Mitarb. (1992) untersuchten die Bedeutung anamnestischer und klinischer Variablen für die Vorhersage des stationären Therapieerfolges bei 31 Patientinnen mit Bulimia nervosa. Als wesentliche Prädiktoren für einen ungünstigen Verlauf der achtwöchigen Klinikbehandlung erwiesen sich die Gesamtdauer bisheriger stationärer Behandlungen wegen Bulimia nervosa, der Schweregrad einer depressiven Symptomatik bei Behandlungsbeginn sowie die Ausprägung eßstörungsspezifischer Psychopathologie (Schlankheitsstreben, Diätorientierung, Unzufriedenheit mit Figur/Gewicht). In der Untersuchung von Bossert-Zaudig u. Mitarb. (1993) zur psychiatrischen Komorbidität bulimischer Patientinnen zeigte sich ein negativer Zusammenhang zwischen Therapieerfolg und dem zusätzlichen Vorliegen einer Angststörung.

Fahy u. Russell (1993) berichten, daß Persönlichkeitsstörungen, Schweregrad und Dauer der Eßstörung sich als ungünstige Prognosefaktoren erwiesen. Patientinnen ohne diese ungünstigen prognostischen Faktoren konnten bereits von kurzen psychoedukativen Ansätzen profitieren. Fairburn u. Mitarb. (1993) fanden, daß kognitiv-emotionale Variablen wie eine negative Einstellung zu Gewicht/Figur und geringes Selbstwertgefühl bei Beginn mit schlechterem Therapieerfolg korrelierten. In den Katamneseuntersuchungen von Fichter u. Mitarb. (1992 u. 1995) zeigten Patientinnen mit zusätzlichen Problembereichen („Komorbidität“) wie affektiven Störungen, Angststörungen, Drogenmißbrauch oder Persönlichkeitsstörungen („Multi-impulsive Bulimia“) im allgemeinen einen ungünstigeren poststationären Verlauf. Freeman u. Mitarb. (1985) fanden heraus, daß die Zufriedenheit bzw. Unzufriedenheit mit dem eigenen Körperschema/Figur zum Zeitpunkt der Beendigung einer Therapie den besten Prädiktor eines möglichen Rückfalls sechs Monate nach Beendigung der Therapie darstellt.

Ambulante versus stationäre Behandlung

In der Praxis stellt sich oftmals das Problem, ob man mit der Patientin zunächst einen ambulanten Behandlungsversuch unternimmt, oder ob man sofort eine stationäre Therapie in Erwägung zieht.

Prinzipiell sollte bei Patientinnen, welche eine noch relativ kurze Erkrankungsdauer, eine relativ milde Symptomatik und keine gravierende Komorbidität aufweisen, zunächst ein ambulanter psychotherapeutischer Behandlungsversuch unternommen werden. Bei der Behandlung dieser Patientengruppe können auch Therapiemanuale (z.B. Waadt u. Mitarb. 1992) oder Bücher zur Selbsthilfe (z.B. Wise 1992), welche in letzter Zeit erschienen sind, eine große Hilfe darstellen. Man sollte sich dabei jedoch immer bewußt sein, daß diese Hilfen nur einen groben Rahmen und Inhalte abstecken können, daß im Einzelfall jedoch eine an die individuelle Situation der jeweiligen Patientin angepaßte Behandlung durchzuführen ist.

Eine stationäre Behandlung ist dann indiziert, wenn die Patientin subjektiv das Gefühl hat, die Kontrolle über ihr Eßverhalten – und im weiteren Sinne über ihr Leben – verloren zu haben und somit eine auch äußerliche Zäsur und Unterbrechung im Sinne einer stationären Behandlung angezeigt ist. Durch die erhöhte Außenkontrolle wie auch durch die Herausnahme der Patientin aus den bisherigen Umweltbedingungen erhält sie die Chance einer Unterbrechung des Kreislaufes von Diätieren, Eßanfällen und Erbrechen sowie eines Neuerlernens normalen Eßverhaltens und der Bearbeitung der Hintergrundproblematik.

Aufgrund der nachgewiesenermaßen hohen Rückfallhäufigkeit sollte in jedem Fall sichergestellt sein, daß sich an einen stationären Behandlungsteil eine ambulante Nachsorge anschließt.

Eine sinnvolle Ergänzung des Behandlungsangebots für Patientinnen mit Bulimia nervosa bildet ein tagesklinischer Therapieansatz (s. z.B. Gerlinghoff 1993). Weiterhin haben sich in den letzten Jahren eine Vielzahl von Selbsthilfegruppen oder dem Selbsthilfegruppenkonzept angelehnte Gruppen gebildet, welche sich speziell mit dem Themenkreis Anorexie/Bulimie (z.B. „ANAD“ oder „Cinderella“ in München, „Dick und Dünn“ in Berlin) bzw. unkontrolliertes Eßverhalten (Overeaters Anonymous) beschäftigen und Betroffenen Hilfe anbieten. Welche Patienten jedoch von einer Selbsthilfegruppe profitieren und welche nicht, läßt sich vorab nicht pauschal sagen und ist auch bislang nicht hinreichend wissenschaftlich untersucht worden. Letztendlich liegt dies sicher an den Vorlieben und Abneigungen der jeweiligen Patientin hinsichtlich dieser Gruppentherapieformen.

Stationäre Therapie von Patientinnen mit Bulimia nervosa am Beispiel des Therapiekonzeptes der Psychosomatischen Klinik Windach[1]

Nachfolgend wird das in der Psychosomatischen Klinik Windach durchgeführte multimodale kognitiv-verhaltenstherapeutische Behandlungskonzept zur Behandlung von Patientinnen mit Bulimia nervosa ausführlich dargestellt. Es orientiert sich an dem auf S. 490f erläuterten verhaltensmedizinischen Modell der Ätiologie bulimischer Eßstörungen, bei dem insbesondere die Forschungsergebnisse zu psychobiologischen Folgen gestörten Eßverhaltens berücksichtigt werden. In der Therapie werden eßstörungsspezifische (z.B. Unzufriedenheit mit Gewicht und Figur, Diätverhalten) und allgemein-psychopathologische Symptome (z.B. Perfektionismus, Depressivität) wie auch Probleme in Partnerschaft, Familie und Beruf bearbeitet, wobei entsprechend dem psychobiologischen Erklärungsmodell zunächst eine Unterbrechung des Kreislaufs von Eßanfällen und Erbrechen und eine Normalisierung des Eßverhaltens angestrebt wird. In seiner

[1] Für die Unterstützung bei der Erstellung dieses Abschnitts danke ich meinen Kolleginnen und Kollegen Fr. M. Schroeder, Fr. C. Nenning-Baldauf, Fr. C. Schild, Hr. Dr. P. Eisenack, Hr. E. Guggenmos.

Gesamtheit bildet das Behandlungskonzept eine auf verhaltenstherapeutischen Grundsätzen basierende therapeutische Einheit, in welche auch die Mehrzahl der in der Literatur beschriebenen kognitiv-verhaltenstherapeutischen Interventionen/Therapiekomponenten aufgenommen ist (Tab. 39.**13**).

Patientinnen mit Eßstörungen werden seit 1976 in der Psychosomatischen Klinik Windach nach verhaltenstherapeutischen Grundsätzen behandelt. Nachdem zu Beginn einzeltherapeutische Therapieansätze verfolgt wurden, erfolgte jedoch schon bald die Etablierung gruppentherapeutischer Stufenprogramme, die sich nachfolgend sehr gut bewährten. Insbesondere die durch die Gruppe nun selbst übernommene Verantwortung hinsichtlich der gegenseitigen Kontrolle (inkl. Reaktionsverhinderung) sowie der Gewährung der stufenweisen Erleichterungen in Abhängigkeit von Gewichtszunahme und/oder Regelmäßigkeit der Einnahme der Mahlzeiten nahm zumindest einen Großteil des für eßgestörte Patientinnen typischen Manipulierens aus der Beziehung zu den Therapeuten.

Dem grundsätzlichen verhaltenstherapeutischen Prinzip des „Selbstmanagements" (Kanfer u. Mitarb. 1991) folgend soll jede Patientin im Laufe ihrer Therapie schrittweise in die Lage versetzt werden, selbständig mit ihrer Problematik umzugehen und diese zu verändern. Damit soll sowohl der Alltagstransfer als auch die langfristige Rückfallprophylaxe verbessert werden.

Inhaltliche Schwerpunkte, Struktur und Ablauf

Vorgespräch

Der stationären Aufnahme geht in der Regel ein ambulantes Vorgespräch voraus, dessen Ziel es ist, mit der Patientin das Therapiekonzept zu besprechen, die Therapiemotivation abzuklären und zu einer ersten Zieldefinition zu gelangen. Einen wesentlichen Aspekt bildet dabei auch die Bereitschaft der unmittelbaren Bezugspersonen zur Teilnahme an Partner- und/oder Familiengesprächen.

Kontaktsperre

In den ersten vier Wochen besteht für die Patientinnen eine „Kontaktsperre", d.h. der Empfang von Besuchen sowie telefonischer oder brieflicher Kontakt zur Außenwelt ist untersagt (bei wesentlicher Post, z.B. Ämterschreiben usw. wird die Post zunächst mit dem Einverständnis der Patientin von einem Gruppenmitglied geöffnet und dann an die Patientin weitergeleitet). Nachfolgend werden stufenweise Brief-, Telefon- und persönliche Kontakte/Besuche ermöglicht. Ziel der Kontaktsperre ist, die Konzentration auf das therapeutische Setting zu fördern und mögliche dysfunktionale Kommunikationen mit der Außenwelt auszuschließen, wie sie insbesondere von familientherapeutisch orientierten Klinikern betont werden. Durch die Kontaktsperre besteht somit die Möglichkeit einer „Entwirrung" der eingefahrenen Kommunikationsmuster, was zusätzlich zu einer Entlastung der Patientin wie auch der Angehörigen beitragen kann.

„Klausur"

Entsprechend den Überlegungen zum „Restrained eating" als wesentlicher Erklärungsfaktor bei der Entstehung und Aufrechterhaltung der Bulimia nervosa ergibt sich die Normali-

Tabelle 39.**13** Therapiekomponenten kognitiv-verhaltenstherapeutischer Behandlungsansätze bei Bulimia nervosa – inhaltliche Schwerpunkte

Eßstörungsspezifische Themen
– Vermittlung von Informationen über psychobiologische Zusammenhänge bei Eßstörungen
– Normalisierung des Eßverhaltens hinsichtlich Quantität, Qualität und zeitlicher Struktur bei Einbeziehung von bislang gemiedenen „Tabu"-Nahrungsmitteln
– Erarbeitung einer individuellen Verhaltensanalyse und Lerngeschichte sowie eines psychobiologischen Erklärungsmodells der Eßstörung unter besonderer Berücksichtigung der individuellen Lerngeschichte (welche Verhaltensweisen wurden belohnt oder bestraft, welche Modelle existierten in der Ursprungsfamilie, welche Überzeugungen wurden durch die Umwelt vermittelt, vor allem hinsichtlich der Bedeutung von Figur und Gewicht für das weibliche Selbstverständnis und Selbstwertgefühl)
– Förderung der Selbstakzeptanz und Aufbau eines positiven Selbstbildes durch kognitive Umstrukturierung dysfunktionaler Einstellungen zu Ernährung, Gewicht und Figur sowie des häufig anzutreffenden „Alles-oder-Nichts"-Denkens
Allgemein psycho-soziale Themenbereiche
– Bearbeitung interpersoneller Konflikte (Familie, Partnerschaft) und Verbesserung der sozial-kommunikativen Fertigkeiten
– Übungen zur Verbesserung von Problemlösefähigkeiten
– Selbstakzeptanz und Selbstwertgefühl
– Selbstfindung und Autonomie, die Rolle als Frau in unserer heutigen Gesellschaft
– Partnerschaft und Sexualität
– Ausbildung und Beruf
– bei Abschluß der stationären Therapie: Rückfallprophylaxe und Vorbereitung der ambulanten Weiterbetreuung
Verhaltenstherapeutische Methoden
– „Contactmanagement": Abschließen von Therapieverträgen hinsichtlich der Befolgung therapeutischer Maßnahmen
– Selbstbeobachtung: Tagesprotokolle, Ernährungs-, Stimmungs-, Aktivitätstagebücher, Gewichtskurven
– Verhaltensanalyse mit nachfolgender Reiz- und Selbstkontrolle (gemeinsam mit der Patientin Erarbeitung der Auslösebedingungen für Eßanfälle und Erbrechen sowie von alternativen Verhaltensweisen zur Bewältigung von Belastungssituationen)
– Maßnahmen zur Reaktionsverhinderung („response prevention")
– Verstärkungsprogramme: Belohnungen bzw. Wegfall von Restriktionen für erreichte Therapieziele
– Kognitive Umstrukturierung dysfunktionaler Einstellungen
– Förderung sozialkommunikativer Fertigkeiten durch gruppentherapeutische Interventionen (z.B. Selbstsicherheitstraining, Rollenspiele)
– Förderung der Gefühlswahrnehmung und -diskrimination (z.B. Erkennen von Ärger) und Interozeption (z.B. Hunger, Sättigung) durch körperorientierte Übungen, Wahrnehmungs- und Genußtraining

X

sierung des Eßverhaltens als eine vordringliche Aufgabe der Therapie. Diesem Ziel dient insbesondere die gemeinsame Einnahme der Mahlzeiten im Speisesaal sowie die sog. „Klausur". Hierunter ist zu verstehen, daß Patientinnen mit postprandialem Erbrechen, Laxantien oder Diuretikamißbrauch sich während der ersten zwei Wochen prinzipiell auf ihrem Zimmer aufhalten. Dort nehmen sie auch ihre drei Hauptmahlzeiten ein und dürfen erst nach zwei Stunden die Toilette benutzen. Außerhalb dieser festgelegten Zeiten kann die Toilette nur unter Aufsicht eines Gruppenmitgliedes aufgesucht werden, um postprandiales Erbrechen zu unterbinden („Reaktionsverhinderung"). Auf dem Zimmer haben die Patientinnen alle Möglichkeiten, sich selbst zu beschäftigen, und sie können Besuche von Gruppenmitgliedern empfangen. Ein Verlassen des Zimmers ist nur zur Teilnahme an Therapiemaßnahmen möglich.

Wenn sich nach dieser zweiwöchigen „Klausur"-Phase das Eßverhalten normalisiert hat, können sich die Patientinnen auch außerhalb ihres Zimmers, jedoch nur in Begleitung mindestens eines anderen Gruppenmitgliedes aufhalten. Im weiteren Verlauf der Therapie nimmt die Fremdkontrolle ab und die Patientinnen können ihren Bewegungsspielraum stufenweise erweitern, bis eine weitgehende Stabilität und Selbstkontrolle erreicht ist.

Obwohl die „Klausur" und auch die Kontaktsperre zu Beginn der Therapie als sehr restriktiv erlebt werden und bei den meisten Patientinnen Ängste auslösen, wird diese Zeit rückblickend von vielen Patientinnen sehr positiv bewertet, da durch sie der Zusammenhalt innerhalb der Gruppe verstärkt und die Möglichkeit zu Reflektion und intensiver Beschäftigung mit der eigenen Person und Hintergrundproblemen gegeben wird.

Partner- und/oder Familiengespräche

Da den familiären Hintergrundbedingungen, d.h. den unmittelbar bedeutsamen Beziehungen der Patientin zu ihrem Partner und/oder Familie eine wesentliche Bedeutung zukommt, werden zur Erfassung und ggf. Veränderung des unmittelbaren sozialen Umfeldes Partner- und/oder Familiengespräche durchgeführt.

Einzeltherapie

In der Regel werden mit der Patientin zu Beginn der Behandlung Einzeltherapietermine vereinbart, um eine ausführliche Anamnese mit Verhaltensanalyse und Lerngeschichte zu erheben. Weitere Einzeltherapietermine werden ansonsten nur nach Absprache und begründeter Indikation durchgeführt (z.B. vor und nach Familien- bzw. Partnergesprächen, vor und nach einer Entlassung auf Probe sowie vor der endgültigen Entlassung).

Gruppentherapie

Kernstück der stationären Behandlung bildet die gruppentherapeutische Arbeit, wobei die Patientinnen in ein engmaschiges Gruppentherapiekonzept eingebunden sind. Die Gruppengröße besteht aus 10 Patientinnen mit einer Anorexia nervosa und/oder einer bulimischen Eßstörung bei Normalgewichtigkeit (übergewichtige Patientinnen mit einer bulimischen Eßstörung ohne Erbrechen bilden eine eigenständige Therapiegruppe). Durch die Zusammenfassung in einer Gruppe soll sich bei den Patientinnen das Gefühl der Stigmatisierung und sozialen Isolierung verringern, wodurch soziale Ängste besser bearbeitet und die Patientinnen an eine bessere Selbstakzeptanz herangeführt werden können. Die Therapiegruppe ist eine fortlaufende, offene Gruppe, d.h., der Einstieg ist neuen Patientinnen von Beginn an möglich. Erfahrenere Mitpatientinnen können so Patenfunktion für Neulinge übernehmen und diese über Inhalt und Ablauf der Gruppe informieren. Dadurch wird ein Erlernen am Modell ermöglicht bzw. die Motivation und der Glaube in die Bewältigungsmöglichkeiten der Störung verstärkt. Die gegenseitige Unterstützung durch die anderen Gruppenmitglieder und der Grad der Selbstorganisation und Eigenverantwortlichkeit der Gruppe (u.a. durch Wahl einer Gruppenführerin) innerhalb eines gegebenen Rahmens stellen Hauptschwerpunkte des Therapiekonzepts dar.

Im Zentrum der Gruppentherapie stehen die täglichen 90minütigen Gruppentherapiesitzungen unter Leitung der Therapeuten (je 1 ärztlicher und psychologischer Therapeut/in, 1 Co-Therapeut/in). Innerhalb der Gruppentherapie melden die Patientinnen ihre Anliegen an und die Gruppe einigt sich auf die Abfolge der Bearbeitung der Themen. Typische Themen sind:

Intrafamiliäre Beziehungsprobleme (zur Vertiefung und emotionalen Erarbeitung der familiären Hintergrundbedingungen können die Patientinnen z.B. eine Familienskulptur in der Gruppe erstellen), Autonomiebestrebungen, Ambivalenz hinsichtlich der Therapie bzw. des Aufgebens der Eßstörung, Umgang mit Gewichtszunahme und Körperbild, Wahrnehmung und Zulassen von Gefühlen, berufliche Schwierigkeiten, Partnerkonflikte, sexuelle Probleme.

Die Bearbeitung eines von einer Patientin vorgebrachten Themas berührt meist auch die übrigen Patientinnen. Dies wie auch die Bereitschaft zu Offenheit und dem Aufzeigen und Zulassen eigener Probleme, Schwächen und Emotionen unterstützt den für die Behandlung notwendigen internen emotionalen Zusammenhalt der Gruppe. Weiterhin können insbesondere Patientinnen, welche zuvor eher sozial isoliert waren, wichtige „Peer-Group"-Erfahrungen nachholen und Sozialisationsdefizite ausgeglichen werden.

Jeweils zu Beginn der Woche berichten die Patientinnen in einer vorstrukturierten Teamsitzung („Kurve") über Gewichtsentwicklung, Körperbild und allgemeinen Therapieverlauf.

Flankierend zur Patientengruppe nehmen die Patientinnen an gestaltungs- und körpertherapeutischen Interventionen teil. In der Gestaltungstherapie werden den Patientinnen durch handwerklich-bildnerisches Gestalten (z.B. Malen, Töpfern) nonverbale Möglichkeiten des Ausdrucks und der Selbstwahrnehmung vermittelt. Die körpertherapeutischen Maßnahmen zielen insbesondere auf eine verbesserte körperliche Eigenwahrnehmung (Interozeption) sowie auf eine Verbesserung der Akzeptanz des eigenen Körpers ab. Im Selbstsicherheitstraining lernen und üben die Patientinnen sozial-kommunikative Fertigkeiten. Fragen zur Wohn- und/oder beruflichen Situation sowie ggf. hinsichtlich einer beruflichen Neuorientierung (Umschulung) werden in Zusammenarbeit mit der Soziotherapieabteilung bearbeitet. Außerhalb der Gruppentherapiesitzungen übernimmt die Gruppe selbst wichtige therapeutische Funktionen (z.B. durch die gemeinsame Einnahme der Mahlzeiten an einem Tisch im Speiseraum, gemeinsame soziale Aktivitäten).

Entlassung auf Probe

Haben die Patientinnen innerhalb der Klinikumgebung eine ausreichende Verhaltenskontrolle und Bearbeitung der auslösenden und aufrechterhaltenden Randbedingungen erlangt, werden sie zeitlich begrenzt in die häusliche Umgebung entlassen. Diese Entlassung auf Probe umfaßt in der Regel zwei Wochen und dient dazu, den Patientinnen Gelegenheit zu geben, die erlernte Verhaltenskontrolle und das veränderte neue Eßverhalten wie auch andere neue Verhaltens- und Denkweisen in der bisherigen Umgebung auszuprobieren. Bei der darauffolgenden Wiederaufnahme, welche in der Regel wiederum ca. zwei Wochen umfaßt, besteht die Möglichkeit, aufgetretene Schwierigkeiten oder Rückfälle nochmals therapeutisch zu bearbeiten und so – auch im Sinne einer verbesserten Rückfallprophylaxe – einen besseren Übergang in die ambulante Weiterbetreuung zu gewährleisten.

Abschluß der Therapie und Entlassung

Aufgrund der o.g. hohen Rückfallhäufigkeit und der zur Chronifizierung neigenden Natur von Eßstörungen wird versucht, daß bereits bei Entlassung der Modus der ambulanten Weiterbetreuung sichergestellt ist.

In Tab. 39.**14** sind die wesentlichsten Therapiestrukturkomponenten der Behandlung von Patientinnen mit einer Bulimia nervosa nochmals aufgelistet.

Tabelle 39.**14** Therapiestrukturkomponenten der stationären Behandlung von Patientinnen mit Bulimia nervosa an der Psychosomatischen Klinik Windach

- Vorgespräch
- Vierwöchige Kontaktsperre
- „Klausur“
- Gemeinsame Einnahme der Mahlzeiten
- Tägliche Gruppentherapie
- Körpertherapie
- Gestaltungstherapie
- Familien- bzw. Partnergespräche
- Ggf. Sozialtherapie
- Außenaktivitäten
- Entlassung auf Probe

Zusammenfassung

Der kognitiv-verhaltenstherapeutische Ansatz zur Therapie bulimischer Eßstörungen orientiert sich an einem multifaktoriellen, psycho-bio-sozialen Modell der Entstehung und Aufrechterhaltung der Eßstörung. Ausgehend von den empirischen Ergebnissen zu den psychobiologischen Folgen von Diätverhalten, den unzureichenden Problem- und Konfliktlösungsstrategien sowie der Selbstwertproblematik bulimischer Patientinnen erfolgt die Erstellung eines multimodalen Therapieansatzes. Dieser soll die Patientinnen im Sinne des Selbstmanagement-Therapiekonzepts in die Lage versetzen, so selbständig wie möglich ihre Eßstörung zu überwinden. Im Zentrum stehen dabei einerseits die Normalisierung des Eßverhaltens durch die Einnahme geregelter Mahlzeiten und die Durchbrechung des Kreislaufes von Eßanfällen und Erbrechen durch Maßnahmen der Reaktionsverhinderung, andererseits die Behandlung der Hintergrundproblematiken (z. B. Konflikte in Partnerschaft, Familie), in welche die Eßstörung eingebunden ist. Die in der Behandlung zur Anwendung kommenden kognitiv-verhaltenstherapeutischen Maßnahmen umfassen insbesondere: Informationsvermittlung zu den psychobiologischen Folgen von Diätverhalten, Selbstbeobachtung, Maßnahmen zur Reaktionsverhinderung, Verstärker- bzw. Stufenprogramme mit Erhöhung von Freiheitsgraden in Abhängigkeit vom Therapiefortschritt, Erarbeitung der situativen Auslöser sowie einer Lerngeschichte hinsichtlich des gestörten Eßverhaltens, Erlernen von Problemlösungstechniken, kognitive Umstrukturierung dysfunktionaler Überzeugungsschemata.

Nicht näher bezeichnete Eßstörungen

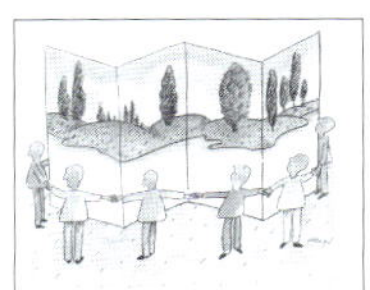

St. Herpertz

Neben der Anorexia und Bulimia nervosa wurde in der vierten Ausgabe des DSM (APA 1994) die nicht näher bezeichnete Eßstörung (Eating Disorder Not Otherwise Specified, EDNOS) eingeführt. Parallel dazu unterscheidet die 10. Ausgabe des ICD (Dilling u. Mitarb. 1991) die atypische Bulimia nervosa (F50.3), Eßattacken bei anderen psychischen Störungen (F50.4) und (F50.9) (Tab. 39.**15**). Die DSM-IV Klassifikation subsumiert unter die nicht näher bezeichnete Eßstörung solche Patienten, die weder den Kriterien der Anorexia noch der Bulimia nervosa genügen (Tab. 39.**16**). Trotz der nicht zu unterschätzenden klinischen Relevanz dieser Eßstörung (Bunnell u. Mitarb. 1990, Clinton u. Glant 1992, Mitrany 1992, Mizes u. Sloan 1998) wurde sie bisher gegenüber der Anorexia und Bulimia nervosa wenig beachtet.

Kriterium 6 „Binge-Eating-Störung“ (binge, deutsch: „Freßgelage“) umschreibt ein Eßverhalten, welches sich durch häufige Kontrollverluste beim Essen auszeichnet, jedoch ein außergewöhnliches Kontrollverhalten gegenüber Körperfigur und -gewicht, wie es die Diagnose der Bulimia nervosa vorschreibt, vermissen lassen (Spitzer u. Mitarb. 1991, 1992). Von daher sind Patienten mit „Binge-Eating-Störung“ im Gegensatz zu den in der Regel „idealgewichtigen“ bulimischen Patienten häufig übergewichtig oder adipös, was die klinische wie auch wissenschaftliche Relevanz dieser Subgruppe innerhalb der nicht näher bezeichneten Eßstörung ausmacht. Eine eingehendere Betrachtungsweise erscheint daher notwendig.

Tabelle 39.**15** ICD-10 Diagnosekriterien (Dilling u. Mitarb. 1991)

F50.1 Atypische Anorexia nervosa
Bei ansonsten typischem klinischen Bild fehlen ein oder mehrere Kernmerkmale der Anorexie, z. B. Amenorrhoe oder signifikanter Gewichtsverlust.

F50.3 Atypische Bulimia nervosa
Bei ansonsten recht typischem klinischem Bild fehlen ein oder mehrere Kennmerkmale der Bulimia.

F50.8 Sonstige Eßstörungen
Fasten bei Übergewicht, psychogener Appetitverlust, nicht organische Pica bei Erwachsenen.

Tabelle 39.**16** Nicht näher bezeichnete Eßstörung (DSM-IV, APA 1994)

1. Bei einer Frau sind sämtliche Kriterien der Anorexia nervosa erfüllt, außer daß die Frau regelmäßig Menstruationen hat.
2. Sämtliche Kriterien der Anorexia nervosa sind erfüllt, nur liegt das Körpergewicht der Person trotz erheblichen Gewichtsverlustes noch im Normalbereich.
3. Sämtliche Kriterien der Bulimia nervosa sind erfüllt, jedoch sind die „Freßattacken" und das unangemessene Kompensationsverhalten weniger häufig als zweimal pro Woche für eine Dauer von weniger als drei Monaten.
4. Die regelmäßige Anwendung unangemessener, einer Gewichtszunahme gegensteuernden Maßnahmen durch eine normalgewichtige Person nach dem Verzehr kleiner Nahrungsmengen (z. B. selbstinduziertes Erbrechen nach dem Verzehr von zwei Keksen).
5. Wiederholtes Kauen und Ausspucken großer Nahrungsmengen, ohne sie herunterzuschlucken.
6. Binge-Eating-Störung: Wiederholte Episoden von „Freßattacken" ohne die für Bulimia nervosa charakteristischen regelmäßigen, einer Gewichtszunahme gegensteuernden Maßnahmen.

Historie

Der amerikanische Psychiater Albert Stunkard, einer der renommiertesten Forscher auf dem Gebiet der Eßstörungen und der Adipositas, beschrieb schon 1955 in einer Kasuistik einen 37 Jahre alten Lehrer, der ihm als „zwanghafter Esser" von einem Kollegen überwiesen wurde. Der Mann war seit seiner Kindheit übergewichtig. Er wog mehr als 120 kg bei einer Körpergröße von 182 cm. Der Patient hatte das Anliegen einer Gewichtsabnahme insbesondere im Hinblick auf seine Bewerbung als Direktor einer Schule. Nicht selten kaufte er nach der Arbeit auf seinem Heimweg in diversen Supermärkten größere Mengen an hochkalorischen Nahrungsmitteln, die er in der Regel schon im Auto „die eine Hand am Steuer, die andere Hand in der Einkaufstüte" im dichten Stadtverkehr verzehrte (Stunkard 1959). Der Patient bezeichnete sein problematisches Eßverhalten als „binge eating". Auch dieser Patient erbrach sich hin und wieder, jedoch nicht wie bei der Bulimia nervosa als Ausdruck einer gegenregulatorischen Maßnahme zum Zweck der Gewichtsreduktion, sondern um sich Entlastung bei größeren postprandialen abdominellen Beschwerden zu verschaffen. 1977 veröffentlichten Stunkard u. Mitarb. eine Studie zur Behandlung des „Binge-Eating-Syndrom" mit dem Antikonvulsivum Phenytoin. Drei Kriterien legten sie dieser Eßstörung zugrunde.

- Impulsiver, episodisch auftretender, unkontrollierter und rascher Verzehr von größeren Mengen an Nahrungsmitteln in einem relativ kurzen Zeitraum.
- Beendigung der Nahrungsaufnahme auf Grund von Unwohlsein (Bauchschmerzen, Übelkeit, Blähungen). Selbstinduziertes Erbrechen ist für die Diagnose nicht zwingend erforderlich.
- Nachfolgend Schuldgefühle, Bedauern und Selbstverachtung.

Drei Jahre später, 1980, wurden diese Kriterien mit wenigen Änderungen der Definition der Bulimie im DSM-III (APA 1980) zugrunde gelegt. Das im Vordergrund stehende Merkmal dieser Eßstörung war das „binge eating", der Konsum einer großen Nahrungsmenge in einer relativ kurzen Zeit als Ausdruck eines Kontrollverlustes. Im DSM-III-R (APA 1987), sieben Jahre später, hatte sich das Bild gewandelt. Nun ersetzte „Bulimia nervosa" die frühere Bezeichnung „Bulimia". Bulimia nervosa umfaßte nunmehr den Kontrollverlust bei der Nahrungsaufnahme gefolgt von Erbrechen. Populärwissenschaftlich wurde Bulimie als Synonym für Erbrechen verstanden, der Kontrollverlust war in den Hintergrund gerückt. Eine Präzisierung der Diagnose Bulimia nervosa erfolgte durch die Verbindung des Kontrollverlusts (Eßanfall) mit gegenregulatorischen Maßnahmen gegenüber einer Gewichtszunahme. Der Kontrollverlust bei der Nahrungsaufnahme war nicht länger an eine bestimmte Eßstörungsentität gebunden (Fairburn u. Wilson 1993). Bei der Bulimia nervosa ist er unverzichtbares diagnostisches Kriterium, bei der Anorexia nervosa kann er fakultativ auftreten und ist im DSM-IV (APA 1994) neben der restriktiven Variante (restricting type) als Binge-eating/purging-Variante der Anorexie verankert. Den fast 30 Jahre zuvor von Stunkard beschriebenen Eßanfällen ohne gegenregulatorische Maßnahmen wurde allerdings zunächst keine weitere Aufmerksamkeit geschenkt. Diese nosologische Entwicklung stand im Zusammenhang mit dem nach dem Zweiten Weltkrieg aufkommenden Schlankheitsideal der Frau (Garner u. Garfinkel 1985) und das mit ihm verbundene Eß- und Diätverhalten. So widmete sich die Eßstörungsforschung zunächst fast ausschließlich den Krankheitsbildern der Anorexia und Bulimia nervosa. Von daher mag es nicht verwundern, daß „binge eating" insbesondere im Zusammenhang mit der wissenschaftlichen Renaissance der Adipositas seit Anfang der 90er Jahre an Bedeutung gewonnen hat. Darüber hinaus ergab sich schon immer das Problem, wie man Patienten mit Kontrollverlust beim Essen, aber ohne gegenregulatorische Maßnahmen der Bulimie subsumieren sollte. Das Problem der Abgrenzung gegenüber der Variante der Bulimia nervosa ohne Erbrechen als gegenregulatorische Maßnahme (non-purging type) ist allerdings nicht von der Hand zu weisen, so daß zum Zeitpunkt der Erstellung des DSM-IV, 1994, zunächst einmal von der Etablierung einer neuen eigenständigen Eßstörung abgesehen wurde und die diagnostischen Kriterien für „Binge-Eating-Störung" als vorläufige Forschungskriterien innerhalb der nicht näher bezeichneten Eßstörung (EDNOS) im DSM-IV (APA 1994) entwickelt wurden. In der Vorläufigkeit dieser diagnostischen Kriterien mag der Grund auch für die Tatsache begründet sein, daß sich bisher in der deutschsprachigen Eßstörungsliteratur kein adäquater Begriff etabliert hat.

Diagnose

Zur Kernsymptomatik der „Binge-Eating-Störung" zählt der Heißhungeranfall ohne regelmäßige gegenregulatorische Maßnahmen, häufig verbunden mit Übergewicht oder Adipositas. Letztere motiviert die Patienten häufig zu regelmäßigen Fastenkuren, meist zeitlich begrenzten Episoden von strengem Diätverhalten und konsekutiver drastischer Gewichtsreduktion. In der Regel setzt danach allerdings wieder eine stete Gewichtszunahme ein, deren Ausmaß nicht selten das Körpergewicht vor Beginn der Fastenkur übertrifft (Tab. 39.**17**).

Tabelle 39.**17** Forschungskriterien für die Binge-Eating-Störung (DSM-IV, APA 1994)

Wiederholte Episoden von „Freßanfällen". Eine Episode von „Freßanfällen" ist durch die beiden folgenden Kriterien charakterisiert:

1. Essen einer Nahrungsmenge in einem abgrenzbaren Zeitraum (z. B. in einem zweistündigen Zeitraum), die definitiv größer ist als die meisten Menschen in einem ähnlichen Zeitraum unter ähnlichen Umständen essen würden.
2. Ein Gefühl des Kontrollverlustes über das Essen während der Episode (z. B. ein Gefühl, daß man mit dem Essen nicht aufhören kann bzw. nicht kontrollieren kann, was und wieviel man ißt).

Die Episoden von „Freßanfällen" treten gemeinsam mit mindestens drei der folgenden Symptome auf:

1. wesentlich schneller essen als normal,
2. essen bis zu einem unangenehmen Völlegefühl,
3. essen großer Nahrungsmengen, wenn man sich körperlich nicht hungrig fühlt,
4. alleine essen aus Verlegenheit über die Menge, die man ißt,
5. Ekelgefühle gegenüber sich selbst, Deprimiertheit oder große Schuldgefgühle nach dem übermäßigen Essen.

Es besteht deutliches Leiden wegen der „Freßanfälle".

Die „Freßanfälle" treten im Durchschnitt an mindestens zwei Tagen in der Woche für sechs Monate auf.

Die „Freßanfälle" gehen nicht mit dem regelmäßigen Einsatz von angemessenen kompensatorischen Verhaltensweisen einher (z. B. „Purging-Verhalten", Fasten oder exzessive körperliche Betätigung) und sie treten nicht ausschließlich im Verlauf einer Anorexia nervosa oder Bulimia nervosa auf.

Epidemiologie

Zur Prävalenz der „Binge-Eating-Störung" liegen bisher nur wenige epidemiologische Daten vor. Eine an acht verschiedenen Zentren in den Vereinigten Staaten durchgeführte Prävalenzstudie mit einer Stichprobe von 1984 Probanden ergab eine Prävalenz in der Normalbevölkerung von 2,0%, in Therapiegruppen mit dem Ziel der Gewichtsreduktion von 30% und bei den Overeaters Anonymous von 71,2% (Spitzer u. Mitarb. 1992). Diese Befunde sprechen dafür, daß die Prävalenz der „Binge-Eating-Störung" insbesondere in Stichproben von adipösen Menschen, die unter ihrem Übergewicht leiden und ärztliche oder psychologische Hilfe zwecks Gewichtsreduktion aufsuchen, hoch ist. Wiewohl die meisten Probanden der amerikanischen Studie mit Binge-Eating-Störung übergewichtig waren, darf aus diesen epidemiologischen Daten jedoch nicht abgeleitet werden, daß diese Eßstörung bei Adipösen häufig auftritt. Von den insgesamt 181 adipösen Probanden der Zufallsstichprobe litten 4,4% an einer Binge-Eating-Störung. Ohne das Diagnosekriterium B5, welches auf den Leidensdruck verweist, wäre die Prävalenz allerdings deutlich angestiegen, in der Gruppe der Teilnehmer von Gewichtsreduktionsprogrammen um 10%, in der Normalbevölkerung um 50% (de Zwaan u. Mitarb. 1994).

Bei Frauen ist diese Eßstörung etwa 1,5mal wahrscheinlicher als bei Männern. Der Beginn der „Freßanfälle" liegt in der späten Adoleszenz oder in den frühen 20er Jahren und tritt häufig kürzere Zeit nach einem diätetisch bedingten bedeutsamen Gewichtsverlust auf.

Unterschiede zwischen Bulimia nervosa und Binge-Eating-Störung

Neben dem Fehlen stringenter gegenregulatorischer Maßnahmen wie bei der Bulimie lassen sich drei weitere Besonderheiten der Binge-Eating-Störung herausstellen: die Geschlechtsverteilung, die Altersverteilung und die Konzeption des gezügelten Eßverhaltens als einer der wichtigsten Risikofaktoren in der Genese der Bulimia nervosa.

Während 90% aller anorektischen und bulimischen Patienten Frauen sind (Anderson 1992), ist der Anteil des männlichen Geschlechts mit „Binge-Eating-Störung" größer und wird auf $^1/_3$ (Wilson u. Mitarb. 1993, Spitzer u. Mitarb. 1993) geschätzt. Patienten mit Binge-Eating-Störung umfassen ein breiteres Altersspektrum. Eigene Untersuchungen sprechen für ein nicht zu unterschätzendes Risiko, auch in den mittleren Lebensjahren an Binge-Eating-Störung zu erkranken (Herpertz u. Mitarb. 1998 a, 1998 b). Das Fehlen gegenregulatorischer Maßnahmen in einer höheren Altersgruppe wäre auf Grund der mit steigendem Alter wahrscheinlich abnehmenden Sorge um Figur und Gewicht auch nicht verwunderlich. Im Gegensatz zur Bulimie, bei der gezügeltes Eßverhalten im Sinne von Diäten fast immer der Eßstörung vorausgeht, ist diese Abfolge bei der Binge-Eating-Störung nur in der Hälfte der Fälle zu beobachten (Wilson u. Mitarb. 1992, Yanovsky u. Mitarb. 1993). Allerdings lassen sich auch bei Menschen mit Binge-Eating-Störung immer wieder Episoden von Fasten und Diäten beobachten, so daß hier die Abgrenzung zur Bulimie vom Non-Purging-Typ schwerfällt. Klinische Beobachtungen deuten darauf hin, daß Episoden von Diätverhalten mit lang anhaltenden Phasen von Freßanfällen und keinerlei gegensteuernden Maßnahmen abwechseln. Diätverhalten mag hier als Versuch angesehen werden, die Kontrolle über das Eßverhalten zurückzugewinnen.

Binge-Eating-Störung und Adipositas

Adipöse Menschen mit „Binge-Eating-Störung" weisen gegenüber nicht eßgestörten Adipösen eine hohe Prävalenz psychosomatischer/psychiatrischer Störungsbilder auf (Black u. Mitarb. 1993, Yanovski u. Mitarb. 1993) mit Prädominanz der affektiven Störungen (Marcus u. Mitarb. 1990). Ihre durchschnittliche Kalorienaufnahme ist auch außerhalb eines Heißhungeranfalls erhöht (Yanovski u. Sebring 1994), in ihrer Anamnese finden sich große Gewichtsschwankungen im Wechsel mit Phasen strengen Diätverhaltens (Brody u. Mitarb. 1993), die katamnestischen Untersuchungen deuten eher auf eine schlechte Prognose hinsichtlich einer dauerhaften Gewichtsabnahme (Marcus u. Wing 1987). Die sich mit der „Binge-Eating-Störung" in der Regel entwickelnde Adipositas birgt die bekannten Risiken einer Insulinresistenz mit Krankheiten wie Diabetes mellitus, Fettstoffwechselstörung und Bluthochdruck (Wirth 1997). Die Frage, ob die für „Binge-Eating-Störung" charakteristischen erheblichen Gewichtsschwankungen mit einer erhöhten Mortalität einhergehen, wird in der Literatur kontrovers diskutiert und läßt sich abschließend noch nicht beantworten (Blair u. Mitarb. 1993, Hamm u. Mitarb. 1989, Lissner u. Mitarb. 1989, Lissner u. Mitarb. 1991, Wing u. Mitarb. 1995).

Adipöse Menschen zeigen im allgemeinen kein gezügeltes Eßverhalten (Stunkard u. Wallen 1990). Nach den Studien

X

von Björvell u. Mitarb. (1986) berichten Adipöse aber über ein größeres Hungergefühl und zeigen eine größere Tendenz zu Kontrollverlusten. Adipöse Menschen in therapeutischen Gruppen mit dem Ziel der Gewichtsreduktion weisen demgegenüber ein ausgeprägtes gezügeltes Eßverhalten auf. Als prognostisch günstig für eine erfolgreiche Gewichtsreduktion gelten adipöse Probanden mit einem hohen kognitiven Kontrollverhalten und gleichzeitg geringer Tendenz zum Kontrollverlust (Kramer u. Mitarb. 1989). Geringes kognitives Kontrollverhalten und ausgeprägtes Hungergefühl finden sich mehrheitlich bei den Therapieabbrechern solcher Gewichtsreduktionsprogramme (Stunkard u. Wallen 1990). Ein hohes Maß an gezügeltem Eßverhalten oder kognitiver Kontrolle und Neigung zu Kontrollverlust ist wiederum assoziiert mit Binge-Eating-Störung und Bulimia nervosa. Hier tut sich ein Dilemma adipöser Menschen und auch entsprechender Therapieangebote auf.

Therapie

Die bisher veröffentlichen Therapiekonzepte sind vornehmlich verhaltenstherapeutisch orientiert und an Therapiekonzepte der Bulimia nervosa angelehnt (Keefe u. Mitarb. 1983, Marcus u. Mitarb. 1988, Smith u. Mitarb. 1991, Fichter u. Mitarb. 1992, Ho u. Mitarb. 1994, Levine u. Mitarb. 1994, Telch 1996). Wie bei der Behandlung der Anorexia und Bulimia nervosa dargestellt, dürften sich in Zukunft multidimensionale Therapiestrategien mit unterschiedlicher Gewichtung verhaltenstherapeutischer oder tiefenpsychologischer Therapiekonzepte bei Patienten mit Binge-Eating-Störung durchsetzen, wobei der Adipositas und damit der Frage einer Gewichtsreduktion sowohl medizinisch als auch psychotherapeutisch Rechnung getragen werden muß. Allerdings steht der medizinischen Forderung nach einer Gewichtsreduktion und dem damit zwangsläufig verbundenen restriktiven Eßverhalten die Dynamik dieser Eßstörung entgegen, deren Heißhungerattacken u.a. Folge des ausgeprägten kognitiven Kontrollverhaltens und dessen Zusammenbruchs sind. Trotz der Beobachtungen von Telch u. Mitarb. (1988), wonach die Binge-Eating-Symptomatik mit steigendem Gewicht bei Adipösen zunimmt, erscheint die Annahme berechtigt, daß die Adipositas zumindest initial Folge der Heißhungerattacken ist. Demnach macht eine drastische Gewichtsreduktion bei Patienten mit Binge-Eating-Störung, solange sie medizinisch nicht zwingend indiziert erscheint, zumindest am Anfang der Therapie wenig Sinn. Im Gegenteil erscheint die Vermittlung eines „Anti-Diät-Verhaltens" eher von Vorteil im Sinne einer Abwendung von einem restriktiven Eßverhalten mit dem Ziel, durch Normalisierung der Nahrungsaufnahme eine Gewichtsreduktion zu erreichen. Bei diätetisch zu begegnenden medizinischen Risikofaktoren wie Hyperlipidämie und Diabetes mellitus Typ 2 ist eine eingehende Diätberatung in jedem Fall indiziert. Die Bewegungstherapie ist unverzichtbarer Bestandteil einer Therapie der Binge-Eating-Störung bei adipösen Menschen. Eine negative Energiebilanz ist nicht nur durch Reduktion der Energiezufuhr zu erreichen (Normalisierung des Eßverhaltens), sondern auch durch eine Steigerung des Energieverbrauchs. Darüber hinaus reduziert vermehrte körperliche Aktivität adipositasassoziierte Risikofaktoren auch ohne Abnahme des Körpergewichts (Wirth u. Mitarb. 1996).

Fallbeispiel einer multidimensionalen stationären Psychotherapie

Eine 32jährige Patientin erleidet einen Herzinfarkt. Die kardiologische Abklärung ergibt den Befund einer Drei-Gefäß-Erkrankung des Herzens bei bekannter familiärer Hyperlipidämie, arterieller Hypertonie und Adipositas permagna. Außerdem besteht ein erheblicher Nikotinabusus von mehr als 30 Zigaretten am Tag. Die Patientin wiegt bei einer Körpergröße von 172 cm 156 kg (Body-Mass-Index: 52,9 kg/m^2). Von einer Bypass-OP wird auf Grund des massiven Übergewichts zunächst abgesehen, eine erneute Prüfung der Operationsindikation bei drastischer Gewichtsabnahme in Aussicht gestellt. Eine eingehende psychosomatische Anamnese führt zu der Diagnose einer „Binge-Eating-Störung" mit mehrmaligen täglichen Heißhungeranfällen und zahlreichen zeitlich begrenzten Fastenepisoden im Jahr. Die Patientin wirkt sehr depressiv. Neben reaktiven Anteilen in Anbetracht der ernsten somatischen Prognose beschreibt die Patientin lange Phasen der Niedergeschlagenheit und Lustlosigkeit schon vor dem Infarktgeschehen, die sie auf ihre Ohnmacht gegenüber ihrer Eßstörung und auf ihr problematisches Selbstwertgefühl zurückführt. Die Eßstörungsanamnese reicht mehr als ein Jahrzehnt zurück. Der Beginn steht im Zusammenhang mit dem Tod des Vaters, der an einem Herzinfarkt verstarb, wodurch sich die schon vor dem Tod des Vaters symbiotisch anmutende Bindung an die Mutter weiter verstärkte. Die stationäre Psychotherapie der Patientin beinhaltet neben tiefenpsychologischen Aspekten symptomorientierte, auf die Binge-Eating-Störung abzielende Therapieelemente. Im Sinne eines „Anti-Diät-Programms" wird in den Schwesterngesprächen das Eßverhalten der Patientin besprochen, ihre Hungergefühle werden als Ausdruck einer restriktiven Nahrungsaufnahme thematisiert. Essenspläne werden von der Patientin für die Wochenenden außerhalb der Klinik angefertigt und gemeinsam besprochen. Eine Teilnahme an der Bewegungstherapie verbietet sich in Anbetracht des kardialen Status, die Patientin wird jedoch angehalten, sich an den gemeinsamen Spaziergängen zu beteiligen. Psychodynamisch steht die von gegenseitiger Abhängigkeit gezeichnete hoch ambivalente Beziehung zur Mutter mit fast sadomasochistischen Zügen im Vordergrund. Dazu kontrastiert das Bild des hoch idealisierten Vaters, mit dem sich die Patientin nicht zuletzt durch die familiäre Hyperlipidämie und den Herzinfarkt identifiziert. Als für die Therapie sehr fruchtbar erweist sich das intensive Übertragungsgeschehen der Patientin ihren Therapeuten gegenüber. Die schuldhaft erlebten Loslösungsversuche von der Mutter und deren Scheitern führen zu enormen aggressiven Affekten der Patientin, die sich in der (Mutter-)Übertragung nunmehr vornehmlich gegen ihre weiblichen Therapeuten richten. Nicht nur Gefühle der Frustration und Resignation, der Selbstverachtung und des Selbsthasses finden regelhaft in Heißhungeranfällen ihren Ausdruck, sondern auch Gefühle der Trauer über den Verlust des Vaters. Mit zunehmender Lösung von der Mutter, der Entlastung von Schuldgefühlen werden die Heißhungeranfälle seltener, wozu sicherlich auch die Strukturierung ihres Eßverhaltens und dem damit verbundenen „Lernen am Erfolg" beiträgt. Am Ende der 12wöchigen stationären Psychotherapie, an die sich eine ambulante Psychotherapie anschließt, hat die Patientin mehr als 20 kg abgenommen, die abschließende Ergometrie ergibt eine Belastungsstufe von 100 Watt ohne Auftreten von Ischämiezeichen, so daß kardiologischerseits von einer operativen Maßnahme Abstand genommen wird.

Adipositas: Verhaltenstherapie

M. Zielke

Definition und Behandlungsbedürftigkeit

Übergewicht und Adipositas werden häufig noch als synonyme Begriffe verwandt. Oft spricht man auch von Adipositas, wenn ein erhebliches Übergewicht besteht. Der dafür früher übliche Terminus der Fettsucht ist inzwischen weniger gebräuchlich, zumal er auch von seiner Begrifflichkeit her nicht zutreffend ist.

Es gibt eine Reihe verschiedener Definitionen, denen gemeinsam ist, daß sie auf die Relation von Fettgewebe und fettgewebsfreier Körpermasse abheben.

Häufig verwendet wird der **Broca-Index,** der die prozentuale Abweichung vom Referenzgewicht nach Broca = (Körpergröße [cm] − 100/kg) angibt.

Adipositas wird definiert als ein Körpergewicht mit einem Broca-Index größer als 130%, wobei man von Normalgewicht sprechen kann, wenn dieses um den Broca-Index +10% bzw. bis −5% schwankt. Annäherungsweise erhält man ein sog. „Idealgewicht" durch Minderung des Broca-Referenzgewichts um 10% für Männer und 15% für Frauen. Verwertbar ist dieser Index nur bei einer mittleren Körpergröße von 1,60 – 1,80 m. Probleme bereitet seine Anwendung bei sehr großen bzw. sehr kleinen bzw. bei alten Menschen, weil es zu einer Überschätzung oder Unterschätzung des Übergewichts kommen kann.

In jüngster Zeit hat der **Body-Mass-Index (BMI)** die Idealgewichtstabellen weitgehend abgelöst. Unter dem Körper-Massen-Index versteht man das Körpergewicht in kg, geteilt durch die Körperlänge zum Quadrat (kg/cm^2).

Bei Verwendung des Körpermassenindexes umgeht man die Problematik der Ideal- bzw. Normalgewichtsermittlung mit ihrer zu hohen bzw. zu niedrigen Gewichtsnorm bei sehr großen und sehr kleinen Menschen. Darüber hinaus korreliert der Körpermassenindex am besten mit der direkten Fettgewebsmessung. Ihm kommt größere Bedeutung bei der Messung des Körpergewichts zu.

Der Körpermassenindex wird in 3 Bereiche eingeteilt:

1. Der wünschenswerte Bereich liegt zwischen 20 und 25 kg/m^2.
2. Im Bereich 25 bis 30 liegt Übergewicht vor, welches bei Vorhandensein eines oder mehrerer Risikofaktoren weiterer medizinischer Kontrolle bedarf.
3. Im Bereich über 30 handelt es sich um starkes Übergewicht, welches unabhängig von weiteren Risikofaktoren einer medizinischen Kontrolle und Behandlung bedarf.

Risikofaktoren und Komorbidität

Adipositas kann die Lebenserwartung verkürzen, den Beginn und die Manifestation von Krankheiten beschleunigen, das psychische Wohlbefinden beeinträchtigen sowie die soziale oder ökonomische Lebensqualität verändern. Sie ist damit als ein ernsthafter gesundheitlicher Risikofaktor anzusehen (Gottfried, Olivet u. Zielke 1990).

Von seiten des **internistischen Fachgebietes** sei in diesem Zusammenhang auf die hohe Prävalenz von Bluthochdruckerkrankungen, koronarer Herzkrankheit, Diabetes mellitus und Schlaganfällen hingewiesen.

Von seiten des **chirurgischen Fachgebietes** sind für adipöse Patienten selbst bei Routineeingriffen eine erhöhte Rate von Abszeßbildungen, Infekten, Wundheilungsstörungen sowie ein allgemeines erhöhtes intraoperatives Risiko durch Blutungen und Fistelbildungen beschrieben.

Von seiten der **Anästhesisten** wird ein erhöhtes Narkoserisiko und insbesondere ein erhöhtes postoperatives pulmonales Risiko aufgrund der obstruktiven Ventilationsstörung genannt. Hernienbildungen und Probleme bei der Venenpunktion sind weitere Risikofaktoren.

Von seiten der **Gynäkologen** wird auf Zusammenhänge zwischen einem erhöhten Korpuskarzinomrisiko und Adipositas bei Frauen hingewiesen.

Die Gruppe der adipösen Frauen stellt noch vor Diabetikerinnen und an Bluthochdruck Erkrankten die Gruppe mit dem höchsten **Korpuskarzinomrisiko** dar. Auch das Risiko, an einem Mammakarzinom zu erkranken, ist höher anzusetzen als das mit zunehmendem Alter ohnehin ansteigende Mammakarzinomrisiko oder das mit dem Fettgehalt der Nahrung in Zusammenhang gebrachte Risiko, an Brustkrebs zu erkranken.

Von seiten des **orthopädischen Fachgebietes** sind an besonderen Risikoerkrankungen für Adipöse vorzeitige Gelenkverschleißerkrankungen, Bandscheibenvorfälle und Lumbalgien und verwandte Beschwerden erwähnenswert. Bei übergewichtigen Kindern werden überdurchschnittlich häufig akute oder subakute Epiphysenlösungen vorgefunden. Weiterhin trifft man bei Übergewichtigen besonders häufig Schenkelhalsermüdungsfrakturen an. Außerdem kommt es zu Problemen bei der Prothesenversorgung, z.B. bei Hüftendoprothesen-Operationen, und zu besonderen Problemen bei der Endoprothesenreoperation. Es kommt gehäuft zu Instabilitäten z.B. am Kniegelenk und statischen Überlastungserscheinungen am Fuß und den Zehen mit der Folge von Spreizfuß- und Hallux-valgus- bzw. Hallux-rigidus-Bildungen.

Aus dieser Zusammenstellung wird die Bedeutung einer effektiven Adipositastherapie unter präventiv-medizinischen Gesichtspunkten deutlich.

Die Indikationsstellung zur Behandlung bei extrem Übergewichtigen ist neben dem Grad des Übergewichts wesentlich abhängig von der Art und der Nachhaltigkeit der **körperlichen und psychischen Komorbidität.** Daß wir es in der stationären psychosomatischen Behandlung der Adipösen fast immer mit komplexen Erkrankungen zu tun haben, wird gestützt durch differenzierte Einzelfallberichte und durch Komorbiditätsstudien von stationär behandelten Patienten.

Eine Untersuchung der somatischen Behandlungsdiagnosen von 149 Patienten ergab (neben der Adipositas):

- Ernährungs- und Stoffwechselkrankheiten 26,17% (ICD 240 – 279),

- Herzkreislauferkrankungen 21,47% (ICD 390–459),
- Erkrankungen des Skeletts, Muskel- und Bindegewebes 16,78% (ICD 710–739).

Auffallend war dabei, daß auch andere Diagnosegruppen wie Neubildungen 2,68%, Nervensystem und Sinnesorgane 8,05%, Verdauungsorgane 6,71%, Haut und Unterhautzellgewebe 5,36% noch relativ häufig vertreten waren.

Systemische Untersuchungen der **psychiatrischen Komorbidität** (Zielke u. Reich 1990) ergaben insgesamt hohe Komorbiditätsraten.

Bei den untersuchten adipösen Frauen fanden sich folgende psychische Störungen:
- Major Depressive Syndrome 68,4%,
- bulimische Eßanfälle 55,3%,
- Panikstörungen 36,8%,
- soziale Phobie 34,2%,
- einfache Phobie 26,3%,
- Dysthymie 23,7%,
- weitere Störungen unter 15,0%.

Bei den Männern ergaben sich die Häufigkeiten:
- Major Depressive Syndrome 33,3%,
- Alkoholmißbrauch/-abhängigkeit 25,0%,
- bulimische Eßanfälle 25,0%,
- Medikamentenmißbrauch/-abhängigkeit 16,7%,
- einfache Phobie 16,7%.

Im Durchschnitt hatten die Frauen 2,8 unterschiedliche Störungen und die Männer 1,8.

Als besondere handlungs- und diagnoseleitende Symptomatik erwies sich die bulimische Störung (in der Regel ohne Erbrechen) bei den Frauen. Vergleiche der Komorbiditäten der Frauen mit Eßanfällen und ohne Eßanfälle weisen darauf hin, daß adipöse Frauen mit Eßanfällen eine doppelt so hohe psychiatrische Komorbidität aufweisen (im Mittel 3,6 psychische Erkrankungen) wie Frauen ohne Eßanfälle (im Mittel 1,8 psychische Erkrankungen). Extrem unterschiedlich sind die Häufigkeiten von schweren depressiven Syndromen (85,7 : 47,0%) und von sozialen Phobien (47,6 : 17,6%).

Bei der Entwicklung und Umsetzung der Behandlungsstrategien ist ein sehr viel größeres Gewicht darauf zu legen, die entsprechende Komorbidität zu berücksichtigen.

Problembereiche und verhaltensmedizinische Diagnostik

Aus den ambulanten und klinischen Erfahrungen mit der verhaltensmedizinischen Behandlung der Adipositas haben sich eine Reihe von Problembereichen herauskristallisiert, die für die Behandlungsplanung von grundlegender Bedeutung sind.

Nahezu regelmäßig sehen wir uns konfrontiert mit überzogenen und **passiven Therapieerwartungen** und einer ausgeprägten Neigung, die Verantwortung für Veränderungen an Therapeuten bzw. an die Behandlungssituation abzugeben (Tab. 39.**18**).

Überzogene Veränderungsziele, das Zielgewicht möglichst schnell wieder zu erreichen, führen nicht selten bei der Konfrontation mit den ersten Gewichtsreduktionsschritten zu ersten Enttäuschungen darüber, was möglich ist. Weniger die primäre Behandlungsmotivation als vielmehr die **Aufrechterhaltung der Motivation** bei verzögerten Behandlungsfortschritten ist eine wesentliche therapeutische Aufgabe. Besonders kritisch gestalten sich Behandlungsverläufe bei einer nur gering entwickelten Toleranz, Enttäuschungen zu ertragen und bei erheblichen Defiziten, kurzfristig auf etwas Angenehmes zu verzichten zugunsten langfristiger Fortschritte. Diese Behandlungskonstellationen werden regelmäßig verschärft durch ein langjähriges Mißerfolgslernen mit in der Regel zahlreichen Diätversuchen.

Tabelle 39.**18** Therapierelevante Problembereiche

- Passive Therapieerwartungen
- Überzogene Veränderungsziele
- Geringe Toleranz, Enttäuschungen zu ertragen
- Probleme, die Befriedigung von Bedürfnissen aufzuschieben
- Langjähriges Mißerfolgslernen
- Sozialer Rückzug
- Selbstwertprobleme
- Eingeschränktes Repertoire der Problembewältigung
- Gezügeltes Eßverhalten („Dietary Restraint") (Störungen der Sättigungsregulation, verzögerter Appetenzverlust, Störbarkeit des Eßverhaltens durch situative interne Reize, Heißhungeranfälle)

Eine sich in der Folge des Übergewichtes entwickelte „sekundäre" Passivität ist nach unseren Beobachtungen durch ein ausgeprägtes **soziales Rückzugsverhalten**, durch Inaktivität und **Reduzierung der Freizeitaktivitäten** auf Essen und passiv konsumptive Verhaltensweisen gekennzeichnet. Eine tiefe **Selbstwertproblematik,** die sich in Unsicherheit im Sozialverhalten auswirkt und die durch extern und intern induzierte Schuldvorwürfe zusätzlich genährt wird, wirkt sich nicht nur auf die **Beziehung in der Partnerschaft** aus. Vielmehr beeinflußt sie auch in hohem Maße die **Körperselbstwahrnehmung** in dem Sinne, daß es häufig zu Abwertungen und Ablehnung des eigenen Körpers kommt.

Weiterhin treffen wir häufig ausgeprägte **selbstunsichere Verhaltensweisen** und **überwertige Normen** bei diesen Patienten an, die von der Vorstellung sich leiten lassen, es allen recht machen zu müssen, kein Recht darauf zu haben, eigene Wünsche, Bedürfnisse oder eine eigene Meinung zu äußern, aus Angst vor dem Verlust der Zuneigung Dritter. Häufig treffen wir die Vorstellung an, nur durch Erbringen von Vorleistungen die Zuwendung anderer erhalten zu können, mit der Folge, daß diese Patienten sich selbst überfordern. Da sie trotz ihrer „Selbstaufgabe" nicht das Gewünschte erreichen und Mißerfolge bei ihren Bemühungen um soziale Anerkennung erfahren, ziehen sie sich sozial zurück und bauen Ängste auf. Das **Vermeidungslernen** führt zu **Einschränkungen im Repertoire der Problembewältigung** mit der Folge, daß Selbstverstärkung nur durch Nahrungszufuhr als einzigem Verstärker bleibt.

Diese Entwicklung wird durch soziale Sanktionen begünstigt: **abwertende Bemerkungen** durch Mitmenschen z.B. bei Spaziergängen oder in der Öffentlichkeit überhaupt lassen das Auftreten von übergewichtigen Patienten häufig zu einem „Spießrutenlaufen" werden mit der Folge weiteren Rückzugs und Stabilisierung des pathologischen Eßverhaltens im Sinne von Frustrationsessen als Folge zunehmender **Verstärkerdeprivation.**

Häufig treffen wir auch die Entwicklung hyperphager Eßverhaltensweisen im Gefolge einer Anpassungsstörung nach **Verlust wichtiger Bezugspersonen** oder Partnertrennung dann an, wenn aufgrund eingeschränkter sozialer Integration und fehlender anderer Bezugspersonen Essen zur einzigen Verstärkerquelle wird und die postprandiale Spannungsreduktion Zuwendung und Trost durch vertraute andere Personen ersetzen muß.

Eine ausgeprägte selektive Wahrnehmung und das Vorhandensein von Fertigkeiten zur **Ausblendung von Teilaspekten der Realität** – insbesondere von unangenehmen Teilaspekten derselben – ist ein weiterer Problembereich, mit dem wir uns häufig konfrontiert sehen. Als massiv Übergewichtiger gar keine Waage zu haben, nie in den Spiegel zu schauen, von gleichgültigen Bezugspersonen keinerlei Rückmeldungen zu bekommen und selber das Problem des Übergewichts gar nicht wahrzunehmen, setzt perfekt aufgebaute Strategien voraus, um an und für sich für jeden sichtbare Aspekte der Realität durch Nicht-zur-Kenntnisnahme gar nicht als Problem an sich herankommen zu lassen.

Westenhöfer u. Pudel (1990) führten in ihren Arbeiten aus, daß das Schlankheitsmotiv und das daraus resultierende Diätverhalten – oder allgemeiner: das **„gezügelte Eßverhalten"** – in weiten Bevölkerungskreisen, insbesondere bei Frauen, zu einer wesentlichen Determinante des Eßverhaltens geworden ist.

Als **gezügeltes Eßverhalten (restrained eating)** wird ein zeitlich relativ überdauerndes Muster der Nahrungsaufnahme bezeichnet, gekennzeichnet durch eine kognitive Kontrolle und Übersteuerung physiologischer Hunger- und psychologischer Appetenzsignale, das auf eine geringere Kalorienzufuhr zum Zweck der Gewichtsreduktion und/oder Gewichtskonstanz zielt. Gezügeltes Eßverhalten kann als der Pol eines Kontinuums verstanden werden, dessen Gegenpol „spontanes, ungezügeltes Eßverhalten" bildet. Spontanes Eßverhalten ist im Gegensatz zum gezügelten Eßverhalten dadurch definiert, daß die Nahrungsaufnahme weitgehend durch physiologische Hunger- und Sättigungssignale und/oder psychologische Appetenz gesteuert wird.

Dabei kommt gezügeltem Eßverhalten, obwohl es sich durch kognitive Kontrolle der Nahrungsaufnahme auszeichnet, nicht unbedingt die Qualität kontrollierten Verhaltens zu. Unter kontrolliertem oder präziser selbst-kontrolliertem Verhalten soll ein Verhalten verstanden werden, das im Sinne selbstregulatorischer Prozesse auf die Erweiterung von Handlungsspielräumen und -möglichkeiten abzielt. Über diese Eigenschaft verfügt der gezügelte Esser allerdings oftmals nicht. Gezügeltes Essen ist häufig vielmehr dadurch gekennzeichnet, daß die für Selbstkontrolle charakteristische Flexibilität des Verhaltens eingeschränkt und einem rigiden, zwanghaften Verhaltensschema gewichen ist, dessen Aufrechterhaltung immense Anstrengung bzw. „Kontrollaufwand" erfordert. Solches Verhalten kann als „pseudokontrolliert" bezeichnet werden.

Das Bemühen, das Körpergewicht durch eine **kognitive Kontrolle der Nahrungsaufnahme** zu beeinflussen, basiert notwendigerweise auf der Überzeugung, daß durch eine Kalorienrestriktion das Körpergewicht weitgehend, wenn nicht vollständig beeinflußbar ist.

Dabei ist diese populäre Grundüberzeugung spätestens seit Anfang der 50er Jahre durch experimentelle Untersuchungen erschüttert. In der bekannten **Minnesota-Studie** zeigten Keys, Brozek, Henschel, Mickelsen u. Taylor (1950), daß selbst eine Kalorienreduktion von 50% („FdH") über ein halbes Jahr lediglich zu einer Gewichtsabnahme von 25% führt. Es kommt zu einer Anpassung des Energieverbrauchs an die Energiezufuhr durch eine Reduktion des Ruheumsatzes um 40%, sowie einer damit einhergehenden Reduktion des allgemeinen Aktivitätsniveaus. Durch die Kalorienrestriktion traten bei den Versuchspersonen weiterhin Veränderungen ihrer Eßgewohnheiten und eine gesteigerte gedankliche Beschäftigung mit dem Thema „Essen" auf.

Essen wurde im Verlauf der Untersuchung zu einem zentralen Lebensinhalt für die Versuchspersonen. Bei manchen Versuchspersonen blieben auch nach Abschluß der Kalorienrestriktion schwere Störungen der Sättigungsregulation: es kam zu Heißhungeranfällen, die Versuchspersonen hatten Schwierigkeiten, Mahlzeiten zu beenden und selbst nach großen Mahlzeiten wurde Sättigungsgefühl nur abgeschwächt und mit Verzögerung verspürt.

Auch im kognitiven, emotionalen und sozialen Bereich ergaben sich bei den Versuchspersonen **schwerwiegende Veränderungen**: Konzentrationsstörungen, verminderte Vigilanz, sozialer Rückzug, Verlust sexuellen Interesses, Stimmungsschwankungen und Depressionen. Viele der von Keys u. Mitarb. beschriebenen Phänomene lassen zwei Schlußfolgerungen zu: Erstens läßt sich das Körpergewicht nicht beliebig manipulieren. Es existieren offenbar physiologische und psychologische Gegenregulations-Mechanismen, die in Richtung einer Gewichtskonstanz wirken und so die Lebens- und Überlebensfähigkeit unter den Bedingungen von Energierestriktion weitgehend erhalten. Zweitens gibt es eine auffallende Übereinstimmung zwischen den voran beschriebenen Phänomenen und der Symptomatik bei Eßstörungen wie Anorexia nervosa und Bulimia nervosa. Dies läßt die begründete Vermutung zu, daß viele dieser Symptome weniger auf eine eßstörungsspezifische Psychopathologie zurückzuführen sind, sie stellen vielmehr eine direkte Folge der Nahrungsrestriktion und der damit verbundenen Gewichtsreduktion dar.

Tierexperimente belegen, daß eine wiederholte Gewichtsreduktion zu einer erhöhten metabolischen Effizienz führen kann. Beim Menschen sind analoge metabolische Veränderungen anzunehmen. Dies bedeutet, daß der Energieverbrauch erniedrigt bleibt, auch wenn die Energiezufuhr langfristig normalisiert wird. Wenn also Personen mit einer erhöhten metabolischen Effizienz wieder so viel essen würden wie vor der Nahrungsrestriktion, würde ihr Körpergewicht zunächst über ihr ursprüngliches Gewicht hinaus ansteigen. Bei vielen Adipösen können also wiederholte Versuche der Gewichtsabnahme durch Diätmißbrauch, Nahrungsverzicht oder Nahrungsrestriktion zu einer **langfristigen Erhöhung** des **Körpergewichts** führen (**Jo-Jo-Effekt**).

Unter Berücksichtigung der vorgestellten Problembereiche sollte die **Anamnese** und **Verhaltensdiagnostik des gestörten Eßverhaltens** bei Adipositas folgende Aspekte erfassen:

- Das Vorliegen psychischer Begleit- und Folgeerkrankungen (psychiatrische Komorbidität) sowie der körperlichen Erkrankung (somatische Komorbidität).
- Soziodemographische Variablen wie Alter, Geschlecht, Schulbildung und Lebenssituation.
- Biologische Maße der Körpergröße und des Körpergewichts, die Klassifikation des Schweregrades des Übergewichts sowie das maximale und minimale Erwachsenengewicht.
- Genese der Eßstörung: Alter bei Einsetzen des Übergewichts oder des Beginns der Eßstörung (in Kindheit/Jugend oder als Erwachsener), eine familiäre Belastung durch Übergewicht, die Dauer der Eßstörung und die Gewichtsentwicklung.

- Deskription des Eßverhaltens: größtes Eßproblem, z. B. Verlangen nach Süßem, Heißhunger, ständiges Kalorienzählen, vermehrtes Essen bei Langeweile oder Streß, Schuldgefühle bei oder nach Essenssituationen, vermehrte Zurückhaltung beim Essen in Gesellschaft, vermehrtes heimliches Essen sowie gewichtsphobische Kognitionen.
- Auslösende und aufrechterhaltende Bedingungen des gestörten Eßverhaltens.
- Funktionale Bedingungen wie vermehrte emotionale Störungen (Ängstlichkeit, Depressivität), neurotische Störungen, Unzufriedenheit mit dem eigenen Aussehen, soziale Ängste und Kontaktunsicherheit usw.
- Maßnahmen zur Gewichtskontrolle wie Diäten, Fasten, Medikamentenmißbrauch (Appetitzügler, Laxanzien, Diuretika), selbstinduziertes Erbrechen und deren Häufigkeit sowie Frequenz. Anzahl bisheriger ambulanter oder stationärer Maßnahmen zur Gewichtsreduktion und deren Effektivität.
- Psychosoziale Belastung durch das Übergewicht, Einschätzung des psychosozialen Anpassungsniveaus.
- Behandlungsmotivation: Kausal- und Kontrollattribution, Effizienzerwartungen, Therapieerwartungen.

Mit Hilfe standardisierter psychodiagnostischer Erfahrungen zum Eßverhalten (Fragebogen zum Eßverhalten [FEV] von Pudel u. Westenhöfer 1989) sollten folgende Merkmale gestörten Eßverhaltens erfaßt werden:

- Das Ausmaß der kognitiven Kontrolle über das Eßverhalten („dietary restraint“) im Sinne einer meist unter dem Kalorienaspekt vollzogenen Einschränkung der Nahrungsaufnahme mit dem Ziel einer Gewichtsabnahme oder zumindest der Vermeidung einer Gewichtszunahme.
- Das Ausmaß an „emotionaler Enthemmung“, worunter die Störbarkeit des Eßverhaltens durch situative Reizeinflüsse wie z. B. vermehrte Außenreize oder eine negative emotionale Befindlichkeit zu verstehen ist und
- Störungen der Hungerwahrnehmung und deren Auswirkungen auf das Eßverhalten.

Verhaltensmedizinische Interventionen

Die verhaltenstherapeutischen Interventionen bei Adipositas werden weitgehend von den **Selbstkontroll-Techniken** geprägt, wie sie erstmals von Ferster, Nurnberger u. Levitt (1962) theoretisch entwickelt und nachfolgend von Stuart (1967) in der Behandlungspraxis vollzogen wurden. Diese Verfahren lassen sich in die folgenden Schritte gliedern:

- Selbstbeobachtung und -protokollierung der Nahrungsaufnahme und der Bedingungen der Nahrungsaufnahme.
- Verbesserung der Stimuluskontrolle zur Dekonditionierung erlernter diskriminativer Reize der problematischen Nahrungsaufnahme.
- Veränderung des Eßverhaltens, insbesondere Normalisierung der Eßgeschwindigkeit und Entkoppelung der Nahrungsaufnahme mit anderen begleitenden Aktivitäten.
- Verstärkung von Verhaltensweisen, die mit einer unkontrollierten Nahrungsaufnahme inkompatibel sind, z. B. durch Kontingenz- oder Kontraktmanagement.

Die vorliegenden Behandlungsprogramme zur Verhaltenstherapie der Adipositas sind gut evaluiert und weisen einen hohen Standardisierungsgrad auf (Hautzinger u. Kaul 1978, Gromus, Kahlke u. Koch 1985, Stadler, Zielke, Gottfried u. Olivet 1990).

Tabelle 39.**19** Verhaltensmedizinische Therapiebausteine

- Motivationsphase
- Selbstregulationstraining
- Diskriminationstraining
- Genußtraining
- Verbessern sozialer Kompetenzen
- Selbstverstärkungstraining
- Körperorientierte Verfahren
- Ernährungsberatung
- Körperliche Aktivität
- Rückfallvermeidung

Die Themen der verhaltensmedizinischen Bausteine sind in der Übersicht in Tab. 39.**19** dargestellt. Sie werden in diesem Beitrag nur punktuell aufgegriffen. Nähere Ausführungen findet man bei Höfner (1994).

In einer **Motivationsphase** wird zunächst versucht, störungsspezifische Erklärungsmuster für das Übergewicht zu verändern und die Plausibilität für den Therapieansatz aufzuzeigen. Die Zielsetzungen des sog. „Anti-Diät-Modells“, nämlich eine Regulation der Nahrungsaufnahme durch interne physiologische Reize, werden als Grundlage der Interventionen zum Eßverhalten vorgestellt. Von besonderer Bedeutung dabei ist es, die psychophysiologischen Konsequenzen der Fehl- und Mangelernährung bei verschiedenen Formen des Diätmißbrauchs oder des intermittierenden Fastens für Regulationsmechanismen des Körpers (Stoffwechsel, Hunger, Sättigung) aufzuzeigen und eine individuelle Gewichtsnorm („Wohlfühlgewicht“) zu entwickeln. Bereits in dieser Phase kommt es darauf an, die Patienten auf die zu erwartenden Enttäuschungen vorzubereiten und mit ihnen diesbezügliche Bewältigungsstrategien zu entwickeln.

Die weiteren Therapiebausteine werden unter dem Begriff des **Selbstregulationstrainings** subsumiert. Ziel dieser Interventionen ist es, die Nahrungsaufnahme aus den bislang bestehenden Reiz-Reaktions-Kopplungen (Kontingenzen) herauszulösen und sie unabhängig von affektiven und kognitiven Bedingungen neu zu strukturieren.

Hierzu werden innerhalb einer Verhaltensanalyse, die sich auch auf Selbstbeobachtungsdaten der Patienten stützt, situative und personinterne Bedingungen des gestörten Eßverhaltens analysiert.

Weiterhin erfolgt eine Selbstbeobachtung des Gewichtsverlaufs, wobei die Patienten in regelmäßigen zeitlichen Abständen unter identischen Bedingungen ihr Körpergewicht feststellen und selbständig eine Gewichtskurve führen.

Die Patienten werden zu einer eigenständigen Zielplanung angeleitet, d. h. sie entwickeln selbständig therapeutische Veränderungsziele für die Nahrungsaufnahme, die Gewichtsabnahme und die körperliche Aktivität.

Ein weiterer Bestandteil des Verhaltenstrainings ist die Erarbeitung geeigneter Techniken der Stimuluskontrolle über diskriminative Stimuli, die bisher eine erhöhte oder unkontrollierte Nahrungsaufnahme auslösten (z. B. soziale Aufforderungen zum Essen; optische, olfaktorische und gustatorische Reize) sowie die Selbstkontrolle des Eßvorgangs, z. B. über die Eßgeschwindigkeit und das Vermeiden von Nebentätigkeiten während des Essens.

Als alternatives Verhalten in Konfliktsituationen werden inkompatible Verhaltensweisen (körperliche, soziale oder selbstverstärkende Aktivitäten bzw. problemlösungsorientiertes Vorgehen) aufgebaut. Die Patienten werden in das Vorgehen der Selbstbelohnung für das Erreichen von Verhaltenszielen eingeführt. Dies beinhaltet u.a. auch den Einsatz von selbstinitiierter Bekräftigung durch die Umwelt mittels sozialer Belohnungen oder Vereinbarungen mit Mitpatienten.

Kognitive Techniken der Aufdeckung, der Konfrontation und der Umstrukturierung sowie der Entscheidungsförderung in Konfliktsituationen werden angewandt zur Veränderung problemtypischer und störungsstabilisierender Einstellungen und Meinungen.

Im Sinne der Verbesserung von Selbstregulations-Fähigkeiten werden keine Reduktionsdiäten verabreicht, da diese ein extern gesteuertes Eßverhalten begünstigen. Die Patienten bestimmen selbständig die Nahrungsmenge und -zusammensetzung.

Innerhalb eines **Diskriminationstrainings** lernen die Patienten, interne Signale des Hungers und der Sättigung zu unterscheiden und ihre Nahrungsaufnahme anhand dieser Empfindungen zu regulieren. Das Training zielt insbesondere auf eine Förderung der Sensitivität gegenüber differenzierbaren auslösenden internalen Stimuli, die die Nahrungsaufnahme regulieren (vor allem Hunger- und Sättigungsempfindungen) sowie auf deren angemessene Bewertung hinsichtlich ihrer verhaltenssteuernden Bedeutung.

Ein spezielles **Genußtraining** zielt auf die Förderung der Genußfähigkeit beim Verzehr von Nahrungsmitteln sowie die Dekonditionierung gewichtsphobischer Kognitionen und aversiver emotionaler Reaktionen, die die Nahrungsaufnahme begleiten können. Neben der Erarbeitung differenzierter Aspekte der Genußfähigkeit sind gezielte Wahrnehmungsübungen zum Riechen und Schmecken von Speisen Inhalt der Intervention. Dabei werden geleitete Selbstbeobachtungen zur Beschreibung der Situation vor der Nahrungsaufnahme sowie des Verzehrs selbst durchgeführt. Weiterhin wird der Umgang mit vermiedenen („verbotenen") Lebensmitteln thematisiert.

Differentielle Zielsetzungen eines **Trainings sozialer Kompetenzen** bei Adipositas zeigen sich u.a. in einer angemessenen Förderung von Kontaktfreude und Geselligkeit und somit der Verringerung sozialen Rückzugsverhaltens, dem Aufbau eines sicheren Kontakt- und Durchsetzungsverhaltens, insbesondere im Umgang mit Kritik sowie der Ablehnung von Anforderungen und der Selbstbehauptung in sozialen Konfliktsituationen.

Adipöse Personen erleben häufig einen überdurchschnittlichen Rückgang an positiver Verstärkung bzw. berichten über eine erhebliche Einengung angenehmer Aktivitäten. Durch soziale Unsicherheiten und ein entsprechendes Rückzugsverhalten wird der Umgang verfügbarer und erreichbarer Verstärker, insbesondere auch durch die soziale Umwelt, weiter eingeschränkt.

Der Aufbau und die Förderung angenehmer Aktivitäten zielt auf eine Erhöhung des Ausmaßes potentiell **positiver Verstärker.** Durch die Differenzierung des Aktivitätsniveaus werden gezielt solche Tätigkeiten gefördert, die einen positiven Verstärkerwert besitzen. Gefördert werden insbesondere solche angenehmen und als zufriedenstellend erlebten Tätigkeiten, die aktiv initiiert werden.

Vor dem Hintergrund einer extremen körperlichen Unzufriedenheit zielen **körperorientierte Interventionen** auf eine Verbesserung der Körperwahrnehmung (body image) und eine Förderung der Akzeptanz des eigenen Körpers. Hierzu gehören Übungen zur Körpererfahrung und zum Körperausdruck, zur Wahrnehmung und zum Ausdruck von Emotionen sowie zur Erfahrung sozialer Nähe und Distanz.

Die **Ernährungsberatung** zielt auf die Verbesserung des Ernährungswissens durch die ausführliche Information über ernährungsphysiologische Standards. Hierbei erhalten die Patienten gezielte Informationen über die individuelle Bedarfsermittlung und -deckung, eine ausgewogene, gesunde Ernährung, die Qualitätsbeurteilung von Nahrungsmitteln, die spezielle Wirkungsweise der Nährstoffrelation, den Kaloriengehalt und den Nährwert einzelner Nahrungsmittel sowie über angemessene Zubereitungsformen von Speisen.

Diese theoretische Wissensvermittlung sollte integriert sein in eine Kochpraxis, bei der die Patienten gemeinsam eine Mahlzeit (entsprechend den zuvor erarbeitenden Kriterien) zubereiten und zu sich nehmen. Die Erfahrungen zeigen eine gute Akzeptanz dieses Programmabschnittes, vor allem aber auch eine Förderung der Gruppenkohäsion durch die gemeinsam ausgeführten Aktivitäten.

Maßnahmen zur **körperlichen Aktivierung** zielen insbesondere ab auf eine Steigerung des Energieumsatzes durch die Anregung des Stoffwechsels, den Abbau von Fett- und den Aufbau von Muskelmasse, die Reduktion einer möglichen Muskelatrophie durch Inaktivität und die Regeneration der Muskelkraft, eine Verbesserung der körperlichen Anpassungs-, Leistungs- und Erholungsfähigkeit, eine Appetitregulation, die Verbesserung der emotionalen Befindlichkeit und die Verbesserung der Körperwahrnehmung sowie eine soziale Aktivierung und damit die Verringerung der Isolation und des Rückzugsverhaltens.

Bei den **sporttherapeutischen Maßnahmen** ist insbesondere auf ein übersteigertes Leistungsstreben vieler adipöser Patienten zu achten, das vorwiegend auf eine Überbewertung der zu erwartenden Gewichtsabnahme durch körperliche Aktivitäten zurückzuführen ist. Aufgrund dieser unrealistischen Erwartungen hinsichtlich des Energieverbrauchs bei verschiedenen körperlichen Tätigkeiten werden Informationen über grobe Richtwerte zum Kalorienbedarf bei unterschiedlichen körperlichen Aktivitäten vermittelt.

Für eine langfristige Wirksamkeit des Behandlungserfolgs ist die Integration von körperlicher Bewegung in den Alltag von besonderer Wichtigkeit.

Modelle zur Rückfallentstehung umfassen ein komplexes Zusammenwirken unterschiedlicher Teilkomponenten. Zum Rückfallmodell von Martlatt u. Gordon (1980) werden vier Bedingungen beschrieben, die zur Entstehung von Rückfällen beitragen können:

- Auf der Grundlage einer unausgewogenen und durch zu wenige Regenerationsmöglichkeiten geprägten Lebensführung kann
- das Auftreten einer hoch risikoreichen Situation (z.B. eines kritischen Lebensabschnittes oder eines Stimmungstiefs) eine akute Gefährdung hinsichtlich des Auftretens unkontrollierten Eßverhaltens provozieren. Diese Gefährdung kann zu einer Aufgabe der Kontrolle führen, wenn die akute Belastung aufgrund von
- sozial-behavioralen Kompetenzdefiziten und
- Fehleinstellungen nicht angemessen bewältigt werden kann.

Nach unseren Erfahrungen und nach den Befunden der Rückfallforschung stellen bei Adipositas intrapsychische Belastungen und Konflikte sowie belastende Faktoren im zwischenmenschlichen Bereich die entscheidenden rückfallbegünstigenden Faktoren dar. Auf intrapsychischer Seite sind unangenehme emotionale Zustände wie z. B. Frustrationen, depressive Verstimmungen, Angst, Gereiztheit, Gekränktheit, Selbstwertkrisen, diffuse Spannungen und Stimmungsschwankungen ebenso zu nennen wie positive emotionale Erfahrungen im Umgang mit anderen Personen, zwischenmenschliche Konflikte und sozialer Druck.

Der **Umgang mit Rückfällen** nach Behandlungsende sollte während der Therapie bereits geübt werden. So lernen die Patienten stark risikobehaftete Situationen, die zu vermehrtem Essen führen können wie z. B. die Pausengestaltung am Arbeitsplatz, Einladungen zu gesellschaftlichen Ereignissen usw. rechtzeitig zu erkennen. Problemlösestrategien, die dem Patienten helfen sollen, mit derartigen Situationen umgehen zu können, werden vermittelt und in Rollenspielen eingeübt. Dabei haben sich die Verhaltensstrategien der **Reizkontrolle** (Vermeidung von stark risikobehafteten Situationen, Veränderung diskriminativer Reizbedingungen), **Reaktionskontrolle** (Verzögerung der Ausführung des Verhaltens oder Verlassen der Situation), des **alternativen Verhaltens** (körperliche oder mentale Entspannung) und der **Verbesserung von Verhaltenskompetenzen** (Streßbewältigung, Selbstsicherheit, Planung von sozialer Unterstützung) als besonders hilfreich erwiesen. Diese sollten ergänzt werden durch **kognitive Strategien** wie **zielorientierte Selbstinstruktionen,** Fördern angemessener Entscheidungen sowie eine Stabilisierung von Wirksamkeitserwartungen.

Die Unterstützung des Patienten durch die Einbeziehung der engen Sozialpartner (Ehepartner, Familie) in die Therapie ist ein weiteres Element in der Phase der Rückfallvermeidung.

Bewertung des Behandlungsansatzes

Die Integration eßstörungsspezifischer Behandlungsstrategien in die Ansätze zur Adipositasbehandlung hat zu einer weitgehenden Differenzierung der verhaltenstherapeutisch fundierten Behandlungsbausteine geführt. Insbesondere die Arbeiten zur psychiatrischen Komorbidität mit dem hohen Anteil von Patienten mit bulimischen Eßstörungen (in der Regel ohne Erbrechen) und mit ausgeprägten depressiven Erkrankungen weisen darauf hin, daß die Bedeutung der Gewichtsabnahme durch eine Kalorienreduktion in den Behandlungselementen weniger hoch bis nachrangig anzusehen ist. Das Umsetzen einer Reduktionskost von z. B. 1000 kcal bei gleichzeitigem Vorliegen einer bulimischen Symptomatik ist aus diesem Blickwinkel fast schon als Kunstfehler anzusehen; es ist fast auf die Stunde absehbar, wann in dieser Problemkonstellation ein Freßanfall stattfinden wird. Berücksichtigt man darüber hinaus auch noch die relevanten medizinischen Parameter im Behandlungsverlauf wie z. B. etwa erforderliche Behandlungen eines Bluthochdrucks, der Blutfette oder des Blutzuckers, wird deutlich, daß für die Adipositasbehandlung eine weitreichende verhaltensmedizinische Erfahrungsbildung erforderlich ist, wenn sie dem aktuellen Stand von Klinik und Forschung gerecht werden soll. Die wenigen systematisch berichteten Einzelfalldarstellungen (Gottfried 1988, Koch 1991) sind eine gute Untermauerung dieser These.

40. Somatoforme Störungen

Psychoanalytische Therapie

R. Nickel und U. T. Egle

Grundlagen

Auch wenn Freud am psychogenen Schmerz seinerzeit das Konversionsmodell der Psychogenese von körperlichen Symptomen entwickelte, ist eine explizite Auseinandersetzung der Psychoanalyse mit der Behandlung psychogener Schmerzzustände lange nicht geschehen. Dies hängt sicherlich auch damit zusammen, daß das klassische psychoanalytische Verfahren zeitlich und finanziell aufwendig ist und eine ausgeprägte intrinsische Behandlungsmotivation voraussetzt. Diese ist jedoch gerade bei Patienten mit Somatisierungsstörungen und somatoformen Schmerzstörungen eher selten gegeben.

Insofern sind es von den psychodynamischen Verfahren vor allem die psychoanalytisch orientierte Einzel- und Gruppentherapie, welche bei der Behandlung von chronischen Schmerzpatienten eingesetzt werden. Schors (1993) und Egle u. Mitarb. (1992) weisen sowohl hinsichtlich analytisch orientierter Einzel- als auch Gruppentherapie auf die Notwendigkeit spezifischer Modifikationen im therapeutischen Vorgehen hin. Bei diesen sollte zu Beginn eine stärkere Strukturierung mit psychoedukativen, über psychosomatische Zusammenhänge informierenden Elementen im Vordergrund stehen (Tab. 40.**1**). Gleichzeitig ist das gemeinsame Verstehen des jeweiligen psychosozialen Kontextes der Symptomatik und des subjektiven Krankheitsmodells wichtig. Guthrie (1993) gibt – unter Bezugnahme auf eine psychodynamisch-interpersonelle Form der Kurztherapie nach Hobson (1990) – ihren Patienten in langen Sitzungen zu Beginn der Therapie viel Raum, über ihre Beschwerden zu reden. Die sich anschließende Diskussion von Alternativmodellen in der Anfangsphase ist der „Umstrukturierung" kognitiv-behavioraler Ansätze sehr ähnlich; zusätzlich werden jedoch gruppendynamische und interaktionelle Prozesse berücksichtigt.

Gerade zu Beginn einer psychotherapeutischen Behandlung ist das Bindungssystem der Patienten aktiviert. Verschiedene Autoren (u. a. Köhler 1995) haben diesbezüglich die Notwenigkeit, das Behandlungssetting zu modifizieren, betont. Bowlby (1988) leitet ausgehend von der Bindungstheorie unterschiedliche therapeutische Aufgaben ab (Tab. 40.**2**). Eine abstinente Haltung des Therapeuten kann bei Patienten mit einem unsicheren Bindungsverhalten zusätzlich traumatische Kindheitserfahrungen reaktivieren. Bereits zu Beginn der Therapie bietet sich die Möglichkeit, über das Ansprechen von Unterschieden oder Gemeinsamkeiten zentrale Elemente der Gruppentherapie zu nutzen, um einen therapeutischen Prozeß in Gang zu bringen. Eine bildhafte, illustrierende Sprache und kurze Narrative unterstützen dies seitens des oder der Therapeuten. Gerade indem sich die Therapeuten aktiv in das Gruppengeschehen miteinbeziehen (dialogisch, infragestellend), Gefühle konkret benennen oder auch eigene mitteilen, stellen sie sich auch als Modell zur Verfügung. Dies ist eine weitere wesentliche Modifikation zur üblichen psychoanalytischen Gruppentherapie, die sich an der von Heigl und Heigl-Evers (Heigl-Evers u.

Tabelle 40.**1** Informationsbausteine zur Einleitung einer psychodynamisch-interaktionellen Gruppentherapie somatoformer Störungen

- Erfassen des individuellen Krankheitsmodells
- Information zur Kontextabhängigkeit des körperlichen Befindens und der individuellen Wahrnehmungsprozesse
- Information zur erhöhten physiologischen Reaktionsbereitschaft, zu Auswirkungen der Aufmerksamkeitsfokussierung auf die Organfunktion, somatosensorische Amplifizierung
- Vermitteln eines bio-psycho-sozialen Krankheitsverständnisses
- ggf. Informationen zu Aspekten der Medikamentenabhängigkeit und Nebenwirkungen von Medikamenten
- Information zur ätiopathogenetischen Bedeutung von Traumatisierungen in Kindheit und Jugend

Tabelle 40.**2** Therapeutische Aufgaben nach Bowlby (1988)

- Der Therapeut schafft eine sichere Basis (Arbeitsbeziehung) und dient selbst als sichere Basis. Von hier aus können Probleme und Schwierigkeiten exploriert werden.
- Er ermutigt den Patienten seine Erwartungen und Vorurteile gegenüber seinen gegenwärtigen Bezugspersonen zu betrachten. Fehlwahrnehmungen und Mißverständnisse werden dabei als erklärbare Ergebnisse tatsächlicher Erfahrungen oder dessen, was ihm als Kind von seinen Bindungspersonen gesagt wurde, verstanden. Es handelt sich nicht um irrationale Folgen autonomer oder unbewußter Phanatasien (z. B. Angst vor Zurückweisung oder Kritik), sondern um die psychischen Folgen unangemessener Verhaltensweisen der Bindungspersonen.
- Der Therapeut überwacht die Veränderungen seiner Beziehung zum Patienten in Richtung einer größeren Explorationsbereitschaft.
- Er initiiert und fördert den Vergleich aktueller Wahrnehmungen, Gedanken und Gefühle mit denen aus der Kindheit.
- Vorstellungen bzw. innere Arbeitsmodelle von sich selbst und anderen sollen als unangemessen für die aktuellen Beziehungen erkannt werden.

X

Tabelle 40.**3** Psychodynamisch orientierte Therapie somatoformer Störungen

- Das Etablieren einer tragfähigen Arbeitsbeziehung benötigt Zeit, die somatische Orientierung selbst ist ein starker Abwehrmechanismus.
- Die Vorraussetzung für ein tragfähiges Arbeitsbündnis ist das Schaffen eines bergenden Klimas.
- Starke Übertragungsgefühle sind regelhaft vorhanden.
- Antworten, Klären, Konfrontieren und die Modellfunktion des Therapeuten haben inhaltlich Priorität vor Deuten.
- Die Deutungsebene ist primär auf die Interaktionen (innerhalb der Gruppe) bzw. die Situation des Patienten im Hier und Jetzt bezogen.
- Modifikation der Behandlungstechnik entsprechend den Therapieerfahrungen mit psychisch traumatisierten Patienten (vgl. Gast 1996).

Ott 1995) entwickelten „psychoanalytisch-interaktionellen Gruppentherapie" orientiert. Über einen Identifikationsprozeß mit dem Therapeuten wird ein flexiblerer Umgang des Patienten mit sich selbst angestrebt. Nach unseren bisherigen Erfahrungen erleichtert ein Therapeutenpaar dem Patienten die Möglichkeit der Aufspaltung von Affekten und deren Bearbeitung. Auch das Erleben und Bearbeiten interaktioneller Prozesse ist im Rahmen einer Gruppe sehr viel direkter und unmittelbarer als in der Einzeltherapie möglich (Tab. 40.**3**).

Interventionsverhalten

Bei Verwendung von Deutungen sollte die in besonderem Maße vorhandene Kränkbarkeit der Patienten berücksichtigt werden, durch zusätzliches Ansprechen mehrerer Gruppenmitglieder und „Exemplifizieren" der Deutung an mehreren Teilnehmern kann die potentielle Kränkung relativiert werden. Die Deutungsebene ist dabei primär interaktionell und konkret auf die Situation im Hier und Jetzt bezogen. Insbesondere aggressive Affekte im Erleben dieser Patienten werden nahezu regelhaft mit dem Erleben von Destruktion und alle Konfrontationen rasch mit dem Vorwurf der Leistungsinsuffizienz gekoppelt. Gerade hier zeigen „Somatisierer" eine sehr geringe Frustrationstoleranz. Dem Streben dieser Patienten nach Anerkennung, Leistung und Konformität, ihrer Neigung zu Idealisierung und Entwertung und ihrer großen Kränkbarkeit (Schors 1993) ist ebenso Rechnung zu tragen wie ihren passiven Abhängigkeits- und Versorgungsbedürfnissen sowie ihrem Wunsch nach absoluter Sicherheit. Die Übertragung von Abwehr seitens des Patienten beinhaltet nach Schors (1993) die unbewußte Tendenz, den Therapeuten dem eigenen Denken, Fühlen und Handeln anzupassen.

Zu berücksichtigen sind auch häufig vorhandene Traumatisierungen im Sinne sexueller und physischer Mißbrauchserfahrungen und emotionaler Deprivation in der Kindheit. In symptomhomogenen Gruppen senkt insbesondere die allmählich wachsende Vertrautheit der Gruppenmitglieder untereinander, die sich zunächst auf der Basis einer „Notgemeinschaft gegen den Schmerz" entwickelt, die Schwelle, auch diese frühen Traumatisierungen anzusprechen. Ein wesentliches Element der psychodynamisch orientierten Verfahren ist, daß die Arbeit mit den Übertragungsbeziehungen erst nach dem Entstehen von Sicherheit und Vertrauen beginnen kann. Ähnliches wurde auch bereits für andere psychisch schwer traumatisierte Patientengruppen beschrieben (Gast 1996, Hazzard u. Mitarb. 1993, Mennen und Meadow 1992).

Darüber hinaus orientiert sich das Interventionsverhalten wesentlich an der bindungstypologischen Zuordnung des Patienten (Egle u. Nickel in Vorb.). So ist besonders bei Patienten mit einem unsicher-vermeidenden Bindungsstil auf deren Autonomiebestreben, bei unsicher-ambivalent gebunden Patienten auf deren Verstrickung in Beziehungen zu achten. Diese Art der Gruppentherapie bedarf auch einer erhöhten Frequenz (2 x 90 Minuten wöchentlich), damit die für eine Wirksamkeit notwendige Vertrautheit und Geborgenheit in der Gruppe entstehen kann. Genaueres über Inhalt und Ablauf dieser Art von Gruppentherapie ist in einem Therapiemanual (Nickel u. Egle 1999) nachzulesen, in dem von einer etwa sechsmonatigen Behandlungsdauer und 40 Sitzungen ausgegangen wird.

Therapeutischer Entwicklungsprozeß

Inhaltlich geht es um eine Differenzierung zwischen körperlichem Schmerz, erwünschten und unerwünschten Affekten sowie Veränderungen bisheriger Beziehungs- und Interaktionsmuster. Die Entwicklungsschritte sind idealtypisch in Tabelle 40.**4** dargestellt. Der Versuch, die dieser mangelnden Differenzierungsmöglichkeit zugrundeliegende inkohärente Kommunikation der Patienten zu integrieren, ist dabei sowohl ein erster als auch die gesamte Behandlung begleitender Schritt. Als zentrale Idee wird von einer gestörten („disconnected") Kommunikation ausgegangen. Die Aufmerksamkeit wird zunächst auf den kommunikativen Aspekt des Symptoms (der Art der Schilderung und des Umgangs damit) gerichtet, um darüber dessen interpersonelle Bedeutung und Funktion zu erschließen und einen Zugang zur Innenwelt des Patienten zu erhalten. Die Somatisierung wird dabei als Ausdruck dieser gestörten Kommunikation verstanden. Dies ist notwendig, um Gefühle verbalisieren und später zwischen Körpersymptom und Affekt differenzieren zu können. In weiteren Schritten geht es dann um eine zunehmende Affektdifferenzierung, der Wahrnehmung von subjektiv erwünschten und abgelehnten Affekten. Neben den erwünschten Affekten sollen in einer dritten Therapiephase auch subjektiv unerwünschte Affekte bei sich akzeptiert werden können (vgl. Schors 1993). Dies führt zunächst zur Entlastung der bei Patienten mit somatoformen Störungen vor allem durch Verleugnung, Projektion und Wendung gegen das

Tabelle 40.**4** Differenzierungsschritte bei der Therapie somatoformer Störungen (vgl. Schors 1993)

1. Differenzierung zwischen körperlichem Schmerz und Affekt
2. Differenzierung zwischen Akzeptanz (erwünschter) und Ablehnung von (Schmerz und unerwünschten) Affekten
3. Neben den erwünschten Affekten sollen auch subjektiv unerwünschte Affekte integriert/akzeptiert werden
4. Entlastung der Abwehr, die das Bearbeiten von Widerstand und Übertragung ermöglicht
5. Beziehungserprobung (spielerische Vorstellung von Alternativen und Ausprobieren der Verhaltensalternativen), Einsetzen veränderter oder sich verändernder Kommunikationsmöglichkeiten

Selbst gekennzeichneten Konfliktbewältigungsstrategien. Auf der Symptomebene reduzieren sich die Symptome bis hin zum völligen Sistieren.

Die beschriebenen Behandlungs- und Entwicklungsschritte mit dem Entstehen einer kohärenteren Kommunikation und der damit verbundenen Schmerz-Affekt-Differenzierung geben den Patienten die Möglichkeit, ein sinnhaftes und kohärenteres Selbst(-gefühl) zu entwickeln (Hobson 1990, Meares 1993). Dies reduziert Gefühle von innerer Leere, Zerrissenheit und Spannungszuständen. Das Entstehen oder Verbessern selbstreflexiver Fähigkeiten beinhaltet dann auch eine realitätsgerechtere Einschätzung der eigenen Leistungsfähigkeit und Grenzen.

Wirksamkeit psychoanalytisch orientierter Psychotherapie bei somatoformen Störungen

Über die Wirksamkeit psychoanalytisch orientierter Einzel- oder Gruppentherapie bei somatoformen Störungen liegen bisher nur wenige Therapiestudien vor. Eine aktuellere Übersicht über kontrollierte Psychotherapiestudien geben Guthrie (1996) für psychodynamische sowie Hiller und Rief (1998) für kognitiv-behaviorale Therapiestudien.

Pilowsky und Barrow (1990) untersuchten insgesamt 102 Patienten mit „chronic intractable pain", d.h. Patienten mit einer chronifizierten – somatisierten – Schmerzsymptomatik bei denen eine Organpathogenese ausgeschlossen wurde. Die Patienten wurden randomisiert vier Untersuchungsgruppen zugeordnet, wobei eine Gruppe eine psychodynamische Gruppentherapie und Amitriptylinmedikation, eine weitere die psychodynamische Therapie plus Placebomedikation, eine dritte Gruppe eine Placebotherapie und Amitriptylinmedikation erhielt und die letzte sowohl eine Therapie als auch Medikamentenplacebo. Zusammenfassend ist festzuhalten, daß trotz des aufwendigen Designs die Aussage der Studie aus mehreren Gründen erheblich eingeschränkt ist: Neben möglichen Selektionseffekten, nur $^1/_4$ der Patienten wurde den Behandlungen zugewiesen, gab es sehr hohe Drop-Out-Raten und keine „verblindete" Ergebnismessung. Diese zeigte 12 Wochen nach Behandlungsende eine signifikante medikamentenbedingte Schmerzreduktion und Erhöhung des Aktivitätsniveaus (alle Gruppen gegenüber der reinen Placebogruppe) sowie eine Erhöhung der Produktivität und Arbeitsfähigkeit in den Therapiegruppen, wobei die Schmerzen tendentiell verstärkt wurden.

Zwei nach den Kriterien der Evidence Based Medicine (Crooke u. Sackett 1996) gute Studien geben deutliche Hinweise auf die Wirksamkeit psychodynamischer Psychotherapieverfahren. Sie wurden an Patienten mit Colon irritabile durchgeführt.

Svedlund u. Mitarb. (1983) konnten in einer randomisierten, kontrollierten Studie bei 101 ambulanten Patienten mit funktionellen Abdominalschmerzen (Colon irritabile) nachweisen, daß eine Kombinationsbehandlung von medizinischer Standardtherapie plus dynamisch orientierter Einzeltherapie mit 10 Sitzungen über 3 Monate zu signifikant besseren Ergebnissen führte als die medizinisch-gastroenterologische Standardtherapie allein. Der Behandlungseffekt war bei der 15-Monats-Katamnese sogar noch stärker. Ein Mangel dieser ansonsten guten Studie ist deren fehlende Verblindung bei der Erfassung des Behandlungserfolges und die unzureichende Beschreibung der Evaluationsinstrumente.

In einer Studie von Guthrie u.Mitarb. (1993) wurden 102 Patienten mit Colon irritabile randomisiert zwei Treatmentbedingungen zugeteilt. Eine Gruppe erhielt eine psychodynamisch interpersonelle Therapie, die Kontrollgruppe eine supportive Behandlung. Die psychodynamisch behandelten Patienten verbesserten sich bei Behandlungsende sowohl hinsichtlich ihrer somatischen Zielsymptome als auch hinsichtlich weiterer untersuchter psychischer Beschwerden und unterschieden sich dabei signifikant von der supportiv behandelten Gruppe. Katamnestische Daten liegen leider nicht vor, da nach Behandlungsende die Kontrollgruppe ebenfalls eine psychodynamische Therapie erhielt. Von den verbleibenden Patienten der Kontrollgruppe (43) nahmen 33 das Angebot an.

Egle u. Mitarb. (in Vorb.) belegten in der bisher einzigen kontrollierten Studie zur ambulanten psychoanalytisch orientierten Langzeitbehandlung von somatoformen Schmerzpatienten in der Gruppe die Wirksamkeit dieses Therapieverfahrens. Im Rahmen einer randomisierten Zuweisung wurden 5 geschlossene, symptomhomogene Therapiegruppen mit insgesamt 33 Patienten gebildet. Die Gruppen wurden bis auf eine Ausnahme durch ein Therapeutenpaar geleitet und mit 6 bis 7 Patienten über 120 Gruppensitzungen bei einer wöchentlichen Sitzung à 90 Minuten über ca. 3 Jahre durchgeführt. Nach den Ergebnissen der 1-Jahres-Katamnese kam es bei 50% zu einer deutlichen Schmerzreduktion (bis hin zum vollständigen Verschwinden der Schmerzsymptomatik), 30% blieben unverändert und 20 % brachen die Therapie ab oder verschlechterten sich gegenüber der Ausgangssituation; die Effektstärke (prä/post) lag bei 1.12.

Fallbeispiel

Es handelt sich um einen 33jährigen Mann, der bei stationärer Aufnahme seit etwas mehr als einem Jahr ununterbrochen Schmerzen wechselnder Intensität im Bereich der Brustwirbelsäule hatte. Diese Symptomatik setzte akut nach einem unverschuldeten Autounfall ein. Herr A. erlebte sich in dieser Situation hilflos und ausgeliefert, dem „Angriff" des Unfallverursachers vollkommen wehrlos ausgeliefert. Es wurde eine unkomplizierte, stabile BWK-Fraktur diagnostiziert, die, mit Ausnahme der weiterbestehenden Schmerzsymptomatik, unauffällig und komplikationslos verheilte. Bis zur Aufnahme in unserer Klinik scheiterten zahlreiche Arbeitsversuche. Intensive krankengymnastische Behandlungsansätze sowie umfangreiche und aufwendige diagnostische Abklärungen erbrachten, trotz der sehr guten Compliance des Patienten und seiner aktiven Mitarbeit, keine Besserung. Die Situation verschlechterte sich dagegen sukzessive, Herr A. wurde depressiver, zog sich immer weiter zurück und hatte ernstzunehmende Suizidgedanken. Erschwert wurde die Therapie zusätzlich durch einen noch ausstehenden Prozeß wegen Schadensersatzforderungen an die Unfallverursacherin. Die gesamte stationäre Behandlung dauerte 12 Wochen. Der Patient nahm an einer analytisch orientierten Gruppentherapie mit einer Frequenz von 3 Sitzungen pro Woche und wöchentlichen Einzelsitzungen sowie weiteren Therapieverfahren wie Biofeedback, KBT und Gestaltungstherapie teil, es wurden zusätzlich zwei Paargespräche geführt. Wir gehen davon aus, daß die Kombination dieser Verfahren zusammen mit der höheren Dichte des Prozesses im stationären Setting und besonders die Funktion der anderen Gruppenteilnehmer als „Schrittmacher" eine Beschleunigung des gesamten Therapieablaufes und ein schnelleres Durchlaufen der oben beschriebenen einzelnen Therapieschritte bewirkte. Im Gegensatz zur ambulanten Therapie im Einzelsetting oder in geschlossenen symptomhomogenen Gruppen kommt es auch zu einer stärkeren Überschneidung und Durchmischung der einzelnen Therapiephasen, die jedoch auch hier durchlaufen wurden. Die "älteren" Mitpatienten und das multimodale Therapieangebot haben dem Patienten den Zugang zur Therapie, der Entwicklung selbstreflexiver Fähigkeiten und die Wahrnehmung des anderen als eigenständig von ihm unabhängig und erleichtert, da vieles in seiner kognitiv-rationalen, „emotionsfreien" Welt fremd und zunächst verunsichernd, ängstigend war. Er konnte sich vertrauteres aussuchen und später ungewohnteres ausprobieren.

Die Phase der Differenzierung zwischen körperlichem Schmerz und Affekten. Durch die Aufklärung über psychosomatische Zusammenhänge wurde allmählich eine andere Sichtweise des Patienten bezüglich seiner Schmerzen erreicht. Im Rahmen seines naturwissenschaftlich-technischen Berufes und seiner Lebensauffassung war für ihn zunächst nur „real", was sichtbar ist, was man nachweisen, „begreifen" konnte. Insofern hatte er von sich selbst einerseits, zunächst nur vorbewußt, die Überzeugung, ein „Simulant" zu sein, andererseits unbewußt den Druck, nachweisen zu müssen, wie beeinträchtigt er durch die Schmerzen ist, oder wie unfähig die Behandler sind, die die Ursache seiner Schmerzen einfach nicht finden können. In seiner Innenwelt gab es keine „Begriffe", keine Modelle, um die tatsächlich erhebliche Beeinträchtigung zu benennen. Zentraler, noch unbewußter Affekt war die Wut bis hin zu Mordphantasien auf die Unfallverursacherin, wobei es sich psychodynamisch um eine Verschiebung seiner Wut weg von der dominierenden und ihn in seinen Bedürfnissen frustrierenden Mutter handelte. Die „Kommunikation" zwischen beiden war dadurch gekennzeichnet, daß das was er mitteilte keinen Einfluß auf das Verhalten der Mutter hatte. Noch nicht möglich war in dieser Phase beispielsweise das Ansprechen seiner Versorgungswünsche, mit denen er sich in Konkurrenz zu seinem Sohn befand. Dieser wurde gerade einige Wochen vor dem Unfallereignis geboren und war das „Wunschkind" der Ehefrau. Er fürchtete schon vor der Geburt, sie könnte sich dann nicht mehr ausreichend um ihn kümmern!

Die Phase der Akzeptanz erwünschter und Ablehnung unerwünschter Affekte. Diese Phase ist von der folgenden sicherlich nicht immer scharf abzutrennen. Zentral war das Spiegeln der Auswirkung seines Verhaltens auf die Gruppenmitglieder, das Arbeiten an den bei ihnen ausgelösten Gefühlen und Reaktionen. Thematisch ging es, neben seinem Einsatz und Verantwortungsgefühl für andere, um sein eigenes regressives nach Hilfe suchen. Abgewehrt wurde dabei „im Mittelpunkt stehen zu wollen", „wütend auf andere sein zu können", „anderen ihre Leistungsfähigkeit zu neiden", „sich anderen gegenüber überlegen zu fühlen".

Die Phase der Akzeptanz unerwünschter Affekte. Unter anderem durch das Spiegeln seines Verhaltens durch die Gruppenmitglieder war es Herrn A. auch möglich, negativ besetzte Gefühle, wie Haß und Neid, zu spüren. Er konnte sich zunehmend mehr mit seinen Aggressionen gegen die Unfallverursacherin und seinem Neid, beispielsweise auf seine „unbeschädigten" Kollegen, auseinandersetzen. Es ging hierbei auf einer tieferen Stufe um seinen Neid auf seinen Sohn, welcher „rundherum" versorgt wird und dafür keine Leistung bringen muß, während er früher als ältestes von mehreren Geschwistern auf diese aufpassen mußte, von den Eltern in deren Versorgung eingebunden war. Er störte und kostete Zeit, wenn er sich nicht anpaßte oder gar widersetzte, „sich mitteilte". Durch den Unfall und dessen Folgen, durch die er „einfach nicht arbeiten kann", besitzt er eine „Legitimation", sich in passiv-aggressiver Weise zu „verweigern" und Raum für sich zu beanspruchen.

Die Entlastung der Abwehr und das Bearbeiten von Widerstand und Übertragung. Herr A. konnte schon allein durch die Interaktion mit den anderen Gruppenmitgliedern erleben, daß er von diesen angenommen und akzeptiert wurde, auch wenn seine „negativen" Seiten, die abgewehrten Gefühle, sichtbar wurden. Es war insbesondere in dieser Phase möglich, über seine starke Kränkbarkeit und Angst sowie das Gefühl, alles kontrollieren und im Griff haben zu müssen, zu sprechen und die dahinterliegenden Versorgungswünsche zu thematisieren. Nach und nach konnte er auch seine Aggression spüren und unmittelbarer benennen. Zuvor konnte er über seine Mordphantasien gegenüber dem Therapeuten reden, der ihm (wie die Mutter) zuwenig zuhörte, ihm und seinen Beschwerden zuwenig Beachtung schenkte, nicht auf ihn reagierte. Mit dem Unfall wurde – so zeigte sich dann – seine "Überlebensstrategie" in Frage gestellt, sein perfektes und planbares, für ihn damit überschaubares und kontrollierbares Leben erwies sich als unsicher. Die Welt der Gefühle erschloß sich für ihn, das Sichtbare als einzige Wirklichkeit wurde in Frage gestellt. In der Therapie wurden darüber hinaus die Ressourcen des Patienten, zum Beispiel das Erfahren von Selbstbestätigung durch seine Arbeit, immer wieder Thema. Dies trug zum einen dazu bei, die „Frustrationen" der Therapie zu ertragen und die sich öffnenden neuen Perspektiven besser für sich zu erschließen. Zum anderen unterstützte der Blick auf seine (realen!) Stärken seine Motivation, an den Arbeitsplatz zurückzukehren. Der bis zum Unfallzeitpunkt in seinem Beruf überaus erfolgreiche Patient wurde im Rahmen einer gestuften Wiedereingliederungsmaßnahme über 8 Wochen als grundsätzlich arbeitsfähig entlassen und nahm danach seine vollschichtige Arbeitstätigkeit wieder auf. Neben der Rückkehr in die Berufstätigkeit verbesserte sich die Beziehung zu seiner Frau. Diese war deutlich entlastet, nicht mehr „zwei Kinder" versorgen und alleine die Familie tragen zu müssen. Beide nahmen wieder vermehrt Kontakt zu Freunden und Bekannten auf und ließen sich gegenseitig, anders als früher, Freiräume, etwa für Hobbys. Entgegen der zuvor bestehenden Konkurrenzsituation zu seinem Kind, entwickelte sich bei Herrn A. sogar der Wunsch nach einem zweiten, das mittlerweile geboren wurde.

Verhaltenstherapie

W. Rief und J. Heuser

Einleitung

Somatoforme Beschwerden, die sich auf keine körperliche Erkrankung zurückführen lassen, gehören in den westlichen Industrienationen wahrscheinlich zu den häufigsten Störungen, die einen Betroffenen dazu veranlassen, einen Arzt oder ein Krankenhaus aufzusuchen. Kellner (1987) berichtet, daß ca. 80% der Bevölkerung mindestens einmal pro Woche somatische Beschwerden erleben, die nicht auf eine organische Erkrankung zurückgeführt werden können. Während diese Beschwerden häufig vorübergehender Natur sind und zumeist nur wenig beachtet werden, können sie bei einigen chronifizieren und die Betroffenen zu einer Reihe von medizinischen Untersuchungen veranlassen. Neuere repräsentative Studien wie die amerikanische Epidemiologiestudie „Epidemiologic Catchment Area" (ECA) finden Prävalenzraten für multiple somatoforme Symptome von 4,4% (Escobar u. Canino 1989), so daß dieses Beschwerdebild zu den häufigsten psychischen Störungen zu rechnen ist. Stationäre Aufnahmen in inneren Abteilungen erfolgen in 20–30% aufgrund „funktioneller Störungen" (Kirmayer u. Robbins 1991, Köhle 1991). Schüffel u. von Uexküll (1986) gehen davon aus, daß 40–60% aller geschilderten Beschwerden im Gastrointestinaltrakt funktionell seien, und der Anteil von Patienten mit Somatisierungssymptomen in neurologischen Abteilungen dürfte ebenfalls bei 40% liegen (Ewald, Rogne, Ewald u. Fink, 1994). In einer eigenen Erhebung an Patienten einer psychosomatischen Fachklinik gaben 82% der befragten Patienten an, in den letzten 2 Jahren unter mindestens 3 somatoformen Symptomen gelitten zu haben (Rief, 1995).

Die Kosten, die durch die Behandlung dieser Patientengruppe für das Gesundheitssystem entstehen, sind enorm (Bell 1994). Für die ambulante Behandlung von Patienten mit Somatisierungsstörungen werden im Vergleich zur durchschnittlichen Pro-Kopf-Ausgabe bis zu 14mal höhere Kosten veranschlagt (Rief u. Hiller 1992). Die Kosten für die stationäre Krankenhausbehandlung liegen beim sechsfachen der Durchschnittskosten (Smith 1994). Zu diesen Ausgaben kommen noch die volkswirtschaftlichen Verluste, welche durch Arbeitsausfälle und vorzeitige Berentung verursacht werden. In einer Studie von Smith u. Mitarb. (1986) waren 83% der Personen mit einer Somatisierungsstörung zum Untersuchungszeitpunkt arbeitsunfähig.

Der mit dem Störungsbild verbundene Leidensdruck für die Betroffenen läßt sich dagegen kaum mit Zahlen festhalten. Im Laufe des langjährigen Chronifizierungsprozesses sehen sie sich immer wieder mit Unverständnis, Ablehnung oder Hilflosigkeit auf Seiten der behandelnden Ärzte und Therapeuten konfrontiert, da sie allgemein als schwer oder nicht behandelbar gelten und häufig an andere Spezialisten weiterdelegiert werden. Unnötige diagnostische und therapeutische Eingriffe, eine lange Liste von Bagatelldiagnosen und im ungünstigsten Fall die Durchführung von wenig indizierten operativen Eingriffen sind die Folge dieser Unsicherheit im Umgang mit somatisierenden Patienten (Fink 1992). Psychosoziale Belastungsfaktoren werden in der Anamnese oft unzureichend thematisiert, da Patienten mit somatoformen Beschwerden als wenig introspektionsfähig und ablehnend gegenüber psychologischen Behandlungsansätzen gelten. Speckens u. Mitarb. (1995) fanden dagegen, daß diese Einschätzung so nicht haltbar ist. In ihrer Befragung von 172 Patienten, die aufgrund körperlich nicht erklärbarer Beschwerden eine medizinische Ambulanz aufsuchten, erklärten 81% jener Patienten, bei denen die behandelnden Ärzte eine zusätzliche psychologische Behandlung für indiziert hielten, ihre Bereitschaft, diese psychologische Hilfe auch in Anspruch zu nehmen. Der vorliegende Beitrag soll bei der Beseitigung einiger Vorurteile in der Behandlung von Patienten mit somatoformen Beschwerden helfen, die bestehende Unsicherheit im Umgang mit den betroffenen Patienten reduzieren und Leitlinien für eine verhaltensmedizinisch ausgerichtete Therapie somatoformer Störungen darstellen.

Diagnostik und Klassifikation

Somatoforme Störungen stellen kein homogenes Krankheitsbild dar, sondern werden in unterscheidbare Untergruppen eingeteilt, für die in den derzeit gültigen Klassifikationssystemen ICD-10 (Dilling u. Mitarb. 1993) und DSM-IV (Saß u. Mitarb. 1996) unterschiedliche Kategorien zur Verfügung stehen. Gemeinsames Hauptmerkmal aller somatoformen Störungen ist die Klage über einzelne oder mehrere körperliche Symptome, für die trotz adäquater medizinischer Diagnostik keine körperliche Erkrankung als Ursache der Beschwerden gefunden werden kann und die sich auch nicht auf die unmittelbare Auswirkung der Einnahme psychotroper Substanzen zurückführen lassen. Von einer somatoformen Störung wird jedoch auch dann gesprochen, wenn zwar eine organische Ursache für die körperlichen Beschwerden identifiziert werden kann, die Schwere, das Ausmaß der Symptome und die damit verbundene psychosoziale Beeinträchtigung jedoch nicht durch den organischen Befund erklärbar sind.

In Tabelle 40.**5** werden entsprechende Diagnosen für die Klassifikationssysteme DSM-IV und ICD-10 einander gegenübergestellt. Für die Gruppe der somatoformen Störungen enthält das DSM-IV ein eigenes Hauptkapitel, während die ICD-10 somatoforme Störungen nur als Unterkapitel (F45) innerhalb des Hauptkapitels F4 der „neurotischen, Belastungs- und somatoformen Störungen" aufführt. In beiden Systemen stellt die **Somatisierungsstörung** die zentrale Diagnose dar, die durch multiple körperliche Beschwerden in unterschiedlichen Symptomgruppen mit chronischem Verlauf gekennzeichnet ist. DSM-IV und ICD-10 unterscheiden sich jedoch in ihren Symptomlisten und anderen Ein- und Ausschlußkriterien, so daß die Überschneidung zwischen den Klassifikationsergebnissen nur begrenzt übereinstimmt (Rief u. Mitarb. 1996). Nach DSM-IV müssen für die Diagnose einer Somatisierungsstörung mindestens acht von 33 aufgeführten Symptomen vorliegen: vier Schmerzsymptome, zwei gastrointestinale Symptome, ein pseudoneurologisches Symptom sowie ein sexuelles Symptom. Die Beschwerden müssen mindestens zwei Jahre andauern, bereits vor dem 30. Lebensjahr aufgetreten sein, mit einer deutlichen Beeinträchtigung der Lebensqualität einhergehen und den Betroffenen zu mehrfachen Arztbesuchen veranlaßt haben. Die Symptome dürfen nicht vollständig durch eine körperliche Erkrankung erklärbar und nicht absichtlich produziert oder vorgetäuscht werden. ICD-10 fordert für die Diagnose einer Somatisierungsstörung mindestens sechs Symptome aus mindestens zwei von vier Organsystemen (gastrointestinale

Tabelle 40.5 Diagnostik somatoformer Störungen

Diagnostik somatoformer Störungen nach ICD-10 und DSM-IV	
DSM-IV	**ICD-10**
Somatisierungsstörung (300.81)	Somatisierungsstörung (F45.0)
Undifferenzierte somatoforme Störung (300.81)	Undifferenzierte somatoforme Störung (F45.1)
–	Somatoforme autonome Funktionsstörung (F45.3)
Schmerzstörung (307.80 bzw. 307.89)	Anhaltende somatoforme Schmerzstörung (F45.4)
Konversionsstörung (300.11)	Konversionsstörung (in Kap. „F44 dissoziative und Konversionsstörungen" aufgeführt)
Hypochondrie (300.7)	Hypochondrische Störung (F45.2)
Körperdysmorphe Störung (300.7)	Dysmorphobe Störung (nur als Unterform der hypochondrischen Störung aufgeführt)
–	Neurasthenie (F48.0)

Symptome, kardiovaskuläre Symptome, urogenitale Symptome und Haut- und Schmerzsymptome). Auch hier müssen die Beschwerden mindestens zwei Jahre andauern, jedoch wird auf eine Altersgrenze bei Erkrankungsbeginn verzichtet.

Ein weiterer Grund für die Diskrepanz bei der Diagnosestellung einer Somatisierungsstörung stellt die zusätzliche Einführung der Untergruppe **somatoforme autonome Funktionsstörung** (F45.3) in der ICD-10 dar. In diese Gruppe werden multiple somatoforme Beschwerden eingeordnet, die vor allem als Symptome autonomer (vegetativer) Erregung angesehen werden. Aus einer Symptomliste von zwölf Beschwerden müssen mindestens drei Symptome aus zwei Bereichen vorliegen. Die somatoforme autonome Funktionsstörung ist der Somatisierungsstörung hierarchisch übergeordnet, da diese nicht diagnostiziert werden darf, wenn Symptome der vegetativen Erregung im Vordergrund des klinischen Erscheinungsbildes stehen.

In beiden Klassifikationssystemen werden die Kriterien für die Somatisierungsstörung sehr restriktiv formuliert, so daß viele Patienten mit multiplen somatoformen Beschwerden nicht die Diagnose einer Somatisierungsstörung erhalten, sondern in die Restkategorie **undifferenzierte somatoforme Störung** eingeordnet werden müssen. Da die häufige Verwendung einer Restkategorie aus diagnostischen und wissenschaftlichen Gründen unbefriedigend ist, wurde von verschiedenen Autoren wiederholt der Vorschlag gemacht, eine weniger streng definierte Zusatzkategorie des „Somatisierungssyndroms" einzuführen. Escobar u. Mitarb. (1987) sprechen in diesem Zusammenhang von „abridged somatization disorder", Rief (1996) vom „multiplen somatoformen Syndrom".

Von den polysymptomatischen Formen der somatoformen Störung, bei denen viele Beschwerden aus unterschiedlichen Symptomgruppen vorliegen, können die monosymptomatischen Störungsgruppen abgegrenzt werden, bei denen sich die Beschwerden auf wenige und eng umgrenzte Symptome einer einzigen Symptomgruppe konzentrieren (Hiller u. Rief 1997). Ist das Beschwerdebild in erster Linie durch Schmerzsymptome gekennzeichnet, ist die Diagnose einer **Schmerzstörung** (DSM-IV 307.8x) bzw. einer **anhaltenden somatoformen Schmerzstörung** (ICD-10 F45.4) zu stellen. Im DSM-IV kann noch differenziert werden, ob die Schmerzsymptome eindeutig mit psychischen Faktoren in Verbindung stehen (DSM-IV 307.80) oder ob sowohl psychische als auch körperliche Faktoren für den Beginn, den Schweregrad, die Exazerbation oder die Aufrechterhaltung der Schmerzen eine wichtige Rolle spielen (DSM-IV 307.89). Der medizinische Krankheitsfaktor bzw. die anatomische Region der Schmerzen wird dann auf Achse III kodiert.

Bei der **körperdysmorphen Störung** (DSM-IV 300.7), die in der ICD-10 nur als Untergruppe der hypochondrischen Störung aufgeführt wird, erleben die Patienten bestimmte Körperteile (häufig das Gesicht, die Form der Nase oder des Mundes, die Brust oder die Haut) als schwer mißgestaltet, ohne daß andere Personen diesen vermeintlichen Makel erkennen können. Die auf den körperlichen Mangel bezogenen Gedanken dürfen jedoch nicht wahnhaften Charakter haben oder assoziierte Merkmale anderer Erkrankungen (z. B. Anorexia nervosa) darstellen. Dieses Störungsbild ist bis heute noch wenig erforscht (Veale u. Mitarb. 1996), dürfte jedoch gerade in den westlichen Industrienationen von einiger Relevanz sein.

Die **Konversionsstörung** (DSM-IV 300.11, in ICD-10 im Kap. F44 „dissoziative und Konversionsstörungen" aufgeführt) ist durch sogenannte pseudoneurologische Symptome wie Lähmungserscheinungen, Muskelschwäche, Anfälle, Blindheit oder Taubheitsgefühle gekennzeichnet. Häufig ist hier die Differentialdiagnostik und die Abgrenzung zu organischen Erkrankungen nur schwer zu treffen, so daß die Diagnose der Konversionsstörung nicht sehr valide ist. Das Erstauftreten der körperlichen Symptomatik muß in eindeutigem Zusammenhang mit psychischen Belastungsfaktoren stehen und die Beschwerden werden als Ausdruck eines psychischen Bedürfnisses angesehen. Die Symptomatik darf nicht willentlich hervorgerufen werden. Historisch entwikkelte sich die Konversionsstörung vor allem aus psychoanalytischen Modellvorstellungen zur Konversionsneurose, nach denen körperliche Symptome als somatischer Ausdruck unterdrückter und nicht verarbeiteter sexueller Konflikte galten. Aufgrund der fraglichen Validität der Diagnose sollte eher eine Somatisierungsstörung oder ein Somatisierungssyndrom diagnostiziert werden, wenn die Kriterien hierfür erfüllt sind.

Eine Sonderstellung unter den somatoformen Störungen nimmt die **Hypochondrie** (DSM-IV 300.7, ICD-10 „hypochondrische Störung" in F45.2) ein, da bei ihr weniger die körperlichen Symptome selbst im Vordergrund des klinischen Bildes stehen, sondern vielmehr eine ausgeprägte Angst, eine schwere körperliche Erkrankung zu entwickeln. Die Betroffenen lassen sich trotz wiederholter medizinischer Untersuchungen mit negativem Befund nicht oder nur kurzfristig von ihren Krankheitsängsten abbringen, können ärztlichen Versicherungen, daß keine ausreichende organische Ursache für ihre Beschwerden besteht, keinen Glauben schenken und suchen immer neue Spezialisten auf. Das klinische Bild ähnelt in vielen Aspekten dem der Angststörung, so daß die Differentialdiagnose zur Panikstörung oft schwierig ist. Die Zeitdimension der Katastrophenbefürchtungen kann hier zur Unterscheidung beitragen: Während Patienten mit Panikstörungen Angst vor abrupten und unmittelbar zum Tode führenden Erkrankungen (z. B. durch Herzinfarkt) haben, beziehen sich hypochondrische Ängste zumeist auf Erkrankungen, die erst im längeren Verlauf bedrohlich werden (wie Krebs, Aids oder kardiovaskuläre Erkrankungen). Die Hypochondrie darf nicht ausschließlich im Verlauf anderer psychischer oder körperlicher Erkrankungen auftreten oder wahnhaften Charakter annehmen.

In der ICD-10 wird in dem Unterkapitel „andere neurotische Störungen" (F48) noch die **Neurasthenie** aufgeführt, die inhaltlich eine große Überlappung mit den somatoformen Störungen aufweist und vor allem durch eine erhöhte Erschöpfbarkeit gekennzeichnet ist. Da für die Validität der Diagnose kaum wissenschaftliche Befunde vorliegen, wurde bereits im DSM-III auf diese Diagnose verzichtet. In anderen Ländern wie z. B. in China gehört die Neurasthenie jedoch zu den am häufigsten gestellten Diagnosen im Bereich der psychosomatischen Störungen, so daß die Diagnose in der ICD-10 beibehalten wurde. Inhaltlich gibt es eine starke Überschneidung zwischen den Kriterien für das „chronic fatigue syndrome" und denen für die Neurasthenie. Im Zweifelsfalle sollte auch hier eher eine Diagnose aus den Kapiteln F44 und F45 gewählt werden.

Oft ist die Symptomatik einer somatoformen Störung mit weiteren psychischen Störungsbildern vergesellschaftet, wobei depressive Störungen und Angststörungen die häufigsten komorbiden Störungen darstellen. In einer Studie von Rief u. Mitarb. (1992) wurden bei 47% der untersuchten Patienten mit einer somatoformen Störung zusätzlich eine Major Depression diagnostiziert, bei 40% eine dysthyme Störung, bei 17% eine Agoraphobie, bei 13% eine Panikstörung, bei 10% eine Zwangsstörung und bei 20% ein Alkoholabusus (jeweils Life-Time-Diagnosen), so daß Komorbidität bei somatoformen Störungen eher die Regel als die Ausnahme darstellt. Differentialdiagnostisch ist – neben dem Ausschluß einer tatsächlichen körperlichen Erkrankung – auf die Abgrenzung gegenüber vorgetäuschten Störungen und Simulationen, psychotischen Störungen und Persönlichkeitsstörungen zu achten. Die somatoformen Störungen müssen ebenfalls von den „traditionellen" psychosomatischen Erkrankungen wie Morbus Crohn, Colitis ulcerosa oder dem Asthma bronchiale unterschieden werden, bei denen eine wirkliche Gewebe- oder Organschädigung vorliegt. Hierfür ist im DSM-IV die Kategorie 316 vorgesehen (psychische Faktoren, die einen medizinischen Krankheitsfaktor beeinflussen), in der ICD-10 die Gruppe F54 (psychische Faktoren und Verhaltenseinflüsse bei andernorts klassifizierten Krankheiten).

In den letzten Jahren wurde eine Reihe von diagnostischen Instrumenten entwickelt, die dem Kliniker bei der Diagnosestellung helfen können. Hier sind zum einen strukturierte Interviewverfahren wie das „diagnostische Interview für psychische Störungen" (DIPS) von Margraf u. Mitarb. (1994), das „strukturierte klinische Interview für DSM-IV" (SKID) von Wittchen u. Mitarb. (1997) und die „internationalen Diagnosen-Checklisten (IDCL)" von Hiller u. Mitarb. (1995) zu nennen, die eigene Abschnitte für somatoforme Störungen enthalten. Das Somatoform Disorders Schedule (SDS) wurde von der Weltgesundheitsbehörde (WHO) speziell zur Erfassung somatoformer Störungen nach ICD-10 und DSM-IV entwickelt und liegt inzwischen in einer deutschen Version vor (Hiller u. Rief 1996). Das „Screening für somatoforme Störungen" (SOMS) von Rief u. Mitarb. (1997) gehört zu den Selbstbeurteilungsverfahren und berücksichtigt ebenfalls alle Symptome und Kriterien, die für die Diagnostik der somatoformen Störungen nach ICD-10 und DSM-IV relevant sind. Das Verfahren existiert in zwei unterschiedlichen Versionen, die sich hinsichtlich des Zeitfensters unterscheiden (Beurteilung für die letzten zwei Jahre bzw. für die vergangenen sieben Tage – SOMS7). Da im SOMS7 zudem eine Abstufung des Schweregrades auf der Symptomebene möglich ist, kann es auch für Veränderungsmessungen eingesetzt werden. Weitere häufig eingesetzte Verfahren sind der Whiteley-Index (WI) (Rief u. Mitarb. 1994), ein Verfahren zur Erfassung von Krankheitsängsten und -befürchtungen, der Fragebogen zu Körper und Gesundheit (FKG) von Hiller u. Mitarb. (1997) und die Freiburger Beschwerdenliste (FBL) von Fahrenberg (1994).

Erklärungsansätze, Risikofaktoren und theoretische Modelle

In den Forschungsarbeiten der letzten Jahre konnten eine Reihe von Risikofaktoren gefunden werden, die an der Entstehung somatoformer Störungen beteiligt sein können. Wie auch bei anderen psychischen Störungen läßt sich kein einheitlicher ätiologischer Hauptfaktor finden, sondern es wird ein multikausales Bedingungsmodell mit biologischen, psychischen und sozialen Einflußfaktoren postuliert, die im Sinne einer Prädisposition wirken oder eine auslösende bzw. aufrechterhaltende Rolle spielen können. Eine gute Übersicht über die bisher bekannten ätiologischen Faktoren geben Mayou u. Mitarb. (1995).

Aus Studien an monozygoten und dizygoten Zwillingen liegen Hinweise vor, daß **genetische Faktoren** bei der Entstehung somatoformer Störungen eine Rolle spielen können (Torgersen 1986). Obwohl in einer Reihe von Studien eine Verbindung zwischen Somatisierung, Alkoholismus und Soziopathie berichtet wurde, ist der genetische Anteil hierbei noch ungeklärt (Bohmann u. Mitarb. 1984). Auf **psychobiologischer** Ebene wird – ähnlich wie in der Depressionsforschung – eine Veränderung des Serotoninstoffwechsels diskutiert, jedoch konnte bisher in keiner Studie ein solcher Zusammenhang belegt werden. In mehreren Studien wurden Besonderheiten hinsichtlich des Cortisolspiegels gefunden, jedoch sind die Ergebnisse zum Teil widersprüchlich. Während Ehlert u. Mitarb. (1994) bei Personen mit chronischem Erschöpfungssyndrom und chronischen Unterbauchbeschwerden über erniedrigte Cortisolspiegel berichten, fanden wir in einer eigenen Studie an hoch chronifizierten Patienten mit einem Somatisierungssyndrom ähnlich wie in der Depressionsforschung erhöhte Cortisolspiegel, die auch nach Kontrolle der Depressivität erhalten blieben. In Übereinstimmung hiermit stehen Befunde über ein erhöhtes psychophysiologisches Erregungsniveau bei Somatisierungspatienten (Rief u. Mitarb. 1998). Möglicherweise lassen sich Untergruppen von Patienten bilden, bei denen psychobiologische Faktoren eine unterschiedliche Rolle spielen.

In mehreren retrospektiven Studien konnte gezeigt werden, daß **Sozialisation und Lernerfahrungen** in der Familie einen weiteren Risikofaktor darstellen: Viele Patienten mit somatoformen Störungen hatten bereits in ihren Familien „Modelle" für ein bestimmtes Krankheitsverhalten (Craig u. Mitarb. 1993, Rief u. Mitarb. 1996). Oft fallen bereits die Kinder von Personen mit Somatisierungsstörungen durch typisches Krankheitsverhalten wie vermehrte Arztbesuche und häufige Fehlzeiten in der Schule auf und unterscheiden sich hierin von Kindern gesunder Eltern (Livingston u. Mitarb. 1995). Vor dem Hintergrund der Theorien zum **Modellernen** überrascht es daher wenig, daß sich die Beschwerdebilder der Kinder mit denen ihrer Eltern häufig ähneln, wie Benjamin und Eminso (1992) es bei Patienten mit Unterbauch-, Kopf- und Rückenschmerzen berichten. In einer eigenen Studie fanden sich in den Familien von Somatisierungspatienten gehäuft ein schlechterer psychischer Gesundheitszustand bei der Mutter, eine angeschlagene körperliche Gesundheit beim Vater oder eine langwierige Erkrankung bei den Geschwistern (Rief u. Mitarb. 1996).

Es ist allgemein bekannt, daß **kritische Lebensereignisse und traumatische Erfahrungen** grundsätzlich einen potenten Risikofaktor für die Entstehung psychosomatischer Erkrankungen darstellen. In den letzten Jahren häufen sich jedoch Studien, die belegen, daß diesen Faktoren eine zusätzliche spezifische Bedeutung für Somatisierungsstörungen zukommt. Bei Somatisierungspatienten findet sich nicht nur im Vergleich zu Gesunden, sondern ebenso im Vergleich zu klinischen Kontrollgruppen eine signifikant erhöhte Rate von Gewalterfahrungen und sexuellen Mißbrauchserlebnissen (Morrison 1989, Walker u. Mitarb. 1992, Pribor u. Mitarb. 1993, Barsky u. Mitarb. 1994, Golding 1994, Kinzl u. Mitarb. 1995). Traumatisierende Erfahrungen werden insbesondere mit der Entwicklung pseudoneurologischer und dissoziativer Symptome in Verbindung gebracht (Hyer u. Mitarb. 1993). Kimerling und Calhoun (1994) vermuten, daß solche traumatisierenden Erlebnisse die kognitive Bewertung von körperlichen Empfindungen verändern und damit zur Entstehung von somatoformen Beschwerden beitragen.

Einstellungen und Bewertungsprozesse spielen bei der Wahrnehmung von körperlichen Mißempfindungen eine zentrale Rolle. Barsky u. Mitarb. (1993) berichten, daß hypochondrische Patienten im Vergleich zu einer Kontrollgruppe einen sehr engen Begriff von Gesundheit haben und körperliche Mißempfindungen (wie beschleunigter Herzschlag nach körperlicher Belastung oder Kopfschmerzen nach geistiger Anstrengung) eher als mögliche Krankheitszeichen denn als ungefährliche Streßreaktionen interpretieren. Daß dieser Bewertungsbias nicht nur bei hypochondrischen Patienten zu finden ist, sondern charakteristisch für die Gesamtgruppe der Personen mit somatoformen Störungen ist, konnte unlängst in einer Studie von Hiller u. Mitarb. (1997) belegt werden. Patienten mit somatoformen Beschwerden erleben sich als körperlich wenig belastbar und leiden häufiger unter unbedeutenden vegetativen Mißempfindungen.

Barsky und Whyshak (1990) gehen davon aus, daß diese typischen Einstellungen und katastrophisierenden Bewertungsprozesse bei Somatisierungspatienten zu einer **Aufmerksamkeitsfokussierung** auf körperliche Symptome führen, wodurch sich die Wahrscheinlichkeit erhöht, daß körperliche Mißempfindungen überhaupt bewußt wahrgenommen werden. Dieser gegenseitige Aufschaukelungsprozeß von katastrophisierenden Bewertungen, Aufmerksamkeitsfokussierung und verstärkter Körperwahrnehmung wird als spezifischer Wahrnehmungsstil gesehen und als **„somatosensory amplification"** oder somatosensorische Verstärkung bezeichnet. Ihr Modell konnte in mehreren Fragebogenstudien und neuerdings auch in einer experimentellen Studie von Haenen u. Mitarb. (1996) bestätigt werden, der hypochondrische Patienten und Patienten einer Kontrollgruppe alternativ dazu aufforderte, ihre Aufmerksamkeit entweder auf ihren Körper zu fokussieren oder sich mit einer Distraktionsaufgabe zu beschäftigen. Die Patienten beider Gruppen beschreiben unter der Fokussierungsbedingung signifikant mehr Symptome als bei der Distraktionsaufgabe, jedoch ist dieser Effekt bei den Patienten mit Hypochondrie wesentlich stärker ausgeprägt. Diese Ergebnisse bestätigen die grundlagenpsychologischen Untersuchungen von Pennebaker (1992), der mehrfach zeigen konnte, daß die Intensität der Wahrnehmung für körperliche Vorgänge als Quotient aus der Intensität der körperlichen Stimuli einerseits und der Intensität der externalen Stimulierung andererseits beschrieben werden kann. Rief u. Mitarb. (1994) sehen in einem reizarmen Umfeld und im Erleben von Monotonie einen weiteren Risikofaktor für die Entstehung somatoformer Störungen.

Personen mit somatoformen Störungen reagieren bei körperlichen Mißempfindungen verstärkt mit einer Vielzahl von spezifischen Verhaltensweisen wie Schonung, sozialem Rückzug, Reduzierung der Arbeitsbelastung, Medikamenteneinnahme oder Arztbesuchen. Patienten mit Hypochondrie suchen immer wieder nach Rückversicherungen über die Unbedenklichkeit ihrer Symptome und kontrollieren gehäuft ihren Körper, um mögliche Krankheitsanzeichen frühzeitig zu entdecken (Checking Behaviour). Da die genannten Verhaltensweisen oftmals mit kurzfristigen positiven Konsequenzen wie vermehrter Zuwendung durch Angehörige oder Entlastung von unangenehmen Tätigkeiten verbunden sind, werden sie weiter verstärkt und können chronifizieren. Pilowsky (1993) spricht in diesem Zusammenhang von **chronischem Krankheitsverhalten** („abnormal illness behavior"). In Einzelfällen können sozioökonomische Faktoren wie der Erhalt von Rente oder einer finanziellen Entschädigung nach Unfällen etc. zu einer weiteren Verschärfung und Aufrechterhaltung der Beschwerdesymptomatik beitragen.

Nicht zuletzt wurden wiederholt bestimmte, im Sinne einer Prädisposition wirkende **Persönlichkeitszüge** als Risikofaktor für die Entwicklung von Somatisierungsstörungen genannt. So berichten Patienten, die durch eine Tendenz zur Introspektion und Ängstlichkeit gekennzeichnet sind, verstärkt über körperliche Beschwerden (Costa u. McCrae 1985). Niedrige Extraversion und hoher Neurotizismus werden als generelle Risikofaktoren für die Entwicklung einer psychosomatischen Erkrankung angesehen und dürften auch bei somatoformen Störungen von Relevanz sein. Von psychoanalytischen Autoren wurde immer wieder das Konzept der Alexithymie in Verbindung mit Somatisierungsstörungen gebracht. Mit Alexithymie wird die mangelnde Fähigkeit bezeichnet, eigene Gefühle wahrzunehmen, auszudrücken und zwischen Emotionen und körperlichen Symptomen zu unterscheiden. Die betroffenen Personen seien zudem durch einen konkreten, realitätsnahen und phantasiearmen Denkstil gekennzeichnet. Da in den durchgeführten Untersuchungen jedoch kaum Belege für einen engeren Zusammenhang zwischen Alexithymie und somatoformen Beschwerden gefunden wurde, verlor das Konzept zunehmend an Bedeutung. Wie viele andere Persönlichkeitszüge ist der Mangel zum Ausdruck von Gefühlen nicht spezifisch für Patienten mit somatoformen Störungen, sondern findet sich ebenso gehäuft bei Patienten mit Angststörungen und Depressionen. In neueren Arbeiten (Taylor u. Mitarb. 1992, Rief u. Mitarb. 1996b) wurde Alexithymie daher auch weniger als Persönlichkeitsmerkmal, sondern eher als Copingstrategie für den Umgang mit belastenden Lebenserfahrungen angesehen. Kirmayer u. Mitarb. (1994) diskutieren die Relevanz des zur Zeit populären Persönlichkeitskonzepts der „big five" für das Somatisierungssyndrom. Tyrer u. Mitarb. (1990) gehen sogar noch einen Schritt weiter und fordern eine eigenständige Diagnose für die „hypochondrische Persönlichkeit" – eine Forderung, die aufgrund des zumeist sehr frühen Erkrankungsbeginns und der zeitlichen Stabilität der Symptomatik nicht unberechtigt erscheint.

Die verschiedenen Einflußbedingungen lassen sich in prädisponierende, auslösende und krankheitsaufrechterhaltende Faktoren unterteilen und wirken entweder direkt auf die aktuelle somatoforme Symptomatik oder eher chronisch auf das allgemeine Wohlbefinden ein (Abb. 40.**1**). Zu den prädisponierenden und bereits im Vorfeld einwirkenden Risikobedingungen sind neben den genetischen und psychobiologischen Variablen die Krankheitsmodelle in Kindheit und Jugend und die bereits dort erfolgte Verstärkung für Krankheitsverhalten zu nennen. Infolge dieser Prozesse entwickeln sich die spezifischen Einstellungs- und Bewertungsmuster, die das Risiko für die Entwicklung einer somatoformen Symptomatik erhöhen. Ebenso können traumatische Lebenserfahrungen zu einer Störung der Körperwahrnehmung führen und dazu beitragen, daß normale Körperempfindungen nicht mehr als gesunde Reaktionen erlebt werden. Erhöhte Depressivität, Ängstlichkeit, eine reizarme Umwelt, kritische Lebensereignisse oder auch eine akute körperliche Erkrankung können sowohl als prädisponierende wie auch als auslösende Risikofaktoren wirken und zum erstmaligen Auftreten einer somatoformen Symptomatik führen. Die akute Aufrechterhaltung und Chronifizierung der Beschwerden kann dann als Resultat eines Kreislaufes verstanden werden, in dem sich Faktoren wie selektive Wahrnehmung, verstärkte Aufmerksamkeitslenkung auf körperliche Beschwerden, katastrophisierende Bewertungen, vermehrtes Schon- und Vermeidungsverhalten, Checking Behaviour, sozialer Rückzug, Abbau der körperlichen Belastbarkeit und erhöhtes psychophysiologisches Erregungsniveau gegenseitig hochschaukeln und verstärken. Die verstärkte Inanspruchnahme des Gesundheitssystems, unnötiger Medikamentenkonsum und die Durchführung immer invasiverer Untersuchungen und medizinischer Eingriffe tragen zu einer weiteren Chronifizierung der Beschwerden bei.

Interventionsstrategien

Die Behandlung von Patienten mit somatoformen Beschwerden sollte sich an einem Minimalprinzip orientieren: Die meisten Patienten mit unklaren körperlichen Beschwerden wenden sich zunächst an ihren Hausarzt. Dieser kann durch die richtige Intervention zu einer deutlichen Besserung oder gar Remission der Symptomatik beitragen. Nach einer Untersuchung von Speckens u. Mitarb. (1996) ist davon auszugehen, daß die Beschwerden bei 50–70% der Betroffenen in den nächsten Wochen wieder verschwinden, wenn der Arzt keine organische Ursache findet und die Patienten über die Unbedenklichkeit der Beschwerden aufklärt. Der Allgemeinarzt kann daher als eine Art Torwärter gesehen werden, der den Patienten durch die richtige Intervention vor weiteren unnötigen und zur Chronifizierung beitragenden Untersuchungen und Behandlungen bewahren kann.

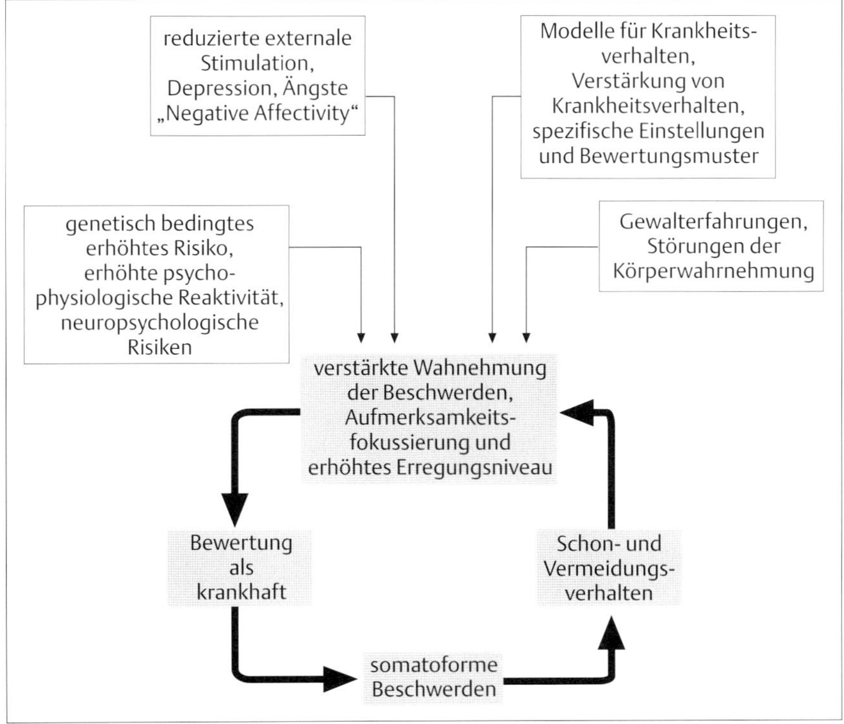

Abb. 40.**1** Einflußfaktoren auf die Entstehung somatoformer Störungen

X

Gelingt es dem Arzt nicht, durch aufklärende Gespräche eine Verbesserung der Symptomatik herbeizuführen, sollte der Einsatz von psychotherapeutischen Kurzzeitinterventionen erwogen werden. Inhaltliche Schwerpunkte solcher Kurzzeitinterventionsprogramme sind die ausführliche Information der Patienten über das Krankheitsbild, die Aufklärung über die Bedeutung von Aufmerksamkeitsprozessen und Streß, die Einführung in psychophysiologische Zusammenhänge, der Abbau des Schonverhaltens und die Entwicklung realistischer Therapieziele. Ist das Somatisierungssyndrom jedoch bereits chronifiziert, reichen solche einfachen Behandlungsansätze in der Regel nicht mehr aus, so daß eine längerandauernde psychotherapeutische Therapie indiziert ist. Die wesentlichen Prinzipien eines verhaltenstherapeutisch ausgerichteten Behandlungsansatzes sollen in den folgenden Abschnitten etwas detaillierter dargestellt werden.

Wie bei anderen Störungen besteht auch bei der Behandlung von Patienten mit somatoformen Störungen der Beginn der psychotherapeutischen Behandlung in einer intensiven Phase der diagnostischen Abklärung und Anamneseerhebung, des Beziehungsaufbaus und der gemeinsamen Zieldefinition. In diesem frühen Therapieabschnitt erfolgt häufig die erste Weichenstellung für den erfolgreichen Verlauf der weiteren Behandlung. Die diagnostische Phase mit der möglichst umfassenden Anamnese der körperlichen Beschwerden kann sehr gut dazu genutzt werden, eine vertrauensvolle Beziehung zum Patienten aufzubauen, indem der Therapeut dem Patienten sein Mitgefühl für die bisherigen frustranen Behandlungsversuche signalisiert und die Glaubwürdigkeit seiner Beschwerden bestätigt.

Da Patienten mit Somatisierungssyndrom einer Psychotherapie zunächst sehr skeptisch gegenüberstehen, sollte sich der Therapeut vor einer vorschnellen Einführung in psychologische Krankheitsmodelle hüten. Oft ist es sinnvoll, daß der Therapeut nach der Anamneseerhebung mit dem behandelnden Arzt Kontakt aufnimmt, um die weitere Therapie zu koordinieren. Ist eine weitere medizinische Diagnostik erforderlich, sollte diese zu Beginn der Therapie erfolgen und auf das unbedingt Notwendige beschränkt werden, da weitere Untersuchungen im späteren Verlauf der Therapie den Patienten eher in seinem somatischen Krankheitsmodell verstärken. Im Rahmen der psychologischen Diagnostik sollte geklärt werden, ob eine Komorbidität mit weiteren psychischen Erkrankungen vorliegt. Rief u. Mitarb. (1995) konnten zeigen, daß das zusätzliche Vorliegen einer Angststörung oder einer depressiven Störung den Verlauf der somatoformen Störung ungünstig beeinflussen. Hier muß der Therapeut entscheiden, welche Störung vorrangig zu behandeln ist.

Im Rahmen der funktionalen Bedingungsanalyse – also der Identifizierung spezifischer Auslöser und Verstärker für die somatoforme Symptomatik, der Erfassung der dabei auftretenden Gefühle, Gedanken und Bewertungen des Patienten und der hieraus resultierenden Konsequenzen – kann eine erste vorsichtige Hinterfragung des einseitig somatisch orientierten Krankheitsmodells des Patienten erfolgen. Anhand konkreter Situationen aus dem Alltag des Patienten kann der Einfluß psychologischer Faktoren verdeutlicht und der Patient für das Erkennen von psychophysiologischen Zusammenhängen sensibilisiert werden. In einem zweiten Schritt erfolgt mit der kontextuellen Verhaltensanalyse (Kanfer u. Mitarb. 1991) eine genauere Anamnese der bisherigen psychosozialen Entwicklung des Patienten und seiner Einstellungen zu Körper und Gesundheit: Welche Auswirkungen hatten die Beschwerden auf andere Lebensbereiche wie Arbeit, Familie und Freizeit? Wie wurde in der Familie des Patienten mit körperlichen Beschwerden umgegangen? Welche spezifischen Krankheitsängste und -überzeugungen hat der Patient und wie erklärt er sich selbst die Entstehung seiner Symptome? Der Therapeut sollte ein klares psychologisches Modell von den genauen Entstehungsbedingungen der Beschwerdesymptomatik und den aufrechterhaltenden Faktoren vor Auge haben, bevor er mit dem Patienten bespricht, welche Ziele dieser in der Therapie erreichen möchte. Die einzelnen Ziele sollten möglichst konkret und überprüfbar formuliert werden. Unrealistische Ziele wie Symptomfreiheit oder völlige Gesundung führen unweigerlich zu Frustration und Enttäuschung und sollten daher in erfolgversprechendere Teilziele wie besserer Umgang mit den Beschwerden, Steigerung der körperlichen Belastbarkeit, Erlernen von Bewältigungsstrategien oder Reduktion des Medikamentenkonsums umgewandelt werden. Oberstes Ziel ist letztendlich eine Verbesserung der allgemeinen Lebensqualität des Patienten, auch wenn ein Teil der Beschwerden weiterbestehen bleibt.

Tabelle 40.**6** gibt einen Überblick über die wichtigsten Problembereiche, die im Verlauf der Therapie mit Somatisierungspatienten zu beachten sind und zeigt verschiedene Interventionsstrategien auf, die sich in der Arbeit mit diesen Patienten bewährt haben. Da es sich bei Patienten mit somatoformen Störungen nicht um eine homogene Krankheitsgruppe handelt, ist diese Liste nicht im Sinne eines strikten Therapieleitfadens zu verstehen, bei dem die einzelnen Punkte der Reihe nach abzuhaken sind. Die Gewichtung der einzelnen Bereiche sollte sich vielmehr aus der vorherigen diagnostischen Bedingungsanalyse ableiten und auf die speziellen Besonderheiten der einzelnen Krankheitsbilder zugeschnitten werden.

Zu Beginn der therapeutischen Interventionen sollten dem Patienten ausführliche Informationen über das Krankheitsbild, psychophysiologische Zusammenhänge und körperliche Regelkreismodelle gegeben werden. Jeder Patient hat das verständliche Bedürfnis, eine plausible Erklärung für seine Beschwerden zu finden. Bisher hat er jedoch eher zu hören bekommen, was er alles nicht hat, da das klassische medizinische Vorgehen vor allem in einer Ausschlußdiagnostik besteht. Der Therapeut sollte mit seinen Erläuterungen möglichst nahe an den Schilderungen und Erlebnissen des Patienten bleiben und nur jene psychophysiologischen Mechanismen erläutern, die bei dem Patienten eine Rolle spielen. Auf der Grundlage dieser Informationen und unter Berücksichtigung der Ergebnisse aus der funktionalen Bedingungsanalyse können mit dem Patienten alternative Erklärungsmodelle für seine Symptomatik erarbeitet werden, die sich dem bisherigen Krankheitsverständnis gegenüberstellen lassen. Ein psychosomatisches Krankheitsmodell sollte verdeutlichen, daß körperliche Symptome zumeist eine gesunde und biologisch sinnvolle Anpassungsleistung des Körpers auf äußere und innere Belastungsfaktoren darstellen und häufig durch Leistungsdruck, emotionale Erregung oder Depressionen hervorgerufen oder verstärkt werden. Der Therapeut sollte den Patienten jedoch nicht vorschnell zu einer Übernahme des neuen Krankheitsmodells drängen, sondern es ihm als überprüfbares Alternativmodell anbieten, dessen Plausibilität sich im Laufe der Therapie erst noch erweisen muß.

Die Durchführung von Verhaltensexperimenten bietet eine gute Möglichkeit, dem Patienten die Zusammenhänge

Tabelle 40.6 Mögliche Problembereiche und Interventionen bei somatoformen Störungen

Problembereiche	Intervention
• Unzureichende Motivation für psychologische Behandlung • Einseitig somatisches Krankheitsmodell	• Motivationsaufbau und Schaffung von Transparenz • zeitliche Befristung der Therapie • Informationsgabe • Aufzeigen von psychosomatischen Zusammenhängen • Erarbeitung alternativer Krankheitsmodelle • Überprüfung der Modelle durch Verhaltensexperimente (z. B. Hyperventilation, Aufmerksamkeitslenkung, Biofeedback) • Einführung psychologischer Begriffe
• Selektive oder ungenaue Wahrnehmung interozeptiver Reize • „Somatosensory Amplification"	• Verbesserung der Körperwahrnehmung • Erarbeitung funktionaler Zusammenhänge • Einführung von Symptomtagebüchern • Selbstbeobachtung • Biofeedback • Entspannungstraining • Imaginative Verfahren
Dysfunktionale Kognitionen: • Aufmerksamkeitsfokussierung auf die körperlichen Beschwerden • dichotomes Denken in „Schwarzweißkategorien" • Übergeneralisierung • hypochondrische Krankheitsängste • irrationale Überzeugungen • externale Kontrollüberzeugungen • selektive Informationsverarbeitung • negatives Selbstbild	• Hinterfragung irrationaler Überzeugungen und Überprüfung des Realitätsgehaltes • Übungen zur Wahrnehmungsfokussierung und Wahrnehmungsumlenkung • Identifizierung und Abbau automatischer Gedanken, kognitiver Verzerrungen und fehlerhafter Wahrnehmungen • Kognitive Umstrukturierung durch Relativierung, „Reframing", Reattribuierung, mehrdimensionales Denken • gelenktes Fragen durch sokratischen Dialog • Entkatastrophisierung • Selbstinstruktionstraining
Dysfunktionale Verhaltensweisen • übermäßiges körperliches Schonverhalten • sozialer Rückzug • „Checking"-Verhalten • ständige Suche nach Rückversicherungen • Doctor Shopping • Vermeidung symptomauslösender Situationen	• Abbau des Schonverhaltens • Stufenweises körperliches Aufbautraining • Reduktion von „checking behavior" und Vermeidungsverhalten • Exposition und Reaktionsverhinderung • Erarbeitung funktionaler Zusammenhänge • Weniger Rückversicherung geben • Einbindung des zuständigen Arztes in das Behandlungskonzept • Stufenweiser Auf- und Ausbau sozialer und beruflicher Aktivitäten
Operante Krankheitsverstärkung: • soziales Umfeld verstärkt die Symptomatik • Delegation unangenehmer Aufgaben • Rentenbegehren	• Identifizierung operanter Bedingungen • Einbezug wichtiger sozialer Bezugspersonen in die Therapie • Erarbeitung alternativer Verhaltensweisen
Defizite hinsichtlich: • kommunikativer Fähigkeiten • sozialer Kompetenz • Streßbewältigung • Problemlösung	• Training sozialer Kompetenzen • Kommunikationstraining • Streßbewältigungs- und Problemlösetraining • Genußtraining

zwischen körperlichen und psychischen Prozessen zu demonstrieren und ihm den modulierenden Effekt von psychologischen Prozessen der Aufmerksamkeitslenkung und kognitiven Bewertung auf die Wahrnehmung körperlicher Signale vor Augen zu führen. Der Einsatz von Biofeedback hat sich hier besonders bewährt, da der Patient durch die direkte visuelle und/oder akustische Rückmeldung seiner verschiedenen Körperreaktionen (wie Muskelanspannung, periphere Durchblutung, Herzfrequenz oder elektrodermale Aktivität) die Auswirkung von psychischen Prozessen auf seinen Körper unmittelbar beobachten kann (Rief u. Mitarb. 1996 a). Damit wird für ihn nachvollziehbar, wie sich psychische Faktoren in einer Erhöhung der physiologischen Erregung manifestieren und über Aufschaukelungsprozesse zu einer langfristigen Veränderung körperlicher Funktionen führen können. Der Patient kann jedoch zugleich die Erfahrung machen, daß er durch ein gezieltes Training lernen kann, seine Reaktionen bis zu einem gewissen Grad zu beeinflussen und damit einen positiven Einfluß auf die Entwicklung seiner Beschwerden auszuüben. Diese Erfahrung stellt für viele der

Betroffenen ein „Aha-Erlebnis" dar und trägt zu einer deutlichen Motivationssteigerung bei. Mit einem Hyperventilationstest lassen sich viele Symptome einer Panikattacke hervorrufen. Die Aufforderung, seine Aufmerksamkeit für eine Weile ganz auf einen bestimmten Körperteil wie z. B. den Hals zu lenken, demonstriert die Effekte einer selektiven Aufmerksamkeitslenkung, da sie zumeist sehr schnell zur Wahrnehmung eines Trockenheitsgefühls führt und zum Impuls, sich zu räuspern. Derartige Verhaltensexperimente sind für den Patienten unmittelbar nachvollziehbar und erhöhen die Bereitschaft, sich auf eine psychologische Behandlung einzulassen. Sie sollten daher möglichst zu Beginn der Therapie durchgeführt werden.

Patienten mit somatoformen Beschwerden richten ihre Aufmerksamkeit verstärkt nach innen und nehmen körperliche Veränderungen daher eher wahr. Sie bringen diese Reaktionen jedoch nur selten mit externen Auslösern oder psychischen Belastungen in Verbindung. Der Einsatz von Symptomtagebüchern kann hier helfen, die Wahrnehmung dieser funktionellen Zusammenhänge zu verbessern. Der Patient wird dazu aufgefordert, nicht nur das Auftreten und die Intensität seiner Beschwerden zu notieren, sondern zusätzlich mögliche Auslöser, seine Stimmung, seine Gedanken und seinen Umgang mit den Beschwerden festzuhalten. Durch die gemeinsame Analyse dieser Aufzeichnungen lassen sich Zusammenhänge zwischen bestimmten Auslösern und dem Auftreten bzw. einer Verstärkung der körperlichen Symptome erarbeiten. Die einzelnen Tagesblätter können zugleich für die Evaluation des Therapieerfolges herangezogen werden.

Viele körperliche Beschwerden entstehen infolge einer erhöhten physiologischen Erregung oder werden durch diese zumindest verstärkt. Entspannungstechniken wie die progressive Muskelrelaxation oder das autogene Training haben sich hier als hilfreich erwiesen, da sie zu einer Reduktion der pathophysiologischen Prozesse führen und oft mit einer deutlichen Symptomverbesserung einhergehen. Der Patient wird in seiner Selbstwirksamkeitserwartung verstärkt, da er sich seinen Beschwerden nicht mehr hilflos ausgeliefert fühlt. Bei der Einführung in die verschiedenen Übungen sollte der Therapeut darauf aufmerksam machen, daß Entspannung mit einer erhöhten Bewußtheit für körperliche Prozesse verbunden ist, so daß es gerade am Anfang des Entspannungstrainings zu einer leichten Symptomverstärkung infolge der verbesserten interozeptiven Wahrnehmung kommen kann. Dieser Effekt läßt sich als Folge der Aufmerksamkeitsfokussierung erklären und kann als weiterer Beleg für ein psychosomatisches Krankheitsmodell herangezogen werden. Durch ein Biofeedbacktraining kann eine zusätzliche Verbesserung der Entspannungsfähigkeit erreicht werden, da der Patient anhand der unmittelbaren Rückmeldung der physiologischen Veränderungen überprüfen kann, wie sich bestimmte Gedanken und Vorstellungsbilder auf seinen Körper auswirken. Er kann so gezielt jene Strategien ausbauen, die zu einer Verringerung des Erregungsniveaus führen.

Die Bearbeitung der dysfunktionalen Kognitionen und inadäquaten Krankheitsüberzeugungen bildet ein Kernstück der Therapie und sollte daher einen breiten Raum einnehmen. Die Patienten neigen zu einer ausgeprägten selektiven Informationsverarbeitung und suchen gezielt nach Aussagen, die sie in ihren Krankheitsängsten bestätigen. Durch Verhaltensexperimente, sokratisches Hinterfragen und Arbeiten mit Wahrscheinlichkeiten soll der Patient zu einer Neubewertung der Bedrohlichkeit seiner Symptome und einer Abkehr von seinem „Alles-oder Nichts-Denken" geführt werden. Der Patient muß akzeptieren, daß sich ein Restrisiko für das Bestehen einer körperlichen Erkrankung niemals ganz ausschließen läßt und das ein wichtiges Ziel der Therapie darin besteht, dieses Restrisiko realistisch einzuschätzen.

Viele somatisierende Patienten erleben sich als wenig belastbar und entwickeln im Laufe ihrer Erkrankung ein ausgeprägtes Schon- und Rückzugsverhalten. Hierdurch kommt es zu einem weiteren Abbau der körperlichen Leistungsfähigkeit, einer Verringerung des Selbstwertgefühls, einer Einengung des Lebensradius und infolgedessen zu einer verstärkten Konzentration auf die körperliche Symptomatik. Bewegungstherapeutische Übungen und ein gestufter Aufbau körperlicher Aktivitäten tragen dazu bei, daß der Patient sich wieder als leistungsfähig erlebt und neues Vertrauen in seine Körperfunktionen gewinnt.

Hypochondrische Patienten entwickeln häufig regelrechte Kontrollrituale, um die Funktionsfähigkeit bestimmter Körpersysteme zu überprüfen: So prüfte eine Patientin mit Angst vor übermäßigem Haarausfall mehrmals in der Stunde, ob die Anzahl der verlorenen Haare zunahm, indem sie sich mit einer festen Bürste kämmte und die hängengebliebenen Haare zählte. Kurzfristig führen diese als Checking Behavior bezeichneten Verhaltensweisen zwar zu einer zeitweisen Verringerung der Krankheitsängste, langfristig tragen sie jedoch zu einer Aufrechterhaltung und Verstärkung der Beschwerden bei, da sie die Symptomatik oft verschlimmern und die Aufmerksamkeit auf den Körper fokussieren. Paradoxe Interventionen (wie z. B. die Aufforderung, das Kontrollverhalten doppelt so häufig wie bisher auszuführen) können dem Patienten die Funktionalität seines Verhaltens verdeutlichen und ihn so zu einer Reduktion des unangemessenen Kontrollverhaltens motivieren.

Der Therapeut sollte sehr zurückhaltend mit der Gabe von beruhigend gemeinten Rückversicherungen bezüglich der Unbedenklichkeit der Beschwerden des Patienten sein. Neuere Untersuchungen von Salkovskis u. Warwick (1986) zeigen, daß diese Rückversicherungen nur kurzfristig zu einer Beruhigung des Patienten führen, langfristig jedoch über die Aufmerksamkeitsfokussierung zur Aufrechterhaltung der Beschwerden beitragen. Auch das oft beschriebene Phänomen des Doctor Shopping entspringt häufig dem Wunsch nach Absicherung. Die – je nach Fachrichtung – zumeist sehr unterschiedlichen Behandlungsvorschläge und Diagnosen tragen jedoch eher zur Verunsicherung des Patienten bei und beeinträchtigen den Erfolg einer psychologischen Therapie. Die ärztliche Betreuung sollte möglichst in der Hand des Hausarztes bleiben und unabhängig von einer Veränderung der Beschwerdesymptomatik in regelmäßigen Zeitabständen erfolgen.

Die Einnahme der Krankenrolle wird häufig durch die Entlastung von unangenehmen Aufgaben und Tätigkeiten belohnt und durch die Familienmitglieder unterstützt. Viele der Patienten sind sich dieser operanten Faktoren jedoch kaum bewußt und reagieren auf eine Thematisierung dieser Aspekte durch den Therapeuten mit Ablehnung und Rückzug. Hier ist viel therapeutisches Fingerspitzengefühl notwendig, um den Betroffenen derartige „Belohnungsmechanismen" vor Auge zu führen, ohne ihnen das Gefühl zu geben, ein Simulant zu sein. Eine Veränderung der operanten Verstärkung erfordert zumeist den Einbezug wichtiger Bezugspersonen aus der Familie. Mit diesen kann z. B. vereinbart werden, den Patienten nicht für sein Krankheitsverhalten, sondern für die Wiederaufnahme von Verantwortung und den Ausbau von sozialen oder körperlichen Aktivitäten zu verstärken. Im Rahmen eines Kommunikationstrainings sollten die Beteiligten ermutigt werden, ihre Wünsche und Bedürfnisse direkt zu äußern, um nicht den Umweg über die Beschwerdesymptomatik gehen zu müssen. Da der Wunsch nach Berentung oder finanzieller Entschädigung ebenfalls zu einer operanten Verstärkung führt, sollte eine psychotherapeutische Behandlung nach Möglichkeit erst nach Abschluß dieser Verfahren beginnen.

Die bisher genannten Interventionen setzen sehr eng an der somatoformen Beschwerdesymptomatik an und zielen auf eine direkte Veränderung der symptomaufrechterhaltenden und -verstärkenden Bedingungen ab. Im späteren Therapieverlauf sollte der Therapeut daher verstärkt auf weitergehende Therapieziele wie einen besseren Umgang mit Stressoren, den Aufbau eines positiven Selbstwertgefühls und der Steigerung der allgemeinen Lebenszufriedenheit eingehen, um eine anhaltende psychische Stabilisierung und Generalisierung des Therapieerfolges zu erreichen. Hierzu gehören auch der stufenweise Wiederaufbau der sozialen und beruflichen Aktivitäten und eine abwechslungsreichere Gestaltung des Alltages. Bestehen bei dem Patienten weitere psychische Störungen (wie Depressionen oder Angststörungen), die bisher nicht berücksichtigt wurden, sind diese ebenfalls zu behandeln, da sonst mit einer ungünstigen Verlaufsprognose zu rechnen ist (Rief u. Mitarb. 1995).

Interventionsstudien und Resumee

Bisher liegen nur wenige kontrollierte Studien zur Therapieevaluation bei Patienten mit somatoformen Störungen vor. In mehreren Arbeiten, in denen die Wirksamkeit verhaltenstherapeutischer Ansätze im Rahmen der hausärztlichen Praxis untersucht wurde, finden sich positive Effekte hinsichtlich Kostenersparnis und Reduktion des Krankheitsverhaltens (Goldberg u. Mitarb. 1989, Smith u. Mitarb. 1995, Lidbeck 1997). Rost u. Mitarb. (1994) berichten, daß allein durch den Versand von schriftlichen Informationen zur Behandlung von Somatisierungsstörungen eine Senkung der Behandlungskosten erreicht werden konnte. In einer randomisierten Kontrollgruppenstudie von Kashner u. Mitarb. (1995) zeigten Patienten, die an einer verhaltenstherapeutischen Kurzzeitgruppentherapie (8 Sitzungen) teilgenommen hatten, im weiteren 1-Jahres-Verlauf eine geringere somatische und psychische Symptomatik als die Patienten der Kontrollgruppe. Speckens u. Mitarb. (1995) verglichen ein kognitiv-verhaltenstherapeutisches Vorgehen mit einer optimierten medizinischen Behandlung. In beiden Gruppen fand sich nach 6 und 12 Monaten eine Verbesserung der Symptomatik, jedoch lag die Veränderung in der verhaltenstherapeutischen Gruppe signifikant höher. Selbst bei hoch chronifizierten Patienten konnte im Rahmen einer stationären verhaltensmedizinischen Behandlung nicht nur eine Verbesserung der somatoformen Symptomatik, sondern ebenfalls eine Verringerung krankheitsbezogener Kognitionen, hypochondrischer Ängste und der begleitenden Komorbidität erreicht werden (Rief u. Mitarb. 1995, Hiller u. Mitarb. 1997). Ähnlich positive Ergebnisse werden in Studien zur verhaltenstherapeutischen Behandlung von Patienten mit Hypochondrie berichtet (Avia u. Mitarb.1996, Warwick u. Mitarb. 1996).

Die bisherigen Studien sprechen in ihrer Gesamtheit für einen guten Behandlungserfolg selbst bei chronifizierten Patienten und widerlegen damit das häufig gehörte Vorurteil, Patienten mit somatoformen Störungen seien nicht behandelbar. Es bleibt zu hoffen, daß die vorgestellten Ansätze in Zukunft eine weitere Verbreitung in der ambulanten und stationären Versorgung finden.

41. Schmerz

Schmerz und psychosomatische Prozesse

U. T. Egle unter Mitarbeit
von B. Kröner-Herwig

„Schmerz ist ein unangenehmes Sinnes- und Gefühlserlebnis, das mit aktueller oder potentieller Gewebsschädigung verknüpft ist oder mit Begriffen einer solchen Schädigung beschrieben wird."

Diese Schmerzdefinition der Internationalen Gesellschaft zum Studium des Schmerzes (IASP) beinhaltet einige zentrale Aspekte des heutigen Schmerzverständnisses:

- Die emotionale Komponente bei Schmerz wird gleichberechtigt neben die sensorische gestellt.
- Schmerz ist eine subjektive Empfindung, der objektivierbare periphere Läsionen im Sinne einer Reizauslösung fehlen können.
- Die kausale Verknüpfung von Gewebsschädigung und Schmerzreaktion wird aufgegeben, d. h. eine Gewebsschädigung ist weder eine notwendige noch – so sie nachweisbar ist – eine hinreichende Bedingung für Schmerz.

Trotz des sich in dieser Schmerzdefinition ausdrückenden heutigen Wissensstandes über die somatopsychische Komplexität des Phänomens Schmerz unterliegen die meisten Patienten und auch noch immer viele Ärzte in ihrem Denken und Handeln einem reduktionistischen linear-kausalem Schmerzverständnis. Danach können nur sensorische Reize zu Schmerzempfindungen führen und die Intensität des Reizes bedingt direkt das Ausmaß der wahrgenommenen Schmerzen. Dieses Reiz-Reaktions-Konzept des Schmerzes geht auf den französischen Philosophen Rene Descartes zurück, der in seinem Buch „L'homme" 1644 das bis zu diesem Zeitpunkt vorherrschende mittelalterliche Schmerzverständnis, wo Schmerz als direkter Ausdruck von Schuld, Sühne und Strafe Gottes verstanden wurde. Ein peripherer Reiz ist demnach eine conditio sine qua non, seine Intensität korreliert 1 : 1 mit dem Ausmaß der zugrundeliegenden Gewebsschädigung. Ist eine solche Gewebsschädigung nicht nachweisbar, so der Umkehrschluß, kann der Patient keine Schmerzen haben, er muß „sie sich einbilden". Für Schmerzzustände im Rahmen einer psychischen Störung bietet das Reiz-Reaktions-Konzept keine Erklärungsmodelle; sie kann es eigentlich nicht geben. Insofern werden solche Zustandsbilder leicht als Simulation etikettiert.

Für das Handeln des Arztes beinhaltet das Reiz-Reaktions-Konzept die Gefahr

- Normvarianten und Zufallsbefunde diagnostisch überzubewerten.
- Im Rahmen wiederholt durchgeführter somatischer Ausschlußdiagnostik den Patienten iatrogen zu schädigen.
- Eine zusätzlich zum somatischen Befund bestehende psychische Komorbidität nicht zu erkennen.

Die Defizite der Reiz-Reaktion-Konzeption des Schmerzes liegen wesentlich in der Annahme begründet, der Reiz sei ein unabhängig vom Organismus existierendes Ereignis, das dessen Verhalten (als kausale Folge) hervorbringt. Sind der Organismus und seine Organe aber primär aktive Systeme – wie es die Systemtheorie postuliert –, kann ein Vorgang aus der Umgebung dort kein Geschehen bewirken (wie er es in einem ruhenden Gebilde konnte), sondern lediglich das Verhalten des bereits aktiven Systems modifizieren. Für die Reaktion des biologischen Systems ist also nicht nur der äußere Vorgang (der Reiz) entscheidend, sondern ebenso dessen innerer Zustand (die Reaktionsbereitschaft), den man mit Hilfe des kybernetischen Modells als einen von einem Soll-Wert abweichenden Ist-Wert oder als ein mehr oder weniger gestörtes homöostatisches Gleichgewicht beschreiben kann.

So wird in der Biologie ein Organismus nicht primär durch Reize, sondern erst z. B. durch ein Bedürfnis nach Nahrung, nach einem Geschlechtspartner, nach Wärme usw. veranlaßt, auf Reize zu reagieren. Ohne dieses Bedürfnis würde der Reiz gar nicht existieren, aber gleichzeitig könnte ohne den Reiz die Reaktion, die zu einer Befriedigung des Bedürfnisses führen sollte, nicht zustande kommen. Auf diesem Zusammenhang beruht die Notwendigkeit, zur Beschreibung selbst einfachster biologischer Vorgänge die linearen Ursache-Wirkungs-Konzepte durch kybernetische Modelle zu ersetzen (von Uexküll u. Wesiack 1988).

Vor allem von verhaltenstherapeutisch orientierten Psychologen wurden vor diesem Hintergrund in den letzten Jahren bio-behaviorale Zusammenhänge in der Schmerzverarbeitung untersucht. Entscheidend ist, wie ein peripherer Schmerzreiz im Rahmen von Chronifizierungsprozessen durch psychosoziale Parameter modifiziert wird und letztlich zu einem abnormen Schmerzverhalten führt, was wiederum auf das Schmerzerleben zurückwirkt. Dabei spielen dysfunktionale Kognitionen (Einschätzungen und Bewertungen), maladaptive Coping-Strategien sowie das Schmerzverhalten positiv verstärkende Verhaltensweisen der nächsten Umgebung eine wichtige Rolle. Trotz einer gewissen Limitierung dieses Ansatzes leistet er einen wichtigen Beitrag vor allem zum Verständnis der nach einer schmerzverursachenden Gewebsschädigung eingetretenen Chronifizierungsprozesse.

Das psychoanalytische Schmerzverständnis geht davon aus, daß „Körperschmerz Ausdruck von Seelenschmerz" ist, d. h. vor allem Verluste, Kränkungen und schuldhaft erlebte aggressive Impulse, welche die individuell zur Verfügung stehenden Bewältigungsmöglichkeiten überfordern, in körperliche Schmerzen konvertiert werden können. Dem körperlich empfundenen Schmerz wird eine symbolische Ausdrucksform zugeschrieben. In den letzten Jahren wurde dabei auch den in einer Reihe von Studien (vgl. Egle 1997) gefundenen Langzeitfolgen psychischer Traumatisierungen in der Kindheit (vor allem emotionale Vernachlässigung, körperliche Mißhandlungen und sexueller Mißbrauch) eine erhebliche pathogenetische Bedeutung beigemessen. Allerdings fehlt dem psychoanalytischem Schmerzverständnis sowohl ein differenziertes Konzept hinsichtlich der psychosozialen Modulation primär nozizeptiv bzw. neuropathisch ausgelöster Schmerzzustände als auch deren Chronifizierung.

Schmerzmodulation durch psychosoziale Faktoren

Für folgende psychische und soziale Faktoren kann heute als gesichert gelten, daß sie im Rahmen einer bio-psycho-sozialen Vernetzung auf das individuelle Schmerzerleben Einfluß nehmen.

Aufmerksamkeit bzw. Ablenkung

Jeder, der schon einmal Schmerzen hatte, konnte bei sich selbst feststellen, daß man sich in gewissem Ausmaß und für einen gewissen Zeitraum davon ablenken kann. Eine besonders ausgeprägte Form von innerer Ablenkung (Dissoziation) dürfte das Geheimnis des verblüffend gering ausgeprägten Schmerzempfindens von Fakiren sein. Umgekehrt verstärkt eine erhöhte, auf den Schmerz gerichtete Aufmerksamkeit seine Wahrnehmung. Dies ist bei vielen Schmerzkranken der Fall, die ihren Alltag um den Schmerz organisiert haben. Dies führt zu einem Circulus vitiosus: Schmerz – Aufmerksamkeit – verstärkter Schmerz – erhöhte Aufmerksamkeit.

Angst und Depression

Angst und Depression können die Schmerzschwelle senken und damit das Schmerzempfinden verstärken. So kann die gleiche Zahnbehandlung bei einem Patienten mit Zahnarztangst erheblich mehr Schmerzen auslösen als bei einem, der diese Schwierigkeit nicht kennt. Ähnliches gilt für Patienten, deren Zahnbehandlung in einer depressiven Phase vorgenommen wird. Dies bedeutet, daß bei einer körperlichen Grunderkrankung, z. B. einer rheumatoiden Arthritis oder einer Arthrose, der Betroffene mehr Schmerzen empfindet, wenn er gleichzeitig unter einer Depression oder einer Angsterkrankung leidet, als ein psychisch Gesunder, und dadurch eventuell sein Schmerzmittelbedarf höher ist.

Sekundärer Gewinn/Verstärker

Wie jedes menschliche Erleben und Verhalten kann auch das Schmerzerleben und -verhalten Lernprozessen unterliegen. Werden dem Schmerzkranken schon vor Einsetzen der Schmerzen als unangenehm erlebte Tätigkeiten abgenommen oder erlebt er ein vorher nicht gekanntes Ausmaß an Aufmerksamkeit und Zuwendung, so trägt dies zur Schmerzaufrechterhaltung und -verstärkung bei. Auch die Bedarfseinnahme von Medikamenten kann eine solche Verstärkerfunktion erfüllen.

Krankheitsattribuierung und Bewältigungsmechanismen

Besonders gut untersucht ist die Bedeutung von Bewältigungsstrategien und Krankheitskontrollüberzeugungen. Bei diesen werde 3 Dimensionen unterschieden: internale, external-personenbezogene und external-fatalistische. Gemeint ist damit das, was der jeweilige Patient glaubt tun zu können, um seine Schmerzen in den Griff zu bekommen. Glaubt er, daß dies nur von ihm selbst abhängt, so wird dies unter dem Begriff „internale“ Kontrollüberzeugung subsumiert. Sucht er dabei die Hilfe bei einer anderen Person (Arzt, Partner, Mutter usw.), spricht dies für „external-personenbezogene“ Kontrollüberzeugungen. Fühlt er sich seinen Schmerzen schicksalhaft ausgeliefert (external-fatalistisch), so stellt diese Art der Krankheitsattribuierung die beste Voraussetzung für eine Chronifizierung dar: keiner und nichts kann ihm dabei helfen.

Prognostisch ähnlich ungünstig und schmerzverstärkend können bestimmte Bewältigungsmechanismen sein: So ist die Neigung des Patienten zu Katastrophengedanken (catastrophizing) ein ungünstiger Konflikt- wie Krankheitsbewältigungsmechanismus. Gemeint ist damit die Neigung, bei allem, was einem passiert, immer gleich das denkbar Schlimmste anzunehmen.

Schmerzerfahrungen in Kindheit und Jugend

Schmerzen müssen zuerst erfahren werden, bevor sie als solche erkannt werden können, d. h. frühe Schmerzerfahrungen werden durch ein spezielles Schmerzgedächtnis gespeichert, neue können damit verglichen werden. Tierexperimentell konnte gezeigt werden, daß in Isolation aufgezogene Hunde oder Affen, denen nach der Geburt ihre Arme und Beine in Papphülsen gesteckt worden waren, keine Schmerzwahrnehmung aufweisen (Melzack u. Scott 1957, Hebb 1967). Umgekehrt zeigten Kinder, die ohne Anästhesie beschnitten worden waren, im Vergleich zu denen, die bei dem Eingriff anästhesiert worden waren, noch mehrere Jahre später eine erhöhte Empfindlichkeit gegenüber peripheren Schmerzreizen (Taddio u. Mitarb. 1996). Dies gilt auch für Schmerzpatienten, die in Form regelmäßiger körperlicher Mißhandlung oder sexuellen Mißbrauchs in der Kindheit psychisch traumatisiert wurden (Scarinci u. Mitarb. 1995). Derartige psychische Traumatisierungen sind mit spezifischen Affekten konnotiert. Durch diese Verknüpfung können später vergleichbare Affekte auftreten, wo sie in psychischen Belastungssituationen, welche die individuell zur Verfügung stehenden Bewältigungsmöglichkeiten übersteigen, die entsprechenden Schmerzen wieder auslösen – so ein Erklärungsmodell für das Auftreten rein psychisch bedingter Schmerzen bei körperlich mißhandelten und psychisch schwer traumatisierten Patienten (Egle 1997).

Kulturelle Faktoren

Der Einfluß kultureller Faktoren auf das Schmerzerleben konnte in zahlreichen Studien gesichert werden, am eindrucksvollsten bei der Beobachtung des „Couvade“-Phänomens in transkulturellen Studien: Während in verschiedenen einfachen Agrarkulturen die Frauen, die in diesen Kulturen die Feldarbeit weitgehend erledigen, bei der Geburt ihrer Kinder oft auf dem Feld bleiben und sich von anderen Frauen helfen lassen, verbringen die dazugehörigen Ehemänner oft mehrere Tage mit Geburtschmerzen zuhause im Bett (Engel u. Hoffmann 1993). Dieses Phänomen macht besonders anschaulich, daß ausschließlich durch Vorstellungen, d. h. zentrale Prozesse ausgelöst, genauso real Schmerzen empfunden werden können, wie durch periphere Reize bedingt.

Psychoanalytisch fundierte Psychotherapie bei chronischen Schmerzzuständen

U. T. Egle und R. Nickel

Diagnostische Einteilung

Im Rahmen eines bio-psycho-sozialen Schmerzverständnisses lassen sich unter ätiopathogenetischen Aspekten differentialdiagnostisch folgende fünf Krankheitsentitäten unterscheiden, bei denen der organische, der psychische und der soziale Anteil jeweils unterschiedliche gewichtet werden.

Den Schmerzen kann

1. eine körperliche Erkrankung mit adäquater Krankheitsbewältigung,
2. eine körperliche Erkrankung mit inadäquater Krankheitsbewältigung,
3. eine körperliche Erkrankung bei gleichzeitig bestehender psychischer Erkrankung (Komorbidität),
4. eine funktionelle Schmerzstörung,
5. eine psychische Erkrankung im engeren Sinne zugrundeliegen (vgl. Abb. 41.**1**).

Schmerz bei körperlicher Erkrankung mit adäquater Krankheitsbewältigung

Bei primär organisch bedingten chronischen Schmerzen entsprechen die Schmerzen weitgehend den anatomischen Gegebenheiten und physiologischen Untersuchungsbefunden. Diese Patienten wirken offen und zugänglich, in ihren Schmerzschilderungen und Affekten adäquat. Familiäre Probleme sind selten, die Ehe ist meist intakt. Meist besteht eine gute soziale Eingliederung mit zufriedener Arbeitssituation und Hobbys in der Freizeit. Eventuell bestehen sekundär psychische Veränderungen in Form einer gewissen Gereiztheit, depressiver Verstimmtheit, Einengung der Erlebnisfähigkeit, sozialem Rückzug oder auch Angst (algogenes Psychosyndrom), welche dann im Sinne der gate-control Theorie das Schmerzempfinden wieder verstärken können.

Hinsichtlich der zugrundeliegenden Schmerzmechanismen wird zwischen nozizeptivem und neuropathischem Schmerz unterschieden. Beim **nozizeptiven Schmerz** werden periphere oder viszerale Nozizeptoren durch gewebeschädigende Reize stimuliert. Metabolische und physikalische Veränderungen bei Tumoren oder Entzündungen können ebenso Ursache sein wie Muskelspasmen. Unterschieden wird beim nozizeptiven Schmerz zwischen ossärem, entzündlichem, ischämischem und viszeralem, was vor allem auch für eine differentielle Indikationsstellung zur medikamentösen Behandlung bedeutsam ist.

Häufige Krankheitsbilder, bei denen der Schmerz chronisch ist, sind die Rheumatoide Arthritis, der Morbus Bechterew oder auch Gefäßerkrankungen.

Der **neuropathische Schmerz** ist Folge von Schädigungen des peripheren oder zentralen Nervensystems, z. B. bei Trigeminusneuralgie und Postzosterneuralgie oder infolge eines Schlaganfalls, einer Querschnittsverletzung oder eines Plexusausrisses. Dieser kann mit einer gewissen zeitlichen Latenz auftreten, so daß eine Verknüpfung mit dem ursprünglichen Ereignis nicht immer ohne weiteres möglich ist. Ursache ist die physiologisch durchaus sinnvolle Plastizität des Nervensystems, über die zur Kompensation eines Schadens

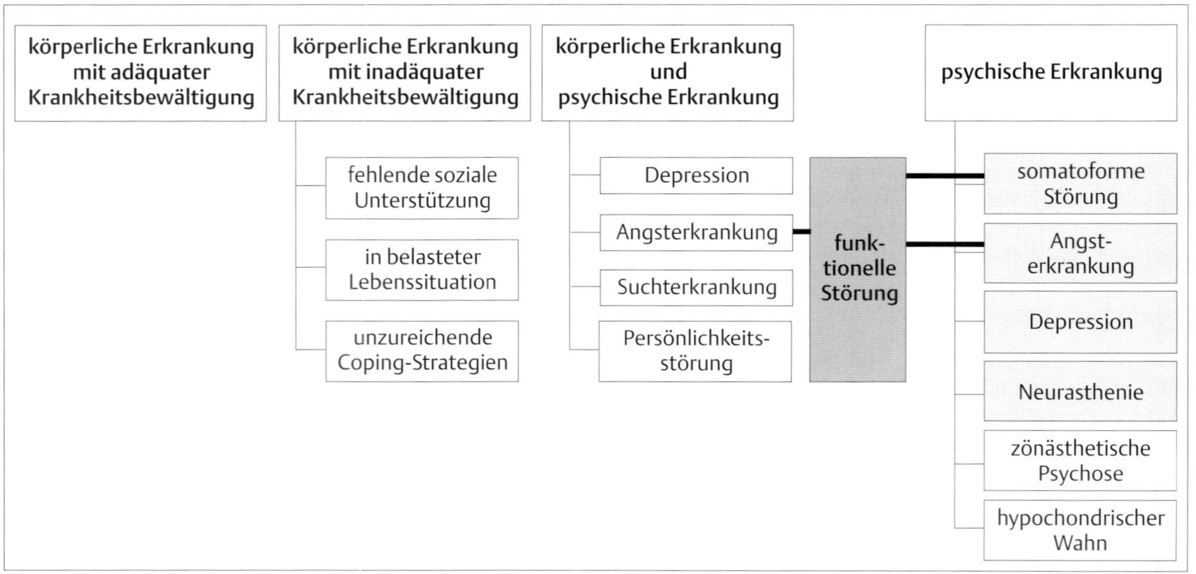

Abb. 41.**1** Psychosomatische Differentialdiagnose bei chronischer Schmerzsymptomatik

die Wiederherstellung einer möglichst normalen Funktion versucht wird. Dabei kann es zu pathologischen Verschaltungen kommen, wodurch selbst eine primär periphere Schädigung zu Veränderungen im ZNS führen kann: Durch eine Sensibilisierung der primären afferenten Nozizeptoren kann es durch den vermehrten Zufluß afferenter Rezeptorsignale zu einer Sensibilisierung der Hinterhornneurone kommen. Die erhöhte, in ihrer Trennschärfe jedoch reduzierte Hinterhornaktivität bewirkt eine abnorme Informationsverarbeitung innerhalb zentraler neuronaler Verschaltungen, welche dann zu dauerhaften morphologischen wie funktionellen Veränderungen des Nervensystems führen können. So kann es also nach peripheren Nervenverletzungen zu einer Reorganisation der sensorischen Rezeptorfelder sowohl im Rükkenmark als auch im Thalamus und sensomotorischem Kortex kommen. Auch das vollständige Fehlen sensibler Afferenzen, wie es beim sog. Deafferenzierungsschmerz etwa nach Armplexusläsionen mit Wurzelausriß gegeben ist, verändert die Aktivität der Hinterhornneurone dahingehend, daß die im ZNS fehlgenerierte Information zentral quasi als sensorischer Schmerz interpretiert wird.

Aufgrund dieser Komplexität der physiologischen Vorgänge wird neuropathischer Schmerz immer wieder von Psychotherapeuten als „psychogen" fehlinterpretiert (z.B. „immer das Gesicht wahren müssen" als symbolhafte Ausdruckshaltigkeit bei Trigeminusneuralgie) und daraus fälschlicherweise eine Indikation zur psychoanalytisch orientierten Psychotherapie abgeleitet.

Schmerz bei körperlicher Erkrankung mit inadäquater Krankheitsbewältigung

Eine inadäquate Krankheitsbewältigung bei körperlicher Grunderkrankung kann sich ganz unterschiedlich darstellen und verschiedene Gründe haben. Medikamentenabusus und mehrfache Arztwechsel sind sicherlich die offensichtlichsten „Symptome" dabei. Weitere Indizien können eine passive Versorgungs- und Schonhaltung sowie sozialer Rückzug sein. Auch die gegenteilige Neigung zu Indolenz und Leugnung der Schmerzen, wie man es etwa bei Tumorpatienten im Rahmen einer weitreichenden Krankheitsverleugnung antreffen kann, kann inadäquat sein. Fehlende soziale Unterstützung, d.h. das Fehlen einer verläßlich unterstützenden Bezugsperson, sind ebenso wie ein besonders überfürsorglicher Partner, finanzielle oder berufliche Existenzängste oder eine anderweitig belastete Lebenssituation häufige Ursachen. Inadäquat kann die Krankheitsbewältigung auch dann sein, wenn der Patient sich seiner Erkrankung schicksalhaft ausgeliefert fühlt („external-fatalistische Krankheitskontrollüberzeugungen") oder dazu neigt, Krankheit und andere Lebensbelastungen innerlich grundsätzlich mit Katastrophenbefürchtungen zu verknüpfen („catastrophizing" als vorherrschender Coping-Mechanismus).

Die Art der Krankheitsbewältigung wird dabei in hohem Maße auch von dem Bindungsverhalten des jeweiligen Patienten determiniert. D. h., Patienten mit einem sicheren Bindungsverhalten werden eher adäquat ihre Krankheit bewältigen. Dagegen könnten Patienten mit unsicher-ambivalenter Bindungsrepäsentanz zur ausgeprägten Verantwortungsdelegation neigen und unsicher-vermeidende Patienten aus Angst vor Abhängigkeit erst sehr spät Hilfe suchen.

Schmerz infolge körperlicher Erkrankung und gleichzeitiger psychischer Erkrankung (Komorbidität)

Aufgrund der Ergebnisse epidemiologischer Studien liegt die Wahrscheinlichkeit, daß bei einer körperlichen Erkrankung gleichzeitig eine psychische Erkrankung besteht bei 20–25% (Punktprävalenz psychischer und psychosomatischer Erkrankungen in Deutschland), d.h. daß von der Wahrscheinlichkeit her jeder vierte bis fünfte Patient mit einer organisch bedingten Erkrankung gleichzeitig psychisch krank ist. Eine solche Komorbidität beeinflußt natürlich den Verlauf der körperlichen Erkrankung: So braucht z.B. ein Patient mit einer rheumatoiden Arthritis, der gleichzeitig unter einer Depression oder Angsterkrankung leidet, deutlich mehr Analgetika, da die psychische Erkrankung zu einer Senkung der Schmerzschwelle und damit einem verstärkten Empfinden der durch den organdestruktiven Prozeß peripher ausgelösten Schmerzreize führt. Depressive, Angst- und Suchterkrankungen sowie Persönlichkeitsstörungen sind die häufigsten Krankeitsgruppen, welche im Sinne dieser Komorbidität abzuklären sind.

Davon sind dann jene beiden Krankheitsgruppen abzugrenzen, bei denen psychische Faktoren in der Pathogenese wesentlich oder sogar ausschließlich für die Schmerzsymptomatik verantwortlich sind.

Funktionelles (psychophysiologisch determiniertes) Schmerzsyndrom

Hierzu zählen Patienten mit schmerzinduzierenden (nozizeptiv determinierten) reversiblen Funktionsstörungen (z.B. Muskelverspannungen, „Magenkrämpfe"). Auch bei den verschiedenen primären Kopfschmerzformen wird heute davon ausgegangen, daß das jeweils unterschiedlich gewichtete Zusammenwirken muskulärer, vaskulärer und zentraler Faktoren zu einer (reversiblen) Funktionsstörung führt, welche im Kopfschmerzanfall mündet. Bei Migräne und Spannungskopfschmerz konnte als zentraler Faktor die Bedeutung von Affekten, vor allem von Angst, als prädisponierender und damit pathogenetisch relevanter Faktor gut belegt werden.

Auch bei der generalisierten Tendomyopathie bzw. primären Fibromyalgie wird die Schmerzgenese auf eine Funktionsstörung zurückgeführt, welche körperlich wie seelisch determiniert ist. Ergänzt man diese Schmerzerkrankungen um das v.a. in der Zahnmedizin häufige orofaciale Schmerzdysfunktionssyndrom und die Lumbalgie sind damit auch schon die häufigsten Krankheitsbilder, bei denen psychopathologisch eine ängstliche Grundpersönlichkeit vorherrschend ist, genannt. In der Population einer Schmerzambulanz macht diese Gruppe 30–35% aus.

Schmerz als Leitsymptom einer psychischen Störung

Im Rahmen eines am Vorhandensein einer peripheren Verursachung orientierten bio-medizinischen Schmerzverständnisses können psychisch bedingte Schmerzen nicht erklärt werden, sie stellen eine diagnostische Restkategorie dar. Erst ein bio-psycho-soziales Schmerzverständnis bietet durch die Einbeziehung von psychosozialer Situation, biographischer

Entwicklung, Bewältigungsstrategien und Krankheitsverhalten die Voraussetzung, körperlichen Schmerz, der ausschließlich durch zentrale neuropsychologische Prozesse zustande kommt, als genauso „real" zu sehen wie peripher verursachten.

Bei den Patienten mit ausschließlich psychischer Verursachung ihrer Schmerzsymptomatik können die folgenden diagnostischen Gruppen differenziert werden, welche nach ICD-10 als somatoforme Störungen subsumiert werden: Somatoforme Schmerzstörung, Somatisierungsstörung, Hypochondrie (vgl. Kapitel 40). Charakteristisch für sie ist die wiederholte Darbietung körperlicher Symptome in Verbindung mit hartnäckigen Forderungen nach medizinischen Untersuchungen trotz wiederholter negativer Ergebnisse und Versicherung der Ärzte, daß die Symptome nicht körperlich begründbar sind. Sind aber irgendwelche körperlichen Befunde vorhanden, dann erklären sie nicht Art und Ausmaß der Symptome (Zufallsbefunde, Normvarianten) oder die oft erhebliche Beeinträchtigung des Patienten. Nicht als somatoforme Schmerzstörung zu klassifizieren sind allerdings Patienten, bei denen der Schmerzsymptomatik psychophysiologisches Spannungszustände zugrunde liegen.

Therapeutisches Vorgehen

Obwohl S. Freud sein Konzept der Konvertierung eines psychischen Konfliktes in ein körperliches Symptom („Konversion") an einer Schmerzpatientin entwickelte, hat sich die Psychoanalyse bis in die jüngste Vergangenheit wenig mit der Entwicklung von Behandlungstechniken für Patienten mit chronischen Schmerzzuständen beschäftigt. Das klassische psychoanalytische Verfahren ist nicht nur zeitlich und finanziell aufwendig und setzt eine ausgeprägte Behandlungsmotivation seitens des Patienten voraus, auch die Unstrukturiertheit der Sitzungen, die Notwendigkeit freier Assoziationen zur „Materialgewinnung" sowie die dabei entstehende Regression stellen für die eher konkretistisch denkenden und auf rasche Lösungen drängenden Schmerzpatienten eine meist nicht überwindbare Barriere dar. Selbst bei den deutlich strukturierteren und weniger regressionsfördernden psychoanalytisch fundierten Einzel- und Gruppentherapieverfahren sind erhebliche Modifikationen erforderlich. Es gilt, den Patienten dort abzuholen, wo er mit seinem subjektiven Krankheits- bzw. Schmerzverständnis steht. Dies bedeutet in einer längeren Anfangsphase der Psychotherapie eine ausführliche Auseinandersetzung mit seinen Schmerzvorstellungen, seinen bisherigen Erfahrungen mit Behandlungen und Ärzten sowie eine aktive Informationsvermittlung über psycho-somatische und somato-psychische Zusammenhänge in der Entstehung und Aufrechterhaltung chronischer Schmerzen (im Sinne einer kognitiven Umstrukturierung seines Schmerzverständnisses). Auch Zusammenhänge zwischen Schmerzverstärkung und psychosozialen Einflußfaktoren müssen dabei immer wieder eruiert und der Patient dafür sensibilisiert werden.

Behandlung primär psychisch determinierter Schmerzstörungen

Bei Patienten mit *somatoformen Schmerzstörungen* spielen vor allem Enttäuschungen und Zurückweisungen im interpersonellen Bereich - sei es bei der Arbeit oder im Privatleben - eine wesentliche Rolle. Für diese Gruppe von chronischen Schmerzpatienten ist eine psychoanalytisch orientierte Psychotherapie in erster Linie indiziert.

Primär psychisch determinierte Schmerzen sind als Langzeitfolgen kindlicher Traumatisierung zu verstehen. Körperliche Mißhandlung, sexueller Mißbrauch ebenso wie emotionale Vernachlässigung führten früh zu einer Vermischung von körperlichem und seelischem Schmerz sowie einem negativen Selbstwerterleben; beides zusammen prägte die Wahrnehmung der Umgebung und die Gestaltung von Beziehungen. Bezugspersonen werden als emotional unzuverlässig erlebt. Je größer das Ausmaß kindlicher Traumatisierung, desto mißtrauischer wird ihnen seitens des Patienten begegnet. Dies gilt natürlich auch für den Behandler. Dieser sollte zuhören und interessiert (gerade auch symptombezogen) nachfragen, Verständnis und emotionale Beteiligung zeigen und soweit möglich auch aktiv auf die Bedürfnisse des Patienten eingehen. Dies sind nicht nur wesentliche Voraussetzungen um Vertrauen aufzubauen, sondern bereits entscheidende therapeutische Interventionen. Fehlt dies, erlebt der Patient die therapeutische Situation sehr schnell als Wiederholung der traumatisierenden Kindheitserfahrungen, was jedoch mit diesen Patienten - im Unterschied zur Mehrzahl jener mit neurotischen Störungen - meist kaum therapeutisch bearbeitbar ist.

Zu den weiteren wichtigen Behandlungselementen gehört neben der *Vertrauensbildung* auch die *Informationsvermittlung* und die *Schmerz-Affekt-Differenzierung.* Zentrale Themen sind zudem die *Klärung von Beziehungen* (Bindungsverhalten), die Auseinandersetzung mit der oft erheblichen *Arbeits- und Leistungsbezogenheit* der Betroffenen, welche häufig der Stabilisierung des labile Selbstwertgefühl dient. Hierbei besteht allerdings die Gefahr, daß das Hinterfragen dieses Modus zu einem nur noch schwer eingrenzbaren „Durchbrechen" *abgewehrter Versorgungswünsche* führt. Das Leistungsverhalten des Patienten sollte über lange Phasen vom Behandler anerkannt und erst bei fortgeschrittener Therapie immer in Zusammenhang mit der Bearbeitung von spezifischen Beziehungserfahrungen innerhalb und außerhalb der Therapie thematisiert werden.

Besonders gut hat sich die Behandlung somatoformer Schmerzpatienten in Gruppen bewährt. Auch hier sind wesentliche Modifikationen zur üblichen psychoanalytischen *Gruppentherapie* erforderlich, die sich im Prinzip an der von Heigl und Heigl-Evers entwickelten sog. „psychodynamisch-interaktionellen Gruppentherapie" orientiert. Genaueres über Inhalt und Ablauf dieser Art der Gruppentherapie ist in einem Therapiemanual (Nickel u. Egle 1999) nachzulesen, in dem von einer etwa sechsmonatigen Dauer (40–45 Sitzungen) ausgegangen wird.

Unabhängig davon, ob die psychotherapeutische Behandlung einzeln oder in der Gruppe stattfindet, sollte parallel dazu die Möglichkeit einer *kontinuierlichen Betreuung von somatischer Seite* gegeben sein. Dabei ist jedoch darauf zu achten, daß Psychotherapeut und „Körperarzt" ihre Bemühungen eng miteinander koordinieren und beim Patienten keinesfalls während der Psychotherapie erneut eine diagnostische Odyssee beginnt. Unseres Erachtens ist für die Motivierung der Patienten zu einer psychotherapeutsichen Behandlung eine zweigleisige Betreuung notwendig, so daß allein deshalb das Bestehen vieler Psychotherapeuten auf eine ausschließlich psychotherapeutische Behandlung gerade auch bei Patienten mit Konversions- bzw. Somatisierungssyndrom nicht zu rechtfertigen ist. Nicht zuletzt kann darüber auch die Medikation von *Analgetika* oder auch *Psychopharmaka* überschaubar gestaltet werden. Auch wenn ein Analgetikaabusus üblicherweise eine Indikation für eine stationäre Aufnahme darstellt, sollte grundsätzlich berücksichtigt werden, daß Analgetika und zum Teil auch Psychopharmaka für diese Patienten die Funktion eines Sicherheit gebenden Objektes haben, bei dem die unspezifischen Wirkungen bzw. Nebenwirkungen hinsichtlich der Einnahme oft bedeutsamer sind als die eigentliche Medikamentenwirkung.

Behandlung von Schmerzpatienten mit primär organischer Schädigung

Mit der Behandlung primär körperlich bedingter Schmerzstörungen bzw. Behinderungen hat sich die Psychoanalyse bisher nur wenig befaßt. Sie sind in erster Linie die Domäne der Verhaltenstherapie, die sich unabhängig davon, ob ein Störungsbild psychisch oder körperlich determiniert ist, vorrangig mit dessen Bewältigung beschäftigt. Erst in den letzten Jahren wurden auch von psychodynamischer Seite Ansätze für die Bearbeitung der intrapsychischen Auseinandersetzung mit einer chronischen Erkrankung entwickelt. Danach stellt jede Erkrankung eine narzißtische Kränkung dar, indem sie „das uns anscheinend als selbstverständlich gegebene Gefühl der Unverletzlichkeit und Allmacht" in Frage stellt (Schüssler 1996). Dies trifft im besonderen Maße dann zu, wenn zeitlich parallel ohnehin schon lebensgeschichtliche Belastungen bestehen. Neben der narzißtischen Kränkung („ich bzw. mein Körper ist nichts mehr wert") und der damit verbundenen Wut und Enttäuschung („warum gerade ich") können auch Ängste vor Beziehungsverlust oder auch die Verleugnung z.B. der Schwere der Erkrankung bedeutsam sein. Die Angst, wichtige Bezugspersonen könnten sich zurückziehen, besteht vor allem dann, wenn der/die Betreffende zuvor über sehr viel Leistung (für andere) sein Selbstwertgefühl stabilisiert hat und dies jetzt durch die mit der körperlichen Erkrankung verbundenen Einschränkungen in Frage gestellt sieht. Vor diesem Hintergrund kann es auch zur Verleugnung des Schweregrades der Erkrankung und damit verbunden einer fehlenden Compliance in der Behandlung kommen. Doch nicht nur die Angst vor Beziehungsverlust als Folge einer schweren körperlichen Erkrankung, sondern auch eine aufgrund früher Bindungserfahrungen schon zuvor bestehende Angst vor jeglicher engeren Beziehung im Sinne eines unsicher-vermeidenden Bindungsverhaltens kann zur Verleugnung von Krankheit und Behinderung führen. Für das therapeutische Vorgehen ist es wichtig, die vorherrschenden Abwehrmechanismen, vor allem Verleugnung, Rationalisierung und Affektisolierung als Strategien zur Aufrechterhaltung des seelischen Gleichgewichtes im Rahmen einer primär organisch determinierten chronischen Erkrankung und nicht primär als Funktionsmodi zur Triebabwehr zu verstehen. Im therapeutischen Vorgehen müssen insofern supportive und konfliktklärende Elemente aufeinander bezogen sein. Im Vordergrund steht seitens des Therapeuten der aktive Aufbau einer vertrauensvollen und stabilen Beziehung. Auf dieser Basis sind zunächst neben den Beschwerden die Auswirkungen der Erkrankung auf die Lebensgestaltung des Patienten sorgfältig zu klären. Hilfreich kann auch eine Einschätzung des Beziehungs- bzw. Bindungsverhaltens des Patienten sein, das gerade durch eine schwerwiegende körperliche Erkrankung in besonderem Maße aktiviert wird. Vor diesem Hintergrund sind dann die Bestrebungen des Patienten nach besonderer Unabhängigkeit bzw. Abhängigkeit besser zu verstehen. Schüssler (1996) nennt folgende fünf Grundprinzipien einer hilfreichen therapeutischen Beziehung bei Patienten mit primär organischer Schädigung:

- Anerkennung der körperlichen Störung, dem Leiden des Patienten Raum und Aufmerksamkeit geben.
- Verständnis und Akzeptanz für den Patienten.
- Notwendige Abwehrhaltungen, welche die Lebens- bzw. Krankheitsbewältigung fördern, müssen unterstützt, dysfunktionale Abwehrhaltungen (z.B. extreme Verleugnung) nur sehr vorsichtig bearbeitet werden.
- Behandlungsziele sollten realistisch aber auch zuversichtlich und hoffnungsvoll sein.
- Behandlungsfortschritte würdigen und betonen.

Erst in einer sehr fortgeschrittenen Phase der Behandlung werden dann unbewußte konflikthafte Themen angesprochen, ohne dabei jedoch die Realität und Bedeutung der körperlichen Erkrankung zu übersehen.

Selbstverständlich muß parallel dazu eine kompetente somatische Behandlung gewährleistet sein.

Stationäre Psychotherapie

Stationäre Rahmenbedingungen mit dem „Alltagsleben" mit Mitpatienten und Pflegeteam geben dem Patienten die Möglichkeit, bisherige Denk-, Sicht- und Verhaltensweisen als aktuell erlebte Interaktion mit anderen direkt in die Therapie einzubeziehen und umgekehrt in der Therapie neue gewonnene Einsichten dort auszuprobieren und zu überprüfen. In zirkulären Interaktionen werden bestimmte „Themen" in den verschiedenen Bezugssituationen verbal und non-verbal kommuniziert und „durchgearbeitet". Die Patienten haben innerhalb dieses „multimodalen Angebotes" vielfältige Möglichkeiten ihre zerstörte, desintegrierte Kommunikation zu integrieren. Dies ist ein notwendiger Schritt um Gefühle überhaupt verbalisieren und dann, wie bereits angesprochen, Schmerz und Affekt differenzieren zu können. Dies führt weiter zu einer sinnhaften, kohärenteren (Lebens-)Geschichte und zur Entwicklung eines kohärenteren Selbst(gefühls). Der multimodale Ansatz besteht aus der psychoanalytisch orientierten Einzel- und Gruppentherapie, Paargesprächen, Gestaltungstherapie, körpertherapeutischen Verfahren, Entspannungsverfahren sowie dem selbst wiederum sehr vielschichtige Bereich der Pflege (Bezugspflege; enge Vermischung aus informeller und formeller Kommunikation, Wahlmöglichkeiten u.v.a.m.). Verhaltenstherapeutische Ansätze haben gerade bei Schmerzpatienten (z.B. zeitkontingentierte Medikamentengabe, kognitive Umstrukturierung) wie auch die Informationsvermittlung einen hohen Stellenwert.

Eine stationäre Behandlung ist indiziert, wenn:

- Eine **diagnostische Klärung** bezüglich der Ätiopathogenese und bereits eingetretener Chronifizierungsprozesse im Rahmen einer ambulanten Abklärung nicht gewährleistet ist. Vielfach kann im Rahmen eines stationären Aufenthaltes eine diagnostische Abklärung in Zusammenarbeit mit anderen Fachdisziplinen zeitsparender und umfassender erfolgen und zugleich, falls notwendig, die Zeit zur Förderung der Behandlungsmotivation genutzt werden.
- Ein länger dauernder **Analgetika- oder Tranquilizerabusus** kann meist nicht ambulant behandelt werden. Das

Absetzen aller Analgetika bzw. ein vorgeschalteter Medikamentenentzug als Bedingung für eine stationäre Aufnahme in einer psychosomatischen Klinik geht an der Problematik dieser Patienten vorbei. Es besteht zudem die Gefahr körperlicher Komplikationen (z.B. epileptische Anfälle bei Tranquilizerentzug) bzw. einer massiven Schmerzverstärkung (z.B. beim medikamenteninduzierten Kopfschmerz). Auch die Umstellung von einer bedarfsgesteuerten auf eine zeitkontingentierte Analgetikaeinnahme ist meist nur unter stationären Rahmenbedingungen möglich. Bei Patienten mit Schmerz als Leitsymptom im Rahmen einer psychischen Störung, aber auch bei körperlicher und psychischer Komorbidität haben die Analgetika nicht selten die Funktion eines sicherheitgebenden Ersatzobjektes. Eine Reduktion bzw. ein Abbau ist insofern nur in dem Maße möglich, wie sich parallel dazu eine stabile therapeutische Beziehung aufbauen läßt.

- Auch das **Ausmaß der Beeinträchtigung**, die sich meist in Form häufiger Arbeitsfehlzeiten bzw. anhaltender Arbeitsunfähigkeit zeigt, stellt eine Indikation für die stationäre Behandlung dar.
- Ein einseitiges somatisches Schmerzverständnis, d.h. die Entwicklung psycho-somatischer Zusammenhänge und damit die **Motivation** für eine längerfristige ambulante Behandlung können ebenfalls für eine stationäre Aufnahme sprechen.
- Der Wegfall der gewohnten Umgebung hat dabei den Vorteil, daß alte Gewohnheiten leichter in Frage gestellt und verändert werden können. Das evt. noch zusätzlich von wichtigen Bezugspersonen unterstützte **Krankheitsverständnis** kann schneller verändert werden, da aufrechterhaltende Bedingungen entfallen oder direkter angesprochen werden können. Natürlich ist der spätere Transfer schwieriger und sollte deshalb eine entsprechend Berücksichtigung finden.
- Schließlich kann auch noch die Entlastung von (einer) ausgeprägten **häuslichen oder beruflichen Konfliktsituationen** eine Indikation für eine stationäre Aufnahme darstellen.
- Beim Vorliegen einer **somatischen und psychischen Komorbidität** kann eine gut koordinierte mehrgleisige Behandlung unter stationären Rahmenbedingungen sinnvoll sein.

Nicht selten müssen Schmerzpatienten jedoch aus geographischen Gründen stationär aufgenommen werden, da die ambulante psychotherapeutische Versorgungssituation nicht hinreichend ist. Doch auch in eher gut versorgten Gebieten ist es gegenwärtig oft immer noch recht schwer, überhaupt Psychotherapeuten zu finden, die hinreichend Bereitschaft, aber auch Kenntnisse mitbringen, um Schmerzpatienten zu behandeln. Es ist zu hoffen, daß sich dies durch die neue Bereichsbezeichnung „Spezielle Schmerztherapie" und die Folgen des neuen Psychotherapeutengesetzes ändern wird.

Differentielle Indikation zu den verschiedenen Psychotherapieverfahren

Hinsichtlich einer differentiellen Indikationsstellung zu verhaltenstherapeutischen bzw. zu psychoanalytisch orientierten Verfahren ist die Unterscheidung zwischen Rehabilitations- und kurativer Behandlung von zentraler Bedeutung. Für Patienten mit somatoformen („psychogenen") Schmerzzuständen beinhalten psychoanalytische Verfahren einen kurativen Therapieansatz, verhaltenstherapeutische Verfahren stellen hingegen die Krankheitsbewältigung in den Vordergrund, dem zentralen Ziel einer Rehabilitationsbehandlung entsprechend.

Vor dem Hintergrund der o.g. Klassifikation können folgende Überlegungen für eine differentielle Indikation zur Psychotherapie als Orientierungshilfe dienen: Verhaltenstherapie erscheint besonders dann indiziert, wenn bei einer chronisch Schmerzen verursachenden körperlichen Grunderkrankung deren Bewältigung im Sinne der oben skizzierten Einflußfaktoren „inadäquat" ist. Beim Nachweis einer

Tabelle 41.1 Differentialdiagnostische Kategorien und Therapieindikation

Differentialdiagnostische Kategorien	Therapie
Schmerz bei körperlicher Erkankung mit adäquater Krankheitsbewältigung	Eine psychosomatisch-psychotherapeutische Behandlung ist primär nicht indiziert, eine somatische Behandlung (Analgetika, Blockaden, TENS, Akupunktur, balneophysikalische Maßnahmen, Krankengymnastik etc.) ist ausreichend. Entspannungsverfahren und Hypnose können ggf. zur Schmerzreduktion eingesetzt werden.
Schmerz bei körperlicher Erkrankung mit inadäquater Krankheitsbewältigung	Die somatische Behandlung (Analgetika, Blockaden etc.) wird mit einer psychosomatisch-psychotherapeutischen Behandlung kombiniert. Adaptive Krankheitsbewältigung durch ein kognitiv-behaviorales Schmerzbewältigungstraining.
Schmerz infolge körperlicher Erkrankung und gleichzeitiger psychischer Erkrankung; Komorbidität	Die somatische Behandlung (Analgetika, Blockaden etc.) wird mit einer psychosomatischen Behandlung kombiniert. Relevant sind vor allem Angsterkrankungen, depressive Störungen, Persönlichkeitsstörungen und Suchterkrankungen. Die spezifische Psychotherapieform richtet sich nach der komorbiden Erkrankung.
Funktionelles Schmerzsyndrom (psychophysiologisch determ.)	Entspannungsverfahren sind die Therapieverfahren der ersten Wahl. Abhängig von der Ursache können weitere spezifischere psychosomatisch-psychotherapeutische Therapieverfahren hinzukommen.
Psychisch bedingter Schmerz	Eine kausale Behandlung der psychischen Grunderkrankung ist indiziert, das jeweils effektivste Behandlungsverfahren sollte eingesetzt werden. Bei einer Agoraphobie mit Leitsymptomatik Schmerz ist dies beispielsweise eine Verhaltenstherapie, bei der somatoformen Schmerzstörung eine psychoanalytisch orientierte Psychotherapie.

muskulären Verspannung i. S. eines vegetativen Spannungszustandes als Ursache chronischer Schmerzen sind Entspannungsverfahren als Therapiemethode der ersten Wahl anzusehen. Liegt eine somatoforme Schmerzstörung vor, so sind wegen der häufig zugrundeliegenden psychischen Traumatisierungen und deren Auswirkungen auf Selbstwertgefühl und Beziehungsverhalten psychoanalytisch orientierte Verfahren die Methode der Wahl. Verhaltenstherapeutische Ansätze sind hierbei nur dann indiziert, wenn zwischenzeitlich weitreichende (iatrogene) Chronifizierungsprozesse bzw. ein Medikamentenabusus vorliegen. Vor allem im Rahmen stationärer psychoanalytisch orientierter Behandlungen sollten dann verhaltenstherapeutische Ansätze bei der Behandlung somatoformer Schmerzstörungen in den Behandlungsplan integriert werden, z. B. eine zeitkontingentierte Medikamentengabe mit dem Ziel ihres Absetzens.

Bei der stationären Behandlung von Schmerzkranken sollte eine enge Kooperation zwischen der psychosomatischen Abteilung und einer schmerztherapeutischen Einrichtung gewährleistet sein, um das multimodale psychotherapeutische Vorgehen um schmerztherapeutische Interventionen (Akupunktur, TENS, Blockaden) ergänzen zu können. Dies beinhaltet auch die Möglichkeit einer fundierten krankengymnastischen Behandlung. Tab. 41.**1** faßt die Therapie- und Behandlungsverfahren auf der Basis der oben skizzierten differentialdiagnostischen Kategorien zusammen.

Verhaltenstherapie

B. Kröner-Herwig

Klassifikation, Symptomatik, Epidemiologie

Chronischer versus akuter Schmerz

Zunächst ist festzuhalten, daß es im Zusammenhang mit der Praxis der Psychotherapie um *chronische* Schmerzstörungen geht. Als chronisch werden Schmerzen ab 6 Monaten Dauer bezeichnet, wenn man einem Zeitkriterium folgt. Allerdings sind die meisten Schmerzen nicht konstant anhaltend, sondern haben häufig intermittierenden Charakter. So werden Schmerzen auch als chronisch betrachtet, wenn sie über mindestens 6 Monate hinweg häufig und mit einiger Intensität auftreten (z. B. Migräneanfälle). Gerbershagen (1995) äußert sich kritisch über dieses Statuskonzept der Chronizität und schlägt vor, drei Stufen der Chronifizierung zu unterscheiden, wobei der Prozeßcharakter der Chronifizierung hervorgehoben wird.

Das Ausmaß der Chronifizierung operationalisiert er gleichermaßen über *zeitliche Aspekte* (Auftretenshäufigkeit, Dauer, Intensitätwechsel), *räumliche Aspekte* (monolokulär bis multilokulär), *Medikamenteneinnahmeverhalten* (Medikamentengebrauch, Entzugsbehandlungen) und Merkmale der *Patientenkarriere* (Arztwechsel, Krankheitsaufenthalte, Operationen, Rehabilitationsmaßnahmen). Als Patient der höchsten Chronifizierungsstufe mit extremer Ausprägung wäre derjenige zu bezeichnen, der einen Dauerschmerz hat, keine Intensitätswechsel wahrnimmt, eine multilokuläre Schmerzausbreitung aufweist, mehr als zwei periphere oder zentralwirksame Analgetika regelmäßig einnimmt, den Arzt häufig wechselt, mehrere schmerzbedingte Krankenhausaufenthalte, Operationen und Rehabilitationsbehandlungen aufweist. Der so ermittelte Chronifizierungsgrad korreliert eng mit der subjektiven *Beeinträchtigung* des Patienten durch den Schmerz.

Symptomatologie

In der soeben vorgestellten Operationalisierung des Chronifizierungsgrades sind bereits wesentliche Merkmale des typischen Schmerzsyndroms enthalten, wobei der Kern das Leiden und die subjektive Beeinträchtigung des Patienten sind.

Nutzt man das Mehrebenenmodell zur Deskription des Syndroms, so zeigen sich im *Verhalten* häufig folgende typische Phänomene: Doctor shopping, häufige Medikamenteneinnahme, Schon- und Rückzugsverhalten. Die *Stimmung* ist häufig depressiv, aber auch z. T. frustriert aggressiv. Der Patient erlebt Kontrollverlust und fühlt sich hilflos dem Schmerz ausgeliefert. Häufig sind *kognitive* Verarbeitungsprozesse dysfunktional. Es kommt zur Katastrophisierung des Schmerzgeschehens. Es bilden sich rigide Einstellungen und Überzeugungen (pain beliefs) über die Schmerzursachen und -folgen, die häufig zur Aufrechterhaltung des Schmerzverhaltens beitragen. Es kommt zur absoluten Aufmerksamkeitsfokussierung auf den Schmerz, der Schmerz steht im Zentrum des Erlebens. Die *soziale* Situation ist oft gekennzeichnet durch Arbeitsunfähigkeit, zunehmende Beziehungsprobleme in der Familie und Isolationstendenzen. Wie jede idealtypische Beschreibung kann auch die obige Symptombeschreibung das einzelne Individuum nicht abbilden. Würde man z. B. nur das Zeitkriterium für Chronizität benutzen, würden Personen identifizierbar sein, die vielleicht keines der genannten typischen „Symptome" aufweisen. Diese Personen würden zwar über häufige und heftige Schmerzen berichten, aber sich dadurch nicht dauerhaft beeinträchtigt fühlen. Man könnte diese Personengruppe auch als „adaptive copers" bezeichnen, die nicht zu chronifizierten Patienten werden. Aber auch unter wirklichen Patienten ist die Vielfältigkeit und Heterogenität des Schmerzsyndroms auffällig.

Die Klassifikation von Schmerzstörungen

Unabhängig von der Definition einer Schmerzstörung als Gegenstand einer psychologischen oder psychiatrischen Klassifikation hat die International Association for the Study of Pain (IASP) ein allgemeines 5-Achsen-System der Klassifikation vorgeschlagen. So wird ein Schmerzsyndrom zunächst nach der *anatomischen Region* (Achse I), dem *Organsystem* (Achse II), den *zeitlichen Charakteristika* inkl. *Auftretensmustern* (Achse III), der *Intensität* und *Störungsdauer* (Achse IV), sowie der vermuteten *Ätiologie* (Achse V) klassifiziert.

Sind die ersten 4 Achsen als eindeutig deskriptiv zu bezeichnen, so ist die Ätiologie-Achse ebenso deutlich theorie- und konzeptbestimmt. Dabei steht das traditionelle, eher dualistische Konzept der somatischen versus der psychologischen Verursachung im Vordergrund. So unterscheidet Achse V etwa in genetische, traumatische und andere organische Verursachungsfaktoren und grenzt diese von der psychologischen Verursachung ab. Sie wird als gegeben deklariert, wenn *kein* somatischer Grund für die Schmerzen gefunden wird. Eine etwas unklare Zwischenrolle nimmt die Ätiologieannahme „dysfunctional aetiology" ein, bei der, so die IASP-Klassifikation, pathophysiologische Grundlagen gesichert sind oder zumindest als wahrscheinlich angenommen werden und „emotionale" Prozesse eine Rolle spielen *können*.

Das dualistische Konzept hat auch die psychiatrischen Klassifikationssysteme bis zum ICD-10 und DSM-III-R bestimmt. Schmerz wurde in die Klasse der somatoformen Störungen als „Somatoforme Schmerzstörung" aufgenommen, sofern der Schmerz den Patienten „übermäßig" beschäftigte und „adäquate" körperliche Befunde fehlten entweder für das Auftreten von Schmerzen überhaupt oder dessen Intensität. Diese Auffassung kommt der Annahme eines „psychogenen" Schmerzes sehr nahe. Im DSM-III-R wird interessanterweise der sog. Spannungskopfschmerz als unter den „Somatoformen Schmerz" *nicht* subsumierbar betrachtet, da es eine *kausale* pathophysiologische Ursache dafür gebe (Muskelverspannung). Diese Annahme hatte sich bereits zum Zeitpunkt der Erstellung des Klassifikationssystems längst als unhaltbar erwiesen. Gleichzeitig ist es aber sicher, daß gerade Patienten mit Kopfschmerz vom Spannungstyp in chronischer Ausprägung nahezu immer dysfunktionale psychische Merkmale aufweisen. Dieses Beispiel verdeutlicht die Probleme des Versuchs einer Trennung in psychogen und somatogen.

Der DSM-IV beginnt den Dualismus und die trügerische Sicherheit hinsichtlich der Identifikation von Kausalfaktoren zu überwinden. Er unterscheidet eine Schmerzstörung *„in Verbindung mit psychischen Faktoren"* von einer Schmerzstörung mit *sowohl psychischen Faktoren wie medizinischen Krankheitsfaktoren*. Eine Schmerzstörung in Verbindung mit *medizinischen Krankheitsfaktoren* soll auf Achse III (körperliche Störungen) codiert werden. Der DSM-IV erweitert auch das Konzept bedeutsamer Einflüsse psychologischer Faktoren über die Annahme ätiologischer Bedeutsamkeit hinaus auf die Modulation des Schweregrades, der Exazerbation und die Aufrechterhaltung der Störung. Wichtig ist auch, daß Beeinträchtigung und Dominanz der Schmerzen im Erleben der Patienten als Vorbedingung für die Diagnose „Schmerzstörung" explizit genannt werden.

Problematisch bleibt, daß, anders als bei anderen Störungen, die Klassifikationskriterien nicht genügend operationalisiert sind, und deswegen wahrscheinlich eine relativ niedrige Reliabilität der Diagnose anzunehmen ist. Vermutlich werden die Diagnosen auch von der theoretischen Orientierung des Diagnostikers mitbestimmt, wobei möglicherweise verhaltensmedizinisch orientierte Psychologen und Ärzte eher zur Diagnose „Schmerzstörung in Verbindung mit psychischen und medizinischen Faktoren" neigen werden, während vielleicht psychodynamisch orientierte Kollegen häufiger die Diagnose „Schmerzstörungen in Verbindung mit psychischen Faktoren" vergeben werden. Tatsache bleibt, daß, wie jeder praktisch tätige Diagnostiker und Therapeut im Bereich von Schmerzstörungen weiß, oft über einen längeren Zeitraum der Interaktion mit Patienten sowohl die Annahmen über medizinische wie psychologische Einflußfaktoren den Stellenwert von Hypothesen haben und oft genug *nicht* von einigermaßen gesicherten Fakten.

Die Komplexität des Phänomens aufgrund der miteinander interagierenden Systeme sowohl auf der biologischen wie auch psychologischen Ebene überfordert oft genug den Diagnostiker und Therapeuten.

Epidemiologie

Im folgenden soll nur auf Daten rekurriert werden, die Relevanz für *chronische* Schmerzbeschwerden haben. In einer der ersten epidemiologischen Studien zum chronischen Schmerz wurde eine repräsentative Stichprobe von ca. 1200 Personen über 18 Jahren in den USA untersucht. In der Untersuchung wurde Chronizität als Schmerzen „an mehr als 100 Tagen" des vergangenen Jahrens definiert. Dabei ergaben sich für chronischen Gelenkschmerzen Prävalenzen von 19%, für Rückenschmerzen von 16% und Kopfschmerzen von 7%. Insgesamt zeigten Frauen deutlich höhere Prävalenzwerte als Männer, dieses Faktum wird durch nahezu sämtliche epidemiologischen Studien untermauert. Besonders groß ist der Frauenanteil unter den Kopfschmerzpatienten. In einer schwedischen Studie wurden ca. 1000 zufällig ausgewählte Personen untersucht; dabei wurde die Schwere des Schmerzproblems gewichtet. Unter „obvious pain" mit einer Dauer von 6 Monaten und länger, definiert als Empfindung „wie in steifen Muskeln nach ungewohntem Training, einer dadurch ziemlich hohen Beeinträchtigung" litten immerhin nahezu 40% der Befragten. Rückenschmerzen wurden dabei am häufigsten genannt. Weiterhin wurde versucht den Behandlungsbedarf einzuschätzen (Brattberg 1990). Bei Dauerschmerz und deutlicher Funktonsbeeinträchtigung in Abhängigkeit vom Schmerz wurde ein „unabweisbarer Behandlungsbedarf" angenommen. Zu dieser Gruppe zählen ca. 11% der Gesamtstichprobe. Vermutlich kann man diese Zahlen auf die Bundesrepublik Deutschland übertragen. Eine weitere schwedische Studie zeigte ähnliche Zahlen, ca. 13,8% der Bevölkerung weist Schmerz von einer Dauer von mehr als 6 Monaten und eine erkennbare Aktivitätsbeeinträchtigung auf. Hier wurde auch eine Abhängigkeit vom Berufsfeld, d.h. von einer sozialen Schichtvariable gefunden. „Blue collar worker" zeigen höhere Prävalenzraten als „white collar worker".

Von gravierendem Ausmaß ist das Anwachsen der Rückenschmerzen in verschiedenen industrialisierten Ländern, wie USA, England oder auch Deutschland innerhalb der letzten 20 Jahre (vgl. Fordyce 1995). Für die Bundesrepublik wird von einem mehr als 100 %en Anstieg der Arbeitsfehltage wegen Rückenschmerz innerhalb von nur 14 Jahren berichtet (Schulze-Venrath 1993). Einhergehend damit steigerten sich die Beträge für die krankheitsbedingten Kosten (Behandlungskosten, Sozialkosten) auf 34 Mrd. DM.

Es ist davon auszugehen, daß das Gesundheitssystem an den Steigungsraten für Rückenschmerzbeschwerden durch falsche Behandlung, einhergehend mit einer Pathologisierung von Rückenschmerz und sozialrechtlicher Anerkennung als Krankheit, einen Beitrag zum Anwachsen des Problems geleistet hat. Vermutlich sind aber auch Entwicklungen auf dem Arbeitsmarkt (Arbeitslosigkeit, Bedrohung der beruflichen Sicherheit, Bedrohung der finanziellen Existenzsicherung, Arbeitsintensivierung) an diesem Phänomen beteiligt.

Epidemiologie

Das Störungs- oder Krankheitsmodell und das konkrete empirische Störungswissen haben ebenso wie Interventionsmodelle und das Veränderungswissen eine maßgeblich **handlungsleitende Funktion** für die Therapie allgemein und somit auch für die psychologische Behandlung chronischen Schmerzes.

Im **Störungsmodell,** auf das sich die Verhaltenstherapie stützt, ist chronischer Schmerz definiert:
- als Syndrom mit biologischen, psychologischen (kognitiv-emotionalen, behavioralen) und sozialen Komponenten,
- durch eine Beschwerdendauer von mehr als sechs Monaten,
- durch die große Häufigkeit und Schwere des Schmerzerlebens,
- durch den hohen Grad der Beanspruchung der Einrichtungen des Gesundheitswesens,
- durch eine meist regelmäßige, oft exzessive Schmerzmedikamenteneinnahme,
- durch das hohe Ausmaß erlebter Beeinträchtigung in verschiedenen Bereichen des Lebens (Kröner-Herwig 1990, vgl. auch Gerbershagen, zitiert nach Klingler u. Bauchinger 1993).

Ein chronisches Schmerzsyndrom

Fallbeispiel

Herr K. (63 Jahre) litt seit 17 Jahren an Rückenschmerz. Er wurde deswegen auf Anraten seiner Ärzte im Alter von 51 Jahren berentet und aus seinem Beruf herausgerissen, den er sehr liebte. Im Anfangsstadium seiner Beschwerden war ein Bandscheibenvorfall diagnostiziert worden. Auf eine erste hinsichtlich der Schmerzbeseitigung erfolglose Operation folgten zwei weitere, wiederum mit nur kurzfristigem bzw. gar keinem Erfolg. Die Schmerzbelastung hatte sich über die Jahre in ihrer Intensität und Dauer gesteigert. Herr K. litt mittlerweile unter Dauerschmerzen. Der Patient hatte im Laufe der Jahre die verschiedensten Ärzte aufgesucht, war mit Injektionen, oralen Analgetika, Physiotherapie, Balneotherapie und Antidepressiva behandelt worden. Er hatte sich wegen des langjährigen Konsums von Analgetika einer Magenoperation unterziehen müssen. Zum Zeitpunkt der Aufnahme in die Verhaltenstherapie befand sich Herr K. zusätzlich zur orthopädischen noch in einer schmerzmedizinischen Behandlung. Dort wurde ihm empfohlen, sich in eine schmerzpsychologische Therapie zu begeben. Die psychosoziale Situation von Herrn K. war geprägt durch seine verzweifelte und hoffnungslose Stimmung. Die Schmerzbeschwerden verdüsterten sein ganzes Leben. Er verließ das Haus nur selten, meist nur noch, um den Arzt aufzusuchen. Er hatte aufgrund der Einbuße an Mobilität durch die Rückenbeschwerden kaum noch Kontakte zu Bekannten und Verwandten. Seinen Tag verbrachte er im wesentlichen ruhend auf dem Sofa. Eine Beschäftigung, die ihn mit Zufriedenheit erfüllte, hatte Herr K. nicht. Eine solche sah er aufgrund seiner „desolaten" körperlichen Situation auch als undenkbar an. Die Ehesituation war im Laufe der Jahre, auch aufgrund des ständigen engen Zusammenseins in der kleinen Wohnung, in die nach der Berentung umgezogen werden mußte, sehr angespannt. Herr K. dachte häufig über Suizid nach und hatte auch bereits einen Versuch begangen (ausführliche Darstellung des Falls vgl. Frettlöh 1995).

Folgende Grundannahmen hinsichtlich der **Ätiologie** und besonders der **Aufrechterhaltung** chronischer Schmerzsyndrome kennzeichnen den Ansatz der Verhaltenstherapie:
- Biologische wie psychosoziale Faktoren sind beteiligt.
- Zu den relevanten psychologischen Faktoren zählen Lernprozesse, soziale Interaktionsprozesse sowie kognitive Verarbeitungsprozesse.

Lernprozesse, die prägend für die spätere Entwicklung eines chronischen Schmerzsyndroms sind, beginnen schon früh in der Kindheit. Für die Übernahme von Schmerzausdrucks- sowie Schmerzbewältigungsverhalten, wie es von der Kernfamilie den Kindern und Jugendlichen „modellhaft" vorgelebt wird, gibt es eine Reihe von unterstützenden empirischen Befunden (Violon u. Giurgea 1984, Edwards u. Mitarb. 1985). Von ganz besonderer Bedeutung für die Ausgestaltung des Schmerzsyndroms ist das Vermeidungslernen, beispielsweise die Beibehaltung schmerzmindernden Verhaltens (Schonverhalten) aus der Phase der akuten Störung oder die Stärkung des Schmerzverhaltens und -erlebens infolge der Vermeidung subjektiv negativ besetzter Situationen (z. B. berufliche Belastung, eheliche Auseinandersetzung) durch den Schmerz (Philips 1987). Auch positive Verstärkung von Schmerzverhalten in der sozialen Interaktion ist häufiger zu beobachten (differentielle Zuwendung bei Schmerz), bei gleichzeitiger Löschung bzw. Bestrafung von Gesundheitsverhalten (Schonungsgebot, Übernahme von Aktivitäten durch den Partner). Besonders relevant für die Entwicklung eines Schmerzsyndroms sind die kognitiven Prozesse, wie eine depressive, hilflose Verarbeitung des Schmerzes, die Katastrophisierung der Schmerzkonsequenzen oder rigide medizinische Kausal- oder Kontrollüberzeugungen, die sich in biologischen Defektmodellen des Patienten zeigen („Meine Wirbelsäule ist kaputt, da kann man nichts mehr tun!") (Turk u. Rudy 1992).

Für die Planung der Therapie wird – gerade in der Verhaltenstherapie – den aufrechterhaltenden stärker als den ätiologischen Faktoren ein besonderes Gewicht zugebilligt.

Hypothesen zur Aufrechterhaltung des Schmerzsyndroms

Fallbeispiel

Die folgenden Faktoren wurden aufgrund eines diagnostischen Interviews (Problemanalyse) mit Herrn K. sowie einer schmerzmedizinischen Anamnese als die vermutlich aufrechterhaltenden Bedingungen angenommen:
- Nicht spezifizierbare somatische (neurologische) Schädigungen infolge der Mehrfachoperationen (therapeutisch nicht kausal angehbar).
- Extreme Einschränkung der körperlichen Aktivität mit negativen Folgen für die Muskulatur (Dekonditionierung) und für das antinozeptive Regulationssystem (Endorphine).
- Depressive Verarbeitung der Verlustsituation „Berentung" mit Verstärkerverlust für Aktivitäten.
- Defizitäres Repertoire an nicht-beruflichen Aktivitäten.
- Eine durch das Gesundheitssystem verfestigte „Schonungsideologie".
- Überfürsorgliches Verhalten der Ehefrau (Verstärkung von Krankheitsverhalten/Löschung von Gesundheitsverhalten).

X

- Schmerzattribuierter Rückzug, motiviert durch Angst vor ehelichen Auseinandersetzungen.
- Wertlosigkeits- und Katastrophenkognitionen („Mit dem Schmerz bin ich zu nichts mehr nütze." „Wenn das so weitergeht, werde ich verrückt." „Was soll denn noch helfen?").

Die psychologische Schmerzdiagnostik hat im Einzelfall die konkreten Einflußfaktoren zu spezifizieren und zu gewichten. Eine negative medizinische Befundung bedeutet in der Regel lediglich, daß die somatischen Einflußfaktoren nicht erkannt sind. Es bedeutet keinesfalls, daß diese nicht vorhanden sind. Die neueren Befunde der physiologischen Forschungen weisen auf die Existenz biologischer chronifizierender Prozesse hin, die der medizinischen Diagnostik nicht, bzw. noch nicht zugänglich sind (Coderre u. Mitarb. 1993). Aus fehlenden medizinischen Befunden ist somit nicht auf Psychogenität zu schließen.

Die Indikation für eine Verhaltenstherapie besteht in einer hohen subjektiven Beeinträchtigung des Patienten. Diese wird bestimmt durch:
- dysfunktionale kognitive Verarbeitungsprozesse,
- defizitäre Bewältigungsstrategien,
- dysfunktionale Verhaltensregulation,
- körperliche Behinderung als Schmerzkorrelat,
- die Schwere des Schmerzes (Intensität und Dauer).

Die Schwere des Schmerzes ist für das Ausmaß der Beeinträchtigung oft weniger bedeutsam als die übrigen Faktoren (Kröner-Herwig u. Mitarb. 1996).

Des weiteren ist für die Aufnahme der Therapie die, zumindest anfänglich „probeweise", Übernahme des soeben skizzierten Schmerzmodells durch den Patienten im Sinne einer positiven Veränderungsmotivation erforderlich.

Indikationshinweise

Fallbeispiel

Indikation für die Aufnahme in eine Verhaltenstherapie bei Herrn K. waren:
- Massive psychosoziale Beeinträchtigungen entsprechend den Daten des Interviews und den psychometrischen Tests.
- Klare psychosoziale Zielperspektiven.
- Medizinische Interventionen nur noch im Sinne der medikamentösen Schmerzdämpfung möglich (nach Austausch mit Schmerzmediziner).
- (vorsichtige) Offenheit des Patienten gegenüber dem psychotherapeutischen Angebot.

Das Interventionskonzept der verhaltenstherapeutischen Schmerzbehandlung ist durch folgende grundlegende Annahmen gekennzeichnet:
- Eine multidimensionale Behandlung (mit medizinischer **und** psychosozialer Intervention) wird der Multidimensionalität des Syndroms am ehesten gerecht.
- Die Medizin wie die Psychologie verfügen über erfolgreiche professionsspezifische Interventionen, die auf der Grundlage eines gemeinsamen Konzeptes und beständiger Kooperation einander unterstützen können. Andere Professionen, wie z. B. Sport- und Physiotherapie, können für die Behandlung ebenfalls wesentliche Beiträge leisten.
- Ziel der Intervention ist die Reduzierung der Beeinträchtigung, nicht unbedingt die völlige Beseitigung des Schmerzes. Eine erhebliche Verbesserung der Lebensqualität des Patienten kann trotz weiterbestehender Schmerzbelastung erreicht werden.
- Kognitiv-behaviorale Interventionen sind in der Regel besonders nützlich, wenn nicht sogar unabdingbar zur Erreichung der o. g. Interventionsziele.

Ein **verhaltenstherapeutisches Interventionsprogramm** nutzt Verfahren der Kognitions- und Verhaltensmodifikation zur Erreichung folgender typischer Ziele:
- Aufbau eines subjektiven Schmerzmodells mit bio-psycho-sozialen Annahmen.
- Analyse von Schmerzauslösern und verstärkenden Bedingungen sowie deren Modifikation.
- Aufbau von Aktivitäten mit verstärkenden Konsequenzen (Selbst-/Fremdverstärkung) sowie der daraus sich ergebenden Defokussierung des Schmerzes.
- Regulation von Aktivitäten (Abbau des Teufelskreises: Selbstüberforderung – Schmerz – Schonung – Selbstüberforderung).
- Medikamentenoptimierung in Kooperation mit dem Arzt.
- Erlernen von Entspannungstechniken zur Durchbrechung des Verspannung-Schmerz-Verspannung-Kreises.
- Erlernen von Aufmerksamkeitslenkungsstrategien zur Ablenkung von Schmerz, insbesondere affektiver Schmerz-Defokussierung.
- Erlernen von Problem- und Streßbewältigungstechniken (s. auch Auslösermodifikation).
- Stärkung der Kontroll- und Selbsteffizienzüberzeugungen und somit Abbau der Hilflosigkeit im Umgang mit Schmerz.
- Analyse und Modifikation dysfunktionaler Gedanken im Zusammenhang mit Schmerz.
- Veränderung von dahinterstehenden Glaubenssätzen, Grundannahmen und Verarbeitungsschemata (vgl. Basler u. Kröner-Herwig 1998, Geissner u. Jungnitsch 1992).

Therapeutisches Programm

Fallbeispiel

Herr K. erhielt die Möglichkeit, an einer strukturierten und im Ablauf standardisierten Einzeltherapie mit insgesamt 13 Sitzungen teilzunehmen. Die schmerzmedizinische Behandlung wurde in enger Absprache der Behandler (Arzt/Psychologe) weitergeführt.

Die zuvor genannten Interventionsstrategien waren Bestandteil des psychologischen Behandlungsprogramms.
- Die Edukation zum Aufbau einer multifaktoriellen, subjektiven Schmerztheorie (unter Zuhilfenahme von Video, schriftlichem Material, Diskussion) fand in Herrn K. einen sehr aufgeschlossenen Adressaten. Der Patient hielt das angebotene Schmerzmodell, welches deutlich macht, daß sowohl das Erleben und das Verhalten vom Schmerz beeinflußt werden, aber auch, daß beides den Schmerz selbst beeinflußt, für sehr überzeugend. Er erhielt das Video mit nach Hause, um die

Inhalte gemeinsam mit seiner Frau und Tochter zu vertiefen.

- Die eingeführten Entspannungsübungen (PMR) zur Durchbrechung des Schmerz-Spannung-Schmerz-Kreises wurden von Herrn K. mehrfach wöchentlich durchgeführt. Er empfand sie als wohltuend und beruhigend, jedoch ohne dauerhaften Einfluß auf die Schmerzintensität. Die Entspannungsübungen wurden von Herrn K. als eine eigenständige, von ihm selbst initiierte und kontrollierte Aktivität wahrgenommen, die er ohne die oftmals als lästig empfundene „Einmischung" seiner Frau absolvierte. Er rechnete es sich selbst als Erfolg an, daß andere eine größere Ruhe an ihm wahrnahmen und war sehr stolz darauf.
- Der Selbstbeobachtung (mittels Tagebüchern) war zu entnehmen, daß der Klient unter einer besonders schlechten Stimmung und extremen Schmerzwahrnehmung in „Ruhe-" und „Schonzeiten" litt. Hieraus ergab sich die Erarbeitung von konkreten Zielperspektiven mit dem Aspekt, schmerzdefokussierende Aktivitäten aufzunehmen, wie z.B. Aktivitäten innerhalb des häuslichen Bereichs (historische Literatur lesen, alte Photos sortieren usw.). Diese Tätigkeiten machten Herrn K. viel Spaß, und er stellte fest, daß er darüber den „Schmerz" in manchen Situationen fast ganz vergaß.
  Er selbst wollte die Aktivitäten auch auf den außerhäuslichen Bereich ausdehnen. Er war voller Initiative bei der Planung, aber ebenso voller Abwehr bei der konkreten Durchführung. Dabei wurden Probleme mit der Ehefrau als Hindernisse auf dem Weg zur Realisierung deutlich. Das Angebot einer Einbeziehung der Ehefrau in die Therapie wurde von Herrn K. mit der Begründung abgelehnt, er wolle die Therapie „allein" machen, da ihm dies sonst bei keiner Unternehmung möglich sei. Nach intensiver therapeutischer Arbeit gelang schließlich der Aktivitätsaufbau. Herr K. begann, Schülern in der Nachbarschaft Nachhilfeunterricht zu erteilen.
- Die Modifizierung dysfunktionaler schmerzbezogener Kognitionen wurde mit Hilfe von Methoden zur Selbstbeobachtung, Rollenspielen und Übungen zur Findung funktionaler Kognitionen angegangen. Das Grundmodell, daß negative Kognitionen zu negativen Stimmungen und dysfunktionalen Verhaltensweisen führen, wurde vom Patienten als „neue Sicht auf ein altes Problem" bereitwillig akzeptiert. Allerdings war er nicht sehr flexibel bei der Erarbeitung neuer „Gedanken" und Einstellungen und mußte von der Therapeutin stark unterstützt werden. Schließlich machte sich der Patient diese „Ideen" aber sehr erfolgreich zu eigen.
- Ein weiterer Baustein in der Therapie war die Medikamentenreduzierung und -optimierung in Zusammenarbeit mit dem Arzt, wobei sich die psychologische Intervention auf Akzeptanz der Umstellung und gewissenhaftes Einnahmeverhalten konzentrierte.

Zur Beurteilung der Nützlichkeit eines bestimmten Therapieansatzes gehört, neben der theoretischen Verankerung in Störungs- sowie Interventionsmodellen sowie deren Plausibilität für Patienten und Therapeuten, auch die **Prüfung ihrer Wirksamkeit** (Evaluation). Eine große Anzahl **empirischer Studien** hat den eben dargestellten Therapieansatz, oft auch Schmerzmanagementprogramm genannt, in mehr oder weniger unterschiedlichen Ausformungen bei verschiedenen Störungsgruppen untersucht. Effektivitätsnachweise wurden sowohl für ambulante, meist standardisierte Gruppenprogramme mit im Regelfall 8 bis 12 Sitzungen (vgl. z.B. Turner u. Clancy 1988, Martin u. Mitarb. 1989), wie auch für stationäre Programme von 3- bis 6wöchiger Dauer (vgl. Cinciripini u. Floreen 1982, Maruta u. Mitarb. 1990) erbracht. Ein Großteil der Patienten dieser evaluierten Behandlungsprogramme litten an chronischen Rücken- oder Kopfschmerzen, generell sind aber nahezu alle Syndrome in Studien erfaßt.

In einer umfangreichen deutschen Studie (Basler u. Kröner-Herwig 1998) an ca. 200 Kopf- und Rückenschmerzpatienten wurde untersucht, ob eine zusätzlich zur schmerzmedizinischen Versorgung angebotene kognitiv-behaviorale Therapie eine Wirksamkeitssteigerung erzielt. Die standardisierte psychologische Therapie (Frettlöh u. Mitarb. 1998) bestand im wesentlichen aus den zuvor dargestellten Interventionselementen, die in einem ambulanten Gruppentraining mit 13 Sitzungen à 2,5 Stunden durchgeführt wurde. Es konnte in nahezu allen geprüften Variablen und bei beiden Syndromgruppen eine deutliche Überlegenheit dieses Ansatzes im Vergleich zur rein medizinischen Behandlung nachgewiesen werden. Die Effektivität zeigte sich im Abbau von Depressivität, der Reduktion von allgemeinen Beschwerden, der Verbesserung von Schmerzbewältigungsverhalten, der Verringerung von katastrophisierenden Kognitionen, generell durch die Minderung der Beeinträchtigung und einer größeren Zufriedenheit mit der eigenen Gesundheit. Auch die Schmerzbelastung konnte in einigen Variablen reduziert werden (Basler u. Kröner-Herwig 1998).

Eine andere deutsche Arbeitsgruppe untersuchte einen etwas anders ausgerichteten Therapieansatz bei hochchronifizierten Rückenschmerzpatienten (Pfingsten u. Mitarb. 1993). Hier wurde in einem teilstationären Setting (achtstündiger Behandlungstag in der Klinik mit Übernachtung zu Hause oder im Hotel) ein fünfwöchiges Training mit einem starken Akzent auf körperlicher Rekonditionierung durchgeführt. Die Patienten mit oftmals lang bestehender Arbeitsunfähigkeit trainierten ihre Muskulatur an Sportgeräten, führten täglich Sportarten wie Jogging oder Schwimmen durch, absolvierten täglich Entspannungsübungen und eine psychologische Gruppentherapie. Der Erfolg dieses Trainings war beeindruckend. Es stellten sich ähnliche Veränderungen wie in der zuvor beschriebenen Studie ein. Ca. 69% der Patienten nahmen nach der Therapie ihre Berufstätigkeit nach langer Arbeitsunfähigkeit wieder auf, was als ein besonders bedeutsamer Therapieerfolg gewertet werden muß. Weitere Forschungsstudien mit randomisierten Kontrollgruppendesigns oder Praxisstudien mit vorher/nachher Messungen zeigen in der Regel ebenfalls die Effektivität von Behandlungsansätzen der hier geschilderten Art auf (vgl. die Übersichtsarbeiten Flor u. Mitarb. 1992, Kröner-Herwig 1992, Kröner-Herwig 1993).

Effekte der Therapie

Fallbeispiel

Bei Herrn K. zeigte sich im Schmerztagebuch eine deutliche Verbesserung der Schmerzparameter Intensität und Dauer, ohne daß es zu einer völligen Schmerzbeseitigung

X

kam. Die Medikamentenreduktion war gering, es konnte lediglich eine Reduzierung von opioiden Analgetika sowie das Absetzen von schmerzdämpfenden Injektionen erreicht werden. Ein Absetzen der Antidepressiva wurde für die Zeit nach Beendigung der psychologischen Therapie vorbereitet.

Der Aufbau körperlicher und sozialer Aktivitäten war sehr erfolgreich (mehrfach wöchentliches Spazierengehen über 1 bis 2 Stunden, Veranstaltungen besuchen, Einkaufen gehen, Nachhilfeunterricht geben, Verwandte besuchen, Schwimmen gehen).

Die depressive Verstimmtheit hatte erheblich nachgelassen. Das Gefühl der Hilf- und Hoffnungslosigkeit war dem Gefühl, selbst wieder Kontrolle über das eigene Leben zu haben, und dem Erleben von neuer Lebensfreude gewichen. Die Aussicht, wahrscheinlich auch in Zukunft mit dem Schmerz leben zu müssen, war nicht mehr existenziell bedrohlich, da der Patient jetzt die Überzeugung hatte, den Schmerz in den Griff bekommen zu haben und etwas dagegensetzen zu können. Suizidgedanken traten nicht mehr auf.

Der Patient war außerordentlich zufrieden mit seinen Fortschritten. Die eheliche Beziehung hatte sich aufgrund der größeren Unabhängigkeit des Patienten entspannt.

Der Patient hatte jedoch Zweifel daran, daß die unerwartet positive Entwicklung auch in Zukunft anhalten würde. Aus diesem Grund bat er um die Möglichkeit, ggf. nach einigen Monaten den Kontakt zur Therapeutin noch einmal aufnehmen zu können.

Studien, die die Nützlichkeit der Anwendung anderer psychotherapeutischer Verfahren oder Ansätze (z.B. psychoanalytische, gesprächspsychotherapeutische o.ä. Ansätze) untersuchen, gibt es bis auf ganz wenige Ausnahmen nicht (vgl. Egle u. Mitarb. 1992). Somit ist der hier skizzierte kognitiv-behaviorale Ansatz bislang der einzige, der seine Effektivität und Praktikabilität nachgewiesen hat. Besonders zu unterstreichen ist hierbei die **Ökonomie** dieses Ansatzes, insbesondere dann, wenn es sich um ambulant durchgeführte Gruppenprogramme handelt.

Nicht verschwiegen werden soll, daß trotz guter Erfolgsquoten ca. 30 bis 40% der hoch chronifizierten Patienten auch von diesem Therapieansatz nicht profitieren. Daraus kann u.a. die Schlußfolgerung gezogen werden, daß die Entwicklung, Anwendung und Evaluation von **sekundär-präventiven,** unter Umständen auch **primär-präventiven Programmen,** die sowohl individuelles Leiden verhindern wie gesellschaftliche Kosten reduzieren könnten, dringend erforderlich ist. In beiden Bereichen können kognitiv-behaviorale Strategien zur Verhaltens- bzw. Systemänderung durchaus nützlich sein, wie erste Studien bereits zeigen (Linton 1987, Linton u. Mitarb. 1989, Linton u. Bradley 1992, Kröner-Herwig u. Mitarb. 1995). Weiterhin muß eingeräumt werden, daß eine integrierte medizinisch-psychologische Schmerztherapie bislang nicht ausreichend in unser Gesundheitssystem implementiert werden konnte. Dies liegt zum einen daran, daß es noch zu wenig spezifisch ausgebildete Psychologen gibt. Zum anderen erschweren oder verhindern die Strukturen des Gesundheitssystems eine Integration psychologischer Verfahren in das Behandlungsangebot. Dennoch haben immer mehr Klinikambulanzen Klinische Psychologen in ihrem Team. Niedergelassene schmerztherapeutisch tätige Ärzte arbeiten immer häufiger mit Psychologen zusammen oder streben dies an. Diese Entwicklung sollte im Interesse der Patienten stärker unterstützt und gefördert werden.

42. Sexuelle Störungen

Psychoanalytische Psychotherapie

H. Richter-Appelt

Einleitung

Der Sexualität wurde in der psychoanalytischen Krankheitslehre nicht immer gleiche Beachtung geschenkt. Sucht man in der 1997 erschienenen „Allgemeinen psychoanalytischen Krankheitslehre" von Krause nach dem Stichwort Sexualität, findet man keine Angabe. (In den Band II wurde die kindliche Sexualentwicklung aufgenommen.) Im Gegensatz dazu betont der Autor, daß Fenichels psychoanalytische Neurosenlehre (1945 bzw. deutsch 1972 – 1977) noch heute als Nachschlagewerk der differentiellen Krankheitslehre unverzichtbar sei. In diesem Klassiker findet man unter dem Schlagwort Sexualität 126 (!) Eintragungen, beginnend mit Sexualabwehr und endend mit unbewußten sexuellen Wünschen. Diese enorme Diskrepanz kann nicht nur am Vorgehen bei Erstellung des Sachwortkatalogs liegen, sie spiegelt auch den Umgang mit der Sexualität in der modernen Psychoanalyse wider. Green (1998) stellt sogar die Frage, ob Sexualität etwas mit Psychoanalyse zu tun hat.

Die Theorie der Psychosexualität Freuds hat modernes Denken weitreichend beeinflußt. Selbst wenn viele seiner Gedanken hinsichtlich der frühkindlichen Entwicklung heute als überholt angesehen werden müssen, haben grundlegende Überlegungen immer noch Gültigkeit. Im folgenden wird auf die Anfänge der sexualtheoretischen Ansätze in der Psychoanalyse kurz eingegangen, wobei das Schwergewicht auf die Psychologie der Geschlechter gelegt wird. Die psychoanalytische Phasenlehre wird als bekannt vorausgesetzt, sie wurde an vielen Stellen ausführlich beschrieben. Auch wird im weiteren nicht explizit nach einzelnen psychoanalytischen Schulrichtungen getrennt (s. Kapitel 13).

Der Betrachtung spezifischer sexueller Störungen unter psychoanalytischen Gesichtspunkten wird jeweils eine Darstellung der Einteilung sexueller Störungen nach den gängigen diagnostischen Klassifikationssystemen (DSM-IV und ICD-10, Diagnostisches und Statistisches Manual Psychischer Störungen DSM- IV 1986) vorangestellt.

Dabei lassen sich drei Gruppen von Störungsbildern unterscheiden:

- sexuelle Funktionsstörungen,
- Paraphilien,
- Geschlechtsidentitätsstörungen.

Zum Sexualitätsbegriff Freuds

Freud möchte Sexualität nicht gleichgesetzt wissen mit sexuellem Verhalten und schlägt vor, den Begriff durch „Psychosexualität" zu ersetzen, um den somatischen Aspekt der Sexualität nicht zu sehr in den Vordergrund zu rücken. Er ist der Auffassung, daß „abnorme" und „normale" Äußerungen sexueller Triebregungen nicht qualitativ voneinander zu trennen sind. Auch wenn Freud den Sexualitätsbegriff ausgeweitet hatte, versteht er letztlich unter „normal" diejenigen Sexualhandlungen, die als Ziel den vollständig vollzogenen Koitus haben und als Sexualobjekt eine gegengeschlechtliche Person. „Abnorme" Äußerungen sind **Perversionen**, sexuelle Triebregungen, bei denen die innerpsychischen Widerstände zu schwach sind, und **neurotische Sexualentwicklungen**, bei denen die Widerstände sehr stark sind, die Sexualtriebe verdrängt werden und sich in einem neurotischen Symptom manifestieren.

Freud weist darauf hin, daß Sexualität bereits beim Kind angenommen werden müsse und nicht erst mit der Pubertät einsetzt. Sie ist beim Kind in einer spezifischen psychischen Energie, der Libido, vorhanden und für das Triebleben des Kindes bestimmend. In den drei Abhandlungen zur Sexualtheorie (Freud 1905) beschreibt er das Kind als „polymorph pervers" veranlagt, seine Sexualität steht nicht im Zeichen der Fortpflanzung. Durch die Erziehung, in der Moral, Scham und Ekel eine wichtige Rolle spielen, werden „seelische Dämme" errichtet, die einerseits eine restriktive Bedeutung haben, aber auch dazu beitragen, die reife, heterosexuell orientierte und auf Fortpflanzung ausgerichtete Psychosexualität des Erwachsenen vorzubereiten.

Hinsichtlich der Objektwahl (Auswahl der primären Bezugsperson) unterscheidet Freud folgende Entwicklungsschritte:

- **erste Objektwahl:** die Mutter, daher auch „inzestuöses Liebesobjekt",
- **Aufgabe des „inzestuösen Liebesobjekts"** durch Zielhemmung nicht realisierbarer Triebwünsche bzw. Überwindung des Ödipuskomplexes, bedingt durch die Inzestschranke. Das Kind realisiert, daß es nicht zum Partner des gegengeschlechtlichen Elternteils werden kann, daß ein Erwachsener diesen Platz einnimmt.
- **zweite postpubertäre Objektwahl.** Als Vorbild steht dabei meist die erste Objektwahl. Es wird angenommen, daß alle Objektbeziehungen im Erwachsenenalter durch die wichtigen Erfahrungen innerhalb der Objektbeziehungen während der Kindheit mitbestimmt werden.

X

Zur Psychologie der Geschlechter

Im folgenden werden einige wichtige Gedanken beschrieben, die sich vor allem auf die Entwicklung der Körper- und Geschlechtsidentitätsgefühle beziehen.

Bemerkungen zur Entwicklung des Knaben

Im Laufe des ersten Lebensjahres verfügt das Kind zwar noch nicht über eine psychische Repräsentanz seiner Geschlechtsteile, entdeckt aber durch Stimulation durch die Pflegeperson und Selbststimulation die Genitalien als einen lustspendenden Körperteil. Im zweiten Lebensjahr entwickelt der Junge ein Gefühl für körperliches Funktionieren, vor allem für Kontrolle über Körperfunktionen, das mit Stolz verbunden sein kann. Der Spaß, der beim Urinieren in dieser Phase beobachtet werden kann, führte dazu, daß von Urethralerotik (Abraham 1917, Roiphe u. Galenson 1981) gesprochen wurde.

In der klassischen psychoanalytischen Theorie wird immer wieder hervorgehoben, wieviel Angst die Entdeckung des anatomischen Geschlechtsunterschieds im 3. Lebensjahr hervorruft. Viel zu wenig Beachtung wird dem Aspekt geschenkt, daß die Entdeckung der Andersartigkeit des primären Liebesobjekts Interesse und Neugier hervorruft, die in den bald einsetzenden Doktorspielen (Sies 1996) zum Ausdruck kommen. Auch wird dem Erstaunen beim Anblick des erwachsenen männlichen Genitales vergleichsweise wenig Beachtung geschenkt (Tyson 1991).

Mit Stolz zeigt der kleine Knabe in diesem Alter seine Genitalien. Er erlangt durch diesen phallischen Exhibitionismus Befriedigung für sein Selbstwertgefühl. Bewunderung und Akzeptanz durch die Eltern führen zu Selbstvertrauen in die Männlichkeit. Gleichzeitig muß das Ich es schaffen, sexuelle und aggressive Impulse zu integrieren. Im Umgang mit dem Urinieren (auch im Wettkampf mit anderen) und durch kindliche Masturbation differenziert sich das Gefühl der Kontrolle über den Körper. Es besteht ein besonderes Interesse an Körpervorgängen und der Sexualität der Eltern. Überstimulierung und Unterdrückung sexueller Regungen (vgl. Richter-Appelt in diesem Buch) in dieser Zeit können weitreichende Konsequenzen für die Erwachsenensexualität haben.

Fehlt die Identifikationsfigur des Vaters, mag es leicht zu einer verlängerten intensiven Bindung an die Mutter kommen, die eine Störung der Entwicklung des Körpergefühls bedingen kann. Die in der Loslösung notwendigerweise zum Ausdruck gebrachte Aggression darf aus Angst, die Mutter zu verlieren, nicht ausgelebt werden.

In der phallisch-narzißtischen Phase kommt es zur Entwicklung des sexuell differenzierten und intakten Körperbildes und zur Übernahme der männlichen Geschlechtsrolle. Die Kastrationsangst muß bewältigt werden, damit andere Menschen nicht zur narzißtischen Befriedigung von Bedürfnissen durch Bewunderung, Kampf oder Entwertung gebraucht werden. Die Verbindung von sexueller Erregung mit Kastrationsängsten kann zu zwanghafter Masturbation führen. Die Befürchtung, der Penis könnte verletzt worden sein, wird durch den anhaltenden Wunsch, sich selbst zu bestätigen, daß dies nicht der Fall ist, widerlegt.

In der ödipalen Phase ist der Junge stark mit dem Vater identifiziert, möchte wie er die Mutter besitzen. Dabei muß er lernen, das Ausgeschlossensein zu akzeptieren. Wichtig für die Entwicklung der Männlichkeit ist hier, daß die Rivalität mit dem Vater in der Phantasie und Realität ausgelebt und getestet werden kann, ohne daß der Vater ernsthaft gekränkt ist oder gar real verschwindet durch Krankheit, Tod oder Trennung der Eltern.

Soweit eine kurze Beschreibung einiger Aspekte der Entwicklung des kleinen Knaben aus psychoanalytischer Sicht. Diese Entwicklungspsychologie setzt eine intakte Drei-Personen-Familie voraus, die heute immer seltener geworden ist. Schmauch (1996) diskutiert Probleme der männlichen Entwicklung und weist auf viele kritische Punkte der klassischen psychoanalytischen Betrachtung männlicher Entwicklung hin. Im Vergleich zur frühen Kindheit spielen bei Freud Pubertät, Jugend und Erwachsenenalter eine erstaunlich geringe Rolle. Die modernen Traumatheorien haben die Bedeutung kritischer Erfahrungen in späteren Lebensphasen besonders hervorgehoben.

Es gibt eine vergleichsweise geringe Anzahl von Arbeiten zur Entwicklung des Mannes bzw. zur Männlichkeit. Man muß sich fragen, warum dieses Thema so wenig Interesse hervorgerufen hat. Auffallend ist dabei die Tatsache, daß es bei der männlichen Sexualität in erster Linie Arbeiten zu Homosexualität und Perversion gibt. Dies ist um so erstaunlicher, als auch die männliche Sexualität in den letzten Jahren enormen Veränderungen unterlag. Die früher bestehende Angst vor einer „drohenden" Schwangerschaft hat sich auf ein Minimum reduziert. Frauen sind in ihrer Sexualität sehr viel selbstbewußter geworden. Dadurch ist zwar auf der einen Seite ein enormer Druck von den Männern genommen worden, nicht mehr allein für die partnerschaftliche Sexualität verantwortlich zu sein, gleichzeitig sind Frauen aber auch fordernder geworden, was zu einer verbreiteten Verunsicherung von Männern geführt hat. All diese Entwicklungen haben neben den familiären Veränderungen zu einem neuen Umgang mit Körper und Sexualität geführt (Schmidt 1998, Sigusch 1998), der sich auch im Umgang mit Kindern niederschlägt. Die kindliche Entwicklung hat sich gerade hinsichtlich der Identifizierung und Idealisierung von Vater und Mutter stark verändert.

Geschlechtsspezifische Betrachtung der Sexualität

Trieb und Libido werden in der psychoanalytischen Theorie als geschlechtsübergreifende Konstrukte verstanden. Ursprünglich wurden sie jedoch von Freud dem Mann zugeschrieben und ihre Realisierungen bei der Frau wurden als männlich aufgefaßt. In den drei Abhandlungen zur Sexualtheorie führt Freud 1905 dies anhand der kindlichen Sexualität näher aus: „Mit Rücksicht auf die autoerotischen und masturbatorischen Sexualäußerungen könnte man den Satz aufstellen, die Sexualität der kleinen Mädchen habe durchaus männlichen Charakter. Ja, wüßte man den Begriffen „männlich" und „weiblich" einen bestimmten Inhalt zu geben, so ließe sich auch die Behauptung vertreten, die Libido sei regelmäßig und gesetzmäßig männlicher Natur, ob sie nun beim Manne oder beim Weibe vorkomme und abgesehen von ihrem Objekt, mag dies der Mann oder das Weib sein." (1905, S. 120) Dieses Zitat macht deutlich, wie eng die Triebtheorie Freuds mit seiner Auffassung von Männlichkeit und Weiblichkeit verknüpft ist. Auch wenn Freud im Laufe der Jahre seine Vorstellung, die Libido sei männlicher Natur, revidiert hatte und 1931 in seiner Arbeit über die Weiblichkeit meint, „es gibt nur eine Libido... wir können ihr kein Geschlecht geben", vertritt er dennoch weiterhin die Auffassung, die kindliche Sexualität des Mädchens sei männlich und müsse durch Entwicklung und Reifung zu einer weiblichen Sexualität werden. Seine theoretischen Arbeiten über die psychosexuelle Entwicklung der Frau verfaßte Freud erst zwischen 1925 und 1933, also in hohem Alter. Noch 1925 meint er: „Wenn wir die ersten psychischen Gestaltungen des Sexuallebens beim Kinde untersuchten, nahmen wir regelmäßig das männliche Kind, den kleinen Knaben, zum Objekt. Beim kleinen Mädchen, meinten wir, müsse es ähnlich zugehen, aber doch in irgendeiner Weise anders. An welcher Stelle des Entwicklungsganges diese Verschiedenheit zu finden ist, das wollte sich nicht klar ergeben." (1925, S. 358)

Schon früh kritisierten vor allem die Frauen unter den Psychoanalytikern Freuds Sichtweise der Weiblichkeit. Die Weiterentwicklungen innerhalb der psychoanalytischen Theorie sind jedoch erst in den letzten Jahren von der Öffentlichkeit aufgegriffen worden, so daß die Psychoanalyse lange als frauenfeindlich galt. Dazu haben sicherlich Freuds Auffassungen über die Weiblichkeit beigetragen. Man sollte diese allerdings unter historischen Gesichtspunkten betrachten und im Auge behalten, daß er selbst sie immer als unbefriedigend angesehen hat und noch 1931 in seiner Vorlesung über Weiblichkeit meint: „Das ist alles, was ich Ihnen über Weiblichkeit zu sagen hatte. Es ist gewiß unvollständig und fragmentarisch, klingt auch nicht immer freundlich. Vergessen sie aber nicht, daß wir das Weib nur insofern beschrieben haben, als sein Wesen durch die Sexualfunktion bestimmt wird. Dieser Einfluß geht freilich sehr weit, aber wir behalten im Auge, daß die einzelne Frau auch sonst ein menschliches Wesen sein mag. Wollen Sie mehr über die Weiblichkeit wissen, so befragen Sie Ihre eigenen Lebenserfahrungen oder wenden Sie sich an die Dichter oder Sie warten, bis die Wissenschaft Ihnen tiefere und bessere zusammenhängendere Auskünfte geben kann." (1931, S. 145)

In der modernen deutschsprachigen Psychoanalyse ist es vor allem Reiche, der sich mit geschlechtsspezifischen Aspekten der Sexualität auseinandersetzt (Reiche 1990 u. a.). Seine komplexen Ausführungen hier kurz zusammenzufassen, würde den Rahmen dieses Kapitels sprengen.

Bemerkungen zur Entwicklung des Mädchens

Im folgenden sollen die wichtigsten Auffassungen Freuds über die weibliche Entwicklung wiedergegeben und modernen Auffassungen innerhalb der Psychoanalyse gegenübergestellt werden (vgl. Chehrazi 1988).

1. Freud hatte angenommen, das Mädchen wisse vor der Pubertät nicht, daß es eine Vagina habe. Heute ist aufgrund von entwicklungspsychologischen Studien bekannt, daß Mädchen in der Regel zwischen dem 14. und 24. Lebensmonat ihre Vagina entdecken, ohne daß sie von Erziehungspersonen oder anderen Kindern darauf hingewiesen werden. Es hängt sicherlich mit dem Umgang mit dem Körper in der Erziehung zusammen, inwiefern dies verdrängt wird.
2. Früher wurde angenommen, eine Kerngeschlechtsidentität beim Mädchen entwickle sich erst in der ödipalen Phase, davor fühle sich das kleine Mädchen als kleiner Junge mit defizitärer Anatomie. Heute wird allgemein angenommen, daß sich die Geschlechtsidentität bereits präödipal entwickelt und das kleine Mädchen daher schon viel früher eine weibliche Identität besitzt.
3. Während früher davon ausgegangen wurde, daß die Beobachtung der anatomischen Geschlechtsunterschiede beim Mädchen zu Penisneid führe, wird heute von einer Penisneidreaktion gesprochen, die zwar in der Entwicklung eine Rolle spielen kann, aber nicht als ein konstituierendes Merkmal von Weiblichkeit angesehen werden sollte.
4. Früher wurde angenommen, daß das Mädchen das erste Liebesobjekt (von der Mutter auf den Vater) und die erogene Zone (von der Klitoris auf die Vagina) im Laufe der Entwicklung zur reifen Frau wechseln müsse. Dabei wurde angenommen, daß die Klitoris ein männliches Organ sei. Heute weiß man, daß die Klitoris ein Bestandteil des weiblichen Genitales ist und zur Erregbarkeit von Frauen wesentlich beiträgt.
5. Während Freud die Vorstellung hatte, der Wunsch nach einem Kind stehe beim Mädchen stellvertretend für den Penisneid, wird der Wunsch nach einem Kind heute als präödipaler Bestandteil der Identifikation mit der Mutter verstanden.
6. Frauen fühlten sich nach Ansicht Freuds ihr Leben lang dem Manne unterlegen, sie blieben zeitlebens neidisch auf das überlegene Genitale des Mannes. Heute nimmt man an, daß diese Auffassung eine Verarbeitung der Angst von Männern vor übermächtigen „kastrierenden" Frauen (Müttern) darstellt und nicht als genuin weiblich angesehen werden kann.

Trotz einer Vielfalt von Arbeiten zur weiblichen Entwicklung und Sexualität, die Freuds Annahmen kritisch in Frage stellen und neue Hypothesen entwickeln, wird diesen neuen Erklärungskonzepten in der klinischen Praxis immer noch zu wenig Beachtung geschenkt und oft keine Konsequenzen für das therapeutische Vorgehen abgeleitet. An die Stelle des Freud-Modells wurde bisher keine einheitlich anerkannte systematische Theorie gesetzt. Und dennoch veränderte sich die Betrachtung der Weiblichkeit.

Kerz-Rühling (1991) untersuchte die Anwendung neuer Modelle von Weiblichkeit in 30 psychoanalytischen Fallberichten systematisch. Als wichtigstes Ergebnis hat sie festgehalten, daß das Freud-Modell in seiner ursprünglichen Form nicht mehr zur Erklärung herangezogen wird, sondern modernere Veränderungen. Dabei wird vor allem die große Bedeutung der präödipalen Mutterbeziehung für die weibliche Entwicklung betont.

Auch fallen Parallelen zwischen neuen Entwicklungen innerhalb der modernen Psychoanalyse und der Interpretation weiblicher Sexualität und Identität auf. Die Ursachen psychischer Störungen werden in immer frühere Entwicklungsphasen zurückverlegt, an die Stelle des ödipalen tritt der präödipale Konflikt. Nicht die Hinwendung zum Vater, sondern die Loslösung von der Mutter wird als wichtigster Entwicklungsschritt angesehen. Mit der Annahme, psychische Symptome seien durch Traumatisierungen in der frühen Kindheit verursacht, werden Freuds Vorstellungen vom Konflikt zwischen Triebwünschen und äußerer Realität relativiert. Für die Theorie der weiblichen Entwicklung bedeutet dies die Gefahr, daß Frauen als Opfer der allmächtigen Mutter und des abwesenden Vaters (Olivier 1987) dargestellt werden. An die Stelle des Penismangels tritt dann ein anderer Defekt. Was als ein progressiver Schritt in der psychoanalytischen Theoriebildung gewertet wird, könnte sich als eine neue Form reduktionistischen Denkens entpuppen (Kerz-Rühling 1991).

Zusammenfassend mit Rohde-Dachser (1989) kann man sagen, daß die männliche Version in der Psychoanalyse den Unterschied zum Primärobjekt (der Mutter) hervorhebt. Der Penis steht im Mittelpunkt des Denkens. Die Frau ist für die Emotionalität zuständig. Das unbewußte Angebot des Mannes an die Frau lautet: „Folge mir, denn ich bin vollkommen."

Die weibliche Version betont die Ähnlichkeit zum Primärobjekt, alles hängt von der Beziehung zur Mutter ab. Das unbewußte Angebot der Frau an den Mann lautet: „Ich bin es, die den Weg zum Glück weiß, den Du vergessen hast. Ich will ihn Dir zeigen."

Sexuelle Funktionsstörungen

Eingangs muß erwähnt werden, daß sexuelle Funktionsstörungen bei den verschiedensten Formen der Persönlichkeitsstruktur auftreten können und immer in Beziehung zu diesen gesehen werden müssen. Vor allem aber muß hervorgehoben werden, daß eine funktionierende sexuelle Funktion kein Zeichen von gesunder Persönlichkeit ist, eine sexuelle Funktionsstörung nicht in jedem Fall Krankheitswert hat. Für alle Funktionsstörungen gilt, daß die oder der Betroffene unter Leidensdruck stehen muß, damit das Phänomen als Störung klassifiziert werden kann. Auf sexuelle Funktionsstörungen aufgrund eines medizinischen Krankheitsfaktors soll in dieser Arbeit nicht weiter eingegangen werden (vgl. dazu Sigusch 1996). Weitere Differenzierungen der sexuellen Funktionsstörungen werden bei Fliegel in diesem Buch ausgeführt.

Klassifikation sexueller Funktionsstörungen

Die folgende Klassifikation sexueller Funktionsstörungen entspricht den Einteilungen nach DSM-IV bzw. ICD-10 (1986):

- **Störung mit verminderter sexueller Appetenz (302.71 bzw. F52.0)** – Hauptmerkmal ist ein Mangel oder Fehlen sexueller Phantasien und sexuellen Verlangens.
- **Störung mit sexueller Aversion (302.79 bzw. F52.10)** – Aversion gegenüber oder Vermeidung genitalen Kontaktes mit einem Sexualpartner bei bestehendem Leidensdruck des Betroffenen oder dessen Lebenspartners.
- **Störung der sexuellen Erregung bei der Frau (302.72 bzw. F52.2)** – anhaltende und wiederkehrende Unfähigkeit, eine adäquate Lubrikation und ein Anschwellen der äußeren Genitalien bei sexueller Erregung zu erlangen oder bis zur Beendigung der sexuellen Aktivität aufrechtzuerhalten.
- **Erektionsstörung beim Mann (302.72 bzw. F52.2)** – anhaltende oder wiederkehrende Unfähigkeit, eine adäquate Erektion zu erreichen oder bis zur Beendigung der sexuellen Aktivität aufrechtzuerhalten.
- **Weibliche Orgasmusstörung (302.73 bzw. F52.3)** – anhaltende oder wiederkehrende Verzögerung oder ein Fehlen des Orgasmus nach einer normalen sexuellen Erregungsphase. Das Störungsbild muß deutliches Leiden oder zwischenmenschliche Schwierigkeiten verursachen.
- **Männliche Orgasmusstörungen (302.74 bzw. F52.3)** – anhaltende oder wiederkehrende Verzögerung oder ein Fehlen des Orgasmus nach einer normalen sexuellen Entwicklung.
- **Ejaculatio praecox (302.75 bzw. F52.4)** – anhaltendes oder wiederkehrendes Einsetzen des Orgasmus und der Ejakulation bereits bei minimaler Stimulierung vor, bei oder kurz nach der Penetration und bevor die Person es wünscht.
- **Dyspareunie (nicht aufgrund eines medizinischen Krankheitsfaktors; 302.76 bzw. F52.6)** – genitale Schmerzen, die mit dem Geschlechtsverkehr einhergehen.
- **Vaginismus (nicht aufgrund eines medizinischen Krankheitsfaktors; 306.51 bzw. F52.5)** – wiederkehrende oder anhaltende unwillkürliche Kontraktion der perinealen Muskulatur im äußeren Drittel der Vagina, wenn eine vaginale Penetration mit dem Penis, dem Finger, einem Tampon oder einem Spekulum versucht wird.

Der Umgang der Psychoanalyse mit den sexuellen Funktionsstörungen

Viele Patienten, die eine psychoanalytische Behandlung beginnen, leiden unter einer sexuellen Funktionsstörung, ohne daß diese gleich im Erstgepräch zur Sprache kommt und ohne daß dies der primäre Grund für eine Behandlung wäre. Im Laufe der Behandlung werden die zu Grunde liegenden Konflikte bearbeitet, und im günstigen Fall wird dies zu einer Verbesserung der Symptomatik führen. Es kann aber auch eine passagere Verschlechterung eintreten (Kernberg 1998). Dieser Umgang mit der Symptomatik macht verständlich, daß es kaum moderne psychoanalytische Arbeiten gibt, die sich mit sexuellen Funktionsstörungen beschäftigen (Becker und Gschwind 1996). Es werden nach wie vor Begriffe wie Frigidität und Impotenz verwendet, von denen sich die moderne Sexualwissenschaft und auch moderne Klassifikationssysteme längst verabschiedet haben. Sie drücken ein diffuses sexuelles Unvermögen aus und weniger spezifische sexuelle Probleme. Trivialinterpretationen sexueller Störungen sind weit verbreitet (z. B. Männer mit Ejaculatio praecox seien ungeduldig und überschwenglich, mit Ejaculatio deficiens sparsam und geizig).

Die Psychodynamik von Männern mit sexuellen Funktionsstörungen

Mir ist nur eine einzige Arbeit aus dem deutschen Sprachraum bekannt, in der eine größere Stichprobe von Männern mit sexuellen Funktionsstörungen systematisch hinsichtlich ihrer zugrundeliegenden Psychodynamik untersucht wurde. Janssen (1986) beschreibt 74 Patienten, die er nach einem psychoanalytischen Erstinterview hinsichtlich ihrer zugrundeliegenden Konflikte und ihrer psychodynamischen Struktur diagnostiziert hatte und stellte dabei eine gewisse Systematik fest. Im folgenden sollen seine Ergebnisse nach Diagnosen geordnet dargestellt werden:

- **Satisfaktionsstörungen** – nur bei Patienten mit psychoneurotischen und anderen psychosomatischen Symptomen, bei Borderlinepersönlichkeiten und Depressiven.
- **Appetenzstörungen** – meist in Kombination mit sekundärer erektiler Dysfunktion. Bei 30–40jährigen in Kombination mit Partnerkonflikten bei weichen femininen Männern mit dominanten Frauen.

- **Sexualphobien ohne eigentliche Funktionsstörung** – ödipale Konfliktsituation und unsichere Geschlechtsidentität.
- **Primäre Erektionsstörung** (bei 20–25jährigen) – ödipale Konfliktsituation, v. a. Kastrationsängste, Inzestängste, inzestuöse Objektwahlen, latente homosexuelle Tendenzen, Ängste vor aggressiv-phallischen Impulsen.
- **Primäre vorzeitige Ejakulation (Ejaculatio praecox**; bei 20–30jährigen) – starker Triebdruck und Angst vor phallisch-aggressiven, penetrierenden Impulsen. Das Ich ist nicht hinreichend im Stande, die Steuerung der Triebwünsche zu übernehmen.
- **Anhaltende (über 30. Lebensjahr hinaus) primäre Erektionsstörung und vorzeitige Ejakulation** – regressive Bewältigung ödipaler Konflikte, zwangsneurotische, phobische oder depressive Charakterstrukturen.
- **Sekundäre Erektionsstörung** – kaum ödipale Konfliktsituationen, sondern Charakterneurosen (zwangsneurotische, depressive und phallisch-narzißtische Persönlichkeitsstörungen), Partnerschaftskonflikte; bei Männern zwischen 45–55 Jahren narzißtische Krisen.
- **Sekundäre Appetenz- und Erektionsstörungen bei Männern zwischen 45–55** – Bedrohung des Selbstwertgefühls. Diskrepanz zwischen phallisch-narzißtisch überhöhtem Idealselbstbild und tatsächlichem aktuellem Realselbst. Ängste in Zusammenhang mit altersbedingten körperlichen Veränderungen; Auswirkungen von Schwierigkeiten am Arbeitsplatz. Depressive Entwicklung mit Versagensgefühlen, Appetenzverlust und Erektionsschwäche.
- **Sekundäre vorzeitige Ejakulation** – ähnlich wie bei sekundären Erektionsstörungen. Depressive Objektbeziehungsmuster in Paarbeziehungen. Partnerinnen depressiv, unzufrieden, im sexuellen Erleben gestört. Bei Verschwinden der Störung treten oft Partnerkonflikte zu Tage.
- **Ejaculatio deficiens** – zwangsneurotisches Kontrollbedürfnis über den Körper und die Objektbeziehungen. Ängste vor analsadistischen Impulsen, vor Verschmelzungen oder vor bösen introjizierten Objekten meist bei einer Borderline- oder Selbstpathologie. Dieser Störung sollen, wie auch schon Bergler (1937) zeigen konnte, eindeutig präödipale Konflikte zugeordnet werden können.

Janssen selbst meint zu seinen Ergebnissen, daß sie nur zum Teil die bisherige Auffassung über die Psychodynamik sexueller Störungen widerspiegeln. Nach der klassischen Auffassung würde man bei Erektionsstörungen insbesondere ödipale Konflikte mit phallisch-aggressiven Impulsen, Kastration und inzestuöser Objektwahl finden, bei Ejaculatio praecox präödipale Konflikte auf depressivem und zwangsneurotischem Niveau mit Angst vor Kontroll- und Ich-Verlust. Auch wenn Janssens Zuordnung sehr viel komplexer erscheint als die trivial-psychoanalytischen Erklärungen sexueller Störungen und hier zwischen primären und sekundären Störungen unterschieden sowie das Lebensalter im Erwachsenenalter mitberücksichtigt wird, basiert diese Klassifizierung immer noch weitgehend auf einer Einpersonenpsychologie und weniger auf der Objektbeziehungstheorie.

In den letzten Jahren wurde traumatheoretischen Ansätzen eine besondere Beachtung geschenkt, die sicherlich zusätzlich zu den hier erwähnten Aspekten eine Rolle spielen. Außerdem kommen in der oben beschriebenen Darstellung Erfahrungen aus der Pubertät gar nicht vor. Auch wenn dies für die Psychoanalyse nicht untypisch ist, scheint mir für das Verständnis von Sexualität der Prozeß der sexuellen Aufklärung und erste Erfahrungen im Bereich der Sexualität mit dem anderen oder auch mit dem gleichen Geschlecht nach Eintreten der Geschlechtsreife weitreichende Auswirkungen auf die Entwicklung sexueller Störungen zu haben. Diese Erfahrungen nur als Neuauflagen von Objektbeziehungserfahrungen in der Kindheit zu sehen, hält die Autorin für eine zu eingeschränkte Betrachtungsweise.

Die Psychodynamik von Frauen mit sexuellen Funktionsstörungen

Eine systematische Untersuchung zur Psychodynamik von Frauen mit sexuellen Funktionsstörungen ist uns nicht bekannt. Angermann (1980) beschreibt eine Klassifikation der Störungen der weiblichen Sexualität, allerdings handelt es sich dabei um die Beschreibung eines klinischen Eindrucks. Die Autorin geht bei ihrer Einteilung nach der psychoanalytischen Phasenlehre vor, nicht nach den sexuellen Störungsbildern.

Störungen mit oraler Psychodynamik

Die größte Zahl der weiblichen Sexualstörungen sei auf eine gestörte orale Phase zurückzuführen. Zwischen Mutter und Tochter gebe es keine befriedigende Beziehung, wie es für die Mutter-Sohn-Beziehung zutreffe. Die daraus resultierenden Frustrationserlebnisse sollen bedingen, daß das Mädchen von der Mutter abhängig bleibt in der Hoffnung, die unerfüllten Wünsche doch noch erfüllt zu bekommen. Diese Abhängigkeit werde später auf den Ehemann übertragen. Die Frustrationserlebnisse führen zum Steckenbleiben in einer Entwicklungsstufe, in der das Primat der Genitalität noch nicht erreicht sei, so daß es zu einer Vielfalt sexueller Störungen kommen könne. Die Zärtlichkeit des Partners erkaufe die Frau sich, indem sie sich zur Sexualität zur Verfügung stelle, obwohl sie nichts empfinde. Die fehlende Hingabefähigkeit der Frau resultiere aus der Abwehr eines intensiven Symbiosewunsches. Manchmal sei bei diesen Frauen ein Vaginismus zu beobachten.

Störung mit analer Psychodynamik

Anal gestörte Frauen empfinden Sexualität als etwas Schmutziges und lehnen sie deshalb ab. Sie erleben den Genitalbereich und vor allem auch die Menstruation als ekelig. Der Kontakt mit dem männlichen Sperma stellt für sie ein Problem dar. Es muß daher möglichst schnell entfernt werden, oft wird der Sexualkontakt überhaupt abgelehnt. Diese Frauen würden, da die Ablösung von der primären Bezugsperson nicht geklappt hat, besondere Unabhängigkeit demonstrieren. So fände man unter vaginistischen Frauen, die während des Pettings meist voll orgasmusfähig sind, die unbewußte Befürchtung, vom Mann abhängig zu werden, wenn der Mann in sie eindringe. Bei Frauen, die häufig ihre Sexualpartner wechseln, dabei aber nicht zum Orgasmus kämen, würde ebenfalls häufig eine anale Fixierung vorliegen.

Störung mit phallisch-ödipaler Problematik

Eine ungelöste ödipale Problematik führe zu einer Idealisierung nicht nur des Vaters, sondern aller Männer, meist einhergehend mit einer Verachtung der Mutter und anderer „Rivalinnen“. Um nicht mit dem übermächtigen idealisierten Vaterbild in Konflikt zu geraten, wählen diese Frauen oft schwache, feminine Männer, von denen sie sich nach einer Zeit enttäuscht zurückziehen. Diese Frauen würden sich dem Mann passiv zur Verfügung stellen, sie seien zärtlich, aber frigide. Es komme zur Spaltung von Zärtlichkeit und Sinnlichkeit. Unter den „mütterlichen“ Frauen fände man Frauen, die sich mit der Mütterlichkeit ihrer Mutter identifiziert hätten, nicht aber mit deren Sexualität. Auch in der Partnerbeziehung seien sie die mütterlich gebenden, diejenigen, die den Partner als eines ihrer Kinder ansehen. Sie schenken dem Mann den Geschlechtsakt, ohne dabei sexuell erlebnisfähig zu sein. Hier seien auch die Frauen einzureihen, die die „Pille“ ablehnen, „weil sie sich dadurch im Kernbereich ihrer Mütterlichkeit beeinträchtigt fühlen“. Das Gegenteil der mütterlichen Frau sei die „Kindsfrau“, die nach ihrem Vater Ausschau hält, psychisch infantil bleibe und im Sexuellen durch das Inzesttabu blockiert sei.

Gelingt es dem Mädchen nicht, sich in der ödipalen Phase von der Mutter zu lösen, so könne sich daraus eine homosexuelle Entwicklung ergeben. Werden diese homosexuellen Impulse abgewehrt und wird eine heterosexuelle Beziehung eingegangen, so gehe diese mit Libidoverlust und Orgasmusstörung einher. Für Frauen mit Penisneid bedeute sexuelle Hingabe Anerkennung der männlichen Potenz und führe daher zu einer Hemmung im Sinne des „Männlichkeitskomplexes“. Man könne dabei zwei Typen von Frauen unterscheiden (Abraham 1921, 1982): den Wunscherfüllungstyp und den Rachetyp. Die erste Frau leugne ihre Penislosigkeit, indem sie immer wieder zu beweisen versuche, daß sie Männern nicht unterlegen ist. Beim Rachetyp werden weibliche Fähigkeiten eingesetzt, um den Mann machtlos zu machen.

Fenichel (1945) hat vaginistische Frauen diesem Rachetyp zugeordnet, was im übrigen nicht unserer klinischen Erfahrung entspricht. Andere vaginistische Frauen würden sich mit dem mütterlichen Anteil identifizieren, nicht mit dem sexuellen. Sie würden am liebsten ein Kind ohne Geschlechtsverkehr empfangen. Die letzte Gruppe von vaginistischen Frauen, die über ihre Sexualorgane völlig unaufgeklärt seien, findet man heute kaum noch im klinischen Alltag. Man würde sie auch nicht als vaginistisch diagnostizieren.

Diese Ausführungen Angermanns basieren auf einem klassisch analytischen Verständnis weiblicher Entwicklung. Das Wissen um Machtverhältnisse in unserer Gesellschaft macht es besonders schwierig, sexuelle Probleme der Frau ausschließlich unter dem Gesichtspunkt innerpsychischer Konflikte zu betrachten. Die beeindruckende Zunahme der Diagnose sexuelle Lustlosigkeit bei Frauen (Schmidt 1996) hat sicherlich damit etwas zu tun, daß Frauen sich in zunehmendem Maße dagegen wehren, die Rolle der masochistisch duldenden Partnerin einzunehmen.

Man kommt auch nicht umhin, darauf hinzuweisen, daß Freud mit seinen Vorstellungen über die Bedeutung des Koitus und den weiblichen Orgasmus (s. oben) Generationen von Analytikerinnen und Analytikern und damit natürlich auch von Patientinnen und Patienten geprägt hat. Erst das vehemente Aufbäumen von Frauen gegen diese falsche und diskriminierende Sichtweise hat auch innerhalb der Psychoanalyse zu einer realistischeren Betrachtung dieses Phänomens geführt.

Die Psychodynamik der Partnerbeziehung

Von psychoanalytischer Seite wurden nicht nur Mann und Frau mit ihren sexuellen Störungen in ihrer Psychodynamik beschrieben, sondern auch das Paar unter psychodynamischen Gesichtspunkten betrachtet. In seinem Kollusionsmodell geht Willi (1975) davon aus, daß die Partnerwahl mit den Persönlichkeiten beider Partner etwas zu tun habe. Dabei findet Berücksichtigung, inwiefern die Partnerin oder der Partner ein latent oder manifest vorhandenes Symptom unterstützt oder toleriert. Die Entwicklung eines sexuellen Symptoms während der Partnerschaft werde von den psychodynamischen Konflikten der einzelnen Partner mitbestimmt.

Derjenige Analytiker, der sich am ausgiebigsten mit der Sexualität in der Paarbeziehung, vor allem auch der Bedeutung der Aggression in der partnerschaftlichen Sexualität, auseinandergesetzt hat, ist sicherlich Kernberg (1992, 1993, 1995 usw.). Er meint, daß Sadomasochismus zur „normalen“ Sexualität dazugehöre und weist auf die universelle Natur der Aggression bei der sexuellen Erregung hin. Um die Psychodynamik des „normalen“ Sadomasochismus näher zu erklären, grenzt Kernberg die sexuelle Erregung von der erotischen Begierde ab.

Für ihn ist **sexuelle Erregung** „ein grundlegender Affekt…, der es ermöglicht, die primitive Spaltung zwischen Liebe und Haß zu überwinden und Ambivalenz zu ertragen.“ (1993, S. 326) Sexuelle Erregung zielt auf ein primitives Teilobjekt, das unbewußt die Verschmelzungserlebnisse der Symbiose und die Verschmelzungswünsche der Individuationsphase widerspiegelt. Sie kommt jedoch nie ohne eine implizite, bewußte oder unbewußte Objektbeziehung aus. Das **erotische Begehren** ist auf ein Objekt gerichtet, das penetriert, also im Inneren besetzt werden soll, bzw. umgekehrt. Kernberg interpretiert das erotische Begehren als ein Verlangen nach Nähe, Verschmelzung oder Vereinigung.

Die Befriedigung des sexuellen Aktes sieht Kernberg als Identifizierung mit dem anderen Geschlecht, als Komplementierung der eigenen Unvollkommenheit (da man nur eine Seite besitzt) im „Verschmelzungsakt der Ekstase“. Damit kann sie auch als Abwehr oder besser als Form der Bewältigung von Neid auf das andere Geschlecht verstanden werden. Angesichts der Erfahrung, trotz der gegenseitigen Identifikation man selbst bleiben zu dürfen, spricht Kernberg von einem Gefühl der „intersubjektiven Transzendenz“. Schließlich hebt er die Überwindung von Verboten im sexuellen Akt hervor, die eng mit ödipalen Konflikten verknüpft sind. Die Übertretung moralischer Grenzen (Entkleiden, Berühren, Eindringen etc.) sollen einen aggressiven Akt dem Partner gegenüber ausdrücken, der mit der Fähigkeit einhergehen sollte, diesen aggressiven Akt mit sexueller Lust zu verbinden, also Lust im Schmerz zu empfinden und diese Fähigkeit auf das Objekt zu projizieren. Er bezeichnet dies als die Inkorporation der Aggression in Liebe und die Garantie von Sicherheit angesichts unvermeidlicher Ambivalenz. Ein zentraler Bestandteil des erotischen Begehrens ist für Kernberg, daß sich in der kindlichen Entwicklung die Idealisierung der Mutter auf die Körperoberfläche und die abgespaltenen Aggressionen sich auf das Innere der Mutter beziehen.

Weiterhin spiele der Wunsch „aufzureizen“ bzw. „aufgereizt zu werden“ für die Entwicklung der Sexualität eine zentrale Rolle. In beiden Phänomenen sei das Überwinden von moralischen Verbotsschranken wirksam, da das Sexualobjekt im tieferen Sinn immer ein ödipales und damit verbotenes Objekt ist.

Kernberg setzt sich mit dem Unterschied zwischen Mann und Frau auseinander und meint, daß Frauen oft erst im reifen Erwachsenenalter zu voller sexueller Befriedigung kämen, während bei Männern dann oft schon die Fähigkeit zu intensivem sexuellen Genuß nachläßt. Er argumentiert, daß Männer und Frauen ihre Fähigkeit zu vollem Genuß und einer tiefen Objektbeziehung in umgekehrter Reihenfolge entwickeln. Er erklärt dies damit, daß Jungen durch das Nichtwechseln des Geschlechts des primären Liebesobjektes kontinuierlicher den präödipalen und ödipalen Konflikten ausgesetzt sind. Das erotische Begehren ist durch die Beziehung zur Mutter ständig präsent, aber ebenso durch die unbewußten Ängste vor ihrer Überlegenheit. Sie hätten deshalb eine langsamere Entwicklung, genitale und zärtliche Bedürfnisse integrieren zu können. Die Beziehung zur Tochter hielten Mütter im Gegensatz dazu unbewußt eher von erotischen Strömungen frei, wodurch die Genitalität des Mädchens schliefe und sich durch den distanzierteren Vater im Vertrauen übt, durch eine spätere Beziehung zu einem Mann ihre Genitalität voll zu entwickeln.

Moderne Untersuchungen zur Jugendsexualität lassen diese Gedanken zur umgekehrten Entwicklung der sexuellen Genußfähigkeit bei Mann und Frau unwahrscheinlich erscheinen (Schmidt 1993). Auch wenn Kernberg an vielen Stellen in einer drastischen Weise wertet, moralisch beurteilt, manchmal vielleicht sogar verurteilt, finden sich dennoch in seinen Ausführungen viele wichtige Gedanken, die die Reflexionen der Psychoanalyse über Sexualität und Partnerschaft gerade durch die konkrete und apodiktische Festlegung auf einen Standpunkt sehr angeregt haben.

Die psychoanalytische Behandlung sexueller Funktionsstörungen

Da es sich bei sexuellen Funktionsstörungen um Symptome handelt und in der psychoanalytischen Behandlung Übertragung, Widerstand und Konflikte im Vordergrund des Interesses stehen, mag es zunächst nicht verwundern, daß es kaum Arbeiten gibt, die sich explizit mit der Behandlung sexueller Funktionsstörungen beschäftigen. So widmet etwa Becker (1996) in seiner Arbeit über die Psychogenese und psychoanalytische Therapie sexueller Störungen der Behandlung gerade eine Seite. Diese Rechtfertigung kann man dennoch nicht gelten lassen, wenn man bedenkt, daß über alle möglichen Symptome (Eßstörungen, Zwänge etc.) ganze Bücher aus psychoanalytischer Sicht geschrieben werden. Über Paraphilien (Perversionen) und Geschlechtsidentitätsstörungen gibt es ebenfalls eine Reihe von umfangreichen Arbeiten.

Als das immer noch aktuelle Buch von Arentewicz u. Schmidt 1980 über das Hamburger Modell der Paartherapie bei sexuellen Funktionsstörungen erstmals erschien, wurde das Vorgehen – eine Weiterentwicklung des Konzepts von Masters und Johnson, der verhaltenstherapeutisch ausgerichteten Therapeuten, die jedoch psychodynamische Konzepte in ihr Therapieprogramm aufgenommen hatten – vom Psychoanalytiker Reiche (1981) heftig kritisiert. Er meinte u.a., daß dieses Vorgehen nicht zu einer Verbesserung der zugrundeliegenden konfliktreichen Partnerdynamik führen könne, da nicht wirklich psychodynamisch vorgegangen werde. Diese Kritik erscheint nach weiteren 20 Jahren Erfahrung mit dem eingeführten therapeutischen Konzept noch ungerechtfertigter als damals. Es gilt heute als belegt, daß mit diesem Ansatz eine deutliche Besserung bzw. Heilung in vielen Fällen herbeigeführt werden kann (Hauch 1998). Nach einer Paartherapie nach dem Hamburger Modell kann bei einer Besserung der sexuellen Symptomatik eine gestörte Partnerdynamik weiterhin bestehen, die jedoch für Therapeuten nur dann von Interesse sein sollte, wenn die Partner darunter leiden (Schmidt 1994).

Man kann an dem Modell zu Recht kritisieren, daß Übertragungen und Gegenübertragungen in der Viererkonstellation des Paarsettings (ein Patientenpaar und ein Therapeuten-„Paar") theoretisch nicht weiter reflektiert werden. Es gibt auch kein theoretisches Konzept für den Umgang mit Phantasien und vor allem mit Aggressionen, worauf Reiche ebenfalls hingewiesen hat. Dies ist allerdings eine Kritik, die für verhaltenstherapeutische Verfahren fast generell gilt.

Nicht selten werden Patienten nach abgeschlossenen Psychoanalysen und Psychotherapien an Sexualtherapeuten überwiesen (1996 waren es in der Hamburger Abteilung für Sexualforschung unter einer Stichprobe von 700 Patientinnen und Patienten des Patientenkollektivs 23,4%), um die nicht behobene sexuelle Funktionsstörung behandeln zu lassen. (Dies trifft übrigens für alle Therapierichtungen zu. Auch Verhaltenstherapeuten fühlen sich manchmal überfordert, wenn das Thema Sexualität behandelt werden sollte.) Selbst Kernberg empfiehlt, im gegebenen Fall an eine Psychoanalyse eine Sexualtherapie anzuschließen. Inwiefern bzw. wann sexuelle Funktionsstörungen psychoanalytisch behandelt werden können, kann nicht hinreichend beantwortet werden, da dazu keine systematischen Studien vorliegen. Wenn nach Abschluß einer Langzeitanalyse immer noch eine sexuelle Funktionsstörung vorliegt, kann dies an der Symptomatik liegen, aber auch am Umgang des Therapeuten mit der Sexualität. Auch wenn in der psychoanalytischen Behandlung nicht das Symptom im Vordergrund steht, sollte dennoch die Therapeutin oder der Therapeut über sexuelle Symptome soweit informiert sein, daß entsprechende Deutungen gegeben werden können, und vor allem wissen, wann eine Indikation für eine organmedizinische Untersuchung angezeigt ist. Das Bearbeiten von Konflikten und Widerständen in der Übertragung sollte nicht als ein Übersehen von Symptomen verstanden werden.

Ein wichtiger Unterschied zwischen dem psychoanalytischen und dem eher verhaltenstherapeutisch orientierten Ansatz in der Behandlung von Patienten mit sexuellen Funktionsstörungen besteht hinsichtlich der Indikation einer Einzel- oder Paartherapie. Für den psychoanalytischen Ansatz stellt eine Paartherapie die Ausnahme dar, Verhaltenstherapeuten empfehlen bei Vorhandensein einer Partnerschaft wenn möglich eine Paartherapie. Sie nehmen also eine enge Verflechtung der gegenwärtigen Störung mit der Partnerschaft an (Appelt 1984). In der Psychoanalyse wird implizit angenommen, daß die Bearbeitung der sexuellen Hemmung eines Partners zu einer Verbesserung der partnerschaftlichen Sexualität führt.

Bei der Indikationsstellung für eine bestimmte Therapieform sollte man einerseits überlegen, welche Therapieform sich günstig, aber auch, welche sich ungünstig auswirken könnte. Patienten, die für Einsichten in unbewußte Zusammenhänge zugänglich sind, bei denen aus der Biographie schwerwiegende Konflikte in das gegenwärtige sexuelle Leben hineinwirken, sind sicherlich für eine Psychoanalyse geeignet, so die äußeren Umstände es erlauben. Bei Patienten mit frühen Störungen ohne positive Körpererfahrungen besteht die Gefahr, mit übenden Verfahren die Abwehr zu überrumpeln, zu durchlässig zu machen. Es liegen allerdings bis heute keine Hinweise dafür vor, daß diese Patienten unter einer Therapie mit übenden Körpererfahrungen dekompensieren würden. Vielleicht brechen sie vorher die Therapie ab.

Aus der klinischen Praxis wissen wir, daß es sexuelle Funktionsstörungen gibt wie etwa den Vaginismus bei der Frau, die in der Regel durch Psychoanalyse allein nur selten behoben werden können. Es scheint nicht auszureichen, etwa die hinter dem Vaginismus verborgene Trennungsangst, die Nähe nicht zuläßt, zu bearbeiten. Die Ängste, die in Konfrontation mit der Sexualität in der realen Situation auftreten, müssen am physischen Körper und nicht nur in der Übertragung über das Medium der Sprache erfahren und bearbeitet werden (Lange und Rethemeier 1997). Eine reine Verhaltenstherapie ohne Bearbeitung zugrundeliegender Konflikte kann jedoch zu einer Symptomverschiebung führen.

Das Vorliegen einer chronischen Störung im Bereich der Sexualität führt oft zu einer Verselbständigung von Vermeidungsverhaltensweisen, die durch das Bewußtmachen unbewußter Phantasien nicht aufgehoben werden können. Ähnliches gilt übrigens auch für andere Symptome (z.B. Flugangst, Eßstörungen), für die ein Üben in der Realität die Bearbeitung unbewußter Konflikte ergänzen muß, um vermeidende Verhaltensweisen zu beseitigen und beeinträchtigende oder störende Verhaltensweisen zu korrigieren. Oft nehmen Patientinnen und Patienten, die in Analyse sind, dies selbst in die Hand. Die Bearbeitung der Konflikte hat sie neugierig für neue Erfahrungen gemacht. Sie berichten dann stolz über ihre Erfahrungen, die sie selbständig initiiert haben und nicht wie in der Verhaltenstherapie unter Anleitung. Diese positive Entwicklung ist aber nicht in jedem Fall zu beobachten, auch gibt es Symptome, bei denen es besonders schwierig ist, diese Erfahrungen zu erkunden. Der Konkurrenzkampf zwischen verschiedenen therapeutischen Schulen und die entwertende Haltung Therapieansätzen anderer Therapieschulen gegenüber machte es bisher nicht möglich, hier ein klareres theoretisches Bild zu entwickeln. Während viele Verhaltenstherapeuten sich um ein psychodynamisches Verständnis psychischer Vorgänge bemühen, gilt es unter Psychoanalytikern immer noch als eine Regelverletzung, einen Patienten zu einem bestimmten Verhalten aufzufordern. Die Bearbeitung der Sexualität in der psychoanalytischen Behandlung wird in hohem Ausmaß von der Art der Traumatisierungen abhängen, der die Patientin oder der Patient in der Kindheit, aber auch im Jugend- und Erwachsenenalter ausgesetzt waren.

Die verstärkte Beachtung somatischer Vorgänge hat in letzter Zeit zum Einsatz medikamentöser Präparate zur Besserung von sexuellen Funktionsstörungen selbst durch einige wenige Analytiker geführt. Noch wissen wir zu wenig, für welche Gruppe von Männern welche Präparate an Stelle von oder in Kombination mit Psychotherapie sinnvoll eingesetzt werden könnten. Auf keinen Fall lassen sich damit Konflikte behandeln. Die ersten Untersuchungsergebnisse zur Behandlung von Frauen stimmen – auch abgesehen von den Nebenwirkungen – eher skeptisch. Die Vorstellung, eine Erektion beim Mann sei gleichzusetzen mit dem Anschwellen der Klitoris bei der Frau, stellt in meinen Augen eine neue Form des „phallischen Monismus“ dar.

Paraphilien (Perversionen)

Es handelt sich um Störungen, die fast ausschließlich bei Männern vorkommen. Auf die weibliche Perversion soll hier daher nicht weiter eingegangen werden.

Während die Begriffe der Sexualdelinquenz und -devianz sich auf abweichendes Verhalten beziehen, handelt es sich bei der Perversion um die Bezeichnung innerpsychischer Prozesse, die zu Symptombildungen führen, die von der Norm abweichen. Deviantes Verhalten kann zu einem Straftatbestand werden, Perversionen unter bestimmten Umständen Krankheitswert erhalten. In den letzten Jahren haben sich unter dem Einfluß der internationalen Klassifikationssysteme die Begriffe Störungen der Sexualpräferenz (ICD-10) und Paraphilie (DSM-IV) zunehmend durchgesetzt. Dabei handelt es sich allein um Kategorisierungsmuster, nicht um theoretische Erklärungsansätze, wie etwa die psychoanalytischen Perversionstheorien.

Nach dem DSM-IV sind die Hauptmerkmale einer Paraphilie wiederkehrende sexuell erregende Phantasien, sexuell dranghafte Bedürfnisse oder Verhaltensweisen, die sich im allgemeinen auf

- nichtmenschliche Objekte,
- das Leiden oder die Demütigung von sich selbst oder seines Partners oder
- Kinder oder andere nicht einwilligende oder nicht einwilligungsfähige Personen beziehen

und die über einen Zeitraum von mindestens 6 Monaten auftreten.

Diese dranghaften Phantasien oder Bedürfnisse führen in klinisch bedeutsamer Weise zu Leiden oder Beeinträchtigungen in sozialen, beruflichen oder anderen wichtigen Funktionsbereichen. Es kommt vor, daß Paraphile wegen ihrer Neigungen festgenommen und inhaftiert werden

Klassifikation der Paraphilien

- **Exhibitionismus (302.4 bzw. F65.2)** – Das Hauptinteresse besteht im Zurschaustellen der eigenen Genitalien vor Fremden. Es wird meist kein weiterer Versuch zu weiteren sexuellen Handlungen unternommen.
- **Fetischismus (302.81 bzw. F65.0)** – Das Hauptinteresse beinhaltet den Gebrauch von unbelebten Objekten (den „Fetisch“). Die Person mit Fetischismus masturbiert häufig, während sie den Fetisch festhält, ihn reibt oder an ihm riecht oder bittet den Sexualpartner, beim sexuellen Kontakt das jeweilige Objekt zu tragen.
- **Frotteurismus (302.89 bzw. F65.8)** – Das Hauptinteresse beinhaltet das Berühren und Sich-Reiben an einer nicht einwilligenden Person, in der Regel an überfüllten Orten.
- **Pädophilie (302.2 bzw. F65.4)** – Das Hauptinteresse beinhaltet sexuelle Handlungen mit einem präpubertären Kind. Die Person mit Pädophilie muß 16 Jahre oder älter sein und mindestens 5 Jahre älter als das Kind.
- **Sexueller Masochismus (302.83 bzw. F65.5)** – Das Hauptinteresse beinhaltet den realen Akt der Demütigung, des Geschlagen- bzw. Gefesseltwerdens oder sonstigen Leidens.
- **Sexueller Sadismus (302.84 bzw. F65.5)** – Das Hauptinteresse beinhaltet reale Handlungen, welche für die Person durch psychisches oder physisches Leiden des Opfers (einschließlich Demütigung) sexuell erregend sind. Wenn dieser sexuelle Sadismus mit einer antisozialen Persön-

lichkeitsstörung verbunden ist, können Personen mit sexuellem Sadismus ihre Opfer ernstlich verletzen oder töten.

- **Transvestitischer Fetischismus (302.2 bzw. F65.1)** – Das Hauptinteresse besteht im Tragen der Kleidung des anderen Geschlechts. Dabei masturbiert der Betroffene meist und stellt sich vor, sowohl das männliche Subjekt als auch das weibliche Objekt seiner sexuellen Phantasie zu sein.
- **Voyeurismus (302.82 bzw. F65.3)** – Das Hauptinteresse beinhaltet die Beobachtung nichtsahnender Personen, üblicherweise fremder, die nackt sind, sich gerade ausziehen oder sexuelle Handlungen ausführen. Das Zuschauen („Spannen") wird gemacht, um sexuell erregt zu werden.

Psychodynamische Betrachtung von Paraphilien

Einleitend muß hervorgehoben werden, daß auch die Paraphilien bei den unterschiedlichsten Persönlichkeitsstrukturen auftreten können, worauf auch Kernberg (1985) hingewiesen hat. Das Organisationsniveau der im Sexualverhalten enthaltenen Objektbeziehungen ist von Bedeutung. Berner (1999) unterscheidet Personen mit Perversionen, die eine neurotische Persönlichkeitsstruktur haben, und Paraphile mit einer Borderlinestruktur. Die Abwehrmechanismen der Spaltung, Sexualisierung und des Agierens stehen im Vordergrund.

Schorsch u. Mitarb. (1985) führten eine umfangreiche Therapiestudie an 86 nicht inhaftierten Sexualstraftätern durch. Sie unterschieden drei Gruppen von Symptombedeutungen:

- Das perverse Symptom analog zum neurotischen Symptom ist gekennzeichnet durch **feste Rituale**. Es ist isoliert vom übrigen Erleben und stabilisiert das Ich. Es kommt ihm eine reparative Funktion zu.
- Es liegt eine destruktive Dynamik bei **geringer Impulskontrolle** mit sexualisierten, polimorph perversen Durchbrüchen vor.
- Die Perversion hält die fragmentarische Struktur zusammen. Die **perverse Charakterstruktur** kennzeichnet die ganze Persönlichkeit.

Ferner beschreiben Schorsch u. Mitarb. (1985), daß mit dem perversen Ritual ein intensives Gefühl von Potenz und Männlichkeit einhergehen könne. Dahinter würden Männlichkeitsprobleme ein regressives Ausweichen vor der genitalen Sexualität widerspiegeln, vor allem, wenn diese mit „Aggressivität, Zerstörung, Kastrations- und Auflösungsphantasien" assoziiert ist. Auch seien in unterschiedlichem Ausmaß Aggressionsprobleme, narzißtisches Selbsterleben und Beziehungsschwierigkeiten zu beobachten. Hinsichtlich der Persönlichkeitsstruktur ließen sich vier Gruppen herausarbeiten: depressive, antisoziale, nach Autonomie strebende und Patienten mit sadomasochistischen Zügen.

Becker (1996) stellt folgende zentrale Konflikte bei einzelnen Paraphilien in den Vordergrund:

- **Exhibitionismus und Voyeurismus** - Kastrationsangst: die Aufforderung an die Frau, ihrerseits ihren Penis zu zeigen, um so die Bestätigung zu bekommen, daß es Kastration gibt. In der perversen Dynamik werden traumatische Erfahrungen nicht verinnerlicht, symbolisiert und durch Phantasiebildung verarbeitet, sondern mit den Mitteln des Primärprozesses entschärft, erotisiert, sexualisiert und schließlich agiert.
- **Fetischismus** - Trennungsangst: nach übermäßiger Zuwendung durch die Mutter kam es zu einer traumatischen Trennung, die nicht verinnerlicht und innerlich verarbeitet werden konnte. Wie beim Übergangsobjekt bleibt die Sehnsucht nach der Einheit mit der Mutter nach Geruch, Berührung bestehen.
- **Sadomasochismus** - Verschmelzungswünsche und Abwehr von Verschmelzungswünschen durch aggressive Konfrontation, Unterwerfung, Entmachtung. In der sadomasochistischen Handlung gelingt dem Perversen ein Kompromiß von Verschmelzungswünschen und Abgrenzungsbedürfnissen.
- **Pädophilie** - Entweder neurotische Lösung der Kastrationsproblematik (ödipale Wurzel) oder perverse Lösung (präödipale Wurzel), je nach Gelingen der Separation von der Mutter.

Die psychodynamische Behandlung von Paraphilien

Das Hauptproblem bei der Behandlung von Perversionen ist, daß oft wenig Motivation für eine Behandlung und selbst, wenn andere darunter leiden, wenig Leidensdruck bestehen. Sie suchen entweder aus anderen Gründen einen Therapeuten auf oder mit gerichtlicher Auflage, da sie straffällig geworden sind. Es gibt aber auch Personen, die unter ihrer Perversion leiden, mit ihr in Konflikt geraten und deshalb um Hilfe ansuchen. Wie bei anderen Störungen auch, wird das Augenmerk bei diesen Patienten nicht auf das Symptom gelegt, sondern auf die dem Symptom zugrundeliegende Struktur bzw. auf die Konflikte. Das Besondere ist, daß man in erhöhtem Maße bei diesen Patienten mit Agieren innerhalb und außerhalb der Übertragung rechnen muß, d. h., es wird in der Übertragung gehandelt und nicht erlebt und bearbeitet.

Das perverse Symptom ist eine Kompromißbildung zwischen Verdrängtem und dem Durchbruch von verdrängten Triebimpulsen. Die Kompromißbildung im Symptom stabilisiert dabei das Ich oder, wie Morgenthaler (1974) schrieb, es hat eine Plombenfunktion. Die Abwehrmechanismen sind oft so festgefahren, daß die Person mit einer Perversion eine Therapie beginnt, um unbewußt vom Therapeuten bestätigt zu bekommen, daß seine perverse Handlung richtig und die einzig mögliche sei. Auf die Schwierigkeiten der Therapie mit diesen Patienten, vor allem auch über die Balance zwischen Mißbrauch und Gebrauch, hat Reiche (1996) hingewiesen. Er beschreibt idealtypische Behandlungsschritte in der Behandlung von Patienten mit perversen Symptomen.

1. **Enthüllung im Erstinterview.** Oft erzählt der Patient im Erstinterview das erste Mal von seiner sexuell perversen Symptomatik. Dabei kann es bereits zu einer Sexualisierung der Gesprächssituation kommen.
2. **Angewiesensein auf die Perversion.** Dem Patienten wird im Laufe der Behandlung bewußt, wie sehr er auf sein Symptom angewiesen ist, daß es eine Überlebensstrategie darstellt. Diese Erkenntnis führt zu Scham- und Schuldgefühlen, die wiederum häufig Suizidimpulse auslösen. In dieser Zeit kommt es zu einer „existentiellen Desillusionierung des Selbst".
3. **Überleben als Entspannung.** Diese führt entweder zu einer produktiven Weiterarbeit oder zu Stagnation und Therapieabbruch.

4. **Idealisierung des Analytikers.** Der Analytiker wird zum auserwählten Objekt, für das es sich lohnt weiterzumachen. In der Gegenübertragung kann es im Gegenzug zu einer Idealisierung des Patienten kommen.
5. **Sexualisierte wechselseitige Idealisierung.** Die Übertragung der Perversion kann sich in eine „Perversion der Übertragung" verwandeln und kann dadurch zu einer Entgleisung der Therapie führen.
6. **Sexualisierte Übertragung als zerstörerischer Angriff auf die Therapie.** In der sexuell aufgeladenen Situation kann es dazu kommen, daß der Therapeut seine „deutende Potenz" verliert, im übertragenen Sinne kastriert wird, da er zu sehr in die Übertragung verwickelt wird.

Ob sich in diesem schwierigen Unterfangen der Therapie die Plombe im Sinne Morgenthalers lösen wird, möchte Reiche „der Gunst des Unternehmens" überlassen wissen.

Eine Zusammenfassung der Studien zum Therapieerfolg bei verschiedenen therapeutischen Ansätzen bei Sexualstraftätern findet sich bei Berner (1999). Auf die Besonderheiten der Therapie mit gerichtlicher Behandlungsauflage soll hier nicht weiter eingegangen werden (s. dazu Berner 1996, 1998).

Abschließend sei noch bemerkt, daß vor allem von kritischen TherapeutInnen der Begriff der Pädophilie in Frage gestellt wird, da er die „Liebe" zum Kind bedeutet und es sich bei Mißbrauch doch wohl nicht um Liebe handeln könne. Dem Vorschlag, statt dessen den Begriff der **Pädosexualität** einzuführen, kann die Autorin nur zustimmen. Begriffe lassen sich jedoch nicht so schnell durch neue ersetzen, so daß hier sicherlich noch einiges an Umdenken notwendig sein wird.

Geschlechtsidentitätsstörungen

Einleitend sei hervorgehoben, daß bei keiner anderen Störung im Bereich der Sexualität so viel Unklarheit hinsichtlich der Begriffsbestimmung herrscht wie bei der Transsexualität. Die Hauptfrage, die bei der Definition der Transsexualität in den letzten Jahren auftauchte, ist, wie weit der Wunsch nach einer geschlechtskorrigierenden oder geschlechtsumwandelnden Operation (meist sind es Operationen) bzw. die Erfüllung dieses Wunsches als eine notwendige und hinreichende Bedingung verstanden werden soll, um von Transsexualität zu sprechen. Genau genommen ist schon der Begriff Transsexualität irreführend. Er stammt aus der Zeit, als man annahm, Transsexuelle würden in jedem Fall nach einer Geschlechtsumwandlung mit einem Partner bzw. einer Partnerin des eigenen biologischen Geschlechts verkehren wollen. Da Transsexuelle es weit von sich weisen, als homosexuell angesehen zu werden, wechseln sie also das Geschlecht als Sexualpartner. Vor allem Betroffene wehren sich jedoch in zunehmendem Maße gegen den Begriff transsexuell, da sie meinen, ihre Identität sei anders als bei Nichtbetroffenen und nicht die Wahl ihres Sexualpartners. Sie sprechen daher lieber von Transidentität als von Transsexualität. Im DSM-IV wird weder der Begriff Transsexualität noch Transidentität verwendet, was insofern zu einer klassifikatorischen Sprachverwirrung führt, da nicht jede Geschlechtsidentitätsstörung mit dem Wunsch, das andere Geschlecht annehmen zu wollen, verbunden ist.

Der Umgang mit Patienten mit Geschlechtsidentitätsstörungen hat immer wieder heftige Diskussionen ausgelöst. Waren die einen empört über zu schnelles Handeln bei Vorliegen eines Operationswunsches, warfen andere vor allem tiefenpsychologisch orientierten Psychotherapeuten vor, sie würden das Umwandlungsbegehren nicht ernst nehmen, würden zu lange mit der Befürwortung medizinischer Maßnahmen warten.

Von der Deutschen Gesellschaft für Sexualforschung, der Akademie für Sexualmedizin und der Gesellschaft für Sexualwissenschaft wurden in Anlehnung an die „Standards of Care" der Harry Benjamin International Gender Dysphoria Association (Clement und Senf 1996) für deutsche Verhältnisse „Standards der Behandlung und Begutachtung von Transsexuellen" festgelegt. Diese Standards sollen den Wildwuchs an Behandlungsansätzen bei diesem Störungsbild reglementieren, auch wenn das Festlegen von Standards sicherlich immer Probleme mit sich bringt. Die Autorin findet allerdings, daß in diesen Standards klarer zwischen Psychotherapie und Behandlung getrennt werden müßte. Vor allem aber erscheint es beim Erscheinungsbild der Transsexualität besonders wichtig, auf die Besonderheiten der Geschlechter näher einzugehen. Das Transsexuellen-Gesetz und seine Folgen sowie die medizinischen Behandlungsmaßnahmen werden hier nicht weiter erläutert (s. Clement u. Senf 1996).

Klassifikation der Geschlechtsidentitätsstörungen (302.6 bzw. F64.0 Transsexualismus)

Um von einer Geschlechtsidentitätsstörung zu sprechen, muß ein starkes und andauerndes Zugehörigkeitsgefühl zum anderen Geschlecht vorliegen, d. h. das Verlangen oder auch das Bestehen darauf, dem anderen Geschlecht anzugehören. Außerdem muß der Befund eines andauernden Unbehagens im Geburtsgeschlecht oder das Gefühl, daß die Geschlechtsrolle dieses Geschlechts für ihn nicht die richtige ist, vorliegen. Die Diagnose wird nicht bei Vorliegen eines somatischen Intersex-Syndroms gestellt. Auch muß die betroffene Person in klinisch bedeutsamer Weise darunter leiden bzw. müssen Beeinträchtigungen in sozialen, beruflichen oder anderen wichtigen Funktionsbereichen bestehen.

Im ICD-10 werden zusätzlich klassifiziert:
- **Transvestitismus** unter Beibehaltung beider Geschlechtsrollen (F64.1),
- **Störung der Geschlechtsidentität im Kindesalter** (F64.2).

In beiden Klassifikationsschemata tauchen noch nicht näher bezeichnete Geschlechtsidentitätsstörungen (302.6 bzw. F64.9) auf.

Psychodynamische Betrachtung der Transsexualität

Im folgenden soll auf das Geschlecht des Transsexuellen (weder auf das biologische noch auf das angestrebte) nicht näher eingegangen und nur die männliche Form gewählt werden. Dies geschieht einzig und allein, um eine Sprachverwirrung zu vermeiden. Die Autorin ist der Auffassung, daß es bei der Transsexualität, wie kaum bei einer anderen Problematik, um spezifische Aspekte des weiblichen und männlichen Geschlechts geht.

Zunächst sei hervorgehoben, daß transsexuelle Wünsche bei Personen mit ganz unterschiedlicher Persönlichkeitsstruktur auftreten können. Man findet Transsexuelle mit einer vorwiegend neurotischen oder Borderlinepersönlichkeit, bei Personen mit einer Suchtstruktur genauso wie bei Schizophrenen oder solchen, die mit dem Gesetz in Konflikt geraten sind.

Schon früh haben sich Psychoanalytiker mit dem Phänomen des Transsexualismus auseinandergesetzt (Fenichel 1930, Boss 1950/51, Thomä 1957, Person u. Ovesy 1974, Lohstein 1977, Reiche 1984, Désirat 1985, Pfäfflin 1994). Der Hauptkonfliktpunkt unter Analytikern war der Umgang mit den geschlechtskorrigierenden Maßnahmen. Die einen sehen diese als Bestandteil der transsexuellen Entwicklung an, andere sind der festen Überzeugung, Transsexuelle müßten von ihrem Wunsch geheilt werden.

Stoller hat sich in mehreren Arbeiten (1968 u. a.) mit der Transsexualität auseinandergesetzt und betonte eine grundsätzliche Differenz zwischen männlichen und weiblichen Transsexuellen. Weibliche Transsexualität erklärte er an Hand des psychoanalytischen Konfliktmodells, männliche Transsexualität mit einer eher lerntheoretisch konzipierten konfliktfreien Genese. Er unterschied zwischen der Kerngeschlechtsidentität und der Geschlechtsidentität und meinte, nur bei männlichen Transsexuellen eine konträrsexuelle Kerngeschlechtsidentität zu finden. Andere Autoren sprechen gegen eine einheitliche Pathogenese bei Transsexuellen (z. B. Person u. Ovesy 1974, Lamentani 1979). Sie meinen, daß unterschiedliche Einflüsse in der Entwicklung zur Ausbildung des Phänomens Transsexualität beitragen. Person u. Ovesy (1974) heben hervor, wie wichtig es ist, zwischen primären, bereits im Kindesalter auftretenden transsexuellen Symptomen und sekundärem Transsexualismus zu unterscheiden. Biologisch männliche primäre Transsexuelle berichten häufig, die Kleider der Mutter, manchmal auch der Schwester, angezogen zu haben, ein entsprechendes Phänomen wird bei weiblichen Kindern bezüglich der Kleidung des Vaters sehr viel seltener beobachtet. Auch wenn sehr viele unterschiedliche Faktoren zur Entwicklung von Transsexualität beitragen, kann man dennoch sagen, daß häufig Verlust- und Trennungsängste zu beobachten sind und Spaltung als ein wesentlicher Abwehrmechanismus angesehen werden muß. Die wenigen vorliegenden psychoanalytischen Fallberichte bringen die Vielfalt transsexueller Persönlichkeiten zum Ausdruck.

Die psychoanalytische Behandlung von Transsexuellen

Einleitend muß gesagt werden, daß nur eine sehr kleine Gruppe von Patienten, die ihr biologisches Geschlecht wechseln wollen, für Psychoanalyse geeignet sind. Für viele stellt die Aufforderung, sich auf einen therapeutischen Prozeß einzulassen, eine große Bedrohung dar, die nicht selten durch Unverständnis von Therapeuten noch vergrößert wird. Mit einer weiteren Gruppe von Patienten kann man Psychotherapie machen, wobei bei der gegebenen Problematik eine tiefenpsychologisch orientierte Therapie die Therapie der Wahl ist. Eine auf das aktuelle Verhalten ausgerichtete Therapie ist nicht in der Lage, dieser komplexen Symptomatik gerecht zu werden.

Ein besonderes Problem bei der Behandlung dieser Patienten stellt die im Raum stehende Befürchtung dar, geäußerte Bemerkungen könnten die Entscheidung des Therapeuten beeinflussen, einer geschlechtskorrigierenden Operation zuzustimmen oder sie abzulehnen. Erst wenn der Patient merkt, daß er Phantasien über das abgelehnte Geschlecht, ja sogar über sich selbst in seinem biologischen Geschlecht äußern kann, ohne daß dies dazu führt, daß der Therapeut dies als einen Heilungsschritt in dem Sinne ansieht, daß es ihm gelungen ist, den Patienten von einer Umwandlung abzubringen, wird der Patient seine Ängste, Wünsche, Verletzungen hinsichtlich des Geschlechts, das für ihn als unmögliche Alternative erscheint, äußern können.

Die Forderung mancher Analytiker, einen Patienten nur zu behandeln, wenn er während der Behandlung keine Hormone einnimmt und sich auf keinen Fall operieren lassen würde, entspricht der Auffassung, einen Fetischisten nur dann zu behandeln, wenn dieser verspricht, den Fetisch nicht mehr anzurühren. Genauso wie man einen Fetischisten nur dann behandeln kann, wenn man sich in seine Lust hineinversetzen kann, kann man einen Transsexuellen nur dann verstehen, wenn man nicht davor zurückscheut, sich die Kastration oder die Entfernung bestimmter Körperteile real vorzustellen mit all seinen Konsequenzen und diese nicht nur als eine Phantasie zu betrachten.

Ziel der Behandlung kann in keinem Fall die Heilung von der Transsexualität sein – was sowohl ein Leben im biologischen Geschlecht als auch im angestrebten Geschlecht bedeuten könnte –, sondern nur eine Erleichterung des sehr schwierigen Lebens mit dieser Problematik bewirken. Das heißt, wie in anderen psychodynamischen Therapien auch, müssen Konflikte, Übertragung und Widerstände bearbeitet werden. Die transsexuelle Problematik stellt dabei an den Therapeuten sicherlich besondere Anforderungen hinsichtlich der Gegenübertragung, worauf Becker (1997) hingewiesen hat (s. auch Quinodoz 1998). Diese therapeutische Arbeit kann dazu führen, daß der Patient davon abläßt, geschlechtsumwandelnde Maßnahmen durchführen zu lassen und den transsexuellen Wunsch als Phantasie zu akzeptieren (Richter-Appelt 1996). Es kann aber auch heißen, nach Bearbeitung der vorliegenden Konflikte mit dem Patienten den Weg der Umwandlung zu gehen und die für den Patienten am sinnvollsten erscheinende Lebensgestaltung zu akzeptieren. Zu dieser Arbeit gehört in jedem Fall eine Bearbeitung der Idealisierung des Gegengeschlechts und der Entwertung des biologischen Geschlechts. Konnte der Patient in seinem biologischen Geschlecht keine Identität entwickeln oder wurde sein Selbstbild so unwiderruflich zerstört, wird es Aufgabe der Therapie sein, mit dem Patienten zu einer neuen Identität, einem neuen Selbst zu gelangen, und dies kann im biologischen, abgelehnten Geschlecht, aber auch im neuen angestrebten Geschlecht realisiert werden.

In vielen Fällen wird nur eine stützende Begleitung der Patienten mit einer transsexuellen Problematik möglich sein. In diesem Fall sollte man dann allerdings nicht von Psychotherapie sprechen, sondern sich mit dem bescheideneren Begriff der Behandlung zufrieden geben.

Schlußbemerkung

Sexuelle Probleme kommen im Leben jedes Menschen in irgendeiner Form vor. In diesem Abschnitt wurde deutlich gemacht, wie komplex die hinter einer sexuellen Störung zu beobachtenden Persönlichkeitsmerkmale sind. In vielen Fällen stellt die Psychoanalyse eine geeignete Behandlungsform sexueller Störungen dar. Es wurde aber auch auf Grenzen psychoanalytischer Behandlung bei sexuellen Störungen hingewiesen. Allerdings müßte in der psychoanalytischen Theorie und in der Ausbildung von Analytikern dem Thema Sexualität wieder mehr Aufmerksamkeit geschenkt werden. Gerade die Auseinandersetzung mit dem Thema der sexuellen Traumatisierung hat hier sicherlich wichtige Anregungen gegeben.

Verhaltenstherapie

St. Fliegel

Hinführung zum Thema und Überblick

Die Sichtweise sexueller Störungen im verhaltenstherapeutischen Ansatz läßt sich treffend mit folgendem überliefertem Zitat beschreiben:

> „Sexualität ist etwas Natürliches, aber selten von Natur aus vollkommen.
> Wir sind mit unserem Körper zum Erleben einer befriedigenden Sexualität geschaffen. Wir sind in der Lage, uns selbst kennenzulernen, Partnerschaften aufzubauen und eine lustvolle Sexualität zu lernen.
> Dort, wo die Lernmöglichkeiten behindert werden, wo die Lernmöglichkeiten fehlen, wo Ängste aufgebaut werden, dort wird auch das Ausleben einer befriedigenden Sexualität behindert."

Voraussetzung für eine befriedigende Sexualität ist eine grundsätzlich positive Einstellung zur Sexualität und zum eigenen Körper. Dazu gehören ein gesundes Maß an Egoismus sowie eine Konzentration auf die eigenen Bedürfnisse, aber auch die Fähigkeit, diese Bedürfnisse offen in die Kommunikation mit dem Partner oder der Partnerin einzubringen. Bedeutsam ist ein Gefühl der Verantwortlichkeit für die Befriedigung der eigenen Bedürfnisse und die daraus resultierende Fähigkeit zum Wechselspiel von Aktivität und Passivität, von Geben und Nehmen. Neben einem ausreichenden Maß an Selbstvertrauen und Selbstwertgefühl in die eigene Person und in die eigenen Fähigkeiten sind spiegelbildlich Vertrauen und Wertschätzung gegenüber dem Partner oder der Partnerin wichtig.

Wie bereits das Eingangszitat deutlich macht, hat unsere Gesellschaft viele Mechanismen, das Erlernen und das Ausleben einer befriedigenden Sexualität zu blockieren und zu behindern. Aber auch die traditionelle „Sexualtherapie" hat zu der Verbreitung der Ansicht beigetragen, es gäbe ein richtiges „Sexualverhalten", und jedes Problem sei zu beheben. Ausdrücke wie Impotenz und vorzeitige Ejakulation lassen glauben, es gäbe nur eine richtige Art und Weise für die sexuelle Reaktion des Mannes. Bezeichnungen für weibliche Funktionsstörungen wie Vaginismus und Frigidität sind häufig ähnlich irreführend, da sie sexuelle Probleme als Krankheit abstempeln, die sehr viel mehr mit Erziehung zur traditionellen Frau und ihren negativen Vorstellungen vom Mann und dessen Bedürfnissen zu tun haben.

Die **klassischen Bezeichnungen sexueller Funktionsstörungen** sind für die verhaltenstherapeutisch orientierte Psychotherapie sexueller Probleme wenig brauchbar. Zum einen sagen diese Begriffe nichts aus über Ursachen, aufrechterhaltende Bedingungen und therapeutische Ansatzpunkte, zum anderen geben sie den Anschein, als lasse sich befriedigende Sexualität durch Herstellung der Funktion (wieder-)erlangen. Diese Störungsbezeichnungen vermitteln weiter, es gäbe einen gestörten Partner, nämlich den mit der gestörten Funktion. Sexuelle Störungen als Beziehungsstörungen, als Partnerschaftsprobleme bleiben unberücksichtigt.

Eine Funktion bzw. eine Funktionsstörung stellt nur einen kleinen Teil der Erlebnissphäre von Sexualität dar. Eine „intakte" sexuelle Funktion sagt wenig aus über Intensität und Tiefe des Erlebens, über Lust und Befriedigung. Unzufriedene oder gestörte Sexualität läßt sich nicht exakt definieren, da zu viele Ebenen und Aspekte daran beteiligt sind. Auch die im Anschluß zu beschreibenden Klassifikationsmöglichkeiten können lediglich Anhaltspunkte für die spezifische therapeutische Arbeit bieten. Deutlich wichtigere Aspekte für die Entscheidung, welche Beratungs- und Therapiemaßnahmen geplant und durchgeführt werden können, bietet die verhaltenstherapeutische Problemanalyse. In ihr werden die aktuellen Bedingungen analysiert, die die sexuelle Störung des einzelnen Patienten bzw. des Paares aufrechterhalten. Aus der Problemanalyse leiten sich schließlich Behandlungsziele und Behandlungsschritte ab (s. auch Kapitel 11 „Verhaltenstherapeutische Diagnostik").

Die verhaltenstherapeutisch konzipierte psychotherapeutische Arbeit mit Menschen, die unter sexuellen Störungen leiden, stützt sich auf die gleichen klinisch-psychologischen Grundlagen wie die Verhaltenstherapie bei anderen psychischen Störungen. Der Begriff „Sexualtherapie" sagt lediglich etwas aus über die zu behandelnde psychische Problematik, „Sexualtherapie" ist aber keine eigenständige therapeutische Spezialität.

Im paartherapeutischen Setting werden verhaltenstherapeutische Ansätze bei sexuellen Störungen kombiniert mit kommunikationstheoretischen oder systemischen Ansätzen.

Die 1970 erschienene und berühmt gewordene Arbeit von Masters u. Johnson „Human sexual inadequasy" war bahnbrechend und wegweisend für verhaltenstherapeutische Ansätze und Settings bei der Behandlung sexueller Störungen, insbesondere mit Paaren. Noch heute ist das Konzept von Masters u. Johnson (deutsch: Impotenz und Anorgasmie, 1973) Grundlage der Paartherapie bei Problemen mit der Sexualität.

Mit dem sog. PLISSIT-Modell hat Annon (1974/1975) ein Konzept möglichst effizienter und ökonomischer Hilfe bei der Behandlung sexueller Störungen vorgestellt: ein abgestuftes Modell mit vier Ebenen der psychosozialen Versorgung.

PLISSIT-Modell (J. S. Annon)

Stufe 1 (P = Permission/Erlaubnis): Eine in ihrer Kompetenz und fachlichen Autorität anerkannte Person zeigt Akzeptanz und Toleranz bezüglich der vorgebrachten sexuellen Probleme. Diese Stufe ist im Sinne sekundärer Prävention besonders hilfreich bei Initialstörungen (s. unten):

Methodik: (Fach-)Gespräch.

Stufe 2 (LI = Limited information/begrenzte Information): Patienten werden – je nach Art des Problems – Informationen über partnerschaftliche, anatomische und physiologische Faktoren übermittelt, die Bezug zur vorgetragenen Problematik haben.

Sexuelle Mythen und Normen werden aufgedeckt, aufgeklärt und richtiggestellt. Fehlerwartungen werden verändert, eine Sichtweise von Problemzusammenhängen wird erarbeitet.

Methodik: Gespräche und Literaturempfehlungen.

Stufe 3 (SS = Specific Suggestions/gezielte Anregungen): Als Anleitung zur Bewältigung der speziellen sexuellen Probleme werden Vorschläge zur Verhaltensveränderung erarbeitet, vermittelt, durchgeführt und besprochen.

Methodik: Gespräche, Rollenspiele, Übungen.

Stufe 4 (IT = Intensive Therapy/intensive Therapie): Wenn in der Problemanalyse „psychodynamische" oder „paardynamische" Probleme (s. unten) herausgearbeitet werden, die zur Aufrechterhaltung der sexuellen Problematik beitragen, werden spezielle psychotherapeutische Verfahren eingesetzt, um z.B. Ängste abzubauen, soziale Kompetenzen zu stärken, Traumata zu bearbeiten, Kommunikation zu fördern und Paarkonflikte zu lösen.

Methodik: Unterschiedliche verhaltenstherapeutische Verfahren oder ggf. Verfahren aus anderen therapeutischen Konzeptionen.

Im folgenden wird zunächst ein verhaltenstherapeutischer Ablauf zur Behandlung sexueller Störungen vorgestellt. Einige Teile des psychotherapeutischen Prozesses werden anschließend beispielhaft ausführlicher dargestellt. Es folgen Gedanken zur therapeutischen Beziehung bei der Behandlung sexueller Störungen.

> Dem Autor kommt es im folgenden einerseits auf die Darstellung des verhaltenstherapeutischen Konzeptes an, andererseits aber auch auf die Vermittlung der therapeutischen Haltung, die mit der Umsetzung verhaltenstherapeutischer Ansätze bei der Behandlung von Menschen, die unter sexuellen Problemen leiden, verbunden ist.

Überblick zum verhaltenstherapeutischen Ablauf bei der Behandlung sexueller Störungen

Informationsgewinnung: Diagnostische Verfahren: vor allem Exploration, Selbstbeobachtung, Tagebuchführung, Fragebögen.

Informationsverarbeitung – Problemanalyse: Beschreibungsmöglichkeiten sexueller Störungen, aufrechterhaltende Bedingungen sexueller Störungen. Möglichkeiten der Problemanalyse: funktionale Analyse, kognitive Analyse, Motivationsanalyse, Beziehungsanalyse.

Veränderungsziele und Therapieplanung: Konkrete Planung der therapeutischen Interventionen, Orientierung am sog. PLISSIT-Modell, Klärung der Voraussetzungen, Auswahl der Methoden, der Reihenfolge und des Ablaufs.

Durchführung der Interventionen: Die ausgewählten Verfahren sind in der Regel erfahrungs- und erlebnisorientiert, konfrontativ und problemlösungsorientiert.

Informationserhebung

Grundlage der diagnostischen Informationserhebung bei sexuellen Störungen ist vor allem das Gespräch zwischen Therapeut und Patient/Paar (Exploration). Zu den weiteren diagnostischen Verfahren gehören die **Selbstbeobachtung** der Patientinnen und Patienten und die in der Regel darauffolgende **Tagebuchaufzeichnung**, der Einsatz von Fragebögen und ggf. eine **organmedizinische Untersuchung**.

Physiologische Messungen sind in der therapeutischen Praxis nur von geringer Aussagekraft bezüglich des tatsächlichen Sexualverhaltens, vorliegender Normen oder sexueller Einstellungen. Sie sind auch mit hohem Aufwand verbunden.

Fremdbeobachtungen in der direkten sexuellen Alltagssituation des Patienten oder mittels Videoaufzeichnung, die ansonsten in der Verhaltenstherapie einen hohen Stellenwert haben, sind aus ethischen Gründen abzulehnen.

Durch die **explorativen Gespräche** versuchen Therapeutin und Therapeut, die sexuellen Probleme in einer verhaltenstherapeutischen Sprache zu beschreiben, sie zu strukturieren und ein ihrer theoretischen Orientierung entsprechendes Modell für die aufrechterhaltenden Bedingungen der sexuellen Probleme zu finden. Diese Gespräche über die Sexualität des Patienten/des Paares stellen einige Anforderungen an die Therapeuten, zumal in dieser Phase der Behandlung die Grundlagen für den Aufbau und die Gestaltung der therapeutischen Beziehung gelegt werden (s. unten).

Bereits Masters u. Johnson (1973) formulierten Grundbedingungen, die für die Exploration von therapeutischer Seite erfüllt sein müssen:

- Vertrautzeigen mit dem Thema „Sexualität" und sachlich auch auf ungewöhnliche Patientenäußerungen und Sexualpraktiken reagieren können.
- Sachkenntnisse offen zeigen, wenn es angebracht ist.
- Eine von Vorurteilen freie Atmosphäre schaffen, damit Patienten unbelastet ihre sexuellen Werte, Vorstellungen und Praktiken darlegen können.
- Es muß ausreichend Zeit für das Gespräch vorhanden sein.

„Das diagnostische Gespräch ist bereits Therapie. Oft ist es die erste Aussprache überhaupt über sexuelle Probleme und damit die erste gemeinsame Aussprache mit dem Partner, die durch die Anwesenheit einer dritten Person erst möglich wird. Der Therapeut dient hier bereits als Vermittler für die verbale Kommunikation über Sexualität" (Kockott 1977, S. 40).

Fragebögen als Selbstbericht der Patientinnen und Patienten stellen gute Ergänzungen zu den Explorationsgesprächen dar und dienen auch der Therapiekontrolle. Brauchbare, am verhaltenstherapeutischen Modell orientierte Fragebögen sind z. B. der „Fragebogen zur sexuellen Interaktion" von Chrombach-Seeber u. Chrombach (1977), der „Anamnesefragebogen zur Sexualität und Partnerschaft" (ASP) und die „Tübinger Skalen zur Sexualtherapie" (TSST) (beide Zimmer 1988).

Beschreibung sexueller Störungen (symptomatologische Modelle)

Bei der Beschreibung sexueller Störungen können einerseits die herkömmlichen sexuellen Funktionsstörungen unterschieden werden. Andererseits ist zu differenzieren zwischen Störungen des Erlebens, des Verhaltens und der körperlichen Reaktionsmuster (Funktionen), die für einen oder beide Partner eine befriedigende (Partner-)Sexualität stören, behindern oder unmöglich machen.

Davon abzugrenzen sind Störungen und Probleme bezüglich sexueller Perversionen (überholter Begriff)/sexueller Deviationen/sexueller Orientierungen. Die psychotherapeutische Arbeit berührt hier einen sehr sensiblen Bereich, der mit kulturellen Normen und Vorstellungen behaftet ist. Hier ist zunächst sehr genau abzuklären, ob Unzufriedenheiten und Veränderungswünsche nicht eher gesellschaftsbedingt sind, da bestimmte Deviationen herkömmliche gesellschaftliche Normen verletzen. Wird diese Abklärung vernachlässigt, wären therapeutische Interventionen eher freiheitseinengend, erlebnisstörend und angstfördernd. Sie würden – und das gilt für die Verhaltenstherapie wie für jede andere psychotherapeutische Richtung – eine an die vorherrschenden gesellschaftlichen Normen anpassende Funktion haben.

Weitere Probleme in bezug auf Sexualität resultieren aus Gewaltanwendungen durch Ausnutzung eines Kraft- und Machtgefälles bzw. eines Abhängigkeitsverhältnisses. Hier sind zu nennen: Vergewaltigung innerhalb und außerhalb der Ehe, Vergewaltigung von bekannten oder fremden Personen, sexuelle Befriedigung durch Gewaltanwendung und Ausbeutung von Kindern, in der Regel unter Ausnutzung kindlicher Abhängigkeit. Übergreifend bedeutet dies die eigene sexuelle Befriedigung durch Benutzung anderer Menschen mit oder ohne physische Verletzungen.

Klassifikationen sexueller Störungen in psychiatrischen Klassifikationssystemen (bedeutsam für die interdisziplinäre Verständigung oder für die Abrechnung psychotherapeutischer Leistungen durch Krankenkassen), z.B. ICD oder DSM, unterscheiden sexuelle Störungen des Mannes oder der Frau und beziehen sich entweder auf eine gestörte sexuelle Funktion oder Störungen der Lust (der Erregung und des Orgasmus).

Für eine erste Orientierung, als „Arbeitsbeschreibung" und für die Eingrenzung der sexuellen Problematik im Gespräch mit dem Patienten und der Patientin, eignen sich im verhaltenstherapeutischen Vorgehen Beschreibungsformen, die differenzieren und eingrenzen, objektivierbar sind, nicht analysieren und interpretieren.

Arentewicz u. Schmidt (1993) haben eine differenzierte Symptombeschreibung versucht, die von Zimmer (1995) erweitert wurde.

Die Klassifikations- und Beschreibungsaspekte beziehen sich

- auf das Auftreten der Störung in verschiedenen Abschnitten der sexuellen Interaktion (inhaltliche Beschreibung),
- auf formale Charakteristika,
- auf Probleme durch verschiedene sexuelle Orientierungen (Abweichungen/Deviationen/Perversionen) und
- auf Probleme durch Gewaltanwendungen.

Inhaltliche Beschreibung

- **Probleme in der Phase der sexuellen Annäherung (Appetenzphase):** mangelndes sexuelles Interesse, Lustlosigkeit, Aversion gegen Sexualität, Lustverlust, exzessive sexuelle Lust.
- **Probleme in der Erregungsphase:** Probleme, erregt zu werden, Erregungsverlust.
- **Probleme beim Einführen des Penis und beim Koitus:** Erregungsverlust, Schmerzen (Vaginismus, Dyspareunie).
- **Orgasmusprobleme:** vorzeitiger Orgasmus, verzögerter oder ausbleibender Orgasmus, mangelnde subjektive Befriedigung.
- **Probleme in der Ausklingphase (nachorgasmische Phase):** Mißempfindungen, Schmerzen, depressive Stimmung, Schlaflosigkeit.

Formale Beschreibungsmerkmale

- Initialprobleme (bei ersten sexuellen Interaktionen).
- Primäre versus sekundäre Probleme (Gab es noch nie oder bislang schon problemfreie sexuelle Erlebnisse?).
- Globales oder situationsspezifisches Problem (unabhängig von speziellen Situationen oder typisch in spezifischen Situationen).
- Partnerunabhängige oder partnerabhängige Probleme.
- Interaktionsbezogene oder eigensexuelle Probleme (Treten die Probleme in der Sexualität mit einem Partner auf oder auch z.B. bei der Selbstbefriedigung?).
- Praktikabhängige oder praktikunabhängige Probleme (unabhängig von einer oder mehreren speziellen sexuellen Praktiken oder auf eine oder mehrere spezielle Praktiken bezogene sexuelle Störungen).
- Probleme in bezug auf die Häufigkeit sexueller Erlebnisse (Unzufriedenheit mit der Frequenz sexueller Kontakte).

Probleme mit speziellen sexuellen Orientierungen

Sexuelle Probleme können Folgen spezieller sexueller Orientierungen sein, sie können sich aber auch auf die sexuelle Orientierung selbst beziehen. Zu sexuellen Orientierungen gehören z.B. Exhibitionismus, Fetischismus, Pädophilie, Masochismus, Sadismus, Sodomie.

Leidensdruck kann z.B. dadurch entstehen, daß geeignete Partnerinnen oder Partner für das Ausleben der sexuellen Wünsche fehlen, durch Konflikte aufgrund von Straftaten, durch negative soziale Konsequenzen. Häufig erleben Patienten Selbstvorwürfe und Selbstabwertungen, da sie ihre sexuellen Neigungen im Widerspruch zu ihren eigenen Wertvorstellungen oder den Wertvorstellungen ihres sozialen Umfeldes erleben.

Im weiteren Sinne gehören Heterosexualität, Homosexualität und Bisexualität ebenfalls zu sexuellen Orientierungen und Lebensformen.

Ursachen sexueller Störungen (Ätiologie und Problemanalyse)

In der verhaltenstherapeutischen Problemanalyse werden die Bedingungen herausgearbeitet, die für die aktuelle Begründung (Aufrechterhaltung) der sexuellen Problematik verantwortlich sind. Dabei ist in der Regel von einem Zusammenwirken mehrerer Faktoren bei der Entstehung und Aufrechterhaltung sexueller Störungen auszugehen. Die klassische Arbeit von Kanfer u. Saslow (1965/1969) hat den Grundstein für ein noch heute gültiges Modell innerhalb der verhaltenstherapeutischen Analyse gelegt, welches selbstverständlich auch für die Analyse sexueller Störungen Anwendung findet. Neben der klassischen funktionalen Analyse des Verhaltens im operanten und respondenten Modell sind gerade für sexuelle Störungen erweiternde Aspekte der Problemanalyse von Bedeutung. Dazu gehören z. B. die kognitive Analyse, die Analyse der Motive und die Analyse der Beziehung (vgl. Schulte 1995). Je nach Art der Problematik und der Ausbildung des Therapeuten und der Therapeutin stehen im diagnostisch-therapeutischen Prozeß der Verhaltenstherapie verschiedene Analysemöglichkeiten einer psychischen Problematik offen, aus denen heraus dann effektive therapeutische Strategien abgeleitet werden können.

Es ist davon auszugehen, daß in der Regel ein Zusammenwirken mehrerer Faktoren zu Entstehungen und Aufrechterhaltungen sexueller Störungen führt.

Exkurs

Die verschiedenen **Analysemöglichkeiten der männlichen Impotenz** können je nach fachlicher Sichtweise, Disziplin und therapeutischer Kompetenz aus unterschiedlichen Sichtweisen heraus erfolgen:

Eine organische Analyse würde möglicherweise einen zu geringen Blutfluß in den Schwellkörpern des Penis herausfinden lassen.

Eine funktionale Analyse würde die Versagensangst des Mannes beschreiben, daß in einer sexuellen Situation keine Penissteife auftritt, wodurch ein Selbstverstärkungsmechanismus vermutlich auch eine Erektion verhindern würde.

Die kognitive Analyse würde möglicherweise Wissenslükken über sexuelle Funktionen und sexuelle Abläufe oder Mythen über den starken und immer sexuell funktionierenden Mann als Grundlage der Impotenz ansehen.

Die Motivationsanalyse würde aufdecken, daß die fehlende Erektion den Mann vor der aversiven Erfahrung und Auseinandersetzung bezüglich seiner Ängste vor Frauen schützt.

Die Beziehungsanalyse sieht die sexuelle Störung des Mannes als Partnerschaftsproblematik an und weist z. B. auf die Notwendigkeit der Aufarbeitung von Rollenkonflikten in der Partnerschaft hin.

Orientiert an Arentewicz u. Schmidt (1993) lassen sich die ursächlichen und aufrechterhaltenden Bedingungen für sexuelle Störungen in sechs Kategorien zusammenfassen:

Erwartungsängste, die sich in einem Teufelskreis aufschaukeln. Die Funktionsstörung oder die gehemmte Lust bestätigen die Erwartungsängste und verstärken sie, was eine Verstärkung der Funktionsstörung nach sich zieht (Selbstverstärkungsmechanismus). Diese Erwartungsängste entsprechen in der Regel einem Zusammenspiel von klassischer und operanter Konditionierung. Sie sind durch eine funktionale Problemanalyse aufzuzeigen.

Informations- und Erfahrungsdefizite stärken falsche Vorstellungen über physiologische Abläufe, zufriedenstellendes und lustvolles sexuelles Erleben und verschiedene sexuelle Praktiken.

Unwissenheit über Infektionsmöglichkeiten mit HIV, Erfahrungs- und Fertigkeitsdefizite in bezug auf Safer-Sex, wenig Informationen über die sexuelle „Vorgeschichte" des Partners oder Furcht vor einer unerkannten eigenen Infektion mit HIV können zu verschiedenen sexuellen Störungen führen.

In die Köpfe eingepflanzte **problemorientierte Normen, Werte und Mythen** prägen und behindern die Sexualität. Die „normalen" Details werden überall verkündet und formen ein Phantasiemodell vom Sex, in denen ein großer Penis mehr Lust bereitet als ein kleiner, zwischen vaginalem und klitoralem Orgasmus unterschieden wird, gleichzeitige Orgasmen gefordert, sexuelle Rollen von Männern und Frauen festgelegt werden usw. Penisse, die die ganze Nacht nicht schlapp machen, Feuersbrünste, die Körper ausdürren, Höhepunkte, die sich bis zur Ekstase jagen, formen Bilder von einer Sexualität, deren Anforderungen nicht entsprochen werden kann und die sich ängstliche, gehemmte, verschlossene und unsichere Menschen zu ihren eigenen Ziel- und Wertvorstellungen machen. Sexuelle Störungen sind vorprogrammiert (Zilbergeld 1994). Hierhin gehören auch die in der Erziehung gelernten Verbote und Tabus.

Eine kognitive Problemanalyse hilft, die aufrechterhaltende Funktion dieser problematischen Normen und Werte aufzudecken (s. auch Beck 1992).

Persönliche Ängste und Konflikte, die sich in der sexuellen Störung ausdrücken und in der die Störung eine Funktion für das psychische Gleichgewicht des betroffenen Mannes oder der betroffenen Frau hat. Diese zum Teil sehr tiefsitzenden Ängste vor dem eigenen Versagen, vor dem eigenen Gewissen, vor dem anderen Geschlecht, frühkindlicher sexueller Mißbrauch, Vergewaltigung und andere Quellen aversiver Erfahrung oder auch religiöse Motive lassen sexuelle Erregung, Orgasmuserleben, sexuelle Interaktionen und Koitus als Gefahr und Bedrohung erleben. Die sexuelle Störung ist sozusagen das „geringere Übel", und sie schützt vor dem konflikthaften, traumatischen und aversiven Erleben. Die Analyse der Motive kann diese Zusammenhänge erkennen lassen.

Partnerkonflikte können sich in der sexuellen Störung ausdrücken und manifestieren. Die sexuelle Störung nimmt eine Funktion innerhalb der Partnerschaft ein, z. B. als Übereinkunft, als Wendung gegen den Partner, für Schuldzuweisungen, als Austragungsort eines Nähe-Distanz-Konfliktes.

Die Motivationsanalyse oder die Beziehungsanalyse helfen, diese Notwendigkeit der sexuellen Störung für die Partnerschaft zu erkennen.

Die Bedeutung **organischer Ursachen** für sexuelle Störungen wird in der Fachliteratur unterschiedlich diskutiert. „Praktisch jede Krankheit, die eine Beeinträchtigung des Wohlbefindens oder Schmerzen verursacht, kann sich negativ auf das sexuelle Erleben auswirken" (Zimmer 1995). Von besonderer Bedeutung können Erkrankungen oder Mißbildungen der Genitalien, neurologische Erkrankungen, Hormonstörungen, Durchblutungsstörungen, Nebenwirkungen von Medikamenten, insbesondere von Psychopharmaka, Alkoholabusus und Suchtmittelabhängigkeiten sein.

Während in jüngeren Jahren bei höchstens 5% der sexuellen Störungen organische Ursachen angenommen werden, steigt diese Prozentzahl mit zunehmendem Alter an.

Insbesondere beim Umgang mit der männlichen „Impotenz" ist eine zunehmende vermeintliche Somatisierung zu beobachten, die im Medikament Viagra® und dessen vielfältig proklamierten Einsatzmöglichkeiten ihren vorläufigen Höhepunkt gefunden hat. Dies hat nach Arentewicz u. Schmidt (1993) zwei Ursachen: Einerseits wurden früher somatische Ursachen oder Mitursachen tatsächlich unterschätzt, andererseits werden aufgrund der Verfeinerung der medizinischen Untersuchungsverfahren und damit einhergehend durch zunehmende Genauigkeit der Beobachtung tatsächlich auch immer mehr Auffälligkeiten gefunden, denen der Rang einer organischen Ursache zugeschrieben werden kann. Entsprechende, zur Verfügung stehende, medizinische Maßnahmen zur Behebung des Sexualproblems, wie derzeit die Impotenzpille Viagra, aber auch Gefäßoperation,

Penisprothesen, Sexualchemotherapie „verführen dann auch dazu, die gestörte Funktion wie eine Maschine reparieren zu lassen" (S. 2).

Viagra hat einen regelrechten Nachfrageboom auch dadurch ausgelöst, daß sie nicht nur bei somatogenen, sondern auch bei psychogenen Bedingungen der Erektionsschwäche die körperliche Potenz stärkt. Seriöse Ärztinnen und Ärzte sehen allerdings dann eine Verschreibung von Viagra als kontraindiziert an. Es ist allerdings zu befürchten, daß auf Grund der unzureichenden Vorbildung von Ärztinnen und Ärzten im Bereich Sexuologie die psychische Seite der sexuellen Problematik zu wenig diagnostiziert werden wird.

Zu Art, Umfang und Bedeutung organischer Ursachen vgl. Bancroft 1985, Eicher 1991 (Weibliche Störungen), Porst 1991 (Männliche Störungen), Hertoft 1989, Strauß 1998.

Auch andere psychische oder psychiatrische Erkrankungen können (Mit-)Verursacher sexueller Störungen sein, z. B. Depressionen. Daher sind für die Ätiologie sexueller Störungen gute nosologische und differentialdiagnostische Kenntnisse erforderlich.

Exkurs

Impotenz und Frigidität – eine veränderte Sichtweise

(Frei nach Keen 1985; vgl. auch Arentewicz u. Schmidt 1993; Willi 1981).

Allen Liebenden stößt einmal das Schlimmste zu: Er sagt ja, und sie sagt ja, aber es sagt nein. Er empfiehlt ihm, stramm zu stehen, aber es rührt sich nicht. Sie fleht die Säfte an, doch zu fließen, aber sie bleiben eingefroren. Er ist impotent, sie ist frigide. Der Schlüssel ist verbogen, das Schloß ist verstopft. Die Tore des Paradieses sind verschlossen. Es ist für beide die Hölle.

Er ist entmannt, sein Ich ist schlaff. Er zweifelt an seiner Männlichkeit oder vermutet, daß sie nicht reizvoll genug ist, um ihn anzutörnen. Er strengt sich noch mehr an, um festzustellen, daß es noch schlaffer wird. Seine Furcht wird zur Panik.

Sie zweifelt an ihrer Weiblichkeit. Sie kann etwas vortäuschen, aber damit bleibt sie eine unberührte Beobachterin. Sie wirft ihm vor, nicht genügend auf ihre Bedürfnisse einzugehen und vermutet, daß er sie nicht versteht. Sie meidet Männer und hält nach dem Prinzen Ausschau, dessen Zauberstab sie in eine erotische Prinzessin verwandeln wird.

Wenn sie verheiratet sind, halten sie ihre Scham aus und reduzieren ihre Erwartungen. Sie streiten sich darüber, wessen Schuld es ist, oder sie lesen Bücher. Oder sie machen eine Therapie und reden, reden, reden über das, was nicht passiert. Und wenn alles andere schief geht, begeben sie sich in die Sexklinik, wo die weißbekittelten Doktores Masters u. Johnson sie von ihrer sexuellen Dysfunktion heilen.

Doch was wäre, wenn einmal die Perspektive gewechselt würde? Was, wenn mit der wilden Hypothese gespielt wird, daß die Impotenz und Frigidität nicht Dysfunktionen, sondern Geschehnisse sind, die verstanden werden müssen? Was, wenn die Impotenz nicht eine verlorene Kraft, sondern eine verschlüsselte Mitteilung ist, die entziffert werden muß? Was, wenn Frigidität nicht eine Schande ist, die die Frau ertragen muß, sondern das Anzeichen einer auftauchenden Leidenschaft? Was, wenn jeder authentische Liebhaber das Schattenteil der Impotenz durchqueren oder eine Zeit in der Frigidität verbringen muß, wenn die Genitalien, wie das Herz, eine Weisheit haben, die tiefer ist als die des Geistes?

Könnte ein Mann auf alle Stimmen in seinem Inneren hören und die Vielfalt seiner Gefühle anerkennen, dann müßte sein Penis nicht die Rolle des Sprachlosen spielen.

Wenn die Säfte nicht fließen oder bei der Frau keine Leidenschaft aufkommt, welche Botschaft drückt ihr Körper dann durch seine Weigerung aus?

Die Schlußfolgerung daraus: Es gibt keinen impotenten Mann, und es gibt auch keine frigide Frau. Mann und Frau reagieren mit ihrem Körper auf die ihnen angebotenen Bedingungen. So wird es notwendig sein, die Sprache des Körpers in der sexuellen Situation zu übersetzen, um zu einer veränderten Sichtweise, einer neuen Beschreibung der sexuellen Störung zu kommen: z. B. „Ich bin nicht ohne Lust, sondern ich habe keine Lust auf dich. Ich habe es satt, als Objekt behandelt zu werden. Ich fühle mich schuldig. Ich habe Angst vor deinen Verletzungen. Ich traue dir nicht. Ich will, daß du aktiv wirst. Ohne Vertrauen, ohne Zärtlichkeit, ohne Verlangen will ich nicht mit dir schlafen. Ich gönne dir keine Lust. Nicht jetzt. Ich kenne dich noch nicht genug…"

Verhaltenstherapeutische Interventionen

Lebt der sexuell gestörte Mann bzw. die sexuell gestörte Frau in einer Partnerschaft, empfehlen sich paartherapeutische Ansätze zur Behandlung der sexuellen Problematik. Patientinnen und Patienten ohne Partner können in der Einzeltherapie oder in der Gruppenpsychotherapie verhaltenstherapeutische Hilfe bei ihren sexuellen Problemen finden. Das gleiche gilt, wenn der Patient die Therapie mit Partnerin verweigert oder der Partner nicht an der Therapie teilnehmen möchte.

Therapie mit Paaren

Eine verhaltenstherapeutisch orientierte Paartherapie wurde an der Abteilung für Sexualforschung der Universität Hamburg erarbeitet und als sehr effektiv erprobt. Dieser Ansatz wurde von Arentewicz u. Schmidt 1980/1993 veröffentlicht. Ob dieses Vorgehen massiert (in 4 bis 6 Wochen) oder graduiert (in der Regel mit einer therapeutischen Sitzung pro Woche) durchgeführt wird, ob das Paar von einem gemischtgeschlechtlichen Therapeutenteam behandelt wird oder von einem Therapeuten bzw. einer Therapeutin, spielt für die Effektivität dieses gleich rahmenhaft zu skizzierenden Vorgehens keine Rolle.

In der Phase der **Problemanalyse** besprechen die Therapeuten mit den Patienten das Problemverhalten und Aspekte befriedigender Sexualität, Bedingungszusammenhänge und Aufrechterhaltung der Problematik sowie Ursachen in der Genese und deren Bedeutung für die aktuelle Problematik (vgl. Kapitel 11 „Verhaltenstherapeutische Diagnostik").

Besonderen Stellenwert bei der Behandlung sexueller Probleme hat die **Zieldiskussion**, in der Zielvorstellungen, Wünsche und Bedürfnisse besprochen werden. Gemeinsam wird hinterfragt, ob diese Zielvorstellungen angemessen, zu weitreichend, bedürfnisorientiert, an eigenen oder fremden Normen orientiert und realistisch sind usw.

Je nach den spezifischen Ergebnissen aus Problemanalyse und Zielanalyse finden folgende Schritte beim verhaltenstherapeutischen Vorgehen in der Arbeit mit Paaren in unterschiedlicher Intensität und Dauer Anwendung:

Aufarbeitung von Informationslücken und Wissensdefiziten, verbunden mit offenen Gesprächen über sexuelle Wünsche.

Diese „sexuelle Aufklärung" ist problemorientiert und bezieht sich auf die bei dem Paar vorhandenen Wissensdefizite. In dieser kognitiv orientierten Therapiephase werden auch vorhandene sexuelle Mythen „entzaubert".

In einer Phase **körperlicher Selbsterfahrung**, die der Partner und die Partnerin in getrennten Einzelsitzungen durchführen, soll ein angstfreier Umgang mit der eigenen Sexualität, mit dem eigenen Körper und mit eigenen Körpergefühlen gelernt werden. Hierbei werden bereits erste Ängste und Hemmungen bewältigt. Neben den therapeutischen Gesprächen führen Partner und Partnerin getrennt voneinander zu Hause Übungen zur körperlichen Selbsterfahrung durch.

(Bereiten bereits erste Übungen dem Patienten/der Patientin Probleme, kann Phantasieerleben als erster Schritt bei der Auseinandersetzung mit dem eigenen Körpererleben hilfreich sein.)

Nach der ersten kognitiven Therapiephase und der körperlichen Selbsterfahrung wird die weitere Therapie wieder mit beiden Partnern gemeinsam durchgeführt.

Die Erlebnisse in der Phase körperlicher Selbsterfahrung werden im Verlauf der weiteren Paartherapie immer wieder dort angesprochen und eingebracht, wo die Partner von diesen Erfahrungen profitieren können.

In **Partnerschaftsübungen**, die in den Therapiesitzungen besprochen, vorbereitet und nachbereitet, dann von den Patienten zu Hause gemeinsam durchgeführt werden, lernen die Partner, schrittweise Ängste in der sexuellen Interaktion abzubauen und neue positive Erfahrungen zu machen. Diese erlebnisorientierte Vorgehensweise hilft, das Verhaltensrepertoire zu erweitern und problemfördernde Kognitionen zu erkennen und zu korrigieren. Körperliche Erkundungen, sinnliche Erfahrungen, ein Wechselspiel zwischen Erregung und Entspannung sollen Körperkontakt ohne Angst ermöglichen. Ziel ist es weiterhin, die meist einseitige Ausrichtung auf Koitus und Orgasmus aufzugeben und die Wahrnehmung und das Zulassen eigener Gefühle und Körperreaktionen als neue positive Erfahrungen zu erleben.

Während der Übungen auftretende Probleme und Störungen werden in den gemeinsamen Therapiesitzungen bearbeitet. Sie können durch Variationen der Übungen geklärt werden, sie können aber auch auf andere – die sexuelle Störung aufrechterhaltende – Bedingungen hinweisen. Dies würde eine Korrektur im diagnostisch-therapeutischen Prozeß bedeuten (s. oben und vgl. Kapitel 11 „Verhaltenstherapeutische Diagnostik").

Folgende Phasen können als Anhaltspunkte für die schrittweisen neuen Erfahrungen dienen:

- Partnerorientierte und wechselweise durchgeführte Körpererkundungen.
- Berühren und Streicheln ohne Konzentration auf Erregung.
- Stimulierendes Berühren und Streicheln, dabei „Spielen" mit sexueller Erregung (Wechselspiel zwischen Erregung und Entspannung).
- Kontakt zwischen den Genitalien, dabei (heterosexuell) Einführen des nichterigierten Penis in die Scheide („Stopfen").
- Spielerisches Zusammensein beim Koitus.
- Erregender und leidenschaftlicher Geschlechtsverkehr, zunehmend in unterschiedlichen Stellungen und Arten, entsprechend den Wünschen und Bedürfnissen des Paares.

Die therapeutischen Übungen sind schrittweise aufeinander aufzubauen, die Geschwindigkeit des Vorgehens wird dabei von den Patientinnen und Patienten bestimmt. Keiner der Partner sollte ungeduldig drängen, auf der anderen Seite ist die Bereitschaft notwendig, etwas Neues auszuprobieren. Jeder hat Einspruchsrecht gegen Schritte oder Übungen, die zu schnell oder unangenehm sind (ausführliche Beschreibungen s. Arentewicz u. Schmidt 1993).

Je nach Art der sexuellen Probleme und Ausprägungen, beim Mann oder bei der Frau, gibt es eine Reihe **zusätzlicher und spezieller Übungen und Verfahren**, die ergänzend auf die jeweilige Problematik bzw. Funktionsstörung ausgerichtet sind. Dabei handelt es sich z.B. um eine spezielle Massage der Scheidenmuskulatur beim Vaginismus der Frau, um Masturbationsübungen bei Orgasmusproblemen von Frauen und Männern, um Übungen zur Körperwahrnehmung bei Männern mit verzögerter Ejakulation oder um Übungen zur Ejakulationskontrolle (Stop-Start-Technik oder Squeeze-Technik) für Männer, die unter vorzeitiger Ejakulation leiden.

(Zur genaueren Beschreibung der Übungen s. Arentewicz und Schmidt 1993, Barbach, 1977, Heimann u. Mitarb. 1978, Hertoft 1989, Hoyndorf u.a. 1995, Wendt 1979, Zilbergeld 1994 und Zimmer 1985.)

Für einige der genannten Übungen ist die direkte Unterstützung durch die Partnerin sinnvoll und notwendig (z.B. Stop-Start-Technik), andere Methoden können in paartherapeutischen Übungen weitergeführt werden. Je nach Art der aufrechterhaltenden Bedingungen der sexuellen Problematik reicht manchmal schon die Durchführung solcher speziellen Verfahren zur Problembewältigung aus, insbesondere wenn bei bestehenden Partnerschaften der Partner bzw. die Partnerin in die Durchführung der Übungen einbezogen werden kann. In manchen Fällen, insbesondere bei schwerwiegenden Partnerschaftskonflikten, steht das einzelne eben beschriebene Verfahren erst am Ende des Therapieplans, und sein Einsatz kann schließlich zur Bewältigung des speziellen sexuellen Problems führen.

Therapie mit Einzelpatienten

Häufig melden sich Männer oder Frauen, die unter sexuellen Störungen leiden, zunächst allein zur psychotherapeutischen Behandlung an, wenn sich das sexuelle Problem bei ihnen manifestiert und sie sich auch dafür als verantwortlich ansehen. Auch wird häufig bei der psychotherapeutischen Behandlung anderer Probleme eine sexuelle Störung erkennbar und diagnostiziert. Wenn dieser Mann oder diese Frau in einer Partnerschaft leben, empfiehlt sich der Vorschlag für ein paartherapeutisches Vorgehen. Willigen ein oder beide Partner nicht ein, sind weitere Klärungen notwendig.

Existiert keine Partnerschaft oder ist eine Einzeltherapie aus anderen Gründen indiziert, orientiert sich auch diese am bereits beschriebenen verhaltenstherapeutischen Vorgehen: Informationserhebung, Problemanalyse, Zielfestlegung, Therapieplanung und Durchführung therapeutischer Interventionen. Der diagnostisch-therapeutische Prozeß vollzieht sich dabei ebenfalls im oben beschriebenen Ablauf.

Als **therapeutische Ansatzpunkte und therapeutische Zielsetzungen** können bei sexuellen Störungen in der Regel gelten:

- **Bewältigung negativer Emotionen,** z. B. Ängste, aversive Gefühle, Befürchtungen.
- **Förderung sexueller Lust.**
- **Erweiterung des Verhaltensrepertoires,** z. B. Zärtlichkeitsverhalten, Konfliktfähigkeit, Äußern von Wünschen und Bedürfnissen, Förderung eigenen Verhaltens in der partnerschaftlichen Sexualität.
- **Wissenserweiterung, Veränderung von Kognitionen und Einstellungen,** z. B. Schließen von Informationslücken über sexuelle Abläufe beim Mann und bei der Frau, Wissen um sexuelle Reaktionen, Stellungen usw., Entzaubern von Mythen, Arbeit an Normen und Schuldgefühlen, Veränderung der Aufmerksamkeitslenkung speziell auf Erregung und Orgasmus.
- **Entwicklung positiven Erlebens,** z. B. körperliche Selbstakzeptanz, Körperwahrnehmung, Lustempfindung und Luststeigerung, genußvolles Erleben, Zulassen und Erleben sexueller Phantasien, Verbindung von Selbstbefriedigung mit sexueller Erregung, sexueller Lust und Orgasmuserleben.
- **Förderung und Stärkung der sozialen Kompetenz,** z. B. soziales Verhalten in der Partnerschaft und in der partnerschaftlichen Sexualität, Aufbau von Kontaktverhalten, Förderung konstruktiver und offener Kommunikation, Wünsche äußern können.

Zu den **verhaltenstherapeutischen Vorgehensweisen und Methoden** zum Erreichen der beschriebenen Zielsetzungen gehören u. a.:

- **Verfahren zum Angstabbau:** graduierte konfrontative Verfahren in der Vorstellung (z. B. systematische Desensibilisierung, Angstbewältigungstraining).
- **Arbeit mit Phantasien:** zur Verminderung aversiver Gefühle, zur Förderung positiven Erlebens, zur Auslösung erotischer Erregung, zur Auseinandersetzung mit der sexuellen Orientierung, zum Erlangen einer positiven Einstellung zur eigenen Sexualität und zur Sexualität in der Partnerschaft.
- **Körperorientierte Verfahren:** z. B. Betrachtung des Körpers im Spiegel, Ertasten und Erkunden des Körpers, Auseinandersetzung mit dem Erleben des eigenen Körpers und einzelner Körperteile, sinnlich-genußvolles Baden/Eincremen/Streicheln usw.
- **Masturbationsübungen:** z. B. Spielen mit Entspannung und Erregung, Verbindung von sexueller Erregung bei der Masturbation mit heterosexuellen und homosexuellen Phantasien, Spiel mit Orgasmus und Orgasmuserleben, Zulassen von Lauten und Körperbewegungen bei sexueller Erregung und beim Orgasmuserleben.
- **Kognitive Verfahren:** z. B. Bearbeitung von Wissenslücken und Mythen, Veränderung von Leistungsangst und Versagensängsten, Veränderung von Aufmerksamkeitslenkung, Behebung von Kommunikationsstörungen, Veränderung negativer automatischer Gedanken, „Erlaubnis", Entlastung, Entdramatisierung.
- **Soziale Kompetenztherapie:** z. B. Lernen, Beziehungen aufzunehmen und zu gestalten, Konflikte anzusprechen, Wünsche zu formulieren, Grenzen zu ziehen, Veränderung von Geschlechterrollenverhalten, Stärkung der Sicherheit in sexuellen Interaktionen.
- **Genußtraining** zum Aufbau und zur Förderung genußvoller Aktivitäten und genußvollen Verhaltens, genießen können.
- **Emotionale Trainings:** z. B. um nach dem Abbau negativer und aversiver Gefühle Lust, Freude, Erregung und andere positive emotionale Reaktionen in sexuellen Situationen zu erleben bzw. mit sexuellen Stimuli verknüpfen zu lernen.
- **Themenbezogene Medien** wie Bücher, Broschüren, Filme.

Sog. **Ersatzpartner/Surrogatpartner** sind ausgewählte und trainierte Personen beiderlei Geschlechts, die Menschen ohne Partner bzw. Partnerin ab einer bestimmten Phase des therapeutischen Prozesses zum „Ausprobieren" neuer sexueller Erfahrungen zur Verfügung stehen sollen.

Der Einsatz von Surrogatpartnern, auf die in USA, England und Deutschland früher häufig, heute nur noch selten zurückgegriffen wurde, ist als sehr problematisch abzulehnen. Zum einen ist es ungeklärt, ob die gemachten Erfahrungen auf spätere Partnerschaften generalisieren, zum anderen beheben sie keine sozialen Defizite in bezug auf Kontaktaufnahme, Aufbau, Gestaltung und Aufrechterhaltung von Beziehungen. Die Unfähigkeit, Partnerschaften aufzubauen, sollte ggf. zu den therapeutischen Ansatzpunkten werden.

(Ausführungen zur Einzeltherapie s. Barbach 1977, Buddeberg 1987, Heiman u. Mitarb. 1978, Hoyndorf u. a. 1996, Wendt 1979, Zilbergeld 1994, Zimmer 1985, Zimmer 1995.)

Gruppentherapie

Neben der Einzelpsychotherapie bieten sich auch gruppentherapeutische Verfahren für die verhaltenstherapeutische Behandlung sexueller Störungen an. Dies **können offene Gesprächsgruppen oder Selbsterfahrungsgruppen** sein, wie sie sich auch in Programmen von Volkshochschulen oder Familienbildungsstätten finden. Inhaltlich geht es in diesen Gruppen vor allem um Selbstreflexion und Erfahrungsaustausch, um das „Wie sehe ich mich selbst, wie sehen mich andere", um die Auseinandersetzung mit der eigenen und der partnerschaftlichen Sexualität und um die Förderung sexuellen Erlebens, die Bearbeitung von Unlustgefühlen und weniger problematischen sexuellen Störungen. Die Ansätze therapeutischer Gruppen: In **Problemanalysegruppen** unter therapeutischer Anleitung versuchen die Gruppenmitglieder durch Erfahrungsaustausch die persönlichen aufrechterhaltenden Bedingungen ihrer sexuellen Probleme herauszuarbeiten und Lösungswege zu suchen. Dieses Vorgehen orientiert sich am Problemlöseansatz. In **Sozialen-Kompetenz-Gruppen** werden die Patientinnen und Patienten darin unterstützt, soziale Ängste und Defizite abzubauen und sozial kompetentes Verhalten für den Aufbau und die Gestaltung von Partnerschaften und das partnerschaftliche Zusammenleben zu lernen.

Implikationen für die therapeutische Beziehung

Helen Singer-Kaplan betrachtet es als „entscheidend wichtig, daß zwischen Therapeut und Patient und zwischen Therapeut und beiden Partnern eines Paares eine enge und vertrauensvolle Beziehung besteht. Aus der therapeutischen Beziehung muß der Patient das Selbstvertrauen gewinnen, das er braucht, um die emotionalen Risiken des Behandlungsprozesses zu tragen und seine Abwehr aufgeben zu können." (1981, S. 98).

Auf die beruflichen Herausforderungen bei der Verhaltenstherapie sexueller Probleme angstfrei und kompetent mit Beratungs- und Therapieangeboten reagieren zu können, kann in Fort- und Weiterbildungen gelernt werden. Deren Ziele sind es, Sensibilität und fachliche Kompetenz zu vermitteln, um einzelne Menschen oder Paare bei der Bewältigung ihrer sexuellen Störungen unterstützen zu können. Dazu gehören:

- Fähigkeiten, sexuelle Problematiken zu erkennen und in ihren Zusammenhängen zu analysieren und zu behandeln.
- Selbsterfahrung und Selbstreflektion, die helfen, angstfrei über Sexualität sprechen zu können, eigene Ängste und Erfahrungen zu reflektieren und ihren Einfluß auf die therapeutische Intervention sowie die Helferbeziehung erkennen zu können.

Durch solche Kompetenzen gelingt es, freier, sensibler, zugänglicher und einfühlsamer zu werden für die sexuellen Schwierigkeiten der Patientinnen und Patienten. Selbsterfahrung ist auch wichtig, um erkennen zu können, wie sich bestimmte Einstellungen des Therapeuten, seine Vorlieben und Abneigungen, seine heimlichen oder offenen Wünsche auf die therapeutische Arbeit auswirken können.

Die therapeutische Beziehung hat unterschiedliche Bedeutung in der **Anfangsphase**, der **Veränderungsphase** und der **Abschlußphase** der Behandlung.

Während in der Anfangsphase die Fähigkeiten des Therapeuten, Modell zu geben, anzunehmen, zu erlauben und zu entlasten von besonderer Bedeutung für die therapeutische Beziehung sind, ist es in der Veränderungsphase vor allem die Fähigkeit, kompetent zu Übungen anzuleiten, Probleme und Störungen sensibel aufzugreifen und den Patienten/das Paar anzuleiten. In der Abschlußphase steht die rechtzeitige Vorbereitung der Ablösung des Patienten vom Therapeuten bzw. die Auflösung der therapeutischen Beziehung im Vordergrund.

Zweierlei ist weiterhin für die therapeutische Beziehung von Bedeutung:

- Die Psychotherapie sexueller Störungen stellt große Anforderungen an eine notwendige Distanz in der therapeutischen Beziehung. Gleichgültig, ob aus Lustbedürfnissen des Therapeuten heraus, oder ob es therapeutisch begründbar erscheint, ist es unverantwortlich und mehr als ein therapeutischer Kunstfehler, wenn sich Therapeutinnen und Therapeuten aus ihrer stärkeren Position heraus auf eine sexuelle Beziehung mit ihren Patientinnen und Patienten einlassen, auch wenn diese entsprechende Signale aussenden oder es direkt wünschen. Die Verantwortung liegt immer beim Therapeuten (Vogt u. Arnold 1993).
- Auch die beschriebenen und bekannten Formen sexueller Problembewältigungen in der Verhaltenstherapie (wie auch in anderen Therapieformen) sind für viele Menschen nicht erreichbar, da sie die notwendigen Voraussetzungen nicht erfüllen können: eine genügend große Wohnung zum Rückzug vor den Kindern, streßfreie Zeiten zum Durchführen der geplanten Übungen, existentielle Sorgen, die ein entspanntes Einlassen auf sexuelle Erlebnisse und Interaktionen verhindern. Diese Barrieren können psychotherapeutische Angebote unmöglich machen, ihre Veränderungen würden den therapeutisch möglichen Rahmen sprengen.

(Ausführlicher zur therapeutischen Beziehung vgl. Fliegel u. Walsheim 1983.)

Abschließende Bemerkung

In diesem Kapitel wurde das verhaltenstherapeutische Konzept zur Hilfe für Menschen mit sexuellen Störungen dargestellt.

Meist suchen Patienten gar nicht mit sexuellen Störungen eine therapeutische Behandlung. Aber im Verlauf der Therapie können Therapeuten und Therapeutinnen mit den sexuellen Problemen der Patienten und Patientinnen konfrontiert werden. Das beschriebene verhaltenstherapeutische Vorgehen kann dann eine Form der therapeutischen Unterstützung darstellen, gleichgültig ob die sexuelle Problematik primärer oder sekundärer Ansatzpunkt wird.

43. Chronisch-körperliche Erkrankungen

Psychoanalytische Psychotherapie

G. Schüßler

Vorbemerkungen

Die Psychoanalyse als Theorie und Methode zur Erforschung und Behandlung unbewußter Konflikte hat sich mit körperlichen Behinderungen und chronischen Erkrankungen weniger befaßt. Mit dem Aufblühen und der Vorherrschaft der psychodynamischen Psychoanalyse bis in die 60er und 70er Jahre unseres Jahrhundert wurden einige körperliche Erkrankungen im Rahmen der psychoanalytischen Psychosomatik als im wesentlichen seelisch begründet betrachtet. Die theoretisch weitreichendste Ausarbeitung erfuhr diese in der Spezifitätstheorie von Alexander (1951) mit der Annahme, daß spezifische unbewußte innerseelische Konflikte zu bestimmten körperlichen Erkrankungen führen. So anregend dieses Modell für die psychosomatische Forschung war, führte es in der weiteren Entwicklung oft dazu, daß psychogen und psychosomatisch gleichbedeutend benutzt wurden, seelische Faktoren wurden als vorrangig und entscheidend in der Entstehung und Aufrechterhaltung von körperlichen Erkrankungen, den sogenannten „psychosomatischen Erkrankungen" (z.B. Neurodermitis, Hypertonie, Ulcus duodeni), angesehen. Mit dem heutigen Wissen, daß gerade körperliche Erkrankungen in ihrer Entstehung und im Verlauf multikausal bestimmt sind, bedeutet diese Reduktion auf psychogen eine gefährliche therapeutische Eingrenzung. Gerade die psychotherapeutische und psychosomatische Betrachtungsweise körperlicher Erkrankungen muß die komplexen bio-psycho-sozialen Zusammenhänge in der Entstehung von Krankheit bzw. Aufrechterhaltung von Gesundheit berücksichtigen. Gesundheit, Krankheitszustand und Krankheit haben immer multifaktorielle Ursachen. Krankheitsbeginn, Aufrechterhaltung und Folgen einer Erkrankung sind bestimmt durch soziale, psychische und biologische Komponenten (Schüßler 1995, 1998) (Abb. 43.**1**).

Seelische Störungen und körperlich-chronische Erkrankungen

Körperliche Erkrankungen führen bei individueller psychosozialer Disposition zu seelischen Konflikten und Störungen. Psychosoziale Faktoren können damit sowohl kausal als auch verlaufsstabilisierend und/oder selbst die Folge der Erkrankung sein.

Da grundsätzlich bei jeder Art von Erkrankung psychosoziale Faktoren von Bedeutung sind (bio-psycho-soziales Modell), sind im folgenden psychosoziale Faktoren, die **klinisch** bedeutsam sind, angesprochen. Diese psychosozialen Faktoren umfassen psychische Beschwerden (die nicht die Schwelle einer Störungsdiagnose überschreiten) oder Störungen (ängstliche, depressive Störungen u.a. gemäß ICD-10 bzw. DSM-IV), die in Wechselwirkung mit der körperlichen Erkrankung stehen. Interpersonelle Störungen können eben-

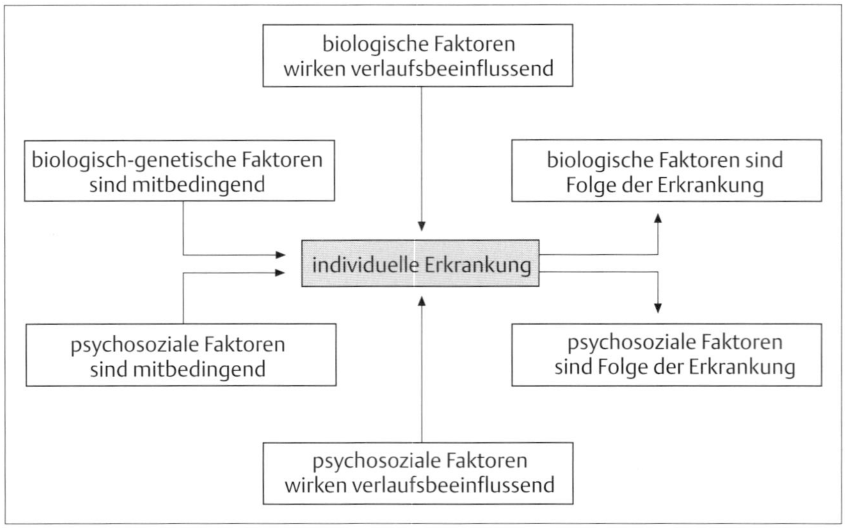

Abb. 43.**1** Bio-psycho-soziales Bedingungsgefüge

so Folge einer körperlichen Erkrankung sein als auch Auswirkungen auf die Erkrankung besitzen, des weiteren müssen ungünstiges Bewältigungs- und Abwehrverhalten sowie ungünstiges Gesundheitsverhalten berücksichtigt werden.

> Die Klassifikation bei chronisch-körperlichen Erkrankungen umfaßt „psychische Faktoren und Verhaltenseinflüsse bei körperlichen Erkrankungen" (ICD-10: F54, DSM-IV: 316).

Psychosoziale Faktoren sind bei jeder Art von Erkrankung von Bedeutung. Angesprochen ist hier ein **klinisch bedeutsamer Einfluß** auf den Verlauf oder den Ausgang eines medizinischen Krankheitsbildes.

Der Zusammenhang sollte hinreichend belegbar sein – auch wenn eine direkte Kausalität oder die zugrundeliegenden Mechanismen nicht erkennbar sind.

Die psycho-somato-psychische Wechselwirkung kann folgende Möglichkeiten beinhalten:

- psychosoziale Faktoren wirken kausal,
- psychosoziale Faktoren wirken verlaufsstabilisierend,
- psychosoziale Faktoren wirken kausal und verlaufsstabilisierend,
- psychosoziale Faktoren wirken kausal und sind gleichzeitig als Folge der Erkrankung aufzufassen,
- psychosoziale Faktoren wirken verlaufsstabilisierend und sind als Folge der Erkrankung aufzufassen,
- alle Wirkmodi stehen in Verbindung.

Psychische Faktoren umfassen:

- psychische Symptome oder Störungen (ängstliche, depressive, hypochondrische u.a. Beschwerden), die zur Diagnose einer seelischen Störung führen oder diese Schwelle nicht erreichen **und** in Wechselwirkung mit der körperlichen Erkrankung stehen.
- interpersonelle Störungen, die in Wechselwirkung mit der Erkrankung stehen (z.B. Ehekonflikt, Arzt-Patient-Beziehungsstörung).
- ungünstiges Bewältigungs- oder Abwehrverhalten (z.B. Verleugnung, Noncompliance) als Persönlichkeits- oder Bewältigungsstil.
- ungünstiges Gesundheitsverhalten (Rauchen, übermäßiges Essen, risikobehaftetes Sexualverhalten, fehlende körperliche Betätigung).

Es ist gesichert, daß chronisch-körperliche Erkrankungen zu einer erhöhten Häufigkeit seelischer Störungen führen. Während wir bei Patienten ohne körperliche Erkrankungen und Beschwerden seelische Störungen in einer Häufigkeit von 15–25% erwarten (Schepank 1987, Fichter 1990), liegen Patienten mit chronischen und körperlichen Erkrankungen deutlich darüber (Wells u. Mitarb. 1989, Schüßler 1993): So sind bei Patienten mit rheumatischen Beschwerden in 30–36%, bei Diabetikern in 32%, bei Patienten mit Herzerkrankungen in 43% der Fälle und bei chronischen Lungenerkrankungen bei 36–38% der Patienten seelische Störungen zu diagnostizieren.

Psychodynamische Problemstellung

Die bewußte und unbewußte Dimension körperlicher Erkrankungen

Die realen Belastungen unterschiedlichster chronischer Erkrankungen sind in dem verhaltenstherapeutischen Beitrag ausführlich dargestellt. Das große Verdienst der analytischen Forschung ist es, daß sie sich vor allem mit der innerseelischen Auseinandersetzung chronischer Erkrankungen befaßt (Schüßler 1993).

Jede Erkrankung ist eine **narzißtische Kränkung**, sie stellt das uns anscheinend als selbstverständlich gegebene Gefühl der Unverletzbarkeit und Allmacht in Frage. Gerade in einer Kultur, in der Leistungsfähigkeit und Schönheit einen besonderen Stellenwert besitzen, sind die Einschränkungen und Behinderungen einer Erkrankung eine schwere Beeinträchtigung. Bestehen noch dazu in diesem Bereich lebensgeschichtliche Schwierigkeiten, trifft die Erkrankung also auf einen „vulnerablen Punkt", sind dramatische innerseelische Folgen zu erwarten.

Fallbeispiel

> Ein 36jähriger Ingenieur erleidet einen schweren Bergunfall, als Folge bleiben Rückenschmerzen und erhebliche Geheinschränkungen zurück. Bergsteigen war für ihn Lebenserfüllung und Bestätigung, gerade dies kann er nun nicht mehr ausüben. Obwohl die Behinderung und die Schmerzen ihn in seiner sonstigen sozialen und beruflichen Tätigkeit kaum beeinträchtigen, gerät er in eine schwere Krise, beginnt massiv Alkohol zu trinken und unternimmt einen Selbstmordversuch. In der folgenden psychotherapeutischen Behandlung steht das Gefühl „nichts mehr wert zu sein" im Mittelpunkt.

Jede Erkrankung führt zu Ängsten, die wichtigsten Beziehungen zu verlieren. Dies geht Hand in Hand mit interpersonalen Konflikten, da sich mit jeder Erkrankung die Beziehungsmuster in Partnerschaften und Beziehungen ändern. So muß der Ehemann einer chronisch kranken Rheumatikerin mehr und mehr mit Hand im Haushalt anlegen und damit seiner Ehefrau ihr die bisher wichtigsten Arbeitsbereiche abnehmen. Diese hilfreiche Entlastung ist aber oft verbunden mit phantasierten Befürchtungen, daß die eigene Rolle in der Beziehung in Frage gestellt werde. So kann z.B. die Ehefrau ihre Bedeutung aus der Hausfrauenrolle gewinnen und nun das Gefühl entwickeln, sie sei „überflüssig". Menschen, die in starken Abhängigkeitsbeziehungen leben und starke Anlehnungsbedürfnisse besitzen, werden durch die notwendigen Veränderungen bei chronischen Erkrankungen eher in innere Krisen gestürzt als Menschen, die aufgrund eines reifen Selbstwert- und Autonomiegefühls flexibel mit derartigen Konflikten umgehen können. Ähnliches gilt für die Verarbeitung von Wut und Enttäuschung, die als allgemeine Folge jeder schweren Erkrankung zu vermuten sind. Gerade diese Gefühle müssen jedoch in den tragenden Beziehungen – also vor allen Dingen in der Beziehung zu Partnern und Ärzten – vermieden werden. Die völlige Verdrängung (mit anschließenden Durchbrüchen) dieser aggressiven Impulse führt oft zu Beziehungsstörungen in der Arzt-Patient-(Psychotherapeut-Patient-)Beziehung.

Zunehmend wird heute anerkannt, welche Bedeutung den **Abwehrmechanismen** in der Aufrechterhaltung des seelischen Gleichgewichtes bei chronischen und bedrohlichen körperlichen Erkrankungen zukommt. Abwehr bezieht sich hierbei nicht mehr auf die reine Triebabwehr, sondern vielmehr auf die Funktion der Abwehrmechanismen im psychischen Geschehen auch des Gesunden. Die Abwehr steht im Dienste der Entlastungen von Gefahrensituationen und im Dienste der Anpassung an die Umwelt, sowie dient als Schutz vor Unlustaffekten. So ist die Isolierung (von stark bedrohlichen Gefühlen) unabdingbar für das weitere Leben mit einer chronischen bedrohlichen Erkrankung. Mit Mentzos (1984) verstehen wir unter Abwehr alle intrapsychischen Operationen, die darauf abzielen, unlustvolle Gefühle, Affekte und Wahrnehmungen von Bewußtsein fernzuhalten, also nicht nur Gefühle, die in Verbindung mit vergangenen traumatischen Erinnerungen stehen. Als Zeichen seelischer Gesundheit können wir Flexibilität in der Auswahl und Anwendung von Abwehrmechanismen ansehen. Im Rahmen von Konflikten werden Abwehrmechanismen jedoch häufig dysfunktional. Diese Dysfunktionalität (Pathologie) besteht in der Einschränkung der wesentlichen Ich-Funktionen (wie z. B. der Wahrnehmung innerseelischer Vorgänge, dem Verschwinden von Einsicht oder im partiellen Blockieren von Gedächtniszonen).

Besondere Bedeutung besitzt der Abwehrmechanismus **Verleugnung**. Das Wechselspiel von Verleugnung und Anerkennung einer Erkrankung ist ein langwieriger Prozeß bis zum Erreichen eines mehr oder weniger stabilen seelischen Gleichgewichtes. Die Anerkennung einer chronischen Erkrankung ist jedoch nicht möglich, wenn das Selbst durch die Bedrohung überwältigt wird – dies zu vermeiden, wird die Erkrankung verleugnet. Die Verleugnung umfaßt verschiedene Stufen und verschiedenes Ausmaß: Die verleugnete persönliche Bedrohung, die Verleugnung der Schwere der Erkrankung, die Verleugnung der Verletzbarkeit, die Verleugnung des Affektes u. a. (Breznitz 1983). Im Rahmen des Erkrankungsprozesses kommt der Verleugnung bzw. Anerkennung einer Erkrankung unterschiedlicher Stellenwert zu. In der akuten Auseinandersetzung (Akutphase, Intensivstation) führt Verleugnung oft zu kurzfristig günstigeren Anpassungsergebnissen. In diesem Stadium verhindert die Verleugnung das Überwältigtwerden von Gefühlen oder das ständige Beschäftigen mit der Erkrankung. Im langfristigen Verlauf führt jedoch eine komplette Verleugnung zu realitätsinadäquatem Verhalten und dem Vermeiden einer sachgerechten Therapie (Engel 1970).

Anforderungen an die Psychotherapeuten

Chronische körperliche Erkrankungen aktivieren beim behandelnden Psychotherapeuten vor allem zwei Gegenübertragungsgefühle und Phantasien:

Zum einen werden narzißtische Omnipotenzvorstellungen geweckt „meine Behandlung wird die seelischen Probleme des Patienten lösen und seiner körperlichen Erkrankung zur Heilung verhelfen". Diese Omnipotenzphantasien drohen immer umzuschlagen in Enttäuschung, Wut und Angst als Folge einer vollständigen Entidealisierung. Zum anderen

Tabelle 43.**1** Innerpsychische Folgen einer chronischen Erkrankung

- Narzißtische Kränkung (Angst, Scham, Depression)
  - „Ich (mein Körper) bin nichts mehr wert"
- Angst vor Beziehungsverlust (Angst, Depression, Schuldgefühle)
  - „Ich verliere meinen Beruf, meine Freunde, meinen Partner"
- Verleugnungsarbeit (Schweregrad der Erkrankung)
  - „So schlimm ist es nicht"
  - Abhängigkeit von Bezugspersonen
  - „Ich kann alleine – ich brauche andere"
- Verarbeitung von Wut und Enttäuschung
  - „Warum ich" – „Ich muß mich beherrschen, sonst verprelle ich andere"

lösen körperliche Erkrankungen in der Beziehung beim Gegenüber (Therapeut, Arzt) selbst entsprechende Ängste und innerpsychische Gefühle aus, wie sie in Tabelle 43.**1** beschrieben sind. Dementsprechend erfolgen auch beim Psychotherapeuten entsprechende Abwehrmechanismen (Verleugnung der Angst, Verleugnung der Bedrohung usw.). Der Psychotherapeut erlebt als Gegenüber des Patienten seine eigene Verletzlichkeit und Endlichkeit bis hin zu seiner eigenen Ohnmacht.

Diese innerseelischen Bedingungen sowohl auf seiten des Patienten als auch des Therapeuten müssen in der psychotherapeutischen Behandlung chronisch Kranker Berücksichtigung finden, ansonsten drohen dieselben Gefahren, wie wir sie aus der Akutmedizin kennen: Die Psychotherapie wird zu einer Technik, in der die personale Dimension sowohl des Patienten als auch des Therapeuten verlorengeht. Die Selbstreflexion des eigenen Tuns ist in der Behandlung körperlicher Erkrankungen wahrscheinlich noch unverzichtbarer als in der psychotherapeutischen Behandlung seelisch Kranker (Rodewig 1995).

Therapeutisches Vorgehen

Verhaltenstherapeutische Ansätze, vor allem der kognitiv-behaviorale, haben sich als Informations-, Beratungs- und Bewältigungsgruppenprogramme in den letzten Jahren weltweit als effektiv erwiesen und durchgesetzt. Die therapeutischen Bausteine umfassen zumeist Information, das Erlernen eines Entspannungsverfahrens und kognitiv-behaviorale Techniken in bezug auf die Bewältigung der Erkrankung (z. B. Schmerzbewältigung).

Bei seelisch stark beeinträchtigten Patienten oder Patienten mit neurotischen Störungen stoßen jedoch derartige therapeutische Verfahren an eine Grenze (Konermann u. Mitarb. 1995). In Anbetracht der oft ausgeprägten psychosozialen Konflikte und der interaktionellen Probleme drängen diese Patienten mit vielfältigen Konfliktbereichen (die in Verbindung mit ihrer Erkrankung stehen, aber auch über diese hinausgehen) in die Therapie. Diese Konflikte beherrschen das Leben der Betroffenen, eine ausschließliche Arbeit, z. B. am Bewältigungsverhalten, ist daher im Laufe der Therapie nur bedingt hilfreich: Die psychische Störung der Patienten verhindert eine Veränderung des Bewältigungsverhaltens, da die dysfunktionalen Abwehrmaßnahmen die Symptomatik aufrechterhalten. Die Auseinandersetzung mit diesen Störungen und den dysfunktionalen Abwehrmaßnahmen ist somit notwendig. Die Diagnose einer erheblichen psychischen Störung oder eines interaktionellen Konfliktes setzt also den verhaltenstherapeutischen Bewältigungsprogrammen eine Grenze. Für diese Patienten ist eine längerfristige therapeutische Behandlung mit erweiterten, oft tiefenpsychologischen Schwerpunkten indiziert.

Eine tiefenpsychologisch-psychoanalytische Therapie muß jedoch den besonderen Bedingungen körperlicher Erkrankung Rechnung tragen: Entscheidend ist die Flexibilität des therapeutischen Ansatzes, d. h. supportive und eigentlich psychoanalytische, konfliktklärende therapeutische Techniken müssen aufeinander aufbauen und den jeweils individuellen Bedürfnissen des Patienten gerecht werden (Karasu 1979, Luborsky 1988).

Zu Beginn der Therapie muß das Krankheitsangebot des Patienten angenommen werden, die erste Behandlungsphase folgt dem Ziel, eine stabile, „hilfreiche Beziehung" zum Patienten aufzubauen.

1. Anerkennung der körperlichen Störungen, dem Leiden des Patienten Raum und Aufmerksamkeit geben.
2. Verständnis und Akzeptanz für den Patienten.
3. Notwendige Abwehrhaltungen, welche die Lebens-(Krankheits-)bewältigung fördern, müssen unterstützt, dysfunktionale Abwehrhaltungen (z. B. extreme Verleugnung) nur sehr vorsichtig bearbeitet werden.
4. Behandlungsziele sollten realistisch, aber auch zuversichtlich und hoffnungsvoll sein.
5. Behandlungsfortschritte würdigen und betonen.

Es ist vorrangig, eine vertrauensvolle und stabile Beziehung aufzubauen, in der der Therapeut Interesse und Sympathie für den Patienten hegt. Der Therapeut versucht zu klären, wie die Beschwerden der Erkrankung vom Patienten erlebt werden, welche Folgen die Beschwerden in Beruf, Familie und Lebensentfaltung haben. Da jedoch gerade Patienten mit chronischen und lebensbedrohlichen körperlichen Erkrankungen häufig Übererwartungen haben, sind aber auch Enttäuschungen sowie Vorwürfe und Kränkungen an den Therapeuten nicht selten. Dennoch ist es wichtig für den Behandler, ein Grundgefühl der Sympathie zu bewahren, d. h., seine Übertragung kritisch zu reflektieren.

Häufig ist die Patient-Therapeut-Beziehung durch den starken Wunsch nach Abhängigkeit bzw. Unabhängigkeit konflikthaft. Jede schwerere Erkrankung setzt intensive regressive – dependente Wünsche in Gang. Diese werden, je nach individueller Lebensgeschichte, als starke Abhängigkeitswünsche ausgelebt oder kontraphobisch als entgegengesetzter Wunsch nach Distanz und Selbständigkeit ausgedrückt. Patienten mit manifesten Abhängigkeitswünschen kooperieren anfänglich gut, während die Patienten mit Distanz- und Unabhängigkeitswünschen eher in einer distanzierten, sehr autonomen Position verharren.

In das therapeutische Gespräch mit dem Patienten über seine Gedanken und Gefühle hinsichtlich seiner körperlichen Beschwerden und medizinischen Behandlungen sollte auch Information und eventuell das Erlernen eines Entspannungsverfahrens eingeflochten werden. Im folgenden weitet sich das therapeutische Gespräch über die Erkrankung auf alle Gedanken, Gefühle und Probleme des persönlichen Lebens aus. Es überwiegen immer supportive therapeutische Elemente, d. h . therapeutische Techniken, die Hilfe geben, stützen und dem Betroffenen helfen, sein Lebens- und Selbstwertgleichgewicht aufrechtzuerhalten.

Nicht bei allen Patienten kann der psychotherapeutische Prozeß zur Aufarbeitung innerseelischer Konflikte fortschreiten. Dies entscheidet sich meist in der Phase, in welcher der Therapeut sich mehr und mehr aus der aktiven beziehungsgestaltenden Rolle zurücknimmt, um dem Patienten mehr Raum zu geben, um seine Gefühle, Phantasien und Vorstellungen bezüglich seiner Erkrankung und seines Lebens zu äußern. Diese beginnende Selbstreflexion (bis hin zu vorsichtigen Konfrontationen und Interpretationen, die den Zusammenhang von Konflikten und Symptomen betreffen), sind der Wendepunkt der Therapie von einer überwiegend supportiven hin zu einer tiefenpsychologisch-psychoanalytischen. Aber auch in dieser Phase darf die reale Bedeutung der körperlichen Erkrankung nie übersehen werden.

1. Der Patient wird ermutigt, Gefühle und Gedanken auszudrücken, die im Zusammenhang mit seiner Erkrankung und mit seiner Lebenssituation (Familie, Beruf u. a.) stehen.
2. Ein gemeinsames Verständnis der „Erkrankung" wird erarbeitet.
3. Der Therapeut nimmt seine bisherige aktive beziehungsgestaltende Haltung zunehmend zurück und geht langsam zu tiefenpsychologischen Techniken über; die Bedeutung der Erkrankung darf aber trotz aller neurotischen Konflikte **nie** übersehen werden.

In der psychotherapeutischen Arbeit mit körperlich Kranken stehen am Anfang Akzeptanz und Beziehungsaufbau mit einer aktiven supportiven Technik des Therapeuten und erst später folgen andere Interventionen wie Konfrontation oder Deutung. Das therapeutische Vorgehen muß flexibel und individuell gehandhabt werden und setzt bei dem Therapeuten große persönliche Erfahrung und einen kontinuierlichen Prozeß der Selbstreflexion voraus.

Verhaltenstherapie

A. Dinger-Broda

Vorbemerkungen

X

In den letzten Jahren kommt der psychotherapeutischen Behandlung im Umfeld einer chronischen körperlichen Erkrankung eine wachsende Bedeutung zu. Verantwortlich für diese Entwicklung sind medizinische Fortschritte, die lebensverlängernde Auswirkungen haben und damit die Frage der Lebensqualität in den Vordergrund rücken, ein gestiegenes psychosoziales Bewußtsein bei Behandlern und in der Öffentlichkeit, aber auch die Erforschung von Bewältigungsprozessen bei schwerwiegenden Erkrankungen und die Hinwendung von Psychotherapeuten in den Bereich der Somatomedizin (Koch 1982). So entstand eine neue „Spezialdisziplin" innerhalb der Verhaltenstherapie: die Verhaltensmedizin. Lerntheoretische und verhaltenstherapeutische Prinzipien werden dabei auf spezifische Problemstellungen von Menschen mit (zumeist chronischen) körperlichen Erkrankungen angewandt (Hand u. Wittchen 1989).

Es werden insbesondere spezifische Verhaltensprobleme und Befindensstörungen behandelt (z. B. „Lösung" von Complianceproblemen, Schmerzbewältigung), während bislang kein allgemeines Behandlungskonzept für die psychotherapeutische Behandlung bei chronisch-körperlich Kranken existiert und wissenschaftliche Forschungsergebnisse zur Krankheitsbewältigung nur am Rande Berücksichtigung finden. Es muß daher bei der Strukturierung des Therapieprozesses auf Modelle der klinischen Psychologie zurückgegriffen werden, die im Bereich psychoneurotischer und psychosomatischer Erkrankungen entstanden (Kanfer u. Mitarb. 1991).

Im folgenden werden zunächst die besonderen Problemstellungen bei der psychotherapeutischen Betreuung körperlich Kranker dargestellt, bevor das therapeutische Vorgehen im einzelnen erörtert wird.

Besondere Problemstellungen

Psychosoziale Belastungen einer chronischen körperlichen Erkrankung

Chronische Krankheit ist kein uniformes Phänomen. Die Belastungen, die mit ihr zusammenhängen, sind nicht nur von der Art der Erkrankung abhängig, sondern auch vom individuellen Krankheitsverlauf und von den medizinischen Behandlungsmaßnahmen. Dennoch gibt es eine Reihe von Gemeinsamkeiten, die das Leiden an einer chronischen Krankheit charakterisieren (Cohen u. Lazarus 1979, Beutel 1988).

Irreversibilität des Zustandes: In den meisten Fällen sind weder der körperliche Zustand noch die früheren Lebensumstände wieder herzustellen. Auch wenn in einigen Fällen eine Heilung zu erwarten ist (z.B. bei einigen Tumorerkrankungen) oder sich die somatische Situation verbessern kann (z.B. durch eine Nierentransplantation), wird die weitere Lebensführung durch das Wissen um mögliche Rückschläge geprägt.

Unklare Zukunftsperspektive: Bei der Verlaufsprognose handelt es sich um statistische Wahrscheinlichkeiten, die im individuellen Fall nur wenig Bedeutung besitzen. Eine Erkrankung wie beispielsweise die Multiple Sklerose kann progredient verlaufen oder nach wenigen Schüben zum Stillstand kommen. Die weitere Lebensplanung ist daher von Unsicherheit bestimmt und muß möglicherweise immer wieder verändert werden.

Lebensbedrohung: Nahezu jede chronische Erkrankung ist mit einer Lebensbedrohung verbunden. Diese Konfrontation mit dem eigenen Tod kommt für die meisten unerwartet und erfordert hohe Bewältigungsleistungen.

Nachlassen der Leistungsfähigkeit: Eine chronische Erkrankung ist zumeist mit einem Rückgang der körperlichen, zum Teil auch der psychischen Belastbarkeit verbunden. Krankheitssymptome wie Schmerzen und rasche Ermüdbarkeit, körperliche Veränderungen und Behinderungen sind genauso zu verarbeiten wie die Nebenwirkungen intensiver somatischer Therapie.

Verlust vertrauter Rollen und Lebensumstände: Die Krankheitssymptome und die Erfordernisse der medizinischen Behandlung machen es häufig notwendig, das häusliche Umfeld zumindest zeitweise mit dem Klinikalltag zu vertauschen, familiäre Aufgaben neu zu verteilen, die Berufstätigkeit zu unterbrechen oder aufzugeben.

Anpassung an das medizinische Setting: Ein im Rahmen einer chronischen körperlichen Erkrankung häufig notwendiger Klinikaufenthalt bedeutet in der Regel eine Einschränkung der eigenen Unabhängigkeit und der eigenen Entscheidungsmöglichkeiten. Der Aufenthalt in Mehrbettzimmern läßt wenig Privatheit und Rückzugsmöglichkeiten zu. Die Tagesstrukturierung orientiert sich nicht an eigenen Bedürfnissen, sondern an den Erfordernissen der Klinikroutine.

Infolge der beschriebenen Kennzeichen, Anforderungen und Notwendigkeiten einer chronischen Erkrankung kommt es zu Auswirkungen im gesamten Lebensumfeld, zu psychischen und sozialen Folgen.

Psychische Reaktionen: Häufige vorübergehende oder anhaltende Befindlichkeitsstörungen sind Ängste, Depressionen, emotionale Labilität und Reizbarkeit. Einstellungen zur eigenen Person und zur sozialen Umwelt verändern sich, es kann zu Selbstunsicherheit und zu einem Verlust an Selbstwertgefühl kommen.

Familie und Partnerschaft: Die Belastungen der chronischen Erkrankung wirken sich auf Familie und Partnerschaft in hohem Maße aus. Neben der Sorge um den vertrauten Menschen müssen die gesunden Familienmitglieder oft zusätzliche Aufgaben übernehmen, finanzielle Einbußen und sozialen Rückzug in Kauf nehmen. Die emotionale Belastung kann so hoch sein, daß Partner und Familienmitglieder selbst an schwerwiegenden psychischen und psychosomatischen Erkrankungen zu leiden beginnen (u.a. Unruhezustände, Schlafstörungen, Depressionen, Ängste). In der innerfamiliären Kommunikation kann es zu Störungen kommen, indem wichtige Themen und Konflikte vermieden werden, um die Harmonie aufrechtzuerhalten oder sich gegenseitig zu schonen. Das Nachlassen sexueller Aktivitäten und das Auftreten sexueller Störungen stellen einen weiteren Belastungsfaktor für Patienten und deren Partner dar.

Berufstätigkeit: Häufige Folgen einer chronischen körperlichen Erkrankung sind die Aufgabe der Berufstätigkeit und die Berentung. Dies hängt nicht nur mit der nachlassenden Leistungsfähigkeit zusammen, sondern ist in vielen Fällen durch eine Unflexibilität des Arbeitsplatzes mitbedingt. Für die Betroffenen ist die Aufgabe der Berufstätigkeit mit finanziellen Einbußen, Statusverlust und einer Beeinträchtigung des Selbstwertgefühls verbunden. Wird der Arbeitsplatz beibehalten, so erfolgt oftmals eine berufliche Herabstufung oder eine Erschwerung beruflicher Aufstiegschancen. Hinzu kommen weitere Probleme wie negative Reaktionen von Arbeitgebern und Arbeitskollegen bezüglich der verminderten Leistungsfähigkeit oder krankheitsbedingter Fehlzeiten.

Freizeitaktivitäten und Sozialkontakte: Häufig kommt es in Folge einer chronischen Erkrankung zu einer Reduktion von Freizeitaktivitäten und zu einem sozialen Rückzug. Dies kann mit Einbußen in der Leistungsfähigkeit und mit eingeschränkten zeitlichen Möglichkeiten zusammenhängen. Es können aber auch Ängste, mit anderen Menschen über die Erkrankung zu sprechen, behindernd sein. Wichtige Unterstützungsmöglichkeiten können sich damit reduzieren. Andererseits bietet ein so gravierendes Lebensereignis wie eine chronische Krankheit die Chance, Sozialbeziehungen qualitativ zu verändern und befriedigender zu gestalten. So kann es durchaus auch zu einer Intensivierung und zu größerer Nähe und Verbindlichkeit kommen. Weiterhin entsteht für die meisten Erkrankten ein neues soziales Umfeld – das medizinische Personal –, das sowohl neue Unterstützungsquellen als auch neue Konfliktpotentiale eröffnet. Nicht nur kann es zu interaktionellen Schwierigkeiten mit Behandlern kommen, die häufig mit unangenehmen Nebenwirkungen behaftete somatische Therapie und die notwendigen Veränderungen in der Lebensgestaltung (z.B. Ernährungsweise, Gesundheitsverhalten, Bewegungsübungen) stellen auch hohe Anforderungen an die Selbstdisziplin der Erkrankten. Konflikte infolge von Noncompliance sind häufig die Konsequenz.

Zielsetzungen verhaltenstherapeutischer Maßnahmen

Die Zielsetzungen psychotherapeutischer Maßnahmen leiten sich aus den Belastungen und den Folgen einer chronischen Erkrankung ab. Oberste Ziele sind das Zurechtkommen mit der chronischen Erkrankung und die Verbesserung der Lebensqualität. Die Formulierung der einzelnen Ziele ist dabei abhängig von unterschiedlichen Perspektiven (Heim 1986). Aus Sicht von Patientinnen und Patienten steht das subjektive Wohlbefinden im Vordergrund. Das soziale Umfeld erwartet den Erhalt der familiären, beruflichen und sozialen Anpassung. Aus der Perspektive des medizinischen Personals ist eine optimale Kooperation in der Therapie erwünscht.

Weitgehende Übereinstimmung besteht darin, welche übergeordneten Ziele in der Psychotherapie chronisch Kranker erreicht werden sollten (Moos u. Tsu 1977, Broda u. Mitarb. 1989). Die psychotherapeutische Behandlung soll dazu verhelfen,

- mit Schmerzen und körperlichen Einschränkungen zurechtzukommen,
- mit der somatischen Behandlung und ihren Nebenwirkungen zurechtzukommen,
- gute und kooperative Beziehungen zu den Behandlern aufzubauen,
- ein emotionales Gleichgewicht zu erhalten oder zu fördern,
- ein befriedigendes Selbstbild aufzubauen und Selbstkompetenz zu erhalten,
- Beziehungen zur Familie und zu Freunden aufrechtzuerhalten,
- sich auf eine unsichere Zukunft vorzubereiten.

Die Indikation für eine psychotherapeutische Maßnahme ist gegeben, wenn Patienten in einer Belastungssituation überfordert erscheinen und adaptive Strategien zur Bewältigung nicht zur Verfügung stehen. Die Psychotherapie sollte dann den Bewältigungsverlauf unterstützen und geeignete Bewältigungsstrategien vermitteln. Dabei sollte sie sich an den Ergebnissen der Copingforschung orientieren (Heim 1991, Broda 1987). Als den Krankheitsverlauf und die Befindlichkeit günstig beeinflussendes Patientenverhalten erweist sich aktiv-zupackendes, problemorientiertes, auf Zuwendung bedachtes und phasenweise ablenkendes und dissimulierendes Verhalten. Als weniger günstig gelten passives Verhalten, sozialer Rückzug, Resignation, Schuldzuschreibung und rigides Verhalten. Aufgabenstellung der verhaltenstherapeutischen Behandlung ist daher neben der generell zu fordernden emotionalen Stützung die Stärkung von Selbsthilfefähigkeiten, um Belastungen situationsadäquat meistern zu können.

Wichtig ist es dabei, ressourcenorientiert vorzugehen. Da eine chronische körperliche Erkrankung mit zahlreichen Einschränkungen einhergeht, sollte die psychotherapeutische Betreuung gerade dazu beitragen, daß sich Patientinnen und Patienten auf noch vorhandene Möglichkeiten und eigene Stärken besinnen und daran anknüpfend notwendige Verhaltensänderungen vornehmen können.

Besonderheiten des Settings

Die Bedingungen des Settings, in dem Psychotherapie stattfinden kann, erschweren in der Regel die Förderung von Selbsthilfefähigkeiten und Selbstmanagementaktivitäten (Dinger-Broda 1994). Gelegentlich ist es zwar möglich, eine ambulante verhaltenstherapeutische Behandlung über mehrere Monate in einer niedergelassenen Praxis (das „klassische" Psychotherapiesetting) durchzuführen, sehr viel häufiger geht es jedoch um Kriseninterventionen im Rahmen der somatischen Behandlung. Das bedeutet, daß die behandelnden Psychotherapeuten sich dem somatischen Behandlungssetting, in der Regel einem Akutkrankenhaus, anpassen müssen und psychotherapeutische Interventionen möglicherweise am Krankenbett im Mehrbettzimmer stattfinden. Diese Situation hat Einfluß sowohl auf die Dauer wie die Thematik der Gespräche.

Nicht selten sind es gar nicht die Betroffenen selbst, die psychotherapeutisch behandelt werden möchten, sondern die psychologische Betreuung wird von Ärzten und Pflegepersonal gewünscht. Dies ist z. B. dann der Fall, wenn sich Patienten „non-compliant" verhalten, d. h. sich nicht an das Behandlungsregime oder an gegebene Ratschläge halten, oder wenn Interaktionskonflikte mit dem medizinischen Personal vorliegen. Diese Situation sollte möglichst mit den betroffenen Patienten offen thematisiert werden. Auch sollten deren Leidensdruck und deren Bedürfnisse erfragt werden. Ansonsten sind die Motivierung der Patienten und der Aufbau einer therapeutischen Beziehung gefährdet.

Eine Zusammenarbeit mit den somatischen Behandlern ist unerläßlich, da die körperliche Verfassung nicht nur den psychischen Zustand mit beeinflussen kann, sondern auch die psychotherapeutische Zielsetzung und die Auswahl der verhaltenstherapeutischen Strategien mitbedingt. Zudem sollte unbedingt vermieden werden, in Konkurrenz zu den somatischen Behandlern zu kommen. Die Etablierung einer psychotherapeutischen Versorgung wäre so zum Scheitern verurteilt. Idealerweise sollten Psychotherapeuten an Veranstaltungen, bei denen medizinische Informationen über Patienten ausgetauscht werden (z. B. medizinische Fallbesprechungen, Visiten) teilnehmen. Auch sollte an eine regelmäßige psychologische Fortbildung für Mitarbeiterinnen und Mitarbeiter gedacht werden. Durch einen besseren Kenntnisstand bezüglich psychischer Probleme und eine erhöhte psychosoziale Kompetenz von Ärzten und Pflegepersonal verbessern sich nicht nur die Kooperationsbedingungen, sondern auch die psychosoziale Situation von Patienten (Broda u. Muthny 1990).

Spezifische Anforderungen an Psychotherapeuten

Psychotherapeutinnen und Psychotherapeuten, die mit chronisch kranken Menschen arbeiten, benötigen zunächst ein fundiertes Wissen der somatischen Erkrankung und der damit zusammenhängenden Belastungsfaktoren. Nur so ist es in der Regel möglich, die Lebenssituation und die psychische Befindlichkeit richtig zu verstehen. Dennoch sollte man sich aber davor hüten, aufgrund der körperlichen Erkrankung vorschnell auf die psychische Situation zu schließen (beispielsweise bei einem todkranken Patienten sofort eine depressive Grundstimmung zu implizieren). In jedem Einzelfall ist es wichtig, die gegenwärtige Problematik zu erfassen und individuelle Behandlungsstrategien anzubieten. Dabei ist zu berücksichtigen, daß sich die psychische Befindlichkeit gerade bei chronisch-körperlich Kranken sehr rasch ändern kann, in Abhängigkeit von der medizinischen Situation, aber auch vom Stand der Krankheitsverarbeitung. Psychotherapeutische Hilfestellungen müssen daher in der Regel sehr flexibel sein.

Weiterhin ist zu fordern, daß sich Psychotherapeutinnen und Psychotherapeuten, die mit chronisch Kranken arbeiten, insbesondere mit dem Thema „Tod und Sterben" auseinandersetzen. Da diese Thematik in unserer Gesellschaft ein Tabuthema darstellt, ist im Umgang damit häufig Sprachlosigkeit und Hilflosigkeit vorhanden. Es ist wichtig, eigene Erfahrungen (z. B. Tod von Angehörigen) zu bearbeiten, um unvoreingenommen und ohne „innere Panik" mit Patienten über dieses Thema sprechen zu können. Nur so ist es möglich, zu erkennen, ob Patienten zum gegebenen Zeitpunkt über dieses Thema sprechen möchten oder ob ganz andere Belastungen im Vordergrund stehen, denn nicht jeder Todkranke möchte sich ständig mit dem nahe bevorstehenden Tod auseinandersetzen (Koch u. Schmeling 1982).

Psychotherapeuten sollten sich in jedem Fall davor hüten, Diagnosen und Prognosen bezüglich des Verlaufs der chronischen körperlichen Erkrankung zu stellen. Damit würden sie ihre Kompetenz überschreiten. Wenn Patienten weitere Erläuterungen wünschen, sollten sie ermutigt werden, diese bei den somatischen Behandlern zu erfragen.

Besonderheiten psychotherapeutischer Interventionen

Bei der Auswahl psychotherapeutischer Interventionen müssen die Besonderheiten der psychologischen Behandlung chronisch Kranker gegenüber traditionellen Psychotherapien Berücksichtigung finden (Broda u. Mitarb. 1989, Koch 1986):

- Patienten sind nicht primär „psychisch gestört", sondern sie stehen unter momentan intensiver Belastung.
- Es besteht eine begrenzte Motivation zur Inanspruchnahme psychologischer Interventionen.
- Patienten sind meist deutlich älter (hoher Anteil geriatrischer Patienten).
- Es bestehen häufig Multimorbidität, sprachliche und intellektuelle Einschränkungen.
- Die Lebensperspektive ist begrenzt.
- Die somatische Therapie hat Vorrang gegenüber psychologischer Behandlung.
- Das Psychotherapiesetting ist eher selten zeitlich und inhaltlich klar abgrenzbar vom somatischen Behandlungssetting.
- Die Rolle von Psychotherapeuten und der Behandlungsauftrag sind häufig unklar definiert.

Bezüglich der Behandlung chronisch-körperlich Kranker gibt es keine umfassenden psychotherapeutischen Konzepte, die sich an übergreifenden Belastungen und der Krankheitsbewältigung orientieren. In der Praxis verwischen sich die Unterschiede zwischen den einzelnen Therapieschulen, meist wird ein eklektisches Vorgehen gewählt. Dies spiegelt die Erfordernisse des klinischen Alltags wider, in dem kurzfristige Kriseninterventionen gegenüber langfristigen Behandlungsstrategien im Vordergrund stehen. Es sollte aber nicht dazu führen, daß eine theoretische Begründung der gewählten therapeutischen Strategie für nicht wichtig erachtet oder eine individuelle Verhaltensdiagnostik vernachlässigt wird.

In den meisten Therapieansätzen werden unterstützende Gespräche zur Krankheitsverarbeitung angeboten, verbunden mit Entspannungs- und Vorstellungsübungen. Gelegentlich werden Gruppengespräche erwähnt, ebenso die Einbeziehung von Lebenspartnerinnen und -partnern. Hinzu kommen verhaltensmedizinische Maßnahmen, die sich nach den jeweiligen Krankheitsbildern unterscheiden und an den jeweiligen Hauptsymptomen bzw. Hauptproblemen orientiert sind, z. B.

- Techniken zur Schmerzbewältigung bei rheumatischen Erkrankungen (Rehfisch u. Mitarb. 1989),
- Angst- und Streßbewältigung bei Herzinfarktpatienten (Langosch 1988),
- Strategien zur Reduktion von Erbrechen und Übelkeit bei Tumorerkrankungen (Koch u. Stump 1989),
- Selbstkontrollprogramme bei selbstschädigenden Complianceproblemen von Dialysepatienten (Muthny u. Mitarb. 1987).

Es handelt sich hierbei um kurzfristige Adaptationshilfen.

Die Auswahl verhaltenstherapeutischer Strategien im Einzelfall sollte sich orientieren an

- den spezifischen Belastungen der Betroffenen,
- deren Selbsthilferessourcen,
- der momentanen psychischen und körperlichen Belastbarkeit,
- den Therapiezielen,
- den Settingbedingungen.

Stärker als bei der Psychotherapie psychischer Erkrankungen ist dabei ein hohes Maß an Flexibilität zu gewährleisten, da sich all die genannten Bedingungen innerhalb kurzer Zeit verändern können.

Therapeutisches Vorgehen

Die nachfolgende Schilderung des therapeutischen Vorgehens orientiert sich am 7-Phasen-Modell der Selbstmanagementtherapie von Kanfer u. Mitarb. (1991), wobei aufgrund der Besonderheiten bei der Psychotherapie chronisch-körperlich Kranker jeweils die beiden ersten und die beiden letzten Phasen des diagnostisch-therapeutischen Prozesses zusammengefaßt werden. Zur Verdeutlichung des therapeutischen Vorgehens wird der gesamte Prozeß an einem Fallbeispiel veranschaulicht.

Vorbereitung und Motivierung

Im Vergleich zu traditionellen Psychotherapieklienten haben chronisch-körperlich Kranke ein somatisches Krankheitsverständnis. Sie sind nicht primär psychisch krank, sondern Menschen mit momentan intensiver psychischer Belastung. In dieser Situation sind die Motivation und Bereitschaft, psychotherapeutische Hilfe in Anspruch zu nehmen, sehr unterschiedlich ausgeprägt, zumal Patienten psychologische Angebote häufig mit Psychiatrie in Verbindung bringen und als stigmatisierend erleben. Auch ist die möglicherweise begrenzte Lebensperspektive zu berücksichtigen, wenn Verhaltensänderungen angestrebt werden.

Am Anfang der Psychotherapie muß daher der Aufbau einer tragfähigen therapeutischen Beziehung stehen, der die besonderen Belange der individuellen Belastungssituation berücksichtigt. Die betroffenen Patienten müssen Verständnis für ihre Situation spüren, was auch bedeutet, daß sich Psychotherapeuten vorab mit der Situation vertraut machen. Einstellungen und Vorurteile gegenüber Psychotherapie sind zu klären ebenso wie die Rolle der Psychotherapeuten im primär somatischen Behandlungssetting. Der Anlaß für die psychologische Betreuung sollte offen besprochen werden, insbesondere wenn der Kontakt über die medizinischen Behandler erfolgte. Organisatorische Fragen müssen besprochen werden (z. B. zeitliche Intensität und Dauer der Gespräche).

Zum Aufbau einer vertrauensvollen Beziehung ist es auch nötig, gerade in schwierigen Situationen Hoffnung aufrechtzuerhalten. Dazu kann es beispielsweise gehören, die Einstellung zu vermitteln, daß es sich auch bei begrenzter Lebensperspektive lohnt, die eigene Zufriedenheit und Lebensqualität zu verbessern, und das Angebot zu machen, daß die Psychotherapie dazu Hilfestellungen geben möchte. Obwohl möglichst Optimismus gefördert und Resignation abgebaut werden sollte, ist es wichtig, auch Hoffnungslosigkeit und Depression zu akzeptieren. Bereits in dieser Phase der Kontaktaufnahme kann deutlich werden, daß es in erster Linie um Begleitung und Stützung und nicht um Verhaltensänderung geht. Im Unterschied zum klassischen verhaltenstherapeutischen Prozeß, für den Änderungsmotivation eine Grundvoraussetzung darstellt und gefördert werden sollte, kann bei körperlich Kranken die Akzeptanz des körperlichen Zustandes eigentliches Therapieziel sein.

Exemplarisch soll nun diese erste Phase der Kontaktaufnahme und Therapievorbereitung am Fall einer Patientin mit terminaler Niereninsuffizienz erläutert werden:

Frau M., 52 Jahre alt, ist infolge einer terminalen Niereninsuffizienz seit 2 Jahren an der Dialyse. Während die Behandlung bislang ohne größere Komplikationen verlief, fällt dem Pflegepersonal des Dialysezentrums seit einigen Wochen auf, daß die Patientin zwischen den Dialysen vermehrt an Gewicht zunimmt und sie sich offensichtlich nicht mehr an Flüssigkeitsrestriktionen hält. Darauf angesprochen reagiert Frau M. verärgert und bezichtigt die Krankenschwester der Inkompetenz. Die im Dialysezentrum konsiliarisch tätige Psychologin wird vom Pflegepersonal um Hilfe gebeten mit dem Ziel, die Compliance der Patientin bezüglich der Flüssigkeitsrestriktion zu erhöhen und sie außerdem „wieder zugänglicher zu machen". Da die Psychologin Frau M. von gelegentlichen Visiten während der Dialyse kennt, ist die Kontaktaufnahme nicht besonders schwierig. Sie sucht Frau M. während deren nächster Dialyse auf und erläutert ihr das Anliegen des Pflegepersonals. Die Patientin ist zunächst erstaunt und leicht erbost, daß das Problem an die Psychologin weitergetragen wurde. Durch das offene Besprechen der Situation wird es ihr aber ermöglicht, ihren Ärger zu äußern und ihre Sichtweise der Situation zu schildern. In diesem Gespräch wird deutlich, daß sich ihre Ehe in einer Krise befindet und sie sich Sorgen über eine mögliche Trennung macht. Sie bringt ihre Schwierigkeiten mit der Dialysebehandlung und die Konflikte mit dem Personal damit in Zusammenhang. Da sowohl auf seiten der Patientin deutlicher Leidensdruck zu erkennen ist als auch sich die Patientin Veränderungen in irgendeiner Form wünscht, hält die Psychologin die Indikation für eine verhaltenstherapeutische Behandlung gegeben und bietet diese Frau M. an. Die Patientin ist bereit dazu und möchte die psychotherapeutischen Behandlungstermine während ihrer Dialysezeit wahrnehmen, da sie neben der 3mal wöchentlichen Dialysetermine nicht noch zusätzlich ins Zentrum kommen möchte. Sie nimmt dabei in Kauf, daß noch weitere 3 Patientinnen im gleichen Zimmer dialysiert werden und die Gespräche mithören können. Mit Frau M. wird vereinbart, zunächst die Flüssigkeitsaufnahme zwischen den Dialysen als aktuelles Verhaltensproblem zu bearbeiten. Frau M. ist hierzu motiviert, da sie merkt, daß die dadurch bedingte Kreislaufbelastung sie zunehmend erschöpft. Ob sie an ihrer Eheproblematik arbeiten möchte, will sie zu einem späteren Zeitpunkt entscheiden. Es werden zunächst fünf verhaltenstherapeutische Sitzungen vereinbart. Diese zeitliche Begrenzung erleichtert Frau M. die Entscheidung für eine psychotherapeutische Behandlung.

Verhaltensanalyse

Oft ist es durchaus sinnvoll und indiziert, auch bei chronisch-körperlich Kranken Verhaltens- und Einstellungsänderungen zu intendieren, um ihnen die bessere Anpassung an ihre Situation zu ermöglichen (z. B. Erlernen von Schmerzbewältigungsstrategien). In diesen Fällen geht es im nächsten Schritt um die Konkretisierung der Problemdefinition und die Herausarbeitung funktioneller Bedingungen. Je nach individueller Situation und Therapieanlaß kann diese Verhaltensanalyse unterschiedlich aufwendig geschehen. In der Regel wird sie kürzer ausfallen als in der klassischen Verhaltenstherapie, da es oft um umgrenzte Problemstellungen geht und nur wenig Zeit zur Verfügung steht. Auch sollte berücksichtigt werden, daß bei Patienten zur Aufrechterhaltung der Motivation rasche Verbesserungen der Situation notwendig sein können.

Wichtig ist es, neben Defiziten auch Kompetenzen und Selbsthilferessourcen zu erfassen sowie auch die Einbettung der Problemstellung ins soziale Umfeld zu berücksichtigen, da in dieser Therapiephase die Entscheidung darüber getroffen werden muß, ob weitere Personen in die Therapie miteinbezogen werden (z. B. Familie, Behandler). Gelegentlich sind auch fremdanamnestische Daten für die weitere Therapieplanung von Nutzen.

Die Verhaltensanalyse im oben beschriebenen Fall gestaltet sich folgendermaßen:

Mit Frau M. wird vereinbart, daß sie eine Selbstbeobachtung ihres Eß- und Trinkverhaltens durchführt. Sie wird angeleitet, ein Selbstbeobachtungsprotokoll auszufüllen, in dem sie Ort, Zeitpunkt, Menge und Art der konsumierten Nahrungsmittel und Getränke notiert. Anhand dieses Selbstbeobachtungsbogens erkennt Frau M. selbst, daß es Situationen gibt, in denen es ihr leicht fällt, sich an die begrenzte Flüssigkeitsmenge zu halten, andere, in denen es ihr kaum gelingt. Es werden mit ihr den „Trinkexzessen" vorausgehende und nachfolgende Bedingungen wie Kognitionen, Tätigkeiten, Verhalten anderer Menschen erarbeitet, und sie erkennt, daß sie insbesondere in Situationen, in denen sie allein über ihre Eheprobleme nachdenkt, einige Gläser Wein mit Mineralwasser konsumiert. Die Auseinandersetzungen mit dem Personal über die zu hohe Gewichtszunahme halten das Problemverhalten insofern aufrecht, als sie sie von ihren Grübeleien ablenken. So fällt ihre depressive Stimmungslage nicht weiter auf, und sie muß nicht über ihre Eheprobleme sprechen. Ihr Ehemann weiß über die Probleme an der Dialyse nicht Bescheid.

Therapeutische Zielsetzung

Wie bereits angesprochen, geht es in der Psychotherapie mit chronisch-körperlich Kranken häufig um Adaptation, nicht unbedingt um Veränderung. Dies ist u.a. von der Phase der Erkrankung abhängig. Gelegentlich bietet ein gravierendes Lebensereignis aber auch die Chance zu einer Neuorientierung, und lange anstehende Veränderungswünsche und Problemlösungen können in Angriff genommen werden. Therapieziele können daher sehr umfassend (z.B. Aufbau selbstsicheren Verhaltens) oder eng begrenzt sein (z. B. Bewältigung von Punktionsängsten). Es sollte also in jedem Einzelfall geprüft werden, welche konkreten Therapieziele mit Patienten vereinbart werden, abhängig von der Problemstellung und den Rahmenbedingungen. Es muß darauf geachtet werden, daß diese erreichbar sind und nicht unrealisierbare Wunschvorstellungen enthalten. „Wieder so sein wie früher" ist ein häufiger, verständlicher Wunsch von chronisch Kranken, aber kein erreichbares Therapieziel.

In diesem Zusammenhang muß der Unterschied zwischen „Tatsache" und „Problem" verdeutlicht werden: Bei einer chronischen Erkrankung handelt es sich um eine Tatsache, nicht um ein Problem, sie ist als solche nicht änderbar. Die Problemstellung dagegen kann lauten: „Wie komme ich mit dieser Erkrankung besser zurecht?" und muß dann weiter konkretisiert werden. Das daraus folgende konkrete Therapieziel kann sein, daß der Betroffene lernen möchte, mit seiner Familie und Freunden befriedigender über die Erkrankung und seine Befindlichkeit sprechen zu können.

Die vorgestellte Patientin will zunächst umgrenzte Therapieziele angehen:

Frau M. möchte in erster Linie ihre Flüssigkeitsaufnahme auf ein ihrem Körper zuträgliches Maß reduzieren. Nachdem sich Frau M. nochmals mit der sie behandelnden Ärztin beraten hat, legt sie selbst eine Trinkmenge fest, die sie einhalten möchte. Weiterhin möchte sie lernen, besser mit ihren grüblerischen Gedankengängen fertig zu werden.

Auswahl und Durchführung therapeutischer Maßnahmen

Die Auswahl der therapeutischen Strategien berücksichtigt die vorhandenen Informationen und erfolgt in Abhängigkeit von den formulierten Therapiezielen, sie ist ziel- und problemorientiert. Dieses individuelle Vorgehen ist einer Vermittlung von Standardprogrammen vorzuziehen, da die spezifische Belastungssituation und der Stand der Krankheitsbewältigung berücksichtigt werden können.

Neben dem verhaltenstherapeutischen Repertoire an Veränderungsstrategien kann durchaus ein ausschließlich supportiv-begleitendes Vorgehen indiziert sein. Elemente des aktiven Zuhörens sind bei der psychologischen Betreuung Schwerkranker unerläßlich. In manchen Situationen ist auch die bloße Anwesenheit der Therapeutin oder des Therapeuten mit nonverbalen Zeichen der Unterstützung hilfreich und ausreichend. Diese Situationen sind häufig für Psychotherapeuten belastender und schwerer auszuhalten als Zeiten mit aktivem Therapeutenverhalten. Es ist daher unerläßlich, sich in der therapeutischen Aus- und Weiterbildung darauf vorzubereiten und Erfahrungen damit zu sammeln.

Im Fallbeispiel gestaltet sich das therapeutische Vorgehen folgendermaßen:

Mit Frau M. wird ein Selbstkontrollprogramm zur Einhaltung einer körperlich verträglichen Flüssigkeitsmenge besprochen. Sie lernt, auf kritische Situationen und Gedankengänge zu achten, sich alternative Beschäftigungen zu suchen (z.B. nach Auseinandersetzungen mit ihrem Ehemann mit einer Freundin zu telefonieren statt sich zurückzuziehen) und sich für das Einhalten der täglichen Trinkmenge zu belohnen. Damit wird auch die Grundlage gelegt für das Erlernen von Depressionsbewältigungsstrategien. Frau M. erkennt, daß es für sie wichtig ist, grüblerische und selbstabwertende Gedankengänge schnell zu unterbrechen, indem sie Kontakt mit anderen Menschen aufnimmt oder sich gezielt durch angenehme und spannende Tätigkeiten ablenkt.

Überprüfung des Therapieerfolgs und Abschluß der Therapie

In dieser Phase sollten therapeutische Fortschritte anhand erzielter Verhaltensänderungen überprüft werden. Dies deutet auf die Schwierigkeiten bei der Erfolgskontrolle der Psychotherapie mit chronisch-körperlich Kranken hin. Die körperliche Situation kann sich während der psychologischen Betreuung entscheidend verschlechtern, so daß Therapieziele nicht weiter verfolgt werden können. Ebenso kann es von vornherein bei der Formulierung von Therapiezielen gar nicht um Veränderung, sondern um Stabilisierung gegangen sein. Häufig ist die Angabe von Patienten, sich wohler zu fühlen und mit den Folgen der Erkrankung besser zurechtzukommen, das wichtigste Erfolgskriterium.

Der Abschluß der Psychotherapie ist außer vom Erreichen von Therapiezielen daher entscheidend vom Wunsch und dem Befinden der Patienten abhängig und kann außerdem von organisatorischen Gegebenheiten (z.B. Ende des Krankenhausaufenthaltes) bedingt sein. Er ist häufig weniger planbar als in Psychotherapien mit psychisch Kranken. In einigen Fällen kann die psychotherapeutische Betreuung mit dem Tod der Patientin oder des Patienten enden, ein Therapieende, das für Psychotherapeuten eine große Belastung bedeuten kann und dessen möglichem Eintreten man sich gewahr sein sollte, wenn mit chronisch Kranken gearbeitet wird.

Die Psychotherapie mit Frau M. endet wie geplant:

Es gelingt ihr zunehmend besser, die Trinkmenge einzuhalten, lediglich nach einem Streit mit ihrem Ehemann, in dem dieser ihr droht, sie zu verlassen, kann sie die Selbstkontrolle nicht aufrechterhalten. Die Besprechung dieses „Rückfalls" vermittelt Frau M. die Einsicht, daß sich „bald etwas an der Ehesituation verändern muß". Dennoch kann sie sich zum jetzigen Zeitpunkt noch nicht entschließen, dieses Problem in Angriff zu nehmen. Sie ist dennoch mit den erzielten Veränderungen zufrieden, kommt mit der Flüssigkeitsrestriktion leichter zurecht und kann depressive Verstimmungen besser bewältigen. In der Interaktion mit dem Pflegepersonal treten momentan keine Probleme mehr auf. Die Psychotherapie wird daher beendet, wobei sich Frau M. vorbehält, sich vielleicht in absehbarer Zeit nochmals an die Psychotherapeutin zu wenden.

Ausblick

Die Psychotherapie chronisch kranker Menschen stellt eine Herausforderung an Psychotherapeuten dar, da sich im Rahmen der Therapie sehr unterschiedliche Problemstellungen ergeben können. Vermutlich handelt es sich um eine Aufgabenstellung der näheren Zukunft, da anzunehmen ist, daß sich mit der Veränderung der Altersstruktur der Bevölkerung auch die Psychotherapieklientel verändern wird und vermehrt ältere Menschen zur Behandlung kommen werden.

Dies erfordert, daß in Aus- und Fortbildungskonzepten dieser Aufgabenstellung mehr Raum als derzeit gegeben wird, damit angehende Psychotherapeuten gut vorbereitet und mit wissenschaftlich fundierten Behandlungskonzepten an dieses Tätigkeitsfeld herangehen können.

Ebenso ist es erforderlich, die Rahmenbedingungen für eine Psychotherapie körperlich Kranker zu überdenken, da das klassische Psychotherapiesetting in der ambulanten Praxis und die langen Wartezeiten den Erfordernissen dieser Klientel in der Regel nicht angemessen sind. Es erscheint am geeignetsten, die psychotherapeutische Betreuung an das somatische Behandlungssetting anzubinden, um damit den Zugang für chronisch Kranke zu erleichtern. Sowohl im stationären als auch im ambulanten Bereich müssen hierfür Stellen geschaffen werden.

Es bleibt zu hoffen, daß es auch in der Psychotherapieforschung vermehrt zu einer Entwicklung von Behandlungskonzeptionen kommen wird, die einerseits generelle Belastungsfaktoren und Bewältigungsmöglichkeiten berücksichtigen, ohne andererseits die jeweils individuelle Situation der Erkrankten zu vernachlässigen.

Gemeinsamkeiten und Unterschiede zwischen tiefenpsychologischer (psychoanalytischer) Psychotherapie und Verhaltenstherapie

A. Dinger-Broda und G. Schüßler

Sowohl im tiefenpsychologischen als auch im verhaltenstherapeutischen Beitrag wurde auf die Abgrenzung der Psychotherapie chronisch-körperlich Kranker gegenüber der Behandlung psychoneurotischer und psychosomatischer Erkrankungen eingegangen. Es soll nun der Versuch gemacht werden, die beiden Therapieverfahren gegeneinander abzugrenzen bzw. Gemeinsamkeiten festzustellen. Da sich die psychotherapeutische Behandlung dieser Patientengruppe aus Anforderungen des klinischen Alltags heraus entwickelt hat und weniger aufgrund therapietheoretischer Überlegungen, gibt es in der Praxis beider Therapiemethoden kein „klassisches" Vorgehen, es wird eher eklektizistisch vorgegangen. So bezieht einerseits das tiefenpsychologische Vorgehen ebenso Informationselemente und Entspannungsmethoden mit ein wie andererseits verhaltenstherapeutisches Vorgehen supportiven Gesprächen und einer tragfähigen Beziehung besondere Bedeutung zuerkennt.

Die besondere Stärke des tiefenpsychologischen Vorgehens liegt in der Bearbeitung der **innerseelischen Auseinandersetzung mit einer chronischen Erkrankung**, der **Verarbeitung der narzißtischen Kränkung**, der **Angst vor Beziehungsverlust** sowie **Gefühlen von Wut und Enttäuschung**. Ebenso erfolgt eine Auseinandersetzung mit **dysfunktionalen Abwehrmechanismen**, insbesondere mit der Bedeutung von **Verleugnung** im Prozeß der Verarbeitung. Grenzen der aufdeckenden Arbeit werden dabei durchaus gesehen. In der Übertragungsbeziehung wird dem **Abhängigkeits-Unabhängigkeits-Konflikt** besondere Aufmerksamkeit gewidmet.

Das verhaltenstherapeutische Vorgehen orientiert sich an **konkreten Belastungssituationen**, **bestehenden Bewältigungsressourcen** und **individuellen Zielsetzungen**. Es läßt sich nicht auf verhaltensmedizinische Gruppenprogramme zur **Vermittlung von Bewältigungsfertigkeiten** reduzieren, sondern kann im Einzelfall sowohl **stützende Gespräche** wie auch die **Bearbeitung grundlegender Verhaltensdefizite und problematischer Einstellungsmuster** umfassen. Nicht die Aufarbeitung innerseelischer Konflikte, sondern die **Erhöhung von Lebenszufriedenheit** wird als oberstes Ziel in den Vordergrund gestellt.

Folgende Elemente werden in beiden Therapiemethoden als wichtig erachtet:
- der Aufbau einer tragfähigen stabilen Therapiebeziehung,
- die Selbstreflexion von Therapeuten,
- die Flexibilität im therapeutischen Vorgehen,
- die stützende und adaptive Funktion therapeutischer Gespräche sowie
- eine therapeutische Grundeinstellung, den Erkrankten Hoffnung zu vermitteln.

Beide Therapiemethoden orientieren sich am **bio-psycho-sozialen Modell** und fordern damit eine umfassende Berücksichtigung der Bedeutung psychischer Faktoren im Erkrankungsprozeß und der Beachtung der Wechselwirkung mit körperlichen und sozialen Faktoren.

44. Hauterkrankungen

U. Stangier und U. Gieler

Einleitung

Psychosomatische Dermatologie

Die Haut als ein psychosomatisches Organ ist durch die Entwicklung neuer Forschungen zunehmend in das Interesse der Öffentlichkeit gerückt. Durch die erhöhte Prävalenz allergischer Krankheiten, die nicht nur durch eine Zunahme umweltbelastender Stoffe erklärbar ist, durch die Erkenntnis neuerer psychodynamischer Zusammenhänge und die Entwicklung zahlreicher verhaltenstherapeutischer Techniken zur Behandlung und im Umgang mit Hautkrankheiten erlebt die psychosomatische Dermatologie ein ihr bisher nie zuerkanntes Interesse. Obwohl bereits im Altertum Schriften zu psychosomatischen Aspekten bei Hautkrankheiten bekannt sind und Sigmund Freud (1923) wie vor allem auch Georg Groddeck (1923) sich eingehend mit Hautreaktionen beschäftigt haben, war es über Jahrzehnte relativ still um die psychosomatischen Aspekte bei Hautkranken. Die zunehmende Zahl an Publikationen sowohl aus psychoanalytischer als auch aus verhaltenstherapeutischer Sicht spiegelt die Entwicklung der psychosomatischen Dermatologie wider (Gieler u. Mitarb. 1993, Gieler u. Bosse 1995).

Psychoanalytische Studien haben mit Anzieu (1990) und durch psychodynamische Erklärungsmodelle für Artefaktpatienten (Paar 1995, Plassmann 1995) wesentliche Beiträge zum Verständnis von Hautkrankheiten geliefert. Vor allem die Einführung des „Haut-Ich" durch Anzieu hat zeigen können, wie bedeutsam die taktile Phase in der Entwicklung der menschlichen Psyche ist. Die Metapher „Haut-Ich" weist dabei auf die psychische Hülle des Menschen hin. Gleichzeitig haben moderne Ergebnisse der Säuglingsforschung (Dornes 1993) Erkenntnisse geliefert, die auf die Bedeutung der frühen Objekterfahrung in der taktilen Phase hinweisen. Ebenso sind die Bindungstheorien von Bion (1990) wichtig zum Verständnis der Auswirkungen von Hauterkrankungen auf die psychische Entwicklung.

Ausgehend von der Kritik der psychodynamischen Ansätze zu krankheitsspezifischen Persönlichkeitsstrukturen (Whitlock 1976) hat sich die empirisch-psychologische Forschung stärker auf den Einfluß von belastenden Lebensereignissen und chronischem Streß auf Hauterkrankungen und der Bewältigung von krankheitsbedingten Belastungen konzentriert. Ihre Fortschritte sind in methodenkritischen Übersichten der wichtigsten Forschungsergebnisse zu Krankheitsbewältigung (Welzel-Ruhrmann 1995), Belastungsreaktivität in laborexperimentellen Studien (Scholz 1995) und Feldstudien (Stangier 1995) sowie zu Therapiestudien (Münzel 1995) im dermatologischen Bereich dokumentiert. Besonders gefördert wurde diese Entwicklung durch die zunehmende Orientierung an psychologisch definierten Problembereichen anstelle medizinischer Krankheitsdiagnosen.

Prävalenz psychischer Störungen in der Dermatologie

Untersuchungen an unselektierten Stichproben dermatologischer Patienten weisen auf eine überdurchschnittliche Häufigkeit psychischer Störungen hin. So fanden Wessley u. Lewis (1989) mit Hilfe eines strukturierten klinischen Interviews bei 30% der Patienten einer dermatologischen Ambulanz psychiatrische Störungen infolge einer dermatologischen Störung, weitere 10% wiesen psychiatrische Störungen auf, die bereits vor der Hauterkrankung bestanden, und weitere 5% zeigten psychiatrische Symptome ohne dermatologischen Befund. Hughes u. Mitarb. (1983) zeigten mit Hilfe von Fragebögen, daß 30% der ambulanten und 60% der stationären Patienten eine verringerte seelische Gesundheit angaben, besonders häufig Patienten mit Neurodermitis, Akne, Psoriasis und Alopecia areata. Schaller u. Mitarb. (1995) fanden bei 21% einer Stichprobe stationärer Patienten behandlungsrelevante Zusammenhänge zwischen Hauterkrankungen und psychischen oder sozialen Problemen. Bezogen auf somatoforme Störungen ergaben sich bei 26% ambulanter dermatologischer Patienten Hinweise auf das Vorliegen einer allgemeinen somatoformen Störung. Bei 18% der Patienten sahen die behandelnden Dermatologen vorwiegend oder ausschließlich psychische Ursachen für die Beschwerden der Patienten (Gieler u. Mitarb. 1996).

Insgesamt kann man also von einem hohen Anteil an Patienten mit behandlungsbedürftigen psychosomatischen Problemen ausgehen. Andererseits ist die Behandlungsmotivation dermatologischer Patienten eher an den somatischen Behandlungsangeboten als an Psychotherapie orientiert (Gieler u. Mitarb. 1988), und auch die Umsetzung der Behandlungsmöglichkeiten in die psychosomatische Versorgungspraxis ist – trotz aller Fortschritte in den Behandlungsmöglichkeiten – nach wie vor verbesserungsbedürftig. Die Ergebnisse einer Umfrage von Schubert und Bahmer (1989), die die zurückhaltende Einstellung zur psychosomatischen Dermatologie von Leitern dermatologischer Kliniken belegt, gilt sicherlich auch in der Gegenwart. Die Ursachen für diese ungünstige Versorgungssituation liegen möglicherweise nicht nur in den Rahmenbedingungen für eine psychosomatische Grundversorgung (Köhle u. Mitarb. 1995), sondern auch in dem schwierigen Übergang zur psychotherapeutischen Versorgung. Trotz zahlreicher Hautärzte, die sich inzwischen in der psychosomatischen Grundversorgung weitergebildet haben, bestehen große Probleme in der Umsetzung der täglichen Kassenpraxis.

Psychotherapiemotivation bei dermatologischen Patienten

Im allgemeinen stellt der stationäre Behandlungsrahmen eine günstigere Rahmenbedingung dar, um sich mit psychosomatischen Aspekten der Krankheit auseinanderzusetzen und psychotherapeutische Hilfsangebote anzunehmen, als das ambulante Setting. So konnten Schneider u. Mitarb. (1993) zeigen, daß stationäre dermatologische Patienten insgesamt eine günstigere Psychotherapiemotivation aufweisen als ambulante Patienten. Offenbar wird die Psychotherapiemotivation durch den erhöhten Leidensdruck infolge des Krankheitsschubes verstärkt. Dennoch dürfte die Motivierung von Patienten mit Hauterkrankungen zu einer Psychotherapie häufig im ambulanten Setting erfolgen und soll deshalb ausführlicher dargestellt werden.

Eine besonders wichtige Rolle spielt der behandelnde Arzt, der den Patienten meist über Jahre begleitet und dessen subjektives Erklärungsmodell für seine Krankheit stark mitbeeinflußt. Aus der Beziehung zum Arzt erhält der Patient in der Regel die wichtigsten Impulse, um entweder Schritte zur eigenständigen Veränderung von Problemen oder zum Aufsuchen einer Psychotherapie zu unternehmen. Hierin kann der Arzt den Patienten durch Maßnahmen unterstützen, die ein empathisches Verständnis der Probleme, Rückmeldung hinsichtlich der eigenen Sichtweise wie auch eine Beratung hinsichtlich möglicher Therapieziele bis hin zu konkreten Empfehlungen von Therapeuten beinhalten, letztendlich aber dem Patienten die freie Entscheidung über den Beginn einer Psychotherapie überlassen (Stangier u. Mitarb. 1997).

Die Motivation zur Veränderung von Problemen bzw. Inanspruchnahme von psychotherapeutischen Maßnahmen ist jedoch keine statische Dimension. Es handelt sich vielmehr um ein prozeßhaftes Geschehen, in dem die psychischen Belastungen durch ein Problem („Leidensdruck"), Kausalattributionen und Kontrollüberzeugungen in einer komplexen Interaktion mit Informationen und Erfahrungen im konkreten Lebensalltag stehen. Idealerweise sollte der behandelnde Arzt sein Vorgehen an dem Prozeß wachsender Einsicht in die Zusammenhänge orientieren: In einem frühen Stadium ist ein direktives, konfrontatives Vorgehen meist nicht angezeigt, da dies die Abwehr verstärkt. Im weiteren Verlauf kann eine möglichst direkte und konkrete Intervention des Arztes jedoch notwendig sein, z.B. Empfehlungen zur Psychotherapie. Nach Prochaska und DiClemente (1992) lassen sich verschiedene Stadien der Selbstveränderungs- bzw. Psychotherapiemotivation unterscheiden:

Vor-Nachdenklichkeit

In diesem ersten Stadium ist dem Patienten die mögliche Bedeutung des psychischen Faktors für seine Hauterkrankung nicht bewußt bzw. wird sogar aktiv abgewehrt. Die Hauptaufgabe des Arztes in dieser Phase besteht in der Vermittlung eines angemessenen Krankheitskonzeptes. Dazu gehören insbesondere dermatologische Informationen zur vorliegenden Störung und zur möglichen Bedeutung psychischer Faktoren. Wichtig ist das Erkennen und Ansprechen möglicher Belastungen (empathische Grundhaltung). Ebenso sollte darauf geachtet werden, dem Patienten Ängste vor einer möglichen Stigmatisierung als „Psychotherapie-Bedürftiger" zu nehmen. Anregungen, die eine verstärkte Selbstbeobachtung beinhalten, sind in diesem Stadium ebenfalls von größter Bedeutung. Der Arzt sollte im Umgang mit problematischen Verhaltensweisen behutsam hinterfragen statt massiv zu konfrontieren, da dies häufig zu Widerstand auf seiten des Patienten führt.

Nachdenklichkeit

Erst im weiteren Verlauf erwägt der Patient die mögliche Bedeutung des psychischen Faktors für das Krankheitsgeschehen und beginnt, Kosten und Nutzen einer Veränderung abzuwägen. In der Nachdenklichkeitsphase ist es für den Arzt von zentraler Bedeutung, die mögliche Bedeutung psychischer Faktoren herauszustellen und die „Entscheidungswaage" der Kosten und Nutzen einer Verhaltensänderung in die angemessene Richtung zu beeinflussen. Dies kann dadurch geschehen, daß gewichtige Gründe für die Veränderung herausgestrichen werden und auf Risiken bei Nicht-Veränderung hingewiesen wird. Besonders wichtig ist auch eine Unterstützung im Hinblick auf die Erwartung, wirklich eine Veränderung vollziehen zu können.

Entscheidungsfindung

In diesem Stadium ist der Patient zu der Erkenntnis gelangt, daß psychische Faktoren von Bedeutung sind und entscheidet sich dafür, aktive Schritte zur Veränderung zu unternehmen. Diese können wie oben bereits dargestellt entweder in einer Selbstveränderung bestehen oder in einer Psychotherapie. In der Phase der Entscheidung geht es um sehr konkrete Hilfe bei der Suche nach den besten Handlungsmöglichkeiten zur Veränderung. Neben der Initiierung einer Selbstveränderung kann es dazu kommen, daß der Arzt dem Patienten empfiehlt, eine psychotherapeutische Behandlung aufzusuchen. Hierbei ist darauf zu achten, dem Patienten möglichst detaillierte Informationen über den Ablauf der Aufnahme einer Psychotherapie an die Hand zu geben, da sonst die Gefahr, daß der Patient gar nicht erst in der Therapie auftaucht, groß ist. Der Patient wird hier selbst aktiv, bemüht sich um Termine etc.

Handlungsaktivierung

In diesem Stadium werden vom Patienten aktiv neue Verhaltensweisen ausprobiert und Veränderungen vollzogen. In der Handlungsphase ändert der Patient aktiv seine problematischen Verhaltensweisen. Die Aufgabe des Arztes besteht hier in der Hilfe, Schritte in Richtung Veränderung zu unternehmen, sowie später in der unterstützenden und nichteinmischenden Begleitung der Therapie. Der Arzt sollte den therapeutischen Prozeß wohlwollend begleiten und auch angemessenen Optimismus zum Ausdruck bringen. Veränderungstechniken sind äußerst vielfältig und variieren zwischen einzelnen Therapieschulen. Auf der Seite des professionellen Therapeuten beginnt die Phase des Beziehungsaufbaus und der diagnostischen Abklärung. Die Aufgaben des Therapeuten im Veränderungsprozeß sind vielfältig und sollen an dieser Stelle nicht ausführlich dargestellt werden. Gemäß des hier vorliegenden Modells dürften die meisten Patienten bei Aufsuchen des Therapeuten bereits weiter im Veränderungsprozeß sein. Die bedeutendste Rolle des Therapeuten liegt in der Planung und Begleitung der psychotherapeutischen Intervention. Unterschiedliche Therapieschulen stützen sich hierbei auf unterschiedliche Konzeptionen und Strategien. Die Entscheidung, welche Therapie dem Patienten gegebenenfalls empfohlen wird, wird erwartungsgemäß je nach Störung und persönlichen Präferenzen des Arztes variieren.

Aufrechterhaltung

Auch wenn Veränderungen vollzogen sind, kann nicht davon ausgegangen werden, daß diese ein Leben lang stabil bleiben. In der Phase der Aufrechterhaltung besteht die Aufgabe des Arztes darin, den Patienten bei der Wahrnehmung möglicher Rückfälle in alte Verhaltensmuster zu unterstützen und ihn gegebenenfalls darauf anzusprechen.

Differentielle Therapieindikation

Im Hinblick auf die Überweisung in eine Psychotherapie sind auch die unterschiedlichen Schwerpunktsetzungen der therapeutischen Schulen zu berücksichtigen. Die psychodynamische Sichtweise geht von der Hauterkrankung als Ausdruck einer auf der psychischen Ebene nicht zu bewältigenden Störung aus (Resomatisierung nach Schur 1955). Die Haut wird als Ausdrucksorgan angesehen, die zum Teil auch symbolisch („Mein Schuppenpanzer schützt mich!", Gieler u. Mitarb. 1986) die psychischen Mängel aufzeigt. Meist wird jedoch unter Berücksichtigung von Übertragung und Gegenübertragung von der Reinszenierung eines entwicklungspsychologischen Konfliktes ausgegangen, der zeitlich als auch inhaltlich mit der Störung zusammenhängt.

Im Rahmen der Verhaltensmedizin steht hingegen die Identifikation und Veränderung von konkret eingrenzbaren Verhaltensweisen, die als Auslöser, begleitender Faktor oder Folge in einem funktionalen Zusammenhang mit dermatologischen Problemen stehen, im Vordergrund. Beispiele hierfür sind

- ungünstige Bewältigungsreaktionen in Belastungssituationen, die zur Auslösung von Krankheitsschüben führen,
- Kratzen und andere Verhaltensweisen, die zu Hautschäden führen,
- die Überzeugung, durch (minimale) Hautveränderungen im Aussehen entstellt zu sein, oder
- soziale Ängste und Vermeidung in Folge einer entstellenden Dermatose.

Auch wenn eine differentielle Psychotherapieindikation nach wissenschaftlichen Kriterien derzeit umstritten ist, erscheint diese in der Praxis nach wie vor von großer Bedeutung zu sein. Die Autoren schlagen daher ein praktisches Schema vor, nach dem aufgrund ihrer klinischen Erfahrung die Zuordnung zu Therapieverfahren sinnvoll erscheint (Tab. 44.**1**). Zu berücksichtigen ist jedoch, daß nach ihrer Sichtweise die Persönlichkeiten des Patienten und des Therapeuten eine ebenso wichtige Rolle für den Erfolg einer Therapie spielen.

Tabelle 44.**1** Differentielle Psychotherapieindikation bei Hauterkrankungen

Verhaltenstherapie	Tiefenpsychologisch fundierte Psychotherapie und Psychoanalyse
Abgrenzbares Problemverhalten	Unbewußte Konflikte
Überschaubarer zeitlicher Rahmen	Zeitlicher Rahmen eher offen (Ausnahme: Fokaltherapie)
Adäquates Erklärungsmodell und Behandlungserwartung des Patienten	Auseinandersetzung mit kindlicher Entwicklung und deren Einflüssen
Bereitschaft zur Kooperation	Empathisches Beziehungsmuster und Übertragungsbeziehung
Therapieziel: Bewältigung des Problems	Therapieziel: Verstehen und Wiedererleben emotionaler Reaktionen

Problembereiche aus psychologischer Sicht

Die Ausweitung der Verhaltenstherapie durch die Fortschritte der wissenschaftlichen Psychologie hat auch zu einer differenzierten Anwendung bei dermatologischen Problemen geführt. So stehen nicht mehr nur bestimmte Krankheitsbilder, wie Neurodermitis, im Vordergrund, und die Indikation für verhaltenstherapeutische Maßnahmen beschränkt sich z. B. nicht nur auf Kratzverhalten. Die Klassifikation von Problemen nach psychologischen Aspekten (Tab. 41.**2**) und nicht, wie bisher üblich, nach dermatologischen Diagnosen, fördert ein differentielles therapeutisches Vorgehen. Danach lassen sich verschiedene Problembereiche unterscheiden:

Auslösung/Aufrechterhaltung dermatologischer Erkrankungen (mit Organbefund) durch psychische Faktoren

Die traditionelle Eingrenzung der psychoanalytischen Psychosomatik auf bestimmte Krankheitsbilder, wie vor allem Neurodermitis (Alexander 1950), wird in der psychosomatischen Dermatologie zunehmend weniger vertreten. Eine Beeinflussung des Krankheitsverlaufs durch psychische Faktoren ist prinzipiell bei allen Dermatosen denkbar und abhängig von psychophysiologischen und -immunologischen Vermittlungsmechanismen (Schubert 1989, Stangier u. Mitarb. 1987). Entscheidendes Kriterium ist ein individuell (möglichst wiederholt) nachweisbarer zeitlicher Zusammenhang zu psychischen Belastungen.

Somatoforme dermatologische Beschwerden (ohne Organbefund)

Ein nicht unerheblicher Anteil von Patienten klagt über Beschwerden, die nicht durch einen dermatologischen Befund erklärt werden können, und bei denen ebenfalls Hinweise auf einen engen Zusammenhang zu psychischen Faktoren bestehen (Cotteril 1981). Nach gängiger Terminologie kann man sie den somatoformen Störungen zurechnen (Stangier u. Gieler 1997); hierzu zählen unter anderem auch die sog. funktionellen bzw. psychovegetativen Störungen der Haut. Beispiele sind Juckreiz (z. B. Pruritus sine materia, auch analer und genitaler Pruritus), Schmerzen oder Brennen der Haut (z. B. Glossodynie: Brennen der Mundschleimhaut), die subjektive Überzeugung, an Haarausfall zu leiden (auch im

Sinne einer körperdysmorphen Störung), und Hyperhidrosis (übermäßiges Schwitzen). Nicht selten sind diese Mißempfindungen auch mit Exkoriationen infolge von Hautmanipulationen verbunden (Fried 1994). Differentialdiagnostisch zu berücksichtigen sind Hautirritationen wie z.B. Juckreiz infolge von Zwangsstörungen (Hatch u. Mitarb. 1992).

Krankheitsverarbeitung progredient verlaufender Dermatosen

Chronische Hautkrankheiten, insbesondere mit progredientem Verlauf, stellen aufgrund der Unkontrollierbarkeit und Unvorhersagbarkeit des Krankeitsverlaufs, der begrenzten Zukunftsperspektive und der dauerhaften Einschränkung des körperlich-seelischen Wohlbefindens eine Bedrohung des emotionalen Gleichgewichts dar (Beutel 1988). Vielen Betroffenen gelingt es nicht, diese belastende psychische Situation durch aktive Bewältigung der kognitiven Mechanismen zu verarbeiten; die Folge sind Anpassungsstörungen mit zumeist depressiven oder ängstlichen Symptomen. Beispiele für besonders gravierende Erkrankungen sind Sklerodermie (Scholz u. Mitarb. 1989), Epidermolysis bullosa/Siemens-Hallopeau (Küster u. Mitarb. 1997) oder malignes Melanom (Folldys u. Knopf 1992).

Entstellungsproblematik

Aufgrund der Sichtbarkeit von Hauterscheinungen stellen Entstellungsgefühle ein Spezifikum der Dermatologie dar; sie sind in der Regel „somatopsychisch" begründet, können jedoch auch eine somatoforme Störung darstellen. Differentialdiagnostisches Merkmal ist die somatische Begründbarkeit der Überzeugung, entstellt zu sein:

- **Krankheitsverarbeitung entstellender Dermatosen:** Entstellungsgefühle können einerseits bei Dermatosen auftreten, die mit einer objektiv nachvollziehbaren Beeinträchtigung des äußeren Erscheinungsbildes einhergehen. Dabei sind nicht nur morphologische Besonderheiten der Hautsymptomatik (etwa die prägnante silbrigweiße Schuppung bei Psoriasis oder der kreisrunde Haarausfall einer Alopecia areata) relevant, sondern auch ein chronisch-rezidivierender Verlauf mit wechselnden Umweltreaktionen und Anpassungsanforderungen (Hünecke 1976, Hünecke u. Bosse 1980).
- **Körperdysmorphe Störung:** Die subjektive Überzeugung, entstellt zu sein, kann auch im Widerspruch stehen zu einem fehlenden oder minimalen stehenden Körperbefund. Ein häufiges Beispiel sind Patientinnen mit diskreten Folgezuständen einer Akne, die in dermatologischen Kliniken massive operative Narbenkorrekturen suchen, oder die Klage über die Entstellung durch objektiv nicht nachweisbarem Haarausfall (Cotteril 1981). Die körperdysmorphe Störung wird den somatoformen Störungen zugeordnet. Zentrales Kriterium ist das Mißverhältnis von objektivem Befund zu subjektivem Befinden, der Übergang zum körperbezogenen Wahn ist nicht immer klar abgrenzbar (Hollander u. Mitarb. 1992).
- **Erythrophobie:** Im Vordergrund steht die Befürchtung, in Situationen, in denen man der Aufmerksamkeit anderer ausgesetzt wird, sich durch Erröten lächerlich zu machen oder zu blamieren. In Abgrenzung zur körperdysmorphen Störung handelt es sich hierbei um eine soziale Phobie (Pollentier 1992), die jedoch auch mit hypochondrischen Überzeugungen (z.B. Gefäßerkrankung) einhergehen kann (Stangier u. Gieler 1997).

Manipulationen an der Haut

Die Möglichkeit eines direkten Zugangs macht die Haut zu einem bevorzugten Objekt von Manipulationen. Dabei kann man unterschiedliche Formen der Manipulation hinsichtlich der auslösenden Bedingungen unterscheiden:

- **Kratzen:** Primär eine physiologisch begründbare Reflexhandlung auf Juckreiz kann sich Kratzen auch ausweiten auf andere auslösende Bedingungen (klassisches Konditionieren). Zudem wird Kratzen durch die ungünstigen Konsequenzen rückwirkend zusätzlich verstärkt (operantes Konditionieren) (Stangier u. Mitarb. 1987). Juckreizbedingtes Kratzen ist nicht nur bei Neurodermitis eine chronifizierende Bedingung, sondern kann auch bei anderen Hautkrankheiten ein Problem darstellen (Stangier u. Mitarb. 1993 a).
- **Paraartefakte (sog. neurotische Exkoriationen):** Diese Manipulationen zielen auf eine Verringerung von psychischer Anspannung ab. Somatische Auslöser können fehlen bzw. sind so minimal ausgeprägt, daß sie die Hautschädigungen nicht erklären können (Gupta u. Mitarb. 1986); mitunter läßt sich jedoch auch ein somatoformer Pruritus als Auslöser feststellen (Fried 1994). Beispiele für Paraartefakte sind exzessives Ausdrücken diskreter Aknekomedone („acne excoriée des jeunes filles"), die Trichotillomanie (Ausreißen der Haare) oder exzessives Kratzen bei geringfügiger Neurodermitis. Subjektiv häufig als Zwang oder Sucht erlebt, sind diese Manipulationen psychopathologisch am ehesten als Störungen der Impulskontrolle einzustufen.
- **Kutane Artefakte:** Hierbei handelt es sich um die Vortäuschung von somatischen Symptomen der Haut (z.B. durch Reiben, Chemikalien, Hitze). Die Selbstbeteiligung wird verleugnet und verheimlicht mit dem Ziel, die Krankenrolle einzunehmen. Den psychopathologischen Hintergrund bildet meist eine Borderline-Persönlichkeitsstörung (Gieler 1994).

Psychosen, die sich auf die Haut beziehen

Als zumeist monosymptomatische Psychosen seien, obwohl bisher keine psychotherapeutischen Behandlungskonzepte hierzu vorliegen, der Vollständigkeit halber ebenfalls erwähnt: Dermatozoenwahn (Gould u. Gragg 1976) und körperbezogener Wahn (Hollander u. Mitarb. 1992).

Diagnostik

Eine differenziertere Ausgangsdiagnostik integriert Informationen aus Verhaltensanalyse, Testdiagnostik und psychiatrischer Diagnostik. Hieraus lassen sich Hinweise für eine differentielle Indikation zu bestimmten Behandlungsverfahren und die therapiebegleitende Evaluation von Therapieeffekten ableiten.

Psychiatrische Diagnostik

Obwohl lange Zeit aufgrund des zugrundeliegenden medizinischen Krankheitsmodells abgelehnt, wird die Festlegung einer Diagnose im psychiatrischen Sinn auch von Verhaltens-

Tabelle 44.2 Diagnostische Einordnung von Störungsbildern in der Dermatologie (nach DSM-IV und ICD-10)

Dermatologischer Befund	Psychosomatisches Problem		Psychiatrische Diagnose	DSM-IV	ICD-10
Dermatosen	Auslösung/Aggravation durch psychosomatische Faktoren		Psychische Faktoren mit Einfluß auf den körperlichen Zustand	316.00[1)]	F54
	Ungünstige Verarbeitung körperlicher, psychischer und sozialer Folgen von Krankheiten (z. B. bei Entstellung)		Anpassungsstörung: – mit depressiver Verstimmung – mit ängstlicher Gestimmtheit – mit sozialen Ängsten	 309.0 309.24 309.9	 F43.2
Manipulationen an der Haut	Paraartefakte		Störung der Impulskontrolle: – Psychogene Exkoriation – Trichotillomanie	 312.30 312.39	 F63.8 F63.3
	Kutane Artefakte		Chronische vorgetäuschte Störung mit körperlichen Symptomen	300.19	F68.1
Beschwerden ohne (ausreichenden) dermatologischen Befund	Somatoforme Störungen	Juckreiz, kutane Dysästhesien	Undifferenzierte somatoforme Störung, Konversionsstörung	300.38 300.11	F45.8 F45.38
		Krankheitsangst/-überzeugung	Hypochondrie	300.70	F45.2
		Entstellungs-überzeugung	Körperdysmorphe Störung	300.70	F45.2
	Kutane Psychosen		Wahnhafte Störung (körperbezogener Wahn, Dermatozoenwahn)	297.10	F22.0

[1] Die dermatologische Diagnose wird auf Achse III kodiert.

therapeuten mittlerweile begrenzt befürwortet (Schulte 1994). Im Bereich der Dermatologie wird die Notwendigkeit besonders deutlich bei der Differentialdiagnostik von Entstellungsproblemen oder Manipulationen an der Haut. Die den oben dargestellten Problembereichen entsprechenden Diagnosen nach der DSM-IV- bzw. ICD-10-Klassifikation sind in Tabelle 44.2 dargestelllt.

Testdiagnostik

Erst in den letzten Jahren wurden einige für die deutschsprachige Dermatologie spezifische, standardisierte Meßinstrumente entwickelt, die eine differenziertere Erfassung von Problembereichen und Therapieeffekten erlauben:

- Marburger Haut-Fragebogen (MHF) und Marburger Neurodermitis-Fragebogen (MNF) (Stangier u. Mitarb. 1996 a).
- Juckreiz-Kognitions-Fragebogen, JKF (Ehlers u. Mitarb. 1993).
- Fragebogen für Eltern von neurodermitiskranken Kindern, FEN (Stangier u. Mitarb. 1996 a).
- Fragebogen zum Erleben von Hautbeschwerden, FEH (Schmid-Ott u. Mitarb. 1998).
- Fragebogen zur Lebensqualität von Eltern von Neurodermitis-Kindern (von Rüden 1998).
- Fragebogen zur Lebensqualität von Hautkranken (Augustin 1997).
- Fragebogen zu subjektiven Krankheitsbeschwerden bei CVI (Klyscz u. Mitarb. 1998).

Darüber hinaus können auch nicht speziell für dermatologische Probleme entwickelte Fragebögen eingesetzt werden, z. B. der U-Fragebogen (Ullrich de Muynck u. Ullrich 1977), der Freiburger Fragebogen zur Krankheitsbewältigung (Muthny 1988), der Streßverarbeitungsbogen von Jahnke u. Mitarb. (1985), der SOMS für somatoforme Störungen (Rief u. Hiller 1992; hier empfiehlt sich die Erweiterung um Fragen zu Juckreiz, Brennen, Schmerzen, Haarverlust und Entstellungsgefühlen, s. Stangier u. Gieler 1998).

Tiefenpsychologische Diagnostik

Die tiefenpsychologische Diagnostik bei Hautkrankheiten orientiert sich grundsätzlich an den bekannten technischen Hinweisen aus psychoanalytischen Interviews (Argelander 1989), die die szenische Darstellung der Krankheit durch den Patienten erfaßt und unter Berücksichtigung von Übertragung und Gegenübertragung diagnostiziert. In den letzten Jahren wird auch in der Dermatologie zunehmend die inzwischen entwickelte operationalisierte psychodynamische Diagnostik (OPD) eingesetzt (Cierpka u. Mitarb. 1995), die für wissenschaftliche Fragestellungen brauchbar ist. Da es sich in aller Regel um sogenannte unergiebige Patienten handelt (Haesler 1978) sind entsprechende Modifikationen des diagnostischen Konzeptes notwendig (Schöttler 1981, von Rad 1981). Grundsätzlich wird die tiefenpsychologisch orientierte Diagnostik auch nach den Vorschlägen von Luborsky (1988) durchgeführt.

Speziell bei Hautkrankheiten wird vor allem auf Störungen in den frühen Entwicklungsphasen der taktilen Phase (Anzieu 1992) geachtet, außerdem auch der Entwicklung von Autonomie und Abhängigkeit besondere Beachtung geschenkt, da es bei Störungen häufig zu sogenannten Nähe-Distanz-Konflikten kommt (Detig 1989). Die tiefenpsychologischen Aspekte wurden insbesondere von Pines (1981) eingehend hinsichtlich der Übertragung und Gegenübertragung dargestellt, während Klöß-Rotmann (1990) wie auch Kelleter

(1990) die Probleme in der Primärbeziehung unter dem Aspekt des Haut-Ich für die psychoanalytische Praxis zeigen konnten. Insgesamt wird man interaktionelle Probleme erfassen, die vor allem in der Folge von chronisch-entzündlichen Dermatosen einen wesentlichen Einfluß auf die Entwicklung von neurotischen Krankheitsverarbeitungen haben.

Verhaltens- und Bedingungsanalyse

Die Durchführung einer Verhaltens- und Bedingungsanalyse konzentriert sich auf die Verhaltensweisen, die in engem funktionalen Zusammenhang zur Entstehung und Aufrechterhaltung der Probleme beitragen. Eine ausführliche Darstellung der verhaltenstheoretischen Sichtweise dermatologischer Probleme findet sich bei Stangier (1993). Im folgenden seien einige wichtige Aspekte genannt, die eine Eingrenzung des Problemverhaltens ermöglichen.

Auslösung/Aufrechterhaltung von Hauterkrankungen durch psychische Belastungen:

- belastende Ereignisse vor Auslösung/Aggravation der Krankheit,
- dysfunktionale Kognitionen oder ungünstiges Bewältigungsverhalten in Streßsituationen.

Somatoforme Störungen (Juckreiz, Brennen, Schmerzen, Haarausfall):

- extremer Leidensdruck trotz minimaler/fehlender körperlicher Symptomatik,
- Erklärungsmodell für Symptome: Fehlinterpretation als körperliche Krankheit,
- Präokkupation mit dem Hautzustand (z.B. gedanklich, Handlungen),
- Suche nach ärztlicher Rückversicherung (z.B. Allergietestung),
- psychische Belastung vor Erstmanifestation (Zusammenhang zunächst nicht nahelegen!).

Körperdysmorphe Störung:

- Überzeugung, entstellt zu sein, und extremer Leidensdruck, trotz minimaler/fehlender Symptome,
- Vermeidung von Situationen mit visueller Exposition in der Öffentlichkeit,
- Präokkupation mit dem Aussehen (z.B. Wie häufig wird vor dem Spiegel kontrolliert?),
- Versuche, durch Manipulationen (Paraartefakte) oder massive Behandlungsmethoden (Cortison, Dermabrasion) die Entstellung zu verändern.

Ungünstige Verarbeitung chronischer/entstellender Hauterkrankungen:

- unangemessene negative Kognitionen bezüglich Krankheitsverlauf und Selbstbild,
- Gefühle der Hilflosigkeit, depressive Verstimmungen,
- Einschränkung von allgemeinem Aktivitätsniveau und sozialen Kontakten,
- Mangel an sozialer Unterstützung.

Exzessives Kratzen:

- somatische Ursache als primärer Auslöser (Juckreiz),
- Ausweitung von Kratzen auf Situationen ohne Juckreiz,
- aufrechterhaltende Konsequenzen (Nachlassen des Juckreizes versus langfristige Hautschäden, verstärkende Umweltreaktionen).

Paraartefakte:

- dranghafter Impuls als Auslöser (keine somatische Ursache),
- Ausformung von Ritualen, in denen die Manipulationen vorgenommen werden,
- vorausgehende dysfunktionale Kognitionen, emotionale Reaktionen, Verhaltensweisen.

Kutane Artefakte:

- Verleugnung der Selbstverursachung der Symptome (nicht konfrontieren!),
- vorausgehende dissoziative Zustände oder extreme Wut- oder Angstaffekte,
- soziale Belastungsfaktoren.

Fallbeispiel

Im folgenden seien einige Prinzipien der Verhaltensanalyse anhand der Falldarstellung eines Klienten mit ungünstiger Krankheitsbewältigung veranschaulicht. Ein 30jähriger Patient sucht eine psychologische Therapie wegen einer seit 5 Jahren bestehenden Neurodermitis mit starkem und generalisiertem Körperbefall auf. Drei stationäre Aufenthalte sowie die permanente Anwendung von Cortison (jeden 2. Tag) zeigten keinen dauerhaften Erfolg. Neben Juckreiz sind weitere Beschwerden das „unschöne" Aussehen der Haut, Anspannung, Ängste, Deprimiertheit, sexuelle Probleme, Minderwertigkeitsgefühle.

Anamnese: Er ist der einzige Sohn einer Witwe, zu der sich nach dem Tod des Vaters (Arbeitsunfall) und der Schwester (Hirnblutungen) seit seiner Jugend eine enge Bindung entwickelte. Die Neurodermitis trat erstmals nach dem Studium auf, als er mit 24 Jahren seine erste Stelle antrat, aus dem Elternhaus auszog und mit seiner Freundin zusammenzog, die er vor zwei Jahren heiratete und die ein Kind erwartet. Er besucht regelmäßig die Mutter, mit der ihn eine „Haß-Liebe" verbindet, da sie ihn „immer noch einengt und kontrolliert". Aktueller Anlaß für die Therapie ist eine monatelang hinausgezögerte Entscheidung, in ein Haus in unmittelbarer Nachbarschaft der Mutter umzuziehen; dies erwartet die Mutter, die das Haus deshalb erworben hatte, während die Ehefrau dagegen war.

Testbefunde: erhöhte Werte im MNF bezüglich „Leidensdruck", „soziale Stigmatisierung", „Einschränkung der Lebensqualität".

Diagnose nach DSM-IV: Achse I – psychische Faktoren mit Einfluß auf den körperlichen Zustand (316.00), Anpassungsstörung mit depressiver Verstimmung (309.00); Achse II – zwanghafte Persönlichkeit; Achse III – Neurodermitis.

Verhaltensanalyse:

1. Exzessives Kratzen und ungünstige Krankheitsbewältigung.

X

Problemverhalten: Ein wesentliches Problem ist das exzessive Kratzen (Selbstbeobachtungsprotokoll: ca. 15mal/Tag); dieses wird gefördert durch Rückzugsverhalten (z.B. Aufsuchen der Toilette am Arbeitsplatz) und ungünstige Kognitionen („Ich muß mich abreagieren"). Außer der verstärkten Anwendung von Cortison fehlen **aktive** Bewältigungsstrategien zum Abbau von Juckreiz und zur Verhinderung von Kratzen. In emotionaler Hinsicht werden Gefühle der Hilflosigkeit ausgelöst, einhergehend mit Kognitionen, die Krankheit könnte nicht weggehen oder sich verschlimmern.
Auslösende Bedingungen: Das exzessive Kratzen ist primär auf den starken, fast permanenten Juckreiz zurückzuführen, darüber hinaus aber auch auf Konfliktsituationen (vor allem Auflehnung gegen Einengung durch Mutter und Schuldgefühle, sie im Stich zu lassen), die eine Handlungsblockade und diffuse Anspannung hervorrufen.
Nachfolgende Konsequenzen: Das Kratzen wird durch die kurzfristige Verringerung von Anspannung und Juckreiz negativ verstärkt; langfristig intensiviert das Kratzen jedoch die Hautentzündung und trägt zur Chronifizierung der Symptomatik bei. Zusätzlich bedeutet die Schonung und Versorgung durch Ehefrau und Mutter eine positive Verstärkung des Kratzens.
Lerngeschichte: Die Erstmanifestation der Neurodermitis fällt mit kumulativen Belastungen (Auszug aus dem Haus der Mutter, Zusammenziehen mit der Freundin, Eintritt ins Berufsleben) zeitlich zusammen. Durch die Krankheit wurden diese Belastungen zunächst verringert: die drohende Überlastung im Beruf, Schuldgefühle wegen des Verlassens der Mutter, Anfangsprobleme im Zusammenleben mit der Freundin. Der krankheitsbedingte Rückzug wurde durch den Wegfall der Anforderungen negativ verstärkt; das „Versorgtwerden" kann im Sinne einer positiven Verstärkung aufgefaßt werden. So zog der Klient während einer Partnerschaftskrise wegen eines starken Krankheitsschubes zu seiner Mutter. Die Freundin nahm ihre Trennungsabsichten zurück, als sich beide in einem klärenden Gespräch auf die Neurodermitis als „eigentliche Ursache" für die Krise einigen konnten. Dadurch wurde die Entwicklung eines ungünstigen Krankheitsverhaltens begünstigt und der Aufbau von Selbstkontrolle behindert.

Zusätzlich wurden folgende Probleme herausgearbeitet (im folgenden verkürzt dargestellt):

2. Entstellungsgefühle.
   Problemverhalten: Vermeidungs- und Rückzugsverhalten im sozialen Kontakt und im (sexuellen) Kontakt zu seiner Frau. Kognitionen: Erwartung negativer Reaktionen anderer (Anstarren, Abwertung) auf die sichtbaren Hauterscheinungen, einhergehend mit Angst und hoher Anspannung.
   Auslösende Bedingungen: Anblick der Hautsymptome, Bewertung als Einschränkung der äußerlichen Attraktivität („unschön"); daneben (neutrale) Aufmerksamkeitsreaktionen anderer, als abwertend fehlinterpretiert.
   Nachfolgende Konsequenzen: kurzfristig: Spannungsreduktion als negative Verstärkung des Rückzugs-/Vermeidungsverhaltens; langfristig: Einschränkung verstärkender sozialer Erfahrungen, Verstärkung der Überzeugung, durch die Neurodermitis im Leben generell eingeschränkt zu sein, depressive Verstimmungen.
   Lerngeschichte: Kritik und Vorwürfe der Mutter als eine Bedingung für Entwicklung negativer Erwartungen.
3. Vermeidung von Konflikten zu nahestehenden Personen: passives, mit Hilflosigkeit einhergehendes Verhalten in Entscheidungs- und Konfliktsituationen; dadurch dauerhafte Anspannung, die zur Chronifizierung von Juckreiz/Hautentzündung beiträgt.
   Perfektionismus am Arbeitsplatz: irrationale hohe Anforderungen an die eigene und die Leistung der Mitarbeiter; Nichterfüllung dieser Erwartungen löst häufig Ärger aus, der nicht geäußert wird; dadurch chronisch erhöhtes Anspannungsniveau, vegetative Überaktivierung und Beeinträchtigung der Immunkompetenz, Verstärkung der Hautsymptomatik.

Therapieevaluation

Die therapiebegleitende Diagnostik leitet sich aus der Auswahl der Therapieziele ab. Dabei können unterschiedliche Maße in Frage kommen, um die Effekte der Therapie zu erfassen:

- Hautsymptomatik, z.B. Ausmaß der betroffenen Körperoberfläche (in %).
- Intensität des Juckreizes (auf einer Skala von 0 – 10 eingeschätzt).
- Medikamentenverbrauch: z.B. Cortisonmenge (in Gramm) oder cortisonfreie Intervalle.
- Fragebögen (z.B. MNF vor und nach Therapie).
- Zielerreichungsskala (Goal-Attainment-Scale, Stieglitz u. Baumann 1994).

Besonders günstig für die schrittweise Überprüfung von Interventionen sind standardisierte Selbstbeobachtungsprotokolle, die der Patient selbst ausfüllen kann. In Abb. 44.**1** ist ein Beispiel für ein Selbstbeobachtungsprotokoll bei Neurodermitis festgehalten, das sich besonders auf Juckreiz und Kratzen im Verlauf eines Tages konzentriert. Hieraus läßt sich die Häufigkeit von Kratzen als einem möglichen Anhaltspunkt für die Wirkung von Interventionen errechnen, etwa indem die tägliche Häufigkeit in Wochendurchschnittswerte fließt. Daneben sind auch Durchschnittswerte für die Stärke von Kratzen und die Stärke des Juckreizes möglich. Therapeutisch nützlich ist zudem, daß der Patient zu einer Diskrimination von Kratzen und Juckreiz angeregt wird (s. unten) und daß sich Hinweise auf auslösende Situationen sammeln lassen, aus denen Ansatzpunkte für Interventionen abgeleitet werden können.

Tag:				Name:
Zeit	Haut-pflege	Kratzen Stärke 0-10	Juckreiz Stärke 0-10	Bemerkungen
Medikamente:				

Abb. 44.**1** Standardisiertes Selbstbeobachtungsprotokoll für Kratzen

Spezielle Aspekte in der psychotherapeutischen Behandlung

Psychische Faktoren mit Einfluß auf Dermatosen

Verhaltenstherapeutische Interventionen

Im allgemeinen haben sich Entspannungsverfahren als sehr erfolgreich in der verhaltenstherapeutischen Behandlung von Hauterkrankungen erwiesen:

Die **progressive Muskelentspannung** (PME, s. Kapitel 22) stellt ein Standardverfahren insbesondere bei Neurodermitis dar, da nicht nur die erhöhte vegetative Anspannung abgebaut, sondern auch der Juckreiz beeinflußt werden kann. Das Verfahren eignet sich auch sehr gut als Alternativhandlung für Kratzen im Rahmen der Habit-Reversal-Technik (s. unten). Nach den Prinzipien der „applied relaxation technique“ von Öst (1987) wird eine zunächst ausführliche Version der PME immer weiter verkürzt (von ca. 20 bis auf 4 Minuten), die zunehmend automatisierte Entspannungsreaktion an Hinweisreize gekoppelt („cue-controlled relaxation“) und unter Alltagsbedingungen eingeübt, bei Neurodermitis etwa bei Wahrnehmung eines Kratzimpulses (Niebel 1990, Stangier u. Mitarb. 1996). Gegenüber anderen Entspannungsverfahren hat die PME den Vorteil, rasch erlernbar und relativ wenig störanfällig (z. B. gegenüber Juckreiz) zu sein.

Autogenes Training: Günstige Effekte werden insbesondere auf entzündliche Hauterkrankungen wie Neurodermitis (Kämmerer 1987, Cole u. Mitarb. 1988, Stangier u. Mitarb. 1992) und Urtikaria (Moan 1979) berichtet. Luthe u. Schultz (1969, S. 157 – 159) empfehlen die Erweiterung um hautspezifische Formeln zur Vorstellung von Kühle; ein Beispiel hierfür ist die Formel „Haut ganz ruhig und angenehm kühl“.

Biofeedbacktraining: Je nach psychophysiologischem Vermittlungsmechanismus wurden unterschiedliche Ansatzpunkte für Biofeedbacktrainings bei Hautkrankheiten gewählt. An spezifischen pathophysiologischen Reaktionen der Haut setzen folgende Verfahren an:
- Biofeedbacktraining zur Reduktion der Hauttemperatur (aufgrund einer durch Entzündungsreaktionen erhöhten Hautdurchblutung) bei Psoriasis (Stangier u. Mitarb. 1988);
- Biofeedbacktraining zur Erhöhung der Hauttemperatur bei der Raynaud-Krankheit (Freedman 1987);
- Biofeedbacktraining zur Senkung der Hautleitfähigkeit (abhängig von der Schweißdrüsenaktivität) beim dyshidrosiformen Handekzem (Miller u. Mitarb. 1974).

Auf einen unspezifischen Entspannungseffekt zielt dagegen ab:
- EMG-Biofeedbacktraining: auch kombiniert mit Imaginationstechniken, bei Neurodermitis (Haynes u. Mitarb. 1979) und Akne (Hughes u. Mitarb. 1983).

Wesentliche Faktoren des Behandlungserfolges sind eine regelmäßige Übungspraxis und das Einbeziehen von Entspannungs- und Vorstellungstechniken. Trotz der beschriebenen Erfolge bleibt jedoch der spezifische Wrkmechanismus von Biofeedbacktrainings ungeklärt: Neben einer tatsächlichen Verbesserung der Selbstregulation könnten für positive Effekte auch die höheren Erfolgserwartungen durch den Einsatz physiologischer Apparaturen oder ein unspezifischer Entspannungseffekt verantwortlich sein; letzterer wäre aber auch mit geringerem Aufwand durch Entspannungsverfahren erreichbar.

Imaginationsverfahren: Zumeist werden die Patienten angeleitet, sich die Heilungsprozesse bildlich vorzustellen. Hierfür eignen sich Hautkrankheiten aufgrund der Sichtbarkeit der Symptome und der großen Bedeutung des Aussehens für das emotionale Befinden besonders gut. Dabei kann sowohl die Krankheitsbewältigung unterstützt als auch die Symptomatik günstig beeinflußt werden, wie Studien bei Neurodermitis (Horne u. Mitarb. 1989), Psoriasis (Stangier u. Mitarb. 1988) und Akne vulgaris (Hughes u. Mitarb. 1983), Nahrungsmittelintoleranzen und allergischer Kontaktdermatitis (Ikemi u. Mitarb. 1970) zeigen.

Im Rahmen von Streßbewältigungstrainings, die nicht spezifisch auf dermatologische Probleme gerichtet sind, können auch kognitive Verfahren zur Veränderung streßerzeugender Kognitionen (Scholz 1988, Schwarz u. Höring 1989), und Verhaltenstrainings (Niebel 1990, Stangier u. Mitarb. 1996b) zur Anwendung kommen.

Tiefenpsychologisch orientierte Psychotherapie und Psychoanalyse

Die tiefenpsychologisch orientierte Therapie orientierte sich, im Gegensatz zur Verhaltenstherapie, traditionell zunächst stärker an der Theorie von Alexander (1950), daß den dermatologischen Erkrankungen spezifische psychodynamische Konflikte und Persönlichkeiten zuzuordnen sind. Alexander und Mitarbeiter zählten bekanntlich vor allem die Neurodermitis zu den psychosomatischen Erkrankungen und hielten einige Persönlichkeitseigenschaften für pathognomonisch für die Erkrankung. Fast alle psychosomatischen Theoriebildungen wurden an Patienten mit *Neurodermitis* entwickelt und dargestellt (Schur 1959, Mitscherlich 1966). Diese Theorien wurden in den 70er Jahren im Rahmen triebtheoretischer Darstellungen (Rechenberger 1979) wieder aufgegriffen und beispielsweise die Neurodermitis als symbiotischer Ablösungskonflikt dargestellt.

Diese Aspekte haben sich in weiteren Studien nicht bestätigt, vielmehr muß davon ausgegangen werden, daß die psychodynamische Störung vor allem vom Schweregrad und vom Zeitpunkt der Erstmanifestation wie auch der Dauer der Erkrankung abhängt. Hierbei treten sowohl neurotische Störungen wie auch Persönlichkeitsstörungen bis hin zu Borderlinestörungen auf, die im Sinne einer Komorbidität anzusehen sind und eines entsprechenden Psychotherapieregimes bedürfen. Besondere Beachtung sollte unter psychodynamischen Gesichtspunkten deshalb der Umgang mit der Erkrankung im Rahmen der Familie, die eigene Verarbeitung und die Aufnahme der Objektbeziehungen haben, um mögliche Nähe-Distanz-Probleme, Störungen in den Schamaffekten (Hilgers 1995) oder depressive Reaktionen erkennen zu können. Besonders schwierig stellen sich aus klinisch-psychosomatischer Sicht die generalisierten Formen der Erythrodermie dar, die auch häufig mit Borderlinestörungen korrelieren. Obsolet ist jedoch die Annahme, daß die Mutter eine gestörte Beziehung aufweist, dies hat sich bisher in allen empirischen Studien nicht nachvollziehen lassen!

Bei der *Psoriasis vulgaris („Schuppenflechte")* wurden Hinweise auf Konflikte im libidinösen und aggressiven Bereich festgestellt, vor allem die Tendenz, Ärger in sich hineinzufressen (Niemeier u. Mitarb. 1998). Diese immer wieder diskutierte Aggressionshemmung der Psoriatiker könnte natürlich auch Folge der Erkrankung sein, da Psoriatiker sich wegen der vermuteten und/oder realen Stigmatisierung durch die Erkrankung im öffentlichen Leben immer wieder zurücknehmen müssen. Ebenso werden gehäuft depressive und zwanghafte Charakterstrukturen und Erlebnisreaktionen bei Psoriatikern nachgewiesen (Gupta u. Mitarb. 1996), die sowohl prämorbid als auch als Folge der Krankheit entstanden sein konnten.

Aus tiefenpsychologischer Sicht werden bei Psoriatikern häufig Störungen im Selbstwerterleben diagnostiziert, die der Abwehr von Minderwertigkeitsgefühlen, Regressionswünschen und Depression dienen. In diesem Zusammenhang dient auch der „Schuppenpanzer" als Schutz gegen innere Verletzlichkeit (Gieler u. Mitarb. 1986). Nach Meinung einiger analytisch orientierter Autoren haben Psoriatiker in ihrer psychischen Entwicklung die ödipale Phase erreicht, können aber bei Auftreten erythrodermischer Schübe bis auf frühkindliche Stufen regredieren (Rechenberger 1979).

Trotz der zumeist multifaktoriellen Genese können auch bei *Allergien* emotionale Auslöser einen bedeutsamen Einfluß auf den Krankheitsverlauf nehmen. So wird gehäuft von erhöhten Aggressionswerten berichtet. Auch scheinen allergische Erkrankungen und alle Formen von Depressionen immer nur alternativ aufzutreten. Einige Autoren schlußfolgern daraus, daß die allergischen Symptome als Entlastung der aggressiven Strebungen dienen, die sich sonst gegen das Selbst richten würden (wie in der Depression). Nachgewiesen wurde auch, daß Allergien durch Autosuggestion entstehen können, und daß starke Ängstlichkeit die Haut sensibler auf potentielle Allergene reagieren läßt. Bei schon bestehenden Kontaktekzemen konnte gezeigt werden, daß nichtautonomes Verhalten und ein Ignorieren von Gefühlen bzw. ein unangemessener Umgang mit Emotionen in Konflikt- und Entscheidungssituationen den Krankheitsverlauf ungünstig beeinflussen. Wiederholt wurden in der Literatur Beziehungsmuster beschrieben, die für den Allergiker typisch sein sollen. Marty (1958) stellte die allergische Objektbeziehungstheorie auf: Hiernach haben Allergiker einen symbiotischen Objektbeziehungsmodus, der eine substituierende Wirkung für ihre labile Struktur hat und der durch die Angewiesenheit auf die ständige Präsenz der Objektbeziehungen (Partner, Wohnung, Arbeitsplatz etc.) gekennzeichnet ist. Im Falle des realen oder symbolischen Verlustes eines solchen Objektes kommt es zur Regression und zum Ausbruch der Erkrankung. Es erscheint jedoch fraglich, ob diese Konzeption spezifische Aspekte allergischer Erkrankungen erfaßt oder ob es sich nicht vielmehr um allgemeine Charakteristika psychosomatischer Grundstörungen handelt.

Bei dem sogenannten *dyshidrotischen Handekzem* wurden psychodynamisch folgende Charakteristika gesehen: Es soll sich um überbewußte, ernste Menschen handeln, die auf allen Ebenen verantwortungsvoll sind. Ihr Leben ist gut organisiert, sie arbeiten effizient, genau und detailorientiert. Sie haben einen hoch durchstrukturierten Tag mit vielen Terminen. Es bestehen zu hohe Erwartungen an die eigenen Leistungen, bei einem gleichzeitigen gnadenlosen Umgehen mit sich selbst. Aus den überhöhten Leistungsansprüchen an sich selbst resultieren die Spannungen. Aus dem zwangsläufigen Scheitern an den zu hohen Erwartungen entstehen Gefühle von Minderwertigkeit und Inkompetenz. Diese Menschen fühlen sich schuldig, frustriert und sind ärgerlich. Hansen u. Mitarb. (1981) identifizierten bei ihrer Untersuchung an 20 jüngeren Patientinnen das dyshidrotische Handekzem als Ausdrucksgeschehen und zwar in Form einer prägenitalen Konversion. Die Patientinnen zeigten gehäuft gehemmte Aggressionen, fühlten sich unselbständig und kontrolliert, zeigten aber auch selbst die Tendenz, Beziehungen kontrollieren zu wollen. Sie schienen in symbolisierter Form mit den Händen ihren Abhängigkeitskonflikt vorzuzeigen, der zu einem Zeitpunkt deutlich wird, an dem sie das Leben in ihre eigenen Hände nehmen möchten, das selbständige Handeln jedoch durch ihre Abhängigkeitswünsche behindert wird.

Bei *Akne vulgaris* sollte man unter psychodynamischen Aspekten folgende Formen differenzieren:

- Akne des Pubertätsalters (physiologisch, in der Regel keine Indikation zur psychotherapeutischen Intervention),
- persistierende Akne (nach dem 25. Lebensjahr beginnend oder eine Pubertätsakne, die sich über das 25. Lebensjahr hinaus verschlechtert, meist neurotische Hintergründe),
- Akne excoriata (als Paraartefakt anzusehen, bedarf spezieller psychotherapeutischer Behandlung) und
- körperdysmorphe Störung bei minimaler Akne (hohe Diskrepanz zwischen subjektivem Leidensdruck und objektivem Befund des Arztes, bedarf dringend einer psychotherapeutischen Behandlung wegen Suizidtendenzen).

Aus Sicht der meisten tiefenpsychologisch orientierten Autoren geht man davon aus, daß es auch stabile Aknepatienten gibt, bei denen offenbar die Krankheit wenig in ihrem Selbstwertgefühl verändert, während bei schon früher gestörter Persönlichkeitsentwicklung auch die Akne zu einer mangelhaften Verarbeitung der Krankheit und zu sozialem und partnerschaftlichem Rückzug führt. Durch das zusätzliche Vorhandensein neurotischer Prozesse, meist in Form von ödipalen Triebkonflikten wird eine juvenile in eine persistierende Akne transformiert, wobei dann Ursache und Wirkung austauschbar sein können. Aber auch narzißtische Störungen werden als zusätzlicher Faktor angenommen. Hinzu kommt, daß die objektiven Befunde meist nicht mit dem subjektiven Krankheitsgefühl übereinstimmen müssen. So kann z.B. die Akne excoriata als Ausdruck einer Dysmorphophobie bei neurotischen Tendenzen verstanden werden. Bei der Akne excoriata wird davon ausgegangen, daß es sich um eine neurotische Selbstbeschädigung handelt (Paraartefakt), die oft eine schwere Depression verdeckt, aber auch um einen sogenannten sozialen Suizid, der die Patienten aus der gefürchteten und konflikthaft erlebten Versuchungssituation z.B. dem Vater gegenüber herausnimmt und sie gegen spezifische Anfechtungen erotischer und sexueller Art abschirmt. Es gibt auch Hinweise auf Inzestprobleme, die sich als Akne excoriata manifestieren.

Nach Meinung vieler tiefenpsychologisch orientierter Autoren scheinen an *perioraler Dermatitis* erkrankte Patienten besondere Merkmale der Persönlichkeitsstruktur und des sozialen Habitus aufzuweisen, die wie folgt gekennzeichnet sind (Hornstein 1976): Es handelt sich in der Regel um besonders gepflegte, psychisch differenzierte Frauen mit höheren sozialen Ansprüchen oder in gehobenen beruflichen bzw. gesellschaftlichen Positionen; die meisten Patientinnen bieten anamnestische oder klinische Symptome einer verstärkten vegetativen Labilität, z.B. hypotoner Symptomenkomplex, Obstipationsneigung, Kopfschmerzen oder Schlafstörungen. Diese Symptome werden von einigen Autoren aber nicht nur als Zeichen vegetativer Labilität verstanden, sondern auch „unter dem Gesichtspunkt viscero-cutaner neurovegetativer Reflexbezüge als mögliche vasomotorische Determinante für die periorale und faciale Lokalisation der Hauterscheinungen" (Hornstein 1976). Die Hauterscheinungen treten oft unregelmäßig periodisch auf, gelegentlich in kritischem Zusammenhang mit partnerschaftlichen oder beruflichen Konfliktsituationen oder Dauerbelastungen. Psychologische Testergebnisse gaben deutliche Hinweise auf emotionale Unreife bei relativ hoher Intelligenz, auf Störungen im mitmenschlichen Kontakt, denen vermehrte rationale Anpassungsbemühungen entgegenstehen, und schließlich auf eine Neigung zu „hysterieformen" Verhaltensweisen (Hartung u. Lehrl 1976).

Bei der *Urtikaria* haben sich vor allem Fokalpsychotherapie und Kurzpsychotherapien bewährt, die ein mögliches auslösendes Ereignis bearbeiten. Aus tiefenpsychologischer Sicht findet man bei Urtikaria nicht selten psychisch nicht verarbeitete Wutaffekte, die im analytischen Setting verdeutlicht und sowohl interaktionell als auch durch Deutungen herausgearbeitet werden können. Die Urtikaria stellt nicht selten ein Konversionssyndrom dar, weshalb es sich immer lohnt, nach auslösenden Lebensereignisssen zu fragen. Die Urtikaria gilt tiefenpsychologisch eher als vorbewußte Erkrankung, bei der nur selten eine psychosomatische Grundstörung gefunden wird.

Es gibt eine ganze Reihe klinischer Untersuchungsergebnisse, die den Einfluß psychischer Faktoren auf Entstehung und Verlauf der *Alopecia areata* eindeutig belegen. Während in früheren Studien eher von dramatischen Episoden über plötzlichen Haarausfall aufgrund eines außergewöhnlichen, traumatischen Erlebnisses berichtet wird, zeigen neuere Studien, daß länger bestehende Probleme von größerer ätiologischer Signifikanz sind (Egle u. Tauschke 1987). Ein hoher Prozentsatz der Patienten scheint aufgrund frühkindlicher Entwicklungsstörungen besonders empfindsam auf emotionalen Streß zu reagieren. Wenn sie mit diesem über ein bestimmtes Maß hinaus konfrontiert werden, kommt es zum Zusammenbruch effektiver Verarbeitungsmechanismen und somatische Symptome entwickeln sich. Immer wieder wird auch auf das gehäufte Vorkommen von Ängstlichkeit und Depression bei Alopecia-areata-Patienten hingewiesen sowie auf häufige Fälle von Psychosen und Verhaltensabnormalitäten. Auch scheint ein gewisser Typus gehäuft aufzutreten, der sich durch Schüchternheit, Unsicherheit, Zwanghaftigkeit, Unterlegenheitsgefühle und Passivität auszeichnet sowie durch die Unfähigkeit stärkere Gefühle durch Sprache oder Handlungen auszudrücken. In vielen Fällen konnte nachgewiesen werden, daß diese Persönlichkeitszüge schon prämorbid bestanden und auf frühkindliche psychische Entwicklungsstörungen zurückgingen. Untersuchungen an Kindern mit Alopecia areata zeigten, daß der Ausbruch der Erkrankung oft in engem Zusammenhang mit einem für sie sehr schmerzhaften, realen oder symbolischen Verlusterlebnis stand. Von einem psychodynamischen Blickwinkel aus wird Alopecia areata von einigen Autoren als konversionsneurotische Reaktion betrachtet, von anderen wird sie auf eine gestörte Mutter-Kind-Beziehung in präödipalen Entwicklungsphasen und den damit in Zusammenhang stehenden gravierenden Abhängigkeitsproblematiken zurückgeführt.

Somatoforme dermatologische Beschwerden

Verhaltenstherapeutische Interventionen

Zentrales Problem in der Behandlung somatoformer Störungen ist das rigide organmedizinisch orientierte Krankheitsmodell, das die Wahrnehmung von Zusammenhängen zwischen Beschwerden, eigenem Verhalten und auslösenden Situationen behindert. Zur Gewährleistung einer positiven therapeutischen Beziehung müssen einerseits die Belastungen durch das Symptom ernstgenommen und andererseits ein akzeptables, möglichst multifaktorielles Krankheitsmodell vermittelt werden (z.B. Juckreiz wird durch verschiedene Faktoren, auch Streß ausgelöst) (Stangier u. Mitarb. 1997). Bei autonomen somatoformen Störungen orientiert sich das weitere verhaltenstherapeutische Vorgehen allgemein an der Identifizierung von Krankheitsverhalten, das zur Chronifizierung beiträgt, der Vermittlung eines psychophysiologischen Verständnisses von Streßreaktionen und einer Verbesserung der Körperwahrnehmung (Leidig u. von Pein 1993). Bei hypochondrischen Störungen hat sich eine Kombination aus Informationsvermittlung, Psychoedukation, kognitive Umstrukturierung, Exposition und Verhaltensexperimente als ein effektives Behandlungspaket erwiesen (s. Rief, Kapitel 40).

Tiefenpsychologisch orientierte Psychotherapie und Psychoanalyse

Psychodynamisch werden somatoforme Störungen mit Hautsymptomen vor allem als Ausdruck einer Regression auf die somatische Ebene gesehen, die einen psychischen Konflikt vermeiden soll. Hierbei kann das Hautorgan als Symbolebene angesehen werden (Juckreiz galt früher als Äquivalent für Lust!), wenn auch vor allzu phantasierten Bedeutungen gewarnt werden muß! So kann der Juckreiz sowohl sexuelle Bedeutung wie auch Ausdruck von Ärger, Scham, Wut oder sonstiger Affekte sein, bei der Neurodermitis wird Juckreiz auch bei freudigen Ereignissen wie Hochzeit gesehen, der vielleicht weniger die Ambivalenz des Patienten als der durch Streß vermittelte Ausdruck immunologischer Dysregulation ist.

In der Psychotherapie der somatoformen Störungen wird heute versucht, durch Deutungsarbeit den Patienten zunächst darauf aufmerksam zu machen, daß seine somatoformen Beschwerden eher Ausdruck eines psychischen Äquivalents sind und die biografische Aufarbeitung eine Veränderung in der Erfassung der emotionalen Probleme verbessert. Meist kommt es durch kritische Situationen, in denen unbewußt das Bedürfnis besteht, eher somatoform zu reagieren, zu einer Katharsis (Simmich u. Mitarb. 1998). Spezielle Aspekte des lokalisierten Juckreizes wie bei Pruritus analis wurden von Schultz-Amling (1995) dargestellt.

Ungünstige Krankheitsverarbeitung

Verhaltenstherapeutische Interventionen

Neben einer Veränderung spezifischer Probleme, wie z.B. Entstellungsgefühle, zielen die Interventionen auf eine Verhinderung bzw. Prophylaxe depressiver Reaktionen ab:

- **kognitive Methoden** zur Überprüfung und ggf. Korrektur unangemessener negativer Kognitionen bezüglich des Krankheitsverlaufs und des Selbstbildes;
- **Aktivitätstraining** zum Abbau von sozialem Rückzug und Vermeidung von Anforderungen;
- **Training von Kommunikationskompetenzen** zur Verbesserung der Bewältigung sozialer Probleme und zum Aufbau eines sozialen Unterstützungssystems.
- bei Entstellungsproblemen: **Training sozialer Kompetenzen** und Abbau sozialer Vermeidung (Roback u. Mitarb. 1981);
- **Genußtraining und Aufbau angenehmer Aktivitäten** (Lutz 1983) zur Veränderung einer Präokkupation mit der Krankheit und der Konzentration auf negative Lebensbereiche;
- **Entspannungstraining** zur Verbesserung der Selbstregulation;
- **Informationsvermittlung** bezüglich Krankheit und Einflußfaktoren in Schulungsprogrammen (Gieler u. Mitarb. 1993);
- Möglichkeit zum emotionalen Austausch (Probleme der Krankheitsbewältigung).

In der Einleitung bereits angesprochen sind verhaltenstherapeutische **Interventionen bei Kindern mit Neurodermitis.** Die Interventionen beziehen sich im wesentlichen auf die Bezugspersonen als Hauptansprechpartner für den Therapeuten (Köhnlein u. Mitarb. 1993):

1. Selbstbeobachtung der Bezugspersonen: eigene Reaktionen auf das Kratzen des Kindes;
2. Kontingenzmanagement: Modifikation verstärkender Bedingungen des Kratzverhaltens (Verlagerung der Aufmerksamkeit auf positive Verhaltensbereiche, Abbau von Bestrafung);
3. Entspannungstraining für Eltern und Kinder;
4. kognitive Umstrukturierung belastender Einstellungen (z.B. Abbau von Schuldgefühlen);
5. Vermittlung von Informationen über Einflußfaktoren (Allergien, Ernährung, Hautpflege).

Tiefenpsychologisch orientierte Psychotherapie und Psychoanalyse

Die ungünstige Krankheitsverarbeitung ist psychodynamisch eher unter dem Aspekt der Ich-Entwicklung umfassender zu sehen und fand in den modernen Konzepten der Selbstpsychologie (Milch u. Hartmann 1996) neuere psychotherapeutische Ansätze zum Verständnis. Die mangelnde Stabilität des Selbst bringt demnach den Patienten leicht aus seinem Konzept, wenn eine Hauterkrankung seine äußere Abgrenzung destabilisiert. Psychotherapeutisch wird durch das Durcharbeiten der eigenen Entstellungsproblematik verbunden mit einer psychodynamischen Übungsbehandlung durch interaktionelles Arbeiten mit dem Symptom eine Verbesserung der Krankheitsverarbeitung erreicht.

Kratzen

Verhaltenstherapeutische Interventionen

In einer Reihe von Studien wurden Maßnahmen zur Veränderung von Kratzen bei Neurodermitis überprüft, integriert in Einzel- oder Gruppenbehandlung (Übersicht s. Münzel 1995). Prinzipiell lassen sich drei Ansätze unterscheiden:

Techniken zur Verbesserung der Selbstkontrolle über Kratzen:

- Selbstbeobachtung (s. oben) und Diskrimination von Auslösern: Juckreiz, Anspannung usw.;
- Einüben alternativer Handlungen gegen Kratzen (sog. Habit-Reversal-Technik, Rosenbaum u. Ayllon 1981), z.B. progressive Muskelentspannung;
- Stimuluskontrolle: Veränderung von Situationen, in denen Kratzen häufig auftritt;
- Reaktionskontrolle: Maßnahmen zur direkten Verhinderung von Juckreiz und Kratzen;
- Aufbau von Selbstbelohnung für „Nicht-Kratzen".

Entspannungs- und Imaginationstechniken zum Abbau von Juckreiz:

- progressive Muskelentspannung zum Abbau des Kratzimpulses;
- Imaginationsübungen zur Vorstellung von Kühle;
- Imaginationsübungen zur direkten Beeinflussung des Juckreizes (Schubert 1989, Stangier u. Mitarb. 1996b).

Kognitive Modifikation ungünstiger Kognitionen bezüglich Juckreiz (Stangier u. Mitarb. 1996b):

- Vermittlung von Erklärungsmodellen (z.B. „Teufelskreislauf-Modell");
- Identifizierung katastrophisierender Kognitionen bezüglich Juckreiz;
- Aufbau positiver Selbstinstruktionen, die sich auf die Bewältigung von Juckreiz beziehen;
- Ablenkungstechniken (Konzentration auf manuelle oder mentale Aktivitäten, auf angenehme Empfindungen oder auf intensivere Reize).

Tiefenpsychologisch orientierte Psychotherapie und Psychoanalyse

Tiefenpsychologisch wird der Juckreiz-Kratz-Zirkel als Spannungsentladung unbewußter Affekte verstanden, der nach triebtheoretischen Gesichtspunkten Lustcharakter annehmen kann, (Rechenberger 1979). Bei exkoriierten Läsionen geht man psychodynamisch eher von der Abfuhr aggressiver Affekte aus, die gegen das eigene Selbst gerichtet sind oder sogar bei Borderlinepatienten von der Notwendigkeit der Wahrnehmung der eigenen Person durch Juckreiz und Kratzen. Bei der Prurigo simplex subacuta, einer stark durch Juckreiz und Kratzen geprägten Erkrankung, spielt der sexuelle Charakter des Kratzens jedoch in Einzelfällen eine Rolle. Mit Hilfe körperpsychotherapeutischer Techniken kann der interaktionelle Aspekt des Juckreiz-Kratz-Zirkels häufig gut bewußt gemacht werden.

Paraartefakte

Verhaltenstherapeutische Interventionen

Grundsätzlich ist selbstschädigendes Verhalten, vor allem im stationären Behandlungsrahmen, durch gezielte Anwendung operanter Verstärkungsprinzipien (Favell u. Mitarb. 1982) zu beeinflussen:
- Verstärkung von Verhalten, das mit selbstschädigendem Verhalten inkompatibel ist;
- Veränderung verstärkender Konsequenzen (z.B. Legitimation sozialen Rückzugs).

Da bei solchen Störungen die Selbstverursachung in der Regel nicht dauerhaft verleugnet wird, können auch Methoden der Selbstkontrolle zum Einsatz kommen (Scholz 1988):
- Selbstbeobachtung des selbstschädigenden Verhaltens und auslösender Ereignisse;
- Habit-Reversal-Technik zur Unterbrechung des Handlungsablaufs;
- Vermittlung von Entspannungstechniken.

Insbesondere bei Trichotillomanie (Friman u. Mitarb. 1984) gibt es einige Hinweise auf den erfolgreichen Einsatz dieser Methoden. Bei Akne excoriata (Hollander 1958) wurden Selbstkontrollmethoden auch durch posthypnotische Suggestionen vermittelt, um Signale zur Unterbrechung des Auskratzens zu verankern.

Tiefenpsychologisch orientierte Psychotherapie und Psychoanalyse

Auch bei den Paraartefakten wird unter psychodynamischen Aspekten versucht, die Bedeutung der autoaggressiven Handlung bewußt zu machen. Da die Patienten die eigene Beteiligung häufig ablehnen, bietet sich ein solches Vorgehen an, da die Patienten keine eigene Behandlungsmotivation im Sinne einer symptomorientierten Behandlung wünschen. Paraartefakte treten in der Regel im Zusammenhang mit anderen Konflikten auf, so daß die alleinige Behandlung des Paraartefakts oft nur das tieferliegende Problem herausarbeitet. Paraartefakte haben ebenfalls nicht selten symbolhafte Bedeutung, die nach Stabilisierung der Übertragungsbeziehung durch deutende Formulierungen wie „sich die Haare vor Ärger ausreißen" bearbeitet werden können. Das subjektive Bewußtmachen der Paraartefakte (vor allem Onychotillomanie und Akne excoriata) führt meist schon zu einer deutlichen Verbesserung.

Kutane Artefakte

Verhaltenstherapeutische Interventionen

Zentrales Problem und vordringliches Ziel in der Behandlung von Artefakten ist der Aufbau einer positiven therapeutischen Beziehung; zu vermeiden ist daher eine vorschnelle Konfrontation des Patienten mit der Selbstverursachung (Gieler 1994). Statt dessen ist es sinnvoll, sich auf die grundlegenden psychischen und sozialen Defizite zu konzentrieren (bei einer Borderline-Persönlichkeitsstörung s. Schmitz, Kapitel 34). Da eine psychotherapeutische Behandlung zumeist abgelehnt wird, schlagen Klonoff u. Mitarb. (1983) im stationären Rahmen den Einsatz von Biofeedback vor, das einerseits den organmedizinischen Erwartungen entgegenkommt sowie andererseits auch das Gefühl von Kontrolle und einen positiven Bezug zum Körper vermittelt. Um Spaltungstendenzen zuvorzukommen, wird die Einführung von zwei Therapeuten (einem „guten" und einem „bösen") empfohlen, etwa mit der Begründung, diese wären dazu ausgebildet, „Patienten beizubringen, besser mit chronischen Krankheiten umzugehen".

Tiefenpsychologisch orientierte Psychotherapie und Psychoanalyse

Verschiedene Autoren machten zwei zunächst nicht miteinander zu vereinbarende Beobachtungen: Die Patienten werden zum einen sehr emotionslos und unterwürfig, still oder stumm erlebt (sie unterziehen sich z. B. kritiklos allen diagnostischen Schritten), zum anderen wird von den Untersuchenden aber auch starke Aggressivität und Feindseligkeit wahrgenommen. Rechenberger (1971) drückt diese zwiespältige Wahrnehmung so aus, daß sie in den Artefakten den „Widerstreit zwischen Gefügigkeit und Aggressivität" sieht bzw. die Unmöglichkeit, beides gleichzeitig auszuleben. Wenn Menschen mit Artefakten ihre Umwelt immer wieder so erleben, daß es ihnen unmöglich ist, beides – nämlich sowohl aggressiv als auch hilflos und schutzbedürftig – sein zu dürfen, finden sie in der Selbstbeschädigung den Weg, beides auszuleben und ihre intrapsychischen Spannungen dadurch abzubauen.

In der Biographie von Artefaktpatienten wurden häufig einschneidende Erlebnisse gefunden, die in einem Zusammenhang mit den späteren Hautverletzungen gesehen werden. Paar (1987) und Eckardt (1989) wie auch Sachsse (1987) konnten zeigen, daß dem selbstschädigenden Verhalten des Erwachsenen in der Kindheit schwere körperliche Erkrankungen, Trennungserlebnisse, Inzest und Mißhandlungen durch seine Eltern vorausgehen. Die Hauterkrankung wird gleichsam zum Indikator für eine Lebenssituation, die dem Kind nicht die Möglichkeit ließ, einerseits seine Bedürfnisse nach Sättigung, Liebe und Angenommensein zu befriedigen und andererseits Regungen wie Zorn, Eifersucht und Aggressivität auszuleben, ohne die Zuneigung entzogen zu bekommen. Viele Autoren sprechen von einer Reinszenierung der Verletzungen der Kindheit in den Hautartefakten (Plassmann 1987, 1995, Sachsse 1987).

Das autoaggressive Verhalten von Artefaktpatienten drückt sich in weiteren Auffälligkeiten aus; so wird immer wieder der Zusammenhang zwischen Artefakten und Suizidhandlungen betont. Viele Hinweise auf Suizidhandlungen in der Literatur machen deutlich, daß eine enge Verbindung zwischen Selbstverletzungen und Selbstmordhandlungen besteht. Für Haenel (1982) sind Artefakte als larvierte Selbstmordhandlungen anzusehen.

Viele Autoren beschreiben das gemeinsame Auftreten von Artefakten und Eßstörungen (Rechenberger 1971, Sachsse 1987) sowie von Artefakten und Suchterkrankungen (Sachsse 1987). In den Krankengeschichten von Artefaktpatienten fällt immer wieder die große Zahl an Operationen, Klinikaufenthalten und Unfällen auf. Diese werden von vielen Autoren als Äquivalente der Hautartefakte betrachtet (Haenel u. Mitarb. 1982, 1984, Paar 1987, 1995, Eckardt 1989, Plassmann u. Mitarb. 1985).

Sehr oft schildern die Patienten, daß sie vor der Selbstschädigung unter starkem Druck und Spannungen stehen und sich nach der Verletzung erleichtert, entspannt und befreit fühlen (Janus 1972, Paar 1987, Eckardt 1989, Sachsse 1987). Letzterer bezeichnet Artefakte auch als eine Art „Tranquilizer".

Rechenberger (1983) sieht die Artefakte als „kutane Notsignale", die dazu dienen, auf ein schweres psychisches Leiden aufmerksam zu machen. Es wird aber auch Wut und Aggression an der Umwelt im Artefakt ausgelebt, dadurch, daß ein Raum für aggressive Impulse gesucht und gefunden wird, in dem diese nicht gefährlich werden (Rückzug oder Rache des Menschen, an den sie gerichtet sind), sondern im Gegenteil ein verstärktes Bemühen und Zuwendung (im Krankenhaus) erzielen.

Die Arzt-Patient-Beziehung ist bei Patienten mit Artefakten von Anfang an belastet. Der Arzt befindet sich in einem merkwürdigen Schwebezustand zwischen Überzeugung und Zweifel an der Diagnose. Paar (1987) hat das fast stereotyp ablaufende Muster der Beziehung folgendermaßen charakterisiert:

1. Mit Hilfe selbstinduzierter Krankheiten läßt sich der Patient aufnehmen.
2. Er eröffnet den Kontakt mit einer Idealisierung des Arztes und Abwertung seiner – meist zahlreichen – Vorbehandler.
3. Mit hilfesuchender Bedürftigkeit und anspruchsvollem Drängen auf Soforthilfe mobilisiert er im Arzt Aktivitätspotentiale. Dieser schaltet jetzt den ganzen technischen Apparat ein, um zu einer schnellen eindeutigen Diagnose zu kommen.
4. Die Untersuchungen erbringen keine eindeutigen Befunde. Eingriffe und Behandlungen werden mit immer fraglicher werdenden Indikationen durchgeführt.
5. Allmählich wird der behandelnde Arzt unsicher und mißtrauisch, der Patient reagiert zunehmend ablehnend und feindlich.
6. Es kommt im weiteren Verlauf zu kriminalistischen Nachweisuntersuchungen, um den Patienten zu „überführen". Auf eine Konfrontation mit dem Manipulationsverdacht reagiert der Patient ableugnend und ärgerlich.
7. Beide Parteien trennen sich im Unfrieden, der Patient arrangiert häufig zur Erleichterung des Arztes seine Entlassung selbst – ein sich wiederholender Zyklus kann anderswo beginnen.

Diese von Paar geschilderten Abläufe sind typisch für Hautartefakte, allerdings sind die Hautpatienten geduldiger, und es kommt seltener zu einer Selbstentlassung.

In der Therapie der Hautartefakte ist zunächst die Herstellung eines Vertrauensverhältnisses zwischen Arzt und Patient wichtig, um diesen nicht zu verunsichern oder abzuschrecken. Dabei empfiehlt sich folgendes Vorgehen:

- Der Artefaktverdacht sollte nicht angesprochen werden!
- Durchführung einer indifferenten topischen Therapie, die den Behandlungswunsch des Patienten befriedigt.
- Zur Diagnostik eventuell festhaftende Verbände, um den Artefakt zu sichern.
- Erhebung einer ausführlichen Anamnese zur Verbesserung des Zugangs zum Patienten und zur Erforschung seines Konfliktes, der meist verleugnet wird.
- Vermeidung von wertenden Interpretationen, Verzicht auf suggestive Ratschläge.

Ermutigung des Patienten zum Selbstengagement und zur weiterführenden Behandlung, eventuell Kontakt zum Psychiater herstellen.

Der behandelnde Arzt sollte den Patienten so lange in der Therapie begleiten, bis er für eine spezifische Therapie – zum Beispiel in einer psychosomatischen Klinik oder beim Psychiater – motiviert werden kann. Hierbei ist Geduld und Fingerspitzengefühl wichtig, da die Motivierungsphase sich über einen langen Zeitraum erstrecken kann. Eine Konfrontation des Patienten mit der Notwendigkeit einer psychiatrischen oder psychotherapeutischen Therapie sollte erst nach dem Aufbau einer stabilen Vertrauensbeziehung zwischen Arzt und Patient erfolgen.

Körperdysmorphe Störung

Verhaltenstherapeutische Interventionen

Für die Behandlung von großer Bedeutung ist die differentialdiagnostische Abgrenzung von körperbezogenem Wahn und Anpassungsstörungen bei entstellenden Dermatosen. Zudem ist es, wie bei anderen somatoformen Störungen, wichtig, ein akzeptables Erklärungsmodell für die Therapie zu finden (etwa: „Abbau von Streß durch das Aussehen"). Das verhaltenstherapeutische Vorgehen setzt, nach einer ausführlichen Motivierungsphase (!), an der sozialen Vermeidung und der Überbewertung des äußeren Erscheinungsbildes an (Veale u. Mitarb. 1996):

Motivierungsphase: Psychotherapie als „zeitlich limitierter Test", Aufstellen eines psychologischen Erklärungs- und Behandlungsmodells (z.B. „Selbstsicherheitstraining"), Verdeutlichung der Rolle von Selbstaufmerksamkeit, Kognitionen, Vermeidung.

Konfrontation: Aufsuchen sozialer Situationen und Durchführung von Verhaltensexperimenten als Hausaufgabe; dabei „Reaktionsverhinderung" (kein Verdecken des vermeintlichen Defektes, keine Kontrolle des Defektes oder Suche nach Rückmeldung zu Defekt).

Kognitive Umstrukturierung: Korrektur der Überbetonung der äußerlichen Erscheinung als wichtigster Maßstab für die Bewertung der eigenen Person; Akzeptieren der Unsicherheit über die „objektive" Beurteilung des Defektes, keine konfrontierende Überprüfung irrationaler Gedanken bezüglich des Defektes! Umlenkung der Aufmerksamkeitsfokussierung nach außen zur Verbesserung der sozialen Wahrnehmung.

Zusätzlich läßt sich **strukturiertes Videofeedback** einsetzen, um statt eines statischen Eindrucks durch Spiegel und Photos dynamische Aspekte des Erscheinungsbildes zurückzumelden (Hünecke 1993). Aufgrund der selektiven Wahrnehmung von negativen Details des Aussehens ist das parallele Einüben einer konstruktiveren Selbstbewertung unerläßlich. Falls notwendig, sollten auch häufig komorbid vorhandene depressive Störungen und Defizite in sozialen Kompetenzen in der Behandlung mitberücksichtigt werden.

Tiefenpsychologisch orientierte Psychotherapie und Psychoanalyse

Psychodynamisch soll bei der Dysmorphophobie der interaktionelle Aspekt der Erkrankung herausgearbeitet werden, indem versucht wird, die Ursache für den subjektiven Rückzug zu erarbeiten. Es kann sich hierbei sowohl um Probleme der eigenen Rollenidentifikation als auch um generalisierte Selbstwertproblematik handeln. Auch depressive Neurosen können sich gerade bei Patientinnen mit diffusem Haarausfall und entsprechender Dysmorphophobie äußern. Gerade bei der Dysmorphophobie darf eine Suizidalität infolge einer narzißtischen Krise oder einer depressiven Entwicklung nicht übersehen werden.

Wahnsyndrome in der Dermatologie

Bei den Wahnstörungen in der Dermatologie unterscheiden wir den körperbezogenen Wahn von den atypischen nichtorganischen Psychosen (sogenannter monosymptomatischer Wahn, z.B. Dermatozoenwahn). Außerdem gibt es auch organische Halluzinosen unter Medikamenten oder durch toxische Substanzen (z.B. durch Hexachlorcyclohexan in Desinfektionsmitteln!) und chronische organische Wahnsyndrome, die sich durch anhaltende und wiederholte Halluzinationen bzw. Wahnvorstellungen auszeichnen, keine Störung der Intelligenz oder des Bewußtseins bzw. der affektiven Stimmung zeigen und bei denen Hinweise auf organische Genese gegeben ist. Demgegenüber ist der körperbezogene Wahn dadurch gekennzeichnet, daß von dem Patienten die Möglichkeit der Übertreibung/Fehleinschätzung seinerseits nicht akzeptiert wird, er mindestens 1 Monat besteht und keine sonstigen Wahnsymptome vorhanden sind. Dies unterscheidet den körperbezogenen Wahn auch von der körperdysmorphen Störung, die durch Psychotherapie behandelbar ist, während der körperbezogene Wahn meist den zusätzlichen Einsatz von Psychopharmaka rechtfertigt.

Zur Abgrenzung von hypochondrischen Neurosen, die einer Aufklärung eher zugänglich sind, sollte zunächst versucht werden, den Patienten über seinen Irrtum aufzuklären. Ist dieser jedoch unkorrigierbar überzeugt (was die Wahnerkrankung bestätigt), ist es weder sinnvoll noch nützlich, gegen die Überzeugung des Patienten zu argumentieren.

Oft fällt bei den Patienten großes Mißtrauen und Argwohn auf, da sie in der Regel schon mit mehreren Ärzten und Mitmenschen konfrontiert waren, die ihnen entweder keinen Glauben geschenkt oder versucht hatten, den Wahn aufzudecken (Musalek 1991). In der Praxis hat es sich bewährt, aufmerksam und wertfrei zuzuhören und die Wahnvorstellungen als solche zu akzeptieren. Lokaltherapeutisch kommen topische, indifferente Externa in Betracht. Wichtig ist es, das Vertrauen des Patienten zu gewinnen, um die Erkrankung adäquat behandeln zu können. Sobald diese Voraussetzung erfüllt ist, sollte der Patient an einen Psychiater überwiesen werden, um die Möglichkeit einer medikamentösen Therapie zu überprüfen. Sollte der Patient sich weigern, ist ein eigener Therapieversuch mit einem milden Neuroleptikum (z.B. Pimozid) indiziert. Erfahrungsgemäß kann der Patient diese Therapie akzeptieren, wenn sie mit der „Notwendigkeit einer Beruhigung der Hautnerven" begründet wird.

Fallbeispiel für eine Verhaltenstherapeutische Behandlung

Die verhaltenstherapeutische Vorgehensweise soll anhand des bereits oben beschriebenen Fallbeispiels verdeutlicht werden: In den ersten Sitzungen wurden, gemeinsam mit dem Patienten, die auf die genannten Problembereiche bezogenen Therapieziele konkretisiert. Zunächst wurde der im Vordergrund stehende aktuelle Konflikt zur Mutter bearbeitet mit dem Ziel, die Konfliktvermeidung abzubauen. In einem Problemlösetraining wurde die Fähigkeit eingeübt, das vorhandene Problem zu konkretisieren, eigene Ziele zu definieren und Möglichkeiten der Umsetzung zu entwickeln. In einem Kommunikationstraining wurden darüber hinaus Rollenspiele durchgeführt, in denen der Patient lernte, der Mutter gegenüber eigene Bedürfnisse und Ärger direkter auszudrücken. Parallel hierzu wurde auf das Therapieziel eingegangen, die Selbstkontrolle bezüglich Juckreiz und Kratzen aufzubauen. Zunächst wurde das Selbstbeobachtungsprotokoll (Abb. 44.**1**) eingesetzt, um Informationen bezüglich auslösender Situationen von Kratzen zu sam-

X

meln. Diese bestanden hauptsächlich in Spannungs- und Ärgersituationen, in denen sich der Patient teilweise unbewußt, teilweise aber auch gezielt (Rückzug auf Toilette) kratzt. Durch die bewußte Selbstbeobachtung wurde das Kratzen schon deutlich reduziert. Zusätzlich wurde die progressive Muskelentspannung intensiv eingeübt; diese wurde mit zunehmender Übungsdauer verkürzt und eine flexible Umsetzung in den genannten Situationen eingeübt (z. B. in der Pause am Arbeitsplatz). Gleichzeitig wurde die Habit-Reversal-Technik eingeübt: Vorstellung der auslösenden Situation und des Kratzimpulses, Verankerung eines Signals zur Unterbrechung des Ablaufs, Durchführung der Muskelentspannung als Alternativhandlung. Diese Techniken konnte der Patient gut umsetzen und erreichte innerhalb weniger Wochen eine Besserung der Symptomatik, insbesondere der durch das Kratzen hervorgerufenen Entzündungsreaktionen. Im weiteren Verlauf wurde der Perfektionismus am Arbeitsplatz bearbeitet: Es wurden in einem eigenen Selbstbeobachtungsprotokoll typische Kognitionen und der Zusammenhangs zu Ärger und Anspannung festgehalten. Diese wurden im Sinne der kognitiven Therapie auf Logik und Rationalität überprüft und alternative Einstellungen gezielt eingeübt. Schließlich wurden auch die Entstellungsängste und das soziale Rückzugs-/Vermeidungsverhalten durch Videofeedbacktraining, kognitive Verfahren und ein Verhaltenstraining krankheitsspezifischer sozialer Kompetenzen (auf Fragen bezüglich der Erkrankung reagieren, sich von übertriebenen Mitleidsreaktionen abgrenzen) bearbeitet. Nach Abschluß der 50 Sitzungen umfassenden Therapie hatte sich der Hautzustand wesentlich gebessert (von 78% der Körperoberfläche bei starkem Befall auf 19% bei leichtem Befall), der Cortisonverbrauch war deutlich reduziert (cortisonfreie Intervalle von 0 auf 4 Tage erweitert), und im MNF ergaben sich Normalisierungen in den Skalen „Leidensdruck“, „soziale Stigmatisierung“, „Einschränkung der Lebensqualität“. In der Zielerreichungsskala (Tab. 44.**2**) ergab sich ein über die drei Zielbereiche gemittelter Wert von 1.3 (etwas bis stark gebessert).

Fallbeispiel für eine psychoanalytische Behandlung

Der Patient kommt in die Psychotherapie mit einem 5seitigen Papier, auf dem er einige seiner Träume aufgeschrieben hat. Er wirkt sehr motiviert, bedankt sich, daß er einen Termin bekommen hat. Seine Träume handeln fast immer von Flucht und Fliegen, meist auch unter Wasser, wo er sich in alte Schiffswracks flüchtet. Meist findet sehr viel Gewalt in diesen Träumen statt (Türen werden eingetreten, Morddrohungen, Schießereien), so daß der Therapeut hinter der freundlichen Fassade ein starke Aggressivität vermutet. Auslösend für die Psychotherapie wäre für ihn ein Gespräch mit einer Tante gewesen, die ihm klar gemacht habe, daß sein Verhältnis zu seinen Eltern in keiner Weise so gut war, wie er es sonst vermutet hat. „Ich bin im Moment sehr durcheinander, ich weiß gar nicht mehr, woran ich bin, aber alle Anzeichen sprechen dafür, daß meine Eltern mich sowohl finanziell als auch körperlich mißbraucht haben! Ich wollte eigentlich zu Ihnen kommen wegen meinem Asthma und meiner Neurodermitis, aber jetzt habe ich erkannt, daß da viel tiefere Ursachen stecken, ich hoffe, Sie nehmen mich.“ Den letzten Nebensatz sagt er wie ein getretener Hund, gedemütigt und traurig. Erschütternd war auch sein Ausspruch „Mein Leben hat eigentlich erst begonnen, als ich ins Internat kam.“ Der Patient leidet an einer chronischen Neurodermitis, vor allem der Hände, sowie an einer Coxarthrose rechts. Schon seit der Kindheit bestehen Allergien, die vom Vater, der als niedergelassener Arzt selbständig tätig ist, mit Spritzen behandelt wurden. Die Mutter ist 3 Jahre jünger als der Vater, arbeitet mit in der Praxis, leidet an Kreuzschmerzen und vegetativen Beschwerden (Schlaflosigkeit, Depression). Ein 2 Jahre älterer Bruder lebt noch im Elternhaus, kann sich angeblich nicht lösen, studiert noch und leidet an Rhinitis allergica und Prostatitis. Er ist im elterlichen Haus aufgewachsen. Als 6jähriger wurde der Patient vom Vater selbst zirkumzidiert, offenbar auch ohne Vorankündigung, so daß der Patient aus der Schule kam, zu seinem Vater in die Praxis geschickt wurde und dort gar nicht wußte, wieso er sich auf den OP-Tisch legen sollte. Er bekam dann eine Spritze und wurde beschnitten. Es tat ihm fürchterlich weh, und er konnte hinterher kaum laufen. Zu dieser Zeit begann das Ekzem in den Beugen. Wegen seinen später vorhandenen Verdauungsprobleme hat der Vater dann noch mehrfach in Narkose (selbst!) eine Dehnung des Schließmuskels durchgeführt. Mit 13 Jahren wurde er wegen schlechter Schulleistungen auf ein Internat geschickt, das die Eltern für ihn ausgesucht hatten. Dort fühlte er sich sehr wohl, hatte gute Betreuer, einige Freunde (die er vorher nicht hatte). Er schaffte dann die Schule im Internat bis zum Abitur mit mäßigen Leistungen, aber konnte sich wohlfühlen, obwohl er sich von den Eltern abgeschoben fühlte. Nach dem Abitur begann er das Studium, aber hatte viele Arbeitsstörungen. Im Gespräch werden in der Übertragung die starken Wutaffekte deutlich spürbar, der Patient selbst wirkt dabei jedoch ruhig und distanziert. Die aggressiven Affekte sind ihm jedoch zugänglich, da er sich an die Tötung eines Meerschweinchens erinnert, daß er – als er 7 Jahre alt war – beim Spielen „wie gehe ich mit Kindern um“ solange geschlagen hat, bis es tot war. Danach ist ihm klar geworden, daß er seine Wut im Zaum halten muß. Insgesamt wirkt er traurig und nachdenklich, berichtet von häufigem Grübeln über seine früheren Probleme, bedauert dabei jedoch eher den älteren Bruder, der noch bei den Eltern lebt und diese ertragen muß. Er selbst glaubt, sich durch die veränderte Studienortsituation inzwischen „abgenabelt“ zu haben. Die probatorischen Sitzungen nimmt er dankbar wie ein Kind an, läßt sich deutlich in eine gewisse Regression fallen und freut sich kindlich, daß ihm eine Psychotherapie in Aussicht gestellt wird. Der Patient hat sein Ekzem nach der für ihn völlig unvorbereiteten und überraschenden Beschneidung entwickelt, so daß eine Störung des Vater-Kind-Verhältnisses angenommen werden muß. Die Mutter wird von dem Patienten als sadistisch-selbstbezogen erlebt, die angeblichen finanziellen Probleme der Eltern als vorgeschoben, damit er und sein Bruder die Eltern später finanziell unterstützen. Die gewalttätige und destruktive Erziehung (er mußte für Gäste die Abendtafel decken und durfte selbst nicht mitessen) führte zunächst zu einer vollständigen Ausblendung der emotionalen Reaktionen, die ihm erst durch die Begegnung mit seiner jetzigen Freundin und durch Gespräche mit einer Verwandten, die ihm von den früheren Prügeleien erzählte, bewußter wurden. Er selbst reagierte mit lethargischen Reaktionen und Zurückgezogenheit, seine Spielsachen versteckte er im Bettgestell, damit die Mutter ihn nicht beim Spielen mit Soldaten oder Tieren erwischte. Die intrapsychische Wut wurde sublimiert und von dem Patienten durch ein heftiges Kratzen in Problemsituationen (Abitur, Nichtbestehen der Führerscheinprüfung), das zu einer Verschlechterung der Hautentzündung führte, kompensiert. Durch die Bewußtwerdung seiner sehr instabilen und schizoiden Kindheit ist eine Destabilisierung der Ich-Anteile eingetreten, die er durch sehr kindliche Reaktionen (freut sich, wenn er von der Freundin eine Spielpuppe geschenkt bekommt) oder durch asketische Verhaltensweisen, wie er sie durch die Erziehung der Mutter erlebt hat, versucht zu kompensieren. Die Juckreizattacken sind offenbar hierbei als somatisches Äquivalent einer massiven aggressiven Affektlage anzusehen, die in emotional bedrohlichen Situationen, wo er als Mann gefordert ist, Ängste vor dem Versagen hat. In der tiefenpsychologisch orientierten Psychotherapie werden die aggressiven Affekte sichtbar und handhabbar gemacht, um auch die Sublimation und Verschiebung auf den Juckreiz zu verbessern. Die Durcharbeitung und das Wiedererleben der Konflikte in seiner Biografie ermöglichen ihm eine Stabilisierung seiner Beziehung zu einer Studentin und schließlich das Erreichen des Examens ohne Ekzeme und Juckreizattacken!

X

45. Chronisch-entzündliche Darmerkrankungen

Krankheitsbilder

B. Glier und J. Küchenhoff

Epidemiologie und Ätiologie

Zu den chronisch-entzündlichen Darmerkrankungen, bei denen psychosomatische Faktoren eine Rolle spielen, zählen die **Colitis ulcerosa** und der **Morbus Crohn**. Beide Erkrankungen sind häufig, mindestens jeder tausendste Einwohner der Bundesrepublik Deutschland leidet im Verlaufe seines Lebens an einer dieser Erkrankungen. Während die Zahl der Patienten mit einer Colitis ulcerosa stabil geblieben ist, hat die Zahl der Patienten mit Morbus Crohn nach epidemiologischen Befunden bis vor einigen Jahren zugenommen. Die Ätiologie beider Krankheiten ist bislang unklar. Eine genetische Prädisposition ist wahrscheinlich, der genetische Faktor aber nicht sehr ausgeprägt. Ernährungseinflüsse spielen eine Rolle, aber auch Gefäßprozesse oder infektiöse Ursachen werden diskutiert. Am wichtigsten erscheint heute die Immunpathologie der Erkrankungen. Autoimmunfaktoren sind bei beiden Krankheiten gefunden worden. Seelische Faktoren wirken nach dem heutigen Stand der Forschung an der Entstehung der Krankheit mit und beeinflussen den Krankheitsverlauf. Insgesamt muß ein multifaktoriell verursachtes Krankheitsgeschehen angenommen werden.

Klinik

Die klinische Symptomatik muß für beide Krankheiten besonders dargestellt werden.

Colitis ulcerosa

Leitsymptome der Colitis ulcerosa sind:
- chronische und rezidivierende blutig-schleimige Durchfälle,
- wiederkehrende abdominelle Schmerzen,
- Übelkeit, Gewichtsverlust, allgemeine Entzündungszeichen,
- extragastrointestinale Krankheitsmanifestationen wie Gelenksentzündungen, Erythema nodosum, Iridocyclitis usw.

Die Durchfälle können eine traumatische Intensität annehmen, es kann zu bis zu 30 Darmentleerungen pro Tag kommen, Wasser-, Elektrolyt- und Eiweißverluste sind die Folgen.

Morbus Crohn

Anders als die Colitis ulcerosa ist der Morbus Crohn nicht auf das Kolon beschränkt, sondern kann jeden Darmabschnitt befallen. Prädilektionsort ist das terminale Ileum. Da die Entzündung die ganze Darmwand durchsetzt, sind Fistelbildungen für den Morbus Crohn typisch. Die Symptomatik, unter der die Patienten leiden, ist von der Lokalisation abhängig:
- diffuse und lokale Bauchschmerzen,
- Stuhlveränderungen: uncharakteristische Durchfälle, schleimige und blutige Stühle,
- Malabsorptionssyndrom bei Dünndarmbefall,
- Wachstumsretardierungen in der Kindheit und Adoleszenz,
- extraintestinale Komplikationen wie bei der Colitis ulcerosa,
- Fistelbildungen in Nachbarorganen oder Hautfisteln.

Beide Krankheiten können chronisch-rezidivierend oder chronisch-persistierend verlaufen. Die medikamentöse Therapie erfolgt mit entzündungshemmenden Medikamenten (Salicylsäurepräparaten, Cortisonpräparaten, Immunsuppressiva). Wegen der Heftigkeit der Entzündung oder wegen entzündlicher Komplikationen (Fisteln, Strikturen) ist eine chirurgische Intervention im Krankheitsverlauf oft notwendig.

Chronische und krankheitsspezifische Belastungen

Krankheiten mit chronischer Verlaufsform sind eine besondere Herausforderung für Betroffene und Therapeuten gleichermaßen. Die Besonderheit liegt im wesentlichen darin begründet, daß die jeweilige Störung nicht zu beseitigen oder auszuschalten ist (weitgehende Irreversibilität) und infolgedessen traditionelle „Heilungs"konzepte oder -erwartungen meistens unzulänglich und enttäuschend bleiben. Für entzündliche Darmerkrankungen hat die somatische Medizin noch kein adäquates Mittel gefunden, um Krankheitsschübe zu verhindern oder Remissionszustände dauerhaft aufrechtzuerhalten.

Nicht jeder, der von einer chronischen Krankheit wie Morbus Crohn oder Colitis ulcerosa betroffen ist, verfügt über ausreichende Fähigkeiten und Ressourcen, die auf ihn zukommenden Herausforderungen und Veränderungen so zu bewältigen, daß weiterhin eine zufriedenstellende, erfüllte Lebensgestaltung im privaten und beruflichen Bereich möglich wäre. Für viele entwickelt sich die chronische Krankheit zum chronischen Leiden mit krankheitsspezifischen Belastungen, die auf der subjektiven Erlebnisseite gekennzeichnet sein können durch kognitiv-emotionale Inhalte wie beispielsweise

- Erwartungsängste, bezogen auf Kontrollverluste über Körperfunktionen oder unzureichend beeinflußbare Schmerzen,
- Verunsicherung durch Beeinträchtigung der körperlichen Attraktivität (z.B. bei Fistelbildung),
- Sorgen hinsichtlich des weiteren Verlaufes der Krankheit, die unvorhersehbar oder unbeeinflußbar erscheint (prognostische Bewertung).

Als Folge davon können aversive Erfahrungen der Hilflosigkeit entstehen, die letztlich in eine depressive Entwicklung mit zunehmender Hoffnungslosigkeit und Resignation führen können.

Unter behavioralen Aspekten kann es auf der Handlungsebene zu folgenden Einschränkungen kommen:

- verminderte Mobilität infolge Durchfallsymptomatik,
- häufig in Kombination mit angstmotiviertem Vermeidungsverhalten (konditionierte Erwartungsängste, s. oben) und weiteren damit verbundenen Einschränkungen des alltäglichen Bewegungs- und Handlungsspielraumes,
- Rückzugsverhalten aus sozialen Kontakten und Freizeitaktivitäten,
- Einbußen hinsichtlich Leistungsfähigkeit und Belastbarkeit.

Unter funktionalen Aspekten betrachtet können sich sowohl kognitiv-emotionale als auch behaviorale Verhaltensanteile zu störungsbegünstigenden bzw. aufrechterhaltenden Faktoren für die chronische Grunderkrankung entwickeln. Sturm u. Zielke (1988) haben für solcherart dysfunktionale, maladaptive Verhaltensweisen im Umgang mit einer chronischen Störung den Begriff des „chronischen Krankheitsverhaltens" geprägt.

Psychoanalytische Psychotherapie

J. Küchenhoff

Chronisch-entzündliche Darmerkrankungen aus der Perspektive des bio-psycho-sozialen Modells

Das bio-psycho-soziale Modell, das heute in der psychosomatischen Medizin zurecht vorherrschend ist, zwingt den Arzt oder Psychotherapeuten dazu, Krankheiten wie die chronisch-entzündlichen Darmerkrankungen nicht nur einseitig somatisch oder einseitig psychotherapeutisch oder soziotherapeutisch zu behandeln, sondern die Ebenen des körperlichen Krankheitsgeschehens, der seelischen Voraussetzungen und seelischen Folgen der Erkrankung und der sozialen Dimension des Krankseins gemeinsam zu untersuchen. Ebenso wie die psychosomatische Forschung muß auch die Behandlung die Wechselbeziehungen biologischer, psychologischer und sozialer Determinanten einer Krankheit gleichberechtigt berücksichtigen. Der Psychotherapeut muß sich und dem Patienten also folgende Fragen stellen:

- Wie ist der körperliche Gesundheitszustand des Patienten?
- Wie verarbeitet er das körperliche Leiden und die veränderte Zukunftsperspektive, die sich durch die Krankheitsdiagnose und den medizinischen Befund ergibt?
- Welche psychischen Haltungen des Patienten behindern die Krankheitsverarbeitung oder den körperlichen Heilungsprozeß?
- Welche Folgen hat die Erkrankung für die soziale Lebenswelt des Patienten, für seinen Beruf, für seine Stellung in Partnerschaft und Familie?
- Welche Ressourcen bietet die Lebenswelt des Patienten zur Überwindung der Krankheit an?
- Welche aktuellen seelischen oder psychosozialen Belastungen stehen im Vorfeld eines Krankheitsschubes oder des Krankheitsbeginns?
- Welche lebensgeschichtlichen Erfahrungen haben die psychische Struktur, die Beziehungsformen und das Konflikterleben des Patienten bis zur Erkrankung und seit der Erkrankung geprägt?

Diese Liste ließe sich noch erweitern; wichtig ist, daß es einseitig wäre, allein die intrapsychischen Konflikte oder allein den körperlichen Befund zum Ausgangs- und Zielpunkt der Behandlung zu machen.

Persönlichkeit, Psycho- und Familiendynamik

Colitis ulcerosa

Auf den ersten Blick scheinen die Forschungsergebnisse zur Persönlichkeit und Psychodynamik von Colitis-ulcerosa- und Morbus-Crohn-Patienten sehr unterschiedlich zu sein. Bei der Colitis ulcerosa wird immer wieder die ausgesprochen starke Bindung an zentrale Bezugspersonen betont, die als Abhängigkeit von „Schlüsselfiguren" beschrieben wird. Damit ist gemeint, daß in der Kindheitsentwicklung ausreichend gute Beziehungserfahrungen nicht gemacht werden konnten. Aus der Sicht der Objektbeziehungspsychologie ist es für das Erreichen einer inneren Selbständigkeit und Autonomie wesentlich, daß gute Erfahrungen im Umgang mit emotional bedeutsamen Bezugspersonen verinnerlicht werden können. Diese guten Beziehungserfahrungen tragen zu einer inneren Sicherheit bei, die es nicht nötig macht, sich immer und überall auf die Anwesenheit "äußerer" Objekte zu stützen, um sich mit sich selbst identisch und wohl zu fühlen. Kolitispatienten haben ein auf diese Weise ausgeglichenes Selbstgefühl oft nicht, sondern bleiben sehr stark von der realen äußeren Unterstützung abhängig. Aus dieser grundlegenden Abhängigkeit lassen sich die anderen, häufig beschriebenen Merkmale erklären.

- **Aggressive Gehemmtheit:** Aggressive Auseinandersetzungen dienen der Abgrenzung, sie sind mit dem Risiko verbunden, andere Menschen zu verletzen und sie zum Rückzug zu veranlassen. Dieses Risiko können die Kolitispatienten oft nicht eingehen, weil sie sich auf ihre Bezugspersonen so stark angewiesen fühlen.
- **Trennungsintoleranz:** Kommt es zu einer tatsächlichen Trennung oder zu einer Distanzierung von den primären Bezugspersonen durch lebensphasentypische Loslösungsschritte, kann das Selbstgefühl massiv in Frage gestellt werden.

- **Familiäre Gebundenheit:** Familiendynamische Untersuchungen beschreiben Familienmuster, die die starke Bindung und Unselbständigkeit erläutern können. Die familiären Bindungen werden als besonders stark beschrieben, die psychologischen Grenzen innerhalb der Familie scheinen aufgehoben zu sein.

Morbus Crohn

Morbus-Crohn-Patienten erscheinen im Vergleich zu den Colitis-ulcerosa-Patienten häufig als unabhängiger, selbstsicherer, im Kontakt weniger anlehnungsbedürftig und distanzierter. Viele Patienten betonen ihre Selbständigkeit, lassen sich auf Bindungen nicht gern ein und vermitteln den Eindruck, ihr Leben am besten allein bewältigen zu können. Während viele psychopathologische Merkmale als Krankheitsfolge betrachtet werden, wird die forcierte Selbstsicherheit der Patienten als überdauerndes Strukturmerkmal angesehen (Feiereis 1990).

Bei näherer Betrachtung erscheinen aber die Pseudounabhängigkeit der Morbus-Crohn-Patienten und die Angewiesenheit der Kolitispatienten auf Schlüsselfiguren als zwei Lösungsversuche eines gemeinsamen Grundkonfliktes, der sich als Nähe-Distanz-Konflikt oder als depressiver Grundkonflikt (Rudolf 1995) beschreiben läßt. Die seelische Dramatik der Patienten bestünde dann darin, daß sie einerseits Angst vor allzu nahen Beziehungen haben, von denen sie sich vereinnahmt oder überwältigt fühlen könnten, daß sie auf der anderen Seite aber Trennungsschritte nicht tolerieren können, weil sie sich dann einer unerträglichen Einsamkeit ausgeliefert fühlen (Green 1990). Kolitispatienten versuchen den Konflikt zu lösen, indem sie Trennungen nicht riskieren wollen, Morbus-Crohn-Patienten aber versuchen sich vor der Abhängigkeit zu schützen.

Es verwundert nicht, wenn Objektverluste, Trennungserfahrungen, Anforderungen an die eigene Selbständigkeit usw. im Vorfeld der Erkrankung oder der Krankheitsschübe genannt werden. In eigenen Untersuchungen zu bedeutsamen Lebensereignissen bei Morbus-Crohn-Patienten fanden wir folgende belastende Lebensereignisse:

- oftmals einen Verlust eines als mütterlich-versorgend erlebten nahestehenden Menschen;
- „In-between"-Situationen: im Vorfeld der Erkrankung bestehen Loyalitätskonflikte verschiedenen wichtigen Beziehungspartnern gegenüber, die sich nur lösen lassen, indem zumindest in der Phantasie ein Teil gekränkt oder zurückgewiesen wird;
- starke Gewissensangst bei Verselbständigungsschritten: Verselbständigung wird von einigen Patienten als schuldhaft oder als Provokation gegen eine magisch überhöhte, bedrohlich erlebte Bezugsperson erlebt, deren Rache gefürchtet werden muß (Küchenhoff 1993).

Während die Bedeutung auslösender Lebensereignisse in der empirischen Forschung umstritten ist, kann dagegen als gesichert gelten, daß der kurz- und langfristige Krankheitsverlauf beim Morbus Crohn von psychosozialen Faktoren beeinflußt ist. In den eigenen Untersuchungen fanden die Autoren folgende Risikofaktoren:

- eine depressive Persönlichkeitsstruktur,
- ablenkende und bagatellisierende Krankheitsbewältigungsformen,
- Ersterkrankung in der Adoleszenz.

Jede Typologie, also auch die Beschreibung typischer Persönlichkeitsstrukturen oder Konflikte, reduziert die Komplexität der klinischen Wirklichkeit; dadurch schafft sie einen Überblick, sie sollte aber nicht dazu verführen, die Vielfalt in den Wechselwirkungen zwischen sozialen, psychologischen und körperlichen Faktoren zu unterschätzen. Dies sei am Beispiel der Krankheitsverarbeitung des Morbus Crohn erläutert. In den eigenen Untersuchungen konnten wir fünf Verlaufsformen beschreiben:

1. **Integrative Verlaufsform:** Die schwere Krankheit führt erst zu einer massiven psychischen Destabilisierung, im Verlauf aber zu einem seelischen „Neubeginn" (Balint) und zur Reifung.
2. **Regression im Dienste des Ich:** Die schwere Krankheit erlaubt erstmals, weniger streng mit sich umzugehen und mehr Selbstfürsorge zu entwickeln.
3. **Die nichtreaktive Verlaufsform:** Trotz zum Teil schwerster körperlicher Einschränkung wird die Krankheit ignoriert, d. h. psychisch nicht verarbeitet; diese Verlaufsform kann zu gesundheitsgefährdenden Verhaltensweisen führen.
4. **Die Entwicklung von Pseudoautonomie:** In Antwort auf die Krankheit werden wichtige Lebensentscheidungen getroffen, die zunächst wie Verselbständigungsschritte aussehen, die aber dazu dienen, innere Bindungen und emotional wichtige Beziehungen zu vermeiden.
5. **Regressive Verlaufsform:** Das Krankheitserleben führt zu Hoffnungslosigkeit und Mutlosigkeit.

Fallbeispiel

Frau X. wird im jungen Erwachsenenalter plötzlich und heftig krank. Sie ist in der Akutphase ihrer Erkrankung, während der sie stationär behandelt wird, völlig verzweifelt: „Ich bin in einer völligen Lebenspanik..., ich habe Angst, daß es nicht stimmt, daß es mir besser gehen soll. Das Leben ist so schwer geworden, den Kopf zu erheben, der nicht aufhören kann zu denken und der alles in Frage stellt. Es ist viel zusammengeklappt von meinen Lebensvorstellungen." Im Verlaufe des Krankheitsschubs aber verändert sich die Stimmung der Patientin, nach überstandenem Schub denkt sie anders über sich, sie wird nachdenklich, sie entwickelt ein anderes Gefühl zu ihrem Körper und kann für sich sorgen: „Wozu ich den Morbus Crohn nehme, ist, um aufzupassen und was zu tun. In der Klinik habe ich geübt, was mir gut tut: baden, das regelmäßige Einnehmen von Medikamenten, da hatte ich immer einen Widerwillen. Das geht jetzt besser. Im Grunde habe ich schon ein Gefühl von Zufriedenheit jetzt." Frau X. hat in ihrer frühen Lebensentwicklung erhebliche Defizite erlebt; sie mußte von Anfang ihres Lebens an die Zuwendung der Eltern mit einem Zwillingsbruder teilen, von dem sie sich verdrängt fühlte. Eine wenige Jahre ältere Schwester litt an einer schwerwiegenden Körperbehinderung und verlangte die besondere Aufmerksamkeit der Eltern, die sich beide ausgesprochen intensiv um das behinderte Kind kümmerten. Fünf Jahre nach der Geburt von Frau X. wurde ein weiterer Bruder geboren, den sie als das verwöhnte Nesthäkchen der Familie betrachtet. Die für die Patientin wichtigste Bezugsperson war die Großmutter, von der sie sich beachtet und anerkannt fühlte. Die Großmutter verstarb, als Frau X. 14 Jahre alt war. Nach dem Tod der Großmutter entwickelte sie ein schwerwiegendes Alkoholproblem. Im jungen Erwachsenenalter suchte sie intensive intime Beziehungen zu Frauen, eine Freundin wurde ihr besonders wichtig, und als sie sich von dieser Freundin trennte, wurde sie innerhalb von wenigen Wochen krank. Die lebensgeschichtliche Entwicklung kann einen Anhaltspunkt dafür geben, daß frühzeitig eine orale Konfliktthematik für Frau X. bedeutsam gewesen ist, also das Gefühl mangelnden Versorgtseins, die Sehnsucht nach starkem Halt in Beziehungen, Neid- und Rivalitätsgefühle anderen Menschen gegenüber. Diese Konfliktthematik macht verständlich, daß Trennungserfahrungen immer besonders traumatisch erlebt werden. Der akute Krankheitsschub verstärkt das Gefühl von Verlassenheit, von Abhängigkeit usw.; zugleich ist eindrucksvoll, daß im Verlauf der Krankheit die Patientin Selbstmitleid entwickelt, sie nutzt die Krankheit als Signal, sich endlich um sich sorgen zu können. Mit anderen Worten: Im Verlauf der Anpassung an die Krankheit identifiziert sich die Patientin mit guten und versorgenden Objektbildern, für die aus der Lebensgeschichte vor allem die Großmutter steht, sie kann zum ersten Mal in ihrem Leben Versorgung für sich akzeptieren und annehmen. War vor dem Erkrankungsbeginn die Fähigkeit zur Besorgnis auf andere, reale Bezugspersonen projiziert, ohne die ein Überleben nicht möglich schien, konnte diese Fähigkeit im Verlauf der Krankheit von der Patientin selbst entwickelt werden.

Psychotherapeutische Behandlung und Begleitung von Patienten mit chronisch-entzündlichen Darmerkrankungen

Die therapeutischen Interventionen müssen sich den Bedürfnissen und Möglichkeiten der Patienten, die an chronisch-entzündlichen Darmerkrankungen leiden, individuell fein abgestimmt, anpassen. Jede pauschale Indikation verbietet sich hier. Immer neu muß geklärt werden, wann die Behandlung erfolgen soll, wer sie übernimmt und was die Ziele der Behandlung sein sollen.

Zeitpunkt der psychotherapeutischen Begleitung („wann")

Immer wieder ist die Empfehlung zu lesen, daß Psychotherapien in der Remission der Erkrankung stattfinden sollen. Diese Empfehlung gilt nur mit Einschränkungen. Zwar ist es richtig, daß emotional zusätzlich belastende, unbewußte Konflikte aufdeckende Behandlungsformen in der Akutphase kontraindiziert sind. Auf der anderen Seite aber ist in der Akutphase die Abwehr des Patienten oft ohnehin labilisiert, er ist in dieser Zeit besonders hilfsbedürftig, aber auch psychisch besonders offen. Durch die Infragestellung der körperlichen und auch der seelischen und sozialen Identität werden für den Patienten viele Fragen aufgewühlt, die vorher und nachher nicht beachtet oder verdrängt werden. Dieses „therapeutische Fenster" kann genutzt werden. Eine therapeutische Haltung, die von dem Wunsch nach empathischer Begleitung getragen ist, ist hier am wirksamsten; die vielen Konflikte, die manche Patienten in der bedrohten Lebenssituation der akuten Krankheitsphase dem Therapeuten mitteilen, können nicht sogleich aufgearbeitet werden, aber der Therapeut kann sie anhören und sie für spätere Gespräche, wenn eine längerfristige Begleitung geplant ist, gleichsam aufbewahren.

Integrative oder spezialisierte Psychotherapie („wer")

Wer soll die Behandlung durchführen, der psychotherapeutische Spezialist oder der Hausarzt, meist der Internist, der die Patienten betreut? Ein langfristiger, unaufdringlicher, aber zuverlässiger hausärztlicher Kontakt kommt der Nähe-Distanz-Problematik, unter der die Patienten leiden, sehr entgegen. Die Kontinuität hausärztlicher Betreuung ist auch für die Krankheitsverarbeitung wichtig, im Laufe ihrer Krankheitsgeschichte haben die Patienten Kontakt zu verschiedenen Ärzten, z. B. wenn sie in eine Klinik aufgenommen werden oder chirurgisch versorgt werden müssen. Die Fäden der Behandlung in der Hand zu halten, die Befunde zu interpretieren, Verbesserungen und Verschlechterungen einfühlsam zu begleiten, diese Aufgaben gehören zu einer psychosomatischen Grundversorgung, die der Hausarzt als integrative psychotherapeutische Begleitung leisten kann. Je nach seiner psychotherapeutischen Vorbildung wird der Hausarzt auch einige speziellere Ziele, die im nächsten Abschnitt beschrieben werden, vor allem die psychodynamischen Aspekte der Krankheitsverarbeitung, mit dem Patienten selbst thematisieren können. Langfristige psychosoziale Belastungen, die in die Lebensgeschichte des Patienten vor den Krankheitsbeginn zurückreichen und die offensichtlich sind, werden die fachlichen und zeitlichen Möglichkeiten des Hausarztes unter Umständen überfordern, dann sollte der Spezialist hinzugezogen werden. Dabei empfiehlt sich in erster Linie eine ambulante, wieder auch besonders zuverlässig und langfristig geplante psychotherapeutische Behandlung. Stationäre Psychotherapien im Rahmen von psychosomatischen Kliniken können sehr ambivalente Beziehungswünsche und -ängste mobilisieren und den Patienten überfordern.

Ziele des psychotherapeutischen Angebotes („was")

Psychodynamische Aspekte der Krankheitsverarbeitung

Krankheitsverarbeitung wird nicht nur von rationalen Motiven gesteuert, sondern ist von vielen unbewußten Wünschen und Ängsten überlagert, die durch eine psychodynamische Begleitung der Krankheitsverarbeitung bearbeitet werden können. Einige Themen sollen im folgenden genannt werden:

Bearbeitung subjektiver Krankheitstheorien: Die individuelle Bedeutung, die zumal eine chronische Krankheit einnehmen kann, kann sehr variieren. Die Krankheit kann als Herausforderung, als Feind, als Strafe usw. angesehen werden. Je nach dieser subjektiven Bedeutung, die die Patienten dem Krankheitsgeschehen zuschreiben, variiert das Coping. Patienten, die die Krankheit als gerechte Strafe für schuldbewußt erlebte Phantasien oder Handlungen verstehen, haben einen inneren Widerstand dagegen, adäquate Maßnahmen zu ihrer Gesundung zu ergreifen. Subjektive Krankheitstheorien sind relativ leicht zu erfragen, sie können ein Fokus für verarbeitungsorientierte Interventionen sein. Eigene Untersuchungen legen nahe, daß Patienten, die sehr stark psychologische Gründe für die Entstehung der Krankheit sehen, oft schlechter mit der Krankheit umgehen können, weil sie sich die Schuld an der Krankheit selbst zuschreiben (Küchenhoff u. Mathes 1993). Die Suche nach psychologischen Ursachen ist demnach oft Ausdruck einer depressiven Grundeinstellung. Da die Bereitschaft, seelische Ursachen zu reflektieren, für Psychotherapeuten oft sehr erwünscht ist, wird dieser negative Aspekt einer zu starken Psychologisierung gelegentlich übersehen.

Förderung der Trauerarbeit: Die Copingforschung erweist immer wieder, daß aktive Bewältigung gut und depressive Bewältigung schlecht sei. Aus diesen Forschungsergebnissen könnte der – falsche – Eindruck entstehen, Aktivität sei um jeden Preis zu fördern. Auch empirisch läßt sich nachweisen, daß eine Balance zwischen der Traurigkeit über die Verluste, die durch die Krankheit entstehen, auf der einen Seite und dem Vertrauen in die eigenen Möglichkeiten, die Krankheit zu verbessern, am günstigsten ist (Küchenhoff u. Manz 1993). Den Patienten in seiner Trauer über den unter Umständen endgültigen Verlust seiner Gesundheit oder körperlichen Integrität zu begleiten, ist eine für den Psychotherapeuten persönlich oft schwierige Aufgabe.

Arbeit an den sozialen Beziehungen: Die soziale Unterstützung, die die Patienten erhalten, wirkt sich zwar nicht auf den Krankheitsverlauf, aber doch auf die Lebenszufriedenheit deutlich aus (Küchenhoff 1995). Die sozialen Ressourcen können oft nicht genutzt werden, weil die Schamgefühle in bezug auf die Krankheit zu groß sind. Andererseits kann das Sicherheitsbedürfnis der Patienten dazu führen, daß persönlich wichtige Schritte, wie Berufswechsel oder beruflicher Aufstieg, nicht mehr gewagt werden. Eine ganz konkrete Folge der Schamproblematik ist z.B. die Tatsache, daß manche Patienten mit chronisch-entzündlichen Darmerkrankungen weder einen Schwerbehindertenausweis beantragen noch sich einer der effektiv arbeitenden Selbsthilfegruppen (z.B. DCCV) anschließen.

Arbeit am Körperbild: Sowohl die akute somatische Bedrohung als auch die Dauer des Krankheitsverlaufes gefährden das kohärente Selbstbild, damit auch das körperliche Identitätsgefühl der Patienten. Die Selbstwahrnehmung des eigenen Körpers schränkt sich nach eigenen Untersuchungen von Morbus-Crohn-Patienten sehr auf den kranken Körper ein, es geht vor allem um die Kontrolle körperlicher Funktionen einerseits oder um den Kampf gegen den als schwach erlebten Körper andererseits. Die körperliche Selbstzuwendung zu fördern, z.B. die körperliche Selbstfürsorge zu verstärken (s. Fallbeispiel), ist eine wichtige Aufgabe, ebenso aber auch die Hilfe bei der Rückgewinnung von Vertrauen in die vorhandenen Körperfunktionen.

Spezialisierte psychodynamische Psychotherapie

Spezialisierte psychotherapeutische Behandlungen auf einer psychoanalytischen Grundlage werden in der Regel langfristig erfolgen müssen. Hier sind besonders zwei Problemfelder zu beachten, die emotionale Ausdrucks- und Belastungsfähigkeit der Patienten und die bereits beschriebene Nähe-Distanz-Problematik.

Psychotherapeutische Arbeit mit Patienten, die sog. alexithyme Charakteristika aufweisen: Manche Patienten mit chronisch-entzündlichen Darmerkrankungen können sich vor äußerst bedrohlichen Gefühlszuständen nicht anders schützen, als die eigene Phantasie, die eigenen Gefühle, eine differenzierte Selbstsicht usw. durch eine technisch-rationale, gefühlsabgespaltene, scheinbar undifferenzierte Lebenssicht zu ersetzen. Bei diesen Patienten muß sich Psychotherapie bemühen:

- in der Gegenübertragung Gefühle von Ungeduld, Langeweile, Zorn zu ertragen, die die Patienten auslösen können;
- den Patienten bei der allmählichen Differenzierung eigener Gefühlszustände behilflich zu sein;
- in der therapeutischen Beziehung an der Differenzierung zwischen Selbst und Objekt zu arbeiten (Schöttler 1981, Vogt u. Vogt-Heyder 1979).

Arbeit an den Beziehungsängsten: Ist es im Verlauf der Psychotherapie möglich geworden, daß der Patient auf die alexithymen Abwehr- und Schutzmöglichkeiten verzichtet, so kann die bereits beschriebene Nähe-Distanz-Problematik, die Angst vor der eindringenden Nähe des anderen oder vor dem gänzlichen Verlust der Beziehung, zum Gegenstand der Behandlung werden. Die Durcharbeitung braucht Zeit und ist nicht frei von Risiken. Krankheitsrezidive können, ausgelöst durch die emotionalen Belastungen in der Therapie, aber auch ganz unabhängig von ihr, natürlich auftreten. In jeder Form spezialisierter Psychotherapie ist die Kooperation mit den Internisten unverzichtbar zur eigenen Absicherung des Psychotherapeuten, aber auch um eine Aufspaltung der körperlichen und seelischen Krankheitsdimensionen zu verhindern, die durch die Spezialisierung ein Stück weit auf verschiedene Personen verteilt werden müssen.

Verhaltenstherapie

B. Glier

„Cure or Manage"?

Chronische Krankheiten verlangen nach einem Diagnostik- und Therapiekonzept, das sowohl somatische als auch psychische und soziale Bedingungen an der Entstehung und Aufrechterhaltung des Störungsbildes berücksichtigt (**bio-psycho-soziales Krankheitsmodell**). Solche Konzepte verfolgen das zentrale Anliegen, den von einer chronischen Krankheit Betroffenen durch spezielle Förderung eigener Fähigkeiten zu einem verbesserten Umgang mit seiner Krankheit zu verhelfen („**Selbstmanagementtherapie**" im Sinne von Kanfer u. Mitarb. 1996).

Diese Maxime vertreten die Autoren auch im Hinblick auf Patienten mit chronisch-entzündlichen Darmerkrankungen. Daraus folgt für die anwendungsorientierte Praxis als unabdingbare Basisvariable eine verhaltensorientierte Diagnostik und Therapieplanung, die für jeden Einzelfall als **Mehrkomponentenmodell** konzipiert ist, dessen einzelne Elemente als Teile eines Netzwerkes zu verstehen sind, die miteinander dynamisch verknüpft sind.

Multidimensionale Verhaltensdiagnostik – deskriptive und funktionale Verhaltensanalysen

Zu den Elementen verhaltensorientierter Diagnostik chronisch-entzündlicher Darmerkrankungen gehört neben der Erfassung des **aktuellen symptomatischen Verhaltens (V)** auf

- **kognitiv-emotionaler Ebene** (z.B. Panik, Angst, Ärger, Hilflosigkeit),
- **behavioral-motorischer Ebene** (z.B. phobisches Vermeidungsverhalten, Medikamenteneinnahme),
- **organisch-physiologischer Ebene** (z.B. Durchfall, blutig-schleimige Stühle, erhöhte Stuhlfrequenz, Bauchschmerzen)

immer auch die Berücksichtigung **habitueller Merkmale** einer Person (sog. **Traits = T**) in Form von

- störungsrelevanten Erwartungen und Einstellungen oder überdauernden Verhaltensdefiziten bzw. chronischem Krankheitsverhalten (sog. **E = Erwartungsvariable**) (z.B. Typ-A-Verhalten) und
- Abweichungen des biologischen Zustandes des Organismus von der normalen Funktion (sog. **O = Organismusvariable**) (z.B. Hypermotilität des Darms, hyperreagibles gastrointestinales System, chronische vegetative Labilität).

Diese Elemente werden in Beziehung gesetzt zu möglichen **auslösenden, modulierenden und nachfolgenden Bedingungen** für das jeweilige Beschwerdegeschehen:

- **Stimulusanalyse (S):**
  Reizmerkmale der **physikalisch-chemischen Umwelt** (z.B. Nahrungsmittelintoleranzen),
  Reizmerkmale der **psychosozialen Umwelt** (z.B. zwischenmenschliche Konflikte, Prüfungssituationen);
- **Konsequenzanalyse (K):** Analysen möglicher positiver – negativer, kurzfristiger – langfristiger, internaler – externaler Konsequenzen.

Zum letzten Aspekt gehört auch die Analyse des individuellen Krankheitsproblems im Netzwerk relevanter sozialer Bezugssysteme (z.B. Partnerschaft/Familie, Kollegen/Vorgesetzte).

Mit den bislang genannten Elementen der Verhaltensdiagnostik erfolgt im nächsten Schritt deren Verknüpfung zu einem funktionalen Modell, das die Voraussetzung darstellt für die Entwicklung einer therapeutischen Strategie, den Entwurf eines Therapieplans und die Ableitung therapeutischer Interventionen.

Im Unterschied zur traditionellen Verhaltensanalyse nach dem SORCK-Schema (Kanfer u. Saslow 1969) bevorzugen wir für unsere Zwecke eine psychophysiologisch geleitete Verhaltensanalyse, wie sie ursprünglich von Hölzl (1980 u. 1988) entwickelt wurde (Abb. 45.**1**). Der Vorteil dieser Methode besteht darin, daß sie die für chronische Krankheiten

- pathophysiologisch relevanten körperlichen Variablen explizit betont (vgl. auch Abb. 45.**1**: Ⓥ phys steht gesondert nur für das symptomatische physiologische Verhalten) und außerdem
- reziproke Wirkungswege zwischen den verschiedenen Variablen berücksichtigt.

Fallbeispiel

Die Erläuterung dieses Schemas mit seinen Elementen und deren Relationen möchten wir anhand eines Fallbeispiels vornehmen:

Anamnese: Es handelt sich um eine 27jährige Patientin, bei der im Alter von 18 Jahren eine Colitis ulcerosa diagnostiziert wurde. In den letzten 18 Monaten traten die Schübe immer häufiger auf. Zum Zeitpunkt des Beginns psychosomatischer Therapie hat die Patientin täglich 5 bis 6 blutig-schleimige Stühle, der Hb-Wert liegt bei 6, sie steht unter einer hochdosierten medikamentösen Behandlung, u.a. auch mit Cortison (40 mg). Die Patientin ist psychosomatischen Betrachtungen ihrer Krankheit aufgeschlossen, weil sie zunehmend häufiger Zusammenhänge zwischen Streßbelastungen und ihrer Beschwerdesymptomatik beobachtet hat. Zur Sozialanamnese ist zu erfahren, daß die Patientin als Arzthelferin arbeitet. Sie ist seit 5 Jahren verheiratet. Seit 2 Jahren besitzt das Ehepaar Eigentum, das auf dem Grundstück der Schwiegereltern in unmittelbarer Nachbarschaft errichtet wurde.

Die **verhaltensdiagnostische Exploration** erbrachte folgende Hinweise (Symbole s. Abb. 45.**1**):

vorrangig **chronischer Konflikt** mit den Schwiegereltern, insbesondere der Schwiegermutter, wegen ungebetener Einmischungen in die eigene Lebensführung;

trifft auf **habituelle** kognitive und organpathologische Strukturen (T);

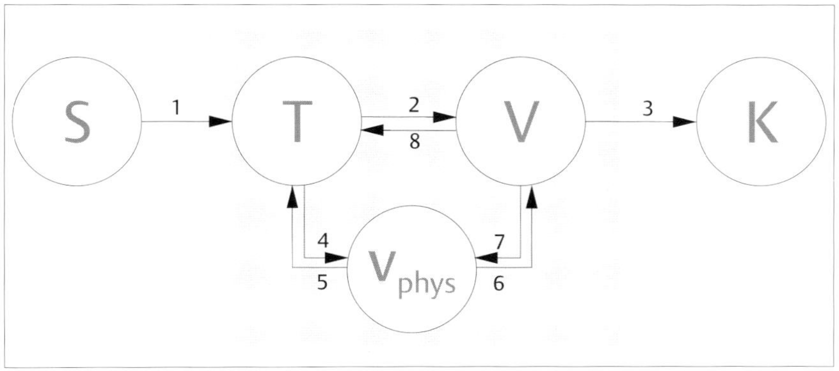

Abb. 45.**1** Psychophysiologisch geleitete Verhaltensanalyse

X

Ⓣ

E-Variable: Anspruchshaltung, ein harmonisches Leben mit allen führen zu wollen („alle unter einen Hut bringen"), niemanden zu enttäuschen und das Wohlergehen anderer immer an die erste Stelle zu setzen (mangelnde Konfliktbereitschaft/Konfliktfähigkeit);

O-Variable: Hypermotilität des Darms, gastrointestinale Hyperreagibilität;

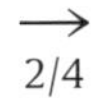

führt zur **Auslösung/Aktivierung** von Ⓥ und Ⓥ phys;

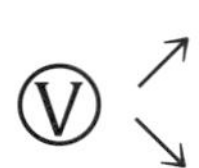

kognitiv-emotionales Verhalten: Ärger, daß andere ihre Wünsche/Bedürfnisse mißachten, daß sie auf Rücksichtslosigkeit trifft, wo sie selbst um Rücksichtnahme bemüht ist;

behavioral-motorisches Verhalten: Vermeidung offener Auseinandersetzungen, Unterdrückung von Ärgerimpulsen (sog. „Anger-in-Verhalten"), Medikamenteneinnahme;

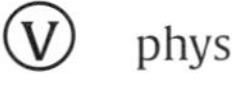

symptomatisches physiologisches Verhalten: Durchfall, blutig-schleimige Stühle, erhöhte Stuhlfrequenz;

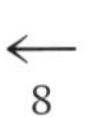

Unterdrückung von Ärgerimpulsen steigert die psychoemotionale Reizbarkeit und Empfindlichkeit (positive, d.h. dysfunktionale Rückkopplung auf T);

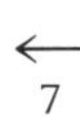

Unterdrückung von Ärgerimpulsen aktiviert die physiologische Symptomatik (positive Rückkopplung auf Ⓥ phys: Stuhlfrequenz nimmt beispielsweise zu);

akute Darmsymptomatik steigert ihrerseits die Reizbarkeit des Darmsystems und erhöht die Krampfbereitschaft (positive Rückkopplung auf T);

Durchfälle engen den Bewegungs- und Handlungsspielraum ein;

Ⓥ zieht folgende Konsequenzen nach sich:

kurzfristig intern: Entlastung; **kurzfristig extern:** Schonung wegen eines erneuten Krankheitsschubes (negative Verstärkung); **langfristig intern:** zunehmende Konfliktscheu, soziales Rückzugsverhalten; **langfristig extern:** wird nur noch als Kranke behandelt.

Verhaltenstherapeutische Behandlungsziele und -methoden

Die Hauptzielsetzung in der Behandlung chronisch-entzündlicher Darmerkrankungen ist darauf ausgerichtet, Selbstregulations- und Selbstkontrollkompetenzen im Umgang mit der chronischen Störung zu entwickeln („Selbstmanagementtherapie"). Im Mittelpunkt des Therapieangebotes stehen sowohl Maßnahmen, die im direkten Sinne

- die Beeinflussung aktuellen symptomatischen Verhaltens anstreben, ebenso Interventionen, die sich auf
- die Bewältigung krankheitsbegünstigenden Problemverhaltens bzw. die Verbesserung gesundheitsförderlichen Verhaltens konzentrieren.

Tabelle 45.**1** vermittelt einen Überblick über mögliche Ziele, Interventionen und jeweilige Inhalte in der verhaltenstherapeutischen Behandlung chronisch-entzündlicher Darmerkrankungen. Für den Fall weitergehender Fragen zur Beschreibung und Durchführung einzelner Therapiemethoden verweisen wir auf entsprechende Literatur (z.B. Fliegel u. Mitarb. 1981, Linden u. Hautzinger 1993).

Die verschiedenen Elemente können prinzipiell als aufeinander aufbauende Bestandteile eines umfassenden Therapieangebotes betrachtet werden, das sowohl mit Blick auf selektive als auch adaptive Indikationsstellung effektiv genutzt werden kann. Welches Therapieprogramm mit welchen Schwerpunkten im konkreten Einzelfall zusammengestellt wird, richtet sich letztlich immer nach den individuellen Ergebnissen der oben beschriebenen multiaxialen Diagnostik und der darauf aufbauenden individuellen Zielbestimmung (s. auch Fallbeispiel).

Fallbeispiel – Therapieplanung

1. **Phase:** Vermittlung eines psychophysiologischen Bedingungs- und Veränderungsmodells für die chronische Krankheit; Anleitung zu systematischer Beobachtung störungsrelevanter Verhaltensaspekte über die gesamte Dauer der Therapie (Symptomtagebuch).
2. **Phase:** Beginn mit dem Erlernen des Autogenen Trainings als Relaxationsmethode und zur Erregungssteuerung.
3. **Phase:** Bewältigung pathologischen Ärgerverhaltens, insbesondere Übungen zum angemessenen emotionalen Ausdrucksverhalten mit Betonung von Verhaltenskonkordanz, Übungen zur Förderung sozial kompetenten Verhaltens (konstruktive Streitkommunikation).
4. **Phase:** kognitionspsychologische Interventionen zur Veränderung irrationaler Anspruchshaltungen und Verhaltensmaßstäbe; Problemlösetraining.
5. **Phase:** Einleitung von Maßnahmen zur Stabilisierung veränderten Verhaltens: Motivierung des Ehemannes zu sozialer und co-therapeutischer Unterstützung erwünschten Verhaltens.

Für den Erfolg psychologischer Therapie bei chronisch-entzündlichen Darmerkrankungen ist in jedem Fall eine genaue Kenntnis individueller störungsspezifischer Reiz- und Reaktionsmerkmale erforderlich. Da sich diese auch auf somatische oder pathophysiologische Aspekte beziehen können, ist

Tabelle 45.1 Ziele, Interventionen und Inhalte in der verhaltenstherapeutischen Behandlung chronisch-entzündlicher Darmerkrankungen

Therapieziele	Interventionen	Inhalte
• Veränderung der subjektiven Krankheitstheorie eines Patienten in Richtung eines bio-psychosozialen Entstehungs- und Behandlungsmodells für seine Beschwerden; Motivierung zu aktiven Verhaltensänderungen	– beratende und edukative Maßnahmen, z. B. Informationsbroschüren, Patientenratgeber (z. B. Lieb u. v. Pein, 1990, Malchow 1988 u. 1990) – Modelldarbietung, insbesondere durch „erfahrene" Patienten – Dissonanzbildung/paradoxe Methoden	– Informierung über die multifaktorielle Bedingtheit chronisch-entzündlicher Darmerkrankungen und deren prinzipielle Veränderbarkeit durch aktive selbstgesteuerte Maßnahmen; Korrektur falscher Vorstellungen von „Psychosomatik"
• Differenzierung und Präzisierung von Selbstbeobachtungsfähigkeiten Fokus: aktuelles symptomatisches Verhalten (v phys, V)	– systematisches Selbstbeobachtungstraining, z. B. durch intensive zeit-/ereigniskontingente Führung von Symptomtagebüchern (spezielles Instrument für Morbus-Crohn-Patienten: „Crohn's-Disease-Activity-Index" [Best 1976]); Kombination aus Selbstbeobachtungs- und medizinischen Daten	– Kennenlernen auslösender, modulierender und nachfolgender Bedingungen für das Symptomverhalten; Identifizierung kognitiv-emotionaler und behavioraler Komponenten der Beschwerdesymptomatik Tagebuchdaten eignen sich auch zur Therapieverlaufs- und -erfolgsmessung
• Beeinflussung aktuellen symptomatischen Verhaltens (v phys, V)		
– Bewältigung konditionierter Erwartungsängste (z. B. vor dem Verlassen der Wohnung beim Ankleiden, Stuhldrang oder Bauchschmerzen zu bekommen)	– systematische Desensibilisierung	– Entkoppelung viszeraler und nozizeptiver Reaktionen von isolierten, neutralen Reizen
	– Reaktionsverzögerung	– z. B. schrittweise Ausdehnung der Zeitspanne zwischen Wahrnehmung des Entleerungsreizes und Aufsuchen der Toilette
	– Stimuluskontrolle	– Konditionierung von Stuhldrang an feste Tageszeiten oder Ereignisse (z. B. nach Mahlzeiten)
– Bewältigung phobischen Vermeidungsverhaltens (z. B. Vermeidung von Situationen, in denen nicht bekannt ist, wo sich die nächste Toilette befindet)	– Expositionstraining	– graduelle oder massierte Konfrontation mit den betreffenden aversiven angstinduzierten Reizmerkmalen
– Schmerzbewältigung	– z. B. Entspannungstraining, Aufmerksamkeitslenkung, bewältigende Selbstinstruktion (Schmerzbewältigungstraining)	– Erfahrung subjektiver Steuerbarkeit von Schmerzempfindungen als Grundlage für die Förderung von Selbstwirksamkeitsüberzeugungen im Umgang mit Schmerzen
– Förderung adäquaten Ernährungs- und Eßverhaltens	– Stimuluskontrolle	– Vermeidung unverträglicher Nahrungsmittel/Reduzierung kritischer Nährstoffe/Zusammenstellung ausgewogener, abwechslungsreicher Ernährung (interdisziplinäre Aufgabe)
– Medikamentencompliance	– Beratung, operantes Management	– aktive Mitarbeit an der Durchführung notwendiger medikamentöser Therapie (interdisziplinäre Aufgabe)
• Bewältigung krankheitsbegünstigenden Problemverhaltens (T), z. B. Streßverhalten, pathologisches Ärgerverhalten, Hilflosigkeitsverhalten im Sinne pessimistischer/depressiver Überzeugungen	– diverse Verhaltenstrainings in Einzel- oder Gruppentherapie, z. B. Streßmanagement, Ärgerbewältigung, Kommunikations-/Interaktionstraining – eine detaillierte Übersicht findet sich bei Glier 1997	– u. a. Korrektur dysfunktionaler Kompetenz- und Konsequenzerwartungen – zielorientierter und konstruktiver Umgang mit Belastungssituationen – Förderung von Selbstwirksamkeitsüberzeugungen – angemessener emotionaler Ausdruck

Fortsetzung auf S. 590

X

Tabelle 45.2 (Fortsetzung)

Therapieziele	Interventionen	Inhalte
• Förderung von Gesundheitskompetenzen (T), d. h. physiologische Erregungssteuerung, Problemlösefähigkeit, soziale Kompetenz	– Entspannungstraining Fokus: signalkontrollierte Kurzentspannung – Problemlösetraining – Training sozialer Kompetenz	– Erwerb von Verhaltenskompetenzen zur positiven Lebensgestaltung mit Merkmalen wie Erfolgsstreben, Leistungsorientierung, Entschlußkraft, Selbstvertrauen, Optimismus, Besonnenheit, Selbstbeherrschung, Konfliktlösungsfähigkeit, soziale Kompetenz (Brengelmann 1993)
• Abbau instrumentellen Krankheitsverhaltens (V – K)	– Methoden operanten Konditionierens – Interaktions-/Kommunikationstraining – Einbeziehung von Angehörigen	– Übernahme der Verantwortung für die eigene Gesundheit, Verzicht auf Aufmerksamkeit für die Krankenrolle, Aufbau positiver Konsequenzen für die Besserung der Symptomatik

letztlich eine interdisziplinäre Zusammenarbeit mit einem fachlich versierten ärztlichen Kollegen unverzichtbar, insbesondere im Falle eines ambulanten Therapiesettings.

Synopse der verschiedenen Therapieansätze

B. Glier und J. Küchenhoff

Vergleicht man die vorgestellten Ansätze, so fallen Gemeinsamkeiten und Unterschiede auf. Die folgende Synopse betont die Unterschiede, um abschließend in einem Resümee die Kompatibilität der beiden Perspektiven einschätzen zu können.

Gemeinsamkeiten

Beide Ansätze würdigen gleichermaßen die somatopsychische Rückkopplung und die Aufgaben der Krankheitsverarbeitung. Für beide Seiten ist das bio-psycho-soziale Modell die Grundlage. Subjektive Krankheitstheorien werden übereinstimmend als Ansatzpunkt therapeutischer Interventionen für wichtig gehalten.

Unterschiede

In der **Diagnostik** gibt es – auch wenn die Fachsprachen sehr verschieden klingen – viele Überschneidungen; hier soll aber v. a. darauf aufmerksam gemacht werden, wo unterschiedliche Schwerpunkte gesetzt werden. Aus psychoanalytischer Sicht interessieren v. a. die langfristige Entwicklung psychischer Strukturen aus der Verinnerlichung von Beziehungserfahrungen, die daraus resultierenden Affektdispositionen und der Zusammenhang zwischen Beziehungserleben und Krankheitsgeschehen. Besonderer Wert wird immer auf die Erlebnisdimension gelegt.

Die Verhaltensdiagnostik und -analyse, wie sie hier vorgestellt wird, als psychophysiologisch geleitete Verhaltensanalyse, betont konkret die Rückkoppelungen zwischen habituellen Merkmalen, auslösenden Merkmalen etc. auf der einen und den physiologischen Reaktionsmustern („symptomatisches physiologisches Verhalten") auf der anderen Seite.

Die beschriebenen Unterschiede in den diagnostischen Schwerpunkten führen konsequenterweise zu unterschiedlichen **therapeutischen** Schwerpunkten. Die Hauptzielsetzung in der Verhaltenstherapie ist der Erwerb von Selbstregulations- und Selbstkontrollkompetenzen im Umgang mit der Störung. Ziele werden konkret benannt und spezialisierte Verfahrensweisen für die individuelle und störungsspezifische Beeinflussung der chronischen Störung angegeben. Das psychotherapeutische Angebot wird aus analytischer Sicht ebenfalls gestaffelt angeboten; die Wahl der verschiedenen Verfahren wird vom Gesundheitszustand abhängig gemacht. Die Spezifität der Behandlungsformen richtet sich nicht nach der einzelnen Störung, sondern nach der Stabilität der Persönlichkeitsorganisation und nach der Beziehungsdiagnostik. Im Zentrum steht die Arbeit an den Affekten und an den Beziehungswünschen und Beziehungsängsten (Körpererleben/Körperbild, Sicherheitsbedürfnis und Scham in Beziehungen, Trauerarbeit als Krankheitsbewältigungsform etc.).

Resümee

Die vorgestellten Perspektiven sind gut voneinander zu unterscheiden; sie stehen klar konturiert nebeneinander, und dies finden wir positiv. Wir sehen in ihnen komplementäre Ansätze, die einander ergänzen können und die sich nicht gegenseitig ausschließen.

46. Neuropsychologische Störungsbilder

I. Speight

Einleitung

Neuropsychologische Störungen können in allen Phasen nach einer Hirnschädigung beobachtet werden, wobei Aufmerksamkeits- und Gedächtnisstörungen am häufigsten festgestellt werden (Van Zomeren u. Brouwer 1994). Es können aber auch Störungen etwa bei der Sequenzierung von Handlungsvollzügen, den visuellen Explorationsleistungen oder dem problemlösenden Denken beobachtet werden. Zudem können Verhaltensänderungen nach zerebralen Läsionen auftreten, die sich in einem Antriebsmangel aber auch einer Enthemmung und gesteigerten Aggressivität äußern. Ferner können auf dem Hintergrund der kognitiven und motorischen Einschränkungen Verhaltensauffälligkeiten mit instrumentellem Charakter enstehen, welche dann durch das Pflegepersonal und Angehörige kontingent verstärkt werden, während das angemessene Verhalten unbeachtet bleibt.

Im folgenden sollen daher einige verhaltensorientierte Programme zur neuropsychologischen Rehabilitation dargestellt werden, die exemplarisch zeigen, wie lerntheoretische Prinzipien bei der Therapie unterschiedlichster Störungsbilder angewandt werden können. Insgesamt betrachtet werden operante Methoden dabei sicherlich am häufigsten eingesetzt. So wird allein schon bei computergestützten neuropsychologischen Trainingsprogrammen, die zur gezielten Behandlung von Aufmerksamkeitsstörungen konzipiert wurden, eine Vielzahl von Hilfestellungen (Prompts) sowie ein kontinuierliches verbales oder graphisches Feedback gegeben (Speight u. Mitarb. 1993, Sturm 1997). Aber auch bei anderen kognitiven Leistungen, die nach einer Hirnschädigung in Einzelsitzungen mit dem Therapeuten wieder aufgebaut werden müssen, ist ein adäquates Feedback Voraussetzung für den Lernerfolg. Dies ist besonders wichtig, wenn Gedächtnisstörungen vorliegen (Wilson 1986). Andere spezielle Möglichkeiten der positiven Verstärkung wie Shaping, Chaining oder Fading werden eingesetzt, um eine erstmalige Ausformung des in Folge der Hirnschädigung gestörten Zielverhaltens zu erreichen oder eine völlig neu zu erlernende Kompensationsstrategie zu erwerben. Hierbei stellt das Prompting eine elementare Hilfestellung in Form von verbalen und visuellen Hinweisen oder begleitenden Führungsbewegungen dar, um die Aufmerksamkeit des Patienten überhaupt auf das Zielverhalten zu lenken. Neuere Studien haben gezeigt, daß sich auch bei der Frührehabilitation von Patienten im bewußtseinsgestörten Zustand (apallisches Syndrom) mit operanten Methoden basale Verhaltensänderungen erzielen lassen (Shiel u. Mitarb. 1993). Ferner sind bei langandauernden neuropsychologischen Störungsbildern und einer erheblichen Verlangsamung des Lerntempos z.B. mit Hilfe eines Token-Systems noch stabile Lerneffekte zu erreichen (Eames u. Wood 1985). Ist die kognitive Leistungsfähigkeit noch ausreichend erhalten, kann es sinnvoll sein, begleitend zur gezielten Behandlung der gestörten Einzelleistung Strategien der Selbstkontrolle oder kognitive Techniken wie z.B. ein Selbstinstruktionstraining aufzubauen. Es muß bei der Anwendung verhaltenstherapeutischer Methoden jedoch immer bedacht werden, ob die Durchführung der Techniken vor dem Hintergrund der Gesamtheit der bestehenden neuropsychologischen Störungen noch sinnvoll erscheint. Ferner muß berücksichtigt werden, in wie weit sie dem prämorbiden Verhaltensrepertoire und den Zielen des sozialen Umfeldes entsprechen. So kann es bei einer verminderten (Anosodiaphorie) oder gar völlig fehlenden Krankheitseinsicht (Anosognosie) noch möglich sein, Fortschritte beim Fading von Ankerreizen in einem Neglecttraining zur Kompensation von visuellen Explorationsstörungen zu erreichen. Die Übertragung auf und Bewältigung des Alltags mit Hilfe von Selbstkontrolltechniken wird in solchen Fällen allerdings sehr schwer zu erreichen sein, da für den Erwerb dieser Methoden die motivationalen Vorraussetzungen fehlen und daher erst ein Training zur Verbesserung der Selbstwahrnehmung durchgeführt werden müßte. Problematisch kann sich auch eine unrealistische Haltung der Angehörigen hinsichtlich der Schwere und dem Verlauf der Erkrankung auf den Erfolg verhaltensorientierter Therapien auswirken. So wird häufiger während der Besuche in der Klinik oder nach Rückkehr des Patienten in die häusliche Umgebung eine Stabilisierung des aufgebautes Zielverhalten durch gutgemeinte, aber inadäquate Verhaltenskonsequenzen verhindert oder eine Löschung begünstigt. Daher muß schon zu Beginn darauf geachtet werden, daß die therapeutischen Ziele durch Kontingenzen aufrechterhalten werden, die auch den Bedingungen der sozialen Bezugsgruppe entsprechen.

Frührehabilitation

In der neurologischen Rehabilitation wird zwischen stationärer Frührehabilitation nach akuten zerebralen Läsionen (Hirntrauma, ischämischen und hypoxischen Hirnschädigungen, entzündlichen Prozessen oder Tumorerkrankungen des Zentralnervensystems), die einer intensiven medizinischen und neuropsychologischen Behandlung bedürfen, und weiterführender Rehabilitation im stationären, teilstationären oder ambulanten Bereich unterschieden (VDR 1995). Aus neuropsychologischer Sicht liegt dabei ein wesentlicher qualitativer Unterschied zwischen der Frührehabilitationsphase und den Phasen der weiterführenden Rehabilitation in der Verminderung des Bewußtseins und/oder der Kommunikationsfähigkeit der Frührehapatienten. Charakteristisch ist außer der Schwere der Bewußtseinsstörung der Patienten, die sich z.T. noch im apallischen Syndrom befinden oder aufgrund eines Locked-in-Syndroms nicht mit der Umwelt kommunizieren können, die hochgradige Bewegungsstörung und Pflegebedürftigkeit. Patienten in dieser Phase sind jedoch nicht mehr beatmungspflichtig, zudem sind Herz-Kreislauf- und Atmungsfunktionen stabil, so daß mit einer basalen Mobilisierung und therapeutischen Beeinflussung des Bewußtseinszustandes sowie der Herstellung der Kommunikationsfähigkeit begonnen werden kann. Die neuropsychologische Frührehabilitation ist jedoch noch ein sehr neues Aufgabengebiet, das bisher erst in den Anfängen erforscht worden ist (Christensen 1990). Daher gibt es erst wenige, empirisch überprüfte und standardisierte Vorgehensweisen für den Einsatz verhaltensorientierter Techniken insbesondere bei bewußtseinsgestörten Schwerkranken.

Zwischen 2 – 10 Personen auf 100 000 Einwohner wird die weltweite Prävalenzrate für Patienten im apallischen Syndrom (Vegetative State), auch Wachkoma genannt, geschätzt (Andrews 1996). Für Deutschland wird dementsprechend eine Mindestpatientenzahl von 3000 Schwerkranken mit diesem Krankheitsbild angenommen (Kallert 1994). Diese Patienten haben nach Schädel-Hirn-Verletzungen sowie ischämischen oder hypoxischen Hirnschädigungen schwerste hemisphärische Läsionen oder eine Trennung des zerebralen Kortex von Verbindungen zu tiefen Kernsystemen erlitten, aber bereits das Stadium des tiefen Komas verlassen (Zeman 1997). Im Gegensatz zu Patienten im Koma liegen die Apalliker zeitweise mit offenen Augen dar und haben einen weitgehend erhaltenen Schlaf-Wach-Rhythmus. Sie sind abgesehen von reflexhaften Bewegungen und erhaltenen vegetativen Funktionen (Atmung) aber nicht zu intendierten motorischen Aktivitäten oder emotionalen Reaktionen fähig. Instinktive Laute, Schreie und auch sporadische Bewegungen der Gesichtsmuskulatur sind häufig. Es liegt eine Wachheit ohne Bewußtsein vor. Je nach Responsivität ist in den Remissionsstadien ein gelegentliches Verfolgen von Objekten (Tracking) sowie eine Orientierungsreaktion auf Geräusche, Berührungen oder Gerüche zu beobachten. Wie auch im Koma sind bedeutungsvolle sprachliche Äußerungen oder soziale Interaktion aufgrund des Verlustes zerebraler kortikaler Funktionen nicht möglich.

Stimulation und Dialogaufbau

Therapeutisches Ziel der sensorischen Stimulation von Komapatienten ist die Reduktion der Komatiefe hin zu einem gesteigerten Bewußtsein und damit einer Überwindung des apallischen Zustandes. In mehreren Studien sind die Stimulationstechniken, ihre theoretische Herleitung sowie ihre Effektivität diskutiert worden (Wood u. Mitarb. 1993, Wilson u. Mitarb. 1993, Doman u. Mitarb. 1993, Zieger 1997). Zunehmend wird dabei deutlich, daß die multimodale Stimulation der unimodalen Stimulation überlegen ist, wobei emotional und biographisch bedeutsame Stimuli (z. B. vertraute Musikstücke, Gerüche, Berührungen von Angehörigen) am effektivsten sind (Wilson u. Mitarb. 1996). Insgesamt beruht das Vorgehen auf dem systematischen und individuell orientierten Einsatz von multisensorischen und dialogischen Reizangeboten, die je nach Vorgehen mehrmals täglich über eine Dauer von ca. 30 Minuten und von 1 – 5 Sekunden pro Einzelreiz dargeboten werden. Wesentlich ist dabei, herauszufinden, auf welchen Stimulus und in welcher Modalität der Patient am stärksten reagiert. Dies wird einerseits durch die sorgfältige Verhaltensbeobachtung anhand von Komastimulationsskalen (z. B. Koma-Remissions-Skala, Sensory Stimulation Profile) und Time-Sampling-Methoden, aber auch durch die begleitende Registrierung physiologischer Parameter versucht. So wurden unter Stimulationsbedingungen bei der Ableitung der Herzratenvariabilität, des EMG und des Hautwiderstandes frühe Orientierungsreaktionen und eine sogenannte „autonome“ Ansprechbarkeit bei Komapatienten gefunden (Zieger u. Mitarb. 1993). Auch gibt es Hinweise, daß eine systematische Stimulation sich in einer wachsenden sympathovagalen Balance entsprechender Anteile der Herzfrequenz äußert (Hildebrandt u. Mitarb. 1996). Durch die Erfassung ereigniskorrelierter autonomer Potentiale im Zusammenhang mit den externen therapeutischen Interventionen in Form eines Time-Sequence-Plot (Zieger u. Mitarb. 1997) kann dieses Verfahren als On-line-Feedback eingesetzt werden, um zu erfahren, ob ein Covert Behavior evozierbar ist und welche Reizangebote für eine Weckreaktion sinnvoll sind. Zusammen mit den Verhaltensbeobachtungen zeigen diese Daten dann meist, daß die stärkste Reaktion der Patienten eher auf vestibuläre, auditive und taktile Stimuli erfolgt. Sind diese spezifischen Reize (z. B. Stimme eines bestimmten Angehörigen, besonderes Musikstück, Berührungen) identifiziert, können sie nicht nur als Weckreize, sondern zunehmend als positive Verstärker eingesetzt werden, um die Bedingungen für die Herstellung eines Verständigungscodes (Ja/Nein durch Augenschließen, Handzeichen, visuelles Trakking) zu schaffen (Hannich 1993). Anfangs werden daher geringste Anzeichen einer intendierten motorischen Aktivität etwa der Augen oder der Finger im Sinne einer Response-System-Analysis erfaßt (Gianutsos 1990) und systematisch durch operante Methoden aufgebaut. So konnte mit einem Multiple-Baseline-Design bei einem apallischen Patienten die Wirksamkeit von kontingenten Musikpassagen demonstriert werden (Boyle u. Greer 1983). Der Patient war auch 6 Monate nach dem Schädel-Hirn-Trauma bisher nur zu reflexhaftem Augenzwinkern in der Lage. Nachdem ein Musikstück als positiver Verstärker ausgewählt worden war, wurde ihm durch verbales und motorisches Prompting vermittelt, nach entsprechender Aufforderung entweder die Augen zu schließen, die Finger oder den Mund zu bewegen. Wurde in den darauffolgenden 10 Sekunden ein Zielverhalten beobachtet, erfolgte unmittelbar darauf für jeweils 15 Sekunden eine Passage des emotional bedeutsamen Musikstückes. Diese Kontingenzen wurden in den zweimal täglich stattfindenden Therapiesitzungen von ca. 30 Minuten ständig wiederholt und insgesamt über 12 Wochen durchgeführt, bis ein Verständigungscode als Zielverhalten in allen drei Bereichen ausgeformt war.

Auch Shiel u. Mitarb. (1993) konnten zeigen, daß Komapatienten unterschiedlicher Bewußtseinstiefe mit einem Backward-Chaining-Verfahren lernen konnten, ein Tuch von ihrem Gesicht zu entfernen. Dazu wurde die Aufgabe in fünf aufeinanderfolgende Teilschritte zerlegt:

1. Hand zum Tuch heben,
2. Tuch lokalisieren,
3. Tuch ergreifen,
4. Tuch festhalten,
5. Tuch vom Gesicht nehmen.

Vom Ende der Verhaltenskette beginnend wurde die Durchführung jedes Teilschritts durch verbale und motorische Prompts unterstützt, wobei nach Bewältigung der jeweils letzten Sequenz für diesen Teilschritt beim nächsten Durchgang keine Hilfestellungen mehr gegeben wurden. Wurde beim folgenden Durchgang das Verhaltensziel erreicht, wurde der vorletzte Teilschritt, dann in absteigender Reihenfolge der vorvorletzte etc. ohne Prompts gelernt. Bei diesem schrittweisen Aufbau einer komplexen Sequenz wird das Verhalten somit vom Ende der Kette her solange durch Ausschleichen der Hilfestellungen ausgeformt, bis der Patient die Aufgabe selbständig bewältigt. Allerdings wurden 3–5 Sitzungen pro Tag über mindestens eine Woche hinweg benötigt, um eine solche Verhaltenskette auszuformen. Aufbauend auf den Beobachtungen von Watson u. Horn (1991) konnten sie in zwei weiteren Einzelfallstudien belegen, daß apallische Patienten, die nicht zu intentionalen Bewegungen in der Lage sind, durch Backward Chaining motorische Sequenzen erwerben können. So konnte ein Patient mit dieser Methode nach zwei Tagen lernen, einen Geldschein aus der Hand des Untersuchers zu nehmen. Zuvor war das gezielte Greifen nach diesem bedeutungsvollen Objekt in neun Prompts unterteilt worden, die in je 10 Trials zweimal täglich durchgeführt wurden. Bei einem weiteren Patienten ohne intentionale motorische Aktivitäten wurde nach dem Prinzip der negativen Verstärkung vorgegangen und auf ähnliche Weise erreicht, daß er das Ausschalten eines aversiven Tonsignals als Voraussetzung für die Bedienung eines Kommunikationsgerätes nach 2 Wochen erlernte. Diese Einzelfallstudien belegen, daß elementare motorische Schemata im Koma bei unterschiedlicher Bewußtseinstiefe erlernt werden können, wenn durch Verhaltensbeobachtungen und physiologische Messungen wirksame Kontingenzsysteme entwickelt sowie eine genaue Analyse und Sequenzierung des Zielverhaltens durchgeführt wurde. Gerade im Bereich der Frührehabilitation muß jedoch zusätzlich beachtet werden, daß ausreichende Ruhepausen vor und nach den Therapien geschaffen werden, um möglichst günstige Bedingungen für ein Kontingenzmanagement zu schaffen und andererseits eine Überstimulation zu vermeiden. Zudem sollten Familienangehörige so früh wie möglich als ein wesentlicher Bestandteil des therapeutischen Konzeptes miteinbezogen werden.

Gedächtnisstörungen

In der Gedächtnisrehabilitation dominieren die kognitiv- und verhaltensorientierten Methoden. Häufig werden dabei Techniken aus der Kognitionspsychologie (z.B. Imagery, PQRST, Loci, externe Speicher) mit denen der kognitiven Therapie (z.B. Selbstinstruktion) und operanten Verfahren (z.B. Shaping, Fading) kombiniert. Nachdem aufgrund empirischer Studien deutlich wurde, daß reine Wiederholung die Gedächtnisleistungen von Hirngeschädigten in keinster Weise verbessert und dies auch durchweg verbalen oder visuellen Elaborationstechniken unterlegen ist (Van der Linden u. Van der Kaa 1989, Robertson 1990), sind Trainingsprogramme zum Erwerb von Kompensationsstrategien entwickelt worden, die auf lerntheoretischen Prinzipien aufbauen. Diese Verfahren werden zusammen mit dem Therapeuten in Einzel- oder Gruppensitzungen durchgeführt, wobei durch ständiges verbales Prompting, Modellernen und häufiges Feedback internale Gedächtnistechniken erworben werden (Deisinger u. Markowitsch 1991). Es konnte jedoch immer wieder gezeigt werden, daß der Erwerb der Strategien nicht nur ein Höchstmaß an Automatisierungsgrad durch die Anwendung operanter Methoden erfordert und somit sehr intensive und häufige Trainingssitzungen bedingt. Empirische Studien weisen ferner daraufhin, daß eine erlernte Mnemotechnik häufig nur nach externem Cueing nicht aber beim freien Abruf (Free Recall) erfolgreich ist und zudem oft von einem Generalisierungsdefizit begleitet wird, da Aspekte der Selbstregulation zu sehr vernachlässigt werden (Kaschel 1994).

Um die Voraussetzungen für ein massiertes Strategielernen nach operanten Prinzipien zu schaffen, wurde ein interaktives, computergestütztes Trainingsprogramm entwickelt, welches zum Ziel hat, die Anwendung semantischer Enkodierungstechniken ähnlich der PQRST-Methode (Robinson 1970) anhand von audiovisuellem Material einzuüben (Laufer u. Mitarb. 1991). Hierbei soll der Patient lernen, die dargebotene Informationsmenge wie Nachrichtensendungen oder Filme durch ein strukturiertes Vorgehen und standardisierte Fragen (z. B. „wer", „wann", „was", „wo") auf das Wesentliche zu reduzieren und mit wenigen Sinnträgern zu beschreiben, um so die noch vorhandene Gedächtniskapazität effektiver zu nutzen. Hierzu werden nach Darbietung der jeweiligen Informationseinheiten die entsprechenden Zielantworten durch Lückentexte, Multiple-Choice-Antworten und Wiederholungen mit systematisch abgestuften Prompts ausgeformt (Shaping), bis ein adäquates Informationsverarbeitungsniveau erreicht ist. Mit zunehmendem Fortschritt werden diese Prompts im Sinne einer Fading-Prozedur dann schrittweise wieder ausgeblendet und ein selbständiges Enkodieren durch visuelles und verbales Feedback positiv verstärkt bis eine effektive Textverarbeitung bei freier Eingabe möglich ist. Zudem wird mit den Patienten in Einzelsitzungen eine Selbstintruktionstechnik eingeübt, um den Transfer der PQRST-Methode auf den Alltag zu verbessern.

Ein ähnliches Vorgehen wird auch von Lawson u. Rice (1989) beschrieben. Ihr Patient wurde zunächst im Gebrauch unterschiedlicher Gedächtnisstrategien (z. B. „Spatial imagery") trainiert und mußte dann eine Selbstinstruktionstechnik erlernen. Die Verlaufsdaten weisen daraufhin, daß er mit dieser Technik auch im Alltag in der Lage war, seine Gedächtnisleistung zu verbessern, indem er sich selbst Hinweisreize gab, um eine Problemanalyse vorzunehmen, eine Strategie zu selegieren und zu initiieren sowie den Verlauf zu kontrollieren.

Aufgrund der Generalisierungsproblematik von Patienten mit stark ausgeprägten Gedächtnisstörungen oder Amnesien beim Erwerb von Mnemotechniken für den Alltag wurde von Glisky u. Mitarb. (1986) ein Computerprogramm für den Erwerb bereichsspezifischen Wissens (Domain-specific Knowledge) benutzt. Es geht von der Tatsache aus, daß auch Patienten mit Amnesien noch in der Lage sind, prozedurales Wissen zu erwerben. So konnten sie in mehreren Studien zeigen, daß Patienten mit schweren Gedächtnisstörungen aufgrund der Technik der Vanishing Cues Computerbegriffe, PC-Befehle und das Schreiben kleiner Programme für die Ausübung einfacher Dateneingabetätigkeiten im Büro lernen und dieses Wissen auch über einen Zeitraum von bis zu neun Monaten behalten konnten (Glisky u. Mitarb. 1987, 1988). So müssen die Patienten z.B. kurze Sätze mit der inhaltlichen Erklärung des zu lernenden PC-Befehls lesen und dann freigelassene Satzlücken mit dem entsprechenden Befehl füllen. Können sie den PC-Befehl nicht eingeben, wird der Anfangsbuchstabe und sukzessiv alle folgenden Buchstaben bis zum vollständigen Erscheinen des Zielwortes angezeigt. In den anschließenden Sitzungen werden die Begriffe durch massives Üben sowie intensives Feedback überlernt und die als Reproduktionshilfen dienenden Buchstaben-Cues im Rahmen einer Fading-Prozedur schrittweise wieder ausgeblendet, bis der Patient ohne diese das Zielwort produziert. Die Anwendung von operanten Methoden zum Erwerb von bereichsspezifischem Wissen bei Patienten mit ausgeprägten Gedächtnisstörungen hat jedoch meist die Nachteile, daß der Transfer auf ähnliche Anforderungen nur schwer gelingt und schon eine etwas geänderte Fragestellung zu Problemen führen kann. Um eine Leistung zu erzielen, die einen amnestischen Patienten dauerhaft zu einer beruflichen Reintegration mittels einer selbständigen Tätigkeit am Computer befähigt, muß daher die Methode der Vanishing Cues über mehrere Monate mit immer komplexeren Lernzielhierarchien durchgeführt werden (Glisky u. Schacter 1989).

Bei hirngeschädigten Patienten mit Gedächtnisstörungen wird im klinischen und ambulanten Bereich außer der Einübung von Mnemotechniken und der Vermittlung von bereichsspezifischem, prozeduralem Wissen häufiger auch ein Realitäts-Orientierungs-Training (ROT) durchgeführt. Dies ist insbesondere bei der Behandlung geriatrischer Patienten sehr verbreitet, wird aber auch zunehmend in der neuropsychologischen Rehabilitation eingesetzt und zielt auf eine bessere Orientierung im Hinblick auf Person, Zeit und Umgebung. In einer Multiple-Baseline-Studie bei einem Patienten mit Zustand nach hypoxischer Hirnschädigung und völliger Desorientierung, konnte aufgrund einer deutlichen Verbesserung des Zielverhaltens hin zu adäquaterer Orientierung, die Wirksamkeit der Methode demonstriert werden (Kaschel u. Mitarb. 1994). Das therapeutische Vorgehen umfaßte dabei ein informelles 24-Stunden-ROT, bei dem der Patient ständig an persönliche, zeitliche und/oder örtlich-situative Gegebenheiten erinnert wurde. Weiterhin wurde ein Kontingenzmanagement eingeführt, da der Patient seiner Ehefrau permanent Fragen zur Orientierung stellte oder bei Fragen, die an ihn gerichtet waren, nur zu ihr herüber sah. Die Verhaltensanalyse ergab, daß die organisch bedingte Gedächtnisstörung operant durch sofortige und kontingente positive (Zuwendung/Antwort), aber auch negative (Entlastung durch Antwort) Verstärkung des Frageverhaltens aufrechterhalten wurde. Die Ehefrau wurde daher trainiert, statt einer Antwort, auf potentielle Informationsquellen (z.B. Terminkalender) oder Abrufhilfen (z.B. Jahreszeiten, Anwesenheit bestimmter Familienmitglieder) zu zeigen und ein aktives Suchtverhalten sofort zu belohnen.

Diese Beispiele zeigen, daß Kontingenzmanagement und Selbstkontrollverfahren gerade in der Rehabilitation von Gedächtnisstörungen einen wesentlichen Einfluß auf die Effektivität sowie die Generalisierbarkeit trainierter kognitiver Strategien und Leistungen haben. Dies gilt sicherlich auch für den Bereich von Aufmerksamkeitsstörungen, die ebenfalls oft nach Hirnschädigungen zu beobachten sind. Allerdings können Aufmerksamkeitsstörungen durch ein übungsorientiertes, computergestütztes Training der beeinträchtigten Funktionen gezielt verbessert werden. So bauen auch die gängigen Aufmerksamkeitstrainingsprogramme auf lerntheoretischen Elementen wie on-line-Feedback, ansteigenden Schwierigkeitslevels und visuellen oder verbalen Prompts auf. Verhaltenstherapeutische Verfahren im engeren Sinne werden im Aufmerksamkeitsbereich jedoch eher für die Bewältigung von verbleibenden Defiziten (Coping) oder zur Steigerung der Therapiemotivation und Krankheitseinsicht (Awareness) eingesetzt (McGlynn 1990).

Neglect

Ein visueller Neglect äußert sich aufgrund einer Störung der visuellen Aufmerksamkeitsausrichtung in einer Vernachlässigung oder Nichtbeachtung von visuellen Stimuli, die kontralateral zur geschädigten Hemisphäre dargeboten werden, obwohl keine Einschränkung des Gesichtsfeldes vorliegt. Nach Abschluß der Spontanremission sind typischerweise noch deutliche Alltagsprobleme z.B. beim Gehen, Essen, Ankleiden, Lesen oder Schreiben festzustellen. Tritt ein visueller Neglect zusammen mit einer Lähmung der vernachlässigten Seite auf, verschlechtert dies die Therapieerwartungen in der Krankengymnastik zusätzlich.

Am häufigsten wird zur Behandlung eines visuellen Neglects ein Training mit Ankerreizen durchgeführt, wie es zuerst von Weinberg u. Mitarb. (1977, 1979) eingesetzt wurde, um eine bessere Ausrichtung der Aufmerksamkeit zur vernachlässigten Raumhälfte hin zu erreichen. Oft werden als Trainingsmaterial Texte verwandt, die auf der vernachlässigten Seite mit einem Ankerreiz (z.B. vertikaler, roter Balken oder kontralateraler Arm des Patienten) versehen sind. Der Patient wird angewiesen, immer zuerst den Ankerreiz zu lokalisieren. Erst dann darf er die richtige Zeile aufsuchen und den Text vorlesen. Ein weiterer Prompt wird dadurch gegeben, daß jede Zeile am Anfang und am Ende mit einer Zeilennummer versehen ist. Wenn der Patient am Ende einer Zeile angelangt ist, muß er den Text absuchen bis er den Ankerreiz lokalisiert und mit Hilfe der Zeilennummer den Beginn der nächsten Textzeile gefunden hat. Zu Beginn der Therapie werden Modellerntechniken sowie häufige verbale und visuell-räumliche Prompts eingesetzt, um dieses Verhaltensmuster zu vermitteln (Shaping). Bei zunehmender Sicherheit im Vorgehen und entsprechender Kompensation der visuellen Vernachlässigung werden die Prompts im Sinne einer Fading-Prozedur dann nacheinander ausgeschlichen (z.B. immer schmaler werdender Ankerreiz), bis das Zielverhalten vollständig ausgeformt ist.

Bei einem ähnlichen Vorgehen zur Verbesserung des visuellen Expolarationsverhaltens sitzen die Patienten vor einer großflächigen Projektionsleinwand und sollen Ziffern suchen, die zunehmend von der gesunden immer weiter in die vernachlässigte Raumhälfte hinein dargeboten werden und schließlich völlig randomisiert verteilt sind. Anfangs wird hier das Wandern des Aufmerksamkeitsfokus zum Aufsuchen des Stimulus durch einen blinkenden Balken im Zielgebiet erleichtert und durch verbale sowie taktile Hilfestellungen unterstützt. Nachdem ein systematisches Explorationsverhalten erlernt wurde, werden mit Hilfe einer Fading-Prozedur diese Hilfsmittel dann langsam wieder ausgeschlichen (Pizzamiglio u. Mitarb. 1992). Problematisch ist bei dieser Art von Trainingsmethoden zur Verbesserung des Aufmerksamkeitsfokus jedoch, daß, ähnlich dem Strategielernen bei Gedächtnisstörungen, ein Generalisierungsdefizit bei der Übertragung auf andere Anforderungsbereiche besteht (Karnath 1997). Nach dem basalen Strategieerwerb beim Lese- und Explorationsverhalten sollte das Zielverhalten daher so früh wie möglich auf unterschiedliche Alltagsbereiche wie Essen, Körperpflege oder räumliche Orientierung übertragen werden.

Ein grundlegend anderer Ansatz in der Neglecttherapie geht davon aus, daß der visuellen Explorationsstörung Defizite spezifischer Aufmerksamkeitsfunktionen (Alertness, Sustained Attention) zugrundeliegen, wobei insbesondere die

Fähigkeit zur Selbstaufrechterhaltung der Aktiviertheit gestört scheint (Robertson 1995). Die Patienten sollen bei diesem Vorgehen in den Therapiesitzungen eine Selbstinstruktionstechnik erlernen, während räumliche Zuordnungs- und Sortieraufgaben durchgeführt werden. Zuerst erfolgt eine externe Instruktion durch den Therapeuten. Anschließend klopft dieser alle 20–40 Sekunden auf den Tisch und sagt laut „Paß auf" („attend"). Nach mehrfachen Wiederholungen dieser Sequenz sagt der Patient immer dann „Paß auf", wenn der Therapeut auf den Tisch klopft. Wird diese Sequenz beherrscht, lernt der Patient im selben Rhythmus wie der Therapeut zu klopfen und gleichzeitig „Paß auf" zu sagen, danach soll er versuchen es immer leiser zu sagen. Schließlich soll er immer dann dem Therapeuten während der Sortieraufgaben ein Zeichen geben, wenn er sich gerade innerlich die Instruktion vorgibt, damit dieser die adäquate Durchführung kontrollieren kann. In einer Multiple-Baseline-Studie konnte Robertson (1995) zeigen, daß durch diese Selbstinstruktionstechnik deutliche Verbesserungen der Aufmerksamkeitsfunktionen und eine Rückbildung des Neglects zu erreichen sind.

Störungen von Alltagsaktivitäten

Techniken der systematischen Verhaltensformung (Shaping) und dem anschließenden Ausschleichen von Hilfestellungen (Fading) werden nicht nur für das Erlernen von Kompensationsstrategien bei Gedächtnis- oder Explorationsstörungen, sondern häufig auch beim Erlernen von Umweg- und Ersatzstrategien für die Überwindung sensomotorischer Behinderungen eingesetzt. Werden diese nicht adäquat behandelt, kann gerade im Alltagsbereich („activities of daily living") die Selbständigkeit bei der Nahrungsaufnahme, der Fortbewegung oder der Körperhygiene stark eingeschränkt bleiben. Die Effektivität der eingesetzten verhaltenstherapeutischen Methoden ist jedoch auch abhängig von der Art der zugrundeliegenden Störungsmechanismen. So kann bei schweren ideatorischen Apraxien, bei denen die einzelnen Bewegungsschemata noch erhalten, aber die Sequenzierung der gesamten Bewegungsfolge gestört ist, die Methode der Verhaltenskettung (Backward Chaining) erfolgreich angewandt werden (Wilson 1984). Hierzu muß die Verhaltenssequenz in ihre Grundelemente zerlegt, ihr Wiederaufbau durch Hilfestellungen unterstützt und die Verkettung der Einzelteile vom Ende her differentiell verstärkt werden. Auf diese Weise konnten Patienten, die sich aufgrund ihrer ideomotorischen und ideatorischen Apraxie nicht mehr selbständig ernähren und ankleiden konnten, lernen, aus einer Tasse zu trinken oder ihre Jacke anzuziehen (Wilson 1987, 1989). Häufig wird zum Aufbau von Verhaltensketten beim Wasch- und Anziehtraining von Patienten mit schweren Gedächtnisstörungen auch ein ganzheitliches Vorgehen (Whole-Task-Methode) gewählt, bei dem alle Einzelschritte der Gesamtkette in jeder Trainingssitzung wiederholt eingeübt werden. Hierbei hat sich die Methode der konstanten Zeitverzögerung (Constant Time Delay) bewährt, die verbale oder körperliche Hilfestellungen erst nach einem gleichbleibenden Intervall zuläßt. Giles u. Mitarb. (1996) konnten in Einzelfallstudien zeigen, daß diese Methode auch noch nach drei Monaten zu stabilen Verbesserungen im ADL-Bereich führt.

Beim Vorgehen nach dem Portage-System, welches ursprünglich für entwicklungsgestörte Kinder konzipiert wurde, wird dagegen versucht, eine ansteigende Schwierigkeitshierarchie zu bewältigen. Wilson (1985) beschreibt eine Patientin mit multiplen neuropsychologischen Defiziten, die große Angst hatte, ohne Begleitung zu gehen, obwohl sie von ihrer Motorik her dazu in der Lage gewesen wäre. Sie konnte sich nur fortbewegen, wenn sie sich bei Begleitpersonen anklammerte oder an der Wand abstützte. Über 8 Wochen hinweg wurde trainiert, eine zunehmende Anzahl von Stufen allein zu bewältigen, bis sie sogar in der Lage war, ohne Unterstützung eine Straßenkreuzung zu überqueren. Allerdings wird kritisch bemerkt, daß die weiteren Therapieziele aufgrund zu schnell ansteigender Schwierigkeitshierarchien nicht erreicht wurden.

Störungen der Handlungsplanung und -kontrolle

Beeinträchtigungen der höheren Exekutivfunktionen (z.B. Initiierung, Handlungsplanung, Selbstregulation) aber auch Antriebsminderung oder emotionale Indifferenz sind insbesondere nach Hirnschädigungen mit frontaler Beteiligung zu beobachten. Die betroffenen Patienten sind in vielen Fällen nicht mehr in der Lage, ihr Leben zielgerichtet zu kontrollieren und zu organisieren. Sie erscheinen in ihrem Denken eingeengt, reden weitschweifig und profitieren kaum aus Erfahrungen. Entsprechend häufig werden daher mit Selbstinstruktionstrainings Störungen des problemlösenden Denkens behandelt. Cicerone u. Mitarb. (1987) beschreiben diese Technik bei einem Patienten mit ausgeprägter Impulsivität und mangelnder Handlungskontrolle nach Schädel-Hirn-Trauma. Er unterbrach ständig die Unterhaltung anderer Familienmitglieder und wirkte beim Sprechen umständlich und assoziativ. Im dreistufigen Selbstinstruktionstraining wurde zunächst die Selbststeuerung durch das Erlernen einer inneren Sprache („covert, internalized self-guidance") an einer experimentellen Problemlösungsaufgabe trainiert. Später wurde die Verhaltensweise auf alltagsnahe Anforderungen übertragen und an realen Interaktionen weiter überlernt.

Bei einem Patienten mit ähnlichem Störungsbild setzten Giles u. Mitarb. (1988) eine Time-Out-Prozedur ein, die kombiniert mit hoch strukturierten Prompts zumindest in der Verlaufsbeobachtung nach 4 Wochen noch auf eine stabile Änderung des Interaktionsverhaltens hin zu mehr Konkretheit und prägnanten Aussagen hinwies. Störungen des problemlösenden Denkens können aber auch wirksam in verhaltenstherapeutischen Kleingruppen behandelt werden. Von Cramon u. Mitarb. (1994) orientieren sich dabei in ihrem Problemlösetrainingsprogramm an den vier Komponenten

1. Beschreibung und Analyse der Problemstellung,
2. Entwicklung lösungs- und durchführungsorientierter Ideen,
3. Abwägen von Vor- und Nachteilen/Treffen von Entscheidungen,
4. kritische Evaluation und Bewertung der (eigenen) Lösungen.

Sie verwenden dabei nur alltagsnahe Aufgabenstellungen, um den Patienten die praktische Relevanz der vorhandenen kognitiven Leistungseinbußen zu verdeutlichen und den Transfer der vermittelten Strategien in den Alltag zu fördern. In jeder der stark strukturierten Therapiestunden werden Hilfestellungen während der Aufgabenbearbeitung „aufge-

X

sättigt" (Saturated Cueing) und die richtige Anwendung der Komponenten durch positives Feedback aus der Gruppe verstärkt. Grundsätzliche Elemente für die Lösung einer Problemstellung werden dabei gemeinsam in der Gruppe erarbeitet, für alle sichtbar aufgelistet und bei zunehmender Sicherheit mit ähnlichen Problemstellungen wieder schrittweise reduziert (Fading Out).

Matthey (1996) beschreibt eine Patientin nach hypoxischem Hirnschaden, bei der eine Amnesie sowie eine ausgeprägte Störung der Handlungsplanung und -kontrolle festgestellt wurde. Ferner war ihr Verhalten durch ständige Perseverationen gekennzeichnet. Die Baseline zeigte, daß sie innerhalb von 10 Minuten bis zu 20mal das Stationstelefon benutzen wollte. Eine deutlicher Rückgang dieses Verhaltens konnte dadurch erreicht werden, daß das Pflegepersonal bei jedem Telefonwunsch, anstatt mit „Nein" zu antworten, auf eine daneben hängende Übersichtstafel zeigte. Hierauf war das Maximum von zwei Telefongesprächen täglich (Limit Setting) sowie ein Häufigkeitsdiagramm aufgeführt. Es konnte erreicht werden, bei ihr in gewissem Umfang ein Selfmonitoring aufzubauen, so daß sie die Tafel als Feedback nutzte, eine adäquate Handlungskonsequenz formulierte und ihr perseverierendes Verhalten dadurch wesentlich besser kontrollieren konnte

Verhaltensstörungen

Hirnschädigungen können sich außer in kognitiven oder sensomotorischen Beeinträchtigungen auch in sozial unakzeptablen Verhaltensauffälligkeiten äußern, bei denen verhaltenstherapeutische Methoden bisher schon oft eingesetzt wurden. Beispielsweise kann bei gesteigerter Aggressivität die Anwendung von operanten Bestrafungsverfahren (Time Out, Response Cost), eine deutliche Reduktion dieses Verhaltens erreichen (Wood 1987). Hierbei haben sich besonders die Time-Out-Verfahren bewährt, bei denen der Patient entweder nach dem Auftreten des aggressiven Verhaltens für kurze Zeit von allen Anwesenden ignoriert oder sofort aus dem Therapieraum entfernt wird (Wood u. Eames 1981). Wichtig ist bei diesem Vorgehen jedoch, daß erwünschtes Verhalten anschließend sofort wieder differentiell positiv verstärkt wird (Slifer u. Mitarb. 1995). Lira u. Mitarb. (1983) konnten bei einem Patienten nach Schädel-Hirn-Trauma die Häufigkeit aggressiver Durchbrüche deutlich vermindern, nachdem dieser eine Streßbewältigungstechnik (Stress Inoculation) erlernt hatte, die aus kognitiven Strategien wie Selbstverbalisation oder Umattribuierung bestand. Ein vergleichbares Vorgehen wurde bei Hirngeschädigten in einem ambulanten Trainingsprogramm zur Behandlung von aggressivem Verhalten eingesetzt (Uomoto u. Brockway 1992). Hier wurde zunächst den Patienten in intensiven Sitzungen eine Selbstkontrolltechnik vermittelt, deren Elemente sie aufgrund ihrer Behaltensstörungen zusätzlich in ihr Gedächtnistagebuch eintragen mußten. Die Familienmitglieder wurden aufgefordert, den Patienten Hinweise auf bevorstehende kritische Situationen und die Anwendung der entsprechenden Selbstkontrolltechnik zu geben. Zudem wurden Veränderungen des Kommunikationsverhaltens (z. B. langsam sprechen) sowie Time-Out-Strategien erarbeitet, so daß auch noch nach drei Monaten eine stabile Reduzierung des aggressiven Verhaltens festzustellen war.

Obwohl bei noch erhaltener Krankheitseinsicht und ausreichenden kognitiven Funktionen zunächst immer versucht werden sollte, eine Verbesserung der Selbstkontrolle zu erreichen, führt dies bei gravierenden Verhaltensauffälligkeiten nicht immer zum Erfolg. Zudem ist die Anwendung von Time-Out-Prozeduren auch nicht immer sinnvoll. So konnte in einer Fallstudie häufiges lautes Schreien bei einem schädelhirnverletzten Patienten durch eine Time-Out-Prozedur zunächst nicht verringert werden. Die Häufigkeit seines Schreiens nahm erst dann dauerhaft ab, nachdem eine Sättigung durch negative Übung („satiation through negative practice") erreicht wurde. Hierzu mußte der Patient, nachdem er sein Schreien z. B. während einer Therapiesitzung von sich aus beendet hatte, es anschließend für 3 Minuten weiter fortführen, oder er mußte sich 15 Minuten lang vor bestimmten Aktivitäten ein Tonband mit seinem Schreien anhören (Alderman 1991).

47. Onkologische Erkrankungen

Symptomatik, Epidemiologie, Klassifikation

R. Schwarz und S. Stump

Der Begriff „Krebs" steht für eine große Gruppe von Erkrankungen, die sich stark in ihrem Verlauf, ihrer Prognose, ihren Beschwerden und Behandlungsformen unterscheiden. Gemeinsam ist ihnen ein unkontrolliertes Zellwachstum und die Ausbreitung abnormer Zellen bei gleichzeitiger Veränderung der Zellstruktur und -differenzierung. Der Organismus wird geschädigt durch Verdrängungserscheinungen infolge einer Gewebewucherung, durch Gewebezerstörung oder durch eine tumorbedingte pathologische Hormonproduktion. Die klassischen Behandlungsmethoden umfassen chirurgische, medikamentöse und strahlentherapeutische Maßnahmen (Erbar 1994).

Im Jahr 1991 nahmen die bösartigen Neubildungen mit 23% aller Sterbefälle nach den Krankheiten des Kreislaufsystems den zweiten Platz in der Todesfallstatistik ein (Statistisches Landesamt des Saarlandes 1992). Die geschätzte Zahl der jährlich neu an Krebs Erkrankten in der Bundesrepublik Deutschland lag 1993 bei den Männern bei insgesamt rund 173000 und bei Frauen bei rund 163000 (Ziegler u. Stegmaier 1996). Die häufigsten Krebstodesursachen sind nach ihrer Lokalisation bei Männern die Bronchien, dann Darm, Prostata und Bauchspeicheldrüse. Bei den Frauen steht an erster Stelle die Brustdrüse, gefolgt von Darm, Lunge – mit stark steigender Tendenz – Eierstöcke und Magen (Becker 1997).

Krebserkrankungen zeichnen sich generell durch eine **hohe psychische Komorbidität** aus. Derogatis u. Mitarb. (1983) gehen über alle Krankheitslokalisationen und Stadien hinweg von einer fast 50%igen Prävalenz psychischer Begleitdiagnosen aus. Im einzelnen ließen sich folgende Krankheitskategorien unterscheiden:

1. Psychische Vorerkrankungen:
- *manifeste psychische Erkrankungen* – bestanden zeitlich vor dem Krebsleiden und haben Einfluß auf die Anpassung an die Krankheitssituation;
- *latente psychische Erkrankungen* (spezifische Konfliktlabilität, Persönlichkeitseigenheiten) werden durch das Krebsleiden bzw. dessen Folgen manifest.

2. Psychische Begleiterkrankungen, ausgelöst durch ein Krebsleiden bzw. dessen Therapie bei vorbestehender unspezifischer Vulnerabilität (z. B. sekundäre Hypochondrie).

3. Psychische Folgeerkrankungen: Diese Erkrankungen wären ohne die Belastung nicht entstanden, sie sind durch diese verursacht, nicht nur ausgelöst.
- „ANV-Syndrom" bei Chemotherapie (Anorexia, Nausea, Vomiting), Fatigue;
- kognitive Beeinträchtigungen, Delirien, organische Psychosen, etc.;
- Affektlabilität, innere Unruhe.

Psychovegetative und kognitive Nebenwirkungen der Behandlung, z. B.:
Unspezifische Reaktionen auf schwere Belastungen als Anpassungsstörungen (ICD-10 F43) infolge kumulativer Traumatisierung:
- akute Belastungsreaktion (Krisenreaktion, psychischer Schock, ICD-10 F43.0);
- posttraumatische Belastungsstörung (traumatische Neurose, ICD-10 F43.1);
- Anpassungsstörungen (ICD-10 F43.2 bis F43.9 – individuelle Disposition oder Vulnerabilität spielt eine größere Rolle als bei F43.0 und F43.1);
- (posttraumatische) Persönlichkeitsstörung nach Extrembelastung (ICD-10 F62).

Für die jeweiligen Tumorlokalisationen typische psychosoziale Beeinträchtigungen und Störungen mit persönlichkeitsspezifischen psychischen Ausdrucksformen:
- beeinträchtigte Sexualität bei entsprechender Tumorlokalisation;
- soziale Isolation bei Gesichts- und Kehlkopftumoren etc.;
- Selbstbildstörungen.

Paraneoplastische Syndrome mit psychischer Symptomatik.

4. Störungen in Partnerschaft und Familie

Psychoanalytische Psychotherapie

R. Schwarz

Eine psychoanalytisch begründete Psychotherapie mißt dem Verstehen des individuellen Leidens zentrale Bedeutung zu, das insbesondere bei krebskranken Menschen resultiert aus der Verzahnung des körperlichen mit dem psychosozialen Geschehen, wobei zu berücksichtigen ist, daß sich im subjektiven Krankheitserleben individuelle und gesellschaftlich verankerte Einstellungen mischen.

Diagnose „Krebs" – kollektive und individuelle Ebenen

Trotz der Vielfältigkeit der malignen Tumorerkrankungen hat sich ein allgemeiner **Stereotyp „Krebs"** gebildet, u. a. bezeichnet als „Krankheit zum Tode", „Geißel der Menschheit",

„Aussatz unserer Zeit“ (Dornheim 1983), der an mittelalterliche Bilder von Seuchenzügen und Siechtum denken läßt, verbunden mit der Angstvision einer Zerstörung im eigenen Körper. Der unvermeidlich erscheinende Krebstod gilt nicht als ein natürlicher Tod, sondern als vorzeitig und gewaltsam – aber auch als ein protrahiertes, qualvolles Geschehen in totaler Ohnmacht gegenüber der Willkür destruktiver Kräfte.

Die **Sonderstellung** der onkologischen Leiden macht schon die für eine medizinische Taxonomie ungewöhnliche Benennung „Krebs“ deutlich, die mehr dem emotionalen Kontext als einer wissenschaftlichen Kategorisierung entspricht. Nur noch **ein anderes**, ebenfalls als gefährlich erachtetes Tier, der Wolf, gibt einer Krankheit seinen Namen – Lupus vulgaris, eine Erscheinungsform der Tuberkulose, deren Mythos zumindest in einigen Aspekten auf die Krebserkrankungen übergegangen ist (Sontag 1978).

Man mag hier eine Art kollektiven Bewältigungsversuch im Sinne einer kulturellen **Regression** auf die Ebene des Animismus erkennen, die den Hintergrund auch individueller regressiver Prozesse als Reaktion auf eine schwer definierbare, vitale Bedrohung abgibt.

Die Diagnose einer malignen Erkrankung, welcher Art im einzelnen auch immer, mobilisiert eine ganze Flut von bedrohlichen Vorstellungen und steht als unheilvolle Metapher bereit und als **Projektionsschirm** für die versammelten Übel unserer Zeit. Das Wort „Krebs“ als Sinnbild für die Welt des Bösen vereinigt alles Negative, was an gesellschaftlicher Realität wahrgenommen und auf diese Weise konkretistisch gebunden wird. Gern verwandt als universeller Repräsentant allen Übels und ausgestattet mit den Kräften einer gezielten Destruktivität wird „Krebs“ personalisiert und absichtsvolle Bösartigkeit, Heimtücke, Mordlust, Hinterlist u. a. m. unterstellt, was in Einklang steht mit der allgemeinen Erwartung, daß Krebs eine Krankheit darstelle mit langwierigem, schmerzvollem Verlauf, die in entwürdigender Weise abhängig mache, gemieden, entmündigt, ohne eigene Einflußnahme, die unausweichlich zum Tode führe, in steriler Isolation und technischer Unpersönlichkeit. Abgewehrt wird schließlich auch die Realität der ganz direkten Bedrohtheit durch eine onkologische Krankheit – die jeden mit der durchschnittlichen (statistischen) Wahrscheinlichkeit von 33% trifft: Mit anderen Worten, jeder Dritte erkrankt an Krebs.

Wenn eine Krankheit als Verkörperung des Bösen angesehen wird, dann folgt daraus eine **Ausgrenzung** der von ihr Befallenen. Im Einzelfall setzt sich dieser Prozeß der Isolation fort, z. B. durch die alte – und mancherorts noch immer befolgte – Regel, man dürfe Krebspatienten ihre Diagnose nicht mitteilen – statt dessen werden dann die Angehörigen aufgeklärt – oder durch die Zuschreibung einer bestimmten „Krebspersönlichkeit“, die die (noch) Gesunden zu schützen scheint, während sie die Erkrankten demarkiert im Sinne eines Selbstverschuldens. Schuldzuschreibungen werden nicht selten vom krankheitsbedingt regredierten Patienten geteilt, im Sinne einer strafenden Selbstkritik und als ein die Selbstkontrolle erhaltender Sinnstiftungsversuch.

Durch ein solches Stigma zum Außenseiter gestempelt – „vom Tode gezeichnet“ –, hat es der Tumorkranke, verdichtet in dem Wort „Krebs“, mit einer **Kombination mehrerer belastender Momente** zu tun: Die meist sehr ängstigenden Krankheitserwartungen, die krankheits- und therapiebedingten Beeinträchtigungen, zusammen mit ihren seelischen und sozialen Auswirkungen und zusätzlich kränkenden Zuschreibungen, formen einen vielschichtigen Leidenskomplex, angesichts dessen die paradox klingende Forderung von Sontag, „auf gesunde Weise krank sein“ zu wollen, einen Sinn gewinnt (1978). Wenn nun eine Krebskrankheit auftritt, heißt das nicht, daß der Betroffene automatisch die Lager wechsele und seine Vorurteile verlöre; auch (psycho-)onkologische Therapeuten sind übrigens nicht per se, d. h. von Berufs wegen, unbefangen. Die Kranken finden sich dann in dem inneren Konflikt wieder, sowohl Ausgrenzende wie Ausgegrenzte in einer Person zu sein.

Diesen Prozeß der Vereinsamung fördert die **technisierte Onkologie**, die neben einer sicher hoch zu bewertenden, verbesserten Behandelbarkeit einer Reihe von onkologischen Erkrankungen – eine sichere Prognose auf den Einzelfall ist gleichwohl nicht möglich – zu einer zunehmenden Spezialisierung und damit gleichzeitig zu einer wachsenden Distanz zum Kranken führt, vor allem wenn eine reduktionistische Modellbildung des Krebsgeschehens auf der Ebene der Organe oder gar der Moleküle verharrt und nicht zum kranken Menschen rückgekoppelt ist. Die Kluft zwischen Körper und Seele einerseits und zwischen Arzt und Patient andererseits ist im Begriffe, sich zu weiten. Die pflichtgemäße Erfüllung eines von vielen Medizinern als juristisch erzwungen wahrgenommenen **Aufklärungsprozederes** über Diagnose, Behandlungsrisiken und Prognose ist kein wirksames Agens gegen die Isolation der Kranken, zumal viele Ärzte sich dieser Aufgabe durch Unterschrift auf einem vorgedruckten Formular entledigen, überreicht durch das sog. medizinische Assistenzpersonal. Nahezu unwillkürlich wandelt sich im subjektiven Erleben die Antinomie zwischen dem Kranken und der Krankheit zu einer Gegnerschaft zwischen Patienten und Ärzten bzw. Medizin, die mit der Diagnosestellung „das Todesurteil“ zu sprechen scheinen und von der sich viele Patienten mit Stahl, Strahl und chemischen Waffen verfolgt fühlen.

Die Diagnose „Krebs“ wird somit – mehr als prognostisch ähnlich einzustufende andere Erkrankungen – über deren reale Bedrohlichkeit hinaus durch den metaphorischen Überbau und die persönlichen Unheilserwartungen zu einer Katastrophe von massiver psychotraumatischer Wirkung. Nicht von ungefähr werden deshalb Forderungen nach einer „ganzheitlichen Medizin“, die psychische, soziale und biologische Aspekte gleichgewichtig einbezieht, mit besonderem Nachdruck in der Onkologie erhoben als Hinweis auf die besonderen Belastungen, denen Krebskranke und deren Angehörige ausgesetzt sind und die die Arbeit mit Krebspatienten für Pflegende und onkologisch tätige Ärzte bedeutet (Herschbach 1991).

Ansätze einer tiefenpsychologischen Psychosozialen Onkologie

Die Psychosoziale Onkologie mit psycho-(und sozio-)dynamischem Hintergrund nimmt von verschiedenen Ebenen ihren Ausgang (Schwarz 1995):

Als **Kulturwissenschaft** befaßt sie sich mit den Entstehungsbedingungen, der Wirkungsweise und den individuellen und kollektiven Folgen der Vorstellungen (Metapher „Krebs“), die sich Gesunde, Kranke, Behandelnde und Pflegende von onkologischen Erkrankungen machen, um eine Entstigmatisierung und Entmythologisierung des Krankheitsgeschehens und dadurch eine Reintegration des Krebskranken zu erreichen, mit dem Ziel der Minderung des Krankheits- und Behandlungstraumas.

Auf der **individuellen Ebene** richtet sich das Augenmerk auf das Erleben und die Auseinandersetzung mit Krankheits- und Behandlungsfolgen und auf das Beziehungsgeschehen im onkologischen Behandlungsprozeß. Die Einschätzung der Beeinträchtigungen und Störungen im persönlichen sozialen Netz, wie diese zusammen mit den jeweiligen psychischen Reaktionsweisen einzuordnen und zu diagnostizieren sind, sowie Art und Indikation verschiedener psychotherapeutischer bzw. psychosozialer Interventionen gehören ebenfalls hierher.

Hypothesen einer **psychosozialen Krebsentstehung** kann an dieser Stelle nicht nachgegangen werden, obwohl z.B. im Falle des Risikoverhaltens (Tabak-, Alkoholabusus usw.) psychotherapeutisches Wissen gefragt ist. Die Behauptung einer primären Psychogenese onkologischer Erkrankungen ist nicht aufrechtzuerhalten (Schwarz 1994) und kann nicht als Basis einer präventiven, „kausalen" Psychotherapie reklamiert werden. Als primäre Einstellung im Zugang zu Krebskranken erscheint die Anerkennung des Krankheitstraumas ein produktiverer Weg zu sein.

Die **psychotraumatische Valenz** einer Krebserkrankung erklärt sich aus folgenden Momenten:

1 Belastungen und Beschädigungen durch die Erkrankung und deren Behandlung als äußere Realität, der jeder Betroffene ausgesetzt ist, die regelmäßig zu Symptomen einer akuten Krise führen und die oft Anpassungsprobleme zur Folge haben, welche in eine chronische posttraumatische Belastungsstörung münden können.

2 Die spezifische, individuelle Bedeutsamkeit bzw. Bedeutungserteilung des Traumas als innere Realität, gestaltet als Abschnitt der persönlichen Lebensgeschichte mit einem individuellen Reaktionsstil (Disposition, Vulnerabilitäten) und ggf. präexistenten psychosozialen Störungen.

3 Das sog. Damokles-Syndrom der Überlebenden (Koocher 1981): Auch bei Erreichen der sog. 5-Jahres-Heilung sind Rezidive nicht sicher auszuschließen und die Gefahr von Zweitmalignomen, durch einige Krebstherapien induziert, läßt sich nicht mehr leugnen (Gaedicke 1994, Munker u. Mitarb. 1995).

Diagnostik und Differentialdiagnostik psychischer Störungen bei Krebskranken

Die psychosoziale Diagnostik bei onkologischen Patienten muß auf die individuellen Gegebenheiten abgestimmt sein und kann nicht von einem wie auch immer gearteten „Krebsstereotyp" ausgehen. Die Diagnose „Krebs" bildet zwar (mit Einschränkungen) für Faktoren wie die Tatsache einer Psychotraumatisierung und für die Notwendigkeit von Nachsorge und Rehabilitation einen gemeinsamen Nenner – und meist auch hinsichtlich der Reaktionen der Umwelt. Im weiteren sind dagegen die Belastungsreaktionen, Bedeutungserteilungen und Bewältigungsversuche des einzelnen betreuungsrelevant, ohne daß wir uns auf allzu weitgehende psychotherapeutische **Krebsuniversalien** berufen könnten; den Krebspatienten gibt es nicht. Das gilt auch für die bekannte Phasenabfolge nach Kübler-Ross (1971), sofern sie nicht Phänomene beschreibt, die in krisenhaften Entwicklungen generell beobachtet werden können. Sie sind keineswegs für Krebs typisch und deren Reihenfolge sollte nicht als behandlungsleitende Norm mißverstanden werden.

Psychische Störungen bei Krebskranken

Die zahlreichen und vielfach unerkannten psychischen Begleitphänomene einer Krebserkrankung lassen sich unterteilen nach psychischen Vor-, Begleit- und Folgeerkrankungen (s. oben).

Bei der diagnostischen Beurteilung der psychischen Situation schwerkranker Menschen sind auch regressive Phänomene zu beachten: Zumindest theoretisch lassen sich unterscheiden eine „kollektive Regression", an der auch der einzelne teilhat, mit Wiederbelebung des Animismus als eine „Beseeltheit" des Krebs mit Viktimisierung des Kranken, im Sinne der Zuschreibung eines Selbstverschuldens – und eine „individuelle Regression". Durch eine traumatisierende und gleichzeitig infantilisierende Krankheits- und Behandlungssituation wird in der Regel ein regressives Geschehen in Gang gesetzt, das die Krankheitsauseinandersetzung überlagert und das von einer präexistierenden psychischen Erkrankung unterschieden werden sollte. So finden wir im Zuge einer fortschreitenden malignen Erkrankung zumindest vorübergehend borderlineähnliche „frühe" Abwehrformationen (Ich-Regression) mit Spaltung, Verleugnung, Idealisierung, Entwertung, z.B. als Form der Angstregulation und Depressionsabwehr und im späteren Verlauf als wichtige Abwehr- bzw. Anpassungsform die Abspaltung, die ein von Affekten unbehelligtes Funktionieren bzw. Kooperieren erlaubt und den Patienten befähigt, den behandelnden Arzt als „gutes Objekt" zu bewahren, selbst wenn er schmerzliche Eingriffe veranlaßt. Diese Form der Abwehr stellt eine wichtige Ich-Leistung dar, vor allem dann, wenn das Krankheitsgefühl durch die Behandlung die Beschwerden übersteigt, die von dem Krebsleiden selbst verursacht sind. Wenn durch die Reaktionsnorm des Patienten oder/und durch ein übergriffsartiges nicht durch den Auftrag des Kranken gedecktes Vorgehen bedingt diese „kooperative" Spaltung nicht gelingt, kommt es zu einer Freund-Feind-Konfusion (vgl. auch Fischer 1990), die zu der traumatischen Wirkung des Krankheitsgeschehens maßgeblich beiträgt.

Bei derartigen Verstrickungen handelt es sich nicht um Exklusivprobleme der Onkologen: Auch Psychotherapeuten können den traumatischen Prozeß aufrechterhalten, wenn ihnen nämlich entgeht, daß bei schwer Krebskranken das Abwehrgeschehen, welches im Falle einer Neurose das psychische Krankheitsbild mitkonstituiert, jetzt als eine existenzerhaltende Anpassungsleistung zu werten ist, die keinesfalls von vornherein – wie vielfach propagiert – als Zeichen einer krebserzeugenden Grundstörung psychotherapeutisch angegangen werden muß, quasi legitimiert durch eine psychotherapeutische Heilungsvision (Kahleyss 1981).

Psychotherapeutische Basis

Ungeachtet der jeweiligen psychotherapeutischen Heimat des Betreuers und der Art der jeweils indizierten, spezifischen Intervention ist der Zugang zum Krebskranken bestimmt von der Anerkennung der Realität des Traumas, zu dem Krankheit und Behandlung für den einzelnen werden können – auch bei Berücksichtigung der Tatsache, daß das Erleben und die (subjektive) Bedeutung der aktuellen Situation ganz wesentlich mitbestimmt wird von vergangenen Erfahrungen und Merkmalen der individuellen Person des Kranken.

Eingedenk des regressiven Geschehens im Krankheitsprozeß beruht das **primäre Beziehungsangebot** des Betreuers auf den psychotherapeutischen Basistechniken, die der elementaren Erschütterung des Sicherheitsgefühls und des Werterlebens im Selbstgefüge Rechnung tragen: Der Therapeut geht auf die Verletztheiten, die Bedürfnisse und das Konfliktgeschehen des Patienten ein, wobei oft Scham und Selbstabwertung das Beziehungsgeschehen prägen, was den Therapeuten in Gefahr bringt, haltungsmäßig durch Bagatellisieren oder Beschwichtigen gegenzusteuern oder sich implizit auf die Seite der bestrafenden Selbstkritik des Patienten zu stellen, wenn statt des Traumas primär die motivationalen Hintergründe fokussiert werden, z. B. durch Rekurs auf die sog. „Krebspersönlichkeit".

Die psychotherapeutischen Grundeinstellungen des **Aufnehmens** und **Haltens** begegnen einem versehrten Selbst, das durch ein verzweifeltes Abwehren der traumatischen Situation bzw. deren subjektiven Implikationen geprägt ist. Es geht nun darum, in der immer wieder neu auflebenden Krise „Container" (Bion 1959) zu sein, also aufzunehmen und zu „entgiften" (d. h. vielleicht auch nur auszuhalten), nicht einzudringen oder rasch und möglicherweise überschießend zu reagieren, sondern im Sinne eines primären Objektes eine „Holding-Funktion" zu übernehmen, „Umweltmutter" (Winnicott 1967) zu sein und das Stille, Unauffällige, Kontinuierliche zu verkörpern. Die jeweiligen Settings, z. B. im Rahmen eines stationären Liaison- oder Konsultationsdienstes, die ambulante Betreuung, auch durch Hausbesuche, die Begegnung in onkologischen Fachpraxen, Beratungsstellen, psychotherapeutischen Praxen, stellen dabei jeweils spezielle Anforderungen an die Flexibilität und Kooperationsbereitschaft des Therapeuten (Schwarz 1993).

In jeder, aber besonders deutlich in der stationären Behandlungssituation ist ein optimaler Nutzen für den Patienten nur durch die Verfügbarkeit des krebsbezogenen Wissens in kooperativer Zusammenarbeit aller beteiligten Berufsgruppen zu erwarten. Auch wenn aus der Sicht des Kranken, aufgrund seines vorwiegend körperlichen Krankheitsgefühls, in der „Hierarchie des Notwendigen" (Bräutigam 1988) die psychosoziale Betreuung hinter der onkologischen Behandlung rangiert, gilt es, ein simultanes Angebot anzustreben mit Einbettung psychosozial-betreuerischer Elemente in den medizinischen Kontext.

Psychotherapeutische Zugänge

Therapeutisch genannte psychoonkologische Betreuungsansätze wollen die Patienten auf die neue Situation „Leben mit einer Krebserkrankung" vorbereiten, ohne die automatische Zuschreibung einer psychiatrisch-psychotherapeutischen Störung im engeren Sinne. Praktisch gesehen geht es darum, Verlorenes zu erkennen und – zur Prävention einer posttraumatischen, depressiven Selbstdestruktivität – die Trauer auf die Verluste zu beschränken, eine neue Haltung, neue zukunftsgerichtete Perspektiven und Möglichkeiten zu gewinnen und Verhaltensweisen kennenzulernen und zu erproben, die einer Adaptation und psychosozialen Reintegration förderlich sind.

Drei sich ergänzende **Interventionsansätze** korrespondieren mit diesen Ebenen; ein Methodenmonismus jedweder Art ist der Vielfalt der Problemlagen nicht angemessen; auch eine analytische Therapie schließt soziale Interventionen nicht prinzipiell aus (Rüger 1981), wobei allerdings nicht einem konzeptlosen Spontaneklektizismus das Wort geredet werden soll.

- **Beratung und Instruktion** in bezug auf ein geeignetes Krankheits- bzw. Gesundheitsverhalten mit Informierung auch über soziale und sozialrechtliche Unterstützungsmöglichkeiten (Weis u. Mitarb. 1994) sollte allen Patienten angeboten werden.
- Ein **kognitiv-behavioraler Zugang** zur supportiven Symptomreduktion, z. B. durch Entspannungsverfahren bei Chemotherapienebenwirkungen oder Schmerzen oder auch die korrigierende Neubewertung bei depressiven Reaktionen und das Einüben von Verhaltensformen und Bewältigungsfertigkeiten ist bei ca. einem Drittel der Kranken indiziert. Die meisten auch wissenschaftlich evaluierten psychotherapeutischen Modelle kombinieren beratende, unterstützende und Gefühlsentlastung vermittelnde Verfahren und wählen dafür ein Gruppensetting mit einem strukturierten Programm.
- Für ein personen-, familien- und konfliktorientiertes **psychodynamisches Vorgehen** im engeren Sinne wird der Bedarf auf ca. 5% der Krebskranken geschätzt. Dabei entwickelt sich der methodenübergreifende Konsens, daß jede therapeutische Technik dem Beziehungsgeschehen im Patientenumfeld und im therapeutischen Kontakt Rechnung tragen muß.

Übersichten über epidemiologische Daten und therapeutische Zugänge geben Derogatis u. Mitarb. (1983), Holland u. Rowland (1989), Schwarz u. Zettl (1991, 1993).

Psychodynamisch-psychoanalytische Therapie

Therapeutische Initiativen auf tiefenpsychologischer Grundlage konfrontieren den Wissenschaftler mit zahlreichen Schwierigkeiten, einen schlüssigen Nachweis des Nutzens der Behandlung zu führen, der über den Einzelfall hinausgeht, der generalisierbar und quantifizierbar ist. Dennoch sind die vorhandenen Falldarstellungen bezüglich der dargestellten therapeutischen Techniken sehr hilfreich und lassen übereinstimmende (aber zum Teil auch divergente) Prinzipien im Umgang mit Patienten erkennen, die unter einer lebensbedrohlichen Krankheit leiden.

Die vorliegenden Kasuistiken beziehen sich meist auf Patienten in einer akuten Krankheitsphase oder auf solche mit infausten Verläufen, so daß die aktuelle Auseinandersetzung mit der unmittelbaren Existenzbedrohung einen wesentlichen Fokus darstellt. Die Behandlung von Patienten mit einer Krebserkrankung in der Vorgeschichte nimmt – wenn es sich nicht um posttraumatische Anpassungsstörungen handelt – meist von anderen Lebensproblemen ihren Ausgang und ist in ihrem Prozeß mehr von diesem Konfliktgeschehen bestimmt; die Bedeutung der malignen Erkrankung verschiebt sich von der traumatischen äußeren auf die Ebene einer persönlichen Bedeutungserteilung oft im Kontext eines konflikthaften Beziehungsgeschehens.

Vielfach kontrovers diskutiert wird die Frage, ob ein drohendes chronisch-progredientes Leiden das psychische Geschehen zu sehr in Anspruch nähme und ob psychische Strukturveränderungen im Sinne weiterer Individuationsschritte in einer solchen Situation überhaupt möglich seien und angestrebt werden sollten – abgesehen von den praktischen Schwierigkeiten, ein psychotherapeutisches Setting parallel zur körperlichen Behandlung z.B. in Krankenhäusern aufrechtzuerhalten. Immer mehr Psychotherapeuten und Psychoanalytiker machen indessen die Erfahrung, daß auch im fortgeschrittenen Krankheitsstadium eine Stabilisierung der Lebensqualität und persönliche Weiterentwicklungen möglich sind.

Interessante Einblicke in ihre therapeutische Praxis, die beidem – dem traumatischen Geschehen und der spezifischen auch konflikthaften Psychodynamik – Rechnung tragen, vermitteln exemplarisch Eissler (1978) und Meerwein (1979, 1989) (vgl. auch Faller 1993, Lüdeke 1993, Schwarz 1993b, Rodewig 1994).

Bei Eissler stehen mehr die Aspekte der Schonung der Patienten und die Linderung der Symptome im Vordergrund. Als besonders wichtig betont er die Etablierung einer ambivalenzfreien, positiven Übertragung und die Heilsamkeit der Übertragungsliebe. Überlegungen über die theoretische Basis dieser Position lassen an das Konzept des „Holding" im Kontext einer „primären Beziehung" denken. Für die Entwicklung und Stabilisierung dieser Übertragung gibt er eine Reihe von Regeln an, beschrieben und begründet anhand von Fallbeispielen: So dürfe man von solchen Patienten kein Honorar verlangen, man müsse statt dessen von Zeit zu Zeit Geschenke machen, die einen zukunftsweisenden Aspekt hätten (z.B. ein Zeitschriftenabonnement) und schließlich dürfe der Therapeut in seiner Überzeugung, daß der Patient letztlich überleben werde, nicht schwanken.

Meerwein dagegen verhält sich neutraler, „abstinenter". Er verzichtet auf suggestive Elemente und vorausahnende Bedürfnisbefriedigungen, unterstreicht aber ebenfalls die Bedeutung der positiven Übertragung: Dann könne „durch Identifizierung mit dem Analytiker die Wiederaufrichtung stabiler, guter, haltender innerer Objekte" – im Sinne einer Versöhnung – erreicht werden. Auch Meerwein (1989) sieht die Notwendigkeit, den Überlebensglauben mit dem Wissen um eine hohe Todeswahrscheinlichkeit vereinbar zu machen, welches sich entwickeln könne in einem „intermediären" oder „Übergangsraum" (nach Winnicott), der zeitlos sei und der nicht durch Realitätsprüfung in Frage gestellt werde. Meerwein verwendet in diesem Zusammenhang kreative und künstlerische Therapieformen, die Trauerreaktionen dosiert ermöglichen und gleichzeitig neue Befriedigungs- und Wachstumsmöglichkeiten eröffnen.

Eine Verbindung zwischen den psychotherapeutischen Basistechniken und der Entfaltung eines „intermediären Raums" stellt Kahn (1993) her durch den analogen Entwurf eines „Möglichkeitsraumes"; darin gewinnen Patient und Therapeut die Freiheit, sich zumindest partiell von der (schlechten) Prognose zu lösen und Widersprüche zwischen äußerer Realität und innerer Welt psychisch außer Kraft zu setzen. Diesen Zustand bezeichnet Khan als „Brachliegen" – ein Zustand der nur für das versorgte (also das gehaltene) Individuum erreichbar sei; kein Mensch, der in bitterer Armut, in Isolation und Vernachlässigung lebe, könne brachliegen.

Gegenübertragung in der Arbeit mit Krebskranken

Essentielles Merkmal psychoanalytischer Behandlungstechniken ist die kontinuierliche Beachtung der Beziehung zwischen Patient und Therapeut, u.a. im Spiegel von Übertragungs- und Gegenübertragungsprozessen (Rodewig 1994, 1995).

Meerwein u. Eissler bringen übereinstimmend zum Ausdruck, daß die Gegenübertragungsgefahr in der Arbeit mit Krebskranken darin läge, durch das „Holding" in den Sterbeprozeß (Bedrohung der eigenen Ich-Grenzen) hineingezogen zu werden und depressiv zu reagieren oder Todeswünsche gegen die Patienten zu entwickeln.

Das geschieht nach Erfahrung des Autors in dem Maße, und hier liegt ein wesentliches Gegenübertragungsproblem, wie es dem Therapeuten Schwierigkeiten bereitet oder nicht gelingt, einen Möglichkeits- oder intermediären Raum in der eigenen Psyche aufrechtzuerhalten. Dieser „Spielraum" geht dann verloren, wenn sich der Psychotherapeut als Adressat von Heilungswünschen der Patienten und als für deren Erfüllung verantwortlich erlebt, anstatt als jemand, der die Genesungs- oder Besserungswünsche teilen kann und sie nicht prinzipiell als aussichtslos betrachtet – der seine Funktion eher als schützender Begleiter gegen Angst, Realitätsverkennung und Depression versteht und nicht als „Heiler" –, ein Problem im übrigen, daß in der Onkologie Ausgangspunkt für zahlreiche Verstrickungen darstellt, vor allem dann, wenn eine initiale idealisierende Übertragung des Kranken auf therapeutische Größenvorstellungen der Helfer (oft verbunden mit abgewehrten Krankheitsängsten) trifft oder zu induzieren vermag – mit dem Ergebnis, daß, so Rodewig (1995), „der Körper des Patienten zum Selbstobjekt des Therapeuten" wird.

Ein weiteres Gefährdungsmoment, das eine heilsame Beziehung zu einer unheiligen Allianz werden lassen kann, liegt in der Gefahr oder der Tendenz, daß sich aus der beruflichen Beziehung mit dem Schwerkranken eine private entwickelt, daß es zu einem „Freundschaftspakt" kommt – wie explizit propagiert z.B. bei Feigenberg (1980). Unter den verschiedenen Aspekten eines solchen „Paktes" sei nur der Folgende herausgegriffen: Beziehungen mit Schwerkranken, die die eigene Nähetoleranz unterschreiten, basieren oft auf der (unbewußten) Voraussetzung des nahen Endes des Patienten, werden also genaugenommen unter der Bedingung dessen Todes eingegangen; stirbt der Patient nicht „rechtzeitig", d.h. im Rahmen dieses Zeitlimits, wird die Beziehung konflikthaft, indem andrängende Todeswünsche mit dem Willen zu helfen in Widerspruch treten.

Der Umgang mit der Aggressivität im Krankheits- und Behandlungsgeschehen erweist sich oft als Prüfstein für die zukünftigen Entwicklungsmöglichkeiten in der Therapie, der onkologischen wie der psychotherapeutischen. Gerade (Psycho-)Therapeuten, die – bewußt oder unbewußt – in einem gespannten oder rivalisierenden Verhältnis zur Medizin stehen, geraten leicht in die Falle, sich – bei aller Kritikwürdigkeit – mit einem gegen den Medizinbetrieb gerichteten Affekt der Patienten zu identifizieren. Sie übersehen dabei die in jedem therapeutischen Prozeß vorhandenen Phänomene von Ambivalenz und Regression, induzieren dadurch konkretistische Aktionen wie z.B. einen paramedizinischen Aktivismus und schlagen sich somit auf die Seite der Medizinkritik oder stimulieren diese gar (z.B. Calogeras u. Berti 1991). Die psychotherapeutische Chance bestünde dagegen darin, die Ambivalenz des Patienten zu thematisieren, also über Hoffnung und Enttäuschung, Angst und Wut (auch in der psychotherapeutischen Beziehung unter Beachtung allfälliger Übertragungsprozesse) zu reden, ohne mit dem Patienten zu „konspirieren" und sich zusammen mit ihm auf die Suche nach dem Schuldigen zu begeben, sondern die Ich-Funktionen des Kranken und die Arzt-Patienten-Beziehung soweit zu stärken, daß Therapieentscheidungen offen und konstruktiv diskutierbar werden.

Verhaltenstherapie

S. Stump

Psychosoziale Aspekte von Tumorerkrankungen sind in den letzten 10 Jahren zunehmend in den Mittelpunkt medizinischer Effektivitätsforschung gerückt. Das wachsende Interesse an verhaltenspsychologischen Behandlungsansätzen in den traditionell medizinischen Anwendungsfeldern läßt sich dabei auf mehrere Ursachen zurückführen. Chronische Erkrankungen spielen hinsichtlich der Morbidität und Mortalität in den industrialisierten Ländern eine wachsende Rolle und erfordern andere Behandlungsansätze als akute Erkrankungen. Zudem konnte durch die Grundlagenforschung gezeigt werden, daß physiologische Prozesse durch Lernvorgänge beeinflußbar sind und somit die Möglichkeit eines funktionalen Zugangs bei somatischen Störungen unterstrichen wird. Darüber hinaus haben sich verhaltenstherapeutische Programme bei der Behandlung von gesundheitsrelevanten Problemen als erfolgreich erwiesen (Vogel 1993). Im folgenden werden zunächst die psychischen Belastungen und Auswirkungen einer Krebserkrankung sowie der Anwendungskontext von psychologischen Interventionen beschrieben. Daran schließen sich die Auflistung verhaltenstherapeutischer Einzelverfahren zur symptomatischen Kurzzeitbehandlung sowie zwei strukturierte Interventionsprogramme als Ergänzung zur klassischen ambulanten Einzelbehandlung an.

Psychosoziale Belastungen und Auswirkungen

Krebs zählt zu den chronischen Erkrankungen, die trotz ihres äußerst heterogenen Erscheinungsbildes einige Gemeinsamkeiten aufweisen. Sie sind **langfristig, häufig progredient** bzw. mit phasenhaften Verschlechterungen oder treten **unvorhersagbar** wieder auf. Dabei handelt es sich um einen Krankheitsprozeß, bei dem eine echte Heilung oft nicht möglich ist. Darüber hinaus haben sie häufig vielfältige und anhaltende Auswirkungen auf alle Lebensbereiche (Beutel 1988).

So durchlaufen die Patienten häufig bis zur endgültigen Sicherung der Diagnose Krebs einen langwierigen Prozeß, der vielfach mit großen Unsicherheiten und wiederholten diagnostischen Abklärungen einhergeht. Eine Vielzahl von Erfahrungsberichten (z. B. Noll 1987) dokumentiert in anschaulicher Weise, wie die Konfrontation mit der Diagnose „Krebs" eine tiefgreifende Lebenskrise bei den Betroffenen auslösen kann. Der drohende Zusammenbruch bisheriger Lebensbezüge und das Gefühl der existentiellen Bedrohung erfordern von den Betroffenen und ihren Angehörigen eine Anpassung des Erlebens- und Verhaltens (Gerdes 1988).

Während der Behandlungsphase stehen die spezifischen Nebenwirkungen und Folgeerscheinungen der therapeutischen Maßnahmen als mögliche Belastungsfaktoren im Vordergrund. Sämtliche Maßnahmen begleitet eine ständige Unsicherheit und Angst über die mögliche Progredienz der Erkrankung, die auch bei einem Therapieerfolg durch die Rezidivbedrohung nicht beseitigt werden kann. Tritt ein Rezidiv auf, werden aufgebaute Hoffnungen und das Vertrauen in die medizinische Behandlung schwerwiegend erschüttert, wobei gleichzeitig die Abhängigkeit von medizinischen Maßnahmen zunimmt (Meerwein 1991). Mit Fortschreiten der Erkrankung stehen Schmerzen, körperliche Beschwerden und die Auseinandersetzung mit dem bevorstehenden Tod im Vordergrund, was sowohl von den Patienten als auch vom gesamten sozialen und medizinischen Umfeld vielfältige Anpassungsleistungen erfordert (Schmeling-Kludas 1988).

Die häufigsten psychosozialen Probleme bei einer Krebserkrankung sind die Emotionsregulationen bei Depression und Angst. Nach Derogatis u. Mitarb. (1983) kann davon ausgegangen werden, daß unter hospitalisierten Patienten mit starken körperlichen Beeinträchtigungen mindestens 25% die Kriterien einer Depression oder Anpassungsstörung mit depressiver Stimmung erfüllen. Etwa bei einem Viertel der Patienten kann von massiven Ängsten ausgegangen werden. Grundsätzlich muß jedoch bei Angst und Depression zwischen normalen Reaktionen auf schmerzliche und bedrohliche Lebensereignisse und abnormen Ausprägungen im Sinne einer psychiatrischen Störung unterschieden werden (Tölle 1994). Diese Unterscheidung ist jedoch häufig schwer zu treffen.

Nach Seemann u. Lang (1991) rückt vor dem Erfahrungshintergrund praktischer Betreuungsarbeit auch der psychische Aspekt bei Krebsschmerzen in den Vordergrund. Etwa 30% der weltweit an Malignomen erkrankten Patienten leiden schon in Frühstadien an chronischen Schmerzen und 60% bei weiterem Fortschreiten der Erkrankung. Bei differenzierterer Betrachtung zeigt sich, daß die Schmerzhäufigkeit je nach Tumorart und Tumorstadium stark variiert. So liegen z.B. bei Patienten mit dermatologischen Neoplasien selten klinisch relevante Schmerzprobleme vor, während etwa 90% der Patientinnen mit inoperablem bzw. locoregionär metastierendem Zervixkarzinom starke Schmerzen haben (Senn 1990). Nach Seemann u. Zimmermann (1990) können Schmerzen mit medizinischen und psychologischen Methoden fast immer ausreichend behandelt werden.

Vor allem im Zusammenhang mit der chemotherapeutischen Behandlung treten Symptome wie Übelkeit und Erbrechen auf, die nicht direkt auf die Zytostatika zurückgeführt werden können. Diese als antizipatorische Reaktionen bezeichneten Nebenwirkungen erreichen Prävalenzraten von 18 bis 50%, wobei annähernd 25% aller Patienten antizipatorische Übelkeit und Erbrechen zum Zeitpunkt der vierten Chemotherapiegabe zeigten (Morrow u. Dobkin 1988). Zur Erklärung der antizipatorischen Reaktionen wird aus der Lerntheorie die klassische Konditionierung herangezogen.

Die psychosozialen Auswirkungen einer Krebserkrankung betreffen nicht nur den Patienten selbst, sondern auch sein familiäres Umfeld. So zeigen vor allem die Partner der Patienten diffuse Schmerzzustände, Magenverstimmungen und Nahrungsunverträglichkeiten, die Verschlimmerung existierender körperlicher Beschwerden sowie eine Vielzahl körperlicher Beschwerden infolge der Entlassung des Patienten aus der Klinik. Neben der emotionalen Belastung müssen die Partner ein normales Familienleben aufrechterhalten (Keitel, Cramer u. Zevon 1990).

Anwendungskontext

Innerhalb der verhaltenstherapeutischen Literatur werden Kontextbedingungen von Interventionen in steigendem Umfang Bedeutung zuerkannt. Daher sollen zunächst verschiedene Einflußmöglichkeiten aufgeführt werden. Diese strukturellen Aspekte beziehen sich überwiegend auf die stationäre Versorgung von Krebspatienten, sind jedoch auch in ambulanter niedergelassener Praxis bedenkenswert. Im Anschluß daran sollen patienten- und therapeutenbezogene Spezifika besprochen werden.

Strukturelle Spezifika

Priorität der akutmedizinischen Behandlung: Im Gegensatz zur klassischen psychotherapeutischen Klientel steht bei Krebspatienten wie bei anderen akuten oder chronischen Erkrankungen die medizinische Behandlung im Vordergrund. Für die Tätigkeit auf der Station bedeutet dies, daß psychologische Maßnahmen nur innerhalb dieses organisatorischen Rahmens gestaltet werden können. Unter Umständen müssen sie auch unterbrochen werden, insofern werden Kurzzeitinterventionen mit begrenzten Therapiezielsetzungen angemessen sein. Des weiteren werden diese auch durch die Dauer des stationären Aufenthalts des Patienten definiert.

Aufgabenprofil: Dies bezieht sich auf die implizit oder explizit formulierte Funktion im Interventionskontext. Man wird hier von einem Kontinuum mit den Polen unabgestimmte, fachlich gut qualifizierte Einzelmaßnahmen und interdisziplinärer Zusammenarbeit ausgehen können. Letztgenannter Ansatz betont, daß sich eine qualitativ angemessene Versorgung durch die Integration der Behandlungskompetenz verschiedener Professionen positiv auf die Patienten auswirkt (Synergieeffekt).

Räumlichkeiten: Häufig besteht in den Kliniken Raumnot, die sich auch in fehlenden Aufenthaltsräumen für Angehörige und Pflegepersonal niederschlagen kann. Im stationären Kontext müssen bei bestehender Mobilität des Patienten unter Umständen Arrangements mit Mitarbeitern getroffen bzw. andere Nischen (z.B. Gymnastikhalle) gefunden werden. Ist der Patient an sein Bett gebunden, finden die therapeutischen Gespräche in der Regel in Zwei- bis Mehrbettzimmern statt und können durch notwendige medizinische Maßnahmen beim Patienten selbst, seinen Zimmergenossen oder durch Besucher beeinträchtigt werden.

Personenbezogene Spezifika

Körperliche Verfassung: Unabhängig von den mit dem Patienten subjektiv formulierten Zielen kann eine Veränderung der medizinischen Situation flexible Vorgehensweisen (z.B. Krisenintervention, Kontaktaufnahme mit Angehörigen, Schmerzbewältigung, Sterbebegleitung) erforderlich machen. Insofern bestehen die Interventionen zunächst in einer symptomatischen Reduktion der Belastungen und der Steigerung der individuellen Kompetenz im Umgang mit der Krebserkrankung (s. einzelne Verfahren). Daran kann sich im ambulanten Kontext eine längerfristig ausgerichtete Verhaltenstherapie anschließen.

Motivation: Die Motivation zu einer psychologischen Behandlung parallel zur medizinischen kann sehr unterschiedlich sein. Dies liegt zum einen im von Patienten präferierten Störungskonzept (z.B. dualistische versus ganzheitliche Betrachtung von Körper und Geist). Zum anderen kann im stationären Setting die Motivationslage des Patienten durch die wahrgenommene Belastung der Erkrankung und Behandlung beeinflußt werden.

Therapeutenbezogene Spezifika

Spezifische Voraussetzungen: Chronische Erkrankungen werden bisher in der verhaltenstherapeutischen Ausbildung an Instituten, die von der Kassenärztlichen Bundesvereinigung anerkannt sind, in relativ geringem Umfang behandelt. Eine Spezialisierung des Therapeuten erscheint notwendig, die fundierte Kenntnisse der verschiedenen Tumorformen, ihrer Behandlungsweise und deren mögliche Auswirkungen beinhaltet. Des weiteren sollten Kenntnisse über Bewältigungsmechanismen vorliegen sowie Fort- und Weiterbildung in hypnotherapeutischen Verfahren bei symptomatischen Interventionen und in Familientherapie für die Arbeit mit Angehörigen durchgeführt werden. Eine wesentliche Voraussetzung ist die Selbsterfahrung im Umgang mit chronischer Erkrankung, mit Sterben und Tod, um Patienten und evtl. Angehörigen in solchen Situationen ein stabiler, stützender Ansprechpartner zu sein.

Identifikation realistischer Behandlungsziele: Der Therapeut sollte sich aufgrund des jeweiligen Krankheitsbildes und Settings über kurzfristig erreichbare Ziele bewußt sein, um so dem Patienten adäquate Unterstützung im Umgang mit der Krankheitssituation zu ermöglichen. Insofern setzen gerade strukturierte Interventionen eine hohe therapeutische Kompetenz voraus.

Verhaltenstherapeutische Interventionen bei Krebs

Einzelne Verfahren

Eine Reihe von Metaanalysen zu psychosozialen Interventionen (z.B. Andersen 1992, Meyer u. Mark 1995) zeigt, daß psychologische Interventionen psychosoziale Probleme infolge einer Krebserkrankung deutlich reduzieren können. Die meisten verhaltenstherapeutischen Effektivitätsstudien befassen sich mit der Reduktion von Nebenwirkungen im Zusammenhang mit medizinischen Behandlungsmaßnahmen durch einzelne Interventionsverfahren. Andere Untersuchungen betrachten den Einfluß von psychologischen Maßnahmen auf emotionale Probleme wie Angst und Depression im Verlauf der Erkrankung sowie auf Schmerzen, Schlafdauer, Nahrungsaufnahme und Hospitalisierungsdauer. Folgende verhaltenstherapeutische Verfahren zur symptomatischen Behandlung finden dabei Anwendung:
- progressive Muskelentspannung,
- imaginative Verfahren,
- systematische Desensibilisierung,
- Biofeedback,
- Ablenkung.

Die **progressive Muskelentspannung** (s. Kap. 22) nach Jacobson (1938) wird als körperaktives Entspannungsverfahren bezeichnet, da die Hauptkomponente auf der aktiven Anspannung und Entspannung verschiedener Muskelpartien beruht. Der Patient lernt die Wahrnehmung des Muskelto-

X

nus über die Unterscheidung von An- und Entspannung. Obwohl die Hauptwirkung und das letztliche Ziel von Entspannung in der Senkung des psychophysiologischen Aktivierungsniveaus liegt, leisten Entspannungsverfahren (s. auch Imagination, Biofeedback und Hypnose) neben dem somatotropen, d.h. auf körperliche Veränderungen abzielenden Wirkungsprofil, eine psychotrope Veränderung, die in der kognitiven Restrukturierung besteht. Hierunter ist zum einen die Sensibilisierung für körperliche und imaginative Vorgänge und die Akzeptanz neuer und ungewohnter Reaktionsweisen zu verstehen. Zum anderen bedeutet Entspannung auch das Lernen von Fertigkeiten und Verhaltensweisen, die einen neuen Umgang mit psychophysiologischen Störungsformen erlauben (Vaitl 1993). Die Bahnung und Stabilisierung einer Entspannungsreaktion erfolgt durch beständiges Üben.

Sehr häufig wird die progressive Muskelentspannung in Kombination mit **imaginativen Verfahren** (s. Kapitel 19) angewendet. Dabei wird unter Imagination das Erzeugen von visuellen, symbolhaften inneren Bildern mittels unserer Vorstellungskraft verstanden. Dieser gedankliche Vorgang umfaßt das gesamte Sinnessystem mit seinen visuellen, auditiven, olfaktorischen, gustatorischen und taktilen Komponenten. Imaginative Verfahren bestehen aus Aufmerksamkeitsbindungen äußerer Reize oder aus innerer kognitiver Aufmerksamkeitslenkung, die in der Strukturvorgabe je nach therapeutischer Schule und Indikation sehr variabel sind (Vaitl u. Petermann 1993).

Die **systematische Desensibilisierung** (Wolpe 1974) ist ein Verfahren, mit dem eine Entkoppelung vor allem isolierter Reize von Angstreaktionen erfolgen soll. Durch eine hierarchisch angeordnete Konfrontation in der gedanklichen Vorstellung mit dem angstauslösenden Reiz (z.B. „Bei Blick auf den Kalender Wahrnehmung des nächsten Kliniktermins"; „Fahrt in die Klinik"; „Wahrnehmen weißer Kittel") soll eine Habituierung erreicht werden. Eine gleichzeitige Entspannung kann diesen Vorgang erleichtern. Besonders bei bereits bestehender antizipatorischer Übelkeit oder bei Erbrechen ist dieses Verfahren indiziert. Die Patienten können zunächst in sensu und bei vollständiger Visualisierungsfähigkeit ohne Angstzustände in vivo die angstauslösenden Reize antizipieren.

Das Prinzip des **Biofeedbacks** basiert auf der kontingenten Rückmeldung physiologischer Prozesse, die über die Sinnesorgane nur schlecht wahrzunehmen sind. Um dem Patienten eine willentliche Kontrolle dieser Prozesse zu ermöglichen, erfolgt deren Wahrnehmung über eine technische Umsetzung in visuelle, auditive oder taktile Rückmeldungen. Grundsätzlich sind muskuläre, zentralnervöse und autonome Prozesse durch Biofeedback zu beeinflussen (Waschulewski-Floruß u. Mitarb. 1993).

Das Ziel der **Ablenkungstechniken** besteht darin, die Aufmerksamkeit des Patienten auf positive Reize oder Aktivitäten zu richten und damit von unangenehmen Empfindungen oder Gedanken abzulenken. Hierzu können eine Reihe von Aufgaben dienen, wie z.B. angenehme Vorstellungsbilder, Musikhören, Konzentration auf einen bestimmten Punkt. Bei der Behandlung von psychologischen Nebenwirkungen durch Chemotherapie wird jedoch eher auf externe Stimuli, insbesondere Videospiele, zurückgegriffen. Solche Ablenkungstechniken wurden vor allem bei krebskranken Kindern und Jugendlichen erfolgreich eingesetzt.

Interventionsprogramme

Beziehen sich die Belastungen nicht allein auf umschriebene Probleme im Zusammenhang mit der medizinischen Behandlung, sondern generell auf Anpassungsschwierigkeiten an die Erkrankung und Behandlungssituation, so sind symptomatisch ausgerichtete Verfahren durch Interventionen zu ergänzen, die die individuelle Lebens- und Lerngeschichte in stärkerem Umfang berücksichtigen. Auch für diesen Bereich besteht ein differenziertes Angebot, das hinsichtlich der Dauer stark variiert. Im folgenden sollen zur Ergänzung zur ambulanten verhaltenstherapeutischen Einzelbehandlung (bis max. 80 Stunden à 50 Minuten) ein kurzzeitiges strukturiertes Individual- und ein Gruppenprogramm vorgestellt werden. Auf die paradoxe Situation, daß trotz nachgewiesener Effektivität (Fobair 1997) im ambulanten Rahmen generell kaum Gruppentherapien durchgeführt werden, soll hier nicht weiter eingegangen werden.

Das von Greer u. Mitarb. (1992) entwickelte Programm „Adjuvant Psychological Therapy" (APT) wird in Einzelsitzungen (eventuell unter Hinzuziehung des Partners) von ca. 6 jeweils wöchentlich stattfindenden Terminen für die Dauer von etwa 1 Stunde durchgeführt. Das Programm verfolgt, orientiert an den jeweiligen Bedürfnissen des Einzelfalls, folgende Ziele:

- Reduktion von Angst, Depression und anderen psychiatrischen Symptomen.
- Verbesserung der mentalen Anpassung an Krebs durch die Induktion einer positiven kämpferischen Haltung.
- Förderung des Kontrollgefühls der Patienten über ihr Leben und aktive Teilnahme in der Behandlung ihrer Erkrankung.
- Entwicklung effektiver Copingstrategien im Umgang mit krankheitsbezogenen Problemen.
- Verbesserung der Kommunikation zwischen Patient und Partner.
- Zulassen unterdrückter Gefühle.

Struktur und Inhalt des Programms sind weitgehend an die kognitive Therapie von Beck angelehnt. Das APT besteht aus folgenden Komponenten:

1. Ausdruck emotionaler Empfindungen: Dies soll vor allem über ein nondirektives Vorgehen unterstützt werden.
2. Behaviorale Techniken wie **Entspannung** und **Ablenkung** zur Emotionsregulation sowie aus Aktivitätsplänen zur Reduktion von Gefühlen der Hoffnungslosigkeit.
3. Kognitive Techniken wie die **Kognitionsevozierung**, d.h. dem Entdecken automatischer Gedanken im Zusammenhang mit Problemen sowie die Realitätsprüfung bei z.B. der Kognition „nach dem Entfernen einer Brust bin ich behindert". Ein weiteres Element besteht im **Katastrophisieren**, bei dem die schlimmsten Befürchtungen verbalisiert werden. Dies ist bei solchen Patienten von Bedeutung, die sich z.B. stark vor einem Rezidiv fürchten, jedoch vermeiden, diese Gedanken zuzulassen. Bei der **kognitiven Probe** lernen die Patienten über Vorstellungsübungen oder im Rollenspiel problematische Situationen zu antizipieren und handzuhaben.

Bei Beteiligung des Partners können **Kommunikationsprobleme** geklärt werden und gleichzeitig kann der Partner als Co-Therapeut zwischen den Sitzungen agieren.

Im Gegensatz zur Individualtherapie von Moorey u. Greer hat Fawzy (Fawzy u. Mitarb. 1992) ein Gruppenprogramm für

Patienten mit jeweils gleicher Krebsdiagnose entwickelt, mit dem Ziel, die Krebspatienten im Sinne einer ganzheitlichen Behandlung bei der Anpassung an die Erkrankungssituation zu unterstützen. Das Programm ist für 6 jeweils wöchentlich stattfindende Sitzungen für die Dauer von 1 bis 1,5 Stunden konzipiert. Die Kombination verschiedener therapeutischer Elemente soll den unterschiedlichen Bedürfnissen der Patienten Rechnung tragen. Die Gruppensitzung dient der sozialen Unterstützung der Patienten untereinander. Die Intervention setzt sich zusammen aus den Elementen:
- Patienteninformation,
- Streßmanagement,
- Erwerb von hilfreichen Copingfertigkeiten.

Da bereits ausreichend **Informationen** dazu beitragen können, Ängste zu reduzieren, werden die Patienten von Vertretern verschiedener Professionen in verständlicher Form über die jeweilige Diagnose, Behandlungsmöglichkeiten, über Ernährung usw. informiert.

Beim **Streßmanagement** lernen die Patienten zunächst, Streß und dessen Quellen wahrzunehmen, und in einem weiteren Schritt, den Streß mittels Entspannungsverfahren und dem Brainstorming möglicher Lösungen zu bewältigen. Darüber hinaus wird davon ausgegangen, daß hinsichtlich der Belastungsreduktion aktiv-behaviorale und aktiv-kognitive Copingstile günstiger sind als Vermeidungsverhalten. Zur Illustration werden den Patienten Bilder von schwierigen Situationen vorgelegt, die einmal ungünstige und einmal günstige Bewältigungsstrategien zeigen. D. h., auf dem ersten Bild ist z. B. eine Frau zu sehen, die allein vor dem Spiegel ihre Narbe durch die Mastektomie betrachtet. Das nächste Bild zeigt die Frau in derselben Situation, jedoch in Anwesenheit ihres Partners. Der aktiv-behaviorale Copingstil bezieht sich hier auf Einbeziehung des Partners. In den einzelnen Sitzungen werden mit dem Patienten jeweils 1 bis 2 solcher Illustrationen besprochen und die Patienten werden ermutigt, in für sie problematischen Situationen neue Strategien anzuwenden.

Zusammenfassung

Patienten mit einer Krebserkrankung sind im Verlauf ihrer Erkrankung verschiedenen Belastungen ausgesetzt, die zu massiven Anpassungsstörungen führen können. Verhaltenstherapeutische Behandlungsansätze haben sich hinsichtlich der symptomatischen Behandlung als auch in der Verbesserung der Krankheitsbewältigung und Lebensqualität als sehr effektiv erwiesen. Für die therapeutische Arbeit in diesem Bereich ist vor allem von Bedeutung, die Kontextbedingungen für die Interventionen und die spezifischen therapeutischen Voraussetzungen zu beachten.

Grundlage jeder psychosozialer Arbeit mit Krebskranken bildet die Beachtung der psychotherapeutischen Basistechniken und des Behandlungssettings.

Verhaltensmedizinische und psychoanalytische Psychotherapieformen werden darüber hinaus indikationsbezogen eingesetzt und ergänzen sich im konkreten Gesamtbetreuungskontext. Dabei fokussiert der psychoanalytische Zugang das inter- und intrapersonelle Konfliktgeschehen, während die Domäne verhaltenstherapeutischer Ansätze in symptom- und copingbezogenen Hilfen besteht.

Die traumatische Krankheitsrealität der Krebspatienten erfordert ein Betreuungs- und Behandlungskonzept, das medizinisch-onkologischen und psychosozialen Erfordernissen in gleicher Weise Rechnung trägt, um die Synergieeffekte eines integrierten Versorgungsangebotes optimal nutzen zu können.

48. Psychosomatische Betreuung von Transplantationspatienten

B. Johann und F. Muthny

Klinische Problemstellung

1963 wurde die erste Nierentransplantation in Deutschland durchgeführt. Seither sind alleine in Deutschland 43117 Transplantationen solider Organe (Knochenmarkstransplantationen also nicht eingerechnet) vorgenommen worden (Smit u. Mitarb. 1997). Mit weitem Abstand ist dabei die Nierentransplantation der häufigste Eingriff (75%), gefolgt von Leber- (10,9%) und Herztransplantationen (10,8%); deutlich seltener sind die Transplantationen von Pankreas (1,3%) und Lunge (1,3%) (Smit u. Mitarb. 1997), die jedoch in letzter Zeit an Häufigkeit zugenommen haben.

Der Mangel an Spenderorganen führt für alle Patienten zu langen Wartezeiten, welche bei der Nierentransplantation in der Größenordnung von Jahren liegen können (Smit u. Mitarb. 1997). Dieser Umstand bringt für die Patienten, die auf eine Herz-, Leber-oder Lungentransplantation warten, die Gefahr mit sich, schon vor Eintreffen eines geeigneten Spenderorgans auf der Warteliste zu versterben. Dies war 1996 bei 288 Patienten vor Herztransplantation und bei 137 Patienten vor Lebertransplantation in Deutschland der Fall (Smit u. Mitarb. 1997) und zeigt die existentielle Bedrohung dieser Patienten, aber auch die besonderen Möglichkeiten der Transplantation eindringlich auf.

Die besonders durch die Einführung neuer Immunsuppressiva und Verbesserungen der chirurgischen Technik und Nachsorge erzielten Verbesserungen der Überlebensraten in den letzten Jahren dürfen nicht darüber hinwegtäuschen, daß Transplantierte auch nach dem erfolgreich überstandenen Eingriff einer Vielzahl von Gefährdungen ausgesetzt sind. Diese betreffen in der früh-postoperativen Phase besonders immunologische Probleme und Infektionen (Lerut u. Mitarb. 1989), während in den späteren Phasen der Erkrankungen eher chronische Abstoßungen und bei manchen Patientengruppen auch Rezidive der Grunderkrankung im Transplantat zu einer Bedrohung werden können (Zettermann u. McCashland 1995). Das Angebot der enormen technischen Möglichkeiten der Transplantationsmedizin in einer Lage der vitalen Bedrohung versetzt die Patienten in eine Situation, in der von Tod über chronische Behinderung bis zu nahezu völliger Wiederherstellung alle Ausgänge möglich sind. Die bleibende Ungewißheit über den weiteren Verlauf, verbunden mit der Notwendigkeit, etwas Fremdes in den eigenen Körper integrieren zu müssen und sich in lebenslange Abhängigkeit von funktionierender medizinischer Versorgung zu begeben, führen für Transplantationspatienten zu spezifischen Belastungen, die im folgenden dargestellt werden sollen. Bezüglich der Darstellung unspezifischer Belastungen durch chronische Erkrankungen wird auf die entsprechenden Kapitel in diesem Lehrbuch (Schüßler/Dinger-Broda) verwiesen.

Phasen des Transplantationsprozesses – phasentypische Probleme

Jede Organtransplantation ist ein komplexer Prozeß, der in dem Moment beginnt, in dem der Patient erfährt, daß die medikamentöse Therapie eine Verbesserung seiner Prognose nicht mehr bewirken kann, und daß seine Lebensspanne ohne eine Transplantation sehr begrenzt ist. Von diesem Moment bis zur eventuellen Wiedereingliederung in relativ normale Lebensbezüge hat der Patient einen weiten Weg zurückzulegen, den verschiedene Autoren (Christopherson 1987, Shapiro 1990, Kuhn u. Mitarb. 1988) in unterschiedliche Phasen eingeteilt haben, in denen sich der Patient jeweils verschiedenen Herausforderungen und Anforderungen gegenüber sieht (Übersicht bei Bunzel 1993). Dabei gibt es sicher unterschiedliche Problemstellungen in Abhängigkeit vom jeweils betroffenen Organ, es existieren aber auch viele transplantationsspezifische Gemeinsamkeiten der Krankheitsverarbeitung, die vom transplantierten Organ unabhängig sind.

Auch wenn die Transplantation für viele Patienten die einzige Überlebensmöglichkeit darstellt und ihnen in der Regel eine deutliche Verbesserung der Lebensqualität bringt (welche im Bereich der chronischen Niereninsuffizienz auch die durch alternative Behandlungsverfahren übertrifft; Muthny u. Mitarb. 1990), so können im Verlauf doch viele Probleme auftreten, die einer fachtherapeutischen Unterstützung bedürfen. Tabelle 48.**1** stellt die unterschiedlichen Phasen des Transplantationsprozesses den jeweiligen Problemen gegenüber.

1. Phase: Erfassen der schlechten spontanen Prognose, Mitteilung über die Notwendigkeit einer Transplantation

Viele Patienten, die erstmals mit der Nachricht vom Versagen eines Organs und der Notwendigkeit einer Transplantation konfrontiert werden, leiden unter schweren Angstzuständen oder depressiven Verstimmungen. Häufig setzen Schockreaktionen und Verleugnungsprozesse ein, die eine angemessene Verarbeitung medizinischer Informationen erschweren. Dabei scheint es um so eher zu solchen Schockreaktionen und Verleugnungen zu kommen, je akuter die Erkrankung verlaufen ist, die zur Transplantationsbedürftigkeit führte, d. h., je weniger Zeit dem Patienten zur Adaptation an die neue Situation blieb (Bunzel 1993). Chronisch kranke Patienten scheinen häufiger mit Erleichterung darüber zu reagieren, daß ihnen endlich ein Ausweg aus ihrer sonst hoffnungslosen Situation angeboten wird.

Tabelle 48.1 Phasen des Transplantationsprozesses und phasenspezifische Probleme

Phase	Probleme
Erfassen der schlechten Prognose, Mitteilung der Notwendigkeit einer Transplantation	Schock, Verleugnung, Angst, Depression
Empfängerauswahl	Compliancestörung, Persönlichkeitsstörung, Copingprobleme, Suchtprobleme
Wartezeit	Angst, Hilflosigkeit, Abhängigkeit, Paarprobleme, fehlende soziale Unterstützung
Frühe postoperative Zeit, Abstoßungskrisen	hirnorganisches Psychosyndrom, Regression, Identitätsprobleme
Späte postoperative stationäre Phase	Überlebensschuld, Psychological Setbacks, Probleme der Organintegration
Entlassung, erstes postoperatives Jahr	Angst, Rollenkonflikte, Angst, Depression, Paarprobleme, Störung des Körperbildes

2. Phase: Empfängerauswahl

Hier gilt es durch Auswahl und evtl. Vorbereitung der Patienten auszuschließen, daß psychopathologische Reaktionen den Behandlungserfolg gefährden. Vor einer Lebendspende muß außerdem sichergestellt werden, daß eine freiwillige Entscheidung erfolgt ist. Auf die Probleme dieser Phase wird im Kapitel „Psychosomatische Diagnostik" (s. unten) näher eingegangen.

3. Phase: Die Wartezeit

Das Warten auf ein Transplantat bedeutet für viele Patienten und ihre Familien eine große Hoffnung, für andere aber eine massive Belastung und wird von vielen Kranken rückblikkend als die schwierigste Phase im Transplantationsprozeß betrachtet. Gerade diejenigen Patienten, die einen aktiven Bewältigungsstil pflegen, sehen sich einer Situation ausgesetzt, in der sie einerseits vital bedroht sind, während sie andererseits selbst nichts zur Verbesserung ihrer Lage tun können. Bei starken körperlichen Beschwerden kann die Ungewißheit, ob rechtzeitig ein Spenderorgan eintrifft, unerträgliche Ausmaße annehmen. Manche Patienten entwickeln Ängste, sie könnten von der Warteliste gestrichen worden sein und rufen im Transplantationszentrum an, um sich ständig neu zu vergewissern. Hinzu kommen häufig Schuld- und Schamgefühle, da der Wunsch nach einem Spenderorgan bedeutet, indirekt auf den Tod eines anderen Menschen zu setzen bzw. diesen herbeizusehnen. Das Zusammentreffen von Angst-, Schuld- und Schamgefühlen führt zu einer Belastungssituation, die von einzelnen Autoren mit derjenigen verglichen wurde, wie sie Überlebende nach Schiffbruch (Henderson u. Bostock 1977) und Kriegsgefangenschaft (Singer 1981) erleiden.

Zu den genannten Problemen gesellt sich noch die Hilflosigkeit des Patienten aufgrund seiner körperlichen Einschränkung. Auch ansonsten aktive Menschen sind mehr und mehr auf die Hilfe ihrer Angehörigen angewiesen und geraten so in eine einerseits unvermeidliche und andererseits schmerzlich erlebte Abhängigkeit, die nicht selten Züge von feindseliger Dependenz annimmt. Diese Konflikte stellen sich verstärkt in Fällen existentieller Bedrohung (wie bei einer kurzfristig indizierten Herztransplantation) und sind oft weniger ausgeprägt bei chronisch niereninsuffizienten Patienten, wo häufig prinzipielle Behandlungsalternativen bestehen (Muthny u. Mitarb. 1987).

4. Phase: Die frühe postoperative Zeit/Abstoßungskrisen

Einige Patienten (vor allem nach Herz- oder Lebertransplantationen) erleben postoperativ hirnorganisch bedingte Verwirrtheitszustände, die mit Wahnbildungen und Tagträumen einhergehen. Die Realitätsverzerrungen des Erlebens sind in klaren Augenblicken den Patienten schmerzlich bewußt, was zu erheblicher Beunruhigung führen kann. Nicht selten trifft sich die Angst, verrückt geworden zu sein, mit den Befürchtungen der Patienten, sie könnten durch die Transplantation in ihrer Persönlichkeit verändert werden.

Bei unkompliziertem Verlauf der Transplantation stellt sich häufig eine Euphorie ein, die oft mit unrealistischen Gefühlen der Unverwundbarkeit verbunden ist und deshalb als „Honeymoon-Period" (Christopherson 1987) bezeichnet wurde. Bei der Genese dieses Phänomens spielen neben der Erleichterung, die Operation erfolgreich überstanden zu haben, sicher auch die hohen Cortisondosen eine Rolle, die dem Patienten initial zum Schutz vor Abstoßungen gegeben werden. Nicht selten wird diese Phase aber durch Abstoßungsreaktionen oder vergleichbare medizinische Komplikationen beendet, welche bei vielen Patienten eine Wiederkehr der präoperativen Ängste mit sich bringen. In dieser Phase der Bedrohung erleben die Patienten sich und ihren Körper als getrennt und gespalten, verstehen nicht, „warum der Körper dieses neue gesunde Organ weghaben will, das sie doch so dringend zum Leben brauchen" (Bunzel 1993). Gerade in somatischen Krisen sind viele Patienten sehr auf sich zurückgezogen, konzentrieren ihre seelischen Kräfte wie in der präoperativen Phase ganz auf die Aufgabe des Überlebens und sind so Kontaktaufnahmen gegenüber nur wenig zugänglich.

Belastend kann sich auch der Tod von Mitpatienten auswirken, welcher für die Überlebenden wie eine stellvertretende Todesbedrohung wirkt und nicht selten eine Überlebensschuld nach sich zieht.

5. Phase: Die späte postoperativ/stationäre Zeit

Nach Abklingen der unmittelbaren Bedrohung können Patienten ohne zunächst erkennbaren äußerlichen Anlaß in Zustände heftiger Angst oder Depressionen verfallen. Diese „Psychological Setbacks" (Heyink u. Mitarb. 1990) sind verstehbar als ein Wiederaufleben von bedrohlichen Empfindungen, welche unter der großen psychischen Belastung der Wartezeit und der Operation noch nicht akzeptabel waren, so daß die Patienten sich ihnen erst jetzt in einem Versuch nachgehender Krankheitsverarbeitung zuwenden können.

Dabei sind diese Affektausbrüche für die Patienten selbst unverständlich und kollidieren oft mit dem Wunsch, sich den Behandlern gegenüber dankbar zu zeigen und rasche Fortschritte zu machen.

Auch Fragen der Organintegration spielen in dieser Zeit eine große Rolle. Die Patienten beschäftigen sich damit, ob das neue Organ zu ihnen paßt, welche Persönlichkeitseigenschaften wohl der Spender gehabt haben könnte, und ob ihre Angehörigen sie noch als die Person wiedererkennen, die sie vor der Transplantation waren.

6. Phase: Die poststationäre Zeit

Häufig reagieren Patienten auf die Entlassung aus der Klinik mit einer Mischung aus Erleichterung und Angst, da sie die beschützende Umgebung des Krankenhauses verlassen müssen. In der Folgezeit spielen die Probleme der Wiedereingliederung ins soziale Umfeld und der Anpassung an das neue Körperbild eine große Rolle.

Gerade bei erfolgreichem Verlauf der Transplantation sehen sich viele Patienten mit der Aufgabe konfrontiert, nach einer Phase der Pflegebedürftigkeit und körperlichen Einschränkung wieder in ein aktives Leben zurückzufinden. Nicht selten kommt es dabei zu Rollenkonflikten mit den Angehörigen, die in der Zeit vor der Operation zahlreiche Aufgaben in der Familie übernommen hatten.

Was die Anpassung an eine veränderte körperliche Erscheinung betrifft, so sind manche Patienten beschämt über die großen Narben, welche die Transplantation zurückgelassen hat, oder über eine cortisonbedingte Gewichtszunahme mit entsprechender Veränderung der Gesichtszüge. Frauen können besonders leiden unter der Vermehrung der Körperbehaarung durch die Immunsuppressiva. Die Sorge um derart offensichtliche körperliche Veränderungen steht oft stellvertretend für die Gefährdung des körperlichen Identitätserlebens durch die Transplantation.

Die Rolle der Familie im Transplantationsprozeß

Wie alle chronisch Kranken sind auch Transplantationspatienten auf eine tragfähige soziale Unterstützung angewiesen, um ihre Erkrankung bewältigen zu können. Bei Herztransplantationspatienten konnte ein Zusammenhang zwischen dem Ausmaß der sozialen Unterstützung und dem Transplantationserfolg sowie dem Überleben der Patienten wahrscheinlich gemacht werden (Chacko u. Mitarb. 1996).

Dabei werden die Familien und insbesondere die Partner von Transplantationspatienten sowohl durch die zur Transplantation führende Grunderkrankung als auch durch den Transplantationsprozeß selbst extremen Belastungen ausgesetzt. Die Partner der Patienten sind in der Regel die wichtigsten Unterstützungspersonen, von deren Verhalten Streßbelastung und Lebensqualität des Patienten wesentlich abhängen (Frazier u. Mitarb. 1995). Häufig stellen die Partner eigene Gefühle und Belastungen zurück, um sich ganz auf den Kranken einstellen zu können. Das Befinden des Patienten wird genau überwacht (Monitoring), belastende Ereignisse und Informationen von ihm ferngehalten (Reizschutz) (Mishel u. Murdaugh 1987). Dabei empfinden die Partner in der Regel eine Belastung durch ein Gefühl hoher Verantwortung, während sie gleichzeitig glauben, den eigenen Streß nicht mitteilen zu dürfen, und auch ihrerseits vom Kranken wenig Resonanz erfahren, da dieser gerade in der präoperativen Zeit sich häufig ganz auf die Aufgabe der Sicherung des eigenen Überlebens konzentriert und sich aus seinen sozialen Beziehungen mehr und mehr zurückzieht.

Die Patienten erleben bei weitem nicht alle Maßnahmen der Angehörigen als unterstützend (Frazier u. Mitarb. 1995). Als hilfreich empfunden werden insbesondere, daß
- die Angehörigen da sind, wenn der Patient sie braucht.
- die Angehörigen Interesse und Anteilnahme am Patienten bekunden.

Als nicht hilfreich werden dagegen wahrgenommen:
- nicht über die Probleme des Patienten reden wollen.
- Kritik am Umgang des Patienten mit der Krankheit.
- zuviel Sorge oder Pessimismus.

Interessanterweise wirken sich die als nicht hilfreich empfundenen Verhaltensweisen stärker auf die Krankheitsbewältigung des Patienten aus als die hilfreichen (Rook 1984).

Die Streßbelastung der Angehörigen wächst mit der Belastung der Patienten. Je höher die Streßbelastung der Angehörigen ist, um so weniger sind sie in der Lage, hilfreiche Unterstützung anzubieten (Frazier u. Mitarb. 1995).

Es besteht also, gerade in der besonders anstrengenden präoperativen Phase der Transplantation, die Gefahr einer Überlastung des ganzen Familiensystems, welche sich in Depression und Rückzug beim Patienten und in Burn-Out-Symptomen bei den Angehörigen äußert. Einer solchen Entwicklung vorzubeugen, ist besonders wichtig, da Patienten mit schlechter sozialer Unterstützung nach der Transplantation signifikant häufiger eine psychische Störung entwickeln (Dew 1996).

Epidemiologie psychischer Erkrankungen und psychosozialer Probleme bei Transplantationspatienten

Die o.g. Belastungen ziehen in vielen Fällen psychische Störungen von Krankheitwert nach sich. Ein Jahr nach Herztransplantation fand Dew (1996) folgende psychische Erkrankungen vor:
- depressive Störungen bei 17,3%,
- posttraumatisches Streßsyndrom bei 13,7%,
- Anpassungsstörungen bei 10%.

Insgesamt bestanden bei 33,9% der Patienten psychische Störungen von Krankheitswert. Vor der Transplantation war dies bei 24,8% der Fall, was in etwa der Prävalenz psychischer Erkrankungen in der Allgemeinbevölkerung entspricht.

Als **Risikofaktoren** für das Entwickeln einer psychischen Erkrankung postoperativ gelten (Dew 1996):
- psychische Erkrankungen vor der Transplantation,
- eingeschränkte soziale Unterstützung,
- vermeidender Copingstil,
- niedriges Selbstwertgefühl.

Richtet man den Blick über die klinisch diagnostizierbaren psychischen Erkrankungen hinaus und erfaßt die bei den Patienten vorliegenden psychosozialen Probleme, so zeigt sich das Ausmaß der Belastung noch deutlicher. Bis zu 75% der Patienten wiesen nach einer Lebertransplantation bedeutsame psychosoziale Belastungen auf (Heyink 1990). In einem anderen Kollektiv von Lebertransplantationspatienten (Johann u. Erhard 1995) wurden psychosoziale Probleme in vergleichbarer Häufigkeit auch vor der Transplantation gefunden. Die Schwierigkeiten der Patienten zeigten sich dabei vornehmlich in folgenden Bereichen:

- Probleme der sozialen Unterstützung (74% der Patienten),
- Copingdefizite allgemein (70%),
- Probleme der Krankheitsverarbeitung bezogen auf die Transplantation (53%),
- Substanzmißbrauch (43%),
- mangelnde Compliance (33%).

Gerade **Complianceprobleme** sind von besonderer prognostischer Bedeutung; so gehen rund 4,7% aller Nierentransplantate durch Noncompliance verloren; unter den späten Transplantatverlusten (mehr als 6 Monate nach der Operation) liegt der Anteil sogar bei 17,3% (Garcia u. Mitarb. 1997).

Psychosomatische Diagnostik

Eine Besonderheit der psychosomatischen Betreuung von Transplantationspatienten liegt darin, daß der Psychosomatiker in der Regel nicht nur in der Rolle des unterstützenden Begleiters des Patienten auftritt, sondern auch die Aufgabe hat, im Rahmen einer Diagnostik zu prüfen, inwieweit der Patient den Belastungen einer Transplantation voraussichtlich gewachsen sein wird. Diese Doppelfunktion führt für den Diagnostiker zu einem erheblichen ethischen Dilemma und bringt für den Therapeuten Probleme im Übertragungsgeschehen mit sich, die ständig reflektiert und immer wieder angesprochen werden müssen. Dies ist um so mehr der Fall, als die Aufgaben des Diagnostikers und des Therapeuten in den meisten Projekten in einer Hand liegen dürften, was im Sinne einer Kontinuität der Patientenbetreuung an sich auch wünschenswert ist.

So eindeutig die Meinungen bzgl. einer Notwendigkeit psychosomatischer Diagnostik vor Transplantationsbehandlungen inzwischen sind, so unterschiedlich sind die in den verschiedenen Zentren untersuchten psychosozialen Faktoren. Im wesentlichen werden jedoch zwei Gruppen von **Prädiktoren** untersucht:

- eine psychische Komorbidität, d.h. das Vorliegen psychischer Erkrankungen, die unabhängig von der somatischen Erkrankung bestehen und möglicherweise verlaufsbestimmende Bedeutung haben (Psychosen, Suchterkrankungen, Persönlichkeitsstörungen, selbstschädigendes Verhalten).
- Faktoren, die in der Persönlichkeit und dem sozialen Umfeld des Kranken begründet sind, für sich genommen keinen Krankheitswert besitzen, aber vermutlich für die Krankheitsverarbeitung und Compliance von Bedeutung sind (soziale Unterstützung, Umgang mit belastenden Lebensereignissen, subjektive Krankheitstheorie, Vorgeschichte von Compliancestörungen in anderen medizinischen Behandlungen).

Trotz der Vielzahl der zusammengetragenen Daten bleibt die Erstellung einer Prognose, inwieweit der Patient den Anforderungen einer Transplantation gewachsen sein wird, im Einzelfall schwierig.

Als Ausweg aus diesem Dilemma bietet es sich an, für die Aufnahme der Patienten in das Transplantationsprogramm lediglich bestimmte Mindestkriterien zu fordern. Dazu zählen der Ausschluß einer floriden, unbehandelten psychotischen Erkrankung sowie des Vorliegens einer aktuellen Suchtproblematik ohne Behandlungsmotivation.

Tabelle 48.**2** Prinzipien der Diagnostik

- Diagnostik durch Interview, evtl. ergänzend Fragebogenerhebung (zur Sicherung einer behandlungsbedürftigen Störung, insbesondere Depression oder Angststörung)
- Basisdiagnostik obligatorisch für alle Patienten (um auch die Probleme derjenigen zu erfassen, die auf Krisensituationen mit stillem Rückzug reagieren)
- Diagnostik vor Aufnahme auf die Warteliste (um evtl. notwendige Interventionen rechtzeitig planen und z.B. die Compliance frühzeitig fördern zu können)
- Einbeziehung der wichtigsten Bezugspersonen
- Ergebnisdiskussion in einer diagnostischen Konferenz (möglichst unter Beteiligung aller in die Untersuchung des Patienten involvierten Fachdisziplinen)

Bei Anwendung solcher Mindestkriterien wird nur ein minimaler Anteil von Patienten aus psychsozialen Gründen von einer Transplantation ausgeschlossen werden müssen. Weit größer ist der Anteil derjenigen, welche zwar nicht eine psychosoziale Kontraindikation zur Transplantation aufweisen, dafür aber aufgrund anderer Faktoren in der Gefahr stehen, den Transplantationsprozeß nicht zu bewältigen (z.B. durch geringe Compliance, fehlende soziale Unterstützung oder instabile Abstinenz bei anamnestisch bekanntem Suchtmittelkonsum). Diesen Patienten sollten zunächst einmal adäquate Hilfen bei der Krankheitsverarbeitung angeboten werden. Läßt der kritische somatische Zustand des Patienten erforderliche psychosoziale Interventionen nicht mehr zu, so sollte in aller Regel ein Behandlungsvertrag vereinbart werden, welcher die Interventionen für die Zeit nach der Transplantation festlegt.

In der psychosomatischen Diagnostik von Transplantationspatienten haben sich die in Tabelle 48.**2** dargestellten diagnostischen Prinzipien besonders bewährt

Psychotherapeutische Interventionen

Die psychosomatische Medizin hat eine Vielzahl von Interventionsformen entwickelt, die für Transplantationspatienten hilfreich sein können (Übersicht bei Wellisch u. Wolcott 1994). Bei der Auswahl geeigneter Interventionen kommt in aller Regel ein eklektizistisches Vorgehen zur Anwendung, um die Intervention einerseits an das spezifische Problem eines Patienten sowie andererseits an seine Persönlichkeitsstruktur und sein soziales Umfeld adaptieren zu können.

In einer Untersuchung nierentransplantierter Patienten (Muthny 1984) lagen die häufigsten Anlässe für psychotherapeutische Interventionen in den Bereichen Depression, Angst, Complianceprobleme, Probleme der Paarbeziehung und Interaktionsprobleme mit den Behandlern. In vielen Fällen waren dabei mehrere dieser Problembereiche betroffen, da z.B. Complianceprobleme häufig Interaktionsprobleme mit den Behandlern einschließen und Depressionen nicht nur krankheitsbezogen auftreten, sondern oft einen engen Zusammenhang mit partnerschaftlichen und familiären Konflikten erkennen lassen.

Diese Verwobenheit der verschiedenen Problembereiche macht es häufig schwer, Therapieziele mit dem Patienten zu vereinbaren bzw. läßt oft die Einbeziehung von Personen aus dem engeren sozialen und medizinischen Umfeld sinnvoll erscheinen.

Erfolge im Bereich verhaltenstherapeutischer Interventionen waren in der Untersuchung von Muthny (1984) vor allem im Abbau von Ängsten zu verzeichnen, wo die Verhaltenstherapie ein breites Repertoire an Methoden der Entspannung und kognitiven Verarbeitung zur Verfügung stellt (vgl. Caspar 1983). Allerdings stand hier die Psychotherapie auch in einem deutlichen Konkurrenzverhältnis zur Pharmakotherapie, der die somatischen Behandler vor allem bei akut auftretenden Ängsten mit starkem Ausdruckscharakter den Vorzug gaben.

Bei der Behandlung von Complianceproblemen erwiesen sich Selbstkontrollverfahren (Überblick bei Kanfer u. Phillips 1975) unter bestimmten Voraussetzungen bei Dialysepatienten als durchaus wirksam (Muthny 1986). Bezogen auf mögliche Complianceprobleme nach einer Transplantation (z.B. unregelmäßige Einnahme von Immunsuppressiva) erscheint jedoch eine präventive Vorgehensweise sinnvoller.

Vergleichsweise schwieriger und weniger erfolgreich erwies sich der einzeltherapeutische Ansatz bei Complianceproblemen, wenn diese im Zusammenhang mit Autonomie-Abhängigkeitskonflikten und Interaktionsproblemen mit dem Personal auftraten. Hier dürfte die Einbeziehung des familiären und therapeutischen Umfeldes des Patienten im Sinne der Liaisonpsychosomatik (s. unten) erfolgversprechender sein.

Die nur begrenzten Erfolge bei der verhaltenstherapeutischen Behandlung **depressiver Verstimmungen** dürfte auf verschiedene Ursachen zurückzuführen sein:
- die mögliche organische Komponente im Zuge einer diffusen Hirnschädigung z.B. bei Langzeitdialysepatienten,
- die massiven und kausal unbeeinflußbaren Bedrohungen im Zuge einer chronischen Krankheit bis hin zur Todesbedrohung und schließlich
- ein besonders ausgeprägtes Verstärkerdefizit bei langfristig chronisch Kranken, das zu einem großen Teil auf realen Einschränkungen und Behinderungen basiert.

Ein ähnlicher Erfahrungshintergrund hat auch Levy (1985) zum Vorschlag eines vermehrten Einsatzes von Psychopharmaka bei chronisch niereninsuffizienten Patienten veranlaßt.

Aus der Sicht psychodynamischer Therapieschulen ist bei der Wahl einer geeigneten Intervention jeweils auch das **Strukturniveau** des Patienten zu berücksichtigen. Edukative Maßnahmen und stützende Psychotherapie kommen dabei für alle Patienten in Frage. Psychodynamische Psychotherapie ist eher geeignet für Patienten mit erhaltenen Ich-Funktionen, strukturierend-grenzsetzende Psychotherapie eher bei Patienten mit strukturellen Störungen, wenn diese ihre innere Anspannung agierend abführen und damit die medizinische Behandlung gefährden. Familientherapeutische Interventionen können den einzigen verbliebenen Zugangsweg darstellen, wenn Patienten sich in Krisensituationen aus ihren Kontakten zurückzuziehen drohen.

Schließlich ist zu berücksichtigen, daß Patienten mit normaler oder neurotischer Persönlichkeitsstruktur in der Lage sind, Entspannungsverfahren nach einer Anlernphase eigenverantwortlich durchzuführen, während strukturell stärker gestörte oder in ihren Ich-Funktionen vorübergehend beeinträchtigte Patienten Entspannungsverfahren nur in der Gegenwart einer therapeutischen Bezugsperson sicher anwenden können (Wellisch und Wolcott 1994).

Psychosomatische Interventionsformen

Tabelle 48.3 gibt einen Überblick über psychosomatische Interventionsformen, die im folgenden erläutert werden:

Grundlage aller Interventionen und wesentliches Mittel der Entängstigung des Patienten ist eine ausführliche **Information**. Es ist bekannt, daß strukturierte Schulungsprogramme die Dauer des Krankenhausaufenthaltes verkürzen können (Lindemann u. Van Aernam 1971). Die Schulung ist jedoch nur dann wirksam, wenn ihre Inhalte genau auf die Bedürfnisse der Patienten abgestimmt sind (Cifani u. Vargo 1990). Dabei bewerten Herztransplantationspatienten besonders Informationen zu folgenden Themenkreisen als nützlich:
- Immunsuppression,
- Abstoßung,
- Biopsie,
- Infektionen.

Als weniger hilfreich werden Informationen über das direkte operative Vorgehen von den Patienten angesehen.

Zur Durchführung von Schulungsmaßnahmen wird empfohlen (Cifani u. Vargo 1990):
- Kombination von Einzel- und Gruppentherapie,
- Unterstützung der mündlichen Information durch schriftliches Material,
- Einbeziehung praktischer Übungen für den Patienten (Blutdruckmessen, Medikamente stellen etc.).

Supportive Psychotherapie meint in diesem Zusammenhang ein ressourcenorientiertes Vorgehen, das die Verarbeitungsmöglichkeiten des Patienten aufgreift, ihm Hilfen bei der Krisenbewältigung bietet und dabei im Sinne des Freybergerschen Ansatzes (Freyberger und Freyberger 1994) aktuelle Kränkungs- und Verlassenheitsgefühle („Warum gerade ich?") bearbeitet, ohne Konfliktdeutungen vorzunehmen. Dieses Verfahren kommt grundsätzlich für alle Patienten in Frage, soweit sie nicht durch schweres Agieren den Verlauf der Behandlung gefährden.

Psychodynamische Psychotherapie ist dann angezeigt, wenn bei Patienten mit neurotischer oder normaler Persönlichkeitsstruktur lebensgeschichtlich bedeutsame Konflikte durch die Transplantation aktualisiert werden und die

Tabelle 48.**3** Psychosomatische Interventionsformen

- Information und Beratung
- Supportive Psychotherapie
- Krisenintervention
- Psychodynamische Psychotherapie
- Verhaltenstherapie, z.B. bei Angststörungen und Complianceproblemen
- Entspannungstechniken
- Kontaktvermittlung zu Selbsthilfegruppen
- Psychopharmakologische Therapie
- Medizinische Familientherapie
- Strukturierte Nachsorgegruppen
- Beratung des medizinischen Personals (Liaisonpsychosomatik)

Krankheitsverarbeitung beeinträchtigen. Ein deutendes Vorgehen ist dann indiziert, wenn die Deutung dem Patienten eine Perspektive eröffnet, wie er trotz seiner körperlichen Einschränkung eine konflikthafte Situation anders erleben oder konkret verändern kann; d.h., die Intervention erfolgt immer im Sinne einer vermehrten Kontrolle über das Krankheitsgeschehen. (In der kognitiven Verhaltenstherapie entspricht dem die Umbewertung.) Dieses Vorgehen soll an einem Fallbeispiel erläutert werden

Fallbeispiel

Frau A., eine 60jährige Patientin mit fortgeschrittener Leberzirrhose, hatte in den letzten Monaten einen zunehmenden Verfall ihrer körperlichen Kräfte und eine Veränderung ihrer äußeren Erscheinung durch massive Aszitesbildung hinnehmen müssen. In den präoperativ durchgeführten diagnostischen Interviews zeigte sich die Patientin weniger besorgt darüber, durch die Zirrhose oder die Operation sterben zu können; sie äußerte vielmehr die Befürchtung, sie könne „siech und hinfällig" werden. Sie erinnerte sich in diesem Zusammenhang an das Schicksal ihrer Mutter, die, an einer chronischen Krankheit dahinsiechend, vom Vater der Patientin verlassen worden war. Sie kam dann darauf zu sprechen, daß sie selbst, seit der Verschlechterung ihres körperlichen Zustandes, zunehmend in Streit mit ihrem Partner verfiel, oft daran zweifelte, daß dieser sie in ihrer Krankheit hinreichend unterstützen und akzeptieren könne. Die Deutung, daß sie mit ihrem Verhalten den Partner auf die Probe stellte und sichergegen wollte, nicht wie die Mutter verlassen zu werden, ermöglichte es der Patientin, sich von ihrer Angst zu distanzieren und eine partielle Entspannung ihrer Beziehungssituation herbeizuführen.

Grenzsetzend-strukturierende Psychotherapie ist immer dann angezeigt, wenn Patienten mit strukturellen Persönlichkeitsstörungen ihre Ängste nicht mehr intrapsychisch verarbeiten können, sondern agierend im Kontakt mit dem Behandlungsteam abführen, z.B. durch schwere Complianceprobleme oder abhängig-forderndes Verhalten auf der Station (Wellisch u. Wolcott 1994). In diesen Fällen ist eine klare Strukturierung des Behandlungsrahmens auf der Station durch Absprache mit dem Patienten und dem Stationsteam erforderlich; das Verhalten des Patienten sollte im Sinne klarer Grenzsetzungen strukturiert werden.

Fallbeispiel

Herr B., ein Mann, der sein Leben lang auf seine enormen Körperkräfte vertraut hatte, zeigte während der Vorbereitung zur Lebertransplantation auf der Station eine besondere Kränkbarkeit, die auch schon sein bisheriges Leben geprägt und wiederholt in der Vergangenheit zu Ausbrüchen gewalttätigen Verhaltens geführt hatte. Er konnte sich nur schwer in den Behandlungsablauf integrieren, hatte bei starker Aszitesbildung vor allem Probleme mit der Einhaltung von Diät und Flüssigkeitsrestriktion. Häufig verließ er die Station, um sich selbst zu verpflegen, da er glaubte, die Krankenhauskost würde ihm auch noch die verbliebenen Kräfte rauben. Die Intervention bestand zunächst in einer Konfrontation mit den selbstschädigenden Aspekten seines Verhaltens, dann in klaren Grenzsetzungen bezüglich der Ernährungsweise und der Anwesenheit auf der Station. Herr B. konnte die gesetzten Grenzen als narzißtisch verträglich akzeptieren, nachdem ihm bedeutet worden war, daß er als ehemaliger Boxer sicher daran gewöhnt sei, im Training Opfer für den Erfolg zu bringen.

Entspannungstechniken dienen der Reduktion präoperativer Angst- und Spannungszustände, können aber auch postoperativ, unter Umständen im Sinne geleiteter Imaginationsübungen als Überbrückungshilfe bei Krisensituationen eingesetzt werden. Besonders weite Verbreitung hat in diesem Zusammenhang das Verfahren der progressiven Muskelrelaxation nach Jacobson gefunden, das auch in der Behandlung von Schmerzzuständen eingesetzt werden kann. Bei phobischen Symptomen wird das Verfahren mit einer systematischen Desensibilisierungsbehandlung verknüpft, bei der zunächst eine Entspannung herbeigeführt wird, um anschließend den Patienten zunächst in der Phantasie, später auch konkret mit abgestuften angstauslösenden Stimuli zu konfrontieren, um so den Patienten im Sinne einer Konditionierung in die Lage zu versetzen, anders als bisher mit den angstauslösenden Reizen umzugehen (Wellisch u. Wolcott 1994).

Psychopharmaka kommen vor allem bei schweren Angstzuständen, Depressionen oder bei psychotischen Bildern im Rahmen hirnorganischer Psychosyndrome zum Einsatz. Aufgrund der komplexen, kaum zu überschauenden Wechselwirkungen mit Immunsuppressiva, Antiinfektiva und anderen Pharmaka sowie der veränderten Bioverfügbarkeit von Psychopharmaka bei Patienten mit terminalem Organversagen oder Funktionseinschränkung des Transplantats sollte eine psychopharmakologische Behandlung nur dann erfolgen, wenn die psychische Symptomatik die Fortsetzung der Behandlung unmittelbar bedroht (Literaturübersicht bei Trzepacz u. Mitarb. 1993 a u. b).

Medizinische Familientherapie (McDaniel u. Mitarb. 1997) als ein über die Beratung der Familienangehörigen hinausgehendes Verfahren kommt überall dort zum Einsatz, wo das familiäre Unterstützungssystem des Patienten aufgrund der Belastung durch die Transplantation zu dekompensieren droht. Als besonders hilfreich haben sich familientherapeutische Sitzungen auch in der postoperativen Phase erwiesen, wenn die Reintegration des Patienten in den Alltag an Konflikten um die Neuverteilung der familiären Rollen zu scheitern droht.

Strukturierte Nachsorgegruppen verbinden in der Regel edukative, supportive und familienmedizinische Techniken mit der Anwendung von Entspannungsverfahren zu einem therapeutisch geleiteten Programm (Wellisch u. Wolcott 1994).

Liaisonpsychosomatik: Die Arbeit mit dem Patienten kann ihre volle Wirksamkeit nur erbringen, wenn sie in enger Kooperation mit dem chirurgischen Behandlungsteam und den übrigen beteiligten medizinischen Disziplinen erfolgt. Anzustreben ist deshalb ein psychosomatischer Liaisondienst, der neben der Patientenbetreuung auch einen regelmäßigen und institutionalisierten Informationsaustausch (z.B. im Sinne von Stationsbesprechungen) zwischen Psychosomatiker und dem Transplantationsteam einschließt (Johann u. Mitarb. 1997). Solche regelmäßigen Besprechungen bieten auch dem Stationspersonal Gelegenheit, emotionale Belastungen durch den Kontakt mit dem Patienten zu verbalisieren, so daß die Gefahr eines Burn Out bei den Behandlern verringert wird. Gleichzeitig kann bei agierenden Patienten (s.o.) ein kooperatives therapeutisches Vorgehen verabredet werden. Gerade aufgrund des engen Kontaktes zwischen Personal und Patienten in vielen Bereichen (v.a. chronische Niereninsuffizienz) kommt der Personalfortbildung und Supervision in diesem Feld eine besondere Bedeutung zu. Wesentliche Ziele sind dabei eine emotionale Entlastung und psychosoziale Kompetenzsteigerung der somatisch tätigen Behandler sowie eine (indirekte) Verbesserung der Patientenversorgung.

Resümee und Ausblick

Die psychosomatische Betreuung von Transplantationspatienten sollte an jedem Transplantationszentrum als „standard of care" vorgehalten werden.

Die soziale Rückzugstendenz vieler schwerkranker Menschen macht es erforderlich, ein psychosomatisches Betreuungsangebot primär an alle Patienten heranzutragen, da man ansonsten viele „stille Krisen" übersehen würde.

Regelmäßige Besprechungen von Ärzten und Pflegepersonal in der Transplantationsklinik mit dem Konsilpsychosomatiker erhöhen die Effizienz der Versorgung ganz außerordentlich. Nur so kann gewährleistet werden, daß wirklich alle am Behandlungsprozeß Beteiligten optimal informiert sind und sich im Sinne eines „integrierten Behandlungskonzeptes" (Johann u. Mitarb. 1997) gemeinsam auf den Patienten einstellen können.

XI Besondere Problemstellungen

49. Psychotherapie mit Kindern und Jugendlichen

Psychoanalytische Psychotherapie

A. Streeck-Fischer

Historischer Überblick

Freud (1909) hat in der Fallgeschichte des kleinen Hans dargestellt, daß ein Kind, das unter einer schweren Straßen- und Pferdephobie litt, mit einem modifizierten psychoanalytischen Verfahren behandelt und geheilt werden kann. 90% der ambulanten psychotherapeutischen Versorgung von neurotisch und psychosomatisch erkrankten Kindern und Jugendlichen werden heute durch analytische Kinder- und Jugendlichen-Psychotherapeuten sichergestellt. Analytischer Kinder- und Jugendlichen-Psychotherapeut, früher Psychoagoge, der ‚Kinder durch Betreuung von ihren Auffälligkeiten befreien sollte', während ‚wirklich kranke Kinder von ärztlichen Psychotherapeuten behandelt werden sollten' (diese Berufsgruppe wurde von Felix Böhm u. a. [1952] am Berliner Institut in der Nachkriegszeit so konzipiert), ist heute ein anerkannter heilkundlicher Beruf. Die Entwicklung der Psychoanalyse und Psychotherapie von Kindern und Jugendlichen wurde im ärztlichen Bereich in den vergangenen vier Jahrzehnten vernachläßigt. Mit der Erweiterung des Gebietsarztes für Kinder- und Jugenpsychiatrie um die Psychotherapie und die Schaffung des Gebietsarztes für psychotherapeutische Medizin ist es notwendig geworden, qualifizierte psychotherapeutische Weiterbildungen im ärztlichen Sektor auf- und auszubauen.

Entwicklung der analytischen Kindertherapie – Anna Freud – Melanie Klein

Anna Freud und Melanie Klein haben die Entwicklung der Kinderanalyse in Theorie und Praxis maßgeblich bestimmt. Ihre zentralen Annahmen sollen hier kurz skizziert werden.

Anna Freud (1971) meinte ursprünglich zur Übertragung in der Kinderanalyse, daß „Kinder einzelne Übertragungsreaktionen entwickeln, aber keine volle Übertragungsneurose zustandebringen". Später revidierte sie diese Auffassung teilweise und meinte, daß sich diese Ansicht nach dem Wegfall der einleitenden Phase und ihrer Ersetzung durch die Abwehranalyse so nicht mehr aufrechterhalten lasse. „Das soll nicht heißen, daß ich auf Grund der heutigen Erfahrung von der Identität der kindlichen Übertragungsneurose mit den Erwachsenen überzeugt bin. Die Beziehungen zwischen beiden Erscheinungen sind, meiner Meinung nach auch heute noch eine offene Frage" (Anna Freud 1971 S. 43). Sie sah einen wesentlichen Unterschied zur Erwachsenenanalyse darin, daß das Kind noch im ausgeprägten Maße den Einflüssen seiner Objektwelt ausgesetzt sei. Deshalb erschien ihr auch die Berücksichtigung der äußeren realen Situation des Kindes sehr wichtig. Sie meinte, daß viel wertvolles Material verlorengehe, wenn die Deutungstätigkeit des Analytikers nur auf die Innenwelt ausgerichtet sei und legte Wert darauf, daß beide Seiten zu berücksichtigen seien. Darüberhinaus hob sie die Bedeutung der Widerstandsanalyse in der Kindertherapie hervor, die sehr viel schwieriger sei als in der Erwachsenenanalyse. Unvermeidliche Unlust- und Angstgefühle wögen bei Kindern und Jugendlichen schwerer. Von Kindern und Jugendlichen werde die Analyse ggf. als Gefahr wahrgenommen, gegen die die Abwehr noch verstärkt werden müsse. Widerstände haben deshalb oft einen Ich-Syntonen Charakter. Grundsätzlich sah sie bei Kindern ebenso wie bei Erwachsenen die Umsetzung unbewußter Es-Inhalte in bewußte Wortvorstellungen als wichtiges Element der Behandlung, gleichzeitig betonte sie, daß in der Kinderbehandlung Sprachentwicklung, Denkentwicklung und unzureichende Ich-Organisation besonders berücksichtigt werden müßten.

Melanie Klein (1952) ging von der Annahme aus, daß sich ein Kind mithilfe des Spiels in grundsätzlich ähnlicher Art ausdrückt wie Erwachsene mit ihren Assoziationen. Die Technik, die sie entwickelt hat, ist rein deutend. Erzieherische Methoden oder absichtliche Förderung einer positiven Erfahrung, wie Anna Freud dies teilweise vorschlug, lehnte sie demgegenüber ab. Übertragung war für sie nicht nur ein Phänomen, das vom unbewußten Unterdrückten ausging, sondern auch von einem kontinuierlichen Strom unbewußter Phantasien beeinflußt wird, die alle libidinösen und destruktiven Impulse begleiten und deren Objekt der Therapeut ist. Das Kind überträgt und projeziert die unbewußten Bilder seiner verinnerlichten Eltern oder Aspekte seiner Eltern, auf den Therapeuten. Bilder die zustandekommen durch die Verbindung seiner eigenen Regungen und Gefühle und Ängste, nicht nur der ödipalen, sondern auch der frühesten Perioden des Lebens. Zentraler Fokus in der Arbeit ist nach ihrer Konzeption die ständige Deutung der Beziehung des Kindes zum Therapeuten. Dabei sollte das gesamte Verhalten des Kindes erfaßt werden als unbewußte Elemente der Übertragung. Der therapeutische Vertrag werde nach ihrer Ansicht am wirkungsvollsten gefördert, wenn das Kind die Überzeugung gewinne, daß es verstanden wird und daß selbst die feindlichsten Regungen in Worte faßbar sind. Mit ihrem Ansatz vermittelte sie, daß eine analytische Arbeit bereits von früh an unabhängig vom Entwicklungsstand des Kindes möglich ist.

Indikation und Voraussetzungen zur Behandlung

Freud (1905) betonte, daß für eine Psychoanalyse ein gewisser Bildungsgrad und ein einigermaßen verläßlicher Charakter notwendig sei. Eine Kontraindikation zur Behandlung finde sich bei Personen, die auf Drängen der Angehörigen kommen. Darüber hinaus verwies er darauf, daß eine Erziehbarkeit vorliegen müsse, eine Bereitschaft, innere Widerstände aufzugeben und Unlust-Spannung zu ertragen. Pathogene Erlebnisse sollten der Vergangenheit angehören.

Solche Voraussetzungen sind bei Kindern und Jugendlichen in der Regel nicht gegeben. Bei ihnen sind es häufig die Eltern, die meinen, daß etwas geschehen müsse. Ihre Problematik liegt nicht in der Vergangenheit, sondern in der Gegenwart. Anna Freud (1971) meinte, daß Kinderanalyse dort am eindeutigsten durchgeführt werden sollte, wo Ängste, Krisen, Kämpfe und Konflikte der **inneren Welt** entspringen. Demgegenüber sei ein solches Vorgehen ungünstig, wo Gefahr, Angreifer und Verführer wirkliche Menschen seien, etwa die Eltern.

Wird eine Indikation zu einer analytischen oder tiefenpsychologischen Psychotherapie gestellt, ist zu überprüfen, inwieweit eine typisch neurotische ‚Symptomatik' vorliegt, eine lärmende Symptomatik oder im ungünstigeren Fall die Symptomatik mit Ersatzbefriedigungen wie Klauen, Naschen, Weglaufen, Lügen, Sucht und Verwahrlosung einhergeht. Bei Kindern und Jugendlichen werden häufig erst die Folgeerscheinungen einer Problematik erkannt anstelle der ursprünglichen Schwierigkeiten. Eltern werden erst alarmiert, wenn etwa der Schulbesuch infragesteht, die Versetzung gefährdet ist, eine Anzeige wegen Diebstahls erfolgt ist usw. Dahinter verbergen sich mitunter langjährige Probleme im Umgang mit Gleichaltrigen, Lern- und Leistungsstörungen, Geschichten von Mißhandlung und Vernachlässigung. Insbesondere bei Lernbehinderungen oder anderen Entwicklungsbeeinträchtigungen ist es notwendig im Rahmen einer genaueren Diagnostik zu überprüfen, in welchem Ausmaß welche Ausfälle vorliegen, die ggf. anderer gezielter oder zusätzlicher therapeutischer Maßnahmen bedürfen.

Es ist aufschlußreich genauer abzuklären, wie das Kind bzw. der Jugendliche mit seiner Symptomatik umgeht und wie lange die Symptomatik bereits andauert, wie akut, wie chronifiziert sie ist, wie ausgeprägt der sekundäre Krankheitsgewinn im Verhältnis Eltern/Kind ist. Da häufiger die Umgebung an den Problemen des Kindes leidet, das Kind seine Schwierigkeiten mitunter verheimlicht, daraus Privilegien bezieht, durch die Symptomatik evtl. besondere Beachtung findet, liegen Veränderungswünsche nur bedingt vor.

Kinder sind häufig Austragungsort für die neurotischen **Konflikte der Eltern**. Darum ist es wichtig, die Problematik der Eltern genau zu erfassen. Auffällige Entwicklungen der Eltern, Verwahrlosung, Sucht, Kriminalität oder auch soziale Notstände führen zu einer ungünstigen Prognose hinsichtlich der Psychotherapie des Kindes. Erst ab etwa 12 Jahren sind Kinder in der Lage, unabhängig von ihren Eltern eigene Entwicklungen zu machen, auch dann, wenn die Eltern diese nicht mitvollziehen, sie aber weiterhin bei ihnen leben. Therapieabbrüche stehen häufig in Verbindung mit den Eltern und sind dann oft Folge der mangelnden Fähigkeit der Eltern, an ihrer eigenen Problematik zu arbeiten. Dies zeigt sich etwa bei anhaltenden Abhängigkeiten der Eltern zu ihren eigenen Eltern, bei ideologischen Fixierungen oder bei verwahrlosten und korrupten Eltern. Besondere Probleme ergeben sich auch aus Teil- und Ersatzfamilien, bei persistierenden Trennungskonflikten geschiedener Eltern, z. B. bei Sorgerechts- und Verkehrsregelungen.

Zur Entwicklungslinie der Einsicht

> Einsichtsfähigkeit reicht vom vorübergehenden Bewußtsein des Kindes für angenehme und schmerzliche Gefühlszustände, bishin zu einer abgelösten objektiven Selbstbeobachtung des Erwachsenen mit einem intrapsychischen Brennpunkt, der im Verein mit integrativen Funktionen des Ichs Einsicht in nützliche Zusammenhänge bringt. (Kennedy 1981)

Zur Diagnostik

Die Symptomatik allein sagt aber noch nicht viel über das Krankheitsbild des Kindes oder des Jugendlichen und dessen Schweregrad aus. Dazu bedarf es eingehender Diagnostik mithilfe der vier Psychologien (Pine 1990), die die Psychoanalyse hervorgebracht hat: Die Psychologie des Triebes, des Ichs, der Objektbeziehungen und des Selbst. Jede von ihnen entwickelt eine etwas andere Auffassung von der Arbeitsweise der menschlichen Psyche und hebt andere Erscheinungen hervor. Diese verschiedenen Perspektiven überlappen sich, zugleich fügt jede unserem theoretischen Verständnis etwas Neues hinzu, ein Verständnis, das vor allem in der psychotherapeutischen Praxis von Bedeutung ist.

Die Tab. 49.**1** zeigt die Entwicklungskonzepte dieser vier Psychologien.

Die **Triebpsychologie** betrachtet den Menschen unter dem Gesichtspunkt von Bedürfnissen und Wünschen, die im Schmelztiegel der frühen körperlichen und familiären Erfahrungen geformt und in Handlungen sowie in bewußten und unbewußten Phantasien verkörpert werden. Weil viele dieser Wünsche unannehmbar und gefährlich erlebt werden, erscheinen die psychischen Prozesse um Konflikte und ihre Lösungen herum organisiert und durch Angst, Schuld, Aspekte von Scham, Hemmungen, Symptombildung und pathologische Charakterzüge gekennzeichnet.

Vom Standpunkt der **Ich-Psychologie** aus wird der einzelne unter dem Gesichtspunkt der Fähigkeit von Anpassung, Realitätsprüfung und der Abwehrprozesse gesehen. Ein Entwicklungskonzept der Ich-Funktionen macht auch ein spezielles Konzept von Ich-Defekten notwendig. Alles, was sich entwickelt, kann sich in eingeschränkter oder abweichender Weise entwickeln. Entwicklungsstörungen im Bereich der Anpassung können als Ich-Defekt angesehen werden, z. B. Affektintoleranz oder -überschwemmung, Unzuverlässigkeit bei Impulsaufschub und -kontrolle, Mißlingen beim Erreichen der Objektkonstanz u. a.

Die Psychologie der **Objektbeziehungen** sieht das Objekt unter dem Gesichtspunkt eines aus der frühen Kindheit herrührenden Beziehungsdramas, das bewußt oder unbewußt im Gedächtnis erhalten bleibt. Die Objektbeziehungen, wie sie vom Kind erlebt werden, sind das, was sich im bewußten und unbewußten Gedächtnis niederschlägt und was wiederholt wird. Diese Erfahrung ist eine Funktion des Affektes und der Wünsche, die im Augenblick dieser Erfahrung im Kind aktiv sind. Auf dem Hintergrund früher Trennungs- und Individuationserfahrungen verfügt jeder über ein bestimmtes Objektbeziehungsniveau, das von verschiedenen Stufen der

Tabelle 49.**1** Psychoanalytische Verstehensmodelle

	0.–1. Lebensjahr		**2.–3. Lebensjahr**	**4.–5. Lebensjahr**		**6.–7. Lebensjahr**
Triebentwicklung (Freud)	oral		anal	phallisch		ödipal
Objektbeziehungen	Undifferenziertes Primärstadium (1 Monat)	Symbiotische Phase (Mahler), Stadium der primären undifferenzierten Selbst-Objekt-Vorstellung (2–6–8 Monate)	Übungs-Subphase, Differenzierung von Selbst-Objekt-Vorstellungen: Entwicklung einer guten Selbst-Objekt-Vorstellung und einer bösen Selbst-Objekt-Vorstellung (8–18 Monate)	Wiederannäherungs-Subphase Stabile gute und böse Selbst-Objekt-Vorstellungen Grandioses Selbst und Ideal-Objekt (dyadischer Beziehungsmodus) (18–36 Monate)	Objektkonstanz, Integration von guten und bösen Selbst- und Objektvorstellungen; Entwicklung reifer intrapsychischer, aus Objektbeziehungen abgeleiteter Strukturen (3.–6. Lebensjahr)	Konsolidierung über Ich-und-Ich-Integration
Selbstentwicklung	Fragmentiertes Selbst		Dissoziiertes Selbst		Integriertes Selbst	Stabile Selbstwertregulation
Ich-Entwicklung	Tiefe Spaltung Fragmentierung Unklare Ich-Grenzen		Aktive Spaltung in Gut und Böse, abgespaltene Ich-Zustände-Projektion, projektive Identifizierung	Idealisierung, Entwertung, Verleugnung, Reaktionsbildung	Verdrängung, Isolieren, Ungeschehenmachen	
	Entwicklungsniveau bei psychosenahen Störungen		Bei frühem Strukturniveau	Mittleres Strukturniveau	Entwicklungsniveau bei „reifen" neurotischen Störungen	

Trennung zwischen Selbst und Objekt, bishin zu Objektkonstanz reicht.

Die **Psychologie des Selbst** und des Selbsterlebens betrachtet das anhaltend subjektive Befinden des einzelnen und zwar vor allem im Hinblick auf Grenzen, Kontinuität und Wertschätzung. Der Grad der Differenzierung des Selbst von anderen (Objekten) hat dabei eine zentrale Bedeutung. Darüber hinaus spielt der Grad von Ganzheit vs. Fragmentierung, Kontinuität vs. Diskontinuität und Wertschätzung des Selbst eine herausragende Rolle.

Diese psychologischen Verstehensmodelle sind eine Grundlage der operationalisierten psychodynamischen Diagnostik (OPD 1996), die zur Zeit auch für die Kinder und Jugendlichen ausgearbeitet wird.

Eine genaue psychoanalytische Diagnostik von neurotischen und psychosomatischen Störungen sowie Entwicklungsstörungen im Kindes- und Jugendalter setzt die Verwendung dieser verschiedenen Entwicklungs- und Verstehensmodelle voraus. Da im Kinder- und Jugendalter immer auch Entwicklungsaspekte eine Rolle spielen, kann erst eine genaue phänomenologische und strukturelle Diagnostik das Krankheitsbild voll erfassen, um dann fundierte Aussagen über die Indikation zur Behandlung, die hilfreiche therapeutische Technik und die Behandlungsprozesse treffen zu können. Wir wissen, daß z. B. Zwangserkrankungen, Eßstörungen, Einnässen und Einkoten in unterschiedlichem Schweregrad und Entwicklungsniveau vorkommen. Indem wir uns ein Bild über die vorherrschende Objektbeziehung, die Ich-Struktur, die Entwicklung des Selbst und die Triebproblematik machen, können wir auch Aussagen darüber treffen, ob eine neurotische Störung, eine Störung auf mittlerem, niedrigen oder psychosenahen Niveau vorliegt.

Die Tab. 49.**2** gibt vereinfacht wieder, welche Bedeutung und welchen Schutzaspekt die vorherrschende Symptomatik auf den unterschiedlichen Entwicklungsniveaus haben kann.

Je polysymptomatischer das Störungsbild, desto ausgeprägter sind die Ich-strukturellen Störungen (z. B. mangelnde Impulskontrolle mit süchtigem und triebhaftem Agieren, mangelnde Spannungs- und Affekttoleranz, mangelnde Realitätsprüfung). Je tiefgreifender die Beziehungsstörung, um so ungünstiger die Prognose für die Psychotherapie. Solche schweren Störungen erfordern ein spezielles therapeutisches Vorgehen, bei dem immer zu prüfen ist, ob die Kinder und Jugendlichen unter ambulanten Bedingungen ausreichend behandelbar sind. Darüber hinaus sind spezifische Bedingungen in der Elternarbeit zu berücksichtigen (Tab. 49.**3**).

Psychoanalytische Therapieverfahren im Kindes- und Jugendalter und ihre Anwendungen

Klassische Psychoanalyse im Kindes- und Jugendalter wird aus verschiedenen Gründen *selten* durchgeführt. Es gibt wenige Eltern und Kinder, die bereit sind, sich einer solchen Therapie zu unterziehen. Sie wird von den Krankenkassen nicht finanziert. Da Aspekte der aktuellen Realität in der Entwicklung des Kindes und Jugendlichen eine hervorgehobene Rolle spielen, kann eine Therapie, die sich einschließlich den verinnerlichten Konflikten widmet, nur bei strenger Indikation stattfinden. Geht man davon aus, daß es ein wesentliches Ziel in der Psychotherapie von Kindern und Jugendlichen ist, die weitere psychische Entwicklung und Reifung des Patienten zu ermöglichen, können solche Schritte durch eine längere hochfrequente Psychoanalyse erschwert werden.

Analytische Psychotherapie ist eine Behandlungsform, die zusammen mit der neurotischen Symptomatik den neurotischen Konfliktstoff und die neurotische Struktur des Patienten behandelt. Das therapeutische Geschehen wird in

Tabelle 49.**2** Bedeutung und Schutzaspekt der vorherrschenden Symptomatik auf unterschiedlichen Entwicklungsniveaus

	„Ich wäre verrückt"	**„Ich fühle mich bedroht von innen und außen"**	**„Ich muß mich an den Objekten festhalten, sonst droht Selbst-/Objektverlust"**	**„Ich habe Angst, daß mir die Impulse durchgehen" (z. B. aggressive, sexuelle)**
Angstsymptomatik	Wenn ich meine Ängste überrenne	Vermeide mit den Ängsten Schlimmeres	Mit der Angst binde ich äußere Objekte an mich	Und verschiebe die Angst, z. B. auf die Straße (Phobie)
Regressive Symptomatik (Einnässen, Einkoten, Kotschmieren)	Einnässen und Einkoten sind abgetrennte Bereiche meiner verlorengegangenen Selbstbestimmung und Selbstkontrolle	Einnässen und Einkoten sind Ausdruck dieser Bedrohung		Reagiere kleinkindhaft
Eßstörung	Wenn ich meine Eßstörung nicht hätte	Brauche meine Eßstörung, um ins Gleichgewicht zu kommen	Mit meinen Symptomen binde ich elterliche versorgende Objekte an mich	Beschäftige mich mit oralen Impulsen, die weniger gefährlich sind
Entwicklungsniveau	Psychosenahe Entwicklung	Niedriges	Mittleres	neurotisches

Tabelle 49.3 Unterschiede in den psychoanalytischen/psychotherapeutischen Verfahren

	Kinder-/Jugendlichen-Psychoanalyse	Analytische Psychotherapie bei Kindern/Jugendlichen	Tiefenpsychologisch fundierte Psychotherapie bei Kindern/Jugendlichen
Frequenz	3	2	1–2
Setting	Spielzimmer/face to face	Spielzimmer/face to face	Spielgeräte/face to face Evtl. außerhalb des Zimmers
Eltern	Am Anfang und Ende	Einbezogen in einem Sitzungsverhältnis 1:4, bei Jugendlichen abhängig von Alter/Problemen entsprechend partiell	Einbezogen, evtl. verändertes Sitzungsverhältnis
Behandlungsdauer	Ca. 300 Stunden	Höchstgrenze 150/180	Höchstgrenze 150/180
Ziele	Strukturelle Veränderungen	Partielle strukturelle Veränderungen	Erwerb von reiferen Bewältigungen, Ich-Reifung

der Arbeit mit Kindern und Jugendlichen ebenso mit Hilfe von Übertragungs-, Gegenübertragungs- und Widerstandsanalyse unter Nutzung regressiver Prozesse in Gang gesetzt und gefördert (vgl. Psychotherapie-Richtlinien, Mertens). Die spezifischen Bedingungen des Kindes- und Jugendalters setzen besondere Kenntnisse der Entwicklung und alterspezifischen Ausdrucksformen voraus (s. unten).

Tiefenpsychologisch fundierte Psychotherapie, ein Verfahren, das sich ebenfalls auf die Grundannahmen der Psychoanalyse bezieht, ist eine Behandlung, die zumeist auf Teilziele beschränkt ist. Stützende Maßnahmen zur Entwicklung und Stärkung des Ichs und zur Entwicklung und Stärkung affektiv-kognitiver Fähigkeiten werden bevorzugt angewendet. Aufgrund der historischen Entwicklung der analytischen Kinder- und Jugendlichenpsychotherapie sehen die Psychotherapie-Richtlinien bisher noch keine Trennung zwischen analytischer und tiefenpsychologisch fundierter Psychotherapie bei Kindern und Jugendlichen vor. Da die Weiterbildungen zum analytischen Kinder- und Jugendlichenpsychotherapeuten mittlerweile an die Standards der psychoanalytischen Weiterbildung zur Behandlung Erwachsener angeglichen wurden, werden im Vergleich zu den überwiegend kürzeren ärztlichen Psychotherapieweiterbildungen längerfristig Unterscheidungen unabdingbar sein.

Besondere Bedingungen im Kindes- und Jugendalter

Aufgrund der in Entwicklung befindlichen Persönlichkeit des Kindes und des Jugendlichen sind spezifische Bedingungen in bezug auf das therapeutische Setting und das Behandlungsvorgehen zu berücksichtigen. Da Kinder und oft auch Jugendliche, anders als Erwachsene, sich nicht „aus freien Stücken" von sich aus in Behandlung begeben, bei Behandlungsbeginn oft über keine Krankheitseinsicht verfügen und keinen Leidensdruck haben, sich eher weigern, spontan ihre Probleme und Konflikte mitzuteilen, brauchen sie ein „facilitating environment" (Winnicott 1974), das dem Entwicklungsstand und den Bedürfnissen des jungen Patienten entgegenkommt. So können eine aktive Beziehungsaufnahme seitens des Therapeuten, attraktive Spielangebote in einem entsprechend hergerichteten Spielzimmer, Angebote für kreatives Gestalten, Entgegenkommen in der zeitlichen Planung von Stunden zunächst wichtig und notwendig sein. Die Spielangebote für Kinder und Jugendliche sollten auf die verschiedenen Altersgruppen abgestimmt sein.

Während bei **Kindern** das Spiel im Vordergrund steht, gewinnt das Gespräch mit zunehmenden Alter mehr und mehr an Bedeutung. Spezifische Modifikationen sind abhängig vom Alter und der Fähigkeit, sich verbal mitzuteilen, zu berücksichtigen. Der Therapeut kann leicht problematische Elternübertragungen auf sich ziehen, ohne daß das Kind oder der Jugendliche sich im Rahmen einer therapeutischen Ich-Spaltung, wie dies bei Erwachsenen der Fall ist, davon distanzieren könnte. Deshalb gewinnt die Persönlichkeit des Therapeuten und seine Fähigkeit, das Kind bei seinen Möglichkeiten abzuholen, eine hervorgehobene Bedeutung. Darüber hinaus sind die Verhältnisse dadurch erschwert, daß das Kind, der Jugendliche noch in Abhängigkeiten zu seinen Eltern steht und der Therapeut nur in Übereinkunft mit den Eltern bestimmte Werte und Normen vertreten kann.

Bei **Jugendlichen** sind therapeutische Vorgehensweisen erforderlich, die deutlich machen, daß man neben der Übertragung von Elternobjekten auch eine Person ist, die dieser nicht entspricht. Dies kann mitunter bedeuten, daß es notwendig ist, mit dem Jugendlichen Aktivitäten zu unternehmen, die deutlich machen, daß der Therapeut ein hilfreiches, wohlwollendes Objekt ist. Eissler (1966) hat solche vorübergehenden Änderungen des Settings z.B. durch gemeinsame Spaziergänge, Tischtennisspiel o.a. als Parameter in die Therapie Jugendlicher eingeführt. Negative Übertragungen müssen immer unmittelbar aufgegriffen und bearbeitet werden. Die Arbeitsbeziehung, die auf das gemeinsame Verstehen abhebt, sollte immer wieder betont werden.

Paktabsprachen in der Jugendlichen-Psychotherapie sind von besonderer Bedeutung. Jugendlichen steht das Spiel nicht mehr zur Verfügung, die symbolische Ebene der Sprache muß noch teilweise entwickelt werden. Entwicklungsspezifische Bedingungen, etwa die Ablösung und Identitätsfindung beim Jugendlichen sowie die Neigung, sich eher handelnd als sprachlich mitzuteilen, erfordern flexible therapeutisch-technische Einstellungen. In Absprachen hinsichtlich der Gestaltung ihres Tagesablaufes, ihrer schulischen und beruflichen Perspektiven, evtl. auch im Umgang mit Drogen und subkulturellen Interessen, ist es wichtig zu über-

Tabelle 49.**4** Integrationsniveaus der Struktur bezogen auf das Spiel

	Desintegriert	Gering integriert	Mäßig integriert	Gut integriert
Verhältnis Phantasie/Realität	Realitätsverlust: Spielphantasien real/oder phantasielos flach	Phantasiearm oder zeitweiliger Realitätsverlust: massive Projektionen, Spaltungen	Potentiell gute Phantasietätigkeit, die durch reale Verhältnisse störbar ist	Gut entwickelte Phantasietätigkeit mit angemessenem Verhältnis zur Realität
Körperliche Haltung	Agitiert, ruhelos, massive Störung der Steuerung (Grenzüberschreitung vs. massive Einengung) oder starr	Grenzüberschreitendes Verhalten, mangelnde Steuerung oder fehlende Spontaneität	Zeitweilige Impulsdurchbrüche	Ruhiges, intensives, engagiertes Spiel
Als-ob-Fähigkeit	Verlust dieser Fähigkeit	Als-ob-Ebene wird immer wieder verlassen	Als-ob-Ebene instabil	Sicher
Spieldauer/Sequenz	Gebrochen, sinnlose, kurze Sequenzen	Wechselnde, brüchige Sequenzen, unruhiges, getriebenes Spiel	Herabgeminderte Spieldauer	Längere Spiel-Sequenzen (mindestens 3)
Spiel-Entwicklungsalter	Herabgesenkt	Herabgesenkt	Partiell herabgesenkt	Altersentsprechend
Spiel-Inhalt	Steril, Verwirrend, einfache funktionale Handlungsabläufe	Polarisierte Spiel-Sequenzen, aneinandergereihte destruktive Szenen, Spielabrisse	Grandiose, orale, symbiotische Themen	Konfliktinhalte, die Triebwünsche und Verbote zum Inhalt haben, triadische Szenen
Spiel-Qualität	Rigide, chaotisch, verwirrend, Konfusion von Selbst und Objekten, Gut-Böse-Konfusion	Primitiv, wechselnde Selbst-/Objektbilder (verfolgend/bedürfnisbefriedigend	Übereinstimmungssuche mit symbiotischen Objekten, Objektverlustängste	Abgegrenzte Selbst-Objektbilder mit differenzierten Wahrnehmungen

prüfen, inwieweit der Jugendliche diese Bereiche als Orte der Auseinandersetzung für sich verwenden kann oder aus den Konflikten „aussteigt".

Ziele der Psychotherapie von Kindern und Jugendlichen sind immer neben der Behandlung der neurotischen Psychodynamik und des neurotischen Konfliktes die Aufarbeitung phasenspezifischer Fixierungen und die Bearbeitung von Entwicklungsdefiziten.

Einige Bemerkungen zum Spiel in der Psychotherapie bei Kindern und Jugendlichen

Neubauer (1987) nennt drei Eigenschaften, die Spielen im Wesentlichen kennzeichnen: die **geistige Aktivität**, die bewußte und unbewußte Phantasien miteinbezieht, die **körperliche Aktivität**, die zu beobachtbarem Verhalten führt und die **Fähigkeit zu erkennen**, daß das, was in Handlungen umgesetzt wird, nicht real ist. Diese Eigenschaften charakterisieren die **Spielfähigkeit** einer Person. Bei Störungen der Spielfähigkeit oder Spielhemmungen verändert sich das Verhältnis dieser Eigenschaften zueinander, bzw. einzelne Eigenschaften gehen verloren. Wenn z.B. die eingebildete Fähigkeit, die das Spiel ausmacht, nicht mehr gegeben ist, wird die Handlung real. Diese drei Kriterien sind bei der Diagnostik von Spielfähigkeiten und -hemmungen bei Kindern ausgesprochen hilfreich. Spielen wird bei diesem Ansatz allerdings nicht unter kommunikativen Gesichtspunkten verstanden. Orientiert an den Klassifikationskriterien der OPD, sind in der Übersicht die verschiedenen Integrationsniveaus der entwickelten Spielfähigkeit dargestellt. Sie sind bedeutsam für die Diagnostik und die Therapie des Kindes im Spiel und liefern wichtige Hinweise, worauf bei der Strukturentwicklung des Kindes zu achten ist (Tab. 49.**4**).

Zur Ausstattung eines Spielzimmers:
Im Spielzimmer sollten, dem Alter des Kindes und des Jugendlichen entsprechend, angemessene Spielangebote vorliegen: Material zum Gestalten, Basteln und Werken wie Malsachen, Knete, Handpuppen bzw. Kasperpuppen, Bausteine, Ritterburg, Ritter, Pferde, Pistole, Handschellen, Doktorkoffer, Puppenhaus mit Einrichtung, Kuscheltiere, Regelspiele für alle Altersklassen, Geschicklichkeitsspiele, Autos, evtl. Bagger und Kran, Geschlechtspuppen und evtl. Bauernhof mit Tieren oder Puppenhaus. Der Sandkasten, der in verschiedener Hinsicht zur Gestaltung anregt, ist sehr beliebt.

Das Spiel gilt als Königsweg zum Unbewußten in der Behandlung von Kindern. Abhängig vom Alter und Entwicklungsstand werden unterschiedliche Spiele vorrangig gespielt. Die Übersicht zeigt die unterschiedlichen Formen des Spieles in den verschiedenen Lebensphasen. Aufgrund der verschiedenen Sichtweisen werden jeweils unterschiedliche Aspekte besonders hervorgehoben. Die Entwicklungsreihe des Spiels gibt eine Orientierung über den Stand der Entwicklung des Kindes und ist hilfreich, wenn Kinder Spielfähigkeit nur rudimentär entwickelt haben (Tab. 49.**5**).

Tabelle 49.5 Spiel in verschiedenen Lebensphasen

Lebensphasen (Erikson 1950)	Phasen des Spiels (Peller 1953)	Phasen des Spiels (Piaget 1954)	Phasen des Spiels (A. Freud)	Ontogenese des Spiels (Plaut)
Säuglingszeit	Spiel mit Körper Ängste in bezug auf den Körper	Übungsspiel	Autoerotisches Spiel	Spiel zum Erkennen
Frühe Kindheit	Guck-Guck-Spiel Frühes Spielmaterial mit Beziehung zu prä-ödipalen Mutter (Objektverlustängste)	Übungsspiel	Spiel mit dem Übergangsobjekt	Spiel zum Differenzieren
Vorschulalter	Puppenspiel, Phantasiespiel mit ödipalen Beziehungen (Liebesverlustängste)	Symbolspiel	Spieltiere als symbolische Objekte Spielmaterialien für Ich-Fähigkeiten und Phantasieren	Symbol-Spiel
Schulalter	Regelspiel, Gruppenspiel mit Beziehungen zu Gleichaltrigen (Über-Ich-Ängste)	Regelspiel	Freude am Erfolg der Tätigkeit	Regelspiel
Adoleszenz				Spielerischer Umgang mit Grenzen
Frühes Erwachsenenalter				Integriertes Spiel
Erwachsenenalter				Generatives Spiel
Alter				Kreatives Spiel

Entsprechend den verschiedenen psychoanalytischen Psychologien hat das Spiel unterschiedliche Bedeutungen. So kann es als Austragungsort für Triebkonflikte gesehen werden oder als Ort des Handelns besonderer Art, als kindliches Ausdrucksmittel je nach Entwicklungsstand mit unterschiedlichen Spielformen oder als Kommunikationsmittel mit sich und anderen. Winnicott (1978) hat eine umfassende Sichtweise des Spiels entwickelt. Für ihn ist Spiel nicht ausschließlich eine Aktivität der Kindheit und auch nicht nur ein zentrales Ausdrucksmittel in der Psychotherapie mit Kindern. Spiel ist für ihn ein imaginärer Ort, an dem sich zwei Personen - ob Kind oder Erwachsener - begegnen und miteinander in Beziehung treten. Entsprechend seinem Verständnis von Spiel ist Kommunikation nur im Spiel möglich. Aufgrund interaktiver Erfahrungen des Kindes mit der Mutter erwirbt dieses die Fähigkeit zum gemeinsamen Spielen innerhalb einer Vertrauensbeziehung. Winnicott (1978) unterscheidet zwischen einem selbstheilenden Spiel und dem psychotherapeutischen Spiel. Beim psychotherapeutischen Spiel hat der Therapeut die Aufgabe, durch seine Spielweise den Reifungsprozeß zu unterstützen und Entwicklungshemmungen zu beseitigen.

Spiel hat **Als-ob-Charakter**. Es findet innerhalb eines Spielrahmens in einem Raum statt, dem Spielraum. Im Spielraum herrschen Übergänge zwischen Realität und Phantasie, die diesem Raum einen illusionären Charakter geben. Der Spielrahmen wird abgesteckt durch die vereinbarten Regelungen oder den psychotherapeutischen Vertrag. Die Spielregeln, das sind die Paktabsprachen, ähneln weitgehend den Absprachen mit den Erwachsenen. Bei Kindern und Jugendlichen, die noch nicht über ein eigenes Einkommen verfügen, sind Absprachen, etwa bei Stundenversäumnis die Sitzung aus eigener Tasche zu bezahlen, schwer einzuhalten. Hier sind, bezogen auf das einzelne Kind oder den Jugendlichen, Bedingungen auszuhandeln, die für ihn tragbar sind: z.B. zu vereinbaren, daß in einem solchen Fall ein kleinerer Geldbetrag vom Taschengeld abgezogen wird. Mit seinen Urlaubszeiten muß sich der Therapeut in der Regel sehr weitgehend an den Schulferien orientieren. Die Assoziationsregel kann bei Kindern und Jugendlichen nur im begrenzten Umfang gelten. Während sich die Störungen des Spielens bei neurotischen Erkrankungen in der Regel im Umgang mit den Spielregeln zeigen, sind Kinder und Jugendliche mit strukturellen Störungen zumeist eingeschränkt fähig, überhaupt spielen zu können. Hier sind therapeutische Modifikationen notwendig, um die Spielfähigkeit herzustellen.

Unter der Voraussetzung eines **gesicherten Spielraumes** können Kinder im Spiel Erfahrungen machen, die ihnen helfen, Konflikte und schwierige Realitätsbedingungen zu bewältigen. Im heilsamen Spiel werden konflikthafte Situationen nicht einfach nur wiederholt, sondern neu und aktiv bearbeitet. Der Arztbesuch beispielsweise, der für ein Kind mit einer erschreckenden Blutentnahme verknüpft war, wird im Arztspiel wiederholt und bewältigt. Die Wiederherstellung dieser Situation im Spiel dient dem Zweck, die schmerzliche Erfahrung zu kontrollieren und zu bewältigen – in wechselnden Positionen – der des leidtragenden geängstigten Kindes und der des Arztes, der dem Kind Schmerz zufügt und Blut abnimmt. In der Arztrolle können durch diesen Mechanismus der Identifikation mit dem Angreifer Wünsche nach Rache und Vergeltung befriedigt werden. Das Spiel hat die Funktion eines Protektors für das Selbst. Wichtige interaktive Erfahrungen werden im Spiel gleichsam durchgekaut, überprüft, ins Selbstbild integriert oder verworfen. Erikson (1937) spricht von Spielsättigung, wenn ein Thema natürlich beendet wird und zu einer vorläufigen oder auch definitiven Bewältigung gedient hat.

Bei strukturell gestörten Kindern liegt es am Therapeuten, das Kind bei seinen rudimentär gebliebenen Fähigkeiten zum Spielen abzuholen und mit ihm **Spielfähigkeit zu entwickeln**. Prototypen für Spiele der Entwicklung hat Freud beschrieben, wie das Guck-Guck-Spiel, das Wegwerf- und Ranholspiel, Weglauf- und Gefangen-werden-Spiele oder Versteck- und Gefunden-werden-Spiele. Mit diesen Spielen werden Trennung und Wiedersehen spielerisch bearbeitet und gemeistert. In ihnen wird die so wichtige Fähigkeit, Ungewißheit zu ertragen, entwickelt, die für alle neuen ungewissen Situationen von hoher Bedeutung ist. Bion (1962) hat sie die negative Capability genannt.

Strukturell gestörte Kinder verfügen häufig über keinen gesicherten Spielraum. Ihre Spiele drohen zu entgleisen, real zu werden und damit in ihrer destruktiven Kraft unmittelbar wirksam zu werden. Hier ist es besonders wichtig, auf die Begrenzungen des Spiels und den Rahmen zu achten.

Die psychotherapeutische Arbeit mit den Eltern

Säuglinge und noch sehr kleine Kinder werden zumeist in Anwesenheit der Mutter behandelt, um die frühen Interaktionsprobleme zwischen beiden unmittelbar aufzugreifen und zu bearbeiten. Cramer (1994) hat mit seinen Hinweisen, daß Mütter in der frühen Beziehung zu ihrem Kind eigene Elternbilder auf ihre Kinder übertragen, sehr wichtige und weiterführende Behandlungsmodalitäten im frühen Kindesalter geschaffen.

Bei der Behandlung von Vorschul- und Latenzkindern sowie Heranwachsenden bis zum Alter von 15 Jahren ist nach vier Sitzungen eine Sitzung mit den Eltern üblich, im seltenen Fall kann die Relation des Sitzungsverhältnisses auch zugunsten der Eltern modifiziert werden. In der Regel führt derselbe Therapeut die Elterngespräche durch, in besonderen Fällen können diese Aufgaben auf zwei verschiedene Therapeuten verteilt werden. Es handelt sich um eine begleitende Elterntherapie, was bedeutet, daß im Mittelpunkt der Behandlung die Konflikte des Kindes stehen. Es geht um das Verstehen der problematischen Interaktionen mit dem erkrankten oder gestörten Kind und um veränderte Einstellungen. Hier kann es wichtig sein, in die eigene Kindheit der Eltern zurückzukehren, um Ursprünge eigener Probleme zu erkennen. Solche therapeutischen Gespräche führen mitunter bei Eltern zu eigenen Behandlungswünschen, z. B. wenn das Kind als phobisches Objekt bei einer Angststörung der Mutter verwendet wird. In besonderen Fällen, beispielsweise im Jugendlichenalter, sind familientherapeutische Sitzungen sinnvoll, die alle Familienmitglieder einbeziehen. Dies ist angebracht, wenn sich familiäre Konflikte hinsichtlich der Lebens- und Entwicklungsphase des Patienten ergeben, die alle Familienmitglieder betreffen.

Bei einer Behandlung jenseits des 15. Lebensjahres muß mit dem Jugendlichen abgestimmt werden, ob und wie die Eltern einbezogen werden sollten. Der Jugendliche mit seiner Problematik steht im Vordergrund und sollte darüber bestimmen. Jedoch sollte immer auch mitbedacht werden, daß ein Jugendlicher, der die Eltern aus seiner eigenen Entwicklung aktiv heraushält, möglicherweise innerlich an idealen Elternbildern festhält. Unter solchen Umständen sollte eine gelegentliche Einbeziehung von Eltern eingeplant werden.

Besondere Probleme ergeben sich bei Kindern in Scheidungsfamilien, bei sog. Patchwork-Familien und bei Kindern, die in Heimen untergebracht sind. Hier ist zu überprüfen, inwieweit der leibliche Vater, die leibliche Mutter Bedeutung für die neurotische Problematik des Kindes aktuell hat und inwieweit er/sie für die Zukunft des Kindes an Bedeutung beibehält. Mitunter ist die Einbeziehung von Eltern bzw. Müttern bei Heimkindern eher ungünstig, weil diese ihrem Kind erneute Traumatisierungen zufügen können. Bei Heimkindern ist es wichtig, den Bezugserzieher oder Betreuer einzubeziehen, um sich verfestigende Beziehungskonstellationen zu verdeutlichen und zu bearbeiten.

Gruppenpsychotherapie orientiert an altersspezifischen Besonderheiten

Gruppentherapie mit Kindern und Jugendlichen hat im Vergleich zur Gruppentherapie mit Erwachsenen in der ambulanten Versorgung eine geringere Bedeutung. Häufiger werden Gruppentherapien im stationären Setting durchgeführt. Bisher wurden wenige Anstrengungen unternommen, konzeptuelle Ansätze speziell für den Kinder- und Jugendlichenbereich zu entwickeln (Haar 1980, Zauner 1966, Slavson, Schiffer 1972, Kernberg 1991).

Bei der Zusammenstellung einer Gruppe mit Kindern und Jugendlichen sollten Alter und Entwicklungsstand möglichst nicht mehr als 4 Jahre voneinander differieren.

Gruppentherapie mit Schulkindern

Gruppentherapie mit Kindern sollte mit nicht mehr als 8 Kindern durchgeführt werden, günstiger sind 4 bis 6 Teilnehmer. In der Regel wird in dieser Altersspanne eine Spielgruppentherapie in einem entsprechend eingerichteten Raum durchgeführt. Über das Spielen in der Gruppe sollen Fähigkeiten zu Kontaktaufnahme und -beibehaltung, gemeinsame Beschäftigung an etwas Drittem und Erlernen von Verhalten im sozialen Kontext erworben werden. Die Ansichten, wie weitgehend vorstrukturiert werden sollte durch Angebot bestimmter Materialien, Themen oder etwa Einführen von Rollenspielelementen, weichen voneinander ab. Auch hinsichtlich der Indikation gibt es unterschiedliche Vorstellungen. Slavson und Schiffer (1976) schlagen eine Spielgruppentherapie für Kinder mit neurotischen Konflikten vor. Kernberg (1991) hält eine Gruppentherapie bei Kinder mit schwereren Psychoneurosen und Entwicklungsstörungen für angebracht. Gerade Kinder mit Verhaltensstörungen, Problemen in der Gruppe, mit mangelhaften sozialen Fähigkeiten können von einer solchen Behandlung profitieren. Kinder mit ausgeprägten Aufmerksamkeitsstörungen, stark abweichendem Verhalten und Störungen, die unmittelbar aktives massives Eingreifen erfordern, sollten jedoch nicht in einer Gruppe behandelt werden.

Vor Beginn der Behandlung wird in Paktabsprachen über die Zeitdauer, die räumlichen Bedingungen, die Verwendung der Materialien und die sozialen Umgangsformen gesprochen. Konflikte, die in der Gruppe bearbeitet werden können, sollten gemeinsam mit den Kindern vorüberlegt werden. In den Paktgesprächen wird eine Arbeitsbeziehung des Kindes zum Therapeuten und zur Gruppentherapie hergestellt. Solche Absprachen werden mitunter schriftlich gemacht (Kernberg 1991).

In diesem Alter erscheint es sinnvoll, die Gruppentherapie von Kindern mit zwei Therapeuten durchzuführen, die eine Art Elternpaar darstellen. Dadurch können bestimmte Rollen und Funktionen jeweils auf unterschiedliche Personen verteilt werden. Das Vorgehen ist tiefenpsychologisch ausgerichtet und dient in erster Linie der Entwicklung und Nachreifung ich-struktureller Fähigkeiten im Gruppenkontext.

Gruppentherapie mit Jugendlichen

Sich in Gruppen von Gleichaltrigen zu bewegen, hat für die Entwicklung von Jugendlichen eine hervorragende Bedeutung. Gruppen dienen z.B. als Stütze bei der Ablösung, als Orientierung und Brücke auf dem Weg von der Familie in neue Bezugssysteme. Trotz dieser Bedeutung wurde Gruppentherapie als Therapiemethode für Jugendliche wenig entwickelt und wird zudem als häufig schwieriges Unterfangen beschrieben. Dies rührt u.a. daher, daß Gruppentherapie für den Jugendlichen eine Versuchungs- und Versagungssituation insofern darstellt, als die künstlich zusammengestellte Gruppe den Jugendlichen mit verschiedenen Dilemmata konfrontiert: Der Jugendliche kann die Gruppe mit einem Therapeuten nicht ohne weiteres in ihren verschiedenen Übergangs- und Stützfunktionen nutzen, die sie sonst im Freundeskreis zumeist übernimmt. Er kann aber auch den Therapeuten bzw. das Therapeutenpaar nicht in dem Maße als Elternersatzfiguren für sich verwenden, wie das in der Einzeltherapie möglich ist - will er nicht vor den Gleichaltrigen sein Gesicht verlieren. In der Gruppentherapie mit Jugendlichen werden vor allem auch altersbezogene Konflikte der Ablösung und Individuation in der Adoleszenz mobilisiert. Jugendliche reagieren im Gruppenkontext mit passageren Stabilisierungen durch verschiedene narzißtische Selbstkonfigurationen, die erst mit Hilfe des Therapeuten allmählich aufgelöst werden können.

Infolge der Schwierigkeiten in der Gruppentherapie mit Jugendlichen wurden von verschiedenen Autoren eine Reihe von Modifikationen für die Gruppentherapie vorgeschlagen, z.B. eine besondere Anwärmphase, eine längere Kontaktphase, besondere Reflexibilität und Bereitschaft des Therapeuten, erlernte Methoden abzuändern und sich als reale Person zu stellen. Diese dienen letztlich dazu, die Probleme der mangelnden Motivation, der fehlenden Gesprächsbereitschaft, der Neigung zu zähem Schweigen oder provokanten Aktionen aktiv zu begegnen und einen fruchtbaren Gruppenprozeß in Gang zu bringen. Diese Probleme resultieren aus den erwähnten adoleszenzspezifischen Konflikten, die immer zu beachten sind. In Vor- und Paktgesprächen werden Anlaß, Behandlungsziele, Behandlungsauftrag und Gruppenregeln (z.B. Pünktlichkeit, Regelmäßigkeit, Rauchen, Essen, Trinken) besprochen. Das therapeutisch-technische Vorgehen orientiert sich an tiefenpsychologisch fundierten Konzepten zur Gruppentherapie mit therapeutisch-technischen Modifikationen, die die Entwicklungsphase der Adoleszenz im Besonderen berücksichtigen.

Stationäre Psychotherapie

Eine stationäre Psychotherapie sollte dann erfolgen, wenn schwerwiegende psychische Störungen vorliegen, die eine Trennung vom bisherigen sozialen Umfeld, von Familie, Schule und Gleichaltrigengruppe erfordern. Bei jüngeren Kindern ist zu überprüfen, ob im ambulanten Rahmen oder in einzelnen Fällen in Mutter-Kind-Therapien Veränderungen gewährleistet werden können, ansonsten muß an Fremdunterbringungen gedacht werden. Stationäre Psychotherapie sollte immer als eine zeitlich befristete, mehrdimensionale Behandlung angesehen werden und dann stattfinden, wenn im Anschluß an die Behandlung das Kind oder der Jugendliche wieder in sein bisheriges Umfeld zurückkehren kann. Darüber hinaus sollten es vor allem Störungsbilder sein, die ärztlich-psychotherapeutische Fachkompetenz erfordern. Eine Unterbringung in Heimen ist sinnvoll, wenn Kinder und Jugendliche auf längere Sicht ein Ersatzelternhaus brauchen.

Bei einer stationären Behandlung ist es wichtig, die alters- und entwicklungsspezifischen Bedingungen des Kindes zu berücksichtigen, die einerseits so viel Schonraum wie nötig anbieten, damit Überforderungen und Dekompensationen verhindert werden, andererseits aber Belastungen zumuten, die Entwicklungen anregen (Zauner 1975). Die innere und äußere Architektur des stationären Milieus hat vor allem bei Kindern und Jugendlichen eine wichtige Bedeutung, da hier entwicklungs- und strukturschädigende Regressionen durch Hospitalisierungen leicht herbeigeführt werden können (Becker, Senf 1988).

Stationäre Therapie bedeutet Behandlungen auf verschiedenen Ebenen: Der Psychotherapie mit Einzeltherapie, Eltern- und/oder Familientherapie, Gruppentherapie im engeren Sinne sowie der Arbeit im realen Bereich, im Alltag mit pädagogischen, sozialtherapeutischen und körperbezogenen Zusatztherapien. Die therapeutische Beziehung und das Setting in der Einzeltherapie werden im Wesentlichen ähnlich wie in der ambulanten Therapie gestaltet. Bei den zumeist schwerer gestörten Kindern und Jugendlichen sind allerdings im Vergleich zum ambulanten Behandlungssetting häufiger therapeutische Modifikationen notwendig. Anhand der sich entwickelnden Übertragung ist zu entscheiden, ob mehr stützend, an den realen oder den unbewußten Konflikten gearbeitet und ob zwei, drei oder vier Sitzungen mit aktiven Angeboten von Materialien oder Aktivitäten im Sinne vertrauensbildender Maßnahmen angeboten werden sollten.

Die Erzieher führen im Alltag der Station gezielte heilpädagogische und verhaltensmodifikatorische Aktivitäten durch (z.B. Angstexpositionstraining, lebenspraktisches Training). Es werden konkrete Hilfen zur Bewältigung und Strukturierung des Alltages, soziale Übungs- und Trainingsfelder und pädagogische Gruppenarbeit angeboten. Sie dienen der Bewältigung krankheitsspezifischer Lern- und Entwicklungsbeeinträchtigungen. Soziale Kompetenz und altersspezifische Interessen und Umgangsformen sollen entwickelt werden.

Die sozialtherapeutische Arbeit ist darauf ausgerichtet, dem Kind oder dem Jugendlichen mit Hilfe eines gestuften Angebotes den Weg zurück in die Schule bzw. den Beruf zu ermöglichen. In schulvorbereitenden Aktivitäten wie Beschäftigungstherapie und Frühgruppe wird auf klinikinterne Beschulung mit Einzelunterricht, Kleingruppen und Gruppenunterricht vorbereitet. Spezielle Lern- und Konzentrationstrainings bei Kindern und Jugendlichen mit entsprechenden Beeinträchtigungen helfen bei der Reintegration in den schulischen Alltag. Weitere Therapieformen sind körperbezogene Therapien, wie etwa sensomotorische Übungsbehandlungen. Klinische Psychotherapie mit Kindern und Jugendlichen setzt einen hohen Personalaufwand voraus, dem die PsychPV Rechnung trägt. In Fallkonferenzen, Teamkonferenzen, Frühbesprechungen, Übergaben und Visiten werden die vielfältigen Eindrücke und Erfahrungen mit Kind oder Jugendlichen zusammengetragen und diagnostische und therapeutische Schlußfolgerungen daraus gezogen. Eine aktive zielgerichtete Gestaltung des therapeutischen Milieus und der Beziehungen ist in diesem interkollegialen Raum, bestehend aus Stationsarzt, Psychotherapeut, Sozialarbeiter, Erzieher und Pflegekräfte unabdingbar notwendig.

Verhaltenstherapie

F. Linderkamp

Die Verhaltenstherapie mit Kindern und Jugendlichen unterscheidet sich hinsichtlich ihrer Methoden nicht grundsätzlich von der Verhaltenstherapie mit Erwachsenen. Jedoch weisen Kinder und Jugendliche einerseits eigene altersspezifische psychische Störungen auf, und andererseits manifestieren sich psychische Störungen im Kindes- und Jugendalter in anderer Form - etwa indem zumeist per se Eltern an der Problematik beteiligt sind - so daß sowohl (differential-) diagnostisch als auch hinsichtlich Therapieplanung und -durchführung ein spezielles altersangemessenes Vorgehen erforderlich ist.

Störungskategorien

Es lassen sich Entwicklungsstörungen von Verhaltensstörungen unterscheiden. Entwicklungsstörungen manifestieren sich im frühen Kindesalter, z. B. in Form geistiger Behinderung, als frühkindlicher Autismus, Sprach- und Sprechstörungen oder als Störung der motorischen Fertigkeiten. Nach Brack (1997 311) liegen allen Entwicklungsstörungen „kognitive und sozial-kommunikative Beeinträchtigungen des frühen Kindesalters" zugrunde, die zumeist unter Beteiligung organisch-dispositionaler (pre-, peri-, postnataler) Faktoren entstanden sind. Im Gegensatz hierzu sind Verhaltensstörungen reaktiv verursacht; basieren mithin auf negativen Lernerfahrungen des Kindes. Dabei lassen sich externalisierende Verhaltensstörungen (z. B. Oppositionalität, Aggression, Dissozialität und Delinquenz) von internalisierenden Verhaltensstörungen (z. B. Depression, generalisierte Angststörung, soziale Unsicherheit) unterscheiden. Zu ergänzen sind des weiteren Tic-Störungen und Zwänge sowie psychosomatische Störungen wie Anorexie, Bulimie, Enuresis und Enkopresis.

Zur effizienten therapeutischen Versorgung entwicklungsgestörter Kinder ist eine möglichst frühe Intervention notwendig, die zudem sehr individuell und spezifisch angelegt sein sollte. Aus diesem Grund ist eine gleichermaßen ausführliche wie differenzierte Diagnostik unerläßlich. Dieses gilt auch für Verhaltensstörungen, die allein aufgrund oft weitreichender Begleitsymptomatiken (Komorbidität) eine sorgfältige Diagnostik erfordern.

Diagnostik

Im Rahmen des diagnostischen Prozesses wird in einem ersten Schritt der Exploration und Klassifikation mittels einer Verhaltens- und Problemanalyse geklärt, inwiefern die vorliegende Problematik gegenüber unauffälligem Verhalten abgegrenzt werden kann. Zu bedenken ist hierbei, daß viele Symptome, die im Kontext von psychischen Störungen des Kindes- und Jugendalters auftreten, in bestimmten Entwicklungsphasen durchaus altersadäquat sind (z. B. Fremdenfurcht im Kleinkindalter, pubertätsbedingte soziale Unsicherheit). Daher ist es notwendig, die klinische Qualität der vorliegenden Problematik zu überprüfen. Zu diesem Zweck werden vornehmlich die Eltern sowie ab dem Grundschulalter auch das Kind selbst per strukturiertem Interview einbezogen. Hierfür bietet sich das Diagnostische Interview bei psychischen Störungen im Kindes- und Jugendalter von Unnewehr et al. (1995) an, das auf standardisierten diagnostischen Klassifikationssystemen (DSM-IV – Diagnostisches und statistisches Manual psychischer Störungen; Sass et al. 1996 und ICD-10 – International Classifikation of Mental Diseases; Dilling et al. 1993) aufbaut. Ferner ist es zum Zweck einer präzisen Therapieplanung notwendig zu erfahren, welches die relevanten Bedingungsaspekte zur Genese und Aufrechterhaltung der Störung sind. Eine sorgfältige Anamnese geht daher zunächst möglichen dispositionalen prä-, peri- und postnatalen Befunden (z. B. Alkoholembryopathie, perinataler Sauerstoffmangel, Enzephalitis) nach. In diesem Zusammenhang wird auch der aktuelle organische Gesundheitszustand des Kindes ggf. unter Beteiligung eines Facharztes überprüft. Im weiteren wird etwaigen disponierenden sozialen (z. B. elterliche Psychopathologie) sowie reaktiven Faktoren (z. B. Trennung der Eltern) nachgegangen, und es wird festgestellt, wie sich das problematische Verhalten aktuell manifestiert (Unter welchen Umständen tritt das Verhalten auf? Welche Folgen hat die Störung für das Kind und für die Bezugspersonen? Welche Bereiche unproblematischen Verhaltens sind zu verzeichnen? Welche Vorlieben und Stärken hat das Kind ? Etc.). Da die Berichte der Eltern und des Kindes sehr subjektiv sind, sollten zu deren Überprüfung Beobachtungen und Testverfahren ergänzt werden. Hier kommen zum einen vor allem in vivo Beobachtungen des Kindes im häuslichen Kontext (Interaktionsverhalten innerhalb der Familie) sowie ggf. Schulbesuche (Leistungsverhalten im Unterricht, Sozialverhalten im Klassenverband) und zum anderen je nach Störungsschwerpunkt Entwicklungs-, Leistungs- oder Klinische Tests in Betracht.

Therapieplanung, -durchführung und -evaluation

Je nach analysierter Problematik gilt es, zusammen mit dem Kind und seinen Eltern zu klären, welche Sachverhalte verändert werden sollten, wobei sinnvollerweise eine Ordnung der Teilprobleme nach Wichtigkeit vorzunehmen ist. In einem nächsten Schritt werden die therapeutischen Methoden ausgewählt, wobei für einzelne Teilprobleme verschiedene Methoden in Frage kommen. Die Auswahl der therapeutischen Methoden sollte sich nach der empirisch überprüften Effizienz (Effektstärken) richten (Beelmann 1997). Bei der Therapiedurchführung ist insbesondere darauf zu achten,

Tabelle 49.**6** Verhaltenstherapeutische Behandlungsmethoden für Kinder und Jugendliche

Kindzentrierte Verfahren	Familienzentrierte Verfahren	Schul- bzw. Kindergartenzentrierte Verfahren
entwicklungsorientierte Frühförderung Pharmakotherapie Entspannungsverfahren Selbstmanagementtraining Problemlösetraining soziales Kompetenztraining	Familienberatung Elterntraining Eltern-Kind-Training behavioral-systemische Familientherapie	Aufklärung Beratung

daß die Therapiemotivation seitens des Kindes anhält sowie die therapeutische Beziehung positiv und vertrauensvoll gestaltet wird. Hierzu sind ein altersangemessenes partnerschaftliches Verhalten dem Kind oder Jugendlichen gegenüber sowie eine entsprechende Therapiegestaltung (z. B. Einbindung von Spielphasen) unerläßlich. Schließlich sollten im Rahmen einer Prozeß- und Ergebnisevaluation während und nach der Therapie die Effekte der durchgeführten Maßnahmen im Dialog mit dem Kind, und in der Regel mit dessen Eltern, kritisch überprüft werden (Schulte 1996).

Therapiemethoden

In aller Regel empfiehlt sich für eine individualisierte Therapiegestaltung mit Kindern und Jugendlichen ein multimodales Vorgehen, wobei gleichsam per „Bausteinprinzip" verschiedene therapeutische Methoden miteinander kombiniert werden können. Auf diese Weise ergeben sich verschiedene Zugänge zur Problematik, die je nach Indikation bzw. je nach Durchführbarkeit (z.B. Kooperationsbereitschaft der Schule) genutzt werden können. Im wesentlichen stehen drei behandlungsmethodische „Zugänge" zur Verfügung, nämlich in Form von kindzentrierten, familienzentrierten sowie schul- bzw. kindergartenzentrierten Verfahren (Tab. 49.**6**).

Im Bereich kindzentrierter Verfahren begegnen Maßnahmen der *entwicklungsorientierten Frühförderung* funktionalen Beeinträchtigungen etwa der Motorik, der Sprache oder der Wahrnehmung und basieren auf entsprechend individuell differenzierten Übungs- und Trainingsplänen. Eine *pharmakotherapeutische Behandlung* ist zumeist eine ergänzende therapeutische Maßnahme, die bei extremen Symptomausprägungen zu vorübergehender Entlastung des Kindes und der Familie führt und insofern therapieunterstützende Funktion einnehmen kann. *Entspannungsverfahren* werden zur Herstellung motorischer Ruhe und in diesem Zusammenhang zur Steigerung der Konzentrationsfähigkeit eingesetzt. Anwendung finden Entspannungsverfahren zumeist als Kombinationsmethode beispielsweise bei Schulleistungsstörungen (Traumreisen) oder auch als ergänzende pädiatrisch-verhaltensmedizinische Methode z.B. für eine verbesserte Schmerzbewältigung (Progressive Muskelentspannung). *Selbstmanagementtrainings* vermitteln im wesentlichen Techniken der Selbstinstruktion bzw. Selbstverbalisation, die das Kind dabei unterstützen, sein Verhalten kognitiv und affektiv selbst zu regulieren, so daß sich zunehmend eigene Handlungskompetenz bei der Bewältigung der jeweils problematischen Anforderungsbereiche einstellt. Dies geschieht häufig in Verbindung mit *Problemlösetrainings,* die auf dem Einüben strategischer Fertigkeiten basieren (Was ist das Problem? Was ist zu tun? Welche Lösungsmöglichkeiten habe ich bei welchen Konsequenzen? Ich führe eine Lösungsmöglichkeit aus und bewerte das Ergebnis!) und somit den Kindern und Jugendlichen ein planvolles, reflexives Vorgehen zur Bewältigung von Leistungsanforderungen vermittelt wird. Ergänzend zum Problemlösetraining kommen häufig Methoden der operanten Verstärkung (soziale Verstärker, Token-Systeme) zum Einsatz. Ein *soziales Kompetenztraining* verhilft Kindern und Jugendlichen mittels Verhaltensübungen (zumeist in Form von Rollenspielen) dazu, ihr eigenes Verhalten differenzierter wahrzunehmen sowie ergänzendes bzw. alternatives, sozial angemessenes Verhalten aufzubauen. Familienzentrierte Verfahren berücksichtigen den Umstand, daß psychische Störungen im Kindes- und Jugendalter zumeist mit weitreichenden Erziehungsproblemen einhergehen. Entsprechend erfolgt im Rahmen einer *Familienberatung* auf Grundlage einer fachlichen Reflektion des familiären Interaktionsverhaltens eine Anleitung zur Erprobung alternativen Erziehungsverhaltens. *Elterntrainings* und *Eltern-Kind-Trainings* konzentrieren sich noch dezidierter auf die jeweiligen Problemsituationen zwischen Eltern und Kind und nutzen Methoden der Verhaltensübungen mit anschließendem (videogestützen) Verhaltensfeedback, um Veränderungen hinsichtlich (häufig automatisierter) negativer Interaktionsmuster zu erzielen. Die *behavioral-systemische Familientherapie* fokussiert die Funktion innerfamiliärer Interaktionsstile und zielt auf die Veränderung der familiären Beziehungs- und Kommunikationsstrukturen ab. Schul- bzw. kindergartenzentrierte Verfahren beschränken sich im wesentlichen auf die *Aufklärung* und *Beratung* von Lehrern und Erziehern. Sofern sich die vorliegende Problematik (auch) im Schulkontext manifestiert, ist dies von eminenter Bedeutung, denn es dient dem Zweck, durch fachliche Informationen über das Bedingungsgefüge einer psychischen Störung zu einer Verständigung über die Sinnhaftigkeit der Therapieziele zu gelangen, so daß über ein kooperatives Engagement von Lehrern und Erziehern therapieförderliche Synergieeffekte genutzt werden können, die vor allem dem Therapietransfer dienlich sind.

50. Alte Menschen

Psychoanalytische Psychotherapie und Verhaltenstherapie

G. Heuft, G. Haag und U. J. Bayen

Ein kurzer historischer Überblick

Während die bekannte skeptische Haltung des bereits selbst etwa 50jährigen Freud in bezug auf die Psychotherapierbarkeit Älterer (1903) immer wieder zitiert wurde, wird seine differenziertere Sicht, es gäbe aber Personen, „bei denen diese psychische Plastizität weit über die gewöhnliche Altersgrenze hinaus bestehen bleibt" (1918, S. 151), immer noch skeptisch aufgenommen. Die ersten kasuistischen psychoanalytischen Behandlungsberichte von Menschen in der zweiten Lebenshälfte wurden von Abraham (1919), Ferenczi (1921) und Jelliffe (1925) zusammengestellt. Im Zentrum stand die theoretische Annahme ungelöster Aufgaben und Konflikte aus Kindheit und Jugend. Diese Hypothese wurde von Vertretern entwicklungspsychologischer Ansätze (Liptzin 1985) weitergeführt. So wird der Lebenslauf im Sinne eines Life cycle über acht aufeinander bezogene zentrale Entwicklungsaufgaben bei Erikson (1956; 1982) oder als lebenslanges Schicksal von zehn Kernthemen (z. B. Liebe, Sexualität, Arbeit, Tod [Colarusso u. Nemiroff 1987]) begriffen.

Die Annahme einer Psychogenese von Symptomen infolge der Kindheitsentwicklung oder im Rahmen des Life cycle wirft das Problem des auslösenden Ereignisses für den Symptombeginn im Alter auf, da psychoneurotische und psychosomatische Problembereiche keineswegs immer „von Kindheit an" symptomatisch sind: Warum erkrankt der alte Mensch jetzt an dieser Symptomatik? Aufgrund einer häufig komplexen Problematik sind bei alten Menschen neben medizinischen (geriatrischen) auch soziotherapeutische Maßnahmen in einem Gesamtbehandlungsplan angezeigt. Beratung und differentielle Therapieindikation kann heute bei alten Menschen nicht ohne umfassendes Wissen über psychosoziale und soziotherapeutische Dienste, Bildungs- und Trainingsangebote sowie Rehabilitationsmöglichkeiten usw. verantwortlich angeboten werden, ohne daß diese Aspekte hier alle ausreichend berücksichtigt werden könnten.

Aktueller Stand der Verhaltenstherapie alter Menschen

Die Verhaltenstherapie kennt keine spezifischen Konzepte und Krankheitstheorien für alte Menschen (Übersicht z. B. bei Junkers 1981; Haag und Bayen 1996). Veränderungen werden entweder durch eigene Lern- und Umlernprozesse oder durch aktive Veränderungen der Umgebung erreicht (z. B. Hoyer 1973). Die veränderte Lernfähigkeit im Alter korreliert dabei weniger mit dem chronologischen Alter, eher mit Variablen wie der individuellen Lerngeschichte, dem Training und der Motivation. Lernvorgänge werden erleichtert durch individuelles Tempo, kleine Schritte und bedeutungsvolle Aufgaben. Verhaltenstherapie stellt nach Meinung einer ganzen Reihe von Autoren einen geeigneten Therapieansatz im Alter dar, weil sie zeitbegrenzt, zielorientiert und konkret an der Lösung alltäglicher Probleme (auch als Gruppentherapie) arbeitet (Moberg & Lazarus 1990) und aufgrund des Trainingsaspekts eine nicht-stigmatisierende Psychotherapie sei.

Die **kognitiv-behavioralen Therapien** haben sich Ende der 60er Jahre aus der Verhaltenstherapie entwickelt mit dem Konzept vom Menschen als selbstreflexivem Wesen. Im Altersbereich bedeutsam ist unter den kognitiven Therapien die Rational Emotive Therapie (RET) von Ellis (1990). Die Grundannahme der kognitiven Therapie geht davon aus, daß kognitive Strukturen wie Gedanken, Einstellungen und Wertsysteme eine bedeutende Rolle bei Verhalten und Erleben spielen. Irrationale Denkstile, die mit negativen (Alters-)Erwartungen verknüpft sind, können sich z. B. als depressiogene Spirale im Sinne einer sich selbst erfüllenden Prophezeiung zuspitzen. Ellis (1970) hat 12 derartige irrationale Ideen zusammengestellt, die prinzipiell auch für den Altersbereich zutreffen können (z. B. man müsse in allen Bereichen äußerst kompetent, intelligent und erfolgreich sein). Als altersspezifische Konzepte können die Auseinandersetzungen mit negativen Altersbildern (Freedman 1986; Peth 1974) (z. B. Inaktivität ist gleich Nutzlosigkeit) und die notwendige Anpassung an Alternsvorgänge (Lehr u. Dreher 1969) angesehen werden. Thomae (1970) formulierte die Hypothese, Anpassung an das Alter sei eine Funktion des Gleichgewichts zwischen kognitiven und motivationalen Systemen des Individuums. Er belegte dies mit Ergebnissen der Bonner Gerontologischen Längsschnittstudie, nach denen Pensionierung positiv erlebt wurde, wenn ein Gefühl der Kongruenz zwischen erstrebten und erreichten Zielen bestand.

Verhaltensgerontologie (englisch „behavioral gerontology") ist die Anwendung lerntheoretischer Prinzipien und darauf aufbauender verhaltenstherapeutischer Methoden zur Prävention und Behandlung von Problemen älterer Menschen. Unter den verhaltensorientierten Ansätzen ist die Verhaltensgerontologie eine relativ junge Subspezialität, welche in den letzten Jahren jedoch zunehmend an Bedeutung gewinnt.

So nehmen im deutschsprachigen Raum die Arbeiten, die Vorschläge für die Anwendung verhaltenstherapeutischer

Konzepte und Methoden im gerontologischen und geriatrischen Bereich machen oder Erfahrungsberichte liefern (Birbaumer 1986, Gatterer 1985, Hirsch 1991, Junkers 1981, Perrez 1984, Korintenberg 1990; Haag und Bayen 1996), in jüngerer Zeit zu. Allerdings sind empirische Erfolgsstudien vergleichsweise selten, so daß die Verhaltensgerontologie hierzulande noch als ein vernachlässigtes Gebiet bezeichnet werden muß.

Eine neuere Entwicklung auf dem Gebiet der Verhaltensgerontologie ist die geriatrische Verhaltensmedizin, d.h. die Anwendung der Methoden der Verhaltenstherapie zur Prävention und Therapie körperlicher Krankheiten im höheren Erwachsenenalter. Die geriatrische Verhaltensmedizin ist ein wichtiger Fortschritt in der Entwicklung der Verhaltensgerontologie, da für eine Reihe körperlicher Erkrankungen im Alter, wie z.B. Diabetes, Krebs, kardiovaskuläre Erkrankungen, ein deutlicher Zusammenhang mit Verhaltensfaktoren nachgewiesen ist, wie Rauchen, Alkohol- und Medikamentenkonsum, Ernährungsgewohnheiten, unangepaßtes Verhalten in Streßsituationen und mangelnde Befolgung ärztlicher Anweisungen (Non-Compliance).

Die lange geübte Zurückhaltung bei der Anwendung bewährter Verhaltensprogramme auch bei älteren Menschen ist zum Teil auf ein defizitäres Altersbild zurückzuführen, welches das Altern als einen fortschreitenden und unaufhaltsamen Prozeß des Abbaus körperlicher, geistiger und sozialer Fähigkeiten kennzeichnet. Genauso wie in der psychoanalytischen Psychotherapie wurden die Ergebnisse der Gerontologie etwa zur Lernfähigkeit im Alter nicht breit rezipiert. Unter einem solchen Blickwinkel müssen Alter und Intervention geradezu als Widerspruch, wenn nicht gar als Kontraindikation erscheinen. Die therapeutische Zurückhaltung dem älteren Menschen gegenüber läßt sich teilweise auch durch die hohen Anforderungen erklären, welche diese Arbeit an den Therapeuten stellt: Therapeutische Ziele und Methoden müssen der Situation des älteren Menschen angepaßt werden; die Generationenkluft erschwert dem jüngeren Therapeuten eine Einfühlung in das Denk- und Wertesystem des Betagten. Eine eigene problematische Elternbeziehung kann sowohl den *verhaltenstherapeutischen* als auch den *psychoanalytischen* Prozeß ebenso behindern wie die Angst vor dem eigenen Altern. Frustrationstoleranz und Geduld sind vor allem bei Bemühungen um dementiell erkrankte ältere Menschen gefragt. Auch kann es vom Therapeuten häufig als Enttäuschung empfunden werden, wenn ein älterer Mensch, mit dem er gearbeitet hat, nach lange und schwer erkämpften Erfolgen plötzlich verstirbt. Schließlich steht ein in unserer Gesellschaft weitverbreitetes Nützlichkeitsdenken der Verwendung von Ressourcen für gerontologische Intervention im Wege: Die Therapie eines jungen Menschen, der eine Lebenserwartung von weiteren 50 Jahren hat, erscheint unter reinen Kosten-Nutzen-Überlegungen lohnender als die Verwendung derselben Mittel für die Therapie eines alten Menschen, bei dem vielleicht noch fünf weitere Lebensjahre zu erwarten sind, die scheinbar ohnedies für die Gesellschaft keinen (ökonomischen) Nutzen erbringen.

Epidemiologie – Bedarf an Psychotherapie alter Menschen

Ältere Menschen fordern (noch) kaum psychotherapeutische Interventionen und ihre Ärzte denken (noch) selten an diese Behandlungsindikation. Ursächlich sind **Vorurteilsbildungen** („ageism" [Butler 1974]; „wastebasketing syndrome" [Blau u. Berezin 1982]), **Ignoranz gerontologischer Forschungsergebnisse**, z.B. zur Lernfähigkeit und Kompetenz alter Menschen (Kruse 1992, Lehr 1986, Thomae 1992), **negative Altersbilder**, wie sie für die psychoanalytische und kognitiv-behaviorale Psychotherapie (Kemper 1992, Radebold 1992) und die Familientherapie (Gilleard u. Mitarb. 1992) aufgezeigt wurden, sowie **Eigenübertragungsprobleme** (Heuft 1990) der in der Regel jüngeren Behandler gegenüber den älteren Patienten. Die Folge von Fehlallokation in der Regelbehandlung alter Menschen ist im Hinblick auf eine selbständige Lebensführung für die Betroffenen oft katastrophal und für die Allgemeinheit ethisch und auch ökonomisch nicht zu rechtfertigen.

Der Anteil alter Menschen zeigt in allen Industrienationen eine stark steigende Tendenz und beträgt für die über 65jährigen in Deutschland derzeit rund 15%. Mit zunehmendem Alter steigt der Gesamtanteil psychischer Erkrankungen an. Die Prävalenz psychisch und psychiatrisch erkrankter alter Menschen wurde von Cooper u. Sosna (1983) in der Stadt Mannheim mit 23,3% und im Altenheim mit 42,8% angegeben. Daß psycho- und soziotherapeutische Behandlungsansätze auch in dieser Altersgruppe indiziert sind, zeigt die Bedarfsschätzung von Dilling (1981) in der BRD für 50- bis 65jährige von 17% und für die über 65jährigen um 9% (dabei 2% für analytisch orientierte längerfristige Psychotherapie). Die in der gesundheitspolitischen Diskussion oft bei alten Menschen angeführten psychoorganischen Syndrome (Alter als einziger gesicherter Risikofaktor für dementielle Erkrankungen) liegen in europäischen Ländern wie England, Skandinavien und Deutschland wie auch in den USA mit 11 bis 13% aller psycho-geriatrischen Störungen erst an zweiter Stelle (Bauer 1994, Blazer 1980, Cooper u. Sosna 1981, Dilling u. Mitarb. 1984) hinter dem größten Anteil psychischer Erkrankungen im Alter: Den neurotischen und psychosomatischen Erkrankungen mit 16,9% (Dilling u. Mitarb. 1984). In einer eigenen Untersuchung an der Memory Clinic Essen zeigte sich, daß von 1000 Patienten, die unter dem Verdacht einer Gedächtnisstörung im Alter untersucht wurden, rund 30% tatsächlich unter einer Konfliktreaktion, Neurose oder Persönlichkeitsstörung im Alter (zum Teil mit funktionellen Körperstörungen) litten. – Dagegen sind im Vergleich zum Bevölkerungsanteil und dem Bedarf ältere Menschen in ambulanten psychoanalytischen wie verhaltenstherapeutischen Behandlungen (Fichter 1990, Linden u. Mitarb. 1993, Blazer 1990) und in psychotherapeutischen stationären und teilstationären Behandlungssettings (Wächtler u. Block 1991, Werner u. Dittberner 1993) deutlich unterrepräsentiert.

Heute besteht aus psychoanalytischer Perspektive kein Zweifel mehr, daß Triebansprüche auf allen psychosexuellen Ebenen auch im Alter fortbestehen. Das Verständnis für die Bedeutung der **narzißtischen Konflikte** im Alternsprozeß, des **körperlichen Alternsprozesses** selbst, die **soziale Vulnerabilität** und lange zurückliegende oder **akute Traumatisierungen** für die Symptombildung im Alter auch bei bis dahin relativ Gesunden, führt oft über ein psychodynamisches Verständnis der Betroffenen zur diagnostischen Klärung.

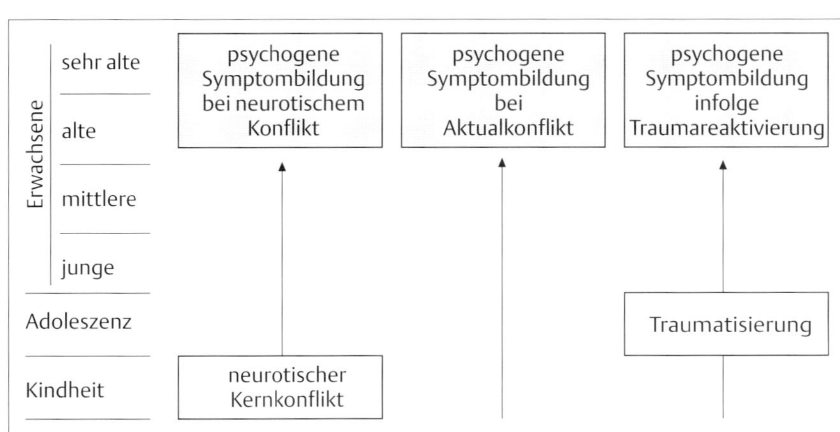

Abb. 50.**1** Differentielle Genese akuter funktioneller Somatisierungen im Alter

Diagnostik

Funktionelle Störungen im Alter

Nach eigenen Untersuchungen in einer **allgemeinärztlichen Praxis** waren von 100 über 60jährigen Patienten gut die Hälfte (54%) rein somatisch erkrankt, weitere 28% litten unter zusätzlichen funktionellen Störungen und 18 % unter zusätzlichen psychischen bzw. psychiatrischen Erkrankungen. Während die ausschließlich somatisch Erkrankten ihre oft polypathischen Beschwerden durch Adaptation nur in sehr geringem Umfang in der Selbstauskunft als „sehr belastend" erlebten, stieg der Anteil der subjektiv durch ihre zusätzlichen funktionellen und psychischen Beschwerden sich als „sehr eingeschränkt" erlebten Patienten signifikant an. Das bedeutet, daß die Patienten mit zusätzlichen funktionellen Störungen einen in einem signifikanten Ausmaß höheren subjektiven Leidensdruck haben – sicher eine der wesentlichen Ursachen für den steilen Anstieg des Hypnotika- und Tranquilizergebrauchs jenseits des 45. Lebensjahres.

In einer **geriatrisch-internistischen Akutklinik** erfüllten rund $^1/_4$ aller Patienten über 60 Jahre die Fallkriterien einer psychogenen Erkrankung: bei gegebener ICD-10-Diagnose aus dem Kapitel F war der Beeinträchtigungsschwere-Score (BSS) ≥ 5 einzuschätzen (Schepank 1995; Schneider et al. 1997). Damit unterscheiden sich die über 60jährigen nicht wesentlich in ihrem Ausmaß psychogener Störungen von jüngeren Erwachsenen.

Da die Prognose bei akuten funktionellen Somatisierungen im Alter nicht grundsätzlich schlechter ist als bei jüngeren Patienten, hängt für den Betreffenden viel von einer zutreffenden Differentialdiagnose ab.

Aus *psychoanalytischer* Sicht lassen sich drei Subtypen älterer Patienten mit akuten psychogenen Symptombildungen evaluieren (Abb. 50.**1**).

Akute psychogene Symptombildungen in Folge der Erstmanifestation eines persistierenden neurotischen Konfliktes

In der **Diagnostik** zeigt sich eine akute neurotische oder somatische Symptomatik, die im bisherigen Lebenslauf oft keine Entsprechung hat. Die Untersuchung zeigt, daß die Patienten seit ihrer Kindheit an einem zentralen neurotischen Konflikt litten, der jedoch erst in einer ganz spezifischen Situation im Alter relevant wurde. Dies kann z. B. die Loslösung eines erwachsenen Kindes sein. Bis dahin können die Patienten ein praktisch symptomfreies, sozial geglücktes und nach außen zu keinem Zeitpunkt als krank erscheinendes und von ihnen selbst nie mit dem Gefühl von Behandlungsbedürftigkeit belegtes Leben geführt haben.

Therapieplanung:

1. Mittelfristige psychoanalytisch orientierte Einzel- oder Gruppenpsychotherapie mittlerer oder auch höherer Frequenz. Als einziger bisher ausführlich mit Assoziationen, Traumarbeit und Gegenübertragungsgefühlen publizierter Fallbericht einer psychoanalytischen Behandlung sowohl aus Sicht des Therapeuten wie der zu Behandlungsbeginn 65jährigen Patientin ist die Monographie von Radebold & Schweizer (1997) lesenswert.
2. Alternativ kommt bei umschriebenen psychischen Symptombildungen wie einer phobischen Störung eine kognitiv-behaviorale Psychotherapie in Betracht.

Akute funktionelle Somatisierung infolge eines Aktualkonfliktes im Alter

Diagnostisch lassen sich keine lebenslang laufenden repetitiven konflikthaften Muster aufdecken. Das Konzept des Aktualkonfliktes (Heuft et al. 1997) ist kein – wie man meinen könnte – ahistorisches Konzept, da in der Biographie genau untersucht wird, ob es in Schwellensituationen oder Konfliktbelastungen während des bisherigen Lebenslaufes bereits zu relevanten psychogenen Symptombildungen gekommen ist. Beim Aktualkonflikt fehlt die Evidenz zwischen psychodynamischer Hypothesenbildung, einer etwaigen Auslösesituation und der Symptomatik. Die Symptomentwicklung erfolgt charakteristischerweise in einer Umstellungs- oder Verlustsituation, die sich psychodynamisch entweder auf einer pathologischen Trauerreaktion (Erstarrung, prolongierte Trauerreaktion) oder einer narzißtischen Verletzung gründet. Lerntheoretisch gesehen können hier Rollenstereotypien wirksam sein (z. B. „Man muß im Leben für alles kompetent sein"; „Humor im Alter ist kindisch"), die dem alten Menschen nicht erlauben, sein persönliches Altern befriedigend zu gestalten.

Durch die Veränderung der äußeren Realität im Alternsprozeß stellen alte Menschen hinsichtlich ihrer sozialen Desintegration eine Hochrisikogruppe dar. Die soziale Desintegration kann jeweils auch zu einer narzißtischen Verletzung Anlaß geben. Da sie jeden Älteren unabhängig von seiner Neurosen- oder Persönlichkeitsstruktur bedroht, scheint es berechtigt, von einer „sozialen Vulnerabilität" alter Menschen zu sprechen, die die Verletzbarkeitsschwelle bei Triebkonflikten oder Verunsicherungen der inneren Realität durch Abzug von Kompensationsmöglichkeiten senkt. Als Reaktion auf die erlebten Enttäuschungen kann es zum verstärkten sozialen Rückzug mit Verschärfung der sozialen Desintegration kommen, so daß man von einem dynamischen Circulus vitiosus sprechen kann. Da die schleichende soziale Desintegration oft lange verleugnet oder illusionär umgedeutet wird, tritt eine solche Dynamik oft als Krise (unter Umständen auch mit suizidaler Gefährdung) ins Bewußtsein des Älteren ein.

Therapieplanung: Neben der Notwendigkeit zur Krisenintervention fokaltherapeutische psychoanalytische Behandlungsverfahren.

Akute psychogene Symptombildung infolge einer Traumareaktivierung im Alternsprozeß

In der **Diagnostik** finden sich Traumatisierungen – u. U. auch in der politischen Biographie – während der Adoleszenz oder jüngeren Erwachsenenzeit, die unter akuter Symptombildung reaktiviert werden. Eine solche Reaktivierung kann angestoßen werden dadurch, daß

- ältere Patienten, befreit vom Druck direkter Lebensanforderungen durch Existenzaufbau, Beruf und Familie, „mehr Zeit" haben, bisher Unbewältigtes wahrzunehmen;
- sie zudem nicht selten auch den vorbewußten Druck spüren, noch eine unerledigte Aufgabe zu haben, der sie sich stellen wollen und stellen müssen;
- darüber hinaus der Alternsprozeß selbst (z.B. in seiner narzißtischen Dimension) traumatische Inhalte reaktivieren kann.

Therapieplanung: Fokalisierende niederfrequente ambulante Psychotherapie (1mal/Woche) oder stationäre Fokaltherapie, u. U. in Kombination mit spezifischen Trauma-therapeutischen Konzepten.

Psychosomatische Störungen im Alter

Während die funktionellen Körperstörungen im Alter häufig sind, ist der Anteil von Patienten mit neu auftretenden „klassischen" psychosomatischen Krankheiten verschwindend gering. So sind bei den chronisch-entzündlichen Darmerkrankungen (CED) lediglich 3% aller neuerkrankten Patienten über 60 Jahre alt. Allerdings sollte selbst für den Fall, daß sich diese Ergebnisse bei der (historisch) sehr eng definierten Gruppe psychosomatischer Krankheiten bestätigen, offengehalten werden, ob sich in Zukunft bisher unerkannte psychosomatische Zusammenhänge bei alten Menschen aufzeigen lassen. So gibt es ernstzunehmende Hinweise auf einen möglichen Zusammenhang von früh auftretender Demenz vom Alzheimer-Typ mit signifikant erhöhten psychischen Belastungen bei diesen Patienten vor Ausbruch der Erkrankung (Bauer u. Mitarb. 1995).

Therapeutisch stehen bei diesen Patienten häufig die psychische Verarbeitung der entsprechenden Erkrankung und deren psychosoziale Folgen im Vordergrund.

Somatopsychische Störungen im Alter

Unvermeidliche altersbedingte körperliche Veränderungen können komplexe psychische Symptome, wie z. B. eine (reaktiv) depressive Symptomatik, nach sich ziehen (Radebold 1990). Möglicherweise machen sich solche somato-psychosomatischen Reaktionen auch an scheinbar „kleinen" Veränderungen wie z.B. dem Verlust von Zähnen fest. Manchmal sind es auch die im Alter in der Gesichtshaut oder auf dem Handrücken auftretenden dunklen Pigmentflecken, die Anlaß für eine nachhaltige Niedergeschlagenheit sein können. Der Zuhörer ist häufig zunächst geneigt, unwirsch diese scheinbar belanglosen Körperveränderungen in ihrer Bedeutung zu negieren, zumal dann, wenn der Patient unter anderen, tatsächlich gravierenden zusätzlichen Körperkrankheiten leidet.

Erst im intensiveren Zuhören wird deutlich, daß der Zahnverlust möglicherweise ein sehr komplexes Symbol für das Gefühl, die Attraktivität, vielleicht auch die lebensnotwendige Bissigkeit verloren zu haben, ist. Dabei ist wiederum von Bedeutung, in welcher biographischen Situation diese Körperveränderungen ihre besondere seelische Bedeutung bekommen.

Beispielsweise fiel bei einer 68jährigen Frau der Zahnverlust zeitlich zusammen mit der Heirat ihres einzigen Sohnes, den sie nach dem frühen Tod des Ehemannes über die Maßen geliebt und an sich zu binden getrachtet hatte. In diesem Fall bekommt die körperbezogene Verlustthematik eine biographisch verstehbare zusätzliche Verstärkung in Form der Trennung ihres Sohnes durch Heirat. Da sie sich ihrer aus dieser Heirat resultierenden Ängste hinsichtlich einer neuen Lebensperspektive nur teilweise bewußt war, bot sich der Zahnverlust als eine Möglichkeit an, diese tiefgehende seelische Verunsicherung stellvertretend zum Ausdruck zu bringen.

Aus **verhaltenstherapeutischer** Sicht muß in der Diagnostik berücksichtigt werden, daß der ältere Mensch häufig vor allem im sozialen und gesundheitlichen Bereich mit Veränderungen konfrontiert ist, die möglicherweise mit seinen Verhaltensproblemen in Zusammenhang stehen. Daher erfordert die Arbeit mit älteren Menschen in höherem Maße eine Breitbanddiagnostik, als dies bei jüngeren Menschen der Fall ist. Eine solche umfassende Diagnostik hat sowohl die Funktionsfähigkeit im kognitiven Bereich und bei den Aktivitäten des täglichen Lebens als auch die körperliche Gesundheit, die materiellen Ressourcen und das System sozialer Unterstützung im Blick. Verhaltenstherapeutische Behandlungsansätze sind auch für kognitiv beeinträchtigte Patienten entwickelt worden. Vor allem bei hirnorganischer Beeinträchtigung des Patienten ist es oft zweckmäßig, die Angaben durch Informationen seitens der Angehörigen und ggf. des Pflegepersonals oder anderweitiger Bezugspersonen zu validieren.

Tabelle 50.1 Die differenten psychoanalytischen Behandlungsverfahren bei alten Menschen mit ihren typischen Indikationsbereichen und der Settinggestaltung

Psychoanalytische Behandlungsverfahren	Typische Indikationen	Setting
Einzeltherapie		
– Standardverfahren (Radebold 1992)	Bearbeitung unbewußter neurotischer Konflikte einer lebenslang bestehenden (Übertragungs-)Neurose	2 – 4 Stunden/Woche im Liegen, über 2 – 3 Jahre
– psychodynamische Psychotherapie (Radebold 1992)	Bearbeitung vorbewußter und aktueller (z. B. narzißtischer) Konflikte unter Berücksichtigung der biographischen Entwicklung	1 – 2 Stunden/Woche im Sitzen, einige Monate bis zu 2 Jahren
– supportive psychodynamische Psychotherapie (Deitz 1988)	Ausdrücken belastender Gefühle, Aktivierung positiver Selbstobjekte und Ich-Stützung in der Begleitung somatisch oder psychisch schwer Kranker	große Variabilität der Dauer einzelner Sitzungen und der Gesamtbehandlung
– langfristige Therapie mit niederfrequenten Kontakten (Kahana 1979)	emotionale Begleitung eines sozial vereinsamten Patienten	alle 2 – 4 Wochen, 10 – 15 Minuten
– Kurzpsychotherapie (Lazarus 1988)	Bearbeitung eines bewußtseinsnahen, emotional wichtigen und sich auf die gegenwärtige Situation beziehenden Fokus	10 – 20 Sitzungen im Wochenabstand
Gruppentherapie		
– analytische Gruppentherapie (Radebold 1983)	Bearbeitung abgrenzbarer neurotischer Konflikte	geschlossene oder Slow-open-Gruppe mit 8 – 11 Teilnehmern, 7 Monate bis 3 Jahre, 1 Doppelstunde/Woche
– analytisch orientierte Gruppenpsychotherapie (Radebold u. Schlesinger-Kipp 1983)	Verarbeitung von Verlusten, Aufbau eines neuen Selbstwertgefühls durch Aktivierung und Sozialisierung	geschlossene oder Slow-open-Gruppe über 1 – 3 Jahre, 1 Doppelstunde/Woche
Stationäre Psychotherapie		
– stationäre Fokaltherapie (Heuft u. Senf 1992)	Auslösung neurotischer Symptome oder Reaktivierung von Traumata aus der Genese durch den Alternsprozeß mit funktionellen/psychosomatischen Symptomen oder/und somatischen Erkrankungen	6 – 12 Wochen stationäre Psychotherapie in einem komplexen stationären Behandlungssetting

Psychoanalytische Behandlungsansätze

Besonderheiten der ambulanten psychoanalytischen Behandlung Älterer

Die Tab. 50.1 stellt in einer Übersicht alle psychoanalytisch orientierten Verfahren (jeweils mit einer zentralen Literaturstelle) bei alten Patienten zusammen. Das typische Indikationsspektrum bezogen auf die einzelnen Verfahren und die entsprechenden Settings macht deutlich, daß die differentielle Psychotherapie-Indikation ein denkbar breites Spektrum zwischen dem klassischen psychoanalytischen Behandlungsverfahren einerseits und der langfristigen Therapie niederfrequenter Kontakte andererseits umfaßt. Bezüglich der psychoanalytischen Behandlungstechnik bei älteren Patienten wird von einer Reihe von Autoren vorgeschlagen, als Therapeut mehr aus der Neutralität herauszutreten und auf die emotionalen Bedürfnisse der Patienten einzugehen, unter Umständen auch sogar soziale Verluste symbolisch auszugleichen („Symbolisches Geben" [Pfeiffer 1976]). Es ist auch unstrittig unter den mit Älteren arbeitenden Therapeuten, ggf. den Patienten im sozialen Kontext angemessene Hilfestellungen zu geben (z. B. in den Mantel zu helfen usw.). Immer wieder wird auf die Besonderheit der inversen Altersstruktur zwischen jüngeren Therapeuten und älteren Patienten hingewiesen. In deren fachärztlicher bzw. fachpsychotherapeutischer Ausbildung sollten die spezifischen Übertragungs- und Gegenübertragungs-Konstellationen auch im Umgang mit älteren Patienten systematisch erlernt und reflektiert werden.

Wenn sich in der Literatur eine Tendenz zur bevorzugten Bearbeitung von bewußten oder vorbewußten Konflikten findet, wird dies nicht nur mit supportiv angelegter Psychotherapie begründet. Gründe könnten auch in den im weiteren Lebenslauf auftretenden (Entwicklungs-)Konflikten im Sinne von Aktualkonflikten (s.o) liegen, deren sich Menschen durchaus bewußter sein können, als dies im Hinblick auf „frühe" Entwicklungskonflikte der ersten Lebensjahre möglich ist. – Die Konzeption fokaltherapeutischer Behandlungsansätze wird im folgenden Abschnitt aufgegriffen.

Stationäre psychoanalytische Fokaltherapie alter Patienten

Gerade bei der Psychotherapie-Indikation alter Menschen wird immer wieder die Befürchtung geäußert, die Fülle des biographischen Materials sei in der Behandlung nicht pro-

XI

duktiv nutzbar und stelle bereits an sich quasi ein Therapiehemmnis dar. Stationäre Psychotherapie ist immer zeitlich umgrenzt und erfordert bei der Behandlungsplanung daher stets fokaltherapeutische Überlegungen, die insofern bei älteren Patienten besonders schwer realisierbar erscheinen. Die klinische Erfahrung zeigt jedoch im Gegenteil, daß bei Menschen, die ihr Leben bis zum Symptomausbruch ohne Behandlungsbedürftigkeit über z.B. sechs Jahrzehnte „durchschnittlich neurotisch" gelebt haben, sich oft relativ gut symptomauslösende Konflikte herausarbeiten lassen, wenn man entsprechend eingestellt ist und nicht gleich in einen therapeutischen Nihilismus verfällt („In Ihrem Alter ist sowieso nichts mehr zu machen").

Jedes Individuum durchläuft im Rahmen seiner Frühgenese charakteristische Entwicklungskrisen mit zugehörigen Triebkonflikten, deren Spuren sich als Nuklearkonflikte (im Sinne von French 1952) bzw. Kernkonflikte im seelischen Apparat niederschlagen. In ihrer „Schnittpunktmetapher" der Neurosenentstehung entwickeln Heigl-Evers u. Heigl (1984, S. 235–236) unter Bezugnahme auf Freuds Überlegungen zur Ätiologie der Neurosen (1917) die These, „daß sich die neurotische und funktionelle Symptomatik am Schnittpunkt der vertikalen Achse der Lebensgeschichte mit der horizontal verlaufenden Achse der Aktualgeschichte in dem Moment aktualisiert, in dem soziokulturelle und sozioökonomische Gegebenheiten, soziale Umfelder, interpersonelle Konstellationen und schicksalhafte Ereignisse für den Kranken individual-spezifisch bedeutsame Versagungen" bedingen (Abb. 50.**2**). Im Alternsprozeß mit seinen spezifischen Konflikten und Herausforderungen ergibt sich eine besondere Häufigkeit von aktuellen Belastungen ohne eingeübte Bewältigungs- und Abwehrmechanismen. Das bedeutet, daß die Abbilder der Kernkonflikte auf der horizontalen Achse in einer neuen Weise „beleuchtet" werden. Durch die Arbeit an den abhängigen, abgeleiteten Konflikten sind die alten Patienten durchaus in der Lage, die Auflösung einer neurotischen Symptomatik zu erreichen.

Indikation zur stationären Fokaltherapie bei Älteren

- Der Patient leidet stark und kann im ambulanten hausärztlichen Bereich kaum gehalten werden (z.B. Gefahr der Entwicklung einer Tranquilizerabhängigkeit bei Ängsten).

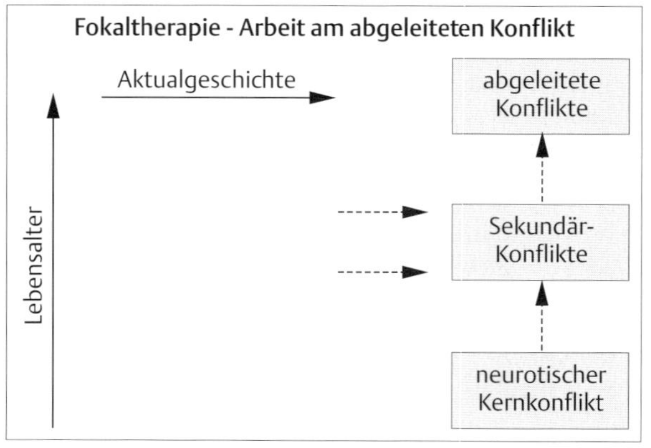

Abb. 50.**2** Konzeption zur Fokaltherapie im Alter (Erläuterung im Text)

- Der diagnostisch-therapeutische Prozeß läßt einen Fokus erkennen, der zusammen mit dem Patienten als wesentlich für den Therapieprozeß verstanden werden kann.
- Der Patient ist insofern mit einer vollstationären Behandlung einverstanden.
- Das regressive Angebot einer stationären Behandlung erscheint indiziert, jedoch soll gleichzeitig über die feste zeitliche Struktur (z.B. sechs Wochen; u.U. eher Planung einer Intervalltherapie) einer fokaltherapeutischen Behandlung auch ein Rahmen gesetzt werden.
- Eine zeitweilige Herauslösung aus dem gewohnten Umfeld (Konfliktfeld) ist erwünscht, jedoch wird die Gemeindenähe und zugleich die im Alter besonders zentrale Beziehungspflege z.B. abends und an den Wochenenden weiter ermöglicht.
- Trotz der Akuität der Symptomatik kann nicht rasch genug ein qualifizierter ambulanter Behandlungsplatz gefunden werden (als relative Indikation).

Verhaltenstherapeutische Behandlungsansätze

Die Verhaltenstherapie verfügt über ein breites Methodenrepertoire, welches verschiedensten Gruppen älterer Menschen gerecht werden kann, von in physischer wie psychischer Hinsicht kaum oder gar nicht Beeinträchtigten, die sich Optimierung ihrer Möglichkeiten und Erweiterung ihres Lebensraumes wünschen, bis hin zu in ihren psychischen und kognitiven Funktionen schwerstgestörten geriatrischen Patienten. Die wesentlichen verhaltenstherapeutischen Behandlungsansätze bei alten Menschen sind in Tab. 50.**2** – wiederum mit einer zentralen Literaturstelle – aufgeführt. Die verhaltenstherapeutischen Methoden wie Stimuluskontrolle und operantes Konditionieren eignen sich vor allem für die Arbeit mit dementen Patienten, deren Verhaltensrepertoire häufig durch kognitive Einbußen eingeschränkt ist. Zielverhalten solcher Interventionen sind einfache Tätigkeiten wie selbständiges Essen, Waschen, Ankleiden usw.

Verhaltenstherapie ist jedoch durchaus nicht nur für den geringen Prozentsatz älterer Menschen geeignet, die aufgrund hirnpathologischer Veränderungen in ihren kognitiven und psychischen Funktionen stark behindert sind. Je größer die kognitiven Fähigkeiten der Person sind, in desto höherem Maße können Selbstkontrollansätze und kognitive Verfahren zur Anwendung kommen. Solche Ansätze haben jedoch erst in jüngerer Zeit die ihnen gebührende Aufmerksamkeit der Verhaltensgerontologen gefunden, und ihre Anwendung bei älteren Menschen wird erst seit etwa Mitte der 80er Jahre systematisch erforscht.

Anwendungsfelder

Die Anwendungsbereiche der Verhaltensgerontologie reichen von der Förderung beispielsweise des Gesundheitsverhaltens oder der sozialen Kompetenz älterer Menschen bis zu Interventionen bei spezifischen Störungen wie Depression, Gedächtnisstörungen, Demenz, Schlafstörungen, sexuellen Funktionsstörungen, Harninkontinenz u.a. (Haag und Bayen 1996).

Tabelle 50.2 Die verhaltenstherapeutischen Behandlungstechniken bei alten Menschen mit ihren typischen Indikationsbereichen und Settingsgestaltung

Verhaltenstherapeutische Behandlungstechniken	Typische Indikationen	Setting
– Kognitive Umstrukturierung (Ellis 1990)	negative Altersbilder	Einzel- oder Gruppenpsychotherapie (10 – 20 Sitzungen)
– Lösung von Alltagsproblemen (Morberg u. Lazarus 1990)	unbewältigte altersbedingte Veränderungen im Alltag	Einzel- oder Gruppenpsychotherapie (10 – 20 Sitzungen)
– Störungsspezifische Therapiemanuale der Depression (Yost et al. 1986)	Depressive Störungen	Einzel- oder Gruppenpsychotherapie (10 – 20 Sitzungen)
– Störungsspezifische Therapieeinsätze der Angstbehandlung durch operantes Konditionieren	Angststörungen	Einzel- oder Gruppenpsychotherapie (10 – 20 Sitzungen)
– Realitätsorientierungstraining (ROT) (Haag u. Noll 1996)	Selbständigkeit und Selbstsicherheit – auch bei dementen Patienten	Einzel- oder Gruppenpsychotherapie (10 – 20 Sitzungen)

Anwendungsbeispiel Demenz

Konkretes verhaltenstherapeutisches Vorgehen bei spezifischen Störungen im Alter soll im weiteren kursorisch am Beispiel der Demenz aufgezeigt werden.

Dementielle Erkrankungen im höheren Lebensalter stellen eines der größten Probleme unseres Gesundheitswesens dar und rücken als solches zunehmend in das Bewußtsein der Öffentlichkeit und der Wissenschaft. In vielen Industrienationen sind Demenzerkrankungen die vierthäufigste Todesursache (nach den Herz-Kreislauf-Erkrankungen, den Malignomen und dem Schlaganfall). Vor allem im angloamerikanischen Sprachraum wurden in den vergangenen Jahren die Forschungsbemühungen auf diesem Gebiet verstärkt, und zwar sowohl von medizinischer als auch von psychologischer Seite. Bei der Demenz handelt es sich um ein heterogenes Störungsbild, dessen Definition auf klinischen Symptomen beruht. Charakteristisch sind die Abnahme der kognitiven Fähigkeiten, Desorientierung und Persönlichkeitsveränderungen (Bauer 1994, Gutmann 1994).

Neben der üblichen *Demenzdiagnostik* mit standardisierten Instrumenten ist die spezifische Verhaltenssymptomatik, welche der Demenzpatient zeigt, ein besonderer Zielpunkt verhaltenstherapeutischer diagnostischer Bemühungen. Sollen verhaltensorientierte Interventionsmaßnahmen zum Einsatz kommen, so ist eine eingehende Analyse funktionaler Zusammenhänge zwischen Verhalten und Befinden des Individuums auf der einen Seite und den Bedingungsfaktoren auf der anderen Seite wesentlich.

Am Beispiel unselbständigen Verhaltens läßt sich das Vorgehen illustrieren: Zunächst wird das Verhalten operationalisiert und beschrieben. Z. B. „Frau M. zieht sich morgens nicht selbständig an, obwohl sie körperlich dazu in der Lage ist. Sie folgt Anweisungen nicht, sondern verhält sich passiv.“ Dann werden die dem Verhalten vorausgehenden Bedingungen (Antezedenzen) beschrieben: „Die Pflegekräfte sagen Frau Müller, was sie anziehen soll. Sie sprechen dabei mit ihr über ihre Enkel. Die Pflegekräfte geben mehrere verschiedene Anweisungen.“ Ebenso werden die Konsequenzen von Frau M.'s Verhalten beschrieben: „Frau M. wird von den Pflegekräften angezogen. Währenddessen unterhalten sie sich mit ihr über ihre Enkel.“ Ein funktionales Bedingungsmodell gibt auf diesem Wege Aufschlüsse über den Zusammenhang von Verhalten und vorausgehenden und nachfolgenden Bedingungsfaktoren: „Frau M. ist durch das Gespräch abgelenkt und durch die vielen Anweisungen verwirrt. Ihr passives Verhalten wird durch Hilfestellung und Zuwendung verstärkt.“ Ein solches Bedingungsmodell dient dann als Ausgangspunkt für eine verhaltenstherapeutische Intervention.

Verhaltenstherapie bei Demenz

Ziele verhaltenstherapeutischer Intervention bei Dementen sind die Stärkung (noch) vorhandener Fähigkeiten, die Steigerung der Aktivität und die Schaffung und Aufrechterhaltung von Kontakten. Dem Patienten selbst sowie seinen Bezugspersonen soll der Umgang mit der dementiellen Behinderung und ihre Bewältigung erleichtert werden. Die Verhaltenstherapie kann hier, auch in Kombination mit anderen Methoden, einen wichtigen Beitrag leisten.

Ein Beispiel hierfür ist das sog. Realitätsorientierungstraining (ROT), entwickelt von den amerikanischen Psychiatern Folsom u. Taulbee (1966). Das ROT vereinigt Elemente der Verhaltenstherapie und der Milieutherapie. Es hat die Verbesserung der zeitlichen, örtlichen und personellen Orientierung des verwirrten älteren Menschen zum Ziel sowie die Förderung der Selbständigkeit und der sozialen Kompetenz. Es ist unabhängig von Entstehungsursache, Chronizität und Schweregrad der Störung anwendbar. In den Rahmen dieses Verfahrens können auch andere psychologische Ansätze integriert werden.

Das ROT setzt sich aus drei Bestandteilen zusammen:
- Training des Personals,
- 24-Stunden-ROT,
- Ergänzende Gruppensitzungen („Classroom-ROT“).

Dem Einsatz des ROT hat ein sorgfältiges Training des Personals vorauszugehen. Da das ROT eine Neugestaltung des Institutionsalltags bedeutet, erfordert es eine besonders hohe Kooperationsbereitschaft seitens des Personals.

Das 24-Stunden-ROT zielt darauf ab, den Alltag demenzkranker Patienten „rund um die Uhr“ auf eine Weise zu gestalten, die ihre Orientierungsfähigkeit unterstützt. Sehr wichtig ist es, den gesamten Institutions- bzw. Stationsalltag unter dem Gesichtspunkt der Reorientierung zu gestalten, und zwar sowohl in bezug auf interpersonell-interaktive

Komponenten als auch auf umgebungsbezogene Komponenten. Bei jeder Begegnung zwischen Patienten und Personal werden verbale Informationen gegeben. Hierzu werden auch kurze Kontakte etwa beim Wecken oder Mahlzeitenbringen genutzt. Durch namentliche Anrede, sinngemäße Wiederholungen und Aufmerksammachen auf Jahreszeit, Wochentag, Uhrzeit, Wetter usw. wird das Realitätsbewußtsein des Demenzkranken unterstützt. Wichtiges Ziel dabei ist, Erfolgserlebnisse zu vermitteln. Orientierte Äußerungen und Verhaltensweisen werden durch Aufmerksamkeit verstärkt. Desorientierte Äußerungen werden vorsichtig korrigiert, wenn es um weniger sensible Bereiche geht.

Die Gestaltung der dinglichen Umwelt ist neben der interpersonell-interaktiven Komponente ein weiterer wesentlicher Baustein des 24-Stunden-ROT. Die Umgebung sollte so überschaubar, angenehm und anregend wie nur möglich gestaltet sein. Räume sind durch Schilder, Zeichen, Farben usw. deutlich zu kennzeichnen. Uhren und Kalender unterstützen die selbständige zeitliche Orientierung. Die Patienten müssen systematisch auf diese Orientierungshilfen hingewiesen und in ihrem Gebrauch trainiert werden.

Strukturierte Gruppensitzungen („Classroom-ROT") stellen eine Ergänzung zum 24-Stunden-ROT dar. Sitzungen von einer halben bis zu einer Stunde Dauer werden täglich in kleinen Gruppen von drei bis sechs Personen durchgeführt, die von ein oder zwei Leitern betreut werden. Während dieser Gruppensitzungen findet intensive Realitätsorientierung statt. Ziele sind die Förderung des Bezugs zur Wirklichkeit und des Interesses und der Anteilnahme an der Umgebung, die Verhinderung eines sozialen Rückzugs durch die Unterstützung von Kommunikation und schließlich die Vermittlung von Erfolgserlebnissen und damit ein größeres Selbstvertrauen. Die Gruppensitzungen erfordern vor allem Kreativität und Flexibilität der Leiter entsprechend den Fähigkeiten und Interessen der Teilnehmer.

Zum ROT wurden eine Reihe empirischer Untersuchungen durchgeführt (Haag u. Noll 1991). Nach der Mehrzahl dieser Studien bewirkt das ROT insbesondere im Bereich der verbalen Orientierung Veränderungen.

Verhaltenstherapeutische Prinzipien können unter fachlicher Anleitung und Supervision auch von Familienangehörigen mit Erfolg angewendet werden und das Zusammenleben mit dem Demenzpatienten wesentlich erleichtern.

Vorteile des verhaltensgerontologischen Ansatzes

Nach Grawes (1992) Überblick über den Stand der Psychotherapieforschung ist die Wirksamkeit kognitiv-behavioraler Therapieverfahren in zahlreichen wissenschaftlichen Untersuchungen zweifelsfrei nachgewiesen worden. Leider stützen sich diese Ergebnisse fast ausschließlich auf die Evaluation von Therapien jüngerer Menschen. Ältere Personen werden nur selten in Psychotherapieerfolgsstudien einbezogen. Die relativ wenigen Studien, an denen Betagte teilnahmen, oder die ausschließlich der Wirksamkeit bei dieser Personengruppe gewidmet wurden, zeigen jedoch gleichsam gute Ergebnisse und erweisen übereinstimmend den Erfolg verhaltensgerontologischer Vorgehensweisen (Carstensen 1988). Dieser Erfolg zeigt sich nicht nur in erhöhtem Wohlbefinden älterer Menschen, sondern schlägt sich auch in monetärem Nutzen nieder. Mittels einer Kosten-Nutzen-Analyse konnten Frank und Mitarb. (1982) aufweisen, daß der Einsatz verhaltensgerontologischer Methoden in Institutionen nicht nur die Unabhängigkeit älterer Menschen unterstützt, sondern auch im monetären Sinne kosteneffektiv ist.

Neben seiner nachgewiesenen Wirksamkeit hat der behaviorale Ansatz eine Reihe weiterer Vorteile, die ihn für eine Anwendung in der geriatrischen Arbeit besonders geeignet machen. So ist dieser Ansatz gegenwartsorientiert, d.h. daß eine ältere Person mit seiner Hilfe in relativ kurzer Zeit Verbesserungen in unmittelbaren Problembereichen erfahren kann. Es besteht außerdem die Möglichkeit, komplexe Verhaltensziele in einzelne Teilziele zu zerlegen und somit rasche Erfolgserlebnisse zu vermitteln.

Der Verhaltenstherapie ist mitunter der Vorwurf gemacht worden, ihr Vorgehen sei manipulativ. Dabei wurde übersehen, daß nach lerntheoretischem Verständnis jedes Verhalten durch Antezedenzen und Konsequenzen bestimmt wird, unser Verhalten also immer einer gewissen Kontrolle durch die Umwelt unterliegt. Z. B. konnte Baltes (1988) zeigen, daß Pflegekräfte dazu neigen, unselbständiges Verhalten von älteren Menschen durch Zuwendung und Aufmerksamkeit zu verstärken, während selbständiges Verhalten ignoriert und somit gelöscht wird. Verhaltensanalyse und Verhaltenstherapie ermöglichen es, solche regelhaften Zusammenhänge zu erkennen, die unerwünschtem und dysfunktionalem Verhalten zugrundeliegen und systematisch Umweltbedingungen so zu gestalten, daß angestrebtes Verhalten erleichtert wird. Vor allem in den Selbstkontrollansätzen ist es die betroffene Person selbst, welche dieses angestrebte Verhalten nach ihren eigenen Vorstellungen, Werten und Zielen festlegt. Selbstkontrollansätze helfen älteren Menschen somit, ihr Verhalten selbständig und entsprechend selbstgesetzten Zielen zu verändern und erhöhen somit ihre Handlungsfreiheit und ihr Selbsthilfepotential.

Ein weiterer Vorteil der Verhaltensgerontologie ist, daß sie nicht nur therapeutisch zur Behandlung von Problemen und Störungen eingesetzt werden kann, sondern auch eine Bereicherungsfunktion und eine präventive Funktion hat (Perrez 1984). Z.B. gibt es verhaltensgerontologische Programme, die Umgang mit Streß, Fähigkeiten zur Belastungsbewältigung, Vorbereitung auf Lebensereignisse, Umgang mit leichten depressiven Gefühlen, soziale Kompetenz, Gesundheitsverhalten usw. lehren. All diese Bereiche sind wesentlich im Sinne einer Prävention psychischer und körperlicher Probleme im höheren Erwachsenenalter.

Die Prinzipien und Methoden der Verhaltensgerontologie sind leicht verständlich, so daß sie vom älteren Menschen selbst verstanden und angewendet werden können, oder, wenn der ältere Mensch nicht (mehr) die kognitiven Fähigkeiten zur Anwendung eines Selbstkontrollprogramms hat, so können die meisten Methoden unter Anleitung und Supervision eines Verhaltenstherapeuten von Pflegepersonal und Familienangehörigen angewendet werden.

Empirischen Untersuchungen folgend kann die subjektive Belastung pflegender Angehöriger eines älteren Patienten vor allem durch adäquate Lösungen für den Umgang mit Verhaltensproblemen entscheidend verringert werden. Verhaltensgerontologie kann Angehörigen, die Hilfe bei der häuslichen Pflege suchen, helfen, ihre oft schwere Aufgabe zu meistern. Häufig sind es Verhaltensprobleme, die eine Heimeinweisung auslösen. Die Linderung solcher Probleme im häuslichen Milieu kann die Pflegebelastung erheblich reduzieren und in Fällen, in denen ein Zusammenleben von beiden Seiten erwünscht ist, helfen, eine Heimeinweisung zu verhindern.

Auch das Pflegepersonal in Altenheimen und Krankenhäusern kann durch die Anwendung verhaltensgerontologischer Methoden erheblich entlastet werden. Nach empirischen Untersuchungen stellen Schwierigkeiten im Umgang mit problematischem Verhalten von Heimbewohnern Hauptbelastungsmomente für Altenpflegekräfte dar. Das Training verhaltenstherapeutischer Methoden gibt Pflegekräften Möglichkeiten an die Hand, problematisches Verhalten wirksam zu verändern; es verringert so das Gefühl der Hilflosigkeit gegenüber als unveränderlich erlebten Belastungen der Pflegetätigkeit und erhöht die Berufszufriedenheit.

Ethische Aspekte der Alterspsychotherapie

Die Beteiligung des betroffenen älteren Menschen bei der Bestimmung der Mittel und Ziele einer Verhaltensmodifikation sollte soweit eben möglich gegeben sein. Es ist in der Praxis nicht immer leicht, diesem Ideal nachzukommen. Im Falle dementieller Erkrankungen z. B. ist eine informierte Einwilligung des Patienten nicht immer möglich, wodurch dem Behandelnden eine besonders große Verantwortung zufällt. Die Versuchung ist groß, einer leichten „Handhabung" eines geriatrischen Patienten durch Personal und Angehörige eine höhere Priorität einzuräumen als den Bedürfnissen des Patienten selbst. Ziele einer verhaltensgerontologischen Intervention, z. B. in Altenheimen, sollten nicht nur Verhalten betreffen, an dem Personal und Familienangehörige Anstoß nehmen (z. B. Inkontinenz, mangelnde Körperpflege), sondern vor allem auch Probleme, denen die Heimbewohner selbst möglicherweise eine höhere Priorität zumessen (z. B. Angst und Depression).

Wichtigstes Ziel verhaltenstherapeutischer wie psychoanalytischer Intervention bei alten Menschen muß stets die Bewahrung von Würde und möglichst großer Unabhängigkeit sein.

Zusammenfassend kann festgehalten werden, daß alte Patienten bei einer stimmigen, gemeinsam erarbeiteten Behandlungsindikation überraschend konsequent und intensiv auch in niederfrequenten ambulanten Behandlungssettings mitarbeiten, wenn die oft jüngeren Behandler in ihrer Ausbildung einen professionell kompetenten Umgang mit älteren Patienten erlernt und ihre eigenen Schwierigkeiten in diesem Arbeitsfeld verstanden haben. Bei Demenzkranken besteht die Möglichkeit einer verhaltenstherapeutischen Psychotherapie, die jedoch einem hohen ethischen Standard verpflichtet ist. Die methodischen Besonderheiten in der Psychotherapie alter Menschen sind sowohl für psychoanalytisch wie für verhaltenstherapeutisch Arbeitende in überschaubarer Zeit erlernbar.

51. Psychotherapie mit Migranten – Aspekte der interkulturellen Psychotherapie

Psychoanalytische Psychotherapie

Y. Erim-Frodermann

Historischer Überblick

Anfang der 50er Jahre wurden aufgrund der knappen Arbeitskräfte in Deutschland Arbeiter aus europäischen Ländern, aus Italien, Griechenland, Spanien, Portugal, der Türkei, Jugoslawien und Marokko geworben. Nach dem sogenannten Anwerbestop 1973 setzte sich die Migration durch die Zuwanderung von Familienangehörigen, Kindern und Eheleuten, vor allem aber durch Flüchtlingswellen fort. Die psychotherapeutische und beratende Arbeit mit Migranten ist inzwischen ein Teil der täglichen Praxis geworden.

Migration, Trauma oder Entwicklungschance?

In der psychiatrisch-epidemiologischen Forschungsrichtung wurde die Migration zunächst als belastendes Lebensereignis verstanden. Häffner et al. (1977) untersuchten 200 Gastarbeiter bei ihrer Ankunft in Deutschland, stellten bei $^1/_3$ nach 3 Monaten depressive Symptome und nach 18 Monaten psychosomatische Syndrome fest. Ähnlich wurde in vielen Arbeiten von einer erhöhten Morbidität der Migranten für psychosomatische und psychiatrische Erkrankungen ausgegangen, wobei ein Vergleich mit der Bevölkerung des Herkunftslandes oder der Normalbevölkerung meistens ausblieb und dieses die Aussagekraft dieser Arbeiten beeinträchtigte (Binder und Simoes 1978).

Auch in der Psychotherapieliteratur fanden kulturspezifische und interkulturelle Aspekte eine erst sehr späte Reputation, obwohl viele Psychoanalytiker selbst Migrationsschicksale erlebten. Eine Ausnahme bildet die Monographie des Ehepaares Grinberg (1984). Grinbergs verstehen die Migration als ein Trauma oder eine Lebenskrise. Sie beziehen sich auf das Modell von Garza-Guerrero, das die psychische Entwicklung in der Migration in drei Phasen beschreibt. In der ersten Phase würden die Unterschiede zwischen den neuen Objekten und der psychischen Repräsentanz der verlassenen Kultur deutlich, in der zweiten Phase würde das Individuum durch Trauerarbeit für die Besetzung der neuen Objekte frei und entwickele schließlich in der dritten Phase ein neues Selbstkonzept.

Parin (1978) zeigte aufgrund seiner ethno-psychoanalytischen Studien der afrikanischen Völker auf, daß das jeweilige kulturelle Umfeld den Ausgang des ödipalen Konfliktes wesentlich beeinflussen und bestimmte soziale Verhaltensmuster und Persönlichkeitsstrukturen begünstigen kann. Ardjomandi (1993) untersuchte die Konsequenzen der kulturspezifischen ödipalen Konstellation für den persischen Kulturkreis.

Anfang der 90er Jahre meldeten sich auch interkulturelle Therapeutenteams, z.B. aus Beratungsstellen für Migranten und auch bilinguale Psychotherapeuten zu Wort. Güc (1991) unterstrich aus familientherapeutischer Sicht die Notwendigkeit von Kenntnissen über biographische Besonderheiten von Migranten. Ähnlich betonte Akgün (1991) den hohen Stellenwert der Familie in der türkischen Gesellschaft. Schepker, Toker und Eberding (1995) untersuchten 77 Migrantenfamilien aus dem Ruhrgebiet, die hinsichtlich soziodemographischer Daten für die türkeistämmige Bevölkerung repräsentativ waren und konnten viele erfolgreiche Bewältigungsstile in der Migration beschreiben. Dem Migrationsstatus sei keine pathogene Wirkung zuzuschreiben, vielmehr würden der Migration die Probleme attribuiert, die mit den beschränkten Entwicklungschancen in der Aufnahmegesellschaft zusammenhingen.

Insgesamt zeichnet sich in der Migrationsforschung eine Entwicklung von defizitorientierten zu ressourcenorientierten Konzepten ab. Die Migration ist als wichtiges und sicher belastendes Lebensereignis anzusehen, das jedoch nicht regelhaft zu psychischen Problemen führen muß und auch eine Bereicherung sein kann, indem sie dem Individuum neue Handlungsräume eröffnet.

Ausgangslage in der psychotherapeutischen Praxis

Sprach- und Verständigungsproblem

Wenn ein einheimischer Psychotherapeut einen Patienten aus einer anderen Ethnie behandelt, taucht als erstes die Frage nach Möglichkeiten der sprachlichen Verständigung auf. Auch wenn die Sprachkenntnisse des Patienten für alltägliche Situationen ausreichend sind, sind sie für die Verständigung über emotionale Probleme oft nicht zulänglich. Die Frage, ob die sprachliche Verständigung für das Errichten eines therapeutischen Bündnisses ausreicht, muß jeweils nach Möglichkeiten des Therapeuten, des lokalen Versorgungsangebotes und der Bedürftigkeit des Patienten entschieden werden. So wird man bei problematischer sprachlicher Verständigung einen Patienten aus einer der größeren ethnischen Gruppierungen eher an einen muttersprachlichen Psychotherapeuten weiter verweisen. Bei einem Flüchtling, der massiv unter den Symptomen einer posttraumatischen Streßstörung leidet, wird man die erschwerte psychotherapeutische Beziehungsaufnahme durch die Vermittlung eines

Dolmetschers in Kauf nehmen müssen, wenn es in der Umgebung keine Therapeuten gibt, die die Muttersprache des Patienten beherrschen.

Therapeutische Haltungen und Voreinstellungen

Die psychotherapeutische Arbeit mit Patienten aus einer fremden Ethnie setzt die Bereitschaft des Therapeuten voraus, sich mit neuen Beziehungs- und Erlebensmustern auseinanderzusetzen. Dem Therapeuten sollte es gelingen, eine neugierige, offene und respektierende Einstellung gegenüber unterschiedlichen kulturellen Haltungen einzunehmen. Grundsätzlich hat er die Möglichkeit, sich über den Patienten selbst Informationen bezüglich der soziokulturellen Besonderheiten seiner Ethnie zu verschaffen. Die Möglichkeit einer interkulturellen Supervision gibt dem Therapeuten mehr Sicherheit und entlastet die psychotherapeutische Beziehung. Eine Supervision, die die kulturspezifischen Besonderheiten berücksichtigt, hilft dem Therapeuten grundsätzlich in der diagnostischen Einschätzung darüber, ob ein besonderes Verhalten oder Erleben des Patienten und die Verstehensschwierigkeiten des Therapeuten aus dem kulturellen Unterschied resultieren oder mit der Inszenierung, dem konflikthaften Erleben des Patienten zusammenhängen.

Bezüglich des Unterschiedes zwischen den kulturellen Zugehörigkeiten des Therapeuten und des Patienten beschreiben Fisek und Schepker (1997) zwei Arten von Voreinstellungen (Bias). Der Alphabias beschreibt eine Überbetonung des Unterschiedes zwischen zwei Kulturen, im Extremfall würde ein einheimischer Therapeut mit dieser Haltung aufgrund der kulturellen Unterschiede eine therapeutische Arbeit mit einem Patienten aus einer fremden Ethnie für unmöglich erachten. Der Betabias beschreibt hingegen eine Verleugnung der Unterschiede zwischen den Kulturen. Diese Haltung könne problematisch werden, wenn der Einfluß der unterschiedlichen sozialen Lebensumfelder auf die Individuen ignoriert würde.

Übertragungs- und Gegenübertragungsbereitschaften, Eigenübertragung in der interkulturellen Psychotherapie

Insbesondere wenn Möglichkeiten der Supervision fehlen, können die fremden Patienten als frustrierend erlebt werden. Wenn bei dem Therapeuten aufgrund der erschwerten emotionalen Verständigung Gefühle der Distanzierung entstehen, fühlt sich in der Folge auch der Patient abgelehnt, es kommt zu Therapieabbrüchen. Eine andere Form auf die Hilflosigkeit und Unsicherheit in der therapeutischen Verständigung zu reagieren, kann eine nachsichtig duldende Haltung des Therapeuten gegenüber dem Patienten sein. So wird der fremde Patient überbehütet und unterfordert. Eine solche Gegenübertragung lösen ausländische Patienten oft auch durch ihre reellen Probleme, wie z. B. aufenthaltsrechtliche Schwierigkeiten, unzulängliche soziale Kompetenzen, usw. aus. Es ist zu vermuten, daß in der Begegnung mit Patienten aus einer anderen Ethnie neben den herausarbeitbaren Gegenübertragungsgefühlen auch andere Affekte auftauchen, wie z. B. Gefühle der kollektiven Schuld, die im Zusammenhang mit dem Schicksal der jüdischen Ethnie unter der Nazidiktatur oder den aktuellen Übergriffen gegenüber Ausländern stehen. In der Auseinandersetzung mit diesen eher im Kollektiv begründeten Gegenübertragungsgefühlen finden wir das von Heuft (1990) beschriebene Konzept der Eigenübertragung hilfreich. Heuft definiert als Eigenübertragung alle innerseelischen Konflikte des Behandlers, die ihn nachhaltig daran hindern, die Gegenübertragungsabbildungen im Dienste des Prozesses zu analysieren. Für die interkulturelle psychotherapeutische Arbeit scheint eine über die übliche Selbsterfahrung hinausgehende Auseinandersetzung des Therapeuten mit der eigenen ethnischen Zugehörigkeit notwendig zu sein.

In der Übertragung des fremden Patienten kann der einheimische Therapeut die Rolle der einheimischen behördlichen Instanz, eines verfolgenden Über-Ichs bekommen. Die mißtrauischen Übertragungsgefühle können die Etablierung des Arbeitsbündnisses erschweren. Andererseits können ausländische Patienten dem einheimischen Psychotherapeuten mit großer Dankbarkeit gegenüber stehen und ihn als jemand idealisieren, der sich endlich um ihr Leid kümmert.

Im Falle der muttersprachlichen Behandlung von Migranten durch einen Psychotherapeuten aus der eigenen Ethnie intensiviert sich für beide die Auseinandersetzung mit der eigenen ethnischen Identität. Gemeinsame Werte erfahren eine große Wertschätzung. Die Idealisierung als vordergründiger Beziehungsaspekt kann den Einstieg in die therapeutische Beziehung erleichtern. In diesem Falle sollte darauf geachtet werden, daß realistische, auch für das familiäre Umfeld des Patienten tragbare Ziele erarbeitet werden, und der Patient nicht durch zu hoch gesteckte, z. B. emanzipatorische Ziele überfordert wird.

Eine besonders günstige Konstellation für die interkulturelle Psychotherapie ist ein muttersprachliches Angebot durch bilinguale Psychotherapeuten, das in einer Regelversorgungseinrichtung etabliert wird. In diesem Setting können der muttersprachliche Therapeut und der Patient die Institution oder aber der Patient und die Institution den muttersprachlichen Therapeuten als triangulierendes Objekt nutzen. Diese Paare bilden sozusagen ein Modell für ein von Nähe und Akzeptanz aber auch von Unterschiedlichkeit geprägtes Beziehungspaar, das auch die Beziehung zu einem dritten, außenstehenden Objekt zuläßt. Überdies macht dieses Modell die Anerkennung der anderen Kulturzugehörigkeit öffentlich, was für alle Beteiligten eine narzißtische Aufwertung bedeutet. Entgegen der verbreiteten Annahme, daß Migranten aufgrund von Unkenntnis psychosoziale Einrichtungen nicht aufsuchen würden, nimmt die Inanspruchnahme von psychosozialen Einrichtungen nach Etablierung eines muttersprachlichen Angebotes rapide zu und erreicht prozentual den Bevölkerungsanteil der betroffenen Ethnie (Erim-Frodermann u. Senf 1998).

Migrationsspezifische Besonderheiten der biographischen Anamnese

Folgende kultur- und migrationsspezifische Besonderheiten wurden am Beispiel der türkischen Migranten erarbeitet, wobei die meisten Aspekte auf die anderen Gruppen aus den südeuropäischen Anwerbeländern, wie Spanien, Griechenland und Süditalien erweitert werden können (Tab. 51.**1**).

Tabelle 51.1 Migrationsspezifische Besonderheiten der biographischen Anamnese

Traditionelle kohäsive Familienstruktur
Unterschiedliche Lebenszyklen in der Herkunfts- und in der Aufnahmegesellschaft
Trennungserfahrung in der Migrantenfamilie
Unterschiedliche Sozialisationsbedingungen der ersten und der nachfolgenden Migrantengenerationen
Realangst/doppelte Bedürftigkeit
Ressourcen und Anpassungsleistungen in der Aufnahmegesellschaft

Traditionelle kohäsive Familienstruktur

In der traditionellen türkischen Familie werden die Beziehungsstrukturen von großer interpersoneller Verbundenheit und vom Kollektivismus geprägt. Eine geschlechts- und generationenabhängige Hierarchie ermöglicht in der Familie eine große Kohäsion, wobei Männer gegenüber Frauen und Ältere gegenüber Jüngeren dominant sind. Die Familie ist in ein enges soziales Netz von Verwandten, Nachbarn und Landsleuten aus der gleichen Heimatstadt eingebunden. Wichtige traditionelle Wertvorstellungen in diesem sozialen Netz sind Ehre und Integrität. In der Migration orientieren sich einzelne Personen und Familien sehr genau an dem Verhaltenskodex der Gruppe, eine Haltung, die als strukturgebende Maßnahme in Anbetracht von schnellem kulturellen Wandel und Anpassungsdruck verstanden werden kann. Progressive, den neuen Bedürfnissen entsprechende Rollenmuster können, wenn sie einmal sozial akzeptierbar geworden sind, von einzelnen Personen mit großer Geschwindigkeit übernommen werden. Identifikatorische Übernahme von Verhaltensmustern ist auch in der Therapie eine wichtige Ressource.

Nach einer westlichen Sichtweise wird von einheimischen Therapeuten manchmal vermutet, daß die kohäsive Familienstruktur keinen Raum für die Individuation des Einzelnen läßt. Sicher gibt es Patienten, deren Autonomie-Abhängigkeitskonflikte von den oben beschriebenen engen Beziehungsstrukturen unterhalten werden. Oft haben Migranten jedoch nicht mit der Annahme, sondern mit der Gestaltung von neuen, mehr abgegrenzten sozialen Rollen- und Verhaltensmustern Schwierigkeiten. So fehlen z.B. vielen Ehepaaren Rollenvorbilder für eine partnerschaftliche Beziehung, die über die gemeinsame Übernahme von Pflichten hinausgeht.

Unterschiedliche Lebenszyklen in der Herkunfts- und in der Aufnahmegesellschaft

In der Ursprungs- und in der Aufnahmegesellschaft werden die Lebenszyklen unterschiedlich gestaltet. Die Migranten der ersten Einwanderungsgeneration haben in der Regel aufgrund einer kurzen Schulbesuchszeit und eines früheren Beginns der Lebensarbeitszeit eine kürzere Kindheit gehabt als ihre Altersgenossen in der Aufnahmegesellschaft. Durch recht frühe Ehen und anschließend frühe Verheiratung der eigenen Kinder und frühe Großelternschaft haben sie ein kürzeres mittleres Alter und steigen früher in das Seniorenalter ein. In der Türkei wird dieses Phänomen auch in der Berechnung der Rentenanwartschaft berücksichtigt; diese ist für Anwärter in der Türkei um etwa zehn Jahre kürzer als in Deutschland.

Trennungserfahrung in der Migrantenfamilie

Die meisten Migrantenfamilien leben mehrere Jahre, nach einer eigenen Untersuchung im Durchschnitt sechs Jahre in Trennung. Diese Trennungserfahrung hat sowohl für die Eltern als auch für die zweite Migrantengeneration vielfältige Folgen, z.B. Verlustängste und unbearbeitete Trauer. In der zweiten Migrationsgeneration kann die jahrelange Trennung zu einer Neidproblematik unter den Geschwistern, einer Verwischung oder der Neudefinierung der Stellung in der Geschwisterreihe führen. So können z. B. letztgeborene Kinder ihren älteren Geschwistern, die im Heimatland zurückgelassen und später nachgeholt wurden, bezüglich ihrer sprach- und sozialer Kompetenzen in der neuen Heimat überlegen sein. Ähnliches geschieht auch unter Ehepartnern, so daß derjenige, der über eine längere Erfahrung im Aufnahmeland verfügt oder die Migrationsentscheidung gefällt hat, eine dominante Rolle im System bekommt.

Unterschiedliche Sozialisationsbedingungen der ersten und der nachfolgenden Migrantengeneration

Die erste und die nachfolgenden Migrantengenerationen sind unter unterschiedlichen Bedingungen sozialisiert. Die Elterngeneration kommt oft aus einem ländlichen Lebensumfeld. Im Herkunftsland hat diese Generation nur spärliche Kontakte zu Institutionen gehabt, wenn überhaupt sind diese als Strukturierungs- und Bestrafungsinstanzen (Steuer- und Rekrutierungs- oder Polizeibehörde) in Erscheinung getreten. Die Gestaltung von egalitären Beziehungen zu Behörden und Institutionen sind Kompetenzen, die in der Migration errungen wurden.

Realangst/doppelte Bedürftigkeit

Auch wenn sie wegen psychischer Probleme Rat suchen, haben Migranten oft soziale und wirtschaftliche Probleme, die zum Teil Konsequenzen ihrer Schichtzugehörigkeit, zum Teil der Migration sind. Migranten sind häufig von Arbeitslosigkeit und aufenthaltsrechtlichen Einschränkungen betroffen. Andererseits sind sie regelmäßig alltäglichen Belastungen und Kränkungen seitens der Aufnahmegesellschaft in Schule, Verwaltung, bei der Arbeitssuche ausgesetzt. Im Zusammenhang mit diesen Problemen ist in der Therapie eine eingreifende, Ich-stützende therapeutische Haltung, manchmal auch konkrete Beratung erforderlich. Schließlich kann Realangst und reelle Bedrohung auch in der Beziehung zum Ursprungsland begründet sein. Dieses gilt für Flüchtlinge, die in ihrer Heimat politisch verfolgt werden, oder z.B. Arbeitsmigranten, die ihre zurückgelassenen Angehörigen finanziell unterstützen müssen und dadurch belastet sind.

Ressourcen und Anpassungsleistungen in der Aufnahmegesellschaft

In der Aufnahmegesellschaft haben Migranten neue, bisher unbekannte soziale Rollen angenommen, z.B. die außerhäusliche Berufstätigkeit der Frauen. In vielen Bereichen sind Lösungswege der Aufnahmegesellschaft übernommen worden, wie z.B. der Auszug von noch nicht verheirateten erwachsenen Kindern, der im Ursprungsland verpönt war und hier immer häufiger von Eltern befürwortet wird. Auch das Pendeln der Rentner zwischen dem Aufnahme- und dem Ursprungsland, um einerseits in ersehnten Lebenszusammenhängen in der Heimat psychische Kraft zu schöpfen, andererseits den Kontakt zu in Deutschland lebenden Kindern aufrecht zu erhalten, gehört zu den Anpassungsleistungen. Eine wichtige Ressource der Migranten ist die Bereitschaft, Lösungsmöglichkeiten innerhalb der ethnischen Gruppe auszutauschen und einander zugänglich zu machen.

Typische Problemkonstellationen

Stellvertretend für viele andere sollen einige migrationstypische Problemkonstellationen skizziert werden.

Schmerzsyndrome

Migranten stellen sich oft mit Schmerzsyndromen in der hausärztlichen oder psychosomatischen Sprechstunde vor. Einen ersten Hinweis auf das Somatisierungssyndrom gibt der „Ganzkörperschmerz", der vom Betroffenen nicht eng umschrieben werden kann, im ganzen Körper wahrgenommen wird. Ältere Patienten können durch die Schmerzsymptomatik im Sinne eines sekundären Krankheitsgewinns die bestehenden Rollenverhältnisse in der Familie festigen oder eine neue Rollenverteilung einführen.

Eine Patientin Anfang 40, die mit einem therapieresistenten chronischen Kopfschmerz von der Schmerzambulanz vorgestellt wurde, appellierte mit der Symptomatik an ihre Kinder. Während jahrelanger Arbeitslosigkeit ihres Ehemannes hatte sie mit ihren Kindern in engen Verhältnissen von Sozialhilfe und Kindergeld gelebt, mit beginnender Berufstätigkeit der älteren Kinder setzte die Schmerzsymptomatik ein. Die Kinder verzichteten auf den geplanten Auszug, unterstützten die Patientin weiterhin finanziell und emotional.

Eine 43jährige Patientin unterstrich durch die Schmerzsymptomatik, die zeitgleich mit der Heirat ihres ältesten Sohnes einsetzte, ihre Stellung als „ältere Frau". Entsprechend ihren traditionellen Vorstellungen verdeutlichte sie durch die Schmerzen das körperliche Altern, gab bestimmte Bereiche körperlicher Aktivität, z.B. die Hausarbeit und Sexualität auf und trat aus dem Kreis der Agierenden in den Hintergrund. An wichtigen Entscheidungen der Familie wurde sie intensiver als bisher beteiligt.

Es liegt auf der Hand, daß in diesen Fällen die Motivation für eine Beratung oder Psychotherapie nur im System der Familie erarbeitet werden kann. Vor einem Einsatz von medikamentöser Behandlung, z.B. mit Schmerzmitteln ist abzuraten.

Die Vereinsamung des Vaters in der Familie

Beim Eintritt ins Rentnerdasein fühlt sich manchmal der Vater/Ehemann einsam und machtlos, wenn er sich Jahre lang nur als Außenvertreter und Ernährer der Familie verstanden und an dem „Innenleben" nicht mehr teilgenommen hatte. In vielen Familien übernimmt die Mutter eine vermittelnde Funktion zwischen der Autorität des Vaters und den Integrationswünschen der Kinder. In dieser Rolle kann sie eine schrittweise Integration und allmählichen kulturellen Wandel in der Familie wesentlich vorantreiben. Problematisch wird diese Konstellation, wenn das aus Mutter und Kindern bestehende Subsystem immer mehr in Loyalitätskonflikte gegenüber dem Vater gerät, und dieser aus dem System immer mehr ausgeschlossen wird.

Ein 57jähriger Patient wird aufgrund eines anhaltenden Hörgeräusches „notfallmäßig" von dem behandelnden HNO-Arzt in der Ambulanz vorgestellt. Vor einigen Monaten hatte er das Angebot einer Frühberentung angenommen, da er sich als Rangiermeister bei der Bahn nach Einführung neuer computergesteuerter Systeme überfordert fühlte. Zu Hause habe er festgestellt, daß die Kinder seit Jahren nicht mehr nach seinen streng moslemischen Vorstellungen lebten. Niemand höre mehr auf seine Worte, seine Kinder böten ihm Paroli. Sein Vorwurf gilt insbesondere der Ehefrau, die sich hinter seinem Rücken mit den Kindern verbündet und diese habe moralisch verkommen lassen. Dieser Patient versuchte seine Autoritätsposition als Familienoberhaupt wieder zu etablieren, indem er mit der Ehefrau eine neue Wohnung bezog, sich räumlich von den Kindern trennte und die Generationengrenzen und das Subsystem zwischen seiner Frau und sich selbst unterstrich.

Probleme neu zugezogener Ehepartner

Nachvollziehbar tiefgreifende Probleme können junge Bräute in ihrer neuen kulturellen Umgebung haben, wenn sie durch Heirat in die Bundesrepublik umgesiedelt sind. Die Orientierung in der sprachfremden Umgebung kann zusätzlich erschwert sein, wenn andere wichtige Lebensveränderungen gleichzeitig eingetreten sind.

Eine 18jährige Patientin kurdischer Abstammung, die vor $1^1/_2$ Jahren nach ihrer Heirat nach Deutschland umgesiedelt war, litt unter der Zwangsvorstellung, ihrem 6 Monate alten Baby einen Schaden zufügen zu müssen. In Anwesenheit von Familienangehörigen ließ die Symptomatik schnell nach. Die Patientin, älteste von fünf Geschwistern, hatte sich in ihrer neuen Wohnung mit dem Ehemann vereinsamt gefühlt und bis zur Geburt ihrer Tochter sich oft bei den Schwiegereltern aufgehalten. Es wurde deutlich, daß die Patientin nach ihrer Übersiedlung eine Verunsicherung in der sprachfremden Umgebung erfuhr, da sie in ihren Außenkontakten sprachlich verhindert war. Im Umfeld der Familie war sie sehr bemüht gewesen, sich den ihr teilweise fremden „Normen" der Migrantenfamilie anzupassen. Mit der Patientin und dem Ehemann konnte die Lösung erarbeitet werden, daß zuerst die Mutter der Patientin zu einem Besuch eingeladen wurde, diese Intervention entsprach dem traditionellen Verhaltensrepertoire der Familie, das sozusagen wieder aktiviert wurde. Der Ehemann nahm sich vor, seine Frau im Prozeß des Kennenlernens der neuen Umgebung mehr zu unterstützen.

Transgenerationelle Migrations- oder Traumaerfahrung

Die Trauer um den Verlust der Heimat kann von der Elterngeneration unbearbeitet an die zweite Generation weitergegeben werden. Wenn politische Verfolgung den Hintergrund einer traumatisch erlebten Migration bildet, ist die Verfolgung oft der Lebensweg mehrerer Generationen gewesen. Hirsch (1993) weist neben anderen Extremerfahrungen wie z. B. KZ-Terror und sexuelle Gewalt, auf traumatisch erlebte Migrationen hin, die bei den Eltern zu Schuldgefühlen oder unauflösbaren Widersprüchen führen könne, die sie zwingen, die eigenen unbewältigten Komplexe den Kindern zu implementieren, wo sie als „unassimiliertes Introjekt" wirksam würden.

Eine 33jährige Patientin griechischer Abstammung entwickelte eine heftige Angstsymptomatik mit Panikattakken und Agoraphobie, als sie ein halbes Jahr nach ihrer Heirat ihre Junggesellenwohnung auflöste und endgültig in die Heimatstadt ihres Mannes zog. Ihre Eltern hatten sie als Vierjährige bei der Großmutter zurückgelassen und kamen als Gastarbeiter nach Deutschland. Die Patientin kam als 10Jährige nach Deutschland nach und zog mit 18 Jahren mit heftigen Vorwürfen an die Eltern aus dem Elternhaus aus. In der Therapie wird die tiefe Trauer über ihr Zukurzgekommensein deutlich, „ganze zwölf Jahre!" habe sie in ihrem Elternhaus gelebt, ihre „Pseudoautonomie" kann als Abwehr der Trauer, der Verlust- und Trennungsängste verstanden werden. In der Auseinandersetzung mit den Eltern erinnert die Patientin, daß die Großeltern im Ersten Weltkrieg aus ihrer Heimat der anatolischen Schwarzmeerküste vertrieben wurden. Die Familie hatte kaum Gelegenheit gefunden, in Griechenland Fuß zu fassen. Viele Familienmitglieder, die nach Deutschland immigriert waren, lebten als große Sippe in einer nordrheinischen Kleinstadt. Im Erleben der Patientin waren ihre Verwandten alle depressiv erkrankt und ließen sich schon Jahre lang mit Medikamenten behandeln. Ihre eigene Psychotherapie sah die Patientin als Alternative zu der „gemeinschaftlichen Depression" der Familie an.

Hilfreiche therapeutische Haltung

Interkulturelle Offenheit

Unter interkultureller Offenheit des Therapeuten verstehen wir eine neugierige, respektvolle und akzeptierende Haltung gegenüber dem fremden Patienten.

Frühzeitige Therapiezielbestimmung

Bei der Klärung der Therapieziele sollte den kohäsiven Familienstrukturen mit einem systemischen Ansatz Rechnung getragen werden. Therapieziele sollten bezüglich ihrer Tragbarkeit in Familie und Bezugsgruppe geprüft werden.

Aktive eingreifende Haltung

Der Therapeut sollte aktiv intervenieren, wenn er durch offene Unterstützung das Eintreten des gewünschten Verhaltens beschleunigen kann. Hierzu gehört auch die Beratung des Patienten in wesentlichen alltagspraktischen Bereichen mit Informationen über den Umgang mit Behörden, Einschulung, Einbürgerung usw. Im Sinne des verhaltenstherapeutischen „Shaping" sollte der Patient im Aufbau von erwünschtem sozialem, z. B. durchsetzungsfähigem Verhalten unterstützt werden.

Förderung der Individuation

Der Therapeut sollte progressives Verhalten nicht aufdrängen, jedoch gutheißen und unterstützen. Dazu gehört in erster Linie die Erschließung abgegrenzter sozialer Beziehungen, z. B. durch Teilnahme an regelmäßigen Aktivitäten bei Vereinen, Sprachkursen oder Unterstreichung von Abgrenzung des Individuums durch Aktivitäten wie Lesen, einen Spaziergang machen usw. Eine gute Möglichkeit, den innerpsychischen Raum des Patienten zu betonen, besteht in der Arbeit mit Metaphern. Hierbei kann man den Patienten z. B. fragen, ob ihm zu einem bestimmten Thema eine Fabel oder ein Märchen einfällt.

Ressourcen des Kollektivs erfragen und aktivieren

Man kann durch direktes Erfragen, ob der Patient jemand aus seinem Bekanntenkreis kennt, der mit einem ähnlichen Problem zu tun hatte, und welche Lösungswege dieser gefunden habe, mögliche Lösungswege in Erfahrung bringen, die für die ethnische Bezugsgruppe akzeptierbar sind. Mit dem Patienten kann dann überlegt werden, ob diese Lösungen auch für ihn in Frage kämen.

52. Geschlechtsspezifische Aspekte der PatientIn–TherapeutIn-Beziehung in der analytischen Psychotherapie

Psychoanalytische Psychotherapie

A. Sellschopp-Rüpell

Tiefgreifende Veränderungen der psychoanalytischen Theorie und Praxis in den letzten Jahrzehnten wirken sich auf alle Psychotherapien aus, die von Freuds Entdeckungen beeinflußt wurden und werden. Freilich vollzieht sich die Rezeption neuer Erkenntnisse oft nur mit großer zeitlicher Verzögerung. Die Bedeutung des Geschlechts des Therapeuten und die vier Kombinationsmöglichkeiten der therapeutischen Dyade – Frau/Frau, Frau/Mann; Mann/Mann, Mann/Frau – und die Auswirkungen auf die Beziehung liegen auf der Hand. Zwar haben Übertragungsverwicklungen von weiblichen Patientinnen mit männlichen Therapeuten am Anfang der Psychoanalyse ein System von Behandlungsregeln geschaffen, das den Einfluß des Analytikers – Analytikerinnen gab es zu der Zeit keine – einschließlich seines Geschlechts auf den Patienten ausschalten sollte. Es ist eine bemerkenswerte Tatsache, daß die frühen Verwicklungen und Verirrungen beispielsweise zwischen Sabina Spielrein und C.G. Jung und generell die Probleme der Übertragung den idealen, anonymen und geschlechtslosen Analytiker (ohne "Gegenübertragung") auf dem Papier schufen. Fast hundert Jahre später sind es erneut Grenzüberschreitungen in Therapien – wir leben im Zeitalter des (sexuellen) Mißbrauchs –, die nun diesmal sorgfältig besonders von Psychotherapeutinnen und Psychoanalytikerinnen untersucht werden. Es wäre freilich völlig verfehlt anzunehmen, daß die negativen Schlagzeilen von Verführungen im Alltag und in Abhängigkeit in und außerhalb von Therapien das Thema des Geschlechts aktualisiert haben. Es sind vielmehr die höchst produktiven und zukunftsweisenden, oben global erwähnten Veränderungen der Psychoanalyse, die das Thema dieser Darstellung sind. Zunächst werden einige übergeordnete Veränderungen beschrieben, die für die Einschätzung geschlechtsspezifischer Aspekte in den Therapien besonders relevant sind.

„Die Objektbeziehungstheorien sind mit der Erkenntnis, daß der Analytiker als ‚neues Objekt' (Loewald) wirksam wird auf dem Weg zur Anerkenntnis des Subjekts und der Intersubjektivität in der analytischen Situation. Hierfür ist die Diskussion über die Erweiterung des Übertragungsbegriffs charakteristisch. Die psychoanalytische Methode hatte ihre Grundlage von jeher in der Bipersonalität. Gerade die unbewußten Anteile der Objektbeziehungen erschließen sich erst durch eine interaktionelle Betrachtungsweise" (Thomä u. Kächele, Bd. 1 1989). Es spricht für sich selbst, daß der Untertitel eines soeben erschienenen Buches lautet: „A psychoanalytic theory of subject relations" (Kennedy 1998). Das Subjekt ist kein transzendentales, sondern tritt als weiblicher oder männlicher Therapeut in den Dialog mit einer Patientin oder einem Patienten ein. Das von der eigenen persönlichen Lebens- und Berufserfahrung geprägte Weltbild und die Kenntnis anderer Menschen und Weltbilder ist für die Weite des Verstehenshorizontes des Therapeuten maßgebend. Deshalb ist es unter dem Gesichtspunkt geschlechtsspezifischer Aspekte in der Dyade wesentlich, folgende tiefgreifende Veränderungen der Theorie der weiblichen Entwicklung zu berücksichtigen. „Freud sah die Entwicklung des Mädchens durch den Wechsel von der Liebe zur Mutter zu der zum Vater kompliziert. Geht man von der primären Mutterbindung und Mutteridentifizierung der Frau aus... und macht man ernst mit der lebensgeschichtlichen Bedeutung dieser Identifizierung, dann wird die unbewußte Einfühlung und die imitatorische Übernahme weiblicher Verhaltensweisen, die Mutterrolle vom Mädchen sozusagen spielerisch vorbereitet... und können aufgrund eines sich bildenden weiblichen Selbstgefühls ödipale Konflikte ohne wesentliche Verunsicherungen verlaufen... Wahrscheinlich ist die Revision der Theorie über die Entwicklung der weiblichen Identität und Geschlechtsrolle von allen bisher notwendig gewordenen Veränderungen psychoanalytischer Annahmen am tiefgreifendsten" (Thomä u. Kächele, Bd. 2 1989). Die Bestimmung des Geschlechts beginnt durch Gesten, Worte und die Art und Weise, wie mit dem Baby körperlich umgegangen wird von seiten der Eltern und zwar unmittelbar nach der Geburt. Unter günstigen Bedingungen kann jedoch in Freundschaften im Kindergarten und in der Schule, in der Begegnung mit Ersatzmüttern und Lehrern, besonders während der Adoleszenz, vieles ergänzt werden. Es gibt über die ödipale Konfliktphase hinaus immer wieder die Chance zu neuen und ergänzenden Identifikationen, die auch Selbstheilungsprozesse fördern. Für das Verständnis geschlechtsspezifischer Probleme, die bei den vier Kombinationsmöglichkeiten dyadisch unterschiedlich auftreten, ist es hilfreich, die Unterscheidung von Sex und Gender und von Geschlechtsrolle und Geschlechtsidentität zu erläutern.

Im angloamerikanischen Sprachraum wird zwischen Sex (etwa: anatomisch definiertes Geschlecht) und Gender (etwa: das umfassende soziokulturell verstandene Geschlecht) unterschieden. Die deutsche Sprache kennt diesen Unterschied nicht: Das gleiche Wort hat eine eingeschränkte und eine umfassende Bedeutung. Unterschieden wird die Geschlechtsidentität und die Geschlechtsrolle. Dabei kann sich die erlebte Geschlechtsidentität von der biologisch determinierten Geschlechtsbestimmung trennen (beim extremen Transsexualismus). Geschlechtsidentität bezeichnet das internalisierte Gefühl für Männlichkeit oder Weiblichkeit und das Wissen um das eigene biologische Geschlecht einschließlich der damit assoziierten seelischen Attribute. Es wird weitgehend aus frühen Einflüssen gebildet, wozu im wesentlichen auch die Identifikation mit Eltern und deren Einstellungen, Erwartungen und Verhaltensweisen gehören, aber auch biologische und kulturelle Prägungen. Der Prozeß der Geschlechtsidentitätsbildung ist mit ungefähr 18 Monaten abgeschlossen (Heines und Green 1991, Money und Ehrhardt 1972, Money 1994). Die Geschlechtsrolle zentriert sich stärker um Erwartungen, Einstellungen und Verhaltensweisen, die die bestimmte Subkultur eines Menschen betreffen. Sie unterscheidet sich beträchtlich für Frauen und Männer. Die einzig verbindliche Rolle über alle Kulturen hinweg ist die des größeren Gewichts in der Kindererziehung, das Frauen zugemessen wird (LeVine 1991). Es kann zu Konflikten zwischen Geschlechtsidentität und Geschlechtsrolle kommen, wenn etwa ein Mann, der aktiv an der Kindererziehung teilnimmt, gleichzeitig Schwierigkeiten hat, Mißbilligungen, die ihm vielleicht wegen dieser „femininen" Rolle entgegengebracht werden, zu verarbeiten. In gleicher Weise kann eine beruflich sehr tüchtige Frau Schuldgefühle wegen der Vernachlässigung von Werten haben, die für ihre Mutter noch gültig waren und die unbewußt wirksam geblieben sind, aber nicht mehr zu den gegenwärtigen Lebensumständen berufstätiger Frauen passen. Die Spannung zwischen erlebter Geschlechtsidentität und sozial erwarteter Geschlechtsrolle kann zu Störungen mit unterschiedlichen therapeutischen Konsequenzen führen (Person und Ovesey 1983).

Da der Schwerpunkt der Darstellung auf der Handhabung der Interaktion im Sinne von Übertragung und Gegenübertragung liegt, werden andere geschlechtsspezifische Befunde zur Entwicklung und Therapie nicht berücksichtigt, die in der Entstehung psychosomatischer Krankheitsbilder (z.B. Eßstörungen) eine Rolle spielen, aber auch bei sexuellen Funktionsstörungen (z.B. psychogener Sterilität). In geschlechtsspezifischen Bewältigungsmustern chronischer Erkrankungen finden sie sich ebenso (Keller et al. 1996) wie auch bei Krankheits- und Gesundheitsverhalten („women get sick und men die") und im Gebiet der differentiellen Befunde zur Arzt-Patient-Beziehung und compliance (Person 1983, Reed 1991, Weisner 1991).

Das Geschlecht als Person-Variable des/der TherapeutenIn hat von Anbeginn der Psychoanalyse an deutlich gemacht, wie sehr die Entwicklung unbewußter Phantasien bei PatientenInnen und TherapeutenInnen die Gefahr von Verwirrung und Entgleisung birgt (Gabbard 1989, Göbel 1994). Hierzu hat auch die Zweiteilung der therapeutischen Beziehung zwischen Übertragung und Arbeitsbündnis, „unanstößiger Übertragung" (Freud) beigetragen. Sie sind oft Zufluchtswege geworden, auf denen sich sexuelle und erotische Übertragungs- und Gegenübertragungsphantasien „verlaufen" haben. Kernberg (1994) hat darauf hingewiesen, daß wir in „puritanischen" Zeiten leben, in denen deshalb das Sexualleben von Patienten nur unvollständig in Therapien erforscht wird.

Entwicklung

In der frühesten Kindheit ist die Mutter für beide Geschlechter die primäre Identifikationsfigur. Meist bleibt der Vater eher im Hintergrund. Die bleibende Identifizierung mit der Mutter bewirkt für das Mädchen eine stabile Geschlechtsidentität (Mayer 1994). Es muß sich hinsichtlich seiner Objektwahl neu orientieren. Für den Jungen bedarf es eines Schritts der Desidentifikation (Greenson 1968). Er muß die Bindung an die Mutter aufgeben und eine männliche Identifikation mit dem Vater entwickeln. Diese unterschiedliche Entwicklungsdynamik trägt dazu bei, daß sich Frauen sehr viel stärker als Männer durch ihre Beziehungen und Bindungen definieren, Männer dagegen stärker durch Leistung, Unabhängigkeit und Autonomie (Gilligan 1982, Kohlberg 1976, House et al. 1989). Mädchen wurden lang entsprechend stärker in Richtung von Anpassung, Rücksichtnahme, Passivität und Verzicht auf offene Aggression hin sozialisiert. Sie halten stärker an wichtigen Beziehungen fest und sind im Verhalten deutlicher von der Angst vor Liebesverlust bestimmt. Kulturelle Werte wie Unabhängigkeit, Initiativefreudigkeit, Rivalität und Aktivität sind lange Zeit als positive Charakteristika für Männer betrachtet worden. Während Depressionen wie auch bestimmte Formen von Angst (z.B. Agoraphobie) stärker bei Frauen beobachtet werden (Weissmann 1991, Reddemann, Bourdon et al. 1988), finden sich Symptome im Zusammenhang mit Impulsivität, Aggressivität und antisozialem Verhalten häufiger bei Männern (Gabbard 1994, Nadelson 1995). Ist beim Mädchen die Angst, verlassen zu werden, in der präödipalen und ödipalen Phase Anlaß für eine besondere Sorge in den Bedürfnissen nach Liebe und des Bestimmtwerdens durch Beziehungen, wird Leistung, nicht Liebe das Hauptproblem des Mannes bleiben. Kontrolle und der Griff zu Machtmitteln dienen häufig als Kompensationsmittel, innere Unzulänglichkeit und Minderwertigkeitsgefühle (gegenüber beiden Eltern) nicht aufkommen zu lassen und die Verfügbarkeit von Befriedigungsquellen in Beziehungen zu sichern, ohne die eigene Autonomie aufs Spiel zu setzen.

In der psychoanalytischen Theoriebildung hat die frühe Mutter-Kind-Beziehung, und damit die präödipale Situation mehr Gewicht bekommen. Dies ermöglicht auch eine Neubewertung der weiblichen Homosexualität und der primären weiblichen Phantasien. Das kleine Mädchen entdeckt angesichts der natürlicherweise ungenügenden, immer wieder unterbrochenen Bemutterung früh seine Fähigkeit, sich selbst erotisch zu stimulieren. Neben einem gewissen Trost gibt dies auch die Erfahrung von Unabhängigkeit vom unbefriedigenden Primärobjekt. Das gleiche gilt für die Phantasien, die diese frühe Form der Selbstbefriedigung begleiten. Autoerotische Betätigungen des Mädchens sind schon früh sexualisierte Beziehungsphantasien, die erotisierte Phantasieformen zu einer Frau abbilden („Love map", Money 1986, Rohde-Dachser 1994). Weibliche Homosexualität ist damit nicht mehr vorwiegend Folge einer durch Liebesenttäuschung in bezug auf den Vater vorgenommenen Identifizierung und Rückwendung zum mütterlichen Primärobjekt (Butler 1991). Das Erspüren solcher vorsprachlichen Phantasiebeziehungen kann in der Therapie Schwierigkeiten bereiten. Es enthält die schwierige Aufgabe, in den oft leidenschaftlichen Idealisierungen von Analytikerinnen durch Patientinnen nach den Spuren primärer, auch körperlicher Sehnsuchtsphantasien zu suchen und nach solchen, die mit Aggressionen aus Enttäuschung, Wut und Entwertung zu tun haben. Solche primären Phantasien bilden die Grundlage für das Verständnis der negativen ödipalen Situation, auch in der therapeutischen Dyade. Diese Seite des seelischen Erlebens in der Entwicklung des Mädchens wird in Therapien zugunsten der positiven ödipalen Aspekte oft vernachlässigt.

„Feministische" Therapien sollten in gleicher Weise entmystifiziert und von einer allzustark die gemeinsame Solidarität betonenden Gegenseitigkeit befreit werden, z.B. durch einen betonten Verzicht auf alle Formen von „Formalautorität" (z.B. Duzen), als Gegenmodell gegen autoritär verstandene Beziehungen männlicher Therapeuten gegenüber schwächeren Patientinnen. Diese Therapien gehen eine Zeitlang sehr gut. Es kann eine Allianz gebildet werden, in der therapeutische Ziele unter dem Aspekt der gemeinsamen Befreiung von Restriktionen möglich sind. Gelingt es nicht, den darin enthaltenen Protest und damit die alten verdrängten Wunden in der Übertragung durchzuarbeiten, bleibt es bei einer Manipulation äußerer Therapievariablen. Solche Unternehmungen sind daher in der Regel auf längere Sicht für die Patientin mit einer weiteren Enttäuschung verbunden.

Therapeutische Dyaden

Die erotische Übertragung wird für ein allgemeines Phänomen gehalten. Sie kann im Ausdruck sehr unterschiedliche Formen annehmen. Die *sexuelle Übertragung*, die eine verkürzte Form der erotisierten Übertragung ist, wird von der *erotisierten Übertragung*, die eine mehr oberflächliche Spielart, eine Unterform der *erotischen Übertragung* darstellt, unterschieden, die meist aus ödipalen Motivationsquellen stammt. Unterschiede gibt es vor allem in dem Ausmaß, in dem erotische Gefühle in der Übertragung auftauchen. Sie können Formen annehmen, die sich schwer handhaben lassen, zu Behandlungsstillstand, zu feindseligen Reaktionen führen bis zum Behandlungsabbruch oder gemeinsamem sexuellen Agieren. Innerhalb oder außerhalb der Analyse kann die erotische Übertragung zur Goldmine oder zum Minenfeld der analytischen Situation werden. Dabei spielt die Gegenübertragung eine wichtige Rolle. Die Übertragungsverwicklungen der ersten psychoanalytischen Behandlungen Breuers und Freuds geben davon ein eindrückliches Bild (Bergmann 1982).

Die klinische Erfahrung zeigt, daß die Ausprägung der erotischen Übertragung von der Geschlechterkombination in der therapeutischen Dyade bestimmt ist. Legt man hier die Unterscheidung der Übertragungswiderstände von Gill (1979) zugrunde, so zeigen Männer als Patienten generell die Tendenz zu größeren Widerständen gegen die Entwicklung einer erotischen Übertragung. Frauen zeigen häufiger Widerstände gegen die Auflösung der Übertragung (Person 1994).

Zwar gibt es väterliche und mütterliche Übertragungen auf Analytiker beiderlei Geschlechts. Jedoch besteht Übereinstimmung, daß es in bezug auf die Entfaltung der ödipalen Problematik überwiegend zu einer Entfaltung der dominanten manifesten ödipalen Übertragung kommt, die mit dem realen Geschlecht des Analytikers übereinstimmt. Eine heterosexuelle Frau zum Beispiel, die in der Behandlung beim männlichen Analytiker eine starke erotische Übertragung hat, kann eine ähnliche Erfahrung auch in der Behandlung bei einer weiblichen Analytikerin haben bis auf den Unterschied, daß die ödipale Rolle, die der Analytikerin „zugeschrieben" wird, gewöhnlich die der rivalisierenden Mutter und nicht des erotischen Objekts ist. Hierbei handelt es sich aber nur scheinbar um eine Einschränkung. Es ist erwiesen, daß die Analyse der direkten Erfahrungen des Übertragungsmaterials in der analytischen Beziehung und die der vergleichbaren Manifestationen außerhalb der Analyse zu vergleichbaren Resultaten führt. Nur so können trianguläre Dramen in der vollständigen Gleichzeitigkeit und nicht im verschleppten Nacheinander entfaltet und bearbeitet werden.

Patientin – Analytiker

Viele Analytiker fördern indirekt die erotische Übertragung durch gezielte Versuche den Widerstand gegen ihr Bewußtwerden zu deuten.

Dies birgt Komplikationen, deren Folgen Widerstände gegen die weitere Analyse, gegen andere wichtige Konflikte und Aspekte der Dynamik sind. Eine häufige Komplikation ist das Festhalten an der Übertragungsliebe als Ersatz für Gratifikationen im Leben außerhalb der Analyse. Schon Freud (1931) wies darauf hin, wie unmöglich es sei für ihn, die Stufe der negativen ödipalen Situation in Analysen wiederzubeleben, da „Patientinnen in der Analyse bei mir an der nämlichen Vaterbindung festhalten konnten, zu der sie sich aus der in Rede stehenden Vorzeit geflüchtet hatten". Dies kann besonders bei älteren oder bei gleichaltrigen alleinstehenden Frauen der Fall sein, bei denen der Analytiker als Mittel benutzt wird, um den Partner herabzuwürdigen und ihn ungenügend zu finden.

Bleiben Frauen in ihren leicht idealisierten Beziehungen zu ihrem Analytiker verhaftet, so kann sich das mit einer leicht bleibenden kindlichen, gläubigen Neigung verbinden, die die volle Entwicklung ihrer eigenen weiblichen Identität behindert. Besonders Konkurrenzgefühle zu anderen Frauen sind dann nicht genügend durchgearbeitet, wofür als Preis die Fortsetzung einer leichten Depression oder eines subjektiven Gefühls der Unaufrichtigkeit in Partnerbeziehungen gezahlt wird (Person 1994).

Kernberg (1994) hat darauf hingewiesen, daß die Entwicklung erotischer Übertragungen bei Frauen mit stark narzißtischen Persönlichkeitsstrukturen wegen ihrer Angst vor Minderwertigkeit und Demütigung erschwert sein kann. Solche Frauen trauen sich, wenn überhaupt, erst sehr spät in Analysen und in abgeschwächter Form positive Gefühle für ihren Analytiker zu äußern. Männliche Analytiker haben manchmal die Schwierigkeit, Konflikte wahrzunehmen, die unter einer betont „femininen" Weiblichkeit verborgen sein können. Sie zollen dieser dann dieselbe Anerkennung, wie sie außerhalb in der sozialen Welt stattfindet. Sie übersehen den Abwehrcharakter. Manche Analytiker scheuen vor der Analyse des betont berufsorientierten erfolgreichen Lebensstils mancher Patientinnen zurück aus Angst, als uneinfühlsam oder „sexistisch" zu gelten.

Patient – Analytikerin

Ein Mann kann die Behandlung bevorzugt bei einer Frau aufnehmen, weil er
- eine kompetitive oder autoritäre Beziehung mit einem Mann vermeiden möchte,
- homoerotische Gefühle vermeidet,
- weil er enttäuschende Beziehungen mit Frauen in der Vergangenheit hatte und diese klären möchte.

Seine Erwartungen sind auf die Frau gerichtet, daß sie ihm helfen wird, seine Probleme mit seiner Intimität zu klären. Selten kommt es dabei zu einer direkten erotischen Übertragung. Bei narzißtischen Persönlichkeitsstrukturen kann dies gelegentlich als Versuch aggressiv-sexueller Verführung vorkommen. Bei ihr geht es im Grunde um die Abwehr von Gefühlen der Kleinheit und der Abhängigkeit von einer unter Umständen sogar idealisierten Analytikerin und um das Bemühen, eine konventionelle kulturelle Situation mit deutlicher Überlegenheit zu reproduzieren. Auch die betonte Desexualisierung der Analytikerin, die Betonung ihrer „Unattraktivität" verbirgt häufig die Angst vor Abhängigkeit und legt die Vermutung nach dem Bedürfnis kompensierender Dominanz nahe. Zugelassen werden allenfalls Phantasien der nährenden und Sicherheit gebenden Mutter. Erotische Abhängigkeit steht für viele Männer nicht im Einklang mit der Männlichkeit, wie sie sie für sich kulturgebunden definieren (Person 1994, Klöß-Rotmann 1994).

Allerdings ist auch für die Gegenübertragung der Analytikerin die Unterordnung des Patienten und ihre Autorität oft nicht mit ihrer Phantasie weiblicher Erotik zu vereinbaren, so daß sie sich auch untersagt, sich zu erotischen Phantasien innerlich zu bekennen. Wohl auch deswegen werden Frauen sexuell ungleich weniger häufig mit ihren Patienten verwikkelt als Männer. Entsprechend häufiger sind die unbewußten Phantasien unaufgelöster Übertragungs-Gegenübertragungskonstellationen zum Stoff von Träumen eines „happy end" geworden, dessen sich die Filmbranche gern bedient (Gabbard 1989).

Patientin – Analytikerin

Frauen wählen bewußt eine Analytikerin,

- wenn sie eine gute Beziehung zu ihrer Mutter wiederherstellen möchten oder den Wunsch nach einer „besseren" Mutter haben. Die intensive Abwehr einer weiblichen Analytikerin kann dagegen für eine Patientin bedeuten, daß sie Angst hat vor Abhängigkeitswünschen, die durch die Nähe zu einer Frau entstehen.
- weil sie das Gefühl haben, daß Frauen sensibler sind für die weiblichen Wünsche nach Erfolg und Selbstverwirklichung.
- weil sie das Gefühl haben, daß Frauen mehr Verständnis haben für die aus der Doppelrolle von Hausfrau und Berufstätiger erwachsenden strukturellen Dauerkonflikte.
- weil sie hoffen, daß Frauen ihnen die Realisierung heimlicher Wünsche, die mit ihrer Selbstverwirklichung zusammenhängen, eher gestatten.
- aus Gründen, die mit der eigenen feministischen Orientierung zusammenhängen. Hier besteht die Gefahr, daß die therapeutische Beziehung agiert wird statt in ihrer ambivalenten und konflikthaften Seite durchgearbeitet zu werden.

Bei anfänglich intensiver Idealisierung der Analytikerin kann es schwierig sein, später Zorn, Neid und Rivalität zu integrieren, gerade wenn es sich um früh gestörte und traumatisierte Patientinnen handelt. Der Wert, den das Erlebnis einer kontinuierlichen zwischenmenschlichen Beziehung besitzt, ist für diese Patienten besonders groß.

Patient – Analytiker

Generell gilt wie bei der Dyade Patient – Analytikerin, daß der Widerstand gegen das Bewußtwerden der erotischen Übertragung von seiten des Patienten groß ist. Eher werden erotische oder sexuelle Gedanken assoziativ, aber mit der Tendenz zum Ich-Fremden Erleben mitgeteilt und empfunden (Person 1994). Wichtiger ist das Bedürfnis nach Bindung und Befriedigung durch Abhängigkeit, das auch als homosexuell erlebt werden kann. Thematisch wichtig ist in der homosexuellen Übertragung der Neid gegenüber Frauen, ihrer Rolle, den Privilegien usw. Das direkte Auftauchen einer erotischen Übertragung kann im Bewußtsein zur homosexuellen Panik führen.

Übertragungsentwicklungen bei homosexuellen Patienten mit einer narzißtischen Persönlichkeitsstruktur können eine besonders intensiv fordernde und aggressive Qualität bekommen, die in der Regel eine starke Belastung der Gegenübertragung auslösen. Obwohl nicht unwidersprochen, gibt es Therapeuten, die bei homosexuellen Patienten dafür plädieren, die eigene sexuelle Orientierung zu offenbaren (Isay 1989).

Hier wie auch in den anderen Dyaden gilt es, die Balance zu halten zwischen der Toleranz für die eigenen sexuellen und erotischen Gefühle und denen des Patienten, zwischen deren gründlicher Erforschung und wegen der Deutung, die sich der Gefahr enthalten, im Kontext eigenen Verführt-Seins zu intervenieren.

Therapeutische Verfahren

Die meisten klinischen Erfahrungen besitzen wir aus Mitteilungen über geschlechtsspezifische Aspekte der Psychotherapie in der analytischen Einzeltherapie. In der Gruppentherapie wird häufig das Geschlecht des Therapeuten wenig berücksichtigt, obwohl es eine große Rolle spielt, wie aus gruppendynamischen Therapieberichten zu entnehmen ist (Bass 1990, Mayes 1979). Danach fühlen sich Männer in frauengeleiteten Gruppen häufiger gehemmt. Frauen sind als Patientinnen anfänglich selbstbewußter, aufgabenorientierter, mit der Zeit stecken sie erheblich zurück, orientieren sich stärker an den männlichen Gruppenmitgliedern etc. Es entsteht ein schwer zu bearbeitendes Klima von Schüchternheit, in dem schließlich die Frauen weniger sprechen als Männer und wenn sie sprechen, ihre Beiträge häufiger überhört werden. Ein traditionelles männlich-weibliches Verhaltensklischee setze sich durch, was von Anbeginn der Gruppe an bei männlichen Leitern stärker zu beobachten sei. „Single-Sex"-Gruppen haben es in dieser Hinsicht einerseits leichter. Aber gerade die genannten Verschiedenheiten, eine Widerspiegelung des gesellschaftlichen Alltags, müßten eigentlich bearbeitet werden. Gemischt geleitete Gruppen bieten hierfür günstigere Ausgangschancen.

Eine Sonderrolle nehmen Selbsthilfegruppen ein. Sie sind je nach Thema gemischtgeschlechtlich oder „Single-Sex"-Gruppen. Sie besitzen eine zunehmende Bedeutung. Denn am Modell von jemandem zu lernen, der etwas Ähnliches durchgemacht hat, besitzt für bestimmte Probleme eine therapeutische Wirksamkeit, die die professioneller Interventionen übertrifft.

In Paar- und Familientherapien bestimmt sehr häufig die Frau als Index-Patientin das Geschlecht des Therapeuten, weil sie den Erstkontakt herstellt. Die unterschiedlichen Ängste beider Partner und die im Rahmen der triangulären Situation sich entfaltenden Übertragungs- und Gegenübertragungseinstellungen erfordern eine flexible identifikatorische Kompetenz des Therapeuten (Nadelson 1995). Es kann daher einfacher sein, auch in Paar-Therapien mit einem Co-Therapeuten des anderen Geschlechts zusammenzuarbeiten. Dies gilt um so mehr, wenn weitere Angehörige hinzukommen wie in der Familientherapie. Es besteht die Gefahr, daß die Komplexität der Beziehungsmuster sich in einem einzelnen Therapeuten, gleich welchen Geschlechts, nicht differenziert genug abbildet, um ein angemessenes therapeutisches Vorgehen zu gewährleisten. Dies trifft besonders oft zu bei

- entwicklungsbedingten Ablöseprozessen, z. B. in der Adoleszenz eines Kindes,
- bei schwerer Krankheit oder Tod eines Familienmitgliedes,
- bei Problemsituationen der Lebensmitte, die in krisenhafter Zuspitzung gegenläufige Entwicklungstendenzen bei den Geschlechtern hervorrufen und zu konflikthaften Loyalitäten führen können.

Reale Lebensereignisse

Das herausragendste reale Lebensereignis in bezug auf geschlechtsspezifische Reaktionen ist die Entwicklung einer Schwangerschaft im Laufe der Therapie. Hier wie auch bei der Menarche und der Menopause sind Frauen in bezug auf die körperlichen Veränderungen und ihre Bedeutung sichtbar betroffen im Unterschied zu Männern, für die zum Beispiel die Reproduktionsfähigkeit in Therapien symptomatisch weniger häufig zur Spache kommt.

Folgende Probleme in der Schwangerschaft einer Patientin können entstehen:

- Frauen kommen unter Zeitdruck in die Therapie, weil sie unbedingt in der „natürlichen" Zeit ein Kind haben wollen und sich selbst oder von anderen wegen ihrer Infertilität unter Druck gesetzt fühlen, wobei es häufig auch um eine Bestätigung der Potenz und Männlichkeit des Partners geht, der sich aber gegen eine Mitbehandlung wehrt.
- Frauen geraten durch ihre Schwangerschaft in Konflikt zwischen Karriere und Familie.
- Die Schwangerschaft ruft Konflikte in der Entwicklung wach, bevorzugt im Kontext von Mütterlichkeit.

Für die Analytikerin, die schwanger wird, besteht das Problem, dem Patienten der Patientin mitteilen zu müssen, daß sie schwanger ist und die Unterbrechung wegen der Mutterschaftszeit anzukündigen. Beides hat neben seiner Bedeutung als reales Ereignis, dessen Gewicht aus Abwehrgründen leicht überbetont wird, vor allem vielfältige psychodynamische Auswirkungen in bezug auf die Bedeutung für die Übertragung. Schwangerschaften treten zudem bei Analytikerinnen häufig in einem Zeitpunkt auf, wo sie noch in Ausbildung sind und die Komplexität der wechselseitigen Beziehungen dadurch vergrößert wird, daß der/die SupervisorIn und das Ausbildungsinstitut „mitreden". Nicht zu selten wird von der Supervision die Schwangerschaft als eine unwillkommene Unterbrechung der Behandlung des Patienten angesehen (Uyehara et al. 1995).

Verlauf

Wegen der Komplexität spezifischer Forschungsdesigns ist bezüglich der Frage des Erfolgs von Psychotherapien unter dem Aspekt der Geschlechtsvariable bisher wenig publiziert worden. Cavenar und Wehrmann (1983) fanden mehr Einfluß des Geschlechts bei supportiver Psychotherapie, die stärkere identifikatorische Momente beinhalte. Mogul (1982) beobachtete mehr Einfluß des Geschlechts auf die Entwicklung der therapeutischen Beziehung bei Kurzzeittherapien (Orlinsky und Howard 1976, Person 1983). Die spärliche Forschungslage läßt die Empfehlung zu, Fragen des Geschlechts in bezug auf den therapeutischen Prozeß in Zukunft größere Aufmerksamkeit zu geben.

Verhaltenstherapie

A. Dinger-Broda

Einführung in die Thematik

Die Thematik von Geschlechtsunterschieden im psychotherapeutischen Prozeß spielt innerhalb der Verhaltenstherapie eine geringere Rolle als in der psychoanalytischen/tiefenpsychologischen Therapie. Lehrbücher zur Theorie und Praxis der Verhaltenstherapie gehen höchstens am Rande auf das Thema ein oder erwähnen es überhaupt nicht (z. B. Margraf 1996, Linden u. Hautzinger 1993, Zielke u. Sturm 1994, Reinecker 1998, Kanfer u. Mitarb. 1996). Die Gründe für diese Vernachlässigung werden nicht explizit genannt. Möglicherweise liefert es eine Erklärung, daß in der verhaltenstherapeutischen Diagnostik von Beginn an die individuelle Verhaltens- oder Problemanalyse im Mittelpunkt stand, die verschiedene Variablen des psychosozialen Umfeldes sowie Erwartungen und Einstellungen berücksichtigt. Implizit werden damit auch geschlechtsspezifische Unterschiede erfaßt, die aber nicht im Sinne eines Rollenstereotyps betrachtet werden, sondern als individuelle Bedingungsfaktoren für die Entstehung und Aufrechterhaltung von Störungen beziehungsweise für therapeutische Veränderungen.

Eine weitere Erklärungsmöglichkeit ist die, daß die Verhaltenstherapie bereits in ihren Anfängen einen emanzipatorischen Anspruch verfolgte und aus diesem Grund Unterschiede zwischen Männern und Frauen vernachlässigte. Lazarus (1974) weist darauf hin, daß in Abgrenzung zur psychoanalytischen Theorie in der Theorie des sozialen Lernens und in der Verhaltenstheorie Geschlechtsunterschiede keine Rolle spielten, und sieht sich durch Forschungsergebnisse bestätigt, daß Geschlechtsrollenunterschiede innerhalb jeden Geschlechtes größer seien als zwischen den Geschlechtern. Franke (1996) betont dagegen, daß nur durch einen bewußteren und sensibleren Umgang mit der Thematik von Geschlechtsunterschieden ein Beitrag der Verhaltenstherapie zu gesellschaftlichen Veränderungen zu leisten ist.

Wie in der Theorie, so werden auch in der Psychotherapieforschung Geschlechtsunterschiede nicht ausreichend berücksichtigt. Davies-Osterkamp (1994), Franke (1996) und Sellschopp u. Mitarb. (1998) weisen in Literaturrecherchen nach, daß der Faktor Geschlecht in den meisten Untersuchungen zum Therapieerfolg vernachlässigt wird. Grawe (1994) erwähnt in seiner Meta-Analyse lediglich die Geschlechtsverteilung in den einzelnen Studien, ohne weiter auf Geschlechtsunterschiede im Therapieerfolg einzugehen. Vereinzelt wird in Re-Analysen von Therapie-Outcome-Studien auf Geschlechtsunterschiede eingegangen (Orlinsky u. Howard 1980), eine systematische Berücksichtigung des Faktors Geschlecht bereits in der Untersuchungsplanung erfolgt selten.

Die Forschung zu Auswirkungen von traumatisierenden Lebensereignissen wie z. B. sexuellem Mißbrauch hat die Bedeutung von Geschlechtsunterschieden implizit wieder mehr in den Mittelpunkt des Interesses gestellt, wobei in der Literatur zur posttraumatischen Belastungsstörung erstaunlich wenig auf geschlechtsspezifische Unterschiede in den Belastungsreaktionen eingegangen wird (Maerker 1997). Auch die Problematik des Mißbrauchs in der Therapie erforderte eine Auseinandersetzung mit dem Geschlechtsrollenverhalten von TherapeutIn und PatientIn in der Therapie (Amann u. Wipplinger 1997), allerdings führten die zahlenmäßig häufigeren Vorkommnisse in der Konstellation männlicher Therapeut, weibliche Patientin zu einer Vernachlässigung anderer Beziehungskonstellationen.

Aus den bisherigen Ausführungen folgt, daß bei der theoretischen Bearbeitung des Themas kaum auf verhaltenstherapeutisch-spezifische Literatur zurückgegriffen werden kann. Daher soll zunächst der Forschungsstand zu geschlechtsspezifischen Unterschieden in zwei anderen Forschungsgebieten dargestellt werden, aus deren Ergebnissen Schlußfolgerungen für eine Behandlung der Thematik in der Verhaltenstherapie gezogen werden können. Es sind dies zum einen die Gesundheitsforschung, zum anderen die Rehabilitationsforschung, die sich in jüngster Zeit Geschlechtsunterschieden zugewandt hat.

Geschlechtsspezifische Gesundheitsforschung

Bei der Beschäftigung mit Geschlechtsunterschieden im Gesundheitsverhalten wird häufiger die Frage gestellt, wie sich Frauen von Männern unterscheiden als umgekehrt, auch werden die Untersuchungen zu geschlechtsspezifischen Unterschieden überzufällig häufig von Wissenschaftlerinnen durchgeführt. Dies steht sicherlich im Zusammenhang mit der wesentlich aktiveren Vorgehensweise der Frauengesundheitsforschung, der gegenüber die explizite Forschung zur „Männergesundheit" im Hintergrund steht (Haase 1998). Sonntag u. Blättner (1998) kommen in ihrer Literaturrecherche zum Schluß, daß es wenige Untersuchungen zum Gesundheitshandeln von Männern gibt und noch weniger geschlechtervergleichende Forschung.

Schon seit einigen Jahren wird in der Gesundheitsforschung vor allem von Wissenschaftlerinnen die Forderung nach einer spezifischen, an Ressourcen orientierten **Gesundheitsdefinition** für Frauen aufgestellt (Franke 1985, Helfferich 1993). Gesund zu sein bedeutet für beide Geschlechter Unterschiedliches. Bereits im Alltagsverständnis wird die Gesundheit von Männern mit Leistungsfähigkeit assoziiert, die Gesundheit von Frauen mit Schlankheit und Attraktivität. Frauen und Männer sind unterschiedlichen sozialen Belastungsfaktoren ausgesetzt, körperliche Vorgänge sowie Krankheits- und Gesundheitsverhalten differieren nach Geschlechtszugehörigkeit (Hetzel u. Mitarb. 1989, Rudolf u. Stratmann 1989). Frauen müssen häufiger als Männer Beruf und Familie in Einklang bringen, sie haben eine höhere Lebenserwartung und sterben an anderen Todesursachen, sie gehen häufiger zu ÄrztInnen, nehmen häufiger an Vorsorgeuntersuchungen teil, erhalten häufiger Medikamentenverschreibungen und begeben sich häufiger in psychotherapeutische Behandlung.

Gerade die vermehrte Inanspruchnahme des medizinischen Versorgungssystems führt zu der Frage, ob Frauen prinzipiell kränker als Männer sind, insbesondere was psychische Erkrankungen betrifft. Ein Erklärungsansatz greift auf **Rollenstereotypien** zurück: Gesundheitsdefinitionen orientierten sich am männlichen Stereotyp (z. B. leistungsfähig, autonom), eine Frau, die sich am weiblichen Stereotyp ausrichte, sei daher per definitionem bereits krank und damit behandlungsbedürftig (Broverman u. Mitarb. 1970). Born (1992, 1997) setzt sich kritisch mit dem Einfluß von Geschlechtsstereotypien auf das Konzept psychischer Gesundheit auseinander. Zentrale Forderungen der Frauengesundheitsforschung gehen dahin, Geschlecht nicht als Kontrollvariable zu berücksichtigen, sondern als soziale Konstruktion (Gendering-Konzept), dabei steht nicht der biologische, sondern der soziale Aspekt von Geschlecht im Vordergrund (Koppelin 1997, Kuhlmann 1997).

Weitere Gründe für Untersuchungsergebnisse, daß sich Frauen kränker fühlen als Männer, werden in sozialen und psychischen Belangen gesehen: Frauen wird zugeschrieben, sie

- hätten eine größere Sensibilität für Stimmungen und Unstimmigkeiten;
- hätten eine größere Fähigkeit, Störungen des Befindens wahrzunehmen und zu äußern;
- hätten mehr Zeit, sich um ihren Gesundheitszustand zu kümmern;
- stünden unter Mehrfachbelastungen in Beruf und Familie;
- hätten permanente internale Konflikte durch unklare Rollenbeschreibungen (Franke 1985).

Daß sich die **Rollenvielfalt**, der Frauen ausgesetzt sind, jedoch nicht nur negativ auswirkt, zeigt eine Entwicklung aus der jüngeren Zeit: Vergleicht man die Veränderung der Lebenserwartung in den neuen Bundesländern nach der Wende, so ist festzustellen, daß die Sterblichkeit der Männer unter 65 Jahren nach 1989 deutlich stärker anstieg, während Frauen derselben Altersgruppe kaum Einbußen in der Lebenserwartung erlitten. Sie waren offenbar eher in der Lage, die durch die veränderte Lebenssituation entstandene Streßbelastung durch protektive Faktoren wie z. B. Einbeziehung in soziale Netze zu relativieren (Häussler 1997).

Die **subjektiven Gesundheitskonzepte** unterscheiden sich zwischen den Geschlechtern (Helfferich 1993): Während Männer ein eher instrumentelles Verhältnis zum Körper haben, d. h. die Beherrschung des Körpers als Mittel zum Zweck der Leistung sehen, haben Frauen ein mehrdimensionales Konzept von Gesundheit, das sowohl reflexive wie instrumentelle Komponenten enthält. Einerseits wird Gesundheit als Wert an sich gesehen und wird interpretiert als „positives Wohlbefinden". Gesundheit wird ganzheitlich und im Zusammenhang mit psychischen Problemlagen betrachtet. Konnotativ damit verbunden sind Begriffe wie Gleichgewicht, erlebte Wachheit, Körpervertrauen, Überschuß an Kraft und Energie, innere Zufriedenheit, soziale Harmonie und Genuß. Andererseits wird Gesundheit als Voraussetzung dafür gesehen, leistungsfähig zu sein, wobei dies für Frauen häufig bedeutet, eigene Bedürfnisse im Dienste der Gesundheit anderer zurückzustellen und familiären wie beruflichen Pflichten nachzukommen.

In der **epidemiologischen Forschung** zeigen sich eindeutige Geschlechtsunterschiede im Auftreten psychischer, psychogener und psychosomatischer Erkrankungen: Die Auftretenshäufigkeit von Psychoneurosen (vor allem depressive Neurosen), funktioneller Störungen (wie Kopfschmerzen und Schlafstörungen), von Eßstörungen (Anorexie, Bulimie) und von Suizidversuchen ist bei Frauen höher; bei Männern überwiegen Persönlichkeitsstörungen, dissoziales Verhalten bis hin zur Delinquenz, Süchte, Risikoverhaltensweisen, motorische Störungen (Stottern, Hypermotorik), sexuelle Verhaltensdeviationen und vollendete Suizide (Schepank 1992).

Frauen weisen in Statistiken häufig höhere **Arbeitsunfähigkeitszeiten** als Männer auf. Als eine Erklärung wird gesehen, daß hinter einer Arbeitsunfähigkeit möglicherweise keine Erkrankung der Frau selbst, sondern eine Erkrankung eines Familienmitgliedes steht. Oftmals wird keine andere Möglichkeit gesehen, ein krankes Kind oder den erkrankten Ehepartner zu pflegen und so familiären Pflichten nachzukommen, als die eigene Krankschreibung (Franke 1985). Zoike (1993) weist im übrigen darauf hin, daß eine differenzierte Betrachtung des Krankenstandes unterschiedliche Ergebnisse erbringt. Frauen weisen in Chemie- und Verwaltungsbetrieben beispielsweise niedrigere Krankenstandsziffern als Männer auf (BKK-Statistik, Zoike 1993). Zudem müsse das unterschiedliche Qualifikationsniveau von Männer- und Frauentätigkeiten in Betracht gezogen werden.

Geschlechtsunterschiede in Rehabilitationsstudien

Nachdem zunächst auch im Bereich der Rehabilitation Geschlechtsunterschiede weitgehend vernachlässigt wurden, gibt es nun einige Untersuchungen, die unterschiedliche Zugangsvoraussetzungen, Inanspruchnahmeverhalten, Problemstellungen, Ziele und den Erfolg rehabilitativer Maßnahmen bei Männern und Frauen untersuchen.

Diskutiert wird, ob trotz gleicher medizinischer und versicherungsrechtlicher **Zugangsvoraussetzungen** die Bedürfnisse und Problemstellungen von Frauen ausreichend Berücksichtigung finden. Da sowohl medizinische wie berufliche Rehabilitationsmaßnahmen überwiegend stationär und wohnortfern angeboten werden, ist die Wahrnehmung dieser Angebote für Frauen mit familiären Verpflichtungen schwieriger zu realisieren. Damit könnte auch erklärt werden, warum einerseits zwar zwei- bis dreimal soviel Frauen wie Männer eine ambulante Psychotherapie machen (Sellschopp u. Mitarb. 1998), andererseits aber sich das Verhältnis in stationären Einrichtungen der psychosomatischen Rehabilitation zugunsten der Männer verschiebt (Fachausschuß Psychosomatik 1994, Broda u. Mitarb. 1996). Allerdings sind hier große Unterschiede bei den einzelnen Rentenversicherungsträgern zu verzeichnen: In der Arbeiterrentenversicherung liegt der Anteil männlicher Rehabilitanden deutlich höher als in der Angestelltenrentenversicherung. Dies spricht dafür, Geschlechtsunterschiede im Zusammenhang mit Merkmalen der sozialen Situation zu untersuchen.

Das **Inanspruchnahmeverhalten** von Frauen und Männern ist abhängig von der Indikation. Während in Rehabilitationsmaßnahmen bei Tumorerkrankungen und psychischen Erkrankungen Frauen häufiger vertreten sind als Männer, finden sich mehr Männer in Maßnahmen zur Herz-Kreislauf-Rehabilitation sowie bei Abhängigkeitserkrankungen (Röckelein 1998). Der Zusammenhang von Inanspruchnahmeverhalten und Rehabilitationsbedürftigkeit ist allerdings komplex, erste Untersuchungen gehen von einer tendenziell höheren Rehabilitationsbedürftigkeit von Frauen aus (Worringen 1998).

Deutliche Unterschiede zwischen Männern und Frauen ergeben sich bei den **psychosozialen Belastungsfaktoren**. In der psychosomatischen Rehabilitation werden von Frauen die Lebensbereiche Partnerschaft, Familie und Arbeit etwa gleich häufig als problematisch eingeschätzt, während Männer die Belastungen vorwiegend im beruflichen Bereich erleben. Die Lebensbereiche Freundeskreis und Freizeit werden von beiden Geschlechtern als wenig belastend eingeschätzt (Dinger-Broda u. Broda 1997). Ähnliches wird für die internistische und orthopädische Rehabilitation berichtet: Während Frauen und Männer sich nicht bezüglich der Komorbidität psychischer Störungen bei organischen Erkrankungen unterscheiden, gibt es geschlechtsspezifische Unterschiede im Belastungserleben. Männer fühlen sich durch Arbeitsplatz- und Leistungsprobleme stärker belastet, Frauen leiden eher unter familiären Anforderungen und unter Belastungen infolge kritischer Lebensereignisse (Casper u. Mitarb. 1998).

Wenig untersucht sind bislang die **Erwartungen** und **Ziele** an die Rehabilitation, die sich aus den unterschiedlichen Belastungsfaktoren ergeben. Möglicherweise haben Frauen eher die Erwartung, Hilfe bei persönlichen Problemstellungen zu erhalten (Benecke 1998). Zumindest für den Bereich der psychosomatischen Rehabilitation erscheint derzeit der Schluß nicht zulässig, daß die Problemstellungen von Frauen nicht genügend berücksichtigt werden. In einer eigenen Katamnesestudie werden zentrale Therapieangebote wie verhaltenstherapeutische Einzelgespräche und Problemlösegruppe von Frauen als hilfreicher beurteilt als von Männern (Broda u. Mitarb. 1996).

Untersuchungen zum geschlechtspezifischen **Erfolg** eines Rehabilitationsverfahrens sind widersprüchlich. Für den Bereich der psychosomatischen Rehabilitation berichtet Schmidt (1991), daß die unmittelbaren Rehabilitationseffekte bei Männern und Frauen gleich waren, daß aber zum Katamnesezeitpunkt Frauen signifikant häufiger das Auftreten neuer körperlicher und/oder psychischer Beschwerden nach Entlassung angaben. Zielke (1993) berichtet unterschiedliche Veränderungen von Arbeitsunfähigkeitszeiten, im Inanspruchnahmeverhalten medizinischer Dienstleistungen, von funktionellen Beschwerden, Ängsten und Persönlichkeitsmerkmalen bei Männern und Frauen nach einer psychosomatischen Rehabilitationsmaßnahme. In einer weiteren Katamnesestudie wird der kurz- und mittelfristige Rehabilitationserfolg im Bereich der Veränderung des eigenen Erlebens und Verhaltens bei Frauen in der Selbst- und Fremdeinschätzung als besser eingeschätzt (Broda u. Mitarb. 1996). Die berufliche Entwicklung verläuft nach Ende des stationären Aufenthaltes unterschiedlich: Frauen geben häufiger ihre Vollzeittätigkeit auf, sie gelangen seltener in berufliche Förderungsmaßnahmen und werden seltener berentet als Männer (Dinger-Broda u. Broda 1997).

Überlegungen zu Geschlechtsunterschieden im psychotherapeutischen Prozeß

Ausgehend von obigen Untersuchungen sollen im folgenden einige Überlegungen dazu angestellt werden, bei welchen Problemstellungen im psychotherapeutischen Prozeß Geschlechtsunterschiede berücksichtigt werden sollten.

Auswahl von Therapiezielen

Franke (1996) fordert die Aufwertung weiblicher Werte und Stärken und deren Berücksichtigung in der Formulierung von Therapiezielen. Als Folge des emanzipatorischen Anspruchs der Verhaltenstherapie orientierten sich diese sowohl bei Männern wie bei Frauen an männlichen Rollenidealen wie Autonomie und Unabhängigkeit, was bei Frauen zu einem Konflikt mit den realen Lebensbedingungen führen könne. Auch werde das Stereotyp fortgeschrieben, daß männliche Rollencharakteristika gesellschaftlich höher bewertet würden und als gesünder gälten, während weibliche Verhaltensweisen als neurotisch diskriminiert würden.

Unterstützt wird diese Tendenz, „männliche Therapieziele" festzulegen, durch Forschungsergebnisse im Zusammenhang von psychischer Gesundheit und weiblichen und männlichen Eigenschaften. Sieverding (1992) kommt zu dem Schluß, daß instrumentelle Eigenschaften, die traditionell als typisch männliche Eigenschaften galten, der psychischen Gesundheit förderlich sind. Fähigkeiten wie aktive Lebensgestaltung, Aushalten von Drucksituationen und Entscheidungsfreudigkeit erhöhten nicht nur das Selbstwertgefühl, sondern führten auch zu mehr gesellschaftlicher Verstärkung als expressive Eigenschaften wie Einfühlungsvermögen, Gefühlsbetontheit und Hilfsbereitschaft, die als typisch weibliche Eigenschaften aufgefaßt werden.

In einer eigenen Untersuchung wurden Frauen vor Beginn einer Gruppentherapie für Frauen gebeten, eigene Therapieziele zu formulieren (Dinger-Broda u. Mitarb. 1998). Die inhaltsanalytische Auswertung ergab eine Dominanz von Zielen, die ein besseres Zurechtkommen mit der eigenen Person beinhalteten. Die Frauen wünschten sich mehr Selbstbewußtsein, ein größeres Selbstvertrauen, die Fähigkeit, eigene Bedürfnisse wahrzunehmen und zu verwirklichen, sowie die Kompetenz, „nein zu sagen", d.h. Forderungen anderer ablehnen zu können. Wurden Veränderungen in einzelnen Lebensbereichen erhofft, so waren es die Verbesserung der familiären Situation oder der Partnerschaft. Keine der 91 Frauen äußerte als oberstes Ziel die Klärung der beruflichen Situation, obwohl bei zahlreichen Frauen durchaus Arbeitsplatzprobleme vielfältiger Art existierten. Diese Untersuchung beansprucht keine Allgemeingültigkeit, auch existiert keine vergleichende Studie bei Männern, dennoch ist unter Berücksichtigung der oben berichteten Belastungsfaktoren von Frauen und ihrem Verständnis von Gesundheit zu vermuten, daß Frauen in einer Psychotherapie eher Ziele verfolgen, die das eigene Wohlbefinden und das Zurechtkommen mit ihrem unmittelbaren sozialen Umfeld beinhalten. Männer dürften entsprechend ihrer Auffassung von Gesundheit und ihrer domininierenden Lebensprobleme ihre Zielsetzungen eher im Leistungsverhalten und in der Lösung von Arbeitsplatzproblemen suchen.

In der Therapieforschung erscheint es wünschenswert, vergleichende Untersuchungen zwischen Therapiezielen von Frauen und Männern anzustellen, nicht im Sinne einer erneuten Geschlechtsstereotypisierung, sondern einer Sensibilisierung bei der Formulierung von Therapiezielen.

Für die therapeutische Praxis muß die Forderung gelten, individuelle Therapieziele unter Berücksichtigung der jeweiligen Lebenssituation und der **Wertvorstellungen** der PatientInnen zu formulieren. Inwieweit dabei eigene Normvorstellungen von TherapeutInnen einfließen (z.B. „eine Frau sollte sich nicht nur auf Ehemann und Familie konzentrieren, sondern ihre Selbständigkeit im beruflichen Bereich suchen" oder „ein Mann sollte sich mehr um seine Familie kümmern"), ist zu hinterfragen und in der Ausbildung, Selbsterfahrung oder Supervision zu bearbeiten. In der Realität wird es häufig eine Gratwanderung geben zwischen der Akzeptanz der von PatientInnen vorgegebenen Verhaltensziele und dem Infragestellen problematischer Einstellungen. Je konkreter Therapieziele festgelegt werden, umso einfacher erscheint es, mit PatientInnen zu besprechen, ob diese wirklich einen Fortschritt bedeuten und zur Verbesserung der psychischen Situation beitragen. Zwei Fallbeispiele sollen die Problematik der geeigneten Formulierung von Therapiezielen und der möglichen Unvereinbarkeit zwischen Erwartungen von PatientInnen und Normvorstellungen von TherapeutInnen verdeutlichen:

Fall 1: Eine 35jährige Frau kommt mit erheblichen depressiven Verstimmungszuständen und Selbstwertzweifeln zur psychotherapeutischen Behandlung. Ihre Lebensgeschichte ist durch zahlreiche Grenzverletzungen gekennzeichnet (u.a. sexueller Mißbrauch durch den Vater, Vergewaltigung durch einen Bekannten). Sie nennt als obersten Veränderungswunsch, ihre sexuelle Erlebensfähigkeit zu erhöhen und den Wünschen ihres Ehemannes nach häufigerem Geschlechtsverkehr nachkommen zu können. Sie erhofft sich dadurch eine Verbesserung der Partnerschaft und verbindet damit den Wunsch, den Ehemann an sich binden zu können, da sie sich auf dem Hintergrund ihrer Selbstunsicherheit kein eigenständiges Leben vorstellen kann.

Fall 2: Ein 42jähriger Mann sucht mit funktionellen Herzbeschwerden und inneren Unruhezuständen eine psychotherapeutische Behandlung auf. Er ist in leitender Stellung tätig und steht vor dem Problem, Mitarbeiter entlassen zu müssen. Er äußert als Therapieziel, im Umgang mit Untergebenen selbstsicherer zu sein und sich durch deren Situation nicht mehr berühren zu lassen. Er möchte insgesamt als Mann „cooler" sein.

Therapeutische Beziehung

In der psychoanalytischen Therapie, die sich explizit mit Übertragungs- und Gegenübertragungsbeziehungen auseinandersetzt, ist es leichter als in der Verhaltenstherapie herzuleiten, wie sich unterschiedliche Geschlechterdyaden von TherapeutInnen und PatientInnen auf den psychotherapeutischen Prozeß auswirken können (siehe Sellschopp im vorhergehenden Beitrag). Zwar setzt sich auch das verhaltenstherapeutische Setting mit der Frage der Beziehungsgestaltung auseinander (Grawe 1992, Ambühl 1992), jedoch existieren kaum Untersuchungen zu Geschlechtsunterschieden. Dies mag damit zusammenhängen, daß sich sowohl das Konzept der komplementären Beziehungsgestaltung (Grawe 1992) wie auch die Beachtung von Beziehungstests (Ambühl 1992) auf individuelle Fallkonzeptionen stützen und somit globale Aussagen zu Unterschieden zwischen Männern und Frauen in der Beziehungsgestaltung sekundär sind. Es ist jedoch davon auszugehen, daß sich die grundlegenden Wünsche und Ziele, mit denen PatientInnen in die Therapie kommen und zu denen sich TherapeutInnen komplementär verhalten sollten, aufgrund unterschiedlicher Sozialisationsbedingungen geschlechtsspezifisch unterscheiden.

Kanfer u. Mitarb. (1996) fordern in ihrem Selbstmanagement-Ansatz, daß geschlechtsrollenspezifische Einflüsse ebenso wie das gesamte soziokulturelle Umfeld bei Therapieplanung und -durchführung zu beachten sind. Therapeuten beiderlei Geschlechts sollten sich mit weiblichen und männlichen Rollenerwartungen auseinandersetzen und sich fragen, ob eine adäquate Betreuung möglich erscheint.

Dies impliziert die Forderung, daß sowohl männliche wie weibliche Therapeuten in der Lage sein sollten, sich über geschlechtsstereotypes Verhalten hinwegzusetzen und in ihrem Verhaltensrepertoire sowohl „typisch männliche" wie „typisch weibliche" Eigenschaften zu verkörpern. Nach Beutler u. Mitarb. (1994) könnte „Androgynie", d. h. die Übernahme sowohl männlicher wie weiblicher Rollenideale, eine wichtige therapeutische Qualität sein. Geht es einerseits in der Therapie darum, geschlechtsstereotypes Verhalten zu überwinden, wenn es den Prozeß der Gesundung und Weiterentwicklung verhindert (Hoffmann 1980), so kann es andererseits auch Aufgabe der Therapie sein, die nötige geschlechtsspezifische Entfaltung zu unterstützen (Sellschopp u. Mitarb. 1998).

Zwar kann die feministische Forderung, Frauen sollten nur von Frauen therapiert werden, da ansonsten Frauen in pathologischen gesellschaftlichen Bedingungen festgehalten würden, empirisch als nicht fundiert gelten (Hoffmann 1980), jedoch belegen einige Studien, daß es bei bestimmten Problemstellungen und Diagnosegruppen durchaus einen Unterschied im Therapieerfolg macht, welche Geschlechterkonstellation in der Therapiesituation vorhanden ist (Orlinsky u. Howard 1980, Persons u. Mitarb. 1974). Insbesondere in Lebenssituationen, in denen es um geschlechtsspezifische Probleme geht (z. B. die Entscheidung für oder gegen eine Partnerschaft) scheinen sich Patientinnen und Patienten durch Therapeuten gleichen Geschlechts besser verstanden und behandelt zu fühlen. Auch können sich Frauen mit Ängsten und Depressionen durch Therapeutinnen mehr ermutigt fühlen als durch Therapeuten.

Letztendlich können aus den vorliegenden Befunden keine Handlungsanweisungen abgeleitet werden, wie in der Verhaltenstherapie die therapeutische Beziehung bei bestimmten Geschlechterdyaden gestaltet werden sollte. Auch kann die Frage, ob bei bestimmten Problembereichen und PatientInnen generell Therapeuten gleichen oder unterschiedlichen Geschlechts erfolgreicher sind, nicht beantwortet werden. Stattdessen sollen im folgenden einige **Problemstellungen** aufgeworfen werden, mit denen sich Therapeuten beiderlei Geschlechts auseinandersetzen sollten:

1. TherapeutInnen sollten sich darüber im klaren sein, daß sie in ihrem Verhalten nicht nur ein bestimmtes Menschenbild, sondern auch ein Frauen- oder Männerbild verkörpern. Gerade PatientInnen, die sich in ihrer Geschlechtsrolle unsicher fühlen, benutzen das Verhalten von Therapeuten gleichen Geschlechts als Orientierung, wie sich eine „typische Frau" oder ein „richtiger Mann" verhalten sollte. Manch eine Frage nach persönlichen Lebensumständen (z. B. „Haben Sie auch Kinder?") ist in der Hinsicht zu verstehen, daß von PatientInnen überprüft wird, ob der/die Therapeut/in ein geeignetes *Vorbild* für eigenes Verhalten sein könnte. Als TherapeutIn sollte man sich daher mit der modellhaften Wirkung des eigenen Verhaltens bezüglich Geschlechtsstereotypien auseinandersetzen.
2. Manche PatientInnen wünschen sich von vornherein eine Therapeutin oder einen Therapeuten. In den behandelnden Institutionen wird mit diesem Anliegen unterschiedlich umgegangen. Oft wird die Ansicht vertreten, daß es sich dabei um Vermeidungsverhalten handelt und es für den therapeutischen Fortschritt wichtig ist, diesen Wunsch nicht zu unterstützen, um neue Lernerfahrungen zu ermöglichen. Besonders kritisch wird die Wahl eines/einer gegengeschlechtlichen Therapeuten/in beäugt. Gesteht man Männern noch zu, daß sie sich aufgrund des traditionellen Rollenverständnisses bei einer Therapeutin besser aufgehoben und verstanden fühlen, so wird Frauen bei dem Wunsch nach einem Therapeuten häufig unterstellt, sie wollten sich nicht ernsthaft mit ihrer Problematik auseinandersetzen, es gehe ihnen eher darum, den Therapeuten zu verführen. Da in den meisten Fällen der *Wunsch nach einem bestimmten Geschlecht des/der Therapeuten/in* mit vorhergehenden Lebens- oder Therapieerfahrungen zusammenhängt, ist eine einfache Lösung dieser Problemstellung nicht möglich.
3. Ein besonderes Problemfeld stellt die *Behandlung von Mißbrauchsopfern* dar. Da es sich bei der Täter-Opfer-Konstellation zumeist um gegengeschlechtliche Konstellationen handelt, taucht die Frage auf, ob es für den therapeutischen Prozeß eher günstig oder ungünstig erscheint, wenn der/die Therapeut/in das gleiche Geschlecht wie der Täter aufweist. Überwiegend wird vor allem bei weiblichen Mißbrauchsopfern die Ansicht vertreten, daß es besser sei, mit Therapeutinnen zu arbeiten, damit sich die Betroffenen im therapeutischen Rahmen sicher und geschützt fühlen können. Seltener wird die Meinung geäußert, daß gerade ein männlicher Therapeut den Patientinnen neue Lernerfahrungen ermöglichen und einen selbstbewußteren Umgang mit Männern vermitteln könnte. Die Gestaltung der Therapiebeziehung erfordert bei dieser Problemstellung besondere Sensibilität. Zu bedenken ist, daß männliche Therapeuten in der Arbeit mit weiblichen Mißbrauchsopfern stärker den Gefahren unangemessener Reaktionen auf sexualisiertes Verhalten der Patientinnen und des Voyeurismus unter dem Deckmantel detaillierter Anamnesen ausgesetzt sind als Therapeutinnen. Auch kann bei ihnen der Impuls entstehen, den betroffenen Frauen ein anderes Männerbild vermitteln zu wollen. Die Wut auf den Täter als Vertreter der „Gattung Mann" kann bei männlichen Therapeuten durch die größere Selbstbetroffenheit eine andere Qualität annehmen als bei Therapeutinnen. All diese Aspekte können die Aufarbeitung des sexuellen Mißbrauchs gefährden oder verunmöglichen.
4. Auch wenn sich PatientInnen und TherapeutInnen in gleichgeschlechtlichen Konstellationen häufig wohler fühlen, so birgt die zu große Ähnlichkeit in Lebensumständen auch Gefahren. Die Aktivierung eigener Lebenserfahrungen einschließlich der gewählten Bewältigungsstrategien bei TherapeutInnen begünstigt die *Beeinflussung von PatientInnen* in Richtung eigener Wertvorstellungen. Eine Therapeutin, die sich für die eigene Berufstätigkeit anstelle der ausschließlichen Familienarbeit entschlossen hat, wird bei Patientinnen in ähnlichen Lebenssituationen eher emanzipatorische Ansprüche verwirklichen wollen. Therapeuten, die in ihrer psychotherapeutischen Sozialisation gelernt haben, „typisch weibliche" Eigenschaften wie Einfühlungsvermögen zu übernehmen, werden eher die entsprechenden Verhaltensweisen ihren Patienten vermitteln wollen.

Anwendung verhaltenstherapeutischer Methoden

Bei der Entwicklung, Auswahl und Anwendung verhaltenstherapeutischer Methoden spielen geschlechtsspezifische Aspekte nur selten eine Rolle, da auch keine geschlechtspezifische Definition von Gesundheit und Krankheit existiert. Dabei unterscheidet sich oftmals bereits die Symptomschilderung. Männer fokussieren eher auf Funktionseinschränkungen und Schmerzen, Frauen auf den erlebensmäßigen Aspekt der Beschwerden (Franke 1998). In **standardisierten Therapieprogrammen** wird die Einbettung von Störungen in Lebenszusammenhänge von Frauen und Männern vernachlässigt. Nimmt man beispielsweise das Selbstbehauptungstraining als eine Standardmethode verhaltenstherapeutischen Vorgehens, so wird selten kritisch hinterfragt, ob selbstsicheres Verhalten von Frauen und Männern gleich zu sein hat. Ebenso wird im Rahmen der Angstbehandlung selten diskutiert, daß bei Frauen die Grenze zwischen realen und irrationalen Ängsten anders verläuft als bei Männern.

Es existieren zwar Untersuchungen zur unterschiedlichen Epidemiologie von psychischen Störungen, es gibt bislang aber noch wenige Studien, die sich systematisch mit unterschiedlichen **psychotherapeutischen Problemstellungen** von Männern und Frauen beschäftigen. Hoffmann (1980) beschreibt als typische Probleme bei der Therapie von Frauen den Anspruch, Erwartungen anderer erfüllen zu müssen, widerstreitende Pläne aufgrund widersprüchlicher gesellschaftlicher Erwartungen, festgefahrene Rollenergänzungen, Passivität und gelernte Hilflosigkeit. Eigene therapeutische Erfahrungen und Gespräche mit KollegInnen ergeben differierende Problemstellungen bei der Therapie von Männern: Zurechtkommen mit Konkurrenz und Leistungsdruck, Festhalten an inadäquaten Lösungsstrategien in beruflichen oder privaten Konfliktsituationen, Probleme in der Entfaltung ihrer Sexualität. Diese Auflistung erhebt nicht den Anspruch von Vollständigkeit, soll aber verdeutlichen, daß Forschungsbedarf besteht, die geschlechtsspezifischen Fragestellungen in der Psychotherapie weiter zu verfolgen.

Die unterschiedliche Häufigkeit psychischer Störungen und Problemkonstellationen führt zu der Frage, ob **unterschiedliche Therapieangebote für Frauen und Männer** gemacht werden sollten. Im deutschsprachigen Raum liegen einige Gruppenkonzepte vor, die speziell für Frauen entwickelt wurden (Fiedler 1996). Diese wurden für bestimmte Störungsbilder wie beispielsweise Eßstörungen (Gerlinghoff u. Backmund 1995, Shaw u. Mitarb. 1995, Schmitz u. Mitarb. 1994) oder sexuelle Störungen (Trierweiler 1994) konzipiert oder richten sich an Frauen mit traumatischen Erlebnissen wie beispielsweise sexuellen Gewalterfahrungen (Ecker u. Mitarb. 1994). Spezielle störungsspezifische Gruppenangebote für Männer existieren kaum, diese sind am ehesten im Bereich delinquenten Verhaltens zu finden (Fiedler 1996, Mezey 1990, Hoyndorf u. Christmann 1994).

Interaktionelle Gruppen zum Erwerb sozialer Kompetenzen werden zumeist gemischtgeschlechtlich durchgeführt. Selten wird bei der **Gruppenzusammenstellung** das zahlenmäßige Verhältnis von Frauen und Männern diskutiert. Überlegungen zur Homogenität bzw. Heterogenität von Gruppen beziehen sich zumeist auf Variablen wie Alter, Art der Störung und Gruppenfähigkeit (Fiedler 1996, Grawe 1980). Die gemeinsame Gruppenarbeit von Frauen und Männern bietet die Chance, traditionelles Rollenverhalten zu überprüfen und gegebenenfalls in der Interaktion beider Geschlechter neues Verhalten einzuüben. Gerade Frauen berichten aber auch häufig, daß sie sich in gemischtgeschlechtlichen Gruppen unterlegen und an den Rand gedrängt fühlen. Eigene Erfahrungen mit einer Gruppentherapie zur Gesundheitsförderung von Frauen zeigten, daß Frauen sich untereinander sicherer fühlen, eher bereit sind, grundlegende frauenspezifische Einstellungen und Verhaltensmuster zu überdenken sowie Veränderungsprozesse einzuleiten (Dinger-Broda u. Mitarb. 1998).

Zu fordern wäre, daß sowohl bei der Durchführung von Einzeltherapien wie auch im gruppentherapeutischen Setting geschlechtsspezifische Aspekte stärkere Beachtung finden sollten. Dies führt zu der abschließenden Frage, ob Frauen und Männer unterschiedlich von therapeutischen Maßnahmen profitieren bzw. ob der Therapieerfolg vom Geschlecht des/der Therapeuten/in abhängig ist.

Beurteilung des Therapieerfolgs

Frauen nehmen häufiger psychotherapeutische Hilfe in Anspruch, so daß sich die Frage stellt, ob sie auch mehr von diesen Angeboten profitieren. Die wenigen zu dieser Thematik durchgeführten Untersuchungen ergeben in der Mehrzahl keine Geschlechtsunterschiede im Therapieerfolg (Garfield 1986). Sie beziehen sich allerdings zumeist auf sehr kleine Fallzahlen und wurden zudem vor mehr als 20 Jahren durchgeführt, d. h. in einer Zeit, in der die Verhaltenstherapie noch in ihren Anfängen war.

Weitere Untersuchungen beziehen das Geschlecht von TherapeutInnen mit ein. Zusammengefaßt fühlen sich Patienten wie Patientinnen wohler, wenn sie mit Therapeuten des eigenen Geschlechts arbeiten. Ebenso gelingt Therapeutinnen mit Patienten beiderlei Geschlechts die Herstellung einer therapeutischen Beziehung besser. Letztendlich konnte jedoch in keiner dieser Untersuchungen ein signifikanter Effekt von **Geschlechterkonstellationen** in der therapeutischen Beziehung auf den Therapieerfolg verzeichnet werden (Jones u. Zoppel 1982, Beutler u. Mitarb. 1986). Wie die bereits oben erwähnte Meta-Analyse von Orlinsky u. Howard (1980) zeigt, können sich jedoch Unterschiede ergeben, wenn nach weiteren soziodemographischen Variablen und Störungsbildern differenziert wird.

Andere Untersuchungen deuten darauf hin, daß weniger das Geschlecht von TherapeutInnen als vielmehr die Rollenflexibilität und die Aufgabe traditioneller Geschlechtrollenstereotypien das therapeutische Geschehen beeinflussen (Berzins u. Mitarb. 1978). Da in der Frage der Geschlechtsrollen gesellschaftliche Veränderungen über die Zeit stattfinden, sind daher frühere Untersuchungen zur Thematik mit Vorsicht zu interpretieren.

Zusammenfassend ist zu bemerken, daß der Datenbestand in keiner Weise ausreicht, um Schlußfolgerungen bezüglich geschlechtsspezifischer Unterschiede im Therapieerfolg zu erlauben. Zu wünschen wäre eine Sensibilisierung für geschlechtsspezifische Problemstellungen im therapeutischen Alltag. Ob es dabei sinnvoll erscheint, die Unterscheidung zwischen Verhaltenstherapie und tiefenpsychologischer/psychoanalytischer Therapie aufrechtzuerhalten, ist zu hinterfragen, zumal bei vielen der oben zitierten Untersuchungen letztlich unklar bleibt, auf welche Form der Therapie sich die Studie bezieht. Vielmehr ist davon auszugehen, daß sich geschlechtsspezifische Phänomene in allen Therapierichtungen in ähnlicher Weise auswirken.

Abschließend soll auf das häufig vernachlässigte Thema der therapeutischen **Risiken** eingegangen werden. Franke (1989) geht davon aus, daß Frauen in der Psychotherapie einem größeren Risiko ausgesetzt sind. Bedingt durch Faktoren wie größere Sensibilität, größere Verunsicherbarkeit und größere Ängstlichkeit unterlägen sie eher den Risiken, die sich in der Therapie durch ungleiche Machtverhältnisse ergeben, als Männer, die sich besser vor Beeinflussungen schützen könnten. Risiken entstünden u.a. daraus, daß das Verständnis von psychischer Gesundheit an männlichen Normen orientiert sei, daß es in stationären Einrichtungen mit traditioneller Hierarchie an geeigneten Identifikationsfiguren für Frauen mangele, daß ihre Lebenssituation stärker von sozialen Zwängen bestimmt sei und daher Veränderungen erschwert seien und daß die Wahrscheinlichkeit eines sexuellen Mißbrauchs in der Therapie größer sei.

Für Männer wie Frauen gilt, daß therapeutische Veränderungen das Zurechtkommen im sozialen Umfeld verändern können, daß beide Geschlechter durch veränderte Einstellungen und Verhaltensweisen mit traditionellen Rollenerwartungen in Konflikt kommen können. Bedacht werden sollte beispielsweise, welche Probleme auf einen Patienten aus der sozialen Unterschicht zukommen können, der in der Therapie gelernt hat, seine Konflikte nicht mehr mit Fäusten, sondern mit verbalen Mitteln zu lösen, – oder auf eine Patientin, die als Mutter von vier Kindern ihre Familie mit dem Wunsch konfrontiert, wieder berufstätig sein zu wollen. Zu fordern bleibt, daß solche Überlegungen bereits in die Zieldefinition und Therapieplanung einbezogen werden sollten und daß dabei neben anderen Variablen auch geschlechtsspezifische Anforderungen zu überlegen sind.

53. Notfälle

Psychoanalytische Behandlungsansätze

G. Heuft

Wann ist eine psychische Krise ein Notfall?

Es gibt akute Krisensituationen, die ein rasches und wirkungsvolles Eingreifen erfordern, um zu verhindern, daß der Patient in einer psychischen Ausnahmesituation durch Agieren Fakten schafft, die nicht mehr veränderbar sind und ihn selber oder/und anderen Schaden zufügt. Die Paradigmen der therapeutischen Abstinenz, der gleichschwebenden Aufmerksamkeit und des selbstverantworteten Lebens müssen in diesen Fällen durch die Notwendigkeit therapeutischen Handelns ergänzt werden. Typische Beispiele für solche Notfallsituationen sind (vgl. Tab. 53.**1**) intrapsychische Krisen, psychosoziale Krisen, Notfälle durch akute Traumatisierung, psychosomatische Krisen, somatopsychische Krisen und gerontopsychosomatische Identitätskrisen.

Diese Notfälle stehen stets im Kontext psychischer Krisen – jedoch nicht jede psychische Krise entspricht einem Behandlungsnotfall. So verstand E.H. Erikson (1959) Krisen als normale Reifungsphasen in der psychosozialen Entwicklung jedes Menschen und beschrieb Lebenskrisen wie z.B. die Adoleszenz oder Partner- und Berufswahl. Während Erikson diese Krisen im Sinne von Wendepunkten mit Gefahr und Chance sah, betonte die Ich-Psychologie (Hartmann 1939) die Krise als Überbelastungssituation mit emotionalem Ungleichgewicht und Desorganisation. Lindemann (1944) gilt als einer der Pioniere einer Psychotraumatologie aufgrund seiner Studie von akuten Trauerreaktionen nach einer Feuerkatastrophe in Boston. Seine Vorschläge für eine akute therapeutische Begleitung in der Trauerarbeit erscheinen bis heute relevant.

Ergänzend betonte Hoff (1984) die soziale Dimension von Krisen: Nicht die Ereignisse selbst, sondern deren Interpretation, der Grad der Bewältigungsfähigkeit und die verfügbaren sozialen Ressourcen bestimmen Verlauf und Ausmaß der Krisen. Diese soziale Dimension wurde aus Sicht der Familientherapie als Zusammenbruch des funktionierenden Familiensystems (Minuchin 1977, Selvini Palazzoli u. Mitarb. 1975) beschrieben.

Alle diese Krisen erlauben in der Regel ein geplantes, terminierbares therapeutisches Vorgehen in einem definierten Setting. Gleiches gilt für die Bearbeitung von Traumata (wie z.B. Mißhandlung, sexueller Mißbrauch) in der zurückliegenden Biographie des Patienten, die entweder Anlaß einer psychotherapeutischen Behandlung sind oder erst im Laufe einer psychoanalytischen Behandlung „entdeckt", d.h. wiedererinnert werden (Ellerbrok u. Mitarb. 1995). Die hier angesprochenen Notfallsituationen dulden dagegen aufgrund der Akuität der Symptomatik, des extremen Leidensdrucks oder/und der Selbst- respektive der Fremdgefährdung keinen Aufschub. Für die Notfallpsychotherapie haben die Herausarbeitung psychotraumatologischer Behandlungsansätze (Fischer 1995) eine besondere Bedeutung, da die Notwendigkeit psychotherapeutischer Interventionen nach akuten Traumatisierungen, wie z.B. Terroranschlägen, Unfällen oder Naturkatastrophen, zunehmend mehr ins Bewußtsein rükken.

Tabelle 53.**1** Notfälle in der Psychotherapeutischen Medizin

- **Intrapsychische Krisen**
  - Kränkungserlebnisse mit suizidaler Gefährdung
  - affektive Krisen und präpsychotische Entwicklung
  - negative Übertragungskonflikte in laufenden Behandlungen
- **Psychosoziale Krisen**
  - familiäre Krisensituationen
  - Krisen in Beruf und Wohnsituation
- **Notfälle durch akute Traumatisierung**
- **Psychosomatische Krisen**
  - herzangstneurotischer Anfall
  - Notfälle bei Anorexia nervosa
  - akute Konversionssymptomatik
  - Notfälle bei Artefakt-Patienten
- **Somatopsychische Krisen**
  - Konfrontation mit schweren Körperkrankheiten
  - Organtransplantation
- **Gerontopsychosomatische Identitätskrisen**

Vom Standardsetting zur Notfallbehandlung

Freud stand der psychoanalytischen Behandlung akuter Krisenzustände skeptisch gegenüber: „In akut krisenhaften Zuständen ist die Analyse so gut wie nicht zu brauchen. Alles Interesse des Ichs wird dann von der schmerzhaften Realität in Anspruch genommen und verweigert sich der Analyse, die hinter diese Oberfläche führen und die Einflüsse der Vergangenheit aufdecken will" (1937, S. 372). Ferenczi versuchte durch seine sog. „aktive Technik" die Analysen abzukürzen, indem er z.B. Zwangsrituale verbot oder phobischen Patienten Angstexposition empfahl. Sein „Prinzip der Gewährung" (Ferenczi 1930, S. 263) sollte im Gegensatz zur starren Versagung helfen, den Wiederholungszwang aufzuheben. In ihrem umstrittenen Konzept der „korrigierenden emotionalen

Erfahrung" suchten Alexander u. French (1946) nach für den Patienten besseren emotionalen Erfahrungen, die sie so in ihrer Kindheit mit den damaligen Bezugspersonen nicht machen konnten. Bauriedl (1985, S. 100) hat zurecht herausgearbeitet, daß dieser therapeutische Ansatz die Spaltung zwischen den bösen Objekten der Kindheit und dem guten Therapeuten aufrechterhält mit der Konsequenz, daß auch die Spaltung der guten und bösen Selbstanteile aufrechterhalten wird: Für den Patienten „fehlt – wie schon in der Beziehung zu seinen Eltern – die Möglichkeit, sich auf seine wahren Gefühle in der gemeinsamen Szene einzulassen, auf die aggressiv-ablehnenden und auf die liebevollen".

Die Notfallpsychotherapie von Bellak u. Small (1965) versuchte, in sozialpsychiatrischen Diensten innerhalb von maximal 6 Sitzungen dem Patienten zu ermöglichen, wieder adäquat zu funktionieren. Die Ich-psychologisch ausgerichtete Realitätsanpassung als Therapieziel orientiert sich stark an den sich parallel entwickelnden verhaltenstherapeutischen Ansätzen. So sollte der Therapeut z. B. dem Patienten „seine Ich-Stärke leihen", indem er formuliert: „Das habe ich ähnlich erlebt." Oder einem streitenden Ehepaar werden die schlimmen Folgen für das Kind vor Augen geführt. Der Therapeut setzt seine ganze Autorität hinter Lob und Tadel – ein uns heute obsolet erscheinender Ansatz für eine emanzipatorische Krisenintervention.

In seiner Beschreibung der psychoanalytischen Kurzpsychotherapie entwickelte Malan (1965) eine ganze Reihe von Prinzipien, die für eine psychoanalytische Notfallbehandlung auch heute noch relevant sind:

- Indikation auch für „schwer" gestörte Patienten.
- Rasche „tiefe", d. h. genetische Deutungen der Übertragung.
- Aufdecken besonders der negativen Gefühle – vor allem in der Abschlußphase.
- Aktiver Dialog seitens des Therapeuten in der Behandlung.

Dieser aktive Dialog wird insbesondere durch die Intensität charakterisiert, mit der der Therapeut die szenischen Angebote des Patienten aufnimmt. Für Balint, Ornstein u. Balint (1972) sind therapeutische Interventionen alles, was der Therapeut mit therapeutischer Absicht tut und sagt, verbal und nonverbal. Damit wird das notwendige Handeln stets Teil der psychoanalytischen Behandlungsbeziehung. „Wird die Bedeutung des jeweiligen Handelns szenisch verstanden, dann enthüllt sich dadurch der Kompromißcharakter jedes Verhaltens, auch das des Therapeuten, sein emanzipatorischer und sein homöostatischer Aspekt" (Bauriedl 1985, S. 192).

Jede therapeutische Notfallsituation löst beim Behandler Fluchtreaktionen aus („Warum habe ich diesen schwierigen Patienten?"), konfrontiert mit Insuffizienzängsten und Ohnmachtsgefühlen („Wie soll ich da helfen können?"). Parallel dazu können sich abwertende Größenphantasien einstellen („Nur ich kann den Patienten aus dieser Krise herausführen!"). Damit wird rasch deutlich, daß der Therapeut durch eine Notfallsituation mit eigenen sehr heftigen Gefühlen in Kontakt kommt. Dies ist bei der Notfallbehandlung in der somatischen Medizin ganz genauso – die hyperpotente Abwehr der Ängste bei Verunsicherung über die Möglichkeit des Machbaren sind dem Beobachter nur allzu oft augenfällig.

Verhält sich der psychoanalytische Behandler in einer Notfallsituation weiter abwartend und vermeidet notwendiges Handeln, entspricht dies einer Regression in bezug auf seine therapeutische Kompetenz. Passivität aus mangelnder Übung oder Angst, etwas falsch zu machen, kann auch unterlassene Hilfeleistung sein. Unsicherheit besteht vor allem bei der Frage, wie aktiv und mit welcher Zielrichtung gehandelt werden muß und wann die Manipulation des Patienten beginnt. Bauriedl (1985, S. 113) hat auf diese Frage eine prägnante Antwort gegeben: „Soweit der Analytiker handelt und handeln muß, ist ausschließlich die Bedeutung dieses Handelns in der jeweiligen Szene wichtig, nicht die Unterscheidung zwischen richtigem und falschem, zulässigem und unzulässigem Handeln".

Der zeitliche Ablauf aller Notfallbehandlungen läßt sich im wesentlichen unter sechs Aspekten zusammenfassen:

- Mündet die Notfallbehandlung in ein aufdeckendes Verstehen ein, kann sie im Verlauf durch eine Regelbehandlung ersetzt werden.
- Das Notfallhandeln als unausweichlicher Teil der Therapeut-Patient-Beziehung kann in seiner Bedeutung sofort, evtl. später oder auch nie psychoanalytisch verstanden werden.
- Psychoanalytische Notfallbehandlung erfordert den Mut zum Risiko, sich auf die volle Bedrohlichkeit der Situation einzulassen.
- „Tiefe" Deutungen sind oft rasch nötig – aber auch risikoreich, da sie Teil des Mitagierens des Therapeuten sind und ebenso wirksam wie bedrohlich erlebt werden können.
- Die Notfallbehandlung ist oft eine kurzzeitige intensive Annäherung, aus der sich beide bald wieder trennen müssen; dies begründet eine Trauerarbeit von der ersten Begegnung an.
- Diese Trauerarbeit schützt vor Größen- und Verschmelzungsphantasien in der Situation der größten Not und ermöglicht die Lösung von unbewußten Verklammerungstendenzen.

Notfallsituationen

Für alle nachfolgend aufgeführten Notfallsituationen gilt der Grundsatz, daß im therapeutisch geforderten Engagement stets die Möglichkeit einer Öffnung der Dyade mitgedacht werden muß. Das bedeutet, daß im Einzelfall eine stationäre psychiatrische Notfalleinweisung oder eine somatische intensivmedizinische Notfallbehandlung unumgänglich sein kann. Kommt der Behandler zu dieser Indikationsentscheidung, ist für die therapeutische Beziehung Eindeutigkeit im Prozedere wichtig: „Ich schlage Ihnen vor, Sie verabreden jetzt mit einem Freund die Fahrt zur Notfallambulanz" oder: „Ich werde jetzt einen Krankenwagen verständigen, um Ihnen die stationäre Aufnahme in einer schützenderen Umgebung zu ermöglichen, als es zu Hause zur Zeit möglich ist". Dabei ist damit zu rechnen, daß der Patient den Behandler mit heftigen negativen Übertragungsaffekten konfrontieren kann: „Sie wollen mich ja nur los werden und Ihre Ruhe haben. Sie lehnen mich, wie alle anderen, ab". Rechtfertigungen seitens des Therapeuten sind in diesen Situationen Ausdruck seiner eigenen Ambivalenz, seines „schlechten Gewissens" darüber, daß er möglicherweise tatsächlich froh ist, wenn er die Verantwortung teilen kann.

Es spricht nichts dagegen, als Therapeut offen einzugestehen, nach sorgfältiger Abwägung hier und jetzt an eine Grenze gekommen zu sein, in der andere Wege beschritten werden müssen, um zunächst im Extrem ein Überleben zu ermöglichen. Ehrlichkeit hat, wenn sie von wirklichem Interesse am Anderen getragen ist, noch keinem Patienten geschadet. Omnipotenzgebahren des Therapeuten zwingen dagegen nicht selten Patienten dazu, weiter an der Eskalationsschraube zu drehen, um die Bedrohung des eigenen Selbstwertes und der Autonomie zu verteidigen.

Die bei der Skizzierung der einzelnen Notfallsituationen verwandten Begriffe aus der Entwicklungspsychologie, Neurosenlehre oder Behandlungstechnik werden an dieser Stelle vorausgesetzt und sind ggf. in den entsprechenden Kapiteln nachzuschlagen.

Intrapsychische Krisen

Suizidale Krise

Akute Suizidalität kann als Symptom bei den meisten psychischen Erkrankungen auftreten. Im Bereich der Psychotherapie gründet Suizidalität in der Regel in einer Verletzung des Selbstwerterlebens. Solche narzißtischen Verletzungen können einerseits auf dem Boden einer vorbestehenden Selbstwert- und Identitätsstörung durch allfällige Lebensbelastungen ausgelöst werden (Henseler 1974, Henseler u. Reimer 1981). Andererseits sind auch relativ narzißtisch stabile Menschen durch Extremtraumatisierungen wie Folter, Geiselhaft usw. in ihrer Struktur nachhaltig erschütterbar und zerstörbar. Diesem Problembereich wird weiter unten nachgegangen. In der Notfallsituation mit einem narzißtisch gekränkten Suizidenten wird dem Therapeuten in der Regel folgender Übertragungs-Gegenübertragungskonflikt abverlangt: Er muß in sich akzeptieren können, daß der Suizidplan für den gekränkten Patienten die vielleicht derzeit einzige ihm sichtbare Lösung aus einer schweren inneren Konfliktspannung erscheint und gleichzeitig die stellvertretende Hoffnung repräsentieren, daß die Suche nach anderen Lösungswegen Sinn macht: „Die Möglichkeit, sich umzubringen, kann Ihnen keiner nehmen; aber sie läuft Ihnen auch nicht weg; vielleicht geben Sie uns beiden die Chance, mit etwas Zeit zu überlegen, ob es noch Alternativen geben könnte." Solch eine Intervention, mit wirklichem Ernst eingeführt, bringt oft eine unmittelbare Entspannung des narzißtischen Clinches zwischen dem Helfen-müssen des Therapeuten und dem Sich-gezwungen-Fühlen des seine letzte autonome Bastion verteidigenden Patienten.

Anlaß für eine suizidale Krise ist nicht selten ein Objektverlust (wie z.B. eine enttäuschte Liebe), der Anschluß an biographisch verankerte frühere Kränkungserlebnisse („Ich komme immer zu kurz") findet. Der auslösende Objektverlust kann folglich von außen betrachtet dem Therapeuten als „geringfügig" erscheinen. Verständnislose Interventionen gegenüber einem verlassenen Ehemann (z.B. „Wegen einer Frau bringt man sich doch nicht gleich um"), festigen die Ambivalenzspaltung („Ich bin schwach – der Therapeut ist dagegen stark") und bedrohen im Erleben des Patienten das verlorene geliebte Objekt durch die in der therapeutischen Intervention liegende Abwertung gegenüber dem Objekt. Der Patient hat vielmehr ein Recht darauf, sich zum Zeitpunkt der suizidalen Krise so zu erleben, daß ihm ein Weiterleben z.B. ohne dieses geliebte Objekt nicht möglich erscheint. Indem der Therapeut dieser Verzweiflung verstehend begegnet, ist der Patient wieder in einem menschlichen Bezug.

Da bei suizidalen Krisen oft auch psychosoziale Komplikationen drohen, in denen zum Schutze des Patienten (Stichwort: Arbeitsplatzsicherung) rasche Unterstützung im Realraum notwendig werden kann, ist die Zusammenarbeit auch mit einem Sozialarbeiter oft unerläßlich.

Affektive Krise und präpsychotische Entwicklung

Von allen Affekten zwingen vor allem depressive Gefühle und akute Angstsituationen zu raschem Handeln. Die akute neurotisch-depressive Krise kann einer narzißtischen Kränkung folgen oder mit Suizidalität einhergehen. In ausgeprägten Fällen, wenn der Patient kaum sprechen kann, hat der Diagnostiker in der Akutphase unter Umständen Schwierigkeiten, die Differentialdiagnose zur affektiven Psychose zu leisten. Je nach Schwere der depressiven Krise ist eine rasche stationäre Aufnahme ebenso indiziert wie eine (zumindest begleitende) antidepressive Medikation. Bei zusätzlichen quälenden psychovegetativen Symptomen, wie z.B. schweren Schlafstörungen, kann auch kurzfristig die Gabe niederpotenter Neuroleptika indiziert sein, um dem Patienten aus einem erschöpfenden Circulus vitiosus herauszuhelfen.

Krisenhafte Ängste, auch wenn sie keiner übergeordneten psychiatrischen Diagnose zugehörig sind, können für die Betreffenden außerordentlich belastend sein. Häufig entwickelt sich schließlich eine zusätzliche Angst vor der Angst und ein wenig kontrollierbarer Tranquilizergebrauch. Bei extremer phobischer Einengung (z.B. bei einer Agoraphobie) kommen die Patienten kaum in eine Praxis oder Ambulanz, so daß sie im Vorfeld zunächst oft auch akut von hausärztlicher Seite versorgt werden müssen. In diesen Fällen ist eine gute Kooperation der beteiligten Behandler wesentlich.

Negativer Übertragungskonflikt in der laufenden Behandlung

Ambulante psychotherapeutische Behandlungen können in dem Moment in die Krise kommen, in dem der Patient in der dualen Beziehung mit heftigen negativen Übertragungsaffekten gegenüber dem Behandler zu kämpfen hat. In der Regel handelt es sich um Wiederbelebungen negativer Affekte mit frühen wichtigen Bezugspersonen, deren Auswirkungen sich gelegentlich in der ambulanten Behandlungssituation nicht mehr ausreichend steuern lassen. In solchen Fällen kann bei genauer Absprache im Rahmen des Gesamtbehandlungsplanes eine rasche, kurzzeitige Aufnahme in einer psychotherapeutischen Klinik sinnvoll sein. Die Aufnahme schafft eine trianguläre Situation (ambulante Psychotherapie – Patient – psychotherapeutische Klinik), in der durch die Mehrpersonensituation eine produktive Erleichterung für den Behandlungsprozeß geschaffen werden kann (Stichwort: Aufteilung positiver und negativer Übertragungsaspekte auf verschiedene Personen im Behandlerteam). Voraussetzung für eine solche kollegiale Zusammenarbeit ist die gegenseitige Sicherheit im Wissen darum, daß die beteiligten Behandler mit solchen Situationen nicht konkurrierend umgehen. Solche Komplikationen lassen sich in dem Maße verringern, in dem Niedergelassene und Kliniker sich im fallbezogenen Dialog bzw. klinischen Austausch befinden.

Psychosoziale Krisen

Es gibt familiäre Krisensituationen, in denen „Mord und Totschlag" droht. Zu denken ist dabei z. B. an die Aufdeckung von zurückliegenden Familiengeheimnissen (etwa sexuellem Mißbrauch), schwere neurotische Konflikte zwischen Eltern und Kindern mit Destabilisierung der gesamten Familienstruktur oder auch in die Familien hineingetragene transkulturelle Konflikte, wie z. B. die Entwicklungskrise einer jungen türkischen Frau der zweiten Generation innerhalb einer traditionell moslemisch-türkisch lebenden Familie, die als Arbeitsmigranten nach Deutschland kam.

In diesen Fällen, wie auch bei sich häufenden Notfallsituationen aus der derzeitigen angespannten Lage am Arbeits- und Wohnungsmarkt, ist die Zusammenarbeit im Netzwerk psychosozialer Dienste jenseits der eigenen therapeutischen Kompetenz wesentlich. Es empfiehlt sich, Kontakte zur Sozialarbeit, zu Frauenhäusern, Einrichtungen der Jugendhilfe, dem Gesundheitsamt oder auch ethnischen Gemeinden und Gruppierungen usw. im Laufe der Einarbeitung im Berufsfeld aktiv zu knüpfen, um in solchen Notfällen adäquat auch beratend tätig werden zu können.

Notfälle durch akute Traumatisierung

Folgt man der ICD-10, läßt sich eine traumatische Lebenserfahrung von anderen schweren Belastungen im Lebenslauf, wie z. B. Ehekrisen, folgendermaßen abgrenzen:

1. Das psychische Trauma ist Folge eines kurzzeitigen oder längerdauernden belastenden Ereignisses, das außerhalb der üblichen menschlichen Erfahrungen liegt, für fast jeden belastend wäre und üblicherweise mit intensiver Angst, Schrecken und Hilflosigkeit erlebt wird.
2. Resultierende Beeinträchtigungen dauern in der Regel mehr als einen Monat und manifestieren sich bei Erwachsenen oft über Hauptmerkmale der Posttraumatischen Belastungsstörung (PTSD), bei Kindern und Jugendlichen oft über anhaltende strukturelle Störungen.
3. Das Ausmaß der Beeinträchtigung steht in Bezug zur erlebten Schwere des Traumas – ursächliche Handlungen von Menschen und begleitende Verletzungen der körperlichen Integrität stellen fast immer komplizierende Faktoren dar.
4. Zentral für die Pathogenese ist die intrapsychische, interpersonelle oder/und transaktionale Desintegration.

Abb. 53.**1** gibt eine Übersicht über die typischen Prädilektionsalter traumatischer Erfahrungen im Lebenslauf. An dieser Stelle können nicht alle therapeutischen Implikationen nach erlittenen Traumatisierungen erörtert werden, obwohl es sich dabei um große betroffene Kollektive handelt. So leiden z. B. 31% der männlichen und 27% der weiblichen Vietnamveteranen an posttraumatischen Belastungsstörungen (Friedman 1989). Wir rechnen heute damit, daß 20% aller derjenigen Menschen, die eine im engeren Sinne traumatische Situation überstanden haben, unter schweren konsekutiven psychischen Störungen leiden.

Unter dem Gesichtspunkt der Notfallbehandlung von erwachsenen Patienten sieht sich der Therapeut mit Opfern von Gewalttaten, wie z. B. Vergewaltigung, Naturkatastrophen (in Deutschland eher selten) und erlittenen Unfällen (am Arbeitsplatz, im Verkehr) konfrontiert. Daneben spielt auch die aktive Beteiligung an Unfällen (z. B. die sog. Überfahrunfälle bei Zugführern) eine wesentliche Rolle. In der derzeitigen politischen Situation Deutschlands sind Behandlungen mit den akuten traumatischen Folgen von Kriegsdienst und politischer Verfolgung (Folter usw.) am ehesten bei asylsuchenden Menschen zu finden.

Im Sinne einer Orientierungshilfe ist die folgende Zusammenstellung von Grundprinzipien therapeutischer Notfallbehandlung nach akuter Traumatisierung zu verstehen.

1. Erstversorgung. Nach Katastrophen, wie z. B. dem World-Trade-Center-Desaster vom 26. 02. 1993, wurde von Ersthelfern die Erfahrung berichtet, daß es für die aus der Le-

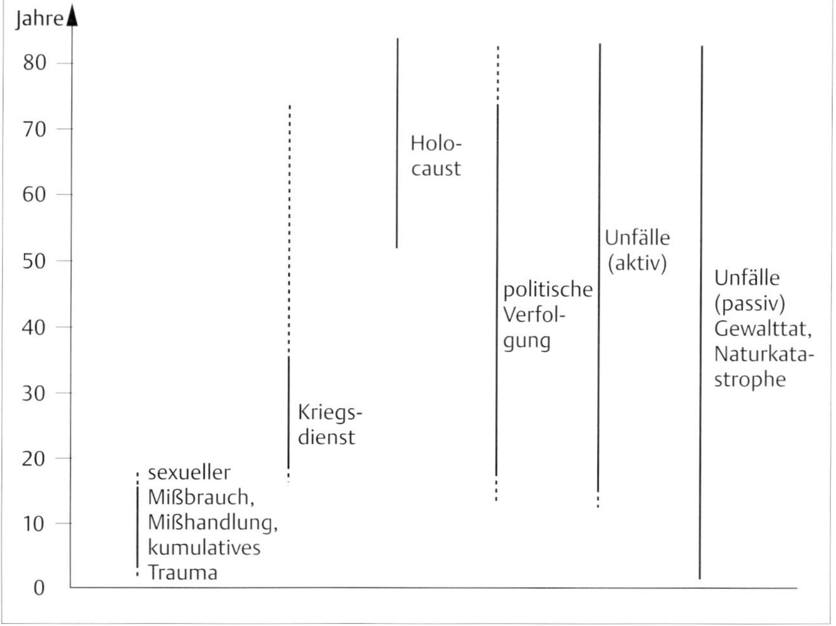

Abb. 53.**1** Hauptprädilektionsalter psychischer Traumatisierungen über den Lebenslauf

XI

bensgefahr Geretteten sehr hilfreich war, sich unmittelbar nach der Rettung ausgiebig mitteilen zu können. So kann durch ein sofortiges therapeutisches Beziehungsangebot das drohende Desintegrationserlebnis („urplötzlich aus allen Bezugssystemen herausgerissen zu sein") unter Umständen unmittelbar heilend wirken. Diesem Konzept zu folgen bedeutet, daß sich qualifizierte Psychotherapeuten bereit finden müßten, für Rettungsdienste anspruchsbereit zu sein. Es müßte auch darüber nachgedacht werden, ob die Erstversorgung z. B. einer sexuellen Gewalttat nach der ersten polizeilichen und somatischen Notfallintervention „Zeit hat", bis in Tagen oder Wochen ein psychotherapeutischer Behandlungsplatz im Sinne einer Notfallbehandlung frei ist.

2. Frühtherapie. Hat sich eine posttraumatische Belastungsstörung mit Schlafstörungen, Angsterleben und Desintegrationsgefühl bereits entwickelt, sind neben Antidepressiva zur partiellen Reduktion des REM-Schlafs mit konsekutiver Abschwächung von Alpträumen, die ein unproduktives, flash-backartiges Wiedererleben der traumatischen Situation erzwingen, fokaltherapeutische (auch stationäre) Behandlungsansätze indiziert mit dem Ziel
   - einer Wiedergewinnung der Selbstkontrolle
   - einer Wiedererrichtung der Abwehr,
   - einer eventuellen Bearbeitung von „survivor guilt",
   - einer Reintegration der Persönlichkeit.

   Aufdeckende Techniken mit permanenter Wiederbelebung des Traumas sind in der Regel nicht hilfreich in dieser Phase der Behandlung, da sie den Betreffenden auf das Trauma fixieren und ihn mit der Extremsituation „identisch" zu machen drohen, anstatt ihn in die personale Beziehung zurückzugeleiten.
3. Therapeutische Ansätze nach einer Latenzperiode und die sog. Spätbehandlung traumatischer Situationen erfordern oft historisch-politische Kenntnisse, um mit „qualifizierter Aufmerksamkeit" (Peters 1991) eine empathische Aufnahme von Erinnerungsfragmenten, Scham- und Schuldthemen usw. in der therapeutischen Beziehung zu ermöglichen.

   In jedem Fall sind für den Behandler Kenntnisse der entsprechenden Sozialgesetzgebung, wie das Häftlingshilfegesetz (HHG), auch berufsgenossenschaftliche Bestimmungen (z. B. im Hinblick auf die angesprochenen Überfahrunfälle) und Kenntnisse von Selbsthilfeorganisationen (wie z. B. der „Weiße Ring" usw.) erforderlich.

Psychosomatische Krisen

Aus der großen Zahl möglicher akuter funktioneller oder psychosomatischer Symptome seien exemplarisch vier mögliche Notfallsituationen geschildert: Die funktionelle Symptomatik bei Herzangstneurose, die psychosomatische Krise einer Anorexia nervosa, eine Konversionssymptomatik und Notfälle bei Artefaktkrankheit.

Herzangstneurotischer Anfall

Der herzangstneurotische Patient stellt innerhalb des internistischen Notfallklientels eine wichtige Subgruppe dar, die eine Reihe von Problemen aufwirft, die rasch angegangen werden müssen: Der typischerweise eher jüngere Mann mit massiver Todesangst, begleitet von Herzsensationen und vegetativen Symptomen, drängt auf wiederholte, kostenintensive Diagnostik, die ihn auch rasch in der Rolle eines Herzpatienten iatrogen zu fixieren droht. Neben den daraus für ihn erwachsenen psychosozialen Folgesymptomen besteht, wie bei allen Angstpatienten, die Gefahr von Tranquilizermißbrauch. Da herzphobische Patienten von einer stationären psychotherapeutischen Behandlung oft sehr gut profitieren, stellen diese Patienten eine wichtige Gruppe dar, die in einem psychosomatischen-psychotherapeutischen Konsiliar-Liaison-Dienst direkt nach der organischen Abklärung angesprochen werden sollte.

Notfallsituationen bei Anorexia nervosa

Auch wenn viele Magersüchtige in einem chronischen Stadium ihrer Erkrankung gesehen werden, gibt es auch Notfallsituationen z. B. durch massiven Gewichtsverlust von 45 % Untergewicht und mehr. Oder plötzlich verändert sich nach längerem Steady state, z. B. durch einen Darminfekt, eine eben noch kompensierte Elektrolytstörung in eine lebensbedrohliche Hypokaliämie. In jedem Einzelfall wird man als Behandler oder Konsiliarius zu entscheiden haben, ob die Anorektikerin in solchen Situationen adäquater primär auf der internistischen (Intensiv-)Station oder auf der psychotherapeutischen Station unter somatischer Mitbehandlung therapiert werden sollte. Der Konsiliar-Liaison-Dienst kann gerade für solche Patienten ein wesentliches Bindeglied zwischen den Spezialabteilungen sein.

Akute Konversionssymptomatik oder Dissoziative Störungen

So vielgestaltig Konversionssymptome bzw. Dissoziative Störungen sein können, so unberechenbar ist, wo sie als Notfälle vorstellig werden. Letztlich wird jedes Fach bei einer akuten Symptomatik auch daran denken müssen, daß sich ein akuter psychischer Konflikt hinter einer dramatischen Körpersymptomatik zum Ausdruck bringen kann: In der Neurologie als akute Lähmung oder Schmerzsymptomatik ebenso wie in der Chirurgie bei akuten Bauchschmerzen usw.

So waren akute Unterleibsschmerzen Anlaß zur konsiliarischen Untersuchung einer 29jährigen Patientin in der psychosomatisch-psychotherapeutischen Ambulanz, nachdem sie zunächst in der Neurochirugie einer Bandscheibenoperation (Prolaps in Höhe L5/S1) unterzogen worden war. Aufgefallen war der hohe Schmerzmittelverbrauch, und es sollte entschieden werden, ob die Patientin nach aus neurochirurgischer Sicht befriedigendem postoperativen Verlauf wieder in die Gynäkologie zurückverlegt werden sollte zur Uterusexstirpation. Es stellte sich im Gespräch mit der jungen Frau heraus, daß die Patientin wegen unklarer Unterleibsschmerzen und Sterilität in der Ehe primär zur Abklärung in der Gynäkologie aufgenommen und laparoskopiert worden war. Man diagnostizierte dort einen Uterus myomatosus und empfahl aus nicht völlig nachvollziehbaren Gründen die rasche Exstirpation. Die Patientin hatte mit massivsten Bauch- und Rückenschmerzen reagiert und sich in die Neurochirurgie „gerettet", wo die Kollegen auch einen operationswürdigen Befund der Wirbelsäule sichern konnten – ohne Einfluß auf die Bauchbeschwerden. – Durch das erste konsiliarische Gespräch konnte die Patientin die Zusammenhänge selbst sehen und wurde sofort schmerzfrei. In einem zweiten Gespräch konnte die Grundlage zur Vermittlung in eine ambulante Psychotherapie erarbeitet werden mit dem Ziel, den ambivalenten Kinderwunsch genauer zu verstehen. Es deutete sich an, daß die Ursache dieser Krise in einer Mißbrauchsthematik während der Entwicklungsjahre der Patientin lag.

Notfälle bei Artefaktkrankheit

Eine 25jährige Krankenschwester wurde wiederholte Male mit einem schweren septischen Schock (E.-coli-Bakterien) in der Intensivstation aufgenommen. Zwischenzeitlich wurde sie dem psychosomatisch-psychotherapeutischen Konsiliardienst vorgestellt, da sich keinerlei organische Erkrankung für die rezidivierenden Infektionen finden ließ. Im Laufe mehrerer Gespräche offenbarte sich die Patientin. Sie stellte in Situationen großer innerer Anspannung und Selbsthasses Stuhlsuspensionen her und injizierte sich diese intravenös. In solche Spannungszustände geriet sie regelhaft nach schweren Auseinandersetzungen mit der Mutter, von der sie sich von jeher abgelehnt fühlte.

Wenn Artefaktpatienten sich mitteilen können, ist schon ein wesentlicher Schritt erreicht. Oft bleibt zunächst in Zusammenarbeit mit den somatischen Behandlern, die sich ihrerseits oft mißbraucht fühlen und nachvollziehbar aggressiv auf die Patienten reagieren, nur der geduldige Beziehungsaufbau, ohne zunächst „Geständnisse" zu erhalten. Leitlinie des psychotherapeutischen Zugangs kann das Verständnis sein, daß die Artefaktpatienten mit ihren Taten nicht selten traumatische Erfahrungen reinszenieren, mit denen sie nicht in einen inneren Kontakt treten können. Diese unsymbolisierten Erinnerungsfragmente nach psychischen Traumata liegen nach heutiger Vorstellung wie abgekapselt innerhalb der Psyche.

Somatopsychische Krisen

Im Grunde kann jede Körperkrankheit auch zu einer akuten psychischen Belastung führen, die rasche Hilfe erfordert. Beispielhaft seien hier zum einen die dialysepflichtigen Patienten und zum anderen Notfallsituationen bei Organtransplantationen herausgegriffen.

Dialysepflichtige Niereninsuffizienz

Chronische Krankheiten erfordern heute, um die medizinischen Möglichkeiten optimal nutzen zu können, ein hohes Maß an Compliance auf Patientenseite. Dies trifft für einen Diabetes-mellitus-Patienten qualitativ gesehen genauso zu wie für einen Dialysepatienten. Viele der Betroffenen arrangieren ihr Leben in gelungener Weise um die notwendigen somatischen Maßnahmen. Wenn Patienten in Einzelfällen sich allem zu entziehen drohen, besteht allerdings plötzlich akute Lebensgefahr. Daß diese Patienten im engagierten medizinischen Betrieb auf einmal nicht mehr „funktionieren", kann sehr vielschichtige Motive haben: Entweder wird die erreichbare Lebensqualität abgelehnt oder die Ungewißheit drohender Todesgefahr bei schwerer Krankheit wird nicht mehr ertragen und durch die Gewißheit eines selbst gesetzten Endes zu ersetzen gesucht oder weitere Konflikte im Beziehungsfeld destabilisieren das Selbstwerterleben des Patienten. In der diagnostisch-therapeutischen Situation steht der psychosomatisch-psychotherapeutische Konsiliarius unter einem dreifachen Druck: Er soll den Patienten wieder zur Raison bringen, damit zugleich die Kompetenz der Psychotherapeutischen Medizin unter Beweis stellen, und er sieht sich vor die Notwendigkeit gestellt, nicht zuletzt die freien Entscheidungsmöglichkeiten des Patienten zu respektieren, da er sonst sofort das Vertrauen des Betroffenen verliert.

Organtransplantation

Es sind zwar nur einzelne Patienten, die z. B. nach einer operativ geglückten Nierentransplantation das gesamte Behandlerteam in Verlegenheit stürzen, wenn sie weinend im Bett sitzen und mit dem Faktum des „fremden" Organs im ersten Moment der unerwarteten Operation nicht fertig werden. Da in der postoperativen Phase die Möglichkeiten psychotroper Medikation naturgemäß sehr eingeschränkt sind, gibt es zu einer zuwendungsintensiven personalen therapeutischen Beziehung keine Alternative. Aus der intrapsychischen Perspektive des transplantierten Patienten kann die Transplantation per se traumatische Qualität haben. Es können jedoch auch vorbestehende Konflikte und Traumata (z. B. sich aufgrund früher Abwertungen selbst gegenüber fremd zu fühlen) reaktiviert werden.

Gerontopsychosomatische Identitätskrise

Ein 75jähriger bekannter Schauspieler meldete sich in der Ambulanz und drängte auf ein sofortiges Gespräch, da er nicht mehr ein noch aus wisse. Auslöser für seine Verzweiflung war die Trennung seitens seiner 40jährigen Lebensgefährtin, mit der er rund 10 Jahre zusammengelebt hatte. Es war weniger das Faktum des Verlustes, was ihn suizidal machte, als vielmehr das Gefühl, nun mit seinem alten Körper für keine Frau mehr attraktiv sein zu können. Stets phantasierte er sich deutlich jüngere Partnerinnen. In einer gleichaltrigen Partnerin würde er seinen eigenen alten Körper auf unerträgliche Weise gespiegelt sehen.

Wird der somato-psychosomatische Alternsprozeß lange grandios verleugnet, kann durch ein äußeres Ereignis schlagartig eine Selbstwert- und Identitätsproblematik aufgedeckt werden. Es ist gerade für jüngere Therapeuten nicht einfach, in solchen akuten Konflikten für den älteren Patienten zunächst in sich selbst Entwicklungsmöglichkeiten vorzuphantasieren, um den Patienten nicht unbewußt zu depotenzieren („Was will denn der Alte...?"). Im Rahmen der psychotherapeutischen Ausbildung sollte der Therapeut daher in die Lage versetzt werden, seine eigenen Probleme im Zusammenhang mit solchen Therapiesituationen, die sog. Eigenübertragung (Heuft 1990) von Gegenübertragungsproblemen im engeren Sinne abgrenzen zu können.

Anforderung an eine Notfallpsychotherapie

Die Behandlung psychotherapeutischer Notfallsituationen geschieht nicht in Konkurrenz zur Kompetenz der internistischen, chirurgischen und psychiatrischen Kollegen, sondern in Ergänzung. Aus der Zusammenstellung ergibt sich zwingend die Forderung nach dem Ausbau einer gemeindenahen psychotherapeutischen Akutversorgung. Im ambulanten Bereich könnte dies durch eine weitere Verbesserung der klinischen Aus- und Weiterbildung erreicht werden. Im stationären Bereich der akuten Interventionspsychotherapie geht es vordringlich um die Etablierung eines Konsiliar- und Liaison-Dienstes im Verbund mit einer selbständigen Betteneinheit mit einem eigenen Behandlungskonzept. Diese arbeitet am effektivsten im Verbund mit ambulanten und teilstationären Diensten und Einrichtungen sowie privaten Initiativen und Selbsthilfegruppen.

54. Sucht

Psychoanalytische Therapie

K. Bilitza

Ausgrenzungen

Nur der selbst Betroffene könne den Abhängigkeitskranken und seine Sucht verstehen; diese Aussage fällt häufig, wenn die Rede ist von der Überlegenheit des „trockenen" über den nichtbetroffenen Suchttherapeuten; aber auch jenes Verdikt ist bekannt: Sucht läßt sich bis heute nicht verstehen! Derartige Aussagen verweisen auf die gesellschaftliche Ausgrenzung eines „willensschwachen Delinquenten" einerseits und auf das bisherige Rand-Dasein von Suchtbehandlung in psychotherapeutischer Praxis und wissenschaftlicher Theoriebildung andererseits. Wie kann demgegenüber von der modernen Psychoanalyse der Anspruch erhoben werden, Abhängigkeitserkrankungen seien psychoanalytisch behandelbar, und aufgrund des spezifischen Wissenschaftsansatzes auch verstehbar?

Psychoanalytische Theorien der Sucht im Überblick

Wie sich die psychoanalytische Theoriebildung von der klassischen Triebtheorie zur Ich-Psychologie und zur Objektbeziehungstheorie wandelte, und damit die therapeutischen Behandlungsformen von der klassischen Psychoanalyse bis hin zu den psychoanalytisch orientierten Psychotherapien (Blanck u. Blanck 1981, Heigl-Evers u. Ott 1994, Mertens 1990, S. 90 ff) bekanntlich erweitert wurden, ebenso veränderte sich die psychoanalytische Suchttherapie und das Verständnis der Suchterkrankung (Bilitza 1993, Hopper 1995, Rost 1992, Sabshin 1995, Voigtel 1996, Wurmser 1997, S. 59 ff). In den anfänglichen triebpsychologischen Suchttheorien wurde Sucht auf eine Störung der Triebentwicklung, die vom Ich nicht bewältigt werden kann, zurückgeführt. Während hier gemäß dem Gesetz des Lustprinzips vordringlich das Streben nach Lust gesehen wurde (Eith 1993), setzt die nachfolgende Ich-Psychologische Suchttheorie an der Reizschutzfunktion des Ichs, insbesondere Unlust zu vermeiden oder zu ertragen, an. Sucht gerät zu einem „kreativen" Selbstheilungsversuch, diese „Lücken" künstlich mittels einer artifiziellen Ich-Funktion zu schließen (Büchner 1993, Rosenfeld 1989); in diesem Fall weist also die Ich-Organisation eine strukturelle Ich-Störung auf, die von der neurotischen Ich-Einschränkung zu unterscheiden ist.

Die neuere Objektbeziehungstheorie der Sucht versteht die dranghafte Inkorporation eines Suchtmittels als eine psychische Entwicklungsstörung: Die Bildung innerer Strukturen (Es, Ich, Über-Ich) aus Selbst- und Objektpräsentanzen durch Internalisierungsprozesse mißlingt und bewirkt schwer erträgliche Zustände des Systems „Ich", die nun, immer wieder vergeblich, durch die Einnahme von Substanzen zu ersetzen versucht werden. Je nach Entwicklungsstufe der Objektbeziehungen dient das Suchtmittel als Ersatz für ein integriertes Totalobjekt. Wenn die ödipale Identifizierung nicht abgeschlossen werden kann, bekommt es die Funktion eines präödipalen Partialobjektes, wenn Projektion und Introjektion vorherrschen, oder es kann sogar als pathologische Form eines Übergangsobjektes wirken, wenn der Entwicklungsstand der Spaltung nicht erreicht wird (Bilitza u. Heigl-Evers 1993). Diesen Entwicklungsstufen gemäß erhält die Inkorporation einer Substanz im Falle der stoffgebundenen Süchte oder das Ausführen einer Handlung bei suchtmittellosen Süchten eine spezifische psychologische Bedeutung. Wenn sich die Substanz zur Objektrepräsentanz wandelt, sprechen Krystal u. Raskin (1983) von „Transsubstantiation", d. h. lebendige psychische Funktionen sind an eine zuvor apersonale und unbelebte Substanz abgegeben. Voigtel (1996) betont mit Recht die derart entstandene psychologische „Macht des unbelebten Objektes", die seit Glover (1933) psychoanalytisch ausgedeutet wird.

Zur Diagnostik der Abhängigkeitserkrankung

Die Abhängigkeitserkrankung, d. h. die psychische und/oder physische Abhängigkeit von einem Sucht-Mittel oder die Abhängigkeit davon, eine bestimmte Sucht-Handlung auszuführen, wird auf erfahrene, schwere Beziehungsstörungen und daraus resultierende Störungen in der Entwicklung der psychischen Strukturen/Systeme „Es", „Ich" und "Über-Ich" zurückgeführt. Diese entstehen nach psychoanalytischer Auffassung (Kernberg 1988) als Niederschlag erlebter Erfahrungen mit relevanten Bezugspersonen (den sog. Objekten) und bedeutsamen Bedingungen der Außenwelt, deren innerer Verarbeitung (den sog. Objekt-Repräsentanzen) sowie unter dem Einfluß des Triebgeschehens (dem Entwicklungsstand der Triebentwicklung).

Folglich beginnt die psychoanalytische Behandlung mit einer ausführlichen **Beziehungsdiagnostik**, d. h. einer diagnostischen Erhebung der sog. Objektbeziehungen aus der frühen und späteren Beziehungsgeschichte des Abhängigkeitskranken: Familienkontakte, Freundschaften, Partnerwahl, Berufskontakte usw. Zudem wird die Gestaltung der therapeutischen Beziehung durch den Patienten mit Blick auf die Übertragungs- und Gegenübertragungsszene analysiert.

Die **Abhängigkeit von einem Objekt**, diese klinisch häufig bei Suchtkranken anzutreffende Objektbeziehungskonstellation, zeigt sich in vielerlei Gestalt.

1. Als ungelöster neurotischer Trennungskonflikt: Hier kann das Suchtmittel zum (Total-)Objektersatz werden (Bilitza u. Heigl-Evers 1993, S. 163, Eith 1993, S. 124).

Fallbeispiel. Eine 29jährige, hochintelligente Patientin mit wiederkehrenden Trennungskonflikten, die ihrem jungenhaften Ehemann in fast jeder Hinsicht überlegen war, nahm bei neurotischer Depression reichlich Wein zu sich, wenn sie nachts zuerst wütend, später enttäuscht auf ihn wartete und dabei seine Hemden bügelte.

2. Das Angewiesensein auf ein (selbstloses) Objekt als narzißtischer Spiegel des eigenen Größenselbst zur Aufrechterhaltung des Selbstwertgefühls: Hier entwickelt sich dann eine Sucht, wenn die realen Objekte in ihrer Funktion für das narzißtische Gleichgewicht versiegen (Adams 1978, Heigl-Evers 1977, Wurmser 1978, 1997).

Fallbeispiel. Die Ehefrau von Herrn Z., der an einer Alkoholabhängigkeit litt (s. unten), führte lange Zeit in Demut ein Schattendasein an seiner Seite; sie ermöglichte ihm die Karriere, indem sie ihm, der nur zum emotionalen „Auftanken" spät abends „furchtbar erschöpft" nach Hause kam, immer bewundernd und klaglos zur Seite stand; der Alkoholismus von Herrn Z. stieg, als seine Frau, die Kinder pubertierten bereits, sich in ehrenamtlichen Sozialtätigkeiten engagierte.

3. Ein Suchtkranker mit einem entwicklungsgeschwächten Ich versagt in der Abwehr innerer Impulse und in der Anpassung an die Umweltanforderungen aufgrund der immer wiederkehrenden „Spaltung" und benötigt den anderen als Hilfs-Ich (bzw. Hilfs-Über-Ich) zum Reizschutz (bzw. zur Über-Ich-Orientierung); dem Suchtmittel kommt in diesem Fall die Bedeutung eines Partialobjektes zu, nämlich als „nur gutes" Liebesobjekt oder als „nur böses" Haßobjekt (Bilitza u. Heigl-Evers 1993, S. 165 ff, Krystal u. Raskin 1983, S. 49 ff, Rost 1987, S. 77 ff, Tress 1985).

Fallbeispiel. Herr A., ein 44jähriger Ingenieur, hatte aufgrund einer Polytoxikomanie mit Tabletten, Alkohol und illegalen Drogen bereits vielfältige Therapieversuche unternommen, hatte sich in einer längeren Phase der Abstinenz als Suchthelfer in einer Selbsthilfeorganisation engagiert und sucht nun, nach episodisch auftretenden Rückfällen, die ihm seine Bedürftigkeit signalisierten, eine langfristige therapeutische Hilfe. „So wie damals in meiner schönsten Zeit ... ", wie er sich im Erstinterview erinnert, als er in einer Universitätsstadt zwar „gut lebte und vielerlei konsumierte", aber sein Studium, das er zweimal wechselte, nicht abschließen konnte. Damals sei er nach acht Jahren der Selbständigkeit auf Forderung der Mutter wieder ins Elternhaus zurückgekehrt, habe dann in der Nähe erneut ein Ingenieurstudium aufgenommen und unter dem Einfluß der Mutter schließlich auch abgeschlossen: „Ich habe etwas studiert, was mich überhaupt nicht interessierte, ich war aber in der Zeit auch abstinent!"

In der deutschen Überarbeitung seiner Monographie „The Hidden Dimension: Psychodynamics in Compulsive Drug Use" (1978), eine Fundgrube für den Kliniker, beschreibt Wurmser (1997) ein nach seiner Ansicht wesentliches Charakteristikum der Suchtpathodynamik: Nämlich die vergebliche Verleugnung eines narzißtisch gestörten Ichs, die Forderungen eines archaisch-strengen Über-Ichs mit Hilfe der Sucht abzuwehren („Abwehr gegen das Über-Ich"). Hopper (1995) hingegen greift mit seiner Diskussion eines „Sucht-Syndroms" eine psychoanalytische Diskussion wieder auf, die bereits zu Beginn des Jahrhunderts geführt wurde (Eith 1993), die in der klinischen Praxis weiterhin von Relevanz ist und die auch die theoriegeschichtliche Entwicklung der Psychoanalyse als Wandel und Wiederaufnehmen von Paradigmen belegt: Hopper fand bei seinen Patienten Sucht im Dienste der Abwehr psychosenaher Phantasien - unbewußte, homosexuelle und perverse Phantasien -, wobei sich die unterschiedlichen Drogen unterschiedlichen Qualitäten von Phantasien zuordnen lassen.

Suchtmittelmißbrauch findet sich zunächst auf allen psychoanalytisch-diagnostisch unterschiedenen Strukturniveaus: „Fiktive" Normalperson, Neurosen, narzißtische Persönlichkeitsstörungen, Borderline-Persönlichkeitsorganisation und Psychosen (vgl. Strukturdiagnose) – aber nicht jeder Mißbrauch führt zur Erkrankung. Von einer Suchterkrankung ist erst die Rede, wenn das Suchtverhalten als Leitsymptom mit Kontrollverlust und Toleranzsteigerung bei psychischer oder physischer Abhängigkeit das klinische Bild bestimmt. Mit zunehmendem Suchtmittelmißbrauch, dies zeigt die klinische Erfahrung von Suchtentwicklung, nimmt die Sucht in der Beziehungsgestaltung einen immer größer werdenden Raum ein; zugleich verändert sich die psychologische Bedeutung des Suchtmittels, wenn der Persönlichkeitsabbau eintritt, d.h. wenn sich die Realperson des Erkrankten unter dem Suchtmittelmißbrauch in regressiver Weise rückentwickelt und das einmal erreichte Entwicklungsniveau wieder aufgibt.

Übertragung und Gegenübertragung in der therapeutischen Beziehung mit Abhängigkeitskranken

Wer als Arzt, Psychologe oder Sozialpädagoge in der Klinik, in der Beratungsstelle oder in der freien Praxis mit Abhängigkeitskranken arbeitet, weiß typische eigene Reaktionsweisen zu berichten:

1. Leicht wird die „Verleugnung" der Erkrankung, welche viele Suchtpatienten und deren Angehörigen ausüben, übernommen.
2. Aus uneingestandenen Helfer-Größen-Vorstellungen erhalten diese Patienten ungemein mehr an Einsatz und Zuwendung als vergleichbar schwer Erkrankte; fast ebenso groß dann die Enttäuschung, wenn alle Mühe vergeblich erscheint.
3. Wertschätzende Ärzte und Therapeuten ertappen sich im Gebrauch entwertender Äußerungen über suchtkranke Patienten.

4. Friedfertige und warmherzig-fürsorgliche Fachleute werden zu strengen, unbarmherzigen und aggressiven Richtern über die „willensschwachen" Patienten, denen man kalt vorwirft, ihr Leid selbst verschuldet zu haben.

Diese in Supervisionen häufig genannten Beziehungsformen stellen in psychoanalytischer Terminologie Gegenübertragungsbereitschaften dar, die als Antworten auf die Übertragungsangebote der Patienten verstanden werden (König 1993 a u. b). Im erstgenannten Fall (1.) identifiziert sich der Therapeut mit einer spezifischen Abwehrform des Patienten aus Angst und Scham vor der ihm angetragenen Rolle des konfrontierenden Bösen, die ihm mit dem Selbstbild des guten Helfers nicht vereinbar erscheint. Im zweiten Beispiel (2.) gelingt es dem Abhängigkeitskranken auf dem sog. Strukturniveau einer narzißtischen Persönlichkeitsstörung, die (wiederum) narzißtische Bedürftigkeit des wenig erfahrenen Therapeuten anzusprechen; die Übertragung ließe sich gelegentlich entschlüsseln als der Wunsch: Sei Du mein großartiger Retter und Helfer, wie meine allesumsorgende gute Mutter, nach der ich mich seit frühester Kindheit sehne! – die entsprechende Größenvorstellung als ausagierte Gegenübertragung: Ich bin Dein großartiger Retter! – stellt sich ein, wenn die Ich-Funktion der Realitätsüberprüfung des Therapeuten versagt. Als Folge droht große Enttäuschung, wenn sich ein derartiges Mitagieren in der Krankheitsdynamik als therapeutisch wenig wirksam erweist. Die im dritten Beispiel (3.) genannten Entwertungen treten u. a. auch dann auf, sobald die Idealisierung des Therapeuten durch Entwertung vom ebenfalls enttäuschten Patienten ersetzt wird. Im letzten Beispiel (4.) nimmt der Therapeut die ihm aufgrund von Über-Ich-Pathologien des Patienten angetragene Rolle des strengen, unbarmherzigen Richters an; mit anderen Worten: Der archaisch-strenge Über-Ich-Anteil des Suchtkranken ist abgespalten vom normativ-fürsorglichen Über-Ich-Anteil; aufgrund der Über-Ich-Schwäche erlebt es der Patient als erleichternd, wenn dieser schwer erträgliche, innere Einfluß nach Außen und in eine andere Person psychodynamisch verlagert werden kann (Externalisierung und Personifizierung des archaisch-strengen Über-Ich-Anteils, Wurmser, 1997, S. 79 ff). Hat sich der Therapeut mit derartigen Projektionen identifiziert (vgl. projektive Identifikation), sind auch Entwertungen gegenüber seinen Patienten nicht auszuschließen.

Fallbeispiel zur psychoanalytischen Suchttherapie Herr Z., 45 Jahre alt (alle Angaben anonymisiert), hatte sich seit seinem Hochschulstudium an die Spitze eines High-Tech-Unternehmens hochgearbeitet. Von Anfang an ordneten sich seine Ehefrau, die er nach Abschluß der Ausbildung geheiratet hatte, sowie seine beiden Söhne seinen beruflichen Anforderungen unter. Das Anliegen der Kunden stand gemäß dem Arbeitsethos über allem; also gab sich die Familie damit zufrieden, wenn sie hinter dem Beruf und dem Unternehmen meist zurückstehen mußten. Die berufliche Arbeit erfüllte Herr Z. absolut fehlerfrei und, auch wenn mehrstündige pausenlose Aufgaben zu bewältigen waren, stets optimal mit höchster Präzision nach seinen eigenen strengen Ich-Ideal-Forderungen; gern verglich er sich hierbei mit einem Flugzeugkapitän – der sich schließlich auch keinen Fehler erlauben dürfe! Als Ältester von fünf Geschwistern erhielt er von seiner an vielfältigen funktionellen Störungen erkrankten Mutter dann die begehrte Zuwendung, wenn er ihre Erwartung absolut erfüllte. Zum Schmerz über den Tod der Mutter, die er mit 17 Jahren verlor, kam die Enttäuschung über den Vater (den er kriegsbedingt erst mit drei Jahren näher kennenlernte), der mehr zur ungeliebten Stiefmutter hielt als zu ihm. Die Liebe des Vaters, eines offenbar kaltherzigen Perfektionisten, konnte er niemals gewinnen, zurück blieb ein tiefer Haß, den der Patient mit Hilfe von Reaktionsbildungen verdrängte.

Entsprechend seiner narzißtischen Persönlichkeitsstruktur fand sich bei Herrn Z. eine Ich-Organisation, die von einer (geheimen) Größenselbst-Vorstellung beherrscht wurde. Diese bestand aus einer Selbst-Repräsentanz, die eng verbunden mit seinen Idealvorstellungen von sich selbst (Idealselbst-Repräsentanz) und mit einer elitären Vorstellung von seiner Institution (Idealobjekt-Repräsentanz) verschmolzen war. Aufgrund der deutlich institutionellen Züge des Größenselbst wurde sein Ich von einem umfassenden „institutionellen Ich-Anteil" bestimmt; denn als Führungskraft war Herr Z. von den Institutionen, in die er hineingewachsen war, einerseits geprägt worden, andererseits war er nun selbst in der Lage, dem Unternehmen seinen „Stempel aufzudrücken". Wenn Herr Z. von sich sprach, redete er immer von seinem Beruf, der Arbeit und der Institution, gestaltete dabei den therapeutischen Kontakt derart, als ob er wie selbstverständlich die Wertschätzung des Therapeuten für seine aufopferungsvolle Hingabe an den Beruf und für seine hohe Verpflichtung gegenüber den Kunden einfordern könne. Herr Z. liebte sich – in seinem Beruf! Gegenübertragungsgefühle von Leere und Langeweile stellten sich beim Therapeuten spätestens dann ein, wenn sich die sehr gewählt vorgetragenen Berichte wiederholten („Ich weiß nicht, ob ich Ihnen schon erzählt habe, daß..."). Der Umgang mit Gefühlen, insbesondere Affektdifferenzierung, war bei einem derart differenzierten Mann erstaunlich unterentwickelt; Herr Z. sprach oft von seiner „Erschöpfung und großen beruflichen Anspannung" und meinte damit: Schamgefühle und diffuses Schuldempfinden wegen seiner einsamen Alkoholexzesse, Angstzustände und unklare aggressive Spannungen mit beruflichen Rivalen sowie unausgesprochene (vorbewußte?) erotisch-libidinöse Wünsche gegenüber erfolgreichen, attraktiven, jungen Mitarbeiterinnen. Abgesehen von gelegentlichen Impulsdurchbrüchen, bei denen er wutentbrannt Mitarbeiter öffentlich degradierte, wenn diese versagten, war Herr Z. eher beliebt, als ein lebendes Vorbild löste er aber bei einigen Untergebenen auch Unbehagen aus.

Herr Z. wandte sich an mich aus einer stationären, fachtherapeutischen Akutbehandlung (vier Wochen, kein Entzug nach Einschätzung der Klinik erforderlich), der er sich wegen seiner Alkoholabhängigkeit auf Drängen der Ehefrau und nach erneutem Verlust des Führerscheins unterzogen hatte. Er suchte eine nachsorgende Psychotherapie, weil man ihm dazu geraten hatte und weil er große Angst hatte, seine Karriere wäre ruiniert, wenn seine Alkoholerkrankung dem Vorstand bekannt würde. Herr Z. verstand es, unter geschickter Ausnutzung von Kollegenempfehlungen, mich für sich zu gewinnen; offensichtlich stand er, der gewohnt war, nüchtern-technisch und funktional zu denken und zu handeln, seiner Innenwelt ziemlich fremd gegenüber. Alle seine Vorbehalte gegen die psychoanalytische Therapie waren an die Ehefrau delegiert, die aus ihrer mangelnden Krankheitseinsicht kein Hehl machte

(„Wir haben jetzt genug gelitten, ich will, daß er es einsieht und mit dem Trinken aufhört, und daß er wieder seinen Führerschein erhält, ...denn, was werden die Leute und Kollegen denken, wenn ich ihn jetzt immer fahre... im übrigen habe ich einen großen Haushalt zu versorgen...“).
Noch während der diagnostischen Erhebungs- und Vereinbarungsphase erfolgte, einige Wochen der Abstinenz bestanden bereits, ein erneuter Rückfall, der öffentlich unbemerkt blieb und von der Familie wie bisher vertuscht wurde. Die große Scham und Zerknirschung von Herrn Z. milderte sich etwas, als ich den Rückfall als einen wichtigen Hinweis auf den Schweregrad der Erkrankung interpretierte, die aufgrund des klaren, gradlinigen und gewinnenden Auftretens – man sah und merkte ihm den Alkoholismus in keiner Weise an – von mir im ersten Eindruck eher unterschätzt worden war.
In einem schriftlichen Therapievertrag wurde ein mehrstufiger Behandlungsplan vereinbart, der eine Phase psychoanalytisch-interaktioneller Psychotherapie als Einstieg und zur Festigung des Arbeitsbündnisses umfaßte, sowie nachfolgend eine analytische Psychotherapie. Weitere Modifikationen waren: Begleitende, fest abgesprochene analytische Partnergespräche in der ersten Phase; Abstinenz wurde nicht ausdrücklich als Voraussetzung für die ambulante Behandlung gefordert, statt dessen die Bereitschaft zur stationären Akutbehandlung im Falle eines Rückfalls (stationäre Intervallbehandlung).
Indem ich von Herrn Z. keine Abstinenz verlangte, ging ich von der Ich-psychologischen Einschätzung aus, seine Sucht, als artifizielle Ich-Funktion, könne erst aufgegeben werden, wenn psychische Strukturen diese ersetzten. So hatte Herr Z. beispielsweise von der Gepflogenheit berichtet, daß er, trotz großer beruflicher Erfolge am Tage, auf der Heimfahrt sich an seiner Tankstelle mit einem wohlschmeckenden Kräuterlikör versorgte und diesen dann rasch auf einem Waldparkplatz – immer in der Angst, gesehen zu werden – mit einem wohligen Gefühl konsumierte; denn er habe sich an den erreichten Erfolgen nicht mehr freuen und das äußerst unangenehme, diffuse Gefühl von „Spannung und beruflicher Belastung“ kaum noch aushalten können. Offensichtlich erfolgte die Einnahme des Suchtmittels, wenn das Größenselbst des Patienten, das ihn die als unangenehm erlebte Spannung zwischen seinem realem Selbstbild und seinem Idealselbst aushalten ließ, bedroht war: Entweder dadurch, daß haltgebende Idealobjekte fehlten (z.B. die Bewunderung bekannter Kollegen für seine Leistungen ausblieb), oder durch Entwertung der Idealobjekte (z.B. wenn die von ihm vertretene Institution auch nur im geringsten kritisiert wurde) oder dadurch, daß die Banalisierung des Alltäglichen seinen Taten den Glanz nahm. Verminderte sich derart die stärkende Funktion seines Größenselbst, begann Herr Z. sich in massiver Weise zu entwerten, sein bedrängtes Ich war nicht in der Lage, hier ausreichend auszugleichen, diffuse und unangenehme Gefühlsspannungen sowie ein Leeregefühl breiteten sich aus. Der Kräuterlikör, dessen psychologische Bedeutung ich als Idealobjekt-Ersatz für männliche Autoritätsfiguren (diese legte bereits der Name des Likörs nahe) auf dem Entwicklungsniveau eines mit narzißtischer Libido besetzten Partialobjektes verstand, wärmte und stärkte in der kurzen Phase der Rezeption, solange der Alkohol also nicht seine beeinträchtigenden Wirkungen entfalten konnte. Somit bestand die Ich-Leistung des Patienten auch darin, im Zustand der durch das Suchtmittel wiedergewonnenen Spannkraft sich rechtzeitig zu Hause den Seinen zu präsentieren, bevor seine Betrunkenheit ersichtlich wurde.
In der Anfangsphase der Behandlung stattete mich Herr Z. mit vielfältigen überidealisierten Eigenschaften aus und nutzte mich als Idealobjekt. Daß er, der für so viele Mitarbeiter und so umfangreiche betriebliche Investitionen Verantwortung trug, sich Zeit nahm, mich regelmäßig 1- bis 2mal wöchentlich aufzusuchen, verlieh mir in seinen Augen eine luziose Autorität. Indem meine Funktion als Hilfs-Ich bzw. Hilfs-Über-Ich zunahm, konnte Herr Z. relativ mühelos, wie er voller Stolz berichtete, abstinent sein. Dies änderte sich, als seine Ehefrau in den Partnergesprächen, die „heile“, häusliche Welt und die „überaus harmonische“ Partnerbeziehung hinterfragt sah. Wenig in der Lage, realistische Korrekturen der „Familiensaga“ vorzunehmen, zog sie es indirekt (unbewußt?) vor, gegen die Idealisierung des Therapeuten zu arbeiten. Sie brachte ihren Mann dazu, mit allen ihm zur Verfügung stehenden Möglichkeiten, den Führerschein wiederzuerlangen (ich hatte in den Vorgesprächen geraten, den Führerschein – unter Berücksichtigung der gesetzlichen Bedingungen – erst dann wieder zu beantragen, wenn dessen psychologische Bedeutung für Herrn Z. genügend untersucht worden sei). Als er die Fahrerlaubnis kurze Zeit danach alkoholbedingt nochmals verlor, entwickelte sich ein ungemein heftiges szenisches Agieren: Frau Z. wandte sich im Rückfall entgegen der Vereinbarung nicht an mich, sondern an einen Vorgesetzten ihres Mannes, mit dessen Ehefrau sie sich etwas angefreundet hatte. Herr Z. stand plötzlich beruflich am Abgrund, denn die Geschäftsleitung geriet nun in einen starken Zwiespalt, ob sie ihn noch weiterhin in seiner verantwortungsvollen Position belassen könne.
Unter Abwägung der Interessen der Institution erhielt Herr Z. die Chance, seine Behandlung fortzuführen. Unter Einhaltung der therapeutischen Vereinbarung, auf der ich insistierte, erfolgte eine stationäre Akutbehandlung, aus der zurückkommend Herr Z. mir wieder eine – etwas mildere – Idealisierung verlieh; seine Ehefrau zeigte depressive Reaktionen, die Aufnahme einer psychotherapeutischen Behandlung (bei einem anderen Therapeuten) wurde ihrerseits in Erwägung gezogen. Im anfänglichen Schutze der Idealisierung konnte Herr Z. abstinent bleiben; angeregt durch die psychoanalytisch-interaktionelle Therapie entwickelte Herr Z. im folgenden Jahr weitere Ich-Fähigkeiten, die es ihm ermöglichten, seine durch narzißtische Haltungen unzweckmäßig organisierte persönliche Arbeitsorganisation zu entlasten. In der Übertragungs/Gegenübertragungsverschränkung tauchten in der zweiten Phase der analytischen Psychotherapie allmählich auch kritisch-realistische Einschätzungen über den Therapeuten auf, ohne daß die zugleich stützende Idealobjekt-Funktion durch Entwertungen ersetzt wurden, d.h. mit zunehmender Ambivalenz konnten Rivalitäten zugelassen werden. Bei stabilisierter Abstinenz erfolgte nun das Durcharbeiten der psychischen Funktionen des Suchtmittelgebrauchs. Die Behandlung von Herrn Z. zeigte nun im wesentlichen die Merkmale einer analytischen Psychotherapie mit günstiger Prognose: Unter Einbeziehung von Übertragung und Gegenübertragung und aufgrund der Arbeit an den Widerständen konnten die Störungen seiner Beziehungsgeschichte und deren innere Repräsentierung langsam analysiert werden. Herr Z. konnte,

gefördert durch die mehrjährige Langzeitbehandlung, nunmehr im Sinne einer „inneren Umstrukturierung" genügend haltgebende innere Strukturen entwickeln, die verläßlich weiter zur Verfügung stehen, wie die Epikrise später ergab.

Verhaltenstherapie

P. Schuhler

Merkmale

Im weltweit angewandten Klassifikationssystem psychischer Störungen, dem DSM-IV (Diagnostisches und Statistisches Manual psychischer Störungen, Saß et al. 1996) werden 11 psychotrop wirkende Substanzklassen, jeweils als mißbräuchlich eingenommene Stoffe, unterschieden: Alkohol, Amphetamine, Cannabis, Halluzinogene, Inhalantien, Coffein, Kokain, Nikotin, Opiate, Phencyclidine, Sedativa (Hypnotika, Anxiolytika). Die Störungen im Zusammenhang mit diesen Substanzen werden in zwei Gruppen aufgeteilt: Störungen durch Substanzkonsum (Mißbrauch bzw. Abhängigkeit) und substanzinduzierte Störungen, wie beispielsweise Intoxikation, Delir oder Entzugszeichen.

Unabhängig von der spezifischen Substanzklasse können nach dem DSM-IV (Saß et al. 1996) „Mißbrauch" und „Abhängigkeit" folgendermaßen diagnostisch unterschieden werden: Als Hauptmerkmal der Substanzabhängigkeit wird ein charakteristisches Muster kognitiver, verhaltensbezogener und physiologischer Symptome beschrieben, die anzeigen, daß der Substanzgebrauch trotz einschneidender substanzbezogener Probleme fortgesetzt wurde. Toleranzentwicklung, Entzugserscheinungen, Kontrollverlust und der unwiderstehliche Drang („craving") zur Suchtmitteleinnahme gehören zu den entscheidenden Merkmalen, die die Diagnose „Abhängigkeit" rechtfertigen. Kontrollverlust wird als die Unfähigkeit definiert, eine selbstgesetzte Menge des Suchtmittels nicht zu übersteigen. Unter Entzug werden die physiologischen und kognitiven Begleiterscheinungen bei Auslassen der Substanz verstanden. Zwanghafter Substanzgebrauch, z.B. häufig mehr trinken als eigentlich beabsichtigt oder erfolglose Versuche, das Trinken zu reduzieren oder einzustellen, charakterisiert die Abhängigkeit.

„Mißbrauch" wird durch die negativen Konsequenzen definiert, die mit der Suchtmitteleinnahme verbunden sind, derentwegen der Konsum aber nicht eingestellt wird (Tab. 54.**1**).

In der zweiten großen internationalen Klassifikation psychischer Störungen ICD-10 (Dilling et al. 1993) entspricht dem Substanzmißbrauch am ehesten die Kategorie „schädlicher Gebrauch", die allerdings nur global die psychische oder physische Schädigung als diagnostische Leitlinie beschreibt und - wie das DSM-IV - auf Konsummuster und -verhalten als definitorische Merkmale ganz verzichtet. „Verminderte Kontrolle" bleibt im ICD-10 als definitorisches Merkmal eindeutig der Abhängigkeit vorbehalten. Der Begriff „Kontrollverlust" ist schwierig zu operationalisieren und bleibt entsprechend vage und umstritten in der wissenschaftlichen Auseinandersetzung. Die Formulierung „Verminderte Kontrolle" im ICD-10 mag als Versuch gelten, die Schwierigkeiten mit dem Begriff „Kontrollverlust" zu umgehen. Körperliche Entzugszeichen sind als Manifestation einer Abhängigkeit unstrittig. Als zweites entscheidendes Kriterium für die Abhängigkeit wird im ICD-10 entsprechend auch der körperliche Entzug genannt.

Zu den Substanzen, die mißbräuchlich eingesetzt werden und zur Abhängigkeit führen können, gehören Opiate ebenso wie Nikotin oder Coffein. Alkohol ist aber das am häufigsten konsumierte und mißbräuchlich eingesetzte Suchtmittel. Psychotrop wirkende Medikamente gehören neben Alkohol zu der suchtpotenten Substanzklasse, die weit verbreitet ist und große klinische Relevanz hat. Viel weniger Menschen sind durch die Schädigungen „harter" Drogen, vornehmlich ein Problem des Jugendalters, betroffen, als durch die Folgeschäden, die der Konsum von Alkohol oder Psychopharmaka hervorruft. Die referierten Arbeiten in diesem Beitrag beschäftigen sich fast ausnahmslos mit Alkohol bzw. Medikamenten.

Das Spektrum der Alkohol- und Medikamentenprobleme reicht vom gelegentlichen Erleichterungstrinken bzw. iatrogen erzeugten Medikamentenabusus, wenn in Eigenregie und nach subjektivem Gutdünken ursprünglich ärztlich verordnete Psychopharmaka steigend dosiert werden bis hin zu einer manifesten körperlichen und psychischen Abhängigkeit. Nach unserer Erfahrung (Schuhler u. Jahrreiss 1996) handelt es sich bei „Suchtmittelmißbrauch" um eine eigenständige Störung, die weder weitgehend identisch ist mit „Abhängigkeit" noch zwingend in eine Abhängigkeit übergehen muß. Die Sichtweise, daß Mißbrauch sich zur Abhängigkeit wie der „Übergang von Gelb zu Grün" im Spektrum verhält (Vaillant 1983, zitiert nach Schmidt 1995), verweist auf den häufig schleichenden Übergang vom Mißbrauch in die manifeste Abhängigkeit. Tatsächlich ist es oft schwer, dieses Hinübergleiten in die Abhängigkeit zu bestimmen oder gar vorherzusagen. Dies heißt aber nicht, daß es unmöglich ist, klare Merkmale für Suchtmittelmißbrauch im Unterschied zur Abhängigkeit zu benennen. Eine trennscharfe Unterscheidung zwischen Mißbrauch und Abhängigkeit könnte in dem fortgesetzten, nicht angemessenen Einsatz des Suchtmittels zur Lebensbewältigung liegen, der über Trinken im geselligen Rahmen bzw. Medikamenteneinnahme nach ärztlicher Verordnung hinausgeht. „Nicht-angemessen" sollte sich nicht nur auf die Schädigungen beziehen, die der Patient in körperlicher, psychischer oder sozialer Hinsicht als langfristige negative Folgen mit seinem Mißbrauch riskiert, sondern in Diagnose und Therapie sollte vorrangig der Funktionalität des Mißbrauchs Rechnung getragen werden, also der Bestimmung der genauen Dienstfunktion, die das Suchtmittel zur Lebensbewältigung übernommen hat. Je klarer die Funktionalität des Suchtmittelabusus erkennbar ist, um so deutlicher wird die Verzahnung zu - häufigen - komorbiden psychischen oder körperlichen Erkrankungen und um so gezielter könnten therapeutische Interventionen erfolgen.

Prävalenz

Alkohol bedingt die am weitesten verbreitete psychische Störung in der Allgemeinbevölkerung überhaupt. Alkoholmißbrauch und -abhängigkeit sind nach DSM-IV-Angaben in einem Verhältnis von 5 : 1 bei Männern häufiger als bei Frauen. Das Geschlechterverhältnis ändert sich jedoch offenbar zunehmend in Richtung einer Angleichung zwischen Männern und Frauen. Wanke (1981) berichtet bereits von einem

Tabelle 54.1 DSM-IV-Kriterien (Saß et al. 1996) für Mißbrauch und Abhängigkeit

Kriterien für Substanzmißbrauch	Kriterien für Substanzabhängigkeit
A Ein unangepaßtes Muster von Substanzgebrauch führt in klinisch bedeutsamer Weise zu Beeinträchtigungen oder Leiden, wobei sich mindestens eines der folgenden Kriterien innerhalb desselben 12-Monats-Zeitraums manifestiert: 1. Wiederholter Substanzgebrauch, der zu einem Versagen bei der Erfüllung wichtiger Verpflichtungen bei der Arbeit, in der Schule oder zu Hause führt (z. B. wiederholtes Fernbleiben von der Arbeit und schlechte Arbeitsleistungen in Zusammenhang mit dem Substanzgebrauch, Schulschwänzen, Einstellen des Schulbesuchs oder Ausschluß von der Schule in Zusammenhang mit Substanzgebrauch, Vernachlässigung von Kindern und Haushalt) 2. Wiederholter Substanzgebrauch in Situationen, in denen es aufgrund des Konsums zu einer körperlichen Gefährdung kommen kann (z. B. Alkohol am Steuer oder das Bedienen von Maschinen unter Substanzeinfluß) 3. Wiederkehrende Probleme mit dem Gesetz in Zusammenhang mit dem Substanzgebrauch (Verhaftungen aufgrund ungebührlichen Betragens in Zusammenhang mit dem Substanzgebrauch) 4. Fortgesetzter Substanzgebrauch trotz ständiger oder wiederholter sozialer oder zwischenmenschlicher Probleme, die durch die Auswirkungen der psychotropen Substanz verursacht oder verstärkt werden (z. B. Streit mit dem Ehegatten über die Folgen der Intoxikation, körperliche Auseinandersetzungen) B Die Symptome haben niemals die Kriterien für Substanzabhängigkeit der jeweiligen Substanzklasse erfüllt	Ein unangepaßtes Muster von Substanzgebrauch führt in klinisch bedeutsamer Weise zu Beeinträchtigungen oder Leiden, wobei sich mindestens drei der folgenden Kriterien manifestieren, die zu irgendeiner Zeit in demselben 12-Monats-Zeitraum auftreten. 1. Toleranzentwicklung, definiert durch eines der folgenden Kriterien: a) Verlangen nach ausgeprägter Dosissteigerung, um einen Intoxikationszustand oder erwünschten Effekt herbeizuführen, b) deutlich verminderte Wirkung bei fortgesetzter Einnahme derselben Dosis 2. Entzugssymptome, die sich durch eines der folgenden Kriterien äußern: a) charakteristisches Entzugssyndrom der jeweiligen Substanz (siehe Kriterien A und B der Kriterien für Entzug von den spezifischen Substanzen), b) dieselbe (oder eine sehr ähnliche) Substanz wird eingenommen, um Entzugssymptome zu lindern oder zu vermeiden 3. Die Substanz wird häufig in größeren Mengen oder länger als beabsichtigt eingenommen 4. Anhaltender Wunsch oder erfolglose Versuche, den Substanzgebrauch zu verringern oder zu kontrollieren 5. Viel Zeit für Aktivitäten, um die Substanz zu beschaffen (z. B. Besuch verschiedener Ärzte oder Fahrt langer Strecken), sie zu sich zu nehmen (z. B. Kettenrauchen) oder sich von ihren Wirkungen zu erholen 6. Wichtige soziale, berufliche oder Freizeitaktivitäten werden aufgrund des Substanzmißbrauchs aufgegeben oder eingeschränkt 7. Fortgesetzter Substanzmißbrauch trotz Kenntnis eines anhaltenden oder wiederkehrenden körperlichen oder psychischen Problems, das wahrscheinlich durch den Substanzmißbrauch verursacht oder verstärkt wurde (z. B. trotz des Erkennens, daß sich ein Ulcus durch Alkoholkonsum verschlechtert).

2 : 1 Verhältnis. Darin dürfte sich der rasche epochale Wandel des weiblichen Geschlechtsrollenverhaltens widerspiegeln, das zunehmend mehr auch „klassisch männliche“ Bewältigungsstrategien integriert. Dieses Verhältnis variiert jedoch in jedem Fall mit dem Alter: Frauen beginnen mit exzessivem Trinken in einem späteren Lebensalter als Männer, jedoch spitzt sich die Suchtentwicklung schneller zu, so daß sich bei Frauen schneller Gesundheitsprobleme, sozialer Abstieg und zwischenmenschliche Probleme einstellen. Alkoholabhängigkeit weist einen Häufigkeitsgipfel im mittleren Lebensalter auf. Mißbrauch und Abhängigkeit verlaufen jedoch nicht linear progredient, sondern sind in der Regel durch periodenweise Remissionen und Rückfälle gekennzeichnet. Die katamnestischen Ergebnisse berichten Erfolgsraten von 40 – 65 %, gemessen an den Abstinenzraten der Patienten, ein Jahr nach Behandlungsende.

Medikamente mit Suchtpotential nehmen neben dem Alkohol eine hervorstechende Rolle im Substanzenspektrum ein: Bereits jeder fünfzehnte Patient einer Arztpraxis erhält Medikamente mit Abhängigkeitspotential verordnet (Melchinger, Schnabel u. Wyns 1992). Diese Arzneimittel machten 1994 rund 2 Milliarden aller innerhalb der gesetzlichen Krankenversicherung verordneten 29 Milliarden Tagesdosierungen aus (Glaeske 1997). Davon werden 40 %, das entspricht 800 Mio. Tagesdosierungen, nicht wegen akuter Beschwerden, sondern langfristig verordnet und setzten somit einen Suchtmechanismus in Gang. Zu diesen psychotropen (und rezeptpflichtigen) Medikamenten gehören: Tranquilizer vom Benzodiazepintyp, zentral wirksame Analgetika, codeinhaltige Medikamente, Psychostimulantien.

Verlauf

Bei dem bekannten Phasen- und Typenkonzept des Alkoholismus von Jellinek (1960) werden fünf Alkoholismustypen unterschieden, die von einem Erleichterungs- und Spannungstrinken noch ohne Kontrollverlust über Phasen des „Nicht-mehr-aufhören-könnens“ bis hin zu ausufernden Alkoholexzessen reichen. Darüber hinaus hat Jellinek Verläufe des Alkoholismus beschrieben: Die präalkoholische Phase, die durch das Erleichterungstrinken gekennzeichnet ist. Die Prodromalphase, in der es bereits zu Filmrissen kommt, zu schnellem und gierigem Trinken, zu Heimlichkeiten, zu

Schuldgefühlen und insgesamt einer zunehmenden Fixierung auf den Alkohol. Die kritische Phase, in der sich Kontrollverlust zeigt, immer wieder erfolglos abgebrochene Abstinenzversuche, Trinksysteme eingeführt werden mit dem erfolglosen Bemühen, dem Alkohol Herr zu werden, und schließlich eine chronische Phase, die alle Zeichen der manifesten Abhängigkeit umfaßt, vor allem den körperlichen Entzug bei Auslassen des Alkohols. Die Leistung Jellineks bestand vor allem darin, den Alkoholismus als Krankheit zu definieren und das Phänomen damit einer empirischen und klinisch-therapeutischen Betrachtung zugänglich zu machen. Vor Jellineks bahnbrechender Arbeit wurden Abhängige als willensschwache Individuen gesehen und die Abhängigkeit eher als Charakterfehler. Jedoch wird auch das klassische Krankheitskonzept, das auf Jellinek fußt, inzwischen verschiedentlich kritisiert (Szasz 1979, Robinson 1972, Heather u. Robertson 1985).

Bei Patienten, die medikamentenabhängig werden, steht anders als bei alkoholabhängigen Patienten ein körperlicher Beschwerdedruck im Zentrum des subjektiv erlebten Leidens. Schmerzen, Atembeklemmungen, Schwindelzustände, Schlafstörungen oder Funktionsstörungen in bestimmten Organsystemen, für die häufig keine organpathologische Ursache gefunden werden kann, bestimmen das Beschwerdebild (Baumeister 1997). Da durch die Medikamenteneinnahme der Leidensdruck gemildert wird, ist es für den Betroffenen besonders schwer, Linderung und Heilung voneinander zu unterscheiden. Ein besonderes Problem bei der Medikamentenabhängigkeit ist die oft zu gewährende Verordnungspraxis durch Ärzte, die aber häufig durch ein ausgeprägtes Medikamentenbegehren der hilfesuchenden Patienten beeinflußt wird. Zudem ist ein Großteil der psychotropen Medikamente, insbesondere Analgetika, frei verkäuflich und bedarf keiner ärztlichen Rezeption. Aus dem Konsumverhalten der Bevölkerung an Medikamenten ergeben sich alarmierende Zahlen: 6% der erwachsenen Bevölkerung nehmen täglich Schmerzmittel ein, 7% der Bevölkerung Schlaf- bzw. Beruhigungsmittel. Diese Zahlen lassen auf eine geschätzte Größe von ca. 3 Mio. Medikamentenabhängigen schließen. Dabei sind suchtpotente Stoffe wie amphetaminhaltige Appetitzügler noch nicht berücksichtigt. Von den verordnungspflichtigen Arzneimitteln haben ca. 5% ein Suchtpotential. Hierzu gehören in erster Linie die Schlaf- und Beruhigungsmittel vom Benzodiazepin- bzw. Barbituratsäuretypus, zentral wirksame Analgetika, codeinhaltige Medikamente, coffeinhaltige analgetische Kombinationspräparate und Psychostimulanzien. Der Umsatz verschreibungspflichtiger und frei verkäuflicher psychotroper Medikamente, der von pharmazeutischer Industrie, Apotheken, Drogerien und Verbrauchermärkten erzielt wurde, betrug im Jahr 1995 46 Milliarden DM. Den Löwenanteil daran machen Schlaf- und Beruhigungsmittel aus, gefolgt von Schmerzmitteln, wobei die Kombinationsanalgetika mit Coffeinanteil vorne liegen. Die Zahlen verdeutlichen die Brisanz des Medikamentenproblems und verweisen auf die Dringlichkeit diagnostischer und therapeutischer Anstrengungen.

Differentialdiagnostik und therapeutische Konsequenz

Eine klare Unterscheidung in Therapiezielbestimmung und therapeutischem Vorgehen, je nachdem, ob es sich um Mißbrauch oder Abhängigkeit handelt, hat sich in der klinischen Forschung und Praxis leider noch nicht durchgesetzt (Beck et al. 1997, Watzl u. Rockstroh 1997). Am ehesten werden die einschlägigen diagnostischen Kriterien für „Mißbrauch" bzw. „schädlichen Gebrauch" und „Abhängigkeit" vergleichend gegenübergestellt (Schmidt 1997, Kryspin-Exner 1994). Bislang existieren kaum Therapieansätze zur Behandlung von Suchtmittel**mißbrauch.** Eine heuristisch produktive Unterscheidung zwischen Mißbrauch und Abhängigkeit, die auch therapeutische Handlungsrelevanz hat, kann folgendermaßen umrissen werden: Suchtmittel**mißbrauch** sollte als Bewältigungsstrategie angesehen werden, durch die der Patient sich selbst in kritischen Situationen Erleichterung und Hilfe verschaffen will, die in der Regel durch eine Persönlichkeitsproblematik mitbedingt werden. Als Indikator für **Mißbrauch** gilt dann der fortgesetzte Einsatz des Suchtmittels zur Alltagsbewältigung, durch den aber noch keine körperliche Abhängigkeit, kein Kontrollverlust oder keine Abstinenzunfähigkeit eingetreten ist. Eventuelle Folgeschäden durch den Suchtmittelmißbrauch sollten festgehalten werden, müssen aber nicht als alleinige diagnostische Leitlinie gelten, wie die eingeführten Glossars DSM-IV und ICD-10 vorschlagen. Bekanntermaßen vollzieht sich für den Patienten dieser Prozeß schleichend und wird von ihm nicht bewußt als Bewältigungsstrategie registriert. Die Bewußtmachung dieser Zusammenhänge, der Aufbau von Einsicht in die Funktionalität des Suchtmittels in der Vergangenheit und die Erarbeitung alternativer Interaktions- und Selbststeuerungskompetenzen können dann im weiteren Schritt die Herleitung der Therapieziele bestimmen.

Kontrollverlust bedeutet, daß in gewissem Sinn zwanghaft getrunken wird bzw. Medikamente eingenommen werden, d.h. eine selbstgesetzte Menge des Suchtmittels wird trotz fester Vorsätze und Absichten immer wieder überschritten. Als differentialdiagnostisches Kriterium hat sich Kontrollverlust gut bewährt, um zwischen Mißbrauch und Abhängigkeit zu unterscheiden. Körperliche Entzugszeichen bei Auslassen des Suchtmittels gelten - wie beschrieben - als objektives und unstrittiges Merkmal der manifesten **Abhängigkeit**. Werden keine körperlichen Entzugszeichen festgestellt und kein Kontrollverlust ermittelt, wird Mißbrauch dann diagnostiziert, wenn durch die Einnahme des Suchtmittels regelmäßig gezielt eine bestimmte Wirkung angestrebt wird, beispielsweise eine anregende Funktion im Sinn einer Leistungssteigerung, enthemmende Wirkung im sozialen Rahmen, depressionsmindernde Wirkung, angstlösende Wirkung, beruhigende und spannungslösende Wirkung, schmerzmildernde Wirkung, schlaffördernde Wirkung, Suche nach rauschähnlichen Zuständen im Dienst einer Verdrängung belastender Erfahrungen, Erlangen von mehr Selbstsicherheit oder als sozialintegrierende Funktion. Bei der Abhängigkeit kann das Suchtmittel auch im Dienst der genannten Funktionen stehen, allerdings hat der fortgesetzte Gebrauch bereits zum Kontrollverlust und/oder zu körperlichen Entzugszeichen bei Auslassen des Suchtmittels bzw. Abstinenzunfähigkeit geführt.

Hat sich eine Alkohol- oder Medikamenten**abhängigkeit** entwickelt, wird sie als eigenständige chronische Erkrankung und nicht als Symptom einer anderen Störung betrachtet. Individuell unterschiedlich ausgeprägte Defizite in der Persönlichkeitsentwicklung werden jedoch als wesentliche Faktoren im Bedingungsgefüge der Entstehung der Abhängigkeit und auch bei deren Aufrechterhaltung angesehen (Jahrreiss 1993). Die Abhängigkeit selbst wird als Störung

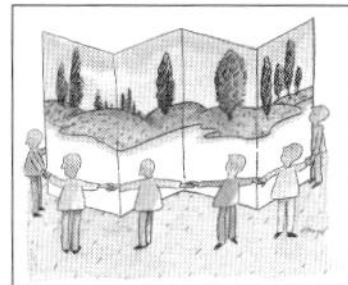

Synopse:
Abhängigkeitserkrankungen, Sucht aus psychoanalytischer und verhaltenstherapeutischer Sicht im Überblick

	Psychoanalyse (Klaus W. Bilitza)	Verhaltenstherapie (Petra Schuhler)
Verständnis von Mißbrauch und Sucht	Unterschieden wird zwischen suchtmittellosen Abhängigkeitserkrankungen (z. B. Spielsucht, Sexsucht) und stoffgebundenen Süchten. Sucht meint den unbezwingbaren Drang (Kontrollverlust), sich einen Stoff einzuverleiben oder eine bestimmte Handlung auszuführen. Sucht ist die fehlgelaufene Bildung einer (unbewußten) Struktur in der Ich-Organisation zur Anpassung nach außen und zur Abwehr nach innen. Neben dem pharmakologischen Suchtpotential spezifischer Substanzen findet die psychische Bedeutung eines Stoffes (z. B. Inkorporation/Introjektion ausgewählter Speisen bei Bulimie) Berücksichtigung. Mißbrauch meint den in der Regel bewußten und kulturell geprägten übermäßigen Konsum von Suchtmitteln ohne Kontrollverlust und dient der Entlastung des Ichs von unlustvollen Affekten bzw. entsprechenden Inhalten.	Substanzmißbrauch und Sucht werden als erlerntes Verhalten verstanden, das den Lerngesetzen folgt, d. h. neutrale Reize können zu Auslösern von reflexhaftem Verhalten werden (klassisches Konditionieren). Ursprünglich neutrale Reize, Situationen oder Kognitionen werden nach häufig erfolgter zeitlicher Koppelung mit dem Substanzkonsum zu Auslösern für die Substanzeinnahme. In diesem Fall ist der Substanzkonsum respondent gebahnt. Davon unterschieden werden muß operante Konditionierung, d. h. daß die Substanzeinnahme durch kurzfristige positive Folgen operant verstärkt wird. Kognitiv-emotionale Prozesse im Rahmen der Selbstregulation und -steuerung gewinnen in der Modelldiskussion eine immer größere Bedeutung. Subjektive Erwartungen an die Suchtmittelwirkung, das subjektiv empfundene Ausmaß von Streß in einer bestimmten Situation, die Einschätzung der Bewältigungsmöglichkeiten, die subjektive Überzeugung, eine belastende Situation kontrollieren zu können, sind dabei entscheidende Variablen.
Grundzüge der Krankheitslehre	Nach den frühen triebpsychologischen Suchttheorien dient Sucht dem Streben nach Lust (Lustprinzip). Aus Ich-psychologischer Sicht wird Sucht als künstliche Ich-Funktion zur Unlustvermeidung verstanden. Gemäß den objektbeziehungstheoretischen Ansätzen substituiert die Suchtbildung gestörte Internalisierungsprozesse; z. B. wird die Abhängigkeit von einem Objekt (Suchtmittel) je nach Entwicklungsstufe der Objektbeziehungen als Totalobjekt-Ersatz, als Ersatz für ein prädipales Partialobjekt bzw. als pathologische Form eines Übergangs-„Objektes" dargestellt. Die Abhängigkeitserkrankungen werden entsprechend dem psychogenetischen Verständnis der Psychoanalyse auf erfahrene schwere Beziehungsstörungen und entsprechende Ich-strukturelle Defizite zurückgeführt. Abhängigkeitserkrankungen, Süchte sind aus diesem Verständnis keine eigene nosologische Einheit.	Die frühe Verhaltenstherapie hat sich anfangs auf relativ einfache Bedingungsmodelle bezogen, die sich jedoch als unzulänglich darstellten. Am Anfang stand – vorwiegend in den USA praktiziert – die Aversionstherapie, die auf dem Prinzip der klassischen Konditionierung beruhte und zunächst mit elektrischen und später mit chemischen aversiven Reizen arbeitete, um das Suchtverhalten zu „löschen". Ein interessanter Ansatz der Aversionstherapie verwendete in den 70er Jahren symbolische aversive Reize, die das Suchtverhalten eindämmen sollten. Die Wirksamkeit der aversiven Therapieformen ist offensichtlich gering. In den 50er Jahren wurde die Spannungsreduktionstheorie formuliert auf der Grundlage von Mowrers Zweifaktorentheorie des Vermeidungsverhaltens. Der Grundgedanke dabei ist, daß Alkohol den negativ erlebten Spannungszustand über seine pharmakologische Wirkung reduziert und damit der Alkoholkonsum operant verstärkt werde. Die empirischen Befunde stützen diese Erklärung nicht: Alkoholkonsum wird gerade im fortgeschrittenen Stadium einer Abhängigkeitsentwicklung typischerweise von Spannungsanstieg und emotionaler Verstimmung begleitet - und dennoch nicht eingestellt. Lazarus sprach in den 60er Jahren zum ersten Mal von einer Breitspektrumverhaltenstherapie und plädierte für eine mehrdimensionale Bedingungsanalyse des Problemverhaltens unter dem Kürzel BASIC ID (Behavior, Affect, Sensation, Imagery, Cognition, Interpersonal Relations, Drugs). Dieses Modell wurde vielfach kritisiert, vor allem weil seine Komponenten unterschiedlich komplex angelegt waren. Dennoch weist es bereits auf die gültigen Grundzüge der verhaltenstherapeutischen Krankheitslehre von Substanzmißbrauch und Sucht: Kennzeichnend für das aktuelle verhaltenstherapeutische Verständnis von Sucht ist die Beachtung sozial-interaktiver Merkmale und kognitiver Prozesse. Die sozial-kognitive Lerntheorie Banduras lenkte die Aufmerksamkeit auf sozio-kulturelle Determinanten des Suchtverhaltens, auf den Einfluß der individuellen Sozialisation und auf die moderierende Rolle, die Interaktionsprozesse in der Trinksituation spielen. Diese Modellvorstellung wurde in den 80er Jahren ergänzt durch die handlungstheoretische Perspektive der soge-

		nannten Erwartungs-x-Wert-Theorie. Diese besagt, daß Verhalten oder besser Handeln von zwei Einflußgrößen abhängt, nämlich einmal von der subjektiven Bedeutung des Handlungszieles (Wert) und zum zweiten von der subjektiven Überzeugung, das Handlungsziel auch erreichen zu können (Erwartung). Diese subjektive Kalkulation als Handlungsergebnisantizipation ist eingebettet in eine Analyse und Bewertung der Situation. Die subjektiv erlebte situationale Anforderung, Selbstwirksamkeitsüberzeugungen und Erwartungen an die Suchtmittelwirkungen werden auf diesem Hintergrund zu den entscheidenden Faktoren im Krankheitsverständnis.
Diagnostik	Sucht bzw. Suchtstrukturen können auf allen sogenannten Strukturniveaus seelischer Entwicklung auftreten. Im Falle der Neurosenstruktur (ödipales Strukturniveau) scheint sich nur dann eine Sucht zu entwickeln, wenn es unter Suchtmittelmißbrauch zur Entdifferenzierung bereits erworbener Persönlichkeitsstrukturen kommt. In der klinischen Praxis überwiegen daher Suchterkrankungen auf dem präödipalen Strukturniveau narzißtischer Persönlichkeitsstörungen, der Borderline-Persönlichkeitsorganisation und der psychosenahen Zustände. Diagnostisch erfaßt werden soll das Strukturniveau der psychischen Entwicklung (Strukturdiagnose) sowie die jeweilige individuelle Konflikt- und Entwicklungspathologie (dynamische Diagnose). Besondere Berücksichtigung findet hier ebenfalls die Beziehungsdiagnostik unter Auswertung der Übertragungs-, Gegenübertragungsverschränkungen, der aktuellen Beziehungen und der relevanten Beziehungsgeschichte. Ziel des diagnostischen Verständnisses ist eine Aussage über die Psycho- und Pathodynamik der Sucht und über die Funktion des Suchtmittels (Differentialdiagnose).	Anders als bei der herkömmlichen psychologischen Diagnostik geht es bei der verhaltenstherapeutischen Diagnostik ganz allgemein und auch hinsichtlich des Suchtverhaltens um die Erfassung von direkt beobachtbaren Verhaltensweisen und der sie steuernden situationalen, kognitiv-emotionalen und physiologischen Bedingungen. Eine solche Verhaltensanalyse entscheidet über die Methoden, die den Gegebenheiten des Einzelfalls angepaßt in der Therapie angewandt werden. Dabei soll Aufschluß erlangt werden über die Richtung, in der die Bedingungen des Suchtverhaltens günstig beeinflußt werden können. Jede Therapie sollte möglichst auf die Veränderung der „Ursachen" ausgerichtet sein und nicht auf die „Symptome": Ursachen werden als aufrechterhaltende Bedingungen verstanden, bei denen biographische Bedingungen, die aus einer Entwicklungsperspektive zum Suchtverhalten geführt haben, unterschieden werden und Bedingungen, die aktuell und situativ gesteuert das Problem aufrechterhalten. Kernstück des diagnostischen Prozesses ist die Bedingungsanalyse, die über Auswahl der Therapiemethoden und die Anlage der Therapieplanung entscheidet. Diese Analyse, die jedem verhaltenstherapeutischen Vorgehen und entsprechend auch der therapeutischen Arbeit in der Suchtbehandlung zugrundeliegt, bezieht sich auf die unmittelbaren funktionalen Zusammenhänge zwischen auslösenden und aufrechterhaltenden Faktoren einerseits und resultierendem Verhalten andererseits. Unter biologischen Bedingungen wird die Betrachtung der das Suchtverhalten beeinflussenden organischen Faktoren verstanden, die am Auftreten, der Aufrechterhaltung oder Ausgestaltung des Substanzkonsums Anteil haben. Die externen Bedingungen schließen die Umweltbedingungen ein wie Arbeitsplatzverhältnisse (Konflikte, Ressourcen, Kontrolle über Arbeitsbedingungen, Arbeitsbelastung, Arbeitsplatzsicherheit), Wohnbedingungen, familiärer Kontext, soziokulturelle Faktoren, wie beispielsweise Subkulturen, Szenen, Cliquen, schließlich kritische Lebensereignisse bzw. every day hassels. Kognitive Auslöser spielen gegenwärtig die entscheidende Rolle in den therapeutischen Ansätzen: Überdauernde innere Einstellungen, Glaubenssysteme, irrationale Überzeugungen, die mit selbstabwertenden Gedanken einhergehen, subjektiv erlebte eingeschränkte Erfolgskontrolle, minimale Selbstwirksamkeitsüberzeugungen und das wiederholte Erleben, v. a. in den frühen Phasen der Abhängigkeit, daß die Suchtmitteleinnahme diese aversive kognitive Steuerung dämpft oder mindert. Dabei gilt die Grundthese, daß auf kognitiv-emotionale Prozesse (Gedanken, Bilder, Erinnerungen und Erwartungen) ebenso die Prinzipien der klassischen und operanten Lerntheorie anzuwenden sind wie auf direkt beobachtbare Stimuli und Reaktionen. Die Bedingungsanalyse als richtungsgebendes diagnostisches Instrument bringt die biologischen, kognitiv-emotionalen und Verhaltensmerkmale, die mit dem Suchtmittelkonsum verbunden sind, in einen funktionalen Zusammenhang.

Synopse:
(Fortsetzung)

	Psychoanalyse (Klaus W. Bilitza)	Verhaltenstherapie (Petra Schuhler)
Therapeutisches Setting, therapeutische Techniken	Die Indikation, die üblicherweise nach der Differentialdiagnostik im Einzelfall zu stellen ist, wird vom therapeutischen Verständnis einer „Therapiekette" geleitet: 1. Beratung und Motivierung zur Behandlung, 2. Entgiftung bei Indikation, 3. Einstieg in die psychotherapeutische Behandlung in der Fachklinik (vgl. Rehabilitation und Befähigung zur Psychotherapie), 4. gegebenenfalls Adaptationsmaßnahmen und 5. ambulante, nachsorgende Langzeittherapie mit u. U. Einbeziehung von Selbsthilfegruppen. Die jeweiligen therapeutischen Settings der unterscheidbaren Institutionen (Suchtberatungsstelle, Praxis, Fachklinik, Selbsthilfeorganisation) unterscheiden sich in der Organisation therapeutischer Prozesse nach leitender Krankheitslehre und ihrem jeweiligen therapeutischen Selbstverständnis. In den letzten Jahren, auch unter dem Einfluß von Strukturreformen, kann eine Ablösung der streng reglementierenden Settings, welche die Eigenverantwortung der Patienten gering ansetzen (vgl. allumfassende, strenge Haus- und Therapieordnungen; Institutionen zeigen Merkmale strenger Über-Ich-Orientierung), zunehmend durch die Ich-Entwicklung fördernde Settings (d. h. Institution und Therapeuten strukturieren aus Nähe zur Hilfs-Ich-Position) beobachtet werden (Pfannkuch 1997). Therapeutische Techniken zur Behandlung präödipaler Störungen kommen zur Anwendung: Neben der tiefenpsychologisch fundierten Psychotherapie vor allem die psychoanalytisch-interaktionelle Psychotherapie als Einzel- und Gruppenbehandlung. Die nachsorgende Langzeittherapie kann mit der Parametermodifikation eines strukturierten Therapievertrages als Psychotherapie aber auch unter gegebenen Voraussetzungen (Strukturniveau und Entwicklungsstand der Ich-Organisation; speziell: Fähigkeit zur therapeutischen Ich-Spaltung, Regressionsfähigkeit im Dienste der Behandlung, Frustrationstoleranz u. a.) als Analyse nach dem Standardverfahren durchgeführt werden.	Im Einzel- und Gruppentherapiesetting nach Erstellen der Bedingungsanalyse: Identifikation und Modifikation von überdauernden inneren Einstellungen und automatisiert ablaufenden Gedanken, die einen Suchtmechanismus auslösen oder verstärkten. Entscheidend sind dabei Grundüberzeugungen, nicht geliebt zu werden oder hilflos zu sein. Unangemessene Bewertungen als Denkgewohnheiten, die fest verwurzelt sind, werden modifiziert durch Techniken zur Überprüfung der Logik und Realitätsnähe der Bewertungen, durch Techniken zum Nutzen der Bewertungen (hedonistisches Kalkül) sowie Techniken zur Förderung der Antizipationsweite der Bewertungen und zum Überprüfen des Absolutheitsanspruches, den die verzerrten Denkgewohnheiten oft implizieren. Veränderung negativer affektiver Zustände wie Ärger, Angst, Hoffnungslosigkeit, die häufig Auslöser des Suchtmittelkonsums sind bzw. deren Dämpfung durch das Suchtmittel operant den Suchtmittelkonsum verstärkt. **Einzelne kognitive Techniken:** Analyse der Vor- und Nachteile des Suchtmittelkonsums, Förderung der internalen Attribuierung statt Fremdschuldzuweisung, Protokollierung der gedanklichen Steuerung, Imaginationstechniken und mentales Training, Veränderung der Aufmerksamkeitszentrierung, Gedankenstopp dysfunktionaler Kognitionen und Bewältigungsphantasien als eine Form des mentalen Trainings, Identifizierung von suchtspezifischen überdauernden inneren Einstellungen und Grundannahmen, Überprüfung dieser suchtspezifischen Grundannahme, Entwicklung von Abstinenzgedanken (Sokratischer Dialog), „Hausaufgaben" (d. h. Anleitung zum systematischen Nach- oder Vorbereiten bestimmter therapeutischer Inhalte), Übungen zum Realitätstransfer, Rückkoppelung und Auswertung: ggf. neue mentale Trainingsstrategien. **Verhaltenstraining** Verhaltenstherapeutische Techniken: Aktivitätenplanung, „Verhaltensexperimente" (um zunehmende Kontrollkompetenz zu ermöglichen), Rollenspieltechniken, Entspannungstraining, Hierarchisierung problematischer Situationen, Problemlösefertigkeiten und sozial kompetentes Verhalten trainieren, Ablehnungstraining als Rückfallprophylaxe (Zurückweisung von Suchtmitteln in verschiedenen Situationen, die bislang Suchtmittelkonsum auslösten), Aktivität und sportliche Bewegung zur Spannungsabfuhr als Alternative zum Suchtmittel.

Funktion der Therapeuten	Therapeuten vermitteln den Patienten durch sich selbst als wichtigen Interaktionspartnern in der therapeutischen Situation, inwieweit sie selbst in der Lage sind, mit Affekten umzugehen, Beziehungen zu gestalten, dabei Selbst- und Objekt-Repräsentanzen zu differenzieren usw. In der Funktion eines Hilfs-Ichs im emotionalen Dialog unterstützen die Therapeuten die Nachreifung der Patienten, wie früher im günstigen Fall die relevanten Bezugspersonen. In diesem Sinne ist es nicht nur entscheidend, *was* Therapeuten *tun*, sondern vielmehr auch *wie* Therapeuten *sind*. Suchttherapeuten von „früh" gestörten Patienten sollten daher, ungeachtet ihres Ausbildungsstandes, neben der Fähigkeit zur professionellen therapeutischen Ich-Spaltung über ein hohes Maß an „holding function" (Winnicott) und „containing function" (Bion) verfügen.	Wertschätzende und vertrauensvolle Beziehung zum Patienten aufbauen, Grenzen setzen, Glaubwürdigkeit aufrechterhalten, Zusammenarbeit aufrechterhalten, Vereinnahmung durch Patienten widerstehen, an das positive Selbstwertgefühl des Patienten appellieren, mit Machtkämpfen produktiv umgehen können.
Erfolgskriterien	Die Wiederherstellung einer Fähigkeit zum kontrollierten Suchtmittelgebrauch kann zwar in speziellen Fällen von Mißbrauch nicht ausgeschlossen werden (z. B. nicht maligne Entwicklungen bei neurotischen Problemtrinkern), wird aber in der Praxis aufgrund des für die Patienten nicht vorhersagbaren Rückfallrisikos therapeutisch nicht verantwortet und abgelehnt. Für die ambulante, nachsorgende Langzeittherapie wird gefordert, daß die Patienten die Abstinenz vom Suchtmittel bzw. vom symptomatischen Suchtverhalten überwiegend einhalten können, mit anderen Worten, daß die Patienten aufgrund der Nachreifung haltgebender innerer Strukturen auf die fehlgelaufene Ersatzbildung („Substitution") Sucht verzichten können.	Abstinenz bei **Abhängigkeit,** Einstellen des Suchtmittelkonsums zur Alltagsbewältigung bei **Mißbrauch,** günstige Entwicklung komorbider psychischer bzw. psychosomatischer Störungen, Förderung der sozialen und beruflichen Integration nach Behandlungsende (v. a. bei abhängigen Patienten), Erfolgsmessung: Ein-, Zwei- und Dreijahreskatamnesen hinsichtlich der Abstinenz bzw. des Einstellens des Suchtmittelmißbrauchs, Prä-post-Vergleiche hinsichtlich komorbider Störungen, Akzeptanz der therapeutischen Maßnahmen im Patientenurteil.

von eigenem Krankheitswert betrachtet, die ab einem bestimmten Punkt einen eigengesetzlichen Verlauf nimmt, der nicht mehr umkehrbar ist. Es ist das, was Abhängigkeit genannt wird. Erstes Therapieziel in der Behandlung Abhängiger ist die Abstinenzentscheidung der Patienten.

Der wesentliche Ertrag einer differentiellen Diagnosestellung hinsichtlich „Mißbrauch" und „Abhängigkeit" würde in der systematischen Ableitung unterschiedlicher Therapieziele liegen: Beim Suchtmittelmißbrauch muß *nicht* die lebenslange Abstinenz verfolgt werden, sondern die Rückkehr zum Genußtrinken im geselligen Rahmen bzw. die Medikamenteneinnahme nach ärztlicher Verordnung, wenn der Patient über tragfähige alternative Bewältigungsstrategien zu verfügen gelernt hat, die an die Stelle der unangemessenen Selbstheilungsversuche mit Suchtmitteln treten können.

Ein prognostisch günstiges psychotherapeutisches Behandlungsergebnis erscheint beim Suchtmittelmißbrauch durchaus schon im ambulanten Rahmen möglich. Die enge Verflechtung zwischen psychischen oder psychosomatischen Beschwerdebildern und Suchtmittelmißbrauch, die noch keine eigenständige Entwicklungsdynamik wie im Fall der Abhängigkeit erlangt hat, läßt einen psychotherapeutischen Zugang besonders aussichtsreich erscheinen. Dabei sollte beachtet werden, daß der Suchtmittelmißbrauch nicht von alleine „verschwindet", wenn nur die Grundstörung, beispielsweise die Angst oder die Depression, gebessert ist. Offensichtlich bedarf es einer gezielten und sorgfältigen Auseinandersetzung mit dem Problemfeld „Suchtmittel", die die Verzahnung zwischen psychischer oder psychosomatischer Grundstörung und Suchtmittelmißbrauch erhellt. Wichtig ist auch der Zusammenschluß in einer Gruppe Gleichbetroffener (Schuhler u. Jahrreiss 1996).

In der klinischen Praxis, z. B. in Fachkliniken, die mehrmonatige stationäre Entwöhnungsbehandlungen für abhängige Patienten durchführen, wird das Therapieziel „Abstinenz" als unverzichtbar angesehen. In der wissenschaftlichen Diskussion wird dieses Ziel immer wieder in Frage gestellt und das kontrollierte Trinken als mögliche Alternative zum Therapieziel „lebenslange Abstinenz" diskutiert (Sobell u. Sobell 1973, Marlatt 1985). Diese Auffassung verwirft die Grundannahme der Unheilbarkeit der stoffgebundenen Abhängigkeit und konsequenterweise das zentrale Therapieziel „lebenslange Abstinenz". Die amerikanischen Studien belegen, daß offenbar eine kleine Patientengruppe nach einer Behandlung kontrolliert trinken kann, ohne wieder das Vollbild einer Abhängigkeitserkrankung mit Kontrollverlust zu zeigen und Entzugszeichen bei Auslassen des Alkohols. Ein methodisches Grundproblem bei den Studien liegt in einer unklaren Zielgruppenbeschreibung: Offensichtlich wird nicht deutlich getrennt zwischen abhängigen Patienten und Problem-und Erleichterungstrinkern - die nach entsprechender Behandlung mit großer Wahrscheinlichkeit zu kontrolliertem und nicht deutlich schädigendem Trinken zurückkehren können. Außerdem werden entscheidende Parameter nicht genügend kontrolliert, v. a. die soziale Integration, das Innehaben eines Arbeitsplatzes oder eine stabile Partnerschaft - Faktoren, die entscheidenden Einfluß auf Abstinenz oder Rückfall haben, wie die Katamnesen von Suchtbehandlungen belegen (Schuhler u. Wagner 1996). Vielleicht ist es tatsächlich möglich, daß moderates Trinken auch einer kleinen Gruppe abhängiger Patienten gelingen könnte, dennoch läßt sich daraus für die klinische Praxis keine therapeutische Relevanz ableiten, da es keine Prädiktoren dafür gibt, welchen abhängigen Patienten kontrolliertes Trinken gelingen könnte und welchen nicht (Jahrreiss 1993).

Nicht nur in der Diagnostik, auch in der therapeutischen Vorgehensweise muß zwischen Mißbrauch und Abhängigkeit unterschieden werden. Für Abhängigkeitserkrankungen empfiehlt sich in der Regel das stationäre Setting, die sogenannten „Entwöhnungsbehandlungen" (Petry 1996). Wegen der Vielzahl der sozialen, körperlichen und psychischen Probleme bei der Abhängigkeitserkrankung ist eine ambulante Psychotherapie mit günstiger Prognose offensichtlich nur schwer durchzuführen. Neue Ansätze erproben gegenwärtig aber auch die Möglichkeiten des ambulanten Settings. Das Krankheitsverständnis der Abhängigkeit als eigenständige Erkrankung mit spezifischen Mechanismen legt nahe, Bedingungen zu schaffen, die es dem Betroffenen ermöglichen, die Unumkehrbarkeit der eigenen Abhängigkeitsentwicklung zu akzeptieren und mit der kränkenden Erfahrung, abhängig zu sein, umgehen zu können (Jahrreiss 1996). Nur dann, so wird angenommen, ist eine von der ganzen Person getragene Abstinenzentscheidung möglich. Dieser Schritt innerhalb des therapeutischen Prozesses wird vorausgesetzt, damit die psychotherapeutische Bearbeitung der zugrundeliegenden Persönlichkeitsdefizite effektiv gestaltet und neu erlernte Fertigkeiten und Einsichten sinnvoll in ein neues Lebenskonzept integriert werden können. Als therapeutisches Mittel der Wahl hat sich – neben der Einzeltherapie – die Gruppentherapie bewährt. Die Gruppe wirkt offenbar den bei Abhängigen so häufigen Rückzugs- und Vermeidungstendenzen entgegen und ermöglicht das Erlernen angemessener zwischenmenschlicher Verhaltensweisen und die Aufarbeitung sozialer Defizite, die regelmäßig bei der Entwicklung und Aufrechterhaltung der Abhängigkeitserkrankung eine entscheidende Rolle spielten.

55. Psychotherapeutische Behandlung von Sexualstraftätern

S. Nowara und N. Leygraf

Einleitung

Allgemeine Probleme der Kriminaltherapie

In dem am 01. Februar 1998 in Kraft getretenen „Gesetz zur Bekämpfung von Sexualdelikten und anderen gefährlichen Straftaten" hat der Gesetzgeber die Bedeutung der Therapie von Straftätern - insbesondere im Bereich der Sexualdelinquenz - besonders hervorgehoben. Dabei verfolgt das Strafrecht an sich bereits - neben dem Aspekt der Schuldverbüßung - das Ziel der Resozialisierung. Laut §2 des Strafvollzugsgesetzes soll der Gefangene im Vollzug der Freiheitsstrafe dazu befähigt werden, „künftig in sozialer Verantwortung ein Leben ohne Straftaten zu führen". Zur Erreichung dieses Ziels sind u.a. auch therapeutische Maßnahmen einzusetzen. Im Bereich der Unterbringung in einem psychiatrischen Krankenhaus nach §63 StGB ist die Behandlung („Besserung") gar erklärtes Hauptziel.

Die vermehrte Offenheit gegenüber kriminaltherapeutischen Ansätzen birgt jedoch auch die Gefahr, jedes abweichende - insbesondere sexuell abweichende - Verhalten per se als eine behandlungsbedürftige psychische Störung einzustufen. Der Verstoß gegen eine bestimmte Strafrechtsnorm impliziert aber für sich genommen keineswegs auch das Vorliegen einer Therapieindikation. Insofern ist in jedem Fall zu prüfen, inwieweit die Delinquenz als Symptom einer psychischen Störung/Erkrankung erklärt werden kann, ob also eine behandlungsbedürftige Störung vorliegt. Diese Prüfung ist vor allem bei Tätern im Strafvollzug notwendig, da sich im Maßregelvollzug gem. §63 StGB per definitionem nur Personen befinden, die an einer psychischen Störung oder Erkrankung leiden.

Exkurs: Eine Unterbringung in einem psychiatrischen Krankenhaus gem. §63 StGB setzt voraus, daß der Betroffene eine Straftat im Zustand verminderter oder aufgehobener Schuldfähigkeit auf der Grundlage einer seelischen Erkrankung, eines Schwachsinns oder einer „schweren anderen seelischen Abartigkeit" begangen hat (§§20/21 StGB) und seine weitere Gefährlichkeit für die Allgemeinheit wegen des Fortbestehens der Störung/Erkrankung festgestellt wird. Die Unterbringung im Maßregelvollzug gem. §63 StGB ist unbefristet. Ihre Dauer richtet sich nach dem Erfolg der Behandlung.

Hinsichtlich der Erfolgsaussichten in der Behandlung von Straftätern werden immer wieder einige grundsätzliche Bedenken geäußert:

- Ein entscheidendes Problem auf seiten der Klienten sehen viele Therapeuten darin, daß es bei einer staatlich angeordneten Therapie an deren Freiwilligkeit in bezug auf die Entscheidung zur Behandlung mangele. Ohne eine solche Bereitschaft und aktive Mitarbeit werden psychotherapeutische Maßnahmen als von vornherein zum Scheitern verurteilt angesehen. Überhaupt mangele es gerade bei Straftätern an der Motivation zu einer Therapie, weil diese keinen Leidensdruck hinsichtlich ihrer Störung verspürten, sondern allenfalls hinsichtlich der sozialen Reaktionen auf ihr Verhalten.
- Auf seiten der Therapeuten ergibt sich vor allem das Problem, daß diese entweder Mitarbeiter der Einrichtung sind (wie im Maßregelvollzug) oder im Auftrag der Einrichtung tätig werden (z.B. als externe Therapeuten für eine Justizvollzugsanstalt) und sich somit Grenzen hinsichtlich ihrer Verschwiegenheitspflicht ergeben.

Die genannten Gesichtspunkte greifen jedoch in der erwähnten Form zu kurz bzw. behandeln Aspekte, insbesondere den der Motivation, zu einseitig und zu wenig differenziert. Einen weitreichenden und kritischen Überblick über kognitiv-verhaltenstherapeutische Behandlungsprogramme gibt Marshall (1996). Trotz aller Einwände können kriminaltherapeutische Interventionen offensichtlich wirksam sein, wie Untersuchungen zum Erfolg von Maßregelbehandlung (Leygraf 1998) oder von Straftäterbehandlung allgemein (Lösel u. Bender, 1997) zeigen.

Eine einfache Übernahme der in anderen Bereichen entwickelten psychotherapeutischen Vorgehensweisen ist jedoch tatsächlich wenig erfolgversprechend. Vielmehr müssen diese den hier gegebenen Besonderheiten angepaßt werden:

- Anders als in sonst üblichen Therapiesettings besteht das Hauptziel der Behandlung hier nicht vorrangig in der Heilung oder Besserung der Störung und der Milderung des subjektiven Leidensdrucks, sondern vor allem darin, daß die Person zukünftig keine Straftaten mehr begeht.
- Zudem entstammen Straftäter aus überwiegend sozial benachteiligten Gesellschaftsschichten. Ihr Wissen über Therapie ist meist nur gering und die Einstellung gegenüber Psychotherapie negativ vorgeprägt (Dahle 1993).
- Vor allem aber beschränken sich die Probleme dieses Personenkreises nicht auf einzelne Bereiche oder eine „ausgestanzte" Symptomatik bei ansonsten weitgehend ungestörter Lebensführung. Vielmehr finden sich in den Biographien vielfältige Belastungen und Auffälligkeiten, insbesondere traumatisierende Erfahrungen, die sich in Beziehungsstörungen zeigen, was es ihnen – auch in therapeutischen Beziehungen – erheblich erschwert, Vertrauen in andere Menschen zu fassen (Rauchfleisch 1981).

Somit ist der Rückgriff auf bewährte psychotherapeutische Behandlungsverfahren zwar notwendig; diese sind aber der speziellen Klientel anzupassen. Leider findet sich häufig der umgekehrte Versuch, die Patienten mit einem bestehenden Behandlungsprogramm mit festgelegten Rahmenbedingungen zu konfrontieren. Die oft zwangsläufig folgende Erkenntnis, daß der Patient für dieses Programm nicht „passend" ist, wird dann vorschnell als Beleg dafür angesehen, daß er insgesamt nicht behandelbar sei. Die Patienten werden somit allzu leicht als nicht „therapiefähig" eingeschätzt. Dabei wird jedoch verkannt, daß der Begriff „Therapiefähigkeit" nicht nur ein störungs- bzw. patientenbezogenes Merkmal beschreibt, sondern auch die entsprechende Kompetenz der Einrichtung, die für den Betroffenen zuständig ist.

Gleichrangig neben dem therapeutischen Prozeß muß entsprechend dem Hauptziel – der Verringerung der Gefahr für die Allgemeinheit – immer auch ein prognostischer Prozeß stattfinden, der regulierend auf die therapeutischen Maßnahmen und vor allem auch auf die Gewährung oder Rücknahme von Lockerungen einwirkt (Nowara 1997).

Therapieindikation bei Sexualstraftätern

Unter diagnostischen Gesichtspunkten betrachtet handelt es sich bei Sexualstraftätern um eine ausgesprochen heterogene Gruppe, deren Delikte Ausdruck sehr verschiedener Störungsbilder sein können (Beier 1995, Schorsch 1971). Teils handelt es sich um entwicklungsbedingte Konfliktreaktionen, z. B. im Rahmen verzögerter Reifungsprozesse. Seltener finden sich fixierte sexuelle Deviationen (z. B. Exhibitionismus, Voyeurismus, Pädophilie, Fetischismus, Sadomasochismus). Hinter aggressiven Sexualdelikten steht oft eine sehr komplexe Motivation; hier kommen in der Regel andere Konflikte, etwa im Bereich des Selbstwertgefühls, in sexualisierter Form zum Ausbruch. Diagnostisch imponieren in diesen Fällen häufig Persönlichkeitsstörungen vom dissozialen Typ.

Schon in den vielfältigen Erscheinungsformen zeigt sich, daß es sich nicht um eine homogene Gruppe von Tätern und Störungsbildern handelt. Allgemein ist festzuhalten, daß abweichendes Sexualverhalten als ein Symptom eines psychischen Konflikts angesehen werden kann (Böllinger 1995) und damit als symbolische Konfliktlösung bzw. als das sexualisierte Ausagieren ungelöster Konflikte. Dabei können sich hinter gleichen Symptomen – z. B. gleichen Straftatsbeständen oder sexuellen Deviationen – durchaus unterschiedliche Problemstrukturen verbergen.

Psychotherapeutische Vorgehensweisen

Die äußeren **Rahmenbedingungen der Behandlung** ergeben sich zumeist durch die rechtlichen Gegebenheiten. Eine Therapie kann stationär im psychiatrischen (Maßregel-) Krankenhaus (gemäß § 63 StGB) erfolgen. Spezialisierte Abteilungen in Justizvollzugsanstalten gibt es in der Bundesrepublik bislang nur wenige, statt dessen werden häufiger externe Therapeuten von den jeweiligen Haftanstalten hinzugezogen. Ambulante Behandlungen können nach Beendigung oder – als Bewährungsauflage – anstelle einer Strafhaft erfolgen. Generell sind ambulante offenbar erfolgversprechender als stationäre Behandlungsstrategien (Hall 1995); ihr Einsatz ist aber auf Patienten beschränkt, bei denen keine akute Gefahr schwerwiegender Rückfalldelikte besteht.

Ziel der **tiefenpsychologisch orientierten Verfahren** ist das Bewußtwerden und Bearbeiten der hinter der sexuellen Deviation stehenden psychischen Konflikte. Durch „korrigierende Beziehungserfahrungen, das Erlernen von neuen Bewältigungsstrategien und die Integration der verschiedenen Persönlichkeitsanteile" (Böllinger 1995) soll dem Patienten die Möglichkeit gegeben werden, seine Konflikte nicht mehr in einer sexualisierten Form auszuagieren. In der Literatur zu psychodynamisch orientierten Behandlungsansätzen bei sexuellen Deviationen dominieren jedoch bislang Einzelfallstudien; es fehlt leider noch an systematischen Untersuchungen.

Die **Verhaltenstherapie** hat schon recht frühzeitig insbesondere mit Hilfe **aversiver Methoden** versucht, ein Behandlungsangebot für Sexualstraftäter bereit zu stellen. Durch verschiedene operante Methoden, wie die direkte Bestrafung (z. B. in Form von Elektroreizen oder Ammoniakgeruchsexpositionen) oder Methoden der Selbststeuerung, wie die verdeckte Sensibilisierung, wurde versucht, das unerwünschte sexuelle Verhalten zu reduzieren bzw. zu löschen (Fliegel et al. 1981). Nachdem die Erfolge dieser Methoden nicht das gewünschte Ausmaß hatten und diese Ansätze zunächst zugunsten einer dynamischen Sicht der Entstehung und Behandlung von sexuellen Devianzen aufgegeben worden waren, gelangten sie in den letzten Jahren – insbesondere im nordamerikanischen Raum – wieder zu einer gewissen Bedeutung.

Dabei wird ein besonderer Akzent auf die kognitiven und selbststeuernden Ansätze gelegt. Die aversive Kontrolle findet hier nur in der Vorstellung des Patienten statt. Er wird instruiert, sich den Beginn der Verhaltenskette seines devianten Verhaltens vorzustellen, aber sich statt der Ausführung der für ihn als lustvoll erlebten Handlung unlustvolle Reize vorzustellen, die mit sexueller Erregung unvereinbar sind.

Durch die Anwendung von Aversionstechniken soll die deviant-sexuelle Erregung eliminiert werden. Dabei ist grundsätzlich wichtig, daß mit dem Abbau des unerwünschten bzw. strafbaren Sexualverhaltens ein Aufbau von adäquatem, nicht-strafbaren Verhalten einher geht. Mit Hilfe des **Fadings** ist ein solcher Aufbau möglich. Dabei werden konditionierte Reaktionen auf eine bestimmte Gruppe von Stimuli durch deren zeitgleiche Darbietung auf bisher neutrale Stimuli übertragen. Während noch sexuelle Erregung vorhanden ist, die durch deviante sexuelle Stimuli ausgelöst worden ist, werden normale sexuelle Stimuli dargeboten. Diese erhalten allmählich Verstärkerwert und lösen ebenfalls sexuelle Erregung aus, während die devianten Stimuli langsam ausgeblendet werden.

In der Praxis dominieren derzeit multimodale und multimethodale **kognitiv-verhaltenstherapeutische Behandlungsprogramme**. So wurde in Kanada ein sehr durchstrukturiertes Behandlungskonzept entwickelt, mit dem man teilweise ambulant mit Patientengruppen arbeitet, aber auch in Form eines Trainigsprogrammes für Strafgefangene (Rouleau u. Granger 1997).

Die Personen müssen sich für eine Teilnahme an dem Programm bewerben und dabei u. a. eine Vielzahl von Einverständniserklärungen unterzeichnen, etwa hinsichtlich der wissenschaftlichen Verwertung und der Grenzen der Vertraulichkeit. Wenn bei ambulanter Behandlung konkrete Gefahr vom Patienten ausgeht, wird dies der Bewährungsbehörde unverzüglich mitgeteilt. Bezüglich der Behandlung werden die Patienten sehr genau informiert: Sie erfahren vorab, worüber sie in der Gruppe sprechen werden und wie die einzelnen Bausteine der Behandlung aussehen.

Es folgt dann eine intensive diagnostische Eingangsphase, in der u. a. eingehend mit der in Deutschland nicht mehr praktizierten Phallographie gearbeitet wird. Diese Methode wird auch zur Verlaufskontrolle und zur Bewertung des Behandlungserfolgs eingesetzt. Außerdem werden testpsychologische Verfahren zur Persönlichkeitsdiagnostik allgemein sowie zur Feststellung kognitiver Verzerrungen verwendet (Atoll and Becker Cognitive Scale, Burt Rape Myth Acceptance Scale).

Exkurs: Die Phallographie (Penisplethysmographie) wird in den USA und Kanada zunehmend nicht nur zu diagnostischen Zwecken, sondern auch zur Verhaltenskontrolle im Sinne der Kontrolle der Offenheit des Klienten in der Therapie eingesetzt. In einem Bericht (Salzgeber u. Stadtler 1997) wird diese Methodik auch auf bundesrepublikanische Verhältnisse für übertragbar gehalten, ohne daß jedoch die Methode als solche kritisch reflektiert wird (Schorsch u. Pfäfflin 1985).

Eingesetzt werden verschiedene verhaltenstherapeutische Elemente, um sexuelle und andere Verhaltensaspekte zu verändern. Ziel ist nicht Heilung, sondern die Fähigkeit zur Kontrolle.

Als ein Verfahren kommt die **verdeckte Sensibilisierung** zur Anwendung. In einer Verhaltensanalyse wird zunächst die Kette von Ereignissen untersucht, die zu dem Problemverhalten führt. D.h., man geht davon aus, daß es bei einem Sexualdelikt – wie auch bei der „normalen" Sexualität – immer ein gewisses Maß an Planung gibt. Dieser planende Anteil ist den meisten Patienten nicht sehr bewußt. Ihr Verhalten ist häufig so weit automatisiert, daß in ihrer Schilderung die Abläufe „eben so passieren". Außerdem neigen sie dazu, bestimmte auslösende Gefühle, wie Kränkungen oder Wut, aber auch die übermäßige Beschäftigung mit Sexualität, wie Pornokonsum oder „Spannen", zu leugnen oder zu verharmlosen.

Dann muß der Patient sich sehr genau die negativen Konsequenzen seines Verhaltens vergegenwärtigen und sich ganz konkret positive Konsequenzen ausmalen, die eine Aufgabe des Problemverhaltens zur Folge hat. Die Patienten erhalten dazu ein Arbeitsblatt. Ziel ist, daß die Klienten sich sehr früh in der Bedingungskette, die zu dem Problemverhalten führt, die negativen Konsequenzen vergegenwärtigen und auch die positiven einer Verhaltensänderung verfügbar haben. Das positive Alternativverhalten muß zuvor gemeinsam mit dem Patienten erarbeitet und individuell auf ihn abgestimmt werden. Die möglichst frühzeitige Unterbrechung ist deshalb wichtig, weil Ergebnisse der Forschung über Verhaltenstherapie zeigen konnten (Martin u. Pea 1988), daß ein Problemverhalten um so leichter zu unterbrechen ist, je frühzeitiger in der Verhaltenskette ein Unterbrechungsversuch stattfindet und ein Alternativverhalten ausgeführt wird.

In etwa vergleichbar mit diesem Vorgehen ist die Erarbeitung eines **Deliktszenariums** (Kröger 1997). Hier geht man davon aus, daß das delinquente Verhalten kein Symptom einer spezifischen Störung ist, sondern ein zielgerichtetes Verhalten, dem eine Reihe von Entscheidungen des Täters zwischen verschiedenen Verhaltensmöglichkeiten vorangeht. Dieser Entscheidungsprozeß vollzieht sich bei den meisten Tätern nach einem typischen Muster, das im Rahmen einer Verhaltensanalyse herausgearbeitet werden muß. Zudem können sexuelle Delikte einen stark befriedigenden Effekt haben und zu suchtähnlichen Entwicklungen führen, was schließlich zu dem Gefühl des Täters führt, als ob er sich bei der Tat nicht in der Hand gehabt hat und er selbst nicht wußte, wie ihm geschah.

Ziel der Therapie ist es, dem Täter seine Entscheidungen, die letztlich zu dem Delikt geführt haben, bewußt zu machen und ihm zu zeigen, wie er selbst mit Hilfe von anderen die Kontrolle über diesen Entscheidungsprozeß behalten kann. In diesem Behandlungskonzept werden in starkem Maße auch Angehörige und das soziale Netzwerk mit einbezogen. Am Ende der Erarbeitung des Deliktszenariums steht die Vorstellung desselben – mit Unterstützung durch den Therapeuten – innerhalb der Familie und des übrigen Behandlungsteams. Dieses Öffentlich-Machen der früheren Delinquenz wirkt insbesondere Leugnungs- und Bagatellisierungstendenzen entgegen, die insbesondere für Sexualstraftäter recht typisch sind und in ihrem Muster von der Familie übernommen werden. Ergänzt wird die Vorgehensweise durch eine Gesprächsgruppe zum Thema „Sexualität", in der u. a. auch die Folgen für das Opfer besprochen werden sowie allgemeines Wissen über Sexualität vermittelt wird.

Ein anderes Behandlungsmodul basiert auf dem Prinzip der **Sättigung**. Es geht darum, mit Hilfe von Selbstbefriedigung die Kopplung von devianten sexuellen Gedanken und sexueller Erregung zu erschöpfen. Bei ihrer „Hausaufgabe" sollen die Klienten jeweils eine Stunde lang onanieren. Zunächst sollen sie sich mit „normalen" Phantasien bis zum Orgasmus erregen. Danach sollen sie sich ihre „aufregendste" abweichende sexuelle Phantasie vorstellen und die Selbstbefriedigung bis zum Ablauf einer Stunde fortführen. Ihre Phantasien müssen sie dabei laut aussprechen und mit dem Tonband aufnehmen.

Zudem wird mit einer sog. **Geruchskonditionierung** mittels Ammoniakkapseln gearbeitet. Die Klienten sollen sich mit dem Geruch nicht quälen, sondern sich nur leicht unangenehm stimulieren. Sie sollen dabei in der Vorstellung zu ihren Delikten zurückkehren. Dann sollen sie sich die Schritte vergegenwärtigen, die zur Tat führen. Bei jedem der Schritte müssen sie am Ammoniak riechen. Außerdem sollen sie ständig Ammoniakkapseln mit sich führen, um dann, wenn sich ihnen wieder deviante Gedanken oder Phantasien aufdrängen, diese durch den Geruch möglichst früh zu unterbrechen mit dem Ziel, daß die Erregung wieder abnimmt. Dieses Verfahren wird keineswegs allein angewandt. Der Schwerpunkt muß immer auf der Kontrolle bzw. den Kognitionen liegen.

Ein weiterer therapeutischer Ansatzpunkt betrifft daher die tatrelevanten **verzerrten Kognitionen**. Dies sind zum Beispiel bagatellisierende Gedanken über Sexualität mit Kindern oder Vergewaltigung, wie: „Denen gefällt es doch auch." oder „Die Frau hat sich nicht gewehrt, also wollte sie es doch auch." u.ä. Die Fragen, die der Patient zu bearbeiten hat, sind dann „Wie rechtfertige ich mein Verhalten, welches sind meine Entschuldigungen?" Diese Kognitionen sind in den meisten Fällen besonders dadurch verfestigt geworden, daß der Patient nie darüber gesprochen hat. Deshalb wird im Rollentausch in der Gruppe mit den Kognitionen gearbeitet.

Exkurs: Neben den verschiedenen therapeutischen Methoden zur Veränderung von sexual-delinquentem Verhalten versucht die Verhaltenstherapie zunehmend, Erklärungsmodelle und damit neue Ansätze zur Veränderung zu geben. So beschreibt die Theorie der **kognitiven Dekonstruktion** einen intrapsychischen Prozeß, der durch spezifische Auslöser in Gang gesetzt wird und in einen gefühlsarmen Zustand mündet, in dem die Wahrscheinlichkeit für die Begehung eines Deliktes stark erhöht ist (Baumeister 1991, Ward et al. 1995).

Insbesondere in einigen deutschen **Maßregelvollzugseinrichtungen** kommen mittlerweile ebenfalls strukturierte Behandlungsprogramme zur Anwendung. So arbeitet Elsner (1999) in störungs- und einzelfallorientierten Behandlungsgruppen. Die Arbeit orientiert sich an zuvor in einem Behandlungsvertrag festgelegten deliktspezifischen Inhalten. Auch diese Behandlung erfolgt nach einem multimodalen Konzept. Es umfaßt die Deliktrekonstruktion, bei der z. B. an den verzerrten Wahrnehmungen auch mit Übungen zur Körperwahrnehmung gearbeitet wird, die Opferempathie, die Biographie sowie die Rückfallprophylaxe, bei der Rückfallvermeidungsstrategien gelernt werden sollen.

In Hessen wurden die Patienten in einer Maßregelvollzugsklinik an ihren Behandlungsbedürfnissen orientiert auf Spezialstationen zusammengefaßt (Müller-Isberner 1998). Die Behandlung erfolgt nach einem pragmatischen, multimodalen Ansatz, der in einen verhaltens- und milieutherapeutischen Rahmen eingebettet ist. Das Behandlungsangebot erfolgt in überstationären Gruppen und ist breit gefächert. Es erfaßt sowohl die Selbstkontrolle, als auch Metakognitionen, die Verbesserung sozialer Fertigkeiten, Verbesserung der interpersonalen Problem-Lösungs-Fähigkeiten, Entwicklung von Fähigkeiten zur Suchtmittelkontrolle bis hin zur Beherrschung der devianten Sexualität.

Besondere Probleme in der Behandlung

Sexualstraftäter verfügen in aller Regel zu Beginn der Therapie kaum über eine „innere" oder „primäre" Therapiemotivation. Im Vordergrund steht der Wunsch des Betroffenen, aus dem Straf- oder Maßregelvollzug entlassen zu werden bzw. einen Freiheitsentzug überhaupt zu vermeiden. Therapiemotivation ist jedoch keine feste, eindimensionale Eigenschaft, sondern stellt sich in aller Regel als ein Motivationsprofil in einer gegebenen Situation dar, wie dies Dahle (1995) empirisch nachgewiesen hat. Dazu zählen neben dem persönlichen Belastungserleben und den Problemkognitionen auch das Belastungserleben durch die Sanktion, die Bewertung von Therapie, das Selbstvertrauen des Betroffenen und seine Einstellung zur Justiz bzw. zum Straf- und Maßregelvollzug.

Der Aufbau einer tragfähigen therapeutischen Beziehung mit der Entwicklung einer „inneren" Bereitschaft kann also ein Ziel der Therapie sein, ebenso wie der Aufbau von Selbstvertrauen, um aktiv an einer Therapie teilzunehmen. Daher können psychotherapeutische Behandlungen von Sexualstraftätern auch dann sinnvoll und erfolgreich sein, wenn die „primäre" Motivation zunächst fehlt (Schorsch et al. 1985). Entscheidender Faktor in der Behandlung ist hier die Qualität der therapeutischen Beziehung. Zuweilen dient die Ablehnung einer strafgerichtlich „verordneten" Behandlung auf Seiten des Therapeuten auch nur dazu, bestimmte Patientengruppen nicht behandeln zu müssen (Rauchfleisch 1993).

Exkurs: Obschon mittlerweile eine Vielzahl an Einzelstudien zur Rückfallprävention von Sexualstraftätern vorliegen, sind hinsichtlich der **Effektivität der Behandlungsmaßnahmen** bislang nur begrenzte Aussagen möglich. Dies liegt u. a. an der Schwierigkeit, tatsächlich vergleichbare Kontrollgruppen zu bilden. Zusammenfassende Untersuchungen haben jedenfalls eine Senkung der Rückfallgefahr durch psychotherapeutische Maßnahmen nachgewiesen (Hall 1995). Dabei zeigten sich insbesondere die kognitiv-behavioralen Behandlungsprogramme als wirksam. Zudem wird die rückfallpräventive Wirkung der Behandlung bei Sexualstraftätern – anders als im Rahmen sonstiger kriminaltherapeutischer Programme – mit zunehmender Länge des Beobachtungszeitraumes immer deutlicher.

Unabhängig von der gewählten therapeutischen Richtung ist in der Behandlung von Sexualstraftätern folgendes zu beachten:

- In den meisten Fällen werden beim Ansprechen des Deliktes im Patienten ganz erhebliche Schuld- und Schamgefühle ausgelöst. Dies ist daher häufig nicht am Beginn der Therapie möglich, sondern stellt eines der zu erreichenden Ziele dar. In einem solchen Fall kann es sinnvoll sein, mit der Behandlung bei den „quasi-gesunden" Persönlichkeitsanteilen anzusetzen (Müller-Isberner u. Thomas 1992). Dabei werden dem Patienten dessen Bewältigungsstrategien in ihren sozial negativen Auswirkungen bewußt gemacht, um ihm ein Störungsbewußtsein zu vermitteln, das ihm die Notwendigkeit einer Behandlung deutlich macht. Auf der so geschaffenen Grundlage ist es dann möglich, auch tiefergehende Themen zu bearbeiten.
- In den Fällen, in denen beim Täter keinerlei Scham- und Schuldgefühle entstehen, besteht in der Regel auch keine Einsicht in die Notwendigkeit einer Veränderung des Sexualverhaltens. Dies findet sich nicht selten bei pädophilen Straftätern. Hier muß es in der Behandlung vorrangig darum gehen, dem Betroffenen Möglichkeiten zu eröffnen, sein sexuell-deviantes Verhalten besser zu kontrollieren.
- Allen Sexualstraftätern gemeinsam ist ein Mangel an Empathie, in besonders schweren Fällen fehlt sie völlig. Im Rahmen der Therapie muß diese über die emotionalen Komponenten des Therapiegeschehens geweckt werden (Schüler-Springorum et al. 1996). Ziel ist die Fähigkeit, „sich in die Lage anderer hineinzuversetzen, so als sei man ihr selber ausgesetzt".
- Insbesondere bei ambulanter Behandlung (Nowara 1992) ist die prognostische Einschätzung einer möglichen Rückfallgefahr von entscheidender Bedeutung. Diese Beurteilung ist vor allem dann besonders schwierig, wenn sich der Patient in einer Krisensituation befindet oder – möglicherweise auch durch die Behandlung selbst – eine zeitweilige innere Labilisierung eingetreten ist. Hier ist auf seiten des Therapeuten ein besonderes forensisches und kriminologisches Fachwissen erforderlich (Leygraf u. Nowara 1992, Nowara 1995).

56. Psychotherapie und Pharmakotherapie

L. Teusch und M. Gastpar

Einleitung

> „Die Zukunft mag uns lehren, mit besonderen chemischen Stoffen die Energiemengen und deren Verteilungen im seelischen Apparat direkt zu beeinflussen. Vielleicht ergeben sich noch ungeahnte Möglichkeiten der Therapie".

Diese von Freud im Jahre 1938 (Freud 1994, S. 77) durchaus positiv skizzierte Vision einer (auch) psychopharmakologischen Therapie läßt den Gedanken an eine systematische Einbeziehung naheliegend erscheinen. Auch wenn die damals nur geahnten Möglichkeiten bereits Wirklichkeit geworden sind, sind gleichwohl viele Fragen offen geblieben. Noch ist das Schulendenken zwischen Psychotherapie und Pharmakotherapie nicht überwunden und noch fehlen definierte, überprüfte Handlungsregeln für eine rationale Kombination. Klerman u. Mitarb. (1994) plädieren in der neuesten Ausgabe des „Handbook of Psychotherapy and Behavior Change" von Bergin u. Garfield (1994) für eine störungs- und patientenbezogene Position:

> „Patients should receive treatments that have been validated by clinical research and are appropriately fitted to their disorders, rather than submit to a given practitioner's procrustean approach" (S. 774).

„Reine" Psychotherapie oder Kombination mit Pharmakotherapie?

Die Vorteile eines „reinen" konfliktzentrierten psychotherapeutischen Vorgehens liegen auf der Hand: Der Patient wird darin gefördert, sich abgewehrten Gedanken und Gefühlen (auch Angst und Trauer) zuzuwenden, seine innere Welt zu erkunden und neue Seiten zwischenmenschlicher Beziehung zu erfahren. Der Verzicht auf potentiell störende psychopharmakologische Interferenzen bedeutet, daß es nicht zur Beeinträchtigung „tiefer" Gefühle oder „Verfälschungen von Affekten" kommt, die dann nicht ausreichend bearbeitet werden können (Danckwardt 1978, S. 111) und daß natürlich keine komplizierenden speziellen Nebenwirkungen auftreten. Damit wird auch ein Verlust an Autonomie vermieden, abgesehen von der haltgebenden therapeutischen Beziehung. Dieses Konzept ist für Therapeuten und Patienten einfach und überschaubar.

Allgemein gilt als Kennzeichen psychotherapeutischer gegenüber psychopharmakologischen Effekten:
1. Beeinflussung der interpersonalen Beziehung und der sozialen Adaptation versus Beeinflussung von affektiven Spannungen und „Symptomen",
2. verzögerter Wirkungseintritt und anhaltende Wirkeffekte versus raschen, weniger dauerhaften Effekten,
3. bevorzugte Beeinflussung von „Trait"-Variablen versus „State"-Variablen (Karasu 1982).

Die Vorteile eines „reinen" **verhaltenstherapeutischen bzw. kognitiv-therapeutischen** Vorgehens liegen gleichfalls in einer Stärkung der Kompetenz des Patienten zur Selbstregulation. Er wird in die Lage versetzt, aus eigener Kraft, z. B. Angst- oder Zwangssymptome zu bewältigen oder auch depressive Denkmuster zu reduzieren oder aufzugeben.

Vorteile eines kombinierten Vorgehens?

Eine zusätzlich pharmakologische Behandlung soll den Zugang zur Psychotherapie erleichtern, also die Eingangsvoraussetzungen verbessern. Die Verminderung quälender Denk-, Affekt- oder Antriebsstörungen soll die Kommunikationsfähigkeit des Patienten im Hinblick auf ein psychotherapeutisches Arbeitsbündnis verbessern (Teusch u. Gastpar 1999). Damit wäre die **Indikation** zur Psychotherapie weiter zu stellen. Dies widerspricht der Auffassung nicht, daß eine ausreichende Psychotherapiemotivation ein gewisses Ausmaß an Leidensdruck voraussetzt. Von einem kombinierten Vorgehen werden **synergistische Effekte** erwartet (rascher und umfassender Wirkungseintritt/geringere Rezidivrate).

Voraussetzungen für eine kombinierte Behandlung?

Eine Dämpfung ängstlicher oder auch trauriger Gefühle stört den notwendigen mitunter auch anstrengenden und schmerzlichen therapeutischen Prozeß. Entscheidendes Medium des konfliktzentrierten psychotherapeutischen Vorgehens ist ja gerade die Emotionalisierung der Beziehung und die emotionale Verankerung von Erfahrung in der therapeutischen Beziehung. Allerdings spielt eine Rolle, wie ausgeprägt Angst und Unruhe oder wie ausgeprägt die depressive Verstimmung (Störung der Vitalgefühle, emotionale und kognitive depressive Einengung) sind. Das Ausmaß der Störung und der jeweiligen subjektiven Belastbarkeit kann ohne zusätzliche Medikation das therapeutische Bündnis sprengen. Auch kann eine wenig nützliche Periode verstreichen, in der der Patient heftigen belastenden Symptomen

Tabelle 56.1 Spektrum psychopharmakologischer Therapie

	Angst	Depression	Zwang
Soforteffekt (Tage)			
Akutbehandlung (1 Monat)	Benzodiazepine (Antidepressiva) (MAO-Hemmer)	Antidepressiva MAO-Hemmer (neue Benzodiazepine)	spezielle Antidepressiva (Clomipramin/selektive Serotonin-Wiederaufnahme-Hemmer)
Langzeitbehandlung/Prophylaxe	Antidepressiva MAO-Hemmer (neue Benzodiazepine?)	Lithium, Antidepressiva, MAO-Hemmer, Antiepileptika	spezielle Antidepressiva

ausgesetzt ist, ohne im engeren Sinne aktiv in der Therapie mitarbeiten zu können. Natürlich sind psychotherapeutische und psychopharmakotherapeutische Fachkompetenz erforderlich.

Einen Überblick über das differentielle Spektrum psychopharmakologischer Therapie für die Behandlung von Angst, Zwang und Depression gibt Tab. 56.**1** (in Anlehnung an Gastpar 1986).

Überprüfung der Wirksamkeit einer kombinierten Behandlung?

In den letzten Jahren sind große Anstrengungen unternommen worden, um die Effekte einer zusätzlichen pharmakologischen Therapie systematisch zu erfassen. Einen aktuellen Überblick über die Methodik des empirischen Vergleichs von Psychotherapie und Psychopharmakotherapie-Effekten geben Elkin u. Mitarb. (1988 a u. b), über Ergebnisse kontrollierter Studien zur Kombinationsbehandlung Klerman u. Mitarb. (1994).

Tab. 56.**2** zeigt ein 4-Gruppen-Untersuchungsdesign zur Evaluation der kombinierten Behandlung (nach Klerman u. Mitarb. 1994).

So bestechend einfach und einleuchtend ein derartiges Design für kontrollierte Studien auch ist, so sind gerade von psychotherapeutischen Forschern Vorbehalte geäußert worden, insbesondere hinsichtlich der Versorgungsrelevanz derartiger Ansätze (Rüger u. Senf 1994).

Spezielle Aspekte der Kombination mit psychotropen Substanzen

Eindeutige allgemeine Regeln, wann eine Kombination durchzuführen ist, gibt es bislang nicht, erst recht keinen generellen empirischen Beleg für synergistische Wirkeffekte. Die Fragestellung ist auch als zu global zurückzuweisen. Die Frage muß sich statt dessen richten auf:
Welche Patienten (Persönlichkeit, subjektive Behandlungstheorie, soziale Situation)?
Mit welchen Störungen?
Mit welcher Psychotherapieform?
Welche ergänzende psychopharmakologische Strategie?
In welchem Zeitraum?

Die Einstellung des Patienten zu einer psychopharmakologischen Behandlung ist wichtig. Notwendig ist seine ausreichende Information über die angestrebten Wirkungen und die möglichen Nebenwirkungen der pharmakologischen Behandlung. Die positive Einstellung gegenüber Medikamenten kann Zeichen einer Konfliktabwehr sein oder auch von magischen Heilserwartungen. Vorbehalte können recht unterschiedliche Hintergründe haben: Angst vor weiterem Autonomieverlust eines Borderlinepatienten, vor schädlichen Nebenwirkungen bei ängstlichen-hypochondrischen Patienten, selbstquälerische Ablehnung bei manchen Depressiven.

Störungsbezogene Aspekte

Für die meisten psychotherapeutisch behandelbaren Störungen gibt es auch wirksame psychopharmakologische Behandlungsstrategien, die für eine Kombinationstherapie in Betracht gezogen werden können. Beispielhaft sei hier auf

Tabelle 56.2 4-Gruppen-Untersuchungen

		Psychotherapie	
		Experimentalgruppe	Kontrollgruppe
Pharmakotherapie	Experimentalgruppe	kombinierte Therapie	Psychotherapie
	Kontrollgruppe	Pharmakotherapie	Kontrollgruppe

Angst- und Zwangserkrankungen, depressive Erkrankungen und Abhängigkeitserkrankungen näher eingegangen.

Zu den am besten evaluierten psychotherapeutischen Behandlungsverfahren gehört die **verhaltenstherapeutische Reizkonfrontation bei Panik und Agoraphobie.** Dadurch, daß der Patient angstbesetzte Situationen gezielt aufsucht und bis zum Abklingen der Angst darin verweilt, soll er lernen, seine Angst aktiv zu überwinden, also auftretende Beschwerden nicht zu vermeiden. Dies führt zu einer Abnahme von Intensität und Häufigkeit der Panikattacken. Die gleichzeitige Gabe von Tranquilizern oder die Einstellung auf ein spezifisches Antidepressivum mit dem Ziel der Paniksuppression wäre unangemessen, denn dadurch würde das Auftreten von Angst während der Reizkonfrontation verhindert. Es käme also zu einer Reaktionsverhinderung. Von daher plädieren Verhaltenstherapeuten bei diesen Störungen in der Regel gegen eine medikamentöse Behandlung (Marks 1987). Ausnahmen sind dann gegeben, wenn die individuelle Belastbarkeit besonders niedrig ist oder wenn das Ausmaß der vegetativen Reaktionen so extrem ist, daß ein Zustandekommen der Reizkonfrontation überhaupt gefährdet wäre. Also nur in besonders kompliziert gelagerten Fällen liegt hier die Indikation für eine Kombination vor (Linden 1994).

Ein charakteristisches Beispiel dafür, wie verbreitet dogmatisches Denken ist, bietet folgende öffentliche Kontroverse: Bei Panik und Agoraphobie bewirke Imipramin, ein trizyklisches Antidepressivum, „nichts als beträchtliche Nebenwirkungen", so Isaak Marks (1986), London, der prominenteste Vertreter der verhaltenstherapeutischen Reizkonfrontation. Die verhaltenstherapeutische Reizkonfrontation verhelfe dem Patienten lediglich zu einer „stoischen Haltung" gegenüber Panikattacken, so Donald Klein, New York, einer der bekanntesten Vertreter der Imipramin-Behandlung (Klein 1987). Diese Schlußfolgerungen sind um so erstaunlicher, als sich beide Wissenschaftler gerade zur Frage der Behandlung von Panik und Agoraphobie auf kontrollierte Studien und Nachuntersuchungen stützen, in denen die Kombination beider Verfahren gegen ein Verfahren allein geprüft wurde.

In der **konfliktzentrierten Psychotherapie** angstneurotischer Störungen geht es, allgemein gesprochen, um die Förderung der Selbständigkeits- und Autonomieentwicklung. König (1981) hat speziell auf die mangelnde Internalisierung des steuernden Objekts hingewiesen. Prima vista wäre der psychopharmakologische Einsatz kontraproduktiv, da er ja Abhängigkeitswünsche unterstützt anstelle von Autonomiebestrebungen. In einem mehrphasig gedachten Behandlungsplan sieht dies dagegen anders aus. Wird eine psychopharmakologische Behandlung für einen definierten Zeitraum unterstützend eingesetzt, kann der Patient Teilaspekte der Autonomie bereits früher realisieren, sich wieder frei bewegen und Minderwertigkeitsgefühle abbauen. Die Hilfestellung durch Medikamente kann auch Patienten mit hoher Konfliktabwehr helfen, Vertrauen zum Therapeuten zu gewinnen als Grundlage für ein psychotherapeutisches Arbeitsbündnis. Der Therapeut hat bereits in der „Symptomphase" die Möglichkeit, durch ein konsequent dynamisierendes Vorgehen (Teusch u. Finke 1995), etwa über die Problematisierung, wie peinlich ein Schwindelanfall in der Öffentlichkeit dem Patienten wäre, oder über die Überbewertung der vegetativen Angstsymptome (Todesangst), einen Einstellungswechsel und eine Zunahme an Vertrauen in den eigenen Körper bzw. eine Verminderung des Konformitätsdrucks zu erreichen.

Vertrauter als eine Kombination mit Antidepressiva ist die bedarfsweise Einnahme eines Anxiolytikums bei extremen Angstzuständen. Manche Angstkranken führen eine Tablette für den Notfall ständig mit sich im Sinne eines Übergangsobjekts.

Erleichtert wird die Frage der Kombination, wenn die jeweiligen Ziele, Wirkungen und Nebenwirkungen – wie hier am Beispiel angstneurotischer Störungen – systematisch betrachtet werden (Tab. 56.**3**).

Kontrollierte Vergleichsstudien über eine psychoanalytisch orientierte Therapie bzw. Gesprächspsychotherapie mit und ohne zusätzliche psychopharmakologische Behandlung liegen bisher nicht vor. Es gibt allerdings mehrere Studien über die verhaltenstherapeutische Reizkonfrontation mit und ohne psychopharmakologische Behandlung. Die Ergebnisse einiger Studien sprechen für die Überlegenheit der kombinierten Behandlung, in anderen ist sie weniger deutlich. Nachteilige Wirkungen der Kombination waren jedenfalls – soweit das Untersuchungsdesign angemessen war – nicht feststellbar.

Bei **Zwangsstörungen** betonen inzwischen eine Reihe von verhaltenstherapeutischen Autoren die Kombination verhaltenstherapeutischer Strategien mit Antidepressiva, die speziell das serotonerge System beeinflussen (Clomipramin, Fluoxethin, Fluvoxamin). Eine Kombination wird befürwortet (Baer 1993), wenn der Patient ohne zusätzliche Unterstützung nicht in der Lage ist, die Reizkonfrontation durchzuführen. Dies gilt vor allem für schwere Störungen, etwa wenn Zwangsgedanken oder -rituale den überwiegenden Teil des Tages beherrschen.

Besonders eindrucksvoll war uns der Fall einer 35jährigen selbständigen Friseurmeisterin, die über Jahre unter einer schweren Zwangssymptomatik aus Angst vor Kontamination mit Hundeurin litt. Weder die vorangegangene psychoanalytisch orientierte Einzeltherapie noch intensive Pharmakotherapie hatten zu einer Symptombesserung geführt. Im Rahmen der 10wöchigen stationären Behandlung trug zunächst die zwangsspezifische antidepressive Wirkung auf den Drang, Zwangsgedanken und Zwangsimpulsen nachzugeben, dazu bei, daß sie für die Einzel- und Gruppenpsychotherapie erreichbar wurde. Sie konnte den Konflikt erkennen zwischen freundlicher Hilfsbereitschaft, ihrem Bedürfnis nach Anerkennung und bis dahin kaum wahrgenommenen aggressiven Impulsen. Sie wurde konfliktfähiger und lernte, sich auch gegenüber nahestehenden Bezugspersonen abzugrenzen. Nach späterer Ergänzung um eine spezifische Reizkonfrontationsbehandlung war die Patientin bei der Entlassung völlig symptomfrei und blieb dies im Verlauf der anschließenden ambulanten Gesprächspsychotherapie – auch nach sukzessivem Absetzen der Medikation. Inzwischen ist sie über 10 Jahre symptomfrei.

Bei schweren **depressiven Störungen** ist in der akuten Phase ein ermutigendes, stützendes psychotherapeutisch orientiertes Vorgehen in Verbindung mit einer psychopharmakologischen Behandlung angezeigt. Das in dieser Phase ent-

Tabelle 56.3 Grundlagen, Ziele, Wirkungen und Nebenwirkungen verschiedener Verfahren zur Behandlung von Panik und Agoraphobie (in Anlehnung an Teusch 1990)

	Psychotherapie		Pharmakotherapie	
Therapieform	psychoanalytisch orientierte Therapie/Gesprächspsychotherapie	Verhaltenstherapie	Antidepressiva	Anxiolytika
Theoretische Basis	Konfliktmodell/Inkongruenzmodell	lerntheoretisches Modell	Regulationsstörung der Neurotransmitter (serotonerges System)	Rezeptormodell (GABAerges System)
Therapieziele	Symptombewältigung, Erweiterung der Autonomie, Verbesserung der Konfliktfähigkeit, Realisierung angemessener Abhängigkeitswünsche	Aktives Überwinden von Panik und Vermeidung	Unterdrücken von Panikattacken; dadurch Überwinden von agoraphober Vermeidung	Unterdrücken von Panikattacken/antizipatorischer Angst; dadurch Überwinden von agoraphober Vermeidung
Therapietechnik	störungs- und prozeßspezifische Interventionen	Reizkonfrontation	trizyklische Antidepressiva/Serotonin-Reuptakehemmer/MAO-Hemmer	neuere Anxiolytika
Wirkungen	Einsicht in Konflikte, Zunahme interpers. Kompetenz verzögerte Abnahme von Panik und Vermeidung	rasche Abnahme von Panik und Vermeidung, Erfahrung: Ich kann Panikattacken bewältigen	rasche Verminderung von Panik und Abnahme der Vermeidung	sofortige Verminderung von Panik und antizipatorischer Angst, Abnahme der Vermeidung
Nebenwirkungen	vorübergehende Verschlechterung mit Gefühlen von Wut oder Verzweiflung	vorübergehende Zunahme von Panik und Erwartungsangst	zahlreiche körperliche Nebenwirkungen	Vigilanzminderung, Medikamentenabhängigkeit

standene Vertrauen in den Arzt soll dann rechtzeitig genutzt werden für die nachfolgende psychotherapeutische Behandlung im engeren Sinne. Der Akzent verschiebt sich in der Restitutionsphase von Helfen zum In-Frage-Stellen (Rüger 1982). Bei mittelschweren depressiven Störungen ließ sich in einer eigenen Studie (Teusch et al. 1999) bei einem intensiven gesprächspsychotherapeutischen Vorgehen keine Überlegenheit der antidepressiven Therapie erkennen, weder bezüglich der Abnahme der Depressivität noch bezüglich der Selbstöffnungsprozesse.

Besondere Bedeutung erhält die kombinierte Behandlung im Rahmen der Rezidivprophylaxe. Bei bipolaren oder monopolar-depressiven Erkrankungen trägt vor allem eine Kombination von Interpersoneller Therapie oder Kognitiver Therapie mit einer spezifischen Prophylaxe (Lithium, Carbamazepin, Antidepressiva) den meisten Studien zufolge zu einer Verminderung der Rezidivrate bei (Hautzinger 1994). Die Kombination mit analytisch orientiertem Vorgehen soll sich besonders günstig auswirken, wenn (offensichtliche) Konflikte zur Erstmanifestation geführt hatten (Müller-Oerlinghausen u. Mitarb. 1976). Negative Interaktionen ließen sich in keiner der Studien nachweisen (Klerman u. Mitarb. 1994, S. 762).

Bei **Abhängigkeitserkrankungen** hat es bis in die jüngste Zeit Vorbehalte gegenüber einer psychopharmakologischen Mitbehandlung gegeben, die zu einer regelrechten Spaltung der Therapeuten in zwei Lager geführt haben. Sowohl bei Alkohol- und Medikamentenabhängigkeit als auch bei Drogenabhängigkeit gibt es hingegen inzwischen etablierte Konzepte einer zusätzlich pharmakologischen Behandlung.

Vielversprechende Ergänzungen bei der Therapie der **Alkoholabhängigkeit** sind im Anschluß an die Entgiftung – neben der klassischen Disulfirambehandlung – sog. Anti-Craving-Substanzen zur Verminderung der Rückfallhäufigkeit. Abhängig von der Zielsymptomatik werden auch in der psychotherapeutischen Weiterbehandlung Antidepressiva oder Neuroleptika eingesetzt, zumal bei frühen Störungen häufig eine geringe Selbstempathie mit ausgeprägter Anhedonie und geringer Frustrationstoleranz vorliegt, wodurch die Rückfallwahrscheinlichkeit erhöht wird.

Bei **Medikamentenabhängigkeit**, seien es Analgetika oder Tranquilizer, können neben der psychotherapeutischen Behandlung Substanzen ohne Suchtpotential durchaus eingesetzt werden. Die Gefahr, daß Patienten Substanzen mit Abhängigkeitspotential letztlich nicht von anderen Substanzen unterscheiden können, ist u.E. lange überschätzt worden. Eine (vorübergehende) medikamentöse Unterstützung kann das psychotherapeutische Arbeitsbündnis durchaus stützen (Teusch u. Gastpar 1993).

Bei **Opiatabhängigen** hat die Kombination mit einer Methadonsubstitution zu einer öffentlichen Kontroverse geführt, deren Wogen sich erst langsam legen. Kontrollierte Studien liegen für die Kombination mit der Kognitiven Therapie und der analytisch orientierten fokalen Psychotherapie (Scherbaum u. Bender 1995) vor.

Psychopharmakotherapie und therapeutische Beziehung

Im Rahmen einer psychotherapeutischen Behandlung sollten Medikamente immer auch unter dem Aspekt der therapeutischen Beziehung gesehen werden.

Michael Balint (1988) hat anhand der ärztlichen Praxis die Arzt-Patienten-Beziehung daraufhin untersucht, inwieweit sie sich – ähnlich einer pharmakologischen Therapie – in Kriterien von Dosis, Wirkung und unerwünschter Nebenwirkung verhält. Eine in unserem Zusammenhang hochinteressante Parallele! Wenn es gelingt, beides zu präzisieren: die jeweilige therapeutische Beziehung in ihren Hauptwirkungen und Nebenwirkungen und die jeweilige psychopharmakologische Behandlung mit ihrem Wirkungsspektrum, dann müßte es möglich sein, die Frage der Kombination beider Verfahren angemessen patientenbezogen zu entscheiden.

Charakteristische **Arzt-Medikament-Patient-Beziehungsmuster** lassen sich anhand der Objektbeziehungsmodi im Umgang mit Medikamenten (nach Gaus u. Mitarb. 1987) anschaulich darstellen:
Symbiotischer Modus: gutes Objekt.
Passagerer Ersatz einer lebenswichtigen Beziehung: analog einem Übergangsobjekt.
Spaltung: gespaltenes Objekt.
Angst/Bedrohung: Angstobjekt.
Mangelnde Objektkonstanz: unzuverlässiges Objekt.
Kontrolle und Fremdbestimmung durch das Objekt: steuerndes Objekt.
Paranoider Modus: Objekt als Verfolger/Erlöser.

Besonders häufig findet sich das Medikament als **„gutes" Objekt** bei Schlafstörungen und Depressionen. Als Übergangsobjekt verwenden Angstkranke häufig Anxiolytika, die sie zur Sicherheit in der Tasche tragen. Das **gespaltene Objekt** erleben wir immer wieder in der Behandlung schwer depressiver Patienten, die verbissen die mangelnde Wirksamkeit beklagen und eingeengt das „richtige" Medikament einfordern. Neben der realistischen **Angst** vor Nebenwirkungen werden Medikamente nicht selten als Bedrohung der eigenen Identität erlebt. Wichtig ist der **paranoide Modus** sicher im Rahmen der pharmakologischen Behandlung schizophrener Patienten, zumal Neuroleptika ja tatsächlich eine affektdämpfende, devitalisierende und den Antrieb lähmende Wirkung haben können.

Gaus u. Mitarb. (1987) haben auf die Stellvertreterfunktion hingewiesen, die Medikamente in einer konflikthaften therapeutischen Beziehung einnehmen können. Sie nennen folgende **typische Konfliktmuster** (nach Gaus u. Mitarb. 1987):

- Autonomie versus Abhängigkeit.
- Auflehnung versus Unterwürfigkeit.
- Idealisierung versus Entwertung.
- Verschlingen versus Ausspeien.
- „Sadomasochistischer Clinch".
- Narzißtische Aufwertung versus Beschämung.
- Auffälliges Meiden eines Konflikts.

Soll der Psychotherapeut selbst Psychopharmaka verordnen?

Nicht selten wird übersehen, daß auch die Verordnung von Psychopharmaka an spezielle Fachkompetenz gebunden ist. Psychotherapie und Pharmakotherapie sollten also nur dann in einer Hand liegen, wenn entsprechende Fachkompetenz vorliegt. Wenn der Psychotherapeut die Medikamentengabe mit seinem Handeln für unvereinbar hält, sollte kritisch bedacht werden, wieweit dann der Patient beide Vorgehensweisen in sich vereinbaren kann. Eine offene Analyse der zugrundeliegenden Dynamik wäre notwendig, damit es nicht zu einer Spaltung in den „guten" Psychotherapeuten und den „bösen" Pharmakotherapeuten kommt. Wenn beide Behandlungsformen nicht in einer Hand liegen, dann sind ausreichender Kontakt und gegenseitige Wertschätzung der Behandler unerläßlich.

Nimmt die psychopharmakologische Mitbehandlung den für die Therapie notwendigen Leidensdruck?

Lange Zeit haben derartige Überlegungen zu großer Skepsis gegenüber einer pharmakologischen Mitbehandlung geführt. So bestanden etwa Bedenken, ob die rasche Symptomreduktion durch Psychopharmaka bei der Behandlung Depressiver zu weniger dauerhaften Effekten führe (Schwab 1993). Die Skepsis mag mitunter berechtigt sein, vor allem bei der längerfristigen Behandlung mit Anxiolytika. Andererseits verrät die Überbetonung des notwendigen Leidensdrucks auch ein zutiefst skeptisches Menschenbild der Therapeuten hinsichtlich der Bereitschaft der Betroffenen zur Konfliktbearbeitung.

Schlußfolgerungen

- Die Indikation zur Einbeziehung psychopharmakologischer Strategien in die Psychotherapie ist nicht grundsätzlich zu stellen, sondern differenziert nach Störungsform, Zustandsbild und Patienteneinstellung.
- Die Kombination läßt in vielen Fällen eine Verbesserung des Behandlungs- bzw. Erkrankungsverlaufs erwarten.
- Dabei sind Auswirkungen auf die therapeutische Beziehung unbedingt zu beachten.
- Zur Überprüfung und Präzisierung von Handlungsregeln sind weitere Anstrengungen im Sinn vergleichender Ergebnisforschung, aber auch Prozeßforschung notwendig.

XII Rahmenbedingungen der Berufspraxis

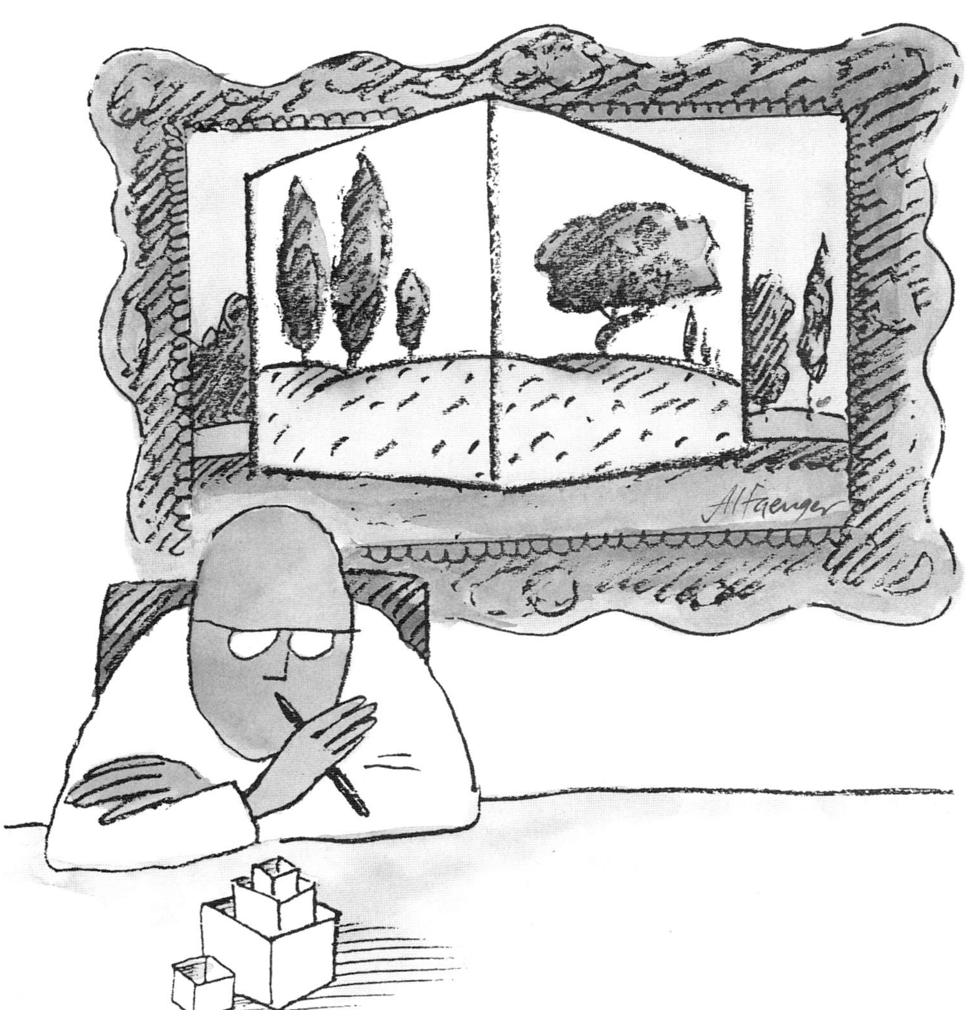

57. Aus- und Weiterbildung in der Psychotherapie

Gesetzliche Rahmenbedingungen der Aus- und Weiterbildung

H. Lieb, M. Braun und W. Senf

Überblick

Psychotherapie als heilkundliche Tätigkeit basiert auf einer beruflichen Identität, die in Ergänzung zu einem akademischen Grundberuf erworben wird. Die universitäre Ausbildung zu den Grundberufen führt jedoch weder zu dieser Identität noch vermitteln sie entsprechende Fertigkeiten und Kenntnisse. Approbierte Mediziner und Psychologen sowie Pädagogen im Bereich der Kinder- und Jugendlichenpsychotherapie haben heute *gesetzlich* nach ihrem Studium die Voraussetzung zur Aus- und Weiterbildung zum Psychotherapeuten, sind aber noch keine.

Die Erlaubnis, Psychotherapie als Heilkunde durchzuführen, ist für Psychologen und Pädagogen durch das Psychotherapeutengesetz, für Ärzte durch die von den Ärztekammern erlassenen Weiterbildungsordnungen geregelt, die Ausübung von Psychotherapie als Krankenbehandlung durch die Psychotherapierichtlinien des Bundesausschusses der Ärzte und Krankenkassen.

Für Psychologen und Pädagogen ist mit dem Psychotherapeutengesetz im berufsrechtlichen Teil die Frage geregelt, wer sich Psychotherapeut nennen darf, und im sozialrechtlichen Teil, wer seine Leistungen mit Kassen abrechnen kann.

Der berufsrechtliche Teil legt die gesetzlichen Grundlagen der Ausbildung zum psychologischen Psychotherapeuten und zum Kinder- und Jugendlichentherapeuten fest und damit die Voraussetzungen für die Approbation. Zum psychologischen Psychotherapeuten kann approbiert werden, wer das Studium der Psychologie mit dem Hochschuldiplom erfolgreich abgeschlossen hat und wer die im einzelnen in der Ausbildungs- und Prüfungsordnung geregelte Ausbildung zum psychologischen Psychotherapeuten mit staatlicher Abschlußprüfung erfolgreich absolviert hat. Diese Ausbildung umfaßt mindestens 4200 Stunden, bestehend aus einer theoretischen Ausbildung, einer praktischen Tätigkeit, einer praktischen Ausbildung mit Krankenbehandlung und Supervision und der Selbsterfahrung. Sie muß an einem staatlich anerkannten Ausbildungsinstitut erfolgen, der praktische Teil an einer zur ärztlichen Weiterbildung anerkannten psychiatrischen Versorgungseinrichtung.

Der sozialrechtliche Teil bestimmt, welche Verfahren sozialversicherungsrechtlich abrechenbar sind (sogenannte Richtlinienverfahren, bisher: Psychoanalyse, tiefenpsychologisch fundierte Therapie und Verhaltenstherapie).

Das Psychotherapeutengesetz bestimmt darüber hinaus in den sogenannten Übergangsregelungen, wer von den bisher tätigen psychologischen Psychotherapeuten sich zukünftig so nennen bzw. wer seine Leistungen sozialversicherungsrechtlich abrechnen darf.

Die Weiterbildung von Ärzten wird durch die Ärztekammern und deren Weiterbildungordnungen geregelt. Psychotherapie als ärztliche Leistung darf ausüben, wer eine Facharztqualifikation für „Psychiatrie und Psychotherapie“, für „Psychotherapeutische Medizin“, für „Kinder- und Jugendlichenpsychiatrie und Psychotherapie“ erworben hat. Zudem kann Psychotherapie mit dem Erwerb der Zusatzbezeichnung „Psychotherapie“ oder „Psychoanalyse“ als Zusatzqualifikation im Rahmen einer anderen Facharztqualifikation (allerdings dann gebunden an diese Facharztqualifikation) ausgeübt werden.

Die im folgenden aufgeführten, aus diesen berufsrechtlichen oder gesetzlichen Grundlagen hervorgehenden Kriterien der Aus- und Weiterbildung in der Psychotherapie für Ärzte, Psychologen und Pädagogen sollen die Qualität der solchermaßen ausgebildeten Psychotherapeuten rein formal sichern. Art, Inhalt und Ergebnis der daraus abgeleiteten *konkreten* Fort- und Weiterbildungen können dann sehr verschieden sein und von einem unerwünschten rein formalen „Abhaken“ geforderter Bausteine ohne kohärenten Lern- und Entwicklungsprozeß bis zur qualitativ hochwertigen Lehre und Betreuung der Ausbildungsteilnehmer durch entsprechende Curricula und darin verantwortlich tätiger Institute und Lehrtherapeuten reichen.

Aus- und Weiterbildung für psychologische Psychotherapeuten

In dem Psychotherapeutengesetz sind in Artikel 1 §6 die Kriterien für staatlich anzuerkennende Ausbildungsstätten und in §8 die Ausbildungs- und Prüfungsordnungen festlegt. Artikel 2 dieses Gesetzes bestimmt darüber hinaus in seiner Veränderung des SGB V, welche der ausgebildeten und approbierten Psychologen kassenärztlich zugelassen werden. Die Qualifikation hierfür wird Fachkundenachweis genannt und wird im §95 c des SGB V so bestimmt, daß die zur Approbation führende *Ausbildung in einem durch den Bundesausschuß der Ärzte und Krankenkassen (nach §92, Abs. 6a) anerkannten Behandlungsverfahren abgeschlossen* sein muß. Verhaltenstherapie und Psychoanalyse/tiefenpsychologische Verfahren sind solche Richtlinienverfahren. Die Ausbildungen in diesen Verfahren werden sich zukünftig nach den Vorgaben des Psychotherapeutengesetzes richten müssen.

Tab. 57.**1** enthält überblicksartig Umfang und Inhalte der Psychotherapie-Ausbildungen von Diplompsychologen nach den Psychotherapierichtlinien und nach dem Psychotherapeutengesetz. Psychologen, die die gesetzlichen Kriterien er-

Tabelle 57.1 Kriterien der Aus- und Weiterbildung für psychologische Psychotherapeuten

	Psychotherapievereinbarungen gemäß Psychotherapie-richtlinien		Psychotherapeutengesetz (§ 8)
	Verhaltenstherapie	**Tiefenpsychologie**	
Theorie	600 Std.	600 Std. sowie 20 Erstuntersuchungen	600 Std. (Grundkenntnisse – vertiefte Ausbildung in einem Verfahren)
Behandlungsstunden	400 Std.	700 Std.	600 Std. bei mindestens 6 Patienten
Supervision	100 Std. (mind 50 Einzel-SV)	120 Std.	nicht definiert
Selbsterfahrung	100 Std.	250 Std.	nicht definiert
Dokumentation	20	6	nicht definiert
Eigenstudium	–	–	nicht definiert
Klinische Erfahrung	1 Jahr berufsbegleitend – 3 Jahre Vollzeit-ausbildung	1 Jahr berufsbegleitend – 3 Jahre Vollzeit-ausbildung	1 Jahr, zusätzlich 6 Monate ambulante Einrichtung

füllen, erhalten die Approbation zur Therapie von Erwachsenen und Kindern/Jugendlichen. Pädagogen haben für die Kinder- und Jugendlichentherapie in etwa gleiches zu erfüllen.

Alle einschlägigen Curricula legen im einzelnen fest: Umfang und Inhalt von Theorie, Methoden und Diagnostik, durchzuführende Behandlungsstunden sowie Umfang von Supervision, Selbsterfahrung, Fallberichten, notwendigem Eigenstudium und klinischer Erfahrung.

Weiterbildung nach Psychotherapierichtlinien:

Die Ausbildung in einem der Hauptverfahren (Verhaltenstherapie, Psychoanalyse) umfaßt 600 Stunden. Sie enthält praxisbezogene und theoretische Inhalte sowie Kenntnis und Behandlung spezifischer Störungen (z. B. Neurosen, psychosomatische Erkrankungen, seelische Behinderung bei organischen Erkrankungen, Abhängigkeiten, psychotische Erkrankungen, Erkrankungen bei Kindern und Jugendlichen bzw. Alterserkrankungen).

Für die Verhaltenstherapie gilt: Die Supervision umfaßt mindestens 100 Stunden (davon mindestens 50 als Einzelsupervision, 50 potentiell als Gruppensupervision mit maximal 4 Teilnehmern). Curricular sind 100 Stunden Selbsterfahrung zu absolvieren und 20 Fallberichte zu erstellen. Bei 10% der Supervision soll der Supervisor in der Therapie „anwesend" sein oder diese durch Video oder Tonbandaufzeichnungen begutachten. Die Gesamtsupervision ist auf mindestens 2 qualifizierte Supervisoren aufzuteilen; 4 Fälle müssen von einem ärztlichen Supervisor betreut werden. Selbsterfahrung kann in Gruppen mit maximal 8 Teilnehmern stattfinden und sowohl in Gruppen wie auch als Einzelselbsterfahrung durchgeführt werden. Die Absolvierung eines eigenen Selbstmodifikationsprogrammes ist obligatorischer Bestandteil.

Für die tiefenpychologisch fundierte Psychotherapie gilt: Bei tiefenpsychologisch orientierter Ausbildung sind über die 600 Stunden Theorie hinaus 20 Erstuntersuchungen unter Anleitung zu absolvieren. Die unter Supervision stattfindende Behandlungen müssen mindestens 700 Stunden umfassen, wobei nach jeder vierten Behandlungsstunde Supervision stattfinden und dokumentiert werden muß, davon die Hälfte in Einzelsupervision. Zudem sind wenigstens 250 Stunden Selbsterfahrung gefordert.

Ausbildung Psychotherapeutengesetz:

In das Psychotherapeutengesetz wurden viele der genannten KBV-Kriterien übernommen. Neu ist die Trennung der Vermittlung von Grundkenntnissen in verschiedenen wissenschaftlich anerkannten Verfahren zu Beginn der Ausbildung von einer anschließenden vertieften Ausbildung in einem der wissenschaftlichen Verfahren. Die praktische Ausbildung umfaßt 600 Behandlungsstunden bei mindestens 6 Patienten. Die Spezifizierung von Supervision, Selbsterfahrung, Dokumentation und Eigenstudium verbleibt den diesem Gesetz folgenden Ausbildungs- und Prüfungsordnungen, die sich darin den bisherigen Kriterien der Psychotherapierichtlinien anpassen dürften. Obligatorisch ist die Absolvierung eines klinischen Jahres (in Abschnitten von mindestens 3 Monaten) an einer psychiatrischen Einrichtung, bei kinder- und jugendpsychotherapeutischer Ausbildung bis zur Dauer von 6 Monaten auch an einer psychiatrischen ambulanten Einrichtung sowie für beide zusätzlich mindestens 6 Monate Tätigkeit an einer vom Sozialversicherungsträger anerkannten ambulanten Einrichtung.

Fort- und Weiterbildung für ärztliche Psychotherapeuten (s. Beitrag Buchheim, S. 683)

Die Weiterbildung von Ärzten in Psychotherapie ist durch die Weiterbildungsordnungen der Landesärztekammern geregelt, die auf der Weiterbildungsordnung der Bundesärztekammer basieren. Ärztlich psychotherapeutisch tätig sind die Fachärzte für Psychotherapeutische Medizin, Psychiatrie und Psychotherapie, Kinder- und Jugendpsychiatrie und Psychotherapie sowie andere Fachärzte mit den Zusatzbezeichnungen Psychotherapie und Psychoanalyse. Diese Zusatzbezeichnungen werden grundsätzlich zu einem Gebiet geführt und können meist berufsbegleitend erworben werden. So können berufsbegleitend z. B. Fachärzte für Psychotherapeutische Medizin oder Psychiatrie und Psychotherapie die Zusatzbezeichnung Psychoanalyse erwerben.

Neben den Weiterbildungsordnungen der Landesärztekammern gibt es in der ärztlichen Basisversorgung, insbe-

Tabelle 57.2 Kriterien ärztlicher Psychotherapie-Weiterbildungen am Beispiel der Landesärztekammer Rheinland-Pfalz

	Ärztliche Psychotherapie-Weiterbildung					
Gebietsbezeichnung (Orientierung)	Facharzt für Psychotherapeutische Medizin (TP oder Verhaltenstherapie)	Facharzt für Psychiatrie u. Psychotherapie (TP oder Verhaltenstherapie)	Facharzt für Kinder- und Jugendpsychiatrie und Psychotherapie (TP oder Verhaltenstherapie)	Zusatzbezeichnung Psychotherapie (TP oder Verhaltenstherapie)	Zusatzbezeichnung Psychoanalyse	Psychosomatische Grundversorgung (TP oder Verhaltenstherapie)
Theorie, Methoden Grundlagen	240 Std.	100 Std.	100 – 120 Std.	140 Std.	240 Std.	20 Std.
Diagnostik	60 Untersuchungen psychotherapeutische Diagnostik	60 Untersuchungen psychiatrische Diagnostik	60 Untersuchungen psychiatrische Diagnostik	10 Untersuchungen psychotherapeutische u. 60 Untersuchungen psychiatrische Diagnostik	20 Untersuchungen psychotherapeutische u. 60 Untersuchungen psychiatrische Diagnostik	30 Std. fallbezogene Übungsabreit
Behandlungsstunden/Fälle	1500 Std. bei 40 Fällen	Verhaltenstherapie: 50 Std./5 Fälle TP: 60 Std./3 Fälle	200 Std. bei 6 Fällen	Vt: 150 Std./6 Fälle TP: 150 Std./3 Fälle	600 Std. davon 2 Fälle 250 Std. Psychoanalyse	
Supervision	300 Std.	Kontinuierlich	Kontinuierlich	Kontinuierlich	Kontinuierlich	
Patientenbezogene Selbsterfahrung	50 Doppelstunden	35 Doppelstunden	35 Doppelstunden	35 Doppelstunden		30 Stunden
Selbsterfahrung	70 Doppelstd. (TP zusätzlich 150 Einzelstd.)	70 Doppelstd. oder 150 Einzelstd.	70 Doppelstd. oder 150 Einzelstd.	Verhaltenstherapie: 60 Doppelstd. TP 70 Doppelst./ 150 Einzelstd.	250 Std. als Lehranalyse	
Entspannungsverfahren	2 × 8 Doppelstunden	2 × Doppelstunden	2 × 8 Doppelstunden	8 Doppelstunden		
Anderes Hauptverfahren/ wissenschaftl. begründetes Verfahren	50 Doppelstunden	Kenntnisse	Kenntnisse	50 Stunden		
Klinische Erfahrung,WB-Zeit	5 Jahre: 1 Jahr Innere Medizin 1 Jahr Psychiatrie 3 Jahre Psychotherapeutische Medizin, davon 2 stationär	5 Jahre: 1 Jahr Neurologie 4 Jahre Psychiatrie und Psychotherapie	5 Jahre: 1 Jahr Neurologie 4 Jahre Kinder- und Jungendpsychiatrie und Psychotherapie	Berufsbegleitend (parallel zu einer Facharztweiterbildung)	5 Jahre berufsbegleitend	berufsbegleitend

sondere in der Allgemeinmedizin, die psychosomatische Grundversorgung als psychosoziale Intervention, die jedoch nicht Psychotherapie im speziellen Sinne ist.

Die Landesärztekammern (LÄK) gestalten die jeweiligen Weiterbildungsordungen selbständig, wobei sie sich an den Vorgaben der Bundesärztekammer orientieren. In Tab. 57.**2** werden beispielhaft die Richtlinien der LÄK Rheinland-Pfalz für die Psychotherapie-Weiterbildung zusammengefaßt dargestellt:

Zur ärztlichen Weiterbildung werden Ärzte durch die Landesärztekammern befugt (früher: „ermächtigt"). Diese Befugnis erfolgt in der Regel für die Weiterbildungszeit, für welche beispielsweise der leitende Arzt einer Klinik oder einer Klinikabteilung qualifiziert ist, z.b. im Kernbereich der Weiterbildung in Psychotherapeutischer Medizin für drei Jahre. Die inhaltlichen Vorgaben der Weiterbildungsordnung sind in dieser Zeit sicherzustellen, was in dem Antrag auf Weiterbildungsbefugnis bei der zuständigen Landesärztekammer belegt sein muß, die diesen durch Fachgutachter prüfen läßt.

Weiterbildung und Ausbildung in Psychotherapie – psychoanalytisch – tiefenpsychologisch fundiert

P. Buchheim

Spektrum psychoanalytischer und tiefenpsychologisch fundierter Psychotherapie

Nach wie vor basieren die meisten Aus- und Weiterbildungen in Psychotherapie vorwiegend auf psychoanalytischen, tiefenpsychologisch fundierten und – im erweiterten international gebräuchlichen Verständnis – auf psychodynamischen Konzepten. Das Spektrum reicht von dem Erwerb psychotherapeutischer Basiskompetenzen in Form von Balintgruppenarbeit und Kenntnissen für die Psychosomatische Grundversorgung, den berufsbegleitenden Weiterbildungen für die Zusatzbezeichnungen „Psychotherapie" und „Psychoanalyse" über die neuen Gebietsbezeichnungen „Psychiatrie und Psychotherapie", „Kinder- und Jugendpsychiatrie und -psychotherapie" und „Psychotherapeutische Medizin" bis zum Psychoanalytiker. Das psychoanalytische und tiefenpsychologisch fundierte Behandlungskonzept findet in zahlreichen Behandlungsformen (z.B. Langzeitbehandlung, Fokal- und Kurzpsychotherapie, Krisenintervention) und unterschiedlichen Settings (z.B. Einzel-, Gruppen-, Paar- und Familientherapie, Beratung, Konsiliar- und Liaisonarbeit) im ambulanten und stationären Rahmen Anwendung. Entsprechend sind schon die verschiedenen Behandlungs- und Anwendungsformen und einzelne aus der Psychoanalyse und Tiefenpsychologie abgeleitete Verfahren (z.B. autogenes Training, katathymes Bilderleben) in die einzelnen psychotherapeutischen Weiterbildungsgänge aufgenommen worden.

Allgemeine Kriterien zum Erwerb psychotherapeutischer Kompetenz

Hierfür könnten ganz allgemein folgende von Kniskern und Gurman (1979) formulierte Kriterien gelten:

Im Verlauf einer psychotherapeutischen Ausbildung sollte das konzeptuelle Wissen über Patienten zunehmen, der Therapeut sollte nach Abschluß seiner Ausbildung mehr von der individuellen Psychodynamik und den partnerschaftlichen und familiären Interaktionsmustern verstehen und ein therapeutisches Problem in verschiedenen Behandlungsmodellen beschreiben können.

Weiterhin geht es um das wirkliche Verhalten des Therapeuten in der Therapie, denn letztlich zählen nur Veränderungen, die sich auf die Therapie bzw. das Therapeutenverhalten auswirken. Dabei wäre im Verlauf der Ausbildung eine Kombination der Einschätzung durch den Therapeuten selbst, durch den Supervisor und einen unabhängigen Beurteiler sicher am effektivsten.

Schließlich sollten Veränderungen der Lebensumstände und des Selbstkonzepts des Ausbildungskandidaten beachtet werden.

Metapher zum Prozeß der psychotherapeutischen Weiterbildung

Die weitere Ausgestaltung dieser Komponenten wird von den einzelnen Weiterbildungscurricula und -einrichtungen sehr unterschiedlich gehandhabt, und es gibt noch wenig verbindliche Erfahrungen darüber, welche Stufen in der Ausbildung zu welchem Zeitpunkt im Trainingsprogramm eingeplant werden. Der Einfluß der psychotherapeutischen Weiterbildung auf die Person des Therapeuten ist vielgestaltig. Für die Evaluation der familientherapeutischen Ausbildung benutzten Cierpka u. Hofmann (1992) eine Metapher von einem wellenförmigen Entwicklungsprozeß (Abb. 57.**1**).

Veränderungen im Verlauf eines Ausbildungscurriculums sind in einer „ersten Welle" zunächst als unmittelbarer Lernerfolg des Ausbildungskandidaten beurteilbar.

In einer „zweiten Welle" wird sich zeigen, ob die absolvierte Ausbildung des Therapeuten tatsächlich zu objektivierbaren therapeutischen Veränderungen bei seinen Patienten geführt hat. In einer „dritten Welle" wird der Einfluß der Ausbildung auf die Persönlichkeit des Therapeuten sichtbar werden.

Die Entwicklung des Therapeuten vollzieht sich während seines gesamten beruflichen und persönlichen Lebens, doch ist anzunehmen, daß die Veränderungen während der Ausbildungszeit besonders maßgebend sind. Über diese Veränderungen beim Psychotherapeuten wissen wir bisher noch wenig.

Persönliche Eigenschaften von Psychotherapeuten

Man kann sich auch im Hinblick auf die psychotherapeutische Ausbildung Gedanken machen, welches die Merkmale eines idealen Therapeuten sein könnten. Freud stellte die persönliche Anteilnahme des Therapeuten für den Kranken

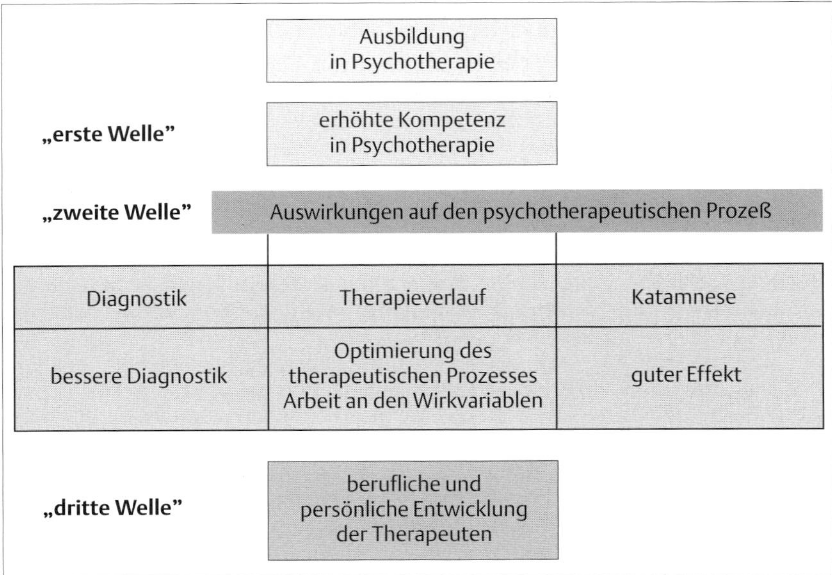

Abb. 57.**1** Die „wellenförmigen" Auswirkungen der Weiterbildung in der Psychotherapie

besonders heraus, Rogers (1957) formulierte Echtheit, unbedingte Wertschätzung und Empathie als die drei entscheidenden Qualitäten des Therapeuten. Holt u. Luborsky (1958) haben Merkmale wie Intelligenz, Empathie, sprachliche Fähigkeit, Objektivität, Fähigkeit zu persönlichem Wachstum, Flexibilität, Selbstkritik, Selbstvertrauen und Sicherheit als die wichtigsten Therapeuteneigenschaften beschrieben. Anhand einer Taxonomie von Beutler u. Mitarbeiter (1986) wird deutlich, daß das Persönlichkeitsmuster des Therapeuten, seine Emotionalität und seine Eigenschaften und Wertvorstellungen nur als Teilaspekte unter vielen anderen Komponenten zu sehen sind, die die komplexe Tätigkeit des Psychotherapeuten bestimmen.

Inhaltliche Schwerpunkte beim Erwerb psychotherapeutischer Kenntnisse und Erfahrungen

Fast alle psychotherapeutischen Ausbildungsprogramme basieren auf den drei Fundamenten: theoretische Grundlagen, praktische Erfahrungen in Form von Patientenbehandlung unter Supervision und Selbsterfahrung (Abb. 57.**2**).

Die drei Fundamente in der psychotherapeutischen Weiterbildung, Vermittlung von theoretischem Wissen, praktische Erfahrungen unter Supervision und Selbsterfahrung, haben sich als brauchbare Richtlinien für ein Psychotherapiecurriculum bewährt. In den Richtlinien der Bundesärztekammer vom 7. 4. 1994 (s. Anhang) und z. B. der Bayerischen Landesärztekammer vom 19. 11. 1994 finden sich grundlegende Bereiche der psychotherapeutischen Weiterbildung, die je nach Fachgebiet oder Zusatzbezeichnung einen unterschiedlichen inhaltlichen und zeitlichen Umfang haben.

Abb. 57.**2** Fundamente der psychotherapeutischen Weiterbildung

Weiterbildungsinhalte der tiefenpsychologischen Psychotherapie

Theoretische Grundlagen

Untersuchung: Erstinterviewtechnik, Anamnesenerhebung, Diagnose, Differentialdiagnose, Psychodynamik, Indikationsstellung, Prognose.

Behandlung unter Supervision: Durchführung tiefenpsychologischer Psychotherapie (Schwerpunkt) sowie weiterer Psychotherapieverfahren und Interventionstechniken.

Balint-Gruppenarbeit

Selbsterfahrung in der Gruppe

Einzelselbsterfahrung

Fort- und Weiterbildung für ärztliche Psychotherapeuten

Weiterbildungsprogramme für den Erwerb der Zusatzbezeichnungen „Psychotherapie" und „Psychoanalyse"

Die Weiterbildungskonzepte und -richtlinien zum Erwerb der Zusatzbezeichnungen „Psychotherapie" (Einführung 1957) und „Psychoanalyse" (Einführung 1978) bildeten bis zur Schaffung der drei neuen Fachärzte mit psychotherapeutischer Kompetenz (1992) den Ausgangspunkt für die Konzeptualisierung, Strukturierung, Durchführung und Weiterentwicklung der tiefenpsychologischen und psychoanalytischen Weiterbildung. Mit der Aufnahme der Verhaltenstherapie (1980) in die Psychotherapie-Richtlinien analog der tiefenpsychologisch fundierten und analytischen Psychotherapie wurden neue Entwicklungen eingeleitet, die in den integrativen, ergänzenden Konzepten der neuen Fachärzte und der Zusatzbezeichnung „Psychotherapie" mit dem Schwerpunkt Tiefenpsychologie **oder** Verhaltenstherapie ihren Ausdruck fanden.

Die Angaben über die Weiterbildungsinhalte orientieren sich an den Richtlinien nach dem Beschluß des Vorstands der Bundesärztekammer vom 7. 4. 1994 (s. Anhang).

Zusatzbezeichnung „Psychotherapie"

Diese berufsbegleitende psychotherapeutische Weiterbildung ist meist als 3- bis 4jähriges Ausbildungsprogramm konzipiert, sie kann sich je nach beruflicher und persönlicher Situation des Teilnehmers jedoch über 5 bis 6 Jahre erstrekken.

Theoretische Grundlagen

Theoretische Kenntnisse werden von Weiterbildungskreisen oder Abteilungen an Instituten in der Regel zu Beginn der Weiterbildung als Vorlesungen und Seminare entweder kontinuierlich in Semestern oder in Blockform vermittelt. Der Blockunterricht berücksichtigt die besondere berufliche Situation der in Klinik und Praxis tätigen Ärzte und der Teilnehmer, die nicht in der Nähe der Weiterbildungseinrichtung wohnen und arbeiten. Eine weitere Möglichkeit zum zusätzlichen Erwerb theoretischer Kenntnisse ist durch den Besuch von überregionalen anerkannten psychotherapeutischen Fort- und Weiterbildungsveranstaltungen gegeben.

Inhalte der theoretischen Weiterbildung

In Seminaren und Kursen sollen in 140 Stunden theoretische Kenntnisse vermittelt werden über:

Grundlagen der Psychoanalyse und der allgemeinen Krankheits- und Neurosenlehre
Entwicklungspsychologie und Persönlichkeitslehre
Allgemeine und spezielle Neurosenlehre
Tiefenpsychologie
Lernpsychologie
Psychodynamik der Familie und der Gruppe
Psychopathologie
Psychosomatik
Technik der Erstuntersuchung
Indikation und Methodik der psychotherapeutischen Verfahren einschließlich Prävention und Rehabilitation

Praktische Erfahrungen

Sie werden in kontinuierlich oder fraktioniert arbeitenden Kleingruppen gewonnen. Diese stehen als Balint- und Supervisionsgruppen im Mittelpunkt der Weiterbildungskonzepte.

Eine die Weiterbildung begleitende Selbsterfahrung in Form einer Lehranalyse bzw. Lehrtherapie und/oder einer analytisch orientierten Selbsterfahrungsgruppe bildet die Grundlage des individuellen Entwicklungsprozesses (Abb. 57.**3**).

Kompetenzerwerb (Einzelheiten s. Anhang)

Tiefenpsychologisch fundierte Psychotherapie (einzeln, bei Paaren, Familien und in der Gruppe),
Ein Entspannungsverfahren,
Ein weiteres wissenschaftlich anerkanntes Verfahren,
Psychiatrische Diagnostik,
Teilnahme an einer kontinuierlichen Balint-Gruppe über 35 Doppelstunden,
Selbsterfahrung über 150 Stunden in der tiefenpsychologischen Einzelselbsterfahrung oder Gruppenselbsterfahrung (70 Doppelstunden),
Psychotherapeutische Behandlung, dazu gehören:

- 10 dokumentierte tiefenpsychologische, biographische **Anamnesen** oder diagnostische Verhaltensanalysen,
- 3 abgeschlossene, kontinuierlich supervidierte und dokumentierte tiefenpsychologische **Einzelbehandlungen** von insgesamt 150 Stunden.

Die Einzel- oder Gruppenselbsterfahrung sowie die psychotherapeutischen Untersuchungen und Behandlungen sind je nach Behandlungsschwerpunkt tiefenpsychologisch oder verhaltenstherapeutisch orientiert.

Zeitlicher Rahmen

Für die zeitliche Reihenfolge gibt es keine festen Richtlinien. Es lassen sich jedoch aus der über 10jährigen Erfahrung der

XII

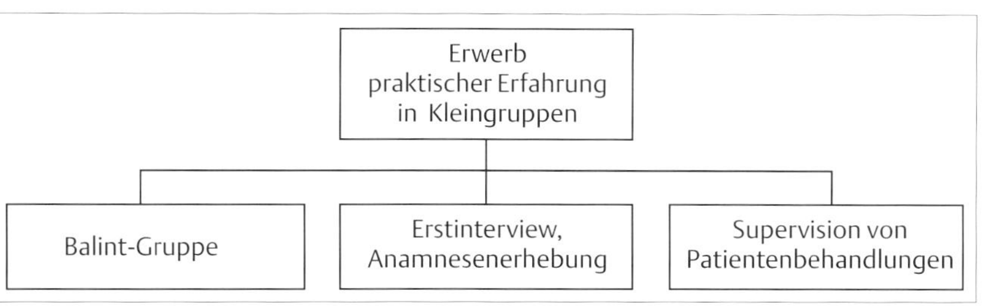

Abb. 57.**3** Erwerb praktischer Erfahrungen in den Kleingruppen

Abteilung „Weiterbildung zum ärztlichen Psychotherapeuten" der Akademie für Psychoanalyse und Psychotherapie e.V. München einige Empfehlungen ableiten (Buchheim u. Mitarb. 1992).

Im ersten Jahr beginnt die Weiterbildung in der Regel mit der Balint-Gruppe, den Theorieseminaren sowie einem Kurs in autogenem Training. Die Theorieseminare erstrecken sich über die gesamte Weiterbildungszeit. Es wird empfohlen, möglichst bald mit einer Einzel- oder Gruppenselbsterfahrung zu beginnen, da sie den größten Teil der Weiterbildungszeit, vor allem aber die Patientenbehandlungen unter Supervision, begleiten sollte.

Im zweiten Jahr wird die praktische Weiterbildung mit der Anamnesengruppe fortgesetzt, und sie kann in der zweiten Jahreshälfte durch die psychotherapeutische Behandlung unter Supervision z. B. im Rahmen einer Supervisionsgruppe erweitert werden.

Für das dritte Jahr ist neben Teilnahme an der Supervisionsgruppe eine Patientenbehandlung unter Einzelsupervision (Supervision nach jeder 4. Behandlungsstunde) und das Erlernen weiterer psychotherapeutischer Techniken vorgesehen. Insgesamt sollen mindestens drei Einzelbehandlungen von insgesamt 150 Stunden über mindestens 40 Sitzungen pro Fall durchgeführt werden.

Wenn die Weiterbildung in einem Institut oder Weiterbildungskreis erfolgt, kann sie mit einem Kolloquium oder einer Fachvorstellung abgeschlossen werden.

Zusatzbezeichnung „Psychoanalyse"

Die Weiterbildungsinhalte für die Zusatzbezeichnung „Psychoanalyse" sind entsprechend der angestrebten erweiterten Kompetenz für die Durchführung von psychoanalytischen Behandlungen umfangreicher, auch was den zeitlichen Rahmen betrifft. Das gilt insbesondere für eine Lehranalyse von 250 Stunden und für die supervidierte Behandlungserfahrung über insgesamt 600 Stunden mit zwei psychoanalytischen Behandlungen von mindestens 250 Stunden, von denen eine Behandlung abgeschlossen sein muß (Einzelheiten s. Anhang).

Grundlagen der Psychoanalyse (in Kursen und Seminaren von 240 Stunden)

Verfahren der Psychoanalyse

- psychoanalytisches Erstinterview und tiefenpsychologische biographische Anamnese
- analytische Psychotherapie (Analyse von Übertragung, Gegenübertragung und des Widerstands unter Nutzung regressiver Prozesse)

Psychiatrische Diagnostik

Weitere Verfahren der Psychoanalyse, dazu gehören:

- Psychoanalytische Kurz- und Fokaltherapie
- Psychoanalytische Gruppen-, Paar- und Familientherapie

Selbsterfahrung in der Lehranalyse

- über 250 Stunden kontinuierlich Psychoanalytische Behandlung,
- 20 kontinuierlich supervidierte und dokumentierte Untersuchungen,
- 600 kontinuierlich supervidierte und dokumentierte Behandlungsstunden.

An der Akademie für Psychoanalyse und Psychotherapie e.V. in München gibt es eine Regelung, daß Teilnehmer, die nach ihrer Weiterbildung in Psychotherapie noch die Voraussetzungen für die Zusatzbezeichnung „Psychoanalyse" erwerben möchten, in die Weiterbildung zum „Analytischen Psychotherapeuten für Erwachsene" aufgenommen werden. Diese Aufnahme erfolgt nach einem beratenden Vorgespräch mit dem Mentor auf dem Weg eines „Übernahmeverfahrens" mit Zustimmung des Aus- und Weiterbildungsausschusses beider Abteilungen.

Nach Einführung des Facharztes für Psychotherapeutische Medizin, der sich primär auf eine tiefenpsychologisch fundierte Behandlungskompetenz beschränkt, ist zu erwarten, daß von zahlreichen Fachärzten noch die Zusatzbezeichnung „Psychoanalyse" erworben wird.

Psychotherapie im Rahmen der Facharztweiterbildung

Den langen Weg von der Zusatzbezeichnung „Psychotherapie" zu einer Gebietsbezeichnung bzw. zum Facharzt für „Psychotherapeutische Medizin" hat Janssen (1993) sehr umfassend und kritisch unter Einschluß des Entwurfs der Weiterbildungsrichtlinien des PPP-Ausschusses vom 7. 1. 1993 dargestellt.

Inzwischen sind von der Bundesärztekammer mit Beschluß vom 7. 4. 1994 und einigen Landesärztekammern z. B. der Bayerischen Landesärztekammer mit Beschluß vom 19. 11. 1994 die Richtlinien über die Inhalte der Weiterbildung für die neuen Fachärzte für „Psychotherapeutische Medizin", für „Psychiatrie und Psychotherapie" und für „Kinder- und Jugendpsychiatrie und -psychotherapie" veröffentlicht worden.

Für diese Fachärzte gilt, daß sie – wie auch andere Gebietsärzte – berufsbegleitend die Zusatzbezeichnung „Psychoanalyse" erwerben können und damit über eine Kompetenz in der psychoanalytischen Langzeitbehandlung verfügen.

Die Weiterbildungscurricula für die o. g. Fachärzte basieren zum großen Teil auf den langjährigen Erfahrungen von psychoanalytischen Instituten und Einrichtungen zur berufsbegleitenden Weiterbildung zum Erwerb der Zusatzbezeichnungen „Psychotherapie" und „Psychoanalyse". Weiterhin konnte auf die Erfahrungen und Konzepte in der Fort- und Weiterbildung von Ärzten und Psychologen in psychotherapeutisch-psychosomatischen und psychiatrisch-psychotherapeutischen Kliniken zurückgegriffen werden.

Weiterbildung zum Facharzt für „Psychiatrie und Psychotherapie"

Berger u. Hohagen (1993) haben aufgrund ihrer Erfahrungen an der Psychiatrischen Universitätsklinik Freiburg noch vor dem Beschluß der Bundesärztekammer einen Vorschlag für die Weiterbildung zum Facharzt für Psychiatrie und Psychotherapie mit einem 1jährigen Grundcurriculum mit 84 Stunden Theorie und einem 2- bis 3jährigen Aufbaucurriculum mit 168 Stunden Theorie ausgearbeitet.

Für die theoretische und praktische Weiterbildung in Psychiatrie und Psychotherapie wurde von Hohagen u. Berger (1993) ohne den Selbsterfahrungsanteil ein Gesamtaufwand von 461 Stunden in 4 Jahren ermittelt.

Die Dozenten und Weiterbilder würden damit für 20 Assistenten 250 Stunden pro Jahr oder 5, 5 Stunden pro Woche für die theoretische Ausbildung und das Training in praktischen Erfahrungen einschließlich Balint-Gruppenarbeit, Entspannungsverfahren und Supervision beansprucht.

Allein diese Zahlen spiegeln schon die erhebliche Herausforderung für Assistenten und Weiterbilder wider, die eine intraklinische und integrierende psychiatrisch-psychotherapeutische Weiterbildung zur Folge hat.

Der psychotherapeutische Teil der Weiterbildung erstreckt sich auf folgende Inhalte (Einzelheiten s. Anhang):

Inhalte der psychotherapeutischen Weiterbildung

Theoretische Grundlagen der Psychotherapie
Therapeutische Anwendung der Grundorientierungen
Tiefenpsychologie oder Verhaltens- und kognitive Therapie (Einzel-, Paar-, Gruppen- und Familientherapie), mit dem Schwerpunkt auf einem der beiden Hauptverfahren
Praktische Anwendung eines weiteren Psychotherapieverfahrens
Praktische Anwendung von Entspannungverfahren
Krisenintervention, supportive Verfahren und Beratung
Psychiatrisch-psychotherapeutische Konsiliar- und Liaisonarbeit
Balint-Gruppenarbeit
Selbsterfahrung in der Tiefenpsychologie oder Verhaltens- und kognitiven Therapie, dazu gehören 70 Doppelstunden in einer Selbsterfahrungsgruppe oder 150 Stunden Einzelselbsterfahrung

Selbsterfahrung

Für den neuen Facharzt bewegt sich die Selbsterfahrung in der Tiefenpsychologie mit 70 Doppelstunden Selbsterfahrung in der Gruppe oder 150 Stunden Einzelselbsterfahrung im gleichen zeitlichen Rahmen wie beim Erwerb der Zusatzbezeichnung Psychotherapie. Die Selbsterfahrung soll den psychotherapeutischen Teil der Weiterbildung während des Aufbaucurriculums begleiten. Sie sollte schon etwa bis zur Hälfte absolviert sein, bevor mit der psychotherapeutischen Behandlung von Patienten unter Supervision begonnen wird.

Einzel- bzw. Gruppenselbsterfahrung ist bei einem externen Lehrtherapeuten durchzuführen, und es hat sich als günstig erwiesen, wenn die Teilnehmer einer Selbsterfahrungsgruppe wenig oder keinen Kontakt innerhalb der Institution miteinander haben und möglichst aus verschiedenen Kliniken oder Regionen kommen.

Der Entschluß, sich auf einen Selbsterfahrungsprozeß einzulassen, kann nur freiwillig erfolgen. Er fällt bei dem neuen Facharzt mit der Entscheidung für das Gebiet der Psychiatrie und Psychotherapie zusammen.

Die Wahl eines mehr tiefenpsychologischen oder mehr verhaltenstherapeutischen Schwerpunkts wird nicht nur durch die klinische Orientierung, sondern auch durch die persönlichen Bedürfnisse des Psychiaters bestimmt. In einer analytisch orientierten Selbsterfahrung nehmen neben den bewußten und unbewußten intrapsychischen und interpersonellen Prozessen auch die Auseinandersetzung mit der Rolle als Psychiater und Psychotherapeut und den beruflichen Schwerpunkten sowie die Bearbeitung institutionsspezifischer Probleme und die Entwicklung einer eigenen Identität in dem neuen Fachgebiet einen wichtigen Raum ein.

Die Kosten für die Selbsterfahrung sind vom Teilnehmer zu tragen, da er gerade aus diesem Bestandteil der psychotherapeutischen Weiterbildung einen Nutzen für seine persönliche Entwicklung ziehen kann.

Behandlung unter Supervision

Die Behandlung unter Supervision wird bei dem neuen Facharzt durch die breite Fächerung der psychiatrisch-psychotherapeutischen Behandlungsansätze mitbestimmt, da neben der Einzelpsychotherapie auch Erfahrungen im Setting der Gruppen-, Paar- und Familientherapie zu erwerben sind. Im Erstverfahren sollen z.B. bei tiefenpsychologischem Schwerpunkt praktische Erfahrungen über insgesamt 120 Behandlungsstunden in Einzel-, Paar-, Gruppen- und Familientherapie gesammelt werden.

Davon sollen mindestens ein Fall über 40 Stunden und zwei Fälle über je 20 Stunden und davon wiederum mindestens ein Fall ambulant unter kontinuierlicher Supervision behandelt werden. Unter integrativen Gesichtspunkten empfiehlt es sich, auch bei den 40 dokumentierten und abgeschlossenen psychiatrischen Therapien psychodynamische und familientherapeutische Aspekte in die klinische Supervision einzubeziehen.

Je nach klinischen Erfordernissen und therapeutischen Orientierungen der Institution werden neben der tiefenpsychologisch fundierten Psychotherapie auch Psychotherapieverfahren wie z.B. die „Psychoanalytisch-interaktionelle Psychotherapie", die „Psychodynamische Psychotherapie von Borderlinestörungen", die „Interpersonelle Psychotherapie bei Depressionen" und integrative Konzepte wie die „Problemorientierte Psychotherapie" in das psychiatrisch-psychotherapeutische Behandlungsspektrum zu integrieren sein.

Setting der Supervision

Für die Supervision der verschiedenen Therapieansätze lassen sich einige übergreifende Aspekte (Buchheim 1993) aufzeigen, die das „Supervisionssetting", die „Vereinbarung der Supervision", das „Supervisionsmodell" und die „Therapeut-Supervisor-Beziehung" – hier unter besonderer Berücksichtigung von Übertragungs- und Gegenübertragungsprozessen – betreffen.

Das „Setting der Supervision" wird durch die institutionellen Rahmenbedingungen (z.B. Psychiatrische Klinik, Ambulanz oder Praxis), das „Supervisionsmodell" durch die unterschiedlichen Psychotherapieverfahren und die Behandlungsformen (Einzel-, Gruppen-, Paar- oder Familientherapie) bestimmt.

Der Supervisionsprozeß und vor allem die Therapeut-Supervisor-Beziehung werden durch die Organisation der Supervision in Form einer Einzel- oder Gruppensupervision und die Wahl eines externen und/oder internen Supervisors beeinflußt. Ein Supervisionsmodell, in dem in einer Supervisionsgruppe von 4 Teilnehmern ein psychotherapeutisch erfahrener externer Supervisor als Leiter zusammen mit einem klinisch erfahrenen Psychiater als interner Co-Leiter fungieren, bietet nicht nur organisatorische Vorteile, sondern auch gute Voraussetzungen für die Fortbildung und wissenschaftliche Evaluation in diesem Bereich.

Weiterbildung zum Facharzt für „Psychotherapeutische Medizin"

Der berufspolitische und konzeptuelle Weg zum Facharzt für Psychotherapeutische Medizin wurde von Janssen (1993) sehr detailliert und kritisch beschrieben. Es ist nicht sinnvoll, sich hier auf eine verkürzte Form der Darstellung einzulassen. Schon an den Weiterbildungsinhalten ist zu erkennen: mit diesem Facharzt wird eine sehr umfangreiche, klinisch orientierte Form der Weiterbildung und Tätigkeit intendiert. Sie ist bisher in unserem Fachgebiet ohne Beispiel.

400 Stunden Theorie, 120 Erstuntersuchungen, 1500 dokumentierte Behandlungs- und 300 Supervisionsstunden und die Vielzahl der vorgegebenen therapeutischen Interventionstechniken in unterschiedlichen Settings spiegeln das breite Spektrum der zu erwerbenden psychotherapeutischen Kompetenz wider, die sich zunächst bewußt auf die tiefenpsychologisch fundierte Psychotherapie beschränkt.

Um analytische Psychotherapie durchführen zu können, muß zusätzlich noch die Zusatzbezeichnung „Psychoanalyse" erworben werden.

Trotz der Fülle der Inhalte wurde das Weiterbildungskonzept für diesen Facharzt so zusammengestellt, daß es unter den gegenwärtigen Bedingungen innerhalb der vorgesehenen 5 Jahre Weiterbildungszeit in Klinik und Praxis realisiert werden kann. Die Weiterbildung erfolgt in verschiedenen klinischen Feldern, worauf besonderer Wert gelegt wurde. Neben 3 Jahren Ausbildung in der Psychotherapeutischen Medizin, davon 2 Jahre im Stationsdienst, sollen 1 Jahr in der Psychiatrie und Psychotherapie und 1 Jahr in der Inneren Medizin praktische Erfahrungen gesammelt werden.

Für die starke Praxisorientierung spricht auch die Möglichkeit, daß 2 Jahre der Weiterbildung in der Praxis eines niedergelassenen Arztes erfolgen können.

Im wesentlichen konzentriert sich die 5jährige Weiterbildung inhaltlich auf folgende Schwerpunkte (Einzelheiten s. Anhang): Psychotherapeutische Medizin.

Untersuchungsverfahren und Behandlungsverfahren

- theoretische Grundlagen,
- psychoanalytisch begründete oder verhaltenstherapeutische Diagnostik,
- Durchführung tiefenpsychologischer Psychotherapie oder kognitiv-behavioraler Therapie (1500 dokumentierte Behandlungsstunden sind nachzuweisen und 300 Stunden qualifizierter Supervision und fallzentrierter Besprechung)

Durchführung tiefenpsychologischer Psychotherapie
Durchführung von kognitiv-behavioralen Therapien (Verhaltenstherapien) Im jeweils anderen Hauptverfahren soll erfahrungsgeleitete Weiterbildung durch Teilnahme an einem Fallseminar von 50 Doppelstunden oder durch Co-Therapie in Einzel-oder Gruppentherapie von 80 Stunden erworben werden.
Durchführung von suggestiven und entspannenden Verfahren
Durchführung der supportiven Psychotherapie und Notfallpsychotherapie
Psychotherapeutische Intervention bei akuten psychisch bedingten Krisen
Psychosomatisch-psychotherapeutischer Konsiliar- und Liaisondienst
Balint-Gruppenarbeit
Einzelselbsterfahrung und die Gruppenselbsterfahrung ist je nach gewähltem Behandlungsschwerpunkt entweder tiefenpsychologisch/psychoanalytisch oder verhaltenstherapeutisch (kognitiv-behavioral) ausgerichtet
Psychosomatische Begutachtung

Ausblick unter Aspekten der Integration und Evaluation

Abgrenzung vs. integrative Ansätze

Im allgemeinen wurde bislang in der psychotherapeutischen Weiterbildung wie auch in der Anwendung der unterschiedlichen psychotherapeutischen Ansätze (psychoanalytisch versus verhaltenstherapeutisch) eine klare Abgrenzung angestrebt und ein eklektisches Vorgehen eher negativ bewertet.

Integrativ ergänzende Ansätze, die neben der soliden Erfahrung in tiefenpsychologisch fundierter Psychotherapie auch Kenntnisse und hinreichende Erfahrungen in der Verhaltenstherapie intendieren, finden sich inzwischen im Rahmen der Zusatzbezeichnung „Psychotherapie" und der Fachärzte für „Psychiatrie und Psychotherapie" und „Psychotherapeutischen Medizin".

Diese Ansätze spiegeln die tatsächliche Entwicklung und das Verhalten von Psychotherapeuten wider, die im Rahmen einer breit angelegten „International Study of the Development of Psychotherapists" (Orlinsky u. Mitarb. 1991) untersucht wurden.

So zeigte sich bei 1225 untersuchten deutschsprachigen Psychotherapeuten, daß jene mit primär analytisch-psychodynamischer Orientierung am stärksten vertreten sind im Vergleich zu denen mit primär verhaltenstherapeutischer, kognitiver oder systemischer Orientierung. Für diese vier erfaßten Hauptorientierungen ließ sich auch feststellen: die meisten Psychotherapeuten bleiben ihrem ursprünglichen theoretischen Ansatz treu, wobei sie ihn allerdings oft im Verlauf ihrer späteren Weiterbildung und Fortbildung modifizieren oder um andere Orientierungen erweitern.

International ist der psychodynamische Psychotherapieansatz vor allem in einer eklektischen Form sehr verbreitet, wie einer Untersuchung in den USA von Norcross u. Mitarb. (1989) zu entnehmen ist. Darin heißt es: „Immerhin floriert die psychoanalytisch inspirierte psychodynamische Therapie in den USA; lt. den letzten Umfragen dominiert diese Orientierung, meistens in einer eklektischen Form die Praxis der meisten Psychotherapeuten."

Vor diesem Hintergrund ist aber gerade in der BRD zu bedenken, daß nirgendwo so viele unterschiedliche, anerkannte Berufsbezeichnungen und Weiterbildungsgänge existieren, die mit psychotherapeutischer Kompetenz verbunden sind. Die genaue Einordnung der Psychologen, die als Psychoanalytiker ausgebildet sind, wird innerhalb der psychotherapeutischen Versorgung erst nach Verabschiedung des Psychotherapeutengesetzes möglich sein.

Die nicht zuletzt durch die aktuelle empirische Vergleichsforschung stimulierte Konkurrenz- und Rivalitätssituation im psychotherapeutischen Feld sollte auf eine solide Basis der Einschätzbarkeit von fachlicher Kompetenz und

Zuständigkeit für die jeweiligen Probleme der Patienten und die Aufgabenbereiche in der Psychotherapie und Psychosomatik gestellt werden.

Besonders im Zusammenhang mit der psychotherapeutischen Weiterbildung im Rahmen der neuen Fachärzte für Psychotherapeutische Medizin, für Psychiatrie und Psychotherapie und künftiger qualitätssichernder Maßnahmen bekommen Aspekte der differentialtherapeutischen Anwendungen unterschiedlicher Behandlungsmodelle einen wichtigen klinischen Stellenwert.

„Learning from many masters" – Grundlage für künftige integrative Weiterbildungskonzepte

Für die inhaltliche und formale Gestaltung der psychotherapeutischen Weiterbildung ist zu berücksichtigen, daß es inzwischen aus der empirischen Psychotherapieforschung eine Reihe von Hinweisen dafür gibt, in welchem Maß die persönlichen und beruflichen Merkmale sowie die persönliche Entwicklung von Therapeuten für den Behandlungserfolg mitbestimmend sind. Für die Weiterbildung stellen sich die Fragen: Für welches therapeutische Verfahren wird sich ein Psychotherapeut primär entscheiden? Nimmt er weitere Verfahren in sein Behandlungsrepertoire auf? Wenn ja, welche?

Orlinsky (1994) hat in diesem Zusammenhang in einem Ansatz, den er als ein „Learning from many masters" formulierte, die verschiedenen Funktionen und Einflußfaktoren eines allgemeinen grundlegenden Behandlungsmodells dargestellt, in dessen Zentrum die therapeutische Beziehung steht.

Es wird verdeutlicht, wie wichtig für den Therapieerfolg ein Zusammenpassen des Behandlungsmodells mit der Erkrankung und der Person des Patienten ist und welche Wechselbeziehungen zu den persönlichen und professionellen Merkmalen des Therapeuten bestehen.

Resumee

> Gute Therapeuten suchen vermutlich unter alternativen Behandlungsmodellen nach jenen, mit denen sie am wirkungsvollsten arbeiten können und bleiben ihnen auch weitgehend treu. Die angehenden Therapeuten sollten dazu befähigt werden, die Paßform ihres Behandlungsmodells für den jeweiligen Patienten und sein Problem kritisch zu überprüfen. Daher sollte ein Psychotherapeut einschätzen können, wie und wann er die erlernten unterschiedlichen Behandlungsmodelle anwenden kann.

Anhang

Auszug aus den Richtlinien der Bundesärztekammer vom 7. 4. 1994

Zusatzbezeichnung „Psychoanalyse"

Erwerb der in der Weiterbildungsordnung aufgeführten Weiterbildungsinhalte. Hierzu sind nachfolgende Richtzahlen oder Weiterbildungsinhalte nachzuweisen.

Grundlagen der Psychoanalyse, hierzu gehört die Teilnahme an Kursen und Seminaren von 240 Stunden über:
- Psychoanalytische Entwicklungstheorie,
- Psychoanalytische Persönlichkeitslehre,
- Allgemeine und spezielle psychoanalytische Krankheitslehre einschließlich psychiatrischer und psychosomatischer Krankheitsbilder,
- Traumlehre,
- Kulturtheorie und analytische Sozialpsychologie,
- Theorie der psychoanalytischen Untersuchungs- und Behandlungstechnik,
- Indikationsstellung und prognostische Gesichtspunkte verschiedener Behandlungsverfahren einschließlich präventiver und rehabilitativer Aspekte.

Verfahren der Psychoanalyse, dazu gehören:
- Psychoanalytisches Erstinterview und tiefenpsychologische biographische Anamnese,
- Analytische Psychotherapie (Analyse von Übertragung, Gegenübertragung und des Widerstandes unter Nutzung regressiver Prozesse).

Psychiatrische Diagnostik, dazu gehören:
- Psychiatrische Anamnese und Befunderhebung sowie Klassifikation psychiatrischer Erkrankungen bei 60 Patienten,
- Diagnostik und Differentialdiagnostik zur Abgrenzung von Psychosen, Neurosen und körperlich begründbaren Psychosen,
- Allgemeine und spezielle Psychopathologie.

Weitere Verfahren der Psychoanalyse, dazu gehören:
- Psychoanalytische Kurz- und Fokaltherapie,
- Psychoanalytische Gruppen-, Paar- und Familientherapie.

Selbsterfahrung in einer Lehranalyse über 250 Stunden kontinuierlich weiterbildungsbegleitend mit drei Einzelsitzungen pro Woche.

Psychoanalytische Behandlung, dazu gehören:
- 20 kontinuierlich supervidierte und dokumentierte Untersuchungen mit nachfolgenden Sitzungen zur Beratung oder zur Einleitung der Behandlung sowie der Teilnahme an einem Fallseminar zur Untersuchungstechnik,
- 600 kontinuierlich supervidierte und dokumentierte Behandlungsstunden, davon zwei psychoanalytische Behandlungen von 250 Stunden einschließlich der Teilnahme an einem begleitenden Fallseminar. Eine Behandlung muß abgeschlossen sein.

Zusatzbezeichnung „Psychotherapie"

Erwerb der in der Weiterbildungsordnung aufgeführten Weiterbildungsinhalte. Hierzu sind nachfolgende Richtzahlen oder Weiterbildungsinhalte nachzuweisen.

Grundlagen der Psychotherapie, hierzu gehört die Teilnahme an Kursen und Seminaren von 140 Stunden über:

- Entwicklungspsychologie und Persönlichkeitslehre,
- Allgemeine und spezielle Neurosenlehre,
- Tiefenpsychologie,
- Lernpsychologie,
- Psychodynamik der Familie und der Gruppe,
- Psychopathologie, Psychosomatik,
- Technik der Erstuntersuchung,
- Indikation und Methodik der psychotherapeutischen Verfahren einschließlich Prävention und Rehabilitation.

Verfahren der Psychotherapie, dazu gehören:
- **Tiefenpsychologisch fundierte Psychotherapie**, einzeln, bei Paaren und Familien sowie in der Gruppe oder
- **Verhaltenstherapie** einzeln, bei Paaren und Familien sowie in der Gruppe,
- **Ein Entspannungsverfahren**, autogenes Training oder progressive Muskelentspannung oder konzentrative Entspannung, jeweils 8 Doppelstunden,
- **Ein weiteres wissenschaftlich anerkanntes Verfahren** (vorzugsweise im anderen Hauptverfahren), hierzu gehört die Teilnahme an einem anwendungsorientierten Kurs über 50 Stunden.

Psychiatrische Diagnostik, dazu gehören:
- Psychiatrische Anamnese und Befunderhebung sowie Klassifikation psychiatrischer Erkrankungen bei 60 Patienten,
- Diagnostik und Differentialdiagnostik zur Abgrenzung von Psychosen, Neurosen und körperlich begründbaren Psychosen,
- Allgemeine und spezielle Psychopathologie.

Teilnahme an einer kontinuierlichen Balint-Gruppe, dazu gehören:
- Über 35 Doppelstunden. In der Verhaltenstherapie ist die Balint-Gruppe der verhaltenstherapeutischen Fallbesprechungsgruppe gleichgestellt,
- **Selbsterfahrung** über 150 Stunden in der tiefenpsychologischen Einzelselbsterfahrung oder
- **Tiefenpsychologische Gruppenselbsterfahrung** über 70 Doppelstunden oder
- **Verhaltenstherapeutische Gruppenselbsterfahrung** über 60 Doppelstunden. Davon kann ein Drittel der Stundenzahl auch in Einzelsitzungen absolviert werden. Die Einzelselbsterfahrung oder Gruppenselbsterfahrung ist je nach Behandlungsschwerpunkt **tiefenpsychologisch oder verhaltenstherapeutisch** orientiert.

Psychotherapeutische Behandlung, dazu gehören:
- **10 dokumentierte tiefenpsychologische, biographische Anamnesen** oder
- **Diagnostische Verhaltensanalysen**,
- **3 abgeschlossene**, kontinuierlich supervidierte und dokumentierte **tiefenpsychologische Einzelbehandlungen** von insgesamt 150 Stunden oder
- **6 abgeschlossene** kontinuierlich supervidierte und dokumentierte **verhaltenstherapeutische Behandlungen** von insgesamt 150 Stunden.

Facharzt für „Psychiatrie und Psychotherapie“ Inhalte für die Weiterbildung in Psychotherapie

Theoretische Grundlagen der Psychotherapie, insbesondere:
- Allgemeine und spezielle Neurosenlehre,
- Entwicklungs- und Persönlichkeitspsychologie,
- Lernpsychologie und
- Tiefenpsychologie,
- Dynamik der Gruppe und Familie,
- Psychosomatik,
- Entwicklungsgeschichtliche, lerngeschichtliche und psychodynamische Aspekte von Persönlichkeitsstörungen, Psychosen, Süchten und Alterserkrankungen, dazu gehört die Teilnahme an Seminaren, Kursen oder Praktika über 100 Stunden.

Therapeutische Anwendung der Grundorientierungen:

– Tiefenpsychologie oder Verhaltens- und kognitive Therapie (Einzel-, Paar-, Gruppen- und Familientherapie) mit dem Schwerpunkt auf einem der beiden Hauptverfahren, dazu gehören im Erstverfahren insgesamt 120 Stunden dokumentierter und abgeschlossener tiefenpsychologischer oder kognitiv-verhaltenstherapeutischer Einzel- und Gruppenbehandlung psychiatrischer Krankheiten unter kontinuierlicher Supervision.

Bei tiefenpsychologischem Schwerpunkt müssen zwei Fälle mit 20 Stunden und ein Fall mit 40 Stunden,

bei kognitiv-verhaltenstherapeutischem Schwerpunkt müssen 4 Fälle mit 10 Stunden und ein Fall mit 40 Stunden nachgewiesen werden.

Mindestens eine Therapie muß ambulant erfolgen.

– **Praktische Anwendung eines weiteren Psychotherapieverfahrens,** dazu gehören:

– eine erfahrungsgeleitete Weiterbildung durch Teilnahme an einem Fallseminar von 50 Doppelstunden oder durch Co-Therapie in Einzel- oder Gruppentherapie in 80 Stunden im Zweitverfahren. Das Zweitverfahren sollte das andere Hauptverfahren sein oder ein anderes wissenschaftlich anerkanntes Verfahren.

– **Praktische Anwendung von Entspannungsverfahren**, dazu gehört die Teilnahme an zwei Kursen in einem erprobten Entspannungsverfahren, z.B. Autogenes Training oder progressive Muskelrelaxation von je 8 Doppelstunden.

– **Krisenintervention, supportive Verfahren und Beratung**, dazu gehört die Teilnahme an einem 20stündigen Seminar.

– **Psychiatrisch-psychotherapeutische Konsil- und Liaisonarbeit**, dazu gehört die Teilnahme an einem 10stündigen Seminar.

– **Balint-Gruppenarbeit**, dazu gehört die Teilnahme an einer kontinuierlichen Balint-Gruppe oder einer kognitiv-verhaltenstherapeutischen Gruppe mit interaktionsbezogener Fallarbeit über 35 Doppelstunden.

– **Selbsterfahrung** in der Tiefenpsychologie oder Verhaltens- und kognitiven Therapie, dazu gehören 70 Doppelstunden in einer Selbsterfahrungsgruppe oder 150 Stunden Einzelselbsterfahrung.

Facharzt für „Psychotherapeutische Medizin“

Erwerb der in der Weiterbildungsordnung aufgeführten Weiterbildungsinhalte. Hierzu sind nachfolgende Richtzahlen oder Weiterbildungsinhalte nachzuweisen.

Untersuchungsverfahren und Behandlungsverfahren

Theoretische Grundlagen

- der Psychobiologie, Ethologie, Psychophysiologie, Entwicklungspsychologie, Persönlichkeitslehre,
- allgemeiner und spezieller Psychopathologie,
- psychiatrischer Nosologie einschließlich Klassifikation,
- allgemeiner und spezieller Neurosenlehre und Psychosomatik einschließlich der Diagnose, Differentialdiagnose, Pathogenese, Psychodynamik und des Verlaufs der Erkrankungen des Gebiets,
- der Sozial-, Lernpsychologie und allgemeiner und spezieller Verhaltenslehre zur Pathogenese und Verlauf der Erkrankungen des Gebiets,
- psychodiagnostischer Testverfahren und der Verhaltensdiagnostik,
- Dynamik der Paarbeziehungen, der Familie und Gruppe,
- der psychoanalytisch begründeten und kognitiv-behavioralen Psychotherapiemethoden einschließlich der Indikation für spezielle Therapieverfahren, Prävention, Rehabilitation, Krisenintervention, Suizid- und Suchtprophylaxe, Organisationspsychologie und Familienberatung,
- dazu gehört die Teilnahme an Seminaren, Kursen und Praktika von insgesamt 240 Stunden.

Psychoanalytisch begründete oder verhaltenstherapeutische Diagnostik

- Hierzu gehört eine Mindestzahl selbständig durchgeführter Untersuchungen (analytisches Erstinterview, tiefenpsychologische, biographische Anamnese bzw. Verhaltensanalyse) einschließlich supervidierten Untersuchungen, es sollen 60 diagnostische Untersuchungen unter qualifizierter Supervision durchgeführt und dokumentiert werden.
- Die Untersuchungen müssen auch Überlegungen zur Indikation und Differentialindikation hinsichtlich psychoanalytisch begründeter Psychotherapie und Verhaltenstherapie ebenso umfassen wie zur somatischen Diagnostik, Differentialdiagnostik und somatotherapeutischen Behandlung, zur psychiatrischen Diagnostik und Differentialdiagnostik und Behandlung, soweit dies für psychosomatische Erkrankungen erforderlich ist.

Diagnostik
Durchführung tiefenpsychologischer Psychotherapie oder kognitiv-behavioraler Therapie.

- Dazu gehört eine Mindestzahl selbständig durchgeführter Behandlungen einschließlich supervidierter Behandlungen (Einzel-, Paar-, Familien- und Gruppentherapie),
- Insgesamt sind in der tiefenpsychologischen Psychotherapie bzw. in der kognitiv-behavioralen Therapie (Verhaltenstherapie) 1500 dokumentierte Behandlungsstunden nachzuweisen und 300 Stunden qualifizierter Supervision und fallzentrierter Besprechung.

In der tiefenpsychologischen Psychotherapie oder Verhaltenstherapie sollen 40 Patienten aus dem gesamten Spektrum der psychotherapeutischen Medizin, funktionelle und psychosomatische Erkrankungen, Neurosen, Persönlichkeitsstörungen, ggf. auch Abhängigkeitserkrankungen behandelt werden.

Bei 20 dieser 40 Patienten müssen psychosomatische Erkrankungen vorliegen, z.B. Herz- und Kreislaufsyndrome, gastrointestinale Syndrome, Schmerzsyndrome, Erkrankungen des Bewegungsapparats.

Durchführung tiefenpsychologischer Psychotherapie. Die tiefenpsychologische Psychotherapie umfaßt alle wissenschaftlich anerkannten tiefenpsychologischen Psychotherapieverfahren mit Ausnahme der analytischen Psychotherapie, dazu gehören:

- 6 Einzeltherapien über 50 bis 120 Stunden pro Behandlungsfall,
- 6 Einzeltherapien über 25 bis 50 Stunden pro Behandlungsfall,
- 4 Kurzzeittherapien über 5 bis 10 Stunden pro Behandlungsfall,
- 2 Paartherapien über 10 bis 40 Stunden,
- 2 Familientherapien über 5 bis 25 Doppelstunden.
- Gruppenpsychotherapien mit 6 bis 9 Patienten über insgesamt 100 Sitzungen, davon ein Drittel auch als Co-Therapie.

Durchführung von kognitiv-behavioralen Therapien (Verhaltenstherapien), dazu gehören:

- 10 Langzeitverhaltenstherapien mit je 50 Stunden,
- 10 Kurzzeitverhaltenstherapien mit insgesamt 200 Stunden, mindestens die Hälfte dieser Therapien sollen im stationären Setting durchgeführt werden,
- 4 Paar- oder Familientherapien,
- 6 Gruppentherapien (differente Gruppen wie indikative Gruppe oder Problemlösegruppen), davon ein Drittel auch als Co-Therapie.

Paar-, Familien- und Gruppentherapie müssen in der Verhaltenstherapie zusammen 300 Stunden umfassen.

Im jeweils anderen Hauptverfahren soll erfahrungsgeleitete Weiterbildung durch Teilnahme an einem Fallseminar von 50 Doppelstunden oder durch Co-Therapie in Einzel- oder Gruppentherapie von 80 Stunden erworben werden.

Durchführung von suggestiven und entspannenden Verfahren, dazu gehören anwendungsorientierte Kurse von je 8 Doppelstunden (Selbsterfahrung, Reflexion und Anwendung) in:

- Autogenem Training,
- Progressiver Muskelentspannung oder
- Konzentrativer Entspannung.

Durchführung der supportiven Psychotherapie und Notfallpsychotherapie, dazu gehören niederfrequente, auch längerfristige, haltgewährende und unterstützende therapeutische Beziehungen zur Stabilisierung eines psychischen Zustandes bei schweren psychischen Erkrankungen und bei somatischen Erkrankungen als begleitende Psychotherapie, dazu gehören 6 Behandlungen unter kontinuierlicher Supervision.

Psychotherapeutische Intervention bei akuten psychisch bedingten Krisen, dazu gehören 10 Interventionen unter Supervision.

Psychosomatisch-psychotherapeutischer Konsiliar- und Liaisondienst, dazu gehören die Durchführung von:
- 20 konsiliarischen Untersuchungen zur Diagnostik und Indikationsstellung zur Psychotherapie oder
- 20 fallbezogene wie teambezogene psychotherapeutische Beratungen auf den Stationen somatischer Kliniken, besonders bei der Krankheitsbewältigung schwer körperlich Kranker.

Balint-Gruppenarbeit, dazu gehören:
- 50 Doppelstunden in einer kontinuierlichen Balint-Gruppe. In der Verhaltenstherapie ist der Balint-Gruppenarbeit die interaktionsbezogene Fallarbeit von 50 Doppelstunden gleichzusetzen der Einzelselbsterfahrung und Gruppenselbsterfahrung, ständig begleitend während der gesamten Weiterbildungszeit.

Einzelselbsterfahrung und die Gruppenselbsterfahrung ist je nach gewähltem Behandlungsschwerpunkt entweder tiefenpsychologisch/psychoanalytisch oder verhaltenstherapeutisch (kognitiv-behavioral), hierzu gehören in der Tiefenpsychologie:
- 150 Stunden Einzelselbsterfahrung und
- 70 Doppelstunden Gruppenselbsterfahrung,
- In der Verhaltenstherapie 70 Doppelstunden Selbsterfahrung einzeln und in der Gruppe.

Psychosomatische Begutachtung bei fachspezifischen und typischen Fragestellungen in der Straf-, Zivil-, Sozial- und freiwilligen Gerichtsbarkeit, hierzu gehören 5 wissenschaftlich begründete Gutachten.

Weiterbildung in Verhaltenstherapie: Geschichte – Inhalte – Orientierungsperspektiven

H. Lieb und M. Braun

Ziel und Aufgabe der verhaltenstherapeutischen Psychotherapieausbildung

Eine Psychotherapieausbildung verfolgt mehrere *Ziele*: Sie fördert therapieschulenspezifische Kompetenzen und damit die Strukturqualität von Psychotherapieanbietern, trägt zur Entwicklung der Therapeutenpersönlichkeit bei und ist schließlich auch Kanalisationsinstrument der Berufszugangsregulierung. Ausbildung vermittelt also Kompetenzen und verteilt Macht, Geld und Prestige.

Inhaltliches Ziel der Verhaltenstherapie-Ausbildung ist der verantwortungsvoll tätige, Störungs- und Veränderungswissen integrierende und seine Methodik flexibel den jeweiligen Patienten anpassende Therapeut. Reinecker (1997) referiert empirisch ermittelte Attribute, die dieses Ziel auf personaler Ebene konkretisieren - darunter „selbsterfahren, lebenserfahren, berufserfahren, handlungskompetent, flexibel, sozial kompetent, kreativ, kompetent wirkend, theoretisch kompetent, emotional stabil, am Menschen interessiert, optimistisch, selbstkritisch, tolerant, sensibel und kritisch". Dieses Ideal klingt überzogen, muß aber als Leitfaden für die oft schwierige und immer verantwortungsvolle Arbeit des verhaltenstherapeutischen Psychotherapeuten gelten. Es ist darüber hinaus auch noch zu ergänzen durch die Forderung, daß Psychotherapeuten ihre Tätigkeit auch kultur- und gesellschaftskritisch reflektieren und mit Bezug auf ethische und moralische Prinzipien rechtfertigen können. Das sind hohe Anforderungen, die erst im Laufe eines langen Berufslebens annähernd erreicht werden können. Die Ausbildung kann und muß aber die Voraussetzungen für eine solche Entwicklung schaffen. Es versteht sich von selbst, daß die bloß formale Erfüllung der in Teil I genannten Ausbildungskriterien allein diesem Ziel noch nicht gerecht wird und deshalb eine daran orientierte Qualitätssicherung mehr leisten muß als das bloße „Abhaken" vorgegebener Stundenkontingente. Das gilt für Psychologen, Pädagogen und Ärzte im allgemeinen und für die jeweiligen Berufe noch einmal in besonderer Weise vor dem Hintergrund ihrer spezifischen Berufssozialisationen.

Zur Geschichte der Verhaltenstherapieausbildung in der Bundesrepublik Deutschland

Zu unterscheiden ist zwischen früheren „selbstgestrickten" und heutigen curricularen Fort- und Weiterbildungen. Im ersteren Falle eigneten sich Therapeuten verhaltenstherapiespezifische Kenntnisse durch Besuch selbstgewählter Workshops an. Im zweiteren absolvieren sie geschlossene curriculare Ausbildungsgänge, die ihrerseits vorgegebene Kriterien abdecken. Für die ärztliche Verhaltenstherapie-Ausbildung läßt sich hierzu eine „Büffet-" von einer „Menü-"Form der Weiterbildung unterscheiden, wie unten näher ausgeführt. Die ältesten Ausbildungsrichtlinien stammen von der Deutschen Gesellschaft für Verhaltenstherpie (DGVT) aus den 70er Jahren. Deren Modell war durch ein „selbstorganisiertes Lernen" in Arbeitskreisen charakterisiert, die als kollegiale gegenseitige Weiterbildung regional tätig waren. Teile dieser Lernform sind auch im heutigen Weiterbildungsstudium der DGVT enthalten, das strukturierter geworden ist und nun auch in hohen Maße von Lehrtherapeuten und Experten geleitet wird. Aus der DGVT-Ausbildung sind zahlreiche praktisch tätige Verhaltenstherapeuten und auch führende Lehrstuhlinhaber hervorgegangen. Neben der DGVT gibt es seit ca. 15 Jahren weitere Ausbildungsinstitute – ursprünglich als gemeinnützige, heute auch als privatwirtschaftliche oder als an Universitäten angegliederte Institutionen der postgraduierten Weiterbildung. Viele dieser Institute arbeiten im „Institutsausschuß" des DVT (Deutscher Fachverband für Verhaltenstherapie) zusammen.

Diesen institutionalisierten Ausbildungen ging eine „Pionierphase" voran, bei der sich entsprechend motivierte Psychotherapeuten an maßgeblichen „Verhaltenstherapie-Lehrern" vor allem aus den USA orientierten und von diesen lernten. Diese „erste Generation" deutscher Verhaltenstherapeuten bildete sich dann Ende der 60er und Anfang der 70er Jahre vor allem innerhalb der DGVT bzw. deren Vorläufer, der „Gesellschaft für Verhaltenstherapie" (DGV) oder des Deutschen Bundes für Verhaltenstherapie (DBV) selbst weiter. Seit einigen Jahren wird verhaltenstherapiespezifisches Wissen und Können auch in postgraduierten Weiterbildungsgängen einzelner Universitäten (z. B. in Bamberg, Gießen und Münster) vermittelt.

Insgesamt werden heute in Verhaltenstherapie überwiegend Psychologen und in einem geringeren Anteil Ärzte sowie gelegentlich – etwa im Rahmen der von der Deutschen Gesellschaft für Verhaltenstherapie (DGVT) geleiteten Verhaltenstherapie-Ausbildung an der Fernuniversität Hagen –auch Sozialarbeiter und Pädagogen ausgebildet. In den Ausbildungsgängen mancher Institute (z. B. im Institut für klinische Verhaltenstherapie [IFKV] in Bad Dürkheim oder im Centrum für Integrative Psychotherapie [CIP] in München) werden auch Ausbildungsgänge zum „Co-Therapeuten in Verhaltenstherapie" für Krankenschwestern, Krankenpfleger und Arzthelferinnen sowie solche zur verhaltenstherapeutisch orientierten Supervision durchgeführt.

In Deutschland gibt es bis Ende 1998 ca. 25 Verhaltenstherapieausbildungsinstitute, von denen 18 von der kassenärztlichen Bundesvereinigung als Ausbildungsstätten gemäß Psychotherapierichtlinien anerkannt worden sind. Welche Institute nach § 6 des Psychotherapeutengesetzes ab 1999 die staatliche Anerkennung zur Ausbildung von Psychotherapeuten erlangen werden, ist derzeit unbestimmt. Es werden wohl sowohl private wie an Universitäten angebundene sein.

Didaktik und Inhalt der Ausbildung

Zur **Didaktik** der Verhaltenstherapie-Ausbildung gehören als verhaltenstherapietypische Elemente eine Vielfalt an Dozenten (d. h. inhaltlich breit gefächertes Expertentum) sowie eine solche der Lehrmethoden. Je nach Thematik gehören hierzu Vorlesungen und Referate, Rollenspiele, Selbstanwendungsübungen, Therapieunterweisungen, Life-Arbeit in Seminaren, Videodemonstrationen, Expertenaustausch und Hausarbeiten.

Tab. 57.**3** gibt am Beispiel des Curriculums des Instituts für Fort- und Weiterbildung in klinischer Verhaltenstherapie (IFKV) in Bad Dürkheim einen Überblick über die **Inhalte** der *Theorie*bausteine (Stand 1998 gemäß Psychotherapierichtlinien/Psychotherapievereinbarung). Außer einer Einführung in die Verhaltenstherapie (Lerntheorien usw.) decken die Veranstaltungen folgende Bereiche ab: Therapeutischer Prozeß mit Bedingungs- und Zielanalyse sowie Therapieplanung und Krisenmanagement, verhaltenstherapeutische Interventionen (z. B. soziales Kompetenztraining, Angstbewältigungsverfahren, Entspannungstraining, kognitive Techniken usw.), therapeutisches Arbeiten in und mit Systemen (verhaltenstherapeutische Gruppen-, Paar- und Familientherapie), Genese- und Behandlungsmodelle spezifischer Störungsbilder (z. B. Angst und Zwänge, Depression, Sucht, Psychosomatik, Psychosen) sowie spezifische Kenntnisse zur Arbeit mit Kindern und Jugendlichen und – speziell für Psychologen – relevante organisch-biologische Grundlagen einzelner Störungsbereiche.

Der Baustein *Selbsterfahrung* wird von einzelnen Instituten verschieden ausgelegt. Die heute vorliegenden Selbsterfahrungskonzeptionen in der Verhaltenstherapieausbildung lassen sich einteilen in person- versus zielorientierte, in die Gesamtausbildung integrierte bzw. von dieser separierte oder in therapieanaloge versus psychoedukative (Laireiter und Elke 1993, Bruch und Hoffmann 1996, Lieb 1997 a). Je nach Schwerpunktsetzung kann Selbsterfahrung sich dabei auf fünf Bereiche konzentrieren und diese kombinieren: 1. Selbstanwendung von Verhaltenstherapie in Form von Verhaltensmodifikationen; 2. Reflexion oder Veränderung persönlicher Stile des therapeutischen Erlebens und Handelns unter Einbeziehung der eigenen Biographie; 3. persönliche Betreuung der Teilnehmer in einem semitherapeutischen Prozeß; 4. Entfaltung und Reflexion des Gruppenprozesses der Ausbildung, sofern die Selbsterfahrung in eine geschlossenen Ausbildungsgruppe durchgeführt wird, die auch sonst die Ausbildung gemeinsam durchläuft; 5. Reflexion der Ausbildungsmotivation und des eigenen Ausbildungsprozesses (Warum habe ich Verhaltenstherapie gewählt – was kann ich integrieren, was nicht?).

Supervision ist in der Verhaltenstherapie primär fallorientiert: Sie wird als Prozeß verstanden, in dem erfahrene Therapeuten weniger erfahrene in deren therapeutischer Arbeit anleiten und beraten. Hierzu liegen mittlerweile elaborierte Ansätze einer verhaltenstherapeutischen Supervision vor (z. B. Supervision als Analogie zur Selbstmangementtherapie bei Schmelzer 1997, als Integration von Kontextanalyse, Interaktionsanalyse und Selbsterfahrung in die Fallarbeit bei Lieb 1993 a, 1993 b und als solche in Gruppen speziell bei Fiedler 1996).

Über jeden der im Rahmen der Ausbildung absolvierten Fälle müssen psychologische Psychotherapeuten eine ausführliche *Dokumentation* erstellen (für Ärzte wird dies zur Erlangung einer Facharztqualifikation oder einer Zusatztitelbezeichnung seltener verlangt). Hierzu liegen von verschiedenen Institutionen Dokumentationsrichtlinien vor. Die Richtlinien der Kassenärztlichen Bundesvereinigung hatten die Verhaltenstherapie-Ausbildung für Psychologen in eine 3jährige und in eine sogenannte „berufsbegleitende" 5jährige geteilt. Bei ersterer mußten die Teilnehmer außer einem *klinischen Jahr* zwei Jahre in einer Verhaltenstherapie-Klinik arbeiten; letztere konnte im Grunde neben anderen beliebigen beruflichen Tätigkeiten absolviert werden. Die Ableistung eines klinischen Jahres sowie zusätzlich eines halben Jahres an einer ambulanten Einrichtung ist für Psychologen auch im neuen Psychotherapeutengesetz vorgesehen.

Verhaltenstherapie-Ausbildung: Fertigkeiten- und Wissensakkumulation oder personorientierter Entwicklungsprozeß?

Grob vereinfacht kann man zwei Prinzipien unterscheiden: Hier das der Fertigkeiten- und Wissensakkumulation, dort das der „ästhetischen Ganzheit", in dem die persönliche Entwicklung des Teilnehmers und sein „ganzheitlicher" Entwicklungsprozeß zum Therapeuten im Vordergrund steht. Ersteres versteht Ausbildung als additive Vermittlung einzelner Fertigkeiten- oder Wissensbestände, letzteres als Anleitung oder Begleitung eines personenorientierten Entwicklungsprozeßes, in den Teilnehmer und Ausbilder den Erwerb bestimmter Wissens- und Fertigkeiten-Bestände integrieren. Diese Unterscheidung hat einerseits eine allgemeine Bedeutung für jede Verhaltenstherapieausbildung und andererseits eine besondere im Bereich ärztlicher Fort- und Weiterbildungen.

Tab. 57.**4** stellt beide Positionen einander gegenüber:

Es versteht sich von selbst, daß in einer guten Therapieausbildung stets beide Perspektiven berücksichtigt und miteinander verbunden werden müssen. Anderenfalls würde man entweder angesichts menschlichen Leidens von Patienten hilflose Technokraten oder aber an sich selbst statt an Effektivität orientierte „Gurus" hervorbringen. Die Güte einer

Tabelle 57.3 Inhalte des Kurriculums des IFKV in Bad Dürkheim (Stand 1998)

Semester	Grundlagen/ Der therapeutische Prozeß	Verhaltenstherapeutische Interventionen	Therapie in und mit Systemen	Störungsformen	Kinder- und Jugendpsychiatrie	Person – Persönlichkeit – Seminarwerkstatt	Selbsterfahrung	Behandlungsfälle und Supervisionen
I	– Verhaltens- und Bedingungsanalyse – Lerntheorie (für Ärzte) – Medizinische Grundkenntnisse – Gesprächsführung	– Kognitive Verhaltenstherapie		– Suizidalität			**SE 1** **SE 2**	Supervision von eigenen Fällen in Einzel- oder Gruppensupervision
II	– Der Veränderungsprozeß – Psychopathologie	– Grundverfahren I: Selbstkontrollverfahren Selbstsicherheitstraining Entspannungstraining – Angstbewältigung/Exposition – Rollenspiel		– Angst – Depression – Zwangsneurose	– Kindliche Ängste und deren Therapie		**SE 3**	Lfd. Fälle sind unter Code dem Institut anzuzeigen
III	– Interpersonale Funktionsanalyse – Interaktionsanalyse	– Ressourcen-orientierte Arbeit in der VT – Gruppenverfahren – Kreative Medien in der VT	– Kontextanalyse in der therapeutischen Arbeit: Arbeitsplatzanalyse – VT-Gruppentherapie – Standard. Gruppentraining – Verhaltenstherapeutische Familientherapie – Verhaltenstherapeutische Paartherapie I	– Sexuelle Störungen	– Funktionsanalyse kindlicher Symptome in der Familie		**SE 4** **SE 5**	Umfang: 20 Fälle mit mindestens 100 Supervisionsstunden

Tabelle 57.**3** (Fortsetzung)

Semester	Grundlagen/ Der therapeutische Prozeß	Verhaltenstherapeutische Interventionen	Therapie in und mit Systemen	Störungsformen	Kinder- und Jugendpsychiatrie	Person – Persönlichkeit – Seminarwerkstatt	Selbsterfahrung	Behandlungsfälle und Supervisionen
IV		– Grundverfahren II: körperorientierte Verfahren in der VT		– Psychosomatik: Diagnostische Systematik Schlafstörungen Gastrointestinale Störungen Asthma Neurologische Psychosomatik Orthopäd. Psychosomatik Dissoziative Störungen – Anorexia nervosa Bulimiia nervosa	– Enuresis – Enkopresis		**SE 6**	50 in der Gruppensupervision, 50 in Einzelsupervision)
V	– Interpersonale Verhaltensanalyse – Psychodiagnosik bei Kindern und Jugendlichen	– Verhaltenstherapeutsche Arbeit mit Kindern und Jugendlichen		– Sucht incl. Pathologisches Spielen – Sexuelle Störungen – Psychotherapeut. Aspekte bei Krebs – Posttraumatische Belastungsstörungen – VT bei Psychosen I	– Arbeit mit Kindern und Jugendlichen: Hyperkinetisches Syndrom Tics Dissoziale Kinder/ Jugendliche Suizidale Kinder/ Jugendliche Elternarbeit und Mediatoren – Sexueller Mißbrauch		**SE 7**	*Kontinuierliche Seminarreihe:* Fragen und Probleme/Fallarbeit aus d. Therapieprozeß
VI	– Organisation ambulanter Psychotherapie – Gesundheitspolitische und sozialmedizininische aspekte psychotherapeutischer Tätigkeit	– Umgang mit Schuld/Arbeit mit Tätern – Euthymie und Genußtraining	– Paar- und Familientherapie II	– Krisen und deren Bewältigung – Tod und Trauer – VT bei Psychosen II		– Personlichkeitsstrukturen und deren therapeutische Veränderung – Macht und Psychotherapie – Werkstatt – Krisen in der Psychotherapie	– Abschluß **SE 8** – Integration **SE 9** Abschied	

XII

Tabelle 57.**4** Orientierungsprinzipien der Verhaltenstherapie-Ausbildung

Ausbildung als: Fertigkeiten- und Wissens-akkumulation	Personorientierter Entwicklungsprozeß zum Therapeuten
Ausbildung ist Wissensvermittlung und Fertigkeitenunterweisung	Ausbildung ist Begleitung des persönlichen Erfahrungsprozeß des Therapeuten
Orientierung an der Wissenschaft	Orientierung an der Entwicklung der Therapeuten-Persönlichkeit (z. B. individuelles Feedback - Auswertung persönlicher Erfahrungen)
Lehren heißt Unterweisen	Lehren heißt Erfahrung vermitteln
Ziele Wissens- und Fertigkeitenvielfalt	Ziele Identitätsentwicklung und persönliche Verantwortung
Didaktik ist vom vermittelten Inhalt unabhängig	Didaktik hängt vom vermittelten Inhalt ab
Lehrform: Schulpädagogik	Lehrform: Persönliche Begegnung
Beziehung und Technik sind getrennt	Beziehung und Technik bedingen einander

Ausbildung liegt wohl darin, beide Seiten miteinander zu verbinden. Im einen geht es darum, vorgegebene Inhalte zu vermitteln: Wissen, Techniken, Fertigkeiten, therapeutische Skills. Im anderen darum, den Therapeuten zu helfen, sich selbst und die eigene Praxis einzubringen, dafür Feedback zu erhalten und so schließlich ihren eigenen Stil mit einem Gespür für sich - für das eigene Können wie für die dessen Grenzen - wie auch für das Gegenüber zu entwickeln. Es gibt Hinweise darauf, daß die Verhaltenstherapie aufgrund ihrer Wissens- und Fertigkeitenorientierung anfällig für einen *Bruch* zwischen beiden Orientierungen ist. Störungswissen und Therapietechniken stehen dann losgelöst von einem Gesamtverständnis für die Biographie eines Patienten da oder den Verhaltenstherapeuten ermangelt es an Reflexionen darüber, wie sie sich selbst mit ihrer Persönlichkeit in ihre Therapien einbringen müssen und können. Umgekehrt ermangelt es natürlich bei alleiniger Schwerpunktsetzung an der personorientierten Therapeutenentwicklung an notwendigem Detailwissen über Störungsgenese und störungsspezifischer Interventionsmöglichkeit.

Perspektiven einer ärztlichen Verhaltenstherapieausbildung

Zur Person des ärztlichen Verhaltenstherapeuten

Traditionelle ärztliche Weiterbildungsvorstellungen versuchen, Psychotherapie als Erweiterung ärztlichen Handelns zu verstehen, um „Soma" und „Psyche" wieder zu vereinen. Das medizinische Verständnis von Krankheit und Gesundheit, der Behandlerbeziehung und der Person des Kranken ändert sich dabei wenig. Gerne verwendet man hier den Begriff der „Ganzheitlichkeit", um die Sicht der Psychosomatik zu veranschaulichen.

Bei näherer Betrachtung bleiben hierbei jedoch die unterschiedlichen Paradigmen von Medizin und Psychotherapie unverbunden: Der ärztliche Psychotherapeut bleibt zwischen den Stühlen; hier alleinverantwortlicher Krankenbehandler, dort das eigenverantwortliche Handeln des Kranken. Die Realität in Krankenhaus und Praxis erlaubt es dem Arzt oft nicht, die Flexibilität und Reflexionsbereitschaft zu entwickeln, diesem anscheinend widersprüchlichen Geschehen gerecht zu werden.

So gerät nicht selten die Psychotherapie für den klinisch tätigen Arzt zum Gegenstand eskapistischen Interesses, für den niedergelassenen Gebietsarzt mit „Zusatzbezeichnung" wird sie zum abendlichen Hobby; dies um so mehr, als das Honorar für eine Stunde Psychotherapie ihm nicht einmal die Praxiskosten einbringt.

Auch die geltenden ärztlichen Weiterbildungsordnungen (vgl. S. 679 f), soweit sie die Verhaltenstherapie betreffen, entsprechen im Grunde noch dieser Tradition. Sie enthalten weder die Verpflichtung zu einem curricularen, prozeßorientierten Weiterbildungszusammenhang, noch vermitteln sie jenes Metawissen, das man benötigt, um mit Nutzen verschiedene Behandlungsmodelle einzusetzen. Sie bieten aber sehr wohl einen Katalog, der positive Perspektiven für einen Ausbildungsprozeß enthält.

Vor diesem Hintergrund sollen im folgenden versuchsweise Schwerpunkte für die Weiterbildungsziele für einen/eine ärztlichen Psychotherapeut/in im Bereich der Verhaltenstherapie skizziert werden, hier im Rahmen der umfassendsten Weiterbildungsvorgabe, der Gebietsbezeichnung Facharzt für Psychotherapeutische Medizin:

- Psychotherapeutisches Wissen und Intervenieren im engeren Sinn:
  Hier werden Kenntnisse der Theorie, Methodik und Interventionsformen der Schulen und ihre Anwendung vermittelt, Ausbildungstherapien unter Supervision werden durchgeführt.
- Selbsterfahrung:
  bietet den traditionellen Focus der Selbstreflexion in Form der patientenbezogenen Selbsterfahrung, in der eigene Anteile und Beziehungsaspekte der durchgeführten Therapien bearbeitet werden. Ferner die klassische Selbsterfahrung, in der der eigene Prozeß des Weiterbildungsteilnehmers im Mittelpunkt steht. Auch Supervision und bestimmte didaktische Formen der Theorieveranstaltungen vermitteln wesentliche Anteile zu diesem Bereich.
- Umgang mit Ethik und Transzendenz:
  Erkennen der Aspekte der Verantwortung im therapeutischen Handeln, Umgang mit Grenzen, mit Macht, Entwikkeln eines Konzepts von Person vor dem Hintergrund philosophischer, ethischer und gesellschaftlicher sowie rechtlicher Aspekte. Integration von medizinischem und therapeutischem Krankheitsdenken und Handeln, Ersetzen von konkurrierendem Schulendenken zugunsten einer gemeinsamen Perspektive des „sowohl als auch".
- Kooperationsfähigkeit mit anderen Berufsgruppen:
  Ärzten fällt es meist schwer, die Verantwortung für Behandlungsziele zu teilen. Die Zusammenarbeit mit anderen Fachärzten, anderen Berufsgruppen und die Unterstützung von Selbsthilfeaktivitäten des Patienten sind für die Effizienz des therapeutischen Bemühens von wesentlicher Bedeutung und setzen eine hohe Toleranzbereit-

schaft ebenso voraus wie ein klares Wissen um eigene Grenzen.

Leider sind die Tätigkeitsfelder derjenigen Ärzte, die sich nach der nun geltenden Weiterbildungsordnung psychotherapeutisch qualifizieren, noch wenig umrissen. Noch wird die Situation überwiegend von den Übergangsregelungen bestimmt.

Wir werden uns wohl darauf vorzubereiten haben, daß vernetzte Praxen mit unterschiedlichen Schwerpunkten des somatopsychischen Spektrums in der künftigen Versorgung eine wesentliche Rolle spielen werden. Hier könnte gerade die Fähigkeit psychotherapeutisch weitergebildeter Ärzte, widersprüchlich erscheinende Krankheitsmodelle zugunsten des Patienten sinnvoll integrieren zu können, eine wichtige Qualifikation darstellen.

Wege einer künftigen ärztlichen Verhaltenstherapie-Ausbildung: „Menü, Buffet und Modul“

Die Bedeutung der Prozeßbegleitung für die psychologische Psychotherapieausbildung hat in der bisherigen, an Institute gebundenen Weiterbildung zur Bevorzugung fester Curricula geführt. Ein derartiges „Menü“, dessen Teile mit Bedacht von Experten aufeinander abgestimmt sind, scheint allen anderen Ausbildungsformen, vor allem dem „Buffet“ der ärztlichen Weiterbildungstradition, bei dem der persönliche Geschmack, oft aber auch Versuch und Irrtum oder bloßer Zugzwang über die Auswahl entscheiden, überlegen.

In der ärztlichen Weiterbildung wurden jedoch aus traditionellen, aber auch aus organisatorischen Gründen feste Curricula bislang kaum realisiert.

Demgegenüber braucht man nicht zu resignieren. Viele erfahrene Therapeuten haben in ihrer professionellen Sozialisation aus verschiedenen Bereichen eklektisch Nutzen gezogen.

Schulenspezifische Curricula können darüberhinaus bevormundend und entmündigend sein, sie können zur Anpassung und Borniertheit erziehen. Flexibilität, der Blick aus mehreren Fenstern, das „Lernen von vielen Lehrern“ können sehr wohl gute Ergebnisse hervorbringen.

In der Ärzteweiterbildung bietet es sich an, beide Aspekte, „Menü und Buffet“ miteinander zu verbinden: Denjenigen der Prozeßbegleitung und die – gewollte oder notwendige – Varianz des selbstbestimmten Lernens, indem sie miteinander kombinierbar gestaltet werden.

Aus dieser Kombination entstehen Weiterbildungsmodule, mittels derer die unterschiedlichen ärztlichen Psychotherapie- Weiterbildungswege miteinander fortschreitend verbunden werden können.

Beginnend und geordnet nach Anspruch und Komplexität sind dies:

1. Psychosomatische Grundversorgung
2. Zusatzbezeichnung Psychotherapie
3. Facharzt für Psychiatrie und Psychotherapie
4. Facharzt für Psychotherapeutische Medizin

Jedes der angestrebten Module innerhalb einer dieser Weiterbildungen sollte mindestens den zusammenhängenden Umfang aufweisen, der vom Aspekt der kohärenten Theorievermittlung und Prozeßbegleitung als notwendig erachtet wird. So wird die Weiterbildung unter Punkt 1 vollständig erfolgen müssen, da der Umfang ohnehin gering ist, er reicht jedoch durchaus für eine fachbezogene Orientierung und den Erwerb von Basisfertigkeiten, etwa für eine methodengeleitete Gesprächsführung aus.

Für Punkt 2 könnten Anteile aus Punkt 1 angerechnet werden, dasselbe gilt für Punkt 3 und Punkt 4. Die Wege zum Facharzt für Psychiatrie und Psychotherapie oder zum Facharzt für Psychotherapeutische Medizin könnten sich unter Umständen noch während der Weiterbildung trennen. Bestimmte Bereiche der bereits absolvierten Weiterbildung können dann hierfür ausgebaut werden. Die zusammenhängenden Module bieten zu diesem Zweck sinnvolle „Anpassungsflächen“.

So können etwa die Selbsterfahrungsanteile in jeweils geschlossenen Gruppen erweitert, die Theorieanteile aufbauend vertieft werden.

Ein weiterer wichtiger Vorteil von Modulen zeigt sich bei den umfangreicheren Weiterbildungsgängen, bei den Facharztweiterbildungen für Psychiatrie und Psychotherapie und für Psychotherapeutische Medizin: Hier können weder Kliniken noch Institute die gesamte Weiterbildung anbieten; eine vollständige Supervision und Selbsterfahrung bei Vorgesetzten etwa widerspräche den Grundsätzen jeder Therapieausbildung. Das Erlernen ambulanter Psychotherapie erfordert ferner ein ambulantes Setting in Lehrpraxen und Instituts- oder Universitätsambulanzen.

Auf der anderen Seite ist eine Vernetzung der vielfältigen wissens- und interventionsbezogenen Weiterbildungsinhalte im Klinikalltag, so wie diese sich dort präsentieren lassen, sinnvoll und notwendig.

Eine Zusammenarbeit von Instituten und Kliniken kann diesen Anforderungen im ärztlichen Weiterbildungsbereich am ehesten gerecht werden.

In einem gemeinsamen Weiterbildungsmodell können Institute die Prozeßbetreuung, den „Menü“-Teil der Weiterbildung, in dem Umfang übernehmen, der für sinnvoll erachtet wird. Das wird in jedem Fall die Selbsterfahrung sein, die patientenbezogene Selbsterfahrung und den wesentlichen Teil der Supervision umfassen, auch die externe Supervision der Klinikfälle, ferner diejenigen Anteile, die zur Gesamtkohärenz des Moduls erforderlich erscheinen. Die Klinik kann ihren Vorteil der schulengerechten und jederzeit präsenten Vielfalt, mithin das „Buffet“ des intensiven berufsbegleitenden Lernens in das Modul einbringen, das Vermitteln von Wissen, Methodik und von standardisierten Interventionsaspekten der Therapie.

Abgesehen vom beschriebenen „Menü“-Teil eines solchen Moduls können einzelne Anteile variabel gestaltet werden. Da die Kenntnisse anderer Therapieverfahren zu den Ausbildungsinhalten gehören, können „Zweitverfahren“ von Instituten verschiedener Schulen einander wechselseitig angeboten werden.

Die gemeinsame Weiterbildung von Ärzten durch ärztliche und psychologische Dozenten kann eine wichtige Hilfe beim Erwerb berufsübergreifender Handlungskompetenzen im Feld der künftigen Therapieberufe darstellen.

Alle Ausbildungsmodule sollten grundsätzlich einer Begleitevaluation unterzogen werden, die aussagefähig für die Prozeß- und Strukturqualität der Weiterbildung ist.

Das Institut für Fort- und Weiterbildung in klinischer Verhaltenstherapie (IFKV) führt unter der Leitung des Verfassers Dr. Braun gegenwärtig zusammen mit der Pfalzklinik Landeck in Klingenmünster, Rheinland Pfalz, eine curriculare Weiterbildung für den psychotherapeutischen Anteil zum

„Facharzt für Psychiatrie und Psychotherapie" durch, in der diese Bestrebungen konzeptionell verwirklicht worden sind.

Die inhaltlichen Vorgaben der Weiterbildungsordnung wurden sinnvoll nach Wissensbereichen und erforderlicher Prozeßbegleitung, nicht zuletzt unter Berücksichtigung einer ausführlichen Einführung in das verhaltenstherapeutische Denken, umgesetzt. Dozent/innen des Instituts führen die fünf Semester umfassende Weiterbildung (mit Ausnahme der Selbsterfahrung) in den Räumen der Klinik durch; diese bietet den psychiatrischen Teil der Weiterbildung in traditioneller Weise im Hause an und übernimmt einen wesentlichen Anteil der Weiterbildungskosten der Teilnehmer.

Die Erfahrungen aus dieser Weiterbildung werden zusammen mit der Begleitevaluation für weitere gemeinsame Weiterbildungsprojekte mit Kliniken von großem Wert sein.

Bewertung: Vor- und Nachteile der gegenwärtigen curricularen Verhaltenstherapie-Ausbildungen

Was für die ärztliche Fortbildung im Bereich der Verhaltenstherapie Zukunft ist, ist für die psychologische bereits Gegenwart: Eine curricular geschlossene Ausbildung mit in der Regel vorgegebenem „Menü", bei deren Zusammenstellung Institute sich nach vorgegebenen Richtlinien zu richten haben. In dieser präsentieren und lehren Verhaltenstherapie-Lehrtherapeuten, was heute Verhaltenstherapie ist oder zu sein hat. Damit haben sich im Verhaltenstherapie-Bereich im letzten Jahrzehnt einerseits eine bestimmte Lehr- und Lernkultur und andererseits auch ein richtlinienbestimmtes Selbstbild und eine darauf abgestimmte Selbstpräsentation dieser Therapieschule entwickelt. Die Vor- und Nachteile dieser richtlinienorientierten curricularen Verhaltenstherapie-Ausbildung sollen im folgenden noch einmal zusammenfassend dargestellt werden.

Vorteile der curricularen Richtlinien-Ausbildung

Unabhängig von ihren Inhalten hat die Verhaltenstherapie-Ausbildung in den letzten 20 Jahren durch ihre Reglementierung viel gewonnen. Hinsichtlich der Menge gelernter Inhalte dürften heute viele junge Verhaltenstherapeuten ihren eigenen Lehrern überlegen sein, da diese sich in ihrer meistens nicht curricular absolvierten Verhaltenstherapie-Ausbildung keinen so umfassenden Lernkontingenten unterwerfen mußten. Das gilt für den Umfang an Theorie und noch mehr für Supervision und Selbsterfahrung, denen sich viele der „Lehrer" überhaupt nicht stellen mußten. Im folgenden werden Erfahrungen mit der Weiterbildung gemäß den bisher geltenden Psychotherapierichtlinien (vgl. S. 679) referiert. Was davon nach der Ausbildung in Anlehnung an § 8 des Psychotherapeutengesetzes noch Gültigkeit haben wird, werden wir in 5 bis 10 Jahren beurteilen können.

Die Vorteile reglementierter Ausbildungsgänge sind demnach:

- Themenvielfalt: Die Teilnehmer lernen curricular ein großes Spektrum therapierelevanter Themen praxisnah und fundiert kennen.
- Kontinuität in der Begegnung von Ausbildern und Auszubildenden: Die kontinuierliche Begegnung zwischen beiden geht notgedrungen mit einem gegenseitig ebenso lobenden wie kritisierenden Austausch einher. So lernen auch Dozenten/Supervisoren mehr über sich selbst als Therapeuten und als Lehrende.
- Praxisbezug durch Supervision: Man ist gezwungen, sehr viel von der eigenen Praxis zu zeigen – auch den anderen Auszubildenden. Das macht Mut, schafft Selbstvertrauen und führt gelegentlich auch zur Identifikation von für diesen Beruf ungeeigneten Ausbildungsteilnehmern.
- Praxisbezug durch Therapieerfahrung: Die geforderten Zahlen selbst durchgeführter und dokumentierter Therapien erzwingen einen großen Umfang praktischer Erfahrung.
- Integration der Selbsterfahrung in die Ausbildung: Als integrierter Teil der Ausbildung kann diese den Ausbildungsprozeß selbst und darin die individuelle Therapeutensozialisation reflektieren.
- Dozentenvielfalt und Dozentenaustausch statt Gurus und Vereinzelung auf Lehrtherapeutenebene: Sofern die jeweilige Institutspolitik dafür Sorge trägt, kann der offene Dialog untereinander zur Kompetenzerweiterung eines ganzen Ausbildungsteams beitragen.
- Rückbezüglichkeit der Ausbildung auf die Therapieschule statt Ausbildung als Einwegtransfer von Schulwissen: Im gemeinsamen Reflexionsprozeß über die Ausbildung, die ja immer auch ein Spiegel der jeweils vermittelten Therapieschule ist, offenbart sich Lehrenden wie Lernden ein Meta-Wissen über diese selbst. Heute begegnen sich Ausbilder und Auszubildende nicht mehr sporadisch auf Kongressen, wo sie sich jeweils nur von ihrer Glanzseite zeigen. Vielmehr trifft man sich kontinuierlich mit der Möglichkeit zu gegenseitigem Feedback. Schließlich hat dies Auswirkungen auf die Therapieschule selbst: Rückmeldungen von Auszubildenden an die Dozenten führen zwangsläufig zu Rückschlüssen auf die vermittelten Inhalte und damit – sofern beide Seiten in einem fruchtbaren Dialog miteinander stehen – zu deren kontinuierlicher Weiterentwicklung.

Nachteile der gegenwärtigen curricularen Richtlinien-Ausbildung

Stark reglementierte curriculare Ausbildungsgänge schränken immer auch Wahlmöglichkeiten ein und lassen weniger Raum für die individuelle Zusammenstellung von Fortbildungsbausteinen. Und wenn Richtlinien bestimmen, was Verhaltenstherapie ist, wird diese sich selbst so sehen und präsentieren. Alternative Entwicklungen haben dann weniger Chancen. Die nachfolgend beschriebenen Probleme beziehen sich zum einen auf Verhaltenstherapie-typische Aspekte im allgemeinen und zum anderen auf spezielle Probleme der Weiterbildung nach den bisher gültigen Psychotherapierichtlinien. Sie werden 5 Bereichen zugeordnet:

1. Psychohygiene und Selbsterfahrung
2. Selbstbild der Verhaltenstherapie
3. Ausbildungsprozeß in der Verhaltenstherapie
4. Kontraproduktive Ausbildungskriterien
5. Medizinisches Krankheitsmodell

1. *Psychohygiene und Selbsterfahrung*

In der Verhaltenstherapie befindet sich die schuleneigene Psychohygiene für Therapeuten noch in der Entwicklungsphase. Einerseits gibt es bereits fundierte Verfahren von Koppenhöfer (1990) und Lutz (1990) zur gezielten Entfaltung positiver Emotionen und Ressourcen auf Seiten von Therapeuten. Zum anderen bedürfen diese aber auch einer Hilfe für die „dunkle Seite" ihrer therapeutischen Existenz – d.h. für Probleme und Ansprüche, die sie auch und gerade aus ihrer verhaltenstherapeutischen Tätigkeit haben. Es kann davon ausgegangen werden, daß die gegenwärtige Diskussion um Inhalt und Form der verhaltenstherapeutischen Selbsterfahrung hier zu entsprechenden Lösungen führen wird (Laireiter und Elke 1993, Bruch und Hoffman 1996, Lieb 1997a).

2. *Selbstbild der Verhaltenstherapie*
Die Richtlinien-Verhaltenstherapie und daran orientierte Ausbildungsgänge suggerieren eine Uniformität „der" Verhaltenstherapie, die es einerseits so gar nicht gibt und die andererseits allzuoft mit ihrer Definition durch die bisher gültigen Richtlinien-Vorgaben bzw. mit dem Verhaltenstherapie-Verständnis der vom Bundesausschuß der Ärzte und Krankenkassen bzw. von der Kassenärztlichen Bundesvereinigung (KBV) bestellten Psychotherapiegutachter gleichgesetzt wird. Es geht hier zum einen um das Problem der Anonymität bzw. der öffentlichen Diskussion und Kontrolle: Die „Richtlinienersteller" der Psychotherapierichtlinien waren anonym berufen worden – diese mußten und müssen sich bis heute keiner kritischen Fachöffentlichkeit stellen, obgleich sie durch ihre Definition von Ausbildungs- und Qualifikationskriterien an gesundheitspolitisch relevanter Stelle Verhaltenstherapie definiert hatten. Das Psychotherapiegesetz hat die alleinige Zuständigkeit von Richtlinienvorgaben für die Ausbildung vom Bundesausschuß der Ärzte und Krankenkassen auch auf den Gesetzgeber bzw. auf von diesen berufene Gremien verlagert und damit einer öffentlichen Diskussion und Kontrolle zugänglicher gemacht.

Ein anderes Problem der „Richtlinien-Verhaltenstherapie" und ihrer Ausbildung betrifft die Verwechslung von Verhaltenstherapie-Bild und Verhaltenstherapie-Realität. Ausbildungsteilnehmer wie auch Antragsteller von Therapien zu Lasten der Kassen neigen naturgemäß dazu, ihre Selbstdarstellungen den mutmaßlichen Erwartungen von Ausbildern und vor allem von Gutachtern anzupassen bzw. ihre Fallkonzeptionen deren vermutetem Verhaltenstherapie-Verständnis entsprechend zu formulieren. Das kann dazu führen, daß sie ihre Fallkonzeptionen einem Wunschbild anpassen, das nicht der klinischen Realität entspricht. Mit anderen Worten: Es gibt dann „zwei Verhaltenstherapie-Welten" – eine offizielle in schriftlichen Darstellungen und eine inoffizielle in der gelebten Praxis. Das System einer „Richtlinien-Verhaltenstherapie" würde sich dann durch die Richtlinientreue angepaßter Therapeuten auf Therapie*beschreibungs*ebene selbst bestätigen, daß die klinische Praxis auch ihren Vorgaben entspricht. Aus Angst vor Ablehnung oder gar Ausschluß aus dem System würden Abweichungen davon auch dann vermieden, wenn sie sinnvoll und effektiv sind. Das System wäre dann nicht nur konservativ gegenüber Innovationen, sondern würde darüber hinaus auch noch der Illusion verfallen, daß praktikando Verhaltenstherapie *ist*, was in Dokumentationen oder Anträgen so *beschrieben* wird.

3. *Ausbildungsprozeß in der Verhaltenstherapie*
Es ist eine natürliche Tendenz aller Ausbildungsschulen, mehr über Erfolge zu reden als über Mißerfolge. So wichtig dies für eine Therapierichtung ist (sie muß sich selbst ja per Erfolg und nicht per Mißerfolg identifizieren), so problematisch ist das für den Ausbildungs*prozeß*. Denn die Kandidaten werden immer nur mit den Erfolgen ihrer „Lehrer" oder „Vorbilder", kaum aber mit deren Scheitern konfrontiert. Mißerfolge zu verarbeiten und zu akzeptieren ist aber ein wichtiger Schritt zur Entwicklung eines guten Selbstwertgefühles für jeden Therapeuten. Er ist in ein Curriculum dann schwer zu integrieren, wenn diese Ausbildung primär als Vermittlung von „wahrem" Wissen und „richtigem" Können besteht. Reflexionen vom Scheitern, von überzogenen Erwartungen, von problematischen Menschen- oder Therapeutenbildern haben dann keinen Platz oder werden nur noch in separaten „Ethikseminaren" abgehandelt. Dann orientieren sich Therapeuten nur an vorgegebenem „Wissen" und reagieren in der alltäglichen Beziehung zum Patienten unreflektiert. Sie haben dann zwar ihren eigenen Stil, kennen ihn aber nicht. Ein Schwanken zwischen Selbstüberschätzung und Selbstabwertung kann dann die Folge sein. Eine Integration von persönlicher Begleitung und Wissensvermittlung ist deshalb gerade in der erfolgs- und effektivitätsorientierten Verhaltenstherapie wichtig: Zum Schutze der Therapeuten wie deren Patienten. Eine nur „richtlinienorientierte" Therapieausbildung läuft hier dann, wenn sie ohne Reflexion solcher Aspekte formal Ausbildungskriterien abhakt, Gefahr, den Therapeuten die notwendige Hilfe für die Entwicklung ihrer Therapeutenpersönlichkeit zu verwehren. Die Ausbildung sollte deshalb auch Raum geben für die Integration von Mißerfolgen, Grenzen des Könnens und für die Reflexion eigener Therapiestile.

4. *Kontraproduktive Ausbildungskriterien*
Schließlich seien hier noch zwei eindeutig *kontraproduktive Auswirkungen* der Kriterien der Verhaltenstherapie-Ausbildung nach den Psychotherapierichtlinien genannt in der Hoffnung, diese werden nicht in die Ausbildung nach Psychotherapeutengesetz übernommen.

Einem Psychologen, der in einer Suchtklinik kontinuierlich Diagnose und Therapie betreibt, wurde diese Tätigkeit – wenn nicht in einer Klinik mit ärztlicher psychiatrischer Weiterbildungsermächtigung durchgeführt – nicht als klinisches Jahr anerkannt, während dies einem Kollegen mit diagnostischer Tätigkeit in einer großen psychiatrischen Einrichtung mit Psychiatrie-Ermächtigung problemlos möglich war. Und: Stationär tätige Kollegen durften keinen einzigen ihrer in der Klinik behandelten Fälle für ihre Zulassung zum Beauftragungsverfahren (d.h. Therapie zu Lasten der Kassen nach bestandener Zwischenprüfung) anrechnen lassen. Für ihre Gesamtausbildung durften in einer Klinik tätige Kollegen darüberhinaus von 20 geforderten Fällen bisher nur 6 stationäre anrechnen. Die paradoxe Folge: Kompetenten Therapeuten war es nicht erlaubt, die erfolgreiche Behandlung von schwierigen Klinikfällen in gleicher Weise auf das Gesamtkontingent ihrer Ausbildung anzurechnen, wie ambulanten Kollegen deren Behandlung von gelegentlich einfacheren Störungsbildern.

5. *Medizinisches Krankheitsmodell*
Dieser Punkt sei hier nur angedeutet: Dem sogenannten „*medizinischen Krankheitsmodell*" wurde innerhalb der Verhaltenstherapie ursprünglich explizit ein anderes, nämlich lerntheoretisches Störungsmodell entgegengestellt. Heute stehen sich beide explizit oder implizit wieder gegenüber. Dies ist Folge der Einbettung der Verhaltenstherapie in die kassenärztliche Versorgung, die ihr natürlich enorm viele Vorteile gebracht hat. Es darf aber nicht übersehen werden, daß sie sich damit auch die Notwendigkeit einer Art „doppelter

Buchführung" für die beiden Störungsparadigmen eingefahren hat: Einerseits *muß* sie nun sowohl in der Problembeschreibung wie in der Problemlösung die ursprünglich abgelehnten Krankheitskategorien verwenden. Andererseits gehört es ja mit zum Problem vieler Patienten, daß sie und ihre Umgebung ihre Leiden als „Krankheiten" attribuieren, sich dafür nicht verantwortlich fühlen und deshalb von bezahlten Experten erfolgreich (passiv) „behandeln" lassen wollen. Um davon wegzukommen und um mit dem lerntheoretischen Paradigma arbeiten zu können, bedarf es einer anderen Buchführung als der von „Krankheiten": Z. B. von gelernten, aber durch Patienten selbst veränderbaren Verhaltensweisen. Man kann die Konfrontation dieser manchmal konträren Paradigmen (z.B. in Form von „Krankheit versus gelerntes Verhalten" oder auch von „Ressourcen- versus Pathologieorientierung") durchaus lösen. Voraussetzung ist aber, die Therapeuten werden sich dieser Paradigmenproblematik in ihrer Ausbildung bewußt. Sie können dann gleichzeitig diagnose- oder pathologieorientiert schreiben *und* in der Therapie lerntheoretisch oder ressourcenorientiert denken und handeln. Sind sie sich dieser Differenz aber nicht bewußt oder wird in der Ausbildung unreflektiert nur das Krankheitsparadigma gelehrt, resultiert daraus leicht ein defizitorientiertes Denken über Patienten, die Therapeuten zu „heilen" haben. Diese Haltung kann in der Therapie dann eben so viele Probleme erzeugen wie sie lösen will.

Evaluation der Verhaltenstherapieausbildung

Die Ausbildungsevaluation steht noch in ihren Anfängen. Die meisten Arbeiten liegen zur *Supervision* vor, wenngleich diese bisher das Feld eher therapieschulen*un*spezifisch beforscht hat. Nachgewiesen wurden Effekte für die edukative Funktion von Supervision in Form der Vermittlung spezifischer Fertigkeiten durch Fallsupervision. Eine Evaluation neuerer verhaltenstherapeutischer Supervisionskonzeptionen (Verbindung von Fallarbeit mit anderen Supervisionselementen) steht noch aus (Schmelzer 1997, Frank 1995). Für die *Selbsterfahrung* zeigen erste Evaluationsstudien dieses Bausteines an zwei Instituten (IFKV Bad Dürkheim, Lieb 1997b und WKV Marburg, Döring-Seipel, Schüler und Seipel 1995) ermutigende Ergebnisse, die auf eine Verbesserung von Selbstreflexion, Selbstfürsorge und interaktioneller Flexibilität hinweisen. Die Verhaltenstherapieausbildung im IFKV (vgl. Tab. 57.**3**) führt nach Selbstauskünften der Teilnehmer zu einer Stärkung der vier Wirkfaktoren einer allgemeinen Psychotherapie nach Grawe, Donati und Bernauer (1994) (von Hopffgarten von Laer 1996). Einen Überblick über den derzeitigen Forschungsstand der Evaluation der verhaltenstherapeutischen Ausbildung gibt Frank (1998). Nach Kirkpatrick (1967) müssen Ausbildungsprogramme eigentlich auf vier Ebenen evaluiert werden. Die meisten der bisher durchgeführten Studien haben von diesen bisher nur die erste beforscht: 1. Subjektive Beurteilung der Ausbildung durch die Teilnehmer 2. objektiver Lernerfolg 3. tatsächlich verändertes Verhalten im Arbeitskontext 4. tatsächliche Auswirkung auf Patienten. Erst der Nachweis einer Auswirkung von Ausbildung auf alle diese Ebenen würde deren Nützlichkeit belegen. Es wird Aufgabe zukünftiger Forschung sein, durch entsprechend angelegte Studien solche Nachweise zu erbringen. Dies ist um so wichtiger, als es auch Hinweise dafür gibt, daß sogenannte Laientherapeuten gelegentlich ebenso effektiv arbeiten wie ausgebildete Experten – wenngleich deren Effektivität wenig dauerhaft und auf das Feld leichterer Störungsbilder begrenzt zu sein scheint.

58. Rechtliche Grundlagen psychotherapeutischen Handelns

S. Kneer-Weidenhammer

Einleitung

Das „goldene Zeitalter" der Psychotherapie als einer im Schatten rechtlicher Vorgaben und Strenge frei heranwachsenden jungen Disziplin ist längst vorbei. Es mag aus heutiger Sicht erstaunlich wirken, daß das 1977 in der dritten Auflage erschienene, zweibändige amerikanische Standardwerk „Technik der Psychotherapie" von Lewis R. Wolberg, das sich minutiös allen Details des psychotherapeutischen Alltags widmet, noch kein Kapitel über rechtliche Fragestellungen enthält. In der deutschen Rechtsprechung und Literatur zur Psychotherapie verhält es sich ähnlich. Der Vergleich mit der umfangreichen Rechtsprechung und Literatur zu allen Fragestellungen des ärztlichen Handelns macht deutlich, daß die Psychotherapie bislang mit wenigen Ausnahmen nicht im rechtlichen Rampenlicht stand.

Dies sollte aber keineswegs darüber hinwegtäuschen, daß sich auch der/die PsychotherapeutIn in einem durchstrukturierten Rechtsgeflecht bewegt. Der heute praktizierende Psychotherapeut befindet sich sehr schnell in einem Netz rechtlich relevanter Beziehungen und wird feststellen, daß jede dieser Beziehungen eigene Spielregeln hat, die beachtet werden wollen.

Ob Psychotherapeut – Patient, Psychotherapeut – Kostenträger oder Psychotherapeut – Staat, jede einzelne Rechtsbeziehung gestaltet sich nach Maßstäben, deren Grundsätze der Therapeut zumindest im Groben kennen muß, um Konflikte vermeiden oder zumindest um sie einschätzen zu können.

Das 1999 in Kraft getretene Psychotherapeuten-Gesetz mit der Einbindung der psychologischen Psychotherapeuten in die vertragsärztlichen Strukturen wird sicherlich dazu beitragen, mehr Sicherheit durch Transparenz und Regelungsstruktur zu schaffen. Die Annäherung an die Ärzteschaft wird möglicherweise jedoch auch zu einer Zunahme von Haftungsfällen führen.

Pflichten gegen sich selbst

Unter Pflichten gegen sich selbst sind „Praktische Hinweise für den psychotherapeutischen Alltag" unter dem Blickwinkel rechtlicher Relevanz zu verstehen. Werden gegen einen Psychotherapeuten Haftungsansprüche geltend gemacht, so wirken sich sehr schnell und deutlich Nachlässigkeiten in der Praxisführung zum Nachteil der Rechtsposition des Therapeuten aus. Andererseits tragen eine gut organisierte Praxis, eine ausreichende und gewissenhafte Dokumentation, eine ordnungsgemäße Abrechnung und Buchführung unbedingt zu einer für den Therapeuten positiven Abwicklung des Haftungsbegehrens bei.

In diesem Zusammenhang ist der Abschluß einer Berufshaftpflichtversicherung zu erwägen. Ebenso wichtig wie der Abschluß ist allerdings auch die regelmäßige Prüfung, ob der Umfang der Tätigkeit auf die abgeschlossene Deckungssumme abgestimmt ist, um dem Einwand der Unterdeckung von vornherein entgegenwirken zu können. Üblicherweise wird eine Deckungssumme zwischen 3 und 5 Millionen DM ausreichen.

> Cave: Die Berufshaftpflichtversicherung schließt grundsätzlich vorsätzliches Handeln aus. Schäden, die z. B. geltend gemacht werden wegen eines sexuellen Übergriffes gelten als vorsätzliches Handeln und sind versicherungsrechtlich ausgeschlossen.

Rechtsbeziehung: Psychotherapeut – Patient

Die rechtliche Beziehung zwischen Psychotherapeut und Patient ist eine vertragliche. In aller Regel wird ein **Behandlungsvertrag** abgeschlossen. Einer besonderen Form bedarf es dazu nicht; der Vertrag kann mündlich oder schriftlich zustandekommen.

Bei der Behandlung Minderjähriger ist zu bedenken, daß diese bis zur Vollendung des 7. Lebensjahres gem. § 104 BGB geschäftsunfähig, oder nach Vollendung des 7. Lebensjahres bis zur Volljährigkeit gem. § 106 BGB beschränkt geschäftsfähig sind. Wirksame Behandlungsverträge kommen daher nicht oder nur mit Einwilligung der gesetzlichen Vertreter zustande. Verweigern die Eltern oder sonstige Personenberechtigte die Zustimmung zum Abschluß eines notwendigen ärztlichen Behandlungsvertrages, so kann nach § 1666 BGB das Vormundschaftsgericht die erforderlichen Maßnahmen anordnen, wenn das körperliche, geistige oder seelische Wohl des Minderjährigen gefährdet ist.

Ist eine Behandlung ohne rechtswirksamen Behandlungsvertrag durchgeführt worden, so gilt hinsichtlich des **Honoraranspruchs** bei im Rahmen der Familienversicherung gesetzlich versicherten Minderjährigen seit der Gesundheitsreform 1988, daß dieser unmittelbar gegen den Sozialversicherungsträger geltend gemacht werden kann.

Zivilrechtliche Haftung

Aus dem Behandlungsvertrag schuldet der Arzt oder Therapeut dem Patienten die zur Wiederherstellung seiner körperlichen und gesundheitlichen Integrität erforderlichen medizinischen bzw. therapeutischen Maßnahmen nach den Regeln der ärztlichen Kunst. Erbringt der Arzt eine Leistung, die die nach dem Erkenntnisstand der medizinischen Wissenschaft **gebotene Sorgfalt** vermissen läßt und damit unsachgemäß ist, so kann er wegen eines **Behandlungsfehlers** haftbar gemacht werden. Dies gilt für Pychotherapeuten gleichermaßen (BGH NJW 90, 1543).

Zivilrechtliche Haftungsansprüche leiten sich nicht nur aus dem Vertragsverhältnis zwischen Therapeut und Patienten her. Zivilrechtliche Schadensersatzansprüche können sich zudem aus dem Bereich der unerlaubten Handlungen ergeben, die weitergehend als vertragsrechtliche Ansprüche auch einen Anspruch auf Schmerzensgeld einräumen.

Behandlungsfehler

Ob ein Behandlungsfehler vorliegt, entscheidet sich maßgeblich nach der Frage, ob der Arzt oder Therapeut die erforderliche Sorgfalt und Sachkunde bei der Behandlung des Patienten beachtet hat. Beide Kriterien orientieren sich nach dem Stand der medizinischen Erkenntnisse zur Zeit der Behandlung. Dabei schuldet der Arzt dem Patienten den Standard eines erfahrenen Vertreters seines Fachgebietes (BGHZ 88, 248 [254]). Kann der Behandler diesen Standard nicht selbst erbringen, so ist er verpflichtet, den Patienten an einen erfahreneren oder spezialisierteren Behandler zu verweisen. Aus dieser Verpflichtung zur Erbringung des Standards ergeben sich hohe Fortbildungsanforderungen.

Die Verletzung des Sorgfaltsmaßstabes kann auch als grob zu bewerten sein. Die Rechtsprechung nimmt einen groben Behandlungsfehler an, wenn der Arzt eindeutig gegen bewährte ärztliche Behandlungsregeln oder gesicherte medizinische Erkenntnisse verstoßen und einen Fehler begangen hat, der aus objektiver Sicht nicht mehr verständlich erscheint, weil er einem Arzt schlechterdings nicht unterlaufen darf (z.B. BGH VersR 1997, 315f). Die Bewertung als grober Behandlungsfehler führt zu Beweiserleichterungen zugunsten des Patienten.

Beispiel aus der Rechtsprechung für einen groben Behandlungsfehler: Eingehung einer persönlichen Beziehung zu einer Patientin aus eigenem Antrieb des Therapeuten oder aus dem Verlangen der Patientin – OLG Düsseldorf Urteil vom 12.10.1989 in NJW 1990, 1543 ff.: DM 10000,00 Schmerzensgeld.

Aufklärung und Einwilligung des Patienten

Vor dem Hintergrund, daß jeder Heileingriff, auch wenn er lege artis durchgeführt wird, rechtsdogmatisch eine Körperverletzung darstellt, sind Aufklärungspflicht des Behandelnden und Einwilligung des Patienten in die Behandlung zu verstehen. Erst die nach ausreichender Aufklärung gegebene Einwilligung rechtfertigt den „Eingriff“ in die persönliche Sphäre des Patienten. Eine wirksame Einwilligung des Patienten setzt voraus, daß dieser das Wesen, die Bedeutung und die Tragweite des ärztlichen Eingriffs in seinen Grundzügen erkannt hat (so schon BGH NJW 1956, 1106). Entsprechend ist von der Aufklärung des Psychotherapeuten zu erwarten, daß sie den Patienten in die Lage versetzt, zu erkennen, was die Therapie für seine persönliche Situation bedeuten kann. Es ist daher über alles, was behandlungsrelevant sein kann, aufzuklären, insbesondere über Methode und Auswirkung der psychotherapeutischen Maßnahme auf Partnerschaft, Beruf, soziale Bindung.

Verschiedentlich wird diskutiert, ob die Aufklärungsverpflichtung eingeschränkt sein kann, wenn nach Auffassung des Arztes bei der Persönlichkeit des Kranken und seinem psychischen Zustand eine umfassende Aufklärung wegen ihrer psychologischen Wirkung zu einer Gefährdung der Heilungschancen führen könnte (Roßner). Bei der Anerkennung von therapeutischen Überlegungen als einen Grund, die Aufklärung einzuschränken, verhält sich die höchstrichterliche Rechtsprechung zurückhaltend, auch wenn auf zwei Entscheidungen verwiesen werden kann, in denen der Bundesgerichtshof ausgeführt hat, daß therapeutische Erwägungen einer Aufklärung entgegenstehen können (BGH NJW 1971, 1887 und NJW 1972, 335). Allgemein wird das Selbstbestimmungsrecht als höherrangig bewertet (Giesen 1995, Rdn. 309 ff.).

In den zahlreichen Entscheidungen zur ärztlichen Aufklärungspflicht ist auch vielfältig zu Art, Zeitpunkt und Umfang der Aufklärung Stellung bezogen worden. An den Arzt wie an den Therapeuten werden dabei in hohem Maße Anforderungen gestellt an Einfühlungsvermögen, Klarheit und nicht zuletzt an sprachliche Fähigkeiten. Der Psychotherapeut sollte daher dem Aufklärungsgespräch ausreichend Zeit und Aufmerksamkeit widmen.

Dokumentationsverpflichtung

Neben der Frage, was Dokumentation ist, steht die Frage nach dem, was im Rahmen der psychotherapeutischen Behandlung aus rechtlicher Sicht dokumentiert werden muß. Die ärztliche Dokumentation umfaßt **alle** Aufzeichnungen im Rahmen der Behandlung (im Regelfall das sogenannte Krankenblatt), die der Arzt, also auch der Psychotherapeut aber auch das nichtärztliche Personal macht. Ob die Aufzeichnung handschriftlich oder mittels technischer Hilfsmittel erfolgt, ist dabei unbeachtlich. Für die ärztlichen Kollegen hat die Rechtsprechung des Bundesgerichtshofes die Regeln festgelegt. Die ehemals als Gedankenstütze des Arztes gewertete Aufzeichnung erlangte im Laufe der Weiterentwicklung durch die höchstrichterliche Rechtsprechung die Qualität einer gegenüber „dem Patienten obliegenden Vertragspflicht“ (so BGH VersR 83, 264), deren Nichtbeachtung beweis- und haftungsrechtliche Folgen nach sich zieht. Was muß, was sollte unter Beachtung dieser Rechtsprechung zur ärztlichen Dokumentationsverpflichtung vom Psychotherapeuten festgehalten werden?

In Übereinstimmung mit Rechtsprechung und Literatur sollten alle Umstände dokumentiert werden, die erforderlich sind zur Behandlungsunterstützung und Behandlungsinformation. Was dies im einzelnen ist, muß am Einzelfall gemessen werden. Für den Psychotherapeuten muß insoweit gelten, daß besprochene, gestaltete und in anderer Form therapierte Themenbereiche, gegebenenfalls auch die Empfehlung, einen Facharzt zu konsultieren, festzuhalten sind. Auch der ärztliche oder therapeutische Ratschlag erfolgt in Erfüllung der behandlungsvertraglichen Pflichten (Bender 1997).

Eine Verpflichtung des Arztes zur Dokumentation von Umständen, die ausschließlich im eigenen Interesse des Arztes oder Therapeuten liegen, ist aus dem Vertragsverhältnis mit dem Patienten grundsätzlich nicht herzuleiten. Dokumentationen, die im Beweisinteresse des Arztes oder des Psychotherapeuten liegen, betreffen vor allem die Aufklärung. Für die wirksame Einwilligung nach zuvor erfolgter ausreichender Aufklärung trägt der Arzt oder Therapeut die Darlegungs- und Beweislast. Eine Verletzung der Dokumentationsverpflichtung in diesen Fällen begründet zwar keinen eigenen Haftungsanspruch des Patienten, verschlechtert aber die beweisrechtliche Situation des Therapeuten, was in einer Prozeßlage dazu führen kann, daß berechtigte Interessen des Therapeuten nicht durchgesetzt werden können.

Die Maßstäbe, die an eine ordnungsgemäße Dokumentation anzulegen sind, bemessen sich nach den Kriterien: richtig, angemessen, umfassend, hinreichend und leserlich.

Einsichtsrecht des Patienten in Krankenunterlagen

Patienten haben grundsätzlich auch außerhalb einer Prozeßlage einen Anspruch auf Einsicht in die sie betreffenden Krankenunterlagen. Soweit es sich um Aufzeichnungen über objektive physische Befunde und Berichte über Behandlungsmaßnahmen sowie die Medikation handelt, ist hiervon keine Ausnahme gerechtfertigt. In der Psychiatrie und Psychotherapie werden aber, sofern dies der Arzt oder Therapeut in verantwortlicher Weise geltend macht, Beschränkungen aus therapeutischen Gründen anerkannt. Nach der höchstrichterlichen Rechtsprechung beruht „diese Berechtigung ärztlicher Vorbehalte gegen eine Einsicht des Patienten in die Unterlagen des Arztes vor allem auf dem in diesem Bereich nicht nur beiläufig möglichen, sondern notwendigen persönlichem Engagement von Arzt und Patient, das in der Psychoanalyse in dem anerkannten Phänomen von Übertragung und Gegenübertragung seine deutliche Ausprägung findet" (BGHZ 85, 339 ff.). Nach dem Tode eines Patienten geht das Einsichtsrecht in die Krankenunterlagen auf die Erben über, sofern sie vermögensrechtliche Interessen geltend machen können und der geäußerte oder mutmaßliche Wille des Verstorbenen einer Einsichtnahme nicht entgegensteht.

Entsprechend dem Recht auf Einsichtnahme kann der Patient Fotokopien der Unterlagen gegen Kostenerstattung verlangen. Sofern es sich um handschriftliche Aufzeichnungen handelt, hat der Patient ein Recht auf eine leserliche Handschrift des Arztes (AG Hagen, Az: 10 C 33/97).

Schweigepflicht und Zeugnisverweigerungsrecht

Zur Verschwiegenheit über Privatgeheimnisse sind Ärzte, approbierte Psychotherapeuten und auch andere Berufsgruppen verpflichtet, denen im Rahmen ihrer Beratungsinsbesondere ihrer Lebensberatungstätigkeit fremde, zum persönlichen Lebensbereich anderer Personen gehörende Geheimnisse anvertraut werden. Dieser Verpflichtung geben verschiedenste Rechtsnormen Ausdruck (z.B. § 203 StGB; § 53 Abs. 1, § 55 StPO, § 383 Abs. 1, Nr. 6 ZPO; § 2 MBO; § 41 BDSG; § 35 i. V. mit § 67 SGB X).

Die Schweigepflicht der Psychotherapeuten ist zudem ein berufsethischer Grundsatz.

Die Weitergabe von Privatgeheimnissen (informelles Selbstbestimmungsrecht; Art. 2 GG) ist grundsätzlich nur zulässig, wenn der Betroffene, auch wenn er noch minderjährig ist, hierin einwilligt. Die Einwilligung bedarf keiner Form; sie kann schriftlich, mündlich, durch schlüssiges Verhalten oder aber auch stillschweigend gegeben werden.

Die Verschwiegenheitsverpflichtung gilt auch gegenüber anderen Verschwiegenheitsverpflichteten wie Ärzten und Therapeuten (BayObLG in NJW 1995, 1623). Vielfältig werden Patienten durch mehrere Ärzte gleichzeitig, neben- oder nacheinander behandelt. Nach der Berufsordnung der Ärzte sind diese zu einer engen Zusammenarbeit verpflichtet und in diesem Rahmen auch untereinander von der Schweigepflicht befreit, soweit das Einverständnis des Patienten anzunehmen ist. Erfolgt die Behandlung eines Patienten durch mehrere Therapeuten oder Ärzte, durch ein Krankenhausteam oder eine Gemeinschaftspraxis, so ist im Regelfall von einem stillschweigenden Einverständnis des Patienten ausgehen. Wird erkennbar, daß der Patient nicht ohne weiteres mit einer Behandlung durch mehrere Ärzte einverstanden ist oder sich einer Weiterbehandlung entzieht, so kann nicht mehr von einem stillschweigenden Einverständnis ausgegangen werden. In diesen Fällen muß die Weitergabe von Daten mit dem Patienten besprochen und ein Einverständnis bzw. eine Verweigerung schriftlich dokumentiert werden. (Laufs u. Uhlenbruck 1992, Rdz. 1 ff.).

Die Verschwiegenheitsverpflichtung besteht grundsätzlich auch gegenüber Angehörigen und Arbeitgebern, es sei denn, der Patient macht deutlich, daß er die Einbeziehung von bestimmten Personen wünscht.

Für die Weitergabe von Daten an die privatärztliche Abrechnungsstelle sowie an die Beihilfestelle ist eine individuelle Einverständniserklärung des Patienten erforderlich.

Eine Schweigepflichtsverletzung liegt nicht vor, wenn gesetzliche Vorschriften zur Offenbarung (z. B. Bundesseuchengesetz) verpflichten und im Rahmen des **rechtfertigenden Notstandes** gemäß § 34 StGB. Dieser ist gegeben, wenn die Offenbarung eines Geheimnisses zum **Schutz eines höherrangigen Rechtsgutes** erforderlich ist, so z. B. bei Kenntnis von körperlicher oder seelischer Mißhandlung von Kindern, bei Ansteckungsgefahr, bei lebensbedrohlicher Lage des Patienten. In diesen Fällen rechtfertigt eine Güterabwägung des Arztes, des Psychotherapeuten das Brechen der Schweigepflicht. Ob der Arzt, der Pychotherapeut in einer Konfliktsituation mit widerstreitenden Interessen zur Offenbarung **verpflichtet** ist, wird nicht einheitlich diskutiert. Eine Verpflichtung zur Offenbarung wird sich in einer Gefahrensituation gegebenenfalls aus der Garantenstellung des Arztes, des Psychotherapeuten folgern lassen.

Vor Gericht sind im Zivil- und im Strafprozeß ärztliche wie nichtärztliche Psychotherapeuten gemäß § 53 Abs. 1 Ziff. 3,3 a StPO, § 383 Abs. 1 Ziff 6 ZPO zur Zeugnisverweigerung berechtigt.

Rechtsbeziehung: Psychotherapeut – Krankenkasse

Vertragsärztliche Leistung: Grundsätzliches

Durch das 1999 in Kraft getretende Psychotherapeuten-Gesetz erhalten Psychotherapeuten die Möglichkeit einer Zulassung zur vertragsärztlichen Versorgung. Psychologische Psychotherapeuten sowie Kinder- und Jugendpsychotherapeuten wirken gemäß § 28 Abs. 3 SGB V in Verbindung mit § 72 Abs. 1 SGB V **unmittelbar** an der vertragsärztlichen Versorgung mit. Die bisherige Praxis des Delegationsverfahrens entfällt somit für die nach dem Psychotherapeuten-Gesetz approbierten Psychotherapeuten. Zentrale Bedeutung in der kassenärztlichen Versorgung kommt dem **Wirtschaftlich-**

XII

keitsgebot gem. § 12 SGB V zu. Nach § 12 Abs. 1 Satz 1 SGB V müssen die Leistungen ausreichend, zweckmäßig und wirtschaftlich sein; sie dürfen das Maß des Notwendigen nicht überschreiten. Eine Ausgestaltung dieses kassenärztlichen Grundsatzes enthalten die Psychotherapie-Richtlinien (vom 01. Oktober 1987 in der zuletzt in Kraft getretenen Änderung vom 12. März 1997), die zusammen mit der Psychotherapie-Vereinbarung (vom 20. September 1990, zuletzt geändert am 01. September 1994) grundlegende Regelungen enthalten für die Erbringung und Abrechnung von psychotherapeutischen Leistungen als vertragsärztliche Leistungen.

Infolge der Zulassung von Psychotherapeuten zur vertragsärztlichen Versorgung ist der Punktwert für psychotherapeutische Leistungen gesunken. Es stellt sich zunehmend die Frage des **angemessenen Honorars**. Auch dies ist ein kassenärztlicher Grundsatz gem. § 72 Abs. 2 SGB V. Leider ist dieser Grundsatz jedoch nach der Rechtsprechung des Bundessozialgerichts nicht geeignet, dem einzelnen Arzt oder Psychotherapeut einen Anspruch zu vermitteln. „Sinn und Zweck dieser Vorschrift sei es nicht, die Angemessenheit der Vergütung einzelner Leistungen oder eines einzelnen Arztes zu gewährleisten, sondern über die Gewährung einer angemessenen Vergütung insgesamt die im öffentlichen Interesse liegende Sicherstellung der vertragsärztlichen Versorgung zu erreichen" (aus Plagemann, Das „gerechte Honorar", Rdz. 425 ff).

Mit der vertragsärztlichen Stellung entstehen eine Reihe von Pflichten, deren Nichteinhaltung zu disziplinarischen Konsequenzen, nicht zuletzt zur Entziehung der kassenärztlichen Zulassung führen können. Hierzu gehören z. B. die Verpflichtung zur persönlichen Leistungserbringung, eine gesteigerte Verletzung des Wirtschaftlichkeitsgebots, eine Verletzung der korrekten Honorargestaltung etc. (Plagemann 1998, Rdz. 505 ff).

Rechtsbeziehung: Psychotherapeut – Staat, Gesellschaft

„Psychotherapeutenkammern" kontra Fachverbände

Die Integration der Psychotherapeuten in die kassenärztliche Versorgung wird von vielen als eine „Aufwertung" dieser Berufsgruppe verstanden. Bei der vorgenommenen Gleichstellung mit Ärzten wird die Frage diskutiert, ob Psychotherapeuten nicht gleicherweise wie Ärzte (Zwangs-)Mitglied einer berufsständigen Kammer werden müßten, damit standesrechtliche Richtlinien für die Ausübung dieses Berufes im öffentlichen Interesse einer einheitlichen und an ethischen Grundsätzen orientierten Gesundheitsversorgung allgemein und für jeden Psychotherapeuten **verbindlich** werden. Wiewohl der Ruf nach verbindlichen, ethischen Festlegungen vielfach für gerechtfertigt gehalten wird, wird gleichwohl befürchtet, daß die Einrichtung einer Psychotherapeutenkammer zu einer weiteren Verrechtlichung und Institutionalisierung des Berufsstandes führt.

Die Frage, die sich für viele stellt, ist, ob nicht auch die Fachverbände die Aufgaben einer Kammer wahrnehmen können. So werden Ethikrichtlinien, wenn nicht schon geschehen, auch durch diese festgelegt werden können. Zu bedenken wird jedoch immer wieder sein, daß Fachverbände, die in aller Regel in der Rechtsform eines Vereins geführt werden, nur eine fakultative Mitgliedschaft vorsehen und gesetzgeberische Vorgaben nur im Wege einer Abstimmung durch die Mitgliederversammlung umgesetzt werden können.

59. Gesundheitspolitische Grundlagen der ambulanten Psychotherapie im Rahmen der gesetzlichen Krankenversicherung

A. Dahm

Ziel dieses Beitrags ist es, einen kurzen Überblick über die gesundheitspolitischen, d.h. gesetzlich vorgegebenen und durch die Selbstverwaltung ausgestalteten Grundlagen der ambulanten Psychotherapie im Rahmen der gesetzlichen Krankenversicherung zu geben. Weiterhin soll in diesem Zusammenhang über die hierfür notwendigen ökonomischen Grundlagen referiert werden. Hierzu ist sicherlich einleitend ein Blick auf die geschichtliche Entwicklung, die zur heutigen Ausgestaltung geführt hat, sinnvoll.

Ambulante Psychotherapie in ihrer geschichtlichen Entwicklung

In der Bundesrepublik Deutschland kann die Entwicklung der ambulanten Psychotherapie als Bestandteil der vertragsärztlichen Versorgung in fünf Phasen unterteilt werden (s. auch Faber u. Haarstrick 1994, Dührssen 1994). Die erste Phase beginnt mit dem Inkrafttreten der ersten Psychotherapie-Richtlinien im Jahr 1967. Der Bundesausschuß der Ärzte und Krankenkassen hatte die Aufgabe, den psychotherapeutischen Versorgungsbereich in der gesetzlichen Krankenversicherung festzulegen und gleichzeitig abzugrenzen. Dabei ist zu bedenken, daß durch die Formulierung des Krankheitsbegriffs auf der Grundlage der Reichsversicherungsordnung damals nur die aktuelle und akute neurotische Krise als Krankheit anzusehen war. Für ihre Behandlung wurden die analytisch begründeten Therapieverfahren bereitgestellt, wobei damals der Begriff der tiefenpsychologisch fundierten Psychotherapie als Möglichkeit zeitlich verkürzter und konzentrierter Behandlungsverfahren eingeführt wurde. Es muß festgehalten werden, daß mit diesen Psychotherapie-Richtlinien von 1967 eine ambulante Psychotherapie zu Lasten der gesetzlichen Krankenversicherung in der Bundesrepublik Deutschland überhaupt erst begann.

Die zweite Phase der Entwicklung wird mit der Neufassung der Psychotherapie-Richtlinien im Jahr 1976 eröffnet. Die Rechtsprechung hatte inzwischen das Indikationsgebiet Psychotherapie um die chronifizierten neurotischen Erkrankungen erweitert. Dazu kam die Ausdehnung der Leistungspflicht für die gesetzliche Krankenversicherung um die medizinischen Leistungen zur Rehabilitation auch im Bereich der Psychotherapie durch das 1974 in Kraft getretene Rehabilitations-Angleichungsgesetz.

Mit dem 1. Oktober 1987 begann die dritte Phase in der Entwicklung der psychotherapeutischen Versorgung. Die Richtlinien des Bundesausschusses der Ärzte und Krankenkassen wurden in vollständig überarbeiteter Form neu vorgelegt. Nach mehrjährigen Beratungen, intensiven Diskussionen mit Sachverständigen und Anhörung der führenden Vertreter unterschiedlichster Therapieverfahren und -methoden wurden in diesen Richtlinien erstmals Erläuterungen zur Verbindlichkeit des Krankheitsbegriffs in der vertragsärztlichen Versorgung und klare Entscheidungshilfen für die Auswahl geeigneter Therapieverfahren gegeben. Mit der Einführung der Verhaltenstherapie und ihrer methodischen Abgrenzung auf bestimmte Indikationsgebiete wurde eine wesentliche Erweiterung des Behandlungsspektrums erreicht. Zur Ergänzung der Psychotherapie wurde die psychosomatische Grundversorgung definiert und inhaltlich konkretisiert.

Die vierte Phase wurde mit Beginn der deutschen Wiedervereinigung 1989 eingeleitet. In dieser Phase stand insbesondere die Schaffung von Übergangsregelungen für die Psychotherapie in den neuen Bundesländern, d.h. der ehemaligen DDR, im Vordergrund, die einen möglichst reibungslosen Übergang der dortigen psychotherapeutischen Versorgung in die nach den Psychotherapie-Richtlinien definierte gewährleisten sollten.

Die fünfte Phase hat mit dem am 6. März 1998 vom Deutschen Bundesrat abschließend verabschiedeten Psychotherapeuten-Gesetz begonnen, womit eine über zwanzigjährige Diskussion über eine entsprechende Gesetzgebung zu einem vorläufigen Abschluß gebracht wurde. In der Zukunft wird sich zeigen, wie die damit verbundene Integration der psychologischen Psychotherapeuten und der Kinder- und Jugendlichen-Psychotherapeuten in die Kassenärztlichen Vereinigungen zu einer Weiterentwicklung der Psychotherapie beitragen kann.

Vor diesem geschichtlichen Hintergrund darf festgehalten werden, daß mit den Initiativen von Kassenärzten und Krankenkassen die Psychotherapie aus einer Privatbehandlung, die nur wenigen finanziell entsprechend ausgestatteten Personen zur Verfügung stand, zu einer Leistung der gesetzlichen Krankenversicherung wurde, auf die jeder Versicherte bei entsprechender Indikation einen Rechtsanspruch hat, zu dessen Erfüllung ihm qualifizierte Psychotherapeuten zur Verfügung stehen. Damit wurde eine bahnbrechende Entwicklung eingeleitet und ein Versorgungsangebot zur Verfügung gestellt, das auch international keinen Vergleich zu scheuen braucht.

Inhalte der Psychotherapie-Richtlinien des Bundesausschusses der Ärzte und Krankenkassen

Die sog. Psychotherapie-Richtlinien des Bundesausschusses regeln die Durchführung der Psychotherapie in der vertragsärztlichen Versorgung und stellen somit den Rahmen dar, der durch die Regelungen der Psychotherapie-Vereinbarungen ausgestaltet wird.

Sie enthalten einen allgemeinen Teil, in dem eine Abgrenzung der Psychotherapie als Krankenbehandlung nach den Richtlinien gegenüber allgemeinen Maßnahmen der Lebensberatung bzw. Lebenshilfe vorgenommen wird. Weiterhin wird eine allgemeine Definition von Psychotherapie als Krankenbehandlung gegeben.

In einem weiteren Abschnitt der Richtlinien werden dann psychotherapeutische Behandlungs- und Anwendungsformen aufgeführt. In diesem Teil werden die anerkannten psychotherapeutischen Verfahren und die Möglichkeiten ihrer Anwendung, z.B. als Einzel-bzw. Gruppenbehandlung, genannt.

Ein nächster Abschnitt der Richtlinien definiert die psychosomatische Grundversorgung, die die spezifische Psychotherapie ergänzt. Schließlich werden in den Psychotherapie-Richtlinien Anwendungsbereiche und Leistungsumfang der anerkannten Psychotherapie-Verfahren festgelegt. Im Kapitel „Anwendungsbereiche" werden Indikationen, d.h. Krankheiten bzw. Krankheitsbilder, aufgeführt, bei denen eine Behandlungsbedürftigkeit bzw. -notwendigkeit für Psychotherapie besteht. In diesem Kapitel finden sich zudem Ausschlußkriterien, die eine Psychotherapie nach den Richtlinien nicht zulassen. Im Kapitel „Leistungsumfang" werden die Anzahl der Behandlungsstunden, die in einzelnen Bewilligungsschritten festgelegt sind, und die Höchstgrenze an Behandlungsstunden für die einzelnen psychotherapeutischen Verfahren sowie übende und suggestive Techniken nach der psychosomatischen Grundversorgung festgelegt.

Weitere Abschnitte der Richtlinien regeln das Antrags- und Gutachterverfahren für Psychotherapie, die Qualifikationsvoraussetzungen zur Durchführung der Psychotherapie und der psychosomatischen Grundversorgung für Ärzte und nichtärztliche Psychotherapeuten und die Zusammenarbeit von Ärzten und nichtärztlichen Psychotherapeuten im Rahmen der psychotherapeutischen Versorgung. Diese Abschnitte legen lediglich Rahmenvoraussetzungen fest, die in den Psychotherapie-Vereinbarungen zwischen der Kassenärztlichen Bundesvereinigung und den Spitzenverbänden der Krankenkassen konkretisiert werden.

In der Anlage 1 der Psychotherapie-Richtlinien sind Verfahren aufgeführt, die keine eigenständige Psychotherapie im Sinne der Richtlinien darstellen, jedoch im Rahmen eines übergeordneten Therapiekonzeptes Anwendung finden können. Weiterhin sind in dieser Anlage auch Verfahren aufgeführt, die die Erfordernisse der Psychotherapie-Richtlinien nicht erfüllen.

Die Psychotherapie-Richtlinien liegen in der Fassung vom 3. Juli 1987, die am 1. Oktober 1987 in Kraft getreten ist, vor. Laut dem oben schon erwähnten Psychotherapeuten-Gesetz sollen die Richtlinien vom neu zu bildenden Bundesausschuß der Ärzte, Psychotherapeuten und Krankenkassen im Jahr 1998 neu gefaßt und in ihrer Neufassung zum 1. Januar 1999 in Kraft treten. Die erste Fassung dieser Richtlinien datiert vom 3. Mai 1967.

Psychotherapie-Vereinbarungen zwischen Kassenärztlicher Bundesvereinigung und Spitzenverbänden der Krankenkassen

Wie oben ausgeführt, wird der durch die Psychotherapie-Richtlinien des Bundesausschusses der Ärzte und Krankenkassen vorgegebene Rahmen durch die spezifischen Psychotherapie-Vereinbarungen mit den Primärkassen bzw. den Ersatzkassen näher ausgestaltet. So regeln die Psychotherapie-Vereinbarungen u.a. das Nähere über die Qualifikationsvoraussetzungen zur Erbringung von Psychotherapie, das sog. Delegationsverfahren bei der Hinzuziehung bzw. der Kooperation zwischen ärztlichen und nichtärztlichen Psychotherapeuten, das Gutachterverfahren in der Psychotherapie und die Inhalte der Ausbildung nichtärztlicher Psychotherapeuten über die Definition von Anforderungen an entsprechende Ausbildungsinstitute, die seitens der Kassenärztlichen Bundesvereinigung und der Spitzenverbände der Krankenkassen als anerkannt angesehen werden können. Auf einige Gesichtspunkte dieser Vereinbarung sei noch etwas näher eingegangen, da sie häufiger in der Diskussion stehen.

Delegationsverfahren

Rechtliche Vorgaben des Delegationsverfahrens

Der Bundesausschuß der Ärzte und Krankenkassen war bei der Formulierung seiner Psychotherapie-Richtlinien ebenso an die gesetzlichen Vorgaben der Reichsversicherungsordnung und der Nachfolgeregelungen (SGB V) sowie an das Gesetz über die berufsmäßige Ausübung der Heilkunde und Bestallung (Heilpraktikergesetz) gebunden, wie die Vertragspartner bei ihren Psychotherapie-Vereinbarungen auf der Grundlage dieser Richtlinien. Nach dem Leistungsrecht der gesetzlichen Krankenversicherung sind psychotherapeutische/psychosomatische Maßnahmen “ärztliche Behandlung". Weder der Versuch, psychotherapeutische Maßnahmen leistungsrechtlich als „sonstige Krankenpflegeleistung" einzustufen oder ihre Durchführung als „Heilmittel" verordnungsfähig zu machen, wurde aufgrund der gesetzlichen Bestimmungen akzeptiert (s. auch Schirmer 1978). Auch in §§27 SGB V in der Fassung des Gesundheitsreformgesetzes und Gesundheitsstrukturgesetzes fällt die Psychotherapie unter die „Krankenbehandlung", die nur von Personen selbständig durchgeführt werden kann, die nach ihrem Berufsbild dazu berechtigt sind (GRG 1989, GSG 1993). Die Krankenbehandlung umfaßt die ärztliche Behandlung, die nach §§28 SGB V nur von Ärzten erbracht werden kann. Demnach dürfen nichtärztliche Psychotherapeuten weiterhin nur im Delegationsverfahren Psychotherapie als Krankenbehandlung ausüben, zumal eine berufsrechtliche Regelung über die selbständige Ausübung der Heilkunde durch psychologische Psychotherapeuten bis 1998 trotz heftiger Bemühungen vom Gesetzgeber nicht getroffen werden konnte.

Kooperation im Delegationsverfahren

Das Delegationsverfahren stellte nach den bisherigen gesetzlichen Rahmenbedingungen deren optimale Ausgestaltung dar. Vom Bundesausschuß der Ärzte und Krankenkassen war es von Anfang an als Kooperationsverfahren zwischen qualifizierten Therapeuten angelegt. Dies kommt auch im Text der Richtlinien immer wieder zum Ausdruck, weil in allen Phasen der Indikationsstellung und der Feststellung des konkreten Behandlungskonzeptes auf die Zusammenarbeit zwischen Arzt und Therapeut hingewiesen wird, wenn ein nichtärztlicher Psychotherapeut zur Behandlung hinzugezogen werden soll.

Gemäß den bisherigen Psychotherapie-Richtlinien muß der somatische Befund bei der Indikationsstellung und bei der Planung der Behandlung unbedingt berücksichtigt werden. Sofern der Therapeut für das Erheben des somatischen Befundes selbst nicht ausreichend qualifiziert ist, hat er sicherzustellen, daß ein solcher Befund erhoben wird. Keinesfalls kann auf den somatischen Befund verzichtet werden, weil der Therapeut auf dem Gebiet der somatischen Diagnostik nicht ausgebildet ist. Der Bundesausschuß der Ärzte und Krankenkassen und die von ihm hinzugezogenen Sachverständigen vertraten bisher immer den Standpunkt, daß vor jeder Behandlung psychisch Kranker eine ursächlich orientierte Diagnose zu stellen ist, bei der eine Fehleinschätzung der Symptomatik, sei sie körperlich oder seelisch bedingt, für den Patienten gleichermaßen fatal sein kann. Vorschnelle diagnostische Festlegungen auf seelische Ursachen einer Erkrankung, die aber Ausdruck organisch bedingter Prozesse sind, können den Patienten in lebensbedrohliche Zustände bringen.

Ersetzung des Delegationsverfahrens aufgrund der Bestimmungen des Psychotherapeuten-Gesetzes

Durch das neu geschaffene Psychotherapeuten-Gesetz erhalten die psychologischen Psychotherapeuten und die Kinder- und Jugendlichen-Psychotherapeuten eine eigene berufsrechtliche Regelung, die damit das bisherige Delegationsverfahren zum 01.01.1999 ablöste. Die Regelung beinhaltet jedoch gleichzeitig nach wie vor die Notwendigkeit zur somatischen Abklärung durch den vor Beginn der Behandlung einzuholenden Konsiliarbericht eines Arztes. Die Anforderungen an diesen Konsiliarbericht und an die Qualifikation der den Bericht abgebenden Ärzte müssen zum Zeitpunkt der Erstellung dieses Beitrages noch vom neu zu bildenden Bundesausschuß der Ärzte, Psychotherapeuten und Krankenkassen in den zum 01. 01. 1999 neu zu fassenden Psychotherapie-Richtlinien konkretisiert werden.

Gutachterverfahren in der Psychotherapie

Dieses Gutachterverfahren steht seit Beginn seiner Einführung unter der Kritik unterschiedlicher Seiten. **Wesentliche Kritikpunkte** am bestehenden Gutachterverfahren sind:

1. Das Gutachterverfahren kann den darin enthaltenen Qualitätssicherungsaspekt nicht gewährleisten, weil die von den Therapeuten geschriebenen Begründungen standardisiert sind. Demnach wird ein individueller Fall dem bestehenden Schema der Begutachtung angepaßt, damit die erhoffte Befürwortung durch den Gutachter eintritt.
2. Dadurch wird auch der individuelle Patient der Begründung der Antragstellung angepaßt bzw. so geschildert, daß eine Befürwortung durch den Gutachter erwartet werden kann. Es werden vielfach höhere Kontingente beantragt, als in der Realität für eine erfolgreiche Behandlung des Patienten notwendig sind, damit sich der Aufwand des Antragsverfahrens für den Therapeuten lohnt.
3. Das Gutachterverfahren erreicht auch nicht eine Aussonderung von unqualifizierten Therapeuten, da sich aufgrund einer gutachterlichen Ablehnung keine Sanktionsmöglichkeiten gegenüber dem Therapeuten anschließen.
4. Der mit dem Gutachterverfahren gegebene bürokratische Aufwand bindet ansonsten für die Therapie freiwerdende zeitliche Valenzen des Therapeuten.

Entgegnung der Gutachter

Zu 1 und 2: Im wesentlichen gelinge es bei Studium des Begründungsanteiles zur Psychodynamik des Patienten bzw. zur Verhaltensanalyse, die Qualität des Therapeuten zu erkennen. So ist es nach Aussage der Gutachter möglich, zu identifizieren, ob es sich um individuell begründete Anträge auf Psychotherapie handele.

Zudem stelle das Gutachterverfahren eine wirksame Kontrolle der Prozeßqualität dar. Die Gutachter verweisen in diesem Zusammenhang nicht so sehr auf die Ablehnungsquoten des Gutachterverfahrens, die sich zwischen 2 bis 4% in den jeweiligen Verfahren bewegen, sondern auf die wesentlich höheren Änderungsquoten von Anträgen, die zwischen 12 und 15% bei den jeweiligen Verfahren liegen und insbesondere auf die häufiger auch bei der Befürwortung von Anträgen vorliegende Begleitkorrespondenz mit den Antragsbegründenden.

Zu 3: Das Gutachterverfahren erfüllt durchaus einen Qualitätssicherungsaspekt in der Psychotherapie. Dies gilt vor allem im Hinblick auf die Begründung von Berufsanfängern. Weiterhin sorgt das Gutachterverfahren für einen Zwang zum fortgesetzten Selbstkontrollieren des Therapeuten. Es ermöglicht zudem den Dialog zwischen Gutachtern und Therapeuten, der auch fruchtbar für die Behandlung des Patienten sein kann, wie sich an den oben aufgeführten Daten ersehen läßt.

Sanktionsmöglichkeiten im Sinne eines Entzuges zur Berechtigung zur Durchführung von Psychotherapie kann und soll das bestehende Gutachterverfahren nicht leisten.

Zu 4: Der beklagte bürokratische Aufwand bei der Antragstellung geht nicht wesentlich inhaltlich über das hinaus, wozu der Arzt zur Dokumentation der Krankengeschichte des Patienten ohnehin verpflichtet ist. Zudem wird der Arzt bzw. Therapeut durch die Begründung der Antragstellung zur Präzisierung der Diagnostik, Indikationsstellung und Prognose des Patienten gezwungen, was wiederum dem Patienten selbst bzw. dessen qualifizierter Behandlung zugute kommt.

Die Kassenärztliche Bundesvereinigung hält das Gutachterverfahren im Sinne eines Qualitätssicherungsaspektes nach wie vor für eine sinnvolle Institution, denkt jedoch schon seit einiger Zeit über notwendige bzw. sinnvolle Modifizierungen dieses Verfahrens nach. Dabei wird besonders ein Modell diskutiert, nach dem Psychotherapeuten, die eine bestimmte Anzahl von im Gutachterverfahren bewilligten Langzeittherapien nachweisen können, zumindest von der Begründung des ersten Bewilligungsschrittes einer Langzeittherapie befreit werden sollten. Diese Überlegungen sollen in nächster Zeit nochmals im Bundesausschuß der Ärzte und Krankenkassen diskutiert werden.

Kriterienkataloge für die Anerkennung von Ausbildungsinstituten

Die Vertragspartner der Psychotherapie-Vereinbarungen regeln durch die Festlegung der Qualitätsstandards für Ausbildungsinstitute auch die Qualifikationserfordernisse der nichtärztlichen Psychotherapeuten, solange dies nicht durch das entsprechende Berufsgesetz, das seit Ende der 70er Jahre immer wieder diskutiert wurde, geschehen war. Die Kriterienkataloge für die Ausbildungsinstitute sind Anlagen der Psychotherapie-Vereinbarungen. Anlage 1 ist der Kriterienkatalog für die Ausbildungsinstitute für die tiefenpsychologisch fundierte und analytische Psychotherapie, Anlage 2 derjenige für die Ausbildungsinstitute für analytische Kinder- und Jugendlichen-Psychotherapie und Anlage 3 für die Verhaltenstherapie. Damit war ein hoher Qualifikationsstandard der Therapeuten im Delegationsverfahren gewährleistet. Mit Inkrafttreten des Psychotherapeuten-Gesetzes zum 01.01.1999 wird die Anerkennung entsprechender Ausbildungsstätten, auch wenn Sie in nach den Psychotherapie-Richtlinien anerkannten Verfahren Psychologen oder Kinder-und Jugendlichen-Psychotherapeuten ausbilden, durch die jeweils zuständigen Sozial- bzw. Gesundheitsministerien der Bundesländer vorgenommen.

Sicherstellung von ambulanter psychotherapeutischer Versorgung

Im System der vertragsärztlichen Versorgung sind die Vertragsärzte gesetzlich verpflichtet, die Sicherstellung der Leistungen zu übernehmen, auf die ein Versicherter der gesetzlichen Krankenversicherung einen Rechtsanspruch hat. Dies gilt auch für die Psychotherapie. Aufgrund der Tatsache, daß bei Einführung der Psychotherapie in die vertragsärztliche Versorgung keine ausreichende Zahl qualifizierter Ärzte zur Durchführung der Behandlung zur Verfügung stand, wurde das Delegationsverfahren eingeführt.

Nur so konnte der Bedarf an Psychotherapien hinreichend gedeckt und eine qualifizierte Behandlung sichergestellt werden. Dabei hat sich die Zahl der Therapeuten sowohl auf seiten der Ärzte als auch auf seiten der im Delegationsverfahren tätigen nichtärztlichen Psychotherapeuten ständig vermehrt. Wenn die Forderung nach einem Gesetz über den Beruf des psychologischen Psychotherapeuten mit der Behauptung begründet wurde, daß die Versorgung der Bevölkerung mit Psychotherapie nicht sichergestellt sei, kann dies nicht geteilt werden. So wurde die im Forschungsgutachten zu Fragen eines „Psychotherapeuten-Gesetzes" aufgestellte These einer massiven Unterversorgung mit ambulanter Psychotherapie inzwischen sowohl von einer im Auftrag des Bundesgesundheitsministeriums erstellten Expertise von Schmid (1992) erheblich relativiert. Auch die Ergebnisse eines von der Kassenärztlichen Vereinigung Koblenz durchgeführten Modellversuchs zur besseren Koordinierung ambulanter Psychotherapie (Bericht 1994) widersprechen dieser Einschätzung des Forschungsgutachtens. Die aktuellen Zahlen mit Stand vom 31.12. 1997 lauten für das Bundesgebiet: 8002 ärztliche Psychotherapeuten, davon 1229 Verhaltenstherapeuten und 7040 nichtärztliche Psychotherapeuten, davon 1309 analytische Kinder- und Jugendlichen-Psychotherapeuten und 3354 nichtärztliche Verhaltenstherapeuten.

Mit dem neuen Psychotherapeuten-Gesetz werden auch Maßnahmen der Bedarfsplanung verbunden werden. Dies ist insofern zu begrüßen, da durch die vorgesehenen Regelungen die Verteilung der vorhandenen psychotherapeutischen Ressourcen in Zukunft sicherlich besser gewährleistet werden kann. Die Therapeuten werden dadurch gezwungen, sich nicht nur in städtischen Ballungsgebieten, sondern auch mehr in ländlicheren Regionen niederzulassen, wo weniger damit zu rechnen sein wird, daß es zu Zulassungssperren durch Überversorgung kommen wird.

Ökonomische Grundlagen

Sachleistungsprinzip und Wirtschaftlichkeitsgebot in der vertragsärztlichen Versorgung

Wie die gesamte vertragsärztliche Versorgung unterliegt auch die Psychotherapie dem sog. Sachleistungsprinzip, das nach wie vor im Rahmen der gesetzlichen Krankenversicherung Gültigkeit hat. Danach hat jeder Versicherte der gesetzlichen Krankenkasse, das sind zum jetzigen Zeitpunkt über 90% der Bevölkerung in der Bundesrepublik, bei entsprechender Indikation einen Rechtsanspruch auf die ihm zustehende ärztliche Behandlung. Dies gilt somit auch für Psychotherapie nach den Psychotherapie-Richtlinien und Psychotherapie-Vereinbarungen. Der Versicherte mußte bisher für eine entsprechende Psychotherapie keinerlei Kosten selbst übernehmen bzw. keine Selbstbeteiligung für einen bestimmten Prozentsatz der entstehenden Kosten tragen. Die Therapeuten unterstehen gemäß §§70, 71 und 72 SGB V dem Wirtschaftlichkeitsgebot. Dies ist in §§72 SGB V am eindeutigsten festgelegt. Demnach stehen dem Versicherten Leistungen zu, die wirtschaftlich, notwendig und angemessen zu seiner Behandlung sind. Die Wirtschaftlichkeit der jetzigen Behandlung kann auch durch nachträgliche Wirtschaftlichkeitsprüfungen kontrolliert werden. Dies ist allerdings im Bereich der Psychotherapie nicht gegeben, da durch das oben näher erläuterte Gutachterverfahren gleichsam eine vorweggenommene Wirtschaftlichkeitsprüfung stattfindet.

Psychotherapie unter dem Budget

Im gesamten SGB V ist seit dem Gesundheitsstrukturgesetz 1992 die sog. Beitragssatzstabilität eine der obersten Maximen. Dies ist z.B. in den §§71 und 141 SGB V festgelegt. In §§85 SGB V wird u.a. eine Budgetierungsphase des Gesamthonorars zwischen 1993 und 1995 festgelegt. Diese seit 1993 festgelegte Budgetierung bedeutet für die Erbringung psychotherapeutischer Leistungen, daß die Einzelleistung aufgrund sinkender Punktwerte unter dem Budget weniger honoriert wird. Vor der Budgetierungsphase waren die psychotherapeutischen Leistungen aus der Gesamtvergütung „ausgedeckelt" und wurden nach festen Punktwerten vergütet. Obgleich die Kassenärztliche Bundesvereinigung dem Bundesgesundheitsministerium im September 1992 vor Inkrafttreten des Gesundheitsstrukturgesetzes nochmals die ambulante Psychotherapie als einen besonders förderungswürdigen Bereich dargestellt hatte, sah dieses sich nicht in der Lage, sie aus dem Budget auszugliedern. Seitens des Bewertungsausschusses wurde im Oktober 1994 durch die 10%ige Anhebung der Punktwerte im Bereich der psychotherapeutischen Leistungen versucht, dennoch eine gewisse Aufwertung der einzelnen psychotherapeutischen Leistungen vorzunehmen.

Das Psychotherapeuten-Gesetz sieht für das Jahr 1999 eine weitere Budgetierung der Ausgaben für ambulante Psychotherapie vor, die auf der Basis der im Jahr 1996 regulär gezahlten Vergütungen im ambulanten Bereich und zusätzlich der bisher außerhalb der vertragsärztlichen Versorgung im Erstattungsverfahren durchgeführten psychotherapeutischen Leistungen maximal um höchstens 1% der im Jahr 1997 entrichteten Gesamtvergütung angehoben werden kann. Auch dies ist allerdings keine unverrückbare Ausgabenobergrenze, da die Gesamtvertragsparteien dieses Ausgabenvolumen erhöhen können, wenn

- die tatsächlichen Ausgaben der Krankenkassen für psychotherapeutische Leistungen im Rahmen des Erstattungsverfahrens im Jahr 1997 höher waren als dieser 1%ige Anteil an der Gesamtvergütung oder
- der Punktwert, der für die Auszahlung an die psychotherapeutischen Leistungserbringer im Rahmen der Honorarverteilung maßgeblich ist, den durchschnittlichen Punktwert für Beratungs- und Betreuungsgrundleistungen nach Kaptitel B II EBM mehr als 10 Prozent unterschreitet. Über die konkrete Festlegung dieses Budgets wird allerdings mit erheblichen Diskussionen zu rechnen sein.

Kosten für Psychotherapie im Rahmen der gesetzlichen Krankenversicherung

Die Kosten für die psychotherapeutische Versorgung im Rahmen der gesetzlichen Krankenkassen sind in den letzten Jahren stetig angestiegen. Die Kostenentwicklung stellt sich wie folgt dar:

Von 276,7 Millionen DM im Jahr 1988 auf 516,6 Millionen DM im Jahr 1993 bis auf über 1 Milliarde 1996.

Gesetz über den Beruf des psychologischen Psychotherapeuten und analytischen Kinder- und Jugendlichen-Psychotherapeuten

Im Hinblick auf die Forderung der nichtärztlichen Psychotherapeuten nach einem eigenen Berufsgesetz ist dieses seit den 70er Jahren diskutierte und jetzt beschlossene Gesetzesvorhaben zu begrüßen. Eine berufsrechtliche Regelung für Diplompsychologen mit einer Zusatzausbildung in Psychotherapie und Pädagogen bzw. Sozialpädagogen für den Kinder- und Jugendlichenbereich, die sie zur selbständigen Ausübung von Psychotherapie berechtigt, ist sinnvoll. Insbesondere weil der bisherige Zustand als unzumutbar angesehen werden mußte, daß psychologische Psychotherapeuten ansonsten nur über das Heilpraktikergesetz tätig werden konnten.

Die vorherige Fassung eines entsprechenden Berufsgesetzes, die kurz vor der Bundestagswahl 1994 im Vermittlungsausschuß noch gescheitert war, enthielt jedoch auch einige durchaus kritikwürdige Punkte. Dies betraf u.a. die relativ weit gefaßten Übergangsregelungen hinsichtlich der Qualifikationsanforderungen an die berufsrechtliche Regelung. Weiter war im Gesetz eine Budgetierung der Vergütung und eine 10%ige Selbstbeteiligung des Patienten vorgesehen. Diese führte damals letztlich zum Scheitern des Gesetzesvorhabens, wurde jedoch im Zuge des jetzt verabschiedeten Psychotherapeuten-Gesetzes als eigenes Gesetzesvorhaben, das nicht zustimmungspflichtig durch den Bundesrat war, akzeptiert. Durch dieses Gesetz und die damit verbundene Zulassung psychologischer Psychotherapeuten und Kinder- und Jugendlichen-Psychotherapeuten zur vertragsärztlichen Versorgung wird die Kooperation zwischen diesen Therapeutengruppen und den Ärzten gesetzlich geregelt. Dies beinhaltet sicherlich viele Risiken aber auch die Chance, in einer einheitlichen und kooperativen psychotherapeutischen Versorgung zueinander zu finden. Ärzte und psychologische Psychotherapeuten und Kinder- und Jugendlichen-Psychotherapeuten sollten diese Chance in der Ausgestaltung des jetzt beschlossenen Gesetzes nutzen.

60. Ethik in der Psychotherapie und der Psychotherapieausbildung

D. Birnbacher und L. Kottje-Birnbacher

Warum Ethik der Psychotherapie?

Ethik hat in Bereichen wie Wirtschaft, Medizin und Wissenschaft seit einiger Zeit Hochkonjunktur, aber die Reflexion der ethischen Probleme, die sich in Psychotherapie und Psychotherapieausbildung ergeben, sind noch weitgehend eine Agenda für die Zukunft (vgl. aber Rauchfleisch 1982, Reimer 1991,1997, Lakin 1991, Hutterer-Krisch 1996). Offensichtlich ist Psychotherapie – zumindest in Deutschland – kein Thema, das die philosophischen Ethiker besonders anspricht. Aber auch aus dem Kreis der Therapeuten selbst werden ethische Überlegungen vorerst nur in Ansätzen angestellt.

Dabei ist der Bedarf an ethischer Problemklärung und Problemlösung gerade in diesem Bereich unübersehbar. Genauso wie das Verhältnis zwischen Arzt und Patient in der somatischen Medizin ist die Psychotherapiesituation gekennzeichnet durch ein erhebliches Machtpotential des Therapeuten und ein entsprechendes Risiko von Mißbrauch und Abhängigkeit. Was zur Macht des Therapeuten vor allem beiträgt, ist, daß sie zu einem großen Teil auf suggestiven Faktoren beruht und sich dadurch einer bewußten Kontrolle leicht entzieht. Durch die Intimität der Beziehung zum Therapeuten und die dadurch entstehende Übertragung kommt es zu einer inneren Abhängigkeit des Patienten vom Therapeuten mit nicht zu vernachlässigenden Risiken – sowohl Schadensrisiken für den Patienten wie auch moralischen Risiken für den Therapeuten.

> Zwar kann eine somatische Therapie den Patienten schlimmstenfalls das Leben kosten. Aber eine mißglückte Psychotherapie kann ihn – sieht man einmal von der Gefahr des induzierten Suizids ab – immerhin sehr unglücklich machen, sehr viel unglücklicher jedenfalls als er es andernfalls hätte sein müssen, etwa indem durch sie Symptome verschlimmert oder Partnerkonflikte verschärft oder allererst erzeugt werden. Moralische Risiken für den Therapeuten ergeben sich vor allem daraus, daß die emotionale Abhängigkeit des Patienten den Therapeuten einer ausgesprochenen Verführungssituation aussetzt. Spektakuläre Presseberichte über „Sex auf der Couch" (vgl. Heyne 1991) beleuchten dabei nur eine Facette eines viel umfassenderen Problemzusammenhangs. Auch wenn die sexuelle Annäherung des Therapeuten ein besonders krasser Verstoß gegen elementare Regeln therapeutischer Moral darstellt, dürften doch die vielfältigen anderweitigen Formen ethisch bedenklicher emotionaler Ausbeutung zumindest quantitativ stärker zu Buche schlagen.

Nun sind allerdings moralische Appelle, daß dies oder das nicht sein darf und nicht getan werden sollte, wohlfeil und, wie wir wissen, weitgehend unwirksam. Es gibt nichts Gutes, es sei denn, man tut es – das gilt auch für die Ethik selbst. Ethische Forderungen müssen in der Ausbildung zum Psychotherapeuten nicht nur abstrakt vermittelt, sondern auch möglichst konkret operationalisiert, moralische Verantwortung nicht nur gefordert, sondern auch praxisnah eingeübt werden. Dazu gehört, daß der **Konflikt** zwischen Pflicht einerseits, Neigung und Gedankenlosigkeit andererseits gespürt wird, die **Widerstände**, die dem ethisch geforderten – und meist als solchem erkannten – Verhalten in der Praxis entgegenstehen, erfahren und nachvollzogen werden. Schon deshalb darf sich die Vermittlung einer Ethik für den therapeutischen Alltag nicht einseitig kognitiv auf die Inhalte beschränken, sondern muß die mit der konkreten Umsetzung verbundenen Reaktionen und Affekte einbeziehen. Die heute von vielen Seiten erhobene (und etwa in Österreich inzwischen auch gesetzlich festgeschriebene) Forderung nach mehr Ethik in der Psychotherapieausbildung zielt ja nicht darauf, die umfangreichen Curricula der Weiterbildung zum Psychotherapeuten mit akademischen Konzeptualisierungs- und Begründungsfragen zusätzlich zu belasten, sondern praktische Bewußtmachungs-, Reflexions- und Vollzugsdefizite zu beheben. Nicht um Theorieprobleme geht es, sondern um die Sensibilisierung für moralische Konfliktsituationen, die Einübung von moralischer Urteilsfähigkeit und die Stärkung der persönlichen Fähigkeit, sich auch gegen reale oder vermeintliche institutionelle oder anderweitige äußere Zwänge moralischen Einsichten gemäß zu verhalten.

Mehr oder weniger zwangsläufig muß eine derartige moralische Sensibilisierung die **Ausbildungssituation** mit einbeziehen. Denn in einem signifikanten Maß sind es ja Versäumnisse der Ausbildung, die sich im späteren Umgang mit Patienten als Defizite bemerkbar machen. Ein autoritär-hierarchischer Umgangsstil zwischen ausbildendem und auszubildendem Arzt oder Therapeut ist wenig dazu angetan, ein partnerschaftliches und non-direktives Verhalten des in die Freiheit entlassenen Arztes oder Therapeuten zum Patienten zu ermutigen. Wer in seiner Ausbildung viel von den Chancen und Möglichkeiten, aber wenig von den Gefahren und Risiken der Methode der Wahl gehört hat, neigt eher dazu, auch als praktizierender Therapeut seine Möglichkeiten zu überschätzen und Patienten unvertretbar hohen Risiken auszusetzen. Wer so kompromißlos auf eine bestimmte Schulrichtung geprägt worden ist, daß er auf konkurrierende Angebote nur mit hochmütiger Verachtung herabblickt, wird auch später Schwierigkeiten haben, zum Besten des Patienten die relativen Vor- und Nachteile der unterschiedlichen Therapierichtungen mit der gebotenen Unvoreingenommenheit abzuwägen.

Normativer Rahmen: 4-Prinzipien-Modell von Beauchamp und Childress

Daß eine Ethik der Psychotherapie sich nicht allzu lange mit Begründungsfragen aufhalten muß, sondern unmittelbar konkret werden kann – einer der Gründe dafür, daß sie besser in der Supervision als in „Trockenkursen" vermittelt wird – hängt damit zusammen, daß über die in der Praxis zur Anwendung kommenden **Prinzipien** mehr oder weniger Konsens besteht. Wenn es Dissense gibt, dann weniger darüber, welche Werte oder Prinzipien für eine gegebene Konfliktsituation relevant sind, sondern darüber, wie diese Werte oder Prinzipien zu gewichten sind und was aus ihnen für den Einzelfall konkret folgt. Am besten läßt sich dieser breite Konsensbereich – der **ethische Common Sense** gewissermaßen – durch das von den amerikanischen Medizinethikern T. L. Beauchamp und J. F. Childress stammende 4-Prinzipien-Modell explizieren, das von vier Prinzipien mittlerer Reichweite ausgeht:

1. dem Prinzip der Nichtschädigung,
2. dem Prinzip der Autonomie,
3. dem Prinzip der Fürsorge und
4. dem Prinzip der Gleichheit.

Das **Prinzip der Nichtschädigung** ist das unbestrittenste und schlechthin zentrale Prinzip nicht nur der ärztlichen Ethik (wo es dem traditionellen Grundsatz „primum non nocere" entspricht), sondern jeder Ethik überhaupt. In seiner engen – und speziell seiner rechtlichen (vgl. Wolfslast 1985, Kap. 1) – Interpretation verbietet es, anderen Schaden an Leib, Leben oder Eigentum zuzufügen oder sie in diesen Hinsichten hohen Risiken auszusetzen. Angewendet auf die Situation der Psychotherapie muß es in einem weiten Sinn verstanden werden, indem es auch jede Art von **psychischer Schädigung** verbietet.

Das **Prinzip der Autonomie** fordert, die Wünsche, Ziele und Lebenspläne anderer zu respektieren, und zwar auch und gerade dann, wenn diese dem Akteur wenig nachvollziehbar, abwegig oder moralisch bedenklich erscheinen. Daß der Wille anderer – und zwar gleichgültig, ob er seinerseits selbstbestimmt oder fremdbestimmt, rational oder affektgeleitet ist – geachtet statt einer wie immer gut gemeinten Fremdbestimmung unterworfen wird, ist eine Bedingung dafür, daß jeder (im Rahmen der äußeren Bedingungen) Herr seines eigenen Lebens bleibt. Selbstverständlich gilt dieses Prinzip nicht absolut, sondern wird sowohl durch das Prinzip der Nichtschädigung als auch durch die Prinzipien der Fürsorge und der Gleichheit eingeschränkt. Ein vieldiskutiertes Thema der Medizinethik ist dabei das genaue Ausmaß, in dem „paternalistische" Eingriffe gerechtfertigt werden können, d. h. Eingriffe gegen den Willen des Patienten zu dessen eigenem langfristigen Besten. Der **starke Paternalismus**, nach dem in solchen Fällen auch einer freien und informierten Willensentscheidung eines Erwachsenen zuwidergehandelt werden darf, wird unter den gegenwärtigen Ethikern weitgehend abgelehnt zugunsten eines **schwachen Paternalismus**, nach dem das Prinzip der Fürsorge nur dann Vorrang vor dem Prinzip der Autonomie hat, wenn eine Willensentscheidung unfrei oder unzureichend informiert ist.

Das **Prinzip der Fürsorge** geht über das Prinzip der Nicht-Schädigung in dreifacher Weise hinaus. Während das Prinzip der Nichtschädigung lediglich die **Unterlassung von Schädigungen** (und Risikozufügungen) gebietet, gebietet das Prinzip der Fürsorge, daß mögliche Schäden verhindert, eingetretene Schäden gelindert und die Situation anderer auch dann, wenn von einem Schaden keine Rede sein kann, verbessert wird. Die in unserem Kulturraum dominierende christliche Ethik hat das Prinzip der Fürsorge herkömmlich so eindeutig über die anderen Prinzipien gestellt, daß vielfach erst eine bewußte Distanzierung den Blick auf die Grenzen freigibt, die diesem Prinzip insbesondere durch das Selbstbestimmungsrecht (Prinzip der Autonomie) gezogen sind. Aus demselben Grund besteht auf dem Gebiet der Patientenselbstbestimmung (und anderer Patientenrechte, etwa dem Recht auf angemessene Schmerzbehandlung) in der Praxis der größte Nachholbedarf.

Das **Prinzip der Gleichheit** ist inhaltlich am meisten ausfüllungsbedürftig und am stärksten umstritten. Allgemein anerkannt ist zumindest das Prinzip der „formalen" Gleichheit, nach dem in relevanten Hinsichten ähnliche Fälle ähnlich beurteilt und behandelt werden müssen, also das Verbot von sachfremden Differenzierungen. Eine solche liegt etwa dann vor, wenn Therapeuten – im Sinne der eigenen Psychohygiene – Patienten selegieren, die angenehm im Umgang sind, den Therapeuten nicht besonders belasten, gut versichert sind, Termine pünktlich einhalten usw. und weder anstrengende und schwierige Patienten in Behandlung nehmen noch für Kriseninterventionen Zeit haben (vgl. dazu auch Heigl-Evers/Heigl 1989, S. 73).

Anwendungen der vier Prinzipien auf das psychotherapeutische Handeln

Die vier Prinzipien von Beauchamp und Childress können bei der Diskussion der ethischen Probleme in Psychotherapie und Psychotherapie-Ausbildung sowohl als Ordnungsprinzip als auch als Beurteilungsgesichtspunkte dienen: Dem Patienten (bzw. dem auszubildenden Therapeuten) sollte nicht geschadet werden, sein Selbstbestimmungsrecht sollte geachtet werden, er sollte in der für sein Wohlbefinden förderlichsten Weise behandelt werden, und es sollte darauf geachtet werden, unter Bedingungen knapper Ressourcen nicht bestimmte Gruppen zum Schaden anderer zu privilegieren. Im folgenden sollen diese Prinzipien – d. h. zumindest die ersten drei – zunächst auf einige der für Psychotherapien typischen Problem- und Konfliktsituationen angewandt werden, wobei auf Beispielmaterial aus der eigenen Supervisionspraxis zurückgegriffen wird. Später werden dann – ausgehend von demselben normativen Rahmen – einige ethische Probleme der Psychotherapie-Ausbildung selbst angesprochen.

Nichtschädigung: Anwendungen

Wer kann durch eine Therapie geschädigt werden? Zunächst der Patient selbst, dann aber auch Personen in seiner Lebensumwelt, schließlich die Allgemeinheit.

Eine in Berichten über mißlungene Analysen oft beschriebene Art der Schädigung ist eine **übermäßige Pathologisierung** des Patienten. Diese wird hervorgerufen durch eine spezifische Beziehungsgestaltung, die so beschrieben werden kann, daß der Therapeut immer recht und der Patient immer unrecht hat: Der Patient gewinnt den Eindruck, daß der Therapeut über ihn genau Bescheid weiß und ihm dabei helfen will, gesund zu werden, daß aber alles, was er selbst fühlt und tut, krank und neurotisch ist und verändert werden muß. Der Therapeut spielt die Rolle des mächtigen, kompetenten Experten, der weiß, was normal und was krank ist, der erkennt, was in dem Patienten eigentlich abläuft, welche unbewußten Motive ihn wirklich bestimmen, der definiert, daß er das oder jenes nur aus Abwehr- oder Widerstandsgründen tut usw. Eine solche Beziehungsgestaltung infantilisiert und pathologisiert den Patienten und stellt seine Autonomie grundlegend in Frage. Der Therapeut dagegen baut eine schlechthin unangreifbare Position auf. Immunisierend wirkt dabei vor allem das Konzept des Widerstands: Hat der Patient nicht den Eindruck, daß der Therapeut seine wahren Gefühle verstanden hat, liegt das eben daran, daß er diese Einsicht noch nicht zulassen kann. Im Interesse seiner Gesundung muß er sich aber irgendwann dieser Einsicht stellen. Die Beziehung wird zum Doublebind. Der Therapeut, der weiß, was für den Patienten gut ist, mutet ihm verwirrende, erschreckende Selbsteinsichten zu, freilich nur zu seinem Besten, wodurch der Patient als unmündiges krankes Kind angesprochen wird und in eine kindliche Übertragung und Abhängigkeit gerät, statt zu lernen, seine kompetenten erwachsenen Anteile zu mobilisieren und zur Gesundung zu nutzen.

Unvereinbar mit dem Prinzip der Nichtschädigung sind zweitens alle Formen von bewußter und unbewußter **Instrumentalisierung** des Patienten zu eigennützigen Zwekken, gleichgültig, ob aus sexuellen, emotionalen oder schlicht finanziellen Motiven. Mit einem Patienten eine sexuelle Beziehung aufzunehmen (was vorwiegend bei Therapeuten mit unbefriedigender Ehe oder nach Trennung oder Scheidung vorzukommen scheint, vgl. Reimer 1991, S. 137) bedeutet für die betroffenen Patientinnen vielfach nicht nur Depressionen und Störungen des Selbstwertgefühls, sondern zum Teil auch erhebliche Symptomverschlimmerungen. Hier liegt eine wichtige prophylaktische Aufgabe für die Therapeutenausbildung. Sie muß auf den besonderen Verführungscharakter der therapeutischen Situation hinweisen und eine gewisse Widerstandsfähigkeit gegen die sich zwangsläufig einstellenden erotischen Anfechtungen entwickeln. Wie intensiv ein Therapeut sich innerlich in eine Therapie involviert fühlen kann, soll an einem kurzen Beispiel gezeigt werden:

Ein Therapeut berichtet in der Supervision folgenden eigenen Traum, den er auf sich und seine attraktive Patientin bezieht: Zwei Königskinder können nicht zusammenkommen, weil der Graben viel zu tief ist und in ihm große Fische schwimmen, die einen fressen können. Daher ist ein Hinüberschwimmen unmöglich. Außerdem löscht eine Hexe die Signalkerzen aus. – Der Traum beschreibt plastisch seine innere Situation, die heftige eigene Involvierung und die wahrgenommene Gefahr: Er könnte gefressen und vernichtet werden, physisch in seiner materiellen Existenz (die Patientin könnte ihn verklagen) oder emotional durch innere Überflutung, und die heimtückisch-neidische Hexe, in der sich die Über-Ich-Forderungen von Mutter, Gesellschaft und Ehefrau und vielleicht auch die dunklen weiblichen Seiten der Patientin symbolisieren, macht sogar den heimlichen Signalkontakt zu dem anderen Königskind unmöglich.

Das Problem des sexuellen Mißbrauchs ist, wie gesagt, nur die Spitze des Eisbergs. Ausgebeutet wird der Patient auch dann, wenn er dazu ermuntert wird, Dinge zu tun, von denen der Therapeut fasziniert ist, die er aber selbst nicht auszuleben wagt (Delegation): Der Therapeut kann dann gefahrlos am Erleben des Patienten partizipieren – eine Verhaltensweise, die man gelegentlich ja auch bei Eltern gegenüber ihren Kindern antrifft. Auch **narzißtische Bedürfnisse** des Therapeuten können in Therapien eine Rolle spielen, wenn z.B. der Therapeut vom Patienten erhofft, daß er nach den Vorstellungen des Therapeuten lebt und, indem er glücklich wird, die Lebenskonzepte und -erfahrungen des Therapeuten bestätigt. Leicht kann auch die Beziehung zum Patienten als **Ersatz für reale Beziehungsdefizite** mißbraucht werden, etwa indem der Therapeut seine Patienten an sich bindet, an ihnen Anteil nimmt, aber zu wenig ihre Weiterentwicklung und Verselbständigung im Auge hat. Die Trennung vom Patienten fällt ihm dann eventuell sehr schwer, was sich in übermäßig langen Therapien niederschlagen kann. Aber übermäßig lange Therapien können ihre Ursache auch in der schieren **Bequemlichkeit** des Therapeuten haben: Es ist leichter, mit einem wohlbekannten Patienten weitere Stunden zu arbeiten als sich nach getaner Arbeit auf einen neuen einzustellen, einen neuen Kassenantrag zu schreiben und erneut konzentriert zu arbeiten. So ist erklärbar, daß die von der Kasse genehmigten Stunden fast durchgängig voll ausgeschöpft werden, unabhängig vom realen Bedarf, wobei der für den Patienten entstehende Zeitaufwand großzügig als „freies Gut“ in Anspruch genommen wird.

Eine Instrumentalisierung des Patienten kann auch darin bestehen, daß der Therapeut von der Therapie, vom Patienten oder von sich selbst so fasziniert ist, daß ihm bestimmte therapeutische Prozesse zum **Selbstzweck** werden und eventuelle persönlichkeitsspezifische Grenzen der Belastbarkeit sowie zeitliche und finanzielle Grenzen darüber in Vergessenheit geraten. Die „Zeitvergessenheit“ (Heigl-Evers u. Heigl 1989, S. 73) mancher Therapien wird an folgendem Beispiel deutlich:

Ein Therapeut verwendete bei einer Patientin drei von insgesamt sechs Wochen bewilligter stationärer Therapie auf die Erhebung der Anamnese. Die Patientin, eine tief religiöse Frau, meinte zu Beginn der vierten Woche, sie hätte vielleicht doch lieber um ein Wunder beten sollen, statt sich auf eine Therapie einzulassen. Der Therapeut fühlte sich entwertet und konnte gar nicht nachvollziehen, daß die Patientin durch das Verstreichen der Hälfte der verfügbaren Zeit gegenüber den Veränderungsmöglichkeiten in der verbleibenden Zeit skeptisch geworden war.

Bedenklich ist die Großzügigkeit im Umgang mit Therapiestunden nicht nur in Bezug auf den Patienten, sondern auch auf den Beitragszahler. Die Übung, bewilligte Stunden auch ohne Notwendigkeit auszuschöpfen, ist eine Schädigung der Solidargemeinschaft. Unehrlichkeiten – wie etwa die Deklaration einer nicht-ersatzleistungsfähigen Paartherapie als doppelte Einzeltherapie – sind darüber hinaus nicht nur ethisch inakzeptabel, sondern oft auch dysfunktional, da das Wissen, das Therapeut und Patient zu Verschworenen macht, die therapeutische Beziehung zwangsläufig beeinträchtigt.

Überhaupt ist die Schädigung Dritter ein brisantes Thema. Der dem therapeutischen Geschäft eher distanziert gegenüberstehende Ethiker muß sich vor allem über die Nonchalance wundern, mit der einige psychoanalytische Autoren der älteren Generation für das reale oder vermeintliche Wohl des individuellen Patienten selbst erhebliche Schädigungen Dritter in Kauf zu nehmen bereit sind, etwa therapieinduzierte Beziehungsschwierigkeiten, Beziehungsabbrüche und Schuldzuweisungen an Eltern und Lebenspartner. So liest man in einem Beitrag zur Ethik der Psychoanalyse aus den 50er Jahren:

> Der Analytiker... darf nicht einmal den Standpunkt der Familie, Freunde, Wohngemeinschaft oder Gesellschaft einnehmen, es sei denn, um sie dem Patienten als dessen Realität vor Augen zu halten. Im wesentlichen muß der Analytiker den Interessen des Patienten dienen und niemandem anderen (Redlich 1959, S. 494f).

Die aus der hippokratischen Tradition der Medizin stammende Definition der Beziehung zwischen Therapeut und Patient, die ausschließlich das Wohl des individuellen Patienten im Auge hat, muß aber da ihre Grenze finden, wo durch eine Behandlung das Wohl und Wehe Dritter mehr als geringfügig betroffen ist (Sachsse 1989, S. 154). Dies dürfte in der Psychotherapie eher der Normal- als der Ausnahmefall sein. Ethisches Ziel kann nur die befriedigende Entwicklung aller Beteiligten sein. Geht die Entwicklung des einen allzusehr auf Kosten anderer, ist sie schlicht nicht zu verantworten. Statt dessen müßte von einem erweiterten Betrachtungs- und Entwicklungskonzept ausgegangen werden, wie es z.B. in der Familientherapie üblich ist und wie es Fürstenau (1992) auch für die tiefenpsychologisch fundierte Therapie gefordert hat. Um Gefahren der einseitigen Identifikation mit dem Patienten zu begegnen, sollte der Therapeut in seiner Ausbildung lernen, die Lebenssituation und Lebensumwelt des Patienten verantwortlich im Blick zu haben und sich des Ungleichgewichts bewußt sein, das im Beziehungsgefüge zwischen dem Patienten und den Personen seines persönlichen Umfelds dadurch entsteht, daß dieser im Therapeuten eine zusätzliche Bezugsperson hat. Das muß vor allem dann bedacht werden, wenn der Patient bisher unterdrückte Wünsche (etwa nach Seitensprüngen oder danach, seinen Eltern die Meinung zu sagen) ausagieren möchte. Denn einseitige Ablösungsbemühungen können bei Unterschätzung der gegebenen Loyalitätsbindungen und Abhängigkeiten für beide Beteiligten gefährlich werden und Erkrankungen, Depressionen, Alkoholabusus und Suizidversuche auslösen. Hierzu ein Beispiel:

Ein 45jähriger Steuerberater, der seit fünfzehn Jahren mit einer tüchtigen, zuverlässigen Kollegin verheiratet war, mit ihr zusammengearbeitet und Kinder aufgezogen hatte, verliebte sich in eine andere Frau, eine temperamentvolle Journalistin, die viele dramatische Beziehungen zu Männern hinter sich hatte. Der Mann spürte noch nie empfundene Gefühle und wollte sich von seiner Frau trennen. Die aber reagierte sehr massiv, wollte ihn auf keinen Fall gehen lassen, drohte mit Suizid. Der Mann wandte sich an einen Therapeuten um Hilfe. Dieser hatte volles Verständnis für die unausgelebten Seiten des Mannes, wollte seine innere Weiterentwicklung fördern und meinte, alle seien erwachsene Menschen und die Frau könne keinen Anspruch auf ihn erheben, wenn er sich trennen wolle, vielleicht seien ja auch Kompromißlösungen denkbar. Die Frau aber wollte ihren Mann behalten und für sich allein haben und setzte ihn massiv unter Druck. Er blieb zu Hause, besuchte aber weiterhin die Freundin und begann zunehmend zu trinken, weil er mit den inneren Spannungen und Schuldgefühlen nicht umgehen und keine der Beziehungen abbrechen konnte. Der Therapeut deutete dies als selbstdestruktives Manöver, was jedoch an der Situation nichts änderte. Alle fühlten sich elend und hilflos. Der Patient konsultierte einen zweiten Therapeuten, der ihm riet, sich sofort und konsequent von seiner Frau zu trennen. Der Patient schaffte das aber nicht, statt dessen brach er die Therapie ab, blieb bei seiner Frau und trank noch mehr. – Beide Therapeuten ließen sich von den Entwicklungswünschen des Patienten anstecken und schätzten die Intensität der symbiotischen Beziehung zwischen den Ehegatten nicht realistisch genug ein. Sie konnten nicht akzeptierend und beruhigend auf die Situation einwirken, sondern brachten implizit oder explizit ihre eigenen Vorstellungen von Normalität und Erwachsenheit zum Ausdruck, wodurch sich der innere Druck des Patienten noch vergrößerte.

Die Interessen Dritter können im Einzelfall durchaus Vorrang haben gegenüber den Entwicklungsmöglichkeiten des individuellen Patienten, gelegentlich auch gegenüber seinem Recht auf Selbstbestimmung. Bei gravierend sozialschädlichem Verhalten (ob formell kriminalisiert oder nicht) tritt selbst noch das Prinzip der Autonomie gegenüber dem Prinzip der Nichtschädigung zurück. Nicht nur muß sich der Therapeut dem Wunsch eines Pädophilen verweigern, von seinen Hemmungen befreit zu werden (ein Beispiel von Reiter-Theil 1991, S. 12), die Therapie muß in Fällen von erheblichen Über-Ich-Defekten (wie bei manchen Frühgestörten, Borderlinepatienten oder pathologischen Narzißten) auch gelegentlich zu einer Bemühung um Nacherziehung oder Nachreifung werden, bei der das ansonsten geltende Prinzip der therapeutischen Abstinenz oder Neutralität nicht aufrechterhalten werden kann (vgl. Heigl u. Heigl-Evers 1984).

Autonomie: Anwendungen

Außer in diesen besonders gelagerten Fällen dürfte jedoch das Prinzip der Autonomie, also des Selbstbestimmungsrechts des Patienten, durchweg Vorrang vor dem Prinzip der Fürsorge haben. Zumindest dem Anspruch – wenn auch nicht immer der Praxis – nach ist das herkömmliche **paternalistische** durch ein **partnerschaftliches** Arztbild abgelöst worden, der Leitsatz „salus aegroti suprema lex“ durch den Leitsatz „voluntas aegroti suprema lex“. Zur Autonomie des Patienten gehört vor allem seine Freiheit, ein Therapieangebot auch ausschlagen und eine aufgenommene Therapie auch abbrechen zu können. Ethisch und rechtlich gelten für die Aufnahme und Weiterführung einer Therapie darüber hinaus dieselben Anforderungen an den informed consent, wie sie auch für somatische Behandlungen gelten. Die ethisch bedeutsame Gefahr der **Manipulation** dürfte dabei im therapeutischen Bereich fast noch schwerer wiegen als in der somatischen Medizin, da die zu kurierenden Symptome und die angestrebten Therapieziele oft weniger klar eingegrenzt sind und insgesamt weniger Erfolgskontrollen zur Verfügung stehen.

Zunächst gilt für die Psychotherapie wie für die somatische Medizin, daß die Therapieziele – das Gesamtziel, aber auch die jeweiligen Zwischen- und Teilziele – Gegenstand einer Vereinbarung zwischen Patient und Therapeut sein müssen. Wichtig ist dabei, daß der Therapeut gelernt hat, klar zwischen **Zielen** und **Mitteln** zu unterscheiden. Experte ist der Therapeut nur hinsichtlich der Mittel, nicht hinsichtlich der Ziele der Therapie. Ein Wissen darüber, welche Ziele für den Patienten anzustreben richtig ist, wäre angemaßtes Herrschaftswissen. Auch muß sich der Patient darauf verlassen können, daß der Therapeut keine anderen als die Ziele, in die er zu Anfang eingewilligt hat, verfolgt, und zwar auch dann, wenn dieser die mit dem Patienten abgestimmten Ziele aufgrund abweichender Überzeugungen oder Präferenzen nur unvollkommen teilt. Es wäre nicht weniger als Etikettenschwindel, einem Patienten unter Ausnutzung der eigenen hochsuggestiven Position – und womöglich unter dem Begriff der „medizinischen Notwendigkeit“ – eine ethische Neubewertung seines Lebens oder seiner Lebensweise zu verkaufen (vgl. dazu Breggin 1971, S. 69). Auch darf der Patientenwunsch nach Symptomkontrolle nicht zum Anlaß genommen werden, dem Patienten eine tiefgreifende Analyse unbewußter Konflikte nahezulegen, ohne ihn über andere, weniger aufwendige Behandlungsmöglichkeiten zu informieren. Freilich sind solche Suggestionen keineswegs immer bewußt. Nicht nur seine besondere Kompetenz und seine persönlichen Vorlieben, sondern vor allem auch bestimmte Schulloyalitäten hindern den Therapeuten vielfach daran, die mit seiner Methode der Wahl unauflöslich verknüpften **Zusatzziele** wahrzunehmen, zu reflektieren und eigens mit dem Patienten abzustimmen. Diese Zusatzziele – etwa die Einsicht und Selbsterkenntnis in der Analyse oder die Befreiung von inneren und äußeren Zwängen in der humanistischen Psychologie – sind den Vertretern dieser Methoden oft so sehr zu Selbstverständlichkeiten geworden, daß sie meinen, sie nicht mehr deklarieren zu müssen. Selbst das vorherrschende Therapieziel „Autonomie“ – im Sinne der Befähigung zu Unabhängigkeit, Eigenverantwortung und innerer Souveränität – kann nicht als schlechthin selbstverständlich gelten. Es jemandem gegen seine eigenen Wertvorstellungen zu oktroyieren, ist um nichts weniger eine Verletzung seines Selbstbestimmungsrechts als die Insinuierung von Anpassungszielen. Autonomie ist ja nicht das einzige mögliche Therapieziel. Jemandem kann durchaus auch an Werten wie Bindung, Symbiose oder Religiosität liegen, die in der impliziten psychotherapeutischen Ethik eher unterrepräsentiert sind. Falls ihm daran liegt, ist das eo ipso kein Hinweis darauf, daß seine Entscheidungsfreiheit in irgendeiner Weise eingeschränkt ist, und er muß das Recht haben, auch (aus der Sicht des Therapeuten) „falsche“, infantile oder unreife Bedürfnisse zu befriedigen.

Um die Zustimmung des Patienten zu einem vorgeschlagenen Behandlungsplan ethisch und rechtlich wirksam werden zu lassen, ist freilich mehr notwendig als eine Abstimmung über die angestrebten Ziele. Der Patient muß auch über das methodische Vorgehen, die von seiner Seite erwartete Mitarbeit, den abzusehenden (von Methode zu Methode sehr unterschiedlichen) Zeitrahmen und die mit dem vorgeschlagenen Vorgehen einhergehenden Chancen und Risiken informiert werden. Bei den Chancen wird im allgemeinen die Aussicht auf Symptomkontrolle bzw. auf Besserung des subjektiven Zustands im Vordergrund stehen: Wie wirkt sich die Therapie im allgemeinen aus? Wohin wird sie im konkreten Fall des Patienten führen? Daneben sind aber gewöhnlich auch noch andere Wirkungsdimensionen wichtig: Eröffnet die Methode Chancen von Beziehungs- und Selbsterfahrung? Wie weit liegt der Schwerpunkt auf Selbsterkenntnis, wie weit auf Symptomkontrolle? Wird der therapeutische Prozeß für den Patienten transparent oder vollzieht sich dieser weitgehend unbewußt? Hier ist eine neutrale und so weit wie möglich durch Erfahrungen abgesicherte Aufklärung unabdingbar – einschließlich der Aufklärung über verbleibende Unsicherheiten und Imponderabilien (vgl. Heigl-Evers u. Heigl 1989, S. 73, Seidler 1991, S. 173).

Das häufigste und für den Patienten gravierendste Aufklärungsdefizit scheint in der Praxis in der nicht gegebenen Information über **alternative Angebote** zu liegen. Als Bestandteil des informed consent ist eine solche Information auch rechtlich erforderlich, wird aber besonders in der Privatpraxis häufig vernachlässigt. Gefangen im Rollenkonflikt zwischen objektivem Berater und werbendem Anbieter wird der Therapeut dem über die Verschiedenheit der therapeutischen Methoden meist nur unzureichend informierten Patienten im allgemeinen die Methode empfohlen, die er selbst beherrscht, ohne daß der Patient die Möglichkeit einer echten Wahl hat. Diesem Mißstand ist nur durch eine konsequent patientenzentrierte Beratung zu begegnen. Eine Voraussetzung dafür wäre insbesondere eine bessere Information der praktizierenden Therapeuten über die in der Region verfügbaren Angebote und eine engere, womöglich institutionell abgesicherte Kooperation zwischen den heute noch weitgehend monadenhaft gegeneinander abgeschotteten verschiedenen Therapierichtungen.

Fürsorge: Anwendungen

Dem Patienten einen möglichst umfassenden Überblick über die für seinen Fall relevanten Angebote zu verschaffen, ist nicht nur eine Forderung des Prinzips der Autonomie, sondern auch des Prinzips der Fürsorge. Ein Mehr an Markttransparenz erhöht nicht nur die Entscheidungsfreiheit des Patienten, sondern zwingt den Therapeuten auch zu der ansonsten leicht vernachlässigten Überlegung, ob der Patient gut beraten ist, wenn er mit seinem Problem ausgerechnet zu ihm kommt. Er zwingt ihn, den Patienten konsequent in dessen eigenem besten Interesse zu beraten und dabei nicht nur die Grenzen des eigenen fachlichen Könnens, sondern auch die der eigenen fachlichen Orientierung zu bedenken. Die Aufgabe der Ausbildung und Supervision bestünde hier u. a. darin, dem Therapeuten die möglichen offenen und latenten Konflikte zwischen den eigenen Wünschen und der Orientierung am Patientenwohl bewußt zu machen. Dies ist allerdings ein heikles Thema, denn sowohl die Überschätzung der eigenen Kompetenz als auch der kindlich anmutende Glaube an die Überlegenheit der eigenen Methode ist emotional hoch aufgeladen und schambesetzt.

Nicht nur Kompetenzprobleme und Schulloyalitäten können einer optimalen „Passung“ zwischen Patient und Therapeut im Wege stehen. Ein Patient kann auch dann mit einem Therapeuten schlecht beraten sein, wenn die Persönlichkeiten, Lebenskonzepte, Moralvorstellungen und weltanschaulichen Orientierungen beider zu weit auseinander liegen – oder aber zu nahtlos übereinstimmen Im ersteren Fall muß sich der Therapeut fragen, ob seine Bereitschaft zu Verständnis, Einfühlung und therapeutischer Solidarität mit dem Patienten nicht vielleicht überstrapaziert wird und ob es für diesen nicht vielleicht günstiger wäre, an einen Kollegen mit höherer persönlicher, weltanschaulicher oder ethischer Affinität weiterempfohlen zu werden. Auch hier kommt es wieder darauf an, die **eigenen Möglichkeiten und Grenzen** realistisch abzuschätzen. Ist man als dezidierter Atheist wirklich der geeignete Therapeut für einen tiefreligiösen Patienten? Hat ein Kollege vielleicht mehr Verständnis für die Beziehungsschwierigkeiten in der chaotischen Wohngemeinschaft, für die Depressionen und Wutausbrüche des Managers, der seine Launen bedenkenlos an seinen Untergebenen austobt, oder für die Ansprüche des Rentenneurotikers, der das soziale System für seine Bedürfnisse einspannen will? Im umgekehrten Fall zu großer Ähnlichkeit muß er sich fragen, ob die Sympathie mit dem Patienten nicht vielleicht dadurch kontraproduktiv wird, daß sie ihn zu einer überstarken Identifikation verleitet.

Weitere Implikationen des Fürsorgeprinzips für die Situation der Therapie sind die Wahl eines veränderungsoptimalen Settings und die Orientierung des therapeutischen Handelns an Gesichtspunkten effizienter Zielerreichung (Fürstenau 1992).

Das Setting und Beziehungsangebot sollte vom Therapeuten hinsichtlich Frequenz, Dauer, Regressionstiefe usw. so gestaltet werden, daß es den Bedürfnissen des Patienten nach Weiterentwicklung gerecht werden kann. Jedes Setting verfügt über spezifische Möglichkeiten, lädt zur Darstellung bestimmter Probleme ein, spricht bestimmte kognitive und emotionale Potentiale an und beinhaltet bestimmte Gefahren, die bedacht werden sollten. De facto ist es jedoch oft so, daß für die Settinggestaltung die Begrenztheiten und Bedürfnisse des Therapeuten maßgeblich sind. So haben z. B. etliche Therapeuten in ihrer Ausbildung nur Einzeltherapie als Arbeitssetting kennengelernt und ziehen dann auch später andere Settingmöglichkeiten wie Gruppen-, Paar- oder Familientherapie, Einbeziehung von speziellen Techniken wie Körperarbeit, Imaginationen, Psychodrama usw. und gezielte Variationen der Behandlungsfrequenz nicht in Betracht. Zudem spielen Bedürfnisse des Therapeuten hinsichtlich seiner Praxisorganisation oft eine große Rolle beim Settingangebot, etwa wenn ein Therapeut noch genau einen Patienten braucht, um eine Gruppe vollzubekommen. Die Versuchung ist groß, dem nächsten Patienten die Gruppe zu empfehlen und (sofern keine totale Kontraindikation vorliegt), auf das Angebot einer Alternativbehandlung zu verzichten, auch wenn der Patient eigentlich nicht gern in eine Gruppe will und vielleicht nicht optimal profitiert. Eine Unsitte ist auch die Praxis mancher Therapeuten, Patienten zu Vorgesprächen kommen zu lassen, um so abgesagte Stunden aufzufüllen. Dadurch wecken sie Hoffnungen, obwohl sie ausgebucht sind und wissen, daß sie nach den fünf probatorischen Sitzungen dem Patienten erst in einem Jahr einen Behandlungsplatz anbieten können und daß nur sehr wenige Patienten eine so lange Wartezeit durchstehen. Manche Patienten bemühen sich ein zweites Mal bei einem anderen Therapeuten, viele aber wollen nicht noch einmal ihre Geschichte erzählen, noch einmal das Risiko eingehen, enttäuscht zu werden. Sie geben die Suche vorerst auf.

Effiziente Zielerreichung bedeutet, daß der Therapeut die aktive Verantwortung für das Voranschreiten des therapeutischen Prozesses übernimmt und dabei die Therapieziele im Auge behält. Störend können sich hier sowohl fachliche als auch persönlichkeitsbedingte Unzulänglichkeiten des Therapeuten auswirken. Fachliche Unzulänglichkeiten sind oft die Folge ungenügender Aus- und Weiterbildung. Erfahrungs- und Informationsdefizite führen zu Fehleinschätzungen und unzweckmäßigem Vorgehen, z. B. wenn strukturelle Defizite als neurotische Konflikte angesehen oder organisch bedingte Störungen nicht erkannt werden. Persönlichkeitsbedingte Unzulänglichkeiten sind die neurotischen Tendenzen der Therapeuten, die trotz der Bearbeitung in der Selbsterfahrung nicht genügend verändert werden konnten und in den Therapien zu Gegenagieren, defensiven Abwehrarrangements und Kollusionen mit den Patienten führen, wofür die Struktur der therapeutischen Situation vielfältige Verführungs- und Gefahrenmomente bereithält. Z. B. liegt in der Intimität der therapeutischen Beziehung die Gefahr, daß überemotionale Therapeuten dem Ansinnen und den Ansprüchen des Patienten zuwenig Widerstand entgegensetzen und sich allzu passiv und willfährig als emotionale Stütze, Klagemauer oder Zielobjekt für unausgelebte Liebesgefühle oder Aggressionen benutzen lassen. Es gibt nicht nur den emotionalen Mißbrauch des Patienten durch den Therapeuten, sondern auch den Mißbrauch des Therapeuten durch den Patienten, der an seiner Situation im Grunde nichts ändern, sondern diese mit Hilfe des Therapeuten eher stabilisieren will. In solchen Fällen ist vielfach schon eine Verminderung der Therapiefrequenz wirkungsvoll, da die Therapie durch längere Abstände viel von ihrer Attraktivität als Beziehungsersatz verliert. Wenig produktiv ist oft auch eine zu starke Identifikation und übermäßige Beziehungsharmonie mit dem Patienten, zu der manche Therapeuten neigen. Der Wunsch, den Patienten gut zu verstehen, führt oft zur Ausblendung „störender" Aspekte und verhindert so die Wahrnehmung und Bearbeitung unangenehmer Realitäten, illusionärer Hoffnungen, negativer Gefühle und Übertragungsanteile. Indem der Therapeut vor indizierten Konfrontationen des Patienten zurückscheut, gibt er ihm zuviel von dem, was er will, und zuwenig von dem, was er braucht – mit dem Risiko, daß sich der Status quo verfestigt, statt daß Änderungsstrategien entwickelt werden. Der Therapeut versteht, stützt, tröstet, tritt für den Patienten ein, verhindert aber gerade dadurch, daß sich an dessen innerer und äußerer Lage etwas ändert. Am Ende steht die massive Enttäuschung des Patienten und die Wut über die Therapie, die ihm nichts gebracht hat. Dazu ein Beispiel:

Die Therapie einer an Arbeitsstörungen leidenden 27jährige Studentin schien sehr harmonisch zu verlaufen. Die Studentin entwickelte eine starke idealisierende Übertragung auf ihren Therapeuten, konnte ihr Studium wiederaufnehmen und begann ab der 40. Stunde der auf 50 Stunden begrenzten Therapie, sich mit ihren sie sehr bindenden Eltern auseinanderzusetzen, um sich stärker von ihnen zu lösen. Der Therapeut war mit dem Verlauf zufrieden und hatte den Eindruck, daß es der Patientin gut gehe. Nach der 46. Stunde stand sein dreiwöchiger Urlaub an. In dieser Zeit unternahm die Patientin einen schweren Suizidversuch und mußte danach wegen eines vorübergehenden psychotischen Zustands ins LKH eingewiesen werden. – Den Hintergrund der paranoiden Psychose bildeten schwere Schuldgefühle, denn der Vater der Patientin hatte in Reaktion auf die Ablösungsbemühungen der Tochter psychogene Herzattacken entwickelt. Die Patientin hatte ihrem Therapeuten nichts von der Herzphobie ihres Vaters erzählt, um die gute Stimmung zwischen ihnen beiden nicht zu gefährden. Sie hatte seinen Wunsch, sie bald geheilt zu entlassen, gespürt und wollte dem gern entsprechen. – Sie hatte sich in ähnlicher Weise an den Therapeuten gebunden, wie sie vorher an die Eltern gebunden war, und als sie merkte, daß nun beide Beziehungen gleichzeitig gefährdet waren (durch Ablösung und durch das Ende der Therapie), dekompensierte sie. Der

XII

Therapeut hatte die ganze Zeit über die idealisierende Übertragung der Patientin ohne Hinterfragen hingenommen. Er hatte die Loyalitätsgefühle gegenüber den Eltern und die Ängste vor dem Ende der Therapie nicht genügend gesehen und nicht ausreichend bearbeitet.

Ethische Probleme in der therapeutischen Ausbildung

Verantwortung für aktuelle und potentielle Patienten

Der rote Faden, der sich durch die bisherigen Ausführungen zog, war die These der unbedingten ethischen Priorität des Patienteninteresses. Diese These gilt auch im Kontext der Therapeutenausbildung. Nichts anderes als das Patienteninteresse kann die letzte und mehr oder weniger selbstverständliche Grundlage jeder möglichen Ethik der Therapeutenausbildung sein.

> Wie die Therapie selbst ist auch die Therapeutenausbildung kein Selbstzweck, sondern orientiert am Zweck zukünftigen Patientenwohls, genauer: an deren Interesse, durch die Therapie nicht geschädigt, fürsorglich behandelt und in ihrem Recht auf Selbstbestimmung und gleiche Zugangschancen geachtet zu werden.

Nicht nur Mängel an technischer therapeutischer Kompetenz schaden dem Patienten, sondern auch ethische Defizite. Schon aus Verantwortung gegenüber den potentiellen Patienten, nicht erst aus Gründen der Gefährdung von Kassenzulassung und der Beeinträchtigung des öffentlichen Images, sollte neben der technischen auch die ethische und persönliche Qualifikation des Therapeuten eines der zentralen Kriterien seiner Berufsqualifikation werden.

Auch da, wo diese Forderung offiziell akzeptiert und in die Ausbildungsrichtlinien integriert ist, wird sie in der Praxis nicht immer konsequent umgesetzt. Kandidaten, deren Aussichten, gute Therapeuten zu werden, von vornherein skeptisch beurteilt werden, werden dennoch – in der wohlmeinenden Hoffnung, daß sie sich durch die Ausbildung doch noch gut entwickeln – oft so lange „mitgeschleppt", daß man sie schließlich nicht mehr durchfallen lassen kann. Dabei führt die **Supervisionspraxis** lebhaft vor Augen, daß etliche fertige Therapeuten ohne großen Nutzen oder sogar zum Schaden ihrer Patienten praktizieren, so daß eine rechtzeitige Auswahl der geeigneten wirklich wichtig wäre. Die Frage ist nur, ob man frühzeitig abschätzen kann, wer sich gut entwickeln wird und wer nicht. Ein möglicher Indikator könnte vielleicht die Fähigkeit zur konstruktiven Verarbeitung von Anregungen sein. Viele Therapeuten nehmen nämlich die in der Supervision erhaltenen Hinweise nur unvollständig auf oder haben von ihrer Persönlichkeit her immer wieder größte Schwierigkeiten, sie praktisch umzusetzen: **Überengagierte Therapeuten**, die intensiv helfen und eingreifen wollen, sind schwer dazu zu bewegen, die Eigeninitiative des Patienten anzuregen. **Überidentifizierte Therapeuten** vertreten immer wieder vorbehaltlos den Standpunkt ihrer Patienten und haben trotz Anregungen in der Supervision Schwierigkeiten, eine Systemperspektive einzunehmen, bei der auch das persönliche Umfeld in den Blick kommt. **Übermäßig narzißtische Therapeuten** lassen sich von ihren Patienten oft so faszinieren, daß sie deren illusionäre Sicht der Dinge teilen und ihre Aufgabe, als kritisch-realistisches Korrektiv zu wirken, verfehlen. **Übermäßig emotionale Therapeuten** haben Schwierigkeiten, Informationen aus Anamnese und gegenwärtiger Lebenssituation kognitiv richtig einzuordnen und daraus ein konsistentes Bild der Psychodynamik und Entwicklung ihrer Patienten zu entwerfen. Der emotionale Wille zu helfen dominiert die kognitive Durchdringung und verhindert eine gezielte und problemfokussierende Arbeit. Zu **ausschließlich kognitiv arbeitende Therapeuten** stellen eine Fülle relevanter Bezüge her, können aber oft nur wenig ändern, da sie es nicht schaffen, emotional adäquat mit dem Patienten umzugehen. Offenbar kann durch Selbsterfahrung und Supervision die innere Grundhaltung nur unvollständig korrigiert werden, und Therapeuten scheinen sich in ähnlicher Weise wie Patienten erheblich in ihrer Fähigkeit zu unterscheiden, Anregungen konstruktiv zu nutzen und sich dadurch weiterzuentwickeln.

Neben der Verantwortung für die **potentiellen** steht die Verantwortung für die **realen** Patienten, die in der einen oder anderen Weise in den Ausbildungsprozeß einbezogen werden, u. a. als Versuchskaninchen, die – wie in der Medizinerausbildung – oft selbst nicht abschätzen können, inwieweit die ihnen empfohlene Behandlung an ihren eigenen Interessen orientiert ist bzw. inwieweit Ausbildungs- oder Qualifizierungsinteressen des Therapeuten eine Rolle spielen. Es wird oft gesagt, daß der Patient eines Universitätsklinikums eine gewisse Gefahr läuft, auch dann operiert zu werden, wenn eine konservierende Behandlung günstiger wäre, nur weil ein Arzt in der Weiterbildung zum Facharzt die betreffende Operation für seine Qualifikation „braucht". In der Psychotherapie gibt es dieses Dilemma auch, besonders in der psychoanalytischen Ausbildung, in der Probefälle mit einer Frequenz von drei bis vier Wochenstunden verlangt werden, obwohl sich ein Vorteil gegenüber einer **Frequenz** von zwei Wochenstunden empirisch nicht hat nachweisen lassen und die Kassen nur noch maximal zwei Wochenstunden bezahlen. Der Kandidat gerät dadurch in die ungemütliche Situation, die für Probefälle vorgesehenen Patienten dazu bringen zu müssen, die Therapie teilweise aus der eigenen Tasche zu finanzieren, ohne ihnen einen realistischen Vorteil versprechen zu können. Ein ähnliches Dilemma ergibt sich hinsichtlich der **Therapiedauer**. Da sich der Kandidat in manchen Weiterbildungsgängen nur Therapien mit mindestens 300 Stunden als Probefälle anrechnen lassen kann, können Patienten auch dann, wenn sie eigentlich gesund sind, nicht entlassen werden, da ansonsten die Stundenvorgabe nicht erreicht wird. Neben der Belastung für die als Probefälle ausgewählten Patienten muß man bei dieser Ausbildungssituation auch kritisieren, daß die Kandidaten für etwas sozialisiert werden, das sie später kaum benötigen, und das nicht lernen, was sie später überwiegend benötigen, nämlich sorgfältige therapeutische Arbeit in einem Zeitrahmen von 25 bis 100 Stunden.

Verantwortung für den Kandidaten: Praxisorientierte Ausbildung – Vermeidung von Abhängigkeit

Schließlich besteht aber eine moralische Verantwortung auch gegenüber dem Kandidaten selbst, der ein Recht darauf hat, in seiner Ausbildung genau das vermittelt zu bekommen, was er für eine erfolgreiche therapeutische Arbeit braucht (das ist eine Forderung der Fürsorge), ohne sich allzusehr (das ist eine Forderung der Wahrung von Autonomie) an eine bestimmte therapeutische Schulrichtung binden zu müssen und sich in seinen beruflichen Entfaltungsmöglichkeiten einengen zu lassen. Die Träger dieser Verantwortung sind hauptsächlich die Institute, denn diese bestimmen, wie lange die Ausbildung dauert und was auf welche Weise vermittelt wird.

Bei der **Ausbildungsdauer** hat die berufspolitische Unsicherheit und die Profilierungskonkurrenz der Institute untereinander zu einer ständigen Verlängerung der Ausbildung geführt, bei der fraglich ist, ob sie funktional und ethisch vertretbar ist. Denn die Berufsausbildung sollte nicht nur fundiert, praxisnah und existenzsichernd sein, sondern sich auch in überschaubaren zeitlichen und finanziellen Grenzen halten und die Freiheit der individuellen Lebensgestaltung nicht übermäßig beschneiden. Die **Ausbildungsinhalte** sollten die in der therapeutischen Praxis tatsächlich erforderlichen kognitiven, affektiven und praktischen Kompetenzen vermitteln, wobei die Ausbildung nicht durch wenig therapierelevante Zusatzcurricula aufgebläht sein sollte, die mehr der Selbsterhaltung der Institute als der beruflichen Qualifikation des Kandidaten dienen.

Von den verschiedenen Ausbildungselementen kommt unter dem Gesichtspunkt der Praxisorientierung der **Supervision** als Vermittlungsform unbestritten eine zentrale Aufgabe zu, da nur so der konkrete Umgang mit dem Patienten gelernt werden kann: Der Kandidat bekommt Anregungen und Verständnishinweise auf seinem eigenen Arbeitsfeld und in unmittelbarem Kontext seiner therapeutischen Praxis.

Umstrittener sind Anteil und Bedeutung der **Selbsterfahrung** innerhalb der Ausbildung. Als Vorbedingung erfolgreicher therapeutischer Tätigkeit erscheint ein gewisses Maß an Selbsterfahrung unabdingbar. Wenn einige Therapierichtungen (wie die Verhaltenstherapie) auf Selbsterfahrung in ihren Ausbildungsgängen ganz verzichten, ist das trotz der weitgehend kognitiven Orientierung dieser Therapien bedenklich, da so leicht die psychischen „blinden Flecke“ unentdeckt und unbearbeitet bleiben, von denen kein Therapeut ganz frei ist und die den diagnostischen Blick erheblich trüben sowie die Behandlung fehlleiten können. Auf der anderen Seite ist die Praxis vieler Institute, ihre Absolventen erst nach ausgedehnter Selbsterfahrung als möglichst reife Persönlichkeiten zu entlassen, auch nicht problemlos. Eine langfristige regressionsfördernde Selbsterfahrung mit hoher innerer und äußerer Abhängigkeit kann das Privatleben des Kandidaten, der oft schon Familie hat, empfindlich beeinträchtigen. Zudem ist der Zusammenhang zwischen der persönlichen Reife des Therapeuten und der Güte seiner therapeutischen Arbeit bis heute ungeklärt. Daß eine ausgedehnte Selbsterfahrung zumeist als persönlich gewinnbringend empfunden wird, ist für sich genommen kein Grund, sie zum Pflichtbestandteil der Therapeutenausbildung zu machen.

> Besondere ethische Probleme wirft die Tradition der psychoanalytischen Institute auf, Selbsterfahrung und fachliche Ausbildung so eng zu integrieren, daß Interferenzen von therapeutischer Übertragungsbeziehung und realer Ausbildungsbeziehung zum Lehrtherapeuten nicht auszuschließen sind (vgl. Köpp u. Mitarb. 1990, Cremerius 1992, Thomä 1992).

Sofern dem Lehrtherapeuten (zumindest was die „Reife“ des Kandidaten betrifft) reale Entscheidungsmacht zufällt, setzt das die Abstinenzregel, nach der der Therapeut nicht in die Lebenswirklichkeit des Patienten eingreifen darf, außer Kraft. Aber auch ohne diese äußere Entscheidungsmacht ist der innere Phantasieraum nicht gegen Interferenzen aus der Realität geschützt, da die Freiheit der Projektionen auf seiten des Kandidaten und die Vorbehaltlosigkeit des inneren Nachvollziehens auf seiten des Therapeuten durch Realkontakte direkter und indirekter Art am Institut beeinträchtigt werden. Eine ethisch unbedenkliche und gleichzeitig spezifisch berufsbezogene Möglichkeit der Kombination von affektiven und kognitiven Elementen sind die in vielen Ausbildungsgängen vorgesehenen **Rollenspiele**. Hierbei können unterschiedliche therapeutische Vorgehensweisen erprobt und in der Therapeuten- wie in der Patientenrolle erfahren werden. Durch den Vergleich des eigenen Verhaltens mit dem anderer Teilnehmer hat dabei jeder Kandidat Gelegenheit, seine eigene persönliche Gleichung kennenzulernen, seine Möglichkeiten des Umgangs mit dem Patienten zu erweitern und Schwächen zu korrigieren. – Insgesamt müßte die Methodik der Therapieausbildung (ebenso wie der Methodik der therapeutischen Arbeit selbst) unter Berücksichtigung empirischer Resultate noch einmal grundsätzlich überdacht werden – beide Male unter dem Gesichtspunkt, daß ethische Qualität nichts damit zu tun hat, ob etwas gut gemeint ist, sondern ob es mit einiger Aussicht tatsächlich hilft.

61. Kassenantrag

Tiefenpsychologisch fundierte und analytische Therapie

I. Weigeldt

Warum gibt es dieses Antragsverfahren überhaupt? Wie ist es in Verbindung mit der Einführung von Psychotherapie in die kassenärztliche Versorgung dazu gekommen – zu einem Verfahren, das in solchem Umfang sonst nicht vorkommt? Die Beantragung besonderer Leistungen geschieht sonst weniger umfangreich.

Es ist sicher sinnvoll hier noch einmal den Kommentar von F. R. Faber u. R. Haarstrick (3. Aufl. 1994, S. 17) zur Hand zu nehmen. Die 5. Auflage ist kurz vor Veröffentlichung dieses Buches erschienen, so daß sie nicht eingearbeitet werden konnte.

> „Der psychotherapeutische Aufgabenbereich der gesetzlichen Krankenversicherung wurde in den Richtlinien festgelegt und begrenzt, um die sinnvolle Verwendung der Mittel der Versichertengemeinschaft zu sichern. Andererseits mußten die therapeutischen Gesichtspunkte einer Behandlung unter neurosepsychologischen Kriterien in möglichst großem Umfang gewahrt werden, um den therapeutischen Prozeß in seiner Eigengesetzlichkeit nicht manipulativ zu stören.
> Manche Kritiker hielten die Finanzierung der Therapie durch den Patienten – zumindest mit einem größeren Eigenanteil – für eine conditio sine qua non und sahen dessen Motivation für die Therapie in der vollen Finanzierung durch die Krankenkasse als gefährdet an. Die Versuche, eine Kompromißlösung zu finden, scheiterten an den Bestimmungen der Reichsversicherungsordnung. Schwerer wog jedoch, daß in die therapeutische Dyade ein entscheidend wichtiger Dritter, die Krankenkasse, aufgenommen wurde.
> Die Einführung eines Gutachterverfahrens für Psychotherapie wurde als restriktiv empfunden, zumal der Solidargemeinschaft der Versicherten ohnehin ein unverhältnismäßig geringer Kostenaufwand zugemutet worden war. Spätere Untersuchungen haben bestätigt, daß im Jahre 1978 bis 1983 der durchschnittliche Anteil der psychodiagnostischen und der psychotherapeutischen Leistungen am Gesamtvolumen der kassenärztlichen Versorgung etwa 0,56 von 100 betrug."

Später heißt es (S. 83):

> „Die Einrichtung eines Gutachterverfahrens war seitens der gesetzlichen Krankenversicherung obligate Voraussetzung für die Einführung der Psychotherapie in die kassenärztliche Versorgung.
> Trotz entgegenstehender Bedenken wurde das Gutachterverfahren durch die Psychotherapierichtlinien in die gesetzliche Krankenversicherung mit folgenden Implikationen eingeführt:
> - Dem Gutachter dürfen... nur solche Unterlagen zur Verfügung gestellt werden, auf denen Personaldaten des Patienten anonymisiert sind.
> - Dem Patienten wird keine zusätzliche Untersuchung durch den Gutachter zugemutet. Das Gutachterverfahren wird unter Anwendung einer Chiffre und nur im Rahmen einer schriftlichen Berichterstattung durch den behandelnden Arzt oder ggf. durch den delegierenden Arzt gemeinsam mit dem Therapeuten durchgeführt.
> - Es wurde eine zweite Begutachtungsinstanz durch die Einsetzung von Obergutachtern geschaffen.
> - Es erfolgt keine nachträgliche Prüfung der Wirtschaftlichkeit einer durch die Krankenkasse vorher bewilligten Psychotherapie, damit nicht Prüfärzte beauftragt werden müssen, die mit der Beurteilung der Psychotherapieanträge überfordert wären.
> - Die Entscheidung über Genehmigung oder Ablehnung der Psychotherapie wird nicht vom Gutachter, sondern auf der Grundlage seiner Beurteilung von der Krankenkasse selbst getroffen.
> - Der Ermessensspielraum der Gutachter wird einerseits durch die Richtlinien und Vereinbarungen und deren sinnentsprechende Interpretation festgelegt. Gutachter und Obergutachter sind gehalten, in ihren Begründungen den Bezug zu den Richtlinien herzustellen.
> - Die Gutachter interpretieren andererseits die Richtlinien nicht nur formal (das wäre auch durch Verwaltungsinstanzen möglich), sondern erfassen das Wesentliche der Behandlungsprozesse und berücksichtigen die individuelle Therapiesituation in ihren Entscheidungen."

Dieser Auszug aus dem Kommentar mag deutlich machen, wie mit der Einführung des Gutachterverfahrens als vorhergehendem Genehmigungsverfahren in realistischer und vernünftiger Überlegung der Besonderheit der Psychotherapie mit ihrem hohen Zeitaufwand und vor allem ihrem speziellen Beziehungsgeschehen Rechnung getragen werden sollte.

Grundlage der Bearbeitung und Diskussion der Antragstellung, richtiger des **Berichts des Arztes** an den Gutachter, sind die Psychotherapie-Richtlinien – letzte Fassung vom 17. 12. 1992 und 31. 08. 1993 und vor allem der Kommentar von F. R. Faber u. R. Haarstrick.

Im Vorwort zu der 3. Auflage heißt es (S. 12):

> „Die Psychotherapie in der kassenärztlichen Versorgung basiert nicht auf starren Richtlinien und Vereinbarungen, sondern unterliegt – bei allem Beharren auf bewährten Grundpositionen – einem Wandel durch Anpassung an die veränderlichen Voraussetzungen des therapeutisch bedeutsamen Umfeldes."

Wenn es nur um die vorausgehende Prüfung von Angemessenheit und Wirtschaftlichkeit der psychotherapeutischen Maßnahme ginge, wozu dieses Antragsverfahren dient, könnte man vielleicht eine schematische Antwort auf die gestellten Fragen zusammenstellen, was auch schon versucht und dargestellt worden ist, was jedoch für den Therapeuten und vor allem für den therapeutischen Prozeß wenig Nutzen bringt.

Es hat sich erwiesen, daß dieses meist als belastend und ärgerlich empfundene Verfahren nicht nur unversehens zu einer Qualitätssicherung führen kann, sondern in besonderem Maße für den Therapeuten eine Chance bietet, seine Überlegungen zur Diagnose und Indikation, vor allem zu den von ihm vermuteten psychodynamischen Zusammenhängen für die jeweilige Störung/Krankheit und seine therapeutische Möglichkeit, sein Angebot – wie immer methodenbestimmt – konzentriert und schlüssig zu formulieren und darzulegen.

Da es sich in diesem Kapitel um die analytische und tiefenpsychologisch fundierte Kurzzeit- oder Langzeittherapie handelt, ist die entsprechende – also psychoanalytische – Krankheitslehre und ebenso diese Persönlichkeitstheorie Voraussetzung. Dabei spielt die Einschätzung des Beziehungsangebots bzw. der Möglichkeit einer Beziehungsgestaltung, genauer des Übertragungs-/Gegenübertragungsgeschehens von dem Übertragungsangebot des Patienten her, eine wichtige Rolle.

Antragsteller sind die Versicherten, die bei ihrer jeweiligen Krankenkasse die Feststellung der Leistungspflicht für Psychotherapie beantragen: Formblatt PTV 1 bzw. 1 E. Zu diesem Antrag werden vom Arzt **Angaben** gemacht.

Für Kurzzeittherapie: Formblatt PTV 2 a bzw. PTV 2 b E.
Für Langzeittherapie: Formblatt PTV 2 b bzw. PTV 2 b E.

Diese Angaben beziehen sich auf die beabsichtigten Leistungen und die Erklärung des Arztes zur Durchführung der Behandlung oder ggf. zur Delegation oder Beauftragung. Sie beziehen sich auch auf die entsprechende Erklärung des hinzugezogenen Therapeuten.

Die Durchführung einer **Kurzzeittherapie** gilt indiziert:

1. als Behandlungsverfahren mit voraussichtlich ausreichendem Behandlungserfolg.
2. zur Überprüfung einer Indikationsstellung für Langzeittherapie.
3. als Sofortmaßnahme zur Krisenintervention,

wobei 2. und 3. häufig in Zusammenhang stehen.

Die kurze Stellungnahme unter Berücksichtigung der Schweigepflicht gegenüber der Kasse soll Indikation und Behandlungsverfahren ohne eingehendere Mitteilungen begründen.

Hierzu seien einige Beispiele aufgeführt.

Zu 1. „Als Reaktion auf eine erhebliche familienbezogene Krisensituation leidet der Patient an einer depressiven Verstimmung, die eine Kurzzeittherapie notwendig macht und zur Bewältigung des Konfliktes sinnvoll und auch ausreichend erscheint."

Zu 2. und 3. „Wegen der depressiven Verstimmung als Reaktion auf eine familiäre Krisensituation ist eine Krisenintervention notwendig geworden. Gleichzeitig muß geprüft werden, ob wegen der dabei deutlich werdenden Angstproblematik eine Langzeittherapie angezeigt ist.
Es handelt sich auf dem Hintergrund einer Trennung der Partnerbeziehung um mobilisierte, infantile Verlustängste bei einer entsprechenden neurotischen Entwicklungsgeschichte. Um der weiteren Manifestierung einer möglichen Angstneurose entgegenzuwirken, erscheint diese therapeutische Maßnahme vorerst indiziert. Sollte sich im Verlaufe der Therapie die Notwendigkeit ergeben, auf ein anderes Verfahren umstellen zu müssen, wird rechtzeitig Antrag gestellt. Im Augenblick scheint die vorgesehene Maßnahme ausreichend, mit dem in Aussicht genommenen Therapieerfolg.
Die Indikation ist dem Punkt 1.1. des Indikationsrahmens der Richtlinien zuzuordnen. Es handelt sich um eine reaktive depressive Verstimmung aufgrund einer aktuellen Problematik. Es soll versucht werden, mit einer auf den aktuellen Konflikt beschränkten psychotherapeutischen Behandlung im Rahmen einer Kurzzeittherapie eine Besserung der Symptomatik zu erreichen und abzuklären, ob eventuell später eine Langzeittherapie angezeigt ist."

Zu 3. „Krisenintervention zur Bearbeitung einer angstneurotischen Reaktion im Rahmen einer Trennungssituation.
Krisenintervention zur Verarbeitung der seelischen Problematik im Zusammenhang mit einer unheilbaren Krankheit."

Der Bericht (Formblätter PT 3 a, b, c)

(Abb. 61.**1 a**)

> Der Kommentar sagt: „Die Gliederung des Berichts zum Erstantrag ergibt sich aus der Notwendigkeit, Diagnose, Indikation und Behandlungsplan zu begründen."

Das hier vorangestellte Informationsblatt für tiefenpsychologisch fundierte und analytische Therapie bei Erwachsenen enthält aufeinanderbezogene Fragen, die ermöglichen, schließlich ein zusammenhängendes Bild zu gewinnen; daher ist deren Reihenfolge nicht beliebig.

Zu jeder dieser Fragen gibt es eine kleingedruckte Ergänzung, die als Hinweis dient, worauf bei der Beantwortung Bezug genommen werden soll, um den Zusammenhang herzustellen und – bildlich ausgedrückt – den „Roten Faden" nicht zu verlieren und im Dschungel des Bedingungsgefüges nicht verlorenzugehen.

Informationsblatt für tiefenpsychologisch fundierte und analytische Therapie bei Erwachsenen

Der Fragenkatalog für den Erst- und Fortführungsantrag wie auch für den Ergänzungsbericht des Therapeuten ist als Hilfsmittel zur Abfassung der Berichte an den Gutachter erstellt worden. Der Therapeut kann daher in seinem Bericht unter den aufgeführten Hinweisen seine fallbezogene Auswahl treffen. Die Berichte sollen sich auf die Angaben beschränken, die für das Verständnis der psychischen Erkrankung, ihrer ätiologischen Begründung, ihrer Prognose und ihrer Behandlung erforderlich sind.

Bericht zum Erstantrag — PT 3a bzw. PT 3a E

1. Spontanangaben des Patienten

Schilderung der Klagen des Patienten und der Symptomatik zu Beginn der Behandlung, — möglichst mit wörtlichen Zitaten —. Ggf. auch Bericht der Angehörigen/Beziehungspersonen des Patienten.
(Warum kommt der Patient zu eben diesem Zeitpunkt und durch wen veranlaßt?)

2. Kurze Darstellung der lebensgeschichtlichen Entwicklung

a) Familienanamnese,
b) körperliche Entwicklung,
c) psychische Entwicklung,
d) soziale Entwicklung mit besonderer Berücksichtigung der familiären und beruflichen Situation, des Bildungsganges und der Krisen in phasentypischen Schwellensituationen.

3. Krankheitsanamnese

Es sollen möglichst alle wesentlichen Erkrankungen, die ärztlicher Behandlung bedurften oder bedürfen, erwähnt werden, insbesondere bereits früher durchgeführte psychotherapeutische Behandlungen.

4. Psychischer Befund zum Zeitpunkt der Antragstellung

a) Emotionaler Kontakt, Intelligenzleistungen und Differenziertheit der Persönlichkeit, Einsichtsfähigkeit, Krankheitseinsicht, Motivation des Patienten zur Psychotherapie.
b) Bevorzugte Abwehrmechanismen, ggf. Art und Umfang der infantilen Fixierungen, Persönlichkeitsstruktur.
c) Psychopathologischer Befund (z. B. Bewußtseinsstörungen; Störungen der Stimmungslage, der Affektivität und der anestischen Funktionen; Wahnsymptomatik, suicidale Tendenzen).

5. Somatischer Befund

Das Ergebnis der körperlichen Untersuchung, bezogen auf das psychische und das somatische Krankheitsgeschehen, ist mitzuteilen.

Der somatische Befund soll nicht älter als 3 Monate sein. Die Mitteilung des körperlichen Befundes ist grundsätzlich erforderlich. Wenn ein somatischer Befund nicht mitgeteilt wird, muß der antragstellende Arzt dies hier begründen. Falls die körperliche Untersuchung nicht vom ärztlichen Psychotherapeuten selbst durchgeführt wird, müssen Angaben zum somatischen Befund eines anderen Arztes, evtl. auch zu dessen Therapie (ggf. gebietsbezogen) beigefügt werden.
Bei Delegation und Beauftragung ist dieser Punkt vom delegierenden Arzt auf der Rückseite des Formblattes PT 3abc bzw. PT 3abc E zu beantworten.

6. Psychodynamik der neurotischen Erkrankung

Darstellung der neurotischen Entwicklung und des intrapsychischen neurotischen Konfliktes mit der daraus folgenden Symptombildung. (Zeitpunkt des Auftretens der Symptome und auslösende Faktoren im Zusammenhang mit der Psychodynamik, auch der interpersonellen Dynamik, sind zu beschreiben.)

Bei Behinderung und bei strukturellen Ich-Defekten ist ein von Behinderung und Defekt abgesetztes, aktuell wirksames Krankheitsgeschehen in seiner Psychodynamik darzustellen.

7. Neurosenpsychologische Diagnose zum Zeitpunkt der Antragstellung

Darstellung der Diagnose auf der symptomatischen und strukturellen Ebene; differentialdiagnostische Erwägung unter Berücksichtigung auch anderer Befunde ggf. unter Beifügung der anonymisierten Befundberichte.

(Auch von anderen Ärzten erhobene Befunde, besonders der letzten 3 Monate, sowie die Ergebnisse klinischer Untersuchungen und Behandlungen sind anonymisiert als Kopie beizufügen.)

8. Behandlungsplan und Zielsetzung der Therapie

Begründung für die Wahl der Behandlungsform und deren Anwendung in Einzel- oder Gruppentherapie. Bei Gruppentherapie sind Gruppensetting, Zusammensetzung der Gruppe und die gruppenspezifische Indikation, auch die Erfahrung des Patienten in natürlichen und sozialen Gruppen, darzustellen. Es muß ein Zusammenhang nachvollziehbar dargestellt werden zwischen der Art der neurotischen Erkrankung, der Sitzungsfrequenz, dem Therapievolumen und dem Therapieziel, das unter Berücksichtigung der nach den Psychotherapie-Richtlinien begrenzten Leistungspflicht der Krankenkasse als erreichbar angesehen wird.

Andere Verfahren als die in den Psychotherapie-Richtlinien genannten Behandlungsmethoden (B I 1.1) können nicht Bestandteil des Behandlungsplans sein.

9. Prognose der Psychotherapie

Beurteilung des Problembewußtseins des Patienten, Beurteilung seiner Verläßlichkeit und seiner partiellen Lebensbewältigung sowie seiner Fähigkeit oder seiner Tendenz zur Regression; Beurteilung seiner Flexibilität und seiner Entwicklungsmöglichkeiten.

10. Dient der Erstantrag einer **Umwandlung von Kurzzeittherapie in Langzeittherapie,** sind zusätzlich folgende Fragen zu beantworten und die Antworten im Bericht voranzustellen.

1) Welches sind die Gründe für die Änderung der Indikation und die Umwandlung in Langzeittherapie?
2) Welchen Verlauf hatte die bisherige Therapie?

Informationsblatt PT 3a/b/c bzw. PT 3a/b/c E · Paul Albrechts Verlag, 2073 Lütjensee

Bericht zum Fortführungsantrag — PT 3b bzw. PT 3b E

1. Wichtige Ergänzungen zu den Angaben in den Abschnitten 1.-4. des Berichtes zum Erstantrag auf PT 3a

Symptomatik und ggf. deren Veränderung, lebensgeschichtliche Entwicklung und Krankheitsanamnese, psychischer Befund und Bericht der Angehörigen des Patienten, Befundberichte aus ambulanter oder stationärer Behandlung.

2. Ergänzungen zur Psychodynamik der neurotischen Erkrankung:

Die interpersonelle Dynamik (Übertragung, Gegenübertragung und Widerstand) des Patienten im Verlaufe der Therapie, neu gewonnene Erkenntnisse über intrapsychische Konflikte — ggf. besonders auch deren aktuelle und abgrenzbare Auswirkungen bei seelischen Behinderungen — sind darzulegen.

3. Ergänzungen zur neurosen-psychologischen Diagnose bzw. Differential-Diagnose

4. Zusammenfassung des bisherigen Therapieverlaufes:

a) Mitarbeit des Patienten, seine Regressionsfähigkeit bzw. -tendenz, Fixierungen, Flexibilität,
b) angewandte Methoden, erreichte Effekte,
c) bei Gruppentherapie: Entwicklung der Gruppendynamik, Teilnahme des Patienten am interaktionellen Prozeß in der Gruppe, Möglichkeiten des Patienten, seinen neurotischen Konflikt in der Gruppe zu bearbeiten.

5. Änderung des Therapieplanes und Begründung

6. Prognose nach dem bisherigen Behandlungsverlauf

Begründung der wahrscheinlich noch notwendigen Behandlungsfrequenz und -dauer, mit Bezug auf die Entwicklungsmöglichkeiten des Patienten und seines Umfeldes.

Ergänzungsbericht — PT 3c bzw. PT 3c E

Die Inanspruchnahme der Behandlung im Rahmen der Höchstgrenzen nach E 1.2.8 der Psychotherapie-Richtlinien erfordert einen Antrag des Versicherten (des Patienten, ggf. seines gesetzlichen Vertreters) auf Fortführung der Behandlung (Formblatt PTV 1 bzw. PTV 1 E), dem ein aktueller Bericht nach PT 3b bzw. PT 3b E und zusätzlich ein Ergänzungsbericht (PT 3c bzw. PT 3c E) beizufügen ist.

Im zusätzlichen Ergänzungsbericht ist die Fortführung der Behandlung über den Leistungsumfang hinaus, der in den Psychotherapie-Richtlinien unter E 1.2.1 - 1.2.7 festgelegt wurde, zu begründen und zur beabsichtigten Überschreitung des Behandlungsumfanges Stellung zu nehmen. Dabei sollen folgende Fragen beantwortet werden:

1. Welche Erwartungen knüpft der Patient an die Fortführung der Behandlung?
   Was möchte er noch erreichen?
2. Welche Zielvorstellungen verbindet der Therapeut mit der im Bericht zum Fortführungsantrag dargestellten Therapie?
3. Kann die Beendigung der psychotherapeutischen Behandlung durch Reduzierung der Behandlungsfrequenz ermöglicht oder erleichtert werden?
4. Welche Stundenzahl wird für die Abschlußphase der psychotherapeutischen Behandlung unbedingt noch für erforderlich gehalten?
   Welche Sitzungsfrequenz und welche Behandlungsdauer bis zur Beendigung der Therapie ist vorgesehen?

Ergänzende Angaben des Arztes im Delegations- oder Beauftragungs-Verfahren, gem. Rückseite des Formblattes PT 3 a/b/c bzw. PT 3 a/b/c E

Die ergänzenden Angaben des Arztes setzen die Kenntnis des Therapeuten-Berichtes in freier Form voraus. Der Arzt muß den Patienten im Rahmen der Antragstellung selbst untersucht haben. Er kann aktuelle psychische und somatische Befunde und epikritische Beurteilungen anderer Ärzte vorlegen und ggf. dann auf eine eingehendere körperliche Untersuchung verzichten. In jedem Falle trägt der delegierende bzw. beauftragende Arzt die Verantwortung für die medizinische Diagnose/Differentialdiagnose, auch hinsichtlich einer psychiatrischen Erkrankung, und für die Sicherstellung einer etwa notwendigen ärztlichen Begleittherapie.

In den Fragen der Indikationsstellung und der Wahl des Behandlungsverfahrens wie auch der prognostischen Einschätzung nimmt der Arzt aufgrund der Erörterung der therapeutischen Situation mit dem Therapeuten Stellung und bemüht sich für die Dauer des Behandlungsverlaufes um eine möglichst enge und kooperative Zusammenarbeit mit dem Therapeuten.

Zur Beantwortung der Fragen 1—7 auf der Rückseite des Formblattes PT 3 bzw. PT 3 E genügen stichwortartige Hinweise, die dem Gutachter eine ausreichende Information zur Beurteilung des Therapieantrages zur Verfügung stellen.

◀ Abb. 61.1 a

▲ Abb. 61.1 b

Zum Vorgehen, insbesondere zur Interviewtechnik, wird auf das Kapitel Diagnostik (s. Kapitel 10) verwiesen. Am besten läßt sich wohl an einem Beispiel zeigen, wie mit der Beantwortung der aufeinanderfolgenden Fragen, die Hinweise beachtend, aber nicht sklavisch alle Vorschläge erfüllend, eine Darstellung erfolgen kann zu dem Behandlungsplan einer tiefenpsychologisch fundierten Therapie.

Fallbeispiel

Die Patientin klagt über seit längerem bestehende quälende Einschlafstörungen. Außerdem fühlt sie sich verwirrt und gestört durch die Tatsache, sich an nahezu nichts aus ihrer Kindheit zu erinnern.

„Ich fühle mich wie ein Mensch ohne Vergangenheit; ich will endlich wissen, wer ich bin und warum ich nichts zustandebringe. Mit meinen Eltern komme ich nicht zurecht. Ich schiebe die Schuld für meine Unfähigkeit auf sie und fühle mich gleichzeitig als Vermittler zwischen den Eltern und für ihr Wohlergehen verantwortlich. Das belastet mich sehr."

Frau X. wird als jüngstes Kind in eine Familie mit einer 15 und einer 4 Jahre älteren Schwester geboren. Diese dritte Schwangerschaft war ein „Unfall", die Mutter wollte kein Kind mehr. In der Schwangerschaft erkrankte die Mutter an einem Gebärmutterhalskrebs. Die Mutter sei wütend gewesen, daß diese Erkrankung nicht als Indikation für einen Schwangerschaftsabbruch „gereicht" habe. Die Mutter wurde kurz nach der Entbindung operiert, die Patientin mußte als sog. Begleitkind mit in die Klinik. Die Mutter wird als ruhelos im Haushalt tätig, als immer da und materiell überversorgend beschrieben.

1981 lernte die Mutter in der Kur einen anderen Mann kennen und trennte sich für ca. $^1/_2$ Jahr von der Familie. Der Vater arbeitete als Schiffbauer auf einer Werft. Schon vor der Ehe habe er viel getrunken. Den Feierabend habe er meist allein bastelnd, trinkend bzw. vor dem Fernseher verbracht. Gespräche am Tisch oder gemeinsame Spiele gab es nicht. Die Patientin wurde, insbesondere von der Mutter, oft als Vermittlerin zum Vater benutzt, nach dem Motto: „Sag du ihm das, auf mich hört er nicht!"

Die 15 Jahre ältere Schwester, unehelich geboren und nach Angaben der Mutter aus einer Vergewaltigung stammend, zog aus, als die Patientin etwa 18 Monate alt war. Sie war mit 16 Jahren schwanger geworden und auf diese Weise mit ihrem Mann der bedrückenden Familiensituation entflohen. Die 4 Jahre ältere Schwester hatte sich ausschließlich mit Reiten und Lesen beschäftigt, nach dem Abitur sei sie sofort zum Studium weggezogen.

Die körperliche Entwicklung der Patientin verlief normal. Schon früh (zum ersten Mal mit 3 Jahren) und später immer wieder, sei sie von zu Hause ausgerissen. Hauptschulabschluß neunte Klasse, nach Wiederholung der fünften Klasse. Mit 13 Jahren erste schüchterne Verliebtheit. Mit 14 bis 15 Jahren zunehmendes Herumtreiben in Discos, Berührung mit Alkohol und Drogen. Sie habe sich durch Lügen der Kontrolle durch die Eltern entzogen, die ihr dies aber auch sehr leicht gemacht hätten. Erste Erfahrungen mit Sexualität durch Vergewaltigung in alkoholisiertem Zustand. Danach mehrere flüchtige Männerbekanntschaften.

Mit 17 Jahren zog Frau X. mit Hilfe des Jugendamtes von zu Hause aus und in eine betreute WG. Sie versuchte allein zurechtzukommen, fühlte sich aber nicht glücklich. Immerhin erreichte sie in dieser Zeit einen Realschulabschluß. Nach 3 Jahren WG und einer 2jährigen unbefriedigenden Männerbeziehung wird sie wohnungslos und zieht wieder bei den Eltern ein.

Interessant ist in diesem Zusammenhang ein Ausschnitt aus einem Bericht, der im Jugendamt über die Patientin angefertigt worden war. (Ich hatte die Patientin gebeten, sich um diese Akteneinsicht zu bemühen, da sie sich nur vage an die Gründe ihres Auszugs von zu Hause erinnern konnte).

Wiedergabe in ihren eigenen Worten: „Ich hatte Kontakt zum Jugendamt aufgenommen aufgrund erheblicher Schwierigkeiten mit meiner Mutter, die sich nach dem Auszug meiner Schwester sehr an mich klammerte. Ich hatte immer versucht, mich helfend in die Eheprobleme meiner Eltern einzubringen. Dadurch wurde ich in meiner Entwicklung eingeschränkt. Ich konnte keine Veränderungen erreichen und hatte mich mit der Situation vollkommen überfordert. Ich versuchte immer wieder, eine erneute Trennung zu verhindern. Der Versuch meiner Eltern, miteinander auszukommen, war nur eine technische Lösung. Meine Mutter sah ihren zentralen Lebensinhalt in der Versorgung und der Erziehung. Der Vater war von der Trinkerei nicht abzubringen. Eine Eheberatung lehnten meine Eltern ab. Meine Versuche, helfend in die Probleme meiner Eltern einzugreifen, wurden nicht angenommen, ich wurde abgewiesen und sollte mich um meine eigenen Angelegenheiten kümmern."

Nach dem Wiedereinzug zu Hause stellt Frau X. fest, daß sich in der Nichtbeziehung zwischen ihren Eltern in ihrer Abwesenheit nichts geändert hat. Der Vater, inzwischen trocken, aber arbeitslos, flüchtet sich den ganzen Tag zu seinem Hobby als Bootsbauer. Die Mutter ist übellaunig, sieht von morgens bis abends fern und will nicht gestört werden. Die Patientin fühlt sich, wie früher, verantwortlich, sieht aber keine Möglichkeit, den Eltern zu helfen.

Bemerkenswert ist, daß die Patientin 90% ihrer Angaben zur Vorgeschichte von ihrer Schwester erfragt hat, da sie sich selber nicht erinnern kann. Bemerkenswert ist auch, daß ihr tabellarischer Lebenslauf beginnt mit: „1973, R. (= älteste Schwester) zog von zu Hause aus."

Dieser letzte Satz weist noch einmal auf den Punkt 1 hin, nämlich: Warum kommt die Patientin zu eben diesem Zeitpunkt?

Im Erstinterview erscheint die Patientin angespannt, wie auf dem Sprung sitzend, voll lauernder Angst, nicht verstanden, nicht angenommen zu werden. Sie wirkt auf mich trotz der sehr jugendlichen, fast jungenhaften Erscheinung auch irgendwie alt, traurig, resigniert. Die sie so belastende Verwirrung durch Nicht-Wissen überträgt sich in den ersten Stunden auch auf mich. Verstärkt wird dieses Gefühl noch durch die Tatsache, daß es mir nicht gelingt, ihrem Wunsch, sie zu duzen, nachzukommen, sondern ich mich unaufhörlich verspreche. Der kindliche Appell kam zwar bei mir an, offenbar war aber meine Reaktion auf die Patientin ambivalent, indem ich sie teils als Kind, mehr jedoch als Frau wahrnahm. In den folgenden probatorischen Sitzungen reagierte die Patientin darauf offensichtlich, in dem sie zunehmend gepflegter und fraulicher erschien.

Ein guter emotionaler Kontakt, Einsichtsfähigkeit und die Motivation, etwas zu verändern werden deutlich. Ihre Abwehr scheint im wesentlichen in Verdrängung, Verleug-

nung und Ungeschehenmachen zu bestehen, jedenfalls ist die frühkindliche Amnesie auffallend.
Sich von Anfang an als nicht erwünscht und nicht geliebt, gleichzeitig als unfähig – zumindest im Vergleich mit den anderen als potent erlebten Schwestern – zu erleben und die lähmende Beziehungslosigkeit in der Familie, prägen die psychische Entwicklung der Patientin und machen ihr geringes Selbstwertgefühl verständlich. Die wiederholten Ausreißversuche – in der wieder und wieder enttäuschten Hoffnung zurückgeholt, d. h. doch geliebt zu werden – haben versagt, ebenso ihre Bemühungen sich in die Eheprobleme der Eltern helfend einzubringen. Sie erfährt keine positive Bestätigung ihrer Person, sondern nur Ablehnung, fühlt sich dennoch abhängig von den Eltern. Ein Mensch, der eigentlich nicht geboren wurde (s. Hinweis auf den Beginn des tabellarischen Lebenslaufes), kann ja auch nicht selbständig sein.
Dieser alte Konflikt erfährt eine Aktualisierung zum einen durch die Trennung von dem letzten Freund (nach 2jähriger Beziehung), wodurch sie ihre Angst, nicht geliebt zu werden, ebenso bestätigt findet, wie ihre Unfähigkeit, selbst zu lieben. Zum anderen sieht sie sich bei der Rückkehr ins Elternhaus mit aller Deutlichkeit mit ihrer Ohnmacht konfrontiert. Nach dem Scheitern ihrer erneuten Vermittlungsversuche zwischen den Eltern – um geliebt zu werden – reagiert sie mit Rückzug in die Depression, was zur Schlafstörung führt.
Es handelt sich hier also um eine Identitäts- und Entwicklungsstörung mit erheblicher depressiver Reaktion.
In Anbetracht der Jugendlichkeit der Patientin und der Beziehungslosigkeit der Familie, sollte die Behandlung im wesentlichen im Herstellen einer kontinuierlichen, haltgebenden Beziehung bestehen. Das Therapieziel sehe ich darin, daß es der Patientin möglich wird, zu eigener Identität und Autonomie sowie zu einer realitätsgerechteren Abwehr zu finden. Ein wesentlicher Schritt dahin wird die Aufhellung der Amnesie sein. Eine tiefenpsychologisch fundierte Psychotherapie von in diesem Fall wahrscheinlich 80 Stunden wird dazu nötig sein.
Bei dem Leidensdruck, der Motivation und Einsichtsfähigkeit der Patientin und der sich abzeichnenden positiven Übertragungsbeziehung läßt sich eine ausreichende Prognose stellen.

Einordnung des vorliegenden Berichtes

Er wird in freier Form abgefaßt und gibt dennoch die in den einzelnen Punkten gewünschten Informationen.

Zu 1. Spontanangaben des Patienten

Klagen über Schlafstörungen werden ergänzt durch Versagensängste und Gefühle von Selbstunsicherheit. Eine Beziehungsstörung zu den Eltern, die sich im Laufe des Berichts auch als akuter Anlaß zur Therapiesuche ergibt.

Zu 2. Kurze Darstellung der lebensgeschichtlichen Entwicklung

Die Familienanamnese und die psychische und soziale Entwicklung der Patientin wird sehr deutlich, vor allem durch die in einfühlbarer Schilderung geschehene Herausarbeitung des familiären Beziehungsnetzes und seines Mangels mit der Rückwirkung auf das emotionale Empfinden der Patientin, d. h., hier wird das **Beziehungsgefüge** deutlich. Wichtig ist auch die Ergänzung durch die Jugendamtsakte, d. h. die Aufforderung der Behandlerin an die Patientin, diese einzusehen und sie selbst zu referieren.

Zu 3. Krankheitsanamnese

Die Krankheitsanamnese bleibt hier unerwähnt, da diese Patientin sich an nichts erinnern konnte.

Zu 4. Psychischer Befund zum Zeitpunkt der Antragstellung

Die hierzu im Informationsblatt gegebene, eher schematische Anregung könnte zu ebensolchen eher schematischen Antworten bzw. Aufzählungen bejahender oder verneinender Art führen. Das würde dem Ziel des Berichtes und vor allem dem Erkennen der psychodynamischen Zusammenhänge wenig dienen.

Im vorliegenden Beispiel ist erkennbar, wie wesentlich und notwendig die Erfassung der szenischen Information ist und das Zustandekommen und Nutzen eines Beziehungsgeschehens zu einer Beziehungsdiagnose im Hier und Jetzt (Balint).

Das Erstinterview – auch auf mehrere Sitzungen ausgedehnt – sollte dem Verfahren entsprechend so geführt werden, daß es diese Informationen ermöglicht, der Inhalt der biographischen Anamnese, mag er noch so spannend sein, reicht nicht aus.

Der Interviewer – der Therapeut – gehört in seiner Subjektivität zu dem System und wird daher in der Interviewsituation auch erkennbar sein und erscheinen müssen.

Liegt hier der – oder ein – Schlüssel zu dem widerständigen Umgang mit dem Gutachterverfahren?

Zu 5. Somatischer Befund

Nach dem Bericht des Hausarztes lagen keine körperlich krankhaften Befunde vor.

Zu 6. Psychodynamik der neurotischen Erkrankung

Die aus Klagen, Biographie, Reaktionen im eigenen Beziehungserleben mit der Patientin gewonnenen Erkenntnisse und Vermutungen werden zusammengefaßt zu einer Hypothese über die neurotische Entwicklung der Patientin, die einen Hinweis gibt auf den zugrundeliegenden Konflikt und seine Aktualisierung. Dies ist deutlich gemacht hier an dem Wunsch der Patientin nach Liebe und Anerkennung, die nur im Zusammenhalt sicher scheint und ihrer Angst bei Trennung, von Liebesverlust und Selbstwertverlust bedroht zu sein, der eigenen Aggression ausgeliefert zu sein, die in der Depression abgewehrt werden muß und hier noch nicht zu Wort kommt.

Es scheint zum Verständnis in diesem Fall nicht notwendig, vor allem in bezug auf die geplante Behandlung bzw. das Behandlungsziel, die narzißtischen und ödipalen Anteile der Problematik ausdrücklich zu benennen. Die neurotische Störung wird erkennbar und auch ihre Einordnung vom Untersucher, was der Forderung des Gutachters entspricht, der „auf einer ätiologischen Betrachtungsweise mit Erläuterung der Gründe (Causae) der Entstehung der neurotischen Erkrankung besteht" (Faber u. Haarstrick 1994, S. 63).

Zu 7. Diagnose

Die Diagnose, die zu diesem Zeitpunkt auch immer eine vorläufige Diagnose ist, entspricht den Überlegungen zur Psychodynamik, ohne differentialdiagnostische Erwägungen auszulösen.

Zu 8. Behandlungsplan und Zielsetzung der Therapie

Sowohl der Behandlungsplan als auch die Zielsetzung sind deutlich gemacht und entsprechen dem geforderten Zusammenhang zwischen neurotischer Erkrankung und therapeutischem Angebot.

Zu 9. Prognose der Psychotherapie

Die prognostische Beurteilung benennt die Voraussetzungen der Patientin von ihrer Persönlichkeit her und der Beziehungssituation.

Ausgewählt wurde dieser Bericht aus einer Seminarbearbeitung gerade wegen seiner Schlüssigkeit, Klarheit und Offenheit, ohne theoretische „Verstärkung".

Im Erstantragsbericht wurde die voraussichtlich notwendige Stundenzahl der Behandlung mit 80 Stunden angegeben, wenn der Behandlerin auch bekannt war, daß der erste Bewilligungsschritt 50 Stunden betragen würde.

Dieser Annahme entsprechend, folgte ein Fortführungsbericht, der hier wiedergegeben wird:

Bericht zum Fortführungsantrag (Pt 3 b bzw. PT 3 b E) (Abb. 61.1 **b**)

Die Patientin hat sich im Laufe der bisherigen Therapie (45 Stunden) viel in Beziehung zur sozialen Umwelt verändert: Sie hat eine stabile Beziehung zu einem neuen Freund, ist in eine eigene kleine Wohnung gezogen und hat seit August 1993 einen Ausbildungsplatz zur Industriekauffrau in einem großen Unternehmen. Die Ereignisse überstürzten sich zu Beginn der Therapie, als die Patientin anfangs sehr bereit war, sich aufzuraffen, Ängste, Bedenken und lähmende Teilnahmslosigkeit abzustreifen und etwas verändern zu wollen.

Sie lernte allmählich, sich abzugrenzen von Mutter, Geschwistern und dem ersten Freund, für den sie sich noch lange verantwortlich fühlte. Reflexionen über Rückfälle in alte Verhaltensmuster, z.B. ihr Sich-Verantwortlich-Fühlen für das Wohlbefinden anderer, sind mehr und mehr möglich. Die Enttäuschung darüber, daß real nichts in der Vergangenheit (Kindheit und Jugend) passiert ist, das des Erinnerns wert wäre, kann bearbeitet und zum Teil schon betrauert werden. Jetzige Affekte können mit früheren verknüpft werden, es findet also eine Aufarbeitung der Amnesie auf der Affektebene statt.

Frau X. lernt mühsam und in kleinen Schritten ihre Zeit sinnvoll einzuteilen, dadurch den schwierigen Schulstoff einigermaßen zu bewältigen und die sich bewußt zugemessene Freizeit zu genießen.

Sie hat keine Schlafstörungen mehr, beginnt (44. Stunde!) auch zu träumen. Es häufen sich aber Phasen von Gereiztheit und Aggressivität, besonders gegenüber dem Partner. „Und der liebt mich, auch wenn ich meine ätzenden Aussetzer habe, das kann ich manchmal gar nicht glauben." Zunehmend kann sie aber auch Wut spüren, vor allem auf die Mutter, insbesondere, wenn sie feststellt, daß sie sich versorgend und bestimmend verhält wie diese. Bei Schwierigkeiten am Ausbildungsplatz reagiert sie schnell mit Rückfall in das verinnerlichte Lamento der Mutter „Du kriegst doch sowieso nichts gebacken" und möchte alles hinschmeißen. Wesentlich zu ihrer Aufrichtung trägt dann die haltgebende therapeutische Beziehung bei.

Es besteht ein gutes Arbeitsbündnis mit der Therapeutin auf der Basis vertrauensvoller Beziehung. Ich begreife mich eher als helfende Dritte bzw. Hilfs-Ich, wodurch für die Patientin ein Stück weit das fehlende steuernde Objekt ermöglicht wird.

Zur Festigung des Erreichten und um weiteren Zugang zu ihren aggressiven Gefühlen zu ermöglichen, ist die Fortsetzung der Therapie sinnvoll und prognostisch günstig.

Im vorliegenden Bericht sind mit der Schilderung der Entwicklung und Stabilisierung der Lebensumstände der Patientin und ihrer Veränderung in Haltung und Einstellung dazu im Verlauf der Behandlung Diagnose, Indikation und Prognose wohl bestätigt und die Ergänzung der vermuteten Psychodynamik deutlich gemacht.

Da es bei der Beantragung der Kurzzeittherapie sehr oft darum geht zu klären, ob eine Langzeittherapie indiziert ist, vom Krankheitsgeschehen und/oder der Motivation des Patienten her, folgt die entsprechende Frage auf dem Informationsblatt Nr. 10.

Umwandlung von Kurzzeit- in Langzeittherapie

Dazu wieder ein Beispiel:

Nach einem Suizidversuch als Anlaß zu einer Krisenintervention war die Patientin zu Beginn der Kurzzeittherapie in einem schwierigen inneren Zustand. Die psychotherapeutischen Gespräche und das Eingehen einer Liebesbeziehung führten zunächst aus dem depressiven Tief und schienen den Ablösungsprozeß vom Ehemann, von dem sie sich ein Jahr vorher getrennt hatte, zu begünstigen. Mit Deutlichwerden emotionaler Konflikte (Ablösung des Sohnes, Klärung der finanziellen und Wohnsituation, Reaktion der Primärfamilie auf den neuen Geliebten) kam es zu Schlafstörungen, Problemen mit Nähe und Abgrenzung in der neuen Partnerbeziehung und wider besseren Wissens Sehnsucht nach dem Ehemann. Eine analytische Psychotherapie scheint notwendig und aufgrund des entstandenen guten Arbeitsbündnisses (es konnten auch aggressiv getönte Beziehungs- bzw. Übertragungssituationen bearbeitet werden), der deutlichen Motivation und der Krankheitseinsicht auch prognostisch ausreichend begründbar zu sein.

Diese Zusammenfassung beantwortet die gestellten besonderen Fragen. Im übrigen ist selbstverständlich ein vollständiger Bericht zu schreiben, der einem Erstbericht entspricht.

Der Ergänzungsbericht (PT 3 c, PT 3 c E) ist so individuell und auf die vorhergehenden Berichte bezogen abzufassen, daß ein Beispiel mit diesem Zusammenhang hier sicherlich interessant wäre, aber einen zu großen Raum beanspruchen würde.

Leistungsziffern

EBM-Leistungsziffern:

- **860** Erhebung des psychodynamischen Status, ggf. in mehreren Sitzungen, insgesamt mindestens 50 Minuten, im Krankheitsfall nur einmal berechnungsfähig.
- **861** Vertiefte Exploration mit differentialdiagnostischer Einordnung des Krankheitsbildes und psychotherapeutischer Indikationsstellung unter Einbeziehung der dokumentierten Ergebnisse der selbsterbrachten Leistung nach Nr. 860.
- **868** Bericht an den Gutachter zum Antrag des Versicherten auf Feststellung der Leistungspflicht zur Einleitung oder Verlängerung der tiefenpsychologisch fundierten oder analytischen Psychotherapie oder der Verhaltenstherapie.
- **871** Tiefenpsychologisch fundierte Psychotherapie (Kurzzeittherapie).
- **872** Tiefenpsychologisch fundierte Psychotherapie (Langzeittherapie) als Einzeltherapie.
- **873** Tiefenpsychologisch fundierte Psychotherapie (Kurzzeittherapie) als Gruppenbehandlung.
- **874** Tiefenpsychologisch fundierte Psychotherapie (Langzeitbehandlung) als Gruppenbehandlung.

Bei **Privatkassen** und **Beihilfestellen** werden den Versicherten bzw. Beihilfeberechtigten die entsprechenden Antragsformulare zur Weitergabe an den Behandler ausgehändigt. Der Antrag kann in der gleichen Weise gestellt werden wie im Vertragskassenbereich. Zur Verfügung stehende Ziffern der GOÄ sind hier:

- **808** Einleitung oder Verlängerung der tiefenpsychologisch fundierten oder analytischen Psychotherapie – einschließlich Antrag auf Feststellung der Leistungspflicht im Rahmen des Gutachterverfahrens.
- **860** Erhebung einer biographischen Anamnese.
- **861** Tiefenpsychologisch fundierte Psychotherapie (Einzelbehandlung).
- **862** Tiefenpsychologisch fundierte Psychotherapie (Gruppenbehandlung).

Schlußwort

Es wurde versucht, darzulegen, welche Informationen gebraucht und wie sie erworben werden können, um dem Auftrag des Berichtes gerecht zu werden und vor allem auch der eigenen Erkenntnis, Beurteilung und Entscheidung zu dienen, ob und wie die Psychotherapie eines Patienten aufgenommen und geplant werden kann.

Auf die Gestaltung des Erstinterviews wurde hingewiesen.

Es gibt Vorschläge und auch Erfahrungen, wie mit Fragebögen zu arbeiten ist. Meistens ergibt sich, wie bei Supervisionsgruppen und Seminaren immer wieder festgestellt wird, daß auf die mündliche Mitteilung, die Erzählung des Lebensablaufes nicht verzichtet werden kann. Die Art und Weise des Sprechens, die affektive Beteiligung, das Weglassen, das Vergessen, Verwechseln, die zeitliche Veränderung oder Verschiebung der Daten ist notwendig und wichtig für die Einschätzung des Mitgeteilten, wie auch für die Beziehungsaufnahme, die auch nicht „Schwarz auf Weiß" geschieht.

Ein die äußeren Lebensdaten umfassender Lebenslauf des Patienten kann allerdings sehr hilfreich sein, um die im Gespräch ermittelten Informationen zu ordnen.

So wichtig die abwartende, zuhörende und zurückhaltende – insofern abstinente – Haltung des Therapeuten ist, so werden für die probatorischen Sitzungen, vor allem für die um die Anamnese geführten Gespräche, Fragen notwendig sein zum Verständnis und zur Klärung von Zusammenhängen – einfühlsam gestellt, das Verstehenwollen als Motiv, so daß, wie eine der ersten Analytikerinnen einmal sagte: "... der Patient etwas von sich erfährt, was er vorher nicht wußte", ein Blick in sein Unbewußtes erhascht.

Das Hauptaugenmerk bei der tiefenpsychologisch fundierten Psychotherapie gilt dem aktuellen neurotischen Konflikt, ohne dessen Wurzeln grundsätzlich zu vernachlässigen.

Im Hier und Jetzt der therapeutischen Beziehung deuten sich Übertragungsmuster durch latent vorhandene Übertragungseinstellungen und ein Übertragungs-/Gegenübertragungsdialog an, die dem geschulten Auge durch die begleitenden Affekte erkennbar sind und so gedeutet werden sollten, daß die tiefen regressiven Bewegungen einer ausgeprägten Übertragungsneurose vermieden werden (nach Weigeldt u. Páal 1990).

Der Gutachter ist zwar ein Dritter in diesem Verfahren (auch wenn diese Rolle der Krankenkasse zugeteilt wird), aber bei gelungener Triangulierung muß er nicht zum Störer gemacht werden. Er ist als Kollege mit einer bestimmten Aufgabe im Versorgungsnetz zu sehen und nicht als übergeordnete und damit höhere Instanz.

In autonomer Entscheidung kann sein Votum zurückgewiesen und widerlegt werden unter Hinzuziehung eines Obergutachters.

Es geht darum, sich das Antragsverfahren zunutze zu machen und sich nicht davon überwältigen oder bemächtigen zu lassen.

Verhaltenstherapie

M. Neher

Zunächst wird auf die Rahmenbedingungen der Richtlinien eingegangen. Anschließend werden die Antragstellung bei den Primär- und Ersatzkassen sowie bei privaten Versicherern behandelt.

XII

Rahmenbedingungen der Antragsstellung

Seit 1. 10. 1987 wurde Verhaltenstherapie als Kassenleistung in die kassenärztliche Versorgung aufgenommen (Faber u. Haarstrick 1996).

Empirische Untersuchungen zum Praxisalltag bei ambulant durchgeführter Verhaltenstherapie fehlen für die Bundesrepublik Deutschland bisher weitgehend. Beiträge, in denen zur „Verhaltenstherapie in der Routineversorgung"

(Hoffmann 1992) aus Sicht von Praktikern Stellung genommen wird, stellen die Ausnahme dar.

Die folgende Darstellung orientiert sich am „Kommentar zu den Psychotherapierichtlinien" (Faber u. Haarstrick 1996). Es handelt sich dabei nicht um einen Kommentar im juristischen Sinne, vielmehr um eine Kommentierung zu verschiedenen Aspekten bei der Durchführung ambulanter Psychotherapie. Dort werden u.a. auch Fragen zu Indikation, Form und Inhalt des Kostenübernahmeantrags bei Verhaltenstherapie ausführlich dargestellt.

Innerhalb der Psychotherapierichtlinien ist eine **individualisierte Form der Antragstellung** vorgesehen, zwangsläufig wird der Antragsteller vergeblich auf Musteranträge hoffen. Die starke Betonung einer individuell durchgeführten Fallkonzeption muß als klare Abkehr von einer standardisierten Vorgehensweise verstanden werden. Hinsichtlich des Für und Widers für Patient und Therapeut/Antragssteller sei u.a. auf die Beiträge von Köhlke (1992), Caspar u. Grawe (1994) sowie auf Kapitel 59 verwiesen.

Verhaltenstherapie als kassenfinanzierte Leistung bedeutet auch, daß die Krankenkassen einen Rahmen definieren, in dem diese Leistung zu erbringen ist. Ein Antrag auf Kostenübernahme stellt in diesem Zusammenhang eine notwendige, jedoch keine hinreichende Bedingung zur Leistungserbringung dar. Erst nach einer positiven Entscheidung seitens der Krankenkassen kann mit der Behandlung begonnen werden. Die Krankenkassen können die Übernahme von Behandlungskosten, die vor dem Genehmigungszeitraum liegen, verweigern.

Innerhalb der Richtlinienpsychotherapie unterliegen die folgenden **Behandlungsanträge** der **gutachterlichen Prüfung:**
- Antrag auf eine Langzeitbehandlung und die damit evtl. verbundenen Verlängerungsanträge,
- Umwandlungsantrag von einer Kurzzeitbehandlung in eine Langzeitbehandlung,
- Anträge auf Verhaltenstherapie (Kurzzeit- oder Langzeitverfahren) innerhalb von zwei Jahren nach der letzten durchgeführten Therapie,
- Anträge als Einspruch gegen eine von der Krankenkasse abgelehnte Kurzzeittherapie,
- Alle Kurzzeitanträge, die nach dem 1. 1. 2000 gestellt werden. Die Form des Antrages wird sich am Langzeitverfahren orientieren, genauere Angaben werden ab Herbst 1999 erfahrbar sein. Einen Antrag auf Befreiung von dieser Regelung bei der regionalen Kassenärztlichen Vereinigung kann gestellt werden, wenn 35 positive gutachterliche Genehmigungen vorliegen.

Die Gutachter nehmen Stellung zu den folgenden Aspekten: „**Zweckmäßigkeit** und **Wirtschaftlichkeit** der beantragten Maßnahme, die gleichzeitig das **Maß des Notwendigen** nicht überschreiten soll", (Faber u. Haarstrick 1996, S. 84 [Hervorhebungen durch den Autor]). Sollte ein Antrag seitens des Gutachters abgelehnt werden, besteht die Möglichkeit der Nachbesserung des Antrags und/oder die Einleitung eines „Obergutachterverfahrens". Diese Obergutachter prüfen den Antrag erneut. Um seitens des Antragstellers sicher zu gehen, daß in diesem Fall der richtige Entscheidungsträger erreicht wird, ist es sinnvoll einen formlosen Hinweis („Obergutachterverfahren") bei den Antragsunterlagen für die Krankenkasse zu vermerken.

Insgesamt sind 26 Gutachter/Obergutachter für diese Prüfungen zuständig, sie werden von der Kassenärztlichen Bundesvereinigung bestimmt. Die Privatversicherer verfügen unabhängig davon teilweise über eigene Gutachter. Bei den KBV-Gutachtern/-Obergutachtern handelt es sich um fachärztlich qualifizierte Mediziner, die teilweise auch einen Studienabschluß als Diplompsychologen haben. Sie nahmen 1995 zu insgesamt 29283 Anträgen Stellung. Die **Ablehnungsquote** für 1995 schwankte zwischen 1,0% und 9,4%, sie liegt bei durchschnittlich 4,3%. Angaben zum Obergutachterverfahren lagen nicht vor (Kassenärztliche Bundesvereinigung 1997). Der durchschnittliche Ablehnungsquotient ist seit vielen Jahren stabil. Inwiefern es hier Veränderungen durch die seit 1999 bestellten psychologischen Gutachter geben wird, kann momentan nicht eindeutig beurteilt werden.

Von zentraler Bedeutung ist die Kenntnis der **Definition der „seelischen Krankheit"** im Rahmen der **Richtlinienpsychotherapie**. „Seelische Krankheit wird als krankhafte Störung der Wahrnehmung, der Erlebnisverarbeitung, der sozialen Beziehungen und der Körperfunktionen verstanden. Der Krankheitscharakter dieser Störung kommt wesentlich darin zum Ausdruck, daß sie der willentlichen Steuerung durch den Patienten nicht mehr oder nur zum Teil zugänglich sind." (Faber u. Haarstrick 1996, S. 21). Die Autoren führen die daraus resultierende kassenfinanzierte Maßnahme näher aus und definieren: „Psychotherapie seelischer Krankheiten ist im Gesamtzusammenhang der ärztlichen Versorgung zu sehen, auch dann, wenn die eigentliche psychotherapeutische Behandlung an einen psychologischen Psychotherapeuten delegiert wird" (Faber u. Haarstrick 1996, S. 21).

Psychotherapie wird von Beratungstätigkeiten von Psychologen, Ärzten oder anderer Berufsgruppen bei Berufs-, Erziehungs- und Sexualproblemen abgegrenzt. Dies gilt auch für den Bereich der Beziehungsstörungen, umgekehrt können die Sexualprobleme, die aus einer neurotischen Erkrankung resultieren, im Rahmen der Richtlinien als Krankheit angesehen werden.

In diesem Zusammenhang sei darauf verwiesen, daß zu den Rahmenbedingungen auch die **zeitliche Limitierung** von Psychotherapie gehört, es sollte somit in jedem Einzelfall erneut geprüft werden, ob im Rahmen des jeweiligen Behandlungskontingentes von einer positiven Prognose ausgegangen werden kann. Fallweise ist auf andere Institutionen zu verweisen (psychsomatische Fachkliniken, Psychiatrie, sozialpsychiatrische Dienste etc.).

Für die Verhaltenstherapeuten wird es wegen der im Vergleich zu den tiefenpsychologisch-psychoanalytischen Therapien erheblich geringeren Therapiestundenkontigenten und Verlängerungsmöglichkeiten einer Langzeitbehandlung von besonderer Bedeutung sein, mit den unterschiedlichen Beantragungsmodalitäten versiert umzugehen. Die Behandlung der Verhaltenstherapeuten im Vergleich zu ihren Kollegen in der Richtlinienpsychotherapie ist für die Krankenkassen kostentreibend und läßt sich inhaltlich nicht rechtfertigen (Köhlke 1998).

Zum Abschluß sei auf die Möglichkeiten eines **computergestützten Antragsverfahrens** verwiesen. Das Verhaltensdiagnostiksystem (VDS) von Sulz (1992) z.B. bietet zu allen wesentlichen Schritten des Therapieantrags Arbeitsmaterial an, es kann auch in ausgedruckter Form erworben werden. Für einzelne Syndrome, z.B. Alkoholismus, Depression liegen auch die entsprechenden Behandlungspläne vor. Da der Anbieter gleichzeitig auch als Gutachter tätig ist, dürfte eine hohe Informationsdichte gewährleistet sein.

Inwieweit es alternativ und kostengünstiger möglich ist, sich seine eigenen Kassenantragsstrategien mittels heute üblicher Standardsoftware abzubilden, wird von der jeweiligen PC-Kompetenz des Antragstellers abhängen.

Primär- und Ersatzkassen

Im folgenden wird auf das Vorgehen bei der Antragstellung im Rahmen der Primär- und Ersatzkassen eingegangen. Die teilweise divergente Situation für die Privatversicherten wird danach kurz geschildert.

Der Antrag für **Kinder/Jugendliche** unterscheidet sich nur unwesentlich vom Vorgehen bei **Erwachsenen**, auf eine getrennte Darstellung wurde deshalb verzichtet.

Verhaltensdiagnostik/probatorische Termine

Die für die Beantragung notwendigen Informationen werden im Rahmen der **Verhaltensdiagnostik/biographischen Anamnese** (probatorische Sitzungen – Ziffer: 881; biographische Anamnese – Ziffer: 860). Insgesamt stehen für den Antragsteller 5 probatorische Termine und ein Termin zur Erhebung der biographischen Anamnese zur Verfügung.

Inwieweit Testverfahren zum Einsatz kommen, wird im Einzelfall entschieden werden müssen.

Der Umfang der **Einzel**- und der **Gruppenbehandlung** kann innerhalb der einzelnen Kurzzeit-/Langzeitanträge variabel gestaltet werden. Bei jedem neuen Antrag stellt sich die Frage, ob eine Kurzzeit- oder eine Langzeitbehandlung durchgeführt werden soll. Die Antwort wird u.a. von den Notwendigkeiten des jeweiligen Einzelfalls (Ausmaß der Symptomatik, Behandlungsziele, Veränderungsmotivation etc.) und den daraus resultierenden verhaltenstherapeutischen Behandlungsstrategien abhängen. Ein empirisch erforschtes differentialdiagnostisches Vorgehen gibt es nicht. Nach Sulz (1998) ist bei komplexen Störungen wie z.B. Persönlichkeitsstöungen, Zwangs- oder Eßstörungen eher ein Langzeitverfahren angezeigt.

Kurzzeitbehandlung

Die **Dauer** der Kurzzeitbehandlung beträgt 25 Termine à 50 Minuten, diese können auf 50 Termine à 25 Minuten aufgeteilt werden. Die Durchführung von Terminen à 100 Minuten bedarf der Beantragung. Die zeitliche Limitierung gilt auch bei einer Einbeziehung von Bezugspersonen in die Behandlung. Eine Gruppenbehandlung ist unter Berücksichtigung des Umrechnungsfaktors 0,5 von Einzeltermin zu Gruppentermin möglich. Maximal wird so, unter Berücksichtigung der probatorischen Sitzungen als Einzeltherapie, ein Behandlungsumfang von 25 Gruppenterminen à 100 Minuten möglich.

Die Antragstellung erfolgt auf für die Primär- (weiße Anträge) und Ersatzkassen (grüne Anträge) inhaltlich gleich ausgerichteten **Formularen**:

- Antrag des Versicherten auf Psychotherapie (PTV 1),
- Antrag auf Kurzzeitbehandlung (PTV 2).
- Das **ärztliche Konsil** (Muster 22) ist ein dreiteiliges Durchschreibeformular. Als ärztliche Leistung ist die Ziffer: 76 vom Arzt abrechenbar. Es muß von allen psychologischen Verhaltenstherapeuten zum Antrag auf Psychotherapie angefordert werden. Unabhängig vom Antragsteller wird es durch den Arzt an die Krankenkasse gesandt (Muster 22c). Als Rückmeldung für den Therapeuten ist das Muster 22a vorgesehen. Durch die getrennte Versendung soll verhindert werden, daß es hier Einflußmöglichkeiten seitens des Antragstellers auf medizinisch begründbare Kontraindikationen für Psychotherapie gibt. In einem solchen Fall kann der Medizinische Dienst der Krankenkassen über den Antrag entscheiden. Welcher Arzt darf ein Konsil erstellen? Für die Behandlung von Erwachsenen sind dies alle Arztgruppen mit Ausnahme von Laborärzten, Mikrobiologen/Infektionsepidemiologen, Pathologen, Radiologen, Strahlentherapeuten, Nuklearmediziner, Transfusionsmediziner sowie Humangenetiker. Für die Behandlung von Kinder und Jugendlichen sind dies Allgemeinärzte, Praktische Ärzte, Internisten, Kinderärzte, Kinder- und Jugendpsychiater (Kassenärztliche Vereinigung Südbaden 1999).

Es werden Angaben zu den folgenden Punkten erwartet:

- kurze Hinweise auf die Krankheitsvorgeschichte,
- Auswahl und Indikation der jeweiligen Behandlungsverfahren,
- Erfolgsprognose (Faber u. Haarstrick 1996).

In der Praxis haben sich bisher u.a. die folgenden Vorgehensweisen bewährt: Beschreibung der Intervention in VT-Termini oder ausführliche Beschreibung der Diagnose auf der Grundlage von DSM-IV/ICD-10.

Formulierungsbeispiel (VT-Termini): Mittels Selbstkontrolltechniken soll der Patient in die Lage versetzt werden, seine seit 6 Monaten bestehenden Schwierigkeiten (Wiederholung der Diagnose/Beschreibung der Symptome) so zu verändern, daß ... (Therapieziele in allg. Form einfügen). Zum Einsatz sollen weiterhin Verfahren der Reizkonfrontation in Verbindung mit kognitiven Verfahren kommen. Die Umgrenztheit der Therapieziele und/oder der Motivation des Patienten oder... läßt eine erfolgreiche Kurzzeitbehandlung wahrscheinlich werden.

Die **vorgefertigten Antworten** auf dem Antragsformular sollen eine Erleichterung darstellen und können nach den jeweiligen inhaltlich sinnvollen Anforderungen des Einzelfalles angekreuzt werden:

- „als Behandlungsverfahren mit voraussichtlich ausreichendem Behandlungserfolg",
- „zur Überprüfung einer Indikationsstellung für die Langzeittherapie",
- „als Sofortmaßnahme zur Krisenintervention".

Um einen möglichst reibungslosen Übergang (**Umwandlung der Behandlung von Kurzzeit- in Langzeittherapie**) zu gewährleisten, wird im Rahmen der kommentierten Richtlinien empfohlen, daß ein entsprechender Antrag bis zur 20. Therapiesitzung gestellt werden soll (Faber u. Haarstrick 1996). Auf die inhaltlichen Aspekte bei der Beantragung einer Langzeitbehandlung wird im Rahmen des folgenden Abschnittes eingangen werden.

XII

Langzeitantrag

Der **Behandlungsumfang** beträgt maximal 80 Termine (Ziffer: 882) à 50 Minuten, wobei von einer Behandlungsfrequenz von einem Termin pro Woche ausgegangen wird. Zu Beginn können 45 Termine à 50 Minuten beantragt werden, mittels zwei weiterer Fortführungsanträge ist eine Ausdehnung um einmal 15 und einmal 20 Einzelsitzungen (50 Minuten) möglich (Faber u. Haarstrick 1996). Es können auch Einzeltermine à 100 Minuten für z. B. eine kognitive Umstrukturierung oder einen Verhaltensaufbau sozialer Kompetenz unter Video-feedback beantragt werden.

Seit 1993 ist es nach einer gutachterlichen Befürwortung möglich, Behandlungseinheiten von 3 – 5 Einheiten à 50 Minuten pro Behandlungstag bei „speziellen Verfahren der Verhaltenstherapie" durchzuführen (Kassenärztliche Bundesvereinigung Rundschreiben V31-VII 17/93).

Dem **Gutachter** dürfen nur **anonymisierte Personendaten** zur Verfügung gestellt werden (Faber u. Haarstrick 1996). Dies bedeutet auch, daß die dem Antrag beigefügten Klinikberichte etc. eingeschwärzt werden müssen.

Die **Antragstellung** erfolgt in inhaltlich identischer Form für die Primär- (weiße Formulare) und für die Ersatzkassen (grüne Formulare):
- Antrag des Versicherten auf Psychotherapie (VT 1),
- ärztliche Angaben zur Langzeittherapie (VT 2),
- Ärztliches Konsil (siehe oben),
- Bericht an den Gutachter (VT 3 a/b/c), eine anonymisierte Kopie des ärztlichen Konsils ist dem Antrag formlos beizufügen (Kassenärztliche Vereinigung Südbaden 1999),
- Briefumschlag (VT 8).

Betrachtet man die Forderung nach einer individuellen Fallkonzeption und die Form, in der normalerweise über die Effekte von Verhaltenstherapie beschrieben wird, so klafft hier eine Lücke. Sie muß vom Antragsteller in jedem Einzelfall erneut geschlossen werden. Einzelfalldarstellungen stellen bei deutschsprachigen Veröffentlichungen eher die Ausnahme dar (Kern 1997). Beispiele für eine erste Orientierung finden sich bei Bailer (1993) zu somatoformen Schmerzstörungen; Vogel und Mitarb. (1994) zu verhaltenstherapeutischen Fallberichten bei Kindern und Erwachsenen oder Reinecker (1995) „Fallbuch der klinischen Psychologie". Einen inhaltlich straffen Überblick zu unterschiedlichen Möglichkeiten der Therapieplanung allgemein und spezifisch (Agoraphobie, soziale Phobie, spezifische Phobien, Panikstörung, generalisierte Angststörung, Zwangsstörung, posttraumatische Belastungsstörung) gibt Schulte (1996). Die empirischen Belege stammen vorwiegend aus „Forschungstherapien", diese sind mit Therapien der Regelversorgung nur begrenzt vergleichbar (Sulz 1998).

Der Antragsteller muß beim Langzeitantrag eine Gewichtung der Information vornehmen, dies läßt sich aus der formalen Beschränkung (maximal 3 Din-A-4 Seiten) begründen, stellt jedoch auch eine fachlich qualifizierte Leistung des Antragstellers dar. „Die Berichte sollen sich auf die Angaben beschränken, die für das Verständnis der psychischen Erkrankung, ihrer ätiologischen Begründung, ihrer Prognose und ihrer Behandlung erforderlich sind" (Faber u. Haarstrick 1996, S. 205).

Im folgenden Abschnitt soll auf die Anforderungen näher eingegangen werden. Die Darstellung orientiert sich am **Informationsblatt für Verhaltenstherapie**, welches bei den einzelnen kassenärztlichen Vereinigungen erhältlich ist, aber auch im Kommentar zu den Psychotherapierichtlinien ersichtlich ist (Faber u. Haarstrick 1996, S. 201/206). Die jeweiligen Anforderungen wurden, soweit sie aus dem Kommentar entnommen sind, vorangestellt und besonders hervorgehoben.

Bericht zum Erstantrag

1. Angaben zur spontan berichteten und erfragten Symptomatik

Schilderungen der Klagen des Patienten und der Symptomatik zu Beginn der Behandlung – möglichst mit wörtlichen Zitaten ggf. auch Bericht der Angehörigen/Beziehungspersonen des Patienten.
(Warum kommt der Patient zu eben diesem Zeitpunkt und durch wen veranlaßt?)

So wird die Beschreibung „der kleine Mann betritt mit zögerndem Schritt das Behandlungszimmer und berichtet mit gesenktem Blick und Weinkrämpfen über seine Probleme. Er habe im Anschluß an eine stationäre Behandlung bei dem delegierenden Facharzt um eine verhaltenstherapeutische Einzelbehandlung nachgefragt" zu ganz anderen Vorstellungen führen, wie „die jugendlich sportlich gekleidete, groß gewachsene, sehr schlank wirkende Frau betritt das Behandlungszimmer... Sie komme auf Empfehlung des delegierenden Facharztes, glaube eigentlich an eine eher durch ungenaue medizinische Diagnostik übersehene Problematik".

Dies gilt sicherlich auch bei der Beschreibung der jeweiligen Symptome.

2. Lerngeschichtliche Entwicklung des Patienten und Krankheitsanamnese

- Darstellung der lerngeschichtlichen Entwicklung, die zur Symptomatik geführt hat und für die Verhaltenstherapie relevant ist.
- Angaben zur psychischen und körperlichen Entwicklung unter Berücksichtigung der familiären Situation, des Bildungsgangs und der beruflichen Situation.
- Darstellung der besonderen Belastungen und Auffälligkeiten in der individuellen und der familiären Situation...
- Beschreibung der aktuellen Situation (familiäre, ökonomische, Arbeits- und Lebensverhältnisse), die für die Aufrechterhaltung und Veränderung des Krankheitsverhaltens bedeutsam ist.

(Bereits früher durchgeführte psychotherapeutische Behandlungen... und möglichst alle wesentlichen Erkrankungen, die ärztlicher Behandlung bedürfen, sollen erwähnt werden...)

Im Zentrum stehen die bisherigen früheren Lernerfahrungen im Hinblick auf die Therapieziele. So läßt sich beispielsweise leicht ein Unterschied zwischen einem Patienten, der mit häufig wechselnden Bezugspersonen aufwuchs und jemand aus stabilem eher überfürsorglichem Elternhaus nachvollziehen. Für den Antrag werden diese Informationen über die unterschiedliche Entwicklung bedeutsam durch die funktionale Sichtweise bei der Bedingungsanalyse oder bei der Behandlungsplanung.

3. Psychischer Befund

(Testbefunde, sofern sie für die Entwicklung des Behandlungsplans und für die Therapieverlaufskontolle relevant sind.)
- Aktuelles Interaktionsverhalten..., emotionaler Kontakt.
- Intellektuelle Leistungsfähigkeit und Differenziertheit der Persönlichkeit.
- Psychopathologischer Befund...

Je nach Vorlieben wird sich der Antragsteller am ICD-10 oder DSM-IV orientieren. Die Angaben im psychischen Befund sollten mit den Anforderungen des verwendeten Diagnoseschlüssels hinsichtlich der Symptome übereinstimmen.

4. Somatischer Befund

Hier muß in anonymisierter Form eine Kopie des ärztlichen Konsils (Muster 22a) für den Gutachter beigefügt werden. Dies ersetzt die im Delegationsverfahren früher üblichen Angaben des delegierenden Facharztes.

5. Verhaltensanalyse

Beschreibung der Krankheitsphänomene, möglichst in den vier Verhaltenskategorien: Motorik, Kognition, Emotion und Physiologie.
Unterscheidung zwischen Verhaltensexzessen, Verhaltensdefiziten und qualitativ neuer spezifischer Symptomatik in der Beschreibung von Verhaltensstörungen.
Funktions- und Bedingungsanalyse der für die geplante Verhaltenstherapie relevanten Verhaltensstörungen in Anlehnung an das S-O-R-K-C-Modell mit der Berücksichtigung der zeitlichen Entwicklung der Symptomatik.
Beschreibung von Verhaltensaktiva und bereits entwikkelten Selbsthilfemöglichkeiten und Bewältigungsfähigkeiten.
Wird die Symptomatik des Patienten durch pathogene Interaktionsprozesse aufrechterhalten, ist die Verhaltensanalyse auch der Beziehungspersonen zu berücksichtigen.

Dieser Punkt führt in der Fort- und Weiterbildung aber auch im Erfahrungsaustausch unter Kollegen immer wieder zu erheblichen Diskussionen. Das dabei oft geäußerte Vermeidungsverhalten („hebe ich mir bis zum Schluß auf") führt in der Konsequenz genau zu den Schwierigkeiten, die bei der Antragstellung immer wieder berichtet werden. Normalerweise beginne ich die Arbeit an einem Antrag mit Punkt 5. Auf Grund der verhaltenstherapeutischen Modellbildung dürfte es evident sein, daß sich aus der Bedingungsanalyse sowohl die Strukturierung der Therapieziele, der Behandlungskonzeption als auch Gliederung für die lebensgeschichtliche Entwicklung ergeben.

Bei meinen Anträgen hat sich eine Orientierung an das S-O-R-K-C-Modell (Kanfer u. Mitarb. 1991) bewährt. Es beinhaltet sowohl die geforderten Verhaltenskategorien (Motorik, Kognitionen, Emotionen und Physiologie) als auch die Einordnung von Verhaltensexzessen, -defiziten und der Selbsthilfepotientiale des Patienten. Zusätzlich hat sich die Unterscheidung zwischen intrapsychischen und interpersonellen Funktionalität wie sie z.B. von Lakatos und Reinecker (1999) für die Behandlung von Zwangsstörungen deutschsprachig veröffentlicht wurden, bewährt. Der eine Aspekt konzentriert sich auf die Funktion des Verhaltens für die betroffenen Personen selbst. Der andere untersucht die Möglichkeiten des Patienten durch die Symptomatik Beziehungen zu relevanten Bezugspersonen zu gestalten bzw. zu regulieren.

Bei der funktionalen Verhaltensanalyse oder der Behandlungskonzeption bzw. bei der Verknüpfung von beiden Antragsteilen treten seitens der Gutachter häufig Beanstandungen auf. Im Kommentar zu den Psychotherapierichtlinien wird diese Problematik am Beispiel von agoraphobischen Symptomen dargestellt. Deutlich wird die Notwendigkeit der Verbindung zum Einzelfall in den Vordergrund gestellt, d.h. nicht auf der Ebene Angst/Vermeidungsverhalten bleiben. Nützlich ist die verhaltensnahe Beschreibung, wie z.B. Angst beim Betreten der Bäckerei. Unter Rückbezug auf die lerngeschichtliche Entwicklung ist im Rahmen einer übergeordneten Konzeptualisierung eine Verhaltensanalyse zu erstellen, die sich in einer an den Anforderungen des Einzelfalls orientierten Fallkonzeption niederschlägt (Faber u. Haarstrick 1996).

6. Diagnose zum Zeitpunkt der Antragstellung

Darstellung der Diagnose aufgrund der Symptomatik und der Verhaltensanalyse. Differentialdiagnostische Abgrenzung unter Berücksichtigung auch anderer Befunde, ggf. unter Beifügung der anonymisierten Befundberichte.

Hier steht die Einordnung der Symptome z.B. im Rahmen von verbreiteten Diagnoseschlüsseln (ICD-10/DSM-IV) im Vordergrund. Eine inhaltliche Prüfung mit dem psychischen Befund ist zweckdienlich. Wer sich an diesem Punkt unsicher fühlt, findet eine Reihe standardisierter klinischer Interviews. Exemplarisch sei auf das recht übersichtliche „Diagnostische Interview bei psychischen Störungen" von Margraf u. Mitarb. (1994) verwiesen. Nach Angaben der Autoren beträgt die Dauer ca. 1 Stunde, wobei erhebliche zeitliche Abweichungen im Einzelfall möglich sein können. Inwiefern sich hieraus ein für die ambulante verhaltenstherapeutische Regelversorgung standardisiertes Vorgehen ableiten läßt, sollte von jedem Antragsteller unter Berücksichtigung seines Interventionskontextes, z.B. der Anzahl der zur Verfügung stehenden probatorischen Termine entschieden werden.

7. Therapieziele und Prognose

Darstellung der konkreten Therapieziele mit ggf. gestufter prognostischer Einschätzung (dabei ist zu begründen, warum eine gegebene Symptomatik direkt oder indirekt verändert werden soll).
Motivierbarkeit, Krankheitseinsicht und Umstellungsfähigkeit; ggf. Einschätzung der Mitarbeit der Beziehungspersonen, deren Umstellungsfähigkeit und deren Belastbarkeit.

Je nach verhaltenstherapeutischer Orientierung können hier die unterschiedlichen Behandlungsstrategien angegeben werden.

Sollte sich der Antragsteller unsicher sein, ob das von ihm geplante Vorgehen innerhalb der kassenfinanzierten verhaltenstherapeutischen Leistungen anzusiedeln ist, so ist ein Blick in die verschiedenen Standardwerke wie z.B. DGVT (1992) oder Linden u. Hautzinger (1994) arbeitserleichternd.

So soll beispielsweise bei den o.g. Beispielen von Anträgen für Patienten (vgl. Lerngeschichte) mit häufig wechselnden Bezugspersonen mittels eines sozialen Kompetenztrainings erreicht werden, daß er lernt, Streit mit neuen Freunden der Fitnessgruppe auszuhalten oder Auseinandersetzungen mit einer negativ bewerteten Arbeitsvorgesetzten zu führen. Bei der zweiten Person (stabile Familienverhältnisse während der Kindheit und Jugend) könnte auch zuerst eine kognitive Umstrukturierung mit dem Ziel der Reduktion von handlungshemmenden Normen und Kontrollüberzeugungen („Wer mich kennt, liebt mich", „die Familie ist der sicherste Ort auf dieser Welt") erfolgen. Die Bekanntgabe der Behandlungsplanung stellt nicht nur eine Verpflichtung im Rahmen der Regularien der kasssenärztlichen Versorgung dar, sondern macht auch deutlich, welche Strategien von den tatsächlich an der Versorgung beteiligten Verhaltenstherapeuten als wesentlich erachtet wird. So kann auch begründet werden, wieso z.B. ein standardisiertes primär symptomorientiertes Vorgehen zur Behandlung von Panikattacken im Einzelfall als nicht ausreichend angesehen werden kann.

Sinnvollerweise werden hier Zielvariablen definiert wie z.B. „alleine einkaufen gehen könen", „Auseinandersetzungen am Arbeitsplatz angemessen durchhalten können", an denen ein therapeutischer Fortschritt festgemacht werden kann und die den Bedürfnissen des Einzelfalls entsprechen.

8. Behandlungsplan

> Darstellung der Behandlungsstrategie in der Kombination... Reihenfolge der Interventionsverfahren, mit denen die definierten Therapieziele erreicht werden sollen.
> Angaben zur geplanten Behandlungsfrequenz und zur Sitzungsdauer (25,... 50,... 100 Minuten).
> Begründung der Kombination von Einzel- und Gruppenbehandlung auch ihres zahlenmäßigen Verhältnisses zueinander...

Linden u. Mitarb. (1993) stellen in ihrer Untersuchung von 1344 ausgewählten Langzeitanträgen wesentliche inhaltliche Aspekte dar. Sie konnten unter anderem zeigen, daß „kognitive Verfahren" im Rahmen der ambulanten Versorgung überwiegen.

Hier ist die Beschreibung der Behandlungsstrategie vorgesehen. Zusätzlich soll an dieser Stelle auch auf den Behandlungsumfang eingegangen werden. Hier sollte auch auf die Frage des Umfangs der Gruppenbehandlung oder die Einbeziehung von wichtigen Bezugspersonen eingegangen werden. Grundsätzlich sollte der Antragsteller an dieser Stelle sich möglichst variable Lösungen vorstellen.

Bisher beinahe ausschließlich positive Erfahrungen liegen mit Angaben wie z.B. „Der Antragsteller bittet den Gutachter, eine Umwandlung der Einzelbehandlung in eine Gruppenbehandlung für den Fall zu genehmigen, daß während der Behandlungszeit eine homogene Gruppe mit einer entsprechenden Effizienzprognose zusammengestellt werden kann". Darüber hinaus sei darauf verwiesen, daß auf Intervention seitens der Gutachter auch Behandlungseinheiten von 3–5 Stunden beantragt werden können (Kassenärztliche Bundesvereinigung 1993).

9. Umwandlungsantrag/Fortführungsantrag I/II

Im wesentlichen sollen der bisherige Therapieverlauf dargestellt werden und analog zu den o.g. inhaltlichen Kategorien veränderte Therapiezielsetzungen bzw. die jetzt angestrebten Behandlungsziele erläutert werden.

Grundsätzlich neue Fertigkeiten der Antragstellung sind hier nicht notwendig. In der Regel umfassen die Verlängerungsanträge des Autors ca. 1 Din-A4-Seite. Die Begründung eines Umwandlungsantrags umfaßt ca. 1/4 Seite, da auf die Behandlungsstrategien und Therapieziele im Langzeitantrag selbst eingegangen wird.

Privatversicherungen

Anträge für privatversicherte Patienten unterscheiden sich inhaltlich nur unwesentlich von den Anforderungen der Primär- oder Ersatzkassen.

Die **Antragsformulare** sind vom Privatversicherten selbst auf Nachfrage bei dessen Kasse zu besorgen.

In der Praxis zeigt sich, daß die Versicherten über das **Ausmaß der Leistungen** nicht immer voll informiert sind. So kann es Versicherte geben, die vor langer Zeit eine private Krankenversicherung abgeschlossen haben und, um einen kostengünstigeren Tarif zu erhalten, bestimmte Leistungen, darunter auch Psychotherapie ausgeschlossen haben. Genauso gibt es Versicherungen, die Leistungen von psychologischen Verhaltenstherapeuten ausschließen wie z.B. die HUK-Coburg Krankenversicherung (1994) oder für die Leistung eines psychologischen Verhaltenstherapeuten weniger vergüten, wie z.B. die Beihilfeversicherung für Beamte (Oberfinanzdirektion 1994), als für die Leistung eines ärztlichen Psychotherapeuten. Inwieweit hier positive Veränderungen durch eine „Psychologische Psychotherapeutenkammer", z.B. durch die Schaffung einer eigenen Gebührenordung, erwartet werden kann, muß momentan offen bleiben.

Mit dem Versicherten ist dies fairerweise bereits im Rahmen der probatorischen Termine zu besprechen und ein gegenseitig verbindliches Vorgehen schriftlich zu fixieren.

Zusätzlich ist darauf zu achten, daß es Personen gibt, die von mehr als einer privaten Krankenversicherung Leistungen erhalten können. Hier ist wahlweise ein „Doppelantrag" zu stellen (Linden 1992). Eventuell kann sich der Antragsteller auch telefonisch mit den unterschiedlichen Leistungsträgern verständigen, daß nur ein Antrag gestellt werden muß.

Schlußbemerkungen

Das Antragsverfahren kann therapieschulenübergreifend als Maßnahme der Qualitätssicherung für die Psychotherapie angesehen werden, vgl. auch den vorhergehenden Beitrag. Daraus könnte auch eine Art Modellfunktion für das gesamte kassenfinanzierte Gesundheitswesen resultieren, welches offensichtlich an die Grenze der Finanzierbarkeit angelangt ist. Die positive Gutachterentscheidung kann in diesem Sinne als externes Expertenurteil gewertet werden. Dies enthebt den Antragsteller nachträglicher Rechtfertigungen z. B. im Zuge einer Prüfung der Wirtschaftlichkeit nach den Quartalsabrechnungen.

Musteranträge gibt es nicht, die würde der in den Richtlinien formulierten Forderung nach einem individualisierten therapeutischen Vorgehen widersprechen. Aus diesen Anforderungen kann auch gefolgert werden, daß es sich bei allen gutachtenpflichtigen Anträgen um eine vom Antragsteller zu leistende inhaltliche Gewichtung und Verdichtung der Patientenangaben handelt. Dies stellt eine fachlich qualifizierte und damit auch zu honorierende Leistung dar. Den damit verbundenen Zeitaufwand bekommen die Antragssteller überwiegend nicht vergütet, im Durchschnitt ist von 4 Stunden/Antrag auszugehen (Koppenhöfer u. Langlotz-Weiß 1992). Momentan ist der Zeitaufwand für die Antragstellung mit der Ziffer 868 knapp unter denen für eine Einzelbehandlung von 50 Minuten Dauer bewertet. Dies stellt ein stetes Ärgernis für den in einer Zeit sinkender Punktwerte um Wirtschaftlich bemühten Praktiker dar. Möglichkeiten einer nach dem Zufallsprinzip orientierten Einzelfallkontrolle, bei der die real entstehenden Kosten berücksichtigt werden sind denkbar. Dies gilt auch hinsichtlich einer Befreiungsmöglichkeit nach mehr als 200 genehmigten Anträgen (entspricht einer ungefähr zehnjährigen Tätigkeit in einer Versorgungspraxis), bei denen ebenfalls eine Einzelfallprüfung nach dem Zufallsprinzip bestehen bleiben könnte.

Ein generelles Problem dürfte darin begründet liegen, daß die Verhaltenstherapie als Verfahren mit der kürzesten Behandlungdsauer im Rahmen der kassenfinanzierten Psychotherapieleistungen durch die Form der einzelnen Beantragungs-/Genehmigungsschritte hinsichtlich der Qualitätssicherung vergleichsweise extrem kostentreibend ist. Bei den Langzeitverfahren ist dies nach ca. jeder zwanzigsten Einzelsitzung vorgesehen. Die Notwendigkeit der Antragstellung steht damit in diametralem Zusammenhang zur empirisch nachgewiesenen Effizienz der Therapieschule (Grawe u. Bernauer 1994).

Solche und ähnliche Überlegungen mögen auf Seiten der Antragsteller die Einstellung zum Gutachterverfahren mitbestimmen und belasten. Beidseitig sollte man im Auge behalten, daß sowohl die Antragstellung als auch deren Begutachtung von qualifizierten, kompetenten Fachleuten vorgenommen werden. Wie bei allen menschlichen Entscheidungsprozessen kann es auch hier zu Fehlern kommen, dies sollte jedoch nicht mit einer persönlichen Disqualifikation verwechselt werden. Es liegt weder in der Macht der Antragssteller noch der Gutachter and dem beschriebenen Procedere Veränderungen durchzuführen. Vielmehr können beide Seiten den von Kassenärztlicher Bundesvereinigung, Krankenkassen und Bundesgesundheitsministerium definierten Rahmen im Interesse der Patientenversorgung nutzen und gestalten.

Für den Antragsteller könnte ses beruhigend sein, daß die Ablehungsquote sich über die Jahre bei ca. 4 % eingependelt zu haben scheint. Dies heißt, daß im Regelfall ein Antrag auch positiv beschieden wird. Für den Gutachter bedeutet dies, daß er in der Regel von einer kompetenten Antragstellung ausgehen kann und Aspekte der Kontrolle inhaltlichen Dimensionen nachgeordnet werden können.

Zum Abschluß sei darauf verwiesen, daß man nur durch das Schreiben entsprechender Anträge einen Kompetenzzugewinn wird erreichen können. Erfahrungsgemäß nimmt die subjektive Sicherheit nach ungefähr dem 30. Antrag erheblich zu.

XIII Wie hilft Psychotherapie?

62. Wie hilft Psychotherapie?

B. Strauß und W. W. Wittmann

„Der Fisch wird der letzte sein, der das Wasser entdeckt – Wer aber weiß besser als der Fisch, wie es ist, im Ozean zu leben" (Greenberg 1994)

Psychotherapieforschung und Psychotherapeutische Praxis

> „Wuchernder Empirismus ohne die feste Grundlage theoretischer Strukturen wird zu vielerlei Forschungsprojekten führen, deren Ergebnisse fragmentiert, deren Effizienz gering sein wird. Theoretische Diskurse ohne die Grundlage wissenschaftlicher Ergebnisse werden dagegen zu einem uferlosen Philosophieren mit wenig praktischem Nutzen für die Behandlung von Patienten beitragen. Die Notwendigkeit einer Integration von Forschung und klinischer Praxis ist offensichtlich. Wie diese aussehen kann, wird allzu selten artikuliert!" (Kernberg u. Clarkin 1994; Übersetzung der Autoren).

Die Trennung von Klinik und Forschung in der Psychotherapie, insbesondere in der psychoanalytischen, ist in der Tat seit langem offenkundig. Die Gründe hierfür dürften vielfältig sein. Ungeachtet dessen werden immer wieder Versuche unternommen, die Kluft zwischen Forschung und Praxis zu überwinden (z. B. Talley u. Mitarb. 1994). Dabei wird auch die in dem einleitenden Zitat geforderte Kooperation hervorgehoben und der potentielle Nutzen, Forschungsergebnisse in die Ausbildung von Psychotherapeuten miteinzubeziehen, was allerdings voraussetzt, daß Kliniker Forschungsergebnisse rezipieren und zur Kenntnis nehmen.

Psychotherapieforschung macht eine gewisse Transparenz der psychotherapeutischen Praxis notwendig und ermöglicht es oft, Dinge zu sehen, die dem Therapeuten möglicherweise verborgen blieben. Dieser wiederum wird sicherlich Dinge erkennen, die der Beobachter von außen nicht wahrnehmen kann. Auch dies spricht dafür, die psychotherapeutische Praxis aus verschiedenen Perspektiven zu betrachten und somit zu einem wirklichen Verständnis von Veränderung durch Psychotherapie beizutragen.

Sicherlich ist die **Psychotherapieforschung,** die diesen Anspruch verfolgt, letztlich so alt wie die Psychotherapie selbst, was aus der nachstehenden Übersicht hervorgeht. Wirklich systematische empirische Studien zur Psychotherapie begannen allerdings erst in den späten 40er, frühen 50er Jahren, wobei hier zunächst brauchbare Forschungstechniken und -methoden entwickelt werden mußten. Thematisch wird aus der nach Meyer (1990) zusammengestellten Übersicht deutlich, daß die Frage „Wie hilft Psychotherapie?" zu spezifizieren ist in die Frage „**In welchem Ausmaß** hilft Psychotherapie, inwieweit führt sie zu Veränderungen in welchen Bereichen?" und in die Frage „**Wodurch** hilft Psychotherapie, d. h. welche Mechanismen und Faktoren begünstigen oder hemmen diese Veränderungen?" Die Fülle an zuverlässigen Befunden, die einige – wenngleich längst nicht alle – Antworten auf diese Fragen erlauben, soll in den folgenden Abschnitten zusammengefaßt werden.

Überblick

„Taxonomie der Psychotherapieforschung"
(Nach Meyer 1990):

1. **Klassische Phase:** Beginnend mit der Veröffentlichung der „Studien über Hysterie" durch Freud u. Breuer (1895) stand der intraindividuelle **Vor-Nach-Vergleich** als zentrale Methode im Mittelpunkt der Psychotherapieforschung. Die Phase endete, als Eysenck (1952) erstmalig die Methode kritisierte und provokativ behauptete, die Effekte der (psychoanalytischen) Psychotherapie würden sich nicht wesentlich von der Spontanremission psychischer Störungen unterscheiden.
2. **Rechtfertigungsphase:** In der Folge standen Versuche, die **Effekte der Psychotherapie** überzeugend nachzuweisen (etwa durch Wartelistenkontrollgruppen oder Placebostudien) sowie **vergleichende Untersuchungen verschiedener Formen von Psychotherapie** im Mittelpunkt. Diese Phase hält noch an, wenngleich keine Zweifel mehr an der Effektivität der Psychotherapie und der Unrichtigkeit der Eysenck-Thesen bestehen. Dies läßt sich beispielsweise an diversen metaanalytischen „Zwischenbilanzen" der Therapieforschung deutlich ablesen (vgl. S. 525 ff). Die Annahme, daß alle traditionellen Psychotherapien vergleichbar effektiv seien (nach dem Motto „Everybody has won and all must have prizes") ist sicherlich in dieser Form nicht mehr haltbar und als **„Äquivalenzparadoxon"** längst eigener Gegenstand der Forschung geworden.
3. **Differentielle Psychotherapie-Effizienzforschung** (Differentielle Psychotherapieforschung): Diese (seit den 70er Jahren intensiv betriebene) Richtung der Psychotherapieforschung widmet sich der zentralen Frage: **„Welche Behandlungsmaßnahme durch wen, zu welchem Zeitpunkt, führt bei diesem Individuum mit diesem spezifischen Problem unter welchen Bedingungen zu welchem Ergebnis zu welchem Zeitpunkt?"** Auch wenn diese Frage noch keineswegs geklärt ist, liegen bis jetzt eine Fülle von Detailergebnissen zu den „Wirkfaktoren" der Psychotherapie vor, die auf S. 527 ff zusammengefaßt werden.

Methodische und konzeptuelle Grundlagen der Psychotherapieforschung

Wie hilft Psychotherapie? Diese Frage der Wirksamkeit kann nur über adäquate Forschung beantwortet werden. Der Nachweis einer kausal begründeten Wirkung ist notwendige Voraussetzung für die Erklärung des „Wie". Ist die adäquate Forschung nur Grundlagenforschung oder aber angewandte Forschung der realen psychotherapeutischen Versorgung? Beide Forschungsstrategien haben ihre Vor- und Nachteile und sie werden kontrovers diskutiert. Der Nachweis der Wirkung hängt entscheidend ab von der

- Qualität der Forschung und der
- Qualität der Behandlung.

Die Qualität der Forschung ist eine Funktion der

- Angemessenheit der Versuchspläne,
- der Qualität, sprich Sensitivität und Konstruktvalidität der Diagnose- und Meßverfahren, sowie
- der Angemessenheit der Bewertungsverfahren.

Die Qualität der Behandlung hängt ab von

- der Realisierung einer ausreichenden quantitativen Behandlungsdosis, um überhaupt Chancen einer Wirkung zu erzielen, sowie
- der Qualität der Behandlungsform, die eingebettet in die komplexe Frage: „Der richtige Patient zum richtigen Zeitpunkt in die richtige Behandlung" im Sinne Halhubers gesehen werden muß.

Ein gewichtiger Stolperstein auf dem Wege der Erklärung spezifischer psychotherapeutischer Wirksamkeit ist das **Placeboproblem.** Ist das Verum „Psychotherapie" wirksamer als ein Placebo? Placebos sollten den vermuteten Wirkfaktor nicht enthalten. Kann dies aber von den Placeborealisierungen in der Psychotherapie-Effektforschung wirklich behauptet werden? Placebos in der pharmakologischen Forschung werden als Behandlungsvarianten konzipiert und den Versuchspersonen als glaubwürdige Behandlungsalternative angeboten, um die Effektivität des Verums von rein psychologischen Wirkfaktoren abgrenzen zu können. Solche psychologischen Faktoren könnten Hoffnung auf Behandlungserfolg, Abbau von Demoralisierung, Selbstwirksamkeit und der Glaube an die Beeinflußbarkeit eines zu behandelnden Krankheitssymptoms sein. Gerade diese Faktoren sind aber wiederum entscheidende vermutete Wirkfaktoren der Psychotherapie. So kann postuliert werden, daß gerade auch in Placebobehandlungen, die sich durch hohe Glaubwürdigkeit auszeichnen, ebenfalls die entscheidenden Wirkfaktoren von Psychotherapie enthalten sind. **Placebobehandlung** als Kontroll- und Vergleichsgruppen könnten deshalb in der **Psychotherapieforschung** im Gegensatz zu den „randomized clinical trials" der somatomedizinischen Grundlagenforschung **denkbar ungeeignet** sein. Die gebräuchlichsten Alternativen in der Psychotherapie-Effektforschung sind deshalb Wartekontrollgruppen oder Kontrollgruppen, bei denen nur eine minimale psychotherapeutische Behandlungsdosis realisiert wurde. Will man nur therapiespezifische Wirkfaktoren überprüfen, so können unterschiedliche Therapieformen als Vergleich herangezogen werden. Wirkfaktoren, die allen Therapieformen gemeinsam sind, können dabei allerdings nicht mehr isoliert werden.

Konzeption der fünf Datenboxen

Um Probleme und Strategien der Wirksamkeitsforschung zu veranschaulichen, haben wir die Konzeption der fünf Daten-

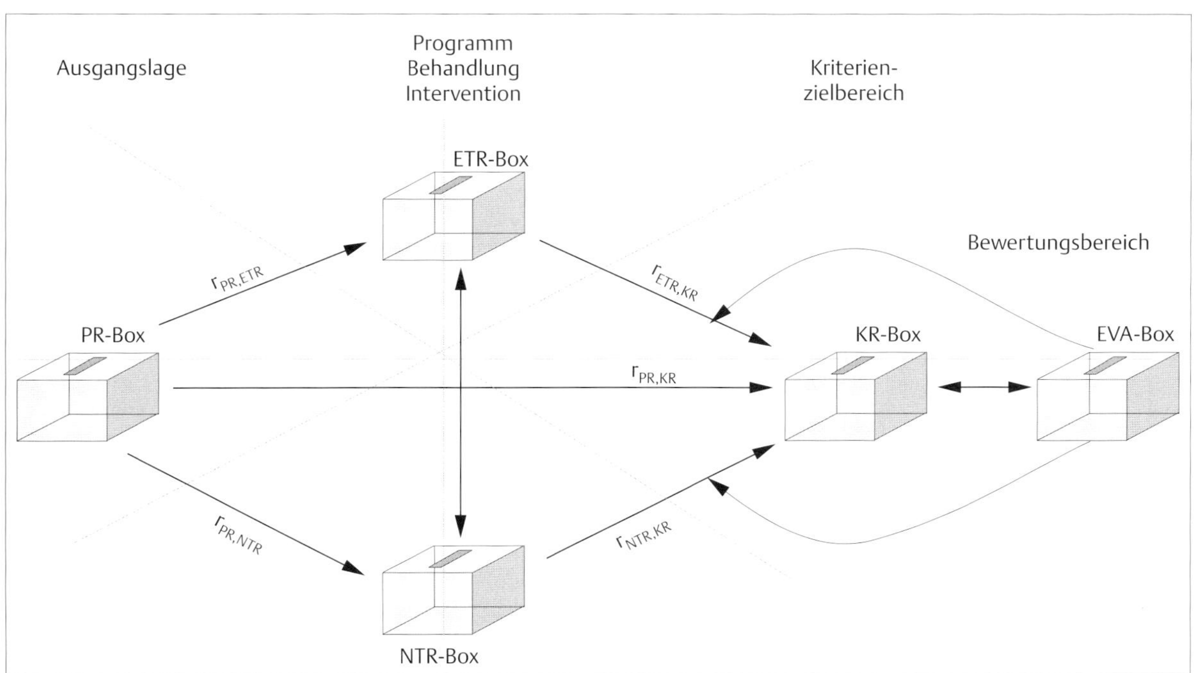

Abb. 62.1 Die Konzeption der fünf Datenboxen

boxen entworfen (Abb. 62.**1**). Wir unterscheiden dabei fünf unterschiedliche Bereiche (Datenboxen), zu denen unabhängige Informationen erhoben werden müssen, die dann in systematischer Weise, unter Berücksichtigung der zeitlichen Reihenfolge, miteinander in Beziehung gesetzt werden müssen. Jede Wirksamkeitsforschung muß sich zuerst darüber klar werden, an welchen Kriterien die Wirkung einer Intervention abzulesen ist. Unterschiedliche Interessenträger werden sich dabei zum Teil sehr stark unterscheiden. Diese potentiell als wichtig erachteten Zielkriterien gilt es, in der **EVA-Box (Bewertungs- bzw. Evaluationsbox)** zu erfassen. Die repräsentative Erfassung solcher Interessenträger (Therapeuten, Patienten bzw. Klienten, Träger von Behandlungseinrichtungen, finanzierende Institute wie Krankenkassen, Rentenversicherungen und Öffentlichkeit) ist eine unverzichtbare Grundlage fairer Bewertungen, wie sie in der angewandten Versorgungsforschung, d.h. der **Evaluationsforschung und Programmevaluation,** durchgeführt werden sollte. In der Grundlagenforschung stellt sich dieses Problem nicht, es hat einen ganz anderen Fokus. Der Grundlagenforscher wird die Zielkriterien allein aus der verwendeten Therapietheorie ableiten und allenfalls einige Zielkriterien, bei denen er erstens keine Effekte erwartet und zweitens solche, bei denen er negative Effekte befürchtet, zur Kontrolle miterheben. Repräsentativität von Stakeholderzielsetzungen ist nicht das Hauptanliegen der Grundlagenforschung, deshalb können sich Grundlagenforschung und angewandte Versorgungsforschung in der Auswahl von Kriterien, die konzeptuell der **Kriterienbox (KR-Box)** zugeordnet werden müssen, stark unterscheiden. Die beiden Datenboxen im Bereich der Interventionen sind die **experimentelle Treatmentbox (ETR-Box)** und die **nichtexperimentelle Treatmentbox (NTR-Box)**. Diese Datenboxen konzeptualisieren die beiden unterschiedlichen Versuchspläne randomisierter, experimenteller und korrelativ-naturalistischer Überprüfungs- und Auswertungsstrategien. Der Pfeil zwischen ETR- und NTR-Box deutet fließende Übergänge und Mischformen beider Versuchsplanvarianten an, wie sie in quasieexperimentellen Plänen im Sinne von Cook u. Campbell (1979) vorgestellt wurden. In der **Prädiktorenbox (PR-Box)** werden Variablen vor einer Intervention als Ausgangslage (baseline) erfaßt. Diese Variablen können mit den Kriterienvariablen (KR-Box) identisch sein, um die Möglichkeiten von Prä-Post-Kontrollgruppenplänen zu nutzen, aber auch Variablen zur Kontrolle von Kovarianz, wie Schweregrad der Störung, soziodemographische Variable usw. zur Erhöhung der Teststärke eines Versuchsplans enthalten. Alle Bewertungen zur Wirksamkeit von Psychotherapie und zu Aussagen, wie Psychotherapie hilft, wurden immer wieder auf dem Hintergrund der Stärken und Schwächen dieser Versuchspläne und Forschungsstrategien kritisch analysiert und diskutiert.

Vor- und Nachteile der wichtigsten Forschungsstrategien

Vorteile der **experimentellen Strategien** liegen im potentiellen **Nachweis von Kausalität.** Dieser Qualitätsaspekt wird unter dem Oberbegriff **interne Validität** eines Versuchsplanes subsumiert. Abb. 62.**2a** zeigt mittels eines Venndiagramms diesen Vorteil auf. Die Randomisierung von Patienten zu Psychotherapiegruppen und zu Kontrollgruppen bewirkt, daß sämtliche PR-Box-Variablen mit den Wirkfaktoren eines Treatments unkorreliert, d.h. nicht konfundiert sind. Der Forscher kann dann sicher sein, daß ein Effekt in der KR-Box ausschließlich auf das Treatment zurückzuführen ist. In der **nichtexperimentellen**, korrelativ-naturalistischen Strategie wird keine Randomisierung vorgenommen, dadurch besteht immer die **Gefahr**, daß Ausgangsvariablen (PR-Box) mit den Treatmentvariablen (NTR-Box) **konfundiert** bzw. korreliert sind. Forschung in der psychotherapeutischen Praxis ist vor allem mit diesem Problem konfrontiert. So könnten von vornherein besonders motivierte oder eher leicht gestörte Patienten bevorzugt bzw. intensiver behandelt werden, was in den **Vorwurf der Behandlung von sog. YAVIS-Patienten** mündet, die eher jung, attraktiv, verbal kompetent, intelligent und sozial geschickt (erfolgreich) eingestuft werden. Die psychotherapeutische Versorgungspraxis wehrt sich besonders heftig gegen diesen Vorwurf mit dem Hinweis, daß Schweregrad und Dauer der Störung oder Erkrankung in der Regel in der Praxis weitaus stärker und länger sind, als bei Personen, die für grundlagenwissenschaftliche Forschungszwecke ausgewählt werden. Abb. 62.**2b** zeigt die Problematik des Wirkungsnachweises für den Fall der Konfundierung von PR- und NTR-Variablen.

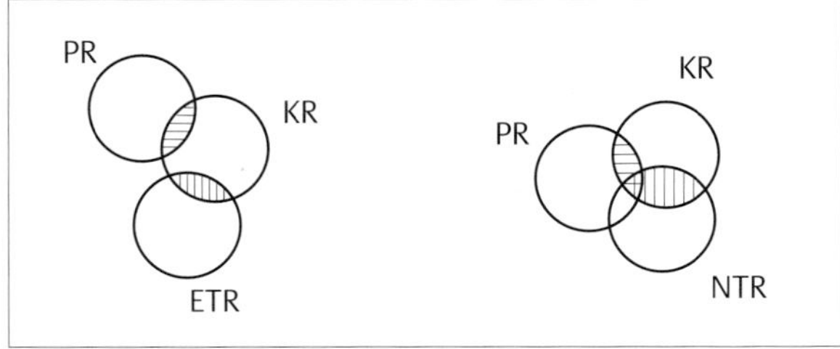

Abb. 62.**2a** u. **b** Effekt in den Forschungsstrategien

Die doppelt schraffierte Fläche zeigt einen Effekt, bei dem nicht mehr klar ist, ob er durch die Prädiktorenvariable (Ausgangslage vor der Behandlung) oder durch die Behandlung selbst, oder durch eine Wechselwirkung von Ausgangslage und Behandlung entstanden ist. Die Größe der schraffierten Flächen sind proportional zur Größe der Effektstärken eines Wirkfaktors.

Die aufgeklärte Varianz ist in Abb. 62.**2b** insgesamt gesehen größer als in Abb. 62.**2a**, trotz der Überlappung von PR- und NTR-Faktoren, eingezeichnet. Sie soll die **Hoffnung der Praktiker** visualisieren, daß in der **realen Versorgungspraxis** durch **höhere Dosis an Psychotherapie** und durch systematische Indikationsentscheidungen **höhere Effekte als in der Grundlagenforschung** erzielt werden. Forschungsmethodisch wird hier das Argument größerer externer Validität der praktischen Versorgungsforschung eingebracht. Allerdings gilt es, diese **Hoffnung durch systematische Evaluationsforschung zu beweisen**, was leider nur allzu selten realisiert wird. Auf der anderen Seite kann aus der Perspektive der Grundlagenforschung bezweifelt werden, ob es in der Praxis zwangsläufig gelingen müsse, höhere Effekte zu erzielen, da häufig beobachtet werden kann, daß als wirksam erkannte Faktoren in der Praxis schlecht umgesetzt und implementiert werden. Dies kann an schlechter Ausbildung oder Inkompetenz der Therapeuten in der Praxis ebenso liegen, wie an nicht veränder- und kontrollierbaren störenden Randbedingungen in der Psychotherapiepraxis. Dieses Problem ist bei technologischen Umsetzungen von grundlagenwissenschaftlichen Erkenntnissen in vielen Lebensbereichen als Problem des Wirkungsgrades bekannt, wobei die Technologen häufig schon mit Wirkungsgradkoeffizienten von 30 bis 40%, bezogen auf das theoretisch mögliche Maximum, voll zufrieden sind.

Metaanalysen und Forschungssynthesen als angemessenste Bewertungsverfahren

Es besteht heute ein weitgehender **Konsens** darin, zur Überprüfung der Wirksamkeit einer Intervention bzw. der Effektivität und Tragweite von Prognosen und Erklärungen nicht mehr nur eine einzelne Studie, und sei sie qualitativ noch so herausragend, heranzuziehen, sondern die **Synthese aus vielen unabhängig voneinander durchgeführten Forschungsarbeiten.** Diese Forschungsarbeiten müssen aber bestimmte Mindeststandards der Forschungsqualität erfüllen. Diese Synthesen sind als Metaanalyse oder Validitätsgeneralisierungen bekannt geworden. Abb. 62.**1** zeigt unterschiedliche Synthesemöglichkeiten anhand des Zusammenhangs einzelner Datenboxen auf. Die Zusammenhänge werden als **Effektstärkemaße** bezeichnet. Wir haben dazu Korrelationskoeffizienten verwendet, da sich alle in der Literatur verwendeten Effektstärkemaße problemlos in Korrelationskoeffizienten transformieren lassen (s. Hunter u. Schmidt 1990). Die Effektstärke bei randomisierten Experimenten wird als Mittelwertsdifferenz zwischen Experimental- und Kontrollgruppen dividiert durch die Standardabweichung innerhalb (gepoolt) der Experimental- und Kontrollgruppen gebildet (Cohens d-Maß) oder über die Standardabweichung des Kriterienmaßes der Kontrollgruppe (d-Maßvariante nach Glass). Dieses $d_{ETR, KR}$-Maß kann nach folgender Formel in einen punktbiserialen Korrelationskoeffizienten

$$r_{ETR, KR} = d_{ETR, KR}/\sqrt{4 + d^2_{ETR, KR}}$$

transformiert werden. Metaanalysen berechnen nun so viele Effektstärken, wie Anzahl der Behandlungsvergleiche mal Anzahl der dafür verwendeten Kriterienmaße mal Anzahl der Meßzeitpunkte nach der therapeutischen Intervention erhoben wurden. Diese einzelnen Effektstärken werden dann zu einer Gesamteffektstärke, gewichtet nach Stichprobenumfang, gemittelt. Neben dieser Gesamteffektstärke werden auch Teilaggregate nur für Meßzeitpunkte, Art der Treatmentklasse, Typ der Meßinstrumente oder für einzelne Meßzeitpunkte gebildet. Weiterhin wird die Variation der Effektstärken als Funktion von Moderatorvariablen soziodemographischer Art oder Qualitätsmaßstäben der Forschungsdesigns untersucht. Häufig werden die einzelnen Effektstärken nach Artefakten untersucht und ggf. nach Reliabilität minderungskorrigiert und der Einfluß von Dichotomisierungen, Streuungsreduktion und mangelnder Konstruktvalidität der Prädiktoren und Kriterien korrigiert. Hunter u. Schmidt (1990) haben eine **Liste von elf häufigen Artefakten** zusammengestellt, die in ihrer Mehrzahl zu einer **Unterschätzung des wahren Effektes** einer Intervention führen. Diese wahren Effektstärken verkörpern eine Abschätzung der Wirksamkeit von Psychotherapie unter idealen Randbedingungen bei bester Forschungsqualität. Nur sie bilden die fairste Grundlage der Überprüfung und Bewertung einer Therapietheorie. Eines der größten **Probleme** der Forschungsqualität stellt die mangelnde **Teststärke** eines Forschungsdesigns dar. Cohen (1962) und Sedlmaier und Gigerenzer (1989) haben zeigen können, wie groß dieses Problem in der Psychotherapieforschung ist. Die Teststärke ist eine Funktion des β-Fehlers, der aussagt, wie groß die Wahrscheinlichkeit ist, einen wahren Effekt zu entdecken. Es ergab sich dabei das deprimierende Ergebnis, daß die durchschnittliche Teststärke (1-β) bei Cohen (1962) nur .48 war. Anders ausgedrückt: die Effektivitätsuntersuchungen konnten einen wahren mittelstarken Effekt bei 100 Untersuchungen nur 48mal aufdecken, wenn er wirklich vorhanden sein sollte. Dieses Ergebnis bezog sich auf eine Zusammenfassung der Forschung, wie sie im Journal of Abnormal and Social Psychology (1960) veröffentlicht wurde. Dieser Problemkreis hat sich 20 Jahre später überhaupt nicht gebessert, wie Sedlmaier u. Gigerenzer (1989) aufzeigen konnten. Ihr Review des Journal of Abnormal Psychology (1984) zeigte, daß ebenfalls unter der Annahme eines mittelstarken Effektes ($d_{ETR, KR} = .50$) die durchschnittliche Teststärke auf .25 gesunken war. Solche **deprimierenden Ergebnisse mangelnder Forschungsqualität** sind Wasser auf die Mühlen der Kritiker der experimentellen Grundlagenforschung, unterstreichen sie doch eindrucksvoll Probleme der Generalisierbarkeit solcher Forschungsarbeiten.

Metaanalysen haben den entscheidenden **Vorteil,** diese **Teststärkeproblematik** durch Aggregation über viele Studien **zu lösen.** In Metaanalysen können auch kleinere Effekte entdeckt werden, da der β-Fehler durch den größeren Gesamtstichprobenumfang deutlich verkleinert wird.

Für umfassende **faire Bewertungen** der Effektivitätsfragen sollten deshalb in erster Linie **Metaanalysen und Forschungssynthesen** herangezogen werden und in zweiter Linie einzelne Studien. Bezogen auf den Konzeptualisierungsvorschlag der fünf Datenboxen gibt es drei Forschungsprogramme, die als **Meilensteine der Psychotherapieforschung** bezeichnet werden können. Diese Programme wurden von **Forschergruppen** um **Gene V. Glass** (Smith u. Mitarb. 1980), **Kenneth Howard** (Howard u. Mitarb. 1986) und **Klaus Grawe** (Grawe u. Mitarb. 1994) durchgeführt.

Die Fokussierung auf diese Forschergruppen darf nicht als Abwertung anderer verstanden werden. Die Forschungsprogramme dieser drei Gruppen sind nur besonders gut geeignet, unterschiedliche Fragestellungen der **Rechtfertigungsphasen** (S. 522) und Probleme der Angemessenheit der Bewertungen zu illustrieren. Unsere eigenen Zusammenfassungen des „Ob und Wie" der Wirksamkeit beziehen sich stark auf Ergebnisse dieser drei Gruppen. Für genauere Antworten des „Wie" müssen allerdings wiederum eine Reihe einzelner Studien verwendet werden, da die Metaanalysen und Forschungssynthesen zu Fragen der differentiellen Psychotherapie-Effizienzforschung, mit Ausnahme der Berner Forschergruppe um Klaus Grawe, aufgrund des verwendeten Aggregationsniveaus zu undifferenziert sind.

Die viel diskutierte **erste umfassende Metaanalyse** von **Smith u. Mitarb.** (1980) verwendete bei der Synthese und Analyse nur experimentelle Kontrollgruppenpläne. Sie beschritt den Pfad PR-ETR-KR-Box in unserer Abb. 62.**1**. Die **wichtigste einzelne Zahl** ist die Gesamteffektstärke $d_{ETR, KR} =$ **.85.** Inhaltlich kann diese Zahl so übersetzt werden, daß mit Psychotherapie behandelte Personen im Durchschnitt aller verwendeten Kriterienmaße sich am 80. Perzentil der Kriterienverteilung der Kontrollgruppen befinden. Diese globale Effektstärke entspricht einer Korrelation von $r_{ETR, KR} = .39$, oder 15,30% der Varianz des globalen Kriterienmaßes können, wie in Abb. 62.**2a** skizziert, ausschließlich auf Psycho-

therapie zurückgeführt werden. Eine solche Effektstärke kann als **großer Effekt** eingestuft werden (s. Cohen 1962).

Metaanalysen zu nichtexperimentellen Studien, die über den Pfad PR-NTR-KR angelegt wurden, sind bisher kaum systematisch durchgeführt worden. Die Arbeiten von Howard u. Mitarb. (1986) oder McNeilly u. Howard (1991) können jedoch dieser Auswertungsstrategie zugeordnet werden. In diesen Arbeiten wird der Zusammenhang zwischen der erhaltenen **Dosis an Psychotherapie** (NTR-Box) und dem **Prozentsatz von Verbesserungsraten** dargestellt. Die Dosis wurde dabei als Anzahl der Therapiesitzungen über die Zeitachse (Wochen) operationalisiert. Die Synthese beruht aber auf Forschungsarbeiten, die nicht mehr den Randomisierungsanforderungen experimenteller Designs im strengen Sinne genügen. Die Patienten dieser Studien wurden den einzelnen Dosisniveaus nicht per Zufall zugewiesen, sondern erhielten unterschiedliche Dosen aus Gründen therapeutischer Indikationsentscheidungen und der Bereitschaft der Patienten, eine bestimmte Zeit den Therapiekontrakt zu akzeptieren. Dadurch besteht wiederum die Gefahr, daß PR-Faktoren mit der Behandlungsdosis korrelieren und die Probleme, die mit Abb. 62.**2 b** skizziert wurden, bei der Interpretation der Therapieeffekte auftreten. Zur Kontrolle dieser Dosis-Effektfunktion haben McNeilly u. Howard Vergleichsgruppen unbehandelter Personen herangezogen, bei denen ebenfalls die Besserungsraten über die Zeit mit demselben Zeit- (Wochen-) Maßstab verwendet wurden. Welche Dosis an Wirkfaktoren diese Kontrollgruppe über die Zeit erhalten hatte, ist nicht bekannt. Es kann nicht ausgeschlossen werden, daß diese Gruppe, z.B. durch Eigeninitiative, Nutzung des eigenen sozialen Netzwerkes oder durch außertherapeutische Ressourcen, ebenfalls eine bestimmte Dosis an psychotherapeutischen Wirkfaktoren erhalten hat. Diese Dosis sollte aber, vor allem bezogen auf therapiespezifische Wirkfaktoren, deutlich geringer und damit sollten auch die Besserungsraten deutlich niedriger sein. Die Ergebnisse von McNeilly u. Howard (1991) untermauern diese Hypothese eindrucksvoll. **Die Besserungsraten der unbehandelten Kontrollgruppen** zeigen einen annähernd **linearen Anstieg über die Zeit.** Nach 52 Wochen liegt die Besserungsrate bei ca. 45%. Der Verlauf der **Besserungsraten der mit Psychotherapie** behandelten Gruppe zeigt ein **ganz anderes Profil.** Die Besserungsraten steigen in den ersten Wochen **deutlich steiler** an als in den Vergleichsgruppen, die Verlaufskurve ist eine sog. negativ beschleunigte Funktion. Solche Verlaufskurven sind in völlig anderen Gebieten als der Psychotherapie-Wirkungsforschung wohl bekannt. Sie werden z.B. in der Betriebs- und Volkswirtschaftslehre als **Grenznutzenfunktionen** bezeichnet und charakterisieren den Sachverhalt, daß sich Investitionen einem Nutzengrenzwert annähern. Auf die Psychotherapieforschung übertragen heißt das, daß sich die gleiche Investition an Psychotherapiedosis, z.B. 4 Wochen, zu einem späteren Zeitpunkt im Therapieverlauf nicht im gleichen Nutzeneffekt (prozentuale Besserungsraten) niederschlägt, wie in früheren Phasen des Therapieverlaufes. Für die **Bewertung der Wirksamkeit von Psychotherapie** aus den Forschungssynthesen von **Howard u. Mitarb.** ergeben sich nun **folgende Konsequenzen**: trotz der genannten Probleme der internen Validität im Sinne von Abb. 62.**2 b** unterstreicht die **Konsistenz der Wirkungsverläufe mit wohlbekannten Theorien** und Ergebnissen aus **anderen Gebieten** die Wirksamkeit der Investition von Psychotherapie und **festigt die Plausibilität,** daß höhere Dosen an Psychotherapie **besser als niedrige Dosen** wirken.

Die **Synthese** der **Berner Forschergruppe** ist die **umfassendste Forschungssynthese** zur Wirksamkeit von Psychotherapie. Sie umfaßt experimentelle, aber auch quasiexperimentelle und korrelative Studien. Die Arbeiten haben bereits zu einer Zeit begonnen, als die Effektstärkeberechnungen, wie sie von Glass entwickelt und vorgeschlagen wurden, noch nicht zum akzeptierten Standard der Effektivitätsforschung zählten. Es dominieren Auswertungen, bei denen Signifikanzen ausgezählt wurden. Diese Art der Auswertung muß heute als die größte Schwäche des Berner Ansatzes bezeichnet werden, da die Signifikanz eine wesentliche Funktion der Teststärke der verwendeten Versuchspläne ist. Bei den äußerst differenzierten Darstellungen nach Therapieformen und verwendeten Kriterienbereichen werden immer die Anzahl positiver und negativer signifikanter Effekte in Relation zu den durchgeführten Behandlungsvergleichen berichtet.

Bei dieser Auswertungsstrategie handelt es sich um die „Vote-counting"-Methode, die im Konzept der verfügbaren Forschungssyntheseverfahren nicht besonders gut eingestuft wird. Die Methode berücksichtigt nämlich die eigentliche Größe der Effektstärke nicht. Kleine Effekte werden bei großen Stichproben signifikant, und kleinere Stichprobenumfänge können allenfalls große Effekte absichern. Die eigentlichen Vorteile der Metaanalysen im Sinne von Smith u. Mitarb. (1980), zu einer höheren Teststärke zu gelangen, werden bei der „Vote-counting"-Methode nicht genutzt. Untersuchungen, die relativ theorielos viele Kriterienmaße unter Verwendung großer Stichproben erheben, könnten dabei viele kleine Effekte entdecken und bei der Berner Auswertungsstrategie gut abschneiden, obwohl bei Anwendung der Metaanalyse unter Verwendung von Effektstärken solche Therapieklassen nur zu einer kleinen, durchschnittlichen Effektstärke führen würden, und damit müßte diese Therapieklasse als nicht besonders effektiv bewertet werden. Bei der Definition der Qualität der Versuchspläne wird der Reichhaltigkeit der Messung ein positiver Stellenwert beigemessen. Diese Reichhaltigkeit sollte jedoch nur dann positiv gewertet werden, wenn dieser Reichhaltigkeit auch eine entsprechende Elaboriertheit der Therapietheorie entspricht. Ansonsten besteht der Vorwurf mangelnder interner Validität, d.h. des „Fischens nach Signifikanzen", der um so gewichtiger ist, je theorieloser alle möglichen Kriterienmaße eingesetzt werden. Daß dieses Problem eine empirische Grundlage hat, konnten Metaanalysen zur deutschsprachigen Psychotherapie-Effektforschung von Wittmann u. Matt (1986) bzw. Wittmann u. Spinner (in Vorbereitung, s. Wittmann 1995) zeigen. Dort wurden alle Kriterienmaße, die im Versuchsplan genannt wurden, für die jedoch keine Ergebnisse berichtet wurden, konservativ als Nulleffekte verrechnet. Die Anzahl solcher Kriterienmaße war nicht unbeträchtlich, was zu deutlich niedrigeren Gesamteffektstärken führte. Erst wenn diese Maße bei der Aggregation nicht verwendet wurden, konnte die deutschsprachige Psychotherapie den angloamerikanischen Studien vergleichbare Effekte erzielen. Die Berner Arbeitsgruppe hat die Schwächen der „Vote-counting"-Methode jedoch erkannt und beginnt dieses Defizit durch Reanalysen zu schließen (s. Grawe u. Mitarb. 1994, S. 663 ff). So wurden Effektstärkeanalysen für unbehandelte Kontrollgruppen vorgelegt, deren Mittelwert und Verteilung das Placeboargument entkräften können (Grawe 1992). Der Mittelwert dieser Kontrollgruppe ($d = .10$) unterscheidet sich nicht besonders stark von einer Nulleffektstärke und zeigt breite Streuung. Diese Ergebnisse entkräften das immer wieder von Eysenck (1993) vorgebrachte Argument, daß Psychotherapie nicht besser als die Spontanremission bei unbehandelten Kontroll- oder Placebogruppen sei, deutlicher als dies bei der Metaanalyse von Smith u. Mitarb. (1980) sichtbar wurde.

Beide Forschungsstrategien zum experimentellen Pfad (PR-ETR-KR) und zum nichtexperimentellen Pfad (PR-NTR-KR) **weisen nach,** daß **Psychotherapie insgesamt gesehen sehr effektiv ist.** Diese **globale Aussage** löst zwar das **Rechtfertigungsproblem,** gibt **jedoch keine befriedigende Antwort auf die Frage,** welche Art von Psychotherapie wie wirkt. Smith u. Mitarb. (1980) berichten zwar unterschiedliche Effektstärken für unterschiedliche Therapieklassen; so schneiden kognitive Verhaltenstherapien am besten ab. Berücksichtigt man aber die unterschiedliche Reaktivität der verwendeten Kriterienmaße und partialisiert sie aus der Varianz der Effektstärken aus, so können keine Unterschiede der Therapieklassen mehr abgesichert werden. Dieser Sachverhalt wurde als Bestätigung des Diktums „Alle haben gewonnen und alle müssen Preise bekommen" von Luborsky u. Mitarb. (1975) herangezogen. Akzeptiert man die Definition von Reaktivität von Smith u. Mitarb. jedoch nicht, so gelangt man zu differenzierteren Bewertungen. **Reaktivität muß nicht als reine Fehlervarianz der Kriterienmaße aufgefaßt werden.** Nach unserer Ansicht (Wittmann 1987) wird **Sensitivität und Fehlervarianz** bei Smith u. Mitarb. **konfundiert.** Therapierichtungen, die, bezogen auf ihre Theorie, besonders sensitive Kriterienmaße entwickeln und verwenden, zeichnen sich gegenüber anderen Richtungen in besserer Qualität der Meßverfahren aus. Solche Varianz sollte nicht als systematische Fehlervarianz aufgefaßt werden, und man muß dann kognitiven Verhaltenstherapien die beste Effektivität zuschreiben. Grawe u. Mitarb. (1994) berichten ebenfalls über Vergleiche zwischen den vier Therapieklassen Psychoanalyse, kognitiv-behaviorale Therapien, Gesprächspsychotherapie und Familientherapie, aber auf der Grundlage von Effektstärken, wobei die kognitiv-behaviorale Therapieklasse bei allen direkten Vergleichen am besten abschneidet. Das eigentliche Problem des „Wie" ist aber auch mit dieser Differenzierung noch nicht befriedigend gelöst. Der **größte Nachteil** der **experimentellen Strategie** besteht in der **Zusammenfassung aller Wirkfaktoren** in einer **einzigen Variable,** die nur die Ausprägungen Null und Eins kennt, sog. Dummy-Variable. Damit werden sämtliche Arten von **Wirkfaktoren** und deren **Dosisunterschiede** zwischen Experimental- und Kontrollgruppen **implizit aggregiert und dichotomisiert.** Die **Herausarbeitung** des Einflusses **einzelner Wirkfaktoren** ist dann **nicht mehr möglich.** Solche Experimente können dann zwar sehr gut die Frage, ob Psychotherapie wirkt, beantworten, zum „Wie" kann aber nicht mehr differenziert Stellung bezogen werden. Die Psychotherapieforscher haben dieser Problematik mit der Betonung von **Prozeßforschung** Rechnung getragen. Es wird in den letzten Jahren verstärkt erfaßt, was in der Psychotherapie passiert, und man versucht folgerichtig die relevanten Variablen im Therapieprozeß besser abzubilden und zu operationalisieren (z. B. Kächele u. Kordy 1992). **Die Ergebnisse von globalen Metaanalysen und Forschungssynthesen** sowie Hinweise, welche **Prozeßmerkmale** mit **Ergebniskriterien** zusammenhängen, werden seit vielen Jahren im **„generic model of psychotherapy"** von Howard u. Orlinsky zusammengetragen und im „Handbook of psychotherapy" (Bergin u. Garfield 1994) vorgestellt. In der letzten Zusammenfassung ist auch Klaus Grawe mit dem Ertrag seines Forschungsprogramms hinzugestoßen, und es werden die Ergebnisse der Berner Gruppe integriert (Orlinsky u. Mitarb. 1994). Die **Gliederung dieses „generic models"** in die Bereiche Input (PR-Box), Process (ETR- plus NTR-Box) und Output (KR-Box) kann sehr gut mit unserer **Datenboxkonzeption** in Beziehung gesetzt werden. Unsere im folgenden vorgestellte Zusammenfassung der Wirksamkeitsforschung orientiert sich deshalb vor allem an diesem Modell.

Wirkfaktoren der Psychotherapie

Allgemeine und schulenunabhängige Theorien und Modelle

Modelle über die spezifischen Wirkungen von Komponenten der Psychotherapie haben eine lange Tradition und sind die Basis der Theorie spezifischer Psychotherapierichtungen. Die Psychotherapieforschung hat sich seit langem der Frage angenommen, welche Prozeßmerkmale mit welchem Ergebnis der Therapie einhergehen und im Laufe der letzten Jahrzehnte häuften sich die Befunde geradezu dramatisch an. Das in regelmäßigen Abständen erscheinende „Handbook of Psychotherapy and Behavior Change", herausgegeben von A. E. Bergin u. S. L. Garfield, enthielt von Anfang an ein Kapitel, in dem die Befunde zu den Prozeß-Ergebnis-Zusammenhängen unterschiedlicher Therapieformen zusammengefaßt wurden (vornehmlich durch Howard u. Orlinsky). Die jüngste, in der letzten Auflage des Handbuches erschienene Übersicht zu diesem Thema (Orlinsky u. Mitarb. 1994) bezieht sich bereits auf 2343 Einzelbefunde, die im englischen und deutschen Sprachraum veröffentlicht wurden.

Diese Übersicht orientiert sich primär an einem konzeptionellen Rahmenmodell, welches Orlinsky u. Howard (1987) auf der Basis früherer Zusammenfassungen von Prozeß-Ergebnis-Studien entwickelten, und das sie – um auf die allgemeine Gültigkeit hinzuweisen – als **„Generic Model of Psychotherapy"** bezeichnet haben (vgl. Abb. 62.**3**). Das Modell integriert die vielen unterschiedlichen Variablen, deren Einfluß auf das Behandlungsergebnis bisher untersucht wurden und unterscheidet darunter drei große Gruppen (vgl. Orlinsky 1994 a):

- **Inputvariablen** als Bezeichnung für alle Ausgangsmerkmale der Therapie, d. h. das Versorgungssystem und dessen gesellschaftlicher Kontext, der Behandlungsrahmen und Charakteristika der Patienten und der Therapeuten.
- **Prozeßvariablen**, welche verschiedene formale, technische, intra- und interpersonale, klinische und zeitliche Aspekte der „Therapie an sich" beschreiben und
- **Outputvariablen** als Bezeichnung für die kurz- und langfristigen Konsequenzen der Behandlung, die in einer komplexen Wechselwirkung stehen zu Aspekten der inneren und äußeren Situation des Patienten.

Der **psychotherapeutische Prozeß** ist bei der Frage nach den Wirkfaktoren der Psychotherapie sicher von besonderer Bedeutung. In dem Modell werden diesbezüglich sechs Aspekte unterschieden, die in der folgenden Übersicht zusammengefaßt sind:

Übersicht:

Aspekte des psychotherapeutischen Prozesses im Generic Model of Psychotherapy (Orlinsky 1994 a):

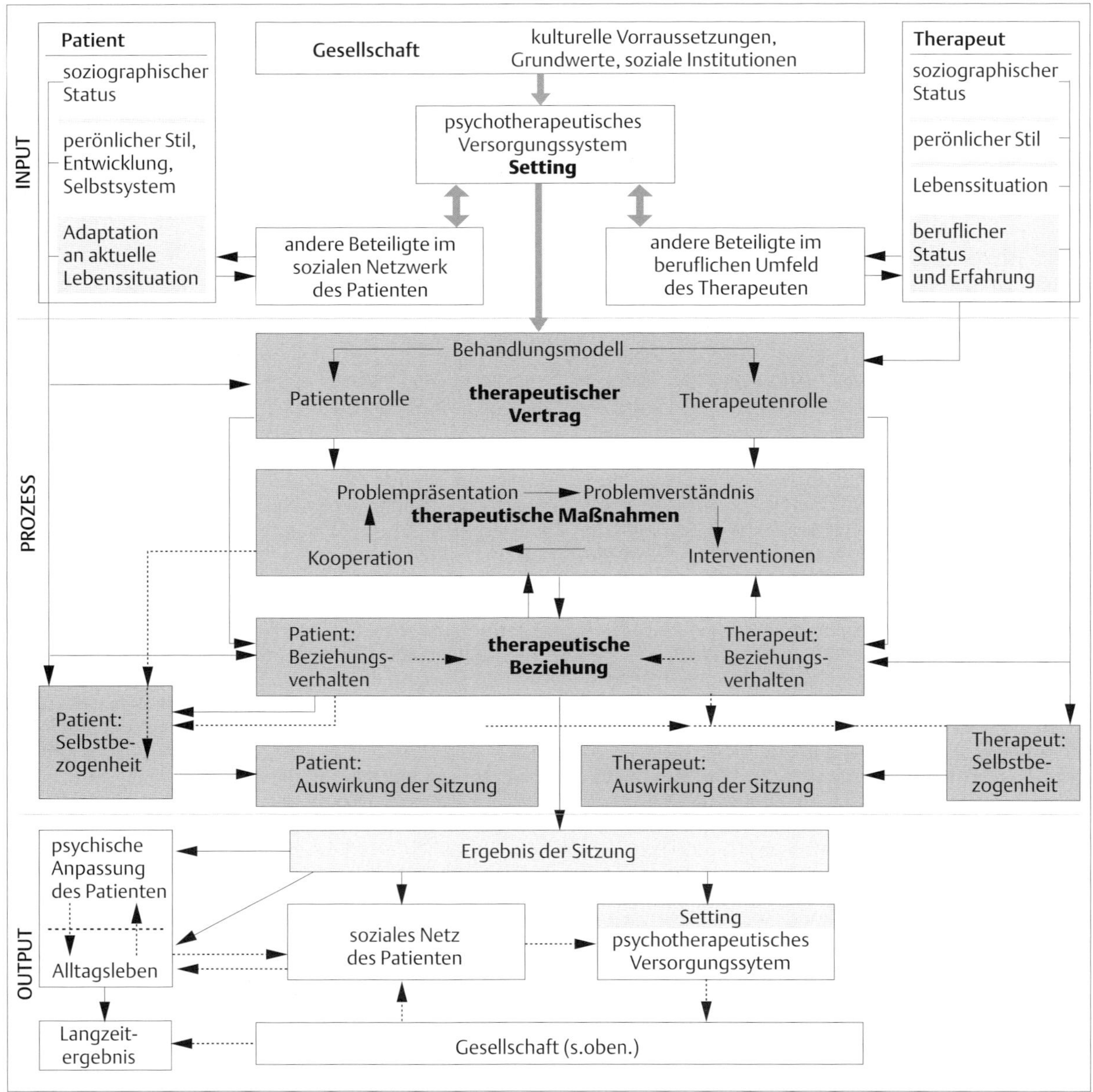

Abb. 62.**3** Das "Generic Model of Psychotherapy" (nach Orlinsky u. Mitarb. 1994)

1. **Der formale Aspekt: therapeutischer Vertrag.** Definition der therapeutischen Situation und der wechselseitigen Rolle von Patient und Therapeut (inkl. anderer beteiligter Parteien) und Vereinbarung der Modalitäten der Behandlung, die die Art der Therapie (Einzel- oder Gruppentherapie usw.), den Therapieplan, das Honorar, den Zeitpunkt usw. betreffen (**vertragliche Vereinbarungen**). Aushandeln des „working consensus" bezüglich der Ziele und Erwartungen, Umsetzung der wechselseitigen Rollen in verschiedenen Phasen der Behandlung (**Vertragserfüllung**).
2. **Der technische Aspekt: therapeutische Maßnahmen.** Anwendung des entsprechenden Fachwissens des Therapeuten:
   - um die subjektiven Beschwerden des Patienten sowie psychopathologische Muster im Denken, Fühlen und Handeln zu erkennen (**Problempräsentation des Patienten**);
   - um das jeweilige klinische Erscheinungsbild des Patienten anhand eines relevanten Behandlungsmodells zu verstehen, z. B. durch eine diagnostische Bewertung oder eine vorläufige Fallbeurteilung (**therapeutische Schlußfolgerung**);
   - um auf der Grundlage des entsprechenden Behandlungsmodells geeignete Interventionsformen und -techniken auszuwählen (**therapeutische Interventionen**);
   - um den Patienten zu aktiver Mitarbeit zu motivieren (**Kooperation des Patienten**).
3. **der interpersonale Aspekt: therapeutische Beziehung.** Das zwischenmenschliche Beteiligtsein oder die Allianz

zwischen Patient(en) und Therapeut(en) beschreibt den Einfluß ihres wechselseitigen Beziehungsverhaltens auf die globale Qualität und die „Atmosphäre" des zwischen ihnen entstehenden dyadischen bzw. des Gruppenprozesses. Dieser wird insbesondere durch die unterschiedliche Intensität der „therapeutischen Zusammenarbeit" (**individuelle Umsetzung** der entsprechenden Rollen, **Abstimmung der Interaktion**) sowie des „individuellen Rapports" (gegenseitiger Kontakt, wechselseitige Gefühlsbeteiligung) charakterisiert.

4. **Der intrapersonale Aspekt: innere Selbstbezogenheit.** Das Selbsterleben in Beziehungen der Beteiligten in ihrer jeweiligen Rolle (**Selbstbezogenheit** des Patienten und des Therapeuten) umfaßt u.a. das Selbstbewußtsein, die Selbstkontrolle, die Selbstachtung der Betreffenden, die sich in einem unterschiedlichen Ausmaß an „Öffnung" versus „Abwehr" manifestieren.
5. **Der klinische Aspekt: unmittelbare Auswirkungen der Therapiesitzung.** Positive und negative Wirkungen der therapeutischen Interaktion auf die Beteiligten während einer Sitzung, insbesondere der Effekte beim Patienten, wie Einsicht und Selbstverständnis, Katharsis, Ermutigung, Kompetenzzuwachs usw. (**„therapeutische Realisierungen"** beim Patienten) sowie die gleichzeitigen Auswirkungen beim Therapeuten, wie das Erleben von Selbstwirksamkeit oder emotionaler Nähe (**„Erleben während der Behandlung"** beim Therapeuten).
6. **Der zeitliche Aspekt: sequentiell verlaufender Prozeß.** Interaktionsabfolgen, die über die Zeit innerhalb von Sitzungen entstehen (**Ablauf einer Sitzung**) sowie Ereignisse, die für den gesamten Behandlungszeitraum charakteristisch sind (**Therapieverlauf**).

Das „Generic Model of Psychotherapy" ist keine klinische Theorie, sondern eine Forschungstheorie, die als Basis für die Einordnung von Einzelbefunden und deren Relation zueinander und als Grundlage dafür dienen soll, klinische Fragen in Forschungsfragen zu übersetzen (vgl. Orlinsky 1994a u. b). Die von Orlinsky u. Mitarb. (1994) vorgelegte, aktuellste Übersicht über Prozeß-Ergebnis-Zusammenhänge in der Psychotherapie orientiert sich an diesem Modell, wobei Einzelbefunde getrennt nach der Perspektive geordnet wurden, aus der sie erhoben wurden (z.B. Patient, Therapeut, externer Beurteiler, objektive Maße). Dies ist sicherlich bedeutsam, auch für Schlußfolgerungen für die psychotherapeutische Praxis. Auf der Basis der Übersicht lassen sich jene Prozeßmerkmale der einzelnen Aspekte des Prozesses isolieren, deren Bedeutung für ein positives Psychotherapieergebnis bislang mit einiger Sicherheit nachgewiesen wurden.

Was den **therapeutischen Vertrag** anbelangt, so wird im Modell unterschieden zwischen vertraglichen Vereinbarungen und der Vertragserfüllung. Nach dem bisherigen Stand sind Merkmale der ersteren nicht konsistent mit dem Therapieergebnis verknüpft, d.h. das Behandlungsergebnis ist beispielsweise nicht abhängig vom Therapiesetting (Einzel- versus Gruppen- oder Familientherapie) oder von der Sitzungsfrequenz. Hier ist allerdings darauf hinzuweisen, daß die Übersicht von Orlinsky u. Mitarb. sich auf globale Effekte bezieht und nur diesbezüglich Schlußfolgerungen erlaubt, was nicht heißt, daß es nicht bestimmte Patienten(gruppen) gibt, für die ein spezifisches Behandlungssetting oder eine spezifische Behandlungsfrequenz unter Umständen günstiger wäre als ein(e) andere(s).

Eindeutiger sind die Befunde zu den Aspekten der **Vertragserfüllung**. Die „Eignung" eines Patienten für eine spezifische Therapieform, das Geschick des Therapeuten, ein höheres Maß an verbaler Aktivität auf seiten des Patienten, die gesicherte Stabilität der Behandlungsvereinbarungen, die Einigung und Klarheit bezüglich der Behandlungsziele und die „Vorbereitung" des Patienten auf die Behandlung in dem Sinne, daß die Patienten bei Behandlungsbeginn einigermaßen genau wissen, was sie erwartet, haben sich als günstige Prädiktoren für das Behandlungsergebnis gezeigt. Somit ist zu dem Aspekt schlußfolgernd zu sagen, daß sich Aspekte wie das therapeutische Geschick, die Patienteneignung oder die Stabilität des Settings als viel wichtiger erweisen als Formalitäten in der Behandlungsstruktur (vgl. Orlinsky 1994b).

Bei der **Problempräsentation des Patienten** als Teil des technischen Aspektes haben sich vor allem eine Fokussierung auf die eigentliche Problematik (im Gegensatz zum „Hier und Jetzt") und auf die wesentlichen Beziehungen des Patienten sowie relativ gut ausgebildete Ich-Funktionen als positiv im Hinblick auf das Behandlungsergebnis erwiesen. Eine Fokussierung auf die Probleme des Patienten ist nach der Übersicht von Orlinsky u. Mitarb. das technische Merkmal auf seiten des Therapeuten, welches noch am deutlichsten mit dem positiven Behandlungsergebnis verbunden ist, während beispielsweise eine Fokussierung auf das „Hier und Jetzt" oder auch auf die Übertragung weniger Varianz aufklärt. Interessanterweise weisen „paradoxe Interventionen" sowie eine „erlebnisorientierte Konfrontation" (wie etwa die Stuhltechnik in der Gestalttherapie) unter den therapeutischen Interventionen die stärkste Beziehung zum Behandlungserfolg auf. Etwas weniger „günstig" erwiesen sich Deutungen, während der positive Einfluß von Unterstützung, Ratschlägen, Selbstöffnung des Therapeuten sowie Exploration insgesamt gesehen nicht nachgewiesen werden konnte. Was schließlich die Kooperation des Patienten anbelangt, so ist es erwartungsgemäß günstig, wenn der Patient die Bereitschaft hierzu deutlich zeigt (im Gegensatz zu Widerstand) und im Behandlungsverlauf überwiegend positive Affekte erleben kann.

Die postulierte Bedeutung der **therapeutischen Beziehung** zeigt sich klar und deutlich an den Forschungsbefunden: „The mass of data must be taken as strong evidence for the importance of the therapeutic bond" (Orlinsky 1994b). Mit diesem Satz faßt Orlinsky das Ergebnis zusammen, wonach von 1025 Einzelbefunden mit 18 verschiedenen Operationalisierungen der therapeutischen Beziehung über 60% positiv mit dem Behandlungsergebnis in Beziehung standen. Als besonders wichtig erwiesen sich nach den bisherigen Befunden beispielsweise persönliches Engagement auf seiten der Patienten und der Therapeuten (im Gegensatz zu therapeutischer Zurückhaltung), Glaubwürdigkeit des Therapeuten, Kollaboration des Therapeuten (im Gegensatz zu Permissivität und Direktivität) und des Patienten (im Gegensatz zu Abhängigkeit und Kontrolle), ein wirklich reziprokes aufeinander Einstimmen in der Kommunikation und in der Affirmation (positiver) Gefühle.

Obwohl die „zentrale Bedeutung der zwischenmenschlichen Beziehung von Therapeut und Patient für den Therapieerfolg ... als die empirisch bestgestützte Aussage der Psychotherapieforschung" gelten kann (Czogalik 1990), wird das Konzept bisweilen sehr unscharf bzw. ausschließlich im Sinne einer als zufriedenstellend erlebten Beziehung aufgefaßt. Eine von Bordin (1976) vorgeschlagene, genauere Definition besagt, daß die therapeutische Allianz unterschiedliche Kon-

stituenten aufweist, nämlich **die konkreten Schritte oder Aufgaben (tasks)** in der Behandlung, die von den Beteiligten verantwortungsvoll übernommen und akzeptiert werden sollten, die **Ziele (goals) der Behandlung,** in dem Sinne, daß Therapeut und Patient sich darüber im klaren und einig sind, welche Ziele realistischerweise zu erreichen sind, und schließlich die **Bindungen (bonds)** mit denen alle komplex verwobenen, positiven Aspekte der Beziehung zwischen Therapeut und Patient bezeichnet werden. Es gibt einige Belege dafür, daß tatsächlich etwa Übereinstimmungen zwischen Patient und Therapeut hinsichtlich der Behandlungsziele, aber auch hinsichtlich der Erwartungen und der Aufnahmebereitschaft für ein bestimmtes Behandlungskonzept günstig sind für den Behandlungserfolg (z. B. Eckert u. Biermann-Ratjen 1990, Strauß u. Burgmeier-Lohse 1995).

Unter den **intrapsychischen Aspekten** des Behandlungsprozesses haben sich Offenheit (im Gegensatz zu Abwehr) und die Artikulation von Gefühlen auf Patientenseite und auf Therapeutenseite (weniger deutlich) Selbstakzeptanz und Selbstkongruenz als gute Prädiktoren für den Behandlungserfolg erwiesen, wobei insbesondere der letztgenannte Befund auf die Bedeutung therapeutischer Selbsterfahrung hinweist.

Jene unter dem fünften Aspekt (**unmittelbare Auswirkungen der Therapiesitzung**) genannten Merkmale, d. h. therapeutische „Realisierungen" (vgl. Übersicht) und das Erleben von Selbstwirksamkeit und emotionaler Nähe beim Therapeuten sind nach dem umfassenden Überblick über den Stand der Forschung zu den Prozeßmerkmalen allesamt günstig für den Therapieerfolg.

Schließlich zeigt die Literatur eine klare Beziehung zwischen **Dauer einer Therapie** und dem Ergebnis, wobei allerdings zu berücksichtigen ist, daß viele Studien in den Überblick eingingen, in denen die durchschnittliche Behandlungsdauer bei nur sechs Sitzungen lag. Es läßt sich also sicher nicht unkritisch ein „je länger desto besser" erschließen. Untersuchungen zu Dosis-Effekt-Beziehungen in der Psychotherapie zeigen immer wieder, daß die Beziehung zwischen dem Nutzen einer Behandlung und der Dauer sich durch eine negativ beschleunigte Kurve darstellen läßt (vgl. Howard u. Mitarb. 1986, vgl. S. 526). Generell ist die Bedeutung der Zeit in der Psychotherapie trotz des erwähnten gesicherten Befundes noch allzu unklar (vgl. Kordy u. Kächele 1995).

Die auf dem „Generic Modell" basierende Übersicht von Orlinsky u. Mitarb. (1994), die hier zusammengefaßt wurde, läßt Schlußfolgerungen zu über die potentielle Bedeutung relativ spezifischer Prozeßfaktoren für den Behandlungserfolg, wobei genau genommen die Beurteilungsperspektive zu berücksichtigen ist: „Aus der Perspektive des Therapeuten sind die robustesten Indikatoren für ein gutes Behandlungsergebnis die Eignung des Patienten für die Therapieform, persönliches Engagement, Kooperation (versus Widerstand), Offenheit (versus Abwehr), positive Gefühle in der bzw. ein Beitrag zur therapeutischen Beziehung. Aus der externen Perspektive eines Supervisors, der beispielsweise Tonbandaufnahmen der Behandlung abhört, wären das therapeutische Geschick, die Sicherheit und Glaubwürdigkeit des Therapeuten, der Gebrauch von Deutungen, eine Fokussierung auf die Probleme des Patienten und eine Involvierung in die Beziehung, die von gegenseitigem Verständnis gekennzeichnet ist, besonders günstig. Dazu kommen Patientenmerkmale wie dessen Eignung für die spezifische Therapieform, Kooperation, Offenheit, ein positiver Beitrag zur therapeutischen Beziehung und die Erfahrung therapeutischer Realisierungen während einer Sitzung" (Orlinsky 1994 b, S. 120, Übersetzung der Autoren).

Seit langem wurde versucht, die Wirkung von Psychotherapie auf noch allgemeinere Faktoren zurückzuführen, als sie im Generic Model of Psychotherapy spezifiziert sind. Man spricht in diesem Zusammenhang auch von „kommunalen Faktoren", also Elementen, die in „jeder" Psychotherapie enthalten sind. Verschiedene Autoren haben versucht, solche Faktoren zu formulieren (vgl. die nachfolgende Übersicht).

Übersicht: Allgemeine (kommunale) Wirkfaktoren von Psychotherapie (einige Beispiele):

- Rosenzweig (1936): Persönlichkeit des Therapeuten, Interpretationsgeschick des Therapeuten, Persönlichkeit des Patienten.
- Bandura (1977): Beeinflussung der „self-efficacy" des Patienten.
- Frank (1982): emotional involvierende, vertrauensvolle Beziehung, therapeutische Rahmenbedingungen, Krankheitsmythologien (Erklärungskonzepte für Probleme des Patienten).
- Karasu (1986): affektives Erleben, kognitive Beherrschung, Verhaltensregulation.
- Meyer (1990): Angebot einer (uneigennützigen) helfenden Beziehung, Versuch der Problemklärung, -definition und -umdefinition, Suche nach neuen, konstruktiveren Problemlösungen, Psychologisierung „persönlichkeitsfremder" Probleme.

Basierend auf einer umfassenden Bilanz der Psychotherapieforschung durch Grawe u. Mitarb. (1993) wurde der wohl jüngste und aktuellste Versuch unternommen, allgemeingültige Wirkprinzipien der Psychotherapie zu formulieren und damit eine „Allgemeine Psychotherapie" als eine Psychotherapie- oder Änderungstheorie der „zweiten Generation" zu entwerfen. In dieser Theorie werden vier zentrale Wirkfaktoren (s. dazu Grawe 1995) postuliert, nämlich die

- **Ressourcenaktivierung** (d. h. Anknüpfen an die positiven Möglichkeiten, Eigenarten, Fähigkeiten und Motivationen des Patienten, einschließlich des Beziehungsverhaltens).
- **Problemaktualisierung** oder „Prinzip der realen Erfahrung" (d. h. Veränderung durch „reales Erleben von Bedeutungsveränderungen im Therapieprozeß").
- **Aktive Hilfe zur Problembewältigung** (d. h. aktive Unterstützung des Patienten, Probleme besser zu bewältigen).
- **Motivationale Klärung** (d. h. Klärung der Bedeutungen des Patientenerlebens und -verhaltens im Hinblick auf bewußte und unbewußte Ziele und Werte, Förderung von Einsicht).

> *„Therapeuten unterschiedlicher Zugehörigkeit unterscheiden sich sehr wohl voneinander, wobei sie aber in höherem Maße Vergleichbares machen, als sie möglicherweise selbst wahrhaben wollen und als ihre Lehrbücher vermuten lassen" (Czogalik 1990, S. 11).*

Auch in diesem zusammenfassenden Statement zu konzeptübergreifenden Wirkanteilen der Psychotherapie bestätigt sich, was viele Autoren zuvor bereits formuliert haben. Der Versuch, allgemeine Wirkprinzipien der Psychotherapie zu isolieren, dient nicht zuletzt der Absicht, schulenbezogene Grenzen aufzugeben, um damit die Möglichkeiten des psychotherapeutischen Repertoires besser zu nutzen.

Methodenspezifische Wirkprinzipien

So hilfreich die genannten allgemeinen Prinzipien für die therapeutische Praxis auch sein mögen, sie verschleiern dennoch, daß sich unterschiedliche therapeutische Methoden in ihren Wirkprinzipien (und natürlich auch in ihren Effekten) durchaus unterscheiden. Belegt wird dies durch sorgfältige Vergleichsstudien von Psychotherapien, in denen auch der Prozeß der Behandlung genauer untersucht wurde, und die Hinweise auf eine differentielle Indikation geben. Beispiele hierfür aus dem deutschsprachigen Raum wären die vergleichenden Studien von Verhaltenstherapie und Gesprächspsychotherapie durch Plog (1976) und Grawe (1976), das sog. Hamburger Kurzpsychotherapie-Projekt (Meyer 1981), in dem psychoanalytisch orientierte und klientzentrierte Fokaltherapien verglichen wurden, oder die Berner Psychotherapievergleichsstudie (Grawe u. Mitarb. 1990), die vier verschiedene Behandlungsbedingungen untersuchte (Breitspektrum-Verhaltenstherapie, interaktionelle Einzel- und Gruppentherapie sowie Gesprächspsychotherapie).

Die genannten Studien zeigen beispielsweise, daß unterschiedliche Behandlungsmethoden auch unterschiedliche „Veränderungsmodelle" kultivieren (z.B. ein „edukatives" in der Verhaltenstherapie, ein „Bewältigungsmodell" in der Gesprächstherapie; vgl. Grawe 1976, Plog 1976), daß – so ein Befund des Hamburger Psychotherapieprojektes – Therapeuten sich zwar „theoriemäßig" verhalten, dies aber primär in der unterschiedlichen Häufigkeit bestimmter Interventionen zum Ausdruck kommt, nicht in der grundlegenden Art.

Zusammengenommen lassen sich sicher mehr Gemeinsamkeiten als Unterschiede in Prozeßmerkmalen definierter Psychotherapieformen finden. Dennoch gibt es auch Ansätze, spezifische Wirkmechanismen, so wie sie die Theorie „fordert", im Kontext einzelner Behandlungsmethoden nachzuweisen. Das sicherlich umfangreichste Material hierzu stammt aus dem Bereich der psychoanalytisch-orientierten Psychotherapie.

Psychoanalytische Psychotherapie

Miller u. Mitarb. (1993) haben die Befunde der psychodynamisch orientierten Psychotherapieforschung kürzlich zusammengefaßt und gezeigt, daß wesentliche Elemente der psychoanalytischen Veränderungstheorie, wie z.B. die Konzepte der Einsicht, der Übertragung und Gegenübertragung, der Abwehr oder Regression sich

- empirisch durchaus erfassen lassen und daß
- ihr theoretisch postulierter Einfluß auf den Behandlungserfolg nachweisbar ist.

Luborsky u. Mitarb. (1993) kommen bei ihrer Zusammenfassung zu dem Schluß, daß sechs Hauptwirkfaktoren psychodynamischer Therapie besonders gut belegt sind, nämlich

- das Ausmaß an psychischer Gesundheit,
- die Qualität der therapeutischen Beziehung,
- die Formulierung der Übertragungsbeziehung und
- die Fokussierung dieser Beziehung in den Deutungen des Therapeuten (also ein Erfassen des zentralen Beziehungskonfliktes),
- ein Zuwachs an Einsicht und Selbstverständnis sowie
- eine Internalisierung der in der Behandlung erreichten Fortschritte.

Verhaltenstherapie

Anders als in der psychoanalytischen Psychotherapie und erlebnisorientierten Behandlungsverfahren, wie z.B. der klientzentrierten Psychotherapie (s. dazu Greenberg u. Mitarb. 1994), hat man sich in der Verhaltenstherapie bislang vergleichsweise wenig mit spezifischen Wirkfaktoren befaßt, sieht man von der Untersuchung spezifischer, auf lerntheoretischen Modellen basierender Techniken ab. So wurde – wie Schindler (1991) zeigt – die Bedeutung der therapeutischen Beziehung in der Verhaltenstherapie noch wenig berücksichtigt. Neuere Versuche, ein Prozeßmodell der Verhaltenstherapie zu formulieren, das über rein technische Aspekte hinausgeht, orientieren sich überwiegend an sozialpsychologischen Theorien der sozialen Beeinflussung (vgl. Schindler 1991). Diese Theorien sind beispielsweise integriert in dem für die VT formulierten Phasenmodell von Kanfer u. Mitarb. (1990, vgl. Übersicht), dessen empirische Bestätigung allerdings noch aussteht. In diesem Modell werden Annahmen zur sozialen Beeinflussung (in Form postulierter Aufgabenstellungen auf seiten des Therapeuten) der typischen Strukturierung des Behandlungsablaufs in der VT gegenübergestellt.

Übersicht: Das Phasenmodell der Verhaltenstherapie nach Kanfer u. Mitarb. (1990; in Anlehnung an Schindler 1991) – Therapiephasen und Beispiele für therapeutische Strategien

Phase 1: Rollenstrukturierung und Aufbau einer Arbeitsgemeinschaft.
Strategie: Akzeptieren der Vorstellungen und Erlebniswelten des Klienten, Vermeidung übertriebener Selbstöffnung, Förderung der Eigenverantwortlichkeit auf Klientenseite, Anleitung und Verstärkung anstelle von Interpretation, Konfrontation und Kritik.

Phase 2: „Commitment", Motivation und Vereinbarung bezüglich Veränderung.
Strategie: Förderung der Klientenerwartung: „Veränderung ist möglich", Bestätigung des Klienten in „funktionierenden" Lebensbereichen, unterstützendes Verhalten, positive Wertschätzung, Diskussion der Vor- und Nachteile der aktuellen Situation, Setzen positiver Anreize für Veränderung.

Phase 3: Verhaltensanalyse
Strategie: Genaue Informationssammlung; Einführung eines Erklärungsmodells für problematisches Verhalten; Therapeut bewegt sich langsam vom Bezugssystem des Klienten weg und führt das eigene Erklärungsmodell ein; Bedeutung von Exploration, Reflektieren, Unterstützen und Erklären bzw. Interpretieren.

Phase 4: Vereinbarung von Behandlungsinhalten.
Strategie: Erstellung eines (vorläufigen) individuellen Bedingungsmodells zur Erklärung der Entstehung und Aufrechterhaltung der Problematik; Ableitung der Ziele und therapeutischer Maßnahmen; Erzeugen von kognitiver Dissonanz, die zur Veränderung motiviert.

Phase 5: Durchführung der Behandlung und Aufrechterhaltung der Motivation.
Strategie: Einführung sukzessiver Änderungsvorschläge und -techniken; Vermittlung von Wissen um die Vorgehensweisen und Planung korrekter (d.h. nicht zu großer) Behandlungsschritte; Anleitungen und Direktiven; Zurücknahme einfühlender Äußerungen; Berücksichtigung von Widerständen.

Phase 6: Registrieren und Bewerten des Fortschritts.
Strategie: Begleitdiagnostik und Rückmeldung; gezielter Gebrauch von Konfrontation und Kritik.

Phase 7: Generalisierung und Beendigung der Behandlung.
Strategie: Reduktion der Fremdkontrolle durch den Therapeuten; Abnahme von Direktiven, Zunahme von Unterstützung; Bekräftigung von Selbsthilfe-Fertigkeiten.

Gruppenpsychotherapie

Wirkfaktoren der Gruppenpsychotherapie sind wahrscheinlich besonders gut untersucht, besteht doch diesbezüglich eine lange Tradition, die insbesondere auf den theoretischen Arbeiten von Yalom (1985) bzw. Bloch u. Crouch (1985) fußt. Diese Autoren haben mehrfach für die Gruppentherapie typische Wirkfaktoren beschrieben, die in Tab. 62.**1** zusammengefaßt sind.

Trotz zahlreicher Studien, die auf der Theorie der Wirkfaktoren basieren, ist es bislang nicht zufriedenstellend gelungen, die relative Bedeutung der einzelnen Wirkfaktoren in verschiedenen Arten der Gruppentherapie zu belegen. Der Übersicht von McKenzie (1987) zufolge, werden durch Gruppentherapie-Patienten am häufigsten die Faktoren Katharsis, Kohäsion, Einsicht und Interpersonales Lernen (Feedback) als besonders hilfreich bewertet. Diese Einschätzungen scheinen weitgehend unabhängig von der theoretischen Ausrichtung der Gruppentherapie oder dem Setting (ambulant versus stationär, vgl. Tschuschke 1989). Durchschnittlich hilfreich werden die Faktoren Universalität des Leidens, Einflößen von Hoffnung, existentielle Faktoren, Altruismus und Verhaltensänderungen (Interpersonales Lernen – Output) bewertet, wenig hilfreich dagegen Anleitungen, Identifikation und die Rekapitulation von familiären Erfahrungen. Hier ist zu bemerken, daß beispielsweise die Identifikation und die Rekapitulation von familiären Erfahrungen eher unbewußt verlaufende Prozesse darstellen, weswegen deren relative Bedeutung in der Gruppentherapie womöglich doch höher zu bewerten ist. Sorgfältige Prozeßuntersuchungen stationärer Gruppenbehandlungen sprechen jedenfalls dafür (Tschuschke 1993, Strauß u. Burgmeier-Lohse 1994). Neuere Untersuchungen, die verschiedene gruppentherapeutische Verfahren miteinander verglichen, legen nahe, daß die eher auf die Gruppe bezogenen Wirkfaktoren womöglich tatsächlich eher unspezifisch sind, während sich therapeutenbezogene Wirkfaktoren eher eignen könnten, Gruppentherapiekonzepte zu differenzieren. So zeigte sich beispielsweise, daß die Klarifikation durch den Therapeuten eher charakteristisch ist für tiefenpsychologisch fundierte oder psychoanalytisch orientierte Gruppentherapie, die emotionale Präsenz oder Selbstöffnung des Therapeuten für die psychoanalytisch-interaktionelle oder die intendiert dynamische Gruppentherapie (Davies-Osterkamp u. Mitarb. 1992, Strauß u. Hess 1992).

Tabelle 62.**1** Wirkfaktoren der Gruppenpsychotherapie (nach Yalom 1985; Bloch u. Crouch 1985)

Faktor	Beispiel
– Akzeptanz oder Kohäsion	– Erleben der Gruppenzugehörigkeit, des Angenommenwerdens
– Altruismus	– Selbstachtung durch Hilfe für andere
– Anleitung	– Konkrete Ratschläge durch den Therapeuten oder Gruppenmitglieder
– Einsicht	– Akzeptieren bislang verleugneter Seiten
– Einflößen von Hoffnung	– Erleben von Fortschritten bei anderen
– existentielle Faktoren	– Erkennen von Eigenverantwortung, eigenen Grenzen
– Identifizierung/stellvertretendes Lernen	– Finden von Vorbildern in der Gruppe
– interpersonales Lernen – Input/Feedback	– Rückmeldungen über Verhalten durch die Gruppe
– interpersonales Lernen – Output	– Ausprobieren bestimmter Verhaltensweisen
– Katharsis	– Gefühlsäußerungen, Äußern von Kritik
– Selbst-Öffnung	– Erleben der Möglichkeit, sich mitzuteilen
– Universalität des Leidens	– Erkenntnis „Wir sitzen alle in einem Boot"
– Wiedererleben familiärer (oder anderer) Beziehungserfahrungen	– Eltern- oder Geschwisterübertragungen zu anderen Gruppenmitgliedern

Stationäre Psychotherapie

Da im deutschsprachigen Raum stationäre Psychotherapie eine ganz besondere Bedeutung innerhalb des Versorgungssystems besitzt, soll zuletzt noch auf die Frage der Wirkfaktoren dieser spezifischen Form von Psychotherapie eingegangen werden. Stationäre Psychotherapie ist in der Regel definiert als eine Kombination „verschiedenartiger umschriebener psychologischer Interventionstechniken" (Schepank 1988). Janssen unterschied verschiedene Ebenen der Behandlung, nämlich die „konfrontativ-interpretative", die eine Psychotherapie im engeren Sinne umfaßt, die „extraverbal-kreative Ebene" (z. B. körper- bzw. bewegungsorientierte Verfahren, Gestaltungs- und Musiktherapie) sowie den „haltenden, tragenden, pflegerisch-ärztlichen Bereich". Untersuchungen zu den Wirkfaktoren stationärer Psychotherapie haben immer wieder belegt, daß gerade die nicht-verbalen Techniken eine wichtige Ergänzung darstellen, hoch bewertet werden und insbesondere schwergestörten Patienten oder Patientinnen mit einer Neigung zur Somatisierung einen Zugang zu Affekten ermöglichen, die schlecht verbalisierbar sind. Somit können die Befunde über den potentiellen Effekt der Kombination verbaler und extraverbaler Techniken vielleicht auch als Modell in der ambulanten Psychotherapie schwerst beeinträchtigter Patienten gelten.

Wesentlich an der Wirkung stationärer Psychotherapie scheint die Möglichkeit für die Patienten, je nach ihren Ausgangsmerkmalen und nach ihren „individuellen" Vorlieben, aus der Fülle des Behandlungsangebotes jenes oder jene für sich auszuwählen, die mit dem eigenen Krankheitsverständnis am ehesten kompatibel sind. Dieser potentielle Wirkfaktor wurde in einigen empirischen Studien zur stationären Psychotherapie deutlich (z.B. Kordy u. Schöneberg 1990, Bräutigam u. Mitarb. 1990).

Ein wesentlicher potentieller Wirkfaktor stationärer Psychotherapie ist, neben der durch die Behandlung initiierten Distanzierung der Patienten von ihrer gewohnten Umgebung, unzweifelhaft die therapeutische Gemeinschaft. Diese ist durch die Art und Weise konstituiert, in der die therapeutische Einrichtung organisiert ist, durch die Aufenthaltsdauer (in stationären Einrichtungen oftmals beträchtlich lang) sowie das Behandlungsprogramm selbst. Alle diese Faktoren bieten den Patienten eine zuverlässige Struktur an und gleichzeitig die Möglichkeit, ihre Schwierigkeiten zeitweise zu inszenieren. Empirische Studien zur stationären Psychotherapie reflektieren die Bedeutung der therapeutischen Gemeinschaft in der einhellig positiven Einschätzung durch die Patienten (z.B. Strauß u. Burgmeier-Lohse 1994). Aus der Sicht der Patienten ist das Zusammenleben mit anderen und der Stationsalltag ähnlich bedeutsam wie konkrete therapeutische Maßnahmen. Das Alltagsleben auf der Station bietet ein Milieu, in dem den Beteiligten eine Vielzahl interpersonaler Erfahrungen ermöglicht wird, sowohl in Beziehung zu Mitpatienten als auch zu Teammitgliedern, wobei diese Erfahrungen wahrscheinlich intensiver sind als in ambulanten Behandlungen. In einer Studie zur stationären Gruppenpsychotherapie (Strauß u. Burgmeier-Lohse 1994) zeigte sich, daß ein Großteil der Probleme und Konflikte, die in der Gruppentherapie diskutiert werden, quasi initiiert sind durch Schwierigkeiten im Umgang miteinander im Stationsalltag, wobei diese Schwierigkeiten eine häufige Wiederholung interpersonaler Probleme darstellten, die den Patienten aus der Beziehung zu Familienmitgliedern oder anderen signifikanten Bezugspersonen wohlbekannt waren.

XIV Literatur

Aaronson, N. K., A. Cull, K. Stein, M. Sprangers: The EORTC modular approach to quality of life assessment in oncology. International Journal of Mental Health 2 (1994) 75 - 96

Aaronson, N. K., S. Ahmedzai, M. Bullinger: The EORTC score quality-of-life questionnaire: Interim results of an international field study. In Osaba, D. (Ed.): Effect of cancer on quality of life. CRC Press, Boca Raton (1991) 185 - 203

Abel, J. L.: Exposure with response prevention and serotonergic antidepressants in the treatment of obsessive-compulsive disorder: A review and implications for interdisciplinary treatment. Behaviour Research and Therapy 31 (1993) 463 - 478

Abend, S. M.: Countertransference and psychoanalytic technique. Psa. Quart. 58 (1989) 374 - 395

Abraham, K.: Ansätze zur psychoanalytischen Erforschung und Behandlung des manisch-depressiven Irreseins und verwandter Zustände. In Psychoanalytische Studien, Bd. 1. Fischer, Frankfurt/M. 1971 (S. 146 - 162)

Abraham, K.: Äußerungen des weiblichen Katrationskomplexes. In Abraham, K.: Gesammelte Schriften I. Fischer, Frankfurt/M. 1921 bzw. 1982 (S. 78 - 108)

Abraham, K.: Ergänzungen zur Lehre vom Analcharakter; Beiträge der Oralerotik zur Charakterbildung. In Abraham, K.: Psychoanalytische Studien zur Charakterbildung und andere Schriften. Fischer, Frankfurt 1969 (S. 184 - 217)

Abraham, K.: Über Ejaculatio praecox. In Abraham, K.: Gesammelte Schriften I. Fischer, Frankfurt/M. 1917 bzw. 1982 (S. 46 - 63)

Abraham, K.: Versuch einer Entwicklungsgeschichte der Libido aufgrund der Psychoanalyse seelischer Störungen. In Psychoanalytische Studien, Bd. 1. Fischer, Frankfurt/M. 1971 (S. 113 - 118)

Abraham, K.: Zur Prognose psychoanalytischer Behandlung in vorgeschrittenem Lebensalter. Int. Z. Psychoanal. 6 (1919) 113 - 117

Abraham, K.: Zur Psychogenese der Straßenangst im Kindesalter. 1913. In Psychoanalytische Studien. Fischer, Frankfurt/M. 1971 (S. 41 - 42)

Abramowitz, J. S.: Effectiveness of Psychological and Pharmacological Treatments for Obsessive-Compulsive Disorder: A Quantitative Review. Journal of Consulting and Clinical Psychology 65 (1997) 44 - 52

Abramson, L. Y., M. E. Seligman, J. D. Teasdale: Learned helplessness in humans: Critique and reformulation. Journal of Abnormal Psychology 87 (1978) 49 - 74

Adams, J. W.: Psychoanalysis of Drug Dependence. The Understanding and Treatment of a Particular Form of Pathological Narcissism. Grune and Stratton, New York 1978

Adler, G.: Borderline Psychopathology and Its Treatment. Jason Aronson, New York 1985

Adler, R. H., S. Zlot, Ch. Hürny, Ch. Minder: Engel's „psychogenic pain and the pain-prone patient„: a retrospective controlled study. Psychosom. Med. 51 (1989) 87 - 101

Adler, R. H., W. Hemmeler: Praxis der Anamnese. Fischer, Stuttgart 1989

Adler, R.: Konversion. In Uexküll, T. von (Hrsg.): Lehrbuch der Psychosomatischen Medizin, 4. Aufl. Urban & Schwarzenberg, München 1990

Agran, M., J. E. Martin: Applying a technology of self-control in community environments for individuals who are mentally retarded. In Hersen, M., R. M. Eisler, P. M. Miller (eds.): Progress in Behavior Modification, Vol. 21. Sage Publications, London 1987

AGST (Arbeitsgemeinschaft Systemische Therapie 1998 a): Antrag auf Anerkennung der Systemischen Therapie als eigenständiges Psychotherapie-Richtlinienverfahren. Hauptautor: PD Dr. Günter Schiepek

Ahrens, S., M. Hasenbring, U. Schultz-Venrath, H. Strenge: Psychosomatik in der Neurologie. Schattauer, Stuttgart 1994

Ahrens, S., M. Hasenbring, U. Schultz-Venrath, H. Strenge: Psychosomatik in der Neurologie. Schattauer, Stuttgart 1995

Ainsworth, M. D. S, M. C. Blehar, E. Waters, S. Wall: Patterns of attachment. Earlbaum, New York 1978

Akgün, L.: Strukturelle Familientherapie bei türkischen Familien. Familiendynamik 16 (1991) 24 - 36

Akhtar, S., J. P. Byrne, K. Doghramji: The demographic profile of borderline personality disorder. J. Clin. Psychiat. 47 (1986) 196 - 198

Alden, L. E., M. J. Capreol: Avoidant personality disorder: Interpersonal problems as predictors of treatment response, Behavior Therapy 24 (1993) 357 - 376

Alden, L. E.: Short-term structured treatment for avoidant personality disorder. Journal of Consulting and Clinical Psychology 56 (1989) 756 - 764

Aldenhoff, J.: Überlegungen zur Psychobiologie der Depression. Nervenarzt 68 (1997) 389

Alderman, N.: The treatment of avoidance behaviour following severe brain injury by satiation through negative practice. Brain Inj. 5 (1991) 77 - 86

Alexander, F., T. M. French, G. H. Pollock: Psychosomatic Specifity. University of Chicago Press, Chicago 1968

Alexander, F., T. M. French: Psychoanalytic therapy. Principles and application. Lincoln University of Nebraska Press. Wiley, New York 1974. Erstauflage 1946

Alexander, F., T. M. French: Psychoanalytic Therapy. Ronald Press, New York 1946

Alexander, F.: Psychosomatic medicine. Norton, New York 1950

Alexander, F.: The dynamics of psychotherapy in light of learning theory. Amer. J. Psychiat. 120 (1963) 440 - 448

Alexander, J. F., A. Holtzworth-Munroe, P. Jameson: Process and outcome of marital and family therapy: Research, Review and Evaluation. In Bergin A. E., S. Garfield (eds.): Handbook of psychotherapy and behavior change. John Wiley, New York 1994

Amann, G., R. Wipplinger: Sexueller Mißbrauch aus verhaltenstherapeutischer Sicht. (In diesem Buch)

Amann, G., R. Wipplinger: Sexueller Mißbrauch in den Medien. In Amann G., R. Wipplinger (Hrsg.): Sexueller Mißbrauch. Überblick zu Forschung, Beratung und Therapie. 2. Aufl. DGVT, Tübingen 1998 (S. 772 - 794)

Amann, G., R. Wipplinger: Sexueller Mißbrauch. DGVT, Tübingen 1997

Ambühl H., D. Orlinsky, M. Cierpka et al.: Zur Entwicklung der theoretischen Orientierung von Psychotherapeut(innen). PPmP 3/4, 45 (1995) 109 - 120

Ambühl, H.: Therapeutische Beziehungsgestaltung unter dem Gesichtspunkt der Konfliktdynamik. In Markgraf, J., J. C. Brengelmann: Die Therapeut-Patient-Beziehung in der Verhaltenstherapie. Gerhard Röttger Verlag, München (1992) 245 - 264

Amelang, D., W. Zielinski: Psychologische Diagnostik und Intervention. 2. korr., aktualisierte und überarb. Aufl. Springer, Berlin 1997

American Psychiatric Association (APA): Diagnostic and Stastical Manual of Mental Disorders, 4th. ed. (DSM-IV). APA, Washington (D. C.) 1994. Deutsche Bearbeitung und Einführung von Sass, H., H. U. Wittchen, M. Zaudig. Hogrefe, Göttingen 1996

American Psychiatric Association (APA): Diagnostic and Statistical Manual of Mental Disorders, 3rd. ed. (DSM-III). APA, Washington D. C. 1980. Deutsche Bearbeitung und Einführung von Koehler, K., H. Saß. Beltz, Weinheim 1984

American Psychiatric Association (APA): Diagnostic and Statistical Manual of Mental Disorders, 3rd ed. (DSM-III-R). APA , Washington D. C. 1987. Deutsche Bearbeitung von Wittchen, H. U., H. Saß, M. Zaudig, K. Koehler. Beltz, Weinheim 1989

Ammerman, R. T., M. Hersen (eds.): Handbook of Behavior Therapy with Children and Adults. Allyn & Bacon, Boston 1993

Ananth, J.: Pharmacotherapy of obsessive-compulsive disorder. In Mavissakalian, S. M., S. M. Turner, L. Michelson (eds.): Obsessive-compulsive disorder: Psychological and pharmacological treatment. Plenum Press, New York 1985

Andersen, B. L.: Psychological interventions for cancer patients to enhance the quality of life. J. Consul. Clin. Psychol. 60 (1992) 452

Andersen,T.: Das Reflektierende Team. Borgmann, Dortmund 1990

Anderson, A. E.: Follow-up of males with eating disorders. In Herzog, W., H. C. Deter, W. Vandereycken (eds.): The course of eating disorders. Springer, Berlin, New York 1992 (pp. 53 - 69)

Anderson, C. M., D. J. Reiss: Schizophrenia and the family. Guilford Press, New York 1986

Anderson, J. R.: Cognitive Psychology and its implications. Freeman, San Francisco 1980

Anderson, J. R.: Kognitive Psychologie, 2. Aufl. Spektrum, Heidelberg 1996

Andresen, B.: Hamburger-Persönlichkeits-Inventar (HPI). Das NEOCAR-Basisfaktoren-System. Hogrefe, Göttingen 1999

Andrews, J. D., J. C. Norcross, R. P. Halgin: Training in psychotherapy integration. In Norcross, J. C., M. R. Goldfried (eds.): Handbook of Psychotherapy Integration. Basic books, New York 1992

Andrews, K.: International Working Party on the Management of the Vegetative State: summary report. Brain Inj. 11 (1996) 797 - 806

Andrews, V. H., H. R. Hall: The Effects of Relaxation/Imagery Training on Recurrent Aphthous Stomatitis: A Preliminary Study. Psychosom. Med. 52 (1990) 526

Angermann, I.: Psychodynamik und Psychotherapie der gestörten Sexualität. In Eicher, W.: Sexualmedizin in der Praxis. Fischer, Stuttgart 1980 (S. 389 - 436)

Angermeyer, M. C., J. J. Rohde: Zur Ökologie der psychotherapeutischen Versorgung in der Bundesrepublik Deutschland. Psychother. med. Psychol. 37 (1987) 161 – 169

Angst, J.: Das Komorbiditätskonzept in der psychiatrischen Diagnostik. In Dilling, H., M. Schulte-Markwort, H. J. Freyberger (Hrsg.): Von der ICD-9 zur ICD-10. Neue Ansätze der Diagnostik psychischer Störungen in der Psychiatrie, Psychosomatik und Kinder-und Jugendpsychiatrie. Huber, Bern 1994 (S. 41 – 48)

Annon, J. S.: Behavioral treatment of sexual problems: Brief therapy. Harper & Row, Hagerstown (MD) 1976

Annon, J. S.: Einfache Verhaltenstherapie bei sexuellen Problemen. In Swanson J. M., K. A. Forrest (Hrsg.): Die Sexualität des Mannes. Deutscher Ärzte-Verlag, Köln 1987 (S. 250 – 271)

Annon, J. S.: The Behavioral Treatment of Sexual Disorders, Vol. I. Enabling Systems Inc., Honolulu 1974

Antonovsky, A.: Health, stress, and coping. Jossey-Bass, San Francisco 1979

Antonovsky, A.: Unraveling the mystery of health. Jossey-Bass, San Francisco 1987

Anzieu, D.: Das Haut-Ich. Suhrkamp, Frankfurt/M. 1991

Appel, G.: An approach to the treatment of schizoid phenomena. Psychoanalytic Revue 61 (1974) 99 – 113

Appelt, H., B. Strauß (Hrsg.): Ergebnisse einzelfallanalytischer Untersuchungen in Psychosomatik und klinischer Psychologie. Springer, Berlin 1985

Appelt, H.: Sexual dysfunction and partnership. In Hahlweg K., N. Jacobson: The Guilford Press, New York 1984 (S. 387 – 395)

Arbeitsgemeinschaft für Methodik und Dokumentation in der Psychiatrie (AMDP) (Hrsg.): Das AMDP-System. Manual zur Dokumentation psychiatrischer Befunde. 6. Aufl. Hogrefe, Göttingen 1997

Arbeitsgemeinschaft für Methodik und Dokumentation in der Psychiatrie (AMDP) (Hrsg.): Testmanual zum AMDP-System. Verfaßt von Baumann, U., R. D. Stieglitz. Springer, Berlin 1983

Arbeitsgemeinschaft Systemische Therapie (AGST): Antrag auf Anerkennung der systemischen Weiterbildung beim Berufsverband Deutscher Psychologinnen und Psychologen (BDP) 1998

Arbeitskreis OPD (Hrsg.): Operationalisierte Psychodynamische Diagnostik. Huber, Bern 1996

Ardjomandi, M. E.: Die fremde Kultur der Schiiten. Scham, Schuld und Narzißmus in der psychoanalytischen und psychotherapeutischen Behandlung von Iranern. In Streeck, U. (Hrsg.): Das Fremde in der Psychoanalyse. Verlag J. Pfeiffer, München 1993

Arentewicz, G., G. Schmidt: Sexual gestörte Beziehungen. Enke, Stuttgart 1993

Argelander, H.: Das Erstinterview in der Psychotherapie. 4. Aufl. Wissenschaftliche Buchgesellschaft, Darmstadt 1989

Argelander, H.: Das Erstinterview in der Psychotherapie. Erträge der Forschung, Bd. 2. Wissenschaftliche Buchgesellschaft, Darmstadt 1970

Argelander, H.: Das Erstinterview in der Psychotherapie. Psyche 21 (1967) 341 – 368; 429 – 467; 473 – 512

Argelander, H.: Die kognitive Organisation psychischen Geschehens, Klett-Cotta, Stuttgart 1979

Arieti, S., J. Bemporat: Depression: Krankheitsbild, Entstehung, Dynamik und psychotherapeutische Behandlung. Klett-Cotta, Stuttgart 1983

Arkowitz, H., S. B. Messer (eds.): Psychoanalytic therapy and behaviour therapy: Is integration possible? Plenum, New York 1984

Armbruster, M.: Jugendliche mit Phenylketonurie und ihre Familie. Unveröff. Diss., Medizinische Fakultät und Universität Heidelberg 1995

Arndt, K. F.: Heilpraktikerrecht. Metzner, Frankfurt a. M. 1985

Arolt, V.: Persönliche Mitteilung. 1994

Arolt, V.: Psychiatrischer Konisiliardienst am Allgemeinkrankenhaus. Springer, Berlin 1998

Arolt, V.: Psychische Störungen bei internistischen und chirurgischen Krankenhauspatienten – Diagnostik, Vorkommenhäufigkeit und Behandlungsindikation. Habilitationsschrift, Lübeck 1993

Asch, S. E.: Opinions and social pressure. Scientific American 193 (1955) 31 – 35

Ascher, L. M.: Therapeutic Paradox. Guilford Press, New York 1989

Astin, J. A.: Stress reduction through mindfulness mediation. Effects on psychological symptomatology, sense of control, and spiritual experiences. Psychotherapy and Psychosomatics 66 (1997) 97 – 106

Atkinson, J. W.: An introduction to motivation. Van Nostrand, Princeton 1964

Auckenthaler, A.: Klientenzentrierte Psychotherapie mit Paaren. Kohlhammer, Stuttgart 1983

Augustin, M., W. Dieterle, I. Zschocke, C. Brill, D. Trefzer, M. Peschen, E. Schöpf, W. Vanscheidt: Development and validation of a disease specific questionnaire on the quality of life of patients with chronic venous insufficiency. VASA 26 (4) (1997) 291 – 301

Avé-Lallemant, U.: Der Wartegg-Zeichentest in der Lebensberatung. Ernst Reinhardt, München 1994

Averbeck, M., P. Leiberich, M. T. Grote-Kusch et al.: Skalen zur Erfassung der Lebensqualität (SEL). Hogrefe, Göttingen 1997

Avia, M. D., M. A. Ruiz, E. Olivares, M. Crespo, A. B. Guisado, A. Sanchez, A. Varela: The meaning of psychological symptoms: Effectiveness of a group intervention with hypochondriacal patients. Behaviour Research Therapy 34 (1996) 23 – 31

Axline, Y.: Kinderspieltherapie im nicht-direktiven Verfahren Play Therapy, Mifflin, Boston 1947. Reinhardt, München 1972

Ayllon, T., N. H. Azrin: The Token Economy: A motivational system for therapy and rehabilitation. Appleton-Century, New York 1968

Bachrach, A. J., W. J. Erwin, J. P. Mohr: The control of eating behavior in an anorexic by operant conditioning techniques. In Ullmann, L., L. P. Krasner (eds.): Case: Studies in behavior modification. Holt, Rinehart and Winston, New York 1965 (S. 153 – 163)

Baddeley, A. D.: Working memory. Oxford University Press, Oxford 1986

Badura, B., C. v. Ferber: Laienpotential, Patientenaktivierung und Gesundheitsselbsthilfe. Oldenbourg, München 1983

Badura, B., C. v. Ferber: Selbsthilfe und Selbstorganisation im Gesundheitswesen. Die Bedeutung nicht-professioneller Sozialsysteme für die Krankheitsbewältigung, Gesundheitsvorsorge und die Kostenentwicklung im Gesundheitswesen. Oldenbourg, München 1981

Baer, D. M.: Applied behavior analysis. In Wilson, G. T., C. M. Franks (eds.): Contemporary Behavior Therapy. Conceptual and empirical foundations. Guilford Press, New York 1982

Baer, L.: Alles unter Kontrolle. Zwangsgedanken und Zwangshandlungen überwinden. Huber, Bern 1993

Bagley, C., R. Ramsey: Sexual abuse in childhood: Psychosocial outcomes and implication for social work practice. Journal of Social Work and Human Sexuality 4 (1985 – 1986) 33 – 47

Bailer, J.: Verhaltenstherapie bei somatoformen Schmerzstörungen: Fallbericht. Verhaltenstherapie 3 (1993) 317 – 324

Bales, R. F., S. P. Cohen: Symlog. Klett-Cotta, Stuttgart 1982

Balint, M., E. Balint: Psychotherapeutic techniques in medicine. Tavistock, London 1961

Balint, M., E. Balint: Psychotherapeutische Techniken in der Medizin. Huber, Bern 1962

Balint, M., P. H. Ornstein, E. Balint: Fokaltherapie. Ein Beispiel angewandter Psychoanalyse. Suhrkamp, Frankfurt 1973

Balint, M.: Der Arzt, sein Patient und die Krankheit. Klett-Cotta, Stuttgart 1988

Balint, M.: Therapeutische Aspekte der Regression. Klett, Stuttgart 1970

Balkom, A. J. v., P. v. Oppen, A. W. Vermeulen, R. v. Dyck, M. C. Nauta, H. C. Vorst: A meta-analysis on the treatment of obsessive-compulsive disorder: A comparison of antidepressant, behavior, and cognitive therapy. Clinical Psychology Review 14 (5) (1994) 359 – 381

Baltes, M. M.: The etiology and maintenance of dependency in the elderly: Three phases of operant research. Behav. Ther. 19 (1988) 301 – 319

Bancroft, J.: Grundlagen und Probleme menschlicher Sexualität. Enke, Stuttgart 1985

Bandelow, B., J. Margraf: Empfehlungen für die Verwendung von Meßinstrumenten in der klinischen Angstforschung. Fortschr. Neurol. Psychiat. 62 (1994) 361 – 365

Bandelow, B.: Panik- und Agoraphobieskala (PAS). Hogrefe, Göttingen 1997

Bandelow, B.: The Panic and Agoraphobia Scale. Abstracts of the 18th Symposium of AGNP, Nuremberg, October 6 – 9. Pharmacopsychiatry 26 (1993) 140

Bandler, R., J. Grinder: Frogs into prices: neurolinguistic programming. Real People Press, Moab 1979

Bandura, A.: Human agency in social cognitive theory. American Psychologist 44 (1989) 1175 – 1184

Bandura, A.: Principles of Behavior Modification. Holt, New York 1969

Bandura, A.: Self-efficacy mechanism in human agency. American Psychologist 37 (1982) 122 – 147

Bandura, A.: Self-efficacy: Toward a unifying theory of behavior change. Psychological Review 84 (1977) 191 – 215

Bandura, A.: Social foundations of thought and action: A social cognitive theory. Prentice-Hall, Englewood Cliffs, NJ 1986

Bandura, A.: Social learning theory. Prentice-Hall, Englewood Cliffs 1977

Bange, D., G. Deegener: Sexueller Mißbrauch an Kindern. Ausmaß, Hintergründe, Folgen. Beltz, Weinheim 1996

Bange, D.: Die dunkle Seite der Kindheit. Sexueller Mißbrauch an Mädchen und Jungen. Ausmaß-Hintergründe-Folgen. Volksblatt Verlag, Köln 1992

Banyai, E. I., E. R. Hilgard: A comparison of active-alert hypnotic induction with traditional relaxation induction. J. abnorm. Psychol. 85 (1976) 218-224

Bär, H. J., R. M. Kuypers: Behavior therapy in dermatological practice. Brit. J. Dermatol. 88 (1973) 591-598

Barbach, L.: For Yourself. Ullstein, Berlin 1977

Barber, T. X., W. DeMoor: A theory of hypnotic induction procedures. Amer. J. clin. Hypnos. 15 (1972) 112-135

Barber, T. X.: Changing unchangeable bodily processes by hypnotic suggestions and the mind-body problem. Advances 1 (1984) 7-40

Barber, T. X.: Hypnotizability, suggestibility and personality. Psychol. Rep. 14 (1964) 299-320

Barlow, D. H.: Anxiety and its disorders. The nature and treatment of anxiety and panic. Guilford, New York 1988

Barlow, D. H.: Causes of sexual dysfunction: The role of anxiety and cognitive interference. Journal of Consulting and Clinical Psychology 54 (1986) 140-148

Barlow, D. H.: Behavior therapy: the next decade. Behavior therapy. 11 (1980) 315-328

Barsky, A. J., C. Wool, M. C. Barnett, P. D. Cleary: Histories of childhood trauma in adult hypochondriacal patients. American Journal of Psychiatry 151 (1994) 397-401

Barsky, A. J., G. L. Wyshak: Hypochondriasis and somatosensory amplification. British Journal of Psychiatry 157 (1990) 404-409

Barsky, A. J., R. R. Coeytaux, M. K. Sarnie, P. D. Cleary: Hypochondriacal patient's beliefs about good health. American Journal of Psychiatry 150 (1993) 1085-1089

Bartholomew, K., L. M. Horowitz: Attachment styles in young adults: A test of a four-category model. Journal of Personality and Social Psychology. 61 (1991) 226-244

Bartling, G., L. Echelmeyer, M. Engberding, R. Krause: Problemanalyse im therapeutischen Prozeß, 3. Aufl. Kohlhammer, Stuttgart 1992

Bartling, G., W. Fiegenbaum, R. Krause: Reizüberflutung, Theorie und Praxis. Kohlhammer, Stuttgart 1980

Basler, H. D., B. Kröner-Herwig: Psychologische Therapie bei Kopf- und Rückenschmerz. Quintessenz, München 1995

Basler, H. D., C. Franz, B. Kröner-Herwig, H. P. Rehfisch, H. Seemann (Hrsg.): Psychologische Schmerztherapie: Grundlagen, Krankheitsbilder, Behandlung. Springer, Berlin 1990

Basler, H. D., C. Franz, B. Kröner-Herwig, H. P. Rehfisch, H. Seemann (Hrsg.): Psychologische Schmerztherapie. Grundlagen, Diagnostik, Krankheitsbilder, Behandlung. 3. Aufl. Springer, Berlin 1996

Basler, H. D.: Prävention chronischer Rückenschmerzen. Ein Beitrag aus psychologischer Sicht. Schmerz 1 (1990) 1-6

Basler, H. D.: Schmerz. In Gerber, W. D., H. D. Basler, U. Tewes (Hrsg.): Medizinische Psychologie. Urban & Schwarzenberg, München 1994 (S. 119-128)

Basoglu, M., M. Parker, O. Parker, E. Ozmen, I. Marks, C. Incesu, D. Sahin, N. Sarimurat: Psychological effects of torture: A comparison of tortured with nontortured political activists in Turkey. American Journal of Psychiatrie 151 (1994) 76-81

Bass, E., L. Davies: Trotz allem. 6. Aufl. Orlanda Frauenverlag, Berlin 1995

Bassett, D. L., I. Pilowsky: A study of brief psychotherapy for chronic pain. Psychosom. Res. 29 (1985) 259-264

Bassler, M., U. T. Egle, S. O. Hoffmann: Integrative stationäre Psychotherapie bei Patienten mit chronischem Schmerz -Ergebnisse einer zweieinhalbjährigen prospektiven Studie. Klin. Wschr. 33 (Suppl. XIII) (1988) 45-46

Bastine, R.: Die Überwindung psychotherapeutischen Schulendenkens - Hindernisse und Hoffnungen. In Lang, H. (Hrsg.): Wirkfaktoren der Psychotherapie. Springer, Berlin 1990 (S. 209-218)

Bastine, R.: Entwicklungen und Kontroversen in der Klinischen Psychologie. In Amelang, M. (Hrsg.): Bericht über den 35. Kongreß der Deutschen Gesellschaft für Psychologie in Heidelberg. Bd. 2. Hogrefe, Göttingen 1986 (S. 501 -503)

Bastine, R.: Klinische Psychologie, Bd. 1, 2. Aufl. Kohlhammer, Stuttgart 1990

Bastine, R.: Psychotherapie. In Bastine R., P. Fiedler, U. Grawe, S. Schmidtchen, G. Sommer: Grundbegriffe der Psychotherapie. Urban & Schwarzenberg, München 1982 (S. 311-317)

Bate, T.: Motor Control Theory: A possible framework for the Feldenkrais Method. The Feldenkrais Journal 9 (1994) 32-45

Bateson, G.: Ökologie des Geistes, anthropologische psychologische, biologische und epistemologische Perspektiven. Suhrkamp, Frankfurt a. M. 1981

Bateson, G.: Ökologie des Geistes. Anthropologische, psychologische, biologische und epistemiologische Perspektiven, 2. Aufl. Suhrkamp, Frankfurt a. M. 1988

Bateson, G.: Steps to an ecology of mind. Chandler, San Francisco 1972

Bauer, B. G., W. P. Anderson, R. W. Hyatt: Bulimie: Eine Behandlungsanleitung für Therapeuten und Betroffene. Psychologie Verlags Union, Weinheim 1992

Bauer, J., J. Qualmann, H. Bauer: Psychosomatische Aspekte bei der Alzheimer-Demenz und bei vaskulären Demenzformen. In Heuft, G., A. Kruse, H. G. Nehen, H. Radebold: Interdisziplinäre Gerontopsychosomatik. MMV Medizin Verlag, München 1995 (S. 217-228)

Bauer, J.: Die Alzheimer-Krankheit: Neurobiologie, Psychosomatik, Diagnostik und Therapie. Schattauer, Stuttgart 1994

Bauer, M.: Verhaltensmodifikation durch Modellernen. Kohlhammer, Stuttgart 1979

Baumann, U. (Hrsg.): Indikation in der Psychotherapie. Urban & Schwarzenberg, München 1981

Baumann, U., E. Fähndrich, R. D. Stieglitz, B. Woggon (Hrsg.): Veränderungsmessung in Psychiatrie und Klinischer Psychologie. Profil, München 1990

Baumann, U., R. D. Stieglitz: Psychodiagnostik psychischer Störungen: Allgemeine Grundlagen. In Stieglitz, R. D., U. Baumann (Hrsg.): Psychodiagnostik psychischer Störungen. Enke, Stuttgart 1994 (S. 3-20)

Baumann, U.: Persönlichkeitsforschung in der Psychiatrie. In Berger, M., H. J. Möller, U. Wittchen (Hrsg.): Psychiatrie als empirische Wissenschaft. Karger, Basel 1993

Bäume, J., W. Kissling, C. Meurer, A. Wais, H. Lauter: Informationszentrierte Angehörigengruppen zur Complianceverbesserung bei schizophrenen Patienten. Psychiat. Prax. 18 (1991) 48

Baumeister, H.: Gruppeninterventionsprogramm für Patienten mit Medikamentenabhängigkeit. Münchwieser Hefte, Reihe Konzepte, Psychosomatische Fachklinik Münchwies. St. Ingbert, Westpfälzische Verlagsdruckerei 1996

Baumeister, R. F: Escaping the Self. New York: Basic Books. 1991

Baumeyer, F.: Zur Geschichte der Psychoanalyse in Deutschland. 60 Jahre Deutsche Psychoanalytische Gesellschaft. Z. psychosom. Med. Psychoanal. 17 (1971) 203-240

Bäuml, J.: Psychosen aus dem schizophrenen Formenkreis. Ein Ratgeber für Patienten und Angehörige. Springer, Berlin 1994

Baur, J., Bös, K. Singer, R. (Hrsg.): Motorische Entwicklung. Ein Handbuch. Hofmann, Schorndorf 1994

Bauriedl, T.: Beziehungsanalyse. Suhrkamp, Frankfurt a. M. 1980

Bauriedl, T.: Psychoanalyse ohne Couch: Zur Theorie und Praxis der angewandten Psychoanalyse. Urban & Schwarzenberg, München 1985

Bayen, U. J., G. Haag: Verhaltensmedizinische Konzepte bei Älteren. Deutscher Ärzteverlag, Köln (1996)

Beauchamp, T. L., J. F. Childress: Principles of biomedical ethics, 3rd. ed. Oxford University Press, New York 1989

Bech, P.: Methodological problems in assessing quality of life as outcome in psychopharmakology: A multiaxial approach. In Benkert, O., W. Maier, K. Rickels (eds.): Methodology of the Evaluation of Psychotropic Drugs. Springer, Berlin 1990 (S. 121 - 129)

Beck, A. T., A. Freeman et al.: Cognitive therapy of personality disorders. Guilford Press, New York 1990. Deutsch: Kognitive Therapie der Persönlichkeitsstörungen. 3. Aufl. Psychologie Verlags Union. Weinheim 1995

Beck, A. T., A. Freeman et al.: Kognitive Therapie der Persönlichkeitsstörungen. Psychologie Verlags Union, Weinheim 1993

Beck, A. T., A. J. Rush, B. F. Shaw, G. Emery: Cognitive Therapy of Depression. Guilford Press, New York 1979

Beck, A. T., A. J. Rush, B. F. Shaw, G. Emery: Kognitive Therapie der Depression. Psychologie Verlags Union, Weinheim 1996

Beck, A. T., G. Emery, R. Greenberg: Anxiety Disorders and phobias. Basic Books, New York 1985

Beck, A. T., J. Rush, B. F. Shaw, G. Emery: Kognitive Therapie der Depression, 3. Aufl. Urban & Schwarzenberg, München 1992

Beck, A. T., L. Greenberg: Kognitive Therapie bei der Behandlung von Depressionen. In Hoffmann, N. (Hrsg.): Grundlagen kognitiver Therapien. Huber, Bern 1979

Beck, A. T., N. Epstein, G. Brown u. Mitarb.: An inventory for measuring clinical anxiety. J. consult. clin. Psychol. 56 (1988) 893-897

Beck, A. T., Ward, C. H., M. Mendelson, J. E. Mock, J. K. Erbaugh: An inventory for measuring depression. Arch. gen. Psychiat. 4 (1961) 561-571

Beck, A. T.: Cognitive Therapy and Emotional Disorders. International Universities, 1976. Deutsch: Wahrnehmung der Wirklichkeit und Neurose. Pfeiffer, München 1979
Beck, A. T.: Cognitive therapy of depression: New perspectives. In Clayton, P. J., J. E. Barrett (Eds.): Treatment of depression: Old controversies and new approaches. Raven, New York 1983
Beck, A. T.: Depression. Causes and treatment. University of Pennsylvania Press, Philadelphia 1967
Beck, A. T.: Liebe ist nie genug. Kiepenheuer & Witsch, Köln 1992
Beck, A. T.: Wahrnehmung der Wirklichkeit und Neurose. Pfeiffer, München 1979
Beck, A., F. Wright, C. Newman, S. Liese: Kognitive Therapie der Sucht. Weinheim, Beltz 1997.
Beck, H.: Buber und Rogers. Asanger, Heidelberg 1991
Beck, J. G., D. H. Barlow: Current conceptualizations of sexual dysfunction: A review and an alternative perspective. Clinical Psychology Review 4 (1984) 363 – 378
Becker, H., W. Senf: Praxis der stationären Psychotherapie. Thieme, Stuttgart 1988
Becker, H.: Konzentrative Bewegungstherapie. Thieme, Stuttgart 1989
Becker, J. V., L. J. Skinner, G. G. Abel, J. Cichon: Level of postassault sexual functioning in rape and incest victims. Archives of Sexual Behavior 15 (1986) 37 – 49
Becker, N.: Psychoanalytische Theorie sexueller Perversionen. In Sigusch, V.: Sexuelle Störungen und ihre Behandlung. Georg Thieme, Vandenhoek & Ruprecht, Stuttgart 1996 (S. 222 – 240)
Becker, N.: Trendwende bei der Krebssterblichkeit in Deutschland. Onkologe 3 (1997) 601 – 612
Becker, N.: Zur Übertragungs- und Gegenübertragungsliebe. In Richter-Appelt, H. (Hrsg.): Verführung Trauma Mißbrauch (1896 – 1996). Psychosozial, Gießen 1997 (S. 39 – 106)
Becker, P.: Der Trierer Persönlichkeitsfragebogen TPF. Hogrefe, Göttingen 1989
Becker, P.: Seelische Gesundheit und Verhaltenskontrolle. Hogrefe, Göttingen1995
Becker, P.: Skalen für Verlaufsstudien der emotionalen Befindlichkeit. Z. exp. angew. Psychol. 25 (1988) 345 – 369
Becker, S., H. Bosinski, C. Clement, W. Eicher, T. Goerlich, U. Hartmann, G. Kockott, D. Langer, W. Preuss, G. Schmidt, A. Springer, F. Wille: Standards der Behandlung und Begutachtung von Transsexuellen. Zeitschrift für Sexualforschung 10 (1997) 1 – 10
Becker, S., H. Gschwind: Sexuelle Störungen. In Uexküll, T. v.: Psychosomatische Medizin. Urban und Schwarzenberg Wien. 1996 (S. 637 – 645)
Becker, S.: Integrative Psychosomatik in der Dermatologie – Erfahrungsbericht über ein Kooperationsmodell. In Lamprecht, F.: Spezialisierung und Integration in Psychosomatik und Psychotherapie: Deutsches Kollegium für psychosomatische Medizin, 6. – 8. März 1986. Springer, Berlin 1987
Becker, S.: Psychotherapie bei Transsexualität. In Strauß, B. (Hrsg.): Psychotherapie der Sexualstörungen. Georg Thieme, Stuttgart 1998 (S. 139 – 151)
Becker-Fischer, M., G. Fischer: Sexuelle Übergriffe in Psychotherapie und Psychiatrie. Forschungsbericht des Instituts für Psychotraumatologie, Freiburg im Auftrag des Bundesministeriums für Frauen, Jugend, Senioren und Familien. Kohlhammer, Stuttgart 1995
Beckmann, D., E. Brähler, H. -E. Richter: Der Gießen-Test (GT). Ein Test für Individual- und Gruppendiagnostik, 4. Aufl. Huber, Bern 1991
Beckmann, J. F., J. Schumacher, E. Brähler: Psychologische Testverfahren in der Medizin – Grundlagen und ausgewählte Anwendungsfelder. In Brähler, E., B. Strauß (Hrsg.): Medizinische Psychologie und Soziologie – Ein praxisorientiertes Lehrbuch. Hogrefe, Göttingen 1999
Beelmann, A.: Effektivität der Wirkfaktoren der Psychotherapie bei Kindern und Jugendlichen. In Mandl, H. (Hrsg.): Bericht über den 40. Kongreß der Deutschen Gesellschaft für Psychologie in München. Hogrefe Verlag, Göttingen 1997
Behandlungszentrum für Folteropfer Berlin. Jahresbericht 1994, 1995
Beier, K. M.: Dissexualität im Lebenslängsschnitt. Theoretische und empirische Untersuchungen zu Phänomenologie und Prognose begutachteter Sexualstraftäter. Berlin, Heidelberg, Springer 1995
Beitman, B. D., M. R. Goldfried, J. C. Norcross: The movement toward integrating the psychotherapies Amer. J. Psychiat. 146 (1989) 2
Bell, I. R.: Somatization disorder: Health care costs in the decade of the brain. Biological Psychiatry 35 (1994) 81 – 83
Bell, N. W., S. I. Abramowitz, C. H. Folkins, J. Spensley, G. L. Hutchinson: Biofeedback, brief psychotherapy and tension headache. Headache 23 (1983) 162 – 173
Bellack, A. S., M. Hersen (eds.): Handbook of Comparative Treatments for Adult Disorders. J. Wiley, New York 1990
Bellack, A. S., M. Hersen, A. E. Kazdin (eds.): International Handbook of Behavior Modification and Therapy, 2nd ed. Plenum Press, New York 1990
Bellack, A. S., M. Herssen, J. Himmelhoch: Social Skills training compared with pharmacotherapy and psychotherapy in the treatment of unipolar depression. Amer. J. Psychiat. 138 (1981) 1562 – 1567
Bellaire, W., D. Caspari: Die Behandlung von Spielern in der Universitäts-Nervenklinik Homburg. Prax. Klin. Verhaltensmedizin und Rehabilitation 5 (1989) 15 – 18
Bellack, A. S., M. Herssen, J. Himmelhoch: Social Scills training compared with pharmacotherapy and psychotherapy in the treatment of unipolar depression. Am. J. Psychiat. 138 (1981) 1562 – 1567
Bellak, L., L. Small: Kurzpsychotherapie und Notfallpsychotherapie. Suhrkamp, Frankfurt a. M. 1965
Bender, A. W.: Der Umfang der ärztlichen Dokumentationspflicht – ein weiterer Schritt der Verrechtlichung. Versicherungsrecht 1997 (S. 918 ff.)
Bender, C., Kreck, C.: Feldenkrais-Methode. Internist. prax. 36 (1996) 807 – 814
Bender, D., F. Lösel: Risiko- und Schutzfaktoren in der Genese und der Bewältigung von Mißhandlungen und Vernachlässigung. In Egle, U.T., S. O. Hoffmann, P. Joraschky (Hrsg.): Sexueller Mißbrauch, Mißhandlung, Vernachlässigung. Erkennung und Behandlung psychischer und psychosomatischer Folgen früher Traumatisierungen. Schattauer, Stuttgart 1997 (S. 35 – 53)
Benecke, A.: Geschlechtsspezifische Aspekte bei der Rehabilitation von Patienten mit Diabetes mellitus am Beispiel einer BfA-Klinik. Praxis Klinische Verhaltensmedizin und Rehabilitation 11 (1998) 37 – 43
Benedetti, G. et al.: Psychosentherapie: Psychoanalytische und existentielle Grundlagen. Hippokrates, Stuttgart 1983
Benedetti, G.: Analytische Psychotherapie der affektiven Psychosen. In Kisker, K. P. (Hrsg.): Psychiatrie der Gegenwart, 3. Aufl. Springer, Berlin 1987
Benedetti, G.: Psychotherapie als existentielle Herausforderung. Vandenhoeck & Ruprecht, Göttingen 1992
Benedetti, G.: Vortrag bei der überregionalen Weiterbildung für analytische Psychosentherapie in München. Unveröffentlichtes Manuskript 1994
Benjamin, L. S.: Ein interpersoneller Behandlungsansatz für Persönlichkeitsstörungen. In Schmitz, B., T. Fydrich, K. Limbacher (Hrsg.): Persönlichkeitsstörungen: Diagnostik und Psychotherapie. Psychologie Verlags Union, Weinheim 1996 (S. 136)
Benjamin, L. S.: Interpersonal diagnosis and treatment of personality disorders. Guilford, New York 1993
Benjamin, L. S.: Interpersonal diagnosis and treatment of personality disorders. 2nd ed. Guilford, New York 1995
Benjamin, L. S.: Structural analysis of social behavior. Psychol. Rev. 81 (1974) 392 – 425
Benjamin, S., D. M. Eminson: Abnormal illness behaviour: Childhood experiences and long-term consequences. International Review of Psychiatry 4 (1992) 55 – 70
Benkert, O., H. Hippius: Psychiatrische Pharmakotherapie, 5. Aufl. Springer, Berlin 1992
Benkert, O., H. Hippius: Psychiatrische Pharmakotherapie. 6. Aufl. Springer, Heidelberg 1996
Benoit, J. C., M. Berta: L'activation psychotherapique. Dessart, Bruxelles 1973
Bentall, R. P., G. Haddock, P. D. Slade: Cognitive behavior therapy for persistent auditory hallucinations: From theory to therapy. Behav. Ther. 25 (1994) 51
Benton, M. K., H. E. Schroeder: Social skills training with schizophrenics: A meta-analytic evaluation. J. consult. clin. Psychol. 56 (1990) 741
Berger, M., F. Hohagen: Vorschlag eines detaillierten Weiterbildungscurriculums für den Arzt für Psychiatrie und Psychotherapie. Spektrum 5 (1993) 163 – 166
Berger, M., W. Gaebel: Qualitätssicherung in der Psychiatrie. Springer, Berlin, Heidelberg 1997
Bergin, A. E., S. L. Garfield (eds.): Handbook of Psychotherapy and Behavior Change, 4th ed. Wiley, New York 1994
Bergler, E.: Die psychische Impotenz des Mannes. Huber, Bern; 1937
Bergmann, M. S.: Platonic love, transference love, and love in real life. J. Am. Psychoanal. Assoc. 30 (1982) 87 – 111
Berman, W. H., E. R. Berman, S. Heymsfield, M. Fauci, S. Ackerman: The incidence and comorbidity of psychiatric disorders in obesity. Journal of Personality Disorders 6 (1992) 168 – 175

Berner, W., R. Kleber, H. Lohse: Psychotherapie bei sexueller Delinquenz. In Strauß, B. (Hrsg): Psychotherapie der Sexualstörungen. Georg Thieme, Stuttgart 1998 (S. 122 – 138)

Berner, W.: Sexual aggression: Behavioral and psychodynamic approaches. In Hodgins, S., R. Müller-Isberner (eds.): Violence, crime and mentally disordered offenders. Concepts and methods for effective treatment and prevention. Wiley & Sons, Chichester 1994

Berner, W.: Therapie bei sexueller Delinquenz unter institutionellen Bedingungen. In Sigusch, V.: Sexuelle Störungen und ihre Behandlung. Georg Thieme Vandenhoek & Ruprecht, Stuttgart 1996 (S. 288 – 299)

Bernstein Carlson, E. M., F. W. Putnam: Manual for the Dissociative Experience Scale. Unveröffentlichtes Manuskript, Department of Psychology, Beloit College, Beloit 1992 WI 53511

Bernstein, D. A., T. D. Borkovec: Entspannungs-Training. Handbuch der progressiven Muskelentspannung, 5. Aufl. Pfeiffer, München 1990

Bernstein, E. M., F. W. Putnam: Development, reliability, and validity of a dissociation scale. J. nerv. ment. Dis. 174 (1986) 727 – 735

Bertanalanffy, L. v.: General Systems Theory – A Critical Review. General Systems Yearbook, Vol. 7. 1962 (p. 1 – 20)

Berzins, J. I., M. A Welling, R. E. Wetter: A new measure of psychological androgyny based on the Personality Research Form. Journal of Consulting and Clinical Psychology 46 (1978) 126 – 138

Best, W. R., J. M. Becktel, J. W. Singleton, F. Kern: Development of a Crohn's disease index. Gastroenterology 70 (1976) 439 – 444

Bettelheim, B.: Kinder brauchen Märchen, 5. Aufl. DVA, Stuttgart 1990

Bettighofer, S.: Die latente Ebene der Übertragung. Interaktionelle und systemische Aspekte der therapeutischen Situation. Forum Psychoanal. 10 (1994) 116 – 129

Beumont, P. J. V., E. M. Kopec-Schrader, W. Lennerts: Eating disorder patients at a NSW teaching hospital: A comparision with state wide data. Aust. N. Z. J. Psychiat. 29 (1995) 96 – 103

Beumont, P. J. V., M. O'Connor, W. Lennerts, S. W. Touyz: Ernährungsberatung in der Behandlung der Bulimie. In Fichter, M. M. (Hrsg.): Bulimia: Grundlagen und Behandlung. Enke, Stuttgart 1989

Beumont, P. J. V., S. F. Abraham, W. J. Argall: The onset of anorexia nervosa. Aust. N. Z. J. Psychiat. 12 (1978) 145 – 149

Beutel, M.: Bewältigungsprozesse bei chronischen Erkrankungen. Edition Medizin, Weinheim 1988

Beutler, L. E., J. F. Clarkin: Systematic Treatment Selection - Toward Targeted Therapeutic Interventions. Brunner/Mazel, New York 1990

Beutler, L. E., M. Crago, T. G. Arizmendi: Therapist variables in psychotherapy process and outcome. In Garfield, S. L., A. E. Bergin (eds.): Handbook of Psychotherapy and Behavior Change, 3rd. ed. Wiley, New York 1986 (257 – 310)

Beutler, L. E., M. Crago: Self-report measures of psychotherapy outcome. In Lambert, M. L., E. R. Christensen, S. S. DeJulio (Eds.): The assessment of psychotherapy outcome. Wiley, New York 1983 (453 – 497)

Beutler, L. E.: Eclectic psychotherapy: A systematic approach. Pergamon, New York 1983

Beutler, L.: Systematic eclectic psychotherapy. In Norcross, J. C. (ed.): Handbook of eclectic psychotherapy. Brunner/Mazel, New York 1986 (94 – 131)

Bibb, J. L., D. L. Chambless: Alcohol Use and abuse among diagnosed agoraphobics. Behav. Res. Ther. 24 (1986) 49

Bibring, E.: Das Problem der Depression. Psyche 6 (1953) 81 – 101

Bick, E.: The experience of the skin in early object-relations. Int. J. Psycho-Anal. 49 (1968) 484

Biefang, S., P. Potthoff, F. Schliehe: Assessmentverfahren für die Rehabilitation. Hogrefe, Göttingen 1999

Bielefeld, J. (Hrsg.): Körpererfahrung. Grundlagen menschlichen Bewegungsverhaltens. 2. Aufl., Hogrefe, Göttingen, Toronto, Zürich 1991

Biermann-Ratjen, E. M., J. Eckert, H. J. Schwartz: Gesprächspsychotherapie, 7. Aufl. Stuttgart, Kohlhammer 1995

Bijou, S. W., D. M. Baer: Behavior analysis of child development. Prentice-Hall, Englewood Cliffs, NJ 1978

Bilitza, K. W. (Hrsg.): Suchttherapie und Sozialtherapie. Vandenhoeck & Ruprecht, Göttingen 1993

Bilitza, K. W., A. Heigl-Evers: Suchtmittel als Objekt-Substitut. Zur Objektbeziehungstheorie der Sucht. In Bilitza, K. W. (Hrsg.): Suchttherapie und Sozialtherapie. Vandenhoeck & Ruprecht, Göttingen 1993 (S. 158)

Binder, H., K. Binder: Autogenes Training – Basispsychotherapeutikum. Ein Weg zur Entspannung und zum Selbst. Deutscher Ärzteverlag, Köln 1989

Binder, J., M. Simoes.: Sozialpsychiatrie der Gastarbeiter. fortschr. Neurol. Psychiat. 46 (1978) 342 – 359

Bingel, E.: Probleme der Übertragung und Gegenübertragung in der Therapie mit sexuell mißbrauchten Kindern. In Amann G., R. Wipplinger (Hrsg.): Sexueller Mißbrauch. Überblick zu Forschung, Beratung und Therapie. DGVT, Tübingen 1998 (S. 558 – 572)

Binswanger, L.: Der Fall Ellen West. Schweiz. Arch. Neuro. Psychiat. 54 (1949) 69

Bion, W. R. Deutsche Übersetzung: Lernen durch Erfahrung. Suhrkamp, Frankfurt a. M. 1990

Bion, W. R.: Attacks on linking. Int. J. 40 (1959) 308 – 315

Bion, W. R.: Elemente der Psychoanalyse. Suhrkamp, Frankfurt a. M.

Bion, W. R.: Elements of psychoanalysis. Tavistock, London 1963

Bion, W. R.: Erfahrungen in Gruppen und andere Schriften. Klett-Cotta, Stuttgart 1971

Bion, W. R.: Experiences in groups. Jason Aronson, New York 1959

Bion, W. R.: Learning from experience. Heinemann, London 1962

Bion, W. R.: Transformations. Jason Aronson, New York 1965

Birbaumer, N., R. F Schmidt: Biologische Psychologie. 3. überarb. Aufl. Springer: Berlin, Heidelberg, New York 1996.

Birbaumer, N.: Höheres Lebensalter. In Miltner, W., N. Birbaumer, W. D. Gerber: Verhaltensmedizin. Springer, Berlin 1986 (S. 467 – 476)

Birbaumer, N.: Psychophysiologie der Angst. Urban & Schwarzenberg, München 1977

Bischoff, C.: Wahrnehmung der Muskelspannung. Signalentdeckungstheoretische Untersuchungen bei Personen mit Muskelkontraktionskopfschmerz. Hogrefe, Göttingen, Toronto, Zürich 1989

Björvell, H., S. Rössne, A. J. Stunkard: Obesity, weight loss and dietary restraint. International Journal of Eating Disorders 5 (1986) 727 – 734

Black, D. W., R. B. Goldstein, E. E. Mason: Prevalence of mental disorder in 88 morbidly obese bariatric clinic patients. Am J Psychiatry 149 (1992) 227 – 234

Black, D. W., W. R. Yates, J. H. Reich, S. Bell, R. B. Goldstein, E. E. Mason: DSM-III personality disorder in bariatric clinic patients. Annals of Clinical Psychiatry 1 (1989) 33 – 37

Blackburn, I. M.: Psychology and psychotherapy of depression. Curr. Opinion Psychiat. 7 (1994) 30 – 33

Blackburn, I. M.: Severely depressed inpatients. In Scott, J., J. M. G. Williams, A. T. Beck (eds.): Cognitive Therapy in Clinical Practice. An Illustrative Casebook. Routledge, London, New York 1989

Blair, S. N., J. Shaten, K. Brownell, G. Collins, L. Lissner: Body weight change, all-cause and cause-specific mortality in the Multiple Risk Factor Intervention Trial. Ann. Intern. Med. 119 (1995) 749 – 757

Blanchard, E. B.: Behavioral medicine and health psychology. In Bergin A. E., S. L. Garfield (eds.): Handbook of Psychotherapy and Behavior Change, 4 th ed. J. Wiley, New York 1994

Blanck, R., G. Blanck: Angewandte Ich-Psychologie. Klett-Cotta, Stuttgart 1981

Blaser, A., E. Heim, C. Ringer, M. Thommen: Problemorientierte Psychotherapie: ein integratives Konzept. Huber, Bern 1992

Blass, R., B. Simon: Freud on his mistake(s): The role of seduction in the etiology of the neuroses. In Morris, H., J. Smith (eds.): Telling facts: History and narration in Psychoanalysis. John Hopkins University Press, Baltimore 1992 (160 – 183)

Blaszczynski, A., N. Mc Conaghy, A. Frankova: A comparison of relapsed and non-relapsed abstinent pathological gamblers following behavioural treatment. Brit. J. Addiction 86 (1991) 1485 – 1489

Blau, D., M. A. Berezin: Neuroses and character disorders. J. Geriatr. Psychiat. 15 (1982) 55 – 97

Blazer, D.: The epidemiology of mental illness in late life. In Busse, E. W., D. G. Blazer: Handbook of geriatric psychiatry. Van Nostrand Reinhold, New York 1980 (249 – 273)

Bleuler, E.: Dementia praecox oder die Gruppe der Schizophrenien. Deuticke, Leipzig 1911

Bloch, S., E. Crouch: Therapeutic factors in group psychotherapy. Oxford Medical Publications, Oxford 1985

Block, J., G. Block, S. Keyes: Longitudinally foretelling drug usage in adolescence: Early childhood personality and environment precursors. Child Develop. 59 (1988) 336 – 355

Blos, P.: The second individuation process of adolescence. Psychoanal. Study Child 22 (1967) 162 – 186

Blume, S. E. zitiert nach Wirtz, U.: Seelenmord. Kreuz, Zürich 1989

Boadella, D.: Streß und Charakterstruktur. In Hoffmann-Axthelm, D. (Hrsg.): Der Körper in der Psychotherapie. Transform, Oldenburg 1991

Bogart, G.: The use of meditation in psychotherapy. Amer. J. Psychother. 45 (1991) 383

Bohm, E.: Lehrbuch der Rorschach-Psychodiagnostik. 7. Aufl. Huber, Bern 1996

Bohmann, M., R. Cloninger, A. L. von Knorring, S. Sigvardsson: An adoption study of somatoform disorders. Cross-fostering analysis and genetic relationship to alcoholism and criminality. Archives of General Psychiatry 41 (1984) 872 – 878

Bohus, M., M. Berger: Die dialektisch-behaviorale Psychotherapie nach Linehan. Nervenarzt 67 (1996) 911 – 923

Böhme, H., J. Finke, L. Teusch: Effekte stationärer Gesprächspsychotherapie bei verschiedenen Krankheitsbildern: 1-Jahres-Katamnese. Psychother. Psychosom. med. Psychol. 48 (19998) 20 – 29

Böker, H.: Handlungsdialoge in multiprofessionellen Teams. Der Beitrag der Psychoanalyse zu einer integrierten Therapie psychotischer Störungen. Psychiat. Prax. 22 (1995) 201 – 205

Böker, W.: Das Vulnerabilität-Streß-Coping-Konzept als Grundlage einer partnerschaftlichen Psychosetherapie. In Heinrich, K., E. Klieser, E. Lehmann: Prädiktoren des Therapieverlaufs endogener Psychosen. Schattauer, Stuttgart 1993

Böllinger, L.: Ambulante Psychotherapie mit Sexualstraftätern. Zeitschrift für Sexualforschung 3 (1995) 199 – 221

Bommert, H., M. Hockel (Hrsg.): Therapie-orientierte Diagnostik. Kohlhammer, Stuttgart 1981

Böning, J.: Glückspielen als Krankheit? Kritische Bemerkungen zur Inflation der Süchte. Nervenarzt 61 (1990) 435 – 437

Bönner, G.: Gestaltungstherapie – eine zusätzliche Möglichkeit in der Gruppenpsychotherapie mit Jugendlichen. Prax. Kinderpsychol. Kinderpsychiat. 40 (1991) 177 – 184

Bordin, E. S.: The generalizability of the psychoanalytic concept of the working alliance. Psychotherapy: Theory, Research and Practice 16 (1975) 252 – 260

Borkenau, P., F. Ostendorf: NEO-Fünf-Faktoren Inventar (NEO-FFI) nach Costa und McCrae. Hogrefe, Göttingen 1993

Borkenau, P., F. Ostendorf: Untersuchungen zum Fünf-Faktoren-Modell der Persönlichkeit und seiner diagnostischen Erfassung. Zeitschrift für Differentielle und Diagnostische Psychologie. 10 (1989) 239 – 251

Borkenau, P.: Traits as ideal-based and goal-derived social categories. Journal of Personality and Social Psychology. 58 (1990) 381 – 396

Born, P.: Geschlechtsrolle und diagnostisches Urteil. Deutscher Universitäts-Verlag, Wiesbaden 1992

Born, P.: Geschlechtsstereotype und psychische Gesundheit – Konzepte von PsychologInnen. In Brähler, E., H. Felder (Hrsg.): Weiblichkeit, Männlichkeit und Gesundheit. Westdeutscher Verlag, Opladen 1992 (S. 92 – 110)

Boskind-Lodahl, M., J. Sirlin: Frauen zwischen Eß- und Magersucht. Psychologie Heute 6 (1979) 70 – 75

Boss, M.: Erwiderung zum Bericht über mein Referat auf der 66. Wanderversammlung der südwestdeutschen Psychiater und Neurologen in Badenweiler. 1. Leitthema: Daseinsanalyse. Psyche 4 (1950/51) 394 – 400

Bosse, K., P. Hünecke: Der Juckreiz des endogenen Ekzematikers. Münch. med. Wschr. 123 (1981) 1013

Bosse, K., P. Hünecke: Psychosomatische Therapieansätze im Rahmen der stationären Therapie Hautkranker – Bilanz einer interdisziplinären Zusammenarbeit. In Schüffel, W.: Sich gesund fühlen im Jahre 2000: Der Arzt, sein Patient und die Krankheit; die Technologie, das Team und das System. Berlin, Springer 1988

Bosse, K.: Psychosomatische Gesichtspunkte in der Dermatologie. In von Uexküll, T.: Psychosomatische Medizin, 4. Aufl. Urban & Schwarzenberg, München 1990

Bossert, S., U. Schmölz, M. Wiegand, M. Junker, J. C. Krieg: Predictors of short-term treatment outcome in bulimia nervosa in patients. Behav. Res. Ther. 30 (1992) 193 – 199

Bossert-Zaudig, S., M. Zaudig, M. Junker, M. Wiegand, J. C. Krieg: Psychiatric comorbidity of bulimia nervosa inpatients: Relationship to clinical variables and treatment outcome. Europ. Psychiat. 8 (1993) 15 – 23

Boszormenyi-Nagy, I., G. Spark: Unsichtbare Bindungen. Klett-Cotta, Stuttgart 1981

Bourdon, K. et al.: Gender differences in phobias. Journal of Anxiety Disorders 2 (1988) 227 – 241

Bower, G. H.: Commentary on mood and memory. Behaviour Research and Therapy 25 (1987) 443 – 455

Bower, G. H.: Mood and memory. Amer. Psychol. 36 (1981) 129 – 148

Bower, G.H. Commentary on mood and memory. Behaviour Research and Therapy 25 (1987) 443 – 455.

Bowlby, J.: Attachment and Loss, Vol. 1: Attachment. Basic Books, New York 1969

Bowlby, J.: Attachment and Loss, Vol. 2: Sparation. Basic Books, New York 1979

Bowlby, J.: Attachment and Loss, Vol. 3: Loss. Sadness and depression. Basic Books, New York 1980

Bowlby, J.: Bindung. Kindler, München 1975

Bowlby, J.: Developmental psychiatry comes of age. Am. J. Psychiatry (1988) 145

Bowlby, J.: Trennung, Psychische Schäden als Folge der Trennung von Mutter und Kind. Kindler, München 1976

Boyle, M. E., R. D. Greer: Operant procedures and the comatose patient: J. Appl. Beh. Anal. 16 (1983) 3 – 12

Brack, U.: Verhaltenstherapeutische Förderung entwicklungsgestörter Kinder. In Petermann, F. (Hrsg.): Kinderverhaltenstherapie. Schneider Verlag, Hohengehren 1997 (S. 311 – 330)

Brähler, E. (Hrsg.): Körpererleben. Springer, Berlin 1986

Brähler, E., Ch. Brähler (Hrsg.): Paardiagnostik mit dem Gießen-Test. Huber, Bern 1993

Brähler, E., J. Fahrenberg, M. Myrtek, J. Schumacher: Der Fragebogen zur Lebenszufriedenheit (FLZ). Hogrefe, Göttingen 1995

Brähler, E., J. W. Scheer: Der Gießener Beschwerdebogen (GBB). Handbuch, 2. Aufl. Huber, Bern 1995

Brähler, E., L.M. Horowitz, H. Kordy, J. Schumacher, B. Strauß: Zur Validierung des Inventars zur Erfassung Interpersonaler Probleme (IIP). Psychotherapie, Psychosomatik, Medizinische Psychologie 1999 (im Druck)

Brähler, E., M. Eisemann, J. Schumacher: Fragebogen zum erinnerten elterlichen Erziehungsverhalten (FEE). Handanweisung. Bern: Huber 1999

Brammer, L. M., E. L. Shostrom: Therapeutic psychology: Fundamentals of counseling and psychotherapy, 4th ed. Prentice Hall, Englewood Cliffs, NJ 1982

Braun, M.: Auf der Suche nach dem ärztlichen Verhaltenstherapeuten. In: Lieb, H. & Lutz, R. (Hrsg.): Verhaltenstherapie. Ihre Entwicklung – ihr Menschenbild. Hogrefe. Göttingen 1992

Bräutigam, H., W. Senf, H. Kordy: Wirkfaktoren psychoanalytischer Therapien aus der Sicht des Heidelberger Katamneseprojekts. In Lang, H.: Wirkfaktoren der Psychotherapie. Springer, Heidelberg 1990 (S. 189)

Bräutigam, W.: Kooperationsformen somatischer und psychosomatischer Medizin. Springer, Berlin 1988

Bräutigam, W.: Reaktionen – Neurosen – Abnorme Persönlichkeiten, 6. Aufl. Thieme, Stuttgart, New York 1994

Bräutigam, W.: Rückblick auf das Jahr 1942. Betrachtungen eines psychoanalytischen Ausbildungskandidaten des Berliner Instituts der Kriegsjahre. Psyche 38 (1984) 905 – 914

Braver, M., J. Bumberry, K. Green, R. Rawson: Childhood abuse and current psychological functioning in a university counseling center population. Journal of Counseling Psychology 39 (1992) 252 – 257

Breggin, P. R.: Psychotherapy as applied ethics. Psychiatry 34 (1971) 59 – 74

Bremner, J. D., C. R. Marmar: Trauma, memory, and dissociation. American Psychiatric Press, Washington (D. C.) 1998

Bremner, J. D., S. Southwick, E. Brett, A. Fontana, R. Rosenheck, D. S. Charney: Dissociation and posttraumatic stress disorder in Vietnam combat veterans. Am. J. Psychiatry 149 (1992) 328 – 333

Brengelmann, J. C.: Erfolg und Streß. Psychologie Verlags Union, München 1993

Brenner, H. D., V. Roder, M. C. G. Marlo: Verhaltenstherapeutische Verfahren bei schizophren Erkrankten. In Möller, H. J.: Therapie psychiatrischer Erkrankungen. Enke, Stuttgart 1993

Breslau, N., G. C. Davis, B. Andreski, E. Peterso: Traumativ events and posttraumatic stress disorder in an urban population of young adults. Archives of General Psychiatry 48 (1991) 216 – 222

Breslau, N., G. C. Davis, E. L. Peterson, L. Schultz: Psychiatricsequelae of posttraumatic stress disorder in women. Archives of General Psychiatry 54 (1997) 81 – 87

Bretherton, I, E. Waters (eds.) Growing points of attachment theory and research. Society for Research in Child Development, Chicago 1985

Brewin, C. R.: Cognitive change processes in psychotherapy. Psychol. Rev. 96 (1989) 379 – 394

Breznitz, S.: The denial of stress. IUP, New York 1983

Brickenkamp, R. (Hrsg.): Erster Ergänzungsband zum Handbuch psychologischer und pädagogischer Tests. Hogrefe, Göttingen 1983

Brickenkamp, R. (Hrsg.): Handbuch psychologischer und pädagogischer Tests. Hogrefe, Göttingen 1975

Brickenkamp, R. (Hrsg.): Handbuch psychologischer und pädagogischer Tests. 2. vollst. überarb. u. erweiterte Aufl. Hogrefe, Göttingen 1997

Bridger, W. H., I. J. Mandel: Abolition of the PRE by instructions in GSR conditioning. J. exp. Psychol. 69 (1965) 476 – 482

Briere, J., M. Runtz: Symptomatology associated with childhood sexual victimization in a nonclinical adult sample. Child Abuse and Neglect 12 (1988) 51 – 59

Briere, J.: Psychological assessment of adult posttraumatic states. APA, Washington 1997

Broda, M., F. A. Muthny: Umgang mit chronisch Kranken. Ein Lehr- und Handbuch der psychosozialen Fortbildung. Thieme, Stuttgart 1990

Broda, M., R. W. Dahlbender, J. Schmidt, M. von Rad, R. Schors: DKPM-Basisdokumentation. Eine einheitliche Basisdokumentation für die stationäre Psychosomatik und Psychotherapie. Psychother. Psychosom. med. Psychol. 43 (1993) 214 – 223

Broda, M., R. W. Dahlbender, J. Schmidt, M. von Rad, R. Schors: DKPM-Basisdokumentation. Eine einheitliche Basisdokumentation für die stationäre Psychosomatik und Psychotherapie. PPmP Psychother. Psychosom. med. Psychol. 43 (1993 a) 214 – 218

Broda, M., R. W. Dahlbender, J. Schmidt, M. von Rad, R. Schors: DKPM-Basisdokumentation. Stationäre Psychosomatik und Psychotherapie. PPmP Psychother. Psychosom. med. Psychol. 43 (1993 b) 219 – 223

Broda, M., U. Koch, F. A. Muthny: Bedarf und Möglichkeiten der Anwendung psychologischer Interventionen bei Dialyse- und Nierentransplantationspatienten. In Hand, I., H. -U. Wittchen: Verhaltenstherapie in der Medizin. Springer, Berlin 1989

Broda, M., W. Braukmann, A. Dehmlow, P. Kosarz, P. Schuhler, J. Siegfried, M. Zielke: Epidemiologische Daten zur Beschreibung des Klientels Psychosomatischer Kliniken - Eine Auswertung von 10 Jahren Basisdokumentation. In Fachausschuß Psychosomatik (Hrsg.): Basisdokumentation Psychosomatik in der Verhaltensmedizin. Schriftenreihe des Wissenschaftsrats der AHG, Hilden 1994 (S. 19 – 35)

Broda, M., W. Bürger, A. Dinger-Broda, H. Massing: Die Berus-Studie. Zur Ergebnisevaluation der Therapie psychosomatischer Störungen bei gewerblichen Arbeitnehmern. Westkreuz-Verlag, Berlin, Bonn 1996

Broda, M.: Aspekte der Qualitätssicherung in der stationären Verhaltensmedizin. In Laireiter, A.-L., H. Vogel (Hrsg): Qualitätssicherung in der Psychotherapie und psychosozialen Versorgung – ein Werkstattbuch. dgvt, Tübingen 1998 (S. 277 – 290)

Broda, M.: Chronisches Krankheitsverhalten. Entstehung, Aufrechterhaltung und Bedeutung für die Rehabilitation. In VDR (Hrsg): Befundung, Diagnostik, Intervention. DRV-Schriften, Frankfurt 1995 (S. 11 – 18)

Broda, M.: Wahrnehmung und Bewältigung chronischer Krankheiten. Deutscher Studien Verlag, Weinheim 1987

Brody, M. L., B. T. Walsh, M. Y. Devlin: Binge eating disorder. Reliability and validity of a new diagnostic category. Journal of Consulting and Clinical Psychology 62 (1995) 381 – 386

Bromm, B., J. Desmedt (eds.): Pain and The Brain. From Nociception to Cognition. Raven Press, New York 1994

Bronisch, T., Hiller, M. Zaudig, W. Mombour: Münchner Diagnosen Checkliste für die DSM-III-R/ICD- 10 Persönlichkeitsstörungen. Huber, Bern 1995

Bronisch, T.: Diagnostik von Persönlichkeitsstörungen nach den Kriterien aktueller internationaler Klassifikationssysteme. Verhaltensth. 2 (1992) 140

Broverman, I.K., D.M. Broverman, F.E. Clarkson, P.S. Rosenkrantz, S.R. Vogel: Sex-role stereotypes and clinical judgements of mental health. Journal of Consulting and Clinical Psychology 34 (1970) 1 – 7

Brown, D. G., F. R. Bettley: Psychiatric Treatment of Eczema: A Controlled Trial. Brit. Med. J. 2 (1971) 729

Brown, D. G.: Stress as a precipitant factor of eczema. J. Psychosom. Res. 16 (1972) 321

Brown, D. P., E. Hillsdale, N. J. Erlbaum: Hypnotherapy and Hypnoanalysis. Erlbaum, Hillsdale, NJ 1986

Brown, H.D., S.M. Kosslyn, H.C. Breiter, L. Baer, M.A. Jenike: Can patients with obsessive-compulsive disorders discriminate between percepts and mental images ? A signal detection analysis. J. Abnormal Psychol. 3 (1994) 445 – 454

Browne, A., D. Finkelhor: The impact of child sexual abuse: a review of the research. Psychological Bulletin 99 (1986) 66 – 77

Brozek, J., S. Diamond: Die Ursprünge der objektiven Psychologie. In Balmer, H. (Hrsg.): Die Psychologie des 20. Jahrhunderts, Bd. I: Die europäische Tradition. Kindler, Zürich 1976

Bruch, H.: Behaviour therapy in anorexia nervosa. Letter to the editor. J. Amer. Med. Ass. 233 (1975) 317 – 318

Bruch, H.: Das verhungerte Selbst. Gespräche mit Magersüchtigen. Fischer, Frankfurt/M. 1990

Bruch, H.: Der goldene Käfig. Das Rätsel der Magersucht. Fischer, Frankfurt/M. 1980

Bruch, H.: Eating Disorders, Obesity, Anorexia nervosa and the Person within. Basic books, New York 1973

Bruch, H.: Perceptual and conceptual disturbances in anorexia nervosa. Psychosom. Med. 24 (1962) 187 – 194

Bruch, H.: Perils of behaviour modification in the tretment of anorexia nervosa. J. Amer. med. Ass. 230 (1974) 1419 – 1422

Bruch, M., N. Hoffmann: Selbsterfahrung in der Verhaltenstherapie? Springer, Heidelberg 1996

Bruch, M.: The Self-Schema Model of Complex Behavioral Disorders. Roderer, Regensburg 1988

Brunner, E. J. (Hrsg.): Interaktion in der Familie. Springer, Berlin Heidelberg 1984

Brunner, G., R. Spiegel: Eine Validierungsstudie mit der NOSGER (Nurses Observation Scale for Geriatric Patients), einem neuen Beurteilungsinstrument für die Psychogeriatrie. Z. klin. Psychol. 19 (1990) 211 – 229

Brunner, R., A. E. Meyer: In Richter-Appelt, H. (Hrsg.): Verführung Trauma Mißbrauch (1896 – 1996). Psychosozial, Gießen 1997 (S. 107 – 124)

Brunner, R., P. Parzer, H. Richter-Appelt, A. E. Meyer, F. Resch: Sexuelle Mißbrauchserfahrungen in der Vorgeschichte von Patienten in hochfrequenten analytischen Langzeitbehandlungen. Prävalenz und Diagnosestellung. Psychotherapie, Psychosomatik, medizinische Psychologie. 1998

Bryant, R. A., A. G. Harvey: Visual imagery in posttraumatic stress disorder. J. Traum. Stress 3 (1996) 613 – 619

Bucci, W. S.: Cognitive science and psychoanalysis. Plenum Press, New York 1997

Buchheim, A., K. H. Brisch, H. Kächele: Einführung in die Bindungstheorie und ihre Bedeutung für die Psychotherapie. Psychother. Psychosom. Med. Psychol 48 (1998) 129 – 138

Buchheim, P., M. Cierpka, I. Gitzinger, H. Kächele, D. Orlinsky: Entwicklung, Weiterbildung und praktische Tätigkeit von Psychotherapeuten – Erfahrungen mit einer ersten Befragung von Psychotherapeuten mit der deutschen Version des „Common Core Questionnaire"-Fragebogens im Rahmen der 41. Lindauer Psychotherapiewochen. In Buchheim, P., M. Cierpka, Th. Seifert (Hrsg.): Lindauer Texte b: Liebe und Psychotherapie – Der Körper in der Psychotherapie. Springer, Berlin 1992 (S. 251 – 286)

Buchheim, P., R. Dahlbender, H. Kächele: Biographie und Beziehungen in der psychotherapeutischen Diagnostik. In Janssen, P. L., W. Schneider: Diagnostik in Psychotherapie und Psychosomatik. Fischer, Stuttgart 1994

Buchheim, P., R. Sell, A. Triebel: Konzepte einer curricularen psychotherapeutischen Weiterbildung und deren Einschätzung durch die teilnehmenden Ärzte. Prax. Psychother. Psychosom. 37 (1992 a) 69 – 78

Buchheim, P.: Selbsterfahrung und Supervision in der tiefenpsychologischen psychotherapeutischen Weiterbildung. Spektrum 5 (1993) 173 – 174

Buchholz, M. B.: Dreiecksgeschichten. Eine klinische Theorie psychoanalytischer Familientherapie. Vandenhoeck & Ruprecht, Göttingen 1993

Buchmann, R.: CHARTA für die Ausbildung in Psychotherapie. Schweizerische Konferenz der Ausbildungsinstitutionen für Psychotherapie und der psychotherapeutischen Fachverbände. Zürich, Basel 1991

Büchner, U.: Sucht als artifizielle Ich-Funktion. Ich-psychologische Suchttheorien. In Bilitza, K. W. (Hrsg.): Suchttherapie und Sozialtherapie. Vandenhoeck & Ruprecht, Göttingen 1993 (S. 145)

Bühring, M., F. H. Kemper (Hrsg.): Naturheilverfahren und Unkonventionelle Medizinische Richtungen. LoseBlattSysteme. Springer, Berlin März 1995

Bühringer, G., R. Konstanty: Vielspieler an Geldspielautomaten in der BRD. Suchtgefahren 35 (1989) 1 – 13

Bullinger, M., I. Kirchberger, N. von Steinbüchel: Der Fragebogen Alltagsleben - ein Verfahren zur Erfassung der gesundheitsbezogenen Lebensqualität. Zeitschrift für Medizinische Psychologie, 2, 121 – 131.

Bullinger, M., I. Kirchberger: Der SF- 36 Fragebogen zum Gesundheitszustand (SF-36). Handbuch für die deutschsprachige Fragebogenversion. Hogrefe, Göttingen 1998

Bullinger, M.: Gesundheitsbezogene Lebensqualität und subjektive Gesundheit. Überblick über den Stand der Forschung zu einem neuen Evaluationskriterium in der Medizin. Psychotherapie, Psychosomatik, Medizinische Psychologie 47 (1997) 76 – 91

Bundesamt Fachserie 12, Gesundheitswesen, Reihe 6. 1 Grunddaten der Krankenhäuser und Vorsorge- oder Rehabilitationseinrichtungen 1993. Statistisches Bundesamt, Wiesbaden 1993

Bundesvereinigung Tätigkeitsbericht der Kassenärztlichen Bundesvereinigung 1994. Für die Zeit vom 1. Januar 1994 bis 31. Dezember 1994. Deutscher Ärzte Verlag, Köln 1994

Bunge, M.: Scientific research I, II. Springer, New York 1967

Bunnell, D. W., I. R. Shanker, M. P. Nussbaum, M. S. Jacobson, P. J. Cooper: Subclinical versus formal eating disorders: Differentiating psychological features. International Journal of Eating Disorders 9 (1990) 357–362

Bunzel, B.: Herztransplantation: Psychosoziale Grundlagen und Forschungsergebnisse zur Lebensqualität. Georg Thieme, Stuttgart 1993

Burnham, D. L.: Misperception of other Persons in Schizophrenia. A Structural View of Restitution Processes, Reality, Representation and Perception. Psychiatry 19 (1956) 282–303

Burrows, G. D., L. Dennerstein (eds.): Handbook of Hypnosis and Psychosomatic medicine. Elsevier, Amsterdam 1980

Butler, J.: Das Unbehagen der Geschlechter. Suhrkamp, Frankfurt a. M. 1991

Butler, G., A. Cullington, G. Hibbert, I. Klimes, M. Gelder: Anxiety management for persistent generalized anxiety. Brit. J. Psychiat. 151 (1987 a) 535

Butler, G., M. Gelder, G. Hibbert, A. Cullington, I. Klimes: Anxiety management: Developing effective strategies. Beh. Res. Ther. 25 (1987 b) 517

Butler, R. N.: Successful aging and the role of the life review. J. Amer. Geriatr. Soc. 22 (1974) 529–535

Büttner-Westphal, H., I. Hand: Die Yale-Brown Obsessive-Compulsive Scale. Verhaltenstherapie 1 (1991) 226–233

Calhoun, K. S., B. M. Atkeson: Therapie mit Opfern von Vergewaltigung. Hilfen bei der Überwindung der psychischen und sozialen Folgen. Huber, Bern 1994

Callahan, R.: Five minute phobia cure. Enterprise, Wilmington 1985

Calogeras, R. C., L. A. Berti: Psychoanalyse und Krebs. Ein Fallbericht und eine Hypothese. Psyche 45 (1991) 228–264

Camp, B. W., M. S. Bash: Think aloud. Increasing social and cognitive skills. Champaign, Ill., Research Press, 1981

Cappe, R. F., L. E. Alden: A comparison of treatment strategies for clients functionally impaired by extreme shyness and social avoidance. Journal of Consulting and Clinical Psychology 54 (1986) 796–801

Carkhuff, R. R.: Helping and Human Relations, a Primer for Lay and Professional Helpers, Vol. 1: Selection and Training; Vol. 2: Practice and Research. Rinehart and Winston, Inc., New York 1969

Carlson, N. R.: Physiology of Behavior, 5th ed. Allyn & Bacon, Boston 1994

Carstensen, L. L.: The emerging field of behavioral gerontology. Behav. Ther. 19 (1988) 259–281

Caspar, F. M. (Hrsg.): Problemanalyse in der Psychotherapie. Bestandsaufnahme und Perspektiven. DGVT-Verlag, Tübingen 1996

Caspar, F. M., K. Grawe: Analyse des Interaktionsverhaltens als Grundlage der Problemanalyse und Therapieplanung. Forschungsberichte des Psychologischen Instituts der Universität Bern 1982

Caspar, F. M., K. Grawe: Was spricht für, was gegen individuelle Fallkonzeptionen? Überlegungen zu einem alten Problem aus neuer Perspektive. Verhaltenstherapie 4 (1994) 186–196

Caspar, F.: Verhaltenstherapie der Angst. In Strian, F.: Angst – Grundlagen und Klinik. Springer, Berlin 1983 (S. 383–428)

Caspari, D.: Glückspiel – Pathologisches Spielen – Spielsucht. Magazin Forschung Uni Saarbrücken 1 (1992) 16–19

Casper, S., Kuhn, J., Merguet, P., Kühn, W.: Geschlechtsspezifische Aspekte in der medizinischen Rehabilitation komorbider Patienten mit psychischen und organischen Störungen. Praxis Klinische Verhaltensmedizin und Rehabilitation 11 (1998) 25–31

Castonguay, L. G.: „Common factors" and „nonspecific variables": Clarification of the two concepts and recommendations for research. J. Psychother. Integration 3 (1993) 267

Cattell, R. B.: The scientific analysis of personality. Penguin, Harmandsworth 1965

Cautela, J. R.: Covert conditioning. In Jacobs, A., L. B. Sachs (eds.): The psychology of private events: Perspectives on covert response systems. Academic Press, New York 1971

Cautela, J. R.: Covert processes and behavior modification. J. nerv. ment. Dis. 157 (1973) 27–36

Cautela, J. R.: Covert sensitization. Psychol. Rep. 74 (1967) 459–468

Cautela, J. R.: Rationale and procedures for covert conditioning. In Rubin, R. D., H. Fensterheim, J. D. Henderson, L. P. Ullmann (eds.): Advances in Behavior Therapy. Academic Press, New York 1972

Cavenar, J. O. jr, D. S. Werman: The sex of the psychotherapist. Am. J. Psychiatry. 140 (1983) 85–87

Cecchin, G., G. Lane, W. A. Ray: Vom strategischen Vorgehen zur Nicht-Intervention. Für mehr Eigenständigkeit in der systemischen Praxis. Familiendynamik 17 (1992) 1, 3–17

Cecchin, G.: Zum gegenwärtigen Stand von Hypothetisieren, Zirkularität und Neutralität. Eine Einladung zur Neugier. Familiendynamik 13 (1988) 190–203

Chacko, R., R. Harper, J. Gotto, J. Young: Psychiatric Interview and Psychometric Predictors of Cardiac Transplant Survival. Am. J. Psychiatry 153 (1996) 1607–1612

Chadwick, P., C. F. Lowe et al.: Modifying delusions: The role of empirical testing. Behavioral Therapy 25 (1994) 35–49

Chambless, D. C., P. Caputo, P. Bright, R. Gallagher: Assessment of fear in agoraphobies: the Body Sensation Questionnaire and the Agoraphobic Cognitions Questionnaire. J. consult. clin. Psychol. 52 (1984) 1090–1097

Charcot, J. M.: Disorders of the nervous system. New Sydenham Society, London 1889

Charney, D. S., A. Y. Deutch, J. H. Krystal, S. M. Southwick, M. Davis: Psychobiologic mechanisms of posttraumatic stress disorder. Archives of General Psychiatry. 50 (1993) 294–305

Christensen, A. L.: Clinical neuropsychology in the early phase of rehabilitation of brain damage. In Wild, K. von, H. H. Janzik (Hrsg.): Neurologische Frührehabilitation. Zuckschwerdt, München 1990

Christopherson, L. K.: Cardiac transplantation: a psychological perspective. Circulation 75 (1987) 57–62

Chu, J. A., D. L. Dill: Dissociative symptoms in relation to childhood physical and sexual abuse. Amer. J. Psychiat. 147 (1990) 887–892

Chu, J. A., D. L. Dill: Dissociative symptoms in relation to childhood physical and sexual abuse. Am. J. Psychiatry 147 (1990) 887–892

Cierpka, M., F. Hofmann: Der Stand der Ausbildungsforschung in der Familientherapie. Kontext 24 (1993) 90–101

Cierpka, M., G. Frevert: Die Familienbögen (FB). Ein Inventar zur Einschätzung von Familienfunktionen. Hogrefe, Göttingen 1995

Cierpka, M., M. Burgmeier-Lohse, R. W. Dahlbender, S. Davies-Osterkamp, G. Frevert, T. Grande, P. Joraschky, H. Schauenburg, M. Strack, B. Strauß: OPD-Achse II – Beziehungen. In: Arbeitskreis OPD (Hrsg.): Operationalisierte Psychodynamische Diagnostik. Grundlagen und Manual. Verlag Hans Huber, Bern 1996

Cierpka, M., P. Buchheim, H. J. Freyberger, S. O. Hoffmann, P. Janssen, A. Muhs, G. Rudolf, U. Rüger, W. Schneider, G. Schüßler: Die erste Version einer Operationalisierten Psychodynamischen Diagnostik (OPD-1). Psychotherapeut 40 (1995) 69–78

Cifani, L., R. Vargo: Teaching Strategies For The Transplant Recipient: A Review and Future Directions. Focus On Critical Care 17 (1990) 476–479

Cinciripini, P. M., A. Floreen: An evaluation of a behavioral program for chronic pain. J. Behav. Med. 5 (1982) 375–389

Ciompi, L., Z. Kupper: Das Pilotprojekt „Soteria Bern" zur Behandlung akut Schizophrener. Der Nervenarzt 64 (1993) 440–450

Ciompi, L.: Affektlogik. Klett-Cotta, Stuttgart 1982

Ciompi, L.: Auf dem Weg zu einem kohärenten multidimensionalen Therapieverständnis der Schizophrenie: Konvergierende neue Konzepte. In Böker, W., H. D. Brenner: Bewältigung der Schizophrenie. Huber, Bern 1986

CIPS - Collegium Internationale Psychiatrae Scalarum (Hrsg.): Internationale Skalen für Psychiatrie. 4. Auflage. Beltz-Test, Weinheim 1996

CIPS-Internationale Skalen für Psychiatrie. Hrsg. Collegium Internationale Psychiatriae Scalarum (CIPS). Beltz, Weinheim 1981

Clark, D. M.: Anxiety states: Panic and generalized anxiety. In Hawton, K., P. M. Salkovskis, J. Kirk, D. M. Clark: Cognitive behaviour therapy for psychiatric problems. Oxford University Press, Oxford 1990

Clarkin, J. F., E. Marziali, H. Munroe-Blum: Borderline Personality Disorder: Clinical and Empirical Perspectives. Guilford, New York 1992

Clarkin, J. F., F. Yeomans, O. F. Kernberg: Psychotherapy for Borderline Personality. John Wiley, New York (im Druck)

Clement, U., W. Senf: Transsexualität. Behandlung und Begutachtung. Schattauer, Stuttgart 1996

Clinton, D. N., R. Glant: The eating disorders spectrum of DSM-III-R. Clinical features and psychosocial concomitants of 86 consecutive cases form a Swedish urban catchment area. Journal of Nervous and Mental Disease 180 (1992) 244–250

Cocks, G. C.: Psychoanalyse, Psychotherapie und Nationalsozialismus. Psyche 37 (1983) 1057–1106

Coderre, T. J., J. Katz, A. L. Vaccarino, R. Mack: Contribution of central neuroplasticity to pathological pain: Review of clinical and experimental evidence. Pain 52 (1993) 259–285

Cohen, F., R. S. Lazarus: Coping with the stress of illness. In Stone, G., F. Cohen, N. Adler: Health Psychology. Jossey Bass, San Francisco 1979

Cohen, J.: The statistical power of abnormal-social psychological research. A review. J. abn. Soc. Psychol. 65 (1962) 145–153

Cohn, R.: Von der Psychoanalyse zur themenzentrierten Interaktion. Klett-Cotta, Stuttgart 1975

Colarusso, C. A., R. A. Nemiroff: Clinical implications of adult developmental theory. Amer. J. Psychiatry 144 (1987) 1263 - 1270

Cole, W. C., H. L. Roth, L. B. Sachs: Group psychotherapy as an aid in the medical treatment of eczema. J. Amer. Acad. Dermatol. 18 (1988) 286 - 291

Comings, D. E., R. J. Rosenthal, H. R. Lesieur, L. Rugle, D. Muhleman, C. Chiu, R. Gade: The molecular genetics of pathological gambling: the DRD2 gene. Paper presented at the „Ninth International Conference on Gambling and Risk-Tasking[ANFE] Las Vegas (USA) 1994 zitiert nach Meyer (1994)

Connors, M. E., C. L. Johnson: Epidemiology of bulimia and bulimic behaviors. Addict. Behav. 12 (1987) 165 - 179

Conrad, W.: Diagnostik als Messung. In Jäger, R. S., F. Petermann (Hrsg.): Psychologische Diagnostik, 2. Aufl. Psychologie Verlags Union, Weinheim 1992 (S. 245 - 256)

Conrad, W.: Diagnostik als Messung. In Jäger, R.S., F. Petermann (Hrsg.): Psychologische Diagnostik. 3., korr. Aufl. Psychologie Verlags Union, Weinheim 1995 (S. 245 - 256)

Conte, J. R.: Sexual abuse of children. In Hampton, R. L., T. P. Gullota, G. R. Adams, E. H. Potter, R. P. Weissberg (eds.): Family violence: Prevention and treatment. Newbury Park, Sage 1993 (p. 56 - 85)

Conte, J. R., R. Plutchik u. Mitarb.: A self-report borderline scale - discriminative validity and preliminary norms. J. nerv. ment. Dis. 168 (428 - 435). Übersetzung in: Rohde-Dachser, Ch. (1984): Das Borderline-Syndrom, a. a. O., (S. 247 f)

Cook, T. D., D. T. Campbell: Quasi-Experimentation. Design & Analysis Issues for Field Settings. Houghton Mifflin Company, Boston 1979

Cooke, I. E., D. L. Sackett: Finding the evidence. Evidence-based obstetrics and gynaecology. Clinical obstetrics and gynaecology 10 (1996) 551 - 67

Cooper, B., U. Sosna: Psychische Erkrankungen in der Altenbevölkerung. Nervenarzt 54 (1984) 239 - 249

Cooper, J. E., R. E. Kendell, L. Sharpe, R. M. Copeland, R. Simon: Psychiatric Diagnosis in New York and London. Maudsley Monograph No. 20. Oxford University Press, London 1972

Cooper, J. E.: Measurement of the quality of life. In Stefanis, C. (eds.): Psychiatry: A World Perspective, Vol. 4. Elesevier, Amsterdam 1990 (S. 379 - 383)

Cooper, P. J., C. G. Fairburn: Binge-eating and self-induced vomiting in the community. A preliminary study. Brit. J. Psychiat. 142 (1983) 139 - 144

Cooper, Z., C. G. Fairburn: The Eating Disorder Examination: a semistructured interview for assessment of specific psychopathology of eating disorders. Int. J. Eating Disorders 6 (1987) 1 - 7

Cooper, Z., P. Cooper, C. G. Fairburn: The validity of the eating disorder examination and its subscales. Brit. J. Psychiat. 154 (1989) 807 - 812

Coplan, J. D., S. I. Wolk, D. F. Klein: Anxiety and the serotonin1 A receptor. In Bloom, F. E., D. J. Kupfer (eds.): Psychopharmacology: The fourth generation of progress. Raven Press, New York 1995 (S. 1301 - 1310)

Cording, C., W. Gaebel, A. Spengler, R. D. Stieglitz, H. Geiselhart, U. John, D. W. Netzold, H. Schönell: Die neue psychiatrische Basisdokumentation. Eine Empfehlung der DGPPN zur Qualitätssicherung im (teil-) stationären Bereich. Spektrum 24 (1995) 3 - 38

Corsini, R.: Handbuch der Psychotherapie. Beltz, Weinheim 1983

Costa, P. T., R. R. Mc Crea: Hypochondriasis, neuroticism, and aging. When are somatic complaints unfounded? American Psychologist 40 (1985) 19 - 28

Cotterill, J. A.: Dermatological nondisease. Brit. J. Dermatol. 103 (Suppl. 18) (1981) 13

Coughlin, D. L.: Zur Arbeit von Erziehungsberatungsstellen bei Verdacht auf sexuellen Mißbrauch. Praxis der Kinderpsychologie und Kinderpsychiatrie 46 (1997) 499 - 506

Courtois, C.: The incest and its aftermath. Victimology: An International Journal 4 (1979) 337 - 347

Craig, T. K. J., A. P. Boardman, K. Mills, O. Daly-Jones,H. Drake: The south London somatisation study I: Longitudinal course and the influence of early life experiences. British Journal of Psychiatry 163 (1993) 579 - 588

Cramon, G. M. v., D. Y. von Cramon, N. Mai: Verhaltenstherapie in der neuropsychologischen Rehabilitation. In Zielke, M. J. Sturm (Hrsg.): Handbuch stationäre Verhaltenstherapie. Psychologie Verlags Union, Weinheim 1994

Crasilneck, H. B., J. A. Hall (eds.): Clinical Hypnosis: Principles and Applications. Grune & Stratton, London 1985

Cratty, B. J.: Motorisches Lernen und Bewegungsverhalten. Limpert: Frankfurt am Main 1975.

Cremerius, J.: Der Lehranalytiker begeht jeden einzelnen dieser Fehler. In Streeck, U., H. V. Werthmann (Hrsg.): Lehranalyse und psychoanalytische Ausbildung. Vandenhoeck & Ruprecht, Göttingen 1992 (S. 11 - 26)

Cremerius, J.: Die Sprache der Zärtlichkeit und der Leidenschaft. Reflexionen zu Sándor Ferenczis Wiesbadener Vortrag von 1932. Psyche. 37 (1983) 988 - 1015

Cremerius, J.: Psychoanalytische Abstinenzregel. Vom regelhaften zum operativen Gebrauch. Psyche 38 (1984) 769 - 800

Crisp, A. H., B. McGuiness: Jolly fat: relation between obesity and psychoneurosis in general population. Br Med J 1 (1976) 7 - 9

Crisp, A. H., D. Toms: Primary anorexia nervosa or weight phobia in the male. Brit. Med. J. 1 (1972) 334 - 338

Crisp, A. H.: Anorexia nervosa. Hosp. Med. 1 (1967) 713 - 718

Crombach-Seeber, B., G. Crombach: Fragebogen zur sexuellen Interaktion. DGVT, Tübingen 1977

Crowin, D. L.:Early diagnosis of sexual abuse: Diminishing the lasting effects. In Wyatt, G. E., G. J. Powell (eds.): Lasting effects of child sexual abuse. Newbury Park, Sage 1989 (p. 251 - 270)

Czetczok, H. E.: Die Feldenkrais-Methode. In Bühring, M., F. H. Kemper (Hrsg.): Naturheilverfahren und unkonventionelle medizinische Richtungen. Grundlagen, Methoden, Nachweissituation. Springer, Berlin, Heidelberg, New York 1993

Czogalik, D.: Wirkfaktoren in der Einzeltherapie. In Tschuschke, V., D. Czogalik: Psychotherapie - Welche Effekte verändern? Springer, Heidelberg 1990 (S. 7)

D'Zurilla, T. J., A. Nezu: Social problem solving in adults. In Kendall, P. C. (ed.): Advances in Cognitive-Behavioral Research and Therapy, Vol. 1. Academic Press, New York 1982

D'Zurilla, T. J., M. R. Goldfried: Problem solving and behavior modification. J. abnorm. Psychol. 78 (1971) 107 - 126

D'Zurilla, T. J.: Problem-Solving Therapy: A Social Competence Appraoch to Clinical Intervention. Springer, New York 1986

Dahl, S.: Acute response to rape - a PTSD variant. Acta Psychiatrica Scandinavica 355 (1989) 56 - 62

Dahl, S.: Rape - a hazard to health. Oxford University Press, Oxford 1993

Dahle, K. P.: Therapie als (Aus-)Weg? Eine Untersuchung zu therapiebezogenen Einstellungen von Strafgefangenen. Bewährungshilfe 40 (1993) 401 - 407

Dahle, K. P.: Therapiemotivation hinter Gittern. Roderer, Regensburg 1995

Damasio, A. R.: Descartes' Irrtum. Fühlen, Denken und das menschliche Gehirn. dtv, München 1995

Danckwardt, J. F.: Zur Interaktion von Psychotherapie und Psychopharmakotherapie. Psyche 32 (1978) 111 - 154

Darwin, C.: The expression of emotions in man and animals. University of Chicago Press, Chicago 1965 (Erstausgabe 1872)

Davies-Osterkamp, S., K. Jung, J. Ott: Therapeutische Faktoren in der psychoanalytisch-interaktionellen und tiefenpsychologisch-fundierten Gruppentherapie. Psychother. Psychosom. med. Psychol. 42 (1992) 102 - 109

Davies-Osterkamp, S.: Geschlecht als Variable der Forschung in Psychotherapie, Psychosomatik und Medizinischer Psychologie. Psychotherapie, Psychosomatik, Medizinische Psychologie 44 (1994) 293 - 298

Davison, G. C., G. T. Wilson: Process of fear-reduction in systematic desensitization: Cognitive and social reinforcement factors in humans. Behav. Ther. 4 (1973) 1 - 21

Davison, G. C., J. M. Neale: Abnormal Psychology, 6th ed. Wiley, New York 1994

Davison, G. C., J. M. Neale: Klinische Psychologie. 4. Aufl. Beltz - PVU, Weinheim 1996

De Jong-Meyer, R., S. Schmitz, M. Ehlker, S. Greis, U. Hinsken, B. Sonnen, N. Dickhöver: Handlungsorientierte Interaktionsbeiträge in verschiedenen Therapien: Prozesssteuerung und Erfolgsrelevanz. Psychologisches Institut I der Westfälischen Wilhelm-Universität, Münster (in Vorb.)

De Jong-Meyer, R., M. Hautzinger, G. A. E. Rudolf, W. Strauß, U. Frick: Die Überprüfung der Wirksamkeit einer Kombination von Antidepressiva- und Verhaltenstherapie bei endogenen depressiven Patienten. Z. klin. Psychol. XXV/2 (1996) 93 - 109

De Loos, W. S., W. Op den Velde: Psychotrauma. Psychother. and Psychosom. 57 (1992) 141 - 205

De Zwaan M., J. E. Mitchell, H. C. Seim, S. M. Specker, R. L. Pyle, N. C. Raymond, R. B. Crosby: Eating related and general psychopathology in obese females with Binge Eating Disorder. International Journal of Eating Disorders 15 (1994) 43 - 52

De Charms, R., M. S. Muir: Motivation: Social approaches. Annual Review of Psychology 29 (1978) 91 - 113

Deblinger, E., S. V. McLeer, D. Ralphe, E. Foa: Post-traumatic stress in sexually abused, physically abused, and nonabused children. Child abuse and Neglect 13 (1989) 403 - 408

Deffenbacher, J. L., R. M. Suinn: The self-control of anxiety. In Karoly, P., F. H. Kanfer (eds.): Self-management and behavior change. Pergamon Press, New York 1982

Deisinger, K., H. J. Markowitsch: Die Wirksamkeit von Gedächtnistrainings in der Behandlung von Gedächtnisstörungen. Psychol. Rundsch. 42 (1991) 55 - 65

Deitz, J.: Self-psychological interventions for major depression: technique and theory. Amer. J. Psychother. 42 (4) (1988) 597 - 609

De Jong-Meyer, R., M. Hautzinger, G. A. E. Rudolf, W. Strauss: Multizentrische randomisierte Therapiestudie zur Effektivität einer Kombination von Antidepressivatherapie und Verhaltenstherapie bei endogen depressiven Patienten. BMFT-Symposium, Dresden 1992

Dell, P. F.: Klinische Erkenntnis. Verlag modernes lernen, Dortmund 1986

Demal, U., G. Lenz, A. Mayrhofer, H. G. Zapotoczky, W. Zitterl: Zwangskrankheit und Depression: Retrospektive Untersuchung über den Langzeitverlauf. Verhaltensmodifikation und Verhaltensmedizin 13 (1992) 71 - 85.

Demuth, W.: Klinische Praxis der Verhaltenstherapie. Enke, Stuttgart 1981

Deneke, F. W., B. Hilgenstock: Das Narzißmusinventar. Huber, Bern 1989

Der Spiegel: Glücksrausch: Stärker als die Liebe. Spiegel 6 (1988) 206 - 218

Derogatis, L. R., G. R. Morrow, J. Fetting u. Mitarb.: The prevalence of psychiatric disorders among cancer patients. J. Amer. med. Ass. 249 (1983) 751 - 757

Derogatis, L. R., R. S. Lipman, L. Covi: SCL-90. Self-Report Symptom Inventory. In W. Guy (ed.): ECDEU assessment manual for psychopharmacology. National Institute of Mental Health, Rockville 1976 (pp. 313 - 331)

Désirat, K.: Die transsexuelle Frau. Beiträge zur Sexualforschung 60. Enke, Stuttgart 1985

Detig, C.: Hautkrank: Unberührbarkeit aus Abwehr ? - Psychodynamische Prozesse zwischen Nähe und Distanz. Verlag für Medizinische Psychologie im Verlag Vandenhoeck & Ruprecht, Göttingen 1989

Detig-Kohler, C.: Psychoanalytische Falldarstellung: Behandlung einer Patientin mit den Leitsymptomen Kontaktekzem und Bulimie. In Gieler, U., U. Stangier, E. Brähler: Hauterkrankungen in psychologischer Sicht, Jahrbuch der Medizinischen Psychologie 9. Hogrefe, Göttingen 1993

Deutsche Arbeitsgemeinschaft für Jugend- und Eheberatung e.V. Beratungsführer. Die Beratungsstellen in Deutschland - ihre Leistungen, ihre Träger, ihre Anschriften. AWi-Druck, München 1994

Deutsches Institut für medizinische Dokumentation und Information (DIMDI; Hrsg.): Internationale statistische Klassifikation der Krankheiten und verwandter Gesundheitsprobleme. 10. Revision (ICD-10). Amtliche deutschsprachige Ausgabe, Bd. 1. Systematisches Verzeichnis. Huber, Bern 1994

Devereux, G.: Why Oedipus killed Laios. International Journal of Psychoanalysis 34 (1953) 132 - 41

DeVoge, J. T., S. Beck: The therapist-client relationship in behavior therapy. In Hersen, M., R. M. Eisler, P. M. Miller (eds.): Progress in behavior modification, Vol. 6. Academic Press, New York 1978

Dew, M., L. Roth, H. Schulberg, R. Simmons, R. Kormos, P. Trzepacz, B. Griffith: Prevalence and Predictors of Depression and Anxiety-Related Disorders During the Year After Heart Transplantation. General Hospital Psychiatry 18 (1996) 48 - 61

DeYoung, M.: (1982). The sexual victimization of children. McFarland, Jefferson (NC) 1982

DGVT (Hrsg.): Verhaltenstherapie - Theorien und Methoden, 4. Aufl. Forum 11 (1992)

Diagnostic and Statistical Manual of Mental Disorders, Fourth Edition. American Psychiatric Association, Washington D. C. 1994

Diehl, J. M., T. Paul: Relativgewicht und Persönlichkeit. Analysen mit dem Freiburger Persönlichkeitsinventar. Akt. Ernährungsmed. 10 (1985) 14 - 23

DiGiuseppe, R. A., N. J. Miller: Überblick über Untersuchungen zur Effektivität der Rational-Emotiven Therapie. In Ellis, A., G. Grieger (Hrsg.): Praxis der Rational-Emotiven Therapie. Urban & Schwarzenberg, München 1979

Dilling, H., S. Weyerer, R. Castell: Psychische Erkrankungen in der Bevölkerung. Enke, Stuttgart 1984

Dilling, H., W. Mombour, M. H. Schmidt (Hrsg.): Internationale Klassifikation psychischer Störungen ICD-10 Kapitel V (F) Klinisch-diagnostische Leitlinien. Huber, Bern 1993

Dilling, H., W. Mombour, M. H. Schmidt (Hrsg.): Internationale Klassifikation psychischer Störungen. ICD-10 Kapitel V (F). Klinische Beschreibungen und diagnostische Leitlinien, 2. überarb. Aufl. Huber, Bern 1993

Dilling, H., W. Mombour, M. H. Schmidt, E. Schulte-Markwort (Hrsg.): Internationale Klassifikation psychischer Störungen. ICD-10 Kapitel V (F). Forschungskriterien. Huber, Bern 1994

Dilling, H.: Zur Notwendigkeit psychotherapeutischer Interventionen zwischen dem 50. und 80. Lebensjahr. Vortrag Weltkongreß für Gerontologie, Hamburg 1981

Dinger-Broda, A., A. Becker, E. Fischer, E. Gergen, V. Jacob, G. Sprick: Gesundheitsförderung von Frauen - Entwicklung und Evaluation einer Gruppentherapie. Verhaltenstherapie und Verhaltensmdizin 19 (1998) 333 - 358

Dinger-Broda, A., M. Broda: Geschlechtsspezifische Unterschiede in der psychosomatischen Rehabilitation. Praxis Klinische Verhaltensmedizin und Rehabilitation 40 (1997) 7 - 12

Dinger-Broda, A.: Psychotherapie bei chronischen körperlichen Erkrankungen. In Zielke, M., J. Sturm: Handbuch Stationäre Verhaltenstherapie. Psychologie Verlags Union, Weinheim 1994

Dittmann, J., R. Schüttler: Bewältigungs- und Kompensationspsychismen bei Patienten mit endogenen Psychosen aus dem schizophrenen Formenkreis. Psychiat. Prax. 16 (1989) 126

Dittmann, V., H. J. Freyberger, R. D. Stieglitz, M. Zaudig: Die ICD-10-Merkmalsliste. Testversion III. In Dittmann, V., H. Dilling, H. J. Freyberger (Hrsg.): Psychiatrische Diagnostik nach ICD-10 - klinische Erfahrungen bei der Anwendung. Ergebnisse der ICD-10-Merkmalslistenstudie. Huber, Bern 1992 (S. 185 - 216)

Dittmann, V., R. -D. Stieglitz: Persönlichkeitsstörungen. In Stieglitz, R. D., U. Baumann (Hrsg.): Psychodiagnostik psychischer Störungen. Enke, Stuttgart 1994 (S. 230 - 244)

Dittmann, V.: Das Konzept der Persönlichkeitsstörungen (F6). In Dilling, H., E. Schulte-Markwort, H. J. Freyberger (Hrsg.): Von der ICD-9 zur ICD-10. Neue Ansätze der Diagnostik psychischer Störungen in der Psychiatrie, Psychosomatik und Kinder- und Jugendpsychiatrie. Huber, Bern 1994 (S. 139 - 148)

Dobson, K. S. (ed.): Handbook of Cognitive-Behavioral Therapies. Guilford Press, New York 1990

Dobson, K. S.: A Meta-Analysis of the Efficacy of Cognitive Therapy for Depression. J. Consult. Clin. Psychol. 57 (1989) 414 - 419

Dolan, Y. M.: Resolving sexual abuse. Solution focused therapy and Ericksonian Hypnosis for adult survivors. Norton, New York 1991

Dollard, J., N. E. Miller: Personality and psychotherapy: An analysis in terms of learning, thinking, and culture. McGraw-Hill, New York 1950

Doman, G., R. Wilkinson, M. D. Dimancescu, R. Pelligra: The effect of intense multi-sensory stimulation on coma arousal and recovery. Neuropsychol. Rehab. 3 (1993) 203 - 212

Donahue, C. P., S. A. Driesenga: A review of social skills training with chronic mental patients. In Hersen, M., R. M. Eisler, P. M. Miller (eds.): Progress in behavior modification, Vol. 23. Sage Publications, London 1988

Donobedian, A.: Evaluating the Quality of Medical Care. Milbank Memorial Fund Quarterly 44 (1966) 166 - 203

Döring, J., B. Seggelke: Das Ansprechen der Beziehung in dyadischen Interaktionen. Unveröffentlichte Diplomarbeit, FU Berlin, Institut für Psychologie 1979

Döring, J.: Biographisch orientierte Verhaltensanalyse. Prax. Klin. Verhaltensmedizin und Rehabilitation (1988) 220 - 226

Döring-Seipel, E., P. Schüler, K. H. Seipel: Selbsterfahrung für Verhaltenstherapeuten: Konzept eines Trainings zielorientierter Selbstreflexion: Erste Erfahrungen. Verhaltenstherapie 5 (1995) 138 - 148

Dörner, D., H. W. Kreuzig, F. Reiter, T. Stäudel: Lohhausen: Vom Umgang mit Unbestimmtheit und Komplexität. Huber, Bern 1983

Dörner, D.: Die Logik des Mißlingens. Rowohlt, Reinbek 1989

Dörner, D.: Problemlösen als Informationsverarbeitung. Kohlhammer, Stuttgart 1979

Dornes, M.: Der kompetente Säugling. Die präverbale Entwicklung des Menschen. Fischer Taschenbuch Verlag, Frankfurt a. M. 1993

Dornheim, J.: Kranksein im dörflichen Alltag - Soziokulturelle Aspekte des Umgangs mit Krebs, Bd. 57. Ludwig-Uhland-Institut, Tübingen 1983

Dreher, F., P. Woods: Strategic Hypnotherapy. Institute for Educational Therapy, Berkeley, Ca. 1989

Drummond, L. M., A. Duggal: Cognitive behavioral approaches to psychosis: an overview. In: Mace, C., F. Margison (Eds.): Psychotherapy of Psychosis. Gascell, London 1997 (p. 93–114)

Dührssen, A., E. Jorswieck: Eine empirisch-statistische Untersuchung zur Leistungsfähigkeit psychoanalytischer Behandlung. Nervenarzt 36 (1965) 166–169

Dührssen, A.: Analytische Psychotherapie in Theorie, Praxis und Ergebnissen. Vandenhoeck & Ruprecht, Göttingen 1972

Dührssen, A.: Die biographische Anamnese unter tiefenpsychologischem Aspekt. Verlag für Medizinische Psychologie, Göttingen 1981

Dührssen, A.: Dynamische Psychotherapie. Ein Leitfaden für den tiefenpsychologisch orientierten Umgang mit Patienten, 2. Aufl. Vandenhoeck & Ruprecht, Göttingen 1995

Dührssen, A.: Dynamische Psychotherapie. Springer, Berlin 1988

Dührssen, A.: Ein Jahrhundert psychoanalytische Bewegung in Deutschland. Vandenhoeck & Ruprecht, Göttingen 1994

Dührssen, A.: Geschichtlicher Rückblick. In Tress, W. (Hrsg.): Psychosomatische Medizin und Psychotherapie in Deutschland. Verlag für Med. Psychologie im Verlag Vandenhoeck & Ruprecht, Göttingen 1992 (S. 19–31)

Dulz, B., N. Lanzoni: Die multiple Persönlichkeit als dissoziative Reaktion bei Borderlinestörungen. Psychotherapeut 41 (1996) 17–24

Dworkin, B. R., N. E. Miller: Failure to replicate visceral learning in the acute curarized rat preparation. Behavioral Neurosciences. 100 (1986) 299–314

Eames, P., R. Wood: Rehabilitation after severe brain injury: A follow-up study of a behaviour modification approach. J. Neurol. Neurosurg. Psychiat. 48 (1985) 613–619

Eckardt, A.: Das Münchhausen-Syndrom – die chronische Artefaktkrankheit. Urban & Schwarzenberg, München 1989

Ecker, D., B. Graf, S. Mempel, B. Scheidt, H. Tempel-Griebe: Diagnostische Aspekte und gruppentherapeutische Erfahrungen bei der Behandlung sexuell mißbrauchter und vergewaltigter Frauen. In Zielke, M., J. Sturm (Hrsg.): Handbuch Stationäre Verhaltenstherapie. Psychologie Verlags Union, Weinheim 1994 (S. 763–773)

Eckert, J., E. M. Biermann-Ratjen, S. Tönnies: PSYGE. Ein neu entwickelter Fragebogen zur Erfassung psychischer Gesundheit. In Bommert, H., F. Petermann (Hrsg.): Diagnostik und Praxiskontrolle in der klinischen Psychologie. Steinhauer & Rau, München 1983 (S. 19–24)

Eckert, J., E. M. Biermann-Ratjen: Ein heimlicher Wirkfaktor: Die „Theorie" des Therapeuten. In Tschuschke, V., D. Czogalik: Psychotherapie – Welche Effekte verändern? Springer, Heidelberg 1990 (S. 272)

Eckert, J., E. M. Biermann-Ratjen: Stationäre Gruppenpsychotherapie. Prozesse – Effekte – Vergleiche. Springer, Berlin 1985

Eckert, J.: Gruppenerfahrungsbogen (GEB). In Strauß, B., J. Eckert, V. Tschuschke (Hrsg.): Methoden der empirischen Gruppentherapieforschung. Ein Handbuch. Westdeutscher Verlag, Opladen 1996 (S. 160–171)

Eckert, J.: Mündliche Mitteilung 1994

Eckhardt, A.: Die Dissoziation – Klinische Phänomenologie, Ätiologie und Psychodynamik. In Seidler, G. H. (Hrsg.): Hysterie heute. Enke, Stuttgart 1996

Edelmann, G. M.: Neural Darwinism. The theory of neuronal group selection. Basic Books, New York 1987

Edwards, P. W., A. Zeichner, A. R. Kuczmierczyk, J. Boczkowski: Familial pain models: the relationship between family history of pain and current pain experience. Pain 21 (1985) 379–384

Eggert, D.: Eysenck-Persönlichkeits-Inventar (E-P-I), 2. Aufl. Hogrefe, Göttingen 1983

Egle, U. T., D. Kissinger, R. Schwab: Eltern-Kind-Beziehung als Prädisposition für ein psychogenes Schmerzsyndrom im Erwachsenenalter. Eine kontrollierte retrospektive Studie zu G. L. Engels „pain-proneness". Psychother. Psychosom. med. Psychol. 42 (1991) 247–256

Egle, U. T., E. Tauschke: Die Alopezie – ein psychosomatisches Krankheitsbild? Psychotherapie, Psychoanalyse und Med. Psychologie 37 (1987) 31–35

Egle, U. T., K. Heucher, S. O. Hoffmann, U. Porsch: Psychoanalytisch orientierte Gruppentherapie mit psychogenen Schmerzpatienten. Ein Beitrag zur Behandlungsmethodik. Psychother. Psychosom. med. Psychol. 42 (1992) 79–90

Egle, U. T., R. Nickel: Schmerz und Bindung. (in Vorb.)

Egle, U. T., S. O. Hoffmann (Hrsg.): Der Schmerzkranke. Grundlagen, Pathogenese, Klinik und Therapie chronischer Schmerzsymptome aus bio-psycho-sozialer Sicht. Schattauer, Stuttgart 1993

Egle, U. T., S. O. Hoffmann, P. Joraschky: Sexueller Mißbrauch, Mißhandlung, Vernachlässigung. Erkennen und Behandlung psychischer und psychosomatischer Folgen früher Traumatisierung. Schattauer, Stuttgart 1997

Egle, U. T., S. O. Hoffmann: Psychotherapie und ihre Wirksamkeit bei chronischen Schmerzzuständen. Eine kritische Zwischenbilanz. Schmerz 3 (1989) 8–21

Egle, U. T.: Das chronische Schmerzsyndrom. Psychotherapeut 3 (1994) 177–194

Ehlers, A. P. F.: Die ärztliche Aufklärung vor medizinischen Eingriffen. Heymanns, Köln 1987

Ehlers, A., J. Margraf, D. Chambless (Hrsg.): Fragebogen zu körperbezogenen Ängsten, Kognitionen und Vermeidung (AKV). Beltz Test, Weinheim 1993

Ehlers, A., U. Stangier, D. Dohn, U. Gieler: Kognitive Faktoren beim Juckreiz: Entwicklung und Validierung eines Fragebogens. Verhaltenstherapie 3 (1993) 112–119

Ehlers, A., U. Stangier, U. Gieler: Treatment of Atopic Dermatitis. A comparison of psychological, dermatological approaches to relapse prevention. J. Consult. Clin. Psychol. 63 (1995) 624–635

Ehlert, M.: Verführungstheorie, infantile Sexualität und „Inzest". Jahrbuch der Psychoanalyse 27 (1991) 42–70

Ehlert, U., P. Locher, J. Hanker: Psychoendokrinologische Untersuchung an Patientinnen mit chronischen Unterbauchbeschwerden. In Kentenich, H., M. Rauchfuá, P. Diedrichs (Hrsg.): Psychosomatische Gynäkologie und Geburtshilfe 1993/94. Springer, Berlin 1994 (S. 202–212)

Ehlert-Balzer, M.: Sexueller Mißbrauch während psychotherapeutischer Behandlungen: Folgen und ihre therapeutische Aufarbeitung. In Richter-Appelt, H. (Hrsg.): Verführung Trauma Mißbrauch (1896–1996). Psychosozial, Gießen 1997 (S. 125 –146)

Eichenbaum, H, T. Otto: Ltp and memory: can we enhance the connection? Trends Neurosci 16 (1993) 163–164

Eichenbaum, L., S. Orbach: Feministische Psychotherapie. Kösel, München 1983

Eicher, W.: Orgasmus und Orgasmusstörungen bei der Frau. VCH Weinheim, 1991

Eichert, I.: Psychosomatik in der dermatologischen Praxis. In Bosse, K., U. Gieler: Seelische Faktoren bei Hautkrankheiten: Beiträge zur psychosomatischen Dermatologie. Huber, Bern 1987

Eifert, G. H., P. H. Wilson: The triple response approach to assessment: A conceptual and methodological reappraisal. Behav. Res. Ther. 29 (1991) 283–292

Eisler, I., C. Dare, G. F. M. Russell, G. Szmukler, D. le Grange, E. Dodge: Family and indiviual therapy in anorexia nervosa. Arch. Gen. Psychiatry 54 (1997) 1025–1030

Eissler, K. R.: The effect of structure of the ego on psychoanalytic technique. Journal of the American Psychoanalytic Association 1 (1953) 104–143

Eith, F.: Alkohol im Dienst des Lustprinzips. Triebpsychologische Suchttheorien. In Bilitza, K. W. (Hrsg.): Suchttherapie und Sozialtherapie. Vandenhoeck & Ruprecht, Göttingen 1993 (S. 115)

Ekman, P., W. V. Friesen: A new pan-cultural facial expression of emotion. Motivation and Emotion 10 (1986) 159–168

Elias, N.: Der Prozeß der Zivilisation. Suhrkamp, Frankfurt 1976

Elias, N.: Über den Prozeß der Zivilisation, Bd. 2. Wandlungen der Gesellschaft. Entwurf zu einer Theorie der Zivilisation, 5. Aufl. Suhrkamp, Frankfurt a. M. 1978

Elkin, I., P. A. Pilkonis, J. P. Docherty, S. M. Sotsky: Conceptual and methodological issues in comparative studies of psychotherapy and pharmacotherapy, I: Active ingredients and mechanisms of change. Amer. J. Psychiat. 145 (1988 a) 909–917

Elkin, I., P. A. Pilkonis, J. P. Docherty, S. M. Sotsky: Conceptual and methodological issues in comparative studies of psychotherapy and pharmacotherapy, II: Nature and timing of treatment effects. Amer. J. Psychiat. 145 (1988 b) 1070–1076

Elkin, I.: The NIMH treatment of depression collaborative research program: Where we began und where we are. In Bergin, A. E., S. L. Garfield (eds.): Handbook of Psychotherapy and Behavior Change. Wiley, New York 1994

Ellenberger, H.: Die Entdeckung des Unbewußten. Huber, Bern 1973

Ellerbrok, G., G. Heuft, W. Senf: Zur Prävalenz sexuellen Mißbrauchs in der Vorgeschichte stationärer Psychotherapiepatienten. Psychotherapeut 40 (1995) 9–16

Ellis, A., B. Hoellen: Die Rational Emotive Verhaltenstherapie. Reflexionen und Neubestimmungen. Pfeiffer, München 1997

Ellis, A.: Die rational-emotive Therapie. Das innere Selbstgespräch bei seelischen Problemen und seine Veränderung. Pfeifer, München 1977

Ellis, A.: Grundlagen und Methoden der Rational-Emotiven Verhaltenstherapie. Pfeiffer, München 1997

Ellis, A.: Humanistic psychotherapy. The rational-emotive approach. Julian Press, New York 1973

Ellis, A.: Reason and emotion in psychotherapy. Stuart, New York 1962

Ellis, A.: The essence of rational psychotherapy. Institute for Rational Living, New York 1970

Ellis, A.: Treating the widowed client with Rational-Emotive Therapy (RET). Psychother. Patient 6 (1990) 105 - 111

Elman, J. L.: Learning and development in neural networks: The importance of starting small. Cognition. 48 (1993) 71 - 99

Elsner, K.: Gruppenbehandlung von Sexualstraftätern im Maßregelvollzug. 1999 (in Druck)

Emmelkamp, P. M. G.: Behavior therapy with adults. In Bergin, A. E., S. L. Garfield (eds.): Handbook of Psychotherapy and Behavior Change. An empirical analysis, 4th ed. J. Wiley, New York 1994

Emmelkamp, P. M. G.: Behavior Therapy with Adults. In Garfield S. L., A. E. Bergin (Eds.): Handbook of Psychotherapy and Behavior Change, 3 rd ed. J. Wiley, New York 1986

Emmelkamp, P. M. G.: Obsessive-compulsive disorders. In Michelson, L., L. M. Ascher (eds.): Anxiety and stress disorders. Guilford Press, New York 1987

Emrich, H. M., H. Hippius: Die Bedeutung diagnostischer Kriterien für biologisch-psychiatrische Untersuchungen (Übersicht über bisherige Aufsätze). In Kopf, A., H. Beckmann (Hrsg.): Forschungen zur biologischen Psychiatrie. Springer, Berlin 1984 (S. 43 - 49)

Endler, N. S., D. Magnusson (eds.): Interactional psychology and personality. Hemisphere Press, Washington 1976

Engel, G. L.: „Psychogenic[ANFE] pain and the pain-prone patient. Amer. J. Med. 26 (1959) 899 - 918

Engel, G. L.: Psychisches Verhalten in Gesundheit und Krankheit. Huber, Bern 1970

Engel, G. L.: The need for a new medical model: A challenge for biomedicine. Science 196 (1977) 129 - 136

Engel, K.: Meditation. Geschichte - Systematik - Forschung - Theorie. Lang, Frankfurt 1995

Engel, R. R. (Hrsg.): Minnesota Multiphasic Personality Inventory 2. Manual. Huber, Bern 1998

Engels, W. D.: Dermatologic disorders: Psychosomatic illness review: No. 4 in a series. Psychosomatics 23 (1982) 1209

English, H. B., A. C. English: A comprehensive dictionary of psychoanalytic terms. Mc Kay, New York 1958

Enke, M.: Werte der Psychotherapie - soziale Lebensform und wissenschaftlicher Standort. Psychother. med. Psychol. 27 (1977) 85 - 100

Epstein, N. B., D. S. Bishop, S. Levin: The McMaster Model of Family Functioning. J. Marriage and Family Counseling 4 (1978) 19 - 31

Erbar, P.: Onkologie. Schattauer, Stuttgart 1994

Erdheim, M.: Die gesellschaftliche Produktion von Unbewußtheit. Eine Einführung in den ethnopsychoanalytischen Prozeß. Suhrkamp, Frankfurt a. M. 1982

Erdheim, M.: Thesen zum Mythos und zur Unbewußtheit im Verhältnis zwischen den Geschlechtern. In Schaeffer-Hegel, B., B. Wartmann (Hrsg.): Mythos Frau. Projektionen und Inszenierungen im Patriarchat. publica, Berlin 1984

Erickson, M. H., E. L. Rossi: Hypnotherapie. Pfeiffer, München 1981

Erickson, M. H.: Die Lehrgeschichten, 3. Aufl. iskopress, Salzhausen 1993

Erikson, E. H.: Identity and the Life Cycle. New York 1959 (Dt.: Identität und Lebenszyklus, Suhrkamp, Frankfurt a. M. 1966)

Erikson, E. H.: Kindheit und Gesellschaft, 5. Aufl. Klett, Stuttgart 1973

Erikson, E. H.: The life cycle completed. Norton, New York 1982

Erikson, E. H.: The problem of ego identity. J. Amer. Psychoanal. Assoc. 4 (1956) 56 - 121

Erikson, E.: Jugend und Krise. Klett, Stuttgart 1970

Erikson, E.: Kinderspiel und politische Phantasie. Suhrkamp, Frankfurt 1978

Erikson, E.: Kindheit und Gesellschaft. Klett, Stuttgart 1979

Erim-Frodermann, Y.: Muttersprachliche Psychotherapie als Ort der interkulturellen Begegnung in der einheimischen Institution. In Kiesel, D., H. von Lüpke (Hrsg.): Vom Wahn und vom Sinn. Brandes & Apsel, Frankfurt am Main 1998

Erim-Frodermann, Y., G. A. E. Rudolf: Gutachterliche Beurteilung von psychisch kranken türkischen Patienten in Deutschland. In Koch, E., M. Özek (Hrsg.): Psychologie und Pathologie der Migration. Lambertus, Freiburg im Breisgau 1995

Erim-Frodermann, Y., W. Senf: Erste Begegnung in der Krise und Wege zur Psychotherapie. Vortrag auf dem 3. deutsch-türkischen Psychiatrie-Kongress, 15.09. - 19.09.98, Berlin unveröffentl. Manuskript.

Erkwoh, R., H. Saß: Störung mit multipler Persönlichkeit: alte Konzepte in neuem Gewande. Nervenarzt 64 (1993) 169 - 174

Ermann, M.: Behandlungskrisen und die Widerstände des Psychoanalytikers. Bemerkungen zum Gegenübertragungswiderstand. Forum Psychoanal. 3 (1987) 100 - 111

Ermann, M.: Die Persönlichkeit bei psychovegetativen Störungen. Klinische und empirische Ergebnisse. Springer, Berlin 1987

Ermann, M.: Idealisieren wir die projektive Identifizierung? Kommentar zu T. H. Ogden: „Die projektive Identifikation". Forum Psychoanal. 4 (1988) 76 - 79

Ermann, M.: Psychotherapeutische und psychosomatische Medizin. Kohlhammer, Stuttgart 1995

Ernst, C.: Zu den Problemen der epidemiologischen Erforschung des sexuellen Mißbrauchs. In Ammann, G., R. Wipplinger (Hrsg.): Sexueller Mißbrauch: Überblick zu Forschung, Beratung und Therapie. 2. aufl., DGVT, Tübingen 1998 (s. 55 - 71)

Ernst, C., J. Angst, M. Földeney: The Zürich Study, XVII: Sexual abuse in childhood: Frequency and relevance for adult morbidity. Data of a longitudinal epidemiological study. European Archives of Psychiatry and Clinical Neuroscience 242 (1993) 293 - 300

Ernst, C., N. von Luckner: Stellt die Frühkindheit die Weichen? Eine Kritik an der Lehre von der schicksalshaften Bedeutung erster Erlebnisse. Enke, Stuttgart 1985

Erwin, W. J.: A 16-year follow-up of a case of severe anorexia nervosa. J. Behav. Ther. exp. Psychiat. 8 (1977) 157 - 160

Escobar, J. I., G. Canino: Unexplained physical complaints. Psychopathology and epidemiological correlates. British Journal of Psychiatry 154 (1989) 24 - 27

Escobar, J. I., M. A. Burnam, M. Karno, A. Forsythe, J. M. Golding: Somatization in the community. Archives of General Psychiatry 44 (1987) 713 - 718.

Esquirol, J. E. D.: Des maladies mentales. Lafayette, Paris 1938

Estes, W. K. (ed.): Handbook of Learning and Cognitive Processes, Vol. 2: Conditioning and behavior theory. L. Erlbaum, Hillsdale, NJ 1975

Ettl, T.: Bulimia nervosa - die heimliche unheimliche Aggression. Z. psychoanal. Theorie Praxis. 3 (1988) 48 - 76

Ettrich, K. U., J. Guthke: Therapieorientierte Psychodiagnostik und Psychodiagnostik intraindividueller Variabilität. In Schröder, H., J. Guthke (Hrsg.): Fortschritte der klinischen Persönlichkeitspsychologie und klinischen Psychodiagnostik. Psychotherapie und Grenzgebiete, Bd. 9. Barth, Leipzig 1988 (S. 95 - 112)

Evans, I. M., A. K. Mathews: A behavioral approach to the prevention of school dropouts: Conceptual and empirical strategies for children and youth placed at risk. In Hersen, M., R. M. Eisler, P. M. Miller (eds.): Progress in Behavior Modification, Vol. 28. Sycamore Publishing Company, Sycamore, Ill. 1992

Everly, G.: Neurophysiological considerations in the treatment of posttraumatic stress disorder. In Wilson, J. P., B. Raphael (eds.): International Handbook of Traumatic Stress Syndromes. Plenum, New York 1993 (pp. 795 - 801)

Ewald, H., T. Rogne, K. Ewald, P. Fink: Somatization in patients newly admitted to a neurological departement. Acta Psychiatrica Scandinavica 89 (1994) 174 - 179

Eysenck, H. J. (ed.): Handbook of Abnormal Psychology. Pitman, London 1960

Eysenck, H. J., E. Martin: Theoretical foundations of behavior therapy. Plenum Press, New York 1987

Eysenck, H. J., M. W. Eysenck: Personality and individual differences. A natural science approach. Plenum Press, New York 1985. (Dt.: Persönlichkeit und Individualität. Ein naturwissenschaftliches Paradigma. 2. Aufl. Psychologie Verlags Union, Weinheim 1987

Eysenck, H. J.: A mish-mash of theories. Int. J. Psychiat. 9 (1970) 140 - 146

Eysenck, H. J.: Grawe and the effectiveness of psychotherapy: Some comments. Psychol. Rdsch. 44 (1993) 177 - 180

Eysenck, H. J.: Learning theory and behavior therapy. Journal of Mental Science, 105 (1959) 61 - 75

Eysenck, H. J.: Neobehavioristic (S-R) theory. In Wilson, G. T., C. M. Franks (eds.): Contemporary Behavior Therapy. Conceptual and empirical foundations. Guilford Press, New York 1982

Eysenck, H. J.: Psychopathie. In Baumann, U., H. Berbalck, G. Seidenstükker (Hrsg.) Klinische Psychologie - Trends in Forschung und Praxis, Bd. 3. Huber, Bern 1980

Eysenck, H. J.: The biological basis of personality. Thomas, London 1967

Eysenck, H. J.: The effects of psychotherapy: An evaluation. J. consult. Psychol. 16 (1952) 319 - 324

Eysenck, H. J.: The scientific study of personality. Routledge & Kegan Paul, London 1952

Eysenck, H. J.: The structure of human personality. 3rd ed. Methuen, London 1970

Faber, F. H., R. Haarstrick: Kommentar Psychotherapierichtlinien. 3. Aufl. Jungjohann Verlagsgesellschaft, Neckarsulm 1994

Faber, F. R., R. Haarstrick, D. Kallinke: Kommentar Psychotherapie-Richtlinien: Gutachterverfahren in der Psychotherapie. Psychosomatische Grundversorgung. Kommentar der Beihilfe-Vorschriften für Psychotherapeuten. Jungjohann Verlagsgesellschaft, Neckarsulm 1991

Faber, F. R.: Verhaltenstherapie in der gesetzlichen Krankenversicherung der BRD – Eine kritische Bilanz der ersten 10 Jahre (1980 – 1990). Verhaltenstherapie 1 (1991) 15 – 25

Faber, R., R. Haarstrick: Kommentar Psychotherapierichtlinien. Jungjohann-Verl. -Gesellschaft, Neckarsulm 1989

Fachausschuß Psychosomatik (Hrsg.): Basisdokumentation Psychosomatik in der Verhaltensmedizin. Schriftenreihe des Wissenschaftsrates der AHG, Heft 2, 1994

Fähndrich, E., R. D. Stieglitz: Leitfaden zur Erfassung des psychopathologischen Befundes. Halbstrukturiertes Interview anhand des AMDP-Systems. 2., überarb. Aufl. Hogrefe, Göttingen 1998

Fahrenberg, J., H. Selg, R. Hampel: Das Freiburger Persönlichkeitsinventar FPI, 3. Aufl. Hogrefe, Göttingen 1978

Fahrenberg, J., M. Myrtek (Eds.): Ambulatory assessment. Computer-assisted psychological and psychophysiological methods in monitoring and field studies. Hogrefe & Huber, Seattle 1996

Fahrenberg, J., R. Hampel, H. Selg: Das Freiburger Persönlichkeitsinventar. Hogrefe, Göttingen 1989

Fahrenberg, J., R. Hampel, H. Selg: Das Freiburger Persönlichkeitsinventar FPI. Revidierte Fassung FPI-R und teilweise geänderte Fassung FPI-A1, 6. Aufl. Hogrefe, Göttingen 1994

Fahrenberg, J.: Die Freiburger Beschwerdenliste (FBL). Form FBL-G und revidierte Form FBL-R. Hogrefe, Göttingen 1994

Fahrenberg, J.: Die Freiburger Beschwerdenliste FBL. Form FBL-G und revidierte Form FBL-R. Hogrefe, Göttingen 1995

Fahy, T. H., G. F. Russell: Outcome and prognostic factors in bulimia nervosa Int. J. Eating Disorders 14 (1993) 135 – 145

Fairburn, C. G., G. T. Wilson: Binge Eating. Nature, Assessment, and Treatment. The Guilford Press, New York, London 1993

Fairburn, C. G., M. D. Marcus, G. T. Wilson: Cognitive-behavioral therapy for binge eating and bulimia nervosa: A comprehensive treatment manual. In Fairburn, C. G., G. T. Wilson (eds.): Binge eating: Nature, assessment and treatment. Guilford Press, New York 1993

Fairburn, C. G., P. J. Cooper: Binge eating, self-induced vomiting and laxative abuse. A community study. Psychosom. Med. 14 (1984 a) 401 – 410

Fairburn, C. G., R. C. Peveler, R. Jones, R. A. Hope u. Mitarb.: Predictors of 12-months outcom in bulimia nervosa and the influence of attitudes to shape and weight. J. Consult. Clin. Psychol. 61 (1993) 696 – 698

Fairburn, C. G., S. J. Beglin: Studies of the epidemiology of bulimia nervosa. Amer. J. Psychiat. 147 (1990) 401 – 408

Faller, H.: Zum Umgang mit Illusionen bei der psychotherapeutischen Betreuung terminal Krebskranker. Prax. Psychother. Psychosom. 38 (1993) 210 – 218

Falloon, I.: Behavioural family therapy: systems, structures and strategies. In Street, E., W. Dryden: Family Therapy in Britain. Open University Press, Milton Keynes Philadelphia 1988

Familiendynamik 22 (1997) 396 – 413

Fava, G. A., P. Bech, G. Christodoulou, H. J. Freyberger, T. Sensky, T. Theorell, T. N. Wise: Diagnostic cirteria for use in psychosomatic research. Psychother. and Psychosom 63 (1995) 1 – 8

Fava, M., P. M. Copeland, U. Schweiger, D. B. Herzog: Neurochemical abnormalities of anorexia nervosa and bulimia nervosa. Am. J. Psychiat. 146 (189) 963 – 971

Favell, J. E., N. H. Azrin et al.: The treatment of self-injurious behavior. Behav. Ther. 13 (1982) 529 – 554

Fawzy, I. F., N. Cousins, N. W. Fawzy, M. E. Kemeny, R. Elashoff, D. Morton: A structured psychiatric intervention for cancer patients. Arch. Gen. Psychiat. 47 (1990) 720

Feather, B. W., J. M. Rhoads: Psychodynamic behaviour therapy: I. Theory and rationale. Arch. gen. Psychiat. 26 (1972 a) 496 – 502

Federn, P.: Ich-Psychologie und die Psychosen, Suhrkamp, Frankfurt 1956 u. 1978

Feiereis, H.: Morbus Crohn. In Uexküll, T. von (Hrsg.): Psychosomatische Medizin. Urban & Schwarzenberg, München 1990 (S. 798 – 814)

Feigenberg: zitiert nach Spiegel-Rösing u. Petzold (1984)

Feighner, P., E. Robins, S. Guze, A. Woodruff, G. Winiokur, R. Munoz: Diagnostic criteria for use in psychiatric research. Arch. gen. Psychiat. 26 (1972) 57 – 63

Feldenkrais, M.: Abenteuer im Dschungel des Gehirns. Der Fall Doris. (Original: The Case of Nora, 1977) Insel, Frankfurt a. M. 1981

Feldenkrais, M.: Bewußtheit durch Bewegung. Der aufrechte Gang. Suhrkamp, Frankfurt a. M. 1978

Feldenkrais, M.: Body and Mature Behaviour, A Study of Anxiety, Sex, Gravitation and Learning. London 1949. 5. Aufl. Int. Univ. Press, Madison 1988 (dt.: Der Weg zum reifen Selbst, Junfermann, Paderborn 1994)

Fenichel, O.: Psychoanalytische Neurosenlehre. Bd. 2 Spezielle Neurosenlehre. Psychosozial-Verlag, 1996

Fenichel, O.: The psychoanalytic theory of neurosis. Norton, New York 1945

Fenichel, O.: Zur Psychologie des Transvestitismus. Internationale Zeitschrift für Psychoanalyse 16 (1930) 21 – 34

Fennell, M., J. D. Teasdale: Cognitive Therapy with chronic drug-refractory depressed outpatients. Cog. Ther. Res. 6 (1982) 455 – 460

Ferber, Chr. v., A. Heigl-Evers: Aspekte der Weiterentwicklung einer psychosozialen Medizin. In Heigl-Evers, A., U. Rosin (Hrsg.): Psychotherapie in der ärztlichen Praxis. Verlag für Med. Psychologie im Verlag Vandenhoeck & Ruprecht, Göttingen 1989 (S. 42 – 56)

Ferenczi, S.: A contribution to the understanding of psychoneurosis of the age of involution. Basic Books, New York 1921

Ferenczi, S.: Ohne Sympathie keine Heilung. Fischer, Frankfurt a. M. 1988

Ferenczi, S.: Relaxationsprinzip und Neokatharsis 1930. In Schriften zur Psychoanalyse, Bd. II. Fischer, Frankfurt a. M. 1972 (S. 257 – 273)

Ferenczi, S.: Sprachverwirrung zwischen dem Erwachsenen und dem Kind. Internationale Zeitschrift für Psychoanalyse 1/2 (1933) 5 – 15

Ferenczi, S.: Wem erzählt man seine Träume? In Ferenczi, S.: Bausteine zur Psychoanalyse, Bd. 3, Huber, Bern 1913 (S. 7 – 59)

Ferreira, A. J., W. D. Winter: Family interaction and decision making. Archives of General Psychiatry 13 (1965) 214 – 223

Ferring, D., S. H. Filipp: Teststatistische Überprüfung der Impact of Event-Skala: Befunde zu Reliabilität und Stabilität. Diagnostica 40 (1994) 344 – 362

Ferster, C. B., B. F. Skinner: Schedules of Reinforcement. Appleton-Century, New York 1957

Ferster, C. B.: The difference between behavioural and conventional psychology. J. nerv. ment. Dis. 159 (1974) 153 – 157

Ferster, C. D., J. Nurnberger, E. B. Levitt: The control of eating. J. Math. 1 (1962) 87 – 109

Festinger, L.: Theorie der kognitiven Dissonanz. Huber, Bern 1978

Feuerlein, W., C. Ringer, H. Küfer, K. Antons: Münchner Alkoholismustest (MALT). Beltz-Test, Weinheim 1979

Fichter, M. M. (Hrsg.): Bulimia nervosa: Grundlagen und Behandlung. Enke, Stuttgart 1989

Fichter, M. M., C. Daser: Franz Kafkas Magersucht. Fortschr. Neurol. Psychiat. 56 (1988) 231 – 238

Fichter, M. M., M. Elton, K. Engel, A. E. Meyer, F. Proustka, H. Mall, S. von der Heydte: The Structured Interview for Anorexia and Bulimia Nervosa (SIAB): development and characteristics of a (semi-) standardized instrument. In Fichter, M. M. (ed.): Bulimia Nervosa: Basic Research, Diagnosis and Therapy. Wiley, New York 1990

Fichter, M. M., N. Quadflieg, B. Brandl: Recurrent overeating: an empirical comparison of Binge Eating Disorder, Bulimia nervosa, and obesity. International Journal of Eating Disorders 14 (1992) 1 – 16

Fichter, M. M., N. Quadflieg, W. Rief: Course of multi-impulsive bulimia. Psychol. Med. 24 (1994) 591 – 604

Fichter, M. M., N. Quadflieg, W. Rief: Langzeitverlauf bulimischer Eßstörungen. Verhaltenstherapie 5 (Suppl. 1) (1995) A51-A52

Fichter, M. M., N. Quadflieg, W. Rief: Langzeitverlauf bulimischer Eßstörungen. Vortrag auf dem 5. Kongress der deutschen Gesellschaft für Verhaltensmedizin und Verhaltensmodifikation, Bad Kreuznach (29. 3. 1995 – 1. 4. 1995)

Fichter, M. M., N. Quadflieg, W. Rief: The German longitudinal bulimia nervosa study. In Herzog, W., H.-C. Deter, W. Vandererycken (eds.): The course of eating disorders. Springer, Berlin, Heiderelberg, New York 1992 (pp. 133 – 150)

Fichter, M. M., R. Hoffmann: Bulimia beim Mann. In Fichter, M. M. (Hrsg.): Bulimia nervosa: Grundlagen und Behandlung. Enke, Stuttgart 1989

Fichter, M. M., W. Keeser: Das Anorexia-Nervosa Inventar zur Selbstbeurteilung (ANIS). European Archives of Psychiatry and Neurological Sciences 228 (1980) 228 – 239

Fichter, M. M.: Den Circulus vitiosus durchbrechen. Psycho 18 (1992) 15 – 31

Fichter, M. M.: Die medikamentöse Behandlung von Anorexia und Bulimia nervosa. Eine Übersicht. Nervenarzt 64 (1993) 21 – 35

Fichter, M. M.: Magersucht und Bulimia. Springer, Berlin 1985

Fichter, M. M.: Verlauf psychischer Erkrankungen in der Bevölkerung. Springer, Berlin 1990

Fiedler, P. A.: Psychotherapieziel Selbstbehandlung. Edition Psychologie, Weinheim 1981

Fiedler, P. E.: Problemzentrierte Arbeitsgruppen in der Psychotherapie. Verhaltensmodifik u. Verhaltensmed. 8 (1987) 111 - 133

Fiedler, P., T. Niedermeyer, C. Mundt: Gruppenarbeit mit Angehörigen schizophrener Patienten. Psychologie Verlagsunion, München 1986

Fiedler, P.: Angehörigengruppen in der psychosozialen Versorgung. Z. klin. Psychol. 22 (1993) 254

Fiedler, P.: Die Zukunft der Verhaltenstherapie lag immer schon ziemlich genau in der Mitte, zwischen Phänomen- und Störungsorientierung. Verhaltenstherapie und Verhaltensmedizin 18 (1997b) 229 - 251

Fiedler, P.: Differentielle Psychotherapie bei Persönlichkeitsstörungen. In Marneros, A., P. Brieger (Hrsg.): Psychiatrie als Therapiefach. Roderer, Regensburg 1997b (S. 229 - 238)

Fiedler, P.: Kritische Lebensereignisse, soziale Unterstützung und Depression. In Mundt, C., P. Fiedler, H. Lang, A. Kraus (Hrsg.) Depressionskonzepte heute: Psychopathologie oder Pathopsychologie. Springer, Heidelberg 1991

Fiedler, P.: Persönlichkeitsstörungen. 2. Aufl. Psychologie Verlags Union, Weinheim 1995

Fiedler, P.: Persönlichkeitsstörungen. 3. Aufl. Psychologie Verlags Union, Weinheim 1997

Fiedler, P.: Persönlichkeitsstörungen. 4. Aufl. Beltz, Weinheim 1998

Fiedler, P.: Persönlichkeitsstörungen. In Reinecker, H.: Lehrbuch der Klinischen Psychologie, 2. Aufl. Hogrefe, Göttingen 1993 (S. 95, S. 219)

Fiedler, P.: Psychoedukative Verhaltenstherapie in Gruppen - eine systematische, stichwortorientierte Übersicht über zugängliche Konzepte und Therapiemanuale. Verhaltensmodif. u. Verhaltensmed. 16 (1995) 35 - 53

Fiedler, P.: Psychotherapeutische Ansätze bei Persönlichkeitsstörungen: Gemeinsamkeiten und Unterschiede. In Schmitz, B., Th. Fydrich, K. Limbacher (Hrsg.): Persönlichkeitsstörungen: Diagnostik und Psychotherapie. Psychologie Verlags Union, Weinheim 1996 (S. 200 - 218)

Fiedler, P.: Salutogenese und Pathogenese in der Persönlichkeitsentwicklung. In Oerter, R., C. v. Hagen, G. Röper (Hrsg.): Klinische Entwicklungspsychologie. Psychologie Verlags Union, Weinheim 1999

Fiedler, P.: Störungsspezifische und differentielle Indikation: Gemeinsame Herausforderung der Psychotherapieschulen. Oder: Wann ist endlich Schluss mit dem Unsinn der Konkurrenz? Psychotherapieforum 2 (1994) 20 - 29

Fiedler, P.: Therapieplanung in der modernen Verhaltenstherapie. Verhaltenstherapie & Verhaltensmedizin 18 (1997) 7 - 39

Fiedler, P.: Verhaltenstherapie in und mit Gruppen. Psychologische Psychotherapie in der Praxis. Psychologie-Verlags-Union, Weinheim 1996

Fiedler, P.: Wer verhält sich, wenn die Person gestört ist? Zum Konzept der Persönlichkeitsstörungen. Praxis Klinische Verhaltensmedizin und Rehabilitation 10 (1997a)

Fiegenbaum, W., M. Freitag, B. Frank: Kognitive Vorbereitung auf Reizkonfrontationstherapien. In Margraf, J., J. C. Brengelmann (Hrsg.): Die Therapeut-Patient-Beziehung in der Verhaltenstherapie. Gerhard Röttger, München 1992

Fiegenbaum, W., M. Freitag, B. Frank: Konfrontative Behandlung: Erfolg ohne Akzeptanz in der Praxis. Verhaltenstherapie 2 (1992) 1 - 17

Fiegenbaum, W.: A social training program for clients with facial disfigurations: a contribution to the rehabilitation of cancer patients. J. Rehab. Res. 4 (1981) 501 - 509

Fiegenbaum, W.: Agoraphobie: Theoretische Konzepte und Behandlungsmethoden. Westdeutscher Verlag, Opladen 1986

Fiegenbaum, W.: Long-term efficacy of ungraded versus graded massed exposure in agoraphobics. In Hand, I., U. Wittchen (eds.): Panic and phobias 2. Springer, Berlin 1988

Filipp, S. H. (Hrsg.): Kritische Lebensereignisse. 3. Aufl. Psychologie Verlags Union, Weinheim 1995

Filipp, S. H., P. Aymanns: Subjektive Krankheitstheorien. In Schwarzer, R. (Hrsg.): Gesundheitspsychologie - Ein Lehrbuch. 2. Auflage. Göttingen, Hogrefe 1997 (S. 3 - 21)

Fine, S., E. Fine: Four psychoanalytic perspectives: A study of differences in interpretative interventions. J. Amer. psychoanal. Ass. 38 (1990) 1017 - 1047

Fineberg, N. A., T. Bullock, D. B. Montgomery, S. A. Montgomery: Serotonine reuptake inhibitors are the treatment of choice in obsessive compulsive disorder. International Clinical Psychopharmacology 7 (1992) 43 - 47

Fink, P.: The use of hospitalizations by persistent somatizing patients. Psychological Medicine 22 (1992) 173 - 180

Finke, J., L. Teusch: Psychotherapiemanual: Entwurf zu einer manualgeleiteten Gesprächspsychotherapie der Depression. Psychotherapeut 44 (1999) 101 - 107

Finke, J., L. Teusch (Hrsg.): Gesprächspsychotherapie bei Neurosen und psychosomatischen Erkrankungen. Asanger, Heidelberg 1991

Finke, J.: Beziehung und Intervention. Thieme, Stuttgart 1999

Finke, J.: Empathie und Interaktion. Methodik und Praxis der Gesprächspsychotherapie. Thieme, Stuttgart 1994

Finkelhor, D.: Zur internationalen Epidemiologie von sexuellem Mißbrauch an Kindern. In Ammann,G., R. Wipplinger (Hrsg.): Sexueller Mißbrauch: Überblick zu Forschung, Beratung und Therapie. 2. Aufl. DGVT, Tübingen 1998 (S. 72 - 85)

Finzen, A.: Arzt, Patient und Gesellschaft. Stuttgart 1969 (S. 63)

Fischer, G., N. F. Gurris, C. Pross, P. Riedesser: Psychotraumatologie - Konzepte und spezielle Themenbereiche. In Uexküll, T. v.: Psychosomatische Medizin, 5. Aufl. Urban & Schwarzenberg, München 1995

Fischer, G., P. Riedesser: Allgemeine und spezielle Psychotraumatologie. Ullstein, München 1996

Fischer, G.: Der dialektische Charakter psychoanalytischer Konzepte. Forum Psychoanal. 2 (1986) 20 - 27

Fischer, G.: Dialektik der Veränderung in Psychoanalyse und Psychotherapie. Asanger, Heidelberg 1989

Fischer, G.: Die Fähigkeit zur Objektspaltung. Ein therapeutischer Veränderungsschritt bei Patienten mit Realtraumatisierung. Forum Psychoanal. 6 (1990) 199 - 212

Fischer, G.: Einführung in die Theorie psychologischer Tests. Huber, Bern 1974

Fischer, G.: Paradoxe Intervention und Einsicht. Z. Psychother. Psychosom. Med. Psychol. 33 (1983) 195 - 199

Fischer, G.: Psychotraumatologie - Querschnittsthema oder neue wissenschaftliche Disziplin. In Senf, W., G. Heuft: Gesellschaftliche Umbrüche - Individuelle Antworten. VAS-Verlag München 1995

Fisek, G. O., Schepker, R.: Kontext-Bewußtheit in der transkulturellen Psychotherapie: Deutsch-türkische Erfahrung. Familiendynamik 22 (1997) 396 - 413

Fishbein, M., I. Ajzen: Belief, attitude, intention and behavior: An introduction to theory and research. Addison-Wesley, Reading, MA 1975

Fisseni, H. J.: Lehrbuch der psychologischen Diagnostik. 2. überarb. Aufl. Hogrefe, Göttingen 1997

Fisseni, H. J.: Lehrbuch der psychologischen Diagnostik. Hogrefe, Göttingen 1990

Fitts, P. M., M. Posner: Human performance. Brooks/Cole, Belmont 1967

Flament, M. F., A. Whitaker, J. L. Rapoport, M. Davies, C. Z. Berg, K. Kalikow, W. Scerry, D. Shaffer: Obsessive Compulsive Disorder in Adolescence: An Epidemiological Study. Journal of the American Academy of Child and Adolescent Psychiatry 27 (1988) 764 - 771

Flavell, J.: Metacognitive aspects of problem solving. In Resnick (Hrsg.): The nature of intelligence. Plenum, New York 1976

Fleming, B.: Cognitive therapy with histrionic personality disorder: Resolving a conflict of styles. International Cognitive Therapy Newsletter 4 (1988) 8

Fleming, B.: Kognitiv-verhaltenstherapeutische Behandlung der histrionischen Persönlichkeitsstörung. In Schmitz, B., T. Fydrich, K. Limbacher (Hrsg.): Persönlichkeitsstörungen: Diagnostik und Psychotherapie. Psychologie Verlags Union, Weinheim 1996 (S. 219)

Flick, U. (Hrsg.): Alltagswissen über Gesundheit und Krankheit. Subjektive Theorien und soziale Repräsentationen. Asanger, Heidelberg 1991

Flick, U. (Hrsg.): Wann fühlen wir uns gesund? Subjektive Vorstellungen von Gesundheit und Krankheit. Juventa, Weinheim 1998

Fliegel, S., B. Walsheim: Therapeut und Klient in der Therapie sexueller Störungen. In Zimmer, D. (Hrsg.): Die therapeutische Beziehung. Edition Psychologie, Weinheim 1983

Fliegel, S., T. Heyden: Verhaltenstherapeutische Diagnostik I. DGVT, Tübingen 1994

Fliegel, S., W. M. Groeger, R. Künzel, D. Schulte, H. Sorgatz: Verhaltenstherapeutische Standardmethoden. Ein Übungsbuch. 2. Aufl. Psychologie Verlags Union, München 1989

Fliegel, S., W. M. Groeger, R. Künzel, D. Schulte, H. Sorgatz: Verhaltenstherapeutische Standardmethoden. Urban & Schwarzenberg, München 1981

Fliegel, S., W. M. Groeger, R. Künzel, D. Schulte, H. Sorgatz: Verhaltenstherapeutische Standardmethoden, 3. Aufl. PVU Beltz, Weinheim 1994 (S. 237 - 257)

Fliegel, S.: Verhaltenstherapeutische Diagnostik. In Senf, W., M. Broda (Hrsg.): Praxis der Psychotherapie. Thieme, Stuttgart 1996

Flor, H., T. E. Rudy, N. Birbaumer, B. Streit, M. M. Schugens: Zur Anwendbarkeit des West-Haven-Yale Multidimensional Pain Inventory im deutschen Sprachraum: Daten zur Reliabilität und Validität des MPI-D. Der Schmerz 4 (1990) 82 - 87

Flor, H., T. Fydrich, D. C. Turk: Efficacy of multidisciplinary pain treatment centers: a meta-analytic review. Pain 49 (1992) 221 - 230

Flor, H.: Psychobiologie des Schmerzes. Huber, Bern 1991

Foa, E. B., A. Tillmanns: The treatment of obsessive-compulsive neurosis. In Goldstein, A., E. B. Foa (eds.): Handbook of behavioral interventions. J. Wiley, New York 1980

Foa, E. B., B. O. Rothbaum, D. S. Riggs, T. B. Murdock: Treatment of posttraumatic stress disorder in rape victims: a comparison between cognitive-behavioral procedures and counseling. Journal of Consulting and Clinical Psychologie 59 (1991) 715 - 723

Foa, E. B., G. Steketee, B. Olasov: Behavioral/Cognitive conceptualization of posttraumatic stress disorder. Behav. Ther. 20/89 (1989) 155 - 176

Foa, E. B., J. B. Grayson, G. S. Steketee, H. G. Doppelt, R. M. Turner, P. R. Latimer: Success and failure in the behavioral treatment of obsessive-compulsives. Journal of Consulting and Clinical Psychology 51 (1983) 287 - 297

Foa, E. B., M. B. Kozak: Emotional processing of fear: Exposure to corrective information. Psychol. Bull. 99 (1986) 20 - 35

Foa, E. B., R. McNally: Sensitivity to feared stimuli in obsessive-compulsives: a dichotic listening analysis. Cogn.Therap. Res. 10 (1986) 477 - 485

Foa, E. B., V. Rowan: Behavior therapy (Part 5: Obsessive-compulsive disorders). In Bellack, J. A., M. Hersen (eds.): Handbook of Comparative Treatments for Adult Disorders. Wiley, New York 1990 (pp. 256 - 265)

Foa, E. B.: Failures in treating obsessive compulsives. Behaviour Research and Therapy 17 (1979) 169 - 176

Fobair, P.: Cancer Support Groups and Group Therapies: Part I. Historical and Theoretical Background and Research on Effectiveness. Journal of Psychosocial Oncology 15 (1997) 63 - 81

Foerster, H. von: Abbau und Aufbau. In Simon, F. B (Hrsg.): Lebende Systeme. Springer, Berlin, Heidelberg 1988

Foldys, J., B. Knopf: Untersuchungen zur psychologischen Krankheitsbewältigung bei Patienten mit malignem Melanom. Z. Hautkr. 76 (1992) 239 - 241

Folkman, S., R. S. Lazarus, C. Dunkel-Schetter, A. DeLongis, R. Gruen: Dynamics of stressful encounter: Cognitive appraisal, Coping, and encounter outcomes. Journal of Personality and Social Psychology. 50 (1986) 992 - 1003

Folkman, S., R. S. Lazarus, R. Gruen, A. DeLongis: Appraisal, coping, health status, and psychological symptoms. Journal of Personality and Social Psychology. 50 (1986) 571 - 579

Folsom, J. C., Taulbee, L. R.: Reality orientation for geriatric patients. J. Hosp. Commun. Psychiat. 17 (1966) 133 - 135

Ford, C. V., D. G. Folks: Conversion disorders: an overview. Psychosomatics 26 (1985) 371 - 383

Fornari, F.: Psychoanalyse des ersten Lebensjahres. Conditio humana, Fischer, Frankfurt a. M. 1970

Fortschr. Neurol. Psychiat. 46 (1978) 342 - 359.

Foucault, M.: Die Geburt der Klinik. Fischer, Frankfurt a. M. 1963

Foucault, M.: Wahnsinn und Gesellschaft. Suhrkamp, Frankfurt a. M. 1960

Fox, N. A., N. L. Kimmerly, W. D. Schafer: Attachment to mother/attachment to father: A meta-analysis. Child Development. 62 (1991) 210 - 225

Foy, D. W.: Treating PTSD. Cognitive-behavioral strategies. Guilford Press, New York 1992

Francke, R., D. Hart: Ärztliche Verantwortung und Patienteninformation. Enke, Stuttgart 1987

Frank, J. D.: Die Heiler. Über psychotherapeutische Wirkungsweisen vom Schamanismus bis zu den modernen Therapien. Klett, Stuttgart 1985

Frank, J. D.: Persuasion and healing. Johns Hopkins University Press, Baltimore 1961u. 1973

Frank, J. D.: Therapeutic components shared by all psychotherapies. In Harvey, J. H., M. M. Parks: The masters lecture series I. Washington, APA 1982 (p. 314)

Frank, J., S. Klein, J. Jacobs: Cost-benefit analysis of a behavioral program for geriatric inpatients. Hosp. Commun. Psychiat. 33 (1982) 374 - 377

Frank, M., W. Fiegenbaum: Therapieerfolgsmessung in der psychotherapeutischen Praxis. Zeitschrift für Klinische Psychologie 23 (1994) 268 - 27

Frank, R.: Evaluation der verhaltenstherapeutischen Ausbildung in Deutschland. Themenheft „Verhaltensmedizin". 1998 (im Druck)

Frank, R.: Psychotherapiesupervision. Report Psychologie. 20. (4 - 1995) 33 - 46

Franke, A.: Die Gesundheit der Männer ist das Glück der Frauen. In Franke, A., I. Jost (Hrsg.): Das Gleiche ist nicht dasselbe - Zur subkutanen Diskriminierung von Frauen. DGVT, Tübingen 1985 (S. 9 - 31)

Franke, A.: Klienten-zentrierte Gruppenpsychotherapie. Kohlhammer, Stuttgart 1978

Franke, A.: Selbstmanagement und die Frauen. In Reinecker, H. S., D. Schmelzer (Hrsg.): Verhaltenstherapie, Selbstregulation, Selbstmanagement. Hogrefe, Göttingen 1996 (S. 119 - 127)

Franke, A.: Therapeutische Risiken für Frauen. In Giese, E., D. Kleiber (Hrsg.): Das Risiko Therapie. Weinheim, Beltz 1989

Franke, A.: Verhaltenstherapie bei Anorexia nervosa. Verhaltenstherapie psychosoz. Praxis 23 (1991) 5 - 18

Franke, A.: Wege aus dem goldenen Käfig, 1. Aufl. Quintessenz, Berlin-München 1994

Franke, G. H.: BSI. Brief Symptom Inventory - Deutsche Version. Manual. Hogrefe, Göttingen 1999

Franke, G. H.: Effekte von Typographie und Itempositionierung in der Fragebogendiagnostik. Zeitschrift für Differentielle und Diagnostische Psychologie 17 (1996) 187 - 200

Franke, G. H.: Erste Studien zur Güte des Brief Symptom Inventory (BSI). Zeitschrift für Medizinische Psychologie 6 (1997) 159 - 166

Franke, G. H.: Handbuch zur Symptom-Check-Liste SCL-90-R. Beltz-Test, Göttingen 1995

Franke, G. H.: SCL-90-R. Die Symptom-Checkliste von Derogatis. Deutsche Version. Beltz Test, Weinheim 1995

Frankel, F. H.: Hypnotizability and Dissociation. Amer. J. Psychiat. 147 (1990) 823 - 829

Frankl, V. E.: Psychotherapy and existentialism: Selected papers on logotherapy. Washington Square, New York 1967

Franks, C. M., G. T. Wilson (eds.): Annual Review of Behavior Therapy. Theory and practice 1978. Bruner & Mazel, New York 1978

Franks, C. M., G. T. Wilson: Jahresüberblick der Verhaltenstherapie. DGVT, Tübingen 1979

Franks, C. M.: On conceptual and technical integrity in psychoanalysis and behaviour therapy: Two fundamentally incompatible systems. In: Arkowitz, H., S. B. Messer (eds.): Psychoanalytic Therapy and Behaviour Therapy: Is Integration Possible? Plenum, New York (pp. 223 - 248)

Franz, K.: Naturheilmittel und Recht. Heymanns, Köln 1992

Franz, M., D. Schellberg, G. Reister, H. Schepank: Häufigkeit und Verlaufscharakteristika neurologisch relevanter psychogener Symptome. Nervenarzt 64 (1993) 369 - 376

Franz, M.: Der Weg in die therapeutische Beziehung. Monographie zur Zeitschrift für Psychosomatische Medizin und Psychoanalyse Nr. 21. Vandenhoeck & Ruprecht, Göttingen 1997

Franz, M.: Die Ablehnung psychotherapeutischer Hilfe - empirische Konturen eines destruktiv-narzißtischen Phänomens. For. Psychoanal. 10 (1994) 175 - 187

Frazier, P., S. Davis-Ali, K. Dahl: Stressors, Social Support and Adjustment in Kidney Transplant Patients and Their Spouses. Social Work in Health Care 21 (1995) 93 - 108

Freberger, H. J., S. Drescher, B. Dierse, C. Spitzer: Psychotherapeutic outcome among inpatients with neurotic and personality disorders with and without benzodiazepine dependence syndrome. Europ. Addiction Res. 2 (1996)

Frederiksen, L. W., R. P. Johnson: Organizational behavior management. In Hersen, M., R. M. Eisler, P. M. Miller (eds.): Progress in Behavior Modification, Vol. 12. Academic Press, New York 1981

Freedberg, E. J.: Behavior therapy: A comparison between early (1890 - 1920) and contemporary techniques. Canad. Psychol. 14 (1973) 225 - 240

Freedman, R. R.: Long-term effectiveness of behavioral treatments for Raynaud's Disease. Behav. Ther. 18 (1987) 387 - 399

Freeman, A., J. L. Pretzer, B. Fleming, K. M. Simon: Clinical Applications of Cognitive Therapy. Plenum Press, New York 1990

Freeman, R. J., B. Beach, R. Davis, L. Solyom: The prediction of relapse in bulimia nervosa. J. Psychiat. Res. 19 (1985) 349 - 353

French, T. M.: Interrelations between psychoanalysis and the experimental work of Pavlov. Amer. J. Psychiat. 89 (1933) 1165 - 1203

French, T. M.: The integration of behaviour. University of Chicago Press, Chicago 1952

Frettlöh, J.: Das Therapieprogramm. In Basler, H. D., B. Kröner Herwig: Psychologische Therapie bei Kopf- und Rückenschmerzpatienten. Quintessenz, München 1995

Frettlöh, J.: Praxiserfahrung mit dem Schmerzbewältigungsprogramm (Zwei Falldarstellungen). In Basler, H. D., B. Kröner Herwig: Psychologische Therapie bei Kopf- und Rückenschmerzpatienten. Quintessenz, München 1995
Freud, A.: Das Ich und die Abwehrmechanismen. In: Die Schriften der Anna Freud. Bd. I. Kindler, München 1936/1980
Freud, A.: Wege und Irrwege in der Kinderentwicklung. Klett, Stuttgart 1971
Freud, S., J. Breuer: Studien über Hysterie. GW 1, 1895, (S. 75 - 312)
Freud, S.: Abriß der Psychoanalyse. Bd. XVII. S. Fischer, Frankfurt a. M. 1940
Freud, S.: Abriß der Psychoanalyse. Fischer, Frankfurt a. M. 1994
Freud, S.: Analyse der Phobie eines fünfjährigen Knaben. GW IX, 1909, (S. 241 - 377)
Freud, S.: Aus der Geschichte einer infantilen Neurose. GW Bd. XII, 1918, (S. 27 - 157)
Freud, S.: Aus der Geschichte einer infantilen Neurose. GW XII, 6. Aufl. Fischer, Frankfurt a. M. 1917/1986 (S. 27 - 90)
Freud, S.: Bemerkungen über die Übertragungsliebe. GW X, 1915 (S. 306 - 321)
Freud, S.: Bemerkungen über einen Fall von Zwangsneurose -Der „Rattenmann" (1909) GW, Bd. VII. Fischer, Frankfurt a. M. 1966
Freud, S.: Brief an Fließ vom 21.9.1897. In Freud, S.: Aus den Anfängen der Psychoanalyse, 1887 - 1902. Briefe an Wilhelm Fließ. Fischer, Frankfurt a. M. 1897/1962
Freud, S.: Bruchstück einer Hysterie-Analyse. GW V, 1905 (S. 163 - 286)
Freud, S.: Charakter und Analerotik (1908). GW, Bd. VII. Fischer, Frankfurt a. M. 1966 (S. 203 ff)
Freud, S.: Das Ich und das Es (1923). GW, Bd. XIII. Fischer, Frankfurt a. M. 1960 (S. 235 - 290)
Freud, S.: Das Ich und das Es. GW Bd. 13 (London 1940 - 52). Fischer, Frankfurt/M. 1960 (S. 246 - 248)
Freud, S.: Das Ich und das Es. In Freud, S. (Hrsg.): Psychologie des Unbewußten. Studienausgabe Bd. 3. Fischer-Verlag, Frankfurt a. M. 1923/1975 (S. 273)
Freud, S.: Das Unbewußte. GW X. Fischer, Frankfurt 1915
Freud, S.: Die Abwehr-Neuropsychosen (1894). GW, Bd. I. Fischer, Frankfurt a. M. 1972
Freud, S.: Die endliche und die unendliche Analyse. GW, Bd. 16. 1937 (S. 59 - 99)
Freud, S.: Die Freudsche psychoanalytische Methode. GW, Bd. V. 1903 (S. 1 - 10)
Freud, S.: Die Wege der Symptombildung. 23. Vorlesung. GW XI. Fischer, Frankfurt a. M. 1932/1978 (S. 372 - 391)
Freud, S.: Die zukünftigen Chancen der psychoanalytischen Therapie. GW VIII, 1910 (S. 103 - 115)
Freud, S.: Drei Abhandlungen zur Sexualtheorie. GW, Bd. V. Imago, London 1905 bzw. 1942 (S. 27)
Freud, S.: Erinnern, Wiederholen und Durcharbeiten. GW X, 1914, (S. 126 - 136)
Freud, S.: Hemmung, Symptom und Angst. GW XIV. Fischer, Frankfurt a. M. 1926 (S. 111 - 205)
Freud, S.: Massenpsychologie und Ich-Analyse. GW XIII, 1921 (S. 71 - 161)
Freud, S.: Neue Folge der Vorlesungen zur Einführung in die Psychoanalyse. GW XV, 1933 (S. 163)
Freud, S.: Psychische Behandlung (Seelenbehandlung). Gesammelte Werke V. Imago Verlag, London 1942
Freud, S.: Psychoanalytische Bemerkungen über einen autobiographisch beschriebenen Fall von Paranoia (Dementia paranoides), GW VIII, 1911
Freud, S.: Ratschläge für den Arzt bei der psychoanalytischen Behandlung. GW VIII, 1912 (S. 375 - 387)
Freud, S.: Studien über Hysterie. GW I, 1895 (S. 75 - 312)
Freud, S.: Trauer und Melancholie, GW X, 1917 (S. 427 - 446)
Freud, S.: Trieb und Triebschicksale. GW X. Fischer, Frankfurt 1915
Freud, S.: Über die weibliche Sexualität. GW XIV. 1931, (S. 515 - 537)
Freud, S.: Über libidinöse Typen. Internationale Zeitschrift für Psychoanalyse 17 (1931) 313 - 316
Freud, S.: Über Psychotherapie (1904). In Mitscherlich, A., A. Richards, J. Strachey (Hrsg.): Studienausgabe: Schriften zur Behandlungstechnik. Fischer, Frankfurt a. M. 1975 (S. 109 - 119)
Freud, S.: Vorlesungen zur Einführung in die Psychoanalyse. GW Bd. XI, 1917 (S. 357 - 391)
Freud, S.: Wege der psychoanalytischen Therapie. GW XII, 1919 (S. 183 - 194)
Freud, S.: Zur Ätiologie der Hysterie. GW I. 5. Aufl. Fischer, Frankfurt a. M. 1896/1977 (S. 423 - 59)
Freud, S.: Zur Einführung des Narzißmus (1914). Studienausgabe. Fischer, Frankfurt a. M. 1975 (S. 37 - 68)
Freud, S.: Zur Einführung des Narzissmus. GW X (1914). Fischer, Frankfurt a. M. 1966
Freud, S.: Zur Einleitung der Behandlung - Weitere Ratschläge zur Technik der Psychoanalyse I. GW VIII, 1913, (S. 473)
Freud, S.: Zur Psychotherapie der Hysterie. In Freud, S., J. Breuer: Studien über Hysterie. Fischer, Frankfurt a. M. 1979 (S. 222 - 223)
Freyberger, H. J., C. Spitzer, G. Kuhn, N. Magdeburg: Fragebogen zu dissoziativen Symptomen (FDS). Unveröffentlichtes Manuskript, Klinik für Psychiatrie der Medizinischen Universität zu Lübeck 1993
Freyberger, H. J., E. Schulte-Markwort, H. Dilling: Referenztabellen der WHO zum Kapitel V (F) der 10. Revision der Internationalen Klassifikation der Krankheiten (ICD-10): ICD-9 vs. ICD-10. Fortschr. Neurol. Psychiat. 61 (1993 a) 109 - 127
Freyberger, H. J., E. Schulte-Markwort, H. Dilling: Referenztabellen der WHO zum Kapitel V (F) der 10. Revision der Internationalen Klassifikation der Krankheiten (ICD-10): ICD-10 vs. ICD-9. Fortschr. Neurol. Psychiat. 61 (1993 b) 128 - 143
Freyberger, H. J., R. D. Stieglitz, H. Dilling: Ergebnisse multizentrischer Diagnosenstudien zu Einführung des Kapitels V (F) der ICD- 10. Fundam. psychiat. 6 (1992 a) 121 - 127
Freyberger, H. J., R. D. Stieglitz, H. Dilling: Neurotische und psychosomatische Störungen (Abschnitte F4 und F5). In Dittmann, V., H. Dilling, H. J. Freyberger (Hrsg.): Psychiatrische Diagnostik nach ICD-10 - klinische Erfahrungen bei der Anwendung. Ergebnisse der ICD-10-Merkmalslistenstudie. Huber, Bern 1992 b (S. 83 - 98)
Freyberger, H. J., R. D. Stieglitz, P. Berner: Neurotic, stress-related and somatoform disorders: results of the ICD-10 field trial in German-speaking countries. Pharmacopsychiatry 23 (1990 b) 165 - 169
Freyberger, H. J., S. Drescher, B. Dierse, C. Spitzer: Psychotherapeutic outcome of inpatients with neurotic and personality disorders with and without a benzodiazepine dependence syndrome. European Addiciton Research 2 (1996) 53 - 61
Freyberger, H. J., V. Dittmann, R. D. Stieglitz, H. Dilling: ICD-10 in der Erprobung: Ergebnisse einer multizentrischen Feldstudie in den deutschsprachigen Ländern. Nervenarzt 61 (1990 a) 271 - 275
Freyberger, H. J., W. Schneider, B. Dierse, J. von Wietersheim, A. Muhs, S. O. Hoffmann: OPD-Achse V - syndromale Diagnostik nach dem Kapitel V (F) der ICD-10. In: Arbeitskreis OPD (Hrsg.): Operationalisierte Psychodynamische Diagnostik. Grundlagen und Manual. Verlag Hans Huber, Bern 1996
Freyberger, H. J., W. Schneider, C. P. Malchow: The assessment of comorbidity in the diagnosis of psychosomatic and neurotic disorders - results from the ICD-10 field trials with the Diagnostic Criteria for Research (DCR) in Germany. Psychother. and Psychosom. 63 (1995) 90 - 98
Freyberger, H., H. J. Freyberger: Supportive psychotherapy. Psychother. and Psychosom. 61 (1994) 132 - 142
Fried, R. G.: Evaluation and treatment of „psychogenic" pruritus and self-excoriation. Journal of the American Academy of Dermatology 30 (1994) 993 - 999
Friedman, M. J., P. P. Schnurr, A. McDonagh Coyle: Post-traumatic stress disorder in the military veteran. Psychiatric Clinics of North America 17 (1994) 265 - 277
Friedman, M. J.: Interrelationships between biological mechanisms and pharmacotherapy of posttraumatic stress disorder. In Wolf, M., A. Mosnaim (eds.): Posttraumatic Stress Disorder: Etiology, Phenomenology and Treatment. American Psychiatric Press, Washington D. C. 1991 (pp. 205 - 225)
Friedman, M. J.: Interrelationships between biological mechanisms and pharmacotherapy of posttraumatic stress disorder. In Wolf, M., A. Mosnaim (eds.): Posttraumatic stress disorder: etiology, phenomenology and treatment. American Psychiatric Press, Washington DC 1991 (S. 205 - 225)
Friedman, M. J.: Toward rational pharmacotherapy for post-traumatic stress disorder: an interim report. Amer. J. Psychiat. 145 (1988) 281 - 285
Frieling, T., B. Schuhmacher, H. J. Lübke: Chronisch-entzündliche Darmerkrankungen: Morbus Crohn und Colitis ulcerosa. Prax. Klin. Verhaltensmedizin und Rehabilitation 19 (1992) 179 - 183
Friman, P. C., J. W. Finney, E. R. Christophersen: Behavioral treatment of Trichotillomania: An Evaluative Review. Behav. Ther. 15 (1984) 249 - 265
Frischholz, E. J., L. S. Lipman, B. G. Braun, R. G. Sachs: Psychopathology, Hypnotizability, and Dissociation. Amer. J. Psychiat. 149 (1992) 1521 - 1525

Frühmann, R., H. Petzold: Lehrjahre der Seele. Junfermann, Paderborn 1994

Fuchs, T., F. T. Zimmer: Verhaltenstherapeutische und Psychodynamische Therapieansätze bei Altersdepressionen. Verhaltenstherapie 2 (1992) 244 – 250

Füchtenschnieder, I.: „Manchmal habe ich das Gefühl, auch wenn ich die Hände vom Steuer nehmen würde, mein Auto würde mich auch so in die Spielhalle fahren". Wolfgang L. Bericht über die Arbeit der Beratungsstelle für Spielabhängige und Angehörige. In Heide, M., H. Lieb (Hrsg.): Sucht und Psychosomatik. Nagel, Bonn 1991 (S. 147 – 153)

Funke, B., H. Reinecker, A. Commichau: Grenzen kognitiver Trainingsmethoden bei schizophrenen Langzeitpatienten. Nervenarzt 60 (1989) 750

Funke, W., J. Funke, M. Klein, R. Scheller: Trierer Alkoholismusinventar (TAI). Hogrefe, Göttingen 1987

Furniss, T.: The multi-professional handbook of child sexual abuse: Integrated management, therapy, and legal intervention. Routledge, London 1991

Fürstenau, P.: Curriculum des Bereiches „Psychotherapie" mit Literaturliste als Model einer sinnvoll organisierten Theorievermittlung in 3 Schritten. In Gröninger, S., P. Fürstenau: Weiterbildungsführer Psychotherapeutische Medizin. Pfeiffer, München 1994

Fürstenau, P.: Entwicklungsförderung durch Therapie Grundlagen psychoanalytisch-systemischer Psychotherapie. Pfeiffer, München 1992

Fürstenau, P.: Zur Theorie psychoanalytischer Praxis. Klett-Cotta, Stuttgart 1973

Fydrich, T., A. R. Laireiter, H. Saile, M. Engberding: Diagnostik und Evaluation in der Psychotherapie: Empfehlungen zur Standardisierung. Zeitschrift für Klinische Psychologie 25 (1996) 161 – 168

Fydrich, T., B. Schmitz, C. Hennch, M. Bodem: Zuverlässigkeit und Validität diagnostischer Verfahren zur Erfassung von Persönlichkeitsstörungen. In Schmitz, B., T. Fydrich, K. Limbacher: Persönlichkeitsstörungen: Diagnostik und Psychotherapie. Psychologie Verlags Union, Weinheim 1996 a

Fydrich, T., B. Schmitz, C. Hennch, M. Bodem: Zuverlässigkeit und Gültigkeit diagnostischer Verfahren zur Erfassung von Persönlichkeitsstörungen. In Schmitz, B., T. Fydrich, K. Limbacher (Hrsg.): Persönlichkeitsstörungen: Diagnostik und Psychotherapie. Psychologie Verlags Union, Weinheim 1996 b (S. 91)

Fydrich, T., B. Schmitz, D. Dietrich, S. Heinicke, J. König: Prävalenz und Komorbidität von Persönlichkeitsstörungen. In Schmitz B., Th. Fydrich, K. Limbacher (Hrsg.): Persönlichkeitsstörungen: Diagnostik und Psychotherapie. Psychologie Verlags Union, Weinheim 1996 (S. 56 – 90)

Fydrich, T., B. Schmitz, G. Dietrich, S. Heinicke, G. König: Prävalenz und Komorbidität bei Persönlichkeitsstörungen. In Schmitz, B., T. Fydrich, K. Limbacher (Hrsg.): Persönlichkeitsstörungen: Diagnostik und Psychotherapie. Psychologie Verlags Union, Weinheim 1996 a (S. 56)

Fydrich, T., B. Schmitz, G. Dietrich, S. Heinicke, G. König: Prävalenz und Komorbidität bei Persönlichkeitsstörungen. In Schmitz, B., T. Fydrich, K. Limbacher (Hrsg.): Persönlichkeitsstörungen: Diagnostik und Psychotherapie. Psychologie Verlags Union, Weinheim 1996 b

Gabbard, G. O., S. M. Wilkinson: Management of Countertransference with Borderline Patients. American Psychiatric Press, Washington (D. C.) 1994

Gabbard, G. O.: Countertransference: the emerging common ground. Int. J. Psycho-Anal. 76 (1995) 475 – 485

Gabbard, G. O.: Psychodynamic psychiatry in „the decade of the brain". American Journal of Psychiatry 149 (1992) 991 – 998

Gabbard, G. O.: Psychodynamic Psychiatry in Clinical Practice. American Psychiatric Press, Washington (D. C.), London 1990

Gabbard, G. O.: Psychodynamic psychiatry in clinical practice. The DSM-IV Edition. American Psychiatric Press, Washington 1994

Gabbard, G. O.: Sexual Exploitation in Profess. Relationships. Washington (D. C): Amer. Psychoatry Press 1989

Gaedicke, G.: Spätnebenwirkungen der Therapie maligner Erkrankungen im Kindesalter. Internist 35 (1994) 213 – 218

Gaenslen-Jordan, C., H. Appelt, A. von Osterroht: Sexueller Mißbrauch von Mädchen in der Familie – Ergebnisse einer Auswertung psychologischer Glaubwürdigkeitsgutachen. Psychother. Psychosom. med. Psychol 40 (1990) 241 – 247

Gagné, R. M.: Die Bedingungen menschlichen Lernens. Schroedel, Hannover 1969

Gainotti, G., C. Caltagirone, P. Zoccolatti: Left/right and cortical/subcortical dichotomies in the neuropsychological study of human emotions. Cognition Emotion 1 (1993) 71 – 93

Gambrill, E. D.: Behavioral intervention with child abuse and neglect. In Hersen, M., R. M. Eisler, P. M. Miller (eds.): Progress in Behavior Modification, Vol. 15. Academic Press, New York 1983

Gans, G. S.: Metaphern in der Gruppentherapie. In Buchholz, M. B. (ed.): Metaphernanalyse. Vandenhoeck & Ruprecht, Göttingen 1993 (S. 153 – 170)

Garbe, E.: Integrative Therapie mit Opfern von sexuellem Mißbrauch. In Amann, G., R. Wipplinger (Hrsg.): Sexueller Mißbrauch. Überblick zu Forschung, Beratung und Therapie. 2. Aufl. DGVT, Tübingen 1998 (S. 500 – 519)

Garcia, J., B. K. McGowan, K. F. Green: Biological constraints of conditioning. In Black, I. A. H., W. F. Prokasy (eds.): Classical Conditioning, Vol. 2: Current theory and research. Appleton-Century, New York 1972

Garcia, V., A. Bittar, E. Keitel, J. Goldani, M. Minozzo, M. Pontremoli, C. Garcia, J. Neumann: Patient Noncompliance as a Major Cause of Kidney Graft Failure. Transplantation Proceedings 29 (1997) 252 – 254

Gardiner, M. (Hrsg.): Der Wolfsmann vom Wolfsmann. Fischer, Frankfurt a. M. 1972

Garfield, S. L., A. E. Bergin: Handbook of Psychotherapy and Behavior Change: an Empirical Analysis. Wiley, New York 1978

Garfield, S. L.: Eclectic psychotherapy: A common factor approach. In Norcross, J. C., M. R. Goldfried (eds.): Handbook of psychotherapy integration. Basic Books, New York 1992 (pp. 169 – 201)

Garfield, S. L.: Psychotherapy: An eclectic approach. J. Wiley, New York 1980

Garfield, S. L.: Research on client variables in psychotherapy. In Garfield, S. L., A. E. Bergin: Handbook of Psychotherapy and Behavior Change. John Wiley, New York 1986 (S. 213 – 256)

Garfinkel, P. E., M. Modolfsky, D. M. Garner: The outcome of Anorexia nervosa. Significance of clinical features, body image and behavior modification. In Vigersky R. A. (eds.): Anorexia nervosa. Raven Press. New York 1977 (S. 315 – 330)

Garner, D. M., C. G. Fairburn, R. Davis: Cognitive-behavioral treatment of bulimia nervosa: A critical appraisal. Behav. Modification 11 (1987) 398 – 431

Garner, D. M., M. P. Olmsted, J. Polivy: Development and validation of a multidimensional eating disorder inventory for anorexia nervosa and bulimia. Int. J. Eating Disorders 2 (1983) 15 – 35

Garner, D. M., P. E. Garfinkel (eds.): Handbook of Psychotherapy for Anorexia and Bulimia. Guilford, New York 1985

Garza-Guerrero, A. C.: Culture shock: Ist mourning and the vicissitudes of identity. J. Am. Psychoanal. Ass. 22 (1974) 2

Gasiet, S.: Menschliche Bedürfnisse. Eine theoretische Synthese. Campus, Frankfurt a. M. 1981

Gast, U.: Borderline-Persönlichkeitsstörungen. In Egle, U. T., S. O. Hoffmann, P. Joraschky (Hrsg.): Sexueller Mißbrauch, Mißhandlung, Vernachlässigung. Erkennung und Behandlung psychischer Folgen früher Traumatisierungen. Schattauer, Stuttgart 1997 (S. 237 – 58)

Gastpar, M.: Unterschiedliche Pharmakoneffekte bei Angst und Depression. In Helmchen, H., M. Linden (Hrsg.): Die Differenzierung von Angst und Depression. Springer, Berlin 1986 (S. 167 – 176)

Gatterer, G.: Verhaltenstherapie bei Patienten im höheren Lebensalter. Verhaltensmodifikation 6 (1985) 20 – 35

Gaus, E., K. H. Bechter, W. Merkle, A. Rein: Untersuchungen zur Bedeutung und Rolle von Medikamenten. In Quint, H., T. L. Janssen (Hrsg.): Psychotherapie in der psychosomatischen Medizin. Erfahrungen, Konzepte, Ergebnisse. Springer, Berlin 1987 (S. 61 – 66)

Gebhardt, R., R. D. Stieglitz: Schizophrenie. In Linden, M., M. Hautzinger: Verhaltenstherapie, 2. Aufl. Springer, Berlin 1993

Gebsattel, V. E. v.: Prolegomena einer medizinischen Anthropologie. Springer. Berlin, Göttingen, Heidelberg 1954

Gehring, A., P. Blaser: Minnesota Multiphasic Personality Inventory (MMPI). Deutsche Kurzform für Handauswertung. Huber, Bern 1982

Gehring, A., P. Blaser: Minnesota Multiphasic Personality Inventory (MMPI). Deutsche Kurzform für Handauswertung. 2., korr. Aufl. Huber, Bern 1993

Geiss, K.: Arzthaftpflichtrecht. 2. Aufl. C. H. Beck, München 1993

Geissner, E., G. Jungnitsch (Hrsg.): Psychologie des Schmerzes – Diagnose und Therapie. Psychologie Verlags Union, Weinheim 1992

Geissner, E.: Die Schmerzempfindungs-Skala (SES). Göttingen, Hogrefe 1996

Gergen, K.: Das übersättigte Selbst. Carl Auer, Heidelberg 1991

Gergen, K.: The saturated self. Basic Books, New York (Jahr?)

Gerlinghoff, M., H. Backmund (Hrsg.): Therapie der Magersucht und Bulimie. Anleitung zu eigenverantwortlichem Handeln. Psychologie Verlags Union, Weinheim 1995

Geyer, M.: In Kutter, P. (ed.): Psychoanalysis International – A Guide to Psychoanalysis throughout the World. Frommann-Holzbogg, Stuttgart 1992

Geyer, M.: Psychoanalytisches Denken in der Psychosomatik der früheren DDR. Das Subjektive in der Medizin. In Richter, H. E., M. Wirsching (Hrsg.): Neues Denken in der Psychosomatik. Fischer, Frankfurt a. M. 1991 (S. 129–138)

Geyer, M.: Zur Situation der Psychotherapie in der ehemaligen DDR. In Tress, W. (Hrsg.): Psychosomatische Medizin und Psychotherapie in Deutschland. Verlag für Med. Psychologie im Verlag Vandenhoeck & Ruprecht, Göttingen 1992

Ghent, E.: Interaction in the Psychoanalytic Situation. Psychoanalysic Dialogue 5 (1995) 479–491

Gianutsos, R.: Response system analysis: What the neuropsychologist can contribute to the rehabilitation of individuals emerging from coma. Neuropsychology Rev. 1 (1990) 21–30

Gibbons, F. X., T. W. Smith, R. E. Ingram, K. Pearce, S. S. Brehm, D. J. Schroeder: Self-awareness and self-confrontation: Effects of self-focused attention on members of a clinical popualtion. J. Personality Soc. Psychol. 78 (1985) 662–675

Gibbs, N. A.: Nonclinical Populations in Research on Obsessive-Compulsive Disorder: A Critical Review. Clinical Psychology Review 16 (1996) 729–773

Gieler, U., B. Köhnlein, U. Stangier: Somatoforme Störungen in der Dermatologie. Unveröff. Manuskript

Gieler, U., C. Detig-Kohler: Nähe und Distanz bei Hautkranken. Psychotherapeut 39 (1994) 259

Gieler, U., I. Effendy, U. Stangier: Kutane Artefakte – Behandlungsmöglichkeiten und ihre Grenzen. Zeitschrift für Hautkrankheiten 62 (1987) 882–890

Gieler, U., J. Bräuer, G. Freiling: Neurodermitis-Schulung – ein neuer psychosomatisch orientierter Behandlungsansatz. In Gieler, U., U. Stangier, E. Brähler (Hrsg.): Hauterkrankungen in psychologischer Sicht. Jahrbuch der medizinischen Psychologie. Bd. 9. Hogrefe, Göttingen 1993

Gieler, U., K. Bosse: Seelische Faktoren bei Hautkrankheiten. 2. Aufl. Huber, Bern 1995

Gieler, U., R. Ernst, J. Fritz: Mein Schuppenpanzer schützt mich! Persönlichkeitsbild und Körperbeschwerden bei Psoriasis-Patienten. Zeitschrift für Hautkrankheiten 61 (1986) 572–576

Gieler, U., U. Stangier, R. Ernst: Psychosomatische Behandlung im Rahmen der klinischen Therapie von Hautkrankheiten. In Bosse, K., U. Gieler: Seelische Faktoren bei Hautkrankheiten: Beiträge zur psychosomatischen Dermatologie. Huber, Bern 1987

Gieler, U., U. Stangier, R. Ernst: Psychosomatische Behandlungsansätze im Rahmen der klinischen Therapie von Hautkrankheiten. Praxis der klinischen Verhaltensmedizin und Rehabilitation 1 (1988) 50–54

Gieler, U.: Factitious Disease in the Field of Dermatology. Psychother. Psychosom. 62 (1994) 48–55

Giesen, D.: Arzthaftungsrecht. 4. Aufl. Tübingen 1995

Giles, G. M., I. Fussey, P. Burgess: The behavioural treatment of verbal interaction skills following severe head injury: a single case study. Brain Inj. 1 (1988) 75–79

Giles, G. M., J. E. Ridley, A. Dill, S. Frye: A consecutive series of adults with brain injury treated with a washing and dressing retraining program. American J. Occupational Therapy 4 (1997) 256–266

Gill, M. M., H. Muslin: Early interpretation of the transference. J. Amer. psychoanal. Ass. 24 (1976) 779–794

Gill, M. M.: Analysis of transference, Vol. 1. Theory and technique. Psychological Issues Monograph 53. International Universities Press, New York 1982

Gill, M. M.: Die Analyse der Übertragung. For. Psychoanal. 9 (1993) 46–61

Gill, M. M.: The analysis of the transference. J. Amer. psychoanal. Ass. 27 (1979) 263–288

Gilleard, C., S. Lieberman, R. Peeler: Family therapy for older adults: A survey of professionals' attitudes. J. Family Ther. 14 (1992) 413–422

Giller, E. L., B. D. Perry, S. Southwick, R. Yehuda, V. Wahby, T. R. Kosten, J. W. Mason: Psychoendocrinology of posttraumatic stress disorder. In Wolf, M., A. Mosnaim (eds.): Posttraumatic Stress Disorder: Etiology, Phenomenology and Treatment. American Psychiatric Press, Washington (D. C.) 1991 (pp. 159–167)

Gilligan, C.: Die andere Stimme. Serie Piper, München 1988

Ginsburg, C.: The Shake-a-leg Body Awareness Training Program: Dealing with Spinal Injury and Recovery in a New Setting. In: Somatics. Spring/Summer 1986 (pp. 31–42)

Ginsburg, G. H., S. Opper: Piagets Theorie der geistigen Entwicklung. Klett-Cotta, Stuttgart 1982

Glaeske, G.: Psychotrope und andere Arzneimittel mit Mißbrauchs- und Abhängigkeitspotential. In DHS (Hrsg.) Jahrbuch Sucht 1997 (S. 32–54)

Glasersfeld, E. v.: Einführung in den radikalen Konstruktivismus. In Watzlawick, P. (Hrsg.):Die erfundene Wirklichkeit. Piper, München 1981 (S. 16–38)

Glasersfeld, E. v.: Wissen, Sprache und Wirklichkeit. Arbeiten zum radikalen Konstruktivismus. Vieweg, Wiesbaden 1987

Glier, B.: Chronisches Krankheitsverhalten – ein Konzept und seine Anwendung auf chronisch-entzündliche Darmerkrankungen. In Kosarz, P., H. C. Traue (Hrsg.): Psychosomatik chronisch-entzündlicher Darmerkrankungen. Huber, Bern 1997 (S. 203–221)

Glier, B., H. B. Wittmann, H. Spörkel: Krankheitsverhalten bei chronisch entzündlichen Darmerkrankungen. Prax. Klin. Verhaltensmedizin und Rehabilitation 19 (1992) 217–420

Glisky, E. L., D. L. Schacter, E. Tulving: Computer learning by memory-impaired patients: Aquisition and retention of complex knowledge. Neuropsychologia 3 (1986) 313–328

Glisky, E. L., D. L. Schacter: Aquisition of domain-specific knowledge in organic amnesia: Training for computer-related work. Neuropsychologia 6 (1987) 893–906

Glisky, E. L., D. L. Schacter: Extending the limits of complex learning in organic amnesia: computer training in a vocational domain. Neuropsychologia 27 (1989) 107–120

Glisky, E. L., D. L. Schacter: Long-term retention of computer learning by patients with memory disorders. Neuropsychologia 1 (1988) 173–178

Global Assessment of Functioning Scale (GAF). In Diagnostische Kriterien und Differentialdiagnosen des Diagnostischen und Statistischen Manuals Psychischer Störungen DSM-III-R.Beltz, Weinheim 1989 (S. 40 ff.)

Gloor, R., T. Pfister: Kindheit im Schatten: Ausmaß, Hintergründe und Abgrenzungen sexueller Ausbeutung. Lang, Bern 1995

Glover, E.:Zur Ätiologie der Sucht. Internationale Zeitschrift für Psychoanalyse 19 (1933) 170–197

Göbel, S.: Das Haupt der Medusa. Forum Psychoanal. 10 (1994) 13–24

Goddard, L., B. Dritschel, A. Burton: Role of autobiographical memory in social problem solving and depression. J. Abnormal Psychol. 4 (1996) 609–616

Goldberg, D. P., L. Gask, T. O'Dowd: The treatment of somatization: Teaching techniques of reattribution. Journal of Psychosomatic Research 33 (1989) 689–695

Goldberg, L. R.: The structure of phenotypic personality traits. American Psychologist. 48 (1993) 26–34

Goldenberg, G.: Störungen des Objekterkennens und des bildlichen Vorstellens. In Hartje, W., K. Poeck (Hrsg.): Klinische Neuropsychologie. Thieme, Stuttgart 1997

Golding, J. M.: Sexual assault history and physical health in randomly selected Los Angeles women. Health Psychology 13 (1994) 130–138

Goldsmith, S. J, K. Anger-Friedfeld, S. Beren, D. Rudolph, M. Boeck, L. Aronne: Psychiatric illness in patients presenting for obesity treatment. International Journal of Eating Disorders 12 (1992) 63–71

Goldstein, A. J., D. L. Chambless: A reanalysis of agoraphobia. Beh. Ther. 9 (1978) 47

Goldstein, A. P., F. H. Kanfer: Maximizing treatment gains. Transfer enhancement in psychotherapy. Academic Press, New York 1979

Goldstein, A. P.: Strukturierte Lerntherapie. Ansätze zu einer Psychotherapie der sozial Benachteiligten. Urban & Schwarzenberg, München 1975

Goldstein, A., E. B. Foa (eds.): Handbook of Behavioral Interventions. A clinical guide. J. Wiley, New York 1980

Goltz, D.: Studien zur altorientalischen und griechischen Heilkunde. Therapie – Arzneibereitung – Rezeptstruktur. Sudhoffs Arch. Beiheft 16 (1974)

Goodenough, F. L.: Mental Testing. Rinehart & Co., New York 1949

Goodman, W. K.: Pharmacotherapy of Obsessive-Compulsive Disorder. In Hand I., W. K. Goodman, U. Evers (eds.): Obsessive-Compulsive Disorders. New Research Results. Springer, Berlin 1992

Goolishian H. A., H. Anderson: Menschliche Systeme. Vor welche Probleme sie uns stellen und wie wir mit ihnen arbeiten. In Reiter, L., E. J. Brunner, S. Reither Theil (Hrsg.): Von der Familientherapie zur Systemischen Therapie. Springer, Berlin, Heidelberg 1988

Gordon, D.: Therapeutische Metaphern. Junfermann, Paderborn 1985

Göring, M. H.: Deutsche Seelenheilkunde, Hirzel, Leipzig 1934

Göring, M. H.: Mitteilung des Reichsführers der „Deutschen allgemeinen ärztlichen Gesellschaft für Psychoherapie". In Jung, C. G. (Hrsg.): Zentralblatt für Psychotherapie und ihre Grenzgebiete einschließlich der Medizinischen Psychologie und Psychischen Hygiene. Hirzel, Leipzig 1933 (S. 140–141)

Görres, A., R. Heis, H. Thomä, T. v. Uexküll: Denkschrift zur Lage der ärztlichen Psychotherapie und der Psychosomatischen Medizin. Steiner, Wiesbaden 1964

Gottfried, W., H. P. Olivet, M. Zielke: „Äpfel und Birnen": Klinisch-medizinische Aspekte der Adipositastherapie. Prax. Klin. Verh. Rehab. 11 (1990) 160 - 168

Gottfried, W.: Therapie und Probleme in der stationären Behandlung von Adipositas permagna. In Zielke, M., J. Sturm, N. Mark (Hrsg.): Die Entzauberung des Zauberbergs

Gould, W., T. Gragg: Delusions of parasitosis. Arch. Dematol. 112 (1976) 1745 - 1748

Grabe, H. J., A. Thiel, H. J. Freyberger, N. Kathmann, R. J. Boerner, P. Hoff: Entwicklung eines AMDP-Moduls zur Erfassung von Zwangssymptomen - Konzeptualisierung und erste empirische Ergebnisse. In Stieglitz, R. D., E. Fähndrich, H. J. Möller (Hrsg.): Syndromale Diagnostik psychischer Störungen. Hogrefe, Göttingen 1998 (S. 184 - 190)

Grana, A. S., F. L. Coolidge, M. M. Merwin: Personality profiles of the morbidly obese. Journal of Clinical Psychology 45 (1989) 762 - 765

Grawe, K. (Hrsg.): Verhaltenstherapie in Gruppen. Urban & Schwarzenberg, München, 1980

Grawe, K., F. Caspar, H. Ambühl: Die Berner Therapievergleichsstudie. Zeitschrift für Klinische Psychologie 19 (4. Themenheft) (1990)

Grawe, K., F. Caspar, H. Ambühl: Differentielle Psychotherapieforschung: Vier Therapieformen im Vergleich. Zeitschrift für Klinische Psychologie 19 (1990) 287 - 376

Grawe, K., F. Caspar, H. Ambühl: Veränderungsfragebogen für Lebensbereiche (VLB). Zeitschrift für Klinische Psychologie 19 (1990) 292 - 376

Grawe, K., F. Caspar: Die Plananalyse als Konzept und Instrument für die Psychotherapieforschung. In Baumann U.: Psychotherapie: Makro- und Mikroperspektiven. Hogrefe, Göttingen 1984

Grawe, K., H. Dziewas, S. Wedel: Interaktionelle Problemlösegruppen - ein verhaltenstherapeutisches Gruppenkonzept. In Grawe, K. (Hrsg.): Verhaltenstherapie in Gruppen. Urban & Schwarzenberg, München 1988 (S. 266 - 306)

Grawe, K., M. Grawe-Gerber, B. Heiniger, H. Ambühl, F. Caspar: Schematheoretische Fallkonzeption und Therapieplanung. In Caspar, F. (Hrsg.): Psychotherapeutische Problemanalyse. DGVT, Tübingen 1996

Grawe, K., R. Donati, F. Bernauer: Psychotherapie im Wandel - Von der Konfession zur Profession, 2. Aufl. Hogrefe, Göttingen 1994

Grawe, K., U. Braun: Qualitätskontrolle in der Psychotherapiepraxis. Zeitschrift für Klinische Psychologie 23 (1994) 242 - 267

Grawe, K.: „Moderne" Verhaltenstherapie oder allgemeine Psychotherapie? Verhaltenstherapie & Verhaltensmedizin 18 (1997) 137 - 159

Grawe, K.: „Sowohl als auch" ist besser als „entweder oder". Psychotherapie, Psychosomatik und medizinische Psychologie. (in Vorb.)

Grawe, K.: Der Veränderungsprozeßbogen (VPB). In Zielke, M. (Hrsg.): Diagnostik in der Psychotherapie. Kohlhammer, Stuttgart 1982 (S. 231 - 252)

Grawe, K.: Die diagnostisch-therapeutische Funktion der Gruppeninteraktion in verhaltenstherapeutischen Gruppen. In Grawe, K.: Psychologische Therapie. Hogrefe, Göttingen 1998

Grawe, K.: Differentielle Psychotherapie. Huber, Bern 1976

Grawe, K.: Diskussionsforum. Psychotherapieforschung zu Beginn der neunziger Jahre. Psychol. Rdsch. 43 (1992) 132 - 162

Grawe, K.: Grundriss einer Allgemeinen Psychotherapie. Psychotherapeut 40 (1995) 130 - 145

Grawe, K.: Komplementäre Beziehungsgestaltung als Mittel zur Herstellung einer guten Therapiebeziehung. In Markgraf, J., J. C. Brengelmann: Die Therapeut-Patient-Beziehung in der Verhaltenstherapie. Gerhard Röttger Verlag, München 1992 (S. 215 - 244)

Grawe, K.: Psychologische Therapie. Hogrefe, Göttingen 1998

Grawe, K.: Psychotherapie ohne Grenzen - Von den Therapieschulen zur Allgemeinen Psychotherapie. Verhaltenstherapie und psychosoziale Praxis 26 (1994) 357 - 370

Grawe, K.: Psychotherapieforschung zu Beginn der neunziger Jahre. Psychologische Rundschau 43 (1992) 132 - 162

Grawe, K.: Research-informed psychotherapy. Psychotherapy Research 7 (1997) 1 - 20

Grawe, K.: Understanding change. In Esser, U., H. Pabst, G. W. Speierer (eds.): The Power of the Person Centered Approach. New Challenges - Perspectives - Answers. GwG-Verlag, Köln 1996 (pp. 139 - 158)

Grawe, K.: Von der psychotherapeutischen Outcome-Forschung zur differentiellen Prozeßanalyse. Zeitschrift für Klinische Psychologie 18 (1989) 23 - 34

Grawe, K.: Zurück zur psychotherapeutischen Einzelfallforschung. Editorial. Z. klin. Psychol. 17 (1988) 1 - 7

Gray, J. A.: The psychology of Fear and Stress, 2nd ed. Cambridge University Press, Cambridge 1987

Gray, P.: On helping analysands observe intrapsychic activity. In Richards, A. D., M. S. Willick (eds.): Psychoanalysis. The science of mental conflict. Essays in honor of Charles Brenner. Analytic Press, Hillsdale, NJ 1986 (p. 245 - 262)

Gray, P.: The Ego and the Analysis of Defense. Jason Aronson, Northvale, NJ 1994

Gray, S. G., G. F. Lawlis: A case study of pruritic eczema treated by relaxation and imagery. Psychol. Reports 51 (1982) 627 - 633

Green, A.: Die tote Mutter. Psyche 47 (1993) 205 - 240

Green, A.: La folie privée. Psychanalyse des cas-limites. Gallimard, Paris 1990

Green, B.: Psychological research in traumatic stress: an update. Journal of Traumatic Stress 7 (1994) 341 - 362

Greenberg, J.: Psychotherapy research: A clinician's view. In Talley, A. F., H. H. Strupp, S. F. Butler: Psychotherapy research and practice. Basic Books, New York 1994 (p. 1)

Greenberg, L. S., R. K. Elliott, G. Lietaer: Research on experiential psychotherapies. In Bergin, A. E., S. L. Garfield: Handbook of psychotherapy and behavior change. Wiley, New York 1994 (p. 509)

Greenson, R. R.: Psychoanalytische Erkundungen. Klett, Stuttgart 1982

Greenson, R. R.: Technik und Praxis der Psychoanalyse. 7. Aufl.: Klett-Cotta, Stuttgart 1995

Greenson, R. R.: Technik und Praxis der Psychoanalyse. Klett, Stuttgart 1973

Greer, S., S. Moorey, J. D. Baruch, M. Watson, B. M. Robertson, A. Mason, L. Rowden, M. G. Law, J. M. Bliss: Adjuvant psychological therapy for patients with cancer: prospective randomised trial. Brit. Med. J. 304 (1992) 675

Greil, W., C. Ströbel-Sassim: Die manisch-depressive Krankheit: Therapie mit Carbamazepin. 2. Aufl. Thieme, Stuttgart 1996

Greist, J. H., J. W. Jefferson: Obsessive-Compulsive Disorder. In Gabbard G. O. (ed.): Treatments of psychiatric disorders. American Psychiatric Press, Washington (D.C.) 1995

Grenn, A.: Hat Sexualität etwas mit Psychoanalyse zu tun? Psyche 12 (1998) 1170 - 1191

Grigsby, J. P.: The use of imagery in the treatment of posttraumatic stress disorder. J. Nervous Mental Disease 142 (1987) 55 - 59

Grinberg, L., Grinberg, R.: Psychoanalyse der Migration und des Exils. Verlag Internationale Psychoanalyse, München, Wien 1990

Grinberg, L.: Aspectas magicos en la transferencia: Identificacion y contraidentificacion proyectivas. Rev. Psicoanal. 15 (1958) 213 - 230

Grinberg, L.: On a specific aspect of countertransference due to the patient's projective identification. Int. J. Psycho-Anal. 43 (1962) 436 - 440

Grinberg, L.: Perturbaciones en la interpretacion por la contraidentificacion proyectivas. Rev. Psicoanal. 14 (1957) 29 - 41

Groddeck, G.: Das Buch vom Es. Fischer, Frankfurt a.M. 1979

Groffmann, K. J., L. Michel (Hrsg.): Intelligenz- und Leistungsdiagnostik. Enzyklopädie der Psychologie, Themenbereich B, Serie II: Psychologische Diagnostik, Bd. 2. Hogrefe, Göttingen 1983

Groffmann, K. J., L. Michel (Hrsg.): Persönlichkeitsdiagnostik. Enzyklopädie der Psychologie, Themenbereich B, Serie II: Psychologische Diagnostik, Bd. 3. Hogrefe, Göttingen 1982

Grol, R. P.: Die Prävention somatischer Fixierung. Springer, Berlin 1985

Gromus, B., W. Kahlke, U. Koch: Interdisziplinäre Therapie der Adipositas - Forschungsbericht. Schriftenreihe des Bundesministeriums für Jugend, Familie und Gesundheit, Bd. 177. W. Kohlhammer, Stuttgart 1985

Gröninger, S., Stade-Gröninger, J.: Progressive Relaxation. Indikation - Anwendung - Forschung - Honorierung. Pfeiffer, München 1996

Gross, W.: Sucht ohne Drogen. Fischer, Frankfurt a. M. 1990

Grossmann, K.: Entfremdung, Abhängigkeit und Anhänglichkeit im Lichte der Bindungstheorie. Prax Psychother Psychosom 35 (1990) 231 - 238

Grünbaum, A.: Die Grundlagen der Psychoanalyse. Eine philosophische Kritik. Reclam, Stuttgart 1988

Grunberger, B.: Vom Narzißmus zum Objekt. Suhrkamp, Frankfurt a. M. 1976

Grünzig, H. J., R. Schors: Routinemäßige quantitative Psychotherapieerfolgskontrolle im klinischen Alltag. In Lamprecht, F. (Hrsg.): Spezialisierung und Integration in Psychosomatik und Psychotherapie. Springer, Berlin 1987 (S. 276 - 283)

Güc, F.: Ein familientherapeutisches Konzept in der Arbeit mit Immigrantenfamilien. Familiendynamik 16 (1991) 3 - 23

Guilford, J. P.: Factors and factors of personality. Psychological Bulletin. 82 (1975) 802 - 814

Gull, W. W.: Anorexia Nervosa (Apepsia Hysterica, Anorexia Hysterica). Trans. clin. Soc. Lond. 7 (1874) 22–28

Gull, W.: Anorexia nervosa. Lancet 1 (1888) 516–517

Gulliksen, H.: Theory of mental tests. Wiley, New York 1950

Gunderson, J. G., A. N. Sabo: The phenomenological and conceptual interface between borderline personality disorder and PTSD. Am. J. Psychiatry 150 (1993) 19–27

Gunderson, J. G., M. C. Zanarini: Current Overview of the Borderline Diagnosis. J. Clin. Psychiat. 48 (1987) 5–11. Deutsche Übersetzung in: Rohde-Dachser, C.: Das Borderline-Syndrom, 5. Aufl. Huber, Bern 1995 (S. 225)

Gunderson, J. G., P. S. Links, J. H. Reich: Competing models of personality disorders. Journal of Personality Disorders 5 (1991) 60–68

Gunderson, J. G.: Diagnostic controversies. In Tasman, A., M. B. Riba (eds.): Review of Psychiatry. Vol. 11. American Psychiatric Press, Washington (D. C.) (pp. 9–24)

Gunderson, J. G.: Diagnostisches Interview für das Borderlinesyndrom. Manual. Beltz Test Gesellschaft, Weinheim 1985

Gunzelmann, T., J. Schumacher: Psychologische Betreuungs- und Behandlungskonzepte für Demenzkranke. In Weis, S., G. Weber (Hrsg.): Handbuch Morbus Alzheimer. Neurobiologie, Diagnose, Therapie. Psychologie Verlags Union, Weinheim 1997 (S. 1147–1172)

Gupta, M. A., A. K. Gupta, N. J. Schork, C. N. Ellis: Depression Modulates Pruritus Perception: A Study of Pruritus in Psoriasis, Atopic Dermatitis, and Chronic Idiopathic Urticaria. Psychosom. Med. 56 (1994) 36

Gupta, M. A., M. K. Gupta, H. Haberman: Neurotic excoriations: a review and some more perspectives. Compr. Psychiat. 27 (1986) 381–386

Gupta, M. A., N. J. Schork, A. K. Gupta, C. N. Ellis: Alcohol intake and treatment responsiveness of psoriasis: a prospective study. Journal of the American Academy of Dermatology 28 (1993) 730–732

Gupta, M. A., N. J. Schork, A. K. Gupta, S. Kirkby, C. N. Ellis: Suicidal ideation in psoriasis. International Journal of Dermatology 32 (1993) 188–90

Gupta, M., H. Haberman: Psoriasis and psychiatry: an update. General Hospital Psychiatry 9 (1987) 157–166

Gurris, N. F.: Die Psychologie der Folter. Vortrag Universität Wien, Lateinamerika-Institut 1993

Gurris, N. F.: Die sexuelle Folter von Männern als weltweit systematische Methode der Folter. In Attia, I. u. Mitarb. (Hrsg.): Multikulturelle Gesellschaft – monokulturelle Psychologie? DGVT-Verlag, Tübingen 1995

Gut, E.: Productive and unproductive Depression. Tavistock and Routledge, London 1989

Guthke, J., H. R. Böttcher, L. Sprung (Hrsg.): Psychodiagnostik. Ein Lehr- und Arbeitsbuch für Psychologen sowie empirisch arbeitende Sozialwissenschaftler, Bd. 1. Deutscher Verlag der Wissenschaften, Berlin 1990

Guthke, J., K. H. Wiedl: Dynamisches Testen. Zur Psychodiagnostik der intraindividuellen Variabilität. Grundlagen, Verfahren und Anwendungsfelder. Hogrefe, Göttingen1996

Guthke, J: Testtheorie (Testmodelle). In Guthke, J., H. R. Böttcher, L. Sprung (Hrsg.): Psychodiagnostik, Bd. 1. Deutscher Verlag der Wissenschaften, Berlin 1990 (S. 105–200)

Guthrie, E. R.: The Psychology of Learning. Harper, New York 1935

Guthrie, E., F. Creed, D. Dawson, B. A. Tomenson: A randomised controlled trial of psychotherapy in patients with refractory irritable bowel syndrome. Br J Psychiatry 163 (1993) 315–21

Guthrie, E.: Psychotherapy of somatisation disorders. Curr Opin Psychiatr 9 (1996) 182–7

Guttmann, H. (Hrsg.): Der dementielle Patient. Huber, Bern, Göttingen 1994

Guze, S. B., R. A. Woodruff, P. J. Clayton: A study of conversion symptoms in psychiatric outpatients. Amer. J. Psychiat. 128 (1971) 643–646

Haag, G., P. Noll: Das Realitätsorientierungstraining (ROT) – eine spezifische Intervention bei Verwirrtheit. In Haag, G., J. C. Brengelmann (Hrsg.): Alte Menschen – Ansätze psychosozialer Hilfen. Röttger, München 1991 (S. 127–164)

Haag, G., P. Noll: Realitätsorientierungstraining. In Linden, M., M. Hautzinger (Hrsg): Verhaltenstherapie. Techniken, Einzelverfahren und Behandlungsanleitungen. 3. Aufl. Springer, Berlin, Heidelberg, New York 1996 (S 256–259)

Haag, G., U. J. Bayen: Verhaltensmedizinische Konzepte bei Älteren. Deutscher Ärzte Verlag, Köln 1996

Haar, R.: Gruppentherapie mit Kindern und Jugendlichen in Klinik und Heim. Prax. Kinderpsychol. Kinderpsychiat. 29 (1980) 182–194

Haase, A.: Perspektiven für eine geschlechtsspezifische Gesundheitsforschung. Ein Blick von Männern für Männer. In GesundheitsAkademie/Landesinstitut für Schule und Weiterbildung, NRW (Hrsg.): Die Gesundheit der Männer ist das Glück der Frauen? Mabuse-Verlag, Frankfurt 1998 (S. 63–76)

Habermas, T., M. Müller: Das Bulimiesyndrom. Nervenarzt 578 (1986) 322–331

Habermas, T., U. Neureither, M. Müller, U. Horch: Ist die Bulimie eine Sucht? Prax. Psychother. Psychsom. 32 (1987) 137–146

Habermas, T., U. Neureither: Symptomzentrierte ambulante Einzel- und Gruppentherapie der Bulimia nervosa – Programmbeschreibung und erste Ergebnisse. In Deter, H. C., W. Schüffel: Gruppen mit körperlich Kranken. Springer, Berlin 1988

Habermas, T.: Heißhunger. Historische Bedingungen der Bulimia nervosa. Geist und Psyche. Fischer, Frankfurt a. M. 1990

Häcker, H., D. Leutner, M. Amelang (Hrsg.): Standards für pädagogisches und psychologisches Testen. Diagnostica und Zeitschrift für Differentielle und Diagnostische Psychologie, Suppl. 1, 1998

Häcker, H., L. R. Schmidt: Objektive Persönlichkeitstests. In Schmidt, L. R. (Hrsg.): Lehrbuch der Klinischen Psychologie, 2. Aufl. Enke, Stuttgart 1984 (S. 247–255)

Häcker, H.: Objektive Tests zur Messung der Persönlichkeit. In Groffmann, K.-J., L. Michel (Hrsg.): Persönlichkeitsdiagnostik. Enzyklopädie der Psychologie, Themenbereich B, Serie II: Psychologische Diagnostik, Bd. 3. Hogrefe, Göttingen 1982 (S. 132–185)

Haenel, T., U. Rauchfleisch, R. Schuppli: Die Bedeutung von Hautartefakten. Schweizerische Medizinische Wochenschrift 112 (1982) 326–333

Haenel,T., U. Rauchfleisch, R. Schuppli: The psychiatric significance of dermatitis artefacta. Psychiatric and neurological science 234 (1984) 38–41

Haenen, M. A., A. J. M. Schmidt, S. Kroeze, M. A. van den Hout: Hypochondriasis and symptom reporting. The effect of attention versus distraction. Psychotherapy a. Psychosomatics 65 (1996) 43–48

Haesler, L.: Zur Technik des Interviews bei „unergiebigen Patienten". Psyche 2 (1978) 157–182

Häfner, H., G. Moschel, M. Özek: Psychische Störungen bei türkischen Gastarbeitern. Eine prospektiv-epidemiologische Studie zur Untersuchung der Reaktion auf Einwanderung und partielle Anpassung. Der Nervenarzt 48 (1977) 268–275

Hahlweg K, H. J. Markman: Effectiveness of behavioral marital therapy. Empirical status of behavioral techniques in preventing and alleviating marital distress. Journal of Consulting and Clinical Psychology 56 (3) (1988) 440–447

Hahlweg, K., D. H. Baucom, H. Markman: Recent advances in behavioral marital therapy and in preventing marital distress. In Falloon, R. H. (ed.): Handbook of Behavioural Family Therapy. Guilford, New York 1988

Hahlweg, K., H. Schmid, A. Selck: Testbatterie zur Qualitätssicherung von Psychotherapie. Hogrefe, Göttingen 1999

Hahlweg, K., L. Schindler, D. Revenstorf: Partnerschaftsprobleme: Diagnose und Therapie. Ein Handbuch für den Therapeuten. Springer, Berlin 1982

Hahlweg, K.: Fragebogen zur Partnerschaftsdiagnostik (FPD). Handanweisung. Hogrefe, Göttingen 1996

Haley, J.: An interactional description of schizophrenia. Psychiatry 22 (1969) 321–332

Haley, J.: Direktive Familientherapie. Strategien für die Lösung von Problemen. Pfeiffer, München 1977

Haley, J.: Family experiments: a new type of experimentation. Family Process 1 (1962) 265–293

Hall, A., R. Fagen: Definition of System. In Bertalanffy L. von, A. Rappaport (eds.): General Systems Yearbook, Ann Arbor (1956) 18–29

Hall, N. G. C.: Sexuell Offender Recidivism Revisited: A Meta-Analysis of Recent treatment Studies. Journal of Consulting and Clinical Psychology 63 (1995) 902–809

Halmi, K. A.: Behavioral management for anorexia nervosa. In Garner, D. M., P. E. Garfinkel (eds.): Handbook of Psychotherapy for Anorexia Nervosa and Bulimia. Guilford. New York 1985 (S. 147–159)

Hamilton, M.: HAMA. Hamilton Anxiety Scale. In Guy, W. (ed.): ECDEU assessment manual for psychopharmacology. National Institute of Mental Health, Rockville 1976 a (pp. 193–198)

Hamilton, M.: HAMD. Hamilton Depression Scale. In Guy, W. (ed.): ECDEU assessment manual for psychopharmacology. National Institute of Mental Health, Rockville 1976 b (pp. 179–192)

Hamilton, V.: The Analyst`s Preconscious. Analytic Press, London 1996

Hamm, A.: Progressive Muskelentspannung. In Vaitl, D., F. Petermann: Handbuch der Entspannungsverfahren, Bd. I: Grundlagen und Methoden. Psychologie Verlags Union, Weinheim 1993
Hamm, P., R. B. Shekelle, J. Stamler: Large fluctuations in body weight during young adulthood and twenty-five-year risk of coronary death in men. Am J Epidemiol 129 (1995) 312 – 318
Hand, I., E. Kaunisto: Multimodale Verhaltenstherapie bei problematischem Verhalten in Glücksspielsituationen („Spielsucht") Suchtgefahren 30 (1984) 1 – 11
Hand, I., H. U. Wittchen (Hrsg.): Verhaltenstherapie in der Medizin. Springer, Berlin 1989
Hand, I.: Flucht in eine Scheinwelt, Pathologisches Spielen. Sozioökonomische Basisbedingungen, Ursachen und Behandlungsmöglichkeiten. Das Parlament 12 – 13 vom 16. – 23. 3. (1990) 15
Hand, I.: Obsessive-compulsive patients and their families. In Falloon, I. (ed.): Handbook of Behavioral Family Therapy. Guilford Press, New York 1988
Hand, I.: Pathologisches Spielen und delinquentes Verhalten. In Payk, T. R. (Hrsg.): Dissozialität. Schattner, Stuttgart 1992 (S. 97 – 117)
Hand, I.: Spielen – Glückspielen Krankhaftes Spielen („Spielsucht"). In Korczak, D. (Hrsg.): Die betäubte Gesellschaft. Fischer, Frankfurt a. M. 1986 (S. 76 – 98)
Hand, I.: Verhaltenstherapie bei Angsterkrankungen. In Möller, H. J. (Hrsg.): Therapie psychiatrischer Erkrankungen. Enke, Stuttgart 1990
Hand, I.: Verhaltenstherapie der Zwangsstörungen: Therapieverfahren und Ergebnisse. In Hand, I., W. K. Goodman, U. Evers (Hrsg.): Zwangsstörungen. Neue Forschungsergebnisse. Springer, Berlin 1992
Hand, I.: Verhaltenstherapie und Kognitive Therapie in der Psychiatrie. In Kisker, K. P., H. Lauter, J. E. Meyer, C. Müller, E. Strömgren (Hrsg.): Psychiatrie der Gegenwart, Bd. 1. Springer, Berlin 1986
Hanifin, J. M., K. D. Cooper, H. L. Roth: Atopy and atopic dermatitis. J. Amer. Acad. Dermatol. 15 (1986) 703
Hank, G., K. Hahlweg, N. Klann: Diagnostische Verfahren für Berater. Materialien zur Diagnostik und Therapie in Ehe-, Familien- und Lebensberatung. Beltz Test, Weinheim 1990
Hannich, H. J.: Bewußtlosigkeit und Körpersprache. Überlegungen zu einem Handlungsdialog in der Therapie komatöser Patienten. Praxis der Psychotherapie und Psychosomatik 38 (1993) 219 – 226
Hänsel, D.: Ein Versuch der Untergruppenbildung beim Anorexie-Syndrom. Krankenhauspsychiatrie 2 (1991) 120 – 123
Hansen, O., T. Küchler, G. Lotz, R. Richter, A. Wilckens: Es juckt mich an den Fingern, aber mir sind die Hände gebunden. Zeitschrift für Psychosomatische Medizin und Psychoanalyse 27 (1981) 275 – 290
Hänsgen, K. D.: Berliner Verfahren zur Neurosendiagnostik. Mehrdimensionale Erfassung von Beschwerden und Selbstkonzept, 2. Aufl. Hogrefe, Göttingen 1991
Hardy, G. E., J. A. Cotterill: A Study of Depression and Obsessionality in Dysmorphophobic and Psoriatic Patients. Brit. J. Psychiat. 140 (1982) 19 – 22
Hargens, J., A. von Schlippe: Das Spiel der Ideen. Reflektierendes Team und Systemische Praxis. Borgmann, Dortmund 1998
Haring, C.: Lehrbuch des autogenen Trainings. Enke, Stuttgart 1979
Hartig, M.: Selbstkontrolle: Lerntheoretische und verhaltenstherapeutische Ansätze. Urban & Schwarzenberg, München 1973
Hartje, W., W. Sturm: Amnesie. In Hartje, W., K. Poeck (Hrsg.): Klinische Neuropsychologie. Thieme, Stuttgart 1997
Hartkamp, N., A. Esch: Projektive Identifizierung in der psychoanalytischen Schlußbildung. Forum Psychoanal. 9 (1993) 214 – 223
Hartmann, F.: Erziehung zum Arzt. Diachronische und interkulturelle Vergleiche der Formen und Inhalte. In Schipperges, H. (Hrsg.): Krankheit, Heilkunst, Heilung, Bd. 1. Alber-Verlag, Freiburg 1978
Hartmann, H., L. von Rosenstiel (Hrsg.): Lehrbuch der Holtzman-Inkblot-Technik (HIT). Huber, Bern 1977
Hartmann, H.: Bemerkungen zur psychoanalytischen Theorie des Ich (1950). In Hartmann, H.: Ich-Psychologie. Klett, Stuttgart 1972
Hartmann, H.: Ichpsychologie und Anpassungsproblem. Klett, Stuttgart 1960
Hartung, J., D. Schulte: Action and state orientation during therapy of phobic patients. In Kuhl, J., J. Beckmann (eds.): Volition and personality. Action versus state orientation. Hogrefe & Huber, Seattle 1994 (pp. 217 – 231)
Hartung, J.: Psychotherapie phobischer Störungen. Zur Handlungs- und Lageorientierung im Therapieprozess. In Schulte, D. (Hrsg.): Therapeutische Entscheidungen. Hogrefe, Göttingen 1991
Hartung, M. L., S. Lehrl: Psychologische Befunde bei einer Gruppe von Patientinnen mit perioraler Dermatitis. In Bosse, K., P. Hünecke (Hrsg.): Psychodynamik und Soziodynamik bei Hautkranken. Verlag für medizinische Psychologie im Verlag Vandenhoeck & Ruprecht, Göttingen 1976
Hasenbring, M.: Kieler-Schmerz-Inventar (KSI). Handanweisung. Huber, Bern 1994
Hasenbring, M.: Kognitive Verhaltenstherapie chronischer und prächronischer Schmerzen. Psychotherapeut 41 (1996) 313 – 325
Hatch, M. L., C. Paradis, S. Friedman, M. Popkin, A. R. Shalita: Obsessive-compulsive disorder in patients with chronic pruritic conditions: Case studies and discussion. Journal of the American Academy of Dermatology 26 (1992) 549 – 551
Hathaway, S. R., J. C. McKinley: MMPI-Saarbrücken. Handbuch zur deutschen Ausgabe des Minnesota Multiphasic Personality Inventory. Huber, Bern 1963
Haubl, R., F. Lamott: Handbuch Gruppenanalyse. Quintessenz, Berlin 1994
Hauch, M., G. Arentewicz, M. Gaschae: Anhang. Manual zur Paartherapie sexueller Funktionsstörungen. In Arentewicz, G., G. Schmidt (Hrsg.): Sexuell gestörte Beziehungen. Konzept und Technik der Paartherapie. 2. Aufl. Springer, Berlin 1986 (S. 162 – 257)
Hauch, M.: Paartherapie bei sexuellen Funktionsstörungen und sogenannter sexueller Lustlosigkeit. Das Hamburger Modell: Konzept, Modifikation, neuere Ergebnisse. In Strauß, B. (Hrsg.): Psychotherapie der Sexualstörungen. Georg Thieme, Stuttgart 1998 (S. 63 – 80)
Haug, H. J., R. D. Stieglitz: Qualitätssicherung in der Psychiatrie. Enke, Stuttgart 1995
Haugaard, J. J. D. N. Repucci: The sexual abuse of children: a comprehensive guide to current knowledge and intervention strategies. Jossey-Bass, San Francisco 1988
Hauschild, A.: Der Maßstab für die ärztliche Aufklärung im amerikanischen, englischen und deutschen Recht. Nomos, Baren-Baren 1994
Häussler, B.: Lebenserwartungen ost- und westdeutscher Frauen und Männer. In Begenau, J., C. Helfferich (Hrsg.): Frauen in Ost und West. jos fritz, Freiburg 1997 (S. 7 – 16)
Hautzinger, M. (Hrsg.): Kognitive Verhaltenstherapie bei psychischen Erkrankungen. Quintessenz, Berlin 1994
Hautzinger, M. , P. L. Janssen: Aus- und Weiterbildung in der Psychotherapie. Psychotherapeut 42 (1997) 322 – 329
Hautzinger, M., M. Bailer, H. Worall, F. Keller: Beck-Depressions-Inventar BDI. Huber, Bern 1994
Hautzinger, M., M. Bailer: Allgemeine Depressions-Skala. Beltz Test, Weinheim 1993
Hautzinger, M., M. Bailer: Das Inventar Depressiver Symptome. Beltz Test, Weinheim 1994
Hautzinger, M., R. de Jong-Meyer, G. A. E. Rudolf, R. Treiber: Erste Ergebnisse der multizentrischen prospektiven Therapiestudie zum kontrollierten Vergleich von verhaltenstherapeutischer und medikamentöser Behandlung bei neurotischer Depression. BMFT-Symposium, Dresden 1992
Hautzinger, M., S. Kaul: Verhaltenstraining bei Übergewicht. Otto Müller Verlag, Salzburg 1978
Hautzinger, M., W. Stark, R. Treiber: Kognitive Verhaltenstherapie bei Depressionen. Psychologie Verlags Union, München 1988
Hautzinger, M., W. Stark, R. Treiber: Kognitive Verhaltenstherapie bei Depressionen, 2. Aufl. Psychologie Verlags Union, München 1992
Hautzinger, M.: Affektive Störungen. In Halweg, K., A. Ehlers (Hrsg.): Enzyklopädie der Psychologie. Psychische Störungen und ihre Behandlungen. Klinische Psychologie 2. Hogrefe, Göttingen 1997
Hautzinger, M.: Depressionen. In Linden, M., M. Hautzinger (Hrsg.): Verhaltenstherapie. Springer, Berlin 1994 (S. 369 – 374)
Hautzinger, M.: Diagnostik in der Psychotherapie. In Stieglitz, R. D., U. Baumann (Hrsg.): Psychodiagnostik psychischer Störungen. Enke, Stuttgart 1994 (S. 284 – 295)
Hautzinger, M.: Kognitive Verhaltenstherapie bei Depressionen. 4. Aufl. Psychologie Verlags Union, Weinheim 1997
Hautzinger, M.: Kognitive Verhaltenstherapie und Pharmakotherapie bei Depressionen. Überblick und Vergleich. Verhaltenstherapie 3 (1993) 26 – 34
Hautzinger, M.: Depressionen. Hogrefe, Göttingen 1998
Hawellek, C.: Das Konzept der Grenzen. Zur Bedeutung eines Arbeitsbegriffs in Theorie und Praxis der Therapie mit Kindern und Familien. Europäische Hochschulschriften, Reihe XI, Bd. 507. P. Lang, Frankfurt a. M. 1992
Hawton, K., P. M. Salkovskis, J. Kirk, D. M. Clark (eds.): Cognitive Behavior Therapy for Psychiatric Problems. Oxford University Press, Oxford 1989
Hayes, S. C., R. O. Nelson, R. B. Jarrett: The treatment utility of assessment. Amer. Psychol. 42 (1987) 963 – 974
Haynal, A.: Psychoanalytische Erkenntnis. Kohlhammer, Stuttgart 1995
Haynes, S. N., C. C. Wilson, P. G. Jaffe, B. T. Britton: Biofeedback treatment of atopic dermatitis. Biofeedback and Self-Regulation 4 (1979) 195 – 209

Hazelrigg, M., M. Cooper, C. Borduin: Evaluating the Effectiveness of Family Therapies: An Integrative Review and Analysis. In Psychological Bulletin 101 (3) (1987) 428–442

Hazzard, A., J. H. Rogers, L. Angert: Factors affecting group therapy outcome for adult sexual abuse survivors. Int. J. Grp. Psychother. 43 (1993) 453–468

Hearst, E.: The classical-instrumental distinction: Reflexes, voluntary behavior, and categories of associative learning. In Estes, W. K. (ed.): Handbook of Learning and Cognitive Processes, Vol. 2: Conditioning and behavior theory. L. Erlbaum, Hillsdale, NJ 1975

Heather, N., I. Robertson: Controlled Drinking. Methuen, London 1983

Heatherton, T. E., R. F. Baumeister: Binge-eating as escape from self-awareness. Psychological Bulletin 110 (1991) 86–108

Heatherton, T. F., J. L. Weinberger (eds.): Can personality change? American Psychological Association, Washington (D.C.) 1993

Hebb, D. O.: The organization of behavior. Wiley, New York 1949

Hecht, C.: Kognitive Verhaltenstherapie: Selbstmanagement-Therapie. In Petzold, H. (Hrsg.): Wege zum Menschen, Bd. 2. Junfermann, Paderborn 1984

Hecht, C.: Selbstaufzeichnungen und deren reaktive Effekte. Dissertation, Salzburg 1979

Heckhausen, H.: Wünschen – Wählen – Wollen. In Heckhausen, H., P. M. Gollwitzer, F. E. Weinert (Hrsg.): Jenseits des Rubikon: Der Wille in den Humanwissenschaften. Springer, Berlin 1987 (S. 3–9)

Heekerens, H. P.: Familientherapie bei Problemen von Kindern und Jugendlichen. Eine Sekundärevaluation der Effektivitätsstudien. In System Familie 3 (1) (1990) 1–10

Heider, F.: The psychology of interpersonal relationships. Wiley, New York 1958

Heigel-Evers, A., U. Henneberg-Mönch, C. Odag, G. Standke: Die Vierzigstundenwoche für Patienten. Vandenhoeck & Ruprecht, Göttingen 1986

Heigl, F., A. Heigl-Evers: Die Wertprüfung in der Psychoanalyse – Überlegungen zu einem von Heinz Hartmann geprägten ich-psychologischen Begriff. Z. psychosom. Med. 30 (1984) 72–82

Heigl, F.: Indikation und Prognose in Psychoanalyse und Psychotherapie. Vandenhoeck & Ruprecht, Göttingen 1987

Heigl-Evers, A., F. Heigl, J. Ott (Hrsg.): Lehrbuch der Psychotherapie. Gustav Fischer, Stuttgart 1993

Heigl-Evers, A., F. Heigl: Ethik in der Psychotherapie. Psychotherapie Psychosomatik Medizinische Psychologie 39 (1989) 68–74

Heigl-Evers, A., F. Heigl: Was ist tiefenpsychologisch fundierte Psychotherapie? Prax. Psychother. Psychosom. 29 (1984) 234–244

Heigl-Evers, A., F. S. Heigl: Zum Prinzip „Antwort" in der psychoanalytischen Therapie. In Klussmann, R., W. Mertens, F. Schwarz (Hrsg.): Aktuelle Themen der Psychoanalyse. Springer, Berlin 1988

Heigl-Evers, A., H. Schepank (Hrsg.): Ursprünge seelisch bedingter Krankheiten, 2 Bände. Vandenhoeck & Ruprecht, Göttingen 1980, 1982

Heigl-Evers, A., J. Ott (Hrsg.): Die psychoanalytisch-interaktionelle Methode. Theorie und Praxis. Vandenhoeck & Ruprecht, Göttingen 1995

Heigl-Evers, A.: Möglichkeiten und Grenzen einer analytisch-orientierten Kurztherapie bei Suchtkranken. Nicol, Kassel 1977

Heim, E., A. Blaser, C. Ringer, M. Thommen: Kurzpsychotherapien im Überblick – Diskussionsgrundlage für eine problemorientierte Therapie (POT). PPmP Psychother. Psychosom. med. Psychol. 40 (1990) 158

Heim, E., K. Augustiny, A. Blaser, L. Schaffner: Berner Bewältigungsformen (BEFO). Handbuch. Huber, Bern 1991

Heim, E., M. Perrez (Hrsg.): Krankheitsverarbeitung, Hogrefe, Göttingen 1994

Heim, E., M. Perrez (Hrsg.): Krankheitsverarbeitung. Jahrbuch der Medizinischen Psychologie, Bd. 10. Hogrefe, Göttingen 1994

Heim, E.: Coping als Interventionsstrategie bei psychosozialer Belastung durch somatische Krankheiten. In Brähler, E., M. Geyer, M. M. Kabanow: Psychotherapie in der Medizin. Westdeutscher Verlag, Opladen 1991

Heim, E.: Konsequenzen für die Praxis aus der Psychotherapieforschung der letzten Jahre. PPmP Psychother. Psychosom. med. Psychol. 31 (1981) 144

Heim, E.: Krankheitsauslösung – Krankheitsverarbeitung. In Heim, E., J. Willi: Psychosoziale Medizin, Bd. 2. Springer, Berlin 1986

Heim, E.: Praxis der Milieutherapie. Springer, Berlin 1985

Heiman, J., L. LoPiccolo, J. LoPiccolo: Gelöst im Orgasmus. Flach, Frankfurt a. M. 1978

Heimann, H., F. T. Zimmer: Chronifizierte Depression. Münch. med. Wschr. 49 (1991) 749–750

Heimann, P.: Countertransference. Brit. J. med. Psychol. 33 (1960) 9–15

Heimann, P.: On countertransference. Int. J. Psycho-Anal. 31 (1950) 81–84

Heimberg, R. G., M. R. Liebowitz, D. A. Hope, F. R. Schneier: Social Phobia. In Michelson, L., L. M. Ascher: Anxiety and stress disorders. Cognitive-behavioral assessment and treatment. Guilford Press, New York 1995

Heines, M., R. Green: Human hormoral and neural correlates of sex-typed behaviors. In Review of Psychiatry 10 (1991) 536–555

Helfferich, C.: Das unterschiedliche „Schweigen der Organe" bei Frauen und Männern – subjektive Gesundheitskonzepte und „objektive" Gesundheitsdefinitionen. In Franke, A., M. Broda (Hrsg.): Psychosomatische Gesundheit - Versuch einer Abkehr vom Pathogenese-Konzept. DGVT, Tübingen 1993 (S. 35–65)

Hellweg, A., M. Schoof: Psychotherapie und Rehabilitation in der Klinik. Vandenhoeck & Ruprecht, Göttingen 1990

Hemminger, U.: Motorik und Zwangserkrankung im Kindes- und Jugendalter. Ein Vulnerabilitätskonzept. Dissertation, Bamberg 1994

Henderson, G., T. Bostock: Coping Behavior After Shipwreck. Br. J. Psychiatry 131 (1977) 15–20

Henin, A. P. C. Kendall: Obsessive-compulsive Disorder in Childhood and Adolescence. In Ollendick, T. H., R. J. Prinz (Eds.): Advances in Clinical Child Psychology. Vol. 19. Plenum Press, New York 1997

Hennenhofer, G., K. D. Heil: Angst überwinden – Selbstbefreiung durch Verhaltenstraining, Rowohlt, Hamburg 1990

Henning, H.: Klientenzentrierte Paartherapie. In Finke, J., L. Teusch (Hrsg.): Gesprächspsychotherapie bei Neurosen und psychosomatischen Erkrankungen. Asanger, Heidelberg 1991

Henningsen, P.: Im Spiegel des Anderen sich selbst erkennen? Zur Bedeutung der kognitiven Neurowissenschaft für die Psychoanalyse. Psychother. Psychosom. Med. Psychol. 48 (1998) 78–87

Hensel, D.: Ein Versuch der Untergruppenbildung beim Anorexie-Syndrom. Krankenhauspsychiatrie 2 (1991) 120–123

Henseler, H., R. Reimer: Selbstmordgefährdung. Zur Psychodynamik und Psychotherapie. frommann-holzboog, Stuttgart 1981

Henseler, H.: Narzißtische Krisen. Zur Psychodynamik des Selbstmords. Reinbek, Hamburg 1974

Hentschel, U., M. Kießling, M. Wiemers: Fragebogen zu Konfliktbewältigungsstrategien (FKBS). Handanweisung. Beltz Test, Weinheim 1998

Herda, C., A. Scharfenstein, H. D. Basler: Marburger Fragebogen zum habituellen Wohlbefinden. Schriftenreihe des Zentrums für Methodenwissenschaften und Gesundheitsforschung, Arbeitspapier 98–1. Philipps-Universität Marburg 1998

Herink, R.: The psychotherapy handbook. Meridian, New York 1980

Herman, C. P., D. Mach: Restrained and unrestrained eating behavior. J. abnorm. Psychol. 84 (1975) 666–672

Herman, J. L.: Father-daughter incest. Harvard University Press, Cambridge (MA) 1981

Herman, J. L.: Narben der Gewalt. Traumatische Erfahrungen verstehen und überwinden. Kindler, München 1994

Herman, J. L.: Sequelae of prolonged and repeated trauma: evidence for a complex posttraumatic syndrome (DESNOS). In Davidson, J. R. T., E. B. Foa (eds.): Posttraumatic stress disorder: DSM-IV and beyond. American Psychiatric Press, Washington (D. C.) 1993 (pp. 213–228)

Herpertz, S., B. Johann, W. Senf: Multimethodale Therapie der Eßstörungen. In Janssen, P. L., W. Senf, R. Meermann (Hrsg.): Klinik der Eßstörungen: Magersucht und Bulimie. Fischer, Stuttgart 1997 (S. 68–89)

Herpertz, S., C. Albus, K. Lichtblau, K. Köhle, K. Mann, W. Senf: The relationship of weight and eating disorders in type-2 diabetic patients – a multicenter study. International Journal of Eating Disorders (1999) (in Vorb.)

Herpertz, S., C. Albus, S. Lohff, K. Michalski, M. Masrour, K. Lichtblau, K. Köhle, K. Mann, W. Senf: Komorbidität von Diabetes mellitus und Eßstörungen – ein Vergleich psychologischer Störungsmerkmale eßgestörter und nicht-eßgestörter Patienten mit Diabetes mellitus. Psychother. Psychosom. Med. Psychol. (1999) (in Vorb.)

Herpertz, S., M. Kocnar, W. Senf: Bulimia nervosa beim männlichen Geschlecht. Zeitschrift für Psychosomatische Medizin und Psychoanalyse 1 (1997) 39–56

Herpertz, S., H. Saß: Offene Selbstbeschädigung. Nervenarzt 65 (1995) 296–306

Herpertz, S., R. Wagener, C. Albus, M. Kocnar, R. Wagner, F. Best, B. Schulze Schleppinghoff, H. P. Filz, K. Förster, K. Mann, K. Köhle, W. Senf: Diabetes mellitus and eating disorders. A multicenter study on the comorbidity of the two diseases. J. Psychosom. Res. 44 (1998) 503–515

Herpertz, S., R. Wagener, C. Albus, M. Kocnar, R. Wagner, F. Best, B. Schulze Schleppinghoff, H. P. Filz, K. Förster, K. Mann, K. Köhle, W. Senf: Comorbidity of diabetes mellitus and eating disorders: Does diabetes control reflect disturbed eating behavior? Diabetes Care 21 (1998) 1110–1116

Herpertz, S., U. Schweiger: Psychobiologische Aspekte der Anorexia nervosa. Zeitschrift für Psychosomatische Medizin und Psychotherapie (in Vorb.)

Herpertz, S.: Psychobiologische Aspekte der Eßstörungen. In Janssen, P. L, W. Senf, R. Meermann (Hrsg.): Klinik der Eßstörungen. Fischer, Stuttgart 1997 (S. 13–23)

Herpertz-Dahlmann, B., H. Remschmidt: Anorexia und Bulimia nervosa im Kindesalter. Dt. Ärztebl. 91 (1994) 906–911

Herrmann, C., U. Buss, R. P. Snaith: HADS-D: Hospital Anxiety and Depression Scale – Deutsche Version. Huber, Bern 1995

Herschbach, P.: Psychische Belastung von Ärzten und Krankenpflegekräften. VHC, Weinheim 1991

Hersen, M., D. H. Barlow: Single case experimental designs. Strategies for studying behavior change. Pergamon Press, New York 1976

Hertoft, P.: Klinische Sexologie. Ärzte-Verlag, Köln 1989

Herzog, T., A. Hartmann: Psychiatrische, psychosomatische und medizinpsychologische Konsiliar- und Liaisontätigkeit in der Bundesrepublik Deutschland. Ergebnisse einer Umfrage. Nervenarzt 6 (1990) 281–293

Herzog, T., F. J. Huyse, U. F. Malt, G. Cardoso, F. Creed, A. Lobo, M. Rigatelli: Quality Assurance in Consultation Liaison Psychiatry and Psychosomatics. Development and Implementation of an European QA System. In Baert, A. E. (Hrsg): European Union Biomedical and Health Research. IOS-Press, Amsterdam 1995 (pp. 525–526)

Herzog, T., U. Horch, A. Sandholz, L. Binz-Kern: Konflikt- und symptomzentrierte Psychotherapie der Bulimie im ambulanten und stationären Setting einer Psychosomatischen Klinik (Psychosomatische Universitätsklinik Heidelberg). Prax. Klin. Verhaltensmedizin und Rehabilitation 3 (1988) 175–186

Herzog, T.: Wirkfaktoren der Bulimiebehandlung. In Lang, H. (Hrsg.): Wirkfaktoren der Psychotherapie. Springer, Berlin 1990 (S. 251–259)

Herzog, W., D. Munz, H. Kächele (Hrsg.): Analytische Psychotherapie bei Eßstörungen – Therapieführer. Schattauer, Stuttgart 1996

Herzog, W., G. Rathner, W. Vandereycken: Long-term course of anorexia nervosa: a review in the literature. In Herzog, W., H. C. Deter, W. Vandereycken (Hrsg.): The course of eating disorders. Springer, Berlin 1994 (S. 15–29)

Hetzel, W., G. Huppmann, H. G. Rechenberger: Geschlechterunterschiede im Krankheitsverhalten von Patienten einer psychotherapeutischen Ambulanz. Psychotherapie, Psychosomatik, Medizinische Psychologie 39 (1989) 342–347

Heuft, G., S. O. Hoffmann, E. J. Mans, S. Mentzos, G. Schüßler: Das Konzept des Aktualkonfliktes und seine Bedeutung für die Therapie. 1997

Heuft, G., S. Stricker, M. Langkafel, G. Schneider, W. Senf: Qualitätssicherung in der Fachpsychotherapie – empirische Befunde und ihre Relevanz. Zeitschrift für Medizinische Psychologie 7 (1998) 128–135

Heuft, G., W. Senf (Hrsg.): Praxis der Qualitätssicherung: Das Manual zur Psy-BaDo. – entsprechend den Empfehlungen der Psychotherapeutischen Fachgesellschaften. Thieme, Stuttgart 1998

Heuft, G., W. Senf, P. L. Janssen, W. Pontzen, U. Streeck: Personalanhaltszahlen in Psychotherapeutischen und Psychosomatischen Krankenhäusern und Abteilungen der Regelversorgung. PPmP Psychother. Psychosom. med. Psychol. 43 (1993) 262–270

Heuft, G., W. Senf: Stationäre fokaltherapeutische Behandlung Älterer – Konzeption und erste Ergebnisse. Z. Gerontol. 25 (1992) 380–385

Heuft, G.: Bedarf es eines Konzeptes der Eigenübertragung? Forum Psychoanal. 6 (1990) 299–315

Heyden, T.: Verhaltenstherapie in der psychosozialen Versorgung. In Deutsche Gesellschaft für Verhaltenstherapie (Hrsg.): Verhaltenstherapie: Theorien und Methoden. DGVT-Verlag, Tübingen 1986

Heyer, G. R.: Das körperlich-seelische Zusammenwirken in den Lebensvorgängen. München 1925

Heyink, J., T. Tymstra, M. Sloof, I. Klompmaker: Liver Transplantation – Psychosocial Problems Following the Operation. Transplantation Vol 49 (1990) 1018–19

Heyne, C.: Tatort Couch. Sexueller Mißbrauch in der Therapie. Kreuz, Zürich 1991

Hiemke, C.: Biochemische Grundlagen des Schmerzes. In Egle, U. T., S. O. Hoffmann (Hrsg.): Der Schmerzkranke. Grundlagen, Pathogenese, Klinik und Therapie chronischer Schmerzsymptome aus bio-psychosozialer Sicht. Schattauer, Stuttgart 1993 (S. 61–68)

Hildebrandt, H., A. Zieger, A. Engel, H. Rindt, A. Kraft, K. Kleen, B. Bußmann: Die Integration sympathovagaler Modulation in die Herzfrequenz von Patienten im Koma: Eine Analyse der Auswirkung des Aufwachprozesses und körpernaher, therapeutischer Interventionen. Neurol. Rehabil. 4 (1996) 225–231

Hildebrandt, J., M. Pfingsten, C. Franz, P. Saur, D. Seeger: Das Göttinger Rücken Intensiv Programm (GRIP) – ein multimodales Behandlungsprogramm für Patienten mit chronischen Rückenschmerzen. Der Schmerz 10 (1996) 190–203, 237–253, 326–344

Hildenbrand, B.: Alltag als Therapie. Ablöseprozesse Schizophrener in der psychiatrischen Übergangseinrichtung. Huber, Bern 1991

Hildenbrand, B.: Alltag und Krankheit – Ethnographie einer Familie. Klett-Cotta, Stuttgart 1983

Hildenbrand, B.: Geschichtenerzählen als Prozeß der Wirklichkeitskonstruktion in Familien. System Familie 3, 4 (1990) 227–236

Hilgard, E. R., G. H. Bower: Theorien des Lernens I, 4. Aufl. Klett, Stuttgart 1975

Hilgard, E. R.: Divided Consciousness: Multiple Controls in Human Thought and Action. Wiley, New York 1986

Hilgard, E. R.: Neodissociation theory. In Lynn, S. J., J. W. Rhue (Hrsg.): Dissociation. Clinical and theoretical perspectives. Guilford Press, New York 1994

Hilgers, M.: Zur Bedeutung von Schamaffekten bei der Behandlung schwerer Störungen. Psychotherapeut 40 (1995) 33–38

Hiller, W., M. Zaudig, W. Mombour: IDCL. Internationale Diagnosen Checklisten für ICD-10 und DSM-IV. Huber, Bern 1995

Hiller, W., M. Zaudig, W. Mombour: Internationale Diagnosen Checklisten (IDCL) für DSM-IV. Hogrefe, Göttingen 1997

Hiller, W., M. Zaudig, W. Mombour: Internationale Diagnosen-Checklisten für DSM-III-R und ICD-10. Huber, Bern 1995

Hiller, W., W. Rief, S. Elefant, J. Margraf, R. Kroymann, R. Leibbrandt, M. M. Fichter: Dysfunktionale Kognitionen bei Patienten mit Somatisierungssyndrom. Zeitschrift für Klinische Psychologie 26 (1997) 226–234

Hiller, W., W. Rief: SDS. Somatoform Disorders Schedule, deutsche Version. Klinik Roseneck, Prien/Ch. 1996

Hiller, W., W. Rief: Therapiestudien zur Behandlung von Patienten mit somatoformen Störungen: Ein Literaturüberblick. Verhaltenstherapie 8 (1998) 125–36

Hiller, W., W. Rief: Was sind somatoforme Störungen? Psychotherapie 2 (1997) 61–70

Hinsch, R., U. Pfingsten: Gruppentraining sozialer Kompetenz. Urban & Schwarzenberg, München 1983

Hinsch, R., U. Pfingsten: Gruppentraining sozialer Kompetenzen (GSK). Grundlagen, Durchführung, Materialien, 2. Aufl. Psychologie Verlags Union, München 1991

Hirsch, M.: Das Fremde als unassimiliertes Objekt. In Streeck, U. (Hrsg.): Das Fremde in der Psychoanalyse. Pfeiffer, München 1993

Hirsch, M.: Realer Inzest. Psychodynamik sexuellen Mißbrauchs in der Familie. Berlin; Springer 1987

Hirsch, M.: Vernachlässigung, Mißhandlung, Mißbrauch im Rahmen einer psychoanalytischen Traumatologie. In Egle, U. T., S. O. Hoffmann, P. Joraschky (Hrsg): Sexueller Mißbrauch, Mißhandlung, Vernachlässigung. Erkennen und Behandlung psychischer und psychosomatischer Folgen früher Traumatisierung. Schattauer, Stuttgart 1997 (S. 103–116)

Hirsch, R. D. (Hrsg.): Psychotherapie im Alter. Huber, Bern 1990

Hirsch, R. D.: Lernen ist immer möglich. Reinhardt, München 1991

Ho, K. S. I., M. Z. Nichaman, W. C. Taylor, E. S. Lee, P. J. Foryt: Binge Eating Disorder, Retentation, and dropout in an adult obesity program. International Journal of Eating Disorders 18 (1995) 291–294

Hobi, V.: Projektive Testverfahren: Ein Überblick. In Imoberdorf, U., R. Käser, R. Zihlmann (Hrsg.): Psychodiagnostik heute. Beiträge aus Theorie und Praxis. Hirzel, Stuttgart 1992 (S. 37–52)

Hobson, R.: The forms of feeling: The heart of psychotherapy. Routledge, London 1990

Hodapp, V., P. Schwenkmezger (Hrsg.): Ärger und Ärgerausdruck. Huber, Bern 1993

Hoff, L. A.: People in Crisis: Understanding and Helping. Addison-Wesley, Menlo Park, Cal. 1984

Hoffman, I. Z.: Some Practical Implications of a Social-Constructivist View of the Psychoanalytic Situation. Psychoanalytic Dialogue 2 (1992) 287–304

Hoffman, I. Z.: Toward a Social-Constructivist View of the Psychoanalytic Situtation. Psychoanalytic Dialogue 1 (1991) 74–105

Hoffmann, B.: Handbuch des autogenen Trainings. dtv, München 1977

Hoffmann, H.: Qualitätssicherung im Krankenhaus. Das Krankenhaus 2 (1988) 43–46

Hoffmann, M.: Frauen und Therapie - Brauchen Frauen eine andere Therapie als Männer? In Zimmer, D. (Hrsg.): Die therapeutische Beziehung. Edition Psychologie, Weinheim 1983 (S. 250 - 264)

Hoffmann, N.: Verhaltenstherapie in der Routinepraxis. In Margraf, J., J. C. Brengelmann: Die Therapeut-Patient-Beziehung in der Verhaltenstherapie, IFT-Texte, Therapieforschung für die Praxis 12. Gerhard Röttger Verlag, München 1992

Hoffmann, S. O., G. Hochapfel: Einführung in die Neurosenlehre und Psychotherapeutische Medizin, 4. Aufl. Stuttgart, Schattauer 1995

Hoffmann, S. O., G. Hochapfel: Neurosenlehre, Psychotherapeutische und Psychosomatische Medizin, 5. Aufl. Schattauer, Stuttgart 1995

Hoffmann, S. O., H. Schepank, H. Speidel: Denkschrift 90. Zur Lage der Psychosomatischen Medizin und Psychotherapie an den Hochschulen der Bundesrepublik Deutschland. PSZ-Verlag, Ulm 1991

Hoffmann, S. O., M. Bassler: Zur psychoanalytisch fundierten Fokaltherapie von Angsterkrankungen. Erste Erfahrungen mit einem „Manual" aus einer Therapiestudie. For. Psychoanal. 11 (1995) 2 - 14

Hoffmann, S. O., P. Buchheim, M. Cierpka, P. Janssen, A. Mutis, G. Rudolf, L. Rüger, W. Schneider, G. Schüßler: Operationalisierte Psychodynamische Diagnostik.

Hoffmann, S. O.: Angststörungen. Eine Übersicht mit Anmerkungen zum „Zeitcharakter" von Ängsten und zu ihrer Therapie. Psychotherapeut 39 (1994) 25 - 32

Hoffmann, S. O.: Charakter und Neurose: Ansätze zu einer psychoanalytischen Charakterologie. Suhrkamp, Frankfurt a. M. 1979

Hoffmann, S. O.: Der Konversionsmechanismus. Psychotherapeut 41 (1996) 88 - 94

Hoffmann, S. O.: Die Zwangsneurose. In Peters U. H. (Hrsg.): Die Psychologie des 20. Jahrhunderts, Band X: Ergebnisse für die Medizin (2). Psychiatrie. Kindler, Zürich 1980

Hoffmann, S. O.: Psychoneurosen und Charakterneurosen. In Kisker, K. P., H. Lauter, J. E. Meyer, C. Müller, E. Strömgren (Hrsg.): Psychiatrie der Gegenwart, Bd. 1: Neurosen, Psychosomatische Erkrankungen, Psychotherapie. Springer, Berlin 1986

Hoffmann-Axthelm, D. (Hrsg.): Der Körper in der Psychotherapie. Transform, Oldenburg 1991

Höfner, R.: Selbstkontrollprogramm der stationären Behandlung der Adipositas permagna. In Zielke, M., J. Sturm (Hrsg.): Handbuch Stationäre Verhaltenstherapie. Psychologie Verlags Union, Weinheim 1994 (S. 592 - 609)

Hofstätter, P.: Differentielle Psychologie. Kröner, Stuttgart 1971

Höger, D., J. Eckert: Der Bielefelder Klienten-Erfahrungsbogen (BIKEB). Ein Verfahren zur Erfassung von Aspekten des „Post-Session-Outcome" bei Psychotherapien. Zeitschrift für Klinische Psychologie 26 (1997) 129 - 137

Höger, D.: Der Bielefelder Fragebogen zu Klientenerwartungen (BFKE). Ein Verfahren zur Erfassung von Bindungsstilen bei Psychotherapiepatienten. Psychotherapeut 1999 (im Druck)

Höger, D.: Deutsche Adaptation und erste Validierung des „Feelings, Reactions and Beliefs Survey" (FRBS) von Desmond Cartwright. Ein Beitrag zur konzeptorientierten Erfassung von Effekten der Klientenzentrierten Gesprächspsychotherapie. In Eckert, J. (Hrsg.): Forschung zur Klientenzentrierten Psychotherapie. Aktuelle Ansätze und Ergebnisse. GwG-Verlag, Köln 1995 (S. 167 - 183)

Hohage, R., H. Kächele, I. Hößle: Die Dokumentation des Interviewausganges in einer psychotherapeutischen Ambulanz. Psychother. Psychosom. med. Psychol. 37 (1987) 244 - 247

Hohagen, F. (ed.): New perspectives in research and treatment of obsessive compulsive disorder. Brit. J. Psychiat. 173 (1998) Suppl. 35

Hohagen, F., M. Berger: Personelle Mehrbelastung durch die neue Weiterbildungsordnung zum Arzt für Psychiatrie und Psychotherapie. Spektrum 5 (1993) 167 - 168

Hohenberger, E., L. Schindler: Ein verhaltenstherapeutisches Programm zur Behandlung von Schlafstörungen. In Brengelmann, J. C., G. Bühringer (eds.): Therapieforschung in der Praxis. Röttger, München 1984

Hohendorf, G., M. Bölle: Wandlungen des psychoanalytischen Konversionsbegriffes. In Seidler, G. H. (Hrsg.): Hysterie heute. Enke, Stuttgart 1996

Holland, J. C., J. H. Rowland (eds.): Handbook of Psychooncology. New York, Oxford University Press, Oxford 1989

Holland, J. G., B. F. Skinner: Analyse des Verhaltens. Urban & Schwarzenberg, München 1971

Holland, J. G.: Behaviorism: Part of the problem or part of the solution? J. appl. Behav. Anal. 11 (1978) 163 - 174

Hollander, E., D. Neville, M. Frenkel, S. Josephson, M. Liebowitz: Body Dysmorphic Disorder. Psychosomatics 33 (1992) 156 - 165

Hollander, E.: Obsessive-compulsive related disorders. American Psychiatric Press, Washington (D. C.) 1993

Hollander, M. B.: Excoriated acne controlled by post-hypnotic suggestion. Amer. J. Clin. Hypn. 1 (1958) 122 - 123

Hollon, S. D., A. T. Beck: Cognitive and cognitive-behavioral therapies. In Bergin, A. E., S. L. Garfield (eds.): Handbook of Psychotherapy and Behavior Change, 4th ed. J. Wiley, New York 1994

Holroyd, K. A., T. L. Creer: Self-management and chronic disease. Academic Press, New York 1986

Holt, R., L. Luborsky: Personality patterns of psychiatrists: A study selection technique. Basic Books, New York 1958

Holtzman, W. H., J. S. Thorpe, J. D. Swartz, E. W. Herron: Inkblot perception and personality. University of Texas Press, Austin 1961

Holzkamp, K.: Theorie und Experiment in der Psychologie. Walter de Gruyter, Berlin 1964

Hölzl, R.: Funktionelle Diagnostik und Kriterien verhaltensmedizinischer Intervention. In Strian, F., R. Hölzl, M. Haslbeck (Hrsg.): Verhaltensmedizin und Diabetes mellitus. Springer, Berlin 1988

Hölzl, R.: Funktionelle Störungen im Gastrointestinalsystem. In Brengelmann, J. C. (Hrsg.): Entwicklung der Verhaltenstherapie in der Praxis. Röttger, München 1980

Honig, W. K., J. E. R. Staddon: Handbook of Operant Behavior. Prentice-Hall, Englewood Cliffs, NJ 1977

Hopffgarten von Laer, A. v.: Evaluation der verhaltenstherapeutischen Ausbildung am Institut für Fort- und Weiterbildung in klinischer Verhaltenstherapie (IFKV) Bad Dürkheim. Diplomarbeit. Universität Mannheim 1996

Hoppe, K. D.: Gewissen, Gott und Leidenschaft. Hirzel, Stuttgart 1985

Hopper, E.: A Psychoanalytical theory of „drug addiction„: Unconscious fantasies of homosexuality, compulsions and masturbation within the context of traumatogenic processes. The International Journal of Psycho-Analysis 76 (1995) 1121 - 1142

Horevitz, P., B. G. Braun: Are multiple personalities borderline? An analysis of 33 cases. Psychiatr. Clin. North Amer. 7 (1984) 69 - 87

Horne, D. J., A. E. White, G. A. Varigos: A prelinimary study of psychological therapy in the management of atopic eczema. Brit. J. Med. Psychol. 62 (1989) 241 - 248

Horne, D. J.: Behaviour therapy for trichotillomania. Behav. Res. Ther. 15 (1976) 192 - 196

Hornstein, O.: Die Entwicklung des psychosomatischen Konzepts von der perioralen Dermatitis. In Bosse, K., P. Hünecke (Hrsg.): Psychodynamik und Soziodynamik bei Hautkranken. Verlag für medizinische Psychologie im Verlag Vandenhoeck & Ruprecht, Göttingen 1976

Horowitz, L. M., B. Strauß, H. Kordy: Inventar zur Erfassung Interpersonaler Probleme – Deutsche Version IIP-D. Beltz-Test, Weinheim 1994

Horowitz, L. M., S. E. Rosenberg, K. Bartholomew: Interpersonale Probleme in der Psychotherapie. Gruppenpsychotherapie und Gruppendynamik 29 (1993) 170 - 197

Horowitz, L. M.: Pschemas, psychopathology, and psychotherapy research. Psychotherapy Research 4 (1994) 1 - 17

Horowitz, M. J. (ed.): Hysterical personality style and the histrionic personality disorder. Jason Aronson, Northvale 1991

Horowitz, M. J.: Image formation and cognition. Appleton Century Crofts, New York 1986

Horowitz, M. J.: Stress-response syndromes: a review of posttraumatic stress and adjustment disorders. In Wilson, J. P., B. Raphael (eds.): International handbook of traumatic stress syndromes. Plenum Press, New York 1993 (pp. 49 - 60)

Horowitz, M.: Psychic Structure and the Processes of Change. In Horowitz, M. J. (ed.): Hysterical Personality Style and the Histrionic Personality Disorder. J. Aronson, Northvale 1991 (pp. 1194 - 261)

House, J. S. et al.: The association of social relationship and activities with mortelity. Amer. J. of Epidemiology 116 (1982) 123 - 140

Howard, K. I., M. Kopta, M. Krause. D. Orlinsky: The dose-effect relationship in psychotherapy. Amer. Psychol. 41 (1986) 149 - 164

Howe, J. (Hrsg.): Therapieformen im Dialog. Kösel, München 1982

Hoyer, W. J.: Application of operant techniques to the modifikation. o. O. 1973

Hoyndorf, S., Christmann, F.: Verhaltenstherapie mit Sexualtätern. In Zielke, M., J. Sturm (Hrsg.): Handbuch Stationäre Verhaltenstherapie. Psychologie Verlags Union, Weinheim 1994 (S. 774 - 784)

Hoyndorf, S., M. Reinhold, F. Christmann: Behandlung sexueller Störungen: Ätiologie, Diagnostik, Therapie. Sexuelle Dysfunktionen, Mißbrauch, Delinquenz. Psychologie Verlags Union, Weinheim 1995

Hrrnstein, R. J.: Method and therapy in the study of avoidance. Psychol. Rev., 76 (1969) 49 - 70

Hsu, G.: Eating disorders. Guilford Press, New York 1990

Huber, G., G. Gross: Das Konzept der Basissymptome bei schizophrenen und schizoaffektiven Psychosen. In Kühne, G. E., H. D. Brenner, G. Huber: Kognitive Therapie bei Schizophrenen. G. Fischer, Jena 1990

Huber, G.: Psychiatrie. Schattauer, Stuttgart 1987

Huber, H. P.: Einzelfalldiagnostik. In Jäger, R. S., F. Petermann (Hrsg.): Psychologische Diagnostik, 2. Aufl. Psychologie Verlags Union, Weinheim 1992 (S. 208 – 216)

Huber, H. P.: Einzelfalldiagnostik. In Jäger, R.S., F. Petermann (Hrsg.): Psychologische Diagnostik, 3., korr. Aufl. Psychologie Verlags Union, Weinheim 1995 (S. 208 – 216)

Huber, H. P.: Psychometrische Einzelfalldiagnostik. Beltz, Weinheim 1973

Huber, W.: Zum Nutzen integrativer Ansätze in der Psychotherapie Psychother. Psychosom. med. Psychol. 49 (1999) 1 – 12

Huber, W.: Introduction à la psychologie de la personnalité. Dessart, Bruxelles 1977

Huber, W.: Probleme, Ängste, Depressionen: Beratung und Therapie psychischer Störungen. Huber, Bern 1992

Huber, W.: Psychanalyse et psychologie. In Huber, W., H. Piron, A. Vergote: La psychanalyse, science de l'homme. Dessart, Bruxelles, 1964

Hughes, H., B. W. Brown, G. F. Lawlis, J. E. Fulton: Treatment of acne vulgaris by biofeedback, relaxation and cognitive imagery. Psychosom. Res. 27 (1983) 185 – 191

HUK Coburg Krankenversicherung (unveröffentl. Mitteilung): Antrag auf 30 Stunden ambulante Psychotherapie beim Dipl. Psychologen. AZ: 300/009621-E-K3029-sk. 1994

Hull, C. L.: Principles of Behavior. Appleton, New York 1943

Hull, J. G., R. D. Young, E. Jouriles: Applications of the self-awareness model of alcohol consumption: Predicting patterns of use and abuse. J. Personal. Soc. Psychol. 51 (1986) 790 – 796

Hull, J. G.: A self-awareness model of the causes and effects of alcohol consumption. J. Abnormal Psychol. 90 (1981) 586 – 600

Hull, J. W., J. F. Clarkin, T. Kakuma: Treatment response of borderline inpatients. A growth curve analysis. Journal of Nervous and Mental Disease 181 (1993) 503 – 509

Hünecke, P., K. Bosse: Entstellung – Erleben und Verarbeitung der äußeren Erscheinung. In Whitlock, F. A. (ed.): Psychophysiologische Aspekte bei Hauterkrankungen. Perimed, Erlangen 1980

Hünecke, P.: Entstellungsgefühle und strukturiertes Video-Feedback – Orientierende Befunde und Überlegungen für einen neuen psychotherapeutischen Ansatz. In Gieler, U., U. Stangier, E. Brähler (Hrsg.): Hauterkrankungen in psychologischer Sicht. Jahrbuch der medizinischen Psychologie (Bd. 9). Hogrefe, Göttingen 1993

Hünecke, P.: Variabilität in der sozialen Beurteilung von Hautkranken. Med. Psych. 2 (1976) 121 – 144

Hunter, J. A.: A comparison of the psychosocial maladjustment of adult males and females sexually molested as children. Journal of Interpersonal Violence 6 (1991) 205 – 217

Hunter, J. E., F. L. Schmidt: Methods of Meta-Analysis. Sage, Newbury Park 1990

Hunter, V.: Psychoanalysts talk. Guilford Press, New York 1994

Hurst, D. M.: Toward a Definition of the Term and Concept of Interaction. J. Amer. Psy. Assn. 43 (1995) 521 – 537

Hussian, R. A.: Behavioral geriatrics. In Hersen, M., R. M. Eisler, P. M. Miller (eds.): Progress in Behavior Modification, Vol. 16. Academic Press, New York 1984

Hutterer-Krisch, R.: Fragen der Ethik in der Psychotherapie. Springer, Wien 1996

Hyer, L. A., J. W. Albrecht, P. A. Boudewyns, M. G. Woods, J. Brandsma: Dissociative experiences of vietnam veterans with chronic posttraumatic stress disorder. Psychological Reports 73 (1993) 519 – 530

Ikemi, Y., S. Nakagawa, T. Kusano, F. Sugita: The application of autogenic training to „psychological desensitization" of allergic disorders. In Luthe W., J. H. Schultz (eds.): Autogenic therapy, Vol. 4. Research and Therapy. Grune & Stratton, New York 1970

Ingram, R.: Self-focused attention in clinical disorders: Review and a conceptual model. Psychol. Bull. 2 (1990) 156 – 176

Ingram, R.: Tilting at windmills: A response to Pyszczynski, Greenberg, Hamilton and Nix. Psychol. Bull. 3 (1991) 544 – 550

Inhelder, B., J. Piaget: The growth of logical thinking from childhood to adolescence. Basic Books, New York 1958

Insel, T. R., E. A. Mueller, J. C. Gillin: Biological markers in obsessive-compulsive and affective disorders. Journal of Psychiatric Research 18 (1984) 407 – 425

Isay, R. A.: Being Homosexual: Gay Men and their Development. Farrar, Straus & Giroux, New York 1989

Israel, L.: Die unerhörte Botschaft der Hysterie. Reinhardt, München 1983

Izard, C. E.: Die Emotionen des Menschen. Eine Einführung in die Grundlagen der Emotionspsychologie. 3. Aufl. PVU, Weinheim 1994

Izard, C. E.: Human emotion. Plenum, New York 1977

Jackson, D.: Family interaction, family homeostasis and some implications for conjoint family psychotherapy. In Masserman, J. (ed.): Individual and Family Dynamics. Grune & Stratton, New York 1959 (pp. 122 – 141)

Jackson, J. L., K. S. Calhoun, A. E. Amick, H. M. Maddever, V. L. Habif: Young adult women who report childhood intrafamilial sexual abuse: Subsequent adjustment. Archives of Sexual Behavior 19 (1990) 211 – 221

Jacob, R. G., M. D. Rapport: Panic disorder. Medical and psychological parameters. In Turner, S. M. (ed.): Behavioral theories and treatment of anxiety. Plenum, New York 1984

Jacobi, C.: Kognitive Verhaltenstherapie bei Eßstörungen. In Hautzinger, M. (Hrsg.): Kognitive Verhaltenstherapie bei psychischen Störungen. 2. Aufl. Psychologie Verlags Union, Weinheim 1998 (S. 211 – 246)

Jacobsen, P. B., J. B. Holland: The stress of cancer: psychobiological responses to diagnosis and treatment. In Cooper, C. L., M. Watson: Cancer and stress. Wiley, Chichester 1991 (pp. 147)

Jacobson, E.: Depression. Suhrkamp, Frankfurt 1976

Jacobson, E.: Entspannung als Therapie. Progressive Relaxation in Theorie und Praxis. Pfeiffer, München 1990

Jacobson, E.: Progressive muscle relaxation. University of Chicago Press, Chicago 1938

Jäger, B., R. Liedtke, W. Künsebeck et al.: Psychotherapy with Bulimia nervosa. Evaluation and Long-term Follow-up of two Conflict-oriented Treatment Conditions. In Acta Psychiatrica Scandinavica (accepted for publication) 1996

Jäger, R. S., F. Petermann (Hrsg.): Psychologische Diagnostik, 2. Aufl. Psychologie Verlags Union, Weinheim 1992

Jäger, R. S., F. Petermann (Hrsg.): Psychologische Diagnostik, 3., korr. Aufl. Psychologie Verlags Union, Weinheim 1995

Jäger, R. S., H. Scheurer: Prozeßdiagnostik. In Jäger, R. S., F. Petermann (Hrsg.): Psychologische Diagnostik, 2. Aufl. Psychologie Verlags Union, Weinheim 1992 (S. 202 – 208)

Jäger, R. S., S. Lischer, B. Münster, B. Ritz: Biographisches Inventar zur Diagnostik von Verhaltensstörungen (BIV). Hogrefe, Göttingen 1976

Jäger, R. S.: Der diagnostische Prozess. Eine Diskussion psychologischer und methodischer Randbedingungen, 2. Aufl. Hogrefe, Göttingen 1986

Jahre. Psychol. Rdsch. 43 (1992) 132 – 162

Jahrreiss, R.: Therapeutisches Gesamtkonzept der Psychosomatischen Fachklinik Münchwies. Jahresbericht der Fachklinik Münchwies. Westpfälzische Verlagsdruckerei St. Ingbert 1996

Jahrreiss, R.: Wie psychotherapeutisch soll moderne Suchttherapie sein. Münchwieser Hefte 3 – 15. Fachklinik Münchwies: Eigendruck 1993

Jahrreiss, R.: Zur Kontroverse um den Suchtbegriff bei patholchem Glücksspiel. Prax. Klin. Verhaltensmedizin und Rehabilitation 5 (1989) 5 – 9

James, W.: The Principles of Psychology. Holt, New York 1890

Jampole, L., M. K. Weber: An assessment of the behavior of sexually abused and nonsexually abused children with anatomically correct dolls. child Abuse and neglect 11 (1987) 187 – 192

Janet, P.: L'automatisme psychologique. Felix Alcan, Paris 1889

Janet, P.: Les obsessions et la Psycasthemie. Alcan, Paris 1903

Janet, P.: The major symptoms of hysteria. Macmillan, New York 1907

Janke, W., G. Debus: Die Eigenschaftswörterliste EWL. Eine mehrdimensionale Methode zur Beschreibung von Aspekten des Befindens. Hogrefe, Göttingen 1978

Janke, W., G. Erdmann, K.W. Kallus: Streßverarbeitungsfragebogen (SVF mit SVF 120) 2. Aufl. Hogrefe, Göttingen 1997

Janke, W., G. Erdmann, W. Kallus: Der Streßverarbeitungsfragebogen. Hogrefe, Göttingen 1985

Janoff-Bulman, R.: Shattered assumptions: Towards a new psychology of trauma. Free Press, New York 1992

Janoff-Bulman, R.: The aftermath of victimization: ebuilding shattered assumptions. In Figley, C. R. (Hrsg.): Trauma and its wake: The study and treatment of post-traumatic stress disorder. Brunner & Mazel, New York 1985

Janssen, P. L., S. O. Hoffmann: Profil des Facharztes für Psychotherapeutische Medizin. Psychotherapeut. 39 (1994) 195 ff

Janssen, P. L., W. Schneider (Hrsg.): Diagnostik in der Psychotherapie und Psychosomatik. Gustav Fischer, Stuttgart 1994

Janssen, P. L.: Psychoanalytische Therapie in der Klinik. Klett-Cotta, Stuttgart 1987
Janssen, P. L.: Von der Zusatzbezeichnung „Psychotherapie" zur Gebietsbezeichnung. „Psychotherapeutische Medizin". Z. psycsom. Med. 39 (1993) 95 - 117
Janssen, P. L.: Zur psychoanalytischen Diagnostik. In Janssen, P. L., W. Schneider: Diagnostik in Psychotherapie und Psychosomatik. Fischer, Stuttgart 1994
Janssen, P.: Zur Differenzierung und Spezifität der Psychodynamik funktioneller Sexualstörungen bei Männern. Zeitschrift für Psychosomatische Medizin 32 (1986) 27 - 43
Janzarik, W.: Strukturdynamische Grundlagen der Psychiatrie. Enke, Stuttgart 1988
Jaspers, K.: Allgemeine Psychopathologie. Springer, Berlin 1913
Jeger, P.: Reflektieren und Handeln. Unveröffentlichte Dissertation. Institut für Psychologie der Universität, Bern 1996
Jelliffe, S. E.: The old age factor in psychoanalytical therapy. Med. J. Rec. (1925) 7 - 12
Jellinek, E M.: The disease concept of alcoholism. Hillhouse Press, New Haven 1968
Jessell, T. M., D. D. Kelly: Pain and analgesia. In Kandel, E. R., J. H. Schwartz, T. M. Jessell (eds.): Principles of neural science. Prentice Hall, New Jersey 1991 (S. 385 - 399)
Jimmerson, D. C., M. D. Lesem, W. H. Kaye, A. P. Hegg, T. D. Brewerton: Eating disorders and depression - is there a serotone connection? Biol. Psychiat. 28 (1990) 443 - 454
Joffe, W. G., J. Sandler: Über einige begriffliche Probleme im Zusammenhang mit dem Studium der narzißtischen Störungen. Psyche 21 (1967) 152 - 165
Johann, B., J. Erhard, R. Lange: Ein integriertes Behandlungskonzept zur psychosomatischen Betreuung von Lebertransplantationspatienten. Das Essener Modell. In Johann, B., J. Erhard (Hrsg.): Psychosomatische Betreuung von Transplantationspatienten. Pabst Verlag, Lengerich 1997
Johann, B., J. Erhard: Krankheitsverarbeitung von Lebertransplantationspatienten - Testpsychologische und Interviewergebnisse aus der präoperativen Phase. In Senf, W., G. Heuft (Hrsg.): Gesellschaftliche Umbrüche/Individuelle Antworten. Bericht von der 41. Tagung des DKPM. Verlag für Akademische Schriften, Frankfurt 1995
John, U., C. Veltrup, A. Schofl, S. Bunge, T. Wetterling, H. Dilling: Entwicklung eines Verfahrens zur Erfassung von Ausprägungen der Alkoholabhängigkeit aufgrund von Selbstaussagen: die Lübecker Alkoholabhängigkeitsskala (LAS). Sucht 38 (1992) 291 - 303
Johnson, C., M. E. Connors, D. L. Tobin: Symptom management of bulimia nervosa. Journal of Consulting & Clinical Psychology 55 (1987) 668 - 676
Jones, E. E., C. L. Zoppel: Impact of client and therapist gender on psychotherapy process and outcome. Journal of Consulting and Clinical Psychology 50 (1982) 259 - 272
Jones, E. E.: Modes of Therapeutic Action. Int. Journal of Psycho-Analysis. 78 (1997) 1135 - 1150
Jones, M. C.: The elimination of children's fears. J. exp. Psychol. 7 (1924) 382 - 390
Jones, R. T., J. I. Haney: Behavior therapy and fire emergencies: Conceptualization, assessment and intervention. In Hersen, M., R. M. Eisler, P. M. Miller (eds.): Progress in Behavior Modification, Vol. 19. Academic Press, New York 1985
Joraschky, P.: Das Körperschema und das Körperselbst als Regulationsprinzipien der Organismus-Umwelt-Interaktion. Minerva, München 1983
Joraschky, P.: Sexueller Mißbrauch und Vernachlässigung in Familien. In Egle, U. T., S. O. Hoffmann, P. Joraschky: Sexueller Mißbrauch, Mißhandlung, Vernachlässigung. Schattauer, Stuttgart 1997 (S. 79 - 92)
Jordan, J. M., F. A. Whitlock: Atopic dermatitis, anxiety and conditioned scratch responses. J. Psychosom. Res. 18 (1974) 297
Jörg, M.: Das neue Kassenarztrecht. C. H. Beck, München 1993
Juli, D. (Hrsg.): (Narzißtische) Persönlichkeitsstörungen. Prax. klin. Verhaltensmedizin und Rehabilitation 18 (1992)
Juli, D.: Psychosomatische und neurotische Störungen in ihren Beziehungen zu frühen Bedürfnissen. Prax. Psychother. Psychosom. 34 (1989) 123 - 132
Juli, D.: Zur Bedingungsanalyse psychosomatischer Störungen. Praxis der Klinischen Verhaltensmedizin und Rehabilitation 5 (1989) 34 - 40
Julius, H., U. Boehme: Sexuelle Gewalt gegen Jungen. Eine kritische Analyse des Forschungsgegenstandes. 2. Aufl. Verlag für angewandte Psychologie, Göttingen 1997
Jung, C. G.: Zur gegenwärtigen Lage der Psychotherapie. Zbl. Psychother. 7 (1934) 1 - 16
Jungnitsch, G.: Schmerz- und Krankheitsbewältigung bei rheumatischen Erkrankungen. Quintessenz, München 1992
Junkers, G.: Verhaltenstherapie mit älteren Menschen. Z. Gerontol. 14 (1981) 4 - 21
Kabat-Zinn, J.: Full Catastrophe Living. Bantam, New York 1990
Kabat-Zinn, J.: Gesund und streßfrei durch Meditation. Barth, Bern 1991
Kächele, H., H. Kordy: Psychotherapieforschung und therapeutische Versorgung. Nervenarzt 63 (1992) 517 - 526
Kächele, H.: Entwicklung und Beziehung in neuem Lichte. Prax. Psychother. Psychosom. 34 (1989) 241 - 249
Kächele, H.: Wie lange dauert Psychotherapie? PPmP Psychother. Psychosom. med. Psychol. 40 (1990) 148
Kahana, R. J.: Strategies of dynamic psychotherapy with a wide range of older individuals. J. Geriatr. Psychiatry 12 (1) (1979) 71 - 100
Kahleyss, M.: Auffüllung innerer Lehre: Zur Psychoanalyse von Krebskranken. Materialien Psychoanalyse 7 (1981) 198 - 218
Kahn, R. L., T. C. Antonucci: Convoys of social support: A life course approach. In Kiesler, I. B., J. N. Morgan, V. K. Oppenheimer (eds.): Aging. Academic Press, New York 1980
Kahr, B.: The sexual molestation of children: Historical perspectives. The Journal of Psychohistory 19 (1991) 191 - 214
Kaimer, P., H. Reinecker, L. Schindler: Interaktionsmuster von Klient und Therapeut bei zwei unterschiedlich erfolgreich behandelten Fällen. Z. klin. Psycho. 28 (1989) 80 - 92
Kallinke, D.: Das Gutachterverfahren in der Verhaltenstherapie - Musterfälle? Der Fallbericht. Prax. Klin. Verhaltensmedizin und Rehabilitation 19 (1992) 235 - 236
Kaluza, G.: Gelassen und sicher im Streß. Springer, Berlin 1996
Kämmerer, W.: Die psychosomatische Ergänzungstherapie der Neurodermitis atopica - Autogenes Training und weitere Maßnahmen. Allergologie 10 (1987) 536 - 541
Kamper, D., C. Wuf: Die Wiederkehr des Körpers. Suhrkamp, Frankfurt 1982
Kanfer, F. H., A. P. Goldstein (eds.): Helping People Change. A textbook of methods, 3rd. ed. Pergamon Press, New York 1986
Kanfer, F. H., B. K. Schefft: Guiding the process of therapeutic change. Research Press, Champaign, Ill. 1988
Kanfer, F. H., B. K. Schefft: Self-management therapy in clinical practice. In Jacobson, N. S. (ed.): Psychotherapists in Clinical Practice: Cognitive and Behavioral Perspectives. Guilford Press, New York 1987
Kanfer, F. H., G. Saslow: Behavioral analysis: An alternative to diagnostic classification. Arch. gen. Psychiat. 12 (1965) 529 - 538
Kanfer, F. H., G. Saslow: Behavioral diagnosis. In Franks, C. M. (ed.): Behavior therapy: Appraisal and status. McGrawHill, New York 1969 (pp. 417 - 444)
Kanfer, F. H., G. Saslow: Verhaltenstheoretische Diagnostik. In Schulte, D. (Hrsg.): Diagnostik in der Verhaltenstherapie. Urban & Schwarzenberg, München 1974 (S. 24 - 59)
Kanfer, F. H., H. Reinecker, D. Schmelzer: Selbstmanagement-Therapie. Springer, Berlin 1990
Kanfer, F. H., H. Reinecker, D. Schmelzer: Selbstmanagement-Therapie. Ein Lehrbuch für die klinische Praxis. Springer, Berlin. 1991
Kanfer, F. H., H. Reinecker, D. Schmelzer: Selbstmanagement-Therapie. Ein Lehrbuch für die klinische Praxis. 2. Aufl. Springer, Berlin 1996
Kanfer, F. H., J. R. Busemeyer: The use of problem-solving and decision managing in behaviorherapy. Clin. Psychol. Rev. 2 (1982) 239 - 266
Kanfer, F. H., J. S. Phillips: Behavior therapy: A panacea for all ills or a passing fancy? Arch. gen. Psychiat. 5 (196) 114 - 128
Kanfer, F. H., J. S. Phillips: Learning foundations of behavior therapy. J. Wiley, New York 1970
Kanfer, F. H., J. S. Phillips: Lerntheoretische Grundlagen der Verhaltenstherapie. Kindler, München 1975
Kanfer, F. H., L. G. Grimm: Managing clinical change. A process model of therapy. Behavior Modification 4 (1980) 419 - 444
Kanfer, F. H., L. Grimm: Bewerkstelligung klinischer Veränderungen: Ein Prozeßmodell der Therapie. Verhaltensmodifikation 2 (1981) 125 - 136
Kanfer, F. H., P. Karoly: Self-control: A behavioristic excursion into the lion's den. Behav. Ther. 3 (1972) 398 - 416
Kanfer, F. H.: Self-management methods. In Kanfer, F. H., A. P. Goldstein (eds.): Helping People Change: A Textbook of Methods. Pergamon Press, New York 1975
Kanfer, F. H.: The maintenance of behavior by self-generated stimuli and reinforcement. In Jacobs, A., L. B. Sachs (eds.): The Psychology of Private Events. Academic Press, New York 1971
Kanfer, F. H.: The many faces of self-control, or behavior modification changes its focus. In Stuart, R. B. (ed.): Behavioral Self-Management. Bruner/Mazel, New York 1977

Kanfer, F., S. Hagermann: The role of self-regulation. In Rehm, L. P. (ed.): Behavior Therapy for Depression: Present status and future directions. Academic Press, New York 1981
Kantrowitz, J. L.: The beneficial aspects of the patient-analyst match. Int. J. Psychoanal. 76 (1995) 299 - 313
Kaplan, R. M.: Quality-of-live measurement. In Karoly, P. (Ed.): Measurement strategies in health psychology. Wiley, New York 1985 (pp. 115 - 146)
Kaplan-Singer, H.: Hemmungen der Lust - Neue Konzepte der Psychosexualtherapie. Enke, Stuttgart 1981
Karasu, T. B.: Psychotherapy for the medically ill. Amer. J. Psychiat. 136 (1979) 1 - 11
Karasu, T. B.: The specificity versus nonspecificity dilemma. Amer. J. Psychiatry 143 (1986) 687 - 695
Karesu, T. B.: Psychotherapy and pharmacotherapy: Toward an integrative model. Amer. J. Psychiat. 139 (1982) 1102 - 1113
Karnath, H. O.: Neglect. In Hartje, W., K. Poeck (Hrsg.): Klinische Neuropsychologie. Georg Thieme, Stuttgart 1997
Karnath, H. O.: Zur Funktion des präfrontalen Cortex bei mentalen Planungsprozessen. Zeitschrift für Neuropsychologie 2 (1991) 14 - 28
Karoly, P., A. Harris: Operant methods. In Kanfer, F. H., A. P. Goldstein (eds.): Helping People Change. A Textbook of Methods, 3rd ed. Pergamon Press, New York 1986
Karoly, P., F. H. Kanfer (eds.): Self-management and behavior change. From theory to practice. Pergamon Press, New York 1982
Karoly, P.: Mechanisms of self-regulation: A systems view. Ann. Rev. Psychol. 44 (1993) 23 - 52
Karoly, P.: Self-Control Theory. In O'Donohue, W. R., L. Krasner (Eds.): Theories of behavior therapy. American Psychological Association, Washington (D.C.) 1995
Karren, U.: Die Psychologie der Magersucht. Huber, Bern 1986 (S. 56)
Kaschel, R., H. Miltner, H. Egenrieder, G. Lischka: Verhaltenstherapie bei atopischem Ekzem: Ein Trainingsprogramm für ambulante und stationäre Patienten. Akt. Dermatol. 15 (1990) 275 - 280
Kaschel, R., H. Zaiser-Kaschel, R. Gruber, C. Hausch, K. Mayer: Realitäts-Orientierungs-Training: Kontrollierte Einzelfallstudie bei Amnesie. Zeitschrift für Neuropsychologie 5 (1994) 29 - 41
Kaschel, R.: Neuropsychologische Rehabilitation von Gedächtnisleistungen. Beltz, Weinheim 1994
Kashner, T. M., K. Rost, B. Cohen, M. Anderson, G. R. Smith: Enhancing the health of somatization disorder patients. Psychosomatics 36 (1995) 462 - 470
Kasielke, E., K. D. Hänsgen: Beschwerden-Erfassungsbogen (BEB). Psycho-diagnostisches Zentrum der Humboldt-Universität, Berlin 1982
Kasper, S., G. Buchkremer, H. Dilling, W. Gaebel, M. Hautzinger, E. Holsboer-Trachsler, M. Linden, H. J. Möller, W. Pöldinger, H. U. Wittchen, M. Wolfersdorf: Depressive Störungen erkennen und behandeln. Karger, Basel 1994
Kassenärztliche Bundesvereinigung: Durchführung längerer Behandlungseinheiten bei speziellen Verfahren der Verhaltenstherapie. V31-VII 17/93. 1993
Kassenärztliche Bundesvereinigung: Gutachterstatistik 1993 für die Psychotherapieverfahren und die Verhaltenstherapie. 1994
Kassenärztliche Bundesvereinigung: Gutachterstatistik 1994 für die Psychotherapieverfahren und die Verhaltenstherapie. 1995
Kassenärztliche Bundesvereinigung: Gutachterstatistik 1995/96 für die Psychotherapieverfahren und die Verhaltenstherapie. Kassenärztliche Bundesvereinigung, Köln 1997
Kastner, S., H. D. Basler: Messen Veränderungsfragebögen wirklich Veränderungen? Untersuchung zur Erfolgsbeurteilung in der psychologischen Schmerztherapie. Der Schmerz 11 (1997) 254 - 262
Kastrup, M.: Quality of life research in psychiatry. In Stefanis, C. N. (eds.): Psychiatry: A world perspective. Vol. 4. Elsevier, Amsterdam 1990 (S. 373 - 375)
Kay, S. R., A. Fiszbein, L. A. Opler: The Positive and Negative Syndrome Scale (PANNS) for schizophrenia. Schizophrenia Bulletin 13 (1987) 261 - 275
Kay, S. R., L. A. Opler, J. P. Lindenmayer: Reliability and validity of the Positive and Negative Syndrome Scale for schizophrenics. Psychiatry Research 23 (1988) 99 - 110
Kazdin, A. E., G. T. Wilson: Criteria for evaluating psychotherapy. Arch. gen. Psychiat. 35 (1978) 407 - 416
Kazdin, A. E., G. T. Wilson: Criteria for evaluating psychotherapy. Archives of General Psychiatry 35 (1978) 407 - 416
Kazdin, A. E.: Extensions of reinforcement techniques to socially and environmentally relevant behaviors. In Hersen, M., R. M. Eisler, P. M. Miller (eds.): Progress in Behavior Modification, Vol. 4. Academic Press, New York 1977
Kazdin, A. E.: Methodology, design and evaluation in psychotherapy research. In Bergin, A. E., S. L. Garfield (eds.): Handbook of Psychotherapy and Behavior Change, 4th ed. J. Wiley, New York 1994
Kazdin, A. E.: Single-case research designs. Methods for clinical and applied settings. Oxford University Press, New York 1982
Keefe, P. H., D. Wyshogrod, E. Weinberger, W. S. Agras: Binge eating and outcome of behavioral treatment of obesity: a preliminary report. Behv. Res. Ther. 2 (1984) 319 - 322
Keen, S.: Die Lust an der Liebe - Leidenschaft als Lebensform. Beltz, Weinheim 1985
Keitel, M. A., S. H. Cramer, M. A. Zevon: Spouses of cancer patients: A review of the literature. J. Counsel Dev. 69 (1990) 163
Kellam, S. G., C. H. Brown, B. R. Rubin, M. E. Ensminger: Paths Leading to teenage psychiatric symptoms and substance use: Developmental epidemiological studies in Woodlawn. In Guze, S. B., F. G. Earls, G. E. Barrett (eds.): Childhood Psychopathology and Development. Raven, New York 1983
Keller, M. B., D. B. Herzog, P. W. Lavori, I. S. Bradburn, E. M. Mahoney: The naturalistic history of bulimia nervosa: extraordinarily high rates of chronicity, relapse, recurrence, and psychosocial morbidity. Int. J. Eating Disorders 12 (1992) 1 - 9
Keller, M. B., P. W. Lavori, G. L. Klerman, J. P. Rice, W. Coryell, R. M. A. Hirschfeld: The persistent risk of chronicity in recurrent episodes of non-bipolar major depressive disorder: A prospective follow-up. Amer. J. Psychiat. 143 (1986) 24 - 28
Keller, M. et al.: Between distress and support. Spouses of cancer patients. In Baider, L. (ed.): Cancer and the family. Wiley, NY
Kellermann, B.: Exzessives Glücksspielen als Krankheit? Kritische Bemerkungen zur Inflation der Süchte. Nervenarzt 61 (1990) 435 - 437
Kellermann, B.: Glücksspieler in der stationären Therapie. In Wahl, C. (Hrsg.): Spielsucht. Neuland, Hamburg 1988 (S. 243 - 257)
Kellermann, B.: Pathologisches Glücksspielen und Suchtkrankheit - aus suchtpsychiatrischer Sicht. Suchtgefahren 33 (1987) 110 - 120
Kellermann, B.: Wandlungen der deutschsprachigen psychiatrischen Suchtdefinition. Nervenarzt 62 (1991) 436 - 439
Kelleter, R.: Haut und Primärbeziehung. Zeitschrift für psychoanalytische Theorie und Praxis 5 (1990) 122 - 144
Kellner, R.: Hypochondriasis and somatization. Journal of the American Medical Association 258 (1987) 2718 - 2722
Kempe, R. s., C. H. Kempe: Kindesmißhandlung. Klett-Cotta, Stuttgart 1980
Kemper, J.: Psychotherapeutische Versorgung Alternder in einer Nervenarztpraxis. Z. Gerontol. 25 (1992) 356 - 359
Kendall, P. C., A. J. Finch: Developing nonimpulsive behavior in children: Cognitive-behavioral strategies for self-control. In Kendall, P. C., S. D. Hollon (eds.): Cognitive-Behavioral Interventions: Theory, Research, and Procedures. Academic Press, New York 1979
Kendall, P. C., S. D. Hollon: Cognitive-Behavioral Interventions: Theory, Research and Procedures. Academic Press, New York 1979
Kendall, P. C.: Kognitive Prozesse und Verfahren in der Verhaltenstherapie. In Franks, C. M., G. T. Wilson, P. C. Kendall, K. D. Brownell (Hrsg.): Jahresüberblick der Verhaltenstherapie, Bd. 9. DGVT-Verlag, Tübingen 1985
Kendall-Tackett, K. A., L. Meyer-Williams, D. Finkelhor: die Folgen von sexuellem Mißbrauch bei Kindern: Review und Synthese neuerer empirischer Studien. In Ammann, G., R. Wipplinger (Hrsg.): Sexueller Mißbrauch: Überblick zu Forschung, Beratung und Therapie. 2. Aufl. DGVT, Tübingen 1998 (S. 72 - 85)
Kendell, R. E.: Die Diagnose in der Psychiatrie. Enke, Stuttgart 1978
Kennedy, H.: Die Bedeutung der Einsicht in der Kinderanalyse. In Biermann, G. (Hrsg.): Handbuch der Kinderpsychotherapie Bd IV. Reinhardt, München 1981 (S. 141 - 153)
Kennedy, R.: The elusive subject. Free Association Books, London 1998
Kern, B. R., A. Laufs: Die ärztliche Aufklärungspflicht. Springer, Berlin 1983
Kern, H. J.: Einzelfallforschung: Versuchsplan-Kombination für die Klinische Psychologie. Verhaltenstherapie & Verhaltensmedizin 3 (1997) 343 - 373
Kernberg, O. F., A. Selzer, H. Königsberg, A. Carr, A. Appelbaum: Psychodynamische Therapie bei Borderline Patienten. Huber, Bern 1993
Kernberg, O. F., J. F. Clarkin: Training and the integration of research and clinical practice. In Talley, A. F., H. H. Strupp, S. F. Butler: Psychotherapy research and practice. Basic Books, New York 1994 (S. 39)
Kernberg, O. F., M. A. Selzer, H. W. Koenigsberg, A. C. Carr, A. H. Appelbaum: Psychodynamic Psychotherapy of Borderline Patients. Basik Books, New York 1989
Kernberg, O. F.: Borderline conditions and pathological narcissism. Jason Aronsson, New York 1975

Kernberg, O. F.: Borderlinestörungen und pathologischer Narzissmus. Suhrkamp, Frankfurt a. M. 1978

Kernberg, O. F.: Liebe im analytischen Setting. Psyche 48 (2) (1994) 808–826

Kernberg, O. F.: Notes on countertransference. J. Amer. psychoanal. Ass. 13 (1965) 38–56

Kernberg, O. F.: Objektbeziehungen und Praxis der Psychoanalyse. Klett-Cotta, Stuttgart 1981

Kernberg, O. F.: Schwere Persönlichkeitsstörungen, Theorie, Diagnose, Behandlungsstrategien, 3. Aufl. Klett-Cotta, Stuttgart 1991

Kernberg, O. F.: Schwere Persönlichkeitsstörungen. Theorie, Diagnose, Behandlungsstrategien. Klett-Cotta, Stuttgart 1988

Kernberg, O. F.: Severe personality disorders. Psychotherapeutic strategies. New Haven, London 1984

Kernberg, O. F.: Structural interviewing. Psychiat. Clin. N. Amer. 4 (1981) 169–195

Kernberg, O. F.: The Psychotherapeutic Treatment of the Borderline Patient. In Paris, J.: Borderline Personality Disorder. Etiology and Treatment. American Psychiatric Press, Washington 1993 (pp. 261–284)

Kernberg, O. F.: The structural diagnosis of borderline personality organization. In Hartocollis, P. (ed.): Borderline personality disorders. Int. Univ. Press, New York 1977 (S. 87–121)

Kernberg, O. F.:Die Bedeutung neuerer psychoanalytischer und psychodynamischer Konzepte für die Befunderhebung und Klassifikation von Persönlichkeitsstörungen. In Schauenburg, H., H. J. Freyberger, M. Cierpka, P. Buchheim (Hrsg.): OPD in der Praxis. Konzepte, Anwendungen, Ergebnisse der Operationalisierten Psychodynamischen Diagnostik. Hans Huber, Bern 1998 (S. 55–68)

Kernberg, O.: Ein konzeptuelles Modell zur männlichen Perversion. Forum der Psychoanalyse 1 (1985) 167–188

Kernberg, O.: Liebe und Aggression in der Zweierbeziehung. Psyche 46 (1992) 797–820

Kernberg, O.: Love relations. Normality and Pathology. Yale University Press, New Haven and London 1995

Kernberg, O.: Sadomasochismus, sexuelle Erregung und Perversion. Zeitschrift für Psychoanalytische Theorie und Praxis 4 (1993) 319–341

Kernberg, O.: Sexuelle Hemmung und narzißtische Persönlichkeitsstörung. Psyche 12 1998 (S. 1147–1163)

Kernberg, P. F., Chazan, S. E.: Children with conduct disorders. Basic Books 1991

Kerz-Rühling, J.: Psychoanalyse und Weiblichkeit. Eine Studie zum Wandel psychoanalytischer Konzepte. Zeitschrift für psychoanalytische Theorie und Praxis (1991) 291–317

Kessler, R. C., A. Sonnega, E. Bromet, M. Hughes, C. B. Nelson: Posttraumatic stress disorder in the national comorbidity study. Archives of General Psychiatry 52 (1995) 1048–1060

Kety, S. S., D. Rosenthal, P. H. Wender, F. Schulsinger, B. Jacobson: Mental illness in the biological and adoptive families of adopted individuals who have become schizophrenics. Behavior Genetics. 6 (1976) 219–225

Kety, S. S., D. Rosenthal, P. H. Wender, F. Schulsinger: Mental illness in the biological and adoptive families of adopted schizophrenics. American Journal of Psychiatry. 128 (1971) 302–306

Keupp, H., D. Rerrich (Hrsg.): Psychosoziale Praxis. Ein Handbuch in Schlüsselbegriffen. Urban & Schwarzenberg, München 1982

Keys, A., J. Brozek, A. Henschel, O. Mickelsen, H. L. Taylor: The Biology of Human Starvation. University of Minnesota Press, Minneapolis 1950

Khan, M. M. R.: Erfahrungen im Möglichkeitsraum. Suhrkamp, Frankfurt a. M. 1993

Kieresuk, T. J., R. E. Sherman: Goal attainment scaling: A method for evaluating comprehensive community mental health programs. Community ment. Hlth J. 4 (1968) 443–353

Kim Berg, I., S. D. Miller: Kurzzeittherapie bei Alkoholproblemen, Carl Auer, Heidelberg 1993

Kimble, G. A.: Hilgard and Marquis' Conditioning and Learning. Appleton, New York 1961

Kimerling, R., K. S. Calhoun: Somatic symptoms, social support, and treatment seeking among sexual victims. Journal of Consulting and Clinical Psychology 62 (1994) 333–340

Kingdon, D. G., D. Turkington: Cognitive therapy of schizophrenia: collaborative and integrative approaches. In Mace, C., F. Margison (Hrsg.): Psychotherapy of Psychosis. Gascell, London 1997 (p. 115–129)

Kingdon, D. G., D. Turkington: A role for cognitive-behavioral strategies in schizophrenia? Soc. Psychiat. psychiat. Epidemiol. 26 (1991) 101

Kinzl, J., W. Biebl: Sexueller Mißbrauch in Kindheit und Jugend. Sexualmedizin 22 (1993) 136–142

Kinzl, J., C. Traweger, W. Biebl: Family background and sexual abuse associated with somatization. Psychotherapy and Psychosomatics 64 (1995) 82–87

Kiresuk, T., A. Smith, J. E. Cardillo (Eds.): Goal attainment scaling: Applications, theory and measurement. Erlbaum, Hillsdale 1994

Kirk, J. W.: Behavioral treatment of obsessional-compulsive patients in routine clinical practice. Behaviour Research and Therapy 21 (1983) 57–62

Kirkpatrick, D. L.: Evaluation of training. In Carig, R. L., L. R. Bittel (Eds.): Training and development handbook. McGraw - Hill Book Company, New York 1967 (pp. 87–112)

Kirmayer, L. J., J. M. Robbins, J. Paris: Somatoform disorders: personality and the social matrix of somatic distress. Journal of Abnormal Psychology 103 (1994) 125–136

Kirmayer, L. J., J. M. Robbins: Three forms of somatization in primary care: prevalence, co-occurence, and sociodemographic characteristics. Journal of Nervous and Mental Disease 179 (1991) 647–655

Kirschenbaum, D. S., R. C. Flanery: Behavioral contracting: Outcomes and elements. In Hersen, M., R. M. Eisler, P. M. Miller (eds.): Progress in Behavior Modification, Vol. 15. Academic Press, New York 1983

Kirschenbaum, D. S., R. C. Flanery: Toward a psychology of behavioral contracting. Clin. Psychol. Rev. 4 (1984) 597–618

Kirusek, T. J., R. E. Sherman: Goal-attainment-scaling: A General Method for Evaluating comprehensive Community Mental Health Programs. Community Ment. Health J. 4 (1968) 443–453

Kisker, K. P., H. Lauter, J. E. Meyer, C. Müller, E. Strömgren: Krisenintervention Suizid Konsiliarpsychiatrie. Springer, Berlin 1986

Klages, U.: Fragebogen irrationaler Einstellungen (FIE). Hogrefe, Göttingen 1989

Klauer, K. J.: Kriteriumsorientierte Tests. Hogrefe, Göttingen 1987

Klauer, T., S. H. Filipp: Trierer Skalen zur Krankheitsbewältigung (TSK). Hogrefe, Göttingen 1993

Klein, D. F., D. C. Ross, P. Cohen: Panic and avoidance in agoraphobia. Arch. Gen. Psychiat. 44 (1987) 377–385

Klein, M. H., A. T. Dittman, M. B. Parloff, M. M. Gill: Behavior therapy: Observations and reflections. J. consult. clin. Psychol. 33 (1969) 259–266

Klein, M.: Das Seelenleben des Kleinkindes. Klett-Cotta, Stuttgart 1983

Klein, M.: Notes on some schizoid mechanism. Int. J. Psycho-Anal. 27 (1946) 99–110

Kleine, D., R. Schwarzer: Angst und sportliche Leistung – eine Meta-Analyse. Sportwissenschaft 21 (1991) 9–28

Klepsch, R., I. Hand, Z. Wlazlo, B. Friedrich, M. Fischer, D. Bodek: Langzeiteffekte multimodaler Verhaltenstherapie bei krankhaftem Glücksspielen III: Zweite prospektive Katamnese der Hamburger Projektstudie. Suchtgefahren 35 (1989 b) 35–49

Klepsch, R., I. Hand, Z. Wlazlo, E. Kaunisto, B. Friedrich: Langzeiteffekte multimodaler Verhaltenstherapie bei Krankhaftem Glücksspielen: Retrospektive Katamnese der Hamburger Pilot-Studie. Suchtgefahren 2 (1987) 137–147

Klepsch, R., I. Hand, Z. Wlazlo, E. Kaunisto, B. Friedrich: Pathologisches Spielen. In Hand, I., H. U. Wittchen (Hrsg.): Verhaltenstherapie in der Medizin. Springer, Berlin 1989 a (S. 313–326)

Klepsch, R., W. Zaworka, I. Hand, K. Lünenschloß, G. Jauernig: Hamburger Zwangsinventar – Kurzform. Beltz Test, Weinheim 1993

Klerman, G. L., M. M. Weissman, J. Markowitz, I. Glick, P. J. Wilner, B. Mason, M. K. Shear: Medication and psychotherapy. In Bergin, A. E.: L. Garfield: Handbook of Psychotherapy and Behavior Change. New York 1994 (S. 734–782)

Klesges, R. C., J. A. Cigrang: Worksite smoking cessation programs: Clinical and methodological issues. In Hersen, M., R. M. Eisler, P. M. Miller (eds.): Progress in Behavior Modification, Vol. 23. Sage Publications, London 1988

Klessmann, E., H. A. Klessmann: Heiliges Fasten, heilloses Fressen. Die Angst der Magersüchtigen vor dem Mittelmaß. Huber, Bern 1988

Klessmann, E., H. Eibach: Wo die Seele wohnt. Das imaginäre Haus als Spiegel menschlicher Erfahrungen und Entwicklungen. Huber, Bern 1993

Klinger, E.: The self-management of mood, affect and attention. In Karoly, P., F. H. Kanfer (eds.): Self-Management and Behavior Change. From Theory to Practice. Pergamon Press, New York 1982

Klingler, D., B. Bauchinger: Ursachen der Chronifikation von Kreuzschmerzen und ihre Vorbeugung. Schmerz 7 (1993) 54–59

Klinkenberg, N.: „... so that you can learn really to run yourself properly relaxed under all conditions“. Die Progressive Muskelrelaxation als pädagogisches Körperverfahren, unvereinbare Reaktion, Entspannungskonditionierung oder indikationsspezifisches Verfahren in der Verhaltenstherapie. Verhaltenstherapie und psychosoziale Praxis 28 (1996 a) 183–190

Klinkenberg, N.: Die Feldenkrais-Methode als Modell einer kognitiv-behavioralen Körpertherapie. Verhaltenstherapie und psychosoziale Praxis 28 (1996 b) 191 – 202

Klinnert, M., B. Emde, P. Butterfield, J. Campos: Social referencing: The infants use of emotional signals from a friendly adult with mother present. Developmental Psychology. 22 (1986) 427 – 432

Klix, F.: Erwachendes Denken: geistige Leistungen aus evolutionspsychologischer Sicht. Spektrum Akademischer Verlag, Heidelberg 1993

Klonoff, E. A., S. J. Youngner, D. J. Moore, L. A. Hershey: Chronic factitious illness: a behavioral approach. Int. J. Psychiat. Med. 13 (1983) 173 – 183

Klöß-Rotmann, L.: Haut und Selbst. Ein analytischer Beitrag zur Funktion des atopischen Ekzems im Behandlungsprozeß. Jahrbuch der Psychoanalyse 29 (1992) 29 – 62

Klöß-Rottmann, L.: Geschlechtsspezifische Übertragungs- und Gegenübertragungsphänomene. Prax. Psychother. Psychosom. 37 (1992) 113 – 12

Kluft, R. P.: First-rank symptoms as a diagnostic clue to multiple personality disorder. Amer. J. Psychiat. 144 (1987) 293 – 298

Klüwer, R.: Agieren und Mitagieren – 10 Jahre später. Z. psychoanal. Theor. Prax. X (1995) 45 – 70

Klyscz, T., M. Jünger, S. Schanz, M. Janz, G. Rassner, R. Kohnen: Lebensqualität bei chronisch venöser Insuffizienz (CVI). Ergebnisse einer Untersuchung mit dem neu entwickelten Tübinger Fragebogen zur Messung der Lebensqualität von CVI- Patienten (TLQ-CVI). Hautarzt 49 (1998) 372 – 381

Kniskern, D., A. Gurman: Research on training in marriage and family therapy: Status, issues and directions. J. Mar. Fam. Ther. 5 (1979) 83 – 94

Knölker, U.: Zwangssymptome im Kindes- und Jugendalter. In Hand, I., W. K. Goodman, U. Evers (Hrsg.): Zwangsstörungen. Neue Forschungsergebnisse. Springer, Berlin 1992

Koblenzer Modell einer Koordinationsstelle für die psychotherapeutische Versorgung 1994

Koblenzer, C. S.: Psychosomatic Concepts in Dermatology: A Dermatologist-Psychoanalyst's Viewpoint. Arch. Dermatol. 119 (1983) 501

Koblenzer, C.: Psychocutaneous Disease. Grune & Stratton Inc., Orlando, New York, London, Tokyo 1987

Koch, C.: Fragebogen zur Abschätzung des Psychosomatischen Krankheitsgeschehen (FAPK). 2. Aufl. Beltz-Test, Weinheim 1996

Koch, M.: Compliance-Probleme bei Adipositas: Mangelnde Motivation trotz massiven Leidensdrucks? Prax. Klin. Verh. Rehab. 13 (1991) 26 – 31

Koch, U., C. Schmeling: Betreuung von Tod- und Schwerkranken. Urban & Schwarzenberg, München 1982

Koch, U., F. Potreck-Rose: Stationäre psychosomatische Rehabilitation – ein Versorgungssystem in der Diskussion. In Strauß, B., A. E. Meyer: Psychoanalytische Psychosomatik. Theorie, Forschung, Praxis. Schattauer, Stuttgart 1994 (S. 193 – 212)

Koch, U., H. Schulz: Qualitätssicherung in der psychotherapeutischen Medizin. In Ahrens, S. (Hrsg): Lehrbuch der psychotherapeutischen Medizin. Schattauer, Stuttgart 1994 (S. 14 – 25)

Koch, U., S. Stump: Verhaltensmedizinische Interventionen bei Krebspatienten. In Wahl, R., M. Hautzinger: Verhaltensmedizin. Deutscher Ärzte-Verlag, Köln 1989

Koch, U.: Psychotherapie im medizinischen Bereich. In Baumann, U., H. Berbalk, G. Seidenstücker: Klinische Psychologie. Trends in Forschung und Praxis 5. Huber, Bern 1982

Koch, U.: Verhaltensmedizin im Bereich chronischer Erkrankungen. In Brengelmann, J. C., G. Bühringer: Therapieforschung für die Praxis 6. IFT-Publikationen. München 1986

Kockott, G.: Sexuelle Störungen. Urban & Schwarzenberg, München 1977

Kohlberg, L.: Moral stages and moralization. In Lickona, T. C. (ed).: Moral development and Behavior. Healt, Rinchert and Winston, New York 1976

Kohlberg, L.: Zur kognitiven Entwicklung des Kindes. Suhrkamp, Frankfurt a. M. 1974

Köhle, K., P. Joraschky: Psychosomatische Konsultations- und Liaisondienste. In Uexküll, T. v.: Psychosomatische Medizin. Urban & Schwarzenberg, München 1990 (429 – 438)

Köhle, K., P. L. Janssen, R. Richter: Fort- und Weiterbildung. In Uexküll, T. v. et al. (Hrsg.): Psychosomatische Medizin. 5. Aufl. Urban & Schwarzenberg, München 1996 (S. 1087 – 1101)

Köhle, K.: Funktionelle Syndrome in der inneren Medizin. Internist 32 (1991) 3 – 11

Köhler, L.: Bindungsforschung und Bindungstheorie aus der Sicht der Psychoanalyse. In Spranger, G., P. Zimmermann (Hrsg.): Die Bindungstheorie. Klett-Cotta, Stuttgart 1995

Köhler, L.: Formen und Folgen früher Bindungserfahrungen. Forum Psychoanal (1992) 263 – 280

Köhler, L.: Selbstpsychologie. In Mertens, W. (Hrsg.): Schlüsselbegriffe der Psychoanalyse. Verlag Internationale Psychoanalyse, Stuttgart 1993

Köhler, T.: Biologische Grundlagen psychischer Störungen. Thieme, Stuttgart 1999

Köhler, T.: Psychische Störungen: Symptomatologie, Erklärungsansätze, Therapie. Kohlhammer, Stuttgart 1998

Köhler, T.: Psychosomatische Krankheiten. Eine Einführung in die Allgemeine und Spezielle Psychosomatische Medizin. 3. Aufl. Kohlhammer, Stuttgart 1995

Köhler, W.: Intelligenzprüfungen an Anthropoiden. Königliche Akademie der Wissenschaften, Berlin 1917

Köhlke, H. U.: Aktuelle verhaltenstherapeutische Standardprogramme: Moderner Rückschritt in die Symptomtherapie?! Verhaltenstherapie 2 (1992) 256 – 262

Köhlke, H. U.: Qualitätssicherung durch Gutachterverfahren. Aber – qualitätsgesichert ist das Verfahren. In Laireiter, A. R., H. Vogel: Qualitätssicherung in der Psychotherapie und psychosozialen Versorgung – ein Werkstattbuch. dgvt, Tübingen (in Vorb.)

Kohlmann, T., H. H. Raspe: Zur Messung patientennaher Erfolgskriterien in der medizinischen Rehabilitation: Wie gut stimmen „indirekte“ und “direkte“ Methoden der Veränderungsmessung überein? Rehabilitation 37, Suppl. 1 (1998) 30 – 37

Kohlmann, T., M. Bullinger, I. Kirchberger-Blumstein: Die deutsche Version des Nottingham Health Profile (NHP): Übersetzungsmethodik und psychometrische Validierung. Sozial- und Präventivmedizin 42 (1997) 175 – 185

Köhnlein, B., U. Stangier, G. Freiling, U. Schauer, U. Gieler: Elternberatung von Neurodermitis-Kindern. In Gieler, U., U. Stangier, E. Brähler (Hrsg.): Hauterkrankungen in psychologischer Sicht. Jahrbuch der medizinischen Psychologie (Bd. 9). Hogrefe, Göttingen 1993

Kohut, H., E. S. Wolf: The disorders of the self and their treatment. Int. J. Psychoanal. 39 (1978) 413 – 425 (dt. mit geringfügigen Veränderungen: Die Störungen des Selbst und ihre Behandlung. In Peters, U. H. (Hrsg): Die Psychologie des 20. Jahrhunderts, Bd. 10. Kindler, Zürich 1980)

Kohut, H.: Die Heilung des Selbst. Suhrkamp, Frankfurt a. M. 1979

Kohut, H.: Die psychoanalytische Behandlung narzißtischer Persönlichkeitsstörungen. Psyche 23 (1969) 321

Kohut, H.: How does analysis cure? Univ. Chicago Press, Chicago 1984 (dt.: Wie heilt die Psychoanalyse? Suhrkamp, Frankfurt a. M. 1987)

Kohut, H.: Narzißmus. Eine Theorie der psychoanalytischen Behandlung narzißtischer Persönlichkeitsstörungen. Suhrkamp, Frankfurt a. M. 1973

Kohut, H.: The Analysis of the Self. A Systematic Approach to the Psychoanalytic Treatment of Narcisstic Personality Disorders. International Universities Press, New York 1971

Kollenbaum, V. E.: Interozeption und Symptomwahrnehmung. In Gerber, W. D., H. D. Basler, U. Tewes (Hrsg.): Medizinische Psychologie. Urban & Schwarzenberg, München 1994 (S. 41 – 48)

Konermann, J., G. Schüßler, A. Weddige-Diedrichs: Schmerzbewältigung bei Patienten mit Fibromyalgie-Syndrom – Möglichkeiten und Grenzen einer Kurzzeit-Einzeltherapie. In Schüßler, G., E. Leibing: Coping. Hogrefe, Göttingen 1994

König, F.: Problemlösen und kognitive Therapie. In Hoffmann, N. (Hrsg.): Grundlagen kognitiver Therapie. Huber, Bern 1979

König, K., R. Kreische: Psychotherapeuten und Paare. Vandenhoeck & Ruprecht, Göttingen 1991

König, K., W. V. Lindner: Psychoanalytische Gruppentherapie. Vandenhoeck & Ruprecht, Göttingen 1991

König, K.: Angst und Persönlichkeit. Das Konzept vom steuernden Objekt und seinen Anwendungen. Vandenhoeck & Ruprecht, Göttingen 1981

König, K.: Der interaktionelle Anteil der Übertragung in Einzelanalyse und analytischer Gruppenpsychotherapie. Gruppenpsychother. u. Gruppendynam. 18 (1982) 76 – 83

König, K.: Einführung in die stationäre Psychotherapie. Vandenhoeck & Ruprecht, Göttingen 1995

König, K.: Einzeltherapie außerhalb des klassischen Settings. Vandenhoeck & Ruprecht, Göttingen 1993

König, K.: Gegenübertragungsanalyse. Vandenhoeck & Ruprecht, Göttingen 1993

König, K.: Grundkonzepte der psychoanalytischen Technik: Übertragung, Gegenübertragung, Widerstand. In Bilitza, K. W. (Hrsg.): Suchttherapie und Sozialtherapie. Vandenhoeck & Ruprecht, Göttingen 1993 b (S. 217)

Koocher, G., O. O'Malley: The Damocles Syndrom. McGraw-Hill, New York 1981
Köpp, W. u. Mitarb.: Die Lehranalyse im Spannungsfeld der Ausbildung. In Streeck, U., H. V. Werthmann (Hrsg.): Herausforderungen für die Psychoanalyse. Pfeiffer, München 1990 (S. 178 - 195)
Kopecky-Wenzel, M., A. Hipfner, R. Frank: Fragen zur psychosexuellen Entwicklung von Kindern - Entwurf eines Leitfadens zur Diagnostik von sexuellem Mißbrauch. Praxis der Kinderpsychologie und Kinderpsychiatrie 45 (1996) 230 - 238
Koppelin, F.: Strukturen der Professionalisierung und Institutionalisierung einer Frauengesundheitsforschung in Deutschland - Der Arbeitskreis „Frauen und Gesundheit" im Norddeutschen Forschungsverbund Public Health. Praxis Klinische Verhaltensmedizin und Rehabilitation 40 (1997) 19 - 24
Koppenhöfer, E.: Euthymes Erleben im therapeutischen Selbstmanagementprozeß. In Reinecker, H. S., D. Schmelzer (Hrsg.): Verhaltenstherapie, Selbstregulation, Selbstmanagement. Frederick H. Kanfer zum 70. Geburtstag. Hogrefe, Göttingen 1996 (S. 199 - 207)
Koppenhöfer, E.: Therapie und Förderung genußvollen Erlebens und Handelns. In Zielke, M., N. Mark (Hrsg.): Fortschritte der angewandten Verhaltensmedizin, Bd. I. Springer, Berlin 1990
Kordy, H., D. Scheibler: Individuumorientierte Erfolgsforschung: Erfassung und Bewertung von Therapieeffekten anhand individueller Behandlungsziele. Teil 1: Gibt es in der Ergebnisforschung eine „Lücke" für individuumsorientierte Verfahren? Zeitschrift für Klinische Psychologie, Psychiatrie und Psychotherapie 32 (1984) 218 - 333
Kordy, H., H. Kächele: Der Einsatz von Zeit in der Psychotherapie. Psychotherapeut 40 (1995) 195 - 209
Kordy, H., O. Schöneberg: Differential relevance of therapeutic factors in inpatient psychotherapy. Paper presented at the Annual Meeting of the Society for Psychotherapy Research, Wintergreen 1990
Kordy, H.: Qualitätssicherung: Reiz und Modewort. Zschr. Psychosom. Med. 38 (1992) 299 - 309
Korintenberg, I.: Möglichkeiten der Verhaltenstherapie im Altenheim. In Hirsch, D. H. (Hrsg.): Psychotherapie im Alter. Huber, Bern 1990 (S. 114 - 123)
Körner, J.: Übertragung und Gegenübertragung - eine Einheit im Widerspruch. For. Psychoanal. 6 (1990) 87 - 104
Körner, L., U. Rosin.: Das Problem der Abstinenz in der Psychoanalyse. Forum Psychoanal. 1 (1985) 25 - 47
Koss, M. P., M. R. Harvey: The rape victim. Clinical and community interventions. Sage, Newbury Park, Ca. 1991
Kossak, H. C.: Hypnose. PVU, München 1989
Kößler, M., C. E. Scheidt: Konversionsstörungen. Schattauer, Stuttgart 1997
Kosslyn, S. M., L. M. Shin: Visual mental images in the brain: Current issues. In Farah, M. J., G. Ratcliff (eds.): The neuropsychology of high-level vision. LEA, Hove 1994
Kosslyn, S. M.: A cognitive neuroscience of visual cognition: Further developments. In Logie, R. H., M. Denis (eds.): Mental images in human cognition. North-Holland, Amsterdam 1991
Kosslyn, S. M.: Image and mind. Harvard University Press, Cambridge, MA 1980
Kosslyn, S. M.: Seeing and imagening in the cerebral hemispheres: A computational approach. Psychological Review 94 (1987) 148 - 178
Kozak, M. J., E. B. Foa: Obsessions, Overvalued Ideas and Delusions in Obsessive-Compulsive Disorder. Behaviour Research u. Therapy 32 (1994) 343 - 353
Kozak, M. J., E. B. Foa: Obsessions, overvalued ideas and delusions in OCD. Paper presented at the 20th Congress of the EABT, Paris 1990
Kozak, M. J., E. B. Foa: Obsessive-Compulsive Disorders. In Van Hasselt, V. B., M. Hersen (eds.): Source-book of psychological Treatment Manuals for Adult Disorders. Plenum Press, New York 1996
Kraemer, S., H. J. Möller: Kognitive Verhaltenstherapie bei schizophrenen Störungen. In Hautzinger, M.: Kognitive Verhaltenstherapie bei psychischen Erkrankungen. Quintessenz, Berlin 1994
Kraft, H.: Autogenes Training - Methodik, Didaktik und Psychodynamik. 3. Aufl. Hippokrates, Stuttgart 1996
Kraft, H.: Autogenes Training für Fortgeschrittene - Überlegungen und Mitteilungen zu einer Erweiterung des Kursangebotes im autogenen Training. Psychother. med. Psychol. 30 (1980) 185 - 190
Kramer, F. M., A. J. Stunkard, T. A. Spiegel: Limited weight losses with a gastric bubble. Arch. Int. Med. 149 (1989) 411 - 413
Krampen, G., A. von Delius: Zur direkten Messung subjektiv erlebter gesundheitlicher Veränderungen. Med. Psychol. 7 (1981) 166 - 174
Krampen, G., H. Hense, J. F. Schneider: Reliabilität und Validität von Fragebogenskalen bei Standardreihenfolgen versus inhaltshomogener Blockbildung ihrer Items. Zeitschrift für experimentelle und angewandte Psychologie 34 (1992) 229 - 248
Krampen, G.: Fragebogen zu Kompetenz- und Kontrollüberzeugungen (FKK). Handanweisung. Hogrefe, Göttingen 1991
Krapf, G.: Autogenes Training aus der Praxis, ein Gruppenkurs. J. F. Lehmanns Verlag, München 1973
Krause, R.: Allgemeine psychoanalytische Krankheitslehre. Bd. 1. Grundlagen. Kohlhammer, Stuttgart 1997
Krause, R.: Allgemeine psychoanalytische Krankheitslehre. Bd. 2. Modelle. Kohlhammer, Stuttgart 1998
Krause, R.: Allgemeine Psychoanalytische Krankheitslehre. Kohlhammer, Stuttgart 1997
Krause, R.: Die Zweierbeziehung als Grundlage der psychoanalytischen Therapie. Psyche 46 (1990) 588 - 612
Krause, R.: Eine Taxonomie der Affekte und ihre Anwendung auf das Verständnis der „frühen Störungen". Psychother. med. psychol. 38 (1988) 77 - 86
Krause, R.: Integration in der Psychotherapie? In Schorr, A. (Hrsg.): Psychologie Mitte der 80er Jahre. Deutscher Psychologen-Verlag, Bonn 1986 (S. 245 - 255)
Krause, R.: Psychoanalyse als interaktives Geschehen. In Baumann, U. (Hrsg.): Psychotherapie: Makro-/Mikroperspektiven Hogrefe, Göttingen 1984 (S. 146 - 158)
Krause, R.: Über die psychoanalytische Affektlehre am Beispiel der Einsicht. In Eckensberger, L. H., E. Lantermann (Hrsg.): Emotionalität und Reflexivität. Urban & Schwarzenberg, München 1985 (S. 267 - 290)
Krauth, J.: Testkonstruktion und Testtheorie. Psychologie Verlags Union, Weinheim 1995
Krauth, J.: Zeitreihenanalyse. In Erdfelder, E., R. Mausfeld, T. Meiser, G. Rudinger (Hrsg.): Handbuch Quantitative Methoden. Psychologie Verlags Union, Weinheim 1996 (S. 291 - 302)
Kretschmann, U.: Das Vergewaltigungstrauma. Westfälisches Dampfboot, Münster 1993
Kretschmer, E.: Gestalten und Gedanken. Thieme, Stuttgart 1963
Kris, A. O.: Die Technik der freien Assoziation: der methodische Schlüssel zu den Ergebnissen der Psychoanalyse. Z. psychoanal. Theor. Prax. 7 (1992) 256 - 267
Kristof, W.: Klassische Testtheorie und Testkonstruktion. In Feger, H., J. Bredenkamp (Hrsg.): Messen und Testen. Enzyklopädie der Psychologie, Themenbereich B, Serie I: Forschungsmethoden der Psychologie, Bd. 3. Hogrefe, Göttingen 1983 (S. 544 - 603)
Kröber, H. L.: Akute Krisen bei Manien. Nervenheilkunde 11 (1992) 1 - 3
Kröber, H. L.: Automatenspieler und Roulettespieler. Psychiatrische und terminologische Differenzen. Nervenarzt 62 (1991) 670 - 675
Kröger, U.: „No cure, but control". Die Behandlung von Sexualdelinquenten in einer forensisch-psychiatrischen Klinik. Zeitschrift für Sexualforschung 10 (1997) 138 - 146
Kroger, W. S.: Clinical and Experimental Hypnosis. Lippincott, Philadelphia 1977
Kroh, O.: Entwicklungspsychologie des Grundschulkindes, Teil I und II.: Beltz, Weinheim 1958 (Erstauflage 1944)
Krohne, H. W., A. Schumacher, B. Egloff: Das Angstbewältigungs-Inventar (ABI). (Mainzer Berichte zur Persönlichkeitsforschung Nr. 41). Johannes-Gutenberg-Universität, Psychologisches Institut, Mainz 1992
Kröner-Herwig, B., C. Jäkle, H. Seemann, K. Peters, J. Frettlöh, C. Franz, H. D. Basler: Beeinträchtigung durch chronischen Schmerz - Welche Rolle spielen psychologische Variablen? Z. Gesundheitspsychologie 4 (1996) 1 - 10
Kröner-Herwig, B., J. Frettlöh, G. Frische: Möglichkeiten sekundär-präventiver Strategien bei Kopf- und Rückenschmerzen. Ein Versuch der Umsetzung in die Praxis. psychomed. 7 (1995) 178 - 184
Kröner-Herwig, B.: Alternative Behandlungsansätze bei chronischem Rückenschmerz: Die Effektivität psychologisch fundierter Interventionen, psychomed. 5 (1993) 169 - 175
Kröner-Herwig, B.: Chronischer Schmerz - Eine Gegenstandbestimmung. In Basler, H. D., C. Franz, B. Kröner-Herwig, H. P. Rehfisch, H. Seemann (Hrsg.): Psychologische Schmerztherapie. Springer, Berlin 1990 (S. 1 - 16)
Kröner-Herwig, B.: Kopfschmerz und psychologische Kopfschmerzbehandlung: Übersicht und kritische Würdigung von Biofeedbackverfahren. In Geissner, E., G. Jungnitsch (Hrsg.): Psychologie des Schmerzes (Kap. 19). Psychologie Verlags Union, Stuttgart 1992
Kruse, A.: Kompetenz im Alter in ihren Bezügen zur objektiven und subjektiven Lebenssituation. Steinkopff, Darmstadt 1992
Kryspin-Exner, I.: Alkoholismus. In Reinecker, H. (Hrsg.): Lehrbuch der Klinischen Psychologie. Hogrefe, Göttingen 1994 (S. 267 - 298)
Krystal, H., H. A. Raskin: Drogensucht. Aspekte der Ich-Funktion. Vandenhoeck & Ruprecht, Göttingen 1983
Kubie, L. S.: Relation of the conditioned reflex to psychoanalytic technique. Arch. Neurol. Psychiat. 32 (1934) 1137 - 1142

Kubinger, K. D.: Aktueller Stand und kritische Würdigung der Probabilistischen Testtheorie. In Kubinger, K. D. (Hrsg.): Moderne Testtheorie – Ein Abriß samt neuesten Beiträgen. Psychologie Verlags Union, Weinheim 1988 (S. 19 – 83)

Kubinger, K. D.: Einführung in die Psychologische Diagnostik. 2. Aufl. Psychologie Verlags Union, Weinheim 1996

Kubinger, K. D.: Messen in der Psychotherapie. Psychotherapeut 42 (1997) 183 – 191

Kubinger, K. D.: Testtheorie: Probabilistische Modelle. In Jäger, R.S., F. Petermann (Hrsg.): Psychologische Diagnostik. 3., korr. Aufl. Psychologie Verlags Union, Weinheim 1995 (S. 322 – 334)

Kübler-Ross, E.: Interviews mit Sterbenden. Kreuz Verlag, Stuttgart 1971

Küchenhoff, J., L. Mathes: Die mediale Funktion subjektiver Krankheitstheorien. Eine Studie zur Verbindung qualitativer und quantitativer Methoden. In Faller, H., J. Frommer (Hrsg.): Qualitative Psychotherapieforschung. Asanger, Heidelberg 1993 (S. 158 – 179)

Küchenhoff, J., R. Manz: Die langfristige Adaptivität von Krankheitsverarbeitung bei M. Crohn-Patienten. Erste Ergebnisse einer Drei-Jahres-Nachuntersuchung. In Schüßler, G., E. Leibing (Hrsg.): Coping. Vandenhoeck & Ruprecht, Göttingen 1993 (S. 83 – 94)

Küchenhoff, J.: Biopsychosoziale Faktoren im Krankheitsverlauf des M. Crohn. Z. Psychosom. Med. 4 (1995) 306 – 328

Küchenhoff, J.: Körper und Sprache. Asanger, Heidelberg 1992

Küchenhoff, J.: Psychosomatik des Morbus Crohn. Enke, Stuttgart 1993

Kuhl, J., J. Beckmann: Volition and personality. Action versus state orientation. Hogrefe & Huber, Seattle 1994

Kuhl, J., M. Kazén: Persönlichkeits-, Stil- und Störungs-Inventar (PSSI). Hogrefe, Göttingen 1997

Kuhl, J.: Action control: The maintenance of motivational states. In Halish, F., J. Kuhl (eds.): Motivation, intention, and volition. Springer, New York 1987 a (pp. 288 – 306)

Kuhl, J.: Motivation und Handlungskontrolle: Ohne guten Willen geht es nicht. In Heckhausen, H., P. M. Gollwitzer, F. E. Weinert (Hrsg.): Jenseits des Rubikon: Der Wille in den Humanwissenschaften. Springer, Berlin 1987 b (S. 101 – 120)

Kuhl, J.: Motivation, Konflikt und Handlungskontrolle. Springer, Heidelberg 1983

Kuhl, J.: Wille, Freiheit, Verantwortung: Alte Antinomien aus experimentalpsychologischer Sicht. In Cranach, M. von, K. Foppa (Hrsg.): Freiheit des Entscheidens und Handelns: Ein Problem der nomologischen Psychologie. Asanger, Heidelberg 1996 (S. 179 – 211)

Kuhlmann, E.: Geschlecht – ein Gesundheitsrisiko? Eine Anwendung des Gendering-Konzepts in der Gesundheitsforschung. Feministische Studien 1 (1997) 138 – 147

Kuhn, W., M. Davis, S. Lippmann: Emotional Adjustment to Cardiac Transplantation. General Hospital Psychiatry 10 (1988) 108 – 113

Kuiper, P.: Zur Metapsychologie von Übertragung und Gegenübertragung. Psyche 23 (1969) 95 – 120

Kunkel, K., K. Herbst, I. Reye: Subjektive Belastung von Spielern an Unterhaltungsautomaten mit Gewinnmöglichkeit. Suchtgefahren 33 (1987) 76 – 86

Kuypers, B. R. M.: Atopic Dermatitis: Some Observations from a Psychological Viewpoint. Dermatologica 136 (1968) 387

Kwee, M. G. T.: Psychotherapy, meditation and health. East-West Publications, London 1990

Lacan, J.: Schriften I–III. Walter, Olten 1966 (S. 1973 – 1980)

Lacan, J.: Some Reflections on the Ego. Int. J. Psycho-Anal. 34 (1953) 11

Lacey, J. H.: Time-limited indiviual and group treatment for bulimia. In Garner, D. M., P. E. Garfinkel (eds.): Handbook for Psychotherapy for Anorexia nervosa and Bulimia. Guilford Press New York 1985 (pp. 438 – 458)

Lacey, J. H., C. D. Evans: The Impulsivist: a multi-impulsive personality disorder. Brit. J. Addiction (1986) 641 – 649

Lacey, J. H.: Time-limited individual and group treatment for bulimia. In Garner, D. M., P. E. Garfinkel (Hrsg.): Handbook for Psychotherapy for Anorexia nervosa and Bulimia. Guilford Press, New York 1985 (S. 431 – 357)

Lachauer, R.: Der Fokus in der Psychotherapie. Pfeiffer, München 1992

Lachauer, R.: Die Bedeutung des Handlungsdialogs für den therapeutischen Prozeß. Psyche 44 (1990) 1082 – 1089

Lachmann, F. M., J. Lichtenberg: Model scenes: Implications for psychoanalytic treatment. J. Amer. psychoanal. Ass. 40 (1992) 117 – 137

Lader, M. H., A. M. Mathews: A physiological model of phobic anxiety and desensitization. Behav. Res. Ther. 6 (1968) 411 – 421

Lader, M. H., L. Wing: Psychological Measures, Sedative Drugs and Morbid Anxiety. Oxford University Press, Maudsley Monograph 1966

Laessle, R. G.: Affektive Störungen und bulimische Syndrome. In Fichter, M. M. (Hrsg.): Bulimia nervosa. Enke, Stuttgart 1989

Lain Entralgo, P.: Arzt und Patient. Kindler, München 1969

Lain Entralgo, P.: Heilkunde in geschichtlicher Entscheidung. Müller, Salzburg 1969

Laing, R. D.: Sanity, Madness and the Family. Pelican, Harmonworth 1964

Laing, R. D.: The divided Self. An Existential Study in Sanity and Madness. Tavistock Publications, London 1990

Laing, R. D.: The self and the Others. Tavistock Publications, London 1961

Laireiter, A. (Hrsg.): Soziales Netzwerk und soziale Unterstützung. Konzepte, Methoden und Befunde. Huber, Bern 1993

Laireiter, A. R., G. Elke (Hrsg.): Selbsterfahrung in der Verhaltenstherapie. Konzepte und praktische Erfahrungen. dgvt-Verlag, Tübingen 1993

Laireiter, A. R., H. Vogel (Hrsg.): Qualitätssicherung in der Psychotherapie und psychosozialen Versorgung. Ein Werkstattbuch. DGVT-Verlag, Tübingen 1998

Laireiter, A. R., K. Lettner, U. Baumann: Psycho-Dok – Allgemeines Dokumentationssystem für Psychotherapie. Manual und Glossar (Materialie 35). DGVT-Verlag, Tübingen 1998

Laireiter, A. R.: Qualitätssicherung der psychotherapeutischen Praxis: Möglichkeiten für Psychotherapeuten. Verhaltenstherapie und Verhaltensmedizin 19 (1998) 9 – 38

Laireiter, A., U. Baumann, R. D. Stieglitz: Soziodiagnostik. In Stieglitz, R. D., U. Baumann (Hrsg.): Psychodiagnostik psychischer Störungen. Enke, Stuttgart 1994 (S. 191 – 206)

Lakatos, A., H. Reinecker: Kognitive Verhaltenstherapie bei Zwangsstörungen. Ein Therapiemanual. Hogrefe, Göttingen 1998

Lakatos, A.: Kognitiv-behaviorale Therapie für Zwangsstörungen. Eine Therapievergleichsstudie. S. Roderer-Verlag, Regensburg 1997

Lakin, M.: Coping with ethical dilemmas in psychotherapy. Pergamon Press, New York 1991

Lambert, M. J., C. E. Hill: Assessing psychotherapy outcomes and processes. In Bergin, A. E., S. L. Garfield (Eds.): Handbook of psychotherapy and behavior change. Wiley, New York 1994

Lambert, M. J., E. R. Christensen, S. DeJulio (eds.): The Assessment of Psychotherapy Outcome. J. Wiley, New York 1983

Lambert, M. J.: Introduction to assessment of psychotherapy outcome: Historical perspectives and current issues. In Lambert, M. L., E. R. Christensen, S. S. DeJulio (eds.): The assessment of psychotherapy outcome. Wiley, New York 1983 (pp. 3 – 32)

Lambley, P.: The use of assertive training and psychodynamic insight in the treatment of migraine headache. J. nerv. ment. Dis. 163 (1976) 61 – 64

Landesärztekammer Rheinland-Pfalz: Richtlinien über den Inhalt der Weiterbildung vom 22.05.1996

Lang, H.: Psychoanalytische Therapie bei Zwangsstörungen. In: Möller, J. H. (Hrsg.): Therapie psychiatrischer Erkrankungen. 2. Aufl. Enke, Stuttgart 2000

Lang, H.: Ätiologie und Aufrechterhaltung der Zwangsstörungen aus psychodynamischer Sicht. In: Ambühl, H. (Hrsg.): Psychotherapie der Zwangsstörungen. Thieme, Stuttgart 1998 a

Lang, H.: Psychodynamische Therapie bei Zangsstörungen. In: Ambühl, H. (Hrsg.): Psychotherapie der Zwangsstörungen. Thieme, Stuttgart 1998 a

Lang, H.: Die Sprache und das Unbewußte, 3. Aufl. Suhrkamp, Frankfurt a. M. 1993

Lang, H.: Wirkfaktoren bei der Psychotherapie depressiver Erkrankungen. In Lang, H. (Hrsg.): Wirkfaktoren der Psychotherapie, 2. Aufl. Königshausen und Neumann, Würzburg 1994

Lang, H.: Wirkfaktoren der Psychotherapie, 2. Aufl. Königshausen & Neumann, Würzburg 1994

Lang, H.: Zur Frage des Zusammenhangs zwischen Zwang und Schizophrenie. Nervenarzt 52 (1981) 643

Lang, H.: Zur Problematik der Übertragung in der Psychose in Abgrenzung zur Neurose. Psyche 35 (1981) 705 – 717

Lang, H.: Zur Struktur und Therapie der Zwangsneurose – Der Zwangsneurotiker als „gehemmter Rebell". Psyche 40 (1986) 953

Lang, H.: Zwang in Neurose, Psychose und psychosomatischer Erkrankung. Z. f. Klin. Psychol. Psychopat. Psychother. 33 (1985) 65

Lang, P. J.: A bio-informational theory of emotional imagery. Psychophysiology 16 (1979) 495 – 512

Lang, P. J.: Anxiety and memory. In Shaw, B. F., Z. V. Segal, T. M. Vallis, F. E. Cashman (eds.): Anxiety: Psychological and Biological Perspectives. Plenum Press, New York 1986

Lang, P. J.: The application of psychophysiological methods to the study of psychotherapy and behavior change. In Bergin, A. E., S. L. Garfield (eds.): Handbook of Psychotherapy and Behavior Change. An Empirical Analysis. J. Wiley, New York 1971

Lang, P. J.: The cognitive psychophysiology of emotion: Fear and anxiety. In Tuma, A. H., J. D. Maser (eds.): Anxiety and the Anxiety Disorders. L. Erlbaum, Hillsdale NJ 1985
Lange, C., A. Rethemeier: Zur Behandlung des Vaginismus. Zeitschrift für Sexualforschung 10 (1997) 37 - 47
Langen, D.: Archaische Ekstase und asiatische Meditation. Enke, Stuttgart 1963 (S. 14)
Langlotz-Weis, M., E. Koppenhöfer-Lorenzen: Begutachten und Begutachtetwerden: Welche Auswirkungen hat das Gutachterverfahren auf die ambulante Praxis? In Lieb, H., R. Lutz: Verhaltenstherapie Ihre Entwicklung - ihr Menschenbild. Verlag für Angewandte Psychologie, Göttingen 1992 (S. 73 - 79)
Langosch, W.: Herz- und Kreislauferkrankungen. In Koch, U., G. Lucius-Hoene, R. Stegie: Handbuch der Rehabilitationspsychologie. Springer, Berlin 1988
Langs, R.: Die psychotherapeutische Verschwörung. Klett, Stuttgart 1987
Lantermann, E. D.: Interaktionen. Urban & Schwarzenberg, München 1980
Laplanche, G.: Die allgemeine Verführungstheorie und andere Aufsätze. Edition Diskord, Tübingen 1988
Laplanche, J., J. B. Pontalis: Das Vokabular der Psychoanalyse, 11. Aufl. Suhrkamp, Frankfurt a. M. 1992
Larbig, W.: Physiologische Grundlagen von Schmerz und die gate-control-Theorie. In Egle, U. T., S. O. Hoffmann (Hrsg.): Der Schmerzkranke. Grundlagen, Pathogenese, Klinik und Therapie chronischer Schmerzsymptome aus bio-psycho-sozialer Sicht. Schattauer, Stuttgart 1993 (S. 42 - 59)
Larsen, F.: Psychosocial function before and after gastric banding surgery for morbid obesity. Acta psychiatrica Scand 82 (suppl.) (1990) 1 - 57
Lasegue, E. C.: De l›anorexie hysterique. Reprint in: Kaufman, W. R., M. Heimann (eds.): Evolution of psychosomatic concepts. Anorexia nervosa: A paradigma. Int. Univ. Press, New York 1964 (S. 141 - 155)
Last, C. G., C. C. Strauss: Obsessive-Compulsive Disorder in Childhood. Journal of Anxiety Disorders 3 (1989) 295 - 302
Lauer, G.: Die Lebensqualitätsperspektive in der Psychiatrie. Ein kritischer Überblick. Verhaltenstherapie & Psychosoziale Praxis 29 (1997) 391 - 405
Laufer, M. E., I. Speight, K. Mattes: Interactive Video - alltagsnahe computergestützte Trainingsprogramme in der neuropsychologischen Rehabilitation. Zeitschrift für Neuropsychologie 2 (1991) 115 - 124
Laufs, A., W. Uhlenbruck: Handbuch des Arztrechts. C. H. Beck 1992
Laumer, U., M. Bauer, M. Fichter, H. Milz: Therapeutische Effekte der Feldenkrais-Methode „Bewußtheit durch Bewegung" bei Patienten mit Eßstörungen. Psychother. Psychosom. med. Psychol. 47 (1996) 170 - 180
Laumer, U.: Wirkungen der Feldenkrais-Methode "Bewußtheit durch Bewegung" bei eßgestörten Patienten im Rahmen einer stationären Therapie. Psycholog. Diplomarbeit, Regensburg 1993
Laux, G., P. Glanzmann, P. Schaffner, C. D. Spielberger: Das State-Trait-Angstinventar (STAI). Beltz, Weinheim 1981
Lavy, E., M. van den Hout, A. Arntz: Attentional bias and spider phobia: Conceptual and clinical issues. Behav. Resa. Ther. 1 (1993) 17 - 24
Lawrence, J. S. S., J. A. Kelly: AIDS-prevention: Community and behavioral interventions. In Hersen, M., R. M. Eisler, P. M. Miller (eds.): Progress in Behavior Modification, Vol. 24. Sage Publications, London 1989
Lawrence, M.: Ich stimme nicht. Identitätskrise und Magersucht. Rowohlt, Reinbek 1986
Lawson, M. J., D. N. Rice: Effects of training in use of executive strategies on a verbal memory problem resulting from closed head injury. J. Clin. Exper. Neuropsych. 6 (1989) 842 - 854
Lazarus, A. A., A. Abramovitz: The use of „emotive imagery" in the treatment of children's phobias. J. men. Sci. 108 (1962) 191 - 195
Lazarus, A. A., S. B. Messer: Clinical choice points: Behavioural versus psychoanalytic interventions. Psychotherapy 25 (1988) 59 - 70
Lazarus, A. A., T. J. Mayne: Relaxation: Some limitations, side effects, and proposed solutions. Psychotherapy 27 (1990) 261 - 266
Lazarus, A. A.: Different types of eclecticism and integration: let's be aware of the dangers. J. Psychother. Integration 5 (1995) 27
Lazarus, A. A.: Innenbilder: Imagination in der Therapie und als Selbsthilfe. Pfeiffer, München 1980
Lazarus, A. A.: Multimodal Behavior Therapy. Springer, New York, 1976
Lazarus, A. A.: Multimodal therapy: Technical eclecticism with minimal integration. In Norcross, J. C., M. R. Garfield (eds.): Handbook of psychotherapy integration. Basic Books, New York 1992 (pp. 231 - 263)
Lazarus, A. A.: Multimodale Verhaltenstherapie. Fachbuchhandlung f. Psychologie, Frankfurt a. M. 1978
Lazarus, A. A.: The Practice of multimodal therapy. Mc Graw-Hill, New York 1981
Lazarus, A. A.: Why I am an eclectic (not an integrationist). Brit. J. Guidance Counseling 19 (1989) 248 - 258
Lazarus, A.: Multimodal Life History Questionaire. Multimodal Publication, Kingston NJ 1980
Lazarus, A. A.: Women in Behavior Therapy. In Franks, V., V. Burtle (Hrsg.): Women in Therapy. Brunner/Mazel, New York 1974 (S. 217 - 229)
Lazarus, L. W.: Self psychology: its applications to brief psychotherapy with the elderly. J. Geriatr. Psychiat. 21 (1) 109 - 125
Lazarus, R. S., S. Folkman: Stress, appraisal and coping. Springer, New York 1984
Lazarus, R. S.: Cognition and motivation in emotion. Amer. Psychol. 46 (1991) 352 - 367
Lazarus, R. S.: Emotion and adaptation. Oxford University Press, New York 1991
Lazarus, R. S.: On the primacy of cognition. American psychologist 39 (1984) 124 - 129
Lazarus, R.: The stress and coping paradigm. In Eisdorfer, C. (Hrsg.): Models for clinical psychopathology. Prentice Hall, Englewood Cliffs, NJ 1981
Leff, J., C. Vaughn: Expressed emotion in families - its significance for mental illness. Guilford Press, New York 1985
Leff, J.: Die therapeutische Beeinflussung der familiären Umgebung schizophrener Patienten. Bewältigung der Schizophrenie. Huber, Bern, Stuttgart 1986
Lehr, U.: Aging as fate and challenge. In Häfner, H., G. Moschel, N. Sartorius: Mental health in the elderly. Springer, Heidelberg 1986 (pp. 57 - 77)
Leichsenring, F., W. Hiller: Projektive Verfahren. In Stieglitz, R. D., U. Baumann (Hrsg.): Psychodiagnostik psychischer Störungen. Enke, Stuttgart 1994 (S. 162 - 173)
Leichsenring, F.: Borderline-Persönlichkeits-Inventar (BPI). Huber, Bern 1997
Leidig, S., A. von Pein: Stationäre Gruppentherapie für Patienten mit chronifizierten somatoformen Störungen. Prax. Verhaltensmed. Rehab. 6 (1993) 73 - 78
Lempa, G.: Zur psychoanalytischen Behandlungstechnik bei Schizophrenen Psychosen. Forum Psychoanal. 11 (1995) 133 - 149
Lempa, G.: Zur Psychoanalytischen Theorie der psychotischen Symptombildung. In Mentzos, S. (Hrsg.): Psychose und Konflikt. Vandenhoeck & Ruprecht, Göttingen 1992 (S. 29 - 77)
Lempert, T., M. Dietrich, D. Huppert, T. Brandt: Psychogenic disorders in neurology: frequency and clinical spectrum. Acta neurol. scand. 82 (1990) 335 - 340
Lennerts, W.: Ernährungsmanagement versus Streßmanagement - Eine therapievergleichende Längsschnittstudie zur ambulanten Gruppentherapie bei Bulimia nervosa. Roderer Verlag, Regensburg 1991
Leplow, B.: Gehört die Zwangsstörung zu den Angsterkrankungen? Zeitschrift für Klinische Psychologie (1998) im Druck
Lerut, J., P. Gertsch, P. Luder, A. Huber, L. Blumgart: Nachsorge bei der Lebertransplantation. Therapeutische Umschau/Revue thérapeutique 46 (1989) 484 - 493
Lesieur, H. R., S. B. Blume: Evaluation of patients treated for pathological gambling in a combined alcohol, substance abuse and pathological gambling treatment unit using the Addiction Severity Index. Brit. J. Addiction 1991, 86 (1991) 1017 - 1028
Lesko, L. M., M. J. Massie, J. Holland: Oncology. In Stoudemire, A., B. S. Fogel (eds.): Psychiatric care of the Medical Patient. Oxford University Press, Oxford 1993
Leuner, H. (Hrsg.): Katathymes Bilderleben, Ergebnisse in Theorie und Praxis. Huber, Bern 1980
Leuner, H., G. Horn, E. Klessmann: Katathymes Bilderleben mit Kindern und Jugendlichen, 3. Aufl. Reinhardt, München 1990
Leuner, H., H. Hennig, E. Fikentscher (Hrsg.): Katathymes Bilderleben in der therapeutischen Praxis. Schattauer, Stuttgart 1993
Leuner, H., L. Kottje-Birnbacher, U. Sachsse, H. M. Wächter: Gruppenimagination. Huber, Bern 1986
Leuner, H., O. Lang (Hrsg.): Psychotherapie mit dem Tagtraum, Katathymes Bilderleben, Ergebnisse II, Theorie. Huber, Bern 1982
Leuner, H.: Katathymes Bilderleben, Grundstufe. Kleine Psychotherapie mit der Tagtraumtechnik, 4. Aufl. Thieme, Stuttgart 1989
Leuner, H.: Lehrbuch der Katathym-imaginativen Psychotherapie. Grundstufe, Mittelstufe, Oberstufe, 3. Aufl. Huber, Bern 1994

Leuner, H.: Lehrbuch des Katathymen Bilderlebens. Huber, Bern 1985

Leuteritz, G., R. Shimshoni: Psychotherapie bei Psoriasis – Ergebnisse am Toten Meer. Z. Hautkr. 57 (1982) 1612 – 1615

Leutz, G.: Psychodrama. In Battegay, R. u. Mitarb. (Hrsg.): Handwörterbuch der Psychiatrie. Enke, Stuttgart 1992 (S. 478 – 482)

Levin, A. P., S. E. Hyler: DSM-III personality diagnosis in bulimia. Comprehens. Psychiat. 27 (1986) 47 – 53

Levine, H. B.: Adult Analysis and Childhood Sexual Abuse. The Analytic Press, Hillsdale, New York 1990

Levine, M. D., M. D. Marcus, P. Moulton: Exercise in the treatment of Binge Eating Disorder. International Journal of Eating Disorders 19 (1996) 171 – 177

Levine, R. A.: Gender differences: interpreting anthropological data, in Woman and Men: New Perspectives on Gender Differences. American Psychiatric Press (1991) 1 – 8

Levis, D. J., N. A. Hare: A review of the theoretic rationale and empirical support for the extinction approach of implosive (flooding) therapy. In Hersen, M., R. M. Eisler, P. M. Miller (eds.): Progress in Behavior Modification, Vol. 4. Academic Press, New York 1977

Levy, N. B.: Use of psychotropics in patients with kidney failure. Psychsomatics 26 (1985) 332 – 38

Lewinsohn, P. M.: The behavioral study and treatment of depression. In Hersen, M., R. M. Eisler, P. M. Miller (eds.): Progress in Behavior Modification, Vol. 1. Academic Press, New York 1975

Lewis, M. (ed.): Beyond the dyad. Plenum Press, New York 1984

Leygraf, N., S. Nowara: Prognosegutachten. Klinisch-psychiatrische und psychologische Beurteilungsmöglichkeiten der Kriminalprognose. In Forensia-Jahrbuch Bd. 3. Springer, Berlin 1992 (S. 43 – 53.)

Leygraf, N.: Wirksamkeit des psychiatrischen Maßregelvollzugs. In Kröber, H. L., K. P. Dahle: Sexualstraftaten und Gewaltdelinquenz. Verlauf – Behandlung – Opferschutz. Kriminalistik Verlag, Heidelberg 1998 (S. 175 – 184)

Libermann, R. P., H. Jacobs, S. Boone, D. Foy, C. Donahue, I. Falloon, G. Blackwell, C. J. Wallace: Fertigkeitstraining zur Anpassung Schizophrener an die Gemeinschaft. In Böker, W., H. D. Brenner: Bewältigung der Schizophrenie. Huber, Bern 1986

Libermann, R. P., T. van Putten, B. D. Marshall, J. Mintz: Optimal drug and behavior therapy for treatment-refactory schizophrenic patients. Amer. J. Psychiat. 151 (1994) 756

Lichtenberg, J. D.: Psychoanalyse und Säuglingsforschung. Springer, Berlin 1991

Lichtenberg, J. D.: Psychoanalysis and motivation. Analytic Press, Hillsdale, NJ 1989

Lidbeck, J.: Group therapy for somatization disorders in general practice: effectiveness of a short cognitive-behavioural treatment model. Acta Psychiatrica Scandinavica 96 (1997) 14 – 24

Lieb, H., A. v. Pein: Der kranke Gesunde. Psychosomatik für Betroffene. TRIAS, Stuttgart 1990

Lieb, H.: Idealformverlauf der verhaltenstherapeutischen Einzelsupervision. In IFKV-Themenheft „Supervision“. (1993 a) 5 – 40

Lieb, H.: Interaktionsanalyse, Selbstreferenz, Institutionsanalyse, VT-Teaching und Therapieanweisung: Die Unterprogramme der verhaltenstherapeutischen Einzelsupervision. In IFKV-Themenheft „Supervision“. (1993 b) 41 – 70

Lieb, H.: Selbsterfahrung für Psychotherapeuten. Konzepte - Praxis - Forschung. Hogrefe, Göttingen 1997

Lieb, H.: Was bewirkt Selbsterfahrung? Resultate der Evaluationsstudie im Institut für Fort- und Weiterbildung in klinischer Verhaltenstherapie (IFKV) Bad Dürkheim. In Lieb, H. (Hrsg.): Selbsterfahrung für Psychotherapeuten. Konzepte – Praxis – Forschung. Hogrefe, Göttingen 1997

Liebowitz, M. R., M. H. Stone, I. D. Turkat: Treatment of personality disorders. In Frances, A. J., R. E. Hales (Eds.): American Psychiatric Association annual review. Vol. 5. American Psychiatric Press, Washington (D. C.) 1986 (pp. 356 – 393)

Lienert, G. A., U. Raatz: Testaufbau und Testanalyse, 5. Aufl. Psychologie Verlags Union, Weinheim 1994

Limbacher K., B. Schmitz: Stationäre Verhaltenstherapie bei Persönlichkeitsstörungen. In Schmitz, B., T. Fydrich, K. Limbacher (Hrsg.): Persönlichkeitsstörungen: Diagnostik und Psychotherapie. Psychologie Verlags Union, Weinheim 1996 (S. 278)

Limentani, A.: The significance of transsexualism in relation to some basic psychoanalytic concepts. International Review of Psychoanalyses 6 (1979) 139 – 153

Lindemann, C., B. Van Aernam: Nursing intervention with the presurgical patients – the effects of structured preoperative teaching. Nursing Research 20 (1971) 319 – 332

Lindemann, E.: Symptomatology and Management of Acute Grief. Amer. J. Psychiat. 101 (1944) 141 – 148

Linden, M., M. Hautzinger (Hrsg.): Verhaltenstherapie. Techniken und Einzelverfahren. Springer, Berlin 1993

Linden, M., R. Förster, M. Oel u. Mitarb.: Verhaltenstherapie in der kassenärztlichen Versorgung. Eine versorgungsepidemiologische Untersuchung. Verhaltenstherapie 3 (1993) 101 – 111

Linden, M.: Agoraphobie und Panikerkrankung. In Linden, M., M. Hautzinger (Hrsg.): Verhaltenstherapie. Springer, Berlin 1994 (S. 355 – 360)

Linden, M.: Diskussionsbeitrag. In Lieb, H., R. Lutz: Verhaltenstherapie. Ihre Entwicklung – ihr Menschenbild. Verlag für Angewandte Psychologie, Göttingen 1992 (S. 80)

Linden, M.: Entspannungstraining. In Linden, M., M. Hautzinger (Hrsg.): Verhaltenstherapie. Techniken und Einzelverfahren. 2. Aufl. Springer, Berlin, Heidelberg, New York 1993 (S. 135 – 138)

Lindy, J. D.: Focal psychoanalytic psychotherapy of posttraumatic stress disorder. In Wilson, J. P., B. Raphael (eds.): International handbook of traumatic stress syndromes. Plenum Press, New York 1993 (pp. 803 – 810)

Linehan, M. M., H. E. Armstrong, A. Suarez, D. Allmon, H. L. Heard: Cognitive-behavioral treatment of chronically parasuicide patients. Archives of General Psychiatry 48 (1991) 1060 – 1064

Linehan, M. M., H. L. Heard, H. E. Armstrong: Naturalistic follow-up of a behavioral treatment for chronically parasuicidal borderline patients. Archives of General Psychiatry 50 (1993) 971 – 974

Linehan, M. M.: Cognitiv-Behavioral Treatment of Borderline Personality Disorder. Guilford Press, New York 1993

Linehan, M. M.: Dialectic behavior therapy for borderline personality disorder: theory and method. Bull. Menninger Clinic 51 (1987) 261

Linehan, M. M.: Dialektisch-behaviorale Psychotherapie der Borderline-Störung. CIP-Medien, München 1996

Linehan, M. M.: Dialektische Verhaltenstherapie bei Borderline-Persönlichkeitsstörungen. Prax. Klin. Verhaltensmed. Rehabil. 8 (1989) 220 – 227

Linehan, M. M.: Grundlagen der dialektischen Verhaltenstherapie bei Borderline-Persönlichkeitsstörungen. In Schmitz, B., T. Fydrich, K. Limbacher (Hrsg.): Persönlichkeitsstörungen: Diagnostik und Psychotherapie bei Persönlichkeitsstörungen. Psychologie Verlags Union, Weinheim 1996 (S. 179)

Linehan, M. M.: Skills Training Manual for Treating Borderline Personality Disorder. Guilford Press, New York 1993

Linehan, M. M.: Skills Training Manual for Treating Borderline Personality Disorder. Guilford Press, New York 1993 b. Deutsch: Trainingsmanual zur dialektisch-behavioralen Therapie der Borderline-Persönlichkeitsstörung. CIP-Medien, München 1993 b

Linehan, M.: Cognitive behavioral treatment of borderline personality disorder. Guilford, New York 1993 a

Linehan, M.: Dialectical behavior therapy for borderline personality disorder: Theory and method. Bull. Menninger Clin. 51 (1987) 261 – 276

Linehan, M.: Dialektisch-Behaviorale Therapie der Borderline-Persönlichkeitsstörungen. Cip-Medien, München 1996

Linehan, M.: Dialektische Verhaltenstherapie bei Borderline-Persönlichkeitsstörungen. In Zielke u. Mitarb.: Handbuch für kognitive Verhaltenstherapie. Belz, Weinheim 1994 (S. 796 – 804)

Linehan, M.: Dialektische Verhaltenstherapie bei Borderline-Persönlichkeitsstörungen. Prax. Klin. Verhaltensmedizin und Rehabilitation 8 (1989) 220 – 227

Links, P. S.: Family environment and family psychopathology in the etiology of Borderline personality disorder. In Clarkin, J. F., E. Marziali, H. Munroe-Blum (eds.): Borderline personality disorder. Clinical and empirical perspectives. Guilford, New York 1992

Linton, S. J., L. A. Bradley, I. Jensen, E. Spangfort, L. Sundell: The secondary prevention of low back pain: a controlled study with follow-up. Pain 36 (1989) 197 – 207

Linton, S. J., L. A. Bradley: An 18-month follow-up of a secondary prevention program for back pain: help and hindrance factors related to outcome maintenance. Clin. J. Pain 8 (1992) 227 – 236

Linton, S. J.: Chronic pain: The case for prevention. Behav. Res. Ther. 25 (1987) 313 – 317

Liotti, G.: Egocentrism and the cognitive psychotherapy of personality disorders. J. Cogn. Psychother. 6 (1992) 43

Lipsky, M. J., J. Kassinove, N. J. Miller: Effects of rational-emotive therapy, rational role reversal and rational-emotive imagery on the emotional adjustment of community mental health center patients. J. consult. clin. Psychol. 48 (1980) 366 – 374

Liptzin, B.: Psychotherapy with the elderly: an Eriksonian perspective. J. Geriatr. Psychiat. 18 (1985) 183 - 203
Lira, F. T., W. Carne, A. M. Masri: Treatment of anger and impulsivity in a brain damaged patient: a case study applying stress inoculation. Clin. Neuropsy. 5 (1983) 159 - 160
Lissner, L., C. Bengtsson, L. Lapidus, B. Larsson, B. Bengtsson, K. Brownell: Body weight variablity and mortality in the Gothenburg prospective studies of men and women. In Björntorp, P., S. Rossner (eds.): Proceeding of the European Congress of Obesity. John Libbey, London 1989
Lissner, L., P. M. Odell, R. B. D'Agostino, J. Stokes, B. E. Kreger, A. J. Belanger, K. D. Brownell: Variability of body weight and health outcomes in the Framingham Population. The New England Journal of Medicine 324 (1991) 1839 - 1844
Little, M.: Countertransference and the patient's response to it. Int. J. Psycho-Anal. 32 (1951) 32 - 40
Livingston, R., A. Witt, G. R. Smith: Families who somatize. Developmental and Behavioural Pediatrics 16 (1995) 42 - 46
Locke, E. A.: Is „behavior therapy" behavioristic? An analysis of Wolpe's psychotherapeutic methods. Psychol. Bull. 76 (1971) 308 -327
Lockot, R.: Erinnern und Durcharbeiten, Fischer, Frankfurt/M. 1985
Lockwood, G.: Psychoanalysis and the cognitive therapy of personality disorders. J. Cogn. Psychother. 6 (1992) 25
Loewenstein, R. J. (Hrsg.): Multiple personality disorder. Psychiatr. Clin. North Amer. 14 (1991) 3
Loewenstein, R. J.: Dissociative amnesia and dissociative fugue. In Michelson, L. K., W. J. Ray (eds.): Handbook of dissociation. Theoretical, empirical and clinical perspectives. Plenum Press, New York 1996
Logue, A. W.: Self-control. NJ Prentice-Hall, Englewood-Cliffs 1995
Lohaus, A., G. M. Schmitt: Fragebogen zur Erhebung von Kontrollüberzeugungen zu Krankheit und Gesundheit (KKG). Handanweisung. Hogrefe, Göttingen 1989
Lohstein, L.: Psychotherapy with patients with gender dysphorie syndromes. Bulletin of the Menninger Clinic 41 (1977) 563 - 582
London, P.: The end of ideology in behavior modification. American psychologist. 27 (1972) 913 - 926
LoPiccolo, J., W. C. Lobitz: The role of masturbation in the treatment of orgasmic dysfunction. Archives of Sexual Behavior 2 (1972) 163 - 171
Lord, F. M., M. R. Novick: Statistical theories of mental test scores. Addison-Wesley, Reading, Mass. 1968
Lorenzer, A.: Sprachzerstörung und Rekonstruktion: Vorarbeiten zu einer Metatheorie der Psychoanalyse. Suhrkamp, Frankfurt 1973
Lösel, F., D. Bender: Straftäterbehandlung. Konzepte, Ergebnisse, Probleme. In Steller, M., Volbert, R. (Hrsg.): Psychologie im Strafverfahren. Ein Handbuch. Verlag Hans Huber, Göttingen 1997 (S. 171 - 204)
Lösel, F.: Persönlichkeitsdaten (Tests). In Jäger, R. S., F. Petermann (Hrsg.): Psychologische Diagnostik, 2. Aufl. Psychologie Verlags Union, Weinheim 1992 (S. 362 - 380)
Lösel, F.: Persönlichkeitsdaten (Tests). In Jäger, R. S., F. Petermann (Hrsg.): Psychologische Diagnostik, 3., korr. Aufl. Psychologie Verlags Union, Weinheim 1995 (S. 362 - 380)
Löwenberg, H., M. Peters: Evaluation einer stationären psychotherapeutisch-dermatologischen Behandlung bei Neurodermitispatienten. PPmP Psychother. Psychosom. med. Psychol. 44 (1994) 267
Löwenberg, H., M. Peters: Psychosomatische Dermatologie: Ergebnisse einer kombinierten stationären Behandlung aus der Sicht der Patienten. Prax. Psychother. Psychosom. 37 (1992) 138
Luborsky, L., B. Singer, L. Luborsky: Compative Studies of Psychotherapies: Is it true that „everyone has won and all must have prizes?[ANFE] Arch. Gen. Psychiat. 32 (1975) 995 - 1008
Luborsky, L., J. P. Docherty, N. E. Miller, J. P. Barber: What's here and what's ahead in dynamic therapy research and practice? In Miller, N. E., L. Luborsky, J. P. Docherty, J. P. Barber: Psychodynamic treatment research. Basic Books, New York 1993 (S. 536)
Luborsky, L., P. Crits-Christoph: Understanding Transference: The core conflictural relationship theme method. American Psych. Association, New York 1998
Luborsky, L.: Einführung in die analytische Psychotherapie. Ein Lehrbuch. Springer, Berlin, Heidelberg, New York 1988
Luborsky, L.: Einführung in die analytische Psychotherapie. Ein Lehrbuch. 2. Aufl. Vandenhoeck & Ruprecht, Göttingen 1995
Luborsky, L.: Principles of Psychoanalytic Psychotherapy. Basic Books, New York 1984
Lucas, A., C. M. Beard, W. M. O'Follan, L. T. Kurland: 50-year trend in the incidence of anorexia nervosa in Worchester, Minn.: a population-based study. Am. J. Psychiat. 48 (1991) 917 - 922
Lüdeke, H.: Über die Verleugnung der Todesbedrohung, das Todschweigen und die Lebendigkeit des Todgeschwiegenen. Psychoanalyse im Widerspruch 9 (1993) 29 - 37
Ludewig, K.: Systemische Therapie. Grundlagen klinischer Theorie und Praxis. Klett-Cotta, Stuttgart 1992
Luhmann, N.: Liebe als Passion. Zur Codierung von Intimität. Suhrkamp, Frankfurt/M. 1982
Luhmann, N.: Soziale Systeme. Grundriß einer allgemeinen Theorie. Suhrkamp, Frankfurt/M. 1984
Luria, A. R.: Higher cortical functions in man. Basic Books, New York 1980
Luria, A. R.: The role of speech in the regulation of normal and abnormal behavior. Liveright, New York 1961
Luthe, W., J. H. Schultz: Autogenic therapy, Vol. II. Medical applications. Grune & Stratton, New York 1969
Luthe, W., J. H. Schultz: Autogenic therapy. Vol. II: Medical applications. Grune & Stratton, New York 1969
Lutz, R.: Euthyme Therapie. In Margraf, J. (Hrsg.): Lehrbuch der Verhaltenstherapie, Band 1. Grundlagen-Diagnostik-Verfahren-Rahmenbedingungen. Springer, Berlin, Heidelberg, New York 1996 (S. 335 - 351)
Lutz, R.: Genuß und Genießen. Beltz, Weinheim 1983
Lutz, R.: Gesundheit und Genuß. Euthyme Grundlagen der Verhaltenstherapie. In Margraf, J. (Hrsg.): Lehrbuch der Verhaltenstherapie. Band 1. Grundlagen-Diagnostik-Verfahren-Rahmenbedingungen. Springer, Berlin, Heidelberg, New York 1996 (S. 113 - 128)
Lutz, R.: Therapietheorie zur Förderung genußvollen Erlebens und Handelns. In Zielke, M., N. Mark (Hrsg.): Fortschritte der angewandten Verhaltensmedizin, Bd. I. Springer, Berlin 1990
Lutzker, J. R., J. A. Martin, J. M. Rice: Behavior therapy in rehabilitation. In Hersen, M., R. M. Eisler, P. M. Miller (eds.): Progress in Behavior Modification, Vol. 12. Academic Press, New York 1981
Lynn, S. J., J. W. Rhue (ed.): Theories of Hypnosis. Current Models and Perspectives. Guilford Press, New York 1991
Maaser, R., R. Besuden, F. Bleicher, R. Schütz: Theorie und Methode der körperbezogenen Psychotherapie. Kohlhammer, Stuttgart 1994
Maaz, H. J.: Der Gefühlsstau. Argon, Berlin 1990
Maaz, H. J.: Die sozialpsychologischen Folgen der veränderten Machtverhältnisse in Ostdeutschland. In Bessert-Stute, I., R. Freud: Die Macht der Veränderung - Die Veränderung der Macht. Deutsche Gesellschaft für Individualpsychologie, Landesverband Hamburg/Hamburg 1991 (S. 52 - 67)
Macalpine, I.: A critical evaluation of psychosomatic medicine in relation to dermatology. In MacKenna, M. R. B.: Modern Trends in Dermatology, 2nd Series. Butterworth, London 1954
Mace, C. J., M. R. Trimble: „Hysteria", „functional" or „psychogenic"? A survey of British neurologists' preferences. J. roy. Soc. Med. 84 (1991) 471 - 475
Mace, C., F. Margison: Psychotherapie of Psychosis. Gaskell, London 1997
MacHovac, F. J.: Hypnosis Complications. Prevention and Risk Management. Charles C. Thomas, Springfield, Ill. 1986
MacKenzie, K. R.: Therapeutic factors in group therapy. Group 11 (1987) 26 - 37
Maddux, J. E. (ed.): Self-efficacy, adaption and adjustment. Theory, Research and application. Plenum Press, New York 1995
Maercker, A. (Hrsg.): Therapie der posttraumatischen Belastungsstörung. Springer, Berlin 1997
Maercker, A., M. Schützwohl: Erfassung von psychischen Belastungsfolgen: Die Impact of Event Scale - revidierte Version (IES-R). Diagnostica 44 (1998) 130 - 141
Magnusson, D., N. S. Endler (eds.): Personality at the crossroads: Current issues in interactional psychology. Erlbaum, Hillsdale, N. J. 1977
Mahler, M. S., F. Pine, A. Bergman: Die psychische Geburt des Menschen - Symbiose und Individuation. Fischer, Frankfurt/M. 1978
Mahler, M.: Rebuttal of R. Stoller's paper „Healthy parental influences on the earliest development of masculinity in baby boys". Psychoanalytic Forum 5 (1975) 234 - 240
Mahoney, M. J., C. E. Thoresen: Self-control: Power to the person. Brooks/Cole, Monterey, Cal. 1974
Mahoney, M. J., A. E. Kazdin: Cognitive behavior modification: Misconceptions and premature evaluation. Psychol. Bull. 86 (1979) 1044 - 1049
Mahoney, M. J., D. Arnkoff: Cognitive and self-control therapies. In Garfield, S. L., A. E. Bergin (eds.): Handbook of Psychotherapy and Behavior Change. An empirical analysis, 2nd ed. J. Wiley, New York 1978
Mahoney, M. J.: Cognition and Behavior Modification. Ballinger, Cambridge, Mass. 1974
Mahoney, M. J.: Human Change Processes. The Scientific Foundation of Psychotherapy. Basic Books, New York 1991
Maier, S. F., M. E. Seligman: Learned helplessness: theory and evidence. J. exp. Psychol. 105 (1976) 3 - 46

Makari, G. J.: A history of Freud's first concept of transferene. Int. Rev. Psycho-Anal. 19 (1992) 415 - 432

Malan, D. H.: Psychoanalytische Kurztherapie. Klett, Stuttgart 1965

Malan, D.: Individual psychotherapy and the sciences of psychodynamics. Butterworths, London 1979

Malchow, H.: Colitis ulcerosa. Ein Ratgeber für Patienten und ihre Angehörigen. Walter de Gruyter, Berlin 1988

Malchow, H.: Morbus Crohn. Ein Ratgeber für Patienten und ihre Angehörigen. Walter de Gruyter, Berlin 1990

Malinow, K. L.: Passiv-aggressive personality. In Lion, J. R. (eds.): Personality disorders. Diagnosis and management, 2nd. ed., rev. for DSM III. Williams and Wilkins, Baltimore 1981 (pp. 121 - 132)

Marbach, J. J., S. F. Dworkin: Chronic MPD, group therapy and psychodynamics. JADA 90 (1975) 827 - 833

March, J. S.: What constitutes a stressor? The „Criterion A" issue. In Davidson, J. R. T., E. B. Foa (eds): Post-traumatic stress disorder: DSM-IV and beyond. American Psychiatric Press, Washington (D. C.) 1993

Marcus, M. D., R. R. Wing, J. Hopkins: Obese binge eaters: Affect, cognitions and reponse to behavioral weight control. Journal of Consulting and Clinical psychology 13 (1988) 433 - 439

Marcus, M. D., R. R. Wing, L. Ewing, E. Kern, W. Gooding, M. McDermontt: Psychiatric disorders among obese binge eaters. International Journal of Eating Disorders 9 (1990) 69 - 77

Marcus, M. D., R. R. Wing: Binge eating among the obese. Annals of Behavioral Medicine 9 (1987) 23 - 27

Marczynski, T. J., M. Urbancic: Animal models of chronic anxiety and „fearlessness". Brain Res. Bull. 21 (1988) 483 - 490

Mareschal, D., K. Plunkett, P. Harris: Developing object permanence: a connectionist model. In Moore, J. D., J. F. Lehman (eds): Proceedings of the 17th annual conference of the Cognitive Science Society. Lawrence Erlbaum Associates, Mahwah 1995

Margraf, J. (Hrsg.): Lehrbuch der Verhaltenstherapie. Springer, Berlin 1996

Margraf, J., A. Ehlers, A. T. Beck: Beck-Angstinventar (BAI). Huber, Bern 1996

Margraf, J., A. Ehlers: Das Beck-Angst-Inventar. Huber, Bern 1998

Margraf, J., B. Bandelow: Empfehlungen für die Verwendung von Meßinstrumenten in der klinischen Angstforschung. Zeitschrift für Klinische Psychologie 26 (1997) 150 - 156

Margraf, J., J. C. Brengelmann (Hrsg.): Die Therapeut-Patient-Beziehung in der Verhaltenstherapie. Gerhard Röttger, München 1992

Margraf, J., R. Lieb: Was ist Verhaltenstherapie? Versuch einer zukunftsoffenen Neucharakterisierung. Zeitschrift für Klinische Psychologie 24 (1995) 1 - 7

Margraf, J., S. Schneider, A. Ehlers: Diagnostisches Interview bei psychischen Störungen (DIPS), Springer, Berlin 1991

Margraf, J., S. Schneider, A. Ehlers: Diagnostisches Interview bei psychischen Störungen (DIPS), 2. Aufl. Springer, Berlin 1994

Margraf, J., S. Schneider: Klassifikatorische Diagnostik, Strukturierte Interviews und Therapieindikation. In Reinecker, H.: Lehrbuch der Klinischen Psychologie. 2. Aufl. Hogrefe, Göttingen 1993 (S. 45)

Margraf, J., S. Schneider: Panik - Angstanfälle und ihre Behandlung, 2. Aufl. Springer, Berlin 1990

Margraf, J.: Grundprinzipien und historische Entwicklung. In Margraf, J. (Hrsg.): Lehrbuch der Verhaltenstherapie, Band 1: Grundlagen-Diagnostik-Verfahren-Rahmenbedingungen. Springer: Berlin-Heidelberg-New York 1996 (S. 1 - 30)

Margraf, J.: Klassifikation psychischer Störungen. In Margraf, J. (Hrsg.): Lehrbuch der Verhaltenstherapie. Band 1. Grundlagen, Diagnostik, Verfahren, Rahmenbedingungen. Berlin, Springer 1996 (S. 83 - 101)

Margraf, J.: Mini-DIPS - Diagnostisches Kurzinterview bei psychiatrischen Störungen. Springer, Berlin 1994

Margraf, J.: Therapieindikation. In Margraf, J. (Hrsg.): Lehrbuch der Verhaltenstherapie. Band 1. Grundlagen, Diagnostik, Verfahren, Rahmenbedingungen. Berlin, Springer 1996 (S. 103 - 112)

Marie-Cardine, M., O. Chambon, R. Meyer: Psychothérapies. L'approche intégrative et éclectique. Editions Le Coudrier/Somatothérapies, Toulouse 1994

Mark, N., C. Bischoff (Hrsg.): Psychosomatische Grundversorgung. Verhaltenstherapeutische Konzepte und Empfehlungen für die ärztliche Praxis. Deutscher Ärte-Verlag, Köln 1994

Mark, N.: Zum Berufsbild des ärztlichen Verhaltenstherapeuten. Praxis der klinischen Verhaltenstherapie und Rehabiliation 12 (1990)

Mark, V. H., F. R. Ervin, P. I. Yakovlev: The treatment of pain by stereotaxic methods. Confin. neurol. 22 (1962) 238 - 245

Marks, I. M., M. G. Gelder: Common ground between behaviour therapy and psychodynamic methods. Brit. J. med. Psychol. 39 (1966) 11 - 23

Marks, I. M.: Advances in the treatment of psychoses and neuroses. Paper presented at the 23rd EABCT-Congress, London, Sept. 1993

Marks, I. M.: Behavioral treatment of phobic and obsessive-compulsive disorders: A critical appraisal. In Hersen, M., R. M. Eisler, P. M. Miller (eds.): Progress in Behavior Modification, Vol. 1. Academic Press, New York 1975

Marks, I. M.: Exposure treatments: Conceptual issues. In Agras, W. S. (ed.): Behavior modification: Principles and clinical applications. Little, Brown & Comp., Boston 1978

Marks, I. M.: Fears, Phobias, and Rituals, Panic, Anxiety, and their Disorders. Oxford University Press, New York 1987

Marks, I., J. Mishan: Dysmorphophobic Avoidance with Disturbed Bodily Perception. Brit. J. Psychiat. 152 (1988) 674 - 678

Marks, I.: Behavioural and drug treatments of phobic and obsessive-compulsive disorders. Psychother. Psychosom. 46 (1986) 35 - 44

Marlatt, G. A.: Relapse Prevention. In Marlatt, G. A., J. R. Gordon (Eds.): Relapse Prevention. Guilford, New York 1985 (S. 3 - 70)

Marlsburg, C. v.d.: Self-organization and the brain. In Arbib, M. (ed.): The Handbook of brain theory and neural networks. MIT Press, Cambridge 1995

Marmar, C. R., D. S. Weiss, R. S. Pynoos: Dynamic psychotherapy of PTSD. In Giller, E. L., L. Weisæth (eds): Post-traumatic stress disorder. Baillière, London 1996 (pp. 297 - 316)

Marmar, C. R., D. S. Weiss, W. E. Schlenger, J. A. Fairbank, B. K. Jordan, R. A. Kulka, R. L. Hough: Peritraumatic dissociation and posttraumatic stress in male Vietnam theater veterans. Am. J. Psychiatry 151 (1994) 902 - 907

Marmor, J., S. E. Woods (eds.): The interface between the psychodynamic and behavioural therapies. Plenum, New York 1980

Marmor, J.: Dynamic psychotherapy and behavior therapy: Are they irreconcilable? Arch. gen. Psychiat. 24 (1971) 22 - 28

Marmor, J.: Neurosis and the psychotherapeutic process. Similarities and differences in the behavioural and psychodynamic conceptions. Int. J. Psychiat. 7 (1969) 514 - 519

Marmor, J.: Orality in the hysterical personality. J. Amer. Psychoanal. Ass. 1 (1953) 656 - 671

Marmor, J.: Psychoanalytic therapy and theories of learning. In Masserman, J. (ed.): Science and psychoanalysis, Vol. 7. Grune & Stratton, New York 1964

Marr, D.: Vision. A computational investigation into the human representation and processing of visual information. Freeman, San Francisco, CA 1982

Marr, D.: Visual information processing: The structure and creation of visual representations. Phil. Trans. R. Soc. Lond. B 290 (1980) 98 - 218

Marshall, S. J. Turnbull: Cognitive Behavior Therapy. An introduction to theory and practice. Balliere Tindall, London 1996

Marshall, W. L.: Assessment, treatment, and theorizing about sex offenders. Criminal Justice and Behavior 23 (1996) 162 - 199

Martens, B. K., J. C. Witt: Ecological behavior analysis. In Hersen, M., R. M. Eisler, P. M. Miller (eds.): Progress in Behavior Modification, Vol. 22. Sage Publications, London 1988

Martin, G., J. Pea: Behavior modification: What it is and how to do it. Prentice-Hall, West Nyack NY 1988

Martin, P. R., P. R. Nathan, D. Milech, M. van Keppel: Cognitive therapy vs. self-management training in the treatment of chronic headaches. Brit. J. Clin. Psychol. 28 (1989) 347 - 361

Martlatt, C. A., J. R. Gordon: Determinants of relapse: Implications for the maintenance of behavior change. In Davidson, P. O., S. M. Davidson (eds.): Behavioral Medicine: Changing health lifestyles. Brunner/ Mazel, New York 1980

Marty, P.: Die „allergische Objektbeziehung". In Brede, K.: Einführung in die Psychosomatische Medizin: Klinische und theoretische Beiträge. Athenäum Fischer, Frankfurt/M. 1974

Marty, P.: La relation objectale allergique. Revue francaise de psychoanalyse 22 (1958) 5 - 35

Maruta, T., D. W. Swanson, M. J. McHardy: Three year follow-up of patients with chronic pain who were treated in a multidisciplinary pain management center. Pain 41 (1990) 47 - 53

Marx, E.: Modifizierte Psychoanalyse im Formenkreis der schizophrenen Pathologien. In Streeck, U., K. Bell (Hrsg.): Die Psychoanalyse schwerer psychischer Erkrankungen. Pfeiffer, München 1994

Marziali, E.: The etiology of borderline personality disorder: Developmental factors. In Clarkin, J. F., E. Marziali, H. Munroe-Blum (eds.): Borderline personality disorder. Clinical and empirical perspectives. Guilford Press, New York 1992

Maslow, A. H.: Motivation and personality. Harper & Row 1970

Masson, J. M.: Was hat man dir, du armes Kind getan? Sigmund Freuds Unterdrückung der Verführungstheorie. Rowohlt, Reinbek 1984

Master, W., V. Johnson: Impotenz und Anorgasmie. Govert-Krüger-Stahlberg, 1973

Masterson, J. F.: Psychotherapie bei Borderline-Patienten. Klett-Cotta, Stuttgart 1980

Matthews, A. M., M. G. Gelder, D. W. Johnston: Agoraphobia: Nature and treatment. Guilford, New York 1981

Matthey, S.: Modification of perseverative behaviour in an adult with anoxic brain damage. Brain Inj. 3 (1996) 219–227

Maturana, H. R., F. S. Varela: Autopoiesis and cognition: the realization of the living. D. Reidel, Dordrecht 1980

Maturana, H. R.: Erkennen: Die Organisation und Verkörperung von Wirklichkeit. Vieweg, Braunschweig 1982

Maturana, H., F. Varela: Der Baum der Erkenntnis. Scherz, München 1987

Matzat, J., N. Spangenberg: Selbsthilfegruppen in der Nachsorge nach stationärer psychotherapeutischer Behandlung. In Söllner, W., W. Wesiack, B. Wurm: Sozio-psycho-somatik. Gesellschaftliche Entwicklungen und psychosomatische Medizin. Springer, Berlin 1989 (S. 343–354)

Matzat, J.: Anders helfen. Selbsthilfegruppen und Fachleute arbeiten zusammen. Selbsthilfegruppen Nachrichten (1993) 53–56

Matzat, J.: Selbsthilfegruppen als psychosoziale Basistherapie. Die Kontaktstelle als Teil der ambulanten Versorgung an einer Psychosomatischen Universitätsklinik. Psychosozial. 49/50 (1992) 110–117

Maurer, K., E. van Gülick-Bailer: Deutsche Übersetzung der „Schedules for Clinical Assessments in Neuropsychiatry (SCAN)". Unveröffentlichtes Manuskript, Zentralinstitut für Seelische Gesundheit, Mannheim 1994

Maurer, Y.: Körperzentrierte Psychotherapie IKP. In Battegay, R. u. Mitarb. (Hrsg.): Handwörterbuch der Psychiatrie. Enke, Stuttgart 1992 (S. 274–276)

May, P., A. H. Tuma et al.: Schizophrenia a follow-up study of the results of five forms of treatment. Archives of General Psychiatry 38 (1981) 776–784

Mayer, E. L.: The phallic castration complex and Primary Terminity. J. Am. Psychoanal. Assoc. 43 (1993) 1

Mayou, R., C. Bass, M. Sharpe: Overview of epidemiology, classification and aetiology. In Mayou, R., C. Bass, M. Sharpe (eds.): Treatment of Functional Somatic Symptoms. Oxford University Press, Oxford 1995

Mc Leod, S.: Hungern meine einzige Waffe, Knaur, München 1983

McAllister, W. R., D. E. McAllister: Two-factor theory: Implications for understanding anxiety based clinical phenomena. In O'Donohue, W., L. Krasner (eds.): Theories of behavior therapy. American Psychological Association, Washington (D.C.) 1995

McClelland, D. C.: The achieving society. Van Nostrand, Princeton 1938

McClelland, J. L.: Parallel distributed processing: Implications for cognition and development. In Morris, R. G. M. (ed.): Parallel distributed processing: Implications for psychology and neurobiology. Clarendon Press, Oxford 1989

McCrae, R. R., P. T. Costa: Personality in adulthood. Guilford Press, New York 1990

McCrae, R. R., P. T. Costa: Validation of the five-factor model of personality across instruments and observers. J. Personality and Social Psychology 52 (1987) 81–90

McCue, E. C., P. A. McCue: Organic and hyperventilatory causes of anxiety-type symptoms. Beh. Psychother. 12 (1984) 308

McDaniel, S., J. Hepworth, W. Doherty: Familientherapie in der Medizin: ein biopsychosoziales Behandlungskonzept für Familien mit körperlich Kranken. Carl Auer Systeme Verlag, Heidelberg 1997

McDougall, J.: The Psychosoma and the Psychoanalytic Process. Int. Rev. Psycho-Anal. 1 (1974) 437

McDougall, W.: An introduction to social psychology. Methuen, London 1908

McGlynn, S.: Behavioral approaches to neuropsychological rehabilitation. Psychol. Bull. 3 (1990) 420–441

McGoldrick, M., B. Carter: The family life cycle. In Walsh, F.: Normal family process. Guilford Press, New York 1982 (pp. 167–195)

McGoldrick, M., R. Gerson: Genogramme in der Familienberatung. Huber, Bern 1990

McGrath, E., G. P. Keita, B. R. Strickland, N. F. Russo: Frauen und Depressionen. Risikofaktoren und Behandlungsfragen. Makinger, Bergheim 1993

McIntyre, A. C.: Das Unbewußte. Eine Begriffsanalyse. Suhrkamp, Frankfurt a. M. 1968

McLeer, S. V., E. B. Deblinger, M. S. Atkins, E. B. Foa, D. L. Ralphe: Posttraumatic stress disorder in sexually abused children. Journal of the American Academy of Child and Adolescent Psychiatry 27 (1988) 650–654

McLeer, S. V., M. Callaghan, D. Henry, I. Wallen: Psychiatric disorder in sexually abused children. Journal of the American Academy of Child and Adolescent Psychiatry 33 (1994) 313–319

McMillan, T. M.: Post-traumatic stress disorder and severe head injury. British Journal of Psychiatry 159 (1991) 431–433

McMillan, T. M.: Post-traumatic stress disorder following minor and severe closed head injury: 10 single cases. Brain Injury 10 (1996) 749–758

McNally, R. J.: Preparedness and phobias: A review. Psychol. Bull. 101 (1987) 283–303

McNeilly, C. L., K. I. Howard: The Effects of Psychotherapy: A Re-evaluation based on Dosage. Psychother. Res. 1 (1991) 74–78

Meares, R.: Episodic memory, trauma, and the narrative of self. Contemporary-Psychoanalysis 31 (1995) 541–56

Meares, R.: Stimulus entrapment: On a common basis of somatization. Psychoanalytic-Inquiry 17 (1997) 223–34

Medansky, R. S., R. M. Handler: Dermatopsychosomatics: Classification, physiology, and therapeutic approaches. J. Amer. Acad. Dermatol 5 (1981) 125

Meermann, R., W. Vandereycken: Therapie der Magersucht und Bulimia nervosa. Ein klinischer Leitfaden für den Praktiker. de Gruyter, Berlin 1987

Meermann, R., W. Vandereycken: Verhaltenstherapie bei Pubertätsmagersucht. In Meermann, R. (Hrsg.): Anorexia nervosa. Enke, Stuttgart 1981 (S. 87–107)

Meermann, R.: Strukturelle Auswirkungen des Qualitätssicherungsprogramms der Rentenversicherung in einer psychosomatischen Rehabilitationsklinik. Praxis der Klinischen Verhaltensmedizin und Rehabilitation 8 (1995) 282–290

Meermann, R.: Verhaltenstherapie in der Klinik. Versorgungssituation, Behandlungsergebnisse, Wirksamkeit. Nervenheilkunde 12 (1993) 451–457

Meerwein, F. (Hrsg.): Einführung in die Psychoonkologie. Huber, Bern 1979

Meerwein, F.: „Spute dich Kronos, für den rasselnden Trott. . ." Überlegungen zum Zeiterleben im psychoanalytischen Prozeß und in der Lebensendzeit. Z. Psychosom. Med. 35 (1989) 156–174

Meerwein, F.: Die Arzt-Patient-Beziehung des Krebskranken. In Meerwein, F. (Hrsg.): Einführung in die Psychoonkologie. Huber, Bern 1991 (S. 75)

Meichenbaum, D. H., J. Goodman: Reflection, impulsivity, and verbal control of motor behavior. Child Develop. 40 (1969) 785–797

Meichenbaum, D. H., J. Goodman: Training impulsive children to talk to themselves: A means of developing self-control. J. abnorm. Psychol. 77 (1971) 115–126

Meichenbaum, D. H., M. E. Jaremko: Stress reduction and prevention. Plenum Press, New York 1983

Meichenbaum, D. H.: Self-instructional methods. In Kanfer, F. H., A. P. Goldstein (eds.): Helping People Change. A Textbook of Methods. Pergamon Press, New York 1975

Meichenbaum, D. H.: Stress Inoculation Training. Pergamon Press, New York 1985

Meichenbaum, D., D. Turk: Therapiemotivation des Patienten. Huber, Bern 1994

Meichenbaum, D., R. Cameron: Cognitive behavior therapy. In Wilson, G. T., C. M. Franks (eds.): Contemporary Behavior Therapy. Conceptual and empirical foundations. Guilford Press, New York 1982

Meichenbaum, D.: A clinical handbook/practical therapist manual for assessing and treating adults with post-traumatic stress disorder (PTSD). University, Department of Psychology, Institute Press, Waterloo Ontario 1994

Meichenbaum, D.: Cognitive-Behavior Modification: An Integrative Approach. Plenum Press, New York 1977

Meichenbaum, D.: Intervention bei Streß. Anwendung und Wirkung des Streßimpfungstrainings. Huber, Bern 1991

Meier-Diewald, W., H. U. Wittchen, K. Werner-Eilert: Die Münchner Ereignisliste (MEL). Anwendungsmanual. Max-Planck-Institut für Psychiatrie, München 1983

Meijer, O. G., K. Roth (eds.): Complex movement behaviour. 'The' motor-action controversy. Advances in psychology, Vol. 50. Elsevier Science Publishers, Amsterdam, New York, Oxford, Tokyo 1988

Meiselman, K. C.: Incest. Jossey-Bass, San Francisco (CA) 1978

Meissner, S. J.: Psychotherapy and the Paranoid Process. Jason Aronson, Northvale 1986

Melchinger, H., Schnabel, R., Wyns, B. (1992) Langzeitverordnete Medikamente mit Abhängigkeitspotential nach Indikationsgruppen. Schriftenreihe des Bundesministeriums für Gesundheit, Band 13.

Melin, L., T. Frederiksen, P. Noren, C. B. Swebilius: Behavioral treatment of scratching in patients with atopic dermatitis. Brit. J. Dermatol. 115 (1986) 467 – 474

Meltzer, D.: Studies in extended metapsychology. Clunie Press, Perthshire 1986

Melzack, R., P. D. Wall: Pain mechanisms: a new theory. Science 150 (1965) 971 – 980

Mennen, F. E., D. Meadow: Process to recovery: In support of long-term groups for sexual abuse survivors. Int. J. Grp. Psychother. 42 (1992) 29 – 44

Menninger, K.: Changing concepts of disease. Ann. intern. Med. 29 (1948) 318 – 335

Mente, A., H. D. Spittler: Erlebnisorientierte Gruppenpsychotherapie. 2 Bde. Junfermann, Paderborn 1980

Mentzos, S. (Hrsg.): Psychose und Konflikt. Vandenhoeck & Ruprecht, Göttingen 1992

Mentzos, S.: Angstneurose. Psychodynamische und psychotherapeutische Aspekte. Fischer, Frankfurt a. M. 1984

Mentzos, S.: Depression und Manie, Psychodynamik und Therapie affektiver Störungen. Vandenhoeck & Ruprecht, Göttingen 1995

Mentzos, S.: Hysterie. Fischer, Frankfurt a. M. 1986

Mentzos, S.: Hysterie. Zur Psychodynamik unbewußter Inszenierungen. Fischer, Frankfurt a. M. 1980

Mentzos, S.: Interpersonale und institutionalisierte Abwehr. Suhrkamp, Frankfurt a. M. 1976

Mentzos, S.: Neurotische Konfliktverarbeitung. 2. Aufl. Fischer, Frankfurt a. M. 1984

Mentzos, S.: Neurotische Konfliktverarbeitung. Fischer, Frankfurt a. M. 1982

Mentzos, S.: Psychodynamische Modelle in der Psychiatrie. Vandenhoeck & Ruprecht, Göttingen 1991

Mentzos, S.: Die präpsychotische Struktur unter psychoanalytischen Gesichtspunkten. In Janzarik, W. (Hrsg.): Psychose und Persönlichkeit. Enke, Stuttgart 1988 (s. 18 – 28)

Merskey, H.: The manufacture of personalities. The production of multiple personality disorder. Br. J. Psychiatry 160 (1992) 327 – 340

Mertens, W.: Einführung in die psychoanalytische Therapie, Bd. 1. Kohlhammer, Stuttgart 1990

Mertens, W.: Einführung in die psychoanalytische Therapie, Bd. 3, 2. Aufl. Kohlhammer, Stuttgart 1993

Mertens, W.: Konflikt. In Mertens, W.: Kompendium psychoanalytischer Grundbegriffe. Quintessenz, München 1992

Mervis, C., E. Rosch: Categorization of natural objects. Annual Review of Psychology. 32 (1981) 89 – 115

Merzenich, M., K. Sameshima: Cortical plasticity and memory. Curr. Opin. Neurobio. 3 (1993) 187 – 196

Mester, H.: Anorexia nervosa. Monographien aus dem Gesamtgebiet der Psychiatrie, Springer, Berlin 1981

Meyer, A. E. (ed.): The Hamburg short psychotherapy comparison experiment. Psychother. Psychosom. 35 (1981) 77 – 207

Meyer, A. E., R. Richter, K. Grawe, J. M. Graf v. d. Schulenburg, D. Schulte: Forschungsgutachten zu Fragen eines Psychotherapeuten-Gesetzes. Im Auftrag des BJFFG Bonn, Hamburg 1991

Meyer, A. E.: Eine kurze Geschichte der Psychosomatik. Der Sonderweg der ehemaligen Bundesrepublik. In v. Uexküll, T., R. Adler, W. Bertram, A. Haag, J. M. Herrmann, K. Köhle: Integrierte Psychosomatische Medizin in Praxis und Klinik. Schattauer, Stuttgart 1992 (S. 35 – 42)

Meyer, A. E.: Wodurch wirkt Psychotherapie? In Lang, H.: Wirkfaktoren der Psychotherapie. Springer, Berlin 1990 (S. 179)

Meyer, G., M. Bachmann: Glücksspiel. Wenn der Traum vom Glück zum Alptraum wird. Springer, Berlin 1993

Meyer, G.: Die stimulierende Wirkung des Glücksspiels. Suchtgefahren 2 (1987) 102 – 109

Meyer, G.: Geldspielautomaten mit Gewinnmöglichkeit – Objekte pathologischen Glücksspiels. Brockmeyer, Bochum 1983

Meyer, G.: Glücksspiel. In Deutsche Hauptstelle gegen die Suchtgefahren (Hrsg.): Jahrbuch Sucht 1992. Neuland, Hamburg 1991 (S. 103 – 116)

Meyer, G.: Glücksspiel. In Deutsche Hauptstelle gegen die Suchtgefahren (Hrsg.): Jahrbuch Sucht 1995. Neuland, Hamburg 1994 (S. 138 – 152)

Meyer, G.: Glücksspieler in Selbsthilfegruppe. Neuland, Hamburg 1989

Meyer, T. J., M. M. Mark: Effects of psychosocial interventions with adult cancer patients: A meta-analysis of randomized experiments. Health Psychology 14 (1995) 101

Meyer, V.: Modification of expectations in cases with obsessional rituals. Behaviour Research and Therapy 4 (1966) 273 – 280

Mezey, G. G.: Treatment in the community. Criminal Behaviour and Mental Health 1 (1990) 169 – 172

Mezzich, J. E., B. J. Good: On culturally enhancing the DSM-IV multiaxial formulation. In Widiger, T., A. Frances (eds.): DSM-IV Source Book, Vol. III. APA, Washington (D.C), im Druck

Mezzich, J. E., M. M. Schmolke: Multiaxial diagnosis and psychotherapy planning: on the relevance of ICD-10, DSM-IV and complementary schemas. Psychother. and Psychosom. 63 (1995) 71 – 80

Michel, L., W. Conrad: Theoretische Grundlagen psychologischer Tests. In Groffmann, K. J., L. Michel (Hrsg.): Grundlagen psychologischer Diagnostik. Enzyklopädie der Psychologie, Themenbereich B, Serie II: Psychologische Diagnostik, Bd. 1. Hogrefe, Göttingen 1982 (S. 1 – 129)

Michotte, A.: Die Kausalitätswahrnehmung. In Metzger, W. (Hrsg.): Handbuch der Psychologie (Bd. 1, 1. Halbband). Hogrefe, Göttingen 1966 (S. 954 – 977)

Mietzel, G.: Wege in die Psychologie. Klett-Cotta, Stuttgart 1996

Milby, J. B., A. Weber: Obsessive-compulsive disorders. In Kratochwill T. R., R. J. Morris (eds.): The practice of child therapy. 2nd ed. Pergamon Press, New York 1991

Milch, W. E., H. P. Hartmann: Zum gegenwärtigen Stand der psychoanalytischen Selbstpsychologie. Psychotherapeut 41 (1996) 1 – 12

Miller, A.: Du sollst nicht merken. Variante über das Paradies-Thema. Suhrkamp, Frankfurt a. M. 1981

Miller, H., D. W. Baruch: Psychosomatic studies of children with allergic manifestations. Psychosom. Med. 10 (1948) 274

Miller, J. P., S. L. Post: How theory shapes techniques. Psychoanal. Inquiry 10 (1990) 459 – 460

Miller, N. E., J. Dollard: Social Learning and Imitation. Yale University Press, New Haven 1941

Miller, N. E., L. Luborsky, J. P. Barber, J. P. Docherty (eds.): Psychodynamic treatment research. Basic Books, New York 1993

Miller, N. E.: Biofeedback and visceral learning. Ann. Rev. Psychol. 29 (1978) 373 – 404

Miller, R., R. Conger, A. Dymond: Biofeedback skin conductance conditioning in dyshidrotic eczema. Arch. Dermatol. 109 (1974) 737 – 738

Millon, T. H., R. D. Davis: Disorders of Personality: DSM-IV and beyond. John Wiley, New York 1996

Millon, T. H.: Disorders of Personality: DSM-III, Axis II. John Wiley, New York 1981

Millon, T., G. S. Everly: Personality and its disorders: a biosocial learning approach. Wiley, New York 1985

Millon, T.: Disorders of personality. DSM-IV and beyond. 2nd ed. Wiley, New York 1996

Millon, T.: Manual for the MCMI-II. National Computer Systems, Minneapolis 1987

Millon, T.: Millon Clinical Multiaxial Inventory Manual. 3rd ed. National Computer Systems, Minneapolis 1983

Millon, T.: Toward a new personology. An evolutionary model. Wiley, New York 1990

Milrod, B. L., F. N. Busch, A. M. Cooper, T. Shapiro: Manual of Panic-Focused Psychodynamic Psychotherapy. American Psychiatric Press, Washington 1997

Miltner, W., N. Birbaumer, W. D. Gerber: Verhaltensmedizin. Springer, Berlin 1986

Miltner, W.: Lernen. In Gerber, W. D., H. D. Basler, U. Tewes (Hrsg.): Medizinische Psychologie. Urban & Schwarzenberg, München 1994 (S. 59 – 72)

Minuchin, S., B. L. Rosman, L. Baker: Psychosomatic families: Anorexia nervosa in context. Harvard University Press, Cambridge 1981

Minuchin, S., B. Rosman, L. Baker: Psychosomatische Krankheiten in der Familie. Klett-Cotta, Stuttgart 1981

Minuchin, S.: Familie und Familientherapie. 7. Aufl. Lambertus, Freiburg 1987

Minuchin, S.: Familie und Familientherapie. Lambertus, Freiburg 1977

Minuchin, S.: Families and family therapy. Harvard University Press, Cambridge, Mass. 1974

Mischel, W.: Introduction to Personality. A new look, 4th ed. CBS College Publishing, New York 1986

Mischel, W.: Personality and assessment. Wiley, New York 1968

Mischel, W.: Toward a cognitive social learning reconceptualization of personality. Psychol. Rev. 80 (1973) 252 – 283

Mishel, M. H., C. L. Murdaugh: Family adjustment to heart transplantation: redesigning the dream. Nursing Research 36 (1987) 332 – 338

Missel, P., U. Zemlin: Neuere Entwicklungen in der verhaltenstherapeutischen Behandlung von Suchterkrankungen. In Zielke, M., J. Sturm (Hrsg.): Handbuch Stationäre Verhaltenstherapie. Beltz PVU, Weinheim 1994 (S. 141 – 163)

Mitchell, J. E., C. Pomeroy: Medizinische Komplikationen bei Bulimia nervosa. In Fichter, M. M. (Hrsg.): Bulimia nervosa. Enke, Stuttgart 1989

Mitchell, J. E., D. Hatsukami, E. D. Eckert, R. L. Pyle: Characteristics of 275 patients with bulimia. Amer. J. Psychiat. 142 (1985) 482 – 485

Mitchell, J. E., D. Hatsukami, R. L. Pyle, E. D. Eckert: The bulimia syndrome: Course of the illness and associated problems. Comprehens. Psychiat. 27 (1986) 165 – 170

Mitchell, J.: When disaster strikes. The critical incidence stress debriefing process. Journal of Emergency Medical Services 8 (1983) 36 – 39

Mitchell, S. A.: Relational concepts in Psychoanalysis. Cambridge, Harvard University Press 1988

Mitrany, E.: Subtyping of bulimia nervosa. International Journal of Eating Disorders 11 (1992) 400 – 402

Mittenecker, E.: Subjektive Tests zur Messung der Persönlichkeit. In Groffmann, K. J., L. Michel (Hrsg.): Persönlichkeitsdiagnostik. Enzyklopädie der Psychologie, Themenbereich B, Serie II: Psychologische Diagnostik, Bd. 3. Hogrefe, Göttingen 1982 (S. 57 – 131)

Mizes, J. S., D. M. Sloan: An empirical analysis of eating disorder, nor otherwise specified: Preliminary support for a distinct subgroup. International Journal of Eating Disorders 23 (1998) 233 – 242

Moan, E. R.: GSR biofeedback assisted relaxation training and psychosomatic hives. J. Behav. Ther. Exp. Psychiat 10 (1979) 157 – 158

Moberg, P., L. W. Lazarus: Psychotherapy of depression in the elderly. Psychiatric Annals 20 (1990) 92 – 96

Modell, A.: Die „bewahrende Umwelt" und die therapeutische Funktion der Psychoanalyse. Psyche 35 (1981) 788 – 808)

Modell, A.: The holding environment and the therapeutic action of psychoanalysis. J. Amer. psychoanal. Ass. 24 (1975) 285 – 307

Modestin, J.: Multiple personality disorder in Switzerland. Amer. J. Psychiat. 149 (1992) 88 – 92

Moeller, M. L.: Anders helfen. Selbsthilfegruppen und Fachleute arbeiten zusammen. Klett-Cotta, Stuttgart 1993

Moeller, M. L.: Möglichkeiten, Grenzen und Gefahren psychotherapeutisch arbeitender Selbsthilfegruppen. Psychother. Med. Psychol. 33 (1983) 69 – 77

Moeller, M. L.: Zum therapeutischen Prozeß in Selbsthilfegruppen. Gruppenpsychother. u. Gruppendynam. 12 (1977) 127 – 150

Moeller, M. L.: Zur Theorie der Gegenübertragung. Psyche 31 (1977) 142 – 166

Mogul, K. M.: Overview: the sex of the therapist. Am. J. Psychiatry 139 (1982) 1 – 11

Mohl, P. C., J. Lomax, A. Tasman, C. Chan, W. Sledge, P. Summergard, M. Notman: Psychotherapy training for the psychiatrist of the future. Amer. J. Psychiat. 147 (1990) 7

Möhlen, K., G. Heising: Integrative stationäre Psychotherapie. Gruppenpsychother. Gruppendynamik 15 (1980) 16

Möhring, P., T. Neraal: Zur Einführung in die psychoanalytisch orientierte Familien- und Sozialtherapie. In Möhring, P. (Hrsg.): Psychoanalytisch orientierte Familien- und Sozialtherapie. Das Giessener Konzept in der Praxis. Westdeutscher Verlag, Opladen 1991

Möller, H. J. (Hrsg.): Therapie psychiatrischer Erkrankungen. Enke, Stuttgart 1993

Möller, H. J., W. Kissling, K. D. Stoll, G. Wendt: Psychopharmakatherapie. Ein Leitfaden für Klinik und Praxis. Kohlhammer, Stuttgart 1989

Möller, H. J.: Möglichkeiten und Grenzen von Selbstbeurteilungsskalen zur Verlaufsbeurteilung depressiver Symptomatik im Rahmen der Therapieevaluation. In Baumann, U., E. Fähndrich, R. D. Stieglitz, B. Woggon (Hrsg.): Veränderungsmessung in Psychiatrie und Klinischer Psychologie. Profil, München 1990 (S. 307 – 328)

Möller, H. J.: Probleme der Klassifikation und Diagnostik. In Reinecker, H. (Hrsg.): Lehrbuch der Klinischen Psychologie – Modelle psychischer Störungen. 2. Aufl. Hogrefe, Göttingen 1994 (S. 3 – 24)

Möller, H. J.: Therapie psychiatrischer Erkrankungen. Psychoanalytische Verfahren bei schizophrenen Erkrankungen. Enke, Stuttgart 1993

Mollica, R. F., G. Wyshak, J. Lavelle: The psychosocial impact of war trauma and torture on Southeast Asian refugees. Amer. J. Psychiat. 144 (1987) 1567 – 1572

Mollica, R. F., Y. Caspi-Yavin: Overview: The assessment and diagnosis of torture events and symptoms. In Basoglu, M.: Torture and its consequences. University Press, Cambridge 1992

Money, J.: Zur Geschichte des Konzepts Gender Identity Disorder. Z. Sexualforsch. 7 (1994) 20 – 34

Money, J., A. A. Ehrhardt: Man and Woman, Boy and Girl: The differentiation and Dimorphism of Gender Identity from Concept to Maturity. John Hopkins University Press, Baltimore MD 1972

Montada, L.: Die geistige Entwicklung aus der Sicht Jean Piagets. In Oerter, R., L. Montada (Hrsg.): Entwicklungspsychologie. Ein Lehrbuch. 3. vollst. überarb. Aufl. Psychologie Verlags Union, Weinheim 1995 (S. 518 – 560)

Montagu, A.: Körperkontakt. Die Bedeutung der Haut für die Entwicklung des Menschen. Klett-Cotta, Stuttgart 1980

Montgomery, S. A., M. Asberg: A new depression scale designed to be sensitive to change. British Journal of Psychiatry 134 (1979) 382 – 389

Moore, B. E., D. Fine (Hrsg.): A Glossary of Psychoanalytic Terms and Concepts. American Psychoanalytic Association, New York 1967

Moos, R. H., B. S. Moos: Family Environment Scale. Manual, 2nd ed. Consulting Psychologists Press, Palo Alto 1986

Moos, R. H., V. D. Tsu: The crisis of physical illness: An overview. In Moos, R. H.: Coping with physical illness. Plenum, New York 1977

Moreno, A., M. H. Thelen: Parental factors related to bulimia nervosa. Addictive Behaviors 18 (1993) 681 – 689

Morgan, G., D. Silvester: Anorexia nervosa. In Hill, O. W. (ed.): Modern trends in psychological medicine. Butterworth, London 1977

Morgan, W. A., G. L. Engel: Der klinische Zugang zum Patienten. Huber, Bern 1977

Morgan, W. P., S. E. Goldston (eds.): Exercise and mental health. Hemisphere Publ. Corp., New York, Washington, Philadelphia, London 1987

Morgenthaler, F.: Die Stellung der Perversionen in Metapsychologie und Technik. Psyche 28 (1974) 1077 – 1098

Morgenthaler, F.: Technik: zur Dialektik der psychoanalytischen Praxis. Syndikat, Frankfurt 1978

Morrison, J.: Childhood sexual histories of women with somatization disorder. The American Journal of Psychiatry 146 (1989) 239 – 241

Morrow, G. R., P. L. Dobkin: Anticipatory nausea and vomiting in cancer patients undergoing chemotherapy treatment: Prevalence, etiology, and behavioral interventions. Clin. Psychol. Rev. 8 (1988) 517

Moscovici, S.: Social influence and social change. Academic Press, New York 1976

Moser, T.: Körpertherapeutische Phantasien, Suhrkamp, Frankfurt a. M. 1989

Moser, T.: Politik und seelischer Untergrund. Suhrkamp, Frankfurt a. M. 1993

Moser, U.: Der Prozeß der Einsicht im psychoanalytischen Heilverfahren. Schweizerische Zeitschrift für Psychologie und ihre Anwendungen. 21 (1962) 196 – 221

Moser, U.: Vom Umgang mit Labyrinthen. Zwischenbilanz der Psychotherapieforschung. Psyche. 45 (1991) 315 – 335

Mowrer, O. H.: Learning theory and behavior. Wiley, New York 1960

Mowrer, O. H.: On the dual nature of learning – a re-interpretation of „conditioning" and „problem-solving". Harvard Educational Review 17 (1947) 102 – 148

Mrochen, S., K. L. Holtz, B. Trenkle (Hrsg.): Die Pupille des Bettnässers. Hypnotherapeutische Arbeit mit Kindern und Jugendlichen. Carl Auer, Heidelberg 1993

Mueser, K. T., H. D. Kosmidis, M. D. Sayers: Symptomatology and the prediction of social skills acquisition in schizophrenia. Schizophr. Res. 8 (1992) 59

Müller, P.: Der Suizid des schizophrenen Kranken und sein Zusammenhang mit der therapeutischen Situation. Psychiat. Prax. 16 (1989) 55

Müller-Isberner, R., V. Thomas: Psychotherapie von Sexualstraftätern im Maßregelvollzug. Recht & Psychiatrie 10 (1992) 42 – 47

Müller-Isberner, R.: Ein differenziertes Behandlungskonzept für den psychiatrischen Maßregelvollzug. Organisationsfragen und methodische Aspekte. In Wager, E., W. Werdenich (Hrsg.): Forensische Psychotherapie. Psychotherapie im Zwangskontext von Justiz, Medizin und sozialer Kontrolle. Facultas, Wien 1998 (S. 197 – 209)

Müller-Oerlinghausen, B., H. Neumann, U. Rüger: Untersuchung über die Bedeutung neurosenpsychologischer Faktoren für den Erfolg der Lithium-Dauer-Behandlung. Arzneimittel-Forsch. 26 (1976) 1181 – 1183

Müller-Pozzi, H.: Introjektion, Identifizierung, Verinnerlichung. Schweizerische Gesellschaft für Psychoanalyse, Zürich 1987

Mundt, C., P. Fiedler, B. Pracht, R. Rettig: InSka (Intentionalitäts-Skala) – ein neues psychopathometrisches Instrument zur quantitativen Erfassung der schizophrenen Residualsymptomatik. Nervenarzt 56 (1985) 146 – 149

Mundt, C., P. Fiedler: Konzepte psychosozialer Vulnerabilität für affektive Erkrankungen. In Möller, H. J., A. Deister (Hrsg.): Vulnerabilität für affektive und schizophrene Erkrankungen. Springer, Wien 1996

Mundt, C.: Möglichkeiten und Grenzen der Expressed-Emotion-Erhebung. In Saß, H. (Hrsg.): Psychopathologische Methodik und psychiatrische Forschung. Fischer, Jena 1996 (S. 208 – 223)

Mundt, C.: Zur Psychotherapie des Wahns. Nervenarzt 67 (1996) 515–523
Munjack, D. J.: The behavioral treatment of dysmorphophobia. J. Behav. Ther. Exp. Psychiat. 9 (1978) 53–56
Munker, R., K. Schmidt, K. Christel u. Mitarb.: Sekundäre Malignome bei Patienten mit Morbus Hodgkin in Vollremission. Dtsch. med. Wschr. 120 (1995) 51–54
Münzel, K.: Psychologische Interventionsansätze bei Hauterkrankungen. Verhaltensmodifikation und Verhaltensmedizin 16 (1995) 373–388
Murray, H. A.: Thematic Apperzeption Test. Manual. Harvard University Press, Cambridge/Mass. 1943
Murray, H.A.: Explorations in personality, Oxford University Press, New York 1938
Musaph, H.: Itching and Scratching. Karger, Basel 1964
Müßigbrodt, H., S. Kleinschmidt, A. Schürmann, H. J. Freyberger, H. Dilling: Psychische Störungen in der Praxis. Leitfaden zur Diagnostik und Therapie in der Primärversorgung nach dem Kapitel V (F) der ICD-10. Verlag Hans Huber, Bern 1996
Muster-Richtlinien über den Inhalt der Weiterbildung in Gebieten, Fachkunden, fakultativen Weiterbildungen, Schwerpunkten und Bereichen. Nach dem Beschluß des Vorstandes der Bundesärztekammer vom 07. 04. 1994. Arbeitsgemeinschaft der Deutschen Ärztekammern
Muthny, F. A., M. Broda, A. Dinger, U. Koch, B. Stein: Aspekte der Lebensqualität bei verschiedenen Behandlungsverfahren der chronischen Niereninsuffizienz – ein empirischer Vergleich. In Franz, H. E. (Hrsg.): Blutreinigungsverfahren – Technik und Klinik. Georg Thieme, Stuttgart, New York 1990 (S. 205–210)
Muthny, F. A., M. Broda, A. Dinger, U. Koch: Psychosoziale Beratung und Therapie bei Patienten mit chronischem Nierenversagen. Verhaltenstherapie und psychosoziale Praxis 19 (1987) 369
Muthny, F. A., M. Broda, M. Beutel, U. Koch: Erfahrungen aus der Psychotherapie mit chronisch niereninsuffizienten Patienten – Bedarf, Ziele und Wirkungen. In Quint, H., W. Janssen (Hrsg.): Psychotherapie in der Psychosomatischen Medizin – Erfahrungen, Konzepte, Ergebnisse. Springer, Berlin 1987 (S. 91–97)
Muthny, F. A.: Freiburger Fragebogen zur Krankheitsverarbeitung FKV. Beltz Test, Weinheim 1989
Muthny, F. A.: Manual zum Freiburger Fragebogen zur Krankheitsverarbeitung (FKV). Beltz, Weinheim 1988
Muthny, F. A.: Postoperative Course of Patients during Hospitalization following Renal Transplantation. Psychother. Psychosom. 42 (1984) 133–142
Muthny, F. A.: Verhaltenstherapie bei Complianceproblemen von Dialysepatienten. Verhaltensmodifikation 7 (1986) 133–150
Myers, M. F.: Men sexually assaulted as adults and sexually abused as boys. Archives of Sexual Behaviors 18 (1989) 203–215
Nadelsohn, C. C., M. Notman: Gender issues in psychiatric treatment. Amer. Psychiatry Press Washington (D.C) 1995
Narr, K. J.: Urgeschichtliche Marginalien. In Schipperges, H. (Hrsg.): Krankheit, Heilung, Heilkunst, Bd. 1. Alber-Verlag, Freiburg 1978
Nash, M. R.: Hypnosis as a window on regression. Bull. Menninger Clin. 52 (1988) 383–403
Neisser, U.: Cognition and reality. Freeman, San Francisco 1976
Neisser, U.: Kognition und Wirklichkeit. Klett, Stuttgart 1979
Nelson, R. O., S. C. Hayes: Theoretical explanations for reactivity in selfmonitoring. Behav. Modific. 5 (1981) 3–14
Nemeroff, C. J., P. Karoly: Operant methods. In Kanfer, F. H., A. P. Goldstein (eds.): Helping People Change. A Textbook of Methods, 4 th ed. Pergamon Press, New York 1991
Nemiah, J. C.: Dissoziative Störungen. In Freedman, A. M., H. I Kaplan, B. J. Sadock, U. H. Peters (Hrsg.): Psychiatrie in Praxis und Klinik, Bd. 4: Psychosomatische Störungen. Thieme, Stuttgart 1988 (S. 89–112)
Nemiah, J. C.: Somatoforme Störungen. In Freedman, A. M., H. I. Kaplan, B. J. Sadock, U. H. Peters (Hrsg.): Psychiatrie in Praxis und Klinik, Bd. 4: Psychosomatische Störungen. Thieme, Stuttgart 1988 (S. 60–88)
Neumann, N. U., R. M. Schulte: MADR-Skala zur psychometrischen Beurteilung depressiver Symptome (MADRS). Perimed, Erlangen 1989
Neumann, O.: Theorien der Aufmerksamkeit: von Methaphern zu Mechanismen. Psychologische Rundschau 43 (1992) 83–101
Neumann, S., J. Margraf: Kosten-Effektivitäts- und Kosten-Nutzen-Analyse. In Margraf, J. (Hrsg.): Lehrbuch der Verhaltenstherapie (Bd. 1). Springer, Berlin 1996
Neun, H.: Psychosomatische Einrichtungen: Was sie (anders) machen und wie man sie finden kann. Vandenhoeck & Ruprecht, Göttingen 1994
Newell, A., H. Simon: Human Problem Solving. Prentice Hall, Englewood Cliffs, NJ 1972
Nezu, A. M., C. M. Nezu (eds.): Clinical decision making in behavior therapy. Research Press, Champaign, Ill. 1989
Nicholson, R. A., J. S. Berman: Is follow-up necessary in evaluating psychotherapy? Psycholog. Bull. 93 (1983) 261–278
Nickel, R., U. T. Egle: Psychodynamisch-interaktionelle Gruppentherapie bei somatoformen Schmerzstörungen. Manual zur psychoanalytisch fundierten Behandlung von Patienten mit somatoformen Störungen in ambulanten Gruppen. Springer, Berlin 1999
Nichkel, R., U. T. Egle: Therapie somatoformer Schnerzstörungen. Manual psychodynamisch-interaktioneller Gruppentherapie. Schattauer, Stuttgart 1999
Niebel, G.: Ergebnisse und Probleme vergleichender Therapieforschung bei depressiven Störungen. Verhaltensmodifikation 5 (1984) 4–45
Niebel, G.: Verhaltensmedizinisches Gruppentraining für Patienten mit Atopischer Dermatitis in Ergänzung zur dermatologischen Behandlung; Pilotstudien zur Erprobung von Selbsthilfestrategien. Verhaltensmodifikation und Verhaltensmedizin 1 (1990) 24–44
Nielsen, S., A. G. Molbak: Eating Disorder and Type 1 Diabetes: Overview and Summing-Up. European Eating Disorders Review 6 (1998) 1–24
Niemeier, V., J. Fritz, J. Kupfer, U. Stangier, I. Effendy, U. Gieler: Aggressive verbal behaviour as a function of experimentally induced anger in persons with psoriasis. European J. of Dermatology (in Vorb.)
Nitschke, B.: Die Debatte des sexuellen Mißbrauchs in Sigmund Freuds Vortrag. "Zur Ätiologie der Hysterie" (1896) – und der Mißbrauch dieser Debatte hundert Jahre später. In Richter-Appelt, H. (Hrsg.): Verführung Trauma Mißbrauch (1896–1996). Psychosozial, Gießen 1997 (S. 25–38)
NN: Private practice holds its own. Psychiatric News. Amer. Psychiat. Ass. 7 (1995) 11 u. 28
Noll, P.: Diktate über Sterben und Tod. Piper, München 1987
Norcross, J. C. (ed.): Handbook of Eclectic Psychotherapy. Brunner/Mazel, New York 1986
Norcross, J. C., B. A. Alford, J. T. DeMichele: The future of psychotherapy: Delphi data and concluding observations. Psychotherapy 29 (1992) 150–158
Norcross, J. C., J. O. Prochaska, K. Gallagher: Clinical psychologists in the 1980's II. Theory, research and practice. Clin. Psychol. 42 (1989) 45–53
Norcross, J. C., M. R. Goldfried (eds.): Handbook of Psychotherapy Integration. Basic Books, New York 1992
Norman, D. A., D. E. Rumelhart: Explorations in cognition. Freeman, San Francisco 1975
Norris, F. H.: Epidemiology of trauma: frequency and impact of different potentially traumatic events on different demographic groups. Journal of Consulting and Clinical Psychology 60 (1992) 409–418
Nowara, S.: Bemerkungen zum ambulanten Behandlungskonzept im Maßregelvollzug. Recht & Psychiatrie 10 (1992) 26–31
Nowara, S.: Gefährlichkeitsprognosen bei psychisch kranken Straftätern. Fink Verlag, München 1995
Nowara, S.: Stationäre Behandlungsmöglichkeiten im Maßregelvollzug nach § 63 StGB und der Einsatz von Lockerungen als therapeutisches Instrument. MschrKrim 80 (1997) 116–123
O'Donnell, B. F., R. A. Cohen: Attention: A component of information processing. In Cohen, R. A. (ed.): The neuropsychology of attention. Plenum Press, New York 1993
O'Donohue, W. R., L. Krasner (eds.): Theories of behavior therapy. American Psychological Association, Washington (D.C.) 1995
O'Dell, S. L.: Progress in parent training. In Hersen, M., R. M. Eisler, P. M. Miller (eds.): Progress in Behavior Modification. Vol. 19. Academic Press, New York 1985
O'Leary, K. D., G. T. Wilson: Behavior Therapy: Application and Outcome. Prentice-Hall, Englewood Cliffs, NJ 1975
Oberfinanzdirektion Freiburg (unveröffentl. Mitteilung): Gewährung von Beihilfe für psychotherapeutische Behandlung 1994
Obermayer, M. E.: Psychocutaneous Medicine. Charles C. Thomas, Springfield, Ill. 1955
Ochberg, F. M.: Post-traumatic therapy with victims of violence. Brunner & Mazel, New York 1988
Ochberg, F. M.: Posttraumatic Therapy. In Wilson, J. P., B. Raphael (eds.): International Handbook of Traumatic Stress Syndromes. Plenum Press, New York 1993
Oerter, R., L. Montada: Entwicklungspsychologie, 2. Aufl. PVU, Weinheim 1987 (S. 214)
Offer, D., M. Sabshin: The diversity of normal behavior. Further contributions to normatology. Basic Books, New York 1991

Ofshe, R., E. Watters: Die mißbrauchte Erinnerung. DTV, München 1996

Ogden, T. H.: The Concept of Interpretive Action. Psychoanalytic Quarterly LXIII (1994) 219–245

Ogden, T.: On projective identification. Int. J. Psycho-Anal. 60 (1979) 357–373

Ohm, D.: Progressive Relaxation. Thieme, Stuttgart 1992

Olbrisch, M., J. Levenson: Psychosocial Assessment of Organ Transplant Candidates, Current status of Methodological And Philosophical Issues. Psychosomatics 36 (1995) 236–243

Oldham, J. B., L. B. Morris: Ihr Persönlichkeitsportrait. Kabel, Hamburg 1992

Olivier, C.: Jocastes Kinder. Die Psyche der Frau im Schatten der Mutter. Claassen, Düsseldorf 1987

Olson, D. H., C. S. Russel, D. H. Sprenkle: Circumplex model of marital and family systems I: Cohesion and adaptability dimensions, family types and clinical applications. Fam. Process 18 (1972) 3–28

Olson, D. H., C. S. Russel, D. H. Sprenkle: Circumplex model of marital and family systems II: Empirical studies and clinical intervention. Advanc. Fam. Intervent. 1 (1980) 129–179

Orbach, S.: Hungerstreik. Econ, Düsseldorf 1987

Orleons, C. T., L. R. Barnett: Bulimarexia: Guidelines for behavioural assessment and treatment. In Hawkins, R. C., W. J. Fremow, P. F. Clement (eds.): The binge-purge syndrome: Diagnosis treatment and research. Springer, New York 1984 (pp. 144–177)

Orlinisky, D.: Learning from many masters. Ansätze zu einer wissenschaftlichen Integration psychotherapeutischer Behandlungsmodelle. Psychotherapeut 39 (1994) 2–9

Orlinksy, D., P. Gerin, J. Davis, H. Ambühl, A. Dazord, M. Davis, U. Willutzky, Ch. Davidson, N. Aapre, W. Backx, J. F. Botermans, J. F. Jahns: Collaborative Research Network „International Study of the Development of Psychotherapists[ANFE] Background and Research Plan. Paper presented at the 22nd Ann. Conf. of the Society for Psychotherapy Research, Lyon, as part of a panel entitled „International Study on the Development of Psychotherapists". Unveröffentlichtes Manuskript 1991

Orlinsky, D, K. Howard: The effects of sex of therapist on the therapeutic experiences of women. Psychotherapy: Theory. Research & Practice 13 (1976) 82–88

Orlinsky, D. E., K. Grawe, B. K. Parks: Process and outcome in psychotherapy. In Bergin, A. E., S. L. Garfield (eds.): Handbook of Psychotherapy and Behavior Change. An Empirical Analysis, 4th ed. J. Wiley, New York 1994

Orlinsky, D. E., K. Grawe, B. Parks: Process and Outcome in Psychotherapy – noch einmal. In Bergin, A. E., S. L. Garfield (eds.): Handbook of Psychotherapy and Behavior Change. 4th ed. Wiley, New York 1994 (pp. 270–376)

Orlinsky, D. E., K. I. Howard: A generic model of psychotherapy. J. Integrative and Eclectic Psychotherap. 6 (1987) 6–27

Orlinsky, D. E., K. I. Howard: Ein allgemeines Psychotherapiemodell. Integrat. Ther. 4 (1988) 281

Orlinsky, D. E., K. J. Howard: Gender and Psychotherapeutic Outcome. In Brodsky, A. M., R. T. Hare-Mustin (Hrsg.): Women and Psychotherapy. Guilford, New York 1980 (S. 3–33)

Orlinsky, D. E.: Research-based knowledge as the emergent foundation for clinical practice in psychotherapy. In Talley, P. F., H. H. Strupp, S. F. Butler: Psychotherapy research and practice. Basic Books, New York 1994 b (S. 99)

Orlinsky, D., K. J. Howard: Process and outcome in psychotherapy. In Garfield, S. L., A. E. Bergin (eds.): Handbook of Psychotherapy and Behavior Change, 3rd ed. Wiley, New York 1986(pp. 311–384)

Orne, M.: The construct of hypnosis. Ann. N. Y. Acad. Sci. 296 (1977) 14–33

Ornish, D.: Program for reversing heart disease. Balantine Books, New York 1990

Ornish, D.: Revolution in der Herztherapie. Kreuz, Stuttgart 1992

Orth, B.: Grundlagen des Messens. In Feger, H., J. Bredenkamp (Hrsg.): Messen und Testen. Enzyklopädie der Psychologie, Themenbereich B, Serie I: Forschungsmethoden der Psychologie, Bd. 3. Hogrefe, Göttingen 1983 (S. 136–180)

Öst, L. G., U. Sterner: Applied tension: a specific behavioral method for treatment of blood phobia. Beh. Res. Ther. 25 (1987) 25

Öst, L. G.: Applied relaxation: description of a coping technique and review of controlled studies. Behav Res Ther 25 (1987) 397–410

Ostendorf, F., A. Angleitner: NEO-Persönlichkeitsinventar nach Costa und McCrae – Revidierte Form (NEO-PI-R). Hogrefe, Göttingen 1999

Ostendorf, F.: Sprache und Persönlichkeitsstruktur. Zur Validität des Fünf-Faktoren-Modells der Persönlichkeit. Roderer, Regensburg 1990

Overall, J. E., D. R. Gorham: BPRS Brief Psychiatric Rating Scale. In Guy, W. (ed.): ECDEU assessment manual for psychopharmacology. National Institute of Mental Health, Rockville 1976 (pp. 157–169)

Overbeck, G.: Was ist psychoanalytische Psychosomatik? Psychother. med. Psychol. 29 (1979) 160

Overkamp, B., A. Hofmann, M. Huber, G. Dammann: Dissoziative Identitätsstörung (DIS) – eine Persönlichkeitsstörung? Persönlichkeitsstörungen 2 (1997) 74–84

Paar, G. H.: Offene und heimliche Selbstbeschädigung: Diagnostik, Klinik und Therapie. In Wenglein, E., A. Hellwig, M. Schoof (Hrsg.): Selbstvernichtung – Psychodynamik und Psychotherapie bei autodestruktivem Verhalten. Verlag Vandenhoeck & Ruprecht, Göttingen 1995 (S. 137–159)

Paar, G.: Psychopharmaka in der psychosomatischen Medizin. In Uexküll, T. v. (Hrsg.): Lehrbuch der Psychosomatischen Medizin. Urban & Schwarzenberg, München 1979 (S. 425–437)

Paar, G.: Selbstzerstörung als Selbsterhaltung. Eine Untersuchung zu Patienten mit artifiziellen Syndromen. Materialien zur Psychoanalyse und analytischen Psychotherapie 13 (1987) 1–54

Panconesi, E.: Stress and Skin Disease – Psychosomatic Dermatology. In Parish, L. C. (ed.): Clinics in Dermatology. J. B. Lippincott, Philadelphia 1984

Pankow, G.: Gesprengte Fesseln der Psychose. Kindler, München 1975

Parin, P., G. Parin-Matthèy: Medicozentrismus in der Psychoanalyse. Eine notwendige Revision der Neurosenlehre und ihre Relevanz für die Theorie der Behandlungstechnik. In Hoffmann, S. (Hrsg.): Deutung und Beziehung. Fischer, Frankfurt/M. 1983 (S. 86–106)

Parin, P.: Der Widerspruch in Subjekt. Syndikat, Frankfurt am Main (1978)

Parkes, C. M., J. Stevenson-Hinde (eds.): The place of attachment in human behavior. Basic Books, New York 1982

Patterson, R. L., G. M. Jackson: Behavior modification with the elderly. In Hersen, M., R. M. Eisler, P. M. Miller (eds.): Progress in Behavior Modification, Vol. 9. Academic Press, New York 1980

Paul, T., J. Brand-Jacobi, V. Pudel: Bulimia nervosa. Ergebnisse einer Untersuchung an 500 Patientinnen. Münch. med. Wschr. 126 (1984) 614–618

Pawlik, K.: Modell- und Praxisdimensionen psychologischer Diagnostik. In Pawlik, K. (Hrsg.): Diagnose der Diagnostik. Beiträge zur Diskussion der psychologischen Diagnostik in der Verhaltensmodifikation. Klett, Stuttgart 1976 (S. 13–43)

Pawlow, I. P.: Conditioned reflexes. Oxford University Press, London 1927

Paykel, E. S., K. R. W. Norton: Self-report and clinical interview in the assessment of depression. In Sartorius, N., T. A. Ban (eds.): Assessment of depression. Springer, Berlin 1986 (pp. 356–366)

Pein, A. v.: Funktionelle Störungen. In Mark, N., C. Bischoff: Psychosomatische Grundversorgung. Deutscher Ärzteverlag, Köln 1994 (S. 136)

Penn, D. L., K. T. Mueser: Research update on the psychosocial treatment of schizophrenia. American Journal of Psychiatry 153 (1996) 607–617

Pennebaker, J. W.: Putting stress into words: Health, linguistic, and therapeutic implications. Behaviour Research and Therapy 31 (1993) 539–548

Pennebaker, J. W.: The Psychology of Physical Symptoms. Springer, New York 1982

Perrett, D. I., M. W. Oram, J. K. Hietanen, P. J. Benson: Issues of representation in object vision. In Farah, M. J., G. Ratcliff (eds.): The neuropsychology of high-level vision. LEA, Hove 1994

Perrez, M., R. Berger, P. Wilhelm: Die Erfassung von Belastungserleben und Belastungsverarbeitung in der Familie: Self-Monitoring als neuer Ansatz. Psychologie in Unterricht und Erziehung 45 (1998) 19–35

Perrez, M.: Diagnostik in der Psychotherapie – ein anachronistisches Ritual? Psychol. Rdsch. 36 (1985) 106–109

Perrez, M.: Felddiagnostik mit besonderer Berücksichtigung der computergestützten Diagnostik. In Stieglitz, R. D., U. Baumann (Hrsg.): Psychodiagnostik psychischer Störungen. Enke, Stuttgart 1994 (S. 149–161)

Perrez, M.: Ist die Psychoanalyse eine Wissenschaft? 2. Aufl. Huber, Bern 1979

Perrez, M.: Verhaltenstherapie in der Gerontologie. In Verhandlungsbericht der Jahrestagung der Schweizerischen Gesellschaft für Gerontologie 1984 (S. 31–43)

Perrez, M.: Was nützt die Psychotherapie? Psychol. Rdsch. 33 (1982) 121–126

Perris, C., W. A. Arrindell, M. Eisemann (Eds.): Parenting and psychopathology. Wiley, New York 1994

Perry, C.: Problems and considerations in the valid assessment of personality disorders. Amer. J. Psychiat. 149 (1992) 1645

Perry, M. A., M. J. Furukawa: Modeling methods. In Kanfer, F. H., A. P. Goldstein (eds.): Helping People Change. A Textbook of Methods, 3rd ed. Pergamon Press, New York 1986

Person, E. S., L. Ovesey: Psychoanalytic theories of gender identy. J. Am. Acad. Psychoanal. 11(1983) 203 - 226

Person, E. S.: Erotische Übertragung bei Frauen und Männern. Psyche 48 (2) (1994) 783 - 80

Person, E., L. Ovesy: The transsexual syndrome in males I. Primary transsexualism. II Secundary Transsexualism. American Journal of Psychotherapy 28 (1974) 4 - 20, 174 - 193

Persons, R. W., Persons, M. K., Newmark, I.: Perceived helpful therapist's characteristics, client improvements, and sex of therapist and client. Psychotherapy 11 (1974) 63 - 65

Peseschkian, N.: Der Kaufmann und der Papagei. Fischer, Hamburg 1979

Pesso, A.: Körper, Seele, Ego und „Pilot" in der psychomotorischen Therapie. In Hoffmann-Axthelm, D. (Hrsg.): Der Körper in der Psychotherapie. Transform, Oldenburg 1991 (S. 90 - 102)

Peter, J.: Recht auf Einsicht in die Krankenunterlagen. Heymanns, Köln 1989

Peter, P., C. Kraiker, D. Revenstorf (eds.): Hypnose und Verhaltenstherapie. Huber, Bern 1991

Petermann, F. (Hrsg.): Einzelfallanalyse, 2. Aufl. Oldenbourg, München 1989

Petermann, F. (Hrsg.): Einzelfallanalyse. 3. Aufl. Oldenbourg, München 1996 b

Petermann, F., D. Vaitl (Hrsg.): Handbuch der Entspannungsverfahren. Band 2: Anwendungen. Psychologie Verlags Union, Bad Langensalza 1994

Petermann, F.: Einzelfalldiagnose und klinische Praxis. 2. Aufl. Quintessenz, München 1992

Petermann, F.: Einzelfalldiagnostik in der klinische Praxis. 3. Aufl. Psychologie Verlags Union, Weinheim 1996 a

Petermann, F.: Kontrollierte Praxis. In Jäger, R. S., F. Petermann (Hrsg.): Psychologische Diagnostik, 3., korr. Aufl. Psychologie Verlags Union, Weinheim 1995 (S. 147 - 154)

Petermann, F.: Veränderungsmessung. Kohlhammer, Stuttgart 1978

Peters, M., H. Löwenberg: Prognose und Behandlungserfolg bei stationärer psychotherapeutisch-dermatologischer Behandlung von Neurodermitispatienten. Hautarzt 44 (1993) 210

Peters, M., J. Wehrmann: Integrative psychosomatische Behandlung von Neurodermitispatienten. Der Deutsche Dermatologe 11 (1993) 1193

Peters, S. D.: Child sexual abuse and later psychological problems. In Wyatt, G. E., G. J. Powell (eds.): Lasting effects of child sexual abuse. Sage, Newbury Park 1988 (pp. 101 - 117)

Peters, U. H.: Über das Stasi-Verfolgten-Syndrom. Fortschritte der Neurologie-Psychiatrie 59 (1991) 251 - 265

Peterson, C., M. E. P. Seligman: Causal explanation as a risk factor for depression: Theory and evidence. Psychological Review 91 (1984) 347 - 374

Peth, P. R.: Rational-emotive therapy and the older adult. J Cont (1974)

Petry, J.: Alkoholismustherapie. Vom Einstellungswandel zur kognitiven Therapie, 2. Aufl. PVU, Weinheim 1983

Petry, J.: Die stationäre Behandlung von pathologischen Glückspielern in der psychosomatischen Fachklinik Münchwies: Aufbau, Struktur und erste Ergebnisse zur Evaluation. In Fachausschuß Sucht des Wissenschaftsrates (Hrsg.): Innovationen: Akzente in der stationären Behandlung Abhängigkeitskranker. Schriftenreihe des Wissenschaftsrates der AHG 4 (1995) 23 - 27

Petry, J.: Alkoholismustherapie: Gruppentherapeutische Motivierungsstrategien. Psychologie Verlags Union, Weinheim 1996

Petzold, H. (Hrsg.): Methodenintegration in der Psychotherapie. Junfermann, Paderborn 1982

Petzold, H.: Bewegungs- und Leibtherapie. In Battegay, R. u. Mitarb. (Hrsg.): Handwörterbuch der Psychiatrie. Enke, Stuttgart 1992 (S. 87 - 91)

Petzold, H.: Therapie und Integration (Editorial). Integrat. Ther. 14 (1988) 259

Pfäfflin, F.: Die transsexuelle Abwehr. Psyche 9/10 (1994) 904 - 931

Pfäfflin, F.: Therapeut-Patient-Beziehung. In Clement, U., W. Senf (Hrsg.): Transsexualität. Behandlung und Begutachtung. Schattauer, Stuttgart 1996 (S. 24 - 34)

Pfannkuch, H.: Suchtkliniken und Hausordnungen - einige Anmerkungen zu einer problematischen Beziehung.

Pfeifer, S., L. Brenner, W. Spengler: Störung mit multipler Persönlichkeit. Nervenarzt 65 (1944) 623 - 627

Pfeiffer, A., C. Kemmerich, U. Koch: Der Behandlungserfolg bei Depressiven nach stationär durchgeführter psychotherapeutischer Behandlung. Psychother. Psychosom. med. Psychol. 38 (1988) 301 - 310

Pfeiffer, E.: Psychotherapy with elderly patients. In Bellak, L., T. B. Karasu: Geriatric psychiatry. A handbook for psychiatrists and primary care physicians. Grune & Stratton, New York 1976 (pp. 191 - 206)

Pfeiffer, W. M.: Krankheit und zwischenmenschliche Beziehung. In Finke, J., L. Teusch (Hrsg.): Gesprächspsychotherapie bei Neurosen und psychosomatischen Erkrankungen - Neue Entwicklungen in Theorie und Praxis. Asanger, Heidelberg, 1991 a

Pfingsten, M., F. B. Ensink, C. Franz, J. Hildebrandt, P. Saur, G. Schwibbe, U. Steinmetz, A. Straub: Erste Ergebnisse eines multimodalen Behandlungsprogrammes für Patienten mit chronischen Rückenschmerzen - das Göttinger Rücken-Intensiv-Programm. Z. Gesundheitswissenschaften 54 (1993) 224 - 244

Pfingsten, M., J. Hildebrandt: Degenerative und andere nicht-entzündliche Erkrankungen der Haltungs- und Bewegungsorgane. In Petermann, F. (Hrsg.): Verhaltensmedizin in der Rehabilitation, Hogrefe, Göttingen 1995 (S. 101 - 130)

Pfingsten, U., R. Hinsch: Gruppentraining sozialer Kompetenz. Psychologie Verlags Union, Weinheim 1983

Philips, H. C.: Avoidance behaviour an its role in sustaining chronic pain. Behav. Res. Ther. 4 (1987) 273 - 279

Piaget, J., B. Inhelder: Die Psychologie des Kindes. Fischer, Frankfurt a. M. 1977

Piaget, J.: Jean Piaget über Jean Piaget. Sein Werk aus seiner Sicht. Kindler, München 1981

Piaget, J.: La construction de réel chez l'enfant. Delachaux et Niestlé, Neuchâtel 1937

Pichler, J. W.: Internationale Entwicklung in den Patientenrechten. Böklan 1992

Pilgrim, J., A. Mauer: Use of the ICD-10 version of the standardized assessment of personality to determine the prevalence / of personality disorder in psychiatric inpatients. Psychol. Med. 20 (1990) 985 - 992

Pilowsky, I.: Aspects of abnormal illness behaviour. Psychotherapy a. Psychosomatics 60 (1993) 62 - 74

Pine, G.: Die vier Psychologien der Psychoanalyse und ihre Bedeutung für die Praxis. Forum Psychoanal. 6 (1990) 232 - 249

Pinel, J. P.: Biopsychologie. Spektrum, Heidelberg 1997

Pinel, J. P.: Biopsychology. Allyn & Bacon, Boston 1990

Pines, D.: Das frühe Trauma in Übertragung und Gegenübertragung. Jahrbuch Psychoanal. 15 (1983) 119

Pines, E.: Skin communication: early skin disorders and their effect on transference and countertransference. International Journal of Psychoanalysis 61 (1981) 315 - 323

Pinsky, J. J.: Psychodynamics and psychotherapy in the treatment of patients with chronic intractable pain. In Crue, B. L. (ed.): Research and treatment. Academic Press, New York 1975 (pp. 303 - 401)

Pinsof, W. M., L. C. Wynne: The efficacy of marital and family therapy: An empirical overview, conclusions, recommendations. Journal of Marital and Family Therapy 21 (4) (1995)

Pinsof, W. M.: Family therapy process research. In Gurman, A. S., D. P. Kniskern (eds.): Handbook of family therapy. Brunner & Mazel, New York 1981

Piper, W. E., F. Azim, S. A. Joyce, M. McCallum: Transference interpretations, therapeutic alliance and outcome in short-term individual psychotherapy. Archives of General Psychiatry 48 (1991) 946 - 953

Pirke, K. M., D. Ploog: The psychobiology of human starvation. In Beumont, P. J. V., G. D. Burrows, R. C. Casper (eds.): Handbook of Eating Disorders, Part 1. Anorexia and bulimia nervosa. Elsevier, Amsterdam 1987

Pirke, K. M., J. Pahl, U. Schweiger, M. Warnhoff: Metabolic and endocrine indices of starvation in bulimia: A comparison with anorexia nervosa. Psychiat. Res. 15 (1985) 33 - 37

Pirke, K. M.: The noradrenergic system in anorexia and bulimia nervosa. In Remschmidt H., M. H. Schmidt (eds.): Anorexia nervosa. Child and Youth Psychiatry. European Perspectives. Hogrefe und Huber, Toronto, Lewiston/N.Y., Bern, Göttingen, Stuttgart 1990 (S. 30 - 40)

Pizzamiglio, L., G. Antonucci, A. Judica, P. Montenero, C. Razzano, P. Zoccolotti: Cognitive rehabilitation of the hemineglect disorder in chronic patients with unilateral right brain damage. J. Clin. Exp. Neuropsych. 6 (1992) 901 - 923

Plagemann, H.: Kassenarztrecht. 2. Aufl. Fachhochschulverlag, 1997

Plassmann, R.: Der Arzt, der Artefakt-Patient und der Körper. Eine psychoanalytische Untersuchung des Mimikry-Phänomens. Psyche 11(1987) 883 - 899

Plassmann, R.: Selbstschädigendes Verhalten: Münchhausen-Syndrom und artifizielle Erkrankungen. In Uexküll, T. v. et al. (Hrsg.): Psychosomatische Medizin. 5. Aufl. Urban & Schwarzenberg, München 1995 (S. 567 – 580)

Platon: Sämtliche Werke. Rowohlt, Reinbek 195

Plagemann, H.: Vertragsarztrecht - Psychotherapeuten Gesetzt. 2. Aufl. Frankfurt 1998

Plog, U.: Differentielle Psychotherapie II. Huber, Bern 1976

Plutchik, R., H. Kellermann (eds.): Emotion. Theory, Research and Experience. Vol. 5: Emotion, Psychopathology and Psychotherapy. Academic Press, San Diego 1990

Plutchik, R.: Emotion: A psychoevolutionary synthesis. Harper & Row, New York 1980

Polaino, A., C. Senra: Measurement of depression: Comparison between self-reports and clinical assessment of depressed outpatients. J. Psychopathol. Behav. Assess. 13 (1991) 313 – 324

Pöldinger, W., W. Wagner (Hrsg.): Ethik in der Psychiatrie. Wertebegründung – Wertdurchsetzung. Springer, Berlin 1991

Polivy, J., C. P. Herman: Dieting and binging: A Causal analysis. Amer. Psychol. 40 (1985) 193 – 201

Pollentier, S.: Wie aus der Erythrophobie eine soziale Phobie wurde. Nervenarzt 63 (1992) 28 – 33

Pope, H. G., J. I. Hudson, D. Yurgelun-Todd: Anorexia nervosa and bulimia among 300 suburban women shoppers. Amer. J. Psychiat. 141 (1984) 292 – 294

Popper, K. R.: Logik der Forschung, 3. Aufl. J. C. B. Mohr, Tübingen 1969

Porst, H.: Was jedermann über Sexualität und Potenz wissen sollte. Thieme, Stuttgart 1991

Poser, W., K. Wiedersheim, H. Niemeyer: Angstkrankheiten und Depressionen als Auslöser von Suchtkrankheiten. Vortrag auf dem 2. Kongreß der Gesellschaft für Verhaltensmedizin und Verhaltensmodifikation. München, März 1989

Positionspapier zur Basisdiagnostik und Basisverordnung bei Patienten mit psychischen und psychosomatischen Störungen (psychosomatische Grundversorgung). Bundesärztekammer, DEZ III. AZ 855.207 vom 08. 04. 1997

Postman, L.: The history and present status of the law of effect. Psychol. Bull. 44 (1947) 489 – 563

Potach, H. M.: Pragmatic-existential psychotherapy with personality disorders. Gordon Handwerk, Madison N. J. 1994

Potreck-Rose, F., U. Koch: Chronifizierungsprozesse bei psychosomatischen Patienten. Forschungsbericht im Auftrag der Robert Bosch Stiftung. Abteilung für Rehabilitationspsychologie, Universität Freiburg 1994

Potreck-Rose, F.: Pers. Mitteilung, 1995

Praxis Klinische Verhaltensmedizin und Rehabilitation 11 (1998) 11 – 17

Premack, D.: Reinforcement theory. In Levine, D. (ed.): Nebraska symposium on motivation. University of Nebraska Press, Lincoln 1965

Pretzer, J. L.: Kognitive Therapie der Persönlichkeitsstörungen. In Schmitz, B., T. Fydrich, K. Limbacher (Hrsg.): Persönlichkeitsstörungen: Diagnostik und Psychotherapie. Psychologie Verlags Union, Weinheim 1996 (S. 149)

Pretzer, J. L.: Paranoid personality disorder: A cognitive view. International Cognitive Therapy Newsletter 4 (1988) 10

Preuss, C.: Zur Beurteilung von Prozeß und Ergebnis von Psychotherapie aus der subjektiven Sicht von Klienten. Diplomarbeit, Bamberg 1986

Pribor, E. F., S. H. Dinwiddie: Psychiatric correlates of incest in childhood. American Journal of Psychiatry 149 (1992) 52 – 56

Pribor, E. F., S. H. Yutzy, T. Dean, R. D. Wetzel: Briquet's syndrome, dissociation, and abuse. American Journal of Psychiatry 150 (1993) 1507 – 1511

Pribram, K. H.: The subdivisions of the frontal cortex revisited. In Perecman, E. (ed.): The frontal lobes revisited. IRBN Press, New York 1987

Prochaska, J. O., C. C. Diclemente, J. C. Norcross: In Search of How People Change. Applications to Addictive Behaviors. American Psychologist 47 (1992) 1002 – 1114

Psychotherapie-Richtlinien des Bundesausschusses der Ärzte und Krankenkassen in der Fassung vom 3. Juli 1987

Psychotherapie-Vereinbarungen mit den Spitzenverbänden der Krankenkassen in der Fassung vom 20. September 1990

Pudel, V., J. Westenhöfer: Fragebogen zum Eßverhalten (FEV). Hogrefe, Göttingen 1989

Pulver, S. E.: Narzißmus: Begriff und metapsychologische Konzeption. Psyche 26 (1972) 34 – 57

Pulver, S. E.: Prologue to „How theory shapes technique: perspectives on a clinical study". Psychoanal. Inquiry 7 (1987) 141 – 145, 289 – 299

Putnam, F. W.: Diagnosis and treatment of multiple personality disorder. Guilford Press, New York 1989

Pyle, R. L., J. E. Mitchell, E. D. Eckert, D. Hatsukami, C. Pomeroy, R. Zimmerman: Maintenance treatment and 6-month outcome for bulimic patients who repond to initial treatment. Amer. J. Psychiat. 147 (1990) 871 – 875

Pyle, R. L., J. E. Mitchell, E. D. Eckert, P. A. Halverson, P. A. Neuman, G. M. Goff: The incidence of bulimia in freshman college students. Int. J. Eating Disorders 2 (1983) 75 – 85

Pyle, R. L., P. A. Halvorson, P. A. Neuman, J. E. Mitchell: The increasing prevalence of bulimia in freshman college students Int. J. Eating Disorders 5 (1986) 6341 – 6347

Pyszczynski, T., J. Greenberg: Depression and preference for self-focussing stimuli following success and failure. J. Personal. Soc. Psychology 49 (1985) 1066 – 1075

Pyszczynski, T., J. Greenberg: On the relationship between self-focused attention and psychological disorder: A critical reappraisal. Psychol. Bull. 3 (1991) 538 – 543

Pyszczynski, T., J. Greenberg: Self-regulatory perseveration and the depressive self-focusing style: A self-awareness theory of reactive depression. Psychol. Bull. 1 (1987) 122 – 138

Quinodoz, D.: A Fe/male transsexuel Patient in Psychoanalysis. International Journal of Psychoanalysis 79 (1998) 95 – 111

Quint, H.: Die kontradepressive Funktion des Zwanges. Forum Psychoanal 3 (1987) 40

Quint, H.: Über die Zwangsneurose, 2. Aufl. Vandenhoeck und Ruprecht, Göttingen 1976

Racamier, P. C.: Die Schizophrenen. Springer, Berlin 1982

Racamier, P.: L'inceste et l'incestuel. Les éditions du Collège, Paris 1995

Rachman, S. J., G. T. Wilson: The effects of psychological therapy. Pergamon Press, Oxford 1980

Rachman, S. J., P. DeSilva: Abnormal and normal obsessions. Behaviour Research and Therapy 16 (1978) 233 – 248

Rachman, S. J., R. J. Hodgson: Obsessions and compulsions. Prentice-Hall, Englewood Cliffs 1980

Rachman, S. J.: A cognitive theory of obsessions. Behaviour Research and Therapy 35 (1997) 793 – 802

Rachman, S. J.: Fear and courage, 2nd ed. W. H. Freeman, New York 1990

Rachman, S. J.: Obsessional-compulsive Disorders. In Bellack A. S., M. Hersen, A. E. Kazdin (eds.): International Handbook of Behavior Modification and Therapy. Plenum Press, New York 1984

Rachman, S.: Neo-conditioning and the classical theory of frear acquisition. Clin. Psychol. Rev. 11 (1984) 155

Racker, H.: The meanings and uses of countertransference. In Racker, H.: Übertragung und Gegenübertragung. Studien zur psychoanalytischen Technik. Reinhardt, München 1978 (p. 150 – 201)

Racker, H.: Transference and countertransference. International Universities Press, New York 1968

Rad, M. v., W. Senf, W. Bräutigam: Psychotherapie und Psychoanalyse in der Krankenversorgung: Ergebnisse des Heidelberger Katamnese-Projektes. Psychother. Psychosom. med. Psychol. 48 (1998) 88 – 100

Rad, M. v.: Zur Theorie und Therapie psychosomatisch Kranker. Zeitschrift für psychosomatische Medizin. 27 (1981) 1 – 20

Radebold, H., G. Schlesinger-Kipp: Gruppenpsychotherapie und Gruppenarbeit im Alter. Ein Literaturbericht. In Radebold, H.: Gruppenpsychotherapie im Alter. Vandenhoeck & Ruprecht 1983 (S. 12 – 63)

Radebold, H., R. Schweizer: Der mühselige Aufbruch - über Psychoanalyse im Alter. Reihe „Geist und Psyche". S Fischer, Frankfurt a. M. 1996

Radebold, H.: Psychodynamik und Psychotherapie Älterer. Springer, Berlin 1992

Radebold, H.: Psychosomatische Sicht des höheren Lebensalters. In Uexküll, T. v.: Psychosomatische Medizin. Urban & Schwarzenberg, München 1990 (S. 1099 – 1121)

Rado, S.: Das Problem der Melancholie. Int. Z. 13 (1926) 439 – 455

Raimy, V.: Training in clinical psychology. Prentice-Hall, New York 1950

Ramsay, R. W.: Bereavement: A behavioral treatment of pathological grief. In Sjöden, P. O., S. Bates, W. S. Dockens (eds.): Trends in Behavior Therapy. Academic Press, New York 1979

Raphling, D. l.: A patient who was not sexually abused. Journal of the American Psychoanalytic Association 42 (1994) 62 – 78

Raphling, P.: Technical issues of the opening phase. In Levine, H. B.: Adult Analysis and Childhood Sexual Abuse. The Analytic Press, Hillsdale, New York 1990 (S. 45 – 64)

Rapoport, J. L., S. E. Swedo, H. L. Leonard: Childhood obsessive-compulsive disorder. Journal of Clinical Psychiatry 53 (1992) 11 – 16

Rasmussen, S. A., J. L. Eisen: Epidemiology, clinical features and genetics of obsessive-compulsive disorders. In Jenike, M. A., A. Asberg (eds.): Understanding obsessive-compulsive disorder (OCD). Hogrefe u. Huber Publishers, Toronto 1991

Rasmussen, S. A., J. L. Eisen: The epidemiology and differential diagnosis of obsessive-compulsive disorder. In Hand, I., W. K. Goodman, U. Evers (eds.): Obsessive-Compulsive Disorders. New Research Results. Springer, Berlin 1992
Rasmussen, S. A., M. T. Tsuang: Epidemiology and clinical features of obsessive-compulsive Disorders. Theory and Management. PSG Publishing Company, Littleton, Mass. 1986
Ratajczak, T., C. Stegers: Medizin-Haftpflichtschäden. C. F. Müller, Heidelberg 1989
Ratliff, R. G., N. H. Stein: Treatment of neurodermatitis by behaviour therapy: a case study. J. Behav. Res. Ther 6 (1968) 397–399
Ratzel, R., H. D. Lippert: Komm. z. Musterberufsordnung der deutschen Ärzte (MBO), Springer, Berlin 1995
Rauchfleisch, U.: Der Thematische Apperzeptionstest (TAT) in Diagnostik und Therapie. Eine psychoanalytische Interpretationsmethode. Enke, Stuttgart 1989b
Rauchfleisch, U.: Die ambulante Behandlung von Straffälligen – eine Herausforderung für den Psychotherapeuten. In Leygraf, N., R. Volbert, H. Horstkotte, S. Fried: Die Sprache des Verbrechens – Wege zu einer klinischen Kriminologie. Kohlhammer, Stuttgart 1993 (S. 284–289)
Rauchfleisch, U.: Dissozial. Entwicklung, Struktur und Psychodynamik dissozialer Persönlichkeiten. Vandenhoeck & Rupprecht, Göttingen 1981
Rauchfleisch, U.: Handbuch zum Rosenzweig-Picture Frustration Test, Bd. 1 u. 2. Huber, Bern 1979
Rauchfleisch, U.: Nach bestem Wissen und Gewissen. Die ethische Verantwortung in Psychologie und Psychotherapie. Vandenhoeck & Ruprecht, Göttingen 1982
Rauchfleisch, U.: Testdiagnostik. Eine Einführung in die Psychodiagnostik, 2. Aufl. UTB, Vandenhoeck & Ruprecht, Göttingen 1989a
Raupp, U., c. Eggers: Sexueller Mißbrauch von Kindern. Eine regionale Studie über Prävalenz und Charakteristik. Monatsschrift Kinderheilkunde 141 (1993) 316–322
Rechenberger, I.: Artefakte aus psychogener Ursache. Zeitschrift für Hautkrankheiten 46 (1971) 795–801
Rechenberger, I.: Juckreiz als mentales Phänomen. Münchner Medizinische Wochenschrift 123 (1981) 1005–1006
Rechenberger, I.: Zur Psychodynamik eines Patienten mit endogenem Ekzem und Asthma bronchiale. Z. Psychosom. Med. 22 (1976) 71
Rechenberger, I.:Tiefenpsychologisch ausgerichtete Diagnostik und Behandlung von Hautkrankheiten. Verlag für Medizinische Psychologie im Verlag Vandenhoeck & Ruprecht, Göttingen 1979
Reck, R.: Die Plazebofalle. Sind wir ein Volk von Blockierten ? Schmerz 12 (1998) 130–133.
Reddemann, L., U. Sachsse: Imaginative Psychotherapieverfahren zur Behandlung in der Kindheit traumatisierter PatientInnen. Unveröff. Manuskr., 1996a
Reddemann, L., U. Sachsse: Stationäre Psychotherapie von real traumatisierten PatientInnen. Unveröff. Manuskr., 1996b
Reddemann, L.: Depression. In Senf, W., M. Broda: Praxis der Psychotherapie. Thieme, Stuttgart 1996 (S. 279–286)
Redlich, F. C.: Die Psychoanalyse und das Wertproblem. Psyche 13 (1959) 481–498
Reed, B. G.: Services research and drug-involved women: concepts, questions, and options. In Assessing Future Research Needs: Mental and Addictive Disorders in Women. Institute of Medicine. Washington (D.C.) 1991 (S. 91–7)
Reese, M.: A Bibliography of the Feldenkrais Method. Revisted Edition. Feldenkrais Resources. Berkeley 1992
Reese, M.: Bemerkungen zu Konvergenz-Linien zwischen der Feldenkrais Methode und den Prinzipien dynamischer Systeme. Feldenkrais Forum. Informationsblatt der Feldenkrais-Gilde e.V. Nr. 30 (1997) 49–54
Rehfisch, H. P., H. D. Basler, H. Seemann: Psychologische Schmerzbehandlung bei Rheuma. Springer, Berlin 1989
Reich, A.: Further remarks on countertransference. Int. J. Psycho-Anal. 41 (1960) 389–395
Reich, A.: On countertransference. Int. J. Psycho-Anal. 32 (1951) 25–31
Reich, J., P. Neenan: Principles common to different short-term psychotherapies. Amer. J. Psychother. 15 (1986) 63
Reich, W.: Über Charakteranalyse. Internationale Zeitschrift für Psychoanalyse 14 (1928) 180–196
Reiche, R.: Buchbesprechung: Arentewicz, G., G. Schmidt (Hrsg.): Sexuell gestörte Beziehungen. Springer, Heidelberg 1980. Psyche 35 (1981) 376–380
Reiche, R.: Geschlechterspannung. Fischer, Frankfurt 1990
Reiche, R.: Psychoanalytische Therapie sexueller Perversionen. In Sigusch, V.: Sexuelle Störungen und ihre Behandlung. Georg Thieme Vandenhoek & Ruprecht, Stuttgart 1996 (S. 241–265)
Reicherts, M., M. Perrez: Fragebogen zum Umgang mit Belastungen im Verlauf (UBV). Huber, Bern 1993
Reiff, H.: Haut, Körper und Symbol: Zur Rolle des Körperbildes in der psychoanalytischen Psychosomatik. Jahrbuch Psychoanal. 25 (1989) 236
Reimer, C., J. Eckert, M. Hautzinger, E. Wilke: Psychotherapie. Ein Lehrbuch für Ärzte und Psychologen. Springer, Heidelberg 1996
Reimer, C.: Ethik der Psychotherapie. In Pöldinger, W., W. Wagner (Hrsg.): Ethik in der Psychiatrie. Wertebegründung – Wertdurchsetzung. Springer, Berlin 1991 (S. 127–147)
Reimer, C.: Gefahren bei der Ausübung des psychotherapeutischen Berufes. Psychotherapeut 42 (1997) 307–313
Reinecker, H.: Phobien. Agoraphobien, soziale und spezifische Phobien. Hogrefe, Göttingen 1993
Reinecker, H. (Hrsg.): Lehrbuch der Klinischen Psychologie. Modelle psychischer Störungen. 2. Aufl. Hogrefe, Göttingen 1994
Reinecker, H. (Hrsg.): Lehrbuch der Klinischen Psychologie. Modelle psychischer Störungen. 3. überarbeitete Aufl. Hogrefe, Göttingen 1998
Reinecker, H., L. Schindler: Aus- und Weiterbildung. In Margraf, J. (Hrsg.): Lehrbuch der Verhaltenstherapie. Berlin, Springen 1996
Reinecker, H., M. Zaudig unter Mitarbeit von R. Erlbeck, I. Gokeler, D. C. Hauke, S. Klein: Langzeiteffekte bei der Behandlung von Zwangsstörungen. Pabst, Lengerich 1996
Reinecker, H., P. Fiedler (Hrsg.): Therapieplanung in der modernen Verhaltenstherapie. Eine Kontroverse. Pabst-Verlag, Lengerich 1998
Reinecker, H., R. Krauß: Wege zur Psychotherapie. Eine Untersuchung an ehemaligen Patienten. Psychomed 6 (1994) 36–41
Reinecker, H.: Fallbuch der klinischen Psychologie. Hogrefe, Göttingen 1995
Reinecker, H.: Grundlagen der Verhaltenstherapie, 2. Aufl. Psychologie Verlags Union, Weinheim 1994
Reinecker, H.: Grundlagen der Verhaltenstherapie. Psychologie-Verlags-Union, München 1987
Reinecker, H.: Selbstkontrolle. Verhaltenstheoretische und kognitive Grundlagen, Techniken und Therapiemethoden. O. Müller, Salzburg 1978
Reinecker, H.: Verdeckte Verfahren und Selbstkontrollansätze als Alternativen zur Aversionstherapie. In Reinecker, H. (Hrsg.): Aversionstherapie. O. Müller, Salzburg 1981
Reinecker, H.: Verhaltenstherapeutisch orientierte Intervention. In Perrez, M., U. Baumann (Hrsg.): Lehrbuch Klinische Psychologie, Bd. 2: Intervention. Huber, Bern 1991
Reinecker, H.: Was ist ein guter Verhaltenstherapeut? Konsequenzen für Aus- und Weiterbildung. Praxis klinische Verhaltensmedizin und Rehabilitation 38 (1997) 42–48
Reinecker, H.: Zwänge. Diagnose, Theorien und Behandlung, 2. Aufl. Huber, Bern 1994
Reinecker, H.: Zwänge. Diagnose, Theorien und Behandlung. Huber, Bern 1991 Huber
Reinecker-Hecht, C., U. Baumann: Klinisch-psychologische Diagnostik: Allgemeine Gesichtspunkte. In Baumann, U., M. Perrez (Hrsg.): Lehrbuch Klinische Psychologie/Psychotherapie. Huber, Bern 1998 (S. 100–116)
Reinke, E.: Frühe Ichentwicklung und weibliche Selbstentwertung – eine moderne Variante weiblicher Emanzipation. In Brede, C. u. Mitarb. (Hrsg.): Befreiung zum Widerstand, Aufsätze zu Feminismus, Psychoanalyse und Politik. Fischer, Frankfurt/M. 1987 (S. 204–212)
Reisenzein, R.: The Schachter theory of emotion: Two decades later. Psycholog. Bull. 94 (1983) 239–264
Reiss, D., E. Johnson-Sabine: Bulimia nervosa: 5-year social outcome and relationship to eating pathology. Int J Eat Disord 18 (1995) 127–133
Reiss, D.: The Family's Construction of Reality. Harvard University Press, Cambridge 1981
Reiter-Theil, S.: Ethik der Verhaltens- und Familientherapie. Warum – woher – wofür? In Pöldinger, W., W. Wagner (Hrsg.): Ethik in der Psychiatrie. Wertebegründung – Wertdurchsetzung. Springer, Berlin 1991 (S. 148–167)
Remschmidt, H., G. Niebergall: Diagnostik psychischer Störungen im Kindes- und Jugendalter. In Stieglitz, R. D., U. Baumann (Hrsg.): Psychodiagnostik psychischer Störungen. Enke, Stuttgart 1994 (S. 245–261)

Remschmidt, H.: Grundlagen psychiatrischer Klassifikation und Psychodiagnostik. In Petermann, F. (Hrsg.): Lehrbuch der Klinischen Kinderpsychologie. Modelle psychischer Störungen im Kindes- und Jugendalter. 2. Aufl. Hogrefe, Göttingen 1996 (S. 3 – 52)
Renwick, R., I. Brown, M. Nagler (Eds.): Quality of life in health promotion and rehabilitation. Conceptual approaches, issues, and applications. Thousand Oaks, Sage 1996
Rescorla, R. A.: Pavlovian Conditioning: It's not what you think it is. American Psychologist 43 (1988) 151 – 160
Resick, P. A., M. K. Schnicke: Cognitive processing therapy for rape victims. A treatment manual. Sage, Newbury Park 1993
Resnick, H. S., D. G. Kilpatrick, B. S. Dansky, B. E. Saunders, C. L. Best: Prevalence of civilian trauma and posttraumatic stress disorder in a representative national sample of women. Journal of Consulting and Clinical Psychology 61 (1993) 984 – 991
Retzer, A.: Familie und Psychose. G. Fischer, Stuttgart 1994
Reuter, A.: Erfahrungen in der ambulanten Arbeit mit Spielern. Prax. Klin. Verhaltensmedizin und Rehabilitation 5 (1989) 23 – 26
Revenstorf, D. (ed.): Klinische Hypnose. 2. Aufl. Springer, Berlin 1993
Revenstorf, D., U. Prudlo: Zu den wissenschaftlichen Grundlagen der Klinischen Hypnose unter besonderer Berücksichtigung der Hypnotherapie nach M. H. Erickson. Hypnose und Kognition 11 (1994) 190 – 224
Revenstorf, D., W. Keeser: Zeitreihenanalyse von Therapieverläufen – Ein Überblick. In Petermann, F. (Hrsg.): Einzelfalldiagnostik. 2. Aufl. Oldenbourg, München 1989 (S. 167 – 212)
Revenstorf, D.: Kognitive Verhaltenstherapie und Hypnose. Verhaltenstherapie 4 (1994) 223 – 237
Rhue, J. W., S. J. Lynn, I. Kirsch (ed.): Handbook of Clinical Hypnosis. American Psychological Association, Washington (D. C) 1994
Rice, L., L. S. Greenberg: Patterns of change: intensive analysis of psychotherapy process. Guilford Press, New York 1984
Richter, H. E.: Eltern, Kind, Neurose. Klett, Stuttgart 1963
Richter, H. E.: Patient Familie. Rowohlt, Reinbek 1970
Richter, V., J. Guthke: Leipziger Ereignis- und Belastungsinventar (LEBI). Hogrefe, Göttingen 1997
Richter-Appelt, H., J. Tiefensee: Die Partnerbeziehung der Eltern und die Eltern-Kind-Beziehung bei körperlichen Mißhandlungen und sexuellen Mißbrauchserfahrungen in der Kindheit aus der Sicht junger Erwachsener (Teil II). Psychotherapie, Psychosomatik, medizinische Psychologie 46 (1996 b) 405 – 418
Richter-Appelt, H., J. Tiefensee: Soziale und familiäre Gegebenheiten bei körperlichen Mißhandlungen und sexuellen Mißbrauchserfahrungen in der Kindheit aus der Sicht junger Erwachsener (Teil I). Psychotherapie, Psychosomatik, medizinische Psychologie 46 (1996) 367 – 378
Richter-Appelt, H.: Psychotherapie nach sexuellem Mißbrauch. Psychotherapeut 40 (1995) 2 – 8
Richter-Appelt, H.: Sexueller Mißbrauch ist keine Diagnose. In Richter-Appelt, H. (Hrsg.) Verführung-Trauma-Mißbrauch (1896 – 1996). Psychosozial, Gießen 1997 (S. 91 – 106)
Richter-Appelt, H.: Sexueller Mißbrauch ist keine Diagnose: eine kritische Auseinandersetzung mit der aktuellen Diskussion. In Buchheim, P., M. Cierpka, T. Seifert (Hrsg): Sexualität zwischen Phantasie und Realität. Springer, Heidelberg 1977 (S. 77 – 89)
Richter-Appelt, H.: Verführung-Trauma-Mißbrauch (1896 – 1996). Psychosozial, Gießen 1997
Richtlinien über den Inhalt der Weiterbildung in den Gebieten, Fachkunden, Fakultativen Weiterbildungen, Schwerpunkten und Bereichen. Bayerische Landeskammer (1995). Bayer. Ärztebl. 1 (1995) 3 ff
Riedl, R.: Biologie der Erkenntnis. Die stammesgeschichtlichen Grundlagen der Vernunft. Parey, Berlin 1981
Rief, W., J. Heuser, E. Mayrhuber, I. Stelzer, W. Hiller, M. M. Fichter: The classification of multiple somatoform symptoms. The Journal of Nervous and Mental Disease 184 (1996) 680 – 687
Rief, W., J. Heuser, M. M. Fichter: Biofeedback - ein therapeutischer Ansatz zwischen Begeisterung und Ablehnung. Verhaltenstherapie 6 (1996) 43 – 50
Rief, W., J. Heuser, M. M. Fichter: What does the Toronto Alexithymia Scale TAS-R measure? Journal of Clinical Psychology 52 (1996) 423 – 429
Rief, W., J. Heuser, M. Riepl, B. Kissling: Monotonie und Sprachgebrauch als Risikofaktoren für somatoforme Störungen. In Pawlik, K. (Hrsg): 39. Kongreß der Deutschen Gesellschaft für Psychologie Band II (L-Z). Psychologisches Institut der Universität, Hamburg 1994
Rief, W., R. Shaw, M. M. Fichter: Elevated levels of psychophysiological arousal and cortisol in patients with somatization syndrome. Psychosomatic Medicine 60 (1998) 198 – 203
Rief, W., S. Schaefer, W. Hiller, M. M. Fichter: Lifetime diagnoses in patients with somatoform disorders: which came first ? European Archives of Psychiatry and Clinical Neuroscience 241 (1992) 236 – 240
Rief, W., W. Hiller, E. Geissner, M. M. Fichter: A two-year follow-up study of patients with somatoform disorders. Psychosomatics 36 (1995) 376 – 386
Rief, W., W. Hiller, E. Geissner, M. M. Fichter: Hypochondrie: Erfassung und erste klinische Ergebnisse. Zeitschrift für klinische Psychologie 23 (1994) 34 – 42
Rief, W., W. Hiller, J. Heuser: SOMS – Das Screening für Somatoforme Störungen. Manual zum Fragebogen. Huber, Bern 1997
Rief, W., W. Hiller: Somatoforme Störungen. Körperliche Symptome ohne organische Ursache. Huber Bern 1992
Rief, W., W. Hiller: SOMS – ein Screening-Verfahren zur Identifizierung von Personen mit somatoformen Störungen. Diagnostica 38 (1992) 283 – 295
Rief, W.: Somatoforme Störungen - Großes unbekanntes Land zwischen Psychologie und Medizin. Zeitschrift für Klinische Psychologie 25 (1996) 173 – 189
Rief, W.: Somatoforme Störungen. In Reinecker, H. (Hrsg.): Lehrbuch der Klinischen Psychologie. 3. Auflage. Hogrefe, Göttingen 1998
Riemann, F.: Grundformen der Angst. Reinhardt, Basel 1989
Rijnaarts, J.: Lots Töchter. Über den Vater-Tochter-Inzest. Claassen, Düsseldorf 1988
Riley, K. C.: Measurement of Dissociation. J. nerv. ment. Dis. 176 (1988) 449 – 450
Rimm, D., J. C. Masters: Behavior Therapy: Techniques and Empirical Findings, 2nd ed. Academic Press, New York 1979
Rist, F.: Leistungsdiagnostik aus psychiatrischer Sicht. In Stieglitz, R. D., U. Baumann (Hrsg.): Psychodiagnostik psychischer Störungen. Enke, Stuttgart 1994 (S. 126 – 137)
Roazan, R.: Animal mon frère et toi. L'histoire de Freud et Tausk. Payot, Paris 1971
Roback, H. B., H. Kirshner, E. Roback: Physical self-concept changes in a mildly, facially disfigured neurofibromatosis patient following communication skill training. Int. J. Psychiat. Med. 11 (1981) 237 – 243
Robertson, I., R. Tegner, K. Tham, A. Lo, I. Nimmo-Smith: Sustained attention training for unilateral neglect: Theoretical and rehabilitation implications. J. Clin. Exp. Neuropsych. 3 (1995) 416 – 430
Robertson, I.: Does computerized cognitive rehabilitation work? A review. Aphasiology 4 (1990) 381 – 405
Robins, L. N.: Deviant children grown up: A sociological and psychiatric study of sociopathic personality. Williams & Wilkins, Baltimore 1966
Robinson, D.: The Alcohologist's Addiction. Quarterly Journal of Studies on Alcohol. 33 (1992) 1028 – 1042
Robinson, F. P.: Effektive Study. Harper & Row, New York 1970
Röckelein, E.: Rehabilitationsleistungen: Zugang und Inanspruchnahme durch Frauen am Beispiel der Gesetzlichen Rentenversicherung. Praxis Klinische Verhaltensmedizin und Rehabilitation 11 (1998) 18 – 24
Roder, V., H. D. Brenner, N. Kienzle, B. Hode: Integriertes psychologisches Therapieprogramm für schizophrene Patienten. Psychologie Verlags Union, München 1988
Roder, V., H. D. Brenner, N. Kienzle, B. Hodel: Integriertes psychologisches Therapieprogramm für schizophrene Patienten (IPT). 4. Aufl. Psychologie Verlags Union, Weinheim 1997
Rodewig, K.: Körperliche Krankheit in Übertragung und Gegenübertragung. Psyche 49 (1995) 564 – 580
Rodewig, K.: Prozeß und Gegenübertragung in der analytischen Psychotherapie einer Krebskranken. Zum Problem der Aggression. Forum Psychoanal. 10 (1994) 147 – 161
Rogers, C. R., P. F. Schmid: Person-zentriert, Grundlagen von Theorie und Praxis. Grunewald, Mainz 1991
Rogers, C. R.: A Theory of Therapy, Personality and Interpersonal Relationships, as Development in the Client-Centred Framework. In Koch, S. (ed.): Psychology. A Study of a Science. Study I: Conceptual and Systemic. Vol. III: Formulation of the Person and the Social Context. McGraw-Hill, New York 1959
Rogers, C. R.: Carl Rogers on encounter groups. Harper & Row, New York 1970
Rogers, C. R.: Client-centered therapy. Hughton Mifflin, Boston 1951
Rogers, C. R.: Die klient-bezogene Gesprächspsychotherapie. Kindler, München 1973
Rogers, C. R.: Eine Theorie der Psychotherapie, der Persönlichkeit und der zwischenmenschlichen Beziehung. GwG, Köln 1987
Rogers, C. R.: Encounter-Gruppen. Das Erlebnis der menschlichen Begegnung. Fischer, Frankfurt/M. 1984
Rogers, C. R.: Entwicklung der Persönlichkeit. Klett-Cotta, Stuttgart 1973

Rogers, C. R.: On Becoming a Person. A Therapist's View of Psychotherapy. Houghton Mifflin, Boston 1961

Rogers, C.: The necessary and sufficient conditions of therapeutic personality change. J. Consult. Psychol. 21 (1957) 95 - 103

Rohde-Dachser, C.: Bulimie und Borderline-Syndrom. Frankfurter Zentrum für Eßstörungen. Schriftenreihe 1991/92, Selbstverlag 1991

Rohde-Dachser, C.: Das Borderline-Syndrom, 5. Aufl. Huber, Bern 1995

Rohde-Dachser, C.: Das Borderline-Syndrom. 4. Aufl. Huber, Bern 1989

Rohde-Dachser, C.: Expedition in den dunklen Kontinent. Springer, Berlin

Rohde-Dachser, C.: Im Schatten des Kirschbaums. Psychoanalytische Dialoge. Huber, Bern 1994

Rohde-Dachser, C.: Männliche und weibliche Homosexualität. Psyche 48 (2) (1994) 827 - 841

Rohde-Dachser, C.: Psychoanalytische Theorien über die Differenz der Geschlechter. Psyche 3 (1989) 193 - 218

Rohde-Dachser, C.: Warum sind Borderline-Patienten meistens weiblich? - Über die Rolle des Traumas in der Borderline - Entwicklung. In Rohde-Dachser, C.: Im Schatten des Kirschbaums. Huber, Bern 1994 (S. 79 - 92)

Rohde-Dachser, C.: Zeitbegriff und Zeitbegrenzung in der Psychotherapie. Prax. Psychother. Psychosom. 32 (1987) 277 - 286

Röhrle, B.: Soziale Netzwerke und Unterstützung im Kontext der Psychologie. In Keupp, H., B. Röhrle (Hrsg.): Soziale Netzwerke. Campus, Frankfurt a. M. 1987

Rohwedder, D.: Das Automatenspiel. Moderne Freizeitgestaltung. Bild- und Verlagsanstalt, Vaduz 1987

Roiphe, H., E. Galenson: Infantile origins of sexuel identity. International University Press, New York 1981

Rolls, E. T., B. J. Rolls, P. H. Kelly, S. G. Shaw, R. J. Wood, R. Dale: The relative attenuation of self-stimulation, eating and drinking produced by dopamine-receptor blockade. Psychopharmacologia 38 (1974) 219 - 230

Rominger, M., U. Prudlo, D. Revenstorf: Metaanalysis of hypnotherapy in Press.

Rook, A., D. S. Wilkinson: Psychocutaneous Disorders. In Rook, A., D. S. Wilkinson, F. J. G. Ebling: Textbook of Dermatology. Vol. 2. 2nd ed. Blackwell, Oxford 1972

Rook, K.: The negative side of social interaction: Impact on psychological well-being. Journal of Personality and Social Psychology 46 (1984) 1097 - 1108

Roose, K.: Geintegreerde psychologie een inleiding, T. Geintegreerde Psychol. 5 (1989) 7

Rorschach, H.: Psychodiagnostik. Methoden und Ergebnisse eines wahrnehmungsdiagnostischen Experiments. 4. Aufl. Huber, Bern 1941

Rosa, K. R.: Das ist autogenes Training. Kindler, München 1973

Rosa, K. R.: Das ist die Oberstufe des autogenen Trainings. Kindler, München 1975

Rosen, J. C., H. Leitenberg: Exposure plus reponse prevention treatment of bulimia. In Garner, D. M., P. E. Garfinkel (eds.): Handbook of Psychotherapy for Anorexia Nervosa and Bulimia. Guilford Press, New York 1985

Rosenbaum, M. S., T. Ayllon: The behavioral treatment of neurodermatitis through habit-reversal. Behav. Res. Ther. 19 (1981) 313 - 318

Rosenfeld, H. A.: Die Psychopathologie der Drogensucht und des Alkoholismus - Eine kritische Sichtung der psychoanalytischen Literatur. In Rosenfeld, H. A.: Zur Psychoanalyse psychotischer Zustände. Suhrkamp, Frankfurt/M. 1989 (S. 254)

Rosenfeld, H.: Zur Psychoanalyse psychotischer Zustände. Suhrkamp, Frankfurt/M. 1965

Rosenhan, D. L.: On being sane in insane places. Science 179 (1973) 250 - 258

Rosenstreich, M.: Chronic urticaria, activated T cells, and mast cell releasability. J. Allergy Clin. Immunol. 78 (1986) 1099 - 1102

Rosenthal, D.: The concept of subschizophrenic disorders. In Fieve, R. R., D. Rosenthal, H. Brill (eds.): Genetic research in psychiatry. John Hopkins University Press, Baltimore 1975

Rosenthal, T. L., B. D. Steffek: Modeling methods. In Kanfer, F. H., A. P. Goldstein (eds.): Helping People Change, 4th ed. Pergamon Press, Elmsford, NY 1991

Rosenthal, T. L.: Social learning theory. In Wilson, G. T., C. M. Franks (eds.): Contemporary Behavior Therapy. Conceptual and Empirical Foundations. Guilford Press, New York 1982

Rosenzweig, S.: Some implicit common factors in diverse methods in psychotherapy. Amer. J. Orthopsychiat. 6 (1936) 412 - 415

Rosenzweig, S.: The picture association method and ist application in a study of reactions to frustrations. J. Person. 14 (1945) 3 - 23

Ross, C. A., S. D. Miller, P. Reagor, L. Bjornson, G. A. Fraser, G. Anderson: Structured interview data on 102 cases of multiple personality disorder from four centers. Amer. J. Psychiat. 147 (1990) 596 - 601

Ross, C. A., S. Heber, G. R. Norton, D. Anderson, G. Anderson, P. Barchet: The dissociative disorder interview schedule: a structured interview. Wiley, New York 1989

Ross, C. A.: Multiple personality disorder: diagnosis, clinical features and treatment. Wiley, New York 1989

Rossi, E. L.: The psychobiology of mind body healing: New concepts of therapeutic hypnosis. Norton, New York 1986

Rößner, H. J.: Begrenzung der Aufklärungspflicht des Arztes mit anderen ärztlichen Pflichten. Recht und Medizin. Bd. 40.

Rost, J.: Lehrbuch Testtheorie Testkonstruktion. Huber, Bern 1996

Rost, J.: Quantitative und qualitative probabilistische Testtheorie. Huber, Bern 1988

Rost, K., T. M. Kashner, G. R. Smith: Effectiveness of psychiatric intervention with somatization disorder patients: improved outcomes at reduced costs. General Hospital Psychiatry 16 (1994) 381 - 387

Rost, R.: Sport- und Bewegungstherapie bei inneren Krankheiten. Lehrbuch für Sportlehrer, Übungsleiter, Krankengymnasten und Sportärzte. Dt. Ärzte-Verlag: Köln 1991

Rost, W. D.: Psychoanalyse des Alkoholismus. Theorie, Diagnostik, Behandlung. 3. Aufl. Klett-Cotta, Stuttgart 1992

Roth, A., P. Fonagy: What works for whom? A critical review of psychotherapy research. Guilford, New York 1996

Roth, L. H.: Clinical treatment of the violent person. Guilford Press, New York 1987 a

Roth, N.: Erfüllung und Begrenzung. In Hoffmann-Axthelm, D. (Hrsg.): Der Körper in der Psychotherapie. Transform, Oldenburg 1991 (S. 130 - 156)

Roth, W.: Verdeckte Konditionierung. Darstellung, Kritik und Prüfung eines kognitiv-verhaltenstheoretischen Ansatzes. Roderer Verlag, Regensburg 1987

Rotter, J. B.: Social learning and clinical psychology. Prentice-Hall, Englewood Cliffs 1954

Rouleau, Granger: Cognitive-Behavioral Assessment and Treatment of Rapists and Pedophiles, Stockholm 1997

Rowan, A. B., D. W. Foy, N. Rodriguez, S. Ryan: Posttraumatic stress disorder in a clinical sample of adults sexually as children. child abuse and Neglect 18 (1994) 51 - 61

Rüden, U. v.: Fragebogen zur Lebensqualität von Eltern neurodermitiskranker Kinder. Unveröffentlichtes Manuskript 1998

Rudolf, G., H. Stratmann: Psychogene Störungen bei Männern und Frauen. Zeitschrift für Psychosomatische Medizin und Psychoanalyse 35 (1989) 201 - 219

Rudolf, G., P. Buchheim, W. Ehlers, J. Küchenhoff, A. Muhs, D. Pouget, U. Rüger, G. H. Seidler, F. Schwarz: OPD-Achse IV -Struktur. In Arbeitskreis OPD (Hrsg.): Operationalisierte Psychodynamische Diagnostik. Grundlagen und Manual. Verlag Hans Huber, Bern 1996

Rudolf, G., P. Henningsen (Hrsg.): Somatoforme Störungen. Theoretisches Verständnis und therapeutische Praxis. Schattauer, Stuttgart 1998

Rudolf, G., T. Grande, U. Porsch: Die Berliner Psychotherapiestudie. Z. psycho-som. Med. 34 (1988) 2 - 18

Rudolf, G.: Die therapeutische Arbeitsbeziehung. Springer, Berlin 1991

Rudolf, G.: PSKB-Se - ein psychoanalytisch fundiertes Instrument zur Patienten-Selbsteinschätzung. Z. psychosom. Med. Psychoanal. 37 (1991) 350 - 360

Rudolf, G.: Psychischer und Sozial-Kommunikativer Befund. Ein Instrument zur standardisierten Erfassung neurotischer Befunde. Beltz, Weinheim 1981

Rudolf, G.: Psychotherapeutische Medizin. Ein einführendes Lehrbuch auf psychodynamischer Grundlage. 3. Aufl. Enke, Stuttgart 1996

Rudolf, G.: Psychotherapeutische Medizin. Enke, Stuttgart 1995

Rudolf, G.: Unterwegs im psychotherapeutischen Versorgungssystem: Patienten zwischen Klinik und Praxis. (unveröffentl. Manuskript)

Rudolf, G.: Versorgungsforschung. In Tress, W.: Psychosomatische Medizin und Psychotherapie in Deutschland. Beiheft zur Zeitschrift für Psychosomatische Medizin und Psychoanalyse Nr. 14. Verlag für Medizinische Psychologie im Verlag Vandenhoeck & Ruprecht, Göttingen 1992 (S. 83 - 94)

Rüger, U., A. F. Blomert, W. Förster: Coping. Theoretische Konzepte, Forschungsansätze, Meßinstrumente zur Krankheitsbewältigung. Verlag für Medizinische Psychologie, Göttingen 1990

Rüger, U., W. Senf: Evaluative Psychotherapieforschung: Klinische Bedeutung von Psychotherapie-Katamnesen. Z. psycho-som. Med. 40 (1994) 103 - 116

Rüger, U.: Die Kombination von aufdeckender analytischer Psychotherapie mit direktiven und sozialen Maßnahmen – ein Widerspruch? Zur Dialektik zwischen äußerer und innerer Realität. Psychiat. Praxis 8 (1981) 125 – 130

Rüger, U.: Kombination von Psychotherapie und Pharmakotherapie bei endogenen Psychosen. In Helmchen, H., M. Linden, U. Rüger (Hrsg.): Psychotherapie in der Psychiatrie. Springer, Berlin 1982 (S. 173 – 178)

Rüger, U.: Neurotische und reale Angst. Vandenhoeck & Ruprecht, Göttingen 1984

Rumpf, H. J., U. Hapke, A. Hill, U. John: Development of a screening questionnaire for the general hospital and general practices. Alcoholism: Clinical and Experimental Research 21 (1997) 894 – 898

Ruoß, M.: Wirksamkeit und Wirkfaktoren psychologischer Schmerztherapie: Eine Übersicht. Verhaltenstherapie 8 (1998) 14 – 25

Rupprecht-Schampera, U.: The concept of „early triangulation" as a key to a unified model of hysteria. Int. J. Psycho-Anal. 76 (1995) 457 – 473

Rush, F.: Das bestgehütete Geheimnis: Sexueller Kindesmißbrauch. 2. Aufl. Sub rosa Frauenverlag, Berlin 1984

Rushton, J. P., D. W. Fulker, M. C. Neale, D. K. Nias, H. J. Eysenck: Altruism and aggression: The heritability of individual differences. Journal of Personality and Social Psychology 50 (1986) 283 – 305

Russel, G. F. M., G. I. Szmukler, C. Dare, I. Eisler: An evaluation of family therapy in anorexia nervosa and bulimia nervosa. Arch. Gen. Psychiatry 44 (1987) 1047 – 1056

Russel, G. F. M.: The present status of anorexia nervosa. Psychol. Med. 7 (1977) 353 – 367

Russell, D. E. H.: The secret trauma. Incest in lives of girls and women. Basic Books, New York, 1986

Russner, H. J.: Determinanten pathologischen Glücksspiels. Prax. Klin. Verhaltensmedizin und Rehabilitation. 5 (1989) 10 – 14

Russner, J., R. Jahrreiss: Stationäre Therapie pathologischen Glücksspiels. In Zielke, M., J. Sturm (Hrsg.): Handbuch Stationäre Verhaltenstherapie. Beltz PVU, Weinheim 1994 (S. 825 – 830)

Rust, M.: Der Beitrag der katathym-imaginativen Psychotherapie zur tiefenpsychologischen Behandlung psychotisch Erkrankter. In Hutterer-Krisch, R. (Hrsg.): Psychotherapie mit psychotischen Menschen. Springer, Wien 1994

Rust, M.: Die Kunst des Hörens. Zur psychotherapeutischen Wahrnehmung. In Rust, M. (Hrsg.): Katathyme Symbolik und die Kunst des Hörens. Wahrnehmungseinstellungen in Psychotherapie und Psychiatrie. Neuzeit, Bonn 1993

Ryle, A.: Cognitive psychology as a common language for psychotherapy. Integrative and Eclectic Psychotherapy 6 (1987) 168 – 172

Sabshin, E.: Psychoanalytic studies of addictive behavior: a review. In Workshop series of the American Psychoanalytic Association; monograph 8. The International Universities Press, Madison Connecticut 1995 (p. 3 – 15)

Sachse, R.: Zielorientierte Gesprächstherapie. Hogrefe, Göttingen 1992

Sachsenröder, R., G. H. Seidler, B. Schöttler, M. B. Buchholz, U. Streeck: Die Erfassung relevanter Daten in der psychoanalytisch orientierten stationären Psychotherapie – das Tiefenbrunner Dokumentationssystem. Psychother. Psychosom. med. Psychol. 43 (1993) 133 – 139

Sachsse, H.: Naturerkenntnis und Wirklichkeit. Braunschweig 1967

Sachsse, U.: Psychotherapie mit dem Sheriff-Stern. Gruppenpsychotherapie und Gruppendynamik 25 (1989) 141 – 158

Sachsse, U.: Selbstbeschädigung als Selbstfürsorge. Zur intrapersonalen und interpersonellen Psychodynamik schwerer Selbstbeschädigungen der Haut. Forum der Psychoanalyse 3 (1987) 51 – 70

Sachsse, U.: Selbstverletzendes Verhalten. Psychodynamik – Psychotherapie. Vandenhoeck & Ruprecht, Göttingen 1994

Safran, J. D., L. S. Greenberg: Affect and the unconscious: A cognitive perspective. In Stern, R. (ed.): Theories of the unconscious. Analytic Press, Hillsdale NJ 1987 (p. 191)

Safran, J. D., S. McMain: A cognitive-interpersonal approach to the treatment of personality disorders. J. Cogn. Psychother. 6 (1992) 59

Safran, J. D., Z. V. Segal: Interpersonal Process in Cognitiv Therapy. Basic Books, New York 1990

Salem, J. E., A. M. King: More evidence for generalized poor performance in facial emotion perception in schizophrenia. J. Abnormal Psychol. 3 (1996) 480 – 483

Salkovskis, P. M., D. Westbrook: Behaviour therapy and obsessional ruminations: Can failure be turned into success? Behaviour Research and Therapy 27 (1989) 149 – 160

Salkovskis, P. M., H. M. C. Warwick: Cognitive therapy of obsessive-compulsive disorder. In Perris, C., I. M. Blackburn, H. Perris (eds.): The theory and practice of cognitive therapy. Springer, Heidelberg 1988

Salkovskis, P. M., H. M. C. Warwick: Morbid preoccupations, health anxiety and reassurance: a cognitive-behavioural approach to hypochondriasis. Journal of Psychosomatic Research 24 (1986) 597 – 602

Salkovskis, P. M., J. Kirk: Obsessional disorders. In Hawton, K., P. M. Salkovskis, J. W. Kirk, D. M. Clark: Cognitive-behavior therapy for psychiatric problems. Oxford University Press, Oxford 1989

Salkovskis, P. M., J. Kirk: Zwangssyndrome. In Margraf, J. (Ed.): Lehrbuch der Verhaltenstherapie. Bd. 2. Springer, Berlin 1996

Salkovskis, P. M.: Cognitive-Behavioral Approaches to the Understanding of Obsessional Problems. In Salkovskis, P. M. (Ed.): Frontiers of Cognitive Therapy. Guilford Press, New York 1996

Salkovskis, P. M.: Obsessional-compulsive problems: A cognitive-behavioral analysis. Behaviour Research and Therapy 23 (1985) 571 – 583

Salkovskis, P. M.: Obsessions and compulsions. In Scott, J., J. M. G. Williams, A. T. Beck (eds.): Cognitive therapy in clinical practice. An illustrative casebook. Routledge, London 1989

Salkovskis, P. M.: Somatic problems. In Hawton, K., P. M. Salkovskis, J. Kirk, D. M. Clark (eds.): Cognitive behaviour therapy for psychiatric problems. Oxford University Press, Oxford 1989

Salzgeber, J., M. Stadler: Programm zur Behandlung von Sexualstraftätern. Zeitschrift für Rechtspolitik 4 (1997) 139 – 141

Salzman, L., F. H. Thaler: Obsessive-compulsive disorders: A review of the literature. American Journal of Psychiatry 138 (1981) 285 – 296

Salzman, L.: Compulsive personality disorder. In American Psychiatric Association (ed.): Treatments of psychiatric disorders. Vol. 3. American Psychiatric Association, Washington DC 1989 (pp. 2771 – 2782)

Salzman, L.: Treatment of the obsessive personality. Jason Aronson, New York 1980

Sammet, I., H. Schauenburg: Stations-Erfahrungsbogen (SEB). Fragebogen zur Erfassung des Verlaufs stationärer Psychotherapie. Materialien aus der Klinik und Poliklinik für Psychosomatik und Psychotherapie, Georg-August-Universität Göttingen 1998

Sampson, H., J. Weiss: Testing hypotheses. The approach of the Mount Zion psychotherapy research group. In Greenberg, L., W. Pinshof (eds.): The psychotherapeutic process. A research handbook. Guilford, New York 1983

Sampson, H.: A new psychoanalytic theory and its testing in research. In Barron, J., M. Eagle, D. Wolitzky (eds.): Interface of psychoanalysis and psychology. American psychologica Association, Washington, DC 1992 a (pp. 586 – 604)

Sandler, J. (Ed.): Projection, Identification, projective Identification. Karnac, London 1989

Sandler, J., C. Dare, A. Holder: The patient and the analyst. The basis of the psychoanalytic process. Karnac, London 1992

Sandler, J., W. Joffe: Zur Depression im Kindesalter. Psyche 34 (1980) 413 – 429

Sandler, J.: Countertransference and role-responsiveness. Int. Rev. Psycho-Anal. 4 (1976) 43 – 47

Sandler, J.: Gegenübertragung und Bereitschaft zur Rollenübernahme. Psyche 30 (1976) 297 – 305

Sandner, D. (Hrsg.): Analytische Gruppentherapie mit Schizophrenen. Vandenhoeck & Ruprecht, Göttingen 1985

Santa-Barbara, J., C. Woodward, S. Levin et al.: The McMaster Family Therapy Outcome Study. An overview of methods and results. In International Journal of Family Therapy 1 (1979) 304 – 323

Sarason, B. R., I. G. Sarason, T. A. Hacker, R. B. Basham: Concomitants of social support: Social skills, physical attractiveness and gender. Journal of Personality and Social Psychology. 49 (1985) 932 – 946

Sarason, I. G., R. B. Sarason, E. N. Shearing: Social support as an individual difference variable: Its hability, origins, and relational aspects. Journal of Personality and Social Psychology. 50 (1986) 845 – 855

Sarbin, T. R., W. C. Coe: Hypnosis: A social psychological analysis. Holt, Rinehart & Winston, New York 1972

Sarno, J. E.: Chronic back pain and psychic conflict. Scand. J. Rehab. Med. 8 (1976) 143 – 153

Sarron, C., F. Lelord: In vivo exposure of a schizophrenic patient with agoraphobic symptoms. Europ. Psychiat. 6 (1991) 107

Sartorius, N., C. T. Kaelber, J. E. Cooper, M. T. Roper, D. S. Rae, W. Gulbinat, T. B. Üstün, D. A. Regier: Progress toward achieving a common language in psychiatry. Results from the field trial of the Clinical Guidelines accompanying the WHO classification of Mental and Behavioural Disorders in ICD-10. Arch. gen. Psychiat. 50 (1993) 115 – 124

Sartorius, N.: Operationale Diagnostik aus internationaler Sicht. In Dilling, H., E. Schulte-Markwort, H. J. Freyberger (Hrsg.): Von der ICD-9 zur ICD-10. Neue Ansätze der Diagnostik psychischer Störungen in der Psychiatrie, Psychosomatik und Kinder-und Jugendpsychiatrie. Huber, Bern 1994 (S. 1 – 10)

Saß, H., C. Wiegand: Exzessives Glücksspielen als Krankheit? Kritische Bemerkungen zur Inflation der Süchte. Nervenarzt 61 (1990) 435 – 437

Saß, H., E. M. Steinmeyer, H. Ebel, S. Herpertz: Untersuchungen zur Kategorisierung und Dimensionierung von Persönlichkeitsstörungen. Zeitschrift für Klinische Psychologie 24 (1995) 239 - 251

Saß, H., H. U. Wittchen, M. Zaudig (Hrsg.): Diagnostisches und Statistisches Manual Psychischer Störungen, DSM-IV. Hogrefe, Göttingen 1996

Saß, H., I. Houben, S. Herpertz, E. M. Steinmeyer: Kategorialer versus dimensionaler Ansatz in der Diagnostik von Persönlichkeitsstörungen. In Schmitz, B., T. Fydrich, K. Limbacher (Hrsg.): Persönlichkeitsstörungen: Diagnostik und Psychotherapie. Psychologie Verlags Union, Weinheim 1996 (S. 42)

Saß, H., M. Mende: Zur Erfassung von Persönlichkeitsstörungen mit einer integrierten Merkmalsliste gem. DSM-III-R und ICD-10 bei stationär behandelten psychiatrischen Patienten. In Baumann, U., E. Fähndrich, R. D. Stieglitz, B. Woggon (Hrsg.): Veränderungsmessung in Psychiatrie und Klinischer Psychologie. Profil, München 1990 (S. 195 - 206)

Saß, H.: Die Krise der psychiatrischen Diagnostik. Fortschr. Neurol. Psychiat. 55 (1987) 355 - 360

Saß, H.: Schlußbemerkungen zu den Leserbriefen von H. Böning und B. Kellermann zum Thema des exzessiven Glücksspielens. Nervenarzt 62 (1991) 708 - 709

Saß, H.: Zur Problematik der operationalen Diagnostik in der Psychiatrie. In Dilling, H., E. Schulte-Markwort, H. J. Freyberger (Hrsg.): Von der ICD-9 zur ICD-10. Neue Ansätze der Diagnostik psychischer Störungen in der Psychiatrie, Psychosomatik und Kinder- und Jugendpsychiatrie. Huber, Bern 1994 (S. 149 - 155)

Satir, V.: Familienbehandlung. Lambertus, Freiburg 1979

Satir, V.: Selbstwert und Kommunikation. München 1975

Saunders, B. E., L. A. Villeponteaux, J. A. Lipovsky, D. G. Kilpatrick, L. J. Veronen: Child sexual assault as a risk factor for mental disorders among women: A community survey. Journal of Interpersonal Violence 7 (1992) 189 - 204

Saupe, R., J. S. Englert, R. Gebhardt, R. D. Stieglitz: Schizophrenie und Coping: Bisherige Befunde und verhaltenstherapeutische Überlegungen. Verhaltenstherapie (1991)

Schaap, C., I. Bennun, L. Schindler, K. Hoogduin: The Therapeutic Relationship in Behavioural Psychotherapy. J. Wiley, Chichester 1993

Schacht, T. E.: The varieties of integrative experience. In Arkowitz, H., S. B. Messer (eds.): Psychoanalytic Therapy and Behaviour Therapy: Is integration possible? Plenum, New York 1984 (pp. 107 - 131)

Schachter, S., J. E. Singer: Cognitive, social, and physiological determinants of emotional staes. Psycholog. Rev. 69 (1962) 379 - 399

Schacter, D. L.: Implicit memory: History and current status. J. Exp. Psychol. Learn. Mem. Cog. 13 (1987) 501 - 518

Schafer, R.: Die psychoanalytische Anschauung der Realität I. Psyche 26 (1972) 881 - 898

Schafer, R.: Die psychoanalytische Anschauung der Realität II. Psyche 26 (1972) 952 - 973

Schafer, R.: The psychoanalytic vision of reality.

Schaller, C., L. Alberti, T. Ruzicka, W. Tress: Der Bedarf an psychosomatischer Versorgung in der Dermatologie. Zeitschrift für Dermatologie 181 (1995) 146 - 148

Schauenburg, H., M. Cierpka: Methoden der Fremdbeurteilung interpersoneller Beziehungsmuster. Psychotherapeut 39 (1994) 135 - 145

Scheidt, C. E., A. Hartmann: Qualitätssicherung in der ambulanten Psychotherapie. Unveröff. Manual, Freiburg 1994

Schelling, W. A.: Sprache, Bedeutung und Wunsch: Beitrag zur psychologischen Hermeneutik. Duncker & Humblot,Berlin 1978

Schepank, H. (Hrsg.): Verläufe - Seelische Gesundheit und psychogene Erkrankungen heute. Springer, Berlin 1990

Schepank, H., W. Tress: Die stationäre Psychotherapie und ihr Rahmen. Springer, Berlin 1988

Schepank, H.: Der Beeinträchtigungs-Schwere-Score (BSS). Ein Instrument zur Bestimmung der Schwere einer psychogenen Erkrankung. Beltz Test, Göttingen 1995

Schepank, H.: Die Versorgung psychogen Kranker aus epidemiologischer Sicht. Psychotherapeut 39 (1994) 220 - 229

Schepank, H.: Geschlechtsunterschiede in Manifestation und Verlauf psychogener Erkrankungen. In Brähler, E., H. Felder (Hrsg.): Weiblichkeit, Männlichkeit und Gesundheit. Westdeutscher Verlag, Opladen 1992 (S. 176 - 189)

Schepank, H.: Psychogene Erkrankungen der Stadtbevölkerung. Eine epidemiologisch-tiefenpsychologische Feldstudie in Mannheim. Springer, Berlin 1987

Schepank, H.: Stationäre Psychotherapie in der Bundesrepublik Deutschland. In Schepank, H., W. Tress: Die stationäre Psychotherapie und ihr Rahmen. Springer, Berlin 1988 (S. 3)

Schepker, R.: Sinngebung in der Migration. Jugendliche Winner und Loser aus der türkeistämmigen Minorität. In Kiesel, D., H. von Lüpke (Hrsg.): Vom Wahn und vom Sinn. Brandes & Apsel, Frankfurt am Main 1998

Schepker, R., M. Toker, A. Eberding: Abschlußbericht des Projektes „Familiäre Bewältigungsstrategien" im Schwerpunktprogramm „Folgen der Arbeitsmigration für Bildung und Erziehung" der Deutschen Forschungsgemeinschaft

Scherbaum, N., S. Bender: Der Stellenwert der Psychotherapie im Rahmen der Substitutionsbehandlung mit Methadon. Sucht 1 (1995) 18 - 24

Scherrmann, T. E., H. U. Seizer, R. Rutow, C. Vieten: Psychoedukative Angehörigengruppe zur Belastungsreduktion und Rückfallprophylaxe in Familien schizophrener Patienten. Psychiat. Prax. 19 (1992) 66

Scheurer, H.: Diagnostik als Testung. In Jäger, R. S., F. Petermann (Hrsg.): Psychologische Diagnostik, 2. Aufl. Psychologie Verlags Union, Weinheim 1992 (S. 257 - 263)

Scheurer, H.: Diagnostik als Testung. In Jäger, R. S., F. Petermann (Hrsg.): Psychologische Diagnostik, 3., korr. Aufl. Psychologie Verlags Union, Weinheim 1995 (S. 257 - 263)

Schiepek, G., A. Schütz, M. Köhler et al.: Die Mikroanalyse der Therapeut-Klient-Interaktion mittels Sequentieller Plananalyse. Teil I: Grundlagen, Methodenentwicklung und erste Ergebnisse. In Psychotherapie Forum 3(1) (1995 a) 1 - 17

Schilder, P.: The Image and Appearance of the Human Body. Internat. Univ. Press, New York 1950

Schindler, L., E. Hohenberger-Sieber, K. Hahlweg: Stundenbeurteilung. In Hank, G., K. Hahlweg, N. Klann: Diagnostische Verfahren für Berater. Materialien zur Diagnostik und Therapie in Ehe-, Familien- und Lebensberatung. Beltz Test, Weinheim 1990 (S. 331 - 339)

Schindler, L., K. Hahlweg, D. Revenstorf: Partnerschaftsprobleme: Möglichkeiten zur Bewältigung. Springer, Berlin 1980

Schindler, L.: Die empirische Analyse der therapeutischen Beziehung. Springer, Berlin 1991

Schindler, L.: Schlafstörungen. In Reinecker, H. (Hrsg.): Lehrbuch der Klinischen Psychologie, 2. Aufl. Hogrefe, Göttingen 1994

Schinke, S. P.: Preventing teenage pregnancy. In Hersen, M., R. M. Eisler, P. M. Miller (eds.): Progress in Behavior Modification, Vol. 16. Academic Press, New York 1984

Schipperges, H.: Krankheit, Heilkunst, Heilung. Historische Anthropologie, Bd. 1. Alber-Verlag, Freiburg - München 1978

Schirmer, H. D.: Nichtärztliche Psychotherapeuten. Rechtsfragen der Teilnahme an der ambulanten psychotherapeutischen Versorgung der Versicherten der gesetzlichen Krankenversicherung, BKK 5 (1978) 200ff

Schiwy, P., T. Harmony, R. Jakubowski, G. Dalichan: Deutsches Arztrecht, Sammlung des gesamten Medizinalrechts des Bundes und der Länder mit Komm., R. S. Schulz, Percha 1990

Schlenger, W. E., R. A. Kulka, J. A. Fairbank, R. L. Hough, B. K. Jordan, C. R. Marmar, D. S. Weiss: The prevalence of post-traumatic stress disorder in the vietnam generation: a multimethod, multisource assessment of psychiatric disorder. Journal of Traumatic Stress 5 (1992) 333 - 363

Schlicht, W.: Psychische Gesundheit durch Sport - Realität oder Wunsch: Eine Meta-Analyse. Ztschr. für Gesundheitspsychologie 1 (1993) 65 - 81

Schlippe, A. von, J. Schweitzer : Lehrbuch der systemischen Therapie und Beratung, Vandenhoeck & Ruprecht, Göttingen 1996

Schlipper, A.: Gewitter im Bauch. Bitter, Recklinghausen 1992

Schlottke, P. F.: Verbale Selbstinstruktion und Verhaltenskontrolle. In Schlottke, P. F., H. Wetzel (Hrsg.): Psychologische Behandlung von Kindern und Jugendlichen. Urban & Schwarzenberg, München 1980

Schmauch, U.: Probleme der männlichen sexuellen Entwicklung. In Sigusch, V.: Sexuelle Störungen und ihre Behandlung. Georg Thieme Vandenhoek & Ruprecht, Stuttgart 1996 (S. 44 - 56)

Schmelzer, D.: Problem- und zielorientierte Therapie: Ansätze zur Klärung der Ziele und Werte von Klienten. Verhaltensmodifikation 4 (1983) 130 - 156

Schmelzer, D.: Problem- und zielorientierte Verhaltenstherapie. Teil I: Zu einigen Kernannahmen des aktuellen verhaltenstherapeutischen Vorgehens. Verhaltensmodifikation 6 (1985) 101 - 151

Schmelzer, D.: Verhaltenstherapeutische Supervision. Theorie und Praxis. Hogrefe, Göttingen 1997

Schmelzer, D.: Verhaltenstherapie: Literaturhinweise zu wichtigen Themen für Ausbildung und Praxis. AVM, Eigenverlag 1993

Schmid, R.: Expertise im Auftrag des Bundesministeriums für Gesundheit, 1992

Schmid, R.: Psychoanalytische Tätigkeit in der Bundesrepublik Deutschland. Ergebnisse einer empirischen Studie – Praxisstudie – Deutsche Gesellschaft für Psychotherapie, Psychosomatik und Tiefenpsychologie 1988

Schmid-Ott, G., B. Jäger, J. W. Künsebeck, R. Ott, K. Wedderer, F. Lamprecht: Entwicklung des „Fragebogens zum Erleben von Hautbeschwerden" (FEH): Faktorenanalyse und Untersuchung von Prädiktoren für das Krankheitserleben von Psoriasis-Patienten. Zeitschrift für klinische Psychologie, Psychiatrie und Psychotherapie (in Vorb.)

Schmidt, G.: Die Potenz des Settings. Zeitschrift für Sexualforschung 7 (1994) 43 – 51

Schmidt, G.: Jugendsexualität. Sozialer Wandel, Geschlechtsunterschiede, Konfliktfelder. Enke, Stuttgart 1993

Schmidt, G.: Paartherapie bei sexuellen Funktionsstörungen. In Sigusch, V.: Sexuelle Störungen und ihre Behandlung. Georg Thieme, Stuttgart 1996 (S. 180 – 199)

Schmidt, G.: Sexuelle Verhältnisse. Über das Verschwinden der Sexualmoral. Rowohlt, Reinbek 1998

Schmidt, J., R. Nübling, F. Lambrecht: Möglichkeiten klinikinterner Qualitätssicherung auf der Grundlage eines Basis-Dokumentations-Systems sowie erweiterter Evaluationsstudien. Gesundh.-Wes. 54 (1992) 70 – 80

Schmidt, J.: Evaluation einer psychosomatischen Klinik. VAS, Frankfurt 1991

Schmidt, J.: Gutachten zum Stand des Nachweises der Wirksamkeit der Feldenkrais-Methode. In Bühring, M., F. H. Kemper (Hrsg.): Naturheilverfahren und unkonventionelle medizinische Richtungen. Grundlagen – Methoden – Nachweissituation. Springer, Berlin 1992

Schmidt, L. G.: Diagnostische Aufgaben bei Alkoholmißbrauch und -abhängigkeit. Zeitschrift für klinische Psychologie, 24 (1995) 98 – 106

Schmidt, L. G.: Diagnostische Aufgaben bei Alkoholmißbrauch und -abhängigkeit. In Watzl, H., B. Rockstroh (Hrsg.): Abhängigkeit und Mißbrauch von Alkohol und Drogen. Hogrefe, Göttingen 1997 (S. 11 – 24)

Schmidt, L. R.: Objektive Persönlichkeitsmessung in diagnostischer und klinischer Psychologie. Beltz, Weinheim 1975

Schmidt, L.: Alkoholkrankheit und Alkoholmißbrauch. 4. Aufl. Kohlhammer, Stuttgart 1997

Schmidt, S., B. Strauß: Die Bindungstheorie und ihre Relevanz für die Psychotherapie. Teil 1 u. 2. Psychotherapeut 41 (1996) 139 – 150 und 42 (1997) 1 – 16

Schmidt-Denter, U.: Die soziale Umwelt des Kindes. Springer, Berlin 1984

Schmitz, B., D. Ecker, C. Hoffmann: Stationäre Gruppentherapie bei Patientinnen mit Anorexia und Bulimia nervosa. In Zielke, M., J. Sturm (Hrsg.): Handbuch Stationäre Verhaltenstherapie. Psychologie Verlags Union, Weinheim 1994 (S. 571 – 581)

Schmitz, B., D. Ecker, C. Hofmann: Stationäre Gruppentherapie bei Patientinnen mit Anorexia und Bulimia nervosa. Verhaltensther. u. psychosoz. Prax. 23 (1991) 19 – 37

Schmitz, B., J. Barkfeld: Deutsche Übersetzung des Patientenmanuals zur Behandlung von Persönlichkeitsstörungen von J. E. Young. Unveröffentlichtes Manuskript, Bad Dürkheim 1995

Schmitz, B., K. Limbacher (Hrsg.): Borderline-Störungen. Praxis der klinischen Verhaltensmedizin und Rehabilitation, Themenheft 8 (1989)

Schmitz, B., P. Schuhler, A. Handke, K. Jung: Manual "Persönlichkeits- und Kommunikationsstile". Ein psychoedukativ- und kompetenzorientiertes Gruppentherapieprogramm für Patienten mit dysfunktionalen Persönlichkeitsstilen und Persönlichkeitsstörungen. Unveröffentl. Manuskript, Bad Dürkheim-Münchwies 1999

Schmitz, B., T. Fydrich, E. Schifferer, S. Obermeier, E. Teufel: Der Einfluß von Persönlichkeitsstörungen auf den Behandlungserfolg bei psychischen und psychosomatischen Störungen. In Schmitz, B., T. Fydrich, K. Limbacher: Persönlichkeitsstörungen: Diagnostik und Psychotherapie. Psychologie Verlags Union, Weinheim 1996 (S. 318)

Schmitz, B., T. Fydrich, K. Limbacher (Hrsg.): Persönlichkeitsstörungen: Diagnostik und Psychotherapie. Psychologie Verlags Union, Weinheim, 1996

Schmitz, B., T. Fydrich, K. Limbacher: Diagnostik und Psychotherapie bei Persönlichkeitsstörungen: Eine Einführung. In Schmitz, B., T. Fydrich, K. Limbacher (Hrsg.): Persönlichkeitsstörungen: Diagnostik und Psychotherapie. Psychologie Verlags Union, Weinheim 1996 (S. 1)

Schmitz, B.: Einführung in die Zeitreihenanalyse. Huber, Bern 1989

Schmitz, B.: Kognitive Verhaltenstherapie bei Patienten mit Persönlichkeitsstörungen: Behandlungsansätze und Psychoedukation. In Saß, H. (Hrsg.): Therapie der Persönlichkeitsstörungen. Thieme, Stuttgart, New York 1999 (S. 25)

Schmitz, B.: Persönlichkeitsstörungen nach DSM-III-R bei Patientinnen mit Anorexia und Bulimia nervosa. Prax. Klin. Verhaltensmedizin und Rehabilitation 8 (1989) 205

Schmutterer, J.: Ärztliche Psychotherapie in Deutschland. Psychotherapie 2 (1997) 4 – 10

Schneewind, K. A., G. Schröder, R. B. Cattell: Der 16-Persönlichkeits-Faktoren-Test (16 PF), 2. Aufl. Huber, Bern 1986

Schneewind, K. A., J. Graf (Hrsg.): Der 16-Persönlichkeits-Faktoren-Test. Revision. (16 PF-R). Huber, Bern 1998

Schneewind, K. A.: Das "familiendiagnostische Testsystem" (FDTS): Ein Fragebogeninventar zur Erfassung familiärer Beziehungsaspekte auf unterschiedlichen Systemebenen. In Cierpka, M. (Hrsg.): Familiendiagnostik. Springer, Berlin 1988 (S. 320 – 342)

Schneewind, K. A.: Die Familienklimaskalen. In Cierpka, M. (Hrsg.): Familiendiagnostik. Springer, Berlin 1988

Schneewind, K. A.: Familienpsychologie. Kohlhammer, Stuttgart 1991

Schneewind, U. J.: Grundzüge der Kindertherapie mit sexuell mißbrauchten Mädchen und Jungen. In Gegenfurtner, M., B. Bartsch (Hrsg.): Sexueller Mißbrauch von Kindern und Jugendlichen. Hilfe für Kind und Täter. Westarp-Wissenschaften, Magdeburg 1994 (S. 38 – 76)

Schneider, C.: Körperbild und Selbstkonzept. Eine vergleichende Untersuchung an Bodybuilding und der M. Feldenkrais-Methode: Bewußtheit durch Bewegung. Diss, Wien 1987

Schneider, G., D. Bursy: Die therapeutische Weitervermittlung von Patienten/innen – Ergebnisse einer katamnestischen Nachuntersuchung. Z. psychosom. Med. 40 (1994) 128 – 154

Schneider, G., G. Heuft, W. Senf, H. Schepank: Die Adaptation des Beeinträchtigungs-Schwere-Score (BSS) für Gerontopsychosomatik und Alterspsychotherapie. Zschr. psychosom. Med. 43 (1997) 261 – 279

Schneider, G.: Handbuch des Kassenarztrechts. Heymanns, Köln 1994

Schneider, K.: Klinische Psychopathologie. Thieme, Stuttgart 1925

Schneider, K.: Klinische Psychopathologie. Thieme, Stuttgart 1967

Schneider, M., A. L. Robin. The Turtle Technique: A Method for the Self-Control of Impulsive Behavior. Stony Brook, New York 1975

Schneider, S., J. Margraf: Agoraphobie und Panikstörung. Hogrefe, Göttingen 1998

Schneider, S., J. Margraf: Fragebogen, Ratingskalen und Tagebücher für die verhaltenstherapeutische Praxis. In Margraf, J. (Hrsg.): Lehrbuch der Verhaltenstherapie. Band 1: Grundlagen, Diagnostik, Verfahren, Rahmenbedingungen. Springer, Berlin 1996 (S. 189 – 200)

Schneider, S., J. Margraf: Langzeiteffektivität von kognitiv-verhaltenstherapeutischer Angstbehandlung. Vortrag auf der DVT-Tagung, Berlin (Januar 1995)

Schneider, S.: Psychologische Transmission des Paniksyndroms. Ludwig Auer GmbH, Donauwörth 1995

Schneider, W., B. Buchheim, M. Cierpka, H. J. Freyberger, S. O. Hoffmann, P. L. Janssen, A. Muts, G. Rudolf, U. Rüger, G. Schüßler: Entwicklung eines Modells der operationalisierten Psychodynamischen Diagnostik (OPD). PPMP 1995

Schneider, W., G. Schüßler: Diagnostik in der Psychotherapie/Psychoanalyse und Psychosomatik. In Schneider, W., G. Schüßler, A. Muhs, H. J. Freyberger: Diagnostik und Klassifikation nach ICD-10. Vandenheock & Ruprecht, Göttingen 1993

Schneider, W., H. D. Basler, B. Beisenherz: Fragebogen zur Messung der Psychotherapiemotivation (FMP). Beltz-Test, Weinheim 1989

Schneider, W., H. J. Freyberger, A. Muhs, G. Schüßler (Hrsg.): Diagnostik und Klassifikation nach ICD-10, Kapitel V. Eine kritische Auseinandersetzung. Ergebnisse der ICD-10-Forschungskriterienstudie aus dem Bereich Psychosomatik/Psychotherapie. Monographie zur Zeitschrift für Psychosomatische Medizin und Psychoanalyse Nr. 17. Vandenhoeck & Ruprecht, Göttingen 1993

Schneider, W., H. J. Freyberger, M. Tetzlaff, J. von Wietersheim, R. Kriebel, B. Dierse, P. L. Janssen: OPD-Achse I – Krankheitserleben und Behandlungsvoraussetzungen. In Manual zur operationalisierten psychodynamischen Diagnostik (OPD). Unveröffentlichtes Manuskript, Universität Rostock 1995

Schneider, W., H. J. Freyberger: Diagnostik in der Psychotherapie unter besonderer Berücksichtigung deskriptiver Klassifikationssysteme. Forum Psychoanal. 6 (1990) 316 – 330

Schneider, W., H. J. Freyberger: Diagnostik nach ICD-10-Möglichkeiten und Grenzen für die Psychotherapie/Psychosomatik. Psychotherapeut 39 (1994) 269 – 275

Schneider, W.: Die Psychotherapiemotivation – Behandlungsvoraussetzung oder ein zu vernachlässigendes Konstrukt? In Schneider, W. S.: Indikationen zur Psychotherapie. Beltz Weinheim 1990 (S. 183 – 210)

Schnurer, A., A. Rubin: Systematic desensitization of anorexia nervosa seen as weight phobia. J. Behav. Ther. exp. Psychiat. 4 (1973) 149 – 153

Schnyder, U., C. Buddeberg: Psychosocial aspects of accidental injuries – an overview. Langenbecks Archiv für Chirurgie 381 (1996) 125 – 131

Schnyder, U., J. D. Sauvant (Hrsg.): Krisenintervention in der Psychiatrie. Huber, Bern 1993

Schnyder, U., J. D. Sauvant: Krisenintervention in der Psychiatrie. Huber, Bern 1996

Schnyder, U.: Crisis intervention in psychiatric outpatients. International Medical Journal 4 (1997) 11 - 17

Schnyder, U.: Ein Blumengarten in Irland. Neuorientierung nach lebensbedrohlicher Krankheit. In Schüffel, W., U. Brucks, R. Johnen, V. Köllner, F. Lamprecht, U. Schnyder (Hrsg.): Konzept und Praxis der Salutogenese - ein Handbuch. Ullstein Medical, Wiesbaden 1998 (in Vorb.)

Schnyder, U.: Posttraumatische Belastungsstörungen. (In diesem Buch)

Schödlbauer, M., E. M. Biermann-Ratjen, D. Brodbeck, R. Ladendorf, C. Rohde-Dachser, J. Eckert: Zur Revision des „Diagnostischen Interviews für Borderlinepatienten“ (DIB). Persönlichkeitsstörungen. Theorie und Praxis (PTT) 3 (1997) 148 - 152

Scholz, O. B., I. Curio, R. Rau: Somatosensorische Wahrnehmung und Schmerzwahrnehmung bei Patienten mit progressiv-systemischer Sklerose. In Speidel, H., B. Strauß (Hrsg.): Zukunftsaufgaben der psychosomatischen Medizin. Springer, Berlin 1989

Scholz, O. B.: Klinisch-psychologische Behandlungsansätze bei Akne. Ärztl. Kosmetol. 18 (1988) 53 - 65

Scholz, O. B.: Laborstudien zur belastungsbedingten Reaktivität bei Hauterkrankungen. Verhaltensmodifikation & Verhaltensmedizin 16 (1995) 337 - 351

Scholz, O. B.: Therapieplanung des Einzelfalles - Voraussetzungen, Methoden, Anwendungen. In Petermann, F. (Hrsg.): Einzelfallanalyse. 3. Aufl. Oldenbourg, München 1996 (S. 264 - 283)

Scholz, O. B.: Therapieplanung des Einzelfalles - Voraussetzungen, Methoden, Anwendungen. In Petermann, F. (Hrsg.): Einzelfallanalyse, 2. Aufl. Oldenbourg, München 1989 (S. 264 - 283)

Schonecke, O. W.: Psychosomatik funktioneller Herz-Keislaufstörungen. Springer, Berlin 1987

Schors, R.: Psychoanalytische Einzeltherapie bei Schmerz. In Egle, U. T., S. O. Hoffmann (Hrsg.): Der Schmerzkranke. Schattauer, Stuttgart 1993 (S. 617 - 660)

Schors, R.: Psychoanalytische Einzeltherapie bei Schmerz. In Egle, U. T., S. O. Hoffmann (Hrsg.): Der Schmerzkranke. Grundlagen, Pathogenese, Klinik und Therapie chronischer Schmerzsyndrome aus bio-psycho-sozialer Sicht. Schattauer, Stuttgart, New York 1993 (S. 369 - 379)

Schors, R.: Psychoanalytische Therapie bei chronischem Schmerzsyndrom. Nervenheilkunde 6 (1987) 255 - 259

Schorsch, E., F. Pfäfflin: Zur Phallographie bei Sexualdelinquenten. Recht & Psychiatrie 2 (1985) 55 - 61

Schorsch, E., G. Galedary, A. Haag, M. Hauch, H. Lohse: Perversion als Straftat. Springer, Berlin 1985

Schorsch, E.: Sexualstraftäter. Enke, Stuttgart 1971

Schötensack, K., T. Elliger, A. Gross, G. Nissen: Prevalence of sexual abuse of children in Germany. Acta Paedopsychiatriaca 55 (1992) 211 - 216

Schöttler, C.: Zur Behandlungstechnik bei psychosomatisch schwer gestörten Patienten. Psyche 2 (1981) 111 - 141

Schrode, H.: Klinische Kunsttherapie und Gestaltungstherapie. Klett-Cotta, Stuttgart 1995

Schubert, H. J., F. Bahmer: Stellenwert und Berücksichtigung klinisch-psychologischer Erkenntnisse in der Dermatologie. Aktuelle Dermatologie 15 (1989) 69 - 72

Schubert, H. J.: Psychosoziale Faktoren bei Hauterkrankungen. Vandenhoek & Ruprecht, Göttingen 1989

Schüffel, W., T. von Uexküll: Funktionelle Syndrome im gastrointestinalen Bereich. In Uexküll, T. von (Hrsg.): Psychosomatische Medizin. Urban u. Schwarzenberg, München 1986

Schuhler, P., A. Wagner: Dokumentation und Qualitätssicherung. Jahresbericht der Fachklinik Münchwies. Westpfälzische Verlagsdruckerei, St. Ingbert 1996

Schuhler, P., J. Martin: Diagnosetest zum Alkoholkonsum. Psychosomatische Fachklinik, Münchwies 1992

Schuhler, P., R. Jahrreiss: Alkohol- und Medikamentenprobleme psychosomatisch Kranker. Forschungsprojektbericht an die LVA Rheinland-Pfalz 1996

Schuhler, P., R. Jahrreiss: Die Münchwies-Studie. Westkreuz, Bonn 1996

Schuhler, P.: Die Behandlung von Spielern in einer Fachklinik für psychosomatische und Suchterkrankungen: Falldarstellungen. Prax. Klin. Verhaltensmedizin und Rehabilitation 5 (1989) 19 - 22

Schuhler, P.: Psychosomatisch Kranke mit Alkohol- und Medikamentenproblemen: Eine Risikopatientengruppe. In Fachausschuß Psychosomatik (ed.): Verhaltensmedizin heute: Qualitätssicherung. Basisdokumentation Psychosomatik. Schriftenreihe des Wissenschaftsrates der AHG 1994

Schulenburg, J. M. Graf v. d., C. Glaes, W. Greiner, A. Uber: Die deutsche Version des EuroQoL-Fragebogens. Zeitschrift für Gesundheitswissenschaften 6 (1998) 3 - 20

Schüler-Springorum, H., W. Berner, B. Cirullies, N. Leygraf, S. Nowara, F. Pfäfflin, M. Schott, R. Volbert: Sexualstraftäter im Maßregelvollzug - Grundfragen ihrer therapeutischen Behandlung und der Sicherheit der Allgemeinheit. MschKrim 79 (1996) 147 - 200

Schulte, D. (Hrsg.): Diagnostik in der Verhaltenstherapie. Urban & Schwarzenberg, München 1974

Schulte, D., H. U. Wittchen: Wert und Nutzen klassifikatorischer Diagnostik für die Psychotherapie. Diagnostica 34 (1988) 85 - 98

Schulte, D., J. Hartung, F. Wilke: Was macht Reizkonfrontationsverfahren so effektiv? Zeitschrift für klinische Psychologie 26 (1996) 118 - 128

Schulte, D., L. Kemmler: Systemische Beobachtung in der Verhaltenstherapie. In Schulte, D.: Diagnostik in der Verhaltenstherapie. Urban & Schwarzenberg, München 1974

Schulte, D.: Indikation-Problemanalyse-Therapieplanung. In Ehlers, A., K. Hahlweg (Hrsg.): Grundlagen der Klinischen Psychologie (Enzyklopädie der Psychologie, Themenberich D, Serie II: Klinische Psychologie). Göttingen, Hogrefe 1996 (S. 145 - 193)

Schulte, D.: Psychodiagnostik zur Erklärung und Modifikation von Verhalten. In Pawlik, K. (Hrsg.): Diagnose der Diagnostik. Klett, Stuttgart 1976

Schulte, D.: Therapieplanung. Hogrefe, Göttingen 1996

Schulte, D.: Vom zunehmenden Einfluß klassifikatorischer Diagnostik auf psychotherapeutische und psychodiagnostische Forschung und Praxis. Diagnostica 40 (1994) 262 - 269

Schulte, D.: Wie soll Therapieerfolg gemessen werden? Zeitschrift für Klinische Psychologie 22, (4) (1993) 374 - 393

Schulte, M. J., C. Böhme-Bloem: Bulimie. Entwicklungsgeschichte und Therapie aus psychoanalytischer Sicht. Georg Thieme, Stuttgart, New York, 1990

Schulte, R. M.: Pathologisches Glückspielverhalten. In Faust, V.: Psychiatrie. Ein Lehrbuch für Klinik, Praxis und Beratung. G. Fischer, Stuttgart 1995 (S. 311 - 316)

Schulte-Brandt, W.: Stationäre Behandlung von Glücksspielsüchtigen - Eine Kurzdarstellung. In Brakhoff, J. (Hrsg.): Glück - Spiel - Sucht, Beratung und Behandlung von Glücksspielern Lambertus, Freiburg 1989 (S. 45 - 51)

Schultz, J. H.: Das autogene Training - konzentrative Selbstentspannung. 1. Aufl. 1932

Schultz, J. H.: Das autogene Training - konzentrative Selbstentspannung. 18. Aufl. Thieme, Stuttgart 1987

Schultz, J. H.: Das Autogene Training, 19. Aufl. Thieme, Stuttgart 1991

Schultz, J. H.: Lebensbilderbuch eines Nervenarztes, 2. Aufl. Thieme, Stuttgart 1971

Schultz-Hencke, H.: 29 Thesen zum heutigen Stande der analytischen Psychotherapie. Nervenarzt 20 (1949) 164 - 168

Schultz-Venrath, U.: Psychogene und nicht-epileptische Anfälle. In Ahrens, S., M. Hasenbring, U. Schultz-Venrath, H. Strenge (Hrsg.): Psychosomatik in der Neurologie. Schattauer, Stuttgart 1995

Schulz v. Thun, F.: Miteinander reden 2. Stile, Werte und Persönlichkeitsentwicklung. Rowohlt, Hamburg 1989

Schulz, H., R. Nübling, H. Rüddel: Entwicklung einer Kurzform eines Fragebogens zur Psychotherapiemotivation. Verhaltenstherapie 5 (1995) 89 - 95

Schulz, R., M. T. Rau: Social support through the life-course. In Cohen, S. H., Syme, S. L. (eds.): Social support and health. Academic Press, New York 1985

Schumacher, J., E. Brähler: Psychologische Aspekte von körperlichen Beschwerden und Schmerzen. In Brähler, E., B. Strauß (Hrsg.): Medizinische Psychologie und Soziologie. Ein praxisorientiertes Lehrbuch. Hogrefe, Göttingen 1999 (im Druck)

Schumacher, J., K. Reschke: Theoretische Konzepte und empirische Methoden der Bewältigungsforschung. In Verband Deutscher Rentenversicherungsträger (Hrsg.): Die Norm des Gesundseins - Lebensqualität und Kranksein. Psychologie in der Rehabilitationsklinik, Bd. 6. VDR, Frankfurt a. M. 1994 (S. 41 - 73)

Schumacher, J., M. Eisemann, E. Brähler: Rückblick auf die Eltern: Der Fragebogen zum erinnerten elterlichen Erziehungsverhalten (FEE). Diagnostica 1999 (im Druck)

Schur, M.: Comments on the metapsychology of somatization. In Eissler, R. S.: The Psychoanalytic Study of the Child, Vol. 10. International University Press, New York 1955 (S. 119 - 164)

Schuri, U., I. Keller, G. Matthes-von-Cramon: Leistungsdiagnostik aus neuropsychologischer Sicht. In Stieglitz, R. D., U. Baumann (Hrsg.): Psychodiagnostik psychischer Störungen. Enke, Stuttgart 1994 (S. 138 - 148)

Schurian, W.: Psychologie Ästhetischer Wahrnehmungen. Selbstorganisation und Vielschichtigkeit von Empfindung, Verhalten und Verlangen. Westdeutscher Verlag, Opladen 1986 (S. 81 - 85)

Schüßler, G., A. Bertl-Schüßler: Neue Ansätze zur Revision der psychoanalytischen Entwicklungstheorie. Z. psycho-som. Med. 38 (1992) 77-87, 101-114

Schüßler, G., E. Leibing, U. Rüger: Multiaxiale Diagnostik in der Psychosomatik und Psychotherapie – Ein Erfahrungsbericht. Z. Psycho-som. Med. 36 (1990) 343-354

Schüßler, G., G. Heuft, S. O. Hoffmann, E. Mans, S. Mentzos: OPD-Achse III – Konflikt. In: Arbeitskreis OPD (Hrsg.): Operationalisierte Psychodynamische Diagnostik. Grundlagen und Manual. Verlag Hans Huber, Bern 1996

Schüssler, G.: Bewältigung chronischer Krankheiten. Vandenhoeck u. Ruprecht, Göttingen 1993

Schüßler, G.: Psychosomatik und Psychotherapie systematisch. Uni-Red., Lorch 1995

Schütte, F.: „Spielsucht" – Zum Stand der Diskussion. In Theorie und Praxis der sozialen Arbeit 1 (1990) 2-13

Schwab, J. J.: Einige psychodynamische Aspekte der Pharmakotherapie. In Nissen, G. (Hrsg.): Psychotherapie und Psychopharmakotherapie. Huber, Bern 1993 (S. 19-24)

Schwaber, E.: Interpretation and the therapeutic action of psychoanalysis. Int. J. Psychoanal. 71 (1990) 229-240

Schwartz, G. E., S. M. Weiss: Yale Conference on Behavioral Medicine: A proposed definition and statement of goals. J. behav. Med. 1 (1978) 3-12

Schwartz, G. E.: Integrating psychobiology and behavior therapy: A systems perspective. In Wilson, G. T., C. M. Franks (eds.): Contemporary Behavior Therapy. Conceptual and Empirical Foundations. Guilford Press, New York 1982

Schwartz, G. E.: Psychobiological foundations of psychotherapy and behavior change. In Garfield, S. L., A. E. Bergin (eds.): Handbook of Psychotherapy and Behavior Change, 2nd ed. Wiley, New York 1978 (pp. 63-99)

Schwartz, J. M., B. Beyette: Zwangshandlungen und wie man sich davon befreit. W. Krüger-Verlag, Frankfurt a. M. 1997

Schwarz, D., C. M. Höring: Verhaltenstherapie bei atopischem Ekzem. In Hand I., H. U. Wittchen (Hrsg.): Verhaltenstherapie in der Medizin. Springer, Berlin 1989

Schwarz, J., A. Lindner: Die stationäre Behandlung pathologischer Glücksspieler. Suchtgefahren 36 (1990) 402-415

Schwarz, N., B. Scheuring: Selbstberichtete Verhaltens- und Symptomhäufigkeiten: Was Befragte aus Antwortvorgaben des Fragebogens lernen. Zeitschrift für Klinische Psychologie 21 (1992) 197-208

Schwarz, R., S. Zettl (Hrsg.): Praxis der Psychosozialen Onkologie. Versorgungsangebote für Klinik, Praxis und häusliche Pflege. Verlag für Medizin Fischer, Heidelberg 1993

Schwarz, R., S. Zettl (Hrsg.): Psychosoziale Krebsnachsorge in Deutschland. Eine Standortbestimmung. Verlag für Medizin Fischer, Heidelberg 1991

Schwarz, R.: Bedeutung der Psychosozialen Onkologie. Z. Psychosom. Med. 39 (1993) 14-25

Schwarz, R.: Die Krebspersönlichkeit. Mythos und klinische Realität. Schattauer, Stuttgart 1994

Schwarz, R.: Psychotherapeutische Grundlagen der psychosozialen Onkologie. Psychotherapeut 40 (1995) 313-323

Schwarz, R.: Unheilbarkeit in der psychotherapeutischen Beziehung. Psychoanalyse im Widerspruch 9 (1993) 13-28

Schwarzer, R., A. Leppin: Sozialer Rückhalt und Gesundheit. Hogrefe, Göttingen 1989

Schwarzer, R., C. Schwarzer: A critical survey of coping instruments. In Zeidner, M., N. S. Endler (Eds.): Handbook of coping: Theory, research and applications. Wiley, New York 1996 (pp. 107-132)

Schwarzer, R.: Optimistische Kompetenzerwartung: Zur Erfassung einer personalen Bewältigungsressource. Diagnostica 40 (1994) 105-123

Schwarzer, R.: Psychologie des Gesundheitsverhaltens (= Reihe Gesundheitspsychologie Band 1). Hogrefe, Göttingen 1992

Schweiger, U., M. M. Fichter: Eßstörungen. In Förstl, H. (Hrsg.): Klinische Neuropsychiatrie. Enke (in Vorb.)

Schweiger, U., R. G. Laessle, M. M. Fichter, K. M. Pirke: Consequences of dieting at normal weight: Implications for the understanding and treatment of bulimia. In Pirke, K. M., W. Vandereycken, D. Ploog (eds.): The Psychobiology of Bulimia Nervosa. Springer, Berlin 1988

Schweitzer, J., B. Schumacher: Die unendliche und die endliche Psychiatrie. Zur Dekonstruktion von Chronizität. Carl Auer, Heidelberg 1995

Schweitzer, J., G. Weber: Störe meine Kreise! Zur Theorie, Praxis und kritischen Einschätzung der systemischen Therapie. Psychotherapeut 42 (4) (1997) 197-210

Schwenkmezger, P., V. Hodapp, C. D. Spielberger: Das State-Trait-Ärgerausdrucks-Inventar STAXI. Huber, Bern 1992

Schwickerath, J., B. H. Keßler, A. Dinger-Broda, W. Engelhardt, N. Kany: Stationäre Verhaltenstherapie des pathologischen Glücksspielens: Eine Nachbefragung. Prax. Klin. Verhaltensmedizin und Rehabilitation. 33 (1996) 50-55

Schwickerath, J., W. Engelhardt: Stationäre Verhaltenstherapie bei pathologischem Spielen. Modelldarstellung und Erfahrungsbericht. Verhaltenstherapie 1 (1991) 307-311

Scott, I.: Chronic depression: Can cognitive therapy succeed when other treatments fail? Behav. Psychother. 20 (1992) 25-236

Scott, S. K., A. W. Young, A. J. Calder, D. J. Hellawell, J. P. Aggleton, M. Johnson: Impaired auditory recognition of fear and anger following bilateral amygdala lesions. Nature 385 (1997) 254-257

Sears, R. R., L. Rau, R. Alpert: Identification and child rearing. Stanford University Press, Stanford 1965

Sedlmeier, P., G. Gigerenzer: Do studies of statistical power have an effect on the power of studies? Psychol. Bull. 105 (1989) 309-316

Sedney, M. A., B. Brooks: Factors associated with a history of childhood sexual experience in a nonclinical female population. Journal of the American Academy of Child Psychiatry 23 (1984) 215-218

Seemann, H., H. Lang: Tumorschmerzen aus psychologischer Sicht: Probleme und Bewältigung. In Schwarz, R., S. Zettl (Hrsg.): Psychosoziale Krebsnachsorge in Deutschland, Bd. 1. VFM, Heidelberg 1991 (S. 409)

Seer, P.: Konzentrative Meditation und kognitive Verhaltenstherapie: Integrationsmöglichkeiten und Unterschiede. Psychother. med. Psychol. 36 (1986) 301

Seer, P.: Meditationstraining mit Herzpatienten. In Esser, P.: Psychologische Gruppenarbeit im Rahmen der Rehabilitation von Herzpatienten. Enke, Stuttgart 1987

Segal, H.: Melanie Klein. Eine Einführung in ihr Werk. Kindler, München 1974

Segal, H.: Notes on symbol formation. Int. J. Psychoanal. 38 (1957) 391-397

Seidenstücker, G., U. Baumann: Multimethodale Diagnostik. In Baumann, U., H. Berbalk, G. Seidenstücker (Hrsg.): Klinische Psychologie – Trends in Forschung und Praxis, Bd. 1. Huber, Bern 1978 (S. 134-182)

Seidenstücker, G., U. Baumann: Multimodale Diagnostik als Standard in der klinischen Psychologie. Diagnostica 33 (1987) 243-258

Seidenstücker, G.: Indikation in der Psychotherapie. In Schmidt, L. R. (Hrsg.): Lehrbuch der Klinischen Psychologie, 2. Aufl. Enke, Stuttgart 1984

Seidenstücker, G.: Indikation in der Psychotherapie: Entscheidungsprozesse-Forschung-Konzepte und Ergebnisse. In Schmidt, L. R. (Hrsg.): Lehrbuch der Klinischen Psychologie, 2. Aufl. Enke, Stuttgart 1984 (S. 443-511)

Seidenstücker, G.: Indikation und Entscheidung. In Jäger, R. S., F. Petermann (Hrsg.): Psychologische Diagnostik, 2. Aufl. Psychologie Verlags Union, Weinheim 1992 (S. 478-491)

Seiderer-Hartig, M.: Beziehung und Interaktion in der Verhaltenstherapie. Theorie – Praxis – Fallbeispiele. Pfeiffer, München 1980

Seidler, E.: Erfahrungen aus Ethikfallseminaren. In Pöldinger, W., W. Wagner (Hrsg.): Ethik in der Psychiatrie. Wertebegründung – Wertdurchsetzung. Springer, Berlin 1991 (S. 168-174)

Seipel, K. H.: Fallkonzeption einer verhaltenstherapeutischen Behandlung bei narzißtischer Persönlichkeitsstörung. Prax. Klin. Verhaltensmedizin und Rehabilitation 18 (1992) 98-105

Seligman, M. E. P.: Erlernte Hilflosigkeit. Psychologie Verlags Union, Weinheim 1992

Seligman, M. E. P.: Helplessness. On depression, development and death. San Francisco, Freeman 1975.

Seligman, M. E.: Erlernte Hilflosigkeit. 5. korr. Aufl. Psychologie Verlags Union, Weinheim 1995

Seligman, M.E.P.: Fall into helplessness. Psychology Today 7 (1973) 43-48

Seligmann, M. E. P.: On the generality of the laws of learning. Psychol. Rev. 77 (1970) 406-418

Sellschopp, A., Buchheim, P., Schors, R.: Das Weibliche und das Männliche in der Psychotherapie.

Seltzer, L. F.: Paradoxical strategies in psychotherapy. A comprehensive overview and guidebook. J. Wiley, New York 1986

Selvini Palazzoli, M., L. Boscolo, G. Cecchin, G. Prata: Paradox and Counterparadox. Aronson, NY 1978.

Selvini Palazzoli, M., L. Boscolo, G. Cecchin, G. Prata: Paradoxon und Gegenparadoxon. Klett, Stuttgart 1977

Selvini Palazzoli, M., L. Boscolo, G. F. Cecchin, G. Prata: Hypothetisieren – Zirkularität – Neutralität: Drei Richtlinien für den Leiter der Sitzung. Familiendynamik 6 (1981) 123–139

Selvini Palazzoli, M., S. Cirillo, M. Selvini, A. M. Sorrentiono: Die psychotischen Spiele in der Familie. Klett-Cotta, Stuttgart 1992

Selvini Palazzoli, M.: Magersucht. Klett-Cotta, Stuttgart 1982

Senf, W., M. Broda: Was ist Psychotherapie? Versuch einer Definition. In Senf, W., M. Broda (Hrsg.): Praxis der Psychotherapie. Ein integratives Lehrbuch für Psychoanalyse und Verhaltenstherapie. Georg Thieme, Stuttgart 1996 (S. 2–5)

Senf, W., S. Herpertz, B. Johann: Stationäre psychodynamische Therapie von Anorexia und Bulimia nervosa – Indikation, Behandlungskonzepte und Integration verschiedener Therapieverfahren. In Herzog, W., D. Munz, H. Kächele: Psychodynamische Therapie der Anorexia und Bulimia nervosa. Schattauer, Stuttgart 1995

Senf, W.: Stationär-ambulante psychoanalytische Gruppentherapie, ein brauchbares Konzept? Z. psycho-som. Med. 41 (1995) 1–13

Senn, H. J.: Das Schmerzproblem in der Onkologie. Schw. Med. Wschr. 120 (1990) 1135

Seyffert, H.: Einführung in die Wissenschaftstheorie. Bd. 2. (Hermeneutik). Beck, München 1991

Shader, R. I., J. S. Harmatz, C. Salzmann: A new scale for clinical assessment on geriatric populations: SANDOZ Clinical Assessment – Geriatric (SCAG). J. Amer. Geriat. Soc. 22 (1974) 107–113

Shadish, W. R., K. Ragsdale, R. R. Glaser et al.: Effektivität und Effizienz von Paar- und Familientherapie. Eine metaanalytische Perspektive. Familiendynamik 22 (1) (1997) 5–33

Shadish, W. R., L. Montgomery, P. Wilson et al.: Effects of Family and Marital Psychotherapies. A Meta-Analysis. Journal of Consulting and Clinical Psychology 61 (6) (1993) 992–1002

Shafer, M. S.: Competitive employment for workers with mental retardation. In Hersen, M., R. M. Eisler, P. M. Miller (eds.): Progress in Behavior Modification, Vol. 21. Sage Publications, London 1987

Shalev, A. Y.: Discussion: treatment of prolonged posttraumatic stress disorder – learning from experience. Journal of Traumatic Stress 10 (1997) 415–423

Shallice, T.: From neuropsychology to mental structure. University Press, Cambridge 1988

Shapiro, A. K.: Psychological Aspects of Medication. In Lief, H. J. u. Mitarb. (eds.): The Psychological Basis of Medical Practice. Harper and Row, New York 1963

Shapiro, D. A., D. Shapiro: Meta-analysis of comparative therapy outcome studies: a replication and refinement. Psychol. Bull. 92 (1982) 581

Shapiro, D. A., J. A. Firth-Cozens: Prescriptive vs. exploratory psychotherapy: Outcomes of the Sheffield Psychotherapy Project. Brit. J. Psychiat. 151 (1987) 790–799

Shapiro, D. A.: Recent applications of meta-analysis in clinical research. Clin. Psychol. Rev. 5 (1985) 13–34

Shapiro, D. H.: Meditationstechniken in der klinischen Psychologie. Fachbuchhandlung für Psychologie, Eschborn 1986

Shapiro, F.: Eye movement desensitization and reprocessing: basic principles, protocols, and procedures. Guilford Press, New York 1995

Shapiro, M. B.: A method of measuring psychological changes specific to the individual psychiatric patients. Brit. J. med. Psychol. 34 (1961) 151–155

Shapiro, M. B.: Clinical approach to fundamental research with special reference to the study of the single patient. In Sainsbury, P., N. Kreitmann (eds.): Methods of Psychiatric Research. Oxford University Press, London 1963

Shapiro, M. B.: The single case in fundamental clinical psychological research. Brit. J. med. Psychol. 34 (1961) 255–262

Shapiro, P.: Life After Heart Transplantation. Progr. Cardiovasc. Dis. 32 (1990) 405–418

Shaw, B. F., K. S. Dobson: Competency judgements in the training and evaluation of psychotherapists. J. Consult. Clin. Psychol. 56 (1988) 666

Shaw, R., W. Rief, M. M. Fichter: Eßstörungen. In Petermann, F. (Hrsg.): Verhaltensmedizin in der Rehabilitation. Hogrefe, Göttingen 1995 (S. 371–396)

Shazer, S. de: Wege erfolgreicher Kurztherapie. Klett-Cotta, Stuttgart 1989

Shazer S. de, S. Kim Berg, E. Lipchik et al.: Kurztherapie – zielgerichtete Entwicklung von Lösungen. In Familiendynamik 11 (3) (1986) 192–205

Shazer, S. de: Der Dreh. Überraschende Wendungen und Lösungen in der Kurzzeittherapie. Auer, Heidelberg 1989 a

Shea, M. T.: Psychosocial treatment of personality disorder. Journal of Personality Disorders 7 (1993) 167–180

Shea, T.: Die Wirksamkeit von Psychotherapie bei Persönlichkeitsstörungen. In Schmitz, B., T. Fydrich, K. Limbacher: Persönlichkeitsstörungen: Diagnostik und Psychotherapie. Psychologie Verlags Union, Weinheim 1996 (S. 358)

Shengold, L.: Child abuse and deprivation: soul morder. Journal of the American Psychoanalytic Association 27 (1979) 533–559

Sher, K. J., B. Mann, R. Frost. Cognitive dysfunction in compulsive chekkers: further explorations. Behav. Res. Ther. 22 (1984) 493–502

Sher, K. J., R. Frost, R. Otto. Cognitive deficits in compulsive checkers: An exploratory study. Behav. Res. Ther. 21 (1983) 357–363

Sher, K. J., R. O. Frost, M. Kushner, T.M. Crews, J. E. Alexander: Memory deficits in compulsive checkers: Replication and extension in a clinical sample. Behav. Res. Ther. 1 (1989) 65–69

Shiel, A., B. Wilson, S. Horn, M. Watson, L. McLeillan: Can patients in coma following traumatic head injury learn simple tasks? Neuropsychological Rehab. 3 (1993) 161–175

Shin, L. M., S. M. Kosslyn, R. J. McNally, N. M. Alpert, W. L. Thompson, S. L. Rauch, M. L. Macklin, R. K. Pitman: Visual imagery and perception in posttraumatic stress disorder. Arch. Gen. Psychiatry 54 (1997) 233–241

Shor, R. E., E. C. Orne: Norms on the Harvard Group Scale of Hypnotic Susceptibility. Form A. Int. J. clin. exp. Hypnos. 11 (1963) 39–47

Shure, M. B., G. Spivack: Problem-Solving Techniques in Childrearing. Jossey-Bass, San Francisco 1978

Sidman, M.: Tactics of scientific research. Basic Books, New York 1960

Siebel, U., R. Michels, H. J. Freyberger, H. Dilling: Deutsche Übersetzung und Bearbeitung des multiaxialen Systems zum Kapitel V (F) der ICD-10. Unveröffentlichtes Manuskript, Universität Lübeck 1994

Siegrist, J., M. Broer, A. Junge: PLC – Profil der Lebensqualität chronisch Kranker. Beltz-Test, Göttingen 1996

Siegrist, J., S. Geyer: Inventar zur Erfassung lebensverändernder Ereignisse (ILE). In ZUMA-Handbuch sozialwissenschaftlicher Skalen. Zentrum für Umfragen, Methoden und Analysen (ZUMA), Mannheim 1993

Sies, C.: Doktorspiele. In Buchheim, P., M. Cierpka, T. Seifert (Hrsg): Spiel und Zusammenspiel. Lindauer Texte. Springer, Berlin 1996 (S. 98–107)

Siever, L. J., K. L. Davis: A psychobiological perspective on the personality disorders. American Journal of Psychiatry. 148 (1991) 1647–1658

Sieverding, M.: Weiblichkeit - Männlichkeit und psychische Gesundheit. In Brähler, E., H. Felder (Hrsg.): Weiblichkeit, Männlichkeit und Gesundheit. Westdeutscher Verlag, Opladen 1992 (S. 33–63)

Siewert, J.: Das Kassenarztrecht. 4. Aufl. Asgard, St. Augustin 1992

Sigusch, V.: Die neosexuelle Revolution. Psyche 12 (1998) 1192–1234

Sigusch, V.: Organogenese sexueller Funktionsstörungen. In Sigusch, V. (Hrsg): Sexuelle Störungen und ihre Behandlung. Georg Thieme Vandenhoek & Ruprecht, Stuttgart 1996 (S. 142–165)

Sigusch, V.: Sexuelle Störungen und ihre Behandlung. Georg Thieme Vandenhoek & Ruprecht, Stuttgart 1996

Sigusch, V.: Transsexuelle Entwicklungen. In Sigusch, V. (Hrsg): Sexuelle Störungen und ihre Behandlung. Georg Thieme Vandenhoek & Ruprecht, Stuttgart 1996 (S. 327–346)

Silverman, J. A.: Historical development. In Halmi, K. A. (ed.): Psychobiology and treatment of anorexia nervosa and bulimia nervosa. Am. Psychopathol. Ass. Series 1992

Silverstone, T.: Mania. In Horton, R., C. Katona (eds.) Biological aspects of affective disorders. Academic Press, London 1991 (pp. 271–303)

Simmich, T., I. Traenckner, U. Gieler: Integrative Kurzzeitpsychotherapie bei Hauterkrankungen. Kasuistischer Beitrag mit 1-Jahres-Katamnese. Der Hautarzt 49 (1998) 203–208

Simon, F. B., G. Weber, H. Stierlin et al.: Schizoaffektive Muster. Eine systemische Beschreibung. Familiendynamik 14 (3) (1989) 364–372

Simon, F. B., G. Weber: Vom Navigieren beim Driften - Die Bedeutung des Kontextes der Therapie. Familiendynamik 12 (1987) 355–362

Simon, F. B.: Unterschiede, die einen Unterschied machen klinische Epistemologie: Grundlagen einer systemischen Psychiatrie und Psychosomatik. Springer, Berlin 1988

Simonton, C.: Körper, Seele, Geist: Krebs und Gesundheit, Seminarkassette. ZIST, Pensberg 1992

Singer, J. A., Salovey, P.: Mood and memory: Evaluating the network theory of affect. Clinical Psychology Review 8 (1988) 211–251

Singer, M.: Viet Nam Prisoners of War, Stress And Personality Resiliency (editorial). Am. J. Psychiatry 138 (1981) 345–346

Skinner, B. F.: About behaviorism. Knopf, New York 1974

Skinner, B. F.: Contingencies of Reinforcement. A Theoretical Analysis. Appleton-Century, New York 1969

Skinner, B. F.: Science and Human Behavior. Macmillan, New York 1953

Skinner, B. F.: The Behavior of Organisms. An Experimental Analysis. Appleton-Century, New York 1938

Slawson, S. R.; Schiffer, M.: Gruppentherapie mit Kindern. Vandenhoeck & Ruprecht, Göttingen 1976

Slifer, K. J., M. D. Cataldo, P. F. Kurtz: Behavioural training during acute brain trauma rehabilitation: an empirical case study. Brain Inj. 6 (1995) 585–593

Sloane, R. B., F. R. Staples, A. H. Christol, N. J. Yorkston, K. Whipple: Short-Term Analytically Oriented Psychotherapy versus Behavior Therapy. Harvard University Press, Cambridge, Mass. 1975

Smeijsters, H.: Musiktherapie als Psychotherapie. Fischer, Stuttgart 1993

Smit, H., E. Schoeppe, T. Zickgraf: Organspende und Transplantation in Deutschland 1996. Deutsche Stiftung Organtransplantation, Neu-Isenburg 1997

Smith, D. E., M. D. Marcus, W. Kaye: Cognitive-behavioral treatment of obese binge eaters. International Journal of Eating Disorders 12 (1992) 257–262

Smith, G. R., K. Rost, M. Kashner: A trial of the effect of a standardized psychiatric consultation on health outcomes and costs in somatizing patients. Archives of General Psychiatry 52 (1995) 238–243

Smith, G. R., R. A. Monson, D. C. Ray: Patients with multiple unexplained symptoms. Their characteristics, functional health, and health care utilization. Archives of Internal Medicine 146 (1986) 69–72

Smith, G. R.: The course of somatization and its effect on utilization of health care resources. Psychosomatics 35 (1994) 263–267

Smith, M. L., G. V. Glass, T. I. Miller: The benefits of psychotherapy, Johns Hopkins Press, Baltimore 1981

Snyder, M.: When beliefs create reality. In Berkowitz, L. (ed.): Advances in experimental social psychology. Academic Press, New York 1984

Snyder, S. H.: Chemie der Psyche. Drogenwirkungen im Gehirn. Spektrum, Heidelberg 1994

Sobell, M. B., L. C. Sobell: Individualized Behavior Therapy for Alcoholics. Behavior Therapy 4 (1973) 49–72

Sohlberg, S.: Personality, life stress and the course of eating disorders. Acta Psychiat. scand. (Suppl.) 36 (1990) 29–30

Sokol, A. E., J. M. Oldham, S. E. Hyler, D. Kellman, N. Doedge, M. Davies: Comorbidity of DSM-III-R Eating Disorders and Personality Disorders. Int. J. Eating Disorders 14 (1993) 403–416

Soloff, P. H.: What's new in personality disorders? An update on pharmacologic treatment. Journal of Personality Disorders 4 (1990) 233–243

Solomon, M. F., J. A. Lang, J. S. Grotstein: Clinical impressions of the borderline patient. In Grotstein, J. S. et al. (eds.): The Borderline Patient: Emerging Concepts in Diagnosis. Psychodynamics, and Treatment, Vol.1.. Analytic Press, Hillsdale 1987 (pp. 3–12)

Solomon, R. L.: The opponent-process theory of acquired motivation: the costs of pleasure and the benefits of pain. American Psychologist 35 (1980) 691–712

Sommer, G., T. Fydrich: Soziale Unterstützung – Diagnostik, Konzepte, F-SOZU (Materialie Nr. 22). DGVT-Verlag, Tübingen 1989

Sonntag, U., B. Blättner: Gesundheitshandeln von Frauen und Männern. In GesundheitsAkademie/Landesinstitut für Schule und Weiterbildung, NRW (Hrsg.): Die Gesundheit der Männer ist das Glück der Frauen? Mabuse-Verlag, Frankfurt 1998 (S. 149–237)

Sontag, S.: Krankheit als Metapher. Hanser, München 1978

Sotsky, S. M., M. P. H. Glass, M. T. Shea u. Mitarb.: Patient Predictors of Response to Psychotherapy and Pharmacotherapy: Findings in the NIMH Treatment of Depression Collaborative Research Program. Amer. J. Psychiat. 148 (1991)

Southern, S., R. Caprara: Behavioral counseling. In Hersen, M., R. M. Eisler, P. M. Miller (eds.): Progress in Behavior Modification, Vol. 17. Academic Press, New York 1984

Southwick, S. M., J. H. Krystal, J. D. Bremner, C. A. Morgan, A. L. Nicolaou, L. M. Nagy, D. R. Johnson, G. R. Heninger, D. S. Charney: Noradrenergic and serotonergic function in posttraumatic stress disorder. Archives of General Psychiatry. 54 (1997) 749–758

Spaccarelli, S., C. Fuchs: Kognitive Bewertungen und Coping bei sexuellem Mißbrauch an Kindern. In Ammann, G., R. Wipplinger (Hrsg.): Sexueller Mißbrauch: Überblick zu Forschung, Beratung und Therapie. 2. Aufl. DGVT, Tübingen 1998 (S. 72–85)

Spada, H.: Die Analyse von Veränderungen im Rahmen unterschiedlicher testtheoretischer Modelle. In Minsel, W. R., R. Scheller (Hrsg.): Brennpunkte der Klinischen Psychologie: Diagnostik. Kösel, München 1983 (S. 83–105)

Spada, H.: Lehrbuch Allgemeine Psychologie. Huber, Bern 1990

Spangenberg, N., J. Matzat: Welchen Sinn haben stationäre Selbsthilfegruppen? Versuch der Widerstandsanalyse eines therapeutischen Teams gegen die Einführung von Selbsthilfegruppen. In Söllner, W., W. Wesiack, B. Wurm: Sozio-psycho-somatik. Gesellschaftliche Entwicklungen und psychosomatische Medizin. Springer, Berlin 1989 (S. 336–342)

Spanos, N. P.: Hypnotic behavior: A social psychological interpretation of amnesia, analgesia and „trance logic". Behav. Brain Sci. 9 (1986) 449–502

Speckens, A. E. M., A. M. van Hemert, J. H. Bolk, H. G. M. Rooijmans, M. W. Hengeveld: Unexplained physical symptoms: outcome, utilization of medical care and associated factors. Psychological Medicine 26 (1996) 745–752

Speckens, A. E. M., A. M. van Hemert, J. H. Bolk, K. E. Hawton, H. G. M. Rooijmans: The acceptability of psychological treatment in patients with medically unexplained physical symptoms. Journal of Psychosomatic Research 39 (1995) 855–863

Speckens, A. E. M., A. M. van Hemert, P. Spinhoven, K. E. Hawton, J. H. Bolk, H. G. M. Rooijmans: Cognitive behavioural therapy for medically unexplained physical symptoms: a randomised controlled trial. British Medical Journal 311 (1995) 1328–1332

Specker, S., M. de Zwaan, R. Pyle, N. Raymond, J. E. Mitchell: Psychiatric disorders among obese with binge eating disorder. Paper presented at the Fifth International Conference on Eating Disorders, New York (1992)

Speight, I., M. E. Laufer, M. Mattes: CIV (Computer-aided interactive video): a novel application in neuropsychological rehabilitation. Computers in Human Behavior 9 (1993) 95–104

Sperling, E., A. Massing, G. Reich, H. Georgi, E. Wöbbe-Mönks: Die Mehrgenerationenfamilientherapie. Vandenhoeck & Ruprecht, Göttingen 1982

Spiegel, D. (Hrsg.): Dissociative disorders. A clinical review. Sidran Press, Lutherville 1993

Spiegel, D., E. Cardena: Disintegrated experience: the dissociative disorders revisited. J. abnorm. Psychol. 100 (1991) 366–378

Spiegel, H.: An eyeroll-test for hypnotisability. Amer. J. clin. Hypnos. 15 (1972) 25–28

Spiegel-Rösing, I., H. Petzold (Hrsg.): Die Begleitung Sterbender. Theorie und Praxis der Thanatotherapie. Junfermann, Paderborn 1984

Spilker, B. (Ed.): Quality of life and pharmaeconomics in clinical trials. Lippincott-Raven, Philadelphia 1996

Spitz, R. A.: Anaclitic Depression. Psychoanal. Stud. Child. 2 (1946) 313–342

Spitz, R. A.: Nein und Ja. Klett, Stuttgart 1960

Spitz, R. A.: Vom Dialog. Klett, Stuttgart 1976

Spitz, R. A.: Vom Säugling zum Kleinkind. Naturgeschichte der Mutter-Kind-Beziehung im ersten Lebensjahr. Klett, Stuttgart 1976

Spitz, R.: Die Entstehung der ersten Objektbeziehungen. Klett, Stuttgart 1973

Spitz, R.: The First Year of Life. International University Press, New York 1965

Spitzer, C., H. J. Freyberger, C. Kessler, D. Kömpf: Psychiatrische Komorbidität dissoziativer Störungen. Nervenarzt 65 (1994) 680–688

Spitzer, C., H. J. Freyberger, C. Kessler: Hysterie, Dissoziation, Konversion – eine Übersicht zu Konzepten, Klassifikation und diagnostischen Erhebungsinstrumenten. Psychiat. Prax. 23 (1996) 63–68

Spitzer, C., H. J. Freyberger: Diagnostik und Behandlung dissoziativer Störungen. Psychotherapie 2 (1997) 83–90

Spitzer, M.: Geist im Netz. Modelle für Lernen, Denken und Handeln. Spektrum Akademischer Verlag, Heidelberg, Berlin, Oxford 1996

Spitzer, M.: Neuronale Netzwerke und Psychopathologie. Nervenarzt 68 (1997) 21–37

Spitzer, R. L., J. B. W. Forman, J. Nee: DSM-III Field Trials: I. Initial interrater diagnostic reliability. Amer. J. Psychiat. 136 (1979) 815–817

Spitzer, R. L., J. B. W. Williams, M. Gibbon, M. B. First: Structured Clinical Interview for DSM-III-R. New York State Psychiatric Institute, Biometric Research Department, New York 1988

Spitzer, R. L., J. Endicott, E. Robins: Research Diagnostic Criteria. Psychopharmacol. Bull. 11 (1975) 22–25

Spitzer, R. L., J. L. Fleiss: A re-analysis of the reliability of psychiatric diagnosis. Brit. J. psychiat. 125 (1974) 341–347

Spitzer, R. L., M. Devlin, B. T. Walsh, B. T., D. Hasin, R. Wing, M. Marcus, A. Stunkard, T. Wadden, S. Yanovski, S. Agras, J. Mitchell, C. Nonas: Binge eating disorder, A multisite field trial of the diagnostic criteria. International Journal of Eating Disorders 11 (1992) 191–203

Spitzer, R. L., M. Devlin, B. T. Walsh, D. Hasin, R. Wing, M. Marcus, A. Stunkard, T. Wadden, S. Yanovski, S. Agras, J. Mitchell, C. Nonas: Binge eating disorder. To be or not to be in DSM-IV? International Journal of Eating Disorders 10 (1991) 627–629

Spivack, G., J. J. Platt, M. B. Shure: The Problem-Solving Approach to Adjustment. Jossey-Bass, San Francisco 1976

Spreen, O.: MMPI-Saarbrücken. Handbuch zur deutschen Ausgabe des Minnesota Multiphasic Personality Inventory. Huber, Bern 1963

Spyraki, C., H. C. Fibiger, A. G. Phillips: Attenuation by haloperidol of place preference conditioning using food reinforcement. Psychopharmacology 77 (1982) 379 - 382

Squire, L. R.: Memory and brain. Oxford University Press, Oxford 1987

Squire, L. R.: Memory and the hippocampus. A synthesis from findings with rats, monkeys and humans. Psychol. Rev. 99 (1992) 195 - 231

Stäcker, K. H.: Projektive und thematische Verfahren. In Schmidt, L. R. (Hrsg.): Lehrbuch der Klinischen Psychologie, 2. Aufl. Enke, Stuttgart 1984 (S. 256 - 275)

Stadler, S., M. Zielke, W. Gottfried, H. P. Olivet: Selbstkontrollprogramm der stationären Behandlung der Adipositas permagna. In Zielke, M., N. Mark (Hrsg.): Fortschritte der angewandten Verhaltensmedizin. Springer, Berlin 1990 (S. 264 - 275)

Stampfl, T. G., D. J. Levis: Essentials of implosive therapy: A learning-theory-based psychodynamic behavioral therapy. J. abnorm. Psychol. 72 (1967) 496 - 503

Stampfl, T. G., D. J. Levis: Implosive therapy. Theory and technique. General Learning Press, Morristown, NJ 1973

Stangier, U., A. Ehlers, V. Gieler: Fragebögen zur Bewältigung von Hautkrankheiten (FBH). Hogrefe, Göttingen 1996

Stangier, U., J. Eschstruth, U. Gieler: Chronische Hautkrankheiten: Psychophysiologische Aspekte und Krankheitsbewältigung. Verhaltenstherapie & Psychosoziale Praxis 19 (1987) 349 - 368

Stangier, U., T. Heidenreich, U. Gieler: Stadien der Psychotherapiemotivation in der psychosomatischen Versorgung von Hautkranken. Der Hautarzt 72 (1997) 341 - 348

Stangier, U., U. Gieler, A. Ehlers: Autogenes Training bei Neurodermitis. Z. Allg. Med. 68 (1992) 158 - 161

Stangier, U., U. Gieler, A. Ehlers: Der Marburger Neurodermitis-Fragebogen – Entwicklung eines Fragebogens zur Krankheitsbewältigung bei Neurodermitis. In Gieler, U., U. Stangier, E. Brähler (Hrsg.): Hauterkrankungen in psychologischer Sicht. Jahrbuch der medizinischen Psychologie (Bd. 9). Hogrefe, Göttingen 1993

Stangier, U., U. Gieler, A. Ehlers: Neurodermitis bewältigen. Verhaltenstherapie, Dermatologische Schulung, Autogenes Training. Springer, Berlin 1996

Stangier, U., U. Gieler, M. Dietrich, I. Florin: Verhaltenstherapeutische Ansätze bei Psoriasis vulgaris – Erste Ergebnisse einer kontrollierten Therapievergleichsstudie. In Schüffel, W. (Hrsg.): Sich gesund fühlen im Jahre 2000. Springer, Berlin 1988 (S. 445 - 451)

Stangier, U., U. Gieler: Somatoforme Störungen in der Dermatologie. Abstract-Band des 12. Symposiums für Klinisch-Psychologische Forschung. Fribourg 12. - 14. 05. 1994

Stangier, U., U. Gieler: Somatoforme Störungen in der Dermatologie. Psychotherapie in Psychiatrie, Psychotherapeutischer Medizin und Klinischer Psychologie 2 (1997) 91 - 101

Stangier, U.: Falldarstellung: Verhaltenstherapeutische Problemanalyse bei Neurodermitis. In Gieler, U., U. Stangier, E. Brähler (Hrsg.): Hauterkrankungen in psychologischer Sicht. Jahrbuch der medizinischen Psychologie. Bd. 9. Hogrefe, Göttingen 1993

Stangier, U.: Feldstudien zur belastungsbedingten Reaktivität von Hautkrankheiten: Eine methodenkritische Übersicht. Verhaltensmodifikation & Verhaltensmedizin 16 (1995) 353 - 371

Stanley, M. A., S. M. Turner: Current status of pharmacological and behavioral treatment of obsessional-compulsive disorder. Behavior Therapy 26 (1995) 163 - 186

Stark, F. M., G. Buchkremer: Die Therapeut-Patient-Beziehung in der Therapie schizophrener Patienten: Beurteilung durch Patienten und Therapeuten. Z. klin. Psychol. 21 (1992) 209

Statistisches Landesamt Saarland: Morbidität und Mortalität an bösartigen Neubildungen im Saarland. Statistisches Landesamt, Saarland 1992

Stavemann, H. H.: Emotionale Turbulenzen. Beltz, Weinheim 1995

Steck, P.: Psychologische Testverfahren in der Praxis. Ergebnisse einer Umfrage unter Testanwendern. Diagnostica 43 (1997) 267 - 284

Stegmüller, W.: Das Problem der Induktion: Humes Herausforderung und moderne Antworten. In Lenk, H. (Hrsg.): Neue Aspekte der Wissenschaftstheorie. Vieweg, Braunschweig 1971

Stegmüller, W.: Wissenschaftliche Erklärung und Begründung. Probleme und Resultate der Wissenschaftstheorie und Analytischen Philosophie, Bd. 1. Springer, Berlin 1974

Stein, J. A., J. M. Golding, J. M. Siegel, M. A. Burnam, S. B. Sorenson: Long-term psychological sequelae of child sexual abuse. The Los Angeles Catchment Area Study. In Wyatt, G. E., G. J. Powell (eds.): Lasting effects of child sexual abuse. Sage, Newbury Park 1988 (pp. 135 - 154)

Steiner, J.: Psychic Retreats. Pathological Organizations in Psychotic, Neurotic, and Borderline Patients. Routledge, London 1993

Steinhauer, P. D., J. Santa-Barbara, H. A. Skinner: The process model of family functioning. Canad. J. Psychiat. 29 (1984) 77 - 88

Steketee, G. S.: Treatment of Obsessive-Compulsive Disorder. Guilford Press, New York 1992

Stern, D. N.: The motherhood constellation. A unified view of parent-infant psychotherapy. Basic Books, New York 1995

Stern, D.: Die Lebenserfahrung des Säuglings. Klett–Cotta, Stuttgart 1992

Stern, D.: Mutter und Kind. Die erste Beziehung. Klett-Cotta, Stuttgart 1979

Stern, D.: Tagebuch eines Babys. Was ein Kind sieht, spürt, fühlt und denkt. Piper, München 1991

Stern, D.: The interpersonal world of the infant. Basic Books, New York 1985

Stevens, S. S.: Sensory power functions and neural events. In Loewenstein, W. R. (Ed.): Handbook of Sensory Physiology, Vol. I, Springer: Berlin-Heidelberg-New York 1971

Steyer, R., M. Eid: Messen und Testen. Springer, Berlin 1993

Steyer, R., P. Schwenkmezger, P. Notz, M. Eid: Der Mehrdimensionale Befindlichkeitsfragebogen (MDBF). Hogrefe, Göttingen 1997

Stieglitz, R. D., B. Ahrens: Fremdbeurteilungsverfahren. In Stieglitz, R. D., U. Baumann (Hrsg.): Psychodiagnostik psychischer Störungen. Enke, Stuttgart 1994 (S. 79 - 94)

Stieglitz, R. D., G. Schüßler: Instruments in the assessment of psychosomatic and neurotic disorders. Psychother. and Psychosom. 63 (1995) 81 - 89

Stieglitz, R. D., H. J. Freyberger: Klassifikation und diagnostischer Prozeß. In Freyberger, H. J., R. D. Stieglitz (Hrsg.): Kompendium der Psychiatrie und Psychotherapie. Karger, Basel

Stieglitz, R. D., M. Smolka, P. Bech, H. Helmchen: Bech-Rafaelsen-Melancholie-Skala (BRMS). Hogrefe, Göttingen 1998

Stieglitz, R. D., U. Baumann (Hrsg.): Psychodiagnostik psychischer Störungen. Enke, Stuttgart 1994

Stieglitz, R. D., U. Baumann: Veränderungsmessung. In Stieglitz, R. D., U. Baumann (Hrsg.): Psychodiagnostik psychischer Störungen. Enke, Stuttgart 1994 (S. 21 - 36)

Stieglitz, R. D., U. Frommberger, M. Berger: Evaluation der deutschen Version der PTSD Symptom Scale (PSS). In Stieglitz, R. D., E. Fähndrich, H. J. Möller (Hrsg.): Syndromale Diagnostik psychischer Störungen. Hogrefe, Göttingen 1998 (S. 178 - 183)

Stieglitz, R. D., W. Fähndrich, H. J. Möller (Hrsg.): Syndromale Diagnostik psychischer Störungen. Eine aktuelle Bestandsaufnahme zu Verfahren im Bereich der Psychiatrie und Klinischen Psychologie. Hogrefe, Göttingen 1997

Stieglitz, R. D.: Diagnostik und Klassifikation psychischer Störungen. Konzeptuelle und methodische Beiträge zur Evaluierung psychiatrischer Diagnostikansätze. Hogrefe, Göttingen 1999

Stieglitz, R. D.: Erfassung von Veränderungen. Theoretische und empirische Beiträge. Oberhofer, Berlin 1986

Stieglitz, R. D.: Klinische Selbst- und Fremdbeurteilungsverfahren. Diagnostica 34 (1988) 28 - 57

Stieglitz, R. D.: Selbst- und Fremdbeurteilung in der psychologisch-psychiatrischen Diagnostik und Therapieforschung. In Janssen, P. L., W. Schneider (Hrsg.): Diagnostik in Psychotherapie und Psychosomatik. Gustav Fischer, Stuttgart 1994 (S. 37 - 64)

Stieglitz, R. D.: Selbstbeurteilungsverfahren. In Stieglitz, R. D., U. Baumann (Hrsg.): Psychodiagnostik psychischer Störungen. Enke, Stuttgart 1994 (S. 67 - 78)

Stierlin, H., J. Rücker-Embden, N. Wetzel, M. Wirsching: Das erste Familiengespräch. Theorie – Praxis – Beispiele. Klett-Cotta, Stuttgart 1977

Stierlin, H.: Delegation und Familie. Suhrkamp, Frankfurt/M. 1978

Stierlin, H.: Ich und die anderen. Klett- Cotta, Stuttgart 1994

Stierlin, H.: Prinzipien systemischer Therapie. In Simon, F. B. (Hrsg.): Lebende Systeme. Springer, Heidelberg, Berlin 1988

Stierlin, H.: Von der Psychoanalyse zur Familientherapie. Klett, Stuttgart 1975

Stoller, R. J.: Primary feminity. J. Am. Psychoanal. Assoc. 24 (5. Suppl) (1976) 59 - 78

Stoller, R.: Perversion. Die erotische Form von Haß. Rowohlt, Reinbeck 1979

Stoller, R.: Sex and Gender. Vol II: The transsexual experiment. Asonson, New York 1976

Stolorow, R. D., B. Brandchaft et al.: Psychoanalytic Treatment. An Intersubjective Approach. Hillsdale, New Jersey. The Analytic Press 1987

Stolze, H.: Die konzentrative Bewegungstherapie. Springer, Berlin 1989

Stone, M. H.: Abnormalities of Personality, Within and Beyond the Realm of Treatment. Norton, New York 1993

Stone, M. H.: Schizotypal personality: psychotherapeutic aspects. Schizophrenia Bulletin 11 (1985) 576-589

Stone, M. H.: Treatment of severe personality disorders. In Tasman, A., M. B. Riba (eds.): Review of Psychiatry, Vol. 11. American Psychiatric Press, Washington 1992 (pp. 98-115)

Stotsky, S. M., M. P. H. Glass, M. T. Shea et al.: Patient Predictors of Response tp Psychotherapy and Pharmacotherapy: findings in the NIMH Treatment of Depression Collaborative Research Program. Am. J. Psychiat. 148 (1991) 8

Strachey, J.: The nature of therapeutic action in psychoanalysis. Int.J. Psychoanal. 15 (1934) 127-159

Strack, S., M. Lorr: The challenge of differentiating normal and disordered personality. Journal of Personality Disorders. 11 (1997) 105-122

Strange, P. G.: Brain Biochemistry and Brain Disorders. Oxford University Press, Oxford 1992

Strauch, R.: Selbstbeschreibungsprozesse oder: Wie definieren wir die Feldenkrais-Methode? Feldenkrais-Gilde e.V.: Köln/Bielefeld 1986

Strauß, B., H. Hess: Interpersonale Probleme, interpersonale Orientierung und Behandlungserfolg nach stationärer Gruppenpsychotherapie. Psychother. Psychosom. med. Psychol. 43 (1993) 82-92

Strauß, B., M. Burgmeier-Lohse: Merkmale der „Passung" zwischen Patienten und Therapeut als Determinante des Behandlungsergebnisses in der stationären Gruppentherapie. Z. Psychosomat. Med. Psychoanal. 41 (1995) 127-140

Strauß, B., M. Burgmeier-Lohse: Stationäre Langzeitgruppenpsychotherapie. Asanger, Heidelberg 1994

Strauß, B., H. Richter-Appelt: Fragebogen zur Beurteilung des eigenen Körpers (FBeK). Handanweisung. Hogrefe, Göttingen 1996

Strauß, B.: Quantitative Einzelfallforschung. In Basler, H. D., H. P. Rehfisch, A. Zink (Hrsg.): Psychologie in der Rheumatologie. Jahrbuch der Medizinischen Psychologie, Bd. 8. Springer, Berlin 1992 (S. 241-268)

Streeck, U., H. V. Werthmann (Hrsg.): Herausforderungen für die Psychoanalyse. Pfeiffer, München 1990

Streeck, U., H. V. Werthmann (Hrsg.): Lehranalyse und psychoanalytische Ausbildung. Vandenhoeck & Ruprecht, Göttingen 1992

Streeck, U.: Klinische Psychotherapie als Fokalbehandlung. Z. psychosom. Med. 37 (1991) 3-13

Streeck, U.: Psychoanalyse von Angesicht zu Angesicht? For. Psychoanal. 10 (1994) 25-40

Streeck, U.: Strukturelle Störungen, Interaktion und Gruppenpsychotherapie. Jahrbuch der Gruppenanalyse, Band 1. Matthes-Verlag, Heidelberg 1995 (S. 21-34)

Streeck-Fischer, A.: Analytisch orientierte Psychotherapie bei Kindern und Jugendlichen. Münchener Medizinische Wochenschrift 134 (1992): 666-670

Streeck-Fischer, A.: Entwicklungslinien in der Adoleszenz - Narzißmus und Übergangsphänomene. Psyche 48 (1994) 509-528

Streeck-Fischer, A.: Gruppe- und Gruppentherapie in der klinischen Psychotherapie von Jugendlichen. In Biermann, G. (Hrsg.): Handbuch der Kinderpsychotherapie Bd. V. Reinhardt, München 1992 (S. 127-135)

Streeck-Fischer, A.: Stationäre Psychotherapie von Kindern und Jugendlichen mit sog. Frühstörungen. Psychotherapeut 40 (1995) 79-87

Streeck-Fischer, A.: Verschiedene Formen des Spiels in der analytischen Psychotherapie. Forum Psychoanal. 15 (1997) 19-37

Strenger, C.: The classic and the romantic vision in psychoanalysis. Int. J. Psycho-Anal. 70 (1989) 593-610

Strian, F.: Diagnoseglossar - sekundäre Angstsyndrome. In Expertenkreis zur Erarbeitung eines Stufenplans (Hrsg.): Angstmanual. Kybermed, Emsdetten 1994

Stricker, G., J. R. Gold (eds.): Comprehensive Handbook of Psychotherapy Integration. Plenum Press, New York 1993

Striegel-Moore, R. H., L. R. Silberstein, J. Rodin: Towards an understanding of risk factors for bulimia. Amer. Psychol. 41 (1986) 246-263

Strober, M., C. Lampert, W. Morrell, J. Burroughs, C. Jacobs: A controlled family study of anorexia nervosa: evidence of familial aggregation and lack of shared transmission with affective disorders. Int. J. Eating Disorders 9 (1990) 239-253

Strober, M.: Family-genetic studies. In Halmi, K. A. (ed.): Psychobiology and treatment of anorexia nervosa and bulimia nervosa. Am. Psychiatric Ass. Press, Washington (D. C.) 1992 (pp 61-67)

Strotzka, H.: Psychotherapie: Grundlagen, Verfahren, Indikationen. Urban & Schwarzenberg, München 1975

Stuart, R. B.: A three-dimensional program for the treatment of obesity. Behav. Res. Ther. 9 (1971) 177-186

Stuart, R. B.: Behavioral control of overeating. Behav. Res. Ther. 5 (1967) 357-365

Stuhr, U., A. Haag: Eine Prävalenzstudie zum Bedarf an psychosomatischer Versorgung in den Allgemeinen Krankenhäusern Hamburgs. Psychother. med. Psychol. 39 (1989) 273-281

Stunkard, A. J., T. Wadden: Psychological aspects of human obesity. In Björntorp, P., B. N. Brodoff (eds.): Obesity. Lippincott, Philadelphia 1992 (pp. 352-360)

Stunkard, A. J., T. Wadden: Restrained eating and human obesity. Nutrition Reviews 48 (1990) 78-86

Stunkard, A. J.: Eating patterns and obesity. Psychiatry Quarterly 33 (1959) 294-295

Sturgis, E. T., V. Meyer: Obsessive-compulsive disorders. In Turner, S. M., K. S. Calhoun, H. E. Adams (eds.): Handbook of clinical behavior therapy. J. Wiley, New York 1981

Sturm, J., M. Zielke: Chronisches Krankheitsverhalten: Die klinische Entwicklung eines neuen Krankheitsparadigmas. Prax. Klin. Verhaltensmedizin und Rehabilitation 1 (1988) 17-27

Sturm, W.: Aufmerksamkeitsstörungen. In Hartje, W., K. Poeck (eds.): Klinische Neuropsychologie. Thieme, Stuttgart 1997

Sturm, W.: Therapie von Aufmerksamkeitsstörungen. In Hartje, W., K. Poeck (Hrsg.): Klinische Neuropsychologie. Georg Thieme, Stuttgart 1997

Stuss, T. D., D. F. Benson: The frontal lobes. Raven Press, New York 1986

Suinn, R. M., F. Richardson: Anxiety management training: A non-specific behavior therapy program for anxiety control. Behav. Ther. 2 (1971) 498-510

Suinn, R. M.: Übungsbuch für mentales Training. In sieben Schritten zur sportlichen Höchstleistung. Huber, Bern 1989

Sullivan, H. S.: Die interpersonale Theorie der Psychatrie. Fischer, Frankfurt/M. 1980

Sullivan, H. S.: The interpersonal theory of psychiatry. Norton, New York 1953

Süllwold, F.: Das Hypochondrie-Hysterie-Inventar (HHI). Handanweisung. Hogrefe, Göttingen 1995

Süllwold, L., J. Herrlich: Frankfurter Befindlichkeits-Skala (FBS). Springer, Berlin 1987

Süllwold, L., J. Herrlich: Psychologische Behandlung schizophren Erkrankter. Kohlhammer, Stuttgart 1986

Süllwold, L.: Frankfurter Beschwerde-Fragebogen (FBF). Springer, Berlin 1991

Süllwold, L.: Schizophrenie. Kohlhammer, Stuttgart 1983

Sulz, S. K. D. (Hrsg.): Kurzpsychotherapien. CIP-Medien, München 1998

Sulz, S. K. D.: Das Verhaltensdiagnostiksystem (VDS): Von der Anamnese zum Therapieplan. CIP-Medien, München 1992

Sulz, S. K. D.: Differentialindikation von Kurz- und Langzeittherapie in der Verhaltenstherapie. In Sulz, S. K. D. (Hrsg.): Kurzpsychotherapien. CIP-Medien, München 1998 (S. 25-42)

Svedlund, J., J. Sjödin, J. Ottoson, G. Dotevall: Controlled study of psychotherapy in irritable bowel syndrome. Lancet II (1983) 589-592

Svedlund, J.: Psychotherapy in Irritable bowel syndrome. A controlled outcome study. Acta Psychiatrica Scadinavica 67 (suppl. 306) (1983) 1-86

Swedo, S. E., J. L. Rapoport: Obsessive-compulsive disorders in childhood. In Hersen, M., C. G. Last (eds.): Handbook of child and adult psychopathology: A longitudinal perspective. Pergamon Press, New York 1990

Sweet, A.: The therapeutic relationship in behavior therapy. Clin. Psychol. Rev. 4 (1984) 253-272

Swildens, H.: Prozeßorientierte Gesprächspsychotherapie. Einführung in eine differentielle Anwendung des klientenzentrierten Ansatzes bei der Behandlung psychischer Erkrankungen. GwG, Köln 1991

Szabo, S.:The World Health Organization Quality of Life (WHOQOL) assessment instrument. In Spilker, B. (Ed.): Quality of life and pharmaeconomics in clinical trials. Lippincott-Raven, Philadelphia 1996 (pp. 355-362)

Szafran, A. W., I. Pelc, A. Clara, J. P. Devigne: Sensibilisation du type „intégré" dans le cadre d'une formation académique aux psychothérapies. (In Press)

Szasz, T. S.: Bad Habits are not Diseases: A Reputation of the Claim that Alcoholism is a Disease. In Robinson, D. (Ed.): Alcohol Problems. Mac Millan, London 1979 (pp. 74-78)

Szasz, T. S.: Schizophrenia: The sacred symbol of psychiatry. Brit. J. Psychiat. 129 (1976) 308-316

Szasz, T. S.: The Myth of Mental Illness. Secker & Warburg, London 1962

Taber, J. I., R. A. McCormick, A. M. Russo, B. J. Adkins, L. F. Ramirez: Follow-up of pathological gamblers after treatment. Amer. J. Psychiat. 144 (1987) 757-761

Talley, P. F., H. H. Strupp, S. F. Butler: Psychotherapy research and practice. Basic Books, New York 1994

Tallis, F.: The neuropsychology of obsessive-compulsive disorder - a review and consideration of clinical implications. Br. J. Clin. Psychol. 36 (1997) 3-20

Talmi, A.: Five Women: How Individual Feldenkrais Work Helps Resolve Psychological Problems. Somatics (1996) 42-52

Talmon, M.: Single Session Therapy. Jossey Bass, San Francisco 1990

Tarrier, N., L. Sharpe, R. Beckett, R. Harwood: A trial of two cognitive behavioural methods of treating drug-resistant residual psychotic symptoms in schizophrenic patients: II. Soc. Psychiat. psychiat. Epidemiol. 28 (1993) 5

Tarrier, N., S. Harwood et al.: Coping strategy enhancement (CSE): a method of treating residual schizophrenic symptoms. Behavioural Psychotherapy 18 (1990) S. 283-293

Taylor, G. J., R. M. Bagby, J. D. A. Parker: The revised Toronto Alexithymia Scale: Some Reliability, validity, and normative data. Psychotherapy and Psychosomatics 57 (1992) 34-41

Teasdale, J. D., M. Fennell: Immediate effects on depression of cognitive therapy interventions. Cognitive Ther. Res. 6 (1982) 343-352

Teasdale, J. D., P. J. Barnard: Affect, Cognition and Change. Re-modelling depressive thought. Laurance Erlbaum Associates, Hove, U. K. 1993

Teasdale, J. D., Z. Segal, J. M. G. Williams: How does cognitive therapy prevent depressive relapse and why should attentional control (mindfulness) training help ? Behav. Res. Ther. 1 (1995) 25-39

Tedeschi, R. G., L. G. Calhoun: The posttraumatic Growth Inventory: measuring the positive legacy of trauma. Journal of Traumatic Stress 9 (1996) 455-471

Telch, C. F.: Skills training treatment for adaptive affect regulation in a woman with Bing-Eating Disorder. International Journal of Eating Disorders 22 (1996) 77-81

Telch, C. F, W. S. Agras: Obesity, binge eating and psychopathology: Are they related? International Journal of Eating Disorders 15 (1994) 53-61

Telch, C. F., W. S. Agras, E. M. Rossiter: Binge eating increases with increasing adiposity. International Journal of Eating Disorders 7 (1988) 115-119

Telegen, A., G. Atkinson: Openness to absorbing and self-altering experiences. J. abnor. Psychol. 83 (1974) 268-277

Terr, L. C.: Childhood traumas: An outline and overview. Am. J. Psychiatry 148 (1991) 10-20

Teshima, H., C. Kubo, H. Kihara, Y. Imada, S. Nagata, Y. Ago, Y. Ikemi: Psychosomatic Aspects of Skin Diseases from the Standpoint of Immunology. Psychother. Psychosom. 37 (1982) 165

Tesone, J.: Psychoanalytische Bemerkungen zum Inzest: Das aufgelöste Dreieck. Psyche 9-10 (1996) 836-849

Testkuratorium der Förderation deutscher Psychologenverbände: Kriterienkatalog (Mitteilung). Diagnostica 32 (1986) 358-360

Teusch, L., H. Böhme: Is the exposure principle really crucial in agoraphobie? The influence of client-centered „nonprescriptive" treatment on exposure. Psychotherapy research 9, 1 (1999) 115-123

Teusch, L., H. Böhme, J. Finke, M. Gastpar: The influence of additional antidepressive medication on the assimilation process of problematic experiences in psychotherapy. New Research Program and Abstracts, p. 8. APA Annual Meeting 15.-20. 5. 1999, Washington, DC, USA

Teusch, L., H. Böhme, M. Gastpar: The benefit of an insight oriented and experimental approach on panic and agoraphobia symptoms: Results of a controlled comparison of clientcentered therapy and a combination with behavioral exposure. Psychotherapy and Psychosomatics 66 (1997) 293-301

Teusch, L., J. Finke, M. Gastpar (Hrsg.): Gesprächspsychotherapie bei schweren psychiatrischen Störungen. Asanger, Heidelberg 1994

Teusch, L., J. Finke: Die Grundlagen eines Manuals für die gesprächspsychotherapeutische Behandlung bei Panik und Agoraphobie. Psychotherapeut 40 (1995) 88-95

Teusch, L., M. Gastpar: Zum Verhältnis von Psychotherapie und Pharmakotherapie: Störungspotentiale und positive Interaktionsmöglichkeiten. In Möller, H. J. (Hrsg.): Therapie psychiatrischer Erkrankungen. 2. Aufl. Enke, Stuttgart 2000 (s. 61-70)

Teusch, L., M. Gastpar: Medikamentenabhängigkeit und Medikamentenabusus. In Bünte, H. u. Mitarb. (Hrsg.): Therapie-Handbuch. Urban & Schwarzenberg, München. Q 11 (1993) 1-8

Teusch, L.: Diagnostik in der Gesprächspsychotherapie. In Teusch, L., J. Finke (Hrsg.): Krankheitslehre der Gesprächspsychotherapie. Asanger, Heidelberg 1993

Teusch, L.: Gesprächspsychotherapie, Verhaltenstherapie und Pharmakotherapie bei Paniksyndrom und/oder Agoraphobie im Vergleich. In Meyer-Cording, G., G. W. Speierer (Hrsg.): Gesundheit und Krankheit. Theorie, Forschung und Praxis der klientenzentrierten Gesprächspsychotherapie heute. GwG, Köln 1990 (S. 148-162)

Tewes, U.: Qualitätsmanagement in der psychologischen Diagnostik. Zeitschrift für Medizinische Psychologie 7 (1998) 114-120

Tharp, R. G., R. J. Wetzel: Verhaltensänderungen im gegebenen Sozialfeld. Urban & Schwarzenberg, München 1975

Theilemann, S., K. Peter: Zur Evaluation kognitiver Therapie bei schizophren Erkrankten. Z. klin. Psychol. 23 (1994) 20

Therapeutische Strategie und soziale Wirklichkeit. Verlag modernes lernen, Dortmund 1988 (S. 543-558)

Thiel, A., T. Paul: Entwicklung einer deutschsprachigen Version des Eating-Disorder-Inventory (EDI). Z. diff. diagn. Psychol. 9 (1988) 267-278

Thomä, H., H. Kächele: Lehrbuch der psychoanalytischen Therapie. Bd 1. Thieme, Stuttgart 1989 (S. 55)

Thomä, H., H. Kächele: Lehrbuch der psychoanalytichen Therapie. Bd 2. Springer, Berlin 1989 (S. 375 f.)

Thomä, H., H. Kächele: Lehrbuch der psychoanalytischen Therapie. Springer, Berlin 1985

Thomä, H.: Anorexia nervosa, Geschichte, Klinik und Theorien der Pubertätsmagersucht. Huber, Stuttgart 1961

Thomä, H.: Die unendliche Lehranalyse als Supertherapie. In Streeck, U., H. J. Werthmann (Hrsg.): Lehranalyse und psychoanalytische Ausbildung. Vandenhoeck & Ruprecht, Göttingen 1992 (S. 131-161)

Thomä, H.: Männlicher Transvestitismus und das Verlangen nach Geschlechtsumwandlung. Eine Krankengeschichte. Psyche 11 (1957) 81-124

Thomä, H.: Über die Unspezifität psychosomatischer Erkrankungen am Beispiel einer Neurodermitis mit zwanzigjähriger Katamnese. Psyche 34 (1980) 589-624

Thomae, H.: Contributions of longitudinal research to a cognitive theory of adjustment to aging. Europ. J. Personality 6 (1992) 157-175

Thomae, H.: Das Individuum und seine Welt. Eine Persönlichkeitstheorie. Hogrefe, Göttingen 1968

Thomae, H.: Persönlichkeit. Eine dynamische Interpretation. 5. Aufl. Bouvier, Bonn 1970

Thomas, J. T.: Basiskonzepte in der Arbeit mit Spielern. MMG 14 (1989) 150-161

Thomas, R. M., B. Feldmann: Die Entwicklung des Kindes. Beltz, Weinheim 1986

Thomas, W., C. Muck-Weich, O. W. Schonecke: Methoden psychologischer Diagnostik. In Uexküll, T. von (Hrsg.): Psychosomatische Medizin. 5., neubearb. u. erw. Auflage. Urban & Schwarzenberg, München 1996 (S. 322-341)

Thoresen, C. E., M. J. Mahoney: Behavioral Self-Control. Holt, New York 1974

Thorndike, E. L.: Animal intelligence: An experimental study of the associative processes in animals. Psychol. Rev. Monogr. 2 (1898) 1-109

Thorpe, G. L., L. E. Burns: The agoraphobic syndrome. Wiley, Chichester 1983

Thyer, B. Y., E. S. Geller: Behavior analysis in the promotion of safety belt use: A review. In Hersen, M., R. M. Eisler, P. M. Miller (eds.): Progress in Behavior Modification, Vol. 26. Sage Publications, London 1990

Tiefensee, J.: Die Bedeutung spezifischer Aspekte der Eltern-Kind-Beziehung für autoaggressive Verhaltensweisen in Familien mit intra- und extrafamiliärem Mißbrauch. In Richter-Appelt, H. (Hrsg.): Verführung-Trauma-Mißbrauch (1896-1996). Psychosozial, Gießen 1997 (S. 203-220)

Tienari, P. u. Mitarb.: Interaction between genetic vulnerability and family environment: The Finnish adoptive study of schizophrenia. Acta Psychiat. scand. 84 (1991) 460-465

Timberlake, W.: Reconceptualizing Reinforcement: A Causal System Approach to Reinforcement and Behavior Change. In O'Donohue, W. R., L. Krasner (Eds.): Theories of behavior therapy. American Psychological Association, Washington (D.C.) 1995

Tölle, R.: Persönlichkeitsstörungen: Problematik und diagnostische Bedeutung. In Janssen, P. L.: Psychoanalytische Therapie der Borderlinestörungen. Springer, Berlin 1990 (S. 7)

Tölle, R.: Psychiatrie, 10. Aufl. Springer, Berlin 1994

Tolman, E. C.: Purposive Behavior in Animals and Men. Appleton-Century Crofts, New York 1932

Tomasson, K., D. Kent, W. Coryell: Somatization and conversion disorders: Comorbidity and demographic at presentation. Acta Psychiatr. Scand. 84 (1991) 288-293

Tomkins, S. A.: Affect as amplification: some modifications in theory. In Plutchnik, R, H. Wellerman (eds.): Emotion, Vol. 1. Academic Press, Orlando 1980

Tomm, K.: Die Fragen des Beobachters. Schritte zu einer Kybernetik zweiter Ordnung in der systemischen Therapie. Carl Auer, Heidelberg 1994

Torgersen, S.: Genetics of somatoform disorders. Archives of General Psychiatry 43 (1986) 502 – 505

Traue, H. C.: Aktivation: Biologische Rhythmen, neuronale Regulation and vegetative Responsespezifitäten. In Gerber, W. D., H. D. Basler, U. Tewes (Hrsg.): Medizinische Psychologie. Urban & Schwarzenberg, München 1994 (S. 93 – 117)

Trautner, H. M.: Allgemeine Entwicklungspsychologie. Kohlhammer, Stuttgart 1995

Trautner, H. M.: Lehrbuch der Entwicklungspsychologie, Bd. 2. Hogrefe, Göttingen 1991

Treasure, J., A. Holland: Genetic vulnerability to eating disorders: evidence from twin and family studies. In Remschmidt, H., M. H. Schmidt (Hrsg.): Anorexia nervosa. Child and youth psychiatry: European perspectives, Vol. 1. Hogrefe & Huber Publishers, 1990

Trepper, T. S., M. J. Barrett: Inzest und Therapie. Ein (system)therapeutisches Handbuch. verlag modernes lernen, Dortmund 1991

Trepper, T. S., M. J. Barrett: Systemic treatment of incest. Brunner & Mazel, New York 1989

Tress, W. (Hrsg.): Psychosomatische Grundversorgung. Kompendium der interpersonellen Medizin, 2. überarb. Aufl. Schattauer, Stuttgart 1997

Tress, W.: Zur Psychoanalyse der Sucht. eine Studie am objektpsychologischen Modell. Forum Psychoanal. 1 (1985) 81 – 92

Trierweiler, A.: Gruppentherapie zur Behandlung sexueller Funktionsstörungen bei Frauen. In Zielke, M., J. Sturm (Hrsg.): Handbuch Stationäre Verhaltenstherapie. Psychologie Verlags Union, Weinheim 1994 (S. 549 – 556)

Trimborn, W.: Analytiker und Rahmen als Garanten des therapeutischen Prozesses. Psychotherapeut 39 (1994) 94 – 103

Trube-Becker, E.: Historische Perspektiven sexueller Kontakte zwischen Erwachsenen und Kindern bzw. Jugendlichen und die soziale Akzeptanz dieses Phänomens von der Zeit der Römer und Griechen bis heute. In Ammann,G., R. Wipplinger (Hrsg.): Sexueller Mißbrauch: Überblick zu Forschung, Beratung und Therapie. 2. Aufl. DGVT, Tübingen 1998 (S. 72 – 85)

Trzepacz, P., A. DiMartini, R. Tringali: Psychopharmacologic Issues in Organ Transplantation. Part 1: Pharmacokinetics in Organ Failure and Psychiatric Aspects of Immunosuppressants and Anti-infectious Agents. Psychosomatics 34 (1993) 290 – 298

Trzepacz, P., A. DiMartini, R. Tringali: Psychopharmacologic Issues in Organ Transplantation. Part 2: Psychopharmacologic Medications. Psychosomatics 34 (1993) 199 – 207

Tscheulin, D.: Wirkfaktoren psychotherapeutischer Intervention. Hogrefe, Göttingen 1992

Tschuschke, V., H. Hess, R. MacKenzie: Der Gruppenklimafragebogen – GCQ-S. Methodik und Anwendung eines Meßinstruments zum Gruppenerleben. Gruppenpsychotherapie und Gruppendynamik 26 (1990) 340 – 359

Tschuschke, V.: Wirkfaktoren stationärer Gruppenpsychotherapie. Vandenhoek & Ruprecht, Göttingen 1993

Tschuschke, V.: Wirksamkeit und Erfolg in der Gruppenpsychotherapie. Gruppenpsychother. Gruppendynamik 25 (1989) 60 – 78

Tully, B., K. O. Tam: Helping the police with their inquiries: the development of special care questioning techniques. Children & Societa 3 (1987) 187 – 197

Turk, D. C., T. E. Rudy: Cognitive factors and persistent pain: a glimpse into Pandora's box. Cognit. Ther. Res. 16 (1992) 99 – 122

Turkat, I. D., S. A. Maisto: Personality disorders: Application of the experimental method to the formulation and modification of personality disorders. In Barlow, D. H.: Clinical Handbook of Psychological Disorders: A Step By Step Treatment Manual. Guilford Press, New York 1985

Turkat, I. D.: Die Persönlichkeitsstörungen. Ein Leitfaden für die klinische Praxis. Huber, Bern 1996

Turkat, I. D.: The personality disorders. A psychological approach to clinical management. Pergamon Press, New York 1990

Turner, J. A., S. Clancy: Comparison of operant behavioral and cognitive-behavioral group treatment for chronic low back pain. J. Consult. Clin. Psychol. 56 (1988) 261 – 266

Turner, S. M., D. C. Beidel, R. S. Nathan: Biological Factors in Obsessive-Compulsive Disorders. Psychological Bulletin 3 (1985) 430 – 450

Turner, S. M., D. C. Beidel, R. S. Nathan: Biological Factors in Obsessive-Compulsive Disorders. Psychological Bulletin 3 (1985) 430 – 450

Turner, S. M., D. C. Beidel: Treating obsessive-compulsive disorder. Pergamon Press, New York 1988

Turner, S. M., K. S. Calhoun: Handbook of Clinical Behavior Therapy, 2nd Ed. J. Wiley, New York 1992

Tuschl, R. J., R. G. Laessle, B. C. Kotthaus, K. M. Pirke: Vom Schlankheitsideal zur Bulimie: Ursachen und Folgen willkürlicher Einschränkungen der Nahrungsaufnahme bei jungen Frauen. Verhaltensmodifikation und Verhaltensmedizin 9 (1988) 195 – 216

Twardosz, S.: Environmental organization: The physical, social, and programmatic context of behavior. In Hersen, M., R. M. Eisler, P. M. Miller (eds.): Progress in Behavior Modification, Vol. 18. Academic Press, New York 1984

Tyrer, P., G. Stein: Personality disorders reviewed. Gaskell – Royal College of Psychiatrists, London 1993

Tyrer, P., R. Fowler-Dixon, B. Ferguson, A. Kelemen: A plea for the diagnosis of hypochrondrial patients. Psychological Medicine 10 (1990) 171 – 174

Tyron, W. W.: Neural Networks for Behavior Therapists: What They Are and Why They Are Important. Behavior Therapy 26 (1995) 295 – 318

Tyson, P.: Männliche Geschlechtsidentität und ihre Wurzel in der frühkindlichen Entwicklung. In Friedman, R., L. Lerner (Hrsg): Zur Psychoanalyse des Mannes. Springer, Berlin (1992) 1 – 20

Uexküll, T. v. (Hrsg.): Psychosomatische Medizin. 3. Aufl. Urban & Schwarzenberg 1986

Uexküll, T. v. (Hrsg.): Psychosomatische Medizin. 5., neubearb. u. erw. Auflage. Urban & Schwarzenberg, München 1996

Uexküll, T. v. u. Mitarb.: Funktionelle Syndrome. In Uexküll, T. v. u. Mitarb.: Psychosomatische Medizin. 4. Aufl. Urban & Schwarzenberg, München 1990 (S. 475)

Uexküll, T. v., W. Bertram, A. Haag, J. Michael Herrmann, K. Köhle: Integrierte Psychosomatische Medizin in Praxis und Klinik. Schattauer, Stuttgart 1992

Ullmann, L. P., L. Krasner (eds.): Case Studies in Behavior Modification. Holt, New York 1965

Ullmann, L. P., L. Krasner: A Psychological Approach to Abnormal Behavior. Prentice-Hall, Englewood Cliffs, NJ 1969

Ullrich de Muynck R., R. Ullrich: Das Assertiveness-Trainingsprogramm ATP: Einübung von Selbstvertrauen und sozialer Kompetenz. Pfeiffer, München 1976

Ullrich de Muynck, R., R. Ullrich: Der Unsicherheitsfragebogen. Testmanual und Anleitung für den Therapeuten, Teil II. München, Pfeiffer 1977

Ullrich, R., R. Ullrich deMuynck: Implosion, Reizüberflutung, Habituationstraining. In Kraiker, C. (Hrsg.): Handbuch der Verhaltenstherapie. Kindler, München 1974

Ulrike, S., G. Crombach, H. Reinecker: Der Weg aus der Zwangserkrankung. Vandenhoeck & Ruprecht, Göttingen 1996

Uni Magazin, Zeitschrift der Universität Hannover, 1/2 (1994) 3 – 4

Unnewehr, S., S. Schneider, J. Margraf (Hrsg.): Diagnostisches Interview psychischer Störungen im Kindes- und Jugendalter (DIPS-K). Springer, Berlin 1995

Uomoto, J. M., J. A. Brockway: Anger management training for brain injured patients and their family members. Arch. Phys. Med. Rehabil. 73 (1992) 674 – 679

Urban, H. B., D. H. Ford: Some historical and conceptual perspectives on psychotherapy and behavior change. In Bergin, A. E., S. L. Garfield (eds.): Handbook of Psychotherapy and Behavior Change. An Empirical Analysis. J. Wiley, New York 1971

Uyehara, L. A. et al.: Telling about the analysts pregnancy. J. Amer. Psychoanal. Assoc. 43 (1) (1993) 1/3 – 135

Vaillant, G. E.: The natural history of alcoholism. Harvard University Press, Cambridge 1983

Vaitl, D., F. Petermann (Hrsg.): Handbuch der Entspannungsverfahren, Bd. 1. Grundlagen und Methoden. Psychologie Verlags Union, Weinheim 1993

Vaitl, P., W. Bender, W. Hubmann: Soziale Rehabilitation schizophrener Patienten mit Residualsymptomatik. Krankenhauspsychiatrie 3 (1992) 6

Van der Kolk, B. A., A. C. McFarlane, L. Weisæth: Traumatic stress: the effects of overwhelming experience on mind, body, and society. Guilford Press, New York 1996

Van der Kolk, B., M. Greenberg, H. Boyd, J. Krystal: Inescapable shock, neurotransmitters, and addiction to trauma: Toward a psychobiology of post-traumatic stress. Biological Psychiatry 20 (1985) 314 – 325

Van der Kolk, B.: Post-traumatic stress disorder as a biologically based disorder: implications of the animal model of inescapable shock. In van der Kolk, B. (ed.): Post-traumatic Stress Disorder. Psychological and Biological Sequelae. American Psychiatric Press, Washington (D. C.) 1984 (pp. 124 – 134)

Van der Linden, M., M. A. Van der Kaa: Reorganization therapy for memory impairments. In Seron, X., G. Deloche (eds.): Cognitive approaches to neuropsychological rehabilitation. Lawrence Erlbaum, Hillsdale 1989

Van Moffaert, M.: Psychodermatology: An Overview. Psycho- ther. Psychosom. 58 (1992) 125

Van Moffaert, M.: Psychosomatics for the Practising Dermatologist. Dermatologica 165 (1982) 73

Van Quekelberghe, R., G. Caprano, P. Winter, R. Krieger: Meditation als klinisch-psychologisches Verfahren. Universität Koblenz-Landau, 1991

Van Velsen, C., C. Gorst-Unsworth, S. Turner: Survivors of torture and organized violence: demography and diagnosis. Journal of Traumatic Stress 9 (1996) 181 - 193

Van Zomeren, A. H., W. H. Brouwer: Clinical neuropsychology of attention. Oxford University Press, New York 1994

Vaughan, K., N. Tarrier: The use of habituation training with post-traumatic stress disorders. British Journal of Psychiatry 161 (1992) 658 - 664

Vauth, R., R. D. Stieglitz: Psychologische Interventionsmöglichkeiten bei persistierendem Wahn und persistierenden akustischen Halluzinationen bei schizophrenen Patienten. Psychiat. Prax. 20 (1993) 211

Vauth, R., R. D. Stieglitz: Verhaltenstherapeutische Interventionen bei persistierender halluzinatorischer und wahnhafter Symptomatik schizophrener Patienten. Verhaltenstherapie 4 (1994) 177

Veale, D., C. Boocock, K. Gournay, W. Dryden, F. Shah, R. Willson, J. Walburn: Body dysmorphic disorder. A survey of fifty cases. British Journal of Psychiatry 169 (1996) 196 - 201

Veale, D., K. Gournay, W. Dryden, A. Boocock, F. Shah, R. Willson, J. Walburn: Body dysmorphic disorder: a cognitive behavioural model and pilot randomized controlled trial. Behaviour Research and Therapy 34 (1995) 717 - 729

Veith, I.: Hysteria. The history of a disease. The University of Chicago Press, Chicago 1965

Verband Deutscher Rentenversicherungsträger: Phaseneinteilung in der neurologischen Rehabilitation. Rehabilitation 34 (1995) 119 - 127

Vertragsabteilung Psychotherapie im Berufsverband Deutscher Psychologen e.V. (Hrsg.): Psychotherapeutengesetz: Dokumentation eines Gesetzgebungsverfahrens, Bonn 1994

Violon, A., D. Giurgea: Familial models for chronic pain. Pain 18 (1984) 199 - 203

Vogel, H. u. Mitarb. (Hrsg.): Verhaltenstherapeutische Fallberichte Ausbildungsmanual 4. dgtv, Tübingen 1994

Vogel, H.: Verhaltensmedizin in der medizinischen Rehabilitation. Deutsche Rentenversicherung 4 - 5 (1993) 234

Vogl, S.: Modellernen. In Kraiker, C. (Hrsg.): Handbuch der Verhaltenstherapie. Kindler, München 1974

Vogt, I., E. Arnold: Sexuelle Übergriffe in der Therapie. DGVT, Tübingen 1993

Vogt, R., B. Vogt-Heyder: Tiefenpsychologisch fundierte Psychotherapie. In Psychologie des 20. Jahrhunderts, Psychosomatik, Bd. 2. Beltz, Weinheim 1979 (S. 322 - 343)

Voigtel, R.: Die Überlassung an das unbelebte Objekt. Zur begrifflich-diagnostischen Abgrenzung der Sucht.

Volkan, V. D., G. Ast: Spektrum des Narzißmus. Vandenhoeck & Ruprecht, Göttingen 1994

Volkan, V.: Six Steps in the treatment of Borderline Personality Organisation. Jason Aronson, Northvale 1987

Vygotsky, L. S.: Thought and Language. J. Wiley, New York 1962

Waadt, S., R. G. Laessle, K. M. Pirke: Bulimie. Ursachen und Therapie. Springer, Berlin 1992

Wachtel, P. L.: On theory, practice and the nature of integration. In Arkowitz, H., S. B. Messer (eds.): Psychoanalytic Therapy and Behaviour Therapy: Is Integration Possible? Plenum, New York 1985 (pp. 31 - 52)

Wachtel, P. L.: Psychoanalysis and behavior therapy. Toward an integration. Basic Books, New York 1977

Wächter, H. M., U. Rüger: Das katathyme Bilderleben. In Heigl-Evers, A., F. Heigl, J. Ott (Hrsg.): Lehrbuch der Psychotherapie. Fischer, Stuttgart 1992

Wächtler, C., U. Block (Hrsg.): Gerontopsychiatrische Tageskliniken in der Bundesrepublik Deutschland. Druckerei AK Ochsenzoll, Hamburg 1991

Wadden, T. A., A. J. Stunkard: Psychosocial consequences of obesity and dieting. In Stunkard, A. J., T. A. Wadden (eds): Obesity: theory and therapy. Raven, New York 1993 (pp. 163 - 177)

Wagner, A. W., M. M. Lineham: Relationship between childhood sexual abuse and topography of parasuicide among women with borderline personality disorder. Journal of Personality Disorder 8 (1994) 1 - 9

Wagner, I.: Aufmerksamkeitstraining mit impulsiven Kindern. Klett, Stuttgart 1976

Walbott, H. G.: Verhaltensbeobachtung. In Stieglitz, R. D., U. Baumann (Hrsg.): Psychodiagnostik psychischer Störungen. Enke, Stuttgart 1994 (S. 95 - 106)

Waldinger, R. J.: Intensive Psychodynamic Therapy with Borderline Patients: An Overview. American Journal of Psychiatry 144 (1987) 267 - 274

Walker, E. A., W. J. Katon, J. Hansom, J. Harrop-Griffiths, L. Holm, M. L. Jones, L. Hickok, R. P. Jemelka: Medical and psychiatric symptoms in women with childhood sexual abuse. Psychosomatic Medicine 54 (1992) 658 - 664

Wallerstein, R. S.: Zum Verhältnis von Psychoanalyse und Psychotherapie. Wiederaufnahme einer Diskussion. Psyche 44 (1990) 967 - 994

Wallnöfer, H.: Analytische Techniken in der Oberstufe des Autogenen Trainings. J. A. T. und AIL-Psychother. 4 (1978) 75 - 96

Walton, D.: The application of learning theory to the treatment of a case of neurodermatitis. In Eysenck, H. J. (ed).: Behavior therapy and the neuroses. Pergamon, Oxford 1960

Wanke, K.: Unterschiedliches Suchtverhalten bei Frau und Mann. In Deutsche Hauptstelle gegen die Suchtgefahren (Hrsg.): Frau und Sucht. Hoheneck, Hamm 1981 (S. 11 - 27)

Ward, T., S. M. Hudson, W. L. Marshall: Cognitive distortions and affective deficits in sex offenders: A cognitive deconstructionist interpretation. Sexual abuse: A Journal of Research and Treatment 7 (1995) 67 - 83

Warwick, H. M. C., D. M. Clark, A. M. Cobb, P. M. Salkovkis: A controlled trial of cognitive-behavioural treatment of hypochondriasis. British Journal of Psychiatry 169 (1996) 189 - 195

Waschulewski-Floruß, H.: Biofeedback. In Linden, M., M. Hautzinger: Verhaltenstherapie, 2. Aufl. Springer, Heidelberg 1993 (S. 99)

Watson, J. B., R. Raynor: Conditioned emotional reactions. Journal of Experimental Psychology 3 (1920) 1 - 14

Watson, M., S. Horn: „The ten pound note test“: suggestions for eliciting improved responses in the severly brain-injured patient. Brain Inj. 4 (1991) 421 - 424

Watts, F. N., L. Trezise, R. Sharrock: Processing of phobic stimuli. Br. J. Clin. Psychol. 25 (1986) 253 - 259

Watzl, H., Rockstroh, B.: Abhängigkeit und Mißbrauch von Alkohol und Drogen. Hogrefe, Göttingen 1997

Watzlawick, P., J. H. Beavin, D. D. Jackson: Menschliche Kommunikation. Formen, Störungen, Paradoxien, 7. Aufl. Huber, Bern 1985

Watzlawick, P., J. H. Beavin, D. D. Jackson: Pragmatics of human communication. Norton, NY 1967

Watzlawick, P., J. H. Weakland, R. Fisch: Lösungen - Zur Theorie und Praxis menschlichen Wandels. Huber, Bern, Stuttgart, Wien 1975

Watzlawick, P., J. H. Weakland, R. Fisch: Lösungen - Zur Therapie und Praxis menschlichen Wandels, 2. Aufl. Huber, Bern 1979

Weber, G., F. B. Simon, H. Stierlin et al.: Familientherapie bei manisch-depressivem Verhalten. In Familiendynamik 12 (2) (1987) 141 - 168

Weber, G., H. Stierlin: In Liebe entzweit. Die Heidelberger Therapie der Magersucht. Rowohlt, Reinbek 1989

Wegner, D. M.: Die Spirale im Kopf. Kabel-Verlag, Hamburg 1992 (Original 1989)

Wehowsky, A.: Biosynthese - eine somatische Psychotherapie. Z. Biosynth. Somat. Psychotherap. 10 (1994) 135 - 139

Weidhaas, J., M. Braun: Die gesundheitspolitische Einbettung der ambulanten Verhaltenstherapie. Praxis der klinischen Verhaltenstherapie und Rehabilitation 12 (1990) 250 - 253

Weigeldt, I., J. Paal: Psychotherapie als Herausforderung für den Psychoanalytiker. In Streeck,U., Werthmann (Hrsg.): Herausforderungen für die Psychoanalyse. Pfeiffer, München 1990

Weinberg, J., L. Diller, W. A. Gordon, L. J. Gerstman, A. Lieberman, P. Lakin, G. Hodges, O. Ezrachi: Training sensory awareness and spatial organization in people with right brain damage. Arch. Phys. Med. Rehabil. 60 (1979) 491 - 496

Weinberg, J., L. Diller, W. A. Gordon, L. J. Gerstman, A. Lieberman, P. Lakin, G. Hodges, O. Ezrachi: Visual scanning training effect on reading-related tasks in aquired right brain damage. Arch. Phys. Med. Rehabil. 58 (1977) 479 - 486

Weinberger, D. R.: Implications of normal brain development for the pathogenesis of schizophrenia. Archives of General Psychiatry. 44 (1987) 660 - 669

Weiner, B.: An attributional theory of motivation and emotion. Springer, Berlin 1986

Weiner, B.: Motivationspsychologie. 3. Aufl. PVU, Weinheim 1994

Weis, S., P. Wechsung, R. Schwarz: Das Sozialrecht in der medizinischen und sozialen Rehabilitation. Schriftenreihe des Tumorzentrums Heidelberg/Mannheim 1994

Weiss, D. S., C. Marmar, W. E. Schlenger, J. A. Fairbank: The prevalence of lifetime and partial post-traumatic stress disorder in Vietnam theater veterans. Journal of Traumatic Stress 5 (1992) 365 - 376

Weiss, J., H. Sampson: The psychoanalytic process: theory, clinical observation and empirical research. Guilford Press, New York 1986

Weiss, L., M. A. Katzman, S. A. Wolchik: Bulimie: Ein Behandlungsplan. Huber, Bern 1989
Weiss, T., G. Haertel-Weiss: Familientherapie ohne Familie – Kurztherapie mit Einzelpatienten. Piper, München 1991
Weissmann, M. M., G. L. Klerman, E. S. Paykel et al.: Treatment effects on the social adjustment of depressed patients. Arch. Gen. Psychiatry 30 (1974) 771 – 778
Weitzenhoffer, A. M., E. R. Hilgard: Stanford Hypnotic Susceptibility Scale, Form C. Consulting Psychologists Press, Palo Alto, Cal. 1962
Weitzman, B.: Behaviortherapy and psychotherapy. Psychol. Rev. 74 (1967) 300 – 317
Wellisch, D., D. Wolcott: Psychological Issues in Bone Marrow Transplantation. In Forman, S., K. Blume, E. Thomas (eds.): Bone Marrow Transplantation. Blackwell Scientific Publications, Boston 1994 (pp. 556 – 571)
Wells, A., A. Matthews: Attention and Emotion. A Clinical Perspektive. Laurance Erlbaum Associates, Hove, U. K. 1994
Wells, A.: Cognitive therapy of anxiety disorders. J. Wiley, Chichester 1997
Welter-Enderlin, R.: Paare – Leidenschaft und Langeweile. München 1992
Welter-Enderlin, R.: Skelette im Keller und Schätze auf dem Dachboden. Familientherapiegeschichte(n). System Familie 3, 4 (1990) 196 – 205
Weltgesundheitsorganisation: Internationale Klassifikation psychischer Störungen: ICD-10, Kapitel V (F). Huber, Bern 1991
Welzel-Ruhrmann, C.: Psychologische Diagnostik bei Hauterkrankungen. Verhaltensmodifikation und Verhaltensmedizin 16 (1995) 311 – 335
Wendlandt, W.: Entspannung im Alltag. Ein Trainingsbuch. Edition Sozial Beltz, Weinheim 1992
Wendt, A., F. Petermann: Meßverfahren zur Erfassung des Bewältigungverhaltens: Eine kritische Bestandsaufnahme. Zeitschrift für Klinische Psychologie, Psychopathologie und Psychotherapie 44 (1996) 3 – 32
Wendt, H.: Integrative Sexualtherapie – am Beispiel von Frauen mit Orgasmusstörungen. Pfeiffer, München 1979
Werner, H., H. Dittberner: Geriatrische Tageskliniken und Gerontologische Beratungsstellen in der Bundesrepublik Deutschland. Cassell-Riedel Pharma, Frankfurt/M. 1993
Werner, H.: Einführung in die Entwicklungspsychologie. Barth, München 1953
West, M.: The Psychology of Meditation. Clarendon Press, Oxford 1987
Westen, D., A. Arbor: Towards a Revised Theory of Borderline Object Relations: Contributions of Empirical Research. Int. J. Psycho-Anal. 71 (1990) 661 – 693
Westendorf, W.: In Schipperges, H.: Krankheit, Heilkunst, Heilung. Historische Anthropologie. Bd. 1. Alber-Verlag, Freiburg-München 1978 (S. 139 ff)
Westenhöfer, J., V. Pudel, N. Maus, G. Schlaf: Das kollektive Diätverhalten deutscher Frauen als Risikofaktor für Eßstörungen. Akt. Ernähr. Med. 12 (1987) 154 – 159
Westenhöfer, J., V. Pudel: Gesellschaftliche Aspekte von Eßstörungen. Prax. Klin. Verh. Rehab. 11 (1990) 151 – 159
Westenhöfer, J.: Gezügeltes Essen und Störbarkeit des Eßverhaltens. Hogrefe, Göttingen 1991
Wester, W., A. Smith (eds.): Clinical hypnosis. Lippincott, New York 1984
Westhoff, G.: Handbuch psychosozialer Meßinstrumente. Hogrefe, Göttingen 1993
Westmeyer, H.: Auf der Suche nach einer verhaltenstherapeutischen Identität. Verhaltenstherapie und Verhaltensmedizin 19 (1998) 91 – 106
Westmeyer, H.: Von den Schwierigkeiten, ein Behaviorist zu sein oder: Auf der Suche nach einer behavioristischen Identität. In Lenk, H. (Hrsg.): Handlungstheorien – interdisziplinär. Fink, München 1981
Westmeyer, H.: Zu Selbstverständnis und Perspektiven der Verhaltensdiagnostik. Diagnostica 40 (1994) 270 – 292
Westmeyer, H.: Zur Beziehung zwischen Verhaltensdiagnose und Verhaltenstherapie. Psychol. Rdsch. 26 (1975) 282 – 288
Westphal, C.: Über Zwangsvorstellungen. Archiv für Psychiatrie und Nervenkrankheiten 8 (1878) 734 – 750
White, K., J. O. Cole: Pharmacotherapy. Part 5: Obsessive-compulsive disorder. In Bellack, A. S., M. Hersen (eds.): Handbook of Comparative Treatments for Adult Disorders. Wiley, New York 1990 (pp. 266 – 284)
Whitlock, F. A.: Psychophysiologische Aspekte bei Hauterkrankungen. Perimed, Erlangen 1980
Wicker, H. R.: Die Sprache extremer Gewalt. Studie zur Situation von gefolterten Flüchtlingen in der Schweiz und zur Therapie von Folterfolgen. Institut für Ethnologie der Universität Bern, Bern 1991
Widiger, T. A., P. T. Costa: Personality and personality disorders. Journal of Abnormal Psychology. 103 (1994) 78 – 91
Widlocher, D.: Processus de changement en psychothérapie et apprentissage. L'Hygiène Mentale. Supplément de L'Encéphale 4 (1973) 325 – 331
Widmaier, J.: Charakteristische Elemente psychoanalytischer Psychotherapie bei psychosomatischen Erkrankungen der Haut. In Gieler, U., U. Stangier, E. Brähler: Hauterkrankungen in psychologischer Sicht, Jahrbuch der Medizinischen Psychologie 9. Hogrefe, Göttingen 1993
Wiemeyer, J.: Bewegungslernen im Sport: motorische, kognitive und emotionale Aspekte. Wiss. Buchges., Darmstadt 1997
Wild-Missong, A., E. Teuwsen (Hrsg.): Psychotherapeutische Schulen im Gespräch miteinander. Otto Müller, Salzburg 1977
Wilke, E., H. Leuner (Hrsg.): Das Katathyme Bilderleben in der Psychosomatischen Medizin. Huber, Bern 1990
Wilken, B.: Rational-Emotive Therapie: (Nur) eine Methode der Verhaltenstherapie? Verhaltensmodif. u. Verhaltensmed. 15 (1994) 295 – 319
Wilkins, W.: Desensitization: Social and cognitive factors underlying Wolpe's procedures. Psychol. Bull. 76 (1971) 311 – 317
Willi, J.: Die Zweierbeziehung. Rowohlt, Reinbeck 1975
Willi, J.: Therapie von Sexualstörungen – Paartherapie oder Sexualtherapie. Familiendynamik 3 (1981) 248 – 259
Willi, J.: Was hält Paare zusammen? Der Prozeß des Zusammenlebens in psychoökologischer Sicht. Rowohlt, Reinbek 1991
Williams, J. M. G., F. N. Watts, C. McLeod, A. Mathews: Cognitive psychology and emotional disorders. Wiley, Chichester 1988
Willutzki, U., B. Neumann, A. Bertelmann: Aufdeckungsarbeit und Prozeßkompetenz der TherapeutIn: Was hilft Kindern, über den sexuellen Mißbrauch zu sprechen? In Ammann,G., R. Wipplinger (Hrsg.): Sexueller Mißbrauch: Überblick zu Forschung, Beratung und Therapie. 2. Aufl. DGVT, Tübingen 1998 (S. 72 – 85)
Wilson, B. A.: Cognitive rehabilitation following severe head injury. In Glasgow, D., N. Eisenberg (eds.): Current issues in clinical psychology. Gower, Aldershot 1986
Wilson, B. A.: Injury to the central nervous system. In Pearce, S., J. Wardle (eds.): The practice of behavioural medicine. Oxford University Press, Oxford 1989
Wilson, B. A.: Memory therapie in practice. In Wilson, B. A., N. Moffat (eds.): Clinical management of memory problems. Croom Helm, London 1984
Wilson, B. A.: Single-case experimental designs in neuropsychological rehabilitation. J. Clin. Exp. Psychol. 9 (1987) 527 – 544
Wilson, B.: Adapting „Portage" for neurological patients. Int. Rehabil. Med. 7 (1985) 6 – 8
Wilson, G. T., C. A. Nonas, G. D. Rosenblum: Assessment of binge eating in obese patients. International Journal of Eating Disorders 1 (1993) 25 – 33
Wilson, G. T., C. M. Franks (eds.): Contemporary Behavior Therapy. Conceptual and Empirical Foundations. Guilford Press, New York 1982
Wilson, G. T., I. Evans: The therapist-client relationship in behavior therapy. In Gurman, A. S., A. M. Razin (eds.): Effective Psychotherapy. A Handbook of Research. Pergamon Press, New York 1977
Wilson, G. T.: Towards specifying the „nonspecific" factors in behavior therapy. Behav. Ther. 9 (1980) 89 – 98
Wilson, J. P., B. Raphael (eds.): International Handbook of Traumatic Stress Syndromes. Plenum Press, New York 1993
Wilson, J. P., J. D. Lindy: Countertransference in the treatment of PTSD. Guilford, New York 1994
Wilson, P. H.: Combined pharmacological and behavioral treatment of depression. Behav. Res. Ther. 20 (1982) 173
Wilson, S. L., T. M. McMillan: A review of the evidence for the effectiveness of sensory stimulation treatment for coma and vegetative states. Neuropsychological Rehab. 3 (1993) 149 – 160
Wilson, S. L., G. E. Powell, D. Brock, H. Thwaites: Vegetative state and responses to sensory stimulation: an analysis of 24 cases. Brain Inj. 11 (1996) 807 – 818
Wilz, G., E. Brähler (Hrsg.): Tagebücher in Therapie und Forschung. Ein anwendungsorientierter Leitfaden. Hogrefe, Göttingen 1997
Windauer, U., W. Lennerts, P. Talbot, S. W. Touyz, P. J. V. Beumont: How Well are, Cured' Anorexia Nervosa Patients? – An Investigation of 16 Weight-Recovered Anorexic Patients. Brit. J. Psychiat. 163 (1993) 195 – 200
Winfried, I., L. K. George, M. Swartz, D. G. Blazer: Sexual assault and psychiatric disorders among a community sample of women. American Journal of Psychiatry 147 (1990) 335 – 341
Wing, J. K., J. L. T. Birley, J. E. Cooper, P. Graham, A. D. Isaacs: Reliability of a procedure for measuring and classifying „Present Psychiatric State". Brit. J. Psychiat. 113 (1967) 499 – 515

Wing, R. R., R. W. Jeffery, L. Wendy, L. Hellerstedt: A prospective study of effects of weight cycling on cardiovascular risk factors. Arch. Intern. Med. 155 (1995) 1416 – 1422

Winkler, W. T.: 50 Jahre AÄGP – ein Rückblick. Psychother. med. Psychol. 27 (1977) 74 – 84

Winnicott, D. W.: Die Theorie von der Beziehung zwischen Mutter und Kind. In Reifungsprozesse und fördernde Umwelt: Studien zur Theorie der emotionalen Entwicklung. Kindler, München 1974

Winnicott, D. W.: Hate in the countertransference. Int. J. Psycho-Anal. 30 (1949) 69 – 74

Winnicott, D. W.: Reifungsprozesse und fördernde Umwelt. Fischer, Frankfurt/M. 1984

Winnicott, D. W.: Übergangsobjekte und Übergangsphänomene. In Vom Spiel zur Kreativität. Klett-Cotta, Stuttgart 1973

Winnicott, D. W.: Vom Spiel zur Kreativität. Klett-Cotta, Stuttgart 1987

Winnicott, D. W.: Von der Kinderheilkunde zur Psychoanalyse. Kindler, München 1976

Winter, J., A. J. Ferreira: Interaction Process Analysis of Family Decision-making. In Family Process 6 (1967) 155 – 172

Wipplinger, R., G. Ammann: Zur Bedeutung der Bezeichnungen und Definitionen von sexuellem Mißbrauch. In Ammann, G., R. Wipplinger (Hrsg.): Sexueller Mißbrauch: Überblick zu Forschung, Beratung und Therapie. 2. Aufl. DGVT, Tübingen 1998 (S. 72 – 85)

Wirth, A., E. Kern, I. Vogel, T. Nikolaus, G. Schlierf: Kombinationstherapie der Adipositas mit Reduktionskost und körperlichem Training. Dtsch. Med. Wochenschr. 11 (1996) 972 – 977

Wirth, A.: Adipositas. Springer, Berlin1997 (pp. 175 – 177)

Wise, K.: Wenn Essen zum Zwang wird. Wege aus der Bulimie. PAL Verlag, Mannheim 1992

Wisocki, P. A.: Behavioral approaches to gerontology. In Hersen, M., R. M. Eisler, P. M. Miller (eds.): Progress in Behavior Modification, Vol. 16. Academic Press, New York 1984

Wittchen, H. U., E. Schramm, M. Zaudig, H. Unland: SKID. Stukturiertes klinisches Interview für DSM-IV, Achse I, deutsche Version. Göttingen 1997

Wittchen, H. U., E. Schramm, M. Zaudig, P. Spengler, R. Rummler, W. Mombour: Strukturiertes Klinisches Interview für DSM-III-R. Beltz Test Gesellschaft, Weinheim 1990

Wittchen, H. U., G. Semler: Composite International Diagnostik Interview (CIDI). Interview und Manual. Beltz Test GmbH, Weinheim 1991

Wittchen, H. U., H. Saß, M. Zaudig, K. Koehler: Diagnostisches und Statistisches Manual Psychischer Störungen DSM-III-R. Beltz, Weinheim 1989

Wittchen, H. U., H. Unland, B. Knäuper: Interview. In Stieglitz, R. D., U. Baumann (Hrsg.): Psychodiagnostik psychischer Störungen. Enke, Stuttgart 1994 (S. 107 – 125)

Wittchen, H. U., H. Unland: Neue Ansätze zur Symptomerfassung und Diagnosestellung nach ICD-10 und DSM-III-R: Strukturierte und standardisierte Interviews. Z. klin. Psychol. 20 (1991) 321 – 342

Wittchen, H. U.: Epidemiology of panic attacks and panic disorders. In Hand, I., H. U. Wittchen (eds.): Panic and phobias I. Springer, Berlin 1986

Wittchen, H. U.: ICD-10 und die Verhaltenstherapie? Verhaltenstherapie 1 (1991) 99 – 109

Wittchen, H. U.: Klassifikation und Diagnostik von Persönlichkeitsstörungen. In Schmitz, B., T. Fydrich, K. Limbacher: Persönlichkeitsstörungen: Diagnostik und Psychotherapie. Psychologie Verlags Union, Weinheim 1996

Wittchen, H. U.: Klassifikation. In Stieglitz, R. D., U. Baumann (Hrsg.): Psychodiagnostik psychischer Störungen. Enke, Stuttgart 1994 (S. 47 – 63)

Wittchen, H. U.: Therapiebezogene Diagnostik. In Jäger, R. S., F. Petermann (Hrsg.): Psychologische Diagnostik, 2. Aufl. Psychologie Verlags Union, Weinheim 1992 (S. 232 – 245)

Wittchen, H. U.: Therapiebezogene Diagnostik. In Jäger, R. S., F. Petermann (Hrsg.): Psychologische Diagnostik, 3., korr. Aufl. Psychologie Verlags Union, Weinheim 1995 (S. 232 – 245)

Wittkower, E., B. Russell: Emotional Factors in Skin Disease. Cassell, London 1953

Wittkowski, J.: Zum aktuellen Status von Formdeuteverfahren. Diagnostica 42 (1996) 191 – 219

Wittmann, W. W., G. E. Matt: Meta-Analyse als Integration von Forschungsarbeiten am Beispiel deutschsprachiger Arbeiten zur Effektivität von Psychotherapie. Psychol. Rdsch. 37 (1986) 20 – 40

Wittmann, W. W.: Evaluationsforschung. Aufgaben, Probleme und Anwendungen. Springer, Berlin 1985

Wittmann, W. W.: Meta-Analysis of german psychotherapy outcome studies: The importance of research-quality. In Huber, W.: Progress in psychotherapy research. Presses Universitaires de Louvain, Louvain-la-Neuve 1987 (p. 770)

Wlazlo, Z., I. Hand, R. Klepsch, B. Friedrich, M. Fischer: Langzeiteffekte multimodaler Verhaltenstherapie bei krankhaftem Glücksspielen, II. Prospektive Katamnese der Hamburger Projekt-Studie. Suchtgefahren 33 (1987) 148 – 161

Wolfe, B. E., M. R. Goldfried: Research on psychotherapy integration: recommendations and conclusions from an NIMH workshop. J. Consult. Clin. Psychol. 56 (1988) 448

Wolfe, D. A.: Child abuse: Implications for child development and psychopathology. Sage, Newbury Park 1987

Wolfe, V. V., c. Gentile, D. A. Wolfe: The impact of sexual abuse on children: A PTSD formulation. Behavior Therapy 20 (1989) 215 – 228

Wolff, R. P., L. S. Wolff: Assessment and treatment of obsessive-compulsive disorder in childhood. Behavior Modification 15 (1991) 372 – 393

Wolfslast, G.: Psychotherapie in den Grenzen des Rechts. Enke, Stuttgart 1985

Wölk, W.: Vergangenheit und Zukunft des Hysteriekonzepts. Nervenarzt 63 (1992) 149 – 156

Wöll, C., M. M. Fichter, K. M. Pirke, G. Wolfram: Eating behavior of patients with bulimia nervosa. Int. J. Eating Disorders 8 (1989) 557 – 568

Wolpe, J. D., A. A. Lazarus: Behavior Therapy Techniques. A Guide to the Treatment of Neuroses. Pergamon Press, Oxford 1966

Wolpe, J. D.: Experimental neuroses as learned behavior. Brit. J. Psychol. 43 (1952) 243 – 261

Wolpe, J. D.: Individualization: The categorical imperative of behavior therapy practice. J. Behav. Ther. exper. Psychiat. 17 (1986) 145 – 153

Wolpe, J. D.: Psychotherapy by Reciprocal Inhibition. Stanford University Press, Palo Alto, Cal. 1958

Wolpe, J. D.: The Practice of Behavior Therapy. Pergamon Press, New York 1969

Wolpe, J.: Praxis der Verhaltenstherapie. Huber, Bern 1974

Wood, R. L., P. Eames: Behaviour modification in the rehabilitation of brain injury. In Davey, G. (ed.): Applications of conditioning theory. Methuen, New York 1981

Wood, R. L., T. Winkowski, J. Miller: Sensory regulation as a method to promote recovery in patients with altered states of consciousness. Neuropsychological Rehab. 3 (1993) 177 – 190

Wood, R. L.: Brain injury rehabilitation: a neurobehavioral approach. Rockville, Aspen 1987

World Health Organisation: Gülick-Bailer, M. v., K. Maurer.: Unveröffentlichtes Manuskript, Zentralinstitut für seelische Gesundheit, Mannheim

World Health Organisation: Schedules for Clinical Assessment in Neuropsychiatry. WHO, Geneva 1991

World Health Organisation: Tenth Revision of the International Classification of Diseases, Chapter V (F): Mental and Behavioural Disorders, Clinical Descriptions and Diagnostic Guidelines. WHO, Geneva 1992

World Health Organisation: Tenth revision of the International Classification of Diseases, Chapter V (F): Mental and Behavioural Disorders, Diagnostic Criteria for Research. WHO, Geneva 1993

World Health Organization: Composite International Diagnostic Interview (CIDI). WHO, Geneva 1990

World Health Organization: International Personality Disorder Examination (IPDE). WHO, Geneva 1994

World Health Organization: Schedules for Clinical Assessments in Neuropsychiatry (SCAN). WHO, Geneva 1994

World Health Organization: The ICD-10 Classification of Mental and Behavioural Disorders. Clinical descriptions and diagnostic Guidelines. WHO, Geneva 1992

World Health Organization: The ICD-10 Classification of Mental and Behavioural Disorders. Diagnostic Criteria for Research (DCR). WHO, Geneva 1993

World Health Organization: The ICD-10 Classification of Mental and Behavioural Disorders. Multiaxial system. WHO, Geneva 1994

World Health Organization: The ICD-10 Classification of Mental and Behavioural Disorders. Primary Health Care Classification (PHC). WHO, Geneva 1993

World Health Organization: The ICD-10 Classification of Mental and Behavioural Disorders. Short Glossary. WHO, Geneva 1992

World Health Organization: WHO Disability Diagnostic Scale (WHO-DDS). WHO, Geneva 1993

Worringen, U.: Geschlechtsspezifische Aspekte der Rehabilitationsbedürftigkeit in der medizinischen Rehabilitation – Eine Re-Analyse der IRES-Daten. Praxis Klinische Verhaltensmedizin und Rehabilitation 11 (1998) 32 – 36

Wottawa, H., R. Hossiep: Anwendungsfelder psychologischer Diagnostik. Hogrefe, Göttingen 1997

Wottawa, H.: Grundriß der Testtheorie. Juventa, Weinheim 1980

Wottowa, H., R. Hossiep: Grundlagen psychologischer Diagnostik. Hogrefe, Göttingen 1987

Wulf, M.: Über einen interessanten oralen Symptomenkomplex und seine Beziehung zur Sucht. Int. Z. Psychoanal. 18 (1932) 281 – 302

Wurmser, L.: Die verborgene Dimension. Psychodynamik des Drogenzwangs. Vandenhoeck & Ruprecht, Göttingen 1997

Wurmser, L.: Flucht vor dem Gewissen. Analyse von Über-Ich und Abwehr bei schweren Neurosen. Springer, Berlin 1987

Wurmser, L.: The hidden dimension. Psychodynamics in Compulsive Drug Use. Jason Aronson, New York 1978

Wyatt, G. E., M. D. Newcomb, M. H. Riederle: Sexual abuse and consensual sex. Women's developmental patterns and outcomes. Sage, Newbury Park 1993

Yalom, D.: Theorie und Praxis der Gruppenpsychotherapie. Pfeiffer, München 1989

Yalom, I. D.: The theory and practice of group psychotherapy. Basic Books, New York 1985

Yamada, K.: Die torlose Schranke Mumonkan. Zen-Meister Mumons Koan-Sammlung. Kösel, München 1989

Yanovski, S. Z., J. E. Nelson, B. K. Dubbert, R. L . Spitzer: Association of binge eating disorder and psychiatric comorbidity in obese subjects. American Journal of Psychiatry 150 (1993) 1472 – 1479

Yanovski, S. Z., N. G. Sebring: Recorded food intake of obese women with binge eating disorders before and after weight loss. International Journal of Eating Disorders 15 (1994) 135 – 150

Yaryura-Tobias, J. A., F. A. Neziroglu: Obsessive-compulsive disorder spectrum. Plenum Press, New York 1997

Yates, A. J.: Theory and Practice in Behavior Therapy. J. Wiley, New York 1975

Yates, A., K., Leehey, C. M. Shisslak: Running – an analogue of anorexia nervosa. New England Journal of Medicine 308 (1983) 251 – 255

Yost, E. B., L. E. Beutler, M. A. Corbishley, J. R. Allender: Group cognitive therapy: a treatment approach for depressed older adults. Pergamon, Oxford 1986

Young, J. E., M. D. Lindemann: An integrative schema-focused model for personality disorders. J. Cogn. Psychoth. 6 (1992) 11

Young, J. E., W. Swift: Schema-focused cognitive therapy for personality disorders: Part I. Int. Cogn. Ther. Newsletter 4 (1988) 13

Young, J. E.: Cognitiv Therapy for Personality Disorders: A Schema-focused Approach. Professional Resource Exchange, Sarasota 1990

Zajonc, R. B.: On the primacy of affect. American Psychologist 39 (1984) 117 – 129

Zaudig, M., J. Mittelhammer, W. Hiller: SIDAM: Strukturiertes Interview für die Diagnose der Demenz vom Alzheimer-Typ, der Multiinfarkt-Demenz und Demenzen anderer Ätiologie. Huber, Bern 1995

Zauner, J.: Analytische Therapie und soziales Lernen in Klinik und Heim. Prax. Kinderpsychol. Kinderpsychiat. 20 (1972) 166 – 171

Zauner, J.: Gruppenpsychotherapie mit Jugendlichen. In Preuss, H. G.: Analytische Gruppenpsychotherapie. München 1986 (S. 111)

Zaworka, W., I. Hand, G. Jauernig, K. Lünenschloß: Hamburger Zwangsinventar (HZI). Beltz Test, Weinheim 1983

Zeig, J. K.: Psychotherapie. Entwicklungsrichtlinien und Geschichte. dayt Verlag 1991

Zeman, A.: Persistent vegetative state. Lancet 350 (1997) 795 – 799

Zenz, H., C. Bischoff, V. Hrabal: Patiententheoriefragebogen (PATEF). Hogrefe, Göttingen 1996

Zerssen, D. v., H. Pfister, D. M. Koeller: The Munich Personality Test (MPT) – A short questionnaire for self-rating and relative's rating of personality traits: formal properties and clinical potential. European Archives of Psychiatry and Neurological Sciences 238 (1988) 73 – 93

Zerssen, D. v.: Die Befindlichkeits-Skala. Beltz Test, Weinheim 1976

Zerssen, D. v.: Die Beschwerden-Liste. Beltz Test, Weinheim 1976

Zerssen, D. v.: Die Depressivitäts-Skala (D-S). Beltz Test, Weinheim 1976

Zerssen, D. v.: Die Paranoid-Depressivitäts-Skala. Beltz Test, Weinheim 1976

Zettermann, R., T. Mc Cashland: Long-Term Follow-Up of the Orthotopic Liver Transplantation Patient. Seminars in Liver Disease 15 (1995) 173 – 179

Zettle, R. D., S. C. Hayes: Conceptual and empirical status of rational-emotive therapy. In Hersen, M., R. M. Eisler, P. M. Miller (eds.): Progress in Behavior Modification, Vol. 9. Academic Press, New York 1980

Zetzel, E.: The so-called „good hysteric". Int. J. Psycho-Anal. 49 (1968) 256 – 260

Zieger, A., H. Hildebrandt: Neuropsychologische Frührehabilitation. In Gaugel, S., G. Kerkhoff (Hrsg.): Fallbuch der Klinischen Neuropsychologie. Hogrefe, Göttingen 1997

Zieger, A.: Dialogaufbau in der Frührehabilitation mit Komapatienten auf der Intensivstation. In Neander, K. D., G. Meyer, H. Friesacher (Hrsg.): Handbuch der Intensivpflege. Ecomed, Landsberg 1993

Ziegler, H., C. Stegmaier: Bevölkerungsbezogene Krebsregistrierung in Deutschland, Onkologie 19 (1996) 268 – 277

Zielke, M. (Hrsg.): Diagnostik in der Psychotherapie. Kohlhammer, Stuttgart 1982

Zielke, M., C. Kopf-Mehnert: Veränderungsfragebogen des Erlebens und Verhaltens (VEV). Beltz Test, Weinheim 1978

Zielke, M., I. Reich. Komorbidität nach DSM-III-R bei Patienten mit Adipositas. Prax. Klin. Verh. Rehab. 11 (1990) 195 – 205

Zielke, M., J. Sturm (Hrsg.): Handbuch Stationäre Verhaltenstherapie. Beltz, Weinheim, 1994

Zielke, M., P. Kosarz, L. Leidug, H. J. Weidhaas: Motorische Störungen – Behandlungskonzepte unter besonderer Berücksichtigung des Torticollis spasmodicus und des Blepharospasmus. In Zielke, M., J. Sturm (Hrsg.): Handbuch Stationäre Verhaltenstherapie. Beltz, Weinheim 1994

Zielke, M.: Basisdokumentation in der stationären Psychosomatik. Praxis der Klinischen Verhaltensmedizin und Rehabilitation 6 (1993) 218 – 226

Zielke, M.: Die Entwicklung eines Basisdokumentationssystems für die stationäre Verhaltensmedizin. In Zielke, M., J. Sturm: Handbuch der stationären Verhaltenstherapie, Bd. 1. Grundlagen. Springer, Berlin 1993

Zielke, M.: Die Kieler Änderungssensitive Symptomliste (KASSL). Beltz-Test, Weinheim 1979

Zielke, M.: Indikation zur Gesprächspsychotherapie. Kohlhammer, Stuttgart 1979

Zielke, M.: Probleme und Ergebnisse der Veränderungsmessung. In Zielke, M. (Hrsg.): Diagnostik in der Psychotherapie. Kohlhammer, Stuttgart 1982 (S. 41 – 59)

Zielke, M.: Wirksamkeit stationärer Verhaltenstherapie. Psychologie Verlags Union, Weinheim 1993

Zilbergeld, B.: Die neue Sexualität der Männer. DGVT, Tübingen 1994

Zimbardo, P. G.: Psychologie, 6. Aufl. Springer, Berlin 1995

Zimmer, D., F. T. Zimmer: Die therapeutische Beziehung in der Verhaltenstherapie. Konzepte und Gestaltungsmöglichkeiten. In Margraf, J., H. Brengelmann (Hrsg.): Die Therapeut-Patient-Beziehung in der Verhaltenstherapie. Röttger, München 1992

Zimmer, D.: Die therapeutische Beziehung. Konzepte, empirische Befunde und Prinzipien ihrer Gestaltung. Edition Psychologie, Weinheim 1983

Zimmer, D.: Fragebogen zu Sexualität und Partnerschaft. DGVT, Tübingen 1988

Zimmer, D.: Funktionelle Sexualstörungen. In Hahlweg, K., A. Ehlers (Hrsg.): Enzyklopädie der Psychologie: Klinische Psychologie: Psychische Störungen und ihre Behandlung. 1995

Zimmer, D.: Sexualität und Partnerschaft. Grundlagen und Praxis psychologischer Behandlung. Urban & Schwarzenberg, München 1985

Zimmer, F. T., A. Brömer, H. Heimann: Verhaltenstherapie bei Patienten mit chronischen Depressionen. In Helmchen, H., H. Hippius (Hrsg.): Psychiatrie für die Praxis. MMW-Taschenbuch, 1992 (S. 129 – 136)

Zimmer, F. T., H. Heimann: Forschungsstand und Strategien kognitiver Verhaltenstherapie bei chronischen und therapieresistenten Depressionen. In Lenz, G., P. Fischer (Hrsg.): Thieme, Stuttgart 1995

Zimmer, F. T.: Der Tübinger Anhedonie-Fragebogen (TAF). In Hank, G., K. Hahlweg, N. Klann: Diagnostische Verfahren für Berater. Beltz-Test, Weinheim 1990

Zimmer, F. T.: Kognitive Verhaltenstherapie bei Depressionen. In Schneider, F., M. Bartels, K. Foerster, H. J. Gaertner (Hrsg.): Perspektiven der Psychiatrie. Forschung – Diagnostik – Therapie. Fischer, Stuttgart 1991 (S. 143 – 152)

Zimmer, F. T.: Kontrolle verdeckter Prozesse: Aufbau eines positiven Selbstkonzepts. In Linden, M., M. Hautzinger (Hrsg.): Verhaltenstherapie, Springer, Berlin 1993

Zimmer, F. T.: Konzepte und Aspekte der Chronifizierung von Depressionen. In Mundt, C., P. Fiedler, H. Lang, A. Kraus (Hrsg.): Depressionskonzepte heute. Springer, Berlin 1991

Zimmer, F. T.: Psychotherapie der Anhedonie. In Heimann, H.: Anhedonie – Verlust der Lebensfreude – Ein zentrales Phänomen psychischer Störungen. Fischer, Stuttgart 1990 (S. 111 – 130)

Zimmer, F. T.: Verhaltenstherapeutische Strategien bei Depressionen – unter dem Gesichtspunkt der Zeit. In Hartwich, P. (Hrsg.): Affektive Erkrankungen und Lebensalter. Verlag Wissenschaft und Praxis, Sternenfels (1999)

Zimmer, F. T.: Verhaltenstherapie und Antidepressiva bei der Behandlung von Depressionen. In Hand, I., H. U. Wittchen (Hrsg.): Verhaltenstherapie in der Medizin. Springer, Berlin 1989 (S. 62 – 81)

Zimmermann, M.: Diagnosing personality disorders. A review of issues and research methods. Archives of General Psychiatry 51 (1994) 225 – 245

Zohar, J., S. Kindler: Serotonergic probes in obsessive compulsive disorder. International Clinical Psychopharmacology 7 (1992) 39 – 40

Zoike, E.: Frauen - das „kränkere" Geschlecht? In Zoike, E. (Hrsg.): Frauen, Gesundheit, Beruf BKK: Essen 1993 (S. 9 – 20)

Zubin, J., B. Spring: Vulnerability – a new view of schizophrenia. J. abnorm. Psychol. 86 (1977) 103 – 126

Zulliger, H.: Der Zulliger-Tafeln-Test (Tafeln-Z-Test). 4. Aufl. Huber, Bern 1977

Zung, W. W. K.: ASI. Anxiety Status Inventory. In Guy, W. (ed.): ECDEU assessment manual for psychopharmacology. National Institute of Mental Health, Rockville 1976 (pp. 199 – 204)

Zung, W. W. K.: DSI. Depression Status Inventory. In Guy, W. (ed.): ECDEU assessment manual for psychopharmacology. National Institute of Mental Health, Rockville 1976 (pp. 171 – 178)

Zurek, A.: Gemeindepsychologie. In Hörmann, G., W. Körner (Hrsg.): Klinische Psychologie. Ein kritisches Handbuch. Rowohlt, Reinbek 1991

Zwiebel, R.: Das Konzept der projektiven Identifizierung. Bericht über die Tagung „Projektion, Identifizierung und projektive Identifizierung" vom 27. bis 29. 5. 1984 in Jerusalem. Psyche 38 (1985) 456 – 468

Zwiebel, R.: Einige Bemerkungen über die Rolle der projektiven Identifizierung in der analytischen Beziehung. In P. Kutter u. Mitarb. (Hrsg.): Die psychoanalytische Haltung. Verlag Internationale Psychoanalyse, München 1988 (S. 259 – 277)

Zwiebel, R.: Einige klinische Anmerkungen zur Theorie der projektiven Identifizierung. Z. psychoanal. Theor. Prax. 3 (1988) 165 – 186

Zwiebel, R.: Zur Dynamik des Gegenübertragungstraums. Psyche 38 (1984) 193 – 213

Sachverzeichnis

A

C

D

E

F

I

J

K

L

M

N

O

T

U

V

W

Y

Z

Wenn du etwas weißt,
behaupte, daß du es weißt.
Und wenn du etwas nicht weißt,
gib zu, daß du es nicht weißt;
das ist Wissen.

Konfuzius

Juli 2000 Andreas Knoll
Fa. Lündseck